Deutscher Sportclub für Fußball-Statistiken e.V.

Deutscher Fußball-Almanach 18/19

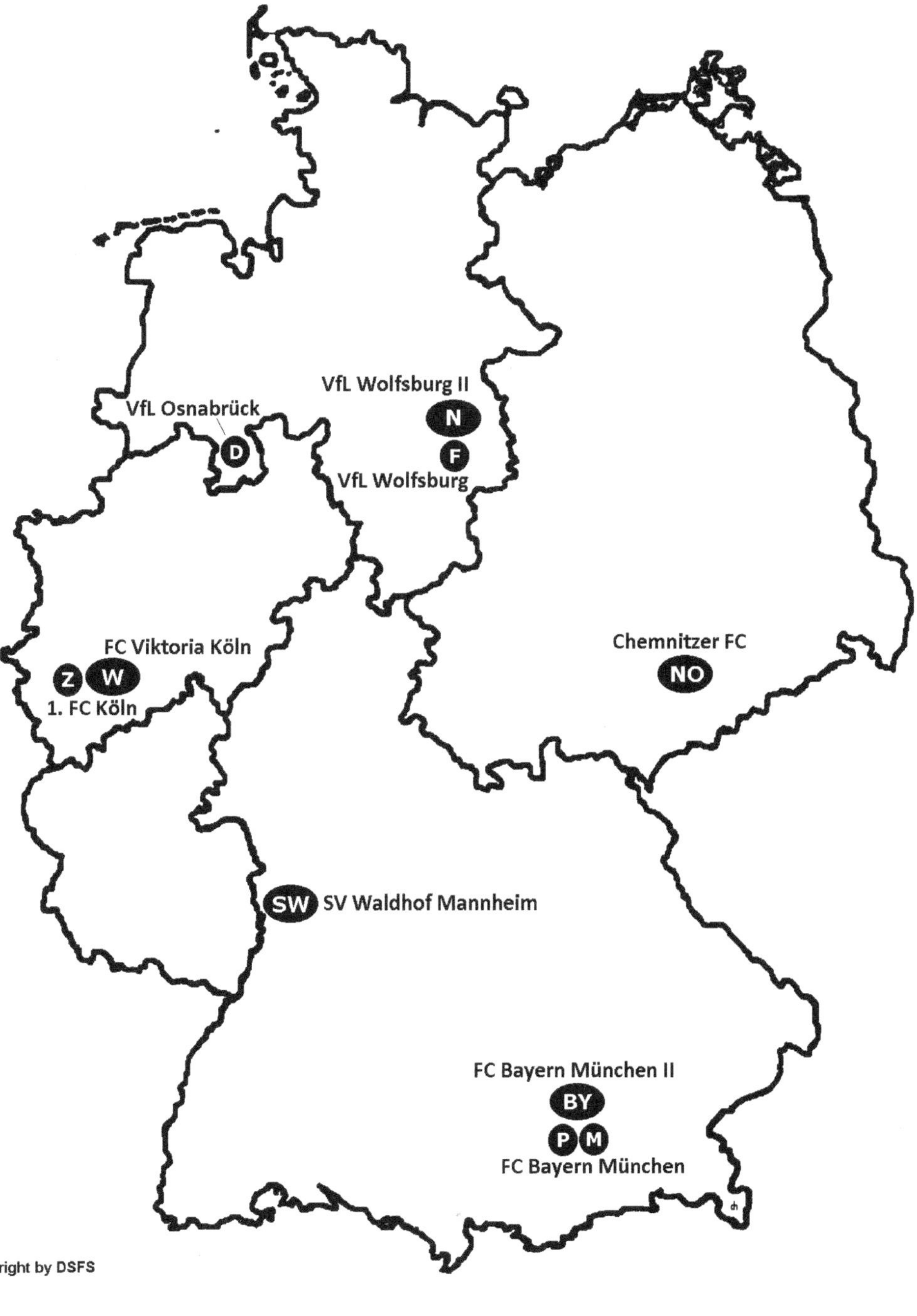

mit Mannschaftskadern und Aufstellungen aller **36** Bundesligisten, aller **20** Drittligisten

Mannschaftskader aller **90** Regionalligisten

Kader und Einsatzbilanzen aller **237** Oberligisten

Ergebnisse und Tabellen der sechs höchsten deutschen Fußballklassen

Landespokale

Frauenfußball

Juniorenfußball

copyright by DSFS

Inhalt

Allgemeines

Inhalt	2
Vorwort	3
Legende	4
Pyramide	5
Der DSFS stellt sich vor	99
Nachtrag zum Jahrbuch 2017/18	150
Abkürzungsverzeichnis	376
Mitarbeiter, Quellen und Impressum	474

1. Liga

Karte	6
Tabelle	7
Spielplan	8
Die Kader mit Aufstellungen	10
Bilanzen	46

2. Liga

Karte	52
Tabelle	53
Spielplan	54
Die Kader mit Aufstellungen	56
Bilanzen	92

3. Liga

Karte	100
Tabelle	101
Spielplan	102
Die Kader mit Aufstellungen	104
Bilanzen	144
Aufstieg in die 3. Liga	150

4. Liga

Karte	151
Regionalliga Nordost	
Tabelle/Spielplan	153
Die Kader mit Einsätzen und Torschützen	155
Zuschauerstatistik und Torschützenliste	173
Regionalliga Nord	
Tabelle/Spielplan	174
Die Kader mit Einsätzen und Torschützen	177
Zuschauerstatistik und Torschützenliste	195
Regionalliga West	
Tabelle/Spielplan	196
Die Kader mit Einsätzen und Torschützen	199
Zuschauerstatistik und Torschützenliste	217
Regionalliga Südwest	
Tabelle/Spielplan	218
Die Kader mit Einsätzen und Torschützen	221
Zuschauerstatistik und Torschützenliste	239
Regionalliga Bayern	
Tabelle/Spielplan	240
Die Kader mit Einsätzen und Torschützen	243
Zuschauerstatistik und Torschützenliste	261
Regionalliga-Mosaik	262
Aufstieg in die Regionalligen	265

5. Liga

Karte	270
Oberliga Nordost-Nord	271
Oberliga Nordost-Süd	275
Schleswig-Holstein-Liga	279
Oberliga Hamburg	283
Oberliga Niedersachsen	287
Bremen-Liga	291
Oberliga Westfalen	295
Oberliga Niederrhein	299
Mittelrheinliga	303
Oberliga Rheinland-Pfalz/Saar	307
Hessenliga	311
Oberliga Baden-Württemberg	315
Bayernliga Nord	319
Bayernliga Süd	323
Aufstiegsspiele zu den Oberligen	327

6. Liga

Karte	331
Verbands- und Landesligen im Nordosten	332
VL/LL im Norden	338
Verbandsligen im Westen	347
Verbandsligen im Südwesten	353
Verbands- und Landesligen im Süden	356
Aufstiegsspiele zu den VL/LL, einschl. Mosaik	367

Pokale

DFB-Pokal mit Aufstellungen	377
Verbandspokale	386

Frauen

Pyramide	406
Bundesliga	
Karte	407
Tabelle	408
Spielplan	409
Die Kader mit Aufstellungen	410
Bilanzen	434
2. Bundesliga	439
Regionalligen	443
DFB-Pokal	448
Verbandspokal-Endspiele	449

Junioren

A-Junioren-Pyramide und -Meisterschaft	452
A-Junioren-Bundesligen	453
A-Junioren-2. Ligen	456
A-Junioren Entscheidungsspiele	461
A-Junioren DFB-Pokal und Verbandspokale	462
B-Junioren-Pyramide und -Meisterschaft	463
B-Junioren-Bundesligen	464
B-Junioren-2. Ligen	466
B-Junioren Entscheidungsspiele	471
B-Junioren-Verbandspokal-Endspiele	472

Vorwort

Lieber „Leser"!

Warum schreiben wir dieses Mal >Leser< in Anführungsstriche? Einen Almanach kann man nicht „lesen". Jedenfalls nicht im herkömmlichen Sinne wie einen Roman von Seite 1 bis **474**. Hier beim Vorwort angefangen, dann Legende, Pyramide, ..., Bundesliga, 2. Liga ... bis zu den B-Junioren? Nein, wir möchten wetten, dass jeder >Leser< dieses Werkes seinen Lieblingsverein, seine Lieblingsregion oder Lieblingsliga zuerst sucht, anschaut und analysiert. Wie wir gehört haben, ist dieser Almanach, der die Ligen bis zum 6. „Level" (Verbands- bzw. Landesligen) behandelt, auch zunehmend bei den Talentsichtern sehr begehrt. Junge Spieler, die viele Einsätze und/oder viele Tore in diesen Regionen des Unterhauses des deutschen Spitzen-Fußballs vorweisen können, rücken spätestens jetzt unweigerlich in den Fokus höherklassiger Vereine. Wo kann man sonst einen Überblick über die Anzahl der Einsätze, Tore und das Alter eines einzelnen Spielers gewinnen, als in diesem Almanach? Dennoch denken wir, dass der größte Teil der >Leser<schaft „nur" einen Bezug zu seinem Verein, dem Verein der Heimat, oder den Spielen, die man selbst besuchte, hat. Haben wir recht? Oder nicht?

Dennoch müssen wir an dieser Stelle kurz eine Zusammenfassung der Saison 2018/19 bringen: Die Bundesliga war zum Schluss geprägt durch den Zweikampf von Bayern München und Borussia Dortmund. Noch Anfang Dezember lagen die Dortmunder ganze neun Punkte vor der bayerischen Konkurrenz. Herbe Punktverluste u. a. im Derby gegen den Lokalrivalen Schalke 04 bereiteten den Bayern die nächste Meisterschaft, wenn auch nicht so souverän wie in den letzten Jahren. Im Keller der Liga rettete sich der VfB Stuttgart auf den Relegationsplatz. Allerdings verlor er in den Relegationsspielen gegen die „Eisernen" von Union Berlin. In der 2. Bundesliga verpasste der HSV den direkten Wiederaufstieg. Die miserable Tordifferenz ließ dieses Horrorszenario schon früh erahnen. Aber auch die „Schanzer" aus Ingolstadt, 16. der „Zweiten", verloren in der Relegation gegen Wehen Wiesbaden im Rückspiel bitter mit 2:3 - nach einem 2:1 in Wiesbaden. Einem Debakel gleich war der Auftritt in Europa: In der Championsleague war ab dem Viertelfinale keine deutsche Mannschaft mehr dabei. Einzig in der Europa League schaffte es die leidenschaftlich aufspielende Eintracht aus Frankfurt bis ins Halbfinale.

Nun dürfen wir diesen Almanach wirklich feiern: Der Ihnen oder Dir (Wir Fußball-Statistiker duzen uns untereinander!) vorliegende „**Deutsche Fußball-Almanach**" erscheint zum **25. Mal** - eine Silberkrone hat er mehr als verdient! Wahrlich ein Klassiker! Es begann 1994/1995 mit *„Die Regionalligen"*, setzte sich ab der Saison 2000/01 in der Reihe "*Deutschlands Fußball in Zahlen*" fort und wurde mit der Saison 2008/09 (gleichzeitig mit der Einführung der 3. Liga) in "*Deutscher Fußball-Almanach*" umbenannt. Wie oben schon angemerkt, werden die sechs höchsten Level des deutschen Spielsystems akribisch aufgearbeitet. Hinzu kommen die Ergebnisse der Verbandspokale, Frauen- und Jugendligen - und jede Menge **Statistiken**.

Ohne die zahlreichen Mitglieder und Freunde des gemeinnützigen „***Deutschen Sportclubs für Fußballstatistiken e. V."*** (kurz: DSFS, *www.die-fussballstatistiker.de*) wäre solch eine Arbeit unmöglich. In wochenlangen Daten-Aufbereitungen haben viele Mitglieder - wohlgemerkt ehrenamtlich! - dazu beigetragen, dass dieses Standardwerk unter den deutschen Fußballjahrbüchern erneut pünktlich kurz nach Saisonende präsentiert werden kann. Ein Blick auf die letzte Seite dieses Buches veranschaulicht das große Team der unermüdlichen Mitarbeiter.

Der **DSFS e. V.** hat europaweit fast 400 Mitglieder, die sich in den zahlreichen Regional- und Arbeitsgruppen engagieren. Sollte Interesse an weiteren, tieferklassigen Ligen bestehen, so möchten wir auf die zahlreichen **regionalen Almanache** hinweisen. In diesen wird dann das Fußballgeschehen bis in die untersten Kreisklassen dargestellt. Ein Blick in den „Shop" unseres Internetauftritts zeigt das weiterführende Angebot an erhältlichen Statistiken. Zeitgleich bauen wir kontinuierlich unser kostenloses **Statistikportal** und die **geplante Datenbank** im Internet aus. Sollten wir Dein Interesse geweckt haben, dann fordere bitte unverbindlich, kostenlos und formlos unter *info@dsfs.de* unser ausführliches Info-Paket an. Es gibt noch genug Arbeit!

Ein großer Dank geht auch diese Saison an das professionelle und eingespielte Team des **AGON-Verlags** für die Koordination und Drucklegung des diesjährigen *DFA*.

Korrekturvorschläge, Hinweise zu den wenigen Lücken oder jegliche Kritik nimmt Ralf (***hohmann@dsfs.de***) gern entgegen. Viel Spaß an dieser einzigartigen Publikation wünschen

Ralf (Hohmann) und Dirk (Henning)   **im August 2019**

Legende

Die folgenden Kommentare sollen Ihnen helfen, die vielen unterschiedlichen Statistiken richtig zu verstehen.

Tabellen

In den **Tabellen** ist der populäre Vereinsname angegeben. Hinter dem Tabellenplatz folgt in Klammern die Platzierung des Vorjahres. Es folgen die Anzahl Spiele, Siege, Unentschieden, Niederlagen, das Torverhältnis, die Tordifferenz und die Anzahl der Punkte. Die Symbole haben folgende Bedeutung:

- ↑ Aufstieg in die nächsthöhere Liga
- ⁿ↑ Aufstieg über η Spielklassen
- ↓ Abstieg in die nächstniedrigere Liga oder freiwilliger Rückzug
- ₙ↓ Abstieg über η Spielklassen oder freiwilliger Rückzug
- → Staffelwechsel (gleiche Ebene)
- ⊥ Spielbetrieb eingestellt
- ◇ Fusion oder Bildung von Spielgemeinschaften
- ∠ Auflösung einer Spielgemeinschaft
- △ Heimrecht getauscht
- ➢ Anzahl der Mannschaften verändert sich zur nächsten Saison (entsprechend der Zahl hinter dem Pfeil)

In den **Ergebniskästen** sind die Heimspiele waagerecht und die Auswärtsspiele senkrecht abzulesen. Für die Ergebnisse gilt:

- 2x0 Spiel wurde 2:0 gewertet
- x:0 Wertung als 0:0 Heimsieg (analog: 0:0 Auswärtssieg 0:x)
- 3a2 Spiel wurde beim Stand von 3:2 abgebrochen und so gewertet (gilt analog für andere Ergebnisse)
- 3n0 Wertung als 3:0 Heimsieg, da der Gegner nicht antrat
- 3z0 Wertung, da die Mannschaft, gegen die die Wertung erfolgt, aus dem Spielbetrieb ausgeschieden ist

Die **Zuschauerstatistiken** sind für die Heimspiele berechnet.

Die **Pyramiden** beziehen sich auf die abgelaufene Saison 2018/19. Die Zahl der vermerkten Auf- und Absteiger bezieht sich auf den Regelfall entsprechend der Spielordnungen.

Kader

Der **Verein**sname ist möglichst genau angegeben. Die Vereinsgeschichte ist auf maximal zwei Zeilen zusammengefasst. Bei den größten Erfolgen handelt es sich nicht unbedingt um Titel, sondern um Erfolge, die von Verein zu Verein höchst unterschiedlich sein können.

Im **Aufgebot** sind alle Spieler in alphabetischer Reihenfolge (nach dem ersten Großbuchstaben des Nachnamens) aufgeführt. Bei der Spielposition bedeutet "T" mit dem Zusatz "*", dass der Torwart auch im Feld gespielt hat. Es wird angegeben, seit wann der Spieler im Verein ist, nicht seit wann er einen Vertrag hat. Bei den Spieleinsätzen und Toren der abgelaufenen Saison sind solche aus annullierten im Gegensatz zu wiederholten oder gewerteten Spielen nicht mitgezählt. Bei der Gesamtzahl sind die Einsätze und Tore seit Bestehen der jeweiligen Liga gezählt. Frühere Vereine sind in rückwärtiger Reihenfolge angegeben. Die Vereinsnamen sind sinnvoll abgekürzt. Wir haben alle uns bekannten Vereine (nicht Mannschaften, also ohne Zusätze wie *Amateure* etc.) angegeben. Hat ein Spieler für einen Verein mehrfach gespielt, so ist dieser Verein genauso oft angegeben. Ausländische Vereine sind zum Teil in der ortsüblichen Schreibweise angegeben.

Als **Zugänge** werden alle Spieler in alphabetischer Reihenfolge aufgeführt, die zum Saisonbeginn neu zur Mannschaft dazugekommen sind, nicht Spieler, die bereits während der letzten Saison dazu gekommen sind. Unter *während der Saison* sind alle Zugänge aufgelistet, die nach dem ersten Spieltag neu dazugekommen sind, auch dann, wenn sie den letzten Verein zum Ende der letzten Saison verlassen haben. Spieler, die nur sporadisch dem Kader angehörten, werden bei den Zugängen (*während der Saison*) nicht aufgeführt. Für die **Abgänge** gilt Ähnliches. Bei Spielern, die nicht mehr spielen, haben wir *Laufbahn beendet* vermerkt.

In den **Einsatzmatrizen** stehen E und A für Ein- bzw. Auswechslung. Ein X zeigt einen Einsatz in der Startaufstellung an (ohne Ein- bzw. Auswechslung). Die Zahl dahinter gibt die Anzahl der geschossenen Tore an.
Gelbe-Rote Karten bzw. Rote Karten sind mit einem hochgestelten G bzw. R gekennzeichnet.
Interimstrainer werden mit dem Zusatz "(IT)" gekennzeichnet.

Liga-Bilanzen

Bei der **Torschützenliste** sind die Spieler mit den meisten Toren der aktuellen Saison mit Vereinsnamen angegeben. Bei Spielern, die für zwei Vereine Tore geschossen haben, sind beide Vereine angegeben.

Als nächstes werden die Spieler aufgeführt, die die meisten Tore in einem Spiel erzielt haben. Angegeben ist das Datum, der Spieler, der Gegner (mit Zusatz Heim- bzw. Auswärtsspiel) und das Spielergebnis. Unter *Hattrick* verstehen wir nur die so genannten *lupenreinen Hattricks*, also drei Tore innerhalb einer Halbzeit ohne Tor oder Gegentor eines anderen Spielers dazwischen.

Alle **Elfmetertorschützen** und **Eigentorschützen** sind vereinsweise tabellarisch nach der Anzahl der erzielten Treffer und danach in alphabetischer Reihenfolge angegeben. In Klammern steht die Anzahl ihrer verwandelten Elfmeter bzw. Eigentore, falls es mehr als einer bzw. eines war.

Analog sind die **Dauerbrenner** der Saison angegeben, also alle Spieler, die alle 34 bzw. 38 Spieltage im Einsatz waren.

In der **Fair-Play-Tabelle** sind die Vereine nach Roten und Gelb-Roten-Karten *olympisch* sortiert, an erster Stelle steht also der Verein mit den wenigsten Roten Karten.

In den **Sünderlisten** sind alle des Feldes verwiesenen Spieler getrennt nach Roten und Gelb-Roten-Karten vereinsweise tabellarisch nach der Anzahl der erhaltenen Karten und danach in alphabetischer Reihenfolge angegeben. In Klammern steht die Anzahl ihrer Roten bzw. Gelb-Roten-Karten, falls es mehr als eine war. Die Karten werden angegeben, egal ob der betreffende Spieler anschließend freigesprochen worden ist oder nicht.

Die **Schiedsrichter** sind in der Reihenfolge nach den meisten Einsätzen und den wenigsten Karten aufgeführt, mit Vornamen sowie Vereins- und Landesverbandszugehörigkeit. Ergänzt werden sie durch die Anzahl der Roten und Gelb-Roten-Karten, die sie verteilt haben.

Die **torreichsten Spiele** sind in der Reihenfolge der meisten Tore mit Datum angegeben.

In den **Zuschauer**kästen sind die Heimspiele waagerecht und die Auswärtsspiele senkrecht abzulesen. Die Zuschauerstatistiken sind getrennt für Heim- und Auswärtsspiele berechnet. Unter den best- bzw. schlechtestbesuchten Spielen sind die Spiele mit den meisten bzw. wenigsten Zuschauern mit Spieldatum aufgeführt.

Bei den **Ewigen Listen** sind die Spieler mit den meisten Gesamt-Einsätzen bzw. den meisten Toren seit Bestehen der jeweiligen Liga aufgeführt, ohne die Spiele bzw. Tore aus einer anderen Liga bzw. aus Aufstiegsspielen. Es werden alle Vereine aufgeführt, für die sie in der betreffenden Liga gespielt haben.

Pokale

Links neben den Pokal-Begegnungen findet sich (falls bekannt) das Datum, an dem das Spiel ausgetragen wurde. Unmittelbar danach folgen (in der Regel) zwei Zahlen, die andeuten, in welcher Liga die Mannschaften spielen: Spielt beispielsweise eine Mannschaft aus der 2. Bundesliga gegen einen Erstligisten, so wird das durch "2-1" angedeutet; wenn ein Regionalligist gegen einen Oberligisten spielt, steht dort "4-5" usw. In den Paarungen sind die Namen der Mannschaften aus Platzgründen zum Teil sinnvoll abgekürzt. Die Reihenfolge der Paarungen bestimmt sich entweder nach Datum oder nach offizieller Spielnummer.

Rechts neben den Paarungen folgt das Ergebnis (ggf. mit Halbzeitstand in Klammern). Ergebnisse, die *nach Verlängerung* ermittelt wurden, sind durch "nV", das Ergebnis eines etwaigen Elfmeterschießens durch "iE" (*im Elfmeterschießen*) bzw. "nE" (*nach Elfmeterschießen*) gekennzeichnet. Ist das genaue Ergebnis nicht bekannt, sondern nur der Sieger, so ist dies mit "+:?" dargestellt. Das Pluszeichen kennzeichnet die siegreiche Mannschaft.

Deutschland-Pyramide 2018/19

Diese Tabelle zeigt, wie sich die Ligen der Männer in Deutschland verteilen. Zu den Ligen der oberen sechs Ebenen finden Sie auf den folgenden Seiten alle Ergebnisse und Tabellen.

Level	Liga	Staffeln
1	4 CL 3 EL **Bundesliga** ▽ 3	1
2	△ 3 **2. Bundesliga** ▽ 3	1
3	△ 3 **3. Liga** ▽ 4	1
4	△ 1 **Regionalliga Nordost** ▽ 2 | △ 0 **Regionalliga Nord** ▽ 3 | △ 1 **Regionalliga West** ▽ 4 | △ 1 **Regionalliga Südwest** ▽ 4 | △ 1 **RL Bayern** ▽ 2	5
5	Oberliga Nordost-Nord | Oberliga Nordost-Süd | OL | OL | OL | OL* | OL | OL | OL* | Oberliga Rheinland-Pfalz Saar | OL* | Oberliga Baden-Württemberg | OL* Nord | OL* Süd	14

Level 6 (Landesverbände):

VL Mecklenburg-Vorp.	VL* Brandenburg	VL* Berlin	VL Sachsen-Anhalt	VL* Thüringen	LL* Sachsen	LL Schleswig-Holstein (Schleswig, Holstein)	LL Hamburg (Hammonia, Hansa)	LL Niedersachsen (W-E, H, LG, BS)	LL Bremen	VL* Westfalen 1,2	LL Niederrhein 1,2	LL Mittelrhein 1,2	VL* Rheinland	VL Südwest	VOL* Saarland	VL Hessen N, M, S	VL NordBaden	VL SüdBaden	VL Württemberg	LL Bayern NW, NO, M, SW, SO	Staffeln
6																					35
LL 2	LL 2	LL 2	LL 2	LK 3	LK 4	VL 4	BzL 4	BzL 17	LL 1	BzL 4	BzL 6	BzL 4	LL 3	VL 2	VL 2	LL 4	GrL 8	LL 3	LL 3	LL 4	BzL 15	95 (Level 7)
LK 4	LK 4	BzL 3	LK 7	KOL 9	KOL 13	KL 8	KL 8	KL 38	KLA 2	BzL 12	KLA 15	KLA 9	KLA 9	BzL 4	LL 4	KOL 25	KL 9	BzL 6	BzL 16	KL 43	248 (Level 8)
KOL 8	KOL 8	KLA 4	KOL 14	KL 18	KLA 18	KKA 12	KKA 8	1KK 55	KLB 2	KLA 39	KLB 28	KLB 20	KLB 16	A-K 10	BzL 6	KLA 38	KKA 12	KLA 13	KLA 40	KK 90	459 (Level 9)
KL 15	KL 14	KLB 6	KL 19	1KK 27	KLB 28	KKB 16	KKB 6	2KK 67	KLC 1	KLB 56	KLC 41	KLC 30	KLC 19	B-K 20	KLA 13	KLB 52	KKB 17	KLB 32	KLB 77	A-K 132	688 (Level 10)
KK 3	1KK 19	KLC 5	1KK 20	2KK 14	1KK 16	KKC 16	—	3KK 60	1KK 1	KLC 73	—	KLD 22	KLD 16	C-K 25	KLB 10	KLC 40	KKC 15	KLC 26	KLC 28	B-K 134	543 (Level 11)
—	2KK 11	KKA 1	2KK 11	—	2KK 5	—	—	4KK 39	2KK 1	KLD 18	—	—	D-K 5	—	KLD 15	Res. 1	—	Res. 19	C-K 50	176 (Level 12)	
—	—	KKB 2	—	2SK 1	—	5KK 3	3KK 1	—	—	—	Res. 1	—	—	—	—	—	—	1 (Res.)	9 (Level 13)		
0 33	59	24	74	72	86	58	28	283	10	204	92	87	64	68	36	181	58	81	185	470	

Anmerkungen:

- Auf Level 6 sind alle Landesverbände genannt, obgleich in einigen Fällen die höchste Landesliga auf Level 5 liegt und im Fall Bayern sogar auf Level 4.
- Unabhängig von den beinahe jährlich wechselnden offiziellen Ligenbezeichnungen sind hier für jeden Landesverband die pragmatischen (historischen) Kürzel gelistet! Ein Stern* hinter dem Kürzel zeigt an, dass die entsprechende Liga (meist der höchste Level im Verband) X-Liga heißt, wobei dann X für den jeweiligen Landesverband steht. Eine weitere Besonderheit betrifft das Saarland, wo zwei Verbandsliga-Staffeln unterhalb der Saarlandliga liegen, welche wiederum unter der Oberliga R-P/S liegt, so dass diese Saarlandliga eine Art Verbandsoberliga bildet (keine offizielle Bezeichnung). Und jene häufig wechselnden Sponsorennamen von irgendwelchen Staffeln sind hier in der Übersicht verständlicherweise überhaupt nicht berücksichtigt.
- Umfangreiche Erläuterung der Liga-Kürzel siehe Seite 376.
- Ab Level 7 ist für die einzelnen Landesverbände nur noch die Anzahl der Staffeln angegeben. Die Summen in der letzten Tabellenzeile beziehen sich auf Level 6 bis 14 (jeweils einschließlich); die Summe aller Staffeln über alle Level beträgt **2.275**, die Anzahl aller Mannschaften im Spielbetrieb (zu Saisonbeginn) betrug noch 31.494.
- Reservestaffeln sind - wo verbandsseitig nicht explizit anders geregelt - grundsätzlich 2 Level unter ihrer Bezugsstaffel eingeordnet.
- Bei einem Strukturwechsel innerhalb einer Liga während der Saison wurde meist die Staffelsituation zu Saisonbeginn berücksichtigt. (In SüdBaden gab es in Baden-Baden ab Frühjahr Endrunden mit Bezeichnungen wie KLB und KLC, was zusätzliche Staffeln suggeriert, welche hier aber wegen der Vermeidung einer Doppelzählung natürlich nicht miteingerechnet wurden!)
- Angegeben sind normalerweise immer die in der Mehrzahl verwendeten Staffelbezeichnungen, wiewohl diese in vielen Landesverbänden ab Kreisebene auch auf dem gleichen Level durchaus variieren können!

Bundesliga:

Bundesliga

Pl.	(Vj.)	Mannschaft	Sp	S	U	N	Tore	TD	Pkt	Sp	S	U	N	Tore	Pkt	Sp	S	U	N	Tore	Pkt
							Gesamtbilanz							**Heimbilanz**						**Auswärtsbilanz**	
1.	(1.)	FC Bayern München	34	24	6	4	88-32	+56	78	17	13	3	1	49-14	42	17	11	3	3	39-18	36
2.	(4.)	Borussia Dortmund	34	23	7	4	81-44	+37	76	17	14	2	1	52-25	44	17	9	5	3	29-19	32
3.	(6.)	RasenBallsport Leipzig	34	19	9	6	63-29	+34	66	17	10	6	1	34-9	36	17	9	3	5	29-20	30
4.	(5.)	Bayer 04 Leverkusen	34	18	4	12	69-52	+17	58	17	9	2	6	32-25	29	17	9	2	6	37-27	29
5.	(9.)	Borussia Mönchengladbach	34	16	7	11	55-42	+13	55	17	9	3	5	31-22	30	17	7	4	6	24-20	25
6.	(16.)	VfL Wolfsburg	34	16	7	11	62-50	+12	55	17	8	5	4	36-23	29	17	8	2	7	26-27	26
7.	(8.)	Eintracht Frankfurt	34	15	9	10	60-48	+12	54	17	8	4	5	32-21	28	17	7	5	5	28-27	26
8.	(11.)	SV Werder Bremen	34	14	11	9	58-49	+9	53	17	8	6	3	35-26	30	17	6	5	6	23-23	23
9.	(3.)	TSG 1899 Hoffenheim	34	13	12	9	70-52	+18	51	17	7	5	5	28-20	26	17	6	7	4	42-32	25
10.	(↑)	Fortuna Düsseldorf	34	13	5	16	49-65	-16	44	17	9	0	8	27-28	27	17	4	5	8	22-37	17
11.	(10.)	Hertha BSC	34	11	10	13	49-57	-8	43	17	6	6	5	26-27	24	17	5	4	8	23-30	19
12.	(14.)	1. FSV Mainz 05	34	12	7	15	46-57	-11	43	17	8	5	4	31-22	29	17	4	2	11	15-35	14
13.	(15.)	SC Freiburg	34	8	12	14	46-61	-15	36	17	6	7	4	32-27	25	17	2	5	10	14-34	11
14.	(2.)	FC Schalke 04	34	8	9	17	37-55	-18	33	17	4	3	10	16-28	15	17	4	6	7	21-27	18
15.	(12.)	FC Augsburg	34	8	8	18	51-71	-20	32	17	5	4	8	34-33	19	17	3	4	10	17-38	13
16.	(7.)	VfB Stuttgart ↓	34	7	7	20	32-70	-38	28	17	6	4	7	22-27	22	17	1	3	13	10-43	6
17.	(13.)	Hannover 96 ↓	34	5	6	23	31-71	-40	21	17	5	1	11	15-26	16	17	0	5	12	16-45	5
18.	(↑)	1. FC Nürnberg ↓	34	3	10	21	26-68	-42	19	17	3	7	7	16-22	16	17	0	3	14	10-46	3

Teilnehmer an der Champions League: FC Bayern München, Borussia Dortmund, RasenBallsport Leipzig und Bayer 04 Leverkusen.
Teilnehmer an der Europa League: Borussia Mönchengladbach, VfL Wolfsburg (Gruppenphase) und Eintracht Frankfurt (Qualifikation).
Absteiger in die 2. Bundesliga: 1. FC Nürnberg, Hannover 96 und VfB Stuttgart.
Aufsteiger aus der 2. Bundesliga: 1. FC Köln, SC Paderborn 07 und 1. FC Union Berlin.

Bundesliga 2018/19

	Bayern München	Bor. Dortmund	RB Leipzig	Bayer Leverkusen	Mönchengladbach	VfL Wolfsburg	Eintr. Frankfurt	Werder Bremen	TSG Hoffenheim	Fort. Düsseldorf	Hertha BSC	1. FSV Mainz 05	SC Freiburg	FC Schalke 04	FC Augsburg	VfB Stuttgart	Hannover 96	1. FC Nürnberg
FC Bayern München	×	5:0	1:0	3:1	0:3	6:0	5:1	1:0	3:1	3:3	1:0	6:0	1:1	3:1	1:1	4:1	3:1	3:0
Borussia Dortmund	3:2	×	4:1	3:2	2:1	2:0	3:1	2:1	3:3	3:2	2:2	2:1	2:0	2:4	4:3	3:1	5:1	7:0
RasenBallsport Leipzig	0:0	0:1	×	3:0	2:0	2:0	0:0	3:2	1:1	1:1	5:0	4:1	2:1	0:0	0:0	2:0	3:2	6:0
Bayer 04 Leverkusen	3:1	2:4	2:4	×	0:1	1:3	6:1	1:3	1:4	2:0	3:1	1:0	2:0	1:1	1:0	2:0	2:2	2:0
Bor. Mönchengladbach	1:5	0:2	1:2	2:0	×	0:3	3:1	1:1	2:2	3:0	0:3	4:0	1:1	2:1	2:0	3:0	4:1	2:0
VfL Wolfsburg	1:3	0:1	1:0	0:3	2:2	×	1:1	1:1	2:2	5:2	2:2	3:0	1:3	2:1	8:1	2:0	3:1	2:0
Eintracht Frankfurt	0:3	1:1	1:1	2:1	1:1	1:2	×	1:2	3:2	7:1	0:0	0:2	3:1	3:0	1:3	3:0	4:1	1:0
SV Werder Bremen	1:2	2:2	2:1	2:6	1:3	2:0	2:2	×	1:1	3:1	3:1	3:1	2:1	4:2	4:0	1:1	1:1	1:1
TSG 1899 Hoffenheim	1:3	1:1	1:2	4:1	0:0	1:4	1:2	0:1	×	1:1	2:0	1:1	3:1	1:1	2:1	4:0	3:0	2:1
Fortuna Düsseldorf	1:4	2:1	0:4	1:2	3:1	0:3	0:3	4:1	2:1	×	4:1	0:1	2:0	0:2	1:2	3:0	2:1	2:1
Hertha BSC	2:0	2:3	0:3	1:5	4:2	0:1	1:0	1:1	3:3	1:2	×	2:1	1:1	2:2	3:1	0:0	1:0
1. FSV Mainz 05	1:2	1:2	3:3	1:5	0:1	0:0	2:1	4:2	3:1	0:0	0:1	×	5:0	3:0	2:1	1:0	1:1	2:1
SC Freiburg	1:1	0:4	3:0	0:0	3:1	3:3	0:2	1:1	2:4	1:1	2:1	1:3	×	1:0	5:1	3:3	1:1	5:1
FC Schalke 04	0:2	1:2	0:1	1:2	0:2	2:1	1:2	0:2	2:5	0:4	0:2	1:0	0:0	×	0:0	0:0	3:1	5:2
FC Augsburg	2:3	2:1	0:0	1:4	1:1	2:3	1:3	2:3	0:4	1:2	3:4	3:0	4:1	1:1	×	6:0	3:1	2:2
VfB Stuttgart	0:3	0:4	1:3	0:1	1:0	3:0	0:3	2:1	1:1	0:0	2:1	2:3	2:2	1:3	1:0	×	5:1	1:1
Hannover 96	0:4	0:0	0:3	2:3	0:1	2:1	0:3	0:1	1:3	0:1	0:2	1:0	3:0	0:1	1:2	3:1	×	2:0
1. FC Nürnberg	1:1	0:0	0:1	1:1	0:4	0:2	1:1	1:1	1:3	3:0	1:3	1:1	0:1	1:1	3:0	0:2	2:0	×

Qualifikationsspiele zwischen dem 16. der Bundesliga und dem Dritten der 2. Bundesliga:

23.05.2019: VfB Stuttgart - 1. FC Union Berlin 2:2 (1:1)
Stuttgart: Ron-Robert Zieler - Benjamin Pavard, Ozan Kabak, Marc-Oliver Kempf, Emiliano Insua - Gonzalo Castro, Christian Gentner, Daniel Didavi (46. Mario Gomez), Chadrac Akolo (73. Steven Zuber), Nicolás González (82. Alexander Esswein) - Anastasios Donis. Trainer: Nico Willig
Berlin: Rafal Gikiewicz - Christopher Trimmel, Marvin Friedrich, Michael Parensen, Ken Reichel - Manuel Schmiedebach (84. Felix Kroos), Grischa Prömel, Robert Zulj, Suleiman Abdullahi (80. Akaki Gogia), Marcel Hartel (60. Joshua Mees) - Sebastian Andersson. Trainer: Urs Fischer
Tore: 1:0 Christian Gentner (42.), 1:1 Suleiman Abdullahi (43.), 2:1 Mario Gomez (51.), 2:2 Marvin Friedrich (68.)
Zuschauer: 58.619 im ausverkauften Mercedes-Benz-Arena in Stuttgart
Schiedsrichter: Bastian Dankert (Brüsewitzer SV, MV) - Assistenten: René Rohde (TSV Thürkow, MV), Markus Häcker (SV Traktor Pentz, MV)
Gelbe Karten: Marc-Oliver Kempf / Christopher Trimmel, Felix Kroos

27.05.2019: 1. FC Union Berlin - VfB Stuttgart 0:0 (0:0)
Berlin: Rafal Gikiewicz - Julian Ryerson, Marvin Friedrich, Florian Hübner, Ken Reichel - Manuel Schmiedebach, Grischa Prömel, Robert Zulj (90.+3 Michael Parensen), Suleiman Abdullahi (82. Akaki Gogia), Marcel Hartel (65. Joshua Mees) - Sebastian Andersson. Trainer: Urs Fischer
Stuttgart: Ron-Robert Zieler - Benjamin Pavard, Ozan Kabak, Holger Badstuber, Dennis Aogo - Santiago Ascacibar, Christian Gentner, Steven Zuber (68. Gonzalo Castro), Chadrac Akolo - Anastasios Donis (60. Daniel Didavi), Nicolás González (46. Mario Gomez). Trainer: Nico Willig
Zuschauer: 22.012 im ausverkauften Stadion an der Alten Försterei in Berlin
Schiedsrichter: Christian Dingert (TSG Burg Lichtenberg, SW) - Assistenten: Tobias Christ (TB Jahn Zeiskam, SW), Timo Gerach (FV Queichheim, SW)
Gelbe Karten: Manuel Schmiedebach, Marvin Friedrich / Christian Gentner
Der 1. FC Union Berlin steigt in die Bundesliga auf und der VfB Stuttgart in die 2. Bundesliga ab.

Termine und Ergebnisse der Bundesliga Saison 2018/19 Hinrunde

1. Spieltag
24.08.2018	Bayern München	TSG Hoffenheim	3:1	(1:0)
25.08.2018	Hertha BSC	1. FC Nürnberg	1:0	(1:0)
25.08.2018	Werder Bremen	Hannover 96	1:1	(0:0)
25.08.2018	SC Freiburg	Eintr. Frankfurt	0:2	(0:1)
25.08.2018	VfL Wolfsburg	FC Schalke 04	2:1	(1:0)
25.08.2018	Fort. Düsseldorf	FC Augsburg	1:2	(1:0)
25.08.2018	Bor. M'gladbach	Bayer Leverkusen	2:0	(0:0)
26.08.2018	1. FSV Mainz 05	VfB Stuttgart	1:0	(0:0)
26.08.2018	Bor. Dortmund	RB Leipzig	4:1	(3:1)

2. Spieltag
31.08.2018	Hannover 96	Bor. Dortmund	0:0	(0:0)
01.09.2018	TSG Hoffenheim	SC Freiburg	3:1	(0:1)
01.09.2018	Bayer Leverkusen	VfL Wolfsburg	1:3	(1:1)
01.09.2018	Eintr. Frankfurt	Werder Bremen	1:2	(0:1)
01.09.2018	FC Augsburg	Bor. M'gladbach	1:1	(1:0)
01.09.2018	1. FC Nürnberg	1. FSV Mainz 05	1:1	(0:1)
01.09.2018	VfB Stuttgart	Bayern München	0:3	(0:1)
02.09.2018	RB Leipzig	Fort. Düsseldorf	1:1	(0:0)
02.09.2018	FC Schalke 04	Hertha BSC	0:2	(0:1)

3. Spieltag
14.09.2018	Bor. Dortmund	Eintr. Frankfurt	3:1	(1:0)
15.09.2018	Bayern München	Bayer Leverkusen	3:1	(2:1)
15.09.2018	RB Leipzig	Hannover 96	3:2	(2:1)
15.09.2018	1. FSV Mainz 05	FC Augsburg	2:1	(0:0)
15.09.2018	VfL Wolfsburg	Hertha BSC	2:2	(0:0)
15.09.2018	Fort. Düsseldorf	TSG Hoffenheim	2:1	(0:0)
15.09.2018	Bor. M'gladbach	FC Schalke 04	2:1	(1:0)
16.09.2018	Werder Bremen	1. FC Nürnberg	1:1	(1:0)
16.09.2018	SC Freiburg	VfB Stuttgart	3:3	(1:1)

4. Spieltag
21.09.2018	VfB Stuttgart	Fort. Düsseldorf	0:0	(0:0)
22.09.2018	TSG Hoffenheim	Bor. Dortmund	1:1	(1:0)
22.09.2018	Hertha BSC	Bor. M'gladbach	4:2	(2:1)
22.09.2018	FC Augsburg	Werder Bremen	2:3	(1:2)
22.09.2018	VfL Wolfsburg	SC Freiburg	1:3	(0:2)
22.09.2018	1. FC Nürnberg	Hannover 96	2:0	(1:0)
22.09.2018	FC Schalke 04	Bayern München	0:2	(0:1)
23.09.2018	Bayer Leverkusen	1. FSV Mainz 05	1:0	(0:0)
23.09.2018	Eintr. Frankfurt	RB Leipzig	1:1	(1:0)

5. Spieltag
25.09.2018	Werder Bremen	Hertha BSC	3:1	(2:0)
25.09.2018	Bayern München	FC Augsburg	1:1	(0:0)
25.09.2018	Hannover 96	TSG Hoffenheim	1:3	(0:1)
25.09.2018	SC Freiburg	FC Schalke 04	1:0	(0:0)
26.09.2018	Fort. Düsseldorf	Bayer Leverkusen	1:2	(0:0)
26.09.2018	Bor. Dortmund	1. FC Nürnberg	7:0	(2:0)
26.09.2018	RB Leipzig	VfB Stuttgart	2:0	(1:0)
26.09.2018	Bor. M'gladbach	Eintr. Frankfurt	3:1	(0:0)
26.09.2018	1. FSV Mainz 05	VfL Wolfsburg	0:0	(0:0)

6. Spieltag
28.09.2018	Hertha BSC	Bayern München	2:0	(2:0)
29.09.2018	FC Schalke 04	1. FSV Mainz 05	1:0	(1:0)
29.09.2018	TSG Hoffenheim	RB Leipzig	1:2	(0:0)
29.09.2018	VfB Stuttgart	Werder Bremen	2:1	(1:0)
29.09.2018	VfL Wolfsburg	Bor. M'gladbach	2:2	(1:1)
29.09.2018	1. FC Nürnberg	Fort. Düsseldorf	3:0	(1:0)
29.09.2018	Bayer Leverkusen	Bor. Dortmund	2:4	(2:0)
30.09.2018	Eintr. Frankfurt	Hannover 96	4:1	(2:0)
30.09.2018	FC Augsburg	SC Freiburg	4:1	(2:0)

7. Spieltag
05.10.2018	Werder Bremen	VfL Wolfsburg	2:0	(1:0)
06.10.2018	Bor. Dortmund	FC Augsburg	4:3	(0:1)
06.10.2018	Hannover 96	VfB Stuttgart	3:1	(2:0)
06.10.2018	1. FSV Mainz 05	Hertha BSC	0:0	(0:0)
06.10.2018	Fort. Düsseldorf	FC Schalke 04	0:2	(0:0)
06.10.2018	Bayern München	Bor. M'gladbach	0:3	(0:2)
07.10.2018	SC Freiburg	Bayer Leverkusen	0:0	(0:0)
07.10.2018	TSG Hoffenheim	Eintr. Frankfurt	1:2	(0:1)
07.10.2018	RB Leipzig	1. FC Nürnberg	6:0	(4:0)

8. Spieltag
19.10.2018	Eintr. Frankfurt	Fort. Düsseldorf	7:1	(3:0)
20.10.2018	Bayer Leverkusen	Hannover 96	2:2	(1:1)
20.10.2018	VfB Stuttgart	Bor. Dortmund	0:4	(0:3)
20.10.2018	FC Augsburg	RB Leipzig	0:0	(0:0)
20.10.2018	VfL Wolfsburg	Bayern München	1:3	(0:1)
20.10.2018	1. FC Nürnberg	TSG Hoffenheim	1:3	(1:0)
20.10.2018	FC Schalke 04	Werder Bremen	0:2	(0:1)
21.10.2018	Hertha BSC	SC Freiburg	1:1	(1:1)
21.10.2018	Bor. M'gladbach	1. FSV Mainz 05	4:0	(1:0)

9. Spieltag
26.10.2018	SC Freiburg	Bor. M'gladbach	3:1	(1:1)
27.10.2018	Bor. Dortmund	Hertha BSC	2:2	(1:1)
27.10.2018	Hannover 96	FC Augsburg	1:2	(0:1)
27.10.2018	1. FSV Mainz 05	Bayern München	1:2	(0:1)
27.10.2018	Fort. Düsseldorf	VfL Wolfsburg	0:3	(0:1)
27.10.2018	TSG Hoffenheim	VfB Stuttgart	4:0	(0:0)
28.10.2018	1. FC Nürnberg	Eintr. Frankfurt	1:1	(1:0)
28.10.2018	RB Leipzig	FC Schalke 04	0:0	(0:0)
28.10.2018	Werder Bremen	Bayer Leverkusen	2:6	(0:3)

10. Spieltag
02.11.2018	VfB Stuttgart	Eintr. Frankfurt	0:3	(0:2)
03.11.2018	Bayern München	SC Freiburg	1:1	(0:0)
03.11.2018	FC Schalke 04	Hannover 96	3:1	(0:0)
03.11.2018	Bayer Leverkusen	TSG Hoffenheim	1:4	(1:2)
03.11.2018	FC Augsburg	1. FC Nürnberg	2:2	(1:0)
03.11.2018	VfL Wolfsburg	Bor. Dortmund	0:1	(0:1)
03.11.2018	Hertha BSC	RB Leipzig	0:3	(0:1)
04.11.2018	Bor. M'gladbach	Fort. Düsseldorf	3:0	(0:0)
04.11.2018	1. FSV Mainz 05	Werder Bremen	2:1	(1:0)

11. Spieltag
09.11.2018	Hannover 96	VfL Wolfsburg	2:1	(1:0)
10.11.2018	TSG Hoffenheim	FC Augsburg	2:1	(0:0)
10.11.2018	Werder Bremen	Bor. M'gladbach	1:3	(0:1)
10.11.2018	SC Freiburg	1. FSV Mainz 05	1:3	(0:2)
10.11.2018	Fort. Düsseldorf	Hertha BSC	4:1	(0:0)
10.11.2018	1. FC Nürnberg	VfB Stuttgart	0:2	(0:0)
10.11.2018	Bor. Dortmund	Bayern München	3:2	(0:1)
11.11.2018	RB Leipzig	Bayer Leverkusen	3:0	(1:0)
11.11.2018	Eintr. Frankfurt	FC Schalke 04	3:0	(0:0)

12. Spieltag
23.11.2018	Bayer Leverkusen	VfB Stuttgart	2:0	(0:0)
24.11.2018	Bayern München	Fort. Düsseldorf	3:3	(2:1)
24.11.2018	Hertha BSC	TSG Hoffenheim	3:3	(1:2)
24.11.2018	FC Augsburg	Eintr. Frankfurt	1:3	(0:1)
24.11.2018	1. FSV Mainz 05	Bor. Dortmund	1:2	(0:0)
24.11.2018	VfL Wolfsburg	RB Leipzig	1:0	(0:0)
24.11.2018	FC Schalke 04	1. FC Nürnberg	5:2	(2:1)
25.11.2018	SC Freiburg	Werder Bremen	1:1	(1:0)
25.11.2018	Bor. M'gladbach	Hannover 96	4:1	(2:1)

13. Spieltag
30.11.2018	Fort. Düsseldorf	1. FSV Mainz 05	0:1	(0:0)
01.12.2018	Bor. Dortmund	SC Freiburg	2:0	(1:0)
01.12.2018	VfB Stuttgart	FC Augsburg	1:0	(1:0)
01.12.2018	Werder Bremen	Bayern München	1:2	(1:1)
01.12.2018	Hannover 96	Hertha BSC	0:2	(0:1)
01.12.2018	TSG Hoffenheim	FC Schalke 04	1:1	(1:0)
02.12.2018	RB Leipzig	Bor. M'gladbach	2:0	(2:0)
02.12.2018	Eintr. Frankfurt	VfL Wolfsburg	1:2	(0:1)
02.12.2018	1. FC Nürnberg	Bayer Leverkusen	1:1	(0:1)

14. Spieltag
07.12.2018	Werder Bremen	Fort. Düsseldorf	3:1	(1:1)
08.12.2018	Bayern München	1. FC Nürnberg	3:0	(2:0)
08.12.2018	FC Schalke 04	Bor. Dortmund	1:2	(0:1)
08.12.2018	Bayer Leverkusen	FC Augsburg	1:0	(0:0)
08.12.2018	SC Freiburg	RB Leipzig	3:0	(2:0)
08.12.2018	VfL Wolfsburg	TSG Hoffenheim	2:2	(2:1)
08.12.2018	Hertha BSC	Eintr. Frankfurt	1:0	(1:0)
09.12.2018	1. FSV Mainz 05	Hannover 96	1:1	(0:1)
09.12.2018	Bor. M'gladbach	VfB Stuttgart	3:0	(0:0)

15. Spieltag
14.12.2018	1. FC Nürnberg	VfL Wolfsburg	0:2	(0:0)
15.12.2018	TSG Hoffenheim	Bor. M'gladbach	0:0	(0:0)
15.12.2018	VfB Stuttgart	Hertha BSC	2:1	(0:1)
15.12.2018	FC Augsburg	FC Schalke 04	1:1	(1:0)
15.12.2018	Hannover 96	Bayern München	0:4	(0:2)
15.12.2018	Fort. Düsseldorf	SC Freiburg	2:0	(0:0)
15.12.2018	Bor. Dortmund	Werder Bremen	2:1	(2:1)
16.12.2018	RB Leipzig	1. FSV Mainz 05	4:1	(2:1)
16.12.2018	Eintr. Frankfurt	Bayer Leverkusen	2:1	(1:0)

16. Spieltag
18.12.2018	Bor. M'gladbach	1. FC Nürnberg	2:0	(0:0)
18.12.2018	Hertha BSC	FC Augsburg	2:2	(2:2)
18.12.2018	VfL Wolfsburg	VfB Stuttgart	2:0	(2:0)
18.12.2018	Fort. Düsseldorf	Bor. Dortmund	2:1	(1:0)
19.12.2018	FC Schalke 04	Bayer Leverkusen	1:2	(1:2)
19.12.2018	Bayern München	RB Leipzig	1:0	(0:0)
19.12.2018	Werder Bremen	TSG Hoffenheim	1:1	(0:1)
19.12.2018	SC Freiburg	Hannover 96	1:1	(1:1)
19.12.2018	1. FSV Mainz 05	Eintr. Frankfurt	2:2	(2:2)

17. Spieltag
21.12.2018	Bor. Dortmund	Bor. M'gladbach	2:1	(1:1)
22.12.2018	Bayer Leverkusen	Hertha BSC	3:1	(2:1)
22.12.2018	RB Leipzig	Werder Bremen	3:2	(2:0)
22.12.2018	VfB Stuttgart	FC Schalke 04	1:3	(0:1)
22.12.2018	Hannover 96	Fort. Düsseldorf	0:1	(0:0)
22.12.2018	1. FC Nürnberg	SC Freiburg	0:1	(0:1)
22.12.2018	Eintr. Frankfurt	Bayern München	0:3	(0:1)
23.12.2018	FC Augsburg	VfL Wolfsburg	2:3	(0:2)
23.12.2018	TSG Hoffenheim	1. FSV Mainz 05	1:1	(1:1)

Termine und Ergebnisse der Bundesliga Saison 2018/19 Rückrunde

18. Spieltag
18.01.2019	TSG Hoffenheim	Bayern München	1:3 (0:2)
19.01.2019	Bayer Leverkusen	Bor. M'gladbach	0:1 (0:1)
19.01.2019	VfB Stuttgart	1. FSV Mainz 05	2:3 (0:2)
19.01.2019	Eintr. Frankfurt	SC Freiburg	3:1 (3:0)
19.01.2019	FC Augsburg	Fort. Düsseldorf	1:2 (0:1)
19.01.2019	Hannover 96	Werder Bremen	0:1 (0:1)
19.01.2019	RB Leipzig	Bor. Dortmund	0:1 (0:1)
20.01.2019	1. FC Nürnberg	Hertha BSC	1:3 (1:1)
20.01.2019	FC Schalke 04	VfL Wolfsburg	2:1 (1:1)

19. Spieltag
25.01.2019	Hertha BSC	FC Schalke 04	2:2 (2:2)
26.01.2019	Bor. Dortmund	Hannover 96	5:1 (1:0)
26.01.2019	Bor. M'gladbach	FC Augsburg	2:0 (0:0)
26.01.2019	SC Freiburg	TSG Hoffenheim	2:4 (1:1)
26.01.2019	1. FSV Mainz 05	1. FC Nürnberg	2:1 (1:1)
26.01.2019	VfL Wolfsburg	Bayer Leverkusen	0:3 (0:1)
26.01.2019	Werder Bremen	Eintr. Frankfurt	2:2 (1:1)
27.01.2019	Bayern München	VfB Stuttgart	4:1 (1:1)
27.01.2019	Fort. Düsseldorf	RB Leipzig	0:4 (0:3)

20. Spieltag
01.02.2019	Hannover 96	RB Leipzig	0:3 (0:1)
02.02.2019	TSG Hoffenheim	Fort. Düsseldorf	1:1 (1:0)
02.02.2019	Bayer Leverkusen	Bayern München	3:1 (0:1)
02.02.2019	Eintr. Frankfurt	Bor. Dortmund	1:1 (1:1)
02.02.2019	Hertha BSC	VfL Wolfsburg	0:1 (0:0)
02.02.2019	1. FC Nürnberg	Werder Bremen	1:1 (0:0)
02.02.2019	FC Schalke 04	Bor. M'gladbach	0:2 (0:0)
03.02.2019	FC Augsburg	1. FSV Mainz 05	3:0 (2:0)
03.02.2019	VfB Stuttgart	SC Freiburg	2:2 (0:1)

21. Spieltag
08.02.2019	1. FSV Mainz 05	Bayer Leverkusen	1:5 (1:4)
09.02.2019	Bor. Dortmund	TSG Hoffenheim	3:3 (2:0)
09.02.2019	RB Leipzig	Eintr. Frankfurt	0:0 (0:0)
09.02.2019	Bor. M'gladbach	Hertha BSC	0:3 (0:1)
09.02.2019	Hannover 96	1. FC Nürnberg	2:0 (1:0)
09.02.2019	SC Freiburg	VfL Wolfsburg	3:3 (1:1)
09.02.2019	Bayern München	FC Schalke 04	3:1 (2:1)
10.02.2019	Werder Bremen	FC Augsburg	4:0 (3:0)
10.02.2019	Fort. Düsseldorf	VfB Stuttgart	3:0 (1:0)

22. Spieltag
15.02.2019	FC Augsburg	Bayern München	2:3 (2:2)
16.02.2019	FC Schalke 04	SC Freiburg	0:0 (0:0)
16.02.2019	TSG Hoffenheim	Hannover 96	3:0 (2:0)
16.02.2019	VfB Stuttgart	RB Leipzig	1:3 (1:1)
16.02.2019	VfL Wolfsburg	1. FSV Mainz 05	3:0 (1:0)
16.02.2019	Hertha BSC	Werder Bremen	1:1 (1:0)
17.02.2019	Eintr. Frankfurt	Bor. M'gladbach	1:1 (1:0)
17.02.2019	Bayer Leverkusen	Fort. Düsseldorf	2:0 (1:0)
18.02.2019	1. FC Nürnberg	Bor. Dortmund	0:0 (0:0)

23. Spieltag
22.02.2019	Werder Bremen	VfB Stuttgart	1:1 (1:1)
23.02.2019	Bayern München	Hertha BSC	1:0 (0:0)
23.02.2019	Bor. M'gladbach	VfL Wolfsburg	0:3 (0:1)
23.02.2019	SC Freiburg	FC Augsburg	5:1 (3:0)
23.02.2019	1. FSV Mainz 05	FC Schalke 04	3:0 (1:0)
23.02.2019	Fort. Düsseldorf	1. FC Nürnberg	2:1 (0:1)
24.02.2019	Hannover 96	Eintr. Frankfurt	0:3 (0:0)
24.02.2019	Bor. Dortmund	Bayer Leverkusen	3:2 (2:1)
25.02.2019	RB Leipzig	TSG Hoffenheim	1:1 (0:1)

24. Spieltag
01.03.2019	FC Augsburg	Bor. Dortmund	2:1 (1:0)
02.03.2019	FC Schalke 04	Fort. Düsseldorf	0:4 (0:1)
02.03.2019	Bayer Leverkusen	SC Freiburg	2:0 (1:0)
02.03.2019	Eintr. Frankfurt	TSG Hoffenheim	3:2 (1:1)
02.03.2019	Hertha BSC	1. FSV Mainz 05	2:1 (0:0)
02.03.2019	1. FC Nürnberg	RB Leipzig	0:1 (0:1)
02.03.2019	Bor. M'gladbach	Bayern München	1:5 (1:2)
03.03.2019	VfB Stuttgart	Hannover 96	5:1 (3:0)
03.03.2019	VfL Wolfsburg	Werder Bremen	1:1 (0:0)

25. Spieltag
08.03.2019	Werder Bremen	FC Schalke 04	4:2 (1:1)
09.03.2019	Bayern München	VfL Wolfsburg	6:0 (2:0)
09.03.2019	Bor. Dortmund	VfB Stuttgart	3:1 (3:0)
09.03.2019	RB Leipzig	FC Augsburg	0:0 (0:0)
09.03.2019	SC Freiburg	Hertha BSC	2:1 (1:0)
09.03.2019	1. FSV Mainz 05	Bor. M'gladbach	0:1 (0:1)
10.03.2019	TSG Hoffenheim	1. FC Nürnberg	2:1 (1:0)
10.03.2019	Hannover 96	Bayer Leverkusen	2:3 (0:2)
11.03.2019	Fort. Düsseldorf	Eintr. Frankfurt	0:3 (0:0)

26. Spieltag
15.03.2019	Bor. M'gladbach	SC Freiburg	1:1 (1:1)
16.03.2019	FC Schalke 04	RB Leipzig	0:1 (0:1)
16.03.2019	VfB Stuttgart	TSG Hoffenheim	1:1 (0:1)
16.03.2019	FC Augsburg	Hannover 96	3:1 (0:1)
16.03.2019	VfL Wolfsburg	Fort. Düsseldorf	5:2 (1:1)
16.03.2019	Hertha BSC	Bor. Dortmund	2:3 (2:1)
17.03.2019	Bayer Leverkusen	Werder Bremen	1:3 (0:2)
17.03.2019	Eintr. Frankfurt	1. FC Nürnberg	1:0 (1:0)
17.03.2019	Bayern München	1. FSV Mainz 05	6:0 (3:0)

27. Spieltag
29.03.2019	TSG Hoffenheim	Bayer Leverkusen	4:1 (1:0)
30.03.2019	Bor. Dortmund	VfL Wolfsburg	2:0 (0:0)
30.03.2019	Werder Bremen	1. FSV Mainz 05	3:1 (2:0)
30.03.2019	SC Freiburg	Bayern München	1:1 (1:1)
30.03.2019	Fort. Düsseldorf	Bor. M'Ggladbach	3:1 (3:0)
30.03.2019	1. FC Nürnberg	FC Augsburg	3:0 (0:0)
30.03.2019	RB Leipzig	Hertha BSC	5:0 (2:0)
31.03.2019	Hannover 96	FC Schalke 04	0:1 (0:1)
31.03.2019	Eintr. Frankfurt	VfB Stuttgart	3:0 (1:0)

28. Spieltag
05.04.2019	1. FSV Mainz 05	SC Freiburg	5:0 (3:0)
06.04.2019	FC Schalke 04	Eintr. Frankfurt	1:2 (1:1)
06.04.2019	Bayer Leverkusen	RB Leipzig	2:4 (2:1)
06.04.2019	VfB Stuttgart	1. FC Nürnberg	1:1 (0:1)
06.04.2019	Hertha BSC	Fort. Düsseldorf	1:2 (1:1)
06.04.2019	VfL Wolfsburg	Hannover 96	3:1 (1:1)
06.04.2019	Bayern München	Bor. Dortmund	5:0 (4:0)
07.04.2019	FC Augsburg	TSG Hoffenheim	0:4 (0:1)
07.04.2019	Bor. M'gladbach	Werder Bremen	1:1 (0:0)

29. Spieltag
12.04.2019	1. FC Nürnberg	FC Schalke 04	1:1 (0:0)
13.04.2019	RB Leipzig	VfL Wolfsburg	2:0 (2:0)
13.04.2019	VfB Stuttgart	Bayer Leverkusen	0:1 (0:0)
13.04.2019	Werder Bremen	SC Freiburg	2:1 (0:0)
13.04.2019	Hannover 96	Bor. M'gladbach	0:1 (0:0)
13.04.2019	Bor. Dortmund	1. FSV Mainz 05	2:1 (2:0)
14.04.2019	TSG Hoffenheim	Hertha BSC	2:0 (1:0)
14.04.2019	Fort. Düsseldorf	Bayern München	1:4 (0:2)
14.04.2019	Eintr. Frankfurt	FC Augsburg	1:3 (1:2)

30. Spieltag
20.04.2019	Bayern München	Werder Bremen	1:0 (0:0)
20.04.2019	Bayer Leverkusen	1. FC Nürnberg	2:0 (0:0)
20.04.2019	FC Augsburg	VfB Stuttgart	6:0 (3:0)
20.04.2019	1. FSV Mainz 05	Fort. Düsseldorf	3:1 (1:1)
20.04.2019	Bor. M'gladbach	RB Leipzig	1:2 (0:1)
20.04.2019	FC Schalke 04	TSG Hoffenheim	2:5 (0:2)
21.04.2019	SC Freiburg	Bor. Dortmund	0:4 (0:1)
21.04.2019	Hertha BSC	Hannover 96	0:0 (0:0)
22.04.2019	VfL Wolfsburg	Eintr. Frankfurt	1:1 (0:0)

31. Spieltag
26.04.2019	FC Augsburg	Bayer Leverkusen	1:4 (1:1)
27.04.2019	Bor. Dortmund	FC Schalke 04	2:4 (1:2)
27.04.2019	RB Leipzig	SC Freiburg	2:1 (1:0)
27.04.2019	Eintr. Frankfurt	Hertha BSC	0:0 (0:0)
27.04.2019	Hannover 96	1. FSV Mainz 05	1:0 (0:0)
27.04.2019	Fort. Düsseldorf	Werder Bremen	4:1 (2:1)
27.04.2019	VfB Stuttgart	Bor. M'gladbach	1:0 (0:0)
28.04.2019	TSG Hoffenheim	VfL Wolfsburg	1:4 (1:1)
28.04.2019	1. FC Nürnberg	Bayern München	1:1 (0:0)

32. Spieltag
03.05.2019	1. FSV Mainz 05	RB Leipzig	3:3 (1:2)
04.05.2019	Bayern München	Hannover 96	3:1 (2:0)
04.05.2019	Bor. M'gladbach	TSG Hoffenheim	2:2 (0:1)
04.05.2019	Hertha BSC	VfB Stuttgart	3:1 (2:0)
04.05.2019	VfL Wolfsburg	1. FC Nürnberg	2:0 (1:0)
04.05.2019	Werder Bremen	Bor. Dortmund	2:2 (0:2)
05.05.2019	FC Schalke 04	FC Augsburg	0:0 (0:0)
05.05.2019	SC Freiburg	Fort. Düsseldorf	1:1 (1:1)
05.05.2019	Bayer Leverkusen	Eintr. Frankfurt	6:1 (6:1)

33. Spieltag
11.05.2019	TSG Hoffenheim	Werder Bremen	0:1 (0:1)
11.05.2019	Bor. Dortmund	Fort. Düsseldorf	3:2 (1:0)
11.05.2019	Bayer Leverkusen	FC Schalke 04	1:1 (1:0)
11.05.2019	RB Leipzig	Bayern München	0:0 (0:0)
11.05.2019	VfB Stuttgart	VfL Wolfsburg	3:0 (1:0)
11.05.2019	FC Augsburg	Hertha BSC	3:4 (1:0)
11.05.2019	Hannover 96	SC Freiburg	3:0 (1:0)
11.05.2019	1. FC Nürnberg	Bor. M'gladbach	0:4 (0:0)
12.05.2019	Eintr. Frankfurt	1. FSV Mainz 05	0:2 (0:0)

34. Spieltag
18.05.2019	Bayern München	Eintr. Frankfurt	5:1 (1:0)
18.05.2019	FC Schalke 04	VfB Stuttgart	0:0 (0:0)
18.05.2019	Bor. M'gladbach	Bor. Dortmund	0:2 (0:1)
18.05.2019	Hertha BSC	Bayer Leverkusen	1:5 (1:2)
18.05.2019	Werder Bremen	RB Leipzig	2:1 (1:0)
18.05.2019	SC Freiburg	1. FC Nürnberg	5:1 (2:0)
18.05.2019	1. FSV Mainz 05	TSG Hoffenheim	4:2 (0:2)
18.05.2019	VfL Wolfsburg	FC Augsburg	8:1 (3:0)
18.05.2019	Fort. Düsseldorf	Hannover 96	2:1 (0:0)

FC Augsburg 1907

Anschrift: Donauwörther Straße 170, 86154 Augsburg
Telefon: (08 21) 45 54 770
eMail: info@fcaugsburg.de
Homepage: www.fcaugsburg.de

Vereinsgründung: 08.08.1907; 1969 Fusion BC Augsburg und TSV Schwaben Augsburg; seit 20.06.2005 FC Augsburg 1907 GmbH & Co KGaA
Vereinsfarben: Rot-Grün-Weiß
Vorstandsvors.: Klaus Hofmann
Geschäftsführer: Stefan Reuter (Sport)
Stadion: WWK-Arena (30.660)

Größte Erfolge: Qualifikation zur Europa League 2015; Aufstieg in die Bundesliga 2011; Meister der Regionalliga Süd 1974 und 2006 (↑)

Aufgebot:

Name, Vorname	Pos	geb. am	Nat.	seit	2018/19 Sp.	T.	gesamt Sp.	T.	frühere Vereine
Asta, Simon	A	25.01.2001	D	2012	1	0	2	0	TSV Göggingen 1875
Baier, Daniel	M	18.05.1984	D	2010	33	0	279	5	VfL Wolfsburg, FC Augsburg, VfL Wolfsburg, TSV 1860 München, SV Viktoria Aschaffenburg, TSV Mainaschaff, FSV Teutonia Obernau, ESV Rot-Weiß Aschaffenburg
Caiuby (Caiuby Francisco da Silva)	M	14.07.1988	BRA	2014	14	1	109	12	FC Ingolstadt 04, VfL Wolfsburg, MSV Duisburg, VfL Wolfsburg, AD Sao Caetano, Guaratingueta Futebol, SC Corinthians Sao Paulo, Sao Paulo FC, AFE Ferroviaria Araraquara
Callsen-Bracker, Jan-Ingwer	A	23.09.1984	D	2018	1	0	169	11	1. FC Kaiserslautern, FC Augsburg, Borussia Mönchengladbach, Bayer 04 Leverkusen, SV Beuel 06, TSV Bollingstedt-Gammellund
Cordova, Sergio	M	09.08.1997	VEN	2017	20	3	46	5	Caracas FC, Arrocerros de Calabozo FC
Danso, Kevin	A	19.09.1998	AUT	2014	18	1	41	3	Milton Keynes Dons FC, Reading FC
Finnbogason, Alfred	S	01.02.1989	ISL	2016	18	10	67	32	Olympiakos Piräus, Real Sociedad San Sebastian, SC Heerenveen, Helsingborgs IF, KSC Lokeren, UMF Breidablik Kopavogur, Augnablik Kopavogur, UMF Breidablik Kopavogur, UMF Fjölnir Reykjavik, Hutchison Vale, UMF Fjölnir Reykjavik
Framberger, Raphael	A	06.09.1995	D	2004	7	0	19	0	SV Cosmos Aystetten
Giefer, Fabian	T	17.05.1990	D	2017	4	0	46	0	Bristol City FC, FC Schalke 04, Fortuna Düsseldorf, Bayer 04 Leverkusen, TuRa Lommersdorf, 1. FC Oberahr
Götze, Felix	A	11.02.1998	D	2018	6	1	6	1	FC Bayern München, Borussia Dortmund
Gouweleeuw, Jeffrey	A	10.07.1991	NED	2016	25	0	81	2	AZ Alkmaar, SC Heerenveen, ADO 20 Heemskerk
Gregoritsch, Michael	M	18.04.1994	AUT	2017	32	6	119	29	Hamburger SV, VfL Bochum, FC St. Pauli, TSG 1899 Hoffenheim, Kapfenberger SV, Grazer AK
Hahn, André	M	13.08.1990	D	2018	28	4	167	33	Hamburger SV, Borussia Mönchengladbach, FC Augsburg, Offenbacher FC Kickers, TuS Koblenz, FC Oberneuland, Hamburger SV, FC Bremerhaven, Rot-Weiß Cuxhaven, Leher TS, TSV Otterndorf
Hinteregger, Martin	A	07.09.1992	AUT	2016	18	2	103	6	FC Red Bull Salzburg, Borussia Mönchengladbach, FC Red Bull Salzburg, SGA Sirnitz
Jakob, Kilian	A	25.01.1998	D	2017	0	0	1	0	TSV 1860 München, FC Dreistern Neutrudering
Janker, Christoph	A	14.02.1985	D	2015	4	0	93	0	Hertha BSC, TSG 1899 Hoffenheim, TSV 1860 München, ASV Cham 1863, DJK Vilzing
Jensen, Fredrik	M	09.09.1997	FIN	2018	6	0	6	0	FC Twente Enschede, HJK Helsinki, FC Honka Espoo, Futura Porvoo
Ji, Dong-Won	M	28.05.1991	KOR	2018	14	4	113	13	SV Darmstadt 98, FC Augsburg, Borussia Dortmund, FC Augsburg, Sunderland AFC, FC Augsburg, Sunderland AFC, Chunnam Dragons, Reading FC
Khedira, Rani	M	27.01.1994	D	2017	30	4	79	5	RasenBallsport Leipzig, VfB Stuttgart, TV Oeffingen
Kobel, Gregor	T	06.12.1997	SUI	2019	16	0	17	0	TSG 1899 Hoffenheim, Grasshopper Club Zürich, FC Zürich
Koo, Ja-Cheol	M	27.02.1989	KOR	2015	26	2	211	28	1. FSV Mainz 05, VfL Wolfsburg, FC Augsburg, VfL Wolfsburg, Jeju United
Luthe, Andreas	T	10.05.1987	D	2016	15	0	22	0	VfL Bochum, SC Borussia Velbert, SuS Niederbonsfeld
Max, Philipp	A	30.09.1993	D	2015	30	4	116	7	Karlsruher SC, FC Schalke 04, FC Bayern München, TSV 1860 München, SC Baldham
Moravek, Jan	M	01.11.1989	CZE	2012	13	0	135	9	FC Schalke 04, 1. FC Kaiserslautern, FC Schalke 04, Bohemians 1905 Prag, FC Bohemians Prag
Oxford, Reece	A	16.12.1998	ENG	2019	8	0	15	0	West Ham United FC, Borussia Mönchengladbach, West Ham United FC, Borussia Mönchengladbach, Reading FC, West Ham United FC
Parker, Shawn	M	07.03.1993	D	2017	0	0	37	4	1. FC Nürnberg, FC Augsburg, 1. FSV Mainz 05 ... (vgl. Seite 70)
Richter, Marco	S	24.11.1997	D	2011	25	4	37	5	FC Bayern München, SV Ried
Rieder, Tim	A	03.09.1993	D	2018	0	0	5	0	Slask Wroclaw, FC Augsburg, FC Bayern München, ASV Dachau
Schieber, Julian	S	13.02.1989	D	2018	9	1	165	27	Hertha BSC, Borussia Dortmund, VfB Stuttgart, 1. FC Nürnberg, TSG Backnang, SV Unterweissach
Schmid, Jonathan	M	22.06.1990	FRA	2016	28	3	219	28	TSG 1899 Hoffenheim, SC Freiburg, Offenburger FV, CS Mars Bischheim, Sporting Club Schiltigheim, Racing Club Straßburg
Stafylidis, Konstantinos	A	02.12.1993	GRE	2018	12	0	53	5	Stoke City FC, FC Augsburg, Fulham FC, Bayer 04 Leverkusen, PAOK Saloniki, Aetos Akropotamos
Stanic, Jozo	A	06.04.1999	CRO	2014	1	0	1	0	TSV Schwaben Augsburg, FC Stätzling
Teigl, Georg	M	09.02.1991	AUT	2018	6	0	24	0	Eintracht Braunschweig, FC Augsburg, RasenBallsport Leipzig, FC Red Bull Salzburg, AKA St. Pölten, FC Purkersdorf, SV Gablitz
Usami, Takashi	M	06.05.1992	JPN	2018	0	0	53	3	Fortuna Düsseldorf, FC Augsburg, Gamba Osaka ... (vgl. Seite 18)

Trainer:

Name, Vorname	geb. am	Nat.	Zeitraum	Spiele 2018/19	frühere Trainerstationen
Baum, Manuel	30.08.1979	D	14.12.16 – 08.04.19	28	FC Augsburg II, TSV 1860 München Junioren, SpVgg Unterhaching, FT 09 Starnberg, FC Unterföhring, TSV 1860 München (TW-Trainer)
Schmidt, Martin	12.04.1967	SUI	09.04.19 – lfd.	6	VfL Wolfsburg, 1. FSV Mainz 05, 1. FSV Mainz 05 II, FC Thun II, FC Raron, FC Raron (Co-Trainer)

Zugänge:
Callsen-Bracker (1. FC Kaiserslautern), Götze (FC Bayern München), Hahn (Hamburger SV), Jensen (FC Twente Enschede), Ji (SV Darmstadt 98), Rieder (Slask Wroclaw), Schieber (Hertha BSC), Stafylidis (Stoke City FC), Stanic (II. Mannschaft), Teigl (Eintracht Braunschweig), Usami (Fortuna Düsseldorf).
Während der Saison:
Kobel (TSG 1899 Hoffenheim), Oxford (West Ham United FC).

Abgänge:
Heller (SV Darmstadt 98), Hitz (Borussia Dortmund), Kacar (Anorthosis Famagusta FC), Opare (Royal Antwerp FC).
während der Saison:
Caiuby (Grasshopper Club Zürich), Hinteregger (Eintracht Frankfurt), Parker (SpVgg Greuther Fürth), Rieder (SV Darmstadt 98), Usami (Fortuna Düsseldorf).

Fortsetzung FC Augsburg 1907

Aufstellungen und Torschützen:

Sp	Datum	Gegner	Ergebnis	Asta	Baier	Caiuby	Callsen-Bracker	Cordova	Danso	Finnbogason	Framberger	Giefer	Götze	Gouweleeuw	Gregoritsch	Hahn	Hinteregger	Janker	Jensen	Ji	Khedira	Kobel	Koo	Luthe	Max	Moravek	Oxford	Richter	Schieber	Schmid	Stafylidis	Stanic	Teigl
1	25.08.18 A	Fort. Düsseldorf	2:1 (0:1)	A	A			E				X		X	X	X1	X1			E	X		E	X		A	X					
2	01.09.18 H	Bor. M'gladbach	1:1 (1:0)	X	E					X	E	X	A1	X	X					E	X		A	X		A	X					
3	15.09.18 A	1. FSV Mainz 05	1:2 (0:0)	X	E	E				X		X	A	X	X					EA1	X		X	X		A	X					
4	22.09.18 H	Werder Bremen	2:3 (1:2)	X	E	E			X	X		X	X	X	X						A		A1	X1	E	A						
5	25.09.18 A	Bayern München	1:1 (0:0)	X	X		E			X		E1	X	A	X	X					X			X	X	A						
6	30.09.18 H	SC Freiburg	4:1 (2:0)	A	X1				X3			E	X	A	E	X					X		E	X	X		A	X					
7	06.10.18 A	Bor. Dortmund	3:4 (1:0)	A	X		E		A1	X		E	X	X1	A	X					X			X	X1	E							
8	20.10.18 H	RB Leipzig	0:0 (0:0)	X	X			E	A			X	A	X	X						X		E	X	X			X					
9	27.10.18 A	Hannover 96	2:1 (1:0)	X				E	A1			X	E	X	X		E				X1		A	X	X		A	X					
10	03.11.18 H	1. FC Nürnberg	2:2 (1:0)	X	X				X1		E	X		E	X						X		A	X	X		A	X1					
11	10.11.18 A	TSG Hoffenheim	1:2 (0:0)	X	A				X1			X	E		X						X		A	X	X		X	E	X				
12	24.11.18 H	Eintr. Frankfurt	1:3 (0:1)	X	X		E1					X	A		X		A				X		E	X	X		E	A	X				
13	01.12.18 A	VfB Stuttgart	0:1 (0:1)	X	X		E			X			X	X	E	X					A		A	X	X		E	A					
14	08.12.18 H	Bay. Leverkusen	0:1 (0:0)	X	A		E		A	X			X	X	A	X		E			X			X	X		E						
15	15.12.18 A	FC Schalke 04	1:1 (1:0)	A	E		E		A			X	X1	E	X						X		X	X	X		A	X					
16	18.12.18 H	Hertha BSC	2:2 (2:2)	X			E	X	A				A			A1					X	X	X1	X	X	E		E	X				
17	23.12.18 H	VfL Wolfsburg	2:3 (0:2)	X			E1	X	X	E		X	A	E							X1		X	X			A		X	A			
18	19.01.19 A	Fort. Düsseldorf	1:2 (0:1)	X		E	E	X	X	X			A	X	X							X		A	A		E		X1				
19	26.01.19 A	Bor. M'gladbach	0:2 (0:0)	A			E	X	A				E	X	X						X	X		A	X				X	X			E
20	03.02.19 H	1. FSV Mainz 05	3:0 (2:0)	X			E	X	A3				X	X				A			X	X	E		A	E			X	X			
21	10.02.19 A	Werder Bremen	0:4 (0:3)	A					A				X	E			E	X	X			A	X	X					X	X	E		
22	15.02.19 H	Bayern München	2:3 (2:2)				X	X					X								X1	X	E	X	A	X	E		X	A			
23	23.02.19 A	SC Freiburg	1:5 (0:3)	A			X	E					X				E	X	X1		X	X		A			XR	X	X				
24	01.03.19 H	Bor. Dortmund	2:1 (1:0)	A			E	X			E		X	X							A2	X	X	X				X	A				E
25	09.03.19 A	RB Leipzig	0:0 (0:0)	X			A	X					X				E	A			X	X	X				E	X					X
26	16.03.19 H	Hannover 96	3:1 (0:1)	X			E1	X	A			E		X1			E	A			X	X	X				A	X1					
27	30.03.19 A	1. FC Nürnberg	0:3 (0:0)	X			E	X	A			X	X	X							X	X	X	X			E						
28	07.04.19 H	TSG Hoffenheim	0:4 (0:1)	A			E	X	E			X	X	E							X	X	X	X		A	A	X					
29	14.04.19 A	Eintr. Frankfurt	3:1 (2:1)	X					A			X	X1	X			E				X	A	A	E			X2	E	E				
30	20.04.19 H	VfB Stuttgart	6:0 (3:0)	X				X				A	X	X1							A1		X	X2	E	E	A2	E	X				
31	26.04.19 H	Bay. Leverkusen	1:4 (1:1)	X				A1				X	X	X							X	E	A			A	E	X	E				E
32	05.05.19 A	FC Schalke 04	0:0 (0:0)	X								X	A	X							X	A	X	E		E	A	X	E				E
33	11.05.19 H	Hertha BSC	3:4 (1:0)	X								X	E2	X1	E						X	A	A	A	X	X		X	E				X
34	18.05.19 A	VfL Wolfsburg	1:8 (0:3)	X	X			E				A	X	X		A		A			X				E	X	X	E1	X				
		Spiele:		1	33	14	1	20	18	18	7	4	6	25	32	28	18	4	6	14	30	16	26	15	30	13	8	25	9	28	12	1	6
		Tore:		0	0	1	0	3	1	10	0	0	1	0	6	4	2	0	0	4	4	0	2	0	4	0	0	4	1	3	0	0	0

Gegnerisches Eigentor im 22. Spiel (durch Goretzka).

Bilanz der letzten 10 Jahre:

Saison	Lv.	Liga		Platz	Sp.	S	U	N	Tore	Pkt.
2008/09:	2	2. Bundesliga		11.	34	10	10	14	43-46	40
2009/10:	2	2. Bundesliga		3.	34	17	11	6	60-40	62
2010/11:	2	2. Bundesliga	↑	2.	34	19	8	7	58-27	65
2011/12:	1	Bundesliga		14.	34	8	14	12	38-49	38
2012/13:	1	Bundesliga		15.	34	8	9	17	33-51	33
2013/14:	1	Bundesliga		8.	34	15	7	12	47-47	52
2014/15:	1	Bundesliga		5.	34	15	4	15	43-43	49
2015/16:	1	Bundesliga		12.	34	9	11	14	42-52	38
2016/17:	1	Bundesliga		13.	34	9	11	14	35-51	38
2017/18:	1	Bundesliga		12.	34	10	11	13	43-46	41

Zuschauerzahlen:

Saison	gesamt	Spiele	Schnitt
2008/09:	264.810	17	15.577
2009/10:	311.575	17	18.328
2010/11:	348.374	17	20.493
2011/12:	514.406	17	30.259
2012/13:	494.334	17	29.078
2013/14:	498.018	17	29.295
2014/15:	495.779	17	29.163
2015/16:	493.290	17	29.017
2016/17:	478.331	17	28.137
2017/18:	480.029	17	28.237

Die meisten Spiele in der Bundesliga:

Pl.	Name, Vorname	Spiele
1.	Baier, Daniel	251
2.	Verhaegh, Paul	156
3.	Hitz, Marvin	141
4.	Koo, Ja-Cheol	140
5.	Werner, Tobias	127
6.	Klavan, Ragnar	125
7.	Callsen-Bracker, Jan-Ingwer	122
8.	Altintop, Halil	115
9.	Max, Philipp	114
10.	Ji, Dong-Won	113

Die meisten Tore in der Bundesliga:

Pl.	Name, Vorname	Tore
1.	Finnbogason, Alfred	32
2.	Werner, Tobias	24
3.	Koo, Ja-Cheol	22
4.	Bobadilla, Raul	21
5.	Altintop, Halil	20
6.	Gregoritsch, Michael	19
	Verhaegh, Paul	19
8.	Mölders, Sascha	18
9.	Hahn, André	16
10.	Ji, Dong-Won	13

Die Trainer der letzten Jahre:

Name, Vorname	Zeitraum
Lettieri, Gino	01.07.2000 – 30.06.2002
Middendorp, Ernst	01.07.2002 – 28.09.2003
Kowarz, Kurt (IT)	29.09.2003 – 12.10.2003
Veh, Armin	13.10.2003 – 26.09.2004
Hörgl, Rainer	27.09.2004 – 28.09.2007
Loose, Ralf	29.09.2007 – 16.04.2008
Fach, Holger	18.04.2008 – 13.04.2009
Luhukay, Jos	15.04.2009 – 05.05.2012
Weinzierl, Markus	01.07.2012 – 30.06.2016
Schuster, Dirk	01.07.2016 – 14.12.2016

Hertha, Berliner Sport-Club

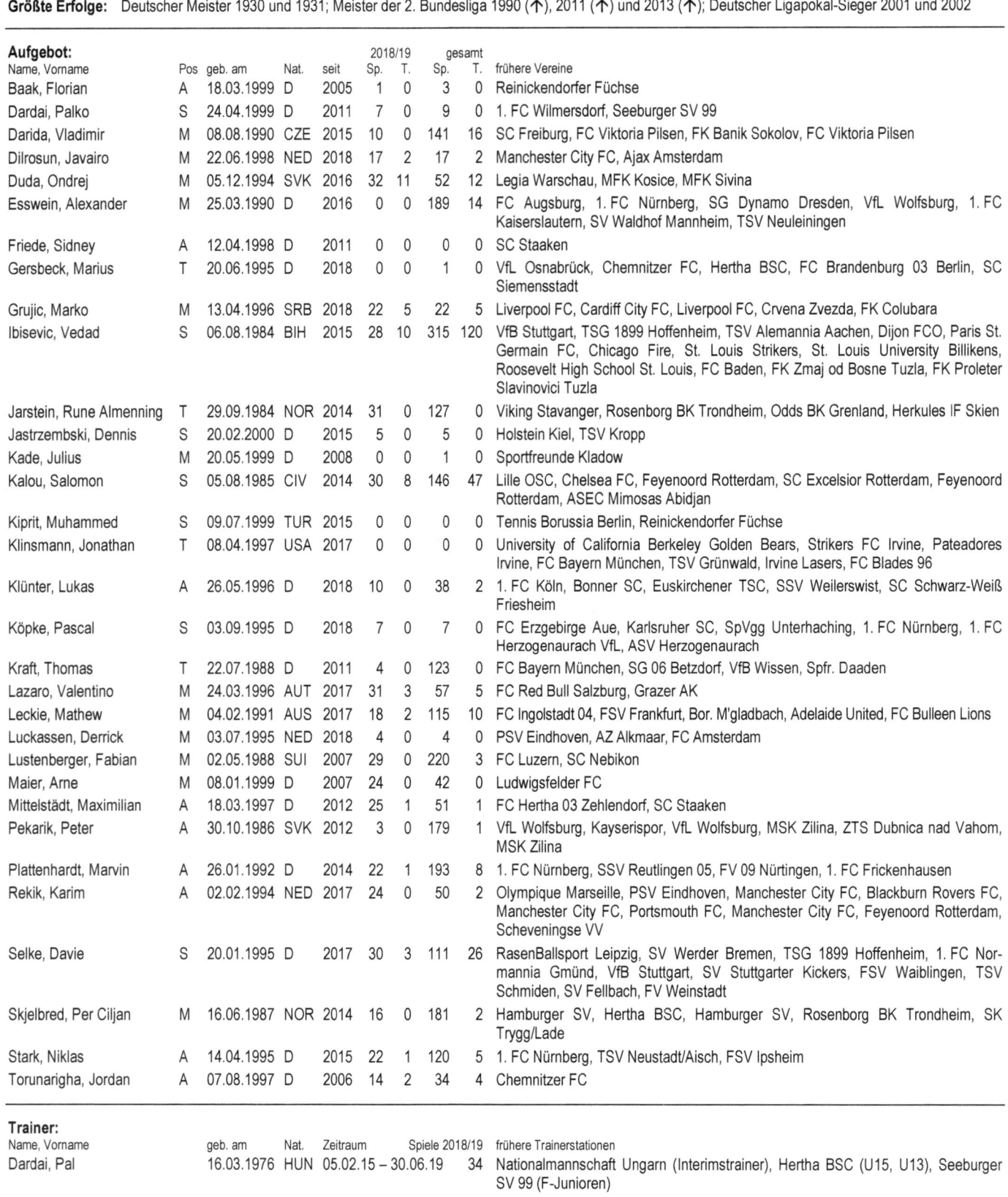

Anschrift:
Hanns-Braun-Straße, Friesenhaus 2
14053 Berlin
Telefon: (0 30) 3 00 92 80
eMail: info@herthabsc.de
Homepage: www.herthabsc.de

Vereinsgründung: 25.07.1892 als Berliner FC Hertha 92; seit 1923 Hertha BSC; seit 23.05.2002 Hertha BSC GmbH & Co KGaA

Vereinsfarben: Blau-Weiß
Geschäftsführer: Ingo Schiller (Finanzen)
Geschäftsführer: Michael Preetz (Sport)

Stadion: Olympiastadion (74.475)

Größte Erfolge: Deutscher Meister 1930 und 1931; Meister der 2. Bundesliga 1990 (↑), 2011 (↑) und 2013 (↑); Deutscher Ligapokal-Sieger 2001 und 2002

Aufgebot:

Name, Vorname	Pos	geb. am	Nat.	seit	2018/19 Sp.	T.	gesamt Sp.	T.	frühere Vereine
Baak, Florian	A	18.03.1999	D	2005	1	0	3	0	Reinickendorfer Füchse
Dardai, Palko	S	24.04.1999	D	2011	7	0	9	0	1. FC Wilmersdorf, Seeburger SV 99
Darida, Vladimir	M	08.08.1990	CZE	2015	10	0	141	16	SC Freiburg, FC Viktoria Pilsen, FK Banik Sokolov, FC Viktoria Pilsen
Dilrosun, Javairo	M	22.06.1998	NED	2018	17	2	17	2	Manchester City FC, Ajax Amsterdam
Duda, Ondrej	M	05.12.1994	SVK	2016	32	11	52	12	Legia Warschau, MFK Kosice, MFK Sivina
Esswein, Alexander	M	25.03.1990	D	2016	0	0	189	14	FC Augsburg, 1. FC Nürnberg, SG Dynamo Dresden, VfL Wolfsburg, 1. FC Kaiserslautern, SV Waldhof Mannheim, TSV Neuleiningen
Friede, Sidney	A	12.04.1998	D	2011	0	0	0	0	SC Staaken
Gersbeck, Marius	T	20.06.1995	D	2018	0	0	1	0	VfL Osnabrück, Chemnitzer FC, Hertha BSC, FC Brandenburg 03 Berlin, SC Siemensstadt
Grujic, Marko	M	13.04.1996	SRB	2018	22	5	22	5	Liverpool FC, Cardiff City FC, Liverpool FC, Crvena Zvezda, FK Colubara
Ibisevic, Vedad	S	06.08.1984	BIH	2015	28	10	315	120	VfB Stuttgart, TSG 1899 Hoffenheim, TSV Alemannia Aachen, Dijon FCO, Paris St. Germain FC, Chicago Fire, St. Louis Strikers, St. Louis University Billikens, Roosevelt High School St. Louis, FC Baden, FK Zmaj od Bosne Tuzla, FK Proleter Slavinovici Tuzla
Jarstein, Rune Almenning	T	29.09.1984	NOR	2014	31	0	127	0	Viking Stavanger, Rosenborg BK Trondheim, Odds BK Grenland, Herkules IF Skien
Jastrzembski, Dennis	S	20.02.2000	D	2015	5	0	5	0	Holstein Kiel, TSV Kropp
Kade, Julius	M	20.05.1999	D	2008	0	0	1	0	Sportfreunde Kladow
Kalou, Salomon	S	05.08.1985	CIV	2014	30	8	146	47	Lille OSC, Chelsea FC, Feyenoord Rotterdam, SC Excelsior Rotterdam, Feyenoord Rotterdam, ASEC Mimosas Abidjan
Kiprit, Muhammed	S	09.07.1999	TUR	2015	0	0	0	0	Tennis Borussia Berlin, Reinickendorfer Füchse
Klinsmann, Jonathan	T	08.04.1997	USA	2017	0	0	0	0	University of California Berkeley Golden Bears, Strikers FC Irvine, Pateadores Irvine, FC Bayern München, TSV Grünwald, Irvine Lasers, FC Blades 96
Klünter, Lukas	A	26.05.1996	D	2018	10	0	38	2	1. FC Köln, Bonner SC, Euskirchener TSC, SSV Weilerswist, SC Schwarz-Weiß Friesheim
Köpke, Pascal	S	03.09.1995	D	2018	7	0	7	0	FC Erzgebirge Aue, Karlsruher SC, SpVgg Unterhaching, 1. FC Nürnberg, 1. FC Herzogenaurach VfL, ASV Herzogenaurach
Kraft, Thomas	T	22.07.1988	D	2011	4	0	123	0	FC Bayern München, SG 06 Betzdorf, VfB Wissen, Spfr. Daaden
Lazaro, Valentino	M	24.03.1996	AUT	2017	31	3	57	5	FC Red Bull Salzburg, Grazer AK
Leckie, Mathew	M	04.02.1991	AUS	2017	18	2	115	10	FC Ingolstadt 04, FSV Frankfurt, Bor. M'gladbach, Adelaide United, FC Bulleen Lions
Luckassen, Derrick	M	03.07.1995	NED	2018	4	0	4	0	PSV Eindhoven, AZ Alkmaar, FC Amsterdam
Lustenberger, Fabian	M	02.05.1988	SUI	2007	29	0	220	3	FC Luzern, SC Nebikon
Maier, Arne	M	08.01.1999	D	2007	24	0	42	0	Ludwigsfelder FC
Mittelstädt, Maximilian	A	18.03.1997	D	2012	25	1	51	1	FC Hertha 03 Zehlendorf, SC Staaken
Pekarik, Peter	A	30.10.1986	SVK	2012	3	0	179	1	VfL Wolfsburg, Kayserispor, VfL Wolfsburg, MSK Zilina, ZTS Dubnica nad Vahom, MSK Zilina
Plattenhardt, Marvin	A	26.01.1992	D	2014	22	1	193	8	1. FC Nürnberg, SSV Reutlingen 05, FV 09 Nürtingen, 1. FC Frickenhausen
Rekik, Karim	A	02.02.1994	NED	2017	24	0	50	2	Olympique Marseille, PSV Eindhoven, Manchester City FC, Blackburn Rovers FC, Manchester City FC, Portsmouth FC, Manchester City FC, Feyenoord Rotterdam, Scheveningse VV
Selke, Davie	S	20.01.1995	D	2017	30	3	111	26	RasenBallsport Leipzig, SV Werder Bremen, TSG 1899 Hoffenheim, 1. FC Normannia Gmünd, VfB Stuttgart, SV Stuttgarter Kickers, FSV Waiblingen, TSV Schmiden, SV Fellbach, FV Weinstadt
Skjelbred, Per Ciljan	M	16.06.1987	NOR	2014	16	0	181	2	Hamburger SV, Hertha BSC, Hamburger SV, Rosenborg BK Trondheim, SK Trygg/Lade
Stark, Niklas	A	14.04.1995	D	2015	22	1	120	5	1. FC Nürnberg, TSV Neustadt/Aisch, FSV Ipsheim
Torunarigha, Jordan	A	07.08.1997	D	2006	14	2	34	4	Chemnitzer FC

Trainer:

Name, Vorname	geb. am	Nat.	Zeitraum	Spiele 2018/19	frühere Trainerstationen
Dardai, Pal	16.03.1976	HUN	05.02.15 – 30.06.19	34	Nationalmannschaft Ungarn (Interimstrainer), Hertha BSC (U15, U13), Seeburger SV 99 (F-Junioren)

Zugänge:
Dilrosun (Manchester City FC U23), Friede (II. Mannschaft), Gersbeck (VfL Osnabrück), Grujic (Liverpool FC), Jastrzembski und Kiprit (eigene Junioren), Klünter (1. FC Köln), Köpke (FC Erzgebirge Aue), Luckassen (PSV Eindhoven).

Abgänge:
Schieber (FC Augsburg), Weiser (Bayer 04 Leverkusen).
während der Saison:
Esswein (VfB Stuttgart), Friede (Royal Excel Mouscron), Kiprit (FC Wacker Innsbruck).

Fortsetzung Hertha, Berliner Sport-Club

Aufstellungen und Torschützen:

Sp	Datum	Gegner	Ergebnis	Baak	Dardai	Darida	Dilrosun	Duda	Grujic	Ibisevic	Jarstein	Jastrzembski	Kalou	Klünter	Köpke	Kraft	Lazaro	Leckie	Luckassen	Lustenberger	Maier	Mittelstädt	Pekarik	Plattenhardt	Rekik	Selke	Skjelbred	Stark	Torunarigha
				1	2	3	4	5	6	7	8	9	10	11	12	13	14	15	16	17	18	19	20	21	22	23	24	25	26
1	25.08.18 H	1. FC Nürnberg	1:0 (1:0)		E			X	E	A1	X	E	A				X			X		A		X	X			X	X
2	02.09.18 A	FC Schalke 04	2:0 (1:0)				E	X2	X	A	X	E	A				X			E	X	X		A				X	X
3	15.09.18 A	VfL Wolfsburg	2:2 (0:0)				X1	X1	X	A	X		A	E			X			E	X			X		E		X	A
4	22.09.18 H	Mönchengladbach	4:2 (2:1)				X	A1	A	A2	X		X				X1	E	X	X				X		E	E	X	
5	25.09.18 A	SV Werder Bremen	1:3 (0:2)	A			X1	A		X	A		E		E	X				X	X			X	X	E		X	
6	28.09.18 H	Bayern München	2:0 (2:0)				A	X1		A1		E	A		X	X	E			X	X			X	X	E	X	X	
7	06.10.18 A	1. FSV Mainz 05	0:0 (0:0)				A	X		A	X		X		X	E		E	X	X				X	X	E	X	A	
8	21.10.18 H	SC Freiburg	1:1 (1:1)		E		A	X1		A	X		A		X	E	X	X	X					X		E	X		
9	27.10.18 A	Borussia Dortmund	2:2 (1:1)			E	E	E		A	X		X2		X		X		X	X	X			X	X	E	A	X	
10	03.11.18 H	RB Leipzig	0:3 (0:1)				E	X		A	X		A		X	E	X	X	X	X		A	X	X		E		X	
11	10.11.18 A	Fortuna Düsseldorf	1:4 (0:0)			X	X	A		A	X		X		X		E			X	XG			X	E1		A		E
12	24.11.18 H	TSG Hoffenheim	3:3 (1:2)					A	X	X1	X		X			X1	X1	X	X	X				X		E			
13	01.12.18 A	Hannover 96	2:0 (1:0)		E			X	A1	X		A		E		X	A	X	X	E				X		X			X1
14	08.12.18 H	Eintracht Frankfurt	1:0 (1:0)				E	X1	A	X		A			X	X	X	A	E					X	X	E			X
15	15.12.18 A	VfB Stuttgart	1:2 (1:0)		E	A		E	A	X		E			X	A	X			X1	X			X	X	X			X
16	18.12.18 H	FC Augsburg	2:2 (2:2)				E	A1		E	X				X	X1	X	X	X	X	X		X		A				X
17	22.12.18 A	Bayer Leverkusen	1:3 (1:2)				A	X		E	X	E			X	A	X	X	X	A	E	X		X					X1
18	20.01.19 A	1. FC Nürnberg	3:1 (1:1)				E	X2	A	X1	X		E		X		X	X		X	X			X	A	X			
19	25.01.19 H	FC Schalke 04	2:2 (2:2)				E	A	X1	A1	X	E	X		X		X	A	E	X				X	X	X			
20	02.02.19 H	VfL Wolfsburg	0:1 (0:0)				E	X	X	A	X	E	X				X	A	E	A	X			X	X				
21	09.02.19 A	Mönchengladbach	3:0 (1:0)				E	A1	X		X		X1	X			X		X					X	X1	X		X	
22	16.02.19 H	SV Werder Bremen	1:1 (1:0)				E	A	X		X	A	E			X	X		X					X	X1	E	X	A	
23	23.02.19 A	Bayern München	0:1 (0:0)		E			X	X	X	E	A	X				X	A	X					XR	X	X			
24	02.03.19 H	1. FSV Mainz 05	2:1 (0:0)	E			A	X1	E	X		A	X				X	E	X	X				A				X1	X
25	09.03.19 A	SC Freiburg	1:2 (0:1)				X	X	X1	X	E	X	X					A	E	A				X			X	X	
26	16.03.19 H	Borussia Dortmund	2:3 (2:1)				A	X	ER	X		A2				X	E		E	X	X			X	A			X	XG
27	30.03.19 A	RB Leipzig	0:5 (0:2)				X	X		X		A	E			X	E	A	A	X				X	X	E		X	
28	06.04.19 H	Fortuna Düsseldorf	1:2 (1:1)		E		E	A	X1	X		X				X	A		X					X	X	X	X		
29	14.04.19 A	TSG Hoffenheim	0:2 (0:1)				E			X		X	X	E		A	X		X	X	X	X		X	A	X			
30	21.04.19 H	Hannover 96	0:0 (0:0)				E	X	X	X	X		X	X			A		E					X	X	E	A	A	
31	27.04.19 A	Eintracht Frankfurt	0:0 (0:0)				E	A		A	X		X	XG			A	E		X	X			X	X	E			
32	04.05.19 H	VfB Stuttgart	3:1 (2:0)				E	X1	E	A1	X		X1				X	A		X	X			X	X	E	A		
33	11.05.19 A	FC Augsburg	4:3 (0:1)				E	A	X1	A			X2	A	E	X	X		X					X1	E	X			
34	18.05.19 H	Bayer Leverkusen	1:5 (1:2)				E	X	X	A		X	A	E	X	X1		X		E				X	X		A		
	Spiele:			1	7	10	17	32	22	28	31	5	30	10	7	4	31	18	4	29	24	25	3	22	24	30	16	22	14
	Tore:			0	0	0	2	11	5	10	0	0	8	0	0	0	3	2	0	0	0	1	0	1	0	3	0	1	2

Bilanz der letzten 10 Jahre:

Saison	Lv.	Liga		Platz	Sp.	S	U	N	Tore	Pkt.
2008/09:	1	Bundesliga		4.	34	19	6	9	48-41	63
2009/10:	1	Bundesliga	↓	18.	34	5	9	20	34-56	24
2010/11:	2	2. Bundesliga	↑	1.	34	23	5	6	69-28	74
2011/12:	1	Bundesliga	↓	16.	34	7	10	17	38-64	31
2012/13:	2	2. Bundesliga	↑	1.	34	22	10	2	65-28	76
2013/14:	1	Bundesliga		11.	34	11	8	15	40-48	41
2014/15:	1	Bundesliga		15.	34	9	8	17	36-52	35
2015/16:	1	Bundesliga		7.	34	14	8	12	42-42	50
2016/17:	1	Bundesliga		6.	34	15	4	15	43-47	49
2017/18:	1	Bundesliga		10.	34	10	13	11	43:46	43

Zuschauerzahlen:

Saison	gesamt	Spiele	Schnitt
2008/09:	886.708	17	52.159
2009/10:	793.576	17	46.681
2010/11:	784.185	17	46.129
2011/12:	898.630	17	52.861
2012/13:	680.353	17	40.021
2013/14:	882.120	17	51.889
2014/15:	853.160	17	50.186
2015/16:	844.968	17	49.704
2016/17:	854.536	17	50.267
2017/18:	770.412	17	45.318

Die meisten Spiele in der Bundesliga:

Pl.	Name, Vorname	Spiele
1.	Dardai, Pal	286
2.	Sziedat, Michael	280
3.	Brück, Holger	261
4.	Beer, Erich	253
5.	van Burik, Dick	245
6.	Horr, Lorenz	240
7.	Friedrich, Arne	231
8.	Simunic, Josip	222
9.	Lustenberger, Fabian	220
10.	Weiner, Hans	217

Die meisten Tore in der Bundesliga:

Pl.	Name, Vorname	Tore
1.	Preetz, Michael	84
2.	Beer, Erich	83
3.	Horr, Lorenz	75
4.	Marcelinho	65
5.	Kalou, Salomon	47
6.	Pantelic, Marko	45
7.	Ibisevic, Vedad	38
8.	Granitza, Karl-Heinz	34
	Hermandung, Erwin	34
10.	Ramos, Adrian	32

Die Trainer der letzten Jahre:

Name, Vorname	Zeitraum
Götz, Falko	01.07.2004 – 10.04.2007
Heine, Karsten (IT)	10.04.2007 – 31.05.2007
Favre, Lucién	01.07.2007 – 28.09.2009
Heine, Karsten (IT)	28.09.2009 – 03.10.2009
Funkel, Friedhelm	03.10.2009 – 30.06.2010
Babbel, Markus	01.07.2010 – 18.12.2011
Skibbe, Michael	22.12.2011 – 12.02.2012
Tretschok, René (IT)	14.02.2012 – 17.02.2012
Rehhagel, Otto	18.02.2012 – 17.05.2012
Luhukay, Jos	01.07.2012 – 05.02.2015

SV Werder Bremen von 1899

Anschrift:
Franz-Böhmert-Straße 1c
28205 Bremen
Telefon: (04 21) 43 45 90
eMail: info@werder.de
Homepage: www.werder.de

Vereinsgründung: 04.02.1899 als FV Werder; seit 19.01.1920 SV Werder Bremen; seit 01.07.2003 SV Werder Bremen GmbH & Co KGaA

Vereinsfarben: Grün-Weiß
Geschäftsführer: Klaus Filbry (Vorsitzender) Frank Baumann (Sport)
Stadion: Weser-Stadion (42.100)

Größte Erfolge: Deutscher Meister 1965, 1988, 1993 und 2004; Deutscher Pokalsieger 1961, 1991, 1994, 1999, 2004 und 2009; Deutscher Supercup- bzw. Ligapokal-Sieger 1988, 1993, 1994, 2006 und 2009; Europapokalsieger der Pokalsieger 1992

Aufgebot:

Name, Vorname	Pos	geb. am	Nat.	seit	2018/19 Sp.	2018/19 T.	gesamt Sp.	gesamt T.	frühere Vereine
Augustinsson, Ludwig	A	21.04.1994	SWE	2017	34	1	63	2	FC Kopenhagen, IFK Göteborg, IF Brommapojkarna
Bargfrede, Philipp	M	03.03.1989	D	2004	15	0	190	6	TuS Heeslingen
Bartels, Fin	S	07.02.1987	D	2014	2	0	156	28	FC St. Pauli, FC Hansa Rostock, Holstein Kiel, SpVg Eidertal Molfsee, TSV Russee
Beijmo, Felix	A	31.01.1998	SWE	2018	0	0	0	0	Djurgardens IF, IF Brommapojkarna, Ängby IF
Caldirola, Luca	A	01.02.1991	ITA	2016	0	0	80	1	SV Darmstadt 98, SV Werder Bremen, Brescia Calcio, AC Cesena, Brescia Calcio, Inter Mailand, Vitesse Arnheim, Inter Mailand, ASDC BaSe 96 Seveso
Drobny, Jaroslav	T	18.10.1979	CZE	2016	0	0	202	0	Hamburger SV, Hertha BSC, VfL Bochum, Ipswich Town FC, Fulham FC, ADO Den Haag, Fulham FC, Panionios Athen, SK Ceske Budejovice, FC Vitkovice, SK Chrudim, SK Ceske Budejovice, FC Slavoj Zirovnice
Eggestein, Johannes	S	08.05.1998	D	2013	23	4	30	4	TSV Havelse, TSV Schloß Ricklingen
Eggestein, Maximilian	M	08.12.1996	D	2011	34	5	91	8	TSV Havelse, TSV Schloß Ricklingen
Friedl, Marco	A	16.03.1998	AUT	2018	7	0	17	0	FC Bayern München, FC Kufstein, SV Kirchbichl
Gebre Selassie, Theodor	A	24.12.1986	CZE	2012	32	3	209	18	FC Slovan Liberec, SK Slavia Prag, FC Vysocina Jihlava, FC Velke Mezirici, FC Vysocina Jihlava, FC Velke Mezirici
Harnik, Martin	S	10.06.1987	AUT	2018	18	4	238	66	Hannover 96, VfB Stuttgart, Fortuna Düsseldorf, SV Werder Bremen, SC Vier- und Marschlande
Johannsson, Aron	S	10.11.1990	USA	2015	1	0	28	4	AZ Alkmaar, Aarhus GF, UMF Fjölnir Reykjavik, UMF Breidablik Kopavogur, UMF Fjölnir Reykjavik
Käuper, Ole	M	09.01.1997	D	2005	0	0	1	0	ATSV Sebaldsbrück
Kainz, Florian	M	24.10.1992	AUT	2016	8	0	52	5	SK Rapid Wien, SK Sturm Graz, FC Stattegg
Kapino, Stefanos	T	18.03.1994	GRE	2018	1	0	3	0	Nottingham Forest FC, Olympiakos Piräus, 1. FSV Mainz 05, Panathinaikos Athen
Klaassen, Davy	M	21.02.1993	NED	2018	33	5	33	5	Everton FC, Ajax Amsterdam, HSV Wasmeer, HVV de Zebra's Hilversum
Kruse, Max	S	19.03.1988	D	2016	32	11	250	74	VfL Wolfsburg, Borussia Mönchengladbach, SC Freiburg, FC St. Pauli, SV Werder Bremen, SC Vier- und Marschlande, TSV Reinbek
Langkamp, Sebastian	A	15.01.1988	D	2018	21	0	183	6	Hertha BSC, FC Augsburg, Karlsruher SC, Hamburger SV, FC Bayern München, SC Preußen Münster, DJK-VfL Billerbeck, Sportfreunde Merfeld
Mbom, Jean-Manuel	M	24.02.2000	D	2013	0	0	0	0	JFV Göttingen, Bovender SV
Möhwald, Kevin	M	03.07.1993	D	2018	23	3	23	3	1. FC Nürnberg, FC Rot-Weiß Erfurt
Moisander, Niklas	A	29.09.1985	FIN	2016	30	0	85	2	UC Sampdoria Genua, Ajax Amsterdam, AJ Auxerre, FC Zwolle, Ajax Amsterdam, Turun PS
Osako, Yuya	S	18.05.1990	JPN	2018	21	3	129	18	1. FC Köln, TSV 1860 München, Kashima Antlers, Kagoshima Josei High, Kagoshima Ikueikan Junior High, Bansei SSS
Pavlenka, Jiri	T	14.04.1992	CZE	2017	34	0	68	0	SK Slavia Prag, FC Banik Ostrau, FC Hlucin, FC Banik Ostrau, FC Hlucin, TJ Sokol Hat
Pizarro, Claudio	S	03.10.1978	PER	2018	26	5	472	197	1. FC Köln, SV Werder Bremen, FC Bayern München, SV Werder Bremen, Chelsea FC, SV Werder Bremen, Chelsea FC, FC Bayern München, Alianza Lima, Deportivo Pesquero Chimbote
Plogmann, Luca	T	10.03.2000	D	2007	1	0	1	0	Habenhauser FV
Rashica, Milot	S	28.06.1996	KVX	2018	26	9	35	10	Vitesse Arnheim, KF Kosova Vushtrri
Sahin, Nuri	M	05.09.1988	TUR	2018	20	1	243	22	Borussia Dortmund, Liverpool FC, Real Madrid, Borussia Dortmund, Feyenoord Rotterdam, Borussia Dortmund, RSV Meinerzhagen
Sargent, Joshua	S	20.02.2000	USA	2018	10	2	10	2	IMG Academy Bradenton, St. Louis Scott Gallagher SC
Veljkovic, Milos	A	26.09.1995	SRB	2016	23	1	82	2	Tottenham Hotspur FC, Charlton Athletic FC, Middlesbrough FC, Tottenham Hotspur FC, FC Basel
Zetterer, Michael	T	12.07.1995	D	2015	0	0	0	0	SpVgg Unterhaching, DJK Darching

Trainer:

Name, Vorname	geb. Am	Nat.	Zeitraum	Spiele 2018/19	frühere Trainerstationen
Kohfeldt, Florian	05.10.1982	D	30.10.2017 – lfd.	34	SV Werder Bremen II, SV Werder Bremen Junioren

Zugänge:
Beijmo (Djurgardens IF), Harnik (Hannover 96), Klaassen (Everton FC), Mbom (eigene Junioren), Möhwald (1. FC Nürnberg), Pizarro (1. FC Köln), Sargent (II. Mannschaft).
während der Saison:
Kapino (Nottingham Forest), Sahin (Borussia Dortmund).

Abgänge:
Bauer (1. FC Nürnberg), Belfodil (TSG 1899 Hoffenheim), Delaney (Borussia Dortmund), Gondorf (SC Freiburg), Junuzovic (FC Red Bull Salzburg), Zhang (ADO Den Haag).
während der Saison:
Caldirola (Benevento Calcio), Drobny (Fortuna Düsseldorf), Käuper (FC Erzgebirge Aue), Kainz (1. FC Köln), Zetterer (SK Austria Klagenfurt).

Fortsetzung SV Werder Bremen von 1899

Aufstellungen und Torschützen:

Sp	Datum		Gegner	Ergebnis	Augustinsson	Bargfrede	Bartels	Eggestein J.	Eggestein M.	Friedl	Gebre Selassie	Harnik	Johannsson	Kainz	Kapino	Klaassen	Kruse	Langkamp	Möhwald	Moisander	Osako	Pavlenka	Pizarro	Plogmann	Rashica	Sahin	Sargent	Veljkovic
					1	2	3	4	5	6	7	8	9	10	11	12	13	14	15	16	17	18	19	20	21	22	23	24
1	25.08.18	H	Hannover 96	1:1 (0:0)	X	A		E	X		X1		A			X	A			X	X	X	E		E			X
2	01.09.18	A	Eintracht Frankfurt	2:1 (1:0)	X	A			X		X	A				X	X			X	X1	A	E	E	E1			X
3	16.09.18	H	1. FC Nürnberg	1:1 (1:0)	X	A		X1	E	X	A					X	X			X	A	X			E	E		X
4	22.09.18	A	FC Augsburg	3:2 (2:1)	X	X		E	X1		X	E		A		X1	A1		E	X		X	A					X
5	25.09.18	H	Hertha BSC	3:1 (2:0)	X	E		E	X		X	A1		E		X	A1			X	X	X				A		X1
6	29.09.18	A	VfB Stuttgart	1:2 (0:1)	A	A			X		X	E	E			X	X			X	A	E			X			X^G
7	05.10.18	H	VfL Wolfsburg	2:0 (1:0)	X	X		E1	X			A		A1		X	X	E		X	A	E						
8	20.10.18	A	FC Schalke 04	2:0 (1:0)	X				X2		X	A				X	X	E	E	X	A	E			A			X
9	28.10.18	H	Bayer 04 Leverkusen	2:6 (0:3)	X			X	A	X						X	X	X	E		A1	X	E1		E	A		X
10	04.11.18	A	1. FSV Mainz 05	1:2 (0:1)	X	A		E	X		X	E	A			X	X			X	A	X	E1					X
11	10.11.18	H	Mönchengladbach	1:3 (0:1)	X	A		E	X		X	A				X	X			X		X	E		E	A1		X
12	25.11.18	A	SC Freiburg	1:1 (0:1)	X1			A	X		X	A				X	X			X	E	X	E		E	A		X
13	01.12.18	H	FC Bayern München	1:2 (1:1)	X			A	X		X					X	X	E	E	X^G	X1	X	E			A		A
14	07.12.18	H	Fortuna Düsseldorf	3:1 (1:1)	X			E	X	X	X	E1				X	X	X	A1		X	A			A		E1	
15	15.12.18	A	Borussia Dortmund	1:2 (1:2)	X				A		X	X				A	X1	E	X	E	X				A	X	E	
16	19.12.18	H	TSG Hoffenheim	1:1 (0:1)	X			A	X		X1		E			X	A	X	X	X	A	E			E			
17	22.12.18	A	RB Leipzig	2:3 (0:2)	X			A	X		X					A	X1	X		E	X	E	A			E1		X
18	19.01.19	A	Hannover 96	1:0 (1:0)	X	E			X		X	A				X	X		E	X		X		A1	A	E		
19	26.01.19	H	Eintracht Frankfurt	2:2 (1:1)	X	X		A	X1		X	A1				X	X	A		X		X	E				E	E
20	02.02.19	A	1. FC Nürnberg	1:1 (0:0)	X			E1	X		X	A				X	X		E	X		X			A	A	E	X
21	10.02.19	H	FC Augsburg	4:0 (3:0)	X	X		A1	X							X	A	X	E1	X		X	E		A2	E		
22	16.02.19	A	Hertha BSC	1:1 (0:1)	X	A		A	X		X					X	X	E		X		X	E1		A	E		
23	22.02.19	H	VfB Stuttgart	1:1 (1:1)	X			E	X		X			A1		X	E	X		X		X			X	A	A	
24	03.03.19	A	VfL Wolfsburg	1:1 (0:0)	X	A			X		X					X	X1	E		X		X	E		A			E
25	08.03.19	H	FC Schalke 04	4:2 (1:1)	X	X	E		X		X	E1				X	A1	E	X		X	A			A2			X
26	17.03.19	A	Bayer 04 Leverkusen	3:1 (2:0)	X		E	A	X	X	X	E				A	X2	E		X		X			A1	X		
27	30.03.19	H	1. FSV Mainz 05	3:1 (2:0)	X			E	X		X	A				X	X2	E	A	X		X			A1		E	X
28	07.04.19	A	Mönchengladbach	1:1 (0:0)	X			A	X		X					X1	X	E		X	E	X	E		A			A
29	13.04.19	H	SC Freiburg	2:1 (0:0)	X				X		X1	E		E	X1	X			X	A	A	E			A	X		X
30	20.04.19	A	FC Bayern München	0:1 (0:0)	X				X		X					X	X	E	A	X	E	E			A	A		X^G
31	27.04.19	H	Fortuna Düsseldorf	1:4 (1:2)	A			A	X		X	E				A	X1	E	X	E	X	E			X	X		
32	04.05.19	H	Borussia Dortmund	2:2 (0:2)	X			X	X							X	X	X	E1		A	X	E1		X	A		X
33	11.05.19	A	TSG Hoffenheim	1:0 (1:0)	X		A1	X	E	A						E	X	X	X	E		A	X					X
34	18.05.19	H	RB Leipzig	2:1 (1:0)	X			E	X	X			E			X		A	X	A	X	E1	X1		A			X
	Spiele:				34	15	2	23	34	7	32	18	1	8	1	33	32	21	23	30	21	34	26	1	26	20	10	23
	Tore:				1	0	0	4	5	0	3	4	0	0	0	5	11	0	3	0	3	0	5	0	9	1	2	1

Gegnerisches Eigentor im 6. Spiel (durch Zieler).

Bilanz der letzten 10 Jahre:

Saison	Lv.	Liga	Platz	Sp.	S	U	N	Tore	Pkt.
2008/09:	1	Bundesliga	10.	34	12	9	13	64-50	45
2009/10:	1	Bundesliga	3.	34	17	10	7	71-40	61
2010/11:	1	Bundesliga	13.	34	10	11	13	47-61	41
2011/12:	1	Bundesliga	9.	34	11	9	14	49-58	42
2012/13:	1	Bundesliga	14.	34	8	10	16	50-66	34
2013/14:	1	Bundesliga	12.	34	10	9	15	42-66	39
2014/15:	1	Bundesliga	10.	34	11	10	13	50-65	43
2015/16:	1	Bundesliga	13.	34	10	8	16	50-65	38
2016/17:	1	Bundesliga	8.	34	13	6	15	61-64	45
2017/18:	1	Bundesliga	11.	34	10	12	12	37:40	42

Zuschauerzahlen:

Saison	gesamt	Spiele	Schnitt
2008/09:	686.376	17	40.375
2009/10:	611.348	17	35.962
2010/11:	635.232	17	37.367
2011/12:	693.733	17	40.808
2012/13:	693.565	17	40.798
2013/14:	687.006	17	40.412
2014/15:	695.396	17	40.906
2015/16:	695.896	17	40.935
2016/17:	694.974	17	40.881
2017/18:	693.992	17	40.823

Die meisten Spiele in der Bundesliga:

Pl.	Name, Vorname	Spiele
1.	Burdenski, Dieter	444
2.	Höttges, Horst-Dieter	420
3.	Eilts, Dieter	390
4.	Bode, Marco	379
5.	Görts, Werner	363
6.	Kamp, Karl-Heinz	361
7.	Votava, Miroslav	357
8.	Reck, Oliver	345
9.	Frings, Torsten	326
10.	Neubarth, Frank	317

Die meisten Tore in der Bundesliga:

Pl.	Name, Vorname	Tore
1.	Pizarro, Claudio	109
2.	Bode, Marco	101
3.	Neubarth, Frank	97
	Völler, Rudolf	97
5.	Ailton	88
6.	Görts, Werner	73
7.	Schütz, Arnold	69
8.	Reinders, Uwe	67
9.	Meier, Norbert	66
10.	Rufer, Wynton	59

Die Trainer der letzten Jahre:

Name, Vorname	Zeitraum
Rehhagel, Otto	02.04.1981 – 30.06.1995
de Mos, Aad	01.07.1995 – 09.01.1996
Dörner, Hans-Jürgen	16.01.1996 – 20.08.1997
Sidka, Wolfgang	20.08.1997 – 21.10.1998
Magath, Wolfgang Felix	22.10.1998 – 09.05.1999
Schaaf, Thomas	10.05.1999 – 15.05.2013
Rolff, Wolfgang (IT)	15.05.2013 – 24.05.2013
Dutt, Robin	01.07.2013 – 25.10.2014
Skripnik, Viktor	26.10.2014 – 17.09.2016
Nouri, Alexander	18.09.2016 – 29.10.2017

BV Borussia 09 Dortmund

Anschrift:
Rheinlanddamm 207-209
44137 Dortmund
Telefon: (02 31) 90200
eMail: info@bvb.de
Homepage: www.bvb.de

Vereinsgründung: 19.12.1909 als BV Borussia 09 Dortmund;
seit 28.11.1999 Borussia Dortmund GmbH & Co KGaA

Vereinsfarben: Schwarz-Gelb
Geschäftsführer: Hans-Joachim Watzke
Direktor Sport: Michael Zorc

Stadion: SIGNALIDUNAPARK (81.360)

Größte Erfolge: Deutscher Meister 1956, 1957, 1963, 1995, 1996, 2002, 2011 und 2012; Deutscher Pokalsieger 1965, 1989, 2012 und 2017; Deutscher Supercup-Sieger 1989, 1995, 1996, 2008 und 2013; Europapokalsieger 1997 (Champions League) und 1966 (Pokalsieger); Weltpokalsieger 1997

Aufgebot:

Name, Vorname	Pos	geb. am	Nat.	seit	2018/19 Sp.	2018/19 T.	gesamt Sp.	gesamt T.	frühere Vereine
Akanji, Manuel	A	19.07.1995	SUI	2018	25	1	36	1	FC Basel, FC Winterthur, FC Wiesendangen
Balerdi, Leonardo	A	26.01.1999	ARG	2019	0	0	0	0	CA Boca Juniors, Sportivo Pueyrredon
Bruun Larsen, Jacob	M	19.09.1998	DEN	2018	24	2	29	2	VfB Stuttgart, Borussia Dortmund, Lyngby BK
Bürki, Roman	T	14.11.1990	SUI	2015	32	0	159	0	SC Freiburg, Grasshopper-Club Zürich, BSC Young Boys Bern, FC Schaffhausen, FC Thun, BSC Young Boys Bern, FC Münsingen
Burnic, Dzenis	M	22.05.1998	BIH	2018	0	0	7	0	VfB Stuttgart, Borussia Dortmund, DJK SV Heessen
Dahoud, Mahmoud	M	01.01.1996	D	2017	14	1	98	8	Borussia Mönchengladbach, Fortuna Düsseldorf, SC Germania Reusrath
Delaney, Thomas	M	03.09.1991	DEN	2018	30	3	75	10	SV Werder Bremen, FC Kopenhagen, KB Kopenhagen
Diallo, Abdou	A	04.05.1996	FRA	2018	28	1	55	3	1. FSV Mainz 05, AS Monaco, SV Zulte Waregem, AS Monaco, US Chambray les Tours, FC Tours, Angouleme Charente FC, AS Angouleme Charente, Grand Font FC, Saint-Herblain Olympic Club
Götze, Mario	M	03.06.1992	D	2016	26	7	216	54	FC Bayern München, Borussia Dortmund, FC Eintracht Hombruch, SC 1919 Ronsberg
Gomez, Sergio	S	04.09.2000	ESP	2018	0	0	2	0	FC Barcelona, RCD Espanyol Barcelona, CF Badalona, CF Trajana
Guerreiro, Raphael	A	22.12.1993	POR	2016	23	2	56	9	FC Lorient, SM Caen, INF Clairefontaine, Blanc-Mesnil SF
Hakimi, Achraf	A	04.11.1998	MAR	2018	21	2	21	2	Real Madrid, Real Madrid Castilla, Colonia Ofigevi Getafe
Hitz, Marwin	T	18.09.1987	SUI	2018	2	0	156	1	FC Augsburg, VfL Wolfsburg, FC Winterthur, Yverdon-Sport FC, FC St. Gallen
Isak, Alexander	S	21.09.1999	SWE	2017	0	0	5	0	AIK Solna
Kagawa, Shinji	M	17.03.1989	JPN	2014	2	0	148	41	Manchester United FC, Borussia Dortmund, Cerezo Osaka, FC Miyagi Barcelona Sendai, Kobe NK, Marino FC Kobe
Oelschlägel, Eric	T	20.09.1995	D	2018	0	0	0	0	SV Werder Bremen, SG Dynamo Dresden, SG Dresden Striesen, 1. FC Dynamo Dresden
Paco Alcácer (Francisco Alcácer García)	S	30.08.1993	ESP	2018	26	18	26	18	FC Barcelona, Valencia CF, Getafe CF, Valencia CF
Philipp, Maximilian	S	01.03.1994	D	2017	18	1	88	20	SC Freiburg, FC Energie Cottbus, Tennis Borussia Berlin, Hertha BSC
Piszczek, Lukasz	A	03.06.1985	POL	2010	20	1	292	18	Hertha BSC, Zaglebie Lubin, SKS Gwarek Zabrze, LKS Goczalkowice Zdroj
Pulisic, Christian	M	18.09.1998	USA	2015	20	4	90	13	Pennsylvania Classics AC, Michigan Rush SC
Reus, Marco	M	31.05.1989	D	2012	27	17	260	116	Bor. M'gladbach, Rot Weiss Ahlen, Borussia Dortmund, Post-Telekom SV Dortmund
Rode, Sebastian	M	11.10.1990	D	2016	0	0	125	6	FC Bayern München, Eintracht Frankfurt, Offenbacher FC Kickers, SV Darmstadt 98, SC Viktoria Griesheim, FC Alsbach, SKV Hähnlein
Sahin, Nuri	M	05.09.1988	TUR	2013	0	0	243	22	Liverpool FC, Real Madrid, Borussia Dortmund, Feyenoord Rotterdam, Borussia Dortmund, RSV Meinerzhagen
Sancho, Jadon	M	25.03.2000	ENG	2017	34	12	46	13	Manchester City FC, Watford FC
Schmelzer, Marcel	A	22.01.1988	D	2005	9	0	251	2	1. FC Magdeburg, SV Fortuna Magdeburg
Toljan, Jeremy	A	08.08.1994	D	2017	0	0	72	3	TSG 1899 Hoffenheim, VfB Stuttgart, SV Stuttgarter Kickers, TSV Steinhaldenfeld, SV Grün-Weiss Sommerrain
Toprak, Ömer	A	21.07.1989	TUR	2017	9	0	227	5	Bayer 04 Leverkusen, SC Freiburg, FV Ravensburg, TSB Ravensburg
Weigl, Julian	M	08.09.1995	D	2015	18	1	103	2	TSV 1860 München, TSV 1860 Rosenheim, SV Ostermünchen
Witsel, Axel	M	12.01.1989	BEL	2018	33	4	33	4	Tianjin Quanjian FC, Zenit St. Petersburg, Benfica Lissabon, Standard Lüttich
Wolf, Marius	M	27.05.1995	D	2018	16	1	49	6	Eintracht Frankfurt, Hannover 96, TSV 1860 München, 1. FC Nürnberg, JFG Rödental-Coburger Land, VfB Einberg
Zagadou, Dan-Axel	A	03.06.1999	FRA	2017	17	2	28	3	Paris St. Germain FC, US Creteil-Lusitanos

Trainer:

Name, Vorname	geb. am	Nat.	Zeitraum	Spiele 2018/19	frühere Trainerstationen
Favre, Lucien	02.11.1957	SUI	01.07.2018 – lfd.	34	OGC Nizza, Borussia Mönchengladbach, Hertha BSC, FC Zürich, Servette Genf, Yverdon-Sport FC, FC Echallens

Zugänge:
Bruun Larsen und Burnic (VfB Stuttgart), Delaney (SV Werder Bremen), Diallo (1. FSV Mainz 05), Hakimi (Real Madrid), Hitz (FC Augsburg), Paco Alcacer (FC Barcelona), Oelschlägel (SV Werder Bremen II), Witsel (Tianjin Quanjian FC), Wolf (Eintracht Frankfurt).
während der Saison:
Balerdi (CA Boca Juniors).

Abgänge:
Batshuayi (Chelsea FC), Castro (VfB Stuttgart), Durm (Huddersfield Town FC), Schürrle (Fulham FC), Sokratis (Arsenal FC), Yarmolenko (West Ham United FC).
während der Saison:
Burnic (SG Dynamo Dresden), Isak (Willem II Tilburg), Kagawa (Besiktas Istanbul), Rode (Eintracht Frankfurt), Toljan (Celtic Glasgow FC), Sahin (SV Werder Bremen).

Fortsetzung BV Borussia 09 Dortmund

Aufstellungen und Torschützen:

Sp	Datum		Gegner	Ergebnis	Akanji	Bruun Larsen	Bürki	Dahoud	Delaney	Diallo	Götze	Guerreiro	Hakimi	Hitz	Kagawa	Paco Alcácer	Philipp	Piszczek	Pulisic	Reus	Sancho	Schmelzer	Toprak	Weigl	Witsel	Wolf	Zagadou
					1	2	3	4	5	6	7	8	9	10	11	12	13	14	15	16	17	18	19	20	21	22	23
1	26.08.18	H	RB Leipzig	4:1 (3:1)	X		X	X1	X	X		E					A	X	A	X1	E	A			X1	E	
2	31.08.18	A	Hannover 96	0:0 (0:0)	X		X	A	X	X		E					A	X		X	E	X			X	X	
3	14.09.18	H	Eintracht Frankfurt	3:1 (1:0)	X	A	X	X	A	X1						E1	A	X		X	E	X			E	X1	
4	22.09.18	A	TSG Hoffenheim	1:1 (0:1)	X		X	A	E	X^R				A		E	X	X1	X	E	X				X	A	
5	26.09.18	H	1. FC Nürnberg	7:0 (2:0)	X1	A1	X		X			X1		E		X		X	A2	E1	X		E1	A			X
6	29.09.18	A	Bayer 04 Leverkusen	4:2 (0:2)	X	X1	X	E	A	X		X				E2	A		A	X1	E				X		X
7	06.10.18	H	FC Augsburg	4:3 (0:1)	X	A	X			X	E1	E	X			E3	A		X	X		A	X				X
8	20.10.18	A	VfB Stuttgart	4:0 (3:0)		A	X		X	X	E		X			A1	E1	X	E	A1	X1				X		X
9	27.10.18	H	Hertha BSC	2:2 (1:1)		E	X	X		X	X	A	X					A	E	X	A2	E			X		X
10	03.11.18	A	VfL Wolfsburg	1:0 (1:0)	X	A	X		X			X	X			A	E		E	X1	A		E		X		X
11	10.11.18	H	FC Bayern München	3:2 (0:1)	X	A		E	E		A		X	X		E1		X		X2			A		X		X
12	24.11.18	A	1. FSV Mainz 05	2:1 (0:0)	X	A	X		X	E	A					E1		X1	E	X	X				X		X
13	01.12.18	H	SC Freiburg	2:0 (1:0)		X	X		X	X	A					E1	E		X	A1	X		E		X		A
14	08.12.18	A	FC Schalke 04	2:1 (1:0)	X	A	X		X1	X	E	E	X			A		X	E	X	A1				X		
15	15.12.18	H	SV Werder Bremen	2:1 (2:1)	X		X		X	X	X	E	A	X		A1	E	X	E	X1	A				X		
16	18.12.18	A	Fortuna Düsseldorf	1:2 (0:1)	A	A	X		A	X	X					E1		X	X	E	X	E			X		
17	21.12.18	H	Mönchengladbach	2:1 (1:1)		E	X		X		E	A				A		X		X1	A1		X	X	X	E	
18	19.01.19	A	RB Leipzig	1:0 (1:0)			X		X	X	X	A	X			E	A	X	E		A			X	X1	E	
19	26.01.19	H	Hannover 96	5:1 (1:0)			X	E	A	X	A1	X1	X1			E		A		X1	X	E			X1		
20	02.02.19	A	Eintracht Frankfurt	1:1 (1:1)	E	X		X	X	X	A					A		X	E	X1	A				X	X	
21	09.02.19	H	TSG Hoffenheim	3:3 (2:0)		X	X		X	A1	A1	X				E	A	X		X1	E	X	X		E		
22	18.02.19	A	1. FC Nürnberg	0:0 (0:0)		E	X		A	X	X	X				E	A			X		X	X	X	X		X
23	24.02.19	H	Bayer 04 Leverkusen	3:2 (2:1)	X	E	X	E		X	A1	A	X			A				X1		X	X	E			X1
24	01.03.19	A	FC Augsburg	1:2 (0:1)	X	A		A	A	X	E	X				E1	E		A	X					X		X
25	09.03.19	H	VfB Stuttgart	3:1 (0:0)	X		X		E	X	X	A				A1		E1	X1	X					X	A	E
26	16.03.19	H	Hertha BSC	3:2 (1:2)	X	A	X		X1	X	E	E						X	X1	A		E	X		A		X1
27	30.03.19	A	VfL Wolfsburg	2:0 (0:0)	X	E	X	E	X	A	A	X	EA			X2			A	X					X	X	X
28	06.04.19	H	FC Bayern München	0:5 (0:4)	X	X	X	A	X	X	E						A		X	X			E		X	E	A
29	13.04.19	A	1. FSV Mainz 05	2:1 (2:0)	X	A	X		X	X	A						E		X	X2	E		X		E		A
30	21.04.19	A	SC Freiburg	4:0 (1:0)	X		X		X	X	A1	A				E1			E	X1	X1	E			X	A	
31	27.04.19	H	FC Schalke 04	2:4 (1:2)	X	E	X		A	X	A1	A				E			E	X^R	X			X	X1	X^R	
32	04.05.19	A	SV Werder Bremen	2:2 (2:0)	X	E	X	E	A	A	A	X				X1	E		X1	X					X	X	
33	11.05.19	H	Fortuna Düsseldorf	3:2 (1:0)	X	A			X1		A1	X		X		X	E	X	A1		E	E			X	X	
34	18.05.19	A	Mönchengladbach	2:0 (1:0)	X		X	E	X		A	X				E		X	X	A1	A1	E			X	X	
	Spiele:				25	24	32	14	30	28	26	23	21	2	2	26	18	20	20	27	34	9	9	18	33	16	17
	Tore:				1	2	0	1	3	1	7	2	2	0	0	18	1	1	4	17	12	0	0	1	4	1	2

Gegnerische Eigentore im 1. Spiel (durch Sabitzer).

Bilanz der letzten 10 Jahre:

Saison	Lv.	Liga	Platz	Sp.	S	U	N	Tore	Pkt.
2008/09:	1	Bundesliga	6.	34	15	14	5	60-37	59
2009/10:	1	Bundesliga	5.	34	16	9	9	54-42	57
2010/11:	1	Bundesliga	1.	34	23	6	5	67-22	75
2011/12:	1	Bundesliga	1.	34	25	6	3	80-25	81
2012/13:	1	Bundesliga	2.	34	19	9	6	81-42	66
2013/14:	1	Bundesliga	2.	34	22	5	7	80-38	71
2014/15:	1	Bundesliga	7.	34	13	7	14	47-42	46
2015/16:	1	Bundesliga	2.	34	24	6	4	82-34	78
2016/17:	1	Bundesliga	3.	34	18	10	6	72-40	64
2017/18:	1	Bundesliga	4.	34	15	10	9	64-47	55

Zuschauerzahlen:

Saison	gesamt	Spiele	Schnitt
2008/09:	1.232.469	17	72.498
2009/10:	1.272.108	17	74.830
2010/11:	1.313.208	17	77.248
2011/12:	1.345.560	17	79.151
2012/13:	1.368.860	17	80.521
2013/14:	1.368.840	17	80.520
2014/15:	1.365.050	17	80.297
2015/16:	1.367.204	17	80.424
2016/17:	1.358.105	17	79.889
2017/18:	1.351.439	17	79.496

Die meisten Spiele in der Bundesliga:

Pl.	Name, Vorname	Spiele
1.	Zorc, Michael	463
2.	Weidenfeller, Roman	349
3.	Dede	322
4.	Reuter, Stefan	307
5.	Ricken, Lars	301
6.	Kutowski, Günter	288
7.	Kehl, Sebastian	274
8.	Huber, Lothar	254
	Klos, Stefan	254
10.	Schmelzer, Marcel	251

Die meisten Tore in der Bundesliga:

Pl.	Name, Vorname	Tore
1.	Burgsmüller, Manfred	135
2.	Zorc, Michael	131
3.	Emmerich, Lothar	115
4.	Chapuisat, Stephane	102
5.	Aubameyang, Pierre-Emerick	98
6.	Reus, Marco	80
7.	Lewandowski, Robert	74
8.	Möller, Andreas	71
9.	Wosab, Reinhold	61
10.	Koller, Jan	59

Die Trainer der letzten Jahre:

Name, Vorname	Zeitraum
Krauss, Bernd	05.02.2000 – 12.04.2000
Lattek, Udo	13.04.2000 – 30.06.2000
Sammer, Matthias	01.07.2000 – 30.06.2004
van Marwjk, Bert	01.07.2004 – 18.12.2006
Röber, Jürgen	19.12.2006 – 13.03.2007
Doll, Thomas	13.03.2007 – 19.05.2008
Klopp, Jürgen	01.07.2008 – 30.06.2015
Tuchel, Thomas	01.07.2015 – 31.05.2017
Bosz, Peter	01.07.2017 – 09.12.2017
Stöger, Peter	10.12.2017 – 30.06.2018

Düsseldorfer TSV Fortuna 1895

Anschrift:
Flinger Broich 87
40235 Düsseldorf
Telefon: (02 11) 23 80 10
eMail: service@f95.de
Homepage: www.f95.de

Vereinsgründung: 05.05.1895 als Flinger TV; am 15.11.1919 Zusammenschluss mit Düsseldorfer FK Fortuna
Vereinsfarben: Rot-Weiß
Vorstandsvors.: Thomas Röttgermann
Sportvorstand: Erich Rutemöller
Stadion: Merkur Spielarena (54.600)

Größte Erfolge: Deutscher Meister 1933; Deutscher Pokalsieger 1979 und 1980; Finale im Europapokal der Pokalsieger 1979

Aufgebot:

Name, Vorname	Pos	geb. am	Nat.	seit	2018/19 Sp.	T.	gesamt Sp.	T.	frühere Vereine
Ayhan, Kaan	A	10.11.1994	TUR	2016	28	4	60	5	FC Schalke 04, Eintracht Frankfurt, FC Schalke 04
Barkok, Ayman	M	21.05.1998	MAR	2018	12	0	39	2	Eintracht Frankfurt, Offenbacher FC Kickers, SG Rot-Weiss Frankfurt, SG Praunheim
Bodzek, Adam	A	07.09.1985	D	2011	21	0	66	3	MSV Duisburg, SpVgg Erkenschwick, SpVgg Blau-Weiß Post Recklinghausen
Bormuth, Robin	A	19.09.1995	D	2011	10	0	10	0	SV Darmstadt 98, SC Viktoria Griesheim, SV Concordia Gernsheim, FC Alemannia Groß-Rohrheim
Contento, Diego	A	01.05.1990	D	2018	0	0	49	0	Girondins Bordeaux, FC Bayern München
Drobny, Jaroslav	T	18.10.1979	CZE	2019	2	0	202	0	SV Werder Bremen, Hamburger SV, Hertha BSC, VfL Bochum, Fulham FC, Ipswich Town FC, Fulham FC, ADO Den Haag, Fulham FC, Panionios GSS, Ceske Budejovice
Ducksch, Marvin	S	07.03.1994	D	2018	16	1	31	2	Holstein Kiel, FC St. Pauli, Borussia Dortmund, SC Paderborn 07, Borussia Dortmund, BSV Fortuna 58 Dortmund
Duman, Taylan	M	30.07.1997	D	2012	0	0	0	0	MSV Duisburg
Fink, Oliver	M	06.06.1982	D	2009	18	3	44	6	SpVgg Unterhaching, SV Wacker Burghausen, SSV Jahn 2000 Regensburg, SG Post/Süd Regensburg, 1. FC Schwandorf, 1. FC Schlicht
Gießelmann, Niko	A	26.09.1991	D	2017	30	0	30	0	SpVgg Greuther Fürth, Hannover 96, SC Langenhagen, TSV Godshorn
Gül, Gökhan	M	17.07.1998	D	2017	0	0	0	0	VfL Bochum, SC Arminia Ickern, Sportfreunde Habinghorst
Hennings, Rouwen	S	28.08.1987	D	2016	29	7	45	8	Burnley FC, Karlsruher SC, FC St. Pauli, Hamburger SV, FC St. Pauli, Hamburger SV, VfL Osnabrück, Hamburger SV, VfL Oldesloe
Hoffmann, Andre	A	28.02.1993	D	2017	13	0	60	2	Hannover 96, MSV Duisburg, SC Phönix Essen, SuS Haarzopf
Kaminski, Marcin	M	15.01.1992	POL	2018	27	0	50	0	VfB Stuttgart, KKS Lech Poznan, KS Aluminium Konin
Karaman, Kenan	S	05.03.1994	TUR	2018	21	3	82	7	Hannover 96, TSG Hoffenheim, Stuttgarter Kickers, VfB Stuttgart, MTV Stuttgart
Kownacki, Dawid	S	14.03.1997	POL	2019	10	4	10	4	Sampdoria Genua, KKS Lech Poznan, GKP Gorzow Wielkopolski
Kujovic, Emir	S	22.06.1988	SWE	2017	0	0	0	0	KAA Gent, IFK Norrköping, Elazigspor, Kayserispor, Halmstads BK, Falkenbergs FF, Landskrona BoIS, Klippans BoIF
Lovren, Davor	M	03.10.1998	CRO	2017	2	0	2	0	GNK Dinamo Zagreb, NK Karlovac
Lucoqui, Anderson	A	06.07.1997	D	2014	0	0	0	0	1. FC Köln, Bayer 04 Leverkusen, SSV Lützenkirchen
Lukebakio, Dodi	S	24.09.1997	COD	2018	31	10	31	10	Watford FC, Sporting Charleroi, Toulouse FC, RSC Anderlecht, FC Brüssel, FC Asse-Zellik
Morales, Alfredo	M	12.05.1990	USA	2018	23	1	82	3	FC Ingolstadt 04, Hertha BSC, BSC Reinickendorf 21, Borussia Pankow, FC Concordia Wilhelmsruh
Nielsen, Havard	S	15.07.1993	NOR	2017	0	0	20	2	SC Freiburg, FC Red Bull Salzburg, Eintracht Braunschweig, FC Red Bull Salzburg, Valerenga IF Oslo, Oppsal IF
Raman, Benito	S	07.11.1994	BEL	2017	30	10	30	10	Standard Lüttich, KAA Gent, KV Kortrijk, K. Beerschot AC, KAA Gent, SK Munkzwalm, KV Cercle Melle
Rensing, Michael	T	14.05.1984	D	2013	32	0	136	0	Bayer 04 Leverkusen, 1. FC Köln, FC Bayern München, TuS Lingen
Siadas, Georgios	A	27.12.1999	GRE	2010	0	0	0	0	VfB Solingen 1910
Sobottka, Marcel	M	25.04.1994	D	2015	14	0	14	0	FC Schalke 04, SC Rot-Weiß Oberhausen, SG Wattenscheid 09, FC Schalke 04, VfB Kirchhellen
Stöger, Kevin	M	27.08.1993	AUT	2018	25	1	25	1	VfL Bochum, SC Paderborn 07, VfB Stuttgart, 1. FC Kaiserslautern, VfB Stuttgart, AKA Oberösterreich West, SV Ried, ATSV Steyr
Suttner, Markus	A	16.04.1987	AUT	2019	6	1	55	5	Brighton & Hove Albion FC, FC Ingolstadt 04, FK Austria Wien, SK Wullersdorf
Usami, Takashi	M	06.05.1992	JPN	2018	19	1	53	3	FC Augsburg, Fortuna Düsseldorf, FC Augsburg, Gamba Osaka, TSG 1899 Hoffenheim, FC Bayern München, Gamba Osaka
Wiesner, Tim	T	21.11.1996	D	2014	0	0	0	0	Rot-Weiss Essen, FC Schalke 04, DJK TuS Hordel, SG Herne 70
Wolf, Raphael	T	06.06.1988	D	2017	0	0	48	0	SV Werder Bremen, Kapfenberger SV, Hamburger SV, SpVgg Unterhaching, FSV Pfaffenhofen/Ilm, MTV 1862 Pfaffenhofen a.d. Ilm, FC Tegernbach
Zimmer, Jean	A	06.12.1993	D	2017	18	1	18	1	VfB Stuttgart, 1. FC Kaiserslautern, SV Bann
Zimmermann, Matthias	M	16.06.1992	D	2018	34	1	55	2	VfB Stuttgart, Borussia Mönchengladbach, SV Sandhausen, SpVgg Greuther Fürth, Borussia Mönchengladbach, Karlsruher SC, VfB Grötzingen

Trainer:

Name, Vorname	geb. am	Nat.	Zeitraum	Spiele 2018/19	frühere Trainerstationen
Funkel, Friedhelm	10.12.1953	D	14.03.2016 – lfd.	34	TSV 1860 München, TSV Alemannia Aachen, VfL Bochum, Hertha BSC, Eintracht Frankfurt, 1. FC Köln, FC Hansa Rostock, MSV Duisburg, FC Bayer 05 Uerdingen, FC Bayer 05 Uerdingen (Co-Trainer), FC Bayer 05 Uerdingen Amateure, VfR Neuss

Zugänge:
Barkok (Eintracht Frankfurt), Contento (Girondins Bordeaux), Ducksch (Holstein Kiel), Karaman (Hannover 96), Lukebakio (Watford FC), Morales (FC Ingolstadt 04), Siadas (eigene Junioren), Stöger (VfL Bochum), Zimmermann (VfB Stuttgart).
während der Saison:
Drobny (SV Werder Bremen), Kaminski (VfB Stuttgart), Kownacki (Sampdoria Genua), Suttner (Brighton & Hove Albion FC), Usami (FC Augsburg).

Abgänge:
Haraguchi (Hannover 96), Neuhaus (Borussia Mönchengladbach), Schauerte (AS Eupen), Schmitz (Wolfsberger AC), Usami (FC Augsburg).
während der Saison:
Duman (Borussia Dortmund II), Gül (SV Wehen Wiesbaden), Lucoqui (DSC Arminia Bielefeld), Nielsen (MSV Duisburg).

Fortsetzung Düsseldorfer TSV Fortuna 1895

Aufstellungen und Torschützen:

Sp	Datum		Gegner	Ergebnis	Ayhan	Barkok	Bodzek	Bormuth	Drobny	Ducksch	Fink	Gießelmann	Hennings	Hoffmann	Kaminski	Karaman	Kownacki	Lovren	Lukebakio	Morales	Raman	Rensing	Sobottka	Stöger	Suttner	Usami	Zimmer	Zimmermann
					1	2	3	4	5	6	7	8	9	10	11	12	13	14	15	16	17	18	19	20	21	22	23	24
1	25.08.18	H	FC Augsburg	1:2 (1:0)	X					E		X	A	X		E			E	X	A1	X	X	A			X	X
2	02.09.18	A	RB Leipzig	1:1 (0:0)	X					A		X	A	X	X	E				X	E	X	X	E			X	A1
3	15.09.18	H	TSG Hoffenheim	2:1 (1:0)	A		X	E		A		X	A		X	E			E1	X1		X	X				X	X
4	21.09.18	A	VfB Stuttgart	0:0 (0:0)	X		X			A		X	E		X				E	X	A	X	X				X	X
5	26.09.18	H	Bayer 04 Leverkusen	1:2 (0:0)	X					E		X	X1		X				E	X	A	X	X	A		E	A	X
6	29.09.18	A	1. FC Nürnberg	0:3 (0:1)	X		X			X		X	E		X			E	A	X		X				A	X	X
7	06.10.18	H	FC Schalke 04	0:2 (0:0)	X		A			E		A	X		X				X	X	X	X				E	X	X
8	19.10.18	A	Eintracht Frankfurt	1:7 (0:3)	X	E	A			X				X					E1	X	X	X	A	X			X	X
9	27.10.18	H	VfL Wolfsburg	0:3 (0:1)	X	E	A	X		E		X	X						A	A	X	X				E	X	X
10	04.11.18	A	Mönchengladbach	0:3 (0:0)	X			X		A		X	X		E		E		X	X		X				A	X	X
11	10.11.18	H	Hertha BSC	4:1 (0:0)			X	X			E	X	A1		X	E			A	E2	X		X		X1	A	X	
12	24.11.18	H	FC Bayern München	3:3 (1:2)			A	X			A	X	E		X	E			X3	E	X		X		X		X	
13	30.11.18	A	1. FSV Mainz 05	0:1 (0:0)			X	X			A	X	X		X	E			A	E	X		X		E		X	
14	07.12.18	A	SV Werder Bremen	1:3 (1:1)			X	X			A	X	E		X				A1	E	E		X		A		X	
15	15.12.18	H	SC Freiburg	2:0 (0:0)	X2		X				E	X	A		X	A			E		A	X	X		X	E		X
16	18.12.18	H	Borussia Dortmund	2:1 (1:0)	X		E				X	X	E		X				A1	E	X	A	X		A	X1		X
17	22.12.18	A	Hannover 96	1:0 (0:0)	X		A			E1	X	X			X	A			X		E	X	E	X		A		X	
18	19.01.19	H	FC Augsburg	2:1 (1:0)	X	E			X1		X	E			X	A			A	X	E1	X		X		A		X	
19	27.01.19	A	RB Leipzig	0:4 (0:3)	X	E				E	A	X	E		X				A	X	A	X		X		X		X
20	02.02.19	A	TSG Hoffenheim	1:1 (0:1)	X		X	E		A	X	X	A1	X		E			E	X		X		A				X
21	10.02.19	H	VfB Stuttgart	3:0 (1:0)	X		X				A1	E		X	A1				X	E	E1	X		X			A	X
22	17.02.19	A	Bayer 04 Leverkusen	0:2 (0:1)		E			X		A	X		X	X	X	E		X	X	E				A		A	X
23	23.02.19	H	1. FC Nürnberg	2:1 (0:1)	X1				X	E		X	E		X	A	A		X	X	A		X			E		X
24	02.03.19	A	FC Schalke 04	4:0 (1:0)	X	X				E		X		E	X		X2		A1		A1	X	A			E		X
25	11.03.19	H	Eintracht Frankfurt	0:3 (0:0)	X	A				X		X	E		X	E	A		X	E	X	X	A					X
26	16.03.19	A	VfL Wolfsburg	2:5 (1:1)	X1	A	A					X	X		X		E		A		X1	E	X		E			X
27	30.03.19	H	Mönchengladbach	3:1 (3:0)	A		A	E			X	X	A2	E	X		E			X	X		X1	X				X
28	06.04.19	A	Hertha BSC	2:1 (1:1)			X	E			A	A	X	X					A	X2	X	E	X		E			X
29	14.04.19	H	FC Bayern München	1:4 (0:2)	X	X						A	X	X		A			E1	E	X	X	X		E			X
30	20.04.19	A	1. FSV Mainz 05	1:3 (1:1)	X	E				E			X		X	E			A1	A	A	X	X		X			X
31	27.04.19	H	SV Werder Bremen	4:1 (2:1)	X	EA	X					E	X1	X		X1	E		A		A1	X		X	X1			X
32	05.05.19	A	SC Freiburg	1:1 (1:1)	X		A			E		X	X		A	A1			E	E	X	X		X				X
33	11.05.19	A	Borussia Dortmund	2:3 (0:1)	X		XR			A1	X		X			E	X1		A	E	E	X		X	A			X
34	18.05.19	H	Hannover 96	2:1 (0:0)	X	E				E	X	X1	X	X	A1				A	E	X	X		A				X
			Spiele:		28	12	21	10	2	16	18	30	29	13	27	21	10	2	31	23	30	32	14	25	6	19	18	34
			Tore:		4	0	0	0	0	1	3	0	7	0	0	3	4	0	10	1	10	0	0	1	1	1	1	1

Gegnerisches Eigentor im 23. Spiel (durch Ewerton).

Bilanz der letzten 10 Jahre:

Saison	Lv.	Liga		Platz	Sp.	S	U	N	Tore	Pkt.
2008/09	3	3. Liga	↑	2.	38	20	9	9	54-33	69
2009/10	2	2. Bundesliga		4.	34	17	8	9	48-31	59
2010/11	2	2. Bundesliga		7.	34	16	5	13	49-39	53
2011/12	2	2. Bundesliga	↑	3.	34	16	14	4	64-35	62
2012/13	1	Bundesliga	↓	17.	34	7	9	18	39-57	30
2013/14	2	2. Bundesliga		6.	34	13	11	10	45-44	50
2014/15	2	2. Bundesliga		10.	34	11	11	12	48-52	44
2015/16	2	2. Bundesliga		14.	34	9	8	17	32-47	35
2016/17	2	2. Bundesliga		11.	34	10	12	12	37-39	42
2017/18	2	2. Bundesliga	↑	1.	34	19	6	9	57-44	63

Zuschauerzahlen:

Saison	gesamt	Spiele	Schnitt
2008/09:	282.632	19	14.875
2009/10:	476.122	17	28.007
2010/11:	357.910	17	21.054
2011/12:	542.294	17	31.900
2012/13:	784.847	17	46.167
2013/14:	577.714	17	33.983
2014/15:	509.063	17	29.945
2015/16:	440.267	17	25.897
2016/17:	441.583	17	25.975
2017/18:	487.738	17	28.690

Die meisten Spiele in der Bundesliga:

Pl.	Name, Vorname	Spiele
1.	Zewe, Gerd	440
2.	Weikl, Josef	303
3.	Baltes, Heiner	279
4.	Seel, Wolfgang	274
5.	Köhnen, Egon	272
6.	Bommer, Rudolf	264
7.	Dusend, Ralf	239
8.	Brei, Dieter	221
9.	Geye, Reiner	195
10.	Woyke, Wilfried	190

Die meisten Tore in der Bundesliga:

Pl.	Name, Vorname	Tore
1.	Allofs, Klaus	71
2.	Geye, Reiner	66
3.	Seel, Wolfgang	59
4.	Allofs, Thomas	57
5.	Thiele, Günter	44
6.	Zewe, Gerd	42
7.	Dusend, Ralf	40
	Herzog, Dieter	40
	Zimmermann, Gerd	40
10.	Bommer, Rudolf	38
	Edvaldsson, Atli	38

Die Trainer der letzten Jahre:

Name, Vorname	Zeitraum
Weidemann, Uwe	27.11.2004 – 12.11.2007
Werner, Wolf	12.11.2007 – 31.12.2007
Meier, Norbert	01.01.2008 – 27.05.2013
Büskens, Michael	01.07.2013 – 30.11.2013
Köstner, Lorenz-Günther	02.01.2014 – 30.06.2014
Reck, Oliver	01.07.2014 – 23.02.2015
Aksoy, Taskin (IT)	23.02.2015 – 30.06.2015
Kramer, Frank	01.07.2015 – 23.11.2015
Hermann, Peter (IT)	23.11.2015 – 21.12.2015
Kurz, Marco	23.12.2015 – 13.03.2016

Eintracht Frankfurt

Anschrift:
Mörfelder Landstraße 362
60528 Frankfurt am Main
Telefon: (08 00) 7 43 18 99
eMail: info@eintrachtfrankfurt.de
Homepage: www.eintracht.de

Vereinsgründung: 08.03.1899 als FFC Victoria 99; seit 1969 Eintracht Frankfurt; seit 01.07.2000 Eintracht Frankfurt Fußball AG
Vereinsfarben: Rot-Schwarz-Weiß
Vorstand Sport: Fredi Bobic
Sportdirektor: Bruno Hübner
Stadion: Commerzbank-Arena (51.500)

Größte Erfolge: Deutscher Meister 1959; Meister der Oberliga Süd 1953, 1959; Deutscher Pokalsieger 1974, 1975, 1981, 1988, 2018; UEFA-Pokalsieger 1980

Aufgebot:

Name, Vorname	Pos	geb. am	Nat.	seit	2018/19 Sp.	T.	gesamt Sp.	T.	frühere Vereine
Abraham, David	A	15.07.1986	ARG	2015	17	0	151	3	TSG 1899 Hoffenheim, Getafe CF, FC Basel, Club Gimnastic Tarragona, CA Independiente Avellaneda
Allan (Allan Rodrigues de Souza)	M	03.03.1997	BRA	2018	4	0	19	0	Liverpool FC, Apollon Limassol, Liverpool FC, Hertha BSC, Liverpool FC, Sint-Truidense VV, Liverpool FC, SJK Seinäjoki, Liverpool FC
Blum, Danny	M	07.01.1991	D	2016	1	0	17	2	1. FC Nürnberg, SV Sandhausen, Karlsruher SC, SV Sandhausen, SV Waldhof Mannheim, FC Schalke 04, 1. FC K'lautern, SV Waldhof, SC Rot-Weiß Frankenthal
Cavar, Marijan	M	02.02.1998	BIH	2018	0	0	1	0	HSK Zrinjski Mostar, HNK Brantelj Mostar, HNK Rama
Chandler, Timothy	A	29.03.1990	USA	2014	1	0	193	7	1. FC Nürnberg, Eintracht Frankfurt, Sportfreunde Oberau
da Costa, Danny	A	13.07.1993	D	2017	34	2	80	3	Bayer 04 Leverkusen, FC Ingolstadt 04, Bayer 04 Leverkusen, DJK Winfriedia Mülheim
Fabian, Marco	M	21.07.1989	MEX	2016	1	0	43	8	CD Guadalajara, Cruz Azul FC Mexiko City, CD Guadalajara
Falette, Simon	A	19.02.1992	GUI	2017	7	0	34	1	FC Metz, Stade Brestois 29, FC Lorient, Stade Lavallois FC, FC Lorient, Tours FC
Fernandes, Gelson	M	02.09.1986	SUI	2017	28	1	77	2	Stade Rennais FC, SC Freiburg, FC Sion, Sporting CP Lissabon, Udinese Calcio, Leicester City FC, AC Chievo Verona, AS St. Etienne, Manchester City FC, FC Sion
Gacinovic, Mijat	M	08.02.1995	SRB	2015	29	0	93	3	Apollon FC Limassol, FK Vojvodina Novi Sad, FK Leotar Trebinje
de Guzman, Jonathan	M	13.09.1987	NED	2017	28	3	44	3	AC Chievo Verona, SSC Neapel, Carpi FC, SSC Neapel, Swansea City FC, Villareal CF, RCD Mallorca, Feyenoord Rotterdam
Haller, Sebastien	S	22.06.1994	FRA	2017	29	15	60	24	FC Utrecht, AJ Auxerre, Bretigny Foot CS, Vigneux Club Olympique
Hasebe, Makoto	A	18.01.1984	JPN	2014	28	0	288	7	1. FC Nürnberg, VfL Wolfsburg, Urawa Red Diamonds, Fujieda Higashi High School
Hinteregger, Martin	A	07.09.1992	AUT	2019	14	1	103	6	FC Augsburg, FC Red Bull Salzburg, Bor. M'gladbach, FC Red Bull Salzburg, SGA Sirnitz
Hrgota, Branimir	S	12.01.1993	SWE	2016	1	0	104	12	Borussia Mönchengladbach, Jönköpings Södra IF, IK Tord Jönköping
Jovic, Luka	S	23.02.1997	SRB	2017	32	17	54	25	SL Benfica Lissabon, FK Roter Stern Belgrad
Kostic, Filip	S	01.11.1992	SRB	2018	34	6	154	23	Hamburger SV, VfB Stuttgart, FC Groningen, FK Radnicki 1923 Kragujevac
Müller, Nicolai	S	25.09.1987	D	2018	7	2	185	42	Hamburger SV, 1. FSV Mainz 05, SpVgg Greuther Fürth, SV Sandhausen, SpVgg Greuther Fürth, Eintracht Frankfurt, TSV Wernfeld
N'Dicka, Evan	A	20.08.1999	CMR	2018	27	1	27	1	AJ Auxerre, Solitaires Paris-Est, FCA Paris 19eme
Paciencia, Goncalo Mendes	S	01.08.1994	POR	2018	11	3	11	3	FC Porto, Vitoria Setubal, FC Porto, Rio Ave FC, Olympiakos Piräus, FC Porto, Academica de Coimbra, FC Porto
Rebic, Ante	S	21.09.1993	CRO	2017	28	9	77	17	AC Florenz, Eintracht Frankfurt, Hellas Verona FC, AC Florenz, RasenBallsport Leipzig, AC Florenz, RNK Split, NK Imotski, NK Vinjani
Rode, Sebastian	M	11.10.1990	D	2019	12	0	125	6	Borussia Dortmund, FC Bayern München, Eintracht Frankfurt, Offenbacher FC Kickers, SV Darmstadt 98, SC Viktoria Griesheim, FC Alsbach, SKV Hähnlein
Rönnow, Frederik Riis	T	04.08.1992	DEN	2018	2	0	2	0	Bröndby IF, AC Horsens, Esbjerg FB, AC Horsens
Russ, Marco	A	04.08.1985	D	2013	5	0	304	24	VfL Wolfsburg, Eintracht Frankfurt, VfB 06 Großauheim
Salcedo, Carlos	A	29.09.1993	MEX	2017	6	0	26	0	AC Florenz, CD Guadalajara, Real Salt Lake, CF Tigres UA Nuevo Leon, CD Guadalajara
Stendera, Marc	M	10.12.1995	D	2010	7	0	78	5	OSC Vellmar, TSV Heiligenrode
Tawatha, Taleb	A	21.06.1992	ISR	2016	3	0	30	0	Maccabi Haifa
Torró Marset, Lucas	M	19.07.1994	ESP	2018	8	0	8	0	CA Osasuna, Real Madrid Castilla, Real Oviedo, Real Madrid Castilla, Real Madrid, CD Alcoyano
Touré, Almamy	A	28.04.1996	MLI	2019	7	0	7	0	AS Monaco, FC Bourget
Trapp, Kevin	T	08.07.1990	D	2018	33	0	147	0	Paris St. Germain FC, Eintracht Frankfurt, 1. FC Kaiserslautern, SV Mettlach, SSV Bachem, FC Brotdorf
Tuta (Lucas Silva Melo)	A	04.07.1999	BRA	2019	0	0	0	0	Sao Paulo FC
Wiedwald, Felix	T	15.03.1990	D	2018	0	0	70	0	Leeds United FC, SV Werder Bremen, Eintracht Frankfurt, MSV Duisburg, SV Werder Bremen, TSV Achim
Willems, Jetro	A	30.03.1994	NED	2017	23	0	46	0	PSV Eindhoven, Sparta Rotterdam, RKSV Spartaan 1920 Rotterdam
Zimmermann, Jan	T	10.04.1985	D	2017	0	0	5	0	TSV 1860 München, 1. FC Heidenheim, SV Darmstadt 98, Eintracht Frankfurt, FC Kickers Obertshausen

Trainer:

Name, Vorname	geb. am	Nat.	Zeitraum	Spiele 2018/19	frühere Trainerstationen
Hütter, Adi	11.02.1970	AUT	01.07.2018 – lfd.	34	BSC Young Boys Bern, FC Red Bull Salzburg, SV Grödig, SCR Altach, RB Salzburg Juniors, FC Red Bull Salzburg (Co-Trainer)

Zugänge:
Allan (Liverpool FC), Müller (Hamburger SV), N'Dicka (AJ Auxerre), Paciencia (FC Porto), Rönnow (Bröndby IF), Torró (CA Osasuna), Wiedwald (Leeds United FC).
während der Saison:
Hinteregger (FC Augsburg), Kostic (Hamburger SV), Rode (Borussia Dortmund), Touré (AS Monaco), Trapp (Paris St. Germain), Tuta (Sao Paulo FC).

Abgänge:
Bätge (FC Würzburger Kickers), Barkok (Fortuna Düsseldorf), Boateng (Sassuolo Calcio), Hradecky (Bayer 04 Leverkusen), Karnada (Sint-Truidense VV), Mascarell (FC Schalke 04), Meier (FC St. Pauli), Wolf (Borussia Dortmund).
während der Saison:
Allan (Fluminense Rio de Janeiro), Blum (UD Las Palmas), Cavar (NK Osijek), Fabián (Philadelphia Union), Müller (Hannover 96), Salcedo (UANL Tigres), Wiedwald (MSV Duisburg).

Fortsetzung Eintracht Frankfurt

Aufstellungen und Torschützen:

Sp	Datum		Gegner	Ergebnis	Abraham	Allan	Blum	Chandler	da Costa	Fabian	Falette	Fernandes	Gacinovic	de Guzman	Haller	Hasebe	Hinteregger	Hrgota	Jovic	Kostic	Müller	N'Dicka	Paciencia	Rebic	Rode	Rönnow	Russ	Salcedo	Stendera	Tawatha	Torro	Touré	Trapp	Willems
					1	2	3	4	5	6	7	8	9	10	11	12	13	14	15	16	17	18	19	20	21	22	23	24	25	26	27	28	29	30
1	25.08.18	A	SC Freiburg	2:0 (1:0)				E	X			X	A	E	X1					E	A1	X			X		X		A	X			X	
2	01.09.18	H	Werder Bremen	1:2 (0:1)	X				X			X	A	E	X1				X	A	E					A		E	X		X	X^R
3	14.09.18	A	Bor. Dortmund	1:3 (0:1)	X				X	A	X	A	X	E	X1				E	X	E	X						A		X		
4	23.09.18	H	RB Leipzig	1:1 (1:0)	X	E			X			X1	X	A	X	X			A	X		X		E					X				
5	26.09.18	A	Bor. M'gladbach	1:3 (0:0)	X				X			A	A	E	X	X			E	X	A	X		E1								X	X
6	30.09.18	H	Hannover 96	4:1 (2:0)		X			X				E	X1	A	X			E1	A		X1		A1		X			X				X	E
7	07.10.18	A	TSG Hoffenheim	2:1 (1:0)		A			X			X	E	X	E	X			A1	A		X		X1G		X							X	E
8	19.10.18	H	Fort. Düsseldorf	7:1 (3:0)	X				X				X	X	X2	X	E	A5	X		X			E		E		E		A		A		
9	28.10.18	A	1. FC Nürnberg	1:1 (0:0)	X	E			X			X	A	A	E1	X			X	X		X		A					E				X	
10	02.11.18	A	VfB Stuttgart	3:0 (2:0)	X				X				A		X	X1			X	A	E1	X		A1					E				X	E
11	11.11.18	H	FC Schalke 04	3:0 (0:0)	X				X			A	E	X	X1	X			A2	A		X		X					E	E			X	
12	24.11.18	A	FC Augsburg	3:1 (1:0)	A				X			X	E	A1	X1	X			A	X		X		X1		E							X	E
13	02.12.18	H	VfL Wolfsburg	1:2 (0:1)					X			A	E	X	X	X			X1	X		X		X		X							X	E
14	08.12.18	A	Hertha BSC	0:1 (0:1)						A		A	E	X	X	X			X	X	E	X		A			X						X	E
15	16.12.18	H	Bay. Leverkusen	2:1 (1:0)					X1		X	X	A	E	X				E	X1						X	E						X	A
16	19.12.18	H	FSV Mainz 05	2:2 (2:2)					X		X	X	A	A	X				X2	X		E		X									X	E
17	22.12.18	H	Bay. München	0:3 (0:1)					X		X	A	A	E	X				X	X	E	X				X							X	X
18	19.01.19	H	SC Freiburg	3:1 (3:0)	X				X			X		E	X1	X			A1	X		X		X1	A				E				X	EA
19	26.01.19	A	Werder Bremen	2:2 (1:1)	A				X		X		E	A	X1	X			X			X1	A	E		E			X				X	
20	02.02.19	H	Bor. Dortmund	1:1 (1:1)					X			X	E		X	X	X		A1	X		X		X	X				X				X	
21	09.02.19	A	RB Leipzig	0:0 (0:0)					X			X	E		X	X	X		X	X		A		A									X	E
22	17.02.19	H	Bor. M'gladbach	1:1 (1:0)					X1		A	X	X	A	X	X			E	X		X	E	A									X	E
23	24.02.19	A	Hannover 96	3:0 (0:0)					X			E		A	X	X			X1	X1		X	E	A1	A							X	X	E
24	02.03.19	H	TSG Hoffenheim	3:2 (1:1)					X			X		X	X1	X			E	X1		X	E1	A	A							A	X	E
25	11.03.19	A	Fort. Düsseldorf	3:0 (0:0)					X			X	E	A	E2	X	X		A	X		A1		X									X	E
26	17.03.19	H	1. FC Nürnberg	1:0 (1:0)					X			X	X		E	X1			A	A			A	E	X								X	E
27	31.03.19	H	VfB Stuttgart	3:0 (1:0)					X						E	A	X		X1	A2		X	E	A	X								X	E
28	06.04.19	H	FC Schalke 04	2:1 (1:1)	X				X			X			X	A			X1	A		E	E	X1									X	X
29	14.04.19	A	FC Augsburg	1:3 (1:2)					X			XG	E	E	X	A			X	X			E	A1	X	A							X	X
30	22.04.19	A	VfL Wolfsburg	1:1 (0:0)	X				X	X		X	E1		X				A	X			A	E	A							X	E	X
31	27.04.19	H	Hertha BSC	0:0 (0:0)	X				X			A		A	X	X			X	X			E	X	A				E				X	E
32	05.05.19	A	Bay. Leverkusen	1:6 (1:6)	X			E	A			X	E		X	X			E	X1		A		X									X	A
33	12.05.19	H	FSV Mainz 05	0:2 (0:0)	X				X		A	A	X	E	E	X	X		A	X			E	X					X				X	
34	18.05.19	A	Bay. München	1:5 (0:1)	X				X			X	X	A	E1	X	X		X	X				A					E				X	
			Spiele		17	4	1	1	34	1	7	28	29	28	29	28	14	1	32	34	7	27	11	28	12	2	5	6	7	3	8	7	33	23
			Tore		0	0	0	0	2	0	0	1	0	3	15	0	1	0	17	6	2	1	3	9	0	0	0	0	0	0	0	0	0	0

Bilanz der letzten 10 Jahre:

Saison	Lv.	Liga		Platz	Sp.	S	U	N	Tore	Pkt.
2008/09:	1	Bundesliga		13.	34	8	9	17	39-60	33
2009/10:	1	Bundesliga		10.	34	12	10	12	47-54	46
2010/11:	1	Bundesliga	↑	17.	34	9	7	18	31-49	34
2011/12:	2	2. Bundesliga	↓	2.	34	20	8	6	76-33	68
2012/13:	1	Bundesliga		6.	34	14	9	11	49-46	51
2013/14:	1	Bundesliga		13.	34	9	9	16	40-57	36
2014/15:	1	Bundesliga		9.	34	11	10	13	56-62	43
2015/16:	1	Bundesliga		16.	34	9	9	16	34-52	36
2016/17:	1	Bundesliga		11.	34	11	9	14	36-43	42
2017/18:	1	Bundesliga		8.	34	14	7	13	45-45	49

Zuschauerzahlen:

Saison	gesamt	Spiele	Schnitt
2008/09:	799.200	17	47.012
2009/10:	802.500	17	47.206
2010/11:	805.200	17	47.365
2011/12:	639.900	17	37.641
2012/13:	816.750	17	48.044
2013/14:	799.900	17	47.053
2014/15:	809.500	17	47.618
2015/16:	793.500	17	46.676
2016/17:	834.500	17	49.088
2017/18:	835.700	17	49.159

Die meisten Spiele in der Bundesliga:

Pl.	Name, Vorname	Spiele
1.	Körbel, Karl-Heinz	602
2.	Grabowski, Jürgen	441
3.	Nickel, Bernd	426
4.	Hölzenbein, Bernd	420
5.	Falkenmayer, Ralf	337
6.	Binz, Manfred	336
7.	Russ, Marco	280
8.	Meier, Alexander	270
9.	Neuberger, Willi	267
10.	Bindewald, Uwe	263

Die meisten Tore in der Bundesliga:

Pl.	Name, Vorname	Tore
1.	Hölzenbein, Bernd	160
2.	Nickel, Bernd	141
3.	Grabowski, Jürgen	109
4.	Meier, Alexander	93
5.	Yeboah, Anthony	68
6.	Huberts, Wilhelm	67
7.	Wenzel, Rüdiger	51
8.	Cha, Bum-Kun	46
	Solz, Wolfgang	46
10.	Körbel, Karl-Heinz	45

Die Trainer der letzten Jahre:

Name, Vorname	Zeitraum
Andermatt, Martin	18.06.2001 – 08.03.2002
Kraaz, Armin (IT)	08.03.2002 – 30.05.2002
Reimann, Willi	31.05.2002 – 30.06.2004
Funkel, Friedhelm	01.07.2004 – 30.06.2009
Skibbe, Michael	01.07.2009 – 23.03.2011
Daum, Christoph	23.03.2011 – 16.05.2011
Veh, Armin	01.07.2011 – 30.06.2014
Schaaf, Thomas	01.07.2014 – 26.05.2015
Veh, Armin	01.07.2015 – 06.03.2016
Kovac, Niko	08.03.2016 – 30.06.2018

SC Freiburg

Anschrift:
Schwarzwaldstraße 193
79117 Freiburg
Telefon: (07 61) 38 55 10
eMail: scf@scfreiburg.com
Homepage: www.scfreiburg.com

Vereinsgründung: 30.05.1904 als FC Schwalbe; 03.03.1912 Fusion mit SV 04 zum SC Freiburg

Vereinsfarben: Rot-Weiß
Präsident: Fritz Keller
Vorstand Sport: Jochen Saier

Stadion: Schwarzwald- Stadion (24.000)

Größte Erfolge: Meister der 2. Bundesliga 1993 (↑), 2003 (↑), 2009 (↑) und 2016 (↑); Qualifikation zum Europapokal 1995, 2001 (UEFA-Pokal) und 2013 (Europa League)

Aufgebot:

Name, Vorname	Pos	geb. am	Nat.	seit	2018/19 Sp.	T.	gesamt Sp.	T.	frühere Vereine
Abrashi, Amir	M	27.03.1990	ALB	2015	10	0	42	1	Grasshopper-Club Zürich, FC Winterthur, FC Weinfelden-Bürglen, FC Bischofszell
Borrello, Brandon	S	25.07.1995	AUS	2018	0	0	0	0	1. FC Kaiserslautern, Brisbane Roar, Modbury Jets Adelaide
Daferner, Christoph	S	12.01.1998	D	2017	1	0	1	0	TSV 1860 München, FC Augsburg, JFG Ottheinrichstadt Neuburg, TSV Pöttmes
Flekken, Mark	T	13.06.1993	NED	2018	1	0	1	0	MSV Duisburg, SpVgg Greuther Fürth, TSV Alemannia Aachen, Roda JC Kerkrade, RKVV WDZ Bocholtz
Frantz, Mike	M	14.10.1986	D	2014	31	2	210	14	1. FC Nürnberg, 1. FC Saarbrücken, Borussia Neunkirchen, 1. FC Saarbrücken, AFC Saarbrücken, DJK Folsterhöhe
Gondorf, Jérôme	M	26.06.1988	D	2018	25	2	108	9	SV Werder Bremen, SV Darmstadt 98, SV Stuttgarter Kickers, ASV Durlach, SV Spielberg, Karlsruher SC, TSV Palmbach
Grifo, Vincenzo	M	07.04.1993	ITA	2019	16	6	82	13	TSG 1899 Hoffenheim, Borussia Mönchengladbach, SC Freiburg, FSV Frankfurt, TSG 1899 Hoffenheim, 1. FC Dynamo Dresden, TSG 1899 Hoffenheim, Karlsruher SC, 1. CfR Pforzheim, FC Germania Brötzingen, VfR Pforzheim
Günter, Christian	A	28.02.1993	D	2007	32	0	167	2	FV Tennenbronn
Gulde, Manuel	A	12.02.1991	D	2016	21	1	65	2	Karlsruher SC, SC Paderborn 07, TSG 1899 Hoffenheim, VfL Neckarau, SC Pfingstberg-Hochstätt
Haberer, Janik	M	02.04.1994	D	2016	27	1	92	7	VfL Bochum, TSG 1899 Hoffenheim, SpVgg Unterhaching, FC Memmingen 07, FV Ravensburg, FC Wangen
Heintz, Dominique	A	15.08.1993	D	2018	34	1	131	4	1. FC Köln, 1. FC Kaiserslautern, SV Herta Kirrweiler
Höfler, Nicolas	M	09.03.1990	D	2013	18	0	107	4	FC Erzgebirge Aue, SC Freiburg, SC Pfullendorf, Herdwanger SV
Höler, Lucas	S	10.07.1994	D	2018	26	4	40	5	SV Sandhausen, 1. FSV Mainz 05, VfB Oldenburg, Blumenthaler SV, VSK Osterholz-Scharmbeck
Kammerbauer, Patrick	M	11.02.1997	D	2018	1	0	1	0	1. FC Nürnberg, DJK Raitenbuch
Kath, Florian	M	21.10.1994	D	2017	0	0	25	1	1. FC Magdeburg, SC Freiburg, TSG Balingen
Kleindienst, Tim	M	31.08.1995	D	2017	4	0	26	2	1. FC Heidenheim, SC Freiburg, FC Energie Cottbus, FC Viktoria Jüterbog
Koch, Robin	A	17.07.1996	D	2017	24	1	50	3	1. FC Kaiserslautern, SV Eintracht Trier 05, SV Eintracht Dörbach, 1. FC Kaiserslautern
Kübler, Lukas	A	30.08.1992	D	2015	16	0	47	0	SV Sandhausen, 1. FC Köln, Bonner SC, SF Troisdorf, 1. FC Köln
Lienhart, Philipp	A	11.07.1996	AUT	2017	14	0	25	0	Real Madrid, SK Rapid Wien, SC Lilienfeld
Niederlechner, Florian	S	24.10.1990	D	2016	24	4	80	17	1. FSV Mainz 05, 1. FC Heidenheim, SpVgg Unterhaching, FC Ismaning, FC Falke Markt Schwaben, TSV 1877 Ebersberg, TSV 1860 München, SV Hohenlinden
Okoroji, Chima	A	19.04.1997	ENG	2017	2	0	2	0	FC Augsburg, FC Bayern München, TSV Grünwald
Petersen, Nils	S	06.12.1988	D	2015	24	10	180	64	SV Werder Bremen, FC Bayern München, FC Energie Cottbus, FC Carl Zeiss Jena, VfB Germania Halberstadt, FC Einheit Wernigerode, 1. FC Wernigerode, FC Einheit Wernigerode
Ravet, Yoric	M	12.09.1989	FRA	2017	4	0	14	0	BSC Young Boys Bern, Grasshopper-Club Zürich, FC Lausanne-Sports, AS Saint-Etienne, Angers SCO, AS Saint Etienne, Grenoble Foot 38
Sallai, Roland	M	22.05.1997	HUN	2018	10	2	10	2	APOEL Nikosia, Puskás FC, US Palermo, Puskás FC
Schlotterbeck, Keven	A	28.04.1997	D	2017	9	0	9	0	TSG Backnang, VfL Kirchheim/Teck
Schlotterbeck, Nico	A	01.12.1999	D	2017	4	0	4	0	Karlsruher SC, VfR Aalen
Schwolow, Alexander	T	02.06.1992	D	2015	33	0	101	0	DSC Arminia Bielefeld, SC Freiburg, SV Wehen Taunusstein, SV Allendorf-Berghausen
Stanko, Caleb	M	26.07.1993	USA	2017	0	0	6	0	FC Vaduz, SC Freiburg, Vardar Soccer Club Detroit
Stenzel, Pascal	A	20.03.1996	D	2016	21	0	65	2	Borussia Dortmund, VfL Osnabrück, DSC Arminia Bielefeld
Terrazzino, Marco	M	15.04.1991	D	2017	13	1	73	4	TSG 1899 Hoffenheim, VfL Bochum, SC Freiburg, Karlsruher SC, TSG 1899 Hoffenheim, VfL Neckarau, TSV Neckarau
Waldschmidt, Luca	S	19.05.1996	D	2018	30	9	80	11	Hamburger SV, Eintracht Frankfurt, TSG Wieseck, SSC Juno Burg, SSV Oranien Frohnhausen

Trainer:

Name, Vorname	geb. am	Nat.	Zeitraum	Spiele 2018/19	frühere Trainerstationen
Streich, Christian	11.06.1965	D	29.12.2011 – lfd.	34	SC Freiburg (Co-Trainer, U19, U15)

Zugänge:
Borrello (1. FC Kaiserslautern), Flekken (MSV Duisburg), Gondorf (SV Werder Bremen), Heintz (1. FC Köln), Okoroji, K. Schlotterbeck und N. Schlotterbeck (II. Mannschaft), Waldschmidt (Hamburger SV).
während der Saison:
Daferner (II. Mannschaft), Sallai (APOEL Nikosia), Grifo (TSG 1899 Hoffenheim).

Abgänge:
Bussmann (1. FSV Mainz 05), Dräger (SC Paderborn 07), Gikiewicz (1. FC Union Berlin), Guédé (SV Sandhausen), Ignjovski (1. FC Magdeburg), Kapustka und Söyüncü (Leicester City FC), Kempf (VfB Stuttgart), Klandt (1. FC Nürnberg), Niedermeier (Melbourne Victory), Schuster (Laufbahn beendet), Sierro (FC St. Gallen).
während der Saison:
Kammerbauer (Holstein Kiel), Ravet (Grasshopper Club Zürich), Stanko (FC Cincinnati).

Fortsetzung SC Freiburg

Aufstellungen und Torschützen:

Sp	Datum		Gegner	Ergebnis	Abrashi	Daferner	Flekken	Frantz	Gondorf	Grifo	Günter	Gulde	Haberer	Heintz	Höfler	Höler	Kammerbauer	Kleindienst	Koch	Kübler	Lienhart	Niederlechner	Okoroji	Petersen	Ravet	Sallai	Schlotterbeck K.	Schlotterbeck N.	Schwolow	Stenzel	Terrazzino	Waldschmidt
					1	2	3	4	5	6	7	8	9	10	11	12	13	14	15	16	17	18	19	20	21	22	23	24	25	26	27	28
1	25.08.18	H	Eintracht Frankfurt	0:2 (0:1)				X	X		X	X		X	X	E						A		X					X	X	E	A
2	01.09.18	A	TSG Hoffenheim	1:3 (1:0)				X	X		X	A		X1	X	A			E			A		X					X	X	E	E
3	16.09.18	H	VfB Stuttgart	3:3 (1:1)				A	A2		X	X	X	X	X				E	E		A		X					X	X^G		E1
4	22.09.18	A	VfL Wolfsburg	3:1 (2:0)				A1			X	X		X	X				X	X	E	E		X1		A1			X		A	E
5	25.09.18	H	FC Schalke 04	1:0 (0:0)					E		X	X		X	X				X	A	E	A1		X		X			X	E	A	
6	30.09.18	A	FC Augsburg	1:4 (0:2)				X	E		X	X		X	X		E		X		A	A		X					X		A	E
7	07.10.18	A	Bayer Leverkusen	0:0 (0:0)				A	X		X	A	E	X	X	E			X	X		A		X					X			E
8	21.10.18	A	Hertha BSC	1:1 (1:1)							X	X	X	X	X				X1	X	E		E	E	A				X	A	A	A
9	26.10.18	H	Mönchengladbach	3:1 (1:1)				A			X	X	A	X	X	E1			X	X	E			X1	E				X			A1
10	03.11.18	H	Bayern München	1:1 (0:0)				A			X	X	X	X	X	A1	A	X		E									X	X	E	E
11	10.11.18	H	1. FSV Mainz 05	1:3 (0:2)				A			X	X	X	X	A	E	X	X		E				E1					X	A		X
12	25.11.18	H	SV Werder Bremen	1:1 (1:0)				E	A		X	X	X	X		X	E		X			E		E					X	X	A	A1
13	01.12.18	A	Borussia Dortmund	0:2 (0:1)				A	A		X	X	X	X		E	E	X				A	E	A					X	X		X
14	08.12.18	H	RB Leipzig	3:0 (2:0)				A1	A		X	X	X	X		E			X	X			X1	E					X		E	A1
15	15.12.18	A	Fortuna Düsseldorf	0:2 (0:0)				A	A		X	X	X	X		E			X	A		E	X	E					X			X
16	19.12.18	H	Hannover 96	1:1 (1:1)				X	E		X	X	X	X		E			X			E		X					X	A	A	A1
17	22.12.18	A	1. FC Nürnberg	1:0 (1:0)				A	X		X	X1	X	X		A			X	X	E	A		E					X			E
18	19.01.19	A	Eintracht Frankfurt	1:3 (0:3)				X	X	X		X	X	X		E			X	A		A		E1					X	E		A
19	26.01.19	H	TSG Hoffenheim	2:4 (1:1)				X	A		X	X	X	X	A1				X			E1		X	E				X	A		E
20	03.02.19	A	VfB Stuttgart	2:2 (1:0)				E	X	A	X1	A		A					X	X	X	E1		X			E		X			
21	09.02.19	H	VfL Wolfsburg	3:3 (1:1)				A		A1	X		X	X		E			X	X	A			X1					X		E	E1
22	16.02.19	A	FC Schalke 04	0:0 (0:0)	X			A	E	X	X^G	A	X		A				X	X	E	X		X					X			E
23	23.02.19	H	FC Augsburg	5:1 (3:0)	X			A	E	X1		X	X						X	X	E1	A	X2						X	E		A1
24	02.03.19	A	Bayer Leverkusen	0:2 (0:1)	A			A	E	X	X		X		E				X	X	E			X					X			A
25	09.03.19	H	Hertha BSC	2:1 (1:0)	X			X	E	X	X		X						A	A			X1			E	X	E				A
26	15.03.19	A	Mönchengladbach	1:1 (1:1)	X			A	E	A1	X		X	X	E						E			E		X		X	X	X		A
27	30.03.19	H	Bayern München	1:1 (1:1)	X			A	E	A	X	E	X	X	X	A1					E					X			X	X		E
28	05.04.19	H	1. FSV Mainz 05	0:5 (0:3)	X			A			X	X	X	X	A		E				E					X	X	A				E
29	13.04.19	A	SV Werder Bremen	1:2 (0:0)	X			E	A	X	X		X	X	E						A					X	X	A	X			E1
30	21.04.19	H	Borussia Dortmund	0:4 (0:1)		E		A	E	X	A	A	X								A					X		X	X	E	X
31	27.04.19	A	RB Leipzig	1:2 (0:1)	A			A	E	X1	X	X	X	A							E			E		X	X	X	E			
32	05.05.19	H	Fortuna Düsseldorf	1:1 (1:1)				A	A	X1	X		X^G	X	X	A			X		E			E	X	E	X					
33	11.05.19	A	Hannover 96	0:3 (0:1)				X		X	X		X	X	E				X		A		A	E	X		X	A				E
34	18.05.19	H	1. FC Nürnberg	5:1 (2:0)	E	X	A	A1	X		X	X	E		X							X2		E					X	A1		X1
			Spiele:		10	1	1	31	25	16	32	21	27	34	18	26	1	4	24	16	14	24	2	24	4	10	9	4	33	21	13	30
			Tore:		0	0	0	2	2	6	0	1	1	1	0	4	0	0	1	0	0	4	0	10	0	2	0	0	0	0	1	9

Gegnerisches Eigentor im 6. Spiel (durch Schmid) und im 25. Spiel (durch Ibisevic).

Bilanz der letzten 10 Jahre:

Saison	Lv.	Liga		Platz	Sp.	S	U	N	Tore	Pkt.
2008/09:	2	2. Bundesliga	↑	1.	34	21	5	8	60-36	68
2009/10:	1	Bundesliga		14.	34	9	8	17	35-59	35
2010/11:	1	Bundesliga		9.	34	13	5	16	41-50	44
2011/12:	1	Bundesliga		12.	34	10	10	14	45-61	40
2012/13:	1	Bundesliga		5.	34	14	9	11	45-40	51
2013/14:	1	Bundesliga		14.	34	9	9	16	43-61	36
2014/15:	1	Bundesliga	↓	17.	34	7	13	14	36-47	34
2015/16:	2	2. Bundesliga	↑	1.	34	22	6	6	75-39	72
2016/17:	1	Bundesliga		7.	34	14	6	14	42-60	48
2017/18:	1	Bundesliga		15.	34	8	12	14	32-56	36

Zuschauerzahlen:

Saison	gesamt	Spiele	Schnitt
2008/09:	279.251	17	16.427
2009/10:	389.200	17	22.894
2010/11:	390.200	17	22.953
2011/12:	385.500	17	22.676
2012/13:	395.700	17	23.276
2013/14:	397.700	17	23.394
2014/15:	405.450	17	23.850
2015/16:	396.400	17	23.318
2016/17:	407.300	17	23.959
2017/18:	406.200	17	23.894

Die meisten Spiele in der Bundesliga:

Pl.	Name, Vorname	Spiele
1.	Zeyer, Andreas	236
2.	Schuster, Julian	185
3.	Golz, Richard	180
4.	Günter, Christian	167
5.	Diarra, Boubacar	153
6.	Müller, Stefan	151
7.	Iashvili, Alexander	147
	Kohl, Ralf	147
9.	Baumann, Oliver	131
	Schmadtke, Jörg	131

Die meisten Tore in der Bundesliga:

Pl.	Name, Vorname	Tore
1.	Petersen, Nils	44
2.	Cissé, Papiss Demba	37
3.	Iashvili, Alexander	29
4.	Cardoso, Rudolfo Esteban	28
5.	Sellimi, Adel	27
	Zeyer, Andreas	27
7.	Wassmer, Uwe	23
8.	Kobiashvili, Levan	20
	Schmid, Jonathan	20
	Spies, Uwe	20

Die Trainer der letzten Jahre:

Name, Vorname	Zeitraum
Berger, Jörg	01.07.1986 – 17.12.1988
Fuchs, Fritz	21.12.1988 – 11.04.1989
Ehret, Uwe (IT)	12.04.1989 – 30.06.1989
Köstner, Lorenz-Günter	01.07.1989 – 31.08.1989
Ehret, Uwe (IT)	02.09.1989 – 27.11.1989
Hoss, Bernd	27.11.1989 – 30.06.1990
Krautzun, Eckhard	01.07.1990 – 30.06.1991
Finke, Volker	01.07.1991 – 30.06.2007
Dutt, Robin	01.07.2007 – 30.06.2011
Sorg, Marcus	01.07.2011 – 29.12.2011

Hannoverscher SV von 1896

Anschrift:
Robert-Enke-Straße 1
30169 Hannover
Telefon: (05 11) 9 69 00 96
eMail: info@hannover96.de
Homepage: www.hannover96.de

Vereinsgründung: 12.04.1896 Hannoverscher FC 96; 1913 Fusion mit BV Hannovera; seit 20.12.1999 Hannover 96 GmbH & Co KGaA

Vereinsfarben: Schwarz-Weiß-Grün
Geschäftsführer: Martin Kind
Sportdirektor: N. N.

Stadion: HDI-Arena (49.000)

Größte Erfolge: Deutscher Meister 1938 und 1954; Meister der 2. Bundesliga 1975 (↑) [Nord], 1987 (↑) und 2002 (↑); Deutscher Pokalsieger 1992

Aufgebot:

Name, Vorname	Pos	geb. am	Nat.	seit	2018/19 Sp.	2018/19 T.	gesamt Sp.	gesamt T.	frühere Vereine
Akpoguma, Kevin	A	19.04.1995	NGA	2019	4	0	34	0	TSG 1899 Hoffenheim, Fortuna Düsseldorf, TSG 1899 Hoffenheim, Karlsruher SC, FC 08 Neureut, FC Bavaria Wörth, SV Schwarz-Weiß Speyer, SpVgg Rot-Weiß Speyer
Albornoz, Miiko	A	30.11.1990	CHI	2014	22	1	83	1	Malmö FF, IF Brommapojkarna
Anton, Waldemar	A	20.07.1996	D	2007	34	1	69	3	Mühlenberger SV
Asano, Takuma	M	10.11.1994	JPN	2018	13	0	28	1	VfB Stuttgart, Arsenal FC, Sanfrecce Hiroshima, Perna SC Komono
Bähre, Mike-Steven	M	10.08.1995	D	2018	0	0	1	0	SV Meppen, Hannover 96, Hallescher FC, Hannover 96, TuS Garbsen
Bakalorz, Marvin	M	13.09.1989	D	2016	25	1	85	2	SC Paderborn 07, Eintracht Frankfurt, Borussia Dortmund, SC Preußen Münster, SV Westfalia Gemen, TSV Raesfeld, TGS Jügesheim
Bebou, Ihlas	S	23.04.1994	TOG	2017	12	4	42	9	Fortuna Düsseldorf, VfB Hilden, Garather SV
Bech, Uffe	M	13.01.1993	DEN	2018	2	0	13	1	SpVgg Greuther Fürth, Hannover 96, FC Nordsjaelland, Lyngby BK, Hellerup IK
Dierßen, Tim	M	15.01.1996	D	2007	1	0	4	0	SV Victoria Lauenau, DSC Feggendorf
Elez, Josip	A	25.04.1994	CRO	2018	10	0	21	0	HNK Rijeka, Aarhus GF, Honved Budapest, US Grosseto, SS Lazio Rom, NK Hajduk Split, NK Solin
Esser, Michael	T	22.11.1987	D	2017	32	0	63	0	SV Darmstadt 98, SK Sturm Graz, VfL Bochum, SV Sodingen, SV Wacker Obercastrop, VfB Habinghorst, SpVgg Erkenschwick, VfL Bochum, VfB Habinghorst, VfR Rauxel 08
Felipe (Felipe Trevizan Martins)	A	15.05.1987	BRA	2012	17	2	46	3	Standard Lüttich, Coritiba FC
Fossum, Iver	M	15.07.1996	NOR	2016	9	0	37	1	Strömsgodset IF Drammen, Huringen IF
Füllkrug, Niclas	S	09.02.1993	D	2016	14	2	71	18	1. FC Nürnberg, SpVgg Gr. Fürth, SV Werder Bremen, SF Ricklingen, TuS Ricklingen
Gueye, Babacar	S	31.12.1994	SEN	2018	0	0	0	0	K. Sint-Truidense VV, SV Zulte Waregem, Hannover 96, ES Troyes, AS Dakar Sacre-Coeur, AS Douanes Dakar
Hadzic, Benjamin	S	04.03.1999	BIH	2018	3	0	3	0	VfB Stuttgart, FC Bayern München, 1. FC Nürnberg
Haraguchi, Genki	M	09.05.1991	JPN	2018	28	0	119	4	Fortuna Düsseldorf, Hertha BSC, Urawa Red Diamonds
Hübers, Timo	A	20.07.1996	D	2016	0	0	5	0	1. FC Köln, Hannover 96, SV Hildesia Diekholzen
Jonathas (Jonatas Cristian de Jesus Mauricio)	S	06.03.1989	BRA	2019	10	3	22	6	Corinthians Sao Paulo, Hannover 96, Rubin Kazan, Real Sociedad San Sebastian, Elche CF, US Latina Calcio, Turin FC, Delfino Pescara, Brescia Calcio, AZ Alkmaar, Cruzeiro EC Belo Horizonte, Villa Nova AC Nova Lima, Ipatinga FC, Cruzeiro EC Belo Horizonte
Korb, Julian	A	21.03.1992	D	2017	12	0	116	2	Bor. M'gladbach, MSV Duisburg, DJK VfL Tönisberg, Hülser SV, TuS Preußen Vluyn
Maina, Linton	M	23.06.1999	D	2014	20	1	22	1	SV Empor Berlin, SV Pfefferwerk Berlin
Müller, Nicolai	S	25.09.1987	D	2019	14	3	185	42	Eintracht Frankfurt, Hamburger SV, 1. FSV Mainz 05, SpVgg Greuther Fürth, SV Sandhausen, SpVgg Greuther Fürth, Eintracht Frankfurt, TSV Wernfeld
Muslija, Florent	M	06.07.1998	ALB	2018	17	2	17	2	Karlsruher SC, SV Sasbach
Ostrzolek, Matthias	A	05.06.1990	D	2017	18	0	196	1	Hamburger SV, FC Augsburg, VfL Bochum, Werner SV Bochum 06
Prib, Edgar	M	15.12.1989	D	2013	4	0	102	6	SpVgg Greuther Fürth
Sahin-Radlinger, Samuel	T	07.11.1992	AUT	2019	1	0	1	0	SK Brann Bergen, Hannover 96, 1. FC Nürnberg, Hannover 96, SK Rapid Wien, Hannover 96, Union St. Florian, SV Ried
Sarenren Bazee, Noah Joel	M	21.08.1996	NGA	2013	3	0	15	0	TSV Havelse, JFC Allertal, TuS Celle FC, SSV Südwinsen
Schwegler, Pirmin	M	09.03.1987	SUI	2017	27	0	262	7	TSG 1899 Hoffenheim, Eintracht Frankfurt, Bayer 04 Leverkusen, BSC Young Boys Bern, FC Luzern, FC Grosswangen
Sorg, Oliver	A	29.05.1990	D	2015	19	0	166	3	SC Freiburg, FC Singen 04, VfR Engen
Soto, Sebastian	S	28.07.2000	USA	2018	3	0	3	0	Real Salt Lake City, San Diego Surf
Tschauner, Philipp	T	03.11.1985	D	2015	1	0	33	0	FC St. Pauli, TSV 1860 München, 1. FC Nürnberg, TSV Wendelstein
Walace (Walace Souza Silva)	M	04.04.1995	BRA	2018	26	1	53	3	Hamburger SV, Gremio Porto Alegre, Avai FC Florianopolis, EC Bahia, Avai FC Florianopolis, Simoes Filho FC
Weydandt, Hendrik	S	16.07.1995	D	2018	28	6	28	6	1. FC Germania Egestorf/Langreder, TSV Groß Munzel, Sportfreunde Landringhausen
Wimmer, Kevin	A	15.11.1992	AUT	2018	22	0	54	0	Stoke City FC, Tottenham Hotspur FC, 1. FC Köln, LASK Linz, Fußballakademie Linz, FC Edt
Wood, Bobby	S	15.11.1992	USA	2018	20	3	72	10	Hamburger SV, 1. FC Union Berlin, FC Erzgebirge Aue, TSV 1860 München, Irvine Strikers FC Power Edge SC Honululu

Trainer:

Name, Vorname	geb. am	Nat.	Zeitraum	Spiele 2018/19	frühere Trainerstationen
Breitenreiter, André	02.10.1973	D	21.03.17 – 26.01.19	19	FC Schalke 04, SC Paderborn 07, TSV Havelse, TuS Altwarmbüchen
Doll, Thomas	09.04.1966	D	27.01.19 – 30.06.19	15	Ferenvárosi TC, Al Hilal Saudi Football Club, Ankara Genclerbirligi SK, Borussia Dortmund, Hamburger SV, Hamburger SV II

Zugänge:
Asano (VfB Stuttgart), Bähre (SV Meppen), Bech (SpVgg Greuther Fürth), Gueye (K. Sint-Truidense VV), Haraguchi (Fortuna Düsseldorf), Walace und Wood (Hamburger SV), Weydandt (1. FC Germania Egestorf/Langreder), Wimmer (Stoke City FC).
während der Saison:
Akpoguma (TSG 1899 Hoffenheim), Jonathas (Corinthians Sao Paulo), Müller (Eintracht Frankfurt), Muslija (Karlsruher SC), Sahin-Radlinger (SK Brann Bergen), Soto (eigene Junioren).

Abgänge:
Benschop (FC Ingolstadt 04), Harnik (SV Werder Bremen), Hübner und Schmiedebach (1. FC Union Berlin), Jonathas (Corinthians Sao Paulo), Karaman (Fortuna Düsseldorf), Klaus (VfL Wolfsburg), Maier (VfL Bochum), Sané (FC Schalke 04).
während der Saison:
Bähre (Barnsley FC), Bech (Bröndby IF), Gueye (SC Paderborn 07), Tschauner (FC Ingolstadt 04).

Fortsetzung Hannoverscher SV 1896

Aufstellungen und Torschützen:

Sp	Datum		Gegner	Ergebnis	Akpoguma	Albornoz	Anton	Asano	Bakalorz	Bebou	Bech	Dierßen	Elez	Esser	Felipe	Fossum	Füllkrug	Hadzic	Haraguchi	Jonathas	Korb	Maina	Müller	Muslija	Ostrzolek	Prib	Sahin-Radlinger	Sarenren Bazee	Schwegler	Sorg	Soto	Tschauner	Walace	Weydandt	Wimmer	Wood
					1	2	3	4	5	6	7	8	9	10	11	12	13	14	15	16	17	18	19	20	21	22	23	24	25	26	27	28	29	30	31	32
1	25.08.18	A	Werder Bremen	1:1 (0:0)		X	A	E	X				X		X		E		A			X		E					A	X			X	E1	X	
2	31.08.18	H	Bor. Dortmund	0:0 (0:0)	A	X	A	E	A				X	X	X				X			E							X			X		X	E	
3	15.09.18	A	RB Leipzig	2:3 (1:2)	X1	X	A	E	X				X		X1		E		A										X	A			X		X	E
4	22.09.18	A	1. FC Nürnberg	0:2 (0:0)	XR	X		E	X			E	X		X			A		E									A	X			X		X	A
5	25.09.18	H	TSG Hoffenheim	1:3 (0:1)		X	E	A	X				X		E	X1			A				X						A	X			X	E	X	
6	30.09.18	A	Eintr. Frankfurt	1:4 (0:2)	X	X			X				X	X	X	A		A				E1							X	X			A	E		E
7	06.10.18	H	VfB Stuttgart	3:1 (2:0)		X	X	A	E	X1		X	X	X	E	X	E												A				X			A2
8	20.10.18	A	Leverkusen	2:2 (1:1)		X	X		E			X	X	X1G		X	X				A1	E							A				X		E	A	
9	27.10.18	H	FC Augsburg	1:2 (0:1)		X	X			X1			A	X			X	X			E								A				X	E	X	X	
10	03.11.18	A	FC Schalke 04	1:3 (0:0)		X	X			X			X		A	A		X	X		E								X			X	X	E1	EA	X
11	09.11.18	H	VfL Wolfsburg	2:1 (1:0)	E	X		X	X1			X	X				E		X	A1		X		A					X				X	E		A	
12	25.11.18	A	M´gladbach	1:4 (1:2)		X		X					A	X			E		X	A		X		A									E	E	X1		
13	01.12.18	H	Hertha BSC	0:2 (0:1)		X	X		A			X	X		X		E		A	X		A						E				X	E		X	
14	09.12.18	H	1. FSV Mainz 05	1:1 (1:0)		X	A	E				E	X		X	X				X			A	XG					X	A1	X	E					
15	15.12.18	H	B. München	0:4 (0:2)		X	A			E	X	A		A	X				E	E		X						X				X	X	X		
16	19.12.18	A	SC Freiburg	1:1 (1:1)	X	X		E				X	X1	E		X	E	A			X	A						X			A	X	A			
17	22.12.18	H	F. Düsseldorf	0:1 (0:0)		X	X					X	X		E	X			E		X	A						X	X			A	X	A		
18	19.01.19	H	Werder Bremen	0:1 (0:1)	X	X	X				X	E	E				E				X							A	A			X	X	X	X	A
19	26.01.19	A	Bor. Dortmund	1:5 (0:1)	X	X	X	E	X1		E		X		X	E					A		X		A					A			X			
20	01.02.19	H	RB Leipzig	0:3 (0:1)	X	X	X	A			X					X	X		X	A		X						X			X	E				E
21	09.02.19	H	1. FC Nürnberg	2:0 (1:0)	A	X		X				X	X	E	X		X	X	A2		X							X	A	E	E					
22	16.02.19	A	TSG Hoffenheim	0:3 (0:2)		X	E	A				X	X			X	A	X	E									E		A			X		E	
23	24.02.19	H	Eintr. Frankfurt	0:3 (0:0)		X	A	A				X	X				X	E			A	E	X					X	X				A	X	X	E
24	03.03.19	A	VfB Stuttgart	1:5 (0:3)	X	X	X	E				X	A				X	E1			E								A	X			A	X	A	X
25	10.03.19	H	Leverkusen	2:3 (0:2)	X	X		X				X	E				X	X1	A	A		E						X				A	E	X		
26	16.03.19	A	FC Augsburg	1:3 (1:0)	X	X		X		E		X					X	X	A	A		E						X				E	A1	X		
27	31.03.19	A	FC Schalke 04	0:1 (0:1)	A	X	E	X				X	E				X		A	X	E							X	A			X	X			
28	06.04.19	H	VfL Wolfsburg	1:3 (1:1)		X		A					X				X	X	X	A	E							X	X	E			X1	X		
29	13.04.19	H	M´gladbach	0:1 (0:0)		X		X	E				X		A		X	X	A	E	X							A		E			X			
30	21.04.19	A	Hertha BSC	0:0 (0:0)		X		X					X				X		A	E	A							X	X	E						
31	27.04.19	H	1. FSV Mainz 05	1:0 (0:0)		X		X				X	X				X	A	A	A		X	E					X	E			E		X1		
32	04.05.19	A	B. München	1:3 (0:2)	X	X						X	A				X	E1G	A			X	E					X	X			X	A	E		
33	11.05.19	H	SC Freiburg	3:0 (1:0)		E	X1	X	A1			X			E		X			X		X	A					A	X			E1	X			
34	18.05.19	A	F. Düsseldorf	1:2 (0:0)		E	X		X								X		A	E1	E	X	A	X				X	X				A	X		
	Spiele:				4	22	34	13	25	12	2	1	10	32	17	9	14	3	28	10	12	20	14	17	18	4	1	3	27	19	3	1	26	28	22	20
	Tore:				0	1	1	0	1	4	0	0	0	2	0	2	0	0	3	0	1	3	2	0	0	0	0	0	0	0	0	0	1	6	0	3

Gegnerisches Eigentor im 25. Spiel (durch Weiser).

Bilanz der letzten 10 Jahre:

Saison	Lv.	Liga		Platz	Sp.	S	U	N	Tore	Pkt.
2008/09:	1	Bundesliga		11.	34	10	10	14	49-69	40
2009/10:	1	Bundesliga		15.	34	9	6	19	43-67	33
2010/11:	1	Bundesliga		4.	34	19	3	12	49-45	60
2011/12:	1	Bundesliga		7.	34	12	12	10	41-45	48
2012/13:	1	Bundesliga		9.	34	13	6	15	60-62	45
2013/14:	1	Bundesliga		10.	34	12	6	16	46-59	42
2014/15:	1	Bundesliga		13.	34	9	10	15	40-56	37
2015/16:	1	Bundesliga	↓	18.	34	7	4	23	31-62	25
2016/17:	2	2. Bundesliga	↑	2.	34	19	10	5	51-32	67
2017/18:	1	Bundesliga		13.	34	10	9	15	44-54	39

Zuschauerzahlen:

Saison	gesamt	Spiele	Schnitt
2008/09:	712.616	17	41.919
2009/10:	650.204	17	38.247
2010/11:	746.345	17	43.903
2011/12:	762.035	17	44.826
2012/13:	751.500	17	44.206
2013/14:	776.300	17	45.665
2014/15:	738.800	17	43.459
2015/16:	701.188	17	41.246
2016/17:	622.996	17	36.647
2017/18:	726.000	17	42.706

Die meisten Spiele in der Bundesliga:

Pl.	Name, Vorname	Spiele
1.	Cherundolo, Steven	302
2.	Bandura, Jürgen	298
3.	Siemensmeyer, Hans	278
4.	Schulz, Christian	255
5.	Stiller, Rainer	254
6.	Anders, Peter	236
7.	Stajner, Jiri	229
8.	Hellingrath, Hans-Josef	199
9.	Podlasly, Horst	187
10.	Zieler, Ron-Robert	185

Die meisten Tore in der Bundesliga:

Pl.	Name, Vorname	Tore
1.	Siemensmeyer, Hans	72
2.	Reimann, Willi	44
3.	Stajner, Jiri	42
4.	Ya Konan, Didier	40
5.	Keller, Ferdinand	39
6.	Rodekamp, Walter	38
7.	Huszti, Szabolcs	36
8.	Bandura, Jürgen	34
9.	Reich, Siegfried	33
10.	Skoblar, Josip	30

Die Trainer der letzten Jahre:

Name, Vorname	Zeitraum
Rangnick, Ralf	01.07.2001 – 07.03.2004
Lienen, Ewald	09.03.2004 – 09.11.2005
Neururer, Peter	09.11.2005 – 30.08.2006
Hecking, Dieter	11.09.2006 – 19.08.2009
Bergmann, Andreas	20.08.2009 – 19.01.2010
Slomka, Mirko	19.01.2010 – 27.12.2013
Korkut, Tayfun	31.12.2013 – 20.04.2015
Frontzeck, Michael	21.04.2015 – 21.12.2015
Schaaf, Thomas	28.12.2015 – 03.04.2016
Stendel, Daniel	04.04.2016 – 20.03.2017

TSG 1899 Hoffenheim

Anschrift:
Horrenberger Straße 58
74939 Zuzenhausen
Telefon: (0 72 61) 9 49 30
eMail: info@achtzehn99.de
Homepage: www.achtzehn99.de

Vereinsgründung: 1945 Fusion FV Hoffenheim und TV 1899 Hoffenheim; seit 01.01.2005 TSG 1899 Hoffenheim Fußball-Spielbetriebs-GmbH

Vereinsfarben: Blau-Weiß
Geschäftsführer: Frank Briel
Direktor Profifußball: Alexander Rosen

Stadion: WIRSOL Rhein-Neckar-Arena, seit 01/19 PreZeo Arena (30.150)

Größte Erfolge: Teilnahme an der Champions League 2018/19; Aufstieg in die Bundesliga 2008; Aufstieg in die 2. Bundesliga 2007; Meister der Oberliga Baden-Württemberg 2001 (↑)

Name, Vorname	Pos	geb. am	Nat.	seit	2018/19 Sp.	T.	gesamt Sp.	T.	frühere Vereine
Adams, Kasim	A	22.06.1995	GHA	2018	13	0	13	0	BSC Young Boys Bern, RCD Mallorca, CD Leganes, Medeama SC Tarkwa
Akpoguma, Kevin	A	19.04.1995	D	2017	8	0	34	0	Fortuna Düsseldorf, TSG 1899 Hoffenheim, Karlsruher SC, FC 08 Neureut, FC Bavaria Wörth, SV Schwarz-Weiß Speyer, SpVgg Rot-Weiß Speyer
Amade, Alfons	A	12.11.1999	D	2018	1	0	1	0	SV Waldhof Mannheim, SSV Vogelstang
Amiri, Nadiem	M	27.10.1996	D	2012	13	3	106	11	SV Waldhof Mannheim, 1. FC Kaiserslautern, Ludwigshafener SC
Baumann, Oliver	T	02.06.1990	D	2014	33	0	299	0	SC Freiburg, FC Bad Krozingen
Baumgartner, Christoph	M	01.08.1999	AUT	2017	2	0	2	0	AKA St. Pölten, SV Horn
Belfodil, Ishak	S	12.01.1992	ALG	2018	28	16	54	20	SV Werder Bremen, Standard Lüttich, Bani Yas SC Abu Dhabi, FC Parma, AS Livorno, Inter Mailand, FC Parma, FC Bologna, Olympique Lyon, Clermont Foot Auvergne, AC Boulogne-Billancourt, Paris St. Germain, Trappes Saint-Quentin, OSC Elancourt
Bicakcic, Ermin	A	24.01.1990	BIH	2014	25	1	129	4	Eintracht Braunschweig, VfB Stuttgart, FC Heilbronn, SpVgg Möckmühl
Bittencourt, Leonardo	M	19.12.1993	D	2018	21	1	150	18	1. FC Köln, Hannover 96, Borussia Dortmund, FC Energie Cottbus
Brenet, Joshua	M	20.03.1994	NED	2018	14	2	14	2	PSV Eindhoven, AVV Zeeburgia, ASC Waterwijk Almere, FC Omniworld Almere, Roda JC Kerkrade, SV Heerlen
Demirbay, Kerem	M	03.07.1993	D	2016	26	4	76	12	Fortuna Düsseldorf, Hamburger SV, 1. FC Kaiserslautern, Hamburger SV, Borussia Dortmund, SG Wattenscheid 09, Borussia Dortmund, FC Schalke 04
Geiger, Dennis	M	10.06.1998	D	2009	4	0	25	2	SV Alemannia Sattelbach
Grifo, Vincenzo	M	07.04.1993	ITA	2018	7	1	82	13	Bor. M'gladbach, SC Freiburg, FSV Frankfurt, 1. FC Dynamo Dresden, TSG 1899 Hoffenheim, Karlsruher SC, 1. CfR Pforzheim, FC Germania Brötzingen, VfR Pforzheim
Grillitsch, Florian	M	07.08.1995	AUT	2017	30	0	103	4	SV Werder Bremen, SK Niederösterreich St. Pölten, SV Sportfreunde Pottschach
Hack, Robin	S	27.08.1998	D	2012	0	0	3	1	Karlsruher SC, 1. FC Calmbach
Hoogma, Justin	A	11.06.1998	NED	2017	2	0	2	0	Heracles Almelo, FC Twente Enschede, KVV Quick 20 Oldenzaal, SC Kisdorf
Hübner, Benjamin	A	04.07.1989	D	2016	10	0	92	6	FC Ingolstadt 04, VfR Aalen, SV Wehen Wiesbaden
Joelinton (Jo. Cassio Apolinário de Lira)	S	14.08.1996	BRA	2018	28	7	29	7	SK Rapid Wien, TSG 1899 Hoffenheim, Sport Recife
Kaderabek, Pavel	A	25.04.1992	CZE	2015	29	3	108	5	AC Sparta Prag, FK Viktoria Zizkov, AC Sparta Prag
Kobel, Gregor	T	06.12.1997	SUI	2014	1	0	17	0	Grasshopper-Club Zürich, FC Zürich
Kramaric, Andrej	S	19.06.1991	CRO	2016	30	17	113	50	Leicester City FC, HNK Rijeka, GNK Dinamo Zagreb, NK Lokomotiva Zagreb, GNK Dinamo Zagreb
Lucas Ribeiro	A	19.01.1999	BRA	2019	0	0	0	0	Esporte Club Vitória
Nelson, Reiss	S	10.12.1999	ENG	2018	23	7	23	7	Arsenal FC, Lewisham Borough FC
Nordtveit, Havard	A	21.06.1990	NOR	2017	8	0	194	10	West Ham United FC, Bor. Mönchengladbach, Arsenal FC, 1. FC Nürnberg, Lilleström SK, Arsenal FC, UD Salamanca, Arsenal FC, FK Haugesund, Skjold IL, SK Vats 94
Ochs, Philipp	M	17.04.1997	D	2018	0	0	19	0	VfL Bochum, TSG 1899 Hoffenheim, SC Viktoria Wertheim
Otto, David	S	03.03.1999	D	2012	3	0	3	0	1. FC 08 Birkenfeld
Posch, Stefan	A	14.05.1997	AUT	2015	17	0	26	0	FC Admira Wacker Mödling, AKA Admira Wacker Mödling, SK Sturm Graz, AKA HIB Liebenau, Grazer AK, DSV Leoben, TuS Kraubath
Rupp, Lukas	M	08.01.1991	D	2016	1	0	130	14	VfB Stuttgart, SC Paderborn 07, Borussia Mönchengladbach, SC Paderborn 07, Borussia Mönchengladbach, Karlsruher SC, TSG 62/09 Weinheim
Schulz, Nico	A	01.04.1993	D	2017	30	1	122	4	Borussia Mönchengladbach, Hertha BSC, BSC Rehberge
Stolz, Alexander	T	13.10.1983	D	2013	0	0	1	0	Karlsruher SC, VfB Stuttgart, TSG 1899 Hoffenheim, VfB Stuttgart, FC Nöttingen, SV Sandhausen, VfR Pforzheim, SV Stuttgarter Kickers, SV Hohenwart
Szalai, Adam	S	09.12.1987	HUN	2016	30	6	219	51	Hannover 96, TSG 1899 Hoffenheim, FC Schalke 04, 1. FSV Mainz 05, Real Madrid, VfB Stuttgart, Ujpest FC Budapest, Kispest-Honved FC Budapest
Vogt, Kevin	A	23.09.1991	D	2016	28	0	202	3	1. FC Köln, FC Augsburg, VfL Bochum, Werner SV Bochum 06, VfB Langendreerholz
Zuber, Steven	A	17.08.1991	SUI	2014	9	0	95	12	ZSKA Moskau, Grasshopper-Club Zürich, FC Winterthur, FC Turbenthal, FC Kollbrunn-Rikon
Zulj, Robert	M	05.02.1992	AUT	2017	0	0	5	0	SpVgg Greuther Fürth, FC Red Bull Salzburg, SV Ried, AKA Linz, FC Wels

Trainer:

Name, Vorname	geb. am	Nat.	Zeitraum	Spiele 2018/19	frühere Trainerstationen
Nagelsmann, Julian	23.07.1987	D	11.02.16 – 30.06.19	34	TSG 1899 Hoffenheim (U19, U17), TSV 1860 München (Co-Trainer U17)

Zugänge:
Adams (BSC Young Boys Bern), Amade (II. Mannschaft), Belfodil (SV Werder Bremen), Bittencourt (1. FC Köln), Brenet (PSV Eindhoven), Grifo (Borussia Mönchengladbach), Joelinton (SK Rapid Wien), Ochs (VfL Bochum).
während der Saison:
Nelson (Arsenal FC U23), Lucas Ribeiro (Esporte Club Vitória).

Abgänge:
Gnabry (FC Bayern München), Passlack (Norwich City FC), Skenderovic (II. Mannschaft), Uth (FC Schalke 04).
während der Saison:
Akpoguma (Hannover 96), Grifo (SC Freiburg), Hoogma (FC St. Pauli), Kobel (FC Augsburg), Nordtveit (Fulham FC), Ochs (Aalborg BK), Zulj (1. FC Union Berlin), Zuber (VfB Stuttgart).

Fortsetzung TSG 1899 Hoffenheim

Aufstellungen und Torschützen:

Sp	Datum		Gegner	Ergebnis	Adams	Akpoguma	Amade	Amiri	Baumann	Baumgartner	Belfodil	Bicakcic	Bittencourt	Brenet	Demirbay	Geiger	Grifo	Grillitsch	Hoogma	Hübner	Joelinton	Kaderabek	Kobel	Kramaric	Nelson	Nordtveit	Otto	Posch	Rupp	Schulz	Szalai	Vogt	Zuber
					1	2	3	4	5	6	7	8	9	10	11	12	13	14	15	16	17	18	19	20	21	22	23	24	25	26	27	28	29
1	24.08.18	A	Bayern München	1:3 (0:1)	A	E			X		X	X				A		X			X	X				E					X	X1	A	E
2	01.09.18	H	SC Freiburg	3:1 (0:1)	A	EA			X			A	X					X			X	X	E1		E						X	X2	X	X
3	15.09.18	A	Fortuna Düsseldorf	1:2 (0:1)					X		E		A					X			A	X		X	E1	X		A			X	X	X	E
4	22.09.18	H	Borussia Dortmund	1:1 (1:0)					X		E	X	X					X			A1			A		E		X			X	E	X	A
5	25.09.18	A	Hannover 96	3:1 (1:0)		X					E1	X	A	X1				X			A	X1	X	E	A						X	X	E
6	29.09.18	H	RB Leipzig	1:2 (0:0)		X			X		X	X		A		E	E	A	X		E	X		X1					X		X	A		
7	07.10.18	H	Eintracht Frankfurt	1:2 (0:1)		A			X		X	X		A	X	X	E	A			E			E1			X				X	X	X	
8	20.10.18	H	1. FC Nürnberg	3:1 (0:1)	A	E			X			X			X	A	E				X	X		X	A2						X	E1	X	
9	27.10.18	A	VfB Stuttgart	4:0 (0:0)					X		X2	X		X1	E	E	A				X1	A		A	X	E						X	X	
10	03.11.18	A	Bayer Leverkusen	4:1 (2:1)	X	X			X		E	E	E				A1	X			X2	X			A1	X			X			A		
11	10.11.18	H	FC Augsburg	2:1 (0:0)					X			X	A	E	X	E					X	X		A1	E1	X					A	X	X	
12	24.11.18	A	Hertha BSC	3:3 (2:1)		X			X			E	X1	E		X1					X	X		A1	E	A					X	A	X	
13	01.12.18	H	FC Schalke 04	1:1 (0:0)	X				X			A	X					X			X	X		A1							E	E	X	A
14	08.12.18	A	VfL Wolfsburg	2:2 (1:2)					X		X1	X			A			E	X	X	X	X		X1	E						X	E	A	A
15	15.12.18	H	Mönchengladbach	0:0 (0:0)	X				X		E	X	X	X				X			X	A		A		X					X	E		
16	19.12.18	A	SV Werder Bremen	1:1 (1:0)	X				X			A	A1	X			E	E	X		X	E		X		X					X	A		
17	23.12.18	H	1. FSV Mainz 05	1:1 (1:1)					X		X	X			A	X1	X	X		X		E		E			X				A	E	X	A
18	18.01.19	H	Bayern München	1:3 (0:2)					X		X		X		A	E	E	X	A		X			X			X				X1	E	A	
19	26.01.19	A	SC Freiburg	4:2 (1:1)				E	X			E	X1	A		X		X		X1	X	X2				E					A	A	X	
20	02.02.19	H	Fortuna Düsseldorf	1:1 (1:0)				A	X		E		A	X	X			X			A			X1	E			X			X	E	X	
21	09.02.19	A	Borussia Dortmund	3:3 (0:2)					X		E2	X	A		A	E		X			X	X	X1	A	E			X			X			
22	16.02.19	H	Hannover 96	3:0 (2:0)	X			X	X		A1		E		X1						A1	X		A			E		X		X	E	X	
23	25.02.19	A	RB Leipzig	1:1 (1:0)	X			A	X		A	E						X			A	X		X1	E				X		X	E		
24	02.03.19	A	Eintracht Frankfurt	2:3 (1:1)	XG		E	A	X		A1			X	A			X			X1			X	E			X			E			
25	10.03.19	H	1. FC Nürnberg	2:1 (1:0)				A	X			A	X	E				X			X	X2			E	A					X	E	X	
26	16.03.19	A	VfB Stuttgart	1:1 (1:0)				A	X			X	X	E	A			X			X	X1			E			X			A	E	X	
27	29.03.19	H	Bayer Leverkusen	4:1 (1:1)				E	X		A2	E	A	X	X		X	X	A		X	X1			E							X		
28	07.04.19	A	FC Augsburg	4:0 (1:0)				A	X		X3	E	E	E				X			X	A1									A	X	A	
29	14.04.19	H	Hertha BSC	2:0 (1:0)				A1	X		X	E	X				X	X			X	X		X	E1						X	A	X	
30	20.04.19	A	FC Schalke 04	5:2 (2:0)	E			X1	X		X2	X		E	A			X		A	X	X1									A	E1	X	
31	28.04.19	H	VfL Wolfsburg	1:4 (1:1)	X			A	X		X	A	E					X			X	X			E						X	X1	E	
32	04.05.19	A	Mönchengladbach	2:2 (1:0)	E			E1	X		X	X			X			X				X1		A	E		A				X	A	X	
33	11.05.19	H	SV Werder Bremen	0:1 (0:1)				A	X	E	X	X		X	A			X			E	X		X	E							A	X	
34	18.05.19	A	1. FSV Mainz 05	2:4 (2:0)					X		XG	A1	X		A	X		X			A			X1	E			E			X	E	X	
			Spiele:		13	8	1	13	33	2	28	25	21	14	26	4	7	30	2	10	28	29	1	30	23	8	3	17	1	30	30	28	9	
			Tore:		0	0	0	3	0	0	16	1	1	2	4	0	1	0	0	0	7	3	0	17	7	0	0	0	0	1	6	0	0	

Gegnerische Eigentore im 27. Spiel (durch S. Bender).

Bilanz der letzten 10 Jahre:

Saison	Lv.	Liga	Platz	Sp.	S	U	N	Tore	Pkt.
2008/09:	1	Bundesliga	7.	34	15	10	9	63-49	55
2009/10:	1	Bundesliga	11.	34	11	9	14	44-42	42
2010/11:	1	Bundesliga	11.	34	11	10	13	50-50	43
2011/12:	1	Bundesliga	11.	34	10	11	13	41-47	41
2012/13:	1	Bundesliga	16.	34	8	7	19	42-67	31
2013/14:	1	Bundesliga	9.	34	11	11	12	72-70	44
2014/15:	1	Bundesliga	8.	34	12	8	14	49-55	44
2015/16:	1	Bundesliga	15.	34	9	10	15	39-54	37
2016/17:	1	Bundesliga	4.	34	16	14	4	64-37	62
2017/18:	1	Bundesliga	3.	34	15	10	9	66-48	55

Zuschauerzahlen:

Saison	gesamt	Spiele	Schnitt
2008/09:	477.600	17	28.094
2009/10:	505.350	17	29.726
2010/11:	507.800	17	29.871
2011/12:	476.450	17	28.026
2012/13:	444.750	17	26.162
2013/14:	455.962	17	26.821
2014/15:	462.117	17	27.183
2015/16:	469.462	17	27.615
2016/17:	478.640	17	28.155
2017/18:	488.180	17	28.716

Die meisten Spiele in der Bundesliga:

Pl.	Name, Vorname	Spiele
1.	Beck, Andreas	216
2.	Rudy, Sebastian	195
3.	Salihovic, Sejad	171
4.	Baumann, Oliver	168
5.	Compper, Marvin	140
	Roberto Firmino	140
7.	Volland, Kevin	132
8.	Polanski, Eugen	123
9.	Kramaric, Andrej	113

Die meisten Tore in der Bundesliga:

Pl.	Name, Vorname	Tore
1.	Kramaric, Andrej	50
2.	Salihovic, Sejad	46
3.	Ibisevic, Vedad	43
4.	Roberto Firmino	38
5.	Volland, Kevin	33
6.	Uth, Mark	29
7.	Ba, Demba	25
8.	Szalai, Adam	23
9.	Modeste, Anthony	19

Die Trainer der letzten Jahre:

Name, Vorname	Zeitraum
Köstner, Lorenz-Günther	10.01.2006 – 24.05.2006
Schön, Alfred (IT)	24.05.2006 – 30.06.2006
Rangnick, Ralf	01.07.2006 – 01.01.2011
Pezzaiuoli, Marco	02.01.2011 – 30.06.2011
Stanislawski, Holger	01.07.2011 – 10.02.2012
Babbel, Markus	10.02.2012 – 03.12.2012
Kramer, Frank (IT)	03.12.2012 – 18.12.2012
Kurz, Marco	18.12.2012 – 01.04.2013
Gisdol, Markus	02.04.2013 – 26.10.2015
Stevens, Huub	27.10.2015 – 10.02.2016

RasenBallsport Leipzig

Anschrift:
Neumarkt 29-33
04109 Leipzig
Telefon: (03 41) 12 47 97 777
eMail: service.rbleipzig@redbulls.com
Homepage: www.DieRotenBullen.com

Vereinsgründung: 19.05.2009; Übernahme des Startrechts von SSV Markranstädt, 2014 Ausgliederung in RasenBallsport Leipzig GmbH
Vereinsfarben: Rot-Weiß
Geschäftsführer: Oliver Mintzlaff
Sportdirektor: Ralf Rangnick
Stadion: Red Bull Arena (42.959)

Größte Erfolge: Meister der Oberliga Nordost-Süd 2010 (↑); Meister der Regionalliga Nordost 2013 (↑); Aufstieg in die 2. Bundesliga 2014; Aufstieg in die Bundesliga 2016; Landespokalsieger Sachsen 2011 und 2013

Aufgebot:

Name, Vorname	Pos	geb. am	Nat.	seit	2018/19 Sp.	2018/19 T.	gesamt Sp.	gesamt T.	frühere Vereine
Adams, Tyler Shaan	M	14.02.1999	USA	2019	10	0	10	0	New York RB
Augustin, Jean-Kevin	S	16.06.1997	FRA	2017	17	3	42	12	Paris St. Germain FC, AC Boulogne-Billancourt, Football Olympique Plaisir
Bruma (Armindo Tue Na Bangna)	M	24.10.1994	POR	2017	14	1	42	5	Galatasaray Istanbul, Real Sociedad San Sebastian, Galatasaray Istanbul, Gaziantepspor, Galatasaray Istanbul, Sporting CP Lissabon, UD Internacional Bissau
Bruno, Massimo	M	17.09.1993	BEL	2018	0	0	1	0	RSC Anderlecht, RasenBallsport Leipzig, FC Red Bull Salzburg, RSC Anderlecht, RSC Charleroi, RAEC Mons, RSC Anderlecht, RAEC Mons, RSB Frameries
Damari, Omer	S	24.03.1989	ISR	2018	0	0	0	0	Maccabi Haifa, RasenBallsport Leipzig, New York RB, RasenBallsport Leipzig, FC Red Bull Salzburg, RasenBallsport Leipzig, Austria Wien, Hapoel Tel Aviv, Maccabi Petach-Tikva
Demme, Diego	M	21.11.1991	D	2014	26	0	88	1	SC Paderborn 07, DSC Arminia Bielefeld, FC Rot-Weiß Kirchlengern, SV Enger-Westerenger, SV Sundern 08, SpVgg Hiddenhausen
Forsberg, Emil	M	23.10.1991	SWE	2015	20	4	71	14	Malmö FF, GIF Sundsvall, Medskogsbrons BK, GIF Sundsvall
Gulacsi, Peter	T	06.05.1990	HUN	2015	33	0	99	0	FC Red Bull Salzburg, Liverpool FC, Hull City FC, Liverpool FC, Tranmere Rovers FC, Liverpool FC, Hereford United FC, Liverpool FC, MTK Budapest, Budapesti Vasutas SC
Haidara, Amadou	M	31.01.1998	MLI	2019	9	1	9	1	FC Red Bull Salzburg, FC Liefering, JMG Academy Bamako
Halstenberg, Marcel	A	27.09.1991	D	2015	28	3	73	5	FC St. Pauli, Borussia Dortmund, Hannover 96, SV Germania Grasdorf
Ilsanker, Stefan	M	18.05.1989	AUT	2015	19	0	73	0	FC Red Bull Salzburg, SV Mattersburg, FC Red Bull Salzburg, FC Hallein 04, 1. Halleiner SK, 1. FSV Mainz 05, 1. Halleiner SK
Kampl, Kevin	M	09.10.1990	SVN	2017	27	2	120	7	Bayer 04 Leverkusen, Borussia Dortmund, FC Red Bull Salzburg, VfR Aalen, VfL Osnabrück, Bayer 04 Leverkusen, SpVgg Greuther Fürth, Bayer 04 Leverkusen, VfB Solingen 1910
Klostermann, Lukas	A	03.06.1996	D	2014	26	5	53	6	VfL Bochum, SSV Hagen 05/11, FSV Gevelsberg, VfL Gevelsberg
Konaté, Ibrahima	A	25.05.1999	FRA	2017	28	1	44	1	FC Sochaux-Montbeliard, Paris FC
Laimer, Konrad	M	27.05.1997	AUT	2017	29	1	51	1	FC Red Bull Salzburg, USC Abersee
Matheus Cunha (Mat. Santos Carneiro da Cunha)	S	27.05.1999	BRA	2018	25	2	25	2	FC Sion, FC Coritiba
Müller, Marius	T	12.07.1993	D	2018	0	0	0	0	1. FC Kaiserslautern, RasenBallsport Leipzig, 1. FC Kaiserslautern, TV Lampertheim
Mukiele, Nordi	A	01.11.1997	FRA	2018	19	1	19	1	Montpellier HSC, Stade Laval, Paris FC
Mvogo, Yvon	T	06.06.1994	SUI	2017	2	0	3	0	BSC Young Boys Bern, FC Fribourg, FC Marly
Nukan, Atinc	A	20.07.1993	TUR	2018	0	0	0	0	Besiktas Istanbul, RasenBallsport Leipzig, Besiktas Istanbul, Canakkale Dardanelspor, Besiktas Istanbul, Kücükcekmecespor
Orban, Willi	A	03.11.1992	HUN	2015	24	4	80	10	1. FC Kaiserslautern
Poulsen, Yussuf	S	15.06.1994	DEN	2013	31	15	90	24	Lyngby BK, BK Skjold
Sabitzer, Marcel	M	17.03.1994	AUT	2015	30	4	84	15	FC Red Bull Salzburg, SK Rapid Wien, FC Admira Wacker Mödling, FK Austria Wien, SC Wiener Neustadt, Grazer AK, Villacher SV
Saracchi, Marcelo	A	23.04.1998	URU	2018	9	0	9	0	CA River Plate Buenos Aires, Danubio FC Montevideo
Smith Rowe, Emile	M	28.07.2000	ENG	2019	3	0	3	0	Arsenal FC
Upamecano, Dayot	A	27.10.1998	FRA	2017	15	0	55	3	FC Red Bull Salzburg, FC Liefering, Valenciennes FC, Evreux FC, FC Prey, Vaillante Sports Angers
Werner, Timo	S	06.03.1996	D	2016	30	16	188	63	VfB Stuttgart, TSV Steinhaldenfeld

Trainer:

Name, Vorname	geb. am	Nat.	Zeitraum	Spiele 2018/19	frühere Trainerstationen
Rangnick, Ralf	29.06.1958	D	01.07.18 – 30.06.19	34	RasenBallsport Leipzig (Sportdirektor), RasenBallsport Leipzig, FC Schalke 04, TSG 1899 Hoffenheim, FC Schalke 04, Hannover 96, VfB Stuttgart, SSV Ulm 1846, SSV Reutlingen 05, VfB Stuttgart (Jugendtrainer), SC Korb, TSV Lippoldsweiler (Spielertrainer), VfB Stuttgart (Amateurtrainer), FC Viktoria Backnang (Spielertrainer)

Zugänge:
Bruno (RSC Anderlecht), Damari (Maccabi Haifa), Matheus Cunha (FC Sion), Mukiele (Montpellier HSC), Müller (1. FC Kaiserslautern), Nukan (Besiktas Istanbul), Saracchi (CA River Plate Buenos Aires).
während der Saison:
Adams (New York RB), Haidara (FC Red Bull Salzburg), Smith Rowe (Arsenal FC).

Abgänge:
Bernardo (Brighton & Hove Albion FC), Kaiser (Bröndby IF), Keita (Liverpool FC), Köhn (FC Red Bull Salzburg), Lookman (Everton FC), Schmitz (1. FC Köln).
während der Saison:
Bruno (Sporting Charleroi), Damari (Hapoel Tel Aviv).

Fortsetzung RasenBallsport Leipzig

Aufstellungen und Torschützen:

Sp	Datum	Gegner	Ergebnis	Adams	Augustin	Bruma	Demme	Forsberg	Gulacsi	Haidara	Halstenberg	Ilsanker	Kampl	Klostermann	Konaté	Laimer	Matheus Cunha	Mukiele	Mvogo	Orban	Poulsen	Sabitzer	Saracchi	Smith Rowe	Upamecano	Werner
				1	2	3	4	5	6	7	8	9	10	11	12	13	14	15	16	17	18	19	20	21	22	23
1	26.08.18 A	Borussia Dortmund	1:4 (1:3)		A1	E	A	X	X			X	X	X		E					X	A	X		X	E
2	02.09.18 H	Fortuna Düsseldorf	1:1 (0:0)		A1	A	A	X	X		X	X				E	X			E	E	E	X		X	X
3	15.09.18 H	Hannover 96	3:2 (2:1)				A	A	X		X	X	E	X	E			X		X	X1	E	X			A2
4	23.09.18 A	Eintracht Frankfurt	1:1 (0:1)				X	A1	X		E	E	X		E	A				X	X	X	A		X	X
5	26.09.18 H	VfB Stuttgart	2:0 (1:0)		E1		X	A	X		X	E	X			E		A		X1	X	X			X	A
6	29.09.18 A	TSG Hoffenheim	2:1 (0:0)		E		X		X		X	X		X	A	E	E				A2	X	X		X	A
7	07.10.18 H	1. FC Nürnberg	6:0 (4:0)		E		X	A	X		X	E	A1			E	X			X	A1	X2			X	X2
8	20.10.18 A	FC Augsburg	0:0 (0:0)		X		X		X		X	X	A	E	X	E	A			X	X	E			X	A
9	28.10.18 H	FC Schalke 04	0:0 (0:0)		E	E	X		X		X	A	E			A		X		X	X	X			X	A
10	03.11.18 A	Hertha BSC	3:0 (1:0)			X	X		X			A	E	X	E	X1	A		X	E	X	X				A2
11	11.11.18 H	Bayer Leverkusen	3:0 (1:0)		E	X	X		X		X	X	A	X1	X	E					X2	A			X	A
12	24.11.18 A	VfL Wolfsburg	0:1 (0:0)		E	X	X		X		A	X		X	X	E			A	X		E				X
13	02.12.18 H	Mönchengladbach	2:0 (2:0)			A	X		X		X	E	A	X	X	E	E				X	X			X	A2
14	08.12.18 A	SC Freiburg	0:3 (0:2)		E		X		X		X	A		X	X	E	A			X	A	E			X	X
15	16.12.18 H	1. FSV Mainz 05	4:1 (2:1)				E	X	X		E	A	A	X	A	E				X	X2	X			X	A2
16	19.12.18 A	Bayern München	0:1 (0:0)		E		A	X	X		X	ER	X	X	X	A				E	A				X	X
17	22.12.18 H	SV Werder Bremen	3:2 (2:0)			E1	X		X		X		A	X1	X	E				A	X	X			E	A1
18	19.01.19 H	Borussia Dortmund	0:1 (0:1)		E		A		X		X	X	X	X	X	A				E	X	X			X	X
19	27.01.19 A	Fortuna Düsseldorf	4:0 (3:0)	X	E		A	E	X		X			X	X1	X1	E			X	X2	A				A
20	01.02.19 A	Hannover 96	3:0 (1:0)	X	E		A	E	A		X1			X	X	X	A		E	X2	X	X				
21	09.02.19 H	Eintracht Frankfurt	0:0 (0:0)	E			X	E	X		X	X		X		A	E	X		X	X	A				A
22	16.02.19 A	VfB Stuttgart	3:1 (1:1)	X		E	A	X	A		X	E		X	X		E			X	A2	X1				A
23	25.02.19 H	TSG Hoffenheim	1:1 (0:1)	E	E		A		X		X	A	E	X	X	A				X1	X	X				
24	02.03.19 A	1. FC Nürnberg	1:0 (1:0)	X		E		X			X	E	A	X1	X	A	E			X	X	A				
25	09.03.19 H	FC Augsburg	0:0 (0:0)	A	E	E		E	X		X			X	X	A	A			X		X				X
26	16.03.19 A	FC Schalke 04	1:0 (1:0)	X			A	X	E	X	A		X	X	E		E			X	X					A1
27	30.03.19 H	Hertha BSC	5:0 (2:0)	X				A1	X	X1	X		X		E	E	A			X	A3	E				X
28	06.04.19 A	Bayer Leverkusen	4:2 (1:2)			E	A1	X	A		X		X	A	X	X	E1	E		X		X1				X1
29	13.04.19 H	VfL Wolfsburg	2:0 (2:0)			E	A	X	A	E		A1	X	X	X					X		E				X1
30	20.04.19 A	Mönchengladbach	2:1 (1:0)				A	E	X2		X		X	X	X	A	X			E	E	A				A
31	27.04.19 H	SC Freiburg	2:1 (1:0)				E1	X	A	X	E		X	E	X		A			X	X	X				A1
32	03.05.19 H	1. FSV Mainz 05	3:3 (2:1)					X	E	X		X	X2	A	E	X				X	A					X1
33	11.05.19 H	Bayern München	0:0 (0:0)				A	A	X	E	X		X	A		E				X	X	X			E	X
34	18.05.19 A	SV Werder Bremen	1:2 (0:1)	A	A	X		E		X		X				A	X	X1	X		E		X	E	X	
	Spiele:			10	17	14	26	20	33	9	28	19	27	26	28	29	25	19	2	24	31	30	9	3	15	30
	Tore:			0	3	1	0	4	0	1	3	0	2	5	1	1	2	1	0	4	15	4	0	0	0	16

Bilanz der letzten 8 Jahre (seit Gründung):

Saison	Lv.	Liga		Platz	Sp.	S	U	N	Tore	Pkt.
2009/10:	5	Oberliga Nordost, Gruppe Süd	↑	1.	30	26	2	2	74-17	80
2010/11:	4	Regionalliga Nord		4.	34	18	10	6	57-29	64
2011/12:	4	Regionalliga Nord		3.	34	22	7	5	71-30	73
2012/13:	4	Regionalliga Nordost	↑	1.	30	21	9	0	65-22	72
2013/14:	3	3. Liga	↑	2.	38	24	7	7	65-34	79
2014/15:	2	2. Bundesliga		5.	34	13	11	10	39-31	50
2015/16:	2	2. Bundesliga	↑	2.	34	20	7	7	54-32	67
2016/17:	1	Bundesliga		2.	34	20	7	7	66-39	67
2017/18:	1	Bundesliga		6.	34	15	8	11	57-53	53

Zuschauerzahlen:

Saison	gesamt	Spiele	Schnitt
2009/10:	32.248	15	2.150
2010/11:	71.509	17	4.206
2011/12:	125.732	17	7.396
2012/13:	113.367	15	7.558
2013/14:	317.968	19	16.735
2014/15:	425.417	17	25.025
2015/16:	500.495	17	29.441
2016/17:	705.121	17	41.478
2017/18:	669.743	17	39.397

Die meisten Spiele in der Bundesliga:

Pl.	Name, Vorname	Spiele
1.	Gulacsi, Peter	99
2.	Werner, Timo	93
3.	Poulsen, Yussuf	90
4.	Demme, Diego	88
5.	Sabitzer, Marcel	84
6.	Orban, Willi	78
7.	Halstenberg, Marcel	73
	Ilsanker, Stefan	73
9.	Forsberg, Emil	71
10.	Keita, Naby	58

Die meisten Tore in der Bundesliga:

Pl.	Name, Vorname	Tore
1.	Werner, Timo	50
2.	Poulsen, Yussuf	24
3.	Sabitzer, Marcel	15
4.	Forsberg, Emil	14
	Keita, Naby	14
6.	Augustin, Jean-Kevin	12
7.	Orban, Willi	10
8.	Klostermann, Lukas	6

Die Trainer der letzten Jahre:

Name, Vorname	Zeitraum
Vogel, Tino	01.07.2009 – 30.05.2010
Oral, Tomas	01.07.2010 – 30.06.2011
Pacult, Peter	01.07.2011 – 03.07.2012
Zorniger, Alexander	03.07.2012 – 10.02.2015
Beierlorzer, Achim	11.02.2015 – 30.06.2015
Rangnick, Ralf	01.07.2015 – 30.06.2016
Hasenhüttl, Ralf	01.07.2016 – 30.06.2018

TSV Bayer 04 Leverkusen

Anschrift:
Bismarckstraße 122-124
51373 Leverkusen
Telefon: (02 14) 8 66 00
eMail: info@bayer04.de
Homepage: www.bayer04.de

Vereinsgründung: 01.07.1904; seit 1984 TSV Bayer 04 Leverkusen; seit 01.04.1999 Bayer 04 Leverkusen Fußball GmbH

Vereinsfarben: Rot-Weiß
Geschäftsführer: Michael Schade
Sportchef: Rudi Völler

Stadion: BayArena (30.210)

Größte Erfolge: Meister der 2. Bundesliga Nord 1979 (↑); Meister der Regionalliga West 1968; Meister der 2. Liga West 1962; Deutscher Pokalsieger 1993; UEFA-Pokalsieger 1988

Aufgebot:

Name, Vorname	Pos	geb. am	Nat.	seit	2018/19 Sp.	2018/19 T.	gesamt Sp.	gesamt T.	frühere Vereine
Alario, Lucas	S	08.10.1992	ARG	2017	27	9	50	18	CA River Plate Buenos Aires, CD Colon Sante Fe
Aranguiz, Charles	M	17.04.1989	CHI	2015	24	2	84	7	SC Internacional Porto Alegre, CFP Universidad de Chile Santiago, Quilmes AC, CSD Colo-Colo Santiago, CD Cobreloa Calama, CD Cobresal, CD Cobreloa Calama, CFP Universidad de Chile Santiago
Bailey, Leon	M	09.08.1997	JAM	2017	29	5	67	14	KRC Genk, AS Trencin, FC Liefering, USK Anif
Baumgartlinger, Julian	M	02.01.1988	AUT	2016	21	0	189	3	1. FSV Mainz 05, FK Austria Wien, TSV 1860 München, USC Mattsee
Bednarczyk, Jakub	A	0201.1999	POL	2018	0	0	0	0	SV Bergisch Gladbach 09
Bellarabi, Karim	M	08.04.1990	D	2014	19	5	169	30	Eintracht Braunschweig, Bayer 04 Leverkusen, Eintracht Braunschweig, FC Oberneuland, SV Werder Bremen, FC Huchting
Bender, Lars	M	27.04.1989	D	2009	20	1	224	19	TSV 1860 München, SpVgg Unterhaching, TSV Brannenburg
Bender, Sven	A	27.04.1989	D	2017	27	0	214	6	Borussia Dortmund, TSV 1860 München, SpVgg Unterhaching, TSV Brannenburg
Brandt, Julian	M	02.05.1996	D	2014	33	7	165	34	VfL Wolfsburg, FC Oberneuland, SC Borgfeld
Dragovic, Aleksandar	A	06.03.1991	AUT	2018	18	2	38	2	Leicester City FC, Bayer 04 Leverkusen, Dynamo Kiew, FC Basel, FK Austria Wien
Havertz, Kai	M	11.06.1999	D	2010	34	17	88	24	TSV Alemannia Aachen, SV Alemannia Mariadorf
Henrichs, Benjamin	A	23.02.1997	D	2004	1	0	62	0	Spvg. Porz/Gremberghoven
Hradecky, Lukas	T	24.11.1989	FIN	2018	32	0	133	0	Eintracht Frankfurt, Bröndby IF, Esbjerg FB, Abo IFK, TPS Turku, Turku PK
Jedvaj, Tin	A	28.11.1995	CRO	2014	16	0	81	3	AS Rom, NK Dinamo Zagreb, NK Zadar
Kiese Thelin, Isaac	S	24.06.1992	SWE	2018	6	0	6	0	RSC Anderlecht, Waasland-Beveren, RSC Anderlecht, Girondins Bordeaux, Malmö FF, IFK Norrköping, Karlslunds IF
Kirschbaum, Thorsten	T	20.04.1987	D	2018	0	0	9	0	1. FC Nürnberg, VfB Stuttgart, FC Energie Cottbus, SV Sandhausen, FC Vaduz, TSG 1899 Hoffenheim, 1. FC Nürnberg, TSV Obernzenn
Kohr, Dominik	M	31.01.1994	D	2017	18	0	145	4	FC Augsburg, Bayer 04 Leverkusen, TuS Issel
Kucz, Tomasz	T	06.07.1999	POL	2015	0	0	0	0	Polonia Warschau, Drukarz Warschau
Özcan, Ramazan	T	28.06.1984	AUT	2016	2	0	39	0	FC Ingolstadt 04, TSG 1899 Hoffenheim, Besiktas Istanbul, TSG 1899 Hoffenheim, FC Red Bull Salzburg, SC Austria Lustenau, BNZ Vorarlberg, FC Götzis
Paulinho (Paulo Henrique Sampaio Filho)	S	15.07.2000	BRA	2018	15	0	15	0	Vasco da Gama
Tah, Jonathan	A	11.02.1996	D	2015	33	3	125	4	Fortuna Düsseldorf, Hamburger SV, Altonaer FC 93, SC Concordia Hamburg
Volland, Kevin	S	30.07.1992	D	2016	34	14	220	67	TSG 1899 Hoffenheim, TSV 1860 München, TSV 1890 Thannhausen, FC Memmingen 07, FC Thalhofen
Weiser, Mitchell-Elijah	A	21.04.1994	D	2018	30	1	117	7	Hertha BSC, FC Bayern München, 1. FC Kaiserslautern, FC Bayern München, 1. FC Köln, TVEintracht Veltenhof
Wendell (Wendell Nascimento Borges)	A	20.07.1993	BRA	2014	28	2	140	7	Gremio Porto Alegre, Londrina EC, Parana Clube Curitiba, Londrina EC, Iraty SC

Trainer:

Name, Vorname	geb. am	Nat.	Zeitraum	Spiele 2018/19	frühere Trainerstationen
Herrlich, Heiko	03.12.1971	D	01.07.17 – 22.12.18	17	SSV Jahn Regensburg, FC Bayern München (Junioren), SpVgg Unterhaching, VfL Bochum, DFB-Junioren, Borussia Dortmund (Junioren)
Bosz, Peter	21.11.1963	NED	23.12.18 – lfd.	17	Borussia Dortmund, AFC Ajax, Maccabi Tel Aviv, Vitesse Arnheim, Heracles Almelo, De Graafschap, AGOVV Apeldoorn

Zugänge:
Bednarczyk und Kucz (eigene Junioren), Dragovic (Leicester City FC), Hradecky (Eintracht Frankfurt), Kirschbaum (1. FC Nürnberg), Paulinho (Vasco da Gama), Weiser (Hertha BSC).
während der Saison:
Kiese Thelin (RSC Anderlecht).

Abgänge:
Frey (Jong PSV Eindhoven), Kießling (Laufbahn beendet), Leno (Arsenal FC), Lomb (SV Sandhausen), Yurchenko (Vejle BK).
während der Saison:
Bednarczyk (FC St. Pauli), Henrichs (AS Monaco), Kucz (DAC Dunajska Streda).

Deutscher Fußball-Almanach 2019 — Bundesliga — DSFS 31

Fortsetzung TSV Bayer 04 Leverkusen

Aufstellungen und Torschützen:

Sp	Datum		Gegner	Ergebnis	Alario	Aranguiz	Bailey	Baumgartlinger	Bellarabi	Bender L.	Bender S.	Brandt	Dragovic	Havertz	Henrichs	Hradecky	Jedvaj	Kiese Thelin	Kohr	Özcan	Paulinho	Tah	Volland	Weiser	Wendell
					1	2	3	4	5	6	7	8	9	10	11	12	13	14	15	16	17	18	19	20	21
1	25.08.18	A	Mönchengladbach	0:2 (0:0)	X		A		E			X	X	X	A		E	X	X		X	A	E	X
2	01.09.18	H	VfL Wolfsburg	1:3 (1:1)	A	E	X1		X			X	X	X			E		X	E	X	A	X	A
3	15.09.18	A	Bayern München	1:3 (1:2)			A		E^R	A	X	E	X	X		X	X		X		E	X	A		X1
4	23.09.18	H	1. FSV Mainz 05	1:0 (0:0)	X		A			A	X	A		X1		X		E		E	X	E	X	X	X
5	26.09.18	A	Fortuna Düsseldorf	2:1 (0:0)			X			A	X	E	E	A		X	A	X	X			X	X2	E	X
6	29.09.18	H	Borussia Dortmund	2:4 (2:0)	A		E			X	X	A		X		X	E		X		E	X1	X	A1	X
7	07.10.18	A	SC Freiburg	0:0 (0:0)	X		E			X	A	X		X		X		E	A		E	X	A	X	X
8	20.10.18	H	Hannover 96	2:2 (1:1)	X		E		E1	X1	X	X		X		X		E	A			X	A	A	X
9	28.10.18	A	SV Werder Bremen	6:2 (3:0)	E		E		A1	A	X	X1	X1	A2		X			E			X	X1	X	X
10	03.11.18	H	TSG Hoffenheim	1:4 (1:2)			E	E	A1	X	A	A		X		X	X				E	X	X	X	X
11	11.11.18	A	RB Leipzig	0:3 (0:1)	E	A	E			X	X	A		X		X	A	E				X	X	A	X
12	23.11.18	H	VfB Stuttgart	2:0 (0:0)	E	A		X	A	X	A			X		X	A					X	X2	E	E
13	03.12.18	A	1. FC Nürnberg	1:1 (1:0)	E	X		E	X	X	A	X	A	X1		X		A				X			E
14	08.12.18	H	FC Augsburg	1:0 (0:0)	E1	A	A	X	X			E	X	X		X	X					A	X		E
15	16.12.18	A	Eintracht Frankfurt	1:2 (0:1)	E	A	E		X1		A	X	A	X		X			X		E	X	X	A	
16	19.12.18	H	FC Schalke 04	2:1 (2:1)	A1		X	X	A		E		A1	X		X	E		X			X	E	X	X
17	22.12.18	H	Hertha BSC	3:1 (2:1)	E	X	X	X	E		E	A	X	X2		X	X					A	A1	X	
18	19.01.19	H	Mönchengladbach	0:1 (0:1)	E	X	A		X	X	X	X		X		X						X	X		X
19	26.01.19	A	VfL Wolfsburg	3:0 (1:0)		X	A	E	X	X	X	X1		X1		X						X	X1	E	A
20	02.02.19	H	Bayern München	3:1 (0:1)	E1	X	A1	E	A		X	X		A		X					E	X	X1	X	X
21	08.02.19	A	1. FSV Mainz 05	5:1 (4:1)	E	X	X	E	X1		X	A2		A1		X	E					X	X	X	A1
22	17.02.19	H	Fortuna Düsseldorf	2:0 (1:0)	E	X	X1	E	A			A	X	X1		X					E	X	A	X	
23	24.02.19	A	Borussia Dortmund	2:3 (1:2)	E	X	X			X	X			X		X	X					X1	X1	X	
24	02.03.19	H	SC Freiburg	2:0 (1:0)		X1	A1	X			A	E	A	X		X		E		E		X	X		
25	10.03.19	A	Hannover 96	3:2 (2:0)		A	A	X	E			X	X1	X		X		E				X	X2	X	
26	17.03.19	H	SV Werder Bremen	1:3 (0:2)		A	X1	A			X	X		E		X					E	X	E	X	
27	29.03.19	A	TSG Hoffenheim	1:4 (1:1)	E	E	A	X	A	X	A		X	X		X	X					X	X1	E	
28	06.04.19	H	RB Leipzig	2:4 (2:1)	E	E	X	A			X	X		X2		X					E	X	X	X	
29	13.04.19	A	VfB Stuttgart	1:0 (0:0)	E	A	X	A			X			X1		X						X	X	X	
30	20.04.19	H	1. FC Nürnberg	2:0 (0:0)	E1	X	A	X		X	A		A	X			E				E	X	X1	X	X
31	26.04.19	A	FC Augsburg	4:1 (1:1)	A	X		X	E	A	X1	E	X1	X			E					X1	X1	A	
32	05.05.19	H	Eintracht Frankfurt	6:1 (6:1)	A2	X1	X		A	A	X1	E	X1	X					E		X	X	E	X	
33	11.05.19	H	FC Schalke 04	1:1 (1:0)	A	X	A		A	A			X1	X			E		E		X	X	E	X	
34	18.05.19	A	Hertha BSC	5:1 (2:1)	X3	A		X		E	A	X1	E	X1		X			E			X	X	A	X
	Spiele:				27	24	29	21	19	20	27	33	18	34	1	32	16	6	18	2	15	33	34	30	28
	Tore:				9	2	5	0	5	1	0	7	2	17	0	0	0	0	0	0	0	3	14	1	2

Gegnerisches Eigentor im 32. Spiel (durch Hinteregger)

Bilanz der letzten 10 Jahre:

Saison	Lv.	Liga	Platz	Sp.	S	U	N	Tore	Pkt.
2008/09:	1	Bundesliga	9.	34	14	7	13	59-46	49
2009/10:	1	Bundesliga	4.	34	15	14	5	65-38	59
2010/11:	1	Bundesliga	2.	34	20	8	6	64-44	68
2011/12:	1	Bundesliga	5.	34	15	9	10	52-44	54
2012/13:	1	Bundesliga	3.	34	19	8	7	65-39	65
2013/14:	1	Bundesliga	4.	34	19	4	11	60-41	61
2014/15:	1	Bundesliga	4.	34	17	10	7	62-37	61
2015/16:	1	Bundesliga	3.	34	18	6	10	56-40	60
2016/17:	1	Bundesliga	12.	34	11	8	15	53-55	41
2017/18:	1	Bundesliga	5.	34	15	10	9	58-44	55

Zuschauerzahlen:

Saison	gesamt	Spiele	Schnitt
2008/09:	442.750	17	26.044
2009/10:	498.007	17	29.295
2010/11:	486.764	17	28.633
2011/12:	484.397	17	28.494
2012/13:	478.041	17	28.120
2013/14:	483.689	17	28.452
2014/15:	498.293	17	29.311
2015/16:	494.446	17	29.085
2016/17:	483.269	17	28.428
2017/18:	483.063	17	28.415

Die meisten Spiele in der Bundesliga:

Pl.	Name, Vorname	Spiele
1.	Vollborn, Rüdiger	401
2.	Kirsten, Ulf	350
3.	Kießling, Stefan	344
4.	Ramelow, Carsten	333
5.	Hörster, Thomas	332
6.	Rolfes, Simon	288
7.	Castro, Gonzalo	286
8.	Schneider, Bernd	263
9.	Leno, Bernd	233
10.	Nowotny, Jens	231

Die meisten Tore in der Bundesliga:

Pl.	Name, Vorname	Tore
1.	Kirsten, Ulf	181
2.	Kießling, Stefan	131
3.	Waas, Herbert	72
4.	Berbatov, Dimitar	69
5.	Schreier, Christian	63
6.	Cha, Bum-Kun	52
7.	Paulo Sergio	47
8.	Ökland, Arne-Larsen	43
9.	Neuville, Oliver	42
10.	Rolfes, Simon	41

Die Trainer der letzten Jahre:

Name, Vorname	Zeitraum
Völler, Rudolf (IT)	16.09.2005 – 09.10.2005
Skibbe, Michael	09.10.2005 – 21.05.2008
Labbadia, Bruno	01.07.2008 – 30.06.2009
Heynckes, Josef	01.07.2009 – 30.06.2011
Dutt, Robin	01.07.2011 – 01.04.2012
Lewandowski, S. /Hyypiä, S.	01.04.2012 – 30.06.2013
Hyypiä, Sami	01.07.2013 – 05.04.2014
Lewandowski, Sascha	07.04.2014 – 30.06.2014
Schmidt, Roger	01.07.2014 – 05.03.2017
Korkut, Tayfun	06.03.2017 – 30.06.2017

1. FSV Mainz 05

Anschrift:
Isaac-Fulda-Allee 5
55124 Mainz
Telefon: (0 61 31) 37 55 00
eMail: info@mainz05.de
Homepage: www.mainz05.de

Vereinsgründung: 16.03.1905 als 1. Mainzer FC Hassia 05;
seit 1918 1. FSV Mainz 05

Vereinsfarben: Rot-Weiß
Präsident: Stefan Hofmann
Vorstand Sport: Rouven Schröder

Stadion:
Opel-Arena (34.000)

Größte Erfolge: Aufstieg in die Bundesliga 2004 und 2009; Qualifikation zum UEFA-Pokal/Europa League 2005 (über Fair-Play-Wertung), 2011, 2014 und 2016

Aufgebot:

Name, Vorname	Pos	geb. am	Nat.	seit	2018/19 Sp.	2018/19 T.	gesamt Sp.	gesamt T.	frühere Vereine
Aarón (Aarón Martin Caricol)	A	22.04.1997	ESP	2018	33	0	33	0	RCD Espanyol Barcelona, Montmelo Unio Esportiva
Abass, Issah	S	26.09.1998	GHA	2018	1	0	1	0	Olimpija Ljubljana, Asokwa Deportivo
Adler, René	T	15.01.1985	D	2017	0	0	269	0	Hamburger SV, Bayer 04 Leverkusen, VfB Leipzig
Baku, Bote Ridle	M	08.04.1998	D	2007	15	0	18	2	eigene Junioren
Barreiro, Leandro	M	03.01.2000	LUX	2016	1	0	1	0	FC '72 Erpeldange, RFC Union Luxemburg
Bell, Stefan	A	24.08.1991	D	2012	25	0	177	10	Eintracht Frankfurt, TSV 1860 München, 1. FSV Mainz 05, TuS Mayen, FV Vilja Wehr
Berggreen, Emil	S	10.05.1993	DEN	2016	0	0	14	4	Eintracht Braunschweig, Hobro IK, Brönshöj BK, FC Nordsjaelland, BK Sölleröd-Vedbaek, Frem Hellebaek
de Blasis, Pablo	S	04.02.1988	ARG	2014	1	0	103	15	Asteras Tripolis, Club Gimnasia y Esgrima La Plata, Ferro Caril Oeste Buenos Aires, Club Gimnasia y Esgrima La Plata
Boetius, Jean-Paul	S	22.03.1994	NED	2018	30	4	30	4	Feyenoord Rotterdam, KRC Genk, FC Basel, Feyenoord Rotterdam
Brosinski, Daniel	A	17.07.1988	D	2014	26	3	164	7	SpVgg Greuther Fürth, MSV Duisburg, SV Wehen Wiesbaden, 1. FC Köln, Karlsruher SC, SG Siemens Karlsruhe
Bungert, Niko	A	24.10.1986	D	2008	7	0	166	8	Offenbacher FC Kickers, FC Schalke 04, SG Wattenscheid 09, VfB Günnigfeld
Burkardt, Jonathan	S	11.07.2000	D	2014	4	0	4	0	SV Darmstadt 98
Bussmann, Gaetan	A	02.02.1991	FRA	2018	1	0	28	1	SC Freiburg, 1. FSV Mainz 05, FC Metz, SAS Epinal, FC Metz, SAS Epinal
Donati, Giulio	A	05.02.1990	ITA	2016	9	0	124	0	Bayer 04 Leverkusen, US Grosseto, Calcio Padua, US Lecce, FC Inter Mailand, AS Lucchese-Libertas
Gbamin, Jean-Philippe	M	25.09.1995	CIV	2016	31	2	86	3	RC Lens, OS Aire-sur-la-Lys, US Saint Quentin-sur-le-Homme
Gürleyen, Ahmet	A	26.04.1999	D	2016	1	0	1	0	Tennis Borussia Berlin, FC Hertha 03 Zehlendorf
Hack, Alexander	A	08.09.1993	D	2014	14	1	51	2	SpVgg Unterhaching, FC Memmingen 07, TSV 1860 München, FC Memmingen 07, TSV 1862 Babenhausen
Holtmann, Gerrit	A	25.03.1995	D	2016	4	0	26	2	Eintracht Braunschweig, Olympischer SC Bremerhaven, SV Werder Bremen, Olympischer SC Bremerhaven, Leher TS, SC Sparta Bremerhaven
Huth, Jannik	T	15.04.1994	D	2018	0	0	7	0	Sparta Rotterdam, 1. FSV Mainz 05, Binger FVgg Hassia
Latza, Danny	M	07.12.1989	D	2015	24	0	104	6	VfL Bochum, SV Darmstadt 98, FC Schalke 04, DJK Arminia Ückendorf
Malong, Pierre Kunde	M	26.07.1995	CMR	2018	29	0	29	0	Atlético Madrid, Granada CF, Atlético Madrid, Extremadura UD, Atlético Madrid
Mateta, Jean-Philippe	S	28.06.1997	FRA	2018	34	14	34	14	Le Havre AC, Olympique Lyon, LB Chateauroux, JA Drancy, Sevran FC, Olympique Sevran
Maxim, Alexandru	M	08.07.1990	ROU	2017	22	1	135	14	VfB Stuttgart, CS Pandurii Targu Jiu, CF Badalona, RCD Espanyol Barcelona, CS Ardealul Cluj-Napoca, CSS Olimpia Piatra Neamt
Müller, Florian	T	13.11.1997	D	2013	24	0	29	0	1. FC Saarbrücken, FV Lebach
Mwene, Philipp	A	29.01.1994	AUT	2018	6	0	6	0	1. FC Kaiserslautern, VfB Stuttgart, FK Austria Wien
Niakhaté, Moussa	A	08.03.1996	FRA	2018	33	1	33	1	FC Metz, Valenciennes FC, US Boulogne-sur-Mer, ES Wasquehal, Lille OSC, AMCS Comines
Öztunali, Levin	M	15.03.1996	D	2016	15	0	126	7	SV Werder Bremen, Bayer 04 Leverkusen, Hamburger SV, FC Eintracht Norderstedt
Onisiwo, Karim	S	17.03.1992	AUT	2016	26	7	59	9	SV Mattersburg, SV Austria Salzburg, SV Straßwalchen, TSV Neumarkt am Wallersee, SC Ostbahn XI Wien, First Vienna FC, SC Team Wiener Lienien, FK Austria Wien, 1. Simmeringer SC, FK Austria Wien, SK Rapid Wien, Favoritner AC
Quaison, Robin	M	09.10.1993	SWE	2017	28	7	63	12	US Citta di Palermo, AIK Solna, Väsby United, AIK Solna, Järva SK
Ujah, Anthony	S	14.10.1990	NGA	2018	22	4	109	27	Liaoning Whowin, SV Werder Bremen, 1. FC Köln, 1. FSV Mainz 05, Lilleström SK, Warri Wolves, Abuja FC, Lucky Stars
Zentner, Robin	T	28.10.1994	D	2017	10	0	25	0	Holstein Kiel, 1. FSV Mainz 05, SpVgg Eltville

Trainer:

Name, Vorname	geb. am	Nat.	Zeitraum	Spiele 2018/19	frühere Trainerstationen
Schwarz, Sandro	17.10.1978	D	01.07.2017 – lfd.	34	1. FSV Mainz 05 (II. Mannschaft, Junioren), 1. FC Eschborn, SV Wehen Wiesbaden

Zugänge:
Aarón (RCD Espanyol Barcelona), Bussmann (SC Freiburg), Gürleyen (eigene Junioren), Huth (Sparta Rotterdam), Malong (Atlético Madrid B), Mateta (Le Havre AC), Mwene (1. FC Kaiserslautern), Niakhaté (FC Metz).
während der Saison:
Abass (Olimpija Ljubljana), Boetius (Feyenoord Rotterdam), Burkardt (II. Mannschaft).

Abgänge:
Balogun (Brighton & Hove Albion FC), Diallo (Borussia Dortmund), Muto (Newcastle United FC), Serdar (FC Schalke 04).
während der Saison:
de Blasis (SD Eibar).

Fortsetzung 1. FSV Mainz 05

Aufstellungen und Torschützen:

Sp	Datum		Gegner	Ergebnis	Aarón	Abass	Baku	Barreiro	Bell	de Blasis	Boetius	Brosinski	Bungert	Burkardt	Bussmann	Donati	Gbamin	Gürleyen	Hack	Holtmann	Latza	Malong	Mateta	Maxim	Müller	Mwene	Niakhaté	Öztunali	Onisiwo	Quaison	Ujah	Zentner
					1	2	3	4	5	6	7	8	9	10	11	12	13	14	15	16	17	18	19	20	21	22	23	24	25	26	27	28
1	26.08.18	H	VfB Stuttgart	1:0 (0:0)	X	X		X	X	X		X					A			A		X	E		A		X		X		E	X	E1
2	01.09.18	A	1. FC Nürnberg	1:1 (1:0)	X	X		X		X	E	X	E								X	X1	A	X	E	A		X				
3	15.09.18	H	FC Augsburg	2:1 (0:0)	X		A			X	A	X					E				X	A	E1	X		X			X	X		E1
4	23.09.18	A	Bayer Leverkusen	0:1 (0:0)	X	X	X			X		A			X						A	X	E		X	A			E	E		
5	26.09.18	A	VfL Wolfsburg	0:0 (0:0)	X	X	X			X	E	A			X							E	A	X	E			A	X	X		
6	29.09.18	A	FC Schalke 04	0:1 (0:1)		A	X			E		X	X		X						A	X	E	X	X	A		X		E		
7	06.10.18	H	Hertha BSC	0:0 (0:0)	X	E	X		X	X		A			A						X	A	E		X	X				E	X		
8	21.10.18	A	Mönchengladbach	0:4 (0:1)	X	A	X		X	X	A				X				E		A	X		X	E	X	E					
9	27.10.18	H	Bayern München	1:2 (0:1)	X				X	X1	X				X						A	A	A	E	X		X	X		E	E		
10	04.11.18	H	SV Werder Bremen	2:1 (1:0)	X				X	X	X			X1							A	X	A1	E		X		E		A	E	X	
11	10.11.18	A	SC Freiburg	3:1 (2:0)	X				X	A	X			X1			E			X	X	A1		E	X			E1	A		X	
12	24.11.18	H	Borussia Dortmund	1:2 (0:0)	X				X	E	X			X			A			X	A	X	E			X			E	A1		X	
13	30.11.18	A	Fortuna Düsseldorf	1:0 (0:0)	X				X	A	A		E	X						X	X	X1			X			E	E	A		X	
14	09.12.18	H	Hannover 96	1:1 (0:1)	X				X	A	X1			X						A	A	X	E		X			E	E	X		X	
15	16.12.18	A	RB Leipzig	1:4 (1:2)	X				X	E	X			X						X	X	E		X	A	A1	A	E	X				
16	19.12.18	H	Eintracht Frankfurt	2:2 (2:2)	X	E			X	X	X			X						A	A	A			X			E	X2			X	
17	23.12.18	A	TSG Hoffenheim	1:1 (1:1)	X	E			X	X	X			X			E			A	X	A1			A			E			A	X	
18	19.01.19	A	VfB Stuttgart	3:2 (2:0)	X				X	X				X					X1	E	X	A1		X		E	X			A	E		
19	26.01.19	H	1. FC Nürnberg	2:1 (1:1)	X				X	X	X1			X			X			E	X	A	E	X			A			A1	E		
20	03.02.19	A	FC Augsburg	0:3 (0:2)	X		A			X	X			X			X			A	A	E	X				E	X		E			
21	08.02.19	H	Bayer Leverkusen	1:5 (1:4)	A			X	X	A	X			E		X	E			A	X			A		X			E	X1			
22	16.02.19	A	VfL Wolfsburg	0:3 (0:1)	X					X	A	X								E	A	X	A	X				E	A	E			
23	23.02.19	A	FC Schalke 04	3:0 (1:0)	A				X	A	E		X	X			X				E1	E	X		X	X	X2			A			
24	02.03.19	A	Hertha BSC	1:2 (0:0)	X			X					A	X						A	E	E		X		X	X	A	X	X			
25	09.03.19	H	Mönchengladbach	0:1 (0:0)	X				X	X	X			X						A	E	E		X		X	A	E	X	A			
26	17.03.19	A	Bayern München	0:6 (0:3)	E				X	A	X		E	X		X				X	E	A		E	A		X	A	X				
27	30.03.19	A	SV Werder Bremen	1:3 (0:2)	X				X	X	X									X	A	A	E		A	A	E		A	E		X1	E
28	05.04.19	H	SC Freiburg	5:0 (3:0)	X					X1	A			X	X	E				X	A	X3	E	X		X			E1	A			
29	13.04.19	A	Borussia Dortmund	1:2 (0:2)	X	E			X	X	X			X	X					X	A	A		X		X			X	E1	E		
30	20.04.19	H	Fortuna Düsseldorf	3:1 (1:1)	X	E			X	X				X	X		A			A	E	X2	E	X		X			X1	A			
31	27.04.19	A	Hannover 96	0:1 (0:1)	X					A	E		A	X						X	X	X			X			E	X	A			
32	03.05.19	H	RB Leipzig	3:3 (1:2)	X	A				X	X			A			X			X	E	E1	E	X		X1			A1	X			
33	12.05.19	A	Eintracht Frankfurt	2:0 (0:0)	X	E			X	A	E		E	X			X			A	X	X		X		X					A2		
34	18.05.19	H	TSG Hoffenheim	4:2 (0:2)	X				X2	X1	X			X						A	A	X1	E			X	E	E			A	X	
			Spiele:		33	1	15	1	25	1	30	26	7	4	1	9	31	1	14	4	24	29	34	22	24	6	33	15	26	28	22	10
			Tore:		0	0	0	0	0	0	4	3	0	0	0	0	2	0	1	0	0	0	14	1	0	0	1	0	7	7	4	0

Gegnerisches Eigentor im 18. Spiel (durch Ascacibar) und im 24. Spiel (durch Stark).

Bilanz der letzten 10 Jahre:

Saison	Lv.	Liga		Platz	Sp.	S	U	N	Tore	Pkt.
2008/09:	2	2. Bundesliga	↑	2.	34	18	9	7	62-37	63
2009/10:	1	Bundesliga		9.	34	12	11	11	36-42	47
2010/11:	1	Bundesliga		5.	34	18	4	12	52-39	58
2011/12:	1	Bundesliga		13.	34	9	12	13	47-51	39
2012/13:	1	Bundesliga		13.	34	10	12	12	42-44	42
2013/14:	1	Bundesliga		7.	34	16	5	13	52-54	53
2014/15:	1	Bundesliga		11.	34	9	13	12	45-47	40
2015/16:	1	Bundesliga		6.	34	14	8	12	46-42	50
2016/17:	1	Bundesliga		15.	34	10	7	17	44-55	37
2017/18:	1	Bundesliga		14.	34	9	9	16	38-52	36

Zuschauerzahlen:

Saison	gesamt	Spiele	Schnitt
2008/09:	331.700	17	19.512
2009/10:	341.450	17	20.085
2010/11:	343.100	17	20.182
2011/12:	559.470	17	32.910
2012/13:	529.579	17	31.152
2013/14:	526.722	17	30.984
2014/15:	534.025	17	31.413
2015/16:	527.901	17	31.053
2016/17:	494.627	17	29.096
2017/18:	489.027	17	28.766

Die meisten Spiele in der Bundesliga:

Pl.	Name, Vorname	Spiele
1.	Noveski, Nikolce	255
2.	Bell, Stefan	177
3.	Bungert, Niko	166
4.	Soto, Elkin	160
5.	Brosinski, Daniel	146
6.	Malli, Yunus	129
7.	Baumgartlinger, Julian	124
8.	Wetklo, Christian	114
9.	Ivanschitz, Andreas	104
10.	de Blasis, Pablo	103

Die meisten Tore in der Bundesliga:

Pl.	Name, Vorname	Tore
1.	Malli, Yunus	29
	Zidan, Mohamed	29
3.	Okazaki, Shinji	27
4.	Ivanschitz, Andreas	22
5.	Müller, Nicolai	21
	Szalai, Adam	21
7.	Choupo-Moting, Eric-Maxim	20
	Muto, Yoshinori	20
	Schürrle, André	20
10.	Thurk, Michael	18

Die Trainer der letzten Jahre:

Name, Vorname	Zeitraum
Frank, Wolfgang	09.04.1998 – 17.04.2000
Karkuth, Dirk (IT)	18.04.2000 – 30.06.2000
Vandereycken, René	01.07.2000 – 13.11.2000
Lorenz, Manfred (IT)	13.11.2000 – 21.11.2000
Krautzun, Eckhard	21.11.2000 – 27.02.2001
Klopp, Jürgen	27.02.2001 – 30.06.2008
Andersen, Jörn	01.07.2008 – 03.08.2009
Tuchel, Thomas	03.08.2009 – 10.05.2014
Hjulmand, Kasper	01.07.2014 – 16.02.2015
Schmidt, Martin	17.02.2015 – 23.05.2017

Borussia VfL 1900 Mönchengladbach

Anschrift:
Hennes-Weisweiler-Allee 1
41179 Mönchengladbach
Telefon: (0 18 06) 18 19 00
eMail: info@borussia.de
Homepage: www.borussia.de

Vereinsgründung: 01.08.1900 als FC Borussia M.-Gladbach;
seit 01.01.2003 Borussia VfL 1900 Mönchengladbach GmbH

Vereinsfarben: Schwarz-Weiß-Grün
Geschäftsführer: Stephan Schippers
Sportdirektor: Max Eberl

Stadion:
Stadion im BORUSSIA-PARK (54.018)

Größte Erfolge: Deutscher Meister 1970, 1971, 1975, 1976 und 1977; Deutscher Pokalsieger 1960, 1973 und 1995; Deutscher Supercup-Sieger 1977; UEFA-Pokalsieger 1975 und 1979

Aufgebot:

Name, Vorname	Pos	geb. am	Nat.	seit	2018/19 Sp.	2018/19 T.	gesamt Sp.	gesamt T.	frühere Vereine
Benes, Laszlo	M	09.09.1997	SVK	2016	1	0	11	1	MSK Zilina, Györi ETO FC, DAC Dunajska Streda, STK Samorin
Bennetts, Keanan	S	09.03.1999	D	2018	0	0	0	0	Tottenham Hotspur FC
Beyer, Louis Jordan	A	19.05.2000	D	2015	9	0	9	0	Fortuna Düsseldorf, DJK SV Thomasstadt Kempen
Cuisance, Mickael	M	16.08.1989	FRA	2017	11	0	35	0	AS Nancy, Sporting Club Schiltigheim, Racing Club Straßburg, ASPTT Straßburg, FC Koenigshoffen
Doucouré, Mamadou	A	21.05.1998	FRA	2016	0	0	0	0	Paris St. Germain FC, Paris FC
Drmic, Josip	S	08.08.1992	SUI	2016	5	2	107	31	Hamburger SV, Borussia Mönchengladbach, Bayer 04 Leverkusen, 1. FC Nürnberg, FC Zürich, FC Freienbach, FC Rapperswil-Jona, FC Freienbach
Egbo, Mandela	A	17.08.1997	ENG	2015	0	0	1	0	Crystal Palace FC, Afewee Urban Brixton, Hackney JFC
Elvedi, Nico	A	30.09.1996	SUI	2015	30	2	109	4	FC Zürich, FC Greifensee
Ginter, Matthias	A	19.01.1994	D	2017	27	2	198	12	Borussia Dortmund, SC Freiburg, SV March
Hazard, Thorgan	S	29.03.1993	BEL	2014	33	10	147	31	SV Zulte Waregem, Chelsea FC, RC Lens, AFC Tubize, Stade Brainois
Herrmann, Patrick	M	12.02.1991	D	2008	24	3	245	40	1. FC Saarbrücken, FC Uchtelfangen
Hofmann, Jonas	M	14.07.1992	D	2016	27	5	127	11	Borussia Dortmund, 1. FSV Mainz 05, Borussia Dortmund, TSG 1899 Hoffenheim, FC Rot
Jantschke, Tony	A	07.04.1990	D	2006	14	0	207	5	FV Dresden-Nord, Hoyerswerdaer SV Einheit
Johnson, Fabian	M	11.12.1987	USA	2014	18	1	202	18	TSG 1899 Hoffenheim, VfL Wolfsburg, TSV 1860 München, FC Sportfreunde München
Kramer, Christoph	M	19.02.1991	D	2016	18	2	160	10	Bayer 04 Leverkusen, Borussia Mönchengladbach, VfL Bochum, Bayer 04 Leverkusen, Fortuna Düsseldorf, Bayer 04 Leverkusen, BV Gräfrath
Lang, Michael	A	08.02.1991	SUI	2018	17	1	17	1	FC Basel, Grasshopper Club Zürich, FC St. Gallen
Mayer, Florian	A	04.03.1998	D	2016	0	0	1	0	VfL Bochum, FC Schalke 04
Müsel, Torben	M	25.07.1999	D	2018	0	0	0	0	1. FC Kaiserslautern, SV Obersülzen
Neuhaus, Florian	M	16.03.1997	D	2018	32	3	32	3	Fortuna Düsseldorf, TSV 1860 München, VfL Kaufering
Nicolas, Moritz	T	21.10.1997	D	2015	0	0	0	0	Rot-Weiss Essen, VfB Hüls
Pléa, Alassane	S	10.03.1993	FRA	2018	34	12	34	12	OGC Nizza, Olympique Lyon, AJ Auxerre, Olympique Lyon, ES Wasquehal, US Ascq
Poulsen, Andreas	A	13.10.1999	DEN	2018	0	0	0	0	FC Midtjylland, Ikast KFUM
Raffael (Rafael Caetano de Araujo)	S	28.03.1985	BRA	2013	13	2	282	83	FC Schalke 04, Dynamo Kiew, Hertha BSC, FC Zürich, FC Chiasso, CA Juventus Sao Paulo, EC Vitoria Salvador de Bahia
Sippel, Tobias	T	22.03.1988	D	2015	0	0	43	0	1. FC Kaiserslautern, SV Bad Dürkheim
Sommer, Yann	T	17.12.1988	SUI	2014	34	0	164	0	FC Basel, Grasshopper-Club Zürich, FC Basel, FC Vaduz, FC Basel, FC Concordia Basel, FC Herrliberg
Stindl, Lars	S	26.08.1988	D	2015	21	3	266	50	Hannover 96, Karlsruher SC, TSV Wiesental
Strobl, Tobias	M	12.05.1990	D	2016	29	0	142	1	TSG 1899 Hoffenheim, 1. FC Köln, TSG 1899 Hoffenheim, TSV 1860 München, SV Aubing
Traoré, Ibrahima	M	21.04.1988	GUI	2014	16	0	161	12	VfB Stuttgart, FC Augsburg, Hertha BSC, Levallois SC, CAP Charenton
Villalba, Julio	S	11.09.1998	PAR	2017	0	0	1	0	Cerro Porteno Asuncion
Wendt, Oscar	A	24.10.1985	SWE	2011	32	1	197	13	FC Kopenhagen, IFK Göteborg, IFK Skövde
Zakaria, Denis	M	20.11.1996	SUI	2017	31	4	61	6	BSC Young Boys Bern, Servette FC Genf

Trainer:

Name, Vorname	geb. am	Nat.	Zeitraum	Spiele 2018/19	frühere Trainerstationen
Hecking, Dieter	12.09.1964	D	21.12.16 – 30.06.19	34	VfL Wolfsburg, 1. FC Nürnberg, Hannover 96, TSV Alemannia Aachen, VfB Lübeck, SC Verl

Zugänge:
Bennetts (Tottenham Hotspur FC Junioren), Beyer (eigene Junioren), Lang (FC Basel), Müsel (1. FC Kaiserslautern), Neuhaus (Fortuna Düsseldorf), Poulsen (FC Midtjylland), Pléa (OGC Nizza).

Abgänge:
Bobadilla (Argentinos Juniors), Grifo (TSG 1899 Hoffenheim), Heimeroth (Laufbahn beendet), Oxford (West Ham United FC), Vestergaard (Southampton FC).
während der Saison:
Bénes (Holstein Kiel).

Fortsetzung Borussia VfL 1900 Mönchengladbach

Aufstellungen und Torschützen:

Sp	Datum		Gegner	Ergebnis	Benes	Beyer	Cuisance	Drmic	Elvedi	Ginter	Hazard	Herrmann	Hofmann	Jantschke	Johnson	Kramer	Lang	Neuhaus	Pléa	Raffael	Sommer	Stindl	Strobl	Traoré	Wendt	Zakaria
					1	2	3	4	5	6	7	8	9	10	11	12	13	14	15	16	17	18	19	20	21	22
1	25.08.18	H	Bayer Leverkusen	2:0 (0:0)	X				X	X	E	X1	X	A1			A	E	A	X		X		X		E
2	01.09.18	A	FC Augsburg	1:1 (0:1)	A	E			X	X		X	X	X			A	E1	A	X		X			X	E
3	15.09.18	H	FC Schalke 04	2:1 (1:0)				X	X1	X	E1	X	X	A	E		E	A		X		X			X	A
4	22.09.18	A	Hertha BSC	2:4 (1:2)			E		A	X	X1	E	X	A	A			E	X1	X		X			X	X
5	26.09.18	H	Eintracht Frankfurt	3:1 (0:0)	X				X1	X	A1	A	X		E	X		X	A1	X			E	X	X	E
6	29.09.18	A	VfL Wolfsburg	2:2 (1:1)			E		X	X	X1	X		E		X	A	A	A1	X			E	X	X	X
7	06.10.18	A	Bayern München	3:0 (2:0)					X	X	A	E1	X			X	X	A	X1	X	A1		E	X	X	E
8	21.10.18	H	1. FSV Mainz 05	4:0 (1:0)					X	X	X1		X3	E			A	X	A	X		X	A	X	E	X
9	26.10.18	A	SC Freiburg	1:3 (1:1)					X	X	X1	E	X				A	E	A	X		X	A	E	X	X
10	04.11.18	H	Fortuna Düsseldorf	3:0 (0:0)					A	X	X2		A1	E	E		X	X	X	A	X	E	X		X	
11	10.11.18	H	SV Werder Bremen	3:1 (1:0)					X	X	X		A		E		X	X	A3		X	A	X	E	X	E
12	25.11.18	H	Hannover 96	4:1 (2:1)					X	A	X1		X	E			X1	A	E	X	A1	X			X	E1
13	02.12.18	A	RB Leipzig	0:2 (0:2)		E			X		X		X				A	X	E	X		X	X	E	A	X
14	09.12.18	H	VfB Stuttgart	3:0 (0:0)					X		X			X	E		X	E1	A	E1	X	X	X	A	X	A
15	15.12.18	A	TSG Hoffenheim	0:0 (0:0)	E	X	X		X		X				E		A	X	A	E	X	A	X		X	
16	18.12.18	H	1. FC Nürnberg	2:0 (0:0)	X	E		A		X1	E		A			E	X	X1		X		X	A	X	X	X
17	21.12.18	A	Borussia Dortmund	1:2 (1:1)	X	E				X	A	E		X	A1		A	X		X		X		E	X	X
18	19.01.19	A	Bayer Leverkusen	1:0 (1:0)					X	X	X	E	A			E	X	E	A1	X	X	X			X	A
19	26.01.19	H	FC Augsburg	2:0 (0:0)			E		X	X		E1	X				X	A		X	X	X	X	A	X1	E
20	02.02.19	A	FC Schalke 04	2:0 (0:0)					X	X	X	E	A		E1	X	E1	X		X	X	A			X	A
21	09.02.19	H	Hertha BSC	0:3 (0:1)			E		X	X	X	E	A				E	A	X	X	X	X	A		X	
22	17.02.19	A	Eintracht Frankfurt	1:1 (0:1)				E	X	X	A			X	A		A	E		X	X	E			X	X1
23	23.02.19	H	VfL Wolfsburg	0:3 (0:1)				E	X	X	X	A	E	X	X		A	E		X	X				X	A
24	02.03.19	A	Bayern München	1:5 (1:2)					X	X		X	A		E	X	A	A	X	E	X	X1			X	E
25	09.03.19	A	1. FSV Mainz 05	1:0 (0:0)					X1		A	E	A	X	X	E	E		A			X	X	X	X	X
26	15.03.19	H	SC Freiburg	1:1 (1:1)					X		X	E	A	X	X		E	X1	E	X	A	X			X	A
27	30.03.19	A	Fortuna Düsseldorf	1:3 (0:3)					X	X	A	E	X		A		A	X	E	X	X	X			X	E1
28	07.04.19	H	SV Werder Bremen	1:1 (0:0)					X	X	X	A	E	E	X		A1	X	A	X	E	X				X
29	13.04.19	H	Hannover 96	1:0 (0:0)				E	X	X	X	X	E		X		A	X	E1	X	A	X				A
30	20.04.19	A	RB Leipzig	1:2 (0:1)					X	X	A	E	X		X		A	X1	A	X		X	E		E	X
31	27.04.19	H	VfB Stuttgart	0:1 (0:0)				E	X	X	X	A			A		X	X		X		X	A	E	E	X
32	04.05.19	H	TSG Hoffenheim	2:2 (0:1)		E		E1	X	X1	X	A		A			X	X		X		X		A	E	X
33	11.05.19	A	1. FC Nürnberg	4:0 (0:0)	X		X1		X	X	X1	E				A		A	E	X		E	A		X	X1
34	18.05.19	H	Borussia Dortmund	0:2 (0:1)	X			X		X	A	E	X			A		E		X		E	A		X	X
			Spiele:		1	9	11	5	30	27	33	24	27	14	18	18	17	32	34	13	34	21	29	16	32	31
			Tore:		0	0	0	2	2	2	10	3	5	0	1	2	1	3	12	2	0	3	0	0	1	4

Gegnerisches Eigentor im 14. Spiel (durch Pavard) und im 33. Spiel (durch Mühl).

Bilanz der letzten 10 Jahre:

Saison	Lv.	Liga	Platz	Sp.	S	U	N	Tore	Pkt.
2008/09:	1	Bundesliga	15.	34	8	7	19	39-62	31
2009/10:	1	Bundesliga	12.	34	10	9	15	43-60	39
2010/11:	1	Bundesliga	16.	34	10	6	18	48-65	36
2011/12:	1	Bundesliga	4.	34	17	9	8	49-24	60
2012/13:	1	Bundesliga	8.	34	12	11	11	45-49	47
2013/14:	1	Bundesliga	6.	34	16	7	11	59-43	55
2014/15:	1	Bundesliga	3.	34	19	9	6	53-26	66
2015/16:	1	Bundesliga	4.	34	17	4	13	67-50	55
2016/17:	1	Bundesliga	9.	34	12	9	13	45-49	45
2017/18:	1	Bundesliga	9.	34	13	8	13	47-52	47

Zuschauerzahlen:

Saison	gesamt	Spiele	Schnitt
2008/09:	805.397	17	47.376
2009/10:	788.983	17	46.411
2010/11:	768.203	17	45.188
2011/12:	881.376	17	51.846
2012/13:	845.256	17	49.721
2013/14:	887.972	17	52.234
2014/15:	861.218	17	50.660
2015/16:	879.159	17	51.715
2016/17:	875.410	17	51.495
2017/18:	866.755	17	50.986

Die meisten Spiele in der Bundesliga:

Pl.	Name, Vorname	Spiele
1.	Vogts, Hans-Hubert	419
2.	Kamps, Uwe	390
3.	Wimmer, Herbert	366
4.	Hochstätter, Christian	339
5.	Bruns, Hans-Günter	331
6.	Kleff, Wolfgang	321
7.	Criens, Hans-Jörg	290
8.	Heynckes, Josef	283
9.	Klinkert, Michael	274
10.	Schneider, Michael	266

Die meisten Tore in der Bundesliga:

Pl.	Name, Vorname	Tore
1.	Heynckes, Josef	195
2.	Laumen, Herbert	97
3.	Criens, Hans-Jörg	92
4.	Netzer, Günter	82
5.	Rahn, Uwe	81
6.	Simonsen, Allan	76
7.	Mill, Frank	71
8.	Bruns, Hans-Günter	61
9.	Dahlin, Martin	60

Die Trainer der letzten Jahre:

Name, Vorname	Zeitraum
Köppel, Horst (IT)	27.10.2004 – 03.11.2004
Advocaat, Dick	03.11.2004 – 18.04.2005
Köppel, Horst	18.04.2005 – 14.05.2006
Heynckes, Josef	01.07.2006 – 31.01.2007
Luhukay, Jos	31.01.2007 – 05.10.2008
Ziege, Christian (IT)	05.10.2008 – 18.10.2008
Meyer, Hans	18.10.2008 – 30.06.2009
Frontzeck, Michael	01.07.2009 – 14.02.2011
Favre, Lucien	14.02.2011 – 20.09.2015
Schubert, André	21.09.2015 – 21.12.2016

FC Bayern München

Anschrift: Säbener Straße 51-57, 81547 München
Telefon: (0 89) 69 93 10
eMail: service@fcbayern.de
Homepage: www.fcbayern.de

Vereinsgründung: 27.02.1900; 1906 bis 1923 FA im Münchener SC bzw. TSV Jahn München; seit 06.03.2002 FC Bayern München AG
Vereinsfarben: Rot-Weiß
Vorstandsvorstand: Karl-Heinz Rummenigge
Sportdirektor: Hasan Salihamidzic
Stadion: AllianzArena (75.024)

Größte Erfolge: Deutscher Meister 1932, 1969, 1972, 1973, 1974, 1980, 1981, 1985, 1986, 1987, 1989, 1990, 1994, 1997, 1999, 2000, 2001, 2003, 2005, 2006, 2008, 2010, 2013, 2014, 2015, 2016, 2017, 2018 und 2019; Deutscher Pokalsieger 1957, 1966, 1967, 1969, 1971, 1982, 1984, 1986, 1998, 2000, 2003, 2005, 2006, 2008, 2010, 2013, 2014, 2016 und 2019; Europapokalsieger 1974, 1975, 1976 (Landesmeister), 2001, 2013 (Champions League), 1967 (Pokalsieger) und 1996 (UEFA-Pokal); Europasupercupsieger 2013; Weltpokalsieger 1976 und 2001; FIFA-Klub-Weltmeister 2013

Aufgebot:

Name, Vorname	Pos	geb. am	Nat.	seit	2018/19 Sp.	T.	gesamt Sp.	T.	frühere Vereine
Alaba, David	A	24.06.1992	AUT	2011	31	3	238	21	TSG 1899 Hoffenheim, FC Bayern München, FK Austria Wien, SV Aspern
Boateng, Jerome	A	03.09.1988	D	2011	20	0	261	4	Manchester City FC, Hamburger SV, Hertha BSC, Tennis Borussia Berlin
Coman, Kingsley	M	13.06.1996	FRA	2015	21	6	84	15	Juventus Turin, Paris St. Germain FC, US Senart Moissy
Davies, Alphonso	S	02.11.2000	CAN	2019	6	1	6	1	Vancouver Whitecaps, Edmonton Strikers, Edmonton Internationals
Fürchtl, Christian	T	28.01.2000	D	2014	0	0	0	0	SpVgg Grün-Weiß Deggendorf 03, SV Bischofsmais
Gnabry, Serge	M	14.07.1995	D	2018	30	10	79	31	TSG 1899 Hoffenheim, SV Werder Bremen, Arsenal FC, West Bromwich Albion FC, Arsenal FC, VfB Stuttgart, SV Stuttgarter Kickers, SpVgg Feuerbach, TSF Ditzingen, GSV Hemmingen, TSV Weissach
Goretzka, Leon	M	06.02.1995	D	2018	30	8	146	22	FC Schalke 04, VfL Bochum, Werner SV Bochum 06
Hummels, Mats	A	16.12.1988	D	2016	21	1	300	22	Borussia Dortmund, FC Bayern München
James (James David Rodriguez Rubio)	M	12.07.1991	COL	2017	20	7	43	14	Real Madrid, AS Monaco, FC Porto, CA Banfield, Envigado FC, Academica Tolimense de Futbol
Javi Martinez (Javier Martinez Aginaga)	A	02.09.1988	ESP	2012	21	3	130	9	Athletic Bilbao, CA Osasuna, CD Izarra, CD Arenas de Ayegui, CD Logrones, CD Berceo
Jeong, Woo-Yeong	S	20.09.1999	KOR	2018	1	0	1	0	Incheon United
Kimmich, Joshua	A	08.02.1995	D	2015	34	2	113	9	RasenBallsport Leipzig, VfB Stuttgart, VfB Bösingen
Lewandowski, Robert	S	21.08.1988	POL	2014	33	22	290	202	Borussia Dortmund, KKS Lech Posen, MKS Znicz Pruszkow, Legia Warschau, KS Delta Warschau, MKS Varsovia Warschau
Mai, Lars Lukas	A	31.03.2000	D	2014	0	0	2	0	SG Dynamo Dresden
Müller, Thomas	M	13.09.1989	D	2000	32	6	318	110	TSV Pähl
Neuer, Manuel	T	27.03.1986	D	2011	26	0	372	0	FC Schalke 04
Rafinha (Marcio Rafael Ferreira de Souza)	A	07.09.1985	BRA	2011	16	1	332	12	CFC Genua 1893, FC Schalke 04, Coritiba FC, Londrina EC, Parana Soccer Technical Center Londrina, Gremio Londrinense
Renato Sanches (Renato Junior Luz Sanches)	M	18.08.1997	POR	2018	17	1	34	1	Swansea City FC, FC Bayern München, SL Benfica Lissabon, Recreativo Aguias Musgueira
Ribéry, Franck	M	07.04.1983	FRA	2007	25	6	273	86	Olympique Marseille, Galatasaray Istanbul, FC Metz, Stade Brestois 29, Olympique d'Alès, US Boulogne-sur-Mer, Lille OSC, FC Conti Boulogne-sur-Mer
Robben, Arjen	M	23.01.1984	NED	2009	12	4	201	99	Real Madrid, Chelsea FC, PSV Eindhoven, FC Groningen, PSV Eindhoven, FC Groningen, VV Bedum
Rudy, Sebastian	M	28.02.1990	D	2017	0	0	256	12	TSG 1899 Hoffenheim, VfB Stuttgart, SV Zimmern o. R., FC Dietingen
Shabani, Meritan	M	15.03.1999	KVX	2006	1	0	2	0	FC Phönix Schleißheim
Süle, Niklas	A	03.09.1995	D	2017	31	2	166	11	TSG 1899 Hoffenheim, SV Darmstadt 98, Eintracht Frankfurt, SV Rot-Weiß Walldorf
Thiago (Thiago Alcantara do Nascimento)	M	11.04.1991	ESP	2013	30	2	126	14	FC Barcelona, ED Val Minor (URECA) Nigran, CR Flamengo Rio de Janeiro, Kelme CF, Priegue CF
Tolisso, Corentin	M	03.08.1994	FRA	2017	2	1	28	7	Olympique Lyon, FC Pay de L'Aroreste, Stade Amplepuisien
Ulreich, Sven	T	03.08.1988	D	2015	9	0	220	0	VfB Stuttgart, TSV Schornbach, TSV Lichtenwald
Wagner, Sandro	S	29.11.1987	D	2018	7	0	180	44	TSG 1899 Hoffenheim, SV Darmstadt 98, Hertha BSC, 1. FC Kaiserslautern, SV Werder Bremen, MSV Duisburg, FC Bayern München, FC Hertha München

Trainer:

Name, Vorname	geb. am	Nat.	Zeitraum	Spiele 2018/19	frühere Trainerstationen
Kovac, Niko	15.10.1971	CRO	01.07.2018 – lfd.	34	Eintracht Frankfurt, Nationaltrainer Kroatien, Kroatien U21, FC Red Bull Salzburg (Co-Trainer, II. Mannschaft)

Zugänge: Gnabry (TSG 1899 Hoffenheim), Goretzka (FC Schalke 04), Renato Sanches (Swansea City FC).
während der Saison: Davies (Vancouver Whitecaps).

Abgänge: Dorsch (1. FC Heidenheim), Juan Bernat (Paris St. Germain), Starke (Laufbahn beendet), Vidal (FC Barcelona).
während der Saison: Rudy (FC Schalke 04), Wagner (Tianjin Teda).

Fortsetzung FC Bayern München

Aufstellungen und Torschützen:

Sp	Datum	Gegner	Ergebnis	Alaba	Boateng	Coman	Davies	Gnabry	Goretzka	Hummels	James	Javi Martinez	Jeong	Kimmich	Lewandowski	Müller	Neuer	Rafinha	Renato Sanches	Ribéry	Robben	Shabani	Süle	Thiago	Tolisso	Ulreich	Wagner
				1	2	3	4	5	6	7	8	9	10	11	12	13	14	15	16	17	18	19	20	21	22	23	24
1	24.08.18 H	TSG Hoffenheim	3:1 (1:0)	X	X	A		E		E	A			X	X1	X1	X			A	E1		X	X			
2	01.09.18 A	VfB Stuttgart	3:0 (1:0)	X	X			E	X1	X	E			X	X1	A1	X			A	A		X	E			
3	15.09.18 H	Bayer Leverkusen	3:1 (2:1)	E	X			A			E1	E		X	X	X	X	A			X1		X	X	A1		
4	22.09.18 A	FC Schalke 04	2:0 (1:0)	X				E	X	X	A1			X	A1	X	X		E	A			X	X			E
5	25.09.18 H	FC Augsburg	1:1 (0:0)	E				A	A	X		X		X	X	X	X		X	E	X1		X	E			A
6	28.09.18 A	Hertha BSC	0:2 (0:2)	X	X			E			A			X	X	E	X		A	X	A		X	X			E
7	06.10.18 H	Mönchengladbach	0:3 (0:2)	A				E	X	X	X			X	X	A	X		E	E	A		X	X			
8	20.10.18 A	VfL Wolfsburg	3:1 (1:0)	A				A	E	X	A1	X		X	X2		X	E	E		X^G		X	X			
9	27.10.18 H	1. FSV Mainz 05	2:1 (1:0)	X	X			A	A1		X			X	A	X	E	E	E				X	X1			
10	03.11.18 H	SC Freiburg	1:1 (0:0)	X	X			A1	E		A			X	X	E	X	X	X	E	A		X				
11	10.11.18 A	Borussia Dortmund	2:3 (1:0)	X	X			A	X	A	X			X	X2	A	X		E	X	E		E				E
12	24.11.18 H	Fortuna Düsseldorf	3:3 (2:1)	X	X				X	E		X		X	X	A2	X	E	A	A	E		X1				
13	01.12.18 A	SV Werder Bremen	2:1 (1:1)	X	X	E		A2	X		E			X	A	X	X			A			X	E			
14	08.12.18 H	1. FC Nürnberg	3:0 (2:0)	X	X	E		A	A					X	X2	X	X			A1			X	E			E
15	15.12.18 A	Hannover 96	4:0 (2:0)	A1		A		X1	X	X				X1	X1	A	X	E	E				X	X			E
16	19.12.18 H	RB Leipzig	1:0 (0:0)	X		A		A	X	X	E			X	X	A	X		E^G	E1			X	X			
17	22.12.18 A	Eintracht Frankfurt	3:0 (1:0)	X	X	E					X			X	A	A	X	X1		A2		E	X	X			E
18	18.01.19 H	TSG Hoffenheim	3:1 (2:0)	X	E	A		E	X2	X	E	A		X	X1	X	X						X	A			
19	27.01.19 A	VfB Stuttgart	4:1 (1:1)			A		E	E	X1	X	E		X	X1	X	X						X	X1			
20	02.02.19 A	Bayer Leverkusen	1:3 (1:0)			X	E	E	X1	X	A			X	X		A	E					X			X	
21	09.02.19 H	FC Schalke 04	3:1 (2:1)	X	X	A	E	A1	X	X	A		E	X	X1				E				X			X	
22	15.02.19 A	FC Augsburg	3:2 (2:2)	X1		X2		A	X	X	A	E		X	X	E	X			E			X	A			
23	23.02.19 H	Hertha BSC	1:0 (0:0)	X	X	EA		X	A		X	X1		X	X	E	X			A			X	E			
24	02.03.19 A	Mönchengladbach	5:1 (2:1)		X		E	A1			A	X1	E	X	X2	A1	X	X	E				X	X			
25	09.03.19 H	VfL Wolfsburg	6:0 (2:0)		X			A1	E	X	A1	A		X1	X2	X1	X	X	E	E			X				
26	17.03.19 A	1. FSV Mainz 05	6:0 (3:0)	A	X	A1	E1		X		A3			X	X1	X	X	E		E			X	X			
27	30.03.19 A	SC Freiburg	1:1 (1:1)		A	A		E	X	X	X			X	X1	A		X		E			E	X	X		
28	06.04.19 H	Borussia Dortmund	5:0 (4:0)	X		A		X1	E	X1		A1		X	X2	A	X		E	E			X	X			
29	14.04.19 A	Fortuna Düsseldorf	4:1 (2:0)	X		X2		A1	E1	X	E	X		X	X	A	A						X	X		E	
30	20.04.19 H	SV Werder Bremen	1:0 (0:0)	X	X	X		A	E		A			X	X				E	E			X1	X			
31	28.04.19 A	1. FC Nürnberg	1:1 (0:0)			X	E	E1	X	X	EA	A		X	X								X	X			
32	04.05.19 H	Hannover 96	3:1 (2:0)	A	X	A		A	X1					X	X1	X		E		E1	E		X	X			
33	11.05.19 A	RB Leipzig	0:0 (0:0)	X		A		A	X	X				X	X	X		E		E	E		X	A			
34	18.05.19 H	Eintracht Frankfurt	5:1 (1:0)	X1		A1		A	A	X				X	X	X				E1	E1	E1	X	X		X	
		Spiele:		31	20	21	6	30	30	21	20	21	1	34	33	32	26	16	17	25	12	1	31	30	2	9	7
		Tore:		3	0	6	1	10	8	1	7	3	0	2	22	6	0	1	1	6	4	0	2	2	1	0	0

Gegnerische Eigentore im 19. Spiel (durch Gentner) und im 21. Spiel (durch J. Bruma).

Bilanz der letzten 10 Jahre:

Saison	Lv.	Liga	Platz	Sp.	S	U	N	Tore	Pkt.
2008/09:	1	Bundesliga	2.	34	20	7	7	71-42	67
2009/10:	1	Bundesliga	1.	34	20	10	4	72-31	70
2010/11:	1	Bundesliga	3.	34	19	8	7	81-40	65
2011/12:	1	Bundesliga	2.	34	23	4	7	77-22	73
2012/13:	1	Bundesliga	1.	34	29	4	1	98-18	91
2013/14:	1	Bundesliga	1.	34	29	3	2	94-23	90
2014/15:	1	Bundesliga	1.	34	25	4	5	80-18	79
2015/16:	1	Bundesliga	1.	34	28	4	2	80-17	88
2016/17:	1	Bundesliga	1.	34	25	7	2	89-22	82
2017/18:	1	Bundesliga	1.	34	27	3	4	92-28	84

Zuschauerzahlen:

Saison	gesamt	Spiele	Schnitt
2008/09:	1.173.000	17	69.000
2009/10:	1.173.000	17	69.000
2010/11:	1.173.000	17	69.000
2011/12:	1.173.000	17	69.000
2012/13:	1.207.000	17	71.000
2013/14:	1.207.000	17	71.000
2014/15:	1.239.000	17	72.882
2015/16:	1.275.000	17	75.000
2016/17:	1.275.000	17	75.000
2017/18:	1.275.000	17	75.000

Die meisten Spiele in der Bundesliga:

Pl.	Name, Vorname	Spiele
1.	Maier, Josef	473
2.	Kahn, Oliver	429
3.	Müller, Gerd	427
4.	Schwarzenbeck, Georg	416
5.	Augenthaler, Klaus	404
6.	Beckenbauer, Franz	396
7.	Dürnberger, Bernd	375
8.	Schweinsteiger, Bastian	342
9.	Scholl, Mehmet	334
10.	Lahm, Philipp	332

Die meisten Tore in der Bundesliga:

Pl.	Name, Vorname	Tore
1.	Müller, Gerd	365
2.	Rummenigge, Karl-Heinz	162
3.	Lewandowski, Robert	128
4.	Wohlfarth, Roland	119
5.	Müller, Thomas	110
6.	Hoeneß, Dieter	102
7.	Robben, Arjen	99
8.	Elber, Giovane	92
9.	Pizarro, Claudio	87
	Scholl, Mehmet	87

Die Trainer der letzten Jahre:

Name, Vorname	Zeitraum
Hitzfeld, Ottmar	31.01.2007 – 30.06.2008
Klinsmann, Jürgen	01.07.2008 – 27.04.2009
Heynckes, Josef (IT)	27.04.2009 – 30.06.2009
van Gaal, Louis	01.07.2009 – 10.04.2011
Jonker, Andries (IT)	10.04.2011 – 30.06.2011
Heynckes, Josef	01.07.2011 – 30.06.2013
Guardiola, Josep	01.07.2013 – 30.06.2016
Ancelotti, Carlo	01.07.2016 – 28.09.2017
Sagnol, Willy (IT)	28.09.2017 – 05.10.2017
Heynckes, Josef	06.10.2017 – 30.06.2018

1. FC Nürnberg

Anschrift:
Valznerweiherstraße 200
90480 Nürnberg
Telefon: (09 11) 94 07 91 00
eMail: info@fcn.de
Homepage: www.fcn.de

Vereinsgründung: 04.05.1900

Vereinsfarben: Rot-Weiß
Vorstand Sport: Andreas Bornemann
Sportlicher Leiter: N. N.

Stadion:
Max-Morlock-Stadion(50.000)

Größte Erfolge: Deutscher Meister 1920, 1921, 1924, 1925, 1927, 1936, 1948, 1961 und 1968; Deutscher Pokalsieger 1935, 1939, 1962 und 2007

Aufgebot:

Name, Vorname	Pos	geb. am	Nat.	seit	2018/19 Sp.	T.	gesamt Sp.	T.	frühere Vereine
Bauer, Robert	A	09.04.1995	D	2018	22	0	89	2	SV Werder Bremen, FC Ingolstadt 04, Karlsruher SC, FSV Buckenberg
Behrens, Hanno	M	26.03.1990	D	2015	30	4	30	4	SV Darmstadt 98, Hamburger SV, FC Elmshorn, FTSV Rasensport Elmshorn
Bredlow, Fabian	T	02.03.1995	D	2017	13	0	13	0	Hallescher FC, FC Liefering, RasenBallsport Leipzig, FC Hertha 03 Zehlendorf, Berliner FC Preussen
Erras, Patrick	M	21.01.1995	D	2007	19	0	19	0	SV Raigering
Ewerton (Almeida Santos, Ewerton José)	A	23.03.1989	BRA	2017	18	0	18	0	1. FC Kaiserslautern, Sporting CP Lissabon, Anzhi Makhachkala, Sporting Braga, Corinthians Alagoano Maceio, AS Arapiraquense, Corinthians Alagoano Maceio
Fuchs, Alexander	M	05.01.1997	D	2017	9	1	9	1	TSV 1860 München, SV Lohhof
Goden, Kevin	A	22.02.1999	D	2018	5	0	5	0	1. FC Köln, 1. SF Brüser Berg
Ilicevic, Ivo	M	14.11.1986	CRO	2019	3	0	137	18	FK Qairat Almaty, Anzhi Makhachkala, Hamburger SV, 1. FC Kaiserslautern, SpVgg Greuther Fürth, VfL Bochum, SV Darmstadt 98, SV Viktoria Aschaffenburg, 1. FC Südring Aschaffenburg
Ishak, Mikael	S	31.03.1993	SWE	2017	29	4	40	4	Randers FC, FC Crotone, FC St. Gallen, 1. FC Köln, Assyriska Föreningen Södertälje
Jäger, Lukas	M	12.02.1994	AUT	2017	2	0	2	0	SC Rheindorf Altach, AKA Vorarlberg, FC Alberschwende
Kerk, Sebastian	M	17.04.1994	D	2017	21	0	50	1	1. FC Kaiserslautern, SC Freiburg, 1. FC Nürnberg, SC Freiburg, FV Ravensburg, TSG Bad Wurzach
Klandt, Patric	T	29.09.1983	D	2018	0	0	0	0	SC Freiburg, FSV Frankfurt, FC Hansa Rostock, SV Wehen Taunusstein, Eintracht Frankfurt, VfR Kesselstadt, Frankfurter FV Sportfreunde 04
Knöll, Törles	S	13.09.1997	D	2018	16	1	17	1	Hamburger SV, 1. FSV Mainz 05, FSV Frankfurt, Eintracht Frankfurt, SV Darmstadt 98, GSV Gundernhausen, TV Semd
Kubo, Yuya	S	24.12.1993	JPN	2018	22	1	22	1	KAA Gent, BSC Young Boys Bern, Kyoto Sanga FC
Leibold, Tim	A	30.11.1993	D	2015	32	0	32	0	VfB Stuttgart, SGV Freiberg/N., VfB Stuttgart, TSF Ditzingen
Lippert, Dennis	A	20.02.1996	D	2012	0	0	0	0	SpVgg SV Weiden
Löwen, Eduard	A	28.01.1997	D	2016	22	3	22	3	1. FC Saarbrücken, 1. FC Kaiserslautern, SV Hottenbach
Margreitter, Georg	A	07.11.1988	AUT	2015	27	2	27	2	Wolverhampton Wanderers FC, Chesterfield FC, Wolverhampton Wanderers FC, FC Kopenhagen, Wolverhampton Wanderers FC, FK Austria Wien, Linzer ASK, SC Wiener Neustadt, Linzer ASK, BNZ Vorarlberg, FC Schruns
Mathenia, Christian	T	31.03.1992	D	2018	22	0	93	0	Hamburger SV, SV Darmstadt 98, 1. FSV Mainz 05, Binger FVgg Hassia, VfL Frei-Weinheim
Matheus Pereira (Matheus Fellipe Costa Pereira)	M	05.05.1996	BRA	2018	19	3	19	3	Sporting CP Lissabon, GD Chaves, Sporting CP Lissabon
Misidjan, Virgil	S	24.07.1993	NED	2018	23	1	23	1	PFC Ludogorets Razgrad, Willem II Tilburg, SC Olympus Tilburg
Mühl, Lukas	M	27.01.1997	D	2011	31	1	31	1	TSV Regen 1888/1920
Palacios Martinez, Federico	S	09.04.1995	D	2018	17	2	19	2	RasenBallsport Leipzig, FC Rot-Weiß Erfurt, RasenBallsport Leipzig, VfL Wolfsburg, SC Langenhagen, TSV Limmer 1910, SG Limmer
Petrak, Ondrej	M	11.03.1992	CZE	2014	22	0	33	0	SK Slavia Prag, FC Bohemians Prag, TJ ABC Branik, SK Olympie Dolni Brezany
Rhein, Simon	M	18.05.1998	D	2018	8	0	8	0	Bayer 04 Leverkusen, SC Unterbach
Salli, Edgar	S	17.08.1992	CMR	2016	3	0	3	0	FC St. Gallen, AS Monaco, Academica Coimbra, AS Monaco, RC Lens, Coton Sport de Garoua, Ngaounderé FC
Sepsi, Laszlo	A	07.06.1987	ROU	2015	0	0	0	0	ASA Targu-Mures, CFR Cluj, ASA Targu-Mures, FC Timisoara, Racing Santander, SL Benfica Lissabon, Gloria Bistrita, Stade Rennes, Gaz Metan Medias, Sporting Pitesti, Olimpia Satu Mare, ASA Targu-Mures
Tillman, Timothy	M	04.01.1999	D	2018	6	0	6	0	FC Bayern München, SpVgg Greuther Fürth, 1. SC Feucht, ASV Zirndorf
Valentini, Enrico	A	20.02.1989	ITA	2017	15	0	15	0	Karlsruher SC, VfR Aalen, 1. FC Nürnberg
Zrelak, Adam	S	05.05.1994	SVK	2017	14	2	14	2	FK Jablonec, SK Slovan Bratislava, MFK Ruzomberok, SK Odeva Lipany

Trainer:

Name, Vorname	geb. am	Nat.	Zeitraum	Spiele 2018/19	frühere Trainerstationen
Köllner, Michael	29.12.1969	D	07.03.17 – 12.02.19	21	1. FC Nürnberg II, SpVgg Greuther Fürth U17, FV Bayern U14, SSV Jahn 2000 Regensburg Junioren, FV Bayern (U19, U18, U17), DFB-Junioren U15 (Co-Trainer) SG Schwarz-Weiss Gattendorf (Spielertrainer), SpVgg Bayern Hof, SG Fuchsmühl
Schommers, Boris	19.01.1979	D	12.02.19 – 30.06.19	13	1. FC Nürnberg (Co-Trainer), 1. FC Köln U19, 1. FC Köln U17

Zugänge:
Bauer (SV Werder Bremen), Goden (1. FC Köln II), Klandt (SC Freiburg), Knöll (Hamburger SV II), Mathenia (Hamburger SV), Tillman (FC Bayern München Junioren).
während der Saison:
Ilicevic (FK Kairat), Kubo (KAA Gent), Matheus Pereira (Sporting CP Lissabon), Misidjan (PFC Ludogorets Razgrad), Rhein (II. Mannschaft).

Abgänge:
Alushi (ohne Verein), Brecko (Laufbahn beendet), Garcia (BSC Young Boys Bern), Hufnagel (SC Freiburg), Kirschbaum (Bayer 04 Leverkusen), Möhwald (SV Werder Bremen), Stefaniak (VfL Wolfsburg), Werner (VfB Stuttgart II).
während der Saison:
Sepsi (Universitatea Cluj).

Fortsetzung 1. FC Nürnberg

Aufstellungen und Torschützen:

Sp	Datum		Gegner	Ergebnis	Bauer	Behrens	Bredlow	Erras	Ewerton	Fuchs	Goden	Ilicevic	Ishak	Jäger	Kerk	Knöll	Kubo	Leibold	Löwen	Margreiter	Mathenia	Matheus Pereira	Misidjan	Mühl	Palacios	Petrak	Rhein	Salli	Tillman	Valentini	Zrelak
					1	2	3	4	5	6	7	8	9	10	11	12	13	14	15	16	17	18	19	20	21	22	23	24	25	26	27
1	25.08.18	A	Hertha BSC	0:1 (0:1)	A	A	X	E		X			X			E	X	X		X				X	E	X		A			
2	01.09.18	H	1. FSV Mainz 05	1:1 (0:1)		X	X		A	E			X1			X	X	E	X				X	A	X					X	
3	16.09.18	A	SV Werder Bremen	1:1 (0:1)		X	X		A			X			E	X	X	E	X	A	E1	X		A						X	
4	22.09.18	H	Hannover 96	2:0 (0:0)		X	X	E	A			A		E1	X	X	E	X			A	X		X						X	
5	26.09.18	A	Borussia Dortmund	0:7 (0:2)	A	X	X	X	A			E			A	X	E	X		E	X	X								X	
6	29.09.18	H	Fortuna Düsseldorf	3:0 (1:0)		X1	X	E				A1			E		X	X	X	A	X	X	E1	A						X	
7	07.10.18	A	RB Leipzig	0:6 (0:4)	E	X	X					X			E	A	X^R	X	X			A	X	E	X			A			
8	20.10.18	H	TSG Hoffenheim	1:3 (1:0)	X	X1						A		E	E	E		X	X	X		A	X	A	X					X	
9	28.10.18	H	Eintracht Frankfurt	1:1 (0:0)	X	X		E					A	A	A	X		X	X		X	X	E		X						E1
10	03.11.18	A	FC Augsburg	2:2 (0:1)	X	A			A1				A	E		X		X	X		X	X1	E	X	E						X
11	10.11.18	H	VfB Stuttgart	0:2 (0:0)	X	A			A				A			X		X	X	E	X	X	E	E	X						X
12	24.11.18	A	FC Schalke 04	2:5 (1:2)	X^G	X	E					A			X	X		X	A		E	X	A1	X	X						E1
13	03.12.18	H	Bayer Leverkusen	1:1 (0:1)		X	X	E		X		X		A	A	X		X1		X	X	E	A								E
14	08.12.18	A	Bayern München	0:3 (0:2)	X		X	A	E	X		X	A			X		X			X	X		E	A						E
15	14.12.18	H	VfL Wolfsburg	0:2 (0:0)	X		X	E				E	E			X		X	A	X	X	X	A								X
16	18.12.18	A	Mönchengladbach	0:2 (0:0)		X		E	X	A			E			X		X	A	A	X	X	X			E					X
17	22.12.18	H	SC Freiburg	0:1 (0:1)	A	X		E				E	A	E		X		X	X	A	X	X	X								X
18	20.01.19	H	Hertha BSC	1:3 (1:1)		X1		X				X		E	E	X	A	X	X	A	X			X				X			
19	26.01.19	A	1. FSV Mainz 05	1:2 (1:1)		X		X					E			X	E	X1	X		X	A		X	A					X	
20	02.02.19	A	SV Werder Bremen	1:1 (0:0)		X		X	E	E1	E				A	X		X	X	A		X	A	X						X	X
21	09.02.19	A	Hannover 96	0:2 (0:1)		X		X	E			E		A	E	X		X	X		X	A		X^R						A	X
22	18.02.19	A	Borussia Dortmund	0:0 (0:0)	E	X		X				E			A	X	A	X	X		X	E	X							X	A
23	23.02.19	H	Fortuna Düsseldorf	1:2 (1:0)	A			X				E	E		A	X	X1	X	X^R	E	X		X							X	A
24	02.03.19	A	RB Leipzig	0:1 (0:1)		X		X	X			X		A	E	A	X	X		X	E	X								X	
25	10.03.19	A	TSG Hoffenheim	1:2 (0:1)	E	X1		X	X			X	E	A		A	X	X		X			X						E	A	
26	17.03.19	A	Eintracht Frankfurt	0:1 (0:1)	X	X		X	X			A	X	E	A		X	E	X		X						E	A			
27	30.03.19	H	FC Augsburg	3:0 (0:0)	X	X		X	A		E	X1	A		A	X	X1	E	X	E1	X										
28	06.04.19	H	VfB Stuttgart	1:1 (1:0)	X	X		X	X			A	A	EA	X	X		X	X1	E	X		E								
29	12.04.19	H	FC Schalke 04	1:1 (0:0)	X	X		X	X			X	X	E1	A	X		X	X	X	X										
30	20.04.19	A	Bayer Leverkusen	0:2 (0:0)	X	X		X	A			A	A		X	X	E	X	E	X									E		
31	28.04.19	H	Bayern München	1:1 (0:0)	A	X		X	X		E	A	X		X	A	E	X	X1	X			E						E		
32	04.05.19	A	VfL Wolfsburg	0:2 (0:1)	X	X		X	A			A		X	E	E	X	E	X	A	X										
33	11.05.19	H	Mönchengladbach	0:4 (0:0)	X	X		X				X	A	E		A	X	X		A	X		E					E			
34	18.05.19	A	SC Freiburg	1:5 (0:2)	X	X		X		E	A	A	E		X	X1	X	X		X			A					E			
			Spiele:		22	30	13	19	18	9	5	3	29	2	21	16	22	32	22	27	22	19	23	31	17	22	8	3	6	15	14
			Tore:		0	4	0	0	0	1	0	0	4	0	0	1	1	0	3	2	0	3	1	1	2	0	0	0	0	0	2

Gegnerisches Eigentor im 4. Spiel (durch Anton).

Bilanz der letzten 10 Jahre:

Saison	Lv.	Liga		Platz	Sp.	S	U	N	Tore	Pkt.
2008/09:	2	2. Bundesliga	↑	3.	34	16	12	6	51-29	60
2009/10:	1	Bundesliga		16.	34	8	7	19	32-58	31
2010/11:	1	Bundesliga		6.	34	13	8	13	47-45	47
2011/12:	1	Bundesliga		10.	34	12	6	16	38-49	42
2012/13:	1	Bundesliga		10.	34	11	11	12	39-47	44
2013/14:	1	Bundesliga	↓	17.	34	5	11	18	37-70	26
2014/15:	2	2. Bundesliga		9.	34	13	6	15	42-47	45
2015/16:	2	2. Bundesliga		3.	34	19	8	7	68-41	65
2016/17:	2	2. Bundesliga		12.	34	12	6	16	46-52	42
2017/18:	2	2. Bundesliga	↑	2.	34	17	9	8	61-39	60

Zuschauerzahlen:

Saison	gesamt	Spiele	Schnitt
2008/09:	570.312	17	33.548
2009/10:	719.705	17	42.336
2010/11:	714.289	17	42.017
2011/12:	713.463	17	41.968
2012/13:	705.804	17	41.518
2013/14:	687.006	17	40.412
2014/15:	522.623	17	30.743
2015/16:	522.302	17	30.724
2016/17:	490.175	17	28.834
2017/18:	519.491	17	30.558

Die meisten Spiele in der Bundesliga:

Pl.	Name, Vorname	Spiele
1.	Brunner, Thomas	328
2.	Köpke, Andreas	280
3.	Schäfer, Raphael	250
4.	Pinola, Javier	202
5.	Eckstein, Dieter	189
6.	Wolf, Andreas	175
7.	Strehl, Heinz	174
8.	Wenauer, Ferdinand	168
9.	Leupold, Horst	167
10.	Oechler, Marc	163

Die meisten Tore in der Bundesliga:

Pl.	Name, Vorname	Tore
1.	Strehl, Heinz	76
2.	Eckstein, Dieter	66
3.	Brungs, Franz	50
4.	Volkert, Georg	37
5.	Heck, Werner	34
6.	Mintal, Marek	32
7.	Andersen, Jörn	28
8.	Vittek, Robert	26
9.	Ciric, Sasa	25
10.	Zarate, Sergio Fabian	22

Die Trainer der letzten Jahre:

Name, Vorname	Zeitraum
von Heesen, Thomas	12.02.2008 – 28.08.2008
Oenning, Michael	29.08.2008 – 21.12.2009
Hecking, Dieter	22.12.2009 – 22.12.2012
Wiesinger, Michael	24.12.2012 – 07.10.2013
Prinzen, Roger (IT)	09.10.2013 – 21.10.2013
Verbeek, Gertjan	22.10.2013 – 23.04.2014
Prinzen, Roger (IT)	24.04.2014 – 30.06.2014
Ismaël, Valérien	01.07.2014 – 10.11.2014
Weiler, René	12.11.2014 – 30.06.2016
Schwartz, Alois	01.07.2016 – 07.03.2017

FC Gelsenkirchen-Schalke 04

Anschrift:
Ernst-Kuzorra-Weg 1
45891 Gelsenkirchen
Telefon: (02 09) 36 18 -0
eMail: post@schalke04.de
Homepage: www.schalke04.de

Vereinsgründung: 04.05.1904 als SC Westfalia Schalke; 05.01.1924 FC Schalke 04

Vereinsfarben: Blau-Weiß
Vorstand: Peter Peters (Finanzen)
Vorstand: Jochen Schneider (Sport)

Stadion: VELTINS-Arena (62.271)

Größte Erfolge: Deutscher Meister 1934, 1935, 1937, 1939, 1940, 1942 und 1958; Deutscher Pokalsieger 1937, 1972, 2001, 2002 und 2011; Deutscher Liga-pokal- bzw. Supercup-Sieger 2005 und 2011; UEFA-Pokalsieger 1997

Aufgebot:

Name, Vorname	Pos	geb. am	Nat.	seit	2018/19 Sp.	2018/19 T.	gesamt Sp.	gesamt T.	frühere Vereine
Baba, Abdul Rahman	A	02.07.1994	GHA	2018	2	0	67	0	Chelsea FC, FC Schalke 04, Chelsea FC, FC Augsburg, SpVgg Greuther Fürth, Asante Kotoko Kumasi, Dreams FC Accra, Young Meteors Tamale
Bentaleb, Nabil	M	24.11.1994	ALG	2016	25	3	73	12	Tottenham Hotspur FC, US Dunkerque, Excelsior Mouscron, Lille OSC, JS Lille Wazemmes
Boujellab, Nassim	M	20.06.1999	D	2014	7	0	7	0	FC Iserlohn 46/49, ASSV Letmathe 98
Bruma, Jeffrey	A	13.11.1991	NED	2019	9	0	80	4	VfL Wolfsburg, PSV Eindhoven, Hamburger SV, Leicester City FC, Chelsea FC, Feyenoord Rotterdam, Excelsior Rotterdam
Burgstaller, Guido	S	29.04.1989	AUT	2017	24	4	74	24	1. FC Nürnberg, Cardiff City FC, SK Rapid Wien, SC Wiener Neustadt, FC Kärnten, ASKÖ Gmünd
Caligiuri, Daniel	M	15.01.1988	ITA	2017	31	7	270	38	VfL Wolfsburg, SC Freiburg, SV Zimmern o. R., BSV 07 Schwenningen
Carls, Jonas	A	25.03.1997	D	2017	1	0	1	0	1. FC Nürnberg, Bayer 04 Leverkusen, 1. FC Wülfrath
Embolo, Breel	S	14.02.1997	SUI	2016	20	5	48	10	FC Basel, FC Old Boys Basel, FC Basel, FC Old Boys Basel, FC Nordstern Basel
Fährmann, Ralf	T	27.09.1988	D	2011	17	0	196	0	Eintracht Frankfurt, FC Schalke 04, Chemnitzer FC, VfB Chemnitz
Geis, Johannes	M	17.08.1993	D	2018	0	0	121	8	FC Sevilla, FC Schalke 04, 1. FSV Mainz 05 … (vgl. Seite 80)
Harit, Amine	M	18.06.1997	MAR	2017	18	1	49	4	FC Nantes, Red Star FC 93 Paris, Esperance Paris 19eme, Paris St. Germain FC, Esperance Paris 19eme, Argenteuil COM
Konoplyanka, Yevhen	M	29.09.1989	UKR	2016	13	1	57	6	Sevilla FC, FK Dnipro, FK Olimpik Kirowohrad
Kutucu, Ahmed	S	01.03.2000	TUR	2011	13	2	13	2	Rot-Weiss Essen, Sportfreunde Haverkamp
Langer, Michael	T	06.01.1985	AUT	2017	0	0	1	0	IFK Norrköping, Tampa Bay Rowdies, Valerenga IF Oslo, SV Sandhausen, FSV Frankfurt, SC Freiburg, VfB Stuttgart, FC Hard, FC Viktoria Bregenz
Mascarell, Omar	M	02.02.1993	ESP	2018	14	0	51	1	Eintracht Frankfurt, Sporting Gijon, Derby County FC, Real Madrid, CD Laguna Santa Cruz de Tenerife, CD Motagua, UD Santa Cruz de Tenerife
Matondo, Rabbi	S	09.09.2000	WAL	2019	7	0	7	0	Manchester City FC, Cardiff City FC
McKennie, Weston	M	28.08.1998	USA	2016	24	1	47	1	FC Dallas, FC Phönix Otterbach
Mendyl, Hamza	A	18.10.1997	MAR	2018	9	0	9	0	Lille OSC, Academie Mohammed VI, Wydad Casablanca
Naldo (Ronaldo Aparecido Rodrigues)	A	10.09.1982	BRA	2016	7	0	358	46	VfL Wolfsburg, SV Werder Bremen, EC Juventude Caxias do Sul, RS Futebol Clube Alvorada
Nastasic, Matija	A	28.03.1993	SRB	2015	28	1	91	1	Manchester City FC, AC Florenz, FK Teleoptik Zemun, FK Partizan Belgrad, FK Teleoptik Zemun, FK Partizan Belgrad, ZSK Valjevo
Nübel, Alexander	T	30.09.1996	D	2015	18	0	20	0	SC Paderborn 07, TSV Tudorf
Oczipka, Bastian	A	12.01.1989	D	2017	21	1	225	3	Eintracht Frankfurt, Bayer 04 Leverkusen, FC St. Pauli, FC Hansa Rostock, Bayer 04 Leverkusen, SSG 09 Bergisch Gladbach, SV Blau-Weiß Hand
Riether, Sascha	A	23.03.1983	D	2017	1	0	249	10	SC Freiburg, Fulham FC, 1. FC Köln, VfL Wolfsburg, SC Freiburg, Offenburger FV, FV Kuhbach
Rudy, Sebastian	M	28.02.1990	D	2018	21	0	256	12	FC Bayern München, TSG 1899 Hoffenheim, VfB Stuttgart, SV Zimmern o. R., FC Dietingen
Sané, Salif	A	25.08.1990	SEN	2018	30	2	130	12	Hannover 96, AS Nancy, Girondins Bordeaux, US Lormont
di Santo, Franco	S	07.04.1989	ARG	2015	4	0	120	22	SV Werder Bremen, Wigan Athletic FC, Chelsea FC, Blackburn Rovers FC, Chelsea FC, Audax CS Italiano La Florida, CD Godoy Cruz
Schöpf, Alessandro	M	07.02.1994	AUT	2016	15	1	71	10	1. FC Nürnberg, FC Bayern München, AKA Tirol, SV Längenfeld
Serdar, Suat	M	11.04.1997	D	2018	26	2	71	4	1. FSV Mainz 05, Binger FVgg Hassia
Skrzybski, Steven	M	18.11.1992	D	2018	12	3	12	3	1. FC Union Berlin, SG Stern Kaulsdorf
Stambouli, Benjamin	M	13.08.1990	FRA	2016	21	0	72	0	Paris St. Germain FC, Tottenham Hotspur FC, Montpellier HSC, ES Gallia Club Uzes, CS Sedan, ES Gallia Club Uzes, Olympique Marseille
Teuchert, Cedric	S	14.01.1997	D	2018	5	0	9	0	1. FC Nürnberg, DJK Viktoria/VfB Coburg
Timotheou, George	A	29.07.1997	AUS	2018	1	0	1	0	Sydney Olympic, Sydney FC, Blacktown City FC, Sydney FC, Belconnen United, AIS Athletics Tracks
Uth, Mark	S	24.08.1991	D	2018	20	2	98	31	TSG 1899 Hoffenheim, SC Heerenveen, Heracles Almelo, SC Heerenveen, 1. FC Köln, SCB Viktoria Köln, 1. FC Köln, TuS Langel
Wright, Haji	S	27.03.1998	USA	2018	7	1	7	1	SV Sandhausen, FC Schalke 04, New York Cosmos, Los Angeles Galaxy

Trainer:

Name, Vorname	geb. am	Nat.	Zeitraum	Spiele 2018/19	frühere Trainerstationen
Tedesco, Domenico	12.09.1985	D	01.07.17 – 14.03.19	25	FC Erzgebirge Aue, TSG 1899 Hoffenheim Jun., VfB Stuttgart Jun., ASV Aichwald Jun.
Stevens, Huub	29.11.1953	NED	14.03.19 – 30.06.19	9	TSG 1899 Hoffenheim, VfB Stuttgart, PAOK Saloniki, FC Schalke 04, FC Red Bull Salzburg, PSV Eindhoven, Hamburger SV, Roda JC Kerkrade, 1. FC Köln, Hertha BSC, FC Schalke 04, Roda JC Kerkrade

Zugänge:
Bruma (VfL Wolfsburg), Geis (FC Sevilla), Mascarell (Eintracht Frankfurt), Mendyl (Lille OSC), Sané (Hannover 96), Serdar (1. FSV Mainz 05), Skrzybski (1. FC Union Berlin), Uth (TSG 1899 Hoffenheim).
während der Saison:
Boujellab und Wright (II. Mannschaft), Kutucu (eigene Junioren), Matondo (Manchester City FC Junioren), Rudy (FC Bayern München).

Abgänge:
Goretzka (FC Bayern München), Insua (SD Huesca), Kehrer (Paris St. Germain FC), Meyer (Crystal Palace FC), Pjaca (Juventus Turin), Tekpetey (SC Paderborn 07).
während der Saison:
Baba (Stade Reims), di Santo (Rayo Vallecano), Geis (1. FC Köln), Naldo (AS Monaco).

Fortsetzung FC Gelsenkirchen-Schalke 04

Aufstellungen und Torschützen:

Sp	Datum	Gegner	Ergebnis	Baba	Bentaleb	Boujellab	Bruma	Burgstaller	Caligiuri	Carls	Embolo	Fährmann	Harit	Konoplyanka	Kutucu	Mascarell	Matondo	McKennie	Mendyl	Naldo	Nastasic	Nübel	Oczipka	Riether	Rudy	Sané	di Santo	Schöpf	Serdar	Skrzybski	Stambouli	Teuchert	Timotheou	Uth	Wright
				1	2	3	4	5	6	7	8	9	10	11	12	13	14	15	16	17	18	19	20	21	22	23	24	25	26	27	28	29	30	31	32
1	25.08.18 A	VfL Wolfsburg	1:2 (0:1)	X	E1			A			E	X	A					X		X	X^R					X			A			E		X	
2	02.09.18 H	Hertha BSC	0:2 (0:1)	A	X			E	X		A	X	E	X^R				X		X				A	X				E					X	
3	15.09.18 A	M´gladbach	1:2 (0:1)		X			A	X		E1	X						A	X	X						X	X	A	E			E		X	
4	22.09.18 H	B. München	0:2 (0:1)		E			E	X		X	X	E				A		X	X						X	X	A	X					A	
5	25.09.18 A	SC Freiburg	0:1 (0:0)		X			E	X		A	X	X	A				X		X						X		E	X		A			E	
6	29.09.18 H	1. FSV Mainz 05	1:0 (1:0)		X			X	X			X	A	X		E		E	X	X						X		A1	A					E	
7	06.10.18 A	F. Düsseldorf	2:0 (0:0)		X			X1	X		E	X		E		X		A1	X	X						X	A		A					E	
8	20.10.18 H	Werder Bremen	0:2 (0:1)		X			X	X			X	A			A		X	A	X		X				X	E	X	E					E	
9	28.10.18 H	RB Leipzig	0:0 (0:0)		X			E	X		A					X	A	X	X							X		E	X	E	X			A	
10	03.11.18 H	Hannover 96	3:1 (0:0)	X	A1			E	X		X1		A					E		X	X			E		X	X	A		X					X1
11	11.11.18 A	Eintr. Frankfurt	0:3 (0:0)		X			X	X		A	X	E	E				E		X						X	X	A		X					A
12	24.11.18 H	1. FC Nürnberg	5:2 (2:1)		X			X1	X			X	A1		E					X		X1		A	X		E		A2	X					E
13	01.12.18 A	TSG Hoffenheim	1:1 (0:0)		A1			X	X			X			E	E			X	X		X	X			X	A		E						A
14	08.12.18 H	Bor. Dortmund	1:2 (0:1)		A			A	X1			X	X	E				X	E		X		A			X	X		X	E					E
15	15.12.18 A	FC Augsburg	1:1 (0:1)		E				X1			X	X		E					X						X	A		X	A	X	A			E
16	19.12.18 H	Leverkusen	1:2 (1:2)		A				X			X	X	E			X			X						X		A	E	E	X				A1
17	22.12.18 A	VfB Stuttgart	3:1 (1:0)		X				A			X		A	E1			E								X1		X	A	X1	X				E
18	20.01.19 H	VfL Wolfsburg	2:1 (1:1)					X2				E			A					X	X		X	X		X	E	A	X					A	E
19	25.01.19 H	Hertha BSC	2:2 (2:2)		E				X					X1	E					X	X		X	X		A	E	A	A					X1	
20	02.02.19 A	M´gladbach	0:2 (0:0)		X				X			E		A				E	X			X	X^R			A	X		X					X	
21	09.02.19 A	B. München	1:3 (1:2)		X		X		X			X	E	X	A1	E		X					X			A	X		A					E	
22	16.02.19 H	SC Freiburg	0:0 (0:0)		E		E	E				X	A		A	X	A						X			X			X^R					X	
23	23.02.19 A	1. FSV Mainz 05	0:3 (0:1)		X		A		X			E		E	A			X	X	X			X					A						X	E
24	02.03.19 H	F. Düsseldorf	0:4 (0:1)		X		X	A	X		E	X		E				X	A	X			X					E	X					A	
25	08.03.19 A	Werder Bremen	2:4 (1:1)		A		X	X	A		X2			E		E	E	X		X			X				E			A	X			A	
26	16.03.19 H	RB Leipzig	0:1 (0:1)				X	E			X			E				X		X			X			A	E	X			A				
27	31.03.19 A	Hannover 96	1:0 (1:0)			E	X		A					E	E	X		X		X			X			A			A1					X	
28	06.04.19 H	Eintr. Frankfurt	1:2 (1:1)			A	X	X	A					E	X			X	X	X			E					X1^G	X						
29	12.04.19 A	1. FC Nürnberg	1:1 (0:0)		E	A		X	X		E			X				X1	X	X			E					A	X						
30	20.04.19 H	TSG Hoffenheim	2:5 (0:2)		E		X1	X1	X	X		E			A		A			X	X		X					X		X					
31	27.04.19 A	Bor. Dortmund	4:2 (2:1)			E	X	A2	A1					X	E	A		X	X	X			E	X1				X							
32	05.05.19 H	FC Augsburg	0:0 (0:0)		E			X					A	X	E			X	X	X			A					X							
33	11.05.19 A	Leverkusen	1:1 (0:1)		X		A1	X		A				X	E			X	X	X								X	E						
34	18.05.19 H	VfB Stuttgart	0:0 (0:0)		X			X	A	A			E					E	X			X	X	E	X			A		X			X		
	Spiele:			2	25	7	9	24	31	1	20	17	18	13	13	14	7	24	9	7	28	18	21	1	21	30	4	15	26	12	21	5	1	20	7
	Tore:			0	3	0	0	4	7	0	5	0	1	1	2	0	0	1	0	0	1	0	1	0	0	2	0	1	2	3	0	0	0	2	1

Bilanz der letzten 10 Jahre:

Saison	Lv.	Liga	Platz	Sp.	S	U	N	Tore	Pkt.
2008/09:	1	Bundesliga	8.	34	14	8	12	47-35	50
2009/10:	1	Bundesliga	2.	34	19	8	7	53-31	65
2010/11:	1	Bundesliga	14.	34	11	7	16	38-44	40
2011/12:	1	Bundesliga	3.	34	20	4	10	74-44	64
2012/13:	1	Bundesliga	4.	34	16	7	11	58-50	55
2013/14:	1	Bundesliga	3.	34	19	7	8	63-43	64
2014/15:	1	Bundesliga	6.	34	13	9	12	42-40	48
2015/16:	1	Bundesliga	5.	34	15	7	12	51-49	52
2016/17:	1	Bundesliga	10.	34	11	10	13	45-40	43
2017/18:	1	Bundesliga	2.	34	18	9	7	53-37	63

Zuschauerzahlen:

Saison	gesamt	Spiele	Schnitt
2008/09:	1.044.704	17	61.453
2009/10:	1.042.368	17	61.316
2010/11:	1.042.446	17	61.320
2011/12:	1.040.714	17	61.218
2012/13:	1.039.912	17	61.171
2013/14:	1.046.677	17	61.569
2014/15:	1.046.822	17	61.578
2015/16:	1.043.559	17	61.386
2016/17:	1.031.953	17	60.703
2017/18:	1.032.041	17	60.708

Die meisten Spiele in der Bundesliga:

Pl.	Name, Vorname	Spiele
1.	Fichtel, Klaus	477
2.	Nigbur, Norbert	355
3.	Rüßmann, Rolf	304
4.	Fischer, Klaus	295
	Thon, Olaf	295
6.	Lütkebohmert, Herbert	286
7.	Asamoah, Gerald	279
8.	Büskens, Michael	257
9.	Nemec, Jiri	256
10.	Höwedes, Benedikt	240

Die meisten Tore in der Bundesliga:

Pl.	Name, Vorname	Tore
1.	Fischer, Klaus	182
2.	Huntelaar, Klaas-Jan	82
3.	Sand, Ebbe	73
4.	Kuranyi, Kevin	71
5.	Thon, Olaf	52
6.	Kremers, Erwin	50
7.	Anderbrügge, Ingo	46
8.	Kremers, Helmut	45
9.	Abramczik, Rüdiger	44
	Asamoah, Gerald	44

Die Trainer der letzten Jahre:

Name, Vorname	Zeitraum
Büskens, Michael (IT)	26.03.2009 – 30.06.2009
Magath, Wolfgang Felix	01.07.2009 – 16.03.2011
Eichkorn, Josef (IT)	16.03.2011 – 20.03.2011
Rangnick, Ralf	21.03.2011 – 21.09.2011
Eichkorn, Josef (IT)	21.09.2011 – 27.09.2011
Stevens, Huub	27.09.2011 – 16.12.2012
Keller, Jens	16.12.2012 – 06.10.2014
di Matteo, Roberto	07.10.2014 – 26.05.2015
Breitenreiter, André	01.07.2015 – 30.06.2016
Weinzierl, Markus	01.07.2016 – 09.06.2017

VfB Stuttgart 1893

Anschrift:
Mercedesstraße 109
70372 Stuttgart
Telefon: (0 18 06) 99 18 93
eMail: service@vfb-stuttgart.de
Homepage: www.vfb.de

Vereinsgründung: 09.09.1893 als Stuttgarter FV; 02.04.1912 Fusion zu VfB Stuttgart
2017 Ausgliederung als VfB Stuttgart 1893 AG

Vereinsfarben: Weiß-Rot
Sportlicher Leiter: Fredi Bobic
Sportdirektor: Sven Mislintat

Stadion: Mercedes-BenzArena (60.441)

Größte Erfolge: Deutscher Meister 1950, 1952, 1984, 1992 und 2007; Deutscher Pokalsieger 1954, 1958 und 1997; Deutscher Supercup-Sieger 1992

Aufgebot:

Name, Vorname	Pos	geb. am	Nat.	seit	2018/19 Sp.	T.	gesamt Sp.	T.	frühere Vereine
Aidonis, Antonis	A	22.05.2001	D	2018	2	0	2	0	TSG 1899 Hoffenheim, VfL Neckarau, TSV Neckarau
Akolo, Chadrac	M	01.04.1995	COD	2017	16	0	38	5	FC Sion, Neuchatel Xamax, FC Sion, FC Bex
Aogo, Dennis	M	14.01.1987	D	2017	15	0	257	3	FC Schalke 04, Hamburger SV, SC Freiburg, SV Waldhof Mannheim, Karlsruher SC, Bulacher SC, FV Grünwinkel
Ascacibar, Santiago	M	25.02.1997	ARG	2017	27	0	56	0	Estudiantes de la Plata
Badstuber, Holger	A	13.03.1989	D	2017	10	0	166	3	FC Schalke 04, FC Bayern München, VfB Stuttgart, TSV Rot an der Rot
Baumgartl, Timo	A	04.03.1996	D	2011	18	1	86	1	SSV Reutlingen 05, GSV Maichingen
Beck, Andreas	A	13.03.1987	D	2017	24	0	290	5	Besiktas Istanbul, TSG 1899 Hoffenheim, VfB Stuttgart, SVH Königsbronn, DJK-SG Wasseralfingen
Castro, Gonzalo	M	11.06.1987	D	2018	25	2	383	33	Borussia Dortmund, Bayer 04 Leverkusen, SV Bayer Wuppertal, SC Viktoria Rott, Post SV Wuppertal
Dajaku, Leon	S	12.04.2001	D	2014	2	0	2	0	FSV Waiblingen
Didavi, Daniel	M	21.02.1990	D	2018	20	2	151	42	VfL Wolfsburg, VfB Stuttgart, 1. FC Nürnberg, VfB Stuttgart, SPV 05 Nürtingen, VfB Stuttgart, SPV 05 Nürtingen
Donis, Anastasios	S	29.08.1996	GRE	2017	24	5	42	7	OGC Nizza, FC Lugano, US Sassuolo Calcio, Juventus Turin, Panathinaikos Athen
Esswein, Alexander	S	25.03.1990	D	2019	17	0	189	14	Hertha BSC, FC Augsburg, 1. FC Nürnberg, SG Dynamo Dresden, VfL Wolfsburg, 1. FC Kaiserslautern, SV Waldhof Mannheim, TSV Neuleiningen
Gentner, Christian	M	14.08.1985	D	2010	29	0	377	43	VfL Wolfsburg, VfB Stuttgart, VfL Kirchheim/Teck, TSV Beuren
Gomez, Mario	S	10.07.1985	D	2018	31	7	328	170	VfL Wolfsburg, Besiktas Istanbul, AC Florenz, FC Bayern München, VfB Stuttgart, SSV Ulm 1846, FV Bad Saulgau 04, SV Unlingen
Gonzalez, Nicolas	S	06.04.1998	ARG	2018	30	2	30	2	Argentinos Juniors
Grahl, Jens	T	22.09.1988	D	2016	0	0	12	0	TSG 1899 Hoffenheim, SC Paderborn 07, TSG 1899 Hoffenheim, SpVgg Greuther Fürth, SV Stuttgarter Kickers, VfB Stuttgart, SpVgg Feuerbach, TSVgg Stuttgart Münster
Insua, Emiliano	A	07.01.1989	ARG	2015	27	2	85	2	Rayo Vallecano de Madrid, Atletico Madrid, Sporting CP Lissabon, Liverpool FC, Galatasaray Istanbul, Liverpool FC, CA Boca Juniors Buenos Aires, CSD Pinocho Villa Urquiza
Kabak, Ozan	A	25.03.2000	TUR	2019	15	3	15	3	Galatasaray Istanbul
Kaminski, Marcin	A	15.01.1992	POL	2016	0	0	50	0	KKS Lech Posen, KS Aluminium Konin
Kempf, Marc-Oliver	A	28.01.1995	D	2018	23	2	66	4	SC Freiburg, Eintracht Frankfurt, JSG Bad Nauheim, SV Bruchenbrücken, TSV Dorn-Assenheim
Kopacz, David	M	29.05.1999	D	2018	0	0	0	0	Borussia Dortmund, VfK Iserlohn 1888
Maffeo, Pablo	A	12.07.1997	ESP	2018	8	0	8	0	FC Girona, Manchester City FC, FC Girona, Manchester City FC, Espanyol Barcelona, FC Levante Las Planas
Özcan, Berkay	M	15.02.1998	D	2013	3	0	20	1	Karlsruher SC, FC Südstern Karlsruhe
Pavard, Benjamin	A	28.03.1996	FRA	2016	29	0	63	1	Lille OSC, US Jeumont
Sarpei, Hans Nunoo	M	22.08.1998	GHA	2018	2	0	2	0	FK Senica, VfB Stuttgart, Liberty Professionals Accra
Sosa, Borna	A	21.01.1998	CRO	2018	12	0	12	0	GNK Dinamo Zagreb
Thommy, Erik	M	20.08.1994	D	2018	19	1	43	3	FC Augsburg, SSV Jahn 2000 Regensburg, FC Augsburg, 1. FC Kaiserslautern, FC Augsburg, SSV Ulm 1846, TSG 1890 Thannhausen, SV Kleinbeuren
Zieler, Ron-Robert	T	12.02.1989	D	2017	34	0	253	0	Leicester City FC, Hannover 96, Manchester United FC, Northampton Town FC, Manchester United FC, 1. FC Köln, SCB Preußen Köln
Zuber, Steven	M	17.08.1991	SUI	2019	13	5	95	12	TSG 1899 Hoffenheim, ZSKA Moskau, Grasshopper Club Zürich, FC Winterthur, FC Turbenthal, FC Kollbrunn-Rikon

Trainer:

Name, Vorname	geb. am	Nat.	Zeitraum	Spiele 2018/19	frühere Trainerstationen
Korkut, Tayfun	02.04.1974	D	29.01.18 – 06.10.18	7	Bayer Leverkusen, 1. FC K'lautern, Hannover 96, Nationalmannschaft Türkei (Co-Tr.), VfB Stuttgart U19, TSG 1899 Hoffenheim U17, Real Sociedad San Sebastian U19
Weinzierl, Markus	28.12.1974	D	09.10.18 – 20.04.19	23	FC Schalke 04, FC Augsburg, SSV Jahn 2000 Regensburg
Willig, Nico (IT)	11.12.1980	D	21.04.19 – 30.06.19	4	VfB Stuttgart U19, VfB Stuttgart U17, SV Stuttgarter Kickers U19, TSG Balingen

Zugänge:
Castro (Borussia Dortmund), Didavi (VfL Wolfsburg), Gonzalez (Argentinos Juniors), Kempf (SC Freiburg), Kopacz (Borussia Dortmund Junioren), Maffeo (Girona FC), Sarpei (FK Senica), Sosa (GNK Dinamo Zagreb).
während der Saison:
Aidonis und Dajaku (eigene Junioren), Esswein (Hertha BSC), Kabak (Galatasaray Istanbul), Zuber (TSG 1899 Hoffenheim).

Abgänge:
Asano (Hannover 96), Bruun Larsen und Burnic (Borussia Dortmund), Carlos Mané (Sporting CP Lissabon), Ginczek (VfL Wolfsburg), Mangala (Hamburger SV), Zimmermann (Fortuna Düsseldorf).
während der Saison:
Kaminski (Fortuna Düsseldorf), Özcan (Hamburger SV), Sarpei (SpVgg Greuther Fürth).

Fortsetzung VfB Stuttgart 1893

Aufstellungen und Torschützen:

Sp	Datum		Gegner	Ergebnis	Aidonis	Akolo	Aogo	Ascacibar	Badstuber	Baumgartl	Beck	Castro	Dajaku	Didavi	Donis	Esswein	Gentner	Gomez	Gonzalez	Insua	Kabak	Kempf	Maffeo	Özcan	Pavard	Sarpei	Sosa	Thommy	Zieler	Zuber
					1	2	3	4	5	6	7	8	9	10	11	12	13	14	15	16	17	18	19	20	21	22	23	24	25	26
1	26.08.18	A	1. FSV Mainz 05	0:1 (0:0)		E		X	X			X		E			X	X	A	A				X		X		E	A	X	
2	01.09.18	H	Bayern München	0:3 (0:1)		E	X	X		X		A		E	A		A	X		X				X		X			E	X	
3	16.09.18	A	SC Freiburg	3:3 (1:1)		E	X	X	E	X	A	A			E		A	X2	X	X1				X						X	
4	21.09.18	H	Fortuna Düsseldorf	0:0 (0:0)		A		X		X	X	A			E		A	X	X	X			E	X					E	X	
5	26.09.18	A	RB Leipzig	0:2 (0:1)	A	X	X	E	X						E		X	X	E			A		X		X		X	A	X	
6	29.09.18	H	SV Werder Bremen	2:1 (1:0)			A	X		X	X	E1		X	A1		A	X	E					X			X		E	X	
7	06.10.18	A	Hannover 96	1:3 (0:2)			X	A	X	X	A			X			A	X1	E					X	E	X	X	E	X	
8	20.10.18	H	Borussia Dortmund	0:4 (0:3)	E			X	E	X	E	A					X	X	X		A			X				A	X		
9	27.10.18	A	TSG Hoffenheim	0:4 (0:0)				X	X	X	E						X	A	X	X^R		A	E	X	E			A	X		
10	02.11.18	H	Eintracht Frankfurt	0:3 (0:2)	E	X	X	X	X		E						X	X	A			X	EA	X				A	X		
11	10.11.18	A	1. FC Nürnberg	2:0 (0:0)	E	E	X	A		X1	X						X	A	X			X	A	X				E1	X		
12	23.11.18	H	Bayer Leverkusen	0:2 (0:0)	E	A	X			X	E						A	X	X		X	A		X				E	X		
13	01.12.18	H	FC Augsburg	1:0 (1:0)	E	X	X		X	X				A1			X	A	X	E		X		X				EA	X		
14	09.12.18	A	Mönchengladbach	0:3 (0:0)		A		X	A	E	E			A			X	X	X			X		X				E^G			
15	15.12.18	H	Hertha BSC	2:1 (0:1)	A		X		X	X	A			E	E		X	A2	X	X						E			X		
16	18.12.18	A	VfL Wolfsburg	0:2 (0:2)	A	A		X		X			E	E	A		X	X	X	X		X						E	X		
17	22.12.18	H	FC Schalke 04	1:3 (0:1)	E		X		X	A	E		A	E			X	X	X1	X		X						A	X		
18	19.01.19	H	1. FSV Mainz 05	2:3 (0:2)		A		X		X	X				E	A	X	X	E1	E		X1			A			X	X	
19	27.01.19	A	Bayern München	1:4 (1:1)				X		X			E	A1	A		X	X	X	X							E	E	X	A
20	03.02.19	H	SC Freiburg	2:2 (0:1)				X		E			E1	A	A		A	E^G	X	X1	X			X					X	X	
21	10.02.19	A	Fortuna Düsseldorf	0:3 (0:1)	E		X						X	E	A	A		X^R	X	X	X			X				E	X	A	
22	16.02.19	H	RB Leipzig	1:3 (1:1)				X		A	A		E	E			X		A	X	X			X			E		X	X1	
23	22.02.19	A	SV Werder Bremen	1:1 (1:1)			X	E		X	X		E	E	A			X	X	A				X					X	A1	
24	03.03.19	H	Hannover 96	5:1 (3:0)				X			X	X	E	A	E	A1		X	X2	X				X				E	X	A2	
25	09.03.19	A	Borussia Dortmund	1:3 (0:0)				X			X	X	E	X	E	E	A	A	X	X1				X				X	A		
26	16.03.19	H	TSG Hoffenheim	1:1 (0:1)				X			X	X	E		A	E	A	E	X	X				X				X	A1		
27	31.03.19	A	Eintracht Frankfurt	0:3 (0:1)			E				X	X	E		X	A	E	A	X	X				X				X	A		
28	06.04.19	H	1. FC Nürnberg	1:1 (0:1)				X			A		E	X	A		X	E	A	X1				X			E	X	X		
29	13.04.19	H	Bayer Leverkusen	0:1 (0:0)				X^R		X	X		A	E	X		E	A	X	X				X				DE	X		
30	20.04.19	A	FC Augsburg	0:6 (0:3)						X	X		E	E	A		X	A	X	X				X					X	X	
31	27.04.19	H	Mönchengladbach	1:0 (0:0)		A				X	X		A	A1	E		E	X	E	X				X			X		X		
32	04.05.19	A	Hertha BSC	1:3 (0:2)		X				A	X		X	A	E	E	E1	A		X	X			X			X		X		
33	11.05.19	H	VfL Wolfsburg	3:0 (1:0)		A	E		E		X1		E1	A1	A	X		X	X	X				X					X		
34	18.05.19	A	FC Schalke 04	0:0 (0:0)		E	X		X	X			E		A		X	A	A	E	X						X		X	X	
	Spiele:				2	16	15	27	10	18	24	25	2	20	24	17	29	31	30	27	15	23	8	3	29	2	12	19	34	13
	Tore:				0	0	0	0	0	1	0	2	0	2	5	0	0	7	2	3	2	0	0	0	0	0	0	1	0	5

Bilanz der letzten 10 Jahre:

Saison	Lv.	Liga		Platz	Sp.	S	U	N	Tore	Pkt.
2008/09:	1	Bundesliga		3.	34	19	7	8	63-43	64
2009/10:	1	Bundesliga		6.	34	15	10	9	51-41	55
2010/11:	1	Bundesliga		12.	34	12	6	16	60-59	42
2011/12:	1	Bundesliga		6.	34	15	8	11	63-46	53
2012/13:	1	Bundesliga		12.	34	12	7	15	37-55	43
2013/14:	1	Bundesliga		15.	34	8	8	18	49-62	32
2014/15:	1	Bundesliga		14.	34	9	9	16	42-60	36
2015/16:	1	Bundesliga	↓	17.	34	9	6	19	50-75	33
2016/17:	2	2. Bundesliga	↑	1.	34	21	6	7	63-37	69
2017/18:	1	Bundesliga		7.	34	15	6	13	36-36	51

Zuschauerzahlen:

Saison	gesamt	Spiele	Schnitt
2008/09:	883.646	17	51.979
2009/10:	698.100	17	41.065
2010/11:	663.700	17	39.041
2011/12:	936.544	17	55.091
2012/13:	850.919	17	50.054
2013/14:	858.020	17	50.472
2014/15:	862.100	17	50.712
2015/16:	883.705	17	51.983
2016/17:	857.188	17	50.423
2017/18:	956.647	17	56.273

Die meisten Spiele in der Bundesliga:

Pl.	Name, Vorname	Spiele
1.	Allgöwer, Karl	338
2.	Schäfer, Günther	331
3.	Buchwald, Guido	325
4.	Ohlicher, Hermann	318
5.	Soldo, Zvonimir	301
6.	Immel, Eike	287
7.	Roleder, Helmut	280
8.	Gentner, Christian	278
9.	Förster, Karl-Heinz	272
10.	Cacau	263

Die meisten Tore in der Bundesliga:

Pl.	Name, Vorname	Tore
1.	Allgöwer, Karl	129
2.	Walter, Fritz	102
3.	Ohlicher, Hermann	96
4.	Cacau	80
5.	Klinsmann, Jürgen	79
6.	Gomez, Mario	78
7.	Bobic, Fredi	69
8.	Handschuh, Karl-Heinz	64
9.	Balakov, Krassimir	54
	Müller, Hans	54

Die Trainer der letzten Jahre:

Name, Vorname	Zeitraum
Labbadia, Bruno	12.12.2010 – 26.08.2013
Schneider, Thomas	26.08.2013 – 08.03.2014
Stevens, Huub	10.03.2014 – 30.06.2014
Veh, Armin	01.07.2014 – 24.11.2014
Stevens, Huub	25.11.2014 – 30.06.2015
Zorniger, Alexander	01.07.2015 – 24.11.2015
Kramny, Jürgen	24.11.2015 – 30.06.2016
Luhukay, Jos	01.07.2016 – 15.09.2016
Janßen, Olaf (IT)	15.09.2016 – 20.09.2016
Wolf, Hannes	21.09.2016 – 28.01.2018

VfL Wolfsburg

Anschrift:
In den Allerwiesen 1
38446 Wolfsburg
Telefon: (0 53 61) 8 90 39 03
eMail: fussball@vfl-wolfsburg.de
Homepage: www.vfl-wolfsburg.de

Vereinsgründung: 12.09.1945; seit 27.12.1945 Verein für Leibesübungen Wolfsburg; seit 23.05.2001 VfL Wolfsburg-Fußball GmbH

Vereinsfarben: Grün-Weiß
Geschäftsführer: Wolfgang Hotze (Finanzen)
Jörg Schmadtke (Sport)

Stadion: Volkswagen Arena (30.000)

Größte Erfolge: Deutscher Meister 2009; Qualifikation zur Champions League 2015; Deutscher Pokalsieger 2015

Aufgebot:

Name, Vorname	Pos	geb. am	Nat.	seit	2018/19 Sp.	T.	gesamt Sp.	T.	frühere Vereine
Arnold, Maximilian	M	27.05.1994	D	2008	33	2	188	23	SG Dynamo Dresden, SC Riesa, BSV Strehla
Azzaoui, Ismail	M	06.01.1998	BEL	2018	0	0	2	0	Willem II Tilburg, VfL Wolfsburg, Tottenham Hotspur FC, RSC Anderlecht
Bazoer, Riechedly	M	12.10.1996	NED	2017	0	0	25	0	Ajax Amsterdam, PSV Eindhoven, USV Elinkwijk, VV DHC'04 Utrecht
Blaszczykowski, Jakub	M	14.12.1985	POL	2016	1	0	235	28	AC Florenz, Borussia Dortmund, Wisla Krakau, KS Czestochowa, Gornik Zabrze, RKS Rakow Czestochowa
Brekalo, Josip	M	23.06.1998	CRO	2018	25	3	56	7	VfB Stuttgart, VfL Wolfsburg, GNK Dinamo Zagreb
Brooks, John Anthony	A	28.01.1993	USA	2017	29	3	128	9	Hertha BSC, FC Hertha 03 Zehlendorf, Lichtenrader BC 25, SV Blau Weiss Berlin
Camacho, Ignacio	M	04.05.1990	ESP	2017	6	0	17	0	Malaga CF, Atletico Madrid, Real Zaragoza
Casteels, Koen	T	25.06.1992	BEL	2015	26	0	138	0	SV Werder Bremen, TSG 1899 Hoffenheim, KRC Genk, KAC Betekom
Gerhardt, Yannick	A	13.03.1994	D	2016	30	2	119	6	1. FC Köln, SC Kreuzau
Ginczek, Daniel	S	13.04.1991	D	2018	24	6	89	26	VfB Stuttgart, 1. FC Nürnberg, FC St. Pauli, VfL Bochum, Bor. Dortmund, SC Neheim
Guilavogui, Josuha	M	19.09.1990	FRA	2014	19	2	124	8	AS St. Etienne, Atletico Madrid, AS St. Etienne, Sporting Toulon Var, USAM Toulon
Hinds, Kaylen	S	21.01.1998	ENG	2018	0	0	1	0	SpVgg Greuther Fürth, VfL Wolfsburg, Stevenage FC, Arsenal FC, Leyton Orient FC
Itter, Gian-Luca	A	05.01.1999	D	2015	2	0	7	0	Eintracht Frankfurt, FC Cleeberg
Jaeckel, Paul	A	22.07.1998	D	2014	0	0	3	0	FC Energie Cottbus, Eisenhüttenstädter FC Stahl
Jung, Sebastian	A	22.06.1990	D	2014	1	0	155	2	Eintracht Frankfurt, 1. FC Königstein
Klaus, Felix	M	13.09.1992	D	2018	15	1	137	15	Hannover 96, SC Freiburg, SpVgg Greuther Fürth, 1. FC Lichtenfels, SCW Obermain, SC Weismain, SV Bösensell
Knoche, Robin	A	22.05.1992	D	2005	31	3	162	11	SV Olympia 92 Braunschweig, TSV Germania Lamme
Malli, Yunus	M	24.02.1992	TUR	2017	21	1	197	36	1. FSV Mainz 05, Borussia Mönchengladbach, VfL Kassel, SF Fasanenhof Kassel
Mehmedi, Admir	S	16.03.1991	SUI	2018	26	6	153	30	Bayer Leverkusen, SC Freiburg, Dynamo Kiew, FC Zürich, FC Winterthur, AC Bellinzona
Ntep, Paul-Georges	M	29.07.1992	FRA	2018	0	0	15	0	AS Saint-Etienne, VfL Wolfsburg, Stade Rennais FC, AJ Auxerre, Bretigny Foot CS, Linas Montlhery ESA, Viry-Chatillon ES, Draveil FC, Ris Orangis US
Osimhen, Victor	S	29.12.1998	NGA	2017	0	0	14	0	Ultimate Striker Academy Lagos
Pervan, Pavao	T	13.11.1987	AUT	2018	9	0	9	0	Linzer ASK, FC Pasching, FC Lustenau, SV Schwechat, Team Wiener Linien, Favoritner AC
Rexhbecaj, Elvis	M	01.11.1997	D	2010	24	2	28	2	Brandenburger SC Süd 05
Roussillon, Jérome	A	06.11.1993	FRA	2018	28	3	28	3	Montpellier HSC, FC Sochaux, INF Clairefontaine
Seguin, Paul	M	29.03.1995	D	2018	0	0	26	1	SG Dynamo Dresden, VfL Wolfsburg, 1. FC Lokomotive Stendal
Stefaniak, Marvin	M	03.02.1995	D	2018	0	0	0	0	1. FC Nürnberg, VfL Wolfsburg, SG Dynamo Dresden, SC Borea Dresden, Hoyerswerdaer SV Einheit, FSV Hoyerswerda
Steffen, Renato	M	03.11.1991	SUI	2018	31	5	47	5	FC Basel, BSC Young Boys Bern, FC Thun, FC Solothurn, SC Schöftland, FC Aarau, FC Erlinsbach
Tisserand, Marcel	A	10.01.1993	COD	2017	10	1	54	1	FC Ingolstadt 04, Toulouse FC, RC Lens, AS Monaco, INF Clairefontaine, AS Brie, CS Meaux
Uduokhai, Felix	A	09.09.1997	D	2017	11	0	30	1	TSV 1860 München, FC Erzgebirge Aue, VfB Annaberg
Verhaegh, Paul	A	01.09.1983	NED	2017	2	0	189	21	FC Augsburg, Vitesse Arnheim, FC Den Bosch, AGOVV Apeldoorn, PSV Eindhoven, VVV-Venlo, SV Kronenberg
Weghorst, Wout	S	07.08.1992	NED	2018	34	17	34	17	AZ Alkmaar, Heracles Almelo, FC Emmen, Willem II Tilburg, DETO Twenterand, NEO Borne
William (William de Asevedo Furtado)	A	03.04.1995	BRA	2017	31	2	53	2	SC Internacional Porto Alegre, EC Juventude Caxias do Sul
Yeboah, John	M	23.06.2000	D	2015	2	0	2	0	FC Türkiye Wilhelmsburg, SV Rönneburg

Trainer:

Name, Vorname	geb. am	Nat.	Zeitraum	Spiele 2018/19	frühere Trainerstationen
Labbadia, Bruno	08.02.1966	D	20.02.18 – 30.06.19	34	VfB Stuttgart, Hamburger SV, Bayer 04 Leverkusen, SpVgg Gr. Fürth, SV Darmstadt 98

Zugänge:
Azzaoui (Willem II Tilburg), Ginczek (VfB Stuttgart), Hinds (SpVgg Gr. Fürth), Klaus (Hannover 96), Ntep (AS Saint-Etienne), Pervan (Linzer ASK), Seguin (SG Dynamo Dresden), Stefaniak (1. FC Nürnberg), Weghorst (AZ Alkmaar).
während der Saison:
Roussillon (Montpellier HSC), Yeboah (eigene Junioren).

Abgänge:
Bruma (FC Schalke 04), Didavi (VfB Stuttgart), Dimata (RSC Anderlecht), Grün (SV Darmstadt 98), Origi (Liverpool FC).
während der Saison:
Bazoer (FC Porto), Blaszczykowski (Wisla Krakau), Hinds (Vertrag aufgelöst), Jaeckel und Seguin (SpVgg Greuther Fürth), Osimhen (Sporting Charleroi).

Fortsetzung VfL Wolfsburg

Aufstellungen und Torschützen:

Sp	Datum		Gegner	Ergebnis	Arnold	Blaszczykowski	Brekalo	Brooks	Camacho	Casteels	Gerhardt	Ginczek	Guilavogui	Itter	Jung	Klaus	Knoche	Malli	Mehmedi	Pervan	Rexhbecaj	Roussillon	Steffen	Tisserand	Uduokhai	Verhaegh	Weghorst	William	Yeboah
					1	2	3	4	5	6	7	8	9	10	11	12	13	14	15	16	17	18	19	20	21	22	23	24	25
1	25.08.18	H	FC Schalke 04	2:1 (1:0)	X		A	X1	X	X	E	E1	A				X		E			X	X				A	X	
2	01.09.18	A	Bayer Leverkusen	3:1 (1:1)	X		X	X	X		X	E					X		E	X		A	A1		E		A1	X	
3	15.09.18	H	Hertha BSC	2:2 (0:0)	X		A	X	X	X	A	E					X	E1	E1			X	A				X	X	
4	22.09.18	H	SC Freiburg	1:3 (0:2)	A		E	X	X	X	A	E					X	E	X1			X	A				X	X	
5	26.09.18	A	1. FSV Mainz 05	0:0 (0:0)	X		X	X	X	X		A					X	E	A		A	X	E				E	X	
6	29.09.18	H	Mönchengladbach	2:2 (1:1)	A		X	X	X	X	E	E					X	X			E	X	A1				A1	X	
7	05.10.18	A	SV Werder Bremen	0:2 (0:1)	X	E	X	X		X		E					X	A			E	X	A	A			X	X	
8	20.10.18	H	Bayern München	1:3 (0:1)	X		A	X		X	X	E					X	E	E		A	X	A				X1	X	
9	27.10.18	A	Fortuna Düsseldorf	3:0 (1:0)	A		X1	X		X	X	X1	E				E		E		A	A	X				X1	X	
10	03.11.18	H	Borussia Dortmund	0:1 (0:1)	X		A	X		X	A	X						E			A	X	E	X			X	X	E
11	09.11.18	A	Hannover 96	1:2 (0:1)	X		E	X		X	X	A					X		A		X		X				X1	X	E
12	24.11.18	H	RB Leipzig	1:0 (0:0)	X		E	X		X	X	A					X		A		A	X1	E		E		X	X	
13	02.12.18	A	Eintracht Frankfurt	2:1 (1:0)	X			X		X	X	A1	E				X		A1		A	X	E		E		X	X	
14	08.12.18	H	TSG Hoffenheim	2:2 (2:1)	X		E			X	X	A1	X				X		A			X	E		X	X	X		
15	14.12.18	A	1. FC Nürnberg	2:0 (0:0)	X		E1	X		X	X	X1	X				X	A					E		X		A	X	
16	18.12.18	H	VfB Stuttgart	2:0 (2:0)	A			X		X	X	X	X1				X		A		E	A	E		E		X1	X	
17	23.12.18	A	FC Augsburg	3:2 (2:0)	A			X		X	X1	A	X1	X			X		A		E		E		E		X	X1	
18	20.01.19	A	FC Schalke 04	1:2 (1:1)	X		E	X		X	A				E		X	E	X		A1	X	A				X	X	
19	26.01.19	H	Bayer Leverkusen	0:3 (0:1)	X		E	X		X	X				E		X	E	A		A	X	X				X	A	
20	02.02.19	A	Hertha BSC	1:0 (0:0)	X		E	X		X	X				X		A		A		X	A		E	X		X1	E	
21	09.02.19	A	SC Freiburg	3:3 (1:1)	X		A	X		X	X	X		E	X				E		X1	A1	E				A1	X	
22	16.02.19	H	1. FSV Mainz 05	3:0 (1:0)	X1		A	X		X	X		A		E	X1		E			E	X	A				X1	X	
23	23.02.19	A	Mönchengladbach	3:0 (1:0)	X		A	X		X	X1	X		E	X			E2	E		E	X	A				A	X	
24	03.03.19	H	SV Werder Bremen	1:1 (0:0)	X			X1		A	X	A		A	X				X	E	E	X					X	X	
25	09.03.19	A	Bayern München	0:6 (0:2)	A		X	X		X	A	X					X	E	A		E	X	E				X	X	
26	16.03.19	H	Fortuna Düsseldorf	5:2 (1:1)	X		A	X		X	X	X		E	X1			A1			A	E		E			X3	X	
27	30.03.19	A	Borussia Dortmund	0:2 (0:0)	X			X		X	X	E	X	A	X				A			X	E				X	X	
28	06.04.19	H	Hannover 96	3:1 (1:1)			A	X				E	X	E	X		E	A	X	X	X1	A2					X	X	
29	13.04.19	A	RB Leipzig	0:2 (0:2)	A			X				E	X	E	X		X	X	X		X	A	X				X		
30	22.04.19	H	Eintracht Frankfurt	1:1 (0:0)	X			X1		A	A	X		E	X		E	X	X			E	A				X		
31	28.04.19	A	TSG Hoffenheim	4:1 (1:1)	X1			X			X		A	X	A	X	E		X	E		E	X				X2	X1	
32	04.05.19	H	1. FC Nürnberg	2:0 (1:0)	X			X		X	E		X		A1	X	E	X	X		X		A	X1	E		A		
33	11.05.19	A	VfB Stuttgart	0:3 (0:1)	X		E			A	E	X			A	X	E				X	X					X	A	
34	18.05.19	H	FC Augsburg	8:1 (3:0)	X		E1			X	X1			E	X1	E	A	X	A1	A		X					X3	X	
	Spiele:				33	1	25	29	6	26	30	24	19	2	1	15	31	21	26	9	24	28	31	10	11	2	34	31	2
	Tore:				2	0	3	3	0	0	2	6	2	0	0	1	3	1	6	0	2	3	5	1	0	0	17	2	0

Gegnerische Eigentore im 2. Spiel (durch Özcan), im 14. Spiel (durch Bicakcic) und im 34. Spiel (durch Danso).

Bilanz der letzten 10 Jahre:

Saison	Lv.	Liga	Platz	Sp.	S	U	N	Tore	Pkt.
2008/09:	1	Bundesliga	1.	34	21	6	7	80-41	69
2009/10:	1	Bundesliga	8.	34	14	8	12	64-58	50
2010/11:	1	Bundesliga	15.	34	9	11	14	43-48	38
2011/12:	1	Bundesliga	8.	34	13	5	16	47-60	44
2012/13:	1	Bundesliga	11.	34	10	13	11	47-52	43
2013/14:	1	Bundesliga	5.	34	18	6	10	63-50	60
2014/15:	1	Bundesliga	2.	34	20	9	5	72-38	69
2015/16:	1	Bundesliga	8.	34	12	9	13	47-49	45
2016/17:	1	Bundesliga	16.	34	10	7	17	34-52	37
2017/18:	1	Bundesliga	16.	34	6	15	13	36-48	33

Zuschauerzahlen:

Saison	gesamt	Spiele	Schnitt
2008/09:	465.929	17	27.408
2009/10:	496.950	17	29.232
2010/11:	491.079	17	28.887
2011/12:	469.446	17	27.614
2012/13:	452.992	17	26.647
2013/14:	481.374	17	28.316
2014/15:	479.387	17	28.199
2015/16:	492.067	17	28.945
2016/17:	468.902	17	27.582
2017/18:	437.119	17	25.713

Die meisten Spiele in der Bundesliga:

Pl.	Name, Vorname	Spiele
1.	Benaglio, Diego	259
2.	Schäfer, Marcel	256
3.	Arnold, Maximilian	188
4.	Karhan, Miroslav	173
5.	Madlung, Alexander	166
6.	Josué	164
7.	Reitmaier, Claus	163
8.	Knoche, Robin	162
9.	Weiser, Patrick	159

Die meisten Tore in der Bundesliga:

Pl.	Name, Vorname	Tore
1.	Dzeko, Edin	66
2.	Grafite	59
3.	Klimowicz, Diego Fernando	57
4.	Juskowiak, Andrzej	39
5.	Dost, Bas	36
6.	Maric, Tomislav	31
7.	Olic, Ivica	28
	Petrov, Martin	28
9.	Präger, Roy	24
10.	Arnold, Maximilian	23

Die Trainer der letzten Jahre:

Name, Vorname	Zeitraum
Veh, Armin	01.07.2009 – 25.01.2010
Köstner, Lor.-Günther (IT)	26.01.2010 – 30.06.2010
McClaren, Steve	01.07.2010 – 07.02.2011
Littbarski, Pierre (IT)	07.02.2011 – 18.03.2011
Magath, Wolfgang Felix	18.03.2012 – 25.10.2012
Köstner, Lor.-Günther (IT)	25.10.2012 – 20.12.2012
Hecking, Dieter	22.12.2012 – 17.10.2016
Ismael, Valérien	18.10.2016 – 26.02.2017
Jonker, Andries	27.02.2017 – 18.09.2017
Schmidt, Martin	18.09.2017 – 19.02.2018

Zuschauerzahlen 2018/19

	FC Augsburg	Hertha BSC	Werder Bremen	Bor. Dortmund	Fort. Düsseldorf	Eintr. Frankfurt	SC Freiburg	Hannover 96	TSG Hoffenheim	RB Leipzig	Bayer Leverkusen	1. FSV Mainz 05	Mönchengladbach	Bayern München	1. FC Nürnberg	FC Schalke 04	VfB Stuttgart	VfL Wolfsburg
FC Augsburg	×	29.307	28.434	30.660	27.561	30.660	26.488	28.136	27.552	28.703	26.404	25.733	29.580	30.660	30.660	27.233	30.660	28.152
Hertha BSC	27.939	×	49.627	74.667	51.604	42.578	53.716	38.960	44.508	50.382	59.287	33.981	51.852	74.669	52.729	43.027	48.668	39.259
SV Werder Bremen	40.138	39.100	×	42.100	41.500	42.100	42.100	42.100	40.003	42.100	40.400	40.711	42.100	42.100	40.700	42.100	42.000	42.100
Borussia Dortmund	81.365	81.000	81.365	×	81.365	81.000	81.365	81.365	81.365	80.000	81.029	81.365	81.365	81.365	75.700	80.196	81.365	81.365
Fortuna Düsseldorf	40.996	39.743	52.500	52.000	×	41.419	39.301	50.000	40.111	34.394	40.046	37.091	52.500	53.400	41.816	52.000	40.211	38.043
Eintracht Frankfurt	51.000	51.500	50.000	51.500	51.000	×	49.200	46.300	49.500	43.800	46.500	51.500	51.500	51.500	51.000	50.700	51.500	48.000
SC Freiburg	23.600	24.000	24.000	24.000	24.000	24.000	×	23.500	23.900	23.800	23.800	24.000	24.000	24.000	24.000	24.000	24.000	23.600
Hannover 96	37.600	35.800	44.300	49.000	34.200	39.100	38.100	×	33.000	32.400	33.800	30.400	40.200	49.000	33.700	44.500	40.800	35.800
TSG Hoffenheim	27.009	28.010	30.150	30.150	24.747	29.785	28.619	23.404	×	28.115	28.350	28.216	30.150	30.150	29.015	30.000	30.150	27.725
RB Leipzig	38.590	41.939	40.455	41.939	34.975	38.330	40.826	38.937	33.569	×	36.155	30.136	41.939	41.939	37.389	41.939	32.187	41.212
Bayer 04 Leverkusen	25.558	27.647	30.210	30.210	27.717	30.210	26.607	26.435	27.589	28.845	×	27.473	29.628	30.210	26.405	30.210	24.632	26.247
1. FSV Mainz 05	21.105	22.405	25.105	33.305	29.205	30.805	27.305	23.305	28.305	23.805	21.905	×	30.405	33.305	22.005	26.005	28.705	19.205
Bor. M'gladbach	42.509	48.232	54.022	54.022	54.022	41.257	46.832	48.692	51.807	51.757	53.087	51.123	×	54.022	42.323	54.022	48.590	48.041
FC Bayern München	75.000	75.000	75.000	75.000	75.000	75.000	75.000	75.000	75.000	75.000	75.000	75.000	75.000	×	75.000	75.000	75.000	75.000
1. FC Nürnberg	42.658	36.112	35.753	50.000	36.102	42.154	36.190	36.736	36.472	34.532	32.238	37.781	50.000	50.000	×	50.000	50.000	29.604
FC Schalke 04	59.841	60.181	62.271	61.767	60.322	61.842	58.271	61.959	58.958	59.913	61.548	61.810	62.271	62.271	62.271	×	61.676	58.827
VfB Stuttgart	52.739	47.680	58.569	58.549	54.410	58.016	51.089	55.781	56.743	46.072	53.657	51.881	56.730	58.680	58.757	54.022	×	54.068
VfL Wolfsburg	24.486	25.090	28.101	30.000	25.350	26.102	23.011	23.512	20.602	22.832	21.736	20.334	24.101	30.000	22.512	26.621	21.780	×

Zuschauertabelle nach Heimspielen:

Pl.	Mannschaft	gesamt	Spiele	Schnitt
1.	Borussia Dortmund	1.373.940	17	80.820
2.	FC Bayern München	1.275.000	17	75.000
3.	FC Schalke 04	1.035.999	17	60.941
4.	VfB Stuttgart	927.443	17	54.555
5.	Eintracht Frankfurt	846.000	17	49.765
6.	Borussia Mönchengladbach	844.360	17	49.668
7.	Hertha BSC	837.453	17	49.262
8.	Fortuna Düsseldorf	745.571	17	43.857
9.	SV Werder Bremen	703.452	17	41.380
10.	1. FC Nürnberg	686.332	17	40.372
11.	RasenBallsport Leipzig	652.456	17	38.380
12.	Hannover 96	651.700	17	38.335
13.	FC Augsburg	486.583	17	28.623
14.	TSG 1899 Hoffenheim	483.745	17	28.456
15.	Bayer 04 Leverkusen	475.833	17	27.990
16.	1. FSV Mainz 05	446.185	17	26.246
17.	VfL Wolfsburg	416.170	17	24.481
18.	SC Freiburg	406.200	17	23.894
		13.294.422	306	43.446

Zuschauertabelle nach Auswärtsspielen:

Pl.	Mannschaft	gesamt	Spiele	Schnitt
1.	FC Bayern München	797.271	17	46.898
2.	Borussia Dortmund	788.869	17	46.404
3.	Borussia Mönchengladbach	773.321	17	45.489
4.	SV Werder Bremen	769.862	17	45.286
5.	FC Schalke 04	751.575	17	44.210
6.	SC Freiburg	744.020	17	43.766
7.	Bayer Leverkusen	734.942	17	43.232
8.	Eintracht Frankfurt	734.358	17	43.198
9.	Fortuna Düsseldorf	733.080	17	43.122
10.	VfB Stuttgart	731.924	17	43.054
11.	TSG 1899 Hoffenheim	728.984	17	42.881
12.	1. FC Nürnberg	725.982	17	42.705
13.	Hannover 96	724.122	17	42.595
14.	VfL Wolfsburg	716.248	17	42.132
15.	Hertha BSC	712.746	17	41.926
16.	FC Augsburg	712.133	17	41.890
17.	1. FSV Mainz 05	708.535	17	41.679
18.	RasenBallsport Leipzig	706.450	17	41.556
		13.294.422	306	43.446

Die Spiele mit den meisten Zuschauern:

Datum	Begegnung	Zuschauer
06.10.2018	Borussia Dortmund - FC Augsburg	81.365
10.11.2018	Borussia Dortmund - FC Bayern München	81.365
01.12.2018	Borussia Dortmund - SC Freiburg	81.365
15.12.2018	Borussia Dortmund - SV Werder Bremen	81.365
21.12.2018	Borussia Dortmund - Borussia Mönchengladbach	81.365
26.01.2019	Borussia Dortmund - Hannover 96	81.365
09.02.2019	Borussia Dortmund - TSG 1899 Hoffenheim	81.365
09.03.2019	Borussia Dortmund - VfB Stuttgart	81.365
30.03.2019	Borussia Dortmund - VfL Wolfsburg	81.365
13.04.2019	Borussia Dortmund - 1. FSV Mainz 05	81.365
11.05.2019	Borussia Dortmund - Fortuna Düsseldorf	81.365
24.02.2019	Borussia Dortmund - Bayer 04 Leverkusen	81.029
14.09.2018	Borussia Dortmund - Eintracht Frankfurt	81.000
27.10.2018	Borussia Dortmund - Hertha BSC	81.000
27.04.2019	Borussia Dortmund - FC Schalke 04	80.196
26.08.2018	Borussia Dortmund - RasenBallsport Leipzig	80.000
26.09.2018	Borussia Dortmund - 1. FC Nürnberg	75.700

Die Spiele mit den wenigsten Zuschauern:

Datum	Begegnung	Zuschauer
26.09.2018	1. FSV Mainz 05 - VfL Wolfsburg	19.205
16.02.2019	VfL Wolfsburg - 1. FSV Mainz 05	20.334
08.12.2018	VfL Wolfsburg - TSG 1899 Hoffenheim	20.602
15.09.2018	1. FSV Mainz 05 - FC Augsburg	21.105
26.01.2019	VfL Wolfsburg - Bayer 04 Leverkusen	21.736
18.12.2018	VfL Wolfsburg - VfB Stuttgart	21.780
08.02.2019	1. FSV Mainz 05 - Bayer 04 Leverkusen	21.905
26.01.2019	1. FSV Mainz 05 - 1. FC Nürnberg	22.005
06.10.2018	1. FSV Mainz 05 - Hertha BSC	22.405
04.05.2019	VfL Wolfsburg - 1. FC Nürnberg	22.512
24.11.2018	VfL Wolfsburg - RasenBallsport Leipzig	22.832
22.09.2018	VfL Wolfsburg - SC Freiburg	23.011
09.12.2018	1. FSV Mainz 05 - Hannover 96	23.305
16.02.2019	TSG 1899 Hoffenheim - Hannover 96	23.404
19.12.2018	SC Freiburg - Hannover 96	23.500
06.04.2019	VfL Wolfsburg - Hannover 96	23.512
09.02.2019	SC Freiburg - VfL Wolfsburg	23.600
23.02.2019	SC Freiburg - FC Augsburg	23.600

Torschützenliste:

Pl.	Spieler (Mannschaft)	Tore
1.	Lewandowski, Robert (FC Bayern München)	22
2.	Paco Alcácer (Borussia Dortmund)	18
3.	Havertz, Kai (Bayer 04 Leverkusen)	17
	Jovic, Luka (Eintracht Frankfurt)	17
	Kramaric, Andrej (TSG 1899 Hoffenheim)	17
	Reus, Marco (Borussia Dortmund)	17
	Weghorst, Wout (VfL Wolfsburg)	17
8.	Belfodil, Ishak (TSG 1899 Hoffenheim)	16
	Werner, Timo (RasenBallsport Leipzig)	16
10.	Haller, Sebastien (Eintracht Frankfurt)	15
	Poulsen, Yussuf (RasenBallsport Leipzig)	15
12.	Mateta, Jean-Philippe (1. FSV Mainz 05)	14
	Volland, Kevin (Bayer 04 Leverkusen)	14
14.	Pléa, Alassane (Borussia Mönchengladbach)	12
	Sancho, Jadon (Borussia Dortmund)	12
16.	Duda, Ondrej (Hertha BSC)	11
	Kruse, Max (SV Werder Bremen)	11
18.	Finnbogason, Alfred (FC Augsburg)	10
	Gnabry, Serge (FC Bayern München)	10
	Hazard, Thorgan (Borussia Mönchengladbach)	10
	Ibisevic, Vedad (Hertha BSC)	10
	Lukebakio, Dodi (Fortuna Düsseldorf)	10
	Petersen, Nils (SC Freiburg)	10
	Raman, Benito (Fortuna Düsseldorf)	10
25.	Alario, Lucas (Bayer 04 Leverkusen)	9
	Rashica, Milot (SV Werder Bremen)	9
	Rebic, Ante (Eintracht Frankfurt)	9
	Waldschmidt, Luca (SC Freiburg)	9
29.	Goretzka, Leon (FC Bayern München)	8
	Kalou, Salomon (Hertha BSC)	8
31.	Brandt, Julian (Bayer 04 Leverkusen)	7
	Caligiuri, Daniel (FC Schalke 04)	7
	Gomez, Mario (VfB Stuttgart)	7
	Götze, Mario (Borussia Dortmund)	7
	Grifo, Vincenzo (TSG 1899 Hoffenheim 1 / SC Freiburg 6)	7
	Hennings, Rouwen (Fortuna Düsseldorf)	7
	James (FC Bayer München)	7
	Joelinton (TSG 1899 Hoffenheim)	7
	Nelson, Reiss (TSG 1899 Hoffenheim)	7
	Onisiwo, Karim (1. FSV Mainz 05)	7
	Quaison, Robin (1. FSV Mainz 05)	7

Fünf Tore in einem Spiel erzielten:

Datum	Spieler (Mannschaft)	Gegner	wo	Erg.
19.10.2018	Jovic, Luka (Frankfurt)	Fort. Düsseldorf	H	7:1

Drei Tore in einem Spiel erzielten:

Datum	Spieler (Mannschaft)	Gegner	wo	Erg.
30.09.2018	Finnbogason, Alfred (Augsburg)	SC Freiburg	H	4:1
06.10.2018	Alcacer, Francisco (Dortmund)	FC Augsburg	H	4:3
21.10.2018	Hofmann, Jonas (M'gladbach)	1. FSV Mainz 05	H	4:0
10.11.2018	Plea, Alassane (M'gladbach)	SV Werder Bremen	A	3:1
24.11.2018	Lukebakio, Dodi (Düsseldorf)	Bayern München	A	3:3
03.02.2019	Finnbogason, Alfred (Augsburg)	1. FSV Mainz 05	H	3:0
16.03.2019	Weghorst, Wout (VfL Wolfsburg)	Fort. Düsseldorf	H	5:2
17.03.2019	James (FC Bayern München)	1. FSV Mainz 05	H	6:0
30.03.2019	Poulsen, Yussuf (RB Leipzig)	Hertha BSC	H	5:0
05.04.2019	Mateta, Jean-Ph. (FSV Mainz 05)	SC Freiburg	H	5:0
07.04.2019	Belfodil, Ishak (TSG Hoffenheim)	FC Augsburg	A	4:0
18.05.2019	Alario, Lucas (Bayer Leverkusen)	Hertha BSC	A	5:1
18.05.2019	Weghorst, Wout (VfL Wolfsburg)	FC Augsburg	H	8:1

Einen lupenreinen Hattrick erzielten:

Datum	Spieler (Mannschaft)	Gegner	wo	Erg.
19.10.2018	Jovic, Luka (Eintracht Frankfurt)	Fort. Düsseldorf	H	7:1
07.04.2019	Belfodil, Ishak (TSG Hoffenheim)	FC Augsburg	A	4:0

Elfmetertorschützen: gesamt: 74

Mannschaft	Torschützen (Anzahl)
FC Augsburg:	Finnbogason (4), Gregoritsch
Hertha BSC:	Kalou (3), Ibisevic
SV Werder Bremen:	Kruse (3), Rashica
Borussia Dortmund:	Reus (3), Paco Alcácer
Fortuna Düsseldorf:	Lukebakio (4), Hennings
Eintracht Frankfurt:	Haller (3), Jovic
SC Freiburg:	Waldschmidt (3), Grifo, Petersen
Hannover 96:	Bebou, Füllkrug, Jonathas
TSG 1899 Hoffenheim:	Kramaric (5), Grifo
RasenBallsport Leipzig:	Forsberg (3), Halstenberg (2)
Bayer 04 Leverkusen:	Havertz (3), Wendell
1. FSV Mainz 05:	Brosinski (3)
Borussia Mönchengladbach:	Hazard (3), J. Hofmann
FC Bayern München:	Lewandowski (3)
1. FC Nürnberg:	Behrens (2)
FC Schalke 04:	Caligiuri (4), Bentaleb (3)
VfB Stuttgart:	Zuber
VfL Wolfsburg:	Weghorst (4), Malli

Eigentorschützen: gesamt: 19

Mannschaft	Torschützen
FC Augsburg:	Danso, Schmid
Hertha BSC:	Ibisevic, Stark
SV Werder Bremen:	—
Borussia Dortmund:	—
Fortuna Düsseldorf:	—
Eintracht Frankfurt:	Hinteregger
SC Freiburg:	—
Hannover 96:	Anton
TSG 1899 Hoffenheim:	Bicakcic
RasenBallsport Leipzig:	Sabitzer
Bayer 04 Leverkusen:	S. Bender, Özcan, Weiser
1. FSV Mainz 05:	—
Borussia Mönchengladbach:	—
FC Bayern München:	Goretzka
1. FC Nürnberg:	Ewerton, Mühl
FC Schalke 04:	J. Bruma
VfB Stuttgart:	Ascacibar, Gentner, Pavard, Zieler
VfL Wolfsburg:	—

Folgende 17 Spieler haben alle 34 Spiele absolviert:

Mannschaft	Spieler
FC Augsburg:	—
Hertha BSC:	—
SV Werder Bremen:	Augustinsson, M. Eggestein, Pavlenka
Borussia Dortmund:	Sancho
Fortuna Düsseldorf:	Zimmermann
Eintracht Frankfurt:	da Costa, Kostic
SC Freiburg:	Heintz
Hannover 96:	Anton
TSG 1899 Hoffenheim:	—
RasenBallsport Leipzig:	—
Bayer 04 Leverkusen:	Havertz, Volland
1. FSV Mainz 05:	Mateta
Borussia Mönchengladbach:	Pléa, Sommer
FC Bayern München:	Kimmich
1. FC Nürnberg:	—
FC Schalke 04:	—
VfB Stuttgart:	Zieler
VfL Wolfsburg:	Weghorst

Vereinsrangliste nach Platzverweisen:

Pl.	Mannschaft	Rot	Gelb-Rot
1.	1. FSV Mainz 05	0	0
	Borussia Mönchengladbach	0	0
	VfL Wolfsburg	0	0
4.	TSG 1899 Hoffenheim	0	2
	FC Bayern München	0	2
6.	SV Werder Bremen	0	3
	SC Freiburg	0	3
8.	FC Augsburg	1	0
	Fortuna Düsseldorf	1	0
	RasenBallsport Leipzig	1	0
	Bayer 04 Leverkusen	1	0
12.	Eintracht Frankfurt	1	2
13.	Hannover 96	1	3
14.	Hertha BSC	2	3
15.	Borussia Dortmund	3	0
16.	1. FC Nürnberg	3	1
17.	VfB Stuttgart	3	2
18.	FC Schalke 04	4	1
		21	**22**

Schiedsrichtereinsätze:

Name, Vorname (Verein, Landesverband)	Spiele	Rot	G-R
Gräfe, Manuel (FC Hertha 03 Zehlendorf, B)	18	1	0
Aytekin, Deniz (TSV Altenberg, BY)	17	4	0
Dr. Brych, Felix (SV Am Hart München, BY)	16	0	0
Zwayer, Felix (SC Charlottenburg, B)	16	0	2
Dingert, Christian (TSG Burg Lichtenberg, SW)	15	2	1
Fritz, Marco (SV Breuningsweiler, WBG)	15	1	2
Siebert, Daniel (FC Nordost Berlin, B)	14	1	0
Stegemann, Sascha (1. FC Niederkassel, MIR)	14	1	2
Stieler, Tobias (SG Rosenhöhe Offenbach, HES)	14	0	3
Welz, Tobias (FC Bierstadt, HES)	14	4	4
Dankert, Bastian (Brüsewitzer SV, MV)	13	1	1
Hartmann, Robert (SV Krugzell, BY)	13	2	0
Jablonski, Sven (Blumenthaler SV, HB)	12	1	0
Osmers, Harm (SV Baden, NS)	12	0	2
Schmidt, Markus (SV Sillenbuch, WBG)	12	0	0
Willenborg, Frank (SV Gehlenberg-Neuvrees, NS)	12	1	2
Winkmann, Guido (SV Nütterden, NIR)	12	2	0
Cortus, Benjamin (TSV 1895 Burgfarrnbach, BY)	11	0	0
Storks, Sören (VfL Ramsdorf, WEF)	11	0	1
Dr. Kampka, Robert (TSV Schornbach, WBG)	9	0	0
Schröder, Robert (SG Blaues Wunder Hannover, NS)	9	0	0
Schlager, Daniel (FC Rastatt 04, NB)	8	0	0
Steinhaus, Bibiana (MTV Engelbostel-Schulenburg, NS)	8	0	0
Petersen, Martin (VfL Stuttgart, WBG)	7	0	0
Ittrich, Patrick (MSV Hamburg, HH)	4	1	1
	306	**21**	**22**

Die torreichsten Spiele:

Datum	Begegnung	Ergebnis
18.05.2019	VfL Wolfsburg - FC Augsburg	8:1 (3:0)
19.10.2018	Eintracht Frankfurt - Fortuna Düsseldorf	7:1 (3:0)
28.10.2018	SV Werder Bremen - Bayer 04 Leverkusen	2:6 (0:3)
26.09.2018	Borussia Dortmund - 1. FC Nürnberg	7:0 (2:0)
06.10.2018	Borussia Dortmund - FC Augsburg	4:3 (0:1)
24.11.2018	FC Schalke 04 - 1. FC Nürnberg	5:2 (2:1)
16.03.2019	VfL Wolfsburg - Fortuna Düsseldorf	5:2 (1:1)
20.04.2019	FC Schalke 04 - TSG 1899 Hoffenheim	2:5 (0:2)
05.05.2019	Bayer 04 Leverkusen - Eintracht Frankfurt	6:1 (6:1)
11.05.2019	FC Augsburg - Hertha BSC	3:4 (1:0)

Rote Karten: gesamt: 21

Mannschaft	Spieler
FC Augsburg:	Oxford
Hertha BSC:	Ibisevic, Rekik
SV Werder Bremen:	—
Borussia Dortmund:	Diallo, Reus, Wolf
Fortuna Düsseldorf:	Bodzek
Eintracht Frankfurt:	Willems
SC Freiburg:	—
Hannover 96:	Albornoz
TSG 1899 Hoffenheim:	—
RasenBallsport Leipzig:	Ilsanker
Bayer 04 Leverkusen:	Bellarabi
1. FSV Mainz 05:	—
Borussia Mönchengladbach:	—
FC Bayern München:	—
1. FC Nürnberg:	Leibold, Matheus Pereira, Rhein
FC Schalke 04:	Konoplyanka, Nastasic, Nübel, Serdar
VfB Stuttgart:	Ascacibar, Gonzalez, Insua
VfL Wolfsburg:	—

Gelb-Rote Karten: gesamt: 22

Mannschaft	Spieler
FC Augsburg:	—
Hertha BSC:	Klünter, Mittelstädt, Torunarigha
SV Werder Bremen:	Moisander, Velkovic (2)
Borussia Dortmund:	—
Fortuna Düsseldorf:	—
Eintracht Frankfurt:	Fernandes, Rebic
SC Freiburg:	Günter, Haberer, Stenzel
Hannover 96:	Felipe, Jonathas, Sorg
TSG 1899 Hoffenheim:	Adams, Baumgartner
RasenBallsport Leipzig:	—
Bayer 04 Leverkusen:	—
1. FSV Mainz 05:	—
Borussia Mönchengladbach:	—
FC Bayern München:	Renato Sanches, Robben
1. FC Nürnberg:	Bauer
FC Schalke 04:	Serdar
VfB Stuttgart:	Gomez, Thommy
VfL Wolfsburg:	—

Folgende Spieler trafen 2018/19 für zwei Vereine der BL:

Name, Vorname	Erster Verein (Tore)	Zweiter Verein (Tore)
Grifo, Vincenzo	TSG 1899 Hoffenheim (1)	SC Freiburg (6)
Hinteregger, Martin	FC Augsburg (2)	Eintracht Frankfurt (1)
Müller, Nicolai	Eintracht Frankfurt (2)	Hannover 96 (3)

Folgende Spieler spielten 2018/19 für zwei Vereine der BL:

Name, Vorname	Erster Verein	Zweiter Verein
Akpoguma, Kevin	TSG 1899 Hoffenheim	Hannover 96
Grifo, Vincenzo	TSG 1899 Hoffenheim	SC Freiburg
Hinteregger, Martin	FC Augsburg	Eintracht Frankfurt
Kobel, Gregor	TSG 1899 Hoffenheim	FC Augsburg
Müller, Nicolai	Eintracht Frankfurt	Hannover 96
Zuber, Steven	TSG 1899 Hoffenheim	VfB Stuttgart

Die Spieler mit den meisten Einsätzen in der Bundesliga:

Pl.	Name, Vorname (Mannschaft/en)	Spiele
1.	Körbel, Karl-Heinz (Eintracht Frankfurt)	602
2.	Kaltz, Manfred (Hamburger SV)	581
3.	Kahn, Oliver (Karlsruher SC/ FC Bayern München)	557
4.	Fichtel, Klaus (FC Schalke 04/SV Werder Bremen)	552
5.	Votava, Miroslav (Borussia Dortmund/SV Werder Bremen)	546
6.	Fischer, Klaus (1860 München/Schalke 04/1. FC Köln/Bochum)	535
7.	Immel, Eike (Borussia Dortmund/VfB Stuttgart)	534
8.	Neuberger, Willi (Dortmund/Bremen/Wuppertaler SV/Frankfurt)	520
9.	Lameck, Michael (VfL Bochum)	518
10.	Stein, Ulrich (Arminia Bielefeld/Hamburger SV/Eintracht Frankfurt)	512
11.	Reuter, Stefan (1. FC Nürnberg/Bayern München/Bor. Dortmund)	502
12.	Dietz, Bernard (MSV Duisburg/FC Schalke 04)	495
13.	Jakobs, Ditmar (Oberhausen/Tennis Borussia/Duisburg/Hamburg)	493
14.	Geye, Reiner (Fortuna Düsseldorf/1. FC Kaiserslautern)	485
15.	Burdenski, Dieter (Schalke 04/Arminia Bielefeld/Werder Bremen)	478
16.	Maier, Josef (FC Bayern München)	473
17.	Pizarro, Claudio (Bayern München/Werder Bremen/1. FC Köln)*	472
18.	Reck, Oliver (Offenbacher Kickers/Werder Bremen/Schalke 04)	471
19.	Wörns, Christian (Waldhof/Bayer Leverkusen/Borussia Dortmund)	469
20.	Matthäus, Lothar (Borussia Mönchengladbach/Bayern München)	464
	Schumacher, Harald (1. FC Köln/Schalke 04/Bayern/Dortmund)	464
22.	Zorc, Michael (Borussia Dortmund)	463
23.	Tenhagen, Franz-Josef (Oberhausen/VfL Bochum/Bor. Dortmund)	457
24.	Nigbur, Norbert (FC Schalke 04/Hertha BSC)	456
25.	Golz, Richard (Hamburger SV/SC Freiburg)	453
	Rüssmann, Rolf (FC Schalke 04/Borussia Dortmund)	453
27.	Kuntz, Stefan (VfL Bochum/Uerdingen/Kaiserslautern/Bielefeld)	449
28.	Burgsmüller, Manfred (RW Essen/Dortmund/Nürnberg/Bremen)	447
29.	Thon, Olaf (FC Schalke 04/FC Bayern München)	443
30.	Grabowski, Jürgen (Eintracht Frankfurt)	441
	Riedl, Johannes (Duisburg/Hertha/K'lautern/Bielefeld/Offenbach)	441
32.	Zewe, Gerd (Fortuna Düsseldorf)	440
33.	Frontzeck, Michael (Bor. M'gladbach/Stuttgart/Bochum/Freiburg)	436
34.	Kleff, Wolfgang (Mönchengladbach/Hertha/Düsseldorf/Bochum)	433
35.	Möller, Andreas (Borussia Dortmund/Frankfurt/Schalke 04)	429
36.	Müller, Gerd (FC Bayern München)	427
37.	Nickel, Bernd (Eintracht Frankfurt)	426
	Rost, Frank (SV Werder Bremen/FC Schalke 04 Hamburger SV)	426
39.	Allofs, Klaus (Fortuna Düsseldorf/1. FC Köln/SV Werder Bremen)	424
	Beckenbauer, Franz (FC Bayern München/Hamburger SV)	424
41.	Held, Sigfried (Dortmund/Offenbacher Kickers/Bayer Uerdingen)	422
42.	Hölzenbein, Bernd (Eintracht Frankfurt)	420
	Höttges, Horst-Dieter (SV Werder Bremen)	420
	Woelk, Lothar (VfL Bochum/MSV Duisburg)	420
45.	Merkhoffer, Franz (Eintracht Braunschweig)	419
	Simmet, Heinz (Borussia Neunkirchen/Rot Weiss Essen/1. FC Köln)	419
	Vogts, Hans-Hubert (Borussia Mönchengladbach)	419
48.	Bommer, Rudolf (Fortuna Düsseldorf/Uerdingen/Eintr. Frankfurt)	417
49.	Fach, Holger (Düsseldorf/Uerdingen/M'gladbach/Leverkusen/1860)	416
	Schwarzenbeck, Georg (FC Bayern München)	416
51.	Bast, Dieter (Rot Weiss Essen/VfL Bochum/Bayer 04 Leverkusen)	412
52.	Volkert, Georg (1. FC Nürnberg/Hamburger SV/VfB Stuttgart)	410
	Witeczek, Marcel (Uerdingen/Kaiserslautern/Bayern/M'gladbach)	410
54.	Overath, Wolfgang (1. FC Köln)	409
55.	Kargus, Rudi (Hamburger SV/Nürnberg/Karlsruhe/Fort. Düsseldorf)	408
56.	Littbarski, Pierre (1. FC Köln)	406
57.	Bella, Michael (MSV Duisburg)	405
	Geils, Karlheinz (Werder Bremen/Bielefeld/1. FC Köln/Hannover)	405
59.	Augenthaler, Klaus (FC Bayern München)	404
60.	Kießling, Stefan (1. FC Nürnberg/Bayer 04 Leverkusen)	403
	Schäfer, Winfried (Mönchengladbach/Offenbach/Karlsruher SC)	403
62.	Frings, Torsten (Bor. Dortmund/Bayern München/Werder Bremen)	402
63.	Kree, Martin (VfL Bochum/Bayer Leverkusen/Borussia Dortmund)	401
64.	Vollborn, Rüdiger (Bayer 04 Leverkusen)	401
65.	Häßler, Thomas (1.FC Köln/Karlsruhe/Dortmund/1860 München)	400
	Zaczyk, Klaus (Karlsruher SC/1. FC Nürnberg/Hamburger SV)	400
67.	Heinze, Gerhard (VfB Stuttgart/MSV Duisburg)	398
	Kohler, Jürgen (Waldhof/1. FC Köln/Bayern München/ Dortmund)	398

* Spieler in der Saison 2018/19 noch in der Bundesliga aktiv

Die Spieler mit den meisten Toren in der Bundesliga:

Pl.	Name, Vorname (Mannschaft/en)	Tore
1.	Müller, Gerd (FC Bayern München)	365
2.	Fischer, Klaus (1860 München/Schalke 04/1. FC Köln/Bochum)	268
3.	Heynckes, Josef (Hannover 96/Borussia Mönchengladbach)	220
4.	Burgsmüller, Manfred (RW Essen/Dortmund/Nürnberg/Bremen)	213
5.	Lewandowski, Robert (Borussia Dortmund/FC Bayern München)*	202
6.	Pizarro, Claudio (Bayern München/Werder Bremen/1. FC Köln)*	197
7.	Kirsten, Ulf (Bayer 04 Leverkusen)	181
8.	Kuntz, Stefan (Bochum/Uerdingen/Kaiserslautern/Arm. Bielefeld)	179
9.	Allofs, Klaus (Fortuna Düsseldorf/1. FC Köln/Werder Bremen)	177
	Müller, Dieter (1. FC Köln/VfB Stuttgart/1. FC Saarbrücken)	177
11.	Gomez, Mario (FC Bayern München/VfL Wolfsburg/ VfB Stuttgart)*	170
12.	Löhr, Johannes (1. FC Köln)	166
13.	Rummenigge, Karl-Heinz (FC Bayern München)	162
14.	Hölzenbein, Bernd (Eintracht Frankfurt)	160
15.	Walter, Fritz (SV Waldhof Mannheim/VfB Stuttgart)	157
16.	Allofs, Thomas (Fortuna Düsseldorf/1. FC Kaiserslautern/1. FC Köln)	148
17.	Kießling, Stefan (1. FC Nürnberg/Bayer 04 Leverkusen)	144
18.	Nickel, Bernd (Eintracht Frankfurt)	141
19.	Seeler, Uwe (Hamburger SV)	137
20.	Hrubesch, Horst (RW Essen/Hamburger SV/Borussia Dortmund)	136
21.	Élber, Giovane (VfB Stuttgart/FC Bayern München)	133
22.	Völler, Rudolf (1860 München/Werder Bremen/Bayer Leverkusen)	132
23.	Zorc, Michael (Borussia Dortmund)	131
24.	Allgöwer, Karl (VfB Stuttgart)	129
25.	Hoeneß, Dieter (VfB Stuttgart/FC Bayern München)	127
26.	Max, Martin (Bor. M'gladbach/Schalke 04/1860 München/Rostock)	126
27.	Volkert, Georg (1. FC Nürnberg/Hamburger SV/VfB Stuttgart)	125
28.	Mill, Frank (Essen/Mönchengladbach/Bor. Dortmund/Düsseldorf)	123
29.	Klose, Miroslav (Kaiserslautern/Werder Bremen/Bayern München)	121
	Laumen, Herbert (Mönchengladbach/Bremen/1. FC Kaiserslautern)	121
	Matthäus, Lothar (Mönchengladbach/FC Bayern München)	121
32.	Ibisevic, Vedad (Aachen/Hoffenheim/VfB Stuttgart/Hertha BSC)*	120
	Wohlfarth, Roland (MSV Duisburg/FC Bayern München)	120
34.	Rupp, Bernd (Bor. Mönchengladbach/Werder Bremen/1. FC Köln)	119
	Worm, Roland (MSV Duisburg/Eintracht Braunschweig)	119
36.	Littbarski, Pierre (1. FC Köln)	116
	Reus, Marco (Borussia Mönchengladbach/Borussia Dortmund)*	116
38.	Emmerich, Lothar (Borussia Dortmund)	115
39.	Geye, Reiner (Fortuna Düsseldorf/1. FC Kaiserslautern)	113
40.	Kuranyi, Kevin (VfB Stuttgart/FC Schalke 04)	111
41.	Klinsmann, Jürgen (VfB Stuttgart/FC Bayern München)	110
	Möller, Andreas (Bor. Dortmund/Eintracht Frankfurt/Schalke 04)	110
	Müller, Thomas (FC Bayern München)*	110
44.	Grabowski, Jürgen (Eintracht Frankfurt)	109
45.	Bobic, Fredi (VfB Stuttgart/B. Dortmund/Hannover 96/Hertha BSC)	108
46.	Toppmöller, Klaus (1. FC Kaiserslautern)	108
47.	Rahn, Uwe (Mönchengladbach/Köln/Hertha/Düsseldorf/Frankfurt)	107
48.	Ailton (Werder Bremen/FC Schalke 04/Hamburger SV/Duisburg)	106
	Chapuisat, Stephane (Bayer 05 Uerdingen/Borussia Dortmund)	106
	Schreier, Christian (VfL Bochum/Leverkusen/Fortuna Düsseldorf)	106
51.	Labbadia, Bruno (HSV/K'lautern/Bayern/Köln/Bremen/Bielefeld)	103
52.	Bode, Marco (SV Werder Bremen)	101
53.	von Heesen, Thomas (Hamburger SV/DSC Arminia Bielefeld)	100
54.	Robben, Arjen (FC Bayern München)*	99
55.	Aubameyang, Pierre-Emerick (Borussia Dortmund)	98
	Cha, Bum Kun (Eintracht Frankfurt/Bayer 04 Leverkusen)	98
	Kostedde, Erwin (Duisburg/Offenbach/Hertha/Dortmund/Bremen)	98
	Scholl, Mehmet (Karlsruher SC/FC Bayern München)	98
59.	Brungs, Franz (Borussia Dortmund/1. FC Nürnberg/Hertha BSC)	97
	Neubarth, Frank (SV Werder Bremen)	97
61.	Ohlicher, Hermann (VfB Stuttgart)	96
	Yeboah, Anthony (Eintracht Frankfurt/Hamburger SV)	96
63.	Barbarez, Sergej (Rostock/Dortmund/Hamburger SV/Leverkusen)	95
	Beer, Erich (1. FC Nürnberg/Rot Weiss Essen/Hertha BSC)	95
65.	Criens, Hans-Jörg (Borussia Mönchengladbach/1. FC Nürnberg)	94
66.	Breitner, Paul (Eintracht Braunschweig/ FC Bayern München)	93
	Meier, Alexander (Eintracht Frankfurt)	93
	Reimann, Willi (Hannover 96/Hamburger SV)	93

Ewige Tabelle Bundesliga 1963 – 2019

Pl.	Mannschaft	J	\<Gesamtbilanz\> Sp	S	U	N	Tore	TD	Pkt	\<Heimbilanz\> Sp	S	U	N	Tore	TD	Pkt	\<Auswärtsbilanz\> Sp	S	U	N	Tore	TD	Pkt
1.	FC Bayern München	54	1840	1094	405	341	4033-2001	+2032	3687	920	684	152	84	2482-814	+1668	2204	920	410	253	257	1551-1187	+364	1483
2.	SV Werder Bremen	55	1866	785	469	612	3132-2709	+423	2824	933	528	226	179	1890-1087	+803	1810	933	257	243	433	1242-1622	-380	1014
3.	Borussia Dortmund	52	1764	784	454	526	3132-2486	+646	2806	882	518	213	151	1884-954	+930	1767	882	266	241	375	1248-1532	-284	1039
4.	Hamburger SV	55	1866	746	495	625	2937-2662	+275	2733	933	504	228	201	1749-1026	+723	1740	933	242	267	424	1188-1636	-448	993
5.	VfB Stuttgart	53	1798	740	434	624	2969-2628	+341	2654	899	511	188	200	1792-1004	+788	1721	899	229	246	424	1177-1624	-447	933
6.	Bor. M'gladbach	51	1738	701	457	580	2946-2521	+425	2560	869	464	233	172	1798-1012	+786	1625	869	237	224	408	1148-1509	-361	935
7.	FC Schalke 04	51	1730	681	434	615	2544-2463	+81	2477	865	454	228	183	1545-935	+610	1590	865	227	206	432	999-1528	-529	887
8.	1. FC Köln	47	1594	629	407	558	2617-2364	+253	2294	797	422	184	191	1582-990	+592	1450	797	207	223	367	1035-1374	-339	844
9.	Eintracht Frankfurt	50	1696	621	430	645	2647-2620	+27	2291	848	442	212	194	1662-1051	+611	1538	848	179	218	451	985-1569	-584	755
10.	Bayer 04 Leverkusen	40	1364	583	373	408	2291-1828	+463	2122	682	367	181	134	1312-750	+562	1282	682	216	192	274	979-1078	-99	840
11.	1. FC Kaiserslautern	44	1492	575	372	545	2348-2344	+4	2094	746	422	188	136	1441-816	+625	1454	746	153	184	409	907-1528	-621	643
12.	Hertha BSC	36	1216	442	307	467	1719-1851	-132	1633	608	310	154	144	1030-715	+315	1084	608	132	153	323	689-1136	-447	549
13.	VfL Bochum	34	1160	356	306	498	1602-1887	-285	1374	580	259	159	162	962-738	+224	936	580	97	147	336	640-1149	-509	438
14.	1. FC Nürnberg	33	1118	344	286	488	1428-1794	-366	1318	559	233	165	161	864-717	+147	864	559	111	121	327	564-1077	-513	454
15.	Hannover 96	30	1016	308	250	458	1385-1734	-349	1174	508	217	138	153	855-727	+128	789	508	91	112	305	530-1007	-477	385
16.	MSV Duisburg	28	948	296	259	393	1291-1520	-229	1147	474	203	150	121	767-582	+185	759	474	93	109	272	524-938	-414	388
17.	VfL Wolfsburg	22	748	283	191	274	1127-1101	+26	1040	374	182	95	97	666-469	+197	641	374	101	96	177	461-632	-171	399
18.	Fortuna Düsseldorf	24	820	258	220	342	1209-1451	-242	994	410	186	118	106	749-576	+173	676	410	72	102	236	460-875	-415	318
19.	Karlsruher SC	24	812	241	230	341	1093-1408	-315	953	406	175	134	97	670-527	+143	659	406	66	96	244	423-881	-458	294
20.	Eintr. Braunschweig	21	706	242	177	287	937-1086	-149	903	353	186	92	75	600-364	+236	650	353	56	85	212	337-722	-385	253
21.	TSV München 1860	20	672	238	170	264	1022-1059	-37	884	336	167	76	93	610-422	+188	577	336	71	94	171	412-637	-225	307
22.	SC Freiburg	19	646	196	167	283	802-1041	-239	755	323	131	86	106	469-426	+43	479	323	65	81	177	333-615	-282	276
23.	Arminia Bielefeld	17	544	153	139	252	645-883	-238	598	272	115	69	88	396-335	+61	414	272	38	70	164	249-548	-299	184
24.	1. FSV Mainz 05	13	442	148	116	178	578-642	-64	560	221	98	55	68	333-270	+63	349	221	50	61	110	245-372	-127	211
25.	KFC/Bay. Uerdingen	14	476	138	129	209	644-844	-200	543	238	105	67	66	404-352	+52	382	238	33	62	143	240-492	-252	161
26.	TSG Hoffenheim	11	374	131	112	131	600-571	+29	505	187	81	59	47	323-238	+85	302	187	50	53	84	277-333	-56	203
27.	FC Hansa Rostock	12	412	124	107	181	492-621	-129	479	206	84	57	65	296-249	+47	309	206	40	50	116	196-372	-176	170
28.	FC Augsburg	8	272	82	75	115	330-410	-80	321	136	48	39	49	192-193	-1	183	136	34	36	66	138-217	-79	138
29.	Waldhof Mannheim	7	238	71	72	95	299-378	-79	285	119	51	41	27	197-149	+48	194	119	20	31	68	102-229	-127	91
30.	Offenbacher Kickers	7	238	77	51	110	368-486	-118	282	119	61	26	32	238-184	+54	209	119	16	25	78	130-302	-172	73
31.	Rot-Weiss Essen	7	238	61	79	98	346-483	-137	262	119	46	43	30	213-198	+15	181	119	15	36	68	133-285	-152	81
32.	FC St. Pauli	8	272	58	80	134	296-485	-189	254	136	43	42	51	175-197	-22	171	136	15	38	83	121-288	-167	83
33.	FC Energie Cottbus	6	204	56	43	105	211-338	-127	211	102	42	16	44	136-140	-4	142	102	14	27	61	75-198	-123	69
34.	RB Leipzig	3	102	54	24	24	186-121	+65	186	51	31	12	8	103-51	+52	105	51	23	12	16	83-70	+13	81
35.	Alemannia Aachen	4	136	43	28	65	186-270	-84	157	68	31	17	20	124-109	+15	110	68	12	11	45	62-161	-99	47
36.	SG Wattenscheid 09	4	140	34	48	58	186-248	-62	150	70	26	22	22	108-91	+17	100	70	8	26	36	78-157	-79	50
37.	1. FC Saarbrücken	5	166	32	48	86	202-336	-134	144	83	22	32	29	117-134	-17	98	83	10	16	57	85-202	-117	46
38.	Dynamo Dresden	4	140	33	45	62	132-211	-79	140	70	27	24	19	82-68	+14	105	70	6	21	43	50-143	-93	39
39.	RW Oberhausen	4	136	36	31	69	182-281	-99	139	68	31	18	19	119-99	+20	111	68	5	13	50	63-182	-119	28
40.	SV Darmstadt 98	4	136	28	33	75	152-273	-121	117	68	18	19	31	85-122	-37	73	68	10	14	44	67-151	-84	44
41.	Wuppertaler SV	3	102	25	27	50	136-200	-64	102	51	20	14	17	93-87	+6	74	51	5	13	33	43-113	-70	28
42.	Bor. Neunkirchen	3	98	25	18	55	109-223	-114	93	49	22	11	16	71-85	-14	77	49	3	7	39	38-138	-100	16
43.	FC 08 Homburg	3	102	21	27	54	103-200	-97	90	51	18	17	16	72-74	-2	71	51	3	10	38	31-126	-95	19
44.	SpVgg Unterhaching	2	68	20	19	29	75-101	-26	79	34	17	11	6	43-30	+13	62	34	3	8	23	32-71	-39	17
45.	Stuttgarter Kickers	2	72	20	17	35	94-132	-38	77	36	11	8	17	41-49	-8	41	36	9	9	18	53-83	-30	36
46.	FC Ingolstadt 04	2	68	18	18	32	69-99	-30	72	34	11	10	13	43-48	-5	43	34	7	8	19	26-51	-25	29
47.	TeBe Berlin	2	68	11	16	41	85-174	-89	49	34	10	10	14	54-66	-12	40	34	1	6	27	31-108	-77	9
48.	SSV Ulm 1846	1	34	9	8	17	36-62	-26	35	17	7	4	6	22-23	-1	25	17	2	4	11	14-39	-25	10
49.	SC Fortuna Köln	1	34	8	9	17	46-79	-33	33	17	6	6	5	31-32	-1	24	17	2	3	12	15-47	-32	9
50.	SC Paderborn 07	1	34	7	10	17	31-65	-34	31	17	4	6	7	21-31	-10	18	17	3	4	10	10-34	-24	13
51.	SC Preußen Münster	1	30	7	9	14	34-52	-18	30	15	5	4	6	21-23	-2	19	15	2	5	8	13-29	-16	11
52.	SpVgg Greuther Fürth	1	34	4	9	21	26-60	-34	21	17	0	4	13	10-36	-26	4	17	4	5	8	16-24	-8	17
53.	Blau-Weiss 90 Berlin	1	34	3	12	19	36-76	-40	21	17	2	8	7	20-31	-11	14	17	1	4	12	16-45	-29	7
54.	VfB Leipzig	1	34	3	11	20	32-69	-37	20	17	2	9	6	20-28	-8	15	17	1	2	14	12-41	-29	5
55.	Tasmania 1900 Berlin	1	34	2	4	28	15-108	-93	10	17	2	3	12	8-46	-38	9	17	0	1	16	7-62	-55	1

Anmerkungen:
- Die Tabelle ist nach dem Dreipunkte-System (3-1-0) berechnet, auch für die Spielzeiten 1963-95, in der noch die Zweipunkte-Regel (2-1-0) galt.
- In der Saison 1971/72 wurden alle Spiele von Arminia Bielefeld nur für den Gegner gewertet.
- In der Saison 1993/94 wurden Dynamo Dresden vier Punkte abgezogen.
- In der Saison 1999/00 wurden Eintracht Frankfurt zwei Punkte abgezogen.
- In der Saison 2003/04 wurden dem 1. FC Kaiserslautern drei Punkte abgezogen.

Das Zahlen-Mosaik der Bundesliga:

Saison	Spiele	HS	U	AS	Heim	+	Auswärts	=	Tore gesamt	Schnitt	Eigentore	Gelb	Gelb-Rot	Rot	Zuschauer gesamt	Schnitt
1963/64	240	126	61	53	535	+	322	=	857	3,57	17	0	0	8	5.909.776	24.624
1964/65	240	122	62	56	467	+	329	=	796	3,32	18	0	0	10	6.492.539	27.052
1965/66	306	168	68	70	615	+	372	=	987	3,23	13	0	0	11	7.094.666	23.185
1966/67	306	158	84	64	548	+	347	=	895	2,92	11	0	0	14	7.129.485	23.299
1967/68	306	167	73	66	618	+	375	=	993	3,25	14	0	0	13	6.147.508	20.090
1968/69	306	171	79	56	550	+	323	=	873	2,85	18	0	0	14	6.550.497	21.407
1969/70	306	174	77	55	613	+	338	=	951	3,11	20	0	0	7	6.113.726	19.979
1970/71	306	173	77	56	596	+	330	=	926	3,03	11	0	0	5	6.322.114	20.661
1971/72	306	176	73	57	652	+	354	=	1.006	3,29	13	0	0	13	5.487.286	17.932
1972/73	306	187	67	52	678	+	367	=	1.045	3,42	14	0	0	5	5.014.332	16.387
1973/74	306	161	79	66	667	+	418	=	1.085	3,55	16	542	0	9	6.293.167	20.566
1974/75	306	180	63	63	672	+	384	=	1.056	3,45	13	532	0	12	6.738.303	22.021
1975/76	306	173	83	50	649	+	360	=	1.009	3,30	20	510	0	7	6.768.448	22.119
1976/77	306	167	81	58	665	+	419	=	1.084	3,54	22	504	0	10	7.401.686	24.189
1977/78	306	191	60	55	665	+	349	=	1.014	3,31	21	528	0	11	7.936.765	25.937
1978/79	306	166	85	55	607	+	356	=	963	3,15	17	644	0	12	7.351.341	24.024
1979/80	306	184	63	59	668	+	355	=	1.023	3,34	16	547	0	7	7.045.940	23.026
1980/81	306	164	80	62	628	+	411	=	1.039	3,40	13	582	0	8	6.895.851	22.535
1981/82	306	177	68	61	686	+	395	=	1.081	3,53	14	523	0	9	6.280.388	20.524
1982/83	306	172	75	59	669	+	367	=	1.036	3,39	16	605	0	11	6.180.704	20.198
1983/84	306	174	66	66	707	+	390	=	1.097	3,58	14	779	0	21	5.918.003	19.340
1984/85	306	167	79	60	675	+	399	=	1.074	3,51	22	734	0	19	5.765.284	18.841
1985/86	306	168	76	62	631	+	361	=	992	3,24	12	804	0	31	5.405.571	17.665
1986/87	306	166	81	59	617	+	373	=	990	3,24	13	759	0	19	5.937.044	19.402
1987/88	306	158	84	64	600	+	362	=	962	3,14	17	812	0	27	5.705.523	18.646
1988/89	306	150	94	62	518	+	334	=	852	2,78	14	918	0	30	5.394.943	17.631
1989/90	306	155	90	61	513	+	277	=	790	2,58	17	948	0	31	6.048.207	19.765
1990/91	306	123	106	77	501	+	385	=	886	2,90	23	961	0	46	6.275.437	20.508
1991/92	380	174	124	82	604	+	390	=	994	2,62	26	1.270	32	44	8.600.801	22.634
1992/93	306	151	92	63	554	+	339	=	893	2,92	18	1.188	34	38	7.396.857	24.173
1993/94	306	152	83	71	536	+	359	=	895	2,92	18	1.097	43	32	7.986.681	26.100
1994/95	306	147	86	73	540	+	378	=	918	3,00	20	1.205	52	46	8.476.885	27.702
1995/96	306	123	108	75	472	+	359	=	831	2,72	16	1.279	36	33	8.906.792	29.107
1996/97	306	156	70	80	545	+	366	=	911	2,98	25	1.231	44	37	8.776.265	28.681
1997/98	306	145	85	76	510	+	373	=	883	2,89	27	1.279	39	20	9.520.385	31.112
1998/99	306	144	87	75	517	+	349	=	866	2,83	19	1.351	50	30	9.455.582	30.901
1999/00	306	143	87	76	524	+	361	=	885	2,89	27	1.303	43	30	8.849.661	28.920
2000/01	306	160	69	77	542	+	355	=	897	2,93	18	1.359	51	38	8.696.712	28.421
2001/02	306	160	68	78	539	+	354	=	893	2,92	33	1.360	40	31	9.503.367	31.057
2002/03	306	144	77	85	479	+	342	=	821	2,68	20	1.270	38	33	9.764.735	31.911
2003/04	306	160	72	74	553	+	356	=	909	2,97	20	1.312	42	39	10.724.586	35.048
2004/05	306	149	65	92	512	+	378	=	890	2,91	12	1.201	32	29	10.765.974	35.183
2005/06	306	131	96	79	492	+	369	=	861	2,81	19	1.226	33	26	11.686.554	38.191
2006/07	306	134	79	93	448	+	389	=	837	2,74	20	1.131	28	35	11.518.923	37.644
2007/08	306	143	78	85	511	+	349	=	860	2,81	20	1.107	26	24	11.926.395	38.975
2008/09	306	147	74	85	520	+	374	=	894	2,92	17	1.166	32	30	12.822.484	41.904
2009/10	306	125	86	95	463	+	403	=	866	2,83	22	1.061	21	20	12.791.508	41.802
2010/11	306	141	63	102	504	+	390	=	894	2,92	27	1.038	25	32	12.882.904	42.101
2011/12	306	139	79	88	508	+	367	=	875	2,86	18	1.064	22	36	13.553.692	44.293
2012/13	306	130	78	98	487	+	411	=	898	2,93	24	1.117	33	31	12.825.813	41.914
2013/14	306	145	64	97	535	+	432	=	967	3,16	21	1.076	29	29	13.038.305	42.609
2014/15	306	145	82	79	486	+	357	=	843	2,75	20	1.107	28	25	13.061.532	42.685
2015/16	306	135	71	100	479	+	387	=	866	2,83	29	1.166	25	15	12.980.815	42.421
2016/17	306	150	74	82	507	+	370	=	877	2,87	16	1.143	28	28	12.451.953	40.693
2017/18	306	139	83	84	490	+	365	=	855	2,79	20	1.009	22	20	13.426.855	43.879
2018/19	306	138	73	95	548	+	425	=	973	3,18	19	1.014	22	21	13.077.797	42.738
Gesamt	17.078	8.668	4.387	4.023	31.615	+	20.599	=	52.214	3,06	1.040	45.362	950	1.272	483.075.347	28.286

Bei den Gesamt-Zuschauerzahlen handelt es sich um die offiziellen DFB-Zahlen; die Summe der Einzelspiele kann zu Abweichungen führen.

Die Torschützenkönige der Bundesliga:

Saison	Spieler (Mannschaft)	Tore
1963/64	Seeler, Uwe (Hamburger SV)	30
1964/65	Brunnenmeier, R. (1860 München)	24
1965/66	Emmerich, Lothar (Bor. Dortmund)	31
1966/67	Emmerich, Lothar (Bor. Dortmund)	28
	Müller, Gerd (FC Bayern München)	28
1967/68	Löhr, Johannes (1. FC Köln)	27
1968/69	Müller, Gerd (FC Bayern München)	30
1969/70	Müller, Gerd (FC Bayern München)	38
1970/71	Kobluhn, Lothar (RW Oberhausen)	24
1971/72	Müller, Gerd (FC Bayern München)	40
1972/73	Müller, Gerd (FC Bayern München)	36
1973/74	Heynckes, Josef (Bor. M'gladbach)	30
	Müller, Gerd (FC Bayern München)	30
1974/75	Heynckes, Josef (Bor. M'gladbach)	27
1975/76	Fischer, Klaus (FC Schalke 04)	29
1976/77	Müller, Dieter (1. FC Köln)	34
1977/78	Müller, Dieter (1. FC Köln)	24
	Müller, Gerd (FC Bayern München)	24
1978/79	Allofs, Klaus (Fortuna Düsseldorf)	22
1979/80	Rummenigge, Karl-Heinz (FC Bayern)	26
1980/81	Rummenigge, Karl-Heinz (FC Bayern)	29
1981/82	Hrubesch, Horst (Hamburger SV)	27
1982/83	Völler, Rudolf (SV Werder Bremen)	23
1983/84	Rummenigge, Karl-Heinz (FC Bayern)	26
1984/85	Allofs, Klaus (1. FC Köln)	26
1985/86	Kuntz, Stefan (VfL Bochum)	22
1986/87	Rahn, Uwe (Bor. M'gladbach)	24
1987/88	Klinsmann, Jürgen (VfB Stuttgart)	19
1988/89	Allofs, Thomas (1. FC Köln)	17
	Wohlfarth, Roland (FC Bayern)	17
1989/90	Andersen, Jörn (Eintracht Frankfurt)	18
1990/91	Wohlfarth, Roland (FC Bayern)	21
1991/92	Walter, Fritz (VfB Stuttgart)	22
1992/93	Kirsten, Ulf (Bayer Leverkusen)	20
	Yeboah, Anthony (Eintr. Frankfurt)	20
1993/94	Kuntz, Stefan (1. FC Kaiserslautern)	18
	Yeboah, Anthony (Eintr. Frankfurt)	18
1994/95	Basler, Mario (SV Werder Bremen)	20
	Herrlich, Heiko (Bor. M'gladbach)	20
1995/96	Bobic, Fredi (VfB Stuttgart)	17
1996/97	Kirsten, Ulf (Bayer Leverkusen)	22
1997/98	Kirsten, Ulf (Bayer Leverkusen)	22
1998/99	Preetz, Michael (Hertha BSC)	23
1999/00	Max, Martin (TSV 1860 München)	19
2000/01	Sand, Ebbe (FC Schalke 04)	22
	Barbarez, Sergej (Hamburger SV)	22
2001/02	Amoroso, Marcio (Bor. Dortmund)	18
	Max, Martin (TSV 1860 München)	18
2002/03	Élber, Giovane (FC Bayern München)	21
	Christiansen, Thomas (VfL Bochum)	21
2003/04	Ailton (SV Werder Bremen)	28
2004/05	Mintal, Marek (1.FC Nürnberg)	24
2005/06	Klose, Miroslav (SV Werder Bremen)	25
2006/07	Gekas, Theofanis (VfL Bochum)	20
2007/08	Toni, Luca (FC Bayern München)	24
2008/09	Grafite (VfL Wolfsburg)	28
2009/10	Dzeko, Edin (VfL Wolfsburg)	22
2010/11	Gomez, Mario (FC Bayern München)	28
2011/12	Huntelaar, Klaas Jan (FC Schalke 04)	29
2012/13	Kießling, Stefan (Bayer Leverkusen)	25
2013/14	Lewandowski, Robert (Bor. Dortmund)	20
2014/15	Meier, Alexander (Eintracht Frankfurt)	19
2015/16	Lewandowski, Robert (FC Bayern)	30
2016/17	Aubameyang, P.-E. (Bor. Dortmund)	31
2017/18	Lewandowski, Robert (FC Bayern)	29
2018/19	Lewandowski, Robert (FC Bayern)	22

2. Bundesliga:

2. Bundesliga

Pl.	(Vj.)	Mannschaft		Sp	S	U	N	Tore	TD	Pkt	Sp	S	U	N	Tore	Pkt	Sp	S	U	N	Tore	Pkt
								Gesamtbilanz							Heimbilanz						Auswärtsbilanz	
1.	(↓)	1. FC Köln	↑	34	19	6	9	84-47	+37	63	17	9	3	5	49-26	30	17	10	3	4	35-21	33
2.	(↑)	SC Paderborn 07	↑	34	16	9	9	76-50	+26	57	17	10	6	1	50-23	36	17	6	3	8	26-27	21
3.	(8.)	1. FC Union Berlin	↑	34	14	15	5	54-33	+21	57	17	11	5	1	34-11	38	17	3	10	4	20-22	19
4.	(↓)	Hamburger SV		34	16	8	10	45-42	+3	56	17	8	4	5	21-22	28	17	8	4	5	24-20	28
5.	(13.)	1. FC Heidenheim		34	15	10	9	55-45	+10	55	17	9	3	5	32-24	30	17	6	7	4	23-21	25
6.	(3.)	Holstein Kiel		34	13	10	11	60-51	+9	49	17	8	5	4	33-23	29	17	5	5	7	27-28	20
7.	(4.)	DSC Arminia Bielefeld		34	13	10	11	52-50	+2	49	17	8	2	7	27-25	26	17	5	8	4	25-25	23
8.	(5.)	SSV Jahn Regensburg		34	12	13	9	55-54	+1	49	17	6	6	5	19-23	24	17	6	7	4	36-31	25
9.	(12.)	FC St. Pauli		34	14	7	13	46-53	-7	49	17	8	5	4	28-23	29	17	6	2	9	18-30	20
10.	(10.)	SV Darmstadt 98		34	13	7	14	45-53	-8	46	17	9	4	4	25-17	31	17	4	3	10	20-36	15
11.	(6.)	VfL Bochum		34	11	11	12	49-50	-1	44	17	9	3	5	29-22	30	17	2	8	7	20-28	14
12.	(14.)	SG Dynamo Dresden		34	11	9	14	41-48	-7	42	17	7	5	5	26-19	26	17	4	4	9	15-29	16
13.	(15.)	SpVgg Greuther Fürth		34	10	12	12	37-56	-19	42	17	6	8	3	23-24	26	17	4	4	9	14-32	16
14.	(16.)	FC Erzgebirge Aue		34	11	7	16	43-47	-4	40	17	6	5	6	20-22	23	17	5	2	10	23-25	17
15.	(11.)	SV Sandhausen		34	9	11	14	45-52	-7	38	17	5	6	6	22-21	21	17	4	5	8	23-31	17
16.	(9.)	FC Ingolstadt 04		34	9	8	17	43-55	-12	35	17	4	5	8	20-22	17	17	5	3	9	23-33	18
17.	(↑)	1. FC Magdeburg	↓	34	6	13	15	35-53	-18	31	17	2	10	5	16-19	16	17	4	3	10	19-34	15
18.	(7.)	MSV Duisburg	↓	34	6	10	18	39-65	-26	28	17	3	3	11	25-39	12	17	3	7	7	14-26	16

Absteiger aus der Bundesliga: 1. FC Nürnberg, Hannover 96 und VfB Stuttgart.
Aufsteiger in die Bundesliga: 1. FC Köln, SC Paderborn 07 und 1. FC Union Berlin.
Absteiger in die 3. Liga: MSV Duisburg, 1. FC Magdeburg und FC Ingolstadt 04.
Aufsteiger aus der 3. Liga: VfL Osnabrück, Karlsruher SC und SV Wehen Wiesbaden.

2. Bundesliga 2018/19

	1. FC Köln	SC Paderborn 07	Union Berlin	Hamburger SV	Heidenheim	Holstein Kiel	Arminia Bielefeld	Jahn Regensburg	FC St. Pauli	SV Darmstadt 98	VfL Bochum	Dynamo Dresden	SpVgg Gr. Fürth	Erzgebirge Aue	SV Sandhausen	FC Ingolstadt 04	1. FC Magdeburg	MSV Duisburg
1. FC Köln	×	3:5	1:1	1:1	1:1	4:0	5:1	3:5	4:1	1:2	2:3	8:1	4:0	3:1	3:1	2:1	3:0	1:2
SC Paderborn 07	3:2	×	0:0	4:1	3:1	4:4	2:2	2:0	0:1	6:2	2:2	3:0	6:0	1:0	3:3	3:1	4:4	4:0
1. FC Union Berlin	2:0	1:3	×	2:0	1:1	2:0	1:1	2:2	4:1	3:1	2:0	0:0	4:0	1:0	2:0	2:0	3:0	2:2
Hamburger SV	1:0	1:0	2:2	×	3:2	0:3	3:0	0:5	0:0	2:3	0:0	1:0	1:0	1:1	2:1	0:3	1:2	3:0
1. FC Heidenheim	0:2	1:5	2:1	2:2	×	2:2	1:1	1:2	3:0	0:1	3:2	1:0	2:0	1:0	2:3	4:2	3:0	4:1
Holstein Kiel	1:1	1:2	0:2	3:1	1:1	×	1:2	2:0	2:1	4:2	2:2	3:0	2:2	5:1	2:1	2:2	2:1	0:2
DSC Arminia Bielefeld	1:3	2:0	1:1	2:0	1:2	1:0	×	5:3	1:2	1:0	3:1	2:1	2:3	2:1	1:1	1:3	0:1
SSV Jahn Regensburg	1:3	2:0	1:1	2:1	2:1	0:0	0:3	×	1:1	1:1	2:1	0:2	0:2	1:3	2:2	2:1	1:0	1:1
FC St. Pauli	3:5	2:1	3:2	0:4	1:1	0:1	1:1	4:3	×	2:0	0:0	1:2	2:0	1:2	3:1	1:0	4:1	0:3
SV Darmstadt 98	0:3	1:0	2:1	1:2	1:2	3:2	1:2	1:1	2:1	×	0:0	2:0	2:0	1:0	1:1	1:1	3:1	3:0
VfL Bochum	0:2	1:2	2:2	0:0	1:0	1:3	1:0	3:3	1:3	1:0	×	0:1	3:2	2:1	1:0	6:0	4:2	2:1
SG Dynamo Dresden	3:0	3:1	0:0	0:1	1:3	0:2	3:4	2:0	2:1	4:1	2:2	×	0:1	1:1	3:1	2:0	1:1	1:0
SpVgg Greuther Fürth	0:4	2:2	1:1	0:0	0:0	4:1	2:2	1:1	2:1	2:1	2:2	0:0	×	0:5	3:1	0:1	3:2	1:0
FC Erzgebirge Aue	0:1	2:1	3:0	1:3	0:1	2:1	1:0	1:1	3:1	2:2	3:2	1:3	1:1	×	0:2	0:3	0:0	0:0
SV Sandhausen	0:2	1:1	0:0	0:3	1:2	3:2	0:3	2:2	4:0	1:1	3:0	3:1	0:0	0:3	×	4:0	0:1	0:0
FC Ingolstadt 04	1:2	1:2	1:2	1:2	1:1	1:1	1:1	1:2	0:1	3:0	2:1	1:0	1:1	3:2	1:2	×	0:1	1:1
1. FC Magdeburg	1:1	1:1	1:1	0:1	0:0	1:1	0:0	2:3	1:2	0:1	0:0	2:2	2:1	1:0	0:1	1:1	×	3:3
MSV Duisburg	4:4	2:0	2:3	1:2	3:4	0:4	2:2	1:3	0:1	3:2	0:2	1:3	0:1	1:2	2:2	2:4	1:0	×

Qualifikationsspiele zwischen dem 16. der 2. Bundesliga und dem Dritten der 3. Liga:

24.05.2019: SV Wehen Wiesbaden - FC Ingolstadt 04   1:2 (0:1)
Wehen: Markus Kolke - Moritz Kuhn, Sascha Mockenhaupt, Sebastian Mrowca, Alf Mintzel - Gökhan Gül (86. Jeremias Lorch), Patrick Schönfeld, Marcel Titsch Rivero (62. Daniel-Kofi Kyereh) - Nicklas Shipnoski, Maximilian Dittgen, Manuel Schäffler (72. Niklas Schmidt). Trainer: Rüdiger Rehm
Ingolstadt: Philipp Tschauner - Phil Neumann, Björn Paulsen, Mergim Mavraj, Paulo Otavio - Almog Cohen (81. Jonatan Kotzke), Marcel Gaus, Thomas Pledl, Sonny Kittel (76. Robin Krauße) - Stefan Kutschke, Dario Lezcano (86. Fatih Kaya). Trainer: Tomas Oral
Tore: 0:1 Dario Lezcano (1.), 0:2 Dario Lezcano (47., Foulelfmeter), 1:2 Daniel-Kofi Kyereh (90.+6)
Zuschauer: 7.698 in der Brita-Arena in Wiesbaden
Schiedsrichter: Guido Winkmann (SV Nütterden, NIR) - Assistenten: Markus Sinn (SpVgg Stuttgart-Ost, WBG), Mike Pickel (TuS Grün-Weiß Mendig, RHL)
Gelbe Karten: Nicklas Shipnoski / Almog Cohen, Mergim Mavraj, Robin Krauße

28.05.2019: FC Ingolstadt 04 - SV Wehen Wiesbaden   2:3 (1:3)
Ingolstadt: Philipp Tschauner - Phil Neumann, Björn Paulsen, Mergim Mavraj, Paulo Otavio - Robin Krauße (67. Cenk Sahin), Marcel Gaus, Thomas Pledl (85. Fatih Kaya), Konstantin Kerschbaumer (56. Sonny Kittel) - Dario Lezcano, Stefan Kutschke. Trainer: Tomas Oral
Wehen: Markus Kolke - Moritz Kuhn, Sascha Mockenhaupt, Sebastian Mrowca, Alf Mintzel (85. Marc Wachs) - Gökhan Gül, Jeremias Lorch (78. Giuliano Modica), Niklas Schmidt (69. Nicklas Shipnoski), Maximilian Dittgen - Manuel Schäffler, Daniel-Kofi Kyereh. Trainer: Rüdiger Rehm
Tore: 0:1 Daniel-Kofi Kyereh (11.), 1:1 Konstantin Kerschbaumer (13.), 1:2 Maximilian Dittgen (30.), 1:3 Björn Paulsen (43., ET), 2:3 Björn Paulsen (68.)
Zuschauer: 12.420 im Audi-Sportpark in Ingolstadt
Schiedsrichter: Frank Willenborg (SV Gehlenberg-Neuvrees, NS) - Ass.: Holger Henschel (SV Broitzem, NS), Thomas Gorniak (ATSV Sebaldsbrück, HB)
Gelbe Karten: Marcel Gaus / Jeremias Lorch, Marc Wachs, Gökhan Gül
Der SV Wehen Wiesbaden steigt in die 2. Bundesliga auf und der FC Ingolstadt 04 in die 3. Liga ab.

Termine und Ergebnisse der 2. Bundesliga Saison 2018/19 Hinrunde

1. Spieltag
03.08.2018	Hamburger SV	Holstein Kiel	0:3 (0:0)
04.08.2018	VfL Bochum	1. FC Köln	0:2 (0:1)
04.08.2018	Jahn Regensburg	FC Ingolstadt 04	2:1 (1:1)
04.08.2018	Greuther Fürth	SV Sandhausen	3:1 (0:0)
05.08.2018	1. FC Magdeburg	FC St. Pauli	1:2 (1:1)
05.08.2018	1. FC Union Berlin	Erzgebirge Aue	1:0 (0:0)
05.08.2018	SV Darmstadt 98	SC Paderborn 07	1:0 (0:0)
05.08.2018	1. FC Heidenheim	Arminia Bielefeld	1:1 (1:1)
06.08.2018	Dynamo Dresden	MSV Duisburg	1:0 (1:0)

2. Spieltag
10.08.2018	FC Ingolstadt 04	Greuther Fürth	1:1 (0:0)
10.08.2018	SC Paderborn 07	Jahn Regensburg	2:0 (1:0)
10.08.2018	FC St. Pauli	SV Darmstadt 98	2:0 (0:0)
11.08.2018	MSV Duisburg	VfL Bochum	0:2 (0:0)
11.08.2018	Arminia Bielefeld	Dynamo Dresden	2:1 (2:0)
12.08.2018	SV Sandhausen	Hamburger SV	0:3 (0:2)
12.08.2018	Holstein Kiel	1. FC Heidenheim	1:1 (1:1)
12.08.2018	Erzgebirge Aue	1. FC Magdeburg	0:0 (0:0)
13.08.2018	1. FC Köln	1. FC Union Berlin	1:1 (1:0)

3. Spieltag
24.08.2018	VfL Bochum	SV Sandhausen	1:0 (0:0)
24.08.2018	SV Darmstadt 98	MSV Duisburg	3:0 (0:0)
25.08.2018	1. FC Köln	Erzgebirge Aue	3:1 (1:1)
25.08.2018	Greuther Fürth	SC Paderborn 07	2:2 (0:0)
25.08.2018	1. FC Magdeburg	FC Ingolstadt 04	1:1 (1:1)
26.08.2018	Jahn Regensburg	Holstein Kiel	0:0 (0:0)
26.08.2018	Dynamo Dresden	1. FC Heidenheim	1:3 (0:2)
26.08.2018	1. FC Union Berlin	FC St. Pauli	4:1 (2:0)
27.08.2018	Hamburger SV	Arminia Bielefeld	3:0 (1:0)

4. Spieltag
31.08.2018	FC Ingolstadt 04	Erzgebirge Aue	3:2 (1:1)
31.08.2018	SC Paderborn 07	VfL Bochum	2:2 (0:1)
01.09.2018	Arminia Bielefeld	Jahn Regensburg	5:3 (3:2)
01.09.2018	MSV Duisburg	Greuther Fürth	0:1 (0:1)
02.09.2018	SV Sandhausen	1. FC Union Berlin	0:0 (0:0)
02.09.2018	FC St. Pauli	1. FC Köln	3:5 (2:2)
02.09.2018	1. FC Heidenheim	SV Darmstadt 98	0:1 (0:1)
03.09.2018	Holstein Kiel	1. FC Magdeburg	2:1 (2:0)
18.09.2018	Dynamo Dresden	Hamburger SV	0:1 (0:0)

5. Spieltag
14.09.2018	Jahn Regensburg	Dynamo Dresden	0:2 (0:1)
14.09.2018	1. FC Union Berlin	MSV Duisburg	2:2 (1:0)
15.09.2018	Hamburger SV	1. FC Heidenheim	3:2 (0:0)
15.09.2018	SV Darmstadt 98	SV Sandhausen	1:1 (0:0)
15.09.2018	Greuther Fürth	Holstein Kiel	4:1 (2:0)
16.09.2018	1. FC Köln	SC Paderborn 07	3:5 (1:1)
16.09.2018	VfL Bochum	FC Ingolstadt 04	6:0 (3:0)
16.09.2018	Erzgebirge Aue	FC St. Pauli	3:1 (2:1)
17.09.2018	1. FC Magdeburg	Arminia Bielefeld	0:0 (0:0)

6. Spieltag
21.09.2018	FC Ingolstadt 04	FC St. Pauli	0:1 (0:0)
21.09.2018	SV Sandhausen	1. FC Köln	0:2 (0:1)
22.09.2018	Holstein Kiel	VfL Bochum	2:2 (0:1)
22.09.2018	Arminia Bielefeld	1. FC Union Berlin	1:1 (0:1)
22.09.2018	Dynamo Dresden	SV Darmstadt 98	4:1 (1:1)
23.09.2018	Hamburger SV	Jahn Regensburg	0:5 (0:3)
23.09.2018	MSV Duisburg	Erzgebirge Aue	1:2 (1:0)
23.09.2018	1. FC Heidenheim	Greuther Fürth	2:0 (0:0)
23.09.2018	SC Paderborn 07	1. FC Magdeburg	4:4 (2:1)

7. Spieltag
25.09.2018	1. FC Köln	FC Ingolstadt 04	2:1 (0:0)
25.09.2018	VfL Bochum	Dynamo Dresden	0:1 (0:1)
25.09.2018	1. FC Union Berlin	Holstein Kiel	2:0 (0:0)
25.09.2018	SV Darmstadt 98	Arminia Bielefeld	1:2 (0:0)
26.09.2018	Jahn Regensburg	1. FC Heidenheim	2:1 (2:1)
26.09.2018	FC St. Pauli	SC Paderborn 07	2:1 (1:1)
26.09.2018	Erzgebirge Aue	SV Sandhausen	0:2 (0:1)
26.09.2018	1. FC Magdeburg	MSV Duisburg	3:3 (0:1)
27.09.2018	Greuther Fürth	Hamburger SV	0:0 (0:0)

8. Spieltag
28.09.2018	Holstein Kiel	SV Darmstadt 98	4:2 (3:2)
28.09.2018	Arminia Bielefeld	1. FC Köln	1:3 (0:1)
29.09.2018	MSV Duisburg	Jahn Regensburg	1:3 (1:2)
29.09.2018	1. FC Heidenheim	VfL Bochum	3:2 (1:2)
29.09.2018	SC Paderborn 07	Erzgebirge Aue	1:0 (1:0)
30.09.2018	Hamburger SV	FC St. Pauli	0:0 (0:0)
30.09.2018	SV Sandhausen	1. FC Magdeburg	0:1 (0:0)
30.09.2018	Dynamo Dresden	Greuther Fürth	0:1 (0:0)
01.10.2018	FC Ingolstadt 04	1. FC Union Berlin	1:2 (0:1)

9. Spieltag
05.10.2018	VfL Bochum	Arminia Bielefeld	1:0 (1:0)
05.10.2018	SV Darmstadt 98	Hamburger SV	1:2 (0:2)
06.10.2018	Greuther Fürth	Jahn Regensburg	1:1 (0:0)
06.10.2018	Erzgebirge Aue	Holstein Kiel	2:1 (0:1)
06.10.2018	1. FC Magdeburg	Dynamo Dresden	2:2 (0:2)
07.10.2018	1. FC Union Berlin	1. FC Heidenheim	1:1 (0:0)
07.10.2018	FC Ingolstadt 04	SC Paderborn 07	1:2 (0:1)
07.10.2018	FC St. Pauli	SV Sandhausen	3:1 (1:0)
08.10.2018	1. FC Köln	MSV Duisburg	1:2 (1:1)

10. Spieltag
19.10.2018	SV Sandhausen	FC Ingolstadt 04	4:0 (1:0)
19.10.2018	Dynamo Dresden	Erzgebirge Aue	1:1 (1:1)
20.10.2018	Holstein Kiel	1. FC Köln	1:1 (0:1)
20.10.2018	Arminia Bielefeld	Greuther Fürth	2:3 (2:0)
20.10.2018	1. FC Heidenheim	1. FC Magdeburg	3:0 (2:0)
21.10.2018	Hamburger SV	VfL Bochum	0:0 (0:0)
21.10.2018	Jahn Regensburg	SV Darmstadt 98	1:1 (0:0)
21.10.2018	SC Paderborn 07	1. FC Union Berlin	0:0 (0:0)
22.10.2018	MSV Duisburg	FC St. Pauli	0:1 (0:0)

11. Spieltag
26.10.2018	SV Darmstadt 98	Greuther Fürth	2:0 (1:0)
26.10.2018	1. FC Magdeburg	Hamburger SV	0:1 (0:0)
27.10.2018	1. FC Köln	1. FC Heidenheim	1:1 (0:1)
27.10.2018	Erzgebirge Aue	Arminia Bielefeld	1:0 (0:0)
27.10.2018	SC Paderborn 07	SV Sandhausen	3:3 (1:2)
28.10.2018	1. FC Union Berlin	Dynamo Dresden	0:0 (0:0)
28.10.2018	FC Ingolstadt 04	MSV Duisburg	1:1 (0:0)
28.10.2018	FC St. Pauli	Holstein Kiel	0:1 (0:0)
29.10.2018	VfL Bochum	Jahn Regensburg	3:3 (1:1)

12. Spieltag
02.11.2018	Dynamo Dresden	SV Sandhausen	3:1 (2:1)
02.11.2018	Greuther Fürth	VfL Bochum	2:2 (0:2)
03.11.2018	Holstein Kiel	FC Ingolstadt 04	2:2 (0:0)
03.11.2018	MSV Duisburg	SC Paderborn 07	2:0 (1:0)
03.11.2018	SV Darmstadt 98	1. FC Magdeburg	3:1 (1:0)
04.11.2018	Arminia Bielefeld	FC St. Pauli	1:2 (1:0)
04.11.2018	Jahn Regensburg	1. FC Union Berlin	1:1 (1:1)
04.11.2018	1. FC Heidenheim	Erzgebirge Aue	1:0 (0:0)
05.11.2018	Hamburger SV	1. FC Köln	1:0 (0:0)

13. Spieltag
09.11.2018	SV Sandhausen	MSV Duisburg	0:0 (0:0)
09.11.2018	SC Paderborn 07	Holstein Kiel	4:4 (3:1)
10.11.2018	1. FC Köln	Dynamo Dresden	8:1 (2:0)
10.11.2018	FC St. Pauli	1. FC Heidenheim	1:1 (0:0)
10.11.2018	Erzgebirge Aue	Hamburger SV	1:3 (1:1)
11.11.2018	1. FC Union Berlin	Greuther Fürth	4:0 (3:0)
11.11.2018	FC Ingolstadt 04	Arminia Bielefeld	1:1 (0:0)
11.11.2018	1. FC Magdeburg	Jahn Regensburg	2:3 (1:1)
12.11.2018	VfL Bochum	SV Darmstadt 98	1:0 (0:0)

14. Spieltag
23.11.2018	Arminia Bielefeld	MSV Duisburg	0:1 (0:0)
23.11.2018	Greuther Fürth	1. FC Magdeburg	3:2 (1:1)
24.11.2018	Holstein Kiel	SV Sandhausen	2:1 (2:0)
24.11.2018	VfL Bochum	Erzgebirge Aue	2:1 (0:1)
24.11.2018	SV Darmstadt 98	1. FC Köln	0:3 (0:0)
25.11.2018	Jahn Regensburg	FC St. Pauli	1:1 (0:1)
25.11.2018	1. FC Heidenheim	SC Paderborn 07	1:5 (1:2)
25.11.2018	Dynamo Dresden	FC Ingolstadt 04	2:0 (2:0)
26.11.2018	Hamburger SV	1. FC Union Berlin	2:2 (0:1)

15. Spieltag
30.11.2018	Erzgebirge Aue	Jahn Regensburg	1:1 (1:1)
30.11.2018	SC Paderborn 07	Arminia Bielefeld	2:2 (0:0)
01.12.2018	1. FC Köln	Greuther Fürth	4:0 (1:0)
01.12.2018	1. FC Union Berlin	SV Darmstadt 98	3:1 (2:0)
01.12.2018	FC Ingolstadt 04	Hamburger SV	1:2 (0:1)
01.12.2018	FC St. Pauli	Dynamo Dresden	1:1 (0:0)
02.12.2018	MSV Duisburg	Holstein Kiel	0:4 (0:0)
02.12.2018	SV Sandhausen	1. FC Heidenheim	1:2 (1:2)
02.12.2018	1. FC Magdeburg	VfL Bochum	0:0 (0:0)

16. Spieltag
07.12.2018	Hamburger SV	SC Paderborn 07	1:0 (1:0)
07.12.2018	Jahn Regensburg	1. FC Köln	1:3 (0:2)
08.12.2018	SV Darmstadt 98	FC Ingolstadt 04	1:1 (0:1)
08.12.2018	1. FC Heidenheim	MSV Duisburg	4:1 (1:0)
08.12.2018	Greuther Fürth	Erzgebirge Aue	0:5 (0:1)
09.12.2018	Arminia Bielefeld	SV Sandhausen	1:1 (0:0)
09.12.2018	Dynamo Dresden	Holstein Kiel	0:2 (0:2)
09.12.2018	1. FC Magdeburg	1. FC Union Berlin	1:1 (1:0)
10.12.2018	VfL Bochum	FC St. Pauli	1:3 (1:2)

17. Spieltag
14.12.2018	Holstein Kiel	Arminia Bielefeld	1:2 (0:1)
14.12.2018	MSV Duisburg	Hamburger SV	1:2 (1:2)
15.12.2018	1. FC Union Berlin	VfL Bochum	2:0 (0:0)
15.12.2018	FC St. Pauli	Greuther Fürth	2:0 (0:0)
15.12.2018	SC Paderborn 07	Dynamo Dresden	3:0 (0:0)
16.12.2018	FC Ingolstadt 04	1. FC Heidenheim	1:1 (1:0)
16.12.2018	SV Sandhausen	Jahn Regensburg	2:2 (2:1)
16.12.2018	Erzgebirge Aue	SV Darmstadt 98	2:2 (0:0)
17.12.2018	1. FC Köln	1. FC Magdeburg	3:0 (1:0)

Termine und Ergebnisse der 2. Bundesliga Saison 2018/19 Rückrunde

18. Spieltag
Datum	Heim	Gast	Ergebnis
21.12.2018	1. FC Köln	VfL Bochum	2:3 (1:1)
21.12.2018	SV Sandhausen	Greuther Fürth	0:0 (0:0)
22.12.2018	Arminia Bielefeld	1. FC Heidenheim	1:2 (1:1)
22.12.2018	FC Ingolstadt 04	Jahn Regensburg	1:2 (1:1)
22.12.2018	FC St. Pauli	1. FC Magdeburg	4:1 (1:1)
23.12.2018	Erzgebirge Aue	1. FC Union Berlin	3:0 (2:0)
23.12.2018	SC Paderborn 07	SV Darmstadt 98	6:2 (1:1)
23.12.2018	Holstein Kiel	Hamburger SV	3:1 (2:0)
23.12.2018	MSV Duisburg	Dynamo Dresden	1:3 (0:2)

19. Spieltag
Datum	Heim	Gast	Ergebnis
29.01.2018	VfL Bochum	MSV Duisburg	2:1 (2:0)
29.01.2018	SV Darmstadt 98	FC St. Pauli	2:1 (0:1)
29.01.2018	Greuther Fürth	FC Ingolstadt 04	0:1 (0:0)
29.01.2018	1. FC Magdeburg	Erzgebirge Aue	1:0 (1:0)
30.01.2018	Jahn Regensburg	SC Paderborn 07	2:0 (0:0)
30.01.2018	Hamburger SV	SV Sandhausen	2:1 (1:0)
30.01.2018	1. FC Heidenheim	Holstein Kiel	2:2 (2:1)
30.01.2018	Dynamo Dresden	Arminia Bielefeld	3:4 (3:1)
31.01.2018	1. FC Union Berlin	1. FC Köln	2:0 (2:0)

20. Spieltag
Datum	Heim	Gast	Ergebnis
01.02.2019	FC Ingolstadt 04	1. FC Magdeburg	0:1 (0:0)
01.02.2019	MSV Duisburg	SV Darmstadt 98	3:2 (2:0)
02.02.2019	1. FC Heidenheim	Dynamo Dresden	1:0 (1:0)
02.02.2019	SC Paderborn 07	Greuther Fürth	6:0 (3:0)
02.02.2019	Arminia Bielefeld	Hamburger SV	2:0 (2:0)
03.02.2019	SV Sandhausen	VfL Bochum	3:0 (0:0)
03.02.2019	Holstein Kiel	Jahn Regensburg	2:0 (1:0)
04.02.2019	FC St. Pauli	1. FC Union Berlin	3:2 (1:0)
27.02.2019	Erzgebirge Aue	1. FC Köln	0:1 (0:1)

21. Spieltag
Datum	Heim	Gast	Ergebnis
08.02.2019	1. FC Köln	FC St. Pauli	4:1 (1:1)
08.02.2019	Jahn Regensburg	Arminia Bielefeld	0:3 (0:2)
09.02.2019	Greuther Fürth	MSV Duisburg	1:0 (0:0)
09.02.2019	1. FC Union Berlin	SV Sandhausen	2:0 (1:0)
09.02.2019	VfL Bochum	SC Paderborn 07	1:2 (0:2)
10.02.2019	SV Darmstadt 98	1. FC Heidenheim	1:2 (0:1)
10.02.2019	1. FC Magdeburg	Holstein Kiel	1:1 (1:1)
10.02.2019	Erzgebirge Aue	FC Ingolstadt 04	0:3 (0:1)
11.02.2019	Hamburger SV	Dynamo Dresden	1:0 (0:0)

22. Spieltag
Datum	Heim	Gast	Ergebnis
15.02.2019	SV Sandhausen	SV Darmstadt 98	1:1 (1:1)
15.02.2019	SC Paderborn 07	1. FC Köln	3:2 (0:1)
16.02.2019	FC Ingolstadt 04	VfL Bochum	2:1 (2:0)
16.02.2019	FC St. Pauli	Erzgebirge Aue	1:2 (1:1)
16.02.2019	MSV Duisburg	1. FC Union Berlin	2:3 (1:1)
16.02.2019	1. FC Heidenheim	Hamburger SV	2:2 (1:1)
17.02.2019	Holstein Kiel	Greuther Fürth	2:2 (0:0)
17.02.2019	Arminia Bielefeld	1. FC Magdeburg	1:3 (0:2)
17.02.2019	Dynamo Dresden	Jahn Regensburg	0:0 (0:0)

23. Spieltag
Datum	Heim	Gast	Ergebnis
22.02.2019	1. FC Union Berlin	Arminia Bielefeld	1:1 (1:0)
22.02.2019	Greuther Fürth	1. FC Heidenheim	0:0 (0:0)
23.02.2019	FC St. Pauli	FC Ingolstadt 04	1:0 (0:0)
23.02.2019	1. FC Köln	SV Sandhausen	3:1 (0:1)
23.02.2019	VfL Bochum	Holstein Kiel	1:3 (0:3)
23.02.2019	SV Darmstadt 98	Dynamo Dresden	2:0 (1:0)
24.02.2019	Jahn Regensburg	Hamburger SV	2:1 (0:1)
24.02.2019	Erzgebirge Aue	MSV Duisburg	0:0 (0:0)
24.02.2019	1. FC Magdeburg	SC Paderborn 07	1:1 (1:0)

24. Spieltag
Datum	Heim	Gast	Ergebnis
01.03.2019	Holstein Kiel	1. FC Union Berlin	0:2 (0:1)
01.03.2019	MSV Duisburg	1. FC Magdeburg	1:0 (0:0)
02.03.2019	1. FC Heidenheim	Jahn Regensburg	1:2 (0:1)
02.03.2019	SC Paderborn 07	FC St. Pauli	0:1 (0:0)
02.03.2019	SV Sandhausen	Erzgebirge Aue	0:3 (0:1)
03.03.2019	Arminia Bielefeld	SV Darmstadt 98	1:0 (1:0)
03.03.2019	FC Ingolstadt 04	1. FC Köln	1:2 (0:1)
03.03.2019	Dynamo Dresden	VfL Bochum	2:2 (1:2)
04.03.2019	Hamburger SV	Greuther Fürth	1:0 (0:0)

25. Spieltag
Datum	Heim	Gast	Ergebnis
08.03.2019	VfL Bochum	1. FC Heidenheim	1:0 (0:0)
08.03.2019	1. FC Union Berlin	FC Ingolstadt 04	2:0 (1:0)
09.03.2019	SV Darmstadt 98	Holstein Kiel	3:2 (2:1)
09.03.2019	1. FC Köln	Arminia Bielefeld	5:1 (2:0)
09.03.2019	Jahn Regensburg	MSV Duisburg	1:1 (1:0)
09.03.2019	Erzgebirge Aue	SC Paderborn 07	2:1 (1:0)
10.03.2019	FC St. Pauli	Hamburger SV	0:4 (0:1)
10.03.2019	1. FC Magdeburg	SV Sandhausen	0:1 (0:0)
04.04.2019	Greuther Fürth	Dynamo Dresden	0:0 (0:0)

26. Spieltag
Datum	Heim	Gast	Ergebnis
15.03.2019	Holstein Kiel	Erzgebirge Aue	5:1 (2:1)
15.03.2019	1. FC Heidenheim	1. FC Union Berlin	2:1 (0:1)
16.03.2019	Hamburger SV	SV Darmstadt 98	2:3 (2:0)
16.03.2019	SV Sandhausen	FC St. Pauli	4:0 (2:0)
16.03.2019	Dynamo Dresden	1. FC Magdeburg	1:1 (0:1)
17.03.2019	SC Paderborn 07	FC Ingolstadt 04	3:1 (0:0)
17.03.2019	Arminia Bielefeld	VfL Bochum	3:1 (0:0)
18.03.2019	Jahn Regensburg	Greuther Fürth	0:2 (0:0)
10.04.2019	MSV Duisburg	1. FC Köln	4:4 (2:1)

27. Spieltag
Datum	Heim	Gast	Ergebnis
29.03.2019	FC St. Pauli	MSV Duisburg	0:0 (0:0)
29.03.2019	1. FC Magdeburg	1. FC Heidenheim	0:0 (0:0)
30.03.2019	VfL Bochum	Hamburger SV	0:0 (0:0)
30.03.2019	SV Darmstadt 98	Jahn Regensburg	1:1 (1:0)
30.03.2019	1. FC Union Berlin	SC Paderborn 07	1:3 (0:1)
31.03.2019	1. FC Köln	Holstein Kiel	4:0 (2:0)
31.03.2019	Greuther Fürth	Arminia Bielefeld	2:2 (2:0)
31.03.2019	FC Ingolstadt 04	SV Sandhausen	1:2 (1:0)
01.04.2019	Erzgebirge Aue	Dynamo Dresden	1:3 (1:0)

28. Spieltag
Datum	Heim	Gast	Ergebnis
05.04.2019	Arminia Bielefeld	Erzgebirge Aue	2:1 (1:0)
05.04.2019	Jahn Regensburg	VfL Bochum	2:1 (1:0)
06.04.2019	MSV Duisburg	FC Ingolstadt 04	2:4 (0:1)
06.04.2019	Holstein Kiel	FC St. Pauli	2:1 (0:1)
06.04.2019	SV Sandhausen	SC Paderborn 07	1:1 (0:0)
07.04.2019	1. FC Heidenheim	1. FC Köln	0:2 (0:2)
07.04.2019	Dynamo Dresden	1. FC Union Berlin	0:0 (0:0)
07.04.2019	Greuther Fürth	SV Darmstadt 98	2:1 (0:0)
08.04.2019	Hamburger SV	1. FC Magdeburg	1:2 (1:0)

29. Spieltag
Datum	Heim	Gast	Ergebnis
12.04.2019	1. FC Union Berlin	Jahn Regensburg	2:2 (1:1)
12.04.2019	Erzgebirge Aue	1. FC Heidenheim	0:1 (0:1)
13.04.2019	SV Sandhausen	Dynamo Dresden	3:1 (0:0)
13.04.2019	SC Paderborn 07	MSV Duisburg	4:0 (2:0)
13.04.2019	1. FC Magdeburg	SV Darmstadt 98	0:1 (0:0)
14.04.2019	VfL Bochum	Greuther Fürth	3:2 (1:2)
14.04.2019	FC Ingolstadt 04	Holstein Kiel	1:1 (1:0)
14.04.2019	FC St. Pauli	Arminia Bielefeld	1:1 (0:1)
15.04.2019	1. FC Köln	Hamburger SV	1:1 (1:0)

30. Spieltag
Datum	Heim	Gast	Ergebnis
20.04.2019	Hamburger SV	Erzgebirge Aue	1:0 (1:0)
20.04.2019	Greuther Fürth	1. FC Union Berlin	1:1 (0:1)
20.04.2019	MSV Duisburg	SV Sandhausen	2:2 (0:1)
20.04.2019	Holstein Kiel	SC Paderborn 07	1:2 (0:0)
21.04.2019	Dynamo Dresden	1. FC Köln	3:0 (2:0)
21.04.2019	1. FC Heidenheim	FC St. Pauli	3:0 (3:0)
21.04.2019	Arminia Bielefeld	FC Ingolstadt 04	1:3 (0:1)
21.04.2019	Jahn Regensburg	1. FC Magdeburg	1:0 (1:0)
21.04.2019	SV Darmstadt 98	VfL Bochum	0:0 (0:0)

31. Spieltag
Datum	Heim	Gast	Ergebnis
26.04.2019	1. FC Köln	SV Darmstadt 98	1:2 (0:1)
26.04.2019	FC Ingolstadt 04	Dynamo Dresden	1:0 (0:0)
27.04.2019	1. FC Magdeburg	Greuther Fürth	2:1 (2:1)
27.04.2019	SV Sandhausen	Holstein Kiel	3:2 (2:2)
27.04.2019	FC St. Pauli	Jahn Regensburg	4:3 (1:2)
28.04.2019	SC Paderborn 07	1. FC Heidenheim	3:1 (1:0)
28.04.2019	Erzgebirge Aue	VfL Bochum	3:2 (2:1)
28.04.2019	1. FC Union Berlin	Hamburger SV	2:0 (0:0)
29.04.2019	MSV Duisburg	Arminia Bielefeld	2:2 (1:1)

32. Spieltag
Datum	Heim	Gast	Ergebnis
03.05.2019	Arminia Bielefeld	SC Paderborn 07	2:0 (1:0)
03.05.2019	Dynamo Dresden	FC St. Pauli	2:1 (1:0)
04.05.2019	Hamburger SV	FC Ingolstadt 04	0:3 (0:1)
04.05.2019	1. FC Heidenheim	SV Sandhausen	2:3 (1:0)
04.05.2019	VfL Bochum	1. FC Magdeburg	4:2 (1:0)
05.05.2019	Holstein Kiel	MSV Duisburg	0:2 (0:0)
05.05.2019	Jahn Regensburg	Erzgebirge Aue	1:3 (0:0)
05.05.2019	SV Darmstadt 98	1. FC Union Berlin	2:1 (0:0)
06.05.2019	Greuther Fürth	1. FC Köln	0:4 (0:3)

33. Spieltag
Datum	Heim	Gast	Ergebnis
12.05.2019	SC Paderborn 07	Hamburger SV	4:1 (1:0)
12.05.2019	1. FC Köln	Jahn Regensburg	3:5 (0:3)
12.05.2019	FC Ingolstadt 04	SV Darmstadt 98	3:0 (2:0)
12.05.2019	MSV Duisburg	1. FC Heidenheim	3:4 (1:2)
12.05.2019	Erzgebirge Aue	Greuther Fürth	1:1 (1:1)
12.05.2019	SV Sandhausen	Arminia Bielefeld	0:3 (0:2)
12.05.2019	Holstein Kiel	Dynamo Dresden	3:0 (1:0)
12.05.2019	1. FC Union Berlin	1. FC Magdeburg	3:0 (2:0)
12.05.2019	FC St. Pauli	VfL Bochum	0:0 (0:0)

34. Spieltag
Datum	Heim	Gast	Ergebnis
19.05.2019	Arminia Bielefeld	Holstein Kiel	1:0 (0:0)
19.05.2019	Hamburger SV	MSV Duisburg	3:0 (1:0)
19.05.2019	VfL Bochum	1. FC Union Berlin	2:2 (1:0)
19.05.2019	Greuther Fürth	FC St. Pauli	2:1 (0:0)
19.05.2019	Dynamo Dresden	SC Paderborn 07	3:1 (2:1)
19.05.2019	1. FC Heidenheim	FC Ingolstadt 04	4:2 (2:0)
19.05.2019	Jahn Regensburg	SV Sandhausen	2:2 (1:1)
19.05.2019	SV Darmstadt 98	Erzgebirge Aue	1:0 (1:0)
19.05.2019	1. FC Magdeburg	1. FC Köln	1:1 (0:1)

FC Erzgebirge Aue

Anschrift: Lößnitzer Straße 95, 08280 Aue
Telefon: (0 37 71) 5 98 23 30 20
eMail: info@fc-erzgebirge.de
Homepage: www.fc-erzgebirge.de

Vereinsgründung: 01.01.1993; zuvor FC/BSG Wismut Aue, SC Wismut Karl-Marx-Stadt, BSG Zentra-Wismut Aue, BSG Pneumatik Aue, SG Aue
Vereinsfarben: Lila-Weiß
Präsident: Helge Leonhardt
Geschäftsführer: Michael Voigt
Stadion: Sparkassen-Erzgebirgsstadion (16.080)

Größte Erfolge: Als SC Wismut Karl-Marx-Stadt: DDR-Meister 1956, 1957 und 1959; FDGB-Pokalsieger 1955; Viertelfinale im Europapokal der Landesmeister 1959; Als FC Erzgebirge Aue: Pokalsieger Sachsen 2000, 2001, 2002 und 2016; Meister der Regionalliga Nord 2003 (↑); Aufstieg in die 2. Bundesliga 2010 und 2016

Aufgebot:

Name, Vorname	Pos	geb. am	Nat.	seit	2018/19 Sp.	T.	gesamt Sp.	T.	frühere Vereine
Baumgart, Tom	S	12.11.1997	D	2018	9	0	9	0	Chemnitzer FC, SV Mulda
Bertram, Sören	M	05.06.1991	D	2016	11	0	71	6	Hallescher FC, VfL Bochum, Hamburger SV, FC Augsburg, Hamburger SV, FC St. Pauli, SV Teutonia Uelzen
Breitkreuz, Steve	A	18.01.1992	D	2018	17	0	66	1	Eintracht Braunschweig, FC Erzgebirge Aue, Hertha BSC, Lichterfelder FC 1892
Bunjaku, Albert	S	29.11.1983	KVX	2017	0	0	71	16	FC St. Gallen, 1. FC Kaiserslautern, 1. FC Nürnberg ... (vgl. Seite 207)
Cacutalua, Malcolm	A	15.11.1994	D	2017	17	0	86	4	DSC Arminia Bielefeld, VfL Bochum, SpVgg Greuther Fürth, Bayer 04 Leverkusen, SV Bergisch Gladbach 09, SF Troisdorf, 1. FC Köln, Bonner SC, Spvg. Porz/Gremberghoven
Fandrich, Clemens	M	10.01.1991	D	2016	32	2	128	7	FC Luzern, FC Erzgebirge Aue, RasenBallsport Leipzig, FC Energie Cottbus, Brandenburgischer SV Cottbus-Ost, Leipziger SC, SV Werben 1892
Haas, Daniel	T	01.08.1983	D	2016	2	0	142	0	1. FC Union Berlin, TSG Hoffenheim, Hannover 96, Eintracht Frankfurt, BSC Elsenfeld
Härtel, Sascha	A	09.03.1999	D	2011	1	0	1	0	FC Concordia Schneeberg
Hemmerich, Luke	M	09.02.1998	D	2018	2	0	9	0	VfL Bochum, FC Schalke 04, Rot-Weiss Essen, Bayer 04 Leverkusen, Sportfreunde Niederwenigern
Herrmann, Robert	M	10.08.1993	D	2018	14	1	15	1	SV Sandhausen, VfL Wolfsburg, Hannover 96, 1. FC Union Berlin, FC Strausberg
Hochscheidt, Jan	M	04.10.1987	D	2018	34	8	219	37	Eintracht Braunschweig, FC Erzgebirge Aue, FC Energie Cottbus, 1. FC Union Berlin, FC Hertha 03 Zehlendorf
Horschig, Paul	M	01.03.2000	D	2017	1	0	1	0	SG Dynamo Dresden, SC Borea Dresden, NFV Gelb-Weiß Görlitz
Iyoha, Emmanuel	S	11.10.1997	D	2018	29	3	51	3	VfL Osnabrück, Fortuna Düsseldorf, Bayer 04 Leverkusen, BV 04 Düsseldorf
Jendrusch, Robert	T	28.05.1996	D	2002	2	0	5	0	SV Auerhammer
Käuper, Ole	M	09.01.1997	D	2019	4	0	4	0	SV Werder Bremen, ATSV Sebaldsbrück
Kalig, Fabian	A	28.03.1993	D	2016	27	0	76	1	1. FSV Mainz 05, SV Niedernhausen
Kempe, Dennis	A	24.06.1986	D	2017	17	1	133	5	Karlsruher SC, VfR Aalen, FC Vaduz, 1. FC Kleve, VfL Wolfsburg, Borussia Mönchengladbach, SuS 09 Dinslaken, TV Voerde
Kral, Jan	A	05.04.1999	CZE	2019	4	0	4	0	FK Mlada Boleslav, FK Varnsdorf, FK Mlada Boleslav
Krüger, Florian	S	13.02.1999	D	2018	16	2	16	2	FC Schalke 04, 1. FC Magdeburg, SV 09 Staßfurt
Kusic, Filip	A	03.06.1996	SRB	2018	14	0	14	0	1. FC Köln, FC Oberlausitz Neugersdorf, FC Energie Cottbus, 1. FSV Mainz 05, Binger FVgg Hassia, TSV Leitershofen
Kvesic, Mario	M	12.01.1992	BIH	2015	12	1	59	8	RNK Split, NK Siroki Brijeg
Männel, Martin	T	16.03.1988	D	2008	30	0	242	1	FC Energie Cottbus, SC Oberhavel Velten, FSV Velten 90
Nazarov, Dimitrij	S	04.04.1990	AZE	2016	24	4	159	26	Karlsruher SC, SC Preußen Münster, Eintracht Frankfurt, 1. FC Kaiserslautern, VfR Wormatia 08 Worms, TSG Albisheim
Pronichev, Maximilian	S	17.11.1997	RUS	2018	0	0	0	0	Hertha BSC, Zenit St. Petersburg, FC Schalke 04 ... (vgl. Seite 112)
Rapp, Nicolai	A	13.12.1996	D	2017	15	0	63	1	SpVgg Greuther Fürth, TSG 1899 Hoffenheim, FC Freya Limbach
Riese, Philipp	M	12.11.1989	D	2015	28	2	105	5	1. FC Heidenheim, DSC Arminia Bielefeld, ZFC Meuselwitz, 1. FC Lok Leipzig, VfB Leipzig, FSV Meuselwitz
Rizzuto, Calogero	A	05.01.1992	D	2015	27	0	81	1	1. FC Kaiserslautern, 1. FC Saarbrücken, SV Schafbrücke
Samson, Louis	A	03.07.1995	D	2019	8	0	54	0	FC Schalke 04, Eintracht Braunschweig, FC Erzgebirge Aue, Hertha BSC, Tennis Borussia Berlin, Berliner FC Preussen, SC Charlottenburg
Strauß, John-Patrick	A	28.01.1996	PHI	2017	6	0	21	0	RasenBallsport Leipzig, TSG Wieseck, FC Cleeberg
Testroet, Pascal	S	26.09.1990	D	2018	33	15	63	18	SG Dynamo Dresden, DSC Arminia Bielefeld, VfL Osnabrück, DSC Arminia Bielefeld, Offenbacher FC Kickers, SV Werder Bremen, FC Schalke 04, VfL Rhede, FC Olympia Bocholt, SV Biemenhorst
Tiffert, Christian	M	18.02.1982	D	2015	9	0	155	7	VfL Bochum, Seattle Sounders, 1. FC Kaiserslautern, ... (vgl. Seite 112)
Wydra, Dominik	M	21.03.1994	AUT	2017	22	0	88	2	VfL Bochum, SC Paderborn 07, SK Rapid Wien, SC Wiener Viktoria
Zulechner, Philipp	S	12.04.1990	AUT	2019	7	4	7	4	SK Sturm Graz, BSC Young Boys Bern, FK Austria Wien, SC Freiburg, SV Grödig, SV Horn, SV Grödig, FC Red Bull Salzburg, FC Admira Wacker Mödling, FK Austria Wien, Florisdorfer AC

Trainer:

Name, Vorname	geb. am	Nat.	Zeitraum	Spiele 2018/19	frühere Trainerstationen
Meyer, Daniel	10.09.1979	D	01.07.2018 – lfd.	34	1. FC Köln II, Hallescher FC Junioren, FC Energie Cottbus Junioren, FC Strausberg

Zugänge: Baumgart (Chemnitzer FC), Breitkreuz, Hochscheidt (Eintracht Braunschweig), Härtel (eigene Junioren), Hemmerich (VfL Bochum), Herrmann (SV Sandhausen), Iyoha (VfL Osnabrück), Kusic (1. FC Köln II), Pronichev (Hertha BSC II).
während der Saison:
Käuper (SV Werder Bremen), Kral (FK Mlada Boleslav), Krüger (FC Schalke 04 Junioren), Samson (FC Schalke 04 II), Testroet (SG Dynamo Dresden), Zulechner (SK Sturm Graz).

Abgänge: Adler (1. FC Lok Leipzig), Hertner (SV Darmstadt 98), Käßemodel (Laufbahn beendet), Köpke (Hertha BSC), Munsy (Grasshopper-Club Zürich), Ngwisani (Borussia Mönchengladbach II), Pepic und Soukou (FC Hansa Rostock).
während der Saison:
Bertram (SV Darmstadt 98), Bunjaku (FC Viktoria Köln), Härtel (VfL Sportfreunde Lotte), Hemmerich (FC Energie Cottbus), Pronichev und Tiffert (Hallescher FC), Rapp (1. FC Union Berlin).

Fortsetzung FC Erzgebirge Aue

Aufstellungen und Torschützen:

Sp	Datum	Gegner	Ergebnis	Baumgart	Bertram	Breitkreuz	Cacutalua	Fandrich	Haas	Härtel	Hemmerich	Herrmann	Hochscheidt	Horschig	Iyoha	Jendrusch	Käuper	Kalig	Kempe	Kral	Krüger	Kusic	Kvesic	Männel	Nazarov	Rapp	Riese	Rizzuto	Samson	Strauß	Testroet	Tiffert	Wydra	Zulechner
				1	2	3	4	5	6	7	8	9	10	11	12	13	14	15	16	17	18	19	20	21	22	23	24	25	26	27	28	29	30	31
1	05.08.18 A	1.FC Union Berlin	0:1 (0:0)	E	X		X	X				X	A		E			X					A	X	A	E		X				X			
2	12.08.18 H	1. FC Magdeburg	0:0 (0:0)		A			E				A	E					X	X				A	X	E	X		X				X	X	X	
3	25.08.18 A	1. FC Köln	1:3 (1:1)		X		X	X1		E		A						A	X					X	E	X	X	E				A	X		
4	31.08.18 A	FC Ingolstadt 04	2:3 (1:1)	A	X		X	X				E						A	X			E		E1	X	X	X					A1	X		
5	16.09.18 H	FC St. Pauli	3:1 (2:1)		X		X					A1	A					X	X1		E	X		X		X		E	A1	X	E				
6	23.09.18 A	MSV Duisburg	2:1 (0:1)		E	X		X				A			X			X	X		E1	X		X		X						A1	A	E	
7	26.09.18 H	SV Sandhausen	0:2 (0:1)		X	A	X		X		E	E	X					A	X		E	X		X		X						X	A		
8	29.09.18 A	SC Paderborn 07	0:1 (0:1)	E			X		A	X	X	E			X	X			X			A	E		X		X			X	A	X			
9	06.10.18 H	Holstein Kiel	2:1 (0:1)	A		X	X					X	E1		X	X			E		X	E1	X	A	X	A									
10	19.10.18 A	Dynamo Dresden	1:1 (1:1)	E	X	E	X					A	A		X	X					X	E	XG	X1	X			A							
11	27.10.18 H	Arminia Bielefeld	1:0 (0:0)	A	X	X						A1	E		X	X			X		X	E		X		X		X	A						
12	04.11.18 A	1.FC Heidenheim	0:1 (0:0)	E	E	X		X				X	A					XG	X			X		E	X	X	A								
13	10.11.18 H	Hamburger SV	1:3 (1:1)	E	X	X	A1	X			E	X							X			E		X	X	X	A								
14	24.11.18 A	VfL Bochum	1:2 (1:0)		A	X	X					X	E					E	X	A				X	X	X	X					A1	E		
15	30.11.18 H	Jahn Regensburg	1:1 (1:1)			X	E					X	E					X		A		E	X	A	X	X	X					A1	X		
16	08.12.18 A	SpVgg Gr. Fürth	5:0 (1:0)		X	X					X1	X1	E1		E			A1			X			A	X	X					A1	E		
17	16.12.18 H	SV Darmstadt 98	2:2 (0:0)		X	X					A	A					X	E	X			X		E		A	X					X2	E		
18	23.12.18 A	1.FC Union Berlin	3:0 (2:0)	E		X	X	X			E	X	A					A	X			X		X	X		A	X				A3	E		
19	29.01.19 H	1. FC Magdeburg	0:1 (0:1)			X	X					X	A	E		X		E	X			A	X			A	X					X	A		
20	10.02.19 A	FC Ingolstadt 04	0:3 (0:1)			X	X				E	X	X	A	X	A		A	X		X							E				E			
21	16.02.19 A	FC St. Pauli	2:1 (1:1)	E		X	X				A	A2	X						X		X			X	X	X	E					X	E		
22	24.02.19 H	MSV Duisburg	0:0 (0:0)	E			X				A	X	A		X			E	X			A		X		E	X					X			
23	27.02.19 H	1. FC Köln	0:1 (0:1)			X						A	E	X	X			A	X	A	E	X		E	X	X	X					X			
24	02.03.19 A	SV Sandhausen	3:0 (1:0)	X		X	X				X	A1	X			E			A			X	E	X		X		E				A2	X		
25	09.03.19 H	SC Paderborn 07	2:1 (1:0)			A	X					A	X1		X				X			X	E	X		X	E					A		X	E1
26	15.03.19 A	Holstein Kiel	1:5 (1:2)				X	A1			X	A	A	X	E				X			X	E	X		X	E	X	A			X			E
27	01.04.19 A	Dynamo Dresden	1:3 (1:0)			X					X	A	E		X			E	X			X	E	X	X	A			X			X		X	A1
28	05.04.19 A	Arminia Bielefeld	1:2 (0:1)			X					X	A			X			E1	X		X	E		X	X	X	A			X		A			
29	12.04.19 H	1.FC Heidenheim	0:1 (0:1)			A	X				X	A			X		E	X	XR	X	E	X				X	A					X	E		
30	20.04.19 A	Hamburger SV	1:1 (1:0)			X	X					X	E		X	A	E		X			X	X			E						X	A1		
31	28.04.19 H	VfL Bochum	3:2 (2:1)			X	X					X	E		X		X				X	E1		X	X		A1					X	A1		
32	05.05.19 A	Jahn Regensburg	3:1 (0:0)	X	X		X					A	A		X			E				X	E1	X1	X	E	A1	X							
33	12.05.19 H	SpVgg Gr. Fürth	1:1 (1:1)	A			X					X1		X	X		A	E	E	E		A		X	X		X					X			
34	19.05.19 A	SV Darmstadt 98	0:1 (0:1)	A			A				A	X	E	E	X				X					X	E		X					X			
		Spiele:		9	11	17	17	32	2	1	2	14	34	1	29	2	4	27	17	4	16	14	12	30	24	15	28	27	8	6	33	9	22	7
		Tore:		0	0	0	0	2	0	0	1	8	0	3	0	0	0	1	0	2	0	1	0	4	0	2	0	0	0	0	15	0	0	4

Bilanz der letzten 10 Jahre:

Saison	Lv.	Liga		Platz	Sp.	S	U	N	Tore	Pkt.
2008/09:	3	3. Liga		12.	38	12	12	14	43-43	48
2009/10:	3	3. Liga	↑	2.	38	20	8	10	57-41	68
2010/11:	2	2. Bundesliga		5.	34	16	8	10	40-37	56
2011/12:	2	2. Bundesliga		15.	34	8	11	15	31-55	35
2012/13:	2	2. Bundesliga		15.	34	9	10	15	39-46	37
2013/14:	2	2. Bundesliga		14.	34	11	8	15	42-54	41
2014/15:	2	2. Bundesliga	↓	17.	34	9	9	16	32-47	36
2015/16:	3	3. Liga	↑	2.	38	19	13	6	42-21	70
2016/17:	2	2. Bundesliga		14.	34	10	9	15	37-52	39
2017/18:	2	2. Bundesliga		16.	34	10	10	14	35-49	40

Zuschauerzahlen:

Saison	gesamt	Spiele	Schnitt
2008/09:	152.900	19	8.047
2009/10:	170.300	19	8.963
2010/11:	174.336	17	10.255
2011/12:	159.530	17	9.384
2012/13:	148.150	17	8.715
2013/14:	160.600	17	9.447
2014/15:	154.900	17	9.112
2015/16:	157.900	19	8.311
2016/17:	145.600	17	8.565
2017/18:	151.750	17	8.926

Die meisten Spiele in der 2. Bundesliga:

Pl.	Name, Vorname	Spiele
1.	Männel, Martin	242
2.	Curri, Skerdilaid	181
3.	Müller, Fabian	163
4.	Klingbeil, René	149
5.	Emmerich, Jörg	142
6.	Kurth, Marco	133
7.	Hochscheidt, Jan	130
8.	Kos, Tomasz	129
9.	Paulus, Thomas	127
10.	Trehkopf, René	114

Die meisten Tore in der 2. Bundesliga:

Pl.	Name, Vorname	Tore
1.	Juskowiak, Andrzej	33
2.	Hochscheidt, Jan	29
3.	Sylvestr, Jakub	23
4.	Curri, Skerdilaid	20
	Köpke, Pascal	20
6.	Nazarov, Dimitrij	16
7.	Testroet, Pascal	15
8.	Klinka, Tomas	14
9.	König, Ronny	13
10.	Heller, Florian	12

Die Trainer der letzten Jahre:

Name, Vorname	Zeitraum
Schmitt, Rico	04.06.2009 – 21.02.2012
Baumann, Karsten	22.02.2012 – 28.04.2013
Götz, Falko	29.04.2013 – 02.09.2014
Stipic, Tomislav	09.09.2014 – 30.06.2015
Dotchev, Pavel	01.07.2015 – 28.02.2017
Lenk, Robin (IT)	01.03.2017 – 07.03.2017
Tedesco, Domenico	08.03.2017 – 30.06.2017
Letsch, Thomas	01.07.2017 – 14.08.2017
Lenk, Robin (IT)	15.08.2017 – 07.09.2017
Drews, Hannes	08.09.2017 – 30.06.2018

1. FC Union Berlin

Anschrift:
An der Wuhlheide 263
12555 Berlin
Telefon: (0 30) 6 56 68 80
eMail: verein@fc-union-berlin.de
Homepage: www.fc-union-berlin.de

Vereinsgründung: 20.01.1966 (Vorgänger TSC Berlin, TSC Oberschöneweide, SC Motor Berlin, BSG Motor Oberschöneweide)

Vereinsfarben: Rot-Weiß
Präsident: Dirk Zingler
Geschäftsführer: Oliver Ruhnert

Stadion:
Stadion an der
Alten Försterei (22.012)

Größte Erfolge: FDGB-Pokalsieger 1968; DFB-Pokalfinalist 2001; Aufstieg in die Bundesliga 2019; Meister der DDR-Liga 1966 (↑), 1970 (↑) [jeweils Staffel Nord], 1974, 1975, 1976 (↑), 1982 (↑) [jew. Staffel B], 1985 (↑) und 1991 [jeweils Staffel A]; Meister der 3. Liga 2009 (↑), Meister der Regionalliga 2000 (Nordost) und 2001 (Nord, ↑)

Aufgebot:

Name, Vorname	Pos	geb. am	Nat.	seit	2018/19 Sp.	2018/19 T.	gesamt Sp.	gesamt T.	frühere Vereine
Abdullahi, Suleiman	S	10.12.1996	NGA	2018	19	2	60	10	Eintracht Braunschweig, Viking Stavanger, El-Kanemi Warriors Maidugiri
Andersson, Sebastian	S	15.07.1991	SWE	2018	34	12	63	24	1. FC Kaiserslautern, IFK Norrköping, Djurgardens IF, Kalmar FF, Ängelholms FF, Helsingborgs IF, Ängelholms IF, Vinslövs IF
Busk Jensen, Jakob	T	12.09.1993	DEN	2016	0	0	56	0	Sandefjord fB, AC Horsens, FC Kopenhagen
Carlos Mané (Cardoso Mané, Carlos Manuel)	S	11.03.1994	POR	2019	8	0	27	6	Sporting Lissabon, VfB Stuttgart, Sporting Lissabon
Dietz, Lars	M	07.01.1997	D	2018	0	0	0	0	Borussia Dortmund, Rot Weiss Ahlen
Friedrich, Marvin	A	13.12.1995	D	2018	34	0	46	1	FC Augsburg, FC Schalke 04, SC Paderborn 07, OSC Vellmar, FSC Guxhagen
Gikiewicz, Rafal	T	26.10.1987	POL	2018	34	1	100	1	SC Freiburg, Eintracht Braunschweig, WKS Slask Wroclaw, OKS 1945 Olsztyn, Jagiellonia Bialystok, SKS Wigry Suwalki, KS Drweca Nowe Miasto Lubawskie, OKS Sokol Ostroda, DKS Dobre Miasto, UKS Tempo 25 Olsztyn, OKS Stomil Olsztyn, KKS Warmia Olsztyn
Gogia, Akaki	M	18.01.1992	D	2017	28	6	95	19	SG Dynamo Dresden, Brentford FC, Hallescher FC, FC St. Pauli, FC Augsburg, VfL Wolfsburg, Hannover 96, FSV 67 Halle
Hartel, Marcel	M	19.01.1996	D	2017	26	2	54	4	1. FC Köln, SC West Köln
Hedlund, Simon	S	11.03.1993	SWE	2016	11	0	70	8	IF Elfsborg Boras, Trollhättans FK, IFK Trollhättan
Hübner, Florian	A	01.03.1991	D	2018	28	2	108	9	Hannover 96, SV Sandhausen, Borussia Dortmund, SV Wehen Wiesbaden
Kahraman, Cihan	M	08.10.1998	TUR	2012	0	0	0	0	Türkiyemspor Berlin 1978
Kroos, Felix	M	12.03.1991	D	2016	25	2	122	7	SV Werder Bremen, FC Hansa Rostock, Greifswalder SC 1926
Kurzweg, Peter	A	10.02.1994	D	2017	0	0	32	2	FC Würzburger Kickers, TSV 1860 München, TSV Allach 1909
Lenz, Christopher	A	22.09.1994	D	2018	11	0	23	0	Holstein Kiel, 1. FC Union Berlin, Borussia Mönchengladbach, Hertha BSC, Tennis Borussia Berlin, Hertha BSC, FC Stern Marienfelde
Maloney, Lennard	A	08.10.1999	D	2012	0	0	1	0	FSV Blau-Weiß Mahlsdorf/Waldesruh, Köpenicker SC
Mees, Joshua	M	15.04.1996	D	2018	21	6	43	12	SSV Jahn Regensburg, TSG 1899 Hoffenheim, SC Freiburg, TSG 1899 Hoffenheim, 1. FC Saarbrücken, FV Lebach
Moser, Lennart	T	06.12.1999	D	2010	0	0	0	0	Grünauer BC
Parensen, Michael	A	24.06.1986	D	2009	9	0	207	7	1. FC Köln, Borussia Dortmund, SC Paderborn 07, TuS Bad Driburg, VfL Eversen
Polter, Sebastian	S	01.04.1991	D	2017	20	9	88	42	Queens Park Rangers FC, 1. FC Union Berlin, 1. FSV Mainz 05, 1. FC Nürnberg, VfL Wolfsburg, Eintracht Braunschweig, SV Wilhelmshaven, SV Werder Bremen, SV Wilhelmshaven, Heidmühler FC
Prömel, Grischa	M	09.01.1995	D	2017	29	7	96	10	Karlsruher SC, TSG 1899 Hoffenheim, SV Stuttgarter Kickers, TSV RSK Esslingen
Rapp, Nicolai	A	13.12.1996	D	2019	3	0	63	1	FC Erzgebirge Aue, SpVgg Greuther Fürth, TSG 1899 Hoffenheim, FC Freya Limbach
Redondo, Kenny Prince	M	29.08.1994	ESP	2015	7	0	84	6	SpVgg Unterhaching, FC Rot-Weiss Oberföhring
Reichel, Ken	A	19.12.1986	D	2018	27	0	210	20	Eintracht Braunschweig, Hamburger SV, SV Tasmania Gropiusstadt 1973, TSV Rudow
Ryerson, Julian	M	17.11.1997	NOR	2018	8	0	8	0	Viking Stavanger, Lyngdal IL
Schmiedebach, Manuel	M	05.12.1988	D	2018	32	0	58	0	Hannover 96, Hertha BSC, Nordberliner SC, SC Staaken, Spandauer SV, SC Schwarz-Weiss Spandau
Schönheim, Fabian	A	14.02.1987	D	2012	0	0	157	7	1. FSV Mainz 05, SV Wehen Wiesbaden, 1. FC Kaiserslautern, FSV Rehborn, SG Desloch/Jeckenbach, FSV Rehborn
Schösswendter, Christoph	A	16.07.1988	AUT	2017	0	0	2	0	SK Rapid Wien, FC Admira Wacker Mödling, SC Rheindorf Altach, FC Lustenau, SK Rapid Wien, 1. FC Vöcklabruck, SV Grödig, FC Pinzgau Saalfelden
Taz, Berkan	M	19.12.1998	D	2016	1	0	1	0	FC Hertha 03 Zehlendorf, Reinickendorfer Füchse
Torrejon, Marc	A	18.02.1986	ESP	2017	0	0	98	2	SC Freiburg, 1. FC Kaiserslautern, Racing Club Santander, RCD Espanyol Barcelona, Malaga CF, RCD Espanyol Barcelona
Trimmel, Christopher	M	24.02.1987	AUT	2014	32	0	152	2	SK Rapid Wien, ASK Horitschon-Unterpetersdorf, UFC Mannersdorf
Zejnullahu, Eroll	M	19.10.1994	KVX	2018	0	0	79	1	SV Sandhausen, 1. FC Union Berlin, FC Hertha 03 Zehlendorf, SV Tasmania Gropiusstadt 1973, FC Hertha 03 Zehlendorf, FC Internationale 1980 Berlin
Zulj, Robert	S	05.02.1992	AUT	2018	29	4	114	23	TSG 1899 Hoffenheim, SpVgg Greuther Fürth, FC Red Bull Salzburg, SV Ried, AKA Linz, FC Wels

Trainer:

Name, Vorname	geb. am	Nat.	Zeitraum	Spiele 2018/19	frühere Trainerstationen
Fischer, Urs	20.02.1966	SUI	01.07.2018 – lfd.	34	FC Basel, FC Thun, FC Zürich, FC Zürich U21, FC Zürich (Co-Trainer), FC Zürich U21, FC Zürich U16, FC Zürich U14

Zugänge:
Andersson (1. FC Kaiserslautern), Gikiewicz (SC Freiburg), Hübner und Schmiedebach (Hannover 96), Lenz (Holstein Kiel), Maloney und Moser (eigene Junioren), Mees (SSV Jahn Regensburg), Reichel (Eintracht Braunschweig), Ryerson (Viking Stavanger), Zejnullahu (SV Sandhausen).
während der Saison:
Abdullahi (Eintracht Braunschweig), Carlos Mané (Sporting Lissabon), Rapp (FC Erzgebirge Aue), Zulj (TSG 1899 Hoffenheim).

Abgänge:
Daube (KFC Uerdingen 05), Fürstner (Eintracht Braunschweig), Hosiner (SK Sturm Graz), Leistner (Queens Park Rangers FC), Mesenhöler (MSV Duisburg), Pedersen (Birmingham City FC), Skrzybski (FC Schalke 04).
während der Saison:
Dietz (VfL Sportfreunde Lotte), Hedlund (Bröndby IF), Kahraman (FSV Union Fürstenwalde), Kurzweg (FC Würzburger Kickers), Redondo (SpVgg Greuther Fürth), Schösswendter (FC Admira Wacker Mödling).

Fortsetzung 1. FC Union Berlin

Aufstellungen und Torschützen:

Sp	Datum	Gegner	Ergebnis	Abdullahi	Andersson	Carlos Mané	Friedrich	Gikiewicz	Gogia	Hartel	Hedlund	Hübner	Kroos	Lenz	Mees	Parensen	Polter	Prömel	Rapp	Redondo	Reichel	Ryerson	Schmiedebach	Taz	Trimmel	Zulj
				1	2	3	4	5	6	7	8	9	10	11	12	13	14	15	16	17	18	19	20	21	22	23
1	05.08.18 H	FC Erzgebirge Aue	1:0 (0:0)		X		X	X	A	X	E		E1		E	X		X		A	X		A		X	
2	13.08.18 A	1. FC Köln	1:1 (0:1)		X1		X	X	E	A	X		E	E		X		X		A	A		X		X	
3	26.08.18 H	FC St. Pauli	4:1 (2:0)		X2		X	X	A1		A	X	A					X1		E	X	E	X		X	E
4	02.09.18 A	SV Sandhausen	0:0 (0:0)		X		X	X	E	E	A	X	E					X		A	X		X		X	A
5	14.09.18 H	MSV Duisburg	2:2 (1:0)		X		X	X	X1	A	E	X1	A					X		E	X		A		X	E
6	22.09.18 A	Arminia Bielefeld	1:1 (1:0)		X		X	X	A	A	E	X	A					X1		X	E		X		X	E
7	25.09.18 H	Holstein Kiel	2:0 (0:0)		A		X	X	A	E	X	X		X				E1	X1		E		X		X	X
8	01.10.18 A	FC Ingolstadt 04	2:1 (1:0)		A1		X	X	A1	X	E	A						E			X		X		X	E
9	07.10.18 H	1. FC Heidenheim	1:1 (0:0)		X		X	X1	A	A	E	X						E		E	X		A		X	X
10	21.10.18 A	SC Paderborn 07	0:0 (0:0)		A		X	X	A	X		X	A	A	E			E			X		X		X	E
11	28.10.18 H	Dynamo Dresden	0:0 (0:0)	E	A		X	X	X		X	X		A				E			X		A		X	E
12	04.11.18 A	Jahn Regensburg	1:1 (1:1)		E		X	X	A	E		X		X	E	A1		X^G			X	X	X			A
13	11.11.18 H	SpVgg Gr. Fürth	4:0 (3:0)	A	E		X	X		X	E	X		A2		A2			E		X		X		X	X
14	26.11.18 A	Hamburger SV	2:2 (1:0)	X1	E		X	X	E	A	E	X		A1		A		X			X		X		X	
15	01.12.18 H	SV Darmstadt 98	3:1 (2:0)	A	X2		X	X		E	X	A		A	E			X			X		X		X	E
16	09.12.18 A	1. FC Magdeburg	1:1 (0:1)	A	X		X	X	E1	E		X	A	X	A			E					X		X	X
17	15.12.18 H	VfL Bochum	2:0 (0:0)	A	E		X	X	E	X			A	X		X1				A	E		X		X	X1
18	23.12.18 A	FC Erzgebirge Aue	0:3 (0:2)	E	X		X	X	E	A		X	E		A			X			X		X		X	A
19	31.01.19 H	1. FC Köln	2:0 (2:0)	A	E		X	X	X1		X1	A	E		E	A		X			X^G		X		X	
20	04.02.19 A	FC St. Pauli	2:3 (0:1)	E1	X	A	X	X	E	X		X	X	X				X1			A	A	E			
21	09.02.19 H	SV Sandhausen	2:0 (1:0)	A	X1		X	X	E1		X	X	E					X	A		X				X	E
22	16.02.19 A	MSV Duisburg	3:2 (1:1)		X1	A	X	X	E	A1	X		E	E				X			X		X		X	A1
23	22.02.19 H	Arminia Bielefeld	1:1 (1:0)	E	X		X	X	E	A		E	A1		A			X			X		X		X	X
24	01.03.19 A	Holstein Kiel	2:0 (1:0)		X1	A	X	X	A	E		X	A1	X	E			X			X		X		X	E
25	08.03.19 H	FC Ingolstadt 04	2:0 (1:0)	E	X1	A	X	X	X1		X	A	X					X	E			A	X		X	E
26	15.03.19 A	1. FC Heidenheim	1:2 (1:0)	E	X	E	X	X	A	A		X	X		E						A		X		X	X1
27	30.03.19 A	SC Paderborn 07	1:3 (0:1)	X	X	A	X	X	E	E	X		X					E1	X				A		A	X
28	07.04.19 A	Dynamo Dresden	0:0 (0:0)		A		X	X	A	E		X	A	X				E			X		X		X	E
29	12.04.19 A	Jahn Regensburg	2:2 (1:1)	X	X1		X	X	A			X	A	E				E1			X		X		X	E
30	20.04.19 A	SpVgg Gr. Fürth	1:1 (1:0)	A	E	E	X	X	E			A		X1		A	X		X^R		X				X	
31	28.04.19 H	Hamburger SV	2:0 (0:0)	A	A		X	X					E	E		X	E	X1			X	A	A		X	X1
32	05.05.19 A	SV Darmstadt 98	1:2 (0:0)	X	X1		X	X	E					E	A			E			X	A	A		X	X
33	12.05.19 H	1. FC Magdeburg	3:0 (2:0)		X		X	X		E		X	E	E	A			X2	X1		A		X		X	A
34	19.05.19 A	VfL Bochum	2:2 (0:1)	E	X		X	X	E		A	A		E1		X		X1			X		A		X	X
		Spiele:		19	34	8	34	34	28	26	11	28	25	11	21	9	20	29	3	7	27	8	32	1	32	29
		Tore:		2	12	0	0	1	6	2	0	2	2	0	6	0	9	7	0	0	0	0	0	0	0	4

Gegnerisches Eigentor im 15. Spiel (durch Sulu).

Bilanz der letzten 10 Jahre:

Saison	Lv.	Liga		Platz	Sp.	S	U	N	Tore	Pkt.
2008/09:	3	3. Liga	↑	1.	38	22	12	4	59-23	78
2009/10:	2	2. Bundesliga		12.	34	11	11	12	42-45	44
2010/11:	2	2. Bundesliga		11.	34	11	9	14	39-45	42
2011/12:	2	2. Bundesliga		7.	34	14	6	14	55-58	48
2012/13:	2	2. Bundesliga		7.	34	13	10	11	50-49	49
2013/14:	2	2. Bundesliga		9.	34	11	11	12	48-47	44
2014/15:	2	2. Bundesliga		7.	34	12	11	11	46-51	47
2015/16:	2	2. Bundesliga		6.	34	13	10	11	56-50	49
2016/17:	2	2. Bundesliga		4.	34	18	6	10	51-39	60
2017/18:	2	2. Bundesliga		8.	34	12	11	11	54-46	47

Zuschauerzahlen:

Saison	gesamt	Spiele	Schnitt
2008/09:	135.738	19	7.144
2009/10:	241.006	17	14.177
2010/11:	242.514	17	14.266
2011/12:	274.103	17	16.124
2012/13:	292.459	17	17.203
2013/14:	338.113	17	19.889
2014/15:	325.414	17	19.142
2015/16:	336.340	17	19.785
2016/17:	354.608	17	20.859
2017/18:	361.532	17	21.267

Die meisten Spiele in der 2. Bundesliga:

Pl.	Name, Vorname	Spiele
1.	Parensen, Michael	207
2.	Mattuschka, Torsten	161
3.	Trimmel, Christopher	152
4.	Kreilach, Damir	149
5.	Kohlmann, Patrick	142
6.	Skrzybski, Steven	136
7.	Quiring, Christopher	130
8.	Puncec, Roberto	121
9.	Schönheim, Fabian	118
10.	Stuff, Christian	116

Die meisten Tore in der 2. Bundesliga:

Pl.	Name, Vorname	Tore
1.	Mattuschka, Torsten	42
	Polter, Sebastian	42
3.	Kreilach, Damir	33
4.	Skrzybski, Steven	29
5.	Terodde, Simon	23
6.	Baumgart, Steffen	22
	Ristic, Sreto	22
8.	Mosquera, John Jairo	21
9.	Quiring, Christopher	19
10.	Brandy, Sören	18

Die Trainer der letzten Jahre:

Name, Vorname	Zeitraum
Hamann, Lothar (IT)	09.12.2004 – 19.12.2004
Lieberam, Frank	20.12.2004 – 09.12.2005
Wassiliev, Georgi	01.01.2006 – 05.04.2006
Schreier, Christian	06.04.2006 – 30.06.2007
Neuhaus, Uwe	01.07.2007 – 30.06.2014
Düwel, Norbert	01.07.2014 – 31.08.2015
Lewandowski, Sascha	02.09.2015 – 22.02.2016
Hofschneider, André (IT)	23.02.2016 – 30.06.2016
Keller, Jens	01.07.2016 – 03.12.2017
Hofschneider, André	04.12.2017 – 14.05.2018

DSC Arminia 1905 Bielefeld

Anschrift:
Melanchthonstraße 31a
33615 Bielefeld
Telefon: (05 21) 96 61 10
eMail: info@arminia-bielefeld.de
Homepage: www.arminia-bielefeld.de

Vereinsgründung: 03.05.1905 als 1. Bielefelder FC Arminia; seit 1927 DSC Arminia 1905 Bielefeld

Vereinsfarben: Schwarz-Weiß-Blau
Präsident e.V.: Hans-Jürgen Laufer
Sportlicher Leiter: Samir Arabi

Stadion: Schüco-Arena (26.515)

Größte Erfolge: Meister der 2. Bundesliga 1978 (Nord, ↑), 1980 (Nord, ↑) und 1999 (↑); Meister der 3. Liga 2015 (↑); Aufstieg in die Bundesliga 1996, 2002 und 2004; Pokalsieger Westfalen 2012 und 2013

Aufgebot:

Name, Vorname	Pos	geb. am	Nat.	seit	2018/19 Sp.	T.	gesamt Sp.	T.	frühere Vereine
Behrendt, Brian	M	24.10.1991	D	2015	26	0	102	4	SK Rapid Wien, SV Horn, SK Rapid Wien, Hamburger SV, TuS Heeslingen, Bremervörder SC
Börner, Julian	M	21.01.1991	D	2014	25	3	145	15	FC Energie Cottbus, FC Rot-Weiß Erfurt, SSV Vimaria 91 Weimar, SC 1903 Weimar
Brandy, Sören	S	06.05.1985	D	2017	7	0	232	42	1. FC Union Berlin, MSV Duisburg, SC Paderborn 07, Rot-Weiss Essen, Holstein Kiel, FC Gütersloh 2000, VfB Schloß Holte
Brunner, Cedric	A	17.02.1994	SUI	2018	23	1	23	1	FC Zürich, FC Maur
Christiansen, Max	M	25.09.1996	D	2018	7	0	27	1	FC Ingolstadt 04, FC Hansa Rostock, Holstein Kiel, Flensburger SVgg 08, SV Adelby
Clauss, Jonathan	A	25.09.1992	FRA	2018	28	3	28	3	US Quevilly-Rouen, US d´Avranches, US Raon L´Etape, SV Linx, AS Vauban, Racing Straßburg, FC Osthoffen
Edmundsson, Joan Simun	M	26.07.1991	FRO	2018	24	4	24	4	Odense BK, Vejle BK, HB Thorshavn, AB Argir, Viking Stavanger, FC Frederica, Viking Stavanger, Newcastle United FC, Gateshead FC, Newcastle United FC, B 68 Toftir
Gaye, Baboucarr	T	24.02.1998	GAM	2007	0	0	0	0	VfL Ummeln
Hartherz, Florian	A	29.05.1993	D	2016	26	1	120	5	SC Paderborn 07, SV Werder Bremen, VfL Wolfsburg, Eintracht Frankfurt, SG Rosenhöhe Offenbach, SpVgg Dietesheim, Offenbacher FC Kickers, TV 1873 Hausen
Klewin, Philipp	T	30.09.1993	D	2018	3	0	3	0	FC Rot-Weiß Erfurt, SV Grün-Weiß 1920 Schönstedt
Klos, Fabian	S	02.12.1987	D	2011	33	17	160	58	VfL Wolfsburg, MTV Gifhorn, SV Meinersen-Ahnsen-Päse
Lucoqui, Anderson	A	06.07.1997	D	2018	17	0	20	0	Fortuna Düsseldorf, 1. FC Köln, Bayer 04 Leverkusen, SSV Lützenkirchen
Massimo, Roberto	S	12.10.2000	ITA	2014	4	1	11	1	SV Lippstadt 08, SV Viktoria Lippstadt-Süd
Nöthe, Christopher	S	03.01.1988	D	2015	0	0	181	53	FC St. Pauli, SpVgg Greuther Fürth, SC Rot-Weiß Oberhausen, Borussia Dortmund, VfL Bochum, FC Schalke 04, VfR Rauxel 08
Özkan, Can	M	02.12.1999	D	2012	0	0	2	0	VfL Theesen, TuS Brake
Ortega Moreno, Stefan	T	06.11.1992	D	2017	31	0	136	0	TSV 1860 München, DSC Arminia Bielefeld, KSV Hessen Kassel, KSV Baunatal, TSV Jahn Calden
Owusu, Prince-Osei	S	07.01.1997	D	2018	11	0	11	0	TSG Hoffenheim, VfB Stuttgart, FC Stuttgart-Cannstatt, SV Grün-Weiss Sommerrain
Pieper, Amos	A	17.01.1998	D	2019	8	0	8	0	Borussia Dortmund, SC Union Lüdinghausen, FC Nordkirchen
Prietl, Manuel	M	03.08.1991	AUT	2016	32	0	88	1	SV Mattersburg, TSV Hartberg, SV Gleinstätten, Kapfenberger SV, SV Gleinstätten
Putaro, Leandro	S	07.01.1997	D	2016	0	0	34	2	VfL Wolfsburg, Hannover 96, RSV Göttingen 05, SVG Göttingen 07
Quaschner, Nils	S	22.04.1994	D	2017	0	0	49	4	VfL Bochum, RasenBallsport Leipzig, FC Red Bull Salzburg, FC Liefering, FC Hansa Rostock, FC Pommern Stralsund
Salger, Stephan	A	30.01.1990	D	2012	27	1	115	2	1. FC Köln, VfL Osnabrück, 1. FC Köln, GFC Düren 09
Schipplock, Sven	S	08.11.1988	D	2018	3	0	3	0	Hamburger SV, SV Darmstadt 98, Hamburger SV, TSG Hoffenheim, VfB Stuttgart, SSV Reutlingen 05, VfL Pfullingen, TSV Sondelfingen, SSV Reutlingen 05, FC Engstingen
Schütz, Tom	M	20.01.1988	D	2011	17	1	126	8	SV Babelsberg 03, FC Bayern München, 1. FC Haßfurt, TSV Burgpreppach
Seufert, Nils	M	30.02.1997	D	2018	20	0	40	0	1. FC Kaiserslautern, SV Waldhof Mannheim, SC Käfertal
Siya, Cerruti	M	17.05.1999	D	2012	0	0	0	0	FC Gütersloh 2000
Staude, Keanu	M	26.01.1997	D	2004	26	2	78	6	eigene Junioren
Voglsammer, Andreas	S	09.01.1992	D	2016	34	13	134	34	1. FC Heidenheim, SpVgg Unterhaching, TSV 1860 Rosenheim, Karlsruher SC, FC Bayern München, TSV Dorfen, TSV 1864 Haag
Weihrauch, Patrick	S	03.03.1994	D	2017	25	1	77	6	FC Würzburger Kickers, FC Bayern München, TSV 1860 München, SC Olching, SC Fürstenfeldbruck
Yabo, Reinhold	M	10.02.1992	D	2019	15	2	108	12	FC Red Bull Salzburg, DSC Arminia Bielefeld, FC Red Bull Salzburg, Karlsruher SC, 1. FC Köln, TSV Alemannia Aachen, 1. FC Köln, SV Teutonia Niedermerz

Trainer:

Name, Vorname	geb. am	Nat.	Zeitraum	Spiele 2018/19	frühere Trainerstationen
Saibene, Jeff	13.09.1968	LUX	20.03.17 – 10.12.18	16	FC Thun, FC St. Gallen, Luxemburg U21, FC Aarau, FC Aarau (Co-Trainer), FC Thun (IT), FC Thun (Co-Trainer), Luxemburg (Co-Trainer)
Neuhaus, Uwe	26.11.1959	D	11.12.18 – lfd.	18	SG Dynamo Dresden, 1. FC Union Berlin, Rot-Weiss Essen, Borussia Dortmund Am., Borussia Dortmund (Co-Trainer), VfB Hüls, SG Wattenscheid 09 Am., SG Wattenscheid 09 Am. II

Zugänge:
Brunner (FC Zürich), Christiansen (FC Ingolstadt 04), Edmundsson (Odense BK), Klewin (FC Rot-Weiß Erfurt), Özkan und Siya (eigene Junioren), Owusu (TSG Hoffenheim II), Schipplock (Hamburger SV), Seufert (1. FC Kaiserslautern).
während der Saison:
Clauss (US Quevilly-Rouen), Lucoqui (Fortuna Düsseldorf), Pieper (Borussia Dortmund II), Yabo (FC Red Bull Salzburg).

Abgänge:
Dick und Hemlein (1. FC Kaiserslautern), Kerschbaumer (FC Ingolstadt 04), Rehnen (SC Fortuna Köln), Teixeira (AEL Limassol), Ulm (Laufbahn beendet), Weigelt (AZ Alkmaar).
während der Saison:
Owusu (TSV 1860 München), Putaro (Eintracht Braunschweig).

Fortsetzung DSC Arminia 1905 Bielefeld

Aufstellungen und Torschützen:

Sp	Datum	Gegner	Ergebnis	Behrendt	Börner	Brandy	Brunner	Christiansen	Clauss	Edmundsson	Hartherz	Klewin	Klos	Lucoqui	Massimo	Ortega	Owusu	Pieper	Prietl	Salger	Schipplock	Schütz	Seufert	Staude	Voglsammer	Weihrauch	Yabo
				1	2	3	4	5	6	7	8	9	10	11	12	13	14	15	16	17	18	19	20	21	22	23	24
1	05.08.18 A	1. FC Heidenheim	1:1 (1:1)	A	X		X			X1	X		X			X			X	E		E	A	A	X	E	
2	11.08.18 H	Dynamo Dresden	2:1 (2:0)	X	X		A			X1	X		A1			X			X		E	E	X	X	A	E	
3	27.08.18 A	Hamburger SV	0:3 (0:1)	X	X			E	E	X	X		X			X			X		E		A	X	A		
4	01.09.18 H	Jahn Regensburg	5:3 (3:2)	X	X1				X	X	X		A1			X	E		X	E				X	A	A1	E1
5	17.09.18 A	1. FC Magdeburg	0:0 (0:0)		X		X		E	X	X		A			X	X		X	X			X	E	A	A	
6	22.09.18 H	1. FC Union Berlin	1:1 (0:1)		X		A		E	X	X		X			X	E		X	X			X	E	A1	A	
7	25.09.18 A	SV Darmstadt 98	2:1 (0:0)		X		X	X	A	X	X1			A	E1	X	A		X	X				E	E		
8	28.09.18 H	1. FC Köln	1:3 (0:1)		X		X			X	X		X	A		X	E		A	X			X	E1	X		
9	05.10.18 H	VfL Bochum	0:1 (0:1)	X			X	A	A	X	X		X			X			A	X			X	E	E	E	
10	20.10.18 H	SpVgg Gr. Fürth	2:3 (2:0)	X			X	E	X	X1	X		X			X	E		A	X1			A	E	A		
11	27.10.18 A	FC Erzgebirge Aue	0:1 (0:0)	X			A		E	X	X	X	A		X		E		X	X	E		A		X		
12	04.11.18 H	FC St. Pauli	1:2 (1:0)		X		A			X		X	A	X	E	E			A	X		X		X1	E	X	
13	11.11.18 A	FC Ingolstadt 04	1:1 (1:0)	X	X				X	X	E	X	X1	A			A	E		X				X	E	A	
14	23.11.18 A	MSV Duisburg	0:1 (0:0)	X	X				A	X			A			X	E		X	X	E		X		X	E	A	
15	30.11.18 H	SC Paderborn 07	2:2 (0:0)	X		E		X	X		X		A1	E		X			X				X		A	A1	X	
16	09.12.18 H	SV Sandhausen	1:1 (0:0)	X		E		X	X		A		A	E		X			X				X		X	X1	A	
17	14.12.18 A	Holstein Kiel	2:1 (1:0)	X	X1	E	X		E		X		X1	A		X			X	E			X		A	A		
18	22.12.18 H	1. FC Heidenheim	1:2 (1:1)	X	X	E	A		E		X		X	A		X			A			X1	E	X	X		
19	29.01.19 A	Dynamo Dresden	4:3 (1:3)	X	X1	E				A1	X		X1			X			X	E			A		A	X		E
20	02.02.19 H	Hamburger SV	2:0 (2:0)	X	X		X			A	X		A			X			X	E			X	E	X1	E		A1
21	08.02.19 A	Jahn Regensburg	3:0 (2:0)	A			X1		E	A	X		X1			X		E	X				X		X1	E		A
22	17.02.19 H	1. FC Magdeburg	1:3 (0:2)	X	XR				X	X	X		X1			X			X	E	E				A	E		
23	22.02.19 A	1. FC Union Berlin	1:1 (0:1)	X				E	X1	A	X		X			X	E		X				A	E	A	X		
24	03.03.19 A	SV Darmstadt 98	1:0 (1:0)	X	X				X	A	X		X1			X			X	E			A	E	A	X		
25	09.03.19 A	1. FC Köln	1:5 (0:2)	X					X	X	A		X		E	X			X				X	E	X1	X		A
26	17.03.19 H	VfL Bochum	3:1 (0:0)	X			X		X	E1	A		X1	X		X			X	E		X	E	A		X1	A	
27	31.03.19 A	SpVgg Gr. Fürth	2:2 (0:2)		X		X		A				X2	X	E	X	X		X				E		X	X	A	
28	05.04.19 H	FC Erzgebirge Aue	2:1 (1:0)	X	X		X		X				X1	X		X			X	E		E		E	E	A1	X	
29	14.04.19 A	FC St. Pauli	1:1 (1:0)	X	X		X		A		A		X1	E		X			X				E	E	X	X	A	
30	21.04.19 H	FC Ingolstadt 04	1:3 (0:1)	X	A		X		A	X			X			X			X	E			E	E	X1	X	A	
31	29.04.19 A	MSV Duisburg	2:2 (1:1)	XR	X		A		X				X			X	E		E				A		X2	A	E	
32	03.05.19 H	SC Paderborn 07	2:0 (1:0)		X		A		A	E			X2	X		X			X	X		E	E			X	A	X
33	12.05.19 A	SV Sandhausen	3:0 (2:0)	X		E		E	A				A1	X		X			X	X			X		E	A1	X	X1
34	19.05.19 H	Holstein Kiel	1:0 (0:0)	X		E		E1	A				X	X		X	X		X	X			X		A	E	A	
		Spiele:		26	25	7	23	7	28	24	26	3	33	17	4	31	11	8	32	27	3	17	20	26	34	25	15
		Tore:		0	3	0	1	0	3	4	1	0	17	0	1	0	0	0	0	1	0	1	0	2	13	1	2

Gegnerisches Eigentor im 4. Spiel (durch Saller) und im 19. Spiel (durch Atik).

Bilanz der letzten 10 Jahre:

Saison	Lv.	Liga		Platz	Sp.	S	U	N	Tore	Pkt.
2008/09:	1	Bundesliga	↓	18.	34	4	16	14	29-56	28
2009/10:	2	2. Bundesliga (4 Punkte Abzug)		7.	34	16	5	13	48-41	49
2010/11:	2	2. Bundesliga (3 Punkte Abzug)	↓	18.	34	4	8	22	28-65	17
2011/12:	3	3. Liga		13.	38	12	14	12	51-57	50
2012/13:	3	3. Liga	↑	2.	38	22	10	6	59-32	76
2013/14:	2	2. Bundesliga	↓	16.	34	9	8	17	40-58	35
2014/15:	3	3. Liga	↑	1.	38	22	8	8	75-41	74
2015/16:	2	2. Bundesliga		12.	34	8	18	8	38-39	42
2016/17:	2	2. Bundesliga		15.	34	8	13	13	50-54	37
2017/18:	2	2. Bundesliga		4.	34	12	12	10	51-47	48

Zuschauerzahlen:

Saison	gesamt	Spiele	Schnitt
2008/09:	398.900	17	23.465
2009/10:	251.300	17	14.782
2010/11:	230.851	17	13.579
2011/12:	169.760	19	8.935
2012/13:	195.923	19	10.312
2013/14:	287.818	17	16.930
2014/15:	276.498	19	14.553
2015/16:	298.085	17	17.534
2016/17:	297.567	17	17.504
2017/18:	306.033	17	18.002

Die meisten Spiele in der 2. Bundesliga:

Pl.	Name, Vorname	Spiele
1.	Schröder, Helmut	165
2.	Eilenfeldt, Norbert	164
3.	Klos, Fabian	160
4.	Pohl, Wolfgang	152
5.	Peitsch, Roland	140
6.	Stein, Ulrich	133
7.	Schilling, Wolfgang	131
8.	Schütz, Tom	126
9.	Salger, Stephan	115
10.	Wolf, Manfred	113

Die meisten Tore in der 2. Bundesliga:

Pl.	Name, Vorname	Tore
1.	Eilenfeldt, Norbert	59
2.	Klos, Fabian	58
3.	Sackewitz, Christian	49
4.	Graul, Volker	42
5.	Labbadia, Bruno	39
6.	Wichniarek, Artur	38
7.	Voglsammer, Andreas	34
8.	Peitsch, Roland	28
9.	Lienen, Ewald	24
10.	Schröder, Helmut	22

Die Trainer der letzten Jahre:

Name, Vorname	Zeitraum
Eulberg, Frank (IT)	30.03.2010 – 30.06.2010
Ziege, Christian	01.07.2010 – 06.11.2010
Lienen, Ewald	08.11.2010 – 30.06.2011
von Ahlen, Markus	10.07.2011 – 20.09.2011
Krämer, Stefan	21.09.2011 – 23.02.2014
Meier, Norbert	24.02.2014 – 30.06.2016
Rehm, Rüdiger	01.07.2016 – 22.10.2016
Rump, Carsten (IT)	23.10.2016 – 14.11.2016
Kramny, Jürgen	15.11.2016 – 14.03.2017
Rump, Carsten (IT)	14.03.2017 – 19.03.2017

VfL Bochum 1848

Anschrift:
Castroper Straße 145
44791 Bochum
Telefon: (02 34) 95 18 48
eMail: info@vfl-bochum.de
Homepage: www.vfl-bochum.de

Vereinsgründung: 15.04.1938; Fusion von TV 1848, TuS 08 und SV Germania 1906 Bochum zum VfL Bochum 1848

Vereinsfarben: Blau-Weiß
AR-Vorsitzender: Hans-Peter Villis
Sportvorstand: Sebastian Schindzielorz

Stadion:
Vonovia Ruhrstadion (27.600)

Größte Erfolge: DFB-Pokalfinalist 1968 und 1988; Teilnahme am UEFA-Pokal 1997 und 2004; Meister der 2. Bundesliga 1994 (↑),1996 (↑) und 2006 (↑); Aufstieg in die Bundesliga 2000 und 2002; Meister der Regionalliga West 1970 und 1971 (↑); Meister der 2. Liga West 1953 (↑) und 1956 (↑)

Aufgebot:

Name, Vorname	Pos	geb. am	Nat.	seit	2018/19 Sp.	2018/19 T.	gesamt Sp.	gesamt T.	frühere Vereine
Baack, Tom	A	13.03.1999	D	2012	4	0	4	0	SV Leithe 19/65
Bandowski, Jannik	M	30.03.1994	D	2016	3	0	24	3	Borussia Dortmund, TSV 1860 München, Borussia Dortmund, SC Paderborn 07, TSV Korbach, SC Blau-Gelb Korbach
Baumgartner, Dominik	A	20.07.1996	AUT	2019	11	1	11	1	FC Wacker Innsbruck, SV Grödig, SV Horn, AKA St. Pölten, SV Horn
Bella Kotchap, Armel	A	11.12.2001	D	2017	4	0	4	0	MSV Duisburg, SG Unterrath 12/24, Borussia Mönchengladbach, SC Grimlinghausen, Rot Weiss Ahlen
Celozzi, Stefano	A	02.11.1988	D	2014	22	0	120	1	Eintracht Frankfurt, VfB Stuttgart, Karlsruher SC, FC Bayern München, SSV Ulm 1846, TSV Wasserburg 1924, SC Bubesheim
Danilo (Danilo Teodoro Soares)	A	29.10.1991	BRA	2017	23	0	112	1	TSG 1899 Hoffenheim, FC Ingolstadt 04, SC Austria Lustenau, Gremio Minero de Esportes Belo Horizonte
Dornebusch, Felix	T	12.07.1994	D	2011	0	0	9	0	FC Schalke 04, SG Wattenscheid 09, DJK Teutonia Ehrenfeld
Eisfeld, Thomas	M	18.01.1993	D	2015	10	0	83	8	Fulham FC, VfL Bochum, Fulham FC, Arsenal FC, Borussia Dortmund, VfL Osnabrück, SV Quitt Ankum
Ekincier, Baris	S	24.03.1999	AZE	2017	1	0	1	0	Rot-Weiss Essen, FC Iserlohn 46/49, Sportfreunde Oestrich-Iserlohn
Fabian, Patrick	A	11.10.1987	D	2000	18	2	138	5	Sportfreunde Oestrich-Iserlohn, VfB Westhofen
Ganvoula, Silvere	S	22.06.1996	CGO	2018	21	5	21	5	RSC Anderlecht, KV Mechelen, RSC Anderlecht, KVC Westerlo, Elazigspor, Raja Casablanca, Patronage Sainte-Anne Brazzaville, FC Gothia
Gyamerah, Jan	A	18.06.1995	D	2011	25	0	74	1	DSC Arminia Bielefeld, FC Stadthagen
Hinterseer, Lukas	S	28.03.1991	AUT	2017	31	18	94	41	FC Ingolstadt 04, FC Wacker Innsbruck, First Vienna FC, FC Lustenau, FC Wacker Innsbruck, AKA Tirol, FC Kitzbühel
Hoogland, Tim	M	11.06.1985	D	2015	31	1	181	15	Fulham FC, FC Schalke 04, VfB Stuttgart, FC Schalke 04, 1. FSV Mainz 05, FC Schalke 04, TSV Marl-Hüls, VfB Hüls
Janelt, Vitaly	M	10.05.1998	D	2017	9	1	29	1	RasenBallsport Leipzig, Hamburger SV, SSC Hagen Ahrensburg, Bargfelder SV
Kokovas, Stylianos	A	06.07.2001	GRE	2017	6	0	6	0	AE Anagennisi Kalochoriou
Kraft, Florian	T	04.08.1998	D	2014	0	0	0	0	Rot-Weiss Essen, TSV Marl-Hüls, Borussia Dortmund, VfB Hüls
Kruse, Robbie	S	05.10.1988	AUS	2017	14	1	55	8	Liaoning FC, Bayer 04 Leverkusen, VfB Stuttgart, Bayer 04 Leverkusen, Fortuna Düsseldorf, Melbourne Victory, Brisbane Roar, AIS Canberra
Lee, Chung-Yong	S	02.07.1988	KOR	2018	23	1	23	1	Crystal Palace FC, Bolton Wanderers FC, FC Seoul
Leitsch, Maxim	A	18.05.1998	D	2008	8	0	20	0	SG Wattenscheid 09, Essener SG 99/06
Losilla, Anthony	M	10.03.1986	FRA	2014	32	2	223	9	SG Dynamo Dresden, Stade Laval, Paris FC, AS Cannes, AS St.-Etienne, Olympique Firminy, FC Pont-Salomon
Maier, Sebastian	M	18.09.1993	D	2018	10	0	121	11	Hannover 96, FC St. Pauli, TSV 1860 München, SC Weihmichl
Pantovic, Milos	S	07.07.1996	SRB	2018	15	1	15	1	FC Bayern München, FC Rot-Weiss Oberföhring, SpVgg Helios München
Perthel, Timo	A	11.02.1989	D	2014	9	0	129	7	Eintracht Braunschweig, MSV Duisburg, FC Hansa Rostock, SK Sturm Graz, SV Werder Bremen, TuS Syke
Riemann, Manuel	T	09.09.1988	D	2015	34	0	174	0	SV Sandhausen, VfL Osnabrück, SV Wacker Burghausen, TSV 1860 Rosenheim, TSV Ampfing
Römling, Moritz	M	30.04.2001	D	2014	3	0	3	0	FSV Witten 07/32, SV Herbede
Saglam, Görkem	A	11.04.1998	D	2006	10	0	29	1	SG Wattenscheid 09
Sam, Sidney	M	31.01.1988	D	2017	19	2	101	16	FC Schalke 04, SV Darmstadt 98, FC Schalke 04, Bayer 04 Leverkusen, 1. FC Kaiserslautern, Hamburger SV, Holstein Kiel, FC Kilia Kiel, TuS Mettenhof
Tesche, Robert	M	27.05.1987	D	2017	31	3	49	4	Birmingham City FC, Nottingham Forest FC, Hamburger SV, Fortuna Düsseldorf, Hamburger SV, DSC Arminia Bielefeld, VfL Mennighüffen
Weilandt, Tom	M	27.04.1992	D	2018	27	9	153	24	Holstein Kiel, VfL Bochum, SpVgg Greuther Fürth, FC Hansa Rostock, SV Warnemünde 1949, LSG Elmenhorst
Wurtz, Johannes	S	19.06.1992	D	2016	1	0	147	18	SpVgg Greuther Fürth, SC Paderborn 07, SV Werder Bremen, 1. FC Saarbrücken, DJK Bexbach
Zoller, Simon	S	26.06.1991	D	2019	8	2	64	19	1. FC Köln, 1. FC Kaiserslautern, 1. FC Köln, 1. FC Kaiserslautern, VfL Osnabrück, Karlsruher SC, SSV Ulm 1846, VfB Stuttgart, VfB Friedrichshafen, TSV Fischbach

Trainer:

Name, Vorname	geb. am	Nat.	Zeitraum	Spiele 2018/19	frühere Trainerstationen
Dutt, Robin	24.01.1965	D	13.02.2018 – lfd.	34	SV Werder Bremen, Bayer 04 Leverkusen, SC Freiburg, SV Stuttgarter Kickers, TSF Ditzingen, TSG Leonberg

Zugänge:
Baack und Ekincier (eigene Junioren), Ganvoula (RSC Anderlecht), Maier (Hannover 96), Pantovic (FC Bayern München II), Weilandt (Holstein Kiel).
während der Saison:
Baumgartner (FC Wacker Innsbruck), Lee (ohne Verein), Zoller (1. FC Köln).

Abgänge:
Gündüz (SV Darmstadt 98), Hemmerich (FC Erzgebirge Aue), Kompalla (SV Straelen), Lorenz (TSV 1860 München), Ochs (Aalborg BK). Serra (Holstein Kiel), Stöger (Fortuna Düsseldorf).
während der Saison:
Kraft (SC Fortuna Köln), Perthel (1. FC Magdeburg), Wurtz (SV Darmstadt 98).

Fortsetzung VfL Bochum 1848

Aufstellungen und Torschützen:

Sp	Datum	Gegner	Ergebnis	Baack	Bandowski	Baumgartner	Bella Kotchap	Celozzi	Danilo	Eisfeld	Ekincier	Fabian	Ganvoula	Gyamerah	Hinterseer	Hoogland	Janelt	Kokovas	Kruse	Lee	Leitsch	Losilla	Maier	Pantovic	Perthel	Riemann	Römling	Saglam	Sam	Tesche	Weilandt	Wurtz	Zoller
1	04.08.18 H	1. FC Köln	0:2 (0:1)						A				E	X	X	X			X		X	X		A	E	X			A	X		E	
2	11.08.18 A	MSV Duisburg	2:0 (0:0)					X	X				E1	E	A	X			A		X	X		A	E	X			X1R	X			
3	24.08.18 H	SV Sandhausen	1:0 (0:0)					X	A				E	X	X	E			A		X	X		X	E	X				X1	A		
4	31.08.18 A	SC Paderborn	2:2 (1:0)					A	X				E1	E	X	X			X		X	X	E	A		X				X	A1		
5	16.09.18 H	FC Ingolstadt	6:0 (3:0)					X					E	X	A3	X			X1	E	X	X1	A		X				E	X	A1		
6	22.09.18 H	Holstein Kiel	2:2 (1:0)					A			E		X	X1	X				A		X	X	A	E		X			E	X	X1		
7	25.09.18 H	Dyn. Dresden	0:1 (0:1)										A	X	X	X			E		X	X	X		X	X			E	A	X		
8	29.09.18 A	Heidenheim	2:3 (2:1)					X					E	E	X1	X1	E				X	X	XG		X	X			A	A	A		
9	05.10.18 H	Arm. Bielefeld	1:0 (1:0)	E				X					E	X	X	E			A	X			A		X	X				X	A1		
10	21.10.18 A	Hamburger SV	0:0 (0:0)					X	X					X	X	X			X		X		X		X				E	A	A		
11	29.10.18 H	Regensburg	3:3 (1:0)					A	X					X	X2	X	E		X		X		E		X					X1	A		
12	02.11.18 A	SpVgg Gr. Fürth	2:2 (2:0)	A					A			E		X	X1	A			E		X	X		E		X			X	X1	A		
13	12.11.18 H	Darmstadt 98	1:0 (0:0)					X	X			E	E	X	X	X			A			X			X			E	A	X	X1		
14	24.11.18 H	Erzgebirge Aue	2:1 (0:1)					X	X				E	X	X	X			E		X				X				X	A	A	X	X2
15	02.12.18 A	Magdeburg	0:0 (0:0)					X	X				E	X	X	X			X			X			X					A	X	A	
16	10.12.18 H	FC St. Pauli	1:3 (1:2)					X	X				E	X	X1	X			X			X			X				A	X	X	A	
17	15.12.18 A	Union Berlin	0:2 (0:0)					X				X	X	X	X	X			X			X			X				E	A	X	A	
18	21.12.18 A	1. FC Köln	3:2 (1:1)					E				X	E	X	X2	X			E	A		X			X				A1	X	A		
19	29.01.19 H	MSV Duisburg	2:1 (2:0)			X		E	X			X1	E	X	A				X	E		X			X				X	X	A		A1
20	03.02.19 A	SV Sandhausen	0:3 (0:0)					E	X			X	ER	A	X	X			X	E		X			X				X	X	A		A
21	09.02.19 H	SC Paderborn	1:2 (0:2)			X			X				X	X1	X				X	X		X	E		X				A	A			E
22	16.02.19 A	FC Ingolstadt	1:2 (0:2)			X		X	X						X	E1			X	A		X	A		X				A	E	E		X
23	23.02.19 H	Holstein Kiel	1:3 (0:3)			A			X			E	X	X	X	X						X	A						X	E			E1
24	03.03.19 A	Dyn. Dresden	2:2 (2:1)					E	A				X	A	X1	X	X		E		X		A1		X	E				X	X		X
25	08.03.19 H	Heidenheim	1:0 (0:0)			E		E	E				X		X	X			A1		A		X			X				X	A		X
26	17.03.19 A	Arm. Bielefeld	1:3 (0:0)					E	E			X1	XR	X	X				A		X	A	X		E				X	A			X
27	30.03.19 H	Hamburger SV	0:0 (0:0)			E		X	E			A		X	X	X			X		X		X		X	X				X	A		
28	05.04.19 A	Regensburg	1:2 (0:0)					X	E	E	X	E		X1	X	X			A		X		A		X					X	A		
29	14.04.19 H	SpVgg Gr. Fürth	3:2 (1:2)	E		E		X	A					X3	A	X			X		X	X			X				X	A	E		
30	21.04.19 A	Darmstadt 98	0:0 (0:0)			A						A	X	E	X	X			X		X	X			X	X				X	E		
31	28.04.19 A	Erzgebirge Aue	2:3 (1:2)		E	A	X		E			E1		X1	X	A			X		X	X			X				A	X			
32	04.05.19 H	Magdeburg	4:2 (1:0)	X	X1	X			X		A	X1		A	E				X		X	A	X			E				X	E2		
33	12.05.19 A	FC St. Pauli	0:0 (0:0)	X	A	X		E			X	X	X						A		X		E		X				A		E		
34	19.05.19 H	Union Berlin	2:2 (1:0)	E			X	X	A	X		X	X1G		X		E				X1		A		X					E	A		
	Spiele:			4	3	11	4	22	23	10	1	18	21	25	31	31	9	6	14	23	8	32	10	15	9	34	3	10	19	31	27	1	8
	Tore:			0	0	1	0	0	0	0	0	2	5	0	18	1	1	0	1	0	2	0	1	0	0	0	0	0	2	3	9	0	2

Bilanz der letzten 10 Jahre:

Saison	Lv.	Liga		Platz	Sp.	S	U	N	Tore	Pkt.
2008/09:	1	Bundesliga		14.	34	7	11	16	39-55	32
2009/10:	1	Bundesliga	↓	17.	34	6	10	18	33-64	28
2010/11:	2	2. Bundesliga		3.	34	20	5	9	49-35	65
2011/12:	2	2. Bundesliga		11.	34	10	7	17	41-55	37
2012/13:	2	2. Bundesliga		14.	34	10	8	16	40-52	38
2013/14:	2	2. Bundesliga		15.	34	11	7	16	30-43	40
2014/15:	2	2. Bundesliga		11.	34	9	15	10	53-55	42
2015/16:	2	2. Bundesliga		5.	34	13	12	9	56-40	51
2016/17:	2	2. Bundesliga		9.	34	10	14	10	42-47	44
2017/18:	2	2. Bundesliga		6.	34	13	9	12	37-40	48

Zuschauerzahlen:

Saison	gesamt	Spiele	Schnitt
2008/09:	433.762	17	25.515
2009/10:	422.506	17	24.853
2010/11:	255.630	17	15.037
2011/12:	233.858	17	13.756
2012/13:	246.767	17	14.516
2013/14:	274.823	17	16.166
2014/15:	287.044	17	16.885
2015/16:	306.073	17	18.004
2016/17:	287.858	17	16.933
2017/18:	284.545	17	16.738

Die meisten Spiele in der 2. Bundesliga:

Pl.	Name, Vorname	Spiele
1.	Losilla, Anthony	158
2.	Maltritz, Marcel	156
3.	Luthe, Andreas	154
4.	Fabian, Patrick	138
5.	Freier, Slavomir Paul	129
6.	Celozzi, Stefano	120
7.	Hoogland, Tim	118
8.	Riemann, Manuel	112
9.	Wosz, Dariusz	107
10.	Bastians, Felix	105

Die meisten Tore in der 2. Bundesliga:

Pl.	Name, Vorname	Tore
1.	Terodde, Simon	41
2.	Hinterseer, Lukas	32
3.	Peschel, Peter	28
4.	Wegmann, Uwe	22
5.	Aydin, Mirkan	20
6.	Weber, Achim	19
7.	Christiansen-Tarin, Thomas	17
8.	Tese, Chong	14
9.	Mlapa, Peniel Kokou	13
	Wosz, Dariusz	13

Die Trainer der letzten Jahre:

Name, Vorname	Zeitraum
Wosz, Dariusz (IT)	29.04.2010 – 30.06.2010
Funkel, Friedhelm	01.07.2010 – 14.09.2011
Bergmann, Andreas	15.09.2011 – 28.10.2012
Neitzel, Karsten	28.10.2012 – 08.04.2013
Neururer, Peter	09.04.2013 – 09.12.2014
Heinemann, Frank (IT)	10.12.2014 – 31.12.2014
Verbeek, Gertjan	01.01.2015 – 10.07.2017
Atalan, Ismail	11.07.2017 – 09.10.2017
Rasiejewski, Jens	10.10.2017 – 07.02.2018
Butscher, Heiko (IT)	08.02.2018 – 12.02.2018

SV Darmstadt 1898

Anschrift:
Nieder-Ramstädter Straße 170
64285 Darmstadt
Telefon: (0 61 51) 2 75 23 98
eMail: info@sv98.de
Homepage: www.sv98.de

Vereinsgründung: 22.05.1898 als FK Olympia Darmstadt 1898; 11.11.1919 Fusion mit Darmstädter SC 1905 zum SV Darmstadt 1898

Vereinsfarben: Blau-Weiß
Präsident: Rüdiger Fritsch
Sportlicher Leiter: Carsten Wehlmann

Stadion: Merck-Stadion am Böllenfalltor (17.400)

Größte Erfolge: Meister der Regionalliga Süd 1973, 2011 (↑); Meister der 2. Bundesliga Süd 1978 (↑), 1981 (↑); Aufstieg in die BL 2015; Aufstieg in die 2. BL 2014

Aufgebot:

Name, Vorname	Pos	geb. am	Nat.	seit	2018/19 Sp.	2018/19 T.	gesamt Sp.	gesamt T.	frühere Vereine
Bertram, Sören	M	05.06.1991	D	2019	9	1	71	6	FC Erzgebirge Aue, Hallescher FC, VfL Bochum, Hamburger SV ... (vgl. Seite 56)
Boyd, Terrence	S	16.02.1991	USA	2017	11	0	42	6	RasenBallsport Leipzig, SK Rapid Wien, Borussia Dortmund, Hertha BSC, FC Bremerhaven, Leher TS, SC Weyhe, TSV Lesum-Burgdamm, 1. FC Burg
Dursun, Serdar	S	19.10.1991	D	2018	33	11	92	24	SpVgg Greuther Fürth, Fatih Karagümrük SK, Eskisehirspor, Denizlispor, Sanliurfaspor, Eskisehirspor, Hannover 96, SC Concordia Hamburg
Franke, Marcel	A	05.04.1993	D	2018	25	2	96	4	Dynamo Dresden, Norwich City FC, SpVgg Gr. Fürth, Hallescher FC, Dynamo Dresden
Grün, Max	T	05.04.1987	D	2018	0	0	64	0	VfL Wolfsburg, SpVgg Greuther Fürth, FC Bayern München, FV Karlstadt
Gündüz, Selim	S	16.05.1994	D	2018	1	0	53	4	VfL Bochum, Sportfreunde Siegen, TuS Deuz
von Haacke, Julian	M	14.02.1994	D	2017	0	0	5	0	NEC Nijmegen, SV Werder Bremen, FC Union 60 Bremen, Post-SV Bremen
Heller, Marcel	M	12.02.1986	D	2018	32	4	98	8	FC Augsburg, SV Darmstadt 98, TSV Alemannia Aachen, SG Dynamo Dresden, Eintracht Frankfurt, MSV Duisburg, Eintracht Frankfurt, Sportfreunde Siegen, TSV Alemannia Aachen, Bonner SC, 1. FC Quadrath-Ichendorf
Herrmann, Patrick	A	16.03.1988	D	2019	13	0	48	0	Holstein Kiel, VfL Osnabrück, Hannover 96, VfL Wolfsburg, Eintracht Braunschweig, TSV Wipshausen
Hertner, Sebastian	A	02.05.1991	D	2018	4	0	93	0	FC Erzgebirge Aue, TSV 1860 München, FC Schalke 04, VfB Stuttgart, KSG Gerlingen
Heuer Fernandes, Daniel	T	13.11.1992	POR	2016	34	0	75	0	SC Paderborn 07, VfL Osnabrück, VfL Bochum, Borussia Dortmund, VfL Bochum, SV Langendreer 04, VfB Langendreerholz
Höhn, Immanuel	A	23.12.1991	D	2016	24	1	69	5	SC Freiburg, FK Pirmasens, Binger FVgg Hassia, 1. FC K'lautern, Binger FVgg Hassia
Holland, Fabian	A	11.07.1990	D	2014	32	0	108	2	Hertha BSC, FSV Forst Borgsdorf
Jones, Joevin	A	03.08.1991	TRI	2018	28	2	44	6	Seattle Sounders, Chicago Fire, HJK Helsinki, Williams Connection San Fernando, Defence Force FC
Kamavuaka, Wilson	A	29.03.1990	COD	2017	6	0	59	3	Panetolikos Agriinio, Sturm Graz, KV Mechelen, SSV Jahn 2000 Regensburg, 1. FC Nürnberg, TSG Hoffenheim, Alemannia Aachen, 1. FC Köln, Sportfreunde Düren
Kempe, Tobias	M	27.06.1989	D	2017	31	10	218	39	1. FC Nürnberg, SV Darmstadt 98, SG Dynamo Dresden, SC Paderborn 07, FC Erzgebirge Aue, SV Werder Bremen, Bor. M'gladbach, SuS 09 Dinslaken, TV Voerde
Lacazette, Romuald	M	03.01.1994	FRA	2017	0	0	37	1	TSV 1860 München, Paris St. Germain FC, CFF Paris, Paris FC
McKinze Gaines II, Orrin	M	02.03.1998	USA	2017	0	0	2	0	VfL Wolfsburg, Lonestar SC
Medojevic, Slobodan	M	20.10.1990	SRB	2018	16	0	28	0	Eintracht Frankfurt, VfL Wolfsburg, FK Vojvodina Novi Sad
Mehlem, Marvin	M	11.09.1997	D	2017	30	5	62	7	Karlsruher SC, SV Blankenloch
Moritz, Christoph	M	27.01.1990	D	2019	11	1	81	6	Hamburger SV, 1. FC Kaiserslautern, 1. FSV Mainz 05 ... (vgl. Seite 72)
Palsson, Victor	M	30.04.1991	ISL	2019	15	0	15	0	FC Zürich, Esbjerg fB, Helsingborgs IF, NEC Nijmegen, New York Red Bulls, Hibernian Edinburgh FC, Dagenham & Redbridge, Liverpool FC, Aarhus GF, Fylkir Reykjavik, Fjölnir Reykjavik
Platte, Felix	S	11.02.1996	D	2017	10	1	31	6	FC Schalke 04, SV Darmstadt 98, FC Schalke 04, SC Paderborn 07, TuS Westfälische Eiche Lügde, TSV Sabbenhausen
Rieder, Tim	M	03.09.1993	D	2018	15	0	15	0	FC Augsburg, WKS Slask Wroclaw, FC Augsburg, FC Bayern München, ASV Dachau
Sattelmaier, Rouven	T	07.08.1987	D	2018	0	0	5	0	Bradford City FC, Stuttgarter Kickers, 1. FC Heidenheim, Bayern München, SSV Jahn Regensburg, Stuttgarter Kickers, SGV Freiberg/N., VfB Stuttgart, TSV Affalterbach
Sirigu, Sandro	M	07.10.1988	D	2013	20	0	60	0	1. FC Heidenheim, SC Freiburg, SSV Ulm 1846, FV Senden, DJK SB Ulm
Stark, Yannick	M	28.10.1990	D	2017	22	1	158	12	FSV Frankfurt, SV Darmstadt 98, TSV 1860 München, FSV Frankfurt, SV Darmstadt 98, Eintracht Frankfurt, SC Hassia Dieburg, SG Arheilgen
Stritzel, Florian	T	31.01.1994	D	2017	0	0	1	0	Karlsruher SC, Hamburger SV, 1. FC Neubrandenburg 04, Torgelower SV Greif
Sulu, Aytac	A	11.12.1985	D	2013	17	2	81	9	SC Rheindorf Altach, Genclerbirligi SK Ankara, VfR Aalen, TSG 1899 Hoffenheim, Bahlinger SC, SV Sandhausen, SG HD-Kirchheim, FV Nußloch
Wittek, Mathias	A	30.03.1989	D	2019	12	2	123	7	1. FC Heidenheim, FC Ingolstadt 04, TSV 1860 München ... (vgl. Seite 74)
Wurtz, Johannes	S	19.06.1992	D	2018	22	1	147	18	VfL Bochum, SpVgg Greuther Fürth, SC Paderborn 07, SV Werder Bremen, 1. FC Saarbrücken, DJK Bexbach

Trainer:

Name, Vorname	geb. am	Nat.	Zeitraum	Spiele 2018/19	frühere Trainerstationen
Schuster, Dirk	29.12.1967	D	11.12.17 – 18.02.19	22	FC Augsburg, SV Darmstadt 98, SV Stuttgarter Kickers, Offenburger FV, FC Alemannia Wilferdingen, ASV Durlach
Schmitz, Kai-Peter (IT)	01.07.1971	D	19.02.19 – 23.02.19	1	Borussia Mönchengladbach Jugend
Grammozis, Dimitrios	08.07.1978	GRE	24.02.19 – lfd.	11	VfL Bochum U19, VfL Bochum Jugend

Zugänge:
Dursun (SpVgg Greuther Fürth), Franke (SG Dynamo Dresden), Heller (FC Augsburg), Hertner (FC Erzgebirge Aue).
während der Saison:
Bertram (FC Erzgebirge Aue), Grün (VfL Wolfsburg), Gündüz und Wurtz (VfL Bochum), Herrmann (Holstein Kiel), Moritz (Hamburger SV), Palsson (FC Zürich), Rieder (FC Augsburg), Sattelmaier (Bradford City FC), Wittek (1. FC Heidenheim).

Abgänge:
Atik (SG Dynamo Dresden), Bregerie (FC Ingolstadt 04), Großkreutz (KFC Uerdingen 05), Ji (FC Augsburg), Mall (AE Paphos), Niemeyer und Rosenthal (Laufbahn beendet), Sobiech (OSP Lechia Gdansk), Steinhöfer (VfB Eichstätt), Zehnder (SV Viktoria Aschaffenburg).
während der Saison:
Boyd (FC Toronto), von Haacke (SV Meppen), Jones (Seattle Sounders), Lacazette (TSV 1860 München), McKinze Gaines II (FSV Zwickau), Sulu (Samsunspor).

Fortsetzung SV Darmstadt 1898

Aufstellungen und Torschützen:

Sp	Datum	Gegner	Ergebnis	Bertram	Boyd	Dursun	Franke	Gündüz	Heller	Herrmann	Hertner	Heuer Fernandes	Höhn	Holland	Jones	Karnavuaka	Kempe	Medojevic	Mehlem	Moritz	Palsson	Platte	Rieder	Sirigu	Stark	Sulu	Wittek	Wurtz
				1	2	3	4	5	6	7	8	9	10	11	12	13	14	15	16	17	18	19	20	21	22	23	24	25
1	05.08.18 H	SC Paderborn 07	1:0 (0:0)	E	A1	X			E		X	E	X	A			X	X	A					X	X	X		
2	10.08.18 A	FC St. Pauli	0:2 (0:0)	E	X	X	X			X			X	A	X		X	A	E				E	X	A	X		
3	24.08.18 H	MSV Duisburg	3:0 (0:0)		X1	X		X1			X	X	X	X	E	A1	A	A							E	X		E
4	02.09.18 A	1. FC Heidenheim	1:0 (1:0)		X	X1	A			X	X	X	A	E	X	X	A			E					X		E
5	15.09.18 H	SV Sandhausen	1:1 (0:0)	E	X	X	X			X	A	X	A			X1	X	A			E			X		E		
6	22.09.18 A	Dynamo Dresden	1:4 (1:1)	E	X	X	X1			X	A	X	A			X	X	A			E			X		E		
7	25.09.18 H	Arminia Bielefeld	1:2 (0:0)		X	X	X			X		X	A	E	X	X				X	E			X1	A			
8	28.09.18 A	Holstein Kiel	2:4 (2:3)	E	X	X	X			X		X	E	X2	A	E			A	X		X		A				
9	05.10.18 H	Hamburger SV	1:2 (0:2)		X1	X	X			X	E	X	E	A	X				A	A	X	X		E				
10	21.10.18 A	Jahn Regensburg	1:1 (1:0)	E	A	X	X			X		X	X1	X	X	A			A	E		X		E				
11	26.10.18 H	SpVgg Gr. Fürth	2:0 (1:0)	E	A1	X	A			X		X	X	X1		X	E	E	X									
12	03.11.18 H	1. FC Magdeburg	3:1 (1:0)	E	A1	X	X		E	X		XG	A	X	X	A			X	E		X1						
13	12.11.18 A	VfL Bochum	0:1 (0:0)		X	X	E	A	X	X		X		X	X	A			A	E		X					E	
14	24.11.18 A	1. FC Köln	0:3 (0:0)	A		X	X		E	X		A	X			X	E		E	X		X	X			A		
15	01.12.18 H	1. FC Union Berlin	1:3 (0:2)	E	X1	A	X			X	E	X	X	A			X		E			X				X		A
16	08.12.18 A	FC Ingolstadt 04	1:1 (0:1)	E	A		X			X		X	X	X		X1		E			E	X	X	A				
17	16.12.18 A	FC Erzgebirge Aue	2:2 (0:0)		X		A			X	X1	X	X			X	E	E1		E		X	A					A
18	23.12.18 A	SC Paderborn 07	2:6 (1:1)		X			X		X	X	X	X1	X			X1			E	E	A	X					
19	29.01.19 H	FC St. Pauli	2:1 (0:1)	E		X1	X		X1	E	X	X	X	A				X		A	E	A		X				
20	01.02.19 A	MSV Duisburg	2:3 (0:2)	E1		X	X	X	X	X		X	X	A			A	E1	X	E			A					
21	10.02.19 H	1. FC Heidenheim	1:2 (0:1)	A		X	X	X	X	X			X	E			E	A	X							X	X	E1
22	15.02.19 A	SV Sandhausen	1:1 (1:1)	A		X	X	X		X		X	X			A1	A	E	X			E					X	E
23	23.02.19 H	Dynamo Dresden	2:0 (1:0)	E		A1	X	X		X		X	X			X1	A	A	X				E				X	E
24	03.03.19 A	Arminia Bielefeld	0:1 (0:1)			X	X		X	X		X	X	E		X	A	X	X			A					X	E
25	09.03.19 H	Holstein Kiel	3:2 (2:1)	E		X1	X1	X	X	X		X	E	X	A	A		A1	X				E			X		
26	16.03.19 A	Hamburger SV	3:2 (0:2)	E		X	X	A	X	X		X		X		X1	X2	A					E			X		E
27	30.03.19 H	Jahn Regensburg	1:1 (0:0)			X1	X	X	X	X		X	E			A	A	E	X			A	X					E
28	07.04.19 A	SpVgg Gr. Fürth	1:2 (0:0)	E		X	A	X	X	X		X	E			X			X				A				E1	A
29	13.04.19 A	1. FC Magdeburg	1:0 (0:0)	E		X		A1	X	X		X	X	E	A		X	X				E			X			
30	21.04.19 H	VfL Bochum	0:0 (0:0)			X		A	X	X		A		A		E	X	X				E						E
31	26.04.19 A	1. FC Köln	2:1 (1:0)			A1		A	X	X				E		A	X	X	E1	E		X						
32	05.05.19 H	1. FC Union Berlin	2:1 (0:0)			A		X	X	X			A	A	E	X	E	E	X1			X1						
33	12.05.19 A	FC Ingolstadt 04	0:3 (0:2)			A		X	X	X			A	X	E	X	E		A							X		E
34	19.05.19 H	FC Erzgebirge Aue	1:0 (1:0)			X			X	X	X	X	E	X1	A	A	X		E			E	A			X		
		Spiele:		9	11	33	25	1	32	13	4	34	24	32	28	6	31	16	30	11	15	10	15	20	22	17	12	22
		Tore:		1	0	11	2	0	4	0	0	0	1	0	2	0	10	0	5	1	0	1	0	0	1	2	2	1

Gegnerisches Eigentor im 12. Spiel (durch Hammann).

Bilanz der letzten 10 Jahre:

Saison	Lv.	Liga		Platz	Sp.	S	U	N	Tore	Pkt.
2008/09:	4	Regionalliga Süd		15.	34	9	10	15	44-54	37
2009/10:	4	Regionalliga Süd		15.	34	8	10	16	39-49	34
2010/11:	4	Regionalliga Süd	↑	1.	30	18	8	4	50-26	62
2011/12:	3	3. Liga		14.	38	12	13	13	51-47	49
2012/13:	3	3. Liga		18.	38	8	14	16	32-46	38
2013/14:	3	3. Liga	↑	3.	38	21	9	8	58-29	72
2014/15:	2	2. Bundesliga	↑	2.	34	15	14	5	44-26	59
2015/16:	1	Bundesliga		14.	34	9	11	14	38-53	38
2016/17:	1	Bundesliga	↓	18.	34	7	4	23	28-63	25
2017/18:	2	2. Bundesliga		10.	34	10	13	11	47-45	43

Zuschauerzahlen:

Saison	gesamt	Spiele	Schnitt
2008/09:	49.200	17	2.894
2009/10:	40.200	17	2.365
2010/11:	65.000	15	4.333
2011/12:	115.900	19	6.100
2012/13:	113.400	19	5.968
2013/14:	134.207	19	7.064
2014/15:	240.300	17	14.135
2015/16:	283.000	17	16.647
2016/17:	284.800	17	16.753
2017/18:	271.446	17	15.967

Die meisten Spiele in der 2. Bundesliga:

Pl.	Name, Vorname	Spiele
1.	Posniak, Oliver	290
2.	Westenberger, Edwin	281
3.	Rudolf, Dieter	265
4.	Sanchez, Rafael	231
5.	Wagner, Willi	223
6.	Heß, Freddy	218
7.	Huxhorn, Wilhelm	214
8.	Kuhl, Uwe	200
9.	Kispert, Volker	195
10.	Weiss, Willibald	191

Die meisten Tore in der 2. Bundesliga:

Pl.	Name, Vorname	Tore
1.	Kuhl, Uwe	69
2.	Cestonaro, Peter	68
3.	Bechtold, Walter	46
4.	Drexler, Manfred	43
	Labbadia, Bruno	43
6.	Neumann, Horst	38
7.	Eichenauer, Henrik	35
8.	Blättel, Michael	29
	Künkel, Rainer	29

Die Trainer der letzten Jahre:

Name, Vorname	Zeitraum
Labbadia, Bruno	01.07.2003 – 30.06.2006
Lettieri, Gino	01.07.2006 – 06.10.2006
Kleppinger, Gerhard	06.10.2006 – 19.04.2009
Juskic, Zivojin	20.04.2009 – 20.03.2010
Runjaic, Kosta	21.03.2010 – 02.09.2012
Seeberger, Jürgen	05.09.2012 – 17.12.2012
Schuster, Dirk	28.12.2012 – 30.06.2016
Meier, Norbert	01.07.2016 – 05.12.2016
Berndroth, Ramon (IT)	06.12.2016 – 21.12.2016
Frings, Torsten	27.12.2016 – 09.12.2017

SG Dynamo Dresden

Anschrift:
Lennéstraße 12
01069 Dresden
Telefon: (03 51) 43 94 30
eMail: verein@dynamo-dresden.de
Homepage: www.dynamo-dresden.de

Vereinsgründung: 12.04.1953; vom 14.04.1990 bis 30.06.2007 als 1. FC Dynamo Dresden

Vereinsfarben: Schwarz-Gelb
Präsident: Holger Scholze
Sportlicher Leiter: Ralf Minge

Stadion:
Rudolf Harbig-Stadion (32.066)

Größte Erfolge: DDR-Meister 1953, 1971, 1973, 1976, 1977, 1978, 1989 und 1990; FDGB-Pokalsieger 1952 (als Volkspolizei Dresden), 1971, 1977, 1982, 1984, 1985 und 1990; Qualifikation für die Bundesliga 1991; Meister 3. Liga 2016 (↑); Meister der Oberliga NOFV-Süd 2002 (↑); Aufstieg in die 2. Bundesliga 2004 und 2011; Pokalsieger Sachsen 2003 und 2007; Halbfinale im DFB-Pokal 1994; Halbfinale UEFA-Pokal 1989

Aufgebot:

Name, Vorname	Pos	geb. am	Nat.	seit	2018/19 Sp.	T.	gesamt Sp.	T.	frühere Vereine
Aosman, Aias	M	21.10.1994	SYR	2015	19	3	66	8	SSV Jahn 2000 Regensburg, 1. FC Köln, SC Wiedenbrück 2000, FC Preußen Espelkamp, VfL Osnabrück, DSC Arminia Bielefeld, Freie Turnerschaft Dützen
Atik, Baris	M	09.01.1995	TUR	2018	27	6	44	6	SV Darmstadt 98, 1. FC Kaiserslautern, SK Sturm Graz, TSG 1899 Hoffenheim, SV Waldhof Mannheim, VT 1898 Frankenthal
Atilgan, Osman	S	01.08.1999	D	2017	10	1	10	1	JFV Nordwest, VfB Oldenburg
Ballas, Florian	A	08.01.1993	D	2016	12	0	104	4	FSV Frankfurt, Hannover 96, 1. FC Saarbrücken, Hannover 96, 1. FC Nürnberg, 1. FC Saarbrücken, 1. FC Nürnberg, 1. FC Saarbrücken, SV Scheidt
Benatelli, Rico	M	17.03.1992	D	2017	24	1	126	14	FC Würzburger Kickers, FC Erzgebirge Aue, Borussia Dortmund, VfL Bochum
Berko, Erich	S	06.09.1994	D	2016	27	6	85	12	SV Stuttgarter Kickers, VfB Stuttgart, SV Stuttgarter Kickers
Boss, Tim	T	28.06.1993	D	2018	0	0	0	0	SC Fortuna Köln, SG Wattenscheid 09, Fortuna Düsseldorf, Wuppertaler SV Borussia, Bayer 04 Leverkusen, SV Auweiler-Esch
Burnic, Dzenis	M	22.05.1998	D	2019	12	1	12	1	Borussia Dortmund, VfB Stuttgart, Borussia Dortmund, DJK SV Heessen
Duljevic, Haris	M	16.11.1993	BIH	2017	25	1	53	3	FK Sarajevo, FK Olimpik Sarajevo, NK Celik Zenica, FK Sloboda Novi Grad
Dumic, Dario	A	30.01.1992	BIH	2018	25	1	25	1	FC Utrecht, NEC Nijmegen, Bröndby IF, Norwich City FC, Hvidovre IF, Himmelev-Veddelev BK
Ebert, Patrick	M	17.03.1987	D	2018	28	3	44	4	FC Ingolstadt 04, Rayo Vallecano, Spartak Moskau, Real Valladolid, Hertha BSC, TSV Russee, TuS Gaarden
Gonther, Sören	A	15.12.1986	D	2017	17	0	201	7	FC St. Pauli, SC Paderborn 07, KSV Baunatal, KSV Hessen Kassel, ESV Jahn Treysa, VfB Schrecksbach
Hamalainen, Brian	A	29.05.1989	DEN	2018	21	1	21	1	SV Zulte Waregem, KRC Genk, SV Zulte Waregem, Lyngby BK, Lilleröd IF
Hartmann, Marco	M	25.02.1988	D	2013	14	0	73	6	Hallescher FC, SC Leinefelde 1912, FC Union Mühlhausen, SC Leinefelde 1912, SV Einheit 1875 Worbis
Hauptmann, Marius	M	14.09.1999	D	2013	1	0	1	0	SC Borea Dresden
Heise, Philip	A	20.06.1991	D	2017	15	1	89	7	VfB Stuttgart, 1. FC Heidenheim, SC Preußen Münster, Fortuna Düsseldorf, Borussia Mönchengladbach, Fortuna Düsseldorf, Bayer 04 Leverkusen, FC Büderich 02
Horvath, Sascha	M	22.08.1996	AUT	2017	0	0	20	1	SK Sturm Graz, FK Austria Wien, SV Schwechat
Koné, Moussa	S	30.12.1996	SEN	2018	29	9	43	16	FC Zürich, AS Dakar Sacre-Coeur
Kreuzer, Niklas	A	20.02.1993	D	2014	19	0	71	3	FC Rot-Weiß Erfurt, FC Basel, FC Ettingen, SV München 1880
Kulke, Max	M	10.11.2000	D	2013	1	0	1	0	FV Eintracht Niesky
Kusej, Vasil	S	24.05.2000	CZE	2015	0	0	0	0	FK Usti nad Labem
Löwe, Justin	M	30.12.1998	D	2018	4	1	4	1	FC Oberlausitz Neugersdorf, SG Dynamo Dresden, FSV Glückauf Brieske/Senftenberg
Möschl, Patrick	M	06.03.1993	AUT	2017	15	0	26	1	SV Ried, SK Lenzing
Müller, Jannik	A	18.01.1994	D	2014	17	1	68	5	1. FC Köln, SV Wershofen-Hümmel
Nikolaou, Ioannis	A	31.07.1993	D	2018	28	1	28	1	FC Würzburger Kickers, FC Rot-Weiß Erfurt, 1. FC Köln, Bonner SC, VfL Rheinbach, TB Witterschlick
Röser, Lucas	S	28.12.1993	D	2017	23	4	51	13	SG Sonnenhof Großaspach, TSG 1899 Hoffenheim, 1. FSV Mainz 05, Ludwigshafener SC, FC Arminia Ludwigshafen
Schubert, Markus	T	12.06.1998	D	2011	31	0	40	0	SC Riesa, SV Lok Nossen
Testroet, Pascal	S	26.09.1990	D	2015	0	0	63	18	Arminia Bielefeld, VfL Osnabrück, Arminia Bielefeld, Offenbacher FC Kickers, SV Werder Bremen, FC Schalke 04, VfL Rhede, FC Olympia Bocholt, SV Biemenhorst
Wahlqvist, Linus	A	11.11.1996	SWE	2018	29	0	29	0	IFK Norrköping, Eneby BK
Wiegers, Patrick	T	19.04.1990	D	2014	3	0	13	0	SSV Jahn 2000 Regensburg, SpVgg Grün-Weiß Deggendorf 03, SpVgg Plattling, SV Grün-Weiß Deggendorf

Trainer:

Name, Vorname	geb. am	Nat.	Zeitraum	Spiele 2018/19	frühere Trainerstationen
Neuhaus, Uwe	26.11.1959	D	01.07.15 – 22.08.18	2	1. FC Union Berlin, Rot-Weiss Essen, Borussia Dortmund Am., Borussia Dortmund (Co-Trainer), VfB Hüls, SG Wattenscheid 09 Am., SG Wattenscheid 09 Am. II
Fiél, Cristian (IT)	12.03.1980	D	23.08.18 – 10.09.18	1	SG Dynamo Dresden U17
Walpurgis, Maik	09.10.1973	D	11.09.18 – 24.02.19	20	FC Ingolstadt 04, VfL Osnabrück, VfL Spfr. Lotte, Arminia Bielefeld II, FC Gütersloh 2000, SV Enger-Westerenger, FC Gütersloh 1978 U19, SC Herford Junioren
Fiél, Cristian	12.03.1980	D	28.02.19 – lfd.	11	SG Dynamo Dresden (IT), SG Dynamo Dresden U17

Zugänge:
Atik (SV Darmstadt 98), Atilgan, M. Hauptmann und Kusej (eigene Junioren), Boss (SC Fortuna Köln), Dumic (FC Utrecht), Ebert (FC Ingolstadt 04), Hamalainen (SV Zulte Waregem), Löwe (FC Oberlausitz Neugersdorf), Nikolaou (FC Würzburger Kickers), Wahlqvist (IFK Norrköping).
während der Saison:
Burnic (Borussia Dortmund).

Abgänge:
Franke (SV Darmstadt 98), N. Hauptmann (1. FC Köln), Konrad (KFC Uerdingen 05), Lambertz (Fortuna Düsseldorf II), Mlapa (VVV Venlo), F. Müller (Chemnitzer FC), Schwäbe (Bröndby IF), Seguin (VfL Wolfsburg).
während der Saison:
Heise (Norwich City FC), Horvath (FC Wacker Innsbruck), Testroet (FC Erzgebirge Aue).

Fortsetzung SG Dynamo Dresden

Aufstellungen und Torschützen:

Sp	Datum	Gegner	Ergebnis	Aosman 1	Atik 2	Atilgan 3	Ballas 4	Benatelli 5	Berko 6	Burnic 7	Dujevic 8	Dumic 9	Ebert 10	Gonther 11	Hamalainen 12	Hartmann 13	Hauptmann 14	Heise 15	Koné 16	Kreuzer 17	Kulke 18	Löwe 19	Möschl 20	Müller 21	Nikolaou 22	Röser 23	Schubert 24	Wahlqvist 25	Wiegers 26
1	06.08.18 H	MSV Duisburg	1:0 (1:0)	E				E			A	X	X		X	A		X	X					X	E	A1	X	X	
2	11.08.18 A	Arminia Bielefeld	1:2 (0:2)	E			A	E1	X	X	X	X			X	X								A	E	A	X	X	
3	26.08.18 H	1. FC Heidenheim	1:3 (0:2)	A	A			E1	X	X	X	X			X	X	E							X	E	X	A		
4	14.09.18 A	Jahn Regensburg	2:0 (1:0)	A1			X	E		E	X1	X		X	A		X	A	X					X		X	E		
5	18.09.18 H	Hamburger SV	0:1 (0:0)	E			A	E		X	X	X		X		X		X	X					X	E	X	A		
6	22.09.18 H	SV Darmstadt 98	4:1 (1:1)	A			E	E		A	X	A1		X	X			X1	X2	E				X		X	X		
7	25.09.18 A	VfL Bochum	1:0 (1:0)	A			X	E		X	A		X	X	X			X	A1	E		E		X		X	X		
8	30.09.18 H	SpVgg Gr. Fürth	0:1 (0:0)	A	E		X		E	X	X	X		X	X			X	A	E				X		X	A		
9	06.10.18 A	1. FC Magdeburg	2:2 (2:0)	A1			X	E	A	X	X	E	X	X				X1	A			E		X		X	X		
10	19.10.18 H	FC Erzgebirge Aue	1:1 (1:1)	X	E		A	A		X			X	X				X	X1			A		X	E	X	E		
11	28.10.18 A	1. FC Union Berlin	0:0 (0:0)	A	E		X	E	E	A	X	X	X		X			X						XG		X	X		
12	02.11.18 H	SV Sandhausen	3:1 (2:1)	A1	A		X1	E		X	X	X		X				X	A1		E				E	X	X		
13	10.11.18 A	1. FC Köln	1:8 (0:2)	A	E1		X	E		X	X	X		X				X	A					A	E	X	X		
14	25.11.18 H	FC Ingolstadt 04	2:0 (2:0)	E	A		X	E			A1	E	X	A				X1	X					X	X		X		
15	01.12.18 A	FC St. Pauli	1:1 (0:0)	X	A		A	A		E	X	E	X		X	X			E			X1	X			X			
16	09.12.18 H	Holstein Kiel	0:2 (0:2)	A	E		X	X		E	A	X		X				X	X					X	A	E	X		
17	15.12.18 A	SC Paderborn 07	0:3 (0:0)	A	A	E	X	X		E	X	X		X				A	X					X		E	X		
18	23.12.18 A	MSV Duisburg	3:1 (2:0)		A1	E	X	X	X		E	X	X			E		A1						X	X	A1	X	X	
19	30.01.19 H	Arminia Bielefeld	3:4 (3:1)		A	A1	X	X		E	E	A	X1	XR				X1						X	X		X	E	
20	02.02.19 A	1. FC Heidenheim	0:1 (0:1)	E	A	X	A	X			E	E	A					X						X	A		X	E	
21	11.02.19 A	Hamburger SV	0:1 (0:0)			E	X	E	X	A		A	A	X				X						X	X	X	X		
22	17.02.19 H	Jahn Regensburg	0:0 (0:0)			E	E	X		X	A		A	X				A	E					X	X	X			
23	23.02.19 A	SV Darmstadt 98	0:2 (0:1)	X	E	E	X	X		X			X						A	A			E	X		E	X	A	
24	03.03.19 H	VfL Bochum	2:2 (1:2)	X1			X	A	X	A	E	X						A				E		X	X1	E	X		
25	16.03.19 H	1. FC Magdeburg	1:1 (0:1)	X	X	E			X		X	X						A	A			E		A	X	E1	X	X	
26	01.04.19 A	FC Erzgebirge Aue	3:1 (0:1)		A		X	A	X1	X	E	X		E						E1		X	X			A1	X	X	
27	04.04.19 A	SpVgg Gr. Fürth	0:0 (0:0)	X	E		X		E	A	X							E			A	X		X	A	X	X		
28	07.04.19 H	1. FC Union Berlin	0:0 (0:0)	X	A		X	X	X	A	X		X					E	X			E		X		E	X	A	
29	13.04.19 A	SV Sandhausen	1:3 (0:0)	X	X		X1	X	X	X	E	A						A	E		A			X		E	X	X	
30	21.04.19 H	1. FC Köln	3:0 (2:0)	A	E	X		A2	X	A1		E	X						X			X		X	X	E	X	X	
31	26.04.19 A	FC Ingolstadt 04	0:1 (0:0)	A	X		X	X		X	E	X						E				A		A	E	X	X		
32	03.05.19 H	FC St. Pauli	2:1 (1:0)	X	X		X	X1	E	X	A1							A	X			E	E	X			A	X	
33	12.05.19 A	Holstein Kiel	0:3 (0:1)	X	E	X			A	X	A	E	E					X		A	X		X	X				X	
34	19.05.19 H	SC Paderborn 07	3:1 (2:1)	X3				X	X	X		A	E					X	A			E	A	X	E	X	X		
		Spiele		19	27	10	12	24	27	12	25	25	28	17	21	14	1	15	29	19	1	4	15	17	28	23	31	29	3
		Tore		3	6	1	0	1	6	1	1	1	3	0	1	0	0	1	9	0	0	1	0	1	1	4	0	0	0

Bilanz der letzten 10 Jahre:

Saison	Lv.	Liga		Platz	Sp.	S	U	N	Tore	Pkt.
2008/09:	3	3. Liga		9.	38	13	11	14	46-46	50
2009/10:	3	3. Liga		12.	38	14	8	16	39-46	50
2010/11:	3	3. Liga	↑	3.	38	19	8	11	55-37	65
2011/12:	2	2. Bundesliga		9.	34	12	9	13	50-52	45
2012/13:	2	2. Bundesliga		16.	34	9	10	15	35-49	37
2013/14:	2	2. Bundesliga	↓	17.	34	5	17	12	36-53	32
2014/15:	3	3. Liga		6.	38	16	8	14	52-48	56
2015/16:	3	3. Liga	↑	1.	38	21	15	2	75-35	78
2016/17:	2	2. Bundesliga		5.	34	13	11	10	53-46	50
2017/18:	2	2. Bundesliga		14.	34	11	8	15	42-52	41

Zuschauerzahlen:

Saison	gesamt	Spiele	Schnitt
2008/09:	207.093	19	10.900
2009/10:	274.297	19	14.437
2010/11:	326.674	19	17.193
2011/12:	422.420	17	24.848
2012/13:	424.396	17	24.964
2013/14:	459.073	17	27.004
2014/15:	432.216	19	22.748
2015/16:	523.329	19	27.544
2016/17:	484.756	17	28.515
2017/18:	477.266	17	28.074

Die meisten Spiele in der 2. Bundesliga:

Pl.	Name, Vorname	Spiele
1.	Bregerie, Romain	94
2.	Berko, Erich	85
3.	Poté, Mickael	83
4.	Schuppan, Sebastian	79
5.	Kirsten, Benjamin	74
6.	Gueye, Cheikh	73
	Hartmann, Marco	73
8.	Koch, Robert	72
9.	Kreuzer, Niklas	71
10.	Ballas, Florian	70

Die meisten Tore in der 2. Bundesliga:

Pl.	Name, Vorname	Tore
1.	Poté, Mickael	21
2.	Dedic, Zlatko	19
3.	Lavric, Klemen	17
4.	Kennedy, Joshua	16
	Koné, Moussa	16
	Kutschke, Stefan	16
7.	Röser, Lucas	13
8.	Berko, Erich	12
	Koch, Robert	12
10.	Fröhlich, Christian	10
	Gogia, Akaki	10

Die Trainer der letzten Jahre:

Name, Vorname	Zeitraum
Geyer, Eduard	25.09.2007 – 02.06.2008
Kaiser, Ruud	01.07.2008 – 03.10.2009
Maucksch, Matthias	04.10.2009 – 12.04.2011
Loose, Ralf	12.04.2011 – 08.12.2012
Menze, Steffen (IT)	09.12.2012 – 18.12.2012
Pacult, Peter	19.12.2012 – 18.08.2013
Menze, Steffen (IT)	19.08.2013 – 03.09.2013
Janßen, Olaf	04.09.2013 – 12.05.2014
Böger, Stefan	16.06.2014 – 16.02.2015
Németh, Peter (IT)	17.02.2015 – 30.06.2015

Meidericher SpV 02 Duisburg

Anschrift:
Margaretenstraße 5 - 7
47055 Duisburg
Telefon: (02 03) 9 31 00
eMail: info@msv-duisburg.de
Homepage: www.msv-duisburg.de

Vereinsgründung: 17.09.1902 als Meiderischer Spielverein 1902
09.01.1967 Umbenennung in Meidericher SpV 02 Duisburg
Vereinsfarben: Blau-Weiß
Vorsitzender (e.V.): Ingo Wald
Sportdirektor: Ivica Grlic

Stadion:
Schauinsland-Reisen-Arena
(31.502)

Größte Erfolge: Deutscher Vizemeister 1964; DFB-Pokalfinalist 1966, 1975, 1998, 2011; Deutscher Amateurmeister 1987; Qualifikation zur Bundesliga 1963; Aufstieg in die Bundesliga 1991, 1993, 1996, 2005, 2007; Aufstiegsrunde zur Bundesliga 1984; Meister 3. Liga 2017; Pokalsieger Niederrhein 2014, 2017

Aufgebot: Name, Vorname	Pos	geb. am	Nat.	seit	2018/19 Sp.	T.	Gesamt Sp.	T.	frühere Vereine
Albutat, Tim	M	23.09.1992	D	2014	16	1	52	2	SC Freiburg, SV Wehen Taunusstein
Baffoe, Joseph	A	07.11.1992	SWE	2019	1	0	54	3	Eintracht Braunschweig, Halmstads BK, Helsingborgs IF, Valerenga IF Oslo, Helsingborgs IF, IFK Värnamo
Blomeyer, Thomas	A	24.04.1996	D	2016	0	0	4	0	FC Ingolstadt 04, SC Eintracht Freising
Bomheuer, Dustin	A	17.04.1991	D	2015	23	1	116	4	Fortuna Düsseldorf, MSV Duisburg, SG Wattenscheid 09, SpVgg Blau-Gelb Schwerin, SC Westfalia Herne
Brendieck, Jonas	T	05.06.1999	D	2014	0	0	0	0	Borussia Dortmund, VfB Waltrop, SV Horneburg
Daschner, Lukas	M	01.10.1998	D	2013	7	2	15	2	FC Schalke 04, Sportfreunde Hamborn 07, SV Beeckerwerth
Davari, Daniel	T	06.01.1988	IRN	2017	4	0	75	0	DSC Arminia Bielefeld, Grasshopper-Club Zürich, Eintracht Braunschweig, 1. FSV Mainz 05, TSG Wieseck, SV Garbenteich
Engin, Ahmet	M	09.08.1996	D	2011	28	1	57	4	KFC Uerdingen 05, SpV Neukirchen-Vluyn
Fröde, Lukas	M	23.01.1995	D	2017	25	2	69	4	FC Würzburger Kickers, SV Werder Bremen, FC Carl Zeiss Jena, Haimbacher SV, SC Borussia Fulda, TSV Neuenberg
Gartner, Christian	M	03.04.1994	AUT	2018	2	0	58	3	Fortuna Düsseldorf, SV Mattersburg, AKA Burgenland, FC Illmitz
Gembalies, Vincent	A	18.01.2000	D	2008	3	0	3	0	eigene Junioren
Gyau, Joseph-Claude	M	16.09.1992	USA	2018	20	2	35	2	SG Sonnenhof Großaspach, Borussia Dortmund, TSG 1899 Hoffenheim, FC St. Pauli, TSG 1899 Hoffenheim, Bethesda Roadrunners, FC Delco
Hajri, Enis	A	06.03.1983	D	2014	16	1	53	2	1. FC Kaiserslautern, FC 08 Homburg, CS Sfax, 1. FC Kaiserslautern, Henan Jianye FC Zhengzhou, PSFC Chernomorets Burgas, FSV Oggersheim, SpVgg Weiden, TSV Alemannia Aachen, SV Waldhof Mannheim, SpVgg 07 Ludwigsburg, KSG Gerlingen, VfB Stuttgart, SV Stuttgarter Kickers, TSVgg Stuttgart Münster
Iljutcenko, Stanislav	S	13.08.1990	D	2015	31	4	83	14	VfL Osnabrück, SV Westfalia Rhynern, DJK Westfalia Soest, TSG Soest-Süd, Soester SV 09
Mesenhöler, Daniel	T	24.07.1995	D	2018	15	0	41	0	1. FC Union Berlin, 1. FC Köln, TuS Othetal
Nauber, Gerrit	A	13.04.1992	D	2017	30	1	64	2	VfL Sportfreunde Lotte, Bayer 04 Leverkusen, VfL Osnabrück, SV Viktoria 08 Georgsmarienhütte, TuS Glane
Neumann, Sebastian	A	18.02.1991	D	2018	8	0	50	0	FC Würzburger Kickers, VfR Aalen, VfL Osnabrück, Hertha BSC, FC Internationale 1980 Berlin, Berliner SC Eintracht/Südring
Nielsen, Havard	S	15.07.1993	NOR	2019	16	4	76	12	Fortuna Düsseldorf, SC Freiburg, FC Red Bull Salzburg, Eintracht Braunschweig, FC Red Bull Salzburg, Valerenga IF Oslo, Oppsal IF
Oliveira Souza, Cauly	M	15.09.1995	BRA	2017	28	4	55	10	SC Fortuna Köln, 1. FC Köln, 1. Jugend-Fußball-Schule Köln
Regäsel, Yanni	A	13.01.1996	D	2018	5	0	5	0	Eintracht Frankfurt, Hertha BSC, Reinickendorfer Füchse
Schnellhardt, Fabian	M	12.01.1994	D	2016	33	0	64	0	Holstein Kiel, MSV Duisburg, 1. FC Köln, FC Rot-Weiß Erfurt, SV Einheit 1875 Worbis, SC Leinefelde 1912, SV 1893 Niederorschel
Seo, Young-Jae	A	23.05.1995	KOR	2018	7	0	7	0	Hamburger SV, Hanyang University
Stoppelkamp, Moritz	M	11.12.1986	D	2017	26	3	223	43	Karlsruher SC, SC Paderborn 07, TSV 1860 München, Hannover 96, SC Rot-Weiß Oberhausen, Rot-Weiss Essen, FC Rot-Weiß Erfurt, Rot-Weiss Essen, Fortuna Düsseldorf, MSV Duisburg, TuS Viktoria Buchholz
Sukuta-Pasu, Richard	S	24.06.1990	D	2018	14	1	111	18	SV Sandhausen, FC Energie Cottbus, Cercle Brügge, VfL Bochum, SK Sturm Graz, 1. FC Kaiserslautern, FC St. Pauli, Bayer 04 Leverkusen, TuS Grün-Weiß Wuppertal
Tashchy, Boris	S	26.07.1993	UKR	2017	19	1	56	12	FC Zbrojovka Brünn, VfB Stuttgart, Dinamo Moskau, Howerla Uschhorod, Dinamo Moskau, Tschornomorez Odessa
Verhoek, John	S	25.03.1989	NED	2018	22	0	177	36	1. FC Heidenheim, FC St. Pauli, FSV Frankfurt, ADO Den Haag, Stade Rennes, FC Den Bosch, FC Dordrecht, ADO Den Haag, VV Forum Sport Voorburg
Wiedwald, Felix	T	15.03.1990	D	2019	15	0	62	0	Eintracht Frankfurt, Leeds United FC, SV Werder Bremen, Eintracht Frankfurt, MSV Duisburg, SV Werder Bremen, TSV Achim
Wiegel, Andreas	M	21.07.1991	D	2015	27	0	55	1	FC Rot-Weiß Erfurt, FC Erzgebirge Aue, FC Schalke 04, SC Paderborn 07, FC Fortuna Schlangen, SC Borchen
Wolze, Kevin	M	09.03.1990	D	2011	31	9	150	27	VfL Wolfsburg, Bolton Wanderers FC, VfL Wolfsburg, SSV Vorsfelde, Wendschotter SV

Trainer: Name, Vorname	geb. am	Nat.	Zeitraum	Spiele 2018/19	frühere Trainerstationen
Gruev, Ilia	30.10.1969	BUL	04.11.15 – 01.10.18	8	1. FC Kaiserslautern (Co-Trainer), MSV Duisburg (Co-Trainer), 1. FC Kaiserslautern (Co-Trainer), NK Hajduk Split (Co-Trainer), Bulgarien (Co-Trainer), PSFC Chernomorets Burgas (Co-Trainer), FC Rot-Weiß Erfurt Jun., FSV Harz 04 Erfurt
Lieberknecht, Torsten	01.08.1973	D	02.10.18 – lfd.	26	Eintracht Braunschweig, Eintracht Braunschweig U19

Zugänge:
Brendieck (eigene Junioren), Gyau (SG Sonnenhof Großaspach), Mesenhöler (1. FC Union Berlin), Neumann (FC Würzburger Kickers), Regäsel (ohne Verein), Seo (Hamburger SV II), Sukuta-Pasu (SV Sandhausen), Verhoek (1. FC Heidenheim).
während der Saison:
Baffoe (ohne Verein), Nielsen (Fortuna Düsseldorf), Wiedwald (Eintracht Frankfurt).

Abgänge:
Bajic (Laufbahn beendet), Erat (SV Straelen), Flekken (SC Freiburg), Klotz (unbekannt), Onuegbu (Nea Salamina Famagusta), Poggenberg (SG Sonnenhof Großaspach), Zeaiter (TSV Alemannia Aachen).
während der Saison:
Blomeyer (VfL Sportfreunde Lotte), Davari (SC Rot-Weiß Oberhausen), Sukuta-Pasu (Guangdong Southern Tigers FC).

Fortsetzung Meidericher SpV 02 Duisburg

Aufstellungen und Torschützen:

Sp	Datum	Gegner	Ergebnis	Albutat	Baffoe	Bornheuer	Daschner	Davari	Engin	Fröde	Gartner	Gembalies	Gyau	Hajri	Iljutcenko	Mesenhöler	Nauber	Neumann	Nielsen	Oliveira Souza	Regäsel	Schnellhardt	Seo	Stoppelkamp	Sukuta-Pasu	Tashchy	Verhoek	Wiedwald	Wiegel	Wolze
				1	2	3	4	5	6	7	8	9	10	11	12	13	14	15	16	17	18	19	20	21	22	23	24	25	26	27
1	06.08.18 A	Dynamo Dresden	0:1 (0:1)			X		X		X	E				E		X	X		E		A		X		A	X		A	X
2	11.08.18 H	VfL Bochum	0:2 (0:0)			X			X			E		A	X	X		A		A		X		X	E	A	E		X	X
3	24.08.18 A	SV Darmstadt 98	0:3 (0:0)			X		X		X	E	E					X		A	A		X		X	A	E			X	X
4	01.09.18 H	SpVgg Gr. Fürth	0:1 (0:1)					X	A	X				X		X	X		E		A	X		E	E	A	X		X	X
5	14.09.18 A	1. FC Union Berlin	2:2 (0:1)		A				E	X			X	X	E	X		X1		X		A		E1	A				X	X
6	23.09.18 H	FC Erzgebirge Aue	1:2 (1:0)			X			A	X		E	X	X		X		X		X		X			X				X	X1
7	26.09.18 A	1. FC Magdeburg	3:3 (1:0)			X	E1		A	X		E		X1	X		X		A			X			A	E			X	X1
8	29.09.18 H	Jahn Regensburg	1:3 (1:2)			X	E		X	A		A1	X	X	X		X			E		X			A	E			X	X
9	08.10.18 A	1. FC Köln	2:1 (1:1)						E	X		A		A	X	X	E	X1		X					A	E			X	X
10	22.10.18 H	FC St. Pauli	0:1 (0:0)	E		X			X	A			E	X	X			X				X		E	A		E		X	X
11	28.10.18 A	FC Ingolstadt 04	1:1 (0:0)			X			E	E		E	A	X				A	X			A		E	X				X	X
12	03.11.18 H	SC Paderborn 07	2:0 (1:0)			X			A	X				X	X					A1	E	X		E	X	E1	A		X	X
13	09.11.18 A	SV Sandhausen	0:0 (0:0)	E		X	E		X				A	E	X			A				X		A	A	X			X	X
14	23.11.18 A	Arminia Bielefeld	1:0 (0:0)			X		X1	X				E	X	X				E	A		A		X		E			X	X
15	02.12.18 H	Holstein Kiel	0:4 (0:0)			A			X	X			X	E	X	X		E		A		A		E	X				X	X
16	08.12.18 A	1. FC Heidenheim	1:4 (0:1)	A			E		X	X		E		X	X	X		X		X				E		A		A	X1	
17	14.12.18 H	Hamburger SV	1:2 (1:2)	EG					E	A		E		X	X	X1		A	X	X	X	A	X				X			
18	23.12.18 H	Dynamo Dresden	1:3 (0:2)			X	A		X			E		X	X					X1	A		X	A	E		E			X
19	29.01.19 A	VfL Bochum	1:2 (0:2)			X			E	A		A			X		X1	X		X		X		X	E			X	X	X
20	01.02.19 H	SV Darmstadt 98	3:2 (2:0)			X			X	E			A	A1	X		X1	A		X	X			E		E	X			X1
21	09.02.19 A	SpVgg Gr. Fürth	0:1 (0:0)	E		X			X				XR	A			A	X		A	X	E			E	X				X
22	16.02.19 H	1. FC Union Berlin	2:3 (1:1)			X			E	X1		A		A			X1	A		E	X	E		X		X	X		X	
23	24.02.19 A	FC Erzgebirge Aue	0:0 (0:0)	E		X			E	XR			A	A			A	A		X		X		X		E	X		X	
24	01.03.19 H	1. FC Magdeburg	1:0 (0:0)	X					A			E	X1	E	X		A	X		A		A		E		E	X		X	
25	09.03.19 A	Jahn Regensburg	1:1 (0:1)	X					X			E	A	E	X		A	A		X		E		X		E	X		X	X1
26	29.03.19 H	FC St. Pauli	0:0 (0:0)	X					E	X		E	X	E	X		A	X		A				A		A	X		X	
27	06.04.19 H	FC Ingolstadt 04	2:4 (0:1)	A	X					E			X	X1	X		X	X		X		A				E	X		X	X1
28	10.04.19 A	1. FC Köln	4:4 (2:1)	X					E	X1		E	X	A	X		E	A		X		A2				X	X		X	X1
29	13.04.19 A	SC Paderborn 07	0:4 (0:2)	X					X			E	E	A	X		E	A		X		X				E	X		X	X
30	20.04.19 H	SV Sandhausen	2:2 (0:1)	A		X			E			E	X		X		X1	A		X		X				E	X		X	X
31	29.04.19 H	Arminia Bielefeld	2:2 (1:1)	E					E			E	X1	A	X		A	X		X		X		A		E	X			X1
32	05.05.19 A	Holstein Kiel	2:0 (0:0)	A1		X			E	E		A1	X	X	X		A	X		X				E		E	X			X
33	12.05.19 H	1. FC Heidenheim	3:4 (1:2)	A		X1	E1					E	X	X	X		A	A		X				X1		E	X			X
34	19.05.19 A	Hamburger SV	0:3 (0:1)				X			X		X	X	E	A	X	A	E				X	X	X		E				A
	Spiele:			16	1	23	7	4	28	25	2	3	20	16	31	15	30	8	16	28	5	33	7	26	14	19	22	15	27	31
	Tore:			1	0	1	2	0	1	2	0	0	2	1	4	0	1	0	4	4	0	0	0	3	1	1	0	0	0	9

Gegnerisches Eigentor im 9. Spiel (durch Bader) und im 11. Spiel (durch Matip).

Bilanz der letzten 10 Jahre:

Saison	Lv.	Liga		Platz	Sp.	S	U	N	Tore	Pkt.
2008/09:	2	2. Bundesliga		6.	34	14	13	7	56-36	55
2009/10:	2	2. Bundesliga		6.	34	14	8	12	51-46	50
2010/11:	2	2. Bundesliga		8.	34	15	7	12	53-38	52
2011/12:	2	2. Bundesliga		10.	34	10	9	15	42-47	39
2012/13:	2	2. Bundesliga (Lizenzentzug)	↓	11.	34	11	10	13	37-49	43
2013/14:	3	3. Liga		7.	38	13	13	12	43-43	52
2014/15:	3	3. Liga	↑	2.	38	20	11	7	63-40	71
2015/16:	2	2. Bundesliga	↓	16.	34	7	11	16	32-54	32
2016/17:	3	3. Liga	↑	1.	38	18	14	6	52-32	68
2017/18:	2	2. Bundesliga		7.	34	13	9	12	52-56	48

Zuschauerzahlen:

Saison	gesamt	Spiele	Schnitt
2008/09:	252.800	17	14.871
2009/10:	239.185	17	14.070
2010/11:	240.908	17	14.171
2011/12:	228.839	17	13.461
2012/13:	218.267	17	12.839
2013/14:	239.356	19	12.598
2014/15:	255.661	19	13.456
2015/16:	304.166	17	17.892
2016/17:	269.401	19	14.179
2017/18:	282.762	17	16.633

Die meisten Spiele in der 2. Bundesliga:

Pl.	Name, Vorname	Spiele
1.	Steininger, Franz-Josef	239
2.	Struckmann, Michael	166
3.	Wolters, Carsten	162
4.	Drsek, Pavel	155
5.	Wolze, Kevin	150
6.	Notthoff, Patrick	140
7.	Macherey, Heribert	138
8.	Dubski, Manfred	134
	Notthoff, Pascal	134

Die meisten Tore in der 2. Bundesliga:

Pl.	Name, Vorname	Tore
1.	Tönnies, Michael	40
2.	Wohlfarth, Roland	38
3.	Struckmann, Michael	33
4.	Ebbers, Marius	32
5.	Ahanfouf, Abdelaziz	31
	Notthoff, Pascal	31
7.	Kurth, Markus	30
8.	Wolze, Kevin	27
9.	Dubski, Manfred	23
	Schmidt, Ferenc	23

Die Trainer der letzten Jahre:

Name, Vorname	Zeitraum
Bommer, Rudolf	01.07.2006 – 09.11.2008
Scholz, Heiko	10.11.2008 – 16.11.2008
Neururer, Peter	17.11.2008 – 29.10.2009
Speidel, Uwe (IT)	30.10.2009 – 03.11.2009
Sasic, Milan	04.11.2009 – 28.10.2011
Reck, Oliver	29.10.2011 – 25.08.2012
Grlic, Ivica (IT)	27.08.2012 – 02.09.2012
Runjaic, Kosta	03.09.2012 – 30.06.2013
Baumann, Karsten	08.07.2013 – 30.06.2014
Lettieri, Gino	01.07.2014 – 02.11.2015

SpVgg Greuther Fürth

Anschrift:
Kronacher Straße 154
90768 Fürth
Telefon: (09 11) 9 76 76 80
eMail: info@greuther-fuerth.de
Homepage: www.greuther-fuerth.de

Vereinsgründung: 01.07.1996 Beitritt der Fußballabteilung des TSV Vestenbergsgreuth zur SpVgg 1903 Fürth und Umbenennung in SpVgg Greuther Fürth

Vereinsfarben: Weiß-Grün
Präsident: Fred Höfler
Sportdirektor: Rachid Azzouzi

Stadion:
Sportpark Ronhof Thomas Sommer
(16.626)

Größte Erfolge: Deutscher Meister 1914, 1926 und 1929; Meister der 2. Bundesliga 2012 (↑); Qualifikation zur 2. Bundesliga Süd 1974; Aufstieg in die 2. Bundesliga 1997

Aufgebot:

Name, Vorname	Pos	geb. am	Nat.	seit	2018/19 Sp.	2018/19 T.	gesamt Sp.	gesamt T.	frühere Vereine
Abouchabaka, Elias	M	31.03.2000	D	2018	2	0	2	0	RasenBallsport Leipzig, Hertha BSC, SV Blau Weiss Berolina Mitte Berlin
Atanga, David	M	25.12.1996	GHA	2018	31	1	35	1	SK Niederösterreich St. Pölten, FC Red Bull Salzburg, SV Mattersburg, 1. FC Heidenheim, FC Red Bull Salzburg, FC Liefering, Red Bull Ghana Sogakope
Aycicek, Levent	M	14.02.1994	D	2017	0	0	58	6	Werder Bremen, TSV 1860 München, Werder Bremen, Hannover 96, Rehburger SV
Bauer, Maximilian	A	09.02.2000	D	2014	7	0	7	0	SpVgg Grün-Weiß Deggendorf 03, FC Windorf
Burchert, Sascha	T	30.10.1989	D	2016	33	0	67	0	Hertha BSC, Valerenga IF Oslo, Hertha BSC, Wartenberger SV
Caligiuri, Marco	M	14.04.1984	D	2014	25	3	200	9	Eintracht Braunschweig, 1. FSV Mainz 05, SpVgg Greuther Fürth, MSV Duisburg, VfB Stuttgart, BSV 07 Schwenningen
Ernst, Sebastian	M	04.03.1995	D	2017	31	1	60	3	FC Würzburger Kickers, 1. FC Magdeburg, Hannover 96, TSV Bordenau
Funk, Marius	T	01.01.1996	D	2016	1	0	2	0	VfB Stuttgart, 1. FC Heidenheim, FV 08 Unterkochen
Green, Julian	M	06.06.1995	USA	2017	29	4	63	8	VfB Stuttgart, FC Bayern München, Hamburger SV, FC Bayern München, SG Hausham 01, 1. FC Miesbach
Gugganig, Lukas	A	14.02.1995	AUT	2016	20	2	76	5	FSV Frankfurt, FC Red Bull Salzburg, FC Liefering, SC Mühldorf
Hilbert, Roberto	A	16.10.1984	D	2017	3	0	85	9	Bayer 04 Leverkusen, Besiktas Istanbul, VfB Stuttgart, SpVgg Greuther Fürth, 1. SC Feucht, SpVgg Greuther Fürth, 1. FC Nürnberg, SpVgg Jahn Forchheim, 1. FC Nürnberg, SpVgg Jahn Forchheim
Ideguchi, Yosuke	M	23.08.1996	JPN	2018	7	1	7	1	Leeds United FC, CD Cultural Leonesa, Gamba Osaka, Camellia Fukuoka
Jaeckel, Paul	A	22.07.1998	D	2018	22	0	22	0	VfL Wolfsburg, FC Energie Cottbus, Eisenhüttenstädter FC Stahl
Keita-Ruel, Daniel	S	21.09.1989	D	2018	30	10	30	10	SC Fortuna Köln, SG Wattenscheid 09, Germania Ratingen 04/19, Wuppertaler SV Borussia, Bonner SC, Borussia Mönchengladbach, Wuppertaler SV
Kirsch, Benedikt	M	15.04.1996	D	2008	0	0	15	0	SSV Jahn 2000 Regensburg, SG Hohenschambach
Magyar, Richard	A	03.05.1991	SWE	2017	28	2	47	4	Hammarby IF, FC Aarau, Halmstads BK, BK Astrio, Lunds BK, GIF Nike Lomma, Akarps IF
Maloca, Mario	A	04.05.1989	CRO	2017	24	0	55	2	OSP Lechia Gdansk, HNK Hajduk Split, NK Kamen Ingrad, NK Inter Zapresic, NK Zagreb, NK Dinamo Zagreb
Mohr, Tobias	A	24.08.1995	D	2018	19	4	19	4	TSV Alemannia Aachen, Borussia Brand
Omladic, Nik	M	21.08.1989	SVN	2017	9	0	80	5	Eintracht Braunschweig, NK Olimpija Ljubljana, NK Rudar Velenje, NK Smartno
Parker, Shawn	M	07.03.1993	D	2018	5	1	11	2	FC Augsburg, 1. FC Nürnberg, FC Augsburg, 1. FSV Mainz 05, SV Wehen Taunusstein, FC Bierstadt, SV Wiesbaden
Raum, David	M	22.04.1998	D	2006	16	1	41	2	TuSpo 1888 Nürnberg
Redondo, Kenny Prince	M	29.08.1994	ESP	2019	16	0	84	6	1. FC Union Berlin, SpVgg Unterhaching, FC Rot-Weiss Oberföhring
Reese, Fabian	S	29.11.1997	D	2018	29	3	54	3	FC Schalke 04, Karlsruher SC, FC Schalke 04, Holstein Kiel
Sarpei, Hans Nunoo	M	22.08.1998	GHA	2019	2	0	2	0	VfB Stuttgart, FK Senica, VfB Stuttgart, Liberty Professionals Accra
Sauer, Maximilian	A	15.05.1994	D	2018	31	0	80	1	Eintracht Braunschweig, KSV Hessen Kassel, VfL Wolfsburg, SV Fortuna Lebenstedt, SV Innerstetal
Schaffran, Leon	T	31.07.1998	D	2018	0	0	0	0	Hertha BSC, Regionaler SV Eintracht Teltow-Kleinmachnow-Stahnsdorf, SG Blau-Weiß Beelitz
Seguin, Paul	M	29.03.1995	D	2019	12	2	35	2	VfL Wolfsburg, SG Dynamo Dresden, VfL Wolfsburg, 1. FC Lokomotive Stendal
Sontheimer, Patrick	M	03.07.1998	D	2013	0	0	26	0	FC Memmingen 07, FC Ebenhofen
Steininger, Daniel	S	13.04.1995	D	2015	15	2	49	5	SSV Jahn 2000 Regensburg, SpVgg Greuther Fürth, SpVgg Grün-Weiß Deggendorf 03, 1. FC Passau, FC Sturm Hauzenberg, DJK Sonnen
Wittek, Maximilian	A	21.08.1995	D	2017	23	0	128	5	TSV 1860 München, TSV Eching

Trainer:

Name, Vorname	geb. am	Nat.	Zeitraum	Spiele 2018/19	frühere Trainerstationen
Buric, Damir	07.07.1964	CRO	10.09.17 – 04.02.19	19	FC Admira Wacker Mödling, HNK Hajduk Split, SV Werder Bremen (Co-Trainer), Bayer 04 Leverkusen (Co-Trainer), SC Freiburg (Co-Trainer), SC Freiburg II (Co-Trainer)
Barth, Oliver	06.10.1979	D	29.01.19 (i.V.)	1	SpVgg Greuther Fürth (Co-Trainer), VfB Stuttgart II (Co-Trainer)
Leitl, Stefan	29.08.1977	D	05.02.19 – lfd.	14	FC Ingolstadt 04, FC Ingolstadt 04 II, FC Ingolstadt 04 U17

Zugänge:
Abouchabaka (RasenBallsport Leipzig Junioren), Atanga (SK Niederösterreich St. Pölten), Bauer (eigene Junioren), Keita-Ruel (SC Fortuna Köln), Mohr (TSV Alemannia Aachen), Sauer (Eintracht Braunschweig), Schaffran (Hertha BSC II).
während der Saison:
Ideguchi (Leeds United FC), Jaeckel (VfL Wolfsburg II), Parker (FC Augsburg), Redondo (1. FC Union Berlin), Sarpei (VfB Stuttgart), Seguin (VfL Wolfsburg).

Abgänge:
Bech (Hannover 96), Bolly (Molde FK), Cigerci (Berliner AK 07), Gjasula (FC Viktoria 1889 Berlin LT), Dursun (SV Darmstadt 98), Hinds (VfL Wolfsburg), Königsmann (II. Mannschaft), Megyeri (Atromitos Athen), Narey (Hamburger SV), Pinter (MTK Budapest), Sararer (Karlsruher SC), Schad (1. FC Kaiserslautern).
während der Saison:
Aycicek (Adana Demirspor), Hilbert (II. Mannschaft), Sontheimer (FC Würzburger Kickers).

Fortsetzung SpVgg Greuther Fürth

Aufstellungen und Torschützen:

Sp	Datum		Gegner	Ergebnis	Abouchabaka	Atanga	Bauer	Burchert	Caligiuri	Ernst	Funk	Green	Gugganig	Hilbert	Ideguchi	Jaeckel	Keita-Ruel	Magyar	Maloca	Mohr	Omladic	Parker	Raum	Redondo	Reese	Sarpei	Sauer	Seguin	Steininger	Wittek
					1	2	3	4	5	6	7	8	9	10	11	12	13	14	15	16	17	18	19	20	21	22	23	24	25	26
1	04.08.18	H	SV Sandhausen	3:1 (0:0)		E	X	A	X			A	X	X			X2	X	E	X			A						E1	X
2	10.08.18	A	FC Ingolstadt 04	1:1 (0:0)	A	E	X		X			A	X1	X			X	X	X	E	A		E							X
3	25.08.18	H	SC Paderborn 07	2:2 (0:0)	A		X	X	X			A	X				X1		X	X1	E	E	E			X				A
4	01.09.18	A	MSV Duisburg	1:0 (1:0)		E	X		X			A	X				X	X	X	A1		E		A		X			E	X
5	15.09.18	H	Holstein Kiel	4:1 (0:0)	X		X	E	X			E1	A	EA	X1		X2	X	X	X				X		A				
6	23.09.18	A	1. FC Heidenheim	0:2 (0:0)	A		X		A			X	A	X			X	X	X	X	E	E				X			E	
7	27.09.18	H	Hamburger SV	0:0 (0:0)	A		X	E	X			A	X		E		X	X	X	X				E		A				X
8	30.09.18	A	Dynamo Dresden	1:0 (0:0)	A		X	E	X				X		A		X1	X	X	X				E		X				X
9	06.10.18	H	Jahn Regensburg	1:1 (0:0)	A1	E	X		X			X					X	X	X	A	E			A		X			E	X
10	20.10.18	A	Arminia Bielefeld	3:2 (0:2)		A		X	E	X			X		E		X	X	X	X2			A1			X			EA	X
11	26.10.18	A	SV Darmstadt 98	0:2 (0:1)		E		X		X		A	X		E		X	X	X	X			E			A			A	X
12	02.11.18	H	VfL Bochum	2:2 (0:2)	X		X		E	X		X	X1				X1	A	X	X			E			A				X
13	11.11.18	A	1. FC Union Berlin	0:4 (0:3)	E	X	E		X			A	X				X	A	X	X			E			E				
14	23.11.18	H	1. FC Magdeburg	3:2 (1:1)		X	X	X	X			A	A			A	X1	E1	X		E1		E							
15	01.12.18	A	1. FC Köln	0:4 (0:1)		A	XG	X		A		E					X	X	X	X			E			E		X		A
16	08.12.18	H	FC Erzgebirge Aue	0:5 (0:1)	EA	E		X		X		A					X	X	X	X	E		X			X				
17	15.12.18	A	FC St. Pauli	0:2 (0:1)		X		X	X			A	A				X	X	X	X			E					X	E	
18	21.12.18	A	SV Sandhausen	0:0 (0:0)		E		X	X	X		X	X		E		X		A					A		A			E	
19	29.01.19	H	FC Ingolstadt 04	0:1 (0:0)		A		X	X	X			X				X		XR					X		E		A	XR	E	X
20	02.02.19	A	SC Paderborn 07	0:6 (0:3)				X	X	X		X	X		X	A	A			E	X	E							E	A
21	09.02.19	H	MSV Duisburg	1:0 (0:0)		E		X	X	A		X	E		X	X1	X				E		A			X			A	X
22	17.02.19	A	Holstein Kiel	2:2 (0:0)				X	X1	A		X1	E		X	A	X			E			A	X		X			E	X
23	22.02.19	H	1. FC Heidenheim	0:0 (0:0)		E		X	X	X		A	X		X	X	X				A		A			X	E		E	X
24	04.03.19	A	Hamburger SV	0:1 (0:0)		E		X	X	A		XG	E		X	X	X				A	E				X	A			
25	18.03.19	A	Jahn Regensburg	2:0 (0:0)		E		X	X1	A					X	X	X	E				E1	A	A		X	A		X	
26	31.03.19	H	Arminia Bielefeld	2:2 (2:0)		A	X	X	X			A1			E	X1	X		E				E			E	X			
27	04.04.19	H	Dynamo Dresden	0:0 (0:0)		X		X	X			A			E	A	X				X	A	E			X	E			
28	07.04.19	H	SV Darmstadt 98	2:1 (0:0)		E		X	X	X					X	A	E		A			X	E		X1			X1		
29	14.04.19	A	VfL Bochum	2:3 (2:1)		X		X	X	A1		A			X		X	E		E			X	A		X			X1	E
30	20.04.19	A	1. FC Union Berlin	1:1 (0:1)		A		X	X1	X		X			X	XR			E			E	E	A		X			X	A
31	27.04.19	A	1. FC Magdeburg	1:2 (1:2)		E		X	X	X			E			X		X	A		X	E	X	E			X	X	A1	
32	06.05.19	H	1. FC Köln	0:4 (0:3)		X		X	X			X		E	A		X				X	X		E		X	X	A		
33	12.05.19	A	FC Erzgebirge Aue	1:1 (1:1)		A		X	X			X1		A	E		X	E			E	X	A			X		X		X
34	19.05.19	H	FC St. Pauli	2:1 (0:0)		E		X		X	X			X	X	X	E1		X			E	A1	A	A					X
	Spiele:				2	31	7	33	25	31	1	29	20	3	7	22	30	28	24	19	9	5	16	16	29	2	31	12	15	23
	Tore:				0	1	0	0	3	1	0	4	2	0	1	0	10	2	0	4	0	1	1	0	3	0	0	2	2	0

Bilanz der letzten 10 Jahre:

Saison	Lv.	Liga		Platz	Sp.	S	U	N	Tore	Pkt.
2008/09:	2	2. Bundesliga		5.	34	16	8	10	60-46	56
2009/10:	2	2. Bundesliga		11.	34	12	8	14	51-50	44
2010/11:	2	2. Bundesliga		4.	34	17	10	7	47-27	61
2011/12:	2	2. Bundesliga	↑	1.	34	20	10	4	73-27	70
2012/13:	1	Bundesliga	↓	18.	34	4	9	21	26-60	21
2013/14:	2	2. Bundesliga		3.	34	17	9	8	64-38	60
2014/15:	2	2. Bundesliga		14.	34	8	13	13	34-42	37
2015/16:	2	2. Bundesliga		9.	34	13	7	14	49-55	46
2016/17:	2	2. Bundesliga		8.	34	12	9	13	33-40	45
2017/18:	2	2. Bundesliga		15.	34	10	10	14	37-48	40

Zuschauerzahlen:

Saison	gesamt	Spiele	Schnitt
2008/09:	143.070	17	8.416
2009/10:	112.260	17	6.604
2010/11:	131.650	17	7.744
2011/12:	185.460	17	10.909
2012/13:	286.326	17	16.843
2013/14:	202.750	17	11.926
2014/15:	200.210	17	11.777
2015/16:	174.555	17	10.268
2016/17:	161.923	17	9.525
2017/18:	161.100	17	9.476

Die meisten Spiele in der 2. Bundesliga:*

Pl.	Name, Vorname	Spiele
1.	Bergmann, Bernhard	322
2.	Grabmeier, Hermann	251
3.	Löwer, Peter	231
4.	Schröck, Stephan	225
5.	Kleine, Thomas	214
6.	Felgenhauer, Daniel	212
7.	Klump, Helmut	201
8.	Reichel, Mirco	194
9.	Heinlein, Klaus	190
10.	Caligiuri, Marco	183

* bis 1995/96 SpVgg Fürth

Die meisten Tore in der 2. Bundesliga:*

Pl.	Name, Vorname	Tore
1.	Heinlein, Klaus	54
2.	Kirschner, Eduard	48
3.	Unger, Erich	42
4.	Ruman, Petr	38
5.	Schaub, Fred	36
6.	Metzler, Wolfgang	32
7.	Nöthe, Christopher	30
8.	Azzouzi, Rachid	29
	Hofmann, Paul-Werner	29
	Rösler, Sascha	29

Die Trainer der letzten Jahre:

Name, Vorname	Zeitraum
Möhlmann, Benno	17.02.2004 – 30.06.2007
Labbadia, Bruno	01.07.2007 – 30.06.2008
Möhlmann, Benno	07.07.2008 – 20.12.2009
Büskens, Michael	28.12.2009 – 20.02.2013
Preis, Ludwig (IT)	21.02.2013 – 11.03.2013
Kramer, Frank	12.03.2013 – 22.02.2015
Büskens, Michael	23.02.2015 – 30.06.2015
Ruthenbeck, Stefan	01.07.2015 – 21.11.2016
Radoki, Janos	21.11.2016 – 27.08.2017
Dickhaut, Mirko (IT)	28.08.2017 – 09.09.2017

Hamburger SV

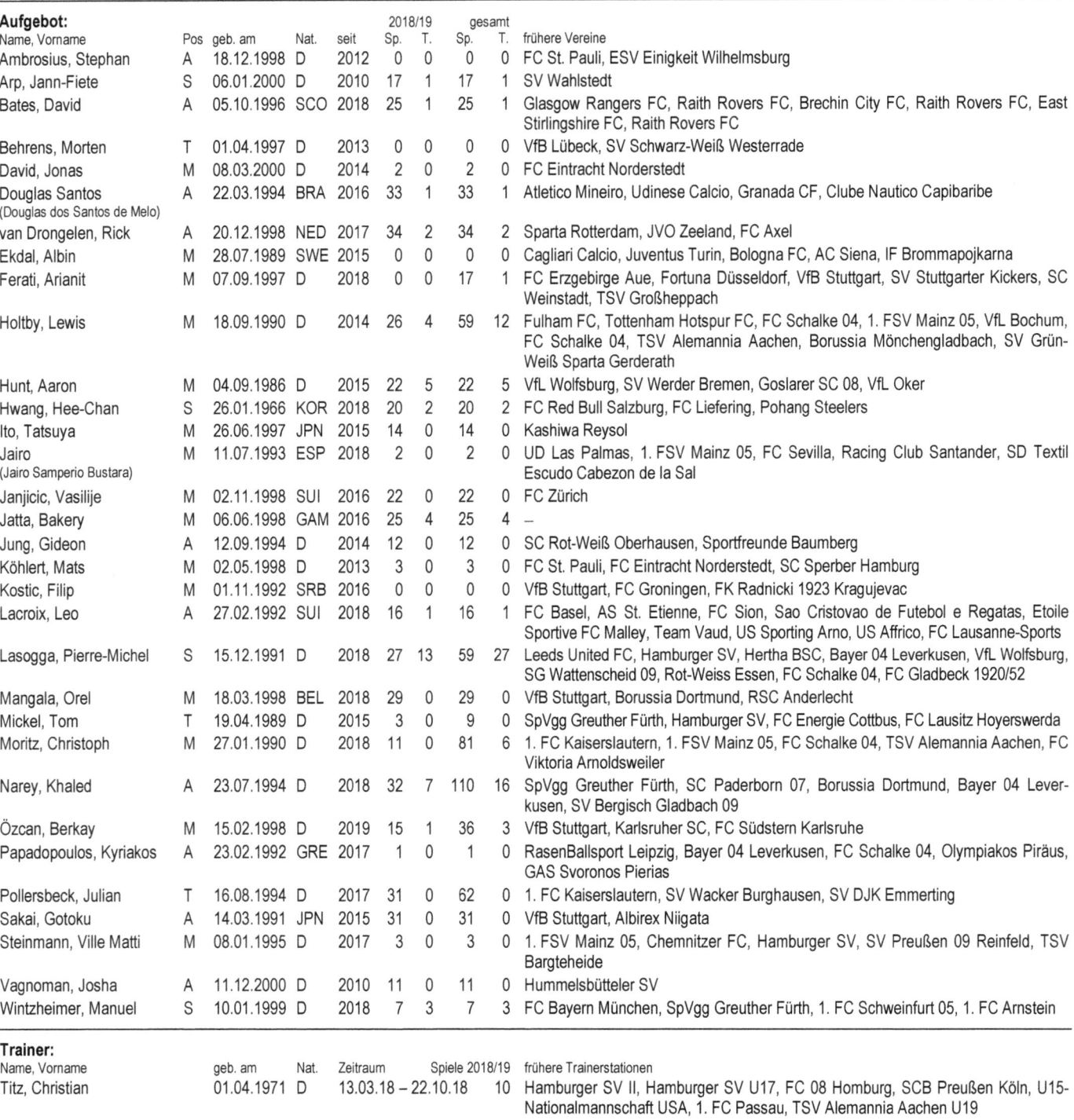

Anschrift:
Sylvesterallee 7
22525 Hamburg
Telefon: (0 40) 41 55 18 87
eMail: info@hsv.de
Homepage: www.hsv.de

Vereinsgründung: 29.09.1887 als SC Germania; 02.06.1919 Fusion mit Hamburger SV 1888 (Beitritt FC Falke am 12.05.1919) zum HSV; 26.05.2014 Ausgliederung Leistungsfußball

Vereinsfarben: Blau-Weiß-Schwarz
Vorstandsvors.: Bernd Hoffmann
Vorstand Sport: Jonas Boldt

Stadion:
Volksparkstadion (57.000)

Größte Erfolge: Deutscher Meister 1923, 1928, 1960, 1979, 1982 und 1983; Deutscher Pokalsieger 1963, 1976 und 1987; Deutscher Ligapokal-Sieger 1973 und 2003; Europapokalsieger 1983 (Landesmeister) und 1977 (Pokalsieger)

Aufgebot:

Name, Vorname	Pos	geb. am	Nat.	seit	2018/19 Sp.	2018/19 T.	gesamt Sp.	gesamt T.	frühere Vereine
Ambrosius, Stephan	A	18.12.1998	D	2012	0	0	0	0	FC St. Pauli, ESV Einigkeit Wilhelmsburg
Arp, Jann-Fiete	S	06.01.2000	D	2010	17	1	17	1	SV Wahlstedt
Bates, David	A	05.10.1996	SCO	2018	25	1	25	1	Glasgow Rangers FC, Raith Rovers FC, Brechin City FC, Raith Rovers FC, East Stirlingshire FC, Raith Rovers FC
Behrens, Morten	T	01.04.1997	D	2013	0	0	0	0	VfB Lübeck, SV Schwarz-Weiß Westerrade
David, Jonas	M	08.03.2000	D	2014	2	0	2	0	FC Eintracht Norderstedt
Douglas Santos (Douglas dos Santos de Melo)	A	22.03.1994	BRA	2016	33	1	33	1	Atletico Mineiro, Udinese Calcio, Granada CF, Clube Nautico Capibaribe
van Drongelen, Rick	A	20.12.1998	NED	2017	34	2	34	2	Sparta Rotterdam, JVO Zeeland, FC Axel
Ekdal, Albin	M	28.07.1989	SWE	2015	0	0	0	0	Cagliari Calcio, Juventus Turin, Bologna FC, AC Siena, IF Brommapojkarna
Ferati, Arianit	M	07.09.1997	D	2018	0	0	17	1	FC Erzgebirge Aue, Fortuna Düsseldorf, VfB Stuttgart, SV Stuttgarter Kickers, SC Weinstadt, TSV Großheppach
Holtby, Lewis	M	18.09.1990	D	2014	26	4	59	12	Fulham FC, Tottenham Hotspur FC, FC Schalke 04, 1. FSV Mainz 05, VfL Bochum, FC Schalke 04, TSV Alemannia Aachen, Borussia Mönchengladbach, SV Grün-Weiß Sparta Gerderath
Hunt, Aaron	M	04.09.1986	D	2015	22	5	22	5	VfL Wolfsburg, SV Werder Bremen, Goslarer SC 08, VfL Oker
Hwang, Hee-Chan	S	26.01.1966	KOR	2018	20	2	20	2	FC Red Bull Salzburg, FC Liefering, Pohang Steelers
Ito, Tatsuya	M	26.06.1997	JPN	2015	14	0	14	0	Kashiwa Reysol
Jairo (Jairo Samperio Bustara)	M	11.07.1993	ESP	2018	2	0	2	0	UD Las Palmas, 1. FSV Mainz 05, FC Sevilla, Racing Club Santander, SD Textil Escudo Cabezon de la Sal
Janjicic, Vasilije	M	02.11.1998	SUI	2016	22	0	22	0	FC Zürich
Jatta, Bakery	M	06.06.1998	GAM	2016	25	4	25	4	–
Jung, Gideon	A	12.09.1994	D	2014	12	0	12	0	SC Rot-Weiß Oberhausen, Sportfreunde Baumberg
Köhlert, Mats	M	02.05.1998	D	2013	3	0	3	0	FC St. Pauli, FC Eintracht Norderstedt, SC Sperber Hamburg
Kostic, Filip	M	01.11.1992	SRB	2016	0	0	0	0	VfB Stuttgart, FC Groningen, FK Radnicki 1923 Kragujevac
Lacroix, Leo	A	27.02.1992	SUI	2018	16	1	16	1	FC Basel, AS St. Etienne, FC Sion, Sao Cristovao de Futebol e Regatas, Etoile Sportive FC Malley, Team Vaud, US Sporting Arno, US Affrico, FC Lausanne-Sports
Lasogga, Pierre-Michel	S	15.12.1991	D	2018	27	13	59	27	Leeds United FC, Hamburger SV, Hertha BSC, Bayer 04 Leverkusen, VfL Wolfsburg, SG Wattenscheid 09, Rot-Weiss Essen, FC Schalke 04, FC Gladbeck 1920/52
Mangala, Orel	M	18.03.1998	BEL	2018	29	0	29	0	VfB Stuttgart, Borussia Dortmund, RSC Anderlecht
Mickel, Tom	T	19.04.1989	D	2015	3	0	9	0	SpVgg Greuther Fürth, Hamburger SV, FC Energie Cottbus, FC Lausitz Hoyerswerda
Moritz, Christoph	M	27.01.1990	D	2018	11	0	81	6	1. FC Kaiserslautern, 1. FSV Mainz 05, FC Schalke 04, TSV Alemannia Aachen, FC Viktoria Arnoldsweiler
Narey, Khaled	A	23.07.1994	D	2018	32	7	110	16	SpVgg Greuther Fürth, SC Paderborn 07, Borussia Dortmund, Bayer 04 Leverkusen, SV Bergisch Gladbach 09
Özcan, Berkay	M	15.02.1998	D	2019	15	1	36	3	VfB Stuttgart, Karlsruher SC, FC Südstern Karlsruhe
Papadopoulos, Kyriakos	A	23.02.1992	GRE	2017	1	0	1	0	RasenBallsport Leipzig, Bayer 04 Leverkusen, FC Schalke 04, Olympiakos Piräus, GAS Svoronos Pierias
Pollersbeck, Julian	T	16.08.1994	D	2017	31	0	62	0	1. FC Kaiserslautern, SV Wacker Burghausen, SV DJK Emmerting
Sakai, Gotoku	A	14.03.1991	JPN	2015	31	0	31	0	VfB Stuttgart, Albirex Niigata
Steinmann, Ville Matti	M	08.01.1995	D	2017	3	0	3	0	1. FSV Mainz 05, Chemnitzer FC, Hamburger SV, SV Preußen 09 Reinfeld, TSV Bargteheide
Vagnoman, Josha	A	11.12.2000	D	2010	11	0	11	0	Hummelsbütteler SV
Wintzheimer, Manuel	S	10.01.1999	D	2018	7	3	7	3	FC Bayern München, SpVgg Greuther Fürth, 1. FC Schweinfurt 05, 1. FC Arnstein

Trainer:

Name, Vorname	geb. am	Nat.	Zeitraum	Spiele 2018/19	frühere Trainerstationen
Titz, Christian	01.04.1971	D	13.03.18 – 22.10.18	10	Hamburger SV II, Hamburger SV U17, FC 08 Homburg, SCB Preußen Köln, U15-Nationalmannschaft USA, 1. FC Passau, TSV Alemannia Aachen U19
Wolf, Hannes	15.04.1981	D	23.10.18 – 30.06.19	24	VfB Stuttgart, Borussia Dortmund U19, Borussia Dortmund U17, Borussia Dortmund II, Borussia Dortmund U19, ASC 09 Dortmund, SG Eintracht Ergste

Zugänge:
Ambrosius, Behrens und Ferati (II. Mannschaft), Bates (Glasgow Rangers FC), David und Vagnoman (eigene Junioren), Jairo (UD Las Palmas), Lasogga (Leeds United FC), Mangala (VfB Stuttgart), Moritz (1. FC Kaiserslautern), Narey (SpVgg Greuther Fürth), Wintzheimer (FC Bayern München Junioren).
während der Saison:
Hwang (FC Red Bull Salzburg), Lacroix (FC Basel), Özcan (VfB Stuttgart).

Abgänge:
Diekmeier und Gouaida (SV Sandhausen), Hahn (FC Augsburg), Mathenia (1. FC Nürnberg), Mavraj (Aris Saloniki), Müller (Eintracht Frankfurt), Salihovic (Laufbahn beendet), Schipplock (DSC Arminia Bielefeld), Walace und Wood (Hannover 96), Waldschmidt (SC Freiburg).
während der Saison:
Ekdal (Sampdoria Genua), Kostic (Eintracht Frankfurt), Moritz (SV Darmstadt 98), Steinmann (Vendsyssel FF).

Fortsetzung Hamburger SV

Aufstellungen und Torschützen:

Sp	Datum	Gegner	Ergebnis	Arp	Bates	David	Douglas Santos	van Drongelen	Holtby	Hunt	Hwang	Ito	Jairo	Janjicic	Jatta	Jung	Köhlert	Lacroix	Lasogga	Mangala	Mickel	Moritz	Narey	Özcan	Papadopoulos	Pollersbeck	Sakai	Steinmann	Vagnoman	Wintzheimer
				1	2	3	4	5	6	7	8	9	10	11	12	13	14	15	16	17	18	19	20	21	22	23	24	25	26	27
1	03.08.18 H	Holstein Kiel	0:3 (0:3)		A	E	X	X	X			X	A	A					E			E	X			X	X	X			
2	12.08.18 A	SV Sandhausen	3:0 (2:0)		X		X	X1	X			E	A	X					X	A		E	X2			X	A		E		
3	27.08.18 A	Arminia Bielefeld	3:0 (1:0)		X	E	X	X	X1	A		A		E					X2	X		E	X			X	A				
4	15.09.18 H	1. FC Heidenheim	3:2 (0:0)	E			X	A		X	X		A					X	E3	X		E	X			X	X	A			
5	18.09.18 A	Dynamo Dresden	1:0 (0:0)		X		X	X		A	E1		A					E	X	E		X	X			X	X		A		
6	23.09.18 H	Jahn Regensburg	0:5 (0:3)				X	X	A	A	X	X	E					X	E	X			E			X	X	A			
7	27.09.18 A	SpVgg Gr. Fürth	0:0 (0:0)	E	X		A	X	X	A	E	E	X						A	X			X			X	X				
8	30.09.18 H	FC St. Pauli	0:0 (0:0)	A	X		X	X	A	A	A	E	X						E	X			E			X	X				
9	05.10.18 A	SV Darmstadt 98	2:1 (2:0)	A	X		X	X	A1	X1	X	A	E							X		E	E			X	X				
10	21.10.18 H	VfL Bochum	0:0 (0:0)		X		X	X	X	A	A	A	E	E					E	X			X			X	X				
11	26.10.18 A	1. FC Magdeburg	1:0 (0:0)		XG		X	X	X	X	A			E				E	A	X			X1			X	X				
12	05.11.18 H	1. FC Köln	1:0 (0:0)	A			X	X	A	A	E			E				X	X1			E	X			X	X				
13	10.11.18 A	Erzgebirge Aue	3:1 (1:1)	A	E		X	X	X	A				E1				X	X1	A		E	X1			X	X				
14	26.11.18 H	1. FC Union Berlin	2:2 (0:1)	E	E		X	X	X1	A1	X			X				X		A		E	A			X	X				
15	01.12.18 H	FC Ingolstadt 04	2:1 (1:0)	E	X		X	X	A	X1	A1		E	X				E		X			A			X	X				
16	07.12.18 A	SC Paderborn 07	1:0 (1:0)	E	X		X	X	X	A	E			A						X		E	X1			X	X				
17	14.12.18 A	MSV Duisburg	2:1 (2:1)	E	X		X	X	A1	X				A						X		E	X1			X	X	E			
18	23.12.18 H	Holstein Kiel	1:3 (0:2)		X		X	X	A	X	A			X1				E		X			A			X	X	E		E	
19	30.01.19 H	SV Sandhausen	2:1 (1:0)				X	X	A	E		A		X	X				X2			A	E			X	X	E			
20	02.02.19 A	Arminia Bielefeld	0:2 (0:2)	E	E		X	X	X			X		A	A					X		X	E			X	XR	A			
21	11.02.19 A	Dynamo Dresden	1:0 (0:0)	E	X		A	X	X1			E		A	X				X	X		X	A			X	X		E		
22	16.02.19 A	1. FC Heidenheim	2:2 (1:1)	E	X			X	X		A		E	A	A			E	X1	X			X	X1		X	X				
23	24.02.19 A	Jahn Regensburg	1:2 (1:0)	E	X1		X	X	A		X			ER	A			E	X	XG				A		X	X				
24	04.03.19 H	SpVgg Gr. Fürth	1:0 (0:0)		X		X	X	A	X1	A	E		A	E				X		X		X	E			X				
25	10.03.19 A	FC St. Pauli	4:0 (1:0)		X		X1	X	E	A			X	E	E				X2	A		X1	A			X	X				
26	16.03.19 H	SV Darmstadt 98	2:3 (2:0)	E	X		X	X	E			E		X	X1				A1	X		A	A			X	X				
27	30.03.19 A	VfL Bochum	0:0 (0:0)		X		X	X	E			A	A	E	E				X	A		X	X			X	X				
28	08.04.19 H	1. FC Magdeburg	1:2 (1:0)		X		X	X	A			A1	X	E					X	E		E	E	X		X	A				
29	15.04.19 A	1. FC Köln	1:1 (0:1)				X	X				X	A		X			X		X		X	X			X	A			E	E1
30	20.04.19 H	Erzgebirge Aue	1:1 (0:1)				X	X	E	E		X	A					X	E	X		X	A			X	X				A1
31	28.04.19 A	1. FC Union Berlin	0:2 (0:0)				X	X	X	E		X	X	A				X	E			X	A			X	X			A	E
32	04.05.19 H	FC Ingolstadt 04	0:3 (0:1)				X	X			A	E	X					X	E	A		X	X			X	A			E	X
33	12.05.19 A	SC Paderborn 07	1:4 (0:1)	E	A		X	X1	E			X	A	A				X	X		X		X				X				E
34	19.05.19 H	MSV Duisburg	3:0 (1:0)	X1			X	X				X	E	A	A	X1	E		X				A			E				X	X1
		Spiele		17	25	2	33	34	26	22	20	14	2	22	25	12	3	16	27	29	3	11	32	15	1	31	31	3	11	7	
		Tore:		1	1	0	1	2	4	5	2	0	0	4	0	0	0	1	13	0	0	0	7	1	0	0	0	0	0	0	3

Bilanz der letzten 10 Jahre:

Saison	Lv.	Liga		Platz	Sp.	S	U	N	Tore	Pkt.
2008/09:	1	Bundesliga		5.	34	19	4	11	49-47	61
2009/10:	1	Bundesliga		7.	34	13	13	8	56-41	52
2010/11:	1	Bundesliga		8.	34	12	9	13	46-52	45
2011/12:	1	Bundesliga		15.	34	8	12	14	35-57	36
2012/13:	1	Bundesliga		7.	34	14	6	14	42-53	48
2013/14:	1	Bundesliga		16.	34	7	6	21	51-75	27
2014/15:	1	Bundesliga		16.	34	9	8	17	25-50	35
2015/16:	1	Bundesliga		10.	34	11	8	15	40-46	41
2016/17:	1	Bundesliga		14.	34	10	8	16	33-61	38
2017/18:	1	Bundesliga	↓	17.	34	8	7	19	29-53	31

Zuschauerzahlen:

Saison	gesamt	Spiele	Schnitt
2008/09:	931.165	17	54.774
2009/10:	939.088	17	55.240
2010/11:	925.579	17	54.446
2011/12:	908.910	17	53.465
2012/13:	899.567	17	52.916
2013/14:	881.027	17	51.825
2014/15:	905.278	17	53.252
2015/16:	912.899	17	53.700
2016/17:	889.768	17	52.339
2017/18:	861.146	17	50.656

Die meisten Spiele in der 2. Bundesliga:

Pl.	Name, Vorname	Spiele
1.	van Drongelen, Rick	34
2.	Douglas Santos	33
3.	Narey, Khaled	32
4.	Pollersbeck, Julian	31
	Sakai, Gotoku	31
6.	Mangala, Orel	29
7.	Lasogga, Pierre-Michel	27
8.	Holtby, Lewis	26
9.	Bates, David	25
	Jatta, Bakery	25

Die meisten Tore in der 2. Bundesliga:

Pl.	Name, Vorname	Tore
1.	Lasogga, Pierre-Michel	13
2.	Narey, Khaled	7
3.	Hunt, Aaron	5
4.	Holtby, Lewis	4
	Jatta, Bakery	4
6.	Wintzheimer, Manuel	3
7.	van Drongelen, Rick	2
	Hwang, Hee-Chan	2

Die Trainer der letzten Jahre:

Name, Vorname	Zeitraum
Arnesen, Frank (IT)	10.10.2011 – 17.10.2011
Fink, Thorsten	17.10.2011 – 16.09.2013
Cardoso, Rodolfo E. (IT)	17.09.2013 – 24.09.2013
van Marwijk, Bert	25.09.2013 – 15.02.2014
Slomka, Mirko	17.02.2014 – 15.09.2014
Zinnbauer, Josef	16.09.2014 – 22.03.2015
Knäbel, Peter (IT)	23.03.2015 – 15.04.2015
Labbadia, Bruno	16.04.2015 – 25.09.2016
Gisdol, Markus	26.09.2016 – 21.01.2018
Hollerbach, Bernd	22.01.2018 – 12.03.2018

1. FC Heidenheim 1846

Anschrift:
Schlosshaustraße 162
89522 Heidenheim
Telefon: (0 73 21) 9 47 18 46
eMail: info@fc-heidenheim.de
Homepage: www.fc-heidenheim.de

Vereinsgründung: 15.06.2007 Fußball-Abteilung des Heidenheimer SB 1846 wird eigenständiger Verein
Vereinsfarben: Blau-Rot
AR-Vorsitzender: Klaus Meyer
Manager: Holger Sanwald
Stadion: Voith-Arena (15.000)

Größte Erfolge: Meister der 3. Liga 2014 (↑); Meister der Regionalliga Süd 2009 (↑); Qualifikation für die Regionalliga Süd 2008; Pokalsieger Württemberg 1965 (als VfL Heidenheim), 2008, 2011, 2012, 2013 und 2014

Aufgebot:

Name, Vorname	Pos	geb. am	Nat.	seit	2018/19 Sp.	2018/19 T.	gesamt Sp.	gesamt T.	frühere Vereine
Andrich, Robert	M	22.09.1994	D	2018	25	4	25	4	SV Wehen Wiesbaden, SG Dynamo Dresden, Hertha BSC, FV Turbine 1955 Potsdam
Beermann, Timo	A	10.12.1990	D	2013	25	1	85	4	VfL Osnabrück, Ostercappelner FV
Brändle, Jonas	A	06.05.2000	D	2015	1	0	1	0	SC Pfullendorf, FV Ravensburg, FC Inzigkofen/Vilsingen/Engelswies
Busch, Marnon	A	08.12.1994	D	2017	32	0	53	1	TSV 1860 München, SV Werder Bremen, TuS Güldenstern Stade, SSV Hagen
Dorsch, Niklas	M	15.11.1998	D	2018	30	2	30	2	FC Bayern München, 1. FC Nürnberg, Deutsch-Tschechische Fußballschule Hof, FC Baiersdorf
Dovedan, Nikola	S	06.07.1994	AUT	2017	29	8	58	14	SC Rheindorf Altach, Linzer ASK, FC Liefering, FC Red Bull Salzburg, FK Austria Wien, FC Tulln
Eicher, Vitus	T	05.11.1990	D	2017	1	0	37	0	TSV 1860 München, FC Langengeisling
Feick, Arne	A	01.04.1988	D	2015	16	2	243	13	VfR Aalen, DSC Arminia Bielefeld, TSV 1860 München, DSC Arminia Bielefeld, FC Erzgebirge Aue, FC Energie Cottbus, SC Oberhavel Velten, SV Mühlenbeck 1947
Glatzel, Robert	S	08.01.1994	D	2017	26	13	74	21	1. FC Kaiserslautern, TSV 1860 München, SV Wacker Burghausen, SV Heimstetten, TSV 1860 München, SpVgg Unterhaching, SC Fürstenfeldbruck
Griesbeck, Sebastian	M	03.10.1990	D	2013	32	1	155	7	SSV Ulm 1846, TV Wiblingen
Kilic, Gökalp	M	21.01.2000	D	2015	1	0	1	0	SC Geislingen, SV Glück Auf Altenstadt
Köbbing, Matthias	T	28.05.1997	D	2017	0	0	0	0	TSG 1899 Hoffenheim, 1. FSV Mainz 05, TuS Koblenz, SV Ochtendung
Lankford, Kevin	M	16.11.1998	D	2015	6	0	35	0	SSV Ulm 1846, Schwarz-Rot Ulm
Leipertz, Robert	S	01.02.1993	D	2019	5	1	102	25	FC Ingolstadt 04, 1. FC Heidenheim, FC Schalke 04, TSV Alemannia Aachen, FC Viktoria Arnoldsweiler, Bedburger BV, FC Rasensport Tetz
Mainka, Patrick	A	06.11.1994	D	2018	32	2	33	2	Borussia Dortmund, SV Werder Bremen, DSC Arminia Bielefeld, FSC Rheda, TSV Victoria Clarholz
Müller, Kevin	T	15.03.1991	D	2015	33	0	129	0	FC Energie Cottbus, VfB Stuttgart, FC Hansa Rostock, TuSpo Bad Münder
Multhaup, Maurice	M	15.12.1996	D	2018	20	1	20	1	FC Ingolstadt 04, FC Schalke 04, SG Wattenscheid 09, VfB Kirchhellen
Pusch, Kolja	M	12.02.1993	D	2017	5	0	23	1	SSV Jahn Regensburg, Chemnitzer FC, Bayer 04 Leverkusen, TSV 05 Ronsdorf, TuS Grün-Weiß Wuppertal
Reithmeir, Tobias	A	13.08.1999	D	2016	3	0	3	0	FC Ingolstadt 04, JFG Donauwörth, TSV Meitingen 1925, VfL Westendorf
Schmidt, Patrick	S	10.09.1993	D	2018	20	1	20	1	1. FC Saarbrücken, FC 08 Homburg, 1. FC Saarbrücken, FC Schalke 04, VfB Stuttgart, 1. FC Saarbrücken, FC Palatia Limbach, SpVgg Einöd-Ingweiler, SV Webenheim
Schnatterer, Marc	M	18.11.1985	D	2008	31	10	165	46	Karlsruher SC, SGV Freiberg/N., TSV Bönnigheim, VfB Stuttgart, TSV Bönnigheim
Sessa, Kevin	M	06.07.2000	D	2000	2	0	4	0	SV Stuttgarter Kickers, VfB Stuttgart, FSV Waiblingen
Skarke, Tim	M	07.09.1996	D	2008	13	0	62	4	TSG Nattheim
Steurer, Oliver	A	06.01.1995	D	2018	4	0	9	0	Borussia Dortmund, SC Rot-Weiß Oberhausen, ETB Schwarz-Weiß Essen, Rot-Weiss Essen, FC Schalke 04, Borussia Dortmund, SV Gelsenkirchen-Hessler 06
Strauß, Robert	M	07.10.1986	D	2012	7	0	186	3	FC Erzgebirge Aue, FC Augsburg, TSV 1861 Nördlingen, Hoppinger SV, SV Großsorheim
Theuerkauf, Norman	M	24.01.1987	D	2015	33	0	193	4	Eintracht Braunschweig, Eintracht Frankfurt, SV Werder Bremen, FC Carl Zeiss Jena, SV Germania 08 Heringen
Thiel, Maximilian	S	03.02.1993	D	2017	14	0	81	13	1. FC Union Berlin, 1. FC Köln, SV Wacker Burghausen, SV Gendorf Burgkirchen
Thomalla, Denis	S	16.08.1992	D	2016	24	8	86	16	OSP Lechia Gdansk, SV Ried, RasenBallsport Leipzig, TSG 1899 Hoffenheim, Karlsruher SC, SV Büchenbronn
Wittek, Mathias	A	30.03.1989	D	2011	6	0	123	7	FC Ingolstadt 04, TSV 1860 München, FC Ingolstadt 04, TSV 1860 München, TSV 1946 Aindling, MBB-SG Augsburg

Trainer:

Name, Vorname	geb. am	Nat.	Zeitraum	Spiele 2018/19	frühere Trainerstationen
Schmidt, Frank	03.01.1974	D	18.09.2007 – lfd.	34	—

Zugänge:
Andrich (SV Wehen Wiesbaden), Dorsch (FC Bayern München II), Kilic, Reithmeir und Sessa (eigene Junioren), Mainka (Borussia Dortmund II), Schmidt (1. FC Saarbrücken).
während der Saison:
Leipertz (FC Ingolstadt 04).

Abgänge:
Gnaase und Hajtic (FC Würzburger Kickers), Kraus (1. FC Kaiserslautern), Philp (1. FC Schweinfurt 05), Titsch Rivero (SV Wehen Wiesbaden), Verhoek (MSV Duisburg), Widemann (SpVgg Unterhaching).
während der Saison:
Lankford (FC St. Pauli), Pusch (FC Admira Wacker Mödling), Wittek (SV Darmstadt 98).

Fortsetzung 1. FC Heidenheim 1846

Aufstellungen und Torschützen:

Sp	Datum		Gegner	Ergebnis	Andrich	Beermann	Brändle	Busch	Dorsch	Dovedan	Eicher	Feick	Glatzel	Griesbeck	Kilic	Lankford	Leipertz	Mainka	Müller	Multhaup	Pusch	Reithmeir	Schmidt	Schnatterer	Sessa	Skarke	Steurer	Strauß	Theuerkauf	Thiel	Thomalla	Wittek
					1	2	3	4	5	6	7	8	9	10	11	12	13	14	15	16	17	18	19	20	21	22	23	24	25	26	27	28
1	05.08.18	H	Arminia Bielefeld	1:1 (1:1)	E			X	A	X			A	X		E			X				E	X1		A	X		X			X
2	12.08.18	A	Holstein Kiel	1:1 (1:1)	E			X	A	X	X	A1	X		A		X	X					E	X					X	E		
3	26.08.18	A	Dynamo Dresden	3:1 (2:0)	X			X		X1	A	A	X		X		X	X					E	A2		E	E		X			
4	02.09.18	H	SV Darmstadt 98	0:1 (0:1)	X			X		X		A	A		E		X	X		E			E	X			X		X	A		
5	15.09.18	A	Hamburger SV	2:3 (0:0)	A	X			A	X		E1	X		E		X	X					E1	X			X	X	X	A		
6	23.09.18	H	SpVgg Gr. Fürth	2:0 (0:0)		X		X	X	A	X	E2	X				X			E			A	X		E			X	A		
7	26.09.18	A	Jahn Regensburg	1:2 (1:2)	A	X		X	E	E		X1	X		A		X	X		A				E			X		X			
8	29.09.18	H	VfL Bochum	3:2 (1:2)		A		X	X	X1		X1	X				X	X					E	X1		E			X	A	E	
9	07.10.18	A	1. FC Union Berlin	1:1 (0:0)	A	X		X	A	X		X1	X				X	X						A			E	X	E			E
10	20.10.18	H	1. FC Magdeburg	3:0 (2:0)	E	X		X	A	X1			X1				X	X		E			A	X1		A	X		E			
11	27.10.18	A	1. FC Köln	1:1 (1:0)	A	X1		X	A	X		E	X				X	X	E				A	X			X		E			
12	04.11.18	H	Erzgebirge Aue	1:0 (0:0)		X		A	X	A		E	X				X	X	E	A			E	X			X		X		X1	
13	10.11.18	A	FC St. Pauli	1:1 (0:0)	A	X		X	A	X		E	E				X	X	E					A1			X		X			
14	25.11.18	H	SC Paderborn 07	1:5 (1:2)		X		X	A	X		E	X				X	X	A1				E	X		E	X		X			
15	02.12.18	A	SV Sandhausen	2:1 (2:1)	E			X	A	X		A1	X				X	X	X				E	X			X		X		A1	E
16	08.12.18	A	MSV Duisburg	4:1 (1:0)		X		X		X2	A		X				X	X	E					A1			E	X	A	X1			E
17	16.12.18	A	FC Ingolstadt 04	1:1 (0:1)		X		X	A	X			X				X	X	A				E		E			A	X	A	X1		E
18	22.12.18	A	Arminia Bielefeld	2:1 (1:1)	E1			X	A	X		E	X				X	X	E				A				A	A	X		X1		X
19	30.01.19	H	Holstein Kiel	2:2 (2:1)	X	X		X	X				X1				X	X	E				E	E		A			X	A	A1	
20	02.02.19	H	Dynamo Dresden	1:0 (1:0)		X		X	A	X1	X	X	E				X	X						E		A		E	A		X		
21	10.02.19	A	SV Darmstadt 98	2:1 (1:0)	A	X			A	X	X		A2	X			X				X	E	E				E	X	X			
22	16.02.19	H	Hamburger SV	2:2 (1:1)	X	X			X	A1	A		X1				X	X	E					A					X	E	E	
23	22.02.19	A	SpVgg Gr. Fürth	0:0 (0:0)	X	X			X	E	A		X	X			X	X	E					A					X	E	A	
24	02.03.19	H	Jahn Regensburg	1:2 (0:1)	A	X			X	X	A		X	X			X	E					E	X1	E				A			
25	08.03.19	A	VfL Bochum	0:1 (0:0)	X^G	A	E						X	X	E		X	X					E	A	A				X		X	
26	15.03.19	H	1. FC Union Berlin	2:1 (0:1)		X		X	X	A		E	X1	A			X	X	E		E			A1			A		X			
27	29.03.19	A	1. FC Magdeburg	0:0 (0:0)		X		X	X	X		X	A				X	X	E				E	A					X^G	A	E	
28	07.04.19	A	1. FC Köln	0:2 (0:2)	A	X		X	X	A		X	X				X	X	E				E	A						E		
29	12.04.19	A	Erzgebirge Aue	1:0 (1:0)	A1	X		X	X	E		E	X				X	A						E					A		X	
30	21.04.19	H	FC St. Pauli	3:0 (3:0)	X	X		X	A2			A	X			E	X							A1	E				X		E	
31	28.04.19	A	SC Paderborn 07	1:3 (0:0)	X1	A		X	X				X			E	X	X	E		E			A					X		A	
32	04.05.19	H	SV Sandhausen	2:3 (1:0)	X			X	X				A			E	X1	X	E						A	E	A		X		X1	
33	12.05.19	A	MSV Duisburg	4:3 (2:1)	A			X	X1		X	X1	X			E	X	X	A					E	E				X		A1	
34	19.05.19	H	FC Ingolstadt 04	4:2 (2:0)	A1			X	X	E		X1	X^R	X			E1	X1	X					A					X	E	A	
	Spiele:				25	25	1	32	30	29	1	16	26	32	1	6	5	32	33	20	5	3	20	31	2	13	4	7	33	14	24	6
	Tore:				4	1	0	0	2	8	0	2	13	1	0	0	1	2	0	1	0	0	1	10	0	0	0	0	0	0	8	0

Gegnerisches Eigentor im 33. Spiel (durch Bomheuer).

Bilanz der letzten 10 Jahre:

Saison	Lv.	Liga		Platz	Sp.	S	U	N	Tore	Pkt.
2008/09:	4	Regionalliga Süd	↑	1.	34	22	6	6	61-37	72
2009/10:	3	3. Liga		6.	38	17	8	13	66-56	59
2010/11:	3	3. Liga		9.	38	14	9	15	59-58	51
2011/12:	3	3. Liga		4.	38	16	12	10	48-36	60
2012/13:	3	3. Liga		5.	38	21	9	8	56-47	72
2013/14:	3	3. Liga	↑	1.	38	23	10	5	59-25	79
2014/15:	2	2. Bundesliga		8.	34	12	10	12	49-44	46
2015/16:	2	2. Bundesliga		11.	34	11	12	11	42-40	45
2016/17:	2	2. Bundesliga		6.	34	12	10	12	43-39	46
2017/18:	2	2. Bundesliga		13.	34	11	9	14	50-56	42

Zuschauerzahlen:

Saison	gesamt	Spiele	Schnitt
2008/09:	44.270	17	2.604
2009/10:	98.815	19	5.201
2010/11:	94.689	19	4.984
2011/12:	127.902	19	6.732
2012/13:	152.500	19	8.026
2013/14:	171.600	19	9.032
2014/15:	213.900	17	12.582
2015/16:	217.737	17	12.808
2016/17:	211.800	17	12.459
2017/18:	195.050	17	11.474

Die meisten Spiele in der 2. Bundesliga:

Pl.	Name, Vorname	Spiele
1.	Schnatterer, Marc	165
2.	Griesbeck, Sebastian	155
3.	Titsch-Rivero, Marcel	115
4.	Feick, Arne	110
	Theuerkauf, Norman	110
6.	Strauß, Robert	106
7.	Müller, Kevin	102
	Wittek, Mathias	102
9.	Kraus, Kevin	88
10.	Beermann, Timo	85

Die meisten Tore in der 2. Bundesliga:

Pl.	Name, Vorname	Tore
1.	Schnatterer, Marc	46
2.	Leipertz, Robert	19
3.	Glatzel, Robert	17
4.	Niederlechner, Florian	15
	Thomalla, Denis	15
	Verhoek, John	15
7.	Dovedan, Nikola	14
8.	Feick, Arne	10

Die Trainer der letzten Jahre:

Name, Vorname	Zeitraum
Huber, Günther	01.01.1998 – 30.06.1999
Fischer, Max	01.07.1999 – 30.06.2000
Strehle, Andreas	01.07.2000 – 31.12.2000
Passer, Peter	01.01.2001 – 06.04.2002
Baamann, Peter (IT)	06.04.2002 – 30.06.2002
Sporys, Ralf	01.07.2002 – 03.11.2003
Dietterle, Helmut	04.11.2003 – 30.06.2004
Sorg, Marcus	01.07.2004 – 29.11.2004
Grimmeisen, Axel (IT)	30.11.2004 – 21.12.2004
Märkle, Dieter	21.12.2004 – 17.09.2007

FC Ingolstadt 04

Anschrift:
Am Sportpark 1 b
85053 Ingolstadt
Telefon: (08 41) 88 55 70
eMail: info@fcingolstadt.de
Homepage: www.fcingolstadt.de

Vereinsgründung: 01.07.2004 Fusion der Fußball-Abteilungen von ESV und MTV Ingolstadt; 2007 Ausgliederung in FC Ingolstadt 04 Fußball GmbH

Vereinsfarben: Schwarz-Rot
VS-Vorsitzender: Peter Jackwerth
Sportl. Leiter: Thomas Linke

Stadion: Audi-Sportpark (15.200)

Größte Erfolge: Meister der I. Amateurliga Bayern / Bayernliga / Oberliga Bayern 1962 (↑), 1968 (↑), 1979 (↑) [jeweils ESV], 1981 [MTV] und 2006 (↑); Aufstieg in die Bundesliga 2015; Aufstieg in die 2. Bundesliga 1978 [MTV], 2008 und 2010; Deutscher Amateurmeister 1979 [ESV]

Aufgebot:

Name, Vorname	Pos	geb. am	Nat.	Seit	2018/19 Sp.	T.	Gesamt Sp.	T.	frühere Vereine
Ananou, Frederic	A	20.09.1997	D	2018	15	1	18	1	Roda JC Kerkrade, 1. FC Köln, 1. Jugend-Fußball-Schule Köln, TV Bonn-Rheindorf
Benschop, Charlison	S	21.08.1989	CUW	2018	9	1	69	26	Hannover 96, Fortuna Düsseldorf, Stade Brest, AZ Alkmaar, RKC Waalwijk, VV Spijkenisse, SCO 63 Spijkenisse
Bregerie, Romain	A	09.08.1986	FRA	2018	0	0	154	11	SV Darmstadt 98, FC Ingolstadt 04, SV Darmstadt 98 ... (vgl. Seite 82)
Buntic, Fabijan	T	24.02.1997	D	2016	4	0	4	0	VfB Stuttgart, SV Stuttgarter Kickers, SV Vaihingen
Cohen, Almog	M	01.09.1988	ISR	2013	21	1	75	4	1. FC Nürnberg, Hapoel Tel Aviv, 1. FC Nürnberg, Maccabi Netanya, Beitar Nes Tubruk
Diawusie, Agyemang	S	12.02.1998	D	2018	1	0	1	0	SV Wehen Wiesbaden, RasenBallsport Leipzig, 1. FC Nürnberg ... (vgl. Seite 138)
Gaus, Marcel	M	02.08.1989	D	2017	20	3	212	27	1. FC Kaiserslautern, FSV Frankfurt, Fortuna Düsseldorf, SV Hilden-Nord, SG Benrath-Hassels, SV Union Opladen, Fortuna Düsseldorf, SG Benrath-Hassels
Gimber, Benedikt	A	19.02.1997	D	2018	22	0	57	1	SSV Jahn Regensburg, Karlsruher SC, SV Sandhausen, TSG 1899 Hoffenheim, SV Schefflenz, TSV Sulzbach (Billigheim)
Heerwagen, Philipp	T	13.04.1983	D	2018	5	0	161	0	FC St. Pauli, VfL Bochum, FC St. Pauli, VfL Bochum ... (vgl. Seite 90)
Kaya, Fatih	S	13.11.1999	D	2016	5	1	5	1	1. FSV Mainz 05, VfB 1900 Gießen, TSV Klein-Linden
Kerschbaumer, Konstantin	M	01.07.1992	AUT	2018	29	3	60	11	DSC Arminia Bielefeld, Brentford FC; FC Admira Wacker Mödling, SK Niederösterreich St. Pölten, First Vienna FC, SK Rapid Wien, AKA St. Pölten, FC Tulln
Kittel, Sonny	M	06.01.1993	D	2016	31	10	75	23	Eintracht Frankfurt, VfB 1900 Gießen
Knaller, Marco	T	26.03.1987	AUT	2017	9	0	82	0	SV Sandhausen, Wolfsberger AC, 1. FC K´lautern, FC Lustenau, FC Admira Wacker Mödling, AKA Admira Wacker Mödling, VfB Admira Wacker Mödling, FK Austria Wien
Kotzke, Jonatan	M	18.03.1990	D	2017	12	1	31	1	SC Teutonia Watzenborn-Steinberg, VfR Aalen, SV Wehen Wiesbaden, SSV Jahn 2000 Regensburg, TSV 1860 München, 1. FC Nürnberg, TSV Altenberg, SV Ebnat
Krauße, Robin	M	02.04.1994	D	2018	23	0	33	0	SC Paderborn 07, FC Carl Zeiss Jena, FC Hansa Rostock ... (vgl. Seite 84)
Kutschke, Stefan	S	03.11.1988	D	2017	31	3	99	26	SG Dynamo Dresden, 1. FC Nürnberg, SC Paderborn 07, VfL Wolfsburg, RasenBallsport Leipzig, SV Babelsberg 03, FV Dresden Laubegast, 1. FC Dynamo Dresden, FV Dresden Laubegast, Sportfreunde Dresden Nord, SSV Turbine Dresden
Leipertz, Robert	S	01.02.1993	D	2016	7	0	102	25	1. FC Heidenheim, FC Schalke 04, TSV Alemannia Aachen ... (vgl. Seite 74)
Lezcano, Dario	S	30.06.1990	PAR	2016	29	9	53	15	FC Luzern, FC Thun, FC Wil 1900, Sportivo Trinidense Asuncion, Nanawa FC, Club 4 de Octubre Atyra
Lucas Galvao (da Costa Souza, Lucas Galvao)	A	22.06.1991	BRA	2018	9	0	9	0	SK Rapid Wien, SC Rheindorf Altach, SC Austria Lustenau, SER Caixas do Sul, AA Ponte Preta, SER Caixas do Sul, RB Brasil Campinas, EC XV. Novembro de Piracicaba
Matip, Marvin	A	25.09.1985	CMR	2010	14	1	252	10	1. FC Köln, Karlsruher SC, 1. FC Köln, VfL Bochum, SC Weitmar 45
Mavraj, Mergim	A	09.06.1986	ALB	2019	12	0	98	3	Aris Saloniki, Hamburger SV, 1. FC Köln, SpVgg Gr. Fürth, VfL Bochum, SV Darmstadt 98, SG Rosenhöhe Offenbach, Offenbacher FC Kickers, Sportfreunde Seligenstadt
Neumann, Phil	A	08.07.1997	D	2017	20	1	24	1	FC Schalke 04, DJK SpVgg 07 Herten
Osawe, Osayamen	S	03.09.1993	ENG	2018	16	0	73	11	1. FC Kaiserslautern, Hallescher FC, Southport FC, Hyde FC, Accrington Stanley FC, Blackburn Rovers FC
Paulo Otavio (Rosa da Silva, Paulo Otavio)	A	23.11.1994	BRA	2017	27	0	35	0	Linzer ASK, Tombense SC, Paysandu SC Belem, FC Coritiba, EC Santo André, FC Coritiba, Atletico Paranaense, Parana Soccer Technical Center
Paulsen, Björn	A	02.07.1991	DEN	2019	16	2	16	2	Hammarby IF, Esbjerg fB, Sönderjysk Elitesport, SUB Sonderborg, Sönderjysk E., Midtals IF
Pintidis, Georgios	M	28.04.2000	GRE	2017	1	0	1	0	Borussia Dortmund, SC Freiburg
Pledl, Thomas	M	23.05.1994	D	2017	27	3	142	11	SV Sandhausen, FC Ingolstadt 04, SpVgg Greuther Fürth, TSV 1860 München, SpVgg Grün-Weiß Deggendorf 03, SV Bischofsmais
Röcher, Thorsten	S	11.06.1991	AUT	2018	17	2	17	2	SK Sturm Graz, SV Mattersburg, SV Gloggnitz
Sahin, Cenk	M	22.09.1994	TUR	2019	9	0	66	6	FC St. Pauli, Istanbul Basaksehir, Zonguldakspor, Zonguldak Belediyespor
Schröck, Tobias	M	31.12.1992	D	2017	8	0	62	5	FC Würzburger Kickers, SG Sonnenhof Großaspach, SV Wacker Burghausen, VfL Waldkraiburg, TuS Engelsberg
Träsch, Christian	A	01.09.1987	D	2017	11	0	35	1	VfL Wolfsburg, VfB Stuttgart, TSV 1860 München, MTV 1881 Ingolstadt, TV Ingolstadt 1861
Tschauner, Philipp	T	03.11.1985	D	2019	16	0	201	1	Hannover 96, FC St. Pauli, TSV 1860 München, 1. FC Nürnberg, TSV Wendelstein

Trainer:

Name, Vorname	geb. am	Nat.	Zeitraum	Spiele 2018/19	frühere Trainerstationen
Leitl, Stefan	29.08.1977	D	22.08.17 – 22.09.18	6	FC Ingolstadt 04 II, FC Ingolstadt 04 U17
Nouri, Alexander	20.08.1979	D	24.09.18 – 26.11.18	8	SV Werder Bremen, SV Werder Bremen II, VfB Oldenburg
Pätzold, Roberto (IT)	17.07.1980	D	27.11.18 – 02.12.18	1	FC Ingolstadt 04 U19, FC Eintracht Bamberg 2010, Bayerischer FV, Badischer FV
Keller, Jens	24.11.1970	D	03.12.18 – 02.04.19	12	1. FC Union Berlin, FC Schalke 04, FC Schalke 04 U17, VfB Stuttgart, VfB Stuttgart U19, VfB Stuttgart U17
Oral, Tomas	24.04.1973	D	02.04.19 – 30.06.19	7	Karlsruher SC, FSV Frankfurt, Fulham FC (Co-Trainer), FC Ingolstadt 04, RasenBallsport Leipzig, FSV Frankfurt, FSV Frankfurt II

Zugänge:
Benschop (Hannover 96), Bregerie (SV Darmstadt 98), Diawusie (SV Wehen Wiesbaden), Gimber (SSV Jahn Regensburg), Kerschbaumer (DSC Arminia Bielefeld, Lucas Galvao (SK Rapid Wien), Osawe (1. FC Kaiserslautern), Röcher (SK Sturm Graz).
während der Saison:
Heerwagen und Sahin (FC St. Pauli), Krauße (SC Paderborn 07), Mavraj (Aris Saloniki), Paulsen (Hammarby IF), Tschauner (Hannover 96).

Abgänge:
Christiansen (DSC Arminia Bielefeld), Ebert (SG Dynamo Dresden), Hartmann (SC Fortuna Köln), Levels (ohne Verein), Lex (TSV 1860 München), Morales (Fortuna Düsseldorf), Nyland (Aston Villa FC), Sekine (K. St. Truidense VV), Thalhammer (SSV Jahn Regensburg), Wahl (Holstein Kiel).
während der Saison:
Benschop (De Graafschap Doetinchem), Bregerie (1. FC Magdeburg), Diawusie (SV Wehen Wiesbaden), Leipertz (1. FC Heidenheim), Osawe (KFC Uerdingen 05).

Fortsetzung FC Ingolstadt 04

Aufstellungen und Torschützen:

Sp	Datum		Gegner	Ergebnis	Ananou	Benschop	Buntic	Cohen	Diawusie	Gaus	Gimber	Heerwagen	Kaya	Kerschbaumer	Kittel	Knaller	Kotzke	Krauße	Kutschke	Leipertz	Lezcano	Lucas Galvao	Matip	Mavraj	Neumann	Osawe	Paulo Otavio	Paulsen	Pintidis	Pledl	Röcher	Sahin	Schröck	Träsch	Tschauner
					1	2	3	4	5	6	7	8	9	10	11	12	13	14	15	16	17	18	19	20	21	22	23	24	25	26	27	28	29	30	31
1	04.08.18	A	Jahn Regensburg	1:2 (1:1)	X					A	X			X1	X				E	E	X	X	X		E	A				X	A				
2	10.08.18	H	SpVgg Gr. Fürth	1:1 (0:0)	X			E		X				X	A	X			E	E	A	X	X							A	X1	X			
3	25.08.18	H	1. FC Magdeburg	1:1 (1:1)	A	E				X				X	A1	X			A			X	X		E	E				X	X	X			
4	31.08.18	H	FC Erzgebirge Aue	3:2 (1:1)	X	E1				X				X	X	X		E			A1	X	X		E					A	A1	X			
5	16.09.18	A	VfL Bochum	0:6 (0:3)	X	E			A	X				X	A	X		E				XG	X		E	X				X	A				
6	21.09.18	H	FC St. Pauli	0:1 (0:0)	X	E				X				XG	X	X		E			A		X		E	X				A	A	X			
7	25.09.18	A	1. FC Köln	1:2 (0:0)		A				X				A1	X		A	E			X	X	X		E	X				X	E	X			
8	01.10.18	H	1. FC Union Berlin	1:2 (0:1)	X	A				X				X	A	X			E1		A	X	X		E	X				X	E				
9	07.10.18	A	SC Paderborn 07	1:2 (0:1)		A				X				X1	A	X		A	E	E	E	X	X		X	X				X					
10	19.10.18	A	SV Sandhausen	0:4 (0:1)		E		E	A	X	X			X	X			A	X				A		X		E			X	X				
11	28.10.18	H	MSV Duisburg	1:1 (0:0)	X				E	X	X			A	E			A	X	E			X1		X	X	A				X				
12	03.11.18	A	Holstein Kiel	2:2 (0:0)	A1			E		X	X			X	E			X	X			X			X1	A	X			E	A				
13	11.11.18	H	Arminia Bielefeld	1:1 (0:0)	A			A1	E	X	X							X	A		E	X			X	X	X				E				
14	25.11.18	A	Dynamo Dresden	0:2 (0:2)	X			X		X	X			X	E			E	A		E	A	X		XR	A	X								
15	01.12.18	H	Hamburger SV	1:2 (0:1)	X		X	X		X	X		A1	E	X		X		A		E				X			A			E				
16	08.12.18	A	SV Darmstadt 98	1:1 (1:0)	X		X	X	X	X				X	A				E	A	A1		X		E	E					XG				
17	16.12.18	H	1. FC Heidenheim	1:1 (1:0)	X		X	A	X	X				X	A				E	A	X1		X		E	X						E			
18	22.12.18	H	Jahn Regensburg	1:2 (1:1)	X	E	X		X	X				A	X1				E	A	A		X		E	X									
19	29.01.19	A	SpVgg Gr. Fürth	1:0 (0:0)				X			E			E	X			A	E		A1		X			X	X		X			X	A		X
20	01.02.19	H	1. FC Magdeburg	0:1 (0:0)				X						A			X	E	X				X			X	X		A		E	E	X	A	X
21	10.02.19	A	FC Erzgebirge Aue	3:0 (1:0)				X	E					E	A1	X1	X	E	A				X			X	X		X					A	X
22	16.02.19	H	VfL Bochum	2:1 (2:0)					E	X				X	X2	X	X	E	A				E		X	X		A						A	X
23	23.02.19	A	FC St. Pauli	0:1 (0:0)										A	A	X	X	E	A		X		X		X	X		A	EG	E				X	X
24	03.03.19	H	1. FC Köln	1:2 (0:1)				A	E					A	X	X	X	E	A		X		X		X	X1	A			E				X	X
25	08.03.19	A	1. FC Union Berlin	0:2 (0:1)				XR		E				A	X	XG	E		A		X		X		X	X	A			E				X	X
26	17.03.19	H	SC Paderborn 07	1:3 (0:0)						X	X			A1	A	X		E	A		X	E			A	X				E				E	X
27	31.03.19	A	SV Sandhausen	1:2 (1:0)				X				E		X	X	X	E	A			A		X		X	X1	A			E			A	X	X
28	06.04.19	H	MSV Duisburg	4:2 (1:0)				X	X					E	X1	X	A	X	A2				X		A	X	E1					E		X	X
29	14.04.19	H	Holstein Kiel	1:1 (1:0)				X	X			E		A	X	X		A	X1		X		X		A	X	E			E				X	X
30	21.04.19	A	Arminia Bielefeld	3:1 (1:0)				X	X1			E	A	X	X	E	A1	A			X		X		X	X	E1							X	X
31	26.04.19	H	Dynamo Dresden	1:0 (0:0)				X	X					A	A1	X		E	A		E		X		X	X	E			E			E	X	X
32	04.05.19	A	Hamburger SV	3:0 (1:0)				X	X1					A		X	E	E	A		A1		X		X	X	X1			E					X
33	12.05.19	H	SV Darmstadt 98	3:0 (2:0)				X	X					A	A1		E	X1	A1				X		X	X	E			E					X
34	19.05.19	A	1. FC Heidenheim	2:4 (0:2)				A	X1				E	A	X1		X		X				X		X	A	E			E					X
	Spiele:				15	9	4	21	1	20	22	5	5	29	31	9	12	23	31	7	29	9	14	12	20	16	27	16	1	27	17	9	8	11	16
	Tore:				1	1	0	1	0	3	0	0	1	3	10	0	1	0	3	0	9	0	1	0	1	0	0	2	0	3	2	0	0	0	0

Gegnerisches Eigentor im 21. Spiel (durch Cacutalua).

Bilanz der letzten 10 Jahre:

Saison	Lv.	Liga		Platz	Sp.	S	U	N	Tore	Pkt.
2008/09:	2	2. Bundesliga	↓	17.	34	7	10	17	38-54	31
2009/10:	3	3. Liga	↑	3.	38	18	10	10	72-46	64
2010/11:	2	2. Bundesliga		14.	34	9	10	15	40-46	37
2011/12:	2	2. Bundesliga		12.	34	8	13	13	41-55	37
2012/13:	2	2. Bundesliga		13.	34	10	12	12	36-43	42
2013/14:	2	2. Bundesliga		10.	34	11	11	12	34-33	44
2014/15:	2	2. Bundesliga	↑	1.	34	17	13	4	53-32	64
2015/16:	1	Bundesliga		11.	34	10	10	14	33-42	40
2016/17:	1	Bundesliga	↓	17.	34	8	8	18	36-57	32
2017/18:	2	2. Bundesliga		9.	34	12	9	13	47-45	45

Zuschauerzahlen:

Saison	gesamt	Spiele	Schnitt
2008/09:	94.009	17	5.530
2009/10:	66.880	19	3.520
2010/11:	137.333	17	8.078
2011/12:	128.572	17	7.563
2012/13:	124.621	17	7.331
2013/14:	115.353	17	6.785
2014/15:	168.158	17	9.892
2015/16:	252.215	17	14.836
2016/17:	248.209	17	14.601
2017/18:	174.036	17	10.237

Die meisten Spiele in der 2. Bundesliga:

Pl.	Name, Vorname	Spiele
1.	Matip, Marvin	197
2.	Hartmann, Moritz	131
3.	Özcan, Ramazan	119
4.	Leitl, Stefan	115
5.	Caiuby	104
6.	Groß, Pascal	93
7.	Morales, Alfredo	91
8.	Roger	88
9.	Anspann, Walter **	77

Die meisten Tore in der 2. Bundesliga:

Pl.	Name, Vorname	Tore
1.	Leitl, Stefan	25
2.	Krostina, Hans **	24
3.	Gerber, Franz *	23
4.	Caiuby	21
	Hartmann, Moritz	21
	Weißberger, Georg **	21
7.	Kittel, Sonny	20
8.	Ruhs, Herfried *	16
	Stöckle, Richard **	16
10.	Lezcano, Dario	15

Die Trainer der letzten Jahre:

Name, Vorname	Zeitraum
Wiesinger, Michael (IT)	22.04.2009 – 26.04.2009
Köppel, Horst	27.04.2009 – 09.11.2009
Wiesinger, Michael	10.11.2009 – 06.11.2010
Möhlmann, Benno	07.11.2010 – 09.11.2011
Oral, Tomas	10.11.2011 – 30.06.2013
Kurz, Marco	01.07.2013 – 30.09.2013
Henke, Michael (IT)	30.09.2013 – 06.10.2013
Hasenhüttl, Ralph	07.10.2013 – 30.06.2016
Kauczinski, Markus	01.07.2016 – 06.11.2016
Walpurgis, Maik	12.11.2016 – 21.08.2017

* für ESV Ingolstadt ** für MTV Ingolstadt

Kieler Sportvereinigung Holstein von 1900

Anschrift:
Steenbeker Weg 150
24106 Kiel
Telefon: (04 31) 3 89 02 42 00
eMail: info@holstein-kiel.de
Homepage: www.holstein-kiel.de

Vereinsgründung: 07.10.1900 als 1. Kieler FV von 1900; 07.06.1917 Fusion mit dem FV Holstein von 1902 zur Kieler Sportvereinigung Holstein von 1900
Vereinsfarben: Blau-Weiß-Rot
Präsident: Steffen Schneekloth
Geschäftsführer: Fabian Wohlgemuth

Stadion: Holstein-Stadion (13.400)

Größte Erfolge: Deutscher Meister 1912; Deutscher Vizemeister 1910 und 1930; Endrunde um die Deutsche Meisterschaft 1953 und 1957; Deutscher Amateurmeister 1961; Teilnahme an der Aufstiegsrunde bzw. an den Qualifikationsspielen zur Bundesliga 1965 und 2018

Aufgebot:

Name, Vorname	Pos	geb. am	Nat.	seit	2018/19 Sp.	T.	Gesamt Sp.	T.	frühere Vereine
Awuku, Noah	S	09.01.2000	D	2013	2	0	2	0	FC Kilia Kiel
Benes, Laszlo	M	09.09.1997	SVK	2019	15	2	15	2	Bor. M'gladbach, MSK Zilina, Györi ETO FC, DAC Dunajska Streda, STK Samorin
van den Bergh, Johannes	A	21.11.1986	D	2017	32	0	164	0	FC Getafe, SpVgg Greuther Fürth, FC Getafe, Hertha BSC, Fortuna Düsseldorf, Bor. M'gladbach, Bayer 04 Leverkusen, Bor. M'gladbach, SC 1911 Waldniel
Bisseck, Yann Aurel	M	29.11.2000	D	2019	3	0	3	0	1. FC Köln, SV Adler Dellbrück
Dehm, Jannik	A	02.05.1996	D	2018	33	0	34	0	TSG 1899 Hoffenheim, Karlsruher SC, FC Germania Friedrichstal, FC Untergrombach
Evina, Franck	S	05.07.2000	D	2019	9	0	9	0	FC Bayern München, SV Neuperlach München
Girth, Benjamin	S	31.01.1992	D	2018	7	2	7	2	SV Meppen, KSV Hessen Kassel, Vogtländischer FC Plauen ... (vgl. Seite 130)
Herrmann, Patrick	A	16.03.1988	D	2011	5	0	48	0	VfL Osnabrück, Hannover 96, VfL Wolfsburg, Eintr. Braunschweig, TSV Wipshausen
Honsak, Mathias	M	20.12.1996	AUT	2018	25	4	25	4	SC Rheindorf Altach, FC Red Bull Salzburg, SV Ried, FC Liefering, FC Stadlau, FK Austria Wien, FAC Team für Wien
Janzer, Manuel	M	07.03.1992	D	2015	1	0	16	0	1. FC Heidenheim, VfB Stuttgart, TSV Oberkochen
Kammerbauer, Patrick	A	11.02.1997	D	2019	4	0	35	1	SC Freiburg, 1. FC Nürnberg, DJK Raitenbuch
Karazor, Atakan	M	13.10.1996	D	2017	22	2	26	2	Borussia Dortmund, VfL Bochum, ETB Schwarz-Weiß Essen
Kinsombi, David	A	12.12.1995	D	2017	18	4	75	10	Karlsruher SC, 1. FC Magdeburg, Eintracht Frankfurt, 1. FSV Mainz 05, SV Wehen Wiesbaden, SG Germania Wiesbaden
Kronholm, Kenneth	T	14.10.1985	D	2014	27	0	60	0	SVgg 07 Elversberg, VfR Mannheim, SSV Jahn Regensburg, SV Waldhof Mannheim, Eintracht Trier, Hansa Rostock, FSV Frankfurt, Fort. Düsseldorf, Wormatia Worms, FC Carl Zeiss Jena, VfL Wolfsburg, SV Waldhof Mannheim, SG Oftersheim
Lee, Jae-Sung	M	10.08.1992	KOR	2018	29	5	29	5	Jeonbuk Hyundai Motors, Korea University
Lewerenz, Steven	M	18.05.1991	D	2015	4	0	41	8	FC Würzburger Kickers, 1. FSV Mainz 05, SV Eintracht Trier 05 ... (vgl. Seite 82)
Meffert, Jonas	M	04.09.1994	D	2018	27	3	85	5	SC Freiburg, Karlsruher SC, Bayer 04 Leverkusen, TV Hoffnungsthal
Mörschel, Heinz	M	24.08.1997	D	2018	8	1	8	1	1. FSV Mainz 05, FSV Frankfurt
Mühling, Alexander	M	05.09.1992	D	2016	33	8	104	15	SV Sandhausen, Bayer 04 Leverkusen, Borussia Mönchengladbach, MSV Duisburg, DJK Arminia Klosterhardt, BV 1919 Osterfeld
Okugawa, Masaya	M	14.04.1996	JPN	2018	19	5	19	5	FC Red Bull Salzburg, SV Mattersburg, FC Red Bull Salzburg, FC Liefering, Kyoto Sanga FC, Ayano Boxs Club Kyoto
Peitz, Dominic	M	11.09.1984	D	2016	0	0	206	15	Karlsruher SC, FC Augsburg, FC Hansa Rostock, FC Augsburg ... (vgl. Seite 228)
Reimann, Dominik	T	18.06.1997	D	2018	7	0	7	0	Borussia Dortmund, ESV Münster
Sander, Philipp	M	21.02.1998	D	2018	1	0	1	0	FC Hansa Rostock, SV Hafen Rostock 61
Schindler, Kingsley	M	12.07.1993	D	2016	23	6	56	18	TSG 1899 Hoffenheim, TSG Neustrelitz, Hannover 96, SC Concordia Hamburg, SC Alstertal-Langenhorn, Hummelsbütteler SV
Schmidt, Dominik	A	01.07.1987	D	2015	31	0	64	1	SC Preußen Münster, Eintracht Frankfurt, SV Werder Bremen, SV Tasmania Gropiusstadt 1973, Nordberliner SC, 1. FC Lübars, Reinickendorfer Füchse
Sen, Utku	S	15.06.1998	D	2018	0	0	1	0	VfL Osnabrück, Holstein Kiel, Hannover 96, Holstein Kiel, TSB Flensburg
Serra, Janni	S	13.03.1998	D	2018	30	10	42	10	VfL Bochum, Borussia Dortmund, Hannover 96, TSV Havelse, Hannover 96, FC Bennigsen
Seydel, Aaron	S	07.02.1996	D	2017	6	2	31	4	1. FSV Mainz 05, FSV Oppenheim
Sicker, Arne	A	17.04.1997	D	2009	3	0	4	0	FT Eider Büdelsdorf, Barkelsbyer SV
Thesker, Stefan	A	11.04.1991	D	2018	15	2	35	2	FC Twente Enschede, SpVgg Greuther Fürth, Hannover 96, TSG 1899 Hoffenheim, FC Twente Enschede, Fortuna Sittard, FC Twente Enschede, FC Schalke 04, TuS Wüllen
Wahl, Hauke	A	15.04.1994	D	2018	33	2	103	7	FC Ingolstadt 04, 1. FC Heidenheim, FC Ingolstadt 04, SC Paderborn 07, Holstein Kiel, SG Dynamo Dresden, FC Eintracht Schwerin, TSV Trittau, Witzhaver SV
Weiner, Timon	T	18.01.1999	D	2018	0	0	0	0	FC Schalke 04, MSV Duisburg, Rot-Weiss Essen, DJK TuS Holsterhausen

Trainer:

Name, Vorname	geb. am	Nat.	Zeitraum	Spiele 2018/19	frühere Trainerstationen
Walter, Tim	08.11.1975	D	01.07.18 – 30.06.19	34	FC Bayern München II, FC Bayern München U17, Karlsruher SC Jun. u. Jugend

Zugänge:
Dehm (TSG 1899 Hoffenheim II), Girth (SV Meppen), Honsak (SC Rheindorf Altach), Lee (Jeonbuk Hyundai Motors), Meffert (SC Freiburg II), Mörschel (1. FSV Mainz 05 II), Reimann (Borussia Dortmund II), Sen (VfL Osnabrück), Serra (VfL Bochum), Thesker (FC Twente Enschede), Wahl (FC Ingolstadt 04), Weiner (FC Schalke 04 Junioren).
während der Saison:
Benes (Borussia Mönchengladbach), Bisseck (1. FC Köln), Evina (FC Bayern München II), Kammerbauer (SC Freiburg), Okugawa (FC Red Bull Salzburg).

Abgänge:
Besuschkow (Union St. Gilloise), Condé (VfL Wolfsburg II), Czichos (1. FC Köln), Drexler (FC Midtjylland), Duckschn (Fortuna Düsseldorf), Dürholtz (SVgg 07 Elversberg), Gerezgiher (SGS Großaspach), Heidinger (FSV Wacker 90 Nordhausen), Hoheneder (Chemnitzer FC), Kruse (Eintracht Braunschweig), Lenz (1. FC Union Berlin), Schipmann (RW Ahlen), Siedschlag (II. Mannschaft), Weilandt (VfL Bochum).
während der Saison:
Girth (VfL Osnabrück), Herrmann (SV Darmstadt 98), Janzer (Eintracht Braunschweig), Kronholm (Chicago Fire), Lewerenz (1. FC Magdeburg), Peitz (1. FSV Mainz 05 II), Sen (Lüneburger SK Hansa).

Fortsetzung Kieler Sportvereinigung Holstein von 1900

Aufstellungen und Torschützen:

Sp	Datum	Gegner	Ergebnis	Awuku	Benes	van den Bergh	Bissock	Dehm	Evina	Girth	Herrmann	Honsak	Janzer	Kammerbauer	Karazor	Kinsombi	Kronholm	Lee	Lewerenz	Meffert	Mörschel	Mühling	Okugawa	Reimann	Sander	Schindler	Schmidt	Serra	Seydel	Sicker	Thesker	Wahl
				1	2	3	4	5	6	7	8	9	10	11	12	13	14	15	16	17	18	19	20	21	22	23	24	25	26	27	28	29
1	03.08.18 A	Hamburger SV	3:0 (0:0)			X		A			E	X1			E1	X	A		X1	E	X					X	X	A				X
2	12.08.18 H	1. FC Heidenheim	1:1 (1:1)			X^G		X			X	E			E	X	A1		X		X					A	X	A	E			X
3	26.08.18 A	Jahn Regensburg	0:0 (0:0)					X			X				E	X	X	E	X		A					X	X	X	A			X
4	03.09.18 H	1. FC Magdeburg	2:1 (0:0)			X		X	E		A				X	X		E	A	X1						X	X	A	E1			X
5	15.09.18 A	SpVgg Gr. Fürth	1:4 (0:0)			X		X	E1		E				X	X	E	A	X		X					X		A			A	X
6	22.09.18 H	VfL Bochum	2:2 (0:1)			X		A			E	A			X	X	X		E		X	E					X	X1				X
7	25.09.18 A	1. FC Union Berlin	0:2 (0:0)			X		X			E				X	X	X		X		A	E				EA	X	X				X
8	28.09.18 H	SV Darmstadt 98	4:2 (3:2)			X		X^G		A1	E				X1	X	A		X		X1					E	X	A1			E	X
9	06.10.18 A	FC Erzgebirge Aue	1:2 (1:0)			X				A	A				X	X	X		X	E	X1					E^G	X	X				X
10	20.10.18 H	1. FC Köln	1:1 (0:1)	E		A		X		A					X	X		E	X	E1	X	A					X	X				X
11	28.10.18 A	FC St. Pauli	1:0 (0:0)			X		X				E	X	X		X	E		X	E	A					A	X	A1			E	X
12	03.11.18 H	FC Ingolstadt 04	2:2 (0:0)			X		X			E			X	X	X	A		X		X	A				X1	A	E			E1	X
13	09.11.18 A	SC Paderborn 07	4:4 (1:3)			X		X				E		X	X	X	A		X		E	X1				X2		X1			A	X
14	24.11.18 H	SV Sandhausen	2:1 (2:0)			X		X			E			X	X	X	A1		X		A	E				A1	X	A			E	X
15	02.12.18 A	MSV Duisburg	4:0 (0:0)			X		A		E	E			X	X	X	X1		A		X					X1	X	A2			E	X
16	09.12.18 A	Dynamo Dresden	2:0 (2:0)			X		X				A1		E	X	X	A		X	E	X1					A	X				E	X
17	14.12.18 H	Arminia Bielefeld	1:2 (0:1)			X		X			E			A	X	A	X		X		X					X	X	X1			E	X
18	23.12.18 H	Hamburger SV	3:1 (2:0)			X		X			E		X	A2	X	A			X				E	A		X	X1				E	X
19	30.01.19 A	1. FC Heidenheim	2:2 (1:2)		E	X		X	E		A			X		X		A1	X							X	A	X			E	X
20	03.02.19 H	Jahn Regensburg	2:0 (1:0)		A	X		X			E		E	X	X			E	X	A						X1	A				X1	
21	10.02.19 A	1. FC Magdeburg	1:1 (1:1)		A	X		X			E	X		X	X	X		E	X	E						A	X	A1				X
22	17.02.19 H	SpVgg Gr. Fürth	2:2 (0:0)		E	X		X	A		E		A	X1	X	A	X									X	X				E	X1
23	23.02.19 A	VfL Bochum	3:1 (3:0)		E	X	E	X	E			X		X	A		A		X1	A1						X	X1					X
24	01.03.19 A	1. FC Union Berlin	0:2 (0:1)		E	X		X	E			X		X	A		X		A							X	A				E	X
25	09.03.19 A	SV Darmstadt 98	2:3 (1:2)		E	X		A	E			X1	E	X	X	A	X		X^G	X1						X	X					A
26	15.03.19 H	FC Erzgebirge Aue	5:1 (2:1)	E	X2	A		X			A1		X		X				X	A1	X						X		E1	E	X	X
27	31.03.19 A	1. FC Köln	0:4 (0:2)	A	X	A		X			A		X		X	X		E	X	A						X	E	E				X
28	06.04.19 H	FC St. Pauli	2:1 (0:1)		X	E	X	X			X		X		X	A1	A		X1	A		E					E				X^R	X
29	14.04.19 A	FC Ingolstadt 04	1:1 (0:1)		E		X	E			A		X1		X			A	A	X	X					X	E			X		X
30	20.04.19 H	SC Paderborn 07	1:2 (0:0)	X	X		X	X			A		E		A			A	X	X1	E	X				X	E					X
31	27.04.19 H	SV Sandhausen	2:3 (2:2)												X				A	X2	X	E	E			X	E				A	X
32	05.05.19 H	MSV Duisburg	0:2 (0:0)	A	X		X	E			E			X		A			X	X	X	X				X	E					X
33	12.05.19 H	Dynamo Dresden	3:0 (1:0)	E	X	X		X			E		X		A1	X1		A	X	A	X					A	X			E		X1
34	19.05.19 A	Arminia Bielefeld	0:1 (0:0)	A	X	E	X	E			E		X		X				X	A						X	X					A
	Spiele:			2	15	32	3	33	9	7	5	25	1	4	22	18	27	29	4	27	8	33	19	7	1	23	31	30	6	3	15	33
	Tore:			0	2	0	0	0	0	2	0	4	0	0	2	4	0	5	0	3	1	8	5	0	0	6	0	10	2	0	2	2

Gegnerisches Eigentor im 6. Spiel (durch Danilo) und im 19. Spiel (durch Beermann).

Bilanz der letzten 10 Jahre:

Saison	Lv.	Liga		Platz	Sp.	S	U	N	Tore	Pkt.
2008/09:	4	Regionalliga Nord	↑	1.	34	21	10	3	54-22	73
2009/10:	3	3. Liga	↓	19.	38	9	11	18	43-61	38
2010/11:	4	Regionalliga Nord		6.	34	15	10	9	65-36	55
2011/12:	4	Regionalliga Nord		2.	34	24	3	7	73-31	75
2012/13:	4	Regionalliga Nord	↑	1.	30	20	7	3	74-27	67
2013/14:	3	3. Liga		16.	38	10	15	13	42-38	45
2014/15:	3	3. Liga		3.	38	18	13	7	53-30	67
2015/16:	3	3. Liga		14.	38	12	12	14	44-47	48
2016/17:	3	3. Liga	↑	2.	38	18	13	7	59-25	67
2017/18:	2	2. Bundesliga		3.	34	14	14	6	71-44	56

Zuschauerzahlen:

Saison	gesamt	Spiele	Schnitt
2008/09:	66.902	17	3.935
2009/10:	73.420	19	3.864
2010/11:	41.580	17	2.446
2011/12:	64.263	17	3.780
2012/13:	54.276	15	3.618
2013/14:	101.461	19	5.340
2014/15:	118.217	19	6.222
2015/16:	98.685	19	5.194
2016/17:	108.510	19	5.711
2017/18:	178.911	17	10.524

Die meisten Spiele in der 2. Bundesliga:

Pl.	Name, Vorname	Spiele
1.	Jordt, Bernd	116
2.	Wendlandt, Dieter	107
3.	Aido, Jochen	105
4.	Tönsfeldt, Dietmar	99
5.	Stelzer, Immo	90
6.	Jochimiak, Manfred	85
7.	Witt, Harry	74
8.	Möller, Axel	70
	Neumann, Thorsten	70
10.	Brexendorf, Bernd	68

Die meisten Tore in der 2. Bundesliga:

Pl.	Name, Vorname	Tore
1.	Jochimiak, Manfred	23
2.	Ducksch, Marvin	18
	Schindler, Kingsley	18
	Wendlandt, Dieter	18
	Witt, Harry	18
6.	Drexler, Dominick	12
	Möller, Axel	12
8.	Brexendorf, Bernd	11
	Jordt, Bernd	11
	Mühling, Alexander	11

Die Trainer der letzten Jahre:

Name, Vorname	Zeitraum
Böger, Stefan	25.10.2006 – 26.02.2007
Vollmann, Peter	26.02.2007 – 15.12.2008
Bauer, Michael (IT)	15.12.2008 – 31.12.2008
Götz, Falko	10.01.2009 – 16.09.2009
Fröhling, Torsten (IT)	17.09.2009 – 05.10.2009
Wück, Christian	05.10.2009 – 30.06.2010
Gutzeit, Thorsten	01.07.2010 – 06.06.2013
Neitzel, Karsten	01.07.2013 – 16.08.2016
Werner, Ole (IT)	17.08.2016 – 30.08.2016
Anfang, Markus	31.08.2016 – 30.06.2018

1. FC Köln 01/07

Anschrift:
Franz-Kremer-Allee 1-3
50937 Köln
Telefon: (02 21) 71 61 63 00
eMail: service@fc-koeln.de
Homepage: www.fc-koeln.de

Vereinsgründung: 13.02.1948 durch Fusion von Kölner BC 01 und SpVgg Sülz 07; seit März 2002 1. FC Köln GmbH & Co. KGaA

Vereinsfarben: Rot-Weiß
Präsident: vakant
Sportdirektor: Armin Veh

Stadion:
RheinEnergieStadion (50.000)

Größte Erfolge: Deutscher Meister 1962, 1964 und 1978; Deutscher Pokalsieger 1968, 1977, 1978 und 1983; Halbfinalist Europapokal der Landesmeister 1979; UEFA-Pokalfinalist 1986

Aufgebot:

Name, Vorname	Pos	geb. am	Nat.	seit	2018/19 Sp.	T.	Gesamt Sp.	T.	frühere Vereine
Bader, Matthias	A	17.06.1997	D	2018	4	0	21	0	Karlsruher SC, SV Iptingen
Bisseck, Yann Aurel	M	29.11.2000	D	2007	0	0	3	0	SV Adler Dellbrück
Clemens, Christian	M	04.08.1991	D	2017	20	2	51	8	1. FSV Mainz 05, FC Schalke 04, 1. FC Köln, SC Köln Weiler-Volkhoven
Cordoba, Jhon	S	11.05.1993	COL	2017	31	20	31	20	1. FSV Mainz 05, Granada CF, RCD Espanyol Barcelona, Dorados de Sinaloa Culiacan, Queretaro FC, Jaguares de Chiapas, Envigado FC
Czichos, Rafael	A	14.05.1990	D	2018	32	2	63	5	Holstein Kiel, FC Rot-Weiß Erfurt, VfL Wolfsburg, TSV Ottersberg, FC Verden 04
Drexler, Dominick	M	26.05.1990	D	2018	33	9	97	23	FC Midtjylland, Holstein Kiel, VfR Aalen, SpVgg Greuther Fürth, FC Rot-Weiß Erfurt, Bayer 04 Leverkusen, TSV Alemannia Aachen, Bonner SC, 1. SF Brüser Berg
Führich, Chris	M	09.01.1998	D	2017	0	0	0	0	SC Rot-Weiß Oberhausen, VfL Bochum, Borussia Dortmund, FC Schalke 04, SG Suderwich
Geis, Johannes	M	17.08.1993	D	2019	14	0	23	0	FC Schalke 04, FC Sevilla, FC Schalke 04, 1. FSV Mainz 05, SpVgg Greuther Fürth, TSV Großbardorf, TSV Mittelstreu, TSV Oberstreu
Guirassy, Serhou	S	12.03.1996	FRA	2016	16	2	16	2	AJ Auxerre, Lille OSC, Stade Lavallois FC, J3 Sports Amilly, USM Montargis
Handwerker, Tim	A	19.05.1998	D	2017	0	0	0	0	Bayer 04 Leverkusen, SV Bergisch Gladbach 09
Hauptmann, Niklas	M	27.06.1996	D	2018	12	0	66	2	SG Dynamo Dresden, 1. FC Köln, DJK Viktoria Frechen
Hector, Jonas	M	27.05.1990	D	2010	29	6	86	8	SV Auersmacher
Höger, Marco	M	16.09.1989	D	2016	26	1	69	8	FC Schalke 04, TSV Alemannia Aachen, Bayer 04 Leverkusen, TuS Höhenhaus
Horn, Jannes	A	06.02.1997	D	2017	18	0	18	0	VfL Wolfsburg, VfB Rot-Weiß Braunschweig
Horn, Timo	T	12.05.1993	D	2002	33	0	98	0	SC Rondorf
Jorge Meré (Jorge Meré Perez)	A	17.04.1997	ESP	2017	26	0	26	0	Sporting Gijon, Real Oviedo
Kainz, Florian	M	24.10.1992	AUT	2019	14	0	14	0	SV Werder Bremen, SK Rapid Wien, SK Sturm Graz, FC Stattegg
Kessler, Thomas	T	20.01.1986	D	2012	1	0	14	0	Eintracht Frankfurt, FC St. Pauli, 1. FC Köln, SV Grün-Weiß Brauweiler
Koziello, Vincent	M	28.10.1995	FRA	2018	14	0	14	0	OGC Nizza, AS Cannes, Stade Olympique Roquettan
Lehmann, Matthias	M	28.05.1983	D	2012	4	0	256	28	Eintracht Frankfurt, FC St. Pauli, TSV Alemannia Aachen, TSV 1860 München, VfB Stuttgart, SSV Ulm 1846, VfL Ulm
Modeste, Anthony	S	14.04.1988	FRA	2018	10	6	10	6	Tianjin Quanjian, 1. FC Köln, TSG 1899 Hoffenheim, SC Bastia, Blackburn Rovers FC, FC Girondins Bordeaux, OGC Nizza, SCO Angers, OGC Nizza, ES Fréjussienne
Nartey, Nikolas	M	22.02.2000	DEN	2017	1	0	1	0	FC Kopenhagen, Akademisk BK Gladsaxe
Özcan, Salih	M	11.01.1998	D	2007	15	1	15	1	SC West Köln
Risse, Marcel	M	17.12.1989	D	2013	21	1	64	10	1. FSV Mainz 05, Bayer 04 Leverkusen, 1. FC Nürnberg, Bayer 04 Leverkusen, TuS Höhenhaus
Schaub, Louis	M	29.12.1994	AUT	2018	27	3	27	3	SK Rapid Wien, VfB Admira Wacker Mödling
Schmitz, Benno	A	17.11.1994	D	2018	15	0	15	0	RasenBallsport Leipzig, FC Red Bull Salzburg, FC Bayern München, SV Waldperlach
Scott, Brady	T	30.06.1999	USA	2017	0	0	0	0	De Anza Force SC
Sobiech, Lasse	A	18.01.1991	D	2018	17	0	148	16	FC St. Pauli, Hamburger SV, SpVgg Greuther Fürth, FC St. Pauli, Borussia Dortmund, VfL Schwerte
Sörensen, Frederik	A	14.04.1992	DEN	2015	5	0	5	0	Hellas Verona, Juventus Turin, FC Bologna, Juventus Turin, Lyngby BK, FC Roskilde, Himmelev-Veddelev BK, KFUM BK Roskilde
Terodde, Simon	S	02.03.1988	D	2018	33	29	220	118	VfB Stuttgart, VfL Bochum, 1. FC Union Berlin, 1. FC Köln, Fortuna Düsseldorf, MSV Duisburg, 1. FC Bocholt, VfL Rhede, SV Krechting
Zoller, Simon	S	26.06.1991	D	2015	2	0	64	19	1. FC Kaiserslautern, 1. FC Köln, 1. FC Kaiserslautern, VfL Osnabrück, Karlsruher SC, SSV Ulm 1846, VfB Stuttgart, VfB Friedrichshafen, TSV Fischbach [Bodensee]

Trainer:

Name, Vorname	geb. am	Nat.	Zeitraum	Spiele 2018/19	frühere Trainerstationen
Anfang, Markus	12.06.1974	D	01.07.18 – 27.04.19	31	Holstein Kiel, Bayer 04 Leverkusen U19, U17 und Jugend, SC Kapellen-Erft
Pawlak, André (IT)	12.02.1971	D	28.04.19 – 30.06.19	3	1. FC Köln II, 1. FC Köln Junioren, KFC Uerdingen 05, SSVg Velbert 02, SG Wattenscheid 09, FC Schalke 04 Junioren

Zugänge:
Bader (Karlsruher SC), Bisseck und Scott (eigene Junioren), Czichos (Holstein Kiel), Drexler (FC Midtjylland), Führich (II. Mannschaft), Hauptmann (SG Dynamo Dresden), Schaub (SK Rapid Wien), Schmitz (RasenBallsport Leipzig), Sobiech (FC St. Pauli).
während der Saison:
Geis (FC Schalke 04), Kainz (SV Werder Bremen), Modeste (Tianjin Quanjian).

Abgänge:
Bittencourt (TSG 1899 Hoffenheim), Heintz (SC Freiburg), Jojic (Istanbul Basaksehir), Klünter (Hertha BSC), Maroh (KFC Uerdingen 05), Müller (Karlsruher SC), Olkowski (Bolton Wanderers FC), Osako und Pizarro (SV Werder Bremen).
während der Saison:
Bisseck (Holstein Kiel), Guirassy (SC Amiens), Handwerker (FC Groningen), Zoller (VfL Bochum).

Deutscher Fußball-Almanach 2019 — 2. Bundesliga — DSFS 81

Fortsetzung 1. FC Köln 01/07

Aufstellungen und Torschützen:

Sp	Datum	Gegner	Ergebnis	Bader	Clemens	Cordoba	Czichos	Drexler	Geis	Guirassy	Hauptmann	Hector	Höger	Horn J.	Horn T.	Jorge Meré	Kainz	Kessler	Koziello	Lehmann	Modeste	Nartey	Özcan	Risse	Schaub	Schmitz	Sobiech	Sörensen	Terodde	Zoller
1	04.08.18 A	VfL Bochum	2:0 (1:0)	X	X	X1	X		A	E		X		E	X	XG								A	X	A		E		
2	13.08.18 A	1. FC Union Berlin	1:1 (1:0)	A1	A	X	X		E	A		X		X	X										X	X		X		E	E
3	25.08.18 H	FC Erzgebirge Aue	3:1 (1:1)		A		X	X		E		X	E	X	X	X		A					E	A	X				X3	
4	02.09.18 A	FC St. Pauli	5:3 (2:2)		A1	X	X	X		A1	E	X	E	X	X								E1	A	X		X		X2	
5	16.09.18 H	SC Paderborn 07	3:5 (1:1)	X	A	E1	X	X		E		XG	X	X	X	A									X		E		A2	
6	21.09.18 A	SV Sandhausen	2:0 (1:0)		A	E	X	A		X			X	X	X				E					E	X	X1	X		A1	
7	25.09.18 H	FC Ingolstadt 04	2:1 (0:0)		A	E	X	X		E		X	A	X	X									E	X	X	X		A2	
8	28.09.18 A	Arminia Bielefeld	3:1 (1:0)	X		E1	X	X		A		X	E	X	X			X						E	A	X			A2	
9	08.10.18 H	MSV Duisburg	1:2 (1:1)	A	A	E	X	X		E		X1	X	E	X			A							X	X	X		X	
10	20.10.18 A	Holstein Kiel	1:1 (1:0)			E	X	X			A	X		X	X	X			E			X			A	X			A1	E
11	27.10.18 H	1. FC Heidenheim	1:1 (0:1)			E	X	A		E1	E	X	X		X	X								A	X	X	A		X	
12	05.11.18 A	Hamburger SV	0:1 (0:0)			E	X	X		A		X	X	E	X	X								A	X	A		E	X	
13	10.11.18 H	Dynamo Dresden	8:1 (2:0)			A2	X	A		E	E	X2	A	X	X			E							X	X1	X		X3	
14	24.11.18 A	SV Darmstadt 98	3:0 (0:0)			A1	X1	X		E			A	X	X			E					E	X	A	X			X1	
15	01.12.18 H	SpVgg Gr Fürth	4:0 (1:0)			A1	X	A1		E	E	X	X	X	X			E							X	A	X		X2	
16	07.12.18 H	Jahn Regensburg	3:1 (2:0)			A	X	X2		E		X		X	X		A	E					X	X	X			E	A1	
17	17.12.18 H	1. FC Magdeburg	3:0 (1:0)			A1	X	X1			A	A	X	E	X			E					E	X	X	X			X1	
18	21.12.18 H	VfL Bochum	2:3 (1:1)			X	X	X		E		X	A	X	X								X	X1	E	A			X1	
19	31.01.19 A	1. FC Union Berlin	0:2 (0:2)		E	X	X	X	X	A		E	X	X	X									A		A		E	X	
20	08.02.19 H	FC St. Pauli	4:1 (1:1)		A	X3	X	A	X	E	X		X	X	X					E					X	E			A1	
21	15.02.19 A	SC Paderborn 07	2:3 (1:0)	X	X1	A	X	X		X		X	X	XG					E1					A	E	E	A			
22	23.02.19 H	SV Sandhausen	3:1 (0:1)	X	X	X	X1			X	E	A	X	X			A	E2						E	X				A	
23	27.02.19 A	FC Erzgebirge Aue	1:0 (1:0)	E	A	X	X	X				X	X1	X	X				E					A	E				A	
24	03.03.19 A	FC Ingolstadt 04	2:1 (1:0)	X	A	X	A1	X				X	X	X	X					A1					E		E		E	
25	09.03.19 H	Arminia Bielefeld	5:1 (2:0)	X	A1		A1	X			X	A	X	X	X			E		E					E		X		X3	
26	31.03.19 H	Holstein Kiel	4:0 (2:0)	X	A1	X	X	X			X1	X	X	X	X					E1					E		E		A1	
27	07.04.19 A	1. FC Heidenheim	2:0 (2:0)	X	X1	X	A1	A			X	X	X	X	X					A		E					E		E	
28	10.04.19 A	MSV Duisburg	4:4 (1:2)	A	X2	X	X	E				X	X	X	X									E	A1		X		X1	
29	15.04.19 H	Hamburger SV	1:1 (1:0)	A	A	X	X1	X			A	X	X	X	X					E				E			E		A	
30	21.04.19 A	Dynamo Dresden	0:3 (0:2)			E	X	X	A		E	X	X	X	X	X		E	X					A						
31	26.04.19 H	SV Darmstadt 98	1:2 (0:1)	A		X1	X	X	A		X	X	X	X	X			X						E	E				X	
32	06.05.19 A	SpVgg Gr Fürth	4:0 (3:0)			A3	X	A			X	X	X	X	X			E					E	A	X	X			E	
33	12.05.19 H	Jahn Regensburg	3:5 (0:3)			XR	X	X			X2	A	X	X	X	A			E	E1			A	X	X				E	
34	19.05.19 A	1. FC Magdeburg	1:1 (1:0)	X			A	X		A	X	E			A	X	E					X		X			X	E	X1	
		Spiele		4	20	31	32	33	14	16	12	29	26	18	33	26	14	1	14	4	10	1	15	21	27	15	17	5	33	2
		Tore		0	2	20	2	9	0	2	0	6	1	0	0	0	0	0	0	0	0	0	6	0	1	1	3	0	0	29	0

Gegnerisches Eigentor im 1. Spiel (durch Leitsch) und im 32. Spiel (durch Steininger).

Bilanz der letzten 10 Jahre:

Saison	Lv.	Liga		Platz	Sp.	S	U	N	Tore	Pkt.
2008/09:	1	Bundesliga		12.	34	11	6	17	35-50	39
2009/10:	1	Bundesliga		13.	34	9	11	14	33-42	38
2010/11:	1	Bundesliga		10.	34	13	5	16	47-62	44
2011/12:	1	Bundesliga	↓	17.	34	8	6	20	39-75	30
2012/13:	2	2. Bundesliga		5.	34	14	12	8	43-33	54
2013/14:	2	2. Bundesliga	↑	1.	34	19	11	4	53-20	68
2014/15:	1	Bundesliga		12.	34	9	13	12	34-40	40
2015/16:	1	Bundesliga		9.	34	10	13	11	38-42	43
2016/17:	1	Bundesliga		5.	34	12	13	9	51-42	49
2017/18:	1	Bundesliga	↓	18.	34	5	7	22	35-70	22

Zuschauerzahlen:

Saison	gesamt	Spiele	Schnitt
2008/09:	838.300	17	49.312
2009/10:	817.000	17	48.059
2010/11:	812.300	17	47.782
2011/12:	809.000	17	47.588
2012/13:	691.701	17	40.688
2013/14:	786.000	17	46.235
2014/15:	534.025	17	31.413
2015/16:	827.500	17	48.676
2016/17:	842.700	17	49.571
2017/18:	829.200	17	48.776

Die meisten Spiele in der 2. Bundesliga:

Pl.	Name, Vorname	Spiele
1.	Scherz, Matthias	148
2.	Voigt, Alexander	121
3.	Cullmann, Carsten	111
4.	Horn, Timo	98
	Springer, Christian	98
6.	Hector, Jonas	86
7.	Cichon, Thomas	80
8.	Helmes, Patrick	79
9.	Lottner, Dirk	78
10.	Chihi, Adil	76

Die meisten Tore in der 2. Bundesliga:

Pl.	Name, Vorname	Tore
1.	Scherz, Matthias	45
2.	Helmes, Patrick	43
3.	Lottner, Dirk	30
	Novakovic, Milivoje	30
5.	Terodde, Simon	29
6.	Podolski, Lukas	24
	Ujah, Anthony	24
8.	Cordoba, Jhon	20
9.	Springer, Christian	16
10.	Chihi, Adil	13

Die Trainer der letzten Jahre:

Name, Vorname	Zeitraum
Gehrke, Holger (IT)	10.11.2006 – 26.11.2006
Daum, Christoph	27.11.2006 – 31.05.2009
Soldo, Zvonimir	01.07.2009 – 24.10.2010
Schaefer, Frank	24.10.2010 – 27.04.2011
Finke, Volker	27.04.2011 – 30.06.2011
Solbakken, Stale	01.07.2011 – 12.04.2012
Schaefer, Frank (IT)	12.04.2012 – 05.05.2012
Stanislawski, Holger	01.07.2012 – 19.05.2013
Stöger, Peter	01.07.2013 – 02.12.2017
Ruthenbeck, Stefan	03.12.2017 – 30.06.2018

1. FC Magdeburg

Anschrift:
Friedrich-Ebert-Straße 62
39114 Magdeburg
Telefon: (03 91) 99 02 90
eMail: info@fc-magdeburg.de
Homepage: www.1.fc-magdeburg.de

Vereinsgründung: 22.12.1965 aus FA des SC Magdeburg (bis 22.07.1965 SC Aufbau)

Vereinsfarben: Blau-Weiß
Präsident: Peter Fechner
Geschäftsführer: Mario Kallnik

Stadion: MDCC-Arena (27.500)

Größte Erfolge: Europapokalsieger der Pokalsieger 1974; DDR-Meister 1972, 1974 und 1975; FDGB-Pokalsieger 1964, 1965, 1969, 1973, 1978, 1979 und 1983; Meister 3. Liga 2018 (↑); Meister der Regionalliga Nordost 2015 (↑); Aufstieg in die Regionalliga 1997 (Nordost), 2001 und 2006 (Nord); Pokalsieger Sachsen-Anhalt 1993, 1998, 2001, 2003, 2006, 2009, 2013, 2014, 2017 und 2018

Aufgebot:

Name, Vorname	Pos	geb. am	Nat.	seit	2018/19 Sp.	T.	gesamt Sp.	T.	frühere Vereine
Abu Hanna, Joel	A	22.01.1998	D	2018	0	0	11	0	1. FC Kaiserslautern, Bayer 04 Leverkusen, FC Hennef 05, TuRa Hennef
Beck, Christian	S	10.03.1988	D	2013	31	10	31	10	VfB Germania Halberstadt, Torgelower SV Greif, FC Rot-Weiß Erfurt, Hallescher FC, FC Rot-Weiß Erfurt, SSV Erfurt-Nord, Borntaler SV Erfurt 93
Berisha, Mergim	S	11.05.1998	KVX	2018	4	0	4	0	Linzer ASK, FC Red Bull Salzburg, FC Bischofswiesen
Bregerie, Romain	A	09.08.1986	FRA	2018	8	0	154	11	FC Ingolstadt 04, SV Darmstadt 98, FC Ingolstadt 04, SV Darmstadt 98, SG Dynamo Dresden, FC Metz, LB Chateauroux, FC Metz, FC Girondins Bordeaux, FC Sete 34, FC Girondins Bordeaux, Langon Castets FC
Brunst-Zöllner, Alexander	T	07.07.1995	D	2017	19	0	19	0	VfL Wolfsburg, Hamburger SV, TSV Gadeland, MTSV Olympia Neumünster
Bülter, Marius	S	29.03.1993	D	2018	32	4	32	4	SV Rödinghausen, SuS Neuenkirchen, FC Eintracht Rheine, SC Preußen Münster, SV Brukteria Dreierwalde
Butzen, Nils	A	02.04.1993	D	2009	18	0	18	0	FC Union Mühlhausen
Chahed, Tarek	M	23.06.1996	D	2013	10	0	10	0	Berliner SC, FC Hertha 03 Zehlendorf
Costly, Marcel	M	20.11.1995	D	2018	28	1	28	1	1. FSV Mainz 05, Rotenburger SV, FC Verden 04, Rotenburger SV
Erdmann, Dennis	A	22.11.1990	D	2017	29	1	29	1	FC Hansa Rostock, SG Dynamo Dresden, FC Schalke 04, SV Bergisch Gladbach 09, SC Brühl, SV Blau-Weiß Kerpen, SpVg. Balkhausen-Brüggen-Türnich
Fejzic, Jasmin	T	15.05.1986	BIH	2018	4	0	138	0	Eintracht Braunschweig, VfR Aalen, SpVgg Greuther Fürth, Eintracht Braunschweig, SpVgg Greuther Fürth, SV Stuttgarter Kickers, TSV Eltingen
Hammann, Nico	A	16.03.1988	D	2016	12	0	15	0	SV Sandhausen, 1. FC Magdeburg, Hessen Kassel, Arminia Bielefeld, 1. FC K'lautern, TSV 1860 München, TSG 1899 Hoffenheim, SG Wald-Michelbach, SV Affolterbach
Handke, Christopher	A	14.02.1989	D	2013	7	1	7	1	VfB Germania Halberstadt, FC Rot-Weiß Erfurt, SV Blau-Weiß 91 Bad Frankenhausen
Ignjovski, Aleksandar	A	27.01.1991	SRB	2018	17	0	70	0	SC Freiburg, Eintracht Frankfurt, SV Werder Bremen, OFK Belgrad, TSV 1860 München, OFK Belgrad
Kirchhoff, Jan	A	01.10.1990	D	2019	10	0	11	0	Bolton Wanderers FC, AFC Sunderland, FC Bayern München, FC Schalke 04, FC Bayern München, 1. FSV Mainz 05, Eintracht Frankfurt, SpVgg Kickers 16 Frankfurt
Laprevotte, Charles-Elie	M	04.10.1992	FRA	2017	19	0	19	0	SC Freiburg, SC Preußen Münster, SC Freiburg, Racing Club Straßburg, SAS Epinal
Lewerenz, Steven	M	18.05.1991	D	2019	7	0	41	8	Holstein Kiel, FC Würzburger Kickers, 1. FSV Mainz 05, SV Eintracht Trier 05, RasenBallsport Leipzig, Kapfenberger SV, RasenBallsport Leipzig, Hamburger SV, 1. FC Dynamo Dresden, Hamburger SV, VSG Stapelfeld
Lohkemper, Felix	S	26.01.1995	D	2017	29	6	29	6	1. FSV Mainz 05, TSG 1899 Hoffenheim, VfB Stuttgart, Karlsruher SC, SV Kickers Büchig
Loria, Giorgi	T	27.01.1986	GEO	2019	11	0	11	0	Anzhi Makhachkala, Krylja Sowjetov Samara, Olympiakos Piräus, OFI Heraklion, Dinamo Tiflis, Avaza Tiflis
Müller, Tobias	A	08.07.1994	D	2018	29	0	29	0	Hallescher FC, SC Freiburg, FC Nöttingen, FC Germania Brötzingen
Niemeyer, Michel	M	19.11.1995	D	2015	23	1	23	1	RasenBallsport Leipzig, 1. FC Magdeburg, SV Eintracht Salzwedel
Osei Kwadwo, Manfred	M	30.05.1995	GHA	2018	3	0	25	0	1. FC K'lautern, SGS Großaspach, 1. FC K'lautern, Eintr. Frankfurt, SV Darmstadt 98
Perthel, Timo	A	11.02.1989	D	2019	13	1	129	7	VfL Bochum, Eintracht Braunschweig, MSV Duisburg, FC Hansa Rostock, SK Sturm Graz, SV Werder Bremen, TuS Syke
Preißinger, Rico	M	21.07.1996	D	2018	23	1	23	1	VfR Aalen, 1. FC Nürnberg, Deutsch-Tschechische Fußballschule Hof, FC Stammbach
Rother, Björn	M	29.07.1996	D	2017	26	1	26	1	SV Werder Bremen, Bayer Leverkusen, Alemannia Aachen, TSV Hertha Walheim
Schäfer, Steffen	A	01.05.1994	D	2017	18	0	18	0	FSV Frankfurt, 1. FC Saarbrücken, 1. FC Köln, TSV Bayer Dormagen, SSV Roggendorf/Thenhoven
Seidel, Mario	T	19.01.1995	D	2017	1	0	1	0	FC Erzgebirge Aue, FSV Zwickau
Türpitz, Philip	M	23.08.1991	D	2017	29	7	29	7	Chemnitzer FC, VfL Sportfreunde Lotte, FC Schalke 04, SV Stuttgarter Kickers, SSV Ulm 1846, TSV Rißtissen
Weil, Richard	A	06.02.1988	D	2017	15	0	22	1	FC Würzburger Kickers, 1. FSV Mainz 05, 1. FC Heidenheim, Eintracht Frankfurt, TSG Niederrad

Trainer:

Name, Vorname	geb. am	Nat.	Zeitraum	Spiele 2018/19	frühere Trainerstationen
Härtel, Jens	07.06.1969	D	01.07.14 – 12.11.18	13	RasenBallsport Leipzig U19, SV Babelsberg 03 (Co-Trainer), Berliner AK 07, SV Germania 90 Schöneiche
Oenning, Michael	27.09.1965	D	14.11.18 – 30.06.19	21	Vasas Budapest, Hamburger SV, Hamburger SV (Co-Trainer), 1. FC Nürnberg, 1. FC Nürnberg (Co-Trainer), VfL Bochum Junioren, VfL Wolfsburg (Co-Trainer), Bor. Mönchengladbach (Co-Trainer), DFB-Junioren (Co-Trainer), Verband Württemberg

Zugänge:
Abu Hanna und Osei Kwadwo (1. FC Kaiserslautern), Berisha (Linzer ASK), Bülter (SV Rödinghausen), Fejzic (Eintracht Braunschweig), Ignjovski (SC Freiburg), T. Müller (Hallescher FC), Preißinger (VfR Aalen).
während der Saison:
Bregerie (FC Ingolstadt 04), Kirchhoff und Loria (ohne Verein), Lewerenz (Holstein Kiel), Perthel (VfL Bochum).

Abgänge:
Düker und Schwede (SC Paderborn 07), Glinker (FSV Wacker 90 Nordhausen), Hainault und Pick (1. FC Kaiserslautern), Ludwig (TSG 1899 Hoffenheim II), G. Müller (ohne Verein), Schiller (VfL Osnabrück), Sowislo (Laufbahn beendet).
während der Saison:
Abu Hanna (SC Fortuna Köln), Berisha (SC Rheindorf Altach), Fejzic (Eintracht Braunschweig).

Fortsetzung 1. FC Magdeburg

Aufstellungen und Torschützen:

Sp	Datum	Gegner	Ergebnis	Beck	Berisha	Bregerie	Brunst-Zöllner	Bülter	Butzen	Chahed	Costly	Erdmann	Fejzic	Hammann	Handke	Ignjovski	Kirchhoff	Laprevotte	Lewerenz	Lohkemper	Loria	Müller	Niemeyer	Osei Kwadwo	Perthel	Preißinger	Rother	Schäfer	Seidel	Türpitz	Weil
				1	2	3	4	5	6	7	8	9	10	11	12	13	14	15	16	17	18	19	20	21	22	23	24	25	26	27	28
1	05.08.18 H	FC St. Pauli	1:2 (1:1)	X1				E	X		A		X		A					E		X	X		A	X	X			X	E
2	12.08.18 A	FC Erzgebirge Aue	0:0 (0:0)	X				E	X		A	X	X		X					X	E				X	A	X			A	E
3	25.08.18 H	FC Ingolstadt 04	1:1 (1:1)	A	E			X			A	X1	X		X	X				A	E				X	X	E			X	
4	03.09.18 A	Holstein Kiel	1:2 (0:0)	X		A		E	X		X	X	X		E	X									X	A	X			A1	E
5	17.09.18 H	Arminia Bielefeld	0:0 (0:0)	A		X	X	E	X		X	X								A			X		A	X	X			E	E
6	23.09.18 A	SC Paderborn 07	4:4 (1:2)	X1		X	X	A	X		X1	E			A					E1		X	X				X			E1	A
7	26.09.18 H	MSV Duisburg	3:3 (0:1)	E1		X	X	A	X		X					X1				A		E	A			X	X			E1	X
8	30.09.18 A	SV Sandhausen	1:0 (0:0)	X1		X	E	A	X	X		X		A							E					X	X			A	E
9	06.10.18 H	Dynamo Dresden	2:2 (0:2)	X		X	E1	A	X	X		X	A	A						E						X	X			X	E
10	20.10.18 A	1. FC Heidenheim	0:3 (0:2)	X		X	E	A		X	A		X		A					E	XG					X				X	E
11	26.10.18 H	Hamburger SV	0:1 (0:0)	X		X	X	X		A				E						E		X	E			A	X			X	A
12	03.11.18 A	SV Darmstadt 98	1:3 (0:1)	X			X	X1	X		A	XG	X	A	E					E		X	E			X				A	
13	11.11.18 H	Jahn Regensburg	2:3 (1:1)	X2	E	A	X			E			X	X		X				E		X	X				A			X	
14	23.11.18 A	SpVgg Gr. Fürth	2:3 (1:1)	X1	E		X			E	E			E						A1		A			X	X				A	X
15	02.12.18 H	VfL Bochum	0:0 (0:0)	X	E		X	X		E				X						A		X	X		E		X			A	A
16	09.12.18 H	1. FC Union Berlin	1:1 (1:0)	X1			X	X	E	E				X						X		X	A		A		X			A	E
17	17.12.18 A	1. FC Köln	0:3 (0:1)	X			X	X	E	E				X						A		X	A		X	E	X			A	
18	22.12.18 A	FC St. Pauli	1:4 (1:1)	X		X	X	X		E		E			A					X		X	A1		X	E				A	
19	29.01.19 H	FC Erzgebirge Aue	1:0 (1:0)	X			X			E	X				X	X				A1	X	X	E		A	X	E			A	
20	01.02.19 A	FC Ingolstadt 04	1:0 (0:0)	X			X	E			X	X				A	X	A		A	X	X	X			X	E			E1	
21	10.02.19 H	Holstein Kiel	1:1 (1:1)	X			X		E	E	X	X			X					A	X	X	X		A	E				A1	
22	17.02.19 A	Arminia Bielefeld	3:1 (2:0)	X			X	E		E	X				X					A1	X	E		A1	X					A1	
23	24.02.19 H	SC Paderborn 07	1:1 (1:0)	X			X			E	X				X	X	E	A		X	E		A	X1						A	
24	01.03.19 A	MSV Duisburg	0:1 (0:0)	A			X			E	X				X	A	E	X	X			X	X	E						A	
25	10.03.19 H	SV Sandhausen	0:1 (0:0)				X	E	E	X		A			X	A		X	X	A	E	X	X			X				X	
26	16.03.19 A	Dynamo Dresden	1:1 (1:0)				X		E	E	X			E	X			X	X	A	X		A1			A				A	
27	29.03.19 H	1. FC Heidenheim	0:0 (0:0)				X		E	E	X				X			X	X	X	E	X	A	A						A	
28	08.04.19 A	Hamburger SV	2:1 (0:1)	E			X	X1		X				E	A	X		A		X		X	X		X	A	E			X1	
29	13.04.19 A	SV Darmstadt 98	0:1 (0:0)	E			X	X		E	X				X	X		A		X		X	X	X		A					
30	21.04.19 A	Jahn Regensburg	0:1 (0:0)	X			X	A		E		X		E		X	E	X		A		X	A	X							
31	27.04.19 H	SpVgg Gr. Fürth	2:1 (2:1)	X1			X			E	X	X		X	X			X		A1		A		A	X	E	E	X			
32	04.05.19 A	VfL Bochum	2:4 (0:1)	X1			X	X1		X		A		X	A	A	E	A		X		X			E						E
33	12.05.19 A	1. FC Union Berlin	0:3 (0:2)	X				X		E	A	E		X	A			E	A	X		A			X	X	E				
34	19.05.19 H	1. FC Köln	1:1 (0:1)	X			E		E	X	A	X		X						X1	A	X			X	X	A				E
		Spiele:		31	4	8	19	32	18	10	28	29	4	12	7	17	10	19	7	29	11	29	23	3	13	23	26	18	1	29	15
		Tore:		10	0	0	0	4	0	0	1	1	0	0	1	0	0	0	0	6	0	0	1	0	1	1	1	0	0	7	0

Gegnerisches Eigentor im 9. Spiel (durch Kreuzer).

Bilanz der letzten 10 Jahre:

Saison	Lv.	Liga		Platz	Sp.	S	U	N	Tore	Pkt.
2008/09:	4	Regionalliga Nord		4.	34	17	8	9	50-36	59
2009/10:	4	Regionalliga Nord		6.	34	14	9	11	57-38	51
2010/11:	4	Regionalliga Nord		12.	34	11	8	15	37-46	41
2011/12:	4	Regionalliga Nord		18.	34	5	14	15	23-43	29
2012/13:	4	Regionalliga Nordost		6.	30	12	9	9	42-41	45
2013/14:	4	Regionalliga Nordost		2.	30	18	4	8	71-39	58
2014/15:	4	Regionalliga Nordost	↑	1.	28	19	3	6	61-22	60
2015/16:	3	3. Liga		4.	38	14	14	10	49-37	56
2016/17:	3	3. Liga		4.	38	16	13	9	53-36	61
2017/18:	3	3. Liga	↑	1.	38	27	4	7	70-32	85

Zuschauerzahlen:

Saison	gesamt	Spiele	Schnitt
2008/09:	146.647	17	8.626
2009/10:	93.340	17	5.491
2010/11:	77.940	17	4.585
2011/12:	69.075	17	4.063
2012/13:	78.035	15	5.202
2013/14:	82.711	15	5.514
2014/15:	128.766	15	8.584
2015/16:	349.468	19	18.393
2016/17:	326.222	19	17.170
2017/18:	345.934	19	18.207

Die meisten Spiele in der 2. Bundesliga:

Pl.	Name, Vorname	Spiele
1.	Bülter, Marius	32
2.	Beck, Christian	31
3.	Erdmann, Dennis	29
	Lohkemper, Felix	29
	Müller, Tobias	29
	Türpitz, Philip	29
7.	Costly, Marcel	28
8.	Rother, Björn	26
9.	Niemeyer, Michel	23
	Preißinger, Rico	23

Die meisten Tore in der 2. Bundesliga:

Pl.	Name, Vorname	Tore
1.	Beck, Christian	10
2.	Türpitz, Philip	7
3.	Lohkemper, Felix	6
4.	Bülter, Marius	4

Die Trainer der letzten Jahre:

Name, Vorname	Zeitraum
Heyne, Dirk	23.04.2003 – 09.12.2007
Linz, Paul	11.12.2007 – 31.03.2009
Baumgart, Steffen	31.03.2009 – 23.03.2010
Müller, Carsten (IT)	23.03.2010 – 30.06.2010
Kaiser, Ruud	01.07.2010 – 17.03.2011
Sandhowe, Wolfgang	17.03.2011 – 25.10.2011
Thielemann, Ronny	25.10.2011 – 20.03.2012
Ullrich, Detlef (IT)	20.03.2012 – 03.05.2012
Müller, Carsten (IT)	03.05.2012 – 30.06.2012
Petersen, Andreas	01.07.2012 – 30.06.2014

SC Paderborn 07

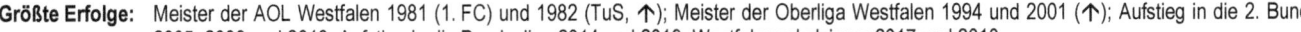

Anschrift:
Paderborner Straße 89
33104 Paderborn
Telefon: (0 52 51) 8 77 19 07
eMail: info@scpaderborn07.de
Homepage: www.scp07.de

Vereinsgründung: 20.05.1985 Fusion von 1. FC Paderborn und TuS Schloß Neuhaus zu TuS Paderborn-Neuhaus; 30.06.1997 Umbenennung
Vereinsfarben: Blau-Schwarz
Präsident: Elmar Volkmann
Geschäftsführer: Markus Krösche
Stadion: Benteler-Arena (15.000)

Größte Erfolge: Meister der AOL Westfalen 1981 (1. FC) und 1982 (TuS, ↑); Meister der Oberliga Westfalen 1994 und 2001 (↑); Aufstieg in die 2. Bundesliga 2005, 2009 und 2018; Aufstieg in die Bundesliga 2014 und 2019; Westfalenpokalsieger 2017 und 2018

Aufgebot:

Name, Vorname	Pos	geb. am	Nat.	seit	2018/19 Sp.	T.	gesamt Sp.	T.	frühere Vereine
Antwi-Adjej, Christopher	M	07.02.1994	D	2017	31	10	31	10	TSG Sprockhövel, SC Westfalia Herne, TSC Eintracht Dortmund, MSV Duisburg, Hasper SV, SV Fortuna Hagen 1910
Bertels, Thomas	A	05.11.1986	D	2011	0	0	97	6	SC Verl, SV Lippstadt 08, SV Rot-Weiß Horn, SuS Bad Westernkotten, SV Lippstadt 08, TuS Ehringhausen, SV Blau-Weiß Dedinghausen
Boeder, Lukas	A	18.04.1997	D	2017	7	1	7	1	Bayer 04 Leverkusen, FC Schalke 04, SV Burgaltendorf, SV Kupferdreh
Brüggemeier, Leon	T	23.08.1997	D	2018	0	0	0	0	Hertha BSC, FC Schalke 04, SC Paderborn 07, Delbrücker SC, SuS Boke
Collins, Jamilu	A	05.08.1994	NGA	2017	34	0	34	0	HNK Sibenik, NK Istra Pula, HNK Sibenik, NK Krka, HNK Rijeka, NK Pomorac Kostrena, HNK Rijeka, SiaOne Soccer Academy Abuja
Dräger, Mohamed	M	25.06.1996	TUN	2018	32	0	32	0	SC Freiburg, Polizei-SV Freiburg
Düker, Julius	S	04.01.1996	D	2018	6	1	23	1	1. FC Magdeburg, Eintracht Braunschweig, Braunschweiger SC Acosta, VfL Wolfsburg, Braunschweiger SC Acosta, MTV Schandelah-Gardessen, TSV Sickte
Fesser, Leon	A	01.09.1994	D	2017	0	0	0	0	FC Bayern München, TSG 1899 Hoffenheim, Offenbacher FC Kickers, Eintracht Frankfurt, FSV Frankfurt, SV Darmstadt 98, FC Alsbach
Gjasula, Klaus	M	14.12.1989	D	2018	24	1	24	1	Hallescher FC, SV Stuttgarter Kickers, Offenbacher FC Kickers, MSV Duisburg, SV Waldhof Mannheim, Bahlinger SC, Freiburger FC, Offenburger FV, Polizei-SV Freiburg
Gueye, Babacar	S	31.12.1994	SEN	2018	24	6	26	6	Hannover 96, K. Sint-Truidense VV, SV Zulte Waregem, Hannover 96, ES Troyes, AS Dakar Sacre-Coeur, AS Douanes Dakar
Herzenbruch, Felix	A	08.08.1992	D	2016	1	0	1	0	SC Rot-Weiß Oberhausen, Wuppertaler SV, SV Jägerhaus-Linde
Hünemeier, Uwe	A	09.01.1986	D	2018	22	1	135	13	Brighton & Hove Albion FC, SC Paderborn 07, FC Energie Cottbus, Borussia Dortmund, FC Gütersloh 2000, DJK Schwarz-Gelb Bokel
Kamara, Mohammed	S	31.10.1997	LBR	2019	0	0	0	0	UCLA Bruins, Tyler Junior College Apache Athletics
Klement, Philipp	M	09.09.1992	D	2018	31	16	31	16	1. FSV Mainz 05, 1. FC Nürnberg, FC Hansa Rostock, 1. FC Kaiserslautern, TuS 1883 Wachenheim
Krauße, Robin	M	02.04.1994	D	2016	1	0	33	0	FC Carl Zeiss Jena, FC Hansa Rostock, FC Carl Zeiss Jena, SV Thuringia Königsee
Michel, Sven	S	15.07.1990	D	2016	26	10	40	12	FC Energie Cottbus, Bor. M'gladbach, Sportfreunde Siegen, SuS Niederschelden, Sportfreunde Siegen, Borussia Dortmund, SV Fortuna Freudenberg, TuS Alchen
Pröger, Kai	S	15.05.1992	D	2019	16	4	16	4	Rot-Weiss Essen, BFC Dynamo, 1. FSV Mainz 05, VfB Oldenburg, Heidmühler FC
Ratajczak, Michael	T	16.04.1982	D	2017	2	0	114	0	MSV Duisburg, Royal White Star Brüssel, Fortuna Düsseldorf, FC Rot-Weiß Erfurt, LR Ahlen, Borussia Dortmund, FC Schalke 04, SG Herten-Langenbochum
Ritter, Marlon	S	15.10.1994	D	2017	19	2	24	2	Fortuna Düsseldorf, Borussia Mönchengladbach, Rot-Weiss Essen, Essener SG 99/06, FC Schalke 04, SpVgg Schonnebeck
Schonlau, Sebastian	M	05.08.1994	D	2015	29	1	37	1	SC Verl, SC Paderborn 07, Sportfreunde Warburg 08
Schwede, Tobias	M	17.03.1994	D	2018	19	1	19	1	1. FC Magdeburg, SV Werder Bremen, Habenhauser FV
Shelton, Khiry	S	26.06.1993	USA	2019	2	0	2	0	Sporting Kansas City, New York City FC, Lane United FC Eugene, Oregon State Beavers, Austin Aztex, Lonestar FC
Stingl, Matthias	A	27.02.1998	D	2017	0	0	0	0	FC Bayern München, SpVgg Grün-Weiß Deggendorf 03, FC Vilshofen, SV Winzer
Strohdiek, Christian	A	22.01.1988	D	2016	22	0	158	3	Fortuna Düsseldorf, SC Paderborn 07, TuRa Elsen
Tawiah, Philimon	A	11.12.1998	GHA	2019	0	0	0	0	Tudu Mighty Jets FC
Tekpetey, Bernard	M	03.09.1997	GHA	2018	32	10	32	10	FC Schalke 04, SC Rheindorf Altach, FC Schalke 04, Unistar Soccer Academy Ofankor-Kasoa
Tietz, Phillip	S	09.07.1997	D	2018	1	0	13	1	Eintracht Braunschweig, SV Groß Schwülper
Vasiliadis, Sebastian	M	04.10.1997	D	2018	28	6	28	6	VfR Aalen, TSG Backnang, VfB Stuttgart, FSV Waiblingen
Wassey, Massih	M	18.06.1988	CAN	2017	0	0	0	0	Borussia Dortmund, SC Wiedenbrück, SV Waldhof Mannheim, FC Eintracht Rheine, Fortuna Düsseldorf, FC Schalke 04, SC Preußen Münster, VfL Wolfsburg, LR Ahlen, VfL Wolbeck, ESV Münster
Wimmer, Sebastian	M	15.01.1994	AUT	2017	0	0	0	0	VfL Wolfsburg, SC Wiener Neustadt, SV Horn, FK Austria Wien, SC/ESV Parndorf, FK Austria Wien, Linzer ASK, AKA Linz, SK Bad Wimsbach
Zingerle, Leopold	T	10.04.1994	D	2017	34	0	34	0	1. FC Magdeburg, SpVgg Greuther Fürth, FC Bayern München
Zolinski, Ben	M	03.05.1992	D	2016	32	5	32	5	TSG Neustrelitz, 1. FC Union Berlin, FC Hansa Rostock, FC Carl Zeiss Jena, FC Hansa Rostock, 1. FC Neubrandenburg 04, SV 95 Möllenhagen/Bocksee

Trainer:

Name, Vorname	geb. am	Nat.	Zeitraum	Spiele 2018/19	frühere Trainerstationen
Baumgart, Steffen	05.01.1972	D	16.04.2017 – lfd.	34	Berliner AK 07, SSV Köpenick-Oberspree, 1. FC Magdeburg

Zugänge:
Brüggemeier (Hertha BSC II), Dräger (SC Freiburg II), Düker und Schwede (1. FC Magdeburg), Gjasula (Hallescher FC), Hünemeier (Brighton & Hove Albion FC), Tekpetey (FC Schalke 04), Vasiliadis (VfR Aalen).
während der Saison:
Gueye (Hannover 96), Kamara (UCLA Bruins), Pröger (Rot-Weiss Essen), Shelton (Sporting Kansas City), Tawiah (Tudu Mighty Jets FC).

Abgänge:
Brinkmann (VfB Germania Halberstadt), Geurts (FC Rot-Weiß Erfurt), Vucinovic (FSV Sarstedt), Yeboah (SC Fortuna Köln).
während der Saison:
Bertels (Laufbahn beendet), Düker (Eintracht Braunschweig), Krauße (FC Ingolstadt 04), Stingl (SV Wacker Burghausen), Tietz (FC Carl Zeiss Jena), Wimmer (FC Viktoria Köln).

Fortsetzung SC Paderborn 07

Aufstellungen und Torschützen:

Sp	Datum	Gegner	Ergebnis	Antwi-Adjej	Boeder	Collins	Dräger	Düker	Gjasula	Gueye	Herzenbruch	Hünemeier	Klement	Krauße	Michel	Pröger	Ratajczak	Ritter	Schonlau	Schwede	Shelton	Strohdiek	Tekpetey	Tietz	Vasiliadis	Zingerle	Zolinski
				1	2	3	4	5	6	7	8	9	10	11	12	13	14	15	16	17	18	19	20	21	22	23	24
1	05.08.18 A	SV Darmstadt 98	0:1 (0:0)	X		X	X					X	A	X				E	X	A		X	E	A		X	E
2	10.08.18 H	Jahn Regensburg	2:0 (1:0)	X	E	X	A		X1			E	X1	X				E	A	X		X	A			X	
3	25.08.18 A	SpVgg Gr. Fürth	2:2 (0:0)	X	E1	X	X^G		A			X	X1	X				A		A		X	E			X	E
4	31.08.18 H	VfL Bochum	2:2 (0:1)	X	X	A		E	X		E	X	X1	X1					E			X	A			X	A
5	16.09.18 A	1. FC Köln	5:3 (1:1)	A		X	X		X	A1		X	X2	X1					E			X	A1	E		X	E
6	23.09.18 H	1. FC Magdeburg	4:4 (2:1)	A		X	X	E	A	X		X	X						E1			X	X1	E1		X	A
7	26.09.18 A	FC St. Pauli	1:2 (1:1)	E		X	X		A	X^G		X						E	X	X		X	A	E		X	A1
8	29.09.18 H	FC Erzgebirge Aue	1:0 (1:0)	E		X	X		X		E	X						A	X	X		X	A1	E		X	A
9	07.10.18 A	FC Ingolstadt 04	2:1 (1:0)	E		X	X		X	X		X2				E		E	X	X		X	A	E		A	A
10	21.10.18 H	1. FC Union Berlin	0:0 (0:0)	X		X	X			X	E	X						E	X	A		X	E	A		X	A
11	27.10.18 H	SV Sandhausen	3:3 (1:2)	E		X	X		A	X1		X						E1	X	A		X	X1	X		X	
12	03.11.18 A	MSV Duisburg	0:2 (0:1)	E	E	A	X		A	X								X	A			X	X	X		X	E
13	09.11.18 H	Holstein Kiel	4:4 (3:1)	A		X	X	E	A	X1		X	X1					E	X	E			A			X	X2
14	25.11.18 A	1. FC Heidenheim	5:1 (2:1)	X1		X	X	E	E			X	X1	A1					X	E			A		X2	X	A
15	30.11.18 H	Arminia Bielefeld	2:2 (0:0)	X		A	X	E1				X	X	X				E	X1	E		X				A	A
16	07.12.18 A	Hamburger SV	0:1 (0:1)	X	E	X	A	E		A		X	X	X				E	X	A						X	E
17	15.12.18 H	Dynamo Dresden	3:0 (0:0)	A	E	X	X		E	E			X1	A1					X			X	X			X	A1
18	23.12.18 H	SV Darmstadt 98	6:2 (1:1)	A		X	X		X	E1		X	A2					E	X	E		X	X3			X	A
19	30.01.19 A	Jahn Regensburg	0:2 (0:0)	A		X	X			A		X	E	E				E	X			X	X			X	A
20	02.02.19 H	SpVgg Gr. Fürth	6:0 (3:0)			X	X		E	E1			X1	X2	X1			E	X			X	A1			A	A
21	09.02.19 A	VfL Bochum	2:1 (1:1)	E		X	X		E	E			A	X1	A				X			X	X			X	A1
22	15.02.19 H	1. FC Köln	3:2 (0:1)			X	X			E	E	A		X1				E1	X			X	X1			X	A
23	24.02.19 A	1. FC Magdeburg	1:1 (0:1)	E		X	X		E	E		X1		A				X	A	X			X			X	A
24	02.03.19 H	FC St. Pauli	0:1 (0:0)			X	A		A			X		X	A			X		E	E	X	X			X	E
25	09.03.19 A	FC Erzgebirge Aue	1:2 (0:1)	E1		X	X					X^R	E	A	A			X	X			E	X			X	A
26	17.03.19 H	FC Ingolstadt 04	3:1 (0:0)	X2		X	X		E	E			X1	A	E				X			X	A			X	E
27	30.03.19 A	1. FC Union Berlin	3:1 (1:0)	X1	X	E		E					X1	X1	X			X	A	E	X					X	E
28	06.04.19 H	SV Sandhausen	1:1 (0:1)	A		X	X		A	E		X	X1	X	A				X				E			X	E
29	13.04.19 H	MSV Duisburg	4:0 (2:0)	X		X	X			A1		X	X1	A	E			E	X				A1	X1		X	E
30	20.04.19 A	Holstein Kiel	2:1 (0:0)	X1		X	X		E	A		X	X		A	A1		X					E			X	E
31	28.04.19 H	1. FC Heidenheim	3:1 (0:0)	A2		X	X		E	A		X	X1		A			X					E			X	E
32	03.05.19 A	Arminia Bielefeld	0:2 (0:1)	X		X	X			A		X	X		EA	A		E	X				E			X	X
33	12.05.19 H	Hamburger SV	4:1 (1:0)	X2		X	X		X	E		X	X		A	A			X				E		A2	X	E
34	19.05.19 A	Dynamo Dresden	1:3 (1:2)	X		X	X		A			X	X1		X	A	E		X				E			A	E
			Spiele:	31	7	34	32	6	24	24	1	22	31	1	26	16	2	19	29	19	2	22	32	1	28	34	32
			Tore:	10	1	0	0	1	1	6	0	1	16	0	10	4	0	2	1	1	0	0	10	0	6	0	5

Gegnerisches Eigentor im 6. Spiel (durch Müller).

Bilanz der letzten 10 Jahre:

Saison	Lv.	Liga		Platz	Sp.	S	U	N	Tore	Pkt.
2008/09:	3	3. Liga	↑	3.	38	20	8	10	68-38	68
2009/10:	2	2. Bundesliga		5.	34	14	9	11	49-49	51
2010/11:	2	2. Bundesliga		12.	34	10	9	15	32-47	39
2011/12:	2	2. Bundesliga		5.	34	17	10	7	51-42	61
2012/13:	2	2. Bundesliga		12.	34	11	9	14	45-45	42
2013/14:	2	2. Bundesliga	↑	2.	34	18	8	8	63-48	62
2014/15:	1	Bundesliga	↓	18.	34	7	10	17	31-65	31
2015/16:	2	2. Bundesliga	↓	18.	34	6	10	18	28-55	28
2016/17:	3	3. Liga		18.	38	12	8	18	38-57	44
2017/18:	3	3. Liga	↑	2.	38	25	8	5	90-33	83

Zuschauerzahlen:

Saison	gesamt	Spiele	Schnitt
2008/09:	146.648	19	7.718
2009/10:	141.420	17	8.319
2010/11:	135.191	17	7.952
2011/12:	174.183	17	10.246
2012/13:	149.242	17	8.779
2013/14:	186.969	17	10.998
2014/15:	252.596	17	14.859
2015/16:	185.788	17	10.929
2016/17:	105.269	19	5.540
2017/18:	157.176	19	8.272

Die meisten Spiele in der 2. Bundesliga:

Pl.	Name, Vorname	Spiele
1.	Krösche, Markus	194
2.	Brückner, Daniel	157
3.	Kruse, Lukas	155
4.	Strohdiek, Christian	141
5.	Wemmer, Jens	125
6.	Alushi, Enis	99
7.	Bertels, Thomas	97
8.	Gonther, Sören	91
9.	Schüßler, Benjamin	88
10.	Saglik, Mahir	87

Die meisten Tore in der 2. Bundesliga:

Pl.	Name, Vorname	Tore
1.	Saglik, Mahir	34
2.	Meha, Alban	23
3.	Proschwitz, Nick	22
4.	Müller, René	20
5.	Brandy, Sören	17
6.	Dannenberg, Dieter *	16
	Klement, Philipp	16
8.	Brückner, Daniel	14

Die Trainer der letzten Jahre:

Name, Vorname	Zeitraum
Dotchev, Pavel	09.02.2008 – 13.05.2009
Schubert, André	13.05.2009 – 30.06.2011
Schmidt, Roger	01.07.2011 – 24.06.2012
Schmidt, Stephan	01.07.2012 – 05.05.2013
Müller, René (IT)	05.05.2013 – 30.06.2013
Breitenreiter, André	01.07.2013 – 30.06.2015
Gellhaus, Markus	01.07.2015 – 06.10.2015
Effenberg, Stefan	13.10.2015 – 02.03.2016
Müller, René	03.03.2016 – 20.11.2016
Emmerling, Stefan	06.12.2016 – 16.04.2017

* Tore der Saison 1982/83 als TuS Schloß Neuhaus eingeschlossen

SSV Jahn Regensburg

Anschrift:
Franz-Josef-Strauß-Allee 22
93053 Regensburg
Telefon: (09 41) 6 98 30
eMail: info@ssv-jahn.de
Homepage: www.ssv-jahn.de

Vereinsgründung: 16.06.2000; Übertritt der Herrenmannschaft des SSV Jahn 1889 Regensburg am 01.07.2000

Vereinsfarben: Weiß-Rot
Vereinsvorstand: Hans Rothammer
Geschäftsführer: Dr. Christian Keller

Stadion: Continental Arena (15.224)

Größte Erfoge: Meister der Amateurliga Bayern 1949 (↑), 1967 (↑) und 1975 (↑); Aufstieg in die Oberliga Süd 1960; Meister der 2. Liga Süd 1953 (↑); Meister der Oberliga Bayern 2000 (↑) und 2007 (↑); Meister der Regionalliga Bayern 2016 (↑); Aufstieg in die 2. Bundesliga 2003, 2012 und 2017; Pokalsieger Bayern 2001, 2005, 2010 und 2011

Aufgebot:

Name, Vorname	Pos	geb. am	Nat.	seit	2018/19 Sp.	2018/19 T.	gesamt Sp.	gesamt T.	frühere Vereine
Adamyan, Sargis	M	23.05.1993	ARM	2017	33	15	66	20	TSV Steinbach, TSG Neustrelitz, FC Hansa Rostock, 1. FC Neubrandenburg 04
Al Ghaddioui, Hamadi	S	22.09.1990	D	2018	33	11	38	11	VfL Sportfreunde Lotte, Borussia Dortmund, SC Verl, Bayer 04 Leverkusen, 1. SF Brüser Berg, TB Witterschlick
Correia, Marcel	A	16.05.1989	POR	2018	29	2	134	3	1. FC Kaiserslautern, Eintracht Braunschweig, 1. FC Kaiserslautern
Dej, André	M	06.02.1992	D	2018	0	0	0	0	VfL Sportfreunde Lotte, FC Viktoria Köln, Sportfreunde Siegen, MSV Duisburg, Bayer 04 Leverkusen, DJK Viktoria Buchheim
Derstroff, Julian-Maurice	M	05.01.1992	D	2018	4	0	39	2	SV Sandhausen, 1. FSV Mainz 05, Borussia Dortmund, 1. FC Kaiserslautern, SV Ixheim
Fein, Adrian	M	18.03.1999	D	2018	21	0	21	0	FC Bayern München, TSV 1860 München
Föhrenbach, Jonas	A	26.01.1996	D	2018	26	1	34	2	Karlsruher SC, SC Freiburg, Polizei-SV Freiburg
Freis, Sebastian	S	23.04.1985	D	2017	4	0	149	38	SpVgg Greuther Fürth, SC Freiburg, 1. FC Köln, Karlsruher SC, SC Wettersbach
Geipl, Andreas	M	21.04.1992	D	2014	31	1	53	1	TSV 1860 München, FC Bad Kohlgrub
George, Jann	M	31.07.1992	D	2015	32	5	62	12	SpVgg Greuther Fürth, TSV 1860 München, 1. FC Nürnberg, SG Nürnberg-Fürth 1883
Grüttner, Marco	S	17.10.1985	D	2016	32	12	65	25	VfB Stuttgart, SV Stuttgarter Kickers, VfR Aalen, SSV Ulm 1846, SGV Freiberg/N., TSV Schwieberdingen, SGS Großaspach, SGV Freiberg/N., GSV Erdmannhausen
Hein, Oliver	M	22.03.1990	D	2007	5	0	34	1	FC Dingolfing, SV Salching
Hyseni, Haris	S	14.09.1992	D	2018	0	0	1	0	SV Meppen, SSV Jahn Regensburg, Eintracht Braunschweig, SV Eichede, VfB Lübeck, VfR Neumünster, NTSV Strand 08, Eutiner SpVgg 08, TSV Neustadt/Holstein, SC Cismar
Kopp, Sven	A	17.02.1995	D	2014	0	0	0	0	SpVgg SV Weiden, SV Waldeck
Lais, Marc	M	04.02.1991	D	2015	22	1	54	3	Chemnitzer FC, SC Freiburg, SV Sandhausen, SV Au-Wittnau
Nachreiner, Sebastian	A	23.11.1988	D	2010	9	0	66	0	FC Dingolfing, FC Gottfrieding
Nandzik, Alexander	A	12.09.1992	D	2016	14	0	45	0	Chemnitzer FC, Fortuna Düsseldorf, 1. FC Köln, SSG 09 Bergisch Gladbach
Nietfeld, Jonas	S	15.01.1994	D	2017	18	0	48	5	FSV Zwickau, FC Schalke 04, FC Rot-Weiß Erfurt, Hannover 96, SV Aue Liebenau, SSV Pennigsehl-Mainsche
Odabas, Ali	A	20.10.1993	TUR	2018	0	0	0	0	FSV Zwickau, SSV Jahn Regensburg, VfR Aalen
Palionis, Markus	A	12.05.1987	LTU	2014	5	0	72	1	SC Paderborn 07, SG Dynamo Dresden, SV Wacker Burghausen, FC Bayern München, TSV Bad Reichenhall, TSV 1896 Freilassing
Pentke, Philipp	T	01.05.1985	D	2015	30	0	58	0	Chemnitzer FC, FC Energie Cottbus, FC Augsburg, TSV 1860 München, 1. FC Dynamo Dresden, Bergstädtischer SC Freiberg
Saller, Benedikt	A	22.09.1992	D	2016	31	1	60	2	1. FSV Mainz 05, TSV 1860 München, FT 09 Starnberg, SV Planegg-Krailling, FC Bayern München, SC Fürstenfeldbruck, SV Adelshofen-Nassenhausen
Sörensen, Asger	A	05.06.1996	DEN	2017	27	0	52	0	FC Red Bull Salzburg, FC Liefering, FC Midtjylland, Silkeborg IF, Virklund BK
Stolze, Sebastian	M	29.01.1995	D	2017	30	3	57	6	VfL Wolfsburg, FC Rot-Weiß Erfurt, SC Leinefelde 1912, SV Viktoria Kirchworbis
Thalhammer, Maximilian	M	10.07.1997	D	2018	22	1	25	1	FC Ingolstadt 04, SC Freising
Volkmer, Dominic	A	27.04.1996	D	2018	1	0	1	0	SV Werder Bremen, VfB Oldenburg, SC Weyhe, SC Borgfeld
Vrenezi, Albion	S	04.10.1993	ALB	2017	9	0	24	0	FC Augsburg, FC Unterföhring, SV Planegg-Krailling
Weidinger, Alexander	T	18.06.1997	D	2012	1	0	1	0	1. FC Nürnberg, SSV Jahn 2000 Regensburg, SV Wenzenbach
Weis, André	T	30.09.1989	D	2017	4	0	51	0	1. FC Kaiserslautern, FSV Frankfurt, FC Ingolstadt 04, VfB Stuttgart, TuS Koblenz, SV Wilhelmshaven, TuS Koblenz, FC Germania Metternich, SG 99 Andernach, FV Rheingold Rübenach

Trainer:

Name, Vorname	geb. am	Nat.	Zeitraum	Spiele 2018/19	frühere Trainerstationen
Beierlorzer, Achim	20.11.1967	D	01.07.17 – 30.06.19	34	RasenBallsport Leipzig U19, RasenBallsport Leipzig (Co- und Interimstrainer), RasenBallsport Leipzig U17, SpVgg Greuther Fürth U17, SV Kleinsendelbach, SC 04 Schwabach, SpVgg Greuther Fürth U19

Zugänge:
Correia (1. FC Kaiserslautern), Dej (VfL Sportfreunde Lotte), Derstroff (SV Sandhausen), Föhrenbach (Karlsruher SC), Hyseni (SV Meppen), Odabas (FSV Zwickau), Thalhammer (FC Ingolstadt 04), Volkmer (SV Werder Bremen II), Weidinger (II. Mannschaft).
während der Saison:
Fein (FC Bayern München II).

Abgänge:
Gimber (FC Ingolstadt 04), Hesse (SC Hessen Dreieich), Hoffmann (FSV Zwickau), Hofrath (SV Waldhof Mannheim), Knoll (FC St. Pauli), Lerch (VfB Straubing), Mees (1. FC Union Berlin).
während der Saison:
Kopp (SpVgg Oberfranken Bayreuth), Volkmer (FC Carl Zeiss Jena).

Fortsetzung SSV Jahn Regensburg

Aufstellungen und Torschützen:

Sp	Datum	Gegner	Ergebnis	Adamyan	Al Ghaddioui	Correia	Derstroff	Fein	Föhrenbach	Freis	Geipl	George	Grüttner	Hein	Lais	Nachreiner	Nandzik	Nietfeld	Palionis	Pentke	Saller	Sörensen	Stolze	Thalhammer	Volkmer	Vrenezi	Weidinger	Weis
				1	2	3	4	5	6	7	8	9	10	11	12	13	14	15	16	17	18	19	20	21	22	23	24	25
1	04.08.18 H	FC Ingolstadt 04	2:1 (1:1)	A	E	X		X		X	X	A	X		X		E	E		X	X1	X				A		
2	10.08.18 A	SC Paderborn 07	0:2 (0:1)	X	E	A		X			X	X	X		A		E	E		X	X	X				A		
3	26.08.18 H	Holstein Kiel	0:0 (0:0)	A	E	X		X	A		X	A	X		X			E		X	X	X	E					
4	01.09.18 A	Arminia Bielefeld	3:5 (2:3)	X	E			X	A		X	A1	X2		X		A	E		X	X	X	E					
5	14.09.18 H	Dynamo Dresden	0:2 (0:1)	X				X	A		X	A	X		A		A	E		X	X	X	E				E	
6	23.09.18 A	Hamburger SV	5:0 (3:0)	X3	E	X1		E	X		X	A1	X	EA						X	A	X	X					
7	26.09.18 H	1. FC Heidenheim	2:1 (2:1)	X1	E			E	X		X	A	X1	E						X	X	X	A	A				
8	29.09.18 A	MSV Duisburg	3:1 (2:1)	A	E	A		E	X		A	X1	X1	X		E				X	X	X	X1					
9	06.10.18 H	SpVgg Gr. Fürth	1:1 (0:0)	A	E			A	X			X	X1	E	X			X		X	X	X	E	A				
10	21.10.18 A	SV Darmstadt 98	1:1 (0:1)	X	E			X			X	A	X1		X			X		X	X	X	E				A	
11	29.10.18 A	VfL Bochum	3:3 (1:1)	X1	E1	X	E	X			A	X	X	E1	A			X		X	A	A	X					
12	04.11.18 H	1. FC Union Berlin	1:1 (1:1)	X	E	E	E	A			A	X1	X	E						X	X	X	A					
13	11.11.18 A	1. FC Magdeburg	3:2 (1:1)	A	E1	X1		A	X		X	X	X1	E						X	X	X	A	E				
14	25.11.18 H	FC St. Pauli	1:1 (0:1)	X	X			A			A	X	X	E		X				X	X	X	E1					
15	30.11.18 A	FC Erzgebirge Aue	1:1 (1:1)		X	A		X			X	X	X1	E		X	E		X	X	A	E						
16	07.12.18 H	1. FC Köln	1:3 (0:2)	X1	X	XR		A			X	X	X	E		A			X	X	A	X	X			E		
17	16.12.18 A	SV Sandhausen	2:2 (1:2)	X2	A			A			X	X	X	E		X			A	X	X	X	E	E				
18	22.12.18 A	FC Ingolstadt 04	2:1 (1:1)		X2	X		X			X	A		E		X	E			X	X	X	A	E		A		
19	30.01.19 H	SC Paderborn 07	2:0 (0:0)	A	X	X		X			X	E	X	E			E			X	X	X	A1	A1				
20	03.02.19 A	Holstein Kiel	0:2 (0:1)	A	X	X	E	X			A	A	X	E						X	X	X		X			E	
21	08.02.19 H	Arminia Bielefeld	0:3 (0:2)	X	X	X			A		X	A	X				E			X	A	X	E	X			E	
22	17.02.19 A	Dynamo Dresden	0:0 (0:0)	X	A			X			X	E	X	X	E	X	E			X		X	A	A				
23	24.02.19 H	Hamburger SV	2:1 (0:1)	A1	X			X			X	E	X1	X	E		E			X	X	X	X					
24	02.03.19 A	1. FC Heidenheim	2:1 (1:0)	A1	X			X			X	A	E	X1	X				E	X	E	X	A	X				
25	09.03.19 H	MSV Duisburg	1:1 (1:0)	X	X1			X			X	E	X	E			E			X	X	A	X					
26	18.03.19 H	SpVgg Gr. Fürth	0:2 (0:0)	X	X			X			X	A	X		E	E			XG	X	A		E	A				
27	30.03.19 A	SV Darmstadt 98	1:1 (0:0)	X	A		E	X		A1	X	X			A		E			X	X		E	X				
28	05.04.19 H	VfL Bochum	2:1 (0:0)	A	E		E	X		A	A1	X1		X			E			X	X		X	X				
29	12.04.19 A	1. FC Union Berlin	2:2 (1:1)	A1	X1		E	X			X	A		X		X	E	E		A			X					X
30	21.04.19 H	1. FC Magdeburg	1:0 (1:0)	A	X		E	X			X	X	X1		X		E			X	X		E	A				X
31	27.04.19 A	FC St. Pauli	3:4 (2:1)	X1	X2		E	X			A	X	X		X		E			X	A		E	X				X
32	05.05.19 H	FC Erzgebirge Aue	1:3 (0:0)	A1	X	A	E	X	A			XG	X		X		E			X	X		E	X				X
33	12.05.19 A	1. FC Köln	5:3 (3:0)	A2	X1			E	X1	E	A		X		X		X			X	X	X	A	X				
34	19.05.19 H	SV Sandhausen	2:2 (1:1)	X	X2	E		A	X			X			A		E			A	X	X	X	X			E	
	Spiele			33	33	29	4	21	26	4	31	32	32	5	22	9	14	18	5	30	31	27	30	22	1	9	1	4
	Tore			15	11	2	0	0	1	0	1	5	12	0	1	0	0	0	0	0	0	1	0	3	1	0	0	0

Gegnerisches Eigentor im 1. Spiel (durch Ananou) und im 33. Spiel (durch Czichos).

Bilanz der letzten 10 Jahre:

Saison	Lv.	Liga		Platz	Sp.	S	U	N	Tore	Pkt.
2008/09:	3	3. Liga		15.	38	11	12	15	37-51	45
2009/10:	3	3. Liga		16.	38	11	13	14	43-48	46
2010/11:	3	3. Liga		8.	38	13	13	12	35-41	52
2011/12:	3	3. Liga	↑	3.	38	16	13	9	55-41	61
2012/13:	2	2. Bundesliga	↓	18.	34	4	7	23	36-65	19
2013/14:	3	3. Liga		11.	38	12	13	13	51-51	49
2014/15:	3	3. Liga	↓	20.	38	8	7	23	44-65	31
2015/16:	4	Regionalliga Bayern	↑	1.	34	19	7	8	61-36	64
2016/17:	3	3. Liga	↑	3.	38	18	9	11	62-50	63
2017/18:	2	2. Bundesliga		5.	34	14	6	14	53-53	48

Zuschauerzahlen:

Saison	gesamt	Spiele	Schnitt
2008/09:	64.290	19	3.384
2009/10:	69.999	19	3.684
2010/11:	62.224	19	3.275
2011/12:	71.892	19	3.784
2012/13:	127.724	17	7.513
2013/14:	66.147	19	3.481
2014/15:	69.703	19	3.669
2015/16:	111.520	17	6.560
2016/17:	120.043	19	6.318
2017/18:	188.375	17	11.081

Die meisten Spiele in der 2. Bundesliga:

Pl.	Name, Vorname	Spiele
1.	Mathes, Reinhold	76
2.	Meichel, Hans	73
3.	Hümmer, Michael	67
	Michalka, Werner	67
5.	Adamyan, Sargis	66
	Hodel, Ernst	66
	Nachreiner, Sebastian	66
8.	Grüttner, Marco	65
9.	Ruhs, Herfried	64
10.	George, Jann	61

Die meisten Tore in der 2. Bundesliga:

Pl.	Name, Vorname	Tore
1.	Grüttner, Marco	25
2.	Ruhs, Herfried	21
3.	Adamyan, Sargis	20
4.	George, Jann	12
5.	Al Ghaddioui, Hamadi	11
6.	Hodel, Ernst	10
	Schneider, Gerd	10
8.	Sembolo, Francky	8
	Watzl, Rüdiger	8

Die Trainer der letzten Jahre:

Name, Vorname	Zeitraum
Kristl, Thomas	01.07.2008 – 24.11.2008
Weinzierl, Markus	24.11.2008 – 30.06.2012
Corrochano, Oscar	01.07.2012 – 04.11.2012
Gerber, Franz (IT)	04.11.2012 – 31.12.2012
Smuda, Franciszek	02.01.2013 – 31.05.2013
Stratos, Thomas	11.06.2013 – 30.05.2014
Schmidt, Alexander	30.05.2014 – 10.11.2014
Jahn, Marcus (IT)	10.11.2014 – 17.11.2014
Brand, Christian	18.11.2014 – 06.12.2015
Herrlich, Heiko	01.01.2016 – 30.06.2017

SV 1916 Sandhausen

Anschrift:
Jahnstraße 1
69207 Sandhausen
Telefon: (0 62 24) 82 79 00 40
eMail: info@svs1916.de
Homepage: www.svs1916.de

Vereinsgründung: 01.08.1916 als SV 1916 Sandhausen; 1945 aufgelöst, 1945 - 1951 integriert im SG 1945; seit 1951 SV 1916 Sandhausen

Vereinsfarben: Schwarz-Weiß
Präsident: Jürgen Machmeier
Sportchef: Otmar Schork

Stadion: BWT-Stadion am Hardtwald (15.033)

Größte Erfolge: Meister der 3. Liga 2012 (↑); Deutscher Amateur-Meister 1978 und 1993; Meister der 1. Amateurliga Nordbaden 1961; Meister der Oberliga Baden-Württemberg 1981, 1985, 1987, 1995 (↑), 2000 und 2007 (↑); Pokalsieger Nordbaden 1977, 1978, 1981,1982, 1983, 1985, 1986, 1995, 2006, 2007 und 2011

Aufgebot:

Name, Vorname	Pos	geb. am	Nat.	Seit	2018/19 Sp.	2018/19 T.	gesamt Sp.	gesamt T.	frühere Vereine
Behrens, Kevin	S	03.02.1991	D	2018	30	4	30	4	1. FC Saarbrücken, Rot-Weiss Essen, TSV Alemannia Aachen, Hannover 96, SV Wilhelmshaven, SV Werder Bremen, SC Weyhe, ATS Buntentor
Daghfous, Nejmeddin	M	01.10.1986	D	2017	6	1	144	7	Würzburger Kickers, VfR Aalen, 1. FSV Mainz 05, Preußen Münster, SC Paderborn 07, 1. FSV Mainz 05, KSV Baunatal, TSV Wolfsanger, 1. FC Kassel-Oberzwehren
Dieckmann, Sören	M	16.01.1996	D	2019	5	0	5	0	Borussia Dortmund, TSC Eintracht Dortmund, DJK TuS Hordel, VfL Bochum, TuRa Rüdinghausen
Diekmeier, Dennis	A	20.10.1989	D	2019	16	0	33	0	Hamburger SV, 1. FC Nürnberg, SV Werder Bremen, TSV Verden, TSV Bierden
Förster, Philipp	M	04.02.1995	D	2017	29	5	57	8	1. FC Nürnberg, SV Waldhof Mannheim, VfB Stuttgart, Karlsruher SC
Gipson, Ken Martin	A	24.02.1996	D	2017	1	0	6	0	RasenBallsport Leipzig, VfB Stuttgart, TSF Ditzingen
Gislason, Rurik	M	25.02.1988	ISL	2018	27	0	72	3	1. FC Nürnberg, FC Kopenhagen, Odense BK, Viborg FF, Charlton Athletic FC, HK Kopavogur, RSC Anderlecht, HK Kopavogur
Gouaida, Mohamed	M	15.05.1993	TUN	2018	3	0	20	0	Hamburger SV, FC St. Gallen, Karlsruher SC, Hamburger SV, SC Freiburg, Racing Club Straßburg
Guédé, Karim	S	07.01.1985	SVK	2018	9	0	35	1	SC Freiburg, SK Slovan Bratislava, MFK Petrzalka, Hamburger SV, SC Concordia Hamburg, FC St. Pauli, SC Hamm 02
Hansch, Florian	S	22.08.1995	D	2018	3	0	3	0	Chemnitzer FC, FSV Budissa Bautzen, Chemnitzer FC ... (vgl. Seite 138)
Jansen, Maximilian	M	26.05.1993	D	2016	9	0	33	0	Hallescher FC, VfL Bochum, FC Schalke 04
Karl, Markus	M	14.02.1986	D	2016	24	0	286	18	1. FC Kaiserslautern, 1. FC Union Berlin, FC Ingolstadt 04, SpVgg Greuther Fürth, Hamburger SV, SpVgg Greuther Fürth, TSV Vilsbiburg
Kister, Tim	A	30.12.1986	D	2013	16	1	154	5	VfR Aalen, SG Dynamo Dresden, SG Rot-Weiss Frankfurt, SpVgg 05 Oberrad
Klingmann, Philipp	A	22.04.1988	D	2015	17	2	135	6	Karlsruher SC, TSG 1899 Hoffenheim, SC Mönchzell
Knipping, Tim	A	24.11.1992	D	2016	7	1	57	4	Bor. M'gladbach, 1. FC Saarbrücken, KSV Hessen Kassel, SpVgg Olympia Kassel
Kulovits, Stefan	M	19.04.1983	AUT	2013	6	0	127	1	SK Rapid Wien, SC Red Star Penzing
Linsmayer, Denis	A	19.09.1991	D	2013	30	1	196	9	1. FC Kaiserslautern, TSG 1861 Kaiserslautern
Lomb, Niklas	T	28.07.1993	D	2018	12	0	12	0	Bayer Leverkusen, Preußen Münster, Hallescher FC, Bayer Leverkusen, SC West Köln
Müller, Felix	M	27.01.1993	D	2018	17	0	30	2	FC Würzburger Kickers, SC Preußen Münster, 1. FSV Mainz 05, TSG 1899 Hoffenheim, FK 03 Pirmasens, FC 06 Rodalben
Paqarada, Leart	A	08.10.1994	KVX	2014	28	1	120	4	Bayer 04 Leverkusen, SV Werder Bremen
Rossipal, Alexander	A	06.06.1996	D	2018	2	0	2	0	TSG Hoffenheim, Stuttgarter Kickers, VfB Stuttgart, SGV Freiberg/N., TV Kemnat
Schleusener, Fabian	S	24.10.1991	D	2018	26	10	27	10	Karlsruher SC, FSV Frankfurt, SC Freiburg, Bahlinger SC, SV Waldhof Mannheim, Bahlinger SC, FC Denzlingen
Schuhen, Marcel	T	13.01.1993	D	2017	22	0	56	0	FC Hansa Rostock, 1. FC Köln, SC 09 Brachbach
Seegert, Marcel	A	29.04.1994	D	2017	2	0	11	0	SV Waldhof Mannheim, 1. FSV Mainz 05, TSG 1899 Hoffenheim, SV Waldhof Mannheim, SC Käfertal, Polizei-SV Mannheim
Taffertshofer, Emanuel	M	24.02.1995	D	2018	13	0	40	0	FC Würzburger Kickers, TSV 1860 München, SV Söchering
Verlaat, Jesper	A	04.06.1996	NED	2018	29	0	29	0	SV Werder Bremen, CD Odiaxere, FC Ferreiras, SK Sturm Graz, VfB Admira Wacker Mödling, SV Werder Bremen
Vollmann, Korbinian	M	27.10.1993	D	2016	16	0	88	8	TSV 1860 München, SpVgg Unterhaching, TSV 1860 München, SV Pullach, SpVgg Unterhaching, Kirchheimer SC
Wooten, Andrew	S	30.09.1989	USA	2014	31	17	169	52	FSV Frankfurt, 1. FC Kaiserslautern, SV Sandhausen, 1. FC Kaiserslautern, VfR Wormatia 08 Worms, 1. FC Kaiserslautern, TuS Neuhausen
Wulle, Rick	T	04.06.1994	D	2015	0	0	3	0	FC-Astoria Walldorf, DJK/FC Ziegelhausen-Peterstal
Zenga, Erik	M	18.01.1993	D	2018	19	0	20	0	Hallescher FC, SV Sandhausen, SC Preußen Münster, VfL Osnabrück, Bayer 04 Leverkusen, BV Bergisch Neukirchen
Zhirov, Aleksandr	A	24.01.1991	RUS	2018	18	2	18	2	FK Jenisej Krasnojarsk, FK Krasnodar, FK Anschi Machatschkala, FK Tom Tomsk, FK Wolgar Astrachan, FK Dinamo Barnaul

Trainer:

Name, Vorname	geb. am	Nat.	Zeitraum	Spiele 2018/19	frühere Trainerstationen
Kocak, Kenan	05.01.1981	D	01.07.16 – 08.10.18	9	SV Waldhof Mannheim, VfR Mannheim, FC Türkspor Mannheim
Koschinat, Uwe	01.09.1971	d	16.10.18 – lfd.	25	SC Fortuna Köln, TuS Koblenz (Interims- und Juniorentrainer)

Zugänge:
Behrens (1. FC Saarbrücken), Gouaida (Hamburger SV II), Guédé (SC Freiburg), Hansch (Chemnitzer FC), Lomb (Bayer 04 Leverkusen), Müller und Taffertshofer (FC Würzburger Kickers), Rossipal (TSG 1899 Hoffenheim II), Schleusener (Karlsruher SC), Verlaat (SV Werder Bremen II), Zenga (Hallescher FC), Zhirov (FK Jenisej Krasnojarsk).
während der Saison:
Dieckmann (Borussia Dortmund II), Diekmeier (ohne Verein).

Abgänge:
Aygünes (Gümüshanespor), Born (SV Meppen), Derstroff (SSV Jahn 2000 Regensburg), Herrmann (FC Erzgebirge Aue), Ibrahimaj (KFC Uerdingen 05), Karacic (Adanaspor), Roßbach und Stiefler (Karlsruher SC), Sukuta-Pasu (MSV Duisburg), Vunguidica (1. FC Saarbrücken), Wright (FC Schalke 04 II), Zejnullahu (1. FC Union Berlin).
während der Saison:
Hansch (SV Wehen Wiesbaden), Seegert (SV Waldhof Mannheim).

Fortsetzung SV 1916 Sandhausen

Aufstellungen und Torschützen:

Sp	Datum	Gegner	Ergebnis	Behrens	Daghfous	Dieckmann	Diekmeier	Förster	Gipson	Gislason	Gouaida	Guédé	Hansch	Jansen	Karl	Kister	Klingmann	Knipping	Kulovits	Linsmayer	Lomb	Müller	Paqarada	Rossipal	Schleusener	Schuhen	Seegert	Taffertshofer	Verlaat	Vollmann	Wooten	Zenga	Zhirov
				1	2	3	4	5	6	7	8	9	10	11	12	13	14	15	16	17	18	19	20	21	22	23	24	25	26	27	28	29	30
1	04.08.18 A	SpVgg Gr. Fürth	1:3 (0:0)					X		A		E	E	E	X	X	X1			A		X			X	X						A	X
2	12.08.18 H	Hamburger SV	0:3 (0:2)	X						E	A	E			E	X	A	X	X	X		A	X		X	X							X
3	24.08.18 A	VfL Bochum	0:1 (0:0)	X				X			E			E	X	X	X			A	X	A	X		X							E	A
4	02.09.18 H	1. FC Union Berlin	0:0 (0:0)	X					A	E				X	X	X	X			X	X	E	A		A					X		E	
5	15.09.18 A	SV Darmstadt 98	1:1 (0:0)	X				X		E		A	E	X	X	X	A1			A	X		X		E					X			
6	21.09.18 H	1. FC Köln	0:2 (0:1)	X				X		X		A	E	A		X	X			X	X		A		E					X		E	
7	26.09.18 A	FC Erzgebirge Aue	2:0 (1:0)	E				A		X		E			X	X		X	X	X	X		X		A1					X		A1	E
8	30.09.18 H	1. FC Magdeburg	0:1 (0:0)	E						X	A	E			X	X		A	X	X			X	X	X					X		A	E
9	07.10.18 A	FC St. Pauli	1:3 (0:1)	E1				X							X	X	X		A	X	X	E		X						A	E	A	
10	19.10.18 A	FC Ingolstadt 04	4:0 (1:0)	E				A		X			E		X	X		X1	X	A	X		X2							X	E	A1	
11	27.10.18 A	SC Paderborn 07	3:3 (2:1)	E				A		X			E		X	A		X	X	X	X		X1							X	E	X2	
12	02.11.18 A	Dynamo Dresden	1:3 (1:2)	E				X		A			X		X			X	X	E	A	E	X1							X	A	X	
13	09.11.18 H	MSV Duisburg	0:0 (0:0)	E				X		X		E			X			X	X	E	X		A							X	A	A	
14	24.11.18 A	Holstein Kiel	1:2 (0:2)	E				X		X			X		X	A		X	X	A	E		X1		A					X	E	X	
15	02.12.18 H	1. FC Heidenheim	1:2 (1:2)	E				X1		A			A	X	X			X		E	X		X	X						X	A	E	
16	09.12.18 A	Arminia Bielefeld	1:1 (0:0)					X			E		X		A	X				X		A1	X		X	X				X	E		X
17	16.12.18 H	Jahn Regensburg	2:2 (2:1)					A1		E			A		X			X		X		X	X	E	X	X				A1	E		X
18	21.12.18 H	SpVgg Gr. Fürth	0:0 (0:0)	E				A					X		X			X	X	A		A	X	A	X	X				E	X	E	X
19	30.01.19 A	Hamburger SV	1:2 (0:1)	E		A	X	A		X						X	A			X		E	X		X	X				X	E	X1	
20	03.02.19 H	VfL Bochum	3:0 (0:0)	E		A	X	A		X			A			X1				E		X1	X		X	X				X1			E
21	09.02.19 A	1. FC Union Berlin	0:2 (0:1)	E		X					E	A		A	X			X		X	X		X		A	X	E			X		E	X
22	15.02.19 H	SV Darmstadt 98	1:1 (1:1)	E		X	X	X			A				X			X		X		X1			X				X	E	A		
23	23.02.19 A	1. FC Köln	1:3 (1:0)			X	X	X					A	A	X	X		X				X			E	E				X1	A	E	
24	02.03.19 H	FC Erzgebirge Aue	0:3 (0:1)	E		A	X	X		X			E		X			X		X		A	X		X					X	E	X	A
25	10.03.19 A	1. FC Magdeburg	1:0 (0:0)	E		X	X			X			X		X			X		X		A	X		A					X	E	A1	E	X
26	16.03.19 H	FC St. Pauli	4:0 (2:0)	E		X	A2			X			X		A			X		E		A1	X		X					X1	E	X	
27	31.03.19 A	FC Ingolstadt 04	2:1 (0:1)	E1		X	X	X		X		E			A			X		E		A	X		X					X1	E	X	
28	06.04.19 H	SC Paderborn 07	1:1 (1:0)	X		X	X	X		A		EG		X	X1			X		X		X			X					A	E	X	
29	13.04.19 H	Dynamo Dresden	3:1 (0:0)	X	E1	X	A						A	X	X			X		E		X			X	X				A1	E	X1	
30	20.04.19 A	MSV Duisburg	2:2 (1:0)	X	E	X	A			X					X			X		E		A	X		X	E				A2	X	X	
31	27.04.19 H	Holstein Kiel	3:2 (2:2)	A	E	X	X1	A					A		X			X		X		X			X	E				X1	E	X1	
32	04.05.19 H	1. FC Heidenheim	3:2 (0:1)	X	A	X		X						E	A			X		A1		X			X	E				X2	E	X	
33	12.05.19 H	Arminia Bielefeld	0:3 (0:2)	X	A	X		A							X			X	E	X		X			A	X	E			E	X		
34	19.05.19 A	Jahn Regensburg	2:2 (1:1)	X2	E		X	X		A					E					X			X		A	X	E			A	X	X	
		Spiele:		30	6	5	16	29	1	27	3	9	3	9	24	16	17	7	6	30	12	17	28	2	26	22	2	13	29	16	31	19	18
		Tore:		4	1	0	0	5	0	0	0	0	0	0	1	2	1	0	1	0	0	1	0	10	0	0	0	0	0	0	17	0	2

Bilanz der letzten 10 Jahre:

Saison	Lv.	Liga		Platz	Sp.	S	U	N	Tore	Pkt.
2008/09:	3	3. Liga		8.	38	12	14	12	58-52	50
2009/10:	3	3. Liga		14.	38	11	14	13	54-63	47
2010/11:	3	3. Liga		12.	38	11	13	14	43-46	46
2011/12:	3	3. Liga	↑	1.	38	19	9	10	57-42	66
2012/13:	2	2. Bundesliga		17.	34	6	8	20	38-66	26
2013/14:	2	2. Bundesliga		12.	34	12	8	14	29-35	44
2014/15:	2	2. Bundesliga (3 Punkte Abzug)		12.	34	10	12	12	32-37	39
2015/16:	2	2. Bundesliga (3 Punkte Abzug)		13.	34	12	7	15	40-50	40
2016/17:	2	2. Bundesliga		10.	34	10	12	12	41-36	42
2017/18:	2	2. Bundesliga		11.	34	11	10	13	35-33	43

Zuschauerzahlen:

Saison	gesamt	Spiele	Schnitt
2008/09:	52.350	19	2.755
2009/10:	42.670	19	2.246
2010/11:	40.580	19	2.136
2011/12:	49.780	19	2.620
2012/13:	87.550	17	5.150
2013/14:	94.685	17	5.570
2014/15:	100.958	17	5.939
2015/16:	105.896	17	6.229
2016/17:	114.434	17	6.731
2017/18:	110.300	17	6.488

Die meisten Spiele in der 2. Bundesliga:

Pl.	Name, Vorname	Spiele
1.	Linsmayer, Denis	188
2.	Wooten, Andrew	151
3.	Kulovits, Stefan	127
4.	Kister, Tim	126
5.	Paqarada, Leart	120
6.	Klingmann, Philipp	95
7.	Achenbach, Timo	86
8.	Stiefler, Manuel	82
9.	Karl, Markus	77
10.	Olajengbesi, Seyi	76

Die meisten Tore in der 2. Bundesliga:

Pl.	Name, Vorname	Tore
1.	Wooten, Andrew	48
2.	Bouhaddouz, Aziz	18
3.	Höler, Lucas	13
	Jovanovic, Ranisav	13
5.	Adler, Nicky	12
	Löning, Frank	12
7.	Schleusener, Fabian	10
	Sukuta-Pasu, Richard	10
9.	Linsmayer, Denis	9
10.	Förster, Philipp	8

Die Trainer der letzten Jahre:

Name, Vorname	Zeitraum
Boysen, Hans-Jürgen	01.04.2001 – 30.06.2002
Entenmann, Willi	01.07.2002 – 17.10.2002
Scharinger, Rainer	18.10.2002 – 16.09.2003
Sebert, Günter	17.09.2003 – 05.09.2005
Dais, Gerd	01.10.2005 – 23.02.2010
Leicht, Frank	25.02.2010 – 13.09.2010
Dotchev, Pavel	13.09.2010 – 14.02.2011
Dais, Gerd	14.02.2011 – 19.11.2012
Boysen, Hans-Jürgen	21.11.2012 – 30.06.2013
Schwartz, Alois	01.07.2013 – 30.06.2016

FC St. Pauli von 1910

Anschrift:
Harald-Stender-Platz 1
20359 Hamburg
Telefon: (0 40) 31 78 74 21
eMail: info@fcstpauli.com
Homepage: www.fcstpauli.com

Vereinsgründung: 15.05.1910 als Fußballabteilung des Hamburg-St. Pauli TV 1862;
05.05.1924 selbständig als FC St. Pauli von 1910

Vereinsfarben: Braun-Weiß
Präsident: Oke Göttlich
Geschäftsführer: Andreas Rettig

Stadion: Millerntor-Stadion (29.546)

Größte Erfolge: Meister der 2. Bundesliga Nord 1977 (↑); Aufstieg in die Bundesliga 1988, 1995, 2001, 2010; Endrunde um die Deutsche Meisterschaft 1948, 1949, 1950, 1951; Meister der Regionalliga Nord 1964, 1966, 1972, 1973, 2007 (↑); Aufstiegsrunde zur Bundesliga 1965, 1971, 1974, 1987, 1991

Aufgebot:

Name, Vorname	Pos	geb. am	Nat.	seit	2018/19 Sp.	T.	Gesamt Sp.	T.	frühere Vereine
Allagui, Sami	S	28.05.1986	TUN	2017	22	4	159	44	Hertha BSC, 1. FSV Mainz 05, Hertha BSC, 1. FSV Mainz 05, SpVgg Greuther Fürth, FC Carl Zeiss Jena, KSV Roeselare, RSC Anderlecht, TSV Alemannia Aachen, Fortuna Düsseldorf, BV 1983 Büderich
Avevor, Christopher	A	11.02.1992	D	2016	25	0	114	2	Fortuna Düsseldorf, Hannover 96, FC St. Pauli, Hannover 96, Holstein Kiel, Eckernförder SV, Eckernförder IF
Becker, Finn Ole	M	08.06.2000	D	2011	5	0	5	0	SuS Holsatia im Elmshorner MTV, TSV Sparrieshoop
Bednarczyk, Jakub	A	02.01.1999	POL	2019	0	0	0	0	Bayer 04 Leverkusen, SV Bergisch Gladbach 09
Bouhaddouz, Aziz	S	30.03.1987	MAR	2016	0	0	146	38	SV Sandhausen, Bayer 04 Leverkusen, FC Viktoria Köln, SV Wehen Wiesbaden, FSV Frankfurt, FC Erzgebirge Aue, FSV Frankfurt, SpVgg 03 Neu-Isenburg, FC Dietzenbach
Brodersen, Svend	T	22.03.1997	D	2010	2	0	2	0	Eimsbütteler TV, FC St. Pauli, Eimsbütteler TV, FC St. Pauli
Buballa, Daniel	A	11.05.1990	D	2014	27	0	207	3	VfR Aalen, 1. FSV Mainz 05, SV Roßbach/Wied, TuS Asbach
Buchtmann, Christopher	M	25.04.1992	D	2012	24	5	154	17	1. FC Köln, Fulham FC, Liverpool FC, HSC Blau-Weiß Schwalbe Tündern, Borussia Dortmund, Hannover 96, TSV Groß Berkel
Carstens, Florian	A	08.11.1998	D	2014	18	1	18	1	MTV Treubund Lüneburg
Coordes, Luis	M	02.01.1999	D	2016	2	0	2	0	MTV Treubund Lüneburg, Hamburger SV, FC Eintracht Norderstedt
Diamantakos, Dimitrios	S	05.03.1993	GRE	2018	18	7	87	23	VfL Bochum, Karlsruher SC, Olympiakos Piräus, AE Ergotelis, Olympiakos Piräus, Aris Saloniki, Panionios Athen, Olympiakos Piräus, Atromitos Halkidona
Dudziak, Jeremy	M	28.08.1995	D	2015	24	2	91	4	Borussia Dortmund, FC Schalke 04, MSV Duisburg, Viktoria Beeck
Flum, Johannes	M	14.12.1987	D	2017	21	1	92	5	Eintracht Frankfurt, SC Freiburg, SC Pfullendorf, SV 08 Laufenburg, TuS Weilheim
Heerwagen, Philipp	T	13.04.1983	D	2013	0	0	161	0	VfL Bochum, FC St. Pauli, VfL Bochum, SpVgg Unterhaching, FC Bayern München, SpVgg Unterhaching
Himmelmann, Robin	T	05.02.1989	D	2012	32	0	136	0	FC Schalke 04, Rot-Weiss Essen, 1. FC Union Solingen, VfL Repelen, SV Straelen, TV Asberg, SV Scherpenberg
Hoogma, Justin	A	11.06.1998	NED	2019	14	0	14	0	TSG 1899 Hoffenheim, Heracles Almelo, FC Twente Enschede, ... (vgl. Seite 26)
Hornschuh, Marc	A	02.03.1991	D	2015	0	0	57	2	FSV Frankfurt, Borussia Dortmund, FC Ingolstadt 04, Borussia Dortmund, DJK TuS Körne
Kalla, Jan-Philipp	A	06.08.1986	D	2003	10	0	151	4	Hamburger SV, SC Concordia Hamburg
Knoll, Marvin	M	05.12.1990	D	2018	30	4	91	13	SSV Jahn Regensburg, SV Sandhausen, Hertha BSC, Dynamo Dresden, Hertha BSC, SC Staaken, Spandauer BC, SC Schwarz-Weiss Spandau, Spandauer SC Teutonia
Koglin, Brian	A	07.01.1997	D	2013	2	0	6	0	FC Eintracht Norderstedt, Eimsbütteler TV, TuS Berne
Lankford, Kevin	M	16.11.1998	D	2019	5	0	35	0	1. FC Heidenheim, SSV Ulm 1846, Schwarz-Rot Ulm
Meier, Alexander	S	17.01.1983	D	2019	16	6	105	39	Eintracht Frankfurt, Hamburger SV, FC St. Pauli, Hamburger SV, MSV Hamburg, Hamburger SV, TSV Buchholz, TuS Nenndorf, JSG Rosengarten
Miyaichi, Ryo	M	14.12.1992	JPN	2015	25	5	47	7	FC Twente Enschede, Arsenal FC, Wigan Athletic FC, Bolton Wanderers FC, Arsenal FC, Feyenoord Rotterdam, Chukyodai High School, Sylphid FC Nagoya
Möller Daehli, Mats	M	02.03.1995	NOR	2017	32	2	68	4	SC Freiburg, Cardiff City FC, Molde FK, Manchester United FC, Lyn Oslo Fotbal, Stabaek Fotball, FK Lyn Oslo
Müller, Korbinian	T	06.02.1991	D	2018	0	0	0	0	SpVgg Unterhaching, SV Stuttgarter Kickers, SpVgg Unterhaching, Lenggrieser SC
Nehrig, Bernd	S	28.09.1986	D	2013	6	1	258	32	SpVgg Greuther Fürth, SpVgg Unterhaching, VfB Stuttgart, TV Steinheim
Neudecker, Richard	M	29.10.1996	D	2016	16	2	50	6	TSV 1860 München, TSV Ampfing, SV Wacker Burghausen, TSV Buchbach
Park, Yi-Young	M	29.06.1994	KOR	2015	7	0	24	1	Pachanga Diliman FC, Team Socceroo FC
Sahin, Cenk	M	22.09.1994	TUR	2016	7	0	66	6	Istanbul Basaksehir, Zonguldakspor, Zonguldak Belediyespor
Schneider, Jan-Marc	S	25.03.1994	D	2015	9	0	27	2	SV Halstenbek-Rellingen, FC Eintracht Norderstedt, SV Blankenese, Hamburger SV
Schoppenhauer, Clemens	A	23.02.1992	D	2017	0	0	33	1	FC Würzburger Kickers, SV Werder Bremen, JSG Weser/Stotel, JSG Stotel/Nesse
Sobota, Waldemar	M	19.05.1987	POL	2015	15	0	114	10	FC Brügge, WKS Slask Wroclaw, MKS Kluczbork, KS Krasiejow, Malapanew Ozimek
Veerman, Henk	S	26.02.1991	NED	2018	16	6	16	6	SC Heerenveen, FC Volendam, RKAV Volendam, EVC Edam
Zander, Luca-Milan	A	09.08.1995	D	2017	12	0	30	0	SV Werder Bremen, SC Weyhe
Zehir, Ersin	M	15.01.1998	D	2014	17	0	19	0	VfB Lübeck, Türkischer SV Lübeck, SC Rapid Lübeck
Ziereis, Philipp	A	14.03.1993	D	2013	16	0	106	2	SSV Jahn 2000 Regensburg, SV Schwarzhofen

Trainer:

Name, Vorname	geb. am	Nat.	Zeitraum	Spiele 2018/19	frühere Trainerstationen
Kauczinski, Markus	20.02.1970	D	07.12.17 – 09.04.19	28	FC Ingolstadt 04, Karlsruher SC, Karlsruher SC II, Karlsruher SC U19, FC Schalke 04 U16, DJK Arminia Ückendorf
Luhukay, Jos	13.06.1963	NED	10.09.19 – lfd.	6	Sheffield Wednesday FC, VfB Stuttgart, Hertha BSC, FC Augsburg, Borussia Mönchengladbach, Borussia Mönchengladbach (Co-Trainer), SC Paderborn 07, 1. FC Köln (Co-Trainer), KFC Uerdingen 05, SV Straelen

Zugänge:
Knoll (SSV Jahn Regensburg), Zehir (II. Mannschaft).
während der Saison:
Bednarczyk (Bayer 04 Leverkusen), Hoogma (TSG 1899 Hoffenheim), Lankford (1. FC Heidenheim), Meier (ohne Verein), Müller (SpVgg Unterhaching), Veerman (SC Heerenveen).

Abgänge:
Choi (Karlsruher SC), Keller (SC Weiche Flensburg 08), Litka (KFC Uerdingen 05), Sobiech (1. FC Köln), Verlinden (Stoke City FC).
während der Saison:
Bouhaddouz (Al-Batin FC), Heerwagen und Sahin (FC Ingolstadt 04), Nehrig (Eintracht Braunschweig), Schoppenhauer (VfR Aalen).

Fortsetzung FC St. Pauli von 1910

Aufstellungen und Torschützen:

Sp	Datum		Gegner	Ergebnis	Allagui	Avevor	Becker	Brodersen	Buballa	Buchtmann	Carstens	Coordes	Diamantakos	Dudziak	Flum	Himmelmann	Hoogma	Kalla	Knoll	Koglin	Lankford	Meier	Miyaichi	Möller Daehli	Nehrig	Neudecker	Park	Sahin	Schneider	Sobota	Veerman	Zander	Zehir	Ziereis
					1	2	3	4	5	6	7	8	9	10	11	12	13	14	15	16	17	18	19	20	21	22	23	24	25	26	27	28	29	30
1	05.08.18	A	1. FC Magdeburg	2:1 (1:1)	A	X			X	A1			E	X	X				X1					A	E	E			X		X		X
2	10.08.18	H	SV Darmstadt 98	2:0 (0:0)	A	X			X	A1			E	X	X				X					A	E	X1			E					X
3	26.08.18	A	1. FC Union Berlin	1:4 (0:2)					A	X	E		A	X	X				X					X	A	X		E		E1				X
4	02.09.18	H	1. FC Köln	3:5 (2:2)					X	X1			E	A1	X				X					A		E		E	A	X1	X			X
5	16.09.18	A	FC Erzgebirge Aue	1:3 (1:2)					X	X			E	A	A				X					X		A	X		E	E	X1				X
6	21.09.18	A	FC Ingolstadt 04	1:0 (0:0)		X			X	A	E			X	A	X			X				E1	X			A			X			E	X
7	26.09.18	H	SC Paderborn 07	2:1 (1:1)		X			X	X			A1	X	A	X			X					A		E1	X			E			E	X
8	30.09.18	A	Hamburger SV	0:0 (0:0)		X			X	X			A	X	A	X			X					A		E	X			E			E	X
9	07.10.18	H	SV Sandhausen	3:1 (1:0)	E1	X			X	X1			A1	X	A	X			X		A			X		E				E			E	X
10	22.10.18	A	MSV Duisburg	1:0 (0:0)	E1	X			X	A			A	X	A	X			X		A			X		E				E			E	X
11	28.10.18	H	Holstein Kiel	0:1 (0:0)	X	X			X				X	A	X				X		E			X	A	A				E			E	X
12	04.11.18	H	Arminia Bielefeld	2:1 (0:1)	A	X			X	X			X	A	X				X1		A	X1	E	X						E			E	
13	10.11.18	H	1. FC Heidenheim	1:1 (0:0)	X	X			X	A			E	X	A	X			X			X		X						E1			E	X
14	25.11.18	A	Jahn Regensburg	1:1 (1:0)	X	X			A	A			X		X				X		E			A		X				X1	E	E		X
15	01.12.18	H	Dynamo Dresden	1:1 (0:0)	X	X			X				X1		X				A		A	A				E			X	E	E	E		X
16	10.12.18	A	VfL Bochum	3:1 (2:1)	A1	X							X	X		X					A	E1	E						X	X1	X	E		X
17	15.12.18	H	SpVgg Gr. Fürth	2:0 (1:0)	A	X				X1	E		X		X	X			X		A1	A						E	E	X	X			
18	22.12.18	H	1. FC Magdeburg	4:1 (1:1)	X	X				E			E2		X			X	X1		X	X	A1					A	A	E	X			
19	28.01.19	A	SV Darmstadt 98	1:2 (1:0)		X			X	A			A	X	E	X			X		E	A1	X					E		X				
20	04.02.19	H	1. FC Union Berlin	3:2 (1:0)	A1	X			X	E	X			X	X	E	X		X		A2	E	A					X						
21	08.02.19	A	1. FC Köln	1:4 (1:1)	X	X	X			A	X			X			X	A	X		A1	E	E					E		X				
22	16.02.19	A	FC Erzgebirge Aue	1:2 (1:1)	A	X			X	X1	X			X			X		X		X	A	X		E			E	E	X		A		
23	23.02.19	H	FC Ingolstadt 04	1:0 (0:0)		X			X	A	E			X	X		X		X		X1	E	A					E	X		X	A		
24	02.03.19	A	SC Paderborn 07	1:0 (0:0)		X			X		E			X	X		X		X1	A	A			E		E	A							X^G
25	10.03.19	H	Hamburger SV	0:4 (0:1)	A	X			X	X				E	X	X	X		X	X				A				E	E					
26	16.03.19	H	SV Sandhausen	0:4 (0:2)		X			X	X			E	A	E	X			X	A	A	E	X						X					
27	29.03.19	H	MSV Duisburg	0:0 (0:0)		X			X	X				X		X			X		A	A	X					E	E			X		
28	06.04.19	A	Holstein Kiel	1:2 (1:0)	E	X		X	A	X	A		A			X			X		X1	E	X					X				E		
29	14.04.19	H	Arminia Bielefeld	1:1 (0:1)	A	E				X	X		X	X	X				E		E	X	A1	A			X							
30	21.04.19	A	1. FC Heidenheim	0:3 (0:3)	X	E^G			A	A			A	X	X				X		X	X			E	X							E	
31	27.04.19	H	Jahn Regensburg	4:3 (1:2)					E	X			A1	X	A1	X			X1		E	X1					A						E	
32	03.05.19	A	Dynamo Dresden	1:2 (0:1)	A		X		X				X1	A	X	X	X				E	E		X			X					E		
33	12.05.19	H	VfL Bochum	0:0 (0:0)	A		X			E	A			X	X	A	X	X	E		X			X		E								
34	19.05.19	A	SpVgg Gr. Fürth	1:2 (0:0)	A		X		X		E	EA	X1		X	X	A	X^G	X		E	X	X											
				Spiele:	22	25	5	2	27	24	18	2	18	24	21	32	14	10	30	2	5	16	25	32	6	16	7	7	9	15	16	12	17	16
				Tore:	4	0	0	0	0	5	1	0	7	2	1	0	0	0	4	0	0	6	5	2	1	2	0	0	0	0	6	0	0	0

Bilanz der letzten 10 Jahre:

Saison	Lv.	Liga		Platz	Sp.	S	U	N	Tore	Pkt.
2008/09:	2	2. Bundesliga		8.	34	14	6	14	52-59	48
2009/10:	2	2. Bundesliga	↑	2.	34	20	4	10	72-37	64
2010/11:	1	Bundesliga	↓	18.	34	8	5	21	35-68	29
2011/12:	2	2. Bundesliga		4.	34	18	8	8	59-34	62
2012/13:	2	2. Bundesliga		10.	34	11	10	13	44-47	43
2013/14:	2	2. Bundesliga		8.	34	13	9	12	44-49	48
2014/15:	2	2. Bundesliga		15.	34	10	7	17	40-51	37
2015/16:	2	2. Bundesliga		4.	34	15	8	11	45-39	53
2016/17:	2	2. Bundesliga		7.	34	12	9	13	39-35	45
2017/18:	2	2. Bundesliga		12.	34	11	10	13	35-48	43

Zuschauerzahlen:

Saison	gesamt	Spiele	Schnitt
2008/09:	380.226	17	22.366
2009/10:	354.783	17	20.870
2010/11:	412.393	17	24.258
2011/12:	396.243	17	23.308
2012/13:	410.412	17	24.142
2013/14:	482.879	17	28.405
2014/15:	419.385	17	24.670
2015/16:	499.026	17	29.354
2016/17:	499.822	17	29.401
2017/18:	498.985	17	29.352

Die meisten Spiele in der 2. Bundesliga:

Pl.	Name, Vorname	Spiele
1.	Thomforde, Klaus	217
2.	Trulsen, André	206
3.	Gronau, Jürgen	202
4.	Demuth, Dietmar	192
5.	Dammann, Dirk	179
6.	Stanislawski, Holger	178
7.	Buchtmann, Christopher	154
8.	Kalla, Jan-Philipp	151
9.	Buballa, Daniel	143
10.	Boll, Fabian	141
	Bruns, Florian	141

Die meisten Tore in der 2. Bundesliga:

Pl.	Name, Vorname	Tore
1.	Wenzel, Rüdiger	59
2.	Ebbers, Marius	43
3.	Gerber, Franz	42
4.	Marin, Marcus	40
5.	Neumann, Horst	33
6.	Zander, Dirk	31
7.	Driller, Martin	29
8.	Höfert, Rolf	28
9.	Klasnic, Ivan	26
10.	Golke, André	24

Die Trainer der letzten Jahre:

Name, Vorname	Zeitraum
Stanislawski, Holger	21.11.2006 – 08.07.2007
Trulsen, André	09.07.2007 – 30.06.2008
Stanislawski, Holger	01.07.2009 – 30.06.2011
Schubert, André	01.07.2011 – 26.09.2012
Meggle, Thomas (IT)	27.09.2012 – 05.10.2012
Frontzeck, Michael	06.10.2012 – 06.11.2013
Vrabec, Roland	06.11.2013 – 02.09.2014
Meggle, Thomas	03.09.2014 – 15.12.2014
Lienen, Ewald	16.12.2014 – 30.06.2017
Janßen, Olaf	01.07.2017 – 06.12.2017

Zuschauerzahlen 2018/19

	FC Erzgebirge Aue	1. FC Union Berlin	Arminia Bielefeld	VfL Bochum	SV Darmstadt 98	Dynamo Dresden	MSV Duisburg	SpVgg Gr. Fürth	Hamburger SV	1. FC Heidenheim	FC Ingolstadt 04	Holstein Kiel	1. FC Köln	1. FC Magdeburg	SC Paderborn 07	Jahn Regensburg	SV Sandhausen	FC St. Pauli
FC Erzgebirge Aue	×	13.800	8.050	10.150	7.400	14.550	8.100	13.600	16.000	7.100	7.100	7.500	13.089	13.300	7.350	7.100	7.680	12.000
1. FC Union Berlin	21.752	×	21.286	20.728	21.474	22.012	20.329	21.785	22.012	20.108	21.419	21.000	22.012	22.012	20.789	20.243	19.542	22.012
DSC Arminia Bielefeld	18.429	18.114	×	18.192	15.011	19.409	14.766	16.032	26.515	15.874	15.880	22.867	26.283	19.568	26.300	15.388	14.091	22.446
VfL Bochum	17.012	24.500	19.231	×	12.022	14.000	17.810	17.334	26.600	13.157	14.341	13.398	26.600	17.339	16.033	12.621	13.821	22.916
SV Darmstadt 98	10.570	11.510	14.210	10.590	×	11.330	15.200	14.050	17.400	10.120	16.579	10.210	17.400	15.410	15.400	10.385	15.103	11.800
SG Dynamo Dresden	30.769	30.700	24.706	28.153	26.530	×	28.733	27.750	30.723	26.868	26.853	26.407	30.753	30.500	30.575	25.303	27.253	30.803
MSV Duisburg	13.119	12.316	13.340	20.541	11.213	14.836	×	12.070	26.500	14.392	14.127	12.320	25.675	13.416	13.161	11.096	13.295	20.130
SpVgg Greuther Fürth	9.305	9.650	9.440	8.750	9.730	12.590	8.635	×	14.965	7.870	7.725	8.370	12.520	9.390	7.480	10.845	8.450	13.890
Hamburger SV	52.354	45.584	46.934	51.953	54.668	46.924	51.147	36.560	×	45.379	50.768	57.000	53.876	49.820	49.449	44.716	36.564	57.000
1. FC Heidenheim	10.300	11.150	10.500	10.600	10.350	11.200	10.250	10.400	15.000	×	14.250	9.000	15.000	10.450	10.000	10.100	10.400	13.700
FC Ingolstadt 04	8.394	7.068	7.081	7.464	10.190	11.208	7.000	9.861	13.500	6.964	×	8.377	11.042	8.216	7.594	10.038	9.317	10.164
Holstein Kiel	8.666	9.866	8.904	8.880	8.527	12.712	12.122	8.669	10.073	9.041	8.410	×	9.700	9.314	13.129	8.235	8.404	13.274
1. FC Köln	48.000	50.000	50.000	50.000	50.000	50.000	49.600	49.700	50.000	50.000	45.900	50.000	×	49.500	50.000	50.000	49.600	50.000
1. FC Magdeburg	18.757	23.149	19.794	22.252	17.413	23.024	18.696	18.243	23.132	17.517	18.913	19.704	18.902	×	20.201	20.336	19.615	24.156
SC Paderborn 07	8.545	11.336	15.000	12.518	11.547	9.335	11.111	9.220	15.000	12.588	10.696	10.035	15.000	11.525	×	9.458	8.216	14.504
SSV Jahn Regensburg	13.425	10.884	8.693	12.363	10.907	13.629	10.141	11.330	15.210	8.728	13.516	9.700	15.210	10.543	7.736	×	12.909	15.210
SV Sandhausen	4.867	5.517	7.453	5.524	7.624	6.541	5.534	4.478	14.508	4.778	5.653	5.298	13.237	7.352	5.542	4.437	×	10.657
FC St. Pauli	29.546	29.546	29.546	29.546	29.140	29.546	29.546	29.546	29.226	29.546	29.546	29.546	29.546	29.546	29.546	29.546	29.546	×

Zuschauertabelle nach Heimspielen:

Pl.	Mannschaft	Gesamt	Spiele	Schnitt
1.	1. FC Köln	842.300	17	49.547
2.	Hamburger SV	830.696	17	48.864
3.	FC St. Pauli	501.556	17	29.503
4.	SG Dynamo Dresden	483.379	17	28.434
5.	1. FC Union Berlin	360.515	17	21.207
6.	1. FC Magdeburg	343.804	17	20.224
7.	DSC Arminia Bielefeld	325.165	17	19.127
8.	VfL Bochum	298.735	17	17.573
9.	MSV Duisburg	261.547	17	15.385
10.	SV Darmstadt 98	227.267	17	13.369
11.	SSV Jahn Regensburg	200.134	17	11.773
12.	SC Paderborn 07	195.634	17	11.508
13.	1. FC Heidenheim	192.650	17	11.332
14.	FC Erzgebirge Aue	173.689	17	10.228
15.	SpVgg Greuther Fürth	169.605	17	9.977
16.	Holstein Kiel	167.926	17	9.878
17.	FC Ingolstadt 04	153.478	17	9.028
18.	SV Sandhausen	119.000	17	7.000
		5.847.260	306	19.109

Zuschauertabelle nach Auswärtsspielen:

Pl.	Mannschaft	gesamt	Spiele	Schnitt
1.	Hamburger SV	366.364	17	21.551
2.	FC St. Pauli	364.662	17	21.451
3.	1. FC Köln	355.845	17	20.932
4.	SC Paderborn 07	330.285	17	19.429
5.	VfL Bochum	328.204	17	19.306
6.	1. FC Magdeburg	327.201	17	19.247
7.	1. FC Union Berlin	324.690	17	19.099
8.	FC Erzgebirge Aue	323.810	17	19.048
9.	SG Dynamo Dresden	322.846	17	18.991
10.	FC Ingolstadt 04	321.676	17	18.922
11.	Holstein Kiel	320.732	17	18.867
12.	MSV Duisburg	318.720	17	18.748
13.	DSC Arminia Bielefeld	314.168	17	18.480
14.	SV Darmstadt 98	313.746	17	18.456
15.	SpVgg Greuther Fürth	310.628	17	18.272
16.	SV Sandhausen	303.806	17	17.871
17.	1. FC Heidenheim	300.030	17	17.649
18.	SSV Jahn Regensburg	299.847	17	17.638
		5.847.260	306	19.109

Die Spiele mit den meisten Zuschauern:

Datum	Begegnung	Zuschauer
03.08.2018	Hamburger SV - Holstein Kiel	57.000
30.09.2018	Hamburger SV - FC St. Pauli	57.000
16.03.2019	Hamburger SV - SV Darmstadt 98	54.668
05.11.2018	Hamburger SV - 1. FC Köln	53.876
20.04.2019	Hamburger SV - FC Erzgebirge Aue	52.354
21.10.2018	Hamburger SV - VfL Bochum	51.953
19.05.2019	Hamburger SV - MSV Duisburg	51.147
04.05.2019	Hamburger SV - FC Ingolstadt 04	50.768
13.08.2018	1. FC Köln - 1. FC Union Berlin	50.000
16.09.2018	1. FC Köln - SC Paderborn 07	50.000
21.12.2018	1. FC Köln - VfL Bochum	50.000
08.02.2019	1. FC Köln - FC St. Pauli	50.000
31.03.2019	1. FC Köln - Holstein Kiel	50.000
15.04.2019	1. FC Köln - Hamburger SV	50.000
	5 weitere Heimspiele des 1. FC Köln	50.000

Die Spiele mit den wenigsten Zuschauern:

Datum	Begegnung	Zuschauer
16.12.2018	SV Sandhausen - SSV Jahn Regensburg	4.437
21.12.2018	SV Sandhausen - SpVgg Greuther Fürth	4.478
02.03.2019	SV Sandhausen - FC Erzgebirge Aue	4.867
02.12.2018	SV Sandhausen - 1. FC Heidenheim	4.778
27.04.2019	SV Sandhausen - Holstein Kiel	5.298
02.09.2018	SV Sandhausen - 1. FC Union Berlin	5.517
03.02.2019	SV Sandhausen - VfL Bochum	5.524
09.11.2018	SV Sandhausen - MSV Duisburg	5.534
06.04.2019	SV Sandhausen - SC Paderborn 07	5.542
19.10.2018	SV Sandhausen - FC Ingolstadt 04	5.653
13.04.2019	SV Sandhausen - SG Dynamo Dresden	6.541
16.12.2018	FC Ingolstadt 04 - 1. FC Heidenheim	6.964
28.10.2018	FC Ingolstadt 04 - MSV Duisburg	7.000
01.10.2018	FC Ingolstadt 04 - 1. FC Union Berlin	7.068
11.11.2018	FC Ingolstadt 04 - DSC Arminia Bielefeld	7.081

Torschützenliste:

Pl.	Spieler (Mannschaft)	Tore
1.	Terodde, Simon (1. FC Köln)	29
2.	Cordoba, Jhon (1. FC Köln)	20
3.	Hinterseer, Lukas (VfL Bochum)	18
4.	Klos, Fabian (DSC Arminia Bielefeld)	17
	Wooten, Andrew (SV Sandhausen)	17
6.	Klement, Philipp (SC Paderborn 07)	16
7.	Adamyan, Sargis (SSV Jahn Regensburg)	15
	Testroet, Pascal (FC Erzgebirge Aue)	15
9.	Glatzel, Robert (1. FC Heidenheim)	13
	Lasogga, Pierre-Michel (Hamburger SV)	13
	Voglsammer, Andreas (DSC Arminia Bielefeld)	13
12.	Andersson, Sebastian (1. FC Union Berlin)	12
	Grüttner, Marco (SSV Jahn Regensburg)	12
14.	Al Ghaddioui, Hamadi (SSV Jahn Regensburg)	11
	Dursun, Serdar (SV Darmstadt 98)	11
16.	Antwi-Adjej, Christopher (SC Paderborn 07)	10
	Beck, Christian (1. FC Magdeburg)	10
	Keita-Ruel, Daniel (SpVgg Greuther Fürth)	10
	Kempe, Tobias (SV Darmstadt 98)	10
	Kittel, Sonny (FC Ingolstadt 04)	10
	Michel, Sven (SC Paderborn 07)	10
	Schleusener, Fabian (SV Sandhausen)	10
	Schnatterer, Marc (1. FC Heidenheim)	10
	Serra, Janni (Holstein Kiel)	10
	Tekpetey, Bernard (SC Paderborn 07)	10
26.	Drexler, Dominick (1. FC Köln)	9
	Koné, Moussa (SG Dynamo Dresden)	9
	Lezcano, Dario (FC Ingolstadt 04)	9
	Polter, Sebastian (1. FC Union Berlin)	9
	Weilandt, Tom (VfL Bochum)	9
	Wolze, Kevin (MSV Duisburg)	9
32.	Dovedan, Nikola (1. FC Heidenheim)	8
	Hochscheidt, Jan (FC Erzgebirge Aue)	8
	Mühling, Alexander (Holstein Kiel)	8
	Thomalla, Denis (1. FC Heidenheim)	8
36.	Diamantakos, Dimitrios (FC St. Pauli)	7
	Narey, Khaled (Hamburger SV)	7
	Prömel, Grischa (1. FC Union Berlin)	7
	Türpitz, Philip (1. FC Magdeburg)	7

Einen lupenreinen Hattrick erzielten:

Datum	Spieler (Mannschaft)	Gegner	wo	Erg.
15.09.2018	Lasogga, Pierre-M. (Hamburg)	1. FC Heidenheim	H	3:2
23.09.2018	Adamyan, Sargis (Regensburg)	Hamburger SV	A	5:0

Drei Tore in einem Spiel erzielten:

Datum	Spieler (Mannschaft)	Gegner	wo	Erg.
25.08.2018	Terodde, Simon (1. FC Köln)	FC Erzgebirge Aue	H	3:1
15.09.2018	Lasogga, Pierre-M. (Hamburg)	1. FC Heidenheim	H	3:2
16.09.2018	Hinterseer, Lukas (VfL Bochum)	FC Ingolstadt 04	H	6:0
23.09.2018	Adamyan, Sargis (Regensburg)	Hamburger SV	A	5:0
10.11.2018	Terodde, Simon (1. FC Köln)	Dynamo Dresden	H	8:1
23.12.2018	Testroet, Pascal (Erzgeb Aue)	1. FC Union Berlin	H	3:0
23.12.2018	Tekpetey, Bernard (Paderborn)	SV Darmstadt 98	H	6:2
08.02.2019	Cordoba, Jhon (1. FC Köln)	FC St. Pauli	H	4:1
09.03.2019	Terodde, Simon (1. FC Köln)	Arminia Bielefeld	H	5:1
14.04.2019	Hinterseer, Lukas (VfL Bochum)	Greuther Fürth	H	3:2
06.05.2019	Cordoba, Jhon (1. FC Köln)	Greuther Fürth	A	4:0
19.05.2019	Atik, Hakan (Dynamo Dresden)	SC Paderborn 07	H	3:1

Elfmetertorschützen: gesamt: 68

Mannschaft	Torschützen (Anzahl)
FC Erzgebirge Aue:	Nazarov (2), Testroet (2)
1. FC Union Berlin:	Andersson (2), Polter
DSC Arminia Bielefeld:	Klos (3), Voglsammer (2)
VfL Bochum:	Hinterseer (3), Ganvoula
SV Darmstadt 98:	Kempe (4)
SG Dynamo Dresden:	Ebert (2), Koné (2), Hamalainen
MSV Duisburg:	Wolze (3)
SpVgg Greuther Fürth:	Green, Keita-Ruel, Seguin
Hamburger SV:	Lasogga (2)
1. FC Heidenheim:	Schnatterer (3), Glatzel
FC Ingolstadt 04:	Lezcano (3), Kutschke
Holstein Kiel:	Mühling (2), Schindler (2), Serra
1. FC Köln:	Terodde (4), Modeste
1. FC Magdeburg:	Türpitz (2)
SC Paderborn 07:	Klement (3)
SSV Jahn Regensburg:	Adamyan, Al Ghaddioui, George, Lais
SV Sandhausen:	Wooten (4)
FC St. Pauli:	Knoll (2), Meier (2)

Eigentorschützen: gesamt: 16

Mannschaft	Torschützen
FC Erzgebirge Aue:	Cacutalua
1. FC Union Berlin:	—
DSC Arminia Bielefeld:	—
VfL Bochum:	Danilo, Leitsch
SV Darmstadt 98:	Sulu
SG Dynamo Dresden:	Atik, Kreuzer
MSV Duisburg:	Bomheuer
SpVgg Greuther Fürth:	Steininger
Hamburger SV:	—
1. FC Heidenheim:	Beermann
FC Ingolstadt 04:	Ananou, Matip
Holstein Kiel:	—
1. FC Köln:	Bader, Czichos
1. FC Magdeburg:	Hammann, Müller
SC Paderborn 07:	—
SSV Jahn Regensburg:	Saller
SV Sandhausen:	—
FC St. Pauli:	—

Folgende 10 Spieler haben alle 34 Spiele absolviert:

Mannschaft	Spieler
FC Erzgebirge Aue:	Hochscheidt
1. FC Union Berlin:	Andersson, Friedrich, Gikiewicz
DSC Arminia Bielefeld:	Voglsammer
VfL Bochum:	Riemann
SV Darmstadt 98:	Heuer Fernandes
SG Dynamo Dresden:	—
MSV Duisburg:	—
SpVgg Greuther Fürth:	—
Hamburger SV:	van Drongelen
1. FC Heidenheim:	—
FC Ingolstadt 04:	—
Holstein Kiel:	—
1. FC Köln:	—
1. FC Magdeburg:	—
SC Paderborn 07:	Collins, Zingerle
SSV Jahn Regensburg:	—
SV Sandhausen:	—
FC St. Pauli:	—

Vereinsrangliste nach Platzverweisen:

Pl.	Mannschaft	Rot	Gelb-Rot
1.	SV Darmstadt 98	0	1
	1. FC Magdeburg	0	1
	SV Sandhausen	0	1
4.	FC St. Pauli	0	3
5.	FC Erzgebirge Aue	1	2
	1. FC Union Berlin	1	2
	SG Dynamo Dresden	1	2
	1. FC Heidenheim	1	2
	SC Paderborn 07	1	2
	SSV Jahn Regensburg	1	2
11.	1. FC Köln	1	3
12.	Holstein Kiel	1	4
13.	DSC Arminia Bielefeld	2	0
14.	MSV Duisburg	2	1
15.	Hamburger SV	2	2
16.	FC Ingolstadt 04	2	5
17.	VfL Bochum	3	2
	SpVgg Greuther Fürth	3	2
		22	37

Schiedsrichtereinsätze:

Name, Vorname (Verein, Landesverband)	Spiele	Rot	G-R
Kampka, Robert Dr. (TSV Schornbach, WBG)	10	3	2
Heft, Florian (SV Eintracht Neuenkirchen, NS)	9	0	0
Alt, Patrick (SV Illingen, SAR)	9	0	2
Cortus, Benjamin (TSV 1895 Burgfarrnbach, BY)	9	0	3
Aarnink, Arne (VfL Weiße Elf Nordhorn, NS)	9	1	1
Bacher, Michael (SV Amerang, BY)	9	1	1
Badstübner, Florian (TSV Windsbach, BY)	8	0	0
Dankert, Bastian (Brüsewitzer SV, MV)	8	0	0
Petersen, Martin (VfL Stuttgart, WBG)	8	0	0
Schlager, Daniel (FC Rastatt 04, WBG)	8	0	0
Siewer, Thorben (FC Schreibershof, WEF)	8	0	0
Dietz, Christian (FC Kronach 08, BY)	8	0	1
Reichel, Tobias (GSV Maichingen, WBG)	8	0	1
Sather, Alexander (FC Grimma, SAX)	8	0	1
Gerach, Timo (FV Queichheim, SW)	8	0	2
Kempkes, Benedikt (DJK Alemannia Kruft/Kretz, RHL)	8	0	2
Kempter, Robert (VfR Sauldorf, SBD)	8	0	2
Waschitzki, Sven (Turngemeinde Essen-West, NIR)	8	0	2
Rohde, René (TSV Thürkow, MV)	8	0	3
Günsch, Christof (SV Reddighausen, HES)	8	1	0
Jöllenbeck, Matthias Dr. (SV Weilertal, WBG)	8	1	0
Koslowski, Lasse (Frohnauer SC, B)	8	1	0
Thomsen, Martin Dr. (SV Donsbrüggen, NIR)	8	2	0
Gräfe, Manuel (FC Hertha 03 Zehlendorf, B)	7	0	0
Pfeifer, Johann (HSC Blau-Weiß Schwalbe Tündern, NS)	7	0	0
Storks, Sören (VfL Ramsdorf, WEF)	7	1	2
Müller, Pascal (FV Löchgau, WBG)	7	3	1
Fritz, Marco (SV Breuningsweiler, WBG)	6	0	0
Hartmann, Robert (SV Krugzell, BY)	6	0	0
Willenborg, Frank (SV Gehlenberg-Neuvrees, NS)	6	0	0
Jablonski, Sven (Blumenthaler SV, HB)	6	0	1
Schmidt, Markus (SV Sillenbuch, WBG)	6	0	1
Osmers, Harm (SV Baden, NS)	6	1	1
Schröder, Robert (Hannoverscher SC, NS)	6	1	1
Stegemann, Sascha (1. FC Niederkassel, MIR)	6	1	1
Stieler, Tobias (SG Rosenhöhe Offenbach, HES)	5	0	1
Siebert, Daniel (FC Nordost Berlin, B)	5	1	0
Zwayer, Felix (SC Charlottenburg, B)	5	2	2
Brych, Felix Dr. (SV Am Hart München, BY)	4	0	0
Winkmann, Guido (SV Nütterden, NIR)	4	0	0
Dingert, Christian (TSG Burg Lichtenberg, SW)	4	1	1
Ittrich, Patrick (MSV Hamburg, HH)	3	0	0
Steinhaus, Bibiana (MTV Engelbostel/Schulenburg, NS)	3	0	1
Welz, Tobias (FC Bierstadt, HES)	3	0	1
Aytekin, Deniz (TSV Altenberg, BY)	3	1	0
	306	22	37

Rote Karten:

gesamt: 22

Mannschaft	Spieler
FC Erzgebirge Aue:	Kusic
1. FC Union Berlin:	Rapp
DSC Arminia Bielefeld:	Behrendt, Börner
VfL Bochum:	Ganvoula, Gyamerah, Sam
SV Darmstadt 98:	—
SG Dynamo Dresden:	Hartmann
MSV Duisburg:	Fröde, Hajri
SpVgg Greuther Fürth:	Keita-Ruel, Maloca, Seguin
Hamburger SV:	Janjicic, Sakai
1. FC Heidenheim:	Glatzel
FC Ingolstadt 04:	Cohen, Neumann
Holstein Kiel:	Thesker
1. FC Köln:	Cordoba
1. FC Magdeburg:	—
SC Paderborn 07:	Hünemeier
SSV Jahn Regensburg:	Correia
SV Sandhausen:	—
FC St. Pauli:	—

Gelb-Rote Karten:

gesamt: 37

Mannschaft	Spieler
FC Erzgebirge Aue:	Kalig, Rapp
1. FC Union Berlin:	Prömel, Reichel
DSC Arminia Bielefeld:	—
VfL Bochum:	Ganvoula, Losilla
SV Darmstadt 98:	Holland
SG Dynamo Dresden:	Erdmann, Nikolaou
MSV Duisburg:	Albutat
SpVgg Greuther Fürth:	Bauer, Green
Hamburger SV:	Bates, Mangala
1. FC Heidenheim:	Andrich, Theuerkauf
FC Ingolstadt 04:	Röcher (2), Kerschbaumer, Krauße, Lucas Galvao
Holstein Kiel:	van den Bergh, Dehm, Meffert, Schindler
1. FC Köln:	Hector, Jorge Meré, Kainz
1. FC Magdeburg:	Müller
SC Paderborn 07:	Dräger, Gueye
SSV Jahn Regensburg:	George, Palionis
SV Sandhausen:	Guedé
FC St. Pauli:	Becker, Koglin, Zehir

Die torreichsten Spiele:

Datum	Begegnung	Ergebnis
10.11.2018	1. FC Köln - SG Dynamo Dresden	8:1 (2:0)
01.09.2018	DSC Arminia Bielefeld - SSV Jahn Regensburg	5:3 (3:2)
02.09.2018	FC St. Pauli - 1. FC Köln	3:5 (2:2)
16.09.2018	1. FC Köln - SC Paderborn 07	3:5 (1:1)
23.09.2018	SC Paderborn 07 - 1. FC Magdeburg	4:4 (2:1)
09.11.2018	SC Paderborn 07 - Holstein Kiel	4:4 (3:1)
23.12.2018	SC Paderborn 07 - SV Darmstadt 98	6:2 (1:1)
10.04.2019	MSV Duisburg - 1. FC Köln	4:4 (2:1)
12.05.2019	1. FC Köln - SSV Jahn Regensburg	3:5 (0:3)

Folgende Spieler spielten 2018/19 für zwei Vereine der 2.BL:

Name, Vorname	erster Verein	zweiter Verein
Bertram, Sören	FC Erzgebirge Aue	SV Darmstadt 98
Herrmann, Patrick	Holstein Kiel	SV Darmstadt 98
Krauße, Robin	SC Paderborn 07	FC Ingolstadt 04
Lankford, Kevin	1. FC Heidenheim	FC St. Pauli
Leipertz, Robert	FC Ingolstadt 04	1. FC Heidenheim
Lewerenz, Steven	Holstein Kiel	1. FC Magdeburg
Moritz, Christoph	Hamburger SV	SV Darmstadt 98
Perthel, Timo	VfL Bochum	1. FC Magdeburg
Rapp, Nicolai	FC Erzgebirge Aue	1. FC Union Berlin
Redondo, Kenny-Prince	1. FC Union Berlin	SpVgg Greuther Fürth
Sahin, Cenk	FC St. Pauli	FC Ingolstadt 04
Wittek, Mathias	1. FC Heidenheim	SV Darmstadt 98
Wurtz, Johannes	VfL Bochum	SV Darmstadt 98
Zoller, Simon	1. FC Köln	VfL Bochum

Die Spieler mit den meisten Einsätzen in der 2. Bundesliga:

Pl.	Name/Vorname (Mannschaft/en)	Spiele
1.	Landgraf, Willi (RW Essen/Homburg/Gütersloh/Alem. Aachen)	508
2.	Montanes, Joaquin (Alemannia Aachen)	479
3.	Schulz, Karl-Heinz (Freiburger FC/SC Freiburg)	463
4.	Wulf, Hans (SW Essen/W. Worms/Hessen Kassel/Hannover 96)	440
5.	Krüger, Wolfgang (Union Solingen)	428
6.	Gede, Hans-Jürgen (Preußen Münster/Fortuna Köln)	416
7.	Helmer, Andreas (VfL Osnabrück/SV Meppen)	411
8.	Paulus, Gerd (Röchling Völklingen/Kickers Offenbach)	407
9.	Posniak, Oliver (FSV Frankfurt/SV Darmstadt 98)	403
10.	Hupe, Dirk (Union Solingen/Fortuna Köln)	399
11.	Jurgeleit, Daniel (Union Solingen/FC Homburg/VfB Lübeck)	393
12.	Baier, Jürgen (Fürth/F.Köln/Aschaffenb./Offenbach/Darmstadt)	392
13.	Marell, Carsten (Schalke/SV Meppen/Kickers Stuttgart/E. Trier)	380
14.	Luginger, Jürgen (Düsseldorf/Schalke/H96/Waldhof/RWO)	370
15.	Sievers, Jörg (Hannover 96)	367
16.	Thoben, Robert (SV Meppen)	361
17.	Hayer, Fabrizio (RW Essen/Mainz/Waldhof/RW Oberhausen)	358
	Niggemann, Jürgen (Fortuna Köln)	358
19.	Lay, Udo (Freiburger FC/MSV Duisburg/SC Freiburg)	355
20.	Steiner, Burkhard (Wattenscheid/H 96/Saarbr./RW Esen/Jena)	348
21.	Diekmann, Günter (OSC Bremerhaven/Union Solingen)	344
22.	Römer, Dirk (Union Solingen/Preußen Münster/Fortuna Köln)	340
23.	Steininger, Franz-Josef (Duisburg/Solingen/Saarbrücken)	339
24.	Böttche, Thomas (SV Meppen)	332
	Müller, Eckhard (Kickers Stuttgart)	332
26.	Lottner, Dirk (Fortuna Köln/1. FC Köln/MSV Duisburg)	331
27.	Glöde, Heikko (TeBe/Hertha/Osnabrück/Saarbrücken/Remscheid)	325
	Klopp, Jürgen (FSV Mainz 05)	325
	Sebert, Günter (SV Waldhof)	325
30.	Bauer, Oskar (SV Waldhof/VfL Osnabrück)	324
	Gorski, Bernd (Hannover 96/Eintracht Braunschweig)	324
32.	Achenbach, Timo (Lübeck/1. FC Köln/Aachen/Gr. Fürth/Sandh.)	323
33.	Bergmann, Bernhard (SpVgg Fürth)	322
	Gerstner, Thomas (Bielef./Homb./Oldenb./Wolfsb./Saarbr./Jena)	322
35.	Pusch, Dirk (Rot-Weiß Essen/Wuppertaler SV)	321
36.	Brandts, Andreas (Alemannia Aachen/Fortuna Köln)	320
37.	Außem, Ralf (Viktoria Köln/Hannover 96/Fortuna Köln)	318
38.	Demandt, Sven (Fortuna Düsseldorf/Hertha BSC/FSV Mainz 05)	317
	Elm, Jürgen (Schwarz-Weiß Essen/Union Solingen)	317
40.	Brinkmann, Ansgar (Osnabrück/Münster/Mainz/Gütersloh/ Eintr. Frankfurt/TeBe Berlin/Bielefeld/Ahlen/Dresden)	316
41.	Wollitz, CD (Osnabrück/Hertha/Wolfsburg/Uerdingen/FC Köln)	315
42.	Drews, Gerhard (SG Wattenscheid 09)	314
	Linke, Carsten (VfB Oldenburg/FC Homburg/Hannover 96)	314
44.	Müller, Walter (FC Homburg/Fortuna Köln/1. FC Saarbrücken)	313
45.	Linßen, Johannes (Fortuna Köln)	311
46.	Kunkel, Peter (SG Wattenscheid 09)	310
47.	Rösler, Sascha (Ulm/RWO/Fürth/Aachen/Gladbach/1860/Düsseld.)	308
48.	Kügler, Harald (Schalke/Aachen/Wattenscheid/Münster/RWE)	305
49.	Balke, Helmut (Bielefeld/Bonner SC/Aachen/MSV Duisburg)	304
50.	Lenz, Manfred (FC Homburg)	303
	Lust, Matthias (Waldhof/Saarbrücken/Bochum/Unterhaching)	303
	Zeyer, Michael (Ulm/SC Freiburg/SV Waldhof/MSV Duisburg)	303
53.	Ehrmantraut, Horst (FC Homburg/Hertha BSC)	302
	Sukalo, Goran (Unterh./Aachen/Koblenz/Augsb./MSV/Gr. Fürth/60)	302
55.	Grlic, Ivica (Fortuna Köln/Alemannia Aachen/MSV Duisburg)	300
	Wache, Dimo (FSV Mainz 05)	300
57.	Böhni, Wolfgang (SV Waldhof)	298
	Quasten, Gregor (FC Homburg/Hertha BSC)	298
	Scholz, Rainer (Kickers Würzburg/Hannover 96/Darmstadt 98)	298
60.	Vorholt, Eckhard (SV Meppen)	296
61.	Behrendt, Manfred (Göttingen 05/SG Wattenscheid 09)	294
	Surmann, Karsten (Hannover 96/FC St. Pauli)	294
63.	Gans, Lothar (VfL Osnabrück)	293
	Gries, Theo (Alemannia Aachen/Hertha BSC/Hannover 96)	293
65.	Bebensee, Norbert (Arm. Hannover/Hannover 96/BW 90 Berlin)	292
	Emig, Karlheinz (Waldhof/Hertha/Darmstadt/Unterh./Wolfsburg)	292
67.	Fiél, Cristian (Kickers Stuttgart/Union Berlin/Aachen/Dresden)	288
	Täuber, Stephan (Hertha/Darmst./Unterh./Wolfsburg/FCN/RWO)	288
69.	Adlung, Daniel (Greuther Fürth/Aachen/Cottbus/1860 München)	287
	Eickels, Konrad (Saarbrücken/Münster/Fürth/Oberhausen)	287
71.	Karl, Markus (Gr. Fürth/FC Ingolstadt/Union/K'lautern/Sandh.)*	286

Die Spieler mit den meisten Toren in der 2. Bundesliga:

Pl.	Name/Vorname (Mannschaft/en)	Tore
1.	Schatzschneider, Dieter (Hannover 96/Fortuna Köln)	153
2.	Mödrath, Karl-Heinz (Fortuna Köln/Alemannia Aachen)	150
3.	Gries, Theo (Alemannia Aachen/Hertha BSC/Hannover 96)	123
4.	Demandt, Sven (Fortuna Düsseldorf/Hertha BSC/FSV Mainz 05)	121
5.	Krause, Walter (Oberhausen/Wattenscheid/Offenbach)	120
6.	Terodde, Simon (Un. Berlin/VfL Bochum/VfB Stuttgart/1. FC Köln)*	118
7.	Jurgeleit, Daniel (Union Solingen/FC Homburg/VfB Lübeck)	117
8.	Schock, Gerd-Volker (VfL Osnabrück/Arminia Bielefeld)	116
9.	Gerber, Franz (Wuppertal/St. Pauli/1860/ESV Ingolstadt/H96)	115
	Linz, Paul (Bremerhaven/Freiburger FC/Waldhof/Osnabrück)	115
11.	Cestonaro, Peter (SV Darmstadt 98/Hessen Kassel)	111
12.	Ludwig, Ottmar (Homburg/Fortuna Köln/FFC/Kassel/SCF)	107
13.	Sommerer, Uwe (SpVgg Bayreuth)	106
14.	Ebbers, Marius (MSV Duisburg/1. FC Köln/Aachen/FC St. Pauli)	102
15.	Labbadia, Bruno (SV Darmstadt 98/Arm. Bielefeld/Karlsruher SC)	100
	Wolf, Klaus (Gött. 05/Münster/Herne/Lüdenscheid/RWO/Solingen)	100
17.	Günther, Emanuel (Wormatia Worms/Karlsruher SC)	98
18.	Thurk, Michael (FSV Mainz 05/Energie Cottbus/FC Augsburg)	96
19.	Lenz, Werner (Union Solingen)	95
20.	Clute-Simon, Hubert (Lüdenscheid/Aachen/Schalke/Hertha)	94
	Reich, Siegfried (Hannover 96/VfL Wolfsburg)	94
22.	Schüler, Wolfgang (KSC/SCF/Darmst./BW 90/Kick. Stutt./FCS)	93
23.	Kügler, Harald (Schalke/Aachen/Wattenscheid/Münster/RWE)	91
	Lenz, Manfred (FC Homburg)	91
25.	Feinbier, Marcus (Hertha/Wuppertal/Wattenscheid/Ahlen/Fürth)	90
	Glöde, Heikko (TeBe/Hertha/Osnabrück/Saarbrücken/Remscheid)	90
	Traser, Heinz (1.FC Saarbrücken/KSV Hessen Kassel)	90
28.	Hofmann, Paul-Werner (SpVgg Fürth/FSV Frankfurt)	88
	Mattern, Bodo (Wormatia Worms/Darmstadt/Blau-Weiß 90 Berlin)	88
	Mill, Frank (Rot-Weiß Essen/Fortuna Düsseldorf)	88
	Täuber, Klaus (1. FC Nürnberg/Kickers Stuttgart/FC Schalke 04)	88
32.	Fritsche, Hans (SW Essen/Fortuna Köln/Westf. Herne/Homburg)	87
	Kunkel, Peter (SG Wattenscheid 09)	87
	Pallaks, Uwe (SC Herford/KSV Hessen Kassel)	87
	Preetz, Michael (Düsseld./Saarbr./Duisburg/Wat./Hertha BSC)	87
36.	Hammes, Ewald (SG Wattenscheid 09)	86
	Rösler, Sascha (Ulm/RWO/Fürth/Aachen/Gladbach/1860/Düssel.)	86
38.	Killmaier, Werner (Augsburg/FSV Frankf./ESV Ingolstadt/Hertha)	85
39.	Heidrich, Steffen (Chemnitz/Leipzig/Cottbus/Dresden)	84
40.	Löw, Joachim (SC Freiburg)	81
41.	Kehr, Heinz-Josef (Aachen/TeBe Berlin/RW Essen)	78
	Nickel, Werner (Mainz/Waldhof/Kickers Stuttgart/Ulm)	78
	Wollitz, CD (Osnabrück/Hertha/Wolfsburg/Uerdingen/FC Köln)	78
44.	Graul, Volker (Arminia Bielefeld/Preußen Münster/Fortuna Köln)	77
45.	Größler, Manfred (SpVgg Bayreuth)	76
	Künkel, Rainer (Darmstadt 98/1. FC Saarbrücken/Viktoria Köln)	76
	Seubert, Werner (Schweinfurt 05/Worms/Freiburger FC/Fürth)	76
	Stolzenburg, Norbert (Tennis Borussia Berlin)	76
49.	Marin, Marcus (Kickers Stuttgart/FC St. Pauli/MSV Duisburg)	75
	Neumann, Horst (FC St. Pauli/Darmstadt 98/Hannover 96)	75
51.	Auer, Benjamin (Karlsruhe/Gladbach/Mainz/Aachen)	74
	Lottner, Dirk (Fortuna Köln/1. FC Köln/MSV Duisburg)	74
53.	Kapllani, Edmond (Karlsruhe/Koblenz/Paderborn/FSV Frankfurt)	73
54.	Remark, Thomas (Hertha BSC/Kickers Stuttgart/SC Freiburg)	72
	Tschiskale, Uwe (SG Wattenscheid 09)	72
56.	Emmerich, Lothar (Schweinfurt/FV 04 Würzburg/Kick. Würzburg)	71
	Walitza, Hans (1. FC Nürnberg)	71
58.	Schonert, Frank (Göttingen/Leverk./Offenbach/Homburg/Vikt. Köln)	70
59.	Kuhl, Uwe (SV Darmstadt 98)	69
	Leiendecker, Lothar (Eintracht Trier/SpVgg Fürth)	69
	Sebert, Günter (SV Waldhof)	69
62.	Idrissou, Mohamadou (Duisburg/SC Freiburg/E. Frankf./Kaisersl.)	68
63.	Grabosch, Bernd (Fortuna Köln/Kickers Stuttgart)	67
	Mrosko, Karl-Heinz (Arminia Hannover/Hannover 96)	67
	Schaub, Fred (SpVgg Fürth/Hannover 96/SC Freiburg)	67
66.	Aumeier, Harald (Schweinfurt/Augsb./Völklingen/Trier/Bayreuth)	66
	Dreher, Uwe (Kickers Stuttgart)	66
	Funkel, Friedhelm (Bayer Uerdingen)	66

* Spieler in Saison 2018/19 noch in der Liga aktiv

Ewige Tabelle 2. Bundesliga 1974 – 2019

Pl.	Mannschaft	J	Gesamtbilanz Sp	S	U	N	Tore	TD	Pkt	Heimbilanz Sp	S	U	N	Tore	TD	Pkt	Auswärtsbilanz Sp	S	U	N	Tore	TD	Pkt
1.	SpVgg (Gr.) Fürth	30	1058	424	287	347	1559-1345	+214	1559	529	287	134	108	930-527	+403	995	529	137	153	239	629-818	-189	564
2.	Alemannia Aachen	28	1020	406	263	351	1491-1407	+84	1481	510	285	119	106	935-529	+406	974	510	121	144	245	556-878	-322	507
3.	FC St. Pauli	27	960	383	271	306	1410-1265	+145	1420	480	248	137	95	823-507	+316	881	480	135	134	211	587-758	-171	539
4.	SC Fortuna Köln	26	970	371	263	336	1589-1432	+157	1376	485	261	120	104	961-578	+383	903	485	110	143	232	628-854	-226	473
5.	Hannover 96	23	852	360	242	250	1449-1137	+312	1322	426	235	119	72	858-458	+400	824	426	125	123	178	591-679	-88	498
6.	Stuttgarter Kickers	23	864	350	214	300	1400-1199	+201	1264	432	265	91	76	924-456	+468	886	432	85	123	224	476-743	-267	378
7.	SC Freiburg	22	812	346	222	244	1266-1066	+200	1260	406	234	106	66	765-424	+341	808	406	112	116	178	501-642	-141	452
8.	Karlsruher SC	22	778	327	189	262	1225-1054	+171	1170	389	214	89	86	732-433	+299	731	389	113	100	176	493-621	-128	439
9.	SV Darmstadt 98	20	752	310	192	250	1193-1053	+140	1122	376	224	84	68	773-397	+376	756	376	86	108	182	420-656	-236	366
10.	VfL Osnabrück	23	860	296	219	345	1270-1396	-126	1107	430	217	116	97	793-535	+258	767	430	79	103	248	477-861	-384	340
11.	MSV Duisburg	22	784	294	218	272	1128-1074	+54	1100	392	190	100	102	673-474	+199	670	392	104	118	170	455-600	-145	430
12.	Arminia Bielefeld	20	712	291	201	220	1125-924	+201	1067	356	179	101	76	655-384	+271	638	356	112	100	144	470-540	-70	436
13.	Waldhof Mannheim	20	736	287	203	246	1102-985	+117	1064	368	214	82	72	723-386	+337	724	368	73	121	174	379-599	-220	340
14.	TSV München 1860	20	702	285	185	232	1036-859	+177	1038	351	184	88	79	610-341	+269	640	351	101	97	153	426-518	-92	400
15.	1. FC Nürnberg	17	604	294	146	164	1030-730	+300	1022	302	184	70	48	590-298	+292	622	302	110	76	116	440-432	+8	406
16.	SG Wattenscheid 09	20	748	272	205	271	1168-1156	+12	1021	374	187	102	85	716-465	+251	663	374	85	103	186	452-691	-239	358
17.	1. FC Saarbrücken	19	698	270	190	238	1033-997	+36	1000	349	190	91	68	640-371	+269	661	349	80	99	170	393-626	-233	339
18.	1. FSV Mainz 05	19	676	252	206	218	993-920	+73	962	338	160	115	63	575-374	+201	595	338	92	91	155	418-546	-128	367
19.	Hertha BSC	15	556	241	159	156	926-662	+264	879	278	151	81	46	535-270	+265	534	278	90	78	110	391-392	-1	348
20.	Eintr. Braunschweig	17	616	227	170	219	843-796	+47	851	308	151	91	66	510-306	+204	544	308	76	79	153	333-490	-157	307
21.	FC 08 Homburg	15	570	230	151	189	895-765	+130	841	285	168	72	45	575-283	+292	576	285	62	79	144	320-482	-162	265
22.	RW Oberhausen	18	648	200	168	280	835-1027	-192	768	324	145	85	94	488-390	+98	520	324	55	83	186	347-637	-290	248
23.	Offenbacher Kickers	14	518	208	135	175	879-774	+105	757	259	151	60	48	554-296	+258	513	259	57	75	127	325-478	-153	246
24.	Rot-Weiss Essen	16	562	200	148	214	901-876	+25	748	281	152	69	60	593-349	+244	525	281	48	79	154	308-527	-219	223
25.	VfL Bochum	14	480	203	128	149	712-604	+108	737	240	121	63	56	424-277	+147	426	240	82	65	93	288-327	-39	311
26.	Fortuna Düsseldorf	14	496	194	137	165	711-634	+77	719	248	117	71	60	400-274	+126	422	248	77	66	105	311-360	-49	297
27.	Union Solingen	14	536	175	145	216	762-910	-148	670	268	138	64	66	486-345	+141	478	268	37	81	150	276-565	-289	192
28.	FSV Frankfurt	16	574	174	131	269	753-1029	-276	653	287	121	73	93	437-405	+32	436	287	53	58	176	316-624	-308	217
29.	SpVgg Bayreuth	12	458	174	100	184	727-741	-14	622	229	127	52	50	454-278	+176	433	229	47	48	134	273-463	-190	189
30.	1. FC Union Berlin	13	442	163	132	147	635-605	+30	621	221	110	66	45	361-231	+130	396	221	53	66	102	274-374	-100	225
31.	KFC/Bay. Uerdingen	11	400	170	107	123	626-499	+127	617	200	116	40	44	376-203	+173	388	200	54	67	79	250-296	-46	229
32.	1. FC Kaiserslautern	11	374	150	118	106	543-413	+130	568	187	96	57	34	326-161	+165	345	187	54	61	72	217-252	-35	223
33.	FC Augsburg	12	436	152	110	174	632-673	-41	566	218	107	60	51	382-240	+142	381	218	45	50	123	250-433	-183	185
34.	FC Erzgebirge Aue	13	442	144	116	182	528-613	-85	548	221	97	66	58	300-237	+63	357	221	47	50	124	228-376	-148	191
35.	1. FC Köln	9	306	150	83	73	530-364	+166	533	153	88	39	26	313-164	+149	303	153	62	44	47	217-200	+17	230
36.	SV Meppen	11	404	124	139	141	495-547	-52	511	202	93	74	35	308-202	+106	353	202	31	65	106	187-345	-158	158
37.	SC Preußen Münster	9	346	139	93	114	516-484	+32	510	173	90	52	31	305-171	+134	322	173	49	41	83	211-313	-102	188
38.	FC Energie Cottbus	11	374	134	103	137	510-490	+20	505	187	94	47	46	321-213	+108	329	187	40	56	91	189-277	-88	176
39.	SpVgg Unterhaching	11	390	132	108	150	472-495	-23	504	195	92	58	45	276-168	+108	334	195	40	50	105	196-327	-131	170
40.	KSV Hessen Kassel	8	304	129	74	101	457-408	+49	461	152	90	35	27	291-163	+128	305	152	39	39	74	166-245	-79	156
41.	SC Paderborn 07	10	340	122	93	125	455-471	-16	459	170	72	52	46	267-198	+69	268	170	50	41	79	188-273	-85	191
42.	TeBe Berlin	9	338	113	91	134	485-519	-34	430	169	74	49	46	284-211	+73	271	169	39	42	88	201-308	-107	159
43.	FC Hansa Rostock	8	288	103	79	106	383-378	+5	388	144	74	33	37	242-143	+99	255	144	29	46	69	141-235	-94	133
44.	Blau-Weiss 90 Berlin	7	260	98	85	77	405-350	+55	379	130	67	41	22	236-142	+94	242	130	31	44	55	169-208	-39	137
45.	SV Eintracht Trier 05	8	294	102	69	123	416-448	-32	375	147	76	35	36	255-165	+90	263	147	26	34	87	161-283	-122	112
46.	SSV Ulm 1846	8	298	96	77	125	427-492	-65	365	149	67	45	37	268-201	+67	246	149	29	32	88	159-291	-132	119
47.	Eintracht Frankfurt	6	204	100	57	47	345-227	+118	357	102	60	27	15	193-96	+97	207	102	40	30	32	152-131	+21	150
48.	FC Carl Zeiss Jena	8	286	85	92	109	360-424	-64	347	143	57	47	39	216-187	+29	218	143	28	45	70	144-237	-93	129
49.	Wuppertaler SV	7	274	88	74	112	393-410	-17	338	137	66	31	40	249-174	+75	229	137	22	43	72	144-236	-92	109
50.	Dynamo Dresden	8	272	87	76	109	344-398	-54	337	136	58	39	39	202-173	+29	213	136	29	37	70	142-225	-83	124
51.	FC Schalke 04	5	190	94	54	42	356-211	+145	336	95	64	23	8	231-94	+137	215	95	30	31	34	125-117	+8	121
52.	FC Ingolstadt 04	8	272	83	86	103	334-366	-32	335	136	44	41	51	184-175	+9	173	136	39	45	52	150-191	-41	162
53.	VfL Wolfsburg	7	262	85	78	99	363-437	-74	333	131	61	40	30	227-170	+57	223	131	24	38	69	136-267	-131	110
54.	Rot Weiss/LR Ahlen	8	272	87	62	123	341-439	-98	323	136	52	31	53	185-193	-8	187	136	35	31	70	156-246	-90	136
55.	Chemnitzer FC	7	252	81	73	98	289-358	-69	316	126	56	37	33	173-128	+45	205	126	25	36	65	116-230	-114	111
56.	Wormatia Worms	6	230	84	50	96	326-372	-46	302	115	64	27	24	217-127	+90	219	115	20	23	72	109-245	-136	83
57.	VfB Leipzig	6	214	78	58	78	271-285	-14	292	107	52	33	22	156-89	+67	189	107	26	25	56	115-196	-81	103
58.	SV Sandhausen	7	238	70	68	100	260-309	-49	272	119	40	39	40	130-133	-3	159	119	30	29	60	130-176	-46	119
59.	Holstein Kiel	5	186	65	47	74	280-305	-25	242	93	44	30	19	172-112	+60	162	93	21	17	55	108-193	-85	80
60.	Freiburger FC	5	192	64	45	83	322-392	-70	237	96	49	22	25	202-153	+49	169	96	15	23	58	120-239	-119	68
61.	Bayer 04 Leverkusen	4	152	66	38	48	250-204	+46	236	76	40	22	14	141-72	+69	142	76	26	16	34	109-132	-23	94
62.	1. FC Heidenheim	5	170	61	51	58	239-224	+15	234	85	39	21	25	140-108	+32	138	85	22	30	33	99-116	-17	96
63.	Jahn Regensburg	6	212	54	57	101	271-384	-113	219	106	36	26	44	141-168	-27	134	106	18	31	57	130-216	-86	85
64.	FC Bayern Hof	4	152	61	33	58	231-217	+14	218	76	43	17	16	145-78	+67	146	76	18	18	40	86-139	-53	72
65.	SC Westfalia Herne	4	152	59	39	54	255-236	+19	216	76	41	17	18	149-95	+54	140	76	18	22	36	106-141	-35	76
66.	Wacker Burghausen	5	170	54	54	62	223-247	-24	216	85	27	32	26	114-104	+10	113	85	27	22	36	109-143	-34	103
67.	VfB Oldenburg	5	192	52	59	81	268-338	-70	215	96	44	32	20	181-122	+59	164	96	8	27	61	87-216	-129	51
68.	VfB Stuttgart	3	110	61	19	30	230-133	+97	202	55	38	8	9	140-54	+86	122	55	23	11	21	90-79	+11	80

				Gesamtbilanz					Heimbilanz						Auswärtsbilanz					
Pl.	Mannschaft	J	Sp	S	U	N	Tore	TD	Pkt	Sp	S	U	N	Tore	TD	Pkt	Sp	S	U	N	Tore	TD	Pkt
69.	Schwarz-Weiß Essen	4	152	52	36	64	226-268	-42	192	76	38	25	13	142-87	+55	139	76	14	11	51	84-181	-97	53
70.	1. SC Göttingen 05	4	156	50	39	67	247-285	-38	189	78	37	18	23	163-115	+48	129	78	13	21	44	84-170	-86	60
71.	Röchling Völklingen	4	154	52	29	73	224-291	-67	185	77	36	16	25	135-112	+23	124	77	16	13	48	89-179	-90	61
72.	Bor. M'gladbach	3	102	49	35	18	193-112	+81	182	51	30	14	7	103-43	+60	104	51	19	21	11	90-69	+21	78
73.	VfR/OLI Bürstadt	4	154	50	30	74	207-258	-51	180	77	33	15	29	118-100	+18	114	77	17	15	45	89-158	-69	66
74.	SC Herford	4	156	46	40	70	209-255	-46	178	78	31	24	23	123-102	+21	117	78	15	16	47	86-153	-67	61
75.	FV 04 Würzburg	4	154	46	37	71	183-278	-95	175	77	31	26	20	120-92	+28	119	77	15	11	51	63-186	-123	56
76.	Arminia Hannover	4	152	48	29	75	223-297	-74	173	76	35	17	24	138-106	+32	122	76	13	12	51	85-191	-106	51
77.	VfB Lübeck	4	136	43	34	59	170-205	-35	163	68	29	19	20	102-82	+20	106	68	14	15	39	68-123	-55	57
78.	SC Viktoria Köln	3	118	40	39	39	197-191	+6	159	59	31	17	11	120-74	+46	110	59	9	22	28	77-117	-40	49
79.	RW Lüdenscheid	4	156	39	38	79	207-337	-130	155	78	32	25	21	131-126	+5	121	78	7	13	58	76-211	-135	34
80.	FSV Zwickau	4	136	39	37	60	137-201	-64	154	68	31	20	17	82-59	+23	113	68	8	17	43	55-142	-87	41
81.	SC Wacker 04 Berlin	4	152	41	30	81	181-316	-135	153	76	35	15	26	112-120	-8	120	76	6	15	55	69-196	-127	33
82.	TuS Koblenz	4	136	41	37	58	164-209	-45	151	68	26	25	17	92-81	+11	103	68	15	12	41	72-128	-56	57
83.	SSV Reutlingen 05	4	140	44	22	74	195-261	-66	148	70	30	9	31	118-113	+5	99	70	14	13	43	77-148	-71	55
84.	FK 03 Pirmasens	4	152	38	30	84	209-345	-136	144	76	29	17	30	129-138	-9	104	76	9	13	54	80-207	-127	40
85.	1. FC Schweinfurt 05	4	148	36	33	79	171-296	-125	141	74	27	24	23	111-111	0	105	74	9	9	56	60-185	-125	36
86.	Borussia Dortmund	2	76	39	20	17	158-81	+77	137	38	27	10	1	109-31	+78	91	38	12	10	16	49-50	-1	46
87.	FC Gütersloh	3	102	35	32	35	125-135	-10	134	51	26	19	6	73-42	+31	97	51	9	13	29	52-93	-41	40
88.	KSV Baunatal	3	114	36	21	57	168-229	-61	129	57	28	14	15	107-88	+19	98	57	8	7	42	61-141	-80	31
89.	Vikt. Aschaffenburg	3	114	32	29	53	151-191	-40	125	57	26	15	16	96-69	+27	93	57	6	14	37	55-122	-67	32
90.	VfR Aalen	3	102	30	33	39	110-124	-14	121	51	18	16	17	68-54	+14	70	51	12	17	22	42-70	-28	53
91.	RB Leipzig	2	68	33	18	17	93-63	+30	117	34	21	7	6	60-33	+27	70	34	12	11	11	33-30	+3	47
92.	BVL Remscheid	3	114	30	21	63	143-237	-94	111	57	26	13	18	95-82	+13	91	57	4	8	45	48-155	-107	20
93.	SpVgg Erkenschwick	3	118	26	28	64	140-230	-90	106	59	20	17	22	96-96	0	77	59	6	11	42	44-134	-90	29
94.	Bor. Neunkirchen	3	114	26	23	65	140-242	-102	101	57	22	17	18	82-77	+5	83	57	4	6	47	58-165	-107	18
95.	SV Werder Bremen	1	42	30	8	4	97-33	+64	98	21	18	2	1	59-12	+47	56	21	12	6	3	38-21	+17	42
96.	DSC Wanne-Eickel	2	76	26	19	31	129-137	-8	97	38	20	10	8	79-53	+26	70	38	6	9	23	50-84	-34	27
97.	1. FC Bocholt	2	80	27	16	37	131-140	-9	97	40	23	8	9	79-44	+35	77	40	4	8	28	52-96	-44	20
98.	ESV Ingolstadt	2	78	27	11	40	119-181	-62	92	39	20	7	12	81-68	+13	67	39	7	4	28	38-113	-75	25
99.	MTV Ingolstadt	2	78	27	10	41	120-163	-43	91	39	20	5	14	79-60	+19	65	39	7	5	27	41-103	-62	26
100.	1. FC Mülheim	2	76	22	22	32	101-140	-39	88	38	18	14	6	66-45	+21	68	38	4	8	26	35-95	-60	20
101.	DJK Gütersloh	2	76	23	14	39	109-133	-24	83	38	18	8	12	69-53	+16	62	38	5	6	27	40-80	-40	21
102.	FC Remscheid	2	78	17	30	31	89-121	-32	81	39	12	16	11	46-46	0	52	39	5	14	20	43-75	-32	29
103.	OSC Bremerhaven	2	76	21	17	38	113-167	-54	80	38	14	11	13	63-60	+3	53	38	7	6	25	50-107	-57	27
104.	OSV Hannover	2	80	20	15	45	96-187	-91	75	40	13	10	17	48-72	-24	49	40	7	5	28	48-115	-67	26
105.	SV Wehen	2	68	16	23	29	75-102	-27	71	34	10	12	12	45-45	0	42	34	6	11	17	30-57	-27	29
106.	TSG Hoffenheim	1	34	17	9	8	60-40	+20	60	17	11	2	4	34-17	+17	35	17	6	7	4	26-23	+3	25
107.	Hamburger SV	1	34	16	8	10	45-42	+3	56	17	8	4	5	21-22	-1	28	17	8	4	5	24-20	+4	28
108.	Würzburger Kickers	2	72	11	22	39	70-134	-64	55	36	8	13	15	41-50	-9	37	36	3	9	24	29-84	-55	18
109.	FC Rot-Weiß Erfurt	2	66	12	16	38	70-135	-65	52	33	8	12	13	44-57	-13	36	33	4	4	25	26-78	-52	16
110.	Bonner SC	1	38	14	5	19	53-72	-19	47	19	12	2	5	36-21	+15	38	19	2	3	14	17-51	-34	9
111.	FC Hanau 93	1	38	11	7	20	72-98	-26	40	19	9	4	6	48-40	+8	31	19	2	3	14	24-58	-34	9
112.	VfR Heilbronn	1	38	10	10	18	51-78	-27	40	19	6	9	4	31-26	+5	27	19	4	1	14	20-52	-32	13
113.	SC Charlottenburg	1	38	10	9	19	49-68	-19	39	19	9	5	5	33-23	+10	32	19	1	4	14	16-45	-29	7
114.	Oly. Wilhelmshaven	1	38	10	7	21	54-81	-27	37	19	8	3	8	36-31	+5	27	19	2	4	13	18-50	-32	10
115.	Hallescher FC	1	32	7	13	12	35-47	-12	34	16	5	9	2	24-16	+8	24	16	2	4	10	11-31	-20	10
116.	VfR Mannheim	1	38	8	10	20	43-85	-42	34	19	7	4	8	33-41	-8	25	19	1	6	12	10-44	-34	9
117.	Stahl Brandenburg	1	32	8	7	17	37-53	-16	31	16	6	3	7	19-22	-3	21	16	2	4	10	18-31	-13	10
118.	1. FC Magdeburg	1	34	6	13	15	35-53	-18	31	17	2	10	5	16-19	-3	16	17	4	3	10	19-34	-15	15
119.	Sportfreunde Siegen	1	34	8	7	19	35-54	-19	31	17	5	5	7	24-27	-3	20	17	3	2	12	11-27	-16	11
120.	Eintr. Bad Kreuznach	1	38	8	7	23	49-83	-34	31	19	6	4	9	33-29	+4	22	19	2	3	14	16-54	-38	9
121.	VfB Eppingen	1	38	7	8	23	44-86	-42	29	19	7	5	7	30-36	-6	26	19	0	3	16	14-50	-36	3
122.	TuS Schloß Neuhaus	1	38	7	8	23	43-92	-49	29	19	6	5	8	24-31	-7	23	19	1	3	15	19-61	-42	6
123.	Barmbek-Uhlenhorst	1	38	6	8	24	34-86	-52	26	19	6	5	8	18-29	-11	23	19	0	3	16	16-57	-41	3
124.	TSV Havelse	1	38	6	7	25	44-82	-38	25	19	6	4	9	27-35	-8	22	19	0	3	16	17-47	-30	3
125.	FSV Salmrohr	1	38	4	13	21	48-94	-46	25	19	3	10	6	32-39	-7	19	19	1	3	15	16-55	-39	6
126.	BSV Schwenningen	1	38	4	7	27	31-102	-71	19	19	4	4	11	21-35	-14	16	19	0	3	16	10-67	-57	3
127.	SV Babelsberg 03	1	34	4	6	24	39-82	-43	18	17	3	0	14	19-41	-22	9	17	1	6	10	20-41	-21	9
128.	Spandauer SV	1	38	2	4	32	33-115	-82	10	19	2	2	15	19-54	-35	8	19	0	2	17	14-61	-47	2

Anmerkungen:
- Die Tabelle ist nach dem Dreipunkte-System (3-1-0) berechnet, auch für die Spielzeiten 1974-95, in der noch die Zweipunkte-Regel (2-1-0) galt.
- Von 1974 bis 1981 und in der Saison 1991/92 spielte die Liga in zwei Gruppen (Nord und Süd).
- In der Saison 1979/80 wurde dem SC Westfalia Herne nach dem 1. Spieltag die Lizenz entzogen. Herne wurde in die AOL Westfalen versetzt, aus der Rot-Weiß Lüdenscheid nachrückte. Das Spiel SC Herford – SC Westfalia Herne (0:1) vom 28.07.1979 wurde annulliert.
- In der Saison 1984/85 wurden Offenbacher FC Kickers zwei Punkte abgezogen.
- In der Saison 1993/94 wurden alle Spiele von Rot-Weiss Essen nur für den Gegner gewertet.
- In der Saison 1995/96 wurden dem 1. FC Nürnberg sechs Punkte abgezogen.
- In der Saison 1995/96 wurden Hertha BSC drei Punkte abgezogen.
- In der Saison 1996/97 wurden dem FC Gütersloh drei Punkte abgezogen.
- In der Saison 2002/03 wurden dem SSV Reutlingen 05 sechs Punkte abgezogen.
- In der Saison 2007/08 wurden TuS Koblenz sechs Punkte und in der Saison 2008/09 drei Punkte abgezogen.
- In der Saison 2009/10 wurden dem DSC Arminia Bielefeld vier Punkte abgezogen.
- In der Saison 2010/11 wurden dem TSV 1860 München zwei Punkte und dem DSC Arminia Bielefeld drei Punkte abgezogen.
- In der Saison 2014/15 wurden dem SV Sandhausen drei Punkte und dem VfR Aalen zwei Punkte abgezogen.
- In der Saison 2015/16 wurden dem SV Sandhausen drei Punkte abgezogen.

Das Zahlen-Mosaik der 2. Bundesliga:

Saison	Spiele	HS	U	AS	Heim	+	Auswärts	=	gesamt	Schnitt	Eigentore	Gelb	Gelb-Rot	Rot	gesamt	Schnitt
1974/75 N	380	212	90	78	784	+	446	=	1.230	3,24	22	727	0	27	2.318.943	6.102
1974/75 S	380	222	90	68	760	+	422	=	1.182	3,11	16	689	0	13	2.718.393	7.154
1975/76 N	380	212	83	85	741	+	461	=	1.202	3,16	13	703	0	13	2.173.591	5.720
1975/76 S	380	205	78	97	768	+	492	=	1.260	3,32	23	788	0	17	2.443.811	6.431
1976/77 N	380	197	98	85	798	+	503	=	1.301	3,42	17	774	0	23	1.993.740	5.247
1976/77 S	380	209	83	88	781	+	476	=	1.257	3,31	17	870	0	16	2.545.787	6.699
1977/78 N	380	199	101	80	767	+	488	=	1.255	3,30	12	789	0	20	1.915.440	5.041
1977/78 S	380	222	85	73	812	+	426	=	1.238	3,26	28	814	0	20	1.744.543	4.591
1978/79 N	380	201	108	71	731	+	428	=	1.159	3,05	12	789	0	22	1.481.507	3.899
1978/79 S	380	220	75	85	791	+	465	=	1.256	3,31	22	962	0	26	1.583.314	4.167
1979/80 N	380	202	82	96	790	+	480	=	1.270	3,34	17	762	0	22	1.608.929	4.234
1979/80 S	420	229	82	109	886	+	526	=	1.412	3,36	24	986	0	25	1.810.003	4.310
1980/81 N	462	253	104	105	951	+	579	=	1.530	3,31	28	980	0	21	2.522.479	5.460
1980/81 S	380	215	89	76	773	+	445	=	1.218	3,21	19	908	0	24	1.467.649	3.862
1981/82	380	209	101	70	734	+	433	=	1.167	3,07	15	940	0	25	2.940.820	7.739
1982/83	380	216	93	71	795	+	424	=	1.219	3,21	21	1.068	0	30	1.809.560	4.762
1983/84	380	204	105	71	741	+	447	=	1.188	3,13	30	1.082	0	31	2.225.280	5.856
1984/85	380	206	95	79	719	+	444	=	1.163	3,06	19	1.150	0	26	1.974.100	5.195
1985/86	380	202	98	80	729	+	428	=	1.157	3,04	21	1.177	0	39	1.580.040	4.158
1986/87	380	197	106	77	743	+	458	=	1.201	3,16	18	1.168	0	43	2.051.620	5.399
1987/88	380	210	98	72	702	+	422	=	1.124	2,97	20	1.192	0	46	1.558.760	4.102
1988/89	380	205	98	77	685	+	423	=	1.108	2,92	13	1.301	0	43	2.116.600	5.570
1989/90	380	188	115	77	649	+	412	=	1.061	2,79	14	1.216	0	15	2.604.900	6.855
1990/91	380	185	123	72	610	+	387	=	997	2,62	14	1.240	0	54	2.489.000	6.550
1991/92 N	192	84	62	46	289	+	225	=	514	2,68	2	743	24	28	1.053.090	5.485
1991/92 S	192	91	68	33	303	+	184	=	487	2,54	5	771	36	32	1.043.759	5.436
1992/93	552	277	161	114	907	+	527	=	1.434	2,60	19	2.339	104	39	2.802.415	5.077
1993/94	380	185	115	80	582	+	367	=	949	2,50	17	1.563	74	54	2.344.177	6.169
1994/95	306	137	102	67	524	+	338	=	862	2,80	20	1.285	51	41	2.013.315	6.579
1995/96	306	158	80	68	486	+	305	=	791	2,58	12	1.352	61	29	2.104.693	6.878
1996/97	306	150	93	63	517	+	305	=	822	2,69	21	1.388	63	33	2.476.382	8.093
1997/98	306	129	99	78	434	+	340	=	774	2,53	11	1.322	48	29	2.468.993	8.069
1998/99	306	148	85	73	483	+	339	=	822	2,69	24	1.396	64	36	2.360.228	7.713
1999/00	306	147	95	64	521	+	344	=	865	2,83	24	1.507	57	40	3.306.086	10.804
2000/01	306	154	77	75	531	+	356	=	887	2,90	22	1.353	48	43	2.925.227	9.560
2001/02	306	149	72	85	564	+	398	=	962	3,14	7	1.344	39	38	2.454.299	8.021
2002/03	306	137	82	87	492	+	371	=	863	2,82	20	1.334	46	32	3.089.625	10.097
2003/04	306	142	87	77	487	+	355	=	842	2,75	18	1.415	45	32	2.630.019	8.595
2004/05	306	157	71	78	495	+	346	=	841	2,75	24	1.342	55	27	3.694.544	12.074
2005/06	306	148	67	91	465	+	329	=	794	2,59	19	1.256	40	21	3.678.142	12.020
2006/07	306	135	86	85	466	+	338	=	804	2,63	16	1.244	43	27	4.667.298	15.253
2007/08	306	141	95	70	514	+	358	=	872	2,85	20	1.213	41	33	5.506.558	17.995
2008/09	306	147	87	72	509	+	343	=	852	2,78	15	1.211	29	30	4.758.337	15.550
2009/10	306	145	72	89	464	+	345	=	809	2,64	16	1.178	29	15	4.583.010	14.977
2010/11	306	150	69	87	479	+	356	=	835	2,73	15	1.204	36	27	4.448.917	14.539
2011/12	306	140	91	75	488	+	367	=	855	2,79	24	1.232	35	26	5.261.939	17.196
2012/13	306	129	90	87	449	+	341	=	790	2,58	12	1.124	24	46	5.179.395	16.926
2013/14	306	126	88	92	427	+	358	=	785	2,57	19	1.229	25	30	5.462.972	17.853
2014/15	306	127	97	82	424	+	339	=	763	2,49	20	1.264	27	21	5.389.457	17.613
2015/16	306	127	86	93	427	+	381	=	808	2,64	22	1.283	33	21	5.819.100	19.017
2016/17	306	137	88	81	435	+	326	=	761	2,49	28	1.313	31	14	6.597.409	21.560
2017/18	306	127	89	90	456	+	387	=	843	2,75	29	1.205	26	20	5.346.763	17.473
2018/19	306	128	88	90	499	+	405	=	904	2,95	16	1.217	37	22	5.807.823	18.980
Gesamt	18.208	9.172	4.822	4.214	32.357	+	20.988	=	53.345	2,93	972	60.702	1.271	1.527	158.952.841	8.730

Bei den Gesamt-Zuschauerzahlen handelt es sich um die offiziellen DFB-Zahlen; die Summe der Einzelspiele kann zu Abweichungen führen.

Die Torschützenkönige (ab Einführung der eingleisigen) 2. Bundesliga:

Saison	Spieler (Mannschaft)	Tore
1981/82	Völler, Rudi (TSV 1860 München)	37
1982/83	Schatzschneider, Dieter (Hannover 96)	31
1983/84	Wohlfarth, R.(Duisburg) und Günther, E. (Karlsruhe)	30
1984/85	Burgsmüller, Manfred (SC Rot-Weiß Oberhausen)	29
1985/86	Bunk, Leo (Blau-Weiß 90 Berlin)	26
1986/87	Reich, Siegfried (Hannover 96)	26
1987/88	Sané, Souleyman (SC Freiburg)	21
1988/89	Demandt, Sven (Fortuna Düsseldorf)	35
1989/90	Banach, Maurice (SG Wattenscheid 09)	22
1990/91	Tönnies, Michael (MSV Duisburg)	29
1991/92 N	Drulak, Radek (VfB Oldenburg)	21
1991/92 S	Preetz, Michael (1. FC Saarbrücken)	17
1992/93	Reich, Siegfried (VfL Bochum)	27
1993/94	Wegmann, Uwe (VfL Bochum)	22
1994/95	Rische, Jürgen (VfB Leipzig)	17
1995/96	Walter, Fritz (DSC Arminia Bielefeld)	21
1996/97	Vier, Angelo (Rot-Weiss Essen)	18
1997/98	Vier, Angelo (FC Gütersloh)	18
1998/99	Labbadia, Bruno (DSC Arminia Bielefeld)	28
1999/00	Maric, Tomislav (SV Stuttgarter Kickers)	21
2000/01	Djappa, Olivier (Reutlingen) und Wichniarek, Artur (Bielefeld)	18
2001/02	Wichniarek, Artur (DSC Arminia Bielefeld)	20
2002/03	Voronin, Andrej (1. FSV Mainz 05)	20
2003/04	Mintal, Marek (Nürnberg) und Copado, Francisco (Unterhaching)	18
2004/05	Podolski, Lukas (1. FC Köln)	24
2005/06	Eigler, Christian (SpVgg Greuther Fürth)	18
2006/07	Federico, Giovanni (Karlsruher SC)	19
2007/08	Novakovic, Milivoje (1. FC Köln)	20
2008/09	Auer, B. (Aachen), Makiadi, C. (Duisburg), Mintal, M. (Nürnberg)	16
2009/10	Thurk, Michael (FC Augsburg)	23
2010/11	Petersen, Nils (FC Energie Cottbus)	25
2011/12	Meier, A. (Frankfurt), Occean (Fürth), Proschwitz, N. (Paderborn)	17
2012/13	Kumbela, Dominick (Eintracht Braunschweig)	19
2013/14	Saglik, Mahir (SC Paderborn), Sylvestr, Jakub (Erzgebirge Aue)	15
2014/15	Hennings, Rouwen (Karlsruher SC)	17
2015/16	Terodde, Simon (VfL Bochum)	25
2016/17	Terodde, Simon (VfB Stuttgart)	25
2017/18	Ducksch, Marvin (Holstein Kiel)	18
2018/19	Terodde, Simon (1. FC Köln)	29

Die Fußball-Statistiker !

Sie wollten schon immer wissen, in welcher Liga "Ihr" Fußball-Verein im Jahr 1953 gespielt hat? Sie sind neugierig, welche Mannschaft in Deutschland in der vergangenen Saison den höchsten Sieg in einem Punktspiel erzielt hat? Welcher Schiedsrichter die meisten Europacup-Spiele überhaupt geleitet hat? Und wie und warum die Vereine eigentlich damals in die Bundesliga gekommen sind? Fragen Sie uns. Oder wissen Sie das alles schon? Auch dann ist der Deutsche Sportclub für Fußball-Statistiken e.V., kurz DSFS, die richtige Adresse.

Seit bald 50 Jahren sammeln unsere Mitglieder alle nur denkbaren Zahlen, Daten, Namen und Fakten, die mit der schönsten Nebensache der Welt zu tun haben: dem Fußball. Mit knapp 400 Mitgliedern sind wir mit Abstand die größte Vereinigung von Fußball-Statistikern in Deutschland. Sie kommen aus allen Altersklassen, aus allen Ecken Deutschlands und dem benachbarten Ausland, sie sind Sportjournalisten, Eisenbahnschaffner, Computer-Experten, Studenten oder Klempner. Was sie eint, ist die Begeisterung für den Fußball und die Lust daran, aus diesem Hobby mehr zu machen als jeden Samstag vor dem Fernseher oder im Stadion zu sitzen. Der Fantasie sind dabei keine Grenzen gesetzt. Ob es die Mannschaftsaufstellungen des letzten "Africa-Cups", die Torschützenliste der Kreisklasse Inn/Salzach oder die Tabellen der Gauliga Ostpreußen von 1934 sind – kaum eine Nische bleibt unbeackert beim DSFS. Und oft findet sich unter den Mitgliedern einer, der auch das letzte fehlende Ergebnis von vor 70 Jahren findet oder den richtigen Namen des Torschützen aus Gambia kennt.

Wir halten enge Kontakte mit Fußball-Statistikern in aller Welt (allein in England sind fast 2000 von ihnen in einer Statistiker-Vereinigung organisiert), unsere besondere Aufmerksamkeit gehört aber dem Amateurfußball. Das in dieser Form einmalige Jahrbuch "Deutscher Fußball-Almanach" richtet sein Haupt-Augenmerk auf die Bundesligen, die 3. Liga, die Regionalligen, Oberligen und die darunter liegenden Klassen.

Mit seinen über 20.000 Ergebnissen, Tabellen und Statistiken ist es eine Fundgrube für alle Fußball-Interessierten. Regional erstellen wir darüber hinaus Almanache, die den Amateurfußball bis tief in die Kreisligen abdecken. Welt-, Europa und Südamerika-Meisterschaften oder historischer Fußball mit Büchern von den Anfängen im 19. Jahrhundert bis zum Ende des Zweiten Weltkrieges sind nur einige der Themen unserer weiteren Veröffentlichungen.

Unsere Mitglieder sind echte Experten, die auch von der Fachpresse, von Verbänden und sogar von Bundesliga-Vereinen immer wieder zu Rate gezogen werden. Aber wir sind keine Profis. Die Fußball-Statistik bleibt unser Hobby, wir werten sie im Verein nicht kommerziell aus. Aus Prinzip.

Denn der DSFS soll Spaß machen. Und deshalb darf auch die Geselligkeit nicht zu kurz kommen. Zweimal im Jahr kommen wir deutschlandweit zusammen, dazwischen auf zahlreichen regionalen Treffen. Dort kann man sich Abende lang über den Fußball die Köpfe heiß reden oder über die Detektiv-Arbeit auf der Suche nach den neuesten (oder ältesten) Tabellen schmunzeln – aber man muss nicht. Wir spielen sogar selbst Fußball. Daneben informiert das fünf Mal im Jahr erscheinende "DSFS-Magazin" mit weiteren Statistiken, unterhält aber auch mit Fußball-Tippspielen.

Wie unsere Mitglieder ihr Hobby betreiben, bleibt ihre Sache. Mit Bleistift und Rechenschieber oder mit Hilfe von Computer-Programmen und dem Internet, in dem wir (www.dsfs.de) natürlich auch vertreten sind. Mit intensiven Recherchen in Bibliotheken und Archiven oder nur mit der in ein Notizheft eingeklebten Bundesliga-Tabelle aus der Tageszeitung. Am Ende landet vieles davon im riesigen DSFS-Archiv, aus dem sich andere Mitglieder bedienen können.

Je mehr unserer Mitglieder aktiv mitarbeiten, desto mehr können wir gemeinsam erreichen. Interessiert? Als Ansprechpartner stehen neben dem Vorstand die Regionalleiter und die Leiter der Arbeitsgruppen bereit. Arbeitsgruppen finden sich zu verschiedensten Themen.

VORSITZENDER:	STELLV. VORSITZENDER:	GESCHÄFTSFÜHRER:	SCHRIFTFÜHRER:
Dirk Henning	**Ralf Hohmann**	**Herbert Gerlach**	**Alfred Nitschke**
Germaniastraße 20	Planetenstraße 94	Noesenberg 5	Findorffstraße 26
34119 Kassel	31275 Lehrte	40822 Mettmann	27721 Ritterhude
Tel.: (05 61) 78 04 05	Tel.: (0 51 32) 86 56 19	Tel.: (0 21 04) 7 35 27	Tel.: (0 42 92) 99 25 42
BEISITZER IT/EARCHIV:	BEISITZER STATISTIKKOORDINATION:	BEISITZER PR:	BANKVERBINDUNG:
Frank Besting	**Gerhard Jung**	**Harald Igel**	**DSFS e.V. Mettmann**
Lise-Meitner-Str. 11	Gutenbergstraße 9	Waldenauer Weg 9	Kreissparkasse Düsseldorf
44534 Lünen	58507 Lüdenscheid	22547 Hamburg	IBAN DE33301502000002005684
Tel.: (0 23 06) 8 49 64 12	Tel.: (0 23 51) 5 21 23	Tel.: (0 40) 84 19 88	BIC WELADED1KSD

Eine Auswahl weiterer Bücher des DSFS

Ältere (noch verfügbare) Ausgaben dieses Buches:

Deutscher Fußball-Almanach 2015	110122	24,90 €	Deutscher Fußball-Almanach 2017	110124	24,90 €
Deutscher Fußball-Almanach 2016	110123	24,90 €	Deutscher Fußball-Almanach 2018	110125	24,90 €

Historische Bücher:

Fußball in Hamburg 1945 – 1963	220300	29,90 €
Fußball in Hamburg 1963 – 1984	220301	29,90 €
Fußball in Hamburg 1984 – 1994	220302	29,90 €
Fußball in Niedersachsen 1964 – 1979	220350	26,80 €
Fußball in Westdeutschland 1945 – 1952	240101	26,80 €
Fußball in Westdeutschland 1952 – 1958	240102	26,80 €
Fußball in Westdeutschland 1958 – 1963	240103	26,80 €
Fußball in Westdeutschland 1963 – 1966	240104	28,80 €
Südwest-Chronik 1963 – 1969	250101	28,80 €
Südwest-Chronik 1969 – 1974	250102	28,80 €
Saarland-Chronik 1963 - 1994	250110	28,80 €
Landesliga Bayern 1963 – 2012	290103	23,80 €
Baltischer Sportverband 1903 – 1933	210220	39,80 €
Baltischer Sportverband 1933 – 1945	210221	39,80 €

Bestellungen:
An den DSFS
Hans-Joachim Stubbe
Elisabeth-Frucht-Str. 28
30926 Seelze
Fax: (05 11) 40 21 31
shop@dsfs.de

Dort oder unter **www.dsfs.de** erhalten Sie auch das Gesamtverzeichnis aller Publikationen des DSFS.
Zu einigen Büchern gibt es auf unserer Homepage auch detaillierte Beschreibungen mit Beispielseiten.

3. Liga:

3. Liga

Pl. (Vj.)	Mannschaft		Sp	S	U	N	Tore	TD	Pkt	Sp	S	U	N	Tore	Pkt	Sp	S	U	N	Tore	Pkt
			Gesamtbilanz							**Heimbilanz**						**Auswärtsbilanz**					
1. (17.)	VfL Osnabrück	↑	38	22	10	6	56-31	+25	76	19	14	1	4	32-16	43	19	8	9	2	24-15	33
2. (3.)	Karlsruher SC	↑	38	20	11	7	64-38	+26	71	19	10	4	5	37-26	34	19	10	7	2	27-12	37
3. (4.)	SV Wehen Wiesbaden	↑	38	22	4	12	71-47	+24	70	19	11	2	6	29-16	35	19	11	2	6	42-31	35
4. (13.)	Hallescher FC		38	19	9	10	47-34	+13	66	19	9	4	6	25-18	31	19	10	5	4	22-16	35
5. (5.)	FC Würzburger Kickers		38	16	9	13	56-45	+11	57	19	9	4	6	29-23	31	19	7	5	7	27-22	26
6. (6.)	FC Hansa Rostock		38	14	13	11	47-46	+1	55	19	7	7	5	26-25	28	19	7	6	6	21-21	27
7. (15.)	FSV Zwickau		38	14	10	14	49-47	+2	52	19	10	5	4	32-18	35	19	4	5	10	17-29	17
8. (10.)	SC Preußen Münster		38	15	7	16	48-50	-2	52	19	9	3	7	25-15	30	19	6	4	9	23-35	22
9. (↓)	1. FC Kaiserslautern		38	13	12	13	49-51	-2	51	19	7	7	5	25-18	28	19	6	5	8	24-33	23
10. (9.)	SpVgg Unterhaching		38	11	15	12	53-46	+7	48	19	6	8	5	27-10	26	19	5	7	7	26-36	22
11. (↑)	KFC Uerdingen 05		38	14	6	18	47-62	-15	48	19	5	4	10	22-35	19	19	9	2	8	25-27	29
12. (↑)	TSV 1860 München		38	12	11	15	48-52	-4	47	19	9	3	7	28-22	30	19	3	8	8	20-30	17
13. (7.)	SV Meppen		38	13	8	17	48-53	-5	47	19	9	3	7	30-24	30	19	4	5	10	18-29	17
14. (11.)	FC Carl Zeiss Jena		38	11	13	14	48-57	-9	46	19	5	9	5	28-26	24	19	6	4	9	20-31	22
15. (14.)	SG Sonnenhof Großaspach		38	9	18	11	38-39	-1	45	19	6	10	3	24-18	28	19	3	8	8	14-21	17
16. (↓)	Eintracht Braunschweig		38	10	15	13	48-54	-6	45	19	4	9	6	28-30	21	19	6	6	7	20-24	24
17. (↑)	FC Energie Cottbus	↓	38	12	9	17	51-58	-7	45	19	6	5	8	28-28	23	19	6	4	9	23-30	22
18. (16.)	VfL Sportfreunde Lotte	↓	38	9	13	16	31-46	-15	40	19	4	6	9	11-20	18	19	5	7	7	20-26	22
19. (8.)	SC Fortuna Köln	↓	38	9	12	17	38-64	-26	39	19	3	9	7	16-28	18	19	6	3	10	22-36	21
20. (12.)	VfR Aalen	↓	38	6	13	19	45-62	-17	31	19	3	6	10	28-36	15	19	3	7	9	17-26	16

Absteiger aus der 2. Bundesliga: MSV Duisburg, 1. FC Magdeburg und FC Ingolstadt 04.
Aufsteiger in die 2. Bundesliga: VfL Osnabrück, Karlsruher SC und SV Wehen Wiesbaden.
Absteiger in die Regionalligen: VfR Aalen (Südwest), SC Fortuna Köln, VfL Sportfreunde Lotte (West) und FC Energie Cottbus (Nordost).
Aufsteiger aus den Regionalligen: Chemnitzer FC (Nordost), FC Viktoria Köln (West), SV Waldhof Mannheim (Südwest) und FC Bayern München II (Bayern).

3. Liga 2018/19

	VfL Osnabrück	Karlsruher SC	SV Wehen	Hallescher FC	Würzburger Kick.	Hansa Rostock	FSV Zwickau	Preußen Münster	Kaiserslautern	Unterhaching	KFC Uerdingen 05	1860 München	SV Meppen	Carl Zeiss Jena	SGS Großaspach	Etr. Braunschweig	Energie Cottbus	Sportfreunde Lotte	SC Fortuna Köln	VfR Aalen
VfL Osnabrück	×	0:1	2:1	2:0	2:1	1:2	3:0	3:0	2:0	1:4	2:1	2:2	1:0	3:1	0:2	1:0	3:1	1:0	1:0	2:0
Karlsruher SC	2:1	×	2:5	2:3	2:1	1:1	1:1	5:0	0:1	4:0	2:0	3:2	3:1	1:1	2:1	1:1	2:0	1:3	3:1	0:3
SV Wehen Wiesbaden	1:0	2:0	×	2:0	0:2	2:0	0:0	2:0	2:0	1:2	0:2	0:1	3:0	2:3	2:0	3:3	0:2	2:0	3:0	2:1
Hallescher FC	1:1	0:3	1:4	×	1:0	0:1	2:0	1:2	1:1	4:0	3:0	2:1	0:0	2:0	1:0	2:3	0:0	1:2	1:0	
FC Würzburger Kickers	1:2	0:0	3:1	1:2	×	0:2	0:2	3:2	2:0	0:1	0:2	2:1	2:1	5:2	0:0	1:1	3:1	2:2	2:0	2:1
FC Hansa Rostock	1:1	1:0	3:2	1:1	0:4	×	3:1	1:4	4:1	2:0	1:1	2:2	0:2	1:2	0:0	2:0	0:2	0:0	3:1	1:1
FSV Zwickau	0:1	1:1	2:1	2:0	2:0	2:2	×	2:0	1:1	2:2	2:0	5:2	1:1	2:0	3:0	0:1	2:1	0:2	1:0	2:3
SC Preußen Münster	0:0	1:4	3:0	1:2	1:0	0:1	0:2	×	2:0	3:0	1:0	0:0	1:1	1:2	1:0	3:0	3:0	1:0	0:2	4:0
1. FC Kaiserslautern	1:3	0:0	0:0	0:0	0:0	0:2	1:1	1:2	×	4:0	2:0	1:0	4:2	4:1	2:0	0:0	0:2	2:1	3:3	0:1
SpVgg Unterhaching	1:1	0:0	1:2	0:0	0:1	2:1	0:1	1:1	5:0	×	4:0	1:1	0:1	0:1	0:0	3:0	0:0	3:0	6:0	0:0
KFC Uerdingen 05	1:3	1:3	2:3	2:1	0:3	2:1	1:2	0:0	2:4	1:3	×	1:1	3:2	2:1	0:0	0:3	1:2	0:2	1:1	2:0
TSV 1860 München	1:2	0:2	1:2	1:1	1:1	1:2	2:0	0:1	2:1	1:0	0:1	×	1:0	1:3	2:2	2:0	2:0	5:1	3:2	2:1
SV Meppen	0:2	2:3	1:1	0:2	1:1	1:3	2:0	1:2	0:1	3:3	3:2	1:0	×	0:1	2:1	4:2	2:0	3:0	3:0	1:0
FC Carl Zeiss Jena	0:0	1:1	3:1	0:3	3:4	1:1	2:1	0:0	3:3	4:5	0:0	4:0	1:2	×	3:2	0:0	2:1	1:1	0:1	0:0
SG Sonnenhof Großaspach	0:0	1:2	2:3	1:1	2:1	0:0	5:2	3:1	1:1	1:1	3:2	1:0	1:0	0:0	×	1:1	0:0	0:1	1:1	1:1
Eintracht Braunschweig	3:4	1:1	2:3	0:1	2:2	2:0	1:1	3:3	1:4	1:0	0:2	1:1	3:0	2:0	1:1	×	1:1	2:2	0:2	2:2
FC Energie Cottbus	1:2	0:2	2:3	1:2	3:0	2:1	3:0	1:1	2:2	0:2	1:2	1:1	2:1	0:1	1:1	0:0	×	2:2	4:3	2:1
VfL Sportfreunde Lotte	0:0	0:0	0:1	0:1	1:2	1:0	2:1	1:0	0:2	0:0	1:3	1:1	0:0	2:0	0:2	0:1	0:3	×	1:2	1:1
SC Fortuna Köln	0:0	0:1	0:7	0:1	0:0	1:1	1:0	1:4	2:2	1:1	1:2	0:0	1:1	2:0	0:2	1:3	3:1	1:1	×	1:1
VfR Aalen	1:1	1:3	1:2	0:1	3:2	1:1	1:1	4:1	1:2	4:1	2:4	1:4	1:2	1:1	1:1	1:3	3:3	1:2	0:1	×

Informationen zu den Aufstiegsspielen zur 3. Liga finden Sie auf Seite 150.

Termine und Ergebnisse der 3. Liga Saison 2018/19 Hinrunde

1. Spieltag

27.07.2018	Etr. Braunschweig	Karlsruher SC	1:1 (0:1)
28.07.2018	VfR Aalen	SV Wehen	1:2 (0:0)
28.07.2018	VfL Osnabrück	Kickers Würzburg	2:1 (0:1)
28.07.2018	Carl Zeiss Jena	SGS Großaspach	3:2 (1:1)
28.07.2018	SC Fortuna Köln	Preußen Münster	1:4 (0:2)
28.07.2018	FSV Zwickau	Hallescher FC	2:0 (2:0)
28.07.2018	Kaiserslautern	1860 München	1:0 (0:0)
29.07.2018	Energie Cottbus	Hansa Rostock	3:0 (2:0)
29.07.2018	KFC Uerdingen	Unterhaching	1:3 (0:1)
30.07.2018	Sportfr. Lotte	SV Meppen	0:0 (0:0)

2. Spieltag

03.08.2018	Hansa Rostock	Etr. Braunschweig	2:0 (2:0)
04.08.2018	Hallescher FC	SC Fortuna Köln	1:2 (0:1)
04.08.2018	Preußen Münster	Carl Zeiss Jena	1:2 (0:2)
04.08.2018	SGS Großaspach	Kaiserslautern	1:1 (1:1)
04.08.2018	1860 München	Sportfr. Lotte	5:1 (2:0)
04.08.2018	Kickers Würzburg	KFC Uerdingen	0:2 (0:0)
04.08.2018	Unterhaching	VfR Aalen	0:0 (0:0)
04.08.2018	Karlsruher SC	FSV Zwickau	1:1 (0:0)
05.08.2018	SV Wehen	Energie Cottbus	0:2 (0:1)
05.08.2018	SV Meppen	VfL Osnabrück	0:2 (0:0)

3. Spieltag

07.08.2018	Etr. Braunschweig	FSV Zwickau	1:1 (0:1)
07.08.2018	VfR Aalen	Kickers Würzburg	3:2 (3:1)
07.08.2018	Kaiserslautern	Preußen Münster	1:2 (0:0)
07.08.2018	Carl Zeiss Jena	Hallescher FC	0:3 (0:3)
07.08.2018	SC Fortuna Köln	Karlsruher SC	0:1 (0:0)
08.08.2018	KFC Uerdingen	SV Meppen	3:2 (0:1)
08.08.2018	VfL Osnabrück	1860 München	2:2 (0:1)
08.08.2018	Sportfr. Lotte	SGS Großaspach	0:2 (0:2)
08.08.2018	Hansa Rostock	SV Wehen	3:2 (2:1)
08.08.2018	Energie Cottbus	Unterhaching	2:2 (0:1)

4. Spieltag

10.08.2018	Karlsruher SC	Carl Zeiss Jena	1:1 (0:0)
11.08.2018	Hallescher FC	Kaiserslautern	2:0 (1:0)
11.08.2018	SGS Großaspach	VfL Osnabrück	0:0 (0:0)
11.08.2018	SV Meppen	VfR Aalen	1:0 (0:0)
11.08.2018	Unterhaching	Hansa Rostock	2:1 (1:0)
11.08.2018	SV Wehen	Etr. Braunschweig	3:3 (0:1)
11.08.2018	FSV Zwickau	SC Fortuna Köln	1:0 (0:0)
12.08.2018	1860 München	KFC Uerdingen	0:1 (0:0)
12.08.2018	Kickers Würzburg	Energie Cottbus	3:1 (2:0)
13.08.2018	Preußen Münster	Sportfr. Lotte	1:0 (0:0)

5. Spieltag

24.08.2018	KFC Uerdingen	SGS Großaspach	0:0 (0:0)
25.08.2018	VfR Aalen	1860 München	1:4 (0:2)
25.08.2018	VfL Osnabrück	Preußen Münster	3:0 (2:0)
25.08.2018	Kaiserslautern	Karlsruher SC	0:0 (0:0)
25.08.2018	SV Wehen	Unterhaching	1:2 (1:0)
25.08.2018	Hansa Rostock	Kickers Würzburg	0:4 (0:1)
25.08.2018	Energie Cottbus	SV Meppen	1:1 (1:0)
26.08.2018	Sportfr. Lotte	Hallescher FC	0:1 (0:0)
26.08.2018	Etr. Braunschweig	SC Fortuna Köln	0:2 (0:1)
27.08.2018	Carl Zeiss Jena	FSV Zwickau	2:1 (0:1)

6. Spieltag

31.08.2018	1860 München	Energie Cottbus	2:0 (1:0)
01.09.2018	Hallescher FC	VfL Osnabrück	1:1 (0:0)
01.09.2018	Preußen Münster	KFC Uerdingen	0:1 (0:0)
01.09.2018	SV Meppen	Hansa Rostock	1:3 (0:2)
01.09.2018	Kickers Würzburg	SV Wehen	3:1 (1:1)
01.09.2018	Unterhaching	Etr. Braunschweig	3:0 (1:0)
01.09.2018	Karlsruher SC	Sportfr. Lotte	1:3 (1:3)
02.09.2018	FSV Zwickau	Kaiserslautern	1:1 (0:0)
02.09.2018	SC Fortuna Köln	Carl Zeiss Jena	2:0 (0:0)
03.09.2018	SGS Großaspach	VfR Aalen	1:1 (1:0)

7. Spieltag

14.09.2018	Etr. Braunschweig	Carl Zeiss Jena	2:0 (0:0)
15.09.2018	VfR Aalen	Preußen Münster	4:1 (2:0)
15.09.2018	KFC Uerdingen	Hallescher FC	2:1 (1:0)
15.09.2018	VfL Osnabrück	Karlsruher SC	0:1 (0:0)
15.09.2018	SV Wehen	SV Meppen	3:0 (0:0)
15.09.2018	Hansa Rostock	1860 München	2:2 (0:1)
15.09.2018	Energie Cottbus	SGS Großaspach	0:0 (0:0)
16.09.2018	Sportfr. Lotte	FSV Zwickau	2:1 (0:0)
16.09.2018	Unterhaching	Kickers Würzburg	0:1 (0:0)
17.09.2018	Kaiserslautern	SC Fortuna Köln	3:3 (2:2)

8. Spieltag

21.09.2018	Preußen Münster	Energie Cottbus	3:0 (2:0)
22.09.2018	SGS Großaspach	Hansa Rostock	0:0 (0:0)
22.09.2018	1860 München	SV Wehen	1:2 (1:0)
22.09.2018	SV Meppen	Unterhaching	3:3 (1:1)
22.09.2018	Kickers Würzburg	Etr. Braunschweig	1:1 (1:1)
22.09.2018	Carl Zeiss Jena	Kaiserslautern	3:3 (1:1)
22.09.2018	SC Fortuna Köln	Sportfr. Lotte	1:1 (1:0)
22.09.2018	Karlsruher SC	KFC Uerdingen	2:0 (1:0)
23.09.2018	FSV Zwickau	VfL Osnabrück	0:1 (0:0)
23.09.2018	Hallescher FC	VfR Aalen	1:0 (1:0)

9. Spieltag

25.09.2018	Etr. Braunschweig	Kaiserslautern	1:4 (1:1)
25.09.2018	Sportfr. Lotte	Carl Zeiss Jena	2:0 (1:0)
25.09.2018	Kickers Würzburg	SV Meppen	2:1 (1:1)
25.09.2018	SV Wehen	SGS Großaspach	2:0 (0:0)
25.09.2018	Hansa Rostock	Preußen Münster	1:4 (0:2)
26.09.2018	VfR Aalen	Karlsruher SC	1:3 (0:1)
26.09.2018	KFC Uerdingen	FSV Zwickau	1:2 (0:0)
26.09.2018	VfL Osnabrück	SC Fortuna Köln	1:0 (0:0)
26.09.2018	Unterhaching	1860 München	1:1 (0:0)
10.10.2018	Energie Cottbus	Hallescher FC	1:2 (1:2)

10. Spieltag

28.09.2018	Preußen Münster	SV Wehen	3:0 (1:0)
29.09.2018	SGS Großaspach	Unterhaching	1:1 (1:0)
29.09.2018	SV Meppen	Etr. Braunschweig	4:2 (2:0)
29.09.2018	Kaiserslautern	Sportfr. Lotte	2:1 (1:0)
29.09.2018	SC Fortuna Köln	KFC Uerdingen	1:2 (0:0)
29.09.2018	Karlsruher SC	Energie Cottbus	2:0 (1:0)
30.09.2018	Carl Zeiss Jena	VfL Osnabrück	0:0 (0:0)
30.09.2018	FSV Zwickau	VfR Aalen	2:3 (1:2)
01.10.2018	1860 München	Kickers Würzburg	1:1 (0:0)
16.10.2018	Hallescher FC	Hansa Rostock	0:1 (0:1)

11. Spieltag

05.10.2018	Hansa Rostock	Karlsruher SC	1:0 (0:0)
06.10.2018	Etr. Braunschweig	Sportfr. Lotte	2:2 (2:0)
06.10.2018	VfR Aalen	SC Fortuna Köln	0:1 (0:0)
06.10.2018	KFC Uerdingen	Carl Zeiss Jena	2:1 (1:1)
06.10.2018	VfL Osnabrück	Kaiserslautern	2:0 (0:0)
06.10.2018	Unterhaching	Preußen Münster	1:1 (1:0)
06.10.2018	Energie Cottbus	FSV Zwickau	2:1 (1:1)
07.10.2018	SV Meppen	1860 München	1:0 (1:0)
07.10.2018	SV Wehen	Hallescher FC	2:0 (1:0)
08.10.2018	Kickers Würzburg	SGS Großaspach	0:0 (0:0)

12. Spieltag

19.10.2018	Carl Zeiss Jena	VfR Aalen	0:0 (0:0)
20.10.2018	Hallescher FC	Unterhaching	1:1 (0:0)
20.10.2018	SGS Großaspach	SV Meppen	1:0 (0:0)
20.10.2018	1860 München	Etr. Braunschweig	2:0 (0:0)
20.10.2018	Sportfr. Lotte	VfL Osnabrück	0:0 (0:0)
20.10.2018	Kaiserslautern	KFC Uerdingen	2:0 (1:0)
20.10.2018	SC Fortuna Köln	Energie Cottbus	3:1 (2:0)
21.10.2018	FSV Zwickau	Hansa Rostock	2:2 (2:0)
21.10.2018	Preußen Münster	Kickers Würzburg	1:0 (0:0)
21.10.2018	Karlsruher SC	SV Wehen	2:5 (1:4)

13. Spieltag

26.10.2018	Etr. Braunschweig	VfL Osnabrück	3:4 (2:2)
27.10.2018	KFC Uerdingen	Sportfr. Lotte	0:2 (0:1)
27.10.2018	Kickers Würzburg	Hallescher FC	1:2 (1:1)
27.10.2018	Unterhaching	Karlsruher SC	0:0 (0:0)
27.10.2018	SV Wehen	FSV Zwickau	0:0 (0:0)
27.10.2018	Hansa Rostock	SC Fortuna Köln	3:1 (3:0)
27.10.2018	Energie Cottbus	Carl Zeiss Jena	2:1 (1:0)
28.10.2018	1860 München	SGS Großaspach	2:2 (1:1)
28.10.2018	SV Meppen	Preußen Münster	1:2 (0:0)
29.10.2018	VfR Aalen	Kaiserslautern	1:2 (1:0)

14. Spieltag

02.11.2018	Kaiserslautern	Energie Cottbus	0:2 (0:0)
03.11.2018	Preußen Münster	1860 München	0:0 (0:0)
03.11.2018	SGS Großaspach	Etr. Braunschweig	1:1 (0:0)
03.11.2018	Sportfr. Lotte	VfR Aalen	1:1 (0:0)
03.11.2018	Carl Zeiss Jena	Hansa Rostock	1:1 (0:0)
03.11.2018	FSV Zwickau	Unterhaching	2:2 (1:1)
03.11.2018	Karlsruher SC	Kickers Würzburg	2:1 (1:0)
04.11.2018	Hallescher FC	SV Meppen	2:1 (2:0)
04.11.2018	SC Fortuna Köln	SV Wehen	0:7 (0:4)
05.11.2018	VfL Osnabrück	KFC Uerdingen	2:1 (0:0)

15. Spieltag

09.11.2018	Kickers Würzburg	FSV Zwickau	0:2 (0:2)
10.11.2018	Etr. Braunschweig	KFC Uerdingen	0:2 (0:2)
10.11.2018	VfR Aalen	VfL Osnabrück	1:1 (0:0)
10.11.2018	1860 München	Hallescher FC	1:1 (0:1)
10.11.2018	SV Meppen	Karlsruher SC	2:3 (0:3)
10.11.2018	Hansa Rostock	Kaiserslautern	4:1 (3:1)
10.11.2018	Energie Cottbus	Sportfr. Lotte	2:2 (0:1)
11.11.2018	Unterhaching	SC Fortuna Köln	6:0 (3:0)
11.11.2018	SGS Großaspach	Preußen Münster	3:1 (2:0)
12.11.2018	SV Wehen	Carl Zeiss Jena	2:3 (1:1)

16. Spieltag

23.11.2018	Sportfr. Lotte	Hansa Rostock	1:0 (1:0)
24.11.2018	Hallescher FC	SGS Großaspach	2:0 (1:0)
24.11.2018	KFC Uerdingen	VfR Aalen	2:0 (1:0)
24.11.2018	VfL Osnabrück	Energie Cottbus	3:1 (1:0)
24.11.2018	Carl Zeiss Jena	Unterhaching	4:5 (2:2)
24.11.2018	SC Fortuna Köln	Kickers Würzburg	0:0 (0:0)
24.11.2018	FSV Zwickau	SV Meppen	1:1 (0:1)
25.11.2018	Karlsruher SC	1860 München	3:2 (3:1)
25.11.2018	Kaiserslautern	SV Wehen	0:0 (0:0)
26.11.2018	Preußen Münster	Etr. Braunschweig	3:0 (2:0)

17. Spieltag

30.11.2018	Unterhaching	Kaiserslautern	5:0 (2:0)
01.12.2018	Etr. Braunschweig	VfR Aalen	2:2 (0:1)
01.12.2018	Preußen Münster	Hallescher FC	1:2 (0:2)
01.12.2018	1860 München	FSV Zwickau	2:0 (2:0)
01.12.2018	Kickers Würzburg	Carl Zeiss Jena	5:2 (1:2)
01.12.2018	SV Wehen	Sportfr. Lotte	2:0 (2:0)
01.12.2018	Energie Cottbus	KFC Uerdingen	0:2 (0:0)
02.12.2018	SV Meppen	SC Fortuna Köln	3:0 (2:0)
02.12.2018	SGS Großaspach	Karlsruher SC	1:2 (0:1)
03.12.2018	Hansa Rostock	VfL Osnabrück	1:1 (0:0)

18. Spieltag

07.12.2018	Carl Zeiss Jena	SV Meppen	1:2 (1:0)
08.12.2018	Etr. Braunschweig	Hallescher FC	0:1 (0:1)
08.12.2018	KFC Uerdingen	Hansa Rostock	2:1 (1:1)
08.12.2018	VfL Osnabrück	SV Wehen	2:1 (2:1)
08.12.2018	Kaiserslautern	Kickers Würzburg	0:0 (0:0)
08.12.2018	SC Fortuna Köln	1860 München	0:0 (0:0)
08.12.2018	Karlsruher SC	Preußen Münster	5:0 (3:0)
09.12.2018	Sportfr. Lotte	Unterhaching	0:0 (0:0)
09.12.2018	VfR Aalen	Energie Cottbus	3:3 (1:1)
10.12.2018	FSV Zwickau	SGS Großaspach	3:0 (1:0)

19. Spieltag

14.12.2018	SGS Großaspach	SC Fortuna Köln	1:1 (1:0)
15.12.2018	Hallescher FC	Karlsruher SC	0:3 (0:1)
15.12.2018	Preußen Münster	FSV Zwickau	0:2 (0:2)
15.12.2018	SV Meppen	Kaiserslautern	0:1 (0:1)
15.12.2018	Unterhaching	VfL Osnabrück	1:1 (0:0)
15.12.2018	Hansa Rostock	VfR Aalen	1:1 (0:0)
15.12.2018	Energie Cottbus	Etr. Braunschweig	0:1 (0:0)
16.12.2018	1860 München	Carl Zeiss Jena	1:3 (0:1)
16.12.2018	Kickers Würzburg	Sportfr. Lotte	2:2 (1:1)
17.12.2018	SV Wehen	KFC Uerdingen	0:2 (0:0)

Termine und Ergebnisse der 3. Liga Saison 2018/19 Rückrunde

20. Spieltag

21.12.2018	SV Wehen	VfR Aalen	2:1 (2:1)
22.12.2018	Karlsruher SC	Etr. Braunschweig	1:1 (0:1)
22.12.2018	Kickers Würzburg	VfL Osnabrück	1:2 (1:1)
22.12.2018	SV Meppen	Sportfr. Lotte	2:0 (2:0)
22.12.2018	1860 München	Kaiserslautern	2:1 (0:0)
22.12.2018	Preußen Münster	SC Fortuna Köln	0:2 (0:1)
22.12.2018	Hallescher FC	FSV Zwickau	2:0 (1:0)
22.12.2018	Hansa Rostock	Energie Cottbus	0:2 (0:1)
23.12.2018	Unterhaching	KFC Uerdingen	4:0 (3:0)
23.12.2018	SGS Großaspach	Carl Zeiss Jena	0:0 (0:0)

21. Spieltag

25.01.2019	Sportfr. Lotte	1860 München	1:1 (0:1)
26.01.2019	SC Fortuna Köln	Hallescher FC	0:1 (0:0)
26.01.2019	Carl Zeiss Jena	Preußen Münster	0:0 (0:0)
26.01.2019	Kaiserslautern	SGS Großaspach	2:0 (1:0)
26.01.2019	VfL Osnabrück	SV Meppen	1:0 (1:0)
26.01.2019	Energie Cottbus	SV Wehen	2:3 (0:3)
27.01.2019	Etr. Braunschweig	Hansa Rostock	2:0 (0:0)
27.01.2019	KFC Uerdingen	Kickers Würzburg	0:3 (0:1)
12.02.2019	FSV Zwickau	Karlsruher SC	1:1 (1:0)
27.02.2019	VfR Aalen	Unterhaching	4:1 (2:0)

22. Spieltag

01.02.2019	Preußen Münster	Kaiserslautern	2:0 (2:0)
02.02.2019	Kickers Würzburg	VfR Aalen	2:1 (1:0)
02.02.2019	SV Meppen	KFC Uerdingen	3:2 (0:0)
02.02.2019	1860 München	VfL Osnabrück	1:2 (0:1)
02.02.2019	SGS Großaspach	Sportfr. Lotte	0:1 (0:0)
02.02.2019	Hallescher FC	Carl Zeiss Jena	0:0 (0:0)
02.02.2019	Karlsruher SC	SC Fortuna Köln	3:1 (0:1)
03.02.2019	SV Wehen	Hansa Rostock	2:0 (1:0)
04.02.2019	FSV Zwickau	Etr. Braunschweig	0:1 (0:0)
20.03.2019	Unterhaching	Energie Cottbus	0:0 (0:0)

23. Spieltag

08.02.2019	VfL Osnabrück	SGS Großaspach	0:2 (0:1)
09.02.2019	Kaiserslautern	Hallescher FC	0:0 (0:0)
09.02.2019	KFC Uerdingen	1860 München	1:1 (0:0)
09.02.2019	Energie Cottbus	Kickers Würzburg	1:2 (0:1)
09.02.2019	Hansa Rostock	Unterhaching	2:0 (1:0)
09.02.2019	SC Fortuna Köln	FSV Zwickau	1:0 (0:0)
09.02.2019	Carl Zeiss Jena	Karlsruher SC	1:1 (1:1)
10.02.2019	VfR Aalen	SV Meppen	1:2 (1:1)
10.02.2019	Etr. Braunschweig	SV Wehen	2:3 (1:2)
11.02.2019	Sportfr. Lotte	Preußen Münster	1:0 (1:0)

24. Spieltag

15.02.2019	Unterhaching	SV Wehen	1:2 (1:1)
16.02.2019	SC Fortuna Köln	Etr. Braunschweig	1:3 (0:0)
16.02.2019	SGS Großaspach	KFC Uerdingen	3:2 (1:1)
16.02.2019	Preußen Münster	VfL Osnabrück	0:0 (0:0)
16.02.2019	Hallescher FC	Sportfr. Lotte	0:0 (0:0)
16.02.2019	Karlsruher SC	Kaiserslautern	0:1 (0:0)
16.02.2019	SV Meppen	Energie Cottbus	3:0 (2:0)
17.02.2019	Kickers Würzburg	Hansa Rostock	0:2 (0:2)
17.02.2019	FSV Zwickau	Carl Zeiss Jena	2:0 (1:0)
18.02.2019	1860 München	VfR Aalen	2:1 (0:0)

25. Spieltag

22.02.2019	VfR Aalen	SGS Großaspach	1:1 (1:1)
23.02.2019	VfL Osnabrück	Hallescher FC	2:0 (2:0)
23.02.2019	Energie Cottbus	1860 München	1:2 (0:0)
23.02.2019	Hansa Rostock	SV Meppen	0:2 (0:0)
23.02.2019	Etr. Braunschweig	Unterhaching	1:0 (1:0)
23.02.2019	Carl Zeiss Jena	SC Fortuna Köln	0:1 (0:1)
23.02.2019	Sportfr. Lotte	Karlsruher SC	0:0 (0:0)
24.02.2019	Kaiserslautern	FSV Zwickau	1:1 (1:0)
24.02.2019	SV Wehen	Kickers Würzburg	0:2 (0:1)
25.02.2019	KFC Uerdingen	Preußen Münster	0:0 (0:0)

26. Spieltag

01.03.2019	Hallescher FC	KFC Uerdingen	4:0 (3:0)
02.03.2019	Preußen Münster	VfR Aalen	4:0 (1:0)
02.03.2019	Karlsruher SC	VfL Osnabrück	2:1 (0:0)
02.03.2019	FSV Zwickau	Sportfr. Lotte	0:2 (0:1)
02.03.2019	SC Fortuna Köln	Kaiserslautern	2:2 (1:2)
02.03.2019	SV Meppen	SV Wehen	1:1 (1:1)
02.03.2019	SGS Großaspach	Energie Cottbus	0:0 (0:0)
03.03.2019	1860 München	Hansa Rostock	1:2 (0:2)
03.03.2019	Carl Zeiss Jena	Etr. Braunschweig	0:0 (0:0)
04.03.2019	Kickers Würzburg	Unterhaching	0:1 (0:1)

27. Spieltag

08.03.2019	KFC Uerdingen	Karlsruher SC	1:3 (1:2)
09.03.2019	Energie Cottbus	Preußen Münster	3:0 (3:0)
09.03.2019	Hansa Rostock	SGS Großaspach	0:0 (0:0)
09.03.2019	SV Wehen	1860 München	0:1 (0:0)
09.03.2019	Unterhaching	SV Meppen	0:1 (0:1)
09.03.2019	Etr. Braunschweig	Kickers Würzburg	2:2 (0:1)
09.03.2019	Sportfr. Lotte	SC Fortuna Köln	1:2 (0:1)
09.03.2019	VfL Osnabrück	FSV Zwickau	3:0 (2:0)
10.03.2019	Kaiserslautern	Carl Zeiss Jena	4:1 (1:1)
10.03.2019	VfR Aalen	Hallescher FC	0:1 (0:1)

28. Spieltag

12.03.2019	FSV Zwickau	KFC Uerdingen	2:0 (1:0)
12.03.2019	SC Fortuna Köln	VfL Osnabrück	0:0 (0:0)
12.03.2019	SV Meppen	Kickers Würzburg	1:1 (0:1)
12.03.2019	1860 München	Unterhaching	1:0 (1:0)
12.03.2019	Preußen Münster	Hansa Rostock	0:1 (0:0)
13.03.2019	Kaiserslautern	Etr. Braunschweig	0:0 (0:0)
13.03.2019	Karlsruher SC	VfR Aalen	0:3 (0:2)
13.03.2019	Carl Zeiss Jena	Sportfr. Lotte	1:1 (0:0)
13.03.2019	SGS Großaspach	SV Wehen	2:3 (0:0)
13.03.2019	Hallescher FC	Energie Cottbus	2:3 (2:1)

29. Spieltag

15.03.2019	KFC Uerdingen	SC Fortuna Köln	1:1 (1:1)
16.03.2019	SV Wehen	Preußen Münster	2:0 (1:0)
16.03.2019	Unterhaching	SGS Großaspach	0:0 (0:0)
16.03.2019	Kickers Würzburg	1860 München	2:1 (2:1)
16.03.2019	Sportfr. Lotte	Kaiserslautern	0:2 (0:0)
16.03.2019	VfL Osnabrück	Carl Zeiss Jena	3:1 (1:1)
16.03.2019	VfR Aalen	FSV Zwickau	1:1 (1:1)
17.03.2019	Energie Cottbus	Karlsruher SC	0:2 (0:1)
17.03.2019	Etr. Braunschweig	SV Meppen	3:0 (1:0)
18.03.2019	Hansa Rostock	Hallescher FC	1:1 (0:1)

30. Spieltag

22.03.2019	SC Fortuna Köln	VfR Aalen	1:1 (0:0)
23.03.2019	Carl Zeiss Jena	KFC Uerdingen	0:0 (0:0)
23.03.2019	1860 München	SV Meppen	1:0 (1:0)
23.03.2019	SGS Großaspach	Kickers Würzburg	2:1 (0:0)
23.03.2019	Preußen Münster	Unterhaching	3:0 (1:0)
23.03.2019	Hallescher FC	SV Wehen	1:4 (0:2)
23.03.2019	Karlsruher SC	Hansa Rostock	1:1 (1:0)
24.03.2019	Kaiserslautern	VfL Osnabrück	1:3 (0:2)
24.03.2019	Sportfr. Lotte	Etr. Braunschweig	0:1 (0:0)
25.03.2019	FSV Zwickau	Energie Cottbus	2:1 (1:0)

31. Spieltag

29.03.2019	KFC Uerdingen	Kaiserslautern	2:4 (1:2)
30.03.2019	Unterhaching	Hallescher FC	0:0 (0:0)
30.03.2019	Kickers Würzburg	Preußen Münster	3:2 (1:0)
30.03.2019	SV Meppen	SGS Großaspach	2:1 (0:1)
30.03.2019	Etr. Braunschweig	1860 München	1:1 (0:0)
30.03.2019	Energie Cottbus	SC Fortuna Köln	4:3 (2:2)
30.03.2019	Hansa Rostock	FSV Zwickau	3:1 (2:0)
31.03.2019	VfR Aalen	Carl Zeiss Jena	1:1 (1:1)
31.03.2019	SV Wehen	Karlsruher SC	2:0 (0:0)
01.04.2019	VfL Osnabrück	Sportfr. Lotte	1:0 (0:0)

32. Spieltag

05.04.2019	Preußen Münster	SV Meppen	1:1 (1:1)
06.04.2019	Kaiserslautern	VfR Aalen	0:1 (0:0)
06.04.2019	Sportfr. Lotte	KFC Uerdingen	1:3 (0:3)
06.04.2019	Hallescher FC	Kickers Würzburg	1:0 (1:0)
06.04.2019	Karlsruher SC	Unterhaching	4:0 (0:0)
06.04.2019	FSV Zwickau	SV Wehen	2:1 (2:1)
06.04.2019	Carl Zeiss Jena	Energie Cottbus	2:1 (1:1)
07.04.2019	SC Fortuna Köln	Hansa Rostock	1:1 (1:0)
07.04.2019	VfL Osnabrück	Etr. Braunschweig	1:0 (1:0)
08.04.2019	SGS Großaspach	1860 München	1:0 (0:0)

33. Spieltag

12.04.2019	SV Meppen	Hallescher FC	0:2 (0:2)
13.04.2019	1860 München	Preußen Münster	0:1 (0:1)
13.04.2019	Etr. Braunschweig	SGS Großaspach	1:1 (0:0)
13.04.2019	VfR Aalen	Sportfr. Lotte	1:2 (0:1)
13.04.2019	Energie Cottbus	Kaiserslautern	1:1 (0:0)
13.04.2019	Hansa Rostock	Carl Zeiss Jena	1:2 (1:1)
13.04.2019	SV Wehen	SC Fortuna Köln	3:0 (1:0)
14.04.2019	Unterhaching	FSV Zwickau	0:1 (0:0)
14.04.2019	KFC Uerdingen	VfL Osnabrück	1:3 (0:1)
15.04.2019	Kickers Würzburg	Karlsruher SC	0:0 (0:0)

34. Spieltag

20.04.2019	VfL Osnabrück	VfR Aalen	2:0 (1:0)
20.04.2019	Preußen Münster	SGS Großaspach	1:0 (0:0)
20.04.2019	Hallescher FC	1860 München	3:0 (1:0)
20.04.2019	Karlsruher SC	SV Meppen	3:1 (1:1)
20.04.2019	FSV Zwickau	Kickers Würzburg	2:0 (0:0)
20.04.2019	SC Fortuna Köln	Unterhaching	1:1 (1:1)
20.04.2019	Carl Zeiss Jena	SV Wehen	3:1 (2:0)
21.04.2019	Kaiserslautern	Hansa Rostock	0:2 (0:0)
21.04.2019	Sportfr. Lotte	Energie Cottbus	0:3 (0:0)
22.04.2019	KFC Uerdingen	Etr. Braunschweig	0:3 (0:1)

35. Spieltag

26.04.2019	SGS Großaspach	Hallescher FC	1:1 (0:1)
27.04.2019	1860 München	Karlsruher SC	0:2 (0:1)
27.04.2019	VfR Aalen	KFC Uerdingen	2:4 (0:1)
27.04.2019	Energie Cottbus	VfL Osnabrück	1:2 (0:0)
27.04.2019	Hansa Rostock	Sportfr. Lotte	0:0 (0:0)
27.04.2019	Kickers Würzburg	SC Fortuna Köln	2:0 (0:0)
27.04.2019	SV Meppen	FSV Zwickau	2:0 (1:0)
28.04.2019	Unterhaching	Carl Zeiss Jena	0:1 (0:0)
28.04.2019	Etr. Braunschweig	Preußen Münster	3:3 (1:2)
29.04.2019	SV Wehen	Kaiserslautern	2:0 (2:0)

36. Spieltag

03.05.2019	VfL Osnabrück	Hansa Rostock	1:2 (1:2)
04.05.2019	Hallescher FC	Preußen Münster	1:2 (0:2)
04.05.2019	Karlsruher SC	SGS Großaspach	2:1 (2:0)
04.05.2019	FSV Zwickau	1860 München	5:2 (2:1)
04.05.2019	Carl Zeiss Jena	Kickers Würzburg	3:4 (1:2)
04.05.2019	Kaiserslautern	Unterhaching	4:0 (2:0)
04.05.2019	Sportfr. Lotte	SV Wehen	0:1 (0:0)
05.05.2019	KFC Uerdingen	Energie Cottbus	1:2 (1:1)
05.05.2019	VfR Aalen	Etr. Braunschweig	1:3 (0:2)
06.05.2019	SC Fortuna Köln	SV Meppen	1:1 (1:0)

37. Spieltag

11.05.2019	Hallescher FC	Etr. Braunschweig	1:0 (1:0)
11.05.2019	Energie Cottbus	VfR Aalen	2:1 (1:1)
11.05.2019	Hansa Rostock	KFC Uerdingen	1:1 (1:1)
11.05.2019	SV Wehen	VfL Osnabrück	1:0 (1:0)
11.05.2019	Unterhaching	Sportfr. Lotte	3:0 (1:0)
11.05.2019	Kickers Würzburg	Kaiserslautern	2:0 (1:0)
11.05.2019	SV Meppen	Carl Zeiss Jena	0:1 (0:1)
11.05.2019	1860 München	SC Fortuna Köln	3:2 (2:2)
11.05.2019	SGS Großaspach	FSV Zwickau	5:2 (3:1)
11.05.2019	Preußen Münster	Karlsruher SC	1:4 (0:2)

38. Spieltag

18.05.2019	Karlsruher SC	Hallescher FC	2:3 (1:1)
18.05.2019	FSV Zwickau	Preußen Münster	2:0 (0:0)
18.05.2019	SC Fortuna Köln	SGS Großaspach	0:2 (0:1)
18.05.2019	Carl Zeiss Jena	1860 München	4:0 (2:0)
18.05.2019	Kaiserslautern	SV Meppen	4:2 (4:2)
18.05.2019	Sportfr. Lotte	Kickers Würzburg	1:2 (1:0)
18.05.2019	VfL Osnabrück	Unterhaching	1:4 (0:3)
18.05.2019	KFC Uerdingen	SV Wehen	2:3 (1:2)
18.05.2019	VfR Aalen	Hansa Rostock	1:1 (0:0)
18.05.2019	Etr. Braunschweig	Energie Cottbus	1:1 (1:0)

VfR 1921 Aalen

Anschrift:
Stadionweg 5/1
73430 Aalen
Telefon: (0 73 61) 52 48 80
eMail: info@vfr-aalen.de
Homepage: www.vfr-aalen.de

Vereinsgründung: 08.03.1921 aus der Fußballabteilung des MTV Aalen

Vereinsfarben: Schwarz-Weiß
Präsidiumsprecher: Roland Vogt
Geschäftsführer: Holger Hadek

Stadion:
Ostalb Arena (14.500)

Größte Erfolge: Aufstieg in die Gauliga Württemberg 1939; Aufstieg in die 2. Bundesliga 2012; Meister der Regionalliga Süd 2010 (↑); Meister der Oberliga Baden-Württemberg 1999 (↑); Meister der Verbandsliga Württemberg 1980 (↑), 1983 (↑); Meister der 1. Amateurliga Württemberg 1951 (↑); Meister der 1. Amateurliga Nordwürttemberg 1974 und 1975; Pokalsieger Württemberg 1972, 1979, 1986, 2001, 2002, 2004 und 2010

Aufgebot:

Name, Vorname	Pos	geb. am	Nat.	seit	2018/19 Sp.	T.	gesamt Sp.	T.	frühere Vereine
Amelhaf, Mohamed	S	25.11.1997	FRA	2019	7	0	7	0	KFC Poperinge, KV Kortrijk
Andrist, Stephan	M	12.12.1987	SUI	2019	10	2	130	38	SV Wehen Wiesbaden, FC Hansa Rostock, FC Aarau, FC Basel, FC Luzern, FC Basel, FC Thun, FC Dürrenast
Anhölcher, Nils	S	22.08.1999	D	2018	0	0	0	0	TSG 1899 Hoffenheim, TSV Amicitia Viernheim
Bär, Marcel	M	08.06.1992	D	2017	19	7	99	20	FSV Zwickau, FC Carl Zeiss Jena, Eintracht Braunschweig, MTV Gifhorn, SV Gifhorn
Bernhardt, Daniel	T	21.08.1985	D	2009	37	0	217	0	TSG 1899 Hoffenheim, ASV Durlach, FC Germania Friedrichstal
Bühler, Johannes	A	26.07.1997	D	2019	9	0	9	0	TSG 1899 Hoffenheim, 1. FSV Mainz 05, JFV Alsfeld-Bechtelsberg
Büyüksakarya, Marvin	A	11.04.1995	D	2018	25	0	26	0	SC Wiedenbrück, SSV Reutlingen 05, VfB Stuttgart, FV Spfr. Neuhausen
Feil, Noah	M	16.09.1998	D	2014	1	0	6	0	1. FC Normannia Gmünd, TSG Hofherrnweiler-Unterrombach, SSV Aalen
Fennell, Royal-Dominique	A	05.06.1989	USA	2018	35	2	190	18	Hallescher FC, FC Würzburger Kickers, SV Stuttgarter Kickers, SSV Ulm 1846, VfB Stuttgart, FV Vorwärts Faurndau, TPSG Frisch Auf Göppingen
Funk, Patrick	M	11.02.1990	D	2018	32	0	210	10	SV Wehen Wiesbaden, VfB Stuttgart, FC St. Pauli, VfB Stuttgart, SSV Ulm 1846, SV Ebnat, FV 08 Unterkochen
Geyer, Thomas	A	06.03.1991	D	2016	37	2	306	3	SV Wehen Wiesbaden, VfB Stuttgart, SSV Ulm 1846, SG Dettingen/Donau
Husic, Raif	T	05.02.1996	D	2016	1	0	7	0	SV Werder Bremen, FC Bayern München, FC Augsburg, TSV Zusmarshausen
Königsmann, Timo	T	05.04.1997	D	2019	0	0	0	0	SpVgg Greuther Fürth, Hannover 96, SV Germania Grasdorf, FC Rethen
Lämmel, Lukas	M	08.09.1997	D	2017	18	0	36	0	1. FC Union Berlin
Layer, Matthias	T	12.02.1979	D	2013	0	0	0	0	VfB Stuttgart, SV Plüderhausen
Letard, Yannis	A	18.08.1998	FRA	2018	8	0	8	0	EA Guingamp, Stade Rennes
Morys, Matthias	S	19.03.1987	D	2015	32	9	203	48	SG Sonnenhof Großaspach, RasenBallsport Leipzig, SG Sonnenhof Großaspach, VfR Aalen, Offenbacher FC Kickers, PFC Chernomorets Burgas, VfB Stuttgart, 1. FC Normannia Gmünd, TSG Backnang, TSV Schmiden, SpVgg Rommelshausen
Onuoha, Marc	A	04.05.1999	D	2018	0	0	0	0	VfB Stuttgart, VfR Aalen
Papadopoulos, Antonios	A	10.09.1999	D	2015	12	0	13	0	FSV Waiblingen, SV Stuttgarter Kickers, SC Weinstadt
Rehfeldt, Torben	A	07.08.1993	D	2017	37	1	120	3	SV Werder Bremen, Holstein Kiel, SV Henstedt-Rhen
Ristl, Mart	M	07.07.1996	D	2018	24	2	44	2	FC Sochaux, VfB Stuttgart, FSV Hollenbach, TSV Blaufelden, SV Winnenden
Sarr, Marian	A	30.01.1995	D	2018	13	1	44	2	VfL Wolfsburg, Borussia Dortmund, Bayer 04 Leverkusen, FC Schalke 04, ETB Schwarz-Weiß Essen, SV Eintracht Leithe
Schnellbacher, Luca	S	06.05.1994	D	2017	36	3	187	31	SV Wehen Wiesbaden, Eintracht Frankfurt, SV Darmstadt 98, TSV Höchst
Schoppenhauer, Clemens	A	23.02.1992	D	2019	17	1	86	2	FC St. Pauli, FC Würzburger Kickers, SV Werder Bremen, JSG Weser/Stotel, JSG Stotel/Nesse
Schorr, Patrick	A	13.10.1994	D	2017	26	1	93	2	1. FSV Mainz 05, TSG 1899 Hoffenheim, Eintracht Frankfurt, 1. FC Weißkirchen
Sessa, Nicolas	M	23.03.1996	D	2018	30	6	30	6	VfB Stuttgart, TSG 1899 Hoffenheim, SGV Freiberg/N., SSV Reutlingen 05, 1. FC Normannia Gmünd, FSV Waiblingen, SV Fellbach
Sliskovic, Petar	S	21.02.1991	CRO	2019	16	6	68	19	FC Viktoria 1889 Berlin LT, Hallescher FC, 1. FSV Mainz 05, Hallescher FC, SV Stuttgarter Kickers, FC Aarau, 1. FSV Mainz 05, SG Dynamo Dresden, 1. FSV Mainz 05, FC St. Pauli, 1. FSV Mainz 05, FSV Frankfurt, DJK Schwarz-Weiß Griesheim, NK Kiseljak
Traut, Sascha	A	21.05.1985	D	2017	25	1	206	7	FC Würzburger Kickers, Karlsruher SC, VfR Aalen, SV Wacker Burghausen, SV Stuttgarter Kickers, TuS Koblenz, Karlsruher SC, SG Siemens Karlsruhe
Trianni, Mattia	M	16.01.1993	D	2017	13	0	33	1	FC Viktoria 1889 Berlin LT, TSG Neustrelitz, BSV Schwarz-Weiß Rehden, 1. FC Bruchsal, 1. CfR Pforzheim, TSG 1899 Hoffenheim, VfB Stuttgart, FC Heilbronn, Heilbronner SpVgg, FV Union 08 Böckingen
Watanabe, Natsuhiko	M	26.06.1995	JPN	2018	0	0	2	0	Keio University, Kokugakuin University Kugayama HS, FC Toripletta, Gekkouhara SC
Wegkamp, Gerrit	S	13.04.1993	D	2015	5	0	169	22	FC Bayern München, MSV Duisburg, Fortuna Düsseldorf ... (vgl. Seite 122)

Trainer:

Name, Vorname	geb. am	Nat.	Zeitraum	Spiele 2018/19	frühere Trainerstationen
Giannikis, Argirios	09.07.1980	GRE	01.07.18 – 10.02.19	22	Rot-Weiss Essen, Karlsruher SC Junioren
Schmitt, Rico	27.09.1968	D	13.02.19 – 30.06.19	16	Hallescher FC, Offenbacher FC Kickers, FC Erzgebirge Aue, FC Erzgebirge Aue II, VfB Fortuna Chemnitz, Altchemnitzer BSC

Zugänge:
Anhölcher (TSG 1899 Hoffenheim Junioren), Büyüksakarya (SC Wiedenbrück), Fennell (Hallescher FC), Funk (SV Wehen Wiesbaden), Layer und Onuoha (eigene Junioren), Letard (EA Guingamp B), Ristl (FC Sochaux), Sarr (VfL Wolfsburg II).
während der Saison:
Amelhaf (KFC Poperinge), Andrist (SV Wehen Wiesbaden), Bühler (ohne Verein), Königsmann (SpVgg Greuther Fürth), Schoppenhauer (FC St. Pauli), Sessa (VfB Stuttgart II), Sliskovic (FC Viktoria 1889 Berlin LT).

Abgänge:
Kader (Anadolu Selcukspor), Müller (KFC Uerdingen 05), Preißinger (1. FC Magdeburg), Schulz (ohne Verein), Stanese (FC Energie Cottbus), Suzuki (Fujieda MYFC), Vasiliadis (SC Paderborn 07), Welzmüller (FC Bayern München II).
während der Saison:
Bär (Eintracht Braunschweig), Königsmann (ohne Verein), Watanabe (FC Memmingen 07), Wegkamp (VfL Sportfreunde Lotte).

Fortsetzung VfR 1921 Aalen

Aufstellungen und Torschützen:

Sp	Datum		Gegner	Ergebnis	Amelhaf	Andrist	Bär	Bernhardt	Bühler	Büyüksakarya	Feil	Fennell	Funk	Geyer	Husic	Lämmel	Letard	Morys	Papadopoulos	Rehfeldt	Ristl	Sarr	Schnellbacher	Schoppenhauer	Schorr	Sessa	Sliskovic	Traut	Trianni	Wegkamp
					1	2	3	4	5	6	7	8	9	10	11	12	13	14	15	16	17	18	19	20	21	22	23	24	25	26
1	28.07.18	H	SV Wehen Wiesbaden	1:2 (0:0)			X	X				E	X	X		A	A	A1		X	E		X		X			X			E
2	04.08.18	A	SpVgg Unterhaching	0:0 (0:0)			A	X				E	A			A	X	X		X	E		X		X			X			E
3	07.08.18	H	Würzburger Kickers	3:2 (3:1)			E	X				X	A	X		E		A1		X	E	X1	A		X				X1		X
4	11.08.18	A	SV Meppen	0:1 (0:0)			E	X				X	A	X		E		A		X			A		X			X		E	A
5	25.08.18	H	TSV 1860 München	1:4 (0:2)			X			E		A	X	X				X		X	E1	XG	X		X	E		A			A
6	03.09.18	A	SGS Großaspach	1:1 (0:1)			E	X		E		X	A	X		E	A	X1		X	A		X		X	X					
7	15.09.18	H	Preußen Münster	4:1 (2:0)			X2	X		X		E	E	X		A		X		X		X	A1		X	A1			E		
8	23.09.18	A	Hallescher FC	0:1 (0:1)			A	X		X		E	X					X		X	A	X	X		X	X			E		
9	26.09.18	H	Karlsruher SC	1:3 (0:1)			X1	X		X		E	X	X		A		X		X		X	X		X			X	X		
10	30.09.18	A	FSV Zwickau	3:2 (2:1)			X	X		X		X1	X	X			A			E	X		X			A1		X	E		
11	06.10.18	H	SC Fortuna Köln	0:1 (0:0)			X	X		A		X	A	X		E		X		E	A		X		E	X		X			
12	19.10.18	A	FC Carl Zeiss Jena	0:0 (0:0)			E	X		X		X	X	X		A		X		E		A			X	X					
13	29.10.18	H	1. FC Kaiserslautern	1:2 (1:0)			A	X				X	X	A		X		X			E		X	X1		X		E			
14	03.11.18	A	Sportfreunde Lotte	1:1 (0:0)			X	X		E			X	X		A		X		E	X		A1	A		X					
15	10.11.18	H	VfL Osnabrück	1:1 (0:0)			A	X		E		X	A	X		X		X1		X			E		A	X		X	E		
16	24.11.18	A	KFC Uerdingen 05	0:2 (0:1)			X	X		E		X	A	X		E				X	A		X		A	X		X	E		
17	01.12.18	A	Eintr. Braunschweig	2:2 (1:0)			A2	X		E		X	X	X		X		X		X	E		X		A	X		A	E		
18	09.12.18	H	FC Energie Cottbus	3:3 (1:1)			X1	X		X		E	X			E	E	X1		X1	E		A		X	A					
19	15.12.18	H	FC Hansa Rostock	1:1 (0:0)			A1	X		X		X	X			X	A	E		E	E		X		E	X					
20	21.12.18	A	SV Wehen Wiesbaden	1:2 (1:2)			X	X		X		A	X			A	X1			E		X	E		E	X		X			
21	02.02.19	A	Würzburger Kickers	1:2 (0:1)		X		X	A			X	E			A		X1		E		XG	A	X	X		E	X			
22	10.02.19	H	SV Meppen	1:2 (1:1)		X1			A			E		X	X	A		X		X	E		E		X		A	X	X		
23	18.02.19	A	TSV 1860 München	1:2 (0:0)		A		X		X		X	A	X				E		X	E		A1	X				X	X	E	
24	22.02.19	H	SGS Großaspach	1:1 (1:1)		A		X		X		X1	X		E	X		X			A		X		E	A		X	E		
25	27.02.19	H	SpVgg Unterhaching	4:1 (2:0)				X				A	X	X				X2	E	X	E		X		X	E	A1	A1			
26	02.03.19	A	Preußen Münster	0:4 (0:1)			E	X					A	X				X		X	A	E	X		E	X		X			
27	10.03.19	A	Hallescher FC	0:1 (0:1)			E	X				X	X	X				X		A	X	A	A		X			E	E		
28	13.03.19	A	Karlsruher SC	3:0 (2:0)	E	X1		X	A			X	X	X1		E		A		X			X1	X				X			
29	16.03.19	H	FSV Zwickau	1:1 (1:1)		X		X		E		X	A					X		E	X		A		X			X1	A		
30	22.03.19	A	SC Fortuna Köln	1:1 (0:0)	E	X		X	A				X	X		E				A	X	X1		A	E	X	X				
31	31.03.19	H	FC Carl Zeiss Jena	1:1 (1:1)		A		X		E		X	X	X				A		X	A		E	X1	E						
32	06.04.19	A	1. FC Kaiserslautern	1:0 (0:0)				X		E		X	A	X				E	X	X	A		A		X	E		X	X1		
33	13.04.19	H	Sportfreunde Lotte	1:2 (0:1)	E			X		E		X	A	A		X		X		X	A		X		E	X		X1			
34	20.04.19	A	VfL Osnabrück	0:2 (0:1)	E			X	A	E		X	X			A		A		X	X		X	X	X	E	X				
35	27.04.19	H	KFC Uerdingen 05	2:4 (0:1)	E			X	E	X		X	A	X				X		E	X	A	A	X1	X1						
36	05.05.19	H	Eintr. Braunschweig	1:3 (0:2)	E			X	E	XG	E	X	X	X1				X	X	X				A	A	A					
37	11.05.19	A	FC Energie Cottbus	1:2 (1:1)	E			X	E			X	X	A				A	X	X	A	X	X		X		X1	X	E		
38	18.05.19	H	FC Hansa Rostock	1:1 (0:0)				X	X	A		A	X					A	E	X		E	X		X	X1			E		
	Spiele:				7	10	19	37	9	25	1	35	32	37	1	18	8	32	12	37	24	13	36	17	26	30	16	25	13	5
	Tore:				0	2	7	0	0	0	0	2	0	2	0	0	0	9	0	1	2	1	3	1	1	6	6	1	0	0

Gegnerisches Eigentor im 10. Spiel (durch Antonitsch).

Bilanz der letzten 10 Jahre:

Saison	Lv.	Liga		Platz	Sp.	S	U	N	Tore	Pkt.
2008/09	3	3. Liga	↓	19.	38	8	15	15	38-60	39
2009/10	4	Regionalliga Süd	↑	1.	34	22	8	4	51-19	74
2010/11	3	3. Liga		16.	38	9	14	15	40-52	41
2011/12	3	3. Liga	↑	2.	38	18	10	10	50-42	64
2012/13	2	2. Bundesliga		9.	34	12	10	12	40-39	46
2013/14	2	2. Bundesliga		11.	34	11	11	12	36-39	44
2014/15	2	2. Bundesliga (2 Punkte Abzug)	↓	18.	34	7	12	15	34-46	31
2015/16	3	3. Liga		15.	38	10	14	14	35-40	44
2016/17	3	3. Liga (9 Punkte Abzug)		11.	38	14	15	9	52-36	48
2017/18	3	3. Liga		12.	38	13	11	14	48-57	50

Zuschauerzahlen:

Saison	gesamt	Spiele	Schnitt
2008/09:	89.603	19	4.716
2009/10:	55.385	17	3.258
2010/11:	70.140	19	3.692
2011/12:	82.851	19	4.361
2012/13:	130.957	17	7.703
2013/14:	126.222	17	7.425
2014/15:	128.683	17	7.570
2015/16:	94.257	19	4.961
2016/17:	72.077	19	3.794
2017/18:	71.968	19	3.788

Die meisten Spiele in der 3. Liga:

Pl.	Name, Vorname	Spiele
1.	Bernhardt, Daniel	217
2.	Traut, Sascha	141
3.	Morys, Matthias	140
4.	Geyer, Thomas	111
5.	Welzmüller, Maximilian	104
6.	Wegkamp, Gerrit	100
7.	Schulz, Thorsten	92
8.	Hofmann, Andreas	88
9.	Müller, Robert	87
10.	Lechleiter, Robert	86

Die meisten Tore in der 3. Liga:

Pl.	Name, Vorname	Tore
1.	Morys, Matthias	42
2.	Lechleiter, Robert	26
3.	Dausch, Martin	17
4.	Wegkamp, Gerrit	16
5.	Bär, Marcel	13
	Schnellbacher, Luca	13
7.	Sailer, Marco	12
8.	Ojala, Mika	10
9.	Drexler, Dominick	9
10.	Vasiliadis, Sebastian	8

Die Trainer der letzten Jahre:

Name, Vorname	Zeitraum
Wormuth, Frank	01.07.2005 – 08.12.2006
Kraft, Rainer (IT)	09.12.2006 – 13.01.2007
Schmitt, Edgar	14.01.2007 – 27.08.2008
Kohler, Jürgen	28.08.2008 – 16.11.2008
Runjaic, Kosta (IT)	17.11.2008 – 23.11.2008
Sander, Petrik	24.11.2008 – 05.05.2009
Scharinger, Rainer	06.05.2009 – 27.12.2010
Hasenhüttl, Ralph	02.01.2011 – 01.06.2013
Ruthenbeck, Stefan	01.07.2013 – 30.06.2015
Vollmann, Peter	01.07.2015 – 30.06.2018

Braunschweiger TSV Eintracht 1895

Anschrift:
Hamburger Straße 210
38112 Braunschweig
Telefon: (05 31) 23 23 00
eMail: eintracht@eintracht.com
Homepage: www.eintracht.com

Vereinsgründung: 15.12.1895 ; seit 01.04.1949 Braunschweiger TSV Eintracht; seit 08.04.2008 Eintracht Braunschweig GmbH & Co KGaA

Vereinsfarben: Blau-Gelb
Präsident: Sebastian Ebel
Geschäftsführer: Wolfram Benz

Stadion: Eintracht-Stadion (23.325)

Größte Erfolge: Deutscher Meister 1967; Meister der Regionalliga Nord 1974 (↑) und 2005 (↑); Meister der 3. Liga 2011 (↑); Norddeutscher Meister 1908, 1913

Aufgebot:

Name, Vorname	Pos	geb. am	Nat.	seit	2018/19 Sp.	T.	gesamt Sp.	T.	frühere Vereine
Adetula, Ayodele	S	09.02.1998	D	2013	1	0	1	0	SV Werder Bremen
Amundsen, Malte	A	11.02.1998	DEN	2018	12	1	12	1	Rosenborg BK Trondheim, HB Köge, Naestved BK
Bär, Marcel	M	08.06.1992	D	2019	17	2	99	20	VfR Aalen, FSV Zwickau, FC Carl Zeiss Jena, Eintracht Braunschweig, MTV Gifhorn, SV Gifhorn
Bangsow, Yannik	T	21.02.1998	D	2015	0	0	0	0	RasenBallsport Leipzig, Tennis Borussia Berlin, SC Staaken, Seeburger SV 99
Becker, Robin	A	18.01.1997	D	2017	29	1	29	1	1. FC Heidenheim, Bayer 04 Leverkusen, VfL Witzhelden
Bürger, Leon	M	11.11.1999	D	2016	6	0	6	0	VfL Wolfsburg, FC Carl Zeiss Jena
Bulut, Onur	M	16.04.1994	D	2018	22	2	22	2	SC Freiburg, VfL Bochum, Sportfreunde Oestrich-Iserlohn, FSV Werdohl
Burmeister, Felix	A	09.03.1990	D	2018	22	1	90	2	Vasas SC Budapest, DSC Arminia Bielefeld, Hannover 96, SV Hambühren
Canbaz, Ahmet	M	27.04.1998	D	2013	5	0	5	0	Hannover 96, SV Borussia Hannover
Düker, Julius	S	04.01.1996	D	2019	10	3	56	9	SC Paderborn 07, 1. FC Magdeburg, Eintr. Braunschweig, Braunschweiger SC Acosta, VfL Wolfsburg, Braunschweiger SC Acosta, MTV Schandelah-Gardessen, TSV Sickte
Engelhardt, Marcel	T	05.04.1993	D	2013	13	0	13	0	TSV Havelse, VfB Lübeck, Hamburger SV, VfB Lübeck, TSV Ratekau
Fasko, Michal	M	24.08.1994	SVK	2018	1	0	1	0	Grasshopper Club Zürich, MFK Ruzomberok, MFK Dukla Banska Bystrica, FK Zeleziarne Podbrezova, Partizan Cierny Balog
Feigenspan, Mike	S	05.08.1995	D	2019	16	3	16	3	Bor. M'gladbach, KSV Hessen Kassel, OSC Vellmar, SC Paderborn 07, OSC Vellmar
Fejzic, Jasmin	T	15.05.1986	BIH	2019	18	0	50	0	1. FC Magdeburg, Eintracht Braunschweig, VfR Aalen, SpVgg Greuther Fürth, Eintracht Braunschweig, SpVgg Greuther Fürth, SV Stuttgarter Kickers, TSV Eltingen
Fejzullahu, Mergim	S	29.03.1994	ALB	2018	12	2	12	2	TSV Alemannia Aachen, Fortuna Düsseldorf, TSV Aufderhöhe
Franjic, Ivan Leon	S	08.09.1997	D	2018	10	0	10	0	VfB Germania Halberstadt, Vogtländischer FC Plauen, ... (vgl. Seite 232)
Fürstner, Stephan	M	11.09.1987	D	2018	34	1	60	2	1. FC Union Berlin, SpVgg Greuther Fürth, FC Bayern München, MTV Diessen
Hofmann, Philipp	S	30.03.1993	D	2018	38	10	38	10	SpVgg Greuther Fürth, Brentford FC, 1. FC Kaiserslautern, FC Ingolstadt 04, SC Paderborn 07, FC Schalke 04, SC Neheim, Rot-Weiß Wenholthausen
Janzer, Manuel	M	07.03.1992	D	2018	18	2	145	24	Holstein Kiel, 1. FC Heidenheim, VfB Stuttgart, TSV Oberkochen
Kessel, Benjamin	A	01.10.1987	D	2019	17	2	41	3	1. FC Saarbrücken, 1. FC Kaiserslautern, 1. FC Union Berlin, Eintracht Braunschweig, 1. FSV Mainz 05, VfR Wormatia 08 Worms, 1. FC Kaiserslautern, Binger FVgg Hassia, SG Eintracht Bad Kreuznach, FC Bavaria 08 Ebernburg, TuS Hackenheim
Kijewski, Niko	A	28.03.1996	D	2014	38	0	38	0	VfL Osnabrück, SV Büren 2010, VfL Büren
Kruse, Lukas	T	09.07.1983	D	2018	8	0	44	0	Holstein Kiel, SC Paderborn 07, FC Augsburg, Borussia Dortmund, SC Paderborn 07, SV Rot-Weiß Alfen, TSV Tudorf
Menz, Christoph	M	22.12.1988	D	2019	10	1	162	9	FC Viktoria 1889 Berlin LT, SC Fortuna Köln, FC Rot-Weiß Erfurt, SG Dynamo Dresden, 1. FC Union Berlin, 1. FC Magdeburg, SG Messtron Magdeburg
Nehrig, Bernd	S	28.09.1986	D	2019	12	1	12	1	FC St. Pauli, SpVgg Greuther Fürth, SpVgg Unterhaching, VfB Stuttgart, TV Steinheim
Nkansah, Steffen	A	07.04.1996	D	2017	30	0	30	0	Borussia Mönchengladbach, TSG 1899 Hoffenheim, FC Bavaria Wörth
Nyman, Christoffer	S	05.10.1992	SWE	2016	6	1	6	1	IFK Norrköping
Otto, Nick	A	27.05.1999	D	2018	0	0	0	0	VfL Wolfsburg, TSG Mörse
Otto, Yari	S	27.05.1999	D	2018	21	4	21	4	VfL Wolfsburg, TSG Mörse
Pfitzner, Marc	M	28.08.1984	D	2018	19	5	155	11	Werder Bremen, Eintr. Braunschweig, FT Braunschweig, SV Broitzem, TSV Frisch-Auf Timmerlah, Eintr. Braunschweig, Türkischer SV Braunschweig, SC Victoria Braunschweig
Putaro, Leandro	S	07.01.1997	D	2018	26	2	26	2	Arminia Bielefeld, VfL Wolfsburg, Hannover 96, RSV Göttingen 05, SVG Göttingen 07
Rütten, Nils	A	20.07.1995	D	2019	10	0	10	0	Bonner SC, Borussia Mönchengladbach, FC Germania Bauchem
Sauerland, David	M	28.06.1997	D	2018	15	0	15	0	Borussia Dortmund, SC Preußen Münster, 1. FC Gievenbeck
Thorsen, Jonas	M	19.04.1990	DEN	2018	14	1	14	1	AC Horsens, Viborg FF, Aarhus GF, Hjörtshöj-Ega IF
Tingager, Frederik	A	22.02.1993	DEN	2018	10	0	10	0	Odense BK, Holbaek B&I, Bröndby IF, Nordvest FC, Tuse IF
Valsvik, Gustav	A	26.05.1993	NOR	2016	11	0	11	0	Strömsgodset IF Drammen, Sogndal IL, Vik IL

Trainer:

Name, Vorname	geb. am	Nat.	Zeitraum	Spiele 2018/19	frühere Trainerstationen
Pedersen, Henrik	02.01.1978	DEN	01.07.18 – 10.10.18	11	HB Köge, AKA Red Bull Salzburg Junioren, Aarhus GF U19, Esbjerg fB U16, Holstebrö BK Junioren
Schubert, André	24.07.1971	D	10.10.18 – 30.06.19	27	Borussia Mönchengladbach I und II, DFB U15-Nationalmannschaft, FC St. Pauli, SC Paderborn 07 I und II, KSV Baunatal

Zugänge:
Adetula und Bangsow (II. Mannschaft), Amundsen (Rosenborg BK Trondheim), Bürger (eigene Junioren), Burmeister (Vasas SC Budapest), Fasko (Grasshopper Club Zürich), Fejzullahu (TSV Alemannia Aachen), Franjic (VfB Germania Halberstadt), Fürstner (1. FC Union Berlin), N. Otto und Y. Otto (VfL Wolfsburg Junioren), Sauerland (Borussia Dortmund II), Thorsen (AC Horsens).
während der Saison:
Bär (VfR Aalen), Düker (SC Paderborn 07), Feigenspan (Bor. M'gladbach II), Fejzic (1. FC Magdeburg), Janzer (Holstein Kiel), Kessel (1. FC Saarbrücken), Kruse (ohne Verein), Menz (FC Viktoria 1889 Berlin LT), Nehrig (FC St. Pauli), Pfitzner (II. Mannschaft), Putaro (DSC Arminia Bielefeld), Rütten (Bonner SC).

Abgänge:
Abdullahi und Reichel (1. FC Union Berlin), Baffo (MSV Duisburg), Biada und Zuck (1. FC Kaiserslautern), Boland (Adelaide United FC), Breitkreuz und Hochscheidt (FC Erzgebirge Aue), Dacaj (SV Rödinghausen), Fejzic (1. FC Magdeburg), Khelifi (FC Zürich), Kumbela und Yildirim (ohne Verein), Moll (TSV 1860 München), Samson (FC Schalke 04 II), Sauer (SpVgg Greuther Fürth), Schönfeld (SV Wehen Wiesbaden), Teigl (FC Augsburg), Verstappen (Tennis Borussia Berlin).
während der Saison:
Amundsen (Velje BK), Canbaz (SV Werder Bremen II), Fasko (MFK Karvina), Franjic (1. FC Saarbrücken), Kruse (Laufbahn beendet), Nyman (IFK Norrköping), N. Otto (FC St. Pauli II), Tingager (Aarhus GF), Valsvik (Rosenborg BK Trondheim).

Fortsetzung Braunschweiger TSV Eintracht 1895

Aufstellungen und Torschützen:

Sp	Datum		Gegner	Ergebnis	Adetula	Amundsen	Bär	Becker	Bürger	Bulut	Burmeister	Canbaz	Düker	Engelhardt	Fasko	Feigenspan	Fejzic	Fejzullahu	Franjic	Fürstner	Hofmann	Janzer	Kessel	Kijewski	Kruse	Menz	Nehrig	Nkansah	Nyman	Otto, Y.	Pfitzner	Putaro	Rütten	Sauerland	Thorsen	Tingager	Valsvik
					1	2	3	4	5	6	7	8	9	10	11	12	13	14	15	16	17	18	19	20	21	22	23	24	25	26	27	28	29	30	31	32	33
1	27.07.18	H	Karlsruher SC	1:1 (0:1)	E	A		X	X1	A		X				E	A	X	X		X			E								X	X			
2	03.08.18	A	FC Hansa Rostock	0:2 (0:2)		X		X	X X	E	X					E	X	X	X		A					E							A	A			
3	07.08.18	H	FSV Zwickau	1:1 (0:1)	A			X	A	E	X					E	X	X	X1		X			E							X	A	X			
4	11.08.18	A	SV Wehen	3:3 (1:0)	X1G		E	A1			X	E				A	X	X1			X			E							A	X	X	X		
5	26.08.18	H	SC Fortuna Köln	0:2 (0:1)					A	E	E	X			X	E	X	X			X						X			A	X	A	X		
6	01.09.18	A	SpVgg Unterhaching	0:3 (0:1)	A		X		A	X	X				E	A	X	X			X			E		X			E		X		E		X	
7	14.09.18	H	FC Carl Zeiss Jena	2:0 (0:0)				X	X		X			A	A	X	X	E	X					E2	A					X	E				
8	22.09.18	A	Würzburger Kickers	1:1 (1:1)	X			A	X		X			A	E	X	X1	A	X					E		E				E					
9	25.09.18	H	1. FC Kaiserslautern	1:4 (1:1)	X			X X		X				X	E	X	X		A						E			A1		X				X		
10	29.09.18	A	SV Meppen	2:4 (0:2)		A		E	X		X				X2	X	X		X					E	X		E				X	A	A			
11	06.10.18	H	VfL Sportfr. Lotte	2:2 (2:0)	A		E	A	X						X	A	X1		X X		X			E			X		X1	E						
12	20.10.18	A	TSV 1860 München	0:2 (0:0)	A			X						A	E	X	X		X X		X		A	E			X	E	X							
13	26.10.18	H	VfL Osnabrück	3:4 (2:2)		E	X	X						E		A	X	E1	X X		A						A1		X	X						
14	03.11.18	A	SGS Großaspach	1:1 (0:0)		X	E	A	E							X	X1	E	X X		X			A			X	A								
15	10.11.18	H	KFC Uerdingen 05	0:2 (0:2)		X	E	A	X							X	E		X	E				A		XR	A									
16	26.11.18	A	SC Preußen Münster	0:3 (0:2)	E	X	X			A						X	E		X A		X			E	A	X										
17	01.12.18	H	VfR Aalen	2:2 (0:1)	E	X1	A	X	A							X	E	A	X X		X	X1	E			X										
18	08.12.18	H	Hallescher FC	0:1 (0:1)		X	A				E					X	E	A	X	A	X	X	X	E												
19	15.12.18	A	FC Energie Cottbus	1:0 (0:0)	E	X		A	E		X					X	A		X A		X X	E														
20	22.12.18	A	Karlsruher SC	1:1 (1:0)		X		A	E		X					X	A1	E	X A	E	X X															
21	27.01.19	H	FC Hansa Rostock	2:0 (0:0)		X	X							E1	X			X X	A1	X	E	A		E	X	A										
22	04.02.19	A	FSV Zwickau	1:0 (0:0)		X	X		E	E		A		X		X	A		X X		A1	X		X	E											
23	10.02.19	H	SV Wehen	2:3 (1:2)		X	X			A				X		X	E		X X	E	A		E1	X X												
24	16.02.19	A	SC Fortuna Köln	3:1 (0:0)		A	X							E1	X	A	X1		X		X1	X X		A	E	E										
25	23.02.19	H	SpVgg Unterhaching	1:0 (1:0)		A1	X	A	E					E	X			X	E X		X X			X		A										
26	03.03.19	A	FC Carl Zeiss Jena	0:0 (0:0)		A		E	E	E				X X		X	X		X X		A X						X									
27	09.03.19	H	Würzburger Kickers	2:2 (0:1)		X	X	A						E		X			X X		A X	E		X1	E1	A										
28	13.03.19	A	1. FC Kaiserslautern	0:0 (0:0)			X							A		X	E	A A	X		E			X	X	E	XR									
29	17.03.19	H	SV Meppen	3:0 (1:0)		X X			E					E		X	A1	A A	X		E X			X2												
30	24.03.19	A	VfL Sportfr. Lotte	1:0 (0:0)		A	X		E					E		X	X		X X		E	X	XR	E	A1											
31	30.03.19	H	TSV 1860 München	1:1 (0:0)		E	X			E1				A		X	X		X		X			X	E											
32	07.04.19	A	VfL Osnabrück	0:1 (0:1)		X X			E					X		X	A		X		E	A		E	X											
33	13.04.19	H	SGS Großaspach	1:1 (0:0)		A	X			E1				E		A		A	X		A X			X E	X											
34	22.04.19	A	KFC Uerdingen 05	3:0 (0:0)		X1	X							E1		X	X	A1	A		E			A	X	E										
35	28.04.19	H	SC Preußen Münster	3:3 (1:2)		X		E1	E1					E		X	A	X	X1					X	A	A										
36	05.05.19	A	VfR Aalen	3:1 (2:0)		A	X	E	E					E		X	X3	A	X X		X															
37	11.05.19	A	Hallescher FC	0:1 (0:1)		X	A		E	E				E		X	X	A	X		X			X	A											
38	18.05.19	H	FC Energie Cottbus	1:1 (1:0)		X	X		E	E				X X		A	A		X		XR	X		E	A1	X										
	Spiele:				1	12	17	29	6	22	22	5		10	13	1	16	18	12	10	34	38	18	17	38	8	10	12	30	6	21	19	26	10	15	14	10	11
	Tore:				0	1	2	1	0	2	1	0		3	0	0	3	0	2	0	1	10	2	2	0	0	1	1	0	1	4	5	2	0	0	1	0	0

Gegnerische Eigentore im 13. Spiel (durch Agu), im 19. Spiel (durch Matuwila) und im 23. Spiel (durch Kyereh).

Bilanz der letzten 10 Jahre:

Saison	Lv.	Liga		Platz	Sp.	S	U	N	Tore	Pkt.
2008/09:	3	3. Liga		13.	38	12	9	17	46-51	45
2009/10:	3	3. Liga		4.	38	17	11	10	55-37	62
2010/11:	3	3. Liga	↑	1.	38	26	7	5	81-22	85
2011/12:	2	2. Bundesliga		8.	34	10	15	9	37-35	45
2012/13:	2	2. Bundesliga	↑	2.	34	19	10	5	52-34	67
2013/14:	1	Bundesliga	↓	18.	34	6	7	21	29-60	25
2014/15:	2	2. Bundesliga		6.	34	15	5	14	44-41	50
2015/16:	2	2. Bundesliga		8.	34	12	10	12	44-38	46
2016/17:	2	2. Bundesliga		3.	34	19	9	6	50-36	66
2017/18:	2	2. Bundesliga	↓	17.	34	8	15	11	37-43	39

Zuschauerzahlen:

Saison	gesamt	Spiele	Schnitt
2008/09:	252.190	19	13.273
2009/10:	242.745	19	12.776
2010/11:	330.658	19	17.403
2011/12:	361.727	17	21.278
2012/13:	348.610	17	20.506
2013/14:	388.141	17	22.832
2014/15:	367.365	17	21.610
2015/16:	360.264	17	21.192
2016/17:	364.312	17	21.430
2017/18:	349.260	17	20.545

Die meisten Spiele in der 3. Liga:

Pl.	Name, Vorname	Spiele
1.	Pfitzner, Marc	105
2.	Dogan, Deniz	98
3.	Kruppke, Dennis	96
4.	Boland, Mirko	90
5.	Reichel, Ken	80
6.	Petkovic, Marjan	73
7.	Fuchs, Benjamin	68
8.	Henn, Matthias	67
9.	Danneberg, Tim	64

Die meisten Tore in der 3. Liga:

Pl.	Name, Vorname	Tore
1.	Kruppke, Dennis	36
2.	Kumbela, Dominick	24
3.	Onuegbu, Kingsley	17
4.	Calamita, Marco	11
	Pfitzner, Marc	11
6.	Hofmann, Philipp	10
7.	Dogan, Deniz	9
8.	Bellarabi, Karim	8
	Boland, Mirko	8

Die Trainer der letzten Jahre:

Name, Vorname	Zeitraum
Zanter, Peter (IT)	21.10.2002 – 24.10.2002
Reinders, Uwe	24.10.2002 – 02.03.2004
Loos, Wolfgang (IT)	02.03.2004 – 14.03.2004
Krüger, Michael	15.03.2004 – 04.10.2006
Kronhardt, Willi (IT)	05.10.2006 – 16.10.2006
Vasic, Djuradj	17.10.2006 – 14.11.2006
Reimann, Willi	15.11.2006 – 20.03.2007
Demuth, Dietmar	21.03.2007 – 30.06.2007
Möhlmann, Benno	01.07.2007 – 12.05.2008
Lieberknecht, Torsten	12.05.2008 – 14.05.2018

FC Energie Cottbus

Anschrift:
Am Eliaspark 1
03042 Cottbus
Telefon: (0 35 5) 75 69 50
eMail: info@fcenergie.com
Homepage: www.fcenergie.de

Vereinsgründung: 02.07.1990 aus BSG Energie Cottbus

Vereinsfarbe: Rot-Weiß
Präsident: Werner Fahle
Sportlicher Leiter: Claus-Dieter Wollitz

Stadion: Stadion der Freundschaft (22.528)

Größte Erfolge: Aufstieg in die DDR-Oberliga 1973, 1975, 1981, 1986 und 1988; Aufstieg in die Bundesliga 2000 und 2006; DFB-Pokalfinalist 1997; Meister Regionalliga Nordost (↑); Brandenburger Pokalsieger 1995, 1996, 1997, 1998, 2001, 2015, 2017, 2018 und 2019

Aufgebot:

Name, Vorname	Pos	geb. am	Nat.	seit	2018/19 Sp.	T.	gesamt Sp.	T.	frühere Vereine
Baude, Marcel	A	05.10.1989	D	2016	4	0	72	1	Hallescher FC, Chemnitzer FC, TSV Flöha
Bender, Lars	M	08.01.1988	D	2018	10	1	203	11	SC Fortuna Köln, SV Eintracht Trier 05, Offenbacher FC Kickers, TuS Koblenz, SV Niederwerth, FC Germania Urbar
Beyazit, Abdulkadir	S	04.11.1996	D	2018	5	0	5	0	SV Babelsberg 03, FC Viktoria 1889 Berlin LT, 1. FC Union Berlin, Tennis Borussia Berlin, FC Hertha 03 Zehlendorf, Türkiyemspor Berlin 1978, Berliner SC Agrispor
Bohl, Daniel	M	09.06.1994	D	2019	16	1	130	6	Hallescher FC, 1. FSV Mainz 05, 1. FC Saarbrücken, SpVgg Einöd-Ingweiler
Broschinski, Moritz	S	23.09.2000	D	2012	10	0	10	0	FSV Glückauf Brieske/Senftenberg, SV Hertha Finsterwalde
De Freitas Costa, Marcelo	M	01.06.1994	BRA	2017	31	3	31	3	FC Oberlausitz Neugersdorf, FC International Leipzig, SG Dynamo Dresden, Figueirense FC, Grêmio Porto Alegrense, São Paulo FC, Campinas FC, Campus Engenheiro Coelho
Gehrmann, Paul	A	28.04.1995	D	2016	8	0	8	0	Goslarer SC 08, SG Dynamo Dresden, SC Borea Dresden, SG Dynamo Dresden, FV Eintracht Niesky, VfL Reinsdorf
Geisler, Felix	M	20.03.1997	D	2017	27	3	36	3	FSV Zwickau, FC Energie Cottbus, SpVgg Blau-Weiß 90 Vetschau
Gjasula, Jürgen	M	05.12.1985	D	2019	16	3	16	3	FC Viktoria 1889 Berlin LT, SpVgg Greuther Fürth, VfR Aalen, PFC Litex Lovech, MSV Duisburg, FSV Frankfurt, FC Basel, FC St. Gallen, 1. FC Kaiserslautern, SC Freiburg, Freiburger FC, SC Freiburg, SV Blau-Weiß Wiehre Freiburg, Polizei SV Freiburg
Graudenz, Fabian	M	16.01.1992	D	2018	6	0	32	3	FSV Frankfurt, TSV Alemannia Aachen, FC St. Pauli, Hamburger SV, SpVgg Blau-Weiß 96 Schenefeld, Uhlenhorster SC Paloma
Grundmann, Max	A	16.08.1998	D	2011	1	0	1	0	SV Zehdenick
Hemmerich, Luke	M	09.02.1998	D	2019	17	0	17	0	FC Erzgebirge Aue, VfL Bochum, FC Schalke 04, Rot-Weiss Essen, Bayer 04 Leverkusen, Sportfreunde Niederwenigern
Holthaus, Fabian	A	17.01.1995	D	2018	20	1	91	2	FC Hansa Rostock, SG Dynamo Dresden, Fortuna Düsseldorf, VfL Bochum, Hammer SpVg, SV Fortuna Herringen
Karbstein, Malte	A	30.01.1998	D	2011	0	0	2	0	Märkischer SV 1919 Neuruppin
Knechtel, Philipp	A	28.06.1996	D	2011	5	0	12	0	1. FC Magdeburg, TV Askania Bernburg, SV Einheit Bernburg
Kruse, Tim	M	10.01.1983	D	2016	15	0	155	8	Hallescher FC, 1. FC Saarbrücken, SC Rot-Weiß Oberhausen, Fortuna Düsseldorf, Bayer 04 Leverkusen, SV Union Rösrath, TV Hoffnungsthal
Mamba, Streli	S	17.06.1994	D	2016	36	11	36	11	SV Sandhausen, SGV Freiberg/N., TSV Grunbach, 1. Göppinger SV, SV Stuttgarter Kickers, FC 08 Homburg, 1. FC Kaiserslautern, VfB Stuttgart, Karlsruher SC, 1. FC Eislingen, SV Ebersbach, VfB Stuttgart, SV Ebersbach, FTSV Kuchen
Matuwila, José-Junior	A	20.09.1991	D	2016	36	2	36	2	TuS Koblenz, TuS Erndtebrück, TuS Koblenz, TuS Mayen, SG Eintracht Lahnstein, TuS Koblenz, TuS Mayen
Müller, Robert	A	12.11.1986	D	2019	17	0	314	16	KFC Uerdingen 05, VfR Aalen, SV Wehen Wiesbaden, FC Hansa Rostock, Holstein Kiel, FC Carl Zeiss Jena, Hertha BSC, Hallescher FC, 1. FSV Schwerin, ESV Schwerin
Raak, Colin	M	21.04.2000	M	2010	1	0	1	0	Cottbuser Krebse
Rangelov, Dimitar	S	09.02.1983	BUL	2018	24	7	26	7	Ümraniyespor, Konyaspor, FC Luzern, Energie Cottbus, Maccabi Tel Aviv, Borussia Dortmund, Energie Cottbus, Erzgebirge Aue, Racing Straßburg, Slavia Sofia, Levski Sofia
Rauhut, Kevin	T	30.12.1989	D	2018	9	0	11	0	Wacker Nordhausen, Hessen Kassel, SF Siegen, Alemannia Aachen, Wuppertaler SV Borussia, VfB Homberg, TuRU Düsseldorf, SV Straelen, RW Oberhausen
Scheidhauer, Kevin	S	13.02.1992	D	2017	14	1	38	4	FC Schalke 04, MSV Duisburg, VfL Wolfsburg, VfL Bochum, VfL Wolfsburg, 1. FC Lok Leipzig, VfB Leipzig, SV Brehmer Leipzig
Schlüter, Lasse	A	27.04.1992	D	2016	33	2	33	2	FSV Wacker 90 Nordhausen, FC St. Pauli, Hamburger SV, SC Poppenbüttel
Schneider, Leon	A	19.06.2000	D	2012	14	0	14	0	JFV Eisenhüttenstadt, SG Aufbau Eisenhüttenstadt
Spahic, Avdo	T	12.02.1997	BIH	2014	30	0	30	0	Tennis Borussia Berlin, Steglitzer FC Stern 1900
Stanese, Daniel	A	21.01.1994	CAN	2018	7	0	55	2	VfR Aalen, FC Augsburg, 1. FC Nürnberg, Florida Gulf Coast University, Vancouver Whitecaps FC, Coquitlam Metro-Ford SC
Startsev, Andrej	A	07.06.1994	KAZ	2017	10	0	10	0	TSV Havelse, FC St. Pauli, SC Langenhagen, Hannover 96, SV Borussia Hannover
Stein, Marc	A	07.07.1985	D	2016	18	4	188	12	SV Stuttgarter Kickers, Offenbacher FC Kickers, FSV Frankfurt ... (vgl. Seite 235)
Viteritti, Fabio	M	22.05.1993	D	2016	34	6	34	6	TSG Neustrelitz, 1. FC Magdeburg, FC Basel, SV Weil, FC Friedlingen
Weidlich, Kevin Okyere	M	04.10.1989	D	2016	35	4	35	4	Berliner FC Dynamo, TSG Neustrelitz, FC St. Pauli, FC Sylt, Uhlenhorster SC Paloma, VfL Hamburg 93, Altonaer FC 93, SV Nettelnburg-Allermöhe, FC St. Pauli, SC Concordia Hamburg, SC Urania Hamburg
Zickert, Jonas	M	25.08.1997	D	2010	2	0	22	0	SG Groß Gaglow
Zimmer, Maximilian	M	10.07.1992	D	2017	13	1	13	1	Berliner AK 07, 1. FC Kaiserslautern, SV Babelsberg 03, Hertha BSC, FSV Berolina Stralau

Trainer:

Name, Vorname	geb. am	Nat.	Zeitraum	Spiele 2018/19	frühere Trainerstationen
Wollitz, Claus-Dieter	19.07.1965	D	12.04.2016 – lfd.	38	FC Viktoria Köln, VfL Osnabrück, FC Energie Cottbus, KFC Uerdingen 05

Zugänge:
Beyazit (SV Babelsberg 03), Stanese (VfR Aalen).
während der Saison:
Bender, Holthaus und Rangelov (ohne Verein), Bohl (Hallescher FC), Gjasula (FC Viktoria 1889 Berlin LT), Hemmerich (FC Erzgebirge Aue), Müller (KFC Uerdingen 05), Raak (eigene Junioren).

Abgänge:
Boakye (1. FC Köln II), Förster (VSG Altglienicke), Papadimitriou (FC Mauerwerk), Siebeck (Karlsruher SC), Ziegenbein (Laufbahn beendet).
während der Saison:
Grundmann (Berliner FC Dynamo), Karbstein (SV Werder Bremen II), Stein (VfB Stuttgart II).

Fortsetzung FC Energie Cottbus

Aufstellungen und Torschützen:

Sp	Datum	Gegner	Ergebnis	Baude	Bender	Beyazit	Bohl	Broschinski	De Freitas	Gehrmann	Geisler	Gjasula	Graudenz	Grundmann	Hemmerich	Holthaus	Knechtel	Kruse	Mamba	Matuwila	Müller	Raak	Rangelov	Rauhut	Scheidhauer	Schlüter	Schneider	Spahic	Stanese	Startsev	Stein	Viteritti	Weidlich	Zickert	Zimmer
				1	2	3	4	5	6	7	8	9	10	11	12	13	14	15	16	17	18	19	20	21	22	23	24	25	26	27	28	29	30	31	32
1	29.07.18 H	FC Hansa Rostock	3:0 (2:0)						X		E1						E	X	A	X					E	X		X		A	X	X2	X		A
2	05.08.18 A	SV Wehen	2:0 (1:0)						X		E							X	X2	X					E			X		E	A	X	A		X
3	08.08.18 H	SpVgg Unterhaching	2:2 (0:1)						X		E						X^G	X	X						E	X		X		E	A	X2	A		A
4	12.08.18 A	Würzburger Kickers	1:3 (0:2)						A	E	A		E					E1	X					A	X			X	X		X	X	X		
5	25.08.18 H	SV Meppen	1:1 (1:0)						A		E					E	X	X	X					X			X		E	X	X	A1			A
6	31.08.18 A	TSV 1860 München	0:2 (0:1)					E	X			A					X	X	X						X		X	A		X	X	X		E	
7	15.09.18 H	SGS Großaspach	0:0 (0:0)						X		E						A	X	X					X			X	E	X	X	X	X	E	A	
8	21.09.18 A	SC Preußen Münster	0:3 (0:2)	X		E			X			A					X	X						X			X	A	A	X	E	E			X
9	29.09.18 A	Karlsruher SC	0:2 (0:1)		X			E	X	A	E	A						X						X			X			X	X	X			X
10	06.10.18 H	FSV Zwickau	2:1 (1:1)	E	A				X1	X	E		E			X		X1						X			X			A	X	X			A
11	10.10.18 A	Hallescher FC	1:2 (1:2)	A	E				X	A			E					X	X^R					X	E			X		X	X	X			A1
12	20.10.18 A	SC Fortuna Köln	1:3 (0:2)	E					X		E				E		X	X				A		X	X	X		X^R		X	A	A1			
13	27.10.18 H	FC Carl Zeiss Jena	2:1 (1:0)	E					X		A				X		X	E	X		A1			X	E					X1	A	X			
14	02.11.18 A	1. FC Kaiserslautern	2:0 (0:0)						A		A				X		X	A	X					E	E	E1	X	X			X1	A	X		
15	10.11.18 H	VfL Sportfr. Lotte	2:2 (0:1)			E			X1		E1				X		X	E	X		A			X	A	A	X				X	X			
16	24.11.18 H	VfL Osnabrück	1:3 (0:1)			E			X	X					A		X	X						E	E	X	A			A	X	X1	X		
17	01.12.18 H	KFC Uerdingen 05	0:2 (0:0)					E	X	A					A		E	X			A			X			X			X	X	X			E
18	09.12.18 A	VfR Aalen	3:3 (1:1)	X	E				X	A					X		X2	X			E1		A	X			X			A	X	A			E
19	15.12.18 H	Eintr. Braunschweig	0:1 (0:0)	A					A	X					X		A	X			E			X	E		X			X	X	X			E
20	22.12.18 A	FC Hansa Rostock	2:0 (1:0)	X1							X				E		X	X			A1			E	X	X	X			X	A	X			E
21	26.01.19 H	SV Wehen	2:3 (0:3)	A			X		X					X			E1		E	A	E1			X	X	X		X					A		
22	09.02.19 H	Würzburger Kickers	1:2 (0:1)						A	A	X		A	X		X	E	X	X	X	E1			X		X		E							
23	16.02.19 A	SV Meppen	0:3 (0:2)						A	E	X			X	X	A	X	X			A		X	E	X					E	E				
24	23.02.19 H	TSV 1860 München	1:2 (0:0)						A	E	E1	X		A			X	X	X		E	X			A						A	X			
25	02.03.19 A	SGS Großaspach	0:0 (0:0)						X	A	E	X		X			X	X	X					X							A	X			
26	09.03.19 H	SC Preußen Münster	3:0 (3:0)					X1	A		E	X		E	E		X1	X			A1			X							A	X			
27	13.03.19 A	Hallescher FC	3:2 (1:2)						X	E	X		E		E		A1	X1	X			X		X			X				A	A1			
28	17.03.19 H	Karlsruher SC	0:2 (0:1)						A		X	E	E		E		X	X	X		X			X	A						A	X			
29	20.03.19 A	SpVgg Unterhaching	0:0 (0:0)						X		X	A	X		X		X	X	X		E	X			X						X				
30	25.03.19 A	FSV Zwickau	1:2 (0:1)						A	E	E	X		A	X		X	X	X												A	X1			
31	30.03.19 H	SC Fortuna Köln	4:3 (2:2)						A		X1	E	A1		X	X1	E	X1	X		X	X		A								E			
32	06.04.19 H	FC Carl Zeiss Jena	1:2 (1:1)	E						X		X		E	X		A	X	X		X	A				E					A	X			
33	13.04.19 H	1. FC Kaiserslautern	1:1 (0:0)			X	E	X			X1	E			A		X	A						X	X	X						X			
34	21.04.19 A	VfL Sportfr. Lotte	3:0 (0:0)			X				E		X	E	E	A	X		X						X1	A	X					A1	X1			
35	27.04.19 H	VfL Osnabrück	1:2 (0:0)			A			E		X	X	A		X1	X		E						X	E	X					A	X			
36	05.05.19 H	KFC Uerdingen 05	2:1 (1:1)	A		E			A	E	X	E			X		X	X	A2			X		X	X						X				
37	11.05.19 H	VfR Aalen	2:1 (1:1)	E		X			X		X1	E					E	X1	X					A	X	X					A	A			
38	18.05.19 A	Eintr. Braunschweig	1:1 (0:1)			A			X			E	E	A	X	X^G	X			X				A	X	X					E1	X			
	Spiele:			4	10	5	16	10	31	8	27	16	6	1	17	20	5	15	36	36	17	1	24	9	14	33	14	30	7	10	18	34	35	2	13
	Tore:			0	1	0	1	0	3	0	3	3	0	0	0	1	0	0	11	2	0	0	7	0	1	2	0	0	0	0	4	6	4	0	1

Gegnerisches Eigentor im 32. Spiel (durch Gerlach).

Bilanz der letzten 10 Jahre:

Saison	Lv.	Liga		Platz	Sp.	S	U	N	Tore	Pkt.
2008/09:	1	Bundesliga	↓	16.	34	8	6	20	30-57	30
2009/10:	2	2. Bundesliga		9.	34	13	8	13	55-49	47
2010/11:	2	2. Bundesliga		6.	34	16	7	11	65-52	55
2011/12:	2	2. Bundesliga		14.	34	8	11	15	30-49	35
2012/13:	2	2. Bundesliga		8.	34	12	12	10	41-36	48
2013/14:	2	2. Bundesliga	↓	18.	34	6	7	21	35-59	25
2014/15:	3	3. Liga		7.	38	15	11	12	50-50	56
2015/16:	3	3. Liga	↓	19.	38	9	14	15	32-52	41
2016/17:	4	Regionalliga Nordost		2.	34	19	9	6	58-26	66
2017/18:	4	Regionalliga Nordost	↑	1.	34	28	5	1	79-14	89

Zuschauerzahlen:

Saison	gesamt	Spiele	Schnitt
2008/09:	284.047	17	16.709
2009/10:	183.355	17	10.786
2010/11:	193.932	17	11.408
2011/12:	191.627	17	11.272
2012/13:	176.895	17	10.406
2013/14:	164.002	17	9.647
2014/15:	143.118	19	7.533
2015/16:	147.923	19	7.785
2016/17:	92.415	17	5.436
2017/18:	89.379	17	5.258

Die meisten Spiele in der 3. Liga:

Pl.	Name, Vorname	Spiele
1.	Möhrle, Uwe	71
	Szarka, Robin	71
3.	Holz, Marco	54
4.	Mimbala, Cedric	53
5.	Michel, Sven	52
6.	Mattuschka, Torsten	51
7.	Zeitz, Manuel	46
8.	Müller, Kevin	37
9.	Mamba, Streli	36
	Matuwila, José	36

Die meisten Tore in der 3. Liga:

Pl.	Name, Vorname	Tore
1.	Kleindienst, Tim	13
2.	Mamba, Streli	11
3.	Michel, Sven	10
	Möhrle, Uwe	10
	Sukuta-Pasu, Richard	10
6.	Breitkreutz, Patrick	7
	Rangelov, Dimitar	7
8.	Viteritti, Fabio	6
9.	Pospech, Zbynek	5

Die Trainer der letzten Jahre:

Name, Vorname	Zeitraum
Sander, Petrik	23.11.2004 – 23.09.2007
Weber, Heiko	23.09.2007 – 27.09.2007
Prasnikar, Bojan	28.09.2007 – 31.05.2009
Wollitz, Claus-Dieter	01.07.2009 – 08.12.2011
Feldhoff, Markus	09.12.2011 – 31.12.2011
Bommer, Rudolf	01.01.2012 – 05.11.2013
Schmidt, Stephan	06.11.2013 – 24.02.2014
Böhme, Jörg	24.02.2014 – 30.06.2014
Krämer, Stefan	01.07.2014 – 19.09.2015
Miriuta, Vasile	24.09.2015 – 12.04.2016

SG Sonnenhof Großaspach

Anschrift:
Postfach 1235
71545 Aspach
Telefon: (0 71 91) 2 20 99 33 02
eMail: info@sg94.de
Homepage: www.sg94.de

Vereinsgründung: 25.08.1994 Fusion FC Sonnenhof 1982 Kleinaspach mit der Fußballabteilung der SpVgg 1920 Großaspach

Vereinsfarben: Rot-Schwarz
Vorsitzender: Andreas Benignus
Teammanager: Nebih Azemi

Stadion: mechatronik Arena (10.001)

Größte Erfolge: Meister der Landesliga Württemberg 2002 (↑); Meister der Verbandsliga Württemberg 2005 (↑); Meister der Oberliga Württemberg 2009 (↑); Pokalsieger Württemberg 2009; Qualifikation für die neue Regionalliga Südwest 2012; Meister der Regionalliga Südwest 2014 (↑)

Aufgebot:

Name, Vorname	Pos	geb. am	Nat.	seit	2018/19 Sp.	T.	gesamt Sp.	T.	frühere Vereine
Baku, Makana Nsimba	S	08.04.1998	D	2017	38	4	66	5	1. FSV Mainz 05, SV Gonsenheim, 1. FSV Mainz 05
Binakaj, Shqiprim	M	26.04.1989	KVX	2008	21	1	140	13	TSG Backnang, SV Winnenden
Bösel, Sebastian	M	24.10.1994	D	2017	34	0	68	1	FC Bayern München, SpVgg Bayern Hof, SpVgg Greuther Fürth, 1. FC Marktleuthen
Broll, Kevin	T	23.08.1995	D	2015	38	0	120	0	FC 08 Homburg, SV Waldhof Mannheim, Ludwigshafener SC
Brünker, Kai	S	10.06.1994	D	2019	14	1	14	1	Bradford City FC, SC Freiburg, FC 08 Villingen, SV Zimmern, FC 08 Villingen, FC Kappel, FC 08 Villingen
Burger, Korbinian	A	27.04.1995	D	2018	34	0	34	0	SpVgg Greuther Fürth, FC Bayern München, TSV 1860 München, ASV Cham 1863, FC Chammünster
Choroba, Patrick	A	11.06.1996	D	2018	25	0	25	0	SC Verl
Dem, Raphael Jamil	A	09.03.1993	D	2018	15	0	65	5	Chemnitzer FC, Hertha BSC, FC Hertha 03 Zehlendorf, Tennis Borussia Berlin, Lichterfelder FC 1892
Fehr, Jeff-Denis	M	08.09.1994	D	2018	4	0	27	1	FC Hansa Rostock, BSV Schwarz-Weiß Rehden, SV Rott
Gehring, Kai	A	12.02.1988	D	2013	32	0	223	14	1. FC Saarbrücken, SV Wehen Wiesbaden, 1. FC Nürnberg, SSV Ulm 1846, VfB Stuttgart, ASV Spartania Eislingen
Gerezgiher, Joel	M	09.10.1995	D	2018	9	0	9	0	Holstein Kiel, Eintracht Frankfurt, FSV Frankfurt, SV Niederursel
Hercher, Philipp	S	21.03.1996	D	2018	37	5	44	5	1. FC Nürnberg, VfR Aalen, 1. FC Nürnberg, SSV Jahn 2000 Regensburg
Hingerl, Marco	M	03.05.1996	D	2018	19	2	19	2	FC Bayern München, SC Freiburg, FC Bayern München, SpVgg Unterhaching
Hoffmann, Jannes	M	10.03.1996	D	2017	9	1	30	1	1. FC Nürnberg, 1. FC Köln, FV Wiehl
Janjic, Zlatko	M	07.05.1986	D	2019	11	5	183	67	SSA Korona Kielce, MSV Duisburg, FC Erzgebirge Aue, SV Wehen Wiesbaden, DSC Arminia Bielefeld, TuS Jöllenbeck
Jüllich, Nicolas	A	27.03.1990	D	2018	3	0	130	10	FC Vaduz, SG Sonnenhof Großaspach, 1. FC Saarbrücken, FC Bayern München, SV Waldhof Mannheim, TSG 62/09 Weinheim, FC Dossenheim
Leist, Julian	A	11.03.1988	D	2014	35	0	252	6	SV Stuttgarter Kickers, FC Bayern München, TSV 1860 München, SV Stuttgarter Kickers, TSV Steinhaldenfeld
Martinovic, Dominik	S	25.03.1997	CRO	2019	7	1	11	2	SV Wehen Wiesbaden, RasenBallsport Leipzig, FC Bayern München, VfB Stuttgart, SportKultur Stuttgart
Meiser, Jonas	M	03.01.1999	D	2018	10	0	10	0	SV Stuttgarter Kickers, VfB Stuttgart, SV Stuttgarter Kickers, VfB Stuttgart
Mvibudulu, Stephané	S	18.05.1993	D	2018	5	0	42	3	SV Wehen Wiesbaden, SV Stuttgarter Kickers, TSV 1860 München, Hallescher FC, 1. FC Lok Leipzig, SV Merkur Oelsnitz/V.
Owusu, Mike	A	20.05.1995	D	2018	13	0	28	0	FC Hansa Rostock, Hertha BSC, Tennis Borussia Berlin
Pelivan, Dominik	M	08.06.1996	D	2017	28	5	44	5	Hertha BSC, FC Tiergarten
Poggenberg, Dan-Patrick	A	28.03.1992	D	2018	14	0	53	0	MSV Duisburg, Chemnitzer FC, VfL Wolfsburg, Holstein Kiel, SV Eichede, SV Preußen 09 Reinfeld
Reule, Maximilian	T	01.02.1994	D	2017	0	0	12	0	SV Wehen Wiesbaden, Chemnitzer FC, Karlsruher SC, FC Germania Brötzingen, FV Bad Wildbad
Röttger, Timo	M	12.07.1985	D	2015	33	10	218	45	FC Viktoria Köln, RasenBallsport Leipzig, SG Dynamo Dresden, SC Paderborn 07, Bayer 04 Leverkusen, TuS Wiehl, SV Wiedenest
Sommer, Niklas Wilson	A	02.04.1998	D	2019	3	0	3	0	VfB Stuttgart, 1. FC Nürnberg, KSD Hajduk Nürnberg, SV Dessau 05
Thermann, Yannick	M	08.02.1994	D	2017	16	0	37	2	SV Stuttgarter Kickers, TSG 1899 Hoffenheim, DJK/FC Ziegelhausen-Peterstal
Vitzthum, Michael	A	20.06.1992	D	2017	21	1	161	8	SV Wehen Wiesbaden, 1. FC Heidenheim, Karlsruher SC, VfB Stuttgart, SpVgg Unterhaching, FC Bayern München, SV Warngau

Trainer:

Name, Vorname	geb. am	Nat.	Zeitraum	Spiele 2018/19	frühere Trainerstationen
Hildmann, Sascha	07.04.1972	D	01.07.17 – 05.10.18	10	1. FSV Mainz 05 Junioren, SVgg 07 Elversberg Junioren, SC Hauenstein, SC 07 Idar-Oberstein, SV Rodenbach[Kusel]
Blaskic, Zlatko (IT)	27.04.1982	CRO	06.10.18 – 17.10.18	1	—
Schnorrenberg, Florian	16.04.1977	D	17.10.18 – 06.05.19	25	TuS Erndtebrück, TuS Erndtebrück II
Lang, Markus (IT)	29.02.1976	D	06.05.19 – 30.06.19	2	SG Sonnenhof Großaspach Junioren, TSG Backnang

Zugänge:
Burger (SpVgg Greuther Fürth II), Choroba (SC Verl), Gerezgiher (Holstein Kiel), Hercher (1. FC Nürnberg II), Hingerl (FC Bayern München II), Jüllich (FC Vaduz), Meiser (SV Stuttgarter Kickers), Mvibudulu (SV Wehen Wiesbaden), Owusu (FC Hansa Rostock), Poggenberg (MSV Duisburg).
während der Saison:
Brünker (Bradford City FC), Dem (ohne Verein), Janjic (SSA Korona Kielce), Martinovic (SV Wehen Wiesbaden), Sommer (VfB Stuttgart II).

Abgänge:
Aschauer (FSV Frankfurt), Fountas (SKN St. Pölten), Gutjahr (SSV Ulm 1846), Gyau (MSV Duisburg), Hägele (FC Würzburger Kickers), L. Hoffmann (SSV Ulm 1846), Özdemir (1. FC Kaiserslautern), Rodriguez (ohne Verein), Sané (Karlsruher SC), Schiek (SC Fortuna Köln), Sohm (Hallescher FC), Vecchione (pausiert).
während der Saison:
Mvibudulu (FC Rot-Weiß Erfurt).

Fortsetzung SG Sonnenhof Großaspach

Aufstellungen und Torschützen:

Sp	Datum		Gegner	Ergebnis	Baku	Binakaj	Bösel	Broll	Brünker	Burger	Choroba	Dem	Fehr	Gehring	Gereziher	Hercher	Hingerl	Hoffmann	Janjic	Jüllich	Leist	Martinovic	Meiser	Mvibudulu	Owusu	Pelivan	Poggenberg	Röttger	Sommer	Thermann	Vitzthum
					1	2	3	4	5	6	7	8	9	10	11	12	13	14	15	16	17	18	19	20	21	22	23	24	25	26	27
1	28.07.18	A	FC Carl Zeiss Jena	2:3 (1:1)	E1	A	X	X		X	X			X^R	A	X1	E									E	X	A		X	
2	04.08.18	H	1. FC Kaiserslautern	1:1 (1:1)	E	E	X	X		X	A				A	X	X				X			E	A	X		X1			
3	08.08.18	A	Sportfreunde Lotte	2:0 (2:0)	X	E	X	X		X	X			X	A	A2	X				X		E	E				A			
4	11.08.18	H	VfL Osnabrück	0:0 (0:0)	A	E	X	X		X	X			X	A	X	X				X		E		E			A			
5	24.08.18	A	KFC Uerdingen 05	0:0 (0:0)	X	A	A	X		X	X				X	X					X		E	A	E	X		E			
6	03.09.18	H	VfR Aalen	1:1 (1:0)	X	A	X	X		X	A			E	X	X1					X		E			X		A		E	
7	15.09.18	A	FC Energie Cottbus	0:0 (0:0)	X	A	X	X		X	A				X	X					X		E	E		X	E		A		
8	22.09.18	A	FC Hansa Rostock	0:0 (0:0)	X	E	X	X		X	E		E		A	X					X				A	X	A			X	
9	25.09.18	A	SV Wehen Wiesbaden	0:2 (0:0)	X	E	X	X		X	A			E	X	X					X				A	X	E		A		
10	29.09.18	H	SpVgg Unterhaching	1:1 (1:0)	A	E	X	X		X				X		X	X1				X					X	X	E	A		
11	08.10.18	A	Würzburger Kickers	0:0 (0:0)	E		X	X			A			X	E	X	A				X					X	X	A		E	X
12	20.10.18	H	SV Meppen	1:0 (0:0)	X	E	X	X		X	A					X1					X				E	A	X	A		E	X
13	28.10.18	A	TSV 1860 München	2:2 (1:1)	X1	E	X	X		X	X			X		A	E				X				E	A1		A			X
14	03.11.18	H	Eintr. Braunschweig	1:1 (0:0)	X		X	X		X	X	E		X	E	A1					X				E	X		A			A
15	11.11.18	H	Preußen Münster	3:1 (2:0)	X		X	X		X	A	E		X		X					X				E	A1	A2			E	X
16	24.11.18	A	Hallescher FC	0:2 (0:1)	X	E	X	X			X	X		X		X					X	A	E	A				X			
17	02.12.18	H	Karlsruher SC	1:2 (0:1)	X	E1	A	X		X	X	A		X	E	X		E			X		X^G				A				
18	10.12.18	A	FSV Zwickau	0:3 (0:1)	A	A	X	X		X	X	E	X	X		X					X			E			A				E
19	14.12.18	H	SC Fortuna Köln	1:1 (1:0)	X			X		X	X			X		X					X		E		E	A	A1			X	X
20	23.12.18	H	FC Carl Zeiss Jena	0:0 (0:0)	X	E	X	X		X		X	E	X		A					X				A		A			X	E
21	26.01.19	A	1. FC Kaiserslautern	0:2 (0:1)	X		X	X	E	X	X			X		X					X	E				A	A	E		A	X
22	02.02.19	H	Sportfreunde Lotte	0:1 (0:0)	E		X	X	A	X	X			X		X				E	E						A			X	X
23	08.02.19	A	VfL Osnabrück	2:0 (1:0)	E		X	X	A	X	A	X		X		X			E	E1							A				X1
24	16.02.19	H	KFC Uerdingen 05	3:2 (1:1)	X		X	X	E	X	X					X			E	A2	X					E	X	A1			A
25	22.02.19	A	VfR Aalen	1:1 (1:1)	X		X	X	E	X	A					X			A			E						A1		E	X
26	02.03.19	H	FC Energie Cottbus	0:0 (0:0)	X		X	X	X	X	A			X		X		E	A	X	E						A				
27	09.03.19	A	FC Hansa Rostock	0:0 (0:0)	X		X	X	A	X	X			X		X		E	A		X				E	X	E				A
28	13.03.19	H	SV Wehen Wiesbaden	2:3 (0:0)	X		X	X		X	A			X		X		A	E1		X	E			A		X		E		
29	16.03.19	A	SpVgg Unterhaching	0:0 (0:0)	A		X	X	E	X	X			X		X			X		X		E				E	A	A		
30	23.03.19	H	Würzburger Kickers	2:1 (0:0)	A	E	X	X	E	X	X			A		E1	X1	X							A		X				
31	30.03.19	A	SV Meppen	1:2 (1:0)	X1		X	X	X	X	A			X		E	E	X	A						X	E	A				
32	08.04.19	H	TSV 1860 München	1:0 (0:0)	X	E	A	X	X1	X	E			X		A	E	A							X						X
33	13.04.19	A	Eintr. Braunschweig	1:1 (0:0)	A	E		X		X		A		X		E	E	X							X	A1	X				X
34	20.04.19	A	Preußen Münster	0:1 (0:0)	X			A		X	X		E	X	E	A	E		X						X	X	X				A
35	26.04.19	H	Hallescher FC	1:1 (0:1)	X		X	X	E	X			A	X	E	A									X	X1					X
36	04.05.19	A	Karlsruher SC	1:2 (0:2)	X	E	X	X		X				X	X	A		E		E1					A	X	X				A
37	11.05.19	H	FSV Zwickau	5:2 (3:1)	A1		X	X		X				X	A	X				E	X	A			X2		X2	E			E
38	18.05.19	A	SC Fortuna Köln	2:0 (1:0)	X	E	X	X		X				X	A	X		E	X						X1	A					E
	Spiele:				38	21	34	38	14	34	25	15	4	32	9	37	19	9	11	3	35	7	10	5	13	28	14	33	3	16	21
	Tore:				4	1	0	0	1	0	0	0	0	0	0	5	2	1	5	0	0	1	0	0	5	0	0	10	0	0	1

Gegnerische Eigentore im 28. Spiel (durch Mockenhaupt) und im 38. Spiel (durch Abu Hanna).

Bilanz der letzten 10 Jahre:

Saison	Lv.	Liga		Platz	Sp.	S	U	N	Tore	Pkt.
2008/09:	5	Oberliga Baden-Württemberg	↑	1.	34	25	6	3	82-19	81
2009/10:	4	Regionalliga Süd		12.	34	13	7	14	53-44	46
2010/11:	4	Regionalliga Süd		14.	30	8	9	13	29-44	33
2011/12:	4	Regionalliga Süd		2.	34	21	6	7	78-40	69
2012/13:	4	Regionalliga Südwest		4.	36	15	13	8	62-36	58
2013/14:	4	Regionalliga Südwest	↑	1.	34	23	6	5	71-37	75
2014/15:	3	3. Liga		15.	38	12	10	16	39-60	46
2015/16:	3	3. Liga		7.	38	14	12	12	58-47	54
2016/17:	3	3. Liga		10.	38	14	9	15	48-48	51
2017/18:	3	3. Liga		14.	38	12	11	15	55-60	47

Zuschauerzahlen:

Saison	gesamt	Spiele	Schnitt
2008/09:	6.360	17	374
2009/10:	8.675	17	510
2010/11:	4.087	15	272
2011/12:	22.667	17	1.333
2012/13:	9.110	18	506
2013/14:	13.145	17	773
2014/15:	45.934	19	2.418
2015/16:	45.373	19	2.388
2016/17:	31.060	19	1.635
2017/18:	37.294	19	1.963

Die meisten Spiele in der 3. Liga:

Pl.	Name, Vorname	Spiele
1.	Leist, Julian	165
2.	Gehring, Kai	164
3.	Binakaj, Shqiprim	140
4.	Röttger, Timo	125
5.	Broll, Kevin	120
6.	Hägele, Daniel	114
7.	Schiek, Sebastian	110
8.	Sohm, Pascal	98
9.	Jüllich, Nicolas	72
10.	Rizzi, Michele	71

Die meisten Tore in der 3. Liga:

Pl.	Name, Vorname	Tore
1.	Röttger, Timo	34
2.	Rizzi, Michele	19
3.	Röser, Lucas	14
4.	Binakaj, Shqiprim	13
5.	Breier, Pascal	11
	Gehring, Kai	11
7.	Rühle, Tobias	10
	Sohm, Pascal	10
9.	Sané, Salou	8
	Schiek, Sebastian	8

Die Trainer der letzten Jahre:

Name, Vorname	Zeitraum
Boysen, Hans-Jürgen (IT)	22.11.2007 – 31.12.2007
Letsch, Thomas	02.01.2008 – 30.06.2009
Hartmann, Jürgen	01.07.2009 – 15.04.2010
Rehm, Rüdiger	15.04.2010 – 04.05.2010
Gundelsweiler, Norbert (IT)	04.05.2010 – 30.06.2010
Zorniger, Alexander	01.07.2010 – 30.06.2012
Rehm, Rüdiger	06.05.2012 – 27.10.2014
Rapolder, Uwe (IT)	28.10.2014 – 25.02.2015
Rehm, Rüdiger	25.02.2015 – 30.06.2016
Zapel, Oliver	01.07.2016 – 30.06.2017

Hallescher FC

Anschrift:
Kantstraße 2
06110 Halle (Saale)
Telefon: (03 45) 279 555 20
eMail: club@hallescherfc.de
Homepage: www.hallescherfc.de

Vereinsgründung: 26.01.1966 als HFC Chemie (aus SC Chemie, zuvor BSG Turbine bzw. ZSG Union); seit Juni 1991 Hallescher FC
Vereinsfarben: Rot-Weiß
Präsident: Jens Rauschenbach
Sportdirektor: Ralf Heskamp
Stadion: ERDGAS Sportpark (15.057)

Größte Erfolge: DDR-Meister 1952 (als BSG Turbine); FDGB-Pokalsieger 1956 und 1962 (als SC Chemie); Ostzonenmeister 1949 (als ZSG); Teilnahme am UEFA-Pokal 1971 und 1991; Aufstieg in die 2. Bundesliga Gruppe Süd 1991; Meister der NOFV-Oberliga Süd 2008 (↑); Meister der Regionalliga Nord 2012 (↑); Pokalsieger Sachsen-Anhalt 1994, 2002, 2008, 2010, 2011, 2012, 2015, 2016 und 2019

Aufgebot:

Name, Vorname	Pos	geb. am	Nat.	seit	2018/19 Sp.	T.	gesamt Sp.	T.	frühere Vereine
Ajani, Marvin	A	04.10.1993	D	2016	36	5	103	14	Fortuna Düsseldorf, TSV Alemannia Aachen, SV Alemannia Mariadorf, FC Wegberg-Beeck, Borussia Mönchengladbach
Arkenberg, Fynn	A	04.03.1996	D	2018	17	0	17	0	Hannover 96, TSV Havelse
Bahn, Bentley Baxter	M	28.08.1992	D	2018	37	8	130	18	FSV Zwickau, FSV Frankfurt, SV Stuttgarter Kickers, FC St. Pauli, Hamburger SV, SG Elbdeich
Bohl, Daniel	M	09.06.1994	D	2017	0	0	130	6	1. FSV Mainz 05, 1. FC Saarbrücken, SpVgg Einöd-Ingweiler
Eisele, Kai	T	25.06.1995	D	2018	38	0	41	0	FC Hansa Rostock, SC Freiburg, Offenburger FV
Fetsch, Mathias	S	30.09.1988	D	2017	32	8	200	45	Holstein Kiel, SG Dynamo Dresden, FC Augsburg, FC Energie Cottbus, FC Augsburg, Offenbacher FC Kickers, Eintracht Braunschweig, TSV 1860 München, Karlsruher SC, Bulacher SC
Fiedler, Niclas	A	07.03.1998	D	2018	8	0	8	0	FC Carl Zeiss Jena, FC Schalke 04, FC Carl Zeiss Jena, FV Bad Klosterlausnitz, Eurotrink Kickers FCL Gera
Guttau, Julian	M	29.10.1999	D	2011	19	0	19	0	SG Einheit Halle
Henschel, Erik	A	04.10.1996	D	2018	1	0	1	0	Eintracht Braunschweig, Hannover 96, SC Harsum
Heyer, Moritz	A	04.04.1995	D	2018	36	3	103	8	VfL Spfr. Lotte, VfL Osnabrück, TSV Wallenhorst, 1. FC Rasensport 09 Bramsche
Jopek, Björn	M	24.08.1993	D	2018	33	3	71	5	FC Würzburger Kickers, Chemnitzer FC, DSC Arminia Bielefeld, 1. FC Union Berlin, BSV Eintracht Mahlsdorf
Kastenhofer, Niklas	A	08.01.1999	D	2017	7	0	7	0	FC Carl Zeiss Jena, Hallescher FC
Landgraf, Niklas	A	01.03.1996	D	2017	37	0	56	0	SG Dynamo Dresden, Chemnitzer FC, TSV IFA Chemnitz
Lindenhahn, Toni	M	15.11.1990	D	2007	31	0	168	10	FC Hansa Rostock, Hallescher FC, TSV Germania Salzmünde
Ludwig, Martin	M	16.10.1998	D	2014	2	0	19	0	1. FC Magdeburg
Mai, Sebastian	S	10.12.1993	D	2018	25	7	80	8	SC Preußen Münster, FSV Zwickau, Chemnitzer FC, SG Dynamo Dresden
Manu, Braydon	M	28.03.1997	D	2017	31	3	58	6	Eintracht Braunschweig, Lüneburger SK Hansa, SC Condor Hamburg, FC St. Pauli, Hamburger SV
Müller, Tom	T	27.11.1997	D	2009	0	0	22	1	SV Dessau 05, SG Empor Waldersee
Pagliuca, Kilian	S	02.09.1996	SUI	2018	21	2	21	2	FC Zürich, FC Wohlen, FC Zürich, FC Wohlen, FC Zürich, Olympique Lyon, Servette FC Genf, FC Meyrin
Pronichev, Maximilian	S	17.11.1997	RUS	2019	9	1	9	1	FC Erzgebirge Aue, Hertha BSC, Zenit St. Petersburg, FC Schalke 04, Zenit St. Petersburg, Hertha BSC, Lichterfelder FC 1892, Tennis Borussia Berlin
Schilk, Tobias	A	24.03.1992	D	2016	24	0	144	1	1. FSV Mainz 05, TSV 1860 München, 1. FC Heidenheim, TSV 1860 München, SV Waldperlach
Sohm, Pascal	S	02.11.1991	D	2018	37	6	135	16	SG Sonnenhof Großaspach, SSV Ulm 1846, FSV Hollenbach, TSV Crailsheim, TSG Öhringen, TG Forchtenberg
Starostzik, Hendrik	A	28.03.1991	D	2017	0	0	68	0	SG Dynamo Dresden, SV Stuttgarter Kickers, VfL Bochum, SC Wiedenbrück 2000, SC Paderborn 07, VfB Marburg, FV Cölbe
Tiffert, Christian	M	18.02.1982	D	2019	3	0	34	0	FC Erzgebirge Aue, VfL Bochum, Seattle Sounders, 1. FC Kaiserslautern, MSV Duisburg, FC Red Bull Salzburg, VfB Stuttgart, Tennis Borussia Berlin, Hallescher FC
Tuma, Davud	S	16.05.1996	D	2018	15	0	34	1	FC Carl Zeiss Jena, SC Rot-Weiß Oberhausen, DSC Arminia Bielefeld
Washausen, Jan	M	12.10.1988	D	2018	31	1	93	2	FSV Zwickau, SVgg 07 Elversberg Eintracht Braunschweig, Offenbacher FC Kickers, Eintracht Braunschweig, SCW Göttingen, 1. SC Göttingen 05, Nikolausberger SC

Trainer:

Name, Vorname	geb. am	Nat.	Zeitraum	Spiele 2018/19	frühere Trainerstationen
Ziegner, Torsten	09.11.1977	D	01.07.2018 – lfd.	38	FSV Zwickau

Zugänge:
Arkenberg (Hannover 96 II), Bahn und Washausen (FSV Zwickau), Eisele (FC Hansa Rostock), Fiedler (FC Carl Zeiss Jena II), Guttau und Kastenhofer (eigene Junioren), Henschel (Eintracht Braunschweig II), Heyer (VfL Sportfreunde Lotte), Jopek (FC Würzburger Kickers), Mai (SC Preußen Münster), Sohm (SG Sonnenhof Großaspach), Tuma (FC Carl Zeiss Jena).
während der Saison:
Pagliuca (FC Zürich), Pronichev und Tiffert (FC Erzgebirge Aue).

Abgänge:
Barnofsky (Carpi FC), Baumgärtel (FC Viktoria Köln), El-Helwe (Apollon Smyrnis), Fennell (VfR Aalen), Franke (SSV Markranstädt), Gjasula (SC Paderborn 07), Kleineheismann (1. FC Schweinfurt 05), Tob. Müller (1. FC Magdeburg), Netolitzky (FC Bayern München II), Neumann (SG 1919 Trebitz), Pannier (1. FC Lok Leipzig), Pintol (SC Fortuna Köln), Röser (Karlsruher SC), Schnitzler (SC Preußen Münster), Sliskovic (FC Viktoria 1889 Berlin LT), Stenzel (FC Carl Zeiss Jena), Zenga (SV Sandhausen).
während der Saison:
Bohl (FC Energie Cottbus), Ludwig (VfB Germania Halberstadt), Starostzik (Pacific FC).

Fortsetzung Hallescher FC

Aufstellungen und Torschützen:

Sp	Datum	Gegner	Ergebnis	Ajani	Arkenberg	Bahn	Eisele	Fetsch	Fiedler	Guttau	Henschel	Heyer	Jopek	Kastenhofer	Landgraf	Lindenhahn	Ludwig	Mai	Manu	Pagliuca	Pronichev	Schilk	Sohm	Tiffert	Tuma	Washausen
				1	2	3	4	5	6	7	8	9	10	11	12	13	14	15	16	17	18	19	20	21	22	23
1	28.07.18 A	FSV Zwickau	0:2 (0:2)	A	X	A	A	X	E			X	X		X	E			X			X	A	A		E	
2	04.08.18 H	SC Fortuna Köln	1:2 (0:1)	A		X	X	A	E			X	A		X	X			X			E	X1		E	X
3	07.08.18 A	FC Carl Zeiss Jena	3:0 (3:0)	A	E	X	X	A1	E			X	A		X	X			X1				X1		E	X
4	11.08.18 H	1. FC Kaiserslautern	2:0 (1:0)	A		X1	X	A	E			X	A		X	X		E1	X			E	X			X
5	26.08.18 A	Sportfreunde Lotte	1:0 (0:0)	X	E	X	X	A				X	A	A	X	E	E1		X				X			X
6	01.09.18 H	VfL Osnabrück	1:1 (0:0)	A		A	X	A	E			X	E		X	X		E	X	X1			X			X
7	15.09.18 A	KFC Uerdingen 05	1:2 (0:1)	X		X1	X	A		E		X	A		A	X		E	XR	E			X			X
8	23.09.18 H	VfR Aalen	1:0 (1:0)	A1	E	X	X	A		E		X	A		X	X			X	E			X			X
9	07.10.18 A	SV Wehen Wiesbaden	0:2 (0:1)	X		X	X	E		XG		X	A		X	X			X	A			E		EA	X
10	10.10.18 A	FC Energie Cottbus	2:1 (2:1)	A	E	X1	X	A	E			X	A1		X	X			X	E	X					X
11	16.10.18 H	FC Hansa Rostock	0:1 (0:1)	X		X	X	A	X	E		X	A		X	X			X	E	A	E	X			X
12	20.10.18 H	SpVgg Unterhaching	1:1 (0:0)	X		X	X	X				X	A		X	X		A	A	E		E	E			X1
13	27.10.18 A	Würzburger Kickers	2:1 (1:1)	X	E	X	X	A2		A		X			X	X			X	A		E	E			X
14	04.11.18 A	SV Meppen	2:1 (2:0)	X		X	X	A1	E			X			X	X		A1	A			E	X		E	X
15	10.11.18 A	TSV 1860 München	1:1 (0:0)	A	E	X1	X	A				X	E		X	XR		X	X			E	A			X
16	24.11.18 H	SGS Großaspach	2:0 (1:0)	A	X		X	X1	E		X	X1	E	X		X			X			A	A		E	
17	01.12.18 H	Preußen Münster	2:1 (2:0)	A1	X	X	X	A1			X	X	E	X		X			X	X	E		A		E	
18	08.12.18 A	Eintr. Braunschweig	1:0 (1:0)	X	E	A	X	X			X	X	X		X	A		X	A				X1		E	E
19	15.12.18 H	Karlsruher SC	0:3 (0:1)	X		A	X	A	E		X	X	X		X	X		X	A	E			X		E	
20	22.12.18 H	FSV Zwickau	2:0 (1:0)	A	X	X	X	X	E	E		X	X		A			X1	A	E			X1			
21	26.01.19 A	SC Fortuna Köln	1:0 (0:0)	X		X1	X	X				X	A		X	X		E		A	E	A			E	X
22	02.02.19 H	FC Carl Zeiss Jena	0:0 (0:0)			X	X	A				X	E		X	X		X	E	E	A	X	A			
23	09.02.19 A	1. FC Kaiserslautern	0:0 (0:0)	X		X	X	X				X	A		X	X			E	A			X		E	X
24	16.02.19 H	Sportfreunde Lotte	0:0 (0:0)	X	A	X	X	E	A			X	E		X	E		X				X	A			X
25	23.02.19 A	VfL Osnabrück	0:2 (0:2)	X		X	X	X		E		X	A		X			A	E				X			X
26	01.03.19 H	KFC Uerdingen 05	4:0 (3:0)	X		X2	X	A2	E			X	A		X			X	E	E	X		A			X
27	10.03.19 A	VfR Aalen	1:0 (1:0)	X1	E	X	X	X		E		X			X	A			A	E	X		X			X
28	13.03.19 H	FC Energie Cottbus	2:3 (2:1)	X		X	X	X				X1	E		X	A			A	E	X	A1			E	X
29	18.03.19 A	FC Hansa Rostock	1:1 (1:0)	A		X	X	X				X1	X		X	X		A	E			E	X			X
30	23.03.19 H	SV Wehen Wiesbaden	1:4 (0:2)	X		A	X	X				X1	A		X	X		X	E			A	E	E		X
31	30.03.19 A	SpVgg Unterhaching	0:0 (0:0)		E	X	X	A	A			X			X	XR		X		E	X	A			E	X
32	06.04.19 H	Würzburger Kickers	1:0 (1:0)	A	E	X	X		E		X	X	A1		X			X	E	A		X	X			X
33	12.04.19 A	SV Meppen	2:0 (2:0)	A1	E	A	X		E		X	X	X		X			X	A1	E		X	X			X
34	20.04.19 H	TSV 1860 München	3:0 (1:0)	A1		X	X		E		X	X	X	E	X			A1	E	X1		X	A			X
35	26.04.19 A	SGS Großaspach	1:1 (1:0)	A		X	X		E		X	A	X		X			X1	E	A		X	X		E	X
36	04.05.19 H	Preußen Münster	1:2 (0:2)	A		X	X	E				A	X	X	E			X1	E	X		X	X			A
37	11.05.19 H	Eintr. Braunschweig	1:0 (1:0)	X	E	X1	X					X	X	E	X	A		X	A	A		X	E			
38	18.05.19 A	Karlsruher SC	3:2 (1:1)	X		X	X	E	A			X	X	X	X			E1	A	E1		X	A1			
	Spiele:			36	17	37	38	32	8	19	1	36	33	7	37	31	2	25	31	21	9	24	37	3	15	31
	Tore:			5	0	8	0	8	0	0	0	3	3	0	0	0	0	7	3	2	1	0	6	0	0	1

Bilanz der letzten 10 Jahre:

Saison	Lv.	Liga		Platz	Sp.	S	U	N	Tore	Pkt.
2008/09:	4	Regionalliga Nord		2.	34	19	13	2	43-20	70
2009/10:	4	Regionalliga Nord		4.	34	14	14	6	47-25	56
2010/11:	4	Regionalliga Nord		5.	34	16	10	8	51-34	58
2011/12:	4	Regionalliga Nord	↑	1.	34	23	8	3	53-15	77
2012/13:	3	3. Liga		10.	38	12	10	16	37-50	46
2013/14:	3	3. Liga		9.	38	14	9	15	50-55	51
2014/15:	3	3. Liga		10.	38	15	8	15	51-53	53
2015/16:	3	3. Liga		13.	38	13	9	16	48-48	48
2016/17:	3	3. Liga		13.	38	10	18	10	34-39	48
2017/18:	3	3. Liga		13.	38	13	10	15	52-54	49

Zuschauerzahlen:

Saison	gesamt	Spiele	Schnitt
2008/09:	52.020	17	3.060
2009/10:	48.944	17	2.879
2010/11:	27.209	17	1.601
2011/12:	100.996	17	5.941
2012/13:	146.506	19	7.711
2013/14:	151.999	19	8.000
2014/15:	137.603	19	7.242
2015/16:	140.196	19	7.379
2016/17:	125.162	19	6.587
2017/18:	116.093	19	6.110

Die meisten Spiele in der 3. Liga:

Pl.	Name, Vorname	Spiele
1.	Lindenhahn, Toni	168
2.	Brügmann, Florian	111
3.	Furuholm, Timo	103
4.	Kleineheismann, Stefan	99
5.	Ajani, Marvin	97
6.	Bertram, Sören	96
7.	Pfeffer, Sascha	88
8.	Schilk, Tobias	81
9.	Baumgärtel, Fabian	73
10.	Gogia, Akaki	71
	Kruse, Tim	71

Die meisten Tore in der 3. Liga:

Pl.	Name, Vorname	Tore
1.	Furuholm, Timo	35
2.	Bertram, Sören	22
3.	Gogia, Akaki	19
4.	Osawe, Osayamen	17
5.	Fetsch, Mathias	16
6.	Ajani, Marvin	14
7.	Röser, Martin	13
8.	Lindenhahn, Toni	10
9.	Pintol, Benjamin	9
10.	Bahn, Bentley Baxter	8
	Sembolo, Francky	8

Die Trainer der letzten Jahre:

Name, Vorname	Zeitraum
Häfner, Reinhard	01.07.2000 – 25.04.2002
Strozniak, Dieter (IT)	25.04.2002 – 30.06.2002
Mankowski, Dirk	01.07.2002 – 12.03.2004
Andreev, Hermann	21.03.2004 – 15.11.2004
Lindemann, Lutz	15.11.2004 – 30.06.2005
Müller, René	01.07.2005 – 07.11.2006
Schößler, Detlef	07.11.2006 – 30.06.2007
Köhler, Sven	01.07.2007 – 30.08.2015
Böger, Stefan	08.09.2015 – 13.04.2016
Schmitt, Rico	13.04.2016 – 30.06.2018

FC Carl Zeiss Jena

Anschrift:
Roland-Ducke-Weg 1
07745 Jena
Telefon: (0 36 41) 76 51 00
eMail: info@fc-carlzeiss-jena.de
Homepage: www.fc-carlzeiss-jena.de

Vereinsgründung: 20.01.1966; zuvor SC Motor Jena, BSG Motor Jena, BSG Mechanik Jena, BSG Carl Zeiss Jena, SG Stadion Jena, SG Ernst Abbe Jena

Vereinsfarben: Blau-Gelb-Weiß
Präsident: Klaus Berka
Geschäftsführer: Chris Förster

Stadion: Ernst-Abbe-Sportfeld (10.445)

Größte Erfolge: DDR-Meister 1963, 1968 und 1970; Finale im Europapokal der Pokalsieger 1981; FDGB-Pokalsieger 1960, 1972, 1974 und 1980; Qualifikation zur 2. Bundesliga 1991; Aufstieg in die 2. Bundesliga 1995 und 2006; Meister Regionalliga Nordost 2017 (↑); Thüringen-Pokalsieger 1995, 1999, 2004, 2006, 2012, 2014, 2015, 2016 und 2018

Aufgebot:

Name, Vorname	Pos	geb. am	Nat.	seit	2018/19 Sp.	T.	gesamt Sp.	T.	frühere Vereine
Bock, Dominik	S	20.01.1995	D	2007	30	3	50	6	VfL 06 Saalfeld
Brügmann, Felix	S	30.11.1992	D	2018	34	8	34	8	Berliner AK 07, 1. FC Lok Leipzig, Altonaer FC 93, SSV Güster, Hamburger SV, SSV Güster, SV Eichede, Eintracht Braunschweig, SV Eichede, SSV Güster
Brügmann, Florian	A	23.01.1991	D	2017	27	0	170	3	Hallescher FC, VfL Bochum, Hamburger SV, FC Hansa Rostock, SSV Güster
Coppens, Jo	T	21.12.1990	BEL	2017	29	0	41	1	KSV Roeselare, MVV Maastricht, Cercle Brügge, KRC Genk, KVV Heusden-Zolder, VV Zonhovendurch, FC Halveweg
Cros, Guillaume	A	19.04.1995	FRA	2016	13	0	47	0	RCO Agde, FC Sochaux-Montbéliard, AS Béziers, Cheminot Béziers
Eckardt, René	M	22.02.1990	D	1998	37	2	146	9	FC Carl Zeiss Jena, SV 77 Lobeda
Eismann, Sören	A	28.06.1988	D	2013	16	0	82	4	Hallescher FC, FC Carl Zeiss Jena, TuS Heeslingen, Holstein Kiel, FC Einheit Rudolstadt
Erlbeck, Niclas	M	10.01.1993	D	2015	16	0	22	0	Eintracht Braunschweig, SC Paderborn 07, KSV Hessen Kassel, SV Kaufungen
Fassnacht, Pierre	A	26.01.1996	D	2019	11	0	11	0	1. FC Saarbrücken, SSV Ulm 1846, Karlsruher SC, SV Iptingen
Gerlach, Justin	A	02.02.1990	D	2013	15	0	36	0	Berliner AK 07, TSG Neustrelitz, Hertha BSC, 1. FC Lübars, MSV Normannia 08 Berlin
Grösch, Marius	A	07.03.1994	D	2017	36	0	60	1	1. FC Kaiserslautern, FC Carl Zeiss Jena, SG Viktoria Bronnzell, TSV Lehnerz, TSV Künzell, FC Britannia Eichenzell
Günther-Schmidt, Julian	S	13.09.1994	D	2017	9	5	41	13	FC Augsburg, FC Ingolstadt 04, Karlsruher SC, SV Waldhof Mannheim, FC Nöttingen, FC Germania Brötzingen, SV Büchenbronn
Koczor, Raphael	T	17.01.1989	D	2014	9	0	40	0	KSV Hessen Kassel, FC Viktoria Köln, Sportfreunde Siegen, Rot Weiss Ahlen, MSV Duisburg, VfL Bochum, FC Schalke 04, TuS Esborn, TuS Wengern
Kübler, Jannis	M	25.05.1999	D	2019	18	0	18	0	FC Schalke 04, Karlsruher SC, FV Leopoldshafen
Kühne, Matthias	A	27.09.1987	D	2016	13	0	120	1	MSV Duisburg, SV Babelsberg 03, SVgg 07 Elversberg, FC Sachsen Leipzig, 1. FC Lok Leipzig, VfB Leipzig, VfK Blau-Weiß Leipzig, Leipziger SV Südwest
Pannewitz, Kevin	M	16.10.1991	D	2017	9	0	58	5	Oranienburger FC Eintracht, VSG Altglienicke, Goslarer SC 08, VfL Wolfsburg, FC Hansa Rostock, Tennis Borussia Berlin, Nordberliner SC, Frohnauer SC, MSV Normannia 08 Berlin
Rogerson, Logan	M	28.05.1998	NZL	2018	2	0	2	0	Wellington Phoenix FC, Wanderers SC
Schau, Justin	M	21.09.1998	D	2017	23	0	29	0	SG Dynamo Dresden, RB Leipzig, FC Carl Zeiss Jena, SV Eintracht Eisenberg
Schüler, Michael	A	22.07.1997	D	2018	5	0	5	0	TuS Koblenz, 1. FC Köln, Bayer 04 Leverkusen
Sedlak, Lukas	T	09.09.1999	D	2012	0	0	0	0	VfL Meiningen 04
Slamar, Dennis	A	08.09.1994	D	2016	30	0	66	1	Eintracht Braunschweig, Hallescher FC, SV Tasmania Gropiusstadt 1973, Reinickendorfer Füchse, 1. FC Lübars
Starke, Manfred	S	21.02.1991	NAM	2015	34	7	108	15	FC Hansa Rostock, FSV Bentwisch, FC Hansa Rostock, DHPS Windhoek
Stenzel, Vincent-Louis	S	13.10.1996	D	2018	6	1	17	1	Hallescher FC, SC Freiburg, Borussia Dortmund, 1. FSV Mainz 05, TSG 1899 Hoffenheim, Borussia Dortmund, SV Preußen 07 Lünen
Sucsuz, Firat	M	27.06.1996	TUR	2017	12	1	40	2	VfR Aalen, RasenBallsport Leipzig, Hertha BSC, Frohnauer SC
Tchenkoua, Fabien	S	01.10.1992	CMR	2018	14	1	14	1	FC Bourg-en-Bresse Peronnas, VV St. Truiden, Olympique Nimes, Grenoble Foot 38, Paris FC, CS Sedan
Tietz, Phillip	S	09.07.1997	D	2018	32	11	50	17	SC Paderborn 07, Eintracht Braunschweig, SV Groß Schwülper
Volkmer, Dominic	A	27.04.1996	D	2019	17	0	79	1	SSV Jahn Regensburg, SV Werder Bremen, VfB Oldenburg, SC Weyhe, SC Borgfeld
Weiß, Maximilian	S	22.06.1998	D	2018	3	0	5	0	ZFC Meuselwitz, FC Carl Zeiss Jena, TSV Großbardorf
Wolfram, Maximilian	M	21.02.1997	D	2010	31	8	61	14	FSV Zwickau

Trainer:

Name, Vorname	geb. am	Nat.	Zeitraum	Spiele 2018/19	frühere Trainerstationen
Zimmermann, Mark	01.03.1974	D	01.07.16 – 08.12.18	18	FC Carl Zeiss Jena Junioren
Kwasniok, Lukas	12.06.1981	D	09.12.18 – lfd.	20	Karlsruher SC (I. und Junioren), TSV Reichenbach [Waldbronn], OSV Rastatt

Zugänge:
Fe. Brügmann (Berliner AK 07), Rogerson (Wellington Phoenix FC), Schüler (TuS Koblenz), Sedlak (II. Mannschaft), Tchenkoua (FC Bourg-en-Bresse Peronnas).
während der Saison:
Fassnacht (1. FC Saarbrücken), Kübler (FC Schalke 04 II), Stenzel (Hallescher FC), Tietz (SC Paderborn 07), Volkmer (SSV Jahn Regensburg), Weiß (II. Mannschaft).

Abgänge:
Dietz (SV Werder Bremen II), Löhmannsröben und Thiele (1. FC Kaiserslautern), Mauer (Chemnitzer FC), Reitstetter (II. Mannschaft), Tuma (Hallescher FC).
während der Saison:
Cros (FC Hansa Rostock), Erlbeck (Chemnitzer FC), Pannewitz (ohne Verein), Stenzel (Bonner SC), Sucsuz (Fatih Karagümrük SK).

Fortsetzung FC Carl Zeiss Jena

Aufstellungen und Torschützen:

Sp	Datum		Gegner	Ergebnis	Bock	Brügmann Fe.	Brügmann Fl.	Coppens	Cros	Eckardt	Eismann	Erlbeck	Fassnacht	Gerlach	Grösch	Günther-Sch.	Koczor	Kübler	Kühne	Pannewitz	Rogerson	Schau	Schüler	Slamar	Starke	Stenzel	Sucsuz	Tchenkoua	Tietz	Volkmer	Weiß	Wolfram
					1	2	3	4	5	6	7	8	9	10	11	12	13	14	15	16	17	18	19	20	21	22	23	24	25	26	27	28
1	28.07.18	H	SGS Großaspach	3:2 (1:1)	E1	X	X		X		A			X	X					E	E		X	X2		X	A					A
2	04.08.18	A	Preußen Münster	2:1 (2:0)	E	X1	X	X		X	A			X						E		E	X	A		X	A					X1
3	07.08.18	H	Hallescher FC	0:3 (0:3)	E	X	X	X		X		X		X						E	E		X	X		A	A					A
4	10.08.18	A	Karlsruher SC	1:1 (0:0)	E1	A	X	X	X	X	E	A		X							E		X	X			A					X
5	27.08.18	H	FSV Zwickau	2:1 (0:1)	X	E1	A		X	X	A	E		X					A		E		X	X				X1				X
6	02.09.18	A	SC Fortuna Köln	0:2 (0:0)	A	E	X	X	X	X		A		X						E			X	X	E		X					A
7	14.09.18	H	Eintr. Braunschweig	0:2 (0:0)	E	E	XR	X	X	X		A		X							E		X	A		X	A					A
8	22.09.18	H	1. FC Kaiserslautern	3:3 (1:1)	E	E1		X	X	X		A		X			A	E					X	X1	X1	A						X
9	25.09.18	A	Sportfreunde Lotte	0:2 (0:1)		X		X	X	X	E			X			X	A					X	X	E	A		A				E
10	30.09.18	H	VfL Osnabrück	0:0 (0:0)		X	A	X	A	X		X		X						E			X	X	X	E		E				A
11	06.10.18	A	KFC Uerdingen 05	1:2 (1:1)	E	E	A	X	X	X		X		X									X	X1	A	E		X				A
12	19.10.18	H	VfR Aalen	0:0 (0:0)		E	A		X			X		X	X	X	A		E				X	X		X		E				A
13	27.10.18	A	FC Energie Cottbus	1:2 (0:1)	E	E		X			X			X	X	X1		A			A		X	X		X		E				A
14	03.11.18	H	FC Hansa Rostock	1:1 (0:0)		A		X		X				X	X	X		X	X				X	A	E1	A	E					E
15	12.11.18	A	SV Wehen Wiesbaden	3:2 (1:1)			X	X	E		A		X	X			X	A			E		X1	E		A	X2					X
16	24.11.18	H	SpVgg Unterhaching	4:5 (2:2)	A1	E1	X	X	X	E		X		X	A1		X	A			X					E	X1					
17	01.12.18	A	Würzburger Kickers	2:5 (2:1)		E		X	X	X1	X		E	X	X		A	A			X						X1					E
18	07.12.18	H	SV Meppen	1:2 (1:0)	X	E		X		A	A	E		X	A1		X			E			X			X	X	X				
19	16.12.18	A	TSV 1860 München	3:1 (1:0)	X	E			X	X	A	E		X	A2	X					E		X	X			X					A1
20	23.12.18	A	SGS Großaspach	0:0 (0:0)	E			X	A	X	E			X	X	X					X	X	X	X		E	A					A
21	26.01.19	H	Preußen Münster	0:0 (0:0)	E	A	X		X	X		E	A	X	X								X	X			E	A				X
22	02.02.19	A	Hallescher FC	0:0 (0:0)	E	E	A		X	X				X			X	X			E		X	X			A	X				A
23	09.02.19	H	Karlsruher SC	1:1 (1:1)	A	E	X		X	A	X			X	X	E					X		X	X			E	X				A1
24	17.02.19	A	FSV Zwickau	0:2 (0:1)	A	E	X		X	A	X			X	X						E		X	X			E	X				X
25	23.02.19	H	SC Fortuna Köln	0:1 (0:1)	A	X	A		X			A	E	X						E	E		X	E			E	X				X
26	03.03.19	H	Eintr. Braunschweig	0:0 (0:0)	E	E	E		A			X		X	X						X		X	A		A	A	X				E
27	10.03.19	A	1. FC Kaiserslautern	1:4 (1:1)	A	E	E		X		A	X		X	X						A		E	X				X1				X
28	13.03.19	H	Sportfreunde Lotte	1:1 (0:0)	E	E	X		A			X		A	X						X		X			E1	X	X				
29	16.03.19	A	VfL Osnabrück	1:3 (1:1)	E	E	X		X			A		X	X					A	E	E	X				X	X1				
30	23.03.19	H	KFC Uerdingen 05	0:0 (0:0)	E	E	A	X		X	E	E		X							X			X			A	A				
31	31.03.19	A	VfR Aalen	1:1 (1:1)	A	X	X	X	X			E		X			X	A		A			X			E	X1	X				E
32	06.04.19	H	FC Energie Cottbus	2:1 (1:1)	E	E		X	X	X	E			X			X			X			X	A			X1	A				A1
33	13.04.19	A	FC Hansa Rostock	2:1 (1:1)		E		X	X	E		E	E	X			X			X			A1			A	X	A				A1
34	20.04.19	H	SV Wehen Wiesbaden	3:1 (2:0)		E1	X	X	X1	E		X		X			X			X			E	X		A	A1	X				A
35	28.04.19	A	SpVgg Unterhaching	1:0 (0:0)	E	E1	X	X	X			X		X			A				X		A	X	A		A	X			X	X
36	04.05.19	A	Würzburger Kickers	3:4 (1:2)		E1	X	X	X		E	X		X			A			A			A	X1			X1	X			E	X
37	11.05.19	A	SV Meppen	1:0 (1:0)	E	A		X	X	E	X	X		X			A	X			X						X	E				A1
38	18.05.19	H	TSV 1860 München	4:0 (2:0)	E	X1	A	X		X	E	X		X			X			X	E						A	X				A2
			Spiele:		30	34	27	29	13	37	16	16	11	15	36	9	9	18	13	9	2	23	5	30	34	6	12	14	32	17	3	31
			Tore:		3	8	0	0	0	2	0	0	0	0	5	0	0	0	0	0	0	0	0	7	1	1	1	11	0	0	8

Gegnerisches Eigentor im 38. Spiel (durch Böhnlein).

Bilanz der letzten 10 Jahre:

Saison	Lv.	Liga		Platz	Sp.	S	U	N	Tore	Pkt.
2008/09:	3	3. Liga		16.	38	10	11	17	41-59	41
2009/10:	3	3. Liga		5.	38	16	12	10	54-44	60
2010/11:	3	3. Liga		15.	38	11	11	16	43-62	44
2011/12:	3	3. Liga	↓	18.	38	9	12	17	39-59	39
2012/13:	4	Regionalliga Nordost		2.	30	16	10	4	54-28	58
2013/14:	4	Regionalliga Nordost		3.	30	15	7	8	54-39	52
2014/15:	4	Regionalliga Nordost		4.	28	12	9	7	46-38	45
2015/16:	4	Regionalliga Nordost		7.	34	15	8	11	43-33	53
2016/17:	4	Regionalliga Nordost	↑	1.	34	23	6	5	68-25	75
2017/18:	3	3. Liga		11.	38	14	10	14	49-59	52

Zuschauerzahlen:

Saison	gesamt	Spiele	Schnitt
2008/09:	129.075	19	6.793
2009/10:	139.525	19	7.343
2010/11:	107.514	19	5.659
2011/12:	97.492	19	5.131
2012/13:	51.667	15	3.444
2013/14:	51.659	15	3.444
2014/15:	53.946	15	3.596
2015/16:	60.046	17	3.532
2016/17:	66.549	17	3.915
2017/18:	102.932	19	5.417

Die meisten Spiele in der 3. Liga:

Pl.	Name, Vorname	Spiele
1.	Eckardt, René	146
2.	Hähnge, Sebastian	136
3.	Schmidt, Ralf	117
4.	Nulle, Carsten	109
5.	Riemer, Marco	79
6.	Ziegner, Torsten	68
7.	Landeka, Josip	67
8.	Slamar, Dennis	66
	Sträßer, Carsten	66
	Truckenbrod, Jens	66

Die meisten Tore in der 3. Liga:

Pl.	Name, Vorname	Tore
1.	Hähnge, Sebastian	31
2.	Smeekes, Orlando	20
3.	Amirante, Salvatore	15
4.	Wolfram, Maximilian	14
5.	Günther-Schmidt, Julian	13
6.	Starke, Manfred	11
	Thiele, Timmy	11
	Tietz, Phillip	11
9.	Eckardt, René	9
	Pichinot, Nils	9

Die Trainer der letzten Jahre:

Name, Vorname	Zeitraum
Raab, Jürgen	01.07.2010 – 06.10.2010
Frank, Wolfgang	12.10.2010 – 20.04.2011
Weber, Heiko	20.04.2011 – 30.10.2011
Kurbjuweit, Lothar (IT)	31.10.2011 – 06.11.2011
Sander, Petrik	07.11.2011 – 25.08.2013
Kämpfe, Marco (IT)	25.08.2013 – 08.09.2013
Zimmermann, Andreas	09.09.2013 – 12.04.2014
Kurbjuweit, Lothar	13.04.2014 – 24.08.2014
Hutwelker, Karsten	25.08.2014 – 10.12.2014
Uluc, Volkan	10.12.2014 – 30.06.2016

1. FC 1900 Kaiserslautern

Anschrift:
Fritz-Walter-Straße 1
67663 Kaiserslautern
Telefon: (06 31) 31 88 0
eMail: info@fck.de
Homepage: www.fck.de

Vereinsgründung: 02.06.1900 als FC 1900 Kaiserslautern; nach mehreren Fusionen 1932 Umbenennung in 1. FC 1900 Kaiserslautern

Vereinsfarben: Rot-Weiß
Geschäftsf. Sport: Martin Bader
Sportdirektor: Boris Notzon

Stadion: Fritz-Walter-Stadion (49.850)

Größte Erfolge: Deutscher Meister 1951, 1953, 1991, 1998; Deutscher Pokalsieger 1990, 1996; Deutscher Supercupsieger 1991; UEFA-Pokal-Halbfinalist 1982; Landespokalsieger Südwest 2019

Aufgebot:

Name, Vorname	Pos	geb. am	Nat.	seit	2018/19 Sp.	T.	gesamt Sp.	T.	frühere Vereine
Albaek, Mads	M	14.01.1990	DEN	2017	22	1	22	1	IFK Göteborg, Stade Reims, FC Midtjylland, Herfölge BK
Bergmann, Theodor	M	08.11.1996	D	2018	23	2	88	5	FC Rot-Weiß Erfurt
Biada, Julius Valentin	M	03.11.1992	D	2018	16	1	79	15	Eintr. Braunschweig, Fortuna Köln, SV Darmstadt 98, Schalke 04, Bayer Leverkusen, Bonner SC, SF Troisdorf, Bonner SC, Heiligenhauser SV, ESV Olympia Köln
Dick, Florian	A	09.11.1984	D	2018	11	0	49	1	DSC Arminia Bielefeld, 1. FC Kaiserslautern, Karlsruher SC, FV Hambrücken
Esmel, Dylan Akpess	M	20.03.1998	CIV	2017	0	0	0	0	VfB Stuttgart, VfL Bochum, Borussia Dortmund
Fechner, Gino	M	05.09.1997	D	2017	27	1	27	1	RasenBallsport Leipzig, VfL Bochum, SV Eintracht Grumme
Gottwalt, Lukas	A	16.09.1997	D	2017	18	1	18	1	SG Bruchköbel, Boluspor, SG Rot-Weiss Frankfurt, SG Rosenhöhe Offenbach, FSV Frankfurt
Grill, Lennart	T	25.01.1999	D	2016	18	0	18	0	1. FSV Mainz 05, SpVgg Nahbollenbach, SC 07 Idar-Oberstein
Hainault, André	A	17.06.1986	CAN	2018	32	1	65	3	1. FC Magdeburg, VfR Aalen, Ross County FC, Houston Dynamo, Banik Most, AC Sparta Prag, FK Most, Montreal Impact, Lac St. Louis Lakers, Hudson Hawks
Hemlein, Christoph	S	16.12.1990	D	2018	33	4	131	21	DSC Arminia Bielefeld, NEC Nijmegen, VfB Stuttgart, TSG 1899 Hoffenheim, FC Zuzenhausen, FV Nußloch
Hesl, Wolfgang	T	13.01.1986	D	2018	14	0	27	0	Würzburger Kickers, Arminia Bielefeld, SpVgg Gr. Fürth, Dynamo Dresden, Hamburger SV, SV Ried, Hamburger SV, FC Amberg, 1. FC Schwarzenfeld, SC Altfalter
Huth, Elias	S	10.02.1997	D	2018	28	3	64	10	FC Rot-Weiß Erfurt, Hannover 96, FSV Frankfurt, Eintracht Frankfurt, FC Bayern Alzenau, Offenbacher FC Kickers, FC Germania Großwelzheim
Jonjic, Antonio	M	02.08.1999	D	2013	11	0	11	0	TSG 1899 Hoffenheim, SV Waldhof Mannheim
Kraus, Kevin	A	12.08.1992	D	2018	36	1	53	6	1. FC Heidenheim, SpVgg Greuther Fürth, 1. FC Heidenheim, SpVgg Greuther Fürth, Eintracht Frankfurt, SV Wehen Taunusstein, SV Niederseelbach
Kühlwetter, Christian	S	21.04.1996	D	2016	28	12	28	12	1. FC Köln, FC Rot-Weiß Lessenich
Löhmannsröben, Jan	A	21.04.1991	D	2018	26	2	123	6	FC Carl Zeiss Jena, 1. FC Magdeburg, FSV Wacker 90 Nordhausen, VfB Oldenburg, Eintracht Braunschweig, Hertha BSC, SV Babelsberg 03
Özdemir, Özgür	A	10.01.1995	TUR	2018	3	0	27	2	SG Sonnenhof Großaspach, SV Ried, 1. FC Nürnberg, Eintracht Frankfurt, FSV Frankfurt
Pick, Florian	M	08.09.1995	D	2018	29	4	45	4	1. FC Magdeburg, 1. FC Kaiserslautern, FC Schalke 04, 1. FC Kaiserslautern, SV Eintracht Trier 05, JSG Wittlich
Schad, Dominik	A	04.03.1997	D	2018	30	1	30	1	SpVgg Gr. Fürth, Viktoria Aschaffenburg, JFG Kickers Bachgau, FC Wenigumstadt
Sickinger, Carlo	M	29.07.1997	D	2012	19	2	19	2	SV Sandhausen, FC Spöck
Sievers, Jan-Ole	T	16.02.1995	D	2014	7	0	7	0	Bolton Wanderers FC, Karlsruher SC
Spalvis, Lukas	S	27.07.1994	LTU	2017	5	1	5	1	Sporting CP Lissabon, Belenenses Lissabon, Sporting CP Lissabon, Aalborg BK, SC Freiburg, SV Weil
Sternberg, Janek	A	19.10.1992	D	2018	33	1	37	1	Ferencvarosi TC Budapest, SV Werder Bremen, Hamburger SV, SV Eichede, Leezener SC
Thiele, Timmy	S	31.07.1991	D	2018	37	7	112	25	FC Carl Zeiss Jena, Burton Albion FC, Oldham Athletics AFC, Burton Albion FC, SC Wiedenbrück 2000, Borussia Dortmund, TSV Alemannia Aachen, FC Schalke 04, SV Werder Bremen, Tennis Borussia Berlin, SV Tasmania Gropiusstadt 1973, Hertha BSC, TSV Rudow, Tennis Borussia Berlin
Zuck, Hendrick	M	21.07.1990	D	2018	21	3	21	3	Eintr. Braunschweig, SC Freiburg, 1. FC K'lautern, Bor. Neunkirchen, SC Großrosseln

Trainer:

Name, Vorname	geb. am	Nat.	Zeitraum	Spiele 2018/19	frühere Trainerstationen
Frontzeck, Michael	26.03.1964	D	01.02.18 – 01.12.18	17	Hannover 96, FC St. Pauli, Borussia Mönchengladbach, DSC Arminia Bielefeld, TSV Alemannia Aachen
Hildmann, Sascha	07.04.1972	D	06.12.18 – lfd.	21	SG Sonnenhof Großaspach, 1. FSV Mainz 05 Junioren, SVgg 07 Elversberg Junioren, SC Hauenstein, SC 07 Idar-Oberstein, SV Rodenbach[Kusel]

Zugänge:
Bergmann und Huth (FC Rot-Weiß Erfurt), Biada, Zuck (Eintracht Braunschweig), Dick, Hemlein (DSC Arminia Bielefeld), Gottwalt, Kühlwetter und Sickinger (II. Mannschaft), Hainault und Pick (1. FC Magdeburg), Hesl (FC Würzburger Kickers), Jonjic (eigene Junioren), Kraus (1. FC Heidenheim), Löhmannsröben und Thiele (FC Carl Zeiss Jena), Özdemir (SG Sonnenhof Großaspach), Schad (SpVgg Greuther Fürth), Sternberg (Ferencvarosi TC Budapest).

Abgänge:
Abu Hanna und Osei Kwadwo (1. FC Magdeburg), Altintop und Halfar (Laufbahn beendet), Andersson (1. FC Union Berlin), Borrello (SC Freiburg), Callsen-Bracker (FC Augsburg), Correia (SSV Jahn Regensburg), Guwara (FC Utrecht), Jenssen (SK Brann Bergen), Kastaneer (NAC Breda), Kessel (1. FC Saarbrücken), Modica und Shipnoski (SV Wehen Wiesbaden), Moritz (Hamburger SV), Müller (RasenBallsport Leipzig), Müsel (Borussia Mönchengladbach), Mwene (1. FSV Mainz 05), Osawe (FC Ingolstadt 04), Przybylko (Philadelphia Union), Seufert (DSC Arminia Bielefeld), Vucur (HNK Hajduk Split), Ziegler (Western Sydney Wanderers FC).
während der Saison:
Sievers (FC Gifu).

Fortsetzung 1. FC 1900 Kaiserslautern

Aufstellungen und Torschützen:

Sp	Datum	Gegner	Ergebnis	Albaek	Bergmann	Biada	Dick	Fechner	Gottwalt	Grill	Hainault	Hemlein	Hesl	Huth	Jonjic	Kraus	Kühlwetter	Löhmannsröben	Özdemir	Pick	Schad	Sickinger	Sievers	Spalvis	Sternberg	Thiele	Zuck
				1	2	3	4	5	6	7	8	9	10	11	12	13	14	15	16	17	18	19	20	21	22	23	24
1	28.07.18	H TSV 1860 München	1:0 (0:0)	X		A	X	X			X	A				X				E	E		X	X	X1	E	A
2	04.08.18	A SGS Großaspach	1:1 (1:1)	X		A	X	X			X	X	E			X				E			X	A1	X	E	A
3	07.08.18	H SC Preußen Münster	1:2 (0:0)	X		A	X	X			A	X	E		X1			E					X	E	X	A	X
4	11.08.18	A Hallescher FC	0:2 (0:1)	A		E	X	X			X		E		X				X	A			X	X	X	X	
5	25.08.18	H Karlsruher SC	0:0 (0:0)	X		E	X				X	X	E		X		X			E			X	A	X	A	A
6	02.09.18	A FSV Zwickau	1:1 (0:0)		A	X	X	E	X			A			X		X			E	E		X		X	X1	A
7	17.09.18	A SC Fortuna Köln	3:3 (2:2)	X	E1	A1	X		X		E	X			A		X			E			X		X	X1	A
8	22.09.18	A FC Carl Zeiss Jena	3:3 (1:1)	A	X		X	E	X			A	X	E2		X	X1	A							X	X	E
9	25.09.18	A Eintr. Braunschweig	4:1 (1:1)		X			X	X		E	E1	X	E		X	A2	X			X				X	A	A
10	29.09.18	H Sportfreunde Lotte	2:1 (1:0)		A		X1	X			E	E	X	E		X	A	X			X				X	A	X1
11	06.10.18	A VfL Osnabrück	0:2 (0:0)		X	E		A			X	E	X	E		X	A	X			X				X	X	A
12	20.10.18	H KFC Uerdingen 05	2:0 (1:0)	E	A1	X		E			X	A1	X			X	E	X			X				X	X	E
13	29.10.18	A VfR Aalen	2:1 (0:1)		X	A		E			X	A	X	E1		X	E1	X			X				X	X	X
14	02.11.18	H FC Energie Cottbus	0:2 (0:0)		X			A			X	E	E			X	A	X		E	X				X	X	X
15	10.11.18	A FC Hansa Rostock	1:4 (1:3)	X	X		X		X1		A	E	X			X	A	X		E	X				X	E	
16	25.11.18	H SV Wehen Wiesbaden	0:0 (0:0)	X	A	E		X			A	E	X			X	A	X		E	X				X	A	
17	30.11.18	A SpVgg Unterhaching	0:5 (0:2)	X	E	A	A	X			X	X	X	E		X	E	X			X				X	A	
18	08.12.18	H Würzburger Kickers	0:0 (0:0)	X	A						X	A	X	E		X		X				X	X	E	X	E	
19	15.12.18	H SV Meppen	1:0 (1:0)	X				E			X	E	X			X	A			X	X	X	X		X	A	A1
20	22.12.18	A TSV 1860 München	1:2 (0:0)		E		X	E			X	X	A			X	X			A	X	A			X^G	E1	X
21	26.01.19	H SGS Großaspach	2:0 (1:0)		A			E		X	X	A		E	A	X	X1	E	X	X	X					X1	
22	01.02.19	A SC Preußen Münster	0:2 (0:2)		A			E	X	X	X		E			X	X			A	A	X			E	X	
23	09.02.19	H Hallescher FC	0:0 (0:0)		A			X	X	X	A		E	E	X					E	X	X			X	A	
24	16.02.19	A Karlsruher SC	1:0 (0:0)					X	E	X	X		E	E		X	A	X		A	X1	X			X		
25	24.02.19	A FSV Zwickau	1:1 (1:0)					X	E	X	X			X	X	A1	X			A	X	X			A	E	E
26	02.03.19	A SC Fortuna Köln	2:2 (2:1)					X	X		X	E		E	A	A1	X			X	X				A	E	X1
27	10.03.19	H FC Carl Zeiss Jena	4:1 (1:1)	X1	E			E	X					A	X	X2	A			E1	X	A			X	X	
28	13.03.19	A Eintr. Braunschweig	0:0 (0:0)	X	E			X	E		E			A		X	A			X	X				X	X	A
29	16.03.19	A Sportfreunde Lotte	2:0 (0:0)	A	E		A	X	X		X	E		X						E1	X	X			X	X1	A
30	24.03.19	H VfL Osnabrück	1:3 (0:2)	A	E		A	X	X		E			X		X				X	X	X1			X	X	
31	29.03.19	A KFC Uerdingen 05	4:2 (2:1)	X	A			E	E			E		X		X1	X			A1	X	X				A2	
32	06.04.19	H VfR Aalen	0:1 (0:0)	X	A				X	X		E		X		A	X			A	X	X			E	X	E
33	13.04.19	A FC Energie Cottbus	1:1 (1:0)	X				A	X	X		E	E	E		X	X1	A		A	X				X		
34	21.04.19	A FC Hansa Rostock	0:2 (0:0)	A	E			X	X		E	X		X		X	A	X		X	X				X		
35	29.04.19	A SV Wehen Wiesbaden	0:2 (0:2)	X		X		E	X		X	A		E	X	X				E		A			A	X	
36	04.05.19	H SpVgg Unterhaching	4:0 (0:0)					X		X	X1	E1		E	A	X	A1			X1	X				X		
37	11.05.19	A Würzburger Kickers	0:2 (0:1)		E			X	X		X	E		E	A	X	A			A	X				X		
38	18.05.19	H SV Meppen	4:2 (4:2)		E		E	X	X	A	X	A1	E			X2				X	X	A1			X	X	
		Spiele:		22	23	16	11	27	18	18	32	33	14	28	11	36	28	26	3	29	30	19	7	5	33	37	21
		Tore:		1	2	1	0	1	1	0	1	4	0	3	0	1	12	2	0	4	1	2	0	1	1	7	3

Gegnerisches Eigentor im 9. Spiel (durch Amundsen).

Bilanz der letzten 10 Jahre:

Saison	Lv.	Liga		Platz	Sp.	S	U	N	Tore	Pkt.
2008/09:	2	2. Bundesliga		7.	34	15	7	12	53-48	52
2009/10:	2	2. Bundesliga	↑	1.	34	19	10	5	56-28	67
2010/11:	1	Bundesliga		7.	34	13	7	14	48-51	46
2011/12:	1	Bundesliga	↓	18.	34	4	11	19	24-54	23
2012/13:	2	2. Bundesliga		3.	34	15	13	6	55-33	58
2013/14:	2	2. Bundesliga		4.	34	15	9	10	55-39	54
2014/15:	2	2. Bundesliga		4.	34	14	14	6	45-31	56
2015/16:	2	2. Bundesliga		10.	34	12	9	13	49-47	45
2016/17:	2	2. Bundesliga		13.	34	10	11	13	29-33	41
2017/18:	2	2. Bundesliga	↓	18.	34	9	8	17	42-55	35

Zuschauerzahlen:

Saison	gesamt	Spiele	Schnitt
2008/09:	584.966	17	34.410
2009/10:	601.772	17	35.398
2010/11:	788.665	17	46.392
2011/12:	721.382	17	42.434
2012/13:	539.923	17	31.760
2013/14:	509.040	17	29.944
2014/15:	561.222	17	33.013
2015/16:	439.828	17	25.872
2016/17:	448.262	17	26.368
2017/18:	384.553	17	22.621

Die meisten Spiele in der 3. Liga:

Pl.	Name, Vorname	Spiele
1.	Thiele, Timmy	37
2.	Kraus, Kevin	36
3.	Hemlein, Christoph	33
	Sternberg, Janek	33
5.	Hainault, André	32
6.	Schad, Dominik	30
7.	Pick, Florian	29
8.	Huth, Elias	28
	Kühlwetter, Christian	28
10.	Fechner, Gino	27

Die meisten Tore in der 3. Liga:

Pl.	Name, Vorname	Tore
1.	Kühlwetter, Christian	12
2.	Thiele, Timmy	7
3.	Hemlein, Christoph	4
	Pick, Florian	4
5.	Huth, Elias	3
	Zuck, Hendrick	3
7.	Bergmann, Theodor	2
	Löhmannsröben, Jan	2
	Sickinger, Carlo	2

Die Trainer der letzten Jahre:

Name, Vorname	Zeitraum
Schwartz, Alois (IT)	05.05.2009 – 30.06.2009
Kurz, Marco	01.07.2009 – 20.03.2012
Balakow, Krassimir	22.03.2012 – 18.05.2012
Foda, Franco	01.07.2012 – 29.08.2013
Schäfer, Oliver (IT)	29.08.2013 – 16.09.2013
Runjaic, Kosta	17.09.2013 – 22.09.2015
Fünfstück, Konrad	23.09.2015 – 20.05.2016
Korkut, Tayfun	01.07.2016 – 26.12.2016
Meier, Norbert	02.01.2017 – 20.09.2017
Strasser, Jeff	27.09.2017 – 31.01.2018

Karlsruher SC 1894 Mühlburg-Phönix

Anschrift:
Adenauerring 17
76131 Karlsruhe
Telefon: (07 21) 9 64 34 50
eMail: info@ksc.de
Homepage: www.ksc.de

Vereinsgründung: 16.10.1952 durch Fusion von FC Phönix-Alemannia 1894 Karlsruhe und VfB 1933 Mühlburg

Vereinsfarben: Blau-Weiß
Präsident: Ingo Wellenreuther
Sportdirektor: Oliver Kreuzer

Stadion: Wildparkstadion (18.163)

Größte Erfolge: Deutscher Meister 1909 (Phönix); Deutscher Pokalsieger 1955 und 1956; Qualifikation zur Bundesliga 1963; Meister der Regionalliga Süd 1969; Aufstiegsrunde zur Bundesliga 1969, 1970, 1971, 1973 und 1980 (↑); Meister der 2. Bundesliga 1975 (↑, Süd), 1984 (↑) und 2007 (↑); Aufstieg in die Bundesliga 1987; Meister der 3. Liga 2013 (↑); Halbfinale UEFA-Pokal 1994; Landespokalsieger Baden 2018 und 2019

Aufgebot:

Name, Vorname	Pos	geb. am	Nat.	Seit	2018/19 Sp.	T.	gesamt Sp.	T.	frühere Vereine
Batmaz, Malik	S	17.03.2000	TUR	2015	3	0	3	0	SV Sandhausen, VfB Bretten
Camoglu, Burak	A	05.10.1996	TUR	2017	24	2	54	3	Borussia Dortmund, Rot Weiss Ahlen
Choi, Kyoung-Rok	S	15.03.1995	KOR	2018	21	0	21	0	FC St. Pauli, Ajou University
Fink, Anton	S	31.07.1987	D	2017	38	15	324	136	Chemnitzer FC, Karlsruher SC, VfR Aalen, Karlsruher SC, SpVgg Unterhaching, TSV 1860 München, SC Maisach
Gordon, Daniel	A	16.01.1985	JAM	2017	36	3	98	9	SV Sandhausen, Karlsruher SC, FSV Frankfurt, SC Rot-Weiß Oberhausen, Borussia Dortmund, VfL Bochum, Borussia Dortmund, DJK TuS Körne
Groiß, Alexander	M	01.07.1998	D	2018	17	0	19	0	VfB Stuttgart, SSV Aalen, FC Schechingen
Hanek, Janis	M	12.02.1999	D	2008	7	0	7	0	Rastatter SC
Jansen, Eric	A	05.05.2000	D	2015	1	0	1	0	SV Perouse, TSV Wimsheim, SV Würzbach
Kircher, Tim	A	10.03.1999	D	2008	3	0	3	0	SV Au am Rhein
Kobald, Christoph	A	18.08.1997	AUT	2018	13	1	13	1	SC Wiener Neustadt, SC Ritzing, FK Austria Wien, VfB Admira Wacker Mödling, SC Perchtoldsdorf
Lorenz, Marc	M	18.07.1988	D	2017	32	4	160	9	SV Wehen Wiesbaden, DSC Arminia Bielefeld, VfL Sportfreunde Lotte, SC Preußen Münster, FC Schalke 04, SC Preußen Münster, 1. FC Gievenbeck, BSV Roxel
Möbius, Justin	M	21.04.1997	D	2018	5	1	5	1	VfL Wolfsburg, Tennis Borussia Berlin, Hertha BSC, Berliner FC Dynamo
Müller, Sven	T	16.02.1996	D	2018	2	0	2	0	1. FC Köln, SC West Köln
Muslija, Florent	M	06.07.1998	D	2007	5	1	42	2	SV Sasbach
Pisot, David	A	06.07.1987	D	2017	38	3	287	17	FC Würzburger Kickers, VfL Osnabrück, FC Ingolstadt 04, VfB Stuttgart, SC Paderborn 07, VfB Stuttgart, Karlsruher SC, SV Sandhausen, FC Rot
Pourié, Marvin	S	08.01.1991	D	2018	37	22	50	25	Randers FC, FC Ufa, Sönderjysk Elitesport, SV Zulte Waregem, FC Kopenhagen, Silkeborg IF, FC Schalke 04, TuS Koblenz, TSV 1860 München, Liverpool FC, Hammer SpVg, Borussia Dortmund, TuRa Bergkamen, Werner SC 2000, SSV Werne 16/25
Röser, Martin	M	13.08.1990	D	2018	19	1	95	16	Hallescher FC, Offenbacher FC Kickers, SV Wehen Wiesbaden, VfR Wormatia 08 Worms, Ludwigshafener SC
Roßbach, Damian	A	27.02.1993	D	2018	37	3	64	6	SV Sandhausen, 1. FSV Mainz 05, SG Rosenhöhe Offenbach, FG Seckbach 02, Frankfurter FC Olympia 07
Sané, Saliou	S	19.07.1992	D	2018	22	0	118	13	SG Sonnenhof Großaspach, VfL Sportfreunde Lotte, Holstein Kiel, SC Paderborn 07, TSV Havelse, Hannover 96, Hannoverscher SC
Sararer, Sercan	M	27.11.1989	TUR	2018	9	0	19	0	SpVgg Greuther Fürth, Fortuna Düsseldorf, VfB Stuttgart, SpVgg Greuther Fürth, 1. FC Röthenbach a.d.Pegnitz
Schragl, Mario	T	31.01.1999	AUT	2016	0	0	0	0	Borussia Dortmund, FC Red Bull Salzburg, SK Sturm Graz, SV Pachern
Stiefler, Manuel	M	25.07.1988	D	2018	35	2	119	15	SV Sandhausen, 1. FC Saarbrücken, 1. FC Nürnberg, SpVgg Bayreuth, SpVgg Greuther Fürth, SpVgg Bayreuth, TSC Pottenstein
Stoll, Martin	A	09.02.1983	D	2010	1	0	32	0	SG Dynamo Dresden, FC Hansa Rostock, FC Aarau, Karlsruher SC, VfB Stuttgart, Karlsruher SC, SV Sandhausen, VfB Breitenbronn
Stroh-Engel, Dominik	S	27.11.1985	D	2017	1	0	180	55	SV Darmstadt 98, SV Wehen Wiesbaden, SV Babelsberg 03, SV Wehen Wiesbaden, Eintracht Frankfurt, SC Waldgirmes, FC Burgsolms, RSV Büblingshausen
Sverko, Marin	A	04.02.1998	CRO	2018	2	0	7	0	1. FSV Mainz 05, Karlsruher SC, 1. FC Kieselbronn
Thiede, Marco	M	20.05.1992	D	2017	37	0	60	0	SV Sandhausen, FC Augsburg, FC Gundelfingen, SSV Dillingen
Uphoff, Benjamin	T	08.08.1993	D	2017	37	0	106	0	VfB Stuttgart, 1. FC Nürnberg, SV Wacker Burghausen
Vujinovic, Valentino	S	20.02.1999	D	2008	0	0	1	0	SG Siemens Karlsruhe, ASV Durlach
Wanitzek, Marvin	M	07.05.1993	D	2017	37	6	154	20	VfB Stuttgart, FC-Astoria Walldorf, TSG 1899 Hoffenheim, FV Viktoria Ubstadt

Trainer:

Name, Vorname	geb. am	Nat.	Zeitraum	Spiele 2018/19	frühere Trainerstationen
Schwartz, Alois	28.03.1967	D	29.08.2017 – lfd.	38	1. FC Nürnberg, SV Sandhausen, FC Rot-Weiß Erfurt, 1. FC Kaiserslautern II, VfR Wormatia 08 Worms, FC Rot-Weiß Erfurt

Zugänge:
Choi (FC St. Pauli), Hanek, Kircher und Schragl (eigene Junioren), Kobald (SC Wiener Neustadt), Möbius (VfL Wolfsburg II), Müller (1. FC Köln), Röser (Hallescher FC), Roßbach und Stiefler (SV Sandhausen), Sané (SG Sonnenhof Großaspach), Sverko (1. FSV Mainz 05 II).
während der Saison:
Batmaz und Jansen (eigene Junioren), Groiß (VfB Stuttgart II), Sararer (ohne Verein).

Abgänge:
Bader (1. FC Köln), Bülow (FC Hansa Rostock), Föhrenbach (SSV Jahn Regensburg), Hofmann (Laufbahn beendet), Leo (FC Aarau), Luibrand (SSV Ulm 1846), Mehlem (R. Union Saint-Gilloise), Orlishausen (FC Hansa Rostock), Schleusener (SV Sandhausen).
während der Saison:
Muslija (Hannover 96), Vujinovic (FSV Frankfurt).

Fortsetzung Karlsruher SC 1894 Mühlburg-Phönix

Aufstellungen und Torschützen:

Sp	Datum	Gegner	Ergebnis	Batmaz	Camoglu	Choi	Fink	Gordon	Groiß	Hanek	Jansen	Kircher	Kobald	Lorenz	Möbius	Müller	Muslija	Pisot	Pourié	Röser	Roßbach	Sané	Sararer	Stiefler	Stoll	Stroh-Engel	Sverko	Thiede	Uphoff	Wanitzek
				1	2	3	4	5	6	7	8	9	10	11	12	13	14	15	16	17	18	19	20	21	22	23	24	25	26	27
1	27.07.18 A	Eintr. Braunschweig	1:1 (1:0)				E	X						E				X	X	X	A	X	A	X				X	X	X1
2	04.08.18 H	FSV Zwickau	1:1 (0:0)			E	E1	X						E				X	X	A	X	A	A	X				X	X	X
3	07.08.18 A	SC Fortuna Köln	1:0 (0:0)			E	E	X						A		X1	X	A	X	A	A	E		X				X	X	X
4	10.08.18 H	FC Carl Zeiss Jena	1:1 (0:0)			E	E	X						A			X	X	A	A	X	E		X1				X	X	X
5	25.08.18 A	1. FC Kaiserslautern	0:0 (0:0)	E			X	X	E					E			X	X	A	A	X			X				X	X	A
6	01.09.18 H	VfL Sportfr. Lotte	1:3 (1:3)	A		E	X	X		E			X1				X	A		X	E		A					X	X	X
7	15.09.18 A	VfL Osnabrück	1:0			A	A1	X			E	E		A			X		E	X	X		X					X	X	X
8	22.09.18 H	KFC Uerdingen 05	2:0 (1:0)		E	A	A	X1		E				X			X	A1	E	X			X					X	X	X
9	26.09.18 A	VfR Aalen	3:1 (1:0)		E	A	A1	X	E					X1			X	A1		X			X	E				X	X	X
10	29.09.18 H	FC Energie Cottbus	2:0 (1:0)			X	A1	X	E			E		X			X	A1		X	E		A					X	X	X
11	05.10.18 A	FC Hansa Rostock	0:1 (0:0)			A	X	X						X			X	X	E	X	E		A					X	X	X
12	21.10.18 H	SV Wehen	2:5 (1:4)			A	A1	X	E			E		X			X	X1	E	A			X					X	X	X
13	27.10.18 A	SpVgg Unterhaching	0:0 (0:0)			E	A	X	X		X			X			X	X		X			X					X	X	X
14	03.11.18 H	Würzburger Kickers	2:1 (1:0)			E	A	X	X	E				X			X	A2		X	E		A					X	X	X
15	10.11.18 A	SV Meppen	3:2 (3:0)			E	A	X	X					X1			X	A1	E	X			A					X	X	X1
16	25.11.18 H	TSV 1860 München	3:2 (3:1)	A			X1	X		A			E	X			X1	A1	E	X			X					X	X	X
17	02.12.18 A	SGS Großaspach	2:1 (1:0)	A	E	A	X						E	X			X	A1		X	E		X	X1				X	X	X
18	08.12.18 H	SC Preußen Münster	5:0 (3:0)	A2	E	X1	A						E	X1			X	A1		X	E		X					X	X	X
19	15.12.18 A	Hallescher FC	3:0 (1:0)	X	A	A2	X						E				X	A1		X	E		X					X	X	X
20	22.12.18 H	Eintr. Braunschweig	1:1 (0:1)	A		X	X	X						X			X	X	E	X			X					X	X	X1
21	02.02.19 H	SC Fortuna Köln	3:1 (0:1)	A	E	A1	X							A			X	X	E	X1		E	X					X	X	X1
22	09.02.19 A	FC Carl Zeiss Jena	1:1 (1:1)	A		A	X1G	E	E					X			X	X		X			X					X	X	X
23	12.02.19 A	FSV Zwickau	1:1 (0:1)	A	X	A1		E					X	A			X	X	E	X		E						X	X	X
24	16.02.19 H	1. FC Kaiserslautern	0:1 (0:0)	A	E	A	X							X			X	X		X	E	E	A					X	X	X
25	23.02.19 A	VfL Sportfr. Lotte	0:0 (0:0)			E	X	X					X		E		X	X		X			A	X				X	X	X
26	02.03.19 H	VfL Osnabrück	2:1 (1:0)	E		X	X1	A			E	A		X		X	X	A1		X	E		X					X	X	X
27	08.03.19 A	KFC Uerdingen 05	3:1 (2:1)	E		A1	X				E	X1		X			X	A1	E	X			X					X	X	X
28	13.03.19 A	VfR Aalen	0:3 (0:2)	E		A	X	X						X			X	X		X	E	E	X					X	X	X
29	17.03.19 A	FC Energie Cottbus	2:0 (1:0)	E		A	X	E				X	A				X	A2		X	E		X					X	X	X
30	23.03.19 H	FC Hansa Rostock	1:1 (1:0)	E		X	X	X				X					X1	X		X		A	X					X	X	X
31	31.03.19 A	SV Wehen	0:2 (0:0)	E			A	X				A		X	E		X	X		X	E		X					A	X	X
32	06.04.19 H	SpVgg Unterhaching	4:0 (0:0)		X	E	A1					X	A				X	X2		X1	E	E	X					X	X	A
33	15.04.19 A	Würzburger Kickers	0:0 (0:0)		A		A	X				X	X				X	X		X	E	E	X					X	X	X
34	20.04.19 H	SV Meppen	3:1 (1:1)		A		A	X				E1	X	E			X	X2	E	X			A					X	X	X
35	27.04.19 A	TSV 1860 München	2:0 (1:0)	E		A	X	E				X	X				X1	A		X	E		X					A	X	X1
36	04.05.19 H	SGS Großaspach	2:1 (2:0)	X		A	X	X					XG				X	A2	E	X	E		A				E	X	X	
37	11.05.19 A	SC Preußen Münster	4:1 (2:0)	X		X1	X	A	E					X			X	X1	X1	X1							E	A	X	
38	18.05.19 H	Hallescher FC	2:3 (1:1)	E	X	A	A1	A						E			X	X	X	X				E				X	X	X1
		Spiele:		3	24	21	38	36	17	7	1	3	13	32	5	2	5	38	37	19	37	22	9	35	1	1	2	37	37	37
		Tore:		0	2	0	15	3	0	0	0	0	1	4	1	0	1	3	22	1	3	0	0	2	0	0	0	0	0	6

Bilanz der letzten 10 Jahre:

Saison	Lv.	Liga		Platz	Sp.	S	U	N	Tore	Pkt.
2008/09:	1	Bundesliga	↓	17.	34	8	5	21	30-54	29
2009/10:	2	2. Bundesliga		10.	34	13	7	14	43-45	46
2010/11:	2	2. Bundesliga		15.	34	8	9	17	46-72	33
2011/12:	2	2. Bundesliga	↓	16.	34	9	6	19	34-60	33
2012/13:	3	3. Liga	↑	1.	38	23	10	5	69-27	79
2013/14:	2	2. Bundesliga		5.	34	12	14	8	47-34	50
2014/15:	2	2. Bundesliga		3.	34	15	13	6	46-26	58
2015/16:	2	2. Bundesliga		7.	34	12	11	11	35-37	47
2016/17:	2	2. Bundesliga	↓	18.	34	5	10	19	27-56	25
2017/18:	3	3. Liga		3.	38	19	12	7	49-29	69

Zuschauerzahlen:

Saison	gesamt	Spiele	Schnitt
2008/09:	477.113	17	28.065
2009/10:	305.712	17	17.983
2010/11:	251.255	17	14.780
2011/12:	257.930	17	15.172
2012/13:	227.496	19	11.973
2013/14:	276.782	17	16.281
2014/15:	295.486	17	17.382
2015/16:	272.321	17	16.019
2016/17:	235.537	17	13.855
2017/18:	221.785	19	11.673

Die meisten Spiele in der 3. Liga:

Pl.	Name, Vorname	Spiele
1.	Gordon, Daniel	98
2.	Pisot, David	76
3.	Fink, Anton	74
	Uphoff, Benjamin	74
	Wanitzek, Marvin	74
6.	Lorenz, Marc	60
	Thiede, Marco	60
8.	Camoglu, Burak	52
9.	Pourié, Marvin	50
10.	Muslija, Florent	42

Die meisten Tore in der 3. Liga:

Pl.	Name, Vorname	Tore
1.	Pourié, Marvin	25
2.	Fink, Anton	23
3.	Calhanoglu, Hakan	17
	Schleusener, Fabian	17
5.	van der Biezen, Koen	15
6.	Gordon, Daniel	9
	Hennings, Rouwen	9
	Wanitzek, Marvin	9
9.	Mauersberger, Jan	5
	Pisot, David	5

Die Trainer der letzten Jahre:

Name, Vorname	Zeitraum
Kauczinski, Markus (IT)	01.11.2010 – 21.11.2010
Rapolder, Uwe	22.11.2010 – 28.02.2011
Scharinger, Rainer	02.03.2011 – 31.10.2011
Kauczinski, Markus (IT)	01.11.2011 – 05.11.2011
Andersen, Jörn	06.11.2011 – 26.03.2012
Kauczinski, Markus	27.03.2012 – 30.06.2016
Oral, Tomas	01.07.2016 – 04.12.2016
Kwasniok, Lukas (IT)	05.12.2016 – 21.12.2016
Slomka, Mirko	22.12.2016 – 04.04.2017
Meister, Marc-Patrick	05.04.2017 – 20.08.2017

SC Fortuna Köln

Anschrift:
Am Vorgebirgstor 2
50969 Köln
Telefon: (02 21) 99 89 66 121
eMail: service@fortuna-koeln.de
Homepage: www.fortuna-koeln.de

Vereinsgründung: 21.10.1948 durch Fusion aus SV 1927 Köln, Bayenthaler SV 1920 und SV Victoria 1911

Vereinsfarben: Rot-Weiß
Präsident: Hanns-Jörg Westendorf
Geschäftsführer: Michael W. Schwetje

Stadion: Südstadion (11.748)

Größte Erfolge: Aufstieg in die Bundesliga 1973; DFB-Pokalfinale 1983; Meister der Regionalliga West 2014 (↑); Mittelrheinpokalsieger 2013

Aufgebot:

Name, Vorname	Pos	geb. am	Nat.	seit	2018/19 Sp.	T.	gesamt Sp.	T.	frühere Vereine
Abu Hanna, Joel	A	22.01.1998	D	2019	8	0	8	0	1. FC Magdeburg, 1. FC Kaiserslautern, Bayer Leverkusen, FC Hennef 05, TuRa Hennef
Andersen, Kristoffer	M	09.12.1985	DEN	2014	20	1	133	5	TSV Alemannia Aachen, FC Ingolstadt 04, VfL Osnabrück, MSV Duisburg, VfR Aalen, Borussia Mönchengladbach, FC Brüssel Molenbeek-Strombeek, AS Eupen, Standard Lüttich, RSC Anderlecht, AS Eupen
Brandenburger, Nico	M	17.01.1995	D	2017	34	1	69	5	Bor. M'gladbach, FC Luzern, Bor. M'gladbach, Hertha BSC, Berliner FC Preussen
Bröker, Thomas	S	22.01.1985	D	2018	28	1	93	11	MSV Duisburg, 1. FC Köln, Fortuna Düsseldorf, Rot Weiss Ahlen, SG Dynamo Dresden, SC Paderborn 07, 1. FC Köln, 1. FC Dynamo Dresden, 1. FC Köln, SV Meppen, SV Union Meppen, SV Hemsen
Bruhns, Jannik	T	11.05.1999	D	2017	0	0	1	0	1. FC Köln, FC Hürth
Ceylan, Ali	M	17.06.1998	D	2016	5	0	15	0	FC Rot-Weiß Erfurt, FC Viktoria Köln, SV Bergisch Gladbach 09
Dahmani, Hamdi	M	16.11.1987	D	2014	33	6	175	40	FC Viktoria Köln, SC Fortuna Köln, SF Troisdorf, GFC Düren 09, Bayer 04 Leverkusen, 1. FC Köln, TSV Alemannia Aachen, Bayer 04 Leverkusen, Kölner SV Heimersdorf
Eberwein, Michael	S	11.03.1996	D	2018	38	4	38	4	Bor. Dortmund, FC Bayern München, SC Eintracht Freising, SV Oberhaindlfing-Abens
Eichhorn, Aaron	A	22.09.1998	D	2017	0	0	1	0	1. FC Köln, Bayer 04 Leverkusen
Ernst, Dominik	M	08.08.1990	D	2017	33	1	66	2	TSV Alemannia Aachen, VfL Sportfreunde Lotte, FC Schalke 04, Wuppertaler SV Borussia, SpVgg Erkenschwick, VfL Bochum, Rot-Weiss Essen, FC Schalke 04
Exslager, Maurice	S	12.02.1991	D	2017	9	0	19	0	1. FC Magdeburg, 1. FC Köln, SV Darmstadt 98, 1. FC Köln, MSV Duisburg, TuB Bocholt, 1. FC Bocholt, SV Biemenhorst
Fritz, Moritz	M	15.07.1993	D	2017	22	3	36	3	Borussia Dortmund, Rot-Weiss Essen, FC Schalke 04, SV Lippstadt 08, DSC Arminia Bielefeld, Borussia Dortmund, DSC Arminia Bielefeld, VfL Theesen, VfR Wellensiek
Hartmann, Moritz	S	20.06.1986	D	2018	28	4	64	25	FC Ingolstadt 04, 1. FC Köln, VfL Rheinbach, Euskirchener TSC, SC Roitzheim
Kegel, Maik	M	08.12.1989	D	2016	25	3	267	21	Holstein Kiel, Chemnitzer FC, SG Dynamo Dresden, 1. FC Dynamo Dresden, Radeberger SV
Kessel, Michael	M	28.08.1984	D	2011	0	0	105	6	TSV Germania Windeck, Borussia M'gladbach, FC Junkersdorf, TuS Höhenhaus
Koljic, Alem	A	16.02.1999	D	2017	8	0	10	0	MSV Duisburg, FC Schalke 04, Bayer 04 Leverkusen, TuS Koblenz, JSG Niederelbert, TuS Montabaur
Komolong, Alwin	A	02.11.1994	PNG	2019	1	0	1	0	SV Stuttgarter Kickers, Northern Kentucky University Norse, Madang FC, Northern Kentucky University Norse, Besta PNG FA
Kraft, Florian	T	04.08.1998	D	2019	1	0	1	0	VfL Bochum, Rot-Weiss Essen, VfB Hüls, Borussia Dortmund, TSV Marl-Hüls
Kurt, Okan	M	11.01.1995	TUR	2017	25	1	55	3	Fortuna Sittard, FC St. Pauli, SC Concordia Hamburg
Kyere Mensah, Bernard	A	01.07.1995	GHA	2017	31	0	57	1	1. FC Kaiserslautern, Offenburger FV, SV Blau-Weiß Wiehre Freiburg
Ngamukol, Anatole	S	15.01.1988	FRA	2019	11	0	11	0	Stade Reims, Red Star FC Paris, Grasshopper Club Zürich, FC Thun, FC Wil, US Roye-Noyon, CF Palencia, Real Saragossa, Stade Reims, Red Star FC Paris
Ochojski, Nico	M	09.01.1999	D	2017	1	0	1	0	TSV Alemannia Aachen, FC Hennef 05, Bonner SC, Bayer Leverkusen, FC Hennef 05
Pintol, Benjamin	M	19.05.1990	BIH	2018	11	0	57	9	Hallescher FC, Offenbacher FC Kickers, Eintracht Frankfurt, SV Eintracht Trier 05, FSV Frankfurt, Offenbacher FC Kickers, 1. FSV Mainz 05, Eintracht Frankfurt, FSV Frankfurt, DJK Schwarz-Weiß Griesheim
Poggenborg, André	T	17.09.1983	D	2012	0	0	90	0	SV Eintracht Trier 05, VfL Sportfreunde Lotte, BV Cloppenburg, MSV Duisburg, SC Preußen Münster, DJK Grün-Weiß Albersloh, SC Greven 09
Rehnen, Nikolai	T	04.02.1997	D	2018	37	0	37	0	DSC Arminia Bielefeld, SpVgg Steinhagen
Ruprecht, Steven	A	24.06.1987	D	2018	16	1	216	25	SV Wehen Wiesbaden, FC Hansa Rostock, Hallescher FC, SC Rot-Weiß Oberhausen, FC Ingolstadt 04, VfR Aalen, 1. FC Union Berlin
Scheu, Robin	M	16.02.1995	D	2017	30	6	61	9	Offenbacher FC Kickers, TSG Neu-Isenburg
Schiek, Sebastian	M	20.03.1990	D	2018	31	2	153	10	SGS Großaspach, Karlsruher SC, SV Waldhof Mannheim, FC Germania Karlsdorf
Uaferro, Boné	A	04.01.1992	D	2014	34	2	132	4	FC Schalke 04, 1. FC Union Berlin, VSG Altglienicke
Yeboah, Kwame	S	02.06.1994	AUS	2018	12	1	23	3	SC Paderborn 07, Borussia Mönchengladbach, Brisbane Roar, Queensland Academy of Sports, Gold Coast United, Queensland Academy of Sports

Trainer:

Name, Vorname	geb. am	Nat.	Zeitraum	Spiele 2018/19	frühere Trainerstationen
Koschinat, Uwe	01.09.1971	D	01.07.11 – 14.10.18	11	TuS Koblenz (Interims- und Juniorentrainer)
Filipovic, Andre (IT)	13.05.1982	D	16.10.18 – 30.10.18	2	—
Kaczmarek, Tomasz	20.09.1984	POL	30.10.18 – 22.04.19	21	SV Stuttgarter Kickers, FC Viktoria Köln, Stabæk IF, Bonner SC
Zapel, Oliver	15.01.1968	D	22.04.19 – 30.06.19	4	SV Werder Bremen II, SG Sonnenhof Großaspach, SV Eichede, Barsbütteler SV, Rahlstedter SC, TuS Hamburg 1880, FC St. Georg-Horn, Harburger Turnerbund

Zugänge:
Eberwein (Borussia Dortmund II), Hartmann (FC Ingolstadt 04), Ochojski (eigene Junioren), Pintol (Hallescher FC), Rehnen (DSC Arminia Bielefeld), Schiek (SG Sonnenhof Großaspach), Yeboah (SC Paderborn 07).
während der Saison:
Abu Hanna (1. FC Magdeburg), Komolong (ohne Verein), Kraft (VfL Bochum), Ngamukol (Stade Reims), Ruprecht (SV Wehen Wiesbaden).

Abgänge:
Bender (FC Energie Cottbus), Boss (SG Dynamo Dresden), Burger (SpVg. Frechen 20), Falahen (Fortuna Düsseldorf II), Farrona Pulido (VfL Osnabrück), Keita-Ruel (SpVgg Greuther Fürth), Menz und Röcker (FC Viktoria 1889 Berlin LT), Pazurek (Borussia Mönchengladbach II), Theisen (FC 08 Homburg).
während der Saison:
Yeboah (Western Sydney Wanderers FC).

Fortsetzung SC Fortuna Köln

Aufstellungen und Torschützen:

Sp	Datum		Gegner	Ergebnis	Abu Hanna	Andersen	Brandenburger	Bröker	Ceylan	Dahmani	Eberwein	Ernst	Exslager	Fritz	Hartmann	Kegel	Koljic	Komolong	Kraft	Kurt	Kyere Mensah	Ngamukol	Ochojski	Pintol	Rehnen	Ruprecht	Scheu	Schiek	Uaferro	Yeboah
					1	2	3	4	5	6	7	8	9	10	11	12	13	14	15	16	17	18	19	20	21	22	23	24	25	26
1	28.07.18	H	Preußen Münster	1:4 (0:2)		E	X	E		A	E	A		X	X1	X				X	X				X		X	X	A	X
2	04.08.18	A	Hallescher FC	2:1 (1:0)			X	E	E		X	A		X	X					E	X				X		A1	X	X	A1
3	07.08.18	H	Karlsruher SC	0:1 (0:0)	A	X	E			E				X	X	X				E	X				X		X	X	A	A
4	11.08.18	A	FSV Zwickau	0:1 (0:0)	E	X	E			A	X			X	A					E	X				X		X	X	X	A
5	26.08.18	A	Eintr. Braunschweig	2:0 (1:0)		X	E		E	X1	X			A	A					E	X				X		A	X1	X	X
6	02.09.18	H	FC Carl Zeiss Jena	2:0 (0:0)	E	X	E			E	A	X		A	X1						X				X		A1	X	X	X
7	17.09.18	A	1. FC Kaiserslautern	3:3 (2:2)		X	E		A	E	X			A1	X						X				X	E	A1	X	X1	X
8	22.09.18	H	Sportfreunde Lotte	1:1 (1:0)		X	E		X	E	X			A	X	E									X	X1	A	X	X	A
9	26.09.18	A	VfL Osnabrück	0:1 (0:0)		E	A			X	X	X		A	X					E	E				X		X	X	X	A
10	29.09.18	H	KFC Uerdingen 05	1:2 (0:0)	E1	A				X	X			A	A	X				E	E				X		X	X	X	X
11	06.10.18	A	VfR Aalen	1:0 (0:0)		E			E	X	X	X			X^G	A				A	A				X		X	X1	X	E
12	20.10.18	H	FC Energie Cottbus	3:1 (2:0)		X	E		A	A	X	E		X1						A	X				X	E	X1	X	X1	
13	27.10.18	A	FC Hansa Rostock	1:3 (0:3)		X			A	X	X	E		X	X1					E	A				X		X	A	X	E
14	04.11.18	A	SV Wehen Wiesbaden	0:7 (0:4)		A	E		X	A	X				X					E	E				X	X	X	X	X	X
15	11.11.18	A	SpVgg Unterhaching	0:6 (0:3)	A				X	A	X		E	A						E	X				X	X	X^G	X	X	E
16	24.11.18	H	Würzburger Kickers	0:0 (0:0)		X	X		A	A		X	A			X				X		E	X				E	X	E	E
17	02.12.18	A	SV Meppen	0:3 (0:2)		E	X	X	A	X	E	X		X	A							E	E		X		A		X	
18	08.12.18	H	TSV 1860 München	0:0 (0:0)		E	X	X	A	A	A			X	X^G					E			A	E	X			E	X	
19	14.12.18	A	SGS Großaspach	1:1 (0:1)		X	X		X	X	A	X		X	E				A1	X			X	X	A		E	E		
20	22.12.18	H	Preußen Münster	2:0 (1:0)		E	X			A	X1			X	E1	E	X			A	X				A			X	X	
21	26.01.19	H	Hallescher FC	0:1 (0:0)	A			A		A	X	E		X	X					X	X				X		X			
22	02.02.19	A	Karlsruher SC	1:3 (1:0)		E	X	X	A	X	X1	E		X	E	A					X				A		X			
23	09.02.19	H	FSV Zwickau	1:0 (0:0)	A		X	X		E	X1	X		X	A	X				E	E				X	X			A	
24	16.02.19	A	Eintr. Braunschweig	1:3 (0:0)		E	A	X		E1	X	X			X					X	E				A	X	A		X	
25	23.02.19	A	FC Carl Zeiss Jena	1:0 (1:0)			X	X		X	X	X		X	E	A1					X				A	X	A	E	E	
26	02.03.19	H	1. FC Kaiserslautern	2:2 (1:2)		X	A	X	X2	X	X	E	X	EA						E	A				X		X	E	E	
27	09.03.19	A	Sportfreunde Lotte	2:1 (1:0)	A		X		X1	X	X			X1	A					X	A	E			X		E	E		
28	12.03.19	H	VfL Osnabrück	0:0 (0:0)	A	EA	X			X	X	X			X					E	E				X	X	A	X		
29	15.03.19	A	KFC Uerdingen 05	1:1 (1:1)		X	X		A1	X	X	E		X	A					E	E				X	A1	X		X	
30	22.03.19	H	VfR Aalen	1:1 (0:0)		X	X		X	X1	A	E	X							X	X	A			X		A	E	E	
31	30.03.19	A	FC Energie Cottbus	3:4 (2:2)				A	X	X	X	E		X1						A	E				X	E	X1	X	A	
32	07.04.19	H	FC Hansa Rostock	1:1 (1:0)		A	X1	X	E	A	X	X^R			E			E		X	X				X	A	X			
33	13.04.19	A	SV Wehen Wiesbaden	0:3 (0:1)		E	A	X		X	X				X	E					A	E			X	X	X	A	X	
34	20.04.19	A	SpVgg Unterhaching	1:1 (1:1)	X	E	X	A		A1	X				X	X				E		E			X	X	A	X		
35	27.04.19	A	Würzburger Kickers	0:2 (0:0)			X	E		X	X		E	E	A					A	X				X	X		X	A	
36	06.05.19	H	SV Meppen	1:1 (1:0)	E	E	X	X		A	X			X	E						X				X		A	A1	X	
37	11.05.19	A	TSV 1860 München	2:3 (2:2)	E		X	A1			X	X	EA	X1	X						X^G	E			X		A	X	X	
38	18.05.19	H	SGS Großaspach	0:2 (0:1)	A	X	X		E		X	X		X			E		X	X		E	A				A		X	
			Spiele:		8	20	34	28	5	33	38	33	9	22	28	25	8	1	1	25	31	11	1	11	37	16	30	31	34	12
			Tore:		0	1	1	1	0	6	4	1	0	3	4	3	0	0	0	1	0	0	0	0	1	6	2	2	1

Gegnerisches Eigentor im 31. Spiel (durch Rangelov).

Bilanz der letzten 10 Jahre:

Saison	Lv.	Liga		Platz	Sp.	S	U	N	Tore	Pkt.
2008/09	5	NRW-Liga		9.	36	13	9	14	60-55	48
2009/10	5	NRW-Liga		15.	36	10	10	16	49-55	40
2010/11	5	NRW-Liga	↑	3.	32	18	7	7	57-25	61
2011/12	4	Regionalliga West		7.	36	15	8	13	54-56	53
2012/13	4	Regionalliga West		2.	38	25	4	9	69-33	79
2013/14	4	Regionalliga West	↑	1.	36	23	7	6	73-36	76
2014/15	3	3. Liga		14.	38	12	10	16	38-47	46
2015/16	3	3. Liga		11.	38	14	7	17	56-69	49
2016/17	3	3. Liga		16.	38	12	10	16	37-59	46
2017/18	3	3. Liga		8.	38	15	9	14	53-48	54

Zuschauerzahlen:

Saison	gesamt	Spiele	Schnitt
2008/09:	17.152	18	953
2009/10:	11.730	18	652
2010/11:	11.799	16	737
2011/12:	17.805	18	989
2012/13:	22.616	19	1.190
2013/14:	31.729	18	1.763
2014/15:	41.750	19	2.197
2015/16:	38.805	19	2.042
2016/17:	40.429	19	2.128
2017/18:	48.055	19	2.529

Die meisten Spiele in der 3. Liga:

Pl.	Name, Vorname	Spiele
1.	Dahmani, Hamdi	175
2.	Uaferro, Boné	132
3.	Pazurek, Markus	114
4.	Bender, Lars	110
5.	Kessel, Michael	105
6.	Kwame, Kusi	92
7.	Poggenborg, André	90
8.	Oliveira Souza, Cauly	83
9.	Andersen, Kristoffer	81
10.	Rahn, Johannes	77

Die meisten Tore in der 3. Liga:

Pl.	Name, Vorname	Tore
1.	Dahmani, Hamdi	40
2.	Königs, Marco	16
3.	Keita-Ruel, Daniel	15
4.	Biada, Julius	13
	Oliveira Souza, Cauly	13
	Rahn, Johannes	13
7.	Pazurek, Markus	9
	Scheu, Robin	9
9.	Bender, Lars	7
10.	Kessel, Michael	6

Die Trainer der letzten Jahre:

Name, Vorname	Zeitraum
Kovacic, Slavko (IT)	08.05.2000 – 30.06.2000
Vollmann, Peter	01.07.2000 – 30.06.2001
Fuchs, Uwe	01.07.2001 – 20.12.2001
Aussem, R./Epstein, D.	09.01.2002 – 30.06.2004
Hilpert, Klaus	01.07.2004 – 31.08.2004
Kentschke, M./Franzen, M.	02.09.2004 – 30.06.2005
Esser, Bert	01.07.2005 – 14.12.2005
Drysch, Andreas	15.12.2005 – 15.04.2007
Aussem, Ralf (IT)	16.04.2007 – 10.06.2007
Mink, Matthias	10.06.2007 – 30.06.2011

VfL Sportfreunde Lotte 1929

Anschrift:
Jahnstraße 8
49504 Lotte
Telefon: (0 54 04) 95671-0
eMail: info@sf-lotte.de
Homepage: www.sf-lotte.de

Vereinsgründung: 04.05.1929

Vereinsfarben: Blau-Weiß
1. Vorsitzender: Hans-Ulrich Saatkamp
Geschäftsführer: Thomas Mauer

Stadion:
FRIMO Stadion (10.059)

Größte Erfolge: Meister der Verbandsliga Westfalen Gruppe 1 2004 (↑); Qualifikation für die Regionalliga West 2008; Meister der Regionalliga West 2013 und 2016 (↑); Teilnahme am DFB-Pokal 2009 und 2016; Pokalsieger Westfalen 2015

Aufgebot:

Name, Vorname	Pos	geb. am	Nat.	seit	2018/19 Sp.	T.	Gesamt Sp.	T.	frühere Vereine
Al-Hazaimeh, Jeron	A	13.02.1992	D	2018	31	1	105	7	SC Preußen Münster, VfL Sportfreunde Lotte, Chemnitzer FC, Fortuna Düsseldorf, SV Wersten 04, SFD 75 Düsseldorf
Awassi, Noah Montheo	A	10.03.1998	D	2018	3	0	3	0	FSV Union Fürstenwalde, SG Dynamo Dresden
Blomeyer, Thomas	A	24.04.1996	D	2019	3	0	12	0	MSV Duisburg, FC Ingolstadt 04, SC Eintracht Freising
Breitfelder, Danny	S	19.02.1997	D	2018	0	0	12	1	FSV Union Fürstenwalde, Chemnitzer FC, SG Dynamo Dresden, FC Energie Cottbus, FSV Glückauf Brieske/Senftenberg, FSV Lauchhammer
Chato, Paterson	M	01.12.1996	D	2018	30	3	31	3	Bor. Dortmund, SC Wiedenbrück, Energie Cottbus, Bayer Leverkusen, Schalke 04
Dietz, Lars	M	07.01.1997	D	2018	16	0	16	0	1. FC Union Berlin, Borussia Dortmund, Rot Weiss Ahlen
Drinkuth, Felix	S	20.10.1994	D	2019	16	0	16	0	FC Eintracht Norderstedt, Eintracht Braunschweig, FC St. Pauli, FC Eintracht Norderstedt
Eilers, Justin	S	13.06.1988	D	2019	2	0	101	47	Apollon Smyrnis, SV Werder Bremen, SG Dynamo Dresden, VfL Wolfsburg, Goslarer SC 08, VfL Bochum, Eintracht Braunschweig, Freie Turnerschaft Braunschweig, Braunschweiger SC, Eintracht Braunschweig, Braunschweiger SC
Härtel, Sascha	A	09.03.1999	D	2019	8	0	8	0	FC Erzgebirge Aue, FC Concordia Schneeberg
Hofmann, Jonas	A	07.02.1997	D	2018	30	2	30	2	1. FC Nürnberg, SpVgg Etzelskirchen
Jovic, Toni	S	02.09.1992	CRO	2019	17	2	17	2	HSK Zrinjski Mostar, FK Borac Banja Luka, NK Krk, NK Grobnican, NK Pomorac Kostrena, NK Krk, HNK Rijeka
Karweina, Sinan	S	29.03.1999	D	2018	24	3	24	3	1. FC Köln, FV Wiehl, TuS Reichshof
Kroll, Steve	T	07.05.1997	D	2018	38	0	38	0	VfR Wormatia 08 Worms, 1. FC Union Berlin, Lichtenrader BC 25, RSV Waltersdorf 1909
Langlitz, Alexander	S	15.02.1991	D	2014	33	1	90	3	Rot-Weiss Essen, FC Schalke 04, SC Preußen Münster, SG Telgte, BSV Ostbevern
Lindner, Jaroslaw	S	28.06.1988	POL	2016	28	2	126	13	SV Wehen Wiesbaden, Holstein Kiel, Hannover 96, MKS Janowianka Janow Lubelski
Neidhart, Nico	M	27.09.1994	D	2015	18	0	71	4	FC Schalke 04, VfL Osnabrück, VfB Oldenburg, BV Cloppenburg
Oesterhelweg, Maximilian	M	21.07.1990	D	2017	37	6	68	14	SVgg 07 Elversberg, VfR Aalen, Eintracht Frankfurt, FSV Frankfurt, SC Wiedenbrück 2000, FC Gütersloh 2000, Gütersloher TV
Piossek, Marcus	M	21.07.1989	POL	2017	11	0	244	41	SC Paderborn 07, 1. FC Kaiserslautern, SC Preußen Münster ... (vgl. Seite 124)
Plume, Noah	A	18.08.1996	D	2018	1	0	1	0	TSV Havelse, Hannover 96, TSV Bordenau
Putze, Joshua	S	02.12.1994	D	2017	9	0	37	1	FC Energie Cottbus, Berliner FC Dynamo, FC Energie Cottbus, SG Glienick
Quindt, Norman	T	02.11.1996	D	2018	0	0	0	0	TSG Neustrelitz, SV Rödinghausen, FC Carl Zeiss Jena, Hannover 96, TuS Hessisch Oldendorf
Rahn, Matthias	A	17.05.1990	D	2015	32	3	77	3	SV Wacker Burghausen, VfL Sportfreunde Lotte, KSV Hessen Kassel, FC Rot-Weiß Erfurt, TSV 1861 Bad Tennstedt, FSV 1921 Herbsleben
Reimerink, Jules	M	30.09.1989	NED	2018	19	0	82	10	VfL Osnabrück, FC Viktoria Köln, Go Ahead Eagles Deventer, VVV Venlo, FC Energie Cottbus, Go Ahead Eagles Deventer, FC Twente Enschede, KVV Quick '20 Oldenzaal
Rosin, Dennis	M	27.06.1996	D	2018	2	0	22	1	SV Werder Bremen, FC St. Pauli, Hamburger SV, SuSV Holsatia Elmshorn
Schmidt, Tino	M	02.10.1993	D	2018	9	0	10	0	SV Babelsberg, 1. FC Kaiserslautern, FC Carl Zeiss Jena, Nordhäuser SV, VfL 28 Ellrich
Schulze, Michael	A	13.01.1989	D	2017	28	0	54	0	Eintr. Braunschweig, 1. FC K'lautern, FC Energie Cottbus, VfL Wolfsburg, SSV Vorsfelde
Straith, John Adam	A	11.09.1990	CAN	2017	34	3	111	5	FC Edmonton, Fredrikstad FK, SV Wehen Wiesbaden, 1. FC Saarbrücken, FC Energie Cottbus, Vancouver Whitecaps FC, Victoria United, Bays United FC, Lower Island Soccer Association Metro Team
Trautner, Tobias	T	05.03.1995	D	2019	0	0	0	0	Kongsvinger IL, Strømmen IF, FC 08 Homburg, SV Stuttgarter Kickers, VfB Stuttgart
Wegkamp, Gerrit	S	13.04.1993	D	2018	33	2	169	22	VfR Aalen, FC Bayern München, MSV Duisburg, Fortuna Düsseldorf, VfL Osnabrück, SV Bad Bentheim, SV Suddendorf/Samern
Wendel, Tim	A	12.01.1989	D	2013	13	1	80	3	TSV Havelse, Hannover 96, 1. FC Kaiserslautern, FC Schalke 04, MSV Duisburg, OSC Rheinhausen, TV Asberg
Yildirim, Aygün	S	04.04.1995	D	2018	7	0	7	0	SC Wiedenbrück, Rot Weiss Ahlen, DJK Vorwärts Ahlen
Zummack, Yannick	T	26.03.1996	D	2016	0	0	0	0	Eintracht Frankfurt, SSC Gravenbruch

Trainer:

Name, Vorname	geb. am	Nat.	Zeitraum	Spiele 2018/19	frühere Trainerstationen
Maucksch, Matthias	11.06.1969	D	01.07.18 – 24.08.18	4	FSV Union Fürstenwalde, SG Dynamo Dresden, Döbelner SC
Bienemann, Klaus (IT)	19.12.1954	D	24.08.18 – 29.08.18	1	TuS Graf Kobbo Tecklenburg, Sportfr. Lotte, SpVgg Emsdetten 05, FC Matellia Metelen
Drube, Nils	26.02.1978	D	30.08.18 – 09.04.19	27	Bayer 04 Leverkusen Junioren, SC Preußen Münster Junioren
Atalan, Ismail	01.04.1980	D	09.04.19 – lfd.	6	VfL Bochum, VfL Sportfreunde Lotte, SC Roland Beckum, SV Davaria Davensberg

Zugänge:
Al-Hazaimeh (SC Preußen Münster), Awassi und Breitfelder (FSV Union Fürstenwalde), Chato (Borussia Dortmund II), Hofmann (1. FC Nürnberg II), Karweina (1. FC Köln Junioren), Kroll (VfR Wormatia 08 Worms), Plume (TSV Havelse), Quindt (TSG Neustrelitz), Reimerink (VfL Osnabrück), Schmidt (SV Babelsberg 03), Yildirim (SC Wiedenbrück).

während der Saison:
Blomeyer (MSV Duisburg), Dietz (1. FC Union Berlin), Drinkuth (FC Eintracht Norderstedt), Eilers (Apollon Smyrnis), Härtel (FC Erzgebirge Aue), Jovic (HSK Zrinjski Mostar), Rosin (SV Werder Bremen II), Trautner (Kongsvinger IL), Wegkamp (VfR Aalen).

Abgänge:
Brock (Bonner SC), Buchholz (SV Straelen), Dej (SSV Jahn Regensburg), Facklam (FC Eintracht Norderstedt), Fernandez, Gorschlüter und Haitz (Laufbahn beendet), Freiberger (Rot-Weiss Essen), Heyer (Hallescher FC), Hober (Borussia Dortmund II), Hohnstedt (BSV Schwarz-Weiß Rehden), Rodrigues Pires (SC Preußen Münster), Rosinger (FC 08 Homburg), Rossmann (Heracles Almelo), Wegner (SV Meppen).

während der Saison:
Neidhart (FC Emmen), Piossek (SV Meppen), Plume (TSV Havelse), Rosin (SVgg 07 Elversberg), Yildirim (SC Verl), Zummack (FC Teutonia 05 Ottensen).

Fortsetzung VfL Sportfreunde Lotte

Aufstellungen und Torschützen:

Sp	Datum		Gegner	Ergebnis	Al-Hazaimeh	Awassi	Blomeyer	Chato	Dietz	Drinkuth	Eilers	Härtel	Hofmann	Jovic	Karweina	Kroll	Langlitz	Lindner	Neidhart	Oesterhelweg	Piossek	Plume	Putze	Rahn	Reimerink	Rosin	Schmidt	Schulze	Straith	Wegkamp	Wendel	Yildirim
					1	2	3	4	5	6	7	8	9	10	11	12	13	14	15	16	17	18	19	20	21	22	23	24	25	26	27	28
1	30.07.18	H	SV Meppen	0:0 (0:0)									X		X	E	E	X	X				A	X	A		X	X	X		A	E
2	04.08.18	A	TSV 1860 München	1:5 (0:2)									X		E1	X	A	E	X	X			X	X	E		A	X	X			A
3	08.08.18	H	SGS Großaspach	0:2 (0:2)	X								X		X	X		E	X	A	E		A		A		X	X	X			E
4	13.08.18	A	SC Preußen Münster	0:1 (0:0)	X			E					A		E		X	X	E	X	A		X				A	X				X
5	26.08.18	H	Hallescher FC	0:1 (0:0)	X			E					X		E	X	X	X	A	X			A	X	E							A
6	01.09.18	A	Karlsruher SC	3:1 (3:1)	A			E	X				X			X	X	A	X	A1	X			X1				E		X			E
7	16.09.18	H	FSV Zwickau	2:1 (0:0)	E				X				X			X	X1	A	X	A	A			X1	E		E	X	X				
8	22.09.18	A	SC Fortuna Köln	1:1 (0:1)	A								X1		E	X	X	E	X	A	A			X	E			X	X	X			
9	25.09.18	H	FC Carl Zeiss Jena	2:0 (1:0)	E			A					X1			X	X		X	A1		E	X	X			E	X	X	A			
10	29.09.18	A	1. FC Kaiserslautern	1:2 (0:1)	E1			E					X			X	A	A	X	X				X	X	E		X	X	X			
11	06.10.18	A	Eintr. Braunschweig	2:2 (0:2)	E	X		E					A		E1	X			X	X				X1	X	A		X	X	A			
12	20.10.18	H	VfL Osnabrück	0:0 (0:0)	E			X					A			X	X	E	A	E				X	A			X	X	X			
13	27.10.18	H	KFC Uerdingen 05	2:0 (1:0)	E	E		X					A		E	X	A	X	X	A1				X				X	X	X1			
14	03.11.18	H	VfR Aalen	1:1 (0:0)				X1	X				A		E	X	A	X	A	E				E				X	X	X			
15	10.11.18	A	FC Energie Cottbus	2:2 (1:0)				X	A				A		X	A	X			A1			X		E	E		X	X1				
16	23.11.18	H	FC Hansa Rostock	1:0 (0:0)	E			X	X				A		A1	X	E	X		X				X		X	E	X	X				
17	01.12.18	A	SV Wehen	0:2 (0:2)	E			X	X						A	X		X	X	E	A			X		A		X	X				E
18	09.12.18	H	SpVgg Unterhaching	0:0 (0:0)				X	A				X		E	X	X	A	X	A				X	E		E	X	X				
19	16.12.18	A	Würzburger Kickers	2:2 (1:1)	X			A					A		E	X		A	X	X1	E			X	E		X	X1	X				
20	22.12.18	A	SV Meppen	0:2 (0:2)	X			X	X				A		X	X	A	E		A				X	E			X	X	E			
21	25.01.19	H	TSV 1860 München	1:1 (0:1)	X			X1		E		E	A	X	X	X	A			A				X			E	X	X	A			
22	02.02.19	A	SGS Großaspach	1:0 (0:0)	X			X		E				X1	E	X	X	A		A				X			E	X	X	A			
23	11.02.19	H	SC Preußen Münster	1:0 (1:0)	X			X		E		E	A1		X	X	E	A		A				X			X	X	X	A			
24	16.02.19	A	Hallescher FC	0:0 (0:0)	X			X		A	E	E	X	E	X	X		A		A				X			X	X	A				
25	23.02.19	H	Karlsruher SC	0:0 (0:0)	A			X		X	E	E	A		X	X		E		A				X			X	X	X				
26	02.03.19	A	FSV Zwickau	2:0 (1:0)			E	X		E	X	X	A	A	X	X				E1				X			X	X1	A				
27	09.03.19	A	SC Fortuna Köln	1:2 (0:1)	X			X		X		A	X	E	X					A				X	E		X	X	A	E1			
28	13.03.19	A	FC Carl Zeiss Jena	1:1 (0:1)	X		X	A	E		X	A	X	X	X					A				E			X	X	X	E			
29	16.03.19	H	1. FC Kaiserslautern	0:2 (0:0)				X	E		X		X	E	X	X				A			XG	E			A	X	A	X			
30	24.03.19	H	Eintr. Braunschweig	0:1 (0:0)				XG	A	E	X		A	X	X	A				E							X	X	X	E			
31	01.04.19	A	VfL Osnabrück	0:1 (0:0)	X	E			XG			A	A	E	X	X	E			X				X				X	X	A			
32	06.04.19	A	KFC Uerdingen 05	1:3 (0:3)	X		X	X		E			X	X	E	X	A	X1		A								X	E	A			
33	13.04.19	A	VfR Aalen	2:1 (1:0)	X			A1	X				E		X	X	X			X		E	X	E				X1	A	A			
34	21.04.19	H	FC Energie Cottbus	0:3 (0:0)	X			X	X	E			E	X	X	X				A		A	X	A				X	E				
35	27.04.19	H	FC Hansa Rostock	0:0 (0:0)	X				A	E			X	X	A	X	X			E		E	X	X				X					
36	04.05.19	H	SV Wehen	0:1 (0:0)	A				X	E		E	X	A	X	X	X			E				X				X	X				
37	11.05.19	A	SpVgg Unterhaching	0:3 (0:1)	X			A	X			X	E		X	A	X					E	XR					X	A				
38	18.05.19	H	Würzburger Kickers	1:2 (1:0)	X			E	X	X			X	A	X	X	X	X1		A							A	X	E	E			
			Spiele:		31	3	3	30	16	16	2	8	30	17	24	38	33	28	18	37	11	1	9	32	19	2	9	28	34	33	13	7		
			Tore:		1	0	0	3	0	0	0	0	2	2	3	0	1	2	0	6	0	0	0	3	0	0	0	0	3	2	1	0		

Gegnerische Eigentore im 6. Spiel (durch Pisot) und im 28. Spiel (durch Eckardt).

Bilanz der letzten 10 Jahre:

Saison	Lv.	Liga	Platz	Sp.	S	U	N	Tore	Pkt.
2008/09:	4	Regionalliga West	10.	34	14	7	13	53-57	49
2009/10:	4	Regionalliga West	2.	34	17	10	7	48-31	61
2010/11:	4	Regionalliga West	3.	34	17	11	6	43-29	62
2011/12:	4	Regionalliga West	2.	36	22	10	4	64-31	76
2012/13:	4	Regionalliga West	1.	38	26	8	4	70-27	86
2013/14:	4	Regionalliga West	2.	36	18	15	3	57-26	69
2014/15:	4	Regionalliga West	6.	34	13	15	6	55-34	54
2015/16:	4	Regionalliga West	↑ 1.	36	25	8	3	67-23	83
2016/17:	3	3. Liga	12.	38	13	9	16	46-47	48
2017/18:	3	3. Liga	16.	38	11	7	20	43-60	40

Zuschauerzahlen:

Saison	gesamt	Spiele	Schnitt
2008/09:	17.529	17	1.031
2009/10:	22.455	17	1.321
2010/11:	22.946	17	1.350
2011/12:	19.585	18	1.088
2012/13:	15.934	19	839
2013/14:	16.236	18	902
2014/15:	13.071	17	769
2015/16:	15.307	18	850
2016/17:	48.180	19	2.536
2017/18:	50.078	19	2.636

Die meisten Spiele in der 3. Liga:

Pl.	Name, Vorname	Spiele
1.	Langlitz, Alexander	90
2.	Lindner, Jaroslaw	82
3.	Wendel, Tim	80
4.	Neidhart, Nico	69
5.	Oesterhelweg, Maximilian	68
6.	Heyer, Moritz	67
7.	Freiberger, Kevin	66
	Rahn, Matthias	66
	Straith, Adam	66
10.	Dej, André	64

Die meisten Tore in der 3. Liga:

Pl.	Name, Vorname	Tore
1.	Oesterhelweg, Maximilian	14
2.	Freiberger, Kevin	13
3.	Dej, André	11
4.	Lindner, Jaroslaw	10
5.	Al Ghaddioui, Hamadi	7
6.	Heyer, Moritz	5
	Nauber, Gerrit	5
	Rodrigues Pires, Kevin	5
	Rosinger, Bernd	5

Die Trainer der letzten Jahre:

Name, Vorname	Zeitraum
Bienemann, Klaus	01.07.2003 – 19.03.2008
Wölpper, Manfred	20.03.2008 – 31.08.2008
Walpurgis, Maik	01.09.2008 – 30.06.2013
Yildirim, Ramazan	01.07.2013 – 03.01.2014
Boris, Michael	08.01.2014 – 03.11.2014
Grieneisen, Henning (IT)	04.11.2014 – 31.12.2014
Atalan, Ismail	01.01.2015 – 10.07.2017
Corrochano, Oscar	14.07.2017 – 27.07.2017
Fascher, Marc	27.07.2017 – 31.10.2017
Golombek, Andreas	31.10.2017 – 30.06.2018

SV Meppen

Anschrift:
Lathener Straße 15 a
49716 Meppen
Telefon: (0 59 31) 93 01 0
eMail: info@svmeppen.de
Homepage: www.svmeppen.de

Vereinsgründung: 29.11.1912 als SV Amisia; 08.02.1920 Fusion mit dem MTV zum TuS Meppen; 1921 Fußballabteilung als SV Meppen eigenständig
Vereinsfarben: Blau-Weiß
Vorstandssprecher: Andreas Kremer
Sportvorstand: Heiner Beckmann

Stadion: Hänsch-Arena (13.815)

Größte Erfolge: Meister der Oberliga Nord 1987; Aufstiegsrunde zur 2. Bundesliga 1987 (↑); Meister der Niedersachsenliga 2011 (↑); Meister der Regionalliga Nord 2017 (↑); DFB-Pokal-Achtelfinalist 1990; Pokalsieger Niedersachsen 1999

Aufgebot:

Name, Vorname	Pos	geb. am	Nat.	seit	2018/19 Sp.	T.	gesamt Sp.	T.	frühere Vereine
Amin, Hassan	A	12.10.1991	AFG	2018	30	1	30	1	SV Waldhof Mannheim, 1. FC Saarbrücken, Eintracht Frankfurt, SV Darmstadt 98, TG Darmstadt
Ballmert, Markus	A	27.11.1993	D	2017	20	1	49	1	Hannover 96, FSV Frankfurt, FC Kalbach
Born, Mirco	M	28.06.1994	D	2018	8	0	8	0	SV Sandhausen, SV Meppen, Hertha BSC, FC Viktoria Köln, FC Twente Enschede, SV Meppen, VfL Rütenbrock
Demaj, Leon	S	28.11.1997	D	2017	2	0	4	0	BV Cloppenburg, JLZ Emsland, VfL Herzlake
Deters, Thorben-Johannes	M	20.08.1995	D	2006	5	0	21	0	SV Sportfreunde Schwefingen
Domaschke, Erik	T	11.11.1985	D	2017	32	0	123	0	FC Rot-Weiß Erfurt, RasenBallsport Leipzig, KSV Hessen Kassel, SV Wehen Wiesbaden, Bayer 04 Leverkusen, FC Sachsen Leipzig, VfB Leipzig
Gebers, Marcel	A	05.06.1986	D	2017	0	0	93	7	FSV Zwickau, Offenbacher FC Kickers, Holstein Kiel, VfB Lübeck, TuS Heeslingen, Eintracht Braunschweig, SC Langenhagen, MTV Soltau, TSV Neuenkirchen
Gies, Jeroen	T	23.01.1995	D	2016	6	0	11	0	FC Groningen, SV Werder Bremen, TuS Bothel
Granatowski, Nico	M	03.06.1991	D	2017	34	3	89	6	VfL Sportfreunde Lotte, SG Sonnenhof Großaspach, VfL Wolfsburg, Braunschweiger SC
Guder, René	S	06.09.1994	D	2019	17	2	35	3	SV Wehen Wiesbaden, SC Weiche Flensburg 08, Holstein Kiel, ETSV Weiche, Holstein Kiel, Hamburger SV, VfL Maschen
von Haacke, Julian	M	14.02.1994	D	2018	18	2	47	6	Darmstadt 98, NEC Nijmegen, Werder Bremen, FC Union 60 Bremen, Post-SV Bremen
Harsman, Matthis	T	04.10.1999	D	2015	0	0	0	0	SV Olympia Uelsen
Jesgarzewski, Janik	A	26.01.1994	D	2014	27	0	50	0	FC Twente Enschede, SV DJK Geeste
Kleinsorge, Marius	S	30.10.1995	D	2016	28	3	62	11	SV Wehen Wiesbaden, Goslarer SC 08, FG 16 Vienenburg/Wiedelah, Eintracht Braunschweig, FG 16 Vienenburg/Wiedelah
Komenda, Marco	A	26.11.1996	D	2018	34	1	34	1	Borussia Mönchengladbach, Sportfreunde Siegen, SV Darmstadt 98, TSG Messel
Kremer, Max	S	21.06.1989	D	2013	30	1	63	5	SV Wilhelmshaven, FC Hansa Rostock, Greifswalder SV 04, FC Hansa Rostock
Leugers, Thilo	M	09.01.1991	D	2016	31	3	65	6	CD Atletico Baleares, FC Twente Enschede, NAC Breda, FC Twente Enschede, SV Heidekraut Andervenne
Piossek, Marcus	M	21.07.1989	POL	2019	15	3	244	41	VfL Sportfreunde Lotte, SC Paderborn 07, 1. FC Kaiserslautern, SC Preußen Münster, VfL Osnabrück, Karlsruher SC, Rot Weiss Ahlen, Borussia Dortmund, SV Lippstadt 08, SC DJK Lippstadt
Posipal, Patrick	M	03.03.1988	D	2015	5	0	27	0	Lüneburger SK Hansa, TSV Havelse, FC Oberneuland, TuS Heeslingen, Hamburger SV, TSV Winsen/Luhe, MTV Borstel-Sangenstedt, SV Herbern
Proschwitz, Nick	S	28.11.1986	D	2018	27	14	27	14	Sparta Rotterdam, VV St. Truiden, SC Paderborn 07, Coventry City FC, Brentford FC, Barnsley FC, Hull City FC, SC Paderborn 07, FC Thun, FC Vaduz, Hannover 96, VfL Wolfsburg, Hamburger SV, TSG 1899 Hoffenheim, SpVgg Greuther Fürth, SV Hallstadt, 1. FC Lichtenfels, 1. FC Michelau
Puttkammer, Steffen	A	30.09.1988	D	2017	26	2	90	4	1. FC Magdeburg, SV Wilhelmshaven, FC Oberneuland, BV Cloppenburg, SV Wilhelmshaven, VfB Oldenburg, Heidmühler FC
Senninger, Fabian	A	25.01.1996	D	2017	0	0	24	0	Hannover 96, The Nike Academy, FC Hertha 03 Zehlendorf, SC Staaken
Tankulic, Luka	S	21.06.1991	D	2018	26	0	81	7	VfL Sportfreunde Lotte, Dundee FC, VfL Wolfsburg, 1. FSV Mainz 05, Fortuna Düsseldorf, Rot Weiss Ahlen, Borussia Dortmund, LR Ahlen, Ahlener SG 93
Undav, Deniz	S	19.07.1996	D	2018	35	6	35	6	Eintracht Braunschweig, TSV Havelse, SC Weyhe, SV Werder Bremen, TSV Achim
Vidovic, Jovan	A	06.01.1989	SVN	2016	24	1	84	4	FC Hansa Rostock, SV Wehen Wiesbaden, NK Maribor, NK Domzale, ND Slovan Ljubljana, NK Smartno
Vrzogic, David	A	10.08.1989	D	2016	10	0	121	2	TSV Alemannia Aachen, SG Dynamo Dresden, FC Bayern München, Rot Weiss Ahlen, Borussia Dortmund, TuS Grün-Weiß Wuppertal
Wagner, Martin	M	16.09.1986	D	2013	30	1	63	4	SV Waldhof Mannheim, VfR Wormatia 08 Worms, SG Sonnenhof Großaspach, SV Eintracht Trier 05, SV Viktoria Aschaffenburg, KSV Hessen Kassel, 1. FC Nürnberg, FC Bayern München, SG Post/Süd Regensburg, FC Teugn
Wegner, Max	S	24.03.1989	D	2018	10	0	90	8	VfL Sportfreunde Lotte, FC Erzgebirge Aue, SV Werder Bremen ... (vgl. Seite 203)

Trainer:

Name, Vorname	geb. am	Nat.	Zeitraum	Spiele 2018/19	frühere Trainerstationen
Neidhart, Christian	01.10.1968	D	01.07.2013 – lfd.	38	SV Wilhelmshaven, DFB-Stützpunkttrainer, SV Hansa Friesoythe, SV Sparta Werlte, SV Holdorf

Zugänge:
Amin (SV Waldhof Mannheim), Born (SV Sandhausen), Harsman (eigene Junioren), Komenda (Borussia Mönchengladbach II), Undav (Eintracht Braunschweig II), Wegner (VfL Sportfreunde Lotte).
während der Saison:
Guder (SV Wehen Wiesbaden), von Haacke (SV Darmstadt 98), Piossek (VfL Sportfreunde Lotte), Proschwitz (ohne Verein).

Abgänge:
Bähre (Hannover 96 II), Geiger (SSV Jeddeloh), Girth (Holstein Kiel), Heerkes (HHC Hardenberg), Hyseni (SSV Jahn Regensburg), Nuxoll (II. Mannschaft), Robben (Laufbahn beendet), Yao (Berliner AK 07).
während der Saison:
Deters (Fortuna Düsseldorf II), Wegner (Rot-Weiss Essen).

Fortsetzung SV Meppen

Aufstellungen und Torschützen:

Sp	Datum		Gegner	Ergebnis	Amin	Ballmert	Born	Demaj	Deters	Domaschke	Gies	Granatowski	Guder	von Haacke	Jesgarzewski	Kleinsorge	Komenda	Kremer	Leugers	Piossek	Posipal	Proschwitz	Puttkammer	Tankulic	Undav	Vidovic	Vrzogic	Wagner	Wegner
					1	2	3	4	5	6	7	8	9	10	11	12	13	14	15	16	17	18	19	20	21	22	23	24	25
1	30.07.18	A	Sportfreunde Lotte	0:0 (0:0)	X	E				X	X			X	A	X	E	X						A	E	X		X	A
2	05.08.18	H	VfL Osnabrück	0:2 (0:0)	X		A			X	X			X	A	X	E	X						X	E	X		A	E
3	08.08.18	A	KFC Uerdingen 05	2:3 (1:0)	X	E					X	A1		X		X	E	X		X^G		X	A		E			A	X
4	11.08.18	H	VfR Aalen	1:0 (0:0)	X				E	X	X			X	A	X	E	X1				X	X	E				A	A
5	25.08.18	A	FC Energie Cottbus	1:1 (0:1)	X	E					X	X1	A	X		E	X	A	X				A	X				X	E
6	01.09.18	H	FC Hansa Rostock	1:3 (0:2)	X	E				X		A		A	X	X	E	X				X		A		X		X	E
7	15.09.18	A	SV Wehen Wiesbaden	0:3 (0:0)				E		X		X		X	X	E	X		X					A	X			X	E
8	22.09.18	H	SpVgg Unterhaching	3:3 (1:1)		E		E		X		X	X1	X	A				A						X1	X1	E		A
9	25.09.18	A	Würzburger Kickers	1:2 (1:1)	X					X			X	E	A	A		A	X		E			E	X1	X			
10	29.09.18	H	Eintr. Braunschweig	4:2 (2:0)	X	E		E		X		A1		X	X	X		X	E	X1				A	A1	X		X1	
11	07.10.18	H	TSV 1860 München	1:0 (1:0)	X1					X			A	X	E	E	X	A	X					A	X	X	E	X	
12	20.10.18	A	SGS Großaspach	0:1 (0:0)	X					X			X	E	A	X^G	A	X		E	E	X	X	A					
13	28.10.18	H	SC Preußen Münster	1:2 (0:0)	X					X			X		E		X	X		E1	A	X	A	X	E	A			
14	04.11.18	A	Hallescher FC	1:2 (0:2)	X			E		X		X			E	X		X	A		X1		A	X	A				E
15	10.11.18	H	Karlsruher SC	2:3 (0:3)						X		X	A	E	X1	A	X	A	X1			E	E	X	X			A
16	24.11.18	A	FSV Zwickau	1:1 (1:0)	X	X				X		A		X	E	A	X		X				X1	A	E			E	
17	02.12.18	H	SC Fortuna Köln	3:0 (2:0)	X	X		E		X		X			X	X1	A	E				X1	A	E		X		A	
18	07.12.18	H	FC Carl Zeiss Jena	2:1 (0:1)	X					X		X	E	X	X1	A			X	E			E1	X	A	A			
19	15.12.18	H	1. FC Kaiserslautern	0:1 (0:1)	X					X		A		X	X	X	E	A	X	X			E					A	E
20	22.12.18	H	Sportfreunde Lotte	2:0 (2:0)	X					X		E		A1	E	X	X		A				X1	X		A	E	X	
21	26.01.19	A	VfL Osnabrück	0:1 (0:1)	X					X		E	E	X		A	X	E	X				X	A	A	X			
22	02.02.19	H	KFC Uerdingen 05	3:2 (0:0)	X					X		A	X	X	E		X	E1					X2	X	A	E		A	
23	10.02.19	A	VfR Aalen	2:1 (1:1)	X					X		E	A1	X			X		X	A			X	X	X	E1			
24	16.02.19	A	FC Energie Cottbus	3:0 (2:0)	X	X				X		A	A	X			X	E	X	A2			X1	X		E		E	
25	23.02.19	A	FC Hansa Rostock	2:0 (0:0)	X	X	E			X		A	A			X1	E	X1	A			X	X			E			
26	02.03.19	A	SV Wehen Wiesbaden	1:1 (1:1)	X	X				X		A	A1		E		X	E	X	A			X	X		E			
27	09.03.19	A	SpVgg Unterhaching	1:0 (1:0)		X				X			A		X	X	E	X	A1				X		E	E	X	A	
28	12.03.19	H	Würzburger Kickers	1:1 (0:1)		X				X		E	A		A		X	A	A				X1	X	E	E	X	X	
29	17.03.19	H	Eintr. Braunschweig	0:3 (0:1)		X				X		A	E		A	E	X	A	X				X	X	E	X			
30	23.03.19	H	TSV 1860 München	0:1 (0:1)		X				X		A	E		A	E	X	A	X				X	A	A	X	A	X	
31	30.03.19	H	SGS Großaspach	2:1 (0:0)	A					X		A	E	X	E	X	X	A	X				X2			E			
32	05.04.19	A	SC Preußen Münster	1:1 (1:1)		X				X		A	E		X	A	X	X	X				X1	E	E		X^G		
33	12.04.19	H	Hallescher FC	0:2 (0:2)		X				X			X		X	X	X	A	X				X	X	A	E		E	
34	20.04.19	A	Karlsruher SC	1:3 (1:1)	X	X		E		X		E	X			A		A	X1				X	X	X			E	
35	27.04.19	H	FSV Zwickau	2:0 (1:0)	X	A1				X		A	E	X	A			X	X				X	X	E	E1	X		
36	06.05.19	A	SC Fortuna Köln	1:1 (0:1)	X					X		X	A		X			A	X				X	E	E	A		E	
37	11.05.19	H	FC Carl Zeiss Jena	0:1 (0:1)	A						X	X		X	X	A	E		A	E	X	X	E	X				X	
38	18.05.19	A	1. FC Kaiserslautern	2:4 (2:4)	X					X		E	E	X	A	A		X					X1	X1	X	E		X	
	Spiele:				30	20	8	2	5	32	6	34	17	18	27	28	34	30	31	15	5	27	26	26	35	24	10	30	10
	Tore:				1	1	0	0	0	0	0	3	2	2	0	3	1	1	3	3	0	14	2	0	6	1	0	1	0

Gegnerische Eigentore im 3. Spiel (durch Dorda), im 6. Spiel (durch Bülow), im 17. Spiel (durch Brandenburger) und im 36. Spiel (durch Rehnen).

Bilanz der letzten 10 Jahre:

Saison	Lv.	Liga		Platz	Sp.	S	U	N	Tore	Pkt.
2008/09:	5	Oberliga Niedersachsen West		4.	34	19	8	7	95-51	65
2009/10:	5	Oberliga Niedersachsen West		7.	30	11	10	9	52-47	43
2010/11:	5	Oberliga Niedersachsen	↑	1.	38	25	6	7	92-46	81
2011/12:	4	Regionalliga Nord		12.	34	10	8	16	38-56	38
2012/13:	4	Regionalliga Nord		11.	30	9	7	14	41-51	34
2013/14:	4	Regionalliga Nord		4.	34	16	11	7	57-42	59
2014/15:	4	Regionalliga Nord		8.	34	13	10	11	50-47	49
2015/16:	4	Regionalliga Nord		5.	34	16	7	11	57-42	55
2016/17:	4	Regionalliga Nord	↑	1.	34	25	4	5	81-35	79
2017/18:	3	3. Liga		7.	38	15	13	10	50-47	58

Zuschauerzahlen:

Saison	gesamt	Spiele	Schnitt
2008/09:	48.745	17	2.867
2009/10:	23.872	15	1.591
2010/11:	49.299	20	2.465
2011/12:	31.836	17	1.873
2012/13:	21.355	15	1.424
2013/14:	31.105	17	1.830
2014/15:	23.608	17	1.389
2015/16:	21.268	17	1.251
2016/17:	44.964	17	2.645
2017/18:	130.894	19	6.889

Die meisten Spiele in der 3. Liga:

Pl.	Name, Vorname	Spiele
1.	Granatowski, Nico	69
2.	Domaschke, Erik	67
3.	Leugers, Thilo	65
4.	Kremer, Max	63
	Wagner, Martin	63
6.	Kleinsorge, Marius	57
7.	Vidovic, Jovan	56
8.	Jesgarzewski, Janik	50
9.	Ballmert, Markus	49
10.	Puttkammer, Steffen	46

Die meisten Tore in der 3. Liga:

Pl.	Name, Vorname	Tore
1.	Girth, Benjamin	19
2.	Proschwitz, Nick	14
3.	Kleinsorge, Marius	10
4.	Granatowski, Nico	6
	Leugers, Thilo	6
	Tankulic, Luka	6
	Undav, Deniz	6
8.	Kremer, Max	5
9.	Wagner, Martin	4

Die Trainer der letzten Jahre:

Name, Vorname	Zeitraum
Helmer, Andreas	01.07.2002 – 21.08.2003
Friedemann, Jens	21.08.2003 – 19.01.2004
Belke, Georg	19.01.2004 – 30.06.2005
Weusthof, Alfons	01.07.2005 – 29.10.2007
Hüring, Hubert	30.10.2007 – 30.06.2009
Claaßen, Frank	01.07.2009 – 16.12.2009
Hüring, Hubert	27.12.2009 – 30.06.2010
Lünemann, Johann	01.07.2010 – 25.03.2012
Persike, Rainer	26.03.2012 – 30.06.2012
Flottmann, Heiko	01.07.2012 – 30.06.2013

TSV München von 1860

Anschrift:
Grünwalder Straße 114
81547 München
Telefon: (018 05) 60 18 60
eMail: info@tsv1860.de
Homepage: www.tsv1860.de

Vereinsgründung: 17.05.1860 als Verein zur körperlichen Ausbildung; ab 1919 TSV 1860 München; Fußballabteilung am 25.04.1899 gegründet

Vereinsfarben: Grün-Gold / Blau-Weiß
Präsident: Robert Reisinger
Sportlicher Leiter: Günther Gorenzel

Stadion: Stadion an der Grünwalder Straße (15.000)

Größte Erfolge: Deutscher Meister 1966; Deutscher Pokalsieger 1942 und 1964; Europapokalfinalist 1965; Meister der Oberliga Süd 1963 (↑); Meister der 2. Bundesliga Süd 1979 (↑); Meister Regionalliga Bayern 2018 (↑); Aufstieg in die Bundesliga 1994; Aufstiegsrunde zur Bundesliga 1977 (↑)

Aufgebot:

Name, Vorname	Pos	geb. am	Nat.	seit	2018/19 Sp.	T.	Gesamt Sp.	T.	frühere Vereine
Abruscia, Alessandro	M	12.07.1990	ITA	2018	13	2	35	5	SV Stuttgarter Kickers, TSG 1899 Hoffenheim, SV Stuttgarter Kickers, TSG Backnang, SV Fellbach, TSG Backnang, VfL Waiblingen, VfB Stuttgart, VfL Waiblingen, 1. FC Hohenacker
Bekiroglu, Efkan	M	14.09.1995	D	2018	29	3	29	3	FC Augsburg, FC Unterföhring, FC Phönix München, SC Fürstenfeldbruck
Belkahia, Semi	A	22.12.1998	D	2018	4	0	4	0	VfR Garching, TSG 1899 Hoffenheim, FC Bayern München, ESV München Ost
Berzel, Aaron	A	29.05.1992	D	2017	14	0	71	2	SVgg 07 Elversberg, SC Preußen Münster, SV Darmstadt 98, SV Babelsberg 03, Holstein Kiel, VfL Wolfsburg, TSG 1899 Hoffenheim, SG Viktoria Mauer
Böhnlein, Kristian	M	10.05.1990	D	2018	3	0	3	0	SpVgg Oberfranken Bayreuth, VfL Frohnlach, SpVgg Greuther Fürth, Hamburger SV, SV Friesen
Bonmann, Hendrik	T	22.01.1994	D	2017	6	0	17	0	Borussia Dortmund, Rot-Weiss Essen, FC Schalke 04, SpVgg Fortuna Bredeney
Dressel, Dennis	M	26.10.1998	D	2007	3	0	3	0	SV Weichs 1947
Grimaldi, Adriano	S	05.04.1991	D	2018	19	5	160	49	SC Preußen Münster, 1. FC Heidenheim, VfL Osnabrück, Fortuna Düsseldorf, SV Sandhausen, Fortuna Düsseldorf, 1. FSV Mainz 05, FC Sachsen Leipzig, SCW Göttingen, Hannover 96, SCW Göttingen, Nikolausberger SC
Helmbrecht, Nicholas	S	30.01.1995	D	2015	0	0	0	0	TSV 1860 Rosenheim, SpVgg Unterhaching, SC Fürstenfeldbruck
Hiller, Marco	T	20.02.1997	D	2008	33	0	33	0	FC Grün-Weiß Gröbenzell
Hipper, Johann	T	30.09.1998	D	2017	0	0	0	0	FC Ismaning, FC Bayern München, TSV Milbertshofen
Karger, Nico	S	01.02.1993	D	2009	31	5	31	5	SpVgg Bayreuth, FC Kronach
Kindsvater, Benjamin	M	08.02.1993	D	2017	22	2	32	2	SV Wacker Burghausen, TuS Traunreut
Köppel, Christian	A	03.11.1994	D	2007	4	0	4	0	FC Olympia Moosach
Koussou, Kodjovi Albano	A	22.06.1992	TOG	2016	8	0	8	0	FC Bayern München, TSV 1860 München, SpVgg Thalkirchen-Freundschaft
Lacazette, Romuald	M	03.01.1994	FRA	2018	11	0	11	0	SV Darmstadt 98, TSV 1860 München, Paris St. Germain FC, CFF Paris, Paris FC
Lex, Stefan	S	27.11.1989	D	2014	33	4	33	4	FC Ingolstadt 04, SpVgg Greuther Fürth, TSV Buchbach, SC Eintracht Freising, FC Sportfreunde Eitting
Lorenz, Simon	M	30.03.1997	D	2018	37	3	37	3	VfL Bochum, TSG 1899 Hoffenheim, SV Schefflenz, TSV Sulzbach [Billigheim]
Mauersberger, Jan	A	17.06.1985	D	2016	12	0	72	8	Karlsruher SC, VfL Osnabrück, SpVgg Gr. Fürth, Bayern München, TSV Großhadern
Mölders, Sascha	S	20.03.1985	D	2016	34	8	34	8	FC Augsburg, FSV Frankfurt, Rot-Weiss Essen, MSV Duisburg, ETB Schwarz-Weiß Essen, DJK Wacker Bergeborbeck, ETB Schwarz-Weiß Essen, SG Essen-Schönebeck, Atletico Essen, Vogelheimer SV
Moll, Quirin	M	21.01.1991	D	2018	21	1	134	4	Eintracht Braunschweig, SG Dynamo Dresden, SpVgg Unterhaching, SV Heimstetten, SpVgg Greuther Fürth, FC Bayern München, TSV Dachau 1865
Owusu, Prince-Osei	S	07.01.1997	D	2019	16	3	30	3	DSC Arminia Bielefeld, TSG 1899 Hoffenheim, VfB Stuttgart, FC Stuttgart-Cannstatt, SV Grün-Weiss Sommerrain
Paul, Herbert	A	11.02.1994	D	2018	32	2	32	2	1. FC Schweinfurt 05, FC Bayern München, SpVgg Greuther Fürth, FC Ingolstadt 04
Seferings, Simon	M	05.07.1995	D	2015	0	0	0	0	SV Heimstetten, FC Bayern München, TSV Alemannia Aachen
Steinhart, Phillipp	A	07.07.1992	D	2017	36	5	66	6	VfL Sportfreunde Lotte, FC Bayern München, TSV 1860 München, SC Fürstenfeldbruck, TSV Gernlinden
Weber, Felix	A	18.01.1995	D	2004	32	2	32	2	SV Ohlstadt
Weeger, Eric	A	02.02.1997	D	2011	11	0	11	0	SpVgg Ansbach, SpVgg-DJK Wolframs-Eschenbach
Wein, Daniel	A	05.02.1994	D	2017	36	2	84	2	SV Wehen Wiesbaden, FC Bayern München
Willsch, Marius	M	18.03.1991	D	2018	19	0	77	2	1. FC Schweinfurt 05, 1. FC Saarbrücken, SpVgg Unterhaching, TSV 1860 München, SV Wacker Burghausen, SV Pocking, SV Neukirchen/Inn
Ziereis, Markus	S	26.08.1992	D	2017	10	0	47	0	SSV Jahn Regensburg, Chemnitzer FC, SV Darmstadt 98, FSV Frankfurt, TSV 1860 München, SSV Jahn 2000 Regensburg, SpVgg Neukirchen-Balbini

Trainer:

Name, Vorname	geb. am	Nat.	Zeitraum	Spiele 2018/19	frühere Trainerstationen
Bierofka, Daniel	07.02.1979	D	01.07.2017 – lfd.	38	TSV 1860 München (Jugend, II. Mannschaft, Interimstrainer I. Mannschaft)

Zugänge:
Abruscia (SV Stuttgarter Kickers), Belkahia (VfR Garching), Bekiroglu (FC Augsburg II), Böhnlein (SpVgg Oberfranken Bayreuth), Grimaldi (SC Preußen Münster), Lex (FC Ingolstadt 04), Lorenz (VfL Bochum), Moll (Eintracht Braunschweig), Paul und Willsch (1. FC Schweinfurt 05).
während der Saison:
Lacazette (SV Darmstadt 98), Owusu (DSC Arminia Bielefeld).

Abgänge:
Aigner und Bachschmid (SV Wacker Burghausen), Andermatt (1. FC Schweinfurt 05), Awata (Al-Jazeera Amman), Gambos (MSK Zilina), Gebhart (FC Viktoria 1889 Berlin LT), Genkinger und Koch (VfR Garching), Görlitz (SC 04 Schwabach), Klassen, Memetoglou, Siebdrat und Türk (II. Mannschaft), Steer (SpVgg Landshut), Strobl (ohne Verein).
während der Saison:
Grimaldi (KFC Uerdingen 05), Helmbrecht (FC Memmingen 07), Seferings (VfR Garching).

Fortsetzung TSV München von 1860

Aufstellungen und Torschützen:

Sp	Datum		Gegner	Ergebnis	Abruscia	Bekiroglu	Belkahia	Berzel	Böhnlein	Bonmann	Dressel	Grimaldi	Hiller	Karger	Kindsvater	Köppel	Koussou	Lacazette	Lex	Lorenz	Mauersberger	Mölders	Moll	Owusu	Paul	Steinhart	Weber	Weeger	Wein	Willsch	Ziereis
					1	2	3	4	5	6	7	8	9	10	11	12	13	14	15	16	17	18	19	20	21	22	23	24	25	26	27
1	28.07.18	A	1. FC Kaiserslautern	0:1 (0:0)						X		X		A	E				E	E	A	X	X		X	X	X		X	A	
2	04.08.18	H	Sportfreunde Lotte	5:1 (2:0)	A	E				X		X1		A	E				E1	X1		A1	X		X	X	X1		X		
3	08.08.18	A	VfL Osnabrück	2:2 (1:0)		E				X		A1	X						A	X1	E	A	X		X	X	X		X	E	
4	12.08.18	H	KFC Uerdingen 05	0:1 (0:0)		E				X		X		E	A				E	X		A	X		X	X	X		X	A	
5	25.08.18	A	VfR Aalen	4:1 (2:0)	A2	E1				X		X		A1	E				E	X			X		X	X	X		X	A	
6	31.08.18	H	FC Energie Cottbus	2:0 (1:0)	A					A		X	E	X1						X	E	E	X		X	X	X		A	X	
7	15.09.18	A	FC Hansa Rostock	2:2 (1:0)	A	E						A	X	X	E				E	X			X		X1	X1	X		X	A	
8	22.09.18	H	SV Wehen Wiesbaden	1:2 (1:0)	A							X	X	A	E				E	X		E	A		X1	X	X		X	X	
9	26.09.18	A	SpVgg Unterhaching	1:1 (0:0)	E	A						X1	X	E					A	X		A	X		X	X	X		X	X	
10	01.10.18	H	Würzburger Kickers	1:1 (0:0)	E	A						X1	X	E					E	X		X	A		X	X	X		X	A	
11	07.10.18	A	SV Meppen	0:1 (0:1)								X	X	X	A	E		E	E	X	A	X	A		X		X		X		
12	20.10.18	H	Eintr. Braunschweig	2:0 (0:0)		X1						A	X	A	E1		X		A	X		E	X		X	X			X	E	
13	28.10.18	H	SGS Großaspach	2:2 (1:1)	E	X			EA			X	A	E			A		X	X		X2	X		X	X			X		
14	03.11.18	H	Preußen Münster	0:0 (0:0)		X						X	X				A		E	X		A	X		X	X	X		X	E	
15	10.11.18	H	Hallescher FC	1:1 (0:1)		X						X	X	X	E				EA	X		X	A		X1	X	A		X	E	
16	25.11.18	A	Karlsruher SC	2:3 (1:3)		X	X					X1	X						E	X1		E	A		E	X	A		X	A	
17	01.12.18	H	FSV Zwickau	2:0 (2:0)			X					E	X	A	E				X1	X		A	X		X	X1	E		X	A	
18	08.12.18	A	SC Fortuna Köln	0:0 (0:0)	E		X					E	X	X	E				A	X		X	A		X	X	A		X	A	
19	16.12.18	A	FC Carl Zeiss Jena	1:3 (0:1)	E	E	X					X	X	A1					A	X		X	X		XG		A		X	E	
20	22.12.18	H	1. FC Kaiserslautern	2:1 (0:0)		A1	X					E	X	X		E			X	X		A	X1			X	E		X	A	
21	25.01.19	A	Sportfreunde Lotte	1:1 (1:0)		A		X					X	X1		E	E		E	X			X		X	X	A		X		
22	02.02.19	H	VfL Osnabrück	1:2 (0:1)		X		XR				X	X				E		E	A		A1	A	E	X	X	E		X		
23	09.02.19	A	KFC Uerdingen 05	1:1 (0:0)		A						X	A			E	E		X	X			X		A	XG	X	X1	E	X	
24	18.02.19	H	VfR Aalen	2:1 (0:0)		A			E			X	X						X	X	E	X	E1		X	X	A	X1			A
25	23.02.19	A	FC Energie Cottbus	2:1 (0:0)		X			X			X	X						A1	A	X		E1	E	X	E					A
26	03.03.19	H	FC Hansa Rostock	1:2 (0:2)	E	X						X	X						A	X	A	X1	E		E	X			X		A
27	09.03.19	A	SV Wehen Wiesbaden	1:0 (0:0)		A			E			X	X	E					A	X		X1	A		X	X			X		E
28	12.03.19	H	SpVgg Unterhaching	1:0 (1:0)		A			E			X	X1	E					A	X		A	A		X	X	E		X		
29	16.03.19	A	Würzburger Kickers	1:2 (1:2)		A			E			X	A	E					A1	X		X	X		X	X	X		X		E
30	23.03.19	H	SV Meppen	1:0 (1:0)		X			E			X		A	E				A	X		A	X1		X	X			X		E
31	30.03.19	A	Eintr. Braunschweig	1:1 (0:0)		X			E			X		A	E				A	X		A	X1		X	X	E				E
32	08.04.19	A	SGS Großaspach	0:1 (0:0)	E		E			A		X	X	X	E				A	X		X	X		X	X					A
33	13.04.19	H	Preußen Münster	0:1 (0:1)	E					A		X	A	A	E				X	X		X	X		E	X	X		X		
34	20.04.19	A	Hallescher FC	0:3 (0:1)			X		E			X	X		E	A			X	A	E		X		A	X			X		
35	27.04.19	H	Karlsruher SC	0:2 (0:1)		X	E					X	E						A	X	X		X		A	XG	X		X		E
36	04.05.19	A	FSV Zwickau	2:5 (1:2)		X						X		A		E	A		X	A	X1	E			X	XG	X	X1	E		
37	11.05.19	H	SC Fortuna Köln	3:2 (2:2)		X	A					X		A1		A	X		E	X1		E1	X		X	X			E		
38	18.05.19	A	FC Carl Zeiss Jena	0:4 (0:2)		X			A		E	X				X	X	A		X		E			X	X	A		E	X	
	Spiele:				13	29	4	14	3	6	3	19	33	31	22	4	8	11	33	37	12	34	21	16	32	36	32	11	36	19	10
	Tore:				2	3	0	0	0	0	0	5	0	5	2	0	0	0	4	3	0	8	1	3	2	5	2	0	2	0	0

Gegnerisches Eigentor im 6. Spiel (durch Stanese).

Bilanz der letzten 10 Jahre:

Saison	Lv.	Liga		Platz	Sp.	S	U	N	Tore	Pkt.
2008/09:	2	2. Bundesliga		12.	34	9	12	13	44-46	39
2009/10:	2	2. Bundesliga		8.	34	14	6	14	43-45	48
2010/11:	2	2. Bundesliga (2 Punkte Abzug)		9.	34	14	10	10	50-36	50
2011/12:	2	2. Bundesliga		6.	34	17	6	11	62-46	57
2012/13:	2	2. Bundesliga		6.	34	12	13	9	39-31	49
2013/14:	2	2. Bundesliga		7.	34	13	9	12	38-41	48
2014/15:	2	2. Bundesliga		16.	34	9	9	16	41-51	36
2015/16:	2	2. Bundesliga		15.	34	8	10	16	32-46	34
2016/17:	2	2. Bundesliga	2↓	16.	34	10	6	18	37-47	36
2017/18:	4	Regionalliga Bayern	↑	1.	36	26	5	5	87-27	83

Zuschauerzahlen:

Saison	gesamt	Spiele	Schnitt
2008/09:	478.300	17	28.135
2009/10:	373.750	17	21.985
2010/11:	331.950	17	19.526
2011/12:	389.360	17	22.904
2012/13:	366.500	17	21.559
2013/14:	328.300	17	19.312
2014/15:	372.600	17	21.918
2015/16:	397.100	17	23.359
2016/17:	440.300	17	25.900
2017/18:	211.960	18	11.776

Die meisten Spiele in der 3. Liga:

Pl.	Name, Vorname	Spiele
1.	Lorenz, Simon	37
2.	Steinhart, Phillipp	36
	Wein, Daniel	36
4.	Mölders, Sascha	34
5.	Hiller, Marco	33
	Lex, Stefan	33
7.	Paul, Herbert	32
	Weber, Felix	32
9.	Karger, Nico	31
10.	Bekiroglu, Efkan	29

Die meisten Tore in der 3. Liga:

Pl.	Name, Vorname	Tore
1.	Mölders, Sascha	8
2.	Grimaldi, Adriano	5
	Karger, Nico	5
	Steinhart, Phillipp	5
5.	Lex, Stefan	4
6.	Bekiroglu, Efkan	3
	Lorenz, Simon	3
	Owusu, Prince-Osei	3

Die Trainer der letzten Jahre:

Name, Vorname	Zeitraum
Funkel, Friedhelm	07.09.2013 – 06.04.2014
von Ahlen, Markus	07.04.2014 – 30.06.2014
Moniz, Ricardo	01.07.2014 – 23.09.2014
von Ahlen, Markus	24.09.2014 – 17.02.2015
Fröhling, Torsten	18.02.2015 – 05.10.2015
Möhlmann, Benno	06.10.2015 – 18.04.2016
Bierofka, Daniel	19.04.2016 – 30.06.2016
Runjaic, Kosta	01.07.2016 – 22.11.2016
Bierofka, Daniel	23.11.2016 – 18.12.2016
Pereira, Vitor	01.01.2017 – 30.06.2017

SC Preußen 06 Münster

Anschrift:
Fiffi-Gerritzen-Weg 1
48153 Münster
Telefon: (02 51) 98 72 70
eMail: info@scpreussen-muenster.de
Homepage: www.scpreussen-muenster.de

Vereinsgründung: 30.04.1906 als FC Preußen 1906 Münster; 1921 Umbenennung in SC Preußen 06 Münster
Vereinsfarben: Schwarz-Weiß-Grün
Präsident: Christoph Strässer
Geschäftsf. Sport: Malte Metzelder
Stadion: Preußenstadion (14.300)

Größte Erfolge: Deutscher Vizemeister 1951; Deutscher Amateurmeister 1994; Qualifikation zur Bundesliga 1963; Qualifikation für die 2. Bundesliga Nord 1974; Meister der Regionalliga West 2011 (↑); Meister der Amateur-Oberliga Westfalen 1988, 1989 (↑), 1992 und 1993; Westfalenpokalsieger 1990, 1991, 1994, 1997, 2008, 2009, 2010 und 2014; Achtelfinale im DFB-Pokal 1987 und 1990

Aufgebot:

Name, Vorname	Pos	geb. am	Nat.	seit	2018/19 Sp.	T.	gesamt Sp.	T.	frühere Vereine
Akono, Cyrill	S	29.02.2000	D	2016	15	4	17	5	FC Schalke 04, VfB Waltrop, SV Südkirchen
Borgmann, Jannik	A	12.11.1997	D	2016	17	1	20	1	VfL Osnabrück, SC Preußen Münster, VfL Osnabrück, SV Borussia Emsdetten, DJK Fortuna Emsdetten
Braun, Sandrino	M	04.07.1988	D	2016	25	0	197	12	SV Stuttgarter Kickers, SC Pfullendorf, SC Freiburg, Offenburger FV
Cueto, Lucas	S	24.03.1996	D	2017	22	4	32	4	FC St. Gallen, 1. FC Köln, Bonner SC, West Ham United FC, Bayer 04 Leverkusen, SV Lövenich-Widdersdorf
Dadashov, Rufat	S	29.09.1991	AZE	2018	32	8	32	8	Berliner FC Dynamo, ZFC Meuselwitz, VfB Germania Halberstadt, 1. FC Saarbrücken, SVN 1929 Zweibrücken, 1. FC Kaiserslautern, SV Gonsenheim, FV Biebrich 02, 1. FSV Mainz 05, SV Wehen Taunusstein
Heidemann, Niklas	A	06.01.1995	D	2018	28	1	28	1	Wuppertaler SV, MSV Duisburg, SG Wattenscheid 09, SC Preußen Münster, Hombrucher SV 09/72, Borussia Dortmund, VfL Schwerte, SG Eintracht Ergste
Heinrich, Moritz	S	03.07.1997	D	2017	18	0	41	1	TSV 1860 München, TSV Neubiberg-Ottobrunn
Hoffmann, Philipp	M	19.06.1992	D	2014	32	1	161	14	1. FC Saarbrücken, SG Blaubach-Diedelkopf
Kittner, Ole	A	15.10.1987	D	2016	31	1	127	6	SV Sandhausen, TuS Koblenz, Rot Weiss Ahlen, SC Münster 08
Klingenburg, René	S	29.12.1993	D	2018	34	9	34	9	FC Schalke 04, Rot Weiss Ahlen, FC Viktoria Köln, FC Schalke 04, MSV Duisburg, SC Rot-Weiß Oberhausen, Post SV Oberhausen
Kobylanski, Martin	S	08.03.1994	POL	2017	37	12	104	28	SSA Lechia Gdansk, SV Werder Bremen, 1. FC Union Berlin, SV Werder Bremen, FC Energie Cottbus, Hannover 96
Lanius, Dominik	A	28.03.1997	D	2018	3	0	3	0	FC Viktoria Köln, SV Deutz 05
Menig, Fabian	A	26.02.1994	D	2017	37	2	142	5	VfR Aalen, SC Freiburg, FV Ravensburg, FC Leutkirch
Müller, Philipp	S	03.03.1995	D	2018	23	0	69	6	SV Wehen Wiesbaden, Hamburger SV, VfL Wolfsburg, Hamburger SV, Eintracht Norderstedt, Glashütter SV
Prinz, Marian	T	07.02.2000	D	2018	0	0	0	0	Bayer 04 Leverkusen
Rodrigues Pires, Kevin	M	12.09.1991	POR	2018	35	0	79	5	VfL Sportfreunde Lotte, TSV Steinbach, VfL Sportfreunde Lotte, Rot-Weiss Essen, FC Schalke 04, TSV Alemannia Aachen, 1. Jugend-Fußball-Schule Köln, 1. FC Köln, Bayer 04 Leverkusen, SC Fortuna Köln
Rühle, Tobias	M	07.02.1991	D	2016	29	1	253	19	SG Sonnenhof Großaspach, SV Stuttgarter Kickers, 1. FC Heidenheim, VfB Stuttgart, SSV Ulm 1846, TSV Herbrechtingen
Scherder, Simon	A	02.04.1993	D	2006	32	2	109	13	SV Brukteria Dreierwalde
Schnitzler, Oliver	T	13.10.1995	D	2018	7	0	33	0	Hallescher FC, 1. FC Heidenheim, VfR Aalen, Bayer 04 Leverkusen, SSV Bergneustadt, SV Frömmersbach
Schulze Niehues, Maximilian	T	11.11.1988	D	2011	32	0	115	0	Fortuna Düsseldorf, SC Preußen Münster, Warendorfer SU, TuS Freckenhorst
Schwarz, Benjamin	A	10.07.1986	D	2015	4	0	123	5	SpVgg Unterhaching, TSV 1860 München, SpVgg Unterhaching, SV München 1880, FC Ludwigsvorstadt
Schweers, Lion	A	01.04.1996	D	2014	23	0	96	2	TSC Eintracht Dortmund
Tezel, Ugur Ogulcan	A	27.02.1997	TUR	2018	1	0	1	0	Hertha BSC, Türkiyemspor Berlin 1978, TSV Rudow
Warschewski, Tobias	S	06.02.1998	D	2015	8	1	46	5	TSC Eintracht Dortmund
Wiebe, Danilo	M	22.03.1994	D	2015	2	0	58	2	1. FC Köln, Bonner SC, SSV Kaldauen

Trainer:

Name, Vorname	geb. am	Nat.	Zeitraum	Spiele 2018/19	frühere Trainerstationen
Antwerpen, Marco	05.10.1971	D	12.12.17 – 30.06.19	38	FC Viktoria Köln, Rot Weiss Ahlen, SV Burgsteinfurt

Zugänge:
Dadashov (Berliner FC Dynamo), Heidemann (Wuppertaler SV), Klingenburg (FC Schalke 04 II), Lanius (FC Viktoria Köln), Müller (SV Wehen Wiesbaden), Prinz (Bayer 04 Leverkusen Junioren), Rodrigues Pires (VfL Sportfreunde Lotte), Schnitzler (Hallescher FC), Tezel (Hertha BSC II).

Abgänge:
Al-Hazaimeh (VfL Sportfreunde Lotte), Conze (II. Mannschaft), Grimaldi (TSV 1860 München), Klante (SC Verl), Körber (VfL Osnabrück), Mai (Hallescher FC), Rinderknecht (FC Ingolstadt 04 II), Rizzi (VfL Wolfsburg II), Steinfeldt (TuS Haltern), Stoll (SSV Ulm 1846), Tritz (VfR Wormatia 08 Worms).

Fortsetzung SC Preußen 06 Münster

Aufstellungen und Torschützen:

Sp	Datum		Gegner	Ergebnis	Akono	Borgmann	Braun	Cueto	Dadashov	Heidemann	Heinrich	Hoffmann	Kittner	Klingenburg	Kobylanski	Lanius	Menig	Müller	Rodrigues Pires	Rühle	Scherder	Schnitzler	Sch. Niehues	Schwarz	Schweers	Tezel	Warschewski	Wiebe
					1	2	3	4	5	6	7	8	9	10	11	12	13	14	15	16	17	18	19	20	21	22	23	24
1	28.07.18	A	SC Fortuna Köln	4:1 (2:0)			X	A1	A1	X		E	E	X2	E		X		X	X	X	X			X		A	
2	04.08.18	H	FC Carl Zeiss Jena	1:2 (0:2)			X	A	A	X		E		X1	A		X		X	E	X	X			X		E	
3	07.08.18	A	1. FC Kaiserslautern	2:1 (0:0)		X	A		E	X		A	X	E1		X1	X		E	X	X	X					A	
4	13.08.18	H	Sportfreunde Lotte	1:0 (0:0)		X	X		E	X		E	X	X1	E		X		A	A	X	X					A	
5	25.08.18	A	VfL Osnabrück	0:3 (0:2)		X	X		E	X		A		X	E	A	X		X	X	XG	A	E					
6	01.09.18	H	KFC Uerdingen 05	0:1 (0:0)		X	A	A	A	X		E		X	X		X		E	X			X		X		E	
7	15.09.18	A	VfR Aalen	1:4 (0:2)		E	A	X	X1	X		X	X	X	E		A		A		X		X			E		
8	21.09.18	H	FC Energie Cottbus	3:0 (2:0)		X1	E	E	X	X			X	A	A2		X	E		A	XG		X		X			
9	25.09.18	A	FC Hansa Rostock	4:1 (2:0)		X		E1	A3	X		E	X	X			X	E	X	A			X		X			
10	28.09.18	H	SV Wehen Wiesbaden	3:0 (1:0)	E1	A			X1		A	E	X	X	X		X		X	A	E		X		X			
11	06.10.18	A	SpVgg Unterhaching	1:1 (0:1)	E	X		A	X	X			A	X	A		X1	E	X		E		X		X			
12	21.10.18	H	Würzburger Kickers	1:0 (0:0)		X			A		X	E	X	X	A1		X	E	X	A	E		X		X			
13	28.10.18	A	SV Meppen	2:1 (0:0)		X			X		X	E	X	X1	X		X	A		A1	E		X		X			
14	03.11.18	H	TSV 1860 München	0:0 (0:0)		X		E	A	X		X	X	X			X	E	X	A			X		X			
15	11.11.18	A	SGS Großaspach	1:3 (0:2)		X		A	X1	X		X	X	X			X	E	E	A			X		X			
16	26.11.18	H	Eintr. Braunschweig	3:0 (2:0)		X	E		E	X		E	X	X	A3		X	A	A	X			X		X			
17	01.12.18	H	Hallescher FC	1:2 (0:2)		X			E	A	A		X	X	E		X	A	X		X				X		E1	
18	08.12.18	A	Karlsruher SC	0:5 (0:3)		E	X	E				X	XR	X	X		X		A	A	E		X		X		A	
19	15.12.18	H	FSV Zwickau	0:2 (0:2)			X			E	E	X	X		A	X	A		X		X	X	X		E			
20	22.12.18	H	SC Fortuna Köln	0:2 (0:1)			E	E	A		A	E	X	X	X	X	A	X	E			X	A	X				
21	26.01.19	A	FC Carl Zeiss Jena	0:0 (0:0)	X		X	E	X	X		A	A	X	E		X		X		X		X					
22	01.02.19	H	1. FC Kaiserslautern	2:0 (2:0)	A1		X	E	A	X1		A	X		X		X	E	X	E	X	X						
23	11.02.19	A	Sportfreunde Lotte	0:1 (0:0)	A		X	E	A	X		X	X		X		A	E	X	E	X		X					
24	16.02.19	H	VfL Osnabrück	0:0 (0:0)	A		X		E	X		A	X	X	A		X		X	E	X		X					
25	25.02.19	A	KFC Uerdingen 05	0:0 (0:0)	E		X	X	E	X		A	X		X		E	A	X	A	X		X					
26	02.03.19	H	VfR Aalen	4:0 (1:0)	A		X	X2	X			E	X1	X1	A		X	E	A	X	A		X					
27	09.03.19	A	FC Energie Cottbus	0:3 (0:3)	A		XG	X	E	X		E	X	X	A		X		E	A	X		X					
28	12.03.19	A	FC Hansa Rostock	0:1 (0:0)				A	X	X	E	E	X	X	A		X		X		X		X		X			
29	16.03.19	A	SV Wehen Wiesbaden	0:2 (0:1)			X	A	X	E	X		X		X		X	E		E	A		X		X			
30	23.03.19	H	SpVgg Unterhaching	3:0 (1:0)	A		X			X			E1	X	A1	E	X	E	X	A	X1		X		X			
31	30.03.19	A	Würzburger Kickers	2:3 (0:1)	E1						E	X	X	X	E1		X	A	A	X	X		X	A	X			
32	05.04.19	H	SV Meppen	1:1 (1:1)	A		X		X	X	E	X	X1	A			E	X	E	X			X					
33	13.04.19	A	TSV 1860 München	1:0 (1:0)	A		X	E	X1	X		E	X	X	A		X		A		X		X					E
34	20.04.19	H	SGS Großaspach	1:0 (0:0)	A1		X		A	X	E		X	X	A		X		X	E	X		X					
35	28.04.19	A	Eintr. Braunschweig	3:3 (2:1)			X		X	X	A		X	X	A2		X	E	A	E	X1		X		E			
36	04.05.19	A	Hallescher FC	2:1 (2:0)		E	X		A	X	A	E	A	X1	X1		X		A		X		X		E			
37	11.05.19	H	Karlsruher SC	1:4 (0:2)	E		XG		A	A	A		X	X	X1		X	E	X		X		X	E				
38	18.05.19	A	FSV Zwickau	0:2 (0:0)					E	A	X	E	X				X	X	X	A	X	X			X			A
				Spiele:	15	17	25	22	32	28	18	32	31	34	37	3	37	23	35	29	32	7	32	4	23	1	8	2
				Tore:	4	1	0	4	8	1	0	1	1	9	12	0	2	0	0	1	2	0	0	0	0	0	1	0

Gegnerisches Eigentor im 10. Spiel (durch Mrowca).

Bilanz der letzten 10 Jahre:

Saison	Lv.	Liga		Platz	Sp.	S	U	N	Tore	Pkt.
2008/09:	4	Regionalliga West		4.	34	14	11	9	51-36	53
2009/10:	4	Regionalliga West		6.	34	14	9	11	47-37	51
2010/11:	4	Regionalliga West	↑	1.	34	22	6	6	56-24	72
2011/12:	3	3. Liga		12.	38	12	14	12	40-44	50
2012/13:	3	3. Liga		4.	38	20	12	6	63-33	72
2013/14:	3	3. Liga		6.	38	13	14	11	55-50	53
2014/15:	3	3. Liga		8.	38	15	9	14	53-49	54
2015/16:	3	3. Liga		9.	38	12	13	13	43-41	49
2016/17:	3	3. Liga		9.	38	15	6	17	49-43	51
2017/18:	3	3. Liga		10.	38	14	10	14	50-49	52

Zuschauerzahlen:

Saison	gesamt	Spiele	Schnitt
2008/09:	62.038	17	3.649
2009/10:	56.203	17	3.306
2010/11:	95.670	17	5.628
2011/12:	133.541	19	7.028
2012/13:	169.850	19	8.939
2013/14:	151.195	19	7.958
2014/15:	173.685	19	9.141
2015/16:	137.123	19	7.217
2016/17:	134.424	19	7.075
2017/18:	126.432	19	6.654

Die meisten Spiele in der 3. Liga:

Pl.	Name, Vorname	Spiele
1.	Bischoff, Amaury	142
2.	Truckenbrod, Jens	137
3.	Kara, Mehmet	132
4.	Hoffmann, Philipp	127
5.	Masuch, Daniel	124
6.	Siegert, Benjamin	121
7.	Schulze Niehues, Maxim.	115
8.	Scherder, Simon	109
9.	Hergesell, Fabian	102
	Rühle, Tobias	102

Die meisten Tore in der 3. Liga:

Pl.	Name, Vorname	Tore
1.	Bischoff, Amaury	30
	Grimaldi, Adriano	30
3.	Kobylanski, Martin	27
4.	Taylor, Matthew	22
5.	Krohne, Rogier	20
6.	Kara, Mehmet	18
	Reichwein, Marcel	18
8.	Piossek, Marcus	14
9.	Scherder, Simon	13

Die Trainer der letzten Jahre:

Name, Vorname	Zeitraum
Kreß, Georg	01.07.2006 – 06.04.2007
Gockel, Carsten (IT)	06.04.2007 – 30.06.2007
Schmidt, Roger	01.07.2007 – 19.03.2010
Fascher, Marc	21.03.2010 – 23.01.2012
Dotchev, Pavel	24.01.2012 – 05.09.2013
Gockel, Carsten (IT)	05.09.2013 – 14.09.2013
Loose, Ralf	15.09.2013 – 19.12.2015
Steffen, Horst	24.12.2015 – 04.10.2016
Tasdelen, Cihan (IT)	04.10.2016 – 15.10.2016
Möhlmann, Benno	16.10.2016 – 10.12.2017

VfL Osnabrück von 1899

Anschrift:
Scharnhorststraße 50
49084 Osnabrück
Telefon: (05 41) 77 08 70
eMail: info@vfl.de
Homepage: www.vfl.de

Vereinsgründung: 17.04.1899 als FC 1899 Osnabrück; 1924 Fusion mit SuS, FC Olympia und FC Teutonia zu VfL Osnabrück
Vereinsfarben: Lila-Weiß
Präsident: Manfred Hülsmann
Geschäftsführer: Jürgen Wehlend

Stadion: Bremer Brücke (16.667)

Größte Erfolge: Endrunde um die Deutsche Meisterschaft 1950 und 1952; Meister der Regionalliga Nord 1969, 1970, 1971, 1999 und 2000 (↑); Deutscher Amateurmeister 1995; Meister der Amateur-Oberliga Nord 1985 (↑); Meister der 3. Liga 2010 (↑) und 2019 (↑); Aufstieg in die 2. Bundesliga 2003 und 2007; Aufstiegsrunde zur Bundesliga 1972 und 1973; Pokalsieger Niedersachsen 2005, 2013, 2015 und 2017

Aufgebot:

Name, Vorname	Pos	geb. am	Nat.	seit	2018/19 Sp.	T.	Gesamt Sp.	T.	frühere Vereine
Agu, Felix	M	27.09.1999	D	2010	15	2	17	2	Osnabrücker SC
Ajdini (Renneke), Bashkim	M	10.12.1992	D	2016	36	3	124	8	SG Sonnenhof Großaspach, DSC Arminia Bielefeld, SJC Hövelriege
Alvarez, Marcos	S	30.09.1991	D	2017	35	11	172	36	SG Dynamo Dresden, VfL Osnabrück, SV Stuttgarter Kickers, Eintracht Frankfurt, FC Bayern München, Eintracht Frankfurt, Offenbacher FC Kickers, TSV 1860 Hanau, FSV 08 Neuberg
Amenyido, Etienne	S	01.03.1998	D	2018	22	2	22	2	Borussia Dortmund, VV Venlo, Borussia Dortmund, Bünder SV 08/09
Blacha, David	M	22.10.1990	POL	2018	37	2	257	27	SV Wehen Wiesbaden, FC Hansa Rostock, SV Sandhausen, Rot Weiss Ahlen, Borussia Dortmund, FC Fröndenberg
Danneberg, Tim	M	23.04.1986	D	2017	26	1	332	37	Chemnitzer FC, Holstein Kiel, SV Sandhausen, Eintracht Braunschweig, DSC Arminia Bielefeld, Union Minden
Dercho, Alexander	A	21.01.1987	D	2012	8	0	240	6	DSC Arminia Bielefeld, VfL Osnabrück, Eintracht Frankfurt, BSV Kickers Emden, Borussia Mönchengladbach, Fortuna Düsseldorf, SG Hackenberg
Engel, Konstantin	A	27.07.1988	KAZ	2017	24	1	81	6	FK Astana, FC Ingolstadt 04, FC Energie Cottbus, VfL Osnabrück, SV Viktoria 08 Georgsmarienhütte
Farrona Pulido, Manuel	M	01.05.1993	D	2018	30	5	110	15	SC Fortuna Köln, 1. FC Magdeburg, FSV Wacker 90 Nordhausen, Hamburger SV, SuS Holsatia im Elmshorner MTV, TuS Hemdingen-Bilsen
Girth, Benjamin	S	31.01.1992	D	2019	16	9	52	28	Holstein Kiel, SV Meppen, KSV Hessen Kassel, Vogtländischer FC Plauen, 1. FC Magdeburg, RasenBallsport Leipzig, 1. FC Magdeburg, Magdeburger SV Börde 1949
Heider, Marc	S	18.05.1986	D	2016	35	8	242	50	Holstein Kiel, SV Werder Bremen, VfL Osnabrück, TuS Recke
Klaas, Sebastian	M	30.06.1998	D	2013	4	1	20	2	Brochterbecker SV
Körber, Nils-Jonathan	T	13.11.1996	D	2018	34	0	54	0	SC Preußen Münster, Hertha BSC, Tennis Borussia Berlin, SF Charlottenburg-Wilmersdorf, FC Hertha 03 Zehlendorf
Konrad, Thomas	A	05.11.1989	D	2019	7	0	7	0	FC Viktoria 1889 Berlin LT, FC Vaduz, Dundee FC, SV Eintracht Trier 05, Karlsruher SC, FV Neuthard, FC Germania Untergrombach
Krasniqi, Kamer	M	11.01.1996	KVX	2009	4	0	30	1	Blau-Weiß DJK Schinkel
Kühn, Philipp	T	29.03.1992	D	2018	5	0	23	0	SpVgg Drochtersen/Assel, FC Viktoria Köln, SV Sandhausen, SC Rot-Weiß Oberhausen, SV Sandhausen, Rot Weiss Ahlen, SV Rot-Weiß Vellern
Möller, Tim	M	19.03.1999	D	2011	1	0	2	0	TSG Burg Gretesch
Ouahim, Anas	M	23.09.1997	D	2018	33	2	33	2	1. FC Köln, SV Schlebusch
Pfeiffer, Luca	S	20.08.1996	D	2018	21	2	21	2	SV Stuttgarter Kickers, FSV Hollenbach, Karlsruher SC, TSG 1899 Hoffenheim, VfR Gommersdorf, FSV Hollenbach
Riemann, Alexander	S	12.04.1992	D	2018	3	0	111	13	Linzer ASK, FC Wacker Innsbruck, SV Wehen Wiesbaden, VfB Stuttgart, SV Sandhausen, VfB Stuttgart, SV Wacker Burghausen, SV Weidenbach, RSV Mößling
Schiller, Felix	A	06.12.1989	D	2018	8	0	130	3	1. FC Magdeburg, SC Rot-Weiß Oberhausen, SV Werder Bremen, SV Tasmania Gropiusstadt 1973, 1. FC Union Berlin, TSV Rudow
Susac, Adam	A	20.05.1989	CRO	2017	36	0	101	1	FC Erzgebirge Aue, SC Wiener Neustadt, SG Dynamo Dresden, NK Pomorac, HNK Rijeka, NK Varazdin, Sloboda Varazdin, NK Varazdin
Taffertshofer, Ulrich	M	14.02.1992	D	2018	35	0	98	2	SpVgg Unterhaching, SV Wacker Burghausen, TSV 1860 München, SV Söchering, TSV Murnau 1865, FT 09 Starnberg
Tigges, Steffen	S	31.07.1998	D	2011	25	2	80	4	TuS Glane
Trapp, Maurice	A	31.12.1991	D	2018	31	4	70	5	Chemnitzer FC, Berliner AK 07, Goslarer SC 08, 1. FC Union Berlin, FC Hansa Rostock, 1. FC Union Berlin, BSV Grün-Weiß Neukölln, DJK Schwarz-Weiß Neukölln
Zorba, Furkan	A	25.02.1998	TUR	2017	0	0	4	0	Eintracht Frankfurt, 1. FC Hattersheim, FSV Raunheim

Trainer:

Name, Vorname	geb. Am	Nat.	Zeitraum	Spiele 2018/19	frühere Trainerstationen
Thioune, Daniel	21.07.1974	D	05.10.2017 – lfd.	38	VfL Osnabrück Junioren

Zugänge:
Amenyido (Borussia Dortmund II), Blacha (SV Wehen Wiesbaden), Farrona Pulido (SC Fortuna Köln), Körber (SC Preußen Münster), Kühn (SpVgg Drochtersen/Assel), Ouahim (1. FC Köln II), Pfeiffer (SV Stuttgarter Kickers), Schiller (1. FC Magdeburg), Taffertshofer (SpVgg Unterhaching), Trapp (Chemnitzer FC).
während der Saison:
Girth (Holstein Kiel), Konrad (FC Viktoria 1889 Berlin LT), Riemann (Linzer ASK).

Abgänge:
Appiah (Birmingham Legion FC), Arslan (VfB Lübeck), Bickel (FSV Zwickau), Falkenberg und Savran (Laufbahn beendet), Gersbeck (Hertha BSC), Groß (SV Werder Bremen II), Iyoha (FC Erzgebirge Aue), Kristo (North Carolina FC), Paterok (TSV Steinbach), Reimerink (VfL Sportfreunde Lotte), Ruschmeier (SC Spelle/Venhaus), Sama (Heracles Almelo), Sen (Lüneburger SK Hansa), Tepe (Fortuna Düsseldorf II), L. Tigges (TSV Alemannia Aachen), Wachs (SV Wehen Wiesbaden).
während der Saison:
Schiller (Laufbahn beendet).

Fortsetzung VfL Osnabrück von 1899

Aufstellungen und Torschützen:

Sp	Datum		Gegner	Ergebnis	Agu	Ajdini	Alvarez	Amenyido	Blacha	Danneberg	Dercho	Engel	Farrona Pulido	Girth	Heider	Klaas	Körber	Konrad	Krasniqi	Kühn	Möller	Ouahim	Pfeiffer	Riemann	Schiller	Susac	Taffertshofer	Tigges	Trapp
					1	2	3	4	5	6	7	8	9	10	11	12	13	14	15	16	17	18	19	20	21	22	23	24	25
1	28.07.18	H	Würzburger Kickers	2:1 (0:1)		X1	A	E	A	E	A	X	E1	X	X							X				X	X		X
2	05.08.18	A	SV Meppen	2:0 (0:0)		A		X1	A	X	X	E		A	X							X1		E		X	X	E	X
3	08.08.18	H	TSV 1860 München	2:2 (0:1)		A	E1		A	E	E	X	X1	X	X							X		XR	A	X			X
4	11.08.18	A	SGS Großaspach	0:0 (0:0)		X	A	E	X	E	X		A	X	X							A				X	X	E	X
5	25.08.18	H	Preußen Münster	3:0 (2:0)		X	A2		X		A	X	E	X	X		E					A				X	X	E	X1
6	01.09.18	A	Hallescher FC	1:1 (0:0)		X	A1	X			X			X	X		A		E			A	E		E	X	X	X	X
7	15.09.18	H	Karlsruher SC	0:1 (0:0)		X	X		X		A	X	E	X	X				X			A	E			A	X	E	X
8	23.09.18	A	FSV Zwickau	1:0 (0:0)	E	X1			A	X	A	X	X	A	X							A	E	E		X	X		X
9	26.09.18	H	SC Fortuna Köln	1:0 (0:0)	E	X	E		X	A	A	A	X1		X							X	E			X	X		X
10	30.09.18	A	FC Carl Zeiss Jena	0:0 (0:0)	X	X	A		X			A		E	X		E	X		A	E	X	X						
11	06.10.18	H	1. FC Kaiserslautern	2:0 (0:0)	X	A	X1		X	E			A1	A	X							X	E			X	X	E	X
12	20.10.18	A	Sportfreunde Lotte	0:0 (0:0)		X	A		X		E	E		A	X							A	E			X	X	E	X
13	26.10.18	A	Eintr. Braunschweig	4:3 (2:2)	X	X	X2		X	E		A	A1		X							A	E			X	X	E	X
14	05.11.18	A	KFC Uerdingen 05	2:1 (0:0)	A	X	X1	E	X	X1		A		X	X							A	E			X	E		X
15	10.11.18	A	VfR Aalen	1:1 (0:0)	A	X	X	A	X		A		X1	X								E			E	X	X	E	X
16	24.11.18	H	FC Energie Cottbus	3:1 (1:0)		X	A	A	X	X		X	E1	X1	E1	X						E	A			X	X		X
17	03.12.18	A	FC Hansa Rostock	1:1 (0:0)		X	E	X	A	X		A	X1	X	X							E	A		X	X	X	E	
18	08.12.18	H	SV Wehen Wiesbaden	2:1 (2:1)		X	A1	E	X	E	A		A	X1	X							X				X	X	E	X
19	15.12.18	A	SpVgg Unterhaching	1:1 (0:0)		X	X		X		A	X		X	E	X						E			A	X	E	X1	
20	22.12.18	A	Würzburger Kickers	2:1 (1:1)	X1	X	A	E	A	X	A	E	X	A1	X		X					E				X	X		X
21	26.01.19	A	SV Meppen	1:0 (1:0)		X	A	E	X	E		X	E	A1	X	X						A				X	X	X	X
22	02.02.19	A	TSV 1860 München	2:1 (1:0)	E	X			A	E		X		X2	X							A	E			X	X	A	X
23	08.02.19	H	SGS Großaspach	0:2 (0:1)		X	A		X			X	E	X	A	E						A	E			A	X		X
24	16.02.19	A	Preußen Münster	0:0 (0:0)	A	X	E	A	X			X	E	A	X							E				X	X		X
25	23.02.19	H	Hallescher FC	2:0 (2:0)		X	E	A1		A		X		X1	X	X	E					E	A			X	X		X
26	02.03.19	A	Karlsruher SC	1:2 (0:0)		X	E	A	A	E		X1		A	X	X	X					E				X	X		X
27	09.03.19	H	FSV Zwickau	3:0 (2:0)		X	A	X1	A	E		X			A	E	X						X			X	X	E	X2
28	12.03.19	A	SC Fortuna Köln	0:0 (0:0)		X	A	E	X			X	E		X							X	A			X	X	X	X
29	16.03.19	H	FC Carl Zeiss Jena	3:1 (1:1)		X	X1	X			A	E	A1		X							A	E1			X	X	E	X
30	24.03.19	A	1. FC Kaiserslautern	3:1 (2:0)	X1	E	A	X	E		X		A	E	X							A				X	X	X2	X
31	01.04.19	H	Sportfreunde Lotte	1:0 (0:0)		X	A	X			A	E	X		X							X	E1			X	X	E	X
32	07.04.19	A	Eintr. Braunschweig	1:0 (1:0)		X	A	E	X	E			X1	A	X	X						A				X	E		
33	14.04.19	H	KFC Uerdingen 05	3:1 (1:0)		X	A1	E	X1			XR	E		A		X	E				A1	X			X	X		X
34	20.04.19	A	VfR Aalen	2:0 (1:0)	A1	X	E	A	X	E			X1	A	X							X				X	X	E	X
35	27.04.19	H	FC Energie Cottbus	2:1 (0:0)	X	X	A	X	A	E			E	A1	X1	X	X									X	X	E	
36	03.05.19	A	FC Hansa Rostock	1:2 (1:2)	X	A	X		X			E	X1	A		X		X				X	E			A	X	E	
37	11.05.19	A	SV Wehen Wiesbaden	0:1 (0:1)	X		A	E	X			X	A	E		A		X				X	E			X	X	X	
38	18.05.19	H	SpVgg Unterhaching	1:4 (0:3)	X		E	A	X	A			E	X1	X					E	X	A				X	X	X	
			Spiele:		15	36	35	22	37	26	8	24	30	16	35	4	34	7	4	5	1	33	21	3	8	36	35	25	31
			Tore:		2	3	11	2	2	1	0	1	5	9	8	1	0	0	0	0	0	2	2	0	0	0	0	2	4

Gegnerisches Eigentor im 13. Spiel (durch Valsvik).

Bilanz der letzten 10 Jahre:

Saison	Lv.	Liga		Platz	Sp.	S	U	N	Tore	Pkt.
2008/09:	2	2. Bundesliga	↓	16.	34	8	12	14	41-60	36
2009/10:	3	3. Liga	↑	1.	38	20	9	9	55-37	69
2010/11:	2	2. Bundesliga	↓	16.	34	8	7	19	40-62	31
2011/12:	3	3. Liga		7.	38	14	13	11	46-35	55
2012/13:	3	3. Liga		3.	38	22	7	9	64-35	73
2013/14:	3	3. Liga		5.	38	15	10	13	50-39	55
2014/15:	3	3. Liga		11.	38	14	10	14	49-51	52
2015/16:	3	3. Liga		5.	38	14	14	10	46-41	56
2016/17:	3	3. Liga		6.	38	15	9	14	46-43	54
2017/18:	3	3. Liga		17.	38	8	13	17	47-67	37

Zuschauerzahlen:

Saison	gesamt	Spiele	Schnitt
2008/09:	240.106	17	14.124
2009/10:	197.950	19	10.418
2010/11:	226.500	17	13.324
2011/12:	164.878	19	8.678
2012/13:	203.600	19	10.716
2013/14:	166.791	19	8.778
2014/15:	165.259	19	8.698
2015/16:	163.785	19	8.620
2016/17:	175.408	19	9.232
2017/18:	153.245	19	8.066

Die meisten Spiele in der 3. Liga:

Pl.	Name, Vorname	Spiele
1.	Dercho, Alexander	210
2.	Pisot, David	149
3.	Groß, Christian	132
4.	Alvarez, Marcos	129
5.	Hohnstedt, Michael	124
6.	Heider, Marc	99
7.	Willers, Tobias	95
8.	Ajdini, Bashkim	86
9.	Engel, Konstantin	81

Die meisten Tore in der 3. Liga:

Pl.	Name, Vorname	Tore
1.	Alvarez, Marcos	32
2.	Heider, Marc	22
3.	Savran, Halil	16
4.	Menga, Ardiles-Waku	15
	Zoller, Simon	15
6.	Iljutcenko, Stanislav	14
7.	Grimaldi, Adriano	13
8.	Wriedt, Kwasi Okyere	12
9.	Kotuljac, Aleksandar	11
	Lindemann, Björn	11

Die Trainer der letzten Jahre:

Name, Vorname	Zeitraum
Wollitz, Claus-Dieter	01.07.2004 – 30.06.2009
Baumann, Karsten	01.07.2009 – 21.03.2011
Enochs, Joe (IT)	21.03.2011 – 11.04.2011
Flottmann, Heiko	11.04.2011 – 30.06.2011
Fuchs, Uwe	01.07.2011 – 08.12.2011
Ukrow, Alexander (IT)	08.12.2011 – 31.12.2011
Wollitz, Claus-Dieter	01.01.2012 – 13.05.2013
Ukrow, Alexander (IT)	13.05.2013 – 06.08.2013
Walpurgis, Maik	06.08.2013 – 24.08.2015
Enochs, Joe	24.08.2015 – 04.10.2017

FC Hansa Rostock

Anschrift:
Kopernikusstraße 17c
18057 Rostock
Telefon: (03 81) 49 99 910
eMail: info@fc-hansa.de
Homepage: www.fc-hansa.de

Vereinsgründung: 11.11.1954 als SC Empor Rostock; Fußballabteilung seit 28.12.1965 eigenständig als FC Hansa Rostock

Vereinsfarben: Weiß-Blau
Vorst.-Vorsitzender: Robert Marien
Vorstand Sport: Martin Pieckenhagen

Stadion: Ostseestadion (29.000)

Größte Erfolge: NOFV-Meister 1991; NOFV-Pokalsieger 1991; Meister der 2. Bundesliga 1995 (↑); Aufstieg in die Bundesliga 2007; Halbfinale DFB-Pokal 2000; FDGB-Pokalfinalist 1957, 1960 (beide SC Empor), 1967 und 1987; Pokalsieger Mecklenburg-Vorpommern 2011, 2015, 2016, 2017, 2018 und 2019

Aufgebot:

Name, Vorname	Pos	geb. am	Nat.	seit	2018/19 Sp.	T.	gesamt Sp.	T.	frühere Vereine
Ahlschwede, Maximilian	A	10.02.1990	D	2019	17	0	201	3	FC Würzburger Kickers, FC Hansa Rostock, SV Wehen Wiesbaden, Offenbacher FC Kickers, DSC Arminia Bielefeld, VfL Wolfsburg, VfB Lübeck, NTSV Strand 08
Berger, Johann	M	23.07.1999	D	2011	1	0	4	0	SV Hafen Rostock 61
Biankadi, Merveille	S	09.05.1995	D	2018	37	10	71	11	FC Rot-Weiß Erfurt, SVgg 07 Elversberg, FC Augsburg, FC Bayern München, FC Phönix München
Bischoff, Amaury	M	31.03.1987	POR	2017	14	0	193	32	SC Preußen Münster, Desportivo Aves, Academica Coimbra, Desportivo Aves, Academica Coimbra, Arsenal FC, SV Werder Bremen, Racing Straßburg, SR Colmar
Breier, Pascal	S	02.02.1992	D	2018	34	7	195	38	VfB Stuttgart, SG Sonnenhof Großaspach, VfB Stuttgart, SG Sonnenhof Großaspach, VfB Stuttgart, SSV Reutlingen 05, TSV Neckartenzlingen
Bülow, Kai	M	31.05.1986	D	2018	27	3	48	5	Karlsruher SC, TSV 1860 München, FC Hansa Rostock, FSV Bentwisch
Cros, Guillaume	A	19.04.1995	FRA	2019	3	0	47	0	FC Carl Zeiss Jena, RCO Agde, FC Sochaux-Montbéliard, AS Béziers, Cheminot Béziers
Donkor, Anton-Leander	M	11.11.1997	D	2018	9	1	9	1	VfL Wolfsburg, Everton FC, VfL Wolfsburg, SG Lenglern, RSV Göttingen 05
Evseev, Willi	M	14.02.1992	D	2017	9	0	38	4	1. FC Nürnberg, VfL Wolfsburg, Hannover 96, SC Wiener Neustadt, Hannover 96
Gelios, Ioannis	T	24.04.1992	GRE	2018	37	0	37	0	FC Augsburg, MBB-SG Augsburg
Gründemann, Eric	T	08.09.1998	D	2017	0	0	1	0	Eintracht Frankfurt, 1. FC Magdeburg
Hildebrandt, Jonas	A	08.12.1996	D	2018	23	1	23	1	1. FC Köln, FSV Optik Rathenow, RasenBallsport Leipzig, FC Energie Cottbus, Frankfurter FC Viktoria 91
Hilßner, Marcel	M	30.01.1995	D	2017	21	2	65	13	SG Dynamo Dresden, SV Werder Bremen, FC Sachsen Leipzig, SG Rotation Leipzig
Hüsing, Oliver	A	17.02.1993	D	2017	29	3	112	10	Ferencvaros Budapest, SV Werder Bremen, FC Hansa Rostock, SV Werder Bremen, BV Bühren
Königs, Marco	S	25.01.1990	D	2018	22	4	164	37	FC Würzburger Kickers, SC Fortuna Köln, SSV Jahn 2000 Regensburg, SV Wehen Wiesbaden, SC Preußen Münster, Fortuna Düsseldorf, TuSpo Richrath, 1. SpVgg Solingen 1903, VfL Wald 1981, BV Gräfrath
Nadeau, Joshua	A	12.09.1994	FRA	2017	1	0	34	0	Gefle IF, AEL Limassol, AC Ajaccio
Öztürk, Tanju	M	26.07.1989	D	2019	14	0	65	2	KFC Uerdingen 05, FC Schalke 04, MSV Duisburg, TSV Alemannia Aachen, SSG 09 Bergisch Gladbach, SCB Preußen Köln, Bayer 04 Leverkusen, SCB Preußen Köln
Ofosu-Ayeh, Phil	A	15.09.1991	GHA	2018	5	0	101	2	Wolverhampton Wanderers FC, Eintracht Braunschweig, ... (vgl. Seite 140)
Pepic, Mirnes	M	19.12.1995	MNE	2018	34	1	34	1	FC Erzgebirge Aue, SC Paderborn 07, SSV Reutlingen, SSV Ulm 1846, BFC Pfullingen, Sportfreunde Rammingen
Rankovic, Vladimir	A	27.06.1993	D	2017	18	0	40	1	Hannover 96, FC Erzgebirge Aue, Hannover 96, FC Bayern München, SV Pullach, SpVgg Unterhaching, FC Hertha München
Reinthaler, Max	A	22.03.1995	ITA	2018	4	0	4	0	FC Augsburg, Rydaholms GIF, TSV Gersthofen, Udinese Calcio, FC Südtirol Bozen, Bozner FC
Rieble, Nico	A	22.08.1995	D	2018	28	0	40	0	VfL Bochum, TSG 1899 Hoffenheim, Karlsruher SC, SV 08 Kuppenheim
Riedel, Julian	A	10.08.1991	D	2017	34	0	132	0	FC Erzgebirge Aue, SC Preußen Münster, Bayer 04 Leverkusen, TuS Quettingen
Scherff, Lukas	M	14.07.1996	D	2017	28	3	51	6	FC Schönberg 95, FC Hansa Rostock, FC Eintracht Schwerin, Schweriner SC
Sebald, Alexander	T	27.07.1996	D	2018	1	0	1	0	SC Austria Lustenau, Offenbacher FC Kickers, SpVgg Gr. Fürth, SV Gößweinstein
Soukou, Cebio	M	02.10.1992	BEN	2018	33	10	49	12	FC Erzgebirge Aue, Rot-Weiss Essen, VfL Bochum, TuS Querenburg, DJK Arminia Bochum, SV Langendreer 04
Wannenwetsch, Stefan	M	19.01.1992	D	2016	34	0	102	4	FC Ingolstadt 04, TSV 1860 München, SSV Ulm 1846, Sportfreunde Rammingen
Wiese, Paul	A	28.08.2000	D	2012	1	0	1	0	eigene Junioren
Williams, Del-Angelo	S	04.08.1993	D	2018	12	1	12	1	TSV Eintracht Stadtallendorf, VfB Marburg

Trainer:

Name, Vorname	geb. am	Nat.	Zeitraum	Spiele 2018/19	frühere Trainerstationen
Dotchev, Pavel	28.09.1965	BUL	01.07.17 – 03.01.19	20	FC Erzgebirge Aue, SC Preußen Münster, SV Sandhausen, ZSKA Sofia, SC Paderborn 07, FC Rot-Weiß Erfurt, SC Paderborn 07
Härtel, Jens	07.06.1969	D	09.01.19 – lfd.	18	1. FC Magdeburg, RasenBallsport Leipzig U19, Berliner AK 07, SV Germania 90 Schöneiche

Zugänge:
Biankadi (FC Rot-Weiß Erfurt), Bülow (Karlsruher SC), Donkor (VfL Wolfsburg II), Gelios und Reinthaler (FC Augsburg II), Hildebrandt (1. FC Köln II), Königs (FC Würzburger Kickers), Ofosu-Ayeh (Wolverhampton Wanderers FC), Pepic und Soukou (FC Erzgebirge Aue), Sebald (SC Austria Lustenau), Williams (TSV Eintracht Stadtallendorf).
während der Saison:
Ahlschwede (FC Würzburger Kickers), Cros (FC Carl Zeiss Jena), Öztürk (KFC Uerdingen 05), Wiese (eigene Junioren).

Abgänge:
Alibaz (Fatih Karagümrükspor), Benyamina (MKS Pogon Szczecin), Blaswich (Heracles Almelo), Bouziane (SV Waldhof Mannheim), Eisele (Hallescher FC), Föll (VfB Oldenburg), Grupe (VfB Lübeck), Henning (FC Wacker Innsbruck), Holthaus (FC Energie Cottbus), Owusu (SG Sonnenhof Großaspach), Quiring (VSG Altglienicke), Väyrynen (Roda JC Kerkrade), Ziemer (ohne Verein).
während der Saison:
Nadeau (Royal Excelsior Virton), Ofosu-Ayeh (FC Würzburger Kickers).

Fortsetzung FC Hansa Rostock

Aufstellungen und Torschützen:

Sp	Datum	Gegner	Ergebnis	Ahlschwede	Berger	Biankadi	Bischoff	Breier	Bülow	Cros	Donkor	Evseev	Gelios	Hildebrandt	Hilßner	Hüsing	Königs	Nadeau	Öztürk	Ofosu-Ayeh	Pepic	Rankovic	Reinthaler	Rieble	Riedel	Scherff	Sebald	Soukou	Wannenwetsch	Wiese	Williams
				1	2	3	4	5	6	7	8	9	10	11	12	13	14	15	16	17	18	19	20	21	22	23	24	25	26	27	28
1	29.07.18 A	FC Energie Cottbus	0:3 (0:2)			X		X	E		E		X				X	X			A	X		E	X	X		A	A		
2	03.08.18 H	Eintr. Braunschweig	2:0 (2:0)			A	E	X	A			X	E				A				E	X		X	X	X		X2	X		
3	08.08.18 H	SV Wehen	3:2 (2:1)			A		A1	X		E		X	E			X1				E	X		X	X	X		X1	A		
4	11.08.18 A	SpVgg Unterhaching	1:2 (0:1)			A	X	X	E			X					E				X	A		X	X	X		X	A		E1
5	25.08.18 H	Würzburger Kickers	0:4 (0:1)			E		X	X			E	X	X			X					A		A	X	X		A	A		E
6	01.09.18 H	SV Meppen	3:1 (2:0)			X	E	X	X		E1	A	X	E			A1					X		X	X1			A	X		
7	15.09.18 H	TSV 1860 München	2:2 (0:1)			X		X1	X		A		X	E			X1				X	X		X	X	E			A		
8	22.09.18 A	SGS Großaspach	0:0 (0:0)			X	E	X	X		E		X				X				X	A		A	X	E		A	X		
9	25.09.18 H	SC Preußen Münster	1:4 (0:2)			X		A	X			X	E				X			E	A			X	X	X		X1	A		E
10	05.10.18 H	Karlsruher SC	1:0 (0:0)			A		X	X		E	X	E	E	X	A		X				X		X	X				A	X		
11	16.10.18 A	Hallescher FC	1:0 (1:0)			X		A	X			X	E		X	A					X	E		E	X			A1	X		
12	21.10.18 A	FSV Zwickau	2:2 (0:2)			A1		E	X			X		A1	X	A					X	X		X	X	E		X	E		
13	27.10.18 H	SC Fortuna Köln	3:1 (3:0)			X1		X	X1			X	E	A	X1	X					A	A		X	X	E			E		
14	03.11.18 A	FC Carl Zeiss Jena	1:1 (0:0)			A		E	X			X	X1	A	X	A						E	X		X	X		X1	X		
15	10.11.18 H	1. FC Kaiserslautern	4:1 (3:1)			A1			X1			E	X	E	X	A1					X	X		X	X			X1	X		E
16	23.11.18 A	VfL Sportfr. Lotte	0:1 (0:1)			X		E	A		E	X	E		X	A					A	X		X	X	X		X	A		
17	03.12.18 H	VfL Osnabrück	1:1 (0:0)			X		E				X	A	X1	A						X	A	E	X	X			X	X		
18	08.12.18 A	KFC Uerdingen 05	1:2 (1:1)			X		A				X	A	X	X	E					X	X		A	X			X1	E		E
19	15.12.18 H	VfR Aalen	1:1 (0:0)			X		E1				X		A	X	E					A	X		X	E	X		X	X		A
20	22.12.18 A	FC Energie Cottbus	0:2 (0:0)			X		X	X		E		X	E	X	A					A			X	X	X		X	A		E
21	27.01.19 A	Eintr. Braunschweig	0:2 (0:0)	E		X		E	A		E	X	X		X	X					A			X	X	X		X	A		
22	03.02.19 A	SV Wehen	0:2 (0:1)	X		A	X	E			E	X		E	X	A		X			A			X	X	X		X			
23	09.02.19 H	SpVgg Unterhaching	2:0 (1:0)	A		E1		A			A	X			X			X			E	E		X	X	X1		X	X		
24	17.02.19 A	Würzburger Kickers	2:0 (2:0)			E		A1			A	X	E		X			X			E	A		X	X	X		X1	X		
25	23.02.19 H	SV Meppen	0:2 (0:0)	X		X		X	E		E	X			X			X			E			A	A	X		X	A		
26	03.03.19 H	TSV 1860 München	2:1 (2:0)	X		X		A1	E			X		E	X			A			E			X	X	X		A1	X		
27	09.03.19 A	SGS Großaspach	0:0 (0:0)	X		A		X				X	E	E	X			A			X			X	X	X		A			E
28	12.03.19 A	SC Preußen Münster	1:0 (0:0)	X		A		A	X	A		X		E1	X						E	E		X	X	X		X	X		
29	18.03.19 H	Hallescher FC	1:1 (0:1)	X		X	E					X		E	X			A			X1			X	A	X		X	A		E
30	23.03.19 A	Karlsruher SC	1:1 (0:1)	X		A	E		A			X	E	A	X			X			X			X	X1			X	A		E
31	30.03.19 H	FSV Zwickau	3:1 (2:0)	A		X3	X					X	E	A	X			X			X	E		A	X	X		X	E		
32	07.04.19 H	SC Fortuna Köln	1:1 (0:1)	X		X	X	E1	E			X		A	X			A			E	A		A	X	X		X			
33	13.04.19 H	FC Carl Zeiss Jena	1:2 (1:1)	X		X		A1		A		X		E	X			X			X			X	X	EA		X	E		
34	21.04.19 A	1. FC Kaiserslautern	2:0 (0:0)	E		A2	E	A	X			X	A		X			X			E			X	X	X		X	X		
35	27.04.19 H	VfL Sportfr. Lotte	0:0 (0:0)	X		X	E	A	X			X	X								A			A	X	X		X			E
36	03.05.19 A	VfL Osnabrück	2:1 (2:1)	X		A1	A	A	E			X		E	X			X				E	X		X	X		X1	X		
37	11.05.19 H	KFC Uerdingen 05	1:1 (1:1)	X		X	A	X			E		X	E	A	X1		A			X	E		X	X				X		
38	18.05.19 A	VfR Aalen	1:1 (0:0)	A	E			A	X1		X			A	X						X	X		X		X		X	X	E	E
	Spiele:			17	1	37	14	34	27	3	9	9	37	23	21	29	22	1	14	5	34	18	4	28	34	28	1	33	34	1	12
	Tore:			0	0	10	0	7	3	0	1	0	0	1	2	3	4	0	0	0	1	0	0	0	0	3	0	10	0	0	1

Gegnerisches Eigentor im 10. Spiel (durch Roßbach).

Bilanz der letzten 10 Jahre:

Saison	Lv.	Liga		Platz	Sp.	S	U	N	Tore	Pkt.
2008/09:	2	2. Bundesliga		13.	34	8	14	12	52-53	38
2009/10:	2	2. Bundesliga	↓	16.	34	10	6	18	33-45	36
2010/11:	3	3. Liga	↑	2.	38	24	6	8	70-36	78
2011/12:	2	2. Bundesliga	↓	18.	34	5	12	17	34-63	27
2012/13:	3	3. Liga		12.	38	11	11	16	39-52	44
2013/14:	3	3. Liga		13.	38	13	10	15	45-55	49
2014/15:	3	3. Liga		17.	38	11	8	19	54-68	41
2015/16:	3	3. Liga		10.	38	12	13	13	42-48	49
2016/17:	3	3. Liga		15.	38	10	16	12	44-46	46
2017/18:	3	3. Liga		6.	38	16	12	10	48-34	60

Zuschauerzahlen:

Saison	gesamt	Spiele	Schnitt
2008/09:	252.600	17	14.859
2009/10:	236.200	17	13.894
2010/11:	282.300	19	14.858
2011/12:	240.000	17	14.118
2012/13:	173.700	19	9.142
2013/14:	186.500	19	9.816
2014/15:	189.200	19	9.958
2015/16:	244.250	19	12.855
2016/17:	210.733	19	11.091
2017/18:	235.900	19	12.416

Die meisten Spiele in der 3. Liga:

Pl.	Name, Vorname	Spiele
1.	Wannenwetsch, Stefan	102
2.	Ahlschwede, Maximilian	100
3.	Jänicke, Tobias	97
4.	Pelzer, Sebastian	95
5.	Grupe, Tommy	93
6.	Schuhen, Marcel	91
7.	Ziemer, Marcel	90
8.	Hüsing, Oliver	82
9.	Mendy, Alexandre Noel	72

Die meisten Tore in der 3. Liga:

Pl.	Name, Vorname	Tore
1.	Ziemer, Marcel	26
2.	Andrist, Stephan	18
	Benyamina, Soufian	18
4.	Jänicke, Tobias	17
5.	Plat, Johan	14
	Savran, Halil	14
	Ziegenbein, Björn	14
8.	Breier, Pascal	13
9.	Blacha, David	12
10.	Schied, Marcel	11

Die Trainer der letzten Jahre:

Name, Vorname	Zeitraum
Kostmann, Marco (IT)	16.03.2010 – 30.06.2010
Vollmann, Peter	01.07.2010 – 06.12.2011
Wolf, Wolfgang	06.12.2011 – 03.09.2012
Fascher, Marc	05.09.2012 – 30.06.2013
Bergmann, Andreas	01.07.2013 – 03.04.2014
Roelofsen, Robert (IT)	03.04.2014 – 16.04.2014
Lottner, Dirk	16.04.2014 – 30.06.2014
Vollmann, Peter	01.07.2014 – 07.12.2014
Baumann, Karsten	09.12.2014 – 05.12.2015
Brand, Christian	07.12.2015 – 13.05.2017

Krefelder FC Uerdingen 1905

Anschrift: Dießemer Bruch 100a, 47805 Krefeld
Telefon: (0 21 51) 1 57 84 05
eMail: geschaeftsstelle@kfc-uerdingen.de
Homepage: www.kfc-uerdingen.de

Vereinsgründung: 17.11.1905 als FC 1905 Uerdingen; 17.10.1953 Fusion mit WSG Farbenfabrik Krefeld zu FC Bayer 05; 1995 FA selbständig
Vereinsfarben: Blau-Rot
Präsident: Mikhail Ponomarev
Geschäftsführer: Nikolas Weinhart
Stadion: Schauinsland-Reisen-Arena in Duisburg (31.502)

Größte Erfolge: Deutscher Pokalsieger 1985; Halbfinale Europapokal der Pokalsieger 1986; Meister der 2. Bundesliga Nord 1992 (↑); Aufstieg in die Bundesliga 1994; Aufstiegsrunde zur Bundesliga 1975 (↑), 1979 (↑) und 1983 (↑); Meister Regionalliga West 2018 (↑); Niederrheinpokalsieger 1982, 2001, 2019

Aufgebot:

Name, Vorname	Pos	geb. am	Nat.	seit	2018/19 Sp.	T.	gesamt Sp.	T.	frühere Vereine
Aigner, Stefan	M	20.08.1987	D	2018	31	6	31	6	Colorado Rapids, TSV 1860 München, Eintracht Frankfurt, TSV 1860 München, DSC Arminia Bielefeld, SV Wacker Burghausen, TSV 1860 München
Beister, Maximilian	M	06.09.1990	D	2018	31	11	33	11	Melbourne Victory FC, TSV 1860 München, 1. FSV Mainz 05, Hamburger SV ...
Benz, Robin	T	07.11.1995	D	2017	11	0	11	0	TSG Sprockhövel, VfL Bochum, TSG Sprockhövel
Bittroff, Alexander	A	19.09.1988	D	2017	11	0	58	0	Chemnitzer FC, FSV Frankfurt, FC Energie Cottbus, FSV Glückauf Brieske/Senftenberg, VfB Senftenberg 1910
Chessa, Dennis	M	19.10.1992	D	2017	6	0	29	0	SV Ried, VfR Aalen, FC Bayern München, SSV Ulm 1846
Daube, Dennis	M	11.07.1989	D	2018	4	0	4	0	1. FC Union Berlin, FC St. Pauli, SV Nettelnburg-Allermöhe
Dörfler, Johannes	S	23.08.1996	D	2016	23	2	23	2	MSV Duisburg, 1. FC Mönchengladbach, Borussia Mönchengladbach
Dorda, Christian	A	06.12.1988	D	2017	36	1	74	2	FC Hansa Rostock, KVC Westerlo, FC Utrecht, Heracles Almelo, SpVgg Greuther Fürth, Borussia Mönchengladbach, SC Wegberg
Endres, Joshua	S	22.03.1997	D	2017	0	0	0	0	RasenBallsport Leipzig, Würzburger FV, 1. FC Schweinfurt 05 ... (vgl. Seite 202)
Erb, Mario	A	16.06.1990	D	2017	21	1	221	15	RW Erfurt, SpVgg Unterhaching, Alem. Aachen, Bayern München, ESV München Ost
Grimaldi, Adriano	S	05.04.1991	D	2019	4	1	160	49	TSV 1860 München, SC Preußen Münster, 1. FC Heidenheim ... (vgl. Seite 126)
Großkreutz, Kevin	M	19.07.1988	D	2018	34	0	36	0	Darmstadt 98, VfB Stuttgart, Galatasaray Istanbul, Bor. Dortmund, Rot Weiss Ahlen, Bor. Dortmund, FC Merkur 07 Dortmund, Rot-Weiß Ohereving, VfL Kemminghausen
Holldack, Jan	M	11.05.1996	D	2017	14	0	14	0	Wuppertaler SV, Brentford FC, 1. FC Köln, FC Hennef 05, FSV Neunkirchen-Seelscheid
Ibrahimaj, Ali	M	18.08.1991	D	2018	10	3	10	3	SV Sandhausen, SV Waldhof, SF Siegen, SKV RW Darmstadt, FC Eddersheim, Alem. Königstädten, RW Walldorf, SV Nauheim, FSV Mainz 05, Alem. Königstädten
Kefkir, Oguzhan	S	27.08.1991	D	2017	29	6	126	17	VfR Aalen, Borussia Dortmund, Alemannia Aachen, VfL Bochum, SV Bayer Wuppertal
Khalil Mohammad, Necirwan	A	05.05.1992	SYR	2018	3	0	3	0	SC Wiedenbrück, TSV Alemannia Aachen, SV Wattenscheid 09, Borussia Mönchengladbach, TuS Grün-Weiß Wuppertal, BSV Kickers Emden, FC Norden
Konrad, Manuel	M	14.04.1988	D	2018	32	0	83	4	SG Dynamo Dresden, FSV Frankfurt, SpVgg Unterhaching, SC Freiburg, SSV Ulm 1846, TSV 1880 Neu-Ulm, TSV Obenhausen
Krempicki, Connor	M	14.09.1994	D	2017	31	2	31	2	Bonner SC, FC Viktoria Köln, TSG Hoffenheim, FC Schalke 04, SSV/FCA Rotthausen
Litka, Maurice Jerome	M	02.01.1996	D	2018	20	1	20	1	FC St. Pauli, TSV Wandsetal
Lukimya-Mulongoti, Assani	A	25.01.1986	COD	2019	14	0	46	3	Liaoning Hongyun FC, Werder Bremen, Fort. Düsseldorf, Carl Zeiss Jena, Hansa Rostock, Hertha BSC, SV Tasmania Gropiusstadt, SV Norden-Nordwest 98 Berlin
Maroh, Dominic	A	04.03.1987	SVN	2018	26	0	26	0	1. FC Köln, 1. FC Nürnberg, SSV Reutlingen 05, TSV Neckartailfingen
Matuschyk, Adam	M	14.02.1989	POL	2019	10	0	10	0	Zaglebie Lubin, Eintracht Braunschweig, 1. FC Köln, Fortuna Düsseldorf ...
Müller, Robert	A	12.11.1986	D	2018	2	0	314	16	VfR Aalen, SV Wehen Wiesbaden, FC Hansa Rostock ... (vgl. Seite 108)
Musculus, Lucas	S	16.01.1991	D	2017	8	1	8	1	Bonner SC, SV Bergisch Gladbach 09, FC Viktoria Köln ... (vgl. Seite 207)
Öztürk, Tanju	M	26.07.1989	D	2016	19	1	65	2	FC Schalke 04, MSV Duisburg, TSV Alemannia Aachen ... (vgl. Seite 132)
Osawe, Osayamen	S	03.09.1993	ENG	2019	17	6	87	23	FC Ingolstadt 04, 1. FC Kaiserslautern, Hallescher FC ... (vgl. Seite 76)
Pflücke, Patrick	M	30.11.1996	D	2018	19	1	97	2	Borussia Dortmund, 1. FSV Mainz 05, SG Dynamo Dresden, SC Borea Dresden
Reichwein, Marcel	S	21.02.1986	D	2017	0	0	193	59	VfL Wolfsburg, SC Preußen Münster, VfR Aalen ... (vgl. Seite 234)
Rodriguez, Roberto	M	28.07.1990	SUI	2019	13	3	13	3	FC Zürich, Novara Calcio, FC St. Gallen, AC Bellinzona, FC Wil 1900, Grasshopper-Club Zürich, FC Schwamendingen
Rüter, Florian	M	25.06.1990	D	2017	0	0	0	0	TSV Alemannia Aachen, SV Rödinghausen ... (vgl. Seite 199)
Schelenz, Lukas	M	15.05.1999	D	2018	0	0	0	0	RasenBallsport Leipzig, 1. FC Nürnberg, TSV Donndorf-Eckersdorf
Schneider, Tim	T	01.01.1998	D	2017	0	0	0	0	TSV Alemannia Aachen, VfL Bochum, Rot-Weiss Essen
Schorch, Christopher	A	30.01.1989	D	2017	19	1	93	3	FSV Frankfurt, Energie Cottbus, MSV Duisburg, VfL Bochum, 1. FC Köln, Energie Cottbus, 1. FC Köln, Real Madrid, Hertha BSC, Hallescher FC, Nietlebener SV Askania
Schwertfeger, Kai	A	08.09.1988	D	2017	0	0	70	4	Wuppertaler SV, FC Hansa Rostock, Karlsruher SC ... (vgl. Seite 212)
Udegbe, Robin	T	20.03.1991	D	2019	0	0	0	0	SC Rot-Weiß Oberhausen, KFC Uerdingen 05, VVV Venlo ... (vgl. Seite 210)
Vollath, René	T	20.03.1990	D	2017	28	0	138	0	Karlsruher SC, SV Wacker Burghausen, TSG 1899 Hoffenheim, 1. FC Nürnberg, FC Linde Schwandorf, 1. FC Schwarzenfeld
Yesil, Samed	S	25.05.1994	D	2018	2	0	2	0	Panionios Athen, FC Luzern, Liverpool FC, Bayer 04 Leverkusen, BV 04 Düsseldorf, CfR links Düsseldorf

Trainer:

Name, Vorname	geb. am	Nat.	Zeitraum	Spiele 2018/19	frühere Trainerstationen
Krämer, Stefan	23.03.1967	D	15.03.18 – 28.01.19	21	FC Rot-Weiß Erfurt, FC Energie Cottbus, DSC Arminia Bielefeld, SV Roßbach-Verscheid, SG Neuwied/Irlich/Hüllenberg, SV Neuwied, FV Rheinbrohl
Reisinger, Stefan (IT)	14.09.1981	D	29.01.19 – 02.02.19	1	SpVgg Unterhaching Junioren
Meier, Norbert	20.09.1958	D	03.02.19 – 15.03.19	7	1. FC Kaiserslautern, SV Darmstadt 98, Arminia Bielefeld, Fortuna Düsseldorf ...
Heinemann, Frank (IT)	08.01.1965	D	16.03.19 – 29.04.19	6	VfL Bochum (Interimstrainer)
Vogel, Heiko	21.11.1975	D	30.04.19 – lfd.	3	SK Sturm Graz, FC Bayern München II, FC Basel, FC Bayern München Junioren

Zugänge: Aigner (Colorado Rapids), Daube (1. FC Union Berlin), Großkreutz (SV Darmstadt 98), Ibrahimaj (SV Sandhausen), Khalil Mohammad (SC Wiedenbrück), Konrad (SG Dynamo Dresden), Litka (FC St. Pauli), Maroh (1. FC Köln), R. Müller (VfR Aalen), Schelenz (RB Leipzig Jun.), Yesil (Panionios Athen).
während der Saison:
Grimaldi (TSV 1860 München), Lukimya-Mulongoti (Liaoning Hongyun FC), Matuschyk (Zaglebie Lubin), Osawe (FC Ingolstadt 04), Pflücke (Borussia Dortmund II), Rodriguez (FC Zürich), Udegbe (SC Rot-Weiß Oberhausen).

Abgänge: Binder (1. FC Kaan-Marienborn 07), Ellguth (SV Straelen), C. Müller (SC Herford), Pino Tellez (FC Rot-Weiß Erfurt), Takyi (Laufbahn beendet).
während der Saison:
Endres (Fortuna Düsseldorf II), Müller (FC Energie Cottbus), Musculus (FC Viktoria Köln), Öztürk (FC Hansa Rostock), Reichwein (TSV Steinbach), Rüter (TSV Alemannia Aachen), Schelenz (TSV Neudrossenfeld), Schwertfeger (SV Straelen).

Fortsetzung Krefelder FC Uerdingen 1905

Aufstellungen und Torschützen:

Sp	Datum		Gegner	Ergebnis	Aigner	Beister	Benz	Bittroff	Chessa	Daube	Dörfler	Dorda	Erb	Grimaldi	Großkreutz	Holldack	Ibrahimaj	Kefkir	Khalil Moh.	Konrad	Krempicki	Litka	Lukimya-M.	Maroh	Matuschyk	Müller	Musculus	Öztürk	Osawe	Pflücke	Rodriguez	Schorch	Vollath	Yesil
1	29.07.18	H	SpVgg Unterhaching	1:3 (0:1)	X1	X		X		A	E	X	X		A	E				A	X							E				X	X	
2	04.08.18	A	Würzburger Kickers	2:0 (0:0)	A	A					E	X	X		X	E	A1	E1		X	X							X				X	X	
3	08.08.18	H	SV Meppen	3:2 (0:1)	A	A					E1	X	X		X			E	X1	A	X							E1	X			X	X	
4	12.08.18	A	TSV 1860 München	1:0 (0:0)	X	A			A			X	X		X		E1	X		E	A							E	X			X	X	
5	24.08.18	H	SGS Großaspach	0:0 (0:0)	A	X					X	X			X	E	A	X		A								E	X	E		X	X	
6	01.09.18	A	Preußen Münster	1:0 (0:0)	X	A			A	E	X	X		A	E			X		X	E							X1				X	X	
7	15.09.18	H	Hallescher FC	2:1 (1:0)	X1	A					E	X	X		A	E		X1		X	E					A		X				X	X	
8	22.09.18	A	Karlsruher SC	0:2 (0:1)	A	E					E	X	X		X	A		X		X	X	A						E				X	X	
9	26.09.18	H	FSV Zwickau	1:2 (0:0)	X1	X					XG	X	X		A			E		A	E	X						E	X	A			X	
10	29.09.18	A	SC Fortuna Köln	2:1 (0:0)	A1							X	A		X	E	A1			X	X	E	X					X				X	X	E
11	06.10.18	H	FC Carl Zeiss Jena	2:1 (1:1)	A2	E	X		X		E		X			A				X	X	A						X				X		E
12	20.10.18	A	1. FC Kaiserslautern	0:2 (0:1)	X	E			A		E	X		A			E			X	A							X				X	X	
13	27.10.18	H	VfL Sportfr. Lotte	0:2 (0:1)	X						E			A	E	E	X			X	A	A						X				X	X	
14	05.11.18	A	VfL Osnabrück	1:2 (0:0)	A	XG		E			X			X	E	A	A			X	E		X					X				X1	X	
15	10.11.18	A	Eintr. Braunschweig	2:0 (2:0)	X			E			E	X1		X	E	A1	X			A					A	X						X	X	
16	24.11.18	H	VfR Aalen	2:0 (1:0)	X	X1					E	X		X		A	A1	E		X		X					A		E			X	X	
17	01.12.18	A	FC Energie Cottbus	2:0 (0:0)		X1		E			A	X		A	E					X	X	E1		A	X							X	X	
18	08.12.18	H	FC Hansa Rostock	2:1 (1:1)	X	X2		A			E	X			E		A			X	A	E			X			X				X	X	
19	17.12.18	A	SV Wehen	2:0 (0:0)	X	A1					A	X			X		E1	E		X	X	A		X		X			E			X		
20	23.12.18	A	SpVgg Unterhaching	0:4 (0:3)	X	X						X			X		A	E		A	A	E						X		E		X	X	
21	27.01.19	H	Würzburger Kickers	0:3 (0:1)	X	A					E	X			X			X		E	X	A		X				A	E			X	X	
22	02.02.19	A	SV Meppen	2:3 (0:0)	A	X1			A			X	X		E			X		E								X1	E	A		X		
23	09.02.19	H	TSV 1860 München	1:1 (0:0)	X	X					E	X	X		E			X		E				A	X			X		A1				
24	16.02.19	A	SGS Großaspach	2:3 (1:1)	X	X1					X	E	A		E					X	E	X	A		X			X1		A				
25	25.02.19	H	Preußen Münster	0:0 (0:0)	A	A					X	X								X	X	E	X		X			X	E					
26	01.03.19	A	Hallescher FC	0:4 (0:3)	A	X			E	E	X			A						X	X	X	X		X			A	E					
27	08.03.19	H	Karlsruher SC	1:3 (1:2)		X	E				X	X	X							A	E	X		X				X	E	X1	A			
28	12.03.19	A	FSV Zwickau	0:2 (0:1)		X	X				E	X			X		A			A	X	X	A					X	E	E				
29	15.03.19	H	SC Fortuna Köln	1:1 (1:1)	X1	X	E				E	X		A	X					A	X	X						X	A	E				
30	23.03.19	A	FC Carl Zeiss Jena	0:0 (0:0)	A	X	X	A			X		X	X						E	X	X	X		X			E	E	A				
31	29.03.19	H	1. FC Kaiserslautern	2:4 (1:2)	E	X1	X					X	E	X1			E			A		X	A	X	A	X		A						
32	06.04.19	A	VfL Sportfr. Lotte	3:1 (3:0)	X	X1	X	E				X1	E	A						X	X1	X		A					E	A				
33	14.04.19	H	VfL Osnabrück	1:3 (0:1)	X	X1	X	E			X		A		E					X	A	X	A					E	X	X				
34	22.04.19	A	Eintr. Braunschweig	0:3 (0:1)	XG	X				A	E	X	X							X	X	X						E	A	X				
35	27.04.19	A	VfR Aalen	4:2 (1:0)		X	E					X	X		E					X	A	X	A					X3	X	A1				
36	05.05.19	H	FC Energie Cottbus	1:2 (1:1)	X		X					X	X		A		E	E		X	X							X1	A					
37	11.05.19	A	FC Hansa Rostock	1:1 (1:1)			E	E		A	A	X		X	E					A	X1	X	X					X	X				X	
38	18.05.19	H	SV Wehen	2:3 (1:2)			X		A1		A		X					E		A	X	E	X					X1	X	E			X	
	Spiele:				31	31	11	11	6	4	23	36	21	4	34	14	10	29	3	32	31	20	14	26	10	2	8	19	17	19	13	19	28	2
	Tore:				6	11	0	0	0	0	2	1	1	1	0	0	3	6	0	0	2	1	0	0	0	0	1	6	1	3	1	0	0

Bilanz der letzten 10 Jahre:

Saison	Lv.	Liga		Platz	Sp.	S	U	N	Tore	Pkt.
2008/09:	6	Niederrheinliga		8.	34	14	5	15	43-50	47
2009/10:	6	Niederrheinliga		3.	32	14	14	4	64-36	56
2010/11:	6	Niederrheinliga	↑	1.	36	26	6	4	93-31	84
2011/12:	5	NRW-Liga		8.	34	16	8	10	56-50	56
2012/13:	5	Oberliga Nordrhein	↑	1.	38	30	6	2	98-32	96
2013/14:	4	Regionalliga West		17.	36	6	9	21	30-71	27
2014/15:	4	Regionalliga West	↓	15.	34	8	10	16	34-63	34
2015/16:	5	Oberliga Niederrhein		2.	34	18	8	8	59-38	62
2016/17:	5	Oberliga Niederrhein	↑	1.	34	27	5	2	83-20	86
2017/18:	4	Regionalliga West	↑	1.	34	22	10	2	68-24	76

Zuschauerzahlen:

Saison	gesamt	Spiele	Schnitt
2008/09:	16.835	17	990
2009/10:	30.003	16	1.875
2010/11:	36.468	18	2.026
2011/12:	41.856	17	2.462
2012/13:	39.123	19	2.059
2013/14:	36.372	18	2.021
2014/15:	37.052	17	2.180
2015/16:	25.569	17	1.504
2016/17:	29.257	17	1.721
2017/18:	48.107	17	2.830

Die meisten Spiele in der 3. Liga:

Pl.	Name, Vorname	Spiele
1.	Dorda, Christian	36
2.	Großkreutz, Kevin	34
3.	Konrad, Manuel	32
4.	Aigner, Stefan	31
	Beister, Maximilian	31
	Krempicki, Connor	31
7.	Kefkir, Oguzhan	29
8.	Vollath, René	28
9.	Maroh, Dominic	26
10.	Dörfler, Johannes	23

Die meisten Tore in der 3. Liga:

Pl.	Name, Vorname	Tore
1.	Beister, Maximilian	11
2.	Aigner, Stefan	6
	Kefkir, Oguzhan	6
	Osawe, Osayamen	6
5.	Ibrahimaj, Ali	3
	Rodriguez, Roberto	3
7.	Dörfler, Johannes	2
	Krempicki, Connor	2

Die Trainer der letzten Jahre:

Name, Vorname	Zeitraum
Jung, Jörg	16.11.2011 – 25.05.2012
Albayrak, E. + Kockel, R.	26.05.2012 – 30.06.2012
van der Luer, Eric	01.07.2012 – 28.03.2014
Albayrak, Erhan	29.03.2014 – 15.04.2014
Tekkan, Ersan	16.03.2014 – 21.04.2014
Salar, Murat	22.04.2014 – 18.05.2015
Boris, Michael	01.07.2015 – 01.03.2016
Großkopf, Jörn	21.03.2016 – 30.06.2016
Pawlak, Andre	01.07.2016 – 30.05.2017
Wiesinger, Michael	01.07.2017 – 15.03.2018

SpVgg Unterhaching 1925

Anschrift:
Am Sportpark 9
82008 Unterhaching
Telefon: (0 89) 6 15 59 16-0
eMail: info@spvggunterhaching.de
Homepage: www.spvggunterhaching.de

Vereinsgründung: 01.01.1925

Vereinsfarben: Rot-Blau
Präsident: Manfred Schwabl

Stadion:
Alpenbauer Sportpark (15.053)

Größte Erfolge: Aufstieg in die Bundesliga 1999; Meister der Regionalliga Süd 1995 (↑) und 2003 (↑); Meister der Regionalliga Bayern 2017 (↑); Meister der Amateur-Oberliga Bayern 1983, 1988, 1989 (↑) und 1992 (↑); Sieger im Bayerischen Verbandspokal 2008, 2012 und 2015

Aufgebot: Name, Vorname	Pos	geb. am	Nat.	Seit	2018/19 Sp.	T.	gesamt Sp.	T.	frühere Vereine
Anspach, Niclas	M	22.07.2000	D	2016	1	0	1	0	TSV 1860 Rosenheim, TSV Bad Endorf, TSV 1860 Rosenheim
Bauer, Maximilian	A	23.02.1995	D	2015	10	0	37	0	SV Heimstetten, SpVgg Unterhaching, FC Bayern München, TuS Geretsried
Bigalke, Sascha	M	08.01.1990	D	2016	33	2	119	14	SpVgg Unterhaching, 1. FC Köln, SpVgg Unterhaching, Hertha BSC, Reinickendorfer Füchse
Dombrowka, Max	A	24.03.1992	D	2015	30	0	92	3	Rot-Weiss Essen, FC Bayern München, SC Amicitia München
Ehlich, Christoph	S	02.02.1999	D	2014	4	0	4	0	TSV 1860 München
Endres, Marc	A	22.02.1991	D	2018	29	3	150	9	Chemnitzer FC, 1. FC Heidenheim, SC Freiburg, SC Pfullendorf, FC Rot-Weiß Salem, TuS Immenstaad
Greger, Christoph	A	14.01.1997	D	2016	33	2	65	3	TSV 1860 München, SV Lochhausen
Hagn, Thomas	A	28.02.1995	D	2017	15	0	80	6	VfB Stuttgart, SpVgg Unterhaching, FC Bayern München, SC Eintracht Freising, TSV Allershausen
Hain, Stephan	S	27.09.1988	D	2016	28	13	65	32	TSV 1860 München, FC Augsburg, SpVgg Ruhmannsfelden, TSV Lindberg, SV 1922 Zwiesel
Hong, Hyun-seok	M	16.06.1999	KOR	2018	7	0	7	0	Ulsan Hyundai
Hufnagel, Lucas	M	29.01.1994	GEO	2018	28	3	76	7	1. FC Nürnberg, SC Freiburg, SpVgg Unterhaching, FC Ingolstadt 04, FC Bayern München, TSV Milbertshofen
Kaltner, Alexander	S	24.10.1999	D	2007	3	0	3	0	eigene Junioren
Kiomourtzoglou, Orestis	M	07.05.1998	D	2005	27	2	56	4	eigene Junioren
Königshofer, Lukas	T	16.03.1989	AUT	2017	36	0	52	0	SV Stuttgarter Kickers, Hallescher FC, SK Rapid Wien, SK Austria Kärnten, FC Kärnten, FC Admira Wacker Mödling, FK Austria Wien, FC Admira Wacker Mödling
Krauß, Maximilian	S	24.11.1996	D	2018	15	1	15	1	1. FC Nürnberg, SpVgg Bayern Hof, FC Eintracht Münchberg
Mantl, Nico	T	06.02.2000	D	2011	2	0	4	0	FC Deisenhofen
Marseiler, Luca	M	18.02.1997	D	2007	29	7	36	7	eigene Junioren
Müller, Jim-Patrick	M	04.08.1989	D	2016	15	4	138	21	SG Dynamo Dresden, SV Sandhausen, SSV Jahn 2000 Regensburg, SpVgg Greuther Fürth, SC 04 Schwabach, TSV Roth 1859
Porath, Finn	M	23.02.1997	D	2017	29	1	60	6	Hamburger SV, VfB Lübeck, Sport und Freizeit Herrnburg
Schimmer, Stefan	S	28.04.1994	D	2017	34	13	63	16	FC Memmingen 07, FC Gundelfingen
Schwabl, Markus	M	26.08.1990	D	2018	31	0	204	2	Fleetwood Town FC, VfR Aalen, SpVgg Unterhaching, TSV 1860 München, SpVgg Unterhaching, TuS Holzkirchen
Stahl, Dominik	M	20.08.1988	D	2016	25	0	52	3	TSV 1860 München, TSG 1899 Hoffenheim, TSV Tauberbischofsheim, SV Osterburken
Welzmüller, Josef	A	10.01.1990	D	2014	5	1	51	2	SV Heimstetten, SC Fürstenfeldbruck, SB DJK Rosenheim
Widemann, Dominik	S	30.07.1996	D	2018	27	0	53	9	1. FC Heidenheim, SpVgg Unterhaching, SC Fürstenfeldbruck, TSV Moorenweis
Winkler, Alexander	A	26.01.1992	D	2015	32	1	65	1	SpVgg Neckarelz, SV Wacker Burghausen, SpVgg Unterhaching, FC Bayern München, SpVgg Feldmoching

Trainer: Name, Vorname	geb. am	Nat.	Zeitraum	Spiele 2018/19	frühere Trainerstationen
Schromm, Claus	21.04.1969	D	26.03.2015 – lfd.	38	SpVgg Unterhaching U19, SpVgg Unterhaching, SV Heimstetten, TSV 1860 München U19, SpVgg Unterhaching U19

Zugänge:
Ehlich, Hong und Kaltner (eigene Junioren), Endres (Chemnitzer FC), Hufnagel (1. FC Nürnberg), Krauß (1. FC Nürnberg II), Schwabl (Fleetwood Town FC), Widemann (1. FC Heidenheim).
während der Saison:
Anspach (eigene Junioren).

Abgänge:
Lux (SSV Ulm 1846), K. Müller (FC St. Pauli), Nicu (Laufbahn beendet), Piller (1. FC Schweinfurt 05), Rosenzweig (TSV Buchbach), Schels (SV Heimstetten), Steinherr (FC 08 Homburg), Taffertshofer (VfL Osnabrück), Zettl (VfR Garching).

Fortsetzung SpVgg Unterhaching 1925

Aufstellungen und Torschützen:

Sp	Datum	Gegner	Ergebnis	Anspach	Bauer	Bigalke	Dombrowka	Ehlich	Endres	Greger	Hagn	Hain	Hong	Hufnagel	Kaltner	Kiomourtzoglou	Königshofer	Krauß	Mantl	Marseiler	Müller	Porath	Schimmer	Schwabl	Stahl	Welzmüller	Widemann	Winkler
				1	2	3	4	5	6	7	8	9	10	11	12	13	14	15	16	17	18	19	20	21	22	23	24	25
1	29.07.18 A	KFC Uerdingen 05	3:1 (1:0)			X	X		X			X		A1		E	X			E	A2	A		X	X		E	X
2	04.08.18 H	VfR Aalen	0:0 (0:0)			X^G	X		X	E		X		X			X			EA	A	X	E	A	X			X
3	08.08.18 A	FC Energie Cottbus	2:2 (1:0)		E		X		X		E	X		X			X			A1		A	E	X	X		A	X
4	11.08.18 H	FC Hansa Rostock	2:1 (1:0)			X			X		E	X1		A		E	X			A1		A		X	X	X	E	X
5	25.08.18 A	SV Wehen Wiesbaden	2:1 (0:1)			X	E		A	X	X1		A	E		E	X			X		X	E1	X	X			A
6	01.09.18 H	Eintr. Braunschweig	3:0 (1:0)			A			X	X	E	X1		A		E	X			A1		X			X	X1	E	X
7	16.09.18 H	Würzburger Kickers	0:1 (0:0)		E	X			X	X		X				A	X	E		A		X			X	A	E	X
8	22.09.18 A	SV Meppen	3:3 (1:1)	X	A	X			X	X	E	A				E	X				X1	A1	X1		X		E		
9	26.09.18 H	TSV 1860 München	1:1 (0:0)			X			X	X	E	X	A			X				A		X	E1	X	A	E	X	
10	29.09.18 A	SGS Großaspach	1:1 (0:1)	A	X				X	X	X1					X	E			A		E	E	X	A		X	X
11	06.10.18 H	SC Preußen Münster	1:1 (1:0)			X			X	X	E	X1				A	X	E		A		A	E	X	X			
12	20.10.18 A	Hallescher FC	1:1 (0:0)		A			X1	X	E	X		X			X				A		X	E	X	X			
13	27.10.18 H	Karlsruher SC	0:0 (0:0)			X			X	X		A				A	X			X	E	A	E	X	X		E	
14	03.11.18 A	FSV Zwickau	2:2 (1:1)		A	A			X	X		X1				X				A	E	E	X1	X	X		E	
15	11.11.18 H	SC Fortuna Köln	6:0 (3:0)		A	X		X1	X1		X2					X				A1	E	E	X1	A	X		E	X
16	24.11.18 H	FC Carl Zeiss Jena	5:4 (2:2)		X	E		X1	X		X3	X1				X				A	E	E	A	X	A			X
17	30.11.18 H	1. FC Kaiserslautern	5:0 (2:0)		X1	X		X	X	X	E	X1	X			E	X			A1	E1		A1	X	A			
18	09.12.18 A	Sportfreunde Lotte	0:0 (0:0)		A	X		X	X	X		X				X				A		E	X	X	X			E
19	15.12.18 H	VfL Osnabrück	1:1 (0:0)		A	X		A	X	X		X1				X				A	E		X	X	X		E	E
20	23.12.18 H	KFC Uerdingen 05	4:0 (3:0)			X1	X		X	X		X		A		E	X			A	E	E	A2	X				X1
21	09.02.19 A	FC Hansa Rostock	0:2 (0:1)	E		X	X		X	X		A				E	X				A	X	X				E	X
22	15.02.19 H	SV Wehen Wiesbaden	1:2 (1:1)			X	X		X	X		A				E	X			E		A	X1	X			E	
23	23.02.19 A	Eintr. Braunschweig	0:1 (0:1)	A		X				X		A		X	E		X			A		E	X	X			E	
24	27.02.19 A	VfR Aalen	1:4 (0:2)			X	X		X			X	E	A		E1	X					X	X	X			E	A
25	04.03.19 A	Würzburger Kickers	1:0 (1:0)			A	E		X	X		X				X				A			X1	X			E	X^G
26	09.03.19 H	SV Meppen	0:1 (0:1)	A			X			X	E		E			X	E				A		X	X	X	A		
27	12.03.19 A	TSV 1860 München	0:1 (0:1)		A	A			X	X		E	X			A	X	E					X	X			E	X^G
28	16.03.19 H	SGS Großaspach	0:0 (0:0)			X	X		X	A	A	X		E	E		E						X	X		E		
29	20.03.19 H	FC Energie Cottbus	0:0 (0:0)			X	X		X	X				E		X	A					E	X	X		A		X
30	23.03.19 A	SC Preußen Münster	0:3 (0:1)			X	X			X	E		A		E	A	X	A				X	X	X		E		
31	30.03.19 H	Hallescher FC	0:0 (0:0)		X	X	A		X				E	X		A	X	A			E		X	X		E		
32	06.04.19 A	Karlsruher SC	0:4 (0:0)		A	X	X	E		X		A		E	X			X		A	X	X	X	E				
33	14.04.19 H	FSV Zwickau	0:1 (0:0)		X	X	X	E				A		X	X		E	A			X	X		X		E		
34	20.04.19 A	SC Fortuna Köln	1:1 (1:1)			X	E		X			X		X	X		A			A	A1	E	X	X		E		
35	28.04.19 H	FC Carl Zeiss Jena	0:1 (0:1)			X			E	X		X		X	X		A			A	A	E	X	X		E		
36	04.05.19 A	1. FC Kaiserslautern	0:4 (0:0)	A	X	X	X		X	X	E	X		X			E	X		E	A	A						X
37	11.05.19 H	Sportfreunde Lotte	3:0 (1:0)			X	X		X	X				A		X1	X	A		A1	E		E1	X	E			X
38	18.05.19 A	VfL Osnabrück	4:1 (3:0)			X	A		X1	E		E	X	X			A1	X	A			E	X2	X				X
	Spiele:			1	10	33	30	4	29	33	15	28	7	28	3	27	36	15	2	29	15	29	34	31	25	5	27	32
	Tore:			0	0	2	0	0	3	2	0	13	0	3	0	2	0	1	0	7	4	1	13	0	0	1	0	1

Bilanz der letzten 10 Jahre:

Saison	Lv.	Liga		Platz	Sp.	S	U	N	Tore	Pkt.
2008/09:	3	3. Liga		4.	38	20	7	11	57-46	67
2009/10:	3	3. Liga		11.	38	13	11	14	52-52	50
2010/11:	3	3. Liga		14.	38	11	12	15	39-55	45
2011/12:	3	3. Liga		15.	38	12	8	18	63-59	44
2012/13:	3	3. Liga		9.	38	14	9	15	48-55	51
2013/14:	3	3. Liga		17.	38	11	10	17	50-65	43
2014/15:	3	3. Liga (2 Punkte Abzug)	↓	19.	38	11	8	19	51-67	39
2015/16:	4	Regionalliga Bayern		4.	34	15	11	8	59-32	56
2016/17:	4	Regionalliga Bayern	↑	1.	34	25	8	1	95-23	83
2017/18:	3	3. Liga		9.	38	16	6	16	54-55	54

Zuschauerzahlen:

Saison	gesamt	Spiele	Schnitt
2008/09:	61.150	19	3.218
2009/10:	50.550	19	2.661
2010/11:	40.900	19	2.153
2011/12:	31.500	19	1.658
2012/13:	55.950	19	2.945
2013/14:	42.360	19	2.229
2014/15:	48.250	19	2.539
2015/16:	21.550	17	1.268
2016/17:	32.900	17	1.935
2017/18:	55.700	19	2.932

Die meisten Spiele in der 3. Liga:

Pl.	Name, Vorname	Spiele
1.	Schwabl, Markus	149
2.	Bigalke, Sascha	119
3.	Kampa, Darius	109
4.	Voglsammer, Andreas	95
5.	Zillner, Robert	87
6.	Schweinsteiger, Tobias	86
7.	Hufnagel, Lucas	76
	Schulz, Thorsten	76
9.	Müller, Korbinian	73
10.	Thiel, Yannic	69

Die meisten Tore in der 3. Liga:

Pl.	Name, Vorname	Tore
1.	Hain, Stephan	32
2.	Fink, Anton	21
	Voglsammer, Andreas	21
4.	Schweinsteiger, Tobias	20
5.	Amachaibou, Abdenour	18
6.	Tunjic, Mijo	17
7.	Niederlechner, Florian	16
	Rathgeber, Thomas	16
	Schimmer, Stefan	16

Die Trainer der letzten Jahre:

Name, Vorname	Zeitraum
Brehme, Andreas	01.07.2004 – 11.04.2005
Deutinger, Heribert	11.04.2005 – 19.03.2007
Lorant, Werner	23.03.2007 – 30.06.2007
Hasenhüttl, Ralph	01.07.2007 – 22.02.2010
Lust, Matthias (IT)	22.02.2010 – 22.03.2010
Augenthaler, Klaus	23.03.2010 – 30.06.2011
Herrlich, Heiko	01.07.2011 – 30.06.2012
Schromm, Claus	01.07.2012 – 03.01.2014
Baum, Manuel	03.01.2014 – 20.03.2014
Ziege, Christian	20.03.2014 – 25.03.2015

SV Wehen Wiesbaden

Anschrift:
Berliner Straße 9
65189 Wiesbaden
Telefon: (06 11) 5 04 01-0
eMail: info@svww.de
Homepage: www.svww.de

Vereinsgründung: 01.01.1926 als SV Wehen; 1933 aufgelöst; 20.03.1946 Neugründung; ab 03.02.1995 SV Wehen Taunusstein; seit 2007 SV Wehen Wiesbaden

Vereinsfarben: Rot-Schwarz-Gold
Präsident: Markus Hankammer
Sportdirektor: Christian Hock

Stadion: BRITA-Arena (12.566)

Größte Erfolge: Meister der Regionalliga Süd 2007 (↑); Meister der Oberliga Hessen 1997 (↑); Aufstieg in die 2. Bundesliga 2019; Qualifikation zur Regionalliga Süd 1994; Pokalsieger Hessen 1988, 1996, 2000, 2011 und 2017; Qualifikation für den DFB-Pokal 1992; Meister der Landesliga Hessen Mitte 1989 (↑)

Aufgebot:

Name, Vorname	Pos	geb. am	Nat.	seit	2018/19 Sp.	T.	gesamt Sp.	T.	frühere Vereine
Albrecht, Jan	T	12.04.1998	D	2012	0	0	0	0	VfR 07 Limburg, TuS Dehrn
Andrist, Stephan	M	12.12.1987	SUI	2017	15	3	130	38	FC Hansa Rostock, FC Aarau, FC Basel, FC Luzern, FC Basel, FC Thun, FC Dürrenast
Brandstetter, Simon	S	02.05.1990	D	2018	19	2	115	22	MSV Duisburg, FC Rot-Weiß Erfurt, Karlsruher SC, SC Freiburg, SV Stuttgarter Kickers, VfL Kirchheim/Teck, VfB Stuttgart, FV 09 Nürtingen, TSV Oberensingen
Dams, Niklas	A	28.05.1990	D	2015	24	1	107	5	Servette FC Genf, Borussia Mönchengladbach, Fortuna Düsseldorf, ASV Tiefenbroich
Diawusie, Agyemang	S	12.02.1998	D	2019	14	2	49	6	FC Ingolstadt 04, RasenBallsport Leipzig, 1. FC Nürnberg, SSV Jahn 2000 Regensburg, SV Fortuna Regensburg
Dittgen, Maximilian	M	03.03.1995	D	2017	24	0	81	6	1. FC Kaiserslautern, SG Sonnenhof Großaspach, 1. FC Nürnberg, FC Schalke 04, Borussia Dortmund, FC Schalke 04, MSV Duisburg, SC Rheinkamp
Guder, René	S	06.09.1994	D	2018	10	0	35	3	SC Weiche Flensburg 08, Holstein Kiel, ETSV Weiche, Holstein Kiel, Hamburger SV, VfL Maschen
Gül, Gökhan	M	17.07.1998	D	2019	11	1	11	1	Fortuna Düsseldorf, VfL Bochum, SC Arminia Ickern, Sportfreunde Habinghorst
Hansch, Florian	S	22.08.1995	D	2019	13	3	89	12	SV Sandhausen, Chemnitzer FC, FSV Budissa Bautzen, Chemnitzer FC, TSV IFA Chemnitz, Chemnitzer FC, FV Eintracht Erdmannsdorf/Augustusburg
Kolke, Markus	T	18.08.1990	D	2011	37	0	210	0	SV Waldhof Mannheim, Eintr. Frankfurt, Viktoria Aschaffenburg, TSV Großheubach
Kuhn, Moritz	M	01.08.1991	D	2017	30	5	67	5	SV Sandhausen, SG Sonnenhof Großaspach, VfB Stuttgart, TV Nellingen, VfL Kirchheim/Teck, VfB Stuttgart, TV Nellingen, TB Ruit
Kyereh, Daniel-Kofi	M	08.03.1996	D	2018	34	15	34	15	TSV Havelse, VfL Wolfsburg, Eintracht Braunschweig
Leibold, Giona	M	22.08.2000	D	2010	1	0	1	0	FSV Kloppenheim
Lorch, Jeremias	M	02.12.1995	D	2017	29	3	81	4	SG Sonnenhof Großaspach, SGV Freiberg/N., VfB Stuttgart, TSV Meimsheim
Martinovic, Dominik	S	25.03.1997	CRO	2018	1	0	11	2	RasenBallsport Leipzig, FC Bayern München, VfB Stuttgart, SportKultur Stuttgart
Mintzel, Alf	M	21.12.1981	D	2010	22	0	325	23	SV Sandhausen, Offenbacher FC Kickers, 1. SC Feucht, SpVgg Greuther Fürth, Würzburger FV, ASV Rimpar
Mockenhaupt, Sascha	A	10.09.1991	D	2017	36	1	89	4	FK Bodö/Glimt, 1. FC Kaiserslautern, VfR Aalen, 1. FC Kaiserslautern, SG 06 Betzdorf, Bayer 04 Leverkusen, JSG Weitefeld
Modica, Giuliano	A	12.03.1991	ITA	2018	7	0	45	2	1. FC Kaiserslautern, SG Dynamo Dresden, Offenbacher FC Kickers, Eintracht Frankfurt, 1. FC Kaiserslautern, Offenbacher FC Kickers, SG Rosenhöhe Offenbach, FC Kickers Obertshausen
Mrowca, Sebastian	M	16.01.1994	POL	2014	22	1	113	4	FC Energie Cottbus, FC Bayern München, SG Hausham 01
Reddemann, Sören-Kurt	A	16.05.1996	D	2017	15	1	31	2	RasenBallsport Leipzig, 1. FC Lok Leipzig, FC Sachsen Leipzig
Ruprecht, Steven	A	24.06.1987	D	2015	0	0	216	25	FC Hansa Rostock, Hallescher FC, SC Rot-Weiß Oberhausen, ... (vgl. Seite 120)
Schäffler, Manuel	S	06.02.1989	D	2016	32	16	188	64	Holstein Kiel, FC Ingolstadt 04, TSV 1860 München, MSV Duisburg, TSV 1860 München, TSV Moorenweis
Schmidt, Niklas	M	01.03.1998	D	2018	33	5	95	10	SV Werder Bremen, FC Rot-Weiß Erfurt, OSC Vellmar, SpVgg Olympia Kassel
Schönfeld, Patrick	M	21.06.1989	D	2018	15	2	83	7	Eintracht Braunschweig, FC Erzgebirge Aue, DSC Arminia Bielefeld, SC Rot-Weiß Oberhausen, FSV Erlangen-Bruck, SK Lauf, 1. FC Nürnberg, 1. SC Feucht, FC Ludwigschorgast
Schwadorf, Jules	M	19.10.1992	D	2016	29	2	58	3	FC Viktoria Köln, SG Wattenscheid 09, TSG 1899 Hoffenheim, Fortuna Düsseldorf, Bayer 04 Leverkusen, SF Troisdorf, 1. FC Köln, SV Grün-Weiß Brauweiler, SV Weiden
Shipnoski, Nicklas	S	01.01.1998	D	2018	23	6	23	6	1. FC Kaiserslautern, SV Kirchheimbolanden
Titsch Rivero, Marcel	M	02.11.1989	D	2018	25	2	73	7	1. FC Heidenheim, Eintr. Frankfurt, SG Rosenhöhe Offenbach, SpVgg 03 Neu-Isenburg
Wachs, Marc	A	10.07.1995	D	2018	10	0	80	1	VfL Osnabrück, SG Dynamo Dresden, 1. FSV Mainz 05, SV Niedernhausen, 1. FSV 08 Schierstein
Watkowiak, Lukas	T	06.03.1996	T	2017	1	0	19	0	1. FSV Mainz 05, FSV Frankfurt, SG Sossenheim

Trainer:

Name, Vorname	geb. am	Nat.	Zeitraum	Spiele 2018/19	frühere Trainerstationen
Rehm, Rüdiger	22.11.1978	D	13.02.2017 – lfd.	38	DSC Arminia Bielefeld, SG Sonnenhof Großaspach

Zugänge:
Guder (SC Weiche Flensburg 08), Kyereh (TSV Havelse), Modica und Shipnoski (1. FC Kaiserslautern), Schmidt (SV Werder Bremen II), Schönfeld (Eintracht Braunschweig), Wachs (VfL Osnabrück).
während der Saison:
Diawusie (FC Ingolstadt 04), Gül (Fortuna Düsseldorf II), Hansch (SV Sandhausen), Leibold (eigene Junioren), Titsch Rivero (ohne Verein).

Abgänge:
Akoto (1. FSV Mainz 05 II), Andrich (1. FC Heidenheim), Blacha (VfL Osnabrück), Breitkreuz (FC Würzburger Kickers), Diawusie (FC Ingolstadt 04), Funk (VfR Aalen), Müller (SC Preußen Münster), Mvibudulu (SG Sonnenhof Großaspach), Nothnagel (FSV Frankfurt), Nyarko (FC Eintracht Norderstedt), Pezzoni (Apollon Smyrnis).
während der Saison:
Andrist (VfR Aalen), Guder (SV Meppen), Martinovic (SG Sonnenhof Großaspach), Ruprecht (SC Fortuna Köln).

Fortsetzung SV Wehen Wiesbaden

Aufstellungen und Torschützen:

Sp	Datum		Gegner	Ergebnis	Andrist	Brandstetter	Dams	Diawusie	Dittgen	Guder	Gül	Hansch	Kolke	Kuhn	Kyereh	Leibold	Lorch	Martinovic	Mintzel	Mockenhaupt	Modica	Mrowca	Reddemann	Schäffler	Schmidt	Schönfeld	Schwadorf	Shipnoski	Titsch Rivero	Wachs	Watkowiak
1	28.07.18	A	VfR Aalen	2:1 (0:0)	X	A							X	X	E1				X		X	X1	X	E	A	E	A		X	
2	05.08.18	H	FC Energie Cottbus	0:2 (0:1)	X	X			E				X	X	E	X			X			X	A	E	A		A		X	
3	08.08.18	A	FC Hansa Rostock	2:3 (1:2)	X1	X			E				X	X1	E	A		A	X			X	X		X		A	E		
4	11.08.18	H	Eintr. Braunschweig	3:3 (0:1)	X1								X	X	E1	A					X	X	X	X1	A	E	A	E		X	
5	25.08.18	H	SpVgg Unterhaching	1:2 (1:0)	X	E	E						X	A	X1G	X			X				X	X	A	A	E			X	
6	01.09.18	A	Würzburger Kickers	1:3 (1:1)	A	X1				A			X						X	X	X	X	X	E	E	A	X	E			
7	15.09.18	H	SV Meppen	3:0 (0:0)	X1	A	X			A			X	E	E2	X			X		X	X		E				A	X		
8	22.09.18	A	TSV 1860 München	2:1 (0:1)	A	E	X			A			X	E	A				X		X	X		X				E2	X		
9	25.09.18	H	SGS Großaspach	2:0 (0:0)	X		X						X	E	X	A1			X		X	X		X1	E		E	A	A		
10	28.09.18	A	Preußen Münster	0:3 (0:1)	X	E	X						X	E	X	X			X		X	X		X	E		A		A		
11	07.10.18	H	Hallescher FC	2:0 (1:0)	XR	E1							X	X	A1	E			X		X	X		X	E		A		X		
12	21.10.18	A	Karlsruher SC	5:2 (4:1)			X						X	X	X3				X	X			A1	X1	E	E	A	A			
13	27.10.18	H	FSV Zwickau	0:0 (0:0)			X	E	E				X	X	X	X			X		X	X		X	E		A	A	A		
14	04.11.18	A	SC Fortuna Köln	7:0 (4:0)					E				X	A1	X	E			X		A	X	X4	X1	E		A		X1		
15	12.11.18	H	FC Carl Zeiss Jena	2:3 (1:1)	E	E			E				X		A	X					A	X1	X1	X	X		A				
16	25.11.18	A	1. FC Kaiserslautern	0:0 (0:0)	E		X	X					X		A	A		A			E	X	X	X					E		
17	01.12.18	H	Sportfreunde Lotte	2:0 (2:0)	A	E	X			E			X			X			X		X	X1	A	X	A1				E		
18	08.12.18	A	VfL Osnabrück	1:2 (1:2)	A		X	E					X		E				X		A	X1	X	A	X		E				
19	17.12.18	H	KFC Uerdingen 05	0:2 (0:0)		E	X	X	E				X		X	X	E	A	X			X	A		A			X			
20	21.12.18	H	VfR Aalen	2:1 (2:1)		E	X1	X	A				X		X1	X			X	X	E		X	A		A			E		
21	26.01.19	A	FC Energie Cottbus	3:2 (3:0)		E	X		X	E	A2	X	X	X	X1				X			A	X		E	A					
22	03.02.19	H	FC Hansa Rostock	2:0 (1:0)		E	X	A	X		E1	A	X	X1	X	A			X				X		E		X				
23	10.02.19	A	Eintr. Braunschweig	3:2 (2:1)			X	A1	A			A	X	X	X	X				X1		E		X1	E	E	X				
24	15.02.19	H	SpVgg Unterhaching	2:1 (1:1)		E	X					A	X	A	A	X1			X					X1	E	E	X				
25	24.02.19	H	Würzburger Kickers	0:2 (0:1)		E	X	X				A	X	A	A		E		X				X		E	E	X				
26	02.03.19	A	SV Meppen	1:1 (1:1)		X	A	X				E	X	X	X1	X			X				E		A	A	E	X			
27	09.03.19	H	TSV 1860 München	0:1 (0:0)		X	A	X		A		E	X	X	X	E			X		X		X	A	E						
28	13.03.19	A	SGS Großaspach	3:2 (0:0)			X	E	E		X	E	X	X	A1				XR	X		X	X			A1	A1				
29	16.03.19	H	Preußen Münster	2:0 (1:0)			X	E			E1	X1	A						X		X		A	E	X	A	X				
30	23.03.19	A	Hallescher FC	4:1 (2:0)			X	E	X		X	E	X	X1	A				X		X		X2	E		A	A1				
31	31.03.19	H	Karlsruher SC	2:0 (0:0)			X		X	A		X	X	X	X	E			X		X		X1	E1	A	A	E				
32	06.04.19	A	FSV Zwickau	1:2 (1:2)	E			X			E	X	X	E	X	X			X		X		A		A	X1	A				
33	13.04.19	H	SC Fortuna Köln	3:0 (1:0)			E	X	X		X	X	X2	A		X	A		X		E	X1			A	E					
34	20.04.19	A	FC Carl Zeiss Jena	1:3 (0:2)	E		E	X	A		X	A	X			X				X	X1	E		X		A					
35	29.04.19	H	1. FC Kaiserslautern	2:0 (2:0)			E	A	X		X			A		X			X		X	E	A1		X1	X	E				
36	04.05.19	A	Sportfreunde Lotte	1:0 (0:0)			X		X	E	X	A	E	X	X	X					E	A			X	A1					
37	11.05.19	H	VfL Osnabrück	1:0 (1:0)			E	A	X		X	X		A		X	E		X		X	A	E1		X	X					
38	18.05.19	A	KFC Uerdingen 05	3:2 (2:1)		X1		A	X			X1	E			E			X	A	X	A1	E			X	X	X			
	Spiele:				15	19	24	14	24	10	11	13	37	30	34	1	29	1	22	36	7	22	15	32	33	15	29	23	25	10	1
	Tore:				3	2	1	2	0	0	1	3	0	5	15	0	3	0	0	1	0	1	1	16	5	2	2	6	2	0	0

Bilanz der letzten 10 Jahre:

Saison	Lv.	Liga		Platz	Sp.	S	U	N	Tore	Pkt.
2008/09:	2	2. Bundesliga	↓	18.	34	5	12	17	28-49	27
2009/10:	3	3. Liga		15.	38	13	8	17	52-64	47
2010/11:	3	3. Liga		4.	38	18	10	10	55-39	64
2011/12:	3	3. Liga		16.	38	10	14	14	40-48	44
2012/13:	3	3. Liga		7.	38	11	18	9	51-51	51
2013/14:	3	3. Liga		4.	38	15	11	12	43-44	56
2014/15:	3	3. Liga		9.	38	15	8	15	54-44	53
2015/16:	3	3. Liga		16.	38	9	16	13	35-48	43
2016/17:	3	3. Liga		7.	38	14	11	13	45-42	53
2017/18:	3	3. Liga		4.	38	21	5	12	76-39	68

Zuschauerzahlen:

Saison	gesamt	Spiele	Schnitt
2008/09:	132.624	17	7.801
2009/10:	70.120	19	3.691
2010/11:	79.032	19	4.160
2011/12:	66.773	19	3.514
2012/13:	64.277	19	3.383
2013/14:	62.525	19	3.291
2014/15:	66.493	19	3.500
2015/16:	49.406	19	2.600
2016/17:	42.541	19	2.239
2017/18:	49.038	19	2.581

Die meisten Spiele in der 3. Liga:

Pl.	Name, Vorname	Spiele
1.	Mintzel, Alf	272
2.	Kolke, Markus	210
3.	Book, Nils-Ole	128
4.	Gurski, Michael	122
5.	Schnellbacher, Luca	116
6.	Mrowca, Sebastian	113
7.	Blacha, David	110
8.	Dams, Niklas	107
9.	Schäffler, Manuel	104
10.	Herzig, Nico	103

Die meisten Tore in der 3. Liga:

Pl.	Name, Vorname	Tore
1.	Schäffler, Manuel	51
2.	Janjic, Zlatko	39
3.	Vunguidica, José Pierre	27
4.	Jänicke, Tobias	19
5.	Andrist, Stephan	18
	Schnellbacher, Luca	18
7.	Mintzel, Alf	17
8.	Kyereh, Daniel-Kofi	15
9.	Ziemer, Marcel	14
10.	Blacha, David	13

Die Trainer der letzten Jahre:

Name, Vorname	Zeitraum
Frank, Wolfgang	19.12.2008 – 23.03.2009
Moser, Hans Werner	23.03.2009 – 09.02.2010
Lettieri, Gino	09.02.2010 – 15.02.2012
Vollmann, Peter	16.02.2012 – 21.10.2013
Heemsoth, Bernd (IT)	22.10.2013 – 28.10.2013
Kienle, Marc	28.10.2013 – 12.04.2015
Hock, Christian	12.04.2015 – 30.06.2015
Demandt, Sven	01.07.2015 – 07.03.2016
Fröhling, Torsten	14.03.2016 – 06.02.2017
Hock, Christian (IT)	06.02.2017 – 13.02.2017

FC Würzburger Kickers

Anschrift:
Mittlerer Dallenbergweg 49
97082 Würzburg
Telefon: (09 31) 66 08 98 100
eMail: presse@wuerzburger-kickers.de
Homepage: www.wuerzburger-kickers.de

Vereinsgründung: 17.11.1907

Vereinsfarben: Rot-Weiß
Vorstandsvors.: Daniel Sauer
Teammanager: Norbert Mahler

Stadion:
Flyeralarm Arena (10.006)

Größte Erfolge: Aufstieg in die 2. Bundesliga 2016; Meister der I. Amateurliga Bayern 1977 (↑); Meister der Landesliga Bayern Nord 1990 (↑), 1997 (↑) und 2012; Qualifikation Regionalliga Bayern 2012; Meister der Regionalliga Bayern 2015 (↑); Sieger Landespokal Bayern 2014, 2016 und 2019

Aufgebot: Name, Vorname	Pos	geb. am	Nat.	seit	2018/19 Sp.	T.	Gesamt Sp.	T.	frühere Vereine
Ademi, Orhan	S	28.10.1991	SUI	2017	35	11	68	23	SV Ried, Eintracht Braunschweig, VfR Aalen, Eintracht Braunschweig, SC Rheindorf Altach, FC Au-Berneck 05
Ahlschwede, Maximilian	A	10.02.1990	D	2017	3	0	201	3	FC Hansa Rostock, SV Wehen Wiesbaden, Offenbacher FC Kickers, DSC Arminia Bielefeld, VfL Wolfsburg, VfB Lübeck, NTSV Strand 08
Bachmann, Janik	A	06.05.1996	D	2018	31	4	46	5	Chemnitzer FC, Hannover 96, SV Darmstadt 98, Eintracht Frankfurt, SV Germania Babenhausen
Bätge, Leon	T	09.07.1997	D	2018	14	0	14	0	Eintracht Frankfurt, VfL Wolfsburg, FC Brome, TSV Adler Jahrstedt
Baumann, Dominic	S	24.04.1995	D	2017	38	9	91	13	1. FC Nürnberg, SG Dynamo Dresden, FC Sachsen Leipzig, FSV Blau-Weiß Wermsdorf
Breitkreuz, Patrick	M	18.01.1992	D	2018	26	2	155	20	SV Wehen Wiesbaden, FC Energie Cottbus, Holstein Kiel, Hertha BSC, Lichterfelder FC 1892
Bytyqi, Enis	S	18.02.1997	KVX	2017	2	0	62	4	SV Werder Bremen, 1. FC Magdeburg, Burger BC 08
Drewes, Patrick	T	04.02.1993	D	2017	19	0	47	0	SC Preußen Münster, FC Wil 1900, VfL Wolfsburg, TuS Heidkrug
Elva, Caniggia	M	14.07.1996	LCA	2018	17	4	38	5	VfB Stuttgart, Racing Straßburg, VfB Stuttgart, Calgary Southwest United
Gnaase, Dave	M	14.12.1996	D	2018	34	4	34	4	1. FC Heidenheim, SpVgg Neckarelz, 1. FC Heidenheim, SG Bettringen
Göbel, Patrick	A	08.07.1993	D	2017	37	2	150	17	FSV Zwickau, FC Rot-Weiß Erfurt, FC Union Mühlhausen, BSV Blau-Weiß 22 Lengenfeld/Stein, SV eitech Pfaffschwende
Hägele, Daniel	M	23.02.1989	D	2018	34	0	154	7	SG Sonnenhof Großaspach, SSV Ulm 1846, VfR Aalen, SSV Ulm 1846, 1. FC Normannia Gmünd, TV Heuchlingen
Hajtic, Ibrahim	A	04.04.1998	BIH	2018	14	0	14	0	1. FC Heidenheim, 1. FC Kaiserslautern, 1. FC Heidenheim, SV Mergelstetten
Hansen, Hendrik	A	04.11.1994	D	2017	14	1	18	1	VfL Wolfsburg, SV Reislingen/Neuhaus
Kaufmann, Fabio	M	08.09.1992	D	2018	35	4	83	5	FC Erzgebirge Aue, FC Energie Cottbus, VfR Aalen, SSV Ulm 1846, VfR Aalen
Kohls, Florian	M	03.04.1995	D	2017	2	0	5	0	Hertha BSC, Berliner FC Preussen, Mariendorfer SV 06
Küc, Enes	M	28.11.1996	D	2018	17	0	17	0	Berliner AK 07, Hamburger SV, VfL Bochum, SV Tasmania Berlin, Lichterfelder FC 1892
Kurzweg, Peter	A	10.02.1994	D	2018	26	1	56	1	1. FC Union Berlin, FC Würzburger Kickers, TSV 1860 München, TSV Allach 1909
Mast, Dennis	S	15.02.1992	D	2017	16	2	149	22	Chemnitzer FC, DSC Arminia Bielefeld, Karlsruher SC, Hallescher FC, FC Energie Cottbus, TSV Chemie Premnitz, BSC Rathenow 94, TSV Chemie Premnitz
Ofosu-Ayeh, Phil	A	15.09.1991	GHA	2019	4	0	101	2	FC Hansa Rostock, Wolverhampton Wanderers FC, Eintracht Braunschweig, VfR Aalen, MSV Duisburg, FC Rot-Weiß Erfurt, SV Wilhelmshaven, VfB Oldenburg, SV Wilhelmshaven, VfL Wilhelmshaven, Post-Telekom SV Blau-Gelb Wilhelmshaven, VfL Wilhelmshaven
Schuppan, Sebastian	M	18.07.1986	D	2017	35	3	144	13	DSC Arminia Bielefeld, SG Dynamo Dresden, SC Paderborn 07, FC Energie Cottbus, FSV Glückauf Brieske/Senftenberg
Skarlatidis, Simon	M	06.06.1991	D	2017	36	7	137	21	FC Erzgebirge Aue, SG Sonnenhof Großaspach, TSG Backnang, SV Fellbach, VfB Stuttgart
Sontheimer, Patrick	M	03.07.1998	D	2019	11	0	11	0	SpVgg Greuther Fürth, FC Memmingen 07, FC Ebenhofen
Syhre, Anthony	A	18.03.1995	D	2017	9	0	103	4	VfL Osnabrück, Hertha BSC, Nordberliner SC, SC Heiligensee
Ünlücifci, Onur	M	24.04.1997	D	2016	3	0	5	0	FSV Frankfurt, Eintracht Frankfurt
Verstappen, Eric	T	19.05.1994	NED	2019	5	0	5	0	Tennis Borussia Berlin, Eintracht Braunschweig, De Graafschap Doetinchem, VVV Venlo, PSV Eindhoven, VVV Venlo, SC Irene Tegelen
Wagner, Kai	A	15.02.1997	D	2017	13	0	40	0	FC Schalke 04, SSV Ulm 1846, FC Augsburg, SSV Ulm 1846, SV Lonsee

Trainer: Name, Vorname	geb. am	Nat.	Zeitraum	Spiele 2018/19	frühere Trainerstationen
Schiele, Michael	03.03.1978	D	03.10.2017 – lfd.	38	—

Zugänge:
Bachmann (Chemnitzer FC), Bätge (Eintracht Frankfurt), Gnaase und Hajtic (1. FC Heidenheim), Hägele (SG Sonnenhof Großaspach), Küc (Berliner AK 07).
während der Saison:
Breitkreuz (SV Wehen Wiesbaden), Elva (ohne Verein), Kurzweg (1. FC Union Berlin), Ofosu-Ayeh (FC Hansa Rostock), Sontheimer (SpVgg Greuther Fürth), Verstappen (Tennis Borussia Berlin).

Abgänge:
Breunig (FC Ingolstadt 04 II), Hesl (1. FC Kaiserslautern), Jopek (Hallescher FC), Karsanidis (Chemnitzer FC), Königs (FC Hansa Rostock), Müller und Taffertshofer (SV Sandhausen), Neumann (MSV Duisburg), Nikolaou (SG Dynamo Dresden), Uzelac (SV Babelsberg 03).
während der Saison:
Ahlschwede (FC Hansa Rostock), Syhre (Fortuna Sittard), Wagner (Philadelphia Union).

Fortsetzung FC Würzburger Kickers

Aufstellungen und Torschützen:

Sp	Datum	Gegner	Ergebnis	Ademi	Ahlschwede	Bachmann	Bätge	Baumann	Breitkreuz	Bytyqi	Drewes	Elva	Gnaase	Göbel	Hägele	Hajtic	Hansen	Kaufmann	Kohls	Küc	Kurzweg	Mast	Ofosu-Ayeh	Schuppan	Skarlatidis	Sontheimer	Syhre	Ünlücifci	Verstappen	Wagner
				1	2	3	4	5	6	7	8	9	10	11	12	13	14	15	16	17	18	19	20	21	22	23	24	25	26	27
1	28.07.18 A	VfL Osnabrück	1:2 (1:0)	X		X		A		E			A1	X				A	E			X		X	E		X			X
2	04.08.18 H	KFC Uerdingen 05	0:2 (0:0)	A		E		X		X			A	X	X							X		X	E		X	E		A
3	07.08.18 A	VfR Aalen	2:3 (1:3)	X		X		E	E	X			A		A	E	X					X1		X	X1		X			A
4	12.08.18 H	FC Energie Cottbus	3:1 (2:0)	A1		X		A1	E	E	X		A	X	E		X					X		X	X1					X
5	25.08.18 A	FC Hansa Rostock	4:0 (1:0)	X1		X1		X	E	X			A	X			X1	E	E			A		X	X1					A
6	01.09.18 H	SV Wehen Wiesbaden	3:1 (1:1)	A		X		X1	E	X			A	X1	E		X	E1				A		X	X					X
7	16.09.18 A	SpVgg Unterhaching	1:0 (0:0)	X		X		A1		X			A	X	E		X					A		X	X		E			X
8	22.09.18 H	Eintr. Braunschweig	1:1 (1:1)	X		A		A		X	E	X	X	E			X	E				A		X	X					X
9	25.09.18 H	SV Meppen	2:1 (1:1)	X1		X	X	E					X1	X	X		A		E	X				X	X					
10	01.10.18 A	TSV 1860 München	1:1 (0:0)	X		A	X	A				E	X^G	X	X		X		E	E				X	X1					A
11	08.10.18 H	SGS Großaspach	0:0 (0:0)	A		A	X	X				E		X	X		X	A		E	X	E			X					
12	21.10.18 A	Preußen Münster	0:1 (0:0)			X	X	A				E	A	X	X		X			E	A	E			X					
13	27.10.18 H	Hallescher FC	1:2 (1:1)	X1			X	A	E				A	X	X		X			E	X	X			A		E			
14	03.11.18 A	Karlsruher SC	1:2 (0:1)	A		A	X	E	E				X	X1	X		E	X				A			X					X
15	09.11.18 H	FSV Zwickau	0:2 (0:2)	E	A		X	A	X			E	A	E	X		X	X							X					X
16	24.11.18 A	SC Fortuna Köln	0:0 (0:0)	X	X		X	E	A				X		X		X	A		E		X			E					X
17	01.12.18 H	FC Carl Zeiss Jena	5:2 (1:2)	A1	A	X1		X1			X		A	E	X			X		X	E1	X1			X		E			
18	08.12.18 A	1. FC Kaiserslautern	0:0 (0:0)	X		X^G		A		X			X	X			E	A		E	E	X			A	X				
19	16.12.18 H	Sportfreunde Lotte	2:2 (1:1)	X1			X	A					A	X			E	X1	E	X				X		A	E			
20	22.12.18 A	VfL Osnabrück	1:2 (1:1)	X		X		X		X			A	A	X	E		X1	E	A		X			X					E
21	27.01.19 H	KFC Uerdingen 05	3:0 (1:0)	A		X1		A1	E	X	E	A1	X	X			X			X					X		E			
22	02.02.19 A	VfR Aalen	2:1 (1:0)	A		A		X	E	X			A	X	E		X			E	X				X1	X1				
23	09.02.19 H	FC Energie Cottbus	2:1 (1:0)	X1		A		A1	E	X			A	X	E		A			X		E		X	X					
24	17.02.19 A	FC Hansa Rostock	0:2 (0:2)	X		A		X	E	X	E	E	A	X			X^G		A			X		X	A					
25	24.02.19 A	SV Wehen Wiesbaden	2:0 (1:0)	A2		X		A	E	X	E	A	X				X			X				X	X	E				
26	04.03.19 H	SpVgg Unterhaching	0:1 (0:1)	X		X		X	E	X			X	A	X		X		A	E	E^R	X	A							
27	09.03.19 A	Eintr. Braunschweig	2:2 (1:0)	A		X		X	E	X		A1	A	X	X		X			E	X1	X			E					
28	12.03.19 H	SV Meppen	1:1 (1:0)	E		A		E	X^G	X		A	A1	X	X	E	X			X		X			X	X				
29	16.03.19 H	TSV 1860 München	2:1 (2:1)	X1		X	X	A					X1	X	X	E	X			X		X			E	A				
30	23.03.19 A	SGS Großaspach	1:2 (0:0)			X1	X	E	X				X	A	X	X	A			E	X				E	A				
31	30.03.19 H	Preußen Münster	3:2 (1:0)			X	X	A1	X1				X1	X	E	X	E	E		X			A	X	A					
32	06.04.19 A	Hallescher FC	0:1 (0:1)	E			X	X	A				X	X	E	X	A			E	X	X			X	A				
33	15.04.19 H	Karlsruher SC	0:0 (0:0)	A			X	E	E				X	A	X		X			E		X			X	A				
34	20.04.19 A	FSV Zwickau	0:2 (0:2)	X		E		A	E				A	X			X	X^R	E	X				X	X^R				X	
35	27.04.19 H	SC Fortuna Köln	2:0 (0:0)	E		X		X	A				X	E	A	E		A		X				X1	X				X	
36	04.05.19 H	FC Carl Zeiss Jena	4:3 (2:1)			X		A1	A			E1	E	X	X	X		E		A	X			X2	X				X	
37	11.05.19 H	1. FC Kaiserslautern	2:0 (1:0)	A1				A1	E			E		X	X		X			X				X	A	X		E	X	
38	18.05.19 A	Sportfreunde Lotte	2:1 (0:1)	X		A		A	E1				A	X	X		E	X1		X				X	E			X		
	Spiele:			35	3	31	14	38	26	2	19	17	34	37	34	14	35	2	17	26	16	4	35	36	11	9	3	5	13
	Tore:			11	0	4	0	9	2	0	0	4	4	2	0	0	1	4	0	0	1	2	0	3	7	0	0	0	0	0

Gegnerische Eigentore im 8. Spiel (durch Valsvik) und im 35. Spiel (durch Uaferro).

Bilanz der letzten 10 Jahre:

Saison	Lv.	Liga		Platz	Sp.	S	U	N	Tore	Pkt.
2008/09:	5	Bayernliga	↓	18.	34	9	3	22	52-82	30
2009/10:	6	Landesliga Bayern Nord		4.	38	21	6	11	80-62	69
2010/11:	6	Landesliga Bayern Nord		5.	34	16	11	7	74-50	59
2011/12:	6	Landesliga Bayern Nord	2↑	1.	34	19	9	6	62-27	66
2012/13:	4	Regionalliga Bayern		10.	38	14	10	14	63-76	52
2013/14:	4	Regionalliga Bayern		11.	36	13	10	13	61-55	49
2014/15:	4	Regionalliga Bayern	↑	1.	34	24	8	2	67-15	80
2015/16:	3	3. Liga	↑	3.	38	16	16	6	43-25	64
2016/17:	2	2. Bundesliga	↓	17.	34	7	13	14	32-41	34
2017/18:	3	3. Liga		5.	38	17	10	11	53-46	61

Zuschauerzahlen:

Saison	gesamt	Spiele	Schnitt
2008/09:	10.891	17	641
2009/10:	9.567	19	504
2010/11:	5.238	17	308
2011/12:	4.691	17	276
2012/13:	16.931	19	891
2013/14:	15.371	18	854
2014/15:	42.398	17	2.494
2015/16:	100.023	19	5.264
2016/17:	189.458	17	11.145
2017/18:	103.719	19	5.459

Die meisten Spiele in der 3. Liga:

Pl.	Name, Vorname	Spiele
1.	Göbel, Patrick	74
2.	Baumann, Dominic	73
3.	Ademi, Orhan	68
	Schuppan, Sebastian	68
5.	Skarlatidis, Simon	64
6.	Kurzweg, Peter	56
7.	Kaufmann, Fabio	48
8.	Drewes, Patrick	44
9.	Mast, Dennis	42
10.	Taffertshofer, Emanuel	41

Die meisten Tore in der 3. Liga:

Pl.	Name, Vorname	Tore
1.	Ademi, Orhan	23
2.	Baumann, Dominic	13
	Skarlatidis, Simon	13
4.	Göbel, Patrick	8
	Shapourzadeh, Amir	8
	Soriano, Elia	8
7.	Nikolaou, Ioannis	6
	Schuppan, Sebastian	6
9.	Benatelli, Rico	5
	Neumann, Sebastian	5

Die Trainer der letzten Jahre:

Name, Vorname	Zeitraum
Schaudt, Michael	01.11.2002 – 17.04.2007
Hofmann, Jochen (IT)	18.04.2007 – 30.06.2007
Mauder, Rüdiger	01.07.2007 – 02.09.2008
Zuechner, Dirk	02.09.2008 – 31.03.2009
Uzelac, Predrag	01.04.2009 – 30.09.2009
Wirsching Dieter/Zoepffel Helmut	01.10.2009 – 30.06.2010
Kramer, Anton	01.07.2010 – 02.03.2011
Wirsching, Dieter	03.03.2011 – 30.06.2014
Hollerbach, Bernd	01.07.2014 – 22.05.2017
Schmidt, Stephan	01.07.2017 – 02.10.2017

FSV Zwickau

Anschrift:
Stadionallee 1
08066 Zwickau
Telefon: (03 75) 2119550
eMail: kontakt@fsv-zwickau.de
Homepage: www.fsv-zwickau.de

Vereinsgründung: 15.03.1949 als ZSG Horch Zwickau; ab 1950 BSG Motor Zwickau; ab 1968 BSG Sachsenring (mit Anschl. der BSG Aktivist Karl Marx); 31.01.1990 Neugründung als FSV Zwickau
Vereinsfarbe: Rot
Vorstandssprecher: Tobias Leege
Sportdirektor: David Wagner
Stadion: Stadion Zwickau (10.134)

Größte Erfolge: Ostzonenmeister 1948 (als SG Planitz); DDR-Meister 1950 (als ZSG Horch); FDGB-Pokalsieger 1963 und 1967 (jeweils als BSG Motor) sowie 1975 (als BSG Sachsenring); Halbfinale im Europapokal der Pokalsieger 1975 (als BSG Sachsenring); Aufstieg in die 2. Bundesliga 1994; Meister Regionalliga Nordost 2016 (↑)

Aufgebot:

Name, Vorname	Pos	geb. am	Nat.	seit	2018/19 Sp.	T.	gesamt Sp.	T.	frühere Vereine
Antonitsch, Nico	A	30.09.1991	AUT	2017	36	3	62	6	Linzer ASK, SV Ried, SV Horn, Kapfenberger SV, Union St. Florian, AKA Linz, SV Garsten, ASV Hohenau
Barylla, Anthony	A	01.06.1997	D	2017	34	1	62	2	RasenBallsport Leipzig, SV Schmölln 1913
Beyer, Nico	A	22.09.1996	D	2018	1	0	1	0	Hertha BSC, BSV Eintracht Mahlsdorf
Bickel, Christian	M	27.01.1991	D	2018	20	0	95	11	VfL Osnabrück, SC Paderborn 07, FC Hansa Rostock, FC Energie Cottbus, SC Freiburg, SSV Jahn 2000 Regensburg, SC Freiburg, FC Rot-Weiß Erfurt, SV Wacker 07 Gotha, SV Fortuna Gräfentonna
Bonga, Tarsis	S	10.01.1997	D	2018	32	3	32	3	Fortuna Düsseldorf, Bayer 04 Leverkusen, Bonner SC, TuS Koblenz
Brinkies, Johannes	T	20.06.1993	D	2016	33	0	146	0	FC Hansa Rostock, FC Anker Wismar 1997, Grevesmühlener FC
Frick, Davy	S	05.04.1990	D	2011	36	6	99	8	FC Carl Zeiss Jena, SV Grün-Weiß Triptis
Gaul, Bryan	M	10.08.1989	USA	2018	16	0	16	0	SVgg 07 Elversberg, Offenbacher FC Kickers, Bahlinger SC, St. Louis FC, Los Angeles Galaxy, Carolina Rail Hawks, Fort Lauderdale Strikers, Los Angeles Galaxy, Bradley Braves
Gremsl, Daniel	S	02.08.1992	AUT	2018	2	0	17	1	TSV Hartberg, FC Admira Wacker Mödling, TSV Hartberg, Grazer AK, TSV Hartberg
Hodek, Julian	M	09.05.1998	D	2016	0	0	4	0	SV Babelsberg 03, Werderaner FC Viktoria 1920
Hoffmann, Kevin	M	06.06.1995	D	2018	20	2	23	2	SSV Jahn Regensburg, SpVgg Greuther Fürth, SSV Jahn 2000 Regensburg, FC Mintraching
Kamenz, Matti	T	09.08.1998	D	2018	5	0	5	0	FC Energie Cottbus, SC Spremberg 1896
Kartalis, Alexandros	M	29.01.1995	D	2018	25	0	78	4	SpVgg Greuther Fürth, VfR Aalen, SpVgg Greuther Fürth, SG Nürnberg-Fürth 1883
König, Ronny	S	02.06.1983	D	2016	37	11	137	38	Chemnitzer FC, SV Darmstadt 98, FC Erzgebirge Aue, SC Rot-Weiß Oberhausen, SV Wehen Wiesbaden, 1. FC Kaiserslautern, Chemnitzer FC, SSV St. Egidien
Könnecke, Mike	S	23.08.1988	D	2016	29	3	119	5	FC Erzgebirge Aue, VfL Wolfsburg, SSV Vorsfelde, VfB Fallersleben, 1. FC Wolfsburg, SC Rot-Weiß Wolfsburg-Detmerode
Lange, René	A	22.11.1988	D	2015	27	1	95	2	1. FC Magdeburg, FC Hansa Rostock, FC Tollense Neubrandenburg, Gnoiener SV von 1924
Lauberbach, Lion	M	15.02.1998	D	2018	27	4	50	5	FC Rot-Weiß Erfurt
Mäder, Janik	M	27.09.1996	D	2018	5	0	5	0	ZFC Meuselwitz, RasenBallsport Leipzig, FC Sachsen Leipzig, Bornaer SV
McKinze Gaines II, Orrin	M	02.03.1998	USA	2019	9	0	9	0	SV Darmstadt 98, VfL Wolfsburg, Lonestar SC
Miatke, Nils	M	30.01.1990	D	2016	29	1	128	5	FC Erzgebirge Aue, FC Carl Zeiss Jena, FC Energie Cottbus, SV Drachhausen
Reinhardt, Julius	M	29.03.1988	D	2018	37	3	185	13	Chemnitzer FC, 1. FC Heidenheim, Offenbacher FC Kickers, Eintracht Braunschweig, Chemnitzer FC, VfB Fortuna Chemnitz, VTB Chemnitz
Rodas, Manolo (Rodas Steeg, Pedro Manolo)	M	04.07.1996	D	2018	2	0	2	0	SC Freiburg, Offenburger FV, FV Griesheim, VfR Elgersweier
Schröter, Morris	M	20.08.1995	D	2015	26	0	79	0	1. FC Magdeburg, FC Grün-Weiß Wolfen
Sorge, Alexander	A	21.04.1993	D	2016	9	0	16	0	RasenBallsport Leipzig, FC Sachsen Leipzig, SV Lipsia Leipzig-Eutritzsch
Sprang, Max	T	04.07.2000	D	2017	0	0	0	0	FC Mecklenburg Schwerin, SV Hafen Rostock 61, FC Pommern Stralsund, Polizei SV Ribnitz-Damgarten, FC Gelb-Blau Damgarten
Wachsmuth, Toni	M	15.11.1986	D	2014	34	10	173	20	Chemnitzer FC, SC Paderborn 07, FC Energie Cottbus, FC Carl Zeiss Jena, FSV 95 Oberweißbach

Trainer:

Name, Vorname	geb. am	Nat.	Zeitraum	Spiele 2018/19	frühere Trainerstationen
Enochs, Joe	01.09.1971	USA	01.07.2018 – lfd.	38	VfL Osnabrück (I. Mannschaft, II. Mannschaft, Junioren)

Zugänge:
Beyer (Hertha BSC II), Bickel (VfL Osnabrück), Bonga (Fortuna Düsseldorf II), Gaul (SVgg 07 Elversberg), Hoffmann (SSV Jahn Regensburg), Kamenz (FC Energie Cottbus), Kartalis (SpVgg Greuther Fürth II), Lauberbach (FC Rot-Weiß Erfurt), Mäder (ZFC Meuselwitz), Reinhardt (Chemnitzer FC), Rodas (SC Freiburg II), Sprang (eigene Junioren).
während der Saison:
McKinze Gaines II (SV Darmstadt 98).

Abgänge:
Acquistapace (SC Verl), Bahn und Washausen (Hallescher FC), Cichos (FC Rot-Weiß Erfurt), Eisele (1. FC Saarbrücken), Ferfelis (VfR Wormatia 08 Worms), Garbuschewski (Berliner FC Dynamo), Göbel (FSV Wacker 90 Nordhausen), Koch (FC Oberlausitz Neugersdorf), Mauersberger (Laufbahn beendet), Odabas (SSV Jahn Regensburg), Öztürk (Yeni Orduspor), Schnabel (SV Schalding-Heining), Tekerci (SVgg 07 Elversberg).
während der Saison:
Gremsl (SKU Amstetten).

Fortsetzung FSV Zwickau

Aufstellungen und Torschützen:

Sp	Datum		Gegner	Ergebnis	Antonitsch	Barylla	Beyer	Bickel	Bonga	Brinkies	Frick	Gaul	Gremsl	Hoffmann	Kamenz	Kartalis	König	Könnecke	Lange	Lauberbach	Mäder	McKinze Gaines	Miatke	Reinhardt	Rodas	Schröter	Sorge	Wachsmuth
					1	2	3	4	5	6	7	8	9	10	11	12	13	14	15	16	17	18	19	20	21	22	23	24
1	28.07.18	H	Hallescher FC	2:0 (2:0)	X	X		X	A1	X	A						E		X1	X	E			A	X	E			X
2	04.08.18	A	Karlsruher SC	1:1 (0:0)	X	X		X	A	X	X1						E	E	X	X	E			A	X				A
3	07.08.18	A	Eintr. Braunschweig	1:1 (1:0)	X	X		X	E	X	A		A				E	A	E	X				X1	X				X
4	11.08.18	H	SC Fortuna Köln	1:0 (0:0)	X	X		A	A	X	X						E	E	A	X		E		X	X				X1
5	27.08.18	A	FC Carl Zeiss Jena	1:2 (1:0)	A	X		X	E	X	X							X	A	X	E			X	X				X1
6	02.09.18	H	1. FC Kaiserslautern	1:1 (0:0)	A	X		A	X	X	X						E	X	X	E	E			X	A				X1
7	16.09.18	A	Sportfreunde Lotte	1:2 (0:0)	X	X			A	E	X			X		E	A	A	X					E	X	X			X1
8	23.09.18	H	VfL Osnabrück	0:1 (0:0)	X	X			A	A	X			E	X		X		X		E			A	X	E			X
9	26.09.18	A	KFC Uerdingen 05	2:1 (0:0)	X1	X		A			E			A	X	X	X	X	A					E	X			E	X1
10	30.09.18	H	VfR Aalen	2:3 (1:2)	X	X		A	E		E1			A	X	A	X	X			E			X	X				X
11	06.10.18	A	FC Energie Cottbus	1:2 (1:1)	A	X		X		A				E	X		X	A1						X	X			E	X
12	21.10.18	H	FC Hansa Rostock	2:2 (2:0)	X	X		A	A	X	A			E	E		X	X2	X	E				X					X
13	27.10.18	A	SV Wehen Wiesbaden	0:0 (0:0)	X	X	E		A	X				E			X	X	X	A				X		E	X		A
14	03.11.18	H	SpVgg Unterhaching	2:2 (1:1)	X			E	E	X	X		E				A	A	A					X1	A		X	X	X1
15	09.11.18	A	Würzburger Kickers	2:0 (2:0)	X	X		E		X	A			E			X	A1		X				X1	A	E			
16	24.11.18	H	SV Meppen	1:1 (0:1)	X1	X		E	E	X	A						A	X	E	X				X	A				X
17	01.12.18	A	TSV 1860 München	0:2 (0:2)	X	X		E	E	X	A						A	A	X	A				X		E	X		
18	10.12.18	H	SGS Großaspach	3:0 (1:0)	X1	X		A	X	X	X		E				X1	X	X	A				A1		X	E		
19	15.12.18	H	Preußen Münster	2:0 (2:0)	X	X1		A	E	X	X			E		E	X1	X	X					A		A			X
20	22.12.18	A	Hallescher FC	0:2 (0:1)	X	X		E	E	X	A		E				X	A	X	E				A	X	X			X
21	04.02.19	H	Eintr. Braunschweig	0:1 (0:0)	X	X		E	X	X	A					A	X		X	E	E			A	X	A			X
22	09.02.19	A	SC Fortuna Köln	0:1 (0:0)	X	X			A	X	X			E			X		A	E		EG		X	A	A			X
23	12.02.19	H	Karlsruher SC	1:1 (1:0)		X		E	X	E	X		A1			A	X	X		A				E	X	X			X
24	17.02.19	H	FC Carl Zeiss Jena	2:0 (1:0)	X			E1	X	X1	X			E		E	X	A		A				A	X	X			X
25	24.02.19	A	1. FC Kaiserslautern	1:1 (0:1)	X			E	X	A	X			E			X1	A	X		E			E	X	X			X
26	02.03.19	A	Sportfreunde Lotte	0:2 (0:1)	A	E			X	X	X			E			X	A		X				E	X	X			X
27	09.03.19	A	VfL Osnabrück	0:3 (0:2)	X	X			X	X	X			E		X	A	X	E		E			X	A	A			
28	12.03.19	H	KFC Uerdingen 05	2:0 (1:0)	E	E		E1	X	X	X						X		X	A		A		X	X		A		X1
29	16.03.19	A	VfR Aalen	1:1 (1:1)	E	E			E	E	X			X			X1	X	X					A	A	A			X
30	25.03.19	H	FC Energie Cottbus	2:1 (1:0)	X	E			E	X	X					E	X	A		A1				A	X	X			X1
31	30.03.19	A	FC Hansa Rostock	1:3 (0:2)	X	E			E	X	X1	X					A	X	E	A				E	X	X			
32	06.04.19	H	SV Wehen Wiesbaden	2:1 (2:1)	A	E		E		X	X						E	X2	X	X				A	X	X			X
33	14.04.19	A	SpVgg Unterhaching	1:0 (0:0)	X	E			X	A	X						E	E		X	X1			A	X	X		E	X
34	20.04.19	A	Würzburger Kickers	2:0 (0:0)	A	E			E	X	A						E	E		X1	X1			A	X	X			X
35	27.04.19	A	SV Meppen	0:2 (0:1)		X			E	X	A		E				X	E		A				E	X	X			
36	04.05.19	H	TSV 1860 München	5:2 (2:1)	X				X	A2	X						E	X1	E	A	X1			E	X	A			X1
37	11.05.19	A	SGS Großaspach	2:5 (1:3)	A	E			E	X	A						E	X1	X	A	E			E	X	X			X1
38	18.05.19	H	Preußen Münster	2:0 (0:0)	A	E			X	X	X		E1			X	X1	X		X				X	A	E		A	
	Spiele:				36	34	1	20	32	33	36	16	2	20	5	25	37	29	27	27	5	9	29	37	2	26	9	34
	Tore:				3	1	0	0	3	0	6	0	0	2	0	0	11	3	1	4	0	0	1	3	0	0	0	10

Gegnerisches Eigentor im 10. Spiel (durch Fennell).

Bilanz der letzten 10 Jahre:

Saison	Lv.	Liga		Platz	Sp.	S	U	N	Tore	Pkt.
2008/09:	5	Oberliga Nordost Süd		7.	30	13	7	10	44-42	46
2009/10:	5	Oberliga Nordost Süd		9.	30	10	9	11	42-37	39
2010/11:	5	Oberliga Nordost Süd		9.	30	10	7	13	39-39	37
2011/12:	5	Oberliga Nordost Süd	↑	1.	26	18	6	2	71-20	60
2012/13:	4	Regionalliga Nordost		3.	30	13	14	3	44-14	53
2013/14:	4	Regionalliga Nordost		6.	30	12	7	11	38-38	43
2014/15:	4	Regionalliga Nordost		2.	28	16	9	3	45-21	57
2015/16:	4	Regionalliga Nordost	↑	1.	34	24	5	5	77-30	77
2016/17:	3	3. Liga		5.	38	16	8	14	47-54	56
2017/18:	3	3. Liga		15.	38	10	11	17	38-55	41

Zuschauerzahlen:

Saison	gesamt	Spiele	Schnitt
2008/09:	22.708	15	1.514
2009/10:	16.365	15	1.091
2010/11:	14.061	15	937
2011/12:	17.418	13	1.340
2012/13:	22.569	15	1.505
2013/14:	20.026	15	1.335
2014/15:	26.609	15	1.774
2015/16:	29.979	17	1.763
2016/17:	100.799	19	5.305
2017/18:	92.410	19	4.864

Die meisten Spiele in der 3. Liga:

Pl.	Name, Vorname	Spiele
1.	König, Ronny	112
2.	Brinkies, Johannes	108
3.	Frick, Davy	98
4.	Könnecke, Mike	94
	Miatke, Nils	94
6.	Lange, René	92
7.	Wachsmuth, Toni	89
8.	Schröter, Morris	79
9.	Antonitsch, Nico	62
	Barylla, Anthony	62

Die meisten Tore in der 3. Liga:

Pl.	Name, Vorname	Tore
1.	König, Ronny	37
2.	Wachsmuth, Toni	15
3.	Frick, Davy	8
4.	Antonitsch, Nico	6
	Eisele, Fabian	6
	Nietfeld, Jonas	6
7.	Bär, Marcel	5
	Göbel, Patrick	5

Die Trainer der letzten Jahre:

Name, Vorname	Zeitraum
Große, Jens	01.07.2004 – 14.12.2004
Ferl, Uwe	15.12.2004 – 10.04.2007
Dietzsch, Heinz	11.04.2007 – 04.09.2007
Keller, Peter	11.10.2007 – 06.04.2009
Barsikow, Dirk (IT)	07.04.2009 – 28.04.2009
Zimmerling, Matthias	29.04.2009 – 15.10.2009
Barsikow, Dirk	16.10.2009 – 25.02.2010
Pönisch, Jörg (IT)	26.02.2010 – 08.04.2010
Quade, Nico	09.04.2010 – 30.06.2012
Ziegner, Torsten	01.07.2012 – 25.04.2018

Zuschauerzahlen 2018/19

	VfR Aalen	Eintr. Braunschweig	FC Energie Cottbus	SGS Großaspach	Hallescher FC	FC Carl Zeiss Jena	1. FC Kaiserslautern	Karlsruher SC	SC Fortuna Köln	VfL Sportfr. Lotte	SV Meppen	TSV 1860 München	SC Preußen Münster	VfL Osnabrück	FC Hansa Rostock	KFC Uerdingen 05	SpVgg Unterhaching	SV Wehen	Würzburger Kickers	FSV Zwickau
VfR Aalen	×	3.584	3.018	3.148	3.015	3.124	5.804	4.403	3.022	3.124	2.903	8.212	3.017	3.104	3.912	2.760	3.028	3.231	3.873	3.102
Eintracht Braunschweig	15.179	×	22.745	18.248	16.750	17.335	17.000	20.000	17.035	15.392	18.190	21.235	19.570	18.455	21.367	16.510	16.694	17.015	17.030	17.151
FC Energie Cottbus	12.232	6.020	×	5.633	7.817	7.302	7.667	8.703	6.184	6.417	6.079	7.234	5.248	8.034	15.035	5.526	8.041	4.517	5.058	7.218
SGS Großaspach	2.500	2.400	1.567	×	2.214	1.500	9.500	6.500	1.050	1.500	1.750	8.253	1.500	2.500	2.500	1.500	2.200	1.500	1.468	2.508
Hallescher FC	7.012	10.034	8.304	5.427	×	8.621	8.133	8.003	6.227	6.037	6.379	10.890	7.469	7.543	10.781	7.922	6.069	8.017	6.533	7.510
FC Carl Zeiss Jena	5.142	6.173	6.284	4.113	8.024	×	8.037	5.337	4.578	3.574	4.198	10.600	3.878	4.571	8.141	4.436	4.023	5.577	6.503	7.061
1. FC Kaiserslautern	18.317	16.363	24.005	17.297	19.176	18.288	×	27.343	17.588	19.516	21.382	41.324	22.881	23.165	21.517	21.176	16.428	18.716	17.638	19.545
Karlsruher SC	10.470	13.841	10.814	13.826	15.232	11.530	17.901	×	10.700	10.107	12.562	16.477	10.613	13.739	13.498	10.805	11.054	12.625	24.317	10.763
SC Fortuna Köln	2.053	3.943	2.448	1.942	1.952	2.150	8.379	3.403	×	1.792	3.150	6.560	3.201	2.438	3.832	3.430	2.192	1.907	1.502	1.835
VfL Sportfreunde Lotte	1.393	3.776	2.212	1.407	1.706	1.414	2.662	2.180	1.381	×	6.098	2.149	3.269	6.913	3.114	1.633	1.304	1.670	1.633	1.683
SV Meppen	5.103	8.305	7.430	7.208	7.676	8.692	9.114	6.521	6.216	7.009	×	9.200	9.041	12.500	7.383	6.291	5.726	7.112	6.760	6.656
TSV 1860 München	14.100	15.000	15.000	15.000	15.000	15.000	15.000	15.000	15.000	15.000	15.000	×	15.000	15.000	15.000	15.000	15.000	15.000	15.000	15.000
SC Preußen Münster	5.230	8.626	6.802	5.848	5.934	7.214	10.008	9.745	5.436	9.242	9.394	12.532	×	11.572	6.148	8.077	5.737	6.102	7.116	4.967
VfL Osnabrück	14.358	14.908	10.200	10.773	10.134	9.116	12.379	9.051	8.186	15.014	15.500	13.600	14.100	×	15.181	11.742	15.393	9.581	7.649	9.353
FC Hansa Rostock	10.800	17.400	20.000	10.396	12.005	16.087	16.100	13.000	12.500	11.850	12.017	18.000	11.900	12.600	×	16.713	10.100	16.000	12.300	14.185
KFC Uerdingen 05	2.704	5.099	3.322	3.482	3.114	3.478	5.346	4.510	2.874	4.509	4.305	5.650	3.636	6.301	5.614	×	5.481	2.909	3.265	3.000
SpVgg Unterhaching	2.800	3.000	1.500	1.700	2.000	3.250	5.000	2.500	2.300	3.750	1.750	14.200	3.000	2.600	4.000	2.750	×	2.000	3.250	2.000
SV Wehen Wiesbaden	1.674	2.686	2.802	1.819	2.129	2.387	7.544	7.451	2.421	1.704	2.068	6.166	2.024	5.571	3.127	2.113	1.830	×	2.537	1.847
FC Würzburger Kickers	4.420	5.940	5.089	5.074	4.734	4.767	7.548	7.854	4.467	3.863	4.512	10.006	4.807	4.876	6.435	4.835	4.543	4.754	×	5.035
FSV Zwickau	4.321	4.125	5.542	3.679	7.125	6.795	9.024	4.013	4.456	3.792	3.827	7.723	5.849	4.497	8.378	3.285	3.827	3.969	5.051	×

Zuschauertabelle nach Heimspielen:

Pl.	Mannschaft	gesamt	Spiele	Schnitt
1.	1. FC Kaiserslautern	401.665	19	21.140
2.	Eintracht Braunschweig	342.901	19	18.047
3.	TSV 1860 München	284.100	19	14.953
4.	FC Hansa Rostock	263.953	19	13.892
5.	Karlsruher SC	250.874	19	13.204
6.	VfL Osnabrück	226.218	19	11.906
7.	Hallescher FC	146.911	19	7.732
8.	SC Preußen Münster	145.730	19	7.670
9.	SV Meppen	143.943	19	7.576
10.	FC Energie Cottbus	139.965	19	7.367
11.	FC Carl Zeiss Jena	110.250	19	5.803
12.	FC Würzburger Kickers	103.559	19	5.450
13.	FSV Zwickau	99.278	19	5.225
14.	KFC Uerdingen 05	78.599	19	4.137
15.	VfR Aalen	69.384	19	3.652
16.	SpVgg Unterhaching	63.350	19	3.334
17.	SV Wehen Wiesbaden	59.900	19	3.153
18.	SC Fortuna Köln	58.109	19	3.058
19.	SG Sonnenhof Großaspach	54.410	19	2.864
20.	VfL Sportfreunde Lotte	47.597	19	2.505
		3.090.696	380	8.133

Zuschauertabelle nach Auswärtsspielen:

Pl.	Mannschaft	gesamt	Spiele	Schnitt
1.	TSV 1860 München	230.011	19	12.106
2.	1. FC Kaiserslautern	182.146	19	9.587
3.	FC Hansa Rostock	174.963	19	9.209
4.	VfL Osnabrück	165.979	19	8.736
5.	Karlsruher SC	165.517	19	8.711
6.	FC Energie Cottbus	159.084	19	8.373
7.	Eintracht Braunschweig	151.223	19	7.959
8.	SV Meppen	151.064	19	7.951
9.	SC Preußen Münster	150.003	19	7.895
10.	FC Würzburger Kickers	148.483	19	7.815
11.	FC Carl Zeiss Jena	148.050	19	7.792
12.	KFC Uerdingen 05	146.504	19	7.711
13.	Hallescher FC	145.737	19	7.670
14.	VfL Sportfreunde Lotte	143.192	19	7.536
15.	SV Wehen Wiesbaden	142.202	19	7.484
16.	FSV Zwickau	140.419	19	7.390
17.	VfR Aalen	139.808	19	7.358
18.	SpVgg Unterhaching	138.670	19	7.298
19.	SG Sonnenhof Großaspach	136.020	19	7.159
20.	SC Fortuna Köln	131.621	19	6.927
		3.090.696	380	8.133

Die Spiele mit den meisten Zuschauern:

Datum	Begegnung	Zuschauer
28.07.2018	1. FC Kaiserslautern - TSV 1860 München	41.324
25.08.2018	1. FC Kaiserslautern - Karlsruher SC	27.343
03.11.2018	Karlsruher SC - FC Würzburger Kickers	24.317
02.11.2018	1. FC Kaiserslautern - FC Energie Cottbus	24.005
24.03.2019	1. FC Kaiserslautern - VfL Osnabrück	23.165
07.08.2018	1. FC Kaiserslautern - SC Preußen Münster	22.881
18.05.2019	Eintracht Braunschweig - FC Energie Cottbus	22.745
21.04.2019	1. FC Kaiserslautern - FC Hansa Rostock	21.517
18.05.2019	1. FC Kaiserslautern - SV Meppen	21.382
27.01.2019	Eintracht Braunschweig - FC Hansa Rostock	21.367
30.03.2019	Eintracht Braunschweig - TSV 1860 München	21.235
20.10.2018	1. FC Kaiserslautern - KFC Uerdingen 05	21.176

Die Spiele mit den wenigsten Zuschauern:

Datum	Begegnung	Zuschauer
14.12.2018	SG Sonnenhof Großaspach - SC Fortuna Köln	1.050
09.12.2018	VfL Sportfreunde Lotte - SpVgg Unterhaching	1.304
09.03.2019	VfL Sportfreunde Lotte - SC Fortuna Köln	1.381
03.11.2018	VfL Sportfreunde Lotte - VfR Aalen	1.393
08.08.2018	VfL Sportfreunde Lotte - SG Sonnenhof Großaspach	1.407
25.09.2018	VfL Sportfreunde Lotte - FC Carl Zeiss Jena	1.414
23.03.2019	SG Sonnenhof Großaspach - FC Würzburger Kickers	1.468
11.11.2018	SG Sonnenhof Großaspach - SC Preußen Münster	1.500
23.12.2018	SG Sonnenhof Großaspach - FC Carl Zeiss Jena	1.500
02.02.2019	SG Sonnenhof Großaspach - VfL Sportfreunde Lotte	1.500
16.02.2019	SG Sonnenhof Großaspach - KFC Uerdingen 05	1.500
13.03.2019	SG Sonnenhof Großaspach - SV Wehen Wiesbaden	1.500

Torschützenliste:

Pl.	Spieler (Mannschaft)	Tore
1.	Pourié, Marvin (Karlsruher SC)	22
2.	Schäffler, Manuel (SV Wehen Wiesbaden)	16
3.	Fink, Anton (Karlsruher SC)	15
	Kyereh, Daniel-Kofi (SV Wehen Wiesbaden)	15
5.	Proschwitz, Nick (SV Meppen)	14
6.	Hain, Stephan (SpVgg Unterhaching)	13
	Schimmer, Stefan (SpVgg Unterhaching)	13
8.	Kobylanski, Martin (SC Preußen Münster)	12
	Kühlwetter, Christian (1. FC Kaiserslautern)	12
10.	Ademi, Orhan (FC Würzburger Kickers)	11
	Alvarez, Marcos (VfL Osnabrück)	11
	Beister, Maximilian (KFC Uerdingen 05)	11
	König, Ronny (FSV Zwickau)	11
	Mamba, Streli (FC Energie Cottbus)	11
	Tietz, Phillip (FC Carl Zeiss Jena)	11
16.	Biankadi, Merveille (FC Hansa Rostock)	10
	Hofmann, Philipp (Eintracht Braunschweig)	10
	Röttger, Timo (SG Sonnenhof Großaspach)	10
	Soukou, Cebio (FC Hansa Rostock)	10
	Wachsmuth, Toni (FSV Zwickau)	10
21.	Bär, Marcel (VfR Aalen/Eintracht Braunschweig)	9
	Baumann, Dominic (FC Würzburger Kickers)	9
	Girth, Benjamin (VfL Osnabrück)	9
	Klingenburg, Rene (SC Preußen Münster)	9
	Morys, Matthias (VfR Aalen)	9

Drei Tore in einem Spiel erzielten:

Datum	Spieler (Mannschaft)	Gegner	wo	Erg.
25.09.2018	Dadashov (Preußen Münster)	FC Hansa Rostock	A	4:1
21.10.2018	Kyereh (SV Wehen)	Karlsruher SC	A	5:2
24.11.2018	Hain (SpVgg Unterhaching)	FC Carl Zeiss Jena	A	5:4
26.11.2018	Kobylanski (Preußen Münster)	Eintr. Braunschweig	H	3:0
30.03.2019	Biankadi (FC Hansa Rostock)	FSV Zwickau	H	3:1
27.04.2019	Osawe (KFC Uerdingen 05)	VfR Aalen	A	4:2
05.05.2019	Hofmann (Eintr. Braunschweig)	VfR Aalen	A	3:1

Vier Tore in einem Spiel erzielten:

Datum	Spieler (Mannschaft)	Gegner	wo	Erg.
04.11.2018	Schäffler (SV Wehen)	SC Fortuna Köln	A	7:0

Einen lupenreinen Hattrick erzielten:

Datum	Spieler (Mannschaft)	Gegner	wo	Erg.
26.11.2018	Kobylanski (Preußen Münster)	Eintr. Braunschweig	H	3:0
05.05.2019	Hofmann (Eintr. Braunschweig)	VfR Aalen	A	3:1

Die torreichsten Spiele:

24.11.2018	FC Carl Zeiss Jena - SpVgg Unterhaching	4:5
21.10.2018	Karlsruher SC - SV Wehen Wiesbaden	2:5
26.10.2018	Eintracht Braunschweig - VfL Osnabrück	3:4
04.11.2018	SC Fortuna Köln - SV Wehen Wiesbaden	0:7
01.12.2018	FC Würzburger Kickers - FC Carl Zeiss Jena	5:2
30.03.2019	FC Energie Cottbus - SC Fortuna Köln	4:3
04.05.2019	FSV Zwickau - TSV 1860 München	5:2
04.05.2019	FC Carl Zeiss Jena - FC Würzburger Kickers	3:4
11.05.2019	SG Sonnenhof Großaspach - FSV Zwickau	5:2

Elfmetertorschützen: gesamt: 70

Mannschaft	Torschützen (Anzahl)
VfR Aalen:	Sessa
Eintr. Braunschweig:	Pfitzner (5), Hofmann (2)
FC Energie Cottbus:	Viteritti (3), Gjasula (2)
SGS Großaspach:	Janjic (2), Pelivan (2)
Hallescher FC:	Bahn (5)
FC Carl Zeiss Jena:	Tietz (2)
1. FC Kaiserslautern:	Albaek, Bergmann, Zuck
Karlsruher SC:	Fink (6), Lorenz
SC Fortuna Köln:	Fritz (3), Hartmann
VfL Sportfreunde Lotte:	Oesterhelweg
SV Meppen:	Proschwitz (2)
TSV 1860 München:	Steinhart (4)
SC Preußen Münster:	
VfL Osnabrück:	Alvarez (3)
FC Hansa Rostock:	Soukou (2)
KFC Uerdingen 05:	Beister (2)
SpVgg Unterhaching:	Marseiler, Schimmer, Welzmüller
SV Wehen Wiesbaden:	Schmidt (3), Schäffler (2)
FC Würzburger Kickers:	Ademi (2), Schuppan
FSV Zwickau:	Wachsmuth (7)

Eigentorschützen: gesamt: 23

Mannschaft	Torschützen
VfR Aalen:	Fennell
Eintr. Braunschweig:	Valsvik (2), Amundsen
FC Energie Cottbus:	Matuwila, Rangelov, Stanese
SGS Großaspach:	—
Hallescher FC:	
FC Carl Zeiss Jena:	Eckardt, Gerlach
1. FC Kaiserslautern:	—
Karlsruher SC:	Pisot, Roßbach
SC Fortuna Köln:	Abu Hanna, Brandenburger, Rehnen, Uaferro
VfL Sportfreunde Lotte:	—
SV Meppen:	—
TSV 1860 München:	Böhnlein
SC Preußen Münster:	—
VfL Osnabrück:	Agu
FC Hansa Rostock:	Bülow
KFC Uerdingen 05:	Dorda
SpVgg Unterhaching:	—
SV Wehen Wiesbaden:	Kyereh, Mockenhaupt, Mrowca
FC Würzburger Kickers:	—
FSV Zwickau:	Antonitsch

Folgende elf Spieler haben alle 38 Spiele absolviert:

Mannschaft	Spieler
VfR Aalen:	—
Eintr. Braunschweig:	Hofmann, Kijewski
FC Energie Cottbus:	—
SGS Großaspach:	Baku, Broll
Hallescher FC:	Eisele
FC Carl Zeiss Jena:	—
1. FC Kaiserslautern:	—
Karlsruher SC:	Fink, Pisot
SC Fortuna Köln:	Eberwein
VfL Sportfreunde Lotte:	Kroll, Wegkamp (33 plus 5 für Aalen)
SV Meppen:	—
TSV 1860 München:	—
SC Preußen Münster:	—
VfL Osnabrück:	—
FC Hansa Rostock:	—
KFC Uerdingen 05:	—
SpVgg Unterhaching:	—
SV Wehen Wiesbaden:	—
FC Würzburger Kickers:	Baumann
FSV Zwickau:	—

Vereinsrangliste nach Platzverweisen:

Pl.	Mannschaft	Rot	Gelb-Rot
1.	FC Hansa Rostock	0	0
2.	1. FC Kaiserslautern	0	1
	FSV Zwickau	0	1
4.	Karlsruher SC	0	2
5.	VfR Aalen	0	3
	SV Meppen	0	3
	KFC Uerdingen 05	0	3
	SpVgg Unterhaching	0	3
9.	FC Carl Zeiss Jena	1	0
10.	SG Sonnenhof Großaspach	1	1
11.	VfL Sportfreunde Lotte	1	3
12.	SC Fortuna Köln	1	4
	TSV 1860 München	1	4
	SC Preußen Münster	1	4
15.	VfL Osnabrück	2	0
16.	SV Wehen Wiesbaden	2	1
17.	FC Energie Cottbus	2	2
18.	Hallescher FC	3	1
19.	FC Würzburger Kickers	3	4
20.	Eintracht Braunschweig	4	1
		22	41

Schiedsrichtereinsätze:

Name, Vorname (Verein, Landesverband)	Spiele	Rot	G-R
Schultes, Tobias (TSV Betzigau, BY)	10	0	0
Weickenmeier, Jonas (TSV Lämmerspiel, HES)	10	0	0
Lechner, Florian (PSV Wismar, MV)	10	1	1
Stegemann, Mitja (1. FC Niederkassel, MIR)	9	0	0
Wollenweber, Markus (SV Rot-Weiß Venn, NIR)	9	0	0
Börner, Bastian (ASSV Letmathe 98, WEF)	9	0	1
Hanslbauer, Patrick (TSV Altenberg, BY)	9	0	1
Lossius, Oliver (BSV Eintracht Sondershausen, TH)	9	0	1
Müller, Eric (FC Union 60 Bremen, HB)	9	0	1
Müller, Henry (FC Energie Cottbus, BRB)	9	0	1
Bokop, Franz (SC SF Niedersachsen Vechta, NS)	9	0	2
Petersen, Martin (VfL Stuttgart, WBG)	9	0	2
Winter, Nicolas (SV Hagenbach, SW)	9	0	2
Skorczyk, Tim-Julian (VfL Salder, NS)	9	1	0
Haslberger, Wolfgang (TSV St. Wolfgang, BY)	9	1	2
Zorn, Justus (SV Opfingen, SBD)	9	2	0
Brütting, Steffen (DJK-SpVgg Effeltrich, BY)	9	2	1
Fritsch, Tobias (1. FC Bruchsal, NBD)	9	2	2
Osmanagic, Asmir (SpVgg Stuttgart-Ost, WBG)	9	3	1
Bacher, Michael (SV Amerang, BY)	8	0	0
Gräfe, Manuel (FC Hertha 03 Zehlendorf, B)	8	0	0
Rafalski, Katrin (TSV Besse, HES)	8	0	0
Bramlage, Dr. Henrik (VfL Oythe, NS)	8	0	1
Gasteier, Marcel (TuS Dahlheim, RHL)	7	0	0
Osmers, Harm (SV Baden, NS)	7	0	0
Hussein, Dr. Riem (TSG Bad Harzburg, NS)	7	0	1
Waschitzki, Sven (Turngemeinde Essen-West, NIR)	7	0	2
Storks, Sören (VfL Ramsdorf, WEF)	7	1	1
Alt, Patrick (SV Illingen, SAR)	7	1	2
Schlager, Daniel (FC Rastatt 04, SBD)	7	1	2
Heft, Florian (SV Eintracht Neuenkirchen, NS)	6	0	0
Jablonski, Sven (Blumenthaler SV, HB)	6	1	0
Schröder, Robert (Hannoverscher SC, NS)	6	1	0
Müller, Pascal (FV Löchgau, WBG)	6	1	2
Badstübner, Florian (TSV Windsbach, BY)	5	0	0
Cortus, Benjamin (TSV 1895 Burgfarrnbach, BY)	5	0	0
Dingert, Christian (TSG Burg Lichtenberg, SW)	5	0	0
Winkmann, Guido (SV Nütterden, NIR)	5	0	0
Kampka, Dr. Robert (TSV Schornbach, WBG)	5	0	1
Kempter, Robert (VfR Sauldorf, WBG)	5	0	1
Siewer, Thorben (FC Schreibershof, WEF)	5	0	1
Gerach, Timo (FV Queichheim, SW)	5	1	0
Kempkes, Benedikt (DJK Alemannia Kruft/Kretz, RHL)	5	1	1
Aarnink, Arne (VfL Weiße Elf Nordhorn, NS)	4	0	0

Rote Karten: gesamt: 22

Mannschaft	Spieler
VfR Aalen:	—
Eintracht Braunschweig:	Menz, Nkansah, Rütten, Sauerland
FC Energie Cottbus:	Matuwila, Startsev
SGS Großaspach:	Gehring
Hallescher FC:	Lindenhahn (2), Manu
FC Carl Zeiss Jena:	Fl. Brügmann
1. FC Kaiserslautern:	—
Karlsruher SC:	—
SC Fortuna Köln:	Ernst
VfL Sportfreunde Lotte:	Rahn
SV Meppen:	—
TSV 1860 München:	Berzel
SC Preußen Münster:	Kittner
VfL Osnabrück:	Engel, Schiller
FC Hansa Rostock:	—
KFC Uerdingen 05:	—
SpVgg Unterhaching:	—
SV Wehen Wiesbaden:	Andrist, Mintzel
FC Würzburger Kickers:	Kaufmann, Ofosu-Ayeh, Sontheimer
FSV Zwickau:	—

Gelb-Rote Karten: gesamt: 41

Mannschaft	Spieler
VfR Aalen:	Sarr (2), Büyüksakarya
Eintracht Braunschweig:	Amundsen
FC Energie Cottbus:	Kruse, Matuwila
SGS Großaspach:	Meiser
Hallescher FC:	Guttau
FC Carl Zeiss Jena:	—
1. FC Kaiserslautern:	Sternberg
Karlsruher SC:	Gordon, Lorenz
SC Fortuna Köln:	Kegel (2), Kyereh Mensah, Scheu
VfL Sportfreunde Lotte:	Chato, Dietz, Rahn
SV Meppen:	Komenda, Posipal, Vrzogic
TSV 1860 München:	Paul (3), Weber
SC Preußen Münster:	Scherder (2), Braun (2)
VfL Osnabrück:	—
FC Hansa Rostock:	—
KFC Uerdingen 05:	Aigner, Beister, Dörfler
SpVgg Unterhaching:	Winkler (2), Bigalke
SV Wehen Wiesbaden:	Kyereh
FC Würzburger Kickers:	Bachmann, Breitkreuz, Gnaase, Hajtic
FSV Zwickau:	McKinze Gaines

Fortsetzung Schiedsrichtereinsätze:

Name, Vorname (Verein, Landesverband)	Spiele	Rot	G-R
Reichel, Tobias (GSV Maichingen, WBG)	4	0	0
Sather, Alexander (FC Grimma, SAX)	4	0	0
Schmidt, Markus (SV Sillenbuch, WBG)	4	0	0
Koslowski, Lasse (Frohnauer SC, B)	4	0	1
Pfeifer, Johann (HSC Blau-Weiß Schwalbe Tündern, NS)	3	0	0
Siebert, Daniel (FC Nordost Berlin, B)	3	0	0
Willenborg, Frank (SV Gehlenberg-Neuvrees, NS)	3	0	0
Günsch, Christof (SV Reddighausen, HES)	3	0	1
Rohde, Rene (TSV Thürkow, MV)	3	0	1
Thomsen, Dr. Martin (SV Donsbrüggen, NIR)	3	0	1
Steinhaus, Bibiana (MTV Engelbostel/Schulenburg, NS)	3	0	2
Dietz, Christian (FC Kronach, BY)	3	1	1
Ittrich, Patrick (MSV Hamburg, HH)	3	1	1
Hartmann, Robert (SV Krugzell, BY)	2	0	0
Jöllenbeck, Dr. Matthias (SV Weilertal, SBD)	2	0	0
Welz, Tobias (FC Bierstadt, HES)	2	0	0
Stegemann, Sascha (1. FC Niederkassel, MIR)	1	0	0
Stieler, Tobias (SG Rosenhöhe Offenbach, HES)	1	0	0
Zwayer, Felix (SC Charlottenburg, B)	1	0	0
	380	22	41

Die Spieler mit den meisten Einsätzen in der 3. Liga:

Pl.	Name/Vorname (Mannschaft/en)	Spiele
1.	Danneberg, Tim (Braunschw./Sandhsn./Kiel/Chemnitz/Osnabr.)*	332
2.	Mintzel, Alf (SV Sandhausen/SV Wehen Wiesbaden)*	325
3.	Fink, Anton (Unterhaching/VfR Aalen/Chemnitzer FC/Karlsruhe)*	324
4.	Müller, Robert (Jena/Kiel/Rostock/Wiesb./Aalen/Uerd./Cottbus)*	314
5.	Geyer, Thomas (VfB Stuttgart II/SV Wehen Wiesb./VfR Aalen)*	306
6.	Pisot, David (VfB Stuttgart II/FC Ingolstadt/Osnabrück/Karlsruhe)*	287
7.	Stenzel, Fabian (FC Rot-Weiß Erfurt/Chemnitzer FC)	269
8.	Kegel, Maik (Dyn. Dresden/Chemnitzer FC/Holst. Kiel/Fort. Köln)*	267
9.	Blacha, David (Ahlen/Sandhausen/Rostock/Wiesbaden/Osnabr.)*	257
10.	Rühle, Tobias (Stuttgart II/Heidenh./K. Stuttgart/Großa./Münster)*	253
11.	Leist, Julian (B. München II/Stuttgarter Kickers/Großaspach)*	252
12.	Piossek, Marcus (BVB II/Ahlen/Osn./Münster/Paderb./Lotte/Mep.)*	244
13.	Heider, Marc (SV Werder Bremen II/Holstein Kiel/VfL Osnabrück)*	242
14.	Dercho, Alexander (VfL Osnabrück/DSC Arminia Bielefeld)*	240
15.	Benyamina, Soufian (Jena/VfB Stuttg. II/Münster/Wiesb./Rostock)	238
	Ziemer, Marcel (Wehen Wiesbaden/Saarbrücken/Rostock)	238
17.	Truckenbrod, Jens (Dyn. Dresden/Carl Zeiss Jena/Pr. Münster)	233
18.	Pfeffer, Sascha (Dyn. Dresden/Chemnitzer FC/Hallescher FC)	224
19.	Gehring, Kai (SV Wehen Wiesbaden/Saarbrücken/Großaspach)*	223
20.	Kleineheismann, Stefan (Offenbach/Erfurt/Hallescher FC)	222
21.	Erb, Mario (B. München II/Aachen/Unterhaching/Erf./Uerdingen) *	221
22.	Wulnikowski, Robert (Offenbacher Kickers/Würzburger Kickers)	219
23.	Röttger, Timo (Dynamo Dresden/RB Leipzig/SGS Großaspach)*	218
24.	Bernhardt, Daniel (VfR Aalen)*	217
25.	Ruprecht, Steven (Un. Berlin/Aal./Ingolst./Halle/Rost./Wiesb./F. Köln)*	216
26.	Baumgärtel, Fabian (Alem. Aachen/SV Stuttgarter Kickers/Halle)	215
27.	Feldhahn, Nicolas (Werder Bremen II/Offenbach/VfL Osnabrück)	214
28.	Rathgeb, Tobias (VfB Stuttgart II)	213
29.	Funk, Patrick (VfB Stuttgart II/SV Wehen Wiesbaden/VfR Aalen)*	210
	Kolke, Markus (SV Wehen Wiesbaden)*	210
31.	Pfingsten-Reddig, Nils (Emden/Offenbach/FC Rot-Weiß Erfurt)	209
32.	Weil, Richard (Heidenheim/Mainz 05 II/Würzburg/Magdeburg)	207
33.	Traut, Sascha (VfR Aalen/Kickers Stuttgart/Wacker Burghausen)*	206
34.	Schütz, Tom (Bayern München II/Babelsberg 03/Arm. Bielefeld)	205
35.	Schwabl, Markus (SpVgg Unterhaching/VfR Aalen)	204
36.	Bender, Lars (Koblenz/Offenbacher Kickers/Fort. Köln/Cottbus)*	203
	Morys, Matthias (Aalen/K. Offenbach/RB Leipzig/Großaspach)*	203
38.	Ahlschwede, Maximilian (Rostock/Offenb./Würzb./Wehen/Bielef.)*	201
39.	Fetsch, Mathias (Kiel/Offenbach/Halle/Braunschweig/Dresden)*	200
	Holz, Marco (SV Wacker Burghausen/FC Energie Cottbus)	200
41.	Möckel, Jens (FC Rot-Weiß Erfurt)	198
	Rahn, Johannes (VfB Stuttgart II/Koblenz/Bielefeld/F. Köln)	198
	Schmidt, Dominik (Werder Bremen II/Pr. Münster/Holstein Kiel)	198
44.	Braun, Sandrino (SV Stuttgarter Kickers/SC Preußen Münster)*	197
45.	Breier, Pascal (VfB Stuttgart II, SGS Großaspach/Rostock)*	195
46.	Bischoff, Amaury (SC Preußen Münster/FC Hansa Rostock)*	193
	Reichwein, Marcel (Wuppertal/Regensburg/Erfurt/Münster)	193
48.	Grüttner, Marco (Aalen/Stuttgart. K./VfB Stuttgart II/Regensburg)	191
	Landeka, Josip (Stuttg. K./Wiesb./Jena/Chemn./Darms/Großa.)	191
50.	Fennell, Royal-Dominique (Stuttgarter K./Würzburg/Halle/Aalen)*	190
	Hörnig, Florian (Unterhaching/Regensburg/Chemnitz/F. Köln)	190
52.	Testroet, Pascal (Bremen II/Offenb./Bielef./Osnabrück/Dresden)	189
53.	Kammlott, Carsten (FC Rot-Weiß Erfurt/RasenBallsport Leipzig)	188
	Schäffler, Manuel (Holstein Kiel/SV Wehen Wiesbaden)*	188
	Stein, Marc (Kickers Offenbach/Stuttgarter Kickers/En. Cottbus)*	188
56.	Schnellbacher, Luca (SV Wehen Wiesbaden/VfR Aalen)*	187
57.	Gardawski, Michael (Jena/VfB Stuttg. II/Osnabr./Duisb./Rostock)	186
58.	Hübener, Thomas (Dyn. Dresden/Arm. Bielefeld/Energie Cottbus)	185
	Reinhardt, Julius (Braunschw./Offenb./Heidenh./Chemn./Zwickau)	185
60.	Grote, Dennis (Preußen Münster/Chemnitzer FC/MSV Duisburg)	184
61.	Janjic, Zlatko (SV Wehen/MSV Duisburg/SGS Großaspach)*	183
	Müller, Gerrit (Dresden/Heidenheim/Stuttgarter K./Magdeburg)	183
	Savran, Halil (Dynamo Dresden/Hansa Rostock/VfL Osnabrück)	183
64.	Groß, Christian (VfL Osnabrück/SV Babelsberg 03)	182
	Schulz, Thorsten (Unterhaching/VfR Aalen/Preußen Münster)	182
66.	Menga, Ardiles Waku (Bremen II/Wiesb./Münster/Osnabrück)	181
67.	Stroh-Engel, Dominik (Wiesbaden/Babelsb./Darmstadt/Karlsruhe)*	180
68.	Gurski, Michael (SV Sandhausen/SV Wehen Wiesbaden)	177
	Klewin, Philipp (FC Rot-Weiß Erfurt)	177
70.	Schnatterer, Marc (1. FC Heidenheim)	176
71.	Dahmani, Hamdi (SC Fortuna Köln)*	175

Die Spieler mit den meisten Toren in der 3. Liga:

Pl.	Name/Vorname (Mannschaft/en)	Tore
1.	Fink, Anton (Unterhaching/VfR Aalen/Chemnitzer FC/Karlsruhe)*	136
2.	Ziemer, Marcel (Wehen Wiesbaden/Saarbrücken/Rostock)	75
3.	Janjic, Zlatko (SV Wehen/MSV Duisburg/SGS Großaspach)*	67
4.	Schäffler, Manuel (Holstein Kiel/SV Wehen Wiesbaden)*	64
5.	Benyamina, Soufian (Jena/VfB Stuttg. II/Münster/Wiesb./Rostock)	62
6.	Reichwein, Marcel (Wuppertal/Regensburg/Erfurt/Münster)	59
7.	Testroet, Pascal (Bremen II/Offenb./Bielef./Osnabrück/Dresden)	58
8.	Schnatterer, Marc (1. FC Heidenheim)	57
9.	Kammlott, Carsten (FC Rot-Weiß Erfurt/RasenBallsport Leipzig)	56
	Onuegbu, Kingsley (Eintracht Braunschweig/MSV Duisburg)	56
	Savran, Halil (Dynamo Dresden/Hansa Rostock/VfL Osnabrück)	56
12.	Stroh-Engel, Dominik (Wiesbaden/Babelsb./Darmstadt/Karlsruhe)*	55
13.	Klos, Fabian (DSC Arminia Bielefeld)	53
14.	Grüttner, Marco (Aalen/Stuttgarter K./VfB Stuttgart II/Regensburg)	52
15.	Heider, Marc (SV Werder Bremen II/Holstein Kiel/VfL Osnabrück)*	50
16.	Beck, Christian (1. FC Magdeburg)	49
	Frahn, Daniel (RasenBallsport Leipzig/Chemnitzer FC)	49
	Grimaldi, Adriano (Osnabrück/Münster/1860 München/Uerdingen)*	49
19.	Morys, Matthias (Offenbach/Aalen/Leipzig/Großaspach)*	48
20.	Eilers, Justin (SG Dynamo Dresden/SV Werder Bremen II)*	47
21.	Löning, Frank (SC Paderborn/SV Sandhausen/Chemnitzer FC)	46
22.	Fetsch, Mathias (Braunschweig/Offenbach/Dresden/Kiel/Halle)*	45
	Röttger, Timo (Dynamo Dresden/RB Leipzig/SGS Großaspach)*	45
24.	Schweinsteiger, Tobias (Jahn Regensburg/SpVgg Unterhaching)	43
25.	Mayer, Patrick (1. FC Heidenheim/SV Wehen Wiesbaden)	41
	Piossek, Marcus (BVB II/Ahlen/Osn./Münster/Paderb./Lotte/Mep.)*	41
27.	Dahmani, Hamdi (SC Fortuna Köln)*	40
	Pfingsten-Reddig, Nils (Emden/Offenbach/FC Rot-Weiß Erfurt)	40
29.	Agyemang, Eric (Erzgebirge Aue/Burghausen/Arm. Bielefeld)	39
	Rahn, Johannes (VfB Stuttgart II/Koblenz/Arm. Bielefeld/F. Köln)	39
	Rathgeber, Thomas (Unterhaching/Offenbach/Saarbrücken)	39
	Taylor, Matthew (Rot Weiss Ahlen/SC Preußen Münster)	39
33.	Andrist, Stephan (SV Wehen/Hansa Rostock/VfR Aalen)*	38
	Breier, Pascal (VfB Stuttgart II/SGS Großaspach/Hansa Rostock)*	38
	König, Ronny (FSV Zwickau/Chemnitzer FC)*	38
36.	Danneberg, Tim (Braunschweig/Sandhsn./Kiel/Chemnitz/Osnabr.)*	37
	Königs, Marco (Münster/Regensburg/F. Köln/Würzburg/Rostock)*	37
38.	Alvarez, Marcos (VfL Osnabrück/SV Stuttgarter Kickers)*	36
	Jänicke, Tobias (FC Hansa Rostock/SV Wehen Wiesbaden)	36
	Kruppke, Dennis (Eintracht Braunschweig)	36
41.	Furuholm, Timo (Hallescher FC)	35
42.	Michel, Sven (SC Paderborn 07/FC Energie Cottbus)	34
43.	Steegmann, Marcus (Unterhaching/TuS Koblenz/Darmstadt 98)	33
	Vunguidica, José Pierre (Offenbach/Pr. Münster/Wiesbaden)	33
45.	Bischoff, Amaury (SC Preußen Münster/FC Hansa Rostock)*	32
	Drexler, Dominick (FC Rot-Weiß Erfurt/VfR Aalen/Holstein Kiel)	32
	Hain, Stephan (SpVgg Unterhaching)*	32
	Kazior, Rafael (Holstein Kiel/SV Werder Bremen II)*	32
	Kumbela, Dominick (SC Paderborn 07/Eintracht Braunschweig)	32
	Spann, Andreas (1. FC Heidenheim/VfL Osnabrück)	32
51.	Hähnge, Sebastian (FC Carl Zeiss Jena)	31
	Menga, Ardiles Waku (Bremen II/Wiesb./Münster/Osnabrück)	31
	Oehrl, Torsten (SV Werder Bremen II/SV Wehen Wiesbaden)	31
	Schnellbacher, Luca (SV Wehen Wiesbaden/VfR Aalen)*	31
	Türpitz, Philip (1. FC Magdeburg/Chemnitzer FC)	31
56.	Amachaibou, Abdenour (Unterhaching/Regensburg/Münster)	30
	Calamita, Marco (Burghausen/Braunschweig/Aalen/K. Stuttgart)	30
	Dorn, Regis (SV Sandhausen)	30
59.	Rizzi, Michele (SGS Großaspach/SC Preußen Münster)	29
60.	Girth, Benjamin (SV Meppen/VfL Osnabrück)*	28
	Kobylanski, Martin (SV Werder Bremen II/SC Preußen Münster)*	28
	Niederlechner, Florian (SpVgg Unterhaching/1. FC Heidenheim)	28
	Schipplock, Sven (VfB Stuttgart II)	28
64.	Blacha, David (SV Wehen/Hansa Rostock/VfL Osnabrück)*	27
	Glasner, Sebastian (Erzgebirge Aue/Burghausen/Arm. Bielefeld)	27
	Tunjic, Mijo (Stuttgarter Kickers/Unterhaching/Rot-Weiß Erfurt)	27

* Spieler in Saison 2018/19 noch in der Liga aktiv

Das Zahlen-Mosaik der 3. Liga:

Saison	Spiele	HS	U	AS	Tore						Karten			Zuschauer	
					Heim	+	Auswärts	=	gesamt	Schnitt	Eigentore	Gelb	Gelb-Rot	Rot	gesamt	Schnitt
2008/09	380	171	114	95	548	+	408	=	956	2,52	14	1.541	47	46	2.135.293	5.619
2009/10	380	186	94	100	602	+	421	=	1.023	2,69	20	1.579	36	39	1.939.051	5.103
2010/11	380	166	101	113	557	+	418	=	975	2,57	24	1.474	41	34	2.117.981	5.574
2011/12	380	171	124	85	560	+	396	=	956	2,52	14	1.459	40	51	1.737.090	4.571
2012/13	380	169	107	104	539	+	415	=	954	2,51	16	1.469	43	49	2.350.781	6.186
2013/14	380	168	106	106	547	+	406	=	953	2,51	23	1.621	37	49	2.302.369	6.059
2014/15	380	181	96	103	591	+	419	=	1.010	2,66	11	1.524	60	40	2.565.580	6.752
2015/16	380	152	121	107	514	+	399	=	913	2,40	21	1.608	38	36	2.686.156	7.069
2016/17	380	163	109	108	522	+	389	=	911	2,40	24	1.649	55	42	2.262.653	5.954
2017/18	380	177	95	108	582	+	456	=	1.038	2,73	20	1.564	41	29	2.348.401	6.180
2018/19	380	146	109	125	530	+	452	=	982	2,58	23	1.666	41	22	3.090.696	8.133
Gesamt	**4.180**	**1.850**	**1.176**	**1.154**	**6.092**	**+**	**4.579**	**=**	**10.671**	**2,55**	**210**	**17.154**	**479**	**437**	**25.536.051**	**6.109**

Die Torschützenkönige der 3. Liga:

Saison	Spieler (Mannschaft)	Tore
2008/09	Fink, Anton (SpVgg Unterhaching)	21
2009/10	Dorn, Régis (SV Sandhausen)	22
2010/11	Kumbela, Dominik (Eintracht Braunschweig)	19
	Mayer, Patrick (1. FC Heidenheim)	19
2011/12	Reichwein, Marcel (FC Rot-Weiß Erfurt)	17
2012/13	Fink, Anton (Chemnitzer FC)	20
	Klos, Fabian (DSC Arminia Bielefeld)	20
2013/14	Stroh-Engel, Dominik (SV Darmstadt 98)	27
2014/15	Klos, Fabian (DSC Arminia Bielefeld)	23
2015/16	Eilers, Justin (SG Dynamo Dresden)	23
2016/17	Beck, Christian (1. FC Magdeburg)	17
2017/18	Schäffler, Manuel (SV Wehen Wiesbaden)	22
2018/19	Pourie, Marvin (Karlsruher SC)	22

Ewige Tabelle 3. Liga 2008 – 2019

Pl.	Mannschaft	J	Gesamtbilanz Sp	S	U	N	Tore	TD	Pkt	Heimbilanz Sp	S	U	N	Tore	TD	Pkt	Auswärtsbilanz Sp	S	U	N	Tore	TD	Pkt
1.	SV Wehen	10	380	148	105	127	522-466	+56	549	190	92	45	53	292-196	+96	321	190	56	60	74	230-270	-40	228
2.	VfL Osnabrück	9	342	144	95	103	459-379	+80	527	171	98	40	33	282-156	+126	334	171	46	55	70	177-223	-46	193
3.	FC Rot-Weiß Erfurt	10	380	130	98	152	455-511	-56	478	190	82	47	61	265-228	+37	293	190	48	51	91	190-283	-93	195
4.	SpVgg Unterhaching	9	342	119	86	137	467-500	-33	441	171	77	47	47	276-194	+82	278	171	42	39	90	191-306	-115	165
5.	SC Preußen Münster	8	304	116	85	103	401-359	+42	433	152	76	38	38	243-143	+100	266	152	40	47	65	158-216	-58	167
6.	FC Hansa Rostock	8	304	111	89	104	389-385	+4	422	152	62	45	45	210-171	+39	231	152	49	44	59	179-214	-35	191
7.	VfB Stuttgart II	8	304	96	81	127	372-411	-39	369	152	55	41	56	201-181	+20	206	152	41	40	71	171-230	-59	163
8.	Hallescher FC	7	266	96	73	97	319-333	-14	361	133	57	33	43	178-153	+25	204	133	39	40	54	141-180	-39	157
9.	Chemnitzer FC	7	266	96	68	102	344-343	+1	347	133	65	32	36	194-140	+54	227	133	31	36	66	150-203	-53	129
10.	Jahn Regensburg	7	266	89	80	97	327-347	-20	347	133	52	43	38	172-146	+26	199	133	37	37	59	155-201	-46	148
11.	1. FC Heidenheim	5	190	91	48	51	301-222	+79	321	95	56	23	16	171-89	+82	191	95	35	25	35	130-133	-3	130
12.	VfR Aalen	7	266	78	92	96	308-349	-41	317	133	50	51	32	180-149	+31	201	133	28	41	64	128-200	-72	125
13.	SG Dynamo Dresden	5	190	83	50	57	267-212	+55	299	95	52	23	20	156-92	+64	179	95	31	27	37	111-120	-9	120
14.	FC Carl Zeiss Jena	6	228	71	69	88	274-340	-66	282	114	44	40	30	156-147	+9	172	114	27	29	58	118-193	-75	110
15.	Wacker Burghausen	6	228	68	64	96	270-345	-75	268	114	48	29	37	169-158	+11	173	114	20	35	59	101-187	-86	95
16.	Holstein Kiel	5	190	67	64	59	241-201	+40	265	95	44	29	22	140-83	+57	161	95	23	35	37	101-118	-17	104
17.	SV Werder Bremen II	7	266	64	72	130	273-404	-131	264	133	40	39	54	153-184	-31	159	133	24	33	76	120-220	-100	105
18.	Offenbacher Kickers	5	190	69	58	63	237-200	+37	263	95	48	22	25	144-89	+55	166	95	21	36	38	93-111	-18	99
19.	SGS Großaspach	5	190	61	60	69	238-254	-16	243	95	30	39	26	124-117	+7	129	95	31	21	43	114-137	-23	114
20.	Eintr. Braunschweig	4	152	65	42	45	230-164	+66	237	76	41	19	16	143-78	+65	142	76	24	23	29	87-86	+1	95
21.	SC Fortuna Köln	5	190	62	48	80	222-287	-65	234	95	37	26	32	121-116	+5	137	95	25	22	48	101-171	-70	97
22.	Stuttgarter Kickers	5	190	59	54	77	221-264	-43	228	95	37	27	31	120-107	+13	138	95	22	27	46	101-157	-56	93
23.	Karlsruher SC	3	114	62	33	19	182-94	+88	219	57	35	15	7	103-46	+57	120	57	27	18	12	79-48	+31	99
24.	SV Sandhausen	4	152	53	50	49	212-203	+9	209	76	34	26	16	120-78	+42	128	76	19	24	33	92-125	-33	81
25.	1. FC Magdeburg	3	114	57	31	26	172-105	+67	202	57	35	12	10	103-47	+56	117	57	22	19	16	69-58	+11	85
26.	DSC Arminia Bielefeld	3	114	56	32	26	185-130	+55	200	57	34	14	9	105-55	+50	116	57	22	18	17	80-75	+5	84
27.	SC Paderborn 07	3	114	57	24	33	196-128	+68	195	57	29	14	14	101-46	+55	101	57	28	10	19	95-82	+13	94
28.	MSV Duisburg	3	114	51	38	25	158-115	+43	191	57	29	21	7	91-52	+39	108	57	22	17	18	67-63	+4	83
29.	1. FC Saarbrücken	4	152	50	40	62	212-227	-15	190	76	32	22	22	127-97	+30	118	76	18	18	40	85-130	-45	72
30.	FC Erzgebirge Aue	3	114	51	33	30	142-105	+37	186	57	33	16	8	82-34	+48	115	57	18	17	22	60-71	-11	71
31.	Würzburger Kickers	3	114	49	35	30	152-116	+36	182	57	22	21	14	72-61	+11	87	57	27	14	16	80-55	+25	95
32.	Borussia Dortmund II	4	152	40	45	67	170-222	-52	165	76	23	28	25	94-94	0	97	76	17	17	42	76-128	-52	68
33.	SV Darmstadt 98	3	114	41	36	37	141-122	+19	159	57	27	16	14	81-49	+32	97	57	14	20	23	60-73	-13	62
34.	FSV Zwickau	3	114	40	29	45	134-156	-22	149	57	28	15	14	81-58	+23	99	57	12	14	31	53-98	-45	50
35.	Bayern München II	3	114	36	35	43	139-157	-18	143	57	24	18	15	76-58	+18	90	57	12	17	28	63-99	-36	53
36.	FC Energie Cottbus	3	114	36	34	44	133-160	-27	142	57	18	16	23	75-80	-5	70	57	18	18	21	58-80	-22	72
37.	1. FSV Mainz 05 II	3	114	33	31	50	132-157	-25	130	57	19	18	20	71-67	+4	75	57	14	13	30	61-90	-29	55
38.	Sportfreunde Lotte	3	114	33	29	52	120-153	-33	128	57	19	15	23	62-64	-2	72	57	14	14	29	58-89	-31	56
39.	SV Babelsberg 03	3	114	32	31	51	115-160	-45	127	57	21	16	20	61-66	-5	79	57	11	15	31	54-94	-40	48
40.	SV Meppen	2	76	28	21	27	98-100	-2	105	38	18	10	10	61-44	+17	64	38	10	11	17	37-56	-19	41
41.	Wuppertaler SV Bor.	2	76	21	20	35	76-106	-30	83	38	12	9	17	44-59	-15	45	38	9	11	18	32-47	-15	38
42.	RB Leipzig	1	38	24	7	7	65-34	+31	79	19	13	4	2	34-15	+19	43	19	11	3	5	31-19	+12	36
43.	1. FC Union Berlin	1	38	22	12	4	59-23	+36	78	19	12	6	1	33-10	+23	42	19	10	6	3	26-13	+13	36
44.	Fortuna Düsseldorf	1	38	20	9	9	54-33	+21	69	19	11	6	2	28-15	+13	39	19	9	3	7	26-18	+8	30
45.	FC Ingolstadt 04	1	38	18	10	10	72-46	+26	64	19	9	8	2	44-20	+24	35	19	9	2	8	28-26	+2	29
46.	BSV Kickers Emden	1	38	16	11	11	45-44	+1	59	19	10	5	4	29-21	+8	35	19	6	6	7	16-23	-7	24
47.	1. FC Kaiserslautern	1	38	13	12	13	49-51	-2	51	19	7	7	5	25-18	+7	28	19	6	5	8	24-33	-9	23
48.	TuS Koblenz	1	38	13	10	15	38-46	-8	49	19	7	4	8	19-21	-2	25	19	6	6	7	19-25	-6	24
49.	KFC Uerdingen 05	1	38	14	6	18	47-62	-15	48	19	5	4	10	22-35	-13	19	19	9	2	8	25-27	-2	29
50.	TSV München 1860	1	38	12	11	15	48-52	-4	47	19	9	3	7	28-22	+6	30	19	3	8	8	20-30	-10	17
51.	SVgg 07 Elversberg	1	38	10	10	18	32-54	-22	40	19	7	8	4	25-24	+1	29	19	3	2	14	7-30	-23	11
52.	Rot Weiss Ahlen	1	38	11	9	18	45-69	-24	39	19	8	4	7	32-27	+5	28	19	3	5	11	13-42	-29	14
53.	RW Oberhausen	1	38	8	14	16	33-47	-14	38	19	6	8	5	22-20	+2	26	19	2	6	11	11-27	-16	12
54.	Alemannia Aachen	1	38	7	10	21	40-68	-28	26	19	5	4	10	27-38	-11	19	19	2	6	11	13-30	-17	12
55.	FSV Frankfurt	1	38	7	13	18	38-50	-12	25	19	6	5	8	24-21	+3	23	19	1	8	10	14-29	-15	11

Anmerkungen:
- In der Saison 2008/09 wurden dem SV Stuttgarter Kickers drei Punkte abgezogen.
- In der Saison 2010/11 wurden Rot Weiss Ahlen drei Punkte abgezogen.
- In der Saison 2012/13 wurden Alemannia Aachen und den Offenbacher Kickers wurden jeweils zwei Punkte wegen Verstößen im Rahmen des wirtschaftlichen Zulassungsverfahrens für die Saison 2012/13 abgezogen. Aachen wurden vor dem letzten Spieltag zudem drei weitere Punkte abgezogen, weil der Verein 200.000 Euro aus dem DFB-Kautionsfonds nicht fristgerecht zurückgezahlt hatte.
- In der Saison 2014/15 wurden der SpVgg Unterhaching zwei Punkte abgezogen.
- In der Saison 2016/17 wurden dem VfR Aalen und dem FSV Frankfurt jeweils neun Punkte wegen Einreichung von Insolvenzanträgen abgezogen.
- In der Saison 2017/18 wurde dem FC Rot-Weiß Erfurt wegen eines Verstoßes gegen die Zulassungsauflagen ein Punkt abgezogen. Nach Einreichung des Antrags auf Eröffnung des Insolvenzverfahrens wurden weitere neun Punkte abgezogen. Auch dem Chemnitzer FC wurden nach Eröffnung des Insolvenzverfahrens neun Punkte abgezogen.

Aufstieg in die 3. Liga

Entscheidungsspiele der Meister der Regionalligen Nord und Bayern:

22.05.2019: VfL Wolfsburg II (N) - FC Bayern München II (BY) 3:1 (3:1)
Wolfsburg: Phillip Menzel - Julian Klamt, Robin Ziegele, Dominik Franke - Jan Neuwirt, Iba May, Michele Rizzi (70. Amara Condé), Murat Saglam, Julian Justvan (78. Yannik Möker) - Blaz Kramer, Daniel Hanslik. Trainer: Rüdiger Ziehl
München: Ron Thorben Hoffmann - Mert Yilmaz, Lars Lukas Mai, Maxime Awoudja, Derrick Köhn - Nicolas Feldhahn, Woo-Yeong Jeong, Meritan Shabani, Alphonso Davies - Kwasi Okyere Wriedt, Joshua Zirkzee (64. Jannik Rochelt). Trainer: Holger Seitz
Tore: 1:0 Michele Rizzi (6.), 2:0 Daniel Hanslik (23.), 2:1 Joshua Zirkzee (44.), 3:1 Daniel Hanslik (45.+4)
Zuschauer: 4.552 im AOK-Stadion in Wolfsburg
Schiedsrichter: Thorben Siewer (FC Schreibershof, WEF) - Assistenten: Mitja Stegemann (SV Niederkassel, MIR), Fabian Maibaum (Hasper SV, WEF)
Gelbe Karten: Franke, Justvan, Hanslik / Wriedt

26.05.2019: FC Bayern München II - VfL Wolfsburg II 4:1 (2:1)
München: Ron Thorben Hoffmann - Mert Yilmaz, Lars Lukas Mai, Maxime Awoudja (74. Kilian Senkbeil), Derrick Köhn - Nicolas Feldhahn, Woo-Yeong Jeong (90.+2 Joshua Zirkzee), Paul Will, Jannik Rochelt - Kwasi Okyere Wriedt (82. Alexander Nollenberger), Alphonso Davies. Trainer: Holger Seitz
Wofsburg: Phillip Menzel - Julian Klamt, Robin Ziegele, Dominik Franke - Jan Neuwirt (73. Marcel Stutter), Iba May (61. Yannik Möker), Michele Rizzi (61. Amara Condé), Murat Saglam, Julian Justvan - Blaz Kramer, Daniel Hanslik. Trainer: Rüdiger Ziehl
Tore: 0:1 Daniel Hanslik (8.), 1:1 Jannik Rochelt (33.), 2:1 Lars Lukas Mai (42.), 3:1 Kwasi Wriedt (49.), 4:1 Kwasi Wriedt (65.)
Zuschauer: 7.283 im Stadion an der Grünwalder Straße in München
Schiedsrichter: Lasse Koslowski (Frohnauer SC, B) - Assistenten: Robert Wessel (SV Stern Britz, B), Henry Müller (FC Energie Cottbus, BRB)
Gelbe Karten: Köhn, Wriedt, Yilmaz, Davies / Hanslik, Rizzi, Condé, Ziegele

Der FC Bayern München II steigt in die 3. Liga auf und der VfL Wolfsburg II verbleibt in der Regionalliga Nord.

Nachtrag zum DFA 2017/18

- Seite 53, Ergänzung der Ergebnismatrix:
  Das Spiel 1. FC Heidenheim - FC Erzgebirge Aue wurde am 30.07.2017 nach zwölf Minuten wegen starken Regens beim Stand von 0:0 abgebrochen und neu angesetzt. Das Spiel SV Darmstadt 98 - 1. FC Kaiserslautern wurde am 24.01.2018 nach der ersten Hälfte beim Stand von 0:0 aufgrund eines medizinischen Notfalls (FCK Coach Jeff Strasser wurde ins Krankenhaus gebracht) abgebrochen und neu angesetzt.
- Seite 157 (Bautzen): Abgänge während der Saison ergänzen um Hänsch (Bischofswerdaer FV 08)
- Seite 161 (Viktoria Berlin): Can Sakar 19.05.1997
- Seite 167 (Luckenwalde): Filatow 24 Spiele (gesamt 34) und Petereit 12 Spiele (gesamt 56)
- Seite 209 (Rödinghausen): Latkowski 20 Spiele (gesamt 105) statt 19 bzw. 104
- Seite 215 (Wuppertal): Steinmetz 28.07.1994 (nicht 26.07.1994)
- Seite 281 (Inter Türkspor Kiel): Özdemir 20.09.1981 (nicht 20.10.1981)
- Seite 282: Tim Linus Günther 08.02.1999 (Eichede), Lasse Hatje-Fötsch statt nur Fötsch (Lägerdorf)
- Seite 293 (Oberneuland): richtiger Name von Bolly Jawo ist Ebrima Jobe
- Seite 294 (Aumund): Mulweme 9/1, Ouedraogo 3/0 und Prigge 21/2
- Seite 295 (Leher TS): Jakob Binder 03.09.1997
- Seite 364 (VL Württemberg): Ergänzung: Das Spiel TSG Tübingen - VfL Pfullingen wurde am 18.08.2017 beim Stand von 1:0 wegen starken Regens in der Halbzeit abgebrochen und am 13.09.2017 neu angesetzt (1:0).
- Seite 369, Ergänzung: Das Spiel SC Eintracht Freising - FC Deisenhofen wurde am 01.08.2017 nach 53 Minuten beim Stand von 0:0 unterbrochen und nach 30 Minuten Wartezeit aufgrund eines Gewitters abgebrochen. Es wurde für den 12.09.2017 neu angesetzt.
- Seite 445 (OL Baden-Württemberg): Ergänzung: Das Spiel SSV Ulm 1846 - FC-Astoria Walldorf wurde am 04.03.2018 zwei Minuten vor Schluss beim Stand von 2:1 (1:1) abgebrochen und am 24.03.2018 neu angesetzt, weil zwei Spieler des SSV Ulm 1846 zusammenstießen und sich dabei schwer verletzten.
- Seite 456 (OL Baden-Württemberg): Ergänzung: Das Spiel VfB Stuttgart II - SV Waldhof Mannheim wurde am 12.11.2017 witterungsbedingt abgebrochen und am 29.03.2018 neu angesetzt

Neues aus dem DSFS-Shop

Fußball in Bremen und Bremerhaven 1945 - 1985:

In diesem Buch wird der Fußball im Bundesland Bremen (einschließlich Bremerhaven) in den ersten 40 Jahren nach dem 2. Weltkrieg detailliert statistisch aufgearbeitet. Auf 542 Seiten in Hardcover-Bindung erhalten Sie:

- Abschlusstabellen bis hinunter zu den diversen Kreisklassen,
- Ergebnisse bis zur Ebene der Kreisligen,
- Ergebnisse des DFB/Roland- und des Norddeutschen Pokals (ab Halbfinale - soweit recherchierbar - mit Aufstellungen und Torschützen),
- DFB-Pokalhauptrunden (mit allen Aufstellungen und Torschützen),
- alle Spiele um den Amateur-Länderpokal mit Aufstellungen und Torschützen (auch von den Gegnern),
- alle Spiele um die Deutsche Meisterschaft sowie Deutsche Amateur-Meisterschaft,
- Spiele des SV Werder Bremen im Europapokal,
- Aufstiegsspiele zur Oberliga, Regionalliga und Amateur-Oberliga Nord mit Aufstellungen und Torschützen (auch von den Gegnern),
- Entscheidungsspiele (soweit möglich auch mit Aufstellungen und Torschützen).

Im nächsten Jahr soll bereits der zweite Band von 1985 bis voraussichtlich 2005 erscheinen. Freuen Sie sich darauf!

Umfang: 542 Seiten (Hardcover)
Preis: 39,80 Euro (zzgl. Versandkosten)
Best.-Nr.: 220600

Das Buch kann bestellt werden beim
DSFS-Shop
Hans-Joachim Stubbe
Elisabeth-Frucht-Straße 28
30926 Seelze

Versandbedingungen:
- Zusätzlich zum Bücherbestellwert werden die tatsächlich anfallenden Versandkosten (Porto) in Rechnung gestellt. Verpackungskosten werden nicht berechnet.
- Bestellungen per Nachnahme werden nicht angenommen.

Regionalligen:

Regionalliga Nordost

Pl.	(Vj.)	Mannschaft		Sp	S	U	N	Tore	TD	Pkt	Sp	S	U	N	Tore	Pkt	Sp	S	U	N	Tore	Pkt
					Gesamtbilanz							**Heimbilanz**						**Auswärtsbilanz**					
1.	(↓)	Chemnitzer FC	↑	34	25	2	7	82-36	+46	77	17	14	2	1	42-11	44	17	11	0	6	40-25	33
2.	(3.)	Berliner AK 07		34	21	7	6	64-36	+28	70	17	12	2	3	34-19	38	17	9	5	3	30-17	32
3.	(2.)	FSV Wacker 90 Nordhausen		34	19	7	8	59-38	+21	64	17	12	3	2	38-15	39	17	7	4	6	21-23	25
4.	(8.)	Hertha BSC II		34	16	9	9	60-43	+17	57	17	12	2	3	37-19	38	17	4	7	6	23-24	19
5.	(↓)	FC Rot-Weiß Erfurt		34	15	9	10	57-42	+15	54	17	9	4	4	36-21	31	17	6	5	6	21-21	23
6.	(6.)	1. FC Lok Leipzig		34	14	8	12	51-41	+10	50	17	7	5	5	29-17	26	17	7	3	7	22-24	24
7.	(5.)	SV Babelsberg 03		34	13	7	14	53-44	+9	46	17	9	4	4	34-19	31	17	4	3	10	19-25	15
8.	(7.)	VfB Germania Halberstadt		34	12	10	12	46-38	+8	46	17	7	7	3	29-13	28	17	5	3	9	17-25	18
9.	(11.)	VfB Auerbach 06		34	13	7	14	47-53	-6	46	17	9	3	5	31-24	30	17	4	4	9	16-29	16
10.	(10.)	ZFC Meuselwitz		34	13	5	16	52-55	-3	44	17	9	2	6	31-24	29	17	4	3	10	21-31	15
11.	(13.)	FC Viktoria 1889 Berlin LT		34	14	10	10	50-38	+12	43	17	11	3	3	33-13	36	17	3	7	7	17-25	16
12.	(4.)	Berliner FC Dynamo		34	12	6	16	38-61	-23	42	17	6	4	7	15-32	22	17	6	2	9	23-29	20
13.	(9.)	FSV Union Fürstenwalde		34	10	10	14	43-60	-17	40	17	6	3	8	18-26	21	17	4	7	6	25-34	19
14.	(15.)	VSG Altglienicke		34	9	12	13	54-59	-5	39	17	5	6	6	23-22	21	17	4	6	7	31-37	18
15.	(12.)	FC Oberlausitz Neugersdorf	↓	34	10	7	17	40-64	-24	37	17	6	6	5	26-23	24	17	4	1	12	14-41	13
16.	(↑)	Bischofswerdaer FV 08		34	10	4	20	29-58	-29	34	17	5	2	10	14-27	17	17	5	2	10	15-31	17
17.	(↑)	FSV Optik Rathenow		34	8	4	22	36-65	-29	28	17	6	2	9	26-31	20	17	2	2	13	10-34	8
18.	(14.)	FSV Budissa Bautzen	₂↓	34	6	8	20	21-51	-30	26	17	5	6	6	14-16	21	17	1	2	14	7-35	5

Dem FC Viktoria 1889 Berlin LT wurden neun Punkte infolge Anmeldung der Insolvenz vom 13.12.2018 abgezogen.

Absteiger aus der 3. Liga: FC Energie Cottbus.
Aufsteiger in die 3. Liga: Chemnitzer FC.
Freiwillige Abstiege: FSV Budissa Bautzen (Landesliga Sachsen) und FC Oberlausitz Neugersdorf (Oberliga Süd).
Aufsteiger aus den Oberligen: SV Lichtenberg 47 (Nord) und BSG Chemie Leipzig (Süd).

Regionalliga Nordost 2017/18

	Chemnitzer FC	Berliner AK 07	Wacker Nordhausen	Hertha BSC II	FC Rot-Weiß Erfurt	1. FC Lok Leipzig	SV Babelsberg 03	Germ. Halberstadt	VfB Auerbach 06	ZFC Meuselwitz	FC Viktoria Berlin	BFC Dynamo	Union Fürstenwalde	VSG Altglienicke	FC Oberlausitz	Bischofswerdaer FV	FSV Optik Rathenow	Budissa Bautzen
Chemnitzer FC	×	3:1	2:0	1:0	2:0	3:1	2:0	2:0	2:1	1:1	0:1	2:0	3:2	4:4	4:0	7:0	3:0	1:0
Berliner AK 07	2:0	×	4:1	0:2	1:0	1:3	0:5	3:0	2:0	3:1	2:0	1:0	4:4	2:1	4:1	1:1	2:0	2:0
FSV Wacker 90 Nordhausen	1:2	1:5	×	1:1	0:0	1:1	2:1	1:0	3:0	3:0	4:1	2:1	4:0	2:0	6:1	2:0	3:1	2:1
Hertha BSC II	1:3	2:2	2:1	×	2:1	0:2	3:1	3:1	2:0	2:1	4:2	3:0	2:0	2:3	3:0	2:1	1:1	3:0
FC Rot-Weiß Erfurt	0:3	2:2	1:0	3:3	×	1:2	3:1	0:2	0:0	2:1	2:2	2:0	0:4	7:1	4:0	3:0	5:0	1:0
1. FC Lok Leipzig	4:2	1:1	0:1	4:1	1:1	×	1:1	0:1	3:1	3:0	0:0	3:1	5:0	1:3	1:2	1:2	1:0	0:0
SV Babelsberg 03	1:2	1:1	0:0	1:4	3:1	3:0	×	3:1	5:0	1:4	1:1	1:1	2:4	2:0	4:0	1:0	1:0	4:0
VfB Germania Halberstadt	2:4	0:0	5:0	1:1	0:1	0:0	1:2	×	1:1	3:1	1:1	2:0	4:0	1:1	2:0	1:1	2:0	3:0
VfB Auerbach 06	0:2	2:3	1:1	2:0	5:2	1:0	1:0	2:0	×	2:1	1:0	1:4	2:2	3:3	0:2	4:0	2:3	2:1
ZFC Meuselwitz	0:5	3:0	1:4	3:0	1:2	0:0	3:0	2:1	2:4	×	0:2	4:1	1:3	2:0	1:2	2:0	4:0	2:0
FC Viktoria 1889 Berlin LT	4:2	2:0	0:0	1:0	0:1	4:1	1:0	4:0	4:0	2:1	×	1:2	2:2	3:3	2:0	0:1	2:0	1:0
Berliner FC Dynamo	2:1	0:3	1:1	0:4	0:3	1:0	2:0	0:5	0:3	1:1	1:1	×	0:0	0:4	2:1	1:4	1:0	3:1
FSV Union Fürstenwalde	2:4	0:1	1:2	2:2	1:2	1:0	2:2	2:2	1:1	0:2	1:0	1:3	×	3:2	0:3	0:2	1:0	1:0
VSG Altglienicke	1:2	0:2	2:4	1:1	0:3	4:2	2:1	2:1	1:1	0:0	0:0	5:0	0:0	×	3:1	1:2	1:1	0:1
FC Oberlausitz Neugersdorf	3:2	0:4	0:1	2:2	2:2	0:2	1:1	0:0	0:2	2:1	2:2	0:1	3:1	3:1	×	2:1	4:0	5:1
Bischofswerdaer FV 08	2:1	0:3	2:3	0:1	0:1	0:2	0:1	1:1	1:0	3:1	2:1	0:6	1:2	0:2	0:1	×	1:0	1:1
FSV Optik Rathenow	0:4	0:1	0:2	2:2	2:1	4:2	0:3	0:1	1:2	2:3	2:3	0:2	2:2	1:2	4:1	1:0	×	4:1
FSV Budissa Bautzen	0:1	0:1	1:0	1:1	0:0	0:2	2:2	0:1	1:0	1:2	2:0	1:1	2:0	0:0	1:1	2:0	0:4	×

Termine und Ergebnisse der Regionalliga Nordost Saison 2018/19 Hinrunde

1. Spieltag
Datum	Heim	Gast	Ergebnis
27.07.2018	Nordhausen	Hertha BSC II	1:1 (0:1)
28.07.2018	VSG Altglienicke	Rot-Weiß Erfurt	0:3 (0:0)
28.07.2018	Optik Rathenow	FC Oberlausitz	4:1 (3:0)
28.07.2018	1. FC Lok Leipzig	ZFC Meuselwitz	3:0 (0:0)
28.07.2018	Budissa Bautzen	FC Viktoria Berlin	2:0 (0:0)
28.07.2018	Chemnitzer FC	Fürstenwalde	3:2 (2:1)
29.07.2018	Germ. Halberstadt	SV Babelsberg 03	1:2 (1:2)
29.07.2018	VfB Auerbach 06	BFC Dynamo	1:4 (0:2)
19.08.2018	Berliner AK 07	Bischofswerda	1:1 (1:0)

2. Spieltag
Datum	Heim	Gast	Ergebnis
01.08.2018	Hertha BSC II	VSG Altglienicke	2:3 (0:2)
03.08.2018	FC Viktoria Berlin	1. FC Lok Leipzig	4:1 (2:1)
04.08.2018	BFC Dynamo	Germ. Halberstadt	0:5 (0:2)
04.08.2018	Bischofswerda	Budissa Bautzen	1:1 (0:1)
04.08.2018	Rot-Weiß Erfurt	VfB Auerbach 06	0:0 (0:0)
04.08.2018	SV Babelsberg 03	Chemnitzer FC	1:2 (1:1)
05.08.2018	Fürstenwalde	Berliner AK 07	0:1 (0:1)
05.08.2018	ZFC Meuselwitz	Optik Rathenow	4:0 (0:0)
05.08.2018	FC Oberlausitz	Nordhausen	0:1 (0:1)

3. Spieltag
Datum	Heim	Gast	Ergebnis
01.08.2018	Chemnitzer FC	BFC Dynamo	2:0 (1:0)
07.08.2018	1. FC Lok Leipzig	Bischofswerda	1:2 (0:0)
07.08.2018	Germ. Halberstadt	Rot-Weiß Erfurt	0:1 (0:1)
08.08.2018	VSG Altglienicke	VfB Auerbach 06	1:1 (0:0)
08.08.2018	Budissa Bautzen	Fürstenwalde	2:0 (0:0)
08.08.2018	Berliner AK 07	SV Babelsberg 03	0:5 (0:4)
08.08.2018	Optik Rathenow	FC Viktoria Berlin	2:3 (2:2)
08.08.2018	Nordhausen	ZFC Meuselwitz	3:0 (1:0)
17.08.2018	Hertha BSC II	FC Oberlausitz	3:0 (1:0)

4. Spieltag
Datum	Heim	Gast	Ergebnis
11.08.2018	BFC Dynamo	Berliner AK 07	0:3 (0:1)
11.08.2018	SV Babelsberg 03	Budissa Bautzen	4:0 (4:0)
11.08.2018	FC Oberlausitz	VSG Altglienicke	3:1 (1:1)
11.08.2018	VfB Auerbach 06	Germ. Halberstadt	2:0 (2:0)
12.08.2018	Fürstenwalde	1. FC Lok Leipzig	1:2 (1:0)
12.08.2018	Bischofswerda	Optik Rathenow	1:0 (0:0)
12.08.2018	FC Viktoria Berlin	Nordhausen	0:0 (0:0)
12.08.2018	ZFC Meuselwitz	Hertha BSC II	3:0 (1:0)
12.08.2018	Rot-Weiß Erfurt	Chemnitzer FC	0:3 (0:0)

5. Spieltag
Datum	Heim	Gast	Ergebnis
24.08.2018	Budissa Bautzen	BFC Dynamo	1:1 (1:0)
24.08.2018	Berliner AK 07	Rot-Weiß Erfurt	1:0 (1:0)
25.08.2018	VSG Altglienicke	Germ. Halberstadt	2:1 (0:0)
25.08.2018	Optik Rathenow	Fürstenwalde	2:2 (1:0)
25.08.2018	FC Oberlausitz	ZFC Meuselwitz	2:1 (1:0)
25.08.2018	Chemnitzer FC	VfB Auerbach 06	2:1 (2:0)
26.08.2018	Hertha BSC II	FC Viktoria Berlin	4:2 (2:0)
26.08.2018	Nordhausen	Bischofswerda	2:0 (0:0)
26.08.2018	1. FC Lok Leipzig	SV Babelsberg 03	1:1 (1:1)

6. Spieltag
Datum	Heim	Gast	Ergebnis
31.08.2018	SV Babelsberg 03	Optik Rathenow	1:0 (1:0)
31.08.2018	FC Viktoria Berlin	FC Oberlausitz	2:0 (1:0)
01.09.2018	Bischofswerda	Hertha BSC II	0:1 (0:0)
01.09.2018	BFC Dynamo	1. FC Lok Leipzig	1:0 (1:0)
01.09.2018	Rot-Weiß Erfurt	Budissa Bautzen	1:0 (1:0)
02.09.2018	Fürstenwalde	Nordhausen	1:2 (1:0)
02.09.2018	ZFC Meuselwitz	VSG Altglienicke	2:2 (1:1)
02.09.2018	Germ. Halberstadt	Chemnitzer FC	2:4 (2:1)
02.09.2018	VfB Auerbach 06	Berliner AK 07	2:3 (1:1)

7. Spieltag
Datum	Heim	Gast	Ergebnis
08.09.2018	Budissa Bautzen	VfB Auerbach 06	1:0 (0:0)
08.09.2018	FC Oberlausitz	Bischofswerda	2:1 (1:0)
12.09.2018	Berliner AK 07	Germ. Halberstadt	3:0 (1:0)
12.09.2018	ZFC Meuselwitz	FC Viktoria Berlin	0:2 (0:1)
12.09.2018	VSG Altglienicke	Chemnitzer FC	1:2 (1:2)
12.09.2018	Optik Rathenow	BFC Dynamo	0:2 (0:0)
12.09.2018	1. FC Lok Leipzig	Rot-Weiß Erfurt	1:1 (0:1)
12.09.2018	Hertha BSC II	Fürstenwalde	2:0 (1:0)
12.09.2018	Nordhausen	SV Babelsberg 03	2:1 (1:0)

8. Spieltag
Datum	Heim	Gast	Ergebnis
15.09.2018	Fürstenwalde	FC Oberlausitz	0:3 (0:2)
15.09.2018	Bischofswerda	ZFC Meuselwitz	3:1 (2:0)
15.09.2018	Chemnitzer FC	Berliner AK 07	3:1 (2:0)
15.09.2018	VfB Auerbach 06	1. FC Lok Leipzig	1:0 (0:0)
16.09.2018	BFC Dynamo	Nordhausen	1:1 (0:1)
16.09.2018	SV Babelsberg 03	Hertha BSC II	1:4 (1:1)
16.09.2018	FC Viktoria Berlin	VSG Altglienicke	3:3 (1:0)
16.09.2018	Germ. Halberstadt	Budissa Bautzen	3:0 (3:0)
16.09.2018	Rot-Weiß Erfurt	Optik Rathenow	5:0 (2:0)

9. Spieltag
Datum	Heim	Gast	Ergebnis
21.09.2018	Optik Rathenow	VfB Auerbach 06	1:2 (1:1)
22.09.2018	VSG Altglienicke	Berliner AK 07	0:2 (0:2)
22.09.2018	FC Viktoria Berlin	Bischofswerda	0:1 (0:1)
22.09.2018	FC Oberlausitz	SV Babelsberg 03	1:1 (0:0)
22.09.2018	1. FC Lok Leipzig	Germ. Halberstadt	0:1 (0:1)
23.09.2018	Budissa Bautzen	Chemnitzer FC	0:1 (0:1)
23.09.2018	ZFC Meuselwitz	Fürstenwalde	1:3 (1:2)
23.09.2018	Hertha BSC II	BFC Dynamo	3:0 (1:0)
23.09.2018	Nordhausen	Rot-Weiß Erfurt	0:0 (0:0)

10. Spieltag
Datum	Heim	Gast	Ergebnis
28.09.2018	SV Babelsberg 03	ZFC Meuselwitz	1:4 (1:3)
29.09.2018	BFC Dynamo	FC Oberlausitz	2:1 (2:0)
29.09.2018	Fürstenwalde	FC Viktoria Berlin	1:0 (0:0)
29.09.2018	Bischofswerda	VSG Altglienicke	0:2 (0:1)
29.09.2018	Berliner AK 07	Budissa Bautzen	2:0 (2:0)
29.09.2018	VfB Auerbach 06	Nordhausen	1:1 (0:1)
29.09.2018	Rot-Weiß Erfurt	Hertha BSC II	3:3 (2:2)
29.09.2018	Chemnitzer FC	1. FC Lok Leipzig	3:1 (3:0)
30.09.2018	Germ. Halberstadt	Optik Rathenow	2:0 (0:0)

11. Spieltag
Datum	Heim	Gast	Ergebnis
02.10.2018	FC Viktoria Berlin	SV Babelsberg 03	1:0 (0:0)
03.10.2018	Hertha BSC II	VfB Auerbach 06	2:0 (1:0)
03.10.2018	VSG Altglienicke	Budissa Bautzen	0:1 (0:1)
03.10.2018	Optik Rathenow	Chemnitzer FC	0:4 (0:0)
03.10.2018	1. FC Lok Leipzig	Berliner AK 07	1:1 (1:0)
03.10.2018	Bischofswerda	Fürstenwalde	1:2 (1:0)
03.10.2018	ZFC Meuselwitz	BFC Dynamo	4:1 (1:0)
03.10.2018	FC Oberlausitz	Rot-Weiß Erfurt	2:2 (1:0)
03.10.2018	Nordhausen	Germ. Halberstadt	1:0 (1:0)

12. Spieltag
Datum	Heim	Gast	Ergebnis
06.10.2018	BFC Dynamo	FC Viktoria Berlin	1:1 (1:0)
06.10.2018	SV Babelsberg 03	Bischofswerda	1:0 (0:0)
06.10.2018	Budissa Bautzen	1. FC Lok Leipzig	0:2 (0:1)
06.10.2018	VfB Auerbach 06	FC Oberlausitz	0:2 (0:1)
07.10.2018	Chemnitzer FC	Nordhausen	2:0 (0:0)
07.10.2018	Rot-Weiß Erfurt	ZFC Meuselwitz	2:1 (0:0)
07.10.2018	Fürstenwalde	VSG Altglienicke	3:2 (3:2)
07.10.2018	Berliner AK 07	Optik Rathenow	2:0 (1:0)
07.10.2018	Germ. Halberstadt	Hertha BSC II	1:1 (1:1)

13. Spieltag
Datum	Heim	Gast	Ergebnis
19.10.2018	FC Viktoria Berlin	Rot-Weiß Erfurt	0:1 (0:0)
20.10.2018	Optik Rathenow	Budissa Bautzen	4:1 (1:0)
20.10.2018	FC Oberlausitz	Germ. Halberstadt	0:0 (0:0)
20.10.2018	Hertha BSC II	Chemnitzer FC	1:3 (1:0)
20.10.2018	Bischofswerda	BFC Dynamo	0:6 (0:3)
21.10.2018	VSG Altglienicke	1. FC Lok Leipzig	4:2 (0:2)
21.10.2018	Fürstenwalde	SV Babelsberg 03	1:0 (0:0)
21.10.2018	ZFC Meuselwitz	VfB Auerbach 06	2:4 (0:1)
21.10.2018	Nordhausen	Berliner AK 07	1:5 (0:1)

14. Spieltag
Datum	Heim	Gast	Ergebnis
26.10.2018	VfB Auerbach 06	FC Viktoria Berlin	1:0 (1:0)
26.10.2018	SV Babelsberg 03	VSG Altglienicke	2:0 (1:0)
27.10.2018	BFC Dynamo	Fürstenwalde	0:0 (0:0)
27.10.2018	1. FC Lok Leipzig	Optik Rathenow	1:0 (1:0)
27.10.2018	Budissa Bautzen	Nordhausen	1:0 (1:0)
28.10.2018	Berliner AK 07	Hertha BSC II	0:2 (0:2)
28.10.2018	Chemnitzer FC	FC Oberlausitz	4:0 (3:0)
28.10.2018	Germ. Halberstadt	ZFC Meuselwitz	3:1 (2:0)
28.10.2018	Rot-Weiß Erfurt	Bischofswerda	3:0 (2:0)

15. Spieltag
Datum	Heim	Gast	Ergebnis
02.11.2018	Nordhausen	1. FC Lok Leipzig	1:1 (0:0)
03.11.2018	VSG Altglienicke	Optik Rathenow	1:1 (0:1)
03.11.2018	SV Babelsberg 03	BFC Dynamo	1:1 (0:0)
03.11.2018	Bischofswerda	VfB Auerbach 06	1:0 (1:0)
03.11.2018	FC Viktoria Berlin	Germ. Halberstadt	4:0 (1:0)
03.11.2018	FC Oberlausitz	Berliner AK 07	0:4 (0:1)
04.11.2018	Fürstenwalde	Rot-Weiß Erfurt	2:2 (2:2)
04.11.2018	ZFC Meuselwitz	Chemnitzer FC	0:5 (0:2)
04.11.2018	Hertha BSC II	Budissa Bautzen	3:0 (0:0)

16. Spieltag
Datum	Heim	Gast	Ergebnis
09.11.2018	Rot-Weiß Erfurt	SV Babelsberg 03	3:1 (1:0)
10.11.2018	VSG Altglienicke	BFC Dynamo	5:0 (3:0)
10.11.2018	Optik Rathenow	Nordhausen	0:2 (0:1)
10.11.2018	Chemnitzer FC	FC Viktoria Berlin	0:1 (0:0)
10.11.2018	VfB Auerbach 06	Fürstenwalde	2:2 (0:1)
11.11.2018	1. FC Lok Leipzig	Hertha BSC II	4:1 (1:1)
11.11.2018	Budissa Bautzen	FC Oberlausitz	1:1 (0:1)
11.11.2018	Berliner AK 07	ZFC Meuselwitz	3:1 (1:0)
11.11.2018	Germ. Halberstadt	Bischofswerda	1:1 (0:1)

17. Spieltag
Datum	Heim	Gast	Ergebnis
23.11.2018	BFC Dynamo	Rot-Weiß Erfurt	0:3 (0:2)
23.11.2018	Hertha BSC II	Optik Rathenow	1:1 (1:0)
23.11.2018	Nordhausen	VSG Altglienicke	2:0 (0:0)
24.11.2018	SV Babelsberg 03	VfB Auerbach 06	5:0 (2:0)
24.11.2018	ZFC Meuselwitz	Budissa Bautzen	2:0 (0:0)
24.11.2018	FC Oberlausitz	1. FC Lok Leipzig	0:2 (0:1)
25.11.2018	Fürstenwalde	Germ. Halberstadt	2:2 (0:1)
25.11.2018	Bischofswerda	Chemnitzer FC	2:1 (0:0)
25.11.2018	FC Viktoria Berlin	Berliner AK 07	2:0 (1:0)

Termine und Ergebnisse der Regionalliga Nordost Saison 2018/19 Rückrunde

18. Spieltag
Datum	Heim	Gast	Ergebnis
30.11.2018	SV Babelsberg 03	Germ. Halberstadt	3:1 (1:0)
30.11.2018	Hertha BSC II	Nordhausen	2:1 (0:0)
01.12.2018	FC Viktoria Berlin	Budissa Bautzen	1:0 (1:0)
02.12.2018	Rot-Weiß Erfurt	VSG Altglienicke	7:1 (1:1)
02.12.2018	ZFC Meuselwitz	1. FC Lok Leipzig	0:0 (0:0)
02.12.2018	Bischofswerda	Berliner AK 07	0:3 (0:3)
02.12.2018	Fürstenwalde	Chemnitzer FC	2:4 (1:2)
02.12.2018	BFC Dynamo	VfB Auerbach 06	0:3 (0:2)
03.04.2019	FC Oberlausitz	Optik Rathenow	4:0 (2:0)

19. Spieltag
Datum	Heim	Gast	Ergebnis
07.12.2018	Budissa Bautzen	Bischofswerda	2:0 (2:0)
07.12.2018	Nordhausen	FC Oberlausitz	6:1 (1:1)
08.12.2018	Germ. Halberstadt	BFC Dynamo	2:0 (1:0)
08.12.2018	Chemnitzer FC	SV Babelsberg 03	2:0 (0:0)
08.12.2018	Optik Rathenow	ZFC Meuselwitz	2:3 (0:2)
08.12.2018	VSG Altglienicke	Hertha BSC II	1:1 (0:1)
09.12.2018	Berliner AK 07	Fürstenwalde	4:4 (2:0)
09.12.2018	1. FC Lok Leipzig	FC Viktoria Berlin	0:0 (0:0)
10.04.2019	VfB Auerbach 06	Rot-Weiß Erfurt	5:2 (3:1)

20. Spieltag
Datum	Heim	Gast	Ergebnis
10.02.2019	Fürstenwalde	Budissa Bautzen	1:0 (0:0)
10.02.2019	Rot-Weiß Erfurt	Germ. Halberstadt	0:2 (0:1)
13.03.2019	VfB Auerbach 06	VSG Altglienicke	3:3 (0:1)
13.03.2019	FC Viktoria Berlin	Optik Rathenow	2:0 (1:0)
13.03.2019	SV Babelsberg 03	Berliner AK 07	1:1 (0:0)
13.03.2019	BFC Dynamo	Chemnitzer FC	2:1 (2:0)
13.03.2019	ZFC Meuselwitz	Nordhausen	1:4 (1:1)
03.04.2019	Bischofswerda	1. FC Lok Leipzig	0:2 (0:0)
10.04.2019	FC Oberlausitz	Hertha BSC II	2:2 (1:1)

21. Spieltag
Datum	Heim	Gast	Ergebnis
15.02.2019	Hertha BSC II	ZFC Meuselwitz	2:1 (1:0)
16.02.2019	Optik Rathenow	Bischofswerda	1:0 (0:0)
16.02.2019	VSG Altglienicke	FC Oberlausitz	3:1 (2:1)
17.02.2019	Berliner AK 07	BFC Dynamo	1:0 (1:0)
17.02.2019	Budissa Bautzen	SV Babelsberg 03	2:2 (0:0)
17.02.2019	1. FC Lok Leipzig	Fürstenwalde	5:0 (4:0)
17.02.2019	Germ. Halberstadt	VfB Auerbach 06	1:1 (0:1)
18.02.2019	Chemnitzer FC	Rot-Weiß Erfurt	2:0 (2:0)
27.03.2019	Nordhausen	FC Viktoria Berlin	4:1 (2:1)

22. Spieltag
Datum	Heim	Gast	Ergebnis
22.02.2019	SV Babelsberg 03	1. FC Lok Leipzig	3:0 (2:0)
23.02.2019	BFC Dynamo	Budissa Bautzen	3:1 (2:0)
24.02.2019	Germ. Halberstadt	VSG Altglienicke	1:1 (0:0)
24.02.2019	Fürstenwalde	Optik Rathenow	1:0 (1:0)
24.02.2019	Rot-Weiß Erfurt	Berliner AK 07	2:2 (0:0)
24.02.2019	ZFC Meuselwitz	FC Oberlausitz	1:0 (1:0)
24.02.2019	FC Viktoria Berlin	Hertha BSC II	1:0 (1:0)
24.02.2019	Bischofswerda	Nordhausen	2:3 (1:3)
03.04.2019	VfB Auerbach 06	Chemnitzer FC	0:2 (0:1)

23. Spieltag
Datum	Heim	Gast	Ergebnis
01.03.2019	Optik Rathenow	SV Babelsberg 03	0:3 (0:0)
01.03.2019	Budissa Bautzen	Rot-Weiß Erfurt	0:0 (0:0)
01.03.2019	Nordhausen	Fürstenwalde	4:0 (3:0)
02.03.2019	1. FC Lok Leipzig	BFC Dynamo	3:1 (0:1)
02.03.2019	VSG Altglienicke	ZFC Meuselwitz	0:0 (0:0)
02.03.2019	Berliner AK 07	VfB Auerbach 06	2:0 (1:0)
03.03.2019	Hertha BSC II	Bischofswerda	2:1 (1:0)
03.03.2019	FC Oberlausitz	FC Viktoria Berlin	2:2 (1:0)
03.03.2019	Chemnitzer FC	Germ. Halberstadt	2:0 (1:0)

24. Spieltag
Datum	Heim	Gast	Ergebnis
08.03.2019	FC Viktoria Berlin	ZFC Meuselwitz	2:1 (0:1)
08.03.2019	SV Babelsberg 03	Nordhausen	0:0 (0:0)
09.03.2019	Chemnitzer FC	VSG Altglienicke	4:4 (1:1)
09.03.2019	BFC Dynamo	Optik Rathenow	1:0 (1:0)
09.03.2019	Rot-Weiß Erfurt	1. FC Lok Leipzig	1:2 (0:1)
09.03.2019	VfB Auerbach 06	Budissa Bautzen	2:1 (1:0)
10.03.2019	Germ. Halberstadt	Berliner AK 07	0:0 (0:0)
10.03.2019	Fürstenwalde	Hertha BSC II	1:0 (0:0)
22.04.2019	Bischofswerda	FC Oberlausitz	0:1 (0:1)

25. Spieltag
Datum	Heim	Gast	Ergebnis
16.03.2019	VSG Altglienicke	FC Viktoria Berlin	0:0 (0:0)
16.03.2019	Optik Rathenow	Rot-Weiß Erfurt	2:1 (0:1)
17.03.2019	Hertha BSC II	SV Babelsberg 03	3:1 (1:0)
17.03.2019	FC Oberlausitz	Fürstenwalde	0:0 (0:0)
17.03.2019	ZFC Meuselwitz	Bischofswerda	2:0 (1:0)
17.03.2019	Berliner AK 07	Chemnitzer FC	2:0 (1:0)
17.03.2019	Budissa Bautzen	Germ. Halberstadt	0:1 (0:0)
17.03.2019	1. FC Lok Leipzig	VfB Auerbach 06	3:1 (1:1)
23.04.2019	Nordhausen	BFC Dynamo	2:1 (1:0)

26. Spieltag
Datum	Heim	Gast	Ergebnis
22.03.2019	VfB Auerbach 06	Optik Rathenow	2:3 (0:1)
22.03.2019	SV Babelsberg 03	FC Oberlausitz	4:0 (3:0)
22.03.2019	BFC Dynamo	Hertha BSC II	0:4 (0:2)
23.03.2019	Chemnitzer FC	Budissa Bautzen	1:0 (1:0)
23.03.2019	Bischofswerda	FC Viktoria Berlin	2:1 (1:1)
24.03.2019	Berliner AK 07	VSG Altglienicke	2:1 (0:1)
24.03.2019	Germ. Halberstadt	1. FC Lok Leipzig	0:0 (0:0)
24.03.2019	Fürstenwalde	ZFC Meuselwitz	0:2 (0:0)
24.03.2019	Rot-Weiß Erfurt	Nordhausen	1:0 (1:0)

27. Spieltag
Datum	Heim	Gast	Ergebnis
29.03.2019	Optik Rathenow	Germ. Halberstadt	0:1 (0:0)
29.03.2019	Hertha BSC II	Rot-Weiß Erfurt	2:1 (1:1)
30.03.2019	VSG Altglienicke	Bischofswerda	1:2 (0:0)
30.03.2019	Budissa Bautzen	Berliner AK 07	0:1 (0:1)
31.03.2019	ZFC Meuselwitz	SV Babelsberg 03	3:0 (0:0)
31.03.2019	FC Viktoria Berlin	Fürstenwalde	2:2 (0:1)
31.03.2019	1. FC Lok Leipzig	Chemnitzer FC	4:2 (1:2)
31.03.2019	Nordhausen	VfB Auerbach 06	3:0 (0:0)
31.03.2019	FC Oberlausitz	BFC Dynamo	0:1 (0:0)

28. Spieltag
Datum	Heim	Gast	Ergebnis
05.04.2019	BFC Dynamo	ZFC Meuselwitz	1:1 (1:0)
05.04.2019	Budissa Bautzen	VSG Altglienicke	0:0 (0:0)
05.04.2019	SV Babelsberg 03	FC Viktoria Berlin	1:1 (0:1)
06.04.2019	Chemnitzer FC	Optik Rathenow	3:0 (1:0)
06.04.2019	VfB Auerbach 06	Hertha BSC II	2:0 (1:0)
07.04.2019	Berliner AK 07	1. FC Lok Leipzig	1:3 (1:1)
07.04.2019	Fürstenwalde	Bischofswerda	0:2 (0:0)
07.04.2019	Rot-Weiß Erfurt	FC Oberlausitz	4:0 (2:0)
07.04.2019	Germ. Halberstadt	Nordhausen	5:0 (2:0)

29. Spieltag
Datum	Heim	Gast	Ergebnis
12.04.2019	Optik Rathenow	Berliner AK 07	0:1 (0:1)
12.04.2019	Nordhausen	Chemnitzer FC	1:2 (1:2)
13.04.2019	Bischofswerda	SV Babelsberg 03	0:1 (0:0)
13.04.2019	VSG Altglienicke	Fürstenwalde	0:0 (0:0)
13.04.2019	1. FC Lok Leipzig	Budissa Bautzen	0:0 (0:0)
13.04.2019	Hertha BSC II	Germ. Halberstadt	3:1 (2:1)
14.04.2019	FC Viktoria Berlin	BFC Dynamo	1:2 (0:1)
14.04.2019	FC Oberlausitz	VfB Auerbach 06	0:2 (0:2)
14.04.2019	ZFC Meuselwitz	Rot-Weiß Erfurt	1:2 (0:2)

30. Spieltag
Datum	Heim	Gast	Ergebnis
18.04.2019	BFC Dynamo	Bischofswerda	1:4 (1:2)
18.04.2019	1. FC Lok Leipzig	VSG Altglienicke	1:3 (1:1)
18.04.2019	VfB Auerbach 06	ZFC Meuselwitz	2:1 (1:0)
18.04.2019	Germ. Halberstadt	FC Oberlausitz	2:0 (1:0)
18.04.2019	Chemnitzer FC	Hertha BSC II	1:0 (1:0)
20.04.2019	Budissa Bautzen	Optik Rathenow	0:4 (0:1)
20.04.2019	Rot-Weiß Erfurt	FC Viktoria Berlin	2:2 (2:0)
20.04.2019	Berliner AK 07	Nordhausen	4:1 (2:1)
22.04.2019	SV Babelsberg 03	Fürstenwalde	2:4 (0:1)

31. Spieltag
Datum	Heim	Gast	Ergebnis
26.04.2019	Fürstenwalde	BFC Dynamo	1:3 (1:1)
26.04.2019	VSG Altglienicke	SV Babelsberg 03	2:1 (0:0)
27.04.2019	FC Oberlausitz	Chemnitzer FC	3:2 (1:0)
27.04.2019	ZFC Meuselwitz	Germ. Halberstadt	2:1 (1:0)
27.04.2019	FC Viktoria Berlin	VfB Auerbach 06	4:0 (3:0)
28.04.2019	Optik Rathenow	1. FC Lok Leipzig	4:2 (3:1)
28.04.2019	Nordhausen	Budissa Bautzen	2:1 (0:1)
28.04.2019	Hertha BSC II	Berliner AK 07	2:2 (1:0)
28.04.2019	Bischofswerda	Rot-Weiß Erfurt	0:1 (0:1)

32. Spieltag
Datum	Heim	Gast	Ergebnis
03.05.2019	Optik Rathenow	VSG Altglienicke	2:1 (1:0)
03.05.2019	1. FC Lok Leipzig	Nordhausen	0:1 (0:0)
04.05.2019	VfB Auerbach 06	Bischofswerda	4:0 (1:0)
04.05.2019	Germ. Halberstadt	FC Viktoria Berlin	1:1 (0:0)
04.05.2019	Chemnitzer FC	ZFC Meuselwitz	1:1 (0:0)
05.05.2019	Rot-Weiß Erfurt	Fürstenwalde	0:4 (0:2)
05.05.2019	Berliner AK 07	FC Oberlausitz	4:1 (1:1)
05.05.2019	Budissa Bautzen	Hertha BSC II	1:1 (0:1)
08.05.2019	BFC Dynamo	SV Babelsberg 03	2:0 (1:0)

33. Spieltag
Datum	Heim	Gast	Ergebnis
10.05.2019	Hertha BSC II	1. FC Lok Leipzig	0:2 (0:1)
12.05.2019	BFC Dynamo	VSG Altglienicke	0:4 (0:2)
12.05.2019	Nordhausen	Optik Rathenow	3:1 (1:0)
12.05.2019	FC Oberlausitz	Budissa Bautzen	5:1 (3:0)
12.05.2019	ZFC Meuselwitz	Berliner AK 07	3:0 (2:0)
12.05.2019	FC Viktoria Berlin	Chemnitzer FC	4:2 (2:2)
12.05.2019	Bischofswerda	Germ. Halberstadt	1:1 (1:1)
12.05.2019	Fürstenwalde	VfB Auerbach 06	1:1 (1:1)
12.05.2019	SV Babelsberg 03	Rot-Weiß Erfurt	3:1 (1:0)

34. Spieltag
Datum	Heim	Gast	Ergebnis
17.05.2019	Rot-Weiß Erfurt	BFC Dynamo	2:0 (0:0)
18.05.2019	VfB Auerbach 06	SV Babelsberg 03	1:0 (0:0)
18.05.2019	Germ. Halberstadt	Fürstenwalde	4:0 (2:0)
18.05.2019	Chemnitzer FC	Bischofswerda	7:0 (1:0)
18.05.2019	Berliner AK 07	FC Viktoria Berlin	2:0 (1:0)
18.05.2019	Budissa Bautzen	ZFC Meuselwitz	1:2 (0:0)
18.05.2019	1. FC Lok Leipzig	FC Oberlausitz	1:2 (1:1)
18.05.2019	Optik Rathenow	Hertha BSC II	2:2 (2:1)
18.05.2019	VSG Altglienicke	Nordhausen	2:4 (0:3)

VSG Altglienicke

Anschrift:
Alter Schönefelder Weg 20
12524 Berlin
Telefon: (0 30) 673 10 26
eMail: info@fussball.vsg-altglienicke.de
Homepage: www.vsg-altglienicke.de

Vereinsgründung: 01.04.1949 als Altglienicker Sport Verein;
ab 01.07.1952 Volkssport Gemeinschaft (VSG) Altglienicke

Vereinsfarbe: Blau-Weiß
Abteilungsleiter: Daniel Schröder
Sportlicher Leiter: Daniel Böhm

Stadion:
Friedrich-Ludwig-Jahn-Sportpark
in Berlin (19.708)

Größte Erfolge: Aufstieg in die Regionalliga Nordost 2017; Meister der Verbandsliga Berlin 2012 (↑) und 2016 (↑); Aufstieg in die Bezirksliga Berlin (DDR) 1989

Aufgebot:

Name, Vorname	Pos	geb. am	Nat.	seit	2018/19 Sp.	T.	gesamt Sp.	T.	frühere Vereine
Bache, Lukas	A	24.09.1996	D	2017	6	0	55	1	Berliner FC Dynamo, FC Energie Cottbus, SV Rot-Weiß 90 Forst
Brehmer, Stephan	A	04.12.1992	D	2015	31	2	118	3	FC Viktoria 1889 Berlin LT, VSG Altglienicke, SV Wilhelmshaven, VfB Oldenburg, Eintracht Braunschweig, SV Wilhelmshaven, Heidmühler FC
Brunnemann, Björn	A	06.08.1980	D	2016	17	0	101	5	Berliner FC Dynamo, Berliner AK 07, 1. FC Union Berlin, FC St. Pauli, FC Rot-Weiß Erfurt, FC Energie Cottbus, FC Hansa Rostock, Märkischer SV 1919 Neuruppin, FC Blau-Weiß Wusterhausen
Cami, Igli	A	29.04.1998	D	2017	21	2	37	4	FC Energie Cottbus, Ludwigsfelder FC
Czyborra, Michael-Junior	A	24.07.1997	D	2017	18	0	31	0	FC Energie Cottbus, 1. FC Union Berlin, FV Motor Eberswalde, 1. FV Eintracht Wandlitz
Donner, Nico	S	25.10.1998	D	2018	27	3	27	3	Charlottenburger FC Hertha 06, Frohnauer SC, 1. FC Lübars
Dunkel, Jonathan	T	20.12.1999	D	2017	3	0	3	0	Friedrichshagener SV, 1. FC Union Berlin
Ede, Chinedu Obinna	S	05.02.1987	D	2018	18	3	34	7	Bangkok United, FC Twente Enschede, 1. FSV Mainz 05, Anorthosis Famagusta, 1. FSV Mainz 05, 1. FC Kaiserslautern, 1. FSV Mainz 05, 1. FC Union Berlin, MSV Duisburg, Hertha BSC, Reinickendorfer Füchse, Berliner AK 07
Förster, Benjamin	S	14.11.1989	D	2018	28	11	149	64	FC Energie Cottbus, FSV Wacker 90 Nordhausen, SVgg 07 Elversberg, Chemnitzer FC, TSV IFA Chemnitz, Chemnitzer FC, SG Handwerk Rabenstein
Kahlert, Kevin	A	01.08.1989	D	2017	25	5	195	43	Berliner AK 07, FC Viktoria 1889 Berlin LT, Goslarer SC 08, TSG Neustrelitz, Brandenburger SC Süd 05, VfL Wolfsburg, SSV Vorsfelde, STV Holzland
Kroll, Patrick	S	01.09.1987	D	2008	2	0	19	2	Grünauer BC
Lemke, Dennis	A	08.03.1989	D	2018	16	0	150	14	SC Teutonia Watzenborn-Steinberg, KSV Hessen Kassel, SV Babelsberg 03, RKC Waalwijk, SV Babelsberg 03, FC Carl Zeiss Jena, Eintracht Braunschweig, Hertha BSC, Reinickendorfer Füchse, Frohnauer SC, 1. FC Lübars
Marx, Steven	M	04.11.1997	D	2017	4	0	14	0	Breesener SV Guben-Nord, FC Energie Cottbus, 1. FC Frankfurt/O., Frankfurter FC Viktoria 91, TSG Lübbenau 63
Mehls, Maximilian	A	15.05.1997	D	2014	1	0	1	0	Köpenicker SC, 1. FC Union Berlin
Meurer, Maximilian	T	14.06.1998	D	2017	0	0	3	0	FC Carl Zeiss Jena, SV Wehen Wiesbaden, FSV Frankfurt
Müller, Lukas	M	21.09.1997	D	2017	21	2	33	2	FC Energie Cottbus, SC Eintracht Miersdorf/Zeuthen
Pepic, Hasan	M	16.03.1993	MNE	2018	17	2	93	15	VfB Germania Halberstadt, Berliner AK 07, KSV Hessen Kassel, SC Paderborn 07, SSV Reutlingen 05, Juventus Turin, SG Dynamo Dresden, Karlsruher SC, VfB Stuttgart, SSV Reutlingen 05, SSV Ulm 1846, Spfr. Rammingen
Preiss, Christian	M	13.04.1987	D	2016	31	6	115	17	Berliner FC Dynamo, Torgelower SV Greif, Berliner FC Dynamo, Lichterfelder FC 1892, Hertha BSC, BSV Eintracht Mahlsdorf
Pütt, René	M	27.07.1990	D	2017	33	4	210	21	TSG Neustrelitz, Türkiyemspor Berlin 1978, Hertha BSC, Tennis Borussia Berlin, Frohnauer SC, MSV Normannia 08 Berlin
Quiring, Christopher	S	23.11.1990	D	2018	32	5	40	7	FC Hansa Rostock, 1. FC Union Berlin, BSC Marzahn
Skoda, Christian	M	10.10.1990	D	2018	30	4	239	14	FC Viktoria 1889 Berlin LT, Berliner AK 07, TSG Neustrelitz, SV Wilhelmshaven, Eintracht Braunschweig, MTV Gifhorn, VfL Wolfsburg, SV Grün-Weiß Calberlah, MTV Hondelage, Eintracht Braunschweig, VfL Lehre
Steinhauer, Rico	M	15.01.1993	D	2017	22	1	175	10	Berliner FC Dynamo, VfB Germania Halberstadt, FC Energie Cottbus, FK Hansa Wittstock 1919
Stephan, Kevin	S	23.07.1990	D	2017	8	0	208	45	Berliner AK 07, Hertha BSC, FC Erzgebirge Aue, Hertha BSC, Tennis Borussia Berlin, Reinickendorfer Füchse, Spandauer SC Teutonia
Twardzik, Dan	T	13.04.1991	D	2018	32	0	68	0	FK Viktoria Zizkov, Motherwell FC, Dundee FC, Aberdeen FC, AC Como, Karlsruher SC, FC Bayern München, FC Rot-Weiß Erfurt, FC Sachsen Leipzig
Uzan, Tugay	S	27.02.1994	TUR	2018	28	2	82	29	FC Rot-Weiß Erfurt, 1. FC Union Berlin, VfL Wolfsburg, FC Hertha 03 Zehlendorf, Tennis Borussia Berlin, Türkiyemspor Berlin 1978, Hertha BSC, SC Siemensstadt

Trainer:

Name, Vorname	geb. am	Nat.	Zeitraum	Spiele 2018/19	frühere Trainerstationen
Zimmermann, Andreas	28.12.1969	D	01.07.18 – 30.06.19	34	SC Rot-Weiß Oberhausen, FC Carl Zeiss Jena, FC Ingolstadt 04 U19, Rot Weiss Ahlen

Zugänge:
Donner (Charlottenburger FC Hertha 06), Dunkel (eigene Junioren), Förster (FC Energie Cottbus), Pepic (VfB Germania Halberstadt), Quiring (FC Hansa Rostock), Uzan (FC Rot-Weiß Erfurt).
während der Saison:
Lemke (reaktiviert).

Abgänge:
Fritsche, Jarzombek und Mrkaljevic (BSV Eintracht Mahlsdorf), Mattuschka, Rickert und Sanogo (Laufbahn beendet), Stüwe (SpVg Blau-Weiß 90 Berlin).
während der Saison:
Marx (Ludwigsfelder FC), Pepic (Bahlinger SC).

VfB Auerbach 1906

Anschrift:
Alte Rützengrüner Straße 5
08209 Auerbach/Vogtland
Telefon: (0 37 44) 21 19 68
eMail: kontakt@vfb-auerbach.de
Homepage: www.vfb-auerbach.de

Vereinsgründung: 17.05.1906 als Auerbacher FC; 1919 VfB Auerbach 1906 (Umbenennung); 07.12.1949 BSG KWU; 06.01.1951 BSG Einheit; 4/1991 Wiedergründung

Vereinsfarben: Gelb-Schwarz
Präsident: Knut Beyse
Sportlicher Leiter: Volkhardt Kramer

Stadion: VfB Stadion (4.100)

Größte Erfolge: Aufstieg in die Landesliga Sachsen 1994; Aufstieg in die Oberliga Nordost-Süd 2003; Aufstieg in die Regionalliga Nordost 2012

Aufgebot:

Name, Vorname	Pos	geb. am	Nat.	seit	2018/19 Sp.	T.	gesamt Sp.	T.	frühere Vereine
Ctvrtnicek, Josef	S	13.02.1990	CZE	2019	14	1	14	1	FK Zbuzany 1953, FK Slavoj Vysehrad, 1. SK Prostejov, FK Dukla Banska Bystrica, Sandecja Nowy Sacz, FC Zbrojovka Brno, SK Lisen, FC Zbrojovka Brno, 1. FC Slovacko Uherske Hradiste, MFK Vyskov, 1. FC Slovacko Uherske Hradiste, FSK SULKO Zabreh, 1. FC Slovacko Uherske Hradiste, FK Fotbal Trinec 1921, 1. FC Slovacko Uherske Hradiste, FK Usti nad Labem, 1. FC Slovacko Uherske Hradiste, FC Banik Ostrava, 1. FK Drnovice
Heger, Vaclav	A	06.07.1994	CZE	2016	33	5	106	9	FK Banik Most, FK Teplice
Herold, André	M	03.01.1995	D	2013	21	0	45	1	FC Erzgebirge Aue, VfB Auerbach 06, SV Blau-Weiss Rebesgrün
Hoffmann, Tim	A	05.10.1998	D	2017	5	0	9	0	SC Borea Dresden
Kadric, Amer	M	10.11.1994	BIH	2017	34	1	68	4	FC Rot-Weiß Erfurt, SC Wiedenbrück, FC Rot-Weiß Erfurt, Bonner SC
Kunert, Felix	M	27.11.1991	D	2016	7	0	43	1	FSV Budissa Bautzen, FC Erzgebirge Aue, FC Stollberg
Lietz, Felix	A	19.04.1990	D	2015	27	0	197	7	TuS Koblenz, Vogtländischer FC Plauen, FSV Zwickau, FC Erzgebirge Aue, SV Beierfeld
Löser, Albert	A	17.04.1996	D	2007	12	0	64	1	VfL Reumtengrün
Luderer, Jan	S	26.11.2000	D	2006	2	0	2	0	eigene Junioren
Mattern, Alexander	M	26.01.1993	D	2015	4	1	108	5	Chemnitzer FC, FC Grimma, SG Dynamo Dresden, SC Borea Dresden, TSV Reichenberg/Boxdorf
Mielke, Florian	S	16.06.1992	D	2018	17	1	17	1	BSC Rapid Chemnitz, SV Einheit Kamenz, FSV Budissa Bautzen, FC Energie Cottbus, SG Groß-Gaglow, FC Energie Cottbus, SG Groß-Gaglow
Miertschink, Hans-Christian	S	07.03.1995	BRA	2018	8	0	12	0	FV Krokusblüte Drebach/Falkenbach, SSV Markranstädt, BSV Buxtehude, Freiburger FC, Chemnitzer FC, SG Leipzig Leutzsch, Atlético Mineiro, América FC Belo Horizonte, Castelo FC, Linhares FC, Campo Grande AC
Müller, Kilian	M	18.12.1998	D	2017	3	0	11	0	Chemnitzer FC, FC Erzgebirge Aue, 1. FC Heidenheim, FSV Waiblingen, VfL Winterbach
Müller, Philipp	A	16.06.1992	D	2014	33	0	115	2	FC Erzgebirge Aue
Rosenkranz, Maximilian	T	23.01.1997	D	2017	2	0	3	0	FSV Zwickau, FC Concordia Schneeberg, FC Erzgebirge Aue
Sauer, Pascal	M	29.06.2000	D	2009	1	0	1	0	eigene Junioren
Schlosser, Marcel	M	08.08.1987	D	2015	30	10	268	54	1. FC Magdeburg, FC Carl Zeiss Jena, Chemnitzer FC, TSV 1872 Pobershau
Schmidt, Sebastian	A	19.10.1994	D	2017	30	1	104	3	SVgg 07 Elversberg, Goslarer SC 08, Chemnitzer FC, TSV IFA Chemnitz, Chemnitzer FC, TSV 1872 Pobershau
Schmidt, Stefan	T	08.03.1989	D	2016	32	0	115	1	VfB Empor Glauchau, FC Carl Zeiss Jena, Chemnitzer FC, TSV Flöha
Shoshi, Arlind	S	02.05.1997	KVX	2017	5	0	21	0	FC Carl Zeiss Jena, VfB IMO Merseburg, SG Spergau
Sieber, Marcin	A	31.01.1996	D	2017	32	2	80	4	FC Erzgebirge Aue, SG Motor Thurm, SV Ortmannsdorf
Stock, Thomas	M	11.09.1992	D	2017	33	6	110	13	SpVgg Bayern Hof, FC Erzgebirge Aue, VfB Auerbach 06, 1. FC Rodewisch
Tarczal, Daniel	M	22.03.1985	CZE	2018	16	1	31	2	1. FK Pribram, FC Sellier & Bellot Vlasim, MFK Karvina, 1. FK Pribram, KDC Beroun
Trinks, Björn	S	18.01.1999	D	2019	6	0	6	0	Meeraner SV, Chemnitzer FC, FC Schalke 04, Chemnitzer FC, FSV Zwickau, SG Traktor Neukirchen
Wild, Danny	M	27.03.1991	D	2015	26	3	212	30	Vogtländischer FC Plauen, SC Markneukirchen
Zimmermann, Marc-Philipp	S	22.03.1990	D	2017	28	13	257	91	FSV Zwickau, FC Carl Zeiss Jena, Vogtländischer FC Plauen, FC Energie Cottbus, SV Grün-Weiß Weißwasser

Trainer:

Name, Vorname	geb. am	Nat.	Zeitraum	Spiele 2018/19	frühere Trainerstationen
Köhler, Sven	24.02.1966	D	01.07.2018 – lfd.	34	Chemnitzer FC, Hallescher FC, 1. FC Dynamo Dresden (Co-Trainer)

Zugänge:
Mielke (BSC Rapid Chemnitz).
während der Saison:
Ctvrtnicek (FK Zbuzany 1953), Herold (II. Mannschaft), Trinks (Meeraner SV).

Abgänge:
Kötzsch (Bischofswerdaer FV 08), Novy (FC Rot-Weiß Erfurt).
während der Saison:
Kunert (VfL Hohenstein-Ernstthal), Mattern (Bischofswerdaer FV 08), Mielke (pausiert), K. Müller (TSV Essingen), Shoshi (FC International Leipzig).

SV Babelsberg 03

Anschrift:
Karl-Liebknecht-Straße 90
14482 Potsdam
Telefon: (03 31) 70 49 80
eMail: office@babelsberg03.de
Homepage: www.babelsberg03.de

Vereinsgründung: 06.12.1950 als BSG Motor Babelsberg (1966 Angliederung der FA des SC Potsdam); ab 10.12.1991 als SV Babelsberg 03

Vereinsfarben: Blau-Rot
Vorsitzender: Archibald Horlitz
Sportlicher Leiter: Almedin Civa

Stadion: Karl-Liebknecht-Stadion (10.787)

Größte Erfolge: Meister der Oberliga Nordost-Nord 1997 (↑) und 2007 (↑); Aufstieg in die 2. Bundesliga 2001; Meister der Regionalliga Nord 2010 (↑); Brandenburg-Pokalsieger 1999, 2000, 2006 bis 2011 und 2016

Aufgebot:

Name, Vorname	Pos	geb. am	Nat.	seit	2018/19 Sp.	T.	gesamt Sp.	T.	frühere Vereine
Abderrahmane, Farid	M	17.02.1996	D	2017	29	2	102	5	Hertha BSC, Nordberliner SC, SC Oberhavel Velten
Danko, David	M	16.11.1992	D	2018	30	2	46	3	Berliner AK 07, FAC Wien, 1. SC Sollenau, Lichterfelder FC 1892, SC Staaken, Lichterfelder FC 1892
Dombrowa, Tobias	M	24.07.1999	D	2011	25	3	36	3	Fortuna Babelsberg
Flügel, Marco	T	05.01.1995	D	2001	13	0	21	0	eigene Junioren
Gladrow, Marvin	T	10.04.1990	D	2013	21	0	214	0	FC Energie Cottbus, Greifswalder SV 04, SV Loitzer Eintracht
Hoffmann, Manuel	M	16.06.1993	D	2016	31	8	159	23	VfB Germania Halberstadt, TSG Neustrelitz, VfB Auerbach 06, SG Dynamo Dresden, 1. FC Magdeburg, Schönebecker SC
Igbinigie, Godbless Onaiwo	S	19.08.1997	NGA	2018	10	1	10	1	TuS Makkabi Berlin, FC Girona, FE Grama Barcelona, FC Badalona Barcelona
Koch, Leonard	M	23.05.1995	D	2016	27	2	86	5	1. FC Union Berlin, Hertha BSC, SV Empor Berlin
Mason, Timothy	M	26.09.1998	D	2019	11	0	17	0	VfL Wolfsburg, Hertha BSC, Berliner FC Preussen
Montcheu, Fabrice	S	21.04.1998	D	2018	6	0	15	0	FSV Union Fürstenwalde, 1. FC Union Berlin, SV Empor Berlin
Nattermann, Tom	S	16.04.1993	D	2018	34	18	73	24	VfB Germania Halberstadt, FC Energie Cottbus, FC Carl Zeiss Jena, FC Erzgebirge Aue, RasenBallsport Leipzig, FC Sachsen Leipzig, SV Grün-Weiß Miltitz, FC Stahl Riesa 98, FSV Grün-Weiß Nünchritz/Glaubitz
Okada, Masami	A	29.04.1991	JPN	2017	17	0	124	6	FC Schönberg 95, ETSV Weiche, VfB Lübeck, Urawa Red Diamonds, Nomads SC
Rangelov, Bogdan	M	28.08.1997	SRB	2019	15	2	15	2	PAOK Saloniki, AE Karaiskakis Artas, PAOK Saloniki, Doxa Dramas 1918, PAOK Saloniki, PAE Eginiakos, PAOK Saloniki, Roter Stern Belgrad
Reimann, Sven	M	17.05.1994	D	2017	17	1	121	11	FC Carl Zeiss Jena, 1. FC Magdeburg, 1. FC Union Berlin, Tennis Borussia Berlin, Lichterfelder FC 1892, FC Hertha 03 Zehlendorf
Rode, Valentin	A	15.12.1996	RUS	2018	24	2	24	2	FC Hansa Rostock, Mecklenburgischer SV Pampow, FC Mecklenburg Schwerin, FC Eintracht Schwerin
Saalbach, Philip	A	02.09.1988	D	2015	27	0	158	1	Berliner FC Dynamo, VfB Germania Halberstadt, 1. FC Magdeburg, VfB Germania Halberstadt, TSG 1899 Hoffenheim, FC Sachsen Leipzig, VfB Leipzig, SV 1919 Grimma
Sagat, Ahmet	S	27.05.1996	D	2018	19	1	66	11	FSV 63 Luckenwalde, Berliner AK 07, FSV Optik Rathenow, SG Dynamo Dresden, Tennis Borussia Berlin, Reinickendorfer Füchse
Salla, Lionel	A	19.06.1997	D	2016	28	1	64	2	1. FC Union Berlin, FC Hertha 03 Zehlendorf, Lichterfelder FC 1892
Schulze, Yannik	A	05.02.1995	D	2018	3	0	118	5	VfV Borussia 06 Hildesheim, Hannover 96, TSV Isernhagen, SC Harsum
Tomas, Ivo Valentino	M	28.07.1993	CRO	2018	3	0	25	3	NK Urania Baska Voda, BV Essen, SSV Jeddeloh, VfB Oldenburg, HNK Hajduk Split, NK Drugopolje, HNK Hajduk Split, NK Urania Baska Voda
Uzelac, Franko	A	05.11.1994	CRO	2018	29	2	124	7	FC Würzburger Kickers, VfB Oldenburg, VfL Osnabrück, SV Werder Bremen, SV Emstek
Wilton, Lukas	A	13.05.1995	D	2017	30	1	113	4	FSV Zwickau, Hannover 96, JFC Allertal, SSV Südwinsen, TuS Bergen, FC Red White Bergen, FG Wohlde
Wolf, Pieter-Marvin	M	25.03.1999	D	2018	26	7	26	7	FC Energie Cottbus, FC Förderkader René Schneider Rostock, FC Hansa Rostock, Pritzwalker FHV 03

Trainer:

Name, Vorname	geb. am	Nat.	Zeitraum	Spiele 2018/19	frühere Trainerstationen
Civa, Almedin	27.04.1972	D	01.07.17 - 30.06.19	34	SV Babelsberg 03, SV Yesilyurt Berlin

Zugänge:
Danko (Berliner AK 07), Igbinigie (TuS Makkabi Berlin), Montcheu (FSV Union Fürstenwalde), Nattermann (VfB Germania Halberstadt), Rode (FC Hansa Rostock), Sagat (FSV 63 Luckenwalde), Schulze (VfV Borussia 06 Hildesheim), Tomas (NK Urania Baska Voda), Uzelac (FC Würzburger Kickers), Wolf (FC Energie Cottbus).
während der Saison:
Mason (VfL Wolfsburg), Rangelov (PAOK Saloniki).

Abgänge:
Akdari (Eskisehirspor Kulübü), Beyazit (FC Energie Cottbus), Büyükdemir (FC Eintracht Norderstedt), Eglseder (SVgg 07 Elversberg), El-Jindaoui (SpVgg Greuther Fürth), Hennig (FSV 63 Luckenwalde), Knechtel (FC Oberlausitz Neugersdorf), T. Schmidt (VfL Sportfreunde Lotte), Shala (FC Rot-Weiß Erfurt).
während der Saison:
Schulze (VfV Borussia 06 Hildesheim).

FSV Budissa Bautzen

Anschrift:
Neusche Promenade 1
02625 Bautzen
Telefon: (0 35 91) 27 22 88 13
eMail: gstelle@budissa-bautzen.de
Homepage: www.budissa-bautzen.de

Vereinsgründung: 23.03.1990 aus BSG Motor Bautzen (gegr. 15.03.1950 als BSG Lowa Bautzen; ab 01.04.1950 BSG Motor Bautzen)
Vereinsfarben: Weiß-Schwarz
Präsident: Ingo Frings
Sportlicher Leiter: Martin Kolan

Stadion: Müllerwiese (5.000)

Größte Erfolge: Aufstieg in die DDR-Liga 1954, 1958, 1962 und 1974; Aufstieg in die Oberliga Nordost-Süd 2005; Aufstieg in die Regionalliga Nordost 2014

Aufgebot:

Name, Vorname	Pos	geb. am	Nat.	seit	2018/19 Sp.	2018/19 T.	gesamt Sp.	gesamt T.	frühere Vereine
Bär, Marcel	M	03.06.1999	D	2018	14	2	14	2	SG Dynamo Dresden, VfB Zittau, SV Großpostwitz-Kirschau
Bönisch, Kevin	S	08.08.1994	D	2017	33	3	75	5	FSV Zwickau, SG Dynamo Dresden, SC Borea Dresden, SG Dynamo Dresden
Ciapa, Mateusz	M	24.10.1999	POL	2018	32	0	32	0	1. FC Magdeburg, SC Freiburg, KS Warta Poznan
Dartsch, Philipp	A	29.08.1993	D	2018	10	1	33	3	SpVgg Bayern Hof, Vogtländischer FC Plauen, Chemnitzer FC, Berliner FC Dynamo, Chemnitzer FC
Ebersbach, Maik	T	07.03.1990	D	2017	16	0	132	0	FC Erzgebirge Aue, VfB Auerbach 06, Vogtländischer FC Plauen, Chemnitzer FC, Großenhainer FV
Hoßmang, Martin	M	09.09.1986	D	2013	28	2	284	25	Vogtländischer FC Plauen, FC Energie Cottbus, FSV Hoyerswerda
Kasiar, Roman	S	27.01.1998	CZE	2019	15	3	24	3	FK Pardubice, SV Stuttgarter Kickers, VfB Stuttgart, SpVgg 07 Ludwigsburg
Krahl, Denny	A	11.05.1991	D	2018	28	1	149	2	ZFC Meuselwitz, FC Oberlausitz Neugersdorf, FSV Budissa Bautzen, SV Einheit Kamenz
Krautschick, Jonas	M	21.10.1996	D	2017	26	0	75	2	FC Oberlausitz Neugersdorf, SG Dynamo Dresden, FSV Budissa Bautzen
Kunze, Sepp	A	04.12.1988	D	2017	10	0	78	0	FC Oberlausitz Neugersdorf, SG Dynamo Dresden, SC Siemensstadt
Langr, Marek	S	31.10.1994	CZE	2018	19	0	19	0	SV Einheit Kamenz, SG Schönfeld, MFK Chrudim, FC Hradec Kralove, FK Viktoria Zizkov, FC Hradec Kralove, FK Nachod-Destne
Mack, Jonas	A	28.07.1997	D	2017	19	0	48	1	Vogtländischer FC Plauen, FSV Zwickau, FC Erzgebirge Aue, FSV Zwickau
Merkel, Eric	M	13.10.1995	D	2018	27	0	27	0	Bischofswerdaer FV 08, Vogtländischer FC Plauen, FC Erzgebirge Aue, TSV Jahnsdorf
Mietzelfeld, Hannes	M	31.07.1994	D	2018	4	0	65	1	FC Oberlausitz Neugersdorf, RasenBallsport Leipzig, FSV Bentwisch, FC Hansa Rostock, Bad Doberaner SV 90
Noack, Moritz	A	09.04.2000	D	2013	3	0	3	0	NFV Gelb-Weiß Görlitz
Patka, Pavel	A	25.04.1987	CZE	2013	31	0	138	4	FK Arsenal Ceska Lipa, FC Graffin Vlasim, FK Baumit Jablonec, 1. FC Brno
Schlicht, Michael	M	13.11.1993	D	2018	28	0	101	5	1. FC Schweinfurt 05, FSV Zwickau, RasenBallsport Leipzig, FC Sachsen Leipzig, SV 1919 Grimma
Schmidt, Tony	S	20.07.1988	D	2017	28	4	165	37	TuS Koblenz, Hallescher FC, Vogtländischer FC Plauen, ZFC Meuselwitz, SG Dynamo Dresden, FV Dresden Laubegast
Schulz, Christopher	T	08.07.1995	D	2018	18	0	19	0	SpVgg Bayern Hof, 1. FC Lok Leipzig, Chemnitzer FC, 1. FC Lok Leipzig
Schulz, Jan	T	27.02.1998	D	2019	0	0	3	0	1. FC Kaiserslautern, FSV Budissa Bautzen, SV Gonsenheim, SpVgg Ingelheim, Binger FVgg Hassia
Treu, Niclas	S	03.01.1997	D	2018	33	2	59	4	Lüneburger SK Hansa, SV Bavenstedt, Eintracht Braunschweig, VfL Wolfsburg, JSG Düngen/Heinde, SC Itzum
Weiß, Johann	M	14.04.1997	D	2017	29	2	58	3	VfV Borussia 06 Hildesheim, SG Dynamo Dresden, Königswarthaer SV
Wockatz, Tim	M	24.07.1999	D	2016	22	1	24	1	SG Dynamo Dresden, SC Borea Dresden, VfB Zittau, FSV Neusalza-Spremberg

Trainer:

Name, Vorname	geb. am	Nat.	Zeitraum	Spiele 2018/19	frühere Trainerstationen
Gütschow, Torsten	28.07.1962	D	07.03.17 – 27.02.19	22	TSG Neustrelitz, TuS Heeslingen, FC Oberneuland, 1. FC Marsberg
Sander, Petrik	17.11.1960	D	28.02.19 – 30.06.19	12	TuS Koblenz, FC Carl Zeiss Jena, TuS Koblenz, VfR Aalen, FC Energie Cottbus

Zugänge:
Bär (SG Dynamo Dresden Junioren), Ciapa (1. FC Magdeburg Junioren), Dartsch und C. Schulz (SpVgg Bayern Hof), Krahl (ZFC Meuselwitz), Langr (SV Einheit Kamenz), Merkel (Bischofswerdaer FV 08), Mietzelfeld (FC Oberlausitz Neugersdorf), Noack (eigene Junioren), Schlicht (1. FC Schweinfurt 05), Treu (Lüneburger SK Hansa).
während der Saison:
Kasiar (FK Pardubice), J. Schulz (1. FC Kaiserslautern II).

Abgänge:
Barnickel (SV Einheit Kamenz), Gehrmann (FC Einheit Rudolstadt), Hausdorf (FSV Union Fürstenwalde), Heppner und Kloß (Bischofswerdaer FV 08), Milde (Chemnitzer FC), Müller (unbekannt), Pfanne (SV Rödinghausen), Rosendo (Radebeuler BC 08), J. Schulz (1. FC Kaiserslautern II).
während der Saison:
Ebersbach (SV Germania Mittweida), Mietzelfeld (Greifswalder FC).

Berliner Athletik Klub 07

Anschrift:
Lehrter Straße 59
10557 Berlin
Telefon: (0 30) 45 02 44 01
eMail: info@bak07.de
Homepage: www.bak07.de

Vereinsgründung: 15.12.1907 / 24.02.1950 als Berliner Athletik Klub 07;
06.07.2006 bis 15.04.2011 als Berlin Ankaraspor Külübü 07

Vereinsfarbe: Rot
Präsident: Mehmet Ali Han
Sportlicher Leiter: Mehmet Öztürk

Stadion: Poststadion (10.000)

Größte Erfolge: Aufstieg in die Regionalliga Nord 2011; Meister der Verbandsliga Berlin 1999 (↑); Pokalsieger Berlin 2010 und 2012

Aufgebot:

Name, Vorname	Pos	geb. am	Nat.	Seit	2018/19 Sp.	T.	gesamt Sp.	T.	frühere Vereine
Akyörük, Ömer	A	05.05.1993	D	2018	27	3	67	8	Genclerbirligi Ankara, Hacettepe SK, Genclerbirligi Ankara, Hacettepe SK, Genclerbirligi Ankara, Berliner AK 07, ETSV Weiche, FC St. Pauli, Bramfelder SV, FC Eintracht Norderstedt, Hamburger SV
Aydin, Enes	A	23.12.1996	TUR	2018	2	0	3	0	Brandenburger SC Süd 05, Tennis Borussia Berlin, Berliner AK 07, Tennis Borussia Berlin, FC Viktoria 1889 Berlin LT, SV Tasmania Gropiusstadt 1973, FC Hertha 03 Zehlendorf, Tennis Borussia Berlin, Türkiyemspor Berlin 1978, FC Hertha 03 Zehlendorf
Bastürk, Muhittin	A	03.01.1991	D	2018	7	0	132	4	VfB Oldenburg, Bayrampasaspor, Gümüshanespor, SVgg 07 Elversberg, Bor. Mönchengladbach, 1. FC Saarbrücken, Bor. Neunkirchen, Türkischer SC Neunkirchen
Belegu, Florijon	A	13.03.1993	D	2016	6	0	85	7	FSV Frankfurt, Eintracht Frankfurt, SpVgg 03 Neu-Isenburg
Bicakci, Seyit	A	17.10.2000	TUR	2012	1	0	1	0	Berliner FC Meteor 06
Bittner, Daniel	T	13.08.1990	D	2018	5	0	94	0	FSV Union Fürstenwalde, TSG Neustrelitz, Lichterfelder FC 1892, FC Hertha 03 Zehlendorf, SV Tasmania Gropiusstadt 1973, SC Staaken, Tennis Borussia Berlin, SV Blau-Gelb Falkensee
Cakmak, Tahsin	M	27.04.1997	TUR	2018	20	2	72	10	Hertha BSC, FC Hertha 03 Zehlendorf, Türkiyemspor Berlin 1978, 1. FC Schöneberg
Cigerci, Tolcay	M	24.01.1995	TUR	2018	24	7	79	21	SpVgg Greuther Fürth, Hamburger SV, VfL Wolfsburg, VfB Peine, TSV Arminia Vöhrum
Deniz, Tunay	M	02.02.1994	D	2017	31	15	135	27	TSV Steinbach, FSV Optik Rathenow, Berliner AK 07, TSV Rudow, SV Tasmania Gropiusstadt 1973, FC Hertha 03 Zehlendorf, Berliner SC Eintracht/Südring
Elezi, Fatlum	M	19.07.1998	D	2017	15	3	34	5	SG Dynamo Dresden, SV Tasmania Gropiusstadt 1973
Hofmann, Oliver	A	19.08.1992	D	2018	32	1	186	17	FC Viktoria 1889 Berlin LT, Goslarer SC 08, 1. FC Union Berlin, SFC Friedrichshain
Iraqi, Daoud	M	13.09.1999	D	2017	15	0	16	0	Tennis Borussia Berlin, FC Hertha 03 Zehlendorf
Kargbo, Abu Bakarr	S	21.12.1992	D	2018	29	16	174	61	FC Viktoria 1889 Berlin LT, SV Rödinghausen, BSV Schwarz-Weiß Rehden, SC Austria Lustenau, Bayer Leverkusen, Hertha BSC, SF Neukölln-Rudow, TSV Rudow
Kauter, Shawn	A	13.04.1996	D	2018	30	4	89	10	Hertha BSC, FC Hertha 03 Zehlendorf, 1. FC Lübars
Kleihs, Marvin	A	19.03.1994	D	2018	4	0	104	4	FC Würzburger Kickers, SC Weiche Flensburg 08, FC Würzburger Kickers, VfL Wolfsburg, TuS Schwarz-Weiß Bismark
Koch, Jan	A	04.11.1995	D	2018	34	0	35	0	Chemnitzer FC, FK Mlada Boleslav, SpVgg Unterhaching, SpVgg Gr. Fürth, SSV Jahn 2000 Regensburg, 1. FC Nürnberg, SSV Jahn 2000 Regensburg, TV Geisling
Kühn, Pascal	T	15.09.1996	D	2018	29	0	58	0	FC Viktoria 1889 Berlin LT, VfL Halle 96, Hallescher FC, FC Energie Cottbus, SV Tasmania Gropiusstadt 1973, Lichterfelder FC 1892
Mlynikowski, Marcus	A	06.07.1992	D	2018	29	0	137	12	Hertha BSC, Berliner AK 07, 1. FC Union Berlin, Sportfreunde Siegen, SV Werder Bremen, 1. FC Union Berlin, Oranienburger FC Eintracht
Möllering, Konstantin	S	09.06.1990	D	2018	18	0	127	22	SV Rödinghausen, New York Cosmos, Sportfreunde Siegen, VfL Bochum, Borussia Dortmund, SC Preußen Münster, Westfalia Kinderhaus, LR Ahlen, Borussia Dortmund, DJK Adler Buldern
Özcan, Seref	S	08.06.1996	D	2017	34	7	80	9	Fortuna Düsseldorf, FC Hansa Rostock, Hamburger SV, TSV Abbehausen, 1. FC Nordenham
Oschmann, Tim	M	08.06.1994	D	2018	31	0	116	14	VfB Germania Halberstadt, 1. FC Kaiserslautern, 1. FC Union Berlin, FC Hertha 03 Zehlendorf, Berliner FC Preussen
Pasagic, Omar	A	11.10.1997	BIH	2018	3	0	3	0	FK Borac Banja Luka, SV Stuttgarter Kickers, SSV Reutlingen 05, SGV Freiberg/N., SSV Reutlingen 05, SV Stuttgarter Kickers
Sakran, Youssef	A	13.11.1998	D	2017	4	0	18	1	Tennis Borussia Berlin, FC Viktoria 1889 Berlin LT, Berliner SC, Türkiyemspor Berlin 1978
Siemann, Leander	A	25.10.1995	D	2018	27	2	65	2	1. FC Köln, FC Porto, Arsenal FC, Hertha BSC, Berliner FC Preussen, FC Internationale 1980 Berlin
Yao, Devann	M	05.04.1990	USA	2018	5	3	59	16	SV Meppen, Berliner AK 07, Offenbacher Kickers, TSG Neustrelitz, UR La Louviére Centre, Birmingham City FC, Royal Boussu Dour Borinage, Ashford Town FC, Brighton & Hove Albion FC, West Ham United FC, Ipswich Town FC, New York Red Bulls, St. Mirren FC, AC Pisa, AS Livorno Calcio, FC Metz, NYC FC Westchester
Yildirim, Orhan	S	27.03.1993	D	2016	12	1	107	15	Berliner FC Dynamo, Fortuna Düsseldorf, SV Werder Bremen, FC Hertha 03 Zehlendorf, Lichterfelder FC 1892

Trainer:

Name, Vorname	geb. am	Nat.	Zeitraum	Spiele 2018/19	frühere Trainerstationen
Parlatan, Ersan	01.08.1977	D	01.07.2018 – lfd.	34	FC Viktoria 1889 Berlin LT, TSG Neustrelitz, SV Altlüdersdorf, Berliner FC Viktoria 89, Berlin Ankaraspor Külübü 07

Zugänge:
Aydin (Brandenburger SC Süd 05), Bastürk (VfB Oldenburg), Cakmak und Kauter (Hertha BSC II), Koch und Mlynikowski (Chemnitzer FC), Kühn (FC Viktoria 1889 Berlin LT), Möllering (SV Rödinghausen), Oschmann (VfB Germania Halberstadt), Pasagic (FK Borac Banja Luka), Siemann (1. FC Köln II).
während der Saison:
Cigerci (SpVgg Greuther Fürth), Kleihs (FC Würzburger Kickers), Yao (ohne Verein).

Abgänge:
Becken (FC Rot-Weiß Erfurt), Brügmann (FC Carl Zeiss Jena), Coskun (SV Wacker Burghausen), Danko (SV Babelsberg 03), Jakubov (Chemnitzer FC), Korijkov (FC Lokomotiva Kosice), Küc (FC Würzburger Kickers), Linthorst (Amsterdamsche FC), Mvondo (SV Straelen), Pekdemir (Inegölspor), Sindik (1. FC Lok Leipzig), Tokgöz (SV Sparta Lichtenberg).
während der Saison:
Aydin (Tennis Borussia Berlin), Yao (FC Victoria Rosport).

Berliner FC Dynamo

Anschrift:
Steffenstraße / Sportforum
13053 Berlin
Telefon: (0 30) 98 60 86 90
eMail: info@bfc.com
Homepage: www.bfc.com

Vereinsgründung: 15.02.1966 aus SC Dynamo Berlin und Dynamo Hohenschönhausen; 19.02.1990 bis 03.05.1999 als FC Berlin

Vereinsfarben: Weinrot
Präsident: Norbert Uhlig
Sportlicher Leiter: N. N.

Stadion: Friedrich-Ludwig-Jahn-Sportpark (19.708)

Größte Erfolge: DDR-Meister 1979 bis 1988 (10x); Halbfinale Europapokal der Pokalsieger 1972; FDGB-Pokalsieger 1959, 1988 und 1989

Aufgebot:

Name, Vorname	Pos	geb. am	Nat.	Seit	2018/19 Sp	2018/19 T.	gesamt Sp.	gesamt T.	frühere Vereine
Atici, Kemal	S	21.06.1993	D	2019	10	2	54	17	1. FC Lok Leipzig, FSV Union Fürstenwalde, Brandenburger SC Süd 05, Boluspor, Gölcükspor, Boluspor, SV Altlüdersdorf, Türkiyemspor Berlin 1978, FC Hertha 03 Zehlendorf, Türkiyemspor Berlin 1978
Brandt, Niklas	M	22.11.1991	D	2018	28	4	94	10	FC Viktoria 1889 Berlin LT, 1. FC Magdeburg, Hallescher FC, Berliner AK 07, Reinickendorfer Füchse, FC Hertha 03 Zehlendorf, Nordberliner SC, Reinickendorfer Füchse
Brasnic, Marc-Frank	S	21.10.1996	CRO	2018	24	10	41	12	FC Viktoria Köln, SC Fortuna Köln, SC Paderborn 07, Bayer 04 Leverkusen, TSV Alemannia Aachen, JSV Baesweiler
Braun, Steve	M	19.01.2000	D	2019	1	0	2	0	Hertha BSC, Berliner FC Dynamo, SV Bau-Union Berlin, TSV Lichtenberg
Brendel, Patrick	A	06.12.1987	D	2018	18	1	184	14	FC Viktoria 1889 Berlin LT, Berliner FC Dynamo, ZFC Meuselwitz, FC Grün-Weiß Wolfen, VfL Halle 96, FC Sachsen Leipzig, VfB Leipzig, VfL Halle 96
Breustedt, Otis	M	24.05.1995	D	2016	24	3	83	6	Lüneburger SK Hansa, FC Rot-Weiß Erfurt, SV Werder Bremen
Brinkmann, Yves-Benjamin	M	10.07.1992	D	2018	25	0	152	11	ZFC Meuselwitz, TSG Neustrelitz, FC Carl Zeiss Jena
Brumme, Lucas	A	25.09.1999	D	2016	18	0	24	0	1. FC Union Berlin
Cepni, Ugurtan	A	30.07.1983	D	2017	24	1	162	4	SV Babelsberg 03, Berliner AK 07, Konya Anadolu Selcukluspor, Ünyespor Ordu, Adana Demirspor, Göztepe Izmir, Corumspor, Eyüp Spor Istanbul, Istanbulspor, Samsunspor, Malatyaspor, MSV 1919 Neuruppin, Caykur Rizespor, Kocaelispor, MSV 1919 Neuruppin, Caykur Rizespor, Kocaelispor, MSV 1919 Neuruppin, Reinickendorfer Füchse, SV Tasmania 1973 Neukölln, Hertha BSC, SV Norden-Nordwest 98 Berlin
Citlak, Deniz	M	07.06.1997	D	2016	12	2	30	3	SV Empor Berlin, Türkiyemspor Berlin 1978, Berliner FC Dynamo
Cubukcu, Bilal	M	16.05.1987	TUR	2017	8	2	157	17	SV Babelsberg 03, Berliner AK 07, Tokatspor, Adana Demirspor, TSV Alemannia Aachen, Genclerbirligi Ankara, Hertha BSC, Tennis Borussia Berlin, SG Anadoluspor MG Berlin, Neuköllner FC Rot-Weiß
Eifler, Pascal	M	12.03.1998	D	2015	1	0	8	0	1. FC Union Berlin, Berliner FC Dynamo
Garbuschewski, Ronny	M	23.02.1986	D	2018	14	1	110	25	FSV Zwickau, FC Hansa Rostock, FC Energie Cottbus, Chemnitzer FC, Fortuna Düsseldorf, Chemnitzer FC, FC Sachsen Leipzig, FSV Kitzscher
Grundmann, Max	A	16.06.1998	D	2019	15	1	19	1	FC Energie Cottbus, SV Zehdenick
Hendl, Bernhard	T	09.08.1992	AUT	2015	34	0	133	0	1. FSV Mainz 05, VfB Stuttgart, SV Wehen Wiesbaden, FC Admira Wien, VfB Admira/Wacker Mödling, SK Rapid Wien, First Vienna FC
Karim, Wael	A	13.03.1996	D	2018	8	0	18	0	FC Strausberg, Charlottenburger FC Hertha 06, FC Viktoria 1889 Berlin LT, Tennis Borussia Berlin, SV Tasmania Gropiusstadt 1973, Berliner FC Südring
Lambach, Björn	A	01.12.1991	D	2016	29	0	167	5	VfB Auerbach 06, Vogtländischer FC Plauen, TuS Celle FC, BSV Schwarz-Weiß Rehden, SC Langenhagen, SV Nienhagen, TSV Wietze
Lewandowski, Mateusz	S	03.04.1999	POL	2018	20	0	20	0	SC Freiburg, FC Energie Cottbus, KS Warta Poznan
Malembana, David Zeferino	A	11.10.1995	MOZ	2016	20	3	84	8	Goslarer SC 08, SG Dynamo Dresden, SC Borea Dresden, Hainsberger SV
Marques Pereira da Silva, Joshua	A	21.08.1990	POR	2016	9	0	64	2	FC Viktoria 1889 Berlin LT, FK Bodö/Glimt, Zawisza Bydgoszcz, SC Farense, Anagennisi Epanomi FC, SC Uniao Torreense, Estrela de Vendas Novas, Sporting Olhanense, SC Farense, CDR Quarteirense, Sporting Olhanense, Internacional Clube de Almancil, Sporting Olhanense, Louletano DC, Sporting Olhanense
Özkan, Bahadir	M	21.02.1995	TUR	2018	20	2	52	7	Ümraniye SK, Pendik SK, Ümraniye SK, TSG 1899 Hoffenheim, FC Zuzenhausen, TSG 1899 Hoffenheim, SV Neckarsulm, FC Heilbronn
Rabiega, Vincent	S	14.06.1995	POL	2017	2	0	64	5	Bradford City AFC, RasenBallsport Leipzig, Hertha BSC, Berliner FC Preussen
Rausch, Marcel	A	08.07.1996	D	2017	31	2	128	5	FC Schönberg 95, Hertha BSC, TSV Rudow
Reher, Chris	A	07.04.1994	D	2018	31	1	157	12	FC Viktoria 1889 Berlin LT, FSV Budissa Bautzen, Hallescher FC, SC Borea Dresden, SV Lok Schleife
Schulz, Philip	M	11.09.1992	D	2017	29	3	102	14	TSG Neustrelitz, Berliner SC, SC Charlottenburg
Sommer, Kevin	T	28.09.1989	D	1995	0	0	2	0	eigene Junioren
Stelzer, Toni Jörg	A	03.11.1999	D	2019	2	0	2	0	VfL Sportfreunde Lotte, SG Dynamo Dresden, SG Dresden Striesen
Twardzik, Patrik	M	10.02.1993	CZE	2018	9	0	54	8	VfB Germania Halberstadt, FC Rot-Weiß Erfurt, Celtic Glasgow, Livingston FC, Celtic Glasgow, Hertha BSC, FC Rot-Weiß Erfurt, FC Sachsen Leipzig

Trainer:

Name, Vorname	geb. am	Nat.	Zeitraum	Spiele 2018/19	frühere Trainerstationen
Rydlewicz, René	18.07.1973	D	01.07.16 – 17.12.18	19	FC Energie Cottbus, FSV Bentwisch U19
Maucksch, Matthias	11.06.1969	D	09.01.19 – 31.05.19	15	VfL Sportfreunde Lotte, FSV Union Fürstenwalde, SG Dynamo Dresden, Döbelner SC

Zugänge:
Brasnic (FC Viktoria Köln), Brendel und Reher (FC Viktoria 1889 Berlin LT), Brinkmann (ZFC Meuselwitz), Garbuschewski (FSV Zwickau), Karim (FC Strausberg), Lewandowski (SC Freiburg Junioren), Özkan (Ümraniye SK), Twardzik (VfB Germania Halberstadt).
während der Saison:
Atici (1. FC Lok Leipzig), Brandt (reaktiviert), Braun (Hertha BSC Junioren), Grundmann (FC Energie Cottbus), Stelzer (VfL Sportfreunde Lotte).

Abgänge:
Adomah (FC Rot-Weiß Erfurt), Brand (FC Viktoria 1889 Berlin LT), Dadashov (SC Preußen Münster), Kamm Al-Azzawe (TSV Steinbach Haiger), Kherraz (Oranienburger FC Eintracht), Okoronkwo (BSV Schwarz-Weiß Rehden), Steinborn (1. FC Lok Leipzig).
während der Saison:
Karim (Bonner SC), Marques Pereira da Silva (ohne Verein), Twardzik (VfB Germania Halberstadt).

Hertha, Berliner Sport-Club II

Anschrift:
Hanns-Braun-Straße, Friesenhaus 2
14053 Berlin
Telefon: (0 30) 3 00 92 80
eMail: info@herthabsc.de
Homepage: www.herthabsc.de

Vereinsgründung: 25.07.1892 als Berliner FC Hertha 92; seit 1923 Hertha BSC (II. Mannschaft seit 1957)

Vereinsfarben: Blau-Weiß
Präsident: Werner Gegenbauer
Sportlicher Leiter: Bernd Erdmann

Stadion: Amateurstadion im Olympiapark (5.400)

Größte Erfolge: DFB-Pokalfinalist 1993; Aufstieg in die Regionalliga Nordost 1994; Meister der Oberliga Nordost-Nord 1999 (↑), 2002, 2004 (↑) und 2008 (↑); Pokalsieger Berlin 1976 (West-Berlin), 1992 und 2004

Aufgebot:

Name, Vorname	Pos	geb. am	Nat.	seit	2018/19 Sp.	T.	gesamt Sp.	T.	frühere Vereine
Baak, Florian	A	18.03.1999	D	2005	21	5	28	5	Reinickendorfer Füchse
Blumberg, Nils	M	02.01.1997	D	2010	28	4	59	9	Nordberliner SC, SG Vehlefanz, SV Rot-Weiß Flatow
Bretschneider, Niko	M	10.08.1999	D	2018	10	0	10	0	FC Hertha 03 Zehlendorf, Tennis Borussia Berlin, SC Staaken, Hertha BSC
Büch, Gordon	A	25.10.1995	D	2018	23	1	130	2	TSV Buchbach, FC Ingolstadt 04, FC Hertha 03 Zehlendorf, Tennis Borussia Berlin, 1. FC Neubrandenburg 04, Reinickendorfer Füchse
Covic, Maurice	M	17.04.1998	D	2011	21	4	53	6	SC Staaken, SC Gatow
Dardai, Palko	M	24.04.1999	D	2012	13	3	22	5	1. FC Wilmersdorf, Seeburger SV 99
Darida, Vladimir	M	08.08.1990	CZE	2015	2	0	2	0	SC Freiburg, FC Viktoria Pilsen, FK Banik Sokolov, FC Viktoria Pilsen
Dilrosun, Javairo	M	22.06.1998	NED	2018	4	0	4	0	Manchester City FC, Ajax Amsterdam
Egerer, Florian	M	17.02.1998	D	2011	32	2	61	4	SC Staaken, SC Schwarz-Weiss Spandau
Ernesto De Angelo, Panzu	M	03.04.1999	D	2011	24	0	31	0	Reinickendorfer Füchse
Esswein, Alexander	S	25.03.1990	D	2016	6	2	48	6	FC Augsburg, 1. FC Nürnberg, SG Dynamo Dresden, VfL Wolfsburg, 1. FC Kaiserslautern, SV Waldhof Mannheim, TSV Neuleiningen
Friede, Sidney	M	12.04.1998	D	2011	7	1	41	5	SC Staaken
Fuchs, Tony	A	11.06.1990	D	2014	27	1	194	15	TSG Neustrelitz, 1. FC Neubrandenburg 04
Gersbeck, Marius	T	20.06.1995	D	2018	2	0	26	0	VfL Osnabrück, Chemnitzer FC, Hertha BSC, FC Brandenburg 03 Berlin, SC Siemensstadt
Hertel, Maxim	T	25.01.1999	D	2018	3	0	3	0	1. FC Union Berlin, SV Empor Berlin
Jastrzembski, Dennis	M	20.02.2000	D	2014	2	0	2	0	Holstein Kiel, TSV Kropp
Kade, Julius	M	20.05.1999	D	2008	8	4	13	5	Sportfreunde Kladow
Kiprit, Muhamed Enis	S	09.07.1999	TUR	2015	16	6	17	6	Tennis Borussia Berlin, Reinickendorfer Füchse
Klehr, Maurice	A	05.01.1997	D	2010	10	0	37	2	Reinickendorfer Füchse
Klinsmann, Jonathan	T	08.04.1997	USA	2017	14	0	24	0	California Golden Bears Berkeley, Strikers FC Irvine, Pateadores SC Irvine, FC Bayern München, TSV Grünwald, Irvine Lasers, FC Blades 96
Klünter, Lukas	M	26.05.1996	D	2018	1	0	53	3	1. FC Köln, Bonner SC, Euskirchener TSC, SSV Weilerswist, SC Schwarz-Weiß Friesheim
Köpke, Pascal	S	03.09.1995	D	2018	4	1	4	1	FC Erzgebirge Aue, Karlsruher SC, SpVgg Unterhaching, 1. FC Nürnberg, 1. FC Herzogenaurach VfL, ASV Herzogenaurach
Koulis, Niko	A	04.05.1999	D	2018	13	1	13	1	FC Hertha 03 Zehlendorf, Tennis Borussia Berlin, FC Hertha 03 Zehlendorf
Kraeft, Lukas	A	03.02.1997	D	2009	8	0	37	1	Oranienburger FC Eintracht
Krebs, Florian	M	04.02.1999	D	2006	26	3	26	3	Berliner FC Alemannia 90 Wacker
Kurt, Sinan	M	23.07.1996	D	2016	7	0	58	4	FC Bayern München, Borussia Mönchengladbach, Rheydter SV, SV Dohr
Mirbach, Fabio	S	05.03.1996	D	2009	7	0	81	21	TSV Rudow, Lichtenrader BC 25
Mittelstädt, Maximilian	A	18.03.1997	D	2012	1	0	24	3	FC Hertha 03 Zehlendorf, SC Staaken
Morack, Rico	A	18.02.1988	D	2015	19	1	225	7	FC Viktoria 1889 Berlin LT, TSG Neustrelitz, SV Babelsberg 03, Hertha BSC, TuS Koblenz, Hertha BSC, SV Babelsberg 03, FV Turbine 1955 Potsdam
Mulack, Maximilian	A	05.01.1999	D	2012	7	0	7	0	FSV Blau-Weiß Mahlsdorf/Waldesruh, SSV Köpenick-Oberspree
Pekarik, Peter	A	30.10.1986	SVK	2012	1	0	1	0	VfL Wolfsburg, Kayserispor, VfL Wolfsburg, MSK Zilina, ZTS Dubnica nad Vahom, MSK Zilina
Pfeiffer, Irwin	S	25.08.1998	D	2018	19	2	43	6	FC St. Pauli, Wedeler TSV
Roczen, Anthony	S	19.08.1999	D	2018	19	11	19	11	1. FC Union Berlin, Hertha BSC, Lichterfelder FC 1892
Siakam-Tchokoten, Wilfried	M	01.11.1995	D	2018	18	4	84	19	FSV Union Fürstenwalde, Tennis Borussia Berlin, FC Viktoria 1889 Berlin LT, Lichterfelder FC 1892, 1. FC Neubrandenburg 04, FC Hertha 03 Zehlendorf, SC Charlottenburg, FC Hertha 03 Zehlendorf
Smarsch, Dennis	T	14.01.1999	D	2010	13	0	13	0	BSC Rehberge, SC Borsigwalde 1920, Reinickendorfer Füchse
Storm, Maximilian	M	21.01.1999	D	2012	12	0	12	0	SV Empor Berlin
Torunarigha, Jordan	A	07.08.1997	D	2006	1	0	43	3	Chemnitzer FC
Wild, Niclas	T	16.02.1999	D	2018	2	0	2	0	FC Carl Zeiss Jena, VfL Hohenstein-Ernstthal
Zografakis, Nikos	S	07.07.1999	D	2010	21	2	25	2	SC Staaken

Trainer:

Name, Vorname	geb. am	Nat.	Zeitraum	Spiele 2018/19	frühere Trainerstationen
Covic, Ante	31.08.1975	CRO	21.11.13 – 30.06.19	34	Hertha BSC (Co-Trainer sowie U19 und U15)

Zugänge:
Bretschneider und Koulis (FC Hertha 03 Zehlendorf), Büch (TSV Buchbach), Hertel und Roczen (1. FC Union Berlin Junioren), Krebs, Mulack, Smarsch und Storm (eigene Junioren), Pfeiffer (FC St. Pauli II), Siakam-Tchokoten (FSV Union Fürstenwalde), Wild (FC Carl Zeiss Jena).

Abgänge:
Akyol (Adanaspor), Beyer (FSV Zwickau), Brüggemeier (SC Paderborn 07), Cakmak und Kauter (Berliner AK 07), Haubitz (SV Lichtenberg 47), Pronichev (FC Erzgebirge Aue), Schaffran (SpVgg Greuther Fürth), Tezel (SC Preußen Münster), Zwick (FSV Optik Rathenow).
während der Saison:
Esswein (VfB Stuttgart), Friede (Royal Excelsior Mouscron), Kiprit (FC Wacker Innsbruck), Klehr (SpVg Blau-Weiß 90 Berlin), Kurt (WSG Wattens).

FC Viktoria 1889 Berlin Lichterfelde-Tempelhof

Anschrift:
Krähmerstraße 15
12207 Berlin
Telefon: (0 30) 7 54 44 89 90
eMail: info@viktoria-berlin.de
Homepage: www. viktoria-berlin.de

Vereinsgründung: 01.07.2013 als Fusion von Berliner FC Viktoria 89 und Lichterfelder FC 1892
Vereinsfarbe: Himmelblau-Weiß
Präsident: Dr. Christoph Schulte-Kaubrügger
Sportdirektor: Rocco Teichmann
Stadion: Stadion Lichterfelde (4.300)

Größte Erfolge: Deutscher Meister 1908 und 1911 (als BTuFC Viktoria von 1889); Meister der Oberliga Nordost-Nord 2013 (↑); Berliner Pokalsieger 2014 und 2019

Aufgebot:

Name, Vorname	Pos	geb. am	Nat.	Seit	2018/19 Sp.	2018/19 T.	gesamt Sp.	gesamt T.	frühere Vereine
Basaran, Eren	M	20.05.1998	D	2015	0	0	13	0	1. FC Union Berlin, Tennis Borussia Berlin
Brand, Rafael	S	09.09.1994	D	2018	24	6	86	13	Berliner FC Dynamo, Hamburger SV, Olympischer SC Bremerhaven, SV Werder Bremen, Olympischer SC Bremerhaven
Efthymakis, Antonios	T	17.03.1998	GRE	2018	1	0	1	0	AO Platanias Chania, Strömmen IF, Verdal IL, AO Platanias Chania
Flauder, Stephan	T	30.05.1986	D	2018	33	0	93	0	Tennis Borussia Berlin, Berliner AK 07, Berliner FC Dynamo, FC Erzgebirge Aue, Frankfurter FC Viktoria 91
Gayret, Timur	S	08.08.1998	D	2018	23	5	23	5	FC Hertha 03 Zehlendorf, FC Viktoria 1889 Berlin LT, FC Hertha 03 Zehlendorf
Gebhart, Timo Martin	M	12.04.1989	D	2019	11	2	24	7	TSV 1860 München, FC Hansa Rostock, FC Steaua Bukarest, 1. FC Nürnberg, VfB Stuttgart, TSV 1860 München, FC Memmingen 07, BSC Memmingen
Gjasula, Jürgen	M	05.12.1985	ALB	2018	9	1	12	1	SpVgg Greuther Fürth, VfR Aalen, PFC Litex Lovech, ... (vgl. Seite 108)
Große, Marek	T	11.04.1994	D	2018	1	0	29	0	VfR Garching, FSV Budissa Bautzen, SG Dynamo Dresden, Hannover 96, SG Dynamo Dresden, FSV Budissa Bautzen, Bischofswerdaer FV 08
Gunte, Tobias	A	11.04.1997	D	2013	17	0	58	0	Lichterfelder FC 1892, Lichtenrader BC 25
Hanne, Christian	A	01.08.1989	D	2018	5	0	75	2	1. FC Lok Leipzig, FSV Wacker 90 Nordhausen, RasenBallsport Leipzig, FSV 63 Luckenwalde, DSK Kapstadt, Frankfurter FC Viktoria 91, Nottingham Forest FC, Frankfurter FC Viktoria 91
Hass, Boris	M	16.01.1997	D	2018	15	0	19	0	Tennis Borussia Berlin, Hertha BSC, Steglitzer SC Südwest
Hoffmann, Marcus	A	12.10.1987	D	2018	32	3	155	10	Chemnitzer FC, FC Hansa Rostock, TSV Alemannia Aachen, RasenBallsport Leipzig, SV Babelsberg 03, Vogtländischer FC Plauen, FC Carl Zeiss Jena, FC Energie Cottbus, VfL Nauen
Hüther, Mc Moordy	M	26.07.1999	D	2018	10	1	16	1	Tennis Borussia Berlin, Reinickendorfer Füchse
Junge-Abiol, Benyas Solomon	M	17.06.1999	D	2017	21	0	21	0	FC Hertha 03 Zehlendorf, San Francisco United SC
Kaiser, Daniel	M	18.10.1990	D	2017	21	1	76	4	ZFC Meuselwitz, SV Stuttgarter Kickers
Kapp, Patrick Wolfgang	A	20.07.1997	D	2018	21	3	30	3	FC Sochaux, TSG 1899 Hoffenheim, TSG Balingen
Konrad, Thomas	A	05.11.1989	D	2018	2	0	92	0	FC Vaduz, Dundee FC, SV Eintracht Trier 05, Karlsruher SC, FV Neuthard, FC Germania Untergrombach
Maiwald, Pascal	M	03.11.1999	D	2016	14	0	14	0	Hertha BSC, FC Viktoria 1889 Berlin LT
Menz, Christoph	A	22.12.1988	D	2018	14	0	15	0	SC Fortuna Köln, FC Rot-Weiß Erfurt, SG Dynamo Dresden, 1. FC Union Berlin, 1. FC Magdeburg, SG Messtron Magdeburg
Ndualu, Rudolf Dovn	M	22.07.1999	COD	2018	9	1	9	1	DSC Arminia Bielefeld, TeBe Berlin, FC Energie Cottbus, Brandenburger SC Süd 05
Röcker, Cimo Patric	A	21.01.1994	D	2018	27	1	54	2	SC Fortuna Köln, Hannover 96, SV Werder Bremen, TV Jahn Schneverdingen
Scharkowski, Nick Amartey	S	09.04.1992	D	2018	26	6	33	6	SC Victoria Hamburg, AO Zevgolatiou, Härnösands FF, FC Eintracht Norderstedt, APS Chalkanoras Idaliou, Härnösands FF, Niendorfer TSV, FC Eintracht Norderstedt, SC Concordia Hamburg
Scheidl, Andreas	M	18.02.1995	D	2018	4	0	110	2	VfB Stuttgart, TSV 1860 München, TSV Moosach-Hartmannshofen
Schikora, Marco	A	20.09.1994	D	2018	32	3	96	13	1. FC Germ. Egestorf/Langreder, TSV Havelse, SV Victoria Lauenau, DSC Feggendorf
Schulz, Kwabenaboye	A	06.10.1998	D	2016	19	0	42	0	Milton Keynes Dons FC, SC Rapide Wedding
Sliskovic, Petar	S	21.02.1991	CRO	2018	15	9	80	60	Hallescher FC, 1. FSV Mainz 05, Hallescher FC, ... (vgl. Seite 104)
Soyak, Aykut	M	30.04.1995	D	2018	21	3	26	3	SVgg 07 Elversberg, SC Paderborn 07, SC Grün-Weiß Paderborn
Yilmaz, Batikan	S	13.09.1999	D	2013	21	3	36	6	Berliner FC Viktoria 89
Yilmaz, Ugurcan	A	19.04.1995	TUR	2016	20	0	94	6	Berliner AK 07, SV Tasmania Gropiusstadt 1973, FC Hertha Zehlendorf, BSC Rehberge

Trainer:

Name, Vorname	geb. am	Nat.	Zeitraum	Spiele 2018/19	frühere Trainerstationen
Goslar, Jörg	29.12.1963	D	01.07.18 – 30.04.19	31	VfV Borussia 06 Hildesheim, BV Cloppenburg, Berliner AK 07, FSV Wacker 90 Nordhausen, Oststädter SV Hannover, BV Cloppenburg, Hannover 96 II, SV Germania Grasdorf, Sportfreunde Ricklingen
Arsovic, Alexander	21.02.1982	D	01.05.19 – 30.06.19	3	FC Hertha 03 Zehlendorf

Zugänge:
Brand (Berliner FC Dynamo), Efthymakis (AO Platanias Chania), Flauder und Hass (Tennis Borussia Berlin), Gayret (FC Hertha 03 Zehlendorf), Große (VfR Garching), Hanne (1. FC Lok Leipzig), Hoffmann (Chemnitzer FC), Junge-Abiol und Maiwald (eigene Junioren), Ndualu (DSC Arminia Bielefeld Junioren), Röcker (SC Fortuna Köln), Scharkowski (SC Victoria Hamburg), Scheidl (VfB Stuttgart II), Schikora (1. FC Germania Egestorf/Langreder), Sliskovic (Hallescher SC), Soyak (SVgg 07 Elversberg).
während der Saison:
Gebhart (ohne Verein), Gjasula (SpVgg Greuther Fürth), Kapp (FC Sochaux), Konrad (FC Vaduz), Menz (SC Fortuna Köln).

Abgänge:
Brendel und Reher (Berliner FC Dynamo), El-Ahmar (Lüneburger SK Hansa), Ergirdi (FSV Spandauer Kickers), Freitas de Garcia Klingel (Ludwigsfelder FC), Hasse (FC Rot-Weiß Erfurt), Hippe (SpVg Blau-Weiß 90 Berlin), Kisiel (VfB Oldenburg), Kühn (Berliner AK 07), Makangu (pausiert), Matur (FSV Optik Rathenow), Riedel (VfB Lübeck), Sakar (ohne Verein), D. Schulz (Laufbahn beendet).
während der Saison:
Basaran (Charlottenburger FC Hertha 06), Gjasula (FC Energie Cottbus), Konrad (VfL Osnabrück), Menz (Eintracht Braunschweig), Scheidl (SV Wacker Burghausen), Sliskovic (VfR Aalen).

Bischofswerdaer FV 08

Anschrift:
Schmöllner Weg 2
01877 Bischofswerda
Telefon: (0 35 94) 70 52 37
eMail: info@bfv08.de
Homepage: www.bfv08.de

Vereinsgründung: 21.05.1991 aus BSG Fortschritt Bischofswerda
(1954 - 1972 BSG Motor Bischofswerda)

Vereinsfarbe: Blau-Weiß
Präsident: Jürgen Neumann
Sportlicher Leiter: Steffen Schmidt

Stadion:
Volksbank-Sportpark an der
Wesenitz (10.000)

Größte Erfolge: Aufstieg in die DDR-Oberliga 1986 und 1989; Aufstieg in die DDR-Liga 1976; Aufstieg in die Regionalliga Nordost 2018; Qualifikation für die Regionalliga Nordost 1994; Aufstieg in die Oberliga Nordost 2015; Sachsenpokalsieger 1992; 3. Hauptrunde im DFB-Pokal 1992/93

Aufgebot:

Name, Vorname	Pos	geb. am	Nat.	seit	2018/19 Sp.	2018/19 T.	gesamt Sp.	gesamt T.	frühere Vereine
Birnbaum, Oliver	T	10.02.1989	D	2018	32	0	93	1	FSV Union Fürstenwalde, FSV Wacker 90 Nordhausen, Vogtländischer FC Plauen, SG Dynamo Dresden, SG Dresden Striesen
Cellarius, Tim	M	16.01.1995	D	2016	29	0	29	0	FC Carl Zeiss Jena, SV Blau-Weiß 90 Neustadt/Orla
Cermak, Pavel	A	14.05.1989	CZE	2018	22	0	44	1	FK Banik Sokolov, VfB Germania Halberstadt, FSV Budissa Bautzen, FK Senica, FC Hradec Kralove, FK Senica, FK Viktoria Zizkov, 1. FK Pribram, FK Viktoria Zizkov, FK Banik Most, FK Teplice, FK Banik Most
Graf, Hannes	S	14.10.1996	D	2016	27	4	27	4	Malchower SV 90, Tennis Borussia Berlin, SG Dynamo Dresden, FC Energie Cottbus, Berliner FC Dynamo, FC Concordia Wilhelmsruh
Grellmann, Tom	M	04.11.1995	D	2017	25	1	42	2	SV Einheit Kamenz, Goslarer SC 08, SSV Markranstädt, SC Borea Dresden, Hoyerswerdaer SV
Gries, Cornelius	S	12.03.1992	D	2005	16	0	16	0	SV Burkau
Gümüstas, Ogün	S	14.01.1996	D	2019	1	0	1	0	Ofspor Trabzon, FC International Leipzig, SC Roland Beckum, Borussia Dortmund, Rot Weiss Ahlen
Hagemann, Tom	M	15.09.1994	D	2016	16	1	16	1	SG Dynamo Dresden, FC Eintracht Schwerin
Hänsel, Marcel	M	08.01.1998	D	2017	0	0	0	0	SG Dynamo Dresden
Heppner, Tobias	A	02.02.1994	D	2018	29	1	99	2	FSV Budissa Bautzen, SG Dynamo Dresden, Dresdner SC
Käppler, Jannik	A	13.12.1999	D	2018	13	1	13	1	SG Dynamo Dresden, SC Borea Dresden, FSV Budissa Bautzen, SV Burkau
Kießling, Tim	A	29.11.1998	D	2018	16	0	16	0	FC Carl Zeiss Jena, FSV Erlangen-Bruck
Kloß, Norman	M	19.06.1997	D	2018	15	0	48	1	FSV Budissa Bautzen, SG Dynamo Dresden, 1. FC Magdeburg, ZLG Atzendorf
Klotke, Tommy	M	07.02.1993	D	2016	19	1	29	2	Vogtländischer FC Plauen, FSV Budissa Bautzen, SG Dynamo Dresden, BSV Lockwitzgrund
Kötzsch, Philipp	M	16.02.1989	D	2018	28	1	177	10	VfB Auerbach 06, SV Falkensee-Finkenkrug, SG Dynamo Dresden, Chemnitzer FC
Lenk, Fernando	A	15.04.1990	D	2017	7	0	75	0	Breesener SV Guben-Nord, FC Energie Cottbus, 1. FC Magdeburg, FC Energie Cottbus, FC Bad Liebenwerda
Maresch, Daniel	M	16.11.1995	D	2016	16	1	28	1	Goslarer SC 08, SG Dynamo Dresden
Mattern, Alexander	A	26.01.1993	D	2019	13	1	108	5	VfB Auerbach 06, Chemnitzer FC, FC Grimma, SG Dynamo Dresden, SC Borea Dresden, TSV Reichenberg/Boxdorf
Meinel, Dominic	A	06.03.1996	D	2015	29	1	29	1	SG Dynamo Dresden, FSV Oschatz
Merkel, Oliver	M	19.09.1991	D	2019	12	0	95	6	FC Oberlausitz Neugersdorf, SG Dynamo Dresden, SpVgg Dresden-Löbtau
Petracek, Tomas	S	17.08.1993	CZE	2018	28	6	28	6	Berliner AK 07, SpVgg Bayern Hof, DJK Ammerthal, DJK Gebenbach, FC Viktoria Plzen, FK Pardubice, FC Viktoria Plzen, FK Banik Most, FC Viktoria Plzen
Reissig, Dominik	T	25.08.1996	D	2016	3	0	3	0	SV Olbernhau, Chemnitzer FC
Rülicke, Max	A	11.04.1997	D	2016	21	0	21	0	SG Dynamo Dresden, SC Borea Dresden, SG Dynamo Dresden, 1. FC Frankfurt/O., Ludwigsfelder FC, KSV Sperenberg
Scholz, Justin	M	17.02.1999	D	2018	1	0	1	0	Hallescher FC, RasenBallsport Leipzig, SG Rot-Weiß Thalheim
Sonntag, Thomas	M	30.04.1996	D	2018	24	1	83	5	VfV Borussia 06 Hildesheim, FC Rot-Weiß Erfurt, FC Erzgebirge Aue, FSV Hohndorf, Lugauer SC
Zille, Frank	S	20.01.1996	D	2015	34	9	34	9	FC Erzgebirge Aue

Trainer:

Name, Vorname	geb. am	Nat.	Zeitraum	Spiele 2018/19	frühere Trainerstationen
Schmidt, Erik	16.09.1979	D	01.07.2013 – lfd.	33	SG Dynamo Dresden U19, USV TU Dresden
Ledrich, Mirko und	02.08.1978	D	15.09.2018 (i. V.)	1	Bischofswerdaer FV 08
Urban, Marcus	22.06.1983	D			SG Dynamo Dresden Junioren, VfL Hohenstein-Ernstthal

Zugänge:
Birnbaum (FSV Union Fürstenwalde), Cermak (FK Banik Sokolov), Heppner und Kloß (FSV Budissa Bautzen), Käppler (SG Dynamo Dresden Junioren), Kießling (FC Carl Zeiss Jena Junioren), Kötzsch (VfB 06 Auerbach), Scholz (Hallescher FC Junioren), Sonntag (VfV Borussia 06 Hildesheim).
während der Saison:
Gümüstas (Ofspor Trabzon), Mattern (VfB 06 Auerbach), O. Merkel (FC Oberlausitz Neugersdorf), Petracek (Berliner AK 07).

Abgänge:
Beckert (FV Dresden Laubegast), Gröschke (BSG Wismut Gera), Hänsch und Schikora (Brandenburger SC Süd 05), Hänsel, Huth und Schulze (SV Einheit Kamenz), Harangus (unbekannt), E. Merkel (FSV Budissa Bautzen), Szczepankiewicz (Vogtländischer FC Plauen), Zeqiri (FC International Leipzig), Zuljevic (NK Slavonija Pozega).
während der Saison:
Hänsel (SV Einheit Kamenz).

Chemnitzer FC

Anschrift:
Reichenhainer Straße 154
09125 Chemnitz
Telefon: (03 71) 56 15 80
eMail: info@chemnitzerfc.de
Homepage: www.chemnitzerfc.de

Vereinsgründung: 15.01.1966 als FC Karl-Marx-Stadt;
13.06.1990 Umbenennung in Chemnitzer FC

Vereinsfarben: Hellblau-Weiß
Insolvenzverwalter: Klaus Siemon
Sportlicher Leiter: Thomas Sobotzik

Stadion:
Stadion An der Gellertstraße (15.000)

Größte Erfolge: DDR-Meister 1967; FDGB-Pokalfinalist 1969, 1983 und 1989; DFB-Pokal Halbfinale 1993; Aufstieg in die 2. Bundesliga 1991 und 1999; Pokalsieger Sachsen 1997, 1998, 2006, 2008, 2010, 2012, 2014, 2015, 2017 und 2019

Aufgebot: Name, Vorname	Pos	geb. am	Nat.	seit	2018/19 Sp.	T.	gesamt Sp.	T.	frühere Vereine
Beyreuther, Deji-Ousman	A	06.09.1999	D	2019	2	0	2	0	Eintracht Frankfurt, FSV Frankfurt, TSV Pattensen, Sparta Göttingen
Blum, Michael	A	25.12.1988	D	2018	14	0	122	4	Wuppertaler SV, SV Eintracht Trier 05, SVgg 07 Elversberg, VfL Osnabrück, FC Hansa Rostock, MSV Duisburg, Karlsruher SC, VfB Speldorf, Rot-Weiss Essen, Fortuna Düsseldorf, BV 04 Düsseldorf, CfR links Düsseldorf
Bozic, Dejan	S	22.01.1993	D	2018	33	21	162	49	TuS Koblenz, FC-Astoria Walldorf, SC Freiburg, FC-Astoria Walldorf, TSG 1899 Hoffenheim, TV Flein, FC Heilbronn, VfR Heilbronn, TSV Nordheim
Campulka, Tim	M	28.04.1999	D	2014	6	0	6	0	FC Erzgebirge Aue
Frahn, Daniel	S	03.06.1987	D	2016	32	24	183	126	1. FC Heidenheim, RasenBallsport Leipzig, SV Babelsberg 03, Hertha BSC, FC Energie Cottbus, FV Turbine 1955 Potsdam
Garcia Doblas, Rafael	D	27.09.1993	D	2018	32	5	188	34	SC Rot-Weiß Oberhausen, Fortuna Düsseldorf, TSV Alemannia Aachen, FC Germania Dürwiß, TSV Alemannia Aachen, Borussia Brand
Gesien, Jakob	A	11.01.1998	D	2018	12	0	12	0	FC Hansa Rostock
Grote, Dennis	M	09.08.1986	D	2016	31	7	42	8	MSV Duisburg, SC Preußen Münster, SC Rot-Weiß Oberhausen, VfL Bochum, SC Preußen Münster, FC Vorwärts Wettringen, 1. FC Kaiserslautern
Hoheneder, Niklas	A	17.08.1986	AUT	2018	32	2	71	5	Holstein Kiel, SC Paderborn 07, RasenBallsport Leipzig, Karlsruher SC, AC Sparta Prag, Austria Wien, AC Sparta Prag, Linzer ASK, FC Linz, Union Lembach
Hoppe, Jan-Pelle	S	07.06.1999	D	2019	9	5	14	5	SV Werder Bremen, VfL Oldenburg
Hovi, Kimmo Markku	S	31.05.1994	FIN	2018	10	1	24	1	FC International Leipzig, Club Portugalete, Merida AD, Real Aviles, Kuusysi Lahti, FC Lahti, Melita FC, Pallokerho Keski-Uusimaa, Tuusulan Palloseura, Mäntsälän Urheilijat
Itter, Pascal	A	03.04.1995	D	2018	33	0	53	1	SC Paderborn 07, SV Grödig, FC Schalke 04, 1. FC Nürnberg, TV Schierling
Jakubov, Jakub	T	01.02.1989	CZE	2018	25	0	155	0	Berliner AK 07, FSV Budissa Bautzen, FC Viktoria 1889 Berlin LT, FC Spartak Trnava, FK Slavoj Zatec, FK Mlada Boleslav, SK Kladno, FK Spartak MAS Sezimovo Usti, Dukla Prag, FK Austria Wien, SV Magna Wienerberg, FK Austria Wien, SV Horn, FC Lokomotiva Kosice, 1. FC Kosice
Karsanidis, Joannis	M	25.06.1993	D	2018	28	1	50	2	FC Würzburger Kickers, Würzburger FV, SV Memmelsdorf, SpVgg Greuther Fürth, DTV Diespeck
Langer, Matti	M	27.02.1990	D	2018	27	4	127	12	SpVgg Greuther Fürth, SC Freiburg, FSV Wacker 90 Nordhausen, FC Rot-Weiß Erfurt, TSG Stotternheim
Mauer, Timo	M	26.05.1997	D	2018	23	0	73	8	FC Carl Zeiss Jena, SC Paderborn 07, RasenBallsport Leipzig, FC Carl Zeiss Jena, TSV Großbardorf
Milde, Paul	A	25.01.1995	D	2018	32	2	81	5	FSV Budissa Bautzen, FSV Union Fürstenwalde, SG Dynamo Dresden, SC Borea Dresden, SG Dresden Striesen, VfL Pirna-Copitz 07
Mroß, Joshua	T	12.10.1995	D	2019	9	0	31	0	Wuppertaler SV, SC Preußen Münster, Sportfreunde Oestrich-Iserlohn, FC Schalke 04, Sportfreunde Oestrich-Iserlohn, SV Boele-Kabel
Müller, Fabian	A	06.11.1986	D	2018	7	0	12	0	SG Dynamo Dresden, FC Erzgebirge Aue, 1. FC Kaiserslautern, FC Erzgebirge Aue, FC Bayern München, FC Bischofswiesen, SG Schönau
Müller, Tobias	M	31.05.1993	D	2018	27	4	42	5	FC Viktoria Köln, Hallescher FC, SG Dynamo Dresden, SC Borea Dresden, NFV Gelb-Weiß Görlitz
Taag, Kristian	M	19.11.1999	D	2018	6	0	6	0	SV Werder Bremen, Hannover 96, TSV Havelse, HSC Blau-Weiß Schwalbe Tündern
Tallig, Erik	M	10.01.2000	D	2009	11	2	11	2	SSV Textima Chemnitz
Velkov, Kostadin	A	26.03.1989	BUL	2018	31	4	41	4	PFK Slavia Sofia, PFK Neftochimik Burgas, PFK Lokomotiv Sofia, FC Würzburger Kickers, PFK Slavia Sofia, PFK Lokomotiv Sofia, OFK Pomorie, PFK Akademik Sofia, OFK Pomorie, PFK Naftex Burgas

Trainer: Name, Vorname	geb. am	Nat.	Zeitraum	Spiele 2018/19	frühere Trainerstationen
Bergner, David	02.12.1973	D	06.01.2018 – lfd.	34	FC Rot-Weiß Erfurt, SG Dynamo Dresden Junioren, RasenBallsport Leipzig II

Zugänge:
Blum (Wuppertaler SV), Bozic (TuS Koblenz), Garcia Doblas (SC Rot-Weiß Oberhausen), Gesien (FC Hansa Rostock), Hoheneder (Holstein Kiel), Hovi (FC International Leipzig), Itter (SC Paderborn 07), Jakubov (Berliner AK 07), Karsanidis (FC Würzburger Kickers), Langer (SpVgg Greuther Fürth), Mauer (FC Carl Zeiss Jena), Milde (FSV Budissa Bautzen), F. Müller (SG Dynamo Dresden), T. Müller (FC Viktoria Köln), Taag (SV Werder Bremen Junioren), Velkov (Slavia Sofia).
während der Saison:
Beyreuther (Eintracht Frankfurt), Hoppe (SV Werder Bremen II), Mroß (Wuppertaler SV).

Abgänge:
Aydin (SK Austria Klagenfurt), Bachmann (FC Würzburger Kickers), Baumgart (FC Erzgebirge Aue), Dartsch (ZFC Meuselwitz), Dem (SG Sonnenhof Großaspach), Endres (SpVgg Unterhaching), Hansch (SV Sandhausen), Hoffmann (FC Viktoria 1889 Berlin LT), Kluft (SV Straelen), Koch und Mlynikowski (Berliner AK 07), Kunz (SC Austria Lustenau), Leutenecker (SV Türkgücü-Ataspor München), Mbende (SC Cambuur Leeuwarden), von Piechowski (SV Rödinghausen), Reinhardt (FSV Zwickau), Scheffel (VfR Wormatia 08 Worms), Slavov (VfR Aalen), Sumusalo (HJK Helsinki), Thiele (VfB Empor Glauchau), Tittel (VfB Lübeck), Trapp (VfL Osnabrück), Trinks (1. FC Schweinfurt 05).
während der Saison:
Hovi (FSV Union Fürstenwalde).

FC Rot-Weiß Erfurt

Anschrift:
Neuwerkstraße 45/46
99084 Erfurt
Telefon: (03 61) 658 53 51
eMail: sekretariat@rot-weiss-erfurt.de
Homepage: www.rot-weiss-erfurt.de

Vereinsgründung: 07.11.1954 als SC Turbine (aus BSG Turbine, zuvor BSG Turbine, BSG KWU); ab 26.01.1966 FC Rot-Weiß

Vereinsfarben: Rot-Weiß
Insolvenzverwalter: Volker Reinhardt
Sportdirektor: Thomas Brdaric

Stadion: Steigerwaldstadion (18.611)

Größte Erfolge: DDR-Meister 1954 und 1955 (als BSG bzw. SC Turbine); IFC-Pokal Gruppensieger 1985 und 1986; FDGB-Pokalfinalist 1950 (als BSG KWU) und 1980; Qualifikation zur 2. Bundesliga 1991; Aufstieg in die 2. Bundesliga 2004; Landesmeister Thüringen 1949

Aufgebot:

Name, Vorname	Pos	geb. am	Nat.	seit	2018/19 Sp.	2018/19 T.	gesamt Sp.	gesamt T.	frühere Vereine
Adomah, Francis Kwadwo	A	29.06.1992	D	2018	20	1	111	5	Berliner FC Dynamo, SC Teutonia Watzenborn-Steinberg, TSV Steinbach, VfB Germania Halberstadt, Hamburger SV, Niendorfer TSV, TSV Gadeland
Becken, Pierre Dominik	A	28.09.1987	D	2018	31	1	171	6	Berliner AK 07, Wuppertaler SV, FSV Wacker 90 Nordhausen, FC Carl Zeiss Jena, Hallescher FC, FC Carl Zeiss Jena, FC St. Pauli, Altonaer FC 93, Husumer SVgg, Flensburger SVgg 08, SV Frisia 03 Risum-Lindholm, Flensburger SVgg 08, TSV Tinnum
Cichos, Lukas	T	18.12.1995	D	2018	30	0	30	0	FSV Zwickau, 1. FC Magdeburg, 1. FC Zeitz
Diouf, Mame Mbar	S	24.03.1991	SEN	2018	12	1	116	25	VfV Borussia 06 Hildesheim, FSV 63 Luckenwalde, TSG Neustrelitz, Varde IF, TSG Neustrelitz, Sandness Ulf, Sarpsborg 08 FF, Molde FK, ASC Diaraf Dakar
Dittrich, Danilo	M	15.05.1995	D	2018	9	0	64	3	SV Seligenporten, SV Eintracht Trier 05, VfL Wolfsburg, SpVgg Unterhaching, 1. FC Nürnberg, SpVgg Ansbach 09, SG TSV/DJK Herrieden
Fouley, Quentin	M	04.01.1994	FRA	2018	4	0	92	18	Eintracht Braunschweig, FSV 63 Luckenwalde, EDU Sport Academy, FC Bourgion Jalliéu, Ris-Orangis Athis-Mons
Geurts, Darryl Julian	M	05.07.1994	D	2018	22	3	68	17	SC Paderborn 07, FSV Union Fürstenwalde, Holstein Kiel, FC Energie Cottbus, Frankfurter FC Viktoria 91
Gladrow, Rico	M	14.04.1991	D	2018	34	3	203	28	FSV Union Fürstenwalde, SV Eintracht Trier 05, FC Schönberg 95, Goslarer SC 08, SV Wilhelmshaven, FC Hansa Rostock, Tennis Borussia Berlin, 1. FC Union Berlin, SG Phönix Wildau, Grünauer BC
Hasse, Tobias	M	03.01.1996	D	2018	29	2	99	6	FC Viktoria 1889 Berlin LT, Berliner AK 07, Hertha BSC, Tennis Borussia Berlin, FC Stern Marienfelde, Steglitzer FC Stern 1900, Mariendorfer SV 06
Jobst, Franz	S	03.07.2001	D	2019	2	0	2	0	SV Werder Bremen, FC Rot-Weiß Erfurt
Jovanovic, Velimir	S	25.08.1987	D	2018	27	15	176	67	Greifswalder FC, TSV Steinbach, FC Carl Zeiss Jena, TSG Neustrelitz, 1. FC Magdeburg, FC Carl Zeiss Jena, FC Energie Cottbus, TSG Neustrelitz, FC Sachsen Leipzig, 1. FC Neubrandenburg 04, FC Tollense Neubrandenburg, FSV 1919 Malchin
Kaffenberger, Marcel	M	12.03.1994	D	2018	14	0	14	0	VfL Sportfreunde Lotte, Chemnitzer FC, FSV Frankfurt, 1. FSV Mainz 05, Eintracht Frankfurt, FC Eddersheim
Kelbel, George	M	06.08.1992	D	2018	29	6	215	47	TSG Neustrelitz, Lüneburger SK Hansa, TSV Havelse, Berliner AK 07, Goslarer SC 08, Holstein Kiel, Hamburger SV, Altonaer FC 93
Knoll, Julian	T	11.07.1999	D	2012	5	0	5	0	FSV Wacker 03 Gotha
Lela, Petar	A	17.03.1994	CRO	2018	32	4	60	7	FSV Wacker 90 Nordhausen, NK Zagora Unesic, HNK Gorica, Slaven Belupo Koprivnica, Sheriff Tiraspol, NK Primorac Stobrec, RNK Split, NK Solin, HNK Hajduk Split
Lorenzoni, Nicolai	A	01.05.1992	SUI	2018	13	0	176	3	TuS Koblenz, KSV Hessen Kassel, Chemnitzer FC, SC Freiburg, SV Herten, FC Basel, SV Herten
Moritz, Ben-Luca	A	12.04.2000	D	2017	7	0	7	0	TSV 1860 München, Chemnitzer FC, FSV Zwickau
Mvibudulu, Stephané	S	18.05.1993	D	2019	5	0	71	7	SG Sonnenhof Großaspach, SV Wehen Wiesbaden ... (vgl. Seite 110)
Novy, Lukas	A	17.12.1990	CZE	2018	19	0	113	4	VfB Auerbach 06, 1. FC Magdeburg, Berliner FC Dynamo, TSG Neustrelitz, FC Viktoria Plzen, SK Slavia Vejprnice
Pino Tellez, Kevin	M	14.01.1995	D	2018	13	0	85	1	KFC Uerdingen 05, Lüneburger SK Hansa, TSV 1860 München, VfR Neumünster, Rot-Weiss Essen, TSC Eintracht Dortmund, Sportfreunde Sümmern, SC Tornado Westig 08
Rechberger, Daniel	S	29.09.1995	AUT	2018	9	0	9	0	Floridsdorfer AC, VSE St. Pölten, ASKÖ Oedt, SPG FC Pasching/Linzer ASK, Wolfsberger AC, SK Rapid Wien
Roschlaub, Jan	A	11.12.2000	D	2013	8	0	8	0	FC Einheit Rudolstadt
Rüdiger, Morten	M	13.06.1995	D	2017	29	8	79	14	Eintracht Braunschweig, VfB Lübeck, SV Eichede, Eichholzer SV
Shala, Andis	S	15.11.1988	D	2018	32	13	213	77	SV Babelsberg 03, Berliner FC Dynamo, FC Carl Zeiss Jena, Hallescher FC, Dundee United FC, VfR Mannheim, Hannover 96, SV Waldhof Mannheim
Spahija, Albin	M	09.06.2000	D	2016	2	0	2	0	1. FC Schweinfurt 05, TV Oberndorf
Vogt, David	M	04.12.2000	D	2017	10	0	10	0	JFC Eichsfeld Mitte
Wegmann, Marius	A	03.09.1998	D	2016	15	0	15	0	SC Pfullendorf, FV Ravensburg, TSV Aach-Linz
Zingu, Glodi	A	11.02.1994	ANG	2018	9	0	109	6	TSG Neustrelitz, FC Viktoria 1889 Berlin LT, Hertha BSC, Berlin Ankaraspor Kulübü 07, FC Hertha 03 Zehlendorf, BSC Rehberge

Trainer:

Name, Vorname	geb. am	Nat.	Zeitraum	Spiele 2018/19	frühere Trainerstationen
Brdaric, Thomas	23.01.1975	D	01.07.2018 – lfd.	34	Tennis Borussia Berlin, KF Shkendija Tetovo, TSV Steinbach, VfL Wolfsburg II, TSG Neustrelitz, 1. FC Union Solingen

Zugänge:
Adomah (Berliner FC Dynamo), Becken (Berliner AK 07), Cichos (FSV Zwickau), Diouf (VfV Borussia 06 Hildesheim), Dittrich (SV Seligenporten), Fouley (Eintracht Braunschweig II), Geurts (SC Paderborn 07), Gladrow (FSV Union Fürstenwalde), Hasse (FC Viktoria 1889 Berlin LT), Jovanovic (Greifswalder FC), Kelbel und Zingu (TSG Neustrelitz), Lela (FSV Wacker 90 Nordhausen), Lorenzoni (TuS Koblenz), Novy (VfB Auerbach 06), Pino Tellez (KFC Uerdingen 05), Rechberger (Floridsdorfer AC), Shala (SV Babelsberg 03).
während der Saison:
Mvibudulu (SG Sonnenhof Großaspach), Roschlaub und Vogt (eigene Junioren).

Abgänge:
Bergmann und Huth (1. FC Kaiserslautern), Biankadi (FC Hansa Rostock), Bieber (SG Barockstadt Fulda-Lehnerz), Brückner (Niendorfer TSV), Chantzopoulos (Kokkola PV), Crnkic (FK Tuzla City), Engl (VfR Garching), Kammlott (FSV Wacker 90 Nordhausen), Klewin (DSC Arminia Bielefeld), Kraulich (1. FC Nürnberg II), Kurz (FC Augsburg II), Kwame (Hamburger SV II), Lauberbach (FSV Zwickau), Laurito und Möckel (Laufbahn beendet), Ludwig (FSV Wacker 03 Gotha), Neuhold, Razeek und Vocaj (ohne Verein), Odak (SV Türkgücü-Ataspor München), Oeftger (VfB Germania Halberstadt), Sarr (TSV Steinbach Haiger), Schwitalla (Hannover 96 II), Uzan (VSG Altglienicke).
während der Saison:
Diouf (ohne Verein), Fouley (BSV Schwarz-Weiß Rehden).

FSV Union Fürstenwalde

Anschrift:
Hangelsberger Chaussee 6
15517 Fürstenwalde
Telefon: (0 33 61) 28 64
eMail: post@fsvunion.de
Homepage: www.fsvunion.de

Vereinsgründung: 12.06.2002 durch Fusion von SG Union (1990 Fusion von TSG und SG Dynamo) und FSV Wacker (bis 1990 BSG Pneumant)
Vereinsfarben: Grün-Schwarz
Präsident: Hans-Ulrich Hengst
Geschäftsf. Sport: Sven Baethge
Stadion: Friesenstadion (5.000)

Größte Erfolge: Aufstieg in die Regionalliga Nordost 2016; Aufstieg in die Oberliga Nordost-Nord 2011; Finalist im Landespokal Brandenburg 2015; Qualifikation für die Aufstiegsrunde zur DDR-Oberliga 1980 (als SG Dynamo); Aufstieg in die DDR-Liga 1971 und 1979 (als SG Dynamo)

Aufgebot:

Name, Vorname	Pos	geb. am	Nat.	seit	2018/19 Sp.	T.	gesamt Sp.	T.	frühere Vereine
Behling, Felix	M	03.05.1996	D	2017	3	0	29	0	FSV Barleben 1911, 1. FC Magdeburg, TuS 1860 Magdeburg-Neustadt, JSG Wanzleben
Bolyki, Andor Jozsef	M	06.09.1994	HUN	2017	29	4	96	14	Berliner AK 07, BSV Schwarz-Weiß Rehden, Hallescher FC, FC Rot-Weiß Erfurt
Brömer, Mike	S	28.02.1997	D	2018	8	0	32	4	FC Schalke 04, Hertha BSC, TSV Rudow
Büchel, Paul	T	19.04.1994	D	2018	32	0	47	0	VfB Germania Halberstadt, FC Rot-Weiß Erfurt, VfL Wolfsburg, 1. FC Union Berlin
Cinar, Yasar Can	M	02.08.2000	D	2018	5	0	5	0	1. FC Union Berlin, Tennis Borussia Berlin
Häußler, Tim	M	21.07.1997	D	2019	12	2	50	3	FSV Wacker 90 Nordhausen, FC Bayern München, FC Energie Cottbus, Hertha BSC, Berliner FC Dynamo, SV Sparta Lichtenberg
Halili, Burim	A	28.04.1998	D	2017	29	0	61	3	Hallescher FC
Hausdorf, Franz	M	09.08.1993	D	2018	10	0	81	4	FSV Budissa Bautzen, FC Energie Cottbus, FSV Glückauf Brieske/Senftenberg, FSV Grün-Weiß Schwarzheide
Hovi, Kimmo Markku	S	31.05.1994	FIN	2019	14	0	24	1	Chemnitzer FC, FC International Leipzig, Club Portugalete, Merida AD, Real Aviles, Kuusysi Lahti, FC Lahti, Melita FC, Pallokerho Keski-Uusimaa, Tuusulan Palloseura, Mäntsälän Urheilijat
Kahraman, Cihan	M	08.10.1998	TUR	2018	25	6	25	6	1. FC Union Berlin, Türkiyemspor Berlin 1978
Köster, Peter	A	07.08.1999	D	2018	18	0	18	0	FC Energie Cottbus, FC Hansa Rostock, Polizei SV 90 Güstrow
Krstic, Filip	A	24.09.1988	SRB	2017	32	0	184	2	FC Carl Zeiss Jena, Berliner AK 07, FSV Frankfurt, SpVgg Unterhaching, SV Babelsberg 03, DSC Arminia Bielefeld, AS Livorno, Valencia CF, Hertha BSC, FC Bayern München, SpVgg Unterhaching
Meyer, Ben Florian	A	04.01.1999	D	2018	28	5	28	5	1. FC Union Berlin, FC Strausberg
Pratsler, Benjamin	M	16.04.1999	HUN	2018	8	0	8	0	1. FC Union Berlin, Budapest Honved FC, Budapest Vasas FC
Richter, David	T	17.03.1999	D	2018	2	0	2	0	FC Rot-Weiß Erfurt, Tennis Borussia Berlin, Reinickendorfer Füchse
Rupp, Jason	S	23.08.1999	D	2018	11	1	11	1	FC Hansa Rostock, Tennis Borussia Berlin
Sait, Mert	M	27.12.1997	D	2018	10	1	10	1	FC Strausberg, 1. FC Union Berlin, SV Babelsberg 03, Berliner AK 07, Berliner FC Viktoria 89, Tennis Borussia Berlin
Schulz, Gian-Luca	M	14.01.1999	D	2018	29	3	29	3	1. FC Union Berlin, Tennis Borussia Berlin
Sejdija, Bujar	M	27.07.1998	D	2017	23	4	47	4	Hallescher FC
Stagge, Lukas	M	11.05.1997	D	2017	27	5	56	9	SV Merseburg 99, Hallescher FC, SV Germania Gernrode
Stang, Sebastian-Emre	M	21.06.1997	D	2018	5	0	17	2	Charlottenburger FC Hertha 06, SV Babelsberg 03, 1. FC Union Berlin, Hertha BSC
Stettin, Nils-Wilko	S	19.08.1996	D	2018	30	7	94	15	Eintracht Braunschweig, FSV Union Fürstenwalde, Berliner AK 07, FC Viktoria 1889 Berlin LT, 1. FC Union Berlin, Nordberliner SC, FSV Berolina Stralau
Thiel, Niklas	A	16.03.1998	D	2017	19	0	39	0	Eintracht Frankfurt, Hamburger SV, Reinickendorfer Füchse, BSC Rehberge
Wunderlich, Ingo	A	18.06.1986	D	2016	27	0	129	6	Berliner AK 07, TSG Neustrelitz, 1. FC Union Berlin, Steglitzer FC Stern 1900, 1. FC Schöneberg
Wuthe, Alexander	A	25.10.1995	D	2015	14	0	57	1	FSV Optik Rathenow, Tennis Borussia Berlin, FC Hertha 03 Zehlendorf
Zurawsky, Martin	S	12.08.1990	D	2016	25	4	155	20	FC Viktoria 1889 Berlin LT, Berliner FC Dynamo, VfB Auerbach 06, SSV Jahn 2000 Regensburg, SV Askania Schipkau, VfB Senftenberg 1910

Trainer:

Name, Vorname	geb. am	Nat.	Zeitraum	Spiele 2018/19	frühere Trainerstationen
Meyer, André	05.01.1984	D	01.07.18 – 30.06.19	34	1. FC Union Berlin U19/U17, FC Augsburg Jugend, Hertha BSC Jugend, 1. FC Köln Jugend, FC Strausberg

Zugänge:
Brömer (reaktiviert), Büchel (VfB Germania Halberstadt), Cinar, B. Meyer, Pratsler und Schulz (1. FC Union Berlin Junioren), Hausdorf (FSV Budissa Bautzen), Köster (FC Energie Cottbus Junioren), Richter (FC Rot-Weiß Erfurt Junioren), Rupp (FC Hansa Rostock Junioren), Sait (ohne Verein), Stang (Charlottenburger FC Hertha 06), Stettin (Eintracht Braunschweig).
während der Saison:
Häußler (FSV Wacker 90 Nordhausen), Hovi (Chemnitzer FC), Kahraman (1. FC Union Berlin).

Abgänge:
Atici (1. FC Lok Leipzig), Awassi und Breitfelder (VfL Sportfreunde Lotte), Birnbaum (Bischofswerdaer FV 08), Bolten (Laufbahn beendet), Celik (USI Lupo-Martini Wolfsburg), Eirich (Brandenburger SC Süd 05), Gehring (Türkiyemspor Berlin 1978), Gladrow (FC Rot-Weiß Erfurt), Montcheu (SV Babelsberg 03), Rademacher (ohne Verein), Siakam-Tchokoten (Hertha BSC II), Süß (FV Eintracht Niesky).
während der Saison:
Behling (FC Oberlausitz Neugersdorf), Brömer und Pratsler (ohne Verein), Stang (SpVg Blau-Weiß 90 Berlin).

VfB Germania Halberstadt

Anschrift:
Spiegelsbergenweg 79
38820 Halberstadt
Telefon: (0 39 41) 58 44 33
eMail: info@germaniahalberstadt.de
Homepage: www.germaniahalberstadt.de

Vereinsgründung: 10.12.2003 Neugründung; 01.07.2004 Übernahme der Mannschaften des insolventen VfB Leipzig

Vereinsfarbe: Rot
Präsident: Olaf Herbst
Sportlicher Leiter: Kevin Meinhardt

Stadion: Friedensstadion (5.000)

Größte Erfolge: Aufstieg in die Regionalliga Nord 2011 und in die Regionalliga Nordost 2017; Aufstieg in die Oberliga Nordost-Süd 2003; Aufstieg in die DDR-Liga 1962, 1966, 1971, 1976 und 1979; Finalist im Landespokal Sachsen-Anhalt 2010, 2013 und 2017

Aufgebot:

Name, Vorname	Pos	geb. am	Nat.	seit	2018/19 Sp.	T.	gesamt Sp.	T.	frühere Vereine
Blaser, Dennis	S	17.07.1996	D	2019	14	7	44	13	FC Oberlausitz Neugersdorf, BSG Wismut Gera, TSG Balingen, SC Pfullendorf, FC Augsburg, VfB Stuttgart, FV Ravensburg, VfB Friedrichshafen, TSV Meckenbeuren
Blume, Philipp	A	18.05.1993	D	2017	24	5	156	12	FSV Wacker 90 Nordhausen, Hannover 96, 1. FC Magdeburg, SV Blau-Weiß Elbe Glindenberg
Boltze, Benjamin	M	24.06.1986	D	2016	33	4	249	29	ZFC Meuselwitz, 1. FC Magdeburg, Hallescher FC, Chemnitzer FC, SG Dynamo Dresden, FC Sachsen Leipzig, VfB Leipzig, SV Machern
Brinkmann, Till	T	01.11.1995	D	2018	6	0	6	0	SC Paderborn 07, SV Eintracht Trier 05, SC Paderborn 07, SV Lippstadt 08, DSC Arminia Bielefeld, SC Paderborn 07, BV Bad Lippspringe
Dieupeugbeu, Stephane	S	26.06.1998	CIV	2018	4	0	4	0	TSC Vahdet Braunschweig
Goslar, Marcel	M	21.01.1989	D	2017	3	0	84	5	TSV Havelse, FSV Wacker 90 Nordhausen, VfV Borussia 06 Hildesheim, SV Bavenstedt, BV Cloppenburg, TuS Kleefeld, SpVg Niedersachsen Döhren, Hannover 96
Grzega, Paul	S	25.04.1998	D	2019	10	0	15	0	ZFC Meuselwitz, FC Carl Zeiss Jena, 1. FC Magdeburg, Hallescher FC, SV Lokomotive Aschersleben
Guderitz, Fabian	T	07.02.1997	D	2002	28	0	48	0	eigene Junioren
Harant, Philipp	A	20.02.1999	D	2019	13	0	13	0	1. FC Magdeburg, Schönebecker SV 1861
Heynke, Leon	M	27.11.1999	D	2018	28	0	28	0	1. FC Magdeburg, SSV Markranstädt
Hofgärtner, Hendrik	M	17.01.1996	D	2017	33	2	96	5	SC Freiburg, FV Ravensburg, TSG Bad Wurzach
Hübner, Nico	S	04.10.1994	D	2016	9	0	54	8	Lüneburger SK Hansa, MTV Treubund Lüneburg, VfL Bleckede
Jäpel, Denis	S	26.05.1998	D	2018	29	8	29	8	FC Carl Zeiss Jena, SC 1903 Weimar, VfB Oberweimar, FC Einheit Bad Berka, SSV Blau-Gelb Mellingen/Taubach
Korsch, Stefan	S	22.01.1999	D	2018	18	4	18	4	1. FC Magdeburg, TuS Komet Arsten
Kuhnhold, Hendrik	A	29.03.1999	D	2018	17	0	17	0	1. FC Magdeburg, SV Kelbra 1920, SV Olympia Berga
Ludwig, Martin	M	16.10.1998	D	2019	4	0	4	0	Hallescher FC, 1. FC Magdeburg
Messing, Dustin	A	26.04.1996	D	2016	30	1	51	2	FC Energie Cottbus, FC Rot-Weiß Erfurt, FSV Waltershausen
Michel, Kay	M	19.01.1996	D	2016	20	2	41	4	Offenbacher FC Kickers, SC Preußen Münster, 1. FC Union Berlin
Oeftger, Hans	M	08.07.1999	D	2018	6	0	6	0	FC Rot-Weiß Erfurt, FC 1921 Gebesee
Pepic, Nedim	M	23.12.1997	MNE	2018	5	0	20	0	KSV Hessen Kassel, SSV Reutlingen 05, BFC Pfullingen, SSV Reutlingen 05
Rothenstein, Dennis	S	19.07.1995	D	2018	23	1	54	4	SV Waldhof Mannheim, TSG Neustrelitz, RasenBallsport Leipzig, Hallescher FC
Schmitt, Alexander	M	16.09.1995	D	2018	33	5	66	5	Tennis Borussia Berlin, TSG Neustrelitz, SG Union Sandersdorf, Hallescher FC, VfL Halle 96
Schulze, Tino	A	10.09.1992	D	2016	28	1	120	1	KSV Hessen Kassel, VfB Germania Halberstadt, 1. FC Lok Leipzig, Hallescher FC, 1. FC Lokomotive Stendal, VfL Kalbe/Milde
Surek, Lucas	A	03.03.1997	D	2018	30	5	55	5	1. FC Köln, Hallescher FC
Twardzik, Patrik	M	10.02.1993	CZE	2019	13	1	54	8	Berliner FC Dynamo, VfB Germania Halberstadt, FC Rot-Weiß Erfurt, Celtic Glasgow, Livingston FC, Celtic Glasgow, Hertha BSC, FC Rot-Weiß Erfurt, FC Sachsen Leipzig
Vargas, Alysson Andrei	M	28.12.1994	BRA	2016	12	0	21	1	VfL Hohenstein-Ernstthal, ZFC Meuselwitz, EC Sao Jose Porto Alegre
Vojtenko, Alexander	S	02.02.1999	D	2018	3	0	4	0	Eintracht Braunschweig, RasenBallsport Leipzig, Holstein Kiel, Büdelsdorfer TSV, JFV Steinburg 09

Trainer:

Name, Vorname	geb. am	Nat.	Zeitraum	Spiele 2018/19	frühere Trainerstationen
Dentz, Maximilian	30.03.1989	D	01.07.18 – 30.06.19	34	TuS 1860 Magdeburg-Neustadt, SV Eintracht Plötzky

Zugänge:
Brinkmann (SC Paderborn 07), Dieupeugbeu (TSC Vahdet Braunschweig), Heynke (1. FC Magdeburg), Korsch und Kuhnhold (1. FC Magdeburg Junioren), Oeftger (FC Rot-Weiß Erfurt), N. Pepic (ohne Verein), Rothenstein (SV Waldhof Mannheim), Schmitt (Tennis Borussia Berlin), Surek (1. FC Köln II).
während der Saison:
Blaser (FC Oberlausitz Neugersdorf), Grzega und Jäpel (FC Carl Zeiss Jena II), Harant (1. FC Magdeburg), Ludwig (Hallescher FC), Twardzik (Berliner FC Dynamo), Vojtenko (ohne Verein).

Abgänge:
Beil (FSV Wacker 90 Nordhausen), Büchel (FSV Union Fürstenwalde), Eggert (SV 1890 Westerhausen), Franceschi (FC International Leipzig), Franjic (Eintracht Braunschweig), Jurcher (1. FC Saarbrücken), Lachheb (SV Straelen), Nattermann (SV Babelsberg 03), Oschmann (Berliner AK 07), H. Pepic (VSG Altglienicke), Sattorov (KSV Baunatal).
während der Saison:
Oeftger (FC Einheit Rudolstadt), Vojtenko (Altonaer FC 93).

1. FC Lokomotive Leipzig

Anschrift:
Connewitzer Straße 21
04289 Leipzig
Telefon: (03 41) 86 99 90
eMail: geschaeftsstelle@lok-leipzig.com
Homepage: www.lok-leipzig.com

Vereinsgründung: 10.12.2003 (Wiedergründung unter Bezug auf den 1966 gegründeten, 1991 in VfB Leipzig umbenannten Vorgänger)
Vereinsfarbe: Blau-Gelb
Präsident: Thomas Löwe
Sportdirektor: Wolfgang Wolf
Stadion: Bruno-Plache-Stadion (10.900)

Größte Erfolge: Deutscher Meister 1903, 1906 und 1913 (jeweils als VfB); Deutscher Pokalsieger 1936 (als VfB); Finalist im Europapokal der Pokalsieger 1987; FDGB-Pokalsieger 1976, 1981, 1986 und 1987; Aufstieg in die Bundesliga 1993 (als VfB)

Aufgebot:

Name, Vorname	Pos	geb. am	Nat.	seit	2018/19 Sp.	T.	gesamt Sp.	T.	frühere Vereine
Adler, Nicky	S	23.05.1985	D	2018	21	2	21	2	FC Erzgebirge Aue, SV Sandhausen, SV Wacker Burghausen, VfL Osnabrück, MSV Duisburg, 1. FC Nürnberg, TSV 1860 München, VfB Leipzig, SG Rotation Leipzig
Atici, Kemal	S	21.06.1993	D	2018	12	0	54	17	FSV Union Fürstenwalde, Brandenburger SC Süd 05, Boluspor, Gölcükspor, Boluspor, SV Altlüdersdorf, Türkiyemspor Berlin 1978, FC Hertha 03 Zehlendorf, Türkiyemspor Berlin 1978
Berger, Robert	A	07.11.1996	KAZ	2017	20	0	67	1	FSV Zwickau, FC Energie Cottbus, KSV 90 Weißwasser
Gottschick, Nils	M	09.10.1993	D	2016	26	3	130	18	TSG Neustrelitz, Berliner AK 07, FC Energie Cottbus, VfB Germania Halberstadt, Hertha BSC, FC Hertha 03 Zehlendorf, Berliner SV 92
Hanf, Christopher	T	07.06.1995	D	2017	9	0	27	0	TSG Neustrelitz, Hallescher FC
Hartmann, Toni	M	22.12.1998	D	2017	3	0	5	0	Hallescher FC, 1. FC Magdeburg, Schönebecker SC
Kirsten, Benjamin	T	02.06.1987	D	2016	20	0	61	0	NEC Nijmegen, SG Dynamo Dresden, SV Waldhof Mannheim, Bayer 04 Leverkusen
Krug, Markus	A	17.09.1988	D	2009	12	1	100	2	Hallescher FC, SV Kickers Raguhn
Malone, Ryan Patrick	M	11.08.1992	USA	2017	30	9	86	23	SV Stuttgarter Kickers, 1. FC Magdeburg, Western Mass Pioneers, Springfield Pride, Chicopee CHS
Misch, Peter	A	17.03.1997	D	2016	11	0	51	5	1. FC Magdeburg
Pannier, Pascal	M	01.11.1998	D	2018	22	1	22	1	Hallescher FC, SV Rot-Weiß Kemberg
Pfeffer, Sascha	M	19.10.1986	D	2017	32	3	49	5	Hallescher FC, Chemnitzer FC, SG Dynamo Dresden, FV Dresden-Nord, Hallescher FC
Pommer, Maximilian	M	18.08.1997	D	2017	26	1	28	1	FC Rot-Weiß Erfurt, 1. FC Nürnberg, FC Rot-Weiß Erfurt
Salewski, Maik	M	14.09.1989	D	2017	24	2	133	16	FSV Budissa Bautzen, SC Borea Dresden, SG Dynamo Dresden
Schinke, Paul	M	16.05.1991	D	2015	34	1	153	14	RasenBallsport Leipzig, FC Energie Cottbus, FC Sachsen Leipzig, SV Werder Bremen, 1. FC Lok Leipzig, VfB Leipzig, SV Concordia Schenkenberg
Schulze, Kevin	M	25.01.1992	D	2018	28	6	202	15	FSV Wacker 90 Nordhausen, Holstein Kiel, SpVgg Greuther Fürth, VfL Wolfsburg, FC Germania Parsau
Sindik, Lovro	M	12.01.1992	CRO	2018	17	0	161	8	Berliner AK 07, SV Babelsberg 03, RNK Split, NK Junak Sinj, RNK Split, Rudar Velenje, RNK Split, NK Junak Sinj, RNK Split, HNK Hajduk Split
Steinborn, Matthias	S	05.03.1989	D	2018	33	15	157	51	Berliner FC Dynamo, SV Babelsberg 03, 1. FC Magdeburg, Berliner FC Dynamo, SV Blau-Gelb Berlin
Surma, Ronny	A	17.04.1988	D	2015	1	0	138	6	Hannover 96, 1. FC Lok Leipzig, VfL Sportfreunde Lotte, SV Babelsberg 03, SG Dynamo Dresden
Urban, David	A	04.06.1992	D	2018	28	0	127	7	ZFC Meuselwitz, FSV Wacker 90 Nordhausen, Holstein Kiel, FC Energie Cottbus, Frankfurter FC Viktoria 91
Wagner, Marcel	M	09.02.2001	D	2014	2	0	2	0	RasenBallsport Leipzig, SV Panitzsch/Borsdorf
Wenzel, Lukas	T	16.03.1999	D	2018	5	0	5	0	1. FC Nürnberg, FC Rot-Weiß Erfurt, TSV Großbardorf, TSV Steinach
Wolf, Patrick	A	12.02.1989	D	2018	13	0	97	6	1. FC Schweinfurt 05, FSV Zwickau, FC Energie Cottbus, VfR Wormatia 08 Worms, FC Hansa Rostock, KSV Hessen Kassel, SV Wacker Burghausen, 1. FC Nürnberg, 1. FC Kaiserslautern, VfL Wolfsburg, Braunschweiger SC, SV Stuttgarter Kickers
Ziane, Djamal	S	27.03.1992	D	2014	13	3	124	31	FC Energie Cottbus, FC Sachsen Leipzig, SSV Stötteritz
Zickert, Robert	A	23.03.1990	D	2015	30	1	120	4	SSV Markranstädt, FC Carl Zeiss Jena, FC Energie Cottbus, ESV Lokomotive Falkenberg

Trainer:

Name, Vorname	geb. am	Nat.	Zeitraum	Spiele 2018/19	frühere Trainerstationen
Scholz, Heiko	07.01.1966	D	07.10.13 – 23.09.18	9	FC Viktoria Köln, TSV Germania Windeck, MSV Duisburg
Joppe, Björn	13.12.1978	D	23.09.18 – 31.12.18	10	SSV Germania Wuppertal, SV Jägerhaus-Linde (Spielertrainer), DJK SV Eigenzell (Spielertrainer), Spfr. Schwäbisch Hall (Spielertrainer)
Lisiewicz, Rainer	06.10.1949	D	01.01.19 – lfd.	15	SG Union Sandersdorf, SV Naunhof, 1. FC Lok Leipzig, SV 1919 Grimma, SV Merseburg 99, BSG Chemie Buna Schkopau, BSG Motor Grimma, BSG Motor Geithain

Zugänge:
Adler (FC Erzgebirge Aue), Atici (FSV Union Fürstenwalde), Pannier (Hallescher FC), Schulze (FSV Wacker 90 Nordhausen), Sindik (Berliner AK 07), Steinborn (Berliner FC Dynamo), Urban (ZFC Meuselwitz), Wenzel (1. FC Nürnberg Junioren), Wolf (1. FC Schweinfurt 05).

Abgänge:
Fritzsch (SG Union Sandersdorf), Georgi (VfL Hohenstein-Ernstthal), Hanne (FC Viktoria 1889 Berlin LT), Lorincak (FK Slavoj Trebisov), Maurer (1. FC Köln II), Trojandt (SG Rot-Weiß Thalheim), Watahiki (ZFC Meuselwitz), Wendschuch (BSG Chemie Leipzig).

während der Saison:
Atici (Berliner FC Dynamo), Surma (Laufbahn beendet).

Zipsendorfer FC Meuselwitz

Anschrift:
Geschwister-Scholl-Straße 11 a
04610 Meuselwitz
Telefon: (0 34 48) 75 52 50
eMail: gs@zfc.de
Homepage: www.zfc.de

Vereinsgründung: 04.10.1948 als SG Zipsendorf; 1950 BSG Aktivist; 1990 Bergarbeiter SV Meuselwitz (FA 1991 als FV Zipsendorf); 01.01.1994 ZFC Meuselwitz

Vereinsfarben: Rot-Schwarz
Präsident: Hubert Wolf
Sportlicher Leiter: Heiko Weber

Stadion: bluechip ARENA (5.260)

Größte Erfolge: Meister der Landesliga Thüringen 2004 (↑); Meister der Oberliga Nordost-Süd 2009 (↑); Thüringen-Pokalsieger 2010 und 2011

Aufgebot:

Name, Vorname	Pos	geb. am	Nat.	seit	2018/19 Sp.	2018/19 T.	gesamt Sp.	gesamt T.	frühere Vereine
Albert, Sebastian	M	26.02.1987	D	2012	25	0	226	14	FC Grün-Weiß Piesteritz, RasenBallsport Leipzig, FC Hansa Rostock, VfB Leipzig, FC Sachsen Leipzig, VfK Blau-Weiß Leipzig
Andreopoulos, Kyriakos	M	18.01.1994	GRE	2018	4	0	4	0	AO Trikala, AE Larisa, AOK Kerkyra, Iraklis Thessaloniki, AEK Athen, AOK Kerkyra, AEK Athen, AOK Kerkyra, PS Kalamata, Panathinaikos Athen
Beiersdorf, Felix	M	01.08.1998	D	2018	1	0	24	2	BSG Chemie Leipzig, SC Wiener Neustadt, RasenBallsport Leipzig, FC Sachsen Leipzig
Bürger, Luca	M	25.07.1996	D	2017	28	2	68	5	FC Schalke 04, FC Carl Zeiss Jena, SC Dortelweil
Bunge, Tim	M	06.04.1996	D	2018	9	0	24	0	BSG Chemie Leipzig, SSV Markranstädt, RasenBallsport Leipzig, FC Sachsen Leipzig, SG Motor Gohlis-Nord Leipzig
Dartsch, Alexander	M	29.08.1994	D	2018	28	10	53	15	Chemnitzer FC, ZFC Meuselwitz, SV Eintracht Trier 05, Chemnitzer FC, FC Erzgebirge Aue, Chemnitzer FC
Ernst, Henrik	A	02.09.1986	D	2018	32	4	239	13	Hannover 96, RasenBallsport Leipzig, Hannover 96, Heeßeler SV, SV Schillerslage
Giannitsanis, Nikolaos	S	16.02.1994	GRE	2018	26	9	26	9	AO Trikala, AE Larisa, AO Trikala, AE Larisa, Panelefsiniakos AO, PAS Lamia, Panathinaikos Athen, Niki Volos, Panathinaikos Athen
Grzega, Paul	S	25.04.1998	D	2018	5	0	15	0	FC Carl Zeiss Jena, 1. FC Magdeburg, Hallescher FC, SV Lokomotive Aschersleben
Hajrulla, Romarjo	M	01.12.1998	ALB	2018	27	8	27	8	BSG Wismut Gera, FC International Leipzig, Atromitos Athen, Olympiakos Piräus
Kroner (Flader), Chris	T	02.07.1992	D	2016	14	0	30	0	SV Rositz, ZFC Meuselwitz, Chemnitzer FC, Reichenbacher FC
Le Beau, Pierre	A	08.03.1986	D	2015	32	1	130	7	SSV Markranstädt, Chemnitzer FC, FC Erzgebirge Aue, Chemnitzer FC, VfB Chemnitz, VTB Chemnitz
Lubsch, Francesco	A	29.12.1993	D	2014	13	1	124	6	SG Dynamo Dresden, SC Borea Dresden, SpVgg Dresden-Löbtau
Pachulski, Tom	T	15.02.1997	D	2017	21	0	36	0	SV Werder Bremen, FC Carl Zeiss Jena, 1. FC Zeitz
Raithel, Fabian	A	08.12.1995	D	2016	34	0	84	1	SSV Jahn Regensburg, FC Carl Zeiss Jena, SpVgg Bayern Hof, SpVgg Weiden, SpVgg Oberkotzau
Rudolph, Michael	M	05.03.1986	D	2008	21	4	208	13	SV Naunhof, Bornaer SV, VfB Leipzig, Bornaer SV
Sahanek, Paul	A	08.09.1998	AUT	2019	10	0	10	0	SK Rapid Wien, SV St. Andrä-Wörden
Stenzel, Fabian	M	07.10.1986	D	2017	32	5	64	5	Chemnitzer FC, FC Rot-Weiß Erfurt, Lüneburger SK, VfL Lüneburg
Strietzel, Bastian	A	19.06.1998	D	2019	14	0	16	0	FC International Leipzig, Borussia Mönchengladbach, RasenBallsport Leipzig, FC Sachsen Leipzig
Trübenbach, Andy	S	12.07.1991	D	2015	29	4	114	20	FC Eisenach, FC Erfurt Nord, SV 09 Arnstadt, SV Arnstadt Rudisleben, FC Rot-Weiß Erfurt
Watahiki, Hiromu	M	07.08.1987	JPN	2018	13	0	115	2	1. FC Lok Leipzig, SV Meppen, SC Rot-Weiß Oberhausen, FC Ober-Rosbach, Juntendo University Bunkyo Tokio
Weinert, René	M	22.09.1985	D	2005	22	0	270	22	SV Schmölln 1913
Yajima, Rintaro	M	09.01.1993	JPN	2018	32	4	60	7	BSG Chemie Leipzig, SV Horn, Urawa Red Diamonds

Trainer:

Name, Vorname	geb. am	Nat.	Zeitraum	Spiele 2018/19	frühere Trainerstationen
Weber, Heiko	26.06.1965	D	01.07.2015 – lfd.	34	SSV Markranstädt, FC Carl Zeiss Jena, FC Erzgebirge Aue, FC Energie Cottbus, FC Carl Zeiss Jena, FC Thüringen Weida

Zugänge:
Andreopoulos und Giannitsanis (AO Trikala), Beiersdorf, Bunge und Yajima (BSG Chemie Leipzig), Dartsch (Chemnitzer FC), Ernst (Hannover 96 II), Grzega (FC Carl Zeiss Jena), Hajrulla (BSG Wismut Gera), Watahiki (1. FC Lok Leipzig).
während der Saison:
Sahanek (SK Rapid Wien), Strietzel (FC International Leipzig).

Abgänge:
Aydeniz (ohne Verein), Braunsdorf (Charlottenburger FC Hertha 06), Brinkmann (Berliner FC Dynamo), Haag (FC 08 Villingen), Horoszkiewicz (Laufbahn beendet), Krahl (FSV Budissa Bautzen), Mäder (FSV Zwickau), Mogge (KSV Hessen Kassel), F. Müller (FSV Wacker 90 Nordhausen), Urban (1. FC Lok Leipzig), Weiß (FC Carl Zeiss Jena).
während der Saison:
Beiersdorf (Leipziger SV Südwest), Bunge (FC Eilenburg), Grzega (VfB Germania Halberstadt).

FC Oberlausitz Neugersdorf

Anschrift:
Karl-Liebknecht-Straße 1b
02727 Ebersbach-Neugersdorf
Telefon: (0 35 86) 78 95 00
eMail: buero@fc-oberlausitz.de
Homepage: www.fc-oberlausitz.de

Vereinsgründung: 12.12.1992 als Oberlausitzer FC Neugersdorf aus Fußballabt. des TBSV Neugersdorf; seit 01.07.2003 FC Oberlausitz Neugersdorf

Vereinsfarbe: Weiß-Blau
Präsident: Ernst Lieb
Sportlicher Leiter: Manfred Weidner

Stadion: Sparkassen-Arena Oberlausitz (3.500)

Größte Erfolge: Meister der Landesliga Sachsen 2001 (↑) und 2013 (↑); Pokalfinalist in Sachsen 2014; Aufstieg in die Regionalliga Nordost 2015

Aufgebot:

Name, Vorname	Pos	geb. am	Nat.	seit	2018/19 Sp.	T.	gesamt Sp.	T.	frühere Vereine
Adamec, Lubos	M	27.04.1994	CZE	2019	1	0	1	0	Qormi FC, Naxxar Lions FC, Xewkija Tigers FC, FC Stadlau Wien, RKSV Leonidas, ...
Behling, Felix	A	03.05.1996	D	2019	8	0	29	0	FSV Union Fürstenwalde, FSV Barleben 1911 ... (vgl. Seite 166)
Belini Fagan, Pedro H.	M	29.09.1992	BRA	2017	5	0	19	0	BSG Wismut Gera, SG Burg, Ipatinga FC, Colorado AC, Gremio Maringa
Blaser, Dennis	S	17.07.1996	D	2017	11	2	44	13	BSG Wismut Gera, TSG Balingen, SC Pfullendorf ... (vgl. Seite 167)
von Brezinski, Colin	A	10.07.1999	D	2016	33	0	33	0	SG Dynamo Dresden, VfB Zittau
Dittrich, Jaroslav	M	08.03.1982	CZE	2013	27	2	102	11	FK Pardubice, TJ Sokol Ovcary, FK Banik Sokolov, FK Bohemians Prag, FK Mlada Boleslav, FC Slovan Liberec, FK Mlada Boleslav, FK Banik Sokolov, FK AS Pardubice, TJ Jiskra Usti nad Orlici, FK OEZ Letohrad, SK Policka
Djahdou, Mohamed	S	20.10.1999	ALG	2017	9	2	9	2	SC Borea Dresden, SG Dynamo Dresden
Djumo, Bocar	S	21.08.1994	POR	2017	33	6	79	17	FC International Leipzig, Sliema Wanderers FC, FC Otelul Galati, CF Uniao Madeira, Inter Mailand, Imortal DC, CF Armacenenses
Drassdo, Tobias	S	27.06.1999	D	2016	4	0	4	0	SC Borea Dresden, SG Dynamo Dresden, VfB Zittau
Gerstmann, Tobias	A	25.02.1995	D	2016	3	0	55	8	KFC Uerdingen 05, FC Energie Cottbus, TSV Hertingshausen
Gnieser, Benjamin	S	23.08.1996	D	2017	9	0	14	0	SV Einheit Kamenz, FC Oberlausitz Neugersdorf, SG Dynamo Dresden, FSV Budissa Bautzen, FSV Empor Löbau
Havranek, Jiri	T	09.01.1987	CZE	2019	8	0	8	0	FK Slavoj Vysehrad, FK Dobrovice, SS Ostra, FK Slavoj Vysehrad, ...
Hentschel, Thomas	M	09.12.1980	D	2015	1	0	5	0	FSV Neusalza-Spremberg, FC O. Neugersdorf, FSV Oppach, SpVgg Ebersbach
van Kerkhof, Jordi	A	10.06.1996	NED	2018	3	0	3	0	SV Tielse EC, TuRU Düsseldorf, RKC Waalwijk, RKS Achilles Groesbeek, Willem II Tilburg, Beuningse Boys
Klouda, Patrik	T	30.11.1996	CZE	2016	5	0	9	0	FK Varnsdorf
Knechtel, Lukas	M	09.07.1994	D	2018	29	5	130	11	SV Babelsberg 03, VfB Lübeck, SV Eichede, FC St. Pauli, Niendorfer TSV, FC St. Pauli
Koch, Robert	M	26.02.1986	D	2018	8	1	26	4	FSV Zwickau, FC Oberlausitz Neugersdorf, 1. FC Nürnberg, SG Dynamo Dresden, SC Borea Dresden, FC Oberlausitz Neugersdorf, SV Meuselwitz
Konecny, Jan	T	13.02.1996	CZE	2018	13	0	13	0	Slovan Liberec
Magdeburg, Franz	A	25.09.1999	D	2017	1	0	1	0	Hoyerswerdaer FC, Hoyerswerdaer SV
Marek, Josef	S	11.06.1987	CZE	2016	16	6	68	24	FK Viktoria Zizkov, FK Dukla Prag, FC Bohemians Prag, FK Kunice, FC Cechie Uhrineves, TJ Sokol Struharov
Merkel, Oliver	A	19.09.1991	D	2014	1	0	95	6	SG Dynamo Dresden, SpVgg Dresden-Löbtau
Moravec, Jakub	M	10.02.1996	CZE	2018	30	2	30	2	FK Viktoria Zizkov, SK Dynamo Ceske Budejovice, AC Sparta Prag, 1. FK Pribram, FC GRAFFIN Vlasim, AC Sparta Prag
Pérez Bravo, Adrián	S	29.05.1991	ESP	2019	11	2	11	2	FC International Leipzig, CD San Fernando, CP Parla Escuela, Atlético Pinto, Internacional de Madrid, Olimpico Alcorcon, Atlético Pinto, Olimpico Alcorcon
Petrick, Karl	M	03.12.1990	D	2012	31	1	120	3	FSV Budissa Bautzen, SV Großdubrau, SV Niedergurig
Pohle, Tim Oliver	S	15.04.1999	D	2018	3	0	3	0	SG Dresden Striesen
Rosa, Antonín	A	12.11.1986	CZE	2018	30	3	41	4	FC Vysocina Jihlava, MFK Ruzomberok, FK Mlada Boleslav, FK Teplice, FK Chmel Blsany, FK Teplice, FK Litomerice
Schmidt, Maximilian	M	23.09.1999	D	2016	28	3	28	3	SG Dynamo Dresden, SC Borea Dresden
Schwerdtner, David	A	13.07.1998	D	2015	1	0	1	0	Ostritzer BC
Sisler, Jan	M	24.04.1988	CZE	2018	27	2	27	2	MFK Karvina, FK Mlada Boleslav, Zbrojovka Brno, FC Hradec Kralove, FK Caslav, FK Baumit Jablonec, Slovan Liberec, SK Rapid Pavlovice
Stührenberg, Roma	A	03.02.2000	D	2018	1	0	1	0	SC Borea Dresden, JFV Süd Eichsfeld
Träger, Eric	A	26.04.1998	D	2017	25	2	33	2	SG Dynamo Dresden, RasenBallsport Leipzig, VfL Hohenstein-Ernstthal
Vaizov, Sabri	T	06.03.1992	BUL	2018	9	0	9	0	BSG Wismut Gera, FC Anker Wismar, BSV Eintracht Sondershausen, PFK Svetkavitsa Targovishte, FK Ariston Ruse, PFK Svetkavista Targovishte, FK Volov Shumen
Vanek, Lukas	A	22.10.1991	CZE	2019	13	0	13	0	FC Jiskra Modra, FK Usti nad Labem, FSV Budissa Bautzen, SK Roudnice nad Labem, FK Teplice
Wolf, Ronald	A	23.04.1987	D	2015	23	1	153	3	Berliner FC Dynamo, FC Carl Zeiss Jena, Vogtländischer FC Plauen, FSV Budissa Bautzen, SC Borea Dresden, SG Dynamo Dresden, Dresdner SCF 98
Ziehm, Max Gregor	M	15.05.2000	D	2018	3	0	3	0	SG Dynamo Dresden

Trainer:

Name, Vorname	geb. am	Nat.	Zeitraum	Spiele 2018/19	frühere Trainerstationen
Hutwelker, Karsten	27.08.1971	D	01.07.18 – 19.02.19	19	SSVg Velbert 02, TuS Celle FC, FC Carl Zeiss Jena, FC Kray 09/31, Wuppertaler SV Borussia, SG Wattenscheid 09 U19, Bonner SC U19, VfB Süsterfeld
Hentschel, Thomas	10.10.1964	D	19.02.19 – lfd.	15	SG Crostwitz, DJK Sokol Ralbitz/Horka, FSV Budissa Bautzen, SV Einheit Kamenz, FSV Budissa Bautzen, DJK Sokol Ralbitz/Horka

Zugänge:
von Brezinski, Djahdou, Drassdo und Schmidt (eigene Junioren), Knechtel (SV Babelsberg 03), van Kerkhof (SV Tielse EC), Koch (FSV Zwickau), Konecny (Slovan Liberec), Moravec (FK Viktoria Zizkov), Pohle (SG Dresden Striesen), Sisler (MFK Karvina), Vaizov (BSG Wismut Gera), Ziehm (SG Dynamo Dresden).

während der Saison:
Adamec (Qormi FC), Behling (FSV Union Fürstenwalde), Havranek (FK Slavoj Vysehrad), Pérez Bravo (FC International Leipzig), Vanek (Jiskra Modra)

Abgänge:
Aubele (SV Neresheim), Becker (Berliner AK 07), Komnos (Vogtländischer FC Plauen), Löwe (SG Dynamo Dresden), Martin Rojas (UD Lanzarote), Matula und Pokorny (unbekannt), Mietzelfeld (FSV Budissa Bautzen), Stohanzl (ohne Verein), Vachousek (Laufbahn beendet).

während der Saison:
Belini Fagan (ohne Verein), Blaser (VfB Germania Halberstadt), Gerstmann (VfB Krieschow), Gnieser (VfL Halle 96), van Kerkhof (JVC Cuijk), Koch (FV Eintracht Niesky), Merkel (Bischofswerdaer FV 08).

FSV Wacker 90 Nordhausen

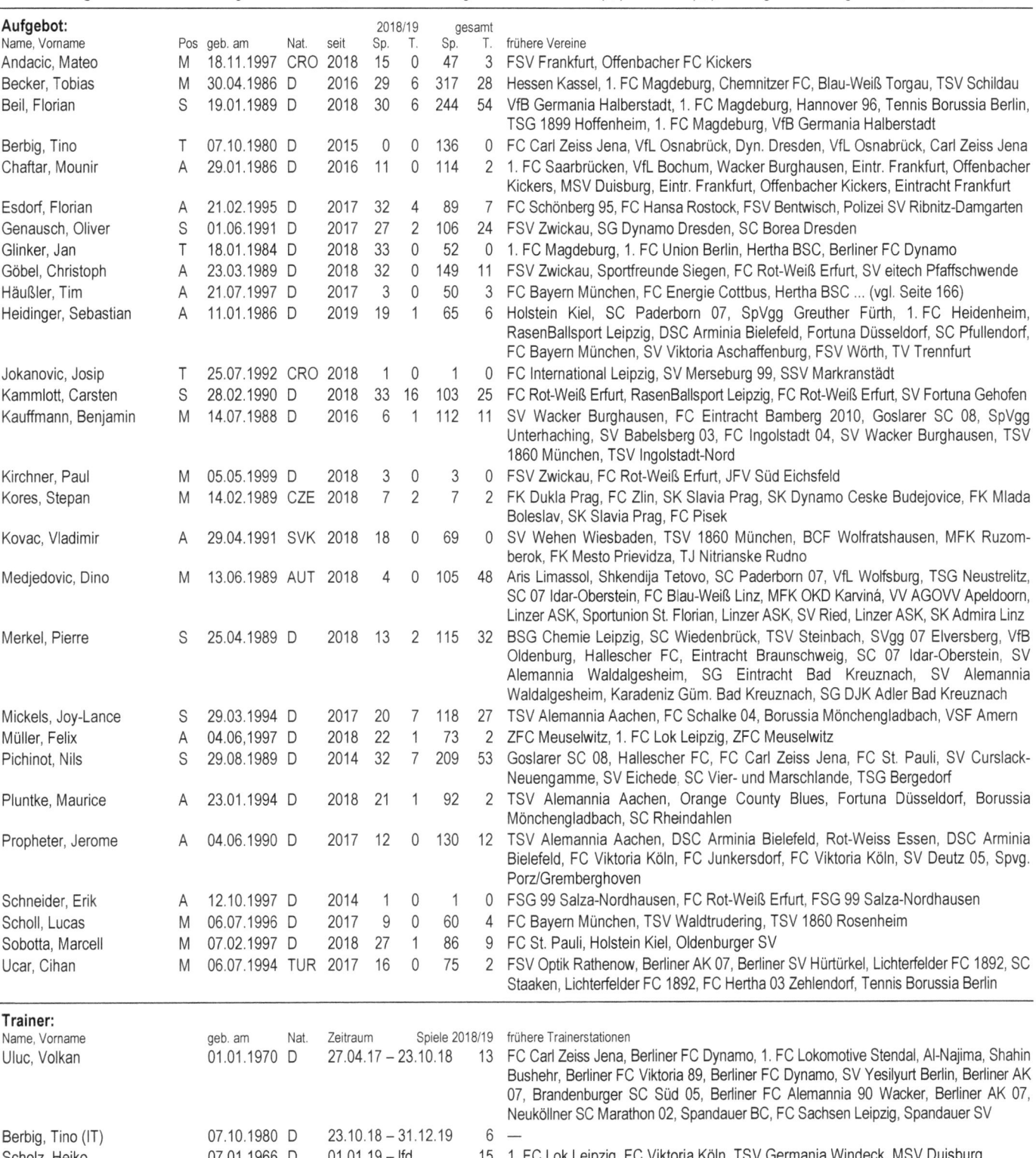

Anschrift:
Parkallee 8b
99734 Nordhausen
Telefon: (0 36 31) 90 08 99
eMail: info@wacker90.de
Homepage: www.wacker90.de

Vereinsgründung: 31.03.1990; zuvor BSG Motor; bis 1976 BSG Motor West; Dezember 1950 Anschluss von BSG Lokomotive/KWU
Vereinsfarbe: Weiß-Blau
Präsident: Nico Kleofas
Sportdirektor: Nico Berbig
Stadion: Albert-Kuntz-Sportpark (8.000)

Größte Erfolge: Meister der DDR-Liga Staffel E 1982; Meister der Oberliga Nordost-Süd 1995 (↑) und 2013 (↑); Thüringen-Pokalsieger 1992, 1996, 1997, 2019

Aufgebot:

Name, Vorname	Pos	geb. am	Nat.	seit	2018/19 Sp.	T.	gesamt Sp.	T.	frühere Vereine
Andacic, Mateo	M	18.11.1997	CRO	2018	15	0	47	3	FSV Frankfurt, Offenbacher FC Kickers
Becker, Tobias	M	30.04.1986	D	2016	29	6	317	28	Hessen Kassel, 1. FC Magdeburg, Chemnitzer FC, Blau-Weiß Torgau, TSV Schildau
Beil, Florian	S	19.01.1989	D	2018	30	6	244	54	VfB Germania Halberstadt, 1. FC Magdeburg, Hannover 96, Tennis Borussia Berlin, TSG 1899 Hoffenheim, 1. FC Magdeburg, VfB Germania Halberstadt
Berbig, Tino	T	07.10.1980	D	2015	0	0	136	0	FC Carl Zeiss Jena, VfL Osnabrück, Dyn. Dresden, VfL Osnabrück, Carl Zeiss Jena
Chaftar, Mounir	A	29.01.1986	D	2016	11	0	114	2	1. FC Saarbrücken, VfL Bochum, Wacker Burghausen, Eintr. Frankfurt, Offenbacher Kickers, MSV Duisburg, Eintr. Frankfurt, Offenbacher Kickers, Eintracht Frankfurt
Esdorf, Florian	A	21.02.1995	D	2017	32	4	89	7	FC Schönberg 95, FC Hansa Rostock, FSV Bentwisch, Polizei SV Ribnitz-Damgarten
Genausch, Oliver	S	01.06.1991	D	2017	27	2	106	24	FSV Zwickau, SG Dynamo Dresden, SC Borea Dresden
Glinker, Jan	T	18.01.1984	D	2018	33	0	52	0	1. FC Magdeburg, 1. FC Union Berlin, Hertha BSC, Berliner FC Dynamo
Göbel, Christoph	A	23.03.1989	D	2018	32	0	149	11	FSV Zwickau, Sportfreunde Siegen, FC Rot-Weiß Erfurt, SV eitech Pfaffschwende
Häußler, Tim	A	21.07.1997	D	2017	3	0	50	3	FC Bayern München, FC Energie Cottbus, Hertha BSC ... (vgl. Seite 166)
Heidinger, Sebastian	A	11.01.1986	D	2019	19	1	65	6	Holstein Kiel, SC Paderborn 07, SpVgg Greuther Fürth, 1. FC Heidenheim, RasenBallsport Leipzig, DSC Arminia Bielefeld, Fortuna Düsseldorf, SC Pfullendorf, FC Bayern München, SV Viktoria Aschaffenburg, FSV Wörth, TV Trennfurt
Jokanovic, Josip	T	25.07.1992	CRO	2018	1	0	1	0	FC International Leipzig, SV Merseburg 99, SSV Markranstädt
Kammlott, Carsten	S	28.02.1990	D	2018	33	16	103	25	FC Rot-Weiß Erfurt, RasenBallsport Leipzig, FC Rot-Weiß Erfurt, SV Fortuna Gehofen
Kauffmann, Benjamin	M	14.07.1988	D	2016	6	1	112	11	SV Wacker Burghausen, FC Eintracht Bamberg 2010, Goslarer SC 08, SpVgg Unterhaching, SV Babelsberg 03, FC Ingolstadt 04, SV Wacker Burghausen, TSV 1860 München, TSV Ingolstadt-Nord
Kirchner, Paul	M	05.05.1999	D	2018	3	0	3	0	FSV Zwickau, FC Rot-Weiß Erfurt, JFV Süd Eichsfeld
Kores, Stepan	M	14.02.1989	CZE	2018	7	2	7	2	FK Dukla Prag, FC Zlin, SK Slavia Prag, SK Dynamo Ceske Budejovice, FK Mlada Boleslav, SK Slavia Prag, FC Pisek
Kovac, Vladimir	A	29.04.1991	SVK	2018	18	0	69	0	SV Wehen Wiesbaden, TSV 1860 München, BCF Wolfratshausen, MFK Ruzomberok, FK Mesto Prievidza, TJ Nitrianske Rudno
Medjedovic, Dino	M	13.06.1989	AUT	2018	4	0	105	48	Aris Limassol, Shkendija Tetovo, SC Paderborn 07, VfL Wolfsburg, TSG Neustrelitz, SC 07 Idar-Oberstein, FC Blau-Weiß Linz, MFK OKD Karviná, VV AGOVV Apeldoorn, Linzer ASK, Sportunion St. Florian, Linzer ASK, SV Ried, Linzer ASK, SK Admira Linz
Merkel, Pierre	S	25.04.1989	D	2018	13	2	115	32	BSG Chemie Leipzig, SC Wiedenbrück, TSV Steinbach, SVgg 07 Elversberg, VfB Oldenburg, Hallescher FC, Eintracht Braunschweig, SC 07 Idar-Oberstein, SV Alemannia Waldalgesheim, SG Eintracht Bad Kreuznach, SV Alemannia Waldalgesheim, Karadeniz Güm. Bad Kreuznach, SG DJK Adler Bad Kreuznach
Mickels, Joy-Lance	S	29.03.1994	D	2017	20	7	118	27	TSV Alemannia Aachen, FC Schalke 04, Borussia Mönchengladbach, VSF Amern
Müller, Felix	A	04.06.1997	D	2018	22	1	73	2	ZFC Meuselwitz, 1. FC Lok Leipzig, ZFC Meuselwitz
Pichinot, Nils	S	29.08.1989	D	2014	32	7	209	53	Goslarer SC 08, Hallescher FC, FC Carl Zeiss Jena, FC St. Pauli, SV Curslack-Neuengamme, SV Eichede, SC Vier- und Marschlande, TSG Bergedorf
Pluntke, Maurice	A	23.01.1994	D	2018	21	1	92	2	TSV Alemannia Aachen, Orange County Blues, Fortuna Düsseldorf, Borussia Mönchengladbach, SC Rheindahlen
Propheter, Jerome	A	04.06.1990	D	2017	12	0	130	12	TSV Alemannia Aachen, DSC Arminia Bielefeld, Rot-Weiss Essen, DSC Arminia Bielefeld, FC Viktoria Köln, FC Junkersdorf, FC Viktoria Köln, SV Deutz 05, Spvg. Porz/Gremberghoven
Schneider, Erik	A	12.10.1997	D	2014	1	0	1	0	FSG 99 Salza-Nordhausen, FC Rot-Weiß Erfurt, FSG 99 Salza-Nordhausen
Scholl, Lucas	M	06.07.1996	D	2017	9	0	60	4	FC Bayern München, TSV Waldtrudering, TSV 1860 Rosenheim
Sobotta, Marcell	M	07.02.1997	D	2018	27	1	86	9	FC St. Pauli, Holstein Kiel, Oldenburger SV
Ucar, Cihan	M	06.07.1994	TUR	2017	16	0	75	2	FSV Optik Rathenow, Berliner AK 07, Berliner SV Hürtürkel, Lichterfelder FC 1892, SC Staaken, Lichterfelder FC 1892, FC Hertha 03 Zehlendorf, Tennis Borussia Berlin

Trainer:

Name, Vorname	geb. am	Nat.	Zeitraum	Spiele 2018/19	frühere Trainerstationen
Uluc, Volkan	01.01.1970	D	27.04.17 – 23.10.18	13	FC Carl Zeiss Jena, Berliner FC Dynamo, 1. FC Lokomotive Stendal, Al-Najima, Shahin Bushehr, Berliner FC Viktoria 89, Berliner FC Dynamo, SV Yesilyurt Berlin, Berliner AK 07, Brandenburger SC Süd 05, Berliner FC Alemannia 90 Wacker, Berliner AK 07, Neuköllner SC Marathon 02, Spandauer BC, FC Sachsen Leipzig, Spandauer SV
Berbig, Tino (IT)	07.10.1980	D	23.10.18 – 31.12.19	6	—
Scholz, Heiko	07.01.1966	D	01.01.19 – lfd.	15	1. FC Lok Leipzig, FC Viktoria Köln, TSV Germania Windeck, MSV Duisburg

Zugänge:
Andacic (FSV Frankfurt), Beil (VfB Germania Halberstadt), Glinker (1. FC Magdeburg), Göbel und Kirchner (FSV Zwickau), Kammlott (FC Rot-Weiß Erfurt), Merkel (BSG Chemie Leipzig), Müller (ZFC Meuselwitz), Pluntke (TSV Alemannia Aachen), Sobotta (FC St. Pauli II).
während der Saison:
Heidinger (Holstein Kiel), Jokanovic (FC International Leipzig), Kores (FK Dukla Prag).

Abgänge:
Aulig, Fluß und Peßolat (II. Mannschaft), Azemi (ohne Verein), Buval (Laufbahn beendet), Hägler (Wuppertaler SV), Lela (FC Rot-Weiß Erfurt), Schulze (1. FC Lok Leipzig), Sezer (unbekannt).
während der Saison:
Berbig (Laufbahn beendet), Häußler (FSV Union Fürstenwalde).

FSV Optik Rathenow

Anschrift:
Berliner Straße 50
14712 Rathenow
Telefon: (0 33 85) 51 06 55
eMail: info@fsv-optik.de
Homepage: www.fsv-optik.de

Vereinsgründung: 21.02.1991 aus BSG Motor Rathenow
(gegr. 1948 als BSG Verkehr)

Vereinsfarbe: Rot
Präsident: Mario Schmeling
Sportlicher Leiter: Ingo Kahlisch

Stadion:
Volkspark Vogelgesang (5.000)

Größte Erfolge: Qualifikation für die bzw. Aufstieg in die Regionalliga Nordost 1994 und 2012; Meister der Oberliga Nordost-Nord 2015 (↑) und 2018 (↑); Aufstieg in die II. DDR-Liga 1958; Landespokalsieger Brandenburg 2013 und 2014

Aufgebot:

Name, Vorname	Pos	geb. am	Nat.	seit	2018/19 Sp.	2018/19 T.	gesamt Sp.	gesamt T.	frühere Vereine
Adewumi, Kevin	M	31.03.1996	D	2017	23	2	38	2	Nike Academy Tatenhill, FSV Optik Rathenow, SG Dynamo Dresden, SC Borea Dresden, SC Staaken, Berliner AK 07, FC Hertha 03 Zehlendorf, SC Staaken, Spandauer SC Teutonia
Akcakaya, Hasan	M	24.04.1999	D	2018	11	1	11	1	SC Fortuna Köln, FC Viktoria Köln, BV 04 Düsseldorf
Aydogdu, Yavuz Süheyl	M	21.02.1998	D	2019	11	0	11	0	Sivasspor, Tennis Borussia Berlin, Füchse Berlin-Reinickendorf
Baudis, Patrick	A	30.05.1997	D	2017	8	0	24	0	VfB Germania Halberstadt, FSV Budissa Bautzen, 1. FC Magdeburg, SV Eintracht Salzwedel
Bilbija, Aleksandar	A	25.05.1998	D	2017	26	0	26	0	Tennis Borussia Berlin, FC Hertha 03 Zehlendorf, Berliner SC
Dippert, Leon	S	14.11.1995	D	2019	5	0	68	9	VfB Lübeck, FC Schönberg 95, TSV Pansdorf, TSV Travemünde, TSV Malente, TSV Travemünde
Gül, Hasan	M	20.03.1999	D	2018	2	0	2	0	FC Hertha 03 Zehlendorf, 1. FC Union Berlin, Füchse Berlin-Reinickendorf
Hellwig, Leon	M	16.01.1991	D	2018	26	2	140	4	Berliner AK 07, SV Babelsberg 03, FSV Optik Rathenow, Tennis Borussia Berlin, FC Internationale 1980 Berlin
Kapan, Süleyman	S	23.07.1991	D	2016	28	4	138	16	Berliner AK 07, Manisa Büyükşehir Belediyespor, FSV Optik Rathenow, TSG Neustrelitz, Türkiyemspor Berlin 1978, SV Tasmania Gropiusstadt 1973, Tennis Borussia Berlin, Hertha BSC
Langner, Marc	A	16.02.1991	D	2016	26	0	26	0	FC Union Mühlhausen, FC Pommern Greifswald, FC Rot-Weiß Erfurt, JSG Arnstadt, TSV Motor Gispersleben
Leroy, Jerome	M	04.12.1989	D	2008	31	2	114	7	Hertha BSC, FC Brandenburg 03 Berlin, Tennis Borussia Berlin
Matur, Oguzhan	A	19.08.1999	D	2018	11	0	14	0	FC Viktoria 1889 Berlin LT, Türkiyemspor Berlin 1978
Özcin, Caner	S	05.03.1994	D	2018	32	11	122	26	VSG Altglienicke, FC Viktoria 1889 Berlin LT, Tennis Borussia Berlin, SpVgg Greuther Fürth, Tennis Borussia Berlin, Hertha BSC, Tennis Borussia Berlin, Hertha BSC, BSC Rehberge
Ortiz, Oscar	M	26.11.1994	USA	2017	21	1	21	1	1. SC Feucht, Dergah Spor Nürnberg
Printemps, Shelby	M	10.08.1990	HAI	2018	20	0	44	3	Spfr. Schwäbisch Hall, SV FC Sandzak Frankfurt, PAE Panelefsiniakos, UD Los Barrios, St. Joseph's FC, Bhayangkara FC, FSV Optik Rathenow, Vancouver Whitecaps, Ghajnsielem FC, Rocha FC, Miami FC, Edison Red Raiders Miami
Rogall, Bjarne	T	16.09.1989	D	2015	10	0	36	0	SV Altlüdersdorf, TuS Sachsenhausen, Berliner FC Viktoria 89, 1. FC Union Berlin, Spandauer SV, FC Hertha 03 Zehlendorf, Tennis Borussia Berlin
Schack, Luiz Miguel	M	07.05.1999	D	2017	8	0	8	0	Chemnitzer FC, FC Rot-Weiß Erfurt, FSV Wacker 03 Gotha
Techie-Menson, Jonas	A	11.06.1999	D	2019	2	0	2	0	FC Viktoria 1889 Berlin LT, Hallescher FC, Hertha BSC, Berlin Hilalspor, Berliner SC Eintracht/Südring
Techie-Menson, Robin	A	11.06.1999	D	2018	10	0	10	0	FC Viktoria 1889 Berlin LT, Hallescher FC, Hertha BSC, Berlin Hilalspor, Berliner SC Eintracht/Südring
Top, Cüneyt Eral	S	21.09.1993	TUR	2017	27	3	27	3	Tennis Borussia Berlin, FC Hertha 03 Zehlendorf, Türkiyemspor Berlin 1978, SC Staaken, Lichterfelder FC 1892, Tennis Borussia Berlin
Turan, Emre	A	16.11.1990	TUR	2015	31	4	116	4	Berliner AK 07, Eintracht Braunschweig, Ankara SK, Hertha BSC, Tennis Borussia Berlin, BSC Rehberge
Turhan, Murat	S	26.04.1987	D	2014	11	2	84	18	FSV Union Fürstenwalde, FSV Optik Rathenow, 1. FC Union Berlin, FC Schalke 04, SC Wiedenbrück 2000, FSV Optik Rathenow, SV Yesilyurt Berlin, FC Energie Cottbus, KSV Hessen Kassel, SV Tasmania Gropiusstadt 1973, FC Hertha 03 Zehlendorf, Mariendorfer SV 06
Watanabe, Suguru	A	02.09.1993	JPN	2016	9	0	9	0	FC Epe
Weber, Nii Bruce	M	07.08.1998	D	2017	23	2	23	2	FC Energie Cottbus, SV Tasmania Gropiusstadt 1973
Wilcke, Benjamin	A	30.08.1989	D	2010	33	1	115	4	SV Falkensee-Finkenkrug, Tennis Borussia Berlin, Lichterfelder FC 1892, Tennis Borussia Berlin, FV Wannsee
Zwick, Luis Maria	T	24.05.1994	D	2018	24	0	31	0	Hertha BSC, FC Hansa Rostock, Dundee United FC, FC Hertha 03 Zehlendorf, Teltower FV 1913

Trainer:

Name, Vorname	geb. am	Nat.	Zeitraum	Spiele 2018/19	frühere Trainerstationen
Kahlisch, Ingo	05.08.1956	D	01.07.1989 – lfd.	34	TSV Luckenwalde, BSG Empor Potsdam

Zugänge:
Akcakaya (SC Fortuna Köln), Gül (FC Hertha 03 Zehlendorf), Hellwig (ohne Verein), Matur (FC Viktoria 1889 Berlin LT), Printemps (Spfr. Schwäbisch Hall), Zwick (Hertha BSC II).
während der Saison:
Aydogdu (Sivasspor), Dippert (VfB Lübeck), J. Techie-Menson und R. Techie-Menson (FC Viktoria 1889 Berlin LT Junioren).

Abgänge:
Moushi (unbekannt), Stachnik (RSV Eintracht Teltow-Kleinmachnow-Stahnsdorf), Yildiz (Brandenburger SC Süd 05).
während der Saison:
Baudis (1. FC Lokomotive Stendal), Karadeniz (Charlottenburger FC Hertha 06), Rogall und Turhan (Tennis Borussia Berlin), Watanabe (ohne Verein).

Zuschauerzahlen 2018/19

	Chemnitzer FC	Berliner AK 07	Wacker Nordhausen	Hertha BSC II	FC Rot-Weiß Erfurt	1. FC Lok Leipzig	SV Babelsberg 03	Germ. Halberstadt	VfB Auerbach 06	ZFC Meuselwitz	FC Viktoria Berlin	BFC Dynamo	Union Fürstenwalde	VSG Altglienicke	FC Oberlausitz	Bischofswerdaer FV	FSV Optik Rathenow	Budissa Bautzen
Chemnitzer FC	×	4.909	5.578	4.473	6.635	7.439	4.649	4.919	5.489	2.950	4.588	6.233	4.722	4.006	4.468	4208	3.531	4.333
Berliner AK 07	1.127	×	389	407	1.316	607	679	238	117	132	270	874	264	367	217	373	207	153
Wacker Nordhausen	1.513	715	×	1.324	3.820	1.298	1.107	870	695	1.146	610	618	712	485	310	1.005	615	509
Hertha BSC II	1.356	401	244	×	812	616	394	243	358	277	518	792	428	548	379	289	308	291
FC Rot-Weiß Erfurt	7.264	3.017	4.650	2.870	×	5.275	5.260	3.473	4.616	3.186	2.803	4.508	2.832	3.878	2.915	2.930	3.032	3.289
1. FC Lok Leipzig	5.241	2.635	3.079	3.056	4.600	×	3.417	2.375	2.425	2.914	2.526	3.683	3.341	2.335	2.649	2.890	2.276	2.136
SV Babelsberg 03	2.278	1.531	1.582	1.673	2.609	2.408	×	1.241	1.187	1.399	1.910	2.712	1.628	1.457	1.433	1.237	1.807	1.335
Germania Halberstadt	976	301	613	401	1.099	776	513	×	420	356	327	614	347	384	410	360	419	401
VfB Auerbach 06	1.350	430	610	345	950	910	540	465	×	610	545	740	485	365	605	405	450	405
ZFC Meuselwitz	2.246	528	368	536	928	1.080	579	378	491	×	463	603	350	360	451	396	538	329
FC Viktoria 1889 Berlin	829	438	626	812	1.023	968	537	307	274	325	×	452	366	523	576	267	160	203
BFC Dynamo	911	482	511	645	1.542	1.107	1.013	542	301	561	508	×	507	566	449	321	421	404
Union Fürstenwalde	696	413	424	412	913	725	543	324	441	403	335	828	×	402	303	410	440	219
VSG Altglienicke	742	156	117	100	1.055	402	445	190	112	106	227	722	107	×	122	123	129	119
FC Oberlausitz	571	201	331	202	656	382	311	203	189	228	217	419	212	191	×	507	189	504
Bischofswerdaer FV 08	1.044	149	252	276	430	602	293	189	245	376	249	777	262	321	816	×	375	864
FSV Optik Rathenow	934	189	304	293	601	499	536	369	244	201	344	702	284	287	434	331	×	241
FSV Budissa Bautzen	1.792	304	317	217	743	709	491	406	413	341	368	615	438	383	927	608	428	×

Zuschauerbilanz:

Pl.	Mannschaft	gesamt	Spiele	Durchschnitt
1.	Chemnitzer FC	83.130	17	4.890
2.	FC Rot-Weiß Erfurt	65.798	17	3.870
3.	1. FC Lokomotive Leipzig	51.578	17	3.034
4.	SV Babelsberg 03	29.427	17	1.731
5.	FSV Wacker 90 Nordhausen	17.352	17	1.021
6.	BFC Dynamo	10.791	17	635
7.	ZFC Meuselwitz	10.624	17	625
8.	VfB Auerbach 06	10.210	17	601
9.	FSV Budissa Bautzen	9.500	17	559
10.	Germania Halberstadt	8.717	17	513
11.	FC Viktoria 1889 Berlin	8.686	17	511
12.	Hertha BSC II	8.254	17	486
13.	FSV Union Fürstenwalde	8.231	17	484
14.	Berliner AK 07	7.737	17	455
15.	Bischofswerdaer FV 08	7.520	17	442
16.	FSV Optik Rathenow	6.793	17	400
17.	FC Oberlausitz Neugersdorf	5.513	17	325
18.	VSG Altglienicke	4.974	17	293
		354.835	306	1.160

Torschützenliste:

Pl.	Spieler (Mannschaft/en)	Tore
1.	Frahn, Daniel (Chemnitzer FC)	24
2.	Bozic, Dejan (Chemnitzer FC)	21
3.	Nattermann, Tom (SV Babelsberg 03)	18
4.	Kammlott, Carsten (FSV Wacker 90 Nordhausen)	16
	Kargbo, Abu Bakarr (Berliner AK 07)	16
6.	Deniz, Tunay (Berliner AK 07)	15
	Jovanovic, Velimir (FC Rot-Weiß Erfurt)	15
	Steinborn, Matthas (1. FC Lok Leipzig)	15
9.	Shala, Andis (FC Rot-Weiß Erfurt)	13
	Zimmermann, Marc-Philipp (VfB Auerbach 06)	13
11.	Förster, Benjamin (VSG Altglienicke)	11
	Özcin, Caner (FSV Optik Rathenow)	11
	Roczen, Anthony (Hertha BSC II)	11
14.	Brasnic, Marc-Frank (BFC Dynamo)	10
	Dartsch, Alexander (ZFC Meuselwitz)	10
	Schlosser, Marcel (VfB Auerbach 06)	10
17.	Blaser, Dennis (FC Oberlausitz / VfB Germania Halberstadt)	9
	Giannitsanis, Nikolaos (ZFC Meuselwitz)	9
	Malone, Ryan Patrick (1. FC Lok Leipzig)	9
	Sliskovic, Petar (FC Viktoria 1889 Berlin)	9
	Zille, Frank (Bischofswerdaer FV 08)	9
22.	Hajrulla, Romarjo (ZFC Meuselwitz)	8
	Hoffmann, Manuel (SV Babelsberg 03)	8
	Jäpel, Dennis (VfB Germania Halberstadt)	8
	Rüdiger, Morten (FC Rot-Weiß Erfurt)	8
26.	Cigerci, Tolcay (Berliner AK 07)	7
	Grote, Dennis (Chemnitzer FC)	7
	Mickels, Joy-Lance (FSV Wacker 90 Nordhausen)	7
	Özcan, Seref (Berliner AK 07)	7
	Pichinot, Nils (FSV Wacker 90 Nordhausen)	7
	Stettin, Nils-Wilko (FSV Union Fürstenwalde)	7
	Wolf, Pieter-Marvin (SV Babelsberg 03)	7

Regionalliga Nord

Pl.	(Vj.)	Mannschaft	Sp	S	U	N	Tore	TD	Pkt	Sp	S	U	N	Tore	Pkt	Sp	S	U	N	Tore	Pkt
			Gesamtbilanz							**Heimbilanz**						**Auswärtsbilanz**					
1.	(3.)	VfL Wolfsburg II	34	23	8	3	86-28	+58	77	17	13	3	1	49-12	42	17	10	5	2	37-16	35
2.	(4.)	VfB Lübeck	34	22	8	4	70-23	+47	74	17	13	4	0	41-10	43	17	9	4	4	29-13	31
3.	(↓)	SV Werder Bremen II	34	18	7	9	54-38	+16	61	17	10	4	3	31-17	34	17	8	3	6	23-21	27
4.	(1.)	SC Weiche Flensburg 08	34	16	11	7	65-41	+24	59	17	10	5	2	37-18	35	17	6	6	5	28-23	24
5.	(12.)	SpVgg Drochtersen/Assel	34	14	10	10	44-43	+1	52	17	9	5	3	28-17	32	17	5	5	7	16-26	20
6.	(8.)	Hannover 96 II	34	14	9	11	46-33	+13	51	17	7	6	4	23-13	27	17	7	3	7	23-20	24
7.	(2.)	Hamburger SV II	34	13	10	11	46-42	+4	49	17	10	4	3	29-15	34	17	3	6	8	17-27	15
8.	(15.)	BSV Schwarz-Weiß Rehden	34	13	8	13	42-46	-4	47	17	7	6	4	25-20	27	17	6	2	9	17-26	20
9.	(13.)	VfB Oldenburg	34	11	12	11	49-44	+5	45	17	7	2	8	29-24	23	17	4	10	3	20-20	22
10.	(↑)	Holstein Kiel II	34	12	9	13	51-51	0	45	17	9	4	4	32-21	31	17	3	5	9	19-30	14
11.	(11.)	TSV Havelse	34	13	5	16	40-54	-14	44	17	7	3	7	24-21	24	17	6	2	9	16-33	20
12.	(7.)	SSV Jeddeloh	34	12	7	15	47-65	-18	43	17	8	5	4	29-27	29	17	4	2	11	18-38	14
13.	(9.)	FC Eintracht Norderstedt	34	11	8	15	51-66	-15	41	17	6	4	7	27-34	22	17	5	4	8	24-32	19
14.	(6.)	FC St. Pauli II	34	12	4	18	41-47	-6	40	17	8	2	7	24-21	26	17	4	2	11	17-26	14
15.	(10.)	Lüneburger SK Hansa	34	11	7	16	40-58	-18	40	17	7	3	7	21-21	24	17	4	4	9	19-37	16
16.	(5.)	1. FC Germania Egestorf/Langreder	↓ 34	11	3	20	36-57	-21	36	17	8	1	8	16-20	25	17	3	2	12	20-37	11
17.	(↑)	VfL Oldenburg	↓ 34	7	4	23	37-79	-42	25	17	7	4	6	27-27	25	17	0	0	17	10-52	0
18.	(↑)	USI Lupo-Martini Wolfsburg	↓ 34	4	8	22	31-61	-30	20	17	4	4	9	20-26	16	17	0	4	13	11-35	4

Absteiger aus der 3. Liga: keine.
Aufsteiger in die 3. Liga: keine.
Absteiger in die Oberligen: USI Lupo-Martini Wolfsburg, VfL Oldenburg und 1. FC Germania Egestorf/Langreder (Niedersachsen).
Aufsteiger aus den Oberligen: Altonaer FC 93 (Hamburg), Heider SV (Schleswig-Holstein) und Hannoverscher SC (Niedersachsen).

Regionalliga Nord 2018/19

	VfL Wolfsburg II	VfB Lübeck	Werder Bremen II	SC Weiche 08	Drochtersen/Assel	Hannover 96 II	Hamburger SV II	BSV SW Rehden	VfB Oldenburg	Holstein Kiel II	TSV Havelse	SSV Jeddeloh	Eintr. Norderstedt	FC St. Pauli II	Lüneburger SK	Egestorf/Langreder	VfL Oldenburg	USI Lupo-Martini
VfL Wolfsburg II	×	0:0	2:1	1:1	4:0	1:0	3:2	2:0	0:0	2:0	8:0	2:3	4:1	2:0	4:1	4:2	7:0	3:1
VfB Lübeck	0:0	×	3:1	3:1	1:1	2:1	2:0	0:0	1:1	3:0	3:1	3:0	2:0	3:0	3:0	5:2	5:2	2:0
SV Werder Bremen II	0:0	0:2	×	1:1	1:1	2:0	4:0	1:2	1:1	3:2	1:0	1:3	2:1	1:0	4:1	1:0	5:2	3:1
SC Weiche Flensburg 08	2:3	0:0	1:1	×	2:0	1:1	3:1	2:1	2:2	1:2	4:2	1:0	3:3	4:1	4:0	1:0	4:0	4:0
SpVgg Drochtersen/Assel	1:0	2:1	0:2	0:1	×	1:0	1:1	2:1	0:1	2:2	0:0	4:0	5:1	2:1	1:1	3:2	2:1	2:2
Hannover 96 II	1:1	1:1	3:1	0:0	2:0	×	1:1	1:2	0:0	1:1	0:1	1:0	1:2	1:0	1:2	4:0	4:1	1:0
Hamburger SV II	0:4	0:1	0:0	4:3	1:0	3:0	×	1:0	1:1	2:0	5:0	1:1	2:1	2:1	3:0	1:2	2:0	1:1
BSV Schwarz-Weiß Rehden	1:1	0:3	1:3	1:0	1:2	2:1	1:2	×	1:1	2:2	2:2	4:0	2:1	0:0	2:1	0:0	3:0	2:1
VfB Oldenburg	2:3	5:1	0:3	3:4	1:3	1:2	0:1	0:1	×	0:0	3:1	1:1	3:1	2:0	1:2	1:0	3:0	3:1
Holstein Kiel II	4:1	2:1	4:1	0:2	2:0	1:1	3:2	1:3	2:2	×	0:1	2:0	2:2	0:1	2:1	2:0	4:2	1:1
TSV Havelse	1:2	2:1	4:1	1:2	0:1	1:1	1:1	0:1	3:0	1:2	×	1:3	0:1	2:1	1:1	3:2	1:0	2:1
SSV Jeddeloh	0:2	0:4	0:3	2:1	3:3	2:7	1:1	2:1	2:0	4:1	3:1	×	1:1	2:1	3:0	0:0	3:0	1:1
FC Eintracht Norderstedt	1:6	1:1	1:1	2:2	0:0	0:2	3:1	5:1	0:4	3:2	1:2	1:0	×	1:4	1:2	0:4	3:1	4:1
FC St. Pauli II	1:3	0:3	1:2	1:1	0:1	1:0	1:0	1:0	1:2	1:0	2:3	4:0	2:3	×	2:2	2:1	2:0	2:0
Lüneburger SK Hansa	1:1	0:2	0:1	1:3	3:1	1:2	0:3	1:0	1:1	1:0	0:2	2:1	2:2	3:0	×	1:2	2:0	2:0
Germania Egestorf/Langreder	0:3	0:0	0:1	1:0	3:0	0:1	2:0	0:1	1:3	1:3	1:0	2:1	1:3	1:0	0:0	×	2:1	1:0
VfL Oldenburg	1:2	0:2	1:0	0:4	1:2	1:3	0:0	6:2	1:1	0:0	1:0	3:0	2:2	1:4	4:2	4:3	×	1:0
USI Lupo-Martini Wolfsburg	0:5	0:3	0:1	2:2	1:1	0:1	1:1	1:1	3:0	2:3	2:0	2:3	0:2	0:1	1:2	2:0	3:0	×

Informationen zu den Qualifikations- und Aufstiegsspielen zur Regionalliga Nord finden Sie auf Seite 265.

Termine und Ergebnisse der Regionalliga Nord Saison 2018/19 Hinrunde

1. Spieltag
27.07.2018	Hannover 96 II	TSV Havelse	0:1 (0:1)
28.07.2018	VfB Lübeck	VfB Oldenburg	1:1 (1:0)
28.07.2018	Werder Bremen II	VfL Wolfsburg II	0:0 (0:0)
28.07.2018	SSV Jeddeloh	SC Weiche 08	2:1 (2:0)
28.07.2018	BSV SW Rehden	Eintr. Norderstedt	2:1 (2:0)
28.07.2018	Egestorf/Langr.	Hamburger SV II	2:0 (1:0)
28.07.2018	USI Lupo-Martini	Drochtersen/Assel	1:1 (0:1)
29.07.2018	FC St. Pauli II	Lüneburger SK H.	2:2 (0:1)
29.07.2018	VfL Oldenburg	Holstein Kiel II	0:0 (0:0)

2. Spieltag
31.07.2018	Hamburger SV II	BSV SW Rehden	1:0 (1:0)
31.07.2018	Eintr. Norderstedt	Werder Bremen II	1:1 (1:0)
01.08.2018	SC Weiche 08	USI Lupo-Martini	4:0 (1:0)
01.08.2018	VfB Oldenburg	SSV Jeddeloh	1:1 (1:0)
01.08.2018	Drochtersen/Assel	FC St. Pauli II	2:1 (1:0)
01.08.2018	Lüneburger SK H.	Hannover 96 II	1:2 (1:0)
01.08.2018	TSV Havelse	Egestorf/Langr.	3:2 (1:1)
01.08.2018	VfL Wolfsburg II	VfL Oldenburg	7:0 (4:0)
17.11.2018	Holstein Kiel II	VfB Lübeck	2:1 (1:1)

3. Spieltag
03.08.2018	Werder Bremen II	Hamburger SV II	4:0 (2:0)
04.08.2018	Hannover 96 II	Drochtersen/Assel	2:0 (2:0)
04.08.2018	VfB Lübeck	SSV Jeddeloh	3:0 (1:0)
04.08.2018	BSV SW Rehden	TSV Havelse	2:2 (0:2)
05.08.2018	FC St. Pauli II	SC Weiche 08	1:1 (1:1)
05.08.2018	Egestorf/Langr.	Lüneburger SK H.	0:0 (0:0)
05.08.2018	USI Lupo-Martini	VfB Oldenburg	3:0 (1:0)
05.08.2018	Holstein Kiel II	VfL Wolfsburg II	4:1 (3:0)
05.08.2018	VfL Oldenburg	Eintr. Norderstedt	2:2 (2:1)

4. Spieltag
10.08.2018	VfL Wolfsburg II	VfB Lübeck	0:0 (0:0)
11.08.2018	SC Weiche 08	Hannover 96 II	1:1 (0:0)
11.08.2018	VfB Oldenburg	FC St. Pauli II	2:0 (0:0)
11.08.2018	SSV Jeddeloh	USI Lupo-Martini	1:1 (0:0)
12.08.2018	Hamburger SV II	VfL Oldenburg	2:0 (1:0)
12.08.2018	Eintr. Norderstedt	Holstein Kiel II	3:2 (2:1)
12.08.2018	Drochtersen/Assel	Egestorf/Langr.	3:2 (1:0)
12.08.2018	Lüneburger SK H.	BSV SW Rehden	1:0 (1:0)
12.08.2018	TSV Havelse	Werder Bremen II	4:1 (2:0)

5. Spieltag
08.08.2018	BSV SW Rehden	Drochtersen/Assel	1:2 (0:1)
08.08.2018	Egestorf/Langr.	SC Weiche 08	1:0 (0:0)
18.08.2018	VfL Wolfsburg II	Eintr. Norderstedt	4:1 (1:0)
18.08.2018	VfB Lübeck	USI Lupo-Martini	2:0 (1:0)
18.08.2018	Holstein Kiel II	Hamburger SV II	3:2 (1:1)
19.08.2018	Lüneburger SK H.	Werder Bremen II	0:1 (0:0)
19.08.2018	Hannover 96 II	VfB Oldenburg	0:0 (0:0)
19.08.2018	VfL Oldenburg	TSV Havelse	1:0 (0:0)
12.09.2018	FC St. Pauli II	SSV Jeddeloh	4:0 (2:0)

6. Spieltag
25.08.2018	Hamburger SV II	VfL Wolfsburg II	0:4 (0:3)
25.08.2018	SC Weiche 08	BSV SW Rehden	2:1 (1:0)
25.08.2018	SSV Jeddeloh	Hannover 96 II	2:7 (0:4)
26.08.2018	TSV Havelse	Holstein Kiel II	1:2 (0:1)
26.08.2018	Eintr. Norderstedt	VfB Lübeck	1:1 (1:0)
26.08.2018	Drochtersen/Assel	Werder Bremen II	0:2 (0:1)
26.08.2018	USI Lupo-Martini	FC St. Pauli II	0:1 (0:1)
26.08.2018	Lüneburger SK H.	VfL Oldenburg	2:0 (0:0)
31.10.2018	VfB Oldenburg	Egestorf/Langr.	1:0 (0:0)

7. Spieltag
29.08.2018	Holstein Kiel II	Lüneburger SK H.	2:1 (0:1)
29.08.2018	VfB Lübeck	FC St. Pauli II	3:0 (1:0)
29.08.2018	Werder Bremen II	SC Weiche 08	1:1 (1:0)
29.08.2018	BSV SW Rehden	VfB Oldenburg	1:1 (0:0)
29.08.2018	Egestorf/Langr.	SSV Jeddeloh	2:1 (1:0)
29.08.2018	Hannover 96 II	USI Lupo-Martini	1:0 (1:0)
29.08.2018	VfL Wolfsburg II	TSV Havelse	8:0 (2:0)
29.08.2018	VfL Oldenburg	Drochtersen/Assel	1:2 (0:2)
05.09.2018	Eintr. Norderstedt	Hamburger SV II	3:1 (1:0)

8. Spieltag
01.09.2018	SC Weiche 08	VfL Oldenburg	1:0 (0:0)
01.09.2018	SSV Jeddeloh	BSV SW Rehden	2:1 (1:0)
02.09.2018	TSV Havelse	Eintr. Norderstedt	0:1 (0:1)
02.09.2018	FC St. Pauli II	Hannover 96 II	1:0 (0:0)
02.09.2018	Hamburger SV II	VfB Lübeck	0:1 (0:1)
02.09.2018	Drochtersen/Assel	Holstein Kiel II	2:2 (1:0)
02.09.2018	Lüneburger SK H.	VfL Wolfsburg II	1:1 (0:0)
02.09.2018	USI Lupo-Martini	Egestorf/Langr.	2:0 (1:0)
02.09.2018	VfB Oldenburg	Werder Bremen II	0:3 (0:1)

9. Spieltag
08.09.2018	VfL Wolfsburg II	Drochtersen/Assel	4:0 (2:0)
08.09.2018	VfB Lübeck	Hannover 96 II	2:1 (2:1)
08.09.2018	Werder Bremen II	SSV Jeddeloh	1:3 (1:2)
08.09.2018	Egestorf/Langr.	FC St. Pauli II	1:0 (0:0)
08.09.2018	BSV SW Rehden	USI Lupo-Martini	2:1 (2:0)
09.09.2018	Hamburger SV II	TSV Havelse	5:0 (4:0)
09.09.2018	Eintr. Norderstedt	Lüneburger SK H.	1:2 (1:1)
09.09.2018	Holstein Kiel II	SC Weiche 08	0:2 (0:1)
09.09.2018	VfL Oldenburg	VfB Oldenburg	1:1 (0:0)

10. Spieltag
14.09.2018	Hannover 96 II	Egestorf/Langr.	4:0 (2:0)
15.09.2018	USI Lupo-Martini	Werder Bremen II	0:1 (0:1)
15.09.2018	SC Weiche 08	VfL Wolfsburg II	2:3 (1:1)
15.09.2018	SSV Jeddeloh	VfL Oldenburg	3:0 (1:0)
16.09.2018	TSV Havelse	VfB Lübeck	2:1 (2:0)
16.09.2018	FC St. Pauli II	BSV SW Rehden	1:0 (0:0)
16.09.2018	Drochtersen/Assel	Eintr. Norderstedt	5:1 (2:0)
16.09.2018	Lüneburger SK H.	Hamburger SV II	0:3 (0:2)
16.09.2018	VfB Oldenburg	Holstein Kiel II	0:0 (0:0)

11. Spieltag
21.09.2018	Hamburger SV II	Drochtersen/Assel	1:0 (1:0)
22.09.2018	VfL Wolfsburg II	VfB Lübeck	0:0 (0:0)
22.09.2018	VfB Lübeck	Egestorf/Langr.	5:2 (4:1)
22.09.2018	BSV SW Rehden	Hannover 96 II	2:1 (0:1)
23.09.2018	TSV Havelse	Lüneburger SK H.	1:1 (0:1)
23.09.2018	Eintr. Norderstedt	SC Weiche 08	2:2 (0:1)
23.09.2018	Holstein Kiel II	SSV Jeddeloh	2:0 (0:0)
23.09.2018	VfL Oldenburg	USI Lupo-Martini	1:0 (0:0)
24.09.2018	Werder Bremen II	FC St. Pauli II	1:0 (0:0)

12. Spieltag
28.09.2018	VfB Lübeck	Lüneburger SK H.	3:0 (1:0)
29.09.2018	Hannover 96 II	Werder Bremen II	3:1 (0:1)
29.09.2018	SC Weiche 08	Hamburger SV II	3:1 (0:1)
29.09.2018	SSV Jeddeloh	VfL Wolfsburg II	0:2 (0:1)
29.09.2018	FC St. Pauli II	VfL Oldenburg	2:0 (0:0)
29.09.2018	Drochtersen/Assel	TSV Havelse	0:0 (0:0)
30.09.2018	USI Lupo-Martini	Holstein Kiel II	2:3 (1:2)
30.09.2018	VfB Oldenburg	Eintr. Norderstedt	3:1 (0:1)
17.10.2018	Egestorf/Langr.	BSV SW Rehden	0:1 (0:1)

13. Spieltag
06.10.2018	VfL Wolfsburg II	USI Lupo-Martini	3:1 (1:0)
06.10.2018	VfB Lübeck	BSV SW Rehden	0:0 (0:0)
06.10.2018	Werder Bremen II	Egestorf/Langr.	1:0 (1:0)
07.10.2018	Hamburger SV II	VfB Oldenburg	1:1 (1:0)
07.10.2018	Holstein Kiel II	FC St. Pauli II	0:1 (0:1)
07.10.2018	TSV Havelse	SC Weiche 08	1:2 (1:2)
07.10.2018	Eintr. Norderstedt	SSV Jeddeloh	1:0 (0:0)
07.10.2018	Lüneburger SK H.	Drochtersen/Assel	3:1 (1:1)
07.10.2018	VfL Oldenburg	Hannover 96 II	1:3 (1:1)

14. Spieltag
03.10.2018	Hannover 96 II	Holstein Kiel II	1:1 (1:1)
12.10.2018	Drochtersen/Assel	VfB Lübeck	2:1 (1:1)
13.10.2018	SC Weiche 08	Lüneburger SK H.	4:1 (2:0)
13.10.2018	SSV Jeddeloh	Hamburger SV II	1:1 (0:1)
14.10.2018	FC St. Pauli II	VfL Wolfsburg II	1:3 (0:1)
14.10.2018	Egestorf/Langr.	VfL Oldenburg	2:1 (2:1)
14.10.2018	USI Lupo-Martini	Eintr. Norderstedt	0:2 (0:1)
14.10.2018	VfB Oldenburg	TSV Havelse	3:1 (0:0)
30.10.2018	BSV SW Rehden	Werder Bremen II	1:3 (1:1)

15. Spieltag
19.10.2018	VfB Lübeck	Werder Bremen II	3:1 (1:1)
20.10.2018	VfL Wolfsburg II	Hannover 96 II	1:0 (1:0)
20.10.2018	Hamburger SV II	USI Lupo-Martini	1:1 (1:0)
21.10.2018	TSV Havelse	SSV Jeddeloh	1:3 (1:1)
21.10.2018	Eintr. Norderstedt	FC St. Pauli II	1:4 (1:1)
21.10.2018	Drochtersen/Assel	SC Weiche 08	0:1 (0:0)
21.10.2018	Lüneburger SK H.	VfB Oldenburg	1:1 (1:1)
21.10.2018	Holstein Kiel II	Egestorf/Langr.	2:0 (2:0)
21.10.2018	VfL Oldenburg	BSV SW Rehden	6:2 (4:2)

16. Spieltag
26.10.2018	FC St. Pauli II	Hamburger SV II	1:0 (1:0)
26.10.2018	VfB Lübeck	SC Weiche 08	3:1 (2:0)
27.10.2018	Werder Bremen II	VfL Oldenburg	5:2 (2:1)
27.10.2018	Egestorf/Langr.	VfL Wolfsburg II	0:3 (0:1)
27.10.2018	BSV SW Rehden	Holstein Kiel II	2:2 (0:0)
27.10.2018	SSV Jeddeloh	Lüneburger SK H.	3:0 (2:0)
28.10.2018	Hannover 96 II	Eintr. Norderstedt	1:2 (1:1)
28.10.2018	USI Lupo-Martini	TSV Havelse	2:0 (0:0)
28.10.2018	VfB Oldenburg	Drochtersen/Assel	1:3 (0:1)

17. Spieltag
03.11.2018	VfL Wolfsburg II	BSV SW Rehden	2:0 (1:0)
03.11.2018	Hamburger SV II	Hannover 96 II	3:0 (3:0)
04.11.2018	SC Weiche 08	VfB Oldenburg	2:2 (1:1)
04.11.2018	Lüneburger SK H.	USI Lupo-Martini	2:0 (0:0)
04.11.2018	TSV Havelse	FC St. Pauli II	2:1 (2:0)
04.11.2018	Eintr. Norderstedt	Egestorf/Langr.	0:4 (0:1)
04.11.2018	Holstein Kiel II	Werder Bremen II	4:1 (2:0)
04.11.2018	VfL Oldenburg	VfB Lübeck	0:2 (0:2)
04.11.2018	Drochtersen/Assel	SSV Jeddeloh	4:0 (0:0)

Termine und Ergebnisse der Regionalliga Nord Saison 2018/19 Rückrunde

18. Spieltag
Datum	Heim	Gast	Ergebnis
10.11.2018	VfL Wolfsburg II	Werder Bremen II	2:1 (0:1)
10.11.2018	SC Weiche 08	SSV Jeddeloh	4:2 (1:1)
11.11.2018	Hamburger SV II	Egestorf/Langr.	1:2 (0:0)
11.11.2018	TSV Havelse	Hannover 96 II	1:1 (0:0)
11.11.2018	VfB Oldenburg	VfB Lübeck	5:1 (2:0)
11.11.2018	Eintr. Norderstedt	BSV SW Rehden	5:1 (5:0)
11.11.2018	Lüneburger SK H.	FC St. Pauli II	3:0 (2:0)
11.11.2018	Holstein Kiel II	VfL Oldenburg	4:2 (1:0)
11.11.2018	Drochtersen/Assel	USI Lupo-Martini	2:2 (1:0)

19. Spieltag
Datum	Heim	Gast	Ergebnis
16.11.2018	Egestorf/Langr.	TSV Havelse	1:0 (0:0)
16.11.2018	BSV SW Rehden	Hamburger SV II	1:2 (0:1)
17.11.2018	Hannover 96 II	Lüneburger SK H.	1:2 (1:2)
17.11.2018	Werder Bremen II	Eintr. Norderstedt	2:1 (1:1)
17.11.2018	SSV Jeddeloh	VfB Oldenburg	2:0 (1:0)
18.11.2018	USI Lupo-Martini	SC Weiche 08	2:2 (2:2)
18.11.2018	FC St. Pauli II	Drochtersen/Assel	0:1 (0:1)
18.11.2018	VfL Oldenburg	VfL Wolfsburg II	1:2 (1:1)
14.12.2018	VfB Lübeck	Holstein Kiel II	3:0 (2:0)

20. Spieltag
Datum	Heim	Gast	Ergebnis
23.11.2018	TSV Havelse	BSV SW Rehden	0:1 (0:0)
23.11.2018	Drochtersen/Assel	Hannover 96 II	1:0 (1:0)
24.11.2018	VfL Wolfsburg II	Holstein Kiel II	2:0 (1:0)
24.11.2018	SC Weiche 08	FC St. Pauli II	3:3 (1:2)
24.11.2018	Eintr. Norderstedt	VfL Oldenburg	3:1 (1:1)
24.11.2018	SSV Jeddeloh	VfB Lübeck	0:4 (0:2)
25.11.2018	Lüneburger SK H.	Egestorf/Langr.	1:2 (1:1)
25.11.2018	VfB Oldenburg	USI Lupo-Martini	3:1 (3:0)
25.11.2018	Hamburger SV II	Werder Bremen II	0:0 (0:0)

21. Spieltag
Datum	Heim	Gast	Ergebnis
30.11.2018	VfB Lübeck	VfL Wolfsburg II	0:0 (0:0)
01.12.2018	BSV SW Rehden	Lüneburger SK H.	2:1 (2:0)
01.12.2018	FC St. Pauli II	VfB Oldenburg	1:2 (0:0)
02.12.2018	Hannover 96 II	SC Weiche 08	0:0 (0:0)
02.12.2018	VfL Oldenburg	Hamburger SV II	0:0 (0:0)
02.12.2018	USI Lupo-Martini	SSV Jeddeloh	2:3 (2:2)
02.12.2018	Werder Bremen II	TSV Havelse	1:0 (0:0)
02.12.2018	Holstein Kiel II	Eintr. Norderstedt	2:2 (1:1)
02.12.2018	Egestorf/Langr.	Drochtersen/Assel	3:0 (1:0)

22. Spieltag
Datum	Heim	Gast	Ergebnis
07.12.2018	Drochtersen/Assel	BSV SW Rehden	2:1 (0:1)
08.12.2018	USI Lupo-Martini	VfB Lübeck	0:3 (0:3)
08.12.2018	SC Weiche 08	Egestorf/Langr.	4:0 (0:0)
08.12.2018	Werder Bremen II	Lüneburger SK H.	4:1 (2:0)
08.12.2018	SSV Jeddeloh	FC St. Pauli II	2:1 (0:1)
09.12.2018	Hamburger SV II	Holstein Kiel II	2:0 (0:0)
09.12.2018	Eintr. Norderstedt	VfL Wolfsburg II	1:6 (1:1)
16.02.2019	VfB Oldenburg	Hannover 96 II	1:2 (0:1)
16.02.2019	TSV Havelse	VfL Oldenburg	1:0 (0:0)

23. Spieltag
Datum	Heim	Gast	Ergebnis
23.02.2019	Hannover 96 II	SSV Jeddeloh	1:0 (1:0)
23.02.2019	VfB Lübeck	Eintr. Norderstedt	2:0 (1:0)
23.02.2019	Werder Bremen II	Drochtersen/Assel	1:1 (1:0)
23.02.2019	BSV SW Rehden	SC Weiche 08	1:0 (0:0)
24.02.2019	Egestorf/Langr.	VfB Oldenburg	1:3 (0:1)
24.02.2019	Holstein Kiel II	TSV Havelse	0:1 (0:0)
24.02.2019	VfL Oldenburg	Lüneburger SK H.	4:2 (2:1)
24.02.2019	FC St. Pauli II	USI Lupo-Martini	2:0 (1:0)
25.02.2019	VfL Wolfsburg II	Hamburger SV II	3:2 (1:1)

24. Spieltag
Datum	Heim	Gast	Ergebnis
01.03.2019	Drochtersen/Assel	VfL Oldenburg	2:1 (1:1)
02.03.2019	Hamburger SV II	Eintr. Norderstedt	2:1 (1:1)
02.03.2019	SC Weiche 08	Werder Bremen II	1:1 (0:0)
02.03.2019	FC St. Pauli II	VfB Lübeck	0:3 (0:2)
02.03.2019	SSV Jeddeloh	Egestorf/Langr.	0:0 (0:0)
03.03.2019	Lüneburger SK H.	Holstein Kiel II	1:0 (1:0)
03.03.2019	VfB Oldenburg	BSV SW Rehden	0:1 (0:1)
03.03.2019	USI Lupo-Martini	Hannover 96 II	0:1 (0:1)
03.03.2019	TSV Havelse	VfL Wolfsburg II	1:2 (1:1)

25. Spieltag
Datum	Heim	Gast	Ergebnis
09.03.2019	VfL Wolfsburg II	Lüneburger SK H.	4:1 (2:0)
09.03.2019	Eintr. Norderstedt	TSV Havelse	1:2 (1:0)
09.03.2019	Egestorf/Langr.	USI Lupo-Martini	1:0 (1:0)
09.03.2019	Werder Bremen II	VfB Oldenburg	1:1 (0:0)
09.03.2019	BSV SW Rehden	SSV Jeddeloh	4:0 (2:0)
10.03.2019	Hannover 96 II	FC St. Pauli II	1:0 (1:0)
10.03.2019	VfL Oldenburg	SC Weiche 08	0:4 (0:2)
10.03.2019	Holstein Kiel II	Drochtersen/Assel	2:0 (0:0)
11.03.2019	VfB Lübeck	Hamburger SV II	2:0 (1:0)

26. Spieltag
Datum	Heim	Gast	Ergebnis
15.03.2019	Drochtersen/Assel	VfL Wolfsburg II	1:0 (0:0)
16.03.2019	SC Weiche 08	Holstein Kiel II	2:1 (1:1)
17.04.2019	Hannover 96 II	VfB Lübeck	1:1 (0:0)
18.04.2019	VfB Oldenburg	VfL Oldenburg	3:0 (2:0)
18.04.2019	TSV Havelse	Hamburger SV II	1:1 (0:0)
18.04.2019	SSV Jeddeloh	Werder Bremen II	0:3 (0:1)
18.04.2019	FC St. Pauli II	Egestorf/Langr.	2:1 (2:1)
20.04.2019	USI Lupo-Martini	BSV SW Rehden	1:1 (0:0)
22.04.2019	Lüneburger SK H.	Eintr. Norderstedt	2:2 (1:2)

27. Spieltag
Datum	Heim	Gast	Ergebnis
22.03.2019	BSV SW Rehden	FC St. Pauli II	0:0 (0:0)
23.03.2019	VfL Wolfsburg II	SC Weiche 08	1:1 (0:1)
23.03.2019	Hamburger SV II	Lüneburger SK H.	3:0 (2:0)
23.03.2019	Werder Bremen II	USI Lupo-Martini	3:1 (1:0)
23.03.2019	Egestorf/Langr.	Hannover 96 II	0:1 (0:1)
24.03.2019	Eintr. Norderstedt	Drochtersen/Assel	0:0 (0:0)
24.03.2019	VfL Oldenburg	SSV Jeddeloh	3:0 (3:0)
24.03.2019	Holstein Kiel II	VfB Oldenburg	2:2 (1:0)
25.03.2019	VfB Lübeck	TSV Havelse	3:1 (0:0)

28. Spieltag
Datum	Heim	Gast	Ergebnis
29.03.2019	SC Weiche 08	Eintr. Norderstedt	1:0 (1:0)
29.03.2019	Hannover 96 II	BSV SW Rehden	1:2 (0:0)
29.03.2019	Drochtersen/Assel	Hamburger SV II	1:1 (0:0)
30.03.2019	SSV Jeddeloh	Holstein Kiel II	4:1 (2:1)
31.03.2019	FC St. Pauli II	Werder Bremen II	1:2 (0:2)
31.03.2019	Egestorf/Langr.	VfB Lübeck	0:3 (0:0)
31.03.2019	Lüneburger SK H.	TSV Havelse	0:2 (0:1)
31.03.2019	VfB Oldenburg	VfL Wolfsburg II	2:3 (0:0)
31.03.2019	USI Lupo-Martini	VfL Oldenburg	3:0 (1:0)

29. Spieltag
Datum	Heim	Gast	Ergebnis
05.04.2019	BSV SW Rehden	Egestorf/Langr.	0:0 (0:0)
06.04.2019	VfL Wolfsburg II	SSV Jeddeloh	2:3 (2:2)
06.04.2019	Hamburger SV	SC Weiche 08	4:3 (2:0)
06.04.2019	Werder Bremen II	Hannover 96 II	2:0 (2:0)
07.04.2019	TSV Havelse	Drochtersen/Assel	0:1 (0:0)
07.04.2019	Holstein Kiel II	USI Lupo-Martini	1:1 (0:1)
07.04.2019	Eintr. Norderstedt	VfB Oldenburg	0:4 (0:2)
07.04.2019	Lüneburger SK H.	VfB Lübeck	0:2 (0:1)
07.04.2019	VfL Oldenburg	FC St. Pauli II	1:4 (1:0)

30. Spieltag
Datum	Heim	Gast	Ergebnis
12.04.2019	Drochtersen/Assel	Lüneburger SK H.	1:1 (0:0)
13.04.2019	Hannover 96 II	VfL Oldenburg	4:1 (1:1)
13.04.2019	SC Weiche 08	TSV Havelse	1:2 (0:2)
13.04.2019	BSV SW Rehden	VfB Lübeck	0:3 (0:2)
13.04.2019	SSV Jeddeloh	Eintr. Norderstedt	1:1 (1:1)
14.04.2019	FC St. Pauli II	Holstein Kiel II	1:0 (1:0)
14.04.2019	VfB Oldenburg	Hamburger SV II	0:1 (0:1)
14.04.2019	USI Lupo-Martini	VfL Wolfsburg II	0:5 (0:4)
14.04.2019	Egestorf/Langr.	Werder Bremen II	0:1 (0:0)

31. Spieltag
Datum	Heim	Gast	Ergebnis
26.04.2019	VfL Wolfsburg II	FC St. Pauli II	2:0 (0:0)
26.04.2019	VfB Lübeck	Drochtersen/Assel	1:1 (1:1)
27.04.2019	Hamburger SV II	SSV Jeddeloh	1:1 (1:1)
27.04.2019	Werder Bremen II	BSV SW Rehden	1:2 (1:0)
27.04.2019	Holstein Kiel II	Hannover 96 II	1:1 (1:0)
28.04.2019	Eintr. Norderstedt	USI Lupo-Martini	4:1 (3:0)
28.04.2019	TSV Havelse	VfB Oldenburg	3:0 (1:0)
28.04.2019	Lüneburger SK H.	SC Weiche 08	1:3 (0:2)
28.04.2019	VfL Oldenburg	Egestorf/Langr.	4:3 (0:1)

32. Spieltag
Datum	Heim	Gast	Ergebnis
03.05.2019	Werder Bremen II	VfB Lübeck	0:2 (0:0)
03.05.2019	BSV SW Rehden	VfL Oldenburg	3:0 (1:0)
04.05.2019	Hannover 96 II	VfL Wolfsburg II	1:1 (0:0)
04.05.2019	SC Weiche 08	Drochtersen/Assel	2:0 (0:0)
04.05.2019	SSV Jeddeloh	TSV Havelse	3:1 (1:1)
05.05.2019	FC St. Pauli II	Eintr. Norderstedt	2:3 (1:1)
05.05.2019	USI Lupo-Martini	Hamburger SV II	1:1 (1:1)
05.05.2019	VfB Oldenburg	Lüneburger SK H.	1:2 (0:1)
05.05.2019	Egestorf/Langr.	Holstein Kiel II	1:3 (0:2)

33. Spieltag
Datum	Heim	Gast	Ergebnis
10.05.2019	SC Weiche 08	VfB Lübeck	0:0 (0:0)
10.05.2019	Drochtersen/Assel	VfB Oldenburg	0:1 (0:0)
11.05.2019	Holstein Kiel II	BSV SW Rehden	1:3 (1:3)
11.05.2019	VfL Wolfsburg II	Egestorf/Langr.	4:2 (3:0)
12.05.2019	Eintr. Norderstedt	Hannover 96 II	0:2 (0:1)
12.05.2019	TSV Havelse	USI Lupo-Martini	2:1 (1:1)
12.05.2019	VfL Oldenburg	Werder Bremen II	1:0 (0:0)
12.05.2019	Lüneburger SK H.	SSV Jeddeloh	2:1 (1:1)
12.05.2019	Hamburger SV II	FC St. Pauli II	2:1 (2:0)

34. Spieltag
Datum	Heim	Gast	Ergebnis
17.05.2019	Werder Bremen II	Holstein Kiel II	3:2 (1:0)
18.05.2019	Hannover 96 II	Hamburger SV II	1:1 (0:1)
18.05.2019	BSV SW Rehden	VfL Wolfsburg II	1:1 (1:1)
18.05.2019	VfB Lübeck	VfL Oldenburg	5:2 (3:0)
19.05.2019	VfB Oldenburg	SC Weiche 08	3:4 (2:0)
19.05.2019	USI Lupo-Martini	Lüneburger SK H.	1:2 (1:0)
19.05.2019	FC St. Pauli II	TSV Havelse	2:3 (1:2)
19.05.2019	Egestorf/Langr.	Eintr. Norderstedt	1:3 (0:1)
19.05.2019	SSV Jeddeloh	Drochtersen/Assel	3:3 (2:1)

SV Werder Bremen von 1899 II

Anschrift:
Franz-Böhmert-Straße 1 c
28205 Bremen
Telefon: (04 21) 4 34 59 23 50
eMail: info@werder.de
Homepage: www.werder.de

Vereinsgründung: 04.02.1899 als FV Werder Bremen, 19.01.1920 Umbenennung in SV Werder Bremen

Vereinsfarben: Grün-Weiß
Geschäftsf. NWLZ: Dr. H. Hess-Grunewald
Leiter NWLZ: Björn Schierenbeck

Stadion: Weserstadion Platz 11 (5.500)

Größte Erfolge: Deutscher Amateurmeister 1966, 1985 und 1991; Meister der Amateur-Oberliga Nord 1982 und 1984; Bremer Meister 1957, 1962, 1967, 1968 und 1976 (↑); Meister der Regionalliga Nord 2015 (↑)

Aufgebot:

Name, Vorname	Pos	geb. am	Nat.	seit	2018/19 Sp.	2018/19 T.	gesamt Sp.	gesamt T.	frühere Vereine
Barry, Boubacar	M	15.04.1996	D	2017	10	2	10	2	Karlsruher SC, SV Sandhausen, SVK Beiertheim
Bartels, Fin	S	07.02.1987	D	2014	2	1	2	1	FC St. Pauli, FC Hansa Rostock, Holstein Kiel, SpVg Eidertal Molfsee, TSV Russee
Beijmo, Felix	A	31.01.1998	SWE	2018	3	0	3	0	Djurgardens IF, IF Brommapojkarna, Ängby IF
van den Berg, Bennet	S	04.05.1999	D	2017	4	0	4	0	VfL Osnabrück, FC Twente Enschede, 1. FC Rasensport 09 Bramsche
Beste, Jan-Niklas	A	04.01.1999	D	2018	28	2	28	2	Borussia Dortmund, Hammer SpVg, VfL Mark
Bitter, Joshua	A	01.01.1997	D	2018	21	2	43	3	FC Schalke 04, FC Rot-Weiß Dorsten
Bünning, Lars	A	27.02.1998	D	2015	13	0	13	0	JFV Ahlerstedt/Ottendorf/Heeslingen, SpVgg Ahlerstedt/Ottendorf
Canbaz, Ahmet	M	27.04.1998	TUR	2019	10	0	49	13	Eintracht Braunschweig, Hannover 96, SV Borussia Hannover
Dietz, Florian	S	03.08.1998	D	2018	23	3	31	5	FC Carl Zeiss Jena, TSV Großbardorf, FC Schwarz-Weiß Strahlungen
Dos Santos Haesler, Eduardo	T	10.02.1999	BRA	2018	20	0	20	0	MSV Duisburg, 1. FC Mönchengladbach, Rot-Weiss Essen, Borussia Mönchengladbach, FC Hennef 05, Dollendorfer SV Königswinter
Duffner, Tobias	T	05.12.1983	D	2010	1	0	19	0	SpVgg Ahlerstedt/Ottendorf, BSV Kickers Emden, TuRU Düsseldorf, VfR Neumünster, Brinkumer SV, Holstein Kiel, SC Weyhe, TSV Meyenburg, SV Werder Bremen, VfB Oldenburg, TS Woltmershausen
Groß, Christian	M	08.02.1989	D	2018	30	9	132	17	VfL Osnabrück, VfL Sportfreunde Lotte, SV Babelsberg 03, Hamburger SV, VfL Osnabrück, BV Cloppenburg, SC Sternbusch
Hoppe, Jan-Pelle	M	07.06.1999	D	2011	5	0	14	5	VfL Oldenburg
Jacobsen, Thore	A	19.04.1997	D	2015	10	1	10	1	Hamburger SV, TSV Nahe
Johannsson, Aron	S	10.11.1990	USA	2015	2	0	2	0	Alkmaar Zaanstreek, Aarhus GF, Ungmennafelagid Fjölnir, Breidablik UBK, Ungmennafelagid Fjölnir
Kaffenberger, Marco	A	09.07.1996	D	2017	11	0	57	0	SV Stuttgarter Kickers, Eintracht Braunschweig, FSV Frankfurt, 1. FC Kaiserslautern, SV Darmstadt 98, KSV Reichelsheim
Karbstein, Malte	A	30.01.1998	D	2018	13	2	46	4	FC Energie Cottbus, Märkischer SV 1919 Neuruppin
Käuper, Ole	M	09.01.1997	D	2005	3	0	3	0	ATSV Sebaldsbrück
Manneh, Ousman	S	10.03.1997	GAM	2015	0	0	3	0	Blumenthaler SV, Gambia RUSH Soccer Academy
Mbom, Jean-Manuel	M	24.02.2000	D	2013	23	1	23	1	JFV Göttingen, Bovender SV
Osabutey, Jonah	S	08.10.1998	GHA	2017	27	12	27	12	Tema Youth FC
Plautz, Justin	A	09.04.1999	D	2010	11	0	11	0	FC Hude
Plogmann, Luca	T	10.03.2000	D	2007	13	0	13	0	Habenhauser FV
Rieckmann, Julian	A	01.08.2000	D	2013	25	1	25	1	JFV Ashausen-Scharmbeck/Pattensen, SG Elbdeich
Ronstadt, Frank	A	21.07.1997	D	2018	30	0	83	4	Hamburger SV, FC St. Pauli
Sargent, Joshua	S	20.02.2000	USA	2018	12	7	12	7	IMG Academy Bradenton, St. Louis Scott Gallagher SC
Schumacher, Kevin	S	24.12.1997	D	2018	26	4	91	15	1. FC Germania Egestorf/Langreder, SpVgg Bad Pyrmont, SV Blau-Weiß Salzhemmendorf
Straudi, Simon	M	27.01.1999	ITA	2016	15	1	15	1	FC Südtirol
Vollert, Jannes	A	21.01.1998	D	2013	13	0	13	0	Holstein Kiel, TuS Jevenstedt
Wagner, Fridolin	M	23.09.1997	D	2018	32	3	68	6	FSV Zwickau, RasenBallsport Leipzig, 1. FC Lok Leipzig
Wasmus, Leander-Simon	M	01.05.1997	D	2011	0	0	0	0	MTV Treubund Lüneburg
Young, Isaiah	S	30.03.1998	USA	2017	26	2	26	2	Players Development Academy
Zwetsloot, Trevor	M	16.10.1999	NZL	2017	1	0	1	0	IMG Academy Bradenton, East Coast Bays AFC

Trainer:

Name, Vorname	geb. am	Nat.	Zeitraum	Spiele 2018/19	frühere Trainerstationen
Hübscher, Sven	26.01.1979	D	05.02.18 – 30.06.19	34	SV Werder Bremen U17, FC Schalke 04 U17

Zugänge:
van den Berg, Hoppe, Plautz, Straudi und Zwetsloot (eigene Junioren), Beste (Borussia Dortmund Junioren), Bitter (FC Schalke 04 II), Dietz (FC Carl Zeiss Jena), Dos Santos Haesler (MSV Duisburg Junioren), Groß (VfL Osnabrück), Ronstadt (Hamburger SV II), Schumacher (1. FC Germania Egestorf/Langreder).
während der Saison:
Canbaz (Eintracht Braunschweig), Karbstein (FC Energie Cottbus).

Abgänge:
Eggersglüß (SC Rot-Weiß Oberhausen), Eilers (PAE Apollon Smyrnis), Jensen und Kruska (F91 Düdelingen), Kazior (Laufbahn beendet), Krol (Holstein Kiel II), Oelschlägel (Borussia Dortmund), Pfitzner (Eintracht Braunschweig II), Rosin (VfL Sportfreunde Lotte), Schmidt (SV Wehen Wiesbaden), Touré (Juventus FC), Verlaat (SV Sandhausen), Volkmer (SSV Jahn Regensburg).
während der Saison:
Hoppe (Chemnitzer FC).

SpVgg Drochtersen/Assel

Anschrift:
Gauensieker Str. 36
21706 Drochtersen
Telefon: (0 41 41) 9 54 00
eMail: sv.d-a@t-online.de
Homepage: www.sv-drochtersen-assel.com

Vereinsgründung: 19.04.1977 durch Fusion der Fußballabteilungen von TV Germania Drochtersen und des VTV Assel
Vereinsfarben: Blau-Rot
Vorsitzender: Rigo Gooßen
Manager: Rigo Gooßen

Stadion: Kehdinger Stadion (3.000)

Größte Erfolge: Meister der Bezirksober-/Landesliga Lüneburg 1990 (↑) und 2012 (↑); Meister der Oberliga Niedersachsen 2015 (↑); Pokalsieger Niedersachsen 2016 und 2019

Aufgebot:

Name, Vorname	Pos	geb. am	Nat.	seit	2018/19 Sp.	T.	gesamt Sp.	T.	frühere Vereine
Andrijanic, Marcel	M	21.10.1992	BIH	2017	30	7	169	21	TuS Erndtebrück, SV Rödinghausen, KSV Hessen Kassel, FC St. Pauli, Hamburger SV, TuS Germania Schnelsen
Behrmann, Sören	A	20.02.1990	D	2010	22	2	69	4	Eintracht Braunschweig, SpVgg Drochtersen/Assel, SpVgg Ahlerstedt/Ottendorf, SpVgg Drochtersen/Assel
Edeling, Jan-Ove	M	10.09.1993	D	2018	25	2	86	10	Altonaer FC 93, TSG Neustrelitz, SC Victoria Hamburg, SV Ramlingen/Ehlershausen, JSG Wedemark, SC Langenhagen, Heeßeler SV
Elfers, Jannes	A	11.10.1995	D	2007	13	2	76	6	TSV Großenwörden
El-Saleh, Hassan	A	13.01.1997	D	2018	12	0	28	1	VfL Wolfsburg, SG Düngen/Heinde, SG Nordstadt Hildesheim
Fiks, Dimitri	M	27.10.1990	D	2016	24	1	57	4	SpVgg Ahlerstedt/Ottendorf, Brinkumer SV, SpVgg Ahlerstedt/Ottendorf, TSV Wiepenkathen
Giwah, Liam	A	14.01.2000	D	2017	9	0	9	0	JFV Ahlerstedt/Ottendorf/Heeslingen, FC St. Pauli
Gooßen, Jasper	M	17.11.1995	D	2001	22	5	100	14	eigene Junioren
Hadaschik, Niklas	M	10.09.1999	D	2018	6	0	6	0	FC Erzgebirge Aue, RasenBallsport Leipzig, 1. FC Lok Leipzig
Hermandung, Till	M	10.10.1997	D	2018	26	3	39	4	SVgg 07 Elversberg, SC Freiburg, SV Eintracht Trier 05, SV Mehring, VfL Nastätten
Ioannou, Oliver	M	06.04.1989	D	2015	25	1	170	10	Lüneburger SK Hansa, FC Bergedorf 85, Hannover 96, ASV Bergedorf 85, SC Vier- und Marschlande, SV Nettelnburg-Allermöhe, VfB Lübeck, Hamburger SV
Jung, Sung-Hyun	S	20.05.1995	KOR	2018	29	5	29	5	FC Oberneuland, Bremer SV
Klee, Meikel	A	27.02.1988	D	2010	15	0	91	0	TuS Güldenstern Stade, TuS Heeslingen
Kleine, Eyke-Hendrik	A	15.09.1995	D	2018	22	0	43	0	SV Eichede, SV Curslack-Neuengamme, MTV Treubund Lüneburg
Klinkmann, Fabian	T	20.01.1997	D	2018	4	0	31	0	VfB Oldenburg, JFV Nordwest, SV Werder Bremen, VfL Stade
Lüders, Janosch	S	22.03.2001	D	2012	2	0	2	0	FC Oste/Oldendorf
Nagel, Florian	M	13.03.1992	D	2014	25	1	142	21	KSV Hessen Kassel, SV Werder Bremen, SpVgg Drochtersen/Assel, SV Werder Bremen, TSV Wiepenkathen, VfL Stade
Neumann, Alexander	S	13.08.1989	D	2014	28	9	199	68	BSV Schwarz-Weiß Rehden, TSV Ottersberg, VfL Bochum, SV Werder Bremen, TSV Verden, TSV Uesen
Pini, Erdogan	S	06.01.1992	MKD	2017	11	1	184	40	FC Anker Wismar 1997, SV Wacker Burghausen, FC St. Pauli, VfL Wolfsburg, FC St. Pauli, FC Eintracht Norderstedt, SC Concordia Hamburg
Quack, Julian	T	29.05.2000	D	2018	0	0	0	0	JFV Ahlerstedt/Ottendorf/Heeslingen, SpVgg Ahlerstedt/Ottendorf
Reichardt, Max	S	13.03.2001	D	2007	4	0	4	0	eigene Junioren
von der Reith, Nico *	A	14.06.1993	D	1999	25	3	113	18	eigene Junioren
Rogowski, Laurens	A	18.01.1994	D	2016	23	0	126	0	FC St. Pauli, TSV Glinde
Schuhmann, Marco	A	15.09.1994	D	2019	6	0	73	0	Union Titus Pétange, SpVgg Drochtersen/Assel, Lüneburger SK Hansa, FC Anker Wismar 1997, ZFC Meuselwitz, Lüneburger SK Hansa, MTV Treubund Lüneburg, Lüneburger SK, VfL Bleckede
Siefkes, Patrick	T	12.01.1990	D	2015	30	0	146	0	FSV Wacker 90 Nordhausen, FC Carl Zeiss Jena, 1. FC Magdeburg, Hallescher FC, FC Grün-Weiß Piesteritz, SV Dessau 05
Stöhr, Julian	A	23.02.1998	D	2018	21	1	39	1	SV Werder Bremen, SV Sportfreunde Larrelt, SV Leezdorf
Winkelmann, Marius	M	21.11.1990	D	2016	4	0	226	25	VfB Oldenburg, BSV Schwarz-Weiß Rehden, VfB Oldenburg, VfB Lübeck, FC Oberneuland, SC Weyhe, TV Oyten
Zöpfgen, Sven	M	25.08.1989	D	2014	5	1	64	2	SV Curslack-Neuengamme, ASV Bergedorf 85, SC Vier- und Marschlande

Trainer:

Name, Vorname	geb. am	Nat.	Zeitraum	Spiele 2018/19	frühere Trainerstationen
Uder, Lars	26.02.1982	D	01.07.2018 – lfd.	34	Luxemburg U15, SV Eintracht Trier 05 U17

Zugänge:
Edeling (Altonaer FC 93), El-Saleh (VfL Wolfsburg II), Hadaschik (FC Erzgebirge Aue Junioren), Hermandung (SVgg 07 Elversberg), Jung (FC Oberneuland), Kleine (SV Eichede), Klinkmann (VfB Oldenburg).
während der Saison:
Schuhmann (Union Titus Pétange).

Abgänge:
Berner (TuS Harsefeld), Brunsch, Trapp (SpVgg Ahlerstedt/Ottendorf), Gierke und Grahle (VfL Lüneburg), Kühn (VfL Osnabrück), Schuhmann (Union Titus Pétange), Serra (SV Rödinghausen).
während der Saison:
Winkelmann (TV Oyten).

* vormals Nico Mau; Namensänderung durch Heirat am 23.04.2019

1. FC Germania Egestorf/Langreder

Anschrift:
Ammerke 1
30890 Barsinghausen
Telefon: (0 51 05) 8 48 28
eMail: info@1fc-germania.de
Homepage: www.1fc-germania.de

Vereinsgründung: 16.03.2001 Fusion der Fußballabteilunden des TSV Egestorf und des TSV Langreder
Vereinsfarben: Schwarz-Rot-Weiß
Präsident: Ralf Dismer
Schatzmeister: Andreas Nikolai
Stadion: Stadion an der Ammerke (3.000)

Größte Erfolge: Meister der Landesliga Hannover 2012 (↑); Aufstieg in die Regionalliga Nord 2016; Teilnahme am DFB-Pokal 2016

Aufgebot:

Name, Vorname	Pos	geb. am	Nat.	seit	2018/19 Sp.	T.	gesamt Sp.	T.	frühere Vereine
Baar, Sebastian	M	03.02.1995	D	2012	6	0	52	5	TSV Havelse, Hannover 96, TSV Havelse, TSV Isernhagen, Hannover 96, TSV Bemerode
Behnsen, Dominik	M	06.01.1997	D	2013	25	3	73	5	JFV Calenberger Land, 1. FC Germania Egestorf/Langreder, TSV Havelse, JFC Börde 07, VSV Hohenbostel
Beismann, Christoph	S	03.02.1987	D	2014	25	4	210	50	TSV Havelse, VfL Wolfsburg, FC Eintracht Northeim, SVG Einbeck 05, Eintracht Braunschweig, SVG Einbeck 05, MTV Markoldendorf
Berg, Nico	S	25.11.2000	D	2018	3	0	3	0	Hannover 96, VfL Bückeburg, TuS Jahn Lindhorst, Beckedorfer SV
Dismer, Mirko	A	02.07.1990	D	2008	28	0	83	0	TSV Havelse, 1. FC Germania Egestorf/Langreder, TSV Egestorf
Dösemeci, Zeki	M	19.07.1996	D	2018	25	1	25	1	SV Arminia Hannover, 1. FC Wunstorf, JFV Calenberger Land, 1. FC Wunstorf
Engelking, Torben	S	28.06.1996	D	2012	30	8	92	21	JFV Calenberger Land, 1. FC Germania Egestorf/Langreder, TSV Havelse, VfL Bad Nenndorf
Gaida, Robin	A	23.05.1995	D	2012	23	0	87	6	TSV Havelse, HSC Blau-Weiß Schwalbe Tündern, TSV Nettelrede
Homeier, Jos	S	08.05.1997	D	2017	32	5	33	5	TSV Nettelrede
Ilic, Marko	A	31.05.1999	D	2016	19	0	19	0	JFV Calenberger Land, Hannoverscher SC, SC Langenhagen, SV Arminia Hannover
Ngongang, Stephane	M	01.09.1999	GAB	2017	15	1	15	1	JFV Calenberger Land, Missile FC
Novotny, Lennart	S	28.10.1998	D	2017	28	1	28	1	JFV Calenberger Land, Heeßeler SV
Oelmann, Yannick	A	02.12.1991	D	2010	12	0	37	0	SV Gehrden, TSV Barsinghausen, SV Gehrden
Oltrogge, Jannik	M	24.05.1995	D	2012	11	0	38	1	TSV Havelse, VfL Bad Nenndorf
Paldino, Lorenzo	S	12.09.1999	D	2017	7	1	7	1	JFV Calenberger Land, Hannoverscher SC
Schlömer, Marvin	A	16.04.1996	D	2017	14	1	29	1	TSV Kirchdorf, TSV Barsinghausen, FC Hansa Rostock, FC Rot-Weiß Erfurt, TSV Kirchdorf
Schötteldreier, Ole	T	06.08.1997	D	2013	14	0	16	0	JFV Calenberger Land, TSV Havelse, TuS Germania Apelern
Siegert, Joshua	M	27.06.1994	D	2012	30	0	83	2	TSV Barsinghausen, 1. FC Germania Egestorf/Langreder, TSV Egestorf
Stieler, Marvin	M	12.07.1989	D	2013	32	7	92	16	TuS Celle FC, SC Langenhagen, MTV Eintracht Celle, SV Eintracht Celle, TuS Celle FC, MTV Celle
Straten-Wolf, Markus	T	10.03.1989	D	2014	20	0	133	0	TSV Havelse, SC Langenhagen, TSV Isernhagen, TuS Altwarmbüchen, Steller SV Kirchhorst
Teichgräber, Niklas	A	07.02.1996	D	2017	31	1	102	2	Hannover 96, VfV Borussia 06 Hildesheim, Hannover 96, VSV Hohenbostel
Tigrinho (Gean Rodrigo Baumgratz)	S	19.12.1994	BRA	2019	8	0	8	0	SC Hemmingen-Westerfeld, TSV Burgdorf, SER AJAP Força Livre
Waldschmidt, Marek	A	10.07.1990	D	2008	16	2	73	5	TSV Havelse, 1. FC Germania Egestorf/Langreder, TSV Egestorf
Wiechens, Justin	S	15.07.1999	D	2015	20	1	20	1	VSV Benthe

Trainer:

Name, Vorname	geb. am	Nat.	Zeitraum	Spiele 2018/19	frühere Trainerstationen
Zimmermann, Jan und	05.10.1979	D	01.07.11 – 24.10.18	14	—
Jansen, Jens	05.03.1976	D	25.10.18 – 27.10.18	1	—
Nieber, Paul	16.01.1988	D	28.10.18 – lfd.	19	JFV Calenberger Land, FC Springe Jugend, Hannover 96 Jugend, TuSpo Bad Münder Jugend

Zugänge:
Dösemeci (SV Arminia Hannover), Ilic, Ngongang, Paldino und Wiechens (JFV Calenberger Land).
während der Saison:
Tigrinho (SC Hemmingen-Westerfeld).

Abgänge:
Baßler (Laufbahn beendet), Lindemann (SSV Jeddeloh), Schikora (FC Viktoria 1889 Berlin LT), Schumacher (SV Werder Bremen II), Weydandt (Hannover 96 II).

Sport Club Weiche Flensburg 08

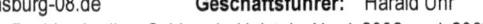

Anschrift:
Bredstedter Straße 2
24941 Flensburg
Telefon: (04 61) 9 23 30
eMail: sc-weiche-flensburg-08@t-online.de
Homepage: www.weiche-flensburg-08.de

Vereinsgründung: 01.07.2017 durch Fusion von Eisenbahner TSV Flensburg-Weiche von 1930 und Flensburger SVgg 08
Vereinsfarben: Blau-Weiß-Rot
1. Vorsitzender: Hans-Ludwig Suhr
Geschäftsführer: Harald Uhr
Stadion: Manfred-Werner-Stadion (4.000)

Größte Erfolge: Meister der Bezirksoberliga Schleswig-Holstein Nord 2002 und 2007 (↑); Meister der Verbandsliga Schleswig-Holstein Nord-West 2009 (↑); Aufstieg in die Regionalliga Nord 2012 (alle als ETSV Weiche); Meister der Regionalliga Nord 2018

Aufgebot:

Name, Vorname	Pos	geb. am	Nat.	seit	2018/19 Sp.	T.	gesamt Sp.	T.	frühere Vereine
Drews, Jannik	S	30.12.1994	D	2017	2	0	26	1	ETSV Weiche, SV Frisia 03 Risum-Lindholm, TSV Viktoria Risum-Maasbüll
Empen, Nico	S	11.01.1996	D	2017	25	9	119	29	FC St. Pauli, Holstein Kiel, Rödemisser SV, Husumer SVgg
Hartmann, Dominic	M	20.08.1992	D	2017	32	4	140	26	VfV Borussia 06 Hildesheim, VfB Lübeck, Hannover 96, VfV Borussia 06 Hildesheim
Hasanbegovic, Nedim	M	22.04.1988	BIH	2017	20	2	174	14	ETSV Weiche, VfB Lübeck, SC Rot-Weiß Oberhausen, Borussia Dortmund, FC Schalke 04, Holstein Kiel, FC Kilia Kiel, SV Hammer 89
Ibekwe, Marvin	S	11.10.1991	D	2018	28	10	134	21	VfV Borussia 06 Hildesheim, TSV Havelse, Eintracht Braunschweig, SC Langenhagen, SV Arminia Hannover
Ilídio (Ilídio Pastor Santos)	S	26.01.1992	BRA	2017	29	1	159	6	ETSV Weiche, Associacao Atlética Portuguesa, Fluminense FC
Isitan, Gökay	M	20.02.1992	TUR	2018	29	9	110	32	VfB Lübeck, Lüneburger SK Hansa, Goslarer SC 08, Konya Anadolu Selcukspor, Hacettepe SK, Kastamonuspor, Hacettepe SK, DSC Arminia Bielefeld, MSV Duisburg, Hamburger SV, FC St. Pauli
Jürgensen, Christian	A	06.04.1985	D	2017	20	7	229	23	ETSV Weiche, Holstein Kiel, Flensburger SVgg 08, Dansk GF Flensborg, TSB Flensburg, SSV Schafflund
Keller, Joël	A	06.03.1995	SUI	2018	14	1	90	11	FC St. Pauli, 1. FC Nürnberg, FC Basel, FC Hägendorf
Kirschke, Florian	T	24.05.1992	D	2017	31	0	201	0	ETSV Weiche, FC St. Pauli, Hamburger SV
Kroiß, Leon Pascal	A	25.10.1996	D	2019	1	0	18	0	University of Charleston, Cincinnati Dutch Lions FC, University of Charleston, ETSV Weiche, Hamburger SV, Altonaer FC 93
Meyer, Florian	M	14.07.1987	D	2017	24	1	158	26	ETSV Weiche, Holstein Kiel, Preetzer TSV, TSV Lütjenburg, VfL Schwartbuck, TuS Schwarz-Weiß Elmschenhagen
Njie, Kevin	A	18.04.1996	GAM	2018	25	0	58	1	BSV Schwarz-Weiß Rehden, 1. FC Heidenheim, SGV Freiberg/N., SV Stuttgarter Kickers, TSF Ditzingen, TSV Schwieberdingen
Noël, Gary	S	07.03.1990	MRI	2018	17	5	74	33	VfB Lübeck, First Vienna FC, SKN St. Pölten, SV Schwechat, FC Admira Wacker Mödling, Lewes FC, Carshalton Athletic FC, Thurrock FC, Croydon Athletic FC, Harrow Borough FC, Dulwich Hamlet FC, Millwall FC
Ostermann, Hendrik	A	10.01.1989	D	2017	11	0	135	4	ETSV Weiche, FT Eider Büdelsdorf, Büdelsdorfer TSV, MTSV Hohenwestedt
Ostermann, Jannick	M	10.01.1989	D	2017	21	1	142	12	ETSV Weiche, FT Eider Büdelsdorf, Büdelsdorfer TSV, Holstein Kiel, MTSV Hohenwestedt
Paetow, Torge	A	14.08.1995	D	2017	33	2	123	6	VfR Aalen, ETSV Weiche, Holstein Kiel, FC Angeln 02, TSV Hattstedt
Pläschke, Jannis	M	06.02.1993	D	2017	6	0	120	4	ETSV Weiche, VfL Wolfsburg, Hannover 96, Eintracht Braunschweig, VfR Osterode, FC Zellerfeld, TuS Clausthal-Zellerfeld
Safo-Mensah, Benjamin	A	26.05.1996	D	2017	0	0	24	0	ETSV Weiche, Hamburger SV, FC St. Pauli, SC Concordia Hamburg
Schulz, Kevin	M	01.07.1988	D	2017	19	6	195	35	ETSV Weiche, VfR Neumünster, VfB Lübeck, Holstein Kiel, Büdelsdorfer TSV, Eckernförder SV, Eckernförder MTV
Straub, Raphael	T	27.12.1994	D	2017	3	0	7	0	ETSV Weiche, FC Energie Cottbus, Offenburger FV, FV Lörrach-Brombach, 1. FC Grenzach
Thomsen, Patrick	A	20.07.1990	D	2017	28	1	210	14	ETSV Weiche, 1. Schleswiger SV 06, TSB Flensburg, FC Tarp-Oeversee
Walter, Jonas	A	31.10.1990	D	2017	21	0	188	24	ETSV Weiche, 1. Schleswiger SV 06, Holstein Kiel, 1. Schleswiger SV 06
Wirlmann, Finn	M	18.07.1996	D	2017	14	1	39	1	ETSV Weiche, Holstein Kiel, Büdelsdorfer TSV, FC Fockbek, SV Grün-Weiß Todenbüttel
Wulff, Tim	S	20.06.1987	D	2017	17	4	229	68	ETSV Weiche, Holstein Kiel, Büdelsdorfer TSV, Rendsburger TSV, TuS Rotenhof

Trainer:

Name, Vorname	geb. am	Nat.	Zeitraum	Spiele 2018/19	frühere Trainerstationen
Jurgeleit, Daniel	15.12.1963	D	01.07.2017 – lfd.	34	ETSV Weiche, FC Elmshorn, VfR Horst, Holstein Kiel

Zugänge:
Ibekwe (VfV Borussia 06 Hildesheim), Isitan und Noël (VfB Lübeck), Keller (FC St. Pauli II), Njie (BSV Schwarz-Weiß Rehden).
während der Saison:
Kroiß (University of Charleston).

Abgänge:
Arndt (Husumer SVgg), Can (FC Eintracht Norderstedt), Ebot-Etchi (VfL Sportfreunde Lotte), Guder (SV Wehen Wiesbaden), Kleihs (FC Würzburger Kickers), Sykora (Laufbahn beendet).
während der Saison:
Safo-Mensah (Altonaer FC 93).

Hamburger SV II

Anschrift:
Sylvesterallee 7
22525 Hamburg
Telefon: (0 40) 41 55 18 87
eMail: info@hsv.de
Homepage: www.hsv.de

Vereinsgründung: 29.09.1887 als SC Germania; 02.06.1919 Fusion mit Hamburger SV 1888 (Beitritt FC Falke am 12.05.1919) zum HSV; 26.05.2014 Ausgliederung Leistungsfußball

Vereinsfarben: Blau-Weiß-Schwarz
Leiter NWLZ: Dr. Dieter Gudel
Team-Manager: Jochen Langbein

Stadion:
Wolfgang-Meyer-Sportanlage (1.318)

Größte Erfolge: Hamburger Meister 1986, 1987 und 1989 (↑); Meister der Oberliga Hamburg/Schleswig-Holstein 2002 (↑); Pokalsieger Hamburg 1991, 1996 und 1997; Teilnahme am DFB-Pokal 1974, 1981, 1991, 1996 und 1997

Aufgebot:

Name, Vorname	Pos	geb. am	Nat.	seit	2018/19 Sp.	T.	gesamt Sp.	T.	frühere Vereine
Ambrosius, Stephan Kofi	A	18.12.1998	D	2012	15	0	35	1	FC St. Pauli, ESV Einigkeit Wilhelmsburg
Arp, Jann-Fiete	S	06.01.2000	D	2010	7	3	7	3	SV Wahlstedt
Behounek, Jonas	A	17.05.1998	D	2012	25	4	55	8	FC Eintracht Norderstedt, Kaltenkirchener TS
Behrens, Morten	T	01.04.1997	D	2013	21	0	63	0	VfB Lübeck, SV Schwarz-Weiß Westerrade
Cyriacks, Dominic	M	15.02.1999	D	2017	11	1	11	1	SV Werder Bremen, TSV Dauelsen
David, Jonas	M	08.03.2000	D	2014	19	1	19	1	FC Eintracht Norderstedt
Drawz, Marco	S	30.01.1999	POL	2010	8	1	8	1	SV Wahlstedt
Ferati, Arianit	M	07.09.1997	D	2018	13	3	33	8	FC Erzgebirge Aue, Fortuna Düsseldorf, VfB Stuttgart, SV Stuttgarter Kickers, SC Weinstadt, TSV Großheppach
Geißen, Maximilian	M	03.03.1999	D	2014	29	0	29	0	Niendorfer TSV
Giese, Henrik	A	25.03.1989	D	2017	10	0	164	10	KSV Hessen Kassel, FC Viktoria Köln, VfR Neumünster, Heikendorfer SV, TSV Klausdorf
Gmeiner, Fabian	A	27.01.1997	AUT	2017	24	0	48	3	NEC Nijmegen, VfB Stuttgart, AKA Vorarlberg, Dornbirner SV
Golz, Jakob	T	16.08.1998	D	2009	9	0	9	0	FC Eintracht Norderstedt, SC Alstertal-Langenhorn, PTSV Jahn Freiburg
Haut, Sebastian	M	23.01.1996	D	2011	13	0	99	0	TSV Siems, Sport und Freizeit Herrnburg
Huber, Justin	S	29.05.1999	D	2018	12	0	12	0	SG Dynamo Dresden, Sportfreunde Siegen, SG 06 Betzdorf
Isermann, Torben	A	03.01.1999	D	2014	0	0	0	0	MTSV Hohenwestedt
Ito, Tatsuya	S	26.06.1997	JPN	2015	3	0	31	1	Kashiwa Reysol
Jatta, Bakery	M	06.06.1998	GAM	2016	11	1	37	20	
Knost, Tobias-Mbunjiro	A	08.05.2000	D	2014	3	0	3	0	Tennis Borussia Berlin, Lichterfelder FC1892, SV Adler Berlin
Köhlert, Mats	S	02.05.1998	D	2013	24	5	56	6	FC St. Pauli, FC Eintracht Norderstedt, SC Sperber Hamburg
Kwame, Kusi	M	09.08.1989	GHA	2018	14	0	68	3	FC Rot-Weiß Erfurt, SC Fortuna Köln, VfR Neumünster, Holstein Kiel, Uhlenhorster SC Paloma, VfL Hamburg 93, Niendorfer TSV, Weiss-Blau Gross-Borstel 1963
Kwarteng, Moritz Broni	M	28.04.1998	D	2017	27	5	50	8	TSG 1899 Hoffenheim, RasenBallsport Leipzig, VfB Stuttgart, ASV Botnang
Kyeremeh, Michael	S	05.09.1998	D	2016	0	0	6	0	Hertha BSC
Lacroix, Leo	A	27.02.1992	SUI	2018	1	0	1	0	FC Basel, AS St.-Etienne, FC Sion, São Cristóvão FR, ES FC Malley LS, Team Vaud, US Sporting Arno, US Affrico, FC Lausanne-Sport
Mickel, Tom	T	19.04.1989	D	2015	1	0	134	0	SpVgg Greuther Fürth, Hamburger SV, FC Energie Cottbus, FC Lausitz Hoyerswerda
Mohssen, Khaled	M	10.01.1998	D	2009	25	3	32	3	ESV Einigkeit Wilhelmsburg
Moritz, Christoph	M	27.01.1990	D	2018	2	0	12	0	1. FC Kaiserslautern, 1. FSV Mainz 05, FC Schalke 04, TSV Alemannia Aachen, FC Viktoria Arnoldsweiler
Mundhenk, Leon	A	09.02.1997	D	2013	23	1	66	1	Niendorfer TSV, SV Hörnerkirchen
Opoku, Aaron	M	28.03.1999	D	2011	17	2	20	2	Hausbruch-Neugrabener TS
Pfeiffer, Patric	A	20.08.1999	D	2013	22	2	23	2	Bramfelder SV
Schauer, Bennett	T	25.04.1999	D	2010	3	0	3	0	TSV Kattendorf
Schneider, Niklas	A	07.05.1999	D	2018	5	0	5	0	SG Dynamo Dresden, RasenBallsport Leipzig, TuS Dessau-Kochstedt
Stark, Christian	S	18.02.1998	D	2010	26	7	58	10	FSV Hohe Luft Bad Hersfeld
Steinmann, Ville Matti	M	08.01.1995	D	2017	5	0	74	7	1. FSV Mainz 05, Chemnitzer FC, Hamburger SV, SV Preußen 09 Reinfeld, TSV Bargteheide
Storb, Patrick	A	19.03.1998	D	2013	20	0	38	1	JFV Steinburg 09, TSV Wacken
Ulbricht, Julian	S	16.06.1999	D	2015	5	1	6	1	FC St. Pauli
Vagnoman, Josha	A	11.12.2000	D	2010	7	1	7	1	Hummelsbütteler SV
Wintzheimer, Manuel	S	10.01.1999	D	2018	16	5	21	9	FC Bayern München, SpVgg Greuther Fürth, 1. FC Schweinfurt 05, 1. FC Arnstein

Trainer:

Name, Vorname	geb. am	Nat.	Zeitraum	Spiele 2018/19	frühere Trainerstationen
Weiß, Steffen	23.09.1988	D	12.03.18 – 30.06.19	34	Hallescher FC Junioren, SV Essel, FC Verden 04 Jugend, SG Germania Walsrode

Zugänge:
Cyriacks, Geißen, Isermann, Schauer und Ulbricht (eigene Junioren), Huber und Schneider (SG Dynamo Dresden Junioren), Kwame (FC Rot-Weiß Erfurt).

Abgänge:
van den Berg (SC Cambuur-Leeuwarden), Gouaida (SV Sandhausen), Hirzel (FC Vaduz), Knöll (1. FC Nürnberg), Njie (SC Victoria Hamburg), Ronstadt (SV Werder Bremen II), Seo (MSV Duisburg).

Hannoverscher SV von 1896 II

Anschrift:
Robert Enke-Straße 1
30169 Hannover
Telefon: (05 11) 96 90 09 6
eMail: info@hannover96.de
Homepage: www.hannover96.de

Vereinsgründung: 12.04.1896 als Hannoverscher SC 1896;
12.07.1913 Fusion mit dem BV Hannerovera 1898
Vereinsfarben: Schwarz-Weiß-Grün
Vorsitzender: Martin Kind
Sportl. Leiter NLZ: Michael Tarnat
Stadion: 96 - Das Stadion (2.800)

Größte Erfolge: Deutscher Amateurmeister 1960, 1964 und 1965; Niedersachsen-Meister 1960, 1964, 1965, 1966 und 1967; Pokalsieger Niedersachsen 1982; Teilnahme am DFB-Pokal 1966, 1976, 1981, 1982 und 2004; Meister der Niedersachsenliga West 2000 (↑) und 2003 (↑)

Aufgebot:

Name, Vorname	Pos	geb. am	Nat.	seit	2018/19 Sp.	T.	gesamt Sp.	T.	frühere Vereine
Aytun, Emre	A	26.01.2000	TUR	2006	1	0	1	0	TuS Wettbergen
Bähre, Mike-Steven	M	10.08.1995	D	2018	3	0	47	11	SV Meppen, Hannover 96, Hallescher FC, Hannover 96, TuS Garbsen
Baller, Tom	M	02.08.1998	D	2017	21	1	54	7	Borussia Mönchengladbach, Holstein Kiel
Bech, Uffe	S	13.01.1993	DEN	2018	7	5	12	5	SpVgg Greuther Fürth, Hannover 96, FC Nordsjaelland, Lyngby BK, Hellerup IK
Beckenbauer, Luca	A	17.08.2000	D	2018	1	0	1	0	FC Schalke 04, FC Bayern München
Dauter, Marc	M	22.03.1999	D	2018	15	0	15	0	RasenBallsport Leipzig, Tennis Borussia Berlin, ESV Lokomotive Elstal, VfL Nauen
Demir, Mete-Kaan	S	13.05.1998	TUR	2013	16	3	60	8	SV Weisenau Mainz, TSV Schott Mainz
Dierßen, Tim	M	15.01.1996	D	2007	23	1	128	11	SV Victoria Lauenau, DSC Feggendorf
Djordjevic, Milutin	M	20.03.1999	SRB	2016	13	0	13	0	RasenBallsport Leipzig
Emghames, Yousef	S	19.01.1998	D	2017	18	2	37	2	FC Bayern München, Hertha BSC, SV Tasmania Berlin
Gloster, Christopher	A	28.07.2000	USA	2018	16	0	16	0	New York Red Bulls, FC Jersey Galacticos, New Egypt Bohemians, Montclair United SC
Große, Mark	S	01.02.1999	AUT	2017	0	0	9	2	Linzer ASK, AKA Steiermark SK Sturm Graz
Gueye, Babacar	S	31.12.1994	SEN	2018	5	2	5	2	K. Sint-Truidense VV, SV Zulte Waregem, Hannover 96, ES Troyes AC, AS Dakar Sacré Coeur, AS Douanes
Hadzic, Benjamin	S	04.03.1999	BIH	2018	25	8	25	8	VfB Stuttgart, FC Bayern München, 1. FC Nürnberg
Hehne, Maurice	A	24.04.1997	D	2017	27	1	52	1	SV Werder Bremen, FC Carl Zeiss Jena, VfB 09 Pößneck
Marusenko, Nikita	M	12.02.1999	D	2009	30	4	30	4	Eigene Junioren
Morison, Jonas	A	10.01.1998	D	2013	11	0	21	0	VfL Wolfsburg, VfR Germania Ochtersum
Mustafa, Valdrin	S	11.03.1998	ALB	2019	13	3	13	3	1. FC Kaiserslautern, 1. FC Saarbrücken, JFG Saar-Halberg, JFG Saarlouis, Sportfreunde Rehlingen
Neiß, Justin	S	27.04.2000	D	2018	5	1	5	1	FC Schalke 04, DJK Wattenscheid
Pinkernelle, Marco	T	13.09.1992	D	2013	0	0	7	0	VfV Borussia 06 Hildesheim, Eintracht Braunschweig, TSV Havelse, SV Gehrden, SV Weetzen, SC Empelde
Prib, Edgar	M	15.12.1989	D	2013	1	2	38	8	SpVgg Greuther Fürth
Riegel, Moritz	M	21.12.1998	D	2011	13	2	27	3	Hannoverscher SC
Ritzka, Lars	A	07.05.1998	D	2014	26	2	54	3	TSV Limmer 1910
Rumpf, Jan-Luca	A	08.07.1999	D	2017	0	0	0	0	SV Wehen Wiesbaden, Eintracht Frankfurt, TSV Heringen
Sarenren Bazee, Noah-Joel	S	21.08.1996	NGA	2013	3	1	19	7	TSV Havelse, JFC Allertal, TuS Celle FC, SSV Südwinsen
Schulz, Christian	A	01.04.1983	D	2018	28	1	28	1	SK Sturm Graz, Hannover 96, SV Werder Bremen, TSV Bassum
Spohr, Fabio-Vincent	T	07.04.1998	D	2006	2	0	4	0	FC Stern Misburg
Springfeld, Maurice	A	13.05.1998	D	2005	24	1	37	1	Heeßeler SV
Stefandl, Marco	S	10.02.1998	D	2018	27	3	47	4	VfB Stuttgart, FC Bayern München, 1. FC Nürnberg, SpVgg Grün-Weiß Deggendorf 03, SpVgg Kirchdorf-Eppenschlag
Sündermann, Marlon	T	16.05.1998	D	2013	4	0	27	0	JFV Göttingen, RSV Göttingen 05
Tarnat, Niklas	M	26.05.1998	D	2018	32	0	60	1	FC Bayern München, Hannover 96
Weinkauf, Leo	T	07.07.1996	D	2018	28	0	71	0	FC Bayern München, SV Werder Bremen, VfL Oldenburg
Weydandt, Hendrik	S	16.07.1995	D	2018	2	1	58	28	1. FC Germania Egestorf/Langreder, TSV Groß Munzel, Sportfreunde Landringhausen
Wolf, Kevin	A	30.01.1996	D	2006	24	1	92	3	FSV Sarstedt
Zentler, Gianluca	M	09.02.1998	D	2013	2	0	3	0	TSC Eintracht Dortmund, SC Lüdenscheid 1998
Zimmermann, Marvin	M	24.04.1999	D	2018	2	0	2	0	TSV 1860 München, SV Stuttgarter Kickers, FSV Waiblingen, SC Weinstadt

Trainer:

Name, Vorname	geb. am	Nat.	Zeitraum	Spiele 2018/19	frühere Trainerstationen
Dabrowski, Christoph	01.07.1978	D	01.07.2018 – lfd.	34	Hannover 96 A-Junioren

Zugänge:
Dauter (RasenBallsport Leipzig Junioren), Djordjevic, Große, Marusenko und Rumpf (eigene Junioren), Gloster (New York Red Bulls), Hadzic (VfB Stuttgart Junioren), Schulz (SK Sturm Graz), Stefandl (VfB Stuttgart II), Weydandt (1. FC Germania Egestorf/Langreder), Zimmermann (TSV 1860 München Junioren).
während der Saison:
Mustafa (1. FC Kaiserslautern II).

Abgänge:
Arkenberg (Hallescher FC), Baar (SV Arminia Hannover), Brown (1. SC Znojmo FK), Epale Otto (CD Don Benito), Ernst (ZFC Meuselwitz), Hortum (Inegöl SK), Langer (FC Schalke 04 II), Mboob (ohne Verein), Stühmeier (SC Herford), Sulejmani (SV Waldhof Mannheim).
während der Saison:
Bähre (Barnsley FC), Bech (Bröndby IF), Demir (Eskisehirspor), Große (SpVgg Greuther Fürth II), Gueye (SC Paderborn 07), Rumpf (Sportfreunde Siegen).

TSV Havelse

Anschrift:
Hannoversche Straße 90-92
30823 Garbsen
Telefon: (0 51 37) 98 00 90 0
eMail: info@tsv-havelse.de
Homepage: www.tsv-havelse.de

Vereinsgründung: 05.08.1912 als FC Pelikan Havelse; 1923 Auflösung; 1929 Gründung TV Havelse, später TSV Havelse
Vereinsfarben: Rot-Weiß
1. Vorsitzender: Manfred Hörnschemeyer
Ligageschäftsf.: Stefan Pralle
Stadion: Wilhelm-Langrehr-Stadion (3.500)

Größte Erfolge: Meister der Oberliga Nord 1989; Teilnahme an der Aufstiegsrunde zur 2. Bundesliga 1989, 1990 (↑) und 1992; Meister der Oberliga Niedersachsen West 2010 (↑); Pokalsieger Niedersachsen 2012; Erreichen der 3. Runde im DFB-Pokal 1991

Aufgebot:

Name, Vorname	Pos	geb. am	Nat.	seit	2018/19 Sp.	T.	gesamt Sp.	T.	frühere Vereine
Bremer, Torge	M	06.09.1994	D	2018	30	3	92	6	TSV Steinbach, VfB Germania Halberstadt, 1. FC Magdeburg, SC Langenhagen
Cicek, Deniz	M	19.10.1992	D	2015	28	2	192	25	VfL Sportfreunde Lotte, TSV Havelse, Hannoverscher SC
Dlugaiczyk, Alexander	T	17.02.1983	D	2018	10	0	27	0	Hannoverscher SC, TSV Havelse, Oststädter SV Hannover, SC Langenhagen, TSV Havelse, SV Arminia Hannover, Hannover 96, Sportfreunde Ricklingen, TuS Wettbergen
Eshele, Manassé	A	28.12.1998	COD	2018	6	1	28	4	FSV Frankfurt, SV Darmstadt 98, 1. FC Kaiserslautern, SV Wehen Wiesbaden, SV Gonsenheim, 1. FSV Mainz 05, TSV Schott Mainz
Fölster, Tobias	A	30.01.1994	D	2015	28	5	144	12	Hannover 96, Holstein Kiel, Wiker SV
Gökdemir, Can	M	06.10.1998	D	2014	15	0	39	3	HSC Blau-Weiß Schwalbe Tündern
Hotes, Rafael Enrique	A	28.05.1997	D	2015	15	0	28	0	SV Arminia Hannover
Jaeschke, Yannik	S	20.10.1993	D	2017	28	4	80	14	TuS Erndtebrück, SV Rödinghausen, SV Werder Bremen, SC Bergheide Langendamm, SV Sebbenhausen/Balge
Kani, Utku	S	11.01.1999	D	2014	15	0	17	0	SC Langenhagen, Hannover 96
Kasumovic, Almir	S	03.06.1994	BIH	2018	20	6	43	7	DSC Arminia Bielefeld, BSV Schwarz-Weiß Rehden, Hannover 96, DJK Sparta Langenhagen, TSV Isernhagen, SC Langenhagen
Kina, Denis	A	08.11.1992	D	2018	29	0	117	6	FC Gütersloh 2000, TSV Havelse, DSC Arminia Bielefeld, SC Paderborn 07, DSC Arminia Bielefeld
Klein, Brian	S	09.01.1998	D	2012	1	0	12	0	SV Victoria Sachsenhagen
Kolgeci, Besfort	A	05.01.1998	ALB	2019	12	0	27	0	Eintracht Braunschweig, SC Langenhagen, FC Wacker Neustadt
Krüger, Felix	S	29.05.1993	D	2017	12	1	14	1	MTV Eintracht Celle, Hannoverscher SC, Oststädter SV Hannover, Heeßeler SV, SC Langenhagen, Hannover 96, Sportfreunde Ricklingen, TuS Ricklingen
Langfeld, Julius	S	18.02.1995	D	2018	19	0	29	1	SC Rot-Weiß Maaslingen, SV Kutenhausen-Todtenhausen
Lucic, David	S	11.05.1999	D	2015	17	0	19	0	SV Arminia Hannover
Maletzki, Maurice	M	08.09.1991	D	2018	19	0	217	31	SV Arminia Hannover, VfB Lübeck, TSV Havelse, Hannoverscher SC, SV Borussia Hannover, VfV 87 Hainholz
Meier, Tim-Alexander	M	03.11.1998	D	2009	0	0	12	0	SV Frielingen
Meyer, Melvin	A	01.04.1998	D	2013	6	0	25	0	HSC Blau-Weiß Schwalbe Tündern, JSG Deister-Süntel-United
Plume, Noah	A	18.08.1996	D	2019	13	4	113	18	VfL Sportfreunde Lotte, TSV Havelse, Hannover 96, TSV Bordenau
Quast, Sascha	T	10.03.1998	D	2018	0	0	0	0	Heeßeler SV, TSV Havelse, Heeßeler SV, SC Langenhagen, TSV Godshorn, DJK Sparta Langenhagen, SC Langenhagen
Radowski, Max	A	11.01.1998	D	2017	12	0	26	0	VfL Wolfsburg, SC Langenhagen
Rehberg, Alexander	T	03.05.1996	D	2017	24	0	50	0	Hannover 96, HSC Blau-Weiß Schwalbe Tündern, TSV Kirchbrak
Schleef, Marco	A	15.01.1999	D	2018	24	0	24	0	Eintracht Braunschweig, TSV Havelse, Hannoverscher SC, TuS Davenstedt
Sonnenberg, Jonas	A	23.06.1993	D	2016	15	1	82	3	SSV Jahn Regensburg, VfL Wolfsburg, VfB Peine, TSV Wendezelle
Stiller, Tim	M	18.11.1999	D	2010	5	0	7	0	TSV Schloß Ricklingen
Tasky, Niklas	A	11.02.1991	D	2018	10	0	161	7	Lynn University, TSV Havelse, TSV Krähenwinkel-Kaltenweide, SpVgg Neckarelz, FC Nöttingen, VfR Mannheim, 1. FC Kaiserslautern, TSV Havelse, SC Langenhagen, Hannover 96, TSV Isernhagen
Tuna, Can	M	12.06.1995	D	2017	19	0	108	9	Hannover 96, SV Weetzen
Wenzel, Fabian	A	09.11.1996	D	2012	16	1	90	6	TSV Isernhagen
Yilmaz, Erhan	M	16.08.1994	D	2018	23	9	73	21	FC United Zürich, Sanliurfaspor, FC Wil 1900, TSV Havelse, SV Arminia Hannover, SC Langenhagen, DJK TuS Marathon Hannover

Trainer:

Name, Vorname	geb. am	Nat.	Zeitraum	Spiele 2018/19	frühere Trainerstationen
Benbennek, Christian	09.11.1972	D	01.07.17 – 26.11.18	20	SpVgg Greuther Fürth II, SV Ried, TSV Alemannia Aachen, TSV Havelse, SV Babelsberg 03, Eintracht Braunschweig II, VfL Wolfsburg Junioren
Kilic, Sahin	14.10.1973	D	27.11.18 – 09.12.18	1	TSV Havelse (Co-Trainer)
Zimmermann, Jan	05.10.1979	D	10.12.18 – lfd.	13	1. FC Germania Egestorf/Langreder

Zugänge:
Bremer (TSV Steinbach), Dlugaiczyk (Hannoverscher SC), Eshele (FSV Frankfurt), Kani, Lucic und Stiller (eigene Junioren), Kasumovic (DSC Arminia Bielefeld II), Kina (FC Gütersloh 2000), Quast (Heeßeler SV), Schleef (Eintracht Braunschweig Junioren), Yilmaz (FC United Zürich).
während der Saison:
Kolgeci (Eintracht Braunschweig), Plume (VfL Sportfreunde Lotte).

Abgänge:
Degner (STK Eilvese), Holm, Jensen und Merkens (Laufbahn beendet), Kyereh (SV Wehen Wiesbaden), Plume (VfL Sportfreunde Lotte), Rizzo (USI Lupo-Martini Wolfsburg).
während der Saison:
Eshele (TSV Schott Mainz).

Spiel- und Sportverein Jeddeloh II

Anschrift:
Weserstraße 41
26188 Edewecht
Telefon: (0 44 86) 25 55
eMail: —
Homepage: www.ssv-jeddeloh.de

Vereinsgründung: 15.06.1951

Vereinsfarben: Blau-Weiß
1. Vorsitzender: Jürgen Ries
Sportlicher Leiter: Ansgar Schnabel

Stadion:
53acht-Arena (2.000)

Größte Erfolge: Meister der Bezirksliga Weser-Ems Staffel 2 2007 (↑) und 2009 (↑); Meister der Landesliga Weser-Ems 2012 (↑); Meister der Oberliga Niedersachsen 2017 (↑)

Aufgebot:

Name, Vorname	Pos	geb. am	Nat.	seit	2018/19 Sp.	T.	gesamt Sp.	T.	frühere Vereine
von Aschwege, Niklas	A	28.08.1998	D	2017	28	1	39	1	JFV Nordwest, VfL Oldenburg, VfL Edewecht
Bennert, Julian	S	02.10.1991	D	2014	26	8	86	12	BV Cloppenburg, VfB Oldenburg, BSV Kickers Emden, FC Norden
Bohe, Felix	T	05.09.1994	D	2017	16	0	25	0	VfL Oldenburg, TuRa 76 Oldenburg-Osternburg
Bretgeld, Justin	M	12.05.1999	D	2018	11	0	11	0	VfL Osnabrück, SV Werder Bremen, Blumenthaler SV
Burdenski, Fabian	M	23.09.1991	D	2018	6	0	60	1	Korona Kielce, FSV Frankfurt, FC Rot-Weiß Erfurt, FSV Frankfurt, Wisła Kraków, 1. FC Magdeburg, VfB Oldenburg, FC Oberneuland, SV Werder Bremen, Brinkumer SV, TSV Heiligenrode
Fredehorst, Mario	S	29.04.1993	D	2013	24	0	51	6	FSV Westerstede
Geiger, Dennis	A	30.06.1984	D	2018	12	0	163	17	SV Meppen, SV Waldhof Mannheim, KFC Uerdingen 05, MSV Duisburg, KFC Uerdingen 05, SV 03 Tübingen, SSV Reutlingen 05, TSV Eningen u. A., SG Reutlingen
Ghawilu, Kasra	A	11.02.1999	D	2018	29	8	29	8	1. FC Magdeburg, JFV Nordwest, Blumenthaler SV
Gnerlich, Conor	A	03.11.1998	D	2018	14	1	27	2	SV Meppen, JFV Nordwest, FC St. Pauli, VfL Oldenburg, SV Tungeln
Gottschling, Marcel	S	14.05.1994	D	2017	3	0	104	10	FC Viktoria Köln, FC Hansa Rostock, VfB Oldenburg, Glück auf Victoria-OTI Oldenburg
Grigoleit, Fabio	M	21.05.1997	D	2018	0	0	0	0	VfB Oldenburg, JFV Nordwest, SV Werder Bremen, VfB Oldenburg
Hahn, Michel Leon	A	20.05.1998	D	2017	21	0	36	0	SV Werder Bremen, JFV Bremerhaven, Leher TS, TV Lehe
Istefo, Fabian	M	29.10.1993	D	2018	32	2	67	9	Waitakere United, Waitakere City FC, FC Schönberg 95, FSV Optik Rathenow, Berliner AK 07, FC Pommern Greifswald, FC Union 60 Bremen, SV Werder Bremen
Kaiser, Mats	M	22.08.1996	D	2018	18	1	39	1	VfV Borussia 06 Hildesheim, Bremer SV, Blumenthaler SV, FC Huchting
Laabs, Nils	S	29.02.1984	D	2017	10	1	160	40	Bremer SV, VfB Oldenburg, FC Oberneuland, TuS Heeslingen, FC Oberneuland, VSK Osterholz-Scharmbeck, FC Oberneuland, VfL Wolfsburg, FC Oberneuland, FC Union 60 Bremen, SV Werder Bremen, SV Hemelingen
Lindemann, Björn	M	23.01.1984	D	2018	19	2	47	3	1. FC Germania Egestorf/Langreder, Sisaket FC, Navy FC, Nakhon Ratchasima FC, Suphanburi FC, Army United FC, FC Carl Zeiss Jena, VfL Osnabrück, SC Paderborn 07, 1. FC Magdeburg, VfB Lübeck, Holstein Kiel, Hannover 96, TSV Loccum, VfL Münchehagen
Maaß, Marco	T	09.01.1994	D	2014	5	0	11	0	VfB Oldenburg, Heidmühler FC, TuS Sillenstede
Meyer, Christian	T	01.03.1987	D	2017	14	0	83	0	TB Uphusen, BV Cloppenburg, Kickers Wahnbek, FSV Westerstede, VfB Oldenburg, SV Wilhelmshaven, VfB Oldenburg, VfL Wolfsburg, FSV Westerstede
Minns, Shaun	S	11.03.1989	D	2015	12	0	83	3	VfB Oldenburg, FC Oberneuland, Olympischer SC Bremerhaven, Blumenthaler SV, FC Hansa Schwanewede, Blumenthaler SV, Neurönnebecker TV
Oltmer, Keven	S	11.11.1991	D	2011	24	5	54	10	TuS Ekern
Papachristodoulou, Patrick	A	11.08.1997	GRE	2019	12	0	44	1	VfB Oldenburg, BSV Schwarz-Weiß Rehden, JFV Nordwest, VfB Oldenburg, STV Voslapp
Samide, Kevin	M	17.05.1989	D	2016	23	2	108	13	VfB Oldenburg, SSV Jeddeloh, VfB Oldenburg, VfB Lübeck, VfL Osnabrück, TuS Lingen, Nordhorner SV Sparta
Schaffer, Bastian	M	12.12.1994	D	2014	13	0	37	2	VfB Oldenburg, SG Elmendorf/Gristede
Stütz, Florian	M	21.01.1990	D	2016	25	8	131	21	VfB Oldenburg, BSV Schwarz-Weiß Rehden, SV Werder Bremen, SV Wilhelmshaven, Heidmühler FC
Tönnies, Thorsten	S	13.03.1991	D	2018	33	3	206	27	VfB Oldenburg, BSV Schwarz-Weiß Rehden, SV Werder Bremen, TuS Blau-Weiß Lohne
Wegener, Peer-Bent	A	08.03.1989	D	2015	14	0	82	7	VfB Oldenburg, VfL Oldenburg
Ziga, Almir	M	12.05.1996	BIH	2015	26	2	37	2	SV Meppen

Trainer:

Name, Vorname	geb. am	Nat.	Zeitraum	Spiele 2018/19	frühere Trainerstationen
Riebau, Key	12.05.1990	D	01.07.17 – 12.11.18	18	SSV Jeddeloh (Co-Trainer), VfL Oldenburg (Co-Trainer)
Schnabel, Ansgar (IT)	22.08.1984	D	13.11.18 – 31.12.18	4	—
Weusthof, Alfons	24.05.1958	D	01.01.19 – 30.06.19	12	JLZ Emsland, Haselünner SV, SV Holthausen-Biene, SV Meppen, FC Eintracht Rheine, VfB Oldenburg, SV Meppen, BSV Kickers Emden, VfL Herzlake, SC Preußen Münster, BSV Kickers Emden, TuS Lingen

Zugänge:
Bretgeld (VfL Osnabrück Junioren), Burdenski (Korona Kielce), Geiger (SV Meppen), Ghawilu (1. FC Magdeburg Junioren), Grigoleit, Tönnies (VfB Oldenburg), Istefo (Waitakere United), Kaiser (VfV Borussia 06 Hildesheim), Lindemann (1. FC Germania Egestorf/Langreder).
während der Saison:
Papachristodoulou (VfB Oldenburg).

Abgänge:
Canizales-Smith (SV Hansa Friesoythe), Engel (SV Rödinghausen), Ficara und L. Tomas (ASD Calcio Cittanovese), Plendiskis (SV Atlas Delmenhorst), Stach (VfL Wolfsburg II), Thalmann (Laufbahn beendet).
während der Saison:
Burdenski (FSV Frankfurt), Gottschling (FC Viktoria Köln), Laabs (TB Uphusen), Lindemann (ohne Verein).

Kieler Sportvereinigung Holstein von 1900 II

Anschrift:
Steenbeker Weg 150
24106 Kiel
Telefon: (04 31) 3 89 02 42 00
eMail: info@holstein-kiel.de
Homepage: www.holstein-kiel.de

Vereinsgründung: 07.10.1900 1. Kieler Fußball-Verein von 1900, 07.06.1917 Fusion mit dem FC Holstein Kiel zur Kieler Sportvereinigung Holstein

Vereinsfarben: Blau-Weiß-Rot
Präsident: Steffen Schneekloth
NLZ Leiter: Finn Jaensch

Stadion:
Citti-Fussball-Park (3.000)
Holstein-Stadion (10.400)

Größte Erfolge: Deutscher Amateurmeister 1961; Pokalsieger Schleswig-Holstein 1961, 1962 und 1966; Aufstieg in die Regionalliga Nord 2018

Aufgebot:

Name, Vorname	Pos	geb. am	Nat.	seit	2018/19 Sp.	T.	gesamt Sp.	T.	frühere Vereine
Abrahamyan, Narek	M	11.06.1996	D	2018	8	1	9	1	NTSV Strand 08, FC Eintracht Norderstedt, Holstein Kiel, FC St. Pauli, Hamburger SV
Alt, Julius	M	10.03.1998	D	2015	26	5	26	5	FC Schalke 04, Holstein Kiel, Preetzer TSV, SV Kirchbarkau
Awuku, Noah	S	09.01.2000	D	2013	30	8	30	8	FC Kilia Kiel
Ayyildiz, Berat	S	04.12.1998	D	2006	3	0	3	0	FC Kilia Kiel
Barendt, Timo	S	17.03.1996	D	2016	18	1	22	1	VfB Lübeck, Bayer 04 Leverkusen, Holstein Kiel, Polizei-SV Union Neumünster, TSV Gadeland, TS Einfeld
Bisseck, Yann Aurel	A	29.11.2000	D	2019	4	0	19	2	1. FC Köln, SV Adler Dellbrück
Born, Vincent	M	15.05.1998	D	2014	23	1	23	1	FC Mecklenburg Schwerin, FC Eintracht Schwerin
Braun, Jannik	M	20.06.1997	D	2012	17	0	17	0	SG Padenstedt
Evina, Franck	S	05.07.2000	CMR	2019	1	1	34	7	FC Bayern München, SV Neuperlach München
Fleckstein, Tobias	A	24.04.1999	D	2018	29	0	29	0	FC Schalke 04, SV Teutonia Riemke
Foit, Florian	A	10.01.1995	D	2010	30	0	30	0	SpVg Eidertal Molfsee
Girth, Benjamin	S	31.01.1992	D	2018	1	0	112	50	SV Meppen, KSV Hessen Kassel, Vogtländischer FC Plauen, 1. FC Magdeburg, RasenBallsport Leipzig, 1. FC Magdeburg, Magdeburger SV Börde 1949
Griese, Kai	M	06.10.1999	D	2014	3	0	3	0	Büdelsdorfer TSV
Janzer, Manuel	M	07.03.1992	D	2015	1	0	1	0	1. FC Heidenheim, VfB Stuttgart, TSV Oberkochen
Karazor, Atakan	M	13.10.1996	D	2017	2	1	61	2	Borussia Dortmund, VfL Bochum, ETB Schwarz-Weiß Essen
Knutzen, Maurice	S	26.04.1998	D	2016	8	0	8	0	FC St. Pauli, Holstein Kiel
Kornath, Finn-Niklas	T	25.01.1999	D	2011	6	0	6	0	Eckernförder MTV
Krol, Melvin	S	08.01.1998	D	2019	4	0	4	0	SV Werder Bremen, Hamburger SV, ESV Einigkeit Wilhelmsburg
Kulikas, Laurynas	S	13.04.1994	RUS	2018	27	14	109	33	VfR Neumünster, TSV Steinbach, FC Eintracht Norderstedt, Hamburger SV, VfL Bochum, FC St. Pauli, Holstein Kiel, FC Kilia Kiel
Mörschel, Heinz	S	24.08.1997	D	2018	1	0	23	8	1. FSV Mainz 05, FSV Frankfurt
Mohr, Tjorve	A	26.03.1997	D	2013	28	1	28	1	SG Trave 06 Segeberg
Niebergall, Felix	M	26.07.1998	D	2013	28	3	28	3	SG Eutin/Malente, BSG Eutin, TSV Schönwalde
Pernot, Barne	A	11.06.1999	D	2015	24	2	24	2	FC St. Pauli, SV Grün-Weiß Todenbüttel
Rakocevic, Stefan	T	05.03.1999	SRB	2018	2	0	18	0	FC St. Pauli, Eimsbütteler TV
Reimann, Dominik	T	18.06.1997	D	2018	1	0	36	0	Borussia Dortmund, ESV Münster
Sander, Philipp	M	21.02.1998	D	2015	20	2	20	2	FC Hansa Rostock, SV Hafen Rostock 61
Schüler, Tim	A	07.06.1999	D	2017	10	1	10	1	RasenBallsport Leipzig, Holstein Kiel, SG Eutin/Malente
Seidel, Jan Matti	M	07.06.2000	D	2015	6	0	6	0	SG Eutin/Malente, TSV Malente
Seidel, Jonas	M	08.05.1998	D	2012	15	1	15	1	SG Eutin/Malente, TSV Malente
Seydel, Aaron	S	07.02.1996	D	2017	1	0	1	0	1. FSV Mainz 05, Holstein Kiel, 1. FSV Mainz 05, FSV Oppenheim
Sicker, Arne	A	17.04.1997	D	2009	18	1	18	1	FT Eider Büdelsdorf, Barkelsbyer SV
Siedschlag, Tim	M	26.09.1987	D	2011	31	6	132	27	VfB Lübeck, Holstein Kiel, SV Tungendorf
Thesker, Stefan	A	11.04.1991	D	2018	1	0	44	2	FC Twente Enschede, SpVgg Gr. Fürth, Hannover 96, TSG Hoffenheim, FC Twente Enschede, Fortuna Sittard, FC Twente Enschede, FC Schalke 04, TuS Wüllen
Thiesen, Bjarne	A	31.10.1999	D	2014	5	0	5	0	FC Angeln 02
Voß, Jannis	M	12.07.1998	D	2012	15	1	15	1	Büdelsdorfer TSV, FT Eider Büdelsdorf
Weiner, Timon	T	18.01.1999	D	2018	26	0	26	0	FC Schalke 04, MSV Duisburg, Rot-Weiss Essen, DJK TuS Holsterhausen
Zinkondo, Grady	M	11.09.1999	D	2015	1	0	1	0	SpVg Eidertal Molfsee

Trainer:

Name, Vorname	geb. am	Nat.	Zeitraum	Spiele 2018/19	frühere Trainerstationen
Werner, Ole	04.05.1988	D	31.08.2016 – lfd.	34	Holstein Kiel

Zugänge:
Abrahamyan (NTSV Strand 08), Awuku, Kornath, Pernot, Schüler, Thiesen und Zinkondo (eigene Junioren), Fleckstein und Weiner (FC Schalke 04 Junioren), Rakocevic (FC St. Pauli II).
während der Saison:
Bisseck (1. FC Köln), Evina (FC Bayern München II), Krol (SV Werder Bremen II).

Abgänge:
Bruns, Ferchen, Gürntke und Härter (Eutiner SpVgg 08), Schuchardt (VfB Lübeck), Spohn (TSV Schilksee), Tischmann (Laufbahn beendet).
während der Saison:
Abrahamyan (HSV Barmbek-Uhlenhorst), Ayyildiz (FK Mladost Doboj-Kakanj).

VfB Lübeck von 1919

Anschrift:
Bei der Lohmühle 13
23554 Lübeck
Telefon: (04 51) 48 47 20
eMail: info@vfb-luebeck.de
Homepage: www.vfb-luebeck.de

Vereinsgründung: 28.08.1919 als BV Vorwärts 1919 Lübeck; 1945 Fusion mit SV Polizei 1921 zum VfB Lübeck

Vereinsfarben: Grün-Weiß
Vorstandsspr.: Thomas Schikorra
Finanzen: Andreas Popien

Stadion:
Stadion an der Lohmühle (17.849)

Größte Erfolge: Aufstiegsrunde zur Bundesliga 1969; Meister der Regionalliga Nord 1995 (↑) und 2002 (↑); Meister der Schleswig-Holstein-Liga 2014 (↑); DFB-Pokalhalbfinalist 2004

Aufgebot:

Name, Vorname	Pos	geb. am	Nat.	seit	2018/19 Sp.	2018/19 T.	gesamt Sp.	gesamt T.	frühere Vereine
Arslan, Ahmet Metin	M	30.03.1994	D	2018	31	13	94	45	VfL Osnabrück, Hamburger SV, VfB Lübeck, TSV Siems, Lübecker SV Gut Heil 1876, 1. FC Phönix Lübeck, TSV Ottobeuren
Bock, Corvin	M	13.01.1999	D	2017	1	0	1	0	Hamburger SV, TSV Schönberg, SV Rethwisch, TSV Dannau
Bombek, Hendrik	A	01.04.1999	AUT	2017	1	0	1	0	SV Eichede, Wandsbeker TSV Concordia
Deichmann, Yannick	M	13.08.1994	D	2017	33	4	125	13	VfR Aalen, FC St. Pauli, Borussia Dortmund, Hamburger SV, FC St. Pauli
Dippert, Leon	S	24.11.1995	D	2017	9	1	68	9	FC Schönberg 95, TSV Pansdorf, TSV Travemünde
Franziskus, Daniel	S	13.08.1991	D	2018	26	14	140	39	VfB Oldenburg, TSG Neustrelitz, SSV Jahn 2000 Regensburg, TuS Pewsum, SV Wilhelmshaven, VfB Oldenburg, SV Werder Bremen, SV Ostfrisia Moordorf
Gomig, Andreas	A	10.04.1992	AUT	2016	1	0	55	0	ASK Kottingbrunn, 1. SC Sollenau, SV Horn, FC Admira Wacker Mödling, FK Austria Wien, SV Rapid Lienz
Gommert, Benjamin	T	01.05.1985	D	2017	18	0	228	0	SV Meppen, SV Seligenporten, VfB Lübeck, FSV Zwickau, SV Wacker Burghausen, VfB Lübeck, TV Trappenkamp
Grupe, Tommy	A	29.03.1992	D	2018	33	6	33	6	FC Hansa Rostock, SC Preußen Münster, FC Hansa Rostock, FSV Kritzmow
Halke, Daniel	A	03.03.1987	D	2017	29	1	272	14	FC Schönberg 95, VfB Oldenburg, 1. FC Magdeburg, Eintracht Frankfurt, SV Werder Bremen, FC Energie Cottbus, SG Willmersdorf
Hobsch, Patrick	S	10.10.1994	D	2018	9	1	85	21	SpVgg Oberfranken Bayreuth, SV Seligenporten, 1. SC Feucht, 1. FC Nürnberg, 1. SC Feucht, BSC Woffenbach, TSV Ochenbruck
Hoins, Dennis	M	02.09.1992	D	2017	31	7	95	19	Hannover 96, SV Arminia Hannover, FC Verden 04, TSV Brunsbrock
Kim, Dong-Su	A	21.02.1995	KOR	2019	7	0	53	2	Omiya Ardija, Hamburger SV, Kyung Hee University, Yeongdeungpo Technical High School
Löffler, Nico	M	05.07.1997	AUT	2017	10	0	31	3	SK Admira Wien, FC Admira Wacker Mödling, FK Austria Wien
Matovina, Kresimir	A	29.06.1992	CRO	2018	26	2	108	10	SC Wiedenbrück, BSV Schwarz-Weiß Rehden, 1. FC Union Berlin, NK Vrapce, NK Vinogradar, NK Vrapce
Mende, Sven	M	18.01.1994	D	2016	30	0	93	1	SV Wehen Wiesbaden, Hamburger SV, Karlsruher SC, VfB Stuttgart, SC Geislingen, VfB Stuttgart, Sportfreunde Jebenhausen
Nogovic, Aleksandar	M	10.05.1993	D	2008	16	1	105	2	Eutiner SpVgg 08, BSG Eutin, NTSV Strand 08
Parduhn, Fabio	S	12.04.1995	D	2017	3	1	3	1	SV Grün-Weiß Siebenbäumen, Eutiner SpVgg 08, NTSV Strand 08, VfB Lübeck, TSV Eintracht Groß Grönau, SG Hanse Lübeck
Queckenstedt, Tim	S	15.01.1998	D	2017	0	0	5	0	Eintracht Frankfurt, Bayer 04 Leverkusen, 1. FC Magdeburg, 1. FC Oebisfelde
Richter, Stefan	S	27.01.1985	D	2013	15	3	206	52	Lüneburger SK Hansa, VfB Lübeck, Altonaer FC 93, Lüneburger SK, VfB Lübeck, Hamburger SV, Lüneburger SK, MTV Frisch Auf Amelinghausen
Riedel, Florian	A	09.04.1990	D	2018	33	1	153	5	FC Viktoria 1889 Berlin LT, SV Eintracht Trier 05, 1. FC Kaiserslautern, VfL Osnabrück, AGOVV Apeldoorn, Hertha BSC, FSV Zwickau, SV Rot-Weiß Werdau
Schuchardt, Malte	T	08.08.1998	D	2018	8	0	8	0	Holstein Kiel, FC Hansa Rostock
Sezer, Cemal	S	27.02.1996	D	2012	22	6	38	13	ATSV Stockelsdorf
Shalom, Lerom	A	15.01.1998	D	2016	0	0	0	0	Hamburger SV, VfB Lübeck, SV Viktoria 08 Lübeck
Svirca, Krenar	A	09.09.1999	D	2016	1	0	1	0	Preetzer TSV, SV Rethwisch
Tetik, Burhan	M	02.09.1999	D	2010	0	0	5	0	SV Eintracht Lübeck 04
Thiel, Marvin	M	29.01.1995	D	2012	27	2	120	11	TSV Siems, Sport und Freizeit Herrnburg, Eichholzer SV
Tittel, Kevin	T	04.02.1994	D	2018	9	0	9	0	Chemnitzer FC, SV Halstenbek-Rellingen, FC Eintracht Norderstedt, Hamburger SV
Todt, Sören	S	29.08.1998	D	2015	0	0	0	0	FC St. Pauli, VfB Lübeck, Ratzeburger SV
Weidemann, Til	S	09.06.1999	D	2016	1	0	7	2	ESV Hansa Lübeck
Weißmann, Tim	A	02.06.1997	D	2017	31	1	69	5	Hannover 96, 1. FSV Mainz 05, SV Wehen Wiesbaden, JSG 09 Aarbergen
Will, Lucas	S	16.06.1999	D	2017	10	2	10	2	SV Eichede, VfB Lübeck

Trainer:

Name, Vorname	geb. am	Nat.	Zeitraum	Spiele 2018/19	frühere Trainerstationen
Landerl, Rolf	24.10.1975	AUT	01.07.2016 – lfd.	34	FC Admira Wacker Mödling II, SV St. Margarethen

Zugänge:
Arslan (VfL Osnabrück), Bock, Bombek, Svirca, Tetik und Weidemann (eigene Junioren), Franziskus (VfB Oldenburg), Grupe (FC Hansa Rostock), Hobsch (SpVgg Oberfranken Bayreuth), Matovina (SC Wiedenbrück), Riedel (FC Viktoria 1889 Berlin LT), Schuchardt (Holstein Kiel II).
während der Saison:
Kim (Omiya Ardija), Tittel (Chemnitzer FC).

Abgänge:
Abou Rashed (NTSV Strand 08), Birkholz (FC Hansa Rostock II), Gebissa (Altonaer FC 93), Isitan und Noël (SC Weiche Flensburg 08), Langer (Lenoir-Rhyne University), Marheineke (Laufbahn beendet), Sirmais (SV Todesfelde), Thelen (FC Wegberg-Beeck), Wehrendt (FC Dornbreite Lübeck).
während der Saison:
Dippert (FSV Optik Rathenow), Gomig (FC Dornbreite Lübeck), Queckenstedt (FC Anker Wismar 1997).

Lüneburger SK Hansa

Anschrift:
Wichernstraße 34
21335 Lüneburg
Telefon: (0 41 31) 70 66 56 1
eMail: geschaeftsstelle@lsk-hansa.de
Homepage: www.lsk-hansa.de

Vereinsgründung: 01.02.2008 als FC Hansa Lüneburg;
seit 01.07.2011 Lüneburger Sportklub Hansa
Vereinsfarben: Rot-Blau-Weiß
1. Vorsitzender: Sebastian Becker
Manager: —

Stadion: An den Sülzwiesen (4.000)

Größte Erfolge: Meister der Oberliga Niedersachsen 2014 (↑)

Aufgebot:

Name, Vorname	Pos	geb. am	Nat.	seit	2018/19 Sp.	T.	gesamt Sp.	T.	frühere Vereine
Ambrosius, Michael	A	04.06.1996	D	2018	21	2	78	4	FC St. Pauli, SC Victoria Hamburg
Biyiklioglu, Enes	A	30.01.1997	TUR	2018	7	0	24	1	Hannover 96, Tennis Borussia Berlin, Berliner SV Hürtürkel
Boettcher, Dominik	S	22.02.1995	POL	2017	0	0	37	0	Zaglebie Sosnowiec, MKP Kotwicy Kolobrzeg, FC Viktoria 1889 Berlin LT, TSG Neustrelitz, Hamburger SV, Steglitzer FC Stern 1900, TSG 1899 Hoffenheim, Hallescher FC, Borussia Mönchengladbach, Hamburger SV, Hertha BSC
Correia Cà, Eliezer	A	06.02.1996	POR	2018	16	1	41	2	Altonaer FC 93, SV Halstenbek-Rellingen, GD Chaves
El-Ahmar, Mohamed-Ali	A	15.02.1997	PLE	2018	18	0	25	0	FC Viktoria 1889 Berlin LT, MG & BK Fodbold, FC Viktoria 1889 Berlin LT, Hannover 96, FC Hertha 03 Zehlendorf, Reinickendorfer Füchse
Gerlach, Alexander	S	16.12.1999	D	2018	5	0	5	0	MTV Treubund Lüneburg, VfL Lüneburg, TuS Neetze, SV Eintracht Lüneburg
Ghandour, Rhami-Jasin	M	07.06.1996	EGY	2018	31	0	44	0	VfL Wolfsburg, TSG 1899 Hoffenheim, Hertha BSC, Nordberliner SC, Hertha BSC, Reinickendorfer Füchse, SV Empor Berlin
Grünitz, Niklas	T	17.02.1998	D	2018	0	0	0	0	FC Hansa Rostock, FC Eintracht Norderstedt, 1. FC Magdeburg, FC St. Pauli, 1. FC Quickborn
Gueye, Eric Babacar	M	10.11.1999	D	2018	21	0	21	0	Niendorfer TSV, FC Eintracht Norderstedt
Jeong, Hunu	M	02.03.1996	KOR	2019	0	0	0	0	SV Rugenbergen, Niendorfer TSV, Yangcheon TNT, Dongguk University Seoul, Suwon Samsung Bluewings FC
Kehl, Marvin	M	31.05.1997	D	2017	4	0	20	1	FC St. Pauli, SG Padenstedt
Kobert, Michael	S	14.03.1996	D	2017	29	6	56	10	NTSV Strand 08, Wandsbeker TSV Concordia, FC Eintracht Norderstedt, SC Vorwärts-Wacker 04 Billstedt
Krottke, Kevin	S	26.03.1995	D	2017	26	8	122	29	FC Schönberg 95, SpVgg Drochtersen/Assel, Hannover 96, Borussia Dortmund, TSV Havelse, TSV Isernhagen, SG Letter 05
Kunze, Marian André	A	15.04.1996	D	2017	30	3	108	14	FC St. Pauli, MTV Treubund Lüneburg, MTV Luhdorf-Roydorf, SG Elbdeich
Kutschke, Ante-Akira	S	18.02.1997	D	2018	4	0	16	2	Niendorfer TSV, FC Eintracht Norderstedt, FC St. Pauli
Monteiro, Ridel (Ridel Varela Monteiro)	M	27.10.1996	CPV	2017	31	2	83	11	SV Eichede, Lüneburger SK Hansa, SC Condor Hamburg, FC St. Pauli
Pägelow, Lukas	A	05.03.1994	D	2015	20	0	124	1	ZFC Meuselwitz, FC Hansa Rostock, FC Eintracht Schwerin, Rodenwalder SV
Pauer, Tomek	M	28.05.1994	D	2019	11	0	118	3	Xavier University, Lüneburger SK Hansa, VfB Lübeck, SV Eichede, VfB Lübeck, TSV Glinde
Sakai, Goson	M	20.03.1996	JPN	2018	33	5	45	5	Albirex Niigata, Fukushima United FC, Albirex Niigata
Sejdi, Enes	A	02.02.1999	D	2016	5	0	5	0	Chemnitzer FC, Holstein Kiel, Wandsbeker TSV Concordia
Sen, Utku	S	15.06.1998	D	2018	24	10	24	10	Holstein Kiel, VfL Osnabrück, Holstein Kiel, Hannover 96, Holstein Kiel, TSB Flensburg
Springer, Ole	T	29.11.1991	D	2016	34	0	156	0	FC Eintracht Norderstedt, VfR Neumünster, FC Elmshorn, FC St. Pauli, SV Teutonia Uelzen
Stech, Bastian-Marko	A	10.04.1997	D	2018	33	0	33	0	MTV Eintracht Celle, University of Hartford, TSV Havelse, Heeßeler SV
Vobejda, Felix	M	18.07.1992	D	2017	29	3	76	7	University of California Los Angeles, VfL Osnabrück, SC Verl, VfR Wellensiek
Wolk, Stefan	M	18.04.1990	D	2017	29	0	136	5	SpVgg Drochtersen/Assel, Lüneburger SK Hansa, VfL Lüneburg, VfL Bleckede
Zabihi, Jassin-John	M	04.04.1999	D	2018	9	0	9	0	Niendorfer TSV, VfB Lübeck, Wandsbeker TSV Concordia
Zlomusica, Haris	T	03.11.1999	BIH	2018	0	0	0	0	MTV Treubund Lüneburg, VfL Lüneburg

Trainer:

Name, Vorname	geb. am	Nat.	Zeitraum	Spiele 2018/19	frühere Trainerstationen
Zobel, Rainer	03.11.1948	D	28.12.17 – 30.06.19	34	FC Wenden, El Gouna FC, FC Milsami Orhei, Swallows FC, Dinamo Tiflis, Enppi Club, Sharjah Cultural Sports Club, Persepolis FC, Ittehad Alexandria, Baniyas SC, SV Stuttgarter Kickers, El Ahly Kairo, Tennis Borussia Berlin, 1. FC Nürnberg, 1. FC Kaiserslautern, SV Stuttgarter Kickers, Eintracht Braunschweig

Zugänge:
Correia Cà (Altonaer FC 93), El-Ahmar (FC Viktoria 1889 Berlin LT), Gerlach und Zlomusica (MTV Treubund Lüneburg Junioren), Ghandour (VfL Wolfsburg II), Grünitz (FC Hansa Rostock II), Gueye und Zabihi (Niendorfer TSV Junioren), Kutschke (Niendorfer TSV), Stech (MTV Eintracht Celle).
während der Saison:
Ambrosius (FC St. Pauli II), Jeong (SV Rugenbergen), Pauer (Xavier University), Sejdi (Chemnitzer FC Junioren), Sen (Holstein Kiel).

Abgänge:
Büchler (TuS Dassendorf), Capin (Hannoverscher SC), Deichmann (FC St. Pauli II), Eden und Lahmann-Lammert (FC Teutonia 05 Ottensen), Gitau Eneremadu (Stamford AFC), E. Monteiro (Altonaer FC 93), Pauer (Xavier University), Reichel (SV Niedernhausen), Steinke (ohne Verein), Treu (FSV Budissa Bautzen), Wulf (VfL Lüneburg).
während der Saison:
Boettcher (Niendorfer TSV), Kehl (Polizei-SV Union Neumünster).

FC Eintracht Norderstedt

Anschrift:
Ochsenzoller Straße 58
22848 Norderstedt
Telefon: (0 40) 5 28 17 06
eMail: info@en03.de
Homepage: www.eintrachtnorderstedt.de

Vereinsgründung: 24.04.2003

Vereinsfarben: Rot-Weiß-Blau
Präsident: Reenald Koch
Manager: Reenald Koch

Stadion:
Edmund-Plambeck-Stadion (5.068)

Größte Erfolge: Meister der Landesliga Hamburg Hansa 2006 (↑); Aufstieg in die Regionalliga Nord 2013; Pokalsieger Hamburg 2016 und 2017

Aufgebot:

Name, Vorname	Pos	geb. am	Nat.	seit	2018/19 Sp.	T.	gesamt Sp.	T.	frühere Vereine
Amamoo, Nathaniel	S	23.08.1997	D	2019	2	0	2	0	Karlsruher SC, SC Freiburg, Tennis Borussia Berlin
Baghdadi, Mohammed	A	30.10.1996	D	2019	3	0	41	0	Bristol Rovers FC, Eintracht Braunschweig, SC Langenhagen, SV Kleeblatt Stöcken, DJK TuS Marathon Hannover
Bojadgian, Hamajak	A	28.10.1996	ARM	2013	4	0	52	4	Dulsberger SC Hanseat
Bork, Rico	A	03.04.1995	D	2018	11	0	40	6	Eutiner SpVgg 08, Oldenburger SV, SV Neukirchen [Ostsee]
Brisevac, Nick	M	13.01.1993	D	2018	23	3	146	16	Altonaer FC 93, SC Rot-Weiß Oberhausen, SC Wiedenbrück 2000, Fortuna Düsseldorf, Bayer 04 Leverkusen, Bedburger BV, SC 08 Elsdorf
Brown, Jordan	S	12.11.1991	D	2016	23	1	101	5	FC Wohlen, Grasshopper Club Zürich, FC Wil 1900, Hamburger SV, FC Eintracht Norder-stedt, SC Concordia Hamburg
Brüning, Nils	S	24.12.1994	D	2019	11	5	87	25	University of North Carolina, Hamburger SV, SC Victoria Hamburg, SC Concordia Hamburg, FC St. Pauli, Hamburger SV
Büyükdemir, Kubilay	M	06.08.1997	D	2017	14	0	72	6	SV Babelsberg 03, VfB Lübeck, SV Preußen 09 Reinfeld, FC Dornbreite Lübeck, SV Eintracht Lübeck 04
Can, Tayfun	M	12.04.1997	D	2018	15	0	39	1	SC Weiche 08, ETSV Weiche, Holstein Kiel, Flensburger SVgg 08, TSB Flensburg
Choi, Kang-Min	M	01.01.1993	KOR	2016	8	1	48	7	SC Victoria Hamburg, Jungnang Chorus Mustang FC
Coffie, Marcus	A	19.01.1995	D	2016	33	3	81	6	The Nike Academy, SC Freiburg, FC St. Pauli
Drinkuth, Felix	S	20.10.1994	D	2016	19	11	177	49	Eintracht Braunschweig, FC St. Pauli, FC Eintracht Norderstedt
Facklam, Mats	S	22.08.1996	D	2018	23	4	47	9	VfL Spfr. Lotte, SV Eichede, SC Concordia Hamburg, SV Eichede, FG Stormarn 2000
Grundmann, Tjark	T	05.08.1997	D	2018	5	0	10	0	Altonaer FC 93, Holstein Kiel, SC Concordia Hamburg, Altonaer FC 93
Höcker, Johannes	T	10.01.1985	D	2012	25	0	147	0	FC Anker Wismar 1997, Hamburger SV, FC Bayern München, SpVgg Ruhmannsfelden, TSV Schönberg
von Knebel, Johann	M	28.08.1997	D	2018	29	3	29	3	FC Voran Ohe, Eisenbahner TSV Hamburg, SC Wentorf
Koch, Philipp	M	24.11.1990	D	2003	30	0	168	18	Hamburger SV, TuRa Harksheide
Kummerfeld, Dane	A	13.05.1992	D	2010	9	0	116	5	SC Concordia Hamburg, Bramfelder SV
Lüneburg, Jan	S	23.10.1990	D	2013	23	5	158	48	FC Elmshorn, SV Henstedt-Ulzburg, FC St. Pauli, FTSV Rasensport Elmshorn
Mandic, Marin	A	11.08.1988	CRO	2013	25	1	268	8	FC St. Pauli, TuS Germania Schnelsen, FC Oberneuland, Altonaer FC 93, SV Werder Bremen, SC Concordia Hamburg, VfL Lohbrügge, Croatia Hamburg
Marcos, Ronny	A	01.10.1993	MOZ	2019	10	0	56	3	SV Ried, SpVgg Greuther Fürth, Hamburger SV, FC Hansa Rostock, VfB Lübeck, Oldenburger SV, SV Fehmarn
Marxen, Juri	A	02.01.1995	D	2011	29	0	108	2	Hamburger SV, SC Alstertal-Langenhorn
Meien, Vico	M	15.03.1998	D	2017	26	3	37	3	Holstein Kiel, FC Hansa Rostock, 1. FC Neubrandenburg 04, SV 93 Niepars
Mohr, Jannik	A	22.09.1999	D	2018	6	0	7	0	1. FC Nürnberg, FC St. Pauli, Willinghusener SC
Novotny, Jan	A	20.04.1993	D	2018	2	0	17	1	Altona 93, SV Halstenbek-Rellingen, FC Elmshorn, Oststeinbeker SV, Eimsbütteler TV
Nürnberger, Nick-Walter	T	21.05.1997	D	2018	4	0	6	0	VfL Wolfsburg, TSV Barmke
Nyarko, Evans Owusu	M	06.07.1992	GHA	2019	7	1	63	1	SV Wehen Wiesbaden, Holstein Kiel, Borussia Dortmund, Fortuna Düsseldorf, Hamburger SV, TSV Uetersen
Rose, Jan-Philipp	A	16.12.1985	D	2012	12	0	159	9	FSV Wacker 90 Nordhausen, FC Oberneuland, BV Cloppenburg, Altonaer FC 93, BV Cloppenburg, FC St. Pauli, Hamburger SV, SC Poppenbüttel, TuRa Harksheide
Schiopu, Cornel	A	31.07.1994	MDA	2018	1	0	1	0	FC Sfantul Gheorghe Suruceni, FC Petrocub Hincești, FC Dacia-2 Buiucani, FC Dinamo-Auto Tiraspol, FC Dacia-2 Buiucani, FC Speranta Crihana Veche, FC Dacia-2 Buiucani
Schrage, Jan	A	19.01.1998	D	2007	0	0	3	0	Eimsbütteler TV
Stannis, Marlon	S	08.12.1998	D	2015	4	0	12	0	Niendorfer TSV
Toksöz, Deran	M	21.05.1988	D	2014	13	1	192	21	Holstein Kiel, FC St. Pauli, FC Bergedorf 85, VfL Bochum, Hamburger TS von 1816
Veselinovic, Sinisa	S	08.10.1990	D	2017	25	8	208	53	SC Verl, SV Rödinghausen, FC Eintracht Norderstedt, Sportfreunde Siegen, SV Curslack-Neuengamme, FC Bergedorf 85, JFV Jung-Elstern, VfL Lohbrügge, FC St. Pauli, SC Europa 92, MSV Hamburg

Trainer:

Name, Vorname	geb. am	Nat.	Zeitraum	Spiele 2018/19	frühere Trainerstationen
Heyne, Dirk	10.10.1957	D	06.10.16 – 08.04.19	28	FC Eintracht Norderstedt U19, FC Sachsen Leipzig, 1. FC Magdeburg, Borussia Mönchengladbach (Torwart- und Juniorentrainer)
Martens, Jens	24.10.1955	D	09.04.19 – lfd.	6	FC Eintracht Norderstedt U19, SV Henstedt-Ulzburg, TuS Holstein Quickborn, Hamburger SV Damen, Holstein Kiel, Bramstedter TS, Itzehoer SV

Zugänge:
Bork (Eutin 08), Brisevac, Grundmann und Novotny (Altonaer FC 93), Can (SC Weiche Flensburg 08), Facklam (VfL Spfr. Lotte), von Knebel (FC Voran Ohe), Nürnberger (VfL Wolfsburg II), Schiopu (FC Sfantul Gheorghe Suruceni).

während der Saison:
Amamoo (Karlsruher SC II), Baghdadi (Bristol Rovers FC), Brüning (University of North Carolina), Büyükdemir (SV Babelsberg 03), Marcos (SV Ried), Mohr (1. FC Nürnberg II), Nyarko (SV Wehen Wiesbaden).

Abgänge:
Baumann (RSV Meinerzhagen), Heide (TuRa Harksheide), Huxsohl (University of New Hampshire), Lindener (Wandsbeker TSV Concordia), Meyer (SV Rödinghausen), Zekjiri (ohne Verein).

während der Saison:
Bork (Oldenburger SV), Choi (ohne Verein), Drinkuth (VfL Sportfreunde Lotte), Schiopu (Wedeler TSV), Schrage (SV Rugenbergen), Stannis (Niendorfer TSV), Toksöz (FC Teutonia 05 Ottensen).

VfB Oldenburg

Anschrift:
Maastrichter Straße 35
26123 Oldenburg
Telefon: (04 41) 80 08 66 10
eMail: info@vfb-oldenburg.de
Homepage: www.vfb-oldenburg.de

Vereinsgründung: 17.10.1897 als FC Oldenburg; 18.02.1919 Fusion mit dem FV Germania von 1903 zum Verein für Bewegungsspiele von 1897

Vereinsfarben: Blau-Weiß
Vorstandsvors.: Klaus Berster
Geschäftsführer: Benjamin Doll

Stadion: Stadion am Marschweg (15.200)

Größte Erfolge: Aufstieg in die Oberliga Nord 1949, 1954 und 1960; Meister der Landesliga Niedersachsen 1972 (↑); Meister der Amateur-Oberliga Nord 1980 (↑) und 1990 (↑); Vizemeister der 2. Bundesliga Nord 1992; Meister der Regionalliga Nord 1996 (↑)

Aufgebot:

Name, Vorname	Pos	geb. am	Nat.	seit	2018/19 Sp.	T.	gesamt Sp.	T.	frühere Vereine
Argyris, Angelos	A	06.05.1994	GRE	2018	24	0	56	2	Korona Kielce, ETSV Weiche, SV Werder Bremen, PAE Niki Volou, AS Tilikratis Lefkadas, PAE Niki Volou, AS Pyrasos Nea Anchialos, PAE Niki Volou
Bookjans, Jakob	M	21.07.2000	D	2018	1	0	1	0	SV Meppen, SV Hansa Friesoythe
Celikyurt, Süleyman	A	27.07.1989	D	2017	29	0	125	6	Gümüshanespor, Manisa Büyükşehir Belediyespor, Hatayspor, Gümüshanespor, Manisaspor, Denizlispor, SV Wilhelmshaven, Eintracht Braunschweig, Hannover 96, VfL Wolfsburg, VfR Osterode, 1. FC Freiheit
Erdogan, Okan	M	29.09.1998	D	2017	34	3	59	3	JFV Nordwest, Blumenthaler SV, SC Weyhe, SV Werder Bremen, BSC Hastedt
Evers, Kai Bastian	M	05.05.1990	D	2018	24	1	142	7	BSV Schwarz-Weiß Rehden, SV Rödinghausen, SV Stuttgarter Kickers, VfL Sportfreunde Lotte, SV Babelsberg 03, Borussia Dortmund, SV Preußen 07 Lünen
Föll, Harry	M	02.03.1998	PHI	2018	3	0	3	0	FC Hansa Rostock, 1. FC Heidenheim, SC Freiburg, Offenburger FV, TuS Windschläg
Friedrichs, Fynn Luca	A	27.04.2000	D	2018	1	0	1	0	JFV Bremerhaven, SV Werder Bremen, FC Verden 04
Kadiata, Jan-Patrick	S	25.08.1989	D	2018	12	2	71	6	TuS Erndtebrück, VfL Alfter, SC Verl, TuS Erndtebrück, SVN Zweibrücken, 1. FSV Mainz 05, SV Roßbach-Verscheid, Bonner SC, Maccabi Ironi Kiryat Ata FC, SG Bad Breisig, Bayer 04 Leverkusen, Bonner SC
Kadiata, Leonel	A	04.11.1993	D	2018	6	0	45	1	FSV 63 Luckenwalde, VfL Alfter, Borussia Mönchengladbach, SF Troisdorf, Bayer 04 Leverkusen, 1. Jugend-Fußball-Schule Köln
Kifuta (Kifuta Kiala Makangu)	S	08.01.1988	COD	2015	29	7	125	38	BSV Schwarz-Weiß Rehden, Académico de Viseu FC, Real Sport Clube, Clube Oriental Lisboa, CD Mafra, CD Olivais e Moscavide, Real Sport Clube, Sport Lisboa e Nelas, Real Sport Clube, GD Estoril Praia, Sporting Clube de Portugal
Kisiel, Dominik	T	15.04.1990	POL	2018	25	0	134	0	FC Viktoria 1889 Berlin LT, VfB Oldenburg, Hallescher FC, Berliner AK 07, GKS Bełchatów, GKS Tychy, GKS Bełchatów
König, Joshua	M	31.12.1998	D	2018	3	0	15	1	VfL Oldenburg, JFV Nordwest, VfL Oldenburg
Lukowicz, Maik	S	01.02.1995	POL	2018	31	11	108	34	Eintracht Braunschweig, SV Werder Bremen, FC Hansa Rostock, SV Werder Bremen
Lüttmers, Alexander	S	01.09.1997	D	2017	0	0	15	1	BSV Schwarz-Weiß Rehden, JFV Nordwest, SV Werder Bremen, VfL Germania Leer
Madroch, Lennart	M	22.02.1991	D	2018	28	2	95	5	BSV Schwarz-Weiß Rehden, SV Rödinghausen, SC Rot-Weiß Maaslingen, TuS Dornberg, DSC Arminia Bielefeld, TuS Kleinenbremen
Magouhi, Hugo (Ouly Hugues Fortune Magouhi)	S	27.12.1991	CIV	2018	21	1	81	9	BSV Schwarz-Weiß Rehden, Hammer SpVg, SG Wattenscheid 09, TuS Heven 09, Stade d'Abidjan, Bouaké FC
Ndure, Dominique-Ebrima	A	25.10.1999	D	2018	25	0	25	0	VfL Oldenburg, JFV Nordwest, TSV Weyhe-Lahausen, TuS Varrel
Pöpken, Thilo	T	26.01.1999	D	2016	9	0	9	0	JFV Nordwest, SV Werder Bremen, SV Tungeln
Richter, Pascal	S	10.10.1996	D	2017	29	3	75	8	VfL Osnabrück, Bayer 04 Leverkusen, VfL Osnabrück, VfB Oldenburg
Saglam, Ahmet	A	09.05.1987	TUR	2017	18	1	72	10	TuS Erndtebrück, TKI Tavsanli Linyitspor, Fethiyespor, Kirklarelispor, Göztepe SK, Turgutluspor, Göztepe SK, Eskisehirspor, Eyüpspor, Beylerbeyi SK, VfL Leverkusen, TSV Alemannia Aachen, Bonner SC, SV Boluspor Bonn
Schöneich, Nikolai	T	26.11.1999	D	2017	0	0	0	0	JFV Nordwest, TV Apen
Siala, Gazi	M	09.11.1994	D	2017	32	5	167	15	BSV Schwarz-Weiß Rehden, VfL Bochum, SV Wilhelmshaven, Hannover 96, VfL Wolfsburg, VfB Peine, VfV Borussia 06 Hildesheim
Steinwender, Pascal	S	02.08.1996	D	2018	29	3	36	3	VfL Oldenburg, VfB Oldenburg, FC Rastede, SV Werder Bremen, VfB Oldenburg
Suffner, Bernard	A	02.08.1999	D	2017	5	0	5	0	JFV Nordwest, TuS Blau-Weiß Lohne
Temin, Ibrahim	S	21.09.1992	D	2015	28	4	115	17	Kickers Wahnbek, TuS Wahnbek, Türkischer SV Oldenburg
Volkmer, Jeffrey	A	22.07.1991	D	2018	30	3	199	3	SC Wiedenbrück, BV Cloppenburg, FC Schalke 04, Rot Weiss Ahlen, Borussia Dortmund, SuS Kaiserau, Kamener SC

Trainer:

Name, Vorname	geb. am	Nat.	Zeitraum	Spiele 2018/19	frühere Trainerstationen
Ehlers, Stephan	27.03.1977	D	28.08.17 – 10.09.18	8	BSV Schwarz-Weiß Rehden, JFV Nordwest U19, VfL Oldenburg Junioren
Elia, Marco	02.01.1976	D	11.09.18 – 30.06.19	26	Glück auf Victoria-OTI Oldenburg

Zugänge:
Argyris (Korona Kielce), Evers und Madroch (BSV Schwarz-Weiß Rehden), Föll (FC Hansa Rostock), J.-P. Kadiata (TuS Erndtebrück), L. Kadiata (FSV 63 Luckenwalde), Kisiel (FC Viktoria 1889 Berlin LT), König und Steinwender (VfL Oldenburg), Lukowicz (Eintracht Braunschweig), Ndure (VfL Oldenburg Junioren), Pöpken, Schöneich und Suffner (eigene Junioren), Volkmer (SC Wiedenbrück).

Abgänge:
Aalto und Mäkijärvi (FC Honka), Aug (University of Dayton), Onnen (VfL Oldenburg), Bastürk (Berliner AK 07), Bukovski (FC Luftëtari), Daroczi und Meunier (ohne Verein), Fazlic (FC Teutonia 05 Ottensen), Franziskus (VfB Lübeck), Karavul (SV Wilhelmshaven), Klinkmann (SpVgg Drochtersen/Assel), Lach (SG Wattenscheid 09), Lingerski (SV Atlas Delmenhorst), Lück (Bremer SV), Neldner (BV Cloppenburg), Papachristodoulou und Tönnies (SSV Jeddeloh).
während der Saison:
Föll (SV Linx), König (VfL Oldenburg), Lüttmers (ohne Verein).

VfL Oldenburg von 1894

Anschrift:
Rebenstraße 51
26121 Oldenburg
Telefon: (0 44 1) 8 17 26
eMail: verein@vfl-oldenburg.de
Homepage: www.vfl-oldenburg-fussball.de

Vereinsgründung: 21.09.1894 als TV Jahn Oldenburg, 10.05.1934 Fusion mit dem SV Frisia Oldenburg und dem Oldenburger SC zum VfL Oldenburg
Vereinsfarben: Grün-Weiß
1. Vorsitzender: Rainer Bartels
Sportlicher Leiter: Detlef Blancke
Stadion: Hans-Prull-Stadion (3.500)

Größte Erfolge: Aufstieg in die Regionalliga Nord 2018; Meister der Niedersachsenliga-West 2008

Aufgebot:

Name, Vorname	Pos	geb. am	Nat.	seit	2018/19 Sp.	T.	gesamt Sp.	T.	frühere Vereine
Abdisalam, Liiban	A	01.11.1996	SOM	2016	1	0	1	0	TuS Eversten
Azong, Conrad	S	27.03.1993	D	2018	28	9	112	16	VfB Oldenburg, Holstein Kiel, SC Victoria Hamburg, Hannover 96, FC St. Pauli, Niendorfer TSV, SC Victoria Hamburg
Badjie, Kebba	S	22.08.1999	GAM	2018	21	9	21	9	Niendorfer TSV, Blumenthaler SV
Blömer, Lennart	M	26.04.1996	D	2017	26	4	50	4	BV Cloppenburg
Celik, Faruk	S	30.03.1999	D	2015	14	0	14	0	JFV Nordwest, Blumenthaler SV
Erdogan, Efkan	M	11.12.1996	D	2018	27	5	27	5	Heeslinger SC, TB Uphusen, SC Borgfeld, Blumenthaler SV, SC Weyhe, FC Oberneuland
Frenzel, Nils	A	29.09.1989	D	2001	26	1	26	1	
Hillerns, Jannes	A	01.03.1995	D	2000	13	0	13	0	JFV Nordwest, VfL Oldenburg
Isailovic, Daniel	M	12.07.1984	D	2016	24	2	31	2	SV Atlas Delmenhorst, Blau-Weiß Bümmerstede, Kickers Wahnbek, FC Oberneuland, VfB Oldenburg, FC Oberneuland, SC Pfullendorf, SV Wilhelmshaven, FC Schalke 04, MSV Duisburg
Kaissis, Sotirios	M	07.11.1996	D	2016	33	2	39	2	VfB Oldenburg, JFV Nordwest, VfB Oldenburg, TuS Obenstrohe
Köhler, Kristof	A	21.05.1997	D	2016	32	0	32	0	SV Wilhelmshaven, Wilhelmshavener SC Frisia, VfL Oldenburg, STV Voslapp
König, Joshua	M	31.12.1998	D	2019	12	1	15	1	VfB Oldenburg, VfL Oldenburg, JFV Nordwest, VfL Oldenburg
Lameyer, Sven	M	31.10.2000	D	2014	1	0	1	0	OSC Vellmar
Lokaj, Fabian	S	23.08.1996	ALB	2018	11	1	22	4	BSV Schwarz-Weiß Rehden, CS Gaz Metan Medias, FC Chiasso, ACS Poli Timisoara, FC Koper, FC Köniz, FC Thun, BSC Young Boys Bern
Lubaca, Narciso	S	07.03.1989	ANG	2017	9	1	49	3	BSV Schwarz-Weiß Rehden, TuS Erndtebrück, FC Viktoria Arnoldsweiler, KFC Uerdingen 05, SV Eintracht Trier 05, TSV Alemannia Aachen, FC Viktoria Arnoldsweiler, Bonner SC, FC Düren-Niederau, SpVgg Schwarz-Weiß Düren, SC Merzenich
Mittelstädt, Luca	M	07.07.1999	D	2017	10	0	10	0	Rot-Weiß Cuxhaven
Ngongfor, Bourdanne	S	12.11.2000	D	2018	1	0	1	0	JFV Nordwest, VfL Oldenburg
Nienaber, Mika-Lasse	M	25.11.1999	D	2014	8	0	8	0	Blumenthaler SV, VfL Oldenburg
Oetjen, Deik	T	13.03.1998	D	2016	13	0	13	0	JFV Nordwest, SV Werder Bremen, Wilhelmshavener SC Frisia
Onnen, Philip	A	06.03.1998	D	2018	8	0	9	0	VfB Oldenburg, JFV Nordwest, VfB Oldenburg
Rahmig, Julius	M	08.04.1999	D	2017	15	0	15	0	JFV Nordwest, VfL Osnabrück, SV Werder Bremen, TSV Heiligenrode
Sandoghdar, Ali	M	14.08.1997	IRN	2017	14	0	14	0	Türkischer SV Oldenburg, VfL Oldenburg
Sandoghdar, Arya	M	25.03.1999	IRN	2018	1	0	1	0	JFV Nordwest
Schmidt, Marten-Heiko	M	24.01.1996	D	2014	31	2	31	2	Heidmühler FC
Siegert, Jonas	M	27.10.1993	D	2014	22	0	22	0	SV Werder Bremen, VfL Oldenburg, SC Weyhe
Tjardes, Justin	A	02.12.1997	D	2018	27	0	27	0	VfB Oldenburg, Heidmühler FC
Vukoja, Mario	A	21.06.1999	CRO	2017	12	0	12	0	JFV Nordwest, TuS Komet Arsten, Blumenthaler SV
Zohrabian, Andrik	M	23.04.1996	D	2012	14	0	14	0	JFV Nordwest, VfB Oldenburg
Zohrabian, Jannik	T	31.07.1993	D	2015	21	0	40	0	VfB Oldenburg, SV Wilhelmshaven, VfL Oldenburg, VfB Oldenburg, VfL Oldenburg

Trainer:

Name, Vorname	geb. am	Nat.	Zeitraum	Spiele 2018/19	frühere Trainerstationen
Fossi, Dario	21.05.1981	ITA	01.07.2016 – lfd.	34	BSV Schwarz-Weiß Rehden (Co-Trainer), SV Wilhelmshaven (Spielertrainer)

Zugänge:
Azong (VfB Oldenburg II), Erdogan (Heeslinger SC), Onnen (VfB Oldenburg).
während der Saison:
Badjie (Niendorfer TSV Junioren), König (VfB Oldenburg), Lokaj (BSV Schwarz-Weiß Rehden).

Abgänge:
Baumeister (SV Holthausen-Biene), Brüning (Laufbahn beendet), König und Steinwender (VfB Oldenburg), Lüerssen und Nauermann (ohne Verein), Osei (SV Atlas Delmenhorst).
während der Saison:
Lokaj (ohne Verein).

BSV Schwarz-Weiß Rehden

Anschrift:
Eichendorffstraße 6
49453 Rehden
Telefon: (0 54 46) 3 35
eMail: info@bsv-rehden.de
Homepage: www.bsv-rehden.de

Vereinsgründung: 21.06.1954

Vereinsfarben: Schwarz-Weiß
1. Vorsitzender: Friedrich Schilling
Sportlicher Leiter: Friedrich Schilling

Stadion: Waldsportstätten (4.464)

Größte Erfolge: Aufstieg in die Niedersachsenliga West 2001; Aufstieg in die Regionalliga Nord 2012; Pokalsieger Niedersachsen 2014; Teilnahme am DFB-Pokal 2003, 2013 und 2014

Aufgebot:

Name, Vorname	Pos	geb. am	Nat.	seit	2018/19 Sp.	T.	gesamt Sp.	T.	frühere Vereine
Aloi, Santiago	S	26.03.1987	ARG	2018	21	4	21	4	Chemnitzer FC, FC International Leipzig, Instituto AC Cordoba, CA Mitre, Kidderminster Harriers FC, Worcester City FC, Kidderminster Harriers FC, Club Atlético Alumni, AD Municipal Liberia, Aguilas Guanacastecas CF, Liberia Mía CF, CA Belgrano Cordoba, Watford FC, CA River Plate
Anyamele, Nnaemeka	S	16.05.1994	FIN	2018	16	0	16	0	Helsingfors IFK, IF Gnistan, Helsingfors IFK, FC Honka Espoo, Klubi-04 Helsinki
Augusto (Augusto Canizan da Silva)	A	29.04.1991	BRA	2017	23	0	40	0	FC Bizau, FC Tuggen, SC Buochs, FC St. Margrethen, FC Wangen bei Olten, Gremio Desportivo Prudente, Botafogo FC (SP), POFK Botev Vratsa, Belo Jardim FC, EC XV de Novembro de Piracicaba
Becker, Yannis	M	12.01.1991	D	2018	32	2	60	6	TB Uphusen, Fort Lewis College, Stuttgarter Kickers, Werder Bremen, VfL Sittensen
Esche, Tobias	A	03.02.1991	D	2018	10	0	45	1	TB Uphusen, SG Aumund-Vegesack, TuS Heeslingen, FC Oberneuland, Lüssumer TV
Faderl, Philip	T	02.02.1994	D	2017	4	0	15	0	Hammer SpVg, Fortuna Düsseldorf, SC Brühl, SV Burgweinting, JFG Kickers Labertal 06, FC Viehhausen
Fouley, Quentin	M	04.01.1994	FRA	2019	11	1	92	18	FC Rot-Weiß Erfurt, Eintracht Braunschweig, FSV 63 Luckenwalde, Edusport Academy, FC Bourgoin-Jallieu, US Ris-Orangis
Hohnstedt, Michael	A	03.05.1988	D	2018	20	1	154	7	VfL Sportfreunde Lotte, VfL Osnabrück, VfL Sportfreunde Lotte, VfB Lübeck, DSC Arminia Bielefeld, FC Preußen Espelkamp, VfB Fabbenstedt, SpVgg Union Varl
Ivicic, Tomislav	S	27.10.1987	CRO	2019	11	5	11	5	NK Vitez, NK Zadar, NK Dugopolje, HNK Segesta Sisak, NK Libertas Novska, FK Napredak Krusevac, NK Rudes, Al-Fahaheel SC, NK GOSK Gabela, NK Samobor, NK Vinogradar, NK Karlovac 1919, NK Pomorac Kostrena, NK Medimurje Cakovec, NK Krizevci, NK Bjelovar, HNK Segesta Sisak, NK Kamen Ingrad
Janowsky, Robin	A	01.03.1997	D	2017	8	0	17	0	VfL Osnabrück, SV Werder Bremen, VfB Oldenburg, Harpstedter Turnerbund
Kalinowski, Kevin	A	22.01.1994	D	2018	28	0	113	0	TSG Neustrelitz, SC Verl, TSV Havelse, VfL Oldenburg, Hannoverscher SC, SC Langenhagen, SV Arminia Hannover
Kovacevic, Miroslav	M	03.05.1994	MNE	2019	0	0	0	0	FK Iskra Danilovgrad, FK Bratstvo Cijevna, FK Graficar Podgorica, FK Jezero Plav, FK Iskra Danilovgrad, OFK Grbalj, FK Indija, FK Rudar Pljevlja, FK Zeta Golubovac
Lewald, Jakob	A	26.02.1999	D	2018	27	1	27	1	SV Werder Bremen, SC Weyhe
Lohmann, Lucas-Simon	M	05.02.1996	D	2017	3	0	42	1	SV Eichede, VfL Wolfsburg, VfL Rötgesbüttel
Lokaj, Fabian	S	23.08.1996	ALB	2018	1	0	22	4	CS Gaz Metan Medias, FC Chiasso, ACS Poli Timișoara ... (vgl. Seite 190)
Mansaray, Shamsu	S	17.03.1999	D	2019	9	0	9	0	TB Uphusen, VfL Osnabrück, JFV Nordwest, SV Werder Bremen, FC Huchting
Menga, Ardiles Waku	S	28.09.1983	COD	2017	31	13	91	45	VfL Osnabrück, VfB Oldenburg, SC Preußen Münster, SV Wehen Wiesbaden, SV Werder Bremen, FC Hansa Rostock, VfL Osnabrück, TSV Venne, Ami Luanga
Mesenholl, Edouard	S	18.06.1999	D	2018	2	0	3	0	Altonaer FC 93
Nadaner, Evin	M	14.04.1992	USA	2018	26	0	38	1	TuS Ennepetal, 1. FC Sonthofen, SVN Zweibrücken, 1. FC Arheilgen Darmstadt, Westchester Flames FC, Boston University
Neziri, Rilind	M	06.03.1995	KVX	2017	10	0	20	0	NTSV Strand 08, Llapi FC, Hamm United FC, KF Hysi
Okoronkwo, Solomon	S	02.03.1987	NGA	2018	17	2	79	14	Berliner FC Dynamo, TSG Neustrelitz, 1. FC Saarbrücken, SV Sandhausen, FC Erzgebirge Aue, Pécsi MFC, Aalesunds FK, FK Saturn Ramenskoye, Hertha BSC, Rot-Weiss Essen, Hertha BSC, Gabros International FC, River Lane Youth Club
Petrov, Jordan	S	06.01.1994	D	2018	6	0	10	0	1. FC Wunstorf, SV Arminia Hannover, VfB Oldenburg, Oststädter SV Hannover, Hannover 96, VfL Wolfsburg, SV Werder Bremen
Rieckhof, Tim	A	28.12.1993	D	2018	25	2	35	3	Bremer SV, TuS Sulingen, TuS Drakenburg
Ronaldo (Ronaldo Felix Junior)	M	16.04.1993	BRA	2018	17	0	17	0	Mogi Mirim EC, Atlético Monte Azul, Ipatinga FC, Nacional Atlético Clube, Esporte Clube União Suzano, Nacional Atlético Clube, Vila Nova FC, Nacional Atlético Clube
Salifou, Mohammed	S	16.11.1998	NIG	2018	9	2	9	2	NTSV Strand 08
Schröder, Eric	T	02.06.1999	D	2017	1	0	2	0	JFV Rehden-Wetschen-Diepholz, SC Weyhe
Sembolo, Francky	S	09.08.1985	CGO	2017	9	1	125	39	SV Meppen, Berliner AK 07, VfL Osnabrück, Hallescher FC, DSC Arminia Bielefeld, SSV Jahn 2000 Regensburg, SV Wilhelmshaven, Holstein Kiel, FC Oberneuland, Saint Michel d'Ouenzé Brazzaville, Coton Sport FC
Suljevic, Alen	M	13.06.1999	D	2015	5	1	5	1	JFV Rehden-Wetschen-Diepholz, FK Olimpik Sarajevo
Sygo, Rico	T	15.03.1996	D	2018	30	0	30	0	SC Borgfeld, SC Weyhe, FC Oberneuland
Tomic, Josip	M	16.07.1993	BIH	2018	24	2	84	6	SV Türkgücü-Ataspor München, TSV 1860 Rosenheim, BSV Schwarz-Weiß Rehden, FK Rudar Kakanj, NK Zagreb, FK Rudar Kakanj
Wellmann, Mathis	M	24.03.1999	D	2014	4	0	4	0	JFV Rehden-Wetschen-Diepholz, SC Twistringen
Yamada, Shinji	A	24.02.1994	JPN	2018	34	3	34	3	SV Werder Bremen, SpVgg Eintracht GC Wirges, FC Schwarz-Weiß Dorndorf

Trainer:

Name, Vorname	geb. am	Nat.	Zeitraum	Spiele 2018/19	frühere Trainerstationen
Muzzicato, Benedetto	27.09.1978	ITA	23.09.17 – 30.06.19	34	TB Uphusen, FC Oberneuland

Zugänge:
Anyamele (Helsingfors IFK), Becker (TB Uphusen), Hohnstedt (VfL Spfr. Lotte), Kalinowski (TSG Neustrelitz), Lewald (Werder Bremen Jun.), Mesenholl (Altona 93), Nadaner (TuS Ennepetal), Petrov (1. FC Wunstorf), Ronaldo (Mogi Mirim EC), Salifou (NTSV Strand 08), Suljevic und Wellmann (JFV Rehden-Wetschen-Diepholz), Sygo (SC Borgfeld), Yamada (SV Werder Bremen III).
während der Saison:
Aloi (Chemnitzer FC), Fouley (FC Rot-Weiß Erfurt), Ivicic (NK Vitez), Kovacevic (FK Iskra Danilovgrad), Mansaray (TB Uphusen), Okoronkwo (BFC Dynamo).

Abgänge:
Behrens (SC Westfalia Kinderhaus), Dogan (FC Oberneuland), Evers und Madroch (VfB Oldenburg), Fernandes (FC St. Pauli II), Kelkit und Wessel (FC Preußen Espelkamp), Kürble (VfL Oythe), Mandic (SC Paderborn 07 II), Mehanovic (FK Sloboda Tuzla), Njie (SC Weiche Flensburg 08), Pekrul (TB Uphusen), Stojanovic (SC Verl).
während der Saison:
Lohmann (ohne Verein), Lokaj (VfL Oldenburg), Mesenholl (Altonaer FC 93), Neziri (TB Uphusen), Petrov (1. FC Wunstorf), Sembolo (FC Teutonia 05 Ottensen).

FC St. Pauli von 1910 II

Anschrift:
Harald-Stender-Platz 1
20359 Hamburg
Telefon: (0 40) 31 78 74 0
eMail: info@fcstpauli.com
Homepage: www.fcstpauli.com

Vereinsgründung: 15.05.1910 als Fußballabteilung des Hamburg-St. Pauli TV 1862;
05.05.1924 selbständig als FC St. Pauli von 1910

Vereinsfarben: Braun-Weiß
Präsident: Oke Göttlich
Team-Manager: Thorge Blöcker

Stadion:
Edmund-Plambeck-Stadion (5.068)

Größte Erfolge: Meister der Oberliga Hamburg/Schleswig-Holstein 1995 (↑), 1999 (↑) und 2003; Meister der Oberliga Hamburg 2011 (↑); Pokalsieger Hamburg 1998, 2001 und 2008; Teilnahme am DFB-Pokal 1998 und 2001

Aufgebot:

Name, Vorname	Pos	geb. am	Nat.	seit	2018/19 Sp.	T.	gesamt Sp.	T.	frühere Vereine
Aniteye, Clifford	A	28.02.1994	GHA	2018	7	0	83	4	Altonaer FC 93, FC Eintracht Norderstedt, Hamburger SV
Barkmann, Julian	T	30.10.1992	D	2019	2	0	37	0	Niendorfer TSV, SV Eichede, SV Todesfelde, Holstein Kiel, SV Eichede, SV Preußen 09 Reinfeld
Bednarczyk, Jakub	A	02.01.1999	POL	2019	10	1	10	1	Bayer 04 Leverkusen, SV Bergisch Gladbach 09
Bektic, Damir	M	30.01.1997	D	2018	21	1	33	1	SV Werder Bremen, Hertha BSC, FC Internationale 1980 Berlin, 1. FC Wilmersdorf
Bräuning, Theodor	M	27.06.1996	D	2017	10	0	57	1	FC Nöttingen, 1. FC Kaiserslautern, VfB Stuttgart, SV Stuttgarter Kickers
Brodersen, Svend	T	22.03.1997	D	2010	8	0	75	0	Eimsbütteler TV, FC St. Pauli, Eimsbütteler TV, FC St. Pauli
Carstens, Florian	A	08.11.1998	D	2014	6	1	38	4	MTV Treubund Lüneburg
Conteh, Christian Joe	S	27.08.1999	D	2017	25	1	26	1	SC Victoria Hamburg, SC Concordia Hamburg
Conteh, Sirlord	M	09.07.1996	D	2015	28	11	101	25	TSV Sasel, VfB Lübeck, SC Vorwärts-Wacker 04 Billstedt, SC Concordia Hamburg
Coordes, Luis	S	02.01.1999	D	2016	22	1	22	1	MTV Treubund Lüneburg, Hamburger SV, FC Eintracht Norderstedt
Deichmann, Leon	A	24.02.1997	D	2018	21	0	74	2	Lüneburger SK Hansa, Hamburger SV, FC St. Pauli, FTSV Komet Blankenese
Fernandes, Miguel	S	13.01.1997	D	2018	8	1	20	8	BSV Schwarz-Weiß Rehden, Holstein Kiel, Hamburger SV
Golke, Niklas	M	20.12.1999	D	2018	9	0	9	0	FC Süderelbe, FC St. Pauli
Heim, Jesper	T	03.01.2000	D	2010	4	0	6	0	Altonaer FC 93
Hoffmann, Niklas	A	09.04.1997	D	2019	11	0	36	2	SC Freiburg, Karlsruher SC, TSV Fortuna Billigheim-Ingenheim
Hornschuh, Marc	A	02.03.1991	D	2015	4	0	45	2	FSV Frankfurt, Bor. Dortmund, FC Ingolstadt 04, Bor. Dortmund, DJK TuS Körne
Jendrzej, David	T	12.08.1999	D	2018	0	0	0	0	Niendorfer TSV, FC Eintracht Norderstedt
Kazizada, Soleiman	A	28.06.1999	D	2015	11	0	14	0	Wandsbeker TSV Concordia
Keßner, Lennart	S	19.02.1997	D	2014	10	0	41	4	FC Eintracht Norderstedt, SpVgg Lieth, TSV Neuendorf
Koglin, Brian	A	07.01.1997	D	2013	28	6	83	9	FC Eintracht Norderstedt, Eimsbütteler TV, TuS Berne
Kovacic, Dario	M	05.04.1999	CRO	2006	25	4	45	5	eigene Junioren
Kuyucu, Mert	A	11.05.2000	D	2013	1	0	1	0	FC Türkiye Wilhelmsburg
Lankford, Kevin	M	16.11.1998	D	2019	3	0	3	0	1. FC Heidenheim, SSV Ulm 1846, Schwarz-Rot Ulm
Lee, Seung-Won	M	20.04.1997	KOR	2015	32	4	77	6	Kapfenberger SV
Meißner, Robin	S	08.10.1999	D	2012	20	3	25	3	Willinghusener SC
Miyaichi, Ryo	S	14.12.1992	JPN	2015	4	0	6	0	FC Twente Enschede, Arsenal FC, Wigan Athletic FC ... (vgl. Seite 90)
Müller, Korbinian	T	06.02.1991	D	2018	13	0	20	0	SpVgg Unterhaching, SV Stuttgarter Kickers, SpVgg Unterhaching, Lenggrieser SC
Münzner, Jakob	M	14.03.2000	D	2013	4	0	12	0	SC Nienstedten
Nadj, Niclas	M	24.12.2000	D	2009	4	0	4	0	SpVgg Blau-Weiß 96 Schenefeld
Otte, Alessandro	A	16.05.1998	D	2012	20	0	35	0	VfL Suderburg
Otto, Nick	A	27.05.1999	D	2019	10	0	10	0	Eintracht Braunschweig, VfL Wolfsburg, TSG Mörse
Park, Yi-Young	A	29.06.1994	KOR	2015	9	0	63	1	Pachanga Diliman FC, Team Socceroo FC
Protzek, Tom	S	03.09.2000	D	2014	3	0	3	0	Kummerfelder SV, SV Halstenbek-Rellingen, SpVgg Blau-Weiß 96 Schenefeld
Schmidt, Leon	T	11.05.2000	D	2012	8	0	8	0	eigene Junioren
Schneider, Jan-Marc	S	25.03.1994	D	2015	11	5	114	41	SV Halstenbek-Rellingen, FC Eintracht Norderstedt, SV Blankenese, Hamburger SV
Schoppenhauer, Clemens	A	23.02.1992	D	2017	12	0	89	2	FC Würzburger Kickers, SV Werder Bremen, JSG Weser/Stotel, JSG Stotel/Nesse
Schütt, Finn	M	03.12.1999	D	2017	11	0	18	1	SC Victoria Hamburg
Senger, Marvin	A	06.01.2000	D	2016	1	0	1	0	FC Eintracht Norderstedt
Sulejmani, Veli	S	28.07.1997	ALB	2018	5	0	5	0	FC Teutonia 05 Ottensen, Hamburger SV, Niendorfer TSV
Viet, Christian	S	27.03.1999	D	2017	21	0	38	1	JFV Ahlerstedt/Ottendorf/Heeslingen, SpVgg Ahlerstedt/Ottendorf, SG Apensen/Harsefeld
Wieckhoff, Jannes	A	02.08.2000	D	2012	1	0	1	0	Hamburger SV, FTSV Komet Blankenese
Zehir, Ersin	M	15.01.1998	D	2014	7	1	27	5	VfB Lübeck, Türkischer SV Lübeck, SC Rapid Lübeck

Trainer:

Name, Vorname	geb. am	Nat.	Zeitraum	Spiele 2018/19	frühere Trainerstationen
Philipkowski, Joachim	26.02.1961	D	01.07.2016 – lfd.	33	FC St. Pauli (A-Junioren und II. Mannschaft), Hamburger SV II, SV Werder Bremen (A-Junioren), FC St. Pauli
Zandi, Ferydoon	26.04.1979	IRN	29.08.2018 (i.V.)	1	FC St. Pauli II (Co-Trainer)

Zugänge:
Aniteye (Altona 93), Bektic (Werder Bremen II), C. Conteh, Heim, Kazizada, Meißner, Schmidt, Schütt und Viet (eigene Junioren), Deichmann (Lüneburger SK Hansa), Fernandes (BSV Schwarz-Weiß Rehden), Golke (FC Süderelbe), Jendrzej (Niendorfer TSV Jun.), Sulejmani (FC Teutonia 05 Ottensen).
während der Saison:
Barkmann (Niendorfer TSV), Bednarczyk (Bayer 04 Leverkusen), Hoffmann (SC Freiburg II), Lankford (1. FC Heidenheim), Otto (Eintracht Braunschweig).

Abgänge:
Ambrosius (Lüneburger SK Hansa), Carolus (TuS Dassendorf), Choi (Karlsruher SC), Gonzalez Vass (TuS Koblenz), Keller (SC Weiche Flensburg 08), Litka (KFC Uerdingen 05), Nadjem und Tanovic (TSV Sasel), Pfeiffer (Hertha BSC II), Rakocevic (Holstein Kiel II), Rocktäschel (Tennis Borussia Berlin), Sobotta (FSV Wacker 90 Nordhausen), Zimmermann (Coastal Carolina University).
während der Saison:
Schoppenhauer (VfR Aalen).

USI Lupo-Martini Wolfsburg

Anschrift:
Hubertusstraße 10
38448 Wolfsburg
Telefon: (0 53 61) 2 33 44
eMail: info@lupomartini.com
Homepage: www.lupomartini.com

Vereinsgründung: 1962 als Italienischer Sportclub Lupo; 1981 Fusion mit Unione Sportiva Martini zu Unione Sportiva Italiana Lupo-Martini

Vereinsfarben: Rot-Weiß-Blau
1. Vorsitzender: Rocco Lochiatto
Sportlicher Leiter: Luciano Mileo

Stadion: Lupo Stadio (2.200)

Größte Erfolge: Meister der Bezirks-/Landesliga Braunschweig Nord 1996 (↑) und 2013 (↑); Meister der Oberliga Niedersachsen 2016 (↑) und 2018 (↑)

Aufgebot:

Name, Vorname	Pos	geb. am	Nat.	seit	2018/19 Sp.	2018/19 T.	gesamt Sp.	gesamt T.	frühere Vereine
Abifade, Samuel	S	17.09.1999	D	2019	12	0	12	0	Eintracht Braunschweig, Freie Turnerschaft Braunschweig, Heidberger SC Leu
Ademeit, Jan	M	09.11.1988	D	2012	19	0	39	1	SSV Vorsfelde, BSV Ölper 2000, Eintracht Braunschweig, TSV Schöppenstedt
Baba, Noe	A	08.08.1996	IRL	2019	11	0	11	0	Waterford FC, Macclesfield Town FC, Birmingham City FC, Fulham FC, Castlebar Celtic FC
Böhm, Simon	S	08.07.1998	D	2018	25	1	29	1	VfL Wolfsburg, FC Brandenburg 03 Berlin, 1. FC Wilmersdorf, FC Hertha 03 Zehlendorf, SC Charlottenburg, SC Minerva 93 Berlin
Bremer, Nils	M	12.11.1996	D	2015	31	1	62	3	VfL Wolfsburg, SC Leu Braunschweig, SV Rot-Weiß Steterburg, TSV Klein Lafferde
Bremer, Tobias	T	04.06.1995	D	2018	0	0	1	0	VfV Borussia 06 Hildesheim, Freie Turnerschaft Braunschweig, BSV Ölper 2000, MTV Gifhorn, Eintracht Braunschweig, Braunschweiger SV Ölper 2000
Buhac, Ivan	S	15.12.1994	BIH	2019	5	0	5	0	HNK Capljina, NK Siroki Brijeg, NK GOSK Gabela, NK Siroki Brijeg
Capli, Sulhattin	A	03.07.1996	D	2018	12	0	67	3	TSG Neustrelitz, BSV Schwarz-Weiß Rehden, Eintracht Braunschweig, VfB Peine, SV Bosporus Peine, TSV Eintracht Essinghausen
Carusone, Dennis	M	05.05.1991	D	2015	1	0	10	0	VfB Fallersleben, VfR Eintracht Nord Wolfsburg, SSV Vorsfelde
Celik, Rodi	S	25.06.1998	TUR	2018	1	0	11	0	FSV Union Fürstenwalde, 1. FC Magdeburg, TSV Havelse, 1. FC Magdeburg, SV Werder Bremen, HSC Blau-Weiß Schwalbe Tündern, FC Preussen Hameln 07
Chamorro, David	M	07.02.1993	D	2016	16	0	85	2	VfL Wolfsburg, Eintracht Braunschweig, SV Querum
Eilbrecht, Niklas	A	19.05.1993	D	2012	16	1	48	2	VfL Wolfsburg, MTV Isenbüttel
Elling, Jan-Lukas	S	06.04.1992	D	2011	0	0	0	0	DJK Germania Wolfsburg, VfB Fallersleben
Friehe, Maurice	S	20.05.1998	D	2018	1	0	2	0	FC Augsburg, VfL Wolfsburg, Helmstedter SV
Gordzielik, Dennis	S	30.01.1996	POL	2019	5	0	5	0	SKS Piast Strzelce Opolskie, BTP Stal Brzeg, LKS Jednosc Rozmierka, OKS Odra Opole, SKS Piast Strzelce Opolskie, Parafialny Uczniowski KS Rodło Opole, Miliarderzy Opole, SV Barnstorf
Hallmann, Timon	S	27.05.1995	D	2018	19	4	19	4	MTV Gifhorn
Henze, Leon	M	09.03.1992	D	2013	25	9	60	9	SV Werder Bremen, VfL Wolfsburg, SV Reislingen-Neuhaus, TSV Destedt
Herter, Max	T	17.04.1998	D	2019	1	0	1	0	SV Grün-Weiß Calberlah, MTV Gifhorn, SV Grün-Weiß Calberlah
Jungk, Dennis	A	15.12.1994	D	2015	19	0	50	0	Hammer SpVg, Eintracht Braunschweig, Bovender SV, SCW Göttingen
Kara, Alper	M	28.07.1998	D	2018	19	4	25	4	VfL Wolfsburg, Tennis Borussia Berlin
Kohn, Marcel	A	11.01.1995	D	2017	30	0	84	1	TSV Havelse, Lüneburger SK Hansa, Holstein Kiel, RasenBallsport Leipzig, VfL Wolfsburg, TSV Neindorf
Konieczny, Gracjan	M	05.01.1994	POL	2015	10	1	10	1	SSV Vorsfelde, KS Warta Poznań, MKS Mieszko Gniezno
Kurtoglu, Semih	S	07.03.1999	D	2019	4	0	5	0	TSV Havelse, VfL Wolfsburg, JSG Lappwald
Nazaré Vaz, Luca	A	31.08.2000	D	2019	3	0	3	0	Karlsruher SC, VfL Wolfsburg, TSG Mörse, SV Nordsteimke, SV Reislingen-Neuhaus
Neuwirt, Jan	M	18.01.1998	D	2018	16	0	47	2	VfL Wolfsburg, SV Grün-Weiß Calberlah
Probodziak, Paul	T	02.12.1998	D	2017	0	0	0	0	VfL Wolfsburg, Freie Turnerschaft Braunschweig, FC Heeseberg
Rezic, Ante	M	04.06.1988	CRO	2017	2	1	2	1	NK Imotski, NK Dugopolje, NK Konavljanin, NK Junak Sinj, HNK Hajduk Split, NK Varazdin, HNK Sibenik, HNK Hajduk Split, NK Mosor, NK Medimurje Cakovec, NK Junak Sinj, HNK Hajduk Split, NK Solin, HNK Hajduk Split
Richter, Tyson	A	18.08.2000	D	2018	23	0	23	0	VfL Wolfsburg, RasenBallsport Leipzig, SC Borea Dresden, FSV Budissa Bautzen
Rizzo, Andrea	S	03.10.1993	ITA	2018	17	3	71	18	TSV Havelse, USI Lupo-Martini Wolfsburg, VfL Wolfsburg, 1. FC Wolfsburg
Sauß, Marius	T	05.08.1992	D	2015	34	0	100	0	SV Darmstadt 98, VfL Wolfsburg, SV Tappenbeck
Schlimpert, Rico	M	23.02.1988	D	2015	14	0	131	5	VfL Wolfsburg, Chemnitzer FC, VfB Fortuna Chemnitz
Tenno, Siim	M	04.08.1990	EST	2018	30	1	63	1	MTV Gifhorn, JK Tammeka Tartu, VfR Neumünster, JK Trans Narva, JK Tammeka Tartu, FK Viktoria Zizkov, JK Tammeka Tartu
Tuccio, Rocco	M	20.02.1995	ITA	2018	13	0	13	0	SSV Vorsfelde, Eintracht Braunschweig, SSD Città di Gela
Zverotic, Elvir	S	17.07.1989	D	2010	26	5	42	5	TSV Hehlingen, SSV Vorsfelde, TSV Hehlingen, VfL Wolfsburg

Trainer:

Name, Vorname	geb. am	Nat.	Zeitraum	Spiele 2018/19	frühere Trainerstationen
Buonocore, Giampiero	30.09.1983	ITA	03.10.17 – 24.09.18	11	USI Lupo-Martini Wolfsburg II
Fricke, Klaus	16.03.1959	D	25.09.18 – 18.12.18	11	FC Schunter, VfR Eintracht Nord Wolfsburg, MTV Gifhorn, VfL Wolfsburg Junioren, SV Teutonia Tiddische, TSV Ehmen
Erkenbrecher, Uwe	14.11.1954	D	01.01.19 – lfd.	12	MTV Gifhorn, VfR Neumünster, JK Tammeka Tartu, Cenderawasih FC, Persipura Jayapura, Rot-Weiss Essen, Türkiyemspor Berlin 1978, VfB Fallersleben, VfB Lübeck, VfL Wolfsburg, SSV Reutlingen 05, SC Paderborn 07, SpVgg Greuther Fürth, VfB Lübeck, VfL Wolfsburg, VfL Hamburg 93, FC Carl Zeiss Jena, VfL Hamburg 93, VfL Wolfsburg, 1. FC Köln U19, SV Borussia Lippstadt

Zugänge:
Böhme und Kara (VfL Wolfsburg II), T. Bremer (VfV Borussia 06 Hildesheim), Capli (TSG Neustrelitz), Celik (FSV Union Fürstenwalde), Hallmann und Tenno (MTV Gifhorn), Richter (VfL Wolfsburg Junioren), Rizzo (TSV Havelse), Tuccio (SSV Vorsfelde).
während der Saison:
Abifade (Eintracht Braunschweig II), Baba (Waterford FC), Buhac (HNK Capljina), Gordzielik (SKS Piast Strzelce Opolskie), Herter (SV Grün-Weiß Calberlah), Kurtoglu (TSV Havelse Junioren), Neuwirt (VfL Wolfsburg II).

Abgänge:
Agirman (SSV Kästorf), Amin (MTV Isenbüttel), Dieck und Pufal (Laufbahn beendet), Iddrisu (Türk. SC Vahdet Braunschweig), Katic (HNK Jadran KS), Schlüschen (MTV Wolfenbüttel), Wossmann (FC Schunter).
während der Saison:
T. Bremer (Brandenburger SC Süd 05), Carusone (SV Reislingen-Neuhaus), Capli (SV Lengede), Celik (MTV Gifhorn), Elling (SSV Vorsfelde), Friehe (FC Türk Gücü Helmstedt), Neuwirt (VfL Wolfsburg II), Probodziak (SSV Kästorf).

VfL Wolfsburg II

Anschrift:
In den Allerwiesen 1
38446 Wolfsburg
Telefon: (0 53 61) 8 90 30
eMail: service@vfl-wolfsburg.de
Homepage: www.vfl-wolfsburg.de

Vereinsgründung: 12.09.1945 als Volkssport- und Kulturverein

Vereinsfarben: Grün-Weiß
Leiter NLZ: Pablo Thiam
Sportl. Leiter U23: Pablo Thiam

Stadion: AOK Stadion (5.200)

Größte Erfolge: Meister der Niedersachsenliga Ost 1999 (↑); Meister der Oberliga Niedersachsen/Bremen 2004 (↑); Meister der Oberliga Nord 2007 (↑); Meister der Regionalliga Nord 2014, 2016 und 2019; Pokalsieger Niedersachsen 2002 und 2003; Teilnahme am DFB-Pokal 2001, 2002, 2003 und 2005

Aufgebot:

Name, Vorname	Pos	geb. am	Nat.	seit	2018/19 Sp.	2018/19 T.	gesamt Sp.	gesamt T.	frühere Vereine
Abdijanovic, Amir	S	03.03.2001	AUT	2017	1	0	1	0	AKA Vorarlberg, FC Dornbirn
Badu, Kentu Malcolm	M	23.06.1997	D	2011	11	1	57	3	SV Empor Berlin
Condé, Amara	M	06.01.1997	D	2018	14	0	38	0	Holstein Kiel, VfL Wolfsburg, Bayer 04 Leverkusen, SC 27 Bergisch Gladbach
El-Haibi, Abdallah	A	06.01.1999	D	2015	3	0	4	0	Tennis Borussia Berlin
Franke, Dominik	A	05.10.1998	D	2017	30	1	88	3	RasenBallsport Leipzig, SC Riesa
Goransch, Adrian	A	25.01.1999	D	2007	0	0	0	0	VfB Fallersleben
Hanslik, Daniel	S	06.10.1996	D	2017	29	19	50	27	SV Steinbach, SVA Bad Hersfeld, SV Steinbach, SV Unterhaun
Herrmann, Charles-Jesaja	S	08.02.2000	D	2014	4	0	4	0	Hannover 96
Heuer, Jannis	A	29.07.1999	D	2014	6	1	6	1	Hannover 96
Horn, Luca	M	19.12.1998	D	2017	6	0	6	0	SV Werder Bremen, Wilhelmshavener SC Frisia
Itter, Davide-Jerome	A	05.01.1999	D	2015	23	0	23	0	Eintracht Frankfurt, FC Cleeberg
Itter, Gian-Luca	A	05.01.1999	D	2015	16	0	19	1	Eintracht Frankfurt, FC Cleeberg
Jaeckel, Paul	A	22.07.1998	D	2014	3	0	21	1	FC Energie Cottbus, Eisenhüttenstädter FC Stahl
Jung, Sebastian	A	22.06.1990	D	2014	1	0	30	1	Eintracht Frankfurt, 1. FC Königstein
Justvan, Julian	S	02.04.1998	D	2017	30	7	69	15	TSV 1860 München, FC Dingolfing, SpVgg Greuther Fürth, SV Wörth
Klamt, Julian	A	22.08.1989	D	2001	30	4	305	16	SC Weyhausen
Klinger, Niklas	T	13.10.1995	D	2003	9	0	32	0	SV Reislingen-Neuhaus
Klump, Max-Peter	S	12.03.1999	D	2014	3	0	3	0	1. FC Magdeburg, SV Lokomotive Aschersleben
Kramer, Blaz	S	01.06.1996	SVN	2017	16	8	46	27	NK Aluminij Kidricevo, NK Simer Sampion Celje
Marmoush, Omar	S	07.02.1999	EGY	2017	5	0	19	1	Wadi Degla SC
May, Iba	M	06.06.1998	D	2013	31	5	50	5	Tennis Borussia Berlin, SV Empor Berlin, SFC Friedrichshain
Menzel, Phillip	T	18.08.1998	D	2014	21	0	42	0	Holstein Kiel
Möker, Yannik	M	27.07.1999	D	2011	28	2	28	2	Eintracht Braunschweig, TSV Gielde
Neuwirt, Jan	M	18.01.1998	D	2019	7	0	47	2	USI Lupo-Martini Wolfsburg, VfL Wolfsburg, SV Grün-Weiß Calberlah
Pellatz, Nico-Stéphàno	T	08.07.1986	D	2017	4	0	81	0	FC Viktoria Köln, SG Dynamo Dresden, Sparta Rotterdam, Excelsior Rotterdam, ADO Den Haag, Apollon Limassol, SV Werder Bremen, Hertha BSC, SV Tasmania Gropiusstadt 1973, SV Blau Weiss Berlin
Rexhbecaj, Elvis	M	01.11.1997	D	2010	3	1	44	11	Brandenburger SC Süd 05
Rizzi, Michele	M	13.04.1988	D	2018	26	7	174	29	SC Preußen Münster, SG Sonnenhof Großaspach, SV Stuttgarter Kickers, SpVgg Feuerbach, SpVgg 07 Ludwigsburg, VfB Stuttgart, SKV Rohracker
Saglam, Murat	M	10.04.1998	TUR	2013	25	6	56	13	HSC Blau-Weiß Schwalbe Tündern, ESV Eintracht Hameln
Stach, Anton	M	15.11.1998	D	2018	20	4	43	8	SSV Jeddeloh, VfL Osnabrück, JFV Nordwest, SV Werder Bremen, Buchholzer FC
Stutter, Marcel	M	06.03.1988	D	2016	22	6	122	15	BSV Schwarz-Weiß Rehden, NEC Nijmegen, SpVgg Holzwickede, VfL Kamen, FC Gütersloh 2000, Rot Weiss Ahlen, VfL Kamen
Tachie, Richmond	S	21.04.1999	D	2013	19	9	19	9	Tennis Borussia Berlin
Tasche, Jannes	T	20.01.1999	D	2014	0	0	0	0	Hannover 96, TSV Saxonia Hannover
Tisserand, Marcel	A	10.01.1993	COD	2017	1	0	1	0	FC Ingolstadt 04, AS Monaco FC, Toulouse FC, RC Lens, AS Monaco FC, INF Clairefontaine
Ziegele, Robin	A	13.03.1997	D	2004	26	3	53	3	TSV Ehmen

Trainer:

Name, Vorname	geb. am	Nat.	Zeitraum	Spiele 2018/19	frühere Trainerstationen
Ziehl, Rüdiger	26.10.1977	D	17.10.2016 – lfd.	34	VfL Wolfsburg II (Co-Trainer)

Zugänge:
Condé (Holstein Kiel), El-Haibi, Goransch, Heuer, D.-J. Itter, Klump, Möker, Tachie und Tasche (eigene Jugend), Rizzi (SC Preußen Münster), Stach (SSV Jeddeloh).

während der Saison:
Neuwirt (USI Lupo-Martini Wolfsburg).

Abgänge:
Abdat (SG Wattenscheid 09), Berisha (AO Chalkis), Böhm und Kara (USI Lupo-Martini Wolfsburg), Donkor (FC Hansa Rostock), El-Saleh (SpVgg Drochtersen/Assel), Ghandour (Lüneburger SK Hansa), Mason (SV Babelsberg 03), Möbius (Karlsruher SC), Nürnberger (FC Eintracht Norderstedt), Sarr (VfR Aalen), Sprenger (ohne Verein), Vojic (Shamrock Rovers FC).

während der Saison:
Jaeckel (SpVgg Greuther Fürth), Neuwirt (USI Lupo-Martini Wolfsburg).

Zuschauerzahlen 2018/19

	VfL Wolfsburg II	VfB Lübeck	Werder Bremen II	SC Weiche 08	Drochtersen/Assel	Hannover 96 II	Hamburger SV II	BSV SW Rehden	VfB Oldenburg	Holstein Kiel II	TSV Havelse	SSV Jeddeloh II	Eintr. Norderstedt	FC St. Pauli II	Lüneburger SK H.	Egestorf/Langreder	VfL Oldenburg	USI Lupo-Martini
VfL Wolfsburg II	×	502	335	345	343	491	555	319	408	342	334	346	287	369	343	311	319	889
VfB Lübeck	2.789	×	2.411	2.875	3.701	2.017	2.144	1.777	1.675	2.388	1.960	1.368	2.235	2.021	2.029	1.539	2.121	1.580
SV Werder Bremen II	420	634	×	615	426	428	1.500	215	520	366	162	661	310	425	170	350	420	390
SC Weiche Flensburg 08	1.021	1.428	922	×	847	821	934	792	789	868	719	698	848	721	810	558	760	924
SpVgg Drochtersen/Assel	535	1.114	907	700	×	728	1.304	552	674	632	552	702	682	1.121	654	679	718	698
Hannover 96 II	350	1.200	300	121	500	×	350	420	320	492	2.500	208	200	0*	350	1.000	100	360
Hamburger SV II	250	800	410	350	420	240	×	400	340	160	335	270	420	186	420	160	140	220
BSV Schwarz-Weiß Rehden	225	420	455	250	310	300	480	×	750	230	300	245	250	420	205	270	287	280
VfB Oldenburg	1.092	1.242	1.858	1.417	978	1.001	1.169	826	×	1.147	1.298	4.016	1.002	910	858	821	3.426	912
Holstein Kiel II	450	2.758	222	907	140	75	609	96	252	×	156	155	84	255	530	180	150	110
TSV Havelse	407	505	712	412	616	1.233	679	333	453	398	×	400	407	389	327	713	431	816
SSV Jeddeloh II	431	502	1.057	598	582	355	1.008	455	2.000	472	390	×	335	497	565	461	775	486
FC Eintracht Norderstedt	262	917	545	410	658	415	1.017	295	555	485	250	410	×	585	672	335	215	193
FC St. Pauli II	235	425	270	141	206	63	551	93	94	150	98	137	480	×	255	191	93	155
Lüneburger SK Hansa	452	890	525	350	485	795	870	495	595	450	450	465	800	666	×	410	399	430
1. FC G. Egestorf / Langr.	220	250	230	210	250	450	183	220	210	150	320	185	600	210	250	×	220	150
VfL Oldenburg	400	306	412	385	330	330	348	430	2.387	780	250	999	400	375	350	289	×	370
Lupo-Martini Wolfsburg	230	140	200	200	250	250	220	90	300	380	250	175	280	235	230	290	150	×

* unter Ausschluss der Öffentlichkeit

Zuschauerbilanz:

Pl.	Mannschaft	gesamt	Spiele	Durchschnitt
1.	VfB Lübeck	50.601	34	1.488
2.	VfB Oldenburg	36.470	34	1.073
3.	SC Weiche Flensburg 08	24.740	34	728
4.	SpVgg Drochtersen/Assel	23.885	34	703
5.	SSV Jeddeloh	22.144	34	651
6.	SV Werder Bremen II	20.009	34	589
7.	VfL Oldenburg	19.578	34	576
8.	TSV Havelse	19.507	34	574
9.	Hamburger SV II	19.247	34	566
10.	Hannover 96 II	18.438	34	542
11.	Lüneburger SK Hansa	18.379	34	541
12.	FC Eintracht Norderstedt	17.538	34	516
13.	VfL Wolfsburg II	16.646	34	490
14.	Holstein Kiel II	16.360	34	481
15.	BSV Schwarz-Weiß Rehden	13.445	34	395
16.	1. FC Germania Egestorf/Langreder	12.840	34	378
17.	USI Lupo-Martini Wolfsburg	12.767	34	376
18.	FC St. Pauli II	12.652	34	372
		375.246	612	613

Torschützenliste:

Pl.	Spieler (Mannschaft/en)	Tore
1.	Hanslik, Daniel (VfL Wolfsburg II)	19
2.	Franziskus, Daniel (VfB Lübeck)	14
	Kulikas, Laurynas (Holstein Kiel II)	14
4.	Arslan, Ahmet (VfB Lübeck)	13
	Menga, Ardiles Waku (BSV Schwarz-Weiß Rehden)	13
6.	Osabutey, Jonah (SV Werder Bremen II)	12
7.	Conteh, Sirlord (FC St. Pauli II)	11
	Drinkuth, Felix (FC Eintracht Norderstedt)	11
	Lukowicz, Maik (VfB Oldenburg)	11
10.	Ibekwe, Marvin (SC Weiche Flensburg 08)	10
	Sen, Utku (Lüneburger SK Hansa)	10
12.	Azong, Conrad (VfL Oldenburg)	9
	Badjie, Kebba (VfL Oldenburg)	9
	Empen, Nico (SC Weiche Flensburg 08)	9
	Groß, Christian (SV Werder Bremen II)	9
	Henze, Leon (USI Lupo-Martini Wolfsburg)	9
	Isitan, Gökay (SC Weiche Flensburg 08)	9
	Neumann, Alexander (SpVgg Drochtersen/Assel)	9
	Tachie, Richmond (VfL Wolfsburg II)	9
	Yilmaz, Erhan (TSV Havelse)	9
21.	Awuku, Noah (Holstein Kiel II)	8
	Bennert, Julian (SSV Jeddeloh)	8
	Engelking, Torben (1. FC Germania Egestorf/Langreder)	8
	Ghawilu, Kasra (SSV Jeddeloh)	8
	Hadzic, Benjamin (Hannover 96 II)	8
	Kramer, Blaz (VfL Wolfsburg II)	8
	Krottke, Kevin (Lüneburger SK Hansa)	8
	Stütz, Florian (SSV Jeddeloh)	8
	Veselinovic, Sinisa (FC Eintracht Norderstedt)	8

Regionalliga West

> 19

Pl.	(Vj.)	Mannschaft		Sp	S	U	N	Tore	TD	Pkt	Sp	S	U	N	Tore	Pkt	Sp	S	U	N	Tore	Pkt
				Gesamtbilanz							**Heimbilanz**						**Auswärtsbilanz**					
1.	(2.)	FC Viktoria Köln	↑	34	19	10	5	62-30	+32	67	17	11	5	1	32-11	38	17	8	5	4	30-19	29
2.	(9.)	SC Rot-Weiß Oberhausen		34	18	10	6	58-41	+17	64	17	8	6	3	35-25	30	17	10	4	3	23-16	34
3.	(5.)	SV Rödinghausen		34	19	6	9	58-29	+29	63	17	9	3	5	33-16	30	17	10	3	4	25-13	33
4.	(12.)	Borussia Mönchengladbach II		34	15	12	7	47-38	+9	57	17	7	7	3	23-18	28	17	8	5	4	24-20	29
5.	(4.)	Borussia Dortmund II		34	16	8	10	62-36	+26	56	17	8	3	6	36-18	27	17	8	5	4	26-18	29
6.	(6.)	TSV Alemannia Aachen		34	13	10	11	48-39	+9	49	17	6	7	4	30-19	25	17	7	3	7	18-20	24
7.	(8.)	SC Verl		34	11	13	10	51-46	+5	46	17	5	5	7	26-25	20	17	6	8	3	25-21	26
8.	(10.)	Rot-Weiss Essen		34	13	7	14	42-40	+2	46	17	7	3	7	23-18	24	17	6	4	7	19-22	22
9.	(14.)	1. FC Köln II		34	12	9	13	54-46	+8	45	17	5	4	8	22-26	19	17	7	5	5	32-20	26
10.	(3.)	Wuppertaler SV		34	12	8	14	45-49	-4	44	17	6	3	8	25-27	21	17	6	5	6	20-22	23
11.	(11.)	SG Wattenscheid 09		34	11	10	13	44-44	0	43	17	7	3	7	25-21	24	17	4	7	6	19-23	19
12.	(15.)	Fortuna Düsseldorf II		34	11	9	14	47-62	-15	42	17	4	6	7	19-27	18	17	7	3	7	28-35	24
13.	(↑)	SV Lippstadt 08		34	11	8	15	36-48	-12	41	17	7	4	6	24-20	25	17	4	4	9	12-28	16
14.	(13.)	Bonner SC		34	11	7	16	42-51	-9	40	17	6	4	7	25-22	22	17	5	3	9	17-29	18
15.	(↑)	1. FC Kaan-Marienborn 07	↓	34	9	12	13	50-54	-4	39	17	5	5	7	25-24	20	17	4	7	6	25-30	19
16.	(↑)	SV Straelen	↓	34	9	12	13	36-62	-26	39	17	7	5	5	19-19	26	17	2	7	8	17-43	13
17.	(7.)	SC Wiedenbrück	↓	34	9	11	14	42-52	-10	38	17	3	8	6	19-22	17	17	6	3	8	23-30	21
18.	(↑)	TV Herkenrath	₅↓ 34		3	6	25	34-91	-57	15	17	2	3	12	18-41	9	17	1	3	13	16-50	6

Absteiger aus der 3. Liga: SC Fortuna Köln und VfL Sportfreunde Lotte.
Aufsteiger in die 3. Liga: FC Viktoria Köln.
Absteiger in die Kreisliga B: TV Herkenrath (freiwillig; Mittelrhein, Kreisliga B2 Berg; übernahme des Platzes der II. Mannschaft).
Absteiger in die Oberligen: SC Wiedenbrück, 1. FC Kaan-Marienborn 07 (Westfalen) und SV Straelen (Niederrhein).
Aufsteiger aus den Oberligen: FC Schalke 04 II, TuS Haltern (Westfalen), VfB Homberg (Niederrhein) und SV Bergisch Gladbach 09 (Mittelrhein).

Regionalliga West 2018/19

	FC Viktoria Köln	RW Oberhausen	SV Rödinghausen	Mönchengladbach II	Bor. Dortmund II	Alemannia Aachen	SC Verl	Rot-Weiss Essen	1. FC Köln II	Wuppertaler SV	SG Wattenscheid 09	Fort. Düsseldorf II	SV Lippstadt 08	Bonner SC	Kaan-Marienborn	SV Straelen	SC Wiedenbrück	TV Herkenrath
FC Viktoria Köln	X	0:0	2:0	1:0	3:1	2:1	1:1	0:0	1:2	0:0	1:0	5:2	1:0	2:0	2:1	2:2	3:0	6:1
SC Rot-Weiß Oberhausen	0:2	X	1:1	2:0	1:1	3:2	3:3	1:1	1:6	2:1	3:1	3:3	3:1	4:0	2:3	2:0	0:0	4:0
SV Rödinghausen	2:0	0:1	X	0:0	3:4	0:0	2:1	2:0	1:2	1:1	2:3	1:0	3:0	1:0	6:0	5:0	4:2
Bor. Mönchengladbach II	1:1	0:2	1:0	X	2:2	2:1	2:2	1:0	1:1	2:1	0:0	1:3	3:0	0:1	2:2	4:2	1:0	0:0
Borussia Dortmund II	2:2	3:0	0:1	0:2	X	3:1	1:2	5:0	3:0	2:1	3:1	0:0	0:1	0:2	1:2	9:2	1:1	3:0
TSV Alemannia Aachen	1:1	2:2	1:1	3:4	0:0	X	2:1	2:0	0:0	0:1	0:2	4:0	1:0	1:2	2:2	4:0	2:2	5:1
SC Verl	2:3	1:2	0:4	1:2	0:2	1:1	X	1:1	1:1	1:1	2:1	3:1	2:0	0:2	1:1	1:2	4:0	5:1
Rot-Weiss Essen	0:1	1:1	2:0	2:0	0:0	0:1	0:2	X	2:0	5:1	1:2	1:3	2:3	1:0	1:0	2:2	1:2	2:0
1. FC Köln II	0:2	0:3	0:3	3:0	2:0	1:2	3:2	1:0	X	1:1	0:0	2:3	0:0	1:0	1:3	1:2	3:0	3:3
Wuppertaler SV	1:1	2:0	0:2	0:2	0:3	0:0	1:2	3:0	2:4	X	3:2	2:3	1:2	2:0	1:1	4:1	0:3	3:1
SG Wattenscheid 09	3:0	0:1	1:3	0:1	1:3	1:0	2:2	0:2	1:1	0:2	X	4:2	3:0	0:0	3:1	3:0	0:2	3:1
Fortuna Düsseldorf II	2:1	1:2	1:2	2:2	2:0	0:1	1:1	0:5	0:3	2:2	1:1	X	0:0	3:2	1:1	1:1	2:1	3:0
SV Lippstadt 08	0:2	0:1	1:2	3:3	2:0	3:0	1:1	0:3	1:0	3:0	3:1	0:2	X	3:0	1:1	0:0	1:3	2:1
Bonner SC	2:2	1:1	1:2	0:2	1:2	1:1	3:1	3:1	3:2	0:1	0:1	3:0	3:0	X	2:3	0:0	0:2	2:1
1. FC Kaan-Marienborn 07	1:3	3:4	0:2	0:0	2:0	0:1	0:0	1:4	1:1	3:0	0:1	2:1	1:3	3:2	X	1:1	5:1	4:0
SV Straelen	2:0	1:0	0:0	1:2	1:1	2:0	0:2	0:1	0:4	1:1	1:1	2:0	2:2	2:0	3:2	X	1:0	0:3
SC Wiedenbrück	0:2	0:1	1:0	1:1	1:0	0:2	1:1	1:2	0:3	1:1	1:1	1:2	5:0	1:1	2:2	2:2	X	1:1
TV Herkenrath	0:7	1:2	1:2	1:3	1:3	1:2	1:2	0:2	1:2	0:3	2:2	0:0	0:2	3:3	4:0	1:0	1:6	X

Termine und Ergebnisse der Regionalliga West Saison 2018/19 Hinrunde

1. Spieltag
27.07.2018	SC Wiedenbrück	SC Verl	1:1 (0:1)
28.07.2018	Bonner SC	Bor. Dortmund II	1:2 (0:0)
28.07.2018	Wuppertaler SV	TV Herkenrath	3:1 (0:0)
28.07.2018	SV Rödinghausen	Rot-Weiss Essen	2:1 (1:0)
28.07.2018	Fort. Düsseldorf II	SV Lippstadt 08	0:0 (0:0)
28.07.2018	RW Oberhausen	SV Straelen	2:0 (1:0)
28.07.2018	Wattenscheid 09	Bor. M'gladbach II	0:1 (0:0)
28.07.2018	Kaan-Marienborn	1. FC Köln II	1:1 (0:0)
29.07.2018	FC Viktoria Köln	Alem. Aachen	2:1 (2:0)

2. Spieltag
04.08.2018	Bor. M'gladbach II	RW Oberhausen	0:2 (0:1)
04.08.2018	SV Straelen	SC Wiedenbrück	1:0 (1:0)
04.08.2018	SC Verl	Fort. Düsseldorf II	3:1 (1:0)
04.08.2018	SV Lippstadt 08	SV Rödinghausen	1:2 (0:2)
04.08.2018	TV Herkenrath	Kaan-Marienborn	4:0 (2:0)
04.08.2018	1. FC Köln II	Bonner SC	1:2 (0:1)
04.08.2018	Bor. Dortmund II	FC Viktoria Köln	2:2 (0:2)
05.08.2018	Rot-Weiss Essen	Wuppertaler SV	5:1 (4:0)
06.08.2018	Alem. Aachen	Wattenscheid 09	0:2 (0:1)

3. Spieltag
10.08.2018	SC Wiedenbrück	Bor. M'gladbach II	1:1 (0:0)
10.08.2018	RW Oberhausen	Alem. Aachen	3:2 (1:1)
10.08.2018	Bonner SC	FC Viktoria Köln	2:2 (0:1)
10.08.2018	SV Rödinghausen	SC Verl	0:0 (0:0)
11.08.2018	Wuppertaler SV	SV Lippstadt 08	1:2 (0:0)
11.08.2018	Fort. Düsseldorf II	SV Straelen	1:1 (1:0)
11.08.2018	1. FC Köln II	TV Herkenrath	3:3 (2:1)
11.08.2018	Kaan-Marienborn	Rot-Weiss Essen	1:4 (1:1)
31.10.2018	Wattenscheid 09	Bor. Dortmund II	1:3 (1:0)

4. Spieltag
17.08.2018	Alem. Aachen	SC Wiedenbrück	2:2 (1:1)
18.08.2018	SC Verl	Wuppertaler SV	1:1 (1:0)
18.08.2018	SV Lippstadt 08	Kaan-Marienborn	1:1 (1:0)
18.08.2018	TV Herkenrath	Bonner SC	3:3 (1:3)
19.08.2018	Bor. M'gladbach II	Fort. Düsseldorf II	1:3 (0:1)
19.08.2018	Rot-Weiss Essen	1. FC Köln II	2:0 (1:0)
28.08.2018	FC Viktoria Köln	Wattenscheid 09	1:0 (1:0)
29.08.2018	SV Straelen	SV Rödinghausen	0:0 (0:0)
29.08.2018	Bor. Dortmund II	RW Oberhausen	3:0 (2:0)

5. Spieltag
24.08.2018	Wuppertaler SV	SV Straelen	4:1 (2:0)
25.08.2018	Bonner SC	Wattenscheid 09	0:1 (0:1)
25.08.2018	SV Rödinghausen	Bor. M'gladbach II	0:0 (0:0)
25.08.2018	Fort. Düsseldorf II	Alem. Aachen	0:1 (0:1)
25.08.2018	RW Oberhausen	FC Viktoria Köln	0:2 (0:1)
25.08.2018	1. FC Köln II	SV Lippstadt 08	0:0 (0:0)
25.08.2018	Kaan-Marienborn	SC Verl	0:0 (0:0)
26.08.2018	TV Herkenrath	Rot-Weiss Essen	0:2 (0:1)
26.08.2018	SC Wiedenbrück	Bor. Dortmund II	1:0 (0:0)

6. Spieltag
31.08.2018	SC Verl	1. FC Köln II	1:1 (1:1)
31.08.2018	Rot-Weiss Essen	Bonner SC	1:0 (0:0)
01.09.2018	Alem. Aachen	SV Rödinghausen	1:1 (0:0)
01.09.2018	Bor. M'gladbach II	Wuppertaler SV	2:1 (1:0)
01.09.2018	SV Straelen	Kaan-Marienborn	3:2 (0:1)
01.09.2018	SV Lippstadt 08	TV Herkenrath	2:1 (1:0)
01.09.2018	Wattenscheid 09	RW Oberhausen	0:1 (0:0)
01.09.2018	FC Viktoria Köln	SC Wiedenbrück	3:0 (1:0)
02.09.2018	Bor. Dortmund II	Fort. Düsseldorf II	0:0 (0:0)

7. Spieltag
06.09.2018	Bonner SC	RW Oberhausen	1:1 (0:0)
08.09.2018	SV Rödinghausen	Bor. Dortmund II	3:4 (2:2)
08.09.2018	Fort. Düsseldorf II	FC Viktoria Köln	2:1 (1:1)
08.09.2018	SC Wiedenbrück	Wattenscheid 09	1:1 (1:0)
08.09.2018	Rot-Weiss Essen	SV Lippstadt 08	2:3 (0:2)
08.09.2018	TV Herkenrath	SC Verl	1:2 (1:1)
08.09.2018	1. FC Köln II	SV Straelen	1:2 (1:0)
08.09.2018	Kaan-Marienborn	Bor. M'gladbach II	0:0 (0:0)
09.09.2018	Wuppertaler SV	Alem. Aachen	0:0 (0:0)

8. Spieltag
14.09.2018	SC Verl	Rot-Weiss Essen	1:1 (0:1)
15.09.2018	Alem. Aachen	Kaan-Marienborn	2:2 (0:1)
15.09.2018	SV Straelen	TV Herkenrath	0:3 (0:0)
15.09.2018	SV Lippstadt 08	Bonner SC	3:0 (2:0)
15.09.2018	RW Oberhausen	SC Wiedenbrück	1:1 (0:1)
15.09.2018	Wattenscheid 09	Fort. Düsseldorf II	4:2 (4:1)
15.09.2018	FC Viktoria Köln	SV Rödinghausen	2:0 (2:0)
16.09.2018	Bor. M'gladbach II	1. FC Köln II	1:1 (0:1)
18.09.2018	Bor. Dortmund II	Wuppertaler SV	2:1 (1:1)

9. Spieltag
21.09.2018	Bonner SC	SC Wiedenbrück	0:2 (0:1)
21.09.2018	Fort. Düsseldorf II	RW Oberhausen	1:2 (1:0)
21.09.2018	Rot-Weiss Essen	SV Straelen	2:2 (1:0)
21.09.2018	TV Herkenrath	Bor. M'gladbach II	1:3 (1:2)
21.09.2018	1. FC Köln II	Alem. Aachen	1:2 (1:1)
22.09.2018	Wuppertaler SV	FC Viktoria Köln	1:1 (1:0)
22.09.2018	SV Rödinghausen	Wattenscheid 09	1:1 (0:0)
22.09.2018	SV Lippstadt 08	SC Verl	1:1 (1:0)
22.09.2018	Kaan-Marienborn	Bor. Dortmund II	0:2 (0:1)

10. Spieltag
25.09.2018	SV Straelen	SV Lippstadt 08	2:2 (0:0)
25.09.2018	SC Verl	Bonner SC	0:2 (0:1)
25.09.2018	Bor. Dortmund II	1. FC Köln II	3:0 (1:0)
25.09.2018	SC Wiedenbrück	Fort. Düsseldorf II	1:2 (1:1)
25.09.2018	RW Oberhausen	SV Rödinghausen	1:1 (0:1)
25.09.2018	FC Viktoria Köln	Kaan-Marienborn	2:1 (1:0)
26.09.2018	Bor. M'gladbach II	Rot-Weiss Essen	1:0 (1:0)
26.09.2018	Alem. Aachen	TV Herkenrath	5:1 (3:0)
26.09.2018	Wattenscheid 09	Wuppertaler SV	0:2 (0:0)

11. Spieltag
29.09.2018	Bonner SC	Fort. Düsseldorf II	3:0 (1:0)
29.09.2018	SV Rödinghausen	SC Wiedenbrück	5:0 (2:0)
29.09.2018	SC Verl	SV Straelen	1:2 (1:1)
29.09.2018	SV Lippstadt 08	Bor. M'gladbach II	3:3 (1:2)
29.09.2018	1. FC Köln II	FC Viktoria Köln	0:2 (0:0)
29.09.2018	Kaan-Marienborn	Wattenscheid 09	0:1 (0:1)
29.09.2018	TV Herkenrath	Bor. Dortmund II	1:3 (0:1)
30.09.2018	Rot-Weiss Essen	Alem. Aachen	0:1 (0:1)
01.10.2018	Wuppertaler SV	RW Oberhausen	2:0 (2:0)

12. Spieltag
05.10.2018	FC Viktoria Köln	TV Herkenrath	6:1 (3:0)
06.10.2018	Alem. Aachen	SV Lippstadt 08	1:0 (0:0)
06.10.2018	Bor. M'gladbach II	SC Verl	2:2 (1:0)
06.10.2018	SV Straelen	Bonner SC	2:0 (0:0)
06.10.2018	Fort. Düsseldorf II	SV Rödinghausen	1:2 (1:1)
06.10.2018	SC Wiedenbrück	Wuppertaler SV	1:1 (0:1)
06.10.2018	RW Oberhausen	Kaan-Marienborn	2:3 (2:1)
06.10.2018	Wattenscheid 09	1. FC Köln II	1:1 (1:0)
06.11.2018	Bor. Dortmund II	Rot-Weiss Essen	5:0 (3:0)

13. Spieltag
12.10.2018	SC Verl	Alem. Aachen	1:1 (0:0)
13.10.2018	Bonner SC	SV Rödinghausen	1:2 (1:1)
13.10.2018	SV Straelen	Bor. M'gladbach II	1:2 (0:1)
13.10.2018	SV Lippstadt 08	Bor. Dortmund II	2:0 (0:0)
13.10.2018	Rot-Weiss Essen	FC Viktoria Köln	0:1 (0:1)
13.10.2018	TV Herkenrath	Wattenscheid 09	2:2 (1:1)
13.10.2018	1. FC Köln II	RW Oberhausen	0:3 (0:1)
13.10.2018	Kaan-Marienborn	SC Wiedenbrück	5:1 (2:0)
30.10.2018	Wuppertaler SV	Fort. Düsseldorf II	2:3 (0:3)

14. Spieltag
19.10.2018	Bor. M'gladbach II	Bonner SC	0:1 (0:1)
19.10.2018	SV Rödinghausen	Wuppertaler SV	1:2 (0:2)
19.10.2018	FC Viktoria Köln	SV Lippstadt 08	1:0 (0:0)
20.10.2018	Alem. Aachen	SV Straelen	4:0 (3:0)
20.10.2018	Fort. Düsseldorf II	Kaan-Marienborn	1:1 (0:1)
20.10.2018	SC Wiedenbrück	1. FC Köln II	0:3 (0:3)
20.10.2018	RW Oberhausen	TV Herkenrath	4:0 (1:0)
20.10.2018	Bor. Dortmund II	SC Verl	1:2 (0:2)
21.10.2018	Wattenscheid 09	Rot-Weiss Essen	0:2 (0:0)

15. Spieltag
26.10.2018	SC Verl	FC Viktoria Köln	2:3 (1:2)
26.10.2018	Bonner SC	Wuppertaler SV	0:1 (0:0)
26.10.2018	Bor. M'gladbach II	Alem. Aachen	2:1 (1:0)
27.10.2018	SV Straelen	Bor. Dortmund II	1:1 (1:0)
27.10.2018	Rot-Weiss Essen	RW Oberhausen	1:1 (1:1)
27.10.2018	TV Herkenrath	SC Wiedenbrück	1:6 (1:3)
27.10.2018	1. FC Köln II	Fort. Düsseldorf II	2:3 (0:1)
27.10.2018	Kaan-Marienborn	SV Rödinghausen	0:2 (0:0)
28.10.2018	SV Lippstadt 08	Wattenscheid 09	3:1 (2:1)

16. Spieltag
02.11.2018	Bonner SC	Alem. Aachen	1:1 (1:1)
02.11.2018	RW Oberhausen	SV Lippstadt 08	3:1 (1:0)
03.11.2018	Wuppertaler SV	Kaan-Marienborn	1:1 (1:1)
03.11.2018	SV Rödinghausen	1. FC Köln II	2:0 (2:0)
03.11.2018	Fort. Düsseldorf II	TV Herkenrath	3:0 (1:0)
03.11.2018	SC Wiedenbrück	Rot-Weiss Essen	1:2 (0:1)
03.11.2018	Wattenscheid 09	SC Verl	2:2 (1:1)
03.11.2018	FC Viktoria Köln	SV Straelen	2:2 (2:1)
03.11.2018	Bor. Dortmund II	Bor. M'gladbach II	0:2 (0:1)

17. Spieltag
10.11.2018	1. FC Köln II	Wuppertaler SV	1:1 (0:0)
10.11.2018	Bor. M'gladbach II	FC Viktoria Köln	1:1 (1:0)
10.11.2018	SV Straelen	Wattenscheid 09	1:1 (1:1)
10.11.2018	SC Verl	RW Oberhausen	1:2 (0:0)
10.11.2018	SV Lippstadt 08	SC Wiedenbrück	1:3 (0:1)
10.11.2018	Rot-Weiss Essen	Fort. Düsseldorf II	1:3 (1:1)
10.11.2018	TV Herkenrath	SV Rödinghausen	1:2 (1:1)
10.11.2018	Kaan-Marienborn	Bonner SC	3:2 (1:0)
10.11.2018	Alem. Aachen	Bor. Dortmund II	0:0 (0:0)

Termine und Ergebnisse der Regionalliga West Saison 2018/19 Rückrunde

18. Spieltag
16.11.2018	SC Verl	SC Wiedenbrück	4:0 (1:0)
16.11.2018	Alem. Aachen	FC Viktoria Köln	1:1 (0:0)
17.11.2018	Bor. Dortmund II	Bonner SC	0:2 (0:1)
17.11.2018	TV Herkenrath	Wuppertaler SV	0:3 (0:2)
17.11.2018	Rot-Weiss Essen	SV Rödinghausen	2:0 (0:0)
17.11.2018	SV Lippstadt 08	Fort. Düsseldorf II	0:2 (0:1)
17.11.2018	SV Straelen	RW Oberhausen	1:0 (0:0)
17.11.2018	Bor. M'gladbach II	Wattenscheid 09	0:0 (0:0)
17.11.2018	1. FC Köln II	Kaan-Marienborn	1:3 (1:1)

19. Spieltag
30.11.2018	RW Oberhausen	Bor. M'gladbach II	2:0 (0:0)
01.12.2018	Wattenscheid 09	Alem. Aachen	1:0 (0:0)
01.12.2018	SC Wiedenbrück	SV Straelen	2:2 (1:0)
01.12.2018	Fort. Düsseldorf II	SC Verl	0:1 (0:1)
01.12.2018	SV Rödinghausen	SV Lippstadt 08	1:0 (1:0)
01.12.2018	Bonner SC	1. FC Köln II	3:2 (1:1)
01.12.2018	FC Viktoria Köln	Bor. Dortmund II	3:1 (2:1)
02.12.2018	Wuppertaler SV	Rot-Weiss Essen	3:0 (1:0)
01.05.2019	Kaan-Marienborn	TV Herkenrath	4:0 (3:0)

20. Spieltag
07.12.2018	FC Viktoria Köln	Bonner SC	2:0 (1:0)
07.12.2018	SC Verl	SV Rödinghausen	0:4 (0:1)
07.12.2018	Bor. M'gladbach II	SC Wiedenbrück	1:0 (1:0)
08.12.2018	SV Straelen	Fort. Düsseldorf II	2:0 (0:0)
08.12.2018	Alem. Aachen	RW Oberhausen	2:2 (0:2)
08.12.2018	Bor. Dortmund II	Wattenscheid 09	3:1 (2:0)
08.12.2018	TV Herkenrath	1. FC Köln II	1:2 (0:1)
08.12.2018	Rot-Weiss Essen	Kaan-Marienborn	1:0 (0:0)
02.03.2019	SV Lippstadt 08	Wuppertaler SV	3:0 (1:0)

21. Spieltag
15.12.2018	Fort. Düsseldorf II	Bor. M'gladbach II	2:2 (1:1)
15.12.2018	SV Rödinghausen	SV Straelen	6:0 (1:0)
15.12.2018	Wuppertaler SV	SC Verl	1:2 (1:0)
15.12.2018	1. FC Köln II	Rot-Weiss Essen	1:0 (0:0)
15.12.2018	Wattenscheid 09	FC Viktoria Köln	3:0 (0:0)
15.12.2018	RW Oberhausen	Bor. Dortmund II	1:1 (1:1)
27.02.2019	Bonner SC	TV Herkenrath	2:1 (0:0)
26.03.2019	SC Wiedenbrück	Alem. Aachen	0:2 (0:2)
08.05.2019	Kaan-Marienborn	SV Lippstadt 08	1:1 (0:0)

22. Spieltag
15.02.2019	SV Lippstadt 08	1. FC Köln II	1:0 (0:0)
16.02.2019	Wattenscheid 09	Bonner SC	0:0 (0:0)
16.02.2019	SV Straelen	Wuppertaler SV	1:1 (0:0)
16.02.2019	Bor. M'gladbach II	SV Rödinghausen	1:0 (0:0)
16.02.2019	Bor. Dortmund II	SC Wiedenbrück	1:1 (0:1)
16.02.2019	Rot-Weiss Essen	TV Herkenrath	2:0 (0:0)
16.02.2019	SC Verl	Kaan-Marienborn	1:1 (1:0)
17.02.2019	FC Viktoria Köln	RW Oberhausen	0:0 (0:0)
17.02.2019	Alem. Aachen	Fort. Düsseldorf II	4:0 (0:0)

23. Spieltag
22.02.2019	Bonner SC	Rot-Weiss Essen	3:1 (0:1)
23.02.2019	SV Rödinghausen	Alem. Aachen	0:2 (0:1)
23.02.2019	Wuppertaler SV	Bor. M'gladbach II	0:2 (0:1)
23.02.2019	Kaan-Marienborn	SV Straelen	1:1 (0:0)
23.02.2019	1. FC Köln II	SC Verl	3:2 (0:1)
23.02.2019	TV Herkenrath	SV Lippstadt 08	0:2 (0:0)
23.02.2019	SC Wiedenbrück	FC Viktoria Köln	0:2 (0:0)
24.02.2019	Fort. Düsseldorf II	Bor. Dortmund II	0:2 (0:0)
26.02.2019	RW Oberhausen	Wattenscheid 09	3:1 (0:1)

24. Spieltag
08.03.2019	Bor. Dortmund II	SV Rödinghausen	0:1 (0:0)
09.03.2019	RW Oberhausen	Bonner SC	4:0 (1:0)
09.03.2019	Alem. Aachen	Wuppertaler SV	0:1 (0:1)
09.03.2019	FC Viktoria Köln	Fort. Düsseldorf II	5:2 (3:0)
09.03.2019	Wattenscheid 09	SC Wiedenbrück	0:2 (0:0)
09.03.2019	SV Lippstadt 08	Rot-Weiss Essen	0:3 (0:2)
09.03.2019	SC Verl	TV Herkenrath	5:1 (3:0)
09.03.2019	SV Straelen	1. FC Köln II	0:4 (0:3)
09.03.2019	Bor. M'gladbach II	Kaan-Marienborn	2:2 (0:0)

25. Spieltag
15.03.2019	1. FC Köln II	Bor. M'gladbach II	3:0 (1:0)
15.03.2019	Rot-Weiss Essen	SC Verl	0:2 (0:0)
16.03.2019	SC Wiedenbrück	RW Oberhausen	0:1 (0:0)
16.03.2019	Fort. Düsseldorf II	Wattenscheid 09	2:2 (2:1)
16.03.2019	SV Rödinghausen	FC Viktoria Köln	2:0 (1:0)
27.03.2019	TV Herkenrath	SV Straelen	1:0 (0:0)
09.04.2019	Kaan-Marienborn	Alem. Aachen	0:1 (0:0)
17.04.2019	Bonner SC	SV Lippstadt 08	3:0 (0:0)
08.05.2019	Wuppertaler SV	Bor. Dortmund II	0:3 (0:1)

26. Spieltag
08.02.2019	Alem. Aachen	1. FC Köln II	0:0 (0:0)
22.03.2019	SC Verl	SV Lippstadt 08	2:0 (1:0)
22.03.2019	RW Oberhausen	Fort. Düsseldorf II	3:3 (1:2)
23.03.2019	SC Wiedenbrück	Bonner SC	1:1 (0:0)
23.03.2019	FC Viktoria Köln	Wuppertaler SV	0:0 (0:0)
23.03.2019	Wattenscheid 09	SV Rödinghausen	1:3 (1:2)
23.03.2019	SV Straelen	Rot-Weiss Essen	0:1 (0:1)
23.03.2019	Bor. M'gladbach II	TV Herkenrath	0:0 (0:0)
16.04.2019	Bor. Dortmund II	Kaan-Marienborn	1:2 (0:1)

27. Spieltag
30.03.2019	TV Herkenrath	Alem. Aachen	1:2 (1:1)
30.03.2019	Rot-Weiss Essen	Bor. M'gladbach II	2:0 (2:0)
30.03.2019	SV Lippstadt 08	SV Straelen	0:0 (0:0)
30.03.2019	Bonner SC	SC Verl	3:1 (2:0)
30.03.2019	Fort. Düsseldorf II	SC Wiedenbrück	2:1 (0:0)
30.03.2019	SV Rödinghausen	RW Oberhausen	0:1 (0:1)
30.03.2019	Wuppertaler SV	Wattenscheid 09	3:2 (3:0)
30.03.2019	Kaan-Marienborn	FC Viktoria Köln	1:3 (0:1)
01.04.2019	1. FC Köln II	Bor. Dortmund II	2:0 (2:0)

28. Spieltag
05.04.2019	FC Viktoria Köln	1. FC Köln II	1:2 (0:0)
05.04.2019	RW Oberhausen	Wuppertaler SV	2:1 (0:0)
06.04.2019	Fort. Düsseldorf II	Bonner SC	3:2 (0:1)
06.04.2019	SC Wiedenbrück	SV Rödinghausen	1:0 (0:0)
06.04.2019	SV Straelen	SC Verl	0:2 (0:0)
06.04.2019	Bor. M'gladbach II	SV Lippstadt 08	3:0 (1:0)
06.04.2019	Alem. Aachen	Rot-Weiss Essen	2:0 (2:0)
06.04.2019	Bor. Dortmund II	TV Herkenrath	3:0 (0:0)
06.04.2019	Wattenscheid 09	Kaan-Marienborn	3:1 (1:1)

29. Spieltag
12.04.2019	SC Verl	Bor. M'gladbach II	1:2 (0:2)
13.04.2019	Bonner SC	SV Straelen	0:0 (0:0)
13.04.2019	SV Rödinghausen	Fort. Düsseldorf II	2:3 (1:2)
13.04.2019	Wuppertaler SV	SC Wiedenbrück	0:3 (0:2)
13.04.2019	Kaan-Marienborn	RW Oberhausen	3:4 (2:2)
13.04.2019	1. FC Köln II	Wattenscheid 09	0:0 (0:0)
13.04.2019	TV Herkenrath	FC Viktoria Köln	0:7 (0:4)
13.04.2019	Rot-Weiss Essen	Bor. Dortmund II	0:0 (0:0)
14.04.2019	SV Lippstadt 08	Alem. Aachen	3:0 (1:0)

30. Spieltag
18.04.2019	Bor. M'gladbach II	SV Straelen	4:2 (1:0)
18.04.2019	Alem. Aachen	SC Verl	2:1 (2:1)
20.04.2019	SV Rödinghausen	Bonner SC	3:0 (2:0)
20.04.2019	Fort. Düsseldorf II	Wuppertaler SV	0:3 (0:0)
20.04.2019	Wattenscheid 09	TV Herkenrath	3:1 (1:0)
20.04.2019	SC Wiedenbrück	Kaan-Marienborn	2:2 (0:1)
21.04.2019	Bor. Dortmund II	SV Lippstadt 08	0:1 (0:0)
21.04.2019	FC Viktoria Köln	Rot-Weiss Essen	0:0 (0:0)
21.04.2019	RW Oberhausen	1. FC Köln II	1:6 (0:4)

31. Spieltag
26.04.2019	SV Lippstadt 08	FC Viktoria Köln	0:2 (0:1)
26.04.2019	Bonner SC	Bor. M'gladbach II	0:2 (0:1)
27.04.2019	SV Straelen	Alem. Aachen	2:0 (0:0)
27.04.2019	Wuppertaler SV	SV Rödinghausen	0:2 (0:0)
27.04.2019	Kaan-Marienborn	Fort. Düsseldorf II	2:1 (1:1)
27.04.2019	1. FC Köln II	SC Wiedenbrück	3:0 (1:0)
27.04.2019	TV Herkenrath	RW Oberhausen	1:2 (0:1)
27.04.2019	SC Verl	Bor. Dortmund II	0:2 (0:0)
29.04.2019	Rot-Weiss Essen	Wattenscheid 09	1:2 (0:1)

32. Spieltag
03.05.2019	Wuppertaler SV	Bonner SC	2:0 (1:0)
04.05.2019	Alem. Aachen	Bor. M'gladbach II	3:4 (0:2)
04.05.2019	Bor. Dortmund II	SV Straelen	9:2 (2:2)
04.05.2019	FC Viktoria Köln	SC Verl	1:1 (1:0)
04.05.2019	RW Oberhausen	Rot-Weiss Essen	1:1 (0:1)
04.05.2019	SC Wiedenbrück	TV Herkenrath	1:1 (1:1)
04.05.2019	SV Rödinghausen	Kaan-Marienborn	1:0 (1:0)
05.05.2019	Wattenscheid 09	SV Lippstadt 08	3:0 (2:0)
06.05.2019	Fort. Düsseldorf II	1. FC Köln II	0:5 (0:3)

33. Spieltag
10.05.2019	1. FC Köln II	SV Rödinghausen	0:3 (0:3)
11.05.2019	Alem. Aachen	Bonner SC	1:2 (1:1)
11.05.2019	Kaan-Marienborn	Wuppertaler SV	3:0 (2:0)
11.05.2019	TV Herkenrath	Fort. Düsseldorf II	0:0 (0:0)
11.05.2019	Rot-Weiss Essen	SC Wiedenbrück	1:2 (0:0)
11.05.2019	SV Lippstadt 08	RW Oberhausen	0:1 (0:0)
11.05.2019	SC Verl	Wattenscheid 09	2:1 (0:0)
11.05.2019	SV Straelen	FC Viktoria Köln	2:0 (0:0)
11.05.2019	Bor. M'gladbach II	Bor. Dortmund II	2:2 (1:1)

34. Spieltag
18.05.2019	Bor. Dortmund II	Alem. Aachen	3:1 (2:1)
18.05.2019	FC Viktoria Köln	Bor. M'gladbach II	1:0 (0:0)
18.05.2019	Wattenscheid 09	SV Straelen	3:0 (0:0)
18.05.2019	RW Oberhausen	SC Verl	3:3 (1:1)
18.05.2019	SC Wiedenbrück	SV Lippstadt 08	5:0 (2:0)
18.05.2019	Fort. Düsseldorf II	Rot-Weiss Essen	1:1 (1:0)
18.05.2019	SV Rödinghausen	TV Herkenrath	4:2 (2:1)
18.05.2019	Bonner SC	Kaan-Marienborn	2:3 (2:2)
19.05.2019	Wuppertaler SV	1. FC Köln II	2:4 (2:1)

Aachener TSV Alemannia 1900

Anschrift:
Krefelder Straße 205
52070 Aachen
Telefon: (0241) 938 40 300
eMail: presse@alemannia-aachen.de
Homepage: www.alemannia-aachen.de

Vereinsgründung: 10.04.1900 als FC Alemannia Aachen; seit 1919 (Fusion mit Aachener TV) TSV Alemannia Aachen
Vereinsfarben: Schwarz-Gelb
Vorsitzender: Dr. Martin Fröhlich
Geschäftsführer: Martin vom Hofe
Stadion: Tivoli (32.960)

Größte Erfolge: Deutscher Vizemeister 1969; Meister der Regionalliga West 1964 und 1967 (↑); Aufstieg in die Bundesliga 2006; Aufstiegsrunde zur Bundesliga 1965; DFB-Pokalfinalist 1953, 1965 und 2004; Mittelrheinpokalsieger 1993, 1994, 1997, 1999 und 2019

Aufgebot:

Name, Vorname	Pos	geb. am	Nat.	Seit	2018/19 Sp.	T.	gesamt Sp.	T.	frühere Vereine
Batarilo-Cerdic, Stipe	M	17.11.1993	CRO	2018	29	8	159	23	SC Wiedenbrück, VfL Sportfreunde Lotte, SC Fortuna Köln, 1. FC Köln, SC Fortuna Köln
Boesen, Vincent	S	23.09.1998	D	2018	26	6	60	11	1. FC Nürnberg, SV Eintracht Trier 05, FSV Salmrohr, SV Eintracht Dörbach
Bösing, Kai-David	M	07.03.1994	D	2017	26	6	41	7	SC Fortuna Köln, Roda JC Kerkrade
Fiedler, Matti	A	27.12.1995	D	2017	28	1	81	5	SVgg 07 Elversberg, SV Eintracht Trier 05, SV Farschweiler, Cronenberger SC 02
Garnier, Robin	M	13.05.1994	D	2018	28	5	151	11	SV Stuttgarter Kickers, SV Eintracht Trier 05, 1. FSV Mainz 05, SV Eintracht Trier 05, TuS Issel, SV Eintracht Ruwer
Glowacz, Manuel	M	29.09.1987	D	2018	26	2	242	47	SG Wattenscheid 09, Sportfreunde Siegen, FC Viktoria Köln, FC Schalke 04, TSV Germania Windeck, FC Germania Dattenfeld, 1. FC Köln, TSV Alemannia Aachen, Fortuna Düsseldorf
Hackenberg, Peter	A	06.02.1989	D	2018	25	0	175	3	KAS Eupen, TSV Alemannia Aachen, 1. FC Magdeburg, SV Wacker Burghausen, FC Energie Cottbus, TSV Plön, Preetzer TSV
Heinze, Alexander	A	24.12.1993	D	2017	34	4	164	10	FK 03 Pirmasens, SG Blaubach-Diedelkopf
Holtby, Joshua	M	20.01.1996	D	2018	4	0	63	5	FC Wegberg-Beeck, SV Rödinghausen, Borussia Mönchengladbach, SV Grün-Weiß Sparta Gerderath
Idrizi, Blendi	S	02.05.1998	KVX	2018	28	4	28	4	FC Blau-Weiß Friesdorf, 1. FC Köln, Euskirchener TSC, Bonner SC
Imbongo-Boele, Dimitry	S	28.03.1990	FRA	2018	27	11	69	23	FC Wacker Innsbruck, Linzer ASK, Kapfenberger SV, Colorado Rapids, New England Revolution, SV Darmstadt 98, TSV 1860 München, ESN Nanterre
Jakusch, Niklas	T	20.12.1989	D	2018	23	0	83	0	TuS Erndtebrück, FC 08 Homburg, Holstein Kiel, VfR Neumünster, SC Comet Kiel, Holstein Kiel, TSV Kronshagen
Kaiser, Marcel	S	06.06.1991	D	2018	13	1	68	7	Bonner SC, Euskirchener TSC, SC Brühl, Euskirchener TSC, SC Wißkirchen, SV Frauenberg
Kleefisch, Marc	M	20.09.1999	D	2017	0	0	3	0	1. FC Köln, Hambacher SV
Müller, Marco	A	07.04.1994	D	2018	29	0	161	7	TuS Koblenz, SV Waldhof Mannheim, Eintracht Frankfurt, SV Darmstadt 98, FC Germania Gustavsburg
Pütz, David	M	26.01.1997	D	2016	31	0	82	2	Bayer 04 Leverkusen, TuS Blau-Weiß Königsdorf
Rakk, Steven	M	16.09.1998	D	2018	10	0	65	1	KSV Hessen Kassel, JFV Viktoria Fulda, KSV Hessen Kassel
Redjeb, Mohamed	M	12.08.1995	D	2018	10	0	10	0	TV Herkenrath, SV Bergisch Gladbach 09, FC Viktoria Köln, TuSpo Richrath, 1. FC Köln, 1. Jugend-Fußball-Schule Köln
Rüter, Florian	M	25.06.1990	D	2019	1	0	130	14	KFC Uerdingen 05, TSV Alemannia Aachen, SV Rödinghausen, VfL Sportfreunde Lotte, DSC Arminia Bielefeld, Freie Turnerschaft Dützen, TuS Volmerdingsen
Salata, Patrick	A	21.02.1998	D	2018	26	0	26	0	1. FC Kaiserslautern, Fortuna Düsseldorf, Düsseldorfer SC 99
Schmitt, Sebastian	M	07.07.1996	D	2018	12	0	73	2	VfR Wormatia 08 Worms, TSV Schott Mainz, 1. FSV Mainz 05
Stulin, Alan	A	05.06.1990	POL	2018	5	0	237	18	VfR Wormatia 08 Worms, GKS Belchatow, 1. FC Kaiserslautern, FSV Offenbach, SpVgg Edenkoben
Temür, Mahmut	M	08.10.1989	TUR	2018	20	0	80	9	Karsiyaka Izmir, Adanaspor, Gazisehir Gaziantep, Mersin Idmanyurdu, FC 08 Homburg, FC Rot-Weiß Erfurt, SSV Jahn 2000 Regensburg, 1. FC Köln, FC Düren-Niederau
Tigges, Leon	T	31.07.1998	D	2018	1	0	1	0	VfL Osnabrück, TuS Glane
Zeaiter, Daniel	T	30.03.1995	D	2018	11	0	11	0	MSV Duisburg, 1. FSV Mainz 05, SV Darmstadt 98, SG Rosenhöhe Offenbach, SG Ober-Erlenbach

Trainer:

Name, Vorname	geb. am	Nat.	Zeitraum	Spiele 2018/19	frühere Trainerstationen
Kilic, Fuat	09.05.1973	D	01.01.2016 – lfd.	34	1. FC Saarbrücken, Kasimpasaspor, 1. Jugend-Fußball-Schule Köln

Zugänge:
Boesen (1. FC Nürnberg II), Garnier (SV Stuttgarter Kickers), Glowacz (SG Wattenscheid 09), Holtby (FC Wegberg-Beeck), Idrizi (FC Blau-Weiß Friesdorf), Jakusch (TuS Erndtebrück), Kaiser (Bonner SC), Müller (TuS Koblenz), Rakk (KSV Hessen Kassel), Redjeb (TV Herkenrath), Salata (1. FC Kaiserslautern II), Schmitt und Stulin (VfR Wormatia 08 Worms), Temür (Karsiyaka Izmir), Tigges (VfL Osnabrück), Zeaiter (MSV Duisburg).
während der Saison:
Batarilo-Cerdic (SC Wiedenbrück), Imbongo-Boele (FC Wacker Innsbruck), Rüter (KFC Uerdingen 05).

Abgänge:
Azouaghi (TV Herkenrath), Buchta (TSV 1860 München II), Damaschek (1. FC Köln II), Depta (FC Viktoria Köln), Fejzullahu (Eintracht Braunschweig), Konaté-Lueken (FC Bayern Alzenau), Kühnel (Wuppertaler SV), Kucharzik (SV Breinig), Lippold (1. FC Monheim), Mickels (SV Rödinghausen), Mohr (SpVgg Greuther Fürth), Nebi (TuS Haltern), Nettekoven (SpVg. Frechen 20), Pluntke (FSV Wacker 90 Nordhausen), Sahin (Wuppertaler SV), Torunarigha (Zaglebie Sosnowiec), Winter (SVgg 07 Elversberg), Yesilova (SG Wattenscheid 09).
während der Saison:
Holtby (MVV Maastricht), Kleefisch (SV Breinig).

Bonner SC 01/04

Anschrift:
Kölnstraße 250
53117 Bonn
Telefon: (02 28) 67 26 27
eMail: info@bonner-sc.de
Homepage: www.bonner-sc.de

Vereinsgründung: 18.06.1965 durch Zusammenschluss vom Bonner FV und TuRa Bonn
Vereinsfarben: Rot-Blau
Präsident: Prof. Dr. Dirk Mazurkiewicz
Sportlicher Leiter: Thomas Schmitz
Stadion: Sportpark Nord (10.164)

Größte Erfolge: Aufstieg in die 2. Bundesliga 1976; Meister der Oberliga Nordrhein 1997 (↑); Meister der NRW-Liga 2009 (↑); Meister der Mittelrheinliga 2016 (↑); Meister Verbandsliga Mittelrhein 1968 (↑), 1972, 1976 (↑), 1985 (↑) und 2001 (↑); Mittelrheinpokalsieger 2017

Aufgebot:

Name, Vorname	Pos	geb. am	Nat.	seit	2018/19 Sp.	2018/19 T.	gesamt Sp.	gesamt T.	frühere Vereine
Addai, Gordon	M	30.01.1982	D	2014	3	0	30	2	SV Roßbach-Verscheid, Bonner SC, TSV Alemannia Aachen, FC Junkersdorf, TSV Alemannia Aachen, Bonner SC, TuS Koblenz
Bors, David	S	13.04.1995	D	2017	26	14	85	27	TuS Erndtebrück, FC Progres Niederkorn, Bonner SC, FC Viktoria Köln, 1. FC Köln, FC Viktoria Köln, SCB Viktoria Köln
Brock, Dennis	A	27.02.1995	D	2018	28	1	52	1	VfL Sportfreunde Lotte, FC Viktoria Köln, Bayer 04 Leverkusen, SC West Köln
Engelman, Dennis	A	08.02.1995	D	2018	13	1	32	1	TSV Schott Mainz, SC Fortuna Köln, Bayer 04 Leverkusen, SV Schlebusch
Fikisi, Jens	T	20.07.1999	COD	2016	0	0	0	0	Euskirchener TSC, Bonner SC, 1. Jugend-Fußball-Schule Köln
Fillinger, Kris	M	22.03.1993	D	2016	30	0	101	0	FC Hennef 05, SV Meppen, FC Twente Enschede, VfL Weiße Elf Nordhorn, SV Esche
Gerber, David Marvin	A	09.10.1999	D	2010	3	0	3	0	SC Fortuna Bonn
Hashimoto, Shunya	S	14.08.1995	JPN	2018	12	2	53	15	Fortuna Düsseldorf, SC Düsseldorf-West, Japan Soccer College
Hirsch, Sebastian	S	27.02.1990	D	2017	20	0	150	9	KFC Uerdingen 05, Bayer 04 Leverkusen, MSV Duisburg, SV Bergisch Gladbach 09, Bayer 04 Leverkusen
Hubert, Andreas	T	29.12.1990	D	2012	0	0	39	0	1. FC Saarbrücken, Bonner SC, Bayer 04 Leverkusen, Bonner SC, SV Buschdorf 02
Jesic, Vojno	M	04.03.1994	CRO	2017	27	2	123	22	TSV Steinbach, Rot-Weiss Essen, 1. FC Köln, KFC Uerdingen 05, Bor. M'gladbach
Kacinoglu, Koray	A	20.07.1994	TUR	2019	3	0	121	6	SV Rödinghausen, SG Wattenscheid 09, Altinordu, 1. FC Köln, MSV Duisburg, 1. FC Köln, KFC Uerdingen 05, Anadolu-Türkspor Krefeld
Karim, Wael	A	13.03.1996	D	2019	2	0	18	0	Berliner FC Dynamo, FC Strausberg, Charlottenburger FC Hertha 06, FC Viktoria 1889 Berlin LT, Tennis Borussia Berlin, SV Tasmania Berlin, Berliner FC Südring
Michel, Martin	T	05.08.1992	D	2013	19	0	46	0	SC 07 Idar-Oberstein, Bonner SC, JSG Beuel, FV Preußen Bonn
Monath, Alexander	T	30.08.1993	D	2017	15	0	57	0	FC Viktoria Köln, SC Fortuna Köln, Bonner SC, FC Schalke 04, SC Alemannia Lendersdorf
Mvondo, Cedrik	A	24.12.1997	CMR	2019	8	2	32	2	SV Straelen, Berliner AK 07, TSG Sprockhövel, FC Viktoria Köln, Bonner SC, VfL Leverkusen, Bayer 04 Leverkusen
Mwarome, Bernard	M	17.06.1997	D	2018	30	1	61	2	FC Augsburg, FC Bayern München, SpVgg Helios München
Najar, Suheyel	S	13.10.1995	TUN	2019	13	2	27	5	TV Herkenrath, FC Hennef 05, SV Bergisch Gladbach 09, FC Blau-Weiß Friesdorf, FC Bergheim 2000, SSV Vingst 05
Omerbasic, Adis	A	02.02.1995	BIH	2016	31	5	95	6	FC Schalke 04, SV Bergisch Gladbach 09, Bayer 04 Leverkusen, JSG Beuel
Perrey, Nico	A	02.02.1994	D	2017	32	2	163	6	1. FC Köln, KSV Hessen Kassel, Bayer 04 Leverkusen, DSC Arminia Bielefeld, TV Elverdissen
Rütten, Nils	A	20.07.1995	D	2018	15	0	106	6	Borussia Mönchengladbach, FC Germania Bauchem
Salman, Hamza	M	21.03.1998	D	2019	11	2	30	7	TV Herkenrath, FC Viktoria Köln, Bayer 04 Leverkusen, TuRa Hennef
Schmidt, Robin	S	22.04.1993	D	2018	22	0	97	12	University of New Hampshire, SSV Merten, TuS Erndtebrück, Bonner SC, 1. FC Köln, Jugendfußballschule Hennef, Spfr. Ippendorf
Somuah, Daniel-Danso	S	30.07.1989	D	2014	29	1	140	14	Sportfreunde Baumberg, SSVg Velbert 02, MSV Duisburg, 1. FC Köln, Bonner SC
Stenzel, Vincent-Louis	S	13.10.1996	D	2019	14	4	30	7	FC Carl Zeiss Jena, Hallescher FC, SC Freiburg, Borussia Dortmund, 1. FSV Mainz 05, TSG 1899 Hoffenheim, Borussia Dortmund, SV Preußen 07 Lünen
Stoffels, Jannik	M	22.02.1997	D	2017	20	0	39	2	SC Fortuna Köln, FC Hennef 05, FC Schalke 04, 1. FC Köln, FC Hennef 05, 1. Jugend-Fußball-Schule Köln, SV Roßbach-Verscheid, SV Roßbach/Wied
Ünal, Ertugrul	M	11.11.1999	D	2017	2	0	2	0	FC Hennef 05, 1. FC Köln
Weber, Mario	A	04.05.1990	D	2013	15	0	57	0	SF Troisdorf
Wipperfürth, Markus	A	28.08.1995	D	2018	27	2	34	2	Siegburger SV 04, Bonner SC, TV Bonn-Rheindorf

Trainer:

Name, Vorname	geb. am	Nat.	Zeitraum	Spiele 2018/19	frühere Trainerstationen
Zillken, Daniel	03.08.1967	D	01.07.14 – 10.11.18	17	FC Bergheim 2000, FC Junkersdorf, Bayer 04 Leverkusen Junioren
Mager, Florian (IT)	18.07.1991	D	11.11.18 – 31.12.18	3	—
Zschiesche, Markus	12.02.1982	D	07.01.19 – 30.06.19	14	Berliner AK 07, Tennis Borussia Berlin Junioren, FC Energie Cottbus Junioren, SD Croatia Berlin, Füchse Berlin-Reinickendorf

Zugänge:
Brock (VfL Sportfreunde Lotte), Fikisi, Gerber und Ünal (eigene Junioren), Mwarome (FC Augsburg II), Rütten (Borussia Mönchengladbach II), Schmidt (University of New Hampshire), Wipperfürth (Siegburger SV 04).
während der Saison:
Hashimoto (Fortuna Düsseldorf II), Kacinoglu (ohne Verein), Karim (Berliner FC Dynamo), Mvondo (SV Straelen), Najar und Salman (TV Herkenrath), Stenzel (FC Carl Zeiss Jena).

Abgänge:
Ban (SpVg. Frechen 20), Dündar, Lokotsch, Sobiech (TV Herkenrath), Kaiser (TSV Alemannia Aachen), Mabanza (FC Viktoria Arnoldsweiler), Maouel (SC Fortuna Köln II), Pranjes (Germania Ratingen 04/19), Schumacher (SC Rot-Weiß Oberhausen), Spinrath (SSVg Velbert 02).
während der Saison:
Addai (Laufbahn beendet), Gerber (SSV Merten), Hashimoto (SC Düsseldorf-West), Rütten (Eintracht Braunschweig), Ünal (FC Blau-Weiß Friesdorf).

BV Borussia 09 Dortmund II

Anschrift: Rheinlanddamm 207 - 209, 44137 Dortmund
Telefon: (02 31) 9 02 00
eMail: service@bvb.de
Homepage: www.bvb.de

Vereinsgründung: 19.12.1909; 1945 aufgelöst; Neugründung am 15.07.1945
Vereinsfarben: Schwarz-Gelb
Präsident: Dr. Reinhard Rauball
Sportlicher Leiter: Ingo Preuß
Stadion: Rote Erde (9.999)

Größte Erfolge: Meister der Oberliga Westfalen 1998 (↑), 2002 (↑), 2006 (↑); Meister der Regionalliga West 2009 (↑) und 2012 (↑); Meister der Verbandsliga Westfalen 2 1987 (↑); Teilnahme am DFB-Pokal 1991

Aufgebot:

Name, Vorname	Pos	geb. am	Nat.	seit	2018/19 Sp.	T.	gesamt Sp.	T.	frühere Vereine
Ametov, Beyhan	S	07.11.1998	D	2017	9	0	31	4	1. FC Köln, Wuppertaler SV Borussia
Bah-Traore, Haymenn	A	12.06.1997	D	2017	8	0	59	1	SG Wattenscheid 09, Rot-Weiss Essen
Bajner, Balint	S	18.11.1990	HUN	2017	0	0	13	1	Modena FC, Paksi FC, Notts County FC, Ipswich Town FC, Borussia Dortmund, Banyasz FC Siofok, ASD Sulmona Calcio, CF Liberty Salonta, Honved Budapest, CF Liberty Salonta, West Ham United FC, CF Liberty Salonta, FC Sopron, Haladas Szombathely
Balerdi, Leonardo	A	26.01.1999	ARG	2019	4	1	4	1	CA Boca Juniores, Sportivo Pueyrredon
Baxmann, Jano	S	18.01.1999	D	2016	12	1	12	1	SV Werder Bremen, TSV Havelse
Boadu-Adjei, Denzeil	S	20.02.1997	ENG	2017	14	0	29	0	Manchester City FC, Arsenal FC, Tottenham Hotspur FC
Bockhorn, Herbert	A	31.01.1995	D	2016	26	4	109	11	SC Wiedenbrück, SV Werder Bremen, FC Kilia Kiel, TSV Melsdorf
Bouali, Abdelmajid	M	14.12.1996	NED	2017	0	0	16	0	Roda JC Kerkrade, ADO Den Haag, Almere City FC, FC Utrecht
Boyamba, Joseph	M	29.07.1996	D	2018	34	14	115	30	SG Wattenscheid 09, FC Schalke 04, BSV Schwarz-Weiß Rehden, FC Schalke 04, MSV Duisburg, FC Hennef 05, SF Troisdorf
Bulut, Hüseyin	S	29.03.1999	TUR	2010	9	3	9	3	TuS Eving-Lindenhorst
Burggraf, Leon	S	11.08.1997	D	2018	8	0	8	0	SV Rot-Weiß Hadamar, TuS Dehrn
Burnic, Dzenis	M	22.05.1998	D	2018	11	0	12	0	VfB Stuttgart, Borussia Dortmund, DJK SV Heessen
Dieckmann, Sören	M	16.01.1996	D	2014	16	2	89	11	TSC Eintracht Dortmund, DJK TuS Hordel, VfL Bochum, TuRa Rüdinghausen
Duman, Taylan	M	30.07.1997	D	2019	13	2	79	12	Fortuna Düsseldorf, MSV Duisburg
Gomez, Sergio	M	04.09.2000	ESP	2018	14	2	14	2	FC Barcelona, RCD Espanyol Barcelona, CF Badalona, CF Trajana
Hanke, Philipp	S	04.04.1993	D	2015	25	2	81	9	SV Westfalia Rhynern, BV Brambauer-Lünen, VfB Waltrop
Hober, Marco	M	09.09.1995	D	2018	9	0	58	2	VfL Spfr. Lotte, Bor. Dortmund, Arminia Bielefeld, VfR Wellensiek, SV Gadderbaum
Hupe, Jonas	T	01.12.1999	D	2017	0	0	0	0	SV Werder Bremen, SC Paderborn 07, SV Werder Bremen, SV Kutenhausen-Todtenhausen, SV Hausberge
Isak, Alexander	S	21.09.1999	SWE	2017	11	5	12	5	AIK Solna
Kagawa, Shinji	M	17.03.1989	JPN	2014	1	0	1	0	Manchester United FC, Borussia Dortmund, Cerezo Osaka, FC Miyagi Barcelona Sendai, Kobe NK, Marino FC Kobe
Kampetsis, Anargyros	S	06.05.1999	GRE	2017	0	0	14	0	Olympiakos Piräus
Kilian, Luca	A	01.09.1999	D	2011	28	4	28	4	Hombrucher SV 09/72
Konaté, Mory	M	15.11.1993	GUI	2018	20	2	46	3	TuS Erndtebrück, VfL Alfter, Satellite FC
Oelschlägel, Eric	T	20.09.1995	D	2018	28	0	29	0	Werder Bremen, SG Dynamo Dresden, SG Dresden Striesen, 1. FC Dynamo Dresden
Ornatelli, Massimo	M	17.01.1986	D	2017	21	2	134	21	FSV Frankfurt, VfL Osnabrück, SC Paderborn 07, SC Preußen Münster, DSC Arminia Bielefeld, Borussia Dortmund, TSC Eintracht Dortmund
Pavlidis, Evangelos	S	21.11.1998	GRE	2018	15	2	32	6	VfL Bochum, Bebides 2000
Pflücke, Patrick	M	30.11.1996	D	2017	2	0	27	2	1. FSV Mainz 05, SG Dynamo Dresden, SC Borea Dresden
Pieper, Amos	A	17.01.1998	D	2010	16	0	34	1	SC Union Lüdinghausen, FC Nordkirchen
Reckert, Jan Pascal	T	06.02.1997	D	2011	6	0	14	0	TuS Eving-Lindenhorst
Rente, Marco	M	25.02.1997	D	2018	24	3	84	9	TuS Erndtebrück, Sportfreunde Siegen, SG 06 Betzdorf, JSG Kirchen
Rizzo, Gianluca	S	06.11.1996	ITA	2018	23	3	86	18	FC Ingolstadt 04, Borussa Mönchengladbach, SC Bayer Uerdingen, TSV Bockum, VfB Uerdingen 1910
Rode, Sebastian	M	11.10.1990	D	2016	2	0	2	0	FC Bayern München, Eintracht Frankfurt, Offenbacher FC Kickers, SV Darmstadt 98, SC Viktoria Griesheim, FC Alsbach, SKV Hähnlein
Schwermann, Julian	M	08.07.1999	D	2011	27	3	27	3	TuS Sundern, SV Endorf
Sechelmann, Tim	A	15.01.1999	D	2006	5	0	5	0	ESV Münster
Tekiela, Kempes Waldemar	S	15.10.1997	D	2018	10	1	39	7	SV Westfalia Rhynern, FC Kray, Rot-Weiss Essen, TSC Eintracht Dortmund, Borussia Dortmund
Toljan, Jeremy	A	08.08.1994	D	2017	1	0	26	1	TSG 1899 Hoffenheim, VfB Stuttgart, SV Stuttgarter Kickers, TSV Steinhaldenfeld, SV Grün-Weiss Sommerrain
Wanner, Dominik	S	04.05.1999	D	2014	22	4	22	4	1. FSV Mainz 05, SV Gonsenheim
Weigl, Julian	M	08.09.1995	D	2015	1	0	25	0	TSV 1860 München, TSV 1860 Rosenheim, SV Ostermünchen
Zagadou, Dan-Axel	A	03.06.1999	FRA	2017	1	0	1	0	Paris St. Germain FC, US Creteil-Lusitanos

Trainer:

Name, Vorname	geb. am	Nat.	Zeitraum	Spiele 2018/19	frühere Trainerstationen
Siewert, Jan	23.08.1982	D	01.07.17 – 20.01.19	21	VfL Bochum Junioren, Rot-Weiss Essen
Terzic, Alen	18.05.1980	D	21.01.19 – 30.06.19	13	FC Brünninghausen, FSV Werdohl, FC Borussia Dröschede

Zugänge:
Baxmann, Bulut, Gomez, Hupe, Kilian, Schwermann, Sechelmann und Wanner (eigene Junioren), Boyamba (SG Wattenscheid 09), Burggraf (SV Rot-Weiß Hadamar), Burnic (VfB Stuttgart), Konaté (TuS Erndtebrück), Oelschlägel (SV Werder Bremen II), Rente (TuS Erndtebrück), Tekiela (SV Westfalia Rhynern).
während der Saison:
Balerdi (CA Boca Juniors), Duman (Fortuna Düsseldorf II), Hober (VfL Sportfreunde Lotte).

Abgänge:
Arweiler (FC Utrecht II), Chato (VfL Sportfreunde Lotte), Eberwein (SC Fortuna Köln), Flores (ohne Verein), Mainka (1. FC Heidenheim), Pjetrovic (Pogon Siedlce), Reimann (Holstein Kiel), Sauerland (Eintracht Braunschweig).
während der Saison:
Bajner (ohne Verein), Burnic (SG Dynamo Dresden), Dieckmann (SV Sandhausen), Kampetsis (Panathinaikos Athen), Pavlidis (Willem II Tilburg), Pflücke (KFC Uerdingen 05), Pieper (DSC Arminia Bielefeld).

Düsseldorfer TSV Fortuna 1895 II

Anschrift:
Flinger Broich 87
40235 Düsseldorf
Telefon: (02 11) 23 80 10
eMail: service@f95.de
Homepage: www.f95.de

Vereinsgründung: 05.05.1895 als Flinger TV; am 15.11.1919 Zusammenschluss mit Düsseldorfer FK Fortuna

Vereinsfarben: Rot-Weiß
Vorstandsvors.: Thomas Röttgermann
Leiter NLZ: Frank Schaefer

Stadion: Paul-Janes-Stadion (7.200)

Größte Erfolge: Deutscher Amateurmeister 1977; Aufstieg in die Regionalliga West 2009; Aufstieg in die (Amateur-)Oberliga Nordrhein 1992 und 1995; Meister der Verbandsliga Niederrhein 2007 (↑); Qualifikation für den DFB-Pokal 1978 und 1992

Aufgebot:

Name, Vorname	Pos	geb. am	Nat.	seit	2018/19 Sp.	T.	Gesamt Sp.	T.	frühere Vereine
Appelkamp, Shinta	M	01.11.2000	JPN	2015	5	0	5	0	Mitsubishi Yowa
Barkok, Aymen	M	21.05.1998	D	2018	3	1	3	1	Eintracht Frankfurt, Offenbacher FC Kickers, SG Rot-Weiss Frankfurt, SG Praunheim
Bezerra Ehret, Dario	M	20.07.1998	D	2017	31	4	63	7	1. FC Köln, 1. Jugend-Fußball-Schule Köln, 1. FC Köln, Kölner SV Heimersdorf
Bormuth, Robin	A	19.09.1995	D	2011	2	0	62	2	SV Darmstadt 98, SC Viktoria Griesheim, SV Concordia Gernsheim, FC Alemannia Groß-Rohrheim
Bornemann, Timo	S	01.12.2000	D	2015	4	2	4	2	SG Unterrath 12/24, ASV Tiefenbroich
Deters, Thorben-Johannes	M	20.08.1995	D	2019	2	0	42	4	SV Meppen, SV Sportfreunde Schwefingen
Duman, Taylan	M	30.07.1997	D	2012	15	6	79	12	MSV Duisburg
Endres, Joshua	S	22.03.1997	D	2018	25	5	66	8	KFC Uerdingen 05, RasenBallsport Leipzig, Würzburger FV, 1. FC Schweinfurt 05, Würzburger FV, TSV Lengfeld
Falahen, Amir	S	15.03.1993	PLE	2018	15	4	87	34	SC Fortuna Köln, SC Freiburg, PTSV Jahn Freiburg, SV Hochdorf
Galle, Nick	A	14.09.1998	D	2017	28	1	40	1	FC Viktoria Köln, 1. FC Köln
Gonzalez-Froese, Kianz	M	16.04.1996	CAN	2017	22	6	55	16	Vancouver Whitecaps FC
Goralski, Leander	A	06.04.1994	D	2018	29	0	124	5	FC Viktoria Köln, Fortuna Düsseldorf, Wuppertaler SV Borussia, BV Gräfrath
Gül, Gökhan	M	17.07.1998	D	2017	19	0	43	3	VfL Bochum, SC Arminia Ickern, Sportfreunde Habinghorst
Kaminski, Tim	M	09.07.1999	D	2018	23	2	23	2	VfL Bochum, SG Wattenscheid 09
Kazelis, Luca	S	21.04.1999	D	2017	3	0	3	0	FC Schalke 04, MSV Duisburg, Rot-Weiss Essen, SG Essen-Schönebeck
Kujovic, Emir	S	22.06.1988	SWE	2017	1	0	1	0	KAA Gent, IFK Norrköping, Elazigspor, Kayserispor, Halmstads BK, Falkenbergs FF, Landskrona BoIS, Klippans BoIF
Kummer, Bastian	M	13.03.1999	D	2016	13	0	13	0	FC Hennef 05
Kwadwo, Leroy	A	15.08.1996	D	2017	18	0	39	0	FC Schalke 04, Rot-Weiss Essen, TSG Sprockhövel, SC Westfalia Herne, SG Wattenscheid 09, Rot-Weiss Essen
Lambertz, Andreas	M	15.10.1984	D	2018	11	0	12	0	SG Dynamo Dresden, Fortuna Düsseldorf, VfR Neuss, Borussia Mönchengladbach, TSV Norf, TSV Bayer Dormagen, SG Orken-Noithausen
Laws, Joshua	M	26.02.1998	AUS	2012	8	0	14	0	Blackburn Rovers FC
Lofolomo, Enrique	D	14.04.2000	D	2018	1	0	1	0	TSV Alemannia Aachen
Lovren, Davor	M	03.10.1998	CRO	2017	4	0	4	0	GNK Dinamo Zagreb, NK Karlovac
Majic, Karlo Igor	S	03.03.1998	CRO	2016	6	0	30	2	GNK Dinamo Zagreb, HNK Gorica
Miyake, Kaito	S	27.08.1997	JPN	2017	31	8	57	10	National Institute of Fitness & Sports Kanoya, Higashi Fukuoka High School
Möllering, Justin	T	17.07.2001	D	2013	2	0	2	0	1. FC Köln
Montag, Moritz	A	27.03.1998	D	2013	32	2	64	3	TSV Bayer Dormagen
Nielsen, Havard	S	15.07.1993	NOR	2017	1	1	1	1	SC Freiburg, FC Red Bull Salzburg, Eintracht Braunschweig, FC Red Bull Salzburg, Valerenga IF Oslo, Oppsal IF
Okoye, Maduka	T	28.08.1999	D	2017	15	0	20	0	Bayer 04 Leverkusen, Borussia Mönchengladbach
Oktay, Muhayer	S	28.04.1999	TUR	2016	10	0	17	0	VfL Bochum, Rot-Weiss Essen, FC Iserlohn 46/49, Sportfreunde Oestrich-Iserlohn
Schaub, Vincent	A	20.02.1999	D	2011	15	1	15	1	BV 04 Düsseldorf
Siadas, Georgios	A	27.12.1999	D	2010	17	2	17	2	VfB Solingen 1910
Stöcker, Michel	A	14.04.1999	D	2017	19	0	24	0	1. FC Köln, TuS Elsenroth
Tepe, Jannik	S	11.03.1999	D	2018	6	0	6	0	VfL Osnabrück, SV Bad Laer
Theißen, Jannick	T	07.01.1998	D	2018	15	0	17	0	1. FC Köln, TSV Hertha Walheim
Touloupis, Georgios	M	22.01.2000	D	2016	1	0	1	0	Wuppertaler SV
Wiesner, Tim	T	21.11.1996	D	2014	0	0	41	0	Rot-Weiss Essen, FC Schalke 04, DJK TuS Hordel, SG Herne 70
Willms, Dustin	S	30.06.1999	D	2017	19	2	19	2	FC Schalke 04, VfB Waltrop, SV Südkirchen
Zelic, Mario	T	06.05.2000	D	2015	2	0	2	0	Wuppertaler SV, TSV 05 Ronsdorf

Trainer:

Name, Vorname	geb. am	Nat.	Zeitraum	Spiele 2018/19	frühere Trainerstationen
Michaty, Nicolas	19.09.1973	D	01.07.18 – lfd.	34	FSV Frankfurt II, VfL Bochum II

Zugänge:
Falahen (SC Fortuna Köln), Goralski (FC Viktoria Köln), Kaminski (VfL Bochum Junioren), Kazelis, Kummer, Schaub, Siadas und Willms (eigene Junioren), Lambertz (SG Dynamo Dresden), Tepe (VfL Osnabrück U19), Theißen (1. FC Köln II).
während der Saison:
Appelkamp, Bornemann, Lofolomo, Möllering, Touloupis und Zelic (eigene Junioren), Deters (SV Meppen), Endres (KFC Uerdingen 05).

Abgänge:
Akca (FSV Duisburg), Arifi und Stuckmann (ohne Verein), Bellinghausen und Weber (Laufbahn beendet), Bonga (FSV Zwickau), Can (SpVgg Schonnebeck), Dreyer (1. FC Düren), Galleski, Naciri (TuRU Düsseldorf), Hashimoto (Bonner SC), Kiesewetter (El Paso Locomotive FC), Kinjo (Thespakusatsu Gunma), Krafft (TSG Sprockhövel), Lucoqui (DSC Arminia Bielefeld), Schijns (pausiert), Schneider (1. FC Kaan-Marienborn 07), Sezen (Germania Ratingen 04/19), Zündorf (TSV Steinbach).
während der Saison:
Duman (Borussia Dortmund II), Majic (NK Krsko), Oktay (Besiktas Istanbul).

Rot-Weiss Essen

Anschrift:
Hafenstraße 97a
45356 Essen
Telefon: (02 01) 86 14 40
eMail: info@rot-weiss-essen.de
Homepage: www.rot-weiss-essen.de

Vereinsgründung: 01.02.1907 als SV Vogelheim; 1923 Fusion mit TB 1892 Bergeborbeck zu Rot-Weiss Essen
Vereinsfarben: Rot-Weiß
Präsident: Marcus Uhlig
Sportdirektor: Jörn Nowak
Stadion: Stadion Essen (20.650)

Größte Erfolge: Deutscher Meister 1955; Deutscher Pokalsieger 1953; Meister der Oberliga West 1952 und 1955; Meister der Regionalliga West 1973 (↑); Aufstiegsrunde zur Bundesliga 1966 (↑), 1968, 1969 (↑), 1972 und 1978; Deutscher Amateurmeister 1992; Niederrheinpokalsieger 1993, 1995, 2002, 2004, 2008, 2011, 2012, 2015 und 2016

Aufgebot:

Name, Vorname	Pos	geb. am	Nat.	seit	2018/19 Sp.	T.	gesamt Sp.	T.	frühere Vereine
Baier, Benjamin	M	23.07.1988	D	2014	32	3	180	32	SV Darmstadt 98, RasenBallsport Leipzig, Offenbacher FC Kickers, SV Viktoria Aschaffenburg, FSV Teutonia Obernau
Becker, Timo	A	25.03.1997	D	2013	30	2	74	5	FC Schalke 04, SSV Buer 07/28, Erler SV 08
Bichler, Florian	M	18.07.1991	D	2018	19	4	116	15	SVgg 07 Elversberg, FC Rot-Weiß Erfurt, SpVgg Unterhaching, SpVgg Greuther Fürth, TSV 1860 Rosenheim, SV Helfendorf
Bilgin, Enes	S	24.03.2001	TUR	2019	1	0	1	0	VfL Bochum, FC Schalke 04, SC Rot-Weiß Oberhausen
Brauer, Timo	M	30.05.1990	D	2016	32	2	170	11	SV Grödig, Hamburger SV, TSV Alemannia Aachen, Rot-Weiss Essen, FC Schalke 04, ETB Schwarz-Weiß Essen, Ballfreunde Bergeborbeck
Cokkosan, Tolga	A	06.04.1995	D	2015	7	0	80	3	VfL Bochum, FC Schalke 04
Erwig-Drüppel, Jonas	M	20.07.1991	D	2019	4	0	176	25	Wuppertaler SV, SG Wattenscheid 09, SC Verl, VfB Oldenburg, SSV Jahn 2000 Regensburg, Eintracht Braunschweig, FC Schalke 04, SpVgg Erkenschwick, VfL Bochum, BVH Dorsten, SV Schermbeck
Freiberger, Kevin	S	16.11.1988	D	2018	2	0	216	68	VfL Sportfreunde Lotte, VfL Osnabrück, Rot-Weiss Essen, VfL Osnabrück, VfL Sportfreunde Lotte, SV Wacker Burghausen, VfL Bochum, SC Verl
Grund, Kevin	M	14.08.1987	D	2011	31	1	225	19	MSV Duisburg, Sportfreunde Königshardt
Harenbrock, Cedric	S	19.04.1998	D	2017	0	0	13	3	Bayer 04 Leverkusen, Wuppertaler SV, SV Bayer Wuppertal
Heber, Daniel	A	04.07.1994	D	2018	33	2	113	3	SC Rot-Weiß Oberhausen, VfL Bochum, Rot-Weiss Essen
Heller, Robin	T	20.12.1994	D	2015	13	0	122	0	Fortuna Düsseldorf, SC Kapellen-Erft, Borussia Mönchengladbach
Hirschberger, Nicolas	M	16.04.1999	D	2018	1	1	1	1	VfL Bochum, Rot-Weiss Essen, FC Schalke 04
Jansen, David	S	04.12.1987	D	2017	1	0	182	54	FC Viktoria Köln, SC Rot-Weiß Oberhausen, SC Paderborn 07, Chemnitzer FC, SVgg 07 Elversberg, FSV Oggersheim, SC Freiburg, 1. FC Kaiserslautern, Borussia Mönchengladbach
Korczowski, Noah	A	08.01.1994	D	2019	10	0	154	1	SG Wattenscheid 09, 1. FSV Mainz 05, VfL Wolfsburg, 1. FC Nürnberg, FC Schalke 04, SG Herten-Langenbochum, VfL Drewer, TSV Marl-Hüls
Lenz, Marcel	T	03.05.1991	D	2017	2	0	36	0	MSV Duisburg, FC Schalke 04, MSV Duisburg, GSG Duisburg, VfL Duisburg-Süd
Lucas, Nico	M	14.08.1997	D	2007	32	1	84	1	eigene Junioren
Platzek, Marcel	S	21.05.1990	D	2013	22	3	281	85	Borussia Mönchengladbach, Rot-Weiss Essen, VfL Repelen
Pröger, Kai	S	15.05.1992	D	2017	17	3	163	43	Berliner FC Dynamo, 1. FSV Mainz 05, VfB Oldenburg, Heidmühler FC
Raeder, Lukas	T	30.12.1993	D	2018	19	0	56	0	Bradford City FC, Vitoria Setubal, FC Bayern München, FC Schalke 04, Rot-Weiss Essen, MSV Duisburg, ESC Rellinghausen, Essener SV 1910/21
Remmo, Ismail	M	09.04.1998	LIB	2014	18	0	23	0	ETB Schwarz-Weiß Essen, DJK RSC Essen
Scepanik, Lukas	A	11.04.1994	D	2018	31	4	149	11	SV Stuttgarter Kickers, 1. FC Köln, 1. Jugend-Fußball-Schule Köln, 1. FC Köln, SSV Köttingen, SC Kierdorf
Tomiak, Boris	A	11.09.1998	D	2016	16	1	25	1	FC Schalke 04, Rot-Weiss Essen, SSV Rotthausen 2000, FC Stoppenberg
Urban, Robin	A	13.04.1994	D	2017	26	1	108	6	SSV Jahn Regensburg, Hallescher FC, Fortuna Düsseldorf, Wuppertaler SV Borussia, VfL Bochum, SV Langendreer 04
Wegner, Max	S	24.03.1989	D	2019	7	2	111	47	SV Meppen, VfL Sportfreunde Lotte, FC Erzgebirge Aue, SV Werder Bremen, SV Wilhelmshaven, Hannover 96, DSC Arminia Bielefeld, SV Schnathorst, FC Lübbecke
Wirtz, Enzo	S	05.12.1995	D	2018	31	9	127	23	Wuppertaler SV, FC Wegberg-Beeck, 1. FC Mönchengladbach
Zeiger, Philipp	A	28.06.1990	D	2014	27	3	203	15	Hallescher FC, Vogtländischer FC Plauen, SG Dynamo Dresden, FV Dresden-Nord, SpVgg Dresden-Löbtau

Trainer:

Name, Vorname	geb. am	Nat.	Zeitraum	Spiele 2018/19	frühere Trainerstationen
Neitzel, Karsten	17.12.1967	D	08.04.18 – 04.06.19	34	SVgg 07 Elversberg, Holstein Kiel, VfL Bochum, SC Freiburg II

Zugänge:
Bichler (SVgg 07 Elversberg), Freiberger (VfL Sportfreunde Lotte), Heber (SC Rot-Weiß Oberhausen), Hirschberger (eigene Junioren), Raeder (Bradford City FC), Scepanik (SV Stuttgarter Kickers), Wirtz (Wuppertaler SV).
während der Saison:
Bilgin (eigene Junioren), Erwig-Drüppel (Wuppertaler SV), Korczowski (SG Wattenscheid 09), Wegner (SV Meppen).

Abgänge:
Bednarski, Malura und Meier (Wuppertaler SV), Jaschin (1. FC Bocholt), Ngankam (VfB Eichstätt), Unzola (SG Wattenscheid 09).
während der Saison:
Pröger (SC Paderborn 07).

Turnverein Herkenrath 09

Anschrift:
Braunsberg 18
51429 Bergisch Gladbach
Telefon: (02204) 85568
eMail: info@tvherkenrath09.de
Homepage: www.tvherkenrath.de

Vereinsgründung: 17.01.1909

Vereinsfarben: Schwarz-Weiß
Vorsitzender: Uwe Tillmann
Teammanager: Mick Thelen

Stadion: Belkaw-Arena (10.500)

Größte Erfolge: Meister der Mittelrheinliga 2018 (↑)

Aufgebot:

Name, Vorname	Pos	geb. am	Nat.	Seit	2018/19 Sp.	T.	gesamt Sp.	T.	frühere Vereine
Abazi, Zejnulla	S	19.10.1996	KVX	2016	2	0	2	0	eigene Junioren
Akalp, Kenan	M	30.05.1999	TUR	2019	13	1	18	1	1. FC Köln, SC Fortuna Köln
Antoski, Gjorgji	M	20.04.1992	D	2017	8	0	14	0	Bonner SC, VfL Leverkusen
Assad, Schiar	M	01.01.1990	D	2018	2	0	2	0	SV Bergisch Gladbach 09, DJK Viktoria Frechen, FC Viktoria Köln, SV Bergfried Leverkusen-Steinbüchel
Azaouaghi, Ilias	M	21.06.1996	D	2018	1	0	47	4	TSV Alem. Aachen, SC Teutonia Watzenborn-Steinberg, Eintr. Frankfurt, FSV Frankfurt
Blanco-Lopez, Juan Miguel	M	26.04.1999	D	2019	1	0	1	0	Eintracht Frankfurt, Borussia Dortmund, 1. FC Köln
Brauer, Tom	T	07.09.1995	D	2016	2	0	2	0	TuS Marialinden, SSVg 09/12 Heiligenhaus, SV Bergisch Gladbach 09, Bayer 04 Leverkusen, DJK TuSA 06 Düsseldorf
Dabo, Kevin	A	22.08.1993	D	2018	17	2	26	2	FSV Union Fürstenwalde, FC Viktoria Arnoldsweiler, Sportfreunde Düren, FC Viktoria Köln, FC Düren-Niederau, TSV Alemannia Aachen
Dündar, Ugur	A	01.11.1992	TUR	2018	17	0	117	0	Bonner SC, SV Bergisch Gladbach 09, FC Etzella Ettelbrück, SV Eintracht Trier 05, FC 08 Homburg, 1461 Trabzon, Trabzonspor, FC 08 Homburg, Bonner SC, FC Viktoria Köln, SF Troisdorf, TSV Alemannia Aachen, Bedburger BV
Flender, Patrik	A	17.02.1991	D	2017	10	0	10	0	Malchower SV 90, TuS Erndtebrück, SG 06 Betzdorf, Sportfreunde Siegen
Geimer, Vincent	S	08.08.1992	D	2016	18	6	27	8	FC Viktoria Arnoldsweiler, 1. Jugend-Fußball-Schule Köln, BC Hürth-Stotzheim
Germerodt, Benjamin	A	24.08.1989	D	2012	16	0	16	0	SV Bergisch Gladbach 09
Hasemann, Michael	M	10.12.1997	D	2018	25	2	25	2	1. FC Köln, VfL Osnabrück
Heinen, Fabian	A	22.10.1988	D	2016	3	0	23	2	VfL Alfter, SV Bergisch Gladbach 09, FC Hürth, VfL Leverkusen, SC West Köln
Kanli, Aytekin	S	12.02.1997	TUR	2017	11	0	11	0	SV B. Gladbach 09, FC Vikt. Köln, SV Schlebusch, Euskirchener TSC, SV B. Gladbach 09
Kath, Andreas	T	30.11.1988	D	2015	23	0	23	0	VfL Leverkusen, SV Bergisch Gladbach 09, FC Jugend Herkenrath-Moitzfeld-Sand
Kraus, Tobias	T	20.10.1997	D	2018	9	0	16	0	FC Wegberg-Beeck, TuS Koblenz, Bayer 04 Leverkusen, SC Fortuna Köln, SV Bergisch Gladbach 09
Lanwer, Oliver	M	09.03.1991	D	2013	17	0	51	2	FC Bergheim 2000, Bayer Leverkusen, SSV Jan Wellem Bergisch Gladbach, 1. FC Köln
Löffelsend, Jasper	A	10.09.1997	D	2014	6	0	13	0	SV Union Rösrath, SV Bergisch Gladbach 09
Lokotsch, Lars	S	17.05.1996	D	2018	19	9	56	15	Bonner SC, TuS Oberpleis, FV Bad Honnef, FC Hennef 05
Mbiyavanga, Jimmy	A	31.08.1994	D	2016	13	0	13	0	SV Lohmar, VdS Nievenheim, Sportfreunde Troisdorf 05, SC Fortuna Köln
Multari, Giovanni	A	04.03.1999	D	2019	12	0	12	0	FC Crotone, Fortuna Düsseldorf, 1. FC Köln, 1. Jugend-Fußball-Schule Köln
Najar, Suheyel	S	13.10.1995	TUN	2018	14	3	27	5	FC Hennef 05, SV Bergisch Gladbach 09 ... (vgl. Seite 200)
Pjetrovic, Armin	A	01.09.1996	MNE	2019	14	0	16	0	Pogon Siedlce, Borussia Dortmund, TuRU Düsseldorf, Fortuna Düsseldorf, TuSpo Richrath, SG Vatan Spor Solingen
Retterath, Ricardo	A	20.07.1991	D	2017	12	0	93	2	Bonner SC, Sportfreunde Siegen, Bonner SC, SV Bergisch Gladbach 09, SG Bad Breisig, TuS Mayen, DJK Baar
Risse, David	S	24.07.1995	D	2017	1	0	1	0	SC Vilkerath, SV Eintracht Hohkeppel, TV Herkenrath
Salman, Hamza	M	21.03.1998	D	2018	19	5	30	7	FC Viktoria Köln, Bayer 04 Leverkusen, TuRa Hennef
Sarikaya, Baris	S	24.06.1996	TUR	2018	31	1	44	1	FC Hürth, Tuzlaspor, 1. FC Köln, SC Fortuna Köln
Schauer, Sebastian	M	25.01.1988	CZE	2011	1	0	1	0	VfL Leverkusen
Schmidt, Lucas	M	17.02.1999	D	2019	10	0	12	0	1. FC Köln, RasenBallsport Leipzig, FC Energie Cottbus
Shala, Hajdar	A	30.03.1999	D	2019	14	0	14	0	FC Viktoria Köln, Bayer 04 Leverkusen, FC Hennef 05
Simon, Philipp	M	10.01.1994	D	2018	14	0	14	0	Bor. Freialdenhoven, FC Bergheim 2000, FC Düren-Niederau, Alem. Aachen, 1. FC Köln
Sindi, Karoj	S	21.08.1989	IRQ	2018	7	0	35	1	Nuol FC, Germ. Ratingen 04/19, TuS Erndtebrück, Wuppertaler SV, 1. FC Bocholt, Duhok SC, RW Oberhausen, Jong VVV-Venlo/Helmond Sport, VfB Homberg, Wuppertaler SV Bor.
Sobiech, Joran	A	08.11.1995	D	2018	18	3	58	5	Bonner SC, Euskirchener TSC, TSC Eintracht Dortmund, VfL Schwerte
Son, Jung-su	A	31.07.1995	KOR	2018	4	0	4	0	Momoyama Gakuin University
Steiger, Marvin	A	13.12.1993	D	2018	26	0	26	0	SV Bergisch Gladbach 09, TV Herkenrath, VfL Leverkusen, FC Bergheim 2000, SC Köln-Mülheim-Nord
Tchakoumi Essengue, Mardochee Camille	S	16.08.1998	D	2018	22	1	23	1	TSG Sprockhövel, TSV Alemannia Aachen, SC Fortuna Köln, FC Viktoria Köln, TSV Alemannia Aachen, 1. Jugend-Fußball-Schule Köln
Vatovci, Beqir	M	16.12.1995	ALB	2019	14	1	14	1	Euskirchener TSC, FC Viktoria Arnoldsweiler, SC Brühl 06/45, DJK Viktoria Frechen

Trainer:

Name, Vorname	geb. am	Nat.	Zeitraum	Spiele 2018/19	frühere Trainerstationen
Burhenne, Chris	05.06.1968	NED	01.01.18 – 03.11.18	16	Fortuna Sittard Junioren, Jong VVV-Venlo/Helmond Sport, Wilhelmina 08, VV Dijkse Boys, VV De Valk
Zdebel, Tomasz	25.05.1973	POL	04.11.18 – 04.01.19	3	SV Bergisch Gladbach 09
Brunetto, Giuseppe	06.04.1973	ITA	09.01.19 – 30.06.19	15	FC Blau-Weiß Friesdorf, VfL Leverkusen

Zugänge:
Dündar, Lokotsch und Sobiech (Bonner SC), Hasemann (1. FC Köln II), Kraus (FC Wegberg-Beeck), Najar (FC Hennef 05), Sarikaya (FC Hürth), Simon (SC Borussia Freialdenhoven), Sindi (Nuol FC), Son (Momoyama Gakuin University), Steiger (SV Bergisch Gladbach 09), Tchakoumi Essengue (TSG Sprockhövel).
während der Saison:
Abazi, Assad und Risse (II. Mannschaft), Akalp und Schmidt (1. FC Köln II), Azaouaghi, Blanco-Lopez, Multari und Vatovci (ohne Verein), Pjetrovic (Pogon Siedlce).

Abgänge:
Grazina (SV Bergisch Gladbach 09), Hauschke (1. FC Monheim), Lo Iacono (1. FC Kaan-Marienborn 07), Mentizis und Schubert (FC Viktoria Köln II), Rahn (FC Blau-Weiß Friesdorf), Redjeb (TSV Alemannia Aachen).
während der Saison:
Antoski und Azaouaghi (ohne Verein), Brauer und Mbiyavanga (SV Eintracht Hohkeppel), Dündar (TuS Koblenz), Flender (SF Siegen), Geimer (1. FC Köln II), Germerodt (FC Blau-Weiß Friesdorf), Heinen und Retterath (SSV Merten), Löffelsend (SV Straelen), Lokotsch (SV Rödinghausen), Najar und Salman (Bonner SC), Schauer (DJK Montania Kürten), Simon (1. FC Düren), Sindi (FSV Duisburg).

1. FC Kaan-Marienborn 07

Anschrift:
Breitenbacher Str. 99
57074 Siegen
Telefon: (0271) 61194
eMail: info@fc-kaan.de
Homepage: www.fc-kaan.de

Vereinsgründung: 01.07.2007 (Umbenennung der Fußballabteilung des TuS 1886 Kaan-Marienborn)
Vereinsfarben: Rot-Weiß
Vorsitzender: Florian Leipold
Sportlicher Leiter: Jochen Trilling

Stadion:
Herkules-Arena im Breitenbachtal
(4.000)/Leimbachstadion (18.716)

Größte Erfolge: Aufstieg in die Regionalliga West 2018; Meister Landesliga 2 2010 (↑); Meister Bezirksliga 6 2008 (↑)

Aufgebot:

Name, Vorname	Pos	geb. am	Nat.	Seit	2018/19 Sp.	T.	gesamt Sp.	T.	frühere Vereine
Bauer, Jens	M	06.02.1997	D	2018	12	0	21	1	1. FC Köln, Euskirchener TSC, 1. Jugend-Fußball-Schule Köln, SV Rot-Weiß Dünstekoven
Binder, Leon	A	24.03.1987	D	2018	27	1	194	12	KFC Uerdingen 05, Rot-Weiss Essen, 1. FC Köln, Rot-Weiss Essen, Sportfreunde Siegen, TSV Alemannia Aachen, Fortuna Düsseldorf, Bonner SC, FC Hansa Rostock, Hertha BSC, 1. SC Göttingen 05, SVG Göttingen 07
Bölker, Christian	T	25.05.1988	D	2018	24	0	24	0	SpVgg Olpe, SV Heggen
Brammen, Jonas	T	19.07.1997	D	2018	1	0	1	0	FC Gütersloh 2000, SC Paderborn 07, Rot Weiss Ahlen, SC Berchum/Garenfeld, Eintracht Hohenlimburg
Brato, Moritz	A	06.09.1995	D	2017	17	0	17	0	SG 06 Betzdorf
Buceto, John-Anton	M	05.04.1995	AUS	2018	8	0	8	0	TSG Sprockhövel, DSC Wanne-Eickel, Melbourne Victory FC, Hume City FC, Melbourne Victory FC
Bulliqi, Dastit	S	02.01.1998	D	2018	2	0	2	0	FC Viktoria Köln, 1. FC Köln, SF Troisdorf
Dünnwald-Turan, Kenan	S	14.11.1995	D	2018	10	3	23	5	Bristol Rovers FC, TSG Sprockhövel, MSV Duisburg, SC Rot-Weiß Oberhausen, SG Unterrath, Fortuna Düsseldorf
Gänge, Toni	A	27.01.1988	D	2012	33	0	108	3	SV Wilhelmshaven, Hertha BSC, SV Werder Bremen, FC Energie Cottbus, SV Schwarz-Rot Neustadt/D.
Gencal, Burak	M	09.08.1994	D	2017	34	13	34	13	TSV Germania Windeck, FC Leverkusen, TuRU Düsseldorf, TuSpo Richrath, TSV 05 Ronsdorf, VfL Leverkusen
Hammel, Florian	T	20.02.1990	D	2015	9	0	26	0	TuS Erndtebrück, FC 08 Homburg, SpVgg Hadamar, SpVgg EGC Wirges, TuS Koblenz, SG Betzdorf, JSG Weitefeld, SG Mündersbach/Rossbach, JSG Atzelgift/Nister
Jung, Marius	M	17.08.1987	D	2010	0	0	0	0	Sportfreunde Siegen, TSV Weißtal
Krieger, Dawid	S	26.05.1989	POL	2016	23	0	167	27	ZFC Meuselwitz, SSV Markranstädt, 1. FC Magdeburg, MKS Cracovia Krakow, FC Energie Cottbus, KS Gornik Zabrze, TP Jastrzab Bielszowice, UKS Gwarek Zabrze
Kurt, Mehmet	M	09.01.1996	TUR	2018	25	6	99	8	SC Verl, Sportfreunde Siegen, Lüneburger SK Hansa, Borussia Dortmund, MSV Duisburg, SG Wattenscheid 09, SSV Hagen 05/11, SG Boelerheide
Lo Iacono, Tiziano	M	24.01.1994	ITA	2018	30	5	31	5	TV Herkenrath, FC Blau-Weiß Friesdorf, SV Rot-Schwarz Neubrück, FC Wegberg-Beeck, TuRU Düsseldorf, TSV Germania Windeck, SC Fortuna Köln, SV Werder Bremen, SV Bergisch Gladbach 09, 1. Jugend-Fußball-Schule Köln, SC Fortuna Köln, SC Borussia Lindenthal-Hohenlind
Muhovic, Zlatko	M	08.11.1990	BIH	2019	9	0	186	33	SC Wiedenbrück, SC Verl, Berliner FC Dynamo, SSV Jahn 2000 Regensburg, SC Preußen Münster, SC Wiedenbrück 2000, FC Schalke 04, TSV Alemannia Aachen, VfL Leverkusen, Bonner SC, 1. Jugend-Fußball-Schule Köln, 1. FC Köln
Radschuweit, Marcel	A	13.11.1989	D	2017	16	1	29	1	FC Blau-Weiß Friesdorf, FC Hennef 05, Euskirchener TSC, SC Brühl, FC Bergheim 2000, FC Viktoria Köln, FC Junkersdorf, TSV Germania Windeck, SC Brühl, SCB Viktoria Köln, VfL Leverkusen, SCB Viktoria Köln, VfL Rheingold Köln-Poll
Ramaj, Elsamed	M	26.04.1996	ALB	2018	31	10	31	10	TSG Sprockhövel, SV Hohenlimburg 1910, SV Westfalia Rhynern, Wuppertaler SV, FC Iserlohn 46/49
Scheld, Mats-Lukas	M	10.02.1994	D	2013	17	0	17	0	SC Rot-Weiß Oberhausen, FC Schalke 04, Sportfreunde Siegen, TSV Weißtal, TSG Adler Dielfen
Schilamow, Andre	M	26.06.1989	D	2015	15	0	51	3	TuS Erndtebrück, SV Bergisch Gladbach 09, SSV Bergneustadt, SV Frömmersbach
Schneider, Jannik	A	12.02.1996	D	2018	29	2	58	5	Fortuna Düsseldorf, SC Fortuna Köln, Bayer 04 Leverkusen, FC Altenhof
Schulz, Tim	M	20.09.1999	D	2017	0	0	0	0	VfL Bochum, Sportfreunde Siegen, SG 06 Betzdorf, Sportfreunde Siegen, JSG Kirchen
Tomas, Arthur	A	30.03.1994	D	2016	30	1	41	1	TSV Steinbach, TSV Liebenscheid, SG Hickengrund
Varli, Talha	M	11.07.1998	D	2017	0	0	0	0	Sportfreunde Siegen
Waldrich, Daniel	M	30.12.1989	D	2016	32	7	51	8	TSV Steinbach, TuS Erndtebrück, Sportfreunde Siegen, SG Hickengrund
Wurm, Tobias	A	31.03.1982	D	2008	1	0	1	0	SV Lippstadt 08, Sportfreunde Siegen, Borussia Dortmund
Yigit, Semih	S	21.03.1989	TUR	2016	32	0	32	0	Hammer SpVg, TuS Ennepetal, FSV Werdohl, Rot-Weiß Lüdenscheid
Zündorf, Tom-Jeffrey	A	27.06.1997	D	2019	3	0	25	0	TSV Steinbach, Fortuna Düsseldorf, DJK Agon Düsseldorf

Trainer:

Name, Vorname	geb. am	Nat.	Zeitraum	Spiele 2018/19	frühere Trainerstationen
Nehrbauer, Thorsten	12.01.1978	D	30.01.14 – 30.06.19	34	TuS Homburg-Bröltal

Zugänge:
Bauer (1. FC Köln II), Bölker (SpVgg Olpe), Brammen (FC Gütersloh 2000), Buceto und Ramaj (TSG Sprockhövel), Bulliqi (FC Viktoria Köln II), Lo Iacono (TV Herkenrath), Schneider (Fortuna Düsseldorf II).
während der Saison:
Binder (KFC Uerdingen 05), Dünnwald-Turan und Kurt (ohne Verein), Muhovic (SC Wiedenbrück), Zündorf (TSV Steinbach).

Abgänge:
Arslan (TuS Erndtebrück), Balijaj (SV Ottfingen), Burk (VfB Marburg), Jörgens (FV Wiehl), Schmidt (TuS Eisern), Wermes (SpVg. Porz).
während der Saison:
Bulliqi und Radschuweit (SSV Merten), Dünnwald-Turan (Wuppertaler SV), Jung (SV Germania Salchendorf), Schulz (SG Alsdorf/Kirchen/Freusburg/Wehbach), Varli (TuS Erndtebrück).

1. FC Köln 01/07 II

Anschrift:
Franz-Kremer-Allee 1-3
50937 Köln
Telefon: (02 21) 260 11 221
eMail: service@fc-koeln.de
Homepage: www.fc.de

Vereinsgründung: 13.02.1948 durch Fusion vom Kölner BC 01 und SpVgg Sülz 07; seit März 2002 1. FC Köln GmbH & Co. KGaA

Vereinsfarben: Rot-Weiß
Präsident: N.N.
Geschäftsführer Sport: Armin Veh

Stadion: Franz-Kremer-Stadion (5.457)

Größte Erfolge: Meister der Amateur-Oberliga Nordrhein 1981 und 2002 (↑); Qualifikation für die Regionalliga West 2008; Landesmeister Mittelrhein 1965, 1967, 1977 und 1992 (↑); Deutscher Amateurmeister 1981; Mittelrheinpokalsieger 1995, 2004 und 2005; 2. Hauptrunde im DFB-Pokal 1981, 1983 und 2004

Aufgebot:

Name, Vorname	Pos	geb. am	Nat.	seit	2018/19 Sp.	2018/19 T.	gesamt Sp.	gesamt T.	frühere Vereine
Akalp, Kenan	M	30.05.1999	TUR	2011	5	0	18	1	SC Fortuna Köln
Augusto, Leon	M	10.09.1999	POR	2009	13	0	13	0	VfL Sindorf
Bacher, Sven	T	28.09.1988	D	2009	0	0	14	0	1. FC Kaiserslautern, 1. FC Köln, 1. Jugend-Fußball-Schule Köln
Bartels, Jan-Christoph	T	13.01.1999	D	2017	17	0	17	0	1. FSV Mainz 05, TSG Schwabenheim
Bisseck, Yann Aurel	A	29.11.2000	D	2007	14	2	19	2	SV Adler Dellbrück
Boakye, Gabriel	S	26.02.1998	CAN	2018	16	0	33	4	FC Energie Cottbus, Toronto FC, Richmond Hill SC, West Toronto SC, Spartacus SC Toronto, Oak Ridges SC
Brackelmann, Calvin	A	22.08.1999	D	2017	6	0	6	0	FC Hansa Rostock, MTV Treubund Lüneburg, Hamburger SV, MTV Treubund Lüneburg, MTV Handorf
Braun, Timo	S	05.06.1998	D	2017	0	0	3	0	FC Düren-Niederau, Bedburger BV
Caliskaner, Kaan	S	03.11.1999	D	2018	17	4	17	4	SV Bergisch Gladbach 09
Churlinov, Darko	M	11.07.2000	MKD	2016	1	0	1	0	1. FC Magdeburg, FC Hansa Rostock, LSG Elmenhorst
Ciftci, Hikmet	M	10.03.1998	D	2006	21	2	48	4	FSV Vatan Neuss
Damaschek, Marcel	A	24.03.1997	D	2018	19	0	39	4	Alemannia Aachen, Wuppertaler SV, SGS Großaspach, 1. FC Köln, Pulheimer SC
Führich, Chris	M	09.01.1998	D	2017	33	5	64	7	SC Rot-Weiß Oberhausen, VfL Bochum, Bor. Dortmund, FC Schalke 04, SG Suderwich
Geimer, Vincent	S	08.08.1992	D	2019	9	2	27	8	TV Herkenrath, FC Viktoria Arnoldsweiler, 1. Jugend-Fußball-Schule Köln, BC Hürth-Stotzheim
Ghafourian, Jean	A	10.02.1998	D	2019	0	0	0	0	SC Paderborn 07, FC Viktoria Köln, Bayer 04 Leverkusen
Handwerker, Tim	A	19.05.1998	D	2017	2	0	15	1	Bayer 04 Leverkusen, SV Bergisch Gladbach 09
Hauptmann, Niklas	M	27.06.1996	D	2018	1	0	1	0	SG Dynamo Dresden, SC Borea Dresden, DJK Viktoria Frechen
Hörnig, Florian	M	06.08.1986	D	2018	3	0	59	5	SC Fortuna Köln, Chemnitzer FC, SSV Jahn 2000 Regensburg, SpVgg Unterhaching, TSV Milbertshofen, SV Am Hart München
Jakobs, Ismail	A	17.08.1999	D	2012	17	3	25	3	BC Bliesheim
Karakas, Erdinc	A	23.03.1998	D	2018	17	1	17	1	FC Schalke 04, VfL Bochum
Kölmel, Johannes	A	29.04.1997	D	2017	13	0	42	0	TSG 1899 Hoffenheim, Karlsruher SC, FV Ötigheim
Laux, Marius	M	07.02.1986	D	2013	29	4	223	37	1. FC Saarbrücken, Offenbacher FC Kickers, 1. FC Köln, SC Offheim
Maurer, Paul	M	22.05.1996	D	2018	18	2	78	19	1. FC Lok Leipzig, FC Energie Cottbus, Berliner FC Dynamo, FSV Bernau
Müller, Vincent	T	23.08.2000	D	2007	2	0	2	0	SG Köln-Worringen
Nartey, Nikolas	M	22.02.2000	DEN	2017	17	3	25	3	FC Kopenhagen, Akademisk BK Gladsaxe
Nesseler, Daniel	A	15.03.1998	D	2017	16	0	30	0	Bayer 04 Leverkusen, SC Hitdorf
Nottbeck, Lukas	M	22.10.1988	D	2018	25	3	237	29	FC Viktoria Köln, SC Fortuna Köln, TuS Koblenz, Borussia Dortmund, 1. FC Köln, LR Ahlen, FC Schalke 04, VfB Waltrop, DJK Grün-Weiß Selm
Perry, Nebiyou	M	02.10.1999	SWE	2018	5	0	5	0	AIK Solna
Prokoph, Roman	S	06.08.1985	D	2016	32	8	265	106	Hannover 96, VfL Osnabrück, VfL Sportfr. Lotte, SpVgg Unterhaching, Kapfenberger SV, VfL Bochum, FC St. Pauli, Ludwigsfelder FC, 1. FC Union Berlin, Adlershofer BC 08
Rittmüller, Marvin	M	07.03.1999	D	2016	30	1	30	1	FC Rot-Weiß Erfurt
Roloff, Julian	T	17.01.2001	D	2018	2	0	2	0	FC Viktoria Köln, Bayer 04 Leverkusen
Schmidt, Lucas	M	17.02.1999	D	2018	2	0	12	0	RasenBallsport Leipzig, FC Energie Cottbus
Schmitz, Benno	A	17.11.1994	D	2018	1	0	45	3	RasenBallsport Leipzig, FC Red Bull Salzburg, FC Bayern München, SV Waldperlach
Schuler, Jan Luca	M	22.03.1999	D	2018	8	0	8	0	1. FC Saarbrücken, SVgg 07 Elversberg, 1. FC Kaiserslautern, SV 05 Meckenheim, TuS 1900 Niederkirchen
Scott, Brady	T	30.06.1999	USA	2017	13	0	18	0	De Anza Force SC
Sörensen, Frederik	A	14.04.1992	DEN	2015	1	0	1	0	Hellas Verona FC, Juventus Turin, Bologna FC, Juventus Turin, Lyngby BK, FC Roskilde, Himmelev-Veddelev BK, KFUM BK Roskilde
Sonnenberg, Sven	A	19.01.1999	D	2014	20	2	20	2	TuS Koblenz, SV Grün-Weiß Großbeeren
Szöke, Adrian	M	01.07.1998	SRB	2016	29	12	51	15	TuS Blau-Weiß Königsdorf
Zoller, Simon	S	26.06.1991	D	2015	1	0	55	17	1. FC Kaiserslautern, 1. FC Köln, 1. FC Kaiserslautern, VfL Osnabrück, Karlsruher SC, SSV Ulm 1846, VfB Stuttgart, VfB Friedrichshafen, TSV Fischbach [Bodensee]

Trainer:

Name, Vorname	geb. am	Nat.	Zeitraum	Spiele 2018/19	frühere Trainerstationen
Daun, Markus	10.09.1980	D	01.07.18 – 11.11.18	17	1. FC Köln Junioren
Pawlak, Andre	12.02.1971	D	11.11.18 – 27.04.19	14	1. FC Köln (II. und Junioren), KFC Uerdingen 05, SSVg Velbert 02, SG Wattenscheid 09, FC Schalke 04 Junioren
McKenna, Kevin (IT)	21.01.1980	CAN	28.04.19 – 30.06.19	3	—

Zugänge:
Akalp, Augusto, Bartels, Brackelmann, Caliskaner, Perry, Rittmüller und Sonnenberg (eigene Junioren), Boakye (FC Energie Cottbus), Damaschek (TSV Alemannia Aachen), Maurer (1. FC Lok Leipzig), Nottbeck (FC Viktoria Köln), Schmidt (RasenBallsport Leipzig Junioren), Schuler (1. FC Saarbrücken Junioren).

während der Saison:
Churlinov, V. Müller und Roloff (eigene Junioren), Geimer (TV Herkenrath), Ghafourian (SC Paderborn 07 II), Karakas (ohne Verein).

Abgänge:
Bauer (1. FC Kaan-Marienborn 07), Goden (1. FC Nürnberg), Hasemann (TV Herkenrath), Hildebrandt (FC Hansa Rostock), Karweina (VfL Spfr. Lotte), Kovacic (GOSK Gabela), Kusic (FC Erzgebirge Aue), S. Müller (Karlsruher SC), Ouahim (VfL Osnabrück), Ratifo (1. CfR Pforzheim), Ruzgis (TuS Erndtebrück), Siemann (Berliner AK 07), Surek (VfB Germania Halberstadt), Theißen (Fortuna Düsseldorf II).

während der Saison:
Akalp und Schmidt (TV Herkenrath), Bisseck (Holstein Kiel), Braun (1. FC Düren), Handwerker (FC Groningen), Perry (Trelleborgs FF).

FC Viktoria Köln 1904

Anschrift:
Günter-Kuxdorf-Weg 1
51103 Köln
Telefon: (02 21) 99 57 95 15
eMail: info@viktoria1904.de
Homepage: www.viktoria1904.de

Vereinsgründung: 1904 als FC Germania Kalk; danach diverse Fusionen etc.;
2010 Neugründung des FC Viktoria Köln 1904

Vereinsfarben: Schwarz-Weiß-Rot
Präsident: Günter Pütz
Geschäftsführer: Eric Bock

Stadion:
Sportpark Höhenberg (6.214)

Größte Erfolge: Westdeutscher Meister 1926 (VfR); Mittelrheinmeister 1954 (Rapid); Aufstieg in die 2. Bundesliga Nord 1978 (SC Viktoria); Meister Regionalliga West 2017 und 2019 (↑); Aufstieg in die Regionalliga West/Südwest 1994 (SC Brück); Meister der NRW-Liga 2012 (↑); Teilnahme am Messepokal 1962 (SC Viktoria); Pokalsieger Mittelrhein 2014, 2015, 2016 und 2017

Aufgebot:

Name, Vorname	Pos	geb. am	Nat.	seit	2018/19 Sp.	2018/19 T.	Gesamt Sp.	Gesamt T.	frühere Vereine
Backszat, Felix	M	13.09.1989	D	2016	29	4	124	27	Rot Weiss Ahlen, TuS Westfalia Wethmar, SV Blau-Weiß Alstedde, Hammer SpVg, BV Brambauer-Lünen, BV Brambauer 13/45, Hammer SpVg
Baumgärtel, Fabian	A	07.07.1989	D	2018	15	0	108	7	Hallescher FC, SV Stuttgarter Kickers, TSV Alemannia Aachen, SpVgg Greuther Fürth, TSV Eintracht Bamberg, SV Hallstadt, 1. FC Baunach
Bunjaku, Albert	S	29.11.1983	KVX	2018	26	11	30	13	FC Erzgebirge Aue, FC St. Gallen, 1. FC Kaiserslautern, 1. FC Nürnberg, FC Rot-Weiß Erfurt, SC Paderborn 07, FC Schaffhausen, Young Fellows/Juventus Zürich, Grasshopper-Club Zürich, FC Schlieren
Depta, Mark	T	01.12.1997	D	2018	0	0	31	0	TSV Alemannia Aachen, SC Fortuna Köln, FC Viktoria Köln
Derflinger, Christian	M	02.02.1994	AUT	2018	25	7	129	16	SpVgg Greuther Fürth, SV Grödig, Hamburger SV, FC Bayern München, Linzer ASK, FC Pasching, Linzer ASK
Eichmeier, Sascha	A	02.01.1990	D	2016	5	0	195	10	SVgg 07 Elversberg, FC Rot-Weiß Erfurt, Sportfreunde Siegen, FC Viktoria Köln, Bayer 04 Leverkusen, SCB Viktoria Köln
Fraundörfer, Jannis	A	02.04.1999	D	2018	2	0	2	0	VfL Bochum, SC Preußen Münster, SV Burgsteinfurt
Golley, Timm	S	17.02.1991	D	2016	24	2	135	42	SV Wehen Wiesbaden, FSV Frankfurt, Fortuna Düsseldorf, PSV Wesel-Lackhausen, SuS 09 Dinslaken, VfB Lohberg
Gottschling, Marcel	S	14.05.1994	D	2018	15	0	104	10	SSV Jeddeloh, FC Viktoria Köln, FC Hansa Rostock ... (vgl. Seite 184)
Handle, Simon	M	25.01.1993	D	2017	11	0	53	14	SVgg 07 Elversberg, FC Erzgebirge Aue, SV Grödig, FC Red Bull Salzburg, USK Anif, AKA Salzburg, SV Wacker Burghausen
Hebisch, Nicolas	S	26.03.1990	D	2018	0	0	140	44	SV Waldhof Mannheim, 1. FC Magdeburg, TSG Neustrelitz, FSV Zwickau, Berliner AK 07, SV Babelsberg 03, Tennis Borussia Berlin, SV Tasmania Gropiusstadt 1973, SC Staaken, Nordberliner SC, SC Staaken, Spandauer BC
Holzweiler, Kevin	M	16.10.1994	D	2016	34	4	168	28	Borussia Mönchengladbach
Klefisch, Kai	M	03.12.1999	D	2016	8	0	8	0	Bayer 04 Leverkusen
Koronkiewicz, Patrick	A	13.03.1991	D	2014	27	2	212	8	Sportfreunde Siegen, RasenBallsport Leipzig, Bayer 04 Leverkusen, FC Düren-Niederau, SG Germania Binsfeld, Sportfreunde Düren
Kreyer, Sven	S	14.05.1991	D	2015	31	9	212	78	Rot-Weiss Essen, VfL Bochum, Bayer Leverkusen, Fortuna Düsseldorf, BV Hassels 1912
Lang, Steffen	A	14.08.1993	D	2017	30	2	59	3	DSC Arminia Bielefeld, VfB Stuttgart, TSV 1861 Nördlingen, FC Pflaumloch
Lohmar, Hendrik	M	23.06.1996	D	2017	6	0	69	2	Fort. Düsseldorf, FC Schalke 04, SF Siegen, Bor. Dortmund, SpVgg Neukirchen-Balbini
Maier, Stefano	A	04.12.1992	D	2018	17	1	142	6	Offenbacher FC Kickers, Eintracht Frankfurt
Mfumu, Vital-Yves	S	14.04.1998	D	2018	3	0	15	0	FSV Frankfurt, VfB Stuttgart, SV Werder Bremen, Eintracht Frankfurt, FC Marxheim, SG Rot-Weiss Frankfurt
Musculus, Lucas	S	16.01.1991	D	2019	5	0	125	51	KFC Uerdingen 05, Bonner SC, SV Bergisch Gladbach 09, FC Viktoria Köln, 1. FC Köln, TSV Germania Windeck, TuS Koblenz, 1. FC Köln, 1. Jugend-Fußball-Schule Köln, Fortuna Bensberg
Patzler, Sebastian	T	24.10.1990	D	2017	34	0	155	0	TuS Koblenz, FC Viktoria 1889 Berlin LT, 1. FC Union Berlin, BSV Kickers Emden, SV Werder Bremen, 1. FC Magdeburg, 1. FC Union Berlin, SV Bau-Union Berlin
Popovits, Dimitrios	M	11.02.1995	GRE	2018	6	1	53	6	TuS Koblenz, SV Waldhof Mannheim, PAOK Saloniki, Karmiotissa Pano Polemidion, Panserraikos Serres, AP Eginiakos, Apollon 1926 Kalamaria, Platanias Chania, PAOK Saloniki
Reiche, Daniel	A	14.03.1988	D	2013	19	1	232	9	SV Babelsberg 03, MSV Duisburg, VfL Wolfsburg, TSV Grasleben, Helmstedter SV, FC Wenden
Saghiri, Hamza	M	18.02.1997	M	2015	31	4	53	5	TSV Alemannia Aachen
Shala, Hajdar	A	30.03.1999	D	2018	0	0	14	0	Bayer 04 Leverkusen, FC Hennef 05
Wallenborn, André	A	25.03.1995	D	2017	0	0	61	1	Hallescher FC, 1. FC Köln, SV Gremberg Humboldt
Willers, Tobias	A	21.04.1987	D	2017	33	2	139	22	VfL Osnabrück, RB Leipzig, Sportfr. Lotte, RW Oberhausen, Sportfr. Lotte, Wuppertaler SV Bor., Hessen Kassel, Hannover 96, VfV Borussia 06 Hildesheim, TuS Hasede
Wimmer, Sebastian	M	15.01.1994	AUT	2018	21	1	78	10	SC Paderborn 07, VfL Wolfsburg, SC Wiener Neustadt, SV Horn ... (vgl. Seite 84)
Wunderlich, Mike	M	25.03.1986	D	2011	16	10	258	130	FSV Frankfurt, Rot-Weiss Essen, 1. FC Köln, SCB Viktoria Köln, Bayer 04 Leverkusen, SCB Preußen Köln

Trainer:

Name, Vorname	geb. am	Nat.	Zeitraum	Spiele 2018/19	frühere Trainerstationen
Glöckner, Patrick	18.11.1976	D	01.07.18 – 13.05.19	33	Jugendfußballclub Frankfurt, FSV Frankfurt II
Kohler, Jürgen (IT)	06.10.1965	D	13.05.19 – 30.06.19	1	FC Viktoria Köln Junioren, VfL Alfter, SC Hauenstein, SpVgg Eintracht GC Wirges, Bonner SC Junioren, VfR Aalen, MSV Duisburg, DFB U21

Zugänge:
Depta (TSV Alemannia Aachen), Derflinger (SpVgg Greuther Fürth II), Fraundörfer (VfL Bochum Junioren), Hebisch (SV Waldhof Mannheim), Klefisch (eigene Junioren), Maier (Offenbacher FC Kickers), Mfumu (FSV Frankfurt), Popovits (TuS Koblenz), Shala (Bayer 04 Leverkusen Junioren).
während der Saison:
Baumgärtel und Bunjaku (ohne Verein), Gottschling (SSV Jeddeloh), Musculus (KFC Uerdingen 05), Wimmer (SC Paderborn 07).

Abgänge:
Brasnic (Berliner FC Dynamo), Fiore (Rot Weiss Ahlen), Goralski (Fortuna Düsseldorf II), Herröder (Laufbahn beendet), Junglas (II. Mannschaft), Lanius (SC Preußen Münster), Müller und Sowade (Chemnitzer FC), Nottbeck (1. FC Köln II), Rüzgar (Altinordu FK Izmir).
während der Saison:
Shala (TV Herkenrath), Wallenborn (SC Wiedenbrück).

Spielverein Lippstadt 08

Anschrift:
Wiedenbrücker Straße 83b
59555 Lippstadt
Telefon: (0 29 41) 9 68 69 98
eMail: office@svlippstadt08
Homepage: www.svlippstadt08.de

Vereinsgründung: 04.06.1997 durch die Fusion der FA von SV Borussia 08 Lippstadt und Lippstädter SV Teutonia 08

Vereinsfarben: Schwarz-Rot
Präsident: Thilo Altmann
Sportlicher Leiter: Dirk Brökelmann

Stadion:
Liebelt Arena (4.000)

Größte Erfolge: Aufstieg in die Oberliga Westfalen 1998, Meister der Westfalenliga 1 2012 (↑), Meister der Oberliga Westfalen 2013 (↑) und 2018 (↑), Teilnahme am DFB-Pokal 2013

Aufgebot:

Name, Vorname	Pos	geb. am	Nat.	seit	2018/19 Sp.	T.	gesamt Sp.	T.	frühere Vereine
Andzouana, Exaucé	M	09.07.1993	D	2018	20	4	30	6	SV Westfalia Rhynern, FC Gütersloh 2000, TSV Marl-Hüls, SC Preußen Münster, 1. FC Gievenbeck, SC Münster 08, Rot Weiss Ahlen, Fortuna Düsseldorf, SC Münster 08
Balkenhoff, Christopher	T	30.10.1993	D	2016	33	0	33	0	DSC Arminia Bielefeld, SC Paderborn 07, Rot Weiss Ahlen, SG Wattenscheid 09, TSC Eintracht Dortmund, SuS Kaiserau
Berisha, Florent	A	01.08.2000	D	2018	1	0	1	0	DSC Arminia Bielefeld, SV Lippstadt 08, SV Brilon
Brosch, Janik	S	05.09.1992	D	2018	25	2	37	3	SV Rödinghausen, DSC Arminia Bielefeld, SC Herford, TBV Lemgo
Erlmann, Jannik	T	05.01.1993	D	2018	1	0	1	0	SC Neheim, TuRa Freienohl, 1. FC Kaan-Marienborn 07, Borussia Dortmund
Henneke, Valentin	M	14.02.1997	D	2013	15	1	15	1	Borussia Dortmund, SC Paderborn 07
Hoffmann, Robin	M	25.03.1991	D	2017	21	3	21	3	SV Westfalia Rhynern, TuS Ennepetal, SuS Langscheid/Enkhausen, FC Borussia Dröschede
Hoffmeier, Kevin	A	15.07.1999	D	2009	32	0	32	0	SV Rot-Weiß Horn
Hoffmeier, Marcel	M	15.07.1999	D	2009	33	3	33	3	SV Rot-Weiß Horn
Holz, Kevin	M	20.01.1994	D	2015	26	6	26	6	FC Luzern, Borussia Dortmund, SC Paderborn 07, Sportfreunde Oesterholz-Kohlstädt
Joswig, Marvin	A	04.10.1997	D	2009	7	0	7	0	SV Rot-Weiß Horn
Kaiser, Gerrit	M	12.01.1994	D	2018	30	5	30	5	TuS Haltern, SV Westfalia Rhynern, Hammer SpVg, SV Westfalia Rhynern
Kaldewey, Stefan	M	24.07.1992	D	2015	11	0	11	0	SC Preußen Münster, TuS Freckenhorst
Kaptan, Saban	M	10.04.1993	D	2018	13	0	51	2	FC Gütersloh 2000, SC Roland Beckum, SC Wiedenbrück, SC Verl, FC Vorwärts Wettringen
Klingen, Benjamin	S	19.09.1998	D	2013	9	1	9	1	SV Westfalen Liesborn
Köhler, Nils	A	25.07.1993	D	2017	28	1	42	1	SC Paderborn 07, SV Lippstadt 08, SV Rot-Weiß Mastholte, SV Lippstadt 08, TuS Anröchte, SuS Sichtigvor
Köhler, Sven	M	08.11.1996	D	2017	30	2	31	2	FC Schalke 04, VfL Bochum, Borussia Dortmund, SuS Sichtigvor
Kossmann, Wojciech	T	12.02.2000	POL	2018	0	0	0	0	Rot-Weiss Essen, TSC Eintracht Dortmund, FC Brünninghausen, Legia Warschau, Blekitni Dobiegniew
Langesberg, Yannick	A	31.03.1994	D	2015	31	0	31	0	Rot Weiss Ahlen, Borussia Dortmund, SC Neheim
Lübbers, Fabian	A	27.10.1991	D	2012	33	5	68	5	Delbrücker SC, SC Paderborn 07
Maiella, Paolo	M	18.10.1997	ITA	2016	30	3	30	3	SV Schwarz-Weiß Suttrop
Matriciani, Henning	A	14.03.2000	D	2015	2	0	2	0	DSC Arminia Bielefeld
di Pierro, Francesco	M	28.01.2000	D	2017	2	0	2	0	Borussia Dortmund, DSC Arminia Bielefeld, VfL Sassenberg
Puhl, Tobias	A	24.10.1990	D	2017	1	0	61	15	SC Wiedenbrück, SC Paderborn 07, SpVgg Brakel, FC Wegberg-Beeck, 1. FC Mönchengladbach
Reimer, Maik	M	19.02.2000	D	2019	4	0	4	0	SC Paderborn 07, Borussia Dortmund, DSC Arminia Bielefeld
Schubert, Simon	A	25.04.1991	D	2018	30	0	36	0	FC Gütersloh 2000, SC Verl, FC Gütersloh 2000

Trainer:

Name, Vorname	geb. am	Nat.	Zeitraum	Spiele 2018/19	frühere Trainerstationen
Berlinski, Daniel	12.02.1986	D	16.10.17 – 30.06.19	34	SV Rot-Weiß Erlinghausen

Zugänge:
Andzouana (SV Westfalia Rhynern), Brosch (SV Rödinghausen), Erlmann (SC Neheim), Kaptan und Schubert (FC Gütersloh 2000), Kossmann (Rot-Weiss Essen Junioren).
während der Saison:
Berisha, Matriciani und di Pierro (eigene Junioren), Reimer (SC Paderborn 07).

Abgänge:
Bechtold (Laufbahn beendet), Brauer (FC Brünninghausen), Serrone und Todte (SC Herford), Wulf (SC Neheim).
während der Saison:
Kaptan (FC Gütersloh 2000), Puhl (FC Nieheim).

Borussia VfL 1900 Mönchengladbach II

Anschrift:
Hennes-Weisweiler-Allee 1
41179 Mönchengladbach
Telefon: (0 18 06) 18 19 00
eMail: info@borussia.de
Homepage: www.borussia.de

Vereinsgründung: 01.08.1900 als FC Borussia M.-Gladbach

Vereinsfarben: Schwarz-Weiß-Grün
1. Vorsitzender: Rolf Königs
Direktor NLZ: Roland Virkus

Stadion: Grenzlandstadion Rheydt (12.960)

Größte Erfolge: Meister der RL West 2015; Aufstieg in die Verbandsliga Niederrhein 1980; Meister der Verbandsliga Niederrhein 1997 (↑); Meister der Oberliga Nordrhein 2006 (↑) und 2008; Qualifikation für die RL West 2008 und 2012; Teilnahme am DFB-Pokal 1998; Niederrheinpokalsieger 1998

Aufgebot:

Name, Vorname	Pos	geb. am	Nat.	seit	2018/19 Sp.	2018/19 T.	gesamt Sp.	gesamt T.	frühere Vereine
Benes, Laszlo	M	09.09.1997	SVK	2016	2	0	16	1	MSK Zilina, Györi ETO FC, DAC Dunajska Streda, FK Samorin
Benger, Marcel	M	02.07.1998	D	2014	21	2	48	4	MSV Duisburg, SC Bayer Uerdingen
Bennetts, Keanan	S	09.03.1999	ENG	2018	22	1	22	1	Tottenham Hotspur FC
Beyer, Louis Jordan	A	19.05.2000	D	2015	4	0	4	0	Fortuna Düsseldorf, DJK SV Thomasstadt Kempen
Cirillo, Marco	S	15.07.1998	D	2019	4	0	35	2	Wuppertaler SV, Sportfreunde Baumberg, TuRU Düsseldorf, 1. SpVg Solingen-Wald
Cuisance, Mickael	M	16.08.1999	FRA	2017	1	1	2	1	AS Nancy, SC Schiltigheim, Racing Straßburg, ASPTT Straßburg, FC Straßburg-Koenigshoffen
Doucouré, Mamadou	A	21.05.1998	FRA	2016	2	0	2	0	Paris St. Germain FC, Paris FC
Egbo, Mandela	A	17.08.1997	ENG	2015	24	1	84	3	Crystal Palace FC, Afewee Urban Brixton, Hackney JFC
Feigenspan, Mike	S	05.08.1995	D	2016	11	1	122	34	KSV Hessen Kassel, OSC Vellmar, SC Paderborn 07, OSC Vellmar
Ferlings, Louis	M	26.04.1997	D	2005	11	0	36	1	Osterather SV Meerbusch
Hanraths, Mika Timothy	A	04.06.1999	D	2016	19	1	19	1	Fortuna Düsseldorf, VfB Hilden, FC Hertha 03 Zehlendorf
Herzog, Aaron	M	30.01.1998	D	2009	25	3	54	5	SV Blau-Weiß Kerpen
Hiemer, Tim-Oliver	T	18.01.1995	D	2016	1	0	27	0	Nike Academy, FC Singen 04, NFC Orlandina, Borussia Mönchengladbach, SC Broich-Peel
Hoffmanns, Justin	A	26.02.1997	D	2005	12	0	40	0	SV Grefrath
Kraus, Thomas	S	05.04.1987	D	2015	32	3	338	87	SC Fortuna Köln, SV Eintracht Trier 05, Hertha BSC, 1. FC Sand, SC Reichmannsdorf, TSV Burgebrach, 1. FC Bamberg, TSV Eintracht Bamberg
Langhoff, Franz	T	20.10.1999	D	2014	4	0	4	0	MSV Duisburg, FC Schalke 04
Lieder, Michel	A	13.03.1996	D	2004	30	0	103	4	BV Wevelinghoven
Makridis, Charalambos	S	05.07.1996	GRE	2017	30	5	84	14	SC Verl, SV Kutenhausen-Todtenhausen
Mayer, Florian	A	04.03.1998	D	2016	13	0	36	0	VfL Bochum, FC Schalke 04
Müsel, Torben	S	25.07.1999	D	2018	30	8	30	8	1. FC Kaiserslautern, SV Obersülzen
Mustafic, Mirza	M	20.06.1998	BIH	2013	25	0	50	2	FC Metz, Racing FC Union Luxemburg
Ngwisani, Moise	A	28.01.1998	D	2018	8	0	8	0	FC Erzgebirge Aue, VfL Bochum, 1. FC Heidenheim, VfB Stuttgart, 1. FC Heidenheim, SV Mergelstetten
Nicolas, Moritz	T	21.10.1997	D	2015	27	0	75	0	Rot-Weiss Essen, VfB Hüls
Olschowsky, Jan	T	18.11.2001	D	2009	2	0	2	0	SV Glehn
Pazurek, Markus	M	18.12.1988	D	2018	30	4	82	10	SC Fortuna Köln, 1. FC Saarbrücken, TSV 1860 München, VfB Stuttgart, TuS Mayen, TuS Koblenz, SG Bad Breisig
Pisano, Giuseppe	S	26.04.1988	D	2012	22	7	213	68	1. FC Saarbrücken, Borussia Mönchengladbach, UD Ibiza-Eivissa, FC Schalke 04, Fortuna Düsseldorf
Poulsen, Andreas	A	13.10.1999	DEN	2018	14	0	14	0	FC Midtjylland, Ikast KFUM
Richter, Joel	S	03.12.1998	D	2017	14	0	37	1	1. FSV Mainz 05, SG Partenheim/Jugenheim
Simakala, Ba-Muaka	M	28.01.1997	D	2011	2	1	51	14	TSV Alemannia Aachen, VfB 08 Aachen
Steinkötter, Justin	S	26.09.1999	D	2018	27	7	27	7	SC Preußen Münster, Hammer SpVg, Rot Weiss Ahlen, SuS Ennigerloh 1919
Theoharous, Christian	S	06.12.1999	AUS	2018	6	0	6	0	Melbourne Victory FC, Bentleigh Greens SC

Trainer:

Name, Vorname	geb. am	Nat.	Zeitraum	Spiele 2018/19	frühere Trainerstationen
van Lent, Arie	31.08.1970	NED	21.09.2015 – lfd.	34	Offenbacher FC Kickers, Borussia Mönchengladbach, Rot Weiss Ahlen, 1. FC Kleve

Zugänge:
Bennetts (Tottenham Hotspur FC), Hanraths, Langhoff und Steinkötter (eigene Junioren), Ngwisani (FC Erzgebirge Aue), Pazurek (SC Fortuna Köln), Poulsen (FC Midtjylland), Theoharous (Melbourne Victory FC).
während der Saison:
Beyer und Müsel (I. Mannschaft), Cirillo (Wuppertaler SV), Olschowsky (eigene Junioren).

Abgänge:
Bade (SC Rot-Weiß Oberhausen), Komenda (SV Meppen), Rütten (Bonner SC), Sahin (SSVg Velbert 02), Stang (SVgg 07 Elversberg), Strietzel (FC International Leipzig), Tenbült (SV Straelen).
während der Saison:
Feigenspan (Eintracht Braunschweig), Simakala (Roda JC Kerkrade).

SC Rot-Weiß 1904 Oberhausen-Rheinland

Anschrift:
Lindnerstraße 78
46149 Oberhausen
Telefon: (02 08) 97 09 70
eMail: info@rwo-online.de
Homepage: www.rwo-online.de

Vereinsgründung: 18.12.1904 als Oberhausener SV 1904;
seit 1934 SC Rot-Weiß Oberhausen

Vereinsfarben: Rot-Weiß
Präsident: Hajo Sommers
Sportlicher Leiter: Patrick Bauder

Stadion:
Stadion Niederrhein (17.165)

Größte Erfolge: Meister der RL West 1969 (↑); Aufstiegsrunde zur Bundesliga 1969 und 1974; Meister der RL West/Südwest 1998 (↑); Meister der Amateur-Oberliga Nordrhein 1979 (↑), 1983 (↑), 1995 (↑) und 2007 (↑); Westdeutscher Pokalsieger 1950; Niederrheinpokalsieger 1996, 1998 und 2018

Aufgebot:

Name, Vorname	Pos	geb. am	Nat.	seit	2018/19 Sp.	T.	gesamt Sp.	T.	frühere Vereine
Bade, Patrick	T	10.01.1997	D	2018	1	0	4	0	Bor. M'gladbach, FC 08 Homburg, Bayer 04 Leverkusen, BV Bergisch Neukirchen
Bauder, Patrick	M	18.02.1990	D	2012	19	5	198	49	VfL Wolfsburg, SV Waldhof Mannheim, TSG 62/09 Weinheim, SV Waldhof Mannheim, SSV Vogelstang
Ben Balla, Yassin	M	24.02.1996	FRA	2017	34	7	72	13	FC Zürich, SC Amiens, Racing Club Lens
Davari, Daniel	T	06.01.1988	IRN	2019	13	0	45	0	MSV Duisburg, DSC Arminia Bielefeld, Grashopper-Club Zürich, Eintracht Braunschweig, 1. FSV Mainz 05, TSG Wieseck, SV Garbenteich
Eggersglüß, Philipp	M	28.04.1995	D	2018	22	3	34	3	SV Werder Bremen, FC Verden 04, VfL Wolfsburg, FC Verden 04, MTV Soltau
Gödde, Philipp	S	05.06.1994	D	2017	20	6	145	34	TSV Alemannia Aachen, FC Kray, SV Wilhelmshaven, ETB Schwarz-Weiß Essen, FC Schalke 04, SC Neheim, SV Hüsten 09
Hermes, Tim	A	08.06.1991	D	2015	25	0	173	10	Rot-Weiss Essen, SC Wiedenbrück 2000, TSV Alemannia Aachen, Borussia Dortmund, TuS Westfalia Wethmar
Jordan, Mike	M	03.01.1999	D	2017	18	0	22	0	SC Preußen Münster, VfL Bochum
Klaß, Nico	A	03.04.1997	D	2018	13	2	13	2	TV Jahn Hiesfeld, MSV Duisburg
Kurt, Tarik	S	22.02.1998	TUR	2016	27	7	53	15	Borussia Dortmund, SuS Kaiserau
Löhden, Jannik	A	16.07.1989	D	2017	28	4	179	25	TSV Alemannia Aachen, FC Viktoria Köln, Hannover 96, SV Werder Bremen, SpVgg Ahlerstedt/Ottendorf, TSV Buxtehude-Altkloster
Lorch, Marvin	S	09.02.1996	D	2013	3	0	21	0	SC Bayer Uerdingen
März, Christian	M	05.07.1994	D	2018	30	2	147	15	SV Rödinghausen, TSG Sprockhövel, BSV Schwarz-Weiß Rehden, VfL Bochum, Hertha BSC, VfL Osnabrück, SV Bad Laer
Nakowitsch, Kai	M	18.01.1995	D	2015	26	0	133	7	Rot-Weiss Essen, MSV Duisburg, DJK Dellwig
Odenthal, Maik	M	07.11.1992	D	2016	30	2	165	13	VfL Osnabrück, Borussia Mönchengladbach, Bonner SC, Bedburger BV, SC Kapellen-Erft, BV Wevelinghoven, 1. FC Grevenbroich-Süd, SG Frimmersdorf/Neurath
Özkara, Cihan	S	14.07.1991	AZE	2018	24	7	43	13	SC Verl, SC Preußen Münster, Sivasspor, PFK Simurq Zaqatala, Kayseri Erciyesspor, Rot Weiss Ahlen, DSC Arminia Bielefeld, Rot Weiss Ahlen, LR Ahlen
Oubeyapwa, Shaibou	S	27.03.1993	TOG	2018	22	4	22	4	1. Göppinger SV, SV Stuttgarter Kickers, SGV Freiberg/N., SpVgg 07 Ludwigsburg, TV Nellingen, SpVgg Feuerbach, TSV RSK Esslingen
Reinert, Dominik	M	13.10.1991	D	2014	28	0	178	7	MSV Duisburg, TuRa 1888 Duisburg
Rexha, Rinor	M	19.05.1999	KVX	2017	6	0	7	0	Fortuna Düsseldorf, SC Viktoria 02 Düsseldorf
Scheelen, Alexander	M	25.06.1987	D	2011	5	1	121	11	VfB Speldorf, SpVgg Sterkrade-Nord, Sportfreunde Hamborn 07
Schumacher, Dario	M	01.04.1993	D	2018	28	1	165	28	Bonner SC, FC Schalke 04, TSV Alemannia Aachen, Bedburger BV
Steinmetz, Raphael	S	28.07.1994	D	2018	25	5	140	41	Wuppertaler SV, SC Rot-Weiß Oberhausen, DJK Arminia Klosterhardt, FVgg Schwarz-Weiß Alstaden, SG Wattenscheid 09, SC Rot-Weiß Oberhausen, FC Schalke 04, FVgg Schwarz-Weiß Alstaden
Stojan, Jasper	M	22.04.1998	D	2016	0	0	8	0	MSV Duisburg, SG Wattenscheid 09, MSV Duisburg, VfL Bochum, SC Weitmar 45
Ubabuike, Francis	S	17.12.1994	NGA	2019	8	0	8	0	1. FC Normannia Gmünd, 1. Göppinger SV, SSV Reutlingen, VfL Nagold
Udegbe, Robin	T	20.03.1991	D	2015	20	0	179	0	KFC Uerdingen 05, VVV Venlo, SC Düsseldorf-West, Rot-Weiss Essen, Fortuna Düsseldorf, Holstein Kiel, TSV Russee
Uzun, Ahmet-Malik	M	19.10.1999	TUR	2017	0	0	0	0	DJK Arminia Klosterhardt, MSV Duisburg

Trainer:

Name, Vorname	geb. am	Nat.	Zeitraum	Spiele 2018/19	frühere Trainerstationen
Terranova, Mike	17.11.1976	ITA	15.08.2016 – lfd.	34	SC Rot-Weiß Oberhausen II, SC Rot-Weiß Oberhausen Junioren

Zugänge:
Bade (Borussia Mönchengladbach II), Eggersglüß (SV Werder Bremen II), Klaß (TV Jahn Hiesfeld), Özkara (SC Verl), Oubeyapwa (1. Göppinger SV), März (SV Rödinghausen), Schumacher (Bonner SC), Uzun (eigene Junioren).
während der Saison:
Davari (MSV Duisburg), Ubabuike (1. FC Normannia Gmünd).

Abgänge:
Fleßers (TSV Meerbusch), Garcia (Chemnitzer FC), Haas (SSVg Velberg 02), Heber (Rot-Weiss Essen), Ihenacho (SV Eintracht Hohkeppel), Ogrzall (SC Westfalia Herne), Schikowski (SC Wiedenbrück), Serdar (FSV Duisburg), Wozniak (FC Schalke 04 II).
während der Saison:
Lorch (VfB Homberg), Udegbe (KFC Uerdingen 05).

SV Rödinghausen

Anschrift:
Auf der Drift 36
32289 Rödinghausen
Telefon: (0 57 46) 9 37 70
eMail: info@sv-roedinghausen.de
Homepage: www.svroedinghausen.de

Vereinsgründung: 1970

Vereinsfarben: Grün-Weiß-Schwarz
Präsident: Ernst-Wilhelm Vortmeyer
Teammanager: René Wederz

Stadion:
Häcker Wiehenstadion (2.489)

Größte Erfolge: Aufstieg in die Regionalliga West 2014; Meister der Westfalenliga Staffel 1 2013 (↑); Meister der Landesliga Westfalen Staffel 1 2012 (↑); Westfalenpokalsieger 2019

Aufgebot:

Name, Vorname	Pos	geb. am	Nat.	seit	2018/19 Sp.	T.	gesamt Sp.	T.	frühere Vereine
Dacaj, Eros	M	09.09.1996	D	2018	24	2	107	18	Eintracht Braunschweig, JFV Northeim, FC Eintracht Northeim
Engel, Dennis	A	20.10.1995	D	2018	14	1	67	5	SSV Jeddeloh, VfL Sportfreunde Lotte, VfB Oldenburg, VfL Oldenburg
Engelmann, Simon	S	22.03.1989	D	2017	33	19	252	94	SC Rot-Weiß Oberhausen, SC Verl, BV Cloppenburg, VfL Sportfreunde Lotte, VfL Oythe, TuS Blau-Weiß Lohne, SV Blau-Weiß Langförden, Rot-Weiß Visbek
Flottmann, Daniel	A	06.08.1984	D	2017	32	1	222	16	SC Fortuna Köln, Wuppertaler SV Borussia, Rot Weiss Ahlen, SC Verl, VfL Osnabrück, TSV Wallenhorst, TuS Eintracht Rulle
Harder, Kevin	A	12.08.1997	D	2015	0	0	23	1	DSC Arminia Bielefeld, VfL Theesen, JSG Spenge
Heimann, Niclas	T	12.03.1991	D	2017	33	0	123	0	Rot-Weiss Essen, FC Energie Cottbus, VVV Venlo, Red Bull Salzburg, Chelsea FC, Bayer 04 Leverkusen, FV Wiehl, TuS Wiehl, TuS Elsenroth
Hippe, Maximilian	A	06.05.1998	D	2015	1	0	31	2	VfL Theesen
Kalkan, Ihsan	A	13.05.1988	D	2017	8	0	99	0	Cal State Athletics, SV Rödinghausen, Goslarer SC 08, SC Verl, DSC Arminia Bielefeld, TSV Amshausen, TuS Quelle
Knystock, Nico	A	19.10.1995	D	2016	20	2	70	3	Borussia Dortmund, VfL Osnabrück
Kunze, Fabian	A	14.06.1998	D	2015	28	1	92	3	FC Schalke 04, VfL Theesen
Kunze, Lukas	A	14.06.1998	D	2015	26	2	52	2	FC Schalke 04, VfL Theesen
Langer, Angelo	A	12.05.1993	D	2019	11	1	188	11	Wuppertaler SV, SG Wattenscheid 09, SV Rödinghausen, FC St. Pauli, Hamburger SV, MSV Hamburg
Lokotsch, Lars	S	17.05.1996	D	2019	9	2	56	15	TV Herkenrath, Bonner SC, TuS Oberpleis, FV Bad Honnef, FC Hennef 05
Lunga, Kelvin	S	11.05.1994	D	2017	22	4	74	15	Bonner SC, 1. FC Köln, Bonner SC, TSV Germania Windeck, FC Hennef 05, Bonner SC
Meyer, Linus	M	07.01.1992	D	2018	28	2	144	30	FC Eintracht Norderstedt, SC Concordia Hamburg, Niendorfer TSV
Mickels, Joy-Slayd	S	29.03.1994	D	2018	18	2	43	10	TSV Alemannia Aachen, Strömmen IF, FC Aarau, Borussia Mönchengladbach, VSF Amern 1910
Pfanne, Franz	A	10.12.1994	D	2018	32	2	111	4	FSV Budissa Bautzen, SG Dynamo Dresden, FSV Budissa Bautzen
von Piechowski, Laurin	A	22.02.1994	D	2018	11	0	107	5	Chemnitzer FC, SV Babelsberg 03, FC Hertha 03 Zehlendorf, Berliner FC Preussen, Lichterfelder FC 1892
Schlottke, Björn	M	22.05.1995	D	2015	28	4	127	20	Lüneburger SK Hansa, FC Hansa Rostock, SV Hafen Rostock 61
Schönwälder, Jan	T	12.02.1991	D	2011	1	0	90	0	TuS Dornberg, DSC Arminia Bielefeld, SV Eintracht Jerxen-Orbke
Serra, Nikola	A	05.01.1995	D	2018	18	4	81	7	SpVgg Drochtersen/Assel, Hannover 96, FC Bennigsen
Steffen, Tobias	S	03.06.1992	D	2016	7	1	198	51	BV Cloppenburg, BSV Schwarz-Weiß Rehden, Rot-Weiss Essen, SC Fortuna Köln, Bayer 04 Leverkusen, FC Energie Cottbus, Bayer 04 Leverkusen, VfL Osnabrück, BV Cloppenburg, TuRa Westrhauderfehn, SV Eiche Ostrhauderfehn
Traoré, Omar Haktab	A	04.02.1998	D	2018	11	0	17	0	Eintracht Braunschweig, VfL Osnabrück, SV Rasensport DJK Osnabrück
Velagic, Azur	A	20.10.1991	BIH	2016	29	1	133	6	FC 08 Homburg, SSV Jahn 2000 Regensburg, FC Ingolstadt 04, FK Olimpic Sarajevo, SC Fürstenfeldbruck, FC Bayern München, Post SV München
Wolff, Julian	A	30.03.1992	D	2018	30	6	233	16	SC Wiedenbrück, Rot Weiss Ahlen, FC Schalke 04, VfL Bochum, SC Constantin Herne

Trainer:

Name, Vorname	geb. am	Nat.	Zeitraum	Spiele 2018/19	frühere Trainerstationen
Maaßen, Enrico	10.03.1984	D	01.07.2018 – lfd.	34	SpVgg Drochtersen/Assel

Zugänge:
Dacaj (Eintracht Braunschweig), Engel (SSV Jeddeloh), Meyer (FC Eintracht Norderstedt), Mickels (TSV Alemannia Aachen), Pfanne (FSV Budissa Bautzen), Serra (SpVgg Drochtersen/Assel), Wolff (SC Wiedenbrück).
während der Saison:
Langer (Wuppertaler SV), Lokotsch (TV Herkenrath), von Piechowski (Chemnitzer FC).

Abgänge:
Brosch (SV Lippstadt 08), Buddecke und Dantas (Laufbahn beendet), Bülter (1. FC Magdeburg), Burke (II. Mannschaft), Kacinoglu (Bonner SC), Langemann (SC Verl), Latkowski (SC Wiedenbrück), März (SC Rot-Weiß Oberhausen), Möllering (Berliner AK 07).

SV 1919 Straelen

Anschrift:
Römerstr. 49
47638 Straelen
Telefon: (02834) 703530
eMail: info@sv19straelen.de
Homepage: www.sv19straelen.de

Vereinsgründung: 1919

Vereinsfarben: Grün-Gelb
Vorsitzender: Hermann Tecklenburg
Sportlicher Leiter: Stephan Houben

Stadion:
Stadion Römerstraße (3.500)

Größte Erfolge: Meister der Oberliga Niederrhein 2018 (↑); Meister der Verbandsliga Niederrhein 1996 (↑), 2006 (↑); Meister der Landesliga Niederrhein 2017 (↑)

Aufgebot:

Name, Vorname	Pos	geb. am	Nat.	Seit	2018/19 Sp.	T.	gesamt Sp.	T.	frühere Vereine
Abdelkarim, Aram	M	17.07.1994	IRN	2017	30	6	63	9	SG Wattenscheid 09, IFK Berga, Fortuna Düsseldorf, 1. FC Mönchengladbach
Abrosimov, Dennis	A	13.05.1998	D	2018	6	0	6	0	SpVgg Schonnebeck, Borussia Mönchengladbach, Rot-Weiss Essen
Buchholz, David	T	05.08.1984	D	2018	17	0	203	0	VfL Sportfreunde Lotte, FC 08 Homburg, VfL Sportfreunde Lotte, SC Preußen Münster, VfL Bochum, SV Vorwärts Kornharpen, Rot-Weiss Essen, ETB Schwarz-Weiß Essen, FC Schalke 04, FC Kray
Cömert, Barkin	A	02.06.1994	D	2018	0	0	0	0	1. FC Bocholt, MSV Duisburg
Ellguth, Patrick	M	09.03.1990	D	2018	33	3	116	10	KFC Uerdingen 05, DSC Arminia Bielefeld, SC Verl
Erat, Tugrul	S	17.06.1992	AZE	2018	5	0	124	24	MSV Duisburg, Fortuna Düsseldorf, SC Union Nettetal
Grens, Randy	S	04.07.1990	NED	2016	14	0	14	0	RKSV Groene Ster, VV Heidebloem, SV Deurne, EHC Hoensbroek, VV Heidebloem, BSV Limburgia, VVV Venlo
Ishibashi, Keisuke	T	03.10.1994	JPN	2017	8	0	8	0	Duisburger SV 1900, SG Kaarst
Istrefi, Drilon	M	13.05.1994	ALB	2017	12	0	12	0	TSV Meerbusch, 1. FC Mönchengladbach
Jafari, Ahmad	M	05.10.1990	IRN	2018	21	1	21	1	Kheybar Khorramabad FC, Fajr Sepasi Shiraz, Aluminium Hormozgan, PAS Hamedan, Sepahan FC
Jansen, Rene	S	20.07.1990	D	2017	10	2	10	2	VSF Amern, 1. FC Viersen
Kim, Yodan	A	06.08.1995	KOR	2016	23	0	23	0	Dobradinha FC, CA Bragantino
Kluft, Björn	M	11.01.1990	D	2018	25	0	84	6	Chemnitzer FC, FC 08 Homburg, FC Erzgebirge Aue, Rot-Weiss Essen, Eintracht Braunschweig, SV Sandhausen, Eintracht Braunschweig, SC Preußen Münster, Rot Weiss Ahlen, Bayer 04 Leverkusen, TuS Grün-Weiß Wuppertal
Kompalla, Martin	T	26.08.1992	D	2018	11	0	79	0	VfL Bochum, Borussia Mönchengladbach
Lachheb, Adli	A	22.06.1987	TUN	2018	26	1	149	5	VfB Germania Halberstadt, Berliner FC Dynamo, SSV Jahn 2000 Regensburg, KSV Hessen Kassel, Hallescher FC, MSV Duisburg, FC Erzgebirge Aue, Hallescher FC, Offenbacher FC Kickers, US Monastir
Lenders, Sander	A	26.01.1986	NED	2016	11	0	11	0	SV Blerick, SV Venray, SV Straelen, VVV Venlo, SV Blerick
Löffelsend, Jasper	A	10.09.1997	D	2019	7	0	13	0	TV Herkenrath, SV Union Rösrath, SV Bergisch Gladbach 09
M'Bengue, Babacar	A	29.10.1991	D	2019	9	0	90	1	AS Calcio Kreuzlingen, Wuppertaler SV, SC Wiedenbrück, MSV Duisburg, Fortuna Düsseldorf, Wuppertaler SV Borussia, TuSpo Richrath, Garather SV
Mvondo, Cedrik	A	24.12.1997	CMR	2018	0	0	32	2	Berliner AK 07, TSG Sprockhövel, FC Viktoria Köln, Bonner SC, VfL Leverkusen, Bayer 04 Leverkusen
Odagaki, Meguru	M	23.05.1997	JPN	2018	14	0	17	0	FC Viktoria Arnoldsweiler, TSV Alemannia Aachen, Gamba Osaka
Schikowski, Florian	M	10.06.1998	POL	2018	20	1	20	1	KS Lechia Gdansk, Borussia M'gladbach, Bayer 04 Leverkusen, SC Unterbach
Schwertfeger, Kai	A	08.09.1988	D	2019	11	0	86	7	KFC Uerdingen 05, Wuppertaler SV, FC Hansa Rostock, Karlsruher SC, TSV Alemannia Aachen, Fortuna Düsseldorf, Mettmanner SC
Sevinc, Selman	M	12.04.1995	TUR	2019	1	0	1	0	Diyarbakirspor, Bugsas Spor, Osmanlispor FK, VVV Venlo, Jong VVV Venlo/Helmond Sport, SV Blerick
Simoes Ribeiro, Fabio Daniel	M	30.05.1990	POR	2016	31	0	56	0	FC Wegberg-Beeck, 1. FC Mönchengladbach, 1. FC Viersen
Sitter, Denis	A	06.03.1997	D	2018	17	1	57	3	SpVgg Greuther Fürth, Bayer 04 Leverkusen, Fortuna Düsseldorf
Stevens, Jannik	A	21.07.1992	D	2017	32	2	131	3	SV Eintracht Trier 05, TSV Alemannia Aachen, VfL Bochum, Borussia M'gladbach
Tenbült, Marvin	M	30.04.1998	D	2018	17	0	23	0	Borussia M'gladbach, MSV Duisburg, SV Emmerich-Vrasselt, SV Fortuna Millingen
Terada, Shun	S	17.07.1993	JPN	2018	31	11	31	11	FSV Vohwinkel, Wuppertaler SV, Düsseldorfer SC 99, Ritsumeikan University Kyoto
Weggen, Kevin	M	15.09.1993	D	2017	30	5	65	7	FC Schönberg 95, VfB Lübeck, MSV Duisburg, Wuppertaler SV, Rot-Weiss Essen, KFC Uerdingen 05, Bor. M'gladbach, 1. FC Mönchengladbach, SC Rheindahlen

Trainer:

Name, Vorname	geb. am	Nat.	Zeitraum	Spiele 2018/19	frühere Trainerstationen
John, Markus	10.06.1974	D	23.03.18 – 28.03.19	26	SC Düsseldorf-West
Houben, Stephan (IT)	14.05.1971	D	28.03.19 – 31.03.19	1	SV Straelen, 1. FC Mönchengladbach (I. und Junioren), SV Mönchengladbach 1910
Grings, Inka	31.10.1978	D	01.04.19 – lfd.	7	FC Viktoria Köln Junioren, MSV Duisburg Frauen

Zugänge:
Abrosimov (SpVgg Schonnebeck), Buchholz (VfL Sportfreunde Lotte), Mvondo (Berliner AK 07), Lachheb (VfB Germania Halberstadt), Odagaki (FC Viktoria Arnoldsweiler), Sitter (SpVgg Greuther Fürth II), Tenbült (Borussia Mönchengladbach II), Terada (FSV Vohwinkel).

während der Saison:
Ellguth und Schwertfeger (KFC Uerdingen 05), Erat, Kompalla und M'Bengue (ohne Verein), Kluft (Chemnitzer FC), Löffelsend (TV Herkenrath), Schikowski (KS Lechia Gdansk), Sevinc (Diyarbakirspor).

Abgänge:
Brouwers (Sportfreunde Broekhuysen), Gbur (TuS Fichte Lintfort), Hemmers und Pütz (SV Sonsbeck), Hitzek (Sportfreunde Hamborn 07), Lippold (Laufbahn beendet), Mehinovic (FSV Duisburg), Rix (SV Viktoria Goch), Uca (ohne Verein), Verlinden (SC Union Nettetal), Vogel (SV Scherpenberg).

während der Saison:
Abrosimov (FSV Duisburg), Cömert (VfB Speldorf), Erat (Fatih Karagümrük), Jansen (SC Union Nettetal), Kompalla (Vaasan Palloseura), Lenders (ohne Verein), Mvondo (Bonner SC).

SC Verl von 1924

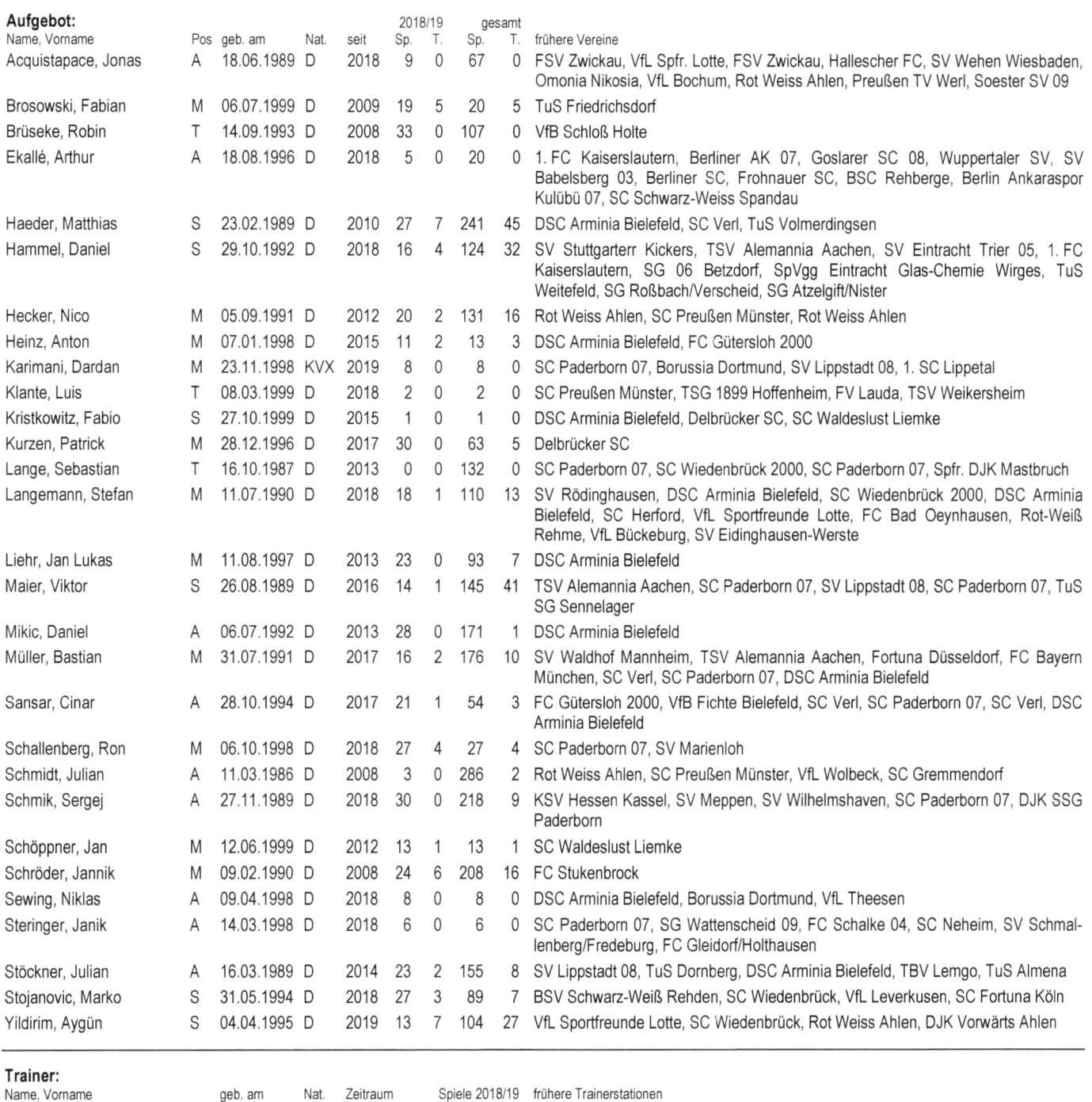

Anschrift:
Poststraße 36
33415 Verl
Telefon: (0 52 46) 92 50 80
eMail: info@scverl.de
Homepage: www.sportclub-verl.de

Vereinsgründung: 06.09.1924
Vereinsfarben: Schwarz-Weiß
Präsident: Raimund Bertels
Teammanager: Horst Lakämper

Stadion: SPORTCLUB Arena (5.153)

Größte Erfolge: Meister der Amateur-Oberliga Westfalen 1991; Meister der Verbandsliga Westfalen 1 1986 (↑); Westfalenpokalsieger 1992, 1999 und 2007; Qualifikation für die Regionalliga West/Südwest 1994; Meister der Oberliga Westfalen 2007 (↑); Teilnahme am DFB-Pokal 1979, 1992, 1999, 2007 und 2011

Aufgebot:

Name, Vorname	Pos	geb. am	Nat.	seit	2018/19 Sp.	T.	gesamt Sp.	T.	frühere Vereine
Acquistapace, Jonas	A	18.06.1989	D	2018	9	0	67	0	FSV Zwickau, VfL Spfr. Lotte, FSV Zwickau, Hallescher FC, SV Wehen Wiesbaden, Omonia Nikosia, VfL Bochum, Rot Weiss Ahlen, Preußen TV Werl, Soester SV 09
Brosowski, Fabian	M	06.07.1999	D	2009	19	5	20	5	TuS Friedrichsdorf
Brüseke, Robin	T	14.09.1993	D	2008	33	0	107	0	VfB Schloß Holte
Ekallé, Arthur	A	18.08.1996	D	2018	5	0	20	0	1. FC Kaiserslautern, Berliner AK 07, Goslarer SC 08, Wuppertaler SV, SV Babelsberg 03, Berliner SC, Frohnauer SC, BSC Rehberge, Berlin Ankaraspor Kulübü 07, SC Schwarz-Weiss Spandau
Haeder, Matthias	S	23.02.1989	D	2010	27	7	241	45	DSC Arminia Bielefeld, SC Verl, TuS Volmerdingsen
Hammel, Daniel	S	29.10.1992	D	2018	16	4	124	32	SV Stuttgarterr Kickers, TSV Alemannia Aachen, SV Eintracht Trier 05, 1. FC Kaiserslautern, SG 06 Betzdorf, SpVgg Eintracht Glas-Chemie Wirges, TuS Weitefeld, SG Roßbach/Verscheid, SG Atzelgift/Nister
Hecker, Nico	M	05.09.1991	D	2012	20	2	131	16	Rot Weiss Ahlen, SC Preußen Münster, Rot Weiss Ahlen
Heinz, Anton	M	07.01.1998	D	2015	11	2	13	3	DSC Arminia Bielefeld, FC Gütersloh 2000
Karimani, Dardan	M	23.11.1998	KVX	2019	8	0	8	0	SC Paderborn 07, Borussia Dortmund, SV Lippstadt 08, 1. SC Lippetal
Klante, Luis	T	08.03.1999	D	2018	2	0	2	0	SC Preußen Münster, TSG 1899 Hoffenheim, FV Lauda, TSV Weikersheim
Kristkowitz, Fabio	S	27.10.1999	D	2015	1	0	1	0	DSC Arminia Bielefeld, Delbrücker SC, SC Waldeslust Liemke
Kurzen, Patrick	M	28.12.1996	D	2017	30	0	63	5	Delbrücker SC
Lange, Sebastian	T	16.10.1987	D	2013	0	0	132	0	SC Paderborn 07, SC Wiedenbrück 2000, SC Paderborn 07, Spfr. DJK Mastbruch
Langemann, Stefan	M	11.07.1990	D	2018	18	1	110	13	SV Rödinghausen, DSC Arminia Bielefeld, SC Wiedenbrück 2000, DSC Arminia Bielefeld, SC Herford, VfL Sportfreunde Lotte, FC Bad Oeynhausen, Rot-Weiß Rehme, VfL Bückeburg, SV Eidinghausen-Werste
Liehr, Jan Lukas	M	11.08.1997	D	2013	23	0	93	7	DSC Arminia Bielefeld
Maier, Viktor	S	26.08.1989	D	2016	14	1	145	41	TSV Alemannia Aachen, SC Paderborn 07, SV Lippstadt 08, SC Paderborn 07, TuS SG Sennelager
Mikic, Daniel	A	06.07.1992	D	2013	28	0	171	1	DSC Arminia Bielefeld
Müller, Bastian	M	31.07.1991	D	2017	16	2	176	10	SV Waldhof Mannheim, TSV Alemannia Aachen, Fortuna Düsseldorf, FC Bayern München, SC Verl, SC Paderborn 07, DSC Arminia Bielefeld
Sansar, Cinar	A	28.10.1994	D	2017	21	1	54	3	FC Gütersloh 2000, VfB Fichte Bielefeld, SC Verl, SC Paderborn 07, SC Verl, DSC Arminia Bielefeld
Schallenberg, Ron	M	06.10.1998	D	2018	27	4	27	4	SC Paderborn 07, SV Marienloh
Schmidt, Julian	A	11.03.1986	D	2008	3	0	286	2	Rot Weiss Ahlen, SC Preußen Münster, VfL Wolbeck, SC Gremmendorf
Schmik, Sergej	A	27.11.1989	D	2018	30	0	218	9	KSV Hessen Kassel, SV Meppen, SV Wilhelmshaven, SC Paderborn 07, DJK SSG Paderborn
Schöppner, Jan	M	12.06.1999	D	2012	13	1	13	1	SC Waldeslust Liemke
Schröder, Jannik	M	09.02.1990	D	2008	24	6	208	16	FC Stukenbrock
Sewing, Niklas	A	09.04.1998	D	2018	8	0	8	0	DSC Arminia Bielefeld, Borussia Dortmund, VfL Theesen
Steringer, Janik	A	14.03.1998	D	2018	6	0	6	0	SC Paderborn 07, SG Wattenscheid 09, FC Schalke 04, SC Neheim, SV Schmallenberg/Fredeburg, FC Gleidorf/Holthausen
Stöckner, Julian	A	16.03.1989	D	2014	23	2	155	8	SV Lippstadt 08, TuS Dornberg, DSC Arminia Bielefeld, TBV Lemgo, TuS Almena
Stojanovic, Marko	S	31.05.1994	D	2018	27	3	89	7	BSV Schwarz-Weiß Rehden, SC Wiedenbrück, VfL Leverkusen, SC Fortuna Köln
Yildirim, Aygün	S	04.04.1995	D	2019	13	7	104	27	VfL Sportfreunde Lotte, SC Wiedenbrück, Rot Weiss Ahlen, DJK Vorwärts Ahlen

Trainer:

Name, Vorname	geb. am	Nat.	Zeitraum	Spiele 2018/19	frühere Trainerstationen
Capretti, Guerino	05.02.1982	D	10.04.2017 – lfd.	34	Delbrücker SC

Zugänge:
Ekallé (1. FC Kaiserslautern II), Hammel (SV Stuttgarter Kickers), Klante (SC Preußen Münster), Langemann (SV Rödinghausen), Schallenberg und Steringer (SC Paderborn 07 II), Schmik (KSV Hessen Kassel), Schöppner (eigene Junioren), Sewing (DSC Arminia Bielefeld II), Stojanovic (BSV Schwarz-Weiß Rehden).
während der Saison:
Acquistapace (ohne Verein), Karimani (SC Paderborn 07 II), Kristkowitz (II. Mannschaft), Yildirim (VfL Sportfreunde Lotte).

Abgänge:
Choroba (SG Sonnenhof Großaspach), Großeschallau (FC Kaunitz), Diallo (SG Wattenscheid 09), Klauke (SC Preußen Münster II), Kolodzig (SC Roland Beckum), Kurt (1. FC Kaan-Marienborn 07), Marzullo (SC Westfalia Herne), Muhovic und Schaal (SC Wiedenbrück), Özkara (SC Rot-Weiß Oberhausen).
während der Saison:
Langemann (FC Preußen Espelkamp), Maier (Wuppertaler SV).

SG Wattenscheid 09

Anschrift:
Lohrheidestraße 82
44866 Bochum
Telefon: (0 23 27) 9 20 90
eMail: gs@sgwattenscheid09.de
Homepage: www.sgwattenscheid09.de

Vereinsgründung: 18.09.1909

Vereinsfarben: Schwarz-Weiß
Vorstand: Dragan Markovic
Sportdirektor: Peter Neururer

Stadion:
Lohrheidestadion (16.233)

Größte Erfolge: Aufstieg in die Bundesliga 1990; Meister der Regionalliga West 1974 und Südwest 1997 (↑); Aufstieg in die Regionalliga West 2013; Viertelfinale im DFB-Pokal 1991; Westfalenpokalsieger 2016

Aufgebot:

Name, Vorname	Pos	geb. am	Nat.	seit	2018/19 Sp.	T.	gesamt Sp.	T.	frühere Vereine
Abdat, Nicolas	A	29.11.1996	D	2018	19	0	72	2	VfL Wolfsburg, VfL Bochum, SG Wattenscheid 09, 1. FC Köln, DJK Wipperfeld
Buckmaier, Nico	M	09.11.1992	D	2015	33	9	181	44	KFC Uerdingen 05, SW Wattenscheid 08
Canbulut, Berkant	M	04.01.1992	TUR	2016	29	9	129	17	SSVg Velbert 02, Rot Weiss Ahlen, TSG Sprockhövel, SG Wattenscheid 09, TSG Sprockhövel, TSC Eintracht Dortmund, Hasper SV, SSV Hagen 05/11
Corboz, Mael	M	06.09.1994	USA	2018	33	5	47	5	MSV Duisburg, Wilmington Hammerheads FC, New York Red Bulls, Maryland Terrapins, Rutgers Scarlet Knigths, New York Red Bulls
Diallo, Cellou	S	31.12.1995	GUI	2018	24	3	47	4	SC Verl, SC Paderborn 07, FC Nieheim, SV Rödinghausen, TSC Steinheim
Dias, Fabio Manuel	S	28.10.1992	ANG	2016	10	1	32	3	FC Viktoria Köln, FV Bonn-Endenich, Bonner SC, DJK Blau-Weiß Friesdorf, SV Bergisch Gladbach 09
El-Bouazzati, Mohamed	A	09.01.1997	MAR	2019	1	0	1	0	Zorya Luhansk, VfL Osnabrück, Borussia Dortmund, Hörder SC
Jakubowski, Norman	A	26.01.1993	D	2016	11	0	111	4	TSV Marl-Hüls, VfL Bochum, KFC Uerdingen 05, SC Rot-Weiß Oberhausen, SG Wattenscheid 09, SC Westfalia Herne, SpVgg Erle 19
Kim, Chang	M	19.06.1998	KOR	2015	5	0	15	0	—
Korczowski, Noah	A	08.01.1994	D	2018	20	0	154	1	1. FSV Mainz 05, VfL Wolfsburg, 1. FC Nürnberg, FC Schalke 04, SG Herten-Langenbochum, VfL Drewer, TSV Marl-Hüls
Lach, Frederik	A	18.03.1997	D	2018	24	1	80	5	VfB Oldenburg, VfL Bochum, ETB Schwarz-Weiß Essen, Spfr. Niederwenigern
Lobinger, Lex-Tyger	S	22.02.1999	D	2018	26	3	26	3	SV Rot-Weiß Merl, TSV 1860 München, SSV Markranstädt, RasenBallsport Leipzig, DJK Blau-Weiß Friesdorf, VfL Rheinbach, VfL Meckenheim
Obst, Jeffrey	A	25.11.1993	MOZ	2017	27	0	143	6	Rot-Weiss Essen, BSV Schwarz-Weiß Rehden, SV Werder Bremen, Tennis Borussia Berlin, FC Hertha 03 Zehlendorf, Berliner FC Dynamo, Weißenseer FC
Pepic (Sancaktar), Edin	T	13.07.1991	D	2015	30	0	164	0	Goslarer SC 08, FC 08 Homburg, Borussia Dortmund, Fortuna Düsseldorf, KFC Uerdingen 05, Borussia Mönchengladbach
Popovic, Julijan	A	15.06.1999	SRB	2018	18	2	18	2	Bayer 04 Leverkusen, MSV Duisburg, SSVg 09/12 Heiligenhaus
van Santen, Sebastian	S	12.03.1996	D	2018	25	3	52	10	Fortuna Düsseldorf, FC Viktoria Köln, 1. FC Mönchengladbach, MSV Duisburg
Scharbaum, Steffen	T	03.07.1997	D	2017	4	0	17	0	Borussia M'gladbach, SC Preußen Münster, Rot Weiss Ahlen, SV Drensteinfurt
Schneider, Adrian	A	25.10.1991	D	2017	27	1	159	8	SV Eintracht Trier 05, SG Wattenscheid 09, DJK TuS Hordel, FC Kray, TuS Ennepetal, Rot-Weiss Essen, MSV Duisburg, Sportfreunde Geweke, Hasper SV
Taskin, Eren	M	26.08.1992	AZE	2019	9	0	136	21	Etimesgut Belediyespor, Fatih Karagümrük SK, SG Wattenscheid 09, Fortuna Düsseldorf, MSV Duisburg, Rot-Weiss Essen, FC Schalke 04, MSV Duisburg, VfvB Ruhrort/Laar
Tietz, Matthias	M	06.02.1990	D	2016	27	0	214	8	BSV Schwarz-Weiß Rehden, SV Wilhelmshaven, VfL Spfr. Lotte, SC Wiedenbrück 2000, MSV Duisburg, TV Asberg, SV Haesen/Hochheide, SV Scherpenberg
Tunga, Steve	M	08.03.1997	ANG	2017	22	2	49	3	SC Rot-Weiß Oberhausen, VfL Bochum, Essener SG 99/06
Unzola, Hervenogi	A	03.05.1992	D	2018	18	0	133	1	Rot-Weiss Essen, SC Verl, VfL Sportfreunde Lotte, Borussia Dortmund, SCB Viktoria Köln, Bayer 04 Leverkusen, SpVg. Wesseling-Urfeld
Yesilova, Emre	S	30.12.1993	D	2018	33	5	117	14	TSV Alemannia Aachen, Rot Weiss Ahlen, Rot-Weiss Essen, FC Kray, TSG Sprockhövel, VfL Bochum, TSG Sprockhövel, SG Wattenscheid 09, BV Langendreer 07
Zimmermann, Hendrik	T	07.02.1998	D	2017	0	0	1	0	Wuppertaler SV, MSV Duisburg

Trainer:

Name, Vorname	geb. am	Nat.	Zeitraum	Spiele 2018/19	frühere Trainerstationen
Toku, Farat	20.04.1980	D	01.01.2015 – lfd.	34	SV Wilhelmshaven, TuS Vorwärts Bochum-Werne

Zugänge:
Abdat (VfL Wolfsburg II), Korczowski (1. FSV Mainz 05 II), Lach (VfB Oldenburg), Lobinger (SV Rot-Weiß Merl), Popovic (Bayer 04 Leverkusen Junioren), Unzola (Rot-Weiss Essen), Yesilova (TSV Alemannia Aachen).
während der Saison:
Diallo (SC Verl), El-Bouazzati (ohne Verein), Taskin (Etimesgut Belediyespor).

Abgänge:
Bingöl (FC Schalke 04 II), Boyamba (Borussia Dortmund II), Clever und Demircan (VfB Homberg), Erwig-Drüppel und Langer (Wuppertaler SV), Glowacz (TSV Alemannia Aachen), Neustädter (1. FC Bocholt), Stevanovic (Vogelheimer SV), Tumbul (ohne Verein).
während der Saison:
Dias (ohne Verein), Korczowski (Rot-Weiss Essen).

SC Wiedenbrück

Anschrift:
Rietberger Straße 29
33378 Rheda-Wiedenbrück
Telefon: (0 52 42) 55 06 24
eMail: info@scwiedenbrueck.de
Homepage: www.scwiedenbrueck.de

Vereinsgründung: 01.07.2000 Fusion aus DJK Wiedenbrück und Eintracht Wiedenbrück
Vereinsfarben: Schwarz-Blau
1. Vorsitzender: Bernd Lübbert
Geschäftsführer: Bernhard Hartmann
Stadion: Jahnstadion (2.550)

Größte Erfolge: Aufstieg in die Oberliga Westfalen 2007; Meister der NRW-Liga 2010 (↑); Meister der Westfalenliga 2009 (↑); 2. Hauptrunde im DFB-Pokal 2014; Westfalenpokalsieger 2011

Aufgebot:

Name, Vorname	Pos	geb. am	Nat.	seit	2018/19 Sp.	T.	gesamt Sp.	T.	frühere Vereine
Andreas, Mike	M	31.01.1997	D	2018	22	1	55	2	SV Röchling Völklingen, 1. FSV Mainz 05, FK 03 Pirmasens
Bednarski, Kamil	M	11.10.1985	D	2019	9	3	175	64	Wuppertaler SV, Rot-Weiss Essen, SC Wiedenbrück, VfB Hüls, ETB Schwarz-Weiß Essen, TSG Sprockhövel, VfL Schwerte, SC Westfalia Herne, SpVgg Blau-Gelb Schwerin, SG Wattenscheid 09, Borussia Dortmund, DJK Karlsglück Dorstfeld
Brinkmann, Daniel	M	29.01.1986	D	2017	27	7	61	10	DSC Arminia Bielefeld, FC Energie Cottbus, FC Augsburg, TSV Alemannia Aachen, SC Paderborn 07, BV Bad Lippspringe, SC Paderborn 07, SV Diestelbruch/Mosebeck, TuS Eichholz-Remmighausen, TuS Horn-Bad Meinberg
Demming, Lukas	M	12.02.2000	D	2012	5	0	5	0	FSC Rheda
Duschke, Tristan	M	17.01.1997	D	2018	27	3	78	5	Wuppertaler SV, Bayer 04 Leverkusen, Wuppertaler SV Borussia
Ercan, Aday	M	24.08.2000	D	2018	1	1	1	1	SC Paderborn 07, SV Heide Paderborn
Geisler, Yannick	M	23.09.1994	D	2017	31	1	138	4	SC Verl, SF Siegen, Rot-Weiss Essen, SG Wattenscheid 09, SV Burgaltendorf
Geller, Tim	A	31.03.1998	D	2018	14	0	14	0	Sportfreunde Siegen, Offenbacher FC Kickers, 1. FSV Mainz 05
Harder, Tammo	M	04.01.1994	D	2018	10	0	53	7	Holstein Kiel, Bor. Dortmund, FC Schalke 04, Bor. Dortmund, Fortuna Seppenrade
Hölscher, Marcel	T	12.06.1991	D	2011	34	0	262	0	Hamburger SV, VfL Osnabrück, TSG Dissen
Hüsing, David	A	24.01.1996	D	2015	31	0	62	2	Borussia Dortmund
Latkowski, Daniel	M	11.11.1991	D	2018	31	1	136	12	SV Rödinghausen, SC Wiedenbrück, VfL Sportfreunde Lotte, SV Meppen, VfL Osnabrück, TuS Eintracht Rulle, SC Achmer
Leeneman, Marcel	M	16.02.1985	D	2017	19	2	229	10	SV Rödinghausen, SC Wiedenbrück 2000, SC Verl, FC Gütersloh 2000, DSC Arminia Bielefeld, VfB Fichte Bielefeld, DSC Arminia Bielefeld, SG Hesseln
Loheider, David	S	09.02.1991	D	2018	20	2	94	21	Hammer SpVg, SV Rödinghausen, Goslarer SC 08, SV Wilhelmshaven, SC Rot-Weiß Oberhausen, FC Schalke 04, SG Wattenscheid 09, Sportfreunde Stuckenbusch, SpVgg Erkenschwick
Maier, Viktor	M	16.05.1990	KGZ	2017	1	0	118	21	FC Emmen, SV Meppen, TSV Havelse, VfL Osnabrück, VfL Sportfreunde Lotte, Hamburger SV, VfL Osnabrück, Blau-Weiß DJK Schinkel
Mandt, André	M	15.08.1993	D	2018	16	0	115	6	Wuppertaler SV, TSV Steinbach, 1. FC Saarbrücken, Bayer 04 Leverkusen, SV Adler Dellbrück
Müller, Maximilian	S	05.03.1998	D	2018	2	0	2	0	Borussia Mönchengladbach, TuSpo Saarn
Muhovic, Zlatko	M	08.11.1990	BIH	2018	19	2	186	33	SC Verl, Berliner FC Dynamo, SSV Jahn 2000 Regensburg, SC Preußen Münster, SC Wiedenbrück 2000, FC Schalke 04, TSV Alemannia Aachen, VfL Leverkusen, Bonner SC, 1. Jugend-Fußball-Schule Köln, 1. FC Köln
Pollmann, Marco	S	21.02.1998	D	2014	10	0	11	0	FC Gütersloh, SC Paderborn 07, SV Schwarz-Weiß Marienfeld
Schaal, Daniel	M	14.06.1994	D	2018	27	4	96	7	SC Verl, TuS Erndtebrück, 1. FC Köln, Bonner SC, SC Fortuna Köln, Bonner SC
Schikowski, Patrick	M	20.06.1992	POL	2018	29	10	161	30	SC Rot-Weiß Oberhausen, VfL Sportfreunde Lotte, FC Rot-Weiß Erfurt, SC Rot-Weiß Oberhausen, SSVg Velbert 02, SpVgg Greuther Fürth, Fortuna Düsseldorf, MSV Duisburg, Bayer 04 Leverkusen, Wuppertaler SV
Siegemeyer, Tim	T	14.08.1996	D	2018	0	0	1	0	Berliner FC Dynamo, Borussia Dortmund, SC Preußen Münster, SG Telgte
Studtrucker, Marwin	S	29.04.1990	D	2018	1	0	210	39	1. FC Saarbrücken, Rot-Weiss Essen, SC Wiedenbrück 2000, DSC Arminia Bielefeld, SV Werl-Aspe, TuS Asemissen
Twyrdy, Robin	A	24.06.1991	D	2015	24	2	148	7	SV Meppen, VfL Osnabrück, SV Viktoria 08 Georgsmarienhütte, TuS Glane
Wallenborn, André	A	25.03.1995	D	2019	13	0	61	1	FC Viktoria Köln, Hallescher FC, 1. FC Köln, SV Gremberg Humboldt
Warkentin, André	M	10.01.2000	D	2017	2	0	2	0	DSC Arminia Bielefeld, SC Wiedenbrück 2000
Weisenborn, Björn	M	30.12.1994	D	2018	14	0	43	2	FC Anker Wismar 1997, FC Bayern Alzenau, SC Viktoria Griesheim, VfR Wormatia 08 Worms, SV Waldhof Mannheim, 1. FC Kaiserslautern, Karlsruher SC
Zech, Oliver	M	31.01.1987	D	2012	28	2	307	25	VfL Sportfreunde Lotte, VfL Bochum, DSC Arminia Bielefeld, TuS 08 Senne I

Trainer:

Name, Vorname	geb. am	Nat.	Zeitraum	Spiele 2018/19	frühere Trainerstationen
Mehnert, Björn	24.08.1976	D	01.07.2017 – lfd.	34	SV Westfalia Rhynern, SV Hohenlimburg 1910

Zugänge:
Andreas (SV Röchling Völklingen), Geller (Sportfreunde Siegen), Latkowski (SV Rödinghausen), Loheider (Hammer SpVg), Mandt (Wuppertaler SV), Muhovic und Schaal (SC Verl), Schikowski (SC Rot-Weiß Oberhausen), Siegemeyer (Berliner FC Dynamo), Studtrucker (1. FC Saarbrücken), Weisenborn (FC Anker Wismar 1997).
während der Saison:
Bednarski (Wuppertaler SV), Demming, Ercan und Warkentin (eigene Junioren), Wallenborn (FC Viktoria Köln).

Abgänge:
Batarilo-Cerdic (TSV Alemannia Aachen), Büyüksakarya (VfR Aalen), Celik (TSV Eintracht Stadtallendorf), Diarra (Atlantas Klaipeda), Harrer (SV Viktoria Aschaffenburg), Khalil Mohammad (KFC Uerdingen 05), Matovina (VfB Lübeck), Rogowski (II. Mannschaft), Strickmann und Weeke (TSV Victoria Clarholz), Volkmer (VfB Oldenburg), Wolff (SV Rödinghausen), Yildirim (VfL Sportfreunde Lotte).
während der Saison:
Mandt (FC Wegberg-Beeck), Müller (ETB Schwarz-Weiß Essen), Muhovic (1. FC Kaan-Marienborn 07).

Wuppertaler Sportverein

Anschrift:
Hubertusallee 4
42117 Wuppertal
Telefon: (02 02) 9 74 62 10
eMail: info@wuppertalersv.com
Homepage: www.wsv1954.de

Vereinsgründung: 08.07.1954 Fusion aus SSV 04 Elberfeld und TSG Vohwinkel 1880; 01.07.2004 Fusion mit SV Borussia Wuppertal 07/12 zu Wuppertaler SV Borussia; 24.05.2013 Zusatz Borussia gestrichen
Vereinsfarben: Rot-Blau
Vorstandssprecher: Alexander Eichner
Sportdirektor: Karsten Hutwelker
Stadion: Stadion am Zoo (23.067)

Größte Erfolge: Aufstieg in die Bundesliga als Meister der RL West 1972; Teilnahme am UEFA-Pokal 1973; DFB-Pokal-Halbfinalist 1963; Westdeutscher Pokalsieger 1967; Meister 2. Liga West (↑); Meister der OL Nordrhein 1990, 1992 (↑), 2000 und 2003 (↑); Meister der OL Niederrhein 2016 (↑)

Aufgebot:

Name, Vorname	Pos	geb. am	Nat.	seit	2018/19 Sp.	T.	gesamt Sp.	T.	frühere Vereine
Alabas, Yusa-Semih	M	01.05.1999	D	2014	7	0	9	0	SV Bayer Wuppertal
Andric, Mario	A	04.03.1998	D	2019	6	0	6	0	1. FC Kaiserslautern, Red Bull Salzburg, FC Kufstein, SV Thiersee
Bednarski, Kamil	M	11.10.1985	D	2018	8	1	175	64	Rot-Weiss Essen, SC Wiedenbrück, VfB Hüls ... (vgl. Seite 215)
Britscho, Phil	A	29.02.2000	D	2017	6	0	6	0	TSG Sprockhövel, VfL Bochum, SV Schwarz-Weiß Eppendorf
Cirillo, Marco	S	15.07.1998	D	2017	14	1	35	2	Sportfreunde Baumberg, TuRU Düsseldorf, 1. SpVg Solingen-Wald
Dünnwald-Turan, Kenan	S	14.11.1995	D	2019	9	2	23	5	1. FC Kaan-Marienborn 07, Bristol Rovers FC, TSG Sprockhövel ... (vgl. Seite 205)
Erwig-Drüppel, Jonas	M	20.07.1991	D	2018	20	4	176	25	SG Wattenscheid 09, SC Verl, VfB Oldenburg ... (vgl. Seite 203)
Grebe, Daniel	M	03.03.1987	D	2014	18	2	181	14	Sportfreunde Siegen, TSV Germania Windeck, 1. FC Köln, SV Borussia Wuppertal
Hägler, Daniel	M	17.10.1996	D	2018	0	0	61	3	FSV Wacker 90 Nordhausen, FC Bayern München, TSV Gilching-Argelsried
Hagemann, Kevin	S	05.11.1990	D	2016	30	4	118	30	SSVg Velbert 02, SV Westfalia Rhynern, TuS Ennepetal
Heinson, Len Oliver	M	06.12.1995	D	2018	0	0	0	0	1. FC Bocholt, Wuppertaler SV, Northern Illinois Huskies, Wuppertaler SV Borussia, Fortuna Düsseldorf, Bayer 04 Leverkusen, Cronenberger SC 02
Kramer, Christopher	S	16.10.1989	D	2017	20	12	193	74	VfB Oldenburg, VfB Lübeck, VfR Neumünster, Holstein Kiel ... (vgl. Seite 234)
Kühnel, Meik	M	26.01.1995	D	2018	22	0	83	6	TSV Alemannia Aachen, Roda JC Kerkrade
Langer, Angelo	A	12.05.1993	D	2018	18	1	188	11	SG Wattenscheid 09, SV Rödinghausen, FC St. Pauli, Hamburger SV, MSV Hamburg
Lübcke, Niklas	T	04.08.1999	D	2019	5	0	5	0	SC Westfalia Herne, VfL Bochum, PSV Wesel-Lackhausen
Maier, Viktor	S	26.08.1989	D	2019	4	0	145	41	SC Verl, TSV Alemannia Aachen, SC Paderborn 07, SV Lippstadt 08, SC Paderborn 07, TuS SG Sennelager
Malura, Dennis	A	20.06.1984	D	2018	31	1	118	9	Rot-Weiss Essen, FC Viktoria Köln, 1. FC Heidenheim, TSV 1860 München, FC Rot-Weiß Erfurt, Offenbacher FC Kickers, Wuppertaler SV Borussia, 1. FC Union Solingen, Fortuna Düsseldorf, 1. FC Monheim, KFC Uerdingen 05, Post SV Solingen
Manno, Gaetano	S	26.07.1982	D	2015	29	6	107	18	FC Viktoria Köln, SC Preußen Münster, VfL Osnabrück, FC Rot-Weiß Erfurt, SC Paderborn 07, VfL Osnabrück, Wuppertaler SV Borussia, VfL Bochum, TSG Sprockhövel, SSV Hagen 05/11
Meier, Jan-Steffen	M	30.05.1992	D	2018	24	1	214	6	Rot-Weiss Essen, SG Wattenscheid 09, FC Schalke 04, Wuppertaler SV, ASV Wuppertal, TuS Grün-Weiß Wuppertal
Meurer, Tom	A	23.03.1999	D	2018	9	0	9	0	Borussia Mönchengladbach
Mroß, Joshua	T	12.10.1996	D	2013	11	0	31	0	SC Preußen Münster, Sportfreunde Oestrich-Iserlohn, FC Schalke 04, Sportfreunde Oestrich-Iserlohn, SV Boele-Kabel
Osenberg, Mike	S	08.01.2000	D	2012	3	0	3	0	1. FC Wülfrath, TSV 05 Ronsdorf
Pagano, Silvio	M	12.09.1985	ITA	2016	27	0	257	54	KFC Uerdingen 05, FC Viktoria Köln, SC Fortuna Köln, Wuppertaler SV Borussia, VfL Sportfreunde Lotte, Rot-Weiss Essen, SC Verl, 1. FC Köln, SSVg Velbert 02, 1. FC Köln, FC Carl Zeiss Jena, 1. FC Köln, SC Sonnborn 07
Sahin, Mehmet Akif	T	20.02.1996	D	2018	0	0	1	0	TSV Alemannia Aachen, FC Blau-Weiß Friesdorf, FC Rheinsüd Köln, DJK Viktoria Frechen, FC Viktoria Köln
Saric, Semir	M	08.09.1997	D	2018	21	2	35	4	SC Paderborn 07, Hombrucher SV 09/72, Borussia Dortmund
Schmetz, Peter	A	02.06.1990	D	2014	14	0	69	3	Sporting Kansas City, Santa Barbara Gauchos, Ventura County, Santa Barbara Gauchos, Fortuna Düsseldorf, VfL Bochum, Wuppertaler SV, VfB Hilden, Fortuna Düsseldorf, SSV Erkrath, Post-SV Nürnberg
Schünemann, Sascha	M	20.02.1992	D	2018	20	0	151	6	FC Viktoria 1889 Berlin LT, Berliner FC Dynamo, FC Hansa Rostock, Hannover 96, Hertha BSC, Tennis Borussia Berlin, Nordberliner SC
Sola, Luka	S	03.02.2000	D	2015	1	0	1	0	Fortuna Düsseldorf
Topal, Enes	M	28.10.1995	D	2018	23	3	71	11	SC Rot-Weiß Oberhausen, Wuppertaler SV, Borussia Mönchengladbach, Wuppertaler SV, SC Velbert, Wuppertaler SV Borussia
Uphoff, Tjorben	A	08.09.1994	D	2018	30	1	160	8	SVgg 07 Elversberg, FC Schalke 04, FC St. Pauli, SV Werder Bremen, Sportfreunde Ricklingen, TuS Ricklingen
Wickl, Sebastian	T	13.02.1991	T	2016	19	0	76	0	SC Rot-Weiß Oberhausen, TV Jahn Hiesfeld, MSV Duisburg, Duisburger SV 1900, TuRa 1888 Duisburg, SG Wattenscheid 09, MSV Duisburg
Windmüller, Gino	A	20.06.1989	D	2017	24	3	156	25	Rot-Weiss Essen, SSV Jahn 2000 Regensburg, SV Bergisch Gladbach 09, Fortuna Düsseldorf, SV Bergisch Gladbach 09, Bonner SC

Trainer:

Name, Vorname	geb. am	Nat.	Zeitraum	Spiele 2018/19	frühere Trainerstationen
Britscho, Christian	05.05.1970	D	07.02.17 – 04.09.18	6	Wuppertaler SV Junioren, VfL Bochum Junioren
Alipour, Adrian	05.11.1978	D	05.09.18 – 25.03.19	19	ASC 09 Dortmund, Kirchhörder SC
Bieler, Pascal	26.02.1986	D	28.03.19 – lfd.	9	Wuppertaler SV Junioren

Zugänge:
Bednarski, Malura und Meier (Rot-Weiss Essen), Erwig-Drüppel und Langer (SG Wattenscheid 09), Hägler (FSV Wacker 90 Nordhausen), Heinson (1. FC Bocholt), Kühnel (TSV Alemannia Aachen), Meurer (eigene Junioren).
während der Saison:
Andric (1. FC Kaiserslautern II), Britscho, Osenberg und Sola (eigene Junioren), Dünnwald-Turan (1. FC Kaan-Marienborn 07), Lübcke (SC Westfalia Herne), Maier (SC Verl), Sahin (TSV Alemannia Aachen).

Abgänge:
Bayrak (Kirsehir Belediye Spor), Blum (Chemnitzer FC), Dowidat (TSV Meerbusch), Gulden (Lipscomb University), Heidemann (SC Preußen Münster), Husic und Khadraoui (ohne Verein), Mandt (SC Wiedenbrück), Pytlik (VfL Sportfreunde Lotte), Wirtz (Rot-Weiss Essen).
während der Saison:
Bednarski (SC Wiedenbrück), Cirillo (Borussia Mönchengladbach II), Erwig-Drüppel (Rot-Weiss Essen), Heinson (VfB Hilden), Kramer (TSV Steinbach), Langer (SV Rödinghausen), Mroß (Chemnitzer FC), Sahin (TuS Rot-Weiß Koblenz).

Zuschauerzahlen 2018/19

	Alemannia Aachen	Bonner SC	Borussia Dortmund II	Fortuna Düsseldorf II	Rot-Weiss Essen	TV Herkenrath	Kaan-Marienborn	1. FC Köln II	FC Viktoria Köln	SV Lippstadt 08	Mönchengladbach II	SC RW Oberhausen	SV Rödinghausen	SV Straelen	SC Verl	SG Wattenscheid 09	SC Wiedenbrück	Wuppertaler SV
Alemannia Aachen	×	4.700	5.300	4.400	9.000	4.600	4.100	4.900	6.300	4.800	4.400	5.400	4.600	4.900	4.500	6.400	4.800	5.200
Bonner SC	1.221	×	1.410	349	1.150	511	1.100	454	984	551	749	649	456	433	511	566	450	711
Borussia Dortmund II	365	1.179	×	1.255	984	333	809	665	1.638	585	319	1.357	1.048	349	387	206	1.292	655
Fortuna Düsseldorf II	507	232	310	×	302	221	196	900	500	1.018	124	332	55	488	195	312	120	445
Rot-Weiss Essen	10.077	10.217	5.200	5.277	×	5.907	5.087	8.097	8.207	9.197	5.787	9.117	5.167	8.107	6.500	5.400	5.862	11.077
TV Herkenrath	541	725	408	57	2.481	×	274	100	200	117	312	219	95	92	217	268	106	435
1. FC Kaan-Marienborn	993	456	628	217	2.560	752	×	877	908	283	573	638	457	233	335	432	482	312
1. FC Köln II	800	400	1.100	150	800	900	600	×	750	150	600	800	450	550	150	800	550	511
FC Viktoria Köln	2.513	968	1.314	941	1.337	1.144	656	1.460	×	1.141	3.570	1.814	869	929	942	1.035	796	1.506
SV Lippstadt 08	1.140	735	2.400	785	1.300	590	831	750	940	×	968	820	700	605	1.043	880	825	726
Borussia M'gladbach II	1.255	391	320	345	915	316	297	361	380	354	×	594	308	518	293	394	276	649
SC RW Oberhausen	3.200	2.153	2.218	2.526	5.573	1.816	1.530	2.855	2.114	1.815	1.791	×	1.577	2.180	8.053	2.211	1.640	2.861
SV Rödinghausen	1.304	754	1.573	775	1.905	1.082	673	920	1.242	890	929	1.538	×	627	1.130	650	734	1.079
SV Straelen	850	420	635	300	1.810	420	340	320	920	425	1.640	1.150	650	×	500	450	500	940
SC Verl	1.349	445	811	587	2.580	386	600	810	823	1.224	824	758	738	443	×	798	1.078	1.052
SG Wattenscheid 09	794	919	280	433	2.317	764	578	523	385	852	785	1.092	789	1.717	316	×	502	743
SC Wiedenbrück	847	581	716	456	1.102	357	622	405	595	363	718	687	520	369	1.950	610	×	471
Wuppertaler SV	4.070	1.948	2.142	1.579	4.558	2.618	2.152	1.800	2.432	2.575	1.940	2.337	1.772	2.435	1.260	2.283	1.837	×

Zuschauerbilanz:

Pl.	Mannschaft	gesamt	Spiele	Durchschnitt
1.	Rot-Weiss Essen	124.283	17	7.311
2.	TSV Alemannia Aachen	88.300	17	5.194
3.	SC Rot-Weiß Oberhausen	46.113	17	2.713
4.	Wuppertaler SV	39.738	17	2.338
5.	FC Viktoria Köln	22.935	17	1.349
6.	SV Rödinghausen	17.805	17	1.047
7.	SV Lippstadt 08	16.038	17	943
8.	SC Verl	15.306	17	900
9.	SG Wattenscheid 09	13.789	17	811
10.	Borussia Dortmund II	13.426	17	790
11.	SV Straelen	12.270	17	722
12.	Bonner SC	12.255	17	721
13.	SC Wiedenbrück	11.369	17	669
14.	1. FC Kaan-Marienborn 07	11.136	17	655
15.	1. FC Köln II	10.061	17	592
16.	Borussia Mönchengladbach II	7.966	17	469
17.	TV Herkenrath	6.647	17	391
18.	Fortuna Düsseldorf II	6.257	17	368
		475.694	306	1.555

Torschützenliste:

Pl.	Spieler (Mannschaft/en)	Tore
1.	Engelmann, Simon (SV Rödinghausen)	19
2.	Bors, David (Bonner SC)	14
	Boyamba, Joseph (Borussia Dortmund II)	14
4.	Gencal, Burak (1. FC Kaan-Marienborn 07)	13
5.	Kramer, Christopher (Wuppertaler SV)	12
	Szöke, Adrian (1. FC Köln II)	12
7.	Bunjaku, Albert (FC Viktoria Köln)	11
	Imbongo-Boele, Dimitry (TSV Alemannia Aachen)	11
	Lokotsch, Lars (TV Herkenrath/SV Rödinghausen)	11
	Terada, Shun (SV Straelen)	11
11.	Ramaj, Elsamed (1. FC Kaan-Marienborn 07)	10
	Schikowski, Patrick (SC Wiedenbrück)	10
	Wunderlich, Mike (FC Viktoria Köln)	10
14.	Buckmaier, Nico (SG Wattenscheid 09)	9
	Canbulut, Berkant (SG Wattenscheid 09)	9
	Kreyer, Sven (FC Viktoria Köln)	9
	Wirtz, Enzo (Rot-Weiss Essen)	9
18.	Batarilo-Cerdic, Stipe (TSV Alemannia Aachen)	8
	Duman, Taylan (Fortuna Düsseldorf II/Borussia Dortmund II)	8
	Geimer, Vincent (TV Herkenrath/1. FC Köln II)	8
	Miyake, Kaito (Fortuna Düsseldorf II)	8
	Müsel, Torben (Borussia Mönchengladbach II)	8
	Prokoph, Roman (1. FC Köln II)	8
24.	Ben Balla, Yassin (SC Rot-Weiß Oberhausen)	7
	Brinkmann, Daniel (SC Wiedenbrück)	7
	Derflinger, Christian (FC Viktoria Köln)	7
	Haeder, Matthias (SC Verl)	7
	Kurt, Tarik (SC Rot-Weiß Oberhausen)	7
	Özkara, Cihan (SC Rot-Weiß Oberhausen)	7
	Pisano, Giuseppe (Borussia Mönchengladbach II)	7
	Salman, Hamza (TV Herkenrath/Bonner SC)	7
	Steinkötter, Justin (Borussia Mönchengladbach II)	7
	Waldrich, Daniel (1. FC Kaan-Marienborn 07)	7
	Yildirim, Aygün (SC Verl)	7

Regionalliga Südwest

Pl.	(Vj.)	Mannschaft		Sp	S	U	N	Tore	TD	Pkt	Sp	S	U	N	Tore	Pkt	Sp	S	U	N	Tore	Pkt
				Gesamtbilanz							**Heimbilanz**						**Auswärtsbilanz**					
1.	(2.)	SV Waldhof Mannheim	↑	34	28	4	2	88-32	+56	88	17	13	2	2	41-22	41	17	15	2	0	47-10	47
2.	(1.)	1. FC Saarbrücken		34	20	7	7	77-35	+42	67	17	13	2	2	41-12	41	17	7	5	5	36-23	26
3.	(↑)	FC 08 Homburg		34	19	7	8	54-30	+24	64	17	12	2	3	35-13	38	17	7	5	5	19-17	26
4.	(5.)	SVgg 07 Elversberg		34	19	3	12	61-40	+21	60	17	12	0	5	35-19	36	17	7	3	7	26-21	24
5.	(3.)	Offenbacher FC Kickers		34	16	11	7	61-34	+27	59	17	8	6	3	28-14	30	17	8	5	4	33-20	29
6.	(9.)	SSV Ulm 1846		34	17	6	11	50-43	+7	57	17	12	3	2	27-14	39	17	5	3	9	23-29	18
7.	(4.)	SC Freiburg II		34	15	10	9	50-38	+12	55	17	11	3	3	28-16	36	17	4	7	6	22-22	19
8.	(8.)	TSV Steinbach Haiger		34	14	9	11	46-44	+2	51	17	8	5	4	27-22	29	17	6	4	7	19-22	22
9.	(↑)	FK 03 Pirmasens		34	12	7	15	36-60	-24	43	17	7	5	5	20-28	26	17	5	2	10	16-32	17
10.	(6.)	TSG 1899 Hoffenheim II		34	11	8	15	55-62	-7	41	17	6	3	8	29-30	21	17	5	5	7	26-32	20
11.	(↑)	TSG Balingen		34	9	14	11	39-49	-10	41	17	9	6	2	25-16	33	17	0	8	9	14-33	8
12.	(14.)	FSV Frankfurt		34	11	7	16	45-58	-13	40	17	5	6	6	23-24	21	17	6	1	10	22-34	19
13.	(11.)	FC-Astoria Walldorf		34	10	9	15	42-53	-11	39	17	5	4	8	22-31	19	17	5	5	7	20-22	20
14.	(7.)	1. FSV Mainz 05 II		34	8	9	17	39-48	-9	33	17	5	6	6	23-22	21	17	3	3	11	16-26	12
15.	(10.)	VfB Stuttgart II	↓	34	7	10	17	35-56	-21	31	17	4	5	8	19-28	17	17	3	5	9	16-28	14
16.	(13.)	VfR Wormatia 08 Worms	↓	34	8	7	19	34-58	-24	30*	17	7	5	5	23-22	26	17	1	2	14	11-36	5
17.	(12.)	TSV Eintracht Stadtallendorf	↓	34	8	5	21	37-63	-26	29	17	5	2	10	22-33	17	17	3	3	11	15-30	12
18.	(↑)	SC Hessen Dreieich	↓	34	4	7	23	29-75	-46	19	17	3	5	9	14-30	14	17	1	2	14	15-45	5

Dem VfR Wormatia 08 Worms wurde ein Punkt wegen Zuschauerausschreitungen abgezogen. Dem SV Waldhof Mannheim wurden wegen der Vorfälle im Aufstiegsspiel 2017/18 gegen den KFC Uerdingen 05 zunächst drei Punkte abgezogen. Am 20.03.2019 erklärte das Landgericht Frankfurt den Punktabzug für unwirksam.

Absteiger aus der 3. Liga:	VfR Aalen.
Aufsteiger in die 3. Liga:	SV Waldhof Mannheim.
Absteiger in die Oberligen:	SC Hessen Dreieich, TSV Eintracht Stadtallendorf (Hessen), VfR Wormatia 08 Worms (Rheinland-Pfalz/Saar) und VfB Stuttgart II (Baden-Württemberg).
Aufsteiger aus den Oberligen:	TuS Rot-Weiß Koblenz (Rheinland-Pfalz/Saar), FC Gießen, FC Bayern Alzenau (Hessen) und Bahlinger SC (Baden-Württemberg).

Regionalliga Südwest 2018/19

	Waldhof Mannheim	1. FC Saarbrücken	FC 08 Homburg	SVgg 07 Elversberg	Offenbacher Kickers	SSV Ulm 1846	SC Freiburg II	TSV Steinbach	FK 03 Pirmasens	TSG Hoffenheim II	TSG Balingen	FSV Frankfurt	FC-Astoria Walldorf	1. FSV Mainz 05 II	VfB Stuttgart II	Wormatia Worms	Eintr. Stadtallendorf	SC Hessen Dreieich
SV Waldhof Mannheim	X	3:2	5:1	1:0	1:3	0:1	3:1	3:2	2:1	3:3	2:1	4:1	3:3	1:0	3:1	1:0	2:0	4:2
1. FC Saarbrücken	0:2	X	3:0	2:0	1:1	2:1	3:0	4:0	2:0	5:0	5:0	0:3	0:0	3:2	3:1	4:1	1:0	3:1
FC 08 Homburg	2:2	2:1	X	3:0	2:1	2:1	0:0	0:2	5:0	1:2	1:0	1:2	3:0	2:1	3:0	4:0	3:1	1:0
SVgg 07 Elversberg	0:2	4:3	2:0	X	0:1	0:1	3:2	3:1	3:0	1:0	3:1	5:0	1:0	3:1	0:1	1:2	2:1	4:3
Offenbacher FC Kickers	0:4	1:1	0:0	1:1	X	3:0	2:0	0:0	0:1	5:2	1:1	7:0	2:1	0:1	2:0	2:1	1:1	1:0
SSV Ulm 1846	0:2	1:1	0:2	1:0	2:1	X	0:0	3:2	2:1	2:1	2:0	2:1	1:0	2:1	1:0	2:2	1:0	5:0
SC Freiburg II	0:2	0:1	1:2	2:0	2:1	2:0	X	1:1	2:0	3:1	1:0	3:1	2:1	2:1	1:1	1:1	3:2	2:1
TSV Steinbach Haiger	1:3	1:1	2:2	3:0	1:1	5:4	1:2	X	1:0	2:1	1:1	2:1	0:1	3:2	2:2	1:0	1:0	0:1
FK 03 Pirmasens	1:3	1:6	0:0	1:3	1:1	2:2	1:4	0:0	X	0:4	2:1	3:2	2:1	0:0	2:1	1:0	1:0	2:0
TSG 1899 Hoffenheim II	1:2	0:3	0:2	0:2	0:5	0:4	0:0	1:2	6:2	X	3:0	0:4	2:0	3:0	1:1	5:0	4:0	3:3
TSG Balingen	1:3	2:1	1:1	2:0	2:2	2:0	1:0	0:0	0:3	0:0	X	2:1	3:3	2:0	0:0	2:0	3:1	2:1
FSV Frankfurt	1:5	1:2	0:2	1:1	2:0	2:2	1:1	1:4	2:0	2:3	1:1	X	0:1	0:0	2:0	2:1	0:0	5:1
FC-Astoria Walldorf	0:3	3:6	0:3	0:5	1:1	2:1	2:2	0:1	0:2	0:1	3:0	0:0	X	0:2	1:1	3:2	2:1	5:0
1. FSV Mainz 05 II	0:3	3:1	0:1	0:0	1:3	4:1	0:0	2:1	0:1	2:2	2:2	2:0	1:1	X	2:3	2:0	1:2	1:1
VfB Stuttgart II	0:0	0:3	0:2	0:3	2:4	0:2	4:3	2:0	2:2	0:0	2:2	0:2	1:1	1:1	X	3:1	0:2	3:0
VfR Wormatia 08 Worms	2:3	0:0	2:1	0:2	1:4	1:0	0:0	2:1	1:1	1:1	2:2	1:2	1:3	2:1	2:1	X	4:0	1:0
TSV Eintracht Stadtallendorf	1:5	0:3	0:0	2:6	1:3	0:1	1:2	0:1	4:1	4:1	1:1	0:1	1:4	2:1	0:1	2:1	X	3:1
SC Hessen Dreieich	0:3	1:1	1:0	2:3	0:1	2:2	0:5	0:1	0:1	1:4	1:1	2:1	0:0	1:3	2:1	1:1	0:2	X

Informationen zu den Aufstiegsspielen zur Regionalliga Südwest finden Sie auf Seite 265.

Termine und Ergebnisse der Regionalliga Südwest Saison 2018/19 Hinrunde

1. Spieltag
27.07.2018	Kickers Offenbach	SVgg Elversberg	1:1 (0:0)
28.07.2018	VfB Stuttgart II	SC Freiburg II	4:3 (2:3)
28.07.2018	FK 03 Pirmasens	Astoria Walldorf	2:1 (1:0)
28.07.2018	TSG Balingen	1. FSV Mainz 05 II	2:0 (0:0)
28.07.2018	SVW Mannheim	TSG Ulm 1846	0:1 (0:1)
28.07.2018	Etr. Stadtallendorf	Hessen Dreieich	3:1 (1:0)
28.07.2018	Wormatia Worms	FC 08 Homburg	2:1 (0:0)
29.07.2018	TSV Steinbach	TSG Hoffenheim II	2:1 (0:1)
29.07.2018	1.FC Saarbrücken	FSV Frankfurt	0:3 (0:2)

2. Spieltag
03.08.2018	SC Freiburg II	1.FC Saarbrücken	0:1 (0:0)
03.08.2018	TSG Ulm 1846	TSG Balingen	2:0 (2:0)
03.08.2018	Astoria Walldorf	Kickers Offenbach	1:1 (0:1)
03.08.2018	SVgg Elversberg	Wormatia Worms	1:2 (1:1)
03.08.2018	FC 08 Homburg	VfB Stuttgart II	3:0 (1:0)
03.08.2018	FSV Frankfurt	Etr. Stadtallendorf	0:0 (0:0)
04.08.2018	Hessen Dreieich	TSV Steinbach	0:1 (0:1)
04.08.2018	TSG Hoffenheim II	SVW Mannheim	1:2 (0:2)
04.08.2018	1. FSV Mainz 05 II	FK 03 Pirmasens	0:1 (0:0)

3. Spieltag
07.08.2018	FK 03 Pirmasens	TSG Ulm 1846	2:2 (2:1)
07.08.2018	VfB Stuttgart II	1.FC Saarbrücken	0:3 (0:3)
07.08.2018	SVW Mannheim	Hessen Dreieich	4:2 (1:1)
07.08.2018	TSV Steinbach	FSV Frankfurt	2:1 (1:0)
07.08.2018	FC 08 Homburg	SVgg Elversberg	3:0 (0:0)
07.08.2018	Wormatia Worms	Astoria Walldorf	1:3 (1:2)
07.08.2018	Kickers Offenbach	1. FSV Mainz 05 II	0:1 (0:1)
08.08.2018	TSG Balingen	TSG Hoffenheim II	0:0 (0:0)
22.08.2018	Etr. Stadtallendorf	SC Freiburg II	1:2 (1:1)

4. Spieltag
10.08.2018	TSG Ulm 1846	Kickers Offenbach	2:1 (2:0)
11.08.2018	1. FSV Mainz 05 II	Wormatia Worms	2:0 (2:0)
11.08.2018	Astoria Walldorf	FC 08 Homburg	0:3 (0:1)
11.08.2018	SVgg Elversberg	VfB Stuttgart II	0:1 (0:1)
11.08.2018	1.FC Saarbrücken	Etr. Stadtallendorf	1:0 (1:0)
12.08.2018	Hessen Dreieich	TSG Balingen	1:1 (0:1)
12.08.2018	TSG Hoffenheim II	FK 03 Pirmasens	6:2 (2:1)
12.08.2018	SC Freiburg II	TSV Steinbach	1:1 (0:0)
13.08.2018	FSV Frankfurt	SVW Mannheim	1:5 (0:4)

5. Spieltag
17.08.2018	FC 08 Homburg	1. FSV Mainz 05 II	2:1 (0:1)
18.08.2018	VfB Stuttgart II	Etr. Stadtallendorf	0:2 (0:0)
18.08.2018	Kickers Offenbach	TSG Hoffenheim II	5:2 (2:2)
18.08.2018	TSG Balingen	FSV Frankfurt	2:1 (1:1)
18.08.2018	SVW Mannheim	SC Freiburg II	3:1 (0:0)
21.08.2018	Wormatia Worms	TSG Ulm 1846	1:0 (0:0)
21.08.2018	FK 03 Pirmasens	Hessen Dreieich	2:0 (0:0)
22.08.2018	SVgg Elversberg	Astoria Walldorf	1:0 (1:0)
22.08.2018	TSV Steinbach	1.FC Saarbrücken	1:1 (0:1)

6. Spieltag
25.08.2018	FSV Frankfurt	FK 03 Pirmasens	2:0 (1:0)
25.08.2018	Hessen Dreieich	Kickers Offenbach	0:1 (0:0)
25.08.2018	TSG Hoffenheim II	Wormatia Worms	5:0 (3:0)
25.08.2018	TSG Ulm 1846	FC 08 Homburg	0:2 (0:1)
25.08.2018	1. FSV Mainz 05 II	SVgg Elversberg	0:0 (0:0)
25.08.2018	Astoria Walldorf	VfB Stuttgart II	1:1 (0:1)
25.08.2018	Etr. Stadtallendorf	TSV Steinbach	0:1 (0:0)
26.08.2018	SC Freiburg II	TSG Balingen	1:0 (0:0)
26.08.2018	1.FC Saarbrücken	SVW Mannheim	0:2 (0:1)

7. Spieltag
31.08.2018	Wormatia Worms	Hessen Dreieich	1:0 (0:0)
01.09.2018	FK 03 Pirmasens	SC Freiburg II	1:4 (0:1)
01.09.2018	Astoria Walldorf	1. FSV Mainz 05 II	0:2 (0:0)
01.09.2018	SVgg Elversberg	TSG Ulm 1846	0:1 (0:0)
01.09.2018	FC 08 Homburg	TSG Hoffenheim II	1:2 (1:0)
02.09.2018	VfB Stuttgart II	TSV Steinbach	2:0 (0:0)
02.09.2018	TSG Balingen	1.FC Saarbrücken	2:1 (1:1)
02.09.2018	SVW Mannheim	Etr. Stadtallendorf	2:0 (0:0)
02.09.2018	Kickers Offenbach	FSV Frankfurt	7:0 (4:0)

8. Spieltag
08.09.2018	FSV Frankfurt	Wormatia Worms	2:1 (2:1)
08.09.2018	Hessen Dreieich	FC 08 Homburg	1:0 (1:0)
08.09.2018	TSG Hoffenheim II	SVgg Elversberg	0:2 (0:2)
08.09.2018	TSG Ulm 1846	Astoria Walldorf	1:0 (0:0)
08.09.2018	1. FSV Mainz 05 II	VfB Stuttgart II	2:3 (2:3)
08.09.2018	TSV Steinbach	SVW Mannheim	1:3 (0:0)
08.09.2018	Etr. Stadtallendorf	TSG Balingen	1:1 (0:1)
08.09.2018	1.FC Saarbrücken	FK 03 Pirmasens	2:0 (1:0)
11.09.2018	SC Freiburg II	Kickers Offenbach	2:1 (1:0)

9. Spieltag
14.09.2018	1. FSV Mainz 05 II	TSG Ulm 1846	4:1 (0:0)
14.09.2018	Astoria Walldorf	TSG Hoffenheim II	0:1 (0:0)
14.09.2018	FC 08 Homburg	FSV Frankfurt	1:2 (0:2)
15.09.2018	FK 03 Pirmasens	Etr. Stadtallendorf	1:0 (0:0)
15.09.2018	TSG Balingen	TSV Steinbach	0:0 (0:0)
15.09.2018	SVgg Elversberg	Hessen Dreieich	4:3 (2:2)
15.09.2018	Wormatia Worms	SC Freiburg II	0:0 (0:0)
16.09.2018	VfB Stuttgart II	SVW Mannheim	0:0 (0:0)
16.09.2018	Kickers Offenbach	1.FC Saarbrücken	1:1 (0:0)

10. Spieltag
21.09.2018	TSG Ulm 1846	VfB Stuttgart II	2:1 (0:1)
21.09.2018	Hessen Dreieich	Astoria Walldorf	0:0 (0:0)
22.09.2018	FSV Frankfurt	SVgg Elversberg	1:1 (1:0)
22.09.2018	SVW Mannheim	TSG Balingen	2:1 (2:0)
22.09.2018	TSV Steinbach	FK 03 Pirmasens	1:0 (1:0)
22.09.2018	Etr. Stadtallendorf	Kickers Offenbach	1:3 (1:1)
22.09.2018	1.FC Saarbrücken	Wormatia Worms	4:1 (2:1)
22.09.2018	SC Freiburg II	FC 08 Homburg	1:2 (0:2)
23.09.2018	TSG Hoffenheim II	1. FSV Mainz 05 II	3:0 (0:0)

11. Spieltag
28.09.2018	TSG Ulm 1846	TSG Hoffenheim II	2:1 (1:0)
28.09.2018	VfB Stuttgart II	TSG Balingen	2:2 (1:1)
28.09.2018	FK 03 Pirmasens	SVW Mannheim	1:3 (1:2)
28.09.2018	Astoria Walldorf	FSV Frankfurt	0:0 (0:0)
29.09.2018	Kickers Offenbach	TSV Steinbach	0:0 (0:0)
29.09.2018	1. FSV Mainz 05 II	Hessen Dreieich	1:1 (0:0)
29.09.2018	SVgg Elversberg	SC Freiburg II	3:2 (2:1)
29.09.2018	FC 08 Homburg	1.FC Saarbrücken	2:1 (0:0)
29.09.2018	Wormatia Worms	Etr. Stadtallendorf	4:0 (2:0)

12. Spieltag
05.10.2018	FSV Frankfurt	1. FSV Mainz 05 II	0:0 (0:0)
06.10.2018	Hessen Dreieich	TSG Ulm 1846	2:2 (0:0)
06.10.2018	TSG Balingen	FK 03 Pirmasens	0:3 (0:3)
06.10.2018	SVW Mannheim	Kickers Offenbach	1:3 (0:0)
06.10.2018	TSV Steinbach	Wormatia Worms	1:0 (0:0)
06.10.2018	Etr. Stadtallendorf	FC 08 Homburg	0:0 (0:0)
06.10.2018	1.FC Saarbrücken	SVgg Elversberg	2:0 (0:0)
06.10.2018	SC Freiburg II	Astoria Walldorf	2:1 (1:0)
08.10.2018	TSG Hoffenheim II	VfB Stuttgart II	1:1 (1:1)

13. Spieltag
12.10.2018	FC 08 Homburg	TSV Steinbach	0:2 (0:1)
13.10.2018	Kickers Offenbach	TSG Balingen	1:1 (1:0)
13.10.2018	TSG Hoffenheim II	Hessen Dreieich	3:3 (2:2)
13.10.2018	TSG Ulm 1846	FSV Frankfurt	2:1 (0:0)
13.10.2018	Astoria Walldorf	1.FC Saarbrücken	3:6 (1:4)
13.10.2018	SVgg Elversberg	Etr. Stadtallendorf	2:1 (1:1)
13.10.2018	Wormatia Worms	SVW Mannheim	2:3 (2:1)
14.10.2018	VfB Stuttgart II	FK 03 Pirmasens	2:2 (0:1)
06.11.2018	1. FSV Mainz 05 II	SC Freiburg II	0:0 (0:0)

14. Spieltag
19.10.2018	FSV Frankfurt	TSG Hoffenheim II	2:3 (0:2)
19.10.2018	FK 03 Pirmasens	Kickers Offenbach	1:1 (0:1)
20.10.2018	Hessen Dreieich	VfB Stuttgart II	2:1 (1:0)
20.10.2018	TSG Balingen	Wormatia Worms	2:0 (0:0)
20.10.2018	SVW Mannheim	FC 08 Homburg	5:1 (3:0)
20.10.2018	TSV Steinbach	SVgg Elversberg	3:0 (0:0)
20.10.2018	Etr. Stadtallendorf	Astoria Walldorf	1:4 (0:3)
20.10.2018	1.FC Saarbrücken	1. FSV Mainz 05 II	3:2 (2:1)
21.10.2018	SC Freiburg II	TSG Ulm 1846	2:0 (1:0)

15. Spieltag
26.10.2018	TSG Hoffenheim II	SC Freiburg II	0:0 (0:0)
26.10.2018	Astoria Walldorf	TSV Steinbach	0:1 (0:0)
26.10.2018	TSG Ulm 1846	1.FC Saarbrücken	1:1 (0:0)
27.10.2018	VfB Stuttgart II	Kickers Offenbach	2:4 (0:2)
27.10.2018	Hessen Dreieich	FSV Frankfurt	2:1 (1:0)
27.10.2018	SVgg Elversberg	SVW Mannheim	0:2 (0:1)
27.10.2018	FC 08 Homburg	TSG Balingen	1:0 (0:0)
27.10.2018	Wormatia Worms	FK 03 Pirmasens	1:1 (1:0)
28.10.2018	1. FSV Mainz 05 II	Etr. Stadtallendorf	1:2 (1:2)

16. Spieltag
01.11.2018	1.FC Saarbrücken	TSG Hoffenheim II	5:0 (4:0)
03.11.2018	Kickers Offenbach	Wormatia Worms	2:1 (2:1)
03.11.2018	FK 03 Pirmasens	FC 08 Homburg	0:0 (0:0)
03.11.2018	TSG Balingen	SVgg Elversberg	2:0 (1:0)
03.11.2018	SVW Mannheim	Astoria Walldorf	3:3 (1:1)
03.11.2018	TSV Steinbach	1. FSV Mainz 05 II	3:2 (1:1)
03.11.2018	Etr. Stadtallendorf	TSG Ulm 1846	0:1 (0:0)
03.11.2018	SC Freiburg II	Hessen Dreieich	2:1 (1:0)
05.11.2018	VfB Stuttgart II	FSV Frankfurt	0:2 (0:1)

17. Spieltag
09.11.2018	FC 08 Homburg	Kickers Offenbach	2:1 (0:0)
10.11.2018	FSV Frankfurt	SC Freiburg II	1:1 (0:1)
10.11.2018	Hessen Dreieich	1.FC Saarbrücken	1:1 (1:0)
10.11.2018	TSG Ulm 1846	TSV Steinbach	3:2 (2:0)
10.11.2018	1. FSV Mainz 05 II	SVW Mannheim	0:3 (0:1)
10.11.2018	Astoria Walldorf	TSG Balingen	3:0 (1:0)
10.11.2018	SVgg Elversberg	FK 03 Pirmasens	3:0 (0:0)
10.11.2018	Wormatia Worms	VfB Stuttgart II	2:1 (0:1)
11.11.2018	TSG Hoffenheim II	Etr. Stadtallendorf	4:0 (0:0)

Termine und Ergebnisse der Regionalliga Südwest Saison 2018/19 Rückrunde

18. Spieltag
23.11.2018	Astoria Walldorf	FK 03 Pirmasens	0:2 (0:0)
23.11.2018	TSG Hoffenheim II	TSV Steinbach	1:2 (1:0)
23.11.2018	Hessen Dreieich	Etr. Stadtallendorf	0:2 (0:0)
23.11.2018	SVgg Elversberg	Kickers Offenbach	0:1 (0:0)
24.11.2018	SC Freiburg II	VfB Stuttgart II	1:1 (0:0)
24.11.2018	TSG Ulm 1846	SVW Mannheim	0:2 (0:1)
24.11.2018	FSV Frankfurt	1.FC Saarbrücken	1:2 (0:1)
25.11.2018	1. FSV Mainz 05 II	TSG Balingen	2:2 (1:1)
26.11.2018	FC 08 Homburg	Wormatia Worms	4:0 (1:1)

19. Spieltag
30.11.2018	SVW Mannheim	TSG Hoffenheim II	3:3 (2:1)
30.11.2018	TSG Balingen	TSG Ulm 1846	2:0 (1:0)
30.11.2018	Wormatia Worms	SVgg Elversberg	0:2 (0:1)
01.12.2018	Etr. Stadtallendorf	FSV Frankfurt	0:1 (0:0)
01.12.2018	TSV Steinbach	Hessen Dreieich	0:1 (0:0)
01.12.2018	FK 03 Pirmasens	1. FSV Mainz 05 II	0:0 (0:0)
01.12.2018	1.FC Saarbrücken	SC Freiburg II	3:0 (1:0)
02.12.2018	Kickers Offenbach	Astoria Walldorf	2:1 (0:1)
02.12.2018	VfB Stuttgart II	FC 08 Homburg	0:2 (0:0)

20. Spieltag
07.12.2018	SVgg Elversberg	FC 08 Homburg	2:0 (1:0)
08.12.2018	1.FC Saarbrücken	VfB Stuttgart II	3:1 (1:1)
08.12.2018	1. FSV Mainz 05 II	Kickers Offenbach	1:3 (1:1)
08.12.2018	TSG Ulm 1846	FK 03 Pirmasens	2:1 (1:1)
08.12.2018	TSG Hoffenheim II	TSG Balingen	3:0 (1:0)
08.12.2018	Hessen Dreieich	SVW Mannheim	0:3 (0:1)
08.12.2018	FSV Frankfurt	TSV Steinbach	1:4 (1:2)
08.12.2018	SC Freiburg II	Etr. Stadtallendorf	3:2 (1:1)
08.12.2018	Astoria Walldorf	Wormatia Worms	3:2 (2:0)

21. Spieltag
23.02.2019	SVW Mannheim	FSV Frankfurt	4:1 (3:1)
23.02.2019	TSG Balingen	Hessen Dreieich	2:1 (0:0)
23.02.2019	FK 03 Pirmasens	TSG Hoffenheim II	0:4 (0:2)
23.02.2019	Kickers Offenbach	TSG Ulm 1846	3:0 (0:0)
23.02.2019	Wormatia Worms	1. FSV Mainz 05 II	2:1 (0:1)
23.02.2019	FC 08 Homburg	Astoria Walldorf	3:0 (3:0)
23.02.2019	Etr. Stadtallendorf	1.FC Saarbrücken	0:3 (0:1)
23.02.2019	TSV Steinbach	SC Freiburg II	1:2 (0:2)
24.02.2019	VfB Stuttgart II	SVgg Elversberg	0:3 (0:2)

22. Spieltag
01.03.2019	Astoria Walldorf	SVgg Elversberg	0:5 (0:3)
01.03.2019	1. FSV Mainz 05 II	FC 08 Homburg	0:1 (0:0)
01.03.2019	TSG Hoffenheim II	Kickers Offenbach	0:5 (0:2)
02.03.2019	Etr. Stadtallendorf	VfB Stuttgart II	0:1 (0:0)
02.03.2019	Hessen Dreieich	FK 03 Pirmasens	0:1 (0:0)
02.03.2019	FSV Frankfurt	TSG Balingen	1:1 (0:1)
02.03.2019	SC Freiburg II	SVW Mannheim	0:2 (0:1)
02.03.2019	1.FC Saarbrücken	TSV Steinbach	4:0 (1:0)
02.03.2019	TSG Ulm 1846	Wormatia Worms	1:0 (1:0)

23. Spieltag
08.03.2019	FC 08 Homburg	TSG Ulm 1846	2:1 (1:0)
08.03.2019	Wormatia Worms	TSG Hoffenheim II	1:1 (1:0)
08.03.2019	SVgg Elversberg	1. FSV Mainz 05 II	3:1 (0:0)
08.03.2019	VfB Stuttgart II	Astoria Walldorf	0:1 (0:1)
08.03.2019	TSV Steinbach	Etr. Stadtallendorf	1:0 (0:0)
08.03.2019	Kickers Offenbach	Hessen Dreieich	1:0 (0:0)
09.03.2019	SVW Mannheim	1.FC Saarbrücken	3:2 (1:1)
09.03.2019	TSG Balingen	SC Freiburg II	1:0 (1:0)
16.04.2019	FK 03 Pirmasens	FSV Frankfurt	3:2 (1:0)

24. Spieltag
16.02.2019	SC Freiburg II	FK 03 Pirmasens	2:0 (1:0)
12.03.2019	1.FC Saarbrücken	TSG Balingen	5:0 (1:0)
12.03.2019	TSV Steinbach	VfB Stuttgart II	2:2 (1:0)
12.03.2019	TSG Ulm 1846	SVgg Elversberg	1:0 (0:0)
12.03.2019	1. FSV Mainz 05 II	Astoria Walldorf	1:1 (1:1)
12.03.2019	Etr. Stadtallendorf	SVW Mannheim	1:5 (0:1)
12.03.2019	Hessen Dreieich	Wormatia Worms	1:1 (0:1)
13.03.2019	TSG Hoffenheim II	FC 08 Homburg	0:2 (0:2)
13.03.2019	FSV Frankfurt	Kickers Offenbach	2:0 (0:0)

25. Spieltag
16.03.2019	Wormatia Worms	FSV Frankfurt	1:2 (1:0)
16.03.2019	FC 08 Homburg	Hessen Dreieich	1:0 (1:0)
16.03.2019	SVgg Elversberg	TSG Hoffenheim II	1:0 (1:0)
16.03.2019	Astoria Walldorf	TSG Ulm 1846	2:1 (0:1)
16.03.2019	TSG Balingen	Etr. Stadtallendorf	3:1 (0:0)
17.03.2019	VfB Stuttgart II	1. FSV Mainz 05 II	1:1 (1:0)
17.03.2019	Kickers Offenbach	SC Freiburg II	2:0 (2:0)
18.03.2019	SVW Mannheim	TSV Steinbach	3:2 (3:1)
09.04.2013	FK 03 Pirmasens	1.FC Saarbrücken	1:6 (0:2)

26. Spieltag
23.03.2019	SVW Mannheim	VfB Stuttgart II	3:1 (2:0)
23.03.2019	1.FC Saarbrücken	Kickers Offenbach	1:1 (0:0)
23.03.2019	Etr. Stadtallendorf	FK 03 Pirmasens	4:1 (2:0)
23.03.2019	TSV Steinbach	TSG Balingen	1:1 (1:1)
23.03.2019	TSG Ulm 1846	1. FSV Mainz 05 II	1:0 (1:0)
23.03.2019	Hessen Dreieich	SVgg Elversberg	2:3 (0:2)
23.03.2019	SC Freiburg II	Wormatia Worms	1:1 (0:0)
24.03.2019	FSV Frankfurt	FC 08 Homburg	0:2 (0:2)
09.04.2019	TSG Hoffenheim II	Astoria Walldorf	2:0 (1:0)

27. Spieltag
29.03.2019	1. FSV Mainz 05 II	TSG Hoffenheim II	2:2 (0:0)
30.03.2019	SVgg Elversberg	FSV Frankfurt	5:0 (2:0)
30.03.2019	Astoria Walldorf	Hessen Dreieich	5:0 (1:0)
30.03.2019	TSG Balingen	SVW Mannheim	1:3 (0:0)
30.03.2019	FK 03 Pirmasens	TSV Steinbach	0:0 (0:0)
30.03.2019	Kickers Offenbach	Etr. Stadtallendorf	1:1 (1:1)
30.03.2019	FC 08 Homburg	SC Freiburg II	0:0 (0:0)
31.03.2019	Wormatia Worms	1.FC Saarbrücken	0:0 (0:0)
31.03.2019	VfB Stuttgart II	TSG Ulm 1846	0:2 (0:0)

28. Spieltag
05.04.2019	TSG Balingen	VfB Stuttgart II	0:0 (0:0)
05.04.2019	Hessen Dreieich	1. FSV Mainz 05 II	1:3 (1:1)
05.04.2019	FSV Frankfurt	Astoria Walldorf	0:1 (0:1)
06.04.2019	TSV Steinbach	Kickers Offenbach	1:1 (0:1)
06.04.2019	SVW Mannheim	FK 03 Pirmasens	2:1 (1:1)
06.04.2019	TSG Hoffenheim II	TSG Ulm 1846	0:4 (0:2)
06.04.2019	1.FC Saarbrücken	FC 08 Homburg	3:0 (2:0)
06.04.2019	Etr. Stadtallendorf	Wormatia Worms	2:1 (0:0)
06.04.2019	SC Freiburg II	SVgg Elversberg	2:0 (1:0)

29. Spieltag
12.04.2019	1. FSV Mainz 05 II	FSV Frankfurt	2:0 (1:0)
13.04.2019	TSG Ulm 1846	Hessen Dreieich	5:0 (2:0)
13.04.2019	FK 03 Pirmasens	TSG Balingen	2:1 (1:1)
13.04.2019	Kickers Offenbach	SVW Mannheim	0:4 (0:3)
13.04.2019	Wormatia Worms	TSV Steinbach	2:1 (1:1)
13.04.2019	FC 08 Homburg	Etr. Stadtallendorf	3:1 (2:1)
13.04.2019	SVgg Elversberg	1.FC Saarbrücken	4:3 (4:3)
13.04.2019	Astoria Walldorf	SC Freiburg II	2:2 (1:1)
14.04.2019	VfB Stuttgart II	TSG Hoffenheim II	0:0 (0:0)

30. Spieltag
18.04.2019	SC Freiburg II	1. FSV Mainz 05 II	2:1 (2:0)
20.04.2019	FK 03 Pirmasens	VfB Stuttgart II	2:1 (2:0)
20.04.2019	TSG Balingen	Kickers Offenbach	2:2 (2:0)
20.04.2019	Hessen Dreieich	TSG Hoffenheim II	1:4 (1:3)
20.04.2019	FSV Frankfurt	TSG Ulm 1846	2:2 (0:0)
20.04.2019	1.FC Saarbrücken	Astoria Walldorf	0:0 (0:0)
20.04.2019	Etr. Stadtallendorf	SVgg Elversberg	2:6 (1:3)
20.04.2019	TSV Steinbach	FC 08 Homburg	2:2 (1:0)
20.04.2019	SVW Mannheim	Wormatia Worms	1:0 (1:0)

31. Spieltag
26.04.2019	SVgg Elversberg	TSV Steinbach	3:1 (2:0)
27.04.2019	TSG Hoffenheim II	FSV Frankfurt	0:4 (0:2)
27.04.2019	Kickers Offenbach	FK 03 Pirmasens	0:1 (0:1)
27.04.2019	Wormatia Worms	TSG Balingen	2:2 (1:1)
27.04.2019	Astoria Walldorf	Etr. Stadtallendorf	2:1 (1:0)
27.04.2019	1. FSV Mainz 05 II	1.FC Saarbrücken	3:1 (2:0)
27.04.2019	TSG Ulm 1846	SC Freiburg II	0:0 (0:0)
28.04.2019	VfB Stuttgart II	Hessen Dreieich	3:0 (1:0)
28.04.2019	FC 08 Homburg	SVW Mannheim	2:2 (2:0)

32. Spieltag
03.05.2019	TSG Balingen	FC 08 Homburg	1:1 (1:0)
03.05.2019	Kickers Offenbach	VfB Stuttgart II	2:0 (1:0)
04.05.2019	FSV Frankfurt	Hessen Dreieich	5:1 (2:1)
04.05.2019	SC Freiburg II	TSG Hoffenheim II	3:1 (3:0)
04.05.2019	1.FC Saarbrücken	TSG Ulm 1846	2:1 (0:1)
04.05.2019	Etr. Stadtallendorf	1. FSV Mainz 05 II	2:1 (1:0)
04.05.2019	TSV Steinbach	Astoria Walldorf	0:1 (0:0)
04.05.2019	SVW Mannheim	SVgg Elversberg	1:0 (0:0)
04.05.2019	FK 03 Pirmasens	Wormatia Worms	1:0 (0:0)

33. Spieltag
11.05.2019	FSV Frankfurt	VfB Stuttgart II	2:0 (1:0)
11.05.2019	Wormatia Worms	Kickers Offenbach	1:4 (0:3)
11.05.2019	FC 08 Homburg	FK 03 Pirmasens	5:0 (5:0)
11.05.2019	SVgg Elversberg	TSG Balingen	3:1 (1:1)
11.05.2019	Astoria Walldorf	SVW Mannheim	0:3 (0:2)
11.05.2019	1. FSV Mainz 05 II	TSV Steinbach	2:1 (0:0)
11.05.2019	TSG Ulm 1846	Etr. Stadtallendorf	2:2 (1:0)
11.05.2019	Hessen Dreieich	SC Freiburg II	0:5 (0:1)
12.05.2019	TSG Hoffenheim II	1.FC Saarbrücken	0:3 (0:2)

34. Spieltag
18.05.2019	SC Freiburg II	FSV Frankfurt	3:1 (1:1)
18.05.2019	1.FC Saarbrücken	Hessen Dreieich	3:1 (0:1)
18.05.2019	Etr. Stadtallendorf	TSG Hoffenheim II	4:1 (1:1)
18.05.2019	TSV Steinbach	TSG Ulm 1846	5:4 (2:3)
18.05.2019	SVW Mannheim	1. FSV Mainz 05 II	1:0 (1:0)
18.05.2019	TSG Balingen	Astoria Walldorf	3:3 (2:1)
18.05.2019	FK 03 Pirmasens	SVgg Elversberg	1:3 (0:2)
18.05.2019	Kickers Offenbach	FC 08 Homburg	0:0 (0:0)
18.05.2019	VfB Stuttgart II	Wormatia Worms	3:1 (2:0)

TSG Balingen 1848

Anschrift:
Tübinger Straße 71
72336 Balingen
Telefon: (0 74 33) 9 55 88 96
eMail: info@tsg-fussball.de
Homepage: www.tsg-fussball.de

Vereinsgründung: 18.06.1848 Gründung als TG Balingen, bis 1950 mehrere Fusionen, 1950 Auslagerung der Fußball-Abteilung als TSG Balingen 1848

Vereinsfarben: Rot-Schwarz
1. Vorsitzender: Ute Hirthe
AL Fußball: Peter Müller

Stadion: Bizerba-Arena (7.000)

Größte Erfolge: Meister der Verbandsliga Württemberg 2008 (↑); Meister der Oberliga Baden-Württemberg 2018 (↑)

Aufgebot:

Name, Vorname	Pos	geb. am	Nat.	seit	2018/19 Sp.	T.	Gesamt Sp.	T.	frühere Vereine
Akkaya, Kaan	M	11.04.1995	D	2014	26	2	26	2	VfB Stuttgart, TSG Balingen
Binanzer, Marcel	T	04.07.1991	D	2009	13	0	13	0	TSV Ofterdingen
Eisele, Sascha	A	27.10.1994	D	2012	31	1	31	1	SSV Reutlingen 05, VfB Stuttgart, TSV Frommern-Dürrwangen
Fecker, Fabian	A	18.07.1989	D	2010	13	0	46	0	SSV Reutlingen 05, TSG Balingen, FC Steinhofen
Foelsch, Lukas	M	06.10.1987	D	2011	12	1	15	2	VfR Aalen, TSG Balingen, FC 07 Albstadt, TSG Balingen, TSV Laufen/Eyach
Gericke, Mario	A	14.12.1999	D	2014	0	0	0	0	ASV Engstlatt
Gil Sarrión, Pablo	A	08.10.1988	ESP	2018	21	0	21	0	FC 08 Villingen, CF Internacional Madrid, UD Merida, Caudal Deportivo Mieres, AC Sparta Prag, Albacete Balompie, AC Sparta Prag, CF Real Madrid, Albacete Balompie
Guarino, Cedric	M	22.08.1998	D	2017	6	0	6	0	1. FC Heidenheim, VfB Stuttgart, SV Stuttgarter Kickers, FC Rottenburg
Hauser, Julian	T	20.12.1989	D	2009	21	0	21	0	SV Stuttgarter Kickers, SSV Reutlingen 05, SV Stuttgarter Kickers, FC Rottenburg
Huss, Enrico	M	07.02.1999	D	2016	2	0	2	0	SC Freiburg
Keller, Kevin	M	22.05.1992	D	2015	0	0	42	5	SpVgg Neckarelz, FC Schalke 04, TSG Balingen, TV Belsen, SF Starzeln
Konz, Carlos	A	18.03.1997	D	2013	1	0	1	0	SSV Reutlingen 05, TSV Frommern-Dürrwangen
Küley, Enis	S	09.10.1997	D	2019	2	0	20	0	SSV Ulm 1846, SV Stuttgarter Kickers, VfB Stuttgart, SpVgg Feuerbach, FC Feuerbach
Kurth, Fabian	A	10.08.1989	D	2011	21	0	74	2	TSV Großbardorf, SSV Reutlingen 05, TSV Großbardorf, FC Rot-Weiß Erfurt
Lauble, Patrick	S	11.05.1992	D	2016	31	4	31	4	SV Zimmern
Müller, Adrian	A	07.04.1995	D	2012	23	0	23	0	SSV Reutlingen 05
Pettenkofer, Marc	M	19.02.1994	D	2011	33	4	33	4	TuS Ergenzingen, SSV Reutlingen 05, VfB Stuttgart, FC Rottenburg
Pfau, Maximilian	T	17.09.1998	D	2018	0	0	0	0	FC Teutonia Schonach
Pflumm, Manuel	A	18.07.1985	D	2007	27	4	27	4	SSV Reutlingen 05, FC Gärtringen, SSV Reutlingen 05, SV Böblingen, TuS Ergenzingen, SV Stuttgarter Kickers, VfB Stuttgart, TSV Schlatt
Schäuffele, Niklas	M	22.02.1997	D	2014	6	0	6	0	Karlsruher SC, SV Stuttgarter Kickers
Scherer, Hannes	S	09.04.1997	D	2016	23	5	23	5	SpVgg Greuther Fürth, SpVgg Ansbach, SV Insingen
Schmitz, Matthias	A	07.09.1993	D	2008	32	3	32	3	SSV Reutlingen 05, TSV Frommern-Dürrwangen
Schoch, Pascal	S	08.03.1999	D	2018	13	1	13	1	SpVgg Unterhaching, SV Zimmern, SC Freiburg, SV Zimmern, SC Freiburg, TSF Dornhan
Schreyeck, Jörg	M	19.02.1985	D	2014	27	0	134	3	SC Pfullendorf, TSG Balingen, SSV Reutlingen 05, FC 07 Albstadt, SV Hartheim
Schuon, Nils	M	11.11.1991	D	2014	33	2	33	2	VfL Nagold
Seemann, Daniel	M	28.12.1991	D	2017	23	2	23	2	SSV Reutlingen 05, SV Nehren, TuS Ergenzingen, TSV Dettingen/Rottenburg, TSV Trillfingen, SV Hart
Vogler, Stefan	S	13.08.1990	D	2015	31	8	62	17	SC Pfullendorf, SpVgg Greuther Fürth, Offenbacher FC Kickers, SpVgg Greuther Fürth, Bahlinger SC, SC Freiburg, SC Pfullendorf, FV Veringenstadt
Wiest, Jonas	S	07.01.1992	D	2017	0	0	0	0	FV Ravensburg, TSG Balingen

Trainer:

Name, Vorname	geb. am	Nat.		2018/19	frühere Trainerstationen
Volkwein, Ralf	20.01.1973	D	01.07.2012 – lfd.	34	FV 08 Rottweil

Zugänge:
Gil Sarrión (FC 08 Villingen), Pfau (FC Teutonia Schonach), Schoch (SpVgg Unterhaching Junioren).
während der Saison:
Küley (SSV Ulm 1846).

Abgänge:
Islamaj (Neckarsulmer Sport-Union), Lang (SC Pfullendorf).
während der Saison:
Wiest (TSV Trillfingen).

SC Hessen Dreieich

Anschrift:
An der Trift 65
63303 Dreieich
Telefon: (0 61 03) 73 31-3 30
eMail: info@dsbm-gmbh.de
Homepage: www.hessen-dreieich.de

Vereinsgründung: 20.06.2013 Gründung als SC Hessen Dreieich
01.07.2013 Übernahme Fußball-Abteilung der SKG Sprendlingen
Vereinsfarben: Rot-Weiß
Präsident: Reinhold Gerhardt
Sportlicher Leiter: Yüksel Ekiz
Stadion: Hahn Air Sportpark (3.000)

Größte Erfolge: Meister Verbandsliga Hessen-Süd 2015 (↑); Meister der Hessenliga 2017 und 2018 (↑)

Aufgebot:

Name, Vorname	Pos	geb. am	Nat.	seit	2018/19 Sp.	T.	Gesamt Sp.	T.	frühere Vereine
Alikhil, Abassin	M	19.04.1991	AFG	2016	28	1	130	5	SV Viktoria Aschaffenburg, FSV Frankfurt, Eintracht Frankfurt, SKG Sprendlingen
Amiri, Zubayr	M	02.05.1990	AFG	2014	27	2	79	8	FC Bayern Alzenau, SV Viktoria Aschaffenburg, FC Bayern Alzenau, Eintracht Frankfurt, SV Viktoria Aschaffenburg, TSV 1860 Hanau, 1. Langendiebacher FC
Böttler, Yves	S	22.03.1992	D	2018	2	0	2	0	SC Viktoria Griesheim, Sportfreunde Seligenstadt, Turnerschaft Ober-Roden, TSV Lengfeld, Turnerschaft Ober-Roden, SV Viktoria Kleestadt
Boukayouh, Mohamed	A	16.04.1999	MAR	2018	12	0	12	0	1. FSV Mainz 05, Offenbacher FC Kickers
Colella, Hugo	M	16.09.1999	FRA	2019	6	1	6	1	FC Metz
Czirbus, Marcel	T	04.08.1998	D	2018	3	0	3	0	Vikt. Griesheim, SV Darmstadt 98, FSV Frankfurt, JFC Frankfurt, AC Italia Groß-Gerau
Djakpa, Constant	A	17.10.1986	CIV	2018	24	1	26	1	1. FC Nürnberg, Eintracht Frankfurt, Hannover 96, Bayer 04 Leverkusen, Panduri Targu Jiu, Sogndal IL, Stella Club d'Adjamé
Dudda, Julian	A	08.04.1993	D	2017	0	0	44	0	Sportfreunde Siegen, Offenbacher FC Kickers, SV Werder Bremen, Eintracht Frankfurt, FSV Frankfurt, TSG Wölfersheim, SV Echzell, SV Nieder-Wöllstadt
Fliess, André	M	19.01.1992	D	2017	6	0	91	8	SG Rot-Weiss Frankfurt, FC Nöttingen, SVN Zweibrücken ... (vgl. Seite 233)
Gavric, Ljubisa	A	19.09.1990	BIH	2016	16	0	65	0	SV Viktoria Aschaffenburg, VfR Neumünster, SSV Ulm 1846, FC Viktoria Urberach, SG Rot-Weiss Frankfurt, FC Viktoria Urberach, FSV Frankfurt, FV Bad Vilbel, Eintracht Frankfurt, Offenbacher FC Kickers
Hagley, Keanu	M	17.02.1998	D	2018	9	0	9	0	Bayern Alzenau, TS Ober-Roden, FSV Frankfurt, Offenbacher Kickers, RW Frankfurt
Henrich, Daniel	M	29.09.1991	D	2016	30	0	30	0	1. FC Eschborn, FSV Frankfurt, Offenbacher Kickers, 1. FC Eschborn, EFC Kronberg
Hesse, Kai	S	20.06.1985	D	2018	17	1	103	23	FC 08 Homburg, Offenbacher FC Kickers, 1. FC Kaiserslautern, TSG Hoffenheim, VfB Lübeck, FC Schalke 04, BSV Menden, VfB Schönau, Spfr. Oestrich-Iserlohn
Hesse, Uwe	M	16.12.1987	D	2018	24	2	115	15	SSV Jahn Regensburg, SV Darmstadt 98, SG Dornheim, SC Astheim, SV Darmstadt 98, SC Opel Rüsselsheim, SV Alemannia Königstädten
Klein, Danny	A	21.02.1992	D	2013	20	4	20	4	SKG Sprendlingen, SKV Rot-Weiß Darmstadt, SpVgg 03 Neu-Isenburg, SKG Sprendlingen
Kleinheider, Pierre	T	07.11.1989	D	2017	31	0	113	0	Chemnitzer FC, TSV Alemannia Aachen, Hallescher FC, FSV Frankfurt, 1. FSV Mainz 05, SG Rosenhöhe Offenbach, SpVgg Dietesheim
Lagator, Tino	S	17.09.1986	CRO	2015	25	5	25	5	NK Dugopolje, Hongkong Citizen AA, Happy Valley FC Hongkong, NK Solin, Lombard Papa FC, FK Atlantas Klaipeda, TuS Koblenz, NK Junak Sinj, NK Hrvace, NK Junak Sinj, NK Dugopolje, NK Hrvace, OSK Otok
Landu, Eduardo	A	30.06.1995	D	2018	11	0	11	0	VfB Ginsheim, FCV Dender EH, Stuttgarter Kickers, SV Wehen, FV Biebrich 02
Özer, Can Cemil	S	22.03.1990	D	2018	9	0	65	13	Bayern Alzenau, FK Pirmasens, Schott Mainz, 1. FC Eschborn, Eintr. Frankfurt, 1. FC Eschborn, FC Schloßborn, FSV Frankfurt, Darmstadt 98, SV Dersim Rüsselsheim
Opper, Niko	A	04.02.1992	D	2015	33	1	81	3	TSV Alemannia Aachen, SV Babelsberg 03, Bayer 04 Leverkusen, SV Darmstadt 98, SC Viktoria Griesheim, SKG Ober-Beerbach
Pezzoni, Kevin	M	22.03.1989	D	2018	19	1	23	1	GS Apollon Smyrnis Athen, SV Wehen Wiesbaden, FC Wohlen, 1. FC Saarbrücken, FC Erzgebirge Aue, 1. FC Köln, Blackburn Rovers FC, Eintracht Frankfurt, SV Darmstadt 98, SV Rot-Weiß Walldorf
Rau, Dominic	A	29.11.1990	D	2018	22	1	52	1	1. FC Saarbrücken, Hallescher FC, FC Erzgebirge Aue
Reljic, Toni	M	23.02.1993	D	2016	21	5	69	8	SV Wiesbaden, SVN Zweibrücken, Eintracht Frankfurt, 1. FSV Mainz 05, SG Rosenhöhe Offenbach, SG Egelsbach
Salii, Fidan	M	25.12.1997	D	2018	4	0	4	0	SC Viktoria Griesheim, Sportfreunde Seligenstadt, SG Rosenhöhe Offenbach
Seegert, Nico	M	29.04.1994	D	2018	10	0	51	1	FSV Frankfurt, SV Waldhof Mannheim, 1. FSV Mainz 05, TSG 1899 Hoffenheim, SV Waldhof Mannheim, SC Käfertal, Polizei-SV Mannheim
Streker, Denis	M	06.04.1991	D	2018	23	2	141	9	TSV Schott Mainz, FSV Frankfurt, SV Ried, Dynamo Dresden, TSG Hoffenheim, Eintracht Frankfurt, SV Wehen, SV Gonsenheim, SV Guntersblum, FSV Oppenheim
Talijan, Denis	A	12.08.1990	MNE	2014	8	0	78	7	Vikt. Aschaffenburg, 1. FC Eschborn, Rot-Weiss Frankfurt, FC Viktoria Urberach, Rot-Weiss Frankfurt, SG Rosenhöhe Offenbach, SC Hassia Dieburg, FC Dietzenbach
Teklab, Henok	M	16.11.1998	ERI	2018	9	0	9	0	SG Rot-Weiss Frankfurt, FC Germania Schwanheim, SG Rot-Weiss Frankfurt, FSV Frankfurt, JFC Frankfurt
Theodosiadis, Alexandros	A	19.12.1988	GRE	2018	3	0	197	8	Offenbacher FC Kickers, 1. FC Lok Leipzig, FSV Frankfurt, Eintracht Frankfurt, SpVgg 05 Bad Homburg
Weiss, Loris	M	03.10.1996	D	2015	21	1	21	1	Eintracht Frankfurt, FSV Frankfurt, Eintracht Frankfurt

Trainer:

Name, Vorname	geb. am	Nat.	2018/19		frühere Trainerstationen
Bommer, Rudi	19.08.1957	D	01.01.16 – 01.04.19	27	SV Viktoria Aschaffenburg, FC Energie Cottbus, SV Wacker Burghausen, MSV Duisburg, 1. FC Saarbrücken, TSV 1860 München, SV Wacker Burghausen, SV Viktoria Aschaffenburg, VfR Mannheim, Eintracht Frankfurt Am., FC Kleinwallstadt
Becker, Volker	26.09.1965	D	03.04.19 – 30.06.19	7	SG Egelsbach, 1. FC Langen Junioren

Zugänge:
Böttler, Czirbus und Salii (SC Viktoria Griesheim), Hagley und Özer (FC Bayern Alzenau), U. Hesse (SSV Jahn Regensburg), Landu (VfB Ginsheim), Rau (1. FC Saarbrücken), Seegert (FSV Frankfurt), Streker (TSV Schott Mainz), Teklab (SG Rot-Weiss Frankfurt), Theodosiadis (Offenbacher FC Kickers).
während der Saison:
Boukayouh (1. FSV Mainz 05 Junioren), Colella (FC Metz), Djakpa (ohne Verein), K. Hesse (FC 08 Homburg II), Pezzoni (GS Apollon Smyrnis Athen).

Abgänge:
Amani und T. Fliess (1. Hanauer FC 93), Faeth (Lynn University Fighting Knights), Hammel (Palm Beach Atlantic University Sailfish), Schnier und Smith (ohne Verein), Kohl und McCrary (SpVgg 03 Neu-Isenburg), Lekaj (FC Gießen), Mladenovic und Wroblewski (TSV Schott Mainz).
während der Saison:
Böttler (SV Rot-Weiß Hadamar), Dudda (Türk Gücü Friedberg), A. Fliess (TSV Eintracht Stadtallendorf), Özer (VfB Ginsheim), Theodosiadis (Sportfreunde Friedrichsdorf).

SVgg 07 Elversberg

Anschrift:
St. Ingberter Straße 8
66583 Spiesen-Elversberg
Telefon: (0 68 21) 2 94 97-15
eMail: info@sv07elversberg.de
Homepage: www.sv07elversberg.de

Vereinsgründung: 1918 Neugründung als SV VfB Elversberg 07; 1945 Wiedergründung als SG Elversberg; 1952 Abspaltung als SV 07 Elversberg VfB
Vereinsfarben: Schwarz-Weiß
Präsident: Dominik Holzer
Sportdirektor: Nils-Ole Book
Stadion: Ursapharm-Arena an der Kaiserlinde (10.000)

Größte Erfolge: Meister der Oberliga Südwest 1996 (↑) und 1998 (↑); Sieger im Saarland-Pokal 2009, 2010, 2015 und 2018; Qualifikation für die Regionalliga Südwest 2012; Aufsteiger in die 3. Liga 2013 (↑); Meister der Regionalliga Südwest 2017

Aufgebot:

Name, Vorname	Pos	geb. am	Nat.	seit	2018/19 Sp.	T.	Gesamt Sp.	T.	frühere Vereine
Alawie, Muhamed	S	20.04.1988	D	2018	7	0	136	53	FC Schalke 04, SV Eintracht Trier 05, SV Meppen, Lüneburger SK Hansa, Goslarer SC 08, FC Eintracht Northeim, VfV Borussia 06 Hildesheim, VfB Oldenburg, FC Eintracht Northeim, RSV Geismar, 1. SC Göttingen 05, FC Eintracht Northeim
Blaß, Luca	A	26.12.1997	D	2014	5	0	6	0	FV Stella Sud Saarlouis, SSV Pachten
Cincotta, Stefano	A	28.02.1991	GUA	2017	0	0	14	1	Chemnitzer FC, Wacker Burghausen, FC Lugano, Offenbacher Kickers, Eintr. Frankfurt
Draband, Dominik	T	07.03.1996	D	2018	4	0	30	0	TSG 1899 Hoffenheim, TSV Pfaffenhofen
Dragon, Patryk	M	11.04.1996	D	2018	24	2	52	3	FC Schalke 04, VfB Waltrop, DJK Eintracht Datteln
Dürholtz, Luca	M	18.08.1993	D	2018	32	2	106	13	Holstein Kiel, SG Dynamo Dresden, Bayer 04 Leverkusen, SG Hackenberg
Eglseder, Mike	A	22.11.1992	D	2018	23	0	192	4	SV Babelsberg 03, FC Viktoria 1889 Berlin LT, 1. FC Union Berlin, FC Eintracht Norderstedt, FC St. Pauli, Holstein Kiel, TuRa Meldorf, Heider SV
Feil, Manuel	M	08.10.1994	D	2018	34	8	117	28	1. FC Nürnberg, FC Gundelfingen, TSV Gersthofen
Koch, Moritz	A	06.08.1996	D	2006	1	0	4	0	eigene Junioren
Koffi, Jean Romaric Kevin	S	25.06.1986	CIV	2017	33	19	64	31	White Star Brüssel, KVC Waterloo, Boussu Dour Borinage, AS Rom, US Siracusa, US Sanremese, FC Modena, PS Virtus Castelfranco Calcio, FC Modena
Kofler, Marco	A	08.05.1989	AUT	2017	4	0	36	2	FC Hansa Rostock, FC Wacker Innsbruck, FC Hansa Rostock, FC Wacker Innsbruck, AKA Tirol, SV Matrei
Kohler, Lukas	A	24.05.1987	D	2014	32	2	166	12	1. FC Heidenheim, 1. FC Saarbrücken, FC Viktoria St. Ingbert, DJK St. Ingbert
Krebs, Gaetan	M	18.11.1985	FRA	2017	15	1	50	4	Karlsruher SC, Hannover 96, SF Siegen, RC Straßburg, FC Mulhouse, FC Sentheim
Lahn, Kevin	M	14.02.1992	D	2018	22	0	208	19	TuS Koblenz, VfR Wormatia 08 Worms, 1. FC Kaiserslautern, TuS Koblenz, TuS Mayen, JSG Leienkaul
Leandro (Leandro Grech)	A	24.10.1980	ARG	2015	32	0	120	6	VfR Aalen, SpVgg Unterhaching, SV Sandhausen, FC Erzgebirge Aue, SC Pfullendorf, CA San Martin Mendoza, Aldovisi Mar del Plata, Club Aurora Cochabamba, Newell's Old Boys Rosario, CA Argentino Rosario, CDS Lux Rosario
Lehmann, Frank	T	29.04.1989	D	2017	30	0	80	0	VfL Osnabrück, 1. FC Heidenheim, VfB Stuttgart, Energie Cottbus, Eintr. Frankfurt, VfB Stuttgart, FC 07 Albstadt, TG Schömberg, SV Zimmern o. R., TG Schömberg
Meha, Alban	M	26.04.1986	KVX	2018	13	2	104	32	Al-Faisaly Amman, Konyaspor, SC Paderborn 07, SV Eintracht Trier 05, SSV Reutlingen 05, VfL Kirchheim/Teck, SV Stuttgarter Kickers, TV Kemnat
Merk, Kai	S	28.08.1998	D	2017	11	0	20	0	FK 03 Pirmasens
Mohr, Benno	M	18.11.1995	D	2017	18	0	105	4	Borussia Mönchengladbach, 1. FC Saarbrücken, TuS Eschringen
Perstaller, Julius	S	08.04.1989	AUT	2016	19	2	84	17	FC Hansa Rostock, SV Ried, FC Wacker Innsbruck, SV Hall, WSG Wattens, AKA Tirol, FC Flaurling/Polling
Rosin, Dennis	M	27.06.1996	D	2019	5	0	45	3	VfL Spfr. Lotte, Werder Bremen, FC St. Pauli, Hamburger SV, SuSV Holsatia Elmshorn
Skenderovic, Aldin	M	28.06.1997	LUX	2018	8	0	19	0	Union Titus Petingen, FC Differdingen 03
Stang, Oliver	A	26.06.1988	D	2018	15	3	254	22	Bor. M'gladbach, SV Eintracht Trier 05, VfL Osnabrück, Bor. M'gladbach SG Andernach, SV Blau-Weiß Zossen, Hövelhofer SV, SG Schwarz-Weiß Oldenburg
Stevanovic, Aleksandar	M	16.02.1992	D	2017	1	0	34	5	FC Hansa Rostock, SV Werder Bremen, FC Schalke 04, Rot-Weiss Essen, TuS Essen-West 1881
Suero Fernandéz, Israel	M	12.04.1994	ESP	2018	23	8	58	14	TSV Eintracht Stadtallendorf, CSC 03 Kassel, FC Rayo Vallecano, FC Rayo Majadahonda, FC Real Madrid
Tekerci, Sinan	M	22.09.1993	TUR	2018	31	9	93	13	FSV Zwickau, SC Preußen Münster, SG Dynamo Dresden, 1. FC Nürnberg, SV Stuttgarter Kickers, TuS Ergenzingen, TSG Balingen, SG Dornstetten
Winter, Nils	A	13.12.1993	D	2018	30	0	171	3	TSV Alemannia Aachen, VfR Neumünster, VfL Wolfsburg, TSV Heiligendorf

Trainer:

Name, Vorname	geb. am	Nat.	Zeitraum	Spiele 2018/19	frühere Trainerstationen
Seitz, Roland	01.10.1964	D	11.03.18 – 29.10.18	15	SVgg 07 Elversberg, SV Eintracht Trier 05, SSV Reutlingen 05, FC Erzgebirge Aue, SC Paderborn 07, Eintracht Trier, 1. SC Feucht, SpVgg Weiden, SpVgg Greuther Fürth II, SpVgg Jahn Forchheim, SSV Jahn 2000 Regensburg, ASV Neumarkt
Steffen, Horst	03.03.1969	D	29.10.18 – lfd.	19	Chemnitzer FC, SC Preußen Münster, SV Stuttgarter Kickers, Bor. M'gladbach U19, Bor. M'gladbach U17, MSV Duisburg II, MSV Duisburg U19, SC Kapellen-Erft

Zugänge:
Alawie und Dragon (FC Schalke 04 II), Draband (TSG 1899 Hoffenheim II), Dürholtz (Holstein Kiel), Eglseder (SV Babelsberg 03), Feil (1. FC Nürnberg II), Lahn (TuS Koblenz), Meha (Al-Faisaly Amman), Stang (Borussia Möchengladbach II), Suero (TSV Eintracht Stadtallendorf), Tekerci (FSV Zwickau), Winter (TSV Alemannia Aachen).
während der Saison:
Rosin (VfL Sportfreunde Lotte).

Abgänge:
Bichler (Rot-Weiss Essen), Bohl (II. Mannschaft), Fuhry (SC Freiburg II), Gaul (FSV Zwickau), Göttel (TSV Steinbach Haiger), Hermandung (SpVgg Drochtersen/Assel), Kapllani (SV Spielberg), Köksal (1. FC Saarbrücken), Maek und Sellentin (FC 08 Homburg), Morabit und Salem (ohne Verein), Rahn (SV Eintracht Windhagen), Soyak (FC Viktoria 1889 Berlin LT).
während der Saison:
Cincotta (CD Guastatoya).

FSV Frankfurt 1899

Anschrift:
Richard-Herrmann-Platz 1
60386 Frankfurt/Main
Telefon: (0 69) 42 08 98-0
eMail: info@fsv-frankfurt.de
Homepage: www.fsv-frankfurt.de

Vereinsgründung: 20.08.1899 entstanden aus dem "wilden" FC Nordend 1898 Frankfurt

Vereinsfarben: Schwarz-Blau
Präsident e. V.: Michael Görner
Leiter Spielbetrieb: David Schauss

Stadion:
PSD-Bank-Arena (12.542)

Größte Erfolge: Deutscher Vizemeister 1925; Endrunde zur Deutschen Meisterschaft 1925, 1926 und 1933; Süddeutscher Meister 1933; Deutsches Pokalfinale 1938; Deutscher Amateur-Meister 1972; Aufstieg in die 2. Bundesliga 1975 (Süd), 1982 und 1994; Meister der Regionalliga Süd 2008 (↑)

Aufgebot:

Name, Vorname	Pos	geb. am	Nat.	seit	2018/19 Sp.	T.	gesamt Sp.	T.	frühere Vereine
Aschauer, Alexander	S	14.03.1992	AUT	2018	23	2	23	2	SGS Großaspach, SC Austria Lustenau, First Vienna FC Wien, FC Liefering, Wacker Burghausen, VfB Stuttgart, FC Red Bull Salzburg, FK Austria Wien, SC Groß-Enzersdorf
Aulbach, Marco	T	25.07.1993	D	2017	33	0	75	0	1. FSV Mainz 05, SC Preußen Münster, Eintracht Frankfurt, SV Wacker Burghausen, TSV 1860 München, SV Viktoria Aschaffenburg, FSV Teutonia Obernau
Azaouagh, Ahmed	M	20.06.1994	D	2017	24	0	102	2	Berliner AK 07, FSV Frankfurt
Becker, Christoph	A	05.08.1994	D	2017	28	1	126	7	1. FC K'lautern, SV Waldhof, SV 98 Schwetzingen, SG Dielheim, SG Horrenberg
Birol, Matay	T	16.08.1997	D	2013	0	0	2	0	TSG Wieseck
Burdenski, Fabian	M	23.09.1991	D	2019	6	0	60	1	SSV Jeddeloh, Korona Kielce, FSV Frankfurt, FC Rot-Weiß Erfurt, FSV Frankfurt, Wisla Krakow, 1. FC Magdeburg, VfB Oldenburg, FC Oberneuland, SV Werder Bremen, Brinkumer SV, TSV Heiligenrode
Djengoue, Nestor Hervé	A	26.04.1991	CMR	2017	15	3	59	9	FSV Wacker 90 Nordhausen, Berliner FC Dynamo, FC Energie Cottbus, FSV Frankfurt, AC Chievo Verona, NK Zagreb, AC Chievo Verona, AC Lumezzane, AC Chievo Verona, Inter Mailand, Noventa Calcio
Güclü, Arif	S	26.02.1993	D	2018	27	4	84	14	TSV Schott Mainz, Wormatia Worms, SV Gonsenheim, FV Biebrich 02, 1. FSV Mainz 05
Huckle, Patrick	A	04.11.1983	D	2017	32	1	276	2	Rot-Weiss Essen, SV Waldhof Mannheim, SC Preußen Münster, SV Waldhof Mannheim, Offenbacher FC Kickers, SSV Ulm 1846, SVgg 07 Elversberg, SV Weingarten, FC Rastatt 04, FC Nöttingen, Karlsruher SC
Koch, Marco	M	27.10.1995	D	2018	28	7	75	12	TuS Koblenz, SSV Ulm 1846, Stuttgarter Kickers, SV Wehen, TSG Niederzeuzheim
Loch, Alexander	T	21.12.1990	D	2018	0	0	2	0	SC Hessen Dreieich, 1. FC Eschborn, SV Stuttgarter Kickers, FC Singen 04, SV Wehen Wiesbaden, SSV Reutlingen 05
Mangafic, Denis	M	12.12.1989	D	2018	26	0	78	1	SC Borussia Fulda, SC Preußen Münster, FSV Frankfurt, Offenbacher FC Kickers, SV Wehen Wiesbaden, Heracles Almelo, Eintracht Frankfurt, SG 01 Hoechst
Markovic, Andrej	A	14.05.1998	D	2014	2	0	8	0	TSG Wieseck
Mujezinovic, Kenan	T	03.06.1995	D	2019	1	0	1	0	SG Barockstadt Fulda-Lehnerz, SC Borussia Fulda, FC Würzburger Kickers, VfB Stuttgart, TSV Bönnigheim
Nothnagel, Dominik	A	28.12.1994	D	2018	31	1	65	1	SV Wehen Wiesbaden, FC Würzburger Kickers, Borussia Dortmund, VfB Stuttgart, SV Bonlanden, TSV Bernhausen
Plut, Vito	S	08.07.1988	SVN	2017	33	10	53	20	Birkirkara FC, Floriana FC, 1. FC Saarbrücken, KSV Waasland Beveren, ND Gorica, NK Maribor, FC Koper, NK Kolupa
Pollasch, Andreas	M	04.03.1993	D	2017	29	3	144	9	VfB Oldenburg, KSV Baunatal, SC Rot-Weiß Oberhausen, SC Westfalia Herne, SC Rot-Weiß Oberhausen, SpVgg Erkenschwick, VfL Bochum, Borussia Dortmund
Rose, Benedikt	S	07.03.1999	D	2006	6	0	8	0	eigene Junioren
Sabah, Alban	A	22.06.1992	TOG	2017	16	0	118	12	SSVg Velbert 02, Sportfreunde Siegen, SSVg Velbert 02, SV Waldhof Mannheim, SG Dynamo Dresden, FC Schalke 04, SG Wattenscheid 09, DJK Blau-Weiß Gelsenkirchen, Germania Ratingen 04/19
Schick, Robert	M	26.08.1993	D	2017	28	4	116	11	VfL Wolfsburg, VfR Aalen, Hallescher FC, FSV Frankfurt, Karlsruher SC, SV Darmstadt 98, SV Wehen Wiesbaden, 1. FSV Mainz 05, FC Germania Schwanheim, SV 09 Hofheim
Schwaar, Niklas	T	19.04.2000	D	2016	0	0	0	0	SV Darmstadt 98, 1. FC Germainai Ober-Roden
Sierck, Jesse	A	29.10.1997	D	2017	21	0	54	0	TuS Koblenz, Eintracht Frankfurt, FSV Frankfurt, Hannover 96, VfL Wolfsburg, TuS Bodenteich
Soultani, Ilias	M	24.05.1996	D	2018	15	7	42	11	TSV Schott Mainz, SV Wehen Wiesbaden
Straub, Steffen	M	14.06.1994	D	2018	18	2	118	12	Wormatia Worms, FC-Astoria Walldorf, SC Hauenstein, SV Waldhof, TSG Hoffenheim
Tyminski, Kamil	M	10.11.1999	D	2015	25	0	25	0	Offenbacher FC Kickers, JFC Frankfurt, Eintracht Frankfurt, 1. FC Langen, SSG Langen
Vujinovic, Valentino	S	20.02.1999	D	2019	5	0	5	0	Karlsruher SC, SG Siemens Karlsruhe, ASV Durlach
Weinhardt, Marcus	S	05.06.2000	D	2019	3	0	3	0	SV Darmstadt 98, Eintracht Frankfurt, Borussia Dortmund, Eintracht Frankfurt, JSG Wöllstadt

Trainer:

Name, Vorname	geb. am	Nat.	Zeitraum	Spiele 2018/19	frühere Trainerstationen
Conrad, Alexander	15.11.1966	D	01.07.17 – 13.04.19	29	Offenbacher FC Kickers II, 1. FC Eschborn, SV Waldhof Mannheim, KSV Klein-Karben, Usinger TSG, DFB-Stützpunkttrainer
Brendel, Thomas	11.05.1976	D	15.04.19 – lfd.	5	SC Borussia Fulda, SV Wehen Wiesbaden II, 1. FC Eschborn

Zugänge:
Aschauer (SG Sonnenhof Großaspach), Güclü und Soultani (TSV Schott Mainz), Koch (TuS Koblenz), Nothnagel (SV Wehen Wiesbaden), Schwaar und Tyminski (eigene Junioren), Straub (VfR Wormatia 08 Worms).
während der Saison:
Loch (TSV Eintracht Stadtallendorf), Mujezinovic (SG Barockstadt Fulda-Lehnerz).

Abgänge:
Andacic (FSV Wacker 90 Nordhausen), Bell Bell (1. FSV Mainz 05 II), Eshele (SV Darmstadt 98), Kara (FC Gießen), Matuschewski (SG Ober-Erlenbach), Mfumu (FC Viktoria Köln), Namavizadeh (SV Röchling Völklingen), Seegert (SC Hessen Dreieich), Torre Howell (Las Vegas Lights FC).
während der Saison:
Birol (TSV Steinbach Haiger), Markovic (FC Gießen), Schwaar (Turnerschaft Ober-Roden), Soultani (SV Stuttgarter Kickers).

SC Freiburg II

Anschrift:
Schwarzwaldstraße 193
79117 Freiburg
Telefon: (07 61) 38 55 10
eMail: scf@scfreiburg.com
Homepage: www.scfreiburg.com

Vereinsgründung: 30.05.1904 als FC Schwalbe; 03.03.1912 Fusion mit SV 04 zum SC Freiburg 1904

Vereinsfarben: Rot-Weiß
Präsident: Fritz Keller
Sportlicher Leiter: Hans-Dietmar Deinert

Stadion: Mösle-Stadion (5.398)

Größte Erfolge: Pokalsieger Südbaden 2001; Meister der Verbandsliga Südbaden 1998 (↑); Meister der Oberliga Baden-Württemberg 2008 (↑) und 2017 (↑); Qualifikation für die Regionalliga Südwest 2012

Aufgebot:

Name, Vorname	Pos	geb. am	Nat.	Seit	2018/19 Sp.	T.	Gesamt Sp.	T.	frühere Vereine
Banovic, Ivica	M	02.08.1980	CRO	2016	14	2	48	2	Hallescher FC, FC Energie Cottbus, SC Freiburg, MSV Duisburg, SC Freiburg, 1. FC Nürnberg, SV Werder Bremen, NK Zagreb
Bohro, Lukas	A	04.05.1997	D	2012	16	0	36	0	FV Sulz
Borrello, Brandon	S	25.07.1995	AUS	2018	9	0	9	0	1. FC Kaiserslautern, Brisbane Roar, Modbury Jets Adelaide
Boukhalfa, Carlo	M	03.05.1999	D	2012	15	0	15	0	PTSV Jahn Freiburg
Bruno, Daniele	M	11.01.1999	D	2010	5	0	5	0	FC 08 Villingen
Busam, Jonas	A	03.05.1998	D	2011	13	0	24	0	Offenburger FV, FV Zell-Weierbach
Daferner, Christoph	S	12.01.1998	D	2017	29	14	68	27	TSV 1860 München, FC Augsburg, JFG Ottheinrichstadt Neuburg, TSV Pöttmes
Faber, Konrad	A	04.11.1997	D	2018	12	1	12	1	Freiburger FC, FC Emmendingen
Fellhauer, Robin	A	21.01.1998	D	2014	25	0	37	0	1. FC Saarbrücken
Frantz, Mike	M	14.10.1986	D	2014	1	0	11	2	1. FC Nürnberg, 1. FC Saarbrücken, Borussia Neunkirchen, 1. FC Saarbrücken, AFC Saarbrücken, DJK Folsterhöhe
Frommann, Constantin	T	27.05.1998	D	2013	14	0	38	0	SV Oberachern
Fuhry, Konstantin	T	02.09.1994	D	2018	1	0	59	0	SVgg 07 Elversberg, SC Freiburg, Hannover 96, VfB Stuttgart, SC Freiburg
Herrmann, Luca	M	22.02.1999	D	2011	10	1	19	2	Polizei-SV Freiburg
Höfler, Nicolas	M	09.03.1990	D	2013	1	0	77	8	FC Erzgebirge Aue, SC Freiburg, SC Pfullendorf, Herdwanger SV
Hoffmann, Niklas	A	09.04.1997	D	2017	13	1	36	2	Karlsruher SC, TSV Fortuna Billigheim-Ingenheim
Hug, Nico	A	26.10.1998	D	2013	18	3	22	3	SV Zimmern o. R., SV Niedereschach
Kammerbauer, Patrick	A	11.02.1997	D	2018	3	0	16	2	1. FC Nürnberg, DJK Raitenbuch
Kammerknecht, Claudio	A	07.07.1999	D	2011	2	0	2	0	FC Sexau
Keitel, Yannik	M	15.02.2000	D	2011	1	0	1	0	SV Breisach
Kleindienst, Tim	M	31.08.1995	D	2017	2	1	14	3	1. FC Heidenheim, SC Freiburg, FC Energie Cottbus, FC Viktoria Jüterbog
Niederlechner, Florian	S	24.10.1990	D	2016	1	0	1	0	1. FSV Mainz 05, 1. FC Heidenheim, SpVgg Unterhaching, FC Ismaning, FC Falke Markt Schwaben, TSV 1877 Ebersberg, TSV 1860 München, SV Hohenlinden
Nieland, David	S	28.04.1999	D	2018	20	6	20	6	VfL Wolfsburg, Hertha BSC, BSC Preußen Blankenfelde-Mahlow
Okoroji, Chima	A	19.04.1997	ENG	2017	14	1	88	1	FC Augsburg, FC Bayern München, TSV Grünwald
Pieringer, Marvin	S	04.10.1999	D	2018	30	4	30	4	SSV Reutlingen 05, TuS Metzingen, TV Bempflingen
Probst, Tim	M	31.01.1998	D	2009	0	0	1	0	Sportfreunde Winden
Ravet, Yoric	M	12.09.1989	FRA	2017	2	2	2	2	BSC Young Boys Bern, Grasshopper-Club Zürich, FC Lausanne-Sports, AS Saint-Etienne, Angers SCO, AS Saint Etienne, Grenoble Foot 38
Rinaldi, Angelo	A	14.01.1998	D	2016	23	0	34	0	FC Winterthur
Rodewald, Nico	S	16.03.1998	D	2017	9	2	17	3	VfR Aalen, VfB Stuttgart, SV Ebnat
Roth, Felix	S	13.11.1987	D	2016	31	1	93	17	SC Rheindorf Altach, SC Austria Lustenau, SC Freiburg, Offenburger FV, TuS Durbach
Rüdlin, Fabian	M	13.01.1997	D	2008	29	6	44	6	FC Auggen
Sachanenko, Ivan	A	08.08.1997	KAZ	2017	11	1	47	3	1. FC Saarbrücken, Borussia Neunkirchen
Schlotterbeck, Keven	A	28.04.1997	D	2017	11	0	46	3	TSG Backnang, VfL Kirchheim/Teck
Schlotterbeck, Nico	A	01.12.1999	D	2017	23	2	23	2	Karlsruher SC, VfR Aalen
Schmid, Anthony	S	18.01.1999	AUT	2013	11	1	11	1	Offenburger FV
Stanko, Caleb	M	26.07.1993	USA	2017	1	0	71	3	FC Vaduz, SC Freiburg, Vardar Soccer Club Detroit
Stenzel, Pascal	A	20.03.1996	D	2016	1	0	10	0	Borussia Dortmund, VfL Osnabrück, DSC Arminia Bielefeld
Tempelmann, Lino	M	02.02.1999	D	2017	8	0	14	0	TSV 1860 München, SpVgg Unterhaching, FC Bayern München
Thiede, Niclas	T	14.04.1999	D	2018	19	0	19	0	VfL Bochum, Rot-Weiss Essen, Bor. Dortmund, FC Iserlohn 46/49, SSV Hagen 05/11
Torres, Lucas	M	10.02.1998	D	2011	26	1	55	1	Bahlinger SC

Trainer:

Name, Vorname	geb. am	Nat.	Zeitraum	Spiele 2018/19	frühere Trainerstationen
Preußer, Christian	23.01.1984	D	01.07.2016 – lfd.	34	FC Rot-Weiß Erfurt (Trainer, Co-Trainer, Leiter der Fußballschule)

Zugänge:
Boukhalfa, Bruno, Kammerknecht, Keitel, Nico Schlotterbeck, Schmid und Tempelmann (eigene Junioren), Faber (Freiburger FC), Fuhry (SVgg 07 Elversberg), Nieland (VfL Wolfsburg Junioren), Pieringer (SSV Reutlingen 05 Junioren), Thiede (VfL Bochum Junioren).

Abgänge:
Bussmann (1. FSV Mainz 05), Dräger (SC Paderborn 07), Geng (VfB Stuttgart II), Kapustka (Leicester City FC), Kolja Herrmann (FC Wil 1900), Huchler, Leberer und Yahyaijan (FC 08 Villingen), Jukic (NK Rudes), Meffert (Holstein Kiel), Rodas (FSV Zwickau), Sierro (FC St. Gallen), Wehrle (Bahlinger SC).
während der Saison:
Hoffmann (FC St. Pauli II), Kammerbauer (Holstein Kiel), Stanko (FC Cincinnati).

TSG 1899 Hoffenheim II

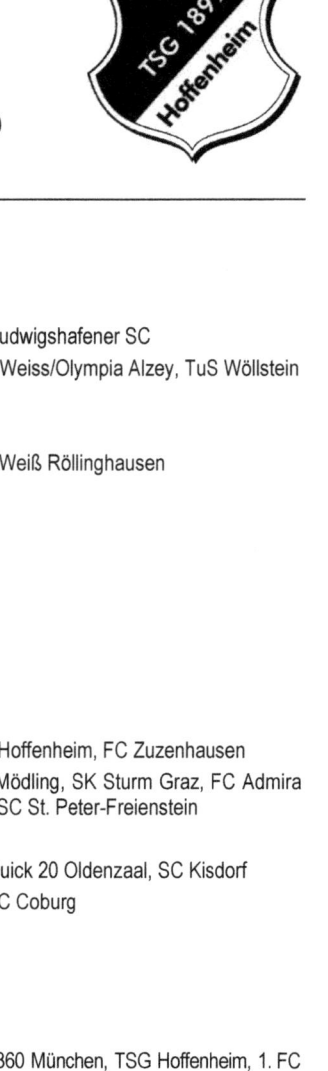

Anschrift:
Horrenberger Straße 58
74939 Zuzenhausen
Telefon: (0 72 61) 9 49 30
eMail: info@achtzehn99.de
Homepage: www.achtzehn99.de

Vereinsgründung: 01.07.1899 Gründung des TV 1899 Hoffenheim; 1945 Fusion mit FV Hoffenheim zur TSG 1899 Hoffenheim

Vereinsfarben: Blau-Weiß
Präsident: Peter Hofmann
Teammanager: Thomas Gomminger

Stadion: Dietmar-Hopp-Stadion (6.500)

Größte Erfolge: Meister der Oberliga Baden-Württemberg 2010 (↑); Qualifikation für die Regionalliga Südwest 2012

Aufgebot:

Name, Vorname	Pos	geb. am	Nat.	seit	2018/19 Sp.	T.	Gesamt Sp.	T.	frühere Vereine
Alberico, Domenico	S	23.01.1999	D	2014	27	4	27	4	Karlsruher SC
Amade, Alfons	M	12.11.1999	D	2010	19	1	19	1	SV Waldhof Mannheim, SSV Vogelsang
Amiri, Nadiem	M	27.10.1996	D	2012	1	0	22	4	SV Waldhof Mannheim, 1. FC Kaiserslautern, Ludwigshafener SC
Anton, Corey Lee	A	12.11.1999	D	2017	1	0	1	0	1. FC K'lautern, VfR Wormatia Worms, SG Rot-Weiss/Olympia Alzey, TuS Wöllstein
Baumgartner, Christoph	M	01.08.1999	AUT	2017	14	5	14	5	AKA St. Pölten, SV Horn
Bender, Johannes	M	16.05.1998	D	2013	22	3	38	4	SV Sandhausen
Chana Nya, Moody Osman	A	07.01.1999	D	2017	26	0	28	0	FC Schalke 04, SG Wattenscheid 09, Schwarz-Weiß Röllinghausen
Curda, Laurin	A	20.10.2001	D	2017	1	0	1	0	VfB Stuttgart, FV Löchgau
Dogan, Isa	T	22.09.1999	TUR	2014	1	0	1	0	SV Viktoria Aschaffenburg
Drljaca, Stefan	T	20.04.1999	D	2016	16	0	17	0	SVgg 07 Elversberg
Ekene, Chinedu	S	09.07.1999	D	2018	20	3	20	3	Bayer 04 Leverkusen, SC Viktoria Rott
Elmkies, Ilay	M	10.03.2000	ISR	2017	7	1	7	1	SV Sinsheim, Maccabi Haifa, Beitar Nahariya
Foshag, Steffen	M	24.07.1999	D	2014	6	0	7	0	SV Waldhof Mannheim
Geiger, Dennis	M	10.06.1998	D	2009	3	0	28	5	SV Alemannia Sattelbach
Gessl, Sebastian	T	30.06.1996	AUT	2018	9	0	9	0	Karlsruher SC, SK Rapid Wien
Görlich, Luis	A	01.04.2000	D	2017	10	1	10	1	Karlsruher SC, FC-Astoria Walldorf, TSG 1899 Hoffenheim, FC Zuzenhausen
Gösweiner, Thomas	S	03.03.1995	AUT	2018	29	10	57	21	VfR Wormatia 08 Worms, FC Admira Wacker Mödling, SK Sturm Graz, FC Admira Wacker Möfling, AKA Admira Wacker Mödling, SC St. Peter-Freienstein
Hack, Robin	S	27.08.1998	D	2012	9	1	26	4	Karlsruher SC, 1. FC Calmbach
Hoogma, Justin	A	11.06.1998	NED	2017	5	2	23	2	Heracles Almelo, FC Twente Enschede, KVV Quick 20 Oldenzaal, SC Kisdorf
Hüttl, Tim	A	09.04.1998	D	2017	12	0	34	0	1. FC Nürnberg, FC Fortuna Coburg-Neuses, FC Coburg
Kobel, Gregor	T	06.12.1997	SUI	2014	4	0	43	0	Grasshopper Club Zürich, FC Zürich
Lässig, Emilian	A	30.11.1999	D	2010	11	0	11	0	FC Germania Forst
Lengle, Samuel	M	27.04.2000	D	2017	12	0	12	0	SV Dallau
Linsbchler, Tim	S	14.01.2000	AUT	2017	1	0	1	0	AKA Rapid Wien, Post SV Wien
Ludwig, Andreas	M	11.09.1990	D	2018	26	2	100	27	1. FC Magdeburg, FC Utrecht, VfR Aalen, TSV 1860 München, TSG Hoffenheim, 1. FC Heidenheim, TSG Hoffenheim, SSV Ulm 1846, TSV 1880 Neu-Ulm, TSV Blaustein
Onana, Amadou	M	16.08.2001	BEL	2018	1	0	1	0	SV Zulte Waregem, Royal White Star Brüssel, RSC Anderlecht
Otto, David	S	03.03.1999	D	2012	8	1	10	1	1. FC 08 Birkenfeld
Politakis, Theodoros	M	16.04.1998	GRE	2010	21	0	46	1	Karlsruher SC, SV Waldhof Mannheim, SpVgg 03 Sandhofen
Posch, Stefan	A	14.05.1997	AUT	2015	4	2	38	3	FC Admira Wacker Mödling, AKA Admira Wacker Mödling ... (vgl. Seite 26)
Rettig, Filip	A	16.09.1998	D	2018	19	1	47	2	Eintracht Braunschweig, 1. FC Nürnberg, RasenBallsport Leipzig, VfB Stuttgart
Rui Mendes (Montario Mendes, Rui Jorge)	M	10.11.1999	POR	2018	16	4	16	4	DSC Arminia Bielefeld, SV Viktoria 08 Georgsmarienhütte
Rupp, Lukas	M	08.01.1991	D	2016	3	0	41	10	VfB Stuttgart, SC Paderborn 07, Borussia Mönchengladbach ... (vgl. Seite 26)
Skenderovic, Meris	S	28.03.1998	MNE	2008	14	6	30	8	MFC 08 Lindenhof
Stojilkovic, Filip	S	04.01.2000	SUI	2018	2	0	2	0	FC Zürich, Red Star Zürich, FC Zürich
Stolz, Alexander	T	13.10.1983	D	2013	4	0	27	0	Karlsruher SC, VfB Stuttgart, TSG 1899 Hoffenheim, VfB Stuttgart, FC Nöttingen, SV Sandhausen, VfR Pforzheim, SV Stuttgarter Kickers, SV Hohenwart
Strompf, Philipp	A	23.04.1998	D	2018	23	2	53	3	FC-Astoria Walldorf, Karlsruher SC
Szarka, Robin	M	17.09.1991	D	2016	30	2	196	15	FC Energie Cottbus, TSG 1899 Hoffenheim, VfL Neckarau, ASV Feudenheim
Wähling, Nicolas	S	24.08.1997	D	2015	32	3	84	14	Karlsruher SC, FC 08 Neureut
Wallquist, Benjamin	A	24.01.2000	AUT	2017	1	0	1	0	AKA Red Bull Salzburg, FC Admira Wacker Mödling, SC Brunn/Gebirge
Wöhrle, Tim	M	06.04.1999	D	2012	5	0	5	0	SV Vaihingen, TSV Waldenbuch

Trainer:

Name, Vorname	geb. am	Nat.	Zeitraum	Spiele 2018/19	frühere Trainerstationen
Wildersinn, Marco	29.09.1980	D	04.04.2014 – lfd.	34	TSG 1899 Hoffenheim II (Co-Trainer), Karlsruher SC U19, Karlsruher SC II (Co-Tr.)

Zugänge:
Alberico, Amade, Anton, Dogan, Lässig und Wöhrle (eigene Junioren), Ekene (Bayer 04 Leverkusen Junioren), Gessl (Karlsruher SC II), Gösweiner (VfR Wormatia 08 Worms), Ludwig (1. FC Magdeburg), Rettig (Eintracht Braunschweig II), Rui Mendes (DSC Arminia Bielefeld II), Strompf (FC-Astoria Walldorf).
während der Saison:
Curda, Elmkies, Lengle, Linsbichler, Stojilkovic und Wallquist (eigene Junioren).

Abgänge:
Ademi (FC St.Gallen), Bühler (VfR Aalen), Cevik, Engelhardt, Jankowski und Michael (ohne Verein), Dehm (Holstein Kiel), Draband (SVgg 07 Elversberg), Ikpide (Offenbacher FC Kickers), Owusu (DSC Arminia Bielefeld), Rossipal (SV Sandhausen), Schaffer (FC-Astoria Walldorf), Viventi (SSV Ulm 1846), Waack (FC Austria Lustenau).
während der Saison:
Kobel (FC Augsburg), Hoogma (FC St. Pauli), Skenderovic (TSV Hartberg).

FC 08 Homburg / Saar

Anschrift:
Rondell 4
66424 Homburg
Telefon: (0 68 41) 8 18 07 80
eMail: info@fc08homburg.de
Homepage: www.fc08homburg.de

Vereinsgründung: 1908 als FC Homburg gegründet; 1913 in FV und 1926 in VfL umbenannt
1947 als SV wiedergegründet; 1958 in FC 08 Homburg umbenannt

Vereinsfarben: Grün-Weiß
1. Vorsitzender: Herbert Eder
Sportmanager: Michael Berndt

Stadion:
Waldstadion Homburg (21.813)

Größte Erfolge: Deutscher Amateurmeister 1983; Sieger Landespokal Saarland 1983, 2001, 2006, 2008, 2014 und 2016; Aufstieg in die 2. Bundesliga 1984; Aufstieg in die Bundesliga 1986 und 1989; Aufstieg in die Regionalliga West 2010; Aufstieg in die Regionalliga Südwest 2012; Meister der Oberliga Rheinland-Pfalz/Saar 2018 (↑)

Aufgebot:

Name, Vorname	Pos	geb. am	Nat.	seit	2018/19 Sp.	T.	Gesamt Sp.	T.	frühere Vereine
Darwiche, Ihab	S	04.06.1993	D	2019	14	4	107	21	Offenbacher FC Kickers, Rot Weiss Ahlen, FC Schalke 04, Rot-Weiss Essen, SV Rot-Weiß Mülheim
Dulleck, Patrick	S	15.02.1990	D	2017	32	13	171	54	TSV Steinbach, SVgg 07 Elversberg, Karlsruher SC, TSG 1899 Hoffenheim, FC-Astoria Walldorf, SG Siemens Karlsruhe, SV Langensteinbach, TSV Spessart
Eichmann, Jan	A	13.03.1996	D	2015	26	1	60	3	1. FC Saarbrücken, SpVgg Greuther Fürth, 1. FC Saarbrücken
Gaiser, Marco	M	11.01.1993	D	2016	20	1	58	2	SV Stuttgarter Kickers, SSV Reutlingen 05, VfB Stuttgart, SSV Reutlingen 05, SV Rommelsbach, TB Kirchentellinsfurt
Giordano, Gaetano	M	13.02.1998	D	2017	5	0	5	0	SV Waldhof Mannheim, TSG 1899 Hoffenheim, VfL Neckarau
di Gregorio, Daniel	M	27.09.1991	ITA	2018	10	0	153	17	SV Waldhof Mannheim, Eintracht Frankfurt, SG Rot-Weiss Frankfurt, Eintracht Frankfurt, SV Sachsenhausen
Hahn, Alexander	A	20.01.1993	D	2017	32	12	153	22	1. FC Saarbrücken, SV Meppen, SV Werder Bremen, VfL Weiße Elf Nordhorn, SV Veldhausen 07
Höh, Erik	T	07.04.1998	D	2014	0	0	0	0	Sportfreunde Walsheim
Knipfer, Andreas	A	03.11.1997	D	2018	13	1	79	4	1. FC Nürnberg, BSC Woffenbach
Lensch, Christian	M	21.08.1992	D	2016	8	0	135	7	1. FC Kaiserslautern, TSG 1899 Hoffenheim, 1. FC Saarbrücken, Borussia Neunkirchen, FC St. Wendel
Lickert, Eric	M	04.07.1995	D	2017	0	0	11	0	SC Freiburg, SpVgg Unterhaching, SC Freiburg, SV Rot-Weiß Glottertal
Lienhard, Patrick	M	30.05.1992	D	2017	26	3	160	28	SV Eintracht Trier 05, SSV Jahn 2000 Regensburg, SVN Zweibrücken, SC Freiburg, SV Berghaupten
Maek, Kevin	A	04.11.1988	D	2018	23	5	115	21	SVgg 07 Elversberg, 1. FC Saarbrücken, TSV Alemannia Aachen, SV Werder Bremen, 1. FC Union Berlin, VfL Wolfsburg, Tennis Borussia Berlin, FC Nordost Berlin, Berliner FC Dynamo, Marzahner SV
Neofytos, Konstantinos	S	04.11.1989	D	2017	21	0	49	4	Offenbacher FC Kickers, PAS Lamia, AO Acharnaikos, PPA Zakynthos, AO Porou
Neubauer, Maurice	A	29.04.1996	D	2018	33	1	99	7	1. FSV Mainz 05, FC Schalke 04, MSV Duisburg, FC Schalke 04
Plattenhardt, Luca	A	28.01.1998	D	2018	9	0	10	0	SSV Reutlingen 05, TSV 1860 München, SSV Reutlingen 05
Redl, Mark-Patrick	T	06.01.1993	D	2017	5	0	5	0	1. FC Kaiserslautern, Borussia Dortmund, SV Stuttgarter Kickers, TSG 1899 Hoffenheim, FC Rastatt 04, SV 08 Kuppenheim, SV Niederbühl/Donau
Rosinger, Bernd	S	30.08.1989	D	2018	14	0	111	41	VfL Sportfreunde Lotte, SV Wacker Burghausen, 1. FC Nürnberg, SV Seligenporten, BSC Woffenbach
Salfeld, David	T	02.11.1990	D	2017	29	0	61	0	1. FC Saarbrücken, SV Darmstadt 98, SG Rot-Weiss Frankfurt, Bonner SC, 1. FC Kaiserslautern, TSG Weinheim
Schäfer, Jaron	M	14.07.1993	D	2014	0	0	62	5	1. FC Saarbrücken, SC Wemmatia Wemmetsweiler
Schmitt, Tom	S	18.04.1996	D	2016	25	0	33	1	1. FSV Mainz 05, TuS Koblenz, SG Ehrbachtal Ney
Sellentin, Sven	M	11.06.1993	D	2018	6	0	52	6	SVgg 07 Elversberg, SC Hauenstein, SV Waldhof Mannheim, Karlsruher SC, 1. FC Kaiserslautern, FSV Offenbach
Sökler, Sven	M	09.11.1984	D	2017	5	0	156	26	1. FC Saarbrücken, 1. FC Heidenheim, 1. FC Saarbrücken, SV Darmstadt 98, SSV Reutlingen 05, SV Stuttgarter Kickers, TuS Ergenzingen, VfB Stuttgart, TSV Haiterbach, SV Poltringen
Stegerer, Tim	A	18.07.1988	D	2014	34	1	133	8	1. FC Saarbrücken, SV Auersmacher, WSV St. Lambrecht
Steinherr, Thomas	M	04.05.1993	D	2018	31	2	103	14	SpVgg Unterhaching, VfR Aalen, SpVgg Unterhaching, FC Augsburg, FC Stätzling
Telch, Christian	M	09.01.1988	D	2017	25	0	227	11	SV Eintracht Trier 05, Goslarer SC 98, SVN 1929 Zweibrücken, Rot-Weiss Essen, Offenbacher FC Kickers, 1. FSV Mainz 05, TSV Armsheim-Schimsheim
Theisen, Christopher	M	13.06.1993	D	2018	29	9	109	25	Fortuna Köln, 1. FC Nürnberg, Eintracht Trier, TuS Koblenz, TuS Mayen, TuWi Adenau
Wunn, Philipp	S	11.03.1998	D	2017	0	0	0	0	1. FC Saarbrücken

Trainer:

Name, Vorname	geb. am	Nat.	2018/19		frühere Trainerstationen
Luginger, Jürgen	08.12.1967	D	15.04.2017 – lfd.	34	FC Schalke 04 II, Bayer 04 Leverkusen II, 1. FC Saarbrücken, SC Rot-Weiß Oberhausen (Trainer und Co-Trainer), KFC Uerdingen 05 (Spielertrainer)

Zugänge:
di Gregorio (SV Waldhof Mannheim), Knipfer (1. FC Nürnberg II), Maek und Sellentin (SVgg 07 Elversberg), Neubauer (1. FSV Mainz 05 II), Plattenhardt (SSV Reutlingen 05), Rosinger (VfL Sportfreunde Lotte), Steinherr (SpVgg Unterhaching), Theisen (SC Fortuna Köln).
während der Saison:
Darwiche (Offenbacher FC Kickers).

Abgänge:
Ebler, Hesse und Schneider (II. Mannschaft), Gallego (TSV Essingen), Meyer (SG Lebach/Landsweiler), Neumann (FC Hertha Wiesbach), Raptis (ohne Verein), Roob (TSV Bad Abbach).

1. FSV Mainz 05 II

Anschrift:
Isaac-Fulda-Allee 5
55124 Mainz
Telefon: (0 61 31) 37 55 00
eMail: info@mainz05.de
Homepage: www.mainz05.de

Vereinsgründung: 16.03.1905 als 1. Mainzer FC Hassia 05; seit 1918 1. FSV Mainz 05
Vereinsfarben: Rot-Weiß
1. Vorsitzender: Stefan Hofmann
Sportlicher Leiter: André Hechelmann
Stadion: Stadion am Bruchweg (13.508)

Größte Erfolge: Meister der Verbandsliga Südwest 1999 (↑); Meister der Oberliga Südwest 2008 (↑); Südwest-Pokalsieger 2001, 2002, 2003, 2004 und 2005; Qualifikation für die Regionalliga West 2008; Qualifikation für die neue Regionalliga Südwest 2012; Aufstieg in 3. Liga 2014

Aufgebot:

Name, Vorname	Pos	geb. am	Nat.	seit	2018/19 Sp.	T.	gesamt Sp.	T.	frühere Vereine
Akoto, Michael	A	03.10.1997	D	2018	7	0	7	0	SV Wehen Wiesbaden, SV Frauenstein
Baku, Bote Ridle	M	08.04.1998	D	2007	1	0	27	1	eigene Junioren
Barreiro, Leandro	M	03.01.2000	LUX	2016	5	1	5	1	FC Erpeldange 72, RFC Union Luxemburg
Bauer, Julian	T	03.07.1999	D	2018	0	0	0	0	Eintracht Frankfurt, SV Wehen Wiesbaden, FC Germania Weilbach
Bell Bell, Leon	M	06.09.1996	D	2018	29	4	94	15	FSV Frankfurt, 1. FC Kaiserslautern, SV Darmstadt 98, Eintracht Frankfurt, SG Rosenhöhe Offenbach, Freie Turner Oberrad
Breitenbach, Jayson	A	12.05.1998	D	2013	28	1	49	1	Offenbacher FC Kickers, VfR Meerholz
Burkardt, Jonathan	S	11.07.2000	D	2014	2	0	2	0	SV Darmstadt 98
Bussmann, Gaetan	A	02.02.1991	FRA	2018	3	0	4	0	SC Freiburg, 1. FSV Mainz 05, FC Metz, SAS Epinal, FC Metz, SAS Epinal
Cvijetkovic, Raffael	M	04.05.1998	D	2018	13	0	26	1	TSV Steinbach, Eintracht Frankfurt, TSG Wieseck, JSG Bieberthal
Dahmen, Finn	T	27.03.1998	D	2008	32	0	59	1	Eintracht Frankfurt, FC Bierstadt
Demirbas, Tolga	M	14.05.1999	D	2015	12	1	13	1	SV Wehen Wiesbaden, SV Wiesbaden, FC Bierstadt
Fedl, Jonas	A	05.02.1999	D	2015	10	0	10	0	TuS Koblenz
Grau, Fabian	A	10.06.1998	D	2011	11	0	22	0	VfB 1900 Gießen, TSV Albshausen
Gürleyen, Ahmet	A	26.04.1999	D	2016	22	2	22	2	Tennis Borussia Berlin, FC Hertha 03 Zehlendorf
Hanner-Lopez, Kennet	S	24.08.1999	D	2014	5	0	6	0	DJK-SV Phönix Schifferstadt
Häusl, Charmaine	A	27.01.1996	D	2011	29	0	44	1	FC Augsburg, SC Fürstenfeldbruck, TSV 1860 München, SC Olching
Holtmann, Gerrit	M	25.03.1995	D	2016	2	0	32	11	Eintracht Braunschweig, JFV Bremerhaven, SV Werder Bremen, Olympischer SC Bremerhaven, Leher TS, SC Sparta Bremerhaven
Kinsombi, Christian	M	24.08.1999	D	2018	27	2	42	2	SV Wehen Wiesbaden
Kölle, Niklas	A	17.11.1999	D	2016	31	0	31	0	VfL Wolfsburg, JSG Mörse/Ehmen
Lappe, Karl-Heinz	S	14.09.1987	D	2017	31	12	181	104	FC Bayern München, FC Ingolstadt 04, FC Unterföhring, FT 09 Starnberg, FC Bayern München, SV Nord Lerchenau
Lihsek, Nils	M	24.09.1999	D	2007	11	0	11	0	SV Elz
Loechelt, Sandro	M	24.08.1995	D	2017	24	4	130	11	VfR Wormatia 08 Worms, 1. FC Kaiserslautern, SV Schwarz-Weiß Mauchenheim
Makoumbou, Antoine	M	18.07.1998	FRA	2018	7	1	7	1	AC Ajaccio, AS Monaco
Manthe, Patrick	T	03.08.1993	D	2016	2	0	3	0	TSV Schott Mainz, 1. FSV Mainz 05
Mause, Jannik	S	11.07.1998	D	2016	26	2	55	8	1. FC Köln, Roda JC Kerkrade, TSV Hertha Walheim, SC Setterich
Oeßwein, Lars	A	13.03.1998	D	2018	16	0	32	0	VfB Stuttgart, 1. FC Kaiserslautern, SV Viktoria Herxheim, SV Olympia Rheinzabern
Parker, Devante	M	16.03.1996	D	2018	8	3	10	4	SKN St. Pölten, 1. FSV Mainz 05, FC Bierstadt, FV Biebrich 02
Peitz, Dominic	M	11.09.1984	D	2019	12	1	17	1	Holstein Kiel, Karlsruher SC, FC Augsburg, FC Hansa Rostock, FC Augsburg, 1. FC Union Berlin, VfL Osnabrück, SV Werder Bremen, SC Paderborn 07, DJK Blau-Weiß 1920 Geseke, SV Schwarz-Weiß Overhagen
Petermann, Justin	M	01.11.1998	D	2007	26	4	60	4	eigene Junioren
Rekdal, Thomas	M	16.03.2001	NOR	2019	2	0	2	0	Fredrikstad FK, Skogstrand IL
Scheithauer, Vitus	A	21.04.1999	D	2016	25	0	25	0	TSV 1860 München
Tyrala, Sebastian	M	22.02.1988	D	2017	14	0	96	11	FC Rot-Weiß Erfurt, SpVgg Greuther Fürth, VfL Osnabrück, Borussia Dortmund, BV Bad Sassendorf
Visoka, Bleron	S	21.06.1999	D	2017	0	0	0	0	SSV Ulm 1846, TSV Weilheim/Teck
Wimmer, Linus	M	07.01.1998	D	2009	0	0	0	0	FT Jahn Landsberg

Trainer:

Name, Vorname	geb. am	Nat.	Zeitraum	Spiele 2018/19	frühere Trainerstationen
Gaul, Bartosch	30.11.1987	D	01.07.2018 – lfd.	34	1. FSV Mainz 05 (Jugend), FC Schalke 04 (Jugend und Junioren)

Zugänge:
Akoto (SV Wehen Wiesbaden), Bauer (Eintracht Frankfurt Junioren), Bell Bell (FSV Frankfurt), Burkardt, Fedl, Gürleyen, Kölle, Lihsek, Scheithauer und Visoka (eigene Junioren), Makoumbou (AC Ajaccio), Oeßwein (VfB Stuttgart II), Parker (SKN St. Pölten).
während der Saison:
Barreiro (eigene Junioren), Peitz (Holstein Kiel), Rekdal (Fredrikstad FK).

Abgänge:
Bülbül (Berliner AK 07), Ihrig und Moos (VfR Wormatia 08 Worms), Korczowski (SG Wattenscheid 09), Mörschel (Holstein Kiel), Neubauer (FC 08 Homburg), Sverko (Karlsruher SC), Trümner (SG Barockstadt Fulda-Lehnerz).
während der Saison:
Visoka (SSV Reutlingen 05), Wimmer (TSV Schott Mainz).

SV Waldhof Mannheim

Anschrift:
Alsenweg 3
68305 Mannheim
Telefon: (06 21) 76 41 50
eMail: office@svwm.de
Homepage: www.waldhof-mannheim.de

Vereinsgründung: 11.04.1907 als SV 1907 Waldhof; 1920 Anschluss des TV 1877 Waldhof; 1972-1978 SV Chio Waldhof 07; seit 1978 SV Waldhof 07
Vereinsfarben: Blau-Schwarz
Präsident: Bernd Beetz
Sportlicher Leiter: Jochen Kientz

Stadion: Carl-Benz-Stadion (27.000)

Größte Erfolge: Finale im DFB-Pokal (Tschammer-Pokal) 1939; Meister der 2. Liga Süd 1958 (↑); Meister der 1. Amateurliga Nordbaden 1971 und 1972 (↑); Meister der 2. Bundesliga 1983 (↑); Sieger im Baden-Pokal 1998 und 1999; Meister der Regionalliga Süd 1999 (↑); Meister der Oberliga Baden-Württemberg 2011 (↑); Qualifikation für die Regionalliga Südwest 2012; Meister der Regionalliga Südwest 2016 und 2019 (↑)

Aufgebot:

Name, Vorname	Pos	geb. am	Nat.	seit	2018/19 Sp.	T.	Gesamt Sp.	T.	frühere Vereine
Bouziane, Mounir	M	05.02.1991	FRA	2018	13	3	119	28	FC Hansa Rostock, 1. FSV Mainz 05, FC Energie Cottbus, 1. FSV Mainz 05, SC Freiburg, Racing Club Straßburg, FC Saint Louis Neuweg
Celik, Mete	A	08.10.1996	TUR	2017	24	0	44	1	VfB Stuttgart, TSV 1880 Neu-Ulm, TSV Langenau
Conrad, Kevin	A	10.08.1990	D	2017	25	1	111	5	Chemnitzer FC, TSG 1899 Hoffenheim, FV Lauda, TSV Hohebach
Deville, Maurice	S	31.07.1992	LUX	2017	32	9	147	34	FSV Frankfurt, 1. FC Kaiserslautern, 1. FC Saarbrücken, SVgg 07 Elversberg, TSV Alemannia Aachen, SC Uckerath, FC Swift Hisperange
Diring, Dorian	M	11.04.1992	FRA	2017	32	5	86	10	Hallescher FC, FC Erzgebirge Aue, Hertha BSC, FC Mulhouse, Racing Straßburg, FC Brunstatt
Flick, Florian	A	01.05.2000	D	2014	3	0	3	0	JSF Hetzbach/Günterfürst, VfB Eberbach, SV Gammelsbach
Gäng, Christopher	T	10.05.1988	D	2016	0	0	76	0	SG Sonnenhof Großaspach, 1. FC Lok Leipzig, Türkiyemspor Berlin 1978, Rasen-Ballsport Leipzig, Hertha BSC, SV Waldhof Mannheim, SSV Vogelstang
Hirsch, Maurice	M	30.05.1993	D	2018	14	1	116	3	SV Stuttgarter Kickers, Hannover 96, SpVgg Greuther Fürth, Hannover 96, TSG 1899 Hoffenheim, SV Waldhof Mannheim, TSV Neckarau
Hofrath, Marcel	A	21.03.1993	D	2018	17	1	68	9	SSV Jahn Regensburg, Chemnitzer FC, Fortuna Düsseldorf, TV Grafenberg
Just, Jan	A	14.09.1996	D	2018	7	1	50	3	TSV Schott Mainz, VfR Wormatia 08 Worms, 1. FC Kaiserslautern, 1. FSV Mainz 05
Kern, Timo	M	16.01.1990	D	2018	28	17	186	49	FC-Astoria Walldorf, Karlsruher SC, FV 08 Hockenheim
Korte, Gianluca	M	29.08.1990	D	2016	26	9	112	27	Eintracht Braunschweig, VfR Aalen, Eintracht Braunschweig, TuS Mechtersheim, DJK-SV Phönix Schifferstadt
Korte, Raffael	M	29.08.1990	D	2017	15	4	21	4	1. FC Union Berlin, Eintracht Braunschweig, 1. FC Saarbrücken, Eintracht Braunschweig, TuS Mechtersheim, DJK-SV Phönix Schifferstadt
Meyerhöfer, Marco	A	18.11.1995	D	2017	31	3	111	5	1. FC Saarbrücken, Eintracht Frankfurt, FSG Burg-Gräfenrode
Nag, Morris	M	19.01.1996	D	2018	8	0	80	4	Wormatia Worms, SV Waldhof Mannheim, SV Darmstadt 98, SV Unter-Flockenbach
Scholz, Markus	T	17.05.1988	D	2015	32	0	159	0	SG Dynamo Dresden, VfL Bochum, Sportfreunde Oestrich-Iserlohn, TSC Eintracht Dortmund, BSV Menden, VfK Iserlohn 1888, TuS Iserlohn 1846
Schultz, Michael	A	30.05.1993	D	2016	32	1	117	9	1. FC Kaiserslautern, Karlsruher SC, SV Viktoria Herxheim
Schuster, Marco	M	10.10.1995	D	2017	32	3	110	8	FC Augsburg, TSV 1861 Nördlingen
Schuster, Mirko	A	21.07.1994	D	2017	12	0	62	2	TSV Steinbach, SG Sonnenhof Großaspach, Karlsruher SC, SV Waldhof Mannheim
Schwarz, Silas	M	08.11.1997	D	2019	4	0	33	5	TSV Schott Mainz
Seegert, Marcel	A	29.04.1994	D	2019	14	1	125	15	SV Sandhausen, SV Waldhof Mannheim, 1. FSV Mainz 05, TSG 1899 Hoffenheim, SV Waldhof Mannheim, SC Käfertal, Polizei-SV Mannheim
Sommer, Jannik	S	13.09.1991	D	2015	28	7	175	54	FK 03 Pirmasens, SVN Zweibrücken, Eintracht Frankfurt, Offenbacher FC Kickers, Turnerschaft Ober-Roden, SC Viktoria Griesheim, JSG Dieburg/Groß-Zimmern, FSV Groß-Zimmern
Sprecakovic, Sinisa	M	16.08.1998	D	2017	0	0	1	0	SG HD-Kirchheim, Karlsruher SC
Sulejmani, Valmir	S	01.02.1996	KVX	2018	32	18	123	31	Hannover 96, 1. FC Union Berlin, Hannover 96, SC Wedemark
Varvodic, Miro	T	15.05.1989	KRO	2019	2	0	14	0	SV Stuttgarter Kickers, SV Horn, SpVgg Greuther Fürth, FK Qarabag Agdam, 1. FC Köln, HNK Hajduk Split, NK Mosor, HNK Hajduk Split
Weik, Jonas	M	31.03.2000	D	2017	3	0	3	0	TSG 1899 Hoffenheim, SV Waldhof Mannheim, SpVgg 06 Ketsch
Weis, Konstantin	T	02.05.1997	D	2016	0	0	0	0	Karlsruher SC, SV Sandhausen, Karlsruher SC
Weißenfels, Jesse	S	26.05.1992	D	2018	9	0	92	34	SV Stuttgarter Kickers, SC Preußen Münster, VfL Sportfreunde Lotte, FC Schalke 04, SV Sonsbeck, Bor. M'gladbach, PSV Wesel-Lackhausen, SV Rheinkraft Ginderich

Trainer:

Name, Vorname	geb. am	Nat.	Zeitraum	Spiele 2018/19	frühere Trainerstationen
Trares, Bernhard	18.08.1965	D	04.01.2018 – lfd.	34	Hamburger SV (Co-Trainer), FC Schalke 04 II, FSV Frankfurt, VfR Wormatia 08 Worms, TSV 1860 München (Co-Trainer)

Zugänge:
Flick, Weick und Weis (eigene Junioren), Hirsch und Weißenfels (SV Stuttgarter Kickers), Just (TSV Schott Mainz), Kern (FC-Astoria Walldorf), Nag (VfR Wormatia 08 Worms), Sulejmani (Hannover 96).
während der Saison:
Bouziane (FC Hansa Rostock), Hofrath (SSV Jahn Regensburg), Schwarz (TSV Schott Mainz), Seegert (SV Sandhausen), Varvodic (SV Stuttgarter Kickers).

Abgänge:
Amin (SV Meppen), di Gregorio (FC 08 Homburg), Hebisch (FC Viktoria Köln), Heeger (SV Sandhausen), Ivan (New York Red Bulls), Koep (TSV Steinbach Haiger), Mayer (Laufbahn beendet), Nennhuber (FC Gießen), Rothenstein (VfB Germania Halberstadt), Tüting (ohne Verein), Tzimanis (FC-Astoria Walldorf), Weippert (Neckarsulmer Sport-Union).

Offenbacher FC Kickers 1901

Anschrift:
Waldemar-Klein-Platz 1
63071 Offenbach
Telefon: (0 69) 9 81 90 10
eMial: info@ofc.de
Homepage: www.ofc.de

Vereinsgründung: 27.05.1901

Vereinsfarben: Rot-Weiß
Präsident: z.Z. unbesetzt
Sportdirektor: Sead Mehic

Stadion:
Sparda-Bank-Hessen-Stadion (20.500)

Größte Erfolge: Deutscher Pokalsieger 1970; Deutscher Vizemeister 1950, 1959; Meister der Oberliga Süd 1949, 1955; Meister der Regionalliga Süd 1967, 1970 (↑), 1972 (↑); Aufstiegsrunde zur Bundesliga 1966, 1968 (↑), 1981, 1982, 1986, 1987 (↑), 1993; Vizemeister der 2. Bundesliga 1983 (↑)

Aufgebot:

Name, Vorname	Pos	geb. am	Nat.	seit	2018/19 Sp.	T.	Gesamt Sp.	T.	frühere Vereine
Akgöz, Varol	S	18.06.1987	D	2017	19	4	76	14	SG Rot-Weiss Frankfurt, 1. FC Arheilgen Darmstadt, SV Darmstadt 98, KSV Baunatal, Eintracht Frankfurt, Offenbacher FC Kickers, 1. FV Bebra
Albrecht, Lucas	A	09.01.1991	D	2018	25	1	168	23	KSV Hessen Kassel, TSG Neustrelitz, SV Babelsberg 03, FC Hansa Rostock, 1. FC Neubrandenburg 04, SV Tollense Neubrandenburg
Brune, Sebastian	T	19.02.1994	D	2017	2	0	14	0	TSV Steinbach, RasenBallsport Leipzig, FC Viktoria 1889 Berlin LT, SV Waldhof Mannheim, VfL Bochum, Borussia Dortmund
Darwiche, Ihab	S	04.06.1993	D	2016	6	0	107	21	Rot Weiss Ahlen, FC Schalke 04, Rot-Weiss Essen, SV Rot-Weiß Mülheim
Endres, Daniel	T	16.05.1985	D	2011	31	0	179	0	Eintracht Frankfurt, SV Rot-Weiß Offenbach
Ferukoski, Marco	M	26.05.1999	MKD	2016	7	0	8	0	FSV Frankfurt, Offenbacher FC Kickers, FSV Frankfurt
Firat, Serkan	M	02.05.1994	D	2016	33	11	103	27	SC Viktoria Griesheim, SV Darmstadt 98, Turngemeinde Ober-Roden
Garic, Luka	M	13.06.2000	CRO	2015	27	1	27	1	SpVgg Dietesheim
Göcer, Serkan	M	26.06.1993	D	2016	6	0	116	4	FC Schalke 04, SVgg 07 Elversberg, 1. FC Saarbrücken, SC Rot-Weiß Oberhausen, TuS Koblenz, FC Horchheim
Gohlke, Gerrit	A	12.03.1999	D	2008	4	0	5	0	SV Reinheim
Hecht-Zirpel, Niklas	M	18.08.1993	D	2017	19	3	75	16	FC Nöttingen
Hirst, Jake	S	05.05.1996	ENG	2018	29	9	29	9	Türkischer SV Bad Nauheim, TSG Ober-Wöllstadt, FSV Frankfurt, TSG Ober-Wöllstadt, TSG Wieseck, Eintracht Frankfurt, SpVgg 08 Bad Nauheim, SV Germania Schwalheim
Hodja, Dren	M	27.03.1994	ALB	2016	25	3	140	36	VfR Aalen, FC Schalke 04, Offenbacher FC Kickers
Ikpide, Kevin	M	08.06.1997	D	2018	20	1	64	1	TSG 1899 Hoffenheim, VfB Stuttgart, TSV Weilheim/Teck
Kirchhoff, Benjamin	A	11.11.1994	D	2016	31	6	92	10	VfB Stuttgart, FSV Frankfurt, Eintracht Frankfurt
Lemmer, Jakob	M	26.04.2000	D	2016	1	0	1	0	Eintracht Frankfurt, 1. FC-TSG Königstein, 1. FC Young Boys Oberursel
Lovric, Francesco	M	05.10.1995	AUT	2018	28	1	40	2	SC Austria Lustenau, SV Mattersburg, VfB Stuttgart, AKA Austria Wien, FK Austria Wien
Marx, Jan-Hendrik	A	26.04.1995	D	2012	27	0	87	3	Eintracht Frankfurt, SV 09 Hofheim
Pyysalo, Matias	M	05.05.1995	FIN	2019	4	0	4	0	Vantaan JS, University Central Florida, River City Rovers, University Central Florida, Klubi-04 Helsinki
Reinhard, Moritz	S	01.08.1995	D	2019	13	5	13	5	SG Elters/Eckweisbach/Schwarzbach
Sawada, Ko	M	25.12.1991	JPN	2016	34	6	63	10	SG Rot-Weiss Frankfurt, VfB Ginsheim
Scheffler, Julian	A	14.06.1996	D	2018	18	0	41	0	1. FC Nürnberg, SC Teutonia Watzenborn-Steinberg, TSG Wieseck, TSV Grünberg
Schulte, Dennis	A	05.07.1990	D	2013	12	1	197	6	FC Carl Zeiss Jena, 1. FC Köln, FSV Neunkirchen-Seelscheid
Sentürk, Semih	M	13.09.1997	D	2012	0	0	22	1	1. Hanauer FC 93, VfR Kesselstadt
Stoilas, Christos	M	20.03.1996	D	2013	6	0	49	1	Eintracht Frankfurt
Treske, Florian	S	10.08.1987	D	2017	13	3	220	88	VfR Wormatia 08 Worms, SSV Ulm 1846, SV Stuttgarter Kickers, SSV Ulm 1846, 1. FC Bad Kötzting, SpVgg Grün-Weiß Deggendorf 03, SpVgg Ruhmannsfelden, SpVgg Grün-Weiß Deggendorf 03
Vetter, Maik	M	06.09.1991	D	2014	31	5	199	19	SV Wehen Wiesbaden, Eintracht Frankfurt, FSV Frankfurt, KSV Klein-Karben, SG Rodheim, SpVgg 02 Griesheim
Zabadne, Bilal Jomaa	T	26.11.1998	SYR	2016	1	0	2	0	Turnerschaft Ober-Roden, SG Rot-Weiss Frankfurt

Trainer:

Name, Vorname	geb. am	Nat.	Zeitraum	Spiele 2018/19	frühere Trainerstationen
Steuernagel, Daniel	16.11.1979	D	01.07.2018 – lfd.	34	Sportfreunde Siegen, SC Teutonia Watzenborn-Steinberg, SSV Lindheim, SC Viktoria Nidda

Zugänge:
Albrecht (KSV Hessen Kassel), Garic (eigene Junioren), Hirst (Türkischer SV Bad Nauheim), Ikpide (TSG 1899 Hoffenheim II), Scheffler (1. FC Nürnberg II).
während der Saison:
Lemmer (eigene Junioren), Pyysalo (Vantaan JS), Reinhard (SG Elters/Eckweisbach/Schwarzbach).

Abgänge:
Dähn (SV Viktoria Aschaffenburg), Jürgens (FC Carl Zeiss Jena II), Maier (FC Viktoria Köln), Rapp (SpVgg Oberfranken Bayreuth), Theodosiadis (SC Hessen Dreieich), Zivkovic (SV Stuttgarter Kickers).
während der Saison:
Darwiche (FC 08 Homburg), Sentürk (FC Bayern Alzenau).

FK 1903 Pirmasens

Anschrift:
Georgia Avenue 1
66953 Pirmasens
Telefon: (0 63 31) 1 29 63
eMail: info@fk-pirmasens.com
Homepage: www.fk-pirmasens.com

Vereinsgründung: 10.06.1903

Vereinsfarben: Weiß-Blau
1. Vorsitzender: Jürgen Kölsch
Sportlicher Leiter: Attila Baum

Stadion:
Sportpark Husterhöhe (10.000)

Größte Erfolge: Meister der Bezirksliga Saar 1930, 1931, 1932 und 1933; Pokalsieger Rhein-Main-Saar 1952; Meister der Oberliga Südwest 1958, 1959 und 1960; Endrunde zur Deutschen Meisterschaft 1958, 1959, 1960 und 1962; Aufstiegsrunde zur Bundesliga 1964, 1966, 1970, 1971 und 1975; Sieger im Südwest-Pokal 1999, 2006, 2010 und 2015; Meister der Oberliga Südwest 1999 (↑), 2006 (↑) und Rheinland-Pfalz/Saar 2014 (↑); Vizemeister der Oberliga Rheinland-Pfalz/Saar 2018 (↑)

Aufgebot:

Name, Vorname	Pos	geb. am	Nat.	seit	2018/19 Sp.	2018/19 T.	Gesamt Sp.	Gesamt T.	frühere Vereine
Baizidi, Yacine	A	27.08.1996	FRA	2019	1	0	1	0	FV 07 Diefflen, FC Fribourg, FV 07 Diefflen, FC Mondercange, SC Reutzwald, US Forbach
Becker, David	M	18.01.1992	D	2013	31	3	124	8	Borussia Neunkirchen, SG Blaubach-Diedelkopf
Bohnert, Florian	M	09.11.1997	LUX	2018	31	5	53	5	FC Schalke 04, 1. FC Saarbrücken, Racing FC Union Luxemburg, FC Avenir Beggen
Brenner, Sebastian	M	14.01.1997	D	2017	5	0	5	0	1. FC Saarbrücken, 1. FC Kaiserslautern, SV Spesbach
Bürger, Felix	M	28.07.1992	D	2014	13	1	98	10	TuS 04 Hohenecken, 1. FC Kaiserslautern
Cissé, Salif	M	17.06.1994	D	2016	31	0	94	5	SV Saar 05 Saarbrücken, SVgg 07 Elversberg, 1. FC Kaiserslautern, TuS Wiebelskirchen, FC Palatia Limbach, FV Neunkirchen
Eichhorn, Luca	S	10.07.1997	D	2012	14	0	18	0	SG Grenzland Niederkrüchten
Freyer, Patrick	M	27.10.1988	D	2012	27	3	171	31	1. FC Kaiserslautern, FK 03 Pirmasens, SV Hermersberg
Gize, Matthias	T	24.06.1995	D	2010	0	0	4	0	1. FC Kaiserslautern
Grieß, Yannick	A	28.05.1996	D	2015	13	0	31	0	SV Gersbach
Grimm, Christian	M	04.02.1987	D	2015	28	2	244	26	FC 08 Homburg, SVgg 07 Elversberg, 1. FSV Mainz 05, ASV Fußgönheim, Ludwigshafener SC, SV Weingarten, 1. FC Kaiserslautern, VfR Frankenthal
Grünnagel, Manuel	A	01.01.1996	D	2012	31	2	77	4	SG Thaleischweiler-Fröschen
Hammann, Sascha	A	17.02.1993	D	2013	29	0	81	1	SV Rodenbach, TSG 1861 Kaiserslautern, 1. FC K'lautern, SpVgg NMB Mehlingen
Hodel, Thorsten	T	26.02.1979	D	2018	1	0	55	0	SV Morlautern, SVN Zweibrücken, FC 08 Homburg, SV Rodenbach, FV Weilerbach, SV Rodenbach
Jorrin, Heraldo	S	10.09.1993	D	2018	1	0	21	0	TuS 04 Hohenecken, SV Herschberg, FK 03 Pirmasens, SVN Zweibrücken, SC 07 Idar-Oberstein, TSG 1861 Kaiserslautern
Kläs, Daniel	T	07.09.1991	D	2015	3	0	105	0	SVgg 07 Elversberg, 1. FC Saarbrücken, FC Fehrbach, FC 1914 Münchweiler
Krob, Dennis	S	20.11.1992	D	2016	30	8	45	9	SC Hauenstein, TuS 04 Hohenecken, SV Niederauerbach
Ludy, Christopher	S	22.03.1993	D	2012	27	3	44	4	SC Freiburg, FK 03 Pirmasens, TuS Leimen
Neufang, Arne	M	05.01.1999	D	2018	5	0	5	0	1. FC Saarbrücken
Özcelik, Yasin	S	26.11.1985	D	2018	5	0	5	0	SV Büchelberg, FC Bienwald Kandel, SV Büchelberg, VfR Kandel, TB Jahn Zeiskam, SV Büchelberg, ASV Durlach, VfR Kandel
Osee, Yannick	A	13.06.1997	D	2015	27	2	39	2	1. FC Kaiserslautern
Pinheiro, Ricky	M	01.02.1989	POR	2018	31	6	241	38	VfR Wormatia 08 Worms, SVgg 07 Elversberg, 1. FC Kaiserslautern, KSV Hessen Kassel, Borussia Neunkirchen, 1. FC Kaiserslautern, VfL Osnabrück, 1. FC K'lautern
Rebmann, Jan Luca	S	14.11.1998	D	2017	0	0	0	0	1. FC Saarbrücken, FK 03 Pirmasens, SpVgg Einöd-Ingwiler, SV Ixheim
Reitz, Benjamin	T	21.03.1998	D	2018	31	0	34	0	1. FC Kaiserslautern, FK 03 Pirmasens
Schubert, Christian	A	20.11.1996	D	2015	6	0	7	1	SG Blaubach-Diedelkopf
Schuck, Philipp	A	18.03.1999	D	2018	23	0	23	0	1. FC Heidenheim
Steil, Marco	A	13.11.1987	D	2014	32	1	260	15	VfR Wormatia 08 Worms, KSV Hessen Kassel, KSV Baunatal, Holstein Kiel, FC Vaduz, 1. FSV Mainz 05, FK 03 Pirmasens, 1. FC Kaiserslautern

Trainer:

Name, Vorname	geb. am	Nat.		2018/19	frühere Trainerstationen
Tretter, Peter	17.01.1967	D	01.07.2012 – lfd.	34	FK 03 Pirmasens (Co-Trainer), FK 03 Pirmasens Junioren, SC Hauenstein U17, SV Hinterweidenthal, Sportfreunde Bundenthal

Zugänge:
Bohnert (FC Schalke 04 II), Eichhorn (eigene Junioren), Hodel (SV Morlautern), Jorrin (TuS 04 Hohenecken), Neufang (1. FC Saarbrücken Junioren), Özcelik (SV Büchelberg), Pinheiro (VfR Wormatia 08 Worms), Reitz (1. FC Kaiserslautern II), Schuck (1. FC Heidenheim Junioren).
während der Saison:
Baizidi (FV 07 Diefflen).

Abgänge:
Kazaryan (ohne Verein), Martin (pausiert), Reinert (SG Scheuern/Steinbach-Dörsdorf), Seitz (FC-Astoria Walldorf), Singer (1. FC Kaiserslautern II), Paolo Valentini (SV Bliesmengen-Bolchen).
während der Saison:
Jorrin (FC Erlenbach).

1. FC Saarbrücken

Anschrift:
Berliner Promenade 12
66111 Saarbrücken
Telefon: (06 81) 9 71 44-0
eMail: presse@fc-saarbruecken.de
Homepage: www.fc-saarbruecken.de

Vereinsgründung: 18.04.1903 SpVgg im TV 1876 Malstatt; ab 1907 FV Malstatt-Burbach; ab 01.04.1909 FV Saarbrücken; ab 25.11.1945 1. FC Saarbrücken
Vereinsfarben: Blau-Schwarz
Präsident: Hartmut Ostermann
Sportlicher Leiter: Marcus Mann

Stadion: Hermann-Neuberger-Stadion (16.100) in Völklingen (übergangsweise bis 2020)

Größte Erfolge: Meister der Oberliga Südwest 1946, 1952 und 1961; Qualifikation für die Bundesliga 1963; Meister der 2. Bundesliga Süd 1976 (↑) und 1992 (↑); Aufstiegsrunde zur Bundesliga 1965, 1966, 1967, 1974, 1985 (↑), 1989 und 1990; Meister der Regionalliga Südwest 2018

Aufgebot:

Name, Vorname	Pos	geb. am	Nat.	Seit	2018/19 Sp.	2018/19 T.	gesamt Sp.	gesamt T.	frühere Vereine
Batz, Daniel	T	12.01.1991	D	2017	33	0	180	0	SVgg 07 Elversberg, Chemnitzer FC, SC Freiburg, 1. FC Nürnberg, SpVgg Greuther Fürth, SC Adelsdorf
Carl, Marcel	S	10.07.1993	D	2018	23	3	154	41	FC-Astoria Walldorf, Karlsruher SC
Cymer, Ricco	T	20.09.1995	D	2016	1	0	42	0	TSG 1899 Hoffenheim, TSG Heilbronn, FC Heilbronn
Dausch, Martin	M	04.03.1986	D	2017	7	0	59	6	MSV Duisburg, 1. FC Union Berlin, VfR Aalen, VfB Stuttgart, FC Memmingen 07, TSV 1860 München, SSV Ulm 1846, SSV Markt Rettenbach, SC 1919 Ronsberg
Eisele, Fabian	S	10.03.1995	D	2018	18	8	79	31	FSV Zwickau, Hertha BSC, VfB Stuttgart, SV Stuttgarter Kickers, TSV Münchingen
Fassnacht, Pierre	A	26.01.1996	D	2017	1	0	39	1	SSV Ulm 1846, Karlsruher SC, SV Iptingen
Franjic, Ivan-Leon	M	08.09.1997	D	2019	6	0	36	4	Eintr. Braunschweig, VfB Germania Halberstadt, VFC Plauen, FC Erzgebirge Aue, Euskirchener TSC, SF Siegen, Bayer 04 Leverkusen, SG Neitersen/Altenkirchen
Holz, Marco	M	31.01.1990	D	2016	26	3	89	15	FC Energie Cottbus, SV Wacker Burghausen, TSV 1860 München, SpVgg Grün-Weiß Deggendorf 03, SpVgg Ruhmannsfelden, SV Neuhausen
Jacob, Sebastian	S	26.06.1993	D	2018	23	16	104	39	1. FC Kaiserslautern, 1. FC Saarbrücken, JFG Saarlouis, 1. SC Roden
Jänicke, Tobias	M	16.03.1989	D	2017	31	5	96	17	FC Hansa Rostock, SV Wehen Wiesbaden, SG Dynamo Dresden, FC Hansa Rostock, FC Tollense Neubrandenburg, FC Neubrandenburg
Jurcher, Gillian Timothy	S	09.04.1997	D	2018	32	16	75	25	VfB Germania Halberstadt, Hamburger SV, FC St. Pauli, SC Condor Hamburg
Kehl-Gómez, Marco	A	01.05.1992	SUI	2017	29	1	134	10	SVgg 07 Elversberg, Chemnitzer FC, SC Pfullendorf, Grasshopper-Club Zürich, FC Lugano, Grasshopper-Club Zürich, YF Juventus Zürich
Kessel, Benjamin	A	01.10.1987	D	2018	14	1	77	7	1. FC Kaiserslautern, 1. FC Union Berlin, Eintracht Braunschweig, 1. FSV Mainz 05, VfR Wormatia 08 Worms, 1. FC Kaiserslautern, Binger FVgg Hassia, SG Eintracht Bad Kreuznach, FC Bavaria 08 Ebernburg, TuS Hackenheim
Köksal, Fatih	M	17.01.1996	D	2018	1	0	58	2	SVgg 07 Elversberg, VfR Wormatia 08 Worms, Eintracht Frankfurt, FC-Astoria Walldorf, 1. FC Kaiserslautern, VfR Grünstadt
Krause, Marlon	M	01.09.1990	D	2017	0	0	69	2	SG Sonnenhof Großaspach, Holstein Kiel, FC Carl Zeiss Jena, FC St. Pauli, SC Concordia Hamburg, SpVgg Blau-Weiß 96 Schenefeld, SV Halstenbek-Rellingen
Mendler, Markus	M	07.01.1993	D	2016	29	8	114	27	SV Stuttgarter Kickers, 1. FC Nürnberg, SV Sandhausen, 1. FC Nürnberg, FC Memmingen 07, TSV Legau
Mendy, Alexandre Noel	M	14.12.1983	FRA	2014	20	0	111	5	FC Hansa Rostock, Chesterfield FC, FC Mlada Boleslav, FK SIAD Most, FK Marila Pribram, Versailles FC
Miotke, Nino	A	09.01.1998	D	2018	16	1	18	1	1. FC Kaiserslautern, 1. FC Köln, Sportfreunde Siegen
Müller, Mario	A	16.01.1992	D	2016	25	0	189	11	SV Eintracht Trier 05, 1. FC Kaiserslautern, Karlsruher SC, SV Waldhof Mannheim, TSG 62/09 Weinheim
Obernosterer, Markus	M	14.04.1990	AUT	2017	6	0	103	20	SVgg 07 Elversberg, VfB Stuttgart, WSG Wattens, FC Wacker Innsbruck, FC Energie Cottbus, FC Wacker Innsbruck, AKA Tirol, Innsbrucker AC, SV Völs
Oschkenat, Oliver	A	22.12.1993	D	2017	7	0	104	6	Hamburger SV, 1. FC Union Berlin, Berliner FC Dynamo
Perdedaj, Fanol	M	16.07.1991	KVX	2018	26	6	87	11	TSV 1860 München, FSV Frankfurt, FC Energie Cottbus, Hertha BSC, Lyngby BK, Hertha BSC, 1. FC Wilmersdorf, TSV Lichtenberg
Quirin, Lukas	S	22.10.1999	D	2009	9	0	10	0	SV Geislautern
Vunguidica, José Pierre	S	03.01.1990	ANG	2018	18	1	65	9	SV Sandhausen, SV Wehen Wiesbaden, SC Preußen Münster, Offenbacher FC Kickers, 1. FC Köln, VfL Oberbieber
Wenninger, Sascha	A	06.04.1995	D	2016	9	0	117	2	1. FC Nürnberg, FC Augsburg, TSG 1890 Thannhausen
Zeitz, Manuel	M	01.08.1990	D	2016	31	4	148	25	FC Energie Cottbus, 1. FC Saarbrücken, SC Paderborn 07, 1. FC Nürnberg, 1. FC Saarbrücken, SC Großrosseln
Zellner, Steven	A	14.03.1991	D	2017	32	2	164	17	SV Sandhausen, 1. FC Kaiserslautern, VfL Primstal

Trainer:

Name, Vorname	geb. am	Nat.	Zeitraum	Spiele 2018/19	frühere Trainerstationen
Lottner, Dirk	04.03.1972	D	01.07.2016 – lfd.	34	FC Hansa Rostock, 1. FC Köln II, 1. FC Köln (Co-Trainer), 1. FC Köln U17

Zugänge:
Carl (FC-Astoria Walldorf), Jurcher (VfB Germania Halberstadt), Kessel und Miotke (1. FC Kaiserslautern II), Köksal (SVgg 07 Elversberg), Vunguidica (SV Sandhausen).
während der Saison:
Eisele (FSV Zwickau), Franjic (Eintracht Braunschweig)

Abgänge:
Behrens (SV Sandhausen), Fenninger (SpVgg Oberfranken Bayreuth), Herbrand (SV Röchling Völklingen), Rau (SC Hessen Dreieich), Schmidt (1. FC Heidenheim), Staroscik (FC Hertha Wiesbach), Steiner (ohne Verein), Studtrucker (SC Wiedenbrück).
während der Saison:
Fassnacht (FC Carl Zeiss Jena), Kessel (Eintracht Braunschweig).

TSV Eintracht Stadtallendorf

Anschrift:
B. Weitzel, Treysaer Weg 24
5260 Stadtallendorf
Telefon: (0 64 28) 92 17 18
eMail: weitzel@eintracht-stadtallendorf.de
Homepage: www.eintracht-stadtallendorf.de

Vereinsgründung: 1920 als FV Eintracht Allendorf; 1956 Fusion mit TSV Blau-Weiß Allendorf zum TSV Eintracht Stadtallendorf
Vereinsfarben: Grün-Weiß
1. Vorsitzender: Bernd Weitzel
Sportlicher Leiter: Fejz Hodaj
Stadion: Herrenwaldstadion (6.600)

Größte Erfolge: Meister der Landesliga Hessen Mitte 2008 (↑); Aufstieg in die Regionalliga Südwest 2017

Aufgebot:

Name, Vorname	Pos	geb. am	Nat.	seit	2018/19 Sp.	T.	Gesamt Sp.	T.	frühere Vereine
Abdel-Ghani, Wessam	M	09.08.1994	D	2017	25	0	56	0	SG Rot-Weiss Frankfurt
Ademi, Valon	M	22.07.1991	D	2010	0	0	14	1	VfB Marburg
Appel Prestes, Guilherme	S	30.05.1989	BRA	2018	10	1	10	1	SV Großseelheim, VfL Dreihausen
Arifi, Muhamet	M	16.03.1991	KVX	2014	18	0	45	1	SV Hattendorf, SG Ohetal/Frielendorf
Baltic, Tomislav	M	13.10.1992	CRO	2017	33	8	67	8	NK Lucko, NK Rudes Zagreb, HNK Suhopolje, NK Lipik
Bunjaki, Enis	S	17.10.1997	D	2018	5	0	5	0	FC Twente Enschede, Eintracht Frankfurt, Offenbacher FC Kickers
Celik, Antonyos	S	20.08.1994	D	2018	19	3	74	7	SC Wiedenbrück, SV Eintracht Trier 05, Syrianska FC Södertälje, SV Waldhof Mannheim, SVgg 07 Elversberg, TSV Eintracht Stadtallendorf, VfB 1900 Gießen, JSG Heuchelheim/Kinzenbach, TSG Wieseck
Dinler, Ceyhun	A	10.08.1994	D	2014	12	1	45	4	FSV Fernwald, VfB 1900 Gießen, JSG Heuchelheim/Kinzenbach, TSG Wieseck
Döringer, Jascha	M	07.10.1996	D	2015	29	0	60	1	VfB Marburg
Fliess, André	M	19.01.1992	D	2019	10	1	91	8	SC Hessen Dreieich, SG Rot-Weiss Frankfurt, FC Nöttingen, SVN Zweibrücken, Eintracht Frankfurt, Offenbacher FC Kickers, SG Rot-Weiss Frankfurt, Eintracht Frankfurt
Gaudermann, Kristian	A	21.10.1995	D	2016	27	1	62	1	VfB 1900 Gießen, TSG Wieseck
Geisler, Mirco	M	13.09.1999	D	2018	0	0	0	0	Offenbacher FC Kickers, 1. FSV Mainz 05, JFC Frankfurt, SC Gladenbach
Geljic, Mihovil	S	25.02.1992	CRO	2018	5	1	16	2	SV Pischelsdorf, RNK Split, SV Pischelsdorf, NK Trnje Zagreb
Hendrich, Luca	M	26.06.1999	D	2018	0	0	0	0	TSG Wieseck, VfB Marburg
Heuser, Damijan	M	26.02.1998	D	2016	23	4	42	6	TSG Wieseck, TSV Kirchhain
Loch, Alexander	T	21.12.1990	D	2018	2	0	2	0	FSV Frankfurt, SC Hessen Dreieich, 1. FC Eschborn, SV Stuttgarter Kickers, FC Singen 04, SV Wehen Wiesbaden, SSV Reutlingen 05
Nolte, Felix	S	13.01.1991	D	2018	28	5	28	5	FC Ederbergland, TSV Bottendorf, VfB Marburg, TSV Bottendorf
Ofori, Perry	A	27.03.1997	D	2018	16	0	16	0	VfB Marburg
Olujic, Dusan	T	25.04.1985	SRB	2018	1	0	1	0	SG Sportfreunde Blau-Gelb Marburg, VfB 1900 Gießen, TSV Eintracht Stadtallendorf, SG Eintracht Wetzlar, SC Waldgirmes, SG Eintracht Wetzlar
Sawaneh, Alieu	A	05.04.1997	GAM	2018	11	0	11	0	FC Bayern Alzenau, Offenbacher FC Kickers, SG Rosenhöhe Offenbach
Schott, Marcel	M	20.08.1994	D	2018	5	0	5	0	SV Leusel, JFV Alsfeld, TSG Wieseck, JFV Alsfeld-Bechtelsberg
Schütze, Arne	M	26.01.1998	D	2018	20	0	22	0	KSV Hessen Kassel, TSG Wieseck, KSV Baunatal, TSV Viermünden-Schreufa
Solak, Erdinc	M	14.10.1990	TUR	2016	11	2	48	8	SC Teutonia Watzenborn-Steinberg, Sportfreunde Siegen, FSV Fernwald, VfB 1900 Gießen, TSG Wieseck, SC Waldgirmes, Offenbacher FC Kickers, TSG Wieseck
Vidakovics, Kevin	A	23.07.1990	D	2010	24	2	54	3	FV Breidenbach, JSG Biedenkopf/Obere Lahn
Vier, Daniel	A	16.05.1982	D	2016	25	1	64	6	VfB Stuttgart, 1. FC Heidenheim, VfB Stuttgart, Eintracht Frankfurt, SV Viktoria Aschaffenburg, SC Waldgirmes, TSV Eintracht Stadtallendorf, RS Futebol Clube Alvorada, SC Internacional Porto Alegre, EC Juventude Caxias do Sul
Vincek, Hrvoje	T	21.06.1990	CRO	2016	31	0	66	0	SpVgg 05 Oberrad, NK Rudes, NK Zagreb
Vogt, Laurin	M	02.02.1993	D	2014	29	3	62	12	SC Waldgirmes, TSG Wieseck, JSG Burgwald
Wolf, Yannick	M	19.09.1996	D	2018	23	2	23	2	Sportfreunde Siegen, FC Bayern Alzenau, SpVgg 05 Oberrad, FSV Frankfurt, Eintracht Frankfurt
Zildzovic, Amar	M	29.06.1990	SRB	2017	29	1	41	1	FC Bayern Alzenau, AD Camacha, CD Tondela, CS Maritimo Funchal, AD Camacha, AD Pontassolense, CD Nacional Funchal, FK Zemun

Trainer:

Name, Vorname	geb. am	Nat.	Zeitraum	Spiele 2018/19	frühere Trainerstationen
Sicaja, Dragan	26.11.1956	CRO	12.03.2012 – lfd.	34	1. FC Schwalmstadt, TSV Eintracht Stadtallendorf

Zugänge:
Appel Prestes (SV Großseelheim), Celik (SC Wiedenbrück), Geisler (Offenbacher FC Kickers Junioren), Hendrich (TSG Wieseck), Nolte (FC Ederbergland), Ofori (VfB Marburg), Olujic (SG Sportfreunde Blau-Gelb Marburg), Sawaneh (FC Bayern Alzenau), Schott (SV Leusel), Schütze (KSV Hessen Kassel), Wolf (Sportfreunde Siegen).
während der Saison:
Bunjaki (FC Twente Enschede), Fliess (SC Hessen Dreieich), Loch (FSV Frankfurt).

Abgänge:
Auer (FC Bayern Alzenau), Bachmeier (SV Bauerbach), Brandl und Gorczyca (ohne Verein), Michel (SG Sportfreunde Blau-Gelb Marburg), Miric (SV Zeilsheim), Preuß (VfB Marburg), Suero Fernàndez (SVgg 07 Elversberg), Völk (FSV Fernwald), Williams (FC Hansa Rostock).
während der Saison:
Ademi (FC Ederbergland), Geisler (SG Kinzenbach), Geljic (NK Sesvete), Hendrich (SV Bauerbach), Solak (FC Gießen).

TSV Steinbach Haiger

Anschrift:
Steinbacher Straße 25
35708 Haiger-Steinbach
Telefon: (0 27 77) 49 11 34 35
eMail: m.georg@tsv-steinbach-gmbh.de
Homepage: www.tsv-steinbach.de

Vereinsgründung: 01.03.1921 Gründung als TSV 1921 Steinbach; 20.06.2018 Umbenennung in TSV Steinbach Haiger
Vereinsfarben: Rot-Weiß
1. Vorsitzender: Roland Kring
Sportlicher Leiter: Jörg Engel
Stadion: SIBRE-Sportzentrum Haarwasen Haiger (4.000)

Größte Erfolge: Meister der Verbandsliga Hessen-Mitte 2014 (↑); Meister der Hessenliga 2015 (↑); Sieger des Verbandspokals Hessen 2018

Aufgebot:

Name, Vorname	Pos	geb. am	Nat.	seit	2018/19 Sp.	T.	Gesamt Sp.	T.	frühere Vereine
Bektasi, Shqipon	S	14.09.1990	KVX	2017	13	0	198	50	SV Stuttgarter Kickers, KSV Hessen Kassel, SV Waldhof Mannheim, VfR Wormatia 08 Worms, 1. FC Heidenheim, SC Freiburg, SV 08 Laufenburg, FC Tiengen 08
Bibleka, Julian	T	04.05.1996	ALB	2016	2	0	7	0	SpVgg 05 Oberrad, Eintracht Frankfurt, TSG Wieseck, VfB 1900 Gießen, JSG Mittenaar/Siegbach/Burg, SSV Oranien Frohnhausen
Birol, Matay	T	16.08.1997	D	2019	1	0	2	0	FSV Frankfurt, TSG Wieseck
Bisanovic, Dino	M	13.03.1990	BIH	2015	18	1	181	15	SC Fortuna Köln, FK Sarajevo, 1. FC Köln, SC Meschenich
Budimbu, Arnold	M	20.02.1995	D	2018	30	5	143	19	FC Schalke 04, SC Rot-Weiß Oberhausen, 1. FC Köln, SV Viktoria Thorr
Candan, Fatih	S	30.12.1989	D	2017	30	7	176	68	FC Viktoria Köln, Kardemir Karabükspor, FC Viktoria Köln, SC Rot-Weiß Oberhausen, Turngemeinde Essen-West, VfR Bottrop-Ebel
Ebot-Etchi, Junior	A	02.04.1996	D	2019	6	0	73	1	VfL Sportfreunde Lotte, SC Weiche Flensburg 08, VfB Lübeck, VfL Wolfsburg, Hertha BSC, Lichterfelder FC 1892, Berliner SC
Göttel, Moritz	S	12.02.1993	D	2018	21	6	166	36	SVgg 07 Elversberg, TSV Steinbach, VfL Bochum, SV Babelsberg 03, Bor. M'gladbach, VfL Wolfsburg, Eintracht Braunschweig, VfB Rot-Weiß Braunschweig
Hannappel, Moritz	M	25.03.1996	D	2018	8	0	8	0	Eisbachtaler Sportfreunde, RSV Girkenroth
Heister, Florian	A	02.03.1997	D	2017	22	1	70	3	FC Viktoria Köln, SC Kapellen-Erft, Borussia Mönchengladbach, Holzheimer SG
Herzig, Nico	A	10.12.1983	D	2016	26	1	93	8	FC Würzburger Kickers, SV Wehen Wiesbaden, TSV Alemannia Aachen, DSC Arminia Bielefeld, TSV Alemannia Aachen, SV Wacker Burghausen, Wimbledon FC, FC Carl Zeiss Jena, FC Bayern Hof, SV Sparneck, VfB 09 Pößneck
Kamm Al-Azzawe, David	M	05.06.1992	IRQ	2018	27	1	119	11	Berliner FC Dynamo, ZFC Meuselwitz, SSV Markranstädt, Hallescher FC, SG Buna Halle
Koep, Benedikt	S	01.10.1987	D	2018	12	0	267	55	SV Waldhof Mannheim, SV Eintracht Trier 05 ... (vgl. Seite 235)
Kramer, Christopher	S	16.10.1989	D	2019	11	1	193	74	Wuppertaler SV, VfB Oldenburg, VfB Lübeck, VfR Neumünster, Holstein Kiel, VfR Neumünster, TSV Altenholz, FC Kilia Kiel
Kunert, Timo	A	12.03.1987	D	2016	24	2	193	7	1. FC Saarbrücken, VfL Osnabrück, VfL Sportfreunde Lotte, SC Rot-Weiß Oberhausen, VfL Sportfreunde Lotte, Hamburger SV, FC Schalke 04, VfB Kirchhellen
Löhe, Frederic	T	12.08.1988	D	2016	12	0	230	0	TSV Alemannia Aachen, SV Babelsberg 03, Borussia Mönchengladbach, SV Sandhausen, Borussia Mönchengladbach, 1. FC Köln, FV Wiehl, TuS Elsenroth
Marquet, Sascha	M	07.11.1989	D	2015	31	8	206	33	SC Fortuna Köln, TSV Alemannia Aachen, Bayer 04 Leverkusen, VfL Leverkusen, TuS Quettingen, SSV Lützenkirchen, TuS Quettingen, SV Schlebusch, SSV Lützenkirchen
Müller, Maurice	M	12.08.1992	D	2016	0	0	91	9	SpVgg Neckarelz, FC Schalke 04, SV Wacker Burghausen, SG Quelle im TV 1860 Fürth
Müller, Tim	M	04.08.1996	D	2017	22	3	51	5	1. FSV Mainz 05, VfL Fontana Finthen
Paterok, Tim	T	05.08.1992	D	2018	19	0	125	0	VfL Osnabrück, SV Rödinghausen, VfR Wormatia 08 Worms, TSG 1899 Hoffenheim, SC Paderborn 07, SC Grün-Weiß Paderborn
Reichwein, Marcel	S	21.02.1986	D	2019	11	0	67	22	KFC Uerdingen 05, VfL Wolfsburg, SC Preußen Münster, VfR Aalen, FC Rot-Weiß Erfurt, SSV Jahn Regensburg, Rot Weiss Ahlen, Wuppertaler SV Borussia, Kickers Emden, Wuppertaler SV Borussia, Bayer Leverkusen, Eisbachtaler Sportfreunde
Reith, Daniel	A	10.02.1988	D	2015	10	1	203	10	TuS Koblenz, SSV Ulm 1846, FC Langenau
Sarr, Wilfried	A	16.06.1996	D	2018	11	0	41	0	FC Rot-Weiß Erfurt, 1. FC Kaiserslautern, Borussia Mönchengladbach, Bayer Leverkusen, FC Schalke 04, ETB Schwarz-Weiß Essen, SV Eintracht Leithe
Sevim, Gani	M	12.07.1999	D	2018	10	0	10	0	Besiktas JK Istanbul, 1. FC Nürnberg, Sportfreunde Siegen, VfB Marburg, SSC Juno Burg
Strujic, Sasa	A	08.12.1991	BIH	2015	33	2	157	8	VfL Wolfsburg, TSV Alemannia Aachen, FC Germania Dürwiß, TSV Alemannia Aachen, FC Germania Dürwiß, DJK Arminia Eilendorf
Trkulja, Nikola	M	22.06.1991	SRB	2016	28	5	207	20	TSG Neustrelitz, SSV Ulm 1846, FK Sopot Belgrad, TSV 1860 München, FC Bayern München, SSV Ulm 1846
Wegner, Dennis	M	10.01.1991	D	2017	17	1	137	26	1. FC Saarbrücken, VfL Osnabrück, Werder Bremen, Hallescher FC, Greifswalder SV 04
Welker, Tim	A	08.09.1993	D	2017	15	0	33	0	KSV Hessen Kassel, SC Paderborn 07, KSV Baunatal, KSV Hessen Kassel, TSV Zierenberg
Zündorf, Tom-Jeffrey	A	27.06.1997	D	2018	2	0	25	0	Fortuna Düsseldorf, DJK Agon Düsseldorf

Trainer:

Name, Vorname	geb. am	Nat.	Zeitraum	Spiele 2018/19	frühere Trainerstationen
Mink, Matthias	31.07.1967	D	01.07.16 – 20.03.19	26	KSV Hessen Kassel, Bayer 04 Leverkusen (Co-Trainer), Bayer 04 Leverkusen II, SC Fortuna Köln, TSV Alemannia Aachen Junioren
Döpper, Frank (IT)	20.10.1971	D	21.03.19 – 30.06.19	8	TSV Steinbach Haiger (Co-Trainer)

Zugänge:
Budimbu (FC Schalke 04 II), Göttel (SVgg 07 Elversberg), Hannapel (Eisbachtaler Sportfreunde), Kamm Al-Azzawe (Berliner FC Dynamo), Koep (SV Waldhof Mannheim), Paterok (VfL Osnabrück), Sarr (FC Rot-Weiß Erfurt), Sevim (Besiktas JK Istanbul II), Zündorf (Fortuna Düsseldorf II).
während der Saison:
Birol (FSV Frankfurt), Ebot-Etchi (VfL Spfr. Lotte), Reichwein (KFC Uerdingen 05).

Abgänge:
Bellinghausen und Tahiri (II. Mannschaft), Brenner (TSV Havelse), Celani (FC Memmingen 07), Felek (FCI Levadia), Kranitz (FC-Astoria Walldorf), Mißbach (TuS Erndtebrück).
während der Saison:
Bektasi (Bahlinger SC), Koep (VfB Stuttgart II), Löhe (FC Gießen), Zündorf (1. FC Kaan-Marienborn 07).

VfB Stuttgart 1893 II

Anschrift:
Mercedesstraße 109
70372 Stuttgart
Telefon: (07 11) 5 50 07- 0
Telefax: (07 11) 5 50 07 33
Homepage: www.vfb-stuttgart.de

Vereinsgründung: 09.09.1893 als Stuttgarter FV 1893; 02.04.1912 Fusion mit Kronenklub 1897 Cannstatt zu VfB Stuttgart 1893

Vereinsfarben: Weiß-Rot
Präsident: Wolfgang Dietrich
Teammanager: Rolf Reile

Stadion:
Gazi Stadion auf der Waldau (11.544)
Robert-Schlienz-Stadion (5.000)

Größte Erfolge: Deutscher Amateurmeister 1963 und 1980; Deutscher Amateurvizemeister 1971; Meister der Oberliga Baden-Württemberg 1980, 1998 (↑) und 2003 (↑); Qualifikation für den DFB-Pokal 1980, 1981, 1982, 2000 und 2001

Aufgebot:

Name, Vorname	Pos	geb. am	Nat.	seit	2018/19 Sp.	T.	gesamt Sp.	T.	frühere Vereine
Allgaier, Pedro	A	04.04.1997	D	2018	32	1	92	1	FV Illertissen, SC Freiburg, SC Pfullendorf, SV Denkingen
Almeida Morais, Pedro	M	26.05.2000	D	2017	22	3	22	3	SV Stuttgarter Kickers
Bätzner, Nick	M	15.03.2000	D	2012	1	0	1	0	FV Löchgau
Baumgartl, Timo	A	04.03.1996	D	2011	1	0	1	0	SSV Reutlingen 05, GSV Maichingen
Becker, Yannick	S	13.01.1999	D	2018	5	0	5	0	Karlsruher SC
Bux, Daniel	M	15.09.1999	D	2015	16	2	16	2	VfR Aalen
Dajaku, Leon	S	12.04.2001	D	2014	1	0	1	0	FSV Waiblingen
dos Santos, Benedict	M	02.05.1998	D	2011	23	0	60	1	SSV Reutlingen 05, Spvgg Mössingen
Ferdinand, Jan	S	16.05.1997	D	2015	23	3	71	11	TSG Balingen, FV Rot-Weiß Ebingen
Geng, Marvin	T	08.09.1997	D	2018	4	0	13	0	SC Freiburg, Sportfreunde Elzach-Yach
Grözinger, David	A	08.04.1999	D	2011	32	1	32	1	SSV Ulm 1846, TSG Rottenacker
Groiß, Alexander	M	01.07.1998	D	2012	3	0	34	0	SSV Aalen, FC Schechingen
Günes, Umut	M	16.03.2000	TUR	2015	4	0	4	0	TSG Balingen, TSV Harthausen, FC Winterlingen
Hottmann, Eric	S	08.02.2000	D	2012	5	0	5	0	TSG Hofherrnweiler-Unterrombach
Kastenmeier, Florian	T	28.06.1997	D	2017	31	0	85	0	FC Augsburg, SV Burgweinting, SSV Jahn 2000 Regensburg, SC Sinzing
Kiefer, Lukas	M	25.04.1993	D	2018	28	5	111	8	SV Waldhof Mannheim, 1. FC Saarbrücken, VfB Stuttgart, GSV Maichingen
Kober, Manuel	A	11.02.1999	D	2012	19	0	20	0	1. FC Heidenheim, TSG Nattheim
Koep, Benedikt	S	01.10.1987	D	2019	13	0	267	55	TSV Steinbach Haiger, SV Waldhof Mannheim, SV Eintracht Trier 05, VfL Sportfreunde Lotte, Rot-Weiss Essen, 1. FC Kleve, Eintracht Emmerich
Kopacz, David	M	29.05.1999	D	2018	17	2	17	2	Borussia Dortmund, VfK Iserlohn 1888
Mack, Luca	M	25.05.2000	D	2012	2	0	2	0	FV Löchgau
Nussbaumer, Daniel	M	29.11.1999	AUT	2018	17	1	17	1	SC Rheindorf Altach, AKA Vorarlberg, FC Langenegg
Preuß, Jonas	M	02.12.1999	D	2012	2	0	2	0	VfL Kirchheim/Teck
Ramaj, Dijon	M	29.06.1998	D	2013	6	0	46	4	SV Stuttgarter Kickers, FC Stuttgart-Cannstatt, SpVgg Cannstatt
Ríos Alonso, José-Enrique	A	13.08.2000	D	2010	22	1	22	1	ASV Botnang
Sessa, Nicolas	M	23.03.1996	D	2017	1	0	77	20	TSG 1899 Hoffenheim, SGV Freiberg/N., SSV Reutlingen 05, 1. FC Normannia Gmünd, FSV Waiblingen, SV Fellbach
Stein, Marc	A	07.07.1985	D	2019	13	2	90	10	FC Energie Cottbus, SV Stuttgarter Kickers, Offenbacher FC Kickers, FSV Frankfurt, Hertha BSC, FC Hansa Rostock, Tennis Borussia Berlin, Berliner FC Dynamo, ESV Lokomotive Seddin
Suver, Mario	A	23.09.1999	CRO	2019	25	0	53	0	SV Stuttgarter Kickers, SpVgg Feuerbach
Thommy, Erik	M	20.08.1994	D	2018	1	0	53	22	FC Augsburg, SSV Jahn Regensburg, FC Augsburg, 1. FC Kaiserslautern, FC Augsburg, SSV Ulm 1846, TSG 1890 Thannhausen, SV Kleinbeuren
Tomic, David	S	09.02.1998	D	2018	32	7	32	7	1. FC Kaiserslautern, SG Rosenhöhe Offenbach
Toptik, Azad	S	11.02.1999	TUR	2019	8	0	11	0	Kasimpasa Istanbul, VfB Stuttgart, TSV Gaildorf
Wähling, Oliver	M	06.09.1999	D	2018	33	7	33	7	Karlsruher SC
Werner, Tobias	M	19.07.1985	D	2018	16	0	17	0	1. FC Nürnberg, VfB Stuttgart, FC Augsburg, FC Carl Zeiss Jena, 1. SV Gera, TSV 1880 Gera-Zwötzen
Witte, Michel	T	22.03.1999	D	2017	0	0	0	0	Karlsruher SC

Trainer:

Name, Vorname	geb. am	Nat.	Zeitraum	Spiele 2018/19	frühere Trainerstationen
Kienle, Marc	22.10.1972	D	01.07.18 – 01.04.19	27	SV Wehen Wiesbaden, FC Bayern München Junioren, VfB Stuttgart Junioren
Hinkel, Andreas	26.03.1982	D	01.04.19 – 30.06.19	7	VfB Stuttgart II, VfB Stuttgart (Co-Trainer, Jugend und Junioren)

Zugänge:
Allgaier (FV Illertissen), Almeida Morais, Bux, Grözinger, Günes, Preuß, Ríos Alonso und Witte (eigene Junioren), Becker und Wähling (Karlsruher SC Junioren), Geng (SC Freiburg II), Nussbaumer (SC Rheindorf Altach), Suver (SV Stuttgarter Kickers), Tomic (1. FC Kaiserslautern), Werner (1. FC Nürnberg).

während der Saison:
Bätzner, Dajaku, Hottmann, Kopacz und Mack (eigene Junioren), Koep (TSV Steinbach Haiger), Stein (FC Energie Cottbus), Toptik (Kasimpas Istanbul).

Abgänge:
Castellucci (SV Stuttgarter Kickers), Collinge und Galstyan (ohne Verein), Elva (FC Würzburger Kickers), Oeßwein (1. FSV Mainz 05 II), Peric (FC Wacker Innsbruck), Radeljic (NK Osijek), Scheidl (SV Wacker Burghausen), Sommer (SG Sonnenhof Großaspach), Spanoudakis (Vitoria Guimaraes II), Stefandl (Hannover 96 II), Toptik (Kasimpasa Istanbul), Walter (VfR Garching).

während der Saison:
Groiß (Karlsruher SC), Sessa (VfR Aalen), Werner (Laufbahn beendet).

SSV Ulm 1846 Fußball

Anschrift:
Stadionstraße 5
89073 Ulm
Telefon: (07 31) 70 51 17 46
eMail: webmaster@ssvulm1846-fussball.de
Homepage: www.ssvulm1846-fussball.de

Vereinsgründung: Abspaltung der Fußball-Abteilung am 20.01.2009 vom Hauptverein SSV Ulm 1846
Vereinsfarben: Schwarz-Weiß
Vorstand: Anton Gugelfuss
Sportlicher Leiter: Thomas Rohmer
Stadion: Donaustadion (19.500)

Größte Erfolge: Meister der 1. Amateurliga Nordwürttemberg 1972, 1973, 1977 und 1978; Meister der Amateur-Oberliga Baden-Württemberg 1979 (↑), 1982, 1983 (↑), 1986 (↑), 1993 und 1994 (↑); Meister der Regionalliga Süd 1998 (↑); Dritter der 2. Bundesliga 1999 (↑); Deutscher Amateur-Meister 1996; Viertelfinale im DFB-Pokal 1981; Qualifikation zur neuen Regionalliga Südwest 2012; Meister der Oberliga Baden-Württemberg 2016 (↑); Sieger des Verbandspokals Württemberg 2018

Aufgebot:

Name, Vorname	Pos	geb. am	Nat.	seit	2018/19 Sp.	T.	gesamt Sp.	T.	frühere Vereine
Bagceci, Alper	M	16.04.1984	D	2015	4	0	85	10	1. FC Heidenheim, SSV Ulm 1846
Beck, Adrian	M	09.06.1997	D	2018	19	4	23	5	Neckarsulmer Sport-Union, TSG Hoffenheim, FSV Hollenbach, TSV Gerabronn
Bradara, Tino	A	12.12.1997	CRO	2016	12	1	47	1	SV Sandhausen, SV Stuttgarter Kickers, SV Böblingen, VfR Hirsau-Ernstmühl
Braig, David	S	22.07.1991	D	2010	17	4	101	28	TSG Ehingen, SV Herbertshofen
Campagna, Luigi	M	11.12.1989	ITA	2018	30	0	113	4	VfB Germania Halberstadt, TSG Neustrelitz, TuS Erndtebrück, USD San Severo Calcio, NFC Orlandina, Olympique Saumur, SV Viktoria Aschaffenburg, Sportfreunde Schwäbisch Hall, VfR Aalen, TSV Crailsheim, 1. FC Heidenheim, Sportfreunde Schwäbisch Hall, TSV Crailsheim, TSV Ilshofen
Gashi, Albano	M	14.01.1995	KVX	2019	14	1	117	10	FC Ingolstadt 04, TSV Milbertshofen
Grassow, Luis	A	08.07.1998	D	2018	0	0	52	5	FC Pipinsried, SpVgg Unterhaching, SV Planegg-Krailling, SpVgg Unterhaching, TSV Neuried
Gutjahr, Nico	M	15.05.1993	D	2018	32	1	64	5	SG Sonnenhof Großaspach, FC Würzburger Kickers, SC Freiburg, Freiburger FC, FC Denzlingen, FC Sexau
Higl, Felix	S	08.01.1997	D	2019	10	9	10	9	Bahlinger SC, 1. FC Heidenheim, Freiburger FC, TSG 1899 Hoffenheim, SC Freiburg, Spfr. Eintracht Freiburg
Hoffmann, Lukas	A	13.04.1997	D	2018	12	0	12	0	SG Sonnenhof Großaspach, TSG Hoffenheim, 1. FC Saarbrücken, FC 08 Homburg
Hundertmark, David	T	06.08.1997	D	2018	13	0	13	0	SV Grödig, FC Deisenhofen, FC Bayern München, SpVgg Unterhaching, FC Deisenhofen
Jann, Nicolas	M	21.03.1992	D	2018	17	2	81	8	FV Illertissen, FV Ravensburg, FC Wangen
Kammerbauer, David	A	11.02.1997	D	2017	2	0	44	0	Sportfreunde Siegen, 1. FC Nürnberg, DJK Raitenbuch
Kienle, Steffen	S	18.01.1995	D	2017	13	5	39	11	VfR Aalen, SSV Ulm 1846, TSV 1861 Nördlingen, SV Elchingen
Krebs, Florian	A	15.11.1988	D	2015	27	3	110	6	Hallescher FC, VfL Osnabrück, 1. FC Heidenheim, Karlsruher SC, SC Hauenstein, SV Viktoria Herxheim, FC Leimersheim
Luibrand, Kai	S	22.04.1994	D	2018	2	0	2	0	Karlsruher SC, SV Kickers Pforzheim, TSV Reichenbach, SSV Ulm 1846
Lux, Vitalij	S	27.02.1989	KGZ	2018	31	3	167	48	SpVgg Unterhaching, 1. FC Nürnberg, FC Carl Zeiss Jena, FV Illertissen, TSG 1890 Thannhausen, FV Weißenhorn, SSV Ulm 1846, FV Weißenhorn
Morina, Ardian	S	23.11.1993	D	2017	33	5	194	59	VfB Stuttgart, FV Illertissen, VfB Stuttgart, SSV Ulm 1846, FV Olympia Laupheim, SV Dettingen/Iller
Nierichlo, Felix	M	14.05.1993	D	2016	14	0	99	3	FV Illertissen, VfR Aalen, TSG Backnang, TSV Michelfeld [Hohenlohe]
Ortag, Christian	T	14.01.1995	D	2018	21	0	88	0	SV Stuttgarter Kickers, FC Ingolstadt 04, Karlsruher SC, SC Wettersbach, TSV Palmbach
Rathgeber, Thomas	S	30.04.1985	D	2016	13	2	116	35	FC Schalke 04, 1. FC Saarbrücken, Offenbacher FC Kickers, SpVgg Unterhaching, VfL Bochum, SpVgg Unterhaching; VfL Bochum, FC Kempten, SSV Ulm 1846, SV Heiligkreuz
Reichert, Johannes	A	02.07.1991	D	2016	29	1	206	11	1. FC Kaiserslautern, SSV Ulm 1846
Sapina, Vinko	M	29.06.1995	CRO	2016	20	3	100	13	FC Memmingen 07, SSV Ulm 1846, VfB Stuttgart, SSV Ulm 1846, TV Wiblingen
Schindele, Michael	A	27.01.1994	D	2017	25	3	150	7	1. FC Kaiserslautern, FC Augsburg, TSV 1861 Nördlingen, SV Eintracht Kirchheim/Dirgenheim
Schmidts, Marcel	M	29.06.1994	D	2017	27	1	50	3	1. Göppinger SV, 1. FC Heiningen, 1. FC Eislingen, TSV Bad Boll
Schmitt, Marcel	M	18.01.1998	D	2018	2	0	4	0	SC Freiburg, Karlsruher SC, SSV Reutlingen 05, TSV Sondelfingen
Stoll, Lennart	M	03.05.1996	D	2018	20	1	20	1	SC Preußen Münster, 1. FC Gievenbeck
Viventi, Aron	M	08.05.1997	D	2018	16	0	46	4	TSG Hoffenheim, Karlsruher SC, VfB Stuttgart, SV Stuttgarter Kickers, TV Kemnat
Weisheit, Jerome	T	03.05.1999	D	2018	0	0	0	0	VfB Stuttgart, SV Stuttgarter Kickers, VfB Stuttgart, TSV Baltmannsweiler

Trainer:

Name, Vorname	geb. am	Nat.	Zeitraum	Spiele 2018/19	frühere Trainerstationen
Bachthaler, Holger	27.03.1975	D	01.07.2018 – lfd.	34	AKA Salzburg, FV Illertissen (1. und 2. Mannschaft)

Zugänge:
Beck (Neckarsulmer Sprt-Union), Grassow (FC Pipinsried), Gutjahr und Hoffmann (SG Sonnenhof Großaspach), Hundertmark (SV Grödig), Jann (FV Illertissen), Luibrand (Karlsruher SC), Lux (SpVgg Unterhaching), Ortag (SV Stuttgarter Kickers), Stoll (SC Preußen Münster), Viventi (TSG 1899 Hoffenheim II), Weisheit (VfB Stuttgart Junioren).
während der Saison:
Gashi (FC Ingolstadt 04 II), Higl (Bahlinger SC).

Abgänge:
Betz (Laufbahn beendet), Birk (SV Viktoria Aschaffenburg), Göhlert, Saric und Sauter (ohne Verein), Celiktas und Glade (FV Illertissen), Graciotti (VfR Wormatia 08 Worms), Kücük und Manolakis (FC Memmingen 07), Neziri (FC Petrolul Ploiesti), Özhitay (VfB Eichstätt), Roschmann (Sportfreunde Dorfmerkingen).
während der Saison:
Beck (Union St. Gilloise), Grassow (FC Pipinsried).

FC-Astoria Walldorf

Anschrift:
Schwetzinger Straße 92
69182 Walldorf
Telefon: (0 62 27) 3 02 65
eMail: info@fc-astoria-walldorf.de
Homepage: www.fc-astoria-walldorf.de

Vereinsgründung: 11.03.1908 als 1. FC 08 Walldorf in der SG 1902 Walldorf-Astoria;
11.03.1995 Fusion 1. FC 08 mit FA der SG Astoria 02 zum FC-Astoria
Vereinsfarben: Blau-Weiß
1. Vorsitzender: Wilhelm Kempf
Sportlicher Leiter: Roland Dickgießer

Stadion:
FC-Astoria-Stadion (4.000)

Größte Erfolge: Meister der Landesliga Rhein-Neckar 1982 (↑; als 1. FC 08); Aufstieg in die Verbandsliga Nordbaden 2001; Meister der Verbandsliga Nordbaden 2007 (↑); Meister der Oberliga Baden-Württemberg 2014 (↑); Badischer Pokalsieger 2014

Aufgebot:

Name, Vorname	Pos	geb. am	Nat.	seit	2018/19 Sp.	T.	gesamt Sp.	T.	frühere Vereine
Antlitz, Niklas	S	31.08.1999	D	2018	1	0	1	0	SV Sandhausen, SC Freiburg, SV Sandhausen
Batke, Christoph	S	13.06.1996	D	2018	16	0	16	0	Karlsruher SC, FK 03 Pirmasens, 1. FC Kaiserslautern, TSG 1861 Kaiserslautern
Bormeth, Marcel	M	29.11.1995	D	2017	0	0	2	0	SC Hauenstein, FC Arminia Ludwigshafen, FSV Schifferstadt, Ludwigshafener SC, ESV Ludwigshafen
Cancar, Mario	S	08.06.1996	CRO	2017	5	0	35	4	SVgg 07 Elversberg, SpVgg Neckarelz, SV Germania Obrigheim
Fahrenholz, Tim	M	22.03.1994	D	2018	30	2	38	2	Karlsruher SC, 1. FSV Mainz 05, SV Darmstadt 98, FC Ober-Ramstadt
Goß, Maik	D	28.01.1999	D	2018	12	0	12	0	Karlsruher SC
Gouras, Minos	M	07.06.1998	D	2015	13	2	13	2	SC Freiburg, Ludwigshafener SC
Groß, Nicolai	S	03.02.1990	D	2013	29	6	146	39	SV Stuttgarter Kickers, 1. FC Heidenheim, TSG 1899 Hoffenheim, FC-Astoria Walldorf, FC Germania Friedrichstal
Grupp, Tim	M	05.01.1995	D	2017	30	2	70	6	Karlsruher SC, SpVgg Neckarelz, Karlsruher SC, SSV Reutlingen 05, 1. FC Normannia Gmünd, TSGV Waldstetten
Gurley, Darian	M	01.09.1998	D	2017	1	0	1	0	Karlsruher SC, FC-Astoria Walldorf
Hellmann, Christopher	S	16.10.1992	D	2019	11	1	60	16	Tormenta FC Statesboro, FC-Astoria Walldorf, Charlotte Independence, Vancouver Whitecaps, Lynn University, FC-Astoria Walldorf, VfL Neckarau
Hillenbrand, Nico	M	25.05.1987	D	2016	14	1	140	11	SC Hauenstein, FC-Astoria Walldorf, SV Sandhausen, Bor. Dortmund, Karlsruher SC
Hofmann, Benjamin	A	09.12.1988	D	2006	21	0	138	2	VfB St. Leon
Horn, Niklas	M	22.09.1990	D	2014	14	0	112	4	SpVgg Neckarelz, FC Bayern München, FC-Astoria Walldorf, TSV 1860 München, SV Waldhof Mannheim, TSG 1899 Hoffenheim, FV 08 Hockenheim
Kiermeier, Jonas	A	21.10.1992	D	2016	23	2	151	12	SpVgg Neckarelz, 1. FSV Mainz 05, SpVgg Neckarelz, TSG Hoffenheim, SG Waibstadt
Kranitz, Simon	M	05.06.1996	D	2018	25	0	59	0	TSV Steinbach, VfB Stuttgart, SpVgg Unterhaching, VfB Stuttgart, SV Böblingen
Lawall, Paul	T	26.11.1997	D	2017	1	0	2	0	FC Arminia Ludwigshafen, SV Waldhof Mannheim, VfR Wormatia 08 Worms
Meyer, Marcus	M	30.03.1992	D	2013	23	4	134	19	SSV Reutlingen 05, TSV Talheim
Müller, Max	A	16.05.1994	D	2018	23	0	23	0	Wycombe Wanderers FC, Morecambe FC, SV Austria Salzburg, SV Sandhausen, Karlsruher SC, SSV Reutlingen 05
Nyenty, Tabe	A	11.02.1989	CMR	2012	31	0	176	0	TSG Hoffenheim, SpVgg Neckarelz, TSG Hoffenheim, FC Heilbronn, SG Gundelsheim
Pander, Pasqual	M	24.05.1998	D	2017	6	0	23	1	TSG 1899 Hoffenheim, VfL Heiligkreuzsteinach
Pellowski, Pascal	A	18.12.1988	D	2015	26	2	218	8	FC Alsbach, 1. FC Saarbrücken, SVgg 07 Elversberg, VfL Bochum, SV Darmstadt 98, SC Viktoria Griesheim, SV Weiterstadt
Rennar, Jürgen	T	25.04.1990	D	2009	33	0	93	0	VfL Neckarau
Sahin, Semih	M	22.12.1999	D	2018	14	0	14	0	SV Waldhof Mannheim
Schaffer, Niklas	A	11.10.1998	D	2018	9	0	18	0	TSG 1899 Hoffenheim, SpVgg Neckarelz, Karlsruher SC, VfB Stuttgart, TSG 1899 Hoffenheim, VfB Stuttgart, FC Nöttingen, SV Sandhausen, VfR Pforzheim, SV Stuttgarter Kickers, SV Hohenwart
Schön, Andreas	M	09.08.1989	D	2014	31	4	190	28	TSG Hoffenheim, Werder Bremen, VfR Aalen, TSG Hoffenheim, SV Sandhausen
Seitz, Oliver	T	20.05.1998	D	2018	0	0	7	0	FK 03 Pirmasens, 1. FC Kaiserslautern, SV Waldhof Mannheim, Karlsruher SC, SpVgg 06 Ketsch
Tzimanis, Ilias	A	12.03.1998	GRE	2018	1	0	1	0	SV Waldhof Mannheim, FC Rot-Weiß Erfurt, SV Waldhof Mannheim
Varese, Salvatore	M	20.02.1995	ITA	2019	1	0	7	0	Neckarsulmer Sport-Union, FC-Astoria Walldorf, 1. CfR Pforzheim, SV Schluchtern, FC-Astoria Walldorf, SV Stuttgarter Kickers
Veith, David	M	24.04.1997	D	2018	0	0	0	0	Karlsruher SC
Wekesser, Erik	S	03.07.1997	D	2018	32	16	101	18	TuS Koblenz, 1. FC Kaiserslautern, SV Waldhof Mannheim, MFC Phönix Mannheim

Trainer:

Name, Vorname	geb. Am	Nat.	Zeitraum	Spiele 2018/19	frühere Trainerstationen
Born, Matthias	09.03.1972	D	01.07.2014 – lfd.	34	FC-Astoria Walldorf (Co-Trainer)

Zugänge:
Batke, Fahrenholz und Veith (Karlsruher SC II), Gurley (II. Mannschaft), Kranitz (TSV Steinbach), Müller (Wycombe Wanderers FC), Schaffer (TSG 1899 Hoffenheim II), Seitz (FK 03 Pirmasens), Tzimanis (SV Waldhof Mannheim).
während der Saison:
Antlitz, Goß, Gouras, Hauenstein und Sahin (II. Mannschaft), Hellmann (Tormenta FC Statesboro), Varese (Neckarsulmer Sport-Union).

Abgänge:
Carl (1. FC Saarbrücken), Haas und Hiegl (ohne Verein), Hellmann (Tormenta FC Statesboro), Kern (SV Waldhof Mannheim), Solak (II. Mannschaft), Stadler (1. FC Mühlhausen), Strompf (TSG 1899 Hoffenheim II), Varese (Neckarsulmer Sport-Union).

VfR Wormatia 08 Worms

Anschrift:
Alzeyer Straße 131
67549 Worms
Telefon: (0 62 41) 20 20-0
eMail: info@wormatia.de
Homepage: www.wormatia.de

Vereinsgründung: 23.05.1908 als SC Wormatia 08 Worms; 1921 VfL Wormatia 08; 1922 Fusion mit VfR 08 Worms zu VfR Wormatia 08 Worms

Vereinsfarben: Rot-Weiß
1. Vorsitzender: Tim Brauer
Sportlicher Leiter: Marcel Gebhardt

Stadion: EWR-Arena (5.625)

Größte Erfolge: Pokalsieger Hessen 1921 und 1924; Meister Hessen 1928, 1929, 1930 und 1931; Meister Gau Südwest 1936; 1937 und 1939; Sieger im Südwest-Pokal 1937, 1976, 1988, 1992, 2007, 2009, 2012 und 2018; Aufstiegsrunde zur Bundesliga 1965; Meister der Amateurliga Südwest 1976 und 1977 (↑); Aufstieg in die 2. Bundesliga 1974 und 1977; Meister der Amateur-Oberliga Südwest 1986 (↑); Qualifikation für die Regionalliga West 2008; Qualifikation für die Regionalliga Südwest 2012

Aufgebot:

Name, Vorname	Pos	geb. am	Nat.	seit	2018/19 Sp.	T.	Gesamt Sp.	T.	frühere Vereine
Afari, Perric	M	21.08.1997	D	2016	5	0	29	0	SV Wehen Wiesbaden, SV 1912 Kostheim, TSG 1846 Kastel
Altintas, Ünal	A	17.01.1999	TUR	2018	8	0	8	0	1. FC Kaiserslautern, Ludwigshafener SC
Bajric, Dino	M	12.07.1995	BIH	2018	22	1	128	9	TuS Koblenz, 1. FC Kaiserslautern, VfL Osnabrück, Quakenbrücker SC
Burgio, Giuseppe	S	28.09.1988	ITA	2017	33	8	230	45	TSV Steinbach, SV Waldhof Mannheim, SpVgg Neckarelz, VfR Mannheim, FC 08 Homburg, SV Waldhof Mannheim, SC Pfingstberg-Hochstätt, TSG Rheinau
Colak, Jure	A	21.08.1989	CRO	2019	11	1	170	11	Siah Jamegan Khorasan FC Mashhad, Shkendija Tetovo, FC 08 Homburg, TSV Steinbach, SC Wiedenbrück 2000, Wacker Burghausen, SV Waldhof, TSV 1860 München, 1. FC K'lautern, VfB Stuttgart, SV Stuttgarter Kickers, SGV Freiberg/N.
Demir, Aret	M	07.07.1995	D	2018	15	0	15	0	FC Bayern Alzenau, SC Viktoria Griesheim
Dobros, Niko	M	24.05.1993	D	2018	20	2	118	24	F91 Dudelange, SVgg 07 Elversberg, SC Paderborn 07, Offenbacher FC Kickers, FC Nöttingen, FC Ingolstadt 04, 1. FC Nürnberg, VfB Stuttgart, TSV 07 Nussdorf
Dorow, Jan-Lucas	S	26.04.1993	D	2016	32	6	169	50	1. FC Kaiserslautern, 1. FSV Mainz 05, 1. FC Kaiserslautern, SG Blaubach-Diedelkopf, SV Kohlbachtal
Ferfelis, Dimitrios	S	05.04.1993	D	2018	26	5	78	22	FSV Zwickau, AS Lamia, PAS Ioannina, PEC Zwolle, TuS Koblenz, SV Werder Bremen, TuS Heidkrug, Delmenhorster TB, TuS Hasbergen
Glockner, Andreas	M	25.02.1988	D	2018	23	1	109	13	TuS Koblenz, SC Fortuna Köln, VfL Osnabrück, 1. FC Saarbrücken, VfL Osnabrück, 1. FC Heidenheim, SC Freiburg, TuS Koblenz, SC Freiburg, SV Eintracht Freiburg, SpVgg Bollschweil-Sölden
Gopko, Eugen	A	05.01.1991	D	2012	13	0	180	5	1. FSV Mainz 05, TuS Neuhausen, FSV Osthofen, FK Mukatschewo, Dynamo Kiew
Graciotti, Luca	M	10.11.1992	D	2018	19	0	77	10	SSV Ulm 1846, SV Sandhausen, SV Waldhof Mannheim, TSV Amicitia Viernheim, SV Sandhausen, VfL Neckarau
Heller, Cedric	M	31.07.1998	D	2018	7	0	15	1	TuS Erndtebrück, Eintracht Frankfurt, Offenbacher FC Kickers
Ihrig, Tevin	A	10.03.1995	D	2018	31	1	54	1	1. FSV Mainz 05, VfR Wormatia 08 Worms
Jourdan, Dominique	A	29.01.1992	D	2018	11	0	13	1	FC Bayern Alzenau, Berliner AK 07, SC Viktoria Griesheim, FC Eddersheim, FC Bayern Alzenau, 1. FC Arheilgen Darmstadt, FSV Frankfurt, SG Rot-Weiss Frankfurt, SV Rot-Weiß Walldorf
Keilmann, Chris	T	02.04.1992	D	2018	33	0	190	0	TuS Koblenz, SV Eintracht Trier 05, 1. FC Kaiserslautern, FV Hofheim, SG Riedrode
Kern, Niklas	A	24.04.1999	D	2018	2	0	2	0	SV Darmstadt 98, SG Arheilgen
Korb, Sascha	M	18.06.1993	D	2018	28	2	147	10	KSV Hessen Kassel, Offenbacher FC Kickers
Matsumoto, Koki	S	19.06.1995	JPN	2016	16	1	21	1	Fukuoka University
Mimbala, Cédric	A	22.08.1986	COD	2018	11	1	98	11	Hessen Kassel, Fortuna Köln, Energie Cottbus, SVN Zweibrücken, VfR Mannheim, FC 08 Homburg, SV Roßbach-Verscheid, SGS Großaspach, SC Genemuiden, Rot Weiss Ahlen, FC Schalke 04, Fortuna Köln, SpVgg Bayern Hof, KFC Dessel Sport, Alem. Aachen, PSI Yurdumspor Köln, Marokkanischer SV Bonn, Bonner SC, 1. FC Köln
Moos, Malte	A	02.02.1996	D	2018	31	0	50	0	1. FSV Mainz 05
Radau, Linus	A	12.07.1995	D	2018	21	1	21	1	Karlsruher SC, 1. FSV Mainz 05, SV Darmstadt 98
Reichel, Niklas	T	14.10.1995	D	2018	1	0	36	0	TSV Schott Mainz, VfR Wormatia 08 Worms, SV Wehen Wiesbaden, 1. FSV Mainz 05
Scheffel, Tom	A	20.09.1994	D	2019	13	0	13	0	Chemnitzer FC, TSV IFA Chemnitz
Schmidt, Pascal	M	22.05.1999	D	2017	0	0	91	13	TSG 1899 Hoffenheim, SV Horchheim
Thum, Lennart	S	02.06.2001	D	2018	2	0	2	0	DJK-SV Phönix Schifferstadt, Ludwigshafener SC, 1. FC Kaiserslautern
Tritz, Stephane	A	25.02.1987	FRA	2019	14	0	14	0	SC Preußen Münster, Stade Brest, FC Otelul Galati, FC Tours, Rodez Aveyron Football, SR Colmar
Volz, Leon	M	24.12.1996	D	2018	26	3	38	4	SpVgg Greuther Fürth, FC Würzburger Kickers, SB DJK Rosenheim, SpVgg Unterhaching, TSV 1860 Rosenheim

Trainer:

Name, Vorname	geb. am	Nat.	2018/19	frühere Trainerstationen
Jones, Steven	13.01.1978	D	29.09.15 – 30.06.19 34	VfR Wormatia 08 Worms II

Zugänge:
Altintas (1. FC Kaiserslautern), Bajric, Glockner und Keilmann (TuS Koblenz), Demir und Jourdan (FC Bayern Alzenau), Dobros (F91 Dudelange), Ferfelis (FSV Zwickau), Graciotti (SSV Ulm 1846), Heller (TuS Erndtebrück), Ihrig und Moos (1. FSV Mainz 05 II), Kern (SV Darmstadt 98), Korb und Mimbala (KSV Hessen Kassel), Radau (Karlsruher SC II), Reichel (TSV Schott Mainz), Schmidt (eigene Junioren), Volz (SpVgg Greuther Fürth II).
während der Saison:
Colak (Siah Jamegan Khorasan FC Mashhad), Scheffel (Chemnitzer FC), Tritz (SC Preußen Münster).

Abgänge:
Ando und Zinram (1. CfR Pforzheim), Auracher (SV Stuttgarter Kickers), Gösweiner (TSG 1899 Hoffenheim II), Himmel (TSG Pfeddersheim), Kizilyar (SV Viktoria Aschaffenburg), Kroll (VfL Sportfreunde Lotte), Maas (Laufbahn beendet), Miltner (FC Olympia Kirrlach), Nag (SV Waldhof Mannheim), Nagel (SV Alemannia Waldalgesheim), Pinheiro (FK 03 Pirmasens), Raimondo-Metzger (TSV 1860 München II), Reißmann (SG Rot-Weiß/Olympia Alzey), Schmitt und Stulin (TSV Alemannia Aachen), Straub (FSV Frankfurt), Yildirim (ohne Verein).
während der Saison:
Jourdan (1. CfR Pforzheim), Mimbala (1. CBC Sport Kassel).

Zuschauerzahlen 2018/19

	Waldhof Mannheim	1. FC Saarbrücken	FC 08 Homburg	SVgg 07 Elversberg	Offenbacher Kickers	SSV Ulm 1846	SC Freiburg II	TSV Steinbach	FK 03 Pirmasens	TSG Hoffenheim II	TSG Balingen	FSV Frankfurt	Astoria Walldorf	1. FSV Mainz 05 II	VfB Stuttgart II	Wormatia Worms	Etr. Stadtallendorf	SC Hessen Dreieich
SV Waldhof Mannheim	×	14.326	5.083	4.620	9.017	3.941	3.519	5.302	5.707	5.447	4.486	6.639	4.892	10.227	5.765	14.413	4.219	2.981
1. FC Saarbrücken	4.133	×	3.246	3.203	3.117	1.523	2.258	3.026	2.646	2.631	1.823	3.913	2.057	2.648	2.128	2.551	3.147	1.927
FC 08 Homburg	1.850	9.026	×	2.681	1.850	1.275	1.425	1.720	965	2.054	870	1.620	1.300	1.873	1.370	1.100	655	980
SVgg 07 Elversberg	1.376	3.413	2.058	×	1.025	912	923	853	589	773	821	972	978	987	663	1.458	654	687
Offenbacher Kickers	10.701	6.523	4.220	6.664	×	5.561	4.087	4.768	3.655	4.524	5.273	6.698	5.106	5.173	3.876	4.411	4.549	6.176
SSV Ulm 1846 Fußball	2.842	2.224	1.789	812	2.481	×	1.066	1.432	810	1.358	1.861	1.816	1.592	1.229	3.550	1.014	1.040	2.917
SC Freiburg II	650	800	250	400	600	350	×	200	200	250	300	300	250	250	400	500	200	200
TSV Steinbach Haiger	2.064	1.693	1.095	1.103	1.749	974	1.147	×	970	1.089	1.039	1.369	1.063	1.173	873	1.074	1.009	1.227
FK 03 Pirmasens	1.750	1.211	1.383	689	1.059	1.120	812	604	×	569	530	753	801	606	707	503	634	952
TSG Hoffenheim II	960	320	220	241	723	200	220	190	240	×	150	220	200	190	240	260	200	200
TSG Balingen	3.012	1.700	1.200	1.450	1.956	2.200	1.100	1.180	1.100	2.500	×	2.200	800	1.300	1.878	1.200	748	1.300
FSV Frankfurt	1.800	1.354	1.124	998	3.877	1.128	1.047	923	1.046	1.038	1.106	×	1.024	1.067	1.025	1.057	1.673	1.055
FC-Astoria Walldorf	1.908	988	558	328	1.058	388	388	298	288	488	358	358	×	218	208	318	328	388
1. FSV Mainz 05 II	1.305	898	598	598	1.098	598	498	505	498	605	411	905	505	×	698	898	498	498
VfB Stuttgart II	1.100	765	250	505	445	480	450	263	350	400	520	270	217	310	×	150	350	260
VfR Wormatia Worms	3.203	1.414	1.342	730	1.166	1.036	875	800	874	862	150	920	1.063	957	833	×	884	1.006
Eintracht Stadtallendorf	731	1.378	773	567	2.127	857	1.632	1.068	551	335	1.015	665	584	395	489	683	×	1.025
SC Hessen Dreieich	1.379	1.008	957	523	2.530	551	205	1.893	581	359	652	1.108	478	423	503	411	528	×

Zuschauerbilanz:

Pl.	Mannschaft	gesamt	Spiele	Durchschnitt
1.	SV Waldhof Mannheim	110.584	17	6.505
2.	Offenbacher FC Kickers	91.965	17	5.410
3.	1. FC Saarbrücken	45.977	17	2.705
4.	FC 08 Homburg	32.614	17	1.918
5.	SSV Ulm 1846 Fußball	29.833	17	1.755
6.	TSG Balingen	26.824	17	1.578
7.	FSV Frankfurt	22.342	17	1.314
8.	TSV Steinbach Haiger	20.711	17	1.218
9.	SVgg 07 Elversberg	19.142	17	1.126
10.	VfR Wormatia 08 Worms	18.115	17	1.066
11.	TSV Eintracht Stadtallendorf	14.875	17	875
12.	FK 03 Pirmasens	14.683	17	864
13.	SC Hessen Dreieich	14.089	17	829
14.	1. FSV Mainz 05 II	11.614	17	683
15.	FC-Astoria Walldorf	8.866	17	522
16.	VfB Stuttgart II	7.085	17	417
17.	SC Freiburg II	6.100	17	359
18.	TSG Hoffenheim II	4.974	17	293
		500.393	306	1.635

Torschützenliste:

Pl.	Spieler (Mannschaft/en)	Tore
1.	Koffi, Kevin (SVgg 07 Elversberg)	19
2.	Valmir, Sulejmani (SV Waldhof Mannheim)	18
3.	Kern, Timo (SV Waldhof Mannheim)	17
4.	Jacob, Sebastian (1. FC Saarbrücken)	16
	Jurcher, Gillian Timothy (1. FC Saarbrücken)	16
	Wekesser, Erik (FC-Astoria Walldorf)	16
7.	Daferner, Christoph (SC Freiburg II)	14
8.	Dulleck, Patrick (FC 08 Homburg)	13
9.	Hahn, Alexander (FC 08 Homburg)	12
	Lappe, Karl-Heinz (1. FSV Mainz 05 II)	12
11.	Firat, Serkan (Offenbacher FC Kickers)	11
12.	Gösweiner, Thomas (TSG Hoffenheim II)	10
	Plut, Vito (FSV Frankfurt)	10
14.	Deville, Maurice (SV Waldhof Mannheim)	9
	Higl, Felix (SSV Ulm 1846)	9
	Hirst, Jake (Offenbacher FC Kickers)	9
	Korte, Gianluca (SV Waldhof Mannheim)	9
	Tekerci, Sinan (SVgg 07 Elversberg)	9
	Theisen, Christopher (FC 08 Homburg)	9
20.	Baltic, Tomislav (TSV Eintracht Stadtallendorf)	8
	Burgio, Giuseppe (VfR Wormatia 08 Worms)	8
	Eisele, Fabian (1. FC Saarbrücken)	8
	Feil, Manuel (SVgg 07 Elversberg)	8
	Krob, Dennis (FK 03 Pirmasens)	8
	Marquet, Sascha (TSV Steinbach Haiger)	8
	Mendler, Markus (1. FC Saarbrücken)	8
	Suero, Israel (SVgg 07 Elversberg)	8
	Vogler, Stefan (TSG Balingen)	8
29.	Candan, Fatih (TSV Steinbach Haiger)	7
	Koch, Marco (FSV Frankfurt)	7
	Sommer, Jannik (SV Waldhof Mannheim)	7
	Soultani, Ilias (FSV Frankfurt)	7
	Tomic, David (VfB Stuttgart II)	7
	Wähling, Oliver (VfB Stuttgart II)	7

Regionalliga Bayern

Pl.	(Vj.)	Mannschaft		Sp	S	U	N	Tore	TD	Pkt	Sp	S	U	N	Tore	Pkt	Sp	S	U	N	Tore	Pkt
						Gesamtbilanz							**Heimbilanz**						**Auswärtsbilanz**			
1.	(2.)	FC Bayern München II	↑	34	22	7	5	72-30	+42	73	17	11	4	2	36-16	37	17	11	3	3	36-14	36
2.	(7.)	VfB Eichstätt		34	19	9	6	69-44	+25	66	17	10	4	3	36-21	34	17	9	5	3	33-23	32
3.	(9.)	SV Wacker Burghausen		34	16	8	10	50-41	+9	56	17	8	4	5	24-20	28	17	8	4	5	26-21	28
4.	(3.)	1. FC Schweinfurt 05		34	14	13	7	55-43	+12	55	17	9	4	4	32-17	31	17	5	9	3	23-26	24
5.	(5.)	1. FC Nürnberg II		34	15	10	9	50-38	+12	55	17	8	6	3	32-19	30	17	7	4	6	18-19	25
6.	(16.)	FC Memmingen 07		34	13	9	12	55-57	-2	48	17	6	6	5	28-26	24	17	7	3	7	27-31	24
7.	(10.)	FV Illertissen		34	14	5	15	58-63	-5	47	17	7	3	7	33-31	24	17	7	2	8	25-32	23
8.	(12.)	TSV Buchbach		34	13	7	14	52-48	+4	46	17	6	3	8	25-27	21	17	7	4	6	27-21	25
9.	(6.)	FC Ingolstadt 04 II	↓	34	12	9	13	53-48	+5	45	17	8	4	5	25-22	28	17	4	5	8	28-26	17
10.	(17.)	SpVgg Oberfranken Bayreuth		34	12	9	13	51-47	+4	45	17	7	5	5	22-16	26	17	5	4	8	29-31	19
11.	(↑)	SV Viktoria Aschaffenburg		34	9	14	11	47-54	-7	41	17	6	4	7	22-23	22	17	3	10	4	25-31	19
12.	(4.)	VfR Garching		34	10	11	13	46-53	-7	41	17	5	6	6	21-22	21	17	5	5	7	25-31	20
13.	(11.)	SV Schalding-Heining		34	11	8	15	41-53	-12	41	17	4	4	9	20-30	16	17	7	4	6	21-23	25
14.	(8.)	FC Augsburg II		34	11	6	17	43-50	-7	39	17	4	4	9	21-27	16	17	7	2	8	22-23	23
15.	(13.)	SpVgg Greuther Fürth II		34	10	8	16	45-49	-4	38	17	6	2	9	23-22	20	17	4	6	7	22-27	18
16.	(15.)	TSV 1860 Rosenheim		34	10	7	17	37-58	-21	37	17	4	5	8	22-31	17	17	6	2	9	15-27	20
17.	(↑)	SV Heimstetten		34	10	5	19	48-73	-25	35	17	5	3	9	24-41	18	17	5	2	10	24-32	17
18.	(14.)	FC Pipinsried	↓	34	8	9	17	46-69	-23	33	17	4	6	7	28-33	18	17	4	3	10	18-36	15

Absteiger aus der 3. Liga: keine.
Aufsteiger in die 3. Liga: FC Bayern München II.
Absteiger in die Bayernligen: FC Pipinsried (Süd), FC Ingolstadt 04 II (Süd; Zwangsabstieg wegen des Abstiegs der ersten Mannschaft in die 3. Liga).
Aufsteiger aus den Bayernligen: TSV Aubstadt (Nord), SV Türkgücü-Ataspor München als Türkgücü München und TSV Rain am Lech (Süd).

Regionalliga Bayern 2018/19

	Bayern München II	VfB Eichstätt	Wacker Burghausen	1. FC Schweinfurt 05	1. FC Nürnberg II	FC Memmingen 07	FV Illertissen	TSV Buchbach	FC Ingolstadt 04 II	SpVgg Bayreuth	Vikt. Aschaffenburg	VfR Garching	Schalding-Heining	FC Augsburg II	Greuther Fürth II	1860 Rosenheim	SV Heimstetten	FC Pipinsried
FC Bayern München II	×	0:3	2:1	4:0	1:0	3:0	2:0	2:2	3:0	2:1	2:2	3:2	5:1	0:1	3:1	1:1	2:0	1:1
VfB Eichstätt	1:5	×	2:2	2:3	3:1	2:1	0:3	1:0	3:1	1:1	5:0	3:1	0:0	3:2	1:0	4:0	1:1	4:0
SV Wacker Burghausen	2:1	2:2	×	0:2	2:0	1:1	2:0	2:1	2:1	1:0	1:2	0:2	0:1	1:1	1:1	1:2	3:2	3:1
1. FC Schweinfurt 05	1:1	3:0	2:3	×	1:2	5:1	3:1	1:1	4:1	4:0	1:0	0:0	1:3	1:0	1:1	1:0	0:2	3:1
1. FC Nürnberg II	0:0	2:2	2:0	2:2	×	1:2	4:2	1:0	1:3	2:2	1:2	1:1	2:0	2:1	1:1	4:0	3:0	3:1
FC Memmingen 07	0:3	0:2	2:3	1:1	2:0	×	6:2	1:0	1:1	0:2	2:2	1:0	4:2	0:2	3:1	2:2	2:2	1:1
FV Illertissen	0:2	0:0	2:2	2:2	1:3	4:1	×	1:3	3:2	3:2	2:3	4:2	0:2	1:3	3:2	0:2	3:0	4:0
TSV Buchbach	1:2	2:3	0:3	0:1	1:1	1:0	0:1	×	1:1	0:3	2:2	2:3	2:1	4:0	3:1	3:0	2:5	1:0
FC Ingolstadt 04 II	0:2	1:1	1:0	2:0	0:3	0:0	0:2	3:2	×	1:4	3:3	3:0	0:1	3:1	1:1	2:0	3:1	2:1
SpVgg Oberfr. Bayreuth	2:0	0:2	1:1	1:1	3:0	0:3	1:1	4:1	1:0	×	0:0	0:0	2:0	3:1	0:2	0:1	0:1	4:2
SV Viktoria Aschaffenburg	2:3	2:1	2:0	1:1	2:1	0:1	3:1	1:1	1:2	1:4	×	1:1	0:0	2:1	0:1	3:0	1:4	0:1
VfR Garching	1:3	0:2	3:1	1:1	0:0	1:2	3:1	1:3	1:1	1:1	0:0	×	2:2	0:2	2:0	0:1	3:2	2:0
SV Schalding-Heining	0:2	1:3	0:1	1:3	0:0	0:3	0:2	3:4	1:1	2:1	0:0	5:2	×	2:0	2:2	1:3	2:1	0:2
FC Augsburg II	0:3	2:3	1:3	1:1	0:1	4:1	1:2	0:1	0:2	4:1	1:1	1:1	0:0	×	1:3	2:1	2:1	1:2
SpVgg Greuther Fürth II	0:0	1:1	0:1	0:2	2:3	4:2	0:1	0:3	1:0	3:1	3:1	0:1	1:2	0:2	×	0:1	3:0	5:1
TSV 1860 Rosenheim	3:2	3:4	0:0	2:2	0:1	1:4	3:4	0:2	2:1	1:0	2:2	3:2	0:1	1:1	1:1	×	0:2	0:2
SV Heimstetten	0:4	3:2	0:3	1:1	1:2	1:2	3:1	0:0	0:10	3:4	3:2	3:4	1:3	0:1	2:0	1:0	×	2:2
FC Pipinsried	1:3	1:2	1:2	5:0	0:0	3:3	1:1	0:3	1:1	2:2	3:3	1:3	3:2	0:3	2:4	2:1	2:0	×

Informationen zu den Qualifikationsspielen zur Regionalliga Bayern finden Sie auf Seite 266.

Termine und Ergebnisse der Regionalliga Bayern Saison 2018/19 Hinrunde

1. Spieltag
12.07.2018	VfB Eichstätt	Bay. München II	1:5	(1:2)
13.07.2018	SVW Burghausen	FC Ingolstadt 04 II	2:1	(2:0)
13.07.2018	1. FC Schweinfurt	FV Illertissen	3:1	(3:1)
13.07.2018	TSV Buchbach	SV Aschaffenburg	2:2	(1:1)
13.07.2018	Greuther Fürth II	FC Pipinsried	5:1	(1:1)
14.07.2018	1860 Rosenheim	VfR Garching	3:2	(1:2)
14.07.2018	1. FC Nürnberg II	FC Augsburg II	2:1	(1:0)
31.07.2018	SpVgg Bayreuth	FC Memmingen	0:3	(0:1)
18.09.2018	SV Heimstetten	SV Schalding-H.	1:3	(1:1)

2. Spieltag
20.07.2018	SV Aschaffenburg	1860 Rosenheim	3:0	(1:0)
20.07.2018	VfR Garching	FC Memmingen	1:2	(0:2)
20.07.2018	SpVgg Bayreuth	SV Heimstetten	0:1	(0:1)
20.07.2018	FC Pipinsried	SVW Burghausen	1:2	(0:2)
20.07.2018	FC Augsburg II	TSV Buchbach	0:1	(0:0)
21.07.2018	FV Illertissen	Greuther Fürth II	3:2	(2:0)
21.07.2018	FC Ingolstadt 04 II	VfB Eichstätt	1:1	(1:0)
21.07.2018	SV Schalding-H.	1. FC Schweinfurt	1:3	(0:2)
21.08.2018	Bay. München II	1. FC Nürnberg II	1:0	(0:0)

3. Spieltag
17.07.2018	FC Ingolstadt 04 II	Bay. München II	0:2	(0:1)
24.07.2018	1. FC Nürnberg II	TSV Buchbach	1:0	(1:0)
24.07.2018	Greuther Fürth II	SV Schalding-H.	1:2	(0:1)
24.07.2018	VfB Eichstätt	FC Pipinsried	4:0	(2:0)
24.07.2018	SVW Burghausen	FV Illertissen	2:0	(2:0)
24.07.2018	1. FC Schweinfurt	SpVgg Bayreuth	4:0	(2:0)
24.07.2018	SV Heimstetten	VfR Garching	3:4	(1:1)
24.07.2018	FC Memmingen	SV Aschaffenburg	2:2	(0:2)
24.07.2018	1860 Rosenheim	FC Augsburg II	1:1	(0:1)

4. Spieltag
27.07.2018	SV Aschaffenburg	SV Heimstetten	1:4	(1:3)
27.07.2018	VfR Garching	1. FC Schweinfurt	1:1	(1:0)
27.07.2018	SpVgg Bayreuth	Greuther Fürth II	0:2	(0:1)
27.07.2018	TSV Buchbach	1860 Rosenheim	3:0	(0:0)
28.07.2018	FV Illertissen	VfB Eichstätt	0:0	(0:0)
28.07.2018	FC Ingolstadt 04 II	1. FC Nürnberg II	0:3	(0:2)
28.07.2018	FC Augsburg II	FC Memmingen	4:1	(3:0)
29.07.2018	SV Schalding-H.	SVW Burghausen	0:1	(0:0)
15.08.2018	FC Pipinsried	Bay. München II	1:3	(0:1)

5. Spieltag
03.08.2018	VfB Eichstätt	SV Schalding-H.	0:0	(0:0)
03.08.2018	SVW Burghausen	SpVgg Bayreuth	1:0	(1:0)
03.08.2018	1. FC Schweinfurt	SV Aschaffenburg	1:0	(1:0)
03.08.2018	FC Ingolstadt 04 II	FC Pipinsried	2:1	(1:0)
03.08.2018	FC Memmingen	TSV Buchbach	1:0	(0:0)
04.08.2018	Greuther Fürth II	VfR Garching	0:1	(0:1)
04.08.2018	1. FC Nürnberg II	1860 Rosenheim	4:0	(0:0)
04.08.2018	SV Heimstetten	FC Augsburg II	0:1	(0:1)
05.08.2018	Bay. München II	FV Illertissen	2:0	(2:0)

6. Spieltag
10.08.2018	FC Pipinsried	1. FC Nürnberg II	0:0	(0:0)
10.08.2018	SV Schalding-H.	Bay. München II	0:2	(0:1)
10.08.2018	SV Aschaffenburg	Greuther Fürth II	0:1	(0:0)
10.08.2018	SpVgg Bayreuth	VfB Eichstätt	0:2	(0:1)
10.08.2018	FV Illertissen	FC Ingolstadt 04 II	3:2	(3:1)
10.08.2018	1860 Rosenheim	FC Memmingen	1:4	(0:0)
10.08.2018	TSV Buchbach	SV Heimstetten	2:5	(1:2)
11.08.2018	VfR Garching	SVW Burghausen	3:1	(1:1)
11.08.2018	FC Augsburg II	1. FC Schweinfurt	1:1	(1:1)

7. Spieltag
17.08.2018	VfB Eichstätt	VfR Garching	3:1	(0:0)
17.08.2018	SVW Burghausen	SV Aschaffenburg	1:2	(1:2)
17.08.2018	SV Heimstetten	1860 Rosenheim	1:0	(0:0)
18.08.2018	1. FC Nürnberg II	FC Memmingen	1:2	(1:2)
18.08.2018	Greuther Fürth II	FC Augsburg II	0:2	(0:1)
18.08.2018	FC Ingolstadt 04 II	SV Schalding-H.	0:1	(0:0)
18.08.2018	FC Pipinsried	FV Illertissen	1:1	(1:1)
12.09.2018	Bay. München II	SpVgg Bayreuth	2:1	(1:0)
18.09.2018	1. FC Schweinfurt	TSV Buchbach	1:1	(1:1)

8. Spieltag
24.08.2018	SpVgg Bayreuth	FC Ingolstadt 04 II	1:0	(0:0)
24.08.2018	FC Memmingen	SV Heimstetten	2:2	(0:2)
24.08.2018	FV Illertissen	1. FC Nürnberg II	1:3	(0:0)
24.08.2018	1860 Rosenheim	1. FC Schweinfurt	2:2	(1:1)
25.08.2018	SV Aschaffenburg	VfB Eichstätt	2:1	(0:1)
25.08.2018	SV Schalding-H.	FC Pipinsried	0:2	(0:1)
25.08.2018	FC Augsburg II	SVW Burghausen	1:3	(0:1)
25.08.2018	TSV Buchbach	Greuther Fürth II	3:1	(1:1)
26.08.2018	VfR Garching	Bay. München II	1:3	(0:2)

9. Spieltag
31.08.2018	FC Pipinsried	SpVgg Bayreuth	2:2	(0:1)
31.08.2018	VfB Eichstätt	FC Augsburg II	3:2	(0:1)
31.08.2018	1. FC Schweinfurt	FC Memmingen	5:1	(1:0)
01.09.2018	1. FC Nürnberg II	SV Heimstetten	3:0	(1:0)
01.09.2018	SVW Burghausen	TSV Buchbach	2:1	(0:0)
01.09.2018	Greuther Fürth II	1860 Rosenheim	0:1	(0:1)
01.09.2018	FV Illertissen	SV Schalding-H.	0:2	(0:2)
01.09.2018	FC Ingolstadt 04 II	VfR Garching	3:0	(2:0)
02.09.2018	Bay. München II	SV Aschaffenburg	2:2	(1:0)

10. Spieltag
07.09.2018	1860 Rosenheim	SVW Burghausen	0:0	(0:0)
07.09.2018	FC Memmingen	Greuther Fürth II	3:1	(2:1)
08.09.2018	SV Aschaffenburg	FC Ingolstadt 04 II	1:2	(0:1)
08.09.2018	SpVgg Bayreuth	FV Illertissen	1:1	(1:1)
08.09.2018	SV Schalding-H.	1. FC Nürnberg II	0:0	(0:0)
08.09.2018	SV Heimstetten	1. FC Schweinfurt	1:1	(0:0)
08.09.2018	TSV Buchbach	VfB Eichstätt	2:3	(0:1)
09.09.2018	VfR Garching	FC Pipinsried	2:0	(1:0)
06.03.2019	FC Augsburg II	Bay. München II	0:3	(0:2)

11. Spieltag
14.09.2018	FC Pipinsried	SV Aschaffenburg	3:3	(0:3)
14.09.2018	SVW Burghausen	FC Memmingen	1:1	(1:1)
14.09.2018	FC Ingolstadt 04 II	FC Augsburg II	3:1	(2:0)
15.09.2018	Bay. München II	TSV Buchbach	2:2	(0:1)
15.09.2018	1. FC Nürnberg II	1. FC Schweinfurt	2:2	(1:1)
15.09.2018	Greuther Fürth II	SV Heimstetten	3:0	(2:0)
15.09.2018	SV Schalding-H.	SpVgg Bayreuth	2:1	(0:0)
15.09.2018	FV Illertissen	VfR Garching	4:2	(1:2)
15.09.2018	VfB Eichstätt	1860 Rosenheim	4:0	(1:0)

12. Spieltag
21.09.2018	1860 Rosenheim	Bay. München II	3:2	(1:0)
21.09.2018	SV Heimstetten	SVW Burghausen	0:3	(0:1)
21.09.2018	FC Augsburg II	FC Pipinsried	1:2	(1:2)
21.09.2018	FC Memmingen	VfB Eichstätt	0:2	(0:0)
22.09.2018	SV Aschaffenburg	FV Illertissen	3:1	(0:1)
22.09.2018	VfR Garching	SV Schalding-H.	2:2	(1:1)
22.09.2018	SpVgg Bayreuth	1. FC Nürnberg II	3:0	(1:0)
22.09.2018	1. FC Schweinfurt	Greuther Fürth II	1:1	(0:1)
22.09.2018	TSV Buchbach	FC Ingolstadt 04 II	1:1	(0:1)

13. Spieltag
28.09.2018	FV Illertissen	FC Augsburg II	1:3	(1:1)
29.09.2018	SVW Burghausen	1. FC Schweinfurt	0:2	(0:1)
29.09.2018	SpVgg Bayreuth	VfR Garching	0:0	(0:0)
29.09.2018	SV Schalding-H.	SV Aschaffenburg	0:0	(0:0)
29.09.2018	FC Pipinsried	TSV Buchbach	0:3	(0:3)
29.09.2018	FC Ingolstadt 04 II	1860 Rosenheim	2:0	(0:0)
29.09.2018	Bay. München II	FC Memmingen	3:0	(3:0)
29.09.2018	VfB Eichstätt	SV Heimstetten	1:1	(0:0)
29.09.2018	1. FC Nürnberg II	Greuther Fürth II	1:1	(1:1)

14. Spieltag
05.10.2018	SV Heimstetten	Bay. München II	0:4	(0:3)
05.10.2018	TSV Buchbach	FV Illertissen	0:1	(0:0)
05.10.2018	FC Memmingen	FC Ingolstadt 04 II	1:1	(0:0)
06.10.2018	SV Aschaffenburg	SpVgg Bayreuth	1:4	(0:2)
06.10.2018	VfR Garching	1. FC Nürnberg II	0:0	(0:0)
06.10.2018	1. FC Schweinfurt	VfB Eichstätt	3:0	(1:0)
06.10.2018	1860 Rosenheim	FC Pipinsried	0:2	(0:1)
06.10.2018	FC Augsburg II	SV Schalding-H.	0:0	(0:0)
08.10.2018	Greuther Fürth II	SVW Burghausen	0:1	(0:0)

15. Spieltag
13.10.2018	1. FC Nürnberg II	SVW Burghausen	2:0	(1:0)
13.10.2018	VfR Garching	SV Aschaffenburg	0:0	(0:0)
13.10.2018	SpVgg Bayreuth	FC Augsburg II	3:1	(2:1)
13.10.2018	SV Schalding-H.	TSV Buchbach	3:4	(2:1)
13.10.2018	FV Illertissen	1860 Rosenheim	0:2	(0:2)
13.10.2018	FC Ingolstadt 04 II	SV Heimstetten	3:1	(0:0)
13.10.2018	VfB Eichstätt	Greuther Fürth II	1:0	(0:0)
13.10.2018	FC Pipinsried	FC Memmingen	3:3	(1:2)
07.12.2018	Bay. München II	1. FC Schweinfurt	4:0	(2:0)

16. Spieltag
19.10.2018	Greuther Fürth II	Bay. München II	0:0	(0:0)
19.10.2018	TSV Buchbach	SpVgg Bayreuth	0:3	(0:1)
19.10.2018	FC Augsburg II	VfR Garching	1:1	(1:1)
19.10.2018	FC Memmingen	FV Illertissen	6:2	(3:0)
20.10.2018	1. FC Nürnberg II	SV Aschaffenburg	1:2	(1:0)
20.10.2018	SVW Burghausen	VfB Eichstätt	2:2	(0:2)
20.10.2018	1. FC Schweinfurt	FC Ingolstadt 04 II	4:1	(2:0)
20.10.2018	SV Heimstetten	FC Pipinsried	2:2	(0:2)
20.10.2018	1860 Rosenheim	SV Schalding-H.	0:1	(0:1)

17. Spieltag
27.10.2018	SV Aschaffenburg	FC Augsburg II	2:1	(1:0)
27.10.2018	VfR Garching	TSV Buchbach	1:3	(1:1)
27.10.2018	SpVgg Bayreuth	1860 Rosenheim	0:1	(0:1)
27.10.2018	SV Schalding-H.	FC Memmingen	0:3	(0:3)
27.10.2018	FV Illertissen	SV Heimstetten	3:0	(2:0)
27.10.2018	FC Ingolstadt 04 II	Greuther Fürth II	1:1	(0:1)
27.10.2018	VfB Eichstätt	1. FC Nürnberg II	3:1	(0:0)
27.10.2018	FC Pipinsried	1. FC Schweinfurt	5:0	(2:0)
29.10.2018	Bay. München II	SVW Burghausen	2:1	(2:1)

Termine und Ergebnisse der Regionalliga Bayern Saison 2018/19 Rückrunde

18. Spieltag
Datum	Heim	Gast	Ergebnis
02.11.2018	FC Augsburg II	1. FC Nürnberg II	0:1 (0:0)
02.11.2018	Bay. München II	VfB Eichstätt	0:3 (0:2)
02.11.2018	FC Memmingen	SpVgg Bayreuth	0:2 (0:1)
03.11.2018	FC Pipinsried	Greuther Fürth II	2:4 (0:3)
03.11.2018	FV Illertissen	1. FC Schweinfurt	2:2 (0:2)
03.11.2018	SV Schalding-H.	SV Heimstetten	2:1 (0:0)
03.11.2018	VfR Garching	1860 Rosenheim	0:1 (0:0)
03.11.2018	SV Aschaffenburg	TSV Buchbach	1:1 (0:0)
03.11.2018	FC Ingolstadt 04 II	SVW Burghausen	1:0 (1:0)

19. Spieltag
Datum	Heim	Gast	Ergebnis
09.11.2018	1. FC Schweinfurt	SV Schalding-H.	1:3 (1:1)
10.11.2018	1860 Rosenheim	SV Aschaffenburg	2:2 (2:0)
10.11.2018	FC Memmingen	VfR Garching	1:0 (1:0)
10.11.2018	SV Heimstetten	SpVgg Bayreuth	3:4 (0:1)
10.11.2018	Greuther Fürth II	FV Illertissen	0:1 (0:1)
10.11.2018	SVW Burghausen	FC Pipinsried	3:1 (0:1)
10.11.2018	VfB Eichstätt	FC Ingolstadt 04 II	3:1 (2:1)
10.11.2018	TSV Buchbach	FC Augsburg II	4:0 (1:0)
11.11.2018	1. FC Nürnberg II	Bay. München II	0:0 (0:0)

20. Spieltag
Datum	Heim	Gast	Ergebnis
17.11.2018	TSV Buchbach	1. FC Nürnberg II	1:1 (0:1)
17.11.2018	FV Illertissen	SVW Burghausen	2:2 (0:1)
17.11.2018	SV Schalding-H.	Greuther Fürth II	2:2 (0:1)
17.11.2018	SpVgg Bayreuth	1. FC Schweinfurt	1:1 (0:0)
17.11.2018	SV Aschaffenburg	FC Memmingen	0:1 (0:0)
17.11.2018	FC Augsburg II	1860 Rosenheim	2:1 (1:0)
17.11.2018	FC Pipinsried	VfB Eichstätt	1:2 (0:2)
24.02.2019	Bay. München II	FC Ingolstadt 04 II	3:0 (1:0)
02.04.2019	VfR Garching	SV Heimstetten	3:2 (1:2)

21. Spieltag
Datum	Heim	Gast	Ergebnis
23.11.2018	Bay. München II	FC Pipinsried	1:1 (0:0)
24.11.2018	SV Heimstetten	SV Aschaffenburg	3:2 (0:0)
24.11.2018	1. FC Schweinfurt	VfR Garching	0:0 (0:0)
24.11.2018	Greuther Fürth II	SpVgg Bayreuth	3:1 (2:1)
24.11.2018	SVW Burghausen	SV Schalding-H.	0:1 (0:0)
24.11.2018	VfB Eichstätt	FV Illertissen	0:3 (0:2)
24.11.2018	1. FC Nürnberg II	FC Ingolstadt 04 II	1:3 (1:2)
24.11.2018	1860 Rosenheim	TSV Buchbach	0:2 (0:0)
24.11.2018	FC Memmingen	FC Augsburg II	0:2 (0:1)

22. Spieltag
Datum	Heim	Gast	Ergebnis
30.11.2018	FC Augsburg II	SV Heimstetten	2:1 (0:1)
01.12.2018	1860 Rosenheim	1. FC Nürnberg II	0:1 (0:0)
01.12.2018	SpVgg Bayreuth	SVW Burghausen	1:1 (0:1)
01.12.2018	SV Aschaffenburg	1. FC Schweinfurt	1:1 (0:1)
01.12.2018	TSV Buchbach	FC Memmingen	1:0 (0:0)
01.12.2018	FV Illertissen	Bay. München II	0:2 (0:1)
01.12.2018	SV Schalding-H.	VfB Eichstätt	1:3 (0:1)
23.02.2019	VfR Garching	Greuther Fürth II	2:0 (1:0)
02.04.2019	FC Pipinsried	FC Ingolstadt 04 II	1:1 (1:0)

23. Spieltag
Datum	Heim	Gast	Ergebnis
01.03.2019	Bay. München II	SV Schalding-H.	5:1 (3:0)
02.03.2019	Greuther Fürth II	SV Aschaffenburg	3:1 (1:0)
02.03.2019	SVW Burghausen	VfR Garching	0:2 (0:1)
02.03.2019	VfB Eichstätt	SpVgg Bayreuth	1:1 (0:0)
02.03.2019	FC Ingolstadt 04 II	FV Illertissen	0:2 (0:1)
02.03.2019	1. FC Schweinfurt	FC Augsburg II	1:0 (1:0)
02.03.2019	SV Heimstetten	TSV Buchbach	0:0 (0:0)
03.03.2019	1. FC Nürnberg II	FC Pipinsried	3:1 (2:1)
04.03.2019	FC Memmingen	1860 Rosenheim	2:2 (2:0)

24. Spieltag
Datum	Heim	Gast	Ergebnis
08.03.2019	TSV Buchbach	1. FC Schweinfurt	0:1 (0:1)
09.03.2019	FC Augsburg II	Greuther Fürth II	1:3 (0:1)
09.03.2019	FC Memmingen	1. FC Nürnberg II	2:0 (1:0)
09.03.2019	SV Aschaffenburg	SVW Burghausen	2:0 (0:0)
09.03.2019	1860 Rosenheim	SV Heimstetten	0:2 (0:0)
09.03.2019	FV Illertissen	FC Pipinsried	4:0 (1:0)
09.03.2019	SV Schalding-H.	FC Ingolstadt 04 II	1:1 (0:0)
09.03.2019	VfR Garching	VfB Eichstätt	0:2 (0:1)
10.03.2019	SpVgg Bayreuth	Bay. München II	2:0 (2:0)

25. Spieltag
Datum	Heim	Gast	Ergebnis
16.03.2019	VfB Eichstätt	SV Aschaffenburg	5:0 (2:0)
16.03.2019	FC Pipinsried	SV Schalding-H.	3:2 (1:1)
16.03.2019	1. FC Nürnberg II	FV Illertissen	4:2 (3:1)
16.03.2019	SV Heimstetten	FC Memmingen	1:2 (0:2)
16.03.2019	1. FC Schweinfurt	1860 Rosenheim	1:0 (0:0)
16.03.2019	Greuther Fürth II	TSV Buchbach	0:3 (0:1)
17.03.2019	Bay. München II	VfR Garching	3:2 (2:0)
27.03.2019	FC Ingolstadt 04 II	SpVgg Bayreuth	1:4 (1:2)
17.04.2019	SVW Burghausen	FC Augsburg II	1:1 (1:1)

26. Spieltag
Datum	Heim	Gast	Ergebnis
22.03.2019	TSV Buchbach	SVW Burghausen	0:3 (0:1)
22.03.2019	FC Memmingen	1. FC Schweinfurt	1:1 (0:1)
23.03.2019	SV Heimstetten	1. FC Nürnberg II	1:2 (0:1)
23.03.2019	1860 Rosenheim	Greuther Fürth II	1:1 (0:0)
23.03.2019	SV Schalding-H.	FV Illertissen	0:2 (0:1)
23.03.2019	SpVgg Bayreuth	FC Pipinsried	4:2 (3:1)
23.03.2019	VfR Garching	FC Ingolstadt 04 II	1:1 (0:0)
23.03.2019	FC Augsburg II	VfB Eichstätt	2:3 (1:1)
09.04.2019	SV Aschaffenburg	Bay. München II	2:3 (1:2)

27. Spieltag
Datum	Heim	Gast	Ergebnis
29.03.2019	Bay. München II	FC Augsburg II	0:1 (0:0)
30.03.2019	FC Ingolstadt 04 II	SV Aschaffenburg	3:3 (2:1)
30.03.2019	FC Pipinsried	VfR Garching	1:3 (1:0)
30.03.2019	FV Illertissen	SpVgg Bayreuth	3:2 (1:1)
30.03.2019	1. FC Schweinfurt	SV Heimstetten	0:2 (0:1)
30.03.2019	Greuther Fürth II	FC Memmingen	4:2 (1:1)
30.03.2019	SVW Burghausen	1860 Rosenheim	1:2 (0:2)
30.03.2019	VfB Eichstätt	TSV Buchbach	1:0 (1:0)
31.03.2019	1. FC Nürnberg II	SV Schalding-H.	2:0 (0:0)

28. Spieltag
Datum	Heim	Gast	Ergebnis
05.04.2019	TSV Buchbach	Bay. München II	1:2 (1:1)
05.04.2019	FC Memmingen	SVW Burghausen	2:3 (2:0)
06.04.2019	1. FC Schweinfurt	1. FC Nürnberg II	1:2 (0:1)
06.04.2019	SV Heimstetten	Greuther Fürth II	2:0 (1:0)
06.04.2019	SpVgg Bayreuth	SV Schalding-H.	2:0 (1:0)
06.04.2019	VfR Garching	FV Illertissen	3:1 (2:1)
06.04.2019	SV Aschaffenburg	FC Pipinsried	0:1 (0:0)
06.04.2019	FC Augsburg II	FC Ingolstadt 04 II	0:2 (0:1)
06.04.2019	1860 Rosenheim	VfB Eichstätt	3:4 (2:3)

29. Spieltag
Datum	Heim	Gast	Ergebnis
12.04.2019	FC Ingolstadt 04 II	TSV Buchbach	3:2 (3:0)
13.04.2019	FV Illertissen	SV Aschaffenburg	2:3 (1:0)
13.04.2019	SV Schalding-H.	VfR Garching	5:2 (2:1)
13.04.2019	1. FC Nürnberg II	SpVgg Bayreuth	2:2 (2:0)
13.04.2019	Greuther Fürth II	1. FC Schweinfurt	0:2 (0:2)
13.04.2019	SVW Burghausen	SV Heimstetten	3:2 (3:0)
13.04.2019	VfB Eichstätt	FC Memmingen	2:1 (2:1)
13.04.2019	FC Pipinsried	FC Augsburg II	0:3 (0:0)
15.04.2019	Bay. München II	1860 Rosenheim	1:1 (1:0)

30. Spieltag
Datum	Heim	Gast	Ergebnis
20.04.2019	Greuther Fürth II	1. FC Nürnberg II	2:3 (0:2)
20.04.2019	VfR Garching	SpVgg Bayreuth	1:1 (0:1)
21.04.2019	TSV Buchbach	FC Pipinsried	1:0 (1:0)
21.04.2019	FC Memmingen	Bay. München II	0:3 (0:2)
22.04.2019	SV Aschaffenburg	SV Schalding-H.	0:0 (0:0)
22.04.2019	FC Augsburg II	FV Illertissen	1:2 (1:1)
22.04.2019	1860 Rosenheim	FC Ingolstadt 04 II	2:1 (2:1)
22.04.2019	1. FC Schweinfurt	SVW Burghausen	2:3 (1:2)
01.05.2019	SV Heimstetten	VfB Eichstätt	3:2 (0:1)

31. Spieltag
Datum	Heim	Gast	Ergebnis
26.04.2019	Bay. München II	SV Heimstetten	2:0 (0:0)
26.04.2019	FV Illertissen	TSV Buchbach	1:3 (1:2)
27.04.2019	SpVgg Bayreuth	SV Aschaffenburg	0:0 (0:0)
27.04.2019	1. FC Nürnberg II	VfR Garching	1:1 (1:0)
27.04.2019	SVW Burghausen	Greuther Fürth II	1:1 (1:0)
27.04.2019	VfB Eichstätt	1. FC Schweinfurt	2:3 (1:2)
27.04.2019	FC Pipinsried	1860 Rosenheim	2:1 (0:1)
27.04.2019	SV Schalding-H.	FC Augsburg II	2:0 (0:0)
27.04.2019	FC Ingolstadt 04 II	FC Memmingen	0:0 (0:0)

32. Spieltag
Datum	Heim	Gast	Ergebnis
03.05.2019	SV Heimstetten	FC Ingolstadt 04 II	0:10 (0:4)
03.05.2019	TSV Buchbach	SV Schalding-H.	2:1 (1:1)
03.05.2019	FC Memmingen	FC Pipinsried	1:1 (1:0)
04.05.2019	SVW Burghausen	1. FC Nürnberg II	2:0 (0:0)
04.05.2019	SV Aschaffenburg	VfR Garching	1:1 (1:1)
04.05.2019	FC Augsburg II	SpVgg Bayreuth	4:1 (1:0)
04.05.2019	1860 Rosenheim	FV Illertissen	3:4 (1:0)
04.05.2019	Greuther Fürth II	VfB Eichstätt	1:1 (0:1)
06.05.2019	1. FC Schweinfurt	Bay. München II	1:1 (1:0)

33. Spieltag
Datum	Heim	Gast	Ergebnis
10.05.2019	Bay. München II	Greuther Fürth II	3:1 (1:0)
11.05.2019	SV Aschaffenburg	1. FC Nürnberg II	2:1 (1:1)
11.05.2019	VfB Eichstätt	SVW Burghausen	2:2 (0:0)
11.05.2019	FC Ingolstadt 04 II	1. FC Schweinfurt	2:0 (1:0)
11.05.2019	FC Pipinsried	SV Heimstetten	2:0 (0:0)
11.05.2019	FV Illertissen	FC Memmingen	4:1 (0:1)
11.05.2019	SV Schalding-H.	1860 Rosenheim	1:3 (0:1)
11.05.2019	SpVgg Bayreuth	TSV Buchbach	4:1 (0:1)
11.05.2019	VfR Garching	FC Augsburg II	0:2 (0:2)

34. Spieltag
Datum	Heim	Gast	Ergebnis
18.05.2019	FC Augsburg II	SV Aschaffenburg	1:1 (1:0)
18.05.2019	TSV Buchbach	VfR Garching	2:3 (2:0)
18.05.2019	1860 Rosenheim	SpVgg Bayreuth	1:0 (0:0)
18.05.2019	FC Memmingen	SV Schalding-H.	4:2 (1:2)
18.05.2019	SV Heimstetten	FV Illertissen	3:1 (2:0)
18.05.2019	1. FC Schweinfurt	FC Pipinsried	3:1 (1:0)
18.05.2019	Greuther Fürth II	FC Ingolstadt 04 II	1:0 (1:0)
18.05.2019	SVW Burghausen	Bay. München II	2:1 (1:0)
18.05.2019	1. FC Nürnberg II	VfB Eichstätt	2:2 (2:1)

SV Viktoria 01 Aschaffenburg

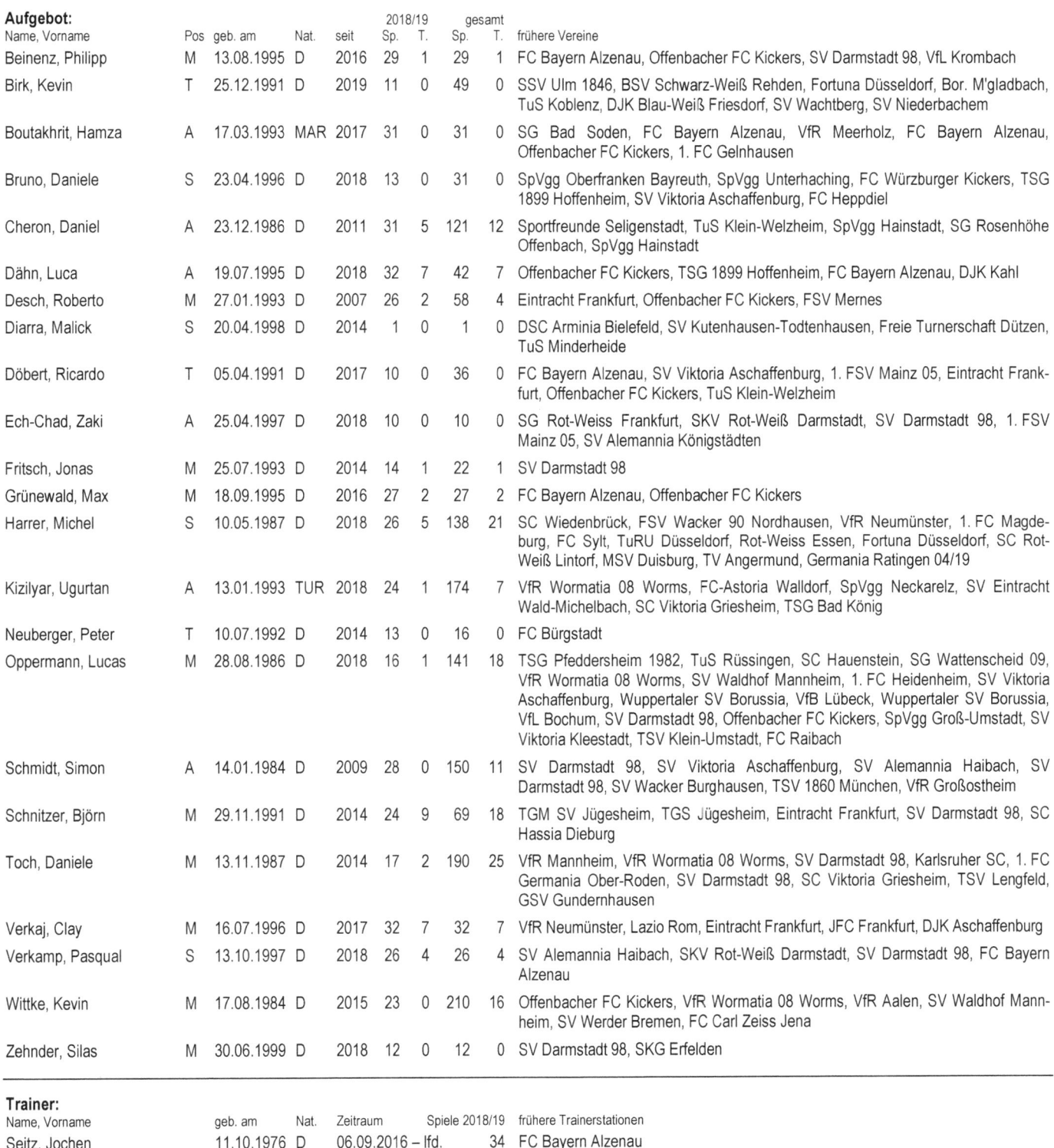

Anschrift:
Kleine Schönbuschallee 92
63741 Aschaffenburg
Telefon: (0 60 21) 4 38 33 90
eMail: geschaeftsstelle@sva01.de
Homepage: www.viktoria-aschaffenburg.de

Vereinsgründung: 1901 Gründung FC 1901; 1902 Gründung des FC Viktoria 1902; 1904 Fusion zu FC Viktoria; seit 1906 SV Viktoria 1901 Aschaffenburg
Vereinsfarben: Weiß-Blau
1. Vorsitzender: Holger Stenger
Sportlicher Leiter: Tobias Nitsch
Stadion: Stadion am Schönbusch (6.620)

Größte Erfolge: Sieger Landespokal Hessen 1991; Meister der Oberliga Hessen 1974, 1985 (↑), 1988 (↑) und 1992; Aufstieg in die Regionalliga Süd 1970 und 2008; Aufstieg in die Regionalliga Bayern 2012; Meister der Bayernliga Nord 2015 (↑) und 2018 (↑)

Aufgebot:

Name, Vorname	Pos	geb. am	Nat.	seit	2018/19 Sp.	T.	gesamt Sp.	T.	frühere Vereine
Beinenz, Philipp	M	13.08.1995	D	2016	29	1	29	1	FC Bayern Alzenau, Offenbacher FC Kickers, SV Darmstadt 98, VfL Krombach
Birk, Kevin	T	25.12.1991	D	2019	11	0	49	0	SSV Ulm 1846, BSV Schwarz-Weiß Rehden, Fortuna Düsseldorf, Bor. M'gladbach, TuS Koblenz, DJK Blau-Weiß Friesdorf, SV Wachtberg, SV Niederbachem
Boutakhrit, Hamza	A	17.03.1993	MAR	2017	31	0	31	0	SG Bad Soden, FC Bayern Alzenau, VfR Meerholz, FC Bayern Alzenau, Offenbacher FC Kickers, 1. FC Gelnhausen
Bruno, Daniele	S	23.04.1996	D	2018	13	0	31	0	SpVgg Oberfranken Bayreuth, SpVgg Unterhaching, FC Würzburger Kickers, TSG 1899 Hoffenheim, SV Viktoria Aschaffenburg, FC Heppdiel
Cheron, Daniel	A	23.12.1986	D	2011	31	5	121	12	Sportfreunde Seligenstadt, TuS Klein-Welzheim, SpVgg Hainstadt, SG Rosenhöhe Offenbach, SpVgg Hainstadt
Dähn, Luca	A	19.07.1995	D	2018	32	7	42	7	Offenbacher FC Kickers, TSG 1899 Hoffenheim, FC Bayern Alzenau, DJK Kahl
Desch, Roberto	M	27.01.1993	D	2007	26	2	58	4	Eintracht Frankfurt, Offenbacher FC Kickers, FSV Mernes
Diarra, Malick	S	20.04.1998	D	2014	1	0	1	0	DSC Arminia Bielefeld, SV Kutenhausen-Todtenhausen, Freie Turnerschaft Dützen, TuS Minderheide
Döbert, Ricardo	T	05.04.1991	D	2017	10	0	36	0	FC Bayern Alzenau, SV Viktoria Aschaffenburg, 1. FSV Mainz 05, Eintracht Frankfurt, Offenbacher FC Kickers, TuS Klein-Welzheim
Ech-Chad, Zaki	A	25.04.1997	D	2018	10	0	10	0	SG Rot-Weiss Frankfurt, SKV Rot-Weiß Darmstadt, SV Darmstadt 98, 1. FSV Mainz 05, SV Alemannia Königstädten
Fritsch, Jonas	M	25.07.1993	D	2014	14	1	22	1	SV Darmstadt 98
Grünewald, Max	M	18.09.1995	D	2016	27	2	27	2	FC Bayern Alzenau, Offenbacher FC Kickers
Harrer, Michel	S	10.05.1987	D	2018	26	5	138	21	SC Wiedenbrück, FSV Wacker 90 Nordhausen, VfR Neumünster, 1. FC Magdeburg, FC Sylt, TuRU Düsseldorf, Rot-Weiss Essen, Fortuna Düsseldorf, SC Rot-Weiß Lintorf, MSV Duisburg, TV Angermund, Germania Ratingen 04/19
Kizilyar, Ugurtan	A	13.01.1993	TUR	2018	24	1	174	7	VfR Wormatia 08 Worms, FC-Astoria Walldorf, SpVgg Neckarelz, SV Eintracht Wald-Michelbach, SC Viktoria Griesheim, TSG Bad König
Neuberger, Peter	T	10.07.1992	D	2014	13	0	16	0	FC Bürgstadt
Oppermann, Lucas	M	28.08.1986	D	2018	16	1	141	18	TSG Pfeddersheim 1982, TuS Rüssingen, SC Hauenstein, SG Wattenscheid 09, VfR Wormatia 08 Worms, SV Waldhof Mannheim, 1. FC Heidenheim, SV Viktoria Aschaffenburg, Wuppertaler SV Borussia, VfB Lübeck, Wuppertaler SV Borussia, VfL Bochum, SV Darmstadt 98, Offenbacher FC Kickers, SpVgg Groß-Umstadt, SV Viktoria Kleestadt, TSV Klein-Umstadt, FC Raibach
Schmidt, Simon	A	14.01.1984	D	2009	28	0	150	11	SV Darmstadt 98, SV Viktoria Aschaffenburg, SV Alemannia Haibach, SV Darmstadt 98, SV Wacker Burghausen, TSV 1860 München, VfR Großostheim
Schnitzer, Björn	M	29.11.1991	D	2014	24	9	69	18	TGM SV Jügesheim, TGS Jügesheim, Eintracht Frankfurt, SV Darmstadt 98, SC Hassia Dieburg
Toch, Daniele	M	13.11.1987	D	2014	17	2	190	25	VfR Mannheim, VfR Wormatia 08 Worms, SV Darmstadt 98, Karlsruher SC, 1. FC Germania Ober-Roden, SV Darmstadt 98, SC Viktoria Griesheim, TSV Lengfeld, GSV Gundernhausen
Verkaj, Clay	M	16.07.1996	D	2017	32	7	32	7	VfR Neumünster, Lazio Rom, Eintracht Frankfurt, JFC Frankfurt, DJK Aschaffenburg
Verkamp, Pasqual	S	13.10.1997	D	2018	26	4	26	4	SV Alemannia Haibach, SKV Rot-Weiß Darmstadt, SV Darmstadt 98, FC Bayern Alzenau
Wittke, Kevin	M	17.08.1984	D	2015	23	0	210	16	Offenbacher FC Kickers, VfR Wormatia 08 Worms, VfR Aalen, SV Waldhof Mannheim, SV Werder Bremen, FC Carl Zeiss Jena
Zehnder, Silas	M	30.06.1999	D	2018	12	0	12	0	SV Darmstadt 98, SKG Erfelden

Trainer:

Name, Vorname	geb. am	Nat.	Zeitraum	Spiele 2018/19	frühere Trainerstationen
Seitz, Jochen	11.10.1976	D	06.09.2016 – lfd.	34	FC Bayern Alzenau

Zugänge:
Bruno (SpVgg Oberfranken Bayreuth), Dähn (Offenbacher FC Kickers), Ech-Chad (SG Rot-Weiss Frankfurt), Harrer (SC Wiedenbrück), Kizilyar (VfR Wormatia 08 Worms), Oppermann (TSG Pfeddersheim 1982), Verkamp (SV Alemannia Haibach), Zehnder (SV Darmstadt 98).
während der Saison:
Birk (SSV Ulm 1846).

Abgänge:
Aydin und Zaeteri (FC Viktoria Kahl), Bieber (pausiert), Breunig, Gerhart, Klausmann und Wadel (SV Alemannia Haibach), Daudi (SG Rot-Weiss Frankfurt), Galm (ohne Verein), Herdt (SV Rot-Weiß Walldorf).

FC Augsburg 1907 II

Anschrift:
Donauwörther Straße 170
86154 Augsburg
Telefon: (08 21) 45 54 770
eMail: info@fcaugsburg.de
Homepage: www.fcaugsburg.de

Vereinsgründung: 08.08.1907 als BC Augsburg; 15.07.1969 Fusion mit der Lizenzabteilung des TSV Schwaben Augsburg und Umbenennung in FCA

Vereinsfarben: Rot-Grün-Weiß
Präsident: Klaus Hofmann
Leiter NLZ: Roy Stapelfeld

Stadion:
Paul-Renz-Sportanlage (10.000) oder
Rosenaustadion (28.000)

Größte Erfolge: Meister der Bezirksliga Schwaben Süd 1976 (↑) und 2003 (↑); Meister der Bezirksoberliga Schwaben 2004 (↑); Qualifikation für die Regionalliga Bayern 2012

Aufgebot:

Name, Vorname	Pos	geb. am	Nat.	seit	2018/19 Sp.	2018/19 T.	Gesamt Sp.	Gesamt T.	frühere Vereine
Asta, Simon	A	25.01.2001	D	2012	1	0	1	0	TSV Göggingen 1875
Callsen-Bracker, Jan-Ingwer	A	23.09.1984	D	2018	4	0	30	1	1. FC Kaiserslautern, FC Augsburg, Borussia Mönchengladbach, Bayer 04 Leverkusen, SV Beuel 06, TSV Bollingstedt-Gammellund
Cheon, Seong-Hoon	S	21.09.2000	KOR	2019	3	0	3	0	Incheon United
Della Schiava, Nicola	A	24.06.1997	D	2016	11	3	64	6	FC Bayern München, VfB Stuttgart, SSV Ulm 1846, SpVgg Au/Iller
Feulner, Markus	M	12.02.1982	D	2014	23	2	48	4	1. FC Nürnberg, Borussia Dortmund, 1. FSV Mainz 05, 1. FC Köln, FC Bayern München, 1. FC Bamberg, SV Pettstadt
Greisel, Marco	M	24.07.1997	D	2009	23	2	70	6	SpVgg Kaufbeuren
Greppmeir, Jonas	S	14.02.1999	D	2014	13	0	21	2	SC Fürstenfeldbruck
Jakob, Kilian	A	25.01.1998	D	1997	7	0	40	3	TSV 1860 München, FC Dreistern Neutrudering
Jürgensen, Lasse	A	16.02.1998	DEN	2012	16	0	40	0	SC Unterpfaffenhofen-Germering
Kurz, Bastian	M	23.09.1996	D	2018	28	5	76	11	FC Rot-Weiß Erfurt, FC Augsburg, SV Wacker Burghausen, SV Unterneukirchen
Lannert, Christopher	M	08.06.1998	D	2012	31	2	64	5	FC Bayern München, TSV 1860 München, SpVgg Unterhaching
Leib, Marcel	M	03.03.1997	D	2018	1	0	2	0	TSV Schwabmünchen, FC Bayern München, FC Augsburg
Leneis, Benjamin	T	08.03.1999	D	2015	10	0	10	0	1. FC Nürnberg, TSV 1958 Dasing, TSV Kühbach
Lobenhofer, Benedikt	A	08.09.1998	D	2016	13	0	30	0	SpVgg Unterhaching
Malone, Maurice	S	17.08.2000	D	2008	5	4	5	4	eigene Junioren
Mbila, Josué	S	21.08.1999	D	2014	23	2	23	2	SpVgg Unterhaching, TSV 1860 München
Mergel, Artur	M	28.08.1997	D	2017	19	2	70	5	FC Carl Zeiss Jena, 1. FC Kaiserslautern, KSV Baunatal, OSC Vellmar, KSV Hessen Kassel, SG Rhoden/Schmillinghausen
Miller, Christian	A	19.01.1999	D	2009	8	0	8	0	eigene Junioren
Nagel, Lucca	T	15.03.1998	D	2013	3	0	12	0	TSG 1890 Thannhausen
Nappo, Sebastian	M	15.09.1995	D	2018	26	8	54	10	SV Heimstetten, FC Ismaning, SpVgg Unterhaching, FC Bayern München
Negrea, Alex	A	01.10.1998	ROU	2011	8	0	8	0	LPS Satu Mare
Niemann, Flemming	T	07.08.1996	D	2016	21	0	38	0	Karlsruher SC, DSC Arminia Bielefeld, SV Kutenhausen-Todtenhausen
Petkov, Lukas	M	01.11.2000	D	2008	3	0	3	0	SV Mering
Ramser, Lukas	M	09.01.1997	D	2015	24	1	80	3	FC Bayern München, SV Stuttgarter Kickers, VfB Stuttgart, TSV RSK Esslingen
Rösch, Romario	M	01.07.1999	D	2013	26	4	26	4	SSV Ulm 1846
von Schroetter, Leonhard	A	27.03.1999	D	2014	20	0	25	0	SC Fürstenfeldbruck
Schuster, Jannik	M	19.01.1999	D	2015	24	1	26	1	FC Donauwörth 08
Schwarzholz, Felix	M	24.09.1999	D	2013	27	1	33	1	TSV Pöttmes
Stanic, Jozo	A	06.04.1999	CRO	2014	28	0	29	0	TSV Schwaben Augsburg, FC Stätzling
Stowasser, Thomas	S	31.03.1998	D	2013	19	3	47	12	SSV Jahn 2000 Regensburg

Trainer:

Name, Vorname	geb. am	Nat.	Zeitraum	Spiele 2018/19	frühere Trainerstationen
Reinhardt, Dominik	19.12.1984	D	26.08.17 – 16.10.18	14	FC Augsburg (Co-Trainer)
Frankenberger, Alexander (IT)	30.01.1987	D	16.10.18 – 06.01.19	7	FC Augsburg Jugend (Co-Trainer), TSV 1860 München Jugend
Steinberger, Josef	30.12.1972	D	07.01.19 – lfd.	13	SpVgg Greuther Fürth Jugend, TSV 1860 München Jugend

Zugänge:
Kurz (FC Rot-Weiß Erfurt), Leib (TSV Schwabmünchen), Leneis, Lobenhofer, Mbila und Miller (eigene Junioren), Nappo (SV Heimstetten).

Abgänge:
Bekiroglu (TSV 1860 München), Duman, Müller und Schurr (unbekannt), Gail (TSV Schwaben Augsburg), Laverty (SV Heimstetten), Mwarome (Bonner SC), Reinthaler (FC Hansa Rostock), Zupur (TSV 1896 Rain am Lech).

SpVgg Oberfranken Bayreuth 1921

Anschrift:
Jakobstraße 33
95447 Bayreuth
Telefon: (09 21) 6 77 88
Telefax: (09 21) 5 76 34
Homepage: www.spvgg-bayreuth.de

Vereinsgründung: 23.07.1921. Am 08.05.2013 Ausgliederung der ersten Mannschaft aus dem Stammverein in eine Spielbetriebs-GmbH
Vereinsfarben: Schwarz-Gelb
1. Vorsitzender: Dr. Wolfgang Gruber
Sportlicher Leiter: Wolfgang Mahr

Stadion:
Hans-Walter-Wild-Stadion (21.500)
Waldstadion Weismain (18.000)

Größte Erfolge: Meister der Bayernliga 1959 (↑), 1969 (↑), 1971 (↑), 1985 (↑), 1987(↑), 2005 (↑) und 2008 (↑); Qualifikation für die neu gegründete 2. Bundesliga Süd 1974; Vizemeister der 2. Bundesliga Süd 1979 (als SpVgg Bayreuth); Meister der Bayernliga Nord 2014 (↑)

Aufgebot:

Name, Vorname	Pos	geb. am	Nat.	seit	2018/19 Sp.	T.	Gesamt Sp.	T.	frühere Vereine
Coleman, Kevin	S	01.03.1998	USA	2018	11	0	12	0	1. FC Kaiserslautern, Baltimore Celtic SC
Dengler, Thore	A	18.02.1996	D	2016	21	0	91	2	FC Eintracht Northeim, VfL Wolfsburg, JFC Roswitha-Stadt, JSG Sülbeck
Eder, Steffen	A	01.05.1997	D	2018	28	3	68	8	1. FC Nürnberg, TSG 1890 Thannhausen, FC Augsburg, TSG 1890 Thannhausen, SSV Wertach, SV Salamander Türkheim, TSV Ettringen 1913
Fenninger, Christoph	S	12.05.1995	D	2018	29	5	111	18	1. FC Saarbrücken, FC Ingolstadt 04, SV Wacker Burghausen, DJK Otting
Götzendörfer, Mario	M	22.06.1996	D	2018	17	0	97	9	SV Seligenporten, FC Ingolstadt 04, SpVgg Ansbach 09
Golla, Johannes	A	19.10.1995	D	2017	29	0	138	7	1. FC Schweinfurt 05, SpVgg Greuther Fürth, SpVgg Weiden, 1. FC Schwarzenfeld, FSV Waldthurn
Held, Darius	A	11.12.1998	D	2017	9	0	37	0	1. FC Heidenheim, 1. FC Kaiserslautern, VfB Stuttgart, TSG Hofherrnweiler
Kiakos, Ioannis	M	14.02.1998	GRE	2018	7	0	7	0	FC Würzburger Kickers, FSV Erlangen-Bruck
Knezevic, Ivan	S	14.07.1993	D	2017	34	9	209	54	1. FC Nürnberg, TSV 1860 München, SV Wacker Burghausen, SV Viktoria Aschaffenburg, FC Viktoria Schaafheim
Kolbe, Sebastian	T	09.01.1996	D	2018	30	0	82	0	SV Seligenporten, SV Stuttgarter Kickers, 1. FC Nürnberg, Post-SV Nürnberg, 1. FC Röthenbach a. d. Pegnitz, ASV Aichwald
Kopp, Sven	A	17.02.1995	D	2019	12	1	15	2	SSV Jahn Regensburg, SpVgg SV Weiden, SV Waldeck
Kracun, Christopher	M	02.02.1993	D	2019	9	3	170	26	1. FC Schweinfurt 05, 1. FC Kaiserslautern, SV Seligenporten, SpVgg Greuther Fürth, 1. FC Nürnberg, SpVgg Grün-Weiß Deggendorf 03, 1. FC Bad Kötzting
Makarenko, Anton	M	22.08.1988	UKR	2015	27	7	119	28	FC Energie Cottbus, Chemnitzer FC, SV Babelsberg 03, SSV Reutlingen 05, FC Augsburg, SSV Reutlingen 05, FC Augsburg, 1. FC Nürnberg, SV Schwarz-Gelb Kauerhof
Michaelis, Laurin	A	03.12.1994	D	2015	2	0	9	0	SC Borea Dresden
Mirroche, Ilyass	M	26.02.1998	D	2018	13	1	30	1	TuS Erndtebrück, SV Wehen Wiesbaden, SV Rot-Weiß Walldorf, FSV Frankfurt, SC Goldstein
Piller, Alexander	M	12.07.1993	D	2019	12	1	117	14	1. FC Schweinfurt 05, SpVgg Unterhaching, SpVgg Greuther Fürth, FSV Erlangen-Bruck, 1. FC Nürnberg, FSV Erlangen-Bruck
Prasad, Nicholas	A	07.12.1995	CAN	2018	3	0	3	0	Seattle University, Vancouver Whitecaps, Surrey United, Whalley SC Surrey
Rapp, Marco	M	05.06.1991	D	2018	1	0	108	2	Offenbacher FC Kickers, Chemnitzer FC, SpVgg Greuther Fürth, VfB Stuttgart, SpVgg Greuther Fürth, 1. FC Nürnberg, DJK BFC Nürnberg
Renger, Robin	M	24.11.1996	D	2016	0	0	34	0	SC Pfullendorf, SSV Ulm 1846, FV Ravensburg
Schiller, Marcel	M	21.12.1996	D	2018	29	5	98	17	FC Ingolstadt 04, SpVgg Greuther Fürth
Schneider, Richard	A	18.03.1998	D	2017	1	0	7	0	FC Carl Zeiss Jena, SV 1923 Memmelsdorf/Ofr., 1. FC Schweinfurt 05
Schwarz, Edwin	M	13.09.1994	D	2018	26	0	135	8	SV Stuttgarter Kickers, FC Viktoria Köln, FC Bayern München
Skowronek, Alexander	T	01.10.1997	D	2017	4	0	32	0	SpVgg Greuther Fürth, SG Nürnberg-Fürth 1883, ASV Fürth
Sulejmani, Shpetim	S	02.06.1995	SUI	2018	25	9	40	10	FC Wohlen, FC Zürich, FC St. Gallen, VfL Bochum, FC Basel, FC St. Gallen
Weber, Tobias	A	24.06.1995	D	2016	28	2	120	6	1. FC Nürnberg, SpVgg Grün-Weiß Deggendorf 03, SV Arnbruck, SpVgg Lam
Weimar, Patrick	M	26.11.1995	D	2016	28	4	113	12	1. FC Nürnberg, SpVgg Bayreuth, 1. FC Eintracht Bamberg, SpVgg Bayreuth, ASV Oberpreuschwitz
Wolf, Chris	A	23.02.1991	D	2014	34	1	222	5	SVgg 07 Elversberg, TSV 1860 München, SpVgg Bayreuth, FSV Bayreuth

Trainer:

Name, Vorname	geb. am	Nat.	Zeitraum	Spiele 2018/19	frühere Trainerstationen
Albersinger, Josef	19.02.1966	D	18.05.18 – 03.09.18	8	FSV Wacker 90 Nordhausen, TSV 1860 München U19, FC Ingolstadt 04 II, FT 09 Starnberg, FC Starnberg, Cayman-Inseln (Co A)
Rost, Timo	29.08.1978	D	04.09.18 – lfd.	26	SpVgg Greuther Fürth II, FC Amberg

Zugänge:
Eder (1. FC Nürnberg Junioren), Fenninger (1. FC Saarbrücken), Götzendörfer und Kolbe (SV Seligenporten), Kiakos (FC Würzburger Kickers II), Mirroche (TuS Erndtebrück), Prasad (Seattle University), Schiller (FC Ingolstadt 04 II), Schwarz (SV Stuttgarter Kickers), Sulejmani (FC Wohlen).
während der Saison:
Kopp (SSV Jahn Regensburg), Kracun und Piller (1. FC Schweinfurt 05).

Abgänge:
Bajrami (SV Seligenporten), Böhnlein (TSV 1860 München), Bruno (SpVgg Unterhaching), Hempfling und Schmitt (unbekannt), Hobsch (VfB Lübeck), Kolbeck (Laufbahn beendet), Krahnert (FC Carl Zeiss Jena), Peeters (TSV Neudrossenfeld), Ulbricht (FC Eintracht Bamberg 2010), Veigl (SSV Kirchenpingarten).
während der Saison:
Coleman(Orange County SC), Götzendörfer (SpVgg Ansbach 09), Kiakos (AS Meteora), Prasad (un- bekannt), Renger (SpVgg Selbitz), Schneider (TSV Neudrossenfeld).

TSV Buchbach

Anschrift:
Jahnstraße 7
84428 Buchbach
Telefon: (0 80 86) 15 79
eMail: info@buchbach2013.de
Homepage: www.buchbach.de

Vereinsgründung: 1913 als TV Buchbach; im Januar 1930 nach Gründung der Fußballabteilung Umbenennung in TSV Buchbach

Vereinsfarben: Rot-Weiß
1. Vorsitzender: Anton Maier
Sportlicher Leiter: Georg Hanslmaier

Stadion: SMR-Arena (2.500)

Größte Erfolge: Aufstieg in die Bezirksoberliga Oberbayern 2003; Meister der Bezirksoberliga Oberbayern 2004 (↑); Meister der Landesliga Bayern Süd 2008 (↑); Qualifikation für die Regionalliga Bayern 2012

Aufgebot:

Name, Vorname	Pos	geb. am	Nat.	seit	2018/19 Sp.	T.	Gesamt Sp.	T.	frühere Vereine
Ammari, Sammy	S	10.08.1994	D	2018	28	14	179	54	SpVgg Greuther Fürth, FC Ingolstadt 04, SV Heimstetten, VfB Hallbergmoos-Goldach, FC Ismaning, SC Eintracht Freising, SC Fürstenfeldbruck, FC Ismaning
Bachmayr, Klaus	M	02.08.1999	D	2018	1	0	1	0	TSV 1880 Wasserburg, TSV 1860 Rosenheim
Bahar, Samed	M	20.10.1997	D	2018	21	0	21	0	FC Töging, TSV 1860 Rosenheim, SV Wacker Burghausen, TuS Alztal Garching/Alz
Bauer, Maximilian	S	31.08.1993	D	2014	33	3	126	20	TSV Dorfen
Breu, Thomas	S	17.10.1988	D	2009	24	7	210	43	FC Hansa Rostock, SC Olching, FC Puchheim, FC Bayern München, Post SV München, FV Hansa Neuhausen
Brucia, Christian	M	02.02.1988	D	2013	27	3	185	12	SV Waldhof Mannheim, SV Wacker Burghausen, Eintracht Frankfurt, SC 07 Bürgel
Denk, Stefan	M	05.01.1990	D	2010	22	1	173	48	FC Falke Markt Schwaben, TSV Poing
Drofa, Patrick	S	28.04.1991	D	2015	25	4	112	18	FC Alkofen, SV Hofkirchen, FC Vilshofen
Drum, Maximilian	A	19.09.1991	D	2014	30	1	123	4	SV Wacker Burghausen, SpVgg Unterhaching, TSV 1860 München
Glasl, Manuel	T	12.09.1999	D	2017	1	0	1	0	TSV 1864 Haag
Grübl, Markus	A	31.08.1989	D	2012	25	1	193	5	SV Wacker Burghausen, FC Vilshofen, SV Schönau
Hain, Maximilian	M	13.04.1989	D	2010	31	3	182	11	TSV 1880 Wasserburg, TSV 1860 Rosenheim, TSV Eiselfing
Kwatu, Merphi	S	12.05.1996	D	2017	13	0	70	6	SV Babelsberg 03, Hamburger SV, FC Augsburg, TSV 1860 München, FC Bayern München
Leberfinger, Thomas	A	05.01.1990	D	2015	22	0	107	6	SV Wacker Burghausen, TSV 1860 Rosenheim, SV Riedering
Maus, Daniel	T	16.08.1994	D	2017	29	0	146	0	VfR Garching, TSV Buchbach, SpVgg Unterhaching
Moser, Moritz	A	27.08.1992	AUT	2017	26	0	113	2	SV Wacker Burghausen, SV Neuhofen, AKA SV Ried, USV Eggelsberg/Moosdorf
Orth, Benedikt	A	22.04.1999	D	2018	8	0	8	0	SpVgg Unterhaching
Petrovic, Aleksandro	M	16.03.1988	D	2010	32	9	232	66	SG Dynamo Dresden, FK Zemun, FC Bayern München, SV Stadtwerke München
Rosenzweig, Marco	A	15.01.1996	D	2018	29	1	42	1	SpVgg Unterhaching, FC Falke Markt Schwaben
Sassmann, Moritz	M	05.11.1996	D	2017	11	2	29	2	SC Eintracht Freising
Walleth, Patrick	M	27.01.1992	ROU	2015	29	1	207	7	SV Wacker Burghausen, FC Ingolstadt 04, SSV Jahn 2000 Regensburg, 1. FC Nürnberg, SG Nürnberg-Fürth 1883, DJK Sparta Noris Nürnberg
Weber, Egon	T	15.01.1991	D	2017	5	0	13	0	TSV Kastl, SV Wacker Burghausen

Trainer:

Name, Vorname	geb. am	Nat.	Zeitraum	Spiele 2018/19	frühere Trainerstationen
Bobenstetter, Anton	21.07.1961	D	01.07.2010 – 30.06.19	34	FC Falke Markt Schwaben, TSV Buchbach, TSV Ampfing

Zugänge:
Ammary (SpVgg Greuther Fürth), Bachmayr (TSV 1880 Wasserburg), Bahar (FC Töging), Orth (SpVgg Unterhaching Junioren), Rosenzweig (SpVgg Unterhaching).

Abgänge:
Büch (Hertha BSC II), Maier (SV Erlbach), Siefkes (DJK Altenkirchen).

SV Wacker Burghausen

Anschrift:
Elisabethstraße 1
84489 Burghausen
Telefon: (0 86 77) 91 628 -16
eMail: info@wacker1930.de
Homepage: www.wacker1930.de

Vereinsgründung: 13.11.1930 (zur Gründung Beitritt der Fußballabteilung des 1. FC B.
Am 01.07.2006 Ausgliederung der 1. Mannschaft in eine GmbH.
Vereinsfarben: Weiß-Schwarz
Geschäftsführer: Andreas Huber
Teammanger: Karl-Heinz Fenk

Stadion:
Wacker-Arena (10.000)

Größte Erfolge: Aufstieg in die 2. Bundesliga 2002; Qualifikation für die 3. Liga 2008; Meister der Oberliga Bayern 1995 (↑); Meister der Regionalliga Süd 2002.

Aufgebot:

Name, Vorname	Pos	geb. am	Nat.	seit	2018/19 Sp.	T.	Gesamt Sp.	T.	frühere Vereine
Aigner, Lukas	A	19.04.1996	D	2018	30	3	62	3	TSV 1860 München, SpVgg Unterhaching
Bachschmid, Felix	S	25.09.1996	D	2018	28	6	96	18	TSV 1860 München, SSV Jahn 2000 Regensburg
Bosnjak, Andrija	A	26.03.1996	CRO	2018	10	6	26	7	TSV 1860 Rosenheim, TSV 1880 Wasserburg, NK Imotski, NK Vinjani
Buchner, Christoph	A	23.07.1989	D	2017	33	1	183	12	TuS Koblenz, SV Eintracht Trier 05, Chemnitzer FC, FC Lustenau, 1. FC Saarbrücken, 1. FC Kaiserslautern, SV Wacker Burghausen, TuS Alztal Garching/Alz
Coskun, Can Beklan	A	26.03.1998	D	2018	13	1	50	1	Berliner AK 07, SG Dynamo Dresden, FC Hansa Rostock, Hertha BSC
Duhnke, Marius	M	20.07.1993	D	2015	24	7	156	41	SpVgg Unterhaching, FC Bayern München, 1. FC Schweinfurt 05, FV Karlstadt
Emerllahu, Arian	A	18.02.1997	KVX	2019	2	0	5	1	VfR Wormatia 08 Worms, SV Darmstadt 98, TSV 1860 München, VfB Stuttgart, Spfr. Salzstetten
Flückiger, Franco	T	01.03.1991	D	2017	34	0	136	0	FC Oberlausitz Neugersdorf, Hallescher FC, SpVgg Greuther Fürth, 1. FC Nürnberg, 1. FC Magdeburg, 1. FC Lokomotive Stendal
Hingerl, Kevin	M	02.09.1993	D	2015	29	0	132	5	TSV Buchbach, SpVgg Unterhaching, SV Pullach
Hofstetter, Daniel	A	04.07.1992	D	2015	4	0	169	4	FC Eintracht Bamberg 2010, SpVgg Unterhaching, TSV 1860 München, SV Wacker Burghausen, VfL Waldkraiburg
Holek, Martin	S	29.05.1989	D	2017	6	0	69	21	SpVgg Bayern Hof, 1. FC Slovacko Uherske Hradiste, MFK Karvina, 1. FC Slovacko Uherske Hradiste, FK Usti nad Labem
Hones, Diego	A	18.05.1995	BRA	2019	4	0	4	0	FC Phönix München, TSV 1860 München, FC Wacker München, FC Ismaning, FC Wacker München, FC Deisenhofen, SpVgg Unterhaching
Hones, Lucas	M	02.03.2001	D	2018	1	0	1	0	SpVgg Landshut, FC Ingolstadt 04, FC Ismaning, SpVgg Unterhaching, FC Falke Markt Schwaben
Maier, Christoph	S	16.09.1999	D	2019	11	2	11	2	SpVgg Landshut, SC Landshut-Berg, SV Neufraunhofen
Mankowski, Alexander	A	10.09.2000	D	2012	5	0	5	0	DJK SV Brombach-Hirschbach
Marinkovic, Sascha	S	03.11.1992	ROU	2017	12	2	72	31	TSV 1860 Rosenheim, ACS Rapid CFR Suceava, FC Voluntari, ACS Rapid CFR Suceava, CSM Poli Iasi, FC Viitorul Constanta
Merz, Nico	T	23.08.1997	D	2018	0	0	0	0	SB DJK Rosenheim, SV Wacker Burghausen, VfB Hallbergmoos-Goldach, TSV Dachau 1865, FC Erzgebirge Aue, SpVgg Unterhaching, SC Fürstenfeldbruck
Micheli, Valentin	M	10.07.1997	D	2018	3	0	22	1	FC Bayern München, TSV 1860 München
Nicklas, Thorsten	A	13.01.1997	D	2018	30	1	90	4	FC Ingolstadt 04, TSV 1860 München, 1. FC Nürnberg, SSV Jahn 2000 Regensburg, ASV Cham 1863, SV Mitterkreith
Omelanowsky, Manuel	M	27.10.1994	D	2017	12	0	35	3	SV Kirchanschöring
Pöllner, Lukas	A	13.10.1999	D	2015	3	0	12	1	TSV Teisendorf
Richter, Julien	M	10.04.1999	D	2015	29	6	64	7	1. FC Nürnberg
Scheidl, Andreas	A	18.02.1995	D	2019	10	0	110	2	FC Viktoria 1889 Berlin LT, VfB Stuttgart, TSV 1860 München, TSV Moosach-Hartmannshofen
Schulz, Christoph	A	11.09.1996	D	2011	33	0	111	1	SpVgg Grün-Weiß Deggendorf 03, FC Vilshofen, DJK Eintracht Patriching
Stingl, Matthias	A	27.02.1998	D	2018	20	0	21	0	SC Paderborn 07, FC Bayern München, SpVgg Grün-Weiß Deggendorf 03, FC Vilshofen, SV Winzer
Subasic, Muhamed	A	19.03.1988	BIH	2015	28	7	95	13	FK Olimpic Sarajevo, OH Leuven, FK Olimpic Sarajevo, SG Dynamo Dresden, FK Olimpic Sarajevo, FK Laktasi, NK Podgrmec, FK Gornja Sanica, FK Omladinac, 1. FC Rielasingen-Arlen
Sulmer, Tim	S	29.10.1996	D	2017	1	0	40	3	SV Pullach, SG Quelle im TV 1860 Fürth, SpVgg Unterhaching, TSV 1860 München, 1. FC Nürnberg, FSV Erlangen-Bruck, ASC Boxdorf
Sztaf, Tobias	S	26.01.2000	D	2017	1	0	1	0	SpVgg Unterhaching, TSV 1860 München, TSV 1860 Rosenheim, TSV 1864 Haag
Wächter, Stefan	M	17.09.1997	D	2014	33	6	91	8	TSV 1860 Rosenheim, TSV Ampfing
Winklbauer, Thomas	S	09.01.1999	D	2016	21	2	32	2	1. FC Nürnberg

Trainer:

Name, Vorname	geb. am	Nat.	Zeitraum	Spiele 2018/19	frühere Trainerstationen
Schellenberg, Wolfgang	12.11.1971	D	01.07.2018 – lfd.	34	TSV 1860 München U19 und U17, 1. FC Nürnberg U17, TSV 1860 Rosenheim, 1. FC Nürnberg U17, TSV 1860 München U17

Zugänge:
Aigner und Bachschmid (TSV 1860 München), Coskun (Berliner AK 07), Micheli (FC Bayern München II), Nicklas (FC Ingolstadt 04 II), Stingl (SC Paderborn 07).
während der Saison:
Bosnjak (TSV 1860 Rosenheim), Emerllahu (ohne Verein), D. Hones (FC Phönix München), Maier (SpVgg Landshut), Scheidl (FC Viktoria 1889 Berlin LT).

Abgänge:
Bann (USK Anif), Eggerdinger (FC Töging), Gmeinwieser (DJK Vilzing), Höng (FC Pipinsried), Janietz und Muteba (SV Kirchanschöring), Knochner (SV Schalding-Heining), Pichler (SV Grödig), Scioscia (FV Illertissen), Zbinden (FC Schaffhausen).
während der Saison:
Coskun (SpVgg Greuther Fürth II), Marinkovic (ohne Verein), Micheli und Sulmer (VfR Garching), Omelanowsky und Pöllner (SV Kirchanschöring).

VfB Eichstätt

Anschrift:
Am Sportplatz 8
85072 Eichstätt
Telefon: (0 84 21) 3892
eMail: fussball@vfb-eichstaett.de
Homepage: www.vfb-eichstaett.de

Vereinsgründung: 01.08.1920

Vereinsfarben: Grün-Weiß
Präsident Thomas Hein
Abt.-Leiter Fußball: Hans Benz

Stadion:
Liqui Moly Stadion (3.000)

Größte Erfolge: Bayerischer Amateurmeister 2019; Aufstieg in die Bayernliga 2012 (↑); Meister der Bayernliga Nord 2017 (↑)

Aufgebot:

Name, Vorname	Pos	geb. am	Nat.	seit	2018/19 Sp.	T.	gesamt Sp.	T.	frühere Vereine
Bauer, Thomas	T	07.02.1994	D	2017	12	0	50	0	FC Wackerstein-Dünzing, FC Pipinsried, FC Ingolstadt 04, FC Wackerstein-Dünzing
Eberle, Fabian	S	18.10.1988	D	2016	29	18	64	38	TSG Solnhofen
Eberwein, Maximilian	A	18.01.1994	D	2014	15	0	27	0	FC Ingolstadt 04, SpVgg Greuther Fürth, FC Bayern München, TSV 1860 München, SC Eintracht Freising
Federl, Philipp	M	24.10.1991	D	2016	27	7	57	9	TSV Jetzendorf, TSV Rohrbach
Förtsch, Jens	A	14.04.1998	D	2018	1	0	2	0	FC Ingolstadt 04, FK 03 Pirmasens, 1. FC Kaiserslautern
Fries, Jonas	M	03.01.1997	D	2017	33	0	81	6	1. FC Nürnberg, SG Quelle im TV 1860 Fürth, BSC Woffenbach, DJK Göggelsbuch/Lampersdorf
Graßl, Sebastian	A	06.07.1995	D	2016	12	1	46	3	FC Gerolfing
Grau, Florian	S	07.04.1987	D	2013	21	3	60	5	SV Seligenporten, SC 04 Schwabach, SpVgg Ansbach 09, 1. FC Nürnberg, SC 04 Schwabach, TSV Rittersbach, TSV Spalt
Greth, Jonas	A	25.10.1999	D	2018	1	0	1	0	TV 1932 Aiglsbach, SV Manching
Haas, Thomas	A	07.02.1998	D	2018	31	0	37	0	Vaasan Palloseura, TSV 1860 München, SpVgg Grün-Weiß Deggendorf 03
Klinsman (Calderon Buitrago, Kl. Alejandro)	S	12.05.1998	COL	2019	10	1	10	1	Ferrovalvulas Medellin
Kraft, Marcel	A	25.07.1991	D	2015	1	0	8	0	SC 04 Schwabach, 1. FC Schwand, SC 04 Schwabach
Kügel, Julian	M	30.03.1997	D	2017	17	3	45	6	TV 1932 Aiglsbach, SV Manching
Lushi, Atdhedon	S	28.01.1993	ALB	2018	24	9	56	17	FC Pipinsried, VfB Eichstätt, FC Hepberg, SV Manching, FC Ingolstadt 04
Ngankam, Roussel	S	15.09.1993	D	2019	6	0	85	16	Rot-Weiss Essen, SG Sonnenhof Großaspach, FC Botosani, 1. FC Nürnberg, Hertha BSC
Özhitay, Mustafa	T	18.01.1996	AZE	2018	17	0	19	0	SSV Ulm 1846, TSV 1880 Neu-Ulm
Patsiouras, Christos	T	10.06.1987	GRE	2019	2	0	2	0	SV Seligenporten, SV Erlenbach, SV Alemannia Haibach, SV Erlenbach
Schäll, Fabian	M	16.09.1990	D	2012	18	3	47	5	SV Seligenporten, SC 04 Schwabach
Schelle, Marcel	M	25.07.1997	D	2018	32	8	63	8	SV Seligenporten, FC Erzgebirge Aue, FC Ingolstadt 04, FC Rot-Weiß Erfurt
Schmidramsl, Benjamin	A	29.07.1986	D	1991	30	1	63	4	eigene Junioren
Schraufstetter, Lucas	M	02.01.1995	D	2016	13	1	45	4	FC Eintracht Bamberg 2010, VfB Eichstätt
Schröder, Ralf	A	04.08.1996	D	2017	14	0	53	2	FC Ingolstadt 04, FC Bayern München
Scintu, Yomi	M	20.05.1997	D	2016	19	5	41	12	FC Ingolstadt 04, MTV 1881 Ingolstadt
Steinhöfer, Markus	A	07.03.1986	D	2018	21	4	26	6	SV Darmstadt 98, AC Sparta Prag, VfR Aalen, TSV 1860 München, Betis Sevilla, FC Basel, Eintracht Frankfurt, 1. FC Kaiserslautern, Eintracht Frankfurt, FC Red Bull Salzburg, FC Bayern München, 1. FC Nürnberg, TSV Roth 1859, DSC Weißenburg
Waffler, Markus	A	17.09.1996	D	2016	12	0	37	0	ASV Neumarkt, SG Quelle im TV 1860 Fürth
Wolfsteiner, Dominik	A	12.03.1994	D	2015	23	3	80	3	FC Ingolstadt 04, BSC Woffenbach, TSV Berching
Woloszyn, Luca	T	04.02.1998	D	2017	4	0	4	0	FC Ismaning
Zant, Michael	A	15.07.1995	D	2018	21	2	68	4	TSV 1860 Rosenheim, FC Ingolstadt 04, TSV 1860 Rosenheim, SpVgg Unterhaching

Trainer:

Name, Vorname	geb. am	Nat.	Zeitraum	Spiele 2018/19	frühere Trainerstationen
Mattes, Markus	14.07.1975	D	10.03.2015 – lfd.	34	TSV Rohrbach, SV Karlshuld

Zugänge:
Förtsch (FC Ingolstadt 04 II), Greth (TV 1932 Aiglsbach), Lushi (FC Pipinsried), Özhitay (SSV Ulm 1846), Schelle (SV Seligenporten), Steinhöfer (SV Darmstadt 98), Zant (TSV 1860 Rosenheim).
während der Saison:
Klinsman (Ferrovalvulas Medellin), Ngankam (Rot-Weiss Essen), Patsiouras (SV Seligenporten).

Abgänge:
De Biasi (1. Würzburger FV), Gurski (SpVgg Unterhaching), Herter (TSV 1860 Weißenburg), Iatrou (ASV Neumarkt), Kühnlein (ASV Pegnitz), Panknin (FC Ehekirchen).
während der Saison:
Kraft (TSV Kornburg), Scintu (Philadelphia Union).

SpVgg Greuther Fürth II

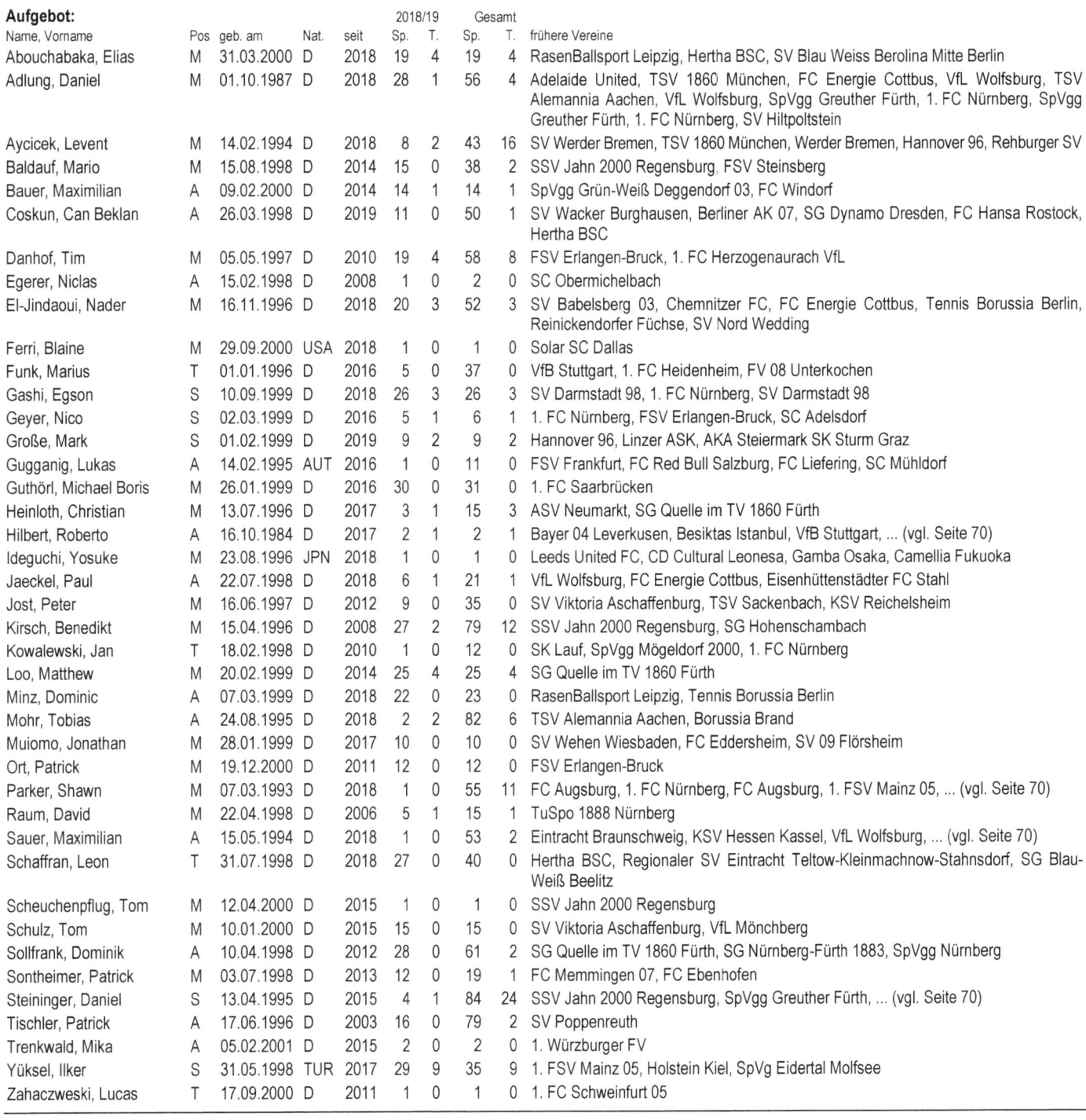

Anschrift:
Kronacher Straße 154
90768 Fürth
Telefon: (09 11) 9 76 76 80
eMail: info@greuther-fuerth.de
Homepage: www.greuther-fuerth.de

Vereinsgründung: 01.07.1996 Beitritt der Fußballabteilung des TSV Vestenbergsgreuth zur SpVgg 1903 Fürth und Umbenennung in SpVgg Greuther Fürth
Vereinsfarben: Weiß-Grün
Präsident: Fred Höfler
Leiter NLZ: Mirko Reichel

Stadion:
Sportzentrum Auf der Tulpe (3.000)
Sportpark Ronhof Thomas Sommer (18.000)

Größte Erfolge: Meister der II. Amateurliga Mittelfranken 1958 (↑; als SpVgg Fürth Amateure); Meister der Bezirksoberliga Mittelfranken 2000 (↑); Meister der Landesliga Mitte 2001 (↑); Qualifikation für die Regionalliga Süd 2008; Qualifikation für die Regionalliga Bayern 2012

Aufgebot:

Name, Vorname	Pos	geb. am	Nat.	seit	2018/19 Sp.	T.	Gesamt Sp.	T.	frühere Vereine
Abouchabaka, Elias	M	31.03.2000	D	2018	19	4	19	4	RasenBallsport Leipzig, Hertha BSC, SV Blau Weiss Berolina Mitte Berlin
Adlung, Daniel	M	01.10.1987	D	2018	28	1	56	4	Adelaide United, TSV 1860 München, FC Energie Cottbus, VfL Wolfsburg, TSV Alemannia Aachen, VfL Wolfsburg, SpVgg Greuther Fürth, 1. FC Nürnberg, SpVgg Greuther Fürth, 1. FC Nürnberg, SV Hiltpoltstein
Aycicek, Levent	M	14.02.1994	D	2018	8	2	43	16	SV Werder Bremen, TSV 1860 München, Werder Bremen, Hannover 96, Rehburger SV
Baldauf, Mario	M	15.08.1998	D	2014	15	0	38	2	SSV Jahn 2000 Regensburg, FSV Steinsberg
Bauer, Maximilian	A	09.02.2000	D	2014	14	1	14	1	SpVgg Grün-Weiß Deggendorf 03, FC Windorf
Coskun, Can Beklan	A	26.03.1998	D	2019	11	0	50	1	SV Wacker Burghausen, Berliner AK 07, SG Dynamo Dresden, FC Hansa Rostock, Hertha BSC
Danhof, Tim	M	05.05.1997	D	2010	19	4	58	8	FSV Erlangen-Bruck, 1. FC Herzogenaurach VfL
Egerer, Niclas	A	15.02.1998	D	2008	1	0	2	0	SC Obermichelbach
El-Jindaoui, Nader	M	16.11.1996	D	2018	20	3	52	3	SV Babelsberg 03, Chemnitzer FC, FC Energie Cottbus, Tennis Borussia Berlin, Reinickendorfer Füchse, SV Nord Wedding
Ferri, Blaine	M	29.09.2000	USA	2018	1	0	1	0	Solar SC Dallas
Funk, Marius	T	01.01.1996	D	2016	5	0	37	0	VfB Stuttgart, 1. FC Heidenheim, FV 08 Unterkochen
Gashi, Egson	S	10.09.1999	D	2018	26	3	26	3	SV Darmstadt 98, 1. FC Nürnberg, SV Darmstadt 98
Geyer, Nico	S	02.03.1999	D	2016	5	1	6	1	1. FC Nürnberg, FSV Erlangen-Bruck, SC Adelsdorf
Große, Mark	S	01.02.1999	D	2019	9	2	9	2	Hannover 96, Linzer ASK, AKA Steiermark SK Sturm Graz
Gugganig, Lukas	A	14.02.1995	AUT	2016	1	0	11	0	FSV Frankfurt, FC Red Bull Salzburg, FC Liefering, SC Mühldorf
Guthörl, Michael Boris	M	26.01.1999	D	2016	30	0	31	0	1. FC Saarbrücken
Heinloth, Christian	M	13.07.1996	D	2017	3	1	15	3	ASV Neumarkt, SG Quelle im TV 1860 Fürth
Hilbert, Roberto	A	16.10.1984	D	2017	2	1	2	1	Bayer 04 Leverkusen, Besiktas Istanbul, VfB Stuttgart, ... (vgl. Seite 70)
Ideguchi, Yosuke	M	23.08.1996	JPN	2018	1	0	1	0	Leeds United FC, CD Cultural Leonesa, Gamba Osaka, Camellia Fukuoka
Jaeckel, Paul	A	22.07.1998	D	2018	6	1	21	1	VfL Wolfsburg, FC Energie Cottbus, Eisenhüttenstädter FC Stahl
Jost, Peter	M	16.06.1997	D	2012	9	0	35	0	SV Viktoria Aschaffenburg, TSV Sackenbach, KSV Reichelsheim
Kirsch, Benedikt	M	15.04.1996	D	2008	27	2	79	12	SSV Jahn 2000 Regensburg, SG Hohenschambach
Kowalewski, Jan	T	18.02.1998	D	2010	1	0	12	0	SK Lauf, SpVgg Mögeldorf 2000, 1. FC Nürnberg
Loo, Matthew	M	20.02.1999	D	2014	25	4	25	4	SG Quelle im TV 1860 Fürth
Minz, Dominic	A	07.03.1999	D	2018	22	0	23	0	RasenBallsport Leipzig, Tennis Borussia Berlin
Mohr, Tobias	A	24.08.1995	D	2018	2	2	82	6	TSV Alemannia Aachen, Borussia Brand
Muiomo, Jonathan	M	28.01.1999	D	2017	10	0	10	0	SV Wehen Wiesbaden, FC Eddersheim, SV 09 Flörsheim
Ort, Patrick	M	19.12.2000	D	2011	12	0	12	0	FSV Erlangen-Bruck
Parker, Shawn	M	07.03.1993	D	2018	1	0	55	11	FC Augsburg, 1. FC Nürnberg, FC Augsburg, 1. FSV Mainz 05, ... (vgl. Seite 70)
Raum, David	M	22.04.1998	D	2006	5	1	15	1	TuSpo 1888 Nürnberg
Sauer, Maximilian	A	15.05.1994	D	2018	1	0	53	2	Eintracht Braunschweig, KSV Hessen Kassel, VfL Wolfsburg, ... (vgl. Seite 70)
Schaffran, Leon	T	31.07.1998	D	2018	27	0	40	0	Hertha BSC, Regionaler SV Eintracht Teltow-Kleinmachnow-Stahnsdorf, SG Blau-Weiß Beelitz
Scheuchenpflug, Tom	M	12.04.2000	D	2015	1	0	1	0	SSV Jahn 2000 Regensburg
Schulz, Tom	M	10.01.2000	D	2015	15	0	15	0	SV Viktoria Aschaffenburg, VfL Mönchberg
Sollfrank, Dominik	A	10.04.1998	D	2012	28	0	61	2	SG Quelle im TV 1860 Fürth, SG Nürnberg-Fürth 1883, SpVgg Nürnberg
Sontheimer, Patrick	M	03.07.1998	D	2013	12	0	19	1	FC Memmingen 07, FC Ebenhofen
Steininger, Daniel	S	13.04.1995	D	2015	4	0	84	24	SSV Jahn 2000 Regensburg, SpVgg Greuther Fürth, ... (vgl. Seite 70)
Tischler, Patrick	A	17.06.1996	D	2003	16	0	79	2	SV Poppenreuth
Trenkwald, Mika	A	05.02.2001	D	2015	2	0	2	0	1. Würzburger FV
Yüksel, Ilker	S	31.05.1998	TUR	2017	29	9	35	9	1. FSV Mainz 05, Holstein Kiel, SpVg Eidertal Molfsee
Zahaczweski, Lucas	T	17.09.2000	D	2011	1	0	1	0	1. FC Schweinfurt 05

Trainer:

Name, Vorname	geb. am	Nat.	Zeitraum	Spiele 2018/19	frühere Trainerstationen
Ruman, Petr	02.11.1976	CZE	01.07.2018 – lfd.	34	SV Darmstadt 98 U19, FSV Frankfurt U19, 1. FSV Mainz 05 Co-Trainer

Zugänge:
Adlung (Adelaide United), Bauer, Geyer, Guthörl, Loo, Muiomo, Scheuchenpflug, Schulz und Zahaczweski (eigene Junioren), Gashi (SV Darmstadt 98 Junioren), El-Jindaoui (SV Babelsberg 03), Minz (RasenBallsport Leipzig Junioren).
während der Saison:
Coskun (SV Wacker Burghausen), Große (Hannover 96 II), Hilbert (I. Mannschaft).

Abgänge:
Ammary (TSV Buchbach), Derflinger (FC Viktoria Köln), Kartalis (FSV Zwickau), Kayaroglu (SV Erlenbach), Langer (Chemnitzer FC), Maderer (1. FC Schweinfurt 05), Sitter (SV Straelen), Spasojevic (TSV Essingen), Volz (VfR Wormatia 08 Worms), Wiedmann (SV Seligenporten).
während der Saison:
Aycicek (Adana Demirspor), Baldauf (SV Donaustauf), Sontheimer (FC Würzburger Kickers).

VfR Garching 1921

Anschrift:
Schleißheimer Straße 40
85748 Garching
Telefon: (0 89) 3 29 11 82
eMail: geschaeftsstelle@vfr-garching.de
Homepage: www.vfr-garching.de

Vereinsgründung: 1921 als VfR, 1937 Spielbetrieb eingestellt, 1946 Wiedergründung als FC, 1949 Rückbenennung in VfR Garching
Vereinsfarben: Schwarz-Weiß
1. Vorsitzender: Uwe Cygan
Abt.-Leiter Fußball: Stefan Schmiedel
Stadion: Stadion am See (4.000)

Größte Erfolge: Aufstieg in die Bezirksoberliga Oberbayern 1991 und 2009; Aufstieg in die Landesliga Bayern Südost 2012; Qualifikation für die Bayernliga Süd 2013; Aufstieg in die Regionalliga Bayern 2014; Meister der Bayernliga Süd 2016 (↑)

Aufgebot:

Name, Vorname	Pos	geb. am	Nat.	seit	2018/19 Sp.	2018/19 T.	gesamt Sp.	gesamt T.	frühere Vereine
Barukcic, Petar	T	29.06.1997	BIH	2018	0	0	0	0	SV Heimstetten, SV Nord Lerchenau, NK Sloga Ljubuski
Durrans, Matthew	M	10.12.1998	ENG	2017	0	0	10	1	FC Deisenhofen, TSV 1860 München
Engl, Maximilian	T	31.12.1997	D	2018	33	0	52	0	FC Rot-Weiß Erfurt, TSV 1860 München, SC Fürstenfeldbruck, 1. SC Gröbenzell
Genkinger, Lucas	M	14.03.1995	D	2018	26	0	93	1	TSV 1860 München, VfR Garching, FC Bayern München, VfB Stuttgart
Hepp, Dominik	A	26.02.1998	D	2017	1	0	26	0	TSV 1860 München, FC Bayern München, TSV Grünwald
Hercog, Christian	A	29.07.1999	D	2018	2	1	2	1	SpVgg Unterhaching
Kelmendi, Lirim	A	28.01.1996	KVX	2017	32	0	82	2	NK Istra 1961 Pula, TSV 1860 München, JFG Wertachtal, TSV Mindelheim
Koch, Sebastian	A	01.01.1997	D	2018	26	2	47	2	TSV 1860 München, SpVgg Unterhaching, FC Bayern München
Kollmann, Elias	S	27.04.1999	D	2018	21	5	21	5	FC Bayern München, VfB Stuttgart
Kovac, Zvonimir	M	18.09.1993	D	2017	4	1	17	2	FSV Wacker 90 Nordhausen, SSV Reutlingen 05, NK Lokomotiva Zagreb, SV Stuttgarter Kickers, SV Heimstetten, SpVgg Unterhaching, FC Ingolstadt 04, SV Planegg-Krailling
Micheli, Valentin	M	10.07.1997	D	2019	12	1	22	1	SV Wacker Burghausen, FC Bayern München, TSV 1860 München
Niebauer, Dennis	M	30.08.1993	D	2003	30	9	120	44	FC Bayern München, VfR Garching
Niebauer, Mike	A	26.04.1994	D	2014	31	2	121	9	SpVgg Unterhaching, VfR Garching
Pflügler, Florian	A	10.03.1992	D	2017	30	3	138	12	TSV Buchbach, SVgg 07 Elversberg, SV Wacker Burghausen, TSV 1860 Rosenheim, FC Bayern München, SC Eintracht Freising, FC Mintraching
Salassidis, Nikolaos	A	17.08.1996	D	2015	14	0	58	1	FC Ingolstadt 04, SpVgg Unterhaching, SC Eintracht Freising, SV Dietersheim
Seferings, Simon	M	05.07.1995	D	2019	13	8	84	17	TSV 1860 München, SV Heimstetten, FC Schalke 04, FC Bayern München, TSV Alemannia Aachen
Seibold, Sebastian	T	25.10.1987	D	2019	2	0	21	0	TSV Berchtesgaden, VfR Garching, TSV Berchtesgaden, FT 09 Starnberg, TSV 1860 München, ESV Freilassing, SV Grödig, TSV Schönau, AKA Red Bull Salzburg, FC Bayern München, SV Wacker Burghausen, TSV Bad Reichenhall, FC Bischofswiesen
Staudigl, Mario	S	20.04.1991	D	2015	28	5	147	21	SB DJK Rosenheim, TSV 1860 Rosenheim, TSV Buchbach, FC Ingolstadt 04, SpVgg Unterhaching, TSV Emmering
Suck, Daniel	M	29.06.1993	D	2014	20	0	110	9	SV Lohhof, SC Eintracht Freising, TSV 1860 München
Sulmer, Tim	S	29.10.1996	D	2018	8	0	40	3	SV Wacker Burghausen, SV Pullach, SG Quelle im TV 1860 Fürth, SpVgg Unterhaching, TSV 1860 München, 1. FC Nürnberg, FSV Erlangen-Bruck, ASC Boxdorf
Tugbay, Orkun	M	30.01.1995	TUR	2017	31	0	119	4	FC Schönberg 95, FC Augsburg, TSV 1860 München
Tunc, Emre	M	05.07.1998	D	2017	19	2	50	7	FC Deisenhofen, TSV Milbertshofen
Walter, Philipp	A	21.02.1996	D	2018	29	1	104	4	VfB Stuttgart, FC Bayern München, TSV 1860 München, SpVgg Höhenkirchen
Weicker, Michael	M	05.08.1991	D	2010	6	0	42	1	SC Eintracht Freising, SC Fürstenfeldbruck
Zettl, Mark	S	28.12.1998	D	2018	23	2	23	2	SpVgg Unterhaching, VfR Garching
Zimmerschied, Tom	M	22.09.1998	D	2017	31	3	47	5	SpVgg Unterhaching, FC Bayern München

Trainer:

Name, Vorname	geb. am	Nat.	Zeitraum	Spiele 2018/19	frühere Trainerstationen
Weber, Daniel	15.05.1973	D	01.07.07 – 30.06.19	34	—

Zugänge:
Barukcic (SV Heimstetten), Engl (FC Rot-Weiß Erfurt), Genkinger (TSV 1860 München), Hercog (SpVgg Unterhaching Junioren), Koch (TSV 1860 München II), Kollmann (FC Bayern München Junioren), Walter (VfB Stuttgart II), Zettl (SpVgg Unterhaching).
während der Saison:
Micheli und Sulmer (SV Wacker Burghausen), Seibold (TSV Berchtesgaden), Seferings (TSV 1860 München).

Abgänge:
Belkahia (TSV 1860 München), Eisgruber (SC Maisach), Göpfert und Grill (TSV Ottobrunn), Große (FC Viktoria 1889 Berlin LT), Jevtic (SV Pullach), Mayer (SV Türkgücü-Ataspor München).
während der Saison:
Barukcic (ohne Verein), Durrans (TSV 1860 München II).

SV Heimstetten

Anschrift:
Am Sportpark 2
85551 Heimstetten Gde. Kirchheim
Telefon: (0 89) 90 77 39 95
eMail: Hauptverein@sv-heimstetten.de
Homepage: www.sv-heimstetten.de

Vereinsgründung: 01.01.1967

Vereinsfarben: Rot-Weiß
Präsident: Ewald J. Matejka
Teammanager: Michael Matejka

Stadion:
Sportpark Heimstetten (2.800)

Größte Erfolge: Meister Landesliga Süd 2006 (↑) und 2010 (↑); Qualifikation für die neue Regionalliga Bayern 2012; Meister der Bayernliga Süd 2018 (↑)

Aufgebot:

Name, Vorname	Pos	geb. am	Nat.	seit	2018/19 Sp.	T.	Gesamt Sp.	T.	frühere Vereine
Akkurt, Orhan	S	14.07.1985	D	2015	19	9	19	9	SV Pullach, SV Heimstetten, SV Wacker Burghausen, SV Heimstetten, TSV Großhadern, SpVgg Unterhaching
Awata, Mohamed	M	10.07.1993	SYR	2019	13	4	22	5	Al-Jazeera Amman, TSV 1860 München, Al-Wahda SC Damaskus
Beierkuhnlein, Peter	A	21.01.1988	D	2017	27	0	27	0	SV Pullach, FC Falke Markt Schwaben, SpVgg Unterhaching, TSV 1860 München
Date, Kazuki	M	10.01.1998	JPN	2017	9	1	9	1	BCF Wolfratshausen
Duhnke, Manuel	M	10.08.1987	D	2015	4	0	82	14	FC Würzburger Kickers, FC Anif, FC Bayern München, TSV 1860 München, 1. FC Schweinfurt 05, FV Karlstadt
Ebeling, Marcel-Pascal	S	11.05.1991	D	2018	21	5	108	21	SV Türkgücü-Ataspor München, SV Wacker Burghausen, SV Heimstetten, SV Seligenporten, SC Fürstenfeldbruck, FC Ismaning, TSV 1946 Aindling, TSV 1860 München, FC Bayern München, SC Fürstenfeldbruck
Günzel, Yannick	A	06.06.1996	D	2018	30	1	63	1	FSV Wacker 90 Nordhausen, FC Bayern München, FC Eintracht München
Hannemann, Moritz	M	09.04.1998	D	2018	31	2	31	2	TSV Dachau 1865, SB DJK Rosenheim, SpVgg Unterhaching
Hintermaier, Maximilian	A	13.07.1991	D	2014	25	1	45	1	Kirchheimer SC, FC Moosinning
Laverty, Benedict	M	09.03.1997	USA	2018	24	0	38	0	FC Augsburg, FC Bayern München
Michalz, Felix	M	17.09.1997	D	2013	10	1	10	1	SpVgg Unterhaching. SV Heimstetten
Mömkes, Christoph	A	30.10.1996	D	2017	6	0	6	0	VfB Hallbergmoos-Goldach
Müller, Severin	S	12.09.2000	D	2008	1	0	1	0	JFG Sonnenfeld
Pollok, Marius	M	03.04.2000	D	2008	1	0	1	0	eigene Junioren
Pradl, Kevin	T	09.10.1992	D	2017	0	0	6	0	BCF Wolfratshausen, FC Falke Markt Schwaben, SC Eltersdorf, FC Memmingen 07, 1. FC Nürnberg, SV Wacker Burghausen, SpVgg Unterhaching, SV Planegg-Krailling
Regal, Mathias	M	14.02.1989	AUT	2016	29	0	29	0	SV Feldkirchen
Riedmüller, Maximilian	T	04.01.1988	D	2016	34	0	54	0	Holstein Kiel, FC Bayern München, SV Heimstetten, TSV Forstenried, FV Hansa Neuhausen
Riglewski, Lukas	S	16.11.1993	D	2015	33	17	39	17	TSV Dachau 1865, SV Heimstetten, SpVgg Unterhaching, FC Bayern München
Sabbagh, Fabio	M	27.11.1997	D	2018	27	4	56	5	FC Unterföhring, TSV 1860 München, SpVgg Unterhaching
Schäffer, Rene	A	16.05.1992	D	2016	11	0	11	0	1. Würzburger FV, TSV Güntersleben
Schels, Tim	A	28.12.1998	D	2018	32	1	42	1	SpVgg Unterhaching, SC Eintracht Freising, SpVgg Altenerding
Schmitt, Dominik	M	23.03.1982	D	2007	6	1	54	4	Freier TuS Regensburg, SSV Jahn 2000 Regensburg, SG Post/Süd Regensburg, TSV 1860 München
Sengersdorf, Sandro	M	20.02.1999	D	2018	7	0	7	0	FC Ismaning
Thomik, Paul	A	25.01.1985	D	2017	16	0	16	0	FC Würzburger Kickers, VfL Osnabrück, SpVgg Unterhaching, FC Bayern München, FC Gütersloh 1978, SV Westfalia Wiedenbrück, FC Sürenheide
Ulusoy, Ali	A	15.02.1996	TUR	2019	12	0	12	0	FC Volendam, FC Utrecht, Feyenoord Rotterdam
Wellmann, Daniel	A	04.03.1990	D	2016	22	0	22	0	FC Wangen b. Olten
Werner, Simon	M	22.06.2000	D	2018	7	0	7	0	FC Stern München, SpVgg Unterhaching
Weser, Carl	M	17.01.1997	D	2018	13	0	13	0	TSV Neuried, SC Fürstenfeldbruck

Trainer:

Name, Vorname	geb. am	Nat.	Zeitraum	Spiele 2018/19	frühere Trainerstationen
Schmitt, Christoph	03.08.1985	D	01.07.2017 – lfd.	34	—

Zugänge:
Ebeling (SV Türkgücu-Ataspor München), Günzel (FSV Wacker 90 Nordhausen II), Hannemann (TSV Dachau 1865), Kreitmair (ASV Dachau), Laverty (FC Augsburg II), Sabbagh (FC Unterföhring), Schels (SpVgg Unterhaching), Sengersdorf (FC Ismaning), Werner (FC Stern München), Weser (TSV Neuried).
während der Saison:
Awata (Al-Jazeera Amman), Ulusoy (FC Volendam).

Abgänge:
Androsevic (TSV Großhadern), Kaltenhauser (Kirchheimer SC), Krause (VfB Hallbergmoos-Goldach), Nappo (FC Augsburg II).
während der Saison:
Akkurt (SV Türkgücü-Ataspor München), Duhnke (Laufbahn beendet), Kreitmair (ASV Dachau), Zetterer (TuS Holzkirchen).

FV Illertissen 1921

Anschrift:
Gottfried-Hart-Straße 10
89257 Illertissen
Telefon: (0 73 03) 90 35 08
eMail: fvillertissen@t-online.de
Homepage: www.fvillertissen.de

Vereinsgründung: 1919 Gründung als Hobbyverein;
1921 offizielle Vereinsgründung

Vereinsfarben: Blau-Weiß
1. Vorsitzender: Wolfgang Schiller
Vorstand Sport: Karl-Heinz Bachthaler

Stadion: Vöhlin-Stadion (3.000)

Größte Erfolge: Aufstieg in die Oberliga Baden-Württemberg 2008; Qualifikation für die Regionalliga Bayern 2012; Bayerischer Amateurmeister 2013 und 2014

Aufgebot:

Name, Vorname	Pos	geb. am	Nat.	seit	2018/19 Sp.	2018/19 T.	Gesamt Sp.	Gesamt T.	frühere Vereine
Beneke, Ruben	M	19.12.1996	D	2016	6	0	13	0	SSG Ulm 99, SSV Ulm 1846
Bolkart, Markus	S	18.04.1991	D	2018	8	0	8	0	TSV Buch, TSV Regglisweiler, FV Illertissen
Buchmann, Tim	A	10.09.1995	D	2018	31	0	106	5	FC Memmingen 07, 1. FC Sonthofen, TSV Blaichach
Caravetta, Sandro	S	05.09.1999	D	2016	12	0	12	0	TSG 1890 Thannhausen
Celiktas, Volkan	A	20.10.1995	TUR	2018	28	6	73	7	SSV Ulm 1846, SV Stuttgarter Kickers, SGV Freiburg/N., SV Stuttgarter Kickers, TSV Deizisau
Coban, Burak	M	07.11.1994	D	2018	30	12	48	18	FC Memmingen 07, FV Ravensburg, Turgutluspor, VfB Stuttgart, SSV Ulm 1846, 1. FC Heidenheim
Enderle, Sebastian	A	29.05.1989	D	2014	1	0	120	5	VfB Stuttgart, SSG Ulm 99
Faßbender, Morgan	M	18.10.1998	D	2018	3	0	3	0	SGV Freiburg/N., SV Stuttgarter Kickers, SGV Freiburg/N.
Hahn, Marco	M	17.08.1992	D	2016	25	3	178	18	SSV Ulm 1846, FV Illertissen, SSV Ulm 1846, FC Hüttisheim
Herzel, Stanislaus	A	05.08.1990	D	2018	23	2	154	11	SV Seligenporten, SSV Jahn 2000 Regensburg, FC Augsburg, FC Ingolstadt 04, SSV Jahn 2000 Regensburg, 1. FC Nürnberg
Kazaryan, David	M	25.03.1998	ARM	2018	3	0	3	0	FK 03 Pirmasens, SVgg 07 Elversberg, 1. FC Saarbrücken. TSG 1899 Hoffenheim, FK Dynamo Moskau
Kielkopf, Felix	T	22.12.1996	D	2015	12	0	32	0	1. FC Heidenheim, SV Stuttgarter Kickers, 1. FC Heidenheim, VfB Stuttgart, VfL Kirchheim/Teck, SC Geislingen
Krug, Benedikt	A	07.02.1995	D	2016	27	3	99	8	TSV 1896 Rain am Lech, FC Erzgebirge Aue, TSV Schwabmünchen, BC Aichach, FC Stätzling, FC Augsburg
Leyla, Oktay	S	25.02.1997	TUR	2017	0	0	47	6	1. FC Nürnberg, 1. FC Heidenheim, FV Ravensburg, SV Vogt
Nebel, Moritz	M	25.09.1991	D	2014	25	2	178	12	FC Augsburg, VfL Kaufering
Pangallo, Antonio	M	04.02.1990	D	2017	20	0	154	2	SSV Ulm 1846, FC Augsburg, FC Bayern München, SSV Ulm 1846, SSG Ulm 99, TV Wiblingen
Rausch, Armin	S	16.01.1997	D	2018	22	2	22	2	1. FC Sonthofen, FC Kempten
Schilder, Janik	T	22.01.1996	D	2016	3	0	39	0	FC Schalke 04, VfB Stuttgart, SSV Ulm 1846, SSV Illerberg/Thal, SC Vöhringen
Schmidt, Kevin	T	25.09.1991	D	2018	19	0	19	0	ASV Neumarkt, 1. SC Feucht, DJK Ammerthal, SpVgg Ansbach 09, FC Augsburg
Schröter, Felix	S	23.01.1996	D	2018	33	16	57	17	FC Schalke 04, 1. FC Heidenheim, FC Schalke 04, TSG 1899 Hoffenheim, VfB Stuttgart, SSV Ulm 1846, TSV Pfuhl
Scioscia, Maurizio	A	06.12.1991	D	2018	19	2	50	5	SV Wacker Burghausen, SV Stuttgarter Kickers, 1. FC Heidenheim, TSV 1880 Neu-Ulm, SSV Ulm 1846, TSV Blaustein
Strahler, Manuel	A	03.09.1992	D	2011	22	1	183	11	VfR Aalen, SSV Ulm 1846, FC Grünweiss Ichenhausen, SC Bubesheim
Strobel, Maurice	M	14.06.1996	D	2015	31	4	67	8	SSV Ulm 1846, FC Augsburg
Strobel, Philipp	S	07.02.1998	D	2016	11	2	25	5	Southampton FC, VfR Aalen
Weiss, Marvin	M	07.03.1995	D	2017	9	0	46	1	SC Freiburg, VfB Stuttgart
Wujewitsch, Philipp	M	27.01.1999	D	2018	17	0	17	0	FC Erzgebirge Aue, FC Memmingen 07, TSV 1860 München, FC Kempten
Zeller, Max	A	12.06.1999	D	2016	29	3	29	3	FC Augsburg

Trainer:

Name, Vorname	geb. am	Nat.	Zeitraum	Spiele 2018/19	frühere Trainerstationen
Anderl, Stefan	12.07.1965	D	01.07.18 – 25.09.18	12	FC Memmingen 07, FC Gundelfingen, TSV 1946 Aindling, FC Gundelfingen, SSV Ulm 1846
Bachthaler, Karl-Heinz (IT)	05.08.1952	D	26.09.18 – 30.09.18	1	FV Illertissen, FV Illertissen II (Spielertrainer)
Küntzel, Marco	22.01.1976	D	01.10.18 – lfd.	21	TSV Schwaben Augsburg (Co-Trainer), FC Königsbrunn U17, FC Affing, BC Aichach, FC Pipinsried

Zugänge:
Bolkart (TSV Buch), Buchmann und Coban (FC Memmingen 07), Celiktas (SSV Ulm 1846), Faßbender (SGV Freiburg/N.), Herzel (SV Seligenporten), Kazaryan (FK 03 Pirmasens), Rausch (1. FC Sonthofen), Schmidt (ASV Neumarkt), Schröter (FC Schalke 04 II), Scioscia (SV Wacker Burghausen), Wujewitsch (FC Erzgebirge Aue Junioren).

Abgänge:
Akaydin (SSV Dillingen), Allgaier (VfB Stuttgart II), Anders (TSV 1880 Neu-Ulm), Jann (SSV Ulm 1846), Lang (TSG Backnang), Riederle (VfR Jettingen), Rupp (pausiert), Schaller (SV Stuttgarter Kickers).
während der Saison:
Faßbender (1. Göppinger SV).

FC Ingolstadt 04 II

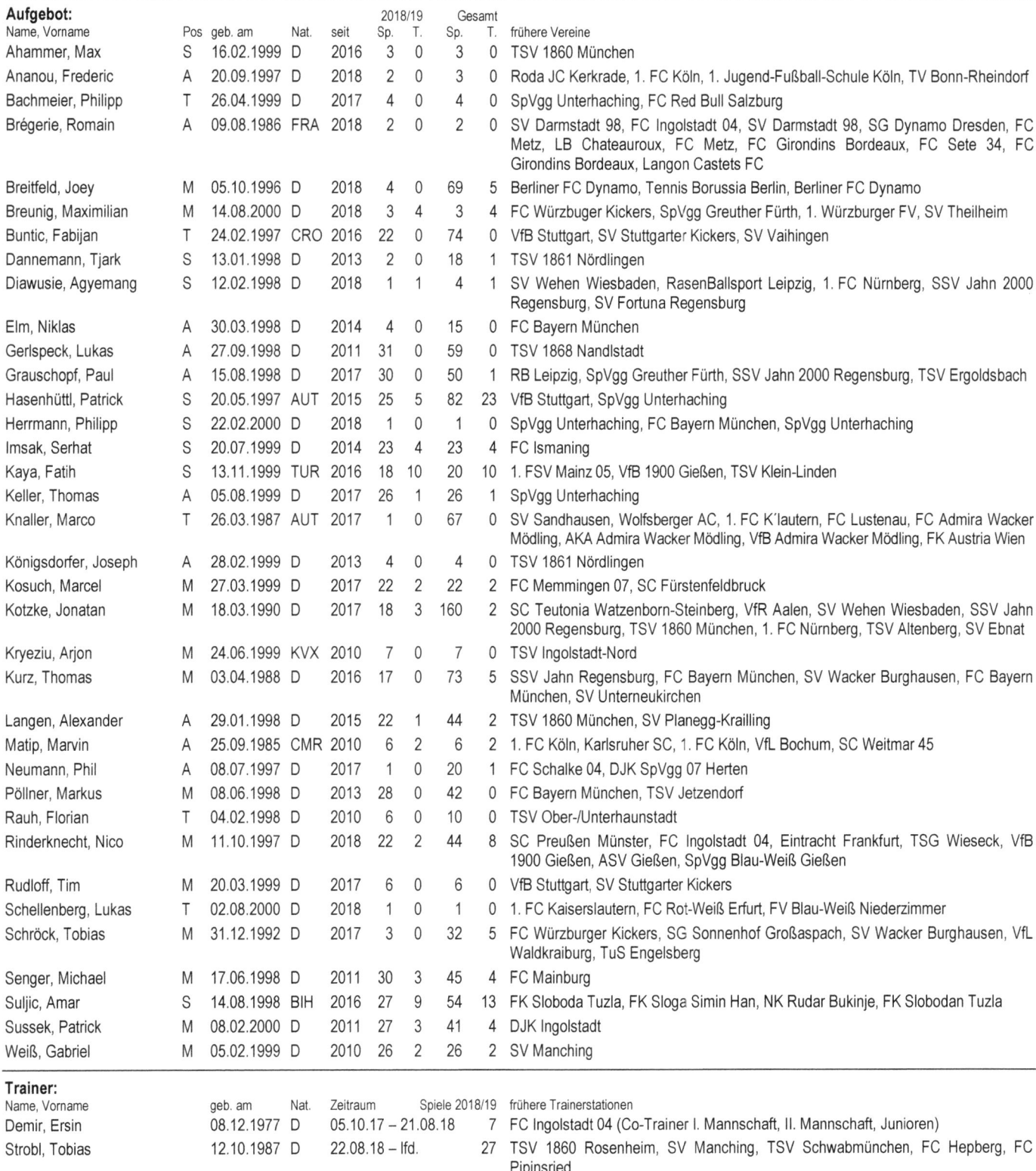

Anschrift:
Am Sportpark 1 b
85053 Ingolstadt
Telefon: (08 41) 885570
eMail: info@fcingolstadt.de
Homepage: www.fcingolstadt.de

Vereinsgründung: 01.07.2004 Ausgliederung und Fusion der Fußball-Abteilungen von ESV 1919 Ingolstadt-Ringsee und MTV 1881 Ingolstadt

Vereinsfarben: Schwarz-Rot
1. Vorsitzender: Peter Jackwerth
Leiter NLZ: Ronnie Becht

Stadion:
ESV-Stadion (4.495) oder
Bezirkssportanlage Mitte (8.000)

Größte Erfolge: Aufstieg in die Bayernliga 2008; Vizemeisterder Bayernliga 2011(↑); Qualifikation für die Regionalliga Bayern 2012

Aufgebot:

Name, Vorname	Pos	geb. am	Nat.	seit	2018/19 Sp.	T.	Gesamt Sp.	T.	frühere Vereine
Ahammer, Max	S	16.02.1999	D	2016	3	0	3	0	TSV 1860 München
Ananou, Frederic	A	20.09.1997	D	2018	2	0	3	0	Roda JC Kerkrade, 1. FC Köln, 1. Jugend-Fußball-Schule Köln, TV Bonn-Rheindorf
Bachmeier, Philipp	T	26.04.1999	D	2017	4	0	4	0	SpVgg Unterhaching, FC Red Bull Salzburg
Brégerie, Romain	A	09.08.1986	FRA	2018	2	0	2	0	SV Darmstadt 98, FC Ingolstadt 04, SV Darmstadt 98, SG Dynamo Dresden, FC Metz, LB Chateauroux, FC Metz, FC Girondins Bordeaux, FC Sete 34, FC Girondins Bordeaux, Langon Castets FC
Breitfeld, Joey	M	05.10.1996	D	2018	4	0	69	5	Berliner FC Dynamo, Tennis Borussia Berlin, Berliner FC Dynamo
Breunig, Maximilian	M	14.08.2000	D	2018	3	4	3	4	FC Würzbuger Kickers, SpVgg Greuther Fürth, 1. Würzburger FV, SV Theilheim
Buntic, Fabijan	T	24.02.1997	CRO	2016	22	0	74	0	VfB Stuttgart, SV Stuttgarter Kickers, SV Vaihingen
Dannemann, Tjark	S	13.01.1998	D	2013	2	0	18	1	TSV 1861 Nördlingen
Diawusie, Agyemang	S	12.02.1998	D	2018	1	1	4	1	SV Wehen Wiesbaden, RasenBallsport Leipzig, 1. FC Nürnberg, SSV Jahn 2000 Regensburg, SV Fortuna Regensburg
Elm, Niklas	A	30.03.1998	D	2014	4	0	15	0	FC Bayern München
Gerlspeck, Lukas	A	27.09.1998	D	2011	31	0	59	0	TSV 1868 Nandlstadt
Grauschopf, Paul	A	15.08.1998	D	2017	30	0	50	1	RB Leipzig, SpVgg Greuther Fürth, SSV Jahn 2000 Regensburg, TSV Ergoldsbach
Hasenhüttl, Patrick	S	20.05.1997	AUT	2015	25	5	82	23	VfB Stuttgart, SpVgg Unterhaching
Herrmann, Philipp	S	22.02.2000	D	2018	1	0	1	0	SpVgg Unterhaching, FC Bayern München, SpVgg Unterhaching
Imsak, Serhat	S	20.07.1999	D	2014	23	4	23	4	FC Ismaning
Kaya, Fatih	S	13.11.1999	TUR	2016	18	10	20	10	1. FSV Mainz 05, VfB 1900 Gießen, TSV Klein-Linden
Keller, Thomas	A	05.08.1999	D	2017	26	1	26	1	SpVgg Unterhaching
Knaller, Marco	T	26.03.1987	AUT	2017	1	0	67	0	SV Sandhausen, Wolfsberger AC, 1. FC K´lautern, FC Lustenau, FC Admira Wacker Mödling, AKA Admira Wacker Mödling, VfB Admira Wacker Mödling, FK Austria Wien
Königsdorfer, Joseph	A	28.02.1999	D	2013	4	0	4	0	TSV 1861 Nördlingen
Kosuch, Marcel	M	27.03.1999	D	2017	22	2	22	2	FC Memmingen 07, SC Fürstenfeldbruck
Kotzke, Jonatan	M	18.03.1990	D	2017	18	3	160	2	SC Teutonia Watzenborn-Steinberg, VfR Aalen, SV Wehen Wiesbaden, SSV Jahn 2000 Regensburg, TSV 1860 München, 1. FC Nürnberg, TSV Altenberg, SV Ebnat
Kryeziu, Arjon	M	24.06.1999	KVX	2010	7	0	7	0	TSV Ingolstadt-Nord
Kurz, Thomas	M	03.04.1988	D	2016	17	0	73	5	SSV Jahn Regensburg, FC Bayern München, SV Wacker Burghausen, FC Bayern München, SV Unterneukirchen
Langen, Alexander	A	29.01.1998	D	2015	22	1	44	2	TSV 1860 München, SV Planegg-Krailling
Matip, Marvin	A	25.09.1985	CMR	2010	6	2	6	2	1. FC Köln, Karlsruher SC, 1. FC Köln, VfL Bochum, SC Weitmar 45
Neumann, Phil	A	08.07.1997	D	2017	1	0	20	1	FC Schalke 04, DJK SpVgg 07 Herten
Pöllner, Markus	M	08.06.1998	D	2013	28	0	42	0	FC Bayern München, TSV Jetzendorf
Rauh, Florian	T	04.02.1998	D	2010	6	0	10	0	TSV Ober-/Unterhaunstadt
Rinderknecht, Nico	M	11.10.1997	D	2018	22	2	44	8	SC Preußen Münster, FC Ingolstadt 04, Eintracht Frankfurt, TSG Wieseck, VfB 1900 Gießen, ASV Gießen, SpVgg Blau-Weiß Gießen
Rudloff, Tim	M	20.03.1999	D	2017	6	0	6	0	VfB Stuttgart, SV Stuttgarter Kickers
Schellenberg, Lukas	T	02.08.2000	D	2018	1	0	1	0	1. FC Kaiserslautern, FC Rot-Weiß Erfurt, FV Blau-Weiß Niederzimmer
Schröck, Tobias	M	31.12.1992	D	2017	3	0	32	5	FC Würzburger Kickers, SG Sonnenhof Großaspach, SV Wacker Burghausen, VfL Waldkraiburg, TuS Engelsberg
Senger, Michael	M	17.06.1998	D	2011	30	3	45	4	FC Mainburg
Suljic, Amar	S	14.08.1998	BIH	2016	27	9	54	13	FK Sloboda Tuzla, FK Sloga Simin Han, NK Rudar Bukinje, FK Slobodan Tuzla
Sussek, Patrick	M	08.02.2000	D	2011	27	3	41	4	DJK Ingolstadt
Weiß, Gabriel	M	05.02.1999	D	2010	26	2	26	2	SV Manching

Trainer:

Name, Vorname	geb. am	Nat.	Zeitraum	Spiele 2018/19	frühere Trainerstationen
Demir, Ersin	08.12.1977	D	05.10.17 – 21.08.18	7	FC Ingolstadt 04 (Co-Trainer I. Mannschaft, II. Mannschaft, Junioren)
Strobl, Tobias	12.10.1987	D	22.08.18 – lfd.	27	TSV 1860 Rosenheim, SV Manching, TSV Schwabmünchen, FC Hepberg, FC Pipinsried

Zugänge:
Ahammer, Bachmeier, Imsak, Keller, Königsdorfer, Kosuch, Kryeziu, Rudloff und Weiß (eigene Junioren), Breunig (FC Würzburger Kickers), Herrmann (SpVgg Unterhaching Junioren), Rinderknecht (SC Preußen Münster), Schellenberg (1. FC Kaiserslautern Junioren).

Abgänge:
Fischhaber und Reislöhner (ohne Verein), Förtsch (VfB Eichstätt), Gashi (SSV Ulm 1846), Kogler (FC Wacker Innsbruck II), Nicklas (SV Wacker Burghausen), Schiller (SpVgg Oberfranken Bayreuth), Schröder (VfR Neuburg a. d. Donau), Tobias (TSV 1860 Rosenheim), Watanabe (Albirex Niigata).
während der Saison:
Elm (FC Kufstein).

FC Memmingen 1907

Anschrift:
Bodenseestraße 44
87700 Memmingen
Telefon: (08331) 71177
eMail: info@fc-memmingen.de
Homepage: www.fc-memmingen.de

Vereinsgründung: 30.05.1907 als FC Memmingen 1907 im TV 1859 Memmingen; 1924 FC Memmingen 1907 wird selbständiger Verein

Vereinsfarben: Rot-Weiß
1. Vorsitzender: Armin Buchmann
Sportlicher Leiter: Bernd Kunze

Stadion: Fußball Arena Memmingen (5.000)

Größte Erfolge: Aufstiegsspiele zur Regionalliga Süd 1997; Meister der Bayernliga 2010(↑); Qualifikation für die Regionalliga Bayern 2012

Aufgebot:

Name, Vorname	Pos	Geb. am	Nat.	seit	2018/19 Sp.	2018/19 T.	Gesamt Sp.	Gesamt T.	frühere Vereine
Boyer, Philipp	A	22.03.1996	D	2012	30	0	59	0	FC Augsburg, JFG Wertachtal, FC Bad Wörishofen
Celani, Fatjon	S	14.01.1992	D	2018	31	9	94	17	TSV Steinbach, TSG Neustrelitz, TuS Koblenz, VfR Mannheim, FC Unterföhring, FC Augsburg, SV Wacker Burghausen, SC Fürstenfeldbruck
Dzalto, Patrik	S	19.02.1997	D	2018	17	5	27	5	TuS Koblenz, SSV Jahn Regensburg, Bayer 04 Leverkusen, RasenBallsport Leipzig, 1. FC Kaiserslautern, SSV Reutlingen 05, VfB Stuttgart, SSV Reutlingen 05, VfL Pfullingen
Gruber, Martin	T	14.03.1990	D	2013	31	0	196	0	TSV Kottern-St. Mang, FC Memmingen 07, SV Aichstetten
Hayse, Jamey	S	01.04.1996	D	2008	12	0	58	3	SV Lenzfried
Heger, Stefan	M	16.03.1991	D	2005	21	2	202	13	SpVgg Kaufbeuren, TSV Mindelheim, SV Pfaffenhausen
Heilig, Michael	M	05.07.1998	D	2015	34	1	47	1	VfB Friedrichshafen, TSV Neukirch
Helmbrecht, Nicholas	S	30.01.1995	D	2019	12	3	82	16	TSV 1860 München, TSV 1860 Rosenheim, SpVgg Unterhaching, SC Fürstenfeldbruck
Hoffmann, Dennis	M	12.06.1991	D	2014	30	1	122	7	TSV Kottern-St. Mang, SpVgg Kaufbeuren
Jokic, Mario	A	10.09.1990	CRO	2018	31	5	31	5	TSV Kottern-St. Mang, Neretvanac Opuzen, GOSK Dubrovnik, NK Zagorec, NK Sloga Ljubuski, NK Segesta Sisak, NK Rudes Zagreb, Zalgiris Vilnius, NK Rudes Zagreb
Kircicek, Furkan	S	28.09.1996	D	2015	34	14	90	28	SpVgg Kaufbeuren
Kücük, Olcay	A	23.05.1994	D	2018	27	1	65	1	SSV Ulm 1846, ESC Ulm
Lutz, Fabian	M	11.03.1996	D	2007	31	0	93	3	TV Bad Grönenbach
Maier, Pascal	S	10.12.1997	D	2017	11	0	33	1	FV Illertissen, SSV Ulm 1846, SV Niedereschach, SC Freiburg
Manolakis, Georgios	A	28.05.1999	GRE	2018	3	0	4	0	SSV Ulm 1846, VfR Aalen, Panetolikos Agrinio, Olympiakos Piräus
Nickel, Marco	S	28.07.1999	D	2018	4	0	4	0	SpVgg Kleinkötz, FC Ingolstadt 04, FC Memmingen 07, TSG 1890 Thannhausen
Remiger, David	A	24.03.1998	D	2012	1	0	5	0	SV Kirchdorf/Iller
Rietzler, Lukas	M	14.09.1997	D	2014	25	1	51	2	SpVgg Kaufbeuren, FC Thalhofen
Rochelt, Jannik	M	27.09.1998	D	2013	22	8	53	14	VfB Friedrichshafen, FV Rot-Weiß Weiler
Schad, Marco	M	24.02.1997	D	2016	23	0	58	1	FC Augsburg, 1. FC Nürnberg, FC Memmingen 07, TSV Kottern-St. Mang, FC Wiggensbach
Schmeiser, Sebastian	A	20.06.1992	D	2013	17	1	139	6	SC Fürstenfeldbruck, FT 09 Starnberg, TSV Gilching-Argelsried, FC Puchheim
Sirch, Luca	M	14.06.1999	D	2016	1	0	1	0	FC Königsbrunn
Skrijelj, Ensar	S	16.12.1999	D	2018	7	0	7	0	FC Ismaning
Stoilov, Deni	A	23.02.1994	AUT	2018	5	0	11	0	TSG Neustrelitz, SC Ritzing, SV Schwechat, SC Leopoldsdorf/Wien, FC Stadlau 1913 Wien, KSV Ankerbrot Monte Laa Wien
Watanabe, Natsuhiko	M	26.06.1995	JPN	2018	11	1	11	1	VfR Aalen, Keio University, Kokugakuin University Kugayama HS, FC Toripletta, Gekkouhara SC
Wohnlich, Roland	M	08.04.1998	D	2009	1	0	3	0	SC Unterrieden
Zeche, Fabio	T	28.03.1996	D	2016	3	0	6	0	FC Augsburg, TSG 1890 Thannhausen

Trainer:

Name, Vorname	geb. am	Nat.	Zeitraum	Spiele 2018/19	frühere Trainerstationen
Baierl, Stephan	16.08.1976	D	01.01.18 – 30.06.19	34	SSV Ulm 1846, SC Pfullendorf, VfB Stuttgart U19 (Co-Trainer)

Zugänge:
Celani (TSV Steinbach), Dzalto (TuS Koblenz), Jokic (TSV Kottern-St. Mang), Kücük (SSV Ulm 1846), Nickel (SpVgg Kleinkötz), Skrijelj (FC Ismaning Junioren), Stoilov (TSG Neustrelitz).
während der Saison:
Helmbrecht (TSV 1860 München) Manolakis (SSV Ulm 1846), Watanabe (VfR Aalen).

Abgänge:
Anzenhofer und Salemovic (TSV 1882 Landsberg am Lech), Buchmann und Coban (FV Illertissen), Cekic (FC Pipinsried), Gebauer (TSV Essingen), Kalkan (VfB Hohenems), Krogler (TKSV Erkheim), Nikolic (SV Sierndorf), Nix und Zweckbronner (SV Mering), Schröder (TSV 1896 Rain am Lech).
während der Saison:
Maier (FV Ravensburg), Rochelt (FC Bayern München II), Dzalto (SK Austria Klagenfurt), Stoilov (ohne Verein).

FC Bayern München II

Anschrift:
Säbener Straße 51 - 57
81547 München
Telefon: (0 89) 69 9310
eMail: service@fcbayern.de
Homepage: www.fcbayern.de

Vereinsgründung: 27.02.1900; 1906 bis 1923 Fußballabteilung im Münchener SC bzw. TSV Jahn München
Vereinsfarben: Rot-Weiß
Präsident: Uli Hoeneß
Sportl.-LeiterNLZ: Hermann Gerland

Stadion:
Stadion an der Grünwalder Straße (15.000)
(Grünwalder Stadion)

Größte Erfolge: Deutscher Amateur-Vizemeister 1983 und 1987; DFB-Pokal-Viertelfinale 1996 und 2005; Sieger im Bayerischen Totopokal 2002; Meister der Regionalliga Süd 2004; Meister der Regionalliga Bayern 2015 und 2019 (↑)

Aufgebot:

Name, Vorname	Pos	geb. am	Nat.	seit	2018/19 Sp.	2018/19 T.	Gesamt Sp.	Gesamt T.	frühere Vereine
Awoudja, Maxime	A	02.02.1998	D	2007	18	4	47	8	SV München 1880
Batista Meier, Oliver	M	16.02.2001	D	2016	1	0	1	0	1. FC Kaiserslautern, SV Wiesenthalerhof
Butler, Justin	S	23.03.2001	D	2016	1	0	1	0	FC Augsburg
Davies, Alphonso	S	02.11.2000	CAN	2019	3	0	3	0	Vancouver Whitecaps, Edmonten Strikers, Edmonton Internationals
Evina, Franck	S	05.07.2000	D	2013	16	3	34	7	SV Neuperlach München
Fein, Adrian	M	18.03.1999	D	2006	6	1	33	2	TSV 1860 München
Feldhahn, Nicolas	A	14.08.1986	D	2015	33	4	103	12	VfL Osnabrück, Offenbacher FC Kickers, SV Werder Bremen, FC Erzgebirge Aue, SpVgg Unterhaching, TSV 1860 München, SV Warngau
Franzke, Maximilian	M	05.03.1999	D	2010	25	3	26	3	TSV 1860 München
Früchtl, Christian	T	28.01.2000	D	2014	17	0	37	0	SpVgg Grün-Weiß Deggendorf 03, SV Bischofsmais
Hoffmann, Ron-Thorben	T	04.04.1999	D	2015	13	0	13	0	RasenBallsport Leipzig, Hertha BSC, FC Hansa Rostock
Jeong, Woo-Yeong	M	20.09.1999	KOR	2018	29	13	29	13	Incheon United
Köhn, Derrick	M	04.02.1999	D	2017	28	0	60	2	Hamburger SV, Bramfelder SV
Lange, Mathis	S	06.03.1999	D	2016	6	0	7	0	FC Energie Cottbus, BSC Rathenow 94, Mögeliner SC 1913
Mai, Lars Lukas	A	31.03.2000	D	2014	27	2	28	2	SG Dynamo Dresden
Mayer, Angelo	A	19.09.1996	D	2017	4	0	58	0	TSV 1860 München, FSV Pfaffenhofen/Ilm, TSV Weilach
Meier, Jonathan	A	11.11.1999	D	2012	19	0	19	0	TSV 1860 München
Netolitzky, Michael	T	12.01.1994	D	2018	0	0	66	0	Hallescher FC, TSV 1860 München, 1. FC Nürnberg, FSV Bayreuth
Nollenberger, Alexander	S	04.06.1997	D	2018	22	4	71	19	FV Illertissen, TSG 1890 Thannhausen
Rochelt, Jannik	M	27.09.1998	D	2019	14	1	53	14	FC Memmingen 07, VfB Friedrichshafen, FV Rot-Weiß Weiler
Senkbeil, Kilian	A	22.05.1999	D	2018	12	0	12	0	RasenBallsport Leipzig, 1. FC Lok Leipzig, SV Tresenwald Machern
Shabani, Meritan	M	15.03.1999	KVX	2006	26	6	28	6	FC Phönix Schleißheim
Türkkalesi, Resul	A	03.08.1998	TUR	2005	15	0	36	1	FC Puchheim
Wagner, Michael	T	02.04.2000	D	2011	4	0	5	0	SV Heimstetten
Welzmüller, Maximilian	M	10.01.1990	D	2018	28	0	82	2	VfR Aalen, SpVgg Unterhaching, SpVgg Greuther Fürth, FSV Frankfurt, TSV 1860 München, SC Fürstenfeldbruck, SV Inning/Ammersee
Will, Paul	M	01.03.1999	D	2018	17	1	17	1	1. FC Kaiserslautern, TSG Wieseck
Wriedt, Kwasi Okyere	S	10.07.1994	GHA	2017	34	24	153	82	VfL Osnabrück, Lüneburger SK Hansa, FC St. Pauli, SC Concordia Hamburg, SC Hamm 02
Yilmaz, Mert	A	08.03.1999	TUR	2018	25	1	26	1	RasenBallsport Leipzig, Tennis Borussia Berlin, Nordberliner SC
Zaiser, Maximilian	M	08.03.1999	D	2012	12	0	12	0	TSV 1860 Rosenheim
Zirkzee, Joshua	S	22.05.2001	NED	2017	10	4	10	4	Feyenoord Rotterdam, ADO Den Haag, RKSV Spartaan 1920 Rotterdam, VV Hekelingen
Zylla, Marcel	M	14.01.2000	D	2010	1	0	1	0	TSV Ludwigsfeld

Trainer:

Name, Vorname	geb. am	Nat.	Zeitraum	Spiele 2018/19	frühere Trainerstationen
Seitz, Holger	09.10.1974	D	01.07.18 – 30.06.19	34	FC Bayern München U17/U19, SC Fürstenfeldbruck

Zugänge:
Hoffmann, Jeong, König, Lange, Meier und Zaiser (eigene Junioren), Netolitzky (Hallescher FC), Senkbeil und Yilmaz (RasenBallsport Leipzig Junioren), Welzmüller (VfR Aalen), Will (1. FC Kaiserslautern Junioren).

während der Saison:
Rochelt (FC Memmingen 07).

Abgänge:
Benko (LASK Linz), Crnicki (Doxa Katokopias), Dorsch (1. FC Heidenheim), Gschwend (ohne Verein), Hingerl (SG Sonnenhof Großaspach), Micheli (SV Wacker Burghausen), Obermair (SK Sturm Graz), Pantovic (VfL Bochum), Poppler Isherwood (Bradford City FC), Rössl (Laufbahn beendet), Tillman (1. FC Nürnberg), Weinkauf (Hannover 96 II).

während der Saison:
Evina (Holstein Kiel), Fein (SSV Jahn Regensburg).

1. FC Nürnberg II

Anschrift:
Valznerweiherstraße 200
90480 Nürnberg
Telefon: (09 11) 940791 00
eMail: info@fcn.de
Homepage: www.fcn.de

Vereinsgründung: 04.05.1900

Vereinsfarben: Rot-Weiß
Vorstand Sport: Andreas Bornemann
Leiter NLZ: Peter Laudenklos

Stadion:
Sportpark Valznerweiher (1.400)
Max Morlock Stadion (50.000)

Größte Erfolge: Teilnahme am DFB-Pokal 1979, 1981, 1984 und 1995; Qualifikation für die Regionalliga Süd 2008; Qualifikation für die Regionalliga Bayern 2012

Aufgebot:

Name, Vorname	Pos	geb. am	Nat.	seit	2018/19 Sp.	2018/19 T.	Gesamt Sp.	Gesamt T.	frühere Vereine
Aslan, Emre Mert	A	15.08.1999	TUR	2019	8	2	8	2	RasenBallsport Leipzig, Hertha BSC, FC Hertha 03 Zehlendorf, Tennis Borussia Berlin
Engelhardt, Erik	S	18.04.1998	D	2011	28	6	66	16	SpVgg Bayern Hof
Euschen, Cedric	M	07.03.1998	D	2017	30	7	36	7	1. FC Saarbrücken, SV Borussia Spiesen
Freitag, Alexander	M	12.02.1999	D	2017	10	0	10	0	SpVgg Unterhaching, FC Bayern München, SSV Jahn 2000 Regensburg
Fuchs, Alexander	M	05.01.1997	D	2017	2	0	26	5	TSV 1860 München, SV Lohhof
Goden, Kevin	A	22.02.1999	D	2018	8	2	10	2	1. FC Köln, 1. SF Brüser Berg
Grimmer, Lennart	A	18.06.1999	D	2018	31	0	31	0	TSG 1899 Hoffenheim, VfL Kurpfalz Neckarau
Harlaß, Philipp	M	30.07.1998	D	2007	29	5	57	9	SpVgg Greuther Fürth, TSV Kleinschwarzenlohe
Heinze, Leon	A	09.06.1999	D	2016	16	0	16	0	1. FC Schweinfurt 05, FC Wipfeld
Heußer, Robin	M	23.05.1998	D	2013	13	1	45	2	SV Viktoria Aschaffenburg, DJK Hain
Hofmann, Axel	T	09.10.1997	D	2017	1	0	11	0	FSV Erlangen-Bruck
Hofmann, Patrick	S	25.09.2000	D	2016	1	0	1	0	SpVgg SV Weiden, SV TuS/DJK Grafenwöhr
Ilicevic, Ivo	M	14.11.1986	CRO	2019	1	0	4	0	FK Qairat Almaty, Anzhi Makhachkala, Hamburger SV, 1. FC Kaiserslautern, SpVgg Greuther Fürth, VfL Bochum, SV Darmstadt 98, SV Viktoria Aschaffenburg, 1. FC Südring Aschaffenburg
Jäger, Lukas	M	12.02.1994	AUT	2017	7	1	13	2	SC Rheindorf Altach, AKA Vorarlberg, FC Alberschwende
Kerk, Sebastian	M	17.04.1994	D	2017	2	0	29	12	1. FC Kaiserslautern, SC Freiburg, 1. FC Nürnberg, SC Freiburg, FV Ravensburg, TSG Bad Wurzach
Klandt, Patric	T	29.09.1983	D	2018	4	0	8	0	SC Freiburg, FSV Frankfurt, FC Hansa Rostock, SV Wehen Taunusstein, Eintracht Frankfurt, VfR Kesselstadt, Frankfurter FV Sportfreunde 04
Kraulich, Tobias	A	24.03.1999	D	2018	32	2	32	2	FC Rot-Weiß Erfurt, SV Empor Erfurt
Manu, Aaron Frimpong	A	02.12.1999	D	2017	10	1	10	1	1. FC Saarbrücken, DJK Rastpfuhl, FK Bosna Saar
Medic, Jakov	A	07.09.1998	CRO	2018	26	2	26	2	NK Vinogradar, NK Lucko, Istra 1961 Pula, NK Zagreb, Hrvatski Dragovoljac Zagreb
Mohr, Jannik	A	22.09.1999	D	2017	1	0	7	0	FC St. Pauli, Willinghusener SC
Mouhaman, Issaka	M	05.09.1998	GHA	2017	24	2	44	2	1. FSV Mainz 05, FSV Frankfurt, FSV Hellas/GSU Frankfurt
Nürnberger, Fabian	M	28.07.1999	D	2018	31	3	31	3	Niendorfer TSV, FC Eintracht Norderstedt, Hamburger SV
Pex, Johannes	A	04.02.1998	D	2017	24	0	36	0	1. SC Feucht, SpVgg Greuther Fürth, SpVgg Grün-Weiß Deggendorf 03, SpVgg Stephansposching
Rhein, Simon	M	18.05.1998	D	2017	8	0	43	4	Bayer 04 Leverkusen, SC Unterbach
Rosenlöcher, Linus	A	09.09.2000	D	2016	1	0	1	0	SpVgg Mögeldorf 2000, TuSpo 1888 Nürnberg
Schimmel, Felix	A	15.07.1999	D	2018	25	1	25	1	RasenBallsport Leipzig, FC Erzgebirge Aue, VfB Auerbach 06, 1. FC Rodewisch, SV Grün-Weiß Wernesgrün
Schleimer, Lukas	M	09.12.1999	D	2017	28	2	28	2	TuS Mosella Schweich
Steczyk, Dominik	S	04.05.1999	POL	2018	22	10	22	10	VfL Bochum, GKS Kattowitz
Stoßberger, Tobias	S	31.10.1999	D	2017	8	1	8	1	SpVgg Unterhaching
Tillman, Timothy	M	04.01.1999	D	2018	7	0	38	6	FC Bayern München, SpVgg Greuther Fürth, 1. SC Feucht, ASV Zirndorf
Vasilj, Nikola	T	02.12.1995	BIH	2017	27	0	42	0	HSK Zrinjski Mostar, HNK Branitelj Mostar, HSK Zrinjski Mostar, FK Igman, HSK Zrinjski Mostar, HNK Medjugorje
Wendlinger, Jonas	T	17.07.2000	AUT	2016	2	0	2	0	BNZ Tirol, 1. FC Nürnberg, SV Thiersee
White, Nikolas	A	28.10.2001	CAN	2018	1	0	1	0	Vancouver Whitecaps
Zietsch, Marco	M	29.09.2000	D	2011	1	0	1	0	Post-SV Nürnberg
Zizek, Kevin	S	21.06.1998	SVN	2017	5	0	5	0	NK Maribor
Zrelak, Adam	S	05.05.1994	SVK	2017	2	0	2	0	FK Jablonec, SK Slovan Bratislava, MFK Ruzomberok, SK Odeva Lipany

Trainer:

Name, Vorname	geb. am	Nat.	Zeitraum	Spiele 2018/19	frühere Trainerstationen
Geyer, Reiner	20.04.1964	D	01.07.17 – 29.10.18	17	Eintracht Frankfurt (Co-Trainer), VfB Stuttgart II (Co-Trainer), Hamburger SV (Co-Trainer), SpVgg Greuther Fürth II (Co-Trainer), SpVgg Greuther Fürth Junioren), SSV Reutlingen 05, FC Würzburger Kickers, TSV Vestenbergsgreuth
Adelmann, Fabian	03.12.1991	D	29.10.18 – 30.06.19	17	1. FC Nürnberg (Co-Trainer), 1. FC Nürnberg II, SSV Jahn Regensburg (Junioren)

Zugänge:
Freitag, Heinze, Manu, Mohr, Schleimer und Stoßberger (eigene Junioren), Grimmer (TSG 1899 Hoffenheim Junioren), Kraulich (FC Rot-Weiß Erfurt) Medic (NK Vinogradar), Nürnberger (Niendorfer TSV) Schimmel (RasenBallsport Leipzig Junioren), Steczyk (VfL Bochum Junioren).
während der Saison:
Aslan (RasenBallsport Leipzig Junioren).

Abgänge:
Boesen (TSV Alemannia Aachen), Eder (SpVgg Oberfranken Bayreuth), Domaj (ohne Verein), Feil (SVgg 07 Elversberg), Hercher (SG Sonnenhof Großaspach), J. Hofmann (VfL Sportfreunde Lotte), Knipfer (FC 08 Homburg), Krauß (SpVgg Unterhaching), Kreidl (SV Ried), Özlokman (SSV Jahn Regensburg II), Scheffler (Offenbacher FC Kickers), Wallner (TSV 1860 Rosenheim).
während der Saison:
Mohr (FC Eintracht Norderstedt), Zizek (NS Mura).

FC Pipinsried 1967

Anschrift:
Reichertshauser Straße 4
85250 Pipinsried
Telefon: (0 82 54) 88 22
e-Mail: fcpipinsried@gmx.de
Homepage: www.fcpipinsried.de

Vereinsgründung: 1967

Vereinsfarben: Gelb-Blau
1. Vorsitzender: Roland Küspert
Sportlicher Leiter: N. N.

Stadion:
FCP-Arena (2.500)

Größte Erfolge: Meister der Bezirksoberliga Schwaben 1999 (↑); Meister der Landesliga Südwest 2013 (↑); Aufsteiger in die Regionalliga Bayern 2017

Aufgebot:

Name, Vorname	Pos	geb. am	Nat.	Seit	2018/19 Sp.	T.	gesamt Sp.	T.	frühere Vereine
Achatz, Markus	A	03.03.1994	D	2015	16	0	94	3	SB DJK Rosenheim, TSV 1860 Rosenheim, FC Ismaning, SpVgg Unterhaching, FC Bayern München, TSV 1860 München, SC Baldham
Basta, Riccardo	M	06.04.1995	D	2018	5	0	79	1	TSV 1860 Rosenheim, FC Bayern München, TSV 1860 München
Berger, Thomas	M	22.07.1990	D	2014	29	1	107	8	FC Gerolfing, FC Ingolstadt 04, MTV 1881 Ingolstadt
Burkhard, Christoph	M	09.11.1984	D	2017	14	0	147	22	SV Wacker Burghausen, TSV 1860 München, FC Augsburg, BC Aichach, TSV Hollenbach
Cekic, Amar	M	21.12.1992	D	2018	32	3	53	4	FC Memmingen 07, TSV Dachau 1865, Rot-Weiss Essen, SV Stuttgarter Kickers, FC Unterföhring, Kozara Gradiska, FC Ismaning, SpVgg Unterhaching, SC Fürstenfeldbruck
Denz, Michael	A	10.02.1994	D	2018	15	0	173	14	TSV 1860 Rosenheim, VfB Oldenburg, VfB Germania Halberstadt, TSG Neustrelitz, FC Ingolstadt 04, TSV 1860 München, TSV 1860 Rosenheim
Grahammer, Philip	M	08.08.1991	D	2013	17	0	46	0	SC Fürstenfeldbruck, SV Heimstetten, SpVgg Unterhaching
Grassow, Luis	A	08.07.1998	D	2018	24	3	52	5	SSV Ulm 1846, FC Pipinsried, SpVgg Unterhaching, SV Planegg-Krailling, SpVgg Unterhaching, TSV Neuried
Höng, Elias	S	12.09.1999	D	2018	3	0	3	0	SV Wacker Burghausen, FC Ingolstadt 04, SpVgg Grün-Weiß Deggendorf 03
Hollenzer, Sebastian	T	24.07.1998	D	2017	2	0	6	0	SV Mering
Hürzeler, Fabian	M	26.02.1993	D	2016	26	1	160	13	TSV 1860 München, TSG 1899 Hoffenheim, FC Bayern München, SV Helios-Daglfing
Kammergruber, Marco	A	17.09.1999	D	2018	10	1	10	1	TSV Schwabmünchen, SpVgg Unterhaching, SC Unterpfaffenhofen-Germering
Kelmendi, Arijanit	A	25.02.1995	KVX	2018	24	0	46	0	FC Unterföhring, FC Deisenhofen, TSV Forstenried
Knecht, Marian	S	29.04.1992	D	2018	22	9	22	9	BCF Wolfratshausen, TSV Jetzendorf, SC Fürstenfeldbruck, SV Seligenporten
Knothe, Noel	A	05.05.1999	D	2019	12	0	12	0	Eintracht Frankfurt, FSV Frankfurt
Krammel, Marco	A	29.08.1991	D	2015	0	0	2	0	TSV 1896 Rain am Lech, BC Aichach, FC Ingolstadt 04, FC Bayern München, FSV Pfaffenhofen/Ilm
Morou, Fadhel	A	06.07.1997	D	2018	17	0	41	0	FC Unterföhring, SV Planegg-Krailling, TuS Geretsried
Nsimba, Kevin	A	19.09.1997	D	2018	14	0	24	0	SV Pullach, FC Augsburg, FC Bayern München, SC München 1906
Rabihic, Kasim	M	24.02.1993	D	2017	28	14	132	31	Rot-Weiss Essen, TSV 1860 München, BC Aichach, SpVgg Unterhaching
Reichlmayr, Thomas	T	19.04.1992	D	2016	32	0	130	0	TSV Buchbach, FC Augsburg, FC Ingolstadt 04, TSV 1860 München, FC Bayern München
Schmidt, Philipp	S	13.12.1991	D	2018	24	5	55	15	FC Unterföhring, ASV Dachau, SpVgg Feldmoching
Schuster, Andreas	A	14.05.1991	D	2017	29	0	90	2	TSV 1896 Rain am Lech, FC Pipinsried, VfB Eichstätt
Süß, Sebastian	M	24.01.1999	D	2018	12	0	12	0	SpVgg Unterhaching
Sütlü, Özgür	A	24.03.1993	TUR	2018	8	0	8	0	SV Türkgücü-Ataspor München, SV Heimstetten, SV Türkgücü-Ataspor München
Wargalla, Oliver	S	13.05.1993	D	2018	32	5	32	5	TSV Indersdorf, TSV Dachau 1865, TSV Indersdorf
Zischler, Maximilian	M	24.09.1989	D	2018	25	1	25	1	DJK Ammerthal, 1. SC Feucht, FC Pipinsried, VfB Eichstätt, SpVgg Greuther Fürth, SC 04 Schwabach

Trainer:

Name, Vorname	geb. am	Nat.	Zeitraum	Spiele 2018/19	frühere Trainerstationen
Hürzeler, Fabian	26.02.1993	D	01.07.16 – 30.06.19	24	—
Bender, Manfred (i.V.)	24.05.1966	D	15.09.18 – 02.12.18	10	SK Austria Klagenfurt, Co-Trainer U20 Nigeria, SCR Altach, 1. FC Vöcklabruck

Zugänge:
Basta und Denz (TSV 1860 Rosenheim), Cekic (FC Memmingen 07), Höng (SV Wacker Burghausen Junioren), Kammergruber (TSV Schwabmünchen), Kelmendi, Morou und Schmidt (FC Unterföhring), Knecht (BCF Wolfratshausen), Nsimba (SV Pullach), Süß (SpVgg Unterhaching Junioren), Wargalla (TSV Indersdorf), Zischler (DJK Ammerthal).
während der Saison:
Grassow (SSV Ulm 1846), Knothe (Eintracht Frankfurt).

Abgänge:
Arkadas und Diep (TuS Holzkirchen), Dekorsy (FC Unterföhring), Derek (SC Fürstenfeldbruck), Ettner (BC Adelzhausen), Grassow (SSV Ulm 1846), Heinzinger, Herzig und Heyen (ohne Verein), Liebsch und Müller (beide TSV Schwaben Augsburg), Lushi (VfB Eichstätt), Segashi und Tosun (SV Türkgücü-Ataspor München).
während der Saison:
Basta (SC Oberweikertshofen), Burkhard (TSV Hollenbach), Denz (VfR Neuburg a. d. Donau), Höng (FC Kitzbühel), Krammel (FSV Pfaffenhofen/Ilm).

TSV 1860 Rosenheim

Anschrift:
Jahnstraße 25
83022 Rosenheim
Telefon: (0 80 31) 1 26 39
eMail: buero@tsv1860-ro.de
Homepage: www.tsv1860-ro.de

Vereinsgründung: 20.10.1860 als Turnerfeuerwehr gegründet; bis 1945 mehrfach umorganisiert; 1946 als ASV Rosenheim wieder zugelassen; 1950 Umbenennung in TSV 1860
Vereinsfarben: Rot-Weiß
1. Vorsitzender: Herbert Borrmann
Sportlicher Leiter: Franz Höhensteiger
Stadion: Jahnstadion (2.898)

Größte Erfolge: Sieger im Verbandspokal Bayern 1999 und 2013; Meister der Landesliga Bayern Süd 1976 (↑), 1995 (↑), 1997 (↑) und 2009 (↑); Meister der Bayernliga 2012 (↑); Aufsteiger in die Regionalliga Bayern 2012 und 2016

Aufgebot:

Name, Vorname	Pos	geb. am	Nat.	seit	2018/19 Sp.	T.	Gesamt Sp.	T.	frühere Vereine
Bosnjak, Andrija	A	26.03.1996	CRO	2018	16	1	26	7	TSV 1880 Wasserburg, NK Imotski, NK Vinjani
Einsiedler, Markus	S	27.01.1989	D	2017	26	12	163	46	SpVgg Unterhaching, TSV 1860 Rosenheim, SV Wacker Burghausen, SV Söchtenau-Krottenmühl
Eminoglu, Fatih	M	12.02.1993	TUR	2017	4	0	30	2	SB DJK Rosenheim, TSV 1860 Rosenheim, SB DJK Rosenheim
Ferreira Goncalves, Bruno	S	12.03.1996	POR	2013	7	0	20	1	FC Bayern München, TSV 1860 München, TSV 1860 Rosenheim
Funkenhauser, Christoph	A	12.03.1998	D	2007	0	0	4	0	SV Tattenhausen
Heiß, Matthias	A	24.11.1992	D	2016	27	0	130	11	FC Ingolstadt 04, SC Fürstenfeldbruck, TSV 1860 München, SV Mammendorf
Herzig, Marius	T	17.12.1999	D	2018	8	0	8	0	Eintracht Frankfurt, FC Ingolstadt 04, SpVgg Grün-Weiß Deggendorf 03, TSV Waldkirchen
Jahic, Omer	M	12.04.1993	BIC	2018	18	1	18	1	FC Bosna Hercegovina Rosenheim, NK Bratstvo Gracanica, NK Zvijezda Gradacac, FK Radnicki Lukavac, NK Zvijezda Gradacac
Köhler, Robert	A	18.01.1993	D	2013	21	0	90	2	1. FC Union Berlin, FC Bayern München, TSV 1860 Rosenheim, ASV Happing
Krätschmer, Pius	S	16.06.1997	D	2017	32	0	54	1	Karlsruher SC, SC Freiburg, SSV Ulm 1846, TSV Pfuhl
Krueger, Leopold	M	11.02.1998	D	2017	20	2	39	2	SpVgg Unterhaching, FC Bayern München
Lenz, Georg	A	14.08.1991	D	2002	32	2	163	4	DJK SV Griesstätt
Linner, Korbinian	M	21.06.1994	D	2015	24	0	87	11	DJK SV Griesstätt
Maier, Philipp	M	14.08.1994	D	2006	28	0	110	3	TuS Kienberg
Majdancevic, Danijel	S	26.12.1988	SRB	2009	29	8	197	61	TSV 1860 München, TSV Milbertshofen, TSV Ottobrunn, TSV Milbertshofen, SV Olympiadorf-Concordia München
Mayerl, Maximilian	M	22.01.1991	D	2016	23	1	91	6	FC Kufstein, TSV 1860 Rosenheim
Merdan, Adel	A	04.06.1999	D	2015	6	0	6	0	SpVgg Unterhaching
Mushkolaj, Luftetar	S	30.04.1998	SUI	2019	10	4	10	4	BSC Old Boys Basel, FC Basel
Neumeier, Michael	M	14.06.1995	D	2018	19	4	19	4	SB DJK Rosenheim, DJK SV Griesstätt
Räuber, Ludwig	M	06.09.1994	D	2016	32	1	195	12	FC Ingolstadt 04, TSV 1860 Rosenheim, TSV Bad Endorf, FC Halfing
Sattelberger, Markus	A	28.02.2000	D	2015	1	0	1	0	eigene Junioren
Shabani, Linor	M	23.06.1994	D	2018	21	1	51	4	SB Chiemgau Traunstein, TSV 1860 Rosenheim, SG Kaarst
Stockenreiter, Mario	T	06.08.1997	D	2006	26	0	53	0	eigene Junioren
Tobias, Yanick	A	08.07.1998	D	2018	22	0	29	0	FC Ingolstadt 04, Hallescher FC, RasenBallsport Leipzig, SG Dynamo Dresden, SC Borea Dresden
Wallner, Christoph	A	22.02.1994	D	2018	20	0	89	4	1. FC Nürnberg, TSV 1860 Rosenheim, TSV 1860 München, TSV 1860 Rosenheim

Trainer:

Name, Vorname	geb. am	Nat.	Zeitraum	Spiele 2018/19	frühere Trainerstationen
Zaric, Ognjen	14.01.1989	AUT	01.07.18 – 31.01.19	22	TSV 1860 Rosenheim U19, SpVgg Unterhaching U19, DFI Bad Aibling U17/U15
Kasparetti, Thomas	20.10.1983	D	01.02.19 – lfd.	12	TSV Bad Endorf, SV Amerang

Zugänge:
Bosnjak (TSV 1880 Wasserburg), Jahic (FC Bosna Hercegovina Rosenheim), Herzig (Eintracht Frankfurt Junioren), Merdan (eigene Junioren), Neumeier (SB DJK Rosenheim), Shabani (SB Chiemgau Traunstein), Tobias (FC Ingolstadt 04 II).
während der Saison:
Mushkolaj (BSC Old Boys Basel), C. Wallner (1. FC Nürnberg II).

Abgänge:
Basta und Denz (FC Pipinsried), Hartl (SV Kirchanschöring, Hausner (Laufbahn beendet), Höhensteiger und Weber (TSV 1880 Wasserburg), Krueger (SpVgg Unterhaching II), M. Wallner (pausiert), Zant (VfB Eichstätt), Zottl (FC Iserlohn 46/49).
während der Saison:
Bosnjak (SV Wacker Burghausen), Funkenhauser (TSV 1880 Wasserburg).

SV Schalding-Heining

Anschrift:
Reuthinger Weg 8
94036 Passau
Telefon: (0851) 89033
eMail: info@sv-schalding-heining.de
Homepage: www.sv-schalding-heining.de

Vereinsgründung: 22.05.1946 als SV Schalding; 1952 Umbenennung in SV Schalding-Heining

Vereinsfarben: Grün-Weiß
1. Vorsitzender: Wolfgang Wagner
Sportlicher Leiter: Markus Clemens

Stadion: Städtische Sportanlage (2.500)

Größte Erfolge: Sieger im Bayerischen Totopokal 1998; Meister der Landesliga Bayern Mitte 2009 (↑) und 2012 (↑); Meister der Bayernliga Süd 2013 (↑)

Aufgebot:

Name, Vorname	Pos	geb. am	Nat.	seit	2018/19 Sp.	2018/19 T.	Gesamt Sp.	Gesamt T.	frühere Vereine
Alagöz, Onur	A	20.04.1994	D	2017	22	2	84	6	FC Inde Hahn, Fatih Karagümrük SK, SV Schalding-Heining, TSV Alemannia Aachen, SV Rott, TSV Alemannia Aachen, TSV Hertha Walheim
Artner, Pablo	T	02.03.1997	AUT	2017	0	0	0	0	1. FC Passau
Burmberger, Fabian	A	03.09.1994	D	2016	32	1	91	3	SpVgg Hankofen-Hailing, SG Hankofen-Großköllnbach, SpVgg Hankofen-Hailing, SpVgg Plattling
Chrubasik, Lucas	S	10.07.1999	D	2018	18	2	18	2	SpVgg Greuther Fürth, SC Kirchroth
Dantscher, Nico	A	10.02.1997	D	2017	27	1	68	3	FC Ingolstadt 04, SpVgg Greuther Fürth, SSV Jahn 2000 Regensburg, SV Ihrlerstein
Flath, Florian	A	25.04.1998	D	2017	9	0	18	0	TSV 1860 München, SV Darmstadt 98, SC Viktoria Griesheim
Gallmaier, Markus	S	06.11.1992	D	2013	1	0	107	39	SpVgg Grün-Weiß Deggendorf 03, TSV Natternberg
Gerlsberger, Andreas	A	19.02.1998	D	2018	0	0	0	0	1. FC Passau, SpVgg Grün-Weiß Deggendorf 03
Huber, René	M	01.09.1989	D	2012	25	1	125	5	DJK Passau-West
Jünger, Andreas	S	13.04.1994	D	2018	33	7	46	7	DJK Vilzing, SSV Jahn Regensburg, TSV Kareth-Lappersdorf
Knochner, Philipp	M	22.05.1993	D	2018	29	0	109	0	SV Wacker Burghausen, TSV 1860 Rosenheim, TuS Großkarolinenfeld
Köck, Stefan	A	16.01.1985	D	2013	13	0	85	2	SpVgg Grün-Weiß Deggendorf 03, SV Seligenporten, 1. FC Bad Kötzting, 1. FC Nürnberg, SSV Jahn 2000 Regensburg, SpVgg Grün-Weiß Deggendorf 03
Kurz, Alexander	A	18.06.1992	D	2014	32	3	173	19	SpVgg Bayern Hof, SSV Jahn 2000 Regensburg, SV Wacker Burghausen, SpVgg Grün-Weiß Deggendorf 03
Lohberger, Stefan	S	20.06.1994	D	2017	31	6	58	11	SpVgg Osterhofen, TSV 1883 Bogen, SpVgg Plattling
Mader, Manuel	S	28.11.1993	D	2019	9	0	14	0	FC Sturm Hauzenberg, SV Schalding-Heining, FC Tittling, TSV Waldkirchen, FC Tittling
Piermayr, Christian	M	18.04.1996	AUT	2018	17	0	17	0	SV Grieskirchen, SV Bad Schallerbach, UFC Hartkirchen
Rockinger, Stefan	M	21.06.1988	D	2015	33	4	121	11	FC Oberpöring, SV Otzing, FC Wallersdorf, SV Otzing
Sammereier, Maximilian	M	28.02.1996	D	2018	0	0	0	0	TuS 1860 Pfarrkirchen, SV Schalding-Heining, SSV Jahn 2000 Regensburg, SV Wacker Burghausen, SV Haarbach
Schauberger, Simon	M	07.09.1996	AUT	2018	12	1	12	1	TSV Waldkirchen, Sportunion St. Martin im Mühlkreis, Union Julbach, Union Ulrichsberg
Schedlbauer, Daniel	T	30.04.1997	D	2017	0	0	0	0	FC Eging
Schnabel, Fabian	S	18.12.1993	D	2018	31	11	51	24	FSV Zwickau, SV Schalding-Heining, FC Blau-Weiß Linz, Union St. Florian, FC Blau-Weiß Linz, Union Vöcklamarkt, SV Grieskirchen, SV Ried, AKA SV Ried, 1. FC Passau, SC Batavia 72 Passau
Schöller, Markus	T	12.05.1995	AUT	2017	34	0	81	0	SV Ried, Union Gurten, SV Ried, SV Gallneukirchen, AKA SV Ried, SV Gallneukirchen
Schuster, Maximilian	A	29.07.1998	D	2018	20	0	20	0	FC Liefering, FC Red Bull Salzburg, ASC Simbach am Inn
Stockinger, Tobias	M	25.03.2000	D	2018	10	0	10	0	SpVgg Unterhaching, TSV 1860 München
Tiefenbrunner, Martin	A	22.06.1996	D	2016	30	0	91	3	SSV Jahn Regensburg, 1. FC Nürnberg, FC Vilshofen

Trainer:

Name, Vorname	geb. am	Nat.	Zeitraum	Spiele 2018/19	frühere Trainerstationen
Köck, Stefan	16.01.1985	D	14.02.2017 – lfd.	34	—

Zugänge:
Chrubasik (SpVgg Greuther Fürth Junioren), Gerlsberger (1. FC Passau), Jünger (DJK Vilzing), Knochner (SV Wacker Burghausen), Piermayr (SV Grieskirchen) Sammereier (TuS 1860 Pfarrkirchen), Schauberger (TSV Waldkirchen), Schedlbauer (II. Mannschaft), Schnabel (FSV Zwickau), Schuster (FC Liefering).
während der Saison:
Mader (FC Sturm Hauzenberg).

Abgänge:
Brückl (FC Vilshofen), Enzesberger (SV Oberpolling), Gahabka (Vermont Catamounts), Krenn (Laufbahn beendet), Krinninger (TSV Seebach), Seidl (FC Künzing).
während der Saison:
Flath (FSV Schneppenhausen).

1. FC Schweinfurt 05

Anschrift:
Ander-Kupfer-Platz 2
97424 Schweinfurt
Telefon: (0 97 21) 4 75 41 00
eMail: info@fcschweinfurt05.de
Homepage: www.fcschweinfurt05.de

Vereinsgründung: 05.05.1905

Vereinsfarben: Schwarz-Rot-Grün
1. Vorsitzender: Markus Wolf
Sportlicher Leiter: Björn Schlicke

Stadion:
Willy-Sachs-Stadion (15.060)

Größte Erfolge: Meister der Gauliga Bayern 1939 und 1942; Meister der Regionalliga Süd 1966; Meister der Bayernliga 1990 (↑) und 1998 (↑); Meister der Bayernliga Nord 2013 (↑); Sieger im Verbandspokal Bayern 2017 und 2018

Aufgebot:

Name, Vorname	Pos	geb. am	Nat.	seit	2018/19 Sp.	T.	Gesamt Sp.	T.	frühere Vereine
Andermatt, Nico	M	06.11.1995	SUI	2019	12	1	91	9	TSV 1860 München, SV Wacker Burghausen, TSV 1860 München, FC Zug 94, FC Zürich, FC Zug 94, FC Zürich, SC Kriens
Billick, Lukas	A	09.02.1988	D	2016	27	1	218	3	SV Eintracht Trier 05, FC Würzburger Kickers, SVgg 07 Elversberg, SV Wehen Wiesbaden, SV Eintracht Wald-Michelbach, SV Beerfelden
Binder, Jannik	M	19.12.2000	D	2011	3	0	3	0	TSV Grafenrheinfeld
Eiban, Alexander	T	05.05.1994	D	2017	33	0	152	0	SV Wacker Burghausen, FC Bayern München, SpVgg Unterhaching, TSV 1860 München, ESV München-Laim
Fery, Kevin	M	31.03.1994	D	2009	26	0	169	12	FC Carl Zeiss Jena, 1. FC Schweinfurt 05, TSV Waigolshausen
Fritscher, Marco	M	27.12.1994	D	2017	24	2	81	9	SV Wacker Burghausen, FC Bayern Alzenau, SG Rosenhöhe Offenbach, SG Germania Klein-Krotzenburg
Görtler, Nicolas	S	08.03.1990	D	2016	20	3	181	65	FC Eintracht Bamberg 2010, SV Wehen Wiesbaden, 1. FC Nürnberg, FC Eintracht Bamberg 2010, 1. FC Eintracht Bamberg, TSV Eintracht Bamberg, SC Kemmern
Jabiri, Adam	S	03.06.1984	D	2016	28	12	197	102	FC Würzburger Kickers, VfR Wormatia 08 Worms, 1. FC Heidenheim, TSG 1899 Hoffenheim, TSV Großbardorf, FC Rot-Weiß Erfurt, 1. FC Schweinfurt 05, FVgg Bayern Kitzingen, SC Marktbreit, FC Würzburger Kickers, I. FC Iphofen, Siedler-SV Kitzingen
Jelisic, Nikola	M	29.12.1994	BIH	2016	21	0	124	10	BV Cloppenburg, FC Bayern München, TSV 1860 München, TSV Neuried
Kleineheismann, Stefan	A	08.02.1988	D	2018	28	1	109	3	Hallescher FC, FC Rot-Weiß Erfurt, Offenbacher FC Kickers, SpVgg Greuther Fürth, FSV Stadeln
Kling, Lukas	M	13.11.1989	D	2017	1	0	229	35	FV Illertissen, TSV Gersthofen, TSV 1946 Aindling, 1. FC Nürnberg, FC Augsburg, VSC Donauwörth 1862
Kracun, Christopher	M	02.02.1993	D	2015	17	4	170	26	1. FC Kaiserslautern, SV Seligenporten, SpVgg Greuther Fürth, 1. FC Nürnberg, SpVgg Grün-Weiß Deggendorf 03, 1. FC Bad Kötzting
Krautschneider, Steffen	M	11.08.1991	D	2013	20	6	165	49	1. Würzburger FV, SpVgg Greuther Fürth, SV Veitshöchheim
Lo Scrudato, Gianluca	A	12.06.1996	ITA	2018	21	0	50	0	SV Röchling Völklingen, SVgg 07 Elversberg, 1. FC Saarbrücken, JFG Saarlouis
Maderer, Stefan	S	01.09.1996	D	2018	33	9	123	34	SpVgg Greuther Fürth, FSV Frankfurt, SpVgg Greuther Fürth, Baiersdorfer Sportverein, SpVgg Greuther Fürth, Baiersdorfer Sportverein
Messingschlager, Philip	A	02.10.1992	D	2015	25	1	131	5	SC Eltersdorf, 1. FC Schweinfurt 05, SpVgg Jahn Forchheim, FSV Erlangen-Bruck, 1. FC Nürnberg, DJK BFC Nürnberg, SpVgg Hausen
Pfarr, Nicolas	A	06.01.2000	D	2014	1	0	1	0	1. Würzburger FV
Philp, Ronny	A	28.01.1989	D	2018	14	0	93	2	1. FC Heidenheim, FC Augsburg, SpVgg Greuther Fürth, FC Augsburg, SSV Jahn 2000 Regensburg, SpVgg Greuther Fürth, TSV 1895 Burgfarrnbach
Pieper, Florian	S	27.08.1993	D	2017	22	1	105	10	TSV 1860 München, SV Viktoria Aschaffenburg, FSV Frankfurt, SC Hassia Dieburg
Piller, Alexander	M	12.07.1993	D	2018	16	0	117	14	SpVgg Unterhaching, SpVgg Greuther Fürth, FSV Erlangen-Bruck, 1. FC Nürnberg, FSV Erlangen-Bruck
Reichert, Jan	T	07.03.2001	D	2016	1	0	1	0	Freie Turnerschaft Schweinfurt, TSV Pfändhausen
Schorn, Noah	M	16.01.1999	D	2018	5	0	5	0	TSG 1899 Hoffenheim, SpVgg Bayern Hof, FC Unterrodach-Oberrodach
Strohmaier, Matthias	A	11.03.1994	D	2017	22	3	143	10	FC Vaduz, FC Bayern München, FC Augsburg, TSV 1860 München
Trinks, Florian	M	11.03.1992	D	2018	21	6	42	9	Chemnitzer FC, Ferencvaros Budapest, SpVgg Greuther Fürth, SV Werder Bremen, FC Carl Zeiss Jena, 1. SV Gera, Geraer KJFC Dynamos
Waigand, Vincent	M	11.04.1996	D	2017	1	0	9	0	Limestone Athletics, 1. FC Schweinfurt 05
Weiß, Dominik	A	17.04.1995	D	2017	22	3	133	12	SV Wacker Burghausen, FC Ingolstadt 04, FC Bayern München, TSV 1860 München

Trainer:

Name, Vorname	geb. am	Nat.	Zeitraum	Spiele 2018/19	frühere Trainerstationen
Wenzel, Timo	30.11.1977	D	01.07.2018 – lfd.	34	SVgg 07 Elversberg U23

Zugänge:
Binder und Pfarr (eigene Junioren), Kleineheismann (Hallescher FC), Maderer (SpVgg Greuther Fürth II), Philp (1. FC Heidenheim), Piller (SpVgg Unterhaching), Schorn (TSG 1899 Hoffenheim Junioren), Lo Scrudato (SV Röchling Völklingen), Trinks (Chemnitzer FC).
während der Saison:
Andermatt (TSV 1860 München).

Abgänge:
Bär (SC Eltersdorf), Janz (SV Seligenporten), Lehmann (TSV Abtswind), Paul und Willsch (TSV 1860 München), Schlicht (FSV Budissa Bautzen), Wolf (1. FC Lok Leipzig).
während der Saison:
Kracun und Piller (SpVgg Oberfranken Bayreuth).

Zuschauerzahlen 2018/19

	Vikt. Aschaffenburg	FC Augsburg II	SpVgg Ofr. Bayreuth	TSV Buchbach	Wacker Burghausen	VfB Eichstätt	SpVgg Gr. Fürth II	VfR Garching	SV Heimstetten	FV Illertissen	FC Ingolstadt 04 II	FC Memmingen	Bayern München II	1. FC Nürnberg II	FC Pipinsried	1860 Rosenheim	Schalding-Heining	1. FC Schweinfurt
Viktoria Aschaffenburg	×	1.001	1.343	975	1.062	986	1.205	808	1.266	1.050	1.301	1.114	3.061	890	857	1.211	1.265	1.222
FC Augsburg II	250	×	240	266	300	450	430	230	120	420	220	360	800	220	313	300	180	475
SpVgg Oberfr. Bayreuth	602	542	×	500	500	512	511	517	842	500	512	513	2.138	580	817	526	384	1.236
TSV Buchbach	692	609	608	×	883	701	667	583	899	610	631	590	1.029	643	805	800	629	695
SV Wacker Burghausen	931	780	1.018	1.033	×	806	667	800	990	856	811	820	1.001	697	1.010	856	1.318	1.080
VfB Eichstätt	620	610	720	910	720	×	851	700	800	650	1.120	951	2.800	670	820	700	580	1.652
SpVgg Greuther Fürth II	173	187	240	135	176	140	×	80	75	98	183	116	469	226	275	87	225	307
VfR Garching	247	350	250	202	500	190	170	×	240	280	250	200	900	200	450	157	160	360
SV Heimstetten	280	245	250	360	420	487	207	480	×	250	210	240	720	225	320	380	250	422
FV Illertissen	274	410	400	320	380	330	360	320	290	×	410	525	650	290	280	350	320	412
FC Ingolstadt 04 II	200	300	249	170	250	450	150	200	200	200	×	150	600	350	230	250	240	180
FC Memmingen 07	1.055	845	1.002	1.078	778	996	817	817	967	1.659	826	×	2.940	584	617	512	518	1.139
FC Bayern München II	582	701	678	766	1.073	929	646	1.029	616	909	698	495	×	799	688	755	582	776
1. FC Nürnberg II	178	200	300	172	351	209	148	135	186	139	130	146	564	×	179	188	119	320
FC Pipinsried	332	550	321	420	460	705	308	481	520	350	355	410	1.150	300	×	360	310	300
TSV 1860 Rosenheim	330	390	440	720	600	300	340	360	300	230	380	300	800	300	350	×	280	300
SV Schalding-Heining	744	700	512	1.279	1.418	612	861	901	520	901	513	404	1.733	921	880	463	×	808
1. FC Schweinfurt 05	1.589	981	2.217	863	931	1.225	872	648	798	1.701	1.048	1.268	1.599	769	628	708	929	×

Zuschauerbilanz:

Pl.	Mannschaft	gesamt	Spiele	Durchschnitt
1.	SV Viktoria Aschaffenburg	20.617	17	1.213
2.	1. FC Schweinfurt 05	18.774	17	1.104
3.	FC Memmingen 07	17.150	17	1.009
4.	VfB Eichstätt	15.874	17	934
5.	SV Wacker Burghausen	15.474	17	910
6.	SV Schalding-Heining	14.170	17	834
7.	FC Bayern München II	12.722	17	748
8.	TSV Buchbach	12.074	17	710
9.	SpVgg Oberfranken Bayreuth	11.732	17	690
10.	FC Pipinsried	7.632	17	449
11.	TSV 1860 Rosenheim	6.720	17	395
12.	FV Illertissen	6.321	17	372
13.	SV Heimstetten	5.746	17	338
14.	FC Augsburg II	5.574	17	328
15.	VfR Garching	5.106	17	300
16.	FC Ingolstadt 04 II	4.369	17	257
17.	1. FC Nürnberg II	3.664	17	216
18.	SpVgg Greuther Fürth II	3.192	17	188
		186.911	306	611

Torschützenliste:

Pl.	Spieler (Mannschaft/en)	Tore
1.	Wriedt, Kwasi Okyere (FC Bayern München II)	24
2.	Eberle, Fabian (VfB Eichstätt)	18
3.	Riglewski, Lukas (SV Heimstetten)	17
4.	Schröter, Felix (FV Illertissen)	16
5.	Ammari, Sammy (TSV Buchbach)	14
	Kircicek, Furkan (FC Memmingen 07)	14
	Rabihic, Kasim (FC Pipinsried)	14
8.	Jeong, Wooyeong (FC Bayern München II)	13
9.	Coban, Burak (FV Illertissen)	12
	Einsiedler, Markus (TSV 1860 Rosenheim)	12
	Jabiri, Adam (1. FC Schweinfurt 05)	12
12.	Schnabel, Fabian (SV Schalding-Heining)	11
13.	Kaya, Fatih (FC Ingolstadt 04 II)	10
	Steczyk, Dominik (1. FC Nürnberg II)	10
15.	Akkurt, Orhan (SV Heimstetten)	9
	Celani, Fatjon (FC Memmingen 07)	9
	Knecht, Marian (FC Pipinsried)	9
	Knezevic, Ivan (SpVgg Oberfranken Bayreuth)	9
	Lushi, Atdhedon (VfB Eichstätt)	9
	Maderer, Stefan (1. FC Schweinfurt 05)	9
	Niebauer, Dennis (VfR Garching)	9
	Petrovic, Aleksandro (TSV Buchbach)	9
	Rochelt, Jannik (FC Memmingen 07 8, FC Bayern II 1)	9
	Schnitzer, Björn (SV Viktoria Aschaffenburg)	9
	Sulejmani, Shpetim (SpVgg Oberfranken Bayreuth)	9
	Suljic, Amar (FC Ingolstadt 04 II)	9
	Yüksel, Ilker (SpVgg Greuther Fürth II)	9
27.	Majdancevic, Danijel (TSV 1860 Rosenheim)	8
	Nappo, Sebastiano (FC Augsburg II)	8
	Schelle, Marcel (VfB Eichstätt)	8
	Seferings, Simon (VfR Garching)	8

Regionalliga-Mosaik (alle Regionalligen)

Zuschauerbilanz:

Pl.	Mannschaft	RL	gesamt	Spiele	Durchschnitt
1.	Rot-Weiss Essen	W	124.283	17	7.311
2.	SV Waldhof Mannheim	SW	110.584	17	6.505
3.	Offenbacher FC Kickers	SW	91.965	17	5.410
4.	TSV Alemannia Aachen	W	88.300	17	5.194
5.	Chemnitzer FC	NO	83.130	17	4.890
6.	FC Rot-Weiß Erfurt	NO	65.798	17	3.870
7.	1. FC Lokomotive Leipzig	NO	51.578	17	3.034
8.	SC Rot-Weiß Oberhausen	W	46.113	17	2.713
9.	1. FC Saarbrücken	SW	45.977	17	2.705
10.	Wuppertaler SV	W	39.738	17	2.338
11.	VfB Lübeck	N	36.630	17	2.155
12.	FC 08 Homburg	SW	32.614	17	1.918
13.	SSV Ulm 1846 Fußball	SW	29.833	17	1.755
14.	SV Babelsberg 03	NO	29.427	17	1.731
15.	TSG Balingen	SW	26.824	17	1.578
16.	VfB Oldenburg	N	23.905	17	1.406
17.	FC Viktoria Köln	W	22.935	17	1.349
18.	FSV Frankfurt	SW	22.342	17	1.314
19.	TSV Steinbach Haiger	SW	20.711	17	1.218
20.	SV Viktoria Aschaffenburg	BY	20.617	17	1.213
21.	SVgg 07 Elversberg	SW	19.142	17	1.126
22.	1. FC Schweinfurt 05	BY	18.774	17	1.104
23.	VfR Wormatia 08 Worms	SW	18.115	17	1.066
24.	SV Rödinghausen	W	17.805	17	1.047
25.	FSV Wacker 90 Nordhausen	NO	17.352	17	1.021
26.	FC Memmingen 07	BY	17.150	17	1.009
27.	SV Lippstadt 08	W	16.038	17	943
28.	VfB Eichstätt	BY	15.874	17	934
29.	SV Wacker Burghausen	BY	15.474	17	910
30.	SC Verl	W	15.306	17	900
31.	TSV Eintracht Stadtallendorf	SW	14.875	17	875
32.	FK 03 Pirmasens	SW	14.683	17	864
33.	SC Weiche Flensburg 08	N	14.514	17	854
34.	SV Schalding-Heining	BY	14.170	17	834
35.	SC Hessen Dreieich	SW	14.089	17	829
36.	SG Wattenscheid 09	W	13.789	17	811
37.	Borussia Dortmund II	W	13.426	17	790
38.	SpVgg Drochtersen/Assel	N	12.952	17	762
39.	FC Bayern München II	BY	12.722	17	748
40.	SV Straelen	W	12.270	17	722
41.	Bonner SC	W	12.255	17	721
42.	TSV Buchbach	BY	12.074	17	710
	gesamt in allen RL:		**1.893.079**	**1.836**	**1.031**

Die vorherigen Spielzeiten:

2017/18:	2.114.814	1.602	1.320
2016/17:	1.996.816	1.566	1.275
2015/16:	1.938.870	1.566	1.238
2014/15:	1.968.131	1.464	1.344
2013/14:	1.756.244	1.536	1.143
2012/13:	1.631.411	1.582	1.031

Torschützenliste:

Pl.	Spieler (Mannschaft/en)	RL	Tore
1.	Frahn, Daniel (Chemnitzer FC)	NO	24
	Wriedt, Kwasi Okyere (FC Bayern München II)	BY	24
3.	Bozic, Dejan (Chemnitzer FC)	NO	21
4.	Engelmann, Simon (SV Rödinghausen)	W	19
	Hanslik, Daniel (VfL Wolfsburg II)	N	19
	Koffi, Kevin (SVgg 07 Elversberg)	SW	19
7.	Eberle, Fabian (VfB Eichstätt)	BY	18
	Nattermann, Tom (SV Babelsberg 03)	NO	18
	Sulejmani, Valmir (SV Waldhof Mannheim)	SW	18
10.	Kern, Timo (SV Waldhof Mannheim)	SW	17
	Riglewski, Lukas (SV Heimstetten)	BY	17
12.	Jacob, Sebastian (1. FC Saarbrücken)	SW	16
	Jurcher, Gillian Timothy (1. FC Saarbrücken)	SW	16
	Kammlott, Karsten (FSV Wacker 90 Nordhausen)	NO	16
	Kargbo, Abu Bakarr (Berliner AK 07)	NO	16
	Wekesser, Erik (FC-Astoria Walldorf)	SW	16
17.	Deniz, Tunay (Berliner AK 07)	NO	15
	Jovanovic, Velimir (FC Rot-Weiß Erfurt)	NO	15
	Schröter, Felix (FV Illertissen)	BY	15
	Steinborn, Matthias (1. FC Lokomotive Leipzig)	NO	15
21.	Ammari, Sammy (TSV Buchbach)	BY	14
	Bors, David (Bonner SC)	W	14
	Boyamba, Joseph (Borussia Dortmund II)	W	14
	Daferner, Christoph (SC Freiburg II)	SW	14
	Franziskus, Daniel (VfB Lübeck)	N	14
	Kircicek, Furkan (FC Memmingen)	BY	14
	Kulikas, Laurynas (Holstein Kiel II)	N	14
	Rabihic, Kasim (FC Pipinsried)	BY	14
29.	Arslan, Ahmet (VfB Lübeck)	N	13
	Dulleck, Patrick (FC 08 Homburg)	SW	13
	Gencal, Burak (1. FC Kaan-Marienborn 07)	W	13
	Jeong, Wooyeong (FC Bayern München II)	BY	13
33.	Kramer, Christopher (Wuppertal 12, Steinbach 1)	W / SW	13
	Menga, Ardiles Waku (Schwarz-Weiß Rehden)	N	13
	Shala, Andis (FC Rot-Weiß Erfurt)	NO	13
	Zimmermann, Marc-Philipp (VfB Auerbach 06)	NO	13
37.	Coban, Burak (FV Illertissen)	BY	12
	Einsiedler, Markus (TSV 1860 Rosenheim)	BY	12
	Hahn, Alexander (FC 08 Homburg)	SW	12
	Jabiri, Adam (1. FC Schweinfurt 05)	BY	12
	Lappe, Karl-Heinz (1. FSV Mainz 05 II)	SW	12
	Osabutey, Jonah (SV Werder Bremen II)	N	12
	Szöke, Adrian (1. FC Köln II)	W	12
44.	Bunjaku, Albert (FC Viktoria Köln)	W	11
	Conteh, Sirlord (FC St. Pauli II)	N	11
	Drinkuth, Felix (FC Eintracht Norderstedt)	N	11
	Firat, Serkan (Offenbacher FC Kickers)	SW	11
	Förster, Benjamin (VSG Altglienicke)	NO	11
	Imbongo-Boele, Dimitry (TSV Alemannia Aachen)	W	11
	Lokotsch, Lars (TV Herkenrath/SV Rödinghausen)	W	11
	Lukowicz, Maik (VfB Oldenburg)	N	11
	Özcin, Caner (FSV Optik Rathenow)	NO	11
	Roczen, Anthony (Hertha BSC)	NO	11
	Schnabel, Fabian (SV Schalding-Heining)	BY	11
	Terada, Shun (SV Straelen)	W	11

Regionalliga-Mosaik (alle Regionalligen)

Die Spiele mit den meisten Zuschauern:

Datum	Begegnung	RL	Zuschauer
20.04.2019	SV Waldhof Mannheim - VfR Wormatia Worms	SW	14.413
09.03.2019	SV Waldhof Mannheim - 1. FC Saarbrücken	SW	14.326
05.08.2018	Rot-Weiss Essen - Wuppertaler SV	W	11.077
13.04.2019	Offenbacher Kickers - SV Waldhof Mannheim	SW	10.701
18.05.2019	SV Waldhof Mannheim - 1. FSV Mainz 05 II	SW	10.227
31.08.2018	Rot-Weiss Essen - Bonner SC	W	10.217
30.09.2018	Rot-Weiss Essen - TSV Alemannia Aachen	W	10.077
08.09.2018	Rot-Weiss Essen - SV Lippstadt 08	W	9.197
27.10.2018	Rot-Weiss Essen - SC Rot-Weiß Oberhausen	W	9.117
29.09.2018	FC 08 Homburg - 1. FC Saarbrücken	SW	9.026
06.10.2018	SV Waldhof Mannheim - Offenbacher Kickers	SW	9.017
06.04.2019	TSV Alemannia Aachen - Rot-Weiss Essen	W	9.000
13.10.2018	Rot-Weiss Essen - FC Viktoria Köln	W	8.207
21.09.2018	Rot-Weiss Essen - SV Straelen	W	8.107
19.08.2018	Rot-Weiss Essen - 1. FC Köln II	W	8.097
18.05.2019	SC Rot-Weiß Oberhausen - SC Verl	W	8.053
30.09.2018	Chemnitzer FC - 1. FC Lokomotive Leipzig	NO	7.439
12.08.2018	FC Rot-Weiß Erfurt - Chemnitzer FC	NO	7.264

Die besten Elfmetertorschützen:

Name, Vorname (Mannschaft)	RL	Tore
Becker, Tobias (FSV Wacker 90 Nordhausen)	NO	6
Hahn (FC 08 Homburg)	SW	6
E. Yilmaz (TSV Havelse)	N	5
Eberle, Fabian (VfB Eichstätt)	BY	5
Koglin (FC St. Pauli II)	N	5
Niebauer, Dennis (VfR Garching)	BY	5
Sliskovic, Petar (FC Viktoria 1889 Berlin)	NO	5
Stieler (1. FC Germania Egestorf/Langreder)	N	5
Wunderlich, Mike (FC Viktoria Köln)	W	5
Baltic (TSV Eintracht Stadtallendorf)	SW	4
Deniz, Tunay (Berliner AK 07)	NO	4
Firat (Offenbacher FC Kickers)	SW	4
Frahn, Daniel (Chemnitzer FC)	NO	4
Grote, Dennis (Chemnitzer FC)	NO	4
Kurt, Mehmet (1. FC Kaan-Marienborn 07)	W	4
Manno, Gaetano (Wuppertaler SV)	W	4
Rizzi (VfL Wolfsburg II)	N	4
Stütz (SSV Jeddeloh)	N	4

Platzverweise:

Mannschaft	RL	Rot	Gelb-Rot
SC Verl	W	0	0
Offenbacher FC Kickers	SW	0	0
VfB Auerbach	NO	0	1
Borussia Dortmund II	W	0	1
1. FC Köln II	W	0	1
SV Lippstadt 08	W	0	1
SC Freiburg 04 II	SW	0	1
SV Waldhof Mannheim	SW	0	1
...			
...			
...			
TSV 1860 Rosenheim	BY	3	5
1. FSV Mainz 05 II	SW	3	5
FC 08 Homburg	SW	3	6
Hamburger SV II	N	4	1
Hannover 96 II	N	4	1
FC Pipinsried	BY	4	4

Die Spiele mit den wenigsten Zuschauern:

Datum	Begegnung	RL	Zuschauer
15.09.2018	SpVgg Greuther Fürth II - SV Heimstetten	BY	75
04.08.2018	SpVgg Greuther Fürth II - VfR Garching	BY	80
01.09.2018	SpVgg Greuther Fürth II - 1860 Rosenheim	BY	87
10.11.2018	SpVgg Greuther Fürth II - FV Illertissen	BY	98
06.10.2018	Fortuna Düsseldorf II - SV Rödinghausen	W	55
11.05.2019	TV Herkenrath - Fortuna Düsseldorf II	W	57
02.09.1918	FC St. Pauli II - Hannover 96 II	N	63
27.04.2019	Holstein Kiel II - Hannover 96 II	N	75
02.12.2018	Holstein Kiel II - FC Eintracht Norderstedt	N	84
20.04.2019	USI Lupo-Martini Wolfsburg - BSV SW Rehden	N	90

Die torreichsten Spiele:

Datum	Spielpaarung	Erg.	RL
04.05.2019	Borussia Dortmund II - SV Straelen	9:2	W
03.05.2019	SV Heimstetten - FC Ingolstadt 04 II	0:10	BY
25.08.2018	SSV Jeddeloh - Hannover 96 II	2:7	N
13.10.2018	FC-Astoria Walldorf - 1. FC Saarbrücken	3:6	SW
18.05.2019	TSV Steinbach Haiger - SSV Ulm 1846 Fußball	5:4	SW
12.08.2018	TSG 1899 Hoffenheim II - FK 03 Pirmasens	6:2	SW
29.08.2018	VfL Wolfsburg II - TSV Havelse	8:0	N
19.10.2018	FC Memmingen 07 - FV Illertissen	6:2	BY
21.10.2018	VfL Oldenburg - Schwarz-Weiß Rehden	6:2	N
02.12.2018	FC Rot-Weiß Erfurt - VSG Altglienicke	7:1	NO
09.12.2018	Berliner AK 07 - FSV Union Fürstenwalde	4:4	NO
09.03.2019	Chemnitzer FC - VSG Altglienicke	4:4	NO
20.04.2019	TSV Eintracht Stadtallendorf - SVgg 07 Elversberg	2:6	SW

Einen lupenreinen Hattrick erzielten:

Datum	Spieler (Mannschaft)	Gegner (Ergebnis)	RL
02.09.2018	Firat, Serkan (Kickers Offenbach)	FSV Frankfurt (7:0)	SW
02.09.2018	Frahn (Chemnitzer FC)	Germ. Halberstadt (2:4)	NO
26.09.2018	Imbongo-Boele (Alem. Aachen)	TV Herkenrath (5:1)	W
20.10.2018	Brasnic (Berliner FC Dynamo)	Bischofswerda 08 (0:6)	NO
04.11.2018	Gooßen, Jasper (Drochtersen/A.)	SSV Jeddeloh (4:0)	N
06.11.2018	Isak (Borussia Dortmund II)	Rot-Weiss Essen (5:0)	W
24.11.2018	Riglewski, Lukas (Heimstetten)	Aschaffenburg (3:2)	BY
31.03.2019	Dartsch (ZFC Meuselwitz)	SV Babelsberg 03 (3:0)	NO
13.04.2019	Bunjaku (FC Viktoria Köln)	TV Herkenrath (7:0)	W
14.04.2019	Kramer, Blaz (VfL Wolfsburg II)	Lupo Martini W. (5:0)	N
03.05.2019	Breunig, Maximilian (Ingolstadt II)	SV Heimstetten (0:10)	BY
04.05.2019	Plut, Vito (FSV Frankfurt)	Hessen Dreieich (5:1)	SW

4 Tore in einem Spiel erzielten:

Datum	Spieler (Mannschaft)	Gegner (Ergebnis)	RL
27.10.2018	Groß, Christian (SV Werder II)	VfL Oldenburg (5:0)	N
02.12.2018	Shala, Andis (Rot-Weiß Erfurt)	VSG Altglienicke (7:1)	NO
14.04.2019	Kramer, Blaz (VfL Wolfsburg II)	USI Lupo-Martini (5:0)	N
20.04.2019	Koffi, Kevin (SVgg 07 Elversberg)	Etr. Stadtallendorf (6:2)	SW

5 Tore in einem Spiel erzielten:

Datum	Spieler (Mannschaft)	Gegner (Ergebnis)	RL
20.10.2018	Brasnic, Marc-F. (BFC Dynamo)	Bischofswerda 08 (0:6)	NO
13.04.2019	Bunjaku (FC Viktoria Köln)	TV Herkenrath (7:0)	W

Platzverweise gesamt:

Liga	Rot	Gelb-Rot
Regionalliga Nordost	32	29
Regionalliga Nord	35	33
Regionalliga West	20	28
Regionalliga Südwest	19	45
Regionalliga Bayern	30	46
gesamt	**136**	**181**

Die Spieler mit den meisten Einsätzen in der Regionalliga:

Pl.	Name/Vorname (Mannschaft/en)	Spiele
1.	Kraus, Thomas (1. FC Köln II/Eintr. Trier/Fort. Köln/M´gladbach II)*	338
2.	Becker, Tobias (Chemnitz/Magdeburg/Kassel/Nordhausen)*	317
3.	Zech, Oliver (VfL Bochum II/SF Lotte/SC Wiedenbrück)*	307
4.	Klamt, Julian (VfL Wolfsburg II)*	305
5.	Schmidt, Julian (SC Verl)*	286
6.	Wagner, Martin (Aschaf./Trier/Großasp./Worms/Waldhof/Meppen)	285
7.	Hoßmang, Martin (VFC Plauen/Budissa Bautzen)*	284
8.	Platzek, Marcel (Bor. Mönchengladbach II/RW Essen)*	281
9.1	Huckle, Patrick (Ulm/Münster/Waldhof/RW Essen/FSV Frankfurt)*	276
10.	Pekrul, Viktor (FC Oberneuland/Schwarz-Weiß Rehden)	273
11.	Halke, Daniel (E. Frankf. II/Magdeb./VfB OL/Schönberg/Lübeck)*	272
12.	Weinert, René (ZFC Meuselwitz)*	270
13.	Mandic, Marin (Altona 93/FC Oberneuland/St. Pauli II/Norderstedt)*	268
	Schlosser, Marcel (Chemnitz/Jena/Magdeburg/Auerbach)*	268
15.	Koep, Benedikt (Kleve/Essen/Lotte/Trier/Waldhof/Steinbach/VfB II)*	267
16.	Prokoph, Roman (Bochum II/SF Lotte/Hannover 96 II/1.FC Köln II)*	265
17.	Großeschallau, Fabian (SC Verl)	262
	Hölscher, Marcel (Hamburger SV II/SC Wiedenbrück)*	262
	Kaminski, Marco (SC Verl)	262
20.	Steil, Marco (FSV Mainz 05 II/Holstein Kiel/Worms/FK Pirmasens)*	260
21.	Wunderlich, Mike (1. FC Köln II/RW Essen/Viktoria Köln)*	258
22.	Pagano, Silvio (RW Essen/Lotte/Fort. Köln/Vikt. Köln/Wuppertal)*	257
	Zimmermann, Marc-Ph. (Cottb. II/Plauen/Jena/Zwickau/Auerbach)*	257
24.	Stang, Oliver (Eintracht Trier/Bor. M'gladbach II/Elversberg)*	254
25.	Engelmann, Simon (Lotte/Cloppenb./Verl/Oberhausen/Rödingh.)*	252
26.	Boltze, Benjamin (Chemnitz/Halle/Magdeb./Meuselwitz/Halberst.)*	249
27.	Beil, Florian (TeBe/Han. 96 II/Magdeb./Halberstadt/Nordhausen)*	244
	Grimm, Christian (Mainz II/Elversberg/Homburg/FK Pirmasens)*	244
29.	Glowacz, Manuel (Schalke II/Vikt. Köln/Siegen/Wat. 09/Aachen)*	242
30.	Haeder, Matthias (SC Verl)*	241
	Pinheiro, Ricky (K'lautern II/Kassel/Elversberg/Worms/Pirmasens)*	241
32.	Kröner, Steven (Reutlingen/Mainz II/FSV Frankf. II/Trier/Homburg)	240
33.	Ernst, Henrik (Han. 96 II/RB Leipzig/RB Leipzig II/Meuselwitz)*	239
	Skoda, Christian (BS. II/WHV/Neustrelitz/BAK 07/Vikt. B./Altglienicke)*	239
35.	Nottbeck, Lukas (1. FC Köln II/Fortuna Köln/Viktoria Köln)*	237
	Stulin, Alan (Kaiserslautern II/Wormatia Worms/Alem. Aachen)*	237
37.	Wolff, Julian (Bochum II/Schalke II/Ahlen/Wiedenbrück/Rödingh.)*	233
38.	Petrovic, Aleksandro (TSV Buchbach)*	232
	Reiche, Daniel (VfL Wolfsburg II/Viktoria Köln)*	232
	Zinke, Sebastian (RWE/WHV/Wuppert./Lotte/Fort. Köln/1. FC Köln II)	232
41.	Burgio, Giuseppe (Waldhof/Homburg/Neckarelz/Steinb./Worms)*	230
	Löhe, Frederic (Mönchengladbach II/Al. Aachen/TSV Steinbach)*	230
43.	Jürgensen, Christian (Kiel/ETSV Weiche/SC Weiche Flensburg)*	229
	Kling, Lukas (1. FC Nürnberg II/FV Illertissen/FC Schweinfurt 05)*	229
	Leeneman, Marcel (SC Verl/SC Wiedenbrück/SV Rödinghausen)*	229
	Wulff, Tim (Holstein Kiel/ETSV Weiche/SC Weiche Flensburg)*	229
47.	Gommert, Benjamin (SV Meppen/VfB Lübeck)*	228
48.	Telch, Christian (Mainz II/Essen/Zweibr./Goslar/Trier/Homburg)*	227
49.	Albert, Sebastian (Hansa Rostock II/RB Leipzig/Meuselwitz))*	226
	Winkelmann, Marius (Oberneul./Lübeck/Rehden/Oldenb./SV D/A)*	226
51.	Grund, Kevin (Rot-Weiss Essen)*	225
	Morack, Rico (Hertha BSC II/Neustrelitz/Viktoria Berlin)*	225
53.	Laux, Marius (1. FC Köln II)*	223
54.	Flottmann, Daniel (Verl/Wuppertal/Fort. Köln/Rödinghausen)*	222
	Meier, Jan-Chr. (WOB II/WHV/BS II/Meppen/Halberst./Lupo M.)	222
	Weiler, Rico (Lev. II/Bochum II/Uerdingen/RW Ahlen/Düsseldorf II)	222
	Wolf, Chris (TSV 1860 München II/SpVgg Bayreuth)*	222
58.	Treske, Florian (Ulm/Stuttgarter Kickers/Worms/Offenbach)*	220
59.	Mayer, Andreas (SSV Ulm 1846/Hessen Kassel/FC Memmingen)	219
60.	Billick, Lukas (Wehen II/Elversberg/Würzburg/Trier/Schweinfurt)*	218
	Mandic, Milos (SC Verl/Schwarz-Weiß Rehden)	218
	Pellowski, Pascal (Darmstadt/Bochum II/Elversberg/Walldorf)*	218
	Schmik, Sergej (Wilhelmshaven/SV Meppen/H. Kassel/SC Verl)*	218
	Szimayer, Seb. (Wehen II/Goßasp/Waldhof/Neckarelz/Trier/Kassel)	218
	Wassey, M. (Münster/S04 II/Düsseld. II/Waldhof/Wiedenbr./BVB II)	218
66.	Maletzki, Maurice (TSV Havelse/VfB Lübeck)*	217
67.	Freiberger, Kevin (SC Verl/VfL Bochum II/RW Essen/SF Lotte)*	216
	Marheineke, Moritz (VfB Lübeck)	216
	Saiti, Enis (1. FC Kaiserslautern II/Waldhof/Worms)	216
70.	Kelbel, George (HSV II/Goslar/Havelse/BAK/Lüneb./Neustr./Erfurt)*	215

Die Spieler mit den meisten Toren in der Regionalliga:

Pl.	Name/Vorname (Mannschaft/en)	Tore
1.	Wunderlich, Mike (1. FC Köln II/RW Essen/Viktoria Köln)*	130
2.	Frahn, Daniel (SV Babelsberg 03/RB Leipzig/Chemnitzer FC)*	126
3.	Prokoph, Roman (Bochum II/SF Lotte/Hann. 96 II/1. FC Köln II)*	106
4.	Lappe, Karl-Heinz (Ingolstadt II/Bayern München II/Mainz 05 II)*	104
5.	Jabiri, Adam (Großbardorf/Hoffenh II/Worms/Würzbg./Schweinf.)*	102
6.	Engelmann, Simon (Lotte/Cloppenb./Verl/Oberhausen/Rödingh.)*	94
7.	Zimmermann, Marc-Ph. (Cottb. II/Plauen/Jena/Zwickau/Auerbach)*	91
8.	Treske, Florian (Ulm/Stuttgarter Kickers/Worms/Offenbach)*	88
9.	Kraus, Thomas (1. FC Köln II/Eintr. Trier/Fort. Köln/M´gladbach II)*	87
10.	Platzek, Marcel (Bor. Mönchengladbach II/RW Essen)*	85
11.	Wriedt, Kwasi Okyere (St. Pauli II/Lüneburg/Bayern München II)*	82
12.	Kreyer, Sven (Leverkusen II/Bochum II/RW Essen/Viktoria Köln)*	78
13.	Shala, Andis (Halle/Jena/BFC Dynamo/Babelsberg 03/RW Erfurt)*	77
14.	Fuchs, Lars (Hannover 96 II/1. FC Magdeburg)	76
	Knappmann, Christian (Verl/Wuppertal/Essen/Rödingh./Havelse)	76
16.	Kramer, Christopher (Kiel/NMS/Lübeck/Oldenb./Wupp./Steinb.)*	74
17.	Behrens, Kevin (WHV/Hannover II/Aachen/Essen/1. FC Saarbr.)	72
18.	Tunjic, Mijo (SVgg Elversberg/Stuttgarter Kickers)	69
19.	Candan, Fatih (Viktoria Köln/TSV Steinbach)*	68
	Freiberger, Kevin (SC Verl/VfL Bochum II/RW Essen/SF Lotte)*	68
	Mölders, Sascha (RW Essen/FC Augsburg II/TSV 1860 München)	68
	Neumann, Alexander (Bochum II/SW Rehden/Drochtersen)*	68
	Pisano, Giuseppe (Borussia Mönchengladbach II)*	68
	Wulff, Tim (Holstein Kiel/ETSV Weiche/SC Weiche Flensburg)*	68
25.	Beck, Christian (Hallescher FC/G. Halberstadt/1. FC Magdeburg)	67
	Jovanovic, Velimir (Cottbus II/Neustrelitz/Jena/Steinbach/Erfurt)*	67
26.	Petrovic, Aleksandro (TSV Buchbach)*	66
	Schmidt, Patrick (Schalke II/FC 08 Homburg/1. FC Saarbrücken)	66
29.	Görtler, Nicolas (Nürnberg II/Eintr. Bamberg/FC Schweinfurt 05)*	65
30.	Al Ghaddioui, Hamadi (Bayer Leverkusen II/SC Verl/Dortmund II)	64
	Bednarski, Kamil (VfB Hüls/Wiedenbrück/RW Essen/Wuppertal)*	64
	Förster, Benjamin (Chemnitz/Elversb./Nordh./Cottbus/Altglienicke)*	64
	Mayer, Andreas (SSV Ulm 1846/Hessen Kassel/FC Memmingen)	64
34.	Krasniqi, Abedin (Großasp./Elversb./Aachen/Burgh./Neckarelz)	62
35.	Kargbo, Abu B. (Hertha II/Lev. II/Rehden/Rödingh./Vikt. Berlin/BAK)*	61
	Majdancevic, Danijel (1860 München II/Heimstetten/Rosenheim)*	61
37.	Sliskovic, Petar (1. FSV Mainz 05 II/Viktoria Berlin)*	60
38.	Bieber, Christopher (Karlsruher SC II/Würzburger Kickers)	59
	Morina, Ardian (FV Illertissen/VfB Stuttgart II/SSV Ulm 1846)*	59
	Ziereis, Markus (1860 München II/J. Regensburg/1860 München)	59
	Zimmermann, Kai (VFC Plauen)	59
	Kremer, Max (Hansa Rostock II/SV Wilhelmshaven/SV Meppen)	58
43.	Dadashov, Rufat (KL II/Saarbr./Zweibr./Halberst./Meuselw./BFC D.)	55
	Koep, Benedikt (Kleve/RW Essen/SF Lotte/Eintr. Trier/Waldhof)*	55
	Mainka, Robert (RW Essen/SC Wiedenbrück/Wuppertal/SC Verl)	55
46.	Ammari, Sammy (Heimstetten/Ingolstadt II/Fürth II/Buchbach)*	54
	Beil, Florian (TeBe/Han. 96 II/Magdeb./Halberstadt/Nordhausen)*	54
	Dulleck, Patrick (Karlsruhe II/Elversberg/Steinbach/Homburg)*	54
	Jansen, David (Chemnitz/Oberhausen/Viktoria Köln/RW Essen)*	54
	Knezevic, Ivan (TSV 1860 München II/1. FC Nürnberg II/Bayreuth)*	54
	Pagano, Silvio (RW Essen/Lotte/Fort. Köln/Vikt. Köln/Wuppertal)*	54
	Schlosser, Marcel (Chemnitzer FC/Carl Zeiss Jena/VfB Auerbach)*	54
	Sommer, Jannik (E Frankfurt II/Pirmasens/Zweibrücken/Waldhof)*	54
54.	Alawie, Muhamed (Goslar 08/Lüneburg/SV Meppen/Eintracht Trier)	53
	Kulabas, Ahmet (1. FC Nürnberg II/Eintracht Trier)	53
	Pichinot, Nils (FC St. Pauli II/Goslar 08/Wacker Nordhausen)*	53
	Veselinovic, Sinisa (Siegen/Rödinghausen/Verl/Norderstedt)*	53
58.	Richter, Stefan (FC Altona 93/VfB Lübeck)*	52
	Stolz, Dominik (Gr. Fürth II/SV Seligenporten/SpVgg Bayreuth)	52
60.	Musculus, Lucas (1. FC Köln II/Viktoria Köln/Bonn/Uerdingen)	51
	Steffen, Tobias (LEV II/Fort. Köln/Essen/Cloppenburg/Rödingh.)*	51
	Steinborn, Matthias (Magdeb./Babelsb./BFC Dynamo/Lok Leipzig)*	51
63.	Assauer, Jerome (Münster/Wuppertal/TuS Koblenz/Viktoria Köln)	50
	Beismann, Christoph (TSV Havelse/Germ. Egestorf-Langreder)	50
	Bektasi, Scipon (FR II/Worms/Waldh./Kassel/K. Stuttg./Steinbach)*	50
	Dorow, Jan-Lucas (1. FC Kaiserslautern II/Wormatia Worms)	50
	Ergirdi, Ümit (SV Babelsberg 03/Viktoria Berlin)	50
	Girth, Benjamin (VFC Plauen/Hessen Kassel/SV Meppen)	50
	Szimayer, Seb. (Wehen II/Goßasp./Waldhof/Neckarelz/Trier/Kassel)	50

* Spieler in Saison 2018/19 noch in der Liga aktiv

Aufstieg in die Regionalliga Nord

Der Meister der Oberliga Niedersachsen steigt direkt auf. Der 15. der Regionalliga Nord und der Vizemeister der Oberliga Niedersachsen bestreiten Qualifikationsspiele. Darüber hinaus spielen die Meister der Bremen-Liga, Oberliga Hamburg und der Oberliga Schleswig-Holstein zwei weitere Aufsteiger aus.

Entscheidungsspiele des 15. der Regionalliga und des Zweiten der Oberliga Niedersachsen:

29.05.2019: FC Eintracht Northeim (OL) - Lüneburger SK (RL) 0:1 (0:0)
Northeim: Christopher Meyer; Mattis Daube, Florian Mackes, Thorben Rudolph (73. Marc-Jannick Grunert), Carim Blötz (75. Jakob-Hanno Westfal), Richard Hehn, Martin Wiederhold, Finn Lucas Rettstadt, Silvan Steinhoff, Linus Baar, Yannik Freyberg (53. Melvin Zimmermann). Trainer: Philipp Weißenborn
Lüneburg: Ole Springer; Goson Sakai (71. Ridel Monteiro), Bastian-Marko Stech, Stefan Wolk, Marian André Kunze, Michael Ambrosius, Kevin Krottke, Felix Vobejda, Lukas Pägelow, Tomek Pauer, Utku Sen. Trainer: Rainer Zobel
Tor: 0:1 Utku Sen (83.)
Zuschauer: 1.483 im Gustav-Wegner-Stadion in Northeim
Schiedsrichter: Yannick Rath (TSV Osterholz-Tenever, HB) - Ass.: Ralf Iwanowski (SC Borgfeld, HB), Christopher de Vries (TuS Komet Arsten, HB)
Gelbe Karten: Hehn, Baar, Daube / Vobejda, Wolk, Ambrosius

02.06.2019: Lüneburger SK Hansa - FC Eintracht Northeim 2:0 (0:0)
Lüneburg: Ole Springer; Goson Sakai, Bastian-Marko Stech, Stefan Wolk (72. Ridel Monteiro), Marian André Kunze, Michael Ambrosius, Kevin Krottke, Felix Vobejda (84. Rhami Ghandour), Lukas Pägelow, Tomek Pauer, Utku Sen. Trainer: Rainer Zobel
Northeim: Christopher Meyer; Mattis Daube, Florian Mackes, Thorben Rudolph, Carim Blötz, Richard Hehn, Martin Wiederhold, Finn Lucas Rettstadt, Silvan Steinhoff (59. Melvin Zimmermann), Linus Baar, Yannik Freyberg (67. Paul Mähner). Trainer: Philipp Weißenborn
Tore: 1:0 Michael Ambrosius (50.), 2:0 Ridel Monteiro (73.)
Zuschauer: 1.493 im Stadion an den Sülzwiesen in Lüneburg
Schiedsrichter: Jost Steenken (SV Vorwärts Nordhorn, NS) - Assistenten: Daniel Fleddermann (VfL Weiße Elf Nordhorn, NS), Tobias Zunker (FC Friesische Wehde Zetel, NS)
Lüneburger SK Hansa verbleibt in der Regionalliga Nord.

Entscheidungsspiele der Meister der Bremen-Liga, Oberliga Hamburg und der Oberliga Schleswig-Holstein (Heider SV nahm als Viertplatzierter teil, da die drei Erstplatzierten verzichteten):

22.05.2019: Bremer SV (HB) - Altonaer FC 93 (HH) 2:3 (0:2)
Bremen: Kevin Kuhfeld; Dallas Sikes Aminzadeh, Dominic Krogemann, Lukas Muszong, Malte Tietze (80. Tim Klowat), Marcel Lück, Alexander Arnhold (75. Moussa Alawie), Vafing Jabateh, Nikky Goguadze (87. Maxwell Ibrahim Appiah), Finn Zeugner, Jonas Böhning. Trainer: Ralf Voigt
Altona: Tobias Grubba; Abdullah Yilmaz, Seyhmus Atug, Luis Hacker, Alexander Vojtenko (85. Pablo Kunter), Ersen Asani, Onur Saglam (89. Ahmet Colak), Hischem Metidji, Eudel Silva Monteiro, Marco Schultz, Niklas Siebert. Trainer: Berkan Algan
Tore: 0:1 Hischem Metidji (13.), 0:2 Marco Schultz (23.), 1:2 Vafing Jabateh (46.), 2:2 Alexander Arnhold (63.), 2:3 Marco Schultz (79., Foulelfmeter)
Zuschauer: 1.739 im Stadion Panzenberg in Bremen
Schiedsrichter: Patrick Schwengers (TSV Travemünde, SH) - Assistenten: Jannik Schneider (VfR Laboe, SH), Max Rosenthal (VfL Bad Schwartau, SH)

26.05.2019: Altonaer FC 93 - Heider SV (SH) 1:1 (0:1)
Altona: Tobias Grubba; Abdullah Yilmaz, Seyhmus Atug, Luis Hacker, Alexander Vojtenko (10. Pablo Kunter), Ersen Asani, Onur Saglam, Hischem Metidji, Eudel Silva Monteiro, Marco Schultz, Niklas Siebert (33. William Wachowski). Trainer: Berkan Algan
Heide: Torben Franzenburg; David Quade, Joe Mittelbach (82. Chris Marco Hoffmann), Alex Hardock (87. Jannik Sierks), Jonah Gieseler, Azat Selcuk, Yannic-Lucas Peters, Leif Hahn, Marvin Wolf (85. Valentin Sinzel), Tobias Hass, Steffen Neelsen. Trainer: Sönke Beiroth
Tore: 0:1 Joe Mittelbach (43.), 1:1 Marco Schultz (52.)
Zuschauer: 3.485 auf der Adolf-Jäger-Kampfbahn in Hamburg
SR: Lukas Benen (SV Vorwärts Nordhorn, NS) - Assistenten: Tobias Stobbe (1. FC Rasensport 09 Bramsche, NS), Jan Lammers (RSV Emden, NS)

29.05.2019: Heider SV - Bremer SV 1:1 (0:1)
Heide: Torben Franzenburg; David Quade, Joe Mittelbach (86. Chris Marco Hoffmann), Alex Hardock, Jonah Gieseler (80. Marvin Wolf), Azat Selcuk (90.), Yannic-Lucas Peters, Leif Hahn, Momo Franck, Tobias Hass, Steffen Neelsen. Trainer: Sönke Beiroth

Bremen: Malte Seemann; Dallas Sikes Aminzadeh, Dominic Krogemann, Lukas Muszong, Malte Tietze, Marcel Lück (80. Tim Klowat), Moussa Alawie, Alexander Arnhold (84. Maxwell Ibrahim Appiah), Vafing Jabateh, Nikky Goguadze (63. Rimal Haxhiu), Finn Zeugner. Trainer: Ralf Voigt
Tore: 0:1 Moussa Alawie (25.), 1:1 Azat Selcuk (62.)
Zuschauer: 3.000 HSV-Stadion in Heide
Schiedsrichter: Konrad Oldhafer (SC Poppenbüttel, HH) - Assistenten: Thomas Bauer (Rahlstedter SC, HH), Luca Jürgensen (FC Eintracht Norderstedt, HH)

Pl.	Mannschaft		Sp	S	U	N	Tore	TD	Pkt
1.	Altonaer FC 93	↑	2	1	1	0	+1	4-3	4
2.	Heider SV	↑	2	0	2	0	0	2-2	2
3.	Bremer SV		2	0	1	1	-1	3-4	1

Altonaer FC 93 und Heider SV steigen in die Regionalliga Nord auf.

Aufstieg in die RL Südwest

Die Vizemeister der Oberligen Baden-Württemberg (SV Stuttgarter Kickers), Hessen (FC Bayern Alzenau) und Rheinland-Pfalz/Saar (SV Röchling Völklingen) ermitteln in einer einfachen Punktrunde den vierten Aufsteiger in die Regionalliga Südwest.

30.05.2018: Röchling Völklingen (RPS) - Bayern Alzenau (HES) 2:2 (1:1)
Völklingen: Sebastian Buhl; Lars Birster, Leon Heine (78. Moritz Zimmer), Julian Kern, Jannik Meßner, Luka Dimitrijevic, Marcel Linn (70. Jan Issa), Idir, Meridja, Fabian Scheffer, Jordan Steiner, Maziar Namavizadeh (70. Hamza Mourchid). Trainer: Rudi Mathieu
Alzenau: Ioannis Takidis; Rico Kaiser, Danilo Milosevic, Markus Auer, Francesco Calabrese, Kreso Ljubicic, Marcel Wilke, Manuel Konate-Lueken, Patrick Kalata (84. Elias Niesigk), Gianluca Alessandro (59. Salvatore Bari), Hedon Selishta (90.+1 Tarik Sejdovic). Trainer: Angelo Barletta
Tore: 1:0 Maziar Namavizadeh (39.), 1:1 Hedon Selishta (41.), 2:1 Marcel Linn (67.), 2:2 Hedon Selishta (72.)
Zuschauer: 1.100 im Hermann-Neuberger-Stadion in Völklingen
Schiedsrichter: Gaetano Falcicchio (FV Fulgenstadt, WBG) - Ass.: Jochen Rottner (SV Poppenweiler, WBG), Marco Zauner (SC Bühlertann, WBG)
Gelbe Karten: Linn, Namavizadeh / Alessandro, Takidis

02.06.2018: Stuttgarter Kickers (BW) - SV Röchling Völklingen 1:1 (0:0)
Stuttgart: Ramon Castellucci; Patrick Auracher, Nico Blank, Josip Landeka, Tobias Feisthammel, Johannes Ludmann (46. Ilias Soultani), Ab-denour Amachaibou, Pedro Astray, Michael Klauß, Lukas Kling (81. Daniel Niedermann), Shkemb Miftari (90. Valentino Stepcic). Trainer: Tobias Flitsch
Völklingen: Sebastian Buhl; Leon Heine, Julian Kern, Moritz Zimmer (75. Hamza Mourchid), Lars Birster, Jannik Meßner, Idir, Meridja, Marcel Linn (60. Fabian Scheffer), Luka Dimitrijevic, Jordan Steiner, Marvin Wollbold (46. Maziar Namavizadeh). Trainer: Rudi Mathieu
Tore: 0:1 Marvin Wollbold (4.), 1:1 Shkemb Miftari (50.)
Zuschauer: 3.780 Gazi-Stadion auf der Waldau in Stuttgart
SR: Joshua Herbert (SG Elters, HES) - Ass.: Markus Bengelsdorff (TSV Eintracht Stadtallendorf, HES), Tim Waldinger (TSV Rauschenberg, HES)
Gelbe Karten: Kling, Klauß / Linn, Meridja, Zimmer, Birster

05.06.2018: FC Bayern Alzenau - SV Stuttgarter Kickers 1:1 (0:0)
Alzenau: Ioannis Takidis; Rico Kaiser, Danilo Milosevic, Markus Auer, Manuel Konate-Lueken (90. Tarik Sejdovic), Patrick Kalata (69. Elias Niesigk), Gianluca Alessandro (59. Salvatore Bari), Marcel Wilke, Kreso Ljubicic, Francesco Calabrese, Hedon Selishta. Trainer: Angelo Barletta
Stuttgart: Ramon Castellucci; Daniel Niedermann, Tobias Feisthammel, Johannes Ludmann, Patrick Auracher, Nico Blank, Abdenour Ama-chaibou (56. Ilias Soultani), Michael Klauß, Lukas Kling (82. Lhadji Badiane), Pedro Astray (75. Leander Vochatzer), Shkemb Muftari. Trainer: Tobias Flitsch
Tore: 1:0 Hedon Selishta (78., Foulelfmeter), Ilias Soultani (87., Foulelfmeter)
Zuschauer: 2.500 im Städtischen Stadion am Prischoß in Alzenau
Schiedsrichter: David Scheuermann (ASV Winnweiler, SW) - Assistenten: Patrick Simon (TSV Wonsheim, SW), Marcel Mai (ASV Winnweiler, SW)
Gelbe Karten: Ljubicic, Milosevic, Niesigk, Takidis / Niedermann

Pl.	Mannschaft		Sp	S	U	N	Tore	TD	Pkt
1.	FC Bayern Alzenau	↑	2	0	2	0	3-3	+0	2
2.	SV Röchling Völklingen		2	0	2	0	3-3	+0	2
3.	SV Stuttgarter Kickers		2	0	2	0	2-2	+0	2

FC Bayern Alzenau steigt in die Regionalliga Südwest auf; SV Röchling Völklingen und SV Stuttgarter Kickers verbleiben in den Oberligen.
Alzenau und Völklingen waren punkt- und torgleich. Da auch der direkte Vergleich keinen Sieger brachte, waren die auswärts erzielten Tore maßgeblich (Alzenau zwei, Völklingen nur eines).

Qualifikation zur RL Bayern

An den Qualifikationsspielen nehmen aus der Regionalliga Bayern die Mannschaften auf den Plätzen 16 und 17 und die Vizemeister aus den Bayernligen Nord und Süd teil. Gespielt wird nach dem Europa-Cup-Modus, wobei die aktuellen Bayernligisten zunächst Heimrecht haben. Nachdem der FC Bayern München II den Aufstieg in die 3. Liga geschafft hat, spielen die Verlierer der ersten Runde einen weiteren Platz aus.

1. Runde:
30.05.2019: DJK Gebenbach (N) - TSV 1860 Rosenheim (16. RL) 0:1 (0:0)
Gebenbach: Michael Nitzbon - Jan Fischer (78. Konstantin Keilholz), Andre Biermeier, Nico Becker, Dominik Haller, Oliver Gorgiev, Timo Kohler (69. Fabio Pirner), Marco Seifert, Lukas Libotovsky, Johannes Böhm, Jonas Lindner (84. Frank Lincke). Trainer: Faruk Maloku
Rosenheim: Mario Stockenreiter - Pius Krätschmer, Georg Lenz (46. Linor Shabani), Korbinian Linner, Christoph Wallner, Danijel Majdancevic (90. Leopold Krueger), Markus Einsiedler, Robert Köhler, Luftetar Mushkolaj (84. Yanick Tobias), Philipp Maier, Ludwig Räuber. Trainer: Thomas Kaspartti
Tor: 0:1 Danijel Majdancevic (47.)
Zuschauer: 1.640 auf dem Sportgelände in Gebenbach
Schiedsrichter: Luka Beretic (TSV Friedberg) - Assistenten: Patrick Krettek (SC Ried/Neuburg), Benjamin Senger (TSV Haunstetten)
Gelbe Karten: Dominik Haller, Timo Kohler, Marco Seifert, Jonas Lindner / Linor Shabani
Gelb-Rote Karten: - / Markus Einsiedler (53., wiederholtes Foulspiel)

30.05.2019: TSV 1896 Rain a. Lech (S) - SV Heimstetten (17. RL) 1:1 (0:0)
Rain: Kevin Maschke - Dominik Bobinger, Rene Schröder, Fabian Triebel, Stefan Müller, Maximilian Bär (86. Matthias Kühling), Maximilian Käser (79. Blerand Kurtishaj), Johannes Müller, Marco Zupur (63. Michael Krabler), Andreas Götz, David Bauer. Trainer: Daniel Schneider
Heimstetten: Maximilian Riedmüller - Yannick Günzel, Marcel-Pascal Ebeling (90. Sandro Sengersdorf), Mohamed Awata, Manuel Duhnke, Maximilian Hintermaier, Moritz Hannemann, Fabio Sabbagh, Paul Thomik (46. Peter Beierkuhnlein), Lukas Riglewski (79. Severin Müller), Tim Schels. Trainer: Christoph Schmitt
Tore: 1:0 Stefan Müller (67.), 1:1 Mohamed Awata (82.)
Zuschauer: 1.033 im Georg Weber-Stadion in Rain
Schiedsrichter: Patrick Hanslbauer (TSV Altenberg) - Assistenten: Christoph Stühler (DJK-SC Oesdorf), Philipp Eckerlein (TuSpo Roßtal)
Gelbe Karten: Stefan Müller, Maximilian Bär, Maximilian Käser / Yannick Günzel, Tim Schels

02.06.2019: TSV 1860 Rosenheim - DJK Gebenbach 1:1 (0:1)
Rosenheim: Mario Stockenreiter - Pius Krätschmer, Georg Lenz, Linor Shabani (90. Yanick Tobias), Korbinian Linner, Christoph Wallner, Danijel Majdancevic (87. Michael Neumeier), Robert Köhler (80. Omer Jahic), Luftetar Mushkolaj, Philipp Maier, Ludwig Räuber. Trainer: Thomas Kaspartti
Gebenbach: Michael Nitzbon - Jan Fischer (80. Fabio Pirner), Andre Biermeier, Nico Becker, Dominik Haller, Oliver Gorgiev, Timo Kohler, Marco Seifert, Lukas Libotovsky, Johannes Böhm, Jonas Lindner. Trainer: Faruk Maloku
Tore: 0:1 Marco Seifert (14.), 1:1 Luftetar Mushkolaj (66.)
Zuschauer: 920 auf der Sportanalage Jahnstraße in Rosenheim
Schiedsrichter: Markus Plaum (SV Dörfleins) - Assistenten: Andreas Voll (TSV Kelbachgrund Kleukheim), Martin Götz (SV DJK Tütschengereuth)
Gelbe Karten: Linor Shabani, Korbinian Linner, Danijel Majdancevic / Jan Fischer, Lukas Libotovsky
Gelb-Rote Karten: Luftetar Mushkolaj (90.+5, Unsportlichkeit/Foulspiel) / Dominik Haller (52., wiederholtes Foulspiel)
Bes. Vorkommnis: Michael Nitzbon hält Foulelfmeter von Philipp Maier (76.)

02.06.2019: SV Heimstetten - TSV 1896 Rain am Lech 2:1 (1:0)
Heimstetten: Maximilian Riedmüller - Yannick Günzel, Mohamed Awata, Marcel-Pascal Ebeling (75. Carl Weser), Manuel Duhnke, Maximilaian Hintermaier, Moritz Hannemann (86. Paul Thomik), Fabio Sabbagh, Lukas Riglewski (90+1. Daniel Wellmann), Peter Beierkuhnlein, Tim Schels. Trainer: Christoph Schmitt
Rain: Kevin Maschke - Dominik Bobinger, Rene Schröder, Fabian Triebel, Stefan Müller, Maximilian Bär, Maximilian Käser, Johannes Müller (80. Marco Luburic), Michael Krabler (50. Blerand Kurtishaj), Marco Zupur (66. Michael Belousow), David Bauer. Trainer: Daniel Schneider
Tore: 1:0 Manuel Duhnke (28.), 1:1 Blerand Kurtishaj (53.), 2:1 Yannick Günzel (63.)
Zuschauer: 707 auf der Sportanlage in Heimstetten
Schiedsrichter: Florian Badstübner (TSV Windsbach) - Assistenten: Dr. Andreas Heidt (TSV Nürnberg-Buch), Dominik Fober (SG TSV/DJK Herrieden)
Gelbe Karten: Fabio Sabbagh, Tim Schels / Dominik Bobinger, Rene Schröder, Fabian Triebel, Stefan Müller, David Bauer

2. Runde:
05.06.2019: DJK Gebenbach - TSV 1896 Rain am Lech 0:2 (0:1)
Gebenbach: Michael Nitzbon - Jan Fischer (46. Frank Lincke), Andre Biermeier, Nico Becker, Oliver Gorgiev, Timo Kohler (53. Andre Klahn, 88. Nicolas Lindner), Marco Seifert, Lukas Libotovsky, Fabio Pirner, Johannes Böhm, Jonas Lindner. Trainer: Faruk Maloku
Rain: Kevin Maschke - Sebastian Hackenberg, Rene Schröder, Fabian Triebel, Stefan Müller, Maximilian Bär, Maximilian Käser, David Bauer, Blerand Kurtishaj (85. Daniel Schneider), Marco Luburic (77. Marco Zupur), Michael Belousow. Trainer: Daniel Schneider
Tore: 0:1 Maximilian Käser (34.), 0:2 Maximilian Käser (73.)
Zuschauer: 1.413 auf dem Sportgelände in Gebenbach
Schiedsrichter: Angelika Söder (TSV Ochenbruck) - Assistenten: Peter Dotzel (1. FC Gerolzhofen), Christoph Stühler (DJK-SC Oesdorf)
Gelbe Karten: Jan Fischer / Sebastian Hackenberg, Fabian Triebel, Stefan Müller, Maximilian Bär

08.06.2019: TSV 1896 Rain am Lech - DJK Gebenbach 0:1 (0:0)
Rain: Kevin Maschke - Rene Schröder, Fabian Triebel, Stefan Müller, Maximilian Bär, Maximilian Käser (75. Johannes Müller), Andreas Götz, David Bauer, Blerand Kurtishaj (90+2. Daniel Schneider), Marco Luburic (58. Marco Zupur), Michael Belousow. Trainer: Daniel Schneider
Gebenbach: Michael Nitzbon - Andre Biermeier, Nico Becker, Dominik Haller, Oliver Gorgiev, Marco Seifert, Lukas Libotovsky, Fabio Pirner, Johannes Böhm (41. Jan Fischer), Jonas Lindner, Andre Klahn (61. Timo Kohler). Trainer: Faruk Maloku
Tor: 0:1 Dominik Haller (60.)
Zuschauer: 972 im Georg Weber-Stadion in Rain
Schiedsrichter: Florian Riepl (SpVgg Altenerding) - Assistenten: Christian Keck (FC Grünbach), Rico Spyra (FC Erding)
Gelbe Karten: Rene Schröder, Maximilian Käser, Marco Luburic / Dominik Haller, Fabio Pirner

TSV 1860 Rosenheim und SV Heimstetten verbleiben in der Regionalliga Bayern; TSV 1896 Rain am Lech steigt aus der Bayernliga auf.

Ewige Tabelle Regionalliga 2008 – 2019

Pl.	Mannschaft	J	Sp	S	U	N	Tore	TD	Pkt	Sp	S	U	N	Tore	TD	Pkt	Sp	S	U	N	Tore	TD	Pkt
							Gesamtbilanz							**Heimbilanz**							**Auswärtsbilanz**		
1.	VfL Wolfsburg II	11	370	213	80	77	723-338	+385	719	185	124	35	26	416-152	+264	407	185	89	45	51	307-186	+121	312
2.	Bor. M'gladbach II	11	384	176	102	106	642-498	+144	630	192	93	52	47	343-246	+97	331	192	83	50	59	299-252	+47	299
3.	Waldhof Mannheim	10	346	175	76	95	536-347	+189	601	173	94	42	37	284-158	+126	324	173	81	34	58	252-189	+63	277
4.	1. FC Nürnberg II	11	378	165	96	117	631-495	+136	591	189	88	47	54	354-242	+112	311	189	77	49	63	277-253	+24	280
5.	SVgg 07 Elversberg	10	348	164	85	99	530-380	+150	577	174	96	40	38	308-168	+140	328	174	68	45	61	222-212	+10	249
6.	Sportfreunde Lotte	8	282	152	84	46	457-258	+199	540	141	86	36	19	249-120	+129	294	141	66	48	27	208-138	+70	246
7.	Hamburger SV II	11	370	146	94	130	568-495	+73	532	185	75	56	54	290-209	+81	281	185	71	38	76	278-286	-8	251
8.	SC Verl	11	384	137	120	127	505-472	+33	531	192	76	56	60	278-221	+57	284	192	61	64	67	227-251	-24	247
9.	1. FC Köln II	11	384	142	103	139	572-530	+42	529	192	78	51	63	287-238	+49	285	192	64	52	76	285-292	-7	244
10.	Rot-Weiss Essen	10	350	142	99	109	525-433	+92	525	175	83	43	49	289-207	+82	292	175	59	56	60	236-226	+10	233
11.	KSV Hessen Kassel	10	342	146	94	102	516-435	+81	523	171	92	43	36	292-177	+115	319	171	54	51	66	224-258	-34	213
12.	SC Freiburg II	10	340	146	80	114	569-461	+108	518	170	85	34	51	319-225	+94	289	170	61	46	63	250-236	+14	229
13.	Bayern München II	8	280	149	68	63	540-295	+245	515	140	81	29	30	281-143	+138	272	140	68	39	33	259-152	+107	243
14.	Hannover 96 II	11	370	137	101	132	574-483	+91	512	185	73	55	57	310-227	+83	274	185	64	46	75	264-256	+8	238
15.	TSV 1860 München II	9	308	145	72	91	467-370	+97	507	154	79	38	37	255-166	+89	275	154	66	34	54	212-204	+8	232
16.	Hertha BSC II	11	360	136	89	135	528-538	-10	497	180	85	42	53	301-233	+68	297	180	51	47	82	227-305	-78	200
17.	SpVgg Gr. Fürth II	11	378	134	88	156	527-564	-37	490	189	74	46	69	288-264	+24	268	189	60	42	87	239-300	-61	222
18.	1. FC K'lautern II	9	312	132	91	89	483-368	+115	487	156	67	51	38	243-161	+82	252	156	65	40	51	240-207	+33	235
19.	VfB Lübeck	10	306	136	78	92	451-357	+94	486	153	80	40	33	239-142	+97	280	153	56	38	59	212-215	-3	206
20.	FC Viktoria Köln	7	246	134	64	48	511-278	+233	466	123	74	31	18	292-131	+161	253	123	60	33	30	219-147	+72	213
21.	TSG Hoffenheim II	9	308	132	69	107	545-398	+147	465	154	69	31	54	292-190	+102	238	154	63	38	53	253-208	+45	227
22.	Wormatia Worms	11	376	123	93	160	496-580	-84	461	188	73	53	62	273-252	+21	272	188	50	40	98	223-328	-105	190
23.	SV Eintracht Trier 05	9	312	122	78	112	421-385	+36	444	156	64	46	46	210-170	+40	238	156	58	32	66	211-215	-4	206
24.	TSV Havelse	9	302	125	69	108	444-424	+20	444	151	78	32	41	255-170	+85	266	151	47	37	67	189-254	-65	178
25.	Berliner AK 07	8	258	125	60	73	411-293	+118	435	129	69	30	30	231-141	+90	237	129	56	30	43	180-152	+28	198
26.	Borussia Dortmund II	7	242	124	59	59	454-278	+176	431	121	63	30	28	233-133	+100	219	121	61	29	31	221-145	+76	212
27.	Fortuna Düsseldorf II	10	350	111	92	147	446-531	-85	425	175	55	52	68	226-254	-28	217	175	56	40	79	220-277	-57	208
28.	FC Schalke 04 II	9	316	113	77	126	399-415	-16	416	158	58	45	55	205-188	+17	219	158	55	32	71	194-227	-33	197
29.	SV Babelsberg 03	8	262	111	78	73	378-280	+98	411	131	66	41	24	213-118	+95	239	131	45	37	49	165-162	+3	172
30.	RW Oberhausen	7	246	117	60	69	394-303	+91	411	123	62	32	29	216-142	+74	218	123	55	28	40	178-161	+17	193
31.	1. FC Saarbrücken	6	208	122	44	42	382-205	+177	410	104	67	21	16	201-86	+115	222	104	55	23	26	181-119	+62	188
32.	FC Ingolstadt 04 II	8	280	110	73	97	462-406	+56	403	140	61	31	48	232-195	+37	214	140	49	42	49	230-211	+19	189
33.	ZFC Meuselwitz	10	326	107	80	139	384-490	-106	401	163	65	41	57	222-211	+11	236	163	42	39	82	162-279	-117	165
34.	FC Memmingen 07	9	310	104	81	125	427-473	-46	393	155	60	44	51	242-225	+17	224	155	44	37	74	185-248	-63	169
35.	FV Illertissen	7	246	110	62	74	416-340	+76	392	123	63	27	33	240-161	+79	216	123	47	35	41	176-179	-3	176
36.	SC Wiedenbrück	9	316	102	80	134	425-490	-65	386	158	51	44	63	228-243	-15	197	158	51	36	71	197-247	-50	189
37.	1. FSV Mainz 05 II	8	278	103	67	108	401-382	+19	376	139	54	31	54	211-188	+23	193	139	49	36	54	190-194	-4	183
38.	Offenbacher Kickers	6	208	106	53	49	339-218	+121	362	104	63	27	14	189-84	+105	216	104	43	26	35	150-134	+16	155
39.	FC St. Pauli II	9	302	97	70	135	400-510	-110	361	151	58	30	63	217-237	-20	204	151	39	40	72	183-273	-90	157
40.	TSV Buchbach	7	246	98	62	86	371-365	+6	356	123	53	32	38	193-175	+18	191	123	45	30	48	178-190	-12	165
41.	VfB Oldenburg	7	234	94	64	76	358-291	+67	346	117	48	31	38	189-129	+60	175	117	46	33	38	169-162	+7	171
42.	1. FC Magdeburg	7	224	96	55	73	341-265	+76	343	112	54	28	30	186-119	+67	190	112	42	27	43	155-146	+9	153
43.	SSV Ulm 1846	8	244	92	67	85	346-325	+21	343	122	64	30	28	201-131	+70	222	122	28	37	57	145-194	-49	121
44.	FC 08 Homburg	7	242	95	53	94	332-322	+10	338	121	55	22	44	179-145	+34	187	121	40	31	50	153-177	-24	151
45.	FC Augsburg II	7	246	89	67	90	382-340	+42	334	123	51	33	39	213-156	+57	186	123	38	34	51	169-184	-15	148
46.	Wacker Nordhausen	6	194	92	50	52	299-237	+62	326	97	57	23	17	189-108	+81	194	97	35	27	35	110-129	-19	132
47.	Alemannia Aachen	6	208	94	52	62	308-234	+74	325	104	54	22	28	173-107	+66	184	104	40	30	34	135-127	+8	150
48.	SV Meppen	6	200	89	47	64	324-273	+51	314	100	51	23	26	174-122	+52	176	100	38	24	38	150-151	-1	138
49.	Eintracht Frankfurt II	6	202	90	39	73	343-274	+69	309	101	49	22	30	182-128	+54	169	101	41	17	43	161-146	+15	140
50.	Wuppertaler SV (Bor.)	6	210	78	61	71	325-306	+19	295	105	44	28	33	180-137	+43	160	105	34	33	38	145-169	-24	135
51.	BSV SW Rehden	7	234	72	75	87	312-354	-42	291	117	42	39	36	176-158	+18	165	117	30	36	51	136-196	-60	126
52.	1. FC Schweinfurt 05	6	208	75	59	74	327-334	-7	284	104	50	28	26	196-134	+62	178	104	25	31	48	131-200	-69	106
53.	VfB Auerbach	7	224	75	59	90	298-347	-49	284	112	52	25	35	177-147	+30	181	112	23	34	55	121-200	-79	103
54.	FC Carl Zeiss Jena	5	156	81	40	35	265-163	+102	283	78	42	21	15	145-80	+65	147	78	39	19	20	120-83	+37	136
55.	SGS Großaspach	5	168	80	41	47	293-201	+92	281	84	43	22	19	168-103	+65	151	84	37	19	28	125-98	+27	130
56.	VfL Bochum II	7	246	73	62	111	319-372	-53	281	123	36	37	50	170-191	-21	145	123	37	25	61	149-181	-32	136
57.	ETSV Weiche	5	166	75	51	40	260-187	+73	276	83	43	21	19	144-86	+58	150	83	32	30	21	116-101	+15	126
58.	Eintracht Norderstedt	6	204	74	53	77	293-331	-38	275	102	47	26	29	165-143	+22	167	102	27	27	48	128-188	-60	108
59.	Holstein Kiel	4	132	80	30	22	266-116	+150	270	66	41	17	8	150-56	+94	140	66	39	13	14	116-60	+56	130
60.	Chemnitzer FC	4	136	79	28	29	272-135	+137	265	68	43	18	7	144-54	+90	147	68	36	10	22	128-81	+47	118
61.	SG Wattenscheid 09	6	208	70	55	83	296-317	-21	265	104	42	23	39	160-137	+23	149	104	28	32	44	136-180	-44	116
62.	Stuttgarter Kickers	5	170	71	51	48	265-219	+46	264	85	40	28	17	143-97	+46	148	85	31	23	31	122-122	0	116
63.	Germ. Halberstadt	7	224	69	57	98	317-362	-45	264	112	38	29	45	170-177	-7	143	112	31	28	53	147-185	-38	121

Pl.	Mannschaft	J	Gesamtbilanz							Heimbilanz							Auswärtsbilanz						
			Sp	S	U	N	Tore	TD	Pkt	Sp	S	U	N	Tore	TD	Pkt	Sp	S	U	N	Tore	TD	Pkt
64.	Hallescher FC	4	136	72	45	19	194-94	+100	261	68	39	19	10	113-48	+65	136	68	33	26	9	81-46	+35	125
65.	Wacker Burghausen	5	172	73	39	60	243-220	+23	258	86	43	19	24	133-94	+39	148	86	30	20	36	110-126	-16	110
66.	SV Rödinghausen	5	172	71	43	58	280-235	+45	256	86	41	17	28	154-110	+44	140	86	30	26	30	126-125	+1	116
67.	Bayer Leverkusen II	6	212	66	57	89	284-318	-34	255	106	46	27	33	164-136	+28	165	106	20	30	56	120-182	-62	90
68.	SV Schalding-Heining	6	208	68	48	92	292-374	-82	252	104	40	26	38	165-172	-7	146	104	28	22	54	127-202	-75	106
69.	SV Werder Bremen II	4	132	74	27	31	275-163	+112	249	66	38	14	14	152-74	+78	128	66	36	13	17	123-89	+34	121
70.	VFC Plauen	7	196	60	62	74	280-292	-12	242	98	37	27	34	160-141	+19	138	98	23	35	40	120-151	-31	104
71.	Berliner FC Dynamo	5	164	68	37	59	259-239	+20	241	82	37	21	24	128-109	+19	132	82	31	16	35	131-130	+1	109
72.	Viktoria 89 Berlin	6	194	61	64	69	274-292	-18	238	97	35	33	29	153-131	+22	138	97	26	31	40	121-161	-40	109
73.	TuS Koblenz	6	212	60	58	94	223-289	-66	238	106	27	37	42	104-131	-27	118	106	33	21	52	119-158	-39	120
74.	TSG Neustrelitz	6	190	69	30	91	271-307	-36	237	95	47	15	33	158-126	+32	156	95	22	15	58	113-181	-68	81
75.	Eintr. Braunschweig II	6	204	61	52	91	256-311	-55	235	102	32	30	40	138-149	-11	126	102	29	22	51	118-162	-44	109
76.	FSV Zwickau	4	122	65	35	22	204-103	+101	230	61	40	16	5	123-43	+80	136	61	25	19	17	81-60	+21	94
77.	SC Pfullendorf	6	202	59	49	94	238-327	-89	226	101	40	28	33	138-120	+18	148	101	19	21	61	100-207	-107	78
78.	SpVgg Ofr. Bayreuth	5	172	62	38	72	253-289	-36	224	86	35	16	35	118-118	0	121	86	27	22	37	135-171	-36	103
79.	FC-Astoria Walldorf	5	174	61	40	73	245-263	-18	223	87	36	17	34	139-134	+5	125	87	25	23	39	106-129	-23	98
80.	TSV 1860 Rosenheim	5	178	59	44	75	215-267	-52	221	89	34	22	33	128-122	+6	124	89	25	22	42	87-145	-58	97
81.	SV Wilhelmshaven	6	200	61	49	90	268-343	-75	220	100	36	23	41	139-157	-18	131	100	25	26	49	129-186	-57	101
82.	1. FC Lok Leipzig	5	162	58	44	60	216-206	+10	218	81	34	24	23	126-90	+36	126	81	24	20	37	90-116	-26	92
83.	Lüneburger SK Hansa	5	170	55	46	69	201-246	-45	211	85	33	22	30	108-104	+4	121	85	22	24	39	93-142	-49	90
84.	RB Leipzig	3	98	61	26	11	193-81	+112	209	49	31	13	5	97-39	+58	106	49	30	13	6	96-42	+54	103
85.	SC Fortuna Köln	3	110	63	19	28	196-125	+71	208	55	37	9	9	117-61	+56	120	55	26	10	19	79-64	+15	88
86.	Drochtersen/Assel	4	136	54	42	40	176-142	+34	204	68	28	23	17	96-65	+31	107	68	26	19	23	80-77	+3	97
87.	TSV Steinbach	4	140	55	34	51	187-187	0	199	70	32	18	20	114-85	+29	114	70	23	16	31	73-102	-29	85
88.	Eintracht Bamberg	5	176	48	52	76	239-323	-84	196	88	31	23	34	122-143	-21	116	88	17	29	42	117-180	-63	80
89.	Goslarer SC 08	5	166	52	37	77	239-296	-57	193	83	29	20	34	121-131	-10	107	83	23	17	43	118-165	-47	86
90.	SV Seligenporten	5	178	51	39	88	222-327	-105	192	89	32	19	38	126-142	-16	115	89	19	20	50	96-185	-89	77
91.	Karlsruher SC II	4	132	53	24	55	185-202	-17	183	66	30	12	24	90-91	-1	102	66	23	12	31	95-111	-16	81
92.	FCO Neugersdorf	4	136	49	35	52	180-198	-18	182	68	31	17	20	107-80	+27	110	68	18	18	32	73-118	-45	72
93.	Würzburger Kickers	3	108	51	28	29	191-146	+45	181	54	29	14	11	115-65	+50	101	54	22	14	18	76-81	-5	80
94.	Vikt. Aschaffenburg	5	176	43	51	82	224-320	-96	180	88	27	27	34	123-136	-13	108	88	16	24	48	101-184	-83	72
95.	Sportfreunde Siegen	4	142	49	32	61	179-215	-36	179	71	30	14	27	99-100	-1	104	71	19	18	34	80-115	-35	75
96.	SC Preußen Münster	3	102	50	26	26	154-97	+57	176	51	28	9	14	90-50	+40	93	51	22	17	12	64-47	+17	83
97.	VfR Garching	4	138	48	32	58	211-248	-37	176	69	26	18	25	107-111	-4	96	69	22	14	33	104-137	-33	80
98.	Bonner SC	4	136	45	34	57	197-219	-22	169	68	25	17	26	112-105	+7	92	68	20	17	31	85-114	-29	77
99.	SV Heimstetten	4	142	43	39	60	199-266	-67	168	71	24	20	27	92-128	-36	92	71	19	19	33	107-138	-31	76
100.	FK 03 Pirmasens	4	138	46	28	64	157-202	-45	166	69	27	17	25	88-90	-2	98	69	19	11	39	69-112	-43	68
101.	BV Cloppenburg	5	166	41	42	83	228-331	-103	165	83	20	27	36	130-150	-20	87	83	21	15	47	98-181	-83	78
102.	FC Energie Cottbus	2	68	47	14	7	137-40	+97	155	34	28	4	2	74-20	+54	88	34	19	10	5	63-20	+43	67
103.	FSV Budissa Bautzen	5	164	33	50	81	150-253	-103	149	82	23	28	31	93-108	-15	97	82	10	22	50	57-145	-88	52
104.	SpVgg Unterhaching	2	68	40	19	9	154-55	+99	139	34	21	11	2	76-21	+55	74	34	19	8	7	78-34	+44	65
105.	KFC Uerdingen 05	3	104	36	29	39	132-158	-26	137	52	18	21	13	68-72	-4	75	52	18	8	26	64-86	-22	62
106.	G. Egestorf/Langreder	3	102	40	16	46	136-151	-15	136	51	25	6	20	79-69	+10	81	51	15	10	26	57-82	-25	55
107.	SV Darmstadt 98	3	98	35	28	35	133-129	+4	133	49	22	12	15	80-67	+13	78	49	13	16	20	53-62	-9	55
108.	SC Weiche Flensburg	2	68	37	21	10	126-66	+60	132	34	22	9	3	65-28	+37	75	34	15	12	7	61-38	+23	57
109.	Union Fürstenwalde	3	102	35	27	40	151-171	-20	132	51	18	15	18	76-71	+5	69	51	17	12	22	75-100	-25	63
110.	VfB Stuttgart II	3	106	35	26	45	145-173	-28	131	53	21	11	21	76-82	-6	74	53	14	15	24	69-91	-22	57
111.	FC Energie Cottbus II	4	132	30	34	68	137-222	-85	124	66	17	16	33	73-101	-28	67	66	13	18	35	64-121	-57	57
112.	VfB Eichstätt	2	70	33	19	18	124-100	+24	118	35	18	10	7	70-44	+26	64	35	15	9	11	54-56	-2	54
113.	SpVgg Neckarelz	3	102	32	22	48	121-178	-57	118	51	22	11	18	75-73	+2	77	51	10	11	30	46-105	-59	41
114.	1. FC Union Berlin II	3	88	32	21	35	152-143	+9	117	44	14	12	18	70-65	+5	54	44	18	9	17	82-78	+4	63
115.	FSV Optik Rathenow	4	128	30	24	74	138-230	-92	114	64	20	10	34	80-109	-29	70	64	10	14	40	58-121	-63	44
116.	VfV Bor. Hildesheim	3	102	27	30	45	104-150	-46	111	51	16	14	21	61-67	-6	62	51	11	16	24	43-83	-40	49
117.	VfR Neumünster	3	98	27	24	47	104-166	-62	105	49	12	16	21	47-78	-31	52	49	15	8	26	57-88	-31	53
118.	FC Oberneuland	4	102	29	18	55	123-189	-66	105	51	18	10	23	67-80	-13	64	51	11	8	32	56-109	-53	41
119.	RB Leipzig II	2	68	29	17	22	116-90	+26	104	34	18	5	11	63-40	+23	59	34	11	12	11	53-50	+3	45
120.	SSVg Velbert 02	3	110	26	26	58	115-194	-79	104	55	12	17	26	46-78	-32	53	55	14	9	32	69-116	-47	51
121.	SV Wehen II	3	98	27	17	54	97-164	-67	98	49	14	11	24	49-73	-24	53	49	13	6	30	48-91	-43	45
122.	TSV Rain am Lech	3	108	25	21	62	140-226	-86	96	54	20	12	22	86-101	-15	72	54	5	9	40	54-125	-71	24
123.	FSV Frankfurt II	3	100	25	19	56	114-184	-70	94	50	14	10	26	65-96	-31	52	50	11	9	30	49-88	-39	42
124.	SSV Jeddeloh	2	68	27	11	30	104-121	-17	92	34	16	7	11	62-57	+5	55	34	11	4	19	42-64	-22	37
125.	FC Kray 09/31	3	108	20	29	59	108-222	-114	89	54	13	16	25	60-92	-32	55	54	7	13	34	48-130	-82	34
126.	SpVgg Bayern Hof	3	108	23	19	66	116-211	-95	88	54	14	12	28	57-86	-29	54	54	9	7	38	59-125	-66	34
127.	TSV München 1860	1	36	26	5	5	87-27	+60	83	18	15	2	1	47-9	+38	47	18	11	3	4	40-18	+22	36
128.	FC Schönberg 95	2	68	22	17	29	90-112	-22	83	34	14	9	11	50-49	+1	51	34	8	8	18	40-63	-23	32
129.	FC Hansa Rostock II	2	68	23	14	31	89-119	-30	83	34	15	6	13	46-54	-8	51	34	8	8	18	43-65	-22	32

					Gesamtbilanz						Heimbilanz						Auswärtsbilanz				
Pl.	Mannschaft	J	Sp	S	U	N	Tore	TD	Pkt	Sp	S	U	N	Tore	TD	Pkt	Sp	S	U	N	Tore	TD	Pkt
130.	Türkiyemspor Berlin	3	102	22	20	60	99-203	-104	83	51	14	10	27	53-81	-28	52	51	8	10	33	46-122	-76	34
131.	FSV Frankfurt	2	70	23	12	35	94-124	-30	81	35	12	10	13	46-51	-5	46	35	11	2	22	48-73	-25	35
132.	SSV Reutlingen 05	2	68	21	17	30	84-111	-27	80	34	13	9	12	50-43	+7	48	34	8	8	18	34-68	-34	32
133.	Rot Weiss Ahlen	2	70	21	15	34	99-126	-27	78	35	12	7	16	56-61	-5	43	35	9	8	18	43-65	-22	35
134.	VSG Altglienicke	2	68	18	23	27	84-100	-16	77	34	11	10	13	43-44	-1	43	34	7	13	14	41-56	-15	34
135.	FC Pipinsried	2	70	19	20	31	89-131	-42	77	35	7	12	16	46-66	-20	33	35	12	8	15	43-65	-22	44
136.	VfR Aalen	1	34	22	8	4	51-19	+32	74	17	12	4	1	31-9	+22	40	17	10	4	3	20-10	+10	34
137.	SC 07 Idar-Oberstein	2	72	17	23	32	79-119	-40	74	36	10	9	17	45-59	-14	39	36	7	14	15	34-60	-26	35
138.	FC Bayern Alzenau	3	104	17	22	65	105-231	-126	73	52	14	7	31	61-97	-36	49	52	3	15	34	44-134	-90	24
139.	1. FC Heidenheim	1	34	22	6	6	61-37	+24	72	17	11	3	3	34-20	+14	36	17	11	3	3	27-17	+10	36
140.	Eintr. Stadtallendorf	2	70	19	14	37	83-126	-43	71	35	13	5	17	51-68	-17	44	35	6	9	20	32-58	-26	27
141.	SVN Zweibrücken	2	68	18	12	38	62-121	-59	66	34	8	6	20	30-54	-24	30	34	10	6	18	32-67	-35	36
142.	SV Lippstadt 08	2	70	15	20	35	74-112	-38	65	35	10	11	14	45-49	-4	41	35	5	9	21	29-63	-34	24
143.	FC Nöttingen	2	70	19	8	43	93-158	-65	65	35	12	4	19	58-64	-6	40	35	7	4	24	35-94	-59	25
144.	Jahn Regensburg	1	34	19	7	8	61-36	+25	64	17	12	3	2	44-19	+25	39	17	7	4	6	17-17	0	25
145.	FSV 63 Luckenwalde	3	102	15	17	70	93-248	-155	62	51	9	10	32	47-107	-60	37	51	6	7	38	46-141	-95	25
146.	TuS Erndtebrück	2	70	14	16	40	70-135	-65	58	35	9	8	18	38-57	-19	35	35	5	8	22	32-78	-46	23
147.	FC Rot-Weiß Erfurt	1	34	15	9	10	57-42	+15	54	17	9	4	4	36-21	+15	31	17	6	5	6	21-21	0	23
148.	Altonaer FC 93	2	68	15	9	44	71-139	-68	54	34	9	4	21	37-69	-32	31	34	6	5	23	34-70	-36	23
149.	SC Victoria Hamburg	2	64	14	11	39	62-158	-96	53	32	12	6	14	41-60	-19	42	32	2	5	25	21-98	-77	11
150.	Lupo-Martini Wolfsburg	2	68	11	16	41	63-110	-47	49	34	9	6	19	35-49	-14	33	34	2	10	22	28-61	-33	16
151.	SpVgg Weiden	2	34	15	3	16	57-67	-10	48	17	10	2	5	29-29	0	32	17	5	1	11	28-38	-10	16
152.	SV Eichede	2	68	13	9	46	76-155	-79	48	34	8	4	22	48-72	-24	28	34	5	5	24	28-83	-55	20
153.	Holstein Kiel II	1	34	12	9	13	51-51	0	45	17	9	4	4	32-21	+11	31	17	3	5	9	19-30	-11	14
154.	FC Wegberg-Beeck	2	70	11	11	48	67-174	-107	44	35	7	7	21	36-75	-39	28	35	4	4	27	31-99	-68	16
155.	FSV Oggersheim	1	34	11	9	14	43-58	-15	42	17	9	3	5	24-20	+4	30	17	2	6	9	19-38	-19	12
156.	VfB Hüls	1	38	12	6	20	48-71	-23	42	19	9	3	7	27-30	-3	30	19	3	3	13	21-41	-20	12
157.	TSG Balingen	1	34	9	14	11	39-49	-10	41	17	9	6	2	25-16	+9	33	17	0	8	9	14-33	-19	8
158.	KSV Baunatal	2	68	11	8	49	55-153	-98	41	34	8	5	21	32-67	-35	29	34	3	3	28	23-86	-63	12
159.	1. FC Eschborn	1	36	10	10	16	43-56	-13	40	18	7	6	5	22-19	+3	27	18	3	4	11	21-37	-16	13
160.	1. FC Kaan-Marienborn	1	34	9	12	13	50-54	-4	39	17	5	5	7	25-24	+1	20	17	4	7	6	25-30	-5	19
161.	SC Eltersdorf	1	38	10	9	19	50-70	-20	39	19	6	4	9	34-36	-2	22	19	4	5	10	16-34	-18	17
162.	SV Straelen	1	34	9	12	13	36-62	-26	39	17	7	5	5	19-19	0	26	17	2	7	8	17-43	-26	13
163.	SV Berg. Gladbach	1	38	11	6	21	47-74	-27	39	19	8	2	9	25-32	-7	26	19	3	4	12	22-42	-20	13
164.	Bahlinger SC	1	34	9	10	15	45-58	-13	37	17	7	3	7	30-26	+4	24	17	2	7	8	15-32	-17	13
165.	FC Ismaning	1	38	8	12	18	38-48	-10	36	19	5	4	10	18-21	-3	19	19	3	8	8	20-27	-7	17
166.	VfL Frohnlach	1	38	8	11	19	40-64	-24	35	19	3	8	8	22-33	-11	17	19	5	3	11	18-31	-13	18
167.	Watzenborn-Steinberg	1	36	10	5	21	42-68	-26	35	18	7	2	9	22-25	-3	23	18	3	3	12	20-43	-23	12
168.	BSG Chemie Leipzig	1	34	8	11	15	21-51	-30	35	17	7	4	6	15-16	-1	25	17	1	7	9	6-35	-29	10
169.	TeBe Berlin	1	34	8	10	16	33-55	-22	34	17	4	5	8	22-29	-7	17	17	4	5	8	11-26	-15	17
170.	Bischofswerdaer FV 08	1	34	10	4	20	29-58	-29	34	17	5	2	10	14-27	-13	17	17	5	2	10	15-31	-16	17
171.	MSV Duisburg II	1	38	8	10	20	33-68	-35	34	19	6	5	8	20-29	-9	23	19	2	5	12	13-39	-26	11
172.	TSV Schott Mainz	1	36	9	5	22	44-76	-32	32	18	5	2	11	24-35	-11	17	18	4	3	11	20-41	-21	15
173.	FC Amberg	1	34	6	11	17	36-57	-21	29	17	5	4	8	21-25	-4	19	17	1	7	9	15-32	-17	10
174.	1. FC Kleve	1	34	6	9	19	44-73	-29	27	17	2	6	9	22-34	-12	12	17	4	3	10	22-39	-17	15
175.	Röchling Völklingen	1	36	6	9	21	39-77	-38	27	18	5	4	9	19-31	-12	19	18	1	5	12	20-46	-26	8
176.	SV Spielberg	1	34	7	5	22	28-70	-42	26	17	6	2	9	17-28	-11	20	17	1	3	13	11-42	-31	6
177.	VfL Oldenburg	1	34	7	4	23	37-79	-42	25	17	7	4	6	27-27	0	25	17	0	0	17	10-52	-42	0
178.	Eutiner SpVgg 08	1	34	6	6	22	51-80	-29	24	17	5	3	9	33-38	-5	18	17	1	3	13	18-42	-24	6
179.	FC Sachsen Leipzig	1	34	5	9	20	21-54	-33	24	17	3	4	10	10-30	-20	13	17	2	5	10	11-24	-13	11
180.	TSG Sprockhövel	1	34	5	9	20	31-73	-42	24	17	3	8	6	20-32	-12	17	17	2	1	14	11-41	-30	7
181.	Arminia Bielefeld II	1	34	5	6	23	30-67	-37	21	17	2	1	14	13-38	-25	7	17	3	5	9	17-29	-12	14
182.	FC Unterföhring	1	36	3	11	22	36-87	-51	20	18	1	6	11	19-37	-18	9	18	2	5	11	17-50	-33	11
183.	SC Hessen Dreieich	1	34	4	7	23	29-75	-46	19	17	3	5	9	14-30	-16	14	17	1	2	14	15-45	-30	5
184.	SV Westfalia Rhynern	1	34	5	4	25	29-93	-64	19	17	4	2	11	17-43	-26	14	17	1	2	14	12-50	-38	5
185.	TSV Großbardorf	1	34	4	6	24	32-84	-52	18	17	3	2	12	22-48	-26	11	17	1	4	12	10-36	-26	7
186.	FC Hennef 05	1	34	3	9	22	26-80	-54	18	17	2	3	12	12-44	-32	9	17	1	6	10	14-36	-22	9
187.	SpVgg Unterhaching II	1	34	4	5	25	35-78	-43	17	17	1	3	13	12-35	-23	6	17	3	2	12	23-43	-20	11
188.	TV Herkenrath	1	34	3	6	25	34-91	-57	15	17	2	3	12	18-41	-23	9	17	1	3	13	16-50	-34	6
189.	Torgelower SV Greif	1	30	2	7	21	19-69	-50	13	15	2	4	9	10-33	-23	10	15	0	3	12	9-36	-27	3
190.	FT Braunschweig	1	34	2	6	26	22-91	-69	12	17	0	3	14	9-55	-46	3	17	2	3	12	13-36	-23	9
191.	Saar 05 Saarbrücken	1	34	2	5	27	21-100	-79	11	17	1	3	13	12-53	-41	6	17	1	2	14	9-47	-38	5
192.	TSV Schilksee	1	34	1	5	28	21-93	-72	8	17	1	1	15	11-48	-37	4	17	0	4	13	10-45	-35	4

Anmerkungen:
- Türkiyemspor Berlin wurden in der Saison 2010/11 wegen Verstoßes gegen die DFB-Richtlinien drei Punkte abgezogen.
- Dem SV Wilhelmshaven wurden in der Saison 2011/12 und in der Saison 2012/13 jeweils sechs Punkte abgezogen.
- In der Saison 2016/17 wurden dem TSV Alemannia Aachen und dem Offenbacher FC Kickers jeweils neun Punkte wegen Einreichung von Insolvenzanträgen abgezogen.
- In der Saison 2017/18 wurden dem KSV Hessen Kassel neun Punkte wegen Einreichung eines Insolvenzantrages abgezogen.
- In der Saison 2018/19 wurden Viktoria 89 Berlin neun Punkte wegen Einreichung eines Insolvenzantrages und Wormatia Worms ein Punkt wegen Zuschauerausschreitungen abgezogen.

Oberligen / 5. Ligen:

Oberliga Nordost Gruppe Nord

Pl.	(Vj.)	Mannschaft		Sp	S	U	N	Tore	TD	Pkt	Sp	S	U	N	Tore	Pkt	Sp	S	U	N	Tore	Pkt
						Gesamtbilanz							**Heimbilanz**						**Auswärtsbilanz**			
1.	(3.)	SV Lichtenberg 47	↑	30	23	5	2	69-12	+57	74	15	14	1	0	34- 3	43	15	9	4	2	35- 9	31
2.	(2.)	Tennis Borussia Berlin		30	21	4	5	76-27	+49	67	15	11	2	2	45-11	35	15	10	2	3	31-16	32
3.	(↑)	Greifswalder FC		30	18	5	7	67-44	+23	59	15	10	3	2	34-19	33	15	8	2	5	33-25	26
4.	(4.)	FC Hertha 03 Zehlendorf		30	16	7	7	64-33	+31	55	15	8	4	3	41-14	28	15	8	3	4	23-19	27
5.	(10.)	FC Hansa Rostock II		30	16	7	7	69-39	+30	55	15	12	2	1	46-13	38	15	4	5	6	23-26	17
6.	(↑)	SpVg Blau-Weiß 90 Berlin		30	13	5	12	58-39	+19	44	15	7	3	5	35-17	24	15	6	2	7	23-22	20
7.	(9.)	SV Altlüdersdorf	↓	30	13	2	15	50-61	-11	41	15	6	1	8	23-31	19	15	7	1	7	27-30	22
8.	(5.)	SC Staaken		30	10	8	12	56-52	+4	38	15	8	2	5	34-23	26	15	2	6	7	22-29	12
9.	(11.)	Torgelower FC Greif		30	10	8	12	44-48	-4	38	15	7	7	1	26-13	28	15	3	1	11	18-35	10
10.	(↓)	TSG Neustrelitz		30	10	7	13	37-46	-9	37	15	6	3	6	16-14	21	15	4	4	7	21-32	16
11.	(13.)	Charlottenburger FC Hertha 06		30	12	1	17	45-67	-22	37	15	8	0	7	27-28	24	15	4	1	10	18-39	13
12.	(12.[S])	1. FC Lokomotive Stendal		30	11	2	17	42-72	-30	35	15	7	1	7	23-34	22	15	4	1	10	19-38	13
13.	(7.)	FC Strausberg		30	10	3	17	42-64	-22	33	15	7	2	6	29-27	23	15	3	1	11	13-37	10
14.	(6.)	Brandenburger SC Süd 05		30	9	5	16	52-64	-12	32	15	7	1	7	33-30	22	15	2	4	9	19-34	10
15.	(8.)	FC Anker Wismar 1997	↓	30	8	8	14	25-47	-22	32	15	5	6	4	15-14	21	15	3	2	10	10-33	11
16.	(12.)	Malchower SV 90	↓	30	1	1	28	28-109	-81	4	15	0	1	14	14-58	1	15	1	0	14	14-51	3

Absteiger aus der Regionalliga: keine.
Aufsteiger in die Regionalliga: SV Lichtenberg 47 (Nordost).
Wechsel aus der Staffel Süd: Ludwigsfelder FC.
Absteiger in die Verbandsligen: Malchower SV 90, FC Anker Wismar 1997 (Mecklenburg-Vorpommern) und SV Altlüdersdorf (Brandenburg; freiwilliger Rückzug).
Aufsteiger aus den Verbandsligen: Mecklenburgischer SV Pampow (Mecklenburg-Vorpommern), SV Victoria Seelow (Brandenburg) und SV Tasmania Berlin (Berlin).

Oberliga Nordost Gruppe Nord 2018/19

	SV Lichtenberg 47	Tennis Borussia	Greifswalder FC	Hertha Zehlendorf	Hansa Rostock II	Blau-Weiß Berlin	SV Altlüdersdorf	SC Staaken	Torgelower FC	TSG Neustrelitz	CFC Hertha 06	1. FC Lok Stendal	FC Strausberg	BSC Süd 05	FC Anker Wismar	Malchower SV 90
SV Lichtenberg 47	×	2:0	5:0	1:1	1:0	1:0	2:0	1:0	2:0	3:0	2:1	5:0	2:0	3:1	3:0	1:0
Tennis Borussia Berlin	1:1	×	1:3	4:1	3:1	2:0	1:3	2:2	2:0	3:0	6:0	4:0	1:0	4:0	4:0	7:0
Greifswalder FC	1:1	2:1	×	1:2	4:3	2:2	2:1	3:6	3:1	1:1	2:0	1:0	5:0	3:1	1:0	3:0
FC Hertha 03 Zehlendorf	0:2	2:3	1:1	×	2:2	0:1	6:1	5:0	2:1	2:0	4:1	6:0	4:0	1:1	0:0	6:1
FC Hansa Rostock II	2:1	1:2	4:2	3:1	×	5:0	3:0	1:1	2:1	6:1	7:1	3:1	4:1	1:1	2:0	2:0
SpVg Blau-Weiß 90 Berlin	0:2	0:1	4:2	0:1	4:1	×	1:1	3:3	2:1	0:2	0:0	6:2	1:0	0:1	6:0	8:0
SV Altlüdersdorf	1:2	0:3	4:1	1:1	0:3	0x2	×	2:1	3:2	1:4	1:0	0:3	4:1	2:1	2:4	2:3
SC Staaken	1:5	0:0	1:3	2:3	2:2	3:2	0:1	×	4:1	2:1	4:1	2:0	0:3	3:0	5:0	5:1
Torgelower FC Greif	2:2	2:0	1:0	1:1	0:0	1:0	4:2	1:1	×	0:0	4:1	1:1	1:2	4:0	2:2	2:1
TSG Neustrelitz	0:2	1:1	1:1	2:3	2:3	2:0	0:1	1:0	0:1	×	1:0	3:0	1:0	1:1	0:1	1:0
Charlottenburger FC Hertha 06	0:3	2:4	0:3	0:2	2:1	1:2	2:5	2:1	5:0	2:1	×	0:2	3:1	4:2	2:0	2:1
1. FC Lokomotive Stendal	0:2	1:3	2:3	2:0	1:0	0:5	0:6	1:0	1:4	1:1	1:3	×	2:1	4:2	2:0	5:4
FC Strausberg	0:0	1:2	1:4	0:3	1:2	2:0	3:1	3:1	3:0	2:3	2:3	2:1	×	3:3	2:1	4:3
Brandenburger SC Süd 05	0:3	1:2	0:4	0:2	2:3	1:5	4:0	4:4	3:1	7:2	0:2	3:2	6:0	×	1:0	1:0
FC Anker Wismar 1997	1:0	0:2	0:1	2:0	1:1	0:0	0:2	0:0	1:1	1:1	3:2	1:2	2:2	1:0	×	2:0
Malchower SV 90	0:9	1:7	0:5	0:2	1:1	2:4	2:3	0:2	2:4	1:4	2:3	1:5	1:2	0:5	1:2	×

Das Spiel SV Altlüdersdorf - SpVg Blau-Weiß 90 Berlin wurde in der Nachspielzeit beim Spielstand von 3:2 für den SV Altlüdersdorf nach Beleidigungen und Gewaltandrohungen von Altlüdersdorfer Anhängern gegen den Schiedsrichterassistenten abgebrochen.

Torschützenliste:

Platz	Spieler (Mannschaft)	Tore
1.	Huke, Sebastian (Hertha 03 Zehlendorf)	30
2.	Rohde, Frank (Greifswalder FC)	23
3.	N Diaye, Djibril (TSG Neustrelitz)	20
4.	Rockenbach da Silva, Thiago (TeBe)	18
5.	Bahceci, Erhan (SC Staaken)	16
6.	Gigold, Sebastian (SC Staaken)	14
	Täge, Tobias (Malchower SV)	14
8.	Baba, Merdan (CFC Hertha 06)	13
	Barbosa Dos Santos, Nauhan (Greifswald)	13
	Grüneberg, Philipp (SV Lichtenberg 47)	13

Zuschauerstatistik:

Mannschaft	gesamt	Schnitt	Mannschaft	gesamt	Schnitt
Tennis Borussia	6.786	452	Malchower SV 90	2.452	163
SV Lichtenberg 47	6.505	434	Torgelower FC Greif	2.375	158
Greifswalder FC	5.427	362	SV Altlüdersdorf	2.352	157
1. FC Lok Stendal	5.286	352	SC Staaken	2.015	134
TSG Neustrelitz	4.666	311	FC Strausberg	1.978	132
Brandenburger SC	3.160	211	CFC Hertha 06	1.774	118
Hertha 03 Zehlendorf	3.042	203	Hansa Rostock II	1.693	113
FC Anker Wismar	2.907	194		**55.166**	**230**
SpVg BW 90 Berlin	2.748	183			

SV Altlüdersdorf

Spieler		geb. am	Sp.	T.
Begzadic, Selvedin	T	24.06.1990	5	0
Bergner, Dustin		23.09.2000	1	0
Bielecki, Pawel Rafal		13.04.1992	15	1
Cicek, Ümit		28.08.1994	10	3
Djan-Okai, Ricky		02.12.1992	22	9
Gevorgyan, Hrachik		24.07.1998	24	1
Gras, Ernest Dominik		12.04.1994	24	1
Hegert, Marcel		09.02.1989	3	0
Hilicki, Jakub		11.11.1997	26	1
Klimko, Jakub Jan		13.01.1996	28	8
Kücük, Fatih		19.05.1991	25	5
Macuk, Michal Marcin		03.02.1998	24	1
Marten, Sven	*T	23.10.1989	26	4
Owczarek, Kevin		20.11.1993	13	0
Özsoy, Göktug		01.08.1997	4	0
Özsoy, Görkem		19.04.1999	28	5
Pilumyan, Ruben		15.11.1997	23	0
Schmidt, Maximilian		16.06.1990	2	0
Schölzke, Pascal		09.09.1999	24	3
Sidorowicz, Szymon		13.02.1988	27	3
Stoeter, Christoph		28.01.1991	8	0
Walter, Alexander	T	18.08.1988	24	0
Yesilöz, Kerim		03.08.1998	12	0
Zielinski, Kamil Krzysztof		13.04.1994	15	8
Trainer:				
Bucinski, Dariusz		12.06.1972	6	
Borkowski, Steffen		26.07.1964	24	

SV Lichtenberg 47

Spieler		geb. am	Sp.	T.
Banze, Gelicio Aurelio		15.06.1994	26	5
Becke, Marinko		30.09.1989	10	0
Brechler, Thomas		08.02.1986	25	10
Einsiedel, Philip		01.08.1995	27	3
Fiegen, Nils		29.03.1994	30	1
Gawe, Christian		14.12.1992	30	8
Grüneberg, Philipp		21.05.1992	21	13
Haubitz, Maik		06.08.1992	27	7
Hollwitz, David		20.03.1989	27	8
Jahn, Patrick		31.07.1996	18	6
Jarling, Steve	T	10.05.1996	1	0
Kulecki, Philipp		31.01.1990	13	2
Künne, Moritz		30.12.1997	18	0
Meyer, Justin		13.04.1999	1	0
Ohlow, Richard Max		11.06.1993	27	0
Reiniger, Sebastian		13.03.1989	30	4
Rösch, Patrick	T	03.06.1989	3	0
Schmidt, Maximilian		23.07.1994	16	0
Schöps, Moritz		01.11.1997	12	0
Sinan, Ali		22.03.1989	23	0
Wollert, Niklas	T	18.12.1994	27	0
Eigentore				2
Trainer:				
Lehmann, Uwe		16.04.1982	30	

TSG Neustrelitz

Spieler		geb. am	Sp.	T.
Bobak, Roman		01.12.1990	10	1
Cisek, Kürsat Mahmut		15.09.1998	27	3
Civa, Karem Abdul		28.07.1999	1	0
Dervishaj, Arbnor		13.10.1991	7	0
Flis, Bartosz		14.04.1991	27	3
Harsch, Jannes		06.10.1999	14	0
Junghan, Felix	T	04.09.1993	26	0
Kujawa, Patryk Robert	*T	21.01.1998	5	0
Lagiewczyk, Przemyslaw Krzysztof		14.04.1995	25	0
Liskiewicz, Maciej		21.10.1992	24	2
Luksik, Filip		03.02.1985	29	2
Mikolajczak, Michal		06.02.2000	4	1
N Diaye, Djibril		12.12.1989	30	20
Okumura, Ryota		06.09.1992	25	2
Petrovic, Francesco		18.03.1998	16	0
Pylypchuk, Dmytro		11.03.1992	16	0
Röth, Nils		01.08.1997	24	0
Sielaff, Jupp Tilly		04.03.2000	18	0
Stövesand, Noah		01.03.2000	12	0
Toebe, Hannes		16.08.2000	14	1
Togbé, Axel		28.11.1990	11	1
Tsipi, Giorgaki		02.05.1991	26	0
Wissutschek, Dennis		09.09.1999	15	0
Eigentore				1
Trainer:				
Grzegorczyk, Tomasz		13.03.1981	30	

SpVg Blau-Weiß 90

Spieler		geb. am	Sp.	T.
Al-Kassem, Rani		05.12.1979	4	0
Austermann, Julian		04.09.1990	23	1
Czekalla, Marcel		09.05.1992	18	2
Dünhaupt, Tobias	T	05.07.1984	2	0
Engel, Fabian		15.02.1996	25	2
Giese, Kevin		27.08.1992	3	0
Gleisinger, Jeffrey		28.06.1993	12	0
Gorkow, Christoph		22.02.1996	6	0
Göth, Tim		25.07.1998	26	1
Göth, Tobias		30.03.1996	12	0
Gutsche, Kevin		17.04.1991	26	9
Heßler, Steven		02.03.1995	12	0
Hinz, Michael	T	07.05.1987	22	0
Hippe, Justin		30.07.1996	15	3
Kitzing, Nikolai		26.11.1995	20	7
Klehr, Maurice		05.01.1997	10	1
Lang, Joshua		30.01.1995	1	0
Lopez de Oliveira, Guilherme H.		11.04.1995	22	5
Mannsfeld, Robin		10.02.1995	28	2
Matthias, Pascal		04.01.1988	24	6
Mensah, Shean		21.12.1999	17	2
Pruschke, Kilian	T	08.09.1992	7	0
Rehbein, Lukas		30.09.1993	17	2
Stahl, Maximilian		01.07.1997	24	3
Stang, Sebastian-Emre		21.06.1997	1	0
Stüwe, Louis-Nathan		15.02.1993	23	4
Temel, Vedat		01.08.1994	2	0
Wedemann, Pascal Jan		14.04.1994	12	7
Eigentore				1
Trainer:				
Gebhardt, Marco		07.10.1972	30	

Malchower SV 90

Spieler		geb. am	Sp.	T.
Alergush, Petro		02.11.1998	16	1
Asanuma, Yu		07.09.1993	10	0
Buchholz, Max		05.09.1999	27	3
Choi, Jun-Hyuk		05.09.1994	2	0
El-Jindaoui, Hadi		24.12.1998	1	0
Fentzahn, Jonas		14.05.1990	9	0
Fromanger, Chris		07.05.1995	13	1
Grabow, Jacob		09.09.1999	16	0
Grotkopp, Gordon		17.12.1993	8	2
Guendouze, Nordine		27.10.1995	12	0
Hnup, Filip	T	29.05.1996	28	0
Kim, Seong-Hyun		01.08.1994	29	1
Klöckner, Marc		06.07.1996	11	3
Kornfeld, Paul-Friedrich	T	27.03.1984	3	0
Mechhidan Maachou, Otman		26.09.1997	26	1
Mellmann, Philipp		01.10.1999	14	0
Meschter, Erik		13.10.1990	9	0
Mischker, Danny		03.06.1997	1	0
Möller, Lukas		.2001	1	0
Mrkalj, Tomislav		10.01.1996	25	1
Park, Hee-Kang			5	0
Quaschning, Robert		24.03.1988	27	0
Rath, Hannes		21.03.1997	25	0
Rother, Lars		23.06.1998	4	0
Siprak, Antonio		02.12.1998	10	1
Täge, Tobias		19.05.1989	30	14
Tetzlaff, Lucas	*T	02.01.2000	3	0
Voß, Stefan		14.02.1987	23	0
Zimmermann, Hannes		05.03.1990	2	0
Trainer:				
Lange, Sven		17.03.1967	30	

1. FC Lok Stendal

Spieler		geb. am	Sp.	T.
Balliet, Simon		23.07.1999	4	1
Baudis, Patrick		30.05.1997	15	1
Breda, Lukas		06.05.1994	13	0
Breda, Nils		06.05.1994	7	1
Buschke, Niclas		06.12.1995	26	9
Dagnet, Kevin Xavier		03.11.1995	6	0
Erdmann, Franz		17.07.1991	26	0
Gebauer, Martin		22.01.1988	8	0
Giebichenstein, Bryan	T	05.05.1994	11	0
Gödecke, Martin		23.02.1991	18	10
Groß, Philipp		08.09.1990	22	0
Hey, Sebastian		03.02.1998	29	0
Instenberg, Moritz		02.03.1990	7	1
Kiesse Wete, Chris		17.07.1997	12	0
Krüger, Martin		15.09.1990	25	6
Kühn, Vincent		19.11.1993	19	2
Kycek, Lukas	T	03.06.1998	20	0
Lemke, Pascal		24.09.1999	4	0
Lüppken, Vincent		06.03.2000	2	0
Mahrhold, Johannes		20.08.1996	21	1
Salge, Max		12.11.1996	13	0
Schaarschmidt, Tim		29.06.1995	26	1
Schmidt, Marius Lucas		02.10.2000	2	0
Schmidt, Maurice Pascale		02.10.1999	27	5
Schubert, Steven		28.02.1994	20	1
Seidel-Holland, Tim		09.09.1998	13	0
Werner, Marcel		21.07.1988	21	2
Trainer:				
Körner, Sven		09.05.1982	5	
Fest, Daniel		08.02.1973	9	
Schulz, Jörn		12.08.1977	16	

Greifswalder FC

Spieler		geb. am	Sp.	T.
Appiah, Peterson		14.02.1997	24	9
Banaskiewicz, Maxim		17.06.1992	18	7
Barbosa Dos Santos, Nauhan		06.11.1997	26	13
Barz, Nico	T	24.09.1995	3	0
Berger, John		08.03.1992	30	1
Bütterich, Mike		05.02.1996	26	3
Chougourou, Okry Elvis Charbel		02.10.1994	29	0
Czarnecki, Arkadiusz		10.07.1987	24	0
Effland, Tom		30.03.1991	1	0
Henkel, Patrick		25.01.1990	9	2
Klatt, Luca		15.09.2001	3	0
Kröger, Marco		26.04.1989	14	0
Kruse, Max		04.01.1997	3	0
Lange, Hannes		28.07.2000	1	0
Leu, Martin	T	26.08.1997	27	0
Lösel, Nick		20.01.1991	24	1
Memaj, Fatlind		01.02.1999	9	0
Mickley, Marc		09.04.1999	4	0
Mietzelfeld, Hannes		31.07.1994	13	1
Miyazaki, Ryo		17.03.1998	28	1
Olszar, Sebastian		16.12.1981	11	1
Otto, Florian		13.08.1998	1	0
Rohde, Frank		29.11.1988	30	23
Rüh, Julian		28.10.2000	11	2
Schröder, Florian		18.06.1996	14	0
Selchow, Tom		16.06.1995	27	0
Eigentore				3
Trainer:				
Kroos, Roland		18.11.1959	30	

FC Strausberg

Spieler		geb. am	Sp.	T.
Al-Khalaf, Ihab		21.04.1993	10	0
Angerhöfer, Felix		22.03.1997	26	6
Aslan, Caga		31.05.1996	16	5
Barlage, Leon		25.07.1997	1	0
Bektas, Yildirim Kaan		07.07.1996	21	0
Falk, Tim		21.07.1998	28	1
Günaydin, Kenan		14.08.1997	10	0
Günther, Eric	T	14.10.1997	5	0
Hampf, Timo	T	28.09.1976	1	0
Hinz, Maximilian		03.02.1996	12	0
Hohlfeld, Anton		20.01.1997	26	2
Istvanic, Tino		16.05.1995	23	10
Jäschke, Marvin	T	21.09.1997	25	0
Kemter, Martin		20.10.1991	23	6
Mastalerz, Yannick		25.09.1997	27	1
Reischert, Mathias		14.11.1984	14	5
Rötzscher, Dennis		09.05.1996	1	0
Sariboga, Ilhan		29.01.1997	23	1
Schulze, Paul		12.10.1998	14	0
Skade, Christopher-Lennon		27.02.1996	2	0
Sobeck, Alexander		28.05.1997	23	0
Suter, Luis		23.08.1997	5	0
Tuchtenhagen, Dominik		11.03.1995	28	0
Vogt, Pierre		28.05.1997	22	2
Wittur, Niclas		02.05.1997	29	1
Eigentore				2
Trainer:				
Reimann, Christof		30.12.1983	30	

Torgelower FC Greif

Spieler		geb. am	Sp.	T.
Albrecht, Nick		15.08.1999	1	0
Behm, Manuel-Pascal	T	09.01.2000	1	0
Beyer, Tim	T	06.03.1993	24	0
Bylicki, Hubert		17.08.1991	16	3
Dachner, Bado		19.04.2001	1	0
Freyer, Michael		11.07.1987	14	2
Galoch, Patryk		16.10.1994	24	1
Hink, Robin		26.07.1999	9	0
Jager, Robert		22.03.1981	11	0
Jandt, Johannes		18.01.1993	12	0
Jarchow, Till		07.12.1995	1	0
Jurkow, Przemyslaw Piotr		13.10.1998	24	3
Juszczak, Marcin		28.11.1991	28	4
Kaczmarczyk, Marcin	*T	16.03.1987	7	0
Korczynski, Konrad		26.09.1994	26	1
Mista, Marcin		01.11.1983	25	0
Puchniarski, Dominik		13.09.1999	16	1
Riechert, Kevin		23.06.1989	27	8
Ropiejko, Maciej		26.11.1986	23	11
Runge, Florian		18.04.1997	14	0
Schmidt, Toni		20.02.1990	25	3
Schotte, Enrico		12.12.1988	1	0
Sobolczyk, Mateusz Marek		29.01.1992	18	3
Stövesand, Nick		08.10.1995	23	2
Tiede, Ben		16.02.1998	29	2
Tiepo, Patrick Adriano		25.07.1996	4	0
Trainer:				
Stäck, Heiko		27.06.1968	7	
Asma, Ekrem		05.03.1964	23	

Tennis Borussia

Spieler		geb. am	Sp.	T.
Aktas, Ertugrul	T	06.01.2000	23	0
Aydin, Enes		23.12.1996	12	0
Benyamina, Marco Karim		18.12.1981	24	12
Bülbül, Kerem		12.01.1995	10	2
El-Rayan, Nimer		14.12.1993	2	0
Etike, Sercan		28.08.1999	2	0
Franke, Thomas		21.01.1988	27	2
Gelici, Rifat		02.04.1991	29	10
Göwecke, Nils		16.07.1991	23	1
Günes, Lucas Jeremias		12.06.1999	6	0
Gurklys, Lucas Nico		02.11.2000	10	1
Jagne, Bekai		01.01.1998	23	11
Kahraman, Sefa		19.04.1997	19	4
Konrad, Max Michael		07.07.1997	23	0
Matt, Nikolai		14.03.1989	27	1
May Mecha, Higino Martin		06.02.1990	18	2
Önal, Efe		25.05.1999	14	1
Perkovic, Marko		16.09.1999	5	2
Rockenbach da Silva, Thiago		01.02.1985	30	18
Rocktäschel, Fynn Johannes		15.06.1998	13	0
Rogall, Bjarne	T	16.09.1989	3	0
Schmunck, Tino		31.10.1990	28	1
Sentürk, Faruk Numan		09.01.1994	21	1
Steinpils, Lovis		08.08.1999	14	1
Turhan, Murat		24.06.1987	7	4
Verstappen, Eric	T	19.05.1994	4	0
Yildirim, Kagan		22.04.1996	1	0
Eigentore				2
Trainer:				
Kutrieb, Dennis		01.12.1979	30	

FC Anker Wismar

Spieler		geb. am	Sp.	T.
Bode, Marco		27.05.1996	26	1
Ehlert, Thomas		05.02.1988	1	0
Esteves Lima, Guilherme		05.04.1993	23	2
Galac, Pavel	T	06.09.1995	6	0
Kljajic, Robertino	T	10.12.1990	13	0
Kurjanov, Alex		05.03.1998	2	0
Luvumbu Oliveira, Tshomba		09.08.1995	13	1
Martens, Dennis		15.06.1988	1	0
Ney, Tom		17.07.1994	27	2
Oblizajek, Hubert		01.11.1998	12	0
Odichukwumma Igweani, Kelvin		24.04.1997	10	2
Okafor, Christian Chidiebere		24.07.1994	27	1
Ostrowitzki, Philipp		23.02.1991	28	0
Ottenbreit, Marcel		24.04.1997	21	1
Pais Rodrigues, Ivanir Abelha		20.02.1990	28	3
Plawan, Johannes		06.01.1999	9	0
Popowicz, Kamil		31.10.1996	12	0
Pratsler, Alex		16.04.1999	11	0
Queckenstedt, Tim		15.01.1998	19	0
Sanchez-Contador Uria, Ignacio		20.04.1994	13	0
Schiewe, Sebastian		29.03.1988	27	3
Seide, Mirco	T	15.10.1998	11	0
Serweta, Tomasz		01.07.1998	17	2
Silinou, Franc Junior		05.03.1997	8	0
Unversucht, Philipp		17.07.1986	28	1
Wahab, Sahid		08.02.1989	24	5
Eigentore				1
Trainer:				
Dinalo Adigo, Christiano		25.07.1972	30	

Hertha 03 Zehlendorf

Spieler		geb. am	Sp.	T.
Amm, Patrick	*T	21.01.1998	6	0
Barbakadze, Tornike		24.04.1996	2	0
Binting, Lukas		07.05.1996	2	0
Bokake-Befonga, Rici		26.08.1997	2	0
Dombrowe, Dennis		31.05.1994	25	1
Duraj, Arjan		24.09.1998	25	2
Gakpeto, Efräim		04.12.1991	22	1
Gustavus, Emil		11.11.2000	2	0
Haritos, Panajiotis		04.01.1996	11	0
Hopprich, Carl		07.03.1996	23	0
Huke, Sebastian		11.08.1989	24	30
Karadeniz, Erhan		17.07.1999	5	0
Klecha, Dominik		21.11.1997	12	0
Lehmann, Konstantin	T	29.07.1999	9	0
Manske, Johannes		12.02.2000	2	0
Nellessen, Benedikt		21.06.1990	27	8
Nickel, Jonas		06.01.1997	12	0
Rohana, Lukas		18.09.1997	26	1
Rüb, Aron		25.05.1998	2	0
Schleiff, Jian		31.01.1996	17	0
Schröder, Robert		10.06.1988	26	1
Sprint, Philip	T	27.06.1993	17	0
Stein, Lenny		05.11.1995	28	5
Vetter, David		28.01.1998	9	0
Wahl, Daniel		29.08.1990	20	2
Warwel, Niclas		30.01.1990	30	7
Wegener, Paul Roman		09.09.2000	2	0
Zellner, Marc		29.06.1992	25	5
Trainer:				
Schatte, Markus		22.06.1956	30	

CFC Hertha 06

Spieler		geb. am	Sp.	T.
Arslan, Oguzhan		29.05.1998	20	0
Ayvaz, Ali		19.06.1996	27	6
Baba, Merdan		07.10.1996	28	13
Basaran, Eren		20.05.1998	12	0
Braunsdorf, Steven	T	24.01.1992	28	0
Cakir, Ergün		19.03.1997	23	4
Cakir, Hasan		16.12.2000	12	1
Diallo, Abdoulaye Djibril		01.05.1999	16	4
Feitosa Carreira, Gabriel		01.01.2000	2	0
Ghasemi-Nobakht, Sebastian		11.10.1985	27	6
Günel, Ramazan		01.01.1997	8	1
Hawwa, Basel		01.01.1990	27	0
Heimur, Walid		28.11.1999	1	0
Jaballah, Slim		03.10.1986	19	0
Karadeniz, Atakan		15.05.1999	1	0
Kartal, Ahmet		12.03.1999	26	0
Keskin, Turgut	T	15.08.1968	1	0
Ouattara, Ibrahim Razack		06.03.1996	13	2
Pereira, Hallyson Carlos		13.02.1997	4	1
Radwan, Hani		24.04.1996	4	0
Sagir, Salih		25.02.1998	20	3
Salem, Amir	T	15.07.1998	2	0
Samardzic, Nemanja		19.03.1997	21	1
Tanis, Dogukan		02.05.1999	16	1
Ugur, Oktay		12.08.1999	11	0
Ulutürk, Serbülent		25.01.1996	12	1
Werner, Marcel Steffan		27.08.1994	4	0
Yildirim, Merthan		24.11.1997	6	0
Yildiz, Furkan		18.06.1999	26	0
Eigentore				1
Trainer:				
Tik, Murat		12.07.1974	30	

BSC Süd 05

Spieler		geb. am	Sp.	T.
Akasha, Khaled		07.03.1999	6	1
Aktas, Burak		29.07.1996	7	0
Budnik, Marcin Jan		12.05.1997	12	1
Dixon, Benjamin Anthony		21.06.1998	4	0
Eirich, Alexander		16.03.1994	14	5
El-Ali, Hafez		24.04.1997	28	0
Froelian, Maurice		10.05.1994	25	1
Görisch, René		10.07.1985	17	10
Günther, Jonas		20.07.2000	1	0
Guthke, Sascha		28.09.1993	16	1
Hänsch, Daniel		17.09.1995	30	11
Hartmann, Julian		09.04.1999	18	1
Jaskola, Adrian		31.03.1998	22	0
Kocer, Serafettin		18.05.1999	15	0
Kohlmann, Lukas		21.11.1994	26	2
Kokot, Bazyli Jozef		10.01.1996	13	0
Lang, Joshua		30.01.1995	12	1
Maderthoner, Rico	T	28.01.1987	3	0
Mballa Mvogo, Leonnel	T	06.08.1999	7	0
Mendoza, Anibal		05.04.1997	9	1
Neubauer, Toni	T	25.01.1997	12	0
Orlos, Karol		09.04.1996	23	0
Pataman, Evgeni		12.07.1996	28	8
Schikora, Philipp		13.07.1988	12	0
Spiewak, Olivier		03.09.1999	7	0
Touré, Mohamed Saloun		23.11.1995	11	1
Wessel, Daniel	T	21.04.1991	9	0
Yildiz, Askin		05.04.1998	23	6
Eigentore				2
Trainer:				
Gümüs, Özkan		24.08.1977	30	

SC Staaken 1919

Spieler		geb. am	Sp.	T.
Agyei-Yeboah, Samuel		15.08.1996	14	1
Akolgo, Jonathan		31.05.2000	1	0
Aksakal, Deniz		10.07.1994	21	1
Anner, Thomas		01.03.1998	14	0
Bahceci, Erhan		26.06.1984	26	16
Binting, Lukas		07.05.1996	8	0
Binting, Tim		31.08.1984	21	1
Bremer, Marcel		13.10.1998	26	2
Eder, Jeremy		15.12.1999	12	0
Gigold, Sebastian		23.02.1991	26	14
Guske, Louis Anthony		18.01.1993	4	1
Hesse, Lukas	T	24.08.1990	20	0
Kablan, Avni		17.05.1999	3	0
Koschnik, David		21.03.1991	20	5
Kote Lopez, Jesucristo		15.08.1990	2	0
Kubens, Marvin		28.12.1998	9	0
Küffner, Til		11.07.1996	14	1
Kurras, Moritz		24.08.1995	7	0
Lampert, Tim		04.03.1996	29	3
Mielke, Moritz		18.03.1994	23	0
Paul, Sebastian	T	27.10.1994	11	0
Plohmann, Dominik		29.12.1995	9	0
Reichel, Marc		31.01.1995	23	0
Reske, Dominik		19.10.1992	3	0
Schultz, Marco		21.02.1996	7	0
Selman, Ahmad		09.04.1998	17	6
Soltan, Vasile		09.12.1992	5	1
Wartchow, David		26.05.1999	19	0
Wartchow, Jakob		26.05.1999	20	4
Trainer:				
Seitz, Jeffrey		01.09.1984	30	

FC Hansa Rostock II

Spieler		geb. am	Sp.	T.
Berger, Johann		23.07.1999	17	4
Billep, Nico		02.09.1996	24	5
Birkholz, Eric		13.04.1995	27	3
Bouziane, Mounir		05.02.1991	3	1
Donkor, Anton Leander		11.11.1997	5	3
Ehlers, Ben-Luka		26.05.1998	16	1
Evseev, Willi		14.02.1992	2	1
Farr, Janis		01.12.1999	29	3
Frank, Jan-Eric		31.03.2000	1	0
Grabow, Jacob		09.09.1999	7	0
Grotkopp, Gordon		17.12.1993	9	1
Gründemann, Eric	T	08.09.1998	7	0
Guth, Justus		21.07.1998	18	2
Hahnel, Jörg	T	11.01.1982	13	0
Hahnel, Julian		12.06.1998	26	12
Haufe, Henry		11.01.1989	22	11
Hurtig, Jonas		14.08.1997	18	3
Janßen, Tim		18.04.1999	10	0
Kroh, Ian		13.06.2000	2	0
Krolikowski, Robin		02.03.1999	14	2
Meyer, Lucas		01.02.1998	26	5
Nadeau, Joshua Jean Victor		12.09.1994	1	0
Orlishausen, Dirk	T	15.08.1982	1	0
Puls, Philipp	T	21.09.2000	3	0
Reinthaler, Max		22.03.1995	7	0
Schauer, Martin		29.12.1999	3	0
Scherff, Lukas		14.07.1996	1	0
Schewe, Lucas		14.09.2000	1	0
Sebald, Alexander	T	27.07.1996	6	0
Steinicke, Lucas		03.06.2000	2	0
Thiemroth, Johannes		25.11.1998	10	0
Tille, Niklas		10.01.1995	23	5
Williams, Del Angelo		04.08.1993	5	4
Willms, Bill		26.07.1995	29	3
Zühlke, Ben		10.04.1999	23	0
Trainer:				
Dojahn, Felix		16.02.1986	32	

Oberliga Nordost Gruppe Süd

Pl.	(Vj.)	Mannschaft		Sp	S	U	N	Tore	TD	Pkt	Sp	S	U	N	Tore	Pkt	Sp	S	U	N	Tore	Pkt
								Gesamtbilanz							**Heimbilanz**						**Auswärtsbilanz**	
1.	(↓)	BSG Chemie Leipzig	↑	30	21	6	3	65-29	+36	69	15	11	4	0	37-13	37	15	10	2	3	28-16	32
2.	(↓)	FSV 63 Luckenwalde		30	20	8	2	83-29	+54	68	15	11	3	1	48-12	36	15	9	5	1	35-17	32
3.	(5.)	FC Eilenburg		30	17	6	7	62-36	+26	57	15	11	2	2	33-15	35	15	6	4	5	29-21	22
4.	(2.)	FC International Leipzig		30	14	11	5	50-22	+28	53	15	7	5	3	24-11	26	15	7	6	2	26-11	27
5.	(↑)	FSV Wacker 90 Nordhausen II		30	12	10	8	58-45	+13	46	15	7	6	2	35-21	27	15	5	4	6	23-24	19
6.	(3.)	FC Carl Zeiss Jena II		30	13	7	10	51-47	+4	46	15	7	4	4	30-20	25	15	6	3	6	21-27	21
7.	(8.)	VfB Krieschow		30	11	7	12	35-41	-6	40	15	5	5	5	20-18	20	15	6	2	7	15-23	20
8.	(7.)	FC Einheit Rudolstadt		30	9	10	11	40-46	-6	37	15	4	5	6	16-21	17	15	5	5	5	24-25	20
9.	(↑)	Ludwigsfelder FC	→	30	9	9	12	37-41	-4	36	15	5	7	3	20-15	22	15	4	2	9	17-26	14
10.	(11.)	BSG Wismut Gera	↓	30	9	8	13	55-63	-8	35	15	4	4	7	26-33	16	15	5	4	6	29-30	19
11.	(4.)	Vogtländischer FC Plauen		30	8	10	12	44-46	-2	34	15	6	4	5	26-22	22	15	2	6	7	18-24	12
12.	(9.)	VfL 96 Halle		30	8	10	12	52-60	-8	34	15	5	4	6	25-31	19	15	3	6	6	27-29	15
13.	(10.)	SG Union Sandersdorf		30	9	4	17	33-46	-13	31	15	8	1	6	24-19	25	15	1	3	11	9-27	6
14.	(6.)	TV Askania Bernburg		30	8	5	17	37-64	-27	29	15	4	1	10	19-35	13	15	4	4	7	18-29	16
15.	(↑)	VfL Hohenstein-Ernstthal		30	7	5	18	35-71	-36	26	15	5	3	7	20-27	18	15	2	2	11	15-44	8
16.	(↑)	SV Blau-Weiß Zorbau	↓	30	3	8	19	33-84	-51	17	15	2	4	9	18-36	10	15	1	4	10	15-48	7

Absteiger aus der Regionalliga: FC Oberlausitz Neugersdorf (Nordost; freiwillig).
Aufsteiger in die Regionalliga: BSG Chemie Leipzig (Nordost).
Wechsel in die Staffel Nord: Ludwigsfelder FC.
Absteiger in die LL/VL: SV Blau-Weiß Zorbau (Sachsen-Anhalt) und BSG Wismut Gera (Thüringen; freiwillig).
Aufsteiger aus den LL/VL: VfB IMO Merseburg als 1. FC Merseburg (Sachsen-Anhalt; Meister 1. FC Romonta Amsdorf hat verzichtet), FSV Martinsroda (Thüringen) und FC Grimma (Sachsen).

Oberliga Nordost Gruppe Süd 2018/19

	Chemie Leipzig	FSV Luckenwalde	FC Eilenburg	International Leipzig	Nordhausen II	Carl Zeiss Jena II	VfB Krieschow	Einheit Rudolstadt	Ludwigsfelder FC	BSG Wismut Gera	VFC Plauen	VfL 96 Halle	Union Sandersdorf	Askania Bernburg	Hohenstein-Ernst.	Blau-Weiß Zorbau
BSG Chemie Leipzig	X	2:2	2:1	1:1	2:1	3:0	2:1	2:1	2:0	2:2	1:0	3:1	3:1	6:1	0:0	6:1
FSV 63 Luckenwalde	5:0	X	3:0	1:1	2:2	5:1	4:0	4:3	0:1	2:1	2:0	2:2	1:0	3:0	5:1	9:0
FC Eilenburg	2:0	2:2	X	1:0	4:2	5:1	0:1	2:2	0:1	2:1	3:2	2:0	3:0	2:1	3:1	2:1
FC International Leipzig	0:2	0:3	1:1	X	1:1	0:0	0:1	1:1	1:0	3:1	1:0	0:0	4:0	2:0	5:1	5:0
FSV Wacker 90 Nordhausen II	1:2	2:0	2:1	1:1	X	2:3	3:0	2:2	3:2	2:2	0:0	1:1	3:1	5:3	2:2	6:1
FC Carl Zeiss Jena II	0:2	2:2	2:4	2:1	1:1	X	0:0	2:2	1:0	1:2	3:0	5:3	1:2	3:0	4:0	3:1
VfB Krieschow	0:1	2:4	0:0	1:1	0:3	3:0	X	1:0	1:0	0:1	2:3	1:1	2:1	1:1	4:0	2:2
FC Einheit Rudolstadt	1:3	1:1	2:2	0:1	1:0	1:1	0:2	X	1:2	0:1	3:3	2:1	1:1	0:2	2:1	1:0
Ludwigsfelder FC	1:1	0:5	2:2	0:1	3:0	0:0	1:0	2:2	X	1:1	2:1	3:1	0:0	0:1	5:0	0:0
BSG Wismut Gera	4:2	1:4	2:5	0:0	0:2	2:4	4:1	1:2	4:0	X	0:3	3:3	1:0	2:2	1:4	1:1
Vogtländischer FC Plauen	0:0	2:4	1:4	1:2	1:1	1:0	3:0	4:1	1:1	1:3	X	1:1	1:0	0:2	6:1	3:2
VfL 96 Halle	0:5	1:1	0:1	0:3	4:1	1:4	0:2	0:2	2:2	7:4	3:3	X	2:1	1:0	3:1	1:1
SG Union Sandersdorf	0:4	1:2	2:0	1:4	0:1	3:0	3:1	1:2	2:0	2:1	0:0	3:1	X	1:2	2:1	3:0
TV Askania Bernburg	1:3	0:1	0:3	0:5	2:1	1:2	1:3	1:2	2:1	4:3	2:2	1:3	2:1	X	1:2	1:3
VfL Hohenstein-Ernstthal	0:1	0:2	1:0	1:4	1:4	0:3	2:3	1:0	4:2	2:2	0:0	1:4	2:0	0:0	X	5:2
SV Blau-Weiß Zorbau	1:2	1:2	1:5	1:1	2:3	0:2	0:0	1:2	2:5	1:4	2:1	1:5	1:1	3:3	1:0	X

Torschützenliste:

Platz	Spieler (Mannschaft)	Tore
1.	Flath, Christian (FSV 63 Luckenwalde)	24
	Kind, Tommy (VfL 96 Halle)	24
3.	Jagupov, Jegor (BSG Wismut Gera)	22
4.	Tanio, Takahiro (FSV 63 Luckenwalde)	17
5.	Bravo, Adrian P. (International Leipzig)	15
	Heinze, Daniel (BSG Chemie Leipzig)	15
7	Bury, Alexander (BSG Chemie Leipzig)	12
	Jochmann, Henrik (FC Eilenburg)	12
9.	Becker, Daniel (FSV 63 Luckenwalde)	11
	Druschky, Kai (BSG Chemie Leipzig)	11
	Fraus, Tom (TV Askania Bernburg)	11
	Lehmann, Christopher (Wismut Gera)	11

Zuschauerstatistik:

Mannschaft	gesamt	Schnitt
BSG Chemie Leipzig	41.921	2.795
VFC Plauen	6.795	453
FSV 63 Luckenwalde	5.499	367
BSG Wismut Gera	5.364	358
VfB Krieschow	4.396	293
FC Intern Leipzig	3.961	264
Ludwigsfelder FC	3.529	235
VfL Hohensten-Ernst.	3.511	234
Blau-Weiß Zorbau	3.482	232
FC Eilenburg	3.200	213

Mannschaft	gesamt	Schnitt
VfL Halle 96	2.349	157
Nordhausen II	2.163	144
TV Askania Bernburg	2.051	137
FC Carl Zeiss Jena II	1.719	115
Union Sandersdorf	3.157	210
Einheit Rudolstadt	2.519	168
	95.616	**398**

Informationen zum Entscheidungsspiel über den Verbleib in der Oberliga Nordost finden Sie auf Seite 327.

TV Askania Bernburg

Spieler		geb. am	Sp.	T.
Arendt, Oliver	T	14.10.1998	4	0
Bäcker, Marcus		03.08.1988	2	0
Bauer, Jan		01.06.1988	3	0
Bochmann, Franz		17.03.1992	24	5
Böhne, Gino		13.02.1993	20	0
Dabel, Vincent		26.09.1993	24	1
Datemasch, Giovanni	T	27.03.1997	3	0
Dierichen, Martin		30.04.1999	28	0
Flevaris, Christos		25.12.1991	11	0
Flevaris, Gerasimos		25.12.1995	10	0
Fraus, Tom		24.01.1992	29	11
Groß, Gedeon		14.03.1998	14	0
Hess, Mika		18.10.1998	1	0
Hesse, Mario		01.01.1993	27	3
Hinrichsmeyer, Leo Anton		10.03.1995	20	2
Keska, Kacper Marian		14.12.1997	27	1
Klitscher, Dennis		05.01.1998	22	0
Kretschmer, Max		23.04.1996	27	7
Kümmel, Eddie		02.01.2000	2	0
Kürschner, Steven		19.06.1995	9	1
Kullmann, Christopher		19.09.1986	8	3
Muwanga, Gerald		12.04.1992	15	1
Podleska, Sascha		09.08.1996	7	1
Poliscuks, Dmitrijs		29.07.1996	10	0
Salis, Martin		28.06.1990	12	0
Stamer, Max	T	16.01.1997	23	0
Weber, Nicolas-Peter		26.01.1994	24	0
Eigentore				1
Trainer:				
Oswald, Karsten		30.06.1975	15	
Bäcker, Marcus (i.V.)		03.08.1988	1	
Donath, Tobias		06.05.1989	14	

BSG Wismut Gera

Spieler		geb. am	Sp.	T.
Börner, Raphael		18.02.1997	25	1
Cherouny, Maximilian		05.07.2000	2	0
Christl, Maximilian		27.03.1999	9	1
Dos Santos, Raimison Draiton		13.11.1995	12	3
Grabs, Julius		30.11.1999	15	0
Gröschke, Joseph		05.05.1995	26	1
Jagupov, Jegor		26.12.1995	25	23
Katzenberger, Philipp		14.04.1999	25	0
Kirstein, Lionel		13.09.2000	1	0
Kriebel, Nicolas	T	15.07.1999	23	0
Lehmann, Christopher		21.08.1990	28	10
Mühlmann, Jacob	T	05.09.1989	8	0
Müller, Frank		24.10.1986	1	0
Nolde, Marcel		19.06.1985	28	3
Paul, Robert		17.10.1984	20	2
Puhan, Dimitrij		25.06.1994	19	2
Pusch, Marco		21.01.1995	28	1
Raßmann, Stefan		29.06.1994	30	1
Richter, Felix		07.10.1994	5	0
Roy, Philipp		24.10.1993	12	0
Scherzer, Jonas		20.06.2000	2	0
Schubert, Florian		24.10.1995	10	0
Slawik, Timo		29.11.1998	13	0
Söllner, Chris		04.02.1998	30	3
Weis, Carsten		18.01.1986	14	3
Eigentore				1
Trainer:				
Müller, Frank		24.10.1986	25	
Just, Alexander (IT) und		08.12.1981	5	
Teichmann, Norman (IT)		12.04.1983		

International Leipzig

Spieler		geb. am	Sp.	T.
Aschenkewitz, Raymond		03.08.1998	19	0
Baidoo, Frank Junior		22.12.1996	9	2
Becker, Ilias		18.10.1997	16	2
Candé, Braima		04.09.1995	13	0
Cygankov, Artem		11.03.1998	10	1
Dörrlamm, Nico		30.09.1995	2	0
Franceschi, Marcelo Henrique		17.05.1993	28	7
Hackl, Christian		10.02.1999	4	0
Hädrich, Patrick		15.11.1999	14	1
Heckel, Kevin		09.05.1997	2	0
Ieridis, Christos		12.12.1994	25	1
Kantartzis, Ioannis		06.08.1993	26	1
Kim, Dong-Min		29.03.1993	23	1
Kyriatzis, Dimitris	T	28.11.1998	30	0
Levnaic, Zoran		04.04.1987	4	0
Makengo, Jean Bosco		07.01.1997	13	1
Melkonyan, Arman		13.02.1994	12	3
Misaki, Christopher Sadamu		07.11.1995	27	2
Moutsa, Tzonatan		23.06.1994	30	3
Nzabahoza, Aimable		23.09.1995	2	0
Park, Younghoon		06.12.1996	3	0
Pérez Bravo, Adrián		29.05.1991	15	15
Rode, Robert		30.03.1994	24	0
Russo, Salvatore Paul		24.08.1998	2	0
Serrano de la Cruz Vidal, Juan J.		17.01.1994	27	2
Shoshi, Arlind		02.05.1997	11	6
Strietzel, Bastian		19.06.1998	13	1
Zeqiri, Skodran		05.08.1997	8	0
Eigentore				1
Trainer:				
Backhaus, Heiner		04.02.1982	24	
Levnaic, Zoran		04.04.1987	6	

VfL Halle 96

Spieler		geb. am	Sp.	T.
Aliyev, Daniel		30.08.1999	2	0
Aljindo, Adel		05.04.1992	14	2
Barth, Tommy		11.01.1997	25	0
Bolz, Nils Morten		15.10.1997	29	0
Eder, Konstantin		21.05.1997	26	0
Englich, Lukas		09.11.1998	22	1
Grieser, Benjamin		23.08.1996	14	2
Hilprecht, Florian		25.12.1997	3	0
Ignorek, Christian	T	10.10.1997	6	0
Kind, Tommy		08.07.1989	28	24
Kowalewicz, Johann		29.07.1997	18	2
Lorenz, Linus		08.05.1995	9	0
Motscha, Philipp Holger		03.10.1995	14	0
Niesel, Steven		18.02.1998	22	0
Schiller, Kevin		20.03.1993	27	4
Schlüchtermann, Sven		31.10.1986	27	3
Schunke, Arnold		03.03.1996	20	4
Shoshi, Blerand		04.12.1997	16	0
Soueidan, Schadi		15.09.1997	20	1
Waite, Nicholas	T	19.07.1993	25	0
Worbs, Max		15.06.1991	28	6
Zimmer, Max		18.06.1997	15	3
Trainer:				
Behring, René		13.10.1976	30	

VfL Hohenstein-E.

Spieler		geb. am	Sp.	T.
Bernardini, André	T	21.02.1996	7	0
Blankenburg, Roy		01.10.1986	30	2
Colditz, Philipp		09.11.1990	28	7
Elezi, Durim		21.12.1990	8	3
Enold, Kai		13.01.1987	30	7
Erler, Fabian		10.11.1996	24	2
Fischer, Eric		04.12.1990	28	0
Gehrmann, Max		17.05.1995	13	3
Georgi, Maik		06.04.1988	26	2
Heinrich, Daniel		23.04.1998	25	1
Heßmann, Guido		10.08.1990	11	0
Kochte, Thomas		23.11.1984	21	0
Kunert, Felix		27.11.1991	6	1
Neubert, Michael		28.10.1997	21	2
Özkan, Zeki		16.08.1998	10	0
Petkov, Pavel	T	05.06.1994	22	0
Pohl, Marco	T	23.06.1989	1	0
Schmeling, Max		01.02.1996	20	0
Stier, Florian		07.07.1998	21	0
Weiske, Sebastian		23.04.1994	23	3
Wilhelm, Tom		11.11.1991	24	0
Wittig, Christopher		27.11.1995	10	1
Eigentore				1
Trainer:				
Petkov, Russi		21.06.1976	19	
Dieske, Steve		07.02.1980	11	

FC Einheit Rudolstadt

Spieler		geb. am	Sp.	T.
Baumann, Markus		28.09.2000	10	0
Bismark, Robert		20.08.1993	27	1
Bresemann, Max	T	08.06.1995	12	0
Gehrmann, Leonard		26.05.1999	11	0
Gehrmann, Max		17.05.1995	15	0
Güttich, Markus		25.10.1988	15	0
Hodek, Lukas		15.10.1999	15	0
Kaiser, Georg		30.04.1997	23	1
Marczuk, Adam	T	10.10.1995	18	0
Michl, Vincent		10.03.1999	14	0
Oeftger, Hans		08.07.1999	10	0
Reetz, Arne		18.04.1989	18	3
Riemer, Marco		24.02.1988	27	7
Röppnack, Philipp		21.11.1989	11	1
Rühling, Tim		27.02.1998	25	1
Rümpler, Lukas		13.09.1995	3	0
Rupprecht, Sven		01.10.1997	28	7
Schirrmeister, Lukas		29.01.1993	29	3
Schlegel, Patrik		08.03.1991	18	10
Seturidze, George		08.04.1985	26	1
Szymanski, Mateusz Lukasz		26.02.1998	21	0
Thönnessen, Thomas		16.03.1992	11	0
Xavier Amaro, Raul Victor		13.07.1994	21	5
Trainer:				
Jähnisch, Holger		20.07.1970	30	

BSG Chemie Leipzig

Spieler	geb. am	Sp.	T.
Berg, Sebastian	11.12.1990	1	0
Berger, Eric	25.02.1998	21	2
Böttger, Marc	26.04.1994	25	1
Bury, Alexander	22.11.1991	28	12
Druschky, Kai	19.04.1993	23	11
Günther, Paul Johannes	25.10.1999	1	0
Heine, Dominic-René T	12.09.1995	5	0
Heinze, Daniel	17.10.1987	26	15
Karau, Stefan	09.02.1986	27	0
Keßler, Max	20.01.1999	27	4
Kirstein, Florian	03.08.1995	3	0
Latendresse-Levesque, Julien T	27.02.1991	25	0
Omote, Ryutaro	03.09.1991	10	0
Opolka, Niklas	06.07.1998	9	0
Rode, Sascha	05.06.1988	10	1
Schmidt, Benjamin	14.01.1990	27	2
Schmidt, Florian	04.03.1990	17	5
Schmidt, Lars	07.06.1995	15	0
Stelmak, Branden Garrett	22.06.1989	21	3
Troglic, Marko	04.06.1991	19	0
Wajer, Manuel	27.12.1994	27	5
Wendschuch, Andy	11.04.1988	25	1
Wendt, Philipp	28.02.1997	23	1
Eigentore			2
Trainer:			
Demuth, Dietmar	14.01.1955	15	
Sobottka, Christian	28.07.1981	1	
Jagatic, Miroslav	16.07.1976	14	

FSV 63 Luckenwalde

Spieler	geb. am	Sp.	T.
Arnold, Jonas	12.05.1997	21	0
Becker, Daniel	08.05.1987	24	11
Bogdan, Aaron	13.11.1991	10	0
Borkowski, Pascal	07.06.1994	23	3
Budde, Edgar	21.01.1998	20	1
Filatow, Konstantin T	16.08.1989	28	0
Flath, Christian	23.03.1994	28	24
Francisco, Tobias	31.03.1988	25	2
Friedlander, Eric Austin	14.08.1994	1	0
Göth, Tim	25.07.1998	8	2
Hadel, Marcel	11.04.1989	26	5
Hennig, Antonin	01.05.1997	28	4
Juhász, Richárd	14.09.1995	14	0
Koplin, Clemens	06.06.1994	23	3
Kwiatkowski, Maciej	25.03.1988	25	4
Müller, Steve	16.05.1985	24	1
Muniz dos Santos, Daniel	20.05.1992	5	0
Neumann, Johannes	07.04.1999	1	0
Repetylo, Denys	15.05.1991	1	0
Richter, Patrick	26.06.1990	9	1
Schmidt, Jonas	18.11.1992	18	0
Silva Magalhaes, José Raimundo	12.01.1986	19	3
Soraru, Sandro T	24.11.1999	3	0
Tanio, Takahiro	26.02.1991	23	17
Tix, Nicolas T	05.04.1997	2	0
Eigentore			2
Trainer:			
Kistenmacher, Jan	02.09.1973	30	

Ludwigsfelder FC

Spieler	geb. am	Sp.	T.
Blisse, Brian	13.09.1993	10	0
Bree, Carlo	17.10.1995	3	0
Eichhorn, Aaron	03.11.1992	23	0
Eichhorn, Sebastian	16.07.1994	13	1
Freitas De Garcia Klingel, Thomasz	18.05.1996	9	2
Goede, Markus	06.09.1988	28	2
Hager, Toni	24.05.1993	17	4
Karaschewitz, Philipp	18.11.1987	3	0
Kowalski, Patrick	28.09.1992	16	3
Ladewig, Maximilian	02.07.1994	18	2
Lemke, Christopher	14.03.1995	29	9
Lindner, Lucas T	01.07.1995	28	0
Marku, Herald	18.05.1996	2	0
Marx, Steven	04.11.1997	14	0
Matthäs, Felix	05.09.1995	19	1
Matthäs, Florian	05.09.1995	29	2
Nüsse, Dennis	03.01.1999	19	0
Pollow, Philip	26.10.1994	23	0
Poznanski, Thomas	05.08.1990	3	0
Rindelhardt, Adam	08.07.1999	27	1
Rodenhagen, Tim	24.06.1997	6	0
Romanovski, Maxim	19.08.1993	22	1
Ruge, Alexander T	18.09.1997	2	0
Szczepanik, Sylwester	28.12.1990	1	0
Van Humbeeck, Paul	12.02.1989	25	9
Trainer:			
Löbenberg, Volker	16.12.1959	19	
Cami, Rezart	22.10.1969	11	

FC Eilenburg

Spieler	geb. am	Sp.	T.
Bär, Jonas	05.07.1999	10	0
Bartlog, Christoph	23.11.1991	8	1
Bunge, Tim	06.04.1996	14	7
Dietrich, Robin	11.05.1993	13	0
Dimespyra, Alexandros	18.10.1994	27	6
Döbelt, Fabian	12.05.1998	20	6
Fiedler, Adam	12.01.1993	10	6
Heidel, Sebastian	25.05.1989	27	1
Hofmann, Stephan	17.09.1984	25	0
Jochmann, Henrik	16.04.1992	26	12
Klemm, Sebastian	15.09.1993	10	0
Kummer, Dennis	14.06.1994	17	3
Luis, Benjamin John	05.08.1999	29	8
Majetschak, Toni	17.09.1994	29	5
Naumann, Andreas T	17.01.1993	29	0
Röhrborn, Maximilian	12.03.1994	9	1
Sauer, Philipp	04.08.1994	22	1
Schmidt, Sebastian	16.07.1997	22	0
Stanzel, Linus	22.10.1996	9	0
Thomas, Florian T	01.01.1997	1	0
Vetterlein, Jonas	26.11.1999	24	0
Vogel, Alexander	09.02.1997	25	2
Winkler, René	30.12.1992	9	2
Eigentore			1
Trainer:			
Knaubel, Nico	20.11.1979	28	
Thiele, Frank (i. V.)	04.02.1960	2	

Union Sandersdorf

Spieler	geb. am	Sp.	T.
Alicke, Moritz	13.12.1996	23	3
Becker, Nico T	16.10.1997	13	0
Böhler, Mathis	27.11.1995	16	1
Breitkopf, Timo	22.11.1988	26	5
Brenner, Christian	09.10.1996	7	0
Brose, Thomas T	20.12.1974	2	0
Eberhard, Stephan	16.12.1995	3	0
Feldmer, Karl Ferdinand	07.08.1998	1	0
Fritzsch, Steffen	04.10.1990	22	1
Gängel, Rico	27.08.1986	26	0
Hermann, Max	03.01.1997	26	1
Hermann, Tom Niclas T	13.04.1996	15	0
Hoffmann, Tim	07.01.1996	17	0
Jonietz, Tim	10.08.1991	26	5
Langner, Alexander	26.12.1994	23	3
Maier, Elias	28.04.1999	3	0
Mustapha, Vincent	10.01.1990	21	0
Reichmuth, Manuel	22.10.1995	8	0
Ronneburg, Stefan	07.02.1989	30	3
Schlegel, Erik	26.02.1997	22	0
Schnabel, Maximilian	17.04.1997	27	1
Uhlmann, Robert	24.07.1998	14	0
Wießner, Richard	12.05.1987	25	3
Zivcec, Denis	06.07.1994	19	6
Eigentore			1
Trainer:			
Sawetzki, Thomas	17.05.1981	30	

SV Blau-Weiß Zorbau

Spieler	geb. am	Sp.	T.
Arendt, Oliver T	14.10.1998	11	0
Barthmuß, Marc	24.12.1995	25	0
Baudisch, Patrick	15.01.1992	14	0
Böttcher, Moritz	28.09.2000	1	0
Dickmann, Dennis T	19.01.1997	10	0
Dwars, Arno	11.08.1994	20	4
Freudenberg, Martin	17.01.1991	19	1
Grün, Tobias T	05.07.1995	9	0
Hartmann, Niklas	22.01.1999	26	2
Haupt, Andy	12.03.1995	27	1
Hietzscholdt, Fabian	09.07.1987	25	1
Kießling, Marcel	13.03.1995	21	3
Kügler, Simon	23.02.1994	12	1
Lerchl, Michael	09.08.1986	24	0
Löbnitz, Sebastian	08.11.1992	7	0
Löser, Andreas	27.06.1992	14	0
Löser, Falko	06.12.1990	27	1
Palme, Alexander	05.04.1991	23	7
Schößler, Fabian	18.10.1989	21	1
Solivani, Khemgin	11.05.1991	25	3
Solivani, Nejervan	20.04.1994	9	0
Winkler, John	04.03.1997	12	3
Witt, Maik	22.09.1989	1	0
Zott, Marvin	05.08.1996	27	4
Eigentore			1
Trainer:			
Kunze, Maik	08.03.1977	30	

VfB Krieschow

Spieler		geb. am	Sp.	T.
Bernhardt, Florian		22.01.1997	18	1
Born, Oliver		07.10.1979	1	0
Dahm, Martin		02.04.1994	23	4
Dörry, Marcus		30.03.1984	14	0
Felgenträger, Leo		27.10.1999	21	3
Gerstmann, Tobias		25.02.1995	13	0
Hebler, Andy		05.01.1989	7	3
Hildebrandt, Dennis		20.08.1992	22	2
Jentsch, Dirk		09.10.1984	1	0
Jeschke, Erich		03.01.1997	17	1
Kaiser, Markus		08.11.1993	15	0
Karow, Kevin		25.10.1990	27	2
Knapczyk, Philipp		09.12.1988	20	3
Konzack, Lars		17.03.1984	17	0
Konzack, Sven		30.03.1986	29	9
Ladwig, Dennis		06.08.1999	29	0
Lieschka, Fabian		25.05.1991	3	0
Lindner, Romano		17.01.1985	14	4
Oberschmidt, Max	T	25.01.1995	5	0
Pahlow, Paul		17.09.1999	27	0
Parnitzke, Kai		29.07.1999	1	0
Pehla, Ralf		20.03.1984	8	0
Pflug, Fritz	T	02.04.1996	26	0
Ren. Wojciech Tadeusz		15.09.1994	13	1
Richter, Tim		09.09.1988	21	1
Schmidt, Florian		10.12.1998	22	0
Eigentore				1
Trainer:				
Lempke, Toni		19.10.1983	30	

FC Carl Zeiss Jena II

Spieler		geb. am	Sp.	T.
Bock, Dominik		20.01.1995	2	1
Dedidis, Alexios	T	21.06.2001	5	0
Dedidis, Vasileios		10.01.2000	1	0
Ellenfeld, Nils	T	22.06.2000	7	0
Erbarth, Joram		04.10.1999	25	6
Förster, Nick		02.04.1999	4	0
Gerlach, Justin		02.02.1990	3	0
Giebel, Florian		16.06.1994	16	1
Gottwald, Max		13.09.2000	2	0
Halbauer, Nils		09.02.1999	13	1
Jaddoua, Mohammad		05.01.1998	15	0
Jäpel, Denis		26.05.1998	2	1
Jürgens, Nicola		13.06.1998	25	8
Koczor, Raphael	T	17.01.1989	2	0
Krahnert, Tom		30.06.1997	19	0
Kretzer, Moritz		27.11.1997	20	1
Kühne, Matthias		27.09.1987	1	0
Leibelt, Moritz		14.06.2000	1	0
Mertes, Felix		09.01.1997	7	0
Nahr, James-Kevin		31.12.1999	13	7
Nöding, Tim		23.05.1999	19	1
Oloff, Florian		14.12.1998	13	1
Pannewitz, Kevin		16.10.1991	2	0
Reitstetter, Valentin		18.01.1998	27	2
Rogerson, Logan Tipene		28.05.1998	7	1
Schau, Justin		21.09.1998	4	0
Schirner, David		03.08.2000	3	0
Schlegel, Maximilian		08.01.1997	21	4
Schmidt, André		01.02.1989	16	0
Schröder, Marc		23.11.1999	21	2
Schüler, Michael		22.07.1997	6	0
Sedlak, Lukas	T	09.09.1999	16	0
Stenzel, Vincent-Louis		13.10.1996	3	0
Tchenkoua Mouko, Fabien		01.10.1992	1	0
Weiß, Maximilian		22.06.1998	18	3
Wittlich, Jeffrey		26.08.1998	20	4
Zarschler, Julian		20.08.1997	7	0
Zintsch, Laurens		01.01.1999	25	4
Eigentore				3
Trainer:				
Fröhlich; Christian		27.10.1977	13	
Popat, Rupesh (i. V.)		17.07.1990	2	
Verhoene, Kenny		15.04.1973	15	

VFC Plauen

Spieler		geb. am	Sp.	T.
Albert, Lucas		02.09.1999	28	4
Albustin, Marian		28.04.1990	26	2
Bauer, Nils		11.01.1997	3	0
Eigel, Gregor Andreas		15.10.1999	2	0
Fatajo, Samba		02.12.1998	15	3
Fischer, Nils		24.01.2000	4	0
Fritzlar, Stefan		22.08.1987	26	8
Grandner, Patrick		28.04.1988	28	5
Grötzsch, Alexander	T	01.12.1980	3	0
Guzlajevs, Aleksandrs		05.06.1997	16	2
Hofmann, Ramón		23.11.1993	6	1
Hübner, Jan		01.10.1999	22	5
Kameraj, Albijan		25.04.1995	24	1
Keller, Benjamin		13.01.1997	14	0
Komnos, Dimitrios		01.02.1993	23	6
Limmer, Tim		27.02.2001	7	0
Lucenka, Edvardas		28.12.1996	8	0
Morozow, Alexander		19.07.1992	25	0
Ranninger, Eric		16.12.1992	28	1
Schumann, Stefan		05.06.1984	28	4
Schuster, Nils		04.12.2000	2	0
Seefeld, Leon	T	17.05.2000	19	0
Sluga, Tim		11.02.2000	6	0
Szczepankiewicz, Daniel	T	23.08.1993	8	0
Walther, Kevin		14.10.1999	18	1
Wüstenhagen, Tim		14.04.1998	19	1
Trainer:				
Rupf, Daniel		21.03.1986	23	
Schindler, Falk		21.09.1978	7	

Wacker Nordhausen II

Spieler		geb. am	Sp.	T.
Andacic, Mateo		16.11.1997	3	0
Aulig, Ruben	T	31.01.1997	14	0
Berbig, Tino	T	07.10.1980	1	0
Chaftar, Mounir		29.01.1986	5	0
Dörnte, Gino		01.12.1999	20	3
Emmert, Johannes		12.07.2000	3	0
Ernst, Jonas		22.11.1995	18	6
Fluß, Robin		07.05.1996	20	0
Genausch, Oliver		01.06.1991	1	1
Gümpel, Leon		20.07.1999	27	1
Gurniak, René	T	20.03.1997	3	0
Häußler, Tim		21.07.1997	3	0
Heidinger, Sebastian		11.01.1986	2	0
Hess, Mika		18.10.1998	10	0
Jokanovic, Josip	T	25.07.1992	11	0
Kauffmann, Benjamin		14.07.1988	4	0
Kirchner, Paul Hans		05.05.1999	14	7
Klaus, Torsten		08.10.1984	14	6
Kores, Stepan		14.02.1989	4	3
Kovac, Vladimir		29.04.1991	6	0
Liese, Lennart		02.11.1998	26	2
Medjedovic, Dino		13.06.1989	5	2
Meinert, Clemens		15.09.1999	7	0
Meitzner, Leonard		16.04.2000	2	0
Mema, Nils		21.02.2000	5	0
Merkel, Pierre		24.04.1989	5	1
Müller, Felix		04.06.1997	1	0
Ortlepp, Lukas		30.06.2000	1	0
Peßolat, Matthias		26.03.1985	8	0
Pfingsten-Reddig, Nils		23.05.1982	28	6
Pietsch, Hagen		16.06.1999	8	0
Reiß, Fabian		26.02.1998	3	0
Sailer, Marco		16.11.1985	14	3
Schneider, Erik		12.10.1997	19	1
Scholl, Lucas		05.07.1996	4	0
Schröter, Florian		28.08.1997	17	0
Schwerdt, Felix		23.02.1996	30	8
Smajlovic, Kenan		01.02.2000	3	0
Treiber, Lucas	T	04.05.2000	3	0
Ucar, Cihan		06.07.1994	5	1
Vassiliadis, Panagiotis		07.06.1998	12	2
Vopel, Marcus		05.11.1989	21	3
Eigentore				2
Trainer:				
Seeland, Philipp		15.05.1990	29	
Peßolat, Matthias (i. V.)		26.03.1985	1	

Oberliga Schleswig-Holstein

Pl.	(Vj.)	Mannschaft		Sp	S	U	N	Tore	TD	Pkt	Sp	S	U	N	Tore	Pkt	Sp	S	U	N	Tore	Pkt
								Gesamtbilanz						Heimbilanz						Auswärtsbilanz		
1.	(1.)	NTSV Strand 08	◇↓	28	20	6	2	73-25	+48	66	14	10	3	1	41-11	33	14	10	3	1	32-14	33
2.	(2.)	TSB Flensburg		28	16	9	3	81-38	+43	57	14	9	3	2	46-21	30	14	7	6	1	35-17	27
3.	(6.)	SV Todesfelde		28	14	9	5	70-39	+31	51	14	8	5	1	36-16	29	14	6	4	4	34-23	22
4.	(7.)	Heider SV	↑	28	16	4	8	64-44	+20	49	14	7	3	4	36-26	24	14	9	1	4	28-18	28
5.	(4.)	SC Weiche Flensburg 08 II		28	12	7	9	55-49	+6	43	14	6	4	4	24-21	22	14	6	3	5	31-28	21
6.	(↑)	VfB Lübeck II		28	11	8	9	53-55	-2	41	14	4	6	4	27-25	18	14	7	2	5	26-30	23
7.	(5.)	SV Eichede		28	10	10	8	56-41	+15	40	14	5	4	5	27-21	19	14	5	6	3	29-20	21
8.	(↑)	TSV Bordesholm		28	12	4	12	46-52	-6	40	14	7	1	6	20-22	22	14	5	3	6	26-30	18
9.	(↓)	Eutiner SpVgg 08		28	9	9	10	60-54	+6	36	14	5	3	6	29-26	18	14	4	6	4	31-28	18
10.	(8.)	Inter Türkspor Kiel		28	9	8	11	43-63	-20	35	14	4	3	7	28-40	15	14	5	5	4	15-23	20
11.	(13.)	Polizei-SV Union Neumünster		28	10	4	14	46-58	-12	31	14	3	2	9	14-31	11	14	7	2	5	32-27	23
12.	(↑)	TSV Kropp		28	7	7	14	42-64	-22	28	14	3	5	6	23-27	14	14	4	2	8	19-37	14
13.	(10.)	SV Frisia 03 Risum-Lindholm		28	8	2	18	31-61	-30	26	14	5	1	8	14-22	16	14	3	1	10	17-39	10
14.	(11.)	VfR Neumünster	↓	28	5	4	19	32-62	-30	19	14	3	3	8	19-29	12	14	2	1	11	13-33	7
15.	(9.)	TSV Lägerdorf	↓	28	4	3	21	26-73	-47	15	14	2	1	11	14-42	7	14	2	2	10	12-31	8
16.	(12.)	TSV Schilksee	⊥	0																		

TSV Schilksee wurde nach dreimaligem Nichtantritt laut Spielordnung ausgeschlossen; alle Spiele wurden aus der Wertung genommen.
Dem Heider SV und Polizei-SV Union Neumünster wurden jeweils drei Punkte wegen Nichterfüllung des Schiedsrichtersolls abgezogen.
NTSV Strand 08 bildet zusammen mit TSV Neustadt/Holstein zur nächsten Saison die SG Neustrand.

Absteiger aus der Regionalliga:	keine.
Aufsteiger in die Regionalliga:	Heider SV.
Spielbetrieb eingestellt:	TSV Schilksee (Auflösung der Herren-Fußballabteilung).
Absteiger in die Landesligen:	TSV Lägerdorf (Schleswig), VfR Neumünster und NTSV Strand 08 als SG Neustrand (Holstein).
Aufsteiger aus den Landesligen:	Husumer SVgg, Eckernförder SV (Schleswig), Oldenburger SV, 1. FC Phönix Lübeck und SV Preußen 09 Reinfeld (Holstein).

Oberliga Schleswig-H. 2018/19

	NTSV Strand 08	TSB Flensburg	SV Todesfelde	Heider SV	SC Weiche 08 II	VfB Lübeck II	SV Eichede	TSV Bordesholm	Eutiner SpVgg 08	Inter Türkspor Kiel	Polizei-SV Union	TSV Kropp	Risum-Lindholm	VfR Neumünster	TSV Lägerdorf	TSV Schilksee
NTSV Strand 08	×	1:1	2:1	2:0	4:1	2:4	1:0	1:1	5:1	1:1	3:0	4:1	4:0	6:0	5:0	0:2
TSB Flensburg	1:2	×	3:3	3:3	6:1	8:2	3:2	4:1	5:1	1:1	2:0	4:0	2:3	1:0	3:2	1:3
SV Todesfelde	1:1	2:2	×	1:0	1:1	0:2	1:1	5:2	2:2	5:1	4:1	4:0	3:1	3:0	4:2	3:1
Heider SV	2:4	1:4	4:3	×	0:1	5:2	1:1	2:3	1:1	2:2	5:0	4:2	3:1	3:2	3:0	4:0
SC Weiche Flensburg 08 II	0:1	3:3	3:3	0:2	×	2:0	2:0	4:2	4:2	0:0	0:5	3:0	0:1	2:1	1:1	1:3
VfB Lübeck II	2:2	1:1	4:0	2:3	2:2	×	2:2	2:3	0:4	3:0	1:1	3:1	2:2	3:2	0:2	:
SV Eichede	2:4	3:2	3:1	0:1	1:1	3:1	×	1:1	2:5	2:3	0:1	5:0	5:1	0:0	0:0	4:0
TSV Bordesholm	1:0	1:5	0:1	1:0	1:4	0:2	0:1	×	3:3	1:2	3:2	2:0	4:1	1:0	2:1	1:2
Eutiner SpVgg 08	0:2	1:1	1:1	1:2	2:3	0:0	2:5	4:2	×	4:0	1:3	2:3	6:1	3:2	2:1	3:1
Inter Türkspor Kiel	2:3	3:5	2:9	3:1	3:6	0:0	1:1	3:2	1:1	×	0:5	1:2	2:1	2:3	5:1	2:2
Polizei-SV Union Neumünster	2:4	0:0	0:3	1:2	0:2	2:3	2:6	0:2	0:4	1:1	×	2:4	1:0	1:0	2:0	:
TSV Kropp	1:1	0:4	1:1	1:2	3:2	1:3	3:3	1:2	1:1	1:2	2:2	×	1:2	4:1	3:1	3:4
SV Frisia 03 Risum-Lindholm	0:3	0:1	0:3	0:3	1:0	4:0	0:3	0:3	2:1	0:1	2:3	1:1	×	3:0	1:0	3:0
VfR Neumünster	0:1	1:3	0:3	1:4	3:0	2:4	1:3	1:1	2:2	2:0	2:5	1:1	3:1	×	0:1	1:0
TSV Lägerdorf	0:4	0:3	0:2	2:5	1:7	1:3	1:1	2:1	0:3	0:1	2:4	1:4	3:2	1:2	×	0:3
TSV Schilksee	0:1	:	0:4	3:4	0:1	2:5	5:1	0:3	0:0	3:1	3:3	0:3	1:1	1:1	2:2	×

Torschützenliste:

Platz	Spieler (Mannschaft)	Tore
1.	Liebert, Morten (SV Todesfelde)	25
2.	Holtze, Nicholas (TSB Flensburg)	19
3.	Hass, Tobias (Heider SV)	17
	Tobinski, Rasmus (Eutiner SpVgg 08)	17
5.	Cumur, Erdogan (Inter Türkspor Kiel)	16
	Kalisch, Finn (SV Frisia Risum-Lindholm)	16
7.	Horstinger, Lars (TSV Kropp)	14
	Sohrweide, Lasse (TSB Flensburg)	14
9.	Gieseler, Jonah (Heider SV)	13
10.	Carstensen, Timo (TSB Flensburg)	11
	Klimmek, Sebastian (TSV Bordesholm)	11

Zuschauerstatistik:

Mannschaft	gesamt	Schnitt
Heider SV	5.691	407
VfR Neumünster	3.642	260
SV Todesfelde	3.242	232
SV Eichede	2.760	197
NTSV Strand 08	2.656	190
SV Risum-Lindholm	2.453	175
TSV Lägerdorf	2.436	174
TSV Kropp	2.394	171
Eutiner SpVg 08	2.387	171
Polizei-SV Union	2.252	161
Inter Türkspor Kiel	2.091	149
TSV Bordesholm	1.860	133
SC Weiche 08 II	1.837	131
TSB Flensburg	1.764	126
VfB Lübeck II	1.410	101
	38.875	**185**
nachrichtlich:		
TSV Schilksee	1.385	92

TSV Bordesholm

Spieler		geb. am	Sp.	T.
Bandholt, Jasper		16.06.1995	20	3
Bräunling, Jan-Niclas		11.07.1994	15	0
Dahmen, Patrick	T	01.05.1986	16	0
Dohse, André	T	08.07.1992	1	0
Entinger, Pascal		04.06.1991	19	0
Groth, Luca		15.07.1991	18	0
Hummel, Sebastian		24.11.1986	18	0
Jöhnck, Mika		17.08.1997	17	3
Kalina, Thies		07.07.1992	6	0
Klimmek, Benedict		15.01.1997	27	7
Klimmek, Sebastian		12.09.1989	19	11
Lemke, Nick		16.08.1979	6	0
Lucht, Malte		28.08.1989	24	11
Meyerfeldt, Aaron		29.03.1994	25	2
Meyerfeldt, Alexander		10.03.1991	25	1
Mohr, Marvin		23.12.1996	22	1
Molt, Lauritz		17.05.1999	6	0
Morschheuser, Tom Leon		28.02.1997	16	0
Römpke, Jonas		04.09.1993	22	0
Schlagelambers, Felix		12.03.1993	8	2
Schütt, Thorsten	T	13.11.1990	11	0
Stegner, Simon		20.09.1992	16	0
Vicariesmann, Tim		08.02.1992	6	1
Vones, Marcel		11.06.1991	24	3
Eigentore				2
Trainer:				
Sörensen, Björn		06.12.1985	28	

Frisia Risum-Lindholm

Spieler		geb. am	Sp.	T.
Andresen, Carsten		21.01.1993	25	0
Bartlefsen, Bende		31.05.1993	17	0
Block, Christian	T	31.03.1987	8	0
Böckenholt, Lasse		06.08.1996	19	0
Bruhn, Marvin		13.10.1994	27	2
Bruhn, Matthias		31.10.1988	6	0
Carstensen, Leif		11.05.1989	10	2
Fust, Jannik		07.10.1992	26	3
Heider, Jannik		17.07.1988	28	2
Hennig, Tjorben		12.04.1990	9	0
Jacobsen, Kevin		03.03.1999	10	0
Johannsen, Daniel		19.11.1986	18	1
Johannsen, Leif		05.04.1989	18	3
Kalisch, Finn		21.08.1995	20	16
Lorenz, Lennart		13.09.1998	20	0
Nestler, Jonny	T	01.08.1991	18	0
Nissen, Tjade		07.11.1997	4	0
Paulsen, Lasse		25.06.1993	23	1
Petersen, Janne		25.08.1998	13	0
Seger, Simon	T	21.04.1996	2	0
Sönnichsen, Momme		30.03.1997	27	0
Storm, Oke		26.04.1994	9	0
Stüwe, Felix		15.07.1997	22	1
Wendt, Tim-Niklas		31.03.1996	5	0
Trainer:				
Petersen, Uwe		13.10.1968	28	

SV Todesfelde

Spieler		geb. am	Sp.	T.
Benner, Kevin		01.01.1999	14	0
Benner, Lukas	T	09.09.1996	1	0
Bento, Emanuel-Fernando		28.10.1993	28	6
Beyer, Daniel		14.08.1991	19	0
Bruhn, Sebastian		24.11.1991	5	1
Chaumont, Yannick		30.05.1996	21	1
Gelbrecht, Sören		08.08.1989	11	0
Jaacks, Christian		22.01.1991	21	5
Jueidi, Josef		04.03.1999	5	0
Koth, Lennard		14.06.1992	20	1
Krause, Rafael		21.07.1997	25	8
Kukanda, Eliakim-Mbila		01.10.1998	19	2
Liebert, Morten		21.10.1992	23	25
Loose, Janick		05.02.1998	4	0
Oeser, Fabian	T	12.02.1994	28	0
Petzold, Florian		03.05.1994	26	0
Reimers, Luca		11.05.1998	9	0
Schulz, Kai-Fabian		12.03.1990	23	0
Sirmais, Henrik		20.02.1991	16	11
Sixtus, Luca		03.04.1995	7	3
Stehnck, Niklas		26.09.1997	18	1
Studt, Dennis		24.07.1992	18	3
Szymczak, Cedric		12.08.1997	21	3
Urbanski, Jan-Ole		15.01.1998	8	0
Eigentore				1
Trainer:				
Tramm, Sven		02.10.1978	28	

SV Eichede

Spieler		geb. am	Sp.	T.
Alija, Kastriot		28.03.1999	14	2
Bieche, Evgenji		10.04.1997	27	6
Bremser, Nico		26.07.1997	1	0
Bremser, Yannick		31.08.1994	12	8
Brügmann, Jendrik		16.01.1997	19	3
Claasen Fyn		02.05.1997	24	0
Dagli, Ugur		22.10.1991	6	2
Ehlers, Peer-Maurice		09.07.1997	3	0
Gevert, Marcel	T	30.08.1999	18	0
Günther, Tim Linus		08.02.1999	8	1
Habibi, Tanveer Raza		07.11.1999	4	0
Hasselbusch, Niko		27.10.1999	17	3
Heskamp, Marco		15.02.1992	8	1
Höfel, Florian	T	26.12.1994	11	0
Hohenegger, Constantin		23.04.1999	3	0
Kathmann, Tim		12.01.2000	11	3
Kolodzick, Fabian		29.07.1988	1	0
Kraack, Niklas		10.08.1999	16	0
Maltzahn, Torge		18.02.1987	25	3
Neca, Nick		10.01.1999	1	0
Peters, Christian		17.02.1997	15	4
Rathjen, Finn		19.08.1997	13	0
Schubring, Gerrit		31.05.1993	17	1
Steinfeldt, Sascha		15.02.1991	2	0
Stöver, Jonathan		22.06.1999	24	6
Wahl, Morten		20.12.1999	6	1
Wardius, Pierre		11.10.1999	6	0
Wittig, Tom		27.08.1997	26	7
Wurr, Hendrik		15.09.1995	23	4
Wurr, Thorben		22.12.1991	7	0
Zaske, Bennet		06.02.1999	20	1
Trainer:				
Jürss, Christian		03.07.1986	21	
Skwierczynski, Denny		14.02.1974	7	

Inter Türkspor Kiel

Spieler		geb. am	Sp.	T.
Amadi, Warhell		05.02.1999	1	0
Aydemir, Semih		02.01.1988	3	0
Barrie, Aladji		29.11.1995	14	3
Boyn, Niklas		17.12.1994	2	0
Cumur, Erdogan		20.09.1991	28	16
Dauti, Enea		16.02.1992	2	0
Demirci, Mirsat		16.05.1999	3	0
Gashi, Driton		16.12.1992	22	8
Hasicic, Kenan		17.08.1997	3	0
Hodaj, Veton		16.02.1992	11	0
Ismael, Ramyar		22.03.1988	19	0
Jashari, Alban		08.02.1995	24	4
Jashari, Arian		06.06.1996	15	1
Kaack, Justus	T	11.12.1998	7	0
Kalma, Abdullah-Ali		18.09.1988	23	2
Kern, Tino		19.05.1995	25	2
Konneh-Tandoh, Rockefeller		06.06.1993	3	1
Lawson-Body, Teyi		26.12.1994	23	0
Meshekrani, Shpend		19.02.1988	22	0
Özdemir, Hüsnü	T	20.09.1981	21	0
Petrick Echigbue, Benjamin		26.03.1995	25	3
von Randow, Maximilian		25.02.1991	20	0
Sam, Steve		09.05.1986	6	1
Schewior, Linus		19.03.1995	6	0
Schimming, Christoph		19.05.1998	14	0
Sentürk, Furkan		02.03.1998	12	0
Wendt, Kevin		17.08.1988	12	1
Yamak, Coskun		04.04.1993	19	1
Trainer:				
Atasoy, Özcan		19.06.1976	4	
Witt, Harry		29.08.1954	12	
Frank, Steve		29.12.1979	1	
Atasoy, Özcan		19.06.1976	11	

VfB Lübeck II

Spieler		geb. am	Sp.	T.
Acer, Ramazan		05.04.1995	12	3
Akcasu, Hayri		27.01.1991	23	0
Bleck, Tom Louis	T	17.07.1999	5	0
Bock, Corvin		13.01.1999	20	4
Bombek, Hendrik		01.04.1999	17	2
Dagli, Enes		21.08.1996	26	2
Demircan, Samet		15.07.1994	14	1
Ertekin, Firat		14.01.1997	2	1
Gottschalk, Alessandro		06.01.1994	15	2
Gürsoy, Alper		03.05.1996	16	0
Hayami, Yuhi		22.05.1996	2	0
Kalfa, Furkan		06.06.1996	27	9
Kara, Veysel		15.06.1999	25	4
Korup, Kenny		12.02.1999	26	4
Kjär, Nils		15.06.1986	10	2
Löffler, Nico		05.07.1997	1	0
Neumeister, Jonas	T	02.03.1998	12	0
Parduhn, Fabio		12.04.1995	7	4
Reiss, Simon	T	19.12.1995	1	0
Schuchardt, Malte	T	08.08.1998	5	0
Shalom, Lerom		15.01.1998	13	0
Spolert, Christian	T	29.09.1995	5	0
Svirca, Krena		09.09.1999	17	1
Tetik, Burhan		02.09.1999	2	0
Todt, Sören		29.08.1998	19	3
Toschka, Dominik		27.12.1997	2	0
Vogt, Jona Noel		16.01.1999	21	1
Weidemann, Til		09.06.1999	24	5
Will, Lucas		16.06.1999	16	6
Willebrand, Johannes		25.04.1998	2	0
Eigentore				1
Trainer:				
Rinal, Serkan		29.07.1977	28	

TSB Flensburg

Spieler		geb. am	Sp.	T.
Andresen, Dominik		10.12.1994	1	0
Brix, Pascal		18.08.1997	9	1
Butzek, Jan Ole		29.03.1996	22	8
Carstensen, Timo		13.01.1991	22	12
Darwish, Safwan	T	05.12.1990	2	0
Eglseder, Steffen		30.03.1995	4	0
Fakhoury, Malek		10.07.1998	10	7
Hagge, André	T	08.03.1985	21	0
Hill, Marcel		12.01.1987	20	0
Holland, Sandro		08.07.1986	2	0
Holtze, Nicholas		21.09.1993	22	19
Ingwersen, Arne		16.12.1993	20	2
Laß, Björn		17.04.1993	16	3
Möller, Mats		17.11.1997	20	5
Müller, Niklas	T	19.07.1997	5	0
Nissen, Torge		21.03.1990	19	3
Pawlowski, Denny		07.06.1994	23	2
Puttins, Lars-Ole		27.07.1990	21	0
Schiebuhr, Jan-Lukas		01.02.1994	7	0
Sell, Andreas	T	03.04.1974	1	0
Sohrweide, Lasse		17.12.1986	26	14
Spoth, Hauke		10.05.1994	18	0
Stössel, Paul	T	08.02.2000	1	0
Thomsen, Davin		25.10.1993	24	0
Thomsen, Julian		06.11.1988	11	0
Vosgerau, Nicolai		10.07.1985	20	1
Warncke, Tom		11.11.1993	23	3
Eigentore				1
Trainer:				
Hellström, Jan		14.05.1959	28	

Heider SV

Spieler		geb. am	Sp.	T.
Besmehn, Leif David		01.09.1999	3	0
Decker, Tjark		19.10.1998	10	0
Franzenburg, Torben	T	16.01.1996	26	0
Gieseler, Jonah		05.09.1997	24	13
Hahn, Leif		31.01.1991	27	4
Hardock, Alex		26.07.1987	20	5
Hass, Tobias		15.10.1987	23	17
Hoffmann, Chris Marco		21.05.1995	18	0
Hotic, Mirza	T	16.09.1994	1	0
Hußner, Jonas		17.05.1998	8	0
Mauriczat, Jan-Oliver		09.01.1992	20	1
Mittelbach, Joe		12.05.1989	14	1
Momo, Franck		16.05.1993	23	0
Neelsen, Jan-Erik		21.11.1995	1	0
Neelsen, Steffen		21.11.1995	25	2
Peters, Jaspar-Leon		09.10.1999	13	2
Peters, Yannic		05.01.1994	28	0
Quade, David		24.01.1986	26	1
Ramadani, Armin		11.09.1999	3	1
Selcuk, Azat		02.04.1999	26	6
Sierks, Jannik		06.09.1996	19	0
Sievers, Lauritz	T	13.02.2000	1	0
Sinzel, Valentin		15.05.1998	2	1
Smailhodzic, Nedim		13.08.1996	2	0
Wolf, Marvin		16.05.1999	27	9
Eigentore				1
Trainer:				
Beiroth, Sönke		14.01.1962	28	

Polizei-SV Union

Spieler		geb. am	Sp.	T.
Möller, Thomas		06.08.1999	19	5
Baese, Marvin		09.10.1991	23	1
Barck, Marc		26.06.1991	17	5
Blöcker, Lasse		22.10.1998	12	1
Busch, Lennart		17.02.1998	17	0
Christophersen, Dustin		05.08.1992	25	4
Czekay, Torben		22.03.1990	27	10
Falk, Paul		14.08.1996	17	2
Fürst, Patrick		31.07.1987	18	3
Gabriel, Joe	T	04.03.1998	8	0
Göttsch, Lukas		29.11.1999	1	0
Gülbay, Burhan		21.03.1989	21	0
Igbokwe, Paulinus		17.03.1988	9	0
Kehl, Marvin		31.05.1997	23	6
Lorenzen, Philipp		29.08.1986	21	1
Maliszewski, Christoph		03.08.1987	17	0
Mercan, Hasan		20.05.1992	13	6
Pfützenreuter, Christoph		21.01.1988	23	1
Reinhold, Philipp	T	22.03.1987	17	0
Rohgalf, Henrik		22.03.2000	1	0
Ruzic, Marinko		17.10.1977	1	0
Sachse, Paul		10.08.1994	26	0
Schmidt, Wilko		09.08.1997	13	0
Seelow, Jan-Hendrik	T	22.11.1992	3	0
Stegelmann, Tim-Lucas		24.11.1997	12	1
Ulrich, Dominik		15.01.1984	6	0
Zmijak, Mariusz		13.08.1986	2	0
Trainer:				
Möller, Thomas		15.01.1968	28	

TSV Kropp

Spieler		geb. am	Sp.	T.
Aliyenz, Farhan		13.10.2000	4	0
Asmussen, Tim Niklas		20.09.1996	27	1
Benker, Daniel		22.01.1991	1	0
Bornholdt, Kim		10.05.1990	20	0
Brandt, Lars		18.08.1998	11	0
Clausen, Malte		08.03.1999	24	1
Eggers, Malte		02.06.1995	26	1
Gerlach, Fynn		20.12.1994	7	0
Henke, Lukas		06.08.1990	20	2
Hindersmann, Torben		26.03.1990	18	14
Horstinger, Lars		04.10.1994	16	6
Jeromin, Daniel	T	11.12.1990	22	0
Kommorovski, Lukas		24.07.1992	23	0
Konneh-Tandoh, Rockefeller		06.06.1993	2	0
Kuhn, Bjarne		27.06.1999	4	0
Langkowski, Finn		29.11.1989	19	8
Lehmann, Hannes		12.11.1994	8	0
Lott, Niklas		13.11.1990	11	0
Merz, Anton		20.09.1988	19	0
Plaga, Lennard		29.07.1994	10	1
Reiter, Arvid	T	18.01.1994	1	0
Schelper, Fabian		19.10.1988	8	0
Schomaker, Jonas		16.08.1996	15	2
Schwennsen, Daniel		05.02.1989	15	3
Smit, Ken-Marvin		06.02.1993	22	0
Stollberg, Nick		22.12.1999	6	0
Thomsen, Sven		01.01.1995	3	0
Vogt, Jörn		16.09.1990	21	2
Wächter, Tore	T	02.07.1985	5	0
Eigentore				1
Trainer:				
Asmussen, Dirk		01.08.1969	28	

TSV Lägerdorf

Spieler		geb. am	Sp.	T.
Appel, Dennis		17.03.1992	10	0
Beetz, Kenney		07.09.1990	10	0
Behrens, Torben		06.05.1991	22	1
Bolik, Marco		18.08.1995	17	0
Brendemühl, Tjorven		10.04.1991	24	0
Chionidis, Manoli		25.03.1998	6	0
Chionidis, Matteo	T	26.10.1994	22	0
Engel, Lasse		23.07.1993	27	1
Feist, Alexander		16.06.1992	13	0
Hatje-Fötsch, Lasse		30.04.1989	4	0
Hellmann, Jan		01.11.1991	20	0
Jauk, Andrej		30.12.1999	7	0
Jauk, Edward		11.02.1994	24	4
Kniza, Jannes		21.02.1999	3	0
Koch, Marvin	T	23.11.1995	6	0
Kuhr, Yanneck		24.12.1992	26	6
Kunter, Merten		04.12.1994	14	0
Kunter, Torge		10.08.1993	19	0
Lipinski, Christian		22.01.1992	21	1
Mälk, Dennis		13.01.1993	1	0
Matz, Torben		07.02.1991	9	0
Peters, Bastian		05.01.1992	28	11
Reimers, Dominik		16.10.1999	2	0
Schröder, Hinrich		05.03.1990	27	1
Staade, Dennis		04.10.1999	9	1
Willmann, Matthis		18.08.1999	9	0
Wohlrab, Ricky		11.09.1992	2	0
Trainer:				
Fink, Detlef		13.05.1960	6	
Kuhr, Stefan			22	

VfR Neumünster

Spieler		geb. am	Sp.	T.
Alioua, Idris		10.10.1990	23	3
Alioua, Tarik		15.01.1993	24	6
Amoako, Emmanuel		28.10.1988	5	0
Bilgen, Beytullah		07.10.1989	16	4
Block, Finn		26.06.1994	18	1
Blunck, Fiete Frider		30.06.1999	22	4
Brüll, Nico-Maurice		30.11.1996	1	0
Busali, Hogir		08.10.1998	27	0
Cakir, Sefa		11.03.1999	15	1
Khemiri, Issam		26.03.1992	27	4
Kraemer, Fabian Levi		26.09.1996	4	0
Kruse, Jonas		30.09.2000	2	0
Kumbier, Kristof		17.01.1997	13	0
Lututala, Sita		26.11.1989	20	1
Makomé-Mabouba, Miche-J.		23.10.1991	5	0
Milbradt, Mirko		23.08.1992	3	0
Möller, Thore		25.11.1999	27	0
Nasri, Sabri		22.02.1992	21	1
Newe, Christopher	T	26.03.1992	24	0
Rantzsch, Bennet		16.11.1999	9	0
Salah-Brahim, Farouk		03.08.1993	8	2
Schäffer, Eamon		14.09.2000	19	1
Schmidt, Otto		29.05.1998	18	2
Schütt, Sandro		15.03.1997	5	1
Sparfeld, Bennet	T	19.11.1997	5	0
Stölting, Marcel		14.12.1996	6	0
Thullesen, Jan		15.01.2000	2	0
Tietgen, Kjell		22.12.1999	6	0
Vollstedt, Maxime		13.08.1999	11	0
Weidemann, Philip		01.10.1992	5	1
Trainer:				
Zenker, Jörg		31.01.1971	28	

Eutiner SpVgg 08

Spieler		geb. am	Sp.	T.
Achtenberg, Moritz		28.07.1998	14	0
Badiane Pouye, Madiop		08.06.1999	7	0
Beuck, Thorge	T	09.12.1988	3	0
Borchardt, Thies		19.02.1995	23	6
Bruns, Nico		20.05.1996	21	3
Ferchen, Kevin		14.04.1997	20	7
Glosch, Lion		02.09.1995	17	0
Griese, Gerrit		24.06.1993	3	0
Gürntke, Tim		30.01.1992	22	1
Härter, Florian		03.12.1993	12	1
Heskamp, Marco		15.02.1992	16	0
Hölk, Florian		07.04.1993	1	0
Hübner, Kevin		06.06.1992	6	3
Isenberg, Lenn		18.08.1998	5	0
Kelting, Robin		08.02.1999	13	2
Lahi, Egzon		09.10.1995	11	1
Lepin, Sören		04.07.2000	8	0
Lindner, Lukas		16.04.1994	17	1
Obenaus, Marvin		07.10.1998	6	0
Rave, Christian		02.06.1989	16	5
Röben-Müller, Tim		05.02.2000	8	0
Sauer, Dennis		11.05.1991	12	0
Schlüter, Jesse		22.03.1997	22	0
Schumacher, Florian		12.03.1987	1	0
Schultz, Lukas		11.08.1997	2	0
Tobinski, Rasmus		29.04.1998	24	17
Weidner, Lennart	T	27.09.1988	13	0
Witt, Sebastian		16.10.1992	15	3
Wulf, Nikolas	T	19.07.1995	13	0
Ziehmer, Florian		10.07.1989	25	2
Zymberi, Fatlind		30.09.1998	7	8
Trainer:				
Callsen, Lars		11.07.1960	19	
Jaacks, Dennis		24.09.1984	9	

NTSV Strand 08

Spieler		geb. am	Sp.	T.
Abou Rashed, Abdullah		07.08.1997	12	6
Baloki, Flodyn		24.05.1991	7	0
Bilgen, Beytullah		07.10.1989	5	3
Blazhevski, Tomislav		30.08.1989	19	0
Caglar, Yilmaz	T	04.07.1990	11	0
Dagli, Ugur		22.10.1991	5	3
Fischer, Nico		10.05.1989	27	0
Gerlach, Jannik		20.11.1993	15	7
Gödeke, Lars		24.03.1994	19	3
Hansen, Marcel		28.04.1986	23	1
Hoeling, Arnold		23.06.1996	23	2
Holst, Jan Luca		07.08.1998	9	0
Kalbau, André		15.12.1987	7	0
Kato, Shimon			3	0
Klassen, Denis	T	22.02.1991	17	0
Lindenberg, Marc		11.01.1996	26	1
Matvieiev, Kyrylo		22.06.1996	4	0
Meier, Marcel-Sven		27.02.1992	25	8
Meyer, Marcello		05.10.1990	12	10
Nagatomi, Hiroyuki		27.08.1993	5	1
Owusu, Eric		13.01.1995	21	0
Pajonk, Marco		10.12.1991	12	6
Pylypchuk, Dymtro		11.03.1992	3	0
Sievers, Jan-André		05.08.1987	11	1
Smirnov, Yehor		03.08.1996	7	0
Steinwarth, Marcus		14.04.1986	26	8
Tarim, Sergen		07.03.1997	11	2
Thiel, Dustin		17.05.1996	6	0
Ulukhanov, Elgyun		02.04.1997	2	0
Woelki, Sascha		06.05.1991	7	0
Wüst, Dominik		29.04.1996	11	9
Zaytzev, Petro		30.06.1998	0	0
Eigentore				2
Trainer:				
Salomon, Frank		18.06.1964	28	

SC Weiche 08 II

Spieler		geb. am	Sp.	T.
Barth, Fleming		07.07.1994	5	0
Bieck, Jan Joel		19.04.1999	11	2
Carstensen, Thomas		20.03.1992	26	2
Cornils, Marcel		07.08.1992	24	8
Dammann, Christoph		20.08.1991	10	0
Drews, Jannik		30.12.1994	14	2
Feilner, Jannik		28.02.1999	8	0
Hammi, Tarek		03.11.1996	5	0
Hein, Lennard		16.11.1998	1	0
Hinrichs, Mats	T	21.01.1991	18	0
Hylla, Pascal		09.08.1997	17	0
Jungjohann, Brian		14.07.1997	24	2
Kamuhanga, Eslin		06.05.1992	2	0
Keller, Joel		06.03.1995	4	1
Kiesbye, Sebastian		22.10.1990	25	10
Kroiß, Leon		25.10.1996	3	0
Kurzbach, Noel		01.11.2000	1	0
Melfsen, Karl-Christian		19.04.1991	23	1
Miske, Alexander		27.03.1999	15	1
Noel, Gary		07.03.1990	6	0
Ostermann, Hendrik		10.01.1989	7	1
Ostermann, Jannick		10.01.1989	4	0
Pitter, Martin		19.01.1999	26	8
Pläschke, Jannis		06.02.1993	6	1
Rathmann, Ole	T	09.06.1991	8	0
Schleemann, Bjarne		17.07.1999	28	2
Schlingmann, Juri		10.07.2000	1	0
Steensbeck-Vest, Jacob		05.07.1999	15	0
Straub, Raphael	T	27.12.1994	3	0
Tramm, Sebastian		24.05.1998	15	2
Waskow, Maximilian		18.02.1995	6	1
Wulff, Tim		20.06.1987	2	0
Zuth, Tobias		21.07.1996	21	10
Eigentore				1
Trainer:				
Seeliger, Thomas		20.09.1966	28	

TSV Schilksee

Spieler		geb. am	Sp.	T.
Acer, Rezan		06.07.1993	17	4
Dogan, Firat		03.02.1997	2	0
Dragusha, Viktor		29.11.1994	21	4
Dubau, Danny		21.02.1997	15	0
Erkocu, Okan		12.07.1998	12	0
Ewers, Bernd	T	21.05.1981	6	0
Ganzel, Nico	T	09.06.1999	20	0
Halili, Eugen		03.05.1999	13	0
Jakubowski, Yannik		22.11.1990	24	14
Jashari, Enis		07.06.1999	18	0
Kahlcke, Christoph		18.03.1997	23	0
Karakayali, Can		19.07.1998	3	0
Milbradt, Franko		30.07.1988	13	2
Nöhr, Jonas		29.08.1996	5	0
Oyeniyi Olusayo, Nathaniel		26.05.1994	8	0
Pauls, Fabian		29.01.1990	14	0
Pekgür, Berg		05.01.1996	14	10
Perro, Kevin		26.06.1997	10	0
Rathfelder, André		28.03.1991	16	0
Rathjens, Tim		23.04.1994	15	2
Römer, Gregor		18.12.1995	2	0
Rose, Jerome		04.02.1997	12	0
Sahre, Daniel		30.04.1988	1	0
Spohn, Philipp		25.03.1995	25	1
Steingräber, Sven	T	08.11.1987	1	0
Volkers, André		26.05.1994	17	1
Waschewski, Thies		11.08.1991	19	0
Wrzesinski, Mathias		01.08.1990	21	0
Eigentore				1
Trainer:				
Sahre, Daniel		30.04.1988	27	

Hinweis:
TSV Schilksee wurden wegen dreimaligen Nichtantretens ausgeschlossen. Alle ausgetragenen Spiele wurden annulliert. Die hier aufgelisteten Einsätze und Tore sind nur informatorischer Art. Sie fließen nicht in die individuellen Spielerstatistiken ein.

Oberliga Hamburg

Pl.	(Vj.)	Mannschaft		Sp	S	U	N	Tore	TD	Pkt	Sp	S	U	N	Tore	Pkt	Sp	S	U	N	Tore	Pkt
								Gesamtbilanz					Heimbilanz						Auswärtsbilanz			
1.	(↓)	Altonaer FC 93	↑	34	25	3	6	72-24	+48	78	17	13	1	3	34-9	40	17	12	2	3	38-15	38
2.	(3.)	FC Teutonia 05 Ottensen		34	24	4	6	79-33	+46	76	17	11	3	3	46-16	36	17	13	1	3	33-17	40
3.	(1.)	TuS Dassendorf		34	23	2	9	92-30	+62	71	17	10	1	6	42-13	31	17	13	1	3	50-17	40
4.	(2.)	SC Victoria Hamburg		34	23	2	9	100-46	+54	71	17	13	1	3	64-17	40	17	10	1	6	36-29	31
5.	(4.)	Niendorfer TSV		34	20	4	10	81-39	+42	64	17	11	2	4	43-18	35	17	9	2	6	38-21	29
6.	(8.)	HSV Barmbek-Uhlenhorst		34	17	9	8	88-58	+30	60	17	8	6	3	44-23	30	17	9	3	5	44-35	30
7.	(6.)	TSV Sasel		34	18	5	11	88-52	+36	59	17	10	1	6	48-25	31	17	8	4	5	40-27	28
8.	(11.)	TuS Osdorf		34	15	5	14	68-69	-1	50	17	9	3	5	44-26	30	17	6	2	9	24-43	20
9.	(7.)	TSV Buchholz 08		34	14	7	13	73-66	+7	49	17	7	4	6	42-34	25	17	7	3	7	31-32	24
10.	(13.)	FC Süderelbe		34	13	7	14	68-70	-2	46	17	6	3	8	36-41	21	17	7	4	6	32-29	25
11.	(10.)	SV Curslack-Neuengamme		34	12	8	14	61-59	+2	44	17	7	4	6	34-24	25	17	5	4	8	27-35	19
12.	(5.)	SV Rugenbergen		34	12	4	18	63-67	-4	40	17	9	1	7	34-27	28	17	3	3	11	29-40	12
13.	(9.)	Wandsbeker TSV Concordia		34	11	4	19	56-76	-20	37	17	8	2	7	34-29	26	17	3	2	12	22-47	11
14.	(↑)	Meiendorfer SV		34	9	9	16	44-71	-27	36	17	5	3	9	23-36	18	17	4	6	7	21-35	18
15.	(15.)	Wedeler TSV	⊻	34	8	9	17	51-68	-17	33	17	5	5	7	31-29	20	17	3	4	10	20-39	13
16.	(↑)	Hamburg-Eimsbütteler BC	↓	34	9	2	23	55-99	-44	29	17	7	1	9	36-41	22	17	2	1	14	19-58	7
17.	(14.)	SC Condor Hamburg	↓	34	8	4	22	59-93	-34	28	17	4	3	10	37-43	15	17	4	1	12	22-50	13
18.	(12.)	VfL Pinneberg	↓	34	1	0	33	21-199	-178	3	17	1	0	16	15-81	3	17	0	0	17	6-118	0

Absteiger aus der Regionalliga: keine.
Aufsteiger in die Regionalliga: Altonaer FC 93 (Nord).
Spielbetrieb eingestellt: Wedeler TSV.
Absteiger in die Landesligen: VfL Pinneberg, Hamburg-Eimsbütteler BC (Hammonia) und SC Condor Hamburg (Hansa).
Aufsteiger aus den Landesligen: Bramfelder SV, Hamm United FC (Hansa), Hamburger SV III, Uhlenhorster SC Paloma und FC Union Tornesch (Hammonia).

Oberliga Hamburg 2018/19

	Altonaer FC 93	FC Teutonia 05	Dassendorf	SC Victoria	Niendorfer TSV	Barmbek-Uhl.	TSV Sasel	TuS Osdorf	TSV Buchholz	FC Süderelbe	Curslack-N.	Rugenbergen	Concordia	Meiendorfer SV	Wedeler TSV	HEBC	SC Condor	VfL Pinneberg
Altonaer FC 93	X	0:2	2:1	4:0	0:1	2:1	2:0	2:0	2:3	5:1	0:0	1:0	3:0	1:0	5:0	1:0	1:0	3:0
FC Teutonia 05 Ottensen	0:2	X	3:1	2:1	1:0	1:2	4:0	1:1	1:1	0:2	1:1	5:4	3:0	4:1	3:0	7:0	4:0	6:0
TuS Dassendorf	1:4	0:1	X	0:1	1:3	1:0	1:2	3:0	2:0	0:1	1:0	4:0	1:0	0:0	4:0	8:0	7:1	8:0
SC Victoria Hamburg	2:0	3:1	2:4	X	2:0	1:3	3:3	3:0	3:1	3:0	1:2	3:0	1:0	6:0	3:1	7:2	7:0	14:0
Niendorfer TSV	3:0	0:1	0:2	3:2	X	1:1	2:1	1:2	4:1	1:2	5:2	5:0	5:0	1:1	2:0	5:1	2:1	3:1
HSV Barmbek-Uhlenhorst	1:1	2:1	0:4	2:1	1:1	X	2:2	4:1	2:5	2:2	3:0	1:1	4:0	3x0	1:1	1:3	1:0	14:0
TSV Sasel	1:1	1:2	0:3	2:4	4:0	1:3	X	8:2	2:1	0:3	3:1	2:1	4:1	0:2	4:1	2:0	8:0	6:0
TuS Osdorf	1:3	1:2	0:2	1:0	1:2	4:2	2:2	X	5:1	2:2	2:0	3:0	3:3	3:1	0:3	2:1	4:2	10:0
TSV Buchholz 08	0:2	2:2	2:2	1:2	0:3	3:4	1:4	3:2	X	1:0	5:1	2:2	3:2	2:2	3:0	1:3	4:3	9:0
FC Süderelbe	1:2	0:1	4:3	0:3	4:4	4:3	1:4	1:3	1:2	X	2:4	2:1	2:1	0:0	3:2	3:3	3:4	5:1
SV Curslack-Neuengamme	1:2	0:2	0:1	4:1	0:5	3:4	0:2	3:1	1:1	4:1	X	5:1	1:1	0:0	2:0	2:1	1:1	7:0
SV Rugenbergen	2:1	2:3	0:2	0:4	2:4	2:4	0:2	4:0	0:1	2:0	3:2	X	3:1	6:0	2:2	2:0	1:0	3:1
Wandsbeker TSV Concordia	1:3	0:2	2:4	0:3	2:1	1:1	2:0	4:0	1:4	1:1	1:3	3:1	X	2:3	2:1	5:2	2:0	5:0
Meiendorfer SV	0:4	1:2	0:3	1:2	0:7	3:2	2:2	2:2	0:2	1:2	2:1	2:1	2:3	X	1:1	2:0	0:2	4:0
Wedeler TSV	0:2	1:3	1:3	3:3	2:0	0:1	1:2	0:1	2:2	0:3	2:2	1:1	5:2	1:1	X	3:1	2:0	7:2
Hamburg-Eimsbütteler BC	0:3	4:3	0:3	2:3	1:0	4:4	2:1	2:3	2:0	5:2	1:3	1:2	0:4	4:1	2:4	X	2:4	4:1
SC Condor Hamburg	1:2	0:2	0:6	2:3	0:5	2:3	1:2	1:2	4:3	2:2	2:2	0:4	6:1	2:5	1:1	3:0	X	10:0
VfL Pinneberg	0:6	0:3	1:6	2:3	0:2	2:6	1:11	1:4	0:3	0:8	1:3	0:10	1:3	0:4	1:3	4:2	1:4	X

Das Spiel HSV Barmbek-Uhlenhorst - Meiendorfer SV wurde am 17.02.2019 beim Stand von 3:0 in der 71. Minute abgebrochen. Die Spieler des Meiendorfer SV verließen dem Platz aufgrund rassistischer Äußerungen von den Zuschauerrängen. Das Spiel wurde wie beim Stand des Abbruchs gewertet.

Torschützenliste:

Platz	Spieler (Mannschaft)	Tore
1.	Bergmann, Dennis (SC Victoria)	23
	Wachter, Jeremy Mikel (TuS Osdorf)	23
3.	Dju, Edison Sa Borges (FC Süderelbe)	20
	Erman, Aytac (FC Teutonia 05 Ottensen)	20
	Haase, Pascal (SV Rugenbergen)	20
	Möller, Sven (TuS Dassendorf)	20
	Schultz, Marco (Altonaer FC 93)	20
8.	Hathat, Abdel Aziz (Barmbek-Uhlenhorst)	18
	Winkel, Stefan (TSV Sasel)	18

Zuschauerstatistik:

Mannschaft	gesamt	Schnitt
Altonaer FC 93	15.380	905
FC Teutonia 05	3.325	196
TuS Dassendorf	2.947	173
SC Victoria Hamburg	4.934	290
Niendorfer TSV	1.990	117
Barmbek-Uhlenhorst	6.802	400
TSV Sasel	4.296	253
TuS Osdorf	4.705	277
TSV Buchholz 08	4.343	255
FC Süderelbe	3.981	234
SV Curslack-Neueng.	2.734	161
SV Rugenbergen	1.836	108
WTSV Concordia	2.109	124
Meiendorfer SV	3.828	225
Wedeler TSV	2.212	130
HEBC	3.893	229
SC Condor Hamburg	2.316	136
VfL Pinneberg	1.664	98
	73.295	**240**

Informationen zum Aufstiegsspiel finden Sie auf Seite 327.

TuS Dassendorf

Spieler		geb. am	Sp.	T.
Aust, Amando		23.04.1990	32	0
Blohm, Tarec		27.05.1998	8	0
Braun, Tobias	T	23.02.1989	4	0
Büchler, Linus		25.02.1994	22	2
Carolus, Bekim Rinik		06.02.1987	32	7
Carolus, Kerim		16.06.1994	8	1
Dettmann, Hendrik		13.03.1990	31	3
Dittrich, Maximilian		24.06.1996	28	4
Feldpausch, Linus		09.12.2000	1	0
Gruhne, Christian	T	04.01.1991	31	0
Hinze, Mark		02.05.1991	27	0
Koops, Tristan		29.04.1993	2	0
Kurczynski, Kristof		24.04.1990	28	12
Lenz, Marcel		16.02.1987	31	0
Louca, Samuel		04.03.1994	22	5
Maggio, Mattia		22.02.1994	33	15
Möller, Sven		01.07.1990	31	20
Nägele, Pascal		03.03.1990	26	1
Opoku-Karikari, Jeremy		23.07.1987	8	0
Rokita, André		02.02.1996	3	0
Saqib, Syed		03.01.1996	19	3
Suntic, Danijel		20.12.1992	10	0
Thomas, Finn-Lasse		14.07.1987	1	0
von Walsleben-Schied, Marcel		28.07.1983	30	17
Warmbier, Joe		25.03.1992	5	0
Eigentore				2
Trainer:				
Ostermann, Elard		15.10.1968	21	
Richter, Jean-Pierre		16.04.1987	13	

Niendorfer TSV

Spieler		geb. am	Sp.	T.
Afsin, Ilyas		26.04.1994	14	12
Agdan, Necati		12.10.1997	26	0
Apau, Kevin Nkansah		30.07.1999	2	0
Barkmann, Julian	T	30.10.1992	1	0
Benn, Adam		29.08.1988	28	6
Boettcher, Dominik Dawid		22.02.1995	9	1
Brückner, Daniel		14.02.1981	29	1
Doege, Oliver Eugene		24.07.1994	30	1
Ercetin, Mustafa		25.04.1997	28	9
Fernandes, Evailton		27.09.1999	22	10
Hartwig, Magnus Paul		14.05.1993	20	3
Jodeit, Lion		03.12.1997	9	1
Karow, Marvin		22.08.1989	31	1
Kassler, Marc-Aaron	T	30.08.1994	1	0
Kindler, Marcel	T	26.02.1982	31	0
Krüger, Tim Philipp		18.03.1996	30	0
Kukuk, Nico		24.10.1997	1	0
Lustermann, Julius	T	17.03.1994	2	0
Merkle, Lennart		30.06.1999	28	10
Meyer, Leon Timon		05.12.1996	24	6
Speck, Lennard		26.03.1998	18	0
Stannis, Marlon		08.12.1998	9	2
Streubier, Dario		23.01.1994	18	1
Tafese, Tevin		20.07.1992	2	0
Thiessen, Dennis		12.09.1990	15	4
Utcke, Kilian		09.02.1999	18	7
Wilhelm, Malte		29.04.1991	24	6
Trainer:				
Farhadi, Ali-Reza		25.08.1974	34	

TSV Sasel

Spieler		geb. am	Sp.	T.
Adomat, Timo		24.01.1988	32	6
Aydin, Adem		15.02.1997	2	0
Bolz, Marwin		07.02.1998	6	0
Büge, Yannis		20.09.1992	16	2
Celikten, Tolga		16.12.1995	33	9
Erichsen, Lasse	T	25.07.1999	6	0
Gerken, Jean-Lucas		05.04.1997	29	11
Gerken, Nick Daniel		27.02.2000	2	0
Kaetow, Jan-Henrik		14.01.1990	10	1
Kourkis, Lukas-Gabriel		11.04.1997	22	8
Krohn, Jo-Daniel	T	22.03.1991	5	0
Lichy, Daniel		26.02.1995	26	5
Nadjem, Benjamin		02.04.1995	24	3
Nrecaj, Enrik		13.01.1995	12	4
Oguz, Mazlum		28.07.1994	30	3
Stark, Felix Paul		06.08.1999	7	1
Steddin, Tobias		11.02.1997	33	3
Take, Luis		25.05.2000	10	0
Tanovic, Edin		22.10.1996	32	1
Tiedemann, Lars		30.10.1999	20	1
Tuffour, Todd	T	31.05.1994	24	0
Warlich, Dario		04.05.1991	4	0
Winkel, Stefan		23.06.1990	32	18
Zakerwal, Atef		23.02.1997	7	0
Zankl, Niko		06.08.1991	33	11
Zinselmeyer, Sebastian		11.11.1994	11	0
Eigentore				1
Trainer:				
Zankl, Daniel		14.11.1987	34	

VfL Pinneberg

Spieler		geb. am	Sp.	T.
Alasan, Özay		19.09.1998	10	0
Albry, Madjid		23.07.1990	6	0
Aleksic, Milos		23.07.2000	7	0
Ay, Enis		30.08.1997	10	2
Ballner, Florian		30.06.1990	9	0
Bartel, Andreas		18.02.1993	10	1
Bejaoui, Amin		07.03.1995	18	1
Beyer, Kevin		24.03.1998	9	0
Bostelmann, Keven		16.07.1991	5	0
Caldwell, Sascha Alexander		30.06.1995	10	1
Ceban, Maxim	T	29.06.1997	16	0
Clausen, Cevin Carsten		13.01.1995	18	0
Düsing, Martin		15.09.1986	7	0
Etling, Frederik		08.02.1994	9	1
Garcia, Mauricio-Enrique		21.09.1997	10	0
Hagen, Daniel		12.06.1997	1	0
Hastedt, George		01.02.1995	8	0
Haustein, Edward		02.08.1994	8	0
Haustein, Julian		27.10.1996	9	1
Herrmann, Timo	T	06.05.1992	12	0
Holos, Bennett		15.03.1999	1	0
Holstein, Florian		14.08.1986	1	0
Ignatidis, Alexandros		13.02.1997	21	4
Johannsen, Finn		22.12.1999	1	0
Jürgs, Justus		22.05.1999	8	1
Krauze, Wojciech		03.08.1983	17	2
Krellmann, Moritz		19.12.1999	18	1
Lembke, Leif		27.10.2000	6	0
Lemcke, Dominic		17.11.1997	20	1
Lemcke, Nico		09.03.1999	9	0
Lorenzen, Danny		05.07.1996	5	0
Malkoc, Emre		18.11.1999	10	0
Matiya-Mayuma, Henoc		16.01.1999	4	0
Neu, Leopold		27.01.1996	15	0
Protzek, Luca	T	23.07.1998	9	0
Reichert, Michael		16.06.1999	1	0
Rohardt, Tobias		29.10.1997	1	0
da Ronch, Devin		04.09.1999	13	1

HSV Barmbek-Uhlen.

Spieler		geb. am	Sp.	T.
Abrahamyan, Narek		11.06.1996	8	3
Buchholz, Ronny		12.01.1990	33	3
Claus, Ian-Prescott		04.02.1993	19	10
Eggers, Jan		05.05.1991	30	3
Gaedtke, Oliver	T	27.10.1999	21	0
Hathat, Abdel Aziz		22.12.1994	33	18
Heuermann, Chris		27.12.1996	15	5
Hoeft, Jon		26.04.1988	17	3
Hölscher, Stephan	T	05.03.1981	10	0
Hosseini, Samuel		06.04.1990	27	1
Jeske, Tim		30.10.1988	25	9
Köhler, Marten		07.08.1995	6	0
Korczanowski, Janis		12.04.1992	25	11
Ladendorf, André		18.09.1988	11	3
Lux, Yannik		08.01.1992	9	0
Mandel, Louis		22.01.1996	28	6
Meyer, Marcel		27.04.1991	6	4
Musbau, Yusuf		08.04.1999	11	0
Odabas, Tolga		22.11.1989	14	0
Pfeifer, Chris		17.09.1988	30	5
Plendiskis, Kaspars	T	25.07.1993	5	0
Sabas, Niklas		13.02.1993	23	1
Schluchtmann, Nico		19.01.1996	28	1
Scholz, Moritz		16.03.1992	1	0
Smit, Paul		03.08.1997	5	0
Umurhan, Fatih Okan		28.10.1992	27	2
Trainer:				
Stier, Marco		26.03.1984	34	

Fortsetzung VfL Pinneberg:

Spieler		geb. am	Sp.	T.
Saliev, Asan		07.03.1988	15	1
Skotarczak, Nikodem		02.03.2000	3	0
Spengler, Patrick		24.02.1998	7	0
Strauß, Lion		30.09.1999	19	1
Sukama, Henning Lendo		19.08.1995	16	0
Trzeciok, Tristan		01.10.1999	22	1
Xhelili, Donat		25.07.2000	18	0
Xhelili, Taulant		06.12.1996	2	0

TSV Buchholz 08

Spieler		geb. am	Sp.	T.
Abdurahman, Ahmed Ali		07.06.1999	22	6
Brückner, Lennart	T	25.03.1996	20	0
Buzhala, Milaim		29.01.1990	32	14
Eisenberg, Marc		15.09.1995	30	6
Fornfeist, Dominik		02.06.1992	30	17
Fritz, Jonas		10.09.1995	28	3
Fuß, Cedric		23.03.1996	11	1
Havertz, Alexander		16.10.1999	1	0
Jonas, Niklas		17.11.1988	20	4
Kettner, Lukas		02.10.1987	24	0
Knobloch, Luca-Robin		28.01.1995	23	3
Kömürcü, Can		13.07.2000	31	4
Kremer, Lukas		27.12.1991	26	3
Kühn, Julian		01.09.1986	7	2
Lentvogt, Glenn-Robert		29.11.1997	16	0
Louro, Leandro-Tiago		05.12.1998	2	0
Maaß, Anthony		04.02.2000	8	0
Metzler, Andreas		18.10.1989	30	3
Peters, Marcel		29.11.1992	19	2
Schulga, Jan-Niklas		14.09.1995	9	1
Schulz, Jakob		08.11.1996	15	0
Thees, Jannik		31.01.1996	19	1
Urdin, Denis		22.05.1986	28	2
Wentzien, Kennett-Julian	T	14.03.1999	3	0
Wilke, Philipp	T	23.08.1991	12	0
Eigentore				1
Trainer:				
Schneider, Thorsten		23.05.1967	34	

Fortsetzung VfL Pinneberg:

Spieler		geb. am	Sp.	T.
Zaman, Mohammad Yasir		01.08.1990	16	0
Eigentore				1
Trainer:				
Bethke, Patrick		31.03.1986	20	
Krauze, Wojciech		03.08.1983	12	
Kullock, Christian (i. V.)		14.07.1983	1	
Motzkat, Marcus (i. V.)		21.01.1971	1	

Altonaer FC 93

Spieler		geb. am	Sp.	T.
Akoteng-Bonsrah, Andy		06.07.1998	10	2
Asani, Ersen		28.05.1993	8	0
Atug, Beytullah		28.01.1991	1	0
Atug, Seyhmus		22.11.1992	24	3
Boock, Vincent		22.07.1993	26	6
Colak, Ahmet		04.01.1997	1	0
Demianovskyi, Kirill		31.03.1999	5	0
Dovhyi, Yaroslav		20.02.1998	5	0
Fousseni, Taufeeq		08.03.2000	1	0
Gebissa, Joshua		21.01.1995	32	3
Grubba, Tobias	T	09.05.1991	33	0
Hacker, Luis		07.11.1997	14	0
Hartmann, Patrick	T	30.05.1996	1	0
Kunter, Pablo		11.08.1995	20	1
Matthäi, Anton	T	16.12.1999	1	0
Metidji, Hischem		25.05.1999	33	9
Monteiro, Eudel Silva		21.10.1994	31	3
Müller, Lennart		08.09.1993	19	1
Safo-Mensah, Benjamin		26.05.1996	12	1
Saglam, Onur		23.03.1993	24	3
Schultz, Marco		11.02.1992	30	20
Schwäbe, Maurice		28.11.1996	9	0
Siebert, Niklas		11.08.1995	32	0
Tüter, Tolga		07.01.1995	27	5
Vojtenko, Alexander		02.02.1999	14	4
Wachowski, William		04.04.1993	29	6
Yilmaz, Abdullah		24.04.1989	31	4
Eigentore				1
Trainer:				
Algan, Berkan		29.03.1977	34	

SV Rugenbergen

Spieler		geb. am	Sp.	T.
von Bastian, Dennis		13.11.1986	7	2
Beese, Kevin		27.05.1991	17	3
Bouveron, Raoul		26.08.1993	15	3
Dampha, Sulayman		29.03.1998	16	4
Düllberg, Jan		23.06.1992	22	2
Gerber, Pascal		03.02.1999	20	0
Haase, Pascal		02.03.1994	33	20
Hansen, Broder		11.02.1986	19	0
Hoppe, Patrick		16.09.1992	31	7
Jeong, Hunu		02.03.1996	20	1
Kordistos, Konstantinos		01.05.1991	1	0
Lohrke, Kevin		14.03.1992	31	2
Mané, Moussa		01.08.1996	19	6
Marciniak, Patrick	T	22.10.1991	16	0
Munzel, Sebastian		19.11.1985	19	0
Rühmann, Hendrik		05.01.1994	29	0
Rüster, Boamah Torsten		27.03.1999	10	0
Scholz, Max		26.02.1990	23	4
Schrage, Jan		19.01.1998	11	0
Schulz, Sergej		22.11.1987	13	3
Tegeler, Steven		12.12.1994	4	0
Waldmann, Jannis	T	11.01.1993	20	0
Worthmann, Sven		09.08.1993	31	2
Zarai, Hassan		17.05.1999	25	2
Eigentore				2
Trainer:				
Bohlen, Thomas		25.10.1964	26	
Palapies, Ralf		21.05.1970	8	

FC Süderelbe

Spieler		geb. am	Sp.	T.
Alvarez Sanchez, Hamilton		18.09.1995	23	0
Aydin, Serdar		27.04.2000	1	0
Cadilhe Branco, Vitor Hugo		05.10.1998	20	4
Ceylani, Yalcin	T	13.12.1987	26	0
Düzgüner, Vedat		25.09.1996	18	6
Dzigbede, Prince		09.01.1997	31	3
Heinbockel, Justin		27.03.2000	32	0
Hodolli, Muhamed		13.07.1993	17	0
Hoeling, Isaak		09.04.1996	20	1
Keisef, Simon Leonardo		11.09.1998	32	4
Koras, Oguz		28.06.1998	19	3
Kuci, Erejon		13.03.1999	1	0
Mahrt, Christopher		25.02.1989	17	2
Medaiyese, Victor	T	13.04.1996	8	0
Mucunski, Alexandar		21.04.1993	29	5
Raji, Ahmad Daoud		31.01.1992	12	0
Reinecke, Nico		29.06.1992	30	1
Rodrigues, Marcel		21.02.1990	29	17
Sa Borges Dju, Edison		30.04.1994	30	20
Schulze, Baris		24.04.1995	14	0
Sethmacher, Tom Lucas		18.12.2000	22	1
Siegismund, Gerrit		02.07.1992	4	0
da Silva Moreira, Jannick Chr.		28.12.1998	8	1
Sobczyk, Martin		09.11.1986	21	0
Trainer:				
Walek, Markus		11.11.1986	20	
Gürsan, Timucin		01.10.1991	14	

WTSV Concordia

Spieler		geb. am	Sp.	T.
Balzis, Ricardo		12.09.1993	12	1
Bambur, Benjamin		18.10.1990	31	13
Bannenberg, Marcel		25.09.1995	4	0
Baur, Jeremy		05.05.1998	23	4
Bober, Tom		12.07.1988	9	0
Böse, Frederic	T	16.05.1987	25	0
Burgemeister, Tim	T	19.01.1998	10	0
Cetinkaya, Cem		12.07.1988	12	0
de la Cuesta, Sascha		24.10.1989	27	6
D'Urso, Maurizio		06.02.1991	29	3
El-Nemr, Pascal		06.03.1993	24	4
Ganitis, Theodoros		23.05.1994	8	1
Goldgraebe, Andreas		20.05.1988	19	0
Grabowski, Mikolaj		29.01.1999	3	0
Halavurta, Semih		23.02.1998	10	0
Heuermann, Chris		27.12.1996	12	3
Hoffmann, Kevin		14.05.1998	4	0
Kastl, Jonas		15.12.1993	23	0
Kern, Henry	T	26.05.1996	1	0
Labiadh, Mohamed		07.08.1989	21	6
Lindener, Steven		29.04.1991	12	4
Logemann, Jamal		18.02.1996	7	0
Marstaller, King		03.09.1998	16	2
Pinner, Eli		30.08.1995	14	0
Roesler, Fernando		20.01.1999	12	0
Rohweder, Christian		03.12.1994	25	2
Vierling, Lucas		23.01.1998	31	1
Werner, Martin		26.12.1997	7	0
Wolter, Julien		21.01.2000	2	0
Yapici, Serhat		22.07.1998	6	0
Zebrowski, Dominik		30.03.1999	3	0
Zschimmer, Kevin		03.03.1993	24	5
Trainer:				
Pieper-von Valtier, Frank		22.06.1972	34	

SC Condor Hamburg

Spieler		geb. am	Sp.	T.
Anders, Max		01.08.1983	1	0
Bonewald, Melvin		24.02.1993	24	3
Bulut, Özgür		28.06.1997	28	9
Choi, Incheol		22.10.1997	32	6
Cholevas, Matthias		25.07.1996	28	2
Daudert, Till		13.08.1995	13	1
Dikenli, Tarik		18.07.1999	26	3
Dornick, Tom		04.10.1998	11	1
Facklam, Dennis		14.10.1991	10	2
Grablewski, Max Alec		25.10.1999	20	0
Hebbeler, Leo	T	18.07.1997	10	0
Hilbig, Julian		08.07.1997	1	0
Ilic, Damian		02.03.1998	29	6
Iscan, Gökhan		30.06.1987	17	4
Issem, Niklas	T	27.12.2000	1	0
Klammer, Cassian		12.08.1990	26	0
Körner, Philipp		12.04.1991	2	0
Laban, Kristoffer		12.03.1989	10	0
Lahmann-Lammert, Lorenz		17.07.1997	11	1
Lenz, Stanislaw	T	11.03.1987	11	0
Löw, Michael Jordan		26.03.1993	25	5
Niederstadt, Ken		28.12.1991	29	0
Özalp, Ibrahim		01.03.1994	1	0
Osinski, Przemyslaw		04.06.1980	2	0
Pahl, Tim-Julian		11.03.1996	11	0
Richter, Maximilian	T	25.01.1995	12	0
Schieweg, Nick		14.01.2000	2	0
Schwoy, Markus		15.04.1980	4	1
Sousa, Adrian		29.03.1994	23	8
Vass, Ronald		01.02.1991	15	0
Veseli, Atnan		29.03.1998	2	1
Vinberg, Sean Paul		29.09.1994	25	5
Weiser, Nico		05.06.1996	3	0
Eigentore				1
Trainer:				
Smith, Olufemi		02.08.1978	20	
Neumann, Florian		03.03.1982	14	

HEBC

Spieler		geb. am	Sp.	T.
Bundt, Janek		19.05.1994	33	7
Cordasev, Emile		06.05.2000	10	2
Flick, Chris		21.10.1987	31	1
Franz, Kevin		30.05.1987	3	0
Geist, Jan Christian		03.12.1983	3	3
Geist, Robin	T	01.07.1993	7	0
Hackstein, Felix		10.10.1992	15	1
Hermes, Stefan		17.11.1984	3	1
Höricke, Kevin		12.03.1990	20	0
Höricke, Leon		07.09.2000	1	0
Ide, Ilias		21.09.1995	24	2
Ikponmwonsa, Jefferson Nosa		04.11.1995	20	1
Köhler, Tjorven		21.03.1996	19	2
Kosik, Matthäus		25.11.1985	20	0
Krebs, Bela David	T	08.12.1999	1	0
Kuhnert, Shawn Kevin		19.02.1994	8	2
Lemke, Fabian		17.02.1995	25	4
Magens, Moses		31.10.2000	7	0
Natusch, Ole		10.08.1984	11	1
Nennhaus, Tino	T	08.01.1990	27	0
Oldag, Piet Ole		27.09.1999	19	0
Palo, Erciyes Firat		13.05.1998	8	0
Pegel, Mike		23.09.1981	1	0
Peters, Lasse		03.05.1990	15	0
Prange, Daniel		15.03.1984	14	0
Priebe, Maximilian		27.07.1991	10	3
Puschkaruk, Stanislaw		25.10.1986	11	1
Rinckens, Janosch		26.04.1991	17	14
Schulz, Maximilian		20.09.1990	24	1
Trapp, Kevin		27.02.1992	21	4
Wiedemann, Mirko Joscha		17.09.1994	12	0
Windhoff, Simon		19.08.1996	8	0
Wrede, Janek		14.10.1992	28	3
Eigentore				2
Trainer:				
Großkopf, Jörn		29.08.1966	34	

SV Curslack-Neueng.

Spieler		geb. am	Sp.	T.
Babuschkin, Gianluca	T	12.04.1993	26	0
Bannasch, Jan-Hendrik		02.04.1992	27	2
Beldzik, Mike		15.09.1995	29	1
Bober, Tom		12.07.1988	7	0
Brudler, Mark Kevin		09.03.1996	18	2
Buck, Jonas		16.03.1996	17	2
Driebel, Niklas Tom		02.01.1999	11	1
Giese, Leon	T	25.05.1994	8	0
Hoffmann, Niklas		25.09.1996	7	0
Iscan, Gökhan		30.06.1987	12	0
Keklikci, Kutay		12.08.1990	8	0
Kerschke, Julian		23.12.1991	15	3
Kochsiek, Maximilian		11.04.1999	2	0
Künkel, Julian		03.04.1987	11	1
Lechler, Arnold		28.04.1991	11	7
Lenz, Timo		13.09.1994	29	14
Maskaljevic, Duro		31.05.1995	10	2
Mokhlis, Hamed		20.01.1994	22	7
Papke, Patrik		25.10.1987	25	1
Radic, Stjepan		28.07.1995	22	0
Reckstadt, Dennis		01.10.2000	4	1
Rogge, Florian		09.02.1998	33	5
Rohde, Marco		09.06.1994	6	0
Schalitz, Marvin		22.03.1996	31	3
Schubring, Marco		10.06.1996	1	0
Sousa, Adrian		29.03.1994	1	0
Spiewak, Sebastian		11.02.1992	27	1
Wilhelm, Witalij		12.05.1992	33	6
Witmütz, Till		17.12.1998	20	1
Eigentore				1
Trainer:				
Wulff, Matthias		20.09.1982	34	

Meiendorfer SV

Spieler		geb. am	Sp.	T.
Alberti, Briant	T	10.04.1993	26	0
Asante, Ephrahim Kofi		29.05.1998	27	2
Blum, Andrej		18.05.1994	14	9
Bogucki, Karl-Oskar		24.02.1993	6	0
Düzel, Can		26.11.1998	32	5
Fedai, Martin		14.09.1995	15	7
Folarin, Collins Abiola		13.07.1993	6	1
Gündogan, Haci		10.05.1996	7	0
Hallmann, Lucas		09.12.1994	10	0
Heitbrock, Kevin		02.10.1992	23	0
Hercog, Marcin		16.10.1981	23	4
Herrdum, Paul Luca		09.02.1993	23	1
Hoffmann, Marcel		05.07.1990	15	0
Hoti, Dren		23.08.1994	17	0
Jonas, Yannik	T	19.10.1991	10	0
Kaczenski, Jonas		02.06.1988	16	0
Kayahan, Hamza		08.12.1993	7	0
Kepceoglu, Mert		17.02.1997	7	1
Koura, Kalif		05.09.1993	18	3
Monteiro, Leonel Varela		29.12.1991	19	1
Osei, Kwadwo		08.04.1991	2	0
Rosseburg, Max		09.08.1996	30	0
Sara, Michael		14.12.1990	26	6
Schaaf, Henrik		27.07.2000	3	1
Schön, Lawrence		10.07.1997	23	1
Sharifi, Bazier		10.03.1993	17	1
Shirdel, Mohamed Josef		03.04.1993	4	0
Tatsis, Alexandros		07.08.1994	23	0
Xhelili, Tomas		18.05.1999	8	1
Zazai, Hamid		05.06.1992	12	0
Trainer:				
Saglam, Baris		08.10.1985	34	

FC Teutonia 05

Spieler		geb. am	Sp.	T.
Akyere, Isaac		15.11.1990	23	0
Al-Tamemy, Noor		22.01.1997	27	7
Arifi, Jeton		02.06.1985	4	1
Aydin, Furkan		15.03.1996	15	1
Bergmann, Mirco		18.10.1991	13	0
Cholevas, Georgios		22.01.1995	20	0
Dieterich, Felix		20.04.1998	6	2
Eden, Davidson		26.03.1988	32	5
Eggert, Pascal		21.10.1992	19	4
Ehlers, Timo		31.07.1988	1	0
Erman, Aytac		01.02.1989	27	20
Fazlic, Dino		21.11.1991	29	2
Fischer, Maximilian		05.05.1992	13	0
Ganitis, Theodoros		23.05.1994	2	0
Gillich, Arne		30.12.1985	14	4
Gutmann, Nick		26.08.1996	27	7
Holz, Niklas		24.04.1997	22	2
Lahmann-Lammert, Lorenz		17.07.1997	13	0
Mallwitz, Nikolas		29.07.1996	31	2
Meyer, Michael		12.09.1988	5	0
Müller, André		17.06.1992	26	2
Oest, Mirko	T	30.01.1995	7	0
Pressel, Gerrit		19.06.1990	30	7
Sembolo, Francky		09.08.1985	11	1
Svraka, Semir	T	20.05.1988	14	0
Toksöz, Deran		21.05.1988	13	8
Valverde, Ander Alday		27.08.1994	8	0
Yasar, Emre Mustafa		11.04.1996	10	1
Zummack, Yannick	T	26.03.1996	14	0
Eigentore				3
Trainer:				
Titze, Sören		09.12.1984	34	

TuS Osdorf

Spieler		geb. am	Sp.	T.
d'Agata, Gianluca		21.11.1987	10	0
Amoah, Samuel		03.04.1998	12	6
Cem-Bissou Weiß, Joel		04.02.1997	30	2
Collet, Jan		10.02.1998	16	1
Enderle, Eddy-Morton		16.04.1990	12	1
Eren, Mehmet		04.11.1989	29	5
Eren, Volkan		18.11.1997	22	0
Feigenspan, Mika		10.09.1999	23	0
Gonzalez, Sebastian		20.10.1995	6	0
Hencke, Claus	T	03.10.1981	19	0
Herbrand, Patrick		22.01.1988	8	0
Hinze, Luca	T	02.12.1999	1	0
Hounsiagama, Germain		16.10.1997	1	1
Hüttner, Prince		07.01.1994	26	0
Imbusch, Sascha	T	04.09.1981	4	0
Jobmann, Tim		26.01.1994	26	3
Körner, Philipp		12.04.1991	6	0
Krause, Bennet		14.01.1988	29	3
Krause, Torben		25.05.1988	8	0
Kukuk, Nico		24.10.1997	11	2
Schlumbohm, Felix		14.06.1992	26	4
Schmidt, Dennis		11.11.1986	1	0
Schmidt, Nick	T	07.04.1991	9	0
Schmidt, Robin		07.04.1991	16	5
Spranger, Felix		18.07.1997	28	6
Ude, Antonio		04.03.1981	19	2
Vetterlein, David		22.07.1997	12	1
Wachter, Jeremy		24.11.1992	30	23
Werth, Dennis	T	13.04.1995	1	0
Wesling, Piet Magnus		05.02.1998	31	0
Eigentore				2
Trainer:				
Wiehle, Peter		28.06.1969	34	

SC Victoria Hamburg

Spieler		geb. am	Sp.	T.
von Appen, Nils		12.08.1989	18	5
Awuah, Caleb Kakra		17.11.1993	1	0
Bergmann, Dennis		30.04.1993	26	23
Bergmann, Mirco		18.10.1991	17	1
Borck, Alexander		14.04.1992	29	5
Bornemann, Jonathan		05.10.2000	1	0
Branco, André Monteiro		04.01.1996	24	4
Ermisch, Vincent		15.07.1995	5	0
Ernst, Luca David		25.08.1997	23	1
Fionouke, Manasse		27.04.1999	23	1
Freude, Joshua		14.02.1999	10	0
Kämpfer, Jan		29.06.1995	23	1
Kohpeiß, Klaas		23.01.1993	20	10
Lange, Marc Henry		02.02.1990	6	0
Lohmann, Dennis	T	13.10.1990	34	0
Njie, Bibie		05.04.1997	21	11
Petzschke, Yannick		16.08.1992	26	2
Rabe, Hendrik	T	29.11.1996	1	0
Richter, Dennis Marc		14.02.1995	16	3
Sawicki, Elias		22.11.1999	10	0
Schmid, Julian		20.07.1995	25	3
Schuhmann, Felix		03.08.1992	24	5
Segedi, Jan Luka		18.06.1994	21	2
Senol, Oguzhan		11.12.2000	2	0
Siemsen, Yannick		30.08.1995	16	4
Stegmann, Timo		19.08.1995	26	4
Strömer, Len Aike		15.04.1991	19	8
Szillat, Joel Osei		10.02.2000	2	0
Wohlers, Tom		19.08.1997	6	1
Eigentore				6
Trainer:				
Richter, Jean-Pierre		16.04.1987	19	
Kruk, Benjamin (i. V.)		08.01.1987	1	
Boll, Fabian		16.06.1979	14	

Wedeler TSV

Spieler		geb. am	Sp.	T.
Alves Lopes, André	T	17.12.1987	28	0
Aptoula Housein, Enes		24.05.1996	4	0
Banoub, Andrew		28.06.1999	22	1
Diaz Alvarez, Daniel		30.07.1994	30	2
Diaz Alvarez, Luis		30.07.1994	33	1
Dirksen, Christian		24.10.1983	25	5
Duffke, Julien Peter		22.01.2000	2	0
Eggers, Jorma		07.03.1995	26	0
Ellerbrock, Kjell		14.09.1994	31	8
Golombiewski, Lorenz	T	19.02.1999	5	0
Lee, Yongkwan		29.09.1995	12	0
Mahnke, Dominik		16.01.1998	12	0
Marten, Niklas	T	18.02.1997	1	0
Münster, Tom		16.08.1999	8	1
Nunes Correia, Joao		10.02.1995	8	0
Richert, Sascha		10.09.1988	9	3
Richter, Marcus		27.10.1989	22	7
Rodrigues de Oliveira, J.		15.06.1988	27	3
Roesler, Fernando		20.01.1999	1	0
Rörström, Nikolaj		09.07.1999	15	0
Schiopu, Cornel		31.07.1994	7	0
Simon, Enzo		19.04.1998	25	9
Steinecke, Marlo		08.03.1994	28	5
Stolzenburg, Max		12.11.1997	3	0
Uitz, Marcel		01.09.1999	15	2
Vollmer, Tim		28.10.1984	23	3
Voorbraak, Gary		29.05.1994	2	0
Walter, Maximilian		03.04.1993	18	0
Wilckens, Jannick		13.03.1998	28	1
Trainer:				
Domingo, Daniel		28.05.1976	20	
Ivanko, Andelko		23.11.1966	14	

Oberliga Niedersachsen

> 18

Pl.	(Vj.)	Mannschaft		Sp	S	U	N	Tore	TD	Pkt	Sp	S	U	N	Tore	Pkt	Sp	S	U	N	Tore	Pkt
								Gesamtbilanz							**Heimbilanz**						**Auswärtsbilanz**	
1.	(↑)	Hannoverscher SC	↑	30	17	9	4	58-36	+22	60	15	9	5	1	30-14	32	15	8	4	3	28-22	28
2.	(6.)	FC Eintracht Northeim		30	18	4	8	56-32	+24	58	15	11	1	3	30-12	34	15	7	3	5	26-20	24
3.	(3.)	SC Spelle/Venhaus		30	15	6	9	63-43	+20	51	15	7	3	5	32-22	24	15	8	3	4	31-21	27
4.	(↓)	Eintracht Braunschweig II	↓	30	14	7	9	63-50	+13	49	15	8	3	4	43-26	27	15	6	4	5	20-24	22
5.	(5.)	TuS Bersenbrück		30	14	6	10	59-42	+17	48	15	10	1	4	36-15	31	15	4	5	6	23-27	17
6.	(7.)	SV Arminia Hannover		30	13	6	11	52-46	+6	45	15	8	2	5	20-18	26	15	5	4	6	32-28	19
7.	(↓)	VfV Borussia 06 Hildesheim		30	12	8	10	36-35	+1	44	15	7	5	3	21-12	26	15	5	3	7	15-23	18
8.	(8.)	Heeslinger SC		30	12	7	11	45-35	+10	43	15	6	7	2	26-15	25	15	6	0	9	19-20	18
9.	(↑)	FC Hagen/Uthlede		30	11	7	12	51-56	-5	40	15	8	4	3	32-21	28	15	3	3	9	19-35	12
10.	(9.)	SV Atlas Delmenhorst 2012		30	9	11	10	41-40	+1	38	15	5	6	4	19-17	21	15	4	5	6	22-23	17
11.	(↑)	MTV Wolfenbüttel		30	11	5	14	40-55	-15	38	15	8	2	5	26-23	26	15	3	3	9	14-32	12
12.	(10.)	TB Uphusen		30	9	8	13	44-42	+2	35	15	6	4	5	28-22	22	15	3	4	8	16-20	13
13.	(12.)	MTV Gifhorn		30	10	4	16	37-49	-12	34	15	5	3	7	20-25	18	15	5	1	9	17-24	16
14.	(4.)	1. FC Wunstorf	↓	30	10	4	16	30-56	-26	34	15	6	2	7	15-28	20	15	4	2	9	15-28	14
15.	(↑)	VfL Oythe	↓	30	8	4	18	36-63	-27	28	15	5	2	8	21-28	17	15	3	2	10	15-35	11
16.	(11.)	BV Cloppenburg	↓	30	5	8	17	37-68	-31	23	15	4	2	9	19-32	14	15	1	6	8	18-36	9

Absteiger aus der Regionalliga: USI Lupo-Martini Wolfsburg, VfL Oldenburg und 1. FC Germania Egestorf/Langreder (Nord).
Aufsteiger in die Regionalliga: Hannoverscher SC (Nord).
Absteiger in die Landesliga: BV Cloppenburg, VfL Oythe (Weser-Ems), 1. FC Wunstorf (Hannover) und Eintracht Braunschweig II (Braunschweig; freiwillig).
Aufsteiger aus der Landesliga: Barenburger SV Kickers Emden (Weser-Ems; Meister SV Bevern verzichtete), HSC Blau-Weiß Schwalbe Tündern (Hannover), MTV Eintracht Celle (Lüneburg) und Freie Turnerschaft Braunschweig (Braunschweig).

Oberliga Niedersachsen 2018/19

	Hannoverscher SC	Eintracht Northeim	SC Spelle/Venhaus	Etr. Braunschweig II	TuS Bersenbrück	Arminia Hannover	VfV Bor. Hildesheim	Heeslinger SC	FC Hagen/Uthlede	Atlas Delmenhorst	MTV Wolfenbüttel	TB Uphusen	MTV Gifhorn	1. FC Wunstorf	VfL Oythe	BV Cloppenburg
Hannoverscher SC	×	0:2	2:2	4:0	3:1	4:1	1:1	2:1	3:1	0:0	1:1	1:0	2:0	2:1	3:1	2:2
FC Eintracht Northeim	0:0	×	2:0	2:0	3:0	4:2	4:0	2:1	0:2	2:1	0:1	1:3	3:1	2:0	2:0	3:1
SC Spelle/Venhaus	1:2	3:0	×	4:0	3:0	0:4	4:1	2:1	3:3	1:1	3:0	0:2	3:0	0:2	2:3	3:3
Eintracht Braunschweig II	2:3	1:3	3:0	×	3:3	3:3	1:3	3:2	3:1	4:1	4:1	1:1	0:4	4:0	7:0	4:1
TuS Bersenbrück	3:1	2:0	1:2	5:2	×	2:0	2:0	0:1	2:2	1:2	3:1	3:0	0:1	4:0	3:1	5:2
SV Arminia Hannover	1:1	2:0	2:4	1:2	1:4	×	0:1	1:0	0:3	1:1	2:1	1:0	2:0	1:0	2:1	3:0
VfV Borussia 06 Hildesheim	2:3	0:0	1:3	0:2	1:1	1:1	×	1:0	3:0	2:0	1:0	2:1	0:0	4:1	3:0	0:0
Heeslinger SC	0:0	1:3	1:2	3:3	1:1	5:2	2:0	×	2:0	1:1	1:1	1:1	3:1	3:0	0:0	2:0
FC Hagen/Uthlede	2:3	3:0	0:3	0:0	3:2	3:0	2:1	2:3	×	2:2	1:1	2:1	3:1	2:0	6:3	1:1
SV Atlas Delmenhorst 2012	1:3	0:0	1:1	1:1	2:2	0:3	3:1	0:1	2:0	×	2:1	1:1	1:3	2:0	0:0	3:0
MTV Wolfenbüttel	1:0	4:3	3:1	1:0	1:2	0:2	0:0	1:3	3:1	3:4	×	2:1	1:0	0:1	3:2	3:3
TB Uphusen	5:1	0:1	0:4	0:0	1:1	2:2	2:0	1:4	7:0	0:4	3:1	×	3:1	1:1	0:1	3:1
MTV Gifhorn	2:2	4:5	2:1	1:2	1:0	0:0	1:2	0:2	4:1	0:2	0:1	1:1	×	0:5	2:1	2:0
1. FC Wunstorf	1:5	0:6	1:3	0:3	1:0	0:4	1:1	2:0	1:0	1:0	1:2	2:0	1:3	×	2:0	1:1
VfL Oythe	0:2	0:3	0:0	0:2	1:2	4:3	0:2	2:0	1:4	2:1	6:1	1:0	0:2	3:3	×	1:3
BV Cloppenburg	1:2	0:0	2:5	2:3	2:4	0:5	0:2	1:0	1:1	3:2	4:1	1:4	2:0	0:1	0:2	×

Torschützenliste:

Platz	Spieler (Mannschaft)	Tore
1.	Dähnenkamp, Justin (FC Hagen/Uthlede)	17
	Schütte, Merlin (SC Spelle/Venhaus)	17
3.	Schultz, Christopher (Hannoverscher SC)	14
	Wald, Sascha (SC Spelle/Venhaus)	14
5.	Hoffart, Jovan (SV Arminia Hannover)	13
	Zimmermann, Melvin (Eintr. Northeim)	13
7.	Rehling, Kevin (Heeslinger SC)	12
8.	Frank, Rico-Rene (MTV Wolfenbüttel)	11
9.	Adetula, Ayodele Max (Braunschweig II)	10
	Demaj, Drilon (BV Cloppenburg)	10
	Schäfer, Simon (SC Spelle/Venhaus)	10

Zuschauerstatistik:

Mannschaft	gesamt	Schnitt
Atlas Delmenhorst	11.047	736
FC Hagen/Uthlede	7.949	530
VfV Bor. Hildesheim	7.690	513
Eintracht Northeim	6.406	427
SC Spelle/Venhaus	6.082	405
TuS Bersenbrück	5.850	390
VfL Oythe	4.945	330
MTV Wolfenbüttel	4.899	327
SV Arminia Hannover	4.677	312
Hannoverscher SC	4.311	287
BV Cloppenburg	3.564	238
Etr. Braunschweig II	3.255	217
TB Uphusen	3.140	209
Heeslinger SC	3.136	209
MTV Gifhorn	3.010	201
1. FC Wunstorf	2.230	149
	82.191	343

TuS Bersenbrück

Spieler		geb. am	Sp.	T.
Akbulut, Burhan		08.08.1995	12	1
Avdijaj, Qerim		17.11.1999	17	2
Böhmann, Nils	T	10.06.1994	7	0
Bollmann, Christoph	T	10.07.1991	21	0
Dibra, Loren		22.09.1999	19	1
Eiter, Nicolas		04.02.1996	22	1
Flottemesch, Marc		03.01.1991	23	2
Goldmann, Aaron		16.04.1994	27	9
Golz, Fabian		27.09.1998	7	0
Groß, Niklas	T	07.01.1997	2	0
Heskamp, Sandro		20.06.1994	25	3
Janzen, Manuel		28.01.1996	10	0
Leinweber, David		13.04.1996	28	3
Lührmann, Mathias		18.10.1995	13	0
Malungu, Bulani		29.04.1990	20	7
Menkhaus, Gerrit		04.01.1994	26	1
Oswald, Niklas		12.07.1998	24	4
Redzic, Amir		29.06.1996	20	5
Simao, Faria		17.11.1993	11	0
Tolischus, Max		30.11.1991	19	7
Urner, Malik		15.04.1994	19	8
Waldow, Moritz		15.12.1997	12	3
Zimmermann, Daniel		14.08.1997	28	0
Eigentore				2
Trainer:				
Dahech, Farhat		07.09.1956	30	

FC Hagen/Uthlede

Spieler		geb. am	Sp.	T.
Becker, Yannick	T	31.10.1989	26	0
Burdorf, Marlo		01.12.1990	22	3
Dähnenkamp, Justin		27.02.1997	27	17
Diesing, Kai		21.11.1991	1	1
Feldmann, Niklas		11.09.1997	2	0
France, Axel		18.03.1991	27	5
Franke, Mirko		08.08.1989	23	1
Gagelmann, Meiko		28.07.1994	23	0
Göcke, Nils		12.08.1987	27	1
Hausmann, Fabio		20.07.1999	14	0
Janssen, Lars		01.01.1998	6	0
Jordan, Dennis		01.02.1993	13	0
Knoop, Berendt		08.10.1990	14	2
Köhler, Erik		02.01.1998	29	5
Korf, Jöran		14.08.1995	14	0
Mertha, Tjark	T	07.11.1997	4	0
Müller, Christoph		24.12.1991	25	3
Sauermilch, Justin		09.03.2000	10	0
Seidenberg, Tjark		20.04.1990	9	2
Stern, Jascha		05.03.1991	25	3
Stüßel, André		06.09.1990	20	5
Tietjen, Nicolai		16.04.1986	13	1
Wischhusen, Thomas		16.09.1991	28	0
Woltmann, Guido		03.03.1990	9	0
Eigentore				2
Trainer:				
Werde, Carsten		30.01.1988	30	

SC Spelle/Venhaus

Spieler		geb. am	Sp.	T.
Ahrens, Christoph		27.12.1993	21	2
Bachl-Staudinger, Max		01.12.1990	26	1
Breulmann, Jona		23.11.1999	11	0
Düker, Bernd	T	01.04.1992	21	0
Egbers, Florian	T	14.05.1994	9	0
Elfert, Philipp		13.03.1994	28	0
Hoff, Niklas		25.03.1993	20	0
Landwehr, Jannik		12.02.1996	9	0
Nichau, Timo		25.10.1999	7	1
Popov, Artem		03.03.1997	18	0
Rökker, Maik		13.10.1997	1	0
Ruschmeier, Marcel		20.08.1995	22	1
Schäfer, Simon		04.02.1992	28	10
Schütte, Merlin		10.05.1996	29	17
Stapper, Timo		09.11.1994	1	0
Stegemann, Torben		29.12.1994	27	7
Suchanke, Yannic		27.02.1996	23	1
Tegeder, Tobias		07.09.1999	23	1
Thielke, Michael		07.04.1993	28	2
Wald, Sascha		28.01.1990	25	14
Waldow, Moritz		15.12.1997	16	3
Wranik, Steffen		07.01.1999	24	2
Eigentore				1
Trainer:				
Röttger, Sebastian		02.11.1976	11	
Vocks, Hanjo		23.04.1980	19	

MTV Gifhorn

Spieler		geb. am	Sp.	T.
Bakovic, Marko		27.01.1999	2	0
Berisha, Adem		21.06.1998	10	0
Cela, Redion	T	12.03.1999	24	5
Görgülü, Dogan		28.12.1999	1	0
Hajdaraj, Albert		14.05.1998	22	2
Hasardjan, Ronald		02.04.1997	12	1
Hashagen, Mathes		19.06.1993	27	2
Jäger, Arne		02.07.1996	28	1
Karamac, Azad		17.12.1995	24	0
Kemnitz, Kim-Marvin		26.09.1991	9	0
Kolmer, Charlie		30.08.1999	18	0
Konieczny, Gracjan		05.01.1994	15	7
Krüger, Maximilian		10.01.1998	20	3
Krull, Tobias	T	17.09.1991	30	0
Langner, Jannik		21.04.1999	2	0
Lindner, Marc		21.07.1993	3	0
Luczkiewicz, Marvin		03.02.1990	29	9
Luczkiewicz, Melvin		25.01.1995	30	2
Martinowski, Marius		16.01.2000	4	0
Öztürk, Volkan		04.07.2000	5	0
Redemann, Sean		16.05.1999	18	0
Saikowski, Sören-Maria		16.08.1996	28	1
Schröder, Cedric		12.05.1996	3	0
Selter, Noah Barim		22.12.2000	1	0
Tsampasis, Dimitrios		19.08.1996	27	1
Upmann, Marc		16.01.1997	5	2
Zeqiri, Adrian		23.02.1992	9	0
Ziolo, Daniel		29.10.1996	6	0
Eigentore				1
Trainer:				
Spies, Michael		09.07.1965	30	

SV Arminia Hannover

Spieler		geb. am	Sp.	T.
Aphèze, Moustoifa		08.03.1998	11	0
Assinouko, Lincoln		20.10.1989	5	1
Baar, Leander		14.07.1998	28	0
Baruti, Bernard		14.07.1997	16	2
Becker, Tom-Lauritz		21.11.1999	10	3
Chahrour, Mohammed		06.02.1993	8	1
Darwish, Mohamad		20.02.1997	27	7
Farahnak, Ebrahim		19.01.1998	23	0
Heesmann, Leon		22.05.1994	28	9
Hoffart, Jovan		21.05.1996	29	13
Houdek, Michael		23.03.1997	2	0
Jankir, Abdullah		09.10.1994	27	3
Jankir, Adris		25.03.1987	11	3
Jankir, Delchad		09.10.1994	29	3
Jannsen, Lasse Marten		22.10.1992	6	0
Karaca, Dominik		16.07.1998	20	1
Koc, Kemal Denis	T	18.02.2001	4	0
König, Georg-Richard		15.02.1998	20	0
Lasic, Stanko		01.06.1999	15	1
Lukac, Adem		25.06.1996	7	0
Mikroulis, Andreas	T	19.01.1997	9	0
Öney, Gürkan		28.11.1996	28	4
Schaar, Pascal	T	09.04.1995	10	0
Schröder, Tino		13.11.1989	20	0
Tesic, Branislav-Aleksandar		06.06.1999	9	0
Türkoglu, Bulut	T	21.04.1992	6	0
Eigentore				1
Trainer:				
Salar, Murat		23.11.1976	21	
Cabuk, Adem (i. V.)		20.05.1975	3	
Bejzade, Skerdi		30.11.1974	6	

TB Uphusen

Spieler		geb. am	Sp.	T.
Ahlers-Ceglarek, Christian	T	18.04.1984	27	0
Airich, David		11.08.1986	1	1
Artmann, Kevin		21.04.1986	22	2
Asbuchanow, Rafail		25.01.1989	2	0
Bicakci, Mert		29.09.1995	16	2
Buduar, Youness		13.03.1992	8	0
Celik, Thomas		21.12.1994	4	1
Ekuase, Marvin	T	25.11.1998	3	0
Falldorf, Max-Benjamin		07.03.1998	2	0
Janssen, Dennis		31.10.1990	22	3
Janssen, Lars		01.01.1998	3	0
Kmiec, Sebastian		16.06.1990	25	2
Krämer, Leon Nnamidi		12.07.1999	7	0
Kurkiewicz, Sebastian		24.08.1987	28	7
Laabs, Nils		29.02.1984	10	4
Laabs, Ole		15.12.1985	28	0
Mansaray, Shamsu		17.03.1999	13	3
Marafona da Costa, Ricardo		10.10.1999	24	0
Mertha, Tjark	T	07.11.1997	1	0
Neziri, Rilind		06.03.1995	13	0
Park, Hyouingbin		26.05.1996	6	0
Pekrul, Viktor		19.12.1982	29	5
Rathjen, Frithjof		18.12.1992	11	2
Rockahr, Philipp		20.06.1989	28	6
Sahan, Caner	T	25.07.1997	23	1
Throl, Daniel		09.02.1994	20	1
Uschpol, Eugen		15.07.1998	19	1
Yigit, Burak		13.08.1996	21	2
Younis, Daniel		06.05.1999	3	0
Eigentore				1
Trainer:				
Muzzicato, Fabrizio		03.04.1981	30	

Hannoverscher SC

Spieler		geb. am	Sp.	T.
Algermissen, Sascha	T	13.09.1997	30	0
Antunovic, Igor		25.02.1998	16	1
Ayalti, Bugra-Yahya		18.11.1996	2	0
Bahls, Yannick		14.03.1994	19	1
Batbay, Atilay		01.05.1992	26	0
Berse, Marvin-Kaan		05.02.1999	7	0
Bikmaz, Ferhat		06.07.1988	27	9
Burmeister, Niels		07.11.2000	1	0
Capin, Onur		10.07.1996	12	1
Deppe, Torben		06.06.1987	9	0
Doumbia, Ladji Junior		31.12.1996	21	5
Kasumovic, Gian-Luca		19.01.1998	9	0
Kiene, Niklas		18.09.1991	30	2
Kisch, Sirk Ruben		19.02.1996	24	0
Kizilboga, Servet		06.02.1992	14	4
Kleinert, Maurice		11.01.1995	10	0
Masur, Björn		20.01.1993	18	7
von Pleß, Steffen		17.02.1991	23	5
Riegel, Maximilian		31.05.1996	1	0
Ruhani, Adonis		11.05.1994	4	0
Schultz, Christopher		01.06.1989	27	14
Tayar, Deniz		09.02.1984	25	2
Vilches-Bemudez, Dominic		22.03.1992	24	3
Vinals-Ziegler, Gianluca		24.08.1996	7	0
Weigel, Fabian		26.02.1998	24	3
Eigentore				1
Trainer:				
Polomka, Martin		20.11.1982	30	

Heeslinger SC

Spieler		geb. am	Sp.	T.
Akkurt, Iskender		11.07.1997	1	0
Balzer, Gustav		10.03.1997	13	0
Balzer, Raphael		05.01.1996	19	1
Bremer, Dominik		06.12.1989	23	5
Ercan, Can		16.11.1998	15	2
Exner, Arne	T	04.06.1996	28	0
Fahrner, Toni		19.02.1998	6	0
Gerken, Oliver		05.07.1991	22	0
Gueye, Malik		24.10.1990	24	3
Hiller, Merten		30.03.2000	19	0
Kühn, Danny-Torben		16.07.1985	5	0
Lee-Him, Kristian Franklin		08.10.1993	1	0
Martens, Lennard		29.04.2000	19	1
Mazreku, Edison		10.08.1998	19	2
Müller, Björn		21.08.1978	2	0
Müller, Janis		07.08.1989	16	3
Muharemi, Dragan		25.07.1992	15	3
Rehling, Kevin		03.06.1992	29	12
Sautner, Sebastian		16.02.1989	26	0
Sobolewski, Marco		12.04.1994	28	5
Stüve, Darvin		22.09.1995	29	6
Tomelzick, Sven		04.03.2000	1	0
Warnke, Oliver		02.10.1993	27	1
Wix, Sidney-Philipp		03.01.1998	25	0
Eigentore				1
Trainer:				
Bargfrede, Hans-Jürgen		10.03.1959	14	
Lemke, Hendrik		25.12.1984	16	

Eintracht Northeim

Spieler		geb. am	Sp.	T.
Baar, Linus		06.04.1996	22	0
Blötz, Carim		15.03.1995	18	1
Bode, Lukas		21.02.1998	1	0
Daube, Mattis		30.03.1998	23	0
Freyberg, Yannik		30.11.1991	25	4
Fricke, Raoul		09.09.1998	3	0
Grunert, Marc-Yannick		02.09.1995	25	3
Grupe, Nicolas		22.04.1997	1	0
Hehn, Richard		19.05.1997	26	3
Hillemann, Nils		07.12.1991	26	8
Hofmann, Patrick		15.10.1996	7	0
Horst, Christian		07.04.1990	26	4
Köhler, Moritz	T	30.09.1993	2	0
Mackes, Florian		31.07.1994	16	1
Mähner, Paul		09.04.1998	21	2
Meyer, Christopher	T	24.12.1995	24	0
Rettstadt, Finn Lucas		26.06.1997	28	3
Rudolph, Thorben		14.09.1993	22	6
Rüffer, Leon		12.11.1998	8	0
Steinhoff, Silvan		17.02.1996	17	3
Stief, Tobias		02.03.1995	18	0
Strüber, Jannik	T	24.11.1997	4	0
Westfal, Jakob-Hanno		20.01.1994	13	0
Wiederhold, Martin		16.02.1987	16	4
Ziegler, Christoph		12.02.1993	6	0
Zimmermann, Melvin		29.07.1992	22	13
Eigentore				1
Trainer:				
Weißenborn, Philipp		25.02.1988	30	

BV Cloppenburg

Spieler		geb. am	Sp.	T.
Ahua, Assemian Joseph		23.11.1990	3	0
Ampofo, Derrick		11.11.1999	21	2
Aydin, Lazar		27.01.1999	1	0
Bangma, Diederik	T	22.05.1990	25	1
Boungou, Loth-Benny		01.02.1996	9	2
Demaj, Drilon		27.12.2000	30	10
Dreher, Alexander		18.02.1991	25	1
Grammel, Kevin		05.06.1999	9	0
Hennig, Matthis		06.01.1999	29	3
Jammah, Lamin		12.09.1998	6	0
Kanjo, Rami		12.07.2000	13	3
Kay, Janne-Ole	T	08.03.1999	5	0
Kirik, Nikita		20.03.1997	9	0
Koop, Lasse		17.04.2000	5	0
Litau, Michael	T	30.03.1999	1	0
Lizenberger, Tom		06.10.2000	7	0
Lohe, Michael		06.04.1993	29	3
Luniku, Luca		27.04.1999	12	1
Muric, Enes		05.08.1997	27	2
Neldner, Leon		09.07.1995	24	4
Ostendorf, Jan		28.09.1999	26	0
Plaggenborg, Jan-Philipp		18.10.1998	13	1
Rahenbrock, Jan-Ole		29.11.2000	1	0
Thoben, Nico		05.08.1999	25	3
Tiemann, Hannes		02.08.2000	2	0
Walles, Leon		27.04.1996	11	0
Westerveld, Kristian		11.12.1983	29	1
Trainer/in:				
Blancke, Olaf		03.06.1969	18	
Wübbenhorst, Imke		10.12.1988	12	

SV Atlas Delmenhorst

Spieler		geb. am	Sp.	T.
Barrie, Aladji		29.11.1995	10	2
Bruns, Stefan		05.01.1991	16	0
Degen, Patrick		17.10.1986	22	3
Entelmann, Dominik		22.10.1982	1	0
Göretzlehner, Niklas	T	21.02.1999	1	0
Hein, Thade		05.12.1998	19	2
Karli, Musa		27.01.1990	29	2
Köster, Nick		27.09.1991	25	2
Lingerski, Leon		03.05.1995	26	5
Mjeshtri, Emiljano		24.11.1999	1	0
Mooy, Dennis		29.03.1991	25	0
Morikami, Keisuke		06.05.1992	11	0
Müller-Rautenberg, Steven		25.05.1993	8	0
Mutlu, Thomas		03.08.1990	23	1
Osei, Marvin		23.11.1990	22	2
Plendiskis, Karlis		10.12.1994	27	5
Prießner, Marco		08.03.1992	20	4
Radke, Kevin		31.10.1990	7	0
Rauh, Oliver		01.06.1993	26	5
Schmidt, Tom		23.02.1999	25	5
Siech, Marlo		24.11.1997	27	1
Sikken, Thore		02.04.1996	1	0
Spohler, Mark		04.10.1991	2	0
Urbainski, Florian	T	07.10.1989	29	0
Vollmer, Jannik		13.05.1996	12	1
Eigentore				1
Trainer:				
Hahn, Jürgen		11.03.1971	15	
Blancke, Olaf		03.06.1969	11	
von Seggern, Daniel		15.09.1985	4	

VfV Bor. Hildesheim

Spieler		geb. am	Sp.	T.
Abdul, Abdulmalik		08.03.1998	20	8
Avci, Adem		25.09.1992	26	1
Bakir Mahmud, Bangin		20.08.1998	2	0
Chahed, Sofien		22.11.1989	12	0
El Saleh, Hady		17.12.1994	24	3
Erbek, Agit-Cetin		08.05.1992	6	1
Franzmann, Nicolas	T	15.04.1992	3	0
Hadzic, Emir		25.05.1998	23	3
Heine, Tristan		02.04.1999	16	0
Hertel, Edwin		26.04.2000	1	0
Hingerl, Sascha		15.05.1999	18	0
Hinrichsen, Andreas		09.01.1999	8	0
Jürgens, Jonas		02.11.1991	12	2
Kipre, Anderson		31.12.2000	1	0
Lamers, Tim-Marcel		23.09.1999	4	0
Lange, Christoph		04.06.1984	7	0
Maslyakov, Wlad		17.03.1998	15	0
Mathis, Maurice		09.05.1999	25	5
Plaschke, Benedict		29.03.1989	24	5
Prior Bautista, Luis		29.07.1998	29	3
Rauch, Niklas		25.11.1996	29	2
Schrader, Leon-Malte		12.03.1999	6	0
Schulze, Yannik		05.02.1995	6	1
Ströhl, Thomas		10.10.1988	13	0
Strohschänk, Marvin		04.01.1999	10	0
Suckel, Steffen		28.08.1997	25	0
Zlatkov, Jane		05.11.1990	25	2
Zumbeel, Nils	T	19.01.1990	27	0
Trainer:				
Siegel, Thomas		03.05.1974	30	

VfL Oythe

Spieler		geb. am	Sp.	T.
Ahlrichs, Sönke		02.04.1997	15	0
Beer, Dustin		29.01.1993	19	4
Bentka, Steven		13.04.1994	16	0
Brüggemann, Chris		13.02.1998	22	2
Ellmann, Niklas		09.02.1998	15	3
Emich, Nico		03.05.1994	23	2
Grave, Steffen		03.02.1993	2	0
Heise, Wilhelm	T	30.10.1990	29	0
Hesselmann, Marcel		10.11.1993	21	1
Ihorst, Jan		22.01.1998	6	0
Jacobs, Janek		16.12.1993	16	2
Jex, Dennis		02.04.1989	21	4
Kohls, Markus		09.05.1992	8	2
Kürble, Philip-Pascal		20.08.1998	7	0
kleine Lamping, Tim	T	08.09.1997	2	0
Lübberding, Markus		13.07.1998	23	0
von Merveldt, Sebastian Graf		20.03.1993	28	3
Meyer, Fabian		19.05.1990	26	1
Mitzlaff, Florian		01.06.1995	12	1
Odabasi, Süleyman		28.12.1993	22	2
Schönewolf, Philip		17.03.1995	12	5
Smakolli, Mursel		06.06.1989	19	3
Strey, Gerrit		27.10.1993	21	0
Stukenborg, Stephan		15.04.1991	28	0
Suffner, Jonas		22.02.1995	1	0
Eigentore				1
Trainer:				
Jaschke, Paul		18.04.1966	18	
Themann, Klaus		22.09.1964	12	

Eintr. Braunschweig II

Spieler		geb. am	Sp.	T.
Abifade, Samuel		17.09.1999	11	0
Adetula, Ayodele		09.02.1998	24	10
Arbnor, Muja		29.11.1998	17	7
Ayaz, Salih		06.02.1997	19	7
Bangsow, Yannik	T	21.02.1998	13	0
Barry, Boubakar		12.02.2000	10	0
Bartels, Hauke		22.02.1999	21	0
Birjukov, Roman	T	04.04.1999	16	0
Bürger, Leon		11.11.1999	8	2
Canbaz, Ahmet		27.04.1998	4	1
Erdmann, Meik		27.09.1999	21	3
Fasko, Michal		24.08.1994	6	3
Fejzullahu, Mergim		29.03.1994	8	5
Franjic, Ivan Leon		08.09.1997	3	0
Franke, Dominik		12.10.1990	25	3
Funke, Jan-Lukas		20.07.1999	20	1
Henning, Ricardo-Oliver		22.09.2000	7	0
Kolgeci, Besfort		05.01.1998	13	1
Mema, Lirim		23.01.1998	19	2
Mittelstädt, Hendrik		01.12.1999	6	1
Niemann, Gunnar		03.02.1996	19	0
Otto, Nick		27.05.1999	11	1
Otto, Yari		27.05.1999	2	0
Pfitzner, Marc		29.08.1984	14	3
Reck, Daniel	T	21.12.1988	1	0
Stramiello, Edwin		04.08.1997	5	0
Töpken, Thilo		27.02.1999	25	7
Vedamanikam, Alex		21.01.1999	5	0
Veiga, Eric		18.02.1997	9	1
Vy-Ngoc, Fabian		18.02.1999	11	1
Wand, Jonas		10.03.1998	21	0
Wilton, Jake-Robert		05.03.1999	21	2
Eigentore				2
Trainer:				
Dogan, Deniz		20.10.1979	30	

MTV Wolfenbüttel

Spieler		geb. am	Sp.	T.
Abali, Timur		11.08.1987	9	1
Becker, Jonas		14.12.1989	5	0
Block, Tobias		16.12.1986	22	0
Buschmann, Philippe		03.08.1996	9	2
Errico, Mario		03.10.1996	8	1
Frank, Rico-René		24.12.1992	28	11
Friedrichs, Ron		21.03.1989	9	0
Golombek, Garrit		23.01.1991	26	7
Heidebroek, Stefan		21.02.1995	10	0
Hoffmann, Marvin	T	14.02.1996	21	0
Jagsch, Niklas		17.05.1999	10	0
Kendzorra, Dennis		03.01.1992	8	0
Klöppelt, Jonas		05.11.1996	22	1
Kühle, Niklas		01.10.1993	25	5
Linek, André		20.06.1997	29	0
Marktl, René		30.08.1995	3	0
Minlin, Alban		20.06.1992	7	0
Patz, Johannes		13.12.1996	23	1
Plünnecke, Joscha		14.04.1991	22	5
Reiswich, Thomas		12.11.1991	1	0
Rittel, Dominik		25.06.1986	11	0
Sarizki, Dimitri		20.09.1992	3	0
Scheinpflug, Alexander		12.11.1986	7	0
Schlüschen, Sebastian		05.01.1998	22	0
Steinke, Philipp	T	24.03.1993	10	0
Winkler, Jörn		04.06.1985	26	2
Wolf, Marc-Philip		20.08.1995	16	0
Wrobel, Jan-Hendrik		28.01.1997	24	2
Eigentore				1
Trainer:				
Nietz, Michael		25.11.1965	30	

1. FC Wunstorf

Spieler		geb. am	Sp.	T.
Alten, Moritz		02.01.1999	11	1
Aycicek, Deniz		05.06.1990	23	6
Aydin, Mehmet-Veysi		28.02.1992	21	0
Boateng, Daniel		14.02.1989	10	0
Capellan-Matos, Dominik		04.11.1999	5	0
Czelej, Jakub Adrian		24.10.1997	4	0
Dase, Jan		06.03.1994	8	0
Doko, Kriseld		22.02.1996	25	4
Engelmann, Marc	T	23.12.1996	12	0
Gallinat, Pascal		07.10.2000	1	0
Geerts, Pascal	T	04.10.1999	1	0
Geppert, Julian		20.02.1989	8	0
Gos, Pascal		15.08.1991	25	1
Just, Robert		30.03.1990	14	2
Jusufi, Abit		19.05.1984	14	0
Kalhan, Mehmet-Salih		27.02.1999	2	0
Kirsch, Maurice		03.10.1999	19	2
Kodom Fei, Gideon		04.04.2000	1	0
McGuinness, Daniel		26.05.1989	18	0
Menneking, Marco		29.06.1986	21	0
Neubert, Lasse		02.04.1989	10	0
Papadopoulos, Ilias		21.02.1993	4	0
Petrov, Jordan		06.01.1994	13	3
Scheffler, Tim		18.01.1992	19	7
Schiller, Tobias	T	28.10.1989	18	0
Soumah, Ousmane		14.03.1988	29	1
Strunkey, Yanik		29.07.1987	16	0
Tcha-Gnaou, Arafat		23.06.1990	24	2
Tiryaki, Kenan		01.02.1999	5	0
Ullmann, Robin		30.09.1989	29	0
Eigentore				1
Trainer:				
Ullmann, Jens		23.08.1967	30	

Bremen-Liga

Pl.	(Vj.)	Mannschaft	Sp	S	U	N	Tore	TD	Pkt	Sp	S	U	N	Tore	Pkt	Sp	S	U	N	Tore	Pkt
							Gesamtbilanz						Heimbilanz						Auswärtsbilanz		
1.	(4.)	Bremer SV	30	28	1	1	115-12	+103	85	15	14	1	0	65- 8	43	15	14	0	1	50- 4	42
2.	(2.)	FC Oberneuland	30	28	0	2	139-18	+121	84	15	14	0	1	75- 7	42	15	14	0	1	64-11	42
3.	(↑)	SFL Bremerhaven	30	19	4	7	70-37	+33	61	15	10	2	3	38-18	32	15	9	2	4	32-19	29
4.	(7.)	TuS Schwachhausen	30	17	4	9	85-59	+26	55	15	8	2	5	41-31	26	15	9	2	4	44-28	29
5.	(10.)	ESC Geestemünde	30	15	1	14	101-92	+9	46	15	8	1	6	59-39	25	15	7	0	8	42-53	21
6.	(6.)	SG Aumund-Vegesack	30	12	6	12	71-63	+8	42	15	7	3	5	39-25	24	15	5	3	7	32-38	18
7.	(5.)	Blumenthaler SV	30	13	3	14	68-70	-2	42	15	8	3	4	41-29	27	15	5	0	10	27-41	15
8.	(1.)	Brinkumer SV	30	12	5	13	75-79	-4	41	15	8	3	4	45-34	27	15	4	2	9	30-45	14
9.	(9.)	Leher TS	30	10	9	11	67-80	-13	39	15	5	3	7	33-42	18	15	5	6	4	34-38	21
10.	(3.)	BSC Hastedt	30	10	9	11	52-72	-20	39	15	7	3	5	31-33	24	15	3	6	6	21-39	15
11.	(8.)	SV Werder Bremen III	30	8	7	15	52-73	-21	31	15	6	2	7	33-34	20	15	2	5	8	19-39	11
12.	(↑)	SC Borgfeld	30	9	4	17	58-88	-30	31	15	4	3	8	27-39	15	15	5	1	9	31-49	16
13.	(11.)	Habenhauser FV	30	7	4	19	48-103	-55	25	15	4	1	10	27-57	13	15	3	3	9	21-46	12
14.	(14.)	BTS Neustadt	30	5	8	17	33-69	-36	23	15	4	3	8	14-33	15	15	1	5	9	19-36	8
15.	(13.)	Olympischer SC Bremerhaven ↓	30	6	5	19	43-88	-45	23	15	4	3	8	25-28	15	15	2	2	11	18-60	8
16.	(12.)	KSV Vatan Sport Bremen ↓	30	3	6	21	27-101	-74	15	15	2	5	8	15-39	11	15	1	1	13	12-62	4

Absteiger aus der Regionalliga: keine.
Aufsteiger in die Regionalliga: keine.
Absteiger in die Landesliga: KSV Vatan Sport Bremen und Olympischer SC Bremerhaven.
Aufsteiger aus der Landesliga: SV Hemelingen und FC Union 60 Bremen.

Bremen-Liga 2018/19

	Bremer SV	FC Oberneuland	SFL Bremerhaven	Schwachhausen	ESC Geestemünde	Aumund-Vegesack	Blumenthaler SV	Brinkumer SV	Leher TS	BSC Hastedt	SV Werder III	SC Borgfeld	Habenhauser FV	BTS Neustadt	OSC Bremerhaven	KSV Vatan Sport
Bremer SV	×	2:1	3:2	0:0	7:1	3:0	6:2	4:1	3:1	3:0	10:0	7:0	2:0	5:0	4:0	6:0
FC Oberneuland	1:3	×	3:1	5:0	9:0	3:0	4:1	4:0	9:0	8:0	5:1	7:0	1:0	3:1	6:0	7:0
SFL Bremerhaven	0:4	0:1	×	0:3	2:1	3:2	2:1	4:0	5:1	0:0	1:1	2:1	4:0	6:0	4:1	5:2
TuS Schwachhausen	1:2	0:4	1:2	×	2:3	4:2	2:4	3:1	2:2	4:1	2:2	4:3	5:1	1:0	6:2	4:2
ESC Geestemünde	0:6	2:4	0:2	4:1	×	4:3	4:1	6:3	0:3	2:2	2:4	3:5	11:3	1:0	12:0	8:2
SG Aumund-Vegesack	1:2	0:2	3:3	2:3	6:3	×	1:0	2:2	2:3	5:1	4:1	1:2	1:1	2:1	4:1	5:0
Blumenthaler SV	0:4	0:4	2:4	5:3	4:3	1:2	×	5:1	0:0	5:2	2:0	1:1	5:1	3:2	1:1	7:1
Brinkumer SV	0:8	1:4	0:1	2:2	7:2	3:3	5:3	×	5:3	0:3	1:1	7:3	6:1	1:0	4:0	3:0
Leher TS	0:4	0:5	1:4	2:1	2:4	3:3	1:3	3:6	×	1:3	3:3	5:2	3:0	3:3	2:1	4:0
BSC Hastedt	0:3	0:3	0:5	1:6	2:4	6:3	2:0	2:0	2:2	×	1:0	3:1	3:1	3:3	5:1	1:1
SV Werder Bremen III	1:0	1:6	2:0	2:3	2:4	2:2	4:1	1:4	3:5	3:0	×	2:3	0:0	0:4	4:1	6:1
SC Borgfeld	0:2	2:7	2:2	1:5	2:4	1:2	2:1	2:3	2:2	1:1	2:0	×	2:6	4:1	2:3	2:0
Habenhauser FV	0:5	1:5	1:0	2:7	2:8	2:3	2:4	4:3	1:4	2:3	1:4	3:1	×	2:2	2:7	2:1
BTS Neustadt	0:4	0:4	0:1	0:4	2:1	3:1	0:2	0:3	1:1	1:1	2:1	2:6	1:4	×	0:0	2:0
Olympischer SC Bremerhaven	0:2	2:4	1:3	2:3	3:1	0:1	4:0	4:2	2:2	2:2	2:0	0:2	1:2	2:2	×	0:2
KSV Vatan Sport Bremen	0:1	0:10	0:2	0:3	1:3	0:5	2:4	1:1	1:5	2:2	1:1	2:1	1:1	0:0	4:0	×

Torschützenliste:

Platz	Spieler (Mannschaft)	Tore
1.	Jobe, Ebrima (FC Oberneuland)	35
2.	Uzun, Onur (FC Oberneuland)	30
3.	Yücel, Gökhan (Leher TS)	27
4.	Lück, Marcel (Bremer SV)	25
5.	Dikollari, Saimir (Brinkumer SV)	21
	Mulweme, Kinika (TuS Schwachhausen)	21
7.	Jabateh, Vafing (Bremer SV)	20
	Kimmel, Eduard (SFL Bremerhaven)	20
9.	Klowat, Tim (ESC Geestemünde)	18
	Sarr, Amadou (FC Oberneuland)	18

Aumund-Vegesack

Spieler		geb. am	Sp.	T.
Abban, Justice Kuoje	T	24.04.1989	4	0
Basdas, Abdullah		01.09.1992	29	13
Böhmer, Christian		17.01.1989	26	1
Böttcher, Markus	T	08.02.1982	8	0
Bosse, Marius		13.03.1991	23	2
Burkevics, Marcel		05.06.1992	13	0
Demir, Yusuf		30.08.1992	24	0
Ekuase, Marvin	T	25.11.1998	14	0
Enghardt, Nick		20.06.1995	24	10
Fidan, Ibrahim		31.12.1992	10	0
Hodzic, Muhamed		19.10.1981	28	8
Jankowski, Mirko-Alexander		14.01.1988	22	11
Kettner, Lennart		15.04.1992	24	0
Kolek, Christian		05.06.1998	12	0
Marks Ramires, Andi		07.10.1997	10	0
Radke, Andreas		20.08.1986	20	2
Ramic, Fahruddin		17.06.1999	7	0
Schäfers, Florian	T	20.01.1999	5	0
Schlobohm, Alexander		12.08.1992	19	17
Stecher, Clifford		11.07.1998	27	0
Syla, Marvin		01.12.1998	28	1
Toski, Bashkim		11.09.1988	6	3
Uslu, Ferdi		10.05.1991	8	0
Uslu, Kasim		06.07.1998	13	3
Trainer:				
Krämer, Björn		22.05.1981	30	

ESC Geestemünde

Spieler		geb. am	Sp.	T.
Albano, Nicola		17.06.1986	22	2
Apel, Niklas		11.12.1995	24	4
Bayram, Sercan		20.03.1996	12	2
Beck, Florian		18.04.1992	15	0
Cavar, Blaz		08.04.1987	23	0
Cimen, Yasar	T	24.04.1984	1	0
Denkgelen, Serdar		03.11.1981	1	0
Galwas, Nikolai		09.09.1985	23	8
Gülec, Muharrem	T	15.08.1990	8	0
Katarius, Lukas	T	08.09.1999	22	0
Klowat, Tim		26.03.1995	15	18
Leu, Jannis		07.02.1993	27	1
Moussa, Ali		10.09.1988	20	0
Murad, Binar		25.01.1999	3	0
Nord, Fabian		06.07.1993	19	9
Nunes Amador, Leandro		22.04.1992	29	2
Petzke, Nils		13.04.1989	5	0
Pleus, Dennis		04.11.1990	11	1
Preuß, Norman		04.12.1988	11	2
Rodrigues Casanova, Filipe		12.01.1991	26	2
Rohwedder, Steffen		26.06.1996	28	17
Schönewolf, Philipp		17.03.1995	12	12
da Silva Oliveira, Bruno		09.02.1988	21	12
Sula, Egzon		23.01.1993	8	0
Tayircik, Mert		16.05.1994	22	5
Eigentore				4
Trainer:				
Schlie, Stefan		21.04.1970	30	

Leher TS

Spieler		geb. am	Sp.	T.
Ahrens, Jan-Magnus		21.01.1996	18	1
Binder, Jakob		03.09.1987	6	0
Bohlen, Tom		14.10.1996	25	1
Bünting, Julian		23.02.1990	24	0
Ercan, Alkan Halilibrahim	T	23.05.1999	4	0
Gündogdu, Mahmut		15.01.1999	22	9
von Holten, Maximilian-Ludwig		31.10.1998	24	0
Ildem, Baris		04.11.1986	21	1
Jagodzinski, Dominik		23.02.1998	3	0
Kersten, Jan-Niklas		10.11.1995	28	17
Lautner, Noel		14.01.1999	21	0
Matos Campota, Fabio		11.06.1999	22	2
Obarek, Jakub		06.02.1982	6	2
Pezzolla, Eugenio		27.03.1990	3	0
Richter, Sascha		25.01.1990	8	0
Schniedewind, Julian		11.04.1993	25	2
Schulte, Tim		24.01.1987	11	0
Schümann, Max		31.05.1988	13	0
Shalaj, Nehat		25.01.1980	27	2
Söntgerath, Malte		08.09.1990	21	1
Theulieres, Marco	T	28.01.1991	26	0
Tötheider, Timo		17.11.1997	20	2
Yücel, Gökhan		13.01.1990	27	27
Zander, Stephen		28.11.1987	9	0
Trainer:				
Ley, Dennis		05.02.1980	30	

KSV Vatan Sport

Spieler		geb. am	Sp.	T.
Agyei, Osei Ampofo		02.03.1997	4	0
Ahrirou, Redouan		04.08.1997	15	0
Altunc, Sultan		28.12.1980	1	0
Barutcuoglu, Ramazan	T	06.07.1981	1	0
Bayraktar, Ezber		23.04.1999	10	0
Begic, Damir		08.01.1991	4	1
Büyükata, Kubilay		28.08.1980	7	0
Büyükata, Mustafa	T	28.08.1982	1	0
Cengel, Tolga		01.03.1997	7	0
Deli, Serdal		18.03.1992	28	0
Derin, Eray		18.01.2000	7	0
Dogmus, Ahmet		16.08.1982	25	0
Donyina, Isaac Kofi		27.11.1994	28	4
Durgun, Furkan		18.06.1999	1	0
Duro, Alesio		14.02.2000	5	0
Er, Ahmet Furkan		23.10.1998	16	1
Gencboy, Süleyman		22.01.1995	24	1
Imren, Berkay		18.06.1991	2	0
Jani, Flavio		28.05.1995	2	0
Kilic, Safa	T	18.06.1992	11	0
Kiwala, Solvera		09.06.1997	2	0
Kizil, Burak		29.10.1990	3	0
Marouf, Taeib		01.01.1997	8	0
Mesuti, Francesko		28.06.1993	18	8
Miri, Hamza		05.01.1998	4	1
Mullaj, Albano		26.09.1989	18	1
Myrtollari, Sajmir		04.04.1999	1	0
Ofori, Godfred		29.07.1992	2	0
Pepa, Roland	T	05.01.1991	17	0
Perini, Mauro		16.04.1993	5	0
Sahin, Ridvan		18.09.1994	22	1
Saja, Arlin		15.08.1993	27	5
Saja, Glen		01.10.1996	26	0
Simeonov, Stefan		21.06.1985	1	0
Tsipoulanis, Konstantinos		09.07.1996	8	0
Uca, Okan		27.03.1995	19	1
Yücel, Anil		06.01.1996	23	3
Trainer:				
Jaaibi, Issameddine		23.10.1968	18	
Büyükata, Turan		25.12.1984	12	

Habenhauser FV

Spieler		geb. am	Sp.	T.
Barrett, Nico		12.10.1999	8	0
Behrens, Alexander		14.07.1997	15	1
Bergmann, Niclas		13.03.1998	18	0
Boachie, Dennis		05.08.1998	10	1
Dörgeloh, Dennis		27.05.1988	13	1
Fasche, Folko		09.03.1998	6	0
Heydrich, Jan-Niklas	T	17.03.1998	1	0
Hirsig, Jens		21.07.1987	20	1
Jahnke, Tom		08.03.1993	8	1
Johnen, Nick		04.12.1998	6	0
Kadah, Rizgar		02.06.1997	12	0
Kastens, Matthias		11.06.1988	21	3
Kowald, Philipp		22.02.1998	7	0
Langerbeck, Florian	T	17.07.1995	2	0
Langerbeck, Philipp		23.06.1992	2	0
Lehmann, Maximilian	T	17.02.1992	12	0
Lübbe, Markus		27.04.1992	2	0
Mauritz, Luca Dominik		10.06.1998	26	11
Mittmann, Michael	T	11.07.1988	5	0
Mittmann, Tom		01.12.1997	23	1
Mosch, Fabian		14.03.1999	5	0
Nordmann, Pascal	*T	28.01.1995	27	3
Otto, Florian		22.03.1990	2	0
Otzen, Dennis		05.10.1994	6	0
Prigge, Marco		18.01.1993	20	0
Rohmeyer, Dennis		20.01.1999	4	2
Samb, Modi		13.05.1998	3	0
Schiller, Florian		11.12.1989	13	3
Schiller, Philipp		12.08.1992	21	5
Schubart, Timur		30.01.1993	4	1
Stolle, Niclas	T	11.10.1994	1	0
Tönsmeyer, Kai		08.07.1993	21	3
Trebin, Leon Louis		10.03.1999	26	3
Varwig, Stephan		28.01.1986	1	0
Warnken, David Kim	T	28.08.1999	8	0
Zimmermann, Markus		19.05.1990	28	8
Trainer:				
Freund, Wilco		18.10.1966	30	

BTS Neustadt

Spieler		geb. am	Sp.	T.
Alo, Youssef		20.02.1996	21	5
Aravi, Borahan		01.08.1999	10	1
von Assenburg, Oumar	T	25.10.2000	1	0
Azad, Ali	T	10.05.1994	11	0
Bamba, Ibrahim		29.06.1997	1	0
Dembele, Bamory		12.04.1997	21	2
Diers, David	T	08.10.1992	6	0
Enin, Darius		05.11.1995	10	3
Findeis, Robin	T	08.09.1992	12	0
Frische, Niels		25.11.1994	1	0
Herl, David		23.12.2000	4	0
Heuter, Maximilian		18.02.2000	30	1
Hoxha, Ali		01.04.1993	7	0
Jäschke, Emmanuel		07.03.2000	2	0
Jaiteh, Lamin		01.10.1997	3	0
Jin, Jinoh		06.07.1998	8	0
Kuk, Seung-In			1	0
Kuzikov, Has Magomed		01.11.1997	12	2
Lassalle, Benjamin		26.04.1990	26	0
Liebhard, Andreas		28.06.1991	7	0
Marouf, Taeib		01.01.1997	1	0
Naumann, Till		28.08.1998	5	1
Ndiaye, Mohammed		11.03.1996	12	0
Neemann, Marc-Kevin		10.06.1999	9	1
Neumann, James		30.11.1999	9	0
Piskorz, Marcel		21.09.1989	5	0
Rehling, Marco		29.11.1990	20	1
Rehm, Jonathan		23.04.1998	11	0
Sonakalan, Emre		18.04.1999	13	0
Sonakalan, Tugay		24.10.1997	25	3
Taha, Hadi		14.05.1998	4	0
Tarwo, Victor		01.02.1997	8	0
Vöge, Lasse		30.09.1998	1	0
Walters, Kris-Yarik		18.01.1996	23	3
Warner, Marvin		04.07.1992	24	3
Yildirim, Muhammed Serif		14.05.1998	4	0
Yusufi, Adel		03.01.1995	29	1
Zachries, Sören Alexander		29.08.1988	8	5
Trainer:				
Fahlbusch, Volker		07.06.1967	30	

Bremer SV

Spieler		geb. am	Sp.	T.
Alawie, Moussa		29.11.1992	15	3
Aminzadeh, Dallas Sikes		02.01.1993	21	1
Appiah, Maxwell Ibrahim		22.05.1999	13	3
Arnhold, Alexander		20.06.1993	24	8
Böhning, Jonas		15.02.1999	9	2
Bojang, Bakary		08.02.1998	9	3
Goguadze, Nikky		15.07.1998	8	1
Gronewold, Tom-Cedrik		21.07.1999	2	0
Gülalan, Emrullah		16.01.1991	15	7
Hakansson, Björn		14.08.1997	20	1
Haxhiu, Rimal		04.03.1999	12	3
Höler, Jan-Moritz		24.06.1995	5	0
Jabateh, Vafing		09.06.1993	29	20
Jaber, Sajieh		08.08.1993	16	0
Khoroshun, Dimitri		29.03.1993	3	0
Klowat, Tim		26.03.1995	13	6
Krogemann, Dominic		14.08.1988	28	3
Kuhfeld, Kevin	T	24.08.1996	7	0
Lakic, Haris		13.01.1996	6	0
Lück, Marcel		18.01.1996	28	25
MC Mensah, Clinton		29.08.1996	14	3
Muszong, Lukas		16.02.1995	27	9
Nankishi, Mechak		10.08.1998	2	0
Pendzich, Tim		26.07.1992	11	2
Radke, Danny		17.08.1993	9	4
Seemann, Malte	T	15.05.1994	23	0
Tietze, Malte		11.07.1993	27	8
Zeugner, Finn		25.01.1999	22	1
Eigentore				2
Trainer:				
Voigt, Ralf		31.12.1965	30	

SFL Bremerhaven

Spieler		geb. am	Sp.	T.
Ali-Bey, Mourad		12.01.1993	3	0
Aulich, Simon		22.05.1995	26	7
Bechtold, Maksim		16.11.1991	24	5
Birreck, Arne	*T	21.01.1995	22	1
Birreck, Piet	T	16.04.1998	6	0
Bloch, Sergej		29.06.1985	2	0
Felipa, Sandro		09.09.1998	29	13
Felker, Lorris	*T	20.11.1996	27	0
Felker, Tommi		06.04.1993	24	1
Felker, Viktor		03.01.1992	14	1
Francisco, Patrick		29.08.1985	6	1
Gagelmann, Mario		26.10.1982	2	0
Ginz, Waldemar		21.11.1988	16	1
Hennen, Toni		12.07.1995	26	1
Kimmel, Eduard		04.04.1987	26	20
Klobke, Maximilian	T	06.11.1994	20	0
Kück, Christian		17.10.1990	5	1
Kück, Torge-Marvin		26.11.1996	27	3
Kutzner, Jan-Michael	T	07.11.1981	2	0
Litt, Stefan		08.11.1995	1	0
Naumov, Oleg		13.08.1988	24	6
Schneider, Thomas		30.03.1993	1	1
Struppe, Timo		12.09.1987	2	1
Tatje, Mirco		02.01.1995	4	1
Tunjic, Jozo		02.12.1998	19	1
Virkus, Birk		05.01.1992	27	0
Virkus, Tjark		11.04.1995	24	3
Zander, Bennet		05.03.1996	1	0
Eigentore				2
Trainer:				
Klame, Markus		14.08.1975	30	

FC Oberneuland

Spieler		geb. am	Sp.	T.
Bauer, Claas Ole		18.06.1993	25	0
Behrens, Marco	T	26.12.1987	1	0
Block, Daniel		21.09.1990	25	4
Bremser, Yannick		31.08.1994	3	1
Brendel, Marcel		18.05.1988	3	0
Cakir, Simon-Joel		25.11.1991	6	2
Carneiro Alves, Raoni		26.05.1997	7	1
Ciszewski, Marcel		27.09.1993	3	0
Dogan, Abdullah		10.02.1997	7	1
Dressler, Timo		14.10.1996	1	0
Frerichs, Hannes	T	13.06.1994	24	0
Han, Karam		09.02.1998	16	3
Hertes, Cedric		27.11.1997	5	0
Horsch, Jonas	T	06.09.1998	6	0
Ifeadigo, Affamefuna		13.07.1996	27	12
Jobe, Ebrima		11.06.1999	29	35
Kang, Gwanwoo		19.12.1995	19	2
Kolodziej, Deniz		21.03.1997	20	1
Koweschnikow, Boris		19.06.1991	5	3
Kreutzträger, Tim		09.10.1993	13	2
Nukic, Denis		21.04.1987	30	2
Park, Chang Il		19.01.1996	21	1
Raho, Karim		05.12.1995	21	3
Sarr, Amadou		22.09.1999	17	18
Seferovic, Amil		01.07.1998	10	0
Trebin, Tom		15.09.1997	26	14
Tyca, Lars		16.05.1994	14	1
Uzun, Onur		12.03.1998	30	30
Eigentore				3
Trainer:				
Arambasic, Kristian		05.01.1977	30	

Blumenthaler SV

Spieler		geb. am	Sp.	T.
Abdi, Lokman		05.01.1996	17	1
Achour, Ali		15.07.1998	14	5
Begic, Damir		08.01.1991	3	2
Bondombe Simba, Jonathan		19.01.1999	27	15
Büttelmann, Thomas	T	26.05.1989	11	0
Camara, Yankuba		05.07.1999	6	0
Chaaban, Yasin		02.06.1997	14	0
Chwiendacz, Patrick		22.01.1993	7	0
Cordes, Dario		19.01.1998	11	0
Cordes, Ennio		19.01.1998	29	0
Dalan, Oguzhan		02.02.1997	18	2
Demba, Buba		09.11.2000	1	0
Gueye, Cheikh		11.06.1995	8	1
Güngör, Avni Serdar		09.06.2000	13	6
Hannemann, Moritz		09.04.1998	26	1
Haxhiu, Rimal		04.03.1999	10	7
Hwang, Sungwook		20.09.2000	1	0
Khan, Mola Lamine		06.05.1999	26	3
Koschek, Alexander		12.05.1999	9	2
Krämer, Leon Nnamdi		12.07.1999	8	3
Matar, Mahdi		24.01.2000	30	4
Mboge, Kebba		19.02.1998	4	1
Muzzicato, Benedetto		27.09.1978	1	0
Roskamm, Mika		20.05.2000	11	1
Soumah, Ibram Soriba		01.01.1991	1	0
Spitzer, Denis		15.12.1986	16	1
Stein, Jannik		18.11.1997	9	2
Syla, Ardijan		12.02.1999	5	0
Thiele, Kevin		12.01.1998	18	0
Tiemann, Jascha	T	18.04.1999	20	0
van Koll, Vinzenz		12.02.1991	12	6
Warm, Jan-Luca		28.05.1999	15	4
Wojciechowski, Yannik		03.09.1992	7	0
Yavuz, Hakan		22.01.2001	1	0
Younis, Daniel		06.05.1999	7	1
Trainer:				
Spitzer, Denis		15.12.1986	30	

Brinkumer SV

Spieler		geb. am	Sp.	T.
Abou-Zaher, Bilal		05.02.1994	1	0
Bender, Jannik		06.03.1991	9	0
Brandhoff, Joshua		12.06.1993	23	10
Brendel, Marcel		18.05.1988	2	1
Demirkapi, Esin		05.10.1992	8	0
Dikollari, Saimir		13.01.1984	26	21
Dörgeloh, Marcel		15.10.1990	26	11
Freistein, Kevin		23.08.1994	16	1
Funck, Yannick		08.02.1993	2	0
Gräpler, Nikolai		15.11.1994	25	9
Gronewold, Tom-Cedrik		21.07.1999	8	0
Heijenga, Jürgen		10.02.1987	24	1
Helms, Bastian		27.08.1994	27	3
Helms, Calvin		05.06.1997	15	1
Höler, Jan-Moritz		24.06.1995	12	1
Ibrahimi, Ali		01.07.1999	1	0
Knüppel, Jonas		28.08.2000	9	0
Kölsch, Sören		02.04.1999	4	0
Krajina, Darko-Ivan		13.02.1993	3	0
Lee, Sangyun		22.03.1996	5	0
Meissner, Jendrick		06.11.1996	23	1
Offermann, Dennis		28.01.1980	1	0
Olatunji, Tariq	T	27.07.1995	24	0
Pakkan, Mirkan		12.08.1987	17	0
Raub, Jakob		10.06.1997	17	5
Röpke, Steffen		29.10.1991	8	0
Rohmeyer, Dennis		20.01.1999	7	3
Sahan, Caner	T	25.07.1997	3	0
Schimmel, Benjamin	T	15.09.1987	4	0
Taha, Mohamad Imad		16.11.1994	11	3
Tiras, Enes		01.11.1995	25	3
Wirth, Maximilian		13.08.1995	10	0
Trainer:				
Offermann, Dennis		28.01.1980	30	

BSC Hastedt

Spieler		geb. am	Sp.	T.
Aziri, Florent		03.09.1988	14	4
Bourai Touré, Inouss		07.08.1990	10	1
Buduar, Youness		13.03.1992	10	0
Buschermöhle, Max		21.02.1999	19	0
Coskun, Revan Mert		22.11.1999	17	4
Dalkiran, Hasan		10.02.1995	5	0
Deli, Gökhan		19.09.1984	5	0
Faouzi, Elmehdi		04.02.1997	13	4
Gakovi, Evis Halit		08.02.1999	6	0
Horata, Yagmur		25.02.1995	2	2
Jäger, Karl Simon		19.07.1998	3	0
Janine, Mohamed		20.02.1993	1	0
Kaloshi, Ardian		10.03.1995	25	10
Kenneweg, Marcus		17.06.1993	16	2
Khoroshun, Dimitri		29.03.1993	10	0
Kilic, Firat		18.11.1998	6	0
Koleci, Sergio		15.04.2000	12	0
Krefta, Dennis		24.12.1991	18	3
Kücük, Dynar		25.06.1993	3	0
Lakic, Haris		13.01.1996	17	0
Matsuda, Noriaki		23.01.1991	12	0
Mehrtens, Kai		25.01.1994	26	0
Njie, Badara		22.09.1994	9	1
Omar, Luei		10.03.1998	11	1
Onyeulo, Dickson		07.07.1992	10	0
Pfaar, Marcel	T	18.10.1998	23	0
Saghey Bi Ria, Iman		30.06.1984	16	4
Schmidt, Kai		30.07.1993	10	9
Taha, Mohamad Imad		16.11.1994	2	0
Tayari, Firas		30.06.1989	17	1
Tetzlaff, Sören		28.03.2000	28	0
Thöle, John		13.03.1988	12	5
Wiewrodt, Pascal	T	23.09.1999	10	0
Yesilyurt, Erdem		17.02.1986	7	0
Eigentore				1
Trainer:				
Deli, Gökhan		19.09.1984	30	

SV Werder Bremen III

Spieler		geb. am	Sp.	T.
Arends, Michael		16.01.1985	5	0
Bees, Salwan Marwan		17.01.2000	17	2
Bio, Marvin			13	10
Bojang, Bakary		08.02.1998	10	1
Cakir, Alper		02.01.1996	19	0
Choi, San			10	0
Confuorti, Gianfranco		04.11.1996	8	0
Dähne, Jan Niklas	T	20.01.1999	27	0
Diop, Mamadou		02.10.1996	11	3
Dörr, Julius		02.10.1999	9	0
Dornyo, Anthony		04.12.1997	5	0
Ferrulli, Gianluca	T	05.10.1999	5	0
Haubner, Jonas		19.08.1998	26	1
Jahjah, Karim		14.05.1992	28	11
Kang, Beomgu		06.04.1999	27	0
Kiymaz, Anil		29.06.1997	1	0
Knauth, Phil		01.08.1998	9	1
MC Mensah, Richard		05.06.1998	23	1
Packiyanathan, Pirunthan		20.01.1999	8	0
Popa, Elvis-Andrei		17.10.1997	19	2
Ramic, Jasmin		05.07.1997	8	1
Salihi, Behjulj		29.07.1995	30	1
Schichtel, Pascal		12.06.1992	5	1
Simsek, Sergen		17.01.1998	21	2
Strelow, Lennox		03.04.1999	19	3
Terada, Sora		13.05.1998	30	8
Ukachukwu, Kennedy		17.07.1998	12	2
Voß, Ludwig		06.08.1992	7	2
Trainer:				
Ernst, Andreas		07.10.1964	30	

SC Borgfeld

Spieler		geb. am	Sp.	T.
Al-Maliki, Thulfakkar		14.02.2000	2	0
Bekjar, Yassin		16.04.1996	14	6
Blanke, Christof		29.09.1982	2	0
Brandes, Kevin		16.11.1992	14	5
Cigdem, Doguhan		14.10.1999	24	2
Credo, Maximilian		13.04.1996	14	1
Derin, Ahmet		18.03.1992	17	0
Ehlers, Patrick		04.08.2000	1	0
Eichler, Kevin		28.03.2000	1	0
Eichler, Philip		28.03.2000	1	0
Fakhro, Mohamed		21.01.2001	1	0
Gehle, Kenstar		25.07.2000	14	3
Haar, Florian		27.10.1987	1	0
von Hallen, Simon	T	08.03.1998	18	0
Henningsson, Erik-Ove		19.09.1990	22	2
Hentrich, Maximilian	T	21.09.1993	11	0
Jäger, Dominic		20.08.1992	11	0
Jäkel, Felix		08.03.1990	1	0
Kahrs, Leon		06.09.1996	25	8
Kröger, Mathis		14.03.1993	23	2
Kubin, Gerrit		28.04.1985	10	0
Lange, David		14.11.1987	14	5
Lohs, Alexander		13.09.1990	19	2
Meixner, Noah		28.07.1999	7	1
Metzner, Frederik		12.01.1992	5	0
Meyer, Florian		20.04.1990	18	0
Nennecke, Björn		22.03.1995	23	3
Ordenewitz, Marco		26.07.1990	5	0
Ordenewitz, Niklas		02.02.1997	8	0
Sahin, Kerem Koray		06.02.1996	6	0
Soller, Nicolas		14.10.1991	11	0
Sotta, Nils	T	25.11.1980	1	0
Späder, Sören		21.07.1998	5	0
Stoermer, Bastian		17.05.2000	1	0
Szalach, David		07.07.1999	2	0
Taylor, Christopher		05.09.1988	24	14
Tietjen, Mark-Patrick		04.03.1990	18	1
Ulm, Christian		03.10.1987	5	1
Wenzelis, Niklas		20.12.1994	9	1
Winter, Henrik		23.06.1982	1	0
Zlataric, Borisav		21.05.2001	6	0
Eigentore				1
Trainer:				
Biricik, Ugur		20.12.1979		

TuS Schwachhausen

Spieler		geb. am	Sp.	T.
Abbes, Carsten		16.12.1997	24	2
Albersmeier, Andreas	T	29.09.1982	1	0
Behrens, Marvin		30.03.1995	8	0
Helm, Marcel		28.06.1992	4	1
Hiegemann, Jan-Niklas		09.05.1993	15	6
Karabas, Kadir		26.10.1988	3	0
Kaya, Muhammed		10.08.1998	29	15
Kumi, Egbert		26.08.1998	22	0
Littke, Ole		30.07.1999	21	1
Löschner, Jendrik		31.10.1998	19	2
Morjane, Jamel		03.02.1998	2	0
Mulweme, Kinika		02.02.1990	25	22
Nagel, Mario		06.03.1995	11	2
Ntamag, Marvin		14.06.1998	13	3
Olatunji, Ikrami		04.09.1996	20	2
Osehi, Leon		13.02.1999	4	0
Pfaff, Micha		14.09.1998	24	3
Richter, Lars	T	01.05.1996	22	0
Schleusener, Tim	T	27.11.1996	7	0
Schwarz, Christian		29.06.1986	20	8
Schwarz, Thorsten		24.06.1988	28	1
Sodji, Melvin		22.06.1997	5	2
Vöge, Boris		14.05.1997	21	6
Wagner, Markus		18.10.1995	20	1
Waldschmidt, Sven		29.03.1991	26	2
Yildirim, Berkan		02.02.1999	21	2
Zachries, Maximilian		21.10.1986	3	1
Eigentore				3
Trainer:				
Eta, Benjamin		04.07.1980	30	

OSC Bremerhaven

Spieler		geb. am	Sp.	T.
Adibelli, Mahmut		01.01.1993	12	0
Alo, Nouri		01.08.2000	1	0
Barreto-Lopez, Brayan-Leonardo		11.08.1995	3	0
Bechthold, David		02.08.1999	2	0
Bracja, Klajdi		03.11.2000	11	0
Bullmann, Bennett		02.08.2000	2	1
Da Graca Lopes, Marcel		26.08.1991	12	0
Demirbilek, Bahadir		04.01.2000	5	0
Denkgelen, Serdar		03.11.1981	12	1
Fidan, Mehmet Ali		22.07.1990	11	4
Fricke, Ben		31.10.2000	6	0
Gareev, Rudi		07.11.1998	8	0
Georgescu, Vlad-Alexandru		10.01.1997	5	0
Gernhoff, Yannis		08.11.1994	8	0
Giorgadze, Beka		10.05.1991	2	0
Guglielmi, Florian		08.10.1998	1	0
Gülec, Muharrem	T	15.08.1990	12	0
Habrman, Vojtech		26.03.1997	9	0
Helmcke, Pascal		07.10.1988	5	1
Hoeder, Maurice		08.08.1998	29	1
Houzvicka, Lukas		23.03.1995	8	2
Issa, Renas		04.01.1993	10	1
Ivanov, Pawel		01.06.1999	6	0
Kozel, Marek		08.04.1999	17	1
Krivolapov, Anton		12.10.1986	9	0
Lakic, Veselin		16.11.1993	7	1
Lazik, Peter		06.08.1992	8	1
Lundraxhiu, Emiljano		09.05.1994	4	0
Muhaxheri, Ali		10.10.1996	1	0
Muhaxheri, Luan		29.10.1994	11	1
Njie, Abdoulle		06.05.2000	1	0
Ondra, Patrik		17.01.1991	15	0
Opalka, Roman		21.10.1971	2	0
Pazhigov, Ansar	T	30.05.1998	2	0
Radke, Danny		17.08.1993	11	11
Radu, Paul-Florin		31.08.1996	3	1
Rodrigues Casanova, Igor		15.02.1984	19	0
Rogojan, Valentin		21.09.1999	8	2
Rybinski, Florian		01.07.1999	2	1
Schlegel, Dominik		25.12.1995	5	0
Schmiedel, Dominique-F.		14.02.1997	2	0
Schwitzer, Lennart		08.05.1999	18	0
Somogyi, Barnabas	T	28.06.1998	16	0
Sula, Egzon		23.01.1993	9	7
Valach, Daniel		05.02.1999	17	1
Watson, Jordan D'Angelo		31.10.1999	20	5
Wechsung, Luca		07.05.2000	2	0
Weippert, Pierre	T	17.01.2000	1	0
Trainer:				
Böning, Björn		08.11.1968	30	

Oberliga Westfalen

Pl.	(Vj.)	Mannschaft		Sp	S	U	N	Tore	TD	Pkt	Sp	S	U	N	Tore	Pkt	Sp	S	U	N	Tore	Pkt
								Gesamtbilanz							Heimbilanz						Auswärtsbilanz	
1.	(6.)	FC Schalke 04 II	↑	34	27	4	3	93-21	+72	85	17	14	1	2	49- 9	43	17	13	3	1	44-12	42
2.	(5.)	TuS Haltern	↑	34	21	7	6	63-26	+37	70	17	13	2	2	35- 6	41	17	8	5	4	28-20	29
3.	(3.)	ASC 09 Dortmund		34	20	4	10	60-37	+23	64	17	11	3	3	36-18	36	17	9	1	7	24-19	28
4.	(10.)	TSG Sprockhövel		34	14	9	11	73-53	+20	51	17	9	4	4	45-25	31	17	5	5	7	28-28	20
5.	(↓)	SV Westfalia Rhynern		34	15	4	15	50-53	-3	49	17	8	2	7	25-22	26	17	7	2	8	25-31	23
6.	(↑)	SV Schermbeck		34	14	6	14	45-52	-7	48	17	9	2	6	22-17	29	17	5	4	8	23-35	19
7.	(13.)	SC Paderborn 07 II		34	13	7	14	70-64	+6	46	17	8	5	4	41-27	29	17	5	2	10	29-37	17
8.	(9.)	SC Westfalia Herne		34	13	6	15	58-60	-2	45	17	8	2	7	33-31	26	17	5	4	8	25-29	19
9.	(14.)	Rot Weiss Ahlen		34	12	8	14	61-62	-1	44	17	6	4	7	31-34	22	17	6	4	7	30-28	22
10.	(16.)	FC Gütersloh		34	13	5	16	48-61	-13	44	17	5	4	8	25-30	19	17	8	1	8	23-31	25
11.	(↑)	Holzwickeder SC		34	11	9	14	52-55	-3	42	17	9	4	4	35-23	31	17	2	5	10	17-32	11
12.	(11.)	Sportfreunde Siegen		34	10	12	12	42-59	-17	42	17	5	4	8	20-29	19	17	5	8	4	22-30	23
13.	(12.)	TuS Ennepetal		34	11	8	15	44-57	-13	41	17	6	3	8	25-28	21	17	5	5	7	19-29	20
14.	(↓)	TuS Erndtebrück		34	10	10	14	49-56	-7	40	17	5	6	6	24-24	21	17	5	4	8	25-32	19
15.	(8.)	FC Eintracht Rheine		34	12	4	18	47-81	-34	40	17	8	3	6	25-32	27	17	4	1	12	22-49	13
16.	(4.)	Hammer SpVg		34	12	3	19	46-60	-14	39	17	7	2	8	26-31	23	17	5	1	11	20-29	16
17.	(7.)	FC Brünninghausen	↓	34	10	7	17	42-62	-20	37	17	6	5	6	27-29	23	17	4	2	11	15-33	14
18.	(↑)	1. FC Gievenbeck	↓	34	6	11	17	40-64	-24	29	17	4	6	7	20-24	18	17	2	5	10	20-40	11

Absteiger aus der Regionalliga: SC Wiedenbrück und 1. FC Kaan-Marienborn 07 (West).
Aufsteiger in die Regionalliga: FC Schalke 04 II und TuS Haltern (West).
Absteiger in die Westfalenliga: 1. FC Gievenbeck (Staffel 1) und FC Brünninghausen (Staffel 2).
Aufsteiger aus der Westfalenliga: SC Preußen Münster II (Staffel 1) und RSV Meinerzhagen (Staffel 2).

Oberliga Westfalen 2018/19

	FC Schalke 04 II	TuS Haltern	ASC 09 Dortmund	TSG Sprockhövel	Westfalia Rhynern	SV Schermbeck	SC Paderborn 07 II	Westfalia Herne	Rot Weiss Ahlen	FC Gütersloh	Holzwickeder SC	Sportfr. Siegen	TuS Ennepetal	TuS Erndtebrück	Eintracht Rheine	Hammer SpVg	Brünninghausen	1. FC Gievenbeck
FC Schalke 04 II	×	2:1	0:3	3:0	3:0	2:0	1:1	3:1	3:1	2:0	4:0	7:0	3:0	7:0	2:0	5:0	2:0	0:2
TuS Haltern	1:2	×	0:1	1:0	3:1	1:0	2:0	2:1	1:0	2:0	1:1	7:0	0:0	3:0	2:0	2:0	3:0	4:0
ASC 09 Dortmund	1:1	0:1	×	2:2	4:1	4:0	3:1	2:0	0:4	2:1	1:1	1:2	4:0	3:1	3:1	1:0	1:0	4:2
TSG Sprockhövel	0:4	5:0	3:0	×	0:1	4:2	2:4	2:2	1:1	6:0	3:2	3:3	3:1	1:2	5:0	1:0	2:2	4:1
SV Westfalia Rhynern	0:3	0:2	2:1	0:1	×	1:2	0:1	1:3	1:1	3:1	2:1	1:1	2:3	2:0	4:2	1:0	2:0	3:0
SV Schermbeck	2:1	1:0	3:1	1:1	1:2	×	2:1	3:1	1:0	1:2	0:1	1:1	1:0	1:2	0:1	1:2	2:1
SC Paderborn 07 II	1:4	2:2	0:0	2:2	2:3	3:1	×	0:2	4:2	2:0	4:2	3:3	2:2	0:1	8:1	4:2	1:0	3:0
SC Westfalia Herne	1:4	4:4	0:1	2:1	1:2	4:2	3:1	×	3:4	1:3	2:0	2:2	0:2	2:1	4:2	2:0	0:1	2:1
Rot Weiss Ahlen	1:2	2:3	0:3	0:1	2:2	1:3	1:0	5:3	×	0:2	3:3	1:0	5:2	2:6	2:1	2:2	3:0	1:1
FC Gütersloh	0:3	1:1	0:1	5:5	0:2	0:1	4:2	3:2	0:0	×	2:0	0:2	0:1	1:1	5:1	0:3	0:3	4:2
Holzwickeder SC	2:2	0:2	1:2	1:0	3:0	1:2	1:1	1:1	3:2	3:0	×	0:0	3:1	4:3	4:3	1:3	3:0	4:1
Sportfreunde Siegen	0:1	0:3	0:3	1:3	2:1	2:1	1:0	1:2	3:2	1:2	1:1	×	0:0	3:2	0:2	2:3	1:1	2:2
TuS Ennepetal	1:3	0:2	1:3	2:0	0:3	5:0	1:3	1:1	0:1	1:3	2:1	1:2	×	0:0	3:2	2:0	3:2	2:2
TuS Erndtebrück	1:3	1:1	1:0	3:3	2:2	0:0	2:3	0:0	2:2	0:1	1:0	2:1	0:1	×	2:3	3:1	2:3	2:0
FC Eintracht Rheine	0:4	0:4	2:1	2:1	2:0	1:1	5:3	3:2	1:5	1:1	0:2	1:1	2:1	0:3	×	1:0	4:1	0:2
Hammer SpVg	1:3	2:1	4:2	0:5	1:3	0x2	4:2	1:0	0:1	1:2	3:0	0:3	3:2	2:4	0:0	×	3:0	1:1
FC Brünninghausen	0:4	0:1	2:1	2:0	2:1	4:4	4:3	1:2	2:3	0:4	2:2	0:0	0:1	1:1	3:0	2:0	×	2:2
1. FC Gievenbeck	0:0	0:0	0:1	1:3	3:1	2:2	1:3	0:2	3:1	5:1	0:1	1:1	1:1	0:0	1:2	0:5	2:0	×

Das Spiel Hammer SpVg - SV Schermbeck (3:0 vom 05.05.2019) wurde aufgrund des Einsatzes eines nicht spielberechtigten Spielers umgewertet.

Torschützenliste:

Platz	Spieler (Mannschaft)	Tore
1.	Scherping, Timo (FC Eintracht Rheine)	20
2.	Et, Arif (FC Brünninghausen)	18
3.	Zahn, Benedikt (FC Schalke 04 II)	18
4.	Gucciardo, Sergio (SC Paderborn 07 II)	17
	Oerterer, Stefan (TuS Haltern)	17
	Podehl, Maximilian (ASC 09 Dortmund)	17
7.	Boujellab, Nassim (FC Schalke 04 II)	14
	Claus, Maximilian (TSG Sprockhövel)	14
	Grodowski, Joel (Hammer SpVg)	14
	Wright, Haji Amir (FC Schalke 04 II)	14
	Yilmaz, Cihan (Rot Weiss Ahlen)	14

Zuschauerstatistik:

Mannschaft	gesamt	Schnitt
Sportfreunde Siegen	10.222	601
Hammer SpVg	8.625	507
FC Gütersloh	8.506	500
SC Westfalia Herne	7.747	456
Rot Weiss Ahlen	6.626	390
TuS Haltern	6.565	386
Holzwickeder SC	5.900	347
FC Eintracht Rheine	5.757	339
ASC 09 Dortmund	5.709	336
Westfalia Rhynern	5.360	315
TSG Sprockhövel	4.700	276
FC Schalke 04 II	4.680	275
1. FC Gievenbeck	4.489	264
TuS Ennepetal	2.998	176
TuS Erndtebrück	2.804	165
SV Schermbeck	2.758	162
FC Brünninghausen	2.724	160
SC Paderborn 07 II	1.906	112
	98.076	321

Rot Weiss Ahlen

Spieler	geb. am	Sp.	T.
Berger, Lukas Leander	21.06.2000	2	0
Budak, Ismail	08.07.1992	13	0
Fiore, Marco	02.02.1989	24	0
Fuhsy, Martin	05.10.1991	27	6
Grabowski, René	T 11.02.1997	1	0
Grodowski, Phillip	27.03.1995	19	2
Güney, Enes	25.11.1999	29	3
Kara, Mehmet	21.11.1983	28	3
Lindner, Rene	14.02.1993	25	3
Mai, Sebastian	08.11.2000	7	3
Meibeck, Julius	16.02.2000	1	0
Mingo, Justin	08.03.1996	3	0
Mützel, Sebastian	06.08.1989	32	5
Nieddu, Guiliano	05.04.1998	33	3
Oberwahrenbrock, Tim	T 18.04.1990	21	0
Onucka, Marko	31.08.1988	22	12
Özgür, Görkem	11.01.1999	2	0
Perschmann, Justin	08.07.1997	25	1
Rios-Pfannenschimdt, Peter	03.09.1991	24	1
Saritas, Okan	09.09.2000	2	0
Schipmann, Bernd	T 05.07.1994	15	0
Schmitz, Timon	17.02.1998	22	2
Scholdei, Lukas	24.11.1999	7	0
Stroemer, Sebastian	23.07.1992	20	0
Völkel, Kim	11.12.1997	6	1
Witt, Andre Daniel	08.05.1989	25	2
Yilmaz, Cihan	15.06.1983	33	14
Trainer:			
Schrank, Michael	24.09.1965	5	
Daut, Angelo	19.02.1981	4	
Britscho, Christian	14.12.1969	25	

FC Brünninghausen

Spieler	geb. am	Sp.	T.
Acil, Kerim	02.02.1996	18	0
Acil, Muhammed	T 01.10.1992	5	0
Adbib, Amin	19.09.1995	13	0
Alisic, Azmir	T 27.08.1995	29	0
Borchmann, Maximilian	28.05.1991	5	0
Brauer, Hendrik	07.02.1996	16	1
Dudda, Tim	04.08.1994	27	0
El Gattass, Mohamed	07.02.1999	2	0
Elmoueden, Adil	22.05.1992	20	0
Et, Arif	21.08.1992	32	18
Gallus, Robin	05.05.1992	34	7
Gondrum, Florian	28.07.1990	31	9
Karantasiadis, Angelos	10.12.1992	7	0
Kluy, Andreas	21.12.1982	6	0
Kösecik, Sahin	12.01.1998	22	0
Kruse, Sebastian	10.06.1994	24	0
Lötters, Sebastian	12.03.1993	29	0
Newman, Luke Bastian	08.05.2000	4	0
Nweke, Kingsley Kanayo	07.08.1990	24	3
Orlowski, Niklas	12.09.1995	2	0
Palmieri, Domenico	27.06.2000	2	0
Sacher, Patrick	17.06.1997	7	0
Sahin, Mert	06.01.1997	20	0
Saka, Nino	20.01.1993	18	1
Sakar, Can	19.05.1997	15	0
Schröder, Sebastian	14.01.1994	26	1
Tekin, Onur	06.07.1997	17	0
Eigentore			2
Trainer:			
Terzic, Alen	18.05.1980	16	
Borchmann, Maximilian	28.05.1991	18	

Hammer SpVg

Spieler	geb. am	Sp.	T.
Bezhaev, Alan	24.08.1994	23	0
Dieckmann, Manuel	28.06.1989	18	0
Dogan, Halil Can	19.11.1999	12	1
Ekici, Volkan	23.03.1991	17	3
Frank, Felix	15.08.1991	13	0
Franke, Patrick	04.10.1996	29	1
Fuchs, Felix	04.03.1991	1	0
Grodowski, Joel	30.11.1997	28	15
Gün, Serhad Seyfullah	27.08.1999	2	0
Hadzic, Elwin	03.01.2000	1	0
Iida, Keisuke	27.07.1994	12	0
Juka, Florian	18.04.1992	11	4
Kisker, Nils	19.11.1994	27	2
Kljajic, Aldin	08.03.1991	29	0
Klossek, Dennis	13.07.1996	16	0
Kröner, Marius	09.03.1990	24	2
Kurtovic, Damir	25.04.1991	9	0
Lubak, Damian	26.09.2000	9	2
Mandusic, Ivan	T 05.04.1993	2	0
Nölle, Niklas	08.02.1998	20	0
Peters, Jarno	T 25.06.1993	32	0
Pihl, Mike	21.05.1993	30	0
Schmidt, Pascal	17.01.1992	32	10
Schneider, Ralf	25.08.1986	28	7
Spahic, Almin	29.03.2000	2	0
Tia, Leon	23.03.1995	29	2
Yildirim, Murat	07.04.1992	15	0
Trainer:			
Hozjak, Sven	18.03.1981	3	
Lüggert, Alex	25.12.1981	12	
Lewejohann, Rene	13.02.1984	19	

ASC 09 Dortmund

Spieler	geb. am	Sp.	T.
Broda, Leon	T 18.01.1998	2	0
Brümmer, Kevin	08.10.1992	31	13
Buckesfeld, Maurice	22.01.1998	31	1
Drontmann, Dennis	23.02.1991	21	0
Friedrich, Jan-Patrick	03.01.1997	23	2
Gutierrez Blanco, Luca	27.08.1992	1	0
Held, Jan	T 03.05.1993	32	0
Kemler, Dominik	18.07.1990	5	0
Marth, Jannik	18.09.1999	16	0
Münzel, Marcel	28.01.1991	6	0
Podehl, Maximilian	23.12.1997	29	17
Post, Michel	01.05.1999	1	0
Rosenkranz, Philipp	19.03.1987	29	1
Schäfer, Mike	04.06.1998	21	4
Schaffer, Daniel	07.08.1988	24	5
Seifert, Michael	27.02.1991	1	0
Simatos, Ermias	04.03.1996	28	3
Spies, David	05.09.1994	6	0
Stieber, Paul	24.03.1997	28	3
Stuhldreier, Jan	19.09.1999	30	1
Südfeld, Phil	06.09.1998	15	4
Szymaniak, Pierre	15.02.1991	17	3
Topcu, Sefa	30.03.1999	1	0
Umar, Timur	31.01.1999	1	0
Warschewski, Lars	25.10.1999	25	1
Wodniok, Robin	13.10.1999	15	0
Wolters, Nico	02.06.1998	33	1
Eigentore			1
Trainer:			
Alipour, Adrian	05.11.1978	4	
Habibovic, Samir	22.05.1976	5	
Tatsis, Georgios	20.07.1978	1	
Sekic, Daniel	13.10.1975	24	

TuS Erndtebrück

Spieler	geb. am	Sp.	T.
Arslan, Haluk	24.10.1994	30	7
Attia, Abbas	01.01.1992	23	2
Biskup, Kisolo Deo	24.03.1993	15	0
Böhmer, Philipp	26.07.1987	30	5
Covic, Mehmedalija	16.03.1986	20	2
Engelke, Sven	10.04.1994	5	0
Hilchenbach, Till	12.04.1996	19	0
Hunold, Niklas	02.06.1994	34	1
Knopf, Niklas	T 05.07.1999	9	0
Mißbach, Alexander	05.09.1993	34	1
Myung Oh, Yong	06.06.1994	4	0
Rada, Besmir	25.08.1997	7	0
Reichert, Mehdi	18.12.1996	26	2
Renner, Nico	30.01.1995	3	0
Rösch, Lukas	28.12.1991	23	4
Ruzgis, Manfredas	05.01.1997	24	6
Saka, Nino	20.01.1993	13	1
Sallauka, Erlon	26.02.2000	16	3
Schmitt, Pablo	26.05.1996	29	5
Schneider, Maximilian		1	0
Schünemann, Paul	T 22.02.1995	21	0
Taach, Alex	T 22.12.2000	4	0
Tabaku, Xhuljo	03.06.1995	3	4
Terzic, Admir	19.09.1992	22	2
Tomita, Taira	20.01.1994	20	0
Varli, Talha	11.07.1998	2	0
Yamazaki, Tatsuya	25.06.1994	17	0
Yazar, Murat-Kaan	13.12.1999	17	2
Eigentore			2
Trainer:			
Markow, Ivan	01.07.1985	27	
Müller, Michael	03.06.1979	7	

Holzwickeder SC

Spieler	geb. am	Sp.	T.
Abufaiad Mertens, Lukas	18.04.1996	5	0
Alokla, Mohammed	01.01.1999	6	0
Beinsen, Kevin	T 21.03.1990	25	1
Berghorst, Nico	12.04.1998	33	12
Bouasker, Karim	27.02.1990	14	0
Delija, Enis	15.03.1999	14	0
Duwe, Marcel	26.09.1996	18	2
Gohr, Mirco	27.09.1991	26	8
Hahne, Sebastian	16.02.1996	31	12
Hanemann, Dominik	28.04.1995	28	3
Hegemann, Malte	T 02.03.1999	8	0
Heinrichs, Joshua	26.05.1995	20	2
Hoppe, Nils	14.07.1995	22	4
Ivancic, Tomislav	10.10.1999	20	1
Kaluza, Tom Niklas	30.11.1999	21	0
Krieger, Edgar	09.10.1997	10	0
Kusakci, Ersan	16.11.1992	6	0
Loos, Dominik	18.05.1999	2	0
Mihajlovic, Mischa	07.05.1984	19	2
Müller, Moritz	17.05.1999	31	0
Mushaba, Junior	31.12.1996	1	0
Orachev, Miki Rumenov	19.03.1996	4	0
Pfaff, Justin	18.09.1992	25	1
Piaszyk, Marcel	T 07.05.1984	1	0
Rosowski, Robin	18.03.1996	30	1
Rustige, Lars	01.09.1997	2	0
Sacher, Patrick	17.06.1997	11	0
Seidel, Daniel Jonas	20.01.1999	1	0
Uzun, Kaniwar	10.08.1999	19	2
Vaitkevicius, David	10.12.1999	14	1
Trainer:			
Schmeing, Axel	20.04.1974	34	

1. FC Gievenbeck

Spieler	geb. am	Sp.	T.
Altun, Yasin	12.11.1995	32	0
Balz, Jannik	02.09.1998	30	1
Bergmann, Paul	17.03.2000	5	0
Brüwer, Maximilian	07.09.1997	23	3
Canisius, Julian	30.12.1995	28	0
De Angelis, Luca Marco	25.05.1999	7	2
Eschhaus, Nico	T 06.12.1991	32	0
Franke, Maximilian	06.05.1997	28	0
Geisler, Daniel	10.07.1992	30	2
Gerbig, Tom	31.03.1994	15	2
Gerick, Fabian	22.06.1993	19	7
Heubrock, Nils	20.09.1990	26	3
Keil, Christian	20.06.1990	23	4
Krasenbrink, Felix	11.04.1992	21	0
Kurk, Justus	28.07.1998	12	0
Leisgang, Moritz	10.04.2000	2	0
Mende, Miclas	20.05.1999	7	0
Natrup, Maximilian	02.12.1995	2	0
Niehoff, Janes	10.12.1997	13	1
Niemann, Tristan	05.04.1994	32	10
Reichel, Henning	T 05.06.1999	2	0
Rieger, Constantin	19.12.1995	8	1
Scherr, Johan	29.07.1999	33	0
Stegt, Arne	19.05.1997	11	2
Teupen, Thomas	13.02.1993	11	1
Töller, Theo	01.09.1994	15	1
Vercelli, Tim Lucas	14.08.1998	1	0
Trainer:			
Heeke, Benjamin	21.07.1984	34	

FC Gütersloh

Spieler	geb. am	Sp.	T.
Aciz, Martin	23.09.1996	27	5
Aygün, Sinan	20.10.1994	28	2
Bartling, Nico	19.09.1995	15	5
Baum, Markus	17.09.1998	7	0
Benmbarek, Samy	09.02.1995	24	0
Beuckmann, Lars	25.09.1989	29	5
Deljiu, Mergim	04.10.1995	19	5
Erdogmus, Serdar	25.11.1986	25	2
Flock, Nico	25.08.1999	32	3
Gashi, Premtim	30.03.1998	1	0
Hop, Temel	15.08.1987	15	2
Kaptan, Saban	10.04.1993	16	4
Kim, Juil	12.03.1998	13	0
Lücke, Marcel	09.03.1996	32	0
Manstein, Tim	25.09.1989	29	4
Rump, Marcel	28.04.1995	12	2
Schröder, Lars	11.09.1989	16	0
Schwesig, David	19.05.1988	6	2
Thomas, Vadim	23.12.1988	23	2
Tragoudas, Theodoros	12.05.1999	6	0
Westergerling, Frederic	T 24.05.1994	21	0
Widdecke, Pascal	15.09.1994	31	1
Wieckowicz, Matthäus	19.12.1987	17	0
Yahkem, Eric	09.09.1991	13	3
Yilmaz, Berkay	T 08.03.1997	14	0
Eigentore			1
Trainer:			
Brinkmann, Dennis	22.11.1978	20	
Hesse, Julian	01.03.1989	14	

FC Schalke 04 II

Spieler	geb. am	Sp.	T.
Ahlers, Sören	T 09.09.1997	22	0
Bingöl, Serdar	06.01.1996	21	0
Boujellab, Nassim	20.06.1999	20	14
Carls, Jonas	25.03.1997	22	0
Ceka, Jason	10.11.1999	28	8
Eggert, Christian	16.01.1986	23	1
Firat, Berkan	01.12.1998	27	2
Fontein, Philip	05.10.1993	33	12
Geis, Johannes	17.08.1993	1	0
Goller, Benjamin	01.01.1999	11	1
Grinbergs, Janis	28.02.1999	18	1
Halbauer, Phil	17.08.1998	2	0
Heiserholt, Finn	25.06.1996	20	2
Kübler, Jannis	25.05.1999	11	2
Kutucu, Ahmed	01.03.2000	1	2
Langer, Marcel	16.02.1997	18	1
Liebnau, Björn	05.10.1999	13	0
Matondo, Rabbi	09.09.2000	1	0
Plechaty, Sandro	24.08.1997	32	5
Schley, Marius	22.04.1997	28	2
Taitague, Nicholas Matthew	17.02.1999	3	1
Teuchert, Cedric	14.01.1997	2	3
Timotheau, George	29.07.1997	23	2
Weber, Richard Paul	07.01.1991	5	1
Wiemann, Niklas	23.02.1999	22	1
Wozniak, Krystian	T 27.10.1997	13	0
Wright, Haji Amir	27.03.1998	22	14
Zahn, Benedikt	24.02.1996	33	18
Trainer:			
Fröhling, Torsten	24.08.1966	34	

TuS Haltern

Spieler	geb. am	Sp.	T.
Albrecht, Yannick	29.09.1994	23	8
Batman, Deniz Fahri	18.05.1991	19	3
Bautz, Oliver	T 22.07.1981	1	0
Diericks, Lukas	11.05.1992	21	2
Eickhoff, Bennet	15.07.1995	18	3
Eisen, Nils	18.07.1987	30	1
Forsmann, Tim	07.05.1993	22	2
Hester, Rafael	T 23.08.1993	19	0
Hölscher, Julius	29.05.1993	14	1
Kallenbach, Tim	04.10.1994	15	0
Kasak, Christoph	09.08.1991	19	4
Möllers, Marvin	08.05.1993	17	0
Nebi, Arda	17.04.1991	8	3
Oerterer, Stefan	25.03.1988	34	17
Opiola, Lukas	13.08.1992	18	1
Pöhlker, Lars	11.04.1993	24	1
Reydt, Lutz	05.01.1999	1	0
Rothkamm, Alexander	T 18.09.1998	1	0
Scheuch, Jannis	04.04.1991	28	5
Schultze, Robin	11.09.1990	29	6
Schurig, Marvin	14.01.1989	18	1
Steinfeldt, Luca	28.09.1996	23	4
Tantow, Stephan	T 02.09.1989	14	0
Vennemann, Cedric Leon	16.03.1990	27	0
Wiesweg, Romario	04.03.1995	29	0
Eigentore			1
Trainer:			
Niemöller, Magnus	29.09.1973	34	

FC Eintracht Rheine

Spieler	geb. am	Sp.	T.
Beermann, Nicholas	T 31.08.1989	1	0
Braininger, Viktor	22.06.1988	29	3
Brüggemeyer, Philipp	30.03.1988	16	0
Brüning, Jona	30.06.2000	1	0
Flasse, Joel	10.10.2001	1	0
Fofana, Tejan	29.06.1998	8	0
Frank, Felix	15.08.1991	16	0
Garmann, Philipp	27.03.1992	12	0
Grewe, Kevin	05.05.1991	26	4
Guetat, Omar	11.01.1992	28	4
Hinkerohe, Philipp	T 01.03.1993	29	0
Holtmann, Marvin	05.04.1996	29	4
Hönicke, Nils	29.09.1993	26	1
Kiranyaz, Joel	T 10.07.1998	4	0
Menke, Steffen	21.04.1991	11	0
Meyer, Luca	25.03.1996	30	6
Mladenovic, Daniel	31.01.1994	19	0
Olthoff, Daniel	22.04.1991	28	0
Osterhaus, Maik	01.01.1988	23	0
Ricken, Oskar	24.06.1999	6	0
Rosum, Denis	14.07.1999	27	1
Scherping, Timo	18.04.1988	33	20
Strauß, Philip	14.08.1991	1	0
Terziqi, Xhemil	24.06.1998	9	0
van den Berg, Colin	01.08.1997	24	2
Varelmann, Leon	22.06.1999	19	1
Vujicevic, Dario	01.04.1990	5	0
Weishaupt, Bo	21.01.1995	12	0
Eigentore			1
Trainer:			
Laurenz, Uwe	16.12.1969	17	
Laurenz, Björn	18.08.1977	17	

Sportfreunde Siegen

Spieler	geb. am	Sp.	T.
Becker, Marcel	01.08.1995	27	0
Beier, Marco	23.05.1995	2	0
Below, Noel-Christopher	26.11.1993	9	0
Birkner, Samuel	04.11.1999	1	0
Brusch, Benedikt	09.04.1998	28	0
Busik, Andreas	14.07.2000	14	0
Dodic, Fuad	03.04.1994	30	2
Dreisbach, Lennart	06.08.1997	19	1
Endo, Masahiro	18.09.1995	29	10
Filipzik, Tobias	24.09.1998	20	1
Flender, Patrik	17.02.1991	3	0
Freund, Marc Steffen	27.09.1996	20	1
Fünfsinn, Leandro	04.05.2000	1	0
Germann, Jan	04.01.1999	4	0
Horie, Satoshi	27.06.1991	20	1
Hornbach, Lukas	09.06.1993	14	2
Jost, Björn	07.12.1996	26	5
Kaminishi, Ryo	30.10.1988	34	0
Koc, Berkan	30.01.2000	1	0
Krämer, Jannik	04.06.1999	29	1
Litschel, Lukas	T 06.09.1998	1	0
Pistor, Jacob	22.03.1999	7	3
Rumpf, Jan-Luca	08.07.1999	16	1
Suzuki, Ryo	07.08.1990	24	6
Thies, Christoph	T 06.11.1996	33	0
Valido, Luigi	14.07.1998	17	1
Wüst, Maximilian	01.09.1997	20	4
Yildirim, Okay	26.08.1996	26	3
Yilmaz, Furkan	22.04.1996	1	0
Trainer:			
Dapprich, Dominik	19.05.1989	34	

Westfalia Rhynern

Spieler	geb. am	Sp.	T.
Arenz, Lucas	17.02.1994	28	3
Artemiuk, Daniel	21.01.1999	1	0
Baydemir, Tarik	06.03.1998	6	1
Böhmer, Felix	29.06.1995	25	0
Bulut, Mazlum	18.02.1998	15	0
Cieslak, Adrian Mateusz	09.01.1992	30	4
Eul, Maximilian	T 17.07.1995	3	0
Gambino, Salvatore	27.11.1983	31	5
Hahnemann, Alexander	T 06.06.1992	32	0
Kleine, Jan	12.10.1990	33	2
Kleine, Lennard	22.06.1993	29	10
Külpmann, Nicolas	29.10.1991	21	2
Markovski, Dejan	11.03.1999	4	0
Mertin, Maximilian	12.03.1998	1	0
Müsse, Leon	21.08.1998	17	2
Neumann, Tim	22.08.1993	30	5
Ploczicki, Robin	02.11.1995	27	1
Polk, Patrick	26.01.1993	9	0
Rühl, Konstantin	22.07.1993	13	1
Seber, Akhim	21.03.1994	31	2
Sezer, Hakan	29.03.1994	20	6
Stöhr, Christopher	10.11.1996	30	0
Wiese, Michael	15.08.1994	34	5
Eigentore			1
Trainer:			
Garbe, Torsten	17.06.1976	34	

SV Schermbeck

Spieler	geb. am	Sp.	T.
Ankomah-Kissi, Evans	03.09.1991	6	0
Benkovic, Ivan	05.03.1996	11	0
Cengelcik, Tolga	09.05.1994	4	0
Drobe, Cedric	T 06.03.1992	29	0
Goecke, Yannick	10.07.1993	5	0
Goeke, Till	06.04.1999	10	0
Grodzik, Dennis	05.05.1998	26	0
Grumann, Malte	15.12.1998	23	1
Habitz, Maik	21.12.1994	27	3
Helling, Benedikt	05.06.1993	2	0
Hodzic, Aldin	18.11.1993	27	1
Klimczok, Marek	25.05.1979	30	4
Krückemeier, Tim	T 05.01.1992	5	0
Milaszewski, Dominik	16.08.1985	33	11
Mule-Ewald, Kevin	23.07.1990	27	1
Niehoff, Raphael	12.10.1995	25	1
Niewerth, Kilian	01.04.1993	32	4
Peto, Lukas Maximilian	T 17.12.1999	1	0
Poch, Sandro	21.07.1988	28	0
Rudolph, Kevin	06.09.1989	27	6
Rudolph, Patrick	29.05.1991	30	2
Schröter, Marc	07.10.1993	12	3
Turan, Gökhan	29.07.1993	21	3
Zugcic, Nikolaj	30.12.1987	33	3
Eigentore			2
Trainer:			
Falkowski, Thomas	01.02.1983	34	

TSG Sprockhövel

Spieler	geb. am	Sp.	T.
Antwi-Adjej, Christian	07.02.1994	18	0
Budde, Jan-Niklas	10.02.1996	32	0
Bulut, Ibrahim	24.08.1993	34	6
Casalino, Felix	13.07.1998	30	11
Claus, Maximilian	13.06.1991	24	14
Coemez, Enes	03.09.1996	9	0
Cosgun, Kaan	20.02.1999	16	2
Diame, Lamine	23.09.1999	6	0
Dytko, Patrick Adam	28.03.1994	24	7
Femia, Yannick	07.10.1999	34	0
Hacker, Felix	T 30.10.2000	1	0
Hauswerth, Luca	24.04.1998	29	2
Jessey, Omar	22.07.1993	8	0
Karaca, Emre	27.08.1996	12	5
Karthaus, Noah	02.07.1999	13	0
Krafft, Tim	03.01.1998	30	7
Krampe, Timo	18.04.1995	12	0
Michels, Tim	T 27.01.1998	3	0
Musa, Diyar	03.01.1996	9	0
Oberdorf, Tim Christopher	16.08.1996	32	4
Restieri, Giuliano	27.11.1999	15	0
Sindermann, Tom	25.01.1998	4	1
Staudt, Bruno	T 12.06.1997	30	0
Ülker, Hasan	23.06.1995	30	13
Eigentore			1
Trainer:			
Balaika, Andrius	12.08.1978	34	

SC Westfalia Herne

Spieler	geb. am	Sp.	T.
Abdallah, Bilal	06.12.1995	25	8
Anan, Ilias	23.01.1996	26	13
Cakir, Yunus Emre	25.05.1999	3	0
Ciccarelli, Nazzareno	25.10.1996	30	6
Deniz, Mücahit	01.10.1998	7	1
Duyar, Erhan	02.07.1999	22	1
Dzaferoski, Dino	05.03.1992	10	1
Engbert, Frederic	11.04.1997	8	0
Freitag, Simon Alexander	15.05.2000	1	0
Fuchs, Felix	04.03.1991	22	2
Grzelka, Niclas	26.10.2000	6	1
Haar, Maurice Rene	16.08.1995	25	1
Hatano, Kai	23.06.1997	33	4
Hötte, Tobias	10.02.1993	1	0
Jacob, Lukas	12.01.1993	1	0
Kapinga Muambay, Roland	16.05.1993	3	0
Kizaki, Yuto	15.05.1997	11	1
Klaas, Robin	14.04.1994	3	0
Kodra, Steven	23.09.1997	3	0
Kühn, Maurice	07.12.1988	18	0
Kurtovic, Damir	25.04.1991	5	0
Lampka, Xavery	28.08.2000	1	0
Legat, Nico-Thorsten	29.03.1998	11	0
Lübcke, Niklas	T 04.08.1999	12	0
Marzullo, Gianluca	04.01.1991	18	5
Ogrzall, Andreas	25.05.1998	8	0
Özel, Enis	05.02.1999	3	0
Petrovic, Dejan	22.12.1987	1	0
Pulver, Nico	08.04.1999	32	2
Rößler, Philipp	10.10.1994	25	0
Schick, Enes Oguz Timur	23.01.1999	27	2
Seifried, Ricardo	T 19.02.1998	22	0
Smykacz, Michael	18.03.1993	15	8
Tasaka, Takuya Brian	27.03.1999	7	1
Teichmöller, Benjamin	24.05.1995	2	0
Temme, Maurice	24.02.1997	26	1
Trainer:			
Knappmann, Christian	19.03.1981	34	

SC Paderborn 07 II

Spieler	geb. am	Sp.	T.
Balja, Arton	30.09.1996	9	1
Beckhoff, Phil	10.04.2000	4	1
Bertels, Thomas	05.11.1986	3	3
Bilogrevic, Dominik	02.01.1999	30	1
Brodersen Salvador, Leonel	11.07.1997	21	2
Brüggemeier, Leon	T 23.08.1997	9	0
Cordi, Michele	T 26.05.2000	2	0
Czok, Ken Robin	11.04.2000	1	0
Dogan, Mustafa	12.02.1996	23	2
Driller, Luka-Nikolas	04.11.1999	25	0
Düker, Julius	04.01.1996	2	0
Falldorf, Max-Benjamin	07.03.1998	2	1
Fesser, Leon	01.09.1994	9	1
Ghafourian, Jean	10.02.1998	9	0
Gucciardo, Sergio	19.04.1999	29	17
Heil, Sascha	04.05.1999	1	0
Herzenbruch, Felix	08.08.1992	20	2
Jashari, Jasin	T 09.11.1997	16	0
Kaiser, Malte	11.04.1999	13	0
Kamara, Mohammed	31.10.1997	7	8
Kaplan, Güven	23.05.2000	2	0
Karimani, Dardan	23.11.1998	16	9
Latifaj, Rion	23.11.1996	22	2
Mandic, Milos	T 20.05.1985	8	0
Muharemovic, Mustafa	22.12.2000	2	0
Mustafa, Arber	20.09.1996	23	2
Niebling, Chris Olivier	19.04.1999	9	0
Ofosu-Ayeh, Eugene	20.06.1996	13	4
Reineke, Justin	24.02.2000	4	0
Ritter, Marlon	15.10.1994	1	0
Schindler, Oliver	16.10.1999	22	2
Selkos, Philippos	11.08.1999	9	3
Shelton, Khiry	26.06.1993	5	2
Sieben, Phil-Thierri	20.06.1999	25	3
Tawiah, Philimon	11.12.1998	7	1
Tsingos, Ioannis	18.05.1999	11	1
Ufuk, Fatih	24.05.1998	14	0
Wassey, Massih	18.06.1988	3	1

TuS Ennepetal

Spieler	geb. am	Sp.	T.
Agnew, John Conor	13.04.1994	29	4
Baus, Merlin Alexander	08.02.1993	7	0
Bollmann, Maik	27.06.1988	20	2
Dialundama, Emanuel-Lusan.	25.05.1998	12	0
Dosedal, Tim	08.06.1987	27	3
Drepper, Dennis	21.10.1995	31	7
El Youbari, Abdulah	12.05.1987	20	6
Frölich, Linus Johann Bernhard	10.11.1999	12	0
Gerding, Florian	21.03.1991	23	3
Hausmann, Christian	30.03.1989	13	1
Lahchaychi, Ibrahim	09.11.1989	26	1
Mermer, Botan	06.09.1999	13	1
Nettersheim, Nils	31.07.1990	30	7
Nuel, Kyle	02.07.1993	8	0
Oberlies, Dylan	18.06.1998	28	2
Rudnik, Simon	21.07.1991	27	4
Siepmann, Stephan	05.05.1996	30	1
Tunc, Mahmet Zeki	01.02.1996	28	1
Weusthoff, Marvin	T 26.11.1989	34	1
Williams, Oluremi Martins	05.05.1993	30	0
Yasar, Deniz	26.09.1999	27	0
Trainer:			
Thamm, Alexander	06.05.1983	34	

Fortsetzung SC Paderborn 07 II:

Spieler	geb. am	Sp.	T.
Woitzyk, Sebastian	21.05.1998	29	0
Yildiz, Hapsuno	05.02.1999	10	0
Eigentore			1
Trainer:			
Kniat, Michael	18.11.1985	34	

Oberliga Niederrhein

Pl.	(Vj.)	Mannschaft		Sp	S	U	N	Tore	TD	Pkt	Sp	S	U	N	Tore	Pkt	Sp	S	U	N	Tore	Pkt
						Gesamtbilanz							**Heimbilanz**						**Auswärtsbilanz**				
1.	(3.)	VfB Homberg	↑	34	25	8	1	100-34	+66	83	17	13	4	0	56-17	43	17	12	4	1	44-17	40
2.	(4.)	Sportfreunde Baumberg		34	20	9	5	83-57	+26	69	17	11	4	2	42-27	37	17	9	5	3	41-30	32
3.	(10.)	1. FC Bocholt		34	16	9	9	61-45	+16	57	17	7	5	5	25-20	26	17	9	4	4	36-25	31
4.	(11.)	1. FC Monheim		34	15	10	9	66-57	+9	55	17	8	6	3	32-23	30	17	7	4	6	34-34	25
5.	(8.)	SSVg Velbert 02		34	16	6	12	73-44	+29	54	17	7	2	8	31-23	23	17	9	4	4	42-21	31
6.	(7.)	Germania Ratingen 04/19		34	16	6	12	67-51	+16	54	17	8	2	7	34-28	26	17	8	4	5	33-23	28
7.	(↑)	TSV Meerbusch		34	15	6	13	70-60	+10	51	17	8	2	7	37-31	26	17	7	4	6	33-29	25
8.	(14.)	TuRU Düsseldorf		34	14	7	13	51-56	-5	49	17	8	4	5	23-22	28	17	6	3	8	28-34	21
9.	(2.)	SpVgg Schonnebeck		34	15	3	16	58-65	-7	48	17	9	1	7	37-29	28	17	6	2	9	21-36	20
10.	(13.)	VfB 03 Hilden		34	13	8	13	73-68	+5	47	17	8	4	5	38-30	28	17	5	4	8	35-38	19
11.	(↑)	SC Velbert		34	13	8	13	47-58	-11	47	17	8	5	4	31-23	29	17	5	3	9	16-35	18
12.	(↑)	1. FC Kleve		34	13	6	15	56-49	+7	45	17	6	4	7	26-20	22	17	7	2	8	30-29	23
13.	(6.)	ETB Schwarz-Weiß Essen		34	12	7	15	57-51	+6	43	17	9	2	6	34-19	29	17	3	5	9	23-32	14
14.	(↑)	SC Union Nettetal		34	11	10	13	41-54	-13	43	17	4	7	6	18-22	19	17	7	3	7	23-32	24
15.	(9.)	SC Düsseldorf-West	↓	34	12	5	17	50-59	-9	41	17	6	3	8	26-30	21	17	6	2	9	24-29	20
16.	(5.)	TV Jahn Hiesfeld	↓	34	7	8	19	45-82	-37	29	17	5	4	8	29-37	19	17	2	4	11	16-45	10
17.	(12.)	VfB Speldorf	↓	34	6	8	20	48-87	-39	26	17	2	4	11	29-48	10	17	4	4	9	19-39	16
18.	(↑)	FSV Duisburg	↓	34	3	4	27	41-110	-69	13	17	3	1	13	31-59	10	17	0	3	14	10-51	3

Absteiger aus der Regionalliga: SV Straelen (West).
Aufsteiger in die Regionalliga: VfB Homberg (West).
Absteiger in den Landesligen: FSV Duisburg, VfB Speldorf, TV Jahn Hiesfeld und SC Düsseldorf-West (Gruppe 1).
Aufsteiger aus den Landesligen: TVD Velbert, Cronenberger SC 02 (Gr. 1), FC Kray 09/31 und Sportfreunde Niederwenigern (Gr. 2).

Oberliga Niederrhein 2018/19

	VfB Homberg	SF Baumberg	1. FC Bocholt	1. FC Monheim	SSVg Velbert 02	Ratingen 04/19	TSV Meerbusch	TuRU Düsseldorf	SV Schonnebeck	VfB 03 Hilden	SC Velbert	1. FC Kleve	SW Essen	SC Union Nettetal	Düsseldorf-West	TV Jahn Hiesfeld	VfB Speldorf	FSV Duisburg
VfB Homberg	X	2:1	1:1	6:1	1:1	2:1	2:0	3:1	4:2	3:3	5:0	3:2	3:2	0:0	3:1	5:0	9:1	4:0
Sportfreunde Baumberg	2:1	X	4:2	1:0	2:2	0:0	2:1	3:0	2:1	5:2	5:3	4:3	0:0	2:2	4:2	3:4	0:2	3:2
1. FC Bocholt	1:2	2:2	X	1:0	0:2	1:1	1:1	1:0	1:1	0:4	0:1	2:2	3:0	1:2	2:0	3:0	4:1	2:1
1. FC Monheim	1:1	3:3	1:1	X	1:0	1:1	2:2	2:2	1:3	4:1	2:1	3:1	0:3	3:0	1:3	2:0	2:0	3:1
SSVg Velbert 02	2:2	1:3	0:2	1:3	X	0:2	0:2	4:0	3:1	3:1	0:1	1:3	1:1	1:0	0:1	5:0	2:0	7:1
Germania Ratingen 04/19	1:4	2:3	0:0	2:4	1:4	X	1:2	1:2	3:1	3:2	5:0	3:0	3:0	2:3	3:1	2:1	1:1	1:0
TSV Meerbusch	1:3	2:3	1:3	2:0	0:6	0:3	X	2:2	4:0	4:1	2:0	0:2	3:5	5:0	0:0	3:1	2:1	6:1
TuRU Düsseldorf	2:2	1:3	3:1	1:2	1:0	1:1	0:3	X	0:1	0:0	3:1	3:2	1:0	2:0	1:5	3:1	1:0	0:0
SpVgg Schonnebeck	2:4	0:1	1:2	3:2	1:3	3:0	3:2	2:0	X	3:5	4:0	1:2	2:1	1:2	1:1	3:2	3:2	4:0
VfB 03 Hilden	0:1	3:3	5:2	2:4	3:3	3:2	3:3	1:3	1:2	X	1:0	2:0	4:1	4:0	3:2	2:2	0:2	1:0
SC Velbert	1:2	1:4	0:3	1:1	2:1	2:1	3:0	3:2	4:0	1:1	X	3:1	1:1	2:4	2:1	0:0	1:1	4:0
1. FC Kleve	0:1	0:1	0:2	0:0	0:2	0:1	4:2	3:1	2:3	3:0	2:2	X	1:1	3:1	1:0	1:2	1:1	5:0
ETB Schwarz-Weiß Essen	0:1	1:1	3:0	4:1	3:2	1:3	1:3	0:2	3:0	1:1	0:1	2:0	X	0:2	2:1	2:0	9:1	2:0
SC Union Nettetal	1:1	0:3	1:1	3:3	1:1	0:3	0:1	2:0	0:0	0:4	0:0	0:1	2:1	X	0:1	4:0	1:1	3:1
SC Düsseldorf-West	1:3	3:0	0:3	1:1	1:3	1:4	2:1	1:3	4:1	2:0	2:2	0:4	1:2	2:0	X	0:0	1:2	4:1
TV Jahn Hiesfeld	1:4	2:2	1:2	2:3	3:4	1:3	1:5	2:5	2:0	3:2	1:2	1:1	2:1	1:1	3:0	X	2:1	1:1
VfB Speldorf	1:5	4:2	2:6	1:4	1:3	3:6	1:2	3:3	1:3	1:3	3:0	1:2	3:3	1:2	2:3	0:0	X	1:1
FSV Duisburg	0:7	3:6	2:5	3:5	0:5	4:1	3:3	1:2	1:2	2:5	0:2	0:4	2:1	2:4	1:2	7:3	0:2	X

Die Spiele SC Velbert - 1. FC Kleve und VfB Homberg - SC Düsseldorf-West vom 22. Spieltag am 10.03.2019 sind in der 4. bzw. 11. Minute beim Spielstand von jeweils 0:0 wegen Orkanböen abgebrochen worden.

Torschützenliste:

Platz	Spieler (Mannschaft)	Tore
1.	Hömig, Robin (Sportfreunde Baumberg)	27
2.	Rankl, Danny (VfB Homberg)	25
3.	Mickels, Leroy-Jacques (SSVg Velbert)	19
4.	Bugla, Andre (1. FC Bocholt)	16
	Demir, Talha (VfB 03 Hilden)	16
6.	Weber, Pascal (VfB 03 Hilden)	15
7.	Dertwinkel, Patrick (VfB Homberg)	14
	Ellmann, Marvin (Schwarz-Weiß Essen)	14
	Harouz, Said (TSV Meerbusch)	14
	Menke, Kevin (TV Jahn Hiesfeld)	14

Zuschauerstatistik:

Mannschaft	gesamt	Schnitt	Mannschaft	gesamt	Schnitt
VfB Homberg	10.220	601	VfB Speldorf	3.134	184
SSVg Velbert	5.115	301	Ratingen 04/19	2.889	170
1. FC Kleve	4.713	277	VfB 03 Hilden	2.810	165
SpVgg Schonnebeck	4.671	275	TV Jahn Hiesfeld	2.750	162
SC Velbert	4.663	274	TSV Meerbusch	2.260	133
1. FC Bocholt	4.110	242	TuRU Düsseldorf	1.963	115
Schwarz-Weiß Essen	4.102	241	SF Baumberg	1.922	113
SC Union Nettetal	3.912	230	SC Düsseldorf-West	1.850	109
1. FC Monheim	3.250	191		**67.489**	**221**
FSV Duisburg	3.155	186			

Sportfr. Baumberg

Spieler		geb. am	Sp.	T.
Abelski, Alon		29.05.1989	28	4
Altin, Tayfun	T	20.09.1995	7	0
Bhaskar, Wiren		11.12.1993	27	3
Bojkovski, Aleksandar		01.11.1999	8	0
Daour, Ali		07.03.1991	26	4
Dittmann, Elias		17.03.2000	1	0
Fedler, Lukas		06.02.1992	29	2
Guirino, Roberto		22.01.1992	21	6
Gülcan, Ali		27.06.1999	10	1
Hörnig, Robin		26.02.1992	27	27
Horiuchi, Tetsu		05.12.1994	4	0
Ilbay, Ali Can		24.05.1992	9	1
Jöcks, Patrick		19.02.1992	14	2
Klotz, Louis		09.10.1990	27	8
Knetsch, Tim		11.11.1992	32	5
Krone, Christian		10.03.1996	8	0
Maslar, Hayrettin		09.06.1981	1	0
McGregor, Coby		10.09.1991	1	0
Nadidai, Maximilian		31.10.1993	26	1
Oehlers, Dominik		09.05.1995	9	3
Pusic, Ivan		03.03.1985	31	2
Saka, Kosi		04.02.1986	25	1
Salau, Noel		01.03.1999	9	0
Scharpel, Tim		01.03.2000	2	0
Schwabke, Daniel	T	19.07.1989	28	0
Ucar, Muhammet		08.06.1996	11	1
Weber, Jannik		19.09.1991	29	9
Zimmermann, Jörn		19.02.1992	22	3
Trainer:				
Carrasco, Francisco		09.12.1974	25	
Yotla, Reduoan		16.01.1984	27	

ETB SW Essen

Spieler		geb. am	Sp.	T.
Bley, Andre	T	14.12.1991	12	0
Ellmann, Marvin		21.09.1987	29	14
Erdogan, Ömer		27.09.1995	25	5
Fakhro, Malek		14.12.1997	31	10
Fechner, Robin		18.04.1995	28	2
Götze, Kenson		14.09.1998	2	0
Haller, Fabrice	T	21.10.1999	6	0
Haubus, Max James		08.03.1993	24	0
Hauffe, Martin	T	01.11.1997	3	0
Kilav, Emre		06.03.1997	14	3
Kray, Julian		01.08.1997	15	1
Lombardi, Joel		23.03.1999	11	0
Malioukas, Karlo		25.06.2000	4	0
May, Erik		10.10.1999	12	0
Michalsky, Sebastian		25.11.1983	28	2
Möllerke, Sven	T	26.04.1996	16	0
Müller, Maximilian		05.03.1998	7	0
Oh, Junmyeong		02.02.1992	8	0
Peterburs, Damian		22.04.1997	13	0
Richter, Tristan		14.02.2000	1	0
Riebling, Robin		17.07.1995	25	3
Sahin, Bünyamin		01.12.1999	17	1
Tomasello, Alessandro		22.01.1996	26	5
Tomasello, Girolamo		22.01.1996	24	0
Tsourakis, Athanasios		12.05.1990	29	7
Voß, Paul		10.10.1993	14	0
Walkenbach, Danny		06.04.1994	25	2
Yokozawa, Kohei		01.06.1997	14	2
Zwikirsch, Joel		22.09.1994	7	0
Trainer:				
Wölpper, Manfred		30.07.1957	34	

VfB Hilden

Spieler		geb. am	Sp.	T.
Alexandris, Zissis		09.05.1995	30	9
Bogoiu, Mihai		06.04.1999	17	3
Demir, Talha		25.08.1995	28	16
Elsner, Marcel		10.11.1994	14	0
di Gaetano, Fabio		11.01.1997	21	9
Grün, Florian		11.07.1990	14	0
Härtel, Justin		11.02.1995	34	0
Heinson, Len		06.12.1995	2	0
Ikwon, Park		04.03.1995	32	1
Krizanovic, Oliver		14.02.2000	1	0
Kunzl, Timo		02.10.1995	11	4
Löbe, Jannik		15.01.1994	12	1
Mambasa, Erwin		10.12.1995	10	1
de Meo, Gianluca		25.03.1994	10	0
Metz, Simon		16.04.1997	18	0
Müller, Robin		16.07.1996	10	0
Murjikneli, Vato		02.09.1997	2	0
Oberhoff, Marvin	T	01.03.1998	29	0
Percoco, Patrick		24.03.1992	25	1
Schaumburg, Stefan		01.03.1989	34	6
Schmidt, Alexander		25.04.1999	1	0
Serdar, Ogün		19.02.1999	25	1
Sube, Bastian	T	09.01.1992	5	0
Tassone, Marco		04.09.1997	1	0
Tiefenthal, Tim Louis		05.02.1995	22	2
Vincazovic, Emil		25.12.1997	3	0
Weber, Pascal		19.05.1990	30	15
Zur Linden, Fabian		28.02.1992	34	3
Eigentore				1
Trainer:				
Bach, Marc		18.11.1977	34	

TV Jahn Hiesfeld

Spieler		geb. am	Sp.	T.
Alexiou, Ioannis		08.12.1984	14	0
Alkebulan, Kaba Bennu Enoch		24.09.1995	4	0
Corvers, Kevin		17.08.1987	22	1
Dedemen, Nasrullah		13.07.1994	12	5
Demler, Philipp		22.05.1999	19	0
Falkenreck, Tim		01.07.2000	7	0
Gabor, Marcel		03.07.2000	1	0
Gataric, Dalibor		18.05.1986	18	2
Gataric, Danijel		18.05.1986	5	0
Gbür, Alexander	T	24.06.1992	11	0
Goralski, Mike		29.05.1992	19	1
Goris, Philip		10.09.1994	12	2
Häring, Jannik		05.05.1997	1	0
Hafhal, Abdelmajid		21.01.2000	11	0
Hersey, Kenneth Christopher	T	30.08.1994	5	0
Husmann, Jan Luka		23.07.1999	6	0
Jagalski, Stefan		02.08.1991	9	0
Johanes Kudu, Joshua Barra		13.05.1996	16	0
Kavs, Marco		23.03.1995	1	0
Kisters, Jonas		13.04.2000	10	0
Kolberg, Kevin		22.11.1990	16	0
Krystofiak, Kevin		29.03.1992	28	4
Mastrolonardo, Gino		29.03.1990	26	3
Menke, Kevin		09.09.1991	32	14
Muyuk, Carlson		08.04.1996	12	0
Ograjensek, Marian	T	19.07.1996	12	0
Ohnesorge, Michael		29.09.1983	6	0
Pakowski, Nikolai		13.01.1999	24	6
Sakho, Abdoulaye		09.03.1996	22	0
Schirru, Damiano		16.10.1985	13	3
Spors, Pascal		21.12.1990	16	2
Verhufen, Domenik		24.09.1997	1	0
Weigl, Dominik	T	19.09.1987	7	0
Weßelburg, Marvin		10.01.1994	12	0
Wichert, Dennis		18.10.1993	15	1
Yolasan, Ekin		06.01.1992	19	0
Eigentore				1
Trainer:				
Kay, Markus		25.08.1981	34	

SC Velbert

Spieler		geb. am	Sp.	T.
Alltenkamp, Bastian		15.04.1989	1	0
Bestler, Cedric		05.06.2000	1	0
Bayraktar, Ibrahim		30.12.1989	13	2
Buco, Josip		03.04.1997	6	0
Burczyk, Rene		27.09.1989	20	2
Eisenbach, Maximilian		25.09.1996	4	0
Filippou, Filippas		06.07.1995	25	0
Flotho, Marc		19.01.1998	28	0
Fritsch, Leon		08.07.1995	28	1
Garweg, Richard	T	05.10.1988	25	0
Hilger, Lars		06.01.1999	26	1
Hilger, Robin		07.12.1995	25	11
Jeglorz, Adrian		31.08.1999	18	1
Kizilisik, Ahmet		28.05.1993	9	0
Kotyrba, Danny		11.09.1987	1	0
Lange, Marcel		04.10.1989	17	4
Langen, Aaron		16.03.1998	12	0
Mumcu, Ferhat		18.02.1997	30	6
Olivieri, Marco		20.07.1996	7	0
Rec, Albin		17.11.1996	15	2
Rymarcyk, Nico		01.03.1996	17	1
Schäfer, Daniel	T	25.07.1996	9	0
Schubeis, Simon		01.02.1988	16	1
Schulz, Pier		03.05.1989	20	2
Spazier, Simon		21.05.1991	8	0
Stuckart, Marc		02.11.1995	8	1
Sumbunu, Joshua Sora		28.07.1993	26	3
Tekadiomona, Merveil		31.08.1996	31	8
Weck, Jonas		12.05.2000	4	0
Yaya, Jordan		26.01.1996	6	0
Yildiz, Burak		11.05.1996	10	0
Eigentore				1
Trainer:				
vom Dorp, Ralf		28.12.1961	34	

SSVg Velbert 02

Spieler		geb. am	Sp.	T.
Amezigar, Amin		27.12.2000	1	1
Atiye, Samuel		21.04.1999	13	0
Aydin, Aliosman		06.02.1992	18	8
Claus, Robin		06.04.1997	10	0
Coruk, Oguzhan		24.03.1993	8	2
Demirhat, Semih	T	14.03.1991	2	0
Ebener, Marius	T	17.07.1997	3	0
Frantzozas, Jonas Apostolos		22.11.2000	5	0
Haas, Felix		13.04.1988	26	3
Hamid, Noah		22.08.1996	30	2
Heußen, Björn	T	26.06.1999	1	0
Jesic, Aleksandar		31.10.2000	13	1
Kray, Julian		01.08.1997	9	2
Kubina, Pascal		27.04.1999	21	1
Machtemes, Max		11.07.1996	29	8
Mickels, Leroy-Jaques		25.06.1995	26	19
Mondello, Massimo		03.12.1991	26	1
Nnaji, Robert Tochukwu		02.06.1996	31	10
Önel, Umutcan		25.02.1998	1	0
Sahin, Alperen		28.02.1998	10	3
Salihi, Lindon			1	0
Schiebener, Manuel		08.10.1994	31	1
Sealiti, Mohammed		03.05.1995	5	0
Simpson, Nicholas		20.12.1999	1	0
Smykacz, Michael		18.03.1993	14	0
Spinrath, Sebastian		26.06.1992	32	1
Sprenger, Philipp	T	28.06.1993	28	0
Talarski, Pascale		23.10.1993	31	8
Uzun, Hakan		09.04.1998	13	1
Wagener, Maximilian		03.01.1995	32	1
Willms, Luis Miguel		12.12.2000	1	0
Yildiz, Engincan		16.07.2000	2	1
Trainer:				
Voigt, Alexander		13.04.1978	34	

FSV Duisburg

Spieler	geb. am	Sp.	T.
Abrosimov, Dennis	13.05.1998	12	1
Akca, Kaan	21.02.1994	9	1
Akgün, Mirac	08.01.1998	1	0
Aksap, Ardahan-Enes	30.05.1998	1	1
Alic, Emir	21.06.1991	23	1
Badnjevic, Nermin	04.01.2000	3	1
Basaran, Ali	31.10.1993	16	1
Bayraktar, Ibrahim	30.12.1989	13	2
Bayram, Enes	27.03.1994	22	1
Bayram, Talha	T 21.11.1997	3	0
Cakmakci, Malik	09.08.1999	22	5
Capolat, Eren	15.04.1997	14	0
Corovic, Arman	01.05.1997	13	0
El Moumen, Karim	21.03.2000	5	0
Eren, Berhan	07.03.1998	7	0
Funke, Can	06.01.2000	2	0
Hinsenkamp, Jannik	T 09.09.1999	15	0
Igbionawmhia, Etinosa	17.12.2000	4	0
Kanahashi, Atsushi	19.04.1991	8	0
Karpuz, Muhammet	18.03.1994	18	3
Kaya, Güngör	27.04.1990	29	6
Kece, Tamgac	29.09.1986	1	0
Koc, Enigincan	06.07.1999	10	0
Kocaoglu, Yunus Emre	13.07.1994	23	0
Kuta, Meik	04.07.1990	29	2
Kuzu, Celil	30.04.1998	6	0
Laroshi, Adnan	T 15.02.1996	7	0
Leite Dos Santos, Alison Rafael	26.06.1996	7	0
Mang, Tekin	09.02.2000	1	0
Matten, Marvin	04.03.1997	14	1
Mbonbo, Matondo Manace	17.02.2000	2	0
Mehinovic, Ajdin	26.10.1993	7	0
Morina, Esad	17.01.1997	4	4
Müller, Kevin	27.02.1992	10	0
Nowoczin, Nico	T 06.01.2000	3	0
Öztürk, Ismail	15.04.1993	17	1
Ritz, Tobias	T 09.11.1981	6	0
Saginslar, Umut	T 29.06.1989	1	0
Sahebzada, Mohammad Milad	02.08.2000	1	0

1. FC Bocholt

Spieler	geb. am	Sp.	T.
Abel, Florian	14.08.1989	27	1
Armen, Alexandros	05.05.1994	27	6
Beckert, Marc	23.08.1991	33	3
Bleker, Lars	28.06.1994	34	2
Bock, Justin	26.02.1996	8	1
Bugla, Andre	19.07.1994	33	17
Buijl, Nick	27.06.1995	34	8
Desai, Rishi	19.01.1993	6	0
Divis, Philipp	22.12.1998	14	0
Fini, Patrick-Prosper	31.05.1996	20	0
Gergery, Daud	05.07.1997	17	2
Göbel, Dominik	12.10.1996	21	4
Goris, Philip	10.09.1994	8	1
Güll, Maximilian	05.01.1995	4	1
Gurny, Christian	05.06.1993	19	1
Kiranyaz, Joel	T 10.07.1998	10	0
Meißner, Philipp	08.04.1991	33	3
Möllmann, Niklas	12.03.1998	28	5
Neustädter, Daniel	24.09.1994	30	3
Schumacher, Maurice	T 14.03.1994	15	0
Volmering, Jan David	17.02.1996	12	0
Welling, Maik	T 01.01.1983	2	0
Wenzel, Jonas	T 23.05.2000	7	0
Winking, Tim	23.04.1994	33	3

Trainer:

Jara, Manuel	05.05.1972	34

Fortsetzung FSV Duisburg:

Sahin, Emre	16.07.2000	3	0
Saliuka, Edon	20.04.2000	3	1
Schoof, Joel	31.08.1990	13	0
Serdar, Can	02.02.1996	30	5
Sezen, Boran	31.05.1995	16	4
Sindi, Karoj	21.08.1989	7	0
Ünal, Fatih	03.02.1999	4	0
Xhemajli, Arton	26.12.1992	2	0
Yahkem, Eric	09.09.1991	5	0
Zarifoglu, Deniz-Steven	18.02.1998	3	0

SpVgg Schonnebeck

Spieler	geb. am	Sp.	T.
Adjei, Denzel Oteng	17.07.2000	16	1
Barrera, Jordi	28.12.1993	10	0
Bartsch, Damian	26.02.1992	32	3
Bley, Andre	T 14.12.1991	7	0
Bosnjak, Luka	15.06.1997	23	6
Can, Emre	31.10.1997	6	1
Cisse, Mohamed	27.08.1997	8	0
Costa Pereira da, Nils	17.02.1999	6	0
Denker, Thomas	31.01.1991	32	7
Engelberg, Leon	22.05.1997	19	2
Enger, Marc	26.05.1989	25	11
Enz, Dominik	04.07.1996	20	2
Grote, Marcel	T 25.05.1983	14	0
Gutkowski, Julian	04.02.1997	22	0
Heppke, Markus	11.04.1986	31	2
Jaschin, Stefan	T 30.11.1998	14	0
Ketsatis, Georgios	15.04.1991	16	3
Klima, Nils	08.07.1997	18	0
Langen, Aaron	16.03.1998	10	0
Müller, Marius	28.07.1995	25	13
Ogrzall, Simon	03.11.2000	18	0
Patelschick, Timo	26.10.1993	25	1
Refai, Hassine	30.07.1999	11	0
Seo, Boguk	23.07.1999	1	0
Skuppin, Simon	23.04.1999	25	4
Yerek, Tarkan	01.03.1994	26	1
Eigentore			1

Trainer:

Tönnies, Dirk	28.03.1974	34

Fortsetzung FSV Duisburg:
Trainer:

Isiktas, Muhammet	22.09.1973	7
Albayrak, Erhan	05.04.1977	12
Kowalczyk, Markus	28.06.1961	5
Mikolajczak, Christian	15.05.1981	10

TuRU Düsseldorf

Spieler	geb. am	Sp.	T.
Ayas, Sahin	20.08.1996	21	1
Ballah, Jacob Yusuf	02.12.1995	19	1
Beric, Vedran	10.02.1997	30	1
Ferati, Saban	08.03.1990	15	2
Funk, Maximilian	06.04.1999	31	2
Galleski, Tim	09.07.1997	32	5
Hotic, Adnan	17.03.1989	16	1
Husso, Shikmus Khalid	30.09.1999	1	0
Kato, Takeru	13.04.1999	3	0
Krämer, Christopher	13.07.1991	23	8
Krone, Christian	10.03.1996	14	0
Matten, Marvin	04.03.1997	7	0
Mendes da Costa, Pierre	T 16.06.1989	1	0
Mourtala, Malick-Montell	30.03.1997	7	0
Munoz-Bonilla, Antonio	11.07.1989	28	7
Naciri, Taoufiq	09.02.1997	21	7
Nimoh, Michael	16.04.1999	15	0
Nowicki, Bjoern	T 09.01.1992	33	0
Ozan, Anil	31.03.1992	30	0
Przybylko, Jacub	25.01.1993	29	13
Rada, Besmir	25.08.1997	8	0
Reitz, Lukas	09.02.1996	29	0
Rey-Alonso, Daniel	16.11.1987	32	1
Sahin, Yasin	16.12.1993	13	0
Ucar, Muhammet	08.06.1996	11	1
Eigentore			1

Trainer:

Sisic, Samir	08.04.1978	34

VfB Homberg

Spieler	geb. am	Sp.	T.
Acar, Ferdi	01.08.1996	14	7
Clever, Felix	20.03.1993	24	5
Demircan, Emre	06.05.1997	11	0
Dertwinkel, Patrick	08.04.1993	33	14
Gutkowski, Philipp	T 30.06.1994	19	0
Haub, Jonas	20.02.1997	30	3
Knops, Mario	12.10.1999	9	0
Koenders, Mike	09.05.1992	31	2
Kogel, Thorsten	22.01.1996	29	2
Kossenjans, Andreas	T 09.08.1973	3	0
Kücükarslan, Metin	30.09.1996	25	4
Kücükarslan, Tevfik	28.10.1998	22	2
Lorch, Marvin	20.12.1996	15	6
Manca, Jerome	09.02.1996	19	4
Nowitzki, Pierre	19.07.1993	14	4
Offhaus, Robin	T 25.08.1998	12	0
Rankl, Danny	23.02.1989	31	25
Roch, Marvin	08.12.1999	5	0
Rybacki, Julien	24.09.1995	7	3
Schmitt, Collin	12.05.1995	22	0
Totaj, Valdet	10.10.1995	2	0
Walker, Justin	03.03.1993	30	5
Wibbe, Dennis	08.10.1992	34	13
Wolf, Markus	08.02.1992	32	0
Eigentore			1

Trainer:

Janßen, Stefan	22.01.1970	34

1. FC Kleve

Spieler	geb. am	Sp.	T.
Altgen, Jannis	16.02.1996	18	1
Barth, Andre	T 25.03.1988	14	0
von Beusekom, Fabian	03.11.1991	1	0
van Brakel, Sebastian	29.03.1989	31	3
Dragovic, Nedzad	12.02.1985	34	5
Duran, Fatih	28.02.1987	17	0
Emmers, Christian	11.02.2000	1	0
Evrard, Dano	20.12.1995	2	0
Forster, Fabio	28.05.1991	34	2
Geurtz, Jan-Luca	10.06.1991	20	1
Haal, Tim	15.09.1989	32	2
Harwardt, Tim-Maxim	28.12.1999	3	0
Hatta, Kosuke	26.11.1996	27	0
Hühner, Pascal	31.08.1990	31	6
Janßen, Bjarne	T 18.06.1999	8	0
Kaczmarek, Konrad	23.04.1994	8	0
Kezer, Sezai	03.05.2000	3	0
Klein-Wiele, Niklas	29.11.1993	17	4
Kurikciyan, Levon	02.11.1994	31	10
Miri, Ahmed	16.08.1999	1	0
Saidov, Abdullo	25.01.1994	20	0
Scheffler, Nathnael	22.03.2000	9	1
Taner, Ahmed	T 04.08.1992	13	0
Terfloth, Mike	28.03.1993	25	4
Unoki, Yusuke	08.09.1995	26	7
Wesendonk, Michel	02.04.1988	31	9
Eigentore			1

Trainer:

Akpinar, Umut	14.05.1977	34

SC Düsseldorf West

Spieler		geb. am	Sp.	T.
von Ameln, Alexander	T	22.05.1992	12	0
Boatey, Leeroy		12.06.1996	4	0
Cetin, Canel		05.08.1996	19	1
Commodore, Marvin		15.12.1992	31	0
Deuß, Simon		24.11.1990	31	3
Durmus, Dennis		22.04.1999	4	0
Ewertz, Marcel		21.10.1993	25	0
Gyasi, Jeff		04.01.1989	23	3
Hashimoto, Shunya		16.07.1993	15	5
Hildenberg, Andrej		06.09.1988	28	8
Hobson McVeigh, Jack		10.06.1992	14	2
Kraus, Niklas		10.07.1998	1	0
Moulas, Konstantinos		25.08.1998	10	1
Ordelheide, Dennis		19.09.1994	25	7
Pyka, Thorsten Josef	T	14.10.1994	9	0
Ribeiro, Ricardo		20.01.1991	18	0
Salkovic, Dino		02.10.1997	6	0
Santana, Sebastian		01.01.1995	13	2
Senic, Milan		11.07.1997	21	5
Siebenbach, Sebastian	T	10.08.1989	14	0
Stefanovski Kristijan		19.11.1996	29	1
Stutz, Fabian		03.04.1994	23	3
Weiler, Rico		11.04.1990	31	7
Yildiz, Murat		05.11.1997	5	0
Zieba, Maciej		24.01.1987	32	2
Zilgens, Christoph		26.03.1990	30	0
Trainer:				
Jovanovic, Ranisav		05.11.1980	21	
Kacar, Mirhudin		04.11.1981	1	
Schneider, Julien		17.02.1993	13	

1. FC Monheim

Spieler		geb. am	Sp.	T.
Adeoye, Miles		22.06.1992	4	0
Afkir, Abdelkarim		16.02.1993	6	0
Agrusa, Matteo		13.06.1992	5	2
Aleksic, Nikola		09.02.1990	27	10
Bastas, Eray		23.10.1989	21	6
Becker, Patrick		05.04.1990	5	0
Coruk, Oguzhan		24.03.1993	14	1
Gümüs, Bora		05.07.2000	12	1
Hauschke, Joshua		10.06.1995	3	1
Hauswald, Denis		27.01.1990	1	0
Hombach, Philipp		06.10.1989	13	0
Incilli, Bahadir		25.08.1989	9	0
Intven, Yannic		30.03.1990	22	0
Kosmala, Tim		15.05.1993	32	5
Kultscher, Johannes	T	01.01.1996	23	0
Labusga, Denis		06.08.1993	26	2
Lange, Christoph		13.02.1991	31	1
Lehnert, Philip		18.07.1992	15	1
Lippold, Tobias		04.11.1993	30	13
Maczkowiak, Andre	T	01.04.1983	1	0
Nolte, Nick		10.06.1992	22	2
Nosel, Jan Lukas		12.03.1997	22	0
Osawe, Ulumwen		02.06.1998	19	2
Rozic, Luka		31.08.1995	6	0
Salau, Noah		29.05.1996	34	3
Schiffer, Mark		15.09.1998	30	4
Schütz, Benjamin		14.10.1990	24	10
Semper, Sebastian	T	14.03.1988	10	0
Winkels, Andre		12.02.1999	5	0
Zeller, Pascal	T	13.08.1984	1	0
Eigentore				2
Trainer:				
Ruess, Dennis		25.06.1980	34	

TSV Meerbusch

Spieler		geb. am	Sp.	T.
Anyomi, Romel Seena		10.08.1997	19	2
Balci, Ridvan		28.09.1993	27	6
van den Bergh, Lukas		07.09.1988	30	1
Dauser, Kevin		30.12.1987	13	2
Dohmen, Benjamin		17.11.1993	19	5
Dowidat, Dennis		10.01.1990	31	9
Fahrian, Fabio		27.11.1992	1	0
Fleßers, Robert		11.02.1987	26	3
Geneli, Emre		27.01.1995	18	2
Harouz, Said		05.02.1997	24	14
Hoff, Daniel		17.06.1996	28	4
Kampmann, Michael	T	01.05.1995	19	0
Krajac, Linus		01.04.2000	1	0
Lahn, Andreas	T	26.07.1993	15	0
von De Loo, Samie Darren		03.02.1999	15	2
Maas, Alexander		25.03.1999	12	1
Nehrbauer, Tim		22.08.2000	1	1
Nishi, Kosuke		08.04.1998	2	2
Purisevic, Semir		26.06.1988	29	2
Reinert, Vincent		29.04.1997	28	0
Röber, Janik		22.03.1996	8	1
Rott, Stefan		28.09.1993	34	0
Sadlowski, Christian		06.10.1999	13	0
Schulz, Manuel		03.12.1990	8	0
Stappmann, Tim		17.07.1999	15	0
Terada, Ryo		12.09.1994	31	10
Eigentore				3
Trainer:				
Molina, Antonio		02.02.1973	34	

VfB Speldorf

Spieler		geb. am	Sp.	T.
Abe, Yutaka		21.09.1994	11	4
Akiyama, Ken		20.06.1994	14	0
Ando, Shunya		21.05.1996	14	0
Andres, Michael		09.01.1996	11	4
Bang, Dahyeol		14.03.1997	1	0
Bartmann, Philipp		23.02.1989	1	0
Bimpek, Maxwell		22.07.1999	27	2
Cömert, Barkin		02.06.1994	12	1
Corovic, Arman		01.05.1997	15	0
Dutschke, Patrick		05.02.1989	16	0
Fatni, Mohamed Achouird		17.04.1999	1	0
Fritzsche, Maximilian		31.12.1994	1	0
Gröger, Kai	T	08.03.1986	17	1
Hauffe, Martin	T	01.11.1990	13	0
Heinz, Peter		19.06.2000	1	0
Horiuchi, Tetsu		05.12.1994	10	0
Hotoglu, Deniz Dominik		13.02.1990	19	3
Inoue, Hiromasa		26.05.1996	9	0
Iyilik, Emre		02.12.0002	2	0
Isshak Yussif, Abdul Rahman		10.07.1997	26	5
McGregor, Coby		10.09.1991	8	1
Michalak,Marcin	T	24.11.1993	1	0
Morina, Esad		17.01.1997	8	3
Müller, Kevin		27.02.1992	16	0
Naito, Mikiya		01.07.1998	11	0
Nakaoka, Ryota		23.09.1989	33	0
Nemec, Patrick		01.10.1996	15	0
Nevian, Leon	T	05.08.2000	3	0
Nowitzki, Pierre		19.07.1993	19	5
Panz, Andre		08.09.1988	15	0
Perrone, Luca		01.09.2000	1	0
Schürings, Fabian		05.05.1997	20	3
Steinkusch, Jan Vincent		30.01.2000	1	0
Szewczyk, Maciej		12.05.1994	14	0
Terwiel, Dennis		04.10.1963	13	1

SC Union Nettetal

Spieler		geb. am	Sp.	T.
Bonsen, Öguzhan		16.06.1994	23	0
Dohmen, Dominik		30.11.1991	33	2
Dollen, Brian		25.03.1997	16	0
Drummer, Nico		19.02.1996	9	0
Enger, Michael		14.11.1988	21	3
Homann, Dennis		24.03.1985	30	0
Jansen, René		20.07.1990	14	2
Keppeler, Markus		28.05.1992	5	0
Klicic, Vensan		19.04.1996	32	5
Krahnen, Robin	T	30.11.1994	13	0
Levels, Bastian		26.11.1990	22	4
Münten, Moritz		04.09.1998	1	0
Paul, Marc		01.01.1995	17	0
Pohlig, Maximilian		22.03.1997	17	1
Popovic, Petar		31.12.1997	25	8
Regnery, Pascal		14.07.1996	26	1
Rouland, Hendrik		25.04.1999	11	0
Rrustemi, Blerim		04.02.1983	21	1
Stroetges, Martin		20.06.1991	22	1
Thobrock, Niklas		10.02.2000	20	1
Touratzidis, Dimitrios		08.08.1997	30	10
Tretbar,Tim	T	16.01.1997	22	0
Verlinden, Frederik		07.02.1992	28	2
Weis, Toni		04.11.1994	12	0
Trainer:				
Schwan, Andreas		27.03.1985	34	

Fortsetzung VfB Speldorf:

Timm, Janis		05.02.1994	19	3
Trienenjost, Andre		13.09.1989	12	7
Umar, Timur		31.01.1999	3	0
Weiß, Lukas		15.01.1992	14	1
Wölfer, Enoch		28.07.1996	8	2
Zorlu, Semih		03.02.1990	3	0

Germania Ratingen

Spieler		geb. am	Sp.	T.
Ari, Erkan		14.06.1987	32	2
Cakici, Ismail		03.08.1988	10	0
Cinar, Emrah		03.06.1987	28	11
Dombayci, Orhan		01.03.1995	23	1
Eckhardt, Fynn		14.07.1998	31	2
Erginer, Tolga		17.02.1993	6	0
Gerhardt, Marius	T	26.03.1995	14	0
Ivosevic, Denis		30.06.1994	26	5
Karlicsek, Andrej		20.02.1998	22	0
Lamidi, Moses		05.01.1988	30	10
Lee, Yunhwan		16.10.1996	2	2
Mandel, Moreno		07.06.1999	15	1
Merzagua, Yassin		20.05.1997	19	1
Milovanovic, Maksimilian	T	30.06.1997	1	0
Özbayrak, Fatih		27.05.1996	29	7
Päffgen, Ole		28.06.1997	33	0
Peitz, Tobias		02.08.1998	28	3
Pranjes, Aleksandar		13.11.1990	9	5
Raschka, Dennis	T	23.10.1992	13	0
Rehag, Daniel		04.02.1986	2	0
Savonis, Almantas	T	12.12.1996	7	0
Sezen, Sergen		31.05.1995	26	7
Spillmann, Phil		24.07.1995	28	8
Terzi, Kaan		08.01.1999	24	2
Tomic, Darko		24.08.2000	1	0
Wollert, Yannick		16.07.1996	9	0
Zeh, Mark		19.11.1983	5	0
Trainer:				
Del Cueto, Alfonso		26.05.1963	34	

Fortsetzung VfB Speldorf:

Eigentore				1
Trainer:				
Mikolajczak, Christian		15.05.1981	19	
Ishikawa, Ryoji		04.08.1977	15	

Mittelrheinliga

Pl.	(Vj.)	Mannschaft		Sp	S	U	N	Tore	TD	Pkt	Sp	S	U	N	Tore	Pkt	Sp	S	U	N	Tore	Pkt
				Gesamtbilanz							**Heimbilanz**						**Auswärtsbilanz**					
1.	(10.)	SV Bergisch Gladbach 09	↑	28	20	6	2	64-25	+39	66	14	11	2	1	28- 9	35	14	9	4	1	36-16	31
2.	(↓)	FC Wegberg-Beeck		28	20	3	5	61-22	+39	63	14	13	0	1	36- 5	39	14	7	3	4	25-17	24
3.	(2.)	FC Hennef 05		28	14	7	7	51-34	+17	49	14	9	1	4	26-16	28	14	5	6	3	25-18	21
4.	(5.)	SC Borussia Freialdenhoven		28	12	8	8	43-30	+13	44	14	6	4	4	19-15	22	14	6	4	4	24-15	22
5.	(9.)	FC Hürth		28	10	12	6	43-29	+14	42	14	6	6	2	24-10	24	14	4	6	4	19-19	18
6.	(6.)	SV Breinig		28	10	7	11	54-51	+3	37	14	4	5	5	27-29	17	14	6	2	6	27-22	20
7.	(↑)	SV Deutz 05		28	10	6	12	45-59	-14	36	14	8	2	4	31-29	26	14	2	4	8	14-30	10
8.	(↑)	1. FC Düren		28	8	11	9	48-42	+6	35	14	4	7	3	20-15	19	14	4	4	6	28-27	16
9.	(↑)	SpVg. Frechen 20		28	8	11	9	42-40	+2	35	14	4	7	3	22-19	19	14	4	4	6	20-21	16
10.	(4.)	FC Blau-Weiß Friesdorf		28	8	8	12	53-64	-11	32	14	7	3	4	37-30	24	14	1	5	8	16-34	8
11.	(7.)	FC Viktoria Arnoldsweiler		28	8	6	14	42-51	-9	30	14	5	3	6	29-26	18	14	3	3	8	13-25	12
12.	(11.)	VfL Vichttal		28	7	9	12	32-48	-16	30	14	6	3	5	20-21	21	14	1	6	7	12-27	9
13.	(3.)	Siegburger SV 04		28	6	11	11	30-39	-9	29	14	3	7	4	16-18	16	14	3	4	7	14-21	13
14.	(12.)	VfL Alfter	↓	28	6	6	16	32-64	-32	24	14	4	5	5	18-25	17	14	2	1	11	14-39	7
15.	(13.)	SSV Merten	↓	28	5	5	18	25-67	-42	20	14	5	3	6	17-28	18	14	0	2	12	8-39	2
16.	(8.)	Euskirchener TSC	↓	0																		

Euskirchener TSC hat vor Saisonbeginn zurückgezogen.

Absteiger aus der Regionalliga: keine.
Aufsteiger in die Regionalliga: SV Bergisch Gladbach 09 (West).
Absteiger in die Landesligen: Euskirchener TSC (Staffel 2), SSV Merten und VfL Alfter (Staffel 1).
Aufsteiger aus den Landesligen: FC Pesch, SC Fortuna Köln II (Staffel 1), SpVg. Wesseling-Urfeld und SV Eilendorf (Staffel 2).

Mittelrheinliga 2018/19

	Berg. Gladbach 09	Wegberg-Beeck	FC Hennef 05	Freialdenhoven	FC Hürth	SV Breinig	SV Deutz 05	1. FC Düren	SpVg. Frechen 20	BW Friesdorf	Vikt. Arnoldsweiler	VfL Vichttal	Siegburger SV 04	VfL Alfter	SSV Merten	Euskirchener TSC
SV Bergisch Gladbach 09	×	0:3	3:0	2:1	0:0	2:2	3:0	5:3	2:0	2:0	2:0	1:0	1:0	4:0	1:0	
FC Wegberg-Beeck	1:2	×	1:0	2:0	3:1	1:0	4:0	3:0	3:0	2:1	3:0	1:0	3:1	5:0	4:0	
FC Hennef 05	2:0	0:1	×	0:2	1:1	0:3	3:0	0:2	3:2	1:0	3:2	4:1	1:0	4:2	4:0	
SC Borussia Freialdenhoven	1:1	1:3	0:2	×	0:0	1:0	1:2	1:0	0:0	6:1	1:3	1:1	1:0	2:1	3:1	
FC Hürth	1:2	3:1	2:2	1:1	×	3:0	2:0	0:0	0:0	1:1	3:1	1:1	0:1	3:0	4:0	
SV Breinig	1:6	2:2	3:3	1:2	2:0	×	3:1	2:2	1:4	5:1	1:1	0:0	2:3	1:2	3:2	
SV Deutz 05	1:4	0:2	0:3	3:2	3:2	2:1	×	5:3	4:2	2:5	1:1	1:1	3:2	4:1	2:0	
1. FC Düren	1:1	1:1	2:2	0:0	1:1	1:1	3:0	×	0:3	1:1	0:1	1:0	1:2	5:2	3:0	
SpVg. Frechen 20	1:5	0:1	1:1	2:1	2:2	1:2	1:1	1:1	×	3:0	4:1	1:1	2:2	2:0	1:1	
FC Blau-Weiß Friesdorf	3:3	3:1	1:3	2:2	1:2	6:3	3:2	3:6	3:1	×	1:2	4:2	1:1	1:0	5:2	
FC Viktoria Arnoldsweiler	1:2	0:3	1:3	1:3	3:3	2:0	2:1	0:3	0x2	2:2	×	9:2	3:0	2:2	3:0	
VfL Vichttal	0:4	4:2	0:3	1:1	0:1	0:4	2:2	3:1	1:0	4:0	2:0	×	1:0	0:1	2:2	
Siegburger SV 04	0:1	2:0	1:1	0:3	0:2	2:3	2:2	1:1	1:1	1:1	1:1	0:0	×	3:2	2:0	
VfL Alfter	2:4	1:1	1:0	0:2	2:1	1:4	1:1	1:6	2:2	1:1	2:0	1:2	1:1	×	2:0	
SSV Merten	1:1	0:4	2:2	0:4	1:3	0:4	0:2	2:0	1:3	3:2	1:0	2:1	1:1	3:1	×	
Euskirchener TSC																×

Das Spiel Viktoria Arnoldsweiler - SpVg. Frechen 20 wurde mit 2:0 für Frechen gewertet, da Arnoldsweiler einen nicht spielberechtigten Spieler eingesetzt hatte.

Torschützenliste:

Platz	Spieler (Mannschaft)	Tore
1.	Kizil, Metin (SV Bergisch Gladbach 09)	27
2.	Hasani, Shpend (FC Wegberg-Beeck)	20
3.	Doğan, Mehmet (VfL Alfter)	15
4.	Brand, Sven (FC Hennef 05)	14
5.	Draganidis, Christos (SV Breinig)	13
	Dreyer, Dennis (1. FC Düren)	13
	Iskra, Marvin (VfL Vichttal)	13
	Koppitz, Niklas (Viktoria Arnoldsweiler)	13
9.	Alegre, David (SV Deutz 05)	12
	Terauchi, Daito (FC Blau-Weiß Friesdorf)	12

Zuschauerstatistik:

Mannschaft	gesamt	Schnitt	Mannschaft	gesamt	Schnitt
FC Wegberg-Beeck	4.052	289	FC Hennef 05	1.764	126
Bor. Freialdenhoven	3.405	243	FC Hürth	1.751	125
1. FC Düren	3.195	228	VfL Alfter	1.583	113
VfL Vichttal	2.793	200	Siegburger SV 04	1.543	110
SV Breinig	2.693	192	Blau-Weiß Friesdorf	1.370	98
Bergisch Gladbach	2.488	178		**35.472**	**169**
SpVgg Frechen	2.406	172			
SV Deutz 05	2.296	164			
SSV Merten	2.216	158			
Viktoria Arnoldsweiler	1.917	137			

Vikt. Arnoldsweiler

Spieler		geb. am	Sp.	T.
Abendroth, Dennis		29.05.1990	2	0
Ahrens, Simon	T	14.03.1994	19	0
Bashite, Mahmud		11.03.1998	1	0
Behrami, Adrijan		14.11.1999	25	3
Böhr, Yannik		21.03.1993	6	0
Chouliaras, Nikolaos		21.05.1992	19	6
Chouliaras, Stamatis		28.03.1994	25	2
Gerhards, Tim		13.03.1995	12	1
Habscheid, Nils		01.12.1996	16	1
Hahn, Dominik		21.06.1997	20	1
Kilic, Haydar		02.12.1998	16	0
Knoll, Julian		23.01.1998	10	0
Kochan, Nils		20.09.1992	6	0
Koppitz, Niklas		11.07.1999	27	12
Mabanza, Günter		23.01.1996	5	0
Makki, Ali		17.06.1986	1	0
Merl, Brooklyn		05.10.1999	25	6
Müller, Philipp	T	15.08.1997	8	0
Pelzer, Tim		31.03.1999	25	0
Pomp, Moritz		02.09.1996	7	0
Ristovski, Stefan		21.12.1992	20	4
Stecker, Tobias		24.07.1996	25	1
Treu, Jonas		02.03.1996	11	3
Uhlemann, Michael		16.02.1997	27	1
Winkels, André		12.02.1999	7	0
Yanagizono, Ryota		12.04.1996	7	1
Trainer:				
Virnich, Thomas		05.12.1969	28	

VfL Alfter

Spieler		geb. am	Sp.	T.
Ashrafi, Aras		17.08.1999	19	0
Biermann, Kevin		09.06.1995	4	0
Civgin, Kubilay		28.01.1997	11	2
Delijaj, Bujar		09.06.1998	15	0
Dietz, Patrick		13.02.1991	17	2
Doğan, Mehmet		01.02.1984	25	15
Dogan, Tarik		17.04.1997	27	0
Flohe, Christian		13.04.1996	8	0
Greulich, David		07.11.1993	12	0
Heinze, Claas		05.05.1993	14	4
Hergesell, Jonas		15.11.1989	15	0
Hoerner, Christian		08.09.1988	26	0
Hoxhaj, Liridon		14.03.1996	10	3
Janssen, Martin		10.07.1995	1	0
Jördens, Ole		24.09.1998	2	0
Kemp, Cameron	T	21.09.1998	11	0
Koc, Burak		04.08.1997	3	0
Kolz, Kevin		06.07.1992	1	0
Lee, Gibok		27.03.1997	27	0
Lünenbach, Tim		25.05.1993	10	1
Mabanza, Günter		23.01.1996	14	1
Madani, Dorian		25.02.1999	11	0
Mbay, Dennis		24.03.1999	13	2
Ortmann, Kevin		15.08.1997	3	0
Se Park, Chang			24	1
Rollepatz, Rico		05.07.1996	19	1
Rudersdorff, Tim	T	23.09.1992	6	0
Schnieber, Klaus	T	16.12.1968	1	0

Spieler		geb. am	Sp.	T.
Schulze, Tom		29.12.1995	1	0
Spahiu, Ervin		01.05.1997	16	0
Weidner, David	T	16.03.1996	12	0
Werner, Nico		21.04.1998	4	0
Trainer:				
Ilk, Bayram		24.07.1982	28	

FC Hürth

Spieler		geb. am	Sp.	T.
Balbasi, Mete-Han	T	23.07.1997	2	0
Beck, Nico		25.08.1994	24	2
Bonsu, Zachary		27.09.1998	25	1
Civgin, Kubilay		28.01.1997	5	0
Fiegen, Stefan		10.05.1993	24	0
Fleischer, Philipp		24.05.1994	13	0
Friesdorf, Patrick		17.07.1994	28	8
Golz, Sebastian		30.08.1989	26	0
Jadidi, Danial		10.12.1997	1	0
Kestha, Yousef		10.11.1990	23	6
Kraus, Kevin	T	04.09.1991	26	0
Lima Ribeiro, Leonardo		26.08.1988	4	0
Mbuyi, Joseph		16.01.1998	20	6
Miskiewicz, Niklas		25.09.1992	19	2
Obuz, Deniz		27.01.1999	7	1
Okutan, Serkan		15.02.1990	23	11
Sarkin, Gürkan		08.12.1991	1	0
Schäfer, Leonard		13.11.1991	3	0
Schmitz, Nico		01.10.1989	17	1
Strompen, Dennis		05.01.1994	7	0
Szagun, Luka		03.09.1997	12	1
Vaaßen, Alexander		09.12.1991	17	0
Wessels, Miron		08.07.1991	17	2
Winkler, Jan		30.08.1990	27	0
Ziegler, Luka		28.02.1990	14	0
Eigentore				2
Trainer:				
Heitmann, Oliver		13.01.1972	28	

SV Breinig

Spieler		geb. am	Sp.	T.
Ait-Kassi, Abdelkarim		16.12.1997	3	0
Atchola, Bastien		01.12.1994	1	0
Braun, Moritz		20.12.1995	7	0
Comuth, Patrick		13.07.1991	11	0
Dautzenberg, Nico		25.04.1992	13	8
Draganidis, Christos		21.08.1997	28	13
Feilhaber, Timo		31.01.1996	1	0
Flecken, Norman	T	11.02.1993	4	0
Fleps, Manfred		14.01.1990	22	2
Graf, Alan		06.07.1990	19	3
Hannappel, Manfred		20.12.1988	26	0
Hofmann, Daniel		24.04.1992	20	0
Jansen, Denis	T	13.08.1991	25	0
Kleefisch, Marc		20.09.1999	2	0
Kucharzik, Karim		27.09.1997	23	0
Laschet, Cedric		25.07.1991	27	1
Morsch, Eric		11.02.1994	1	0
Müller, Pascal		04.06.1985	13	1
Ndombaxi, Jordi		07.07.1996	23	5
Petter, Cedric		24.09.1997	18	1
Rother, Jan-Henrik		07.04.1993	18	1
Simon, Kilian		10.01.1996	1	0
Simons, Andreas		20.09.1987	21	11
Standop, Tobias		17.02.1993	19	1
Wilden, Tim		16.01.1993	24	5
Willems, Pascal		16.01.1993	20	2
Trainer:				
Burlet, Michael		07.01.1965	28	

VfL Vichttal

Spieler		geb. am	Sp.	T.
Abdullah, Melik		01.11.1995	19	0
Aikins, Math		16.09.1999	1	0
Bach, Jan		12.09.1997	24	1
Badidila, Fortuna		25.12.1985	11	0
Czichi, Nico		08.02.1995	19	1
Duspara, Domagoj		31.10.1987	11	1
Evertz, Ingo		02.01.1997	25	1
Finken, Jürgen		13.11.1999	2	0
Gerhards, Nick		09.10.1997	18	0
Gerhards, Tim		13.03.1995	8	0
Iskra, Marvin		15.06.1993	26	13
Kaulartz, Stephan		07.04.1994	23	1
Krückels, Nick		04.10.2000	6	0
Labas, Jeremy		03.03.1998	2	0
Lenzen, Dominik		09.12.1989	18	0
Ribeiro, Dominik		14.03.1992	23	0
Savic, Stefan		08.09.1995	23	0
Schnier, Patrick		05.05.1988	13	1
Stehling, Moritz	T	25.05.1987	28	0
Storms, Marc		12.07.1999	2	0
Taher, Kanischka		04.04.1991	26	4
Weitz, Oliver		18.08.1990	18	1
Wirtz, Sebastian		06.03.1993	11	1
Yilmaz, Melih		10.02.1995	27	6
Yilmaz, Semih		19.10.2000	1	0
Eigentore				1
Trainer:				
Avramovic, Andi		10.12.1976	28	

1. FC Düren

Spieler	geb. am	Sp.	T.
Baumann, Kevin	13.11.1986	3	0
Becker, Jannis	09.07.1994	26	4
Behr, Dominik	26.01.1996	21	2
Bleja, Daniel	04.03.1995	20	1
Braun, Nico	07.09.1999	5	0
Braun, Timo	05.06.1998	4	0
Breuer, Tobias	26.05.1986	16	1
Dick, Dominik	01.01.1997	16	0
Dreyer, Dennis	29.04.1998	24	13
Ebisu, Jumpei	23.06.1990	20	0
Fichtl, Maximilian	14.12.1993	6	1
Frohn, Tobias	29.09.1994	6	0
Hürtgen, Alexander	02.07.1995	7	0
Jackmuth, Kevin	T 31.08.1994	10	0
Kirschbaum, Lucas	15.01.1997	2	0
Kocak, Yunus	03.12.1989	28	10
Kurzke, Klaas	18.10.1994	18	0
Nießen, Julian	12.04.1995	12	0
Schröteler, Nico	22.02.1995	24	4
Simon, Philipp	10.01.1994	12	2
Steltzner, Jannis	20.07.1993	22	8
Störmann, Marvin	13.08.1993	26	0
Türkmen, Dogukan	15.03.1999	10	1
Wiersberg, Julian	25.01.1995	17	0
Wirtz, Steffen	T 06.03.1990	19	0
Wollersheim, Marc	19.02.1990	14	1
Trainer:			
Lennartz, Bernd	22.11.1963	20	
Rombey, Frank	12.05.1980	8	

FC Hennef 05

Spieler	geb. am	Sp.	T.
Abdellaoui, Ziyad	24.07.1995	1	0
Altmann, Niclas	T 22.07.1994	28	0
Andreasson Schmidt, Aron	02.05.2000	10	0
Barth, Leonard	26.02.1995	1	0
Brand, Sven	02.01.1994	24	14
Diehl, Florian	27.04.1996	23	2
Eck, Dennis	02.01.1991	21	4
Ehrenstein, Marius	12.08.1993	14	0
Genesi, Yannick	01.06.1995	27	2
Higa, Takahiro	31.01.1991	15	4
Jahn, Johannes	20.09.1994	28	1
Kikuchi, Yoshiaki	22.07.1995	25	4
Kilic, Bünyamin	14.02.1987	6	0
Klosterhalfen, Nikolas	20.03.1995	9	2
Klug, André	13.10.1992	22	9
Kouekem, Joel	17.03.2000	2	0
Kunzika, Kuss	26.07.1996	20	0
Mus, Burak	24.12.1996	23	2
Okorofor, Michael	27.01.2000	2	0
Özdemir, Muhammed	08.05.1996	12	0
Remagen, Nils-Simon	22.12.1991	6	1
Roder, Matthias	01.01.1995	27	2
Teranuma, Kento	29.11.1996	5	2
Trznadel, Louis	05.03.1999	14	0
Viehweger, Hannes	02.02.1997	9	0
Wagner, Christoph	22.11.1998	3	0
Westerkamp, Jan-Luca	01.03.1999	11	0
Eigentore			2
Trainer:			
Glatzel, Sascha	16.08.1976	28	

Siegburger SV 04

Spieler	geb. am	Sp.	T.
Born, Jens	T 11.12.1996	1	0
Brückers, Christian	18.01.1995	6	0
Fälber, Julian	15.04.1995	25	6
Günther, Robin Benjamin	31.08.2000	3	0
Günther, Tobias	10.04.1989	8	1
Hahn, Florian	23.11.1992	15	1
Harrach, Zakaria	07.09.1992	25	6
Heinz, Felix	05.06.1993	21	2
Ikeda, Kaito	20.11.1996	1	0
Inger, Lucas	27.06.1990	17	1
Jo, Ju-yong	24.07.1998	11	1
Jung, Andre	07.12.1999	8	0
Lee, Poongebeom	18.07.1996	24	1
Mai, Christopher	08.02.1996	14	1
Muharremi, Blerton	30.07.1998	26	1
Ngyombo, Matona-Glody	14.02.1998	27	1
Ramspott, Sebastian	11.12.1992	18	3
Schnitzler, Christian	25.10.1984	1	0
Schötz, Carlos	30.01.1999	5	0
Secen, Ali	07.01.1997	21	1
Timmer, Jonas	26.02.1993	11	0
Ullmann, Stefan	02.07.1985	4	0
Vogel, Michael	T 13.06.1993	28	0
Welt, Fabian	08.07.1992	27	4
Welt, Niclas	21.09.1994	9	0
Wieland, Aaron	01.08.1992	17	0
Trainer:			
Moukhmalji, Kinan	19.06.1971	14	
Stegert, Philip	19.03.1990	14	

Bor. Freialdenhoven

Spieler	geb. am	Sp.	T.
Alawie, Hussein	10.09.1990	24	7
Borgelt, Vincenz	21.07.1994	22	0
Dăescu, Alexandru	05.09.1991	26	0
Dikenli, Okan	12.11.1993	2	0
Leo Engels, Gert	20.06.1999	12	3
Heinze, Claas	05.05.1993	10	1
Kemmerling, Stefan	T 03.06.1993	22	0
Kraus, Moritz	03.06.1991	20	0
Kreutzer, Christian	24.04.1987	19	1
Kruth, Kevin	22.12.1985	24	7
Kuhnke, Yannick	16.06.1992	22	7
Makki, Jehia	08.09.1992	6	0
Ngoua, Alain	22.08.1992	27	1
Nock, Wolfgang	14.07.1988	12	0
Rubaszewski, Patrick	13.02.1999	16	0
Ruhrig, Leon	15.02.1997	16	2
Sambou, Gerard	29.10.1984	25	1
Schneider, Pascal	21.06.1985	20	8
Schregel, Niklas	17.04.1994	3	0
Szymczewski, Mark	29.05.1989	26	3
Tkacz, Oskar	18.02.1993	4	0
Weber, Marcus	30.03.1992	26	1
Werres, Tobias	T 03.09.1993	7	0
Eigentore			1
Trainer:			
Hannes, Wilfried	17.05.1957	28	

Blau-Weiß Friesdorf

Spieler	geb. am	Sp.	T.
Ayadi, Saif-Eddin	04.11.1994	7	0
Biermann, Kevin	09.06.1995	9	1
Bringer, Jan Marc	29.02.2000	4	0
Ceylan, Furkan	20.03.1995	11	0
Djemail, Fabian	08.07.1994	13	4
Edson	22.09.1996	4	2
Eising, Michel	19.04.1991	4	0
El Daghais, Abduelrihim	T 20.04.1987	16	0
Fichtl, Maximilian	14.12.1993	13	2
Fleischer, Philipp	24.05.1994	13	0
Fukuda, Tatsuya	24.10.1996	4	0
Germerodt, Benjamin	24.08.1989	13	0
Günay, Yavuz	05.04.1990	8	0
Gweth, Eric	12.10.1998	10	0
Hatsushiba, Masahiro	30.05.1995	25	2
Hoxhaj, Liridon	14.03.1996	10	1
Iyigün, Muratcan	T 25.06.1999	4	0
Kamm, Etienne	17.05.1997	11	1
Kartal, Recep	21.02.1989	10	5
Liontos, Alexandros	19.03.1995	20	4
Madani, Dorian	25.02.1999	5	0
Müjdeci, Burak	30.05.1994	7	1
Nakamura, Shuto	18.06.1996	10	0
Ngom, Maxim Laye	05.10.2000	1	0
Nuhi, Benjamin	04.04.1996	13	4
Nuhi, Dennis	15.06.2000	2	0
Özdemir, Muhammed	08.05.1996	8	0
Püttmann, Lukas	26.01.1992	13	4
Rahn, Julian	16.02.1993	24	0
Ronaldo	28.12.1993	12	2
Sato, Ryo	18.09.1992	13	1
Sulejmani, Gentrit	21.01.1997	7	0
Takizawa, Yuki	14.04.1992	9	0
Teipel, Tim	19.02.1996	2	0
Terauchi, Daito	14.06.1995	27	12
Ünal, Ertrugrul	11.11.1999	11	6
Unzola, Delord	15.10.1993	7	1
Vianden, Oliver	02.11.1999	2	0
Weidner, David	T 16.03.1996	8	0
Trainer:			
Brunetto, Giuseppe	06.04.1973	10	
Huhn, Thomas	02.05.1966	8	
Weitensteiner, Johannes	28.05.1993	10	

SV Deutz 05

Spieler	geb. am	Sp.	T.
Akgün, Kaan-Ahmet	30.04.1998	10	0
Alegre, David	18.09.1988	22	12
Andreae, Louis	19.04.1996	5	0
Blum, Tobias	13.08.1987	24	5
Brito-Ventura, Fabio	19.10.1993	23	0
Büsch, Maximilian	14.08.1997	25	10
Büsch, Philipp	14.08.1997	4	0
Goldmann, Mats	13.07.1995	3	0
Grob, Niklas	02.10.1995	19	2
Heckendorf, Marc	T 16.08.1993	1	0
Hoffmann, Sven	23.04.1997	27	2
Kaumanns, Kevin	04.05.1993	24	1
Knauf, David	04.02.1984	8	2
Kürten, Thomas	T 29.06.1995	1	0
Massamba, Chris	07.06.1999	1	0
Mörs, Sebastian	08.02.1999	7	1
Mösinger, Paul	13.10.1993	4	0
Neufeld, Justin	19.09.1998	6	0
Nguyen, Maurice	T 24.03.1997	25	0
Pavone, Luca	21.10.1996	16	0
Plenker, Marvin	20.03.1999	7	1
Pütz, Tim	12.09.1996	23	2
Reinfurt, Jonas	T 05.03.1997	1	0
Schneider, Ole	02.04.1995	15	0
Sentop, Ege	26.10.1999	7	0
Tabakovic, Anel	03.09.1996	15	0
Tabakovic, Damir	10.08.1998	8	0
Teixeira, Telmo	15.11.1993	26	6
Zäh, Johannes	01.07.1988	2	0
Zammitto, Filippo	11.06.1993	26	0
Eigentore			1
Trainer:			
Kiuzauskas, Raimund	29.10.1959	28	

SpVgg Frechen

Spieler	geb. am	Sp.	T.
Akray, Deniz	T 13.03.1995	1	0
Ban, Marco	26.08.1994	25	2
Böning, Aaron	15.08.1994	18	0
Burger, Kai	09.11.1992	18	1
Ceko, Mario	12.10.2000	7	0
da Silva, Daniel	17.08.1992	19	4
Dornbusch, Mikko	20.04.1997	16	0
Euler, Kai	17.01.1990	26	1
Gummich, Tom	07.04.1999	1	0
Hübner, Max	12.06.1999	17	2
Kautenburger, Joscha	16.02.1995	11	1
Klaas, Eric	T 08.01.1998	6	0
Krellmann, Felix	03.06.1993	18	5
Kühlborn, Stefan	T 20.09.1987	1	0
Link, Tobias	10.12.1989	1	0
Naroska, Marc	16.08.1999	14	1
Nettekoven, Patrick	T 21.01.1987	15	0
Noster, Oliver	30.09.1991	18	2
Özbay, Okan	10.01.1993	1	0
Preis, Lenhard	18.01.1989	24	6
Rama, Granit	30.08.1990	22	2
Remagen, Nils-Simon	22.12.1991	11	5
Sachinidis, Spiro	11.08.1998	1	0
Sakri, Georg	24.08.1994	17	4
Wenning, Johannes	06.01.1992	26	0
Wilsdorf, Marcus	07.06.1990	24	3
Zillken, Tobias	T 27.10.1999	5	0
Zirpel, Leon	12.07.1997	1	0
Eigentore			1
Trainer:			
Skorzenski, Micha	17.12.1981	28	

FC Wegberg-Beeck

Spieler	geb. am	Sp.	T.
Blättler, Tim	04.09.1994	4	1
Braun, Niklas	12.07.1999	3	0
Chakroun, Riad	30.12.1996	19	4
Drevina, Armand	03.02.1994	27	8
Fäuster, Danny	17.03.1989	6	0
Fujiyoshi, Musahi	30.04.1997	23	6
Geiser, Christian	15.10.1991	3	0
Hasani, Shpend	24.03.1996	28	20
Hühne, Nils	10.01.1996	24	2
Iohara, Sakae	01.06.1992	17	1
Jankowski, Nils	26.08.1998	2	0
Lambertz, Thomas	03.04.1992	21	7
Leersmacher, Yannik	07.07.1997	25	0
Lukic, Fran	09.09.1998	7	0
Mandt, André	15.08.1993	9	1
Müller, Marius	10.03.1993	16	0
Passage, Maurice	26.04.1991	20	2
Post, Norman	03.11.1995	21	2
Pranjes, Aleksandar	13.11.1990	12	1
Thelen, Stefan	09.03.1992	21	0
Tobor, Sascha	16.01.1991	17	0
Wilms, Sebastian	05.06.1992	27	5
Zabel, Stefan	T 26.10.1991	28	0
Zayton, Amaar	02.04.1996	6	0
Eigentore			1
Trainer:			
Henßen, Friedel	01.09.1971	28	

SV Berg. Gladbach 09

Spieler	geb. am	Sp.	T.
Cebulla, Michael	T 11.07.1987	25	0
Dahas, Mohamed	02.07.1995	19	2
Dal, Oktay	15.06.1996	22	0
Dauti, Astrit	02.07.1998	6	0
Djemail, Fabian	08.07.1994	12	1
Durgun, Cenk	13.04.1992	28	5
Grazina, Yoschua	30.12.1997	23	4
Habl, Andy	04.08.1984	18	0
Heider, Claudio	18.06.1996	27	4
Hill, Patrick	17.04.1996	9	5
Isecke, Tom	15.06.1998	21	1
Isken, Daniel	25.03.1995	27	6
Kamm, Etienne	17.05.1997	14	0
Kizil, Metin	24.11.1994	28	27
Mamutovic, David	05.12.2000	1	0
Mayer, Daniel	14.01.1998	2	0
McCormick, Milo	02.01.1994	22	0
Mostowfi, Amir	01.08.1989	11	0
Püttmann, Lukas	26.01.1992	6	1
Shabani, Ajet	23.10.1991	26	6
Stümer, Peter	T 21.06.1998	3	0
Tüysüz, Fatih	23.09.1988	11	0
Wendel, Dion	22.08.1998	5	1
Zahnen, Dustin	23.02.1996	25	1
Trainer:			
Hohl, Helge	16.08.1991	28	

SSV Merten

Spieler	geb. am	Sp.	T.
Bültena, Yannik	T 03.11.1995	23	0
Carell, Lucas	26.05.1996	26	2
Choi, Jeongwoo		5	0
Cicek, Muharrem	04.09.1999	17	0
Dogan, Daniel	19.03.1998	21	0
Esamangua, Jeancy	08.02.1995	11	1
Fontana, Samuel	14.01.2000	2	0
Gerber, David	09.10.1999	8	0
Hayit, Yaşar	09.11.1988	12	2
Heinen, Fabian	22.10.1988	11	0
Hori, Shinzuke	12.01.1995	21	5
Jacoby, Daniel	23.03.1993	15	1
Kim, Eunchong		4	0
Kivoma, Boris	08.12.1999	22	4
Krämer, Björn	01.07.1994	12	0
Krämer, Jonas	09.12.1997	2	0
Krasniqi, Jetgzon	05.09.1992	10	0
Latz, Gordon	13.12.1999	19	1
Maier, Michael	02.07.1988	17	1
Pauls, Michael	30.03.1984	19	0
Radschuweit, Marcel	13.11.1989	13	0
Retterath, Ricardo	20.07.1991	13	2
Rodenberger, Patrick	T 18.01.1998	5	0
Ronaldo	28.12.1993	9	0
Sabuktekin, Amar	10.07.1997	11	2
Sabuktekin, Yusuf	07.09.1998	13	0

Spieler	geb. am	Sp.	T.
Schmidt, Timo	23.08.1995	1	0
Schmitz, Kai	24.09.1988	19	0
Sert, Alisan	14.02.1998	9	2
Tsuda, Kohsuke		6	1
Wagner, Kevin	22.09.1988	14	0
Eigentore			1
Trainer:			
Halfen, Alexander	03.02.1974	14	
Jauernick, Ralf	13.11.1971	14	

Oberliga Rheinland-Pfalz/Saar

Pl.	(Vj.)	Mannschaft		Sp	S	U	N	Tore	TD	Pkt	Sp	S	U	N	Tore	Pkt	Sp	S	U	N	Tore	Pkt
								Gesamtbilanz							**Heimbilanz**						**Auswärtsbilanz**	
1.	(7.)	TuS Rot-Weiss Koblenz	↑	34	20	11	3	68-30	+38	71	17	12	3	2	39-15	39	17	8	8	1	29-15	32
2.	(↓)	SV Röchling Völklingen		34	18	6	10	67-38	+29	60	17	13	1	3	45-14	40	17	5	5	7	22-24	20
3.	(12.)	TSG Pfeddersheim		34	18	6	10	73-57	+16	60	17	13	3	1	42-21	42	17	5	3	9	31-36	18
4.	(↓)	TuS Koblenz		34	16	11	7	54-34	+20	59	17	6	7	4	22-18	25	17	10	4	3	32-16	34
5.	(13.)	FV 07 Engers		34	18	5	11	59-48	+11	59	17	10	2	5	31-23	32	17	8	3	6	28-25	27
6.	(4.)	SV Eintracht Trier 05		34	16	9	9	67-41	+26	57	17	12	3	2	43-12	39	17	4	6	7	24-29	18
7.	(↓)	TSV Schott Mainz		34	17	6	11	76-55	+21	57	17	9	6	2	45-27	33	17	8	0	9	31-28	24
8.	(9.)	TuS Mechtersheim		34	15	8	11	57-49	+8	53	17	11	3	3	37-19	36	17	4	5	8	20-30	17
9.	(3.)	1. FC Kaiserslautern II		34	15	6	13	61-42	+19	51	17	8	3	6	27-16	27	17	7	3	7	34-26	24
10.	(8.)	FC Hertha Wiesbach		34	15	5	14	50-43	+7	50	17	10	2	5	28-13	32	17	5	3	9	22-30	18
11.	(↑)	Binger FVgg Hassia		34	15	2	17	58-58	0	47	17	10	0	7	32-25	30	17	5	2	10	26-33	17
12.	(10.)	FC Blau-Weiß Karbach		34	12	9	13	48-50	-2	45	17	7	6	4	29-21	27	17	5	3	9	19-29	18
13.	(↑)	FC Arminia Ludwigshafen		34	12	7	15	58-74	-16	43	17	6	5	6	36-34	23	17	6	2	9	22-40	20
14.	(5.)	FV 07 Diefflen		34	12	6	16	60-73	-13	42	17	7	3	7	27-29	24	17	5	3	9	33-44	18
15.	(6.)	FSV Viktoria Jägersburg	↓	34	8	11	15	49-65	-16	35	17	5	7	5	32-35	22	17	3	4	10	17-30	13
16.	(↑)	TSV Emmelshausen	↓	34	11	2	21	34-71	-37	35	17	7	2	8	21-30	23	17	4	0	13	13-41	12
17.	(11.)	SC 07 Idar-Oberstein	↓	34	4	6	24	47-95	-48	18	17	3	3	11	28-42	12	17	1	3	13	19-53	6
18.	(↑)	VfB Dillingen	↓	34	4	4	26	34-97	-63	16	17	4	1	12	19-43	13	17	0	3	14	15-54	3

Absteiger aus der Regionalliga: VfR Wormatia 08 Worms (Südwest).
Aufsteiger in die Regionalliga: TuS Rot-Weiss Koblenz (Südwest).
Absteiger in die Verbandsligen: VfB Dillingen, FSV Viktoria Jägersburg (Saarland), SC 07 Idar-Oberstein (Südwest) und TSV Emmelshausen (Rheinland).
Aufsteiger aus den Verbandsligen: Eisbachtaler Sportfreunde (Rheinland), SV Gonsenheim, FV Dudenhofen (Südwest) und SVgg 07 Elversberg II (Saarland).

Oberliga RP/S 2018/19

	RW Koblenz	SVR Völklingen	Pfeddersheim	TuS Koblenz	FV 07 Engers	Eintracht Trier	Schott Mainz	Mechtersheim	1. FC K'lautern II	Hertha Wiesbah	Hassia Bingen	FC Karbach	Ludwigshafen	FV 07 Diefflen	FSV Jägersburg	Emmelshausen	Idar-Oberstein	VfB Dillingen
TuS Rot-Weiss Koblenz	×	3:1	4:2	4:1	1:1	1:1	2:0	1:1	3:2	3:0	2:1	3:1	4:0	0:2	3:0	1:2	1:0	3:0
SV Röchling Völklingen	0:0	×	3:2	1:3	1:0	3:1	0:2	3:1	3:0	3:1	3:0	1:0	4:0	2:3	3:1	4:0	7:0	4:0
TSG Pfeddersheim	2:2	1:0	×	2:1	3:2	1:1	3:0	1:1	2:1	0:1	5:2	3:1	2:1	4:3	4:1	1:0	4:3	4:1
TuS Koblenz	1:1	2:1	0:0	×	1:4	2:0	1:2	2:0	0:2	0:0	4:0	1:4	0:0	0:0	1:1	2:1	2:2	3:0
FV 07 Engers	1:1	1:0	3:2	0:2	×	2:1	1:5	4:0	1:0	3:1	0:3	2:0	2:3	2:1	0:2	3:1	1:1	5:0
SV Eintracht Trier 05	1:2	1:1	5:0	3:3	3:0	×	3:1	2:0	0:2	3:1	2:0	4:0	5:0	1:0	4:0	2:0	2:0	2:2
TSV Schott Mainz	2:2	2:1	2:1	1:1	2:2	2:2	×	1:2	1:5	2:1	4:3	2:0	1:1	5:2	3:2	6:0	7:0	2:2
TuS Mechtersheim	0:1	2:2	4:0	2:1	4:0	3:1	3:1	×	1:1	3:2	1:3	2:0	3:1	2:2	1:0	1:2	3:2	2:0
1. FC Kaiserslautern II	1:1	0:1	1:3	0:2	0:1	1:2	1:0	3:0	×	0:2	0:0	3:0	2:1	4:1	0:0	3:0	6:1	2:1
FC Hertha Wiesbach	0:2	3:0	1:2	0:0	0:1	0:1	2:1	1:0	4:0	×	2:0	4:1	1:3	0:0	1:0	3:1	3:1	3:0
Binger FVgg Hassia	1:2	0:2	3:1	1:3	1:2	2:1	2:1	0:3	4:1	3:0	×	0:3	5:1	3:1	1:3	1:0	3:1	2:0
FC Blau-Weiß Karbach	2:2	2:2	3:1	0:1	0:2	1:1	1:3	0:0	1:1	1:1	3:2	×	0:1	2:1	3:2	2:0	3:0	5:1
FC Arminia Ludwigshafen	0:1	3:1	2:2	0:2	1:0	2:2	3:4	2:2	2:3	3:1	2:2	2:2	×	2:5	2:3	4:1	3:2	3:1
FV 07 Diefflen	0:3	0:1	3:2	0:4	2:3	1:0	2:3	1:4	3:2	3:0	2:1	1:1	2:0	×	0:0	1:2	1:1	5:2
FSV Viktoria Jägersburg	2:2	1:4	1:4	0:1	1:1	4:3	1:0	3:3	1:1	1:1	0:4	0:0	4:1	7:4	×	2:0	2:4	2:2
TSV Emmelshausen	1:0	1:1	0:0	1:2	1:3	0:2	2:1	4:1	0:6	0:2	3:1	0:3	1:2	1:4	1:0	×	2:0	3:2
SC 07 Idar-Oberstein	1:3	1:3	0:3	1:1	4:2	2:2	0:5	1:2	0:5	2:5	0:1	1:2	1:3	7:0	1:1	2:3	×	4:1
VfB Dillingen	0:4	1:1	1:6	0:4	0:4	2:3	1:2	1:0	0:2	0:3	0:3	0:1	3:4	2:4	2:1	3:0	3:1	×

Das Spiel VfB Dillingen - TuS Koblenz wurde am 13.10.2018 in der 78. Minute beim Stand von 1:2 wegen Zuschauerausschreitungen abgebrochen und am 09.02.2019 neu ausgetragen.

Torschützenliste:

Platz	Spieler (Mannschaft)	Tore
1.	Buch, Andreas (TSG Pfeddersheim)	23
2.	Brandscheid, Jan (SV Eintracht Trier 05)	21
	Ripplinger, Janek (TSV Schott Mainz)	21
4.	Klappert, Sören (FV 07 Engers)	18
	Veth, Eric (TuS Mechtersheim)	18
6.	Haase, Chris-Peter (FV 07 Diefflen)	16
7.	Arndt, Jordi (TuS Rot-Weiss Koblenz)	15
	Dautaj, Vllaznim (Binger FVgg Hassia)	15
9.	Köppen, Enrico (FC Blau-Weiß Karbach)	14

Zuschauerstatistik:

Mannschaft	gesamt	Schnitt
TuS Koblenz	18.719	1.101
SV Eintracht Trier 05	15.048	885
TSV Emmelshausen	7.290	429
FV 07 Engers	6.765	398
TuS RW Koblenz	6.054	356
FC BW Karbach	6.047	356
FV 07 Diefflen	5.918	348
FC Hertha Wiesbach	5.100	300
SC 07 Idar-Oberstein	4.869	286
Binger FVgg Hassia	4.350	256
TuS Mechtersheim	4.096	241
Röchling Völklingen	4.058	239
VfB Dillingen	3.730	219
FC Arminia Lu'hafen	3.652	215
TSV Schott Mainz	3.606	212
TSG Pfeddersheim	3.524	207
FSV Vikt. Jägersburg	2.700	159
1. FC K'lautern II	2.136	126
	107.662	**352**

Informationen zu den Aufstiegsspielen finden Sie auf Seite 327.

VfB Dillingen

Spieler		geb. am	Sp.	T.
Anlamaz, Murat		18.09.1989	7	0
Basenach, Jan		12.04.1999	31	0
Buhtz, Giuliano		20.08.2000	16	0
Cissé, Cheickh		11.02.1985	24	0
Demmerle, Jan		23.11.2000	16	1
Dil, Juri		20.07.1988	14	1
Dostert, Jonas		24.07.1992	5	0
Gales, Philip		24.02.1997	18	0
Greff, Jan-Philipp	T	28.12.1998	20	0
Heidt, Michael		13.09.1997	5	0
Judith, Niclas		28.04.1997	30	9
Kamenev, Nikolai	T	30.05.1992	3	0
Kiefer, Daniel		02.06.1994	1	0
Kilper, Sascha	T	28.03.1992	12	0
Krauß, Matthias		20.07.1992	28	7
Mehmeti, Meriton		31.08.1995	26	2
Moranski, Blazej		19.02.1991	6	0
Mross, Adrian		01.10.1988	1	0
Müller, Niklas		02.03.1999	6	1
Neumeier, Marius		18.01.1990	31	2
Nimmrichter, Felix		06.02.1996	20	1
Rupp, Joshua		24.04.1997	27	0
Rupps, Andrej		10.07.1993	33	0
Scherer, Janosch		21.09.1989	3	0
Schetter, Yannik		09.04.1991	22	0
Srour, Hassan		23.04.1993	31	7
Theobald, Jannik		08.07.1992	17	1
Velten, Janek		11.09.1994	16	1
Eigentore				1
Trainer:				
Kiefer, Daniel		02.06.1994	21	
Schifino, Francesco		31.05.1978	13	

TSG Pfeddersheim

Spieler		geb. am	Sp.	T.
Bhatti, Waaris		12.06.1996	27	2
Bräuner, Tobias		26.02.1994	23	1
Buch, Andreas		25.04.1993	32	23
Bullinger, Marc		18.01.1990	11	0
Candir, Adem		19.03.1993	10	1
Demmerle, Nils		27.01.2000	3	1
Emig, Fabian	T	19.11.1995	4	0
Himmel, Benjamin		31.07.1991	33	3
Kassa, Jemal Mohamedadem		23.09.1997	11	0
Kaster, Sebastian		12.09.1989	26	13
Kikutani, Atsushi		18.06.1997	23	7
Kodraliu, Luftrim		31.03.1998	14	3
Ludwig, Christopher		02.04.1993	30	4
Lutz, Florian		27.06.1992	28	0
Mathis, Karim Maria		18.12.1999	1	0
Nagel, Henrik		23.01.1997	8	0
Öhler, Marcel		06.10.1994	29	5
Özemir, Baris		24.04.1999	3	0
Presti, Riccardo		15.05.1999	11	0
Ruby, Patrick	T	19.10.1988	12	0
Said, Jannik		16.07.1995	7	0
Schmidt, Fabio		02.04.1996	29	6
Stofleth, Patrick	T	06.07.1998	18	0
Streker, Marco		27.02.1990	3	0
Tillschneider, Andreas		26.01.1990	6	0
Tillschneider, Mathias		02.09.1991	32	3
Toco, Jonathan		30.07.1998	6	0
Udagawa, Akira		25.07.1996	29	0
Zolotarev, Daniel		10.12.1994	3	0
Eigentore				1
Trainer:				
Heidenmann, Marc		31.10.1990	34	

TSV Schott Mainz

Spieler		geb. am	Sp.	T.
Assibey-Mensah, Raphael		31.08.1999	14	2
Balters, Robi Julian	T	16.08.2001	1	0
Breier, Marius		04.11.1996	20	1
Del Vecchio, Giorgio		22.02.1999	20	0
Eshele, Manassé		28.12.1998	14	3
Fring, Konstantin		09.01.1990	30	3
Gansmann, Johannes		27.01.1997	20	3
Goto, Yasuhiro		19.05.2000	3	0
Heeg, Marcel		18.02.1992	4	0
Juricinec, Noah		27.09.2000	1	0
Kern, Leon		22.04.1997	27	12
Mairose, Jost		02.10.1998	32	12
Mehnatgir, Mahdi		03.10.1997	11	2
Melament, Meikel		01.05.2000	4	0
Mladenovic, Nikola		16.06.1992	26	1
Pinger, Maurice		17.11.1999	3	0
Raltschitsch, Jonas		09.10.1992	23	0
Rinker, Yannick		17.02.1993	28	3
Ripplinger, Janek		16.02.1991	32	21
Rodwald, Lukas		03.01.1999	1	0
Roesler, David		08.02.1996	3	0
Schlosser, Niklas		16.09.1993	25	0
Schneider, Manuel		20.04.1991	2	0
Schwarz, Silas		08.11.1997	15	3
Senftleben, Marco		13.04.1992	25	1
Simic, Nenad		13.11.1983	25	2
Sinanovic, Edis		04.01.1996	25	7
Wimmer, Linus		07.01.1988	1	0
Wroblewski, Mike	T	20.09.1989	33	0
Trainer:				
Meeth, Sascha		24.10.1974	34	

SC 07 Idar-Oberstein

Spieler		geb. am	Sp.	T.
Alves da Silva, Lucas		20.09.1993	26	5
Bleimehl, Christopher	T	26.09.1997	4	0
Davidenko, Alexander		06.03.1991	26	0
Forster, Andreas	T	20.01.1989	28	0
Gedratis, Marius		16.10.1998	15	1
Gemmel, Johannes		13.11.1995	17	2
Ghazar, Erby		06.11.1991	1	0
Gjoshi, Heroid		18.05.1997	10	0
Gonscharik, Stanislav		29.06.1992	9	1
Henn, Christian		13.12.1986	9	0
Hulsey, Tim		19.06.1988	28	3
Jäkel, Valentin		11.09.1996	9	0
Kaucher, Dennis		16.10.1993	25	0
Klein, Justus		16.08.1997	17	10
Krchnak, Filip		08.08.1996	1	0
Lutz, Danny		27.04.1997	18	1
Nascimento, Alex Ricardo do		14.11.1990	26	3
Petry, André		16.02.1987	26	1
Reis Viana, Thiago		02.08.1989	31	1
Ruppenthal, Felix		26.06.1993	28	11
Schröder, Dennis		06.04.1993	16	0
Schunck, Christoph		06.02.1984	11	0
Schweig, Nico		25.05.1996	6	0
Silva de Souza, Paulo Roberto		13.02.1989	31	1
Stallbaum, Lukas		22.07.1999	2	0
Staudt, Julian	T	01.07.1994	4	0
Thees, Noah Anakin		02.02.2000	1	0
Thom, Andre		28.10.1987	22	1
Wenzel, Danielo		05.10.1995	2	0
Willrich, Enrico		02.07.1993	1	0
Zimmer, Florian		17.08.1999	17	5
Eigentore				1
Trainer:				
Yasar, Murat		06.12.1974	16	
Hartenberger, Uwe		01.02.1968	18	

1. FC Kaiserslautern II

Spieler		geb. am	Sp.	T.
Andric, Mario		04.03.1998	9	1
Bergmann, Theodor		08.11.1996	1	0
Biada, Julius		03.11.1992	4	3
Blum, Daniel Alexander		28.01.2000	1	0
Bonianga, Phinees		05.08.2001	1	1
Botiseriu, Flavius		29.03.1999	7	0
Cakmak, Hüseyin		20.03.1999	32	10
Clemens, Michael		08.10.1995	11	3
Esmel, Dylan		20.03.1998	1	1
Filipovic, Yannick		23.02.1998	29	0
Gartmann, Simon		15.09.1999	13	0
Gottwald, Lukas		16.09.1997	4	0
Grill, Lennart	T	25.01.1999	5	0
Held, Jannis		11.01.2000	3	0
Hesl, Wolfgang	T	13.01.1986	3	0
Hotopp, Leon Nico		12.05.2000	3	0
Idehen, Jeffrey		08.03.1999	11	0
Jensen, Luca		01.01.1998	21	0
Jonjic, Antonio		02.08.1999	19	2
Klein, Justus		16.08.1997	13	2
Kühlwetter, Christian		21.04.1996	5	4
Lammenett, Julius		30.12.1998	16	0
Lippert, Sören		09.10.1999	23	0
Löhmannröben, Jan		21.04.1991	2	0
Löschner, Julian		31.08.1996	34	2
Maroudis, Iosif		23.03.1998	33	1
Morabet, Mohamed		31.01.1998	34	12
Mustafa, Valdrin		11.03.1998	13	7
Özdemir, Özgür		10.01.1995	7	1
Otto, Lorenz	T	24.01.2001	1	0
Pick, Florian		08.09.1995	4	1
Raab, Matheo	T	18.12.1998	10	0
Schätzle, Nils		13.08.1999	24	0
Scholz, Jonas		24.01.1999	30	0
Sickinger, Carlo		29.07.1997	9	2

FV 07 Engers

Spieler		geb. am	Sp.	T.
Fiege, Daniel		29.10.1990	21	4
Finkenbusch, Yannik		26.10.1990	33	3
Freisberg, Christopher		05.02.1988	29	1
Grzobic, Kristijan		02.06.1994	7	3
Herrmann, Niklas		27.02.1997	25	2
Horz, Marcel		10.07.1988	31	2
Kap, Jonathan		03.12.1998	24	4
Karpov, Vitalij		24.01.1979	1	0
Kaya, Emre		31.05.1994	30	4
Klappert, Lukas		21.02.1992	32	2
Klappert, Sören		29.01.1990	28	18
Kneuper, Marian		14.03.1988	26	2
Kremer, Björn		08.09.1988	12	3
Naric, Aleksandar		30.08.1990	18	0
Naric, Goran		16.12.1995	8	2
Peifer, David		04.11.1992	27	0
Pütz, Andreas	T	09.06.1983	33	0
Runkel, Jonas		20.12.1997	24	0
Schlesiger, Noel		22.10.1996	25	4
Schmidt, Thorsten	T	25.03.1991	1	0
Splettstößer, Manuel		28.01.1993	25	0
Wiersch, Christian		11.11.1990	14	4
Eigentore				1
Trainer:				
Watzlawik, Sascha		30.11.1978	34	

Fortsetzung 1. FC Kaiserslautern II:

Spieler		geb. am	Sp.	T.
Sievers, Jan-Ole	T	16.02.1995	2	0
Singer, Jonas		15.11.1997	18	8
Weyand, Jonas-Janko	T	03.12.2000	14	0
Trainer:				
Moser, Hans-Werner		24.09.1965	34	

FV 07 Diefflen

Spieler		geb. am	Sp.	T.
Ali, Hussein		29.03.1989	14	0
Baizidi, Yacine		27.08.1996	16	0
Bidot, Lucas		21.07.1998	4	0
Engeldinger, Aaron		20.05.1998	16	0
Fernando da Silva, Carl		26.01.1998	10	1
Folz, Kevin		10.08.1993	25	4
Fritsch, Michael		16.02.1989	27	5
Günes, Fatih		06.03.1995	31	1
Guss, Marvin		29.06.1996	21	1
Haase, Chris-Peter		12.05.1988	29	16
Hessedenz, Marvin		21.04.1997	22	1
Hofer, Thomas		20.08.1982	27	0
Kawabe, Shuntaro		26.05.1996	11	1
Kolodziej, Maximilian		10.03.1998	16	1
Lartigue, Tom Louis		23.02.1999	5	0
Latz, Lukas		02.10.1995	23	2
Marina, Enver	T	27.01.1977	24	0
Mehmedi, Justin Enrico		09.04.1998	1	0
Mielczarek, Arthur		25.06.1992	26	5
Migliara, Francesco	T	05.11.1997	13	0
Peifer, Richard		11.05.1998	11	1
Poß, Fabian		08.03.1994	33	11
Schmitz, Dominik		25.06.1994	5	0
Small, Raheem		20.07.1997	23	1
Taghzoute, Merouane		26.05.1998	34	7
Eigentore				2
Trainer:				
Müller, Michael		09.05.1987	34	
Hofer, Thomas		20.08.1982		

Rot-Weiß Koblenz

Spieler		geb. am	Sp.	T.
Altin, Emre		28.07.1994	14	0
Arndt, Jordi		22.04.1998	33	15
Barut, Ismayil		08.02.1991	31	5
Dreher Reinhardt, Marcello		25.03.1988	8	0
Engel, Sascha		23.03.1992	32	8
Fritsch, Marcus		10.02.1995	26	1
Gür, Necmi		13.02.1995	14	2
Heyer, Jeremy		05.06.1997	3	1
Hillen, Hendrik		11.08.1993	33	11
Jusufi, Armin		15.09.1995	15	1
Krämer, Thilo		23.12.1993	33	4
Masala, Giuliano		30.07.1993	31	1
Meinert, Christian		22.12.1991	33	3
Meloni, Nicola		26.11.1994	9	0
Miles, Derrick		24.08.1989	33	8
Moriyasu, Keigo		22.09.1993	12	2
Oost, Tobias	T	02.05.1991	21	0
Sahin, Akif	T	20.02.1996	14	0
Sauerborn, Marvin		24.03.1993	5	2
Schmidt, Dominik		19.09.1991	18	2
Weber, Marvin		08.02.1996	2	0
Weidenbach, Alexis		24.09.1996	33	1
Yavuz, Berkan		29.07.1998	9	0
Yilma, Yoel		29.03.1999	12	0
Eigentore				1
Trainer:				
Cift, Fatih		12.10.1981	33	
Sasic, Marko		16.06.1981	1	

Röchling Völklingen

Spieler		geb. am	Sp.	T.
Avan, Emrah		16.01.1990	2	0
Birster, Lars		26.03.1998	29	1
Buhl, Sebastian	T	01.08.1988	24	0
Darkaoui, Gibriel		23.08.1998	15	1
Dausend, Felix		01.11.1988	23	8
Dimitrijevic, Luka		24.12.1996	30	3
Heine, Leon		24.03.1995	22	0
Herbrand, Patrik	T	26.06.1998	11	0
Issa, Jan		20.01.1992	30	10
Kern, Julian		15.02.1994	31	1
Linn, Marcel		10.03.1993	32	8
Meridja, Idir		12.10.1982	26	1
Meßner, Jannik Luca		27.02.1998	29	2
Mourchid, Hamza		08.01.1991	14	3
Namavizadeh, Maziar		28.10.1993	21	11
Quesne, Nicolas Bouyazo		07.11.1994	5	0
Scheffer, Fabian		01.02.1993	29	2
Steiner, Jordan		10.03.1996	15	1
Weber, Rouven		22.09.1982	30	0
Wollbold, Marvin		17.09.1997	11	3
Zaman, Arun		19.11.1999	1	0
Zimmer, Moritz		25.11.1993	23	3
Zimmermann, Nico		02.09.1985	17	8
Eigentore				1
Trainer:				
Erhardt, Günter		04.11.1960	32	
Mathieu, Rudi		20.09.1937	1	
Birster, Jörn		28.01.1971	1	

Viktoria Jägersburg

Spieler		geb. am	Sp.	T.
Adigüzel, Murat		15.01.1992	22	6
Ardestani, Arman		06.02.2000	30	11
Borger, Carlos-Leon		10.02.1997	3	0
Braun, Moritz		12.02.1990	20	0
Ehrmann, Frederic		05.08.1993	8	0
Fricker, Julian		09.06.1991	26	4
Gerlinger, Mirko	T	23.02.1995	26	0
Habelitz, Oliver	T	24.06.1997	12	0
Hasan, Ward		23.09.1998	14	0
Hasemann, Florian		15.05.1993	14	2
Holzweißig, Niklas		24.01.1993	22	0
Kalludra, Visar		04.09.1998	1	0
Kiefer, Louis		06.03.1999	32	6
Koblenz, Tom		21.05.1995	34	2
Labisch, Steven		02.02.1996	17	0
Littau, Sergej		19.10.1985	8	0
Manderscheid, Matthias		25.10.1995	3	0
Manderscheid, Paul		25.10.1995	3	1
Niebergall, Manuel		16.09.2000	1	0
Ogorodnik, Andrej		29.05.1998	9	0
Qoroviqi, Arbnor		14.10.1998	1	0
Reiplinger, Jan		25.02.1996	8	1
Rexhaj, Shkodran		22.04.1992	10	2
Schäfer, Tim		22.06.1990	23	6
Scherpf, Kristof		19.03.1997	18	1
Schmieden, Alexander		05.07.1993	15	1
Schmitz, Lukas		16.05.1996	1	0
Schreiber, Sven		27.09.1993	29	1
Shabani, Mentor		25.08.1991	6	0
Simon, Steven		11.12.1993	33	2
Steinhauer, Florian		13.03.1994	19	1
Eigentore				2
Trainer:				
Lahm, Thorsten		11.11.1969	27	
Ogorodnik, Alexander		12.12.1972	7	

Arm. Ludwigshafen

Spieler		geb. am	Sp.	T.
Amberger, Tim		08.07.1987	2	0
Amiri, Nauwid		07.04.1991	24	3
Amos, Rouven-Sven		26.05.1998	20	1
Azizi, Kelmend		20.10.1997	8	0
Böcher, Christoph		17.07.1983	5	0
Braun, David		15.10.1994	30	3
Demirhan, Talha		17.01.1990	13	0
Dogan, Erdem		06.06.1997	17	1
Drese, Jan-Michael		19.01.1992	3	0
Gronbach, Nico		27.05.1998	9	0
Gulde, Daniel		23.09.1987	10	2
Herchenhan, Fabian		28.10.1990	28	3
Hiemeleers, Rik		21.11.1994	24	1
Karlidag, Tolga		29.01.1991	13	0
Lacroix, Andre	T	27.02.1984	2	0
Lindner, Sebastian		01.01.1992	22	6
Mangtsu, Suraphael		10.08.1999	11	3
Mantel, Gianluca		11.07.1993	13	1
Pantano, Nico		11.06.1992	33	11
Pavic, Niko		23.04.1987	12	4
Prokop, Peter		23.07.1989	12	0
Rauwolf, Sven		15.02.1999	10	1
Rösner, Sandro		23.06.1986	16	0
Sorg, Marco		03.07.1990	17	2
Stadler, Etienne		19.02.1997	30	1
Stadler, Riccardo		19.02.1997	9	2
Stiller, Philipp		20.05.1990	2	0
Styblo, Jannik		11.03.1998	30	9
Tesfagaber, Yigzaw		25.03.1997	14	5
Urban, Kevin	T	16.07.1996	32	0
Trainer:				
Magin, Heiko		13.03.1968	16	
Atik, Hakan		24.07.1976	18	

SV Eintracht Trier 05

Spieler		geb. am	Sp.	T.
Anton, Christoph		05.08.1991	27	8
Brandscheid, Jan		18.05.1991	34	21
Cervellera, Yannik		04.04.2001	1	0
Cinar, Josef		22.01.1984	9	1
Coopmans, Lucas		28.03.2000	6	0
Diefenbach, Leoluca		27.09.1996	25	1
Erhardt, Julien		02.05.1997	20	0
Ferreira da Cruz, William		07.12.2000	1	0
Fischer, Felix		07.05.1998	17	0
Flaga Olesen, Mathias		21.03.2001	1	0
Garnier, Tim		17.06.1998	9	4
Güth, Pascal		21.06.2000	2	0
Heck, Matthias		18.02.1999	1	0
Heinz, Kevin		12.08.1994	31	2
Jacob, Lucas		18.03.1998	6	0
Kahyaoglu, Ömer Hakki		03.06.1998	32	4
Kaluanga Bwanga, Jason A.		24.10.1996	12	0
Kinscher, Dominik		20.09.1996	24	9
Kling, Kevin		01.07.1999	18	4
Mabouba, Godmer		23.09.1990	23	2
Maurer, Simon		06.04.1990	31	1
Meyer, Luca Yannik		11.08.2001	1	0
München, Johannes	T	26.05.1994	5	0
Roth, Maurice		15.11.1993	34	2
Sasso-Sant, Luca		10.07.1997	20	4
Schuwerack, Stephan		30.03.1998	11	1
Servatius, Lukas		30.07.1999	2	0
Thayaparan, Jason		01.10.1995	25	1
Thul, Hendrik		12.02.2001	13	2
Wieszolek, Denis	T	26.02.1996	30	0
Trainer:				
Paulus, Daniel		28.12.1979	12	
Cinar, Josef		22.01.1984	22	

Binger FVgg Hassia

Spieler		geb. am	Sp.	T.
Cevirmeci, Jörg		13.09.1982	16	0
Darcan, Deniz		08.05.1994	28	4
Dautaj, Vllaznim		25.06.1989	29	15
De Sousa Oelsner, Dennis		26.06.1996	34	11
Günes, Serdal		31.10.1992	28	0
Iten, Joshua		16.04.1995	30	0
Klöckner, Christian		24.12.1985	27	0
Kraft, Sascha		24.08.1990	18	0
Kranz, Dominik		01.03.1988	14	1
Lautermann, Espen		13.05.1988	6	0
Liesenfeld, Fabian		07.02.1986	16	4
Maaß, Jens	T	01.12.1979	23	0
Neumann, Axel		09.08.1992	31	1
Persch, Jannik		09.06.1992	4	0
Rudolf, Andreas		30.04.1991	11	1
Schotte, Kay	T	19.05.1991	13	0
Schrimb, Philipp		09.08.1990	27	3
Serdar, Mükerrem		13.06.1989	14	5
Serratore, Antonio		29.05.1993	28	0
Shibuya, Kazuhiro		26.06.1996	10	0
Sovtic, Enes		05.06.1985	32	9
Spreitzer, Fabien		23.07.1998	3	0
Yakut, Baris		12.08.1994	28	3
Eigentore				*1*
Trainer:				
Rodrigues, Nelson		09.03.1978	34	

TSV Emmelshausen

Spieler		geb. am	Sp.	T.
Aliqkaj, Krenar		27.03.1999	10	0
Arbursu, Delil		07.11.1993	26	2
Bast, Nils		16.06.1990	23	1
Bersch, Jonas		29.11.1992	27	2
Börsch, Jonas	T	28.10.1997	33	0
Christ, Marcel		03.04.1992	22	3
Dörr, Stevenson		31.10.1997	18	2
Etzkorn, Marvin		19.08.1991	14	0
Hachenthal, Sascha		06.01.1993	16	0
Heyer, Jeremy		05.06.1997	20	4
Kasper, Niklas		21.03.1999	31	0
Kurt, Ufuk		10.02.1990	17	0
Lenz, Tobias		04.08.1993	33	9
Milz, Erik		25.10.2000	15	0
Müller, Alexander	T	19.02.1985	1	0
Nass, Fabian		31.12.1992	7	0
Peters, Eric		27.05.1989	26	6
Retzmann, Andreas		01.02.1987	31	0
Seis, Lukas		31.08.1993	2	0
Vogt, Dustin		17.10.1997	11	0
Weber, Martin		30.10.1991	30	1
Will, Lukas I	T	02.12.1989	1	0
Wißfeld, Gerrit		12.03.1993	31	1
Wolf, Luca		23.07.1994	29	3
Trainer:				
Feit, Julian		16.04.1994	34	

FC Blau-Weiß Karbach

Spieler		geb. am	Sp.	T.
Bauer, Florian	T	24.01.1987	24	0
Beck, Marc		12.02.1996	27	0
Dengüzli, Selim		26.06.1992	24	3
Eberhardt, David		21.04.1989	22	0
Feilberg, Oscar		21.09.1991	31	3
Fischer, Mathias		28.11.1990	26	0
Frisch, Philipp		13.02.1992	23	0
Göderz, Johannes		27.11.1988	27	3
Hohns, Julian		25.02.1989	27	0
Jakobs, Tobias		05.03.1993	24	7
Junk, Maximilian		31.12.1991	22	0
Köppen, Enrico		30.07.1994	32	14
Kohns, Michael		06.03.1995	27	1
Kunz, Dominik		07.05.1995	28	6
Laux, Niklas		10.04.1996	7	0
Marx, André		21.01.1990	17	3
Menkenhagen, Danny	T	12.09.1986	1	0
Nicolay, Andreas		25.01.1993	10	0
Otto, Janik		20.12.2000	2	0
Peuter, Linus		20.05.1999	23	3
Puttkammer, Tim		24.05.1991	33	3
Schmitt, Lukas	T	18.12.1991	11	0
Sievert, Jakob		01.06.1999	4	0
Eigentore				*1*
Trainer:				
Schmidt, Torsten		09.12.1969	34	

TuS Koblenz

Spieler		geb. am	Sp.	T.
Abdullei, Amodou		20.12.1987	33	13
Araba, Hakeem Craig		12.02.1990	15	1
Arslan, Kerim		24.03.1987	8	0
Bracke, Daniel von der		28.01.1992	26	0
Dündar, Ugur		01.11.1992	3	0
Gietzen, Leon		16.09.1999	18	0
Gietzen, Marco		05.02.1991	7	0
González Vass, Rudolf Karl		02.07.1998	28	1
Gros, Jura		04.06.1988	10	1
Günes, Caner		16.02.2001	1	0
Gür, Necmi		13.02.1995	8	0
Hadzic, Eldin		02.11.1992	31	0
Husic, Safet	T	05.09.1998	2	0
Jost, Tobias		06.02.2000	3	1
Kabashi, Leutrim		08.01.1991	22	1
Käfferbitz, Felix		12.08.1998	19	5
Klein, Justin		01.06.1995	25	5
Könighaus, Felix		29.04.2000	32	3
Kositzki, Marc-André		16.06.1999	5	0
Lubaki, Giovani		18.08.1993	24	1
Muharemi, Alen		05.07.1999	22	8
Öztürk, Eray		15.02.1996	6	1
Paucken, Dieter	T	20.09.1982	33	0
Richter, Marc		25.11.2001	9	0
Softic, Admir		14.05.1986	20	5
Stahl, Michael		15.09.1987	25	6
Szymczak, Lukas		15.01.2000	7	0
Waldminghaus, Leon		16.04.2000	27	2
Trainer:				
Dzaka, Anel		19.09.1980	34	

TuS Mechtersheim

Spieler		geb. am	Sp.	T.
Bückle, Claus		05.04.1987	19	0
Burnikel, Steffen		14.10.1993	7	1
Demmerle, Dustin		26.01.2000	2	0
Ester, Georg		09.06.1993	31	6
Fischer, Sven		24.11.1984	15	0
Hartlieb, Lukas		04.05.1996	19	0
Herzner, Stefan		07.05.1999	17	2
Hoffmann, Sven Reiner		21.01.1993	1	0
Klug, Peter	T	09.02.1992	21	0
Kuroyanagi, Shun		12.05.1994	12	0
Lieberknecht, Max		15.01.1998	27	1
Maaßen, Lorenz		26.04.1999	8	0
Marx, Jannik		17.09.1996	33	1
Metz, Lukas		27.01.1997	30	8
Nishinaka, Kazuaki		30.03.1993	25	4
Özcelik, Yasin		26.11.1985	14	4
Saito, Salvatore		30.05.1998	22	4
Schilling, Philipp	T	11.12.1993	16	0
Schwehm, Kevin		11.03.1993	31	1
Selzer, Kevin		12.01.1994	31	1
Sommer, Dennis		13.02.1992	15	1
Ullemeyer, Thorsten		06.03.1991	33	5
Veth, Eric		09.11.1992	26	18
Wörzler, Christoph		02.12.1997	2	0
Trainer:				
Schmitt, Ralf		21.01.1977	34	

FC Hertha Wiesbach

Spieler		geb. am	Sp.	T.
Ackermann, Carsten		30.11.1983	8	0
Ackermann, Patrick		13.11.1984	9	1
Diallo, Djibril		28.01.1999	33	12
Feka, Lukas		19.12.1996	24	1
Flätgen, Cordt Andreas		25.02.1992	6	0
Hinkelmann, Oliver		24.05.1994	34	2
Ikas, Simon		15.05.1998	6	0
Jostock, David		18.06.1996	1	0
Krauß, Kristoffer		09.02.1992	32	0
Lillig, Mathias		16.08.1992	19	0
Luck, Philipp	T	20.03.1990	7	0
Lück, Sebastian		10.05.1989	34	1
M'Passi, Ruddy		09.12.1989	33	13
Neumann, Norbert		24.02.1994	10	0
Paulus, Lukas		20.03.1996	24	0
Pelagi, Fabio		22.08.1998	24	2
Runco, Giovanni		19.03.1996	34	7
Schmidt, Hendrik		18.09.1994	17	1
Schneider, Lucas		25.01.1997	2	0
Schorr, Marcel		06.06.1994	4	0
Staroscik, Kilian		21.06.1999	20	0
Umlauf, Jan		12.10.1994	33	4
Urnau, Maurice		03.11.1992	27	3
Wamsbach, Julian	T	15.10.1996	27	0
Eigentore				*2*
Trainer:				
Petry, Michael		31.08.1976	34	

Hessenliga ▷ 18

Pl.	(Vj.)	Mannschaft		Sp	S	U	N	Tore	TD	Pkt	Sp	S	U	N	Tore	Pkt	Sp	S	U	N	Tore	Pkt
								Gesamtbilanz							Heimbilanz						Auswärtsbilanz	
1.	(◇)	FC Gießen	↑	32	25	4	3	114-25	+89	79	16	14	1	1	69-10	43	16	11	3	2	45-15	36
2.	(2.)	FC Bayern Alzenau	↑	32	20	6	6	85-40	+45	66	16	13	1	2	58-17	40	16	7	5	4	27-23	26
3.	(↓)	KSV Hessen Kassel		32	21	7	4	71-31	+40	65	16	12	4	0	41-11	40	16	9	3	4	30-20	30
4.	(6.)	SV Rot-Weiß Hadamar		32	18	6	8	81-51	+30	60	16	11	1	4	41-21	34	16	7	5	4	40-30	26
5.	(◇)	SG Barockstadt Fulda-Lehnerz		32	16	4	12	70-51	+19	52	16	8	2	6	44-30	26	16	8	2	6	26-21	26
6.	(8.)	VfB Ginsheim		32	15	5	12	73-74	-1	50	16	9	1	6	37-30	28	16	6	4	6	36-44	22
7.	(10.)	KSV Baunatal		32	14	6	12	53-57	-4	48	16	8	4	4	30-24	28	16	6	2	8	23-33	20
8.	(↑)	FC Eddersheim		32	14	4	14	56-61	-5	46	16	7	1	8	28-25	22	16	7	3	6	28-36	24
9.	(5.)	SC Waldgirmes		32	12	9	11	53-54	-1	45	16	7	6	3	30-22	27	16	5	3	8	23-32	18
10.	(↑)	FV Bad Vilbel		32	12	4	16	45-49	-4	40	16	5	2	9	24-22	17	16	7	2	7	21-27	23
11.	(14.)	SC Viktoria Griesheim		32	12	3	17	47-68	-21	39	16	5	2	9	26-32	17	16	7	1	8	21-36	22
12.	(9.)	FSC Lohfelden	↓	32	11	5	16	47-54	-7	38	16	8	2	6	30-26	26	16	3	3	10	17-28	12
13.	(↑)	Türk Gücü Friedberg		32	10	6	16	58-77	-19	36	16	5	5	6	31-30	20	16	5	1	10	27-47	16
14.	(12.)	SV Buchonia Flieden	↓	32	9	5	18	48-63	-15	32	16	6	2	8	33-28	20	16	3	3	10	15-35	12
15.	(↑)	Hünfelder SV	↓	32	8	6	18	33-71	-38	29	16	3	5	8	16-28	14	16	5	1	10	17-43	16
16.	(13.)	FC Ederbergland	↓	32	6	3	23	39-99	-60	21	16	3	3	10	23-41	12	16	3	0	13	16-58	9
17.	(11.)	SpVgg 03 Neu-Isenburg	↓	32	5	5	22	40-88	-48	20	16	2	2	12	16-39	8	16	3	3	10	24-49	12

Platzierungen bei Punktgleichheit richten sich nach dem direkten Vergleich.
KSV Hessen Kassel wurden fünf Punkte und Hünfelder SV ein Punkt abgezogen (jeweils wegen Nichterfüllung des Schiedsrichter-Pflichtsolls).

Absteiger aus der Regionalliga: SC Hessen Dreieich und TSV Eintracht Stadtallendorf (Südwest).
Aufsteiger in die Regionalliga: FC Gießen und FC Bayern Alzenau (Südwest).
Absteiger in die Kreisligen A: FSC Lohfelden (Kassel, Gruppe 1; freiwilliger Rückzug).
Absteiger in die Verbandsligen: SpVgg 03 Neu-Isenburg (Süd), FC Ederbergland (Mitte), Hünfelder SV, SV Buchonia Flieden (Nord).
Aufsteiger aus den Verbandsligen: SV Steinbach, SV Neuhof (Nord), FSV Fernwald, TuS Dietkirchen (Mitte), SV Rot-Weiß Walldorf und 1. Hanauer FC 93 (Süd).

Hessenliga 2018/19

	FC Gießen	Bayern Alzenau	Hessen Kassel	RW Hadamar	SG Barockstadt	VfB Ginsheim	KSV Baunatal	FC Eddersheim	SC Waldgirmes	FV Bad Vilbel	Vikt. Griesheim	FSC Lohfelden	TG Friedberg	SV Flieden	Hünfelder SV	Ederbergland	Neu-Isenburg
FC Gießen	×	2:2	3:1	3:0	3:1	3:0	1:0	2:3	1:0	7:0	6:0	2:1	12:0	4:1	7:0	9:0	4:1
FC Bayern Alzenau	1:2	×	1:1	5:2	2:1	4:2	6:0	4:1	5:0	2:1	6:0	3:0	2:1	1:2	5:1	6:2	5:1
KSV Hessen Kassel	0:0	2:0	×	2:2	4:1	2:2	3:1	3:0	2:2	3:0	2:1	1:0	4:0	2:0	4:0	4:1	3:1
SV Rot-Weiß Hadamar	1:3	1:2	1:0	×	3:0	3:3	4:1	0:2	3:1	2:1	1:0	0:3	4:2	2:1	3:0	4:2	9:0
SG Barockstadt FD-Lehnerz	1:2	3:0	6:2	1:4	×	4:4	1:2	6:2	3:0	1:1	3:2	1:2	4:2	4:1	0:2	2:3	
VfB Ginsheim	2:1	1:1	2:4	0:4	1:0	×	1:2	4:1	1:5	0:1	3:1	1:4	2:1	4:0	5:2	6:1	4:2
KSV Baunatal	3:4	2:1	2:1	2:2	0:2	1:0	×	1:1	3:0	2:0	1:1	0:3	2:4	2:2	3:1	3:2	3:0
FC Eddersheim	1:0	0:2	1:3	4:2	0:1	2:5	3:0	×	1:2	1:2	1:2	0:0	2:1	4:0	1:3	5:1	2:1
SC Waldgirmes	1:5	3:1	1:1	1:1	1:1	2:3	0:0	3:0	×	1:0	4:2	1:0	5:5	0:1	3:1	3:0	1:1
FV Bad Vilbel	1:3	0:1	1:2	1:2	1:3	5:0	0:1	1:3	0:1	×	1:2	1:0	2:1	2:0	2:2	5:0	1:1
SC Viktoria Griesheim	1:5	2:2	0:3	0:2	1:2	3:4	1:2	0:1	0:0	0:1	×	4:2	3:1	1:0	1:2	4:1	5:4
FSC Lohfelden	0:5	1:3	0:2	3:2	1:2	2:2	1:4	1:3	4:0	2:0	3:0	×	4:1	1:1	2:0	1:0	4:1
Türk Gücü Friedberg	2:2	2:2	0:3	4:5	1:4	4:0	3:1	1:1	4:2	0:3	0:3	1:1	×	3:0	0:1	4:0	2:2
SV Buchonia Flieden	1:1	3:4	1:3	1:3	0:2	2:3	3:2	5:2	2:2	1:2	1:2	6:0	1:0	×	2:0	1:2	3:0
Hünfelder SV	0:3	1:1	0:0	1:1	1:0	0:1	3:2	2:3	0:4	3:3	1:2	0:0	1:3	0:2	×	3:1	0:2
FC Ederbergland	0:4	0:4	1:2	2:2	1:1	2:4	2:4	2:2	3:1	0:3	1:2	1:0	2:4	4:2	1:2	×	1:4
SpVgg 03 Neu-Isenburg	0:5	0:1	0:2	0:6	1:5	5:3	1:1	1:3	0:3	2:3	1:2	4:1	0:1	1:1	0:1	0:1	×

Torschützenliste:

Platz	Spieler (Mannschaft)	Tore
1.	Selishta, Hedon (FC Bayern Alzenau)	29
2.	Akbulut, Turgay (FC Eddersheim)	27
3.	Marceta, Damjan (FC Gießen)	24
4.	Bangert, Jann (SV Rot-Weiß Hadamar)	21
	Schmeer, Sebastian (Hessen Kassel)	21
6.	Kara, Cem (FC Gießen)	18
7.	Böttler, Yves (SV Rot-Weiß Hadamar)	17
8.	Bahssou, Younes (Türk Gücü Friedberg)	16
9.	Duran, Tolga (SC Waldgirmes)	15
10.	Müller, Markus (FC Gießen)	14
	Schaub, Fabian (SV Buchonia Flieden)	14

Zuschauerstatistik:

Mannschaft	gesamt	Schnitt
KSV Hessen Kassel	37.847	2.365
FC Gießen	20.934	1.308
SG Barockstadt FD	12.600	788
Hünfelder SV	8.850	553
KSV Baunatal	8.425	527
FC Bayern Alzenau	7.130	446
SV Buchonia Flieden	6.450	403
SC Waldgirmes	4.700	294
FSC Lohfelden	4.410	276
SV RW Hadamar	4.230	264
FC Eddersheim	3.655	228
FV Bad Vilbel	3.514	220
FC Ederbergland	3.360	210
Türk Gücü Friedberg	3.290	206
VfB Ginsheim	3.250	203
SpVgg Neu-Isenburg	3.210	201
Viktoria Griesheim	2.529	158
	138.384	509

Informationen zu den Aufstiegsspielen finden Sie auf Seite 328.

KSV Baunatal

Spieler		geb. am	Sp.	T.
Bielert, Pascal	T	27.07.1995	32	0
Blahout, Maximilian		09.04.1996	30	1
Borgardt, Daniel		25.04.1992	28	5
Cho, Joonhaeng		14.03.1996	5	0
Degenhardt, Kevin		17.12.1998	5	0
Geib, Leon		02.05.1999	4	0
Graf, Luca	T	06.04.2000	1	0
Grashoff, Malte		03.02.1992	9	0
Hartwig, Jamill		07.06.1999	1	0
Heussner, Florian		30.11.1987	18	0
Krengel, Patrick		22.01.1996	22	1
Künzel, Niklas		18.07.1996	18	0
Ludwig, Torben		30.10.1999	14	1
Möller, Nico		04.02.1998	27	0
Müller, Thomas		02.05.1991	25	11
Petrukhin, Vyacheslav		09.12.1984	17	0
Pforr, Manuel		03.01.1989	27	10
Sari, Balcan		17.02.1993	3	0
Sattorov, Rolf		20.05.1991	28	13
Schäfer, Felix		22.07.1995	32	3
Schrader, Nico		01.07.1989	27	5
Springer, Jonas		02.09.1994	17	1
Üstün, Fatih		09.05.1996	28	1
Wolf, Mario		24.01.1988	22	1
Trainer:				
Nebe, Tobias		11.01.1982	32	

SV Buchonia Flieden

Spieler		geb. am	Sp.	T.
Bartel, Tobias		05.06.1994	20	0
Bohl, Christian		29.10.1989	25	0
Drews, Andreas		14.02.1986	31	5
Gaul, Luca		12.11.1996	25	0
Götze, Marc		19.04.1993	28	3
Hack, Felix		30.06.1996	19	0
Hagemann, Lukas		02.02.1999	28	3
Hohmann, Lukas	T	18.12.1994	30	0
Hohmann, Nico		26.09.1993	25	1
Kress, Christian		27.01.1994	13	1
Kullmann, Marius		10.01.1997	4	0
Leibold, Andre		21.02.1988	30	6
Müller, Jacob			5	0
Pfeiffer, Sebastian		30.03.1989	12	0
Rehm, Tobias		03.09.1996	2	0
Röhrig, Marc		10.03.1993	25	4
Rumpeltes, Sascha		21.07.1992	24	1
Sarvan, Kemal		24.10.1989	12	3
Schaub, Fabian		24.05.1990	30	14
Trenkler, Cedrik		28.06.1996	2	0
Weismantel, Mike		10.05.1999	13	0
Wess, Florian	T	28.03.1990	2	0
Zaviyskyi, Taras		12.04.1995	11	4
Zeller, Niko		30.05.1997	26	3
Trainer:				
Voll, Meik		16.06.1975	13	
Gies, Sascha		14.08.1979	2	
Radic, Zlatko		17.10.1969	17	

FC Gießen

Spieler		geb. am	Sp.	T.
Antonaci, Ricardo		11.03.1995	31	1
Cecen, Timo		17.05.1994	30	12
Fink, Michael		01.02.1982	32	6
Hofmann, Johannes		12.03.1995	25	5
Jäckel, Stephen	T	07.05.1994	1	0
Kara, Cem		31.12.1994	30	18
Kara, Mirkan		16.07.1994	9	1
Korzuschek, Tim		26.08.1998	18	5
Koutny, Vaclav		04.10.1991	17	0
Koyuncu, Barbaros		02.04.1992	25	4
Lekaj, Alban		04.01.1994	22	3
Löhe, Frederic	T	12.08.1988	11	0
Marceta, Damjan		11.05.1994	26	24
Markovic, Andrej		14.06.1998	2	0
Michel, Noah		23.05.1995	14	10
Mukasa, Brian		06.04.1995	26	3
Müller, Markus		22.05.1988	30	14
Nennhuber, Kevin		11.04.1988	30	2
Pancar, Serkan		03.02.1998	1	0
Sahin, Tolga	T	10.04.1997	20	0
Schadeberg, Christopher		11.06.1991	13	1
Sesay, Samuel		29.08.1999	1	0
Solak, Erdinc		14.10.1990	10	1
Spang, Christopher		29.01.1993	22	2
Eigentore				2
Trainer:				
Cimen, Daniyel		19.01.1985	32	

SG Barockstadt Fulda

Spieler		geb. am	Sp.	T.
Bayar, Aykut	T	05.06.1992	3	0
Bieber, Christopher		03.07.1989	23	9
Broschke, Patrick		20.08.1993	31	7
Crljenec, Dominik		09.12.1999	20	3
Fuß, Benjamin		28.06.1990	13	0
Gröger, Markus		30.05.1991	31	2
Hillmann, Kevin		28.04.1993	22	3
Jordan, Jan-Niklas		06.04.1993	9	0
Kaiser, Benedikt	T	16.10.1991	17	0
Mosch, Marcel		20.05.1993	25	6
Mujezinovic, Kenan	T	03.06.1995	8	0
Müller, Dennis		20.09.1990	26	2
Münkel, Florian		07.10.1990	13	0
Odenwald, Niklas		15.07.1992	24	0
Pecks, Julian		17.03.1993	10	1
Pomnitz, Leon		27.05.1995	27	12
Poredski, Matija		09.11.1988	4	0
Reith, Alexander		13.03.1990	8	0
Rummel, Dominik		09.09.1993	8	6
Schaaf, Patrick		08.07.1989	28	4
Sonnenberger, Sebastian		22.01.1991	13	0
Sternstein, Christoph		02.05.1996	1	0
Strangl, Marius		02.10.1990	22	7
Torcuatro, Miguel		03.04.1999	18	2
Trägler, Marcel		21.06.1992	8	1
Trümner, Benjamin		17.05.1995	18	1
Wolf, Jan-Henrik		14.03.1993	2	0
Wolf, Tobias	T	06.08.1988	5	0
Wollny, David		12.04.1992	11	3
Eigentore				1
Trainer:				
Kaminski, Alfred		26.02.1964	11	
Gören, Sedat		30.06.1971	21	

SpVgg Neu-Isenburg

Spieler		geb. am	Sp.	T.
Albert, Patrick		23.07.1993	30	4
Atzberger, Aljoscha		09.10.1993	22	3
Begher, Fabio	T	04.05.1987	8	0
Bellos, Evangelos		15.03.1991	6	0
Betz, Marco		11.08.1986	15	2
Bickel, Paul		12.11.1994	16	0
Buschmann, Matthias		02.06.1988	25	1
Cichutek, Julian		08.07.1987	13	0
Diack, Ahmed Ben Bachir		30.12.1998	5	0
Djordjevic, Dejan		02.07.1996	18	0
Günther, Johannes		17.12.1991	27	4
Haliti, Besmir		07.02.1999	13	0
Hartmann, Patrick		23.12.1987	1	0
Iwamoto, Daisuke		05.05.1995	7	0
Kacarevic, Lazar	T	17.03.1985	16	0
Kamikawa, Kazuki		16.11.1995	25	1
Kohl, Jörn		29.09.1987	11	1
Letellier, Damien		14.05.1986	30	0
Mbenoun, Ted Erik		18.04.1991	2	0
McCrary, Carlos		04.11.1991	29	13
Metzler, Robert		01.01.2000	6	2
Nedwied, Henrik		08.07.1987	7	0
Rhein, Mario		12.11.1994	15	0
Rudolf, Andreas	T	29.08.1987	7	0
Sachs, Daniel		02.01.1989	13	0
Schellhorn, Paul		26.10.1993	15	0
Stange, Dario		01.08.1998	8	3
Stehling, Tobias	T	28.09.1986	1	0
Wolfarth, Lars		13.09.1996	26	1
Züge, Marc		05.06.1995	27	5
Trainer:				
Hoffmann, Peter			32	

SC Waldgirmes

Spieler		geb. am	Sp.	T.
Alpsoy, Ricardo	T	31.07.2000	3	0
Azizi, Jafar		12.02.1993	12	2
Buss, Maik	T	06.07.1998	1	0
Celik, Mazlum		23.08.1995	2	0
Cinemre, Enes		10.01.1998	7	0
Ciraci, Mert		17.07.1995	28	1
Cost, Karl		28.04.1998	19	1
Dahlem, Fabio		29.07.1995	4	0
Dalmeida, Kouami Edem		02.06.1990	3	1
Dante de Bona, Laurin		09.08.1998	4	0
Dühring, Jan	T	24.10.1996	8	0
Duran, Emre		07.10.1998	7	0
Duran, Tolga		20.04.1995	32	15
Erler, Henry		11.10.1998	3	0
Fries, Lukas		23.05.1997	17	0
Geller, Mark		16.02.1996	8	0
Glasauer, Marius		17.04.1997	2	0
Golafra, Kian Marius		27.03.1991	31	0
Grutza, Fabian	T	03.09.1990	21	0
Hartmann, Lucas		26.10.1990	30	9
Helm, Marvin		12.04.1995	15	1
Hinz, Dennis		25.11.1999	8	1
Lang, Dennis		27.06.1994	18	0
Öztürk, Volkan		20.06.1988	30	7
Pektas, Erencan		18.02.1996	4	0
Schmidt, Oliver		18.05.1985	29	2
Schmitt, Tobias		19.11.1991	11	0
Schneider, Max		15.11.1991	29	1
Siegel, Marcel		31.10.1991	28	1
Strack, Nicolas		27.06.1995	23	10
Süt, Cem		09.09.1998	1	0
Eigentore				1
Trainer:				
Bulut, Daniyel		29.12.1980	32	

FC Bayern Alzenau

Spieler	geb. am	Sp.	T.
Alessandro, Gianluca	05.12.1999	14	3
Auer, Markus	26.07.1996	28	2
Bari, Salvatore	07.11.1987	26	13
Bergmann, Luca	21.11.1999	4	0
Bouthakrit, Jihad	12.04.2000	1	0
Brao, Armend T	28.04.1999	5	0
Calabrese, Francesco	19.07.1996	31	0
Cetin, Kubilay	19.11.1999	20	4
Hochstein, Philipp	12.04.1995	5	0
Kaiser, Rico	10.01.1997	32	6
Kalata, Patrick	07.04.1997	27	7
Köhler, Nicola	22.01.1999	11	1
Konaté Lueken, Manuel	11.01.1996	23	5
Ljubicic, Kreso	26.09.1988	29	5
Milosevic, Danilo	16.02.1993	25	4
Niesigk, Elias	13.02.1995	3	0
Ogbay, Nahoum	01.03.1999	3	0
Okyere, Alexander	01.10.1999	4	0
Quartuccio, Carmelo	30.07.1999	4	0
Schmitt, Noah	20.09.1999	17	1
Sejdovic, Tarik	12.05.1996	13	0
Selishta, Hedon	01.09.1992	29	29
Sentürk, Semih	13.09.1997	4	0
Simon, Julian	08.09.1989	11	0
Takidis, Ioannis T	17.04.1981	27	0
Wilke, Marcel	26.06.1989	32	3
Wörner, Philipp	16.12.1998	19	2
Trainer:			
Barletta, Angelo	11.02.1977	32	

KSV Hessen Kassel

Spieler	geb. am	Sp.	T.
Allmeroth, Luis	09.02.1999	20	1
Baumgarten, Maik	26.04.1993	16	1
Brandner, Tim-Philipp	12.02.1991	22	1
Bravo Sanchez, Adrian	28.10.1993	32	3
Brill, Frederic	28.05.1992	30	0
Damm, Tobias	30.10.1983	1	0
Dawid, Marco	27.07.1994	32	7
Evljuskin, Sergej	04.01.1988	20	0
Häuser, Jan-Philipp	30.01.1998	25	0
Hartmann, Niklas T	09.12.1989	28	0
Leinhos, Jan-Erik	14.05.1997	1	0
Merle, Ingmar	13.03.1990	26	10
Milloshaj, Egli	20.10.1993	9	0
Mitrou, Joannis	31.12.1999	10	0
Mogge, Jon	14.01.1997	27	6
Najjar, Nael	23.06.1996	31	5
Neumann, Niklas T	05.07.1999	4	0
Rohde, Marius	30.04.2000	1	0
Saglik, Mahir	18.01.1983	10	9
Schmeer, Sebastian	19.01.1987	28	21
Schwechel, Brian	19.07.1998	28	4
Unzicker, Laurin	12.01.1998	7	0
Voss, Michael	14.10.1998	13	0
Wollenhaupt, Christian	04.04.1985	1	0
Ziegler, Janik	05.02.1999	14	0
Eigentore			3
Trainer:			
Cramer, Tobias	10.09.1974	32	

FSC Lohfelden

Spieler	geb. am	Sp.	T.
Aytemür, Serkan	25.09.1996	1	0
Bandowski, Malte	20.02.1996	25	3
Bandowski, Tjarde	17.03.1998	26	4
Berninger-Bosshammer, Julian	23.01.2000	16	0
Beyer, Daniel	22.08.1982	29	3
Boukhoutta, Mounir	19.03.1993	27	4
Drizis, Konstantinos	11.02.1991	8	1
Fiolka, Maurice	04.02.1992	24	2
Gül, Okan	14.07.1992	27	6
Haidari, Rashid	30.11.1994	10	0
Keßebohm, Roy	21.04.1989	28	0
Lensch, David	02.01.1998	13	0
Meuser, Moritz	15.07.1993	26	1
Noja, Kristian	16.11.1993	15	0
Orth, Tobias T	06.07.1985	11	0
Salkovic, Enis	02.03.1990	30	7
Saric, Admir	29.10.1994	11	1
Schneider, Dominik	01.08.1995	32	3
Szczygiel, Janik	24.03.1996	29	1
Zukorlic, Nasuf	30.07.1992	32	10
Zunker, Maximilian T	11.02.1991	22	0
Eigentore			1
Trainer:			
Noja, Alfons	22.09.1988	32	

FV Bad Vilbel

Spieler	geb. am	Sp.	T.
Alik, Adnan	15.08.1998	25	0
Aslan, Ugur	19.12.1997	18	1
Bauscher, Alexander	05.08.1992	31	4
Bejic, Kristjan	25.12.1995	30	13
Bozina, Ivan	02.02.1993	8	0
Brauburger, Maximilian	13.11.1999	22	3
Djordjevic, Zoran	25.09.1996	2	0
Emmel, Dominik	28.04.1995	31	3
Geh, Dennis	17.05.1994	25	0
Grbovic, Vladan T	19.09.1996	1	0
Grüter, Jonas	01.02.1986	20	0
Hare, Darren Lee	10.09.1999	2	0
Huwa, Oleg	30.07.1988	13	0
Jamoussi, Ahmed	07.11.1996	1	0
Knauer, Thorben	31.03.1989	29	3
Knell, Lukas	18.02.1994	16	3
Maksumic, Ajdin	24.07.1985	21	2
Ono, Shigeki	31.05.1994	4	0
Parker, Travis	08.01.1991	2	0
Pejic, Kristian	29.03.1994	13	1
Sabic, Benjamin	08.03.1995	31	7
Sanchez-Mendez, Raul	07.01.1999	1	0
Seferovic, Amil	01.07.1998	1	0
Sememy, Sadra T	19.02.1996	32	0
Tilger, Tim	12.01.1989	31	2
Toma, Klisman	27.01.1994	4	0
Uslu, Fatih	09.02.1990	14	0
Uslu, Nuh	10.02.1987	16	3
Trainer:			
Mustafic, Amir	11.10.1974	32	

Viktoria Griesheim

Spieler	geb. am	Sp.	T.
Aldemir, Bekir	01.06.1999	1	0
Araujo da Silva, Pedro	04.06.1998	27	2
Arslan, Engin	21.01.1999	21	2
Bender, Pascal	15.10.1991	17	0
Caglar, Ahmet	20.02.1998	9	0
Dimter, Mirko	20.01.1992	5	0
Dörr, Jordan	27.12.1998	15	0
El Fahfouhy, Samir	16.04.1998	32	1
Gecili, Ferhat	26.03.1998	7	0
Houdek, Michael		9	2
Jakubovic, Haris	02.05.1999	25	0
Jivan, Paul T	26.03.1989	17	0
Jordan, Michael	02.12.1991	16	0
Kazimi, Ali	30.06.1997	30	7
Koob, Felix T	16.11.1999	16	0
Kresovic, Stefan Dusan	14.10.1994	25	1
Kuhl, Jannik	11.05.1999	3	0
Kuk, Seunghun	06.03.2000	1	0
Laguenaoui, Younes	18.08.2000	3	0
Ludwig, Heinrich	19.02.1994	7	0
Muhic, Elmir	30.03.1994	31	4
Muhl, Florian	16.09.1990	14	2
Paraschiv, Alexandru	25.11.1998	24	6
Petri, Leo	09.03.1999	4	0
Schuller, Kevin	06.08.2000	12	10
Stork, Pascal	19.07.1994	14	6
Tatchouop, Johannes	13.06.2000	28	0
Volk, Nick	12.11.1997	26	4
Vrella, Altin	16.07.1999	1	0
Trainer:			
Seitel, Peter	25.02.1971	32	

Rot-Weiß Hadamar

Spieler	geb. am	Sp.	T.
Bangert, Jann	20.04.1997	32	21
Böttler, Yves	22.03.1992	23	17
Burggraf, Tristan	27.03.1998	2	0
Dimter, Mirko	20.01.1992	24	5
Gerwald, Julian	18.11.1998	2	0
Hasselbach, Leon T	05.12.1997	6	0
Herdering, Jonas	25.03.1992	32	10
Jindra, Christian	09.10.1997	8	1
Kern, Niklas	12.08.1998	2	0
Kretschmer, Benjamin	22.09.1987	5	0
Kröner, Florian	27.10.1991	26	1
Kuczok, Patrick	07.12.1988	18	4
Ladipo, Oladimeji	29.04.1998	2	0
Löbig, Marius	30.11.1992	24	4
Makana, Christian	02.06.1997	1	0
Neugebauer, Markus	02.11.1993	31	0
Neugebauer, Matthias	28.10.1995	27	0
Neugebauer, Simon	17.05.2000	9	1
Noguchi, Yuki	10.04.1996	19	4
Pandov, Oliver	30.05.1999	18	2
Rücker, Steffen	14.02.1990	25	1
Schraut, Alexander	03.05.1993	24	0
Sembene, David	04.07.1993	8	0
Strauch, Christopher T	07.02.1988	26	0
Winter, Dennis	20.02.1997	3	0
Zey, Jerome	16.05.1997	30	8
Zouaoui, Mohamed	12.12.1997	21	1
Eigentore			1
Trainer:			
Kierdorf, Torsten	08.08.1976	30	
Schuchardt, Ralf		2	

FC Eddersheim

Spieler	geb. am	Sp.	T.
Akbulut, Turgay	09.11.1991	32	27
Antonovic, Jurica	18.12.1999	2	0
Bianco, Leonardo	27.05.1992	31	5
Boudouasar, Yassine	03.04.2000	1	0
Chavero Vargas, Daniel	14.01.1998	12	0
Dechert, Hendrik	08.04.1991	22	1
El Messaoudi, Hamza	06.03.2000	1	0
Eren, Eray	15.10.1995	6	1
Finger, Alexander	27.06.1998	3	0
Finger, Jörg	26.09.1991	11	2
Göcek, Alim	15.08.1999	8	0
Hiebinger, Frederick	T 01.01.1998	12	0
Hilser, Patrick	04.09.1990	29	1
Kleefeldt, Alexander	03.01.1990	6	0
König, Nicolai	08.05.1988	8	1
Krause, Christopher	09.08.1991	25	5
Krippner, Max	05.03.1999	12	0
Lauer, Timo	21.10.1999	5	0
Lifka, Fabian	15.08.1996	3	1
Mantzafleris, Vasilios	16.03.2000	3	0
Miletic, Pero	T 22.07.1983	21	0
Mus, Anil	05.11.1990	10	0
Ohishi, Yuta	01.09.1995	8	0
Pessel, Janic	14.11.2000	1	0
Phillips, Malcolm	03.05.1997	32	1
Polat, Umut	25.09.1990	15	0
Porporis, Vassilios	04.07.1996	1	0
Rebic, Ivan	12.08.1988	21	1
Rottenau, Felix	13.08.1986	29	1
Rottenau, Niklas	09.04.1993	15	2
Schur, Patrick	04.01.2000	2	0
Silveira, Marco	14.11.1997	14	0
Topcu, Deniz	14.05.1995	23	0
Wade, Anthony	07.07.1986	23	7
Trainer:			
Leopold, Rouven	26.10.1976	32	

Türk Gücü Friedberg

Spieler	geb. am	Sp.	T.
Akkus-Rodriguez, Marvin	19.06.1998	14	3
Aslan, Ugur	19.12.1997	10	0
Bahssou, Younes	12.09.1989	19	16
Bartel, Sebastian	04.11.1992	29	1
Bayraktar, Sergen	10.03.1997	5	0
Bell Bell, Masse	12.04.1994	23	3
Biber, Semun	28.05.1996	16	0
Coric, Luka	16.09.1996	3	0
Dudda, Julian	08.04.1993	10	1
Effiong, Kevin	24.10.1993	16	0
Erdogan, Ertugrul	25.07.1994	26	3
Grbovic, Vladan	T 19.09.1996	11	0
Grölz, Jan Luca	17.06.1998	2	0
Gürsoy, Abdussamed	26.08.1996	32	4
Kohnke, Michael	16.08.1990	25	3
Kröller, Leon	T 25.09.1999	7	0
Miric, Dorian	17.04.1996	11	4
Mitrovic, Filip	15.05.1999	9	1
Özalp, Serhat	25.09.1988	2	0
Özyürek, Batuhan	27.05.1999	6	1
Osman, Filip	04.04.1996	8	0
Penava, Silvio	23.11.1996	11	0
Savic, Stefan	14.03.2000	1	0
Shpirov, Riste	T 18.09.1999	14	0
Smisek, Denis	23.04.1999	3	0
Takahashi, Kazuki	21.05.1995	28	1
Tesfaldet, Jonatan	19.07.1990	31	3
Toskovic, Vuk	08.02.1995	27	8
Usic, Alit	30.07.1989	27	3
Vranesevic, Nino	07.08.1997	8	0
Zarges, Lukas	09.01.1992	11	0
Eigentore			3
Trainer:			
Fil, Mustafa	25.09.1975	25	
Cagritekin, Gültekin	24.01.1975	7	

VfB Ginsheim

Spieler	geb. am	Sp.	T.
Amoako, Derrick	10.03.1994	27	3
Choi, Jinhyuk		2	0
Dawit, Jonas	27.07.1999	15	0
Erb, Frederic	T 21.04.1997	10	0
Eren, Eray	15.10.1995	19	0
Finger, Jörg	26.09.1991	12	6
Fisch, Liam	23.11.1998	26	6
Fischer, Nils	14.02.1987	27	9
Geisler, Simon	18.10.1995	18	2
Hager, Paul	31.08.2000	1	0
Hertlein, Pascal	30.12.1982	6	1
Ishiii, Ryota	24.05.1994	7	0
Karatas, Atacan	10.12.1993	3	0
Kauer, Marvin	06.09.1996	1	0
Kizilgöz, Adnan	10.11.1993	11	1
Langenstein, Lukas	T 23.09.1992	13	0
Lee, Hyungjoon	02.04.1998	15	0
Manneck, Lukas	03.11.1996	31	6
Manneck, Matthias	09.03.1998	4	0
Mehnatgir, Mahdi	03.10.1997	12	12
Murata, Masaki	29.08.1999	27	4
Özer, Can Cemil	22.03.1990	12	11
Ogura, Kota	17.08.1998	10	2
Petri, Leo	09.03.1999	9	0
Plagwitz, Nils	01.08.1999	1	0
Platten, Sebastian	27.02.1996	20	2
Schmitt, Oliver	08.12.1992	14	0
Scholz, Alexander	30.11.1994	10	0
Siegert, Nico	12.01.1998	12	1
Staegemann, David	T 21.04.1997	10	0
Teodonno, Francesco	27.09.1997	3	0
Thomasberger, Maximilian	12.03.1993	30	5
Wagner, Marvin	08.03.1994	21	0
Eigentore			2
Trainer:			
Lemm, Artur	31.03.1975	32	

Hünfelder SV

Spieler	geb. am	Sp.	T.
Alles, Sebastian	13.03.1993	31	1
Bambey, Sven	17.09.1990	19	0
Budenz, Lukas	16.03.1992	21	1
Dücker, Marcel	28.03.1998	32	0
Ernst, Sebastian	T 10.08.1991	30	0
Faulstich, Franz	02.03.1994	32	1
Fröhlich, Maximilian	26.10.1994	30	7
Gadermann, Aaron	09.05.1998	2	0
Häuser, Nicolas	03.06.1998	11	0
Hosenfeld, Jonas	T 29.07.1999	3	0
Kornagel, Daniel	03.06.1993	12	1
Körner, Sebastian	18.06.1998	1	0
Krieger, Kevin	23.06.1993	32	6
Münkel, Florian	07.10.1990	11	5
Neidhardt, Christoph	01.02.1988	29	4
Quanz, Noah	31.05.1999	2	0
Rehm, Niklas	12.06.1989	26	1
Rohde, Julian	23.02.1991	31	2
Schuch, Sebastian	15.10.1988	19	1
Vogt, André	18.01.1996	32	3
Weber, Marek	07.06.1994	3	0
Wenzel, Nils	15.04.1997	15	0
Witzel, Steffen	16.02.1991	16	0
Trainer:			
Weber, Dominik	08.10.1980	32	

FC Ederbergland

Spieler	geb. am	Sp.	T.
Ademi, Valon	22.07.1991	17	7
Arsenio Sabino, Carlos	19.02.1991	1	0
Dienst, Jonas	14.06.1997	18	0
Dreher, Jan	30.06.1994	29	0
Duman, Cihan	19.07.1995	3	0
Erdem, Serkan	03.09.1994	15	1
Geiss, Dominik	T 23.12.1993	7	0
Gora, Daniel	15.07.1992	18	3
Guntermann, Lukas	17.05.1993	26	1
Hartmann, Philipp	T 16.10.1993	25	0
Hidic, Ernes	01.03.1995	21	4
Hofmann, Jermaine	08.09.1998	8	1
Kamm, Marius	01.08.1997	5	0
Klaus, Wolfgang	30.12.1992	24	2
Kovacevic, Marco	12.06.1993	23	1
Lange, Gero	07.07.2000	1	0
Lindenborn, Tobias	27.06.1995	1	0
Mause, Gabriel	21.11.2000	1	0
Meyer, Dennis	10.02.1985	1	0
Miß, Ingo	14.06.1985	30	1
Möllmann, Michael	30.12.1979	23	1
Mohr, Fabian	23.02.1990	13	1
Preuß, Steven	13.06.1992	7	0
Ricka, Pavel	28.01.1987	22	1
Runzheimer, Jan	10.03.1998	4	0
Sochiera, Pascal	15.03.1999	2	0
Todt, Manuel	25.02.1988	30	9
Völker, Christoph	06.06.1998	26	1
Wickert, Hendrik	01.04.1999	1	0
Wissemann, Robin	25.12.1992	29	4
Wolf, Benjamin	25.08.1987	2	0
Wolff, Janis	05.12.1994	8	0
Yavuz, Burak	12.01.2001	2	0
Eigentore			1
Trainer:			
Kovacevic, Vladimir	17.05.1968	12	
Efendic, Fajko	02.03.1969	1	
Emejdi, Miroslav	12.08.1983	16	
Glaßl, Fabian	26.08.1982	3	

Oberliga Baden-Württemberg

Pl.	(Vj.)	Mannschaft		Sp	S	U	N	Tore	TD	Pkt	Sp	S	U	N	Tore	Pkt	Sp	S	U	N	Tore	Pkt
				Gesamtbilanz							**Heimbilanz**						**Auswärtsbilanz**					
1.	(9.)	Bahlinger SC	↑	34	22	5	7	84-34	+50	71	17	13	2	2	47-12	41	17	9	3	5	37-22	30
2.	(↓)	SV Stuttgarter Kickers		34	19	9	6	62-30	+32	66	17	10	5	2	37-13	35	17	9	4	4	25-17	31
3.	(4.)	FSV 08 Bissingen		34	17	10	7	66-45	+21	61	17	11	3	3	36-20	36	17	6	7	4	30-25	25
4.	(5.)	FC Nöttingen		34	17	8	9	70-48	+22	59	17	10	3	4	46-25	33	17	7	5	5	24-23	26
5.	(8.)	1. Göppinger SV		34	16	9	9	60-48	+12	57	17	8	6	3	29-18	30	17	8	3	6	31-30	27
6.	(6.)	FV Ravensburg		34	15	10	9	56-40	+16	55	17	8	4	5	27-17	28	17	7	6	4	29-23	27
7.	(3.)	SGV Freiberg/N.		34	15	9	10	73-53	+20	54	17	9	3	5	45-23	30	17	6	6	5	28-30	24
8.	(2.)	FC 08 Villingen		34	15	8	11	59-51	+8	53	17	11	3	3	38-21	36	17	4	5	8	21-30	17
9.	(7.)	SSV Reutlingen 1905		34	14	11	9	49-51	-2	53	17	8	7	2	33-23	31	17	6	4	7	16-28	22
10.	(10.)	Neckarsulmer SU		34	13	8	13	45-55	-10	47	17	8	6	3	20-19	30	17	5	2	10	25-36	17
11.	(13.)	1. CfR Pforzheim		34	12	9	13	44-44	0	45	17	8	6	3	27-18	30	17	4	3	10	17-26	15
12.	(↑)	SV Linx		34	13	5	16	63-79	-16	44	17	10	3	4	36-29	33	17	3	2	12	27-50	11
13.	(↑)	TSV Ilshofen		34	12	7	15	34-46	-12	43	17	7	2	8	19-22	23	17	5	5	7	15-24	20
14.	(11.)	SV Oberachern		34	12	5	17	64-71	-7	41	17	10	3	4	43-31	33	17	2	2	13	21-40	8
15.	(12.)	TSG Backnang	↓	34	10	7	17	44-52	-8	37	17	7	3	7	26-23	24	17	3	4	10	18-29	13
16.	(↑)	FC Germania Friedrichstal	↓	34	6	5	23	39-88	-49	23	17	6	3	8	24-31	21	17	0	2	15	15-57	2
17.	(↑)	1. FC Normannia Gmünd	↓	34	2	13	19	28-61	-33	19	17	2	7	8	16-27	13	17	0	6	11	12-34	6
18.	(14.)	SV Spielberg	↓	34	3	8	23	30-74	-44	17	17	3	4	10	19-30	13	17	0	4	13	11-44	4

Absteiger aus der Regionalliga: VfB Stuttgart II (Südwest).
Aufsteiger in die Regionalliga: Bahlinger SC (Südwest).
Absteiger in die Verbandsligen: SV Spielberg, FC Germania Friedrichstal (Nordbaden), 1. FC Normannia Gmünd und TSG Backnang (Württemberg).
Aufsteiger aus den Verbandsligen: SV Sandhausen II (Nordbaden), 1. FC Rielasingen-Arlen, Freiburger FC (Südbaden) und Spfr. Dorfmerkingen (Württemberg).

Oberliga Baden-Württem. 2018/19

	Bahlinger SC	Stuttgarter Kickers	FSV 08 Bissingen	FC Nöttingen	1. Göppinger SV	FV Ravensburg	SGV Freiberg/N.	FC 08 Villingen	SSV Reutlingen	Neckarsulmer SU	1. CfR Pforzheim	SV Linx	TSV Ilshofen	SV Oberachern	TSG Backnang	FC Friedrichstal	Norm. Gmünd	SV Spielberg
Bahlinger SC	×	2:1	2:3	5:0	6:3	0:2	3:0	3:0	1:1	3:1	2:0	4:0	3:0	3:0	3:0	4:0	1:1	2:0
SV Stuttgarter Kickers	1:1	×	1:1	0:0	1:0	4:4	2:4	2:0	1:0	3:0	3:0	6:1	5:0	1:0	0:1	3:1	4:0	0:0
FSV 08 Bissingen	1:3	3:4	×	1:1	1:3	2:1	1:0	2:1	2:0	3:1	2:1	1:0	1:1	4:2	2:0	5:1	0:0	5:1
FC Nöttingen	3:1	1:1	3:2	×	2:3	1:2	2:3	1:2	5:0	2:1	1:1	5:2	3:1	4:3	1:1	4:1	3:1	5:0
1. Göppinger SV	3:0	0:0	1:4	2:2	×	2:3	1:1	0:0	2:0	3:3	2:0	4:1	0:2	1:1	1:0	4:1	1:0	2:0
FV Ravensburg	1:1	2:1	1:1	0:1	1:1	×	1:3	1:2	0:1	0:1	1:2	5:2	3:0	1:0	2:0	3:0	2:2	2:0
SGV Freiberg/N.	3:1	0:1	0:2	4:0	6:1	1:2	×	2:2	0:1	3:2	3:1	2:0	1:2	6:2	2:2	6:2	5:1	1:1
FC 08 Villingen	0:0	4:2	3:1	4:1	2:2	3:0	0:3	×	1:2	4:2	1:2	3:1	3:1	1:0	0:0	6:3	1:0	2:1
SSV Reutlingen 1905	1:0	1:1	1:1	1:6	1:3	2:2	4:0	1:1	×	4:3	1:1	3:0	1:1	5:1	3:2	2:0	1:0	1:1
Neckarsulmer SU	0:5	0:1	0:0	0:4	1:1	1:1	1:1	2:1	2:2	×	2:1	3:1	1:0	2:0	1:0	3:1	0:0	1:0
1. CfR Pforzheim	0:1	1:1	2:2	0:2	2:1	1:0	2:2	3:1	1:1	1:0	×	4:4	0:2	3:0	1:0	0:0	4:0	2:1
SV Linx	3:0	0:3	1:4	0:0	1:4	2:2	6:3	5:4	3:1	2:2	0:3	×	1:0	1:0	4:1	3:0	2:1	2:1
TSV Ilshofen	0:2	0:1	0:3	1:0	2:0	1:0	0:1	2:0	1:2	0:2	0:0	2:0	×	0:5	0:3	2:2	2:1	6:0
SV Oberachern	0:3	3:1	3:0	2:5	0:4	0:0	1:3	3:1	4:0	4:0	2:1	2:2	1:1	×	4:3	6:1	4:3	4:3
TSG Backnang	2:3	0:2	4:2	0:1	3:1	0:2	1:1	1:1	0:1	2:0	2:1	1:3	0:2	3:2	×	2:1	0:0	5:0
FC Germania Friedrichstal	0:7	0:3	2:2	3:0	1:2	0:2	4:2	1:1	3:0	0:2	1:3	1:4	0:1	2:2	2:0	×	2:0	2:0
1. FC Normannia Gmünd	1:4	0:1	1:1	0:0	0:1	1:4	1:1	1:2	1:1	1:3	0:1	2:1	0:0	1:3	2:2	2:0	×	2:2
SV Spielberg	3:5	0:1	0:1	0:1	0:1	2:2	0:0	0:2	1:3	1:2	2:0	2:5	1:1	2:0	1:3	2:1	2:2	×

Torschützenliste:

Platz Spieler (Mannschaft) — Tore
1. Sökler, Marcel (SGV Freiberg/N.) — 32
2. Dicklhuber, Kevin (1. Göppinger SV) — 28
3. Rubio, Marc (SV Linx) — 20
4. Tunjic, Mijo (SV Stuttgarter Kickers) — 18
   Vollmer, Adrian (SV Linx) — 18
6. Fischer, Santiago (Bahlinger SC) — 17
   Haibt, Benedikt (FC 08 Villingen) — 17
8. Marinic, Mario (TSG Backnang) — 15
   Schachtschneider, Daniel (Ravensburg) — 15

Zuschauerstatistik:

Mannschaft	gesamt	Schnitt	Mannschaft	gesamt	Schnitt
Stuttgarter Kickers	47.692	2.805	Normannia Gmünd	6.287	370
SSV Reutlingen 1905	19.732	1.161	SV Oberachern	6.068	357
Bahlinger SC	13.257	780	FV Ravensburg	6.052	356
FSV 08 Bissingen	12.436	732	TSV Ilshofen	6.026	354
1. Göppinger SV	11.112	654	1. CfR Pforzheim	5.671	334
FC 08 Villingen	9.789	576	TSG Backnang	5.573	328
SGV Freiberg/N.	8.909	524	Germ. Friedrichstal	4.756	280
FC Nöttingen	8.334	490	SV Spielberg	4.356	256
SV Linx	6.816	401		**189.159**	**618**
Neckarsulmer SU	6.293	370			

Informationen zu den Aufstiegsspielen finden Sie auf Seite 328.

TSG Backnang

Spieler		geb. am	Sp.	T.
Baez Ayala, Benito		15.07.1989	14	0
Bauer, Michl		15.12.1998	31	2
Belobrajdić, Antonio		13.05.1997	10	0
Biyik, Oguzhan		28.09.1986	30	3
Dannhäußer, Jannik		14.12.1995	32	0
Doser, Thomas		05.05.1989	32	1
Geldner, Julian		29.08.1996	34	2
Hoti, Engjell		26.02.1997	10	1
Kienast, David		01.04.1989	32	0
Knauss, Marcel	T	28.08.1996	26	0
Lang, Daniel		17.05.1992	22	6
Maglica, Matej		25.05.1998	18	2
Maier, Leon		27.04.1999	29	1
Maier, Loris		27.04.1999	29	1
Marinic, Mario		09.09.1984	19	15
Quattlender, Michael	T	14.09.1987	8	0
Schiffmann, Julian		30.10.1991	20	1
Tichy, Patrick		23.05.1993	16	0
Tolomeo, Giosue		07.05.1994	15	0
Varallo, Michele		05.05.1988	13	5
Weber, Paul		08.05.1993	14	0
Wiesheu, Louis		04.06.1998	24	3
Eigentore				1
Trainer:				
Lechner, Andreas		13.08.1977	15	
Sbonias, Evangelos		25.09.1982	19	

FSV 08 Bissingen

Spieler		geb. am	Sp.	T.
Apler, Emmanuel		29.12.1996	5	0
Buchholz, Leon	T	30.07.1997	1	0
Buck, Lukas		03.11.1989	28	0
Burkhardt, Sven	T	04.03.1983	30	0
Deutsche, Michael		01.04.1992	10	1
Di Biccari, Mario		07.06.1985	6	0
Gleißner, Sebastian		18.11.1994	31	1
Gorgoglione, Riccardo		31.07.1992	30	10
Götz, Alexander		10.10.1992	32	11
Hemmerich, Pascal		16.01.1992	27	12
Kunde, Marius		15.02.1995	28	5
Lindner, Simon Lukas		02.09.1994	33	11
Macorig, Maurizio		08.04.1997	28	0
Milchraum, Patrick		26.05.1984	19	2
Ngo, Thanh Duc		26.07.1993	18	0
Reich, Tim		25.07.1989	19	0
Rienhardt, Marco		28.01.1999	14	0
Sanchez, Manuel		10.10.1990	12	2
Sarak, Anil		22.11.1991	22	2
Schmiedel, Oskar		18.02.1988	29	0
Schulze, Collin		06.09.1999	4	0
Toth, Yannick		09.10.1997	32	2
Welz, Moritz	T	24.05.1995	4	0
Williams, Pierre		20.05.1989	32	2
Eigentore				5
Trainer:				
Garcia, Alfonso		24.10.1969	34	

Stuttgarter Kickers

Spieler		geb. am	Sp.	T.
Ahmeti, Florijan		04.04.1999	2	0
Amachaibou, Abdenour		22.01.1987	29	6
Astray Lopaz, Pedro		18.03.1992	11	1
Auracher, Patrick		04.01.1990	30	1
Badiane, Lhadji		16.04.1987	27	5
Blank, Nico		13.04.1997	25	2
Castellucci, Ramon	T	06.03.1997	34	0
Diakité, As Ibrahima		11.11.1996	12	0
Feisthammel, Tobias		22.02.1988	27	0
Gerber, Felix		07.11.1998	2	0
Halili, Ndriqim		29.01.1993	9	2
Jäger, Marvin		08.01.1996	19	0
Klauß, Michael		20.04.1987	33	2
Kling, Lukas		13.11.1989	33	2
Landeka, Josip		28.04.1987	13	0
Ludmann, Johannes		28.01.1991	33	0
Miftari, Shkemb		01.08.1993	29	8
Niedermann, Daniel		22.08.1992	24	1
Schaller, Sebastian		13.08.1990	20	2
Soultani, Ilias		24.05.1996	11	1
Stepcic, Valentino		16.01.1990	21	3
Tunjic, Mijo		24.02.1988	30	18
Vochatzer, Leander		13.03.1997	23	6
Eigentore				2
Trainer:				
Flitsch, Tobias		17.11.1979	34	

SGV Freiberg/N.

Spieler		geb. am	Sp.	T.
Alber, Marvin		26.01.1999	1	0
Braun, Leon		27.04.1997	34	3
Bromma, Thomas	T	22.09.1992	25	0
Fausel, Tobias		24.01.1994	27	0
Ferati, Ali		20.03.1999	14	0
Fossi, Patrick		13.03.1996	27	3
Gentner, Thomas		04.10.1988	23	0
Keklik, Steven			1	0
Kingsford, Aboagye Yaw		04.11.1996	6	0
Klostermann, Simon		14.06.2000	4	1
Kröner, Steven		03.08.1989	26	0
Kutlu, Hakan		23.12.1991	16	4
Latifovic, Denis		18.07.1998	18	3
Marotta, Savino		23.10.1996	27	0
Michalik, Alexander	T	05.05.2000	3	0
Milenkovic, Luka		08.04.2000	4	0
Müller, David		01.11.1991	31	2
Münst, Robin		21.04.2000	2	0
Muzliukaj, Spetim		15.12.1988	27	8
Nagel, Pascal	T	19.06.1991	6	0
Öztürk, Mert		06.08.1996	11	0
Pischorn, Marco		01.01.1986	15	2
Pollex, Niklas		16.04.1997	6	0
Rohr, Maximilian		27.06.1995	34	7
Schimmel, Sven		30.07.1989	12	0
Schlimgen, Clemens		25.03.1997	4	0
Sökler, Marcel		26.03.1991	33	32
Tasdelen, Mert		23.10.1998	13	2
Tuksar, Leon-Sky		14.07.2000	1	0
Uygun, Serkan		11.01.1997	15	1
Zagaria, Denis		13.05.1993	30	3
Eigentore				2
Trainer:				
Gehrmann, Ramon		19.07.1974	34	

SV Spielberg

Spieler		geb. am	Sp.	T.
Abbruzzese, Fabio		16.06.1993	18	0
Bauer, Nikolai		17.09.1996	25	1
Brunner, Samuel		20.09.1993	18	0
Charrier, Nico		14.02.1994	4	0
Dressler, Yannik	T	18.12.1996	11	0
Fetzner, Dominik		07.12.1999	29	1
Fixel, Matthias		04.02.1991	19	1
Hasel, Manuel		15.07.1991	23	2
Heß, Valentin	T	11.09.1995	8	0
Horn, David		15.02.1996	5	0
Huller, Nick		25.11.1999	32	2
Kaiser, Sören		28.06.1994	3	0
Kandic, Nikola		04.03.1999	7	0
Kapllani, Edmond		31.07.1982	25	10
Leimenstoll, Philipp		18.04.1994	27	0
Malsam, Jan		10.03.1992	27	4
Moritz, Mathias	T	21.02.1988	16	0
Müller, Robin		31.03.1992	18	1
Müller, Stefan		09.11.1988	28	4
Pllumbi, Elson		27.11.1996	3	0
Roumeliotis, Georgios		15.08.1996	31	0
Schoch, Alexander		21.04.1992	33	0
Steiner, Felix		10.07.1999	1	0
Stosik, Denis		27.02.1999	26	1
Tomizawa, Ryotaro		26.12.1998	16	0
Veith, David		24.04.1997	31	3
Trainer:				
Winter, Tobias		13.07.1985	15	
Augenstein, Andreas		18.12.1973	8	
Weber, Sebastian		17.11.1983	10	
Kapllani, Edmond		31.07.1982	1	

FC 08 Villingen

Spieler		geb. am	Sp.	T.
Bak, Volkan		03.01.1996	27	3
Balde, Mamadou Sanoussy		28.04.1995	10	0
Bender, Marcel	T	11.05.1996	2	0
Bruno, Frederick		05.06.1995	3	0
Ceylan, Teyfik		16.05.1993	16	2
Chiurazzi, Mauro		29.03.1995	22	2
Crudo, Luca		24.12.1996	2	0
Geng, Stjepan		02.03.1993	13	3
Haag, Patrick		09.03.1990	23	0
Haag, Yanick		10.06.1995	19	4
Haibt, Benedikt		12.11.1988	31	17
Heini, Niklas		16.01.2000	1	0
Huchler, Jonas	T	01.04.1998	1	0
Kaminski, Damian		27.02.1991	31	8
Leberer, Nicola		11.03.1996	14	0
Mendes Cavalcanti, Christian	T	23.12.1972	31	0
Morreale, Pietro		07.05.1999	5	0
Mustapha, Saheed		13.07.1994	6	0
Ovuka, Dragan		31.07.1992	32	1
Passarella, Manuel		01.04.1991	2	1
Sari, Furkan		29.01.2000	1	0
Serpa, Gianluca		19.09.1995	33	0
Sönmez, Umut		20.06.1993	13	8
Stark, Manuel		06.05.1989	21	0
Tadic, Nico		06.11.1994	20	4
Vochatzer, Valentin		03.02.1995	29	0
Wehrle, Daniel		13.11.1993	23	0
Weißhaar, Tobias		25.09.1989	27	2
Yahyaijan, Kamran		14.11.1998	17	2
Yelken, Müslüm		28.11.1988	4	0
Zölle, Tim		28.10.1998	1	0
Eigentore				2
Trainer:				
Maric, Jago		03.02.1979	34	

Germ. Friedrichstal

Spieler		geb. am	Sp.	T.
Arnejo Calvino, Diego		19.05.1988	26	0
Baumgärtner, Tim		07.04.1990	34	3
Di Giorgio, Timo		30.07.1988	34	4
Dinges, Carlos		29.04.2000	14	1
Diringer, Fabian		30.10.1993	34	1
Goulas, Argirios		30.11.1991	15	0
Hauck, Dominik		27.07.1994	12	0
Haumann, Patrick	T	30.08.1990	13	0
Hemmelgarn, Sören	T	04.09.1996	22	0
Herzog, Luca		10.10.2000	6	0
Höniges, Marcel		28.08.1995	30	1
Kranich, Christian		22.10.1993	6	0
Kremer, Nico		03.09.1996	19	1
Kyei, Hans		20.08.1988	26	2
Laschuk, Kevin		01.05.1994	22	2
Punge, Jonas		12.04.1999	1	0
Punge, Simon		12.04.1999	9	0
Ritter, Claudio		07.02.1993	34	11
Roedling, Patrick		14.07.1994	30	8
Weiß, Johannes		15.01.1992	34	5
Wobbe, Lucca		08.02.1999	23	0
Youkoglu, Mert		20.03.2000	24	0
Trainer:				
Noukiatchom, Marcelus		02.07.1978	14	
Zürn, Frank			4	
Kolinger, Dubravko		29.11.1975	16	

SV Linx

Spieler		geb. am	Sp.	T.
Barzewitsch, Sergej		02.04.1988	6	0
Dussot, Jean-Gabriel		10.07.1988	34	6
Feist, Geoffrey		14.01.1990	33	0
Föll, Harry		02.03.1998	15	3
Gülsoy, Sinan		29.01.1990	30	1
Henkel, Piakai		11.03.1995	26	0
Hülsmann, Joshua	T	20.08.1995	17	0
Joseph, Joel		02.07.1999	16	0
Kaiser, Dominik		06.07.1994	9	1
Kopf, Dennis "Deco"		04.10.1989	12	0
Kopf, Dennis		25.05.1993	28	0
Merkel, Alexander		20.11.1989	29	1
Mury, Kevin	T	11.09.1994	7	0
Raabe, Lukas		27.11.1997	4	0
Recht, Nathan		27.06.1997	33	3
Riedinger, Norman	T	30.01.1988	12	0
Rubio, Marc		01.04.1988	31	20
Schindler, Michael		20.08.1992	22	0
Schmider, Rico		24.06.1991	32	0
Schwörer, Jannik		13.10.1998	14	0
Tine, Wacim		06.09.1991	27	8
Traore, Kevin Moussa		07.06.1995	2	0
Venturini, Pierre		11.06.1993	13	2
Vollmer, Adrian		24.10.1998	33	18
Vollmer, Manuel		24.10.1989	4	0
Trainer:				
Reiß, Sascha		25.05.1982	34	

FC Nöttingen

Spieler		geb. am	Sp.	T.
Aust, Patrick	T	29.08.1993	3	0
Bilger, Mario		14.06.1988	28	9
Bitzer, Colin		12.03.1996	23	2
Brenner, Timo		03.04.1990	34	7
Di Piazza, Riccardo		21.10.1988	31	7
Dups, Andreas	T	15.04.1992	18	0
Fratea, Ion-Paul		25.08.1996	22	1
Fuchs, Calvin	T	17.01.2000	1	0
Fuchs, Holger		13.05.1991	15	0
Gür, Eray		28.03.1993	15	3
Kolbe, Niklas		27.12.1996	28	4
Kraski, Robin	T	19.12.1991	13	0
Manduzio, Marco		13.07.1999	28	1
Marten, Jonas		29.09.1998	10	0
Marton, Jimmy		26.08.1995	31	4
Neziraj, Leutrim		15.07.1987	33	6
Podolsky, Valentyn		29.11.1998	7	0
Rodriguez Carmona, Francisco J.		29.03.1989	25	2
de Santis, Ernesto		19.03.1995	28	10
Schneider, Dennis		27.04.1997	16	0
Schönthaler, Sebastian		16.02.1994	6	0
Schürg, Michael		21.10.1984	30	7
Sollorz, Kevin		29.03.1999	1	0
Ulusoy, Tolga		24.02.1993	31	3
Walter, Sascha		02.02.1993	20	3
Eigentore				1
Trainer:				
Wittwer, Michael		18.02.1967	34	

1. Göppinger SV

Spieler		geb. am	Sp.	T.
Botta, Domenico		27.11.1987	8	3
Brück, Domenic		18.03.1989	22	0
Cerimi, Gent		12.11.1993	17	0
Cinar, Enes Said		26.02.1998	1	0
Clauß, Tobias		25.12.1993	4	0
Coppola, Anthony		23.11.1992	18	1
Dicklhuber, Kevin		06.03.1989	31	28
Faßbender, Morgan		18.10.1998	14	2
Frank, Simon		22.05.1991	17	0
Frenz, Felix		14.06.2000	11	2
Kadrija, Nebih		15.03.1986	10	1
Kotiukov, Iurii		21.04.1990	30	3
Leonhardt, Marvin		08.10.1994	24	0
Loser, Chris		21.12.1990	30	2
Mack, Florian	T	07.01.1990	1	0
Mägerle, Marc		14.10.1991	24	0
Osipidis, Pavlos		04.06.1990	32	1
Özcan, Ender		29.06.1995	11	0
Renner, Michael		07.06.1992	32	3
Rombach, Kevin	T	15.11.1991	19	0
Schleicher, Marcel	T	21.06.1994	15	0
Schwarz, Patrick		05.04.1995	31	5
Serour, Tarik		04.10.1991	24	2
Staiger, Nils		26.08.1998	1	0
Stierle, Oliver		13.06.1983	21	0
Wende, Michael		13.10.1989	25	2
Ziesche, Maximilian		04.11.1992	34	3
Eigentore				2
Trainer:				
Coveli, Gianni		31.07.1970	34	

Neckarsulmer SU

Spieler		geb. am	Sp.	T.
Albert, Alexander		19.02.1996	33	8
Ayvaz, Serhat		29.09.1992	32	6
Balles, Simon		27.07.1993	3	0
Barini, Ouadie		02.07.1991	24	11
Bellanave, Claudio		06.09.1991	14	0
Czeilinger, Jan	T	10.02.1997	1	0
Demir, Volkan		28.06.1991	13	4
Gebert, Maximilian		24.12.1990	30	5
Gotovac, David		10.05.1994	31	1
Hatzis, Alessandro		09.05.1998	11	0
Islamaj, Shpejtim		19.11.1992	30	0
Kappes, Sebastian		09.06.1990	11	0
Klotz, Marius		07.05.1995	30	0
Momfor, Malik		06.03.1999	1	0
Müller, Mario		27.05.1993	27	1
Neupert, Robin		19.08.1991	16	2
Neupert, Steven		08.09.1993	21	2
Reichert, Max	T	14.08.2000	2	0
Reitz, Marvin		13.02.1999	1	0
Romano, Enzo		25.06.1989	5	0
Romano, Marco		19.12.1994	26	1
Schmelzle, Daniel		11.05.1994	30	3
Schneckenberger, Marc		14.07.1987	33	1
Seybold, Philipp		05.01.1994	29	0
Susser, Marcel	T	17.03.1987	30	0
Wallmann, Leander	T	24.09.1990	2	0
Weippert, Jesse		19.04.1995	2	0
Yazji, Amin		25.02.1999	8	0
Trainer:				
Busch, Marcel		02.02.1982	34	

SV Oberachern

Spieler		geb. am	Sp.	T.
Armbruster, Felix		21.01.1992	33	2
Daouri, Adel Sylvain		14.01.1995	13	3
Decherf, Anthony		26.05.1996	33	2
Dörflinger, Gregor		07.06.1996	10	0
Durmus, Cemal		07.12.1995	32	7
Erius, Evans		07.06.1997	24	7
Feger, Keven		14.01.1991	21	1
Filkovic, Daniel		24.05.1998	23	2
Fritz, Luca		08.02.1996	27	1
Gallus, Gabriel		06.02.1989	24	12
Giardini, Emanuele		17.10.1996	26	2
Gür, Eray		28.03.1993	17	3
Huber, Nico		09.04.1993	14	5
Kleffer, Logan	T	07.04.1993	1	0
Leberer, Nicola		11.03.1996	16	1
Ludwig, Marvin		23.08.2000	8	0
Metzinger, Niclas		09.04.1999	3	0
Muto, Salvatore		13.07.1997	33	5
Pendinger, Xaver	T	26.09.1994	32	0
Petric, Domagoj		04.05.1988	1	0
Recica, Clirim		29.06.1999	9	0
Rempp, Bastien	T	11.11.1998	1	0
Schwenk, Timo		14.12.1993	32	5
Segura Aguirre, Alejandro		09.05.1998	3	0
Sheron, Demarveay		13.02.1997	32	6
Springmann, Gabriel		19.01.2000	2	0
Stanic, Dominik		25.11.1997	3	0
Zwick, Noah		21.01.1999	27	0
Trainer:				
Lerandy, Marc		25.11.1981	34	

Bahlinger SC

Spieler		geb. am	Sp.	T.
Adam, Walter		08.01.1992	32	1
Alihoxha, Ergi		14.12.1993	27	2
Bektashi, Shqipon		14.09.1990	9	2
Bergmann, David	T	29.07.1997	1	0
Buchheister, Tim-Sebastian		18.02.1999	1	0
Faller, Maximilian		12.02.1996	28	2
Fischer, Santiago		10.12.1990	30	17
Gbadamassi, Faiz		23.01.1995	6	0
Häringer, Yannick		20.10.1989	30	11
Higl, Felix		08.01.1997	18	4
Ilhan, Serhat		18.08.1996	33	9
Klein, Tobias		13.04.1991	32	11
Köbele, Luca		09.10.1999	19	1
Mbem-Som Nyamsi, Anthony		01.02.1999	4	0
Müller, Dennis	T	08.09.1988	33	0
Nopper, Fabian		21.03.1990	34	5
Pepic, Hasan		16.03.1993	15	1
Petean, Laurentiu		05.05.1988	16	0
Respondek, Michael		04.08.1991	16	0
Sautner, Erich		06.11.1991	32	12
Schmid, Fabian		24.02.1999	12	0
Schmidt, Sebastian		09.11.1992	5	0
Siegert, Jonas		09.01.1999	26	0
Spiegler, Fabian		13.08.1990	2	0
Wehrle, Rico		04.09.1993	30	5
Wehrle, Timo		25.06.1996	13	1
Trainer:				
Bührer, Dennis		13.03.1983	34	

Normannia Gmünd

Spieler		geb. am	Sp.	T.
Bauer, Felix		23.02.1994	31	1
Dias Matos, Ricardo		15.11.1999	5	0
Ellermann, Yannick	T	11.02.1997	33	0
Erol, Efendi		04.11.1994	5	0
Fichter, Stephan		30.06.1987	25	0
Fröhlich, Simon		01.08.1990	26	2
Glück, Daniel		30.01.1990	23	0
Gnaase, Marvin		22.07.1994	33	3
Groiß, Niklas		14.10.1996	3	0
Iatan, Alexander		25.08.1999	10	0
Ibrahimovic, Nermin		04.05.1990	18	2
Karaca, Ferhat		26.02.1993	9	1
Kianpour, Fabian		21.03.1996	33	0
Knecht, Simon		16.12.1996	17	2
Kolb, Fabian		25.01.1997	29	4
Lämmle, Patrick		19.08.1994	30	0
Mayer, Andreas		15.12.1980	31	3
Pfeifer, Dominik		24.09.1997	13	2
Queiroz Serejo, Daniel		23.01.1991	12	1
Quiceno Mainka, Malte	T	19.12.1999	1	0
Schmid, Mario		12.04.1999	6	0
Seltenreich, Moritz		26.01.1998	19	0
Stölzel, Daniel		02.03.1993	29	0
Suddoth Terell, Toni		20.08.1998	15	0
Ubabuike, Francis Chiagaemezu		17.12.1994	17	4
Uygun, Serkan		11.01.1997	13	3
Wolf, Dennis		12.02.2000	3	0
Trainer:				
Traub, Holger		08.12.1979	34	

FV Ravensburg

Spieler		geb. am	Sp.	T.
Altmann, Philipp		15.02.1996	34	0
Boneberger, Jona		14.09.1991	26	1
Boneberger, Samuel		26.08.1997	29	1
Borgelott, Luka	T	30.01.1994	1	0
Broniszewski, Bartosz		23.01.1988	17	3
Chrobok, Max		06.09.1997	31	7
Fetscher, Marcel		13.03.1997	9	1
Fiesel, Jascha		18.12.1991	15	1
Gbadamassi, Maschkour		07.06.1993	23	2
Hettel, Robin		16.04.1999	1	0
Hörger, Felix		23.05.1991	19	1
Hörtkorn, Daniel		31.01.1988	28	0
Jeggle, Moritz		16.05.1994	29	3
Kraus, Kevin	T	27.02.1990	1	0
Mähr, Sebastian		30.01.1991	7	1
Maier, Pascal		10.12.1997	13	2
Mesic, Haris	T	19.05.1990	33	0
Reiner, Sebastian		06.02.1991	19	0
Schäch, Felix		30.12.1997	33	6
Schachtschneider, Daniel		20.04.1989	30	15
Soyudogru, Burhan		26.07.1995	20	2
Soyudogru, Rahman		06.01.1989	26	9
Strauß, Moritz		04.10.1995	27	0
Wohlfarth, Steffen		14.09.1983	2	0
Zimmermann, Thomas		22.09.1991	26	0
Eigentore				1
Trainer:				
Wohlfarth, Steffen		14.09.1983	34	

TSV Ilshofen

Spieler		geb. am	Sp.	T.
Aziz, Sangar		27.09.1998	32	4
Baumann, Julian		08.01.1999	1	0
Davlashelidze, Shota		25.03.1993	2	0
Egner, Maximilian		07.03.1992	34	0
Fischer, Lars		05.10.1998	5	0
Hossner, Marcel		13.09.1994	9	0
Kandazoglu, Ramazan		01.05.1988	29	1
Kettemann, Ralf		20.08.1986	29	5
Kurz, Benjamin		08.06.1994	21	5
Lausenmeyer, Jonas		14.11.1993	5	0
Lehanka, Kevin		05.09.1990	7	0
Lienert, Lukas		24.06.1993	27	2
Lindner, Lukas		10.08.1998	31	5
Lindner, Moritz		21.10.2000	4	0
Mbodji, Baba		08.09.1997	31	4
Michael, Tim		20.04.1998	4	0
Murphy, Carl		11.02.1986	28	1
Nowak, Karel	T	28.08.1989	18	0
Rummler, Dominik		22.04.1993	16	0
Schelhorn, Daniel		15.02.1998	33	2
Varallo, Michele		05.05.1988	14	1
Wackler, Niklas		18.06.1999	29	2
Weidner, Florian		05.10.1999	15	0
Wieszt, Jonas	T	03.08.1992	16	0
Wilske, Simon		03.01.1995	32	0
Yarbrough, Lamar		07.04.1996	30	0
Eigentore				2
Trainer:				
Kettemann, Ralf		20.08.1986	34	

1. CfR Pforzheim

Spieler		geb. am	Sp.	T.
Ando, Daisuke		18.07.1991	11	1
Asiantas, Hakan		26.08.1985	11	0
Borac, Zvonimir		22.09.1997	6	0
Cali, Vittorio		18.03.1999	3	0
Ceylan, Fatih		25.11.1980	22	0
Cristescu, Bogdan Alexandru		27.02.1991	31	7
Delic, Alan		06.06.1998	18	1
Doufas, Georgios		21.01.1994	1	0
Grupp, Julian		29.07.1991	32	0
Gudzevic, Denis		02.12.1996	10	1
Jourdan, Dominique		29.01.1992	11	0
Kovacevic, Meldin		04.05.2000	2	0
Lushtaku, Kreshnik		20.07.1994	28	4
Lushtaku, Kushtrim		08.10.1989	4	0
Masurica, Laurin		08.09.1996	27	2
Nordheim, Serach von		17.09.1990	18	0
Oman, Tim		03.04.1998	34	2
Özge, Fatih		11.10.1993	4	0
Ratifo, Stanley		05.12.1994	27	6
Reule, Daniel		02.05.1983	9	0
Saito, Akiyoshi		19.02.1988	26	1
Salz, Dominik		06.08.1985	29	12
Salz, Manuel	T	06.08.1985	34	0
Stark, Robert		06.11.1986	1	0
Tardelli, Joao		26.07.1988	33	2
Yilmaz, Sadik		25.07.1993	16	0
Zinram, Johnathan		01.12.1991	34	5
Trainer:				
Gökce, Gökhan		19.01.1984	34	

SSV Reutlingen 05

Spieler		geb. am	Sp.	T.
Avdic, Marcel		28.02.1991	30	5
Bulut, Deniz		28.06.1999	1	0
Di Biccari, Marco		11.05.1983	19	0
Dogan, Dogukan		17.07.1999	1	0
Eiberger, Pierre		13.07.1991	29	2
Elfadli, Daniel		06.04.1997	27	1
Gashi, Elvir		12.09.1999	2	0
Giles Sanchez, Cristian		18.10.1992	25	12
Gümüssu, Gökhan		17.02.1989	25	4
Jurkovic, Milan	T	15.06.1983	25	0
Kuengienda, Onesi		08.12.1992	28	4
Lübke, Denis		29.10.1982	11	1
Maier, Andreas		24.04.1992	15	0
Milisic, Filip		18.04.1994	26	1
Piu, Enrico Aljeandro	T	08.07.1999	9	0
Reisig, Ruben		16.03.1999	33	1
Schiffel, Tom Patrick		23.09.1995	28	1
Schmitt, Jannick		17.12.1994	19	0
Schneider, Raphael		15.09.1995	27	5
Schramm, Janick		14.08.1992	14	1
Schwaiger, Tim		02.07.1996	29	4
Sessa, Dominic		03.03.1994	24	3
Vargas Müller, Ivan		30.10.1989	6	0
Visoka, Bleron		21.06.1999	5	0
Vogler, Jonas		19.12.1996	21	1
Wöhrle, Luca		26.08.1994	28	1
Eigentor				1
Trainer:				
Rus, Teodor		30.04.1974	30	
Grimminger, Volker		01.10.1979	4	

Bayernliga Staffel Nord   ≻ 17

Pl.	(Vj.)	Mannschaft		Sp	S	U	N	Tore	TD	Pkt	Sp	S	U	N	Tore	Pkt	Sp	S	U	N	Tore	Pkt
						Ge	**samt**	**bilanz**					**Hei**	**mbil**	**anz**				**Aus**	**wärts**	**bilanz**	
1.	(2.)	TSV Aubstadt	↑	34	24	4	6	83-27	+56	76	17	13	2	2	48-12	41	17	11	2	4	35-15	35
2.	(5.)	DJK Gebenbach		34	22	7	5	83-42	+41	73	17	10	5	2	42-22	35	17	12	2	3	41-20	38
3.	(3.)	Würzburger FV		34	20	6	8	67-39	+28	66	17	8	3	6	28-22	27	17	12	3	2	39-17	39
4.	(8.)	TSV Großbardorf		34	20	5	9	67-39	+28	65	17	12	0	5	39-21	36	17	8	5	4	28-18	29
5.	(↓)	SV Seligenporten		34	18	8	8	69-50	+19	62	17	8	6	3	36-25	30	17	10	2	5	33-25	32
6.	(4.)	SC Eltersdorf		34	15	8	11	56-45	+11	53	17	8	4	5	28-22	28	17	7	4	6	28-23	25
7.	(10.)	SpVgg Bayern Hof		34	14	7	13	54-45	+9	49	17	9	5	3	35-18	32	17	5	2	10	19-27	17
8.	(13.)	DJK Don Bosco Bamberg		34	14	6	14	44-39	+5	48	17	9	2	6	27-16	29	17	5	4	8	17-23	19
9.	(11.)	FC Würzburger Kickers II	⊻	34	14	6	14	60-69	-9	48	17	8	3	6	30-31	27	17	6	3	8	30-38	21
10.	(↑)	TSV Abtswind		34	13	6	15	59-67	-8	45	17	9	3	5	34-26	30	17	4	3	10	25-41	15
11.	(7.)	SpVgg Ansbach 09		34	11	10	13	68-77	-9	43	17	5	4	8	31-37	19	17	6	6	5	37-40	24
12.	(12.)	DJK Ammerthal		34	11	6	17	51-52	-1	39	17	7	2	8	23-21	23	17	4	4	9	28-31	16
13.	(↑)	ATSV Erlangen		34	11	6	17	43-60	-17	39	17	7	3	7	25-28	24	17	4	3	10	18-32	15
14.	(15.)	1. FC Sand am Main		34	10	5	19	42-66	-24	35	17	5	2	10	19-30	17	17	5	3	9	23-36	18
15.	(↑)	ASV Vach	↓	34	10	3	21	45-76	-31	33	17	4	1	12	19-38	13	17	6	2	9	26-38	20
16.	(9.)	FSV Erlangen-Bruck	↓	34	9	4	21	53-74	-21	31	17	5	3	9	32-41	18	17	4	1	12	21-33	13
17.	(6.)	SpVgg Jahn Forchheim	↓	34	8	6	20	58-86	-28	30	17	5	3	9	30-41	18	17	3	3	11	28-45	12
18.	(8.S)	ASV Neumarkt	↓	34	7	7	20	35-84	-49	28	17	6	4	7	25-35	22	17	1	3	13	10-49	6

Bei Punktgleichheit zählt der direkte Vergleich der Ligaspiele.

Absteiger aus der Regionalliga: keine.
Aufsteiger in die Regionalliga: TSV Aubstadt (Bayern).
Wechsel aus der Staffel Süd: DJK Vilzing.
Spielbetrieb eingestellt: FC Würzburger Kickers II (die III. Mannschaft in der Kreisklasse Würzburg Gruppe 1) wird zur II. Mannschaft).
Absteiger in die Landesligen: ASV Neumarkt (Mitte), SpVgg Jahn Forchheim, FSV Erlangen-Bruck und ASV Vach (Nordost).
Aufsteiger aus den Landesligen: TSV Karlburg, FC Viktoria Kahl (NW), FC Eintracht Bamberg 2010 (NO) und ASV Cham 1863 (Mitte).

Bayernliga Staffel Nord 2018/19

	TSV Aubstadt	DJK Gebenbach	Würzburger FV	TSV Großbardorf	SV Seligenporten	SC Eltersdorf	Bayern Hof	DJK Don Bosco	Kick. Würzburg II	TSV Abtswind	SpVgg Ansbach	DJK Ammerthal	ATSV Erlangen	1. FC Sand a. M.	ASV Vach	Erlangen-Bruck	Jahn Forchheim	ASV Neumarkt
TSV Aubstadt	×	3:1	2:3	2:2	3:1	2:0	4:0	2:1	1:3	3:0	1:1	2:0	4:0	5:0	4:0	3:0	1:0	6:0
DJK Gebenbach	2:1	×	1:5	0:0	3:4	0:0	1:1	3:1	3:1	4:1	5:2	1:1	5:1	2:2	2:1	2:0	3:1	5:0
Würzburger FV	1:3	0:3	×	1:1	1:2	1:2	1:1	3:2	2:0	3:0	0:1	1:0	2:1	1:2	3:3	2:0	3:1	3:0
TSV Großbardorf	0:2	0:1	1:0	×	2:1	2:6	2:1	1:3	3:2	2:1	6:0	3:1	2:0	0:1	6:1	3:1	4:0	2:0
SV Seligenporten	2:2	2:1	1:3	3:2	×	1:0	0:1	4:0	4:4	3:2	2:2	1:1	1:1	2:1	0:1	6:4	4:0	0:0
SC Eltersdorf	0:3	2:3	0:1	2:0	1:0	×	3:0	2:0	2:2	0:0	3:3	2:0	1:2	3:1	1:3	1:1	3:2	2:1
SpVgg Bayern Hof	2:0	3:2	3:0	0:1	1:1	1:1	×	1:1	4:1	5:0	3:1	2:4	3:1	0:2	1:1	1:0	2:2	3:0
DJK Don Bosco Bamberg	0:2	1:1	0:2	0:1	1:2	3:0	1:0	×	2:0	2:2	0:1	2:1	1:2	2:1	2:0	3:1	3:0	4:0
FC Würzburger Kickers II	1:0	2:5	3:5	3:2	0:1	0:0	0:4	2:1	×	1:3	0:4	2:1	1:1	2:2	0:3	3:1	4:0	4:1
TSV Abtswind	1:3	1:3	1:1	2:1	2:0	0:4	3:1	0:3	6:1	×	2:2	1:0	2:1	2:3	6:1	2:1	2:0	1:1
SpVgg Ansbach 09	0:3	1:2	0:1	1:1	2:0	2:5	2:1	0:0	2:0	2:3	×	4:2	1:3	2:2	1:3	1:5	5:5	5:1
DJK Ammerthal	1:2	1:1	0:1	0:1	1:2	3:0	0:1	1:3	1:1	2:0	1:4	×	1:0	1:0	2:4	2:1	3:0	3:0
ATSV Erlangen	1:0	0:3	3:3	1:2	3:4	0:2	1:0	0:0	3:0	3:1	3:0	0:4	×	1:0	4:1	0:1	1:6	1:1
1. FC Sand am Main	0:3	1:3	1:2	1:3	0:2	1:1	2:1	0:0	1:2	0:3	2:4	2:0	1:0	×	2:1	0:1	2:4	3:0
ASV Vach	2:4	0:3	0:2	0:2	1:4	0:2	1:2	2:0	1:6	1:2	1:3	2:2	1:2	2:0	×	2:1	2:1	0:2
FSV Erlangen-Bruck	1:1	0:2	0:5	1:5	1:4	1:3	2:1	0:1	2:3	4:3	3:3	2:3	3:1	6:0	0:2	×	3:3	3:1
SpVgg Jahn Forchheim	0:2	3:4	0:4	0:3	2:2	4:2	1:3	0:1	1:2	3:1	4:2	3:3	1:1	4:3	0:4	0:2	×	4:2
ASV Neumarkt	1:4	0:3	1:1	1:1	1:3	1:0	3:1	2:0	0:2	3:3	4:4	1:5	2:1	1:3	2:0	2:1	0:3	×

Torschützenliste:

Platz	Spieler (Mannschaft)	Tore
1.	Thomann, Martin (TSV Aubstadt)	24
2.	Snaschel, Simon (TSV Großbardorf)	19
3.	Becker, Nico (DJK Gebenbach)	18
	Dan, Cristian (Würzburger FV)	18
5.	Feser, Ingo (TSV Aubstadt)	17
	Haller, Dominik (DJK Gebenbach)	17
7.	Kroiß, Patrick (SpVgg Ansbach 09)	16
	Kyndl, Matej (SpVgg Bayern Hof)	16
	Seifert, Marco (DJK Gebenbach)	16

Zuschauerstatistik:

Mannschaft	gesamt	Schnitt
SpVgg Bayern Hof	8.671	510
DJK Gebenbach	7.910	465
Würzburger FV	6.651	391
TSV Aubstadt	6.598	388
DJK Ammerthal	5.886	346
SpVgg Ansbach 09	5.845	344
TSV Großbardorf	4.858	286
Jahn Forchheim	4.442	261
1. FC Sand am Main	4.135	243
SC Eltersdorf	4.110	242
SV Seligenporten	3.742	220
ASV Neumarkt	3.728	219
Don Bosco Bamberg	3.651	215
TSV Abtswind	3.480	205
ATSV Erlangen	3.095	182
FSV Erlangen-Bruck	2.994	176
ASV Vach	2.692	158
Würzburger Kickers II	2.234	131
	84.722	**277**

Informationen zu den Aufstiegsspielen finden Sie auf den Seiten 329 und 330.

TSV Abtswind

Spieler	geb. am	Sp.	T.
Brunsch, Mathias	13.02.1990	23	0
Dußler, Adrian	22.04.1995	32	9
Endres, Jürgen	19.07.1991	31	8
Fischer, Cristian	14.03.2000	17	4
Gibfried, Sven	21.02.1992	8	0
Graf, Adrian	16.12.1991	29	3
Hämmerlein, Daniel	25.12.1985	10	0
Hartleb, Roman	08.05.1998	15	1
Hartlehnert, Frank	19.12.1991	8	0
Herrmann, Michael	06.12.1991	24	0
Hilgert, Shawn	21.01.1991	24	3
Hillenbrand, Max	15.04.1996	33	11
Hummel, Philipp	09.04.1994	17	5
Jeni, Pascal	07.10.1997	22	5
Lehmann, Christopher	28.10.1995	27	3
Lenhart, Christopher	21.04.1990	12	0
Riedel, Jona	06.04.1996	3	0
Ruft, Marcel	11.01.1994	18	2
Warschecha, Florian	T 11.03.1989	28	0
Wilms, Felix	T 29.06.1997	9	0
Wirsching, Nicolas	12.11.1992	34	2
Wirth, Jonas	16.01.1992	20	0
Wirth, Lukas	29.12.1998	4	0
Wolf, Max	27.01.1999	26	2
Zunder, Yannick	04.03.1999	1	0
Eigentore			*1*
Trainer:			
Schindler, Mario	25.01.1977	34	

Jahn Forchheim

Spieler	geb. am	Sp.	T.
Bergmann, Christian	T 22.07.1982	20	0
Chatzigeorgion, Steve	T 12.02.1998	1	0
Goldammer, Timo	16.06.1994	21	4
Grinjuks, Adrian	23.03.1994	7	1
Güngör, Firat	18.06.1991	27	0
Gumbrecht, Sandro	23.07.1993	17	1
Hagen, Patrick	29.09.1992	25	3
Jäckel, Tom	17.11.1987	30	15
Jerundow, Andre	14.02.1995	17	0
Karsak, Nuyan	04.01.1995	24	0
Mai, David	27.06.1995	6	1
Mai, Patrick	11.09.1992	18	0
Misic, Drazen	11.11.1998	27	3
Möhrlein, Niklas	17.03.1996	3	0
Müller, Steffen	05.09.1994	32	2
Nagengast, Philipp	10.02.1993	34	8
Noppenberger, Timo	17.07.1995	32	6
Petschner, Johannes	21.06.1999	20	0
Schwinn, Sven	03.10.1989	6	0
Städtler, Christian	05.10.1995	24	0
Stahl, Tino	T 07.12.1995	14	0
Tischler, Pascal	15.05.1998i	12	1
Tscherner, Niklas	15.10.1998	1	0
Uttinger, Daniel	08.02.1995	25	1
Wartenfelser, Jens	17.06.1996	31	11
Eigentore			*1*
Trainer:			
Springer, Christian	15.07.1971	34	

TSV Großbardorf

Spieler	geb. am	Sp.	T.
Dietz, Christian	T 19.06.1992	10	0
Dietz, Florian	13.08.1997	31	6
Dinkel, Lukas	11.06.1998	19	0
Fleischer, Tobias	30.05.1997	19	3
Heusinger, Moriz	25.09.1998	17	1
Hölderle, Marcel	01.10.1993	23	2
Illig, Lukas	08.07.1997	13	1
Kirchner, Markus	28.10.1992	2	0
Leicht, Manuel	02.09.1986	1	0
Lijesnic, Filip	26.11.2000	13	0
Mangold, Ronny	10.07.1998	27	1
Mosandl, Maximilian	17.07.1993	11	1
Müller, Xaver	27.04.1998	30	1
Piecha, Stefan	26.05.1987	32	4
Poznic, Zarko	09.01.1991	19	0
Rieß, André	13.02.1991	25	5
Röder, Marcel	23.09.1993	15	0
Schneider, Julian	T 10.05.1994	24	0
Schönwiesner, Björn	07.12.1992	31	15
Snaschel, Simon	21.08.1990	32	19
Stahl, Pascal	07.06.1989	7	0
Topuz, Mert	16.01.1997	11	0
Voigt, Nils	08.07.1999	1	0
Zang, Maximilian	16.01.1989	22	1
Zehe, Dominik	16.01.1995	34	6
Eigentore			*1*
Trainer:			
Betz, André	06.05.1981	34	

ATSV Erlangen

Spieler	geb. am	Sp.	T.
Bayerschmidt, Felix	21.03.2000	1	0
Bogunovic, Rade	03.02.1989	9	0
Diesner, Fabian	14.08.1994	9	0
Dougalis, Aristotelis	31.05.1999	4	0
Elperin, German	06.07.2000	2	0
Exner, Simon	21.11.1989	3	0
Faßold, Klaus	23.01.1994	31	5
Ferizi, Labeat	27.01.1996	4	0
Fiebig, Bless	20.04.2000	12	1
Flaschka, Robin	21.04.2000	1	0
Forisch, Fabian	10.03.1999	19	0
Geißler, Daniel	21.09.1994	9	0
Gerstner, Sven	T 26.10.1996	4	0
Glaß, Maximilian	T 15.01.1995	3	0
Graine, Hakim	10.10.1986	22	4
Guerra, Kevin	03.01.1995	31	0
Kammermeyer, Michael	14.01.1986	18	1
Kishimoto, Ken	05.11.1989	1	0
Kleefeldt, Alexander	03.01.1990	2	0
Krämer, Michael	09.12.1985	22	0
Kraut, Michael	T 04.04.1994	28	0
Kulabas, Ahmet	08.10.1987	33	8
List, Ferdinand	23.01.1989	25	2
Mandelkow, Philipp	09.08.1993	27	2
Markert, Lucas	20.07.2000	27	1
Marx, Sebastian	19.06.1996	33	1
Popovic, Mladen	25.07.1997	1	0
Ruhrseitz, Tim	25.08.1994	27	6
Steininger, Stefan	02.11.1992	26	0
Vargas, Rene	01.12.1999	12	1
Yüce, Ismail	25.04.1993	26	10
Eigentore			*1*
Trainer:			
Skeraj, Shqipran	24.11.1985	34	

FSV Erlangen-Bruck

Spieler	geb. am	Sp.	T.
Amegan, Vignon	31.05.1991	1	0
Basener, Tim	01.12.1994	13	2
Bauernschmitt, Maximilian	29.01.1990	31	2
Cagli, Firat	02.07.1999	30	4
Daoud, Adem	20.06.2000	8	1
Djonbalic, Petrit	22.05.1988	26	1
Drießlein, Simon	07.03.1996	5	0
Eich, Daniel	22.08.1989	8	0
Ferizi, Labeat	27.01.1996	17	2
Fischer, Moritz	04.06.1997	16	0
Fromholzer, Florian	07.01.1992	29	0
Geinzer, Jonas	16.03.1995	1	0
Güler, Samet	30.06.1999	11	1
Herzig, Nicolas	T 11.06.1993	19	0
Hinrichs, Rafael	06.03.1988	17	2
Kemenni, Yacine	29.08.2000	9	0
Lala, Brandon	14.06.1997	20	1
Lang, Mathias	T 16.04.1983	15	0
Lunz, Bastian	09.12.1984	25	7
Özdemir, Hayri	15.11.1990	17	0
Ortner, Luca	07.03.2000	6	0
Roas, Thomas	21.03.1989	16	5
Schenker, Alexander	01.09.2000	4	0
Selmani, Adem	28.05.1990	27	7
Seybold, Oliver	13.11.1986	27	15
Skach, Marvin	07.08.1999	20	0
Sperber, Jan	04.04.1996	25	1
Vidal Camejo, Richard	25.04.1995	14	1
Wilke, Thomas	18.03.1991	10	0
Zenginer, Timur	10.05.1996	5	0
Eigentore			*1*
Trainer:			
Wagner, Normann	01.10.1973	34	

ASV Vach

Spieler	geb. am	Sp.	T.
Dirr, Jonas	T 02.02.1990	15	0
Dutt, Artur	08.12.1985	17	1
Eich, Daniel	22.08.1989	14	0
Esparza, Manuel	08.07.1992	12	1
Gambel, Michael	25.12.1988	5	1
Geißler, Daniel	21.09.1994	18	5
Gerstner, Sven	T 25.10.1996	3	0
Haas, Nico	01.10.1994	19	0
Horlamus, Marco	12.10.1995	11	0
Hufnagel, Kai	19.05.1994	31	0
Kirbach, Martin	05.09.1988	5	0
Kohl, Christian	01.12.1994	33	0
Konrad, Julian	01.12.1990	26	1
Krapfenbauer, Daniel	07.07.1996	28	8
Kredel, Markus	T 26.07.1987	16	0
Mazanec, Jan	10.03.1993	5	0
Meleleo, Yuri	24.04.1997	12	4
Mirschberger, Michael	19.06.1990	9	1
Müller, Fabian	03.02.1990	1	0
Perez, Kevin	10.03.1997	1	0
Pishdar, Pedram	29.10.1991	4	0
Röder, Rico	18.10.1990	32	13
Röder, Sammy	13.02.1989	29	2
Ruckriegl, Joshua	26.01.1994	5	0
Schwesinger, Patrick	03.02.1990	31	2
Sopa, Ilir	28.02.1998	1	0
Takmak, Burc	15.04.1993	30	3
Terashvili, Levan	25.07.1997	4	1
Tischler, Pascal	15.05.1998	9	1
Uwadia, Christopher	15.03.1996	10	0
Zametzer, Dominik	20.10.1989	25	1
Trainer:			
Hofmann, Norbert	14.08.1951	18	
Nein, Norbert	07.08.1970	16	

Don Bosco Bamberg

Spieler		geb. am	Sp.	T.
Allgaier, Simon		21.06.1995	31	6
Baumgärtner, Julian		04.01.2001	2	0
Eckstein, Marc		13.08.1997	3	0
Edemodu, Michael	T	02.04.1994	7	0
Esparza, Nicolas		18.08.1993	22	0
Fischer, Markus		29.09.1990	8	0
Glos, Julian	T	05.07.1995	28	0
Haaf, Marco		30.08.1999	18	3
Hoffmann, Maximilian		25.03.1990	1	0
Hoffmann, Patrick		10.08.1996	31	4
Hümmer, Manuel		05.11.1990	8	0
Jessen, Johannes		20.06.1990	22	0
Kettler, Christopher		22.01.1993	30	9
Leicht, Benedikt		30.11.1989	8	0
Müller, Manuel		14.01.1992	29	0
Niersberger, Pascal		18.02.1996	31	3
Oberst, Bernd		17.06.1986	1	0
Rosiwal, Johannes		03.03.1994	33	11
Schmauser, Florian		12.01.1997	3	0
Schmoll, Simon		08.09.1989	27	0
Spies, Ulrich		16.08.1995	24	2
Straub, Moritz		19.09.1999	4	0
Strobler, Felix		09.10.1987	26	0
Thomann, Ralph		29.06.1999	4	0
Trawally, Sayko		28.12.1998	30	5
Wunder, Nicolas		22.03.1987	33	0
Zoumbare, Azizou		09.08.1993	5	1
Trainer:				
Bail, Mario		13.02.1980	34	

SC Eltersdorf

Spieler		geb. am	Sp.	T.
Akbakla, Tugay	T	20.12.1996	32	0
Bär, Kevin		28.04.1998	16	0
Bauer, Marcel		22.01.1993	1	0
Bernhardt, Cem		09.04.1999	1	0
Buchmann, Luca		09.08.1999	1	0
Dotterweich, Thomas		16.02.1983	24	0
Drießlein, Simon		07.03.1996	13	2
Elperin, German		06.07.2000	8	0
Fuchs, Patrick		07.08.1994	29	3
Göbhardt, Maximilian		15.12.1992	34	5
Herzner, Bastian		28.03.1990	28	8
Herzner, Tobias		28.03.1990	33	10
Janz, Oliver		01.01.1995	25	5
Kind, Tommy		02.03.1992	31	0
Koch, Michael	T	06.02.1995	1	0
Köhler, Kevin		04.05.1993	23	0
Lindner, Sebastian		03.09.1988	17	0
Lösch, Benedikt	T	30.05.1998	1	0
Nzeufouo Moffo, Herzog		10.03.1992	1	0
Reinfelder, Jonas		10.09.1994	2	0
Said, Karim		01.08.1998	30	1
Sali, Tolga		08.01.2000	1	0
Schäferlein, Sebastian		08.07.1993	33	9
Sengül, Calvin		14.02.1996	31	8
Stark, Manuel		09.11.1992	20	5
Uhsemann, Marco		29.03.1997	2	0
Woleman, Kevin		27.02.1992	28	0
Trainer:				
Eigner, Bernd		01.05.1972	34	

SV Seligenporten

Spieler		geb. am	Sp.	T.
Anschütz, Jonas	T	25.02.1994	2	0
Bajrami, Mergim		25.01.1995	31	15
Bauer, Andreas		22.03.1998	21	0
Bindner, Armin		26.04.1989	10	0
Crow, Kamron		01.05.1996	28	0
Dachs, Dominic	T	10.06.1995	26	0
Ekern, David		26.08.1996	28	8
Glasner, Sebastian		06.05.1985	19	12
Janz, Marco		02.11.1992	30	0
Kardovic, Dino		04.08.1996	6	0
Katidis, Fotios		13.11.1996	25	4
Knorr, Christian		05.07.1989	9	5
Kobrowski, Raffael		25.06.1996	32	4
Kramer, Tobias		22.01.1994	8	0
Kunze, Simon	T	30.01.1998	7	0
Moos, Nico		07.04.2000	30	1
Neuerer, Kai		01.01.1996	25	1
Olschewski, Tim		04.01.1995	27	7
Ott, Nico		13.02.1999	6	0
Petrakis, Theodoros		12.03.1999	20	2
Piwernetz, Vincent		01.11.1998	6	0
Selmani, Artan		18.11.1994	20	0
Tesic, Milos		04.02.1995	2	0
Wiedmann, Marco		16.02.1990	28	6
Wunderlich, Tim		29.10.1999	8	1
Zander, Sam		08.12.2000	8	1
Eigentore				2
Trainer:				
Baumgart, Hendrik		28.05.1977	34	

ASV Neumarkt

Spieler		geb. am	Sp.	T.
Ammon, Dominik		19.09.1995	23	0
Bachner, Martin	T	19.04.1987	23	0
Bindner, Armin		26.04.1989	17	1
Buchner, Ferdinand		05.05.1993	7	0
Bulinger, Christian		27.08.1998	27	5
Daouda, Harouna		21.12.1998	2	0
Delikahya, Michael		30.10.1984	1	0
Eger, Mark		13.10.1985	19	1
Grunner, Jonas		30.01.1994	20	1
Haid, Maximilian	T	31.05.1996	5	0
Haubner, Daniel		28.11.1998	27	2
Hausner, Florian		29.04.1999	33	0
Heimisch, Raphael		21.08.2000	2	0
Hußendörfer, Nick		26.04.2000	1	0
Iatrou, Panagiotis		11.03.1993	28	2
Inzenhofer, Philipp		13.10.1998	1	0
Lehmeier, Pascal		04.12.1997	1	0
Lungu, Simon		04.02.1996	3	0
Majewski, Philipp		18.10.2000	1	0
Marx, Jonas		14.10.1994	28	2
Mjaki, Selim		04.08.1998	32	4
Moratz, Alexander		07.04.1999	28	1
Müller, Marc		21.06.2000	2	0
Pandel, Daniel		13.03.2000	22	1
Perez, Kevin		10.03.1997	2	0
Pröpster, Christoph		16.07.2000	3	0
Roth, Johannes		18.05.1999	18	3
Schön, Leon		09.02.1999	24	0
Schrödl, Christian		24.11.1993	24	6
Semmler, Sebastian		13.06.1998	23	2
Smarzoch, Markus		14.04.1990	3	0
Stephan, Philipp		09.01.1995	7	1
Sylejmani, Leutrim		04.08.1997	1	0

DJK Ammerthal

Spieler		geb. am	Sp.	T.
Bäuml, Josef	T	21.09.1999	1	0
Bellmann, Christoph		25.01.1995	6	0
Buchner, Ferdinand		05.05.1993	7	0
Burger, Benjamin		14.08.1991	20	0
Egeter, Ralf		18.08.1990	28	6
Fruth, Florian		06.01.1999	25	1
Gömmel, Daniel		01.09.1996	33	3
Höhenberger, Maximilian		13.05.1994	34	4
Hüttner, Tobias		20.07.1992	12	0
Jonczy, Michael		21.02.1987	32	14
Karzmarczyk, Andre		16.02.1996	28	0
Knorr, Christian		05.07.1989	14	1
Kohl, Johannes		12.02.1985	15	3
Mazanec, Jan		10.03.1993	17	1
Särchinger, Tobias		04.12.1996	19	0
Sommerer, Christopher	T	05.03.1991	33	0
Stauber, Patrick		08.07.1990	28	1
Stemp, Vinzenz		07.03.1999	3	2
Weber, Marco		28.02.1994	33	4
Weigert, Jonas		12.04.1997	33	9
Zecho, Sebastian		15.08.1995	14	1
Zitzmann, Mario		28.02.1991	32	1
Trainer:				
Haußner, Dominik		07.09.1978	34	

Fortsetzung ASV Neumarkt:

Trappe, Lennart		08.05.2000	1	0
Ward, Charles		15.04.1999	8	1
Wutz, Lukas	T	07.01.2000	7	0
Eigentore				2
Trainer:				
Christ, Marco		06.11.1980	12	
Thier, Benedikt		14.02.1988	22	

Würzburger Kickers II

Spieler		geb. am	Sp.	T.
Bozesan, Fabio		29.10.2000	1	0
Burghard, Josef		21.04.1999	28	1
Bytyqi, Enis		18.02.1997	1	0
Ebui, Mike		01.03.1999	19	8
Feidel, Jannik		03.10.1995	7	1
Fierus, Tim		28.02.2000	1	0
Frisorger, Kevin		19.09.2000	9	0
Häuser, Janis		12.07.1997	23	3
Hajtic, Ibrahim		04.04.1998	2	0
Heppt, Leon		21.02.2000	4	0
Humpenöder, Maximilian	T	19.09.1998	24	0
Imgrund, Lukas		22.07.1999	32	5
Kohls, Florian		03.04.1995	4	0
Kutzop, Nicolay		02.08.1998	25	0
Langhans, Leonard		23.10.1998	17	2
Lehrmann, Felix		31.01.1999	18	0
Mazagg, Lukas		25.12.1999	31	2
Mbala, Tresor		24.01.1999	12	0
Meisel, Dominik		29.06.1999	31	7
Saleh, Hamed		11.12.1999	30	4
Seifert, Ferdinand		09.08.1999	24	0
Staudt, Niclas		18.02.1999	30	3
Stephan, Nico	T	24.08.2000	5	0
Sturm, Severo		17.09.1999	19	2
Tröger, Pascal		24.01.1999	15	0
Ünlücifci, Onur		24.04.1997	24	11
Usta, Ismailcan		22.04.1999	26	9
Verstappen, Eric	T	19.05.1994	2	0
Wagner, Nico		10.05.1999	3	0
Will, Fabian	T	11.01.2000	4	0
Eigentore				2
Trainer:				
Zietsch, Rainer		21.11.1964	34	

TSV Aubstadt

Spieler		geb. am	Sp.	T.
Bäcker, Sascha		23.01.1991	1	0
Bauer, David		04.02.1994	25	1
Behr, Steffen		23.06.1995	28	0
Benkenstein, Julius		06.11.1990	15	3
Dellinger, Michael		13.05.1993	26	7
Feser, Ingo		04.01.1996	33	17
Fürst, Daniel		21.04.1993	7	1
Grader, Dominik		12.01.1990	31	2
Grell, Julian		26.09.1986	26	2
Kirsten, Patrick		23.09.1989	19	2
Kleinhenz, Philipp		02.07.1991	26	1
Köhler, Jona		09.07.2000	1	0
Köttler, Christian		06.01.1994	25	0
Kraus, Michael		20.07.1988	27	2
Leicht, Daniel		29.10.1989	29	2
Mack, Christian	T	07.11.1984	21	0
Reusch, Felix	T	21.02.1995	14	0
Schebak, Max		30.04.1995	14	5
Schmidt, Christoph		24.10.1994	32	10
Schmidt, Steffen		24.10.1994	14	0
Sturm, Johannes	T	16.12.1999	1	0
Thomann, Markus		29.08.1996	23	2
Thomann, Martin		31.05.1994	28	24
Trunk, Jens		15.08.1992	7	2
Trainer:				
Francic, Josef		20.11.1967	34	

DJK Gebenbach

Spieler		geb. am	Sp.	T.
Becker, Nico		07.09.1994	34	18
Biermeier, Andre		17.02.1994	34	5
Böhm, Johannes		15.03.1996	22	2
Ceesay, Julian		26.09.1989	31	2
Damiano, Davide	T	30.05.1977	1	0
Fischer, Jan		04.06.1992	27	3
Gorgiev, Oliver		18.09.1980	34	1
Haller, Dominik		13.07.1992	33	17
Hempel, Kai		06.02.1987	21	6
Jakob, Ralf		30.01.1994	5	0
Keilholz, Konstantin		10.05.1997	20	0
Klahn, Andre		18.07.1995	15	1
Kohler, Timo		30.04.1990	33	6
Libotovsky, Lukas		05.05.1992	9	0
Lincke, Frank		20.08.1986	2	0
Lindner, Jonas		24.06.1998	30	2
Nitzbon, Michael	T	03.09.1993	34	0
Pirner, Fabio		12.11.2000	28	3
Scherm, Johannes		01.04.1995	21	1
Seifert, Marco		19.05.1995	29	16
Trainer:				
Maloku, Faruk		12.01.1978	34	

SpVgg Bayern Hof

Spieler		geb. am	Sp.	T.
Bifano, Elia		09.05.1999	12	0
Chocholousek, Ondrej		13.11.1994	33	1
Durkan, Müseyin		30.09.2000	1	1
Feulner, Tom		13.03.1998	34	4
Fleischer, Harald		22.01.1985	27	1
Guyon, David	T	27.06.1997	26	0
Hajek, Adam		06.06.1995	26	4
Hamann, Johannes		12.02.1999	1	0
Kavalir, Patrik		12.07.1996	31	3
Knoll, Andreas		21.10.1992	22	7
Kyndl, Matej		25.01.1993	29	16
Lang, Jonas	T	29.11.2000	8	0
McLemore, Malik		16.01.1997	29	10
Guilhermino Miranda, Heron		19.04.1990	33	0
Müller, Jonathan		18.04.2000	2	0
Özdemir, Kaan		28.04.1999	8	0
Oxenfart, David		12.04.1998	6	0
Schmidt, Nico		14.11.1996	21	0
Schraps, Christian		03.03.1988	29	0
Schuberth, Yannick		20.12.1995	30	0
Sedlacek, Daniel		10.04.2000	3	0
Seiter, Mikel		03.09.1996	21	1
Vogel, Loris		03.06.1999	12	0
Winter, Kevin		23.10.1992	29	5
Eigentore				*1*
Trainer:				
Spindler, Alexander		17.01.1988	34	

SpVgg Ansbach 09

Spieler		geb. am	Sp.	T.
Abadjiew, Tom		17.05.1993	30	13
Bayerlein, Jonas		17.02.2000	6	0
Belzner, Michael		21.11.1995	28	0
Dietrich, Tobias		25.10.1996	32	1
Filian, Alexander		23.08.1999	1	0
Fürsattel, Marcel		08.09.1993	20	1
Götzendörfer, Mario		22.06.1996	8	2
Hammeter, Stefan		31.05.1991	7	1
Hasselmeier, Christoph		14.02.1991	29	4
Heid, Sebastian	T	18.03.1994	24	0
Karakas, Lukas		22.05.1999	15	0
Kroiß, Patrick		04.09.1994	34	16
Landshuter, Sven		04.03.1997	28	13
Lederer, Aaron		28.08.1992	5	0
Manz, Riko		25.09.1999	1	0
Mechnik, Sebastian		13.12.1982	18	0
Meyer, Johannes		21.03.1994	30	0
Petschler, Tobias	T	17.01.2000	9	0
Reutelhuber, Niklas		20.02.1999	25	2
Schiefer, Heiko	T	01.07.1999	3	0
Schmidt, Lukas		29.11.1996	29	13
Schüler, Jens		10.02.1999	23	0
Seefried, Niklas		04.07.2000	3	1
Silaklang, Pakorn		23.07.1993	20	0
Sperr, Michael		14.01.2000	1	0
Störzenhofecker, Max		29.12.1992	27	1
Stolz, Sebastian		02.08.1994	16	0
Trainer:				
Collins, Duane-Carl und		01.01.1982	34	
Schülein, Marco		28.01.1976	34	

1. FC Sand am Main

Spieler		geb. am	Sp.	T.
Albert, Sebastian		16.04.2000	1	0
Bechmann, Johannes		05.06.1987	21	5
Flachsenberger, Simon		11.05.1999	10	0
Geier, Markus	T	26.09.1989	26	0
Gonnert, Christopher		03.04.1996	23	2
Gonnert, Oliver		19.08.1998	4	0
Karmann, André		29.05.1992	29	0
Klauer, Julian		01.07.1991	15	0
Klemm, Stefan	T	16.09.1985	9	0
Krug, Linus		25.09.1998	2	0
Markof, Philipp		21.08.1997	16	1
Moser, Kevin		11.08.1999	13	0
Pencz, Matthias		24.07.1987	1	0
Reith, Adrian		28.04.1993	26	4
Rippstein, Dominik		13.04.1989	25	1
Röder, Fabian		02.04.1999	12	0
Rugovaj, Shaban		26.03.1996	26	10
Schlereth, Danny		27.11.1992	25	0
Schlereth, Thorsten		30.01.1983	34	6
Schmitt, Andre		14.06.1993	6	2
Schmitt, Dominik		15.06.1996	26	1
Steinmann, Kevin		21.04.1997	34	1
Wagner, Sebastian		28.11.1988	27	7
Wieczorek, Sven		14.08.1992	20	2
Witchen, Max		31.01.1991	28	0
Zeiß, Luca		04.06.2000	1	0
Trainer:				
Schlereth, Dieter		03.01.1962	34	

Würzburger FV

Spieler		geb. am	Sp.	T.
Bah, Mamadou		30.04.2000	1	0
Barthel, Steffen		19.11.1994	9	1
Bauer, Andreas		07.03.1991	15	1
Baumann, Daniel	T	. .1996	2	0
Binner, Andreas	T	25.02.1985	1	0
Dan, Cristian		10.04.1987	34	18
De Biasi, Carmine		09.10.1990	7	1
Drösler, David		05.02.1994	20	1
Droszcz, Wojtek		12.05.1988	21	3
Eberhardt, Felix		04.02.1994	10	0
Eisenmann, Timo		07.04.2000	1	0
Fries, Sebastian		24.01.1993	34	9
Ganzinger, Andreas		18.01.1988	17	0
Hänschke, Marc		28.04.1993	29	1
Hofmann, Patrick		10.03.1992	32	10
Istrefi, Adrian		14.04.1993	32	6
Kadiric, Jasmin		09.09.1997	16	2
Koob, Andre	T	01.08.1991	32	0
Lorenz, Tim		28.01.1993	25	1
Lotzen, Moritz		09.09.1997	1	0
Michel, Dennie		14.04.1992	34	7
Müller, Ben		24.02.1998	32	3
Obrusnik, Paul		11.12.1998	25	2
Röckert, Kevin		09.07.1993	18	0
Schömig, Benjamin		14.09.1987	25	0
Eigentore				*1*
Trainer:				
Reitmaier, Marc		08.05.1983	34	

Bayernliga Staffel Süd   ≥18

Pl.	(Vj.)	Mannschaft		Sp	| Gesamtbilanz |					| Heimbilanz |						| Auswärtsbilanz |					
					S	U	N	Tore	TD	Pkt	Sp	S	U	N	Tore	Pkt	Sp	S	U	N	Tore	Pkt
1.	(↑)	SV Türkgücü-Ataspor München	↑	32	21	5	6	59-30	+29	68	16	13	3	0	36-10	42	16	8	2	6	23-20	26
2.	(3.)	TSV 1896 Rain a. Lech	↑	32	16	10	6	60-42	+18	58	16	9	5	2	33-17	32	16	7	5	4	27-25	26
3.	(↑)	SSV Jahn Regensburg II		32	15	8	9	69-48	+21	53	16	8	6	2	39-22	30	16	7	2	7	30-26	23
4.	(2.)	SV Pullach		32	17	2	13	52-48	+4	53	16	10	1	5	29-23	31	16	7	1	8	23-25	22
5.	(7.)	DJK Vilzing	→	32	14	9	9	47-36	+11	51	16	7	6	3	21-14	27	16	7	3	6	26-22	24
6.	(10.)	TSV Dachau 1865		32	14	7	11	47-45	+2	49	16	8	2	6	28-22	26	16	6	5	5	19-23	23
7.	(4.)	TSV Kottern-St. Mang		32	12	10	10	46-47	-1	46	16	10	4	2	29-16	34	16	2	6	8	17-31	12
8.	(6.)	TSV Schwabmünchen		32	14	3	15	57-52	+5	45	16	9	1	6	34-29	28	16	5	2	9	23-23	17
9.	(↑)	TSV 1861 Nördlingen		32	11	12	9	53-55	-2	45	16	9	4	3	34-23	31	16	2	8	6	19-32	14
10.	(14.)	TSV 1860 München II		32	13	6	13	58-48	+10	45	16	8	2	6	25-18	26	16	5	4	7	33-30	19
11.	(16.)	SV Kirchanschöring		32	11	11	10	51-47	+4	44	16	8	5	3	32-15	29	16	3	6	7	19-32	15
12.	(5.)	TSV Schwaben Augsburg		32	11	10	11	41-44	-3	43	16	7	4	5	21-20	25	16	4	6	6	20-24	18
13.	(13.)	SpVgg Hankofen-Hailing		32	10	9	13	47-50	-3	39	16	7	4	5	22-19	25	16	3	5	8	25-31	14
14.	(9.)	1. FC Sonthofen	↓	32	10	8	14	54-64	-10	38	16	7	4	5	34-30	25	16	3	4	9	20-34	13
15.	(11.)	FC Ismaning		32	10	7	15	45-51	-6	37	16	5	5	6	28-26	20	16	5	2	9	17-25	17
16.	(↓)	FC Unterföhring	↓	32	6	10	16	41-59	-18	28	16	4	6	6	26-30	18	16	2	4	10	15-29	10
17.	(12.)	TuS Holzkirchen	↓	32	2	3	27	30-91	-61	9	16	2	3	11	16-36	9	16	0	0	16	14-55	0

Bei Punktgleichheit zählt der direkte Vergleich der Ligaspiele.

Absteiger aus der Regionalliga: FC Pipinsried und FC Ingolstadt 04 II (Bayern).
Aufsteiger in die Regionalliga: SV Türkgücü-Ataspor München als Türgücü München und TSV 1896 Rain a. Lech (Bayern).
Wechsel in die Staffel Nord: DJK Vilzing.
Absteiger in die Landesligen: TuS Holzkirchen, FC Unterföhring (Südost) und 1. FC Sonthofen (Südwest).
Aufsteiger aus den Landesligen: SV Donaustauf (Mitte), TSV 1882 Landsberg am Lech, Türkspor Augsburg (Südwest), TSV 1880 Wasserburg und FC Deisenhofen (Südost).

Bayernliga Staffel Süd 2018/19

	Türkgücü-Ataspor	TSV Rain a. Lech	Regensburg II	SV Pullach	DJK Vilzing	TSV Dachau	TSV Kottern	Schwabmünchen	TSV Nördlingen	1860 München II	Kirchanschöring	Schw. Augsburg	Hankofen-Hailing	1. FC Sonthofen	FC Ismaning	FC Unterföhring	TuS Holzkirchen
SV Türkgücü-Ataspor Mü.	X	1:1	3:2	2:0	3:0	2:0	4:1	1:0	2:2	1:1	3:0	2:0	3:1	4:0	1:0	1:0	3:2
TSV 1896 Rain a. Lech	0:1	X	2:0	1:5	1:1	3:1	2:1	2:0	2:2	1:1	4:1	1:1	2:2	3:0	2:0	2:1	5:0
SSV Jahn Regensburg II	0:2	1:2	X	4:2	3:3	3:0	3:1	2:2	6:2	1:1	1:1	2:1	2:1	0:0	3:0	2:2	6:2
SV Pullach	2:0	0:1	1:4	X	1:0	1:1	0:3	1:0	4:0	0:4	1:2	2:0	4:2	3:1	4:3	2:1	3:1
DJK Vilzing	3:1	2:2	2:4	0:0	X	3:0	0:0	1:3	1:1	2:1	0:0	1:1	3:0	1:0	1:0	0:1	1:0
TSV Dachau 1865	1:2	1:1	3:2	3:0	1:0	X	1:1	1:5	3:1	2:0	5:0	2:3	0:5	0:1	0:1	1:0	4:0
TSV Kottern-St. Mang	2:1	3:1	1:1	1:0	1:3	1:2	X	3:2	4:0	2:1	3:0	1:1	1:1	1:1	2:1	1:0	2:1
TSV Schwabmünchen	1:3	0:3	0:3	0:2	1:4	1:1	2:1	X	3:2	5:2	3:1	3:1	2:1	3:1	0:2	2:1	8:1
TSV 1861 Nördlingen	0:2	3:4	3:0	2:1	3:1	0:0	0:0	1:0	X	0:8	1:1	3:0	3:3	2:1	5:1	4:1	4:0
TSV 1860 München II	0:1	3:0	0:2	1:2	0:1	0:0	4:0	1:3	1:2	X	2:1	2:1	3:2	2:0	2:1	1:1	3:1
SV Kirchanschöring	1:0	5:1	1:0	3:0	2:2	1:2	5:1	2:0	1:1	1:3	X	0:0	1:2	5:1	1:1	1:1	2:0
TSV Schwaben Augsburg	2:3	0:0	2:3	3:1	1:0	3:1	1:0	2:1	2:2	0:0	1:3	X	1:3	2:1	0:2	3:0	1:0
SpVgg Hankofen-Hailing	0:0	1:1	1:4	1:0	2:3	2:2	3:1	1:0	0:0	4:2	0:1	0:2	X	0:2	2:0	3:0	2:1
1. FC Sonthofen	1:4	3:1	2:2	2:3	0:3	5:0	3:1	2:4	2:2	3:1	2:2	0:0	1:0	X	1:3	4:2	3:2
FC Ismaning	0:0	0:3	2:1	1:2	3:1	0:2	1:1	2:3	1:1	4:1	4:0	3:3	0:0	1:4	X	0:2	6:2
FC Unterföhring	4:1	1:4	2:0	1:2	0:1	1:3	1:1	1:0	0:0	2:4	2:2	2:4	2:2	4:4	1:1	X	2:1
TuS Holzkirchen	3:2	1:2	1:2	0:3	0:3	0:2	1:3	1:1	0:2	0:1	1:7	0:2	3:0	3:3	0:1	2:2	X

Torschützenliste:

Platz	Spieler (Mannschaft)	Tore
1.	Dotzler, Lukas (SV Pullach)	20
2.	Schmid, Phillip (TSV Schwabmünchen)	17
3.	Türk, Ugur (TSV 1860 München II)	15
4.	Doll, Christian (TSV Dachau 1865)	14
5.	Buser, Philipp (TSV 1861 Nördlingen)	13
	Haug, Kevin (1. FC Sonthofen)	13
	Luge, Andre (DJK Vilzing)	13
	Speiser, Achim (TSV Kottern-St. Mang)	13
9.	Brandt, Julian (TSV 1896 Rain a. Lech)	12
	Deiter, Albert (SV Kirchanschöring)	12
	Hauk, Angelo (FC Ismaning)	12

Zuschauerstatistik:

Mannschaft	gesamt	Schnitt	Mannschaft	gesamt	Schnitt
TSV Nördlingen	9.075	567	Jahn Regensburg II	2.455	153
SpVgg Hankofen-H.	8.065	504	TSV 1860 München II	2.255	141
SV Kirchanschöring	7.731	483	TuS Holzkirchen	2.125	133
DJK Vilzing	7.065	442	TSV Dachau 1865	2.122	133
TSV Kottern-St. Mang	6.577	411	FC Unterföhring	2.071	129
1. FC Sonthofen	4.683	293	Schwaben Augsburg	2.022	126
TSV Rain a. Lech	4.390	274	SV Pullach	1.417	89
TSV Schwabmünchen	4.309	269		72.288	266
Türkgücü-Ataspor Mü.	3.292	206			
FC Ismaning	2.634	165			

Informationen zu den Aufstiegsspielen finden Sie auf den Seiten 329 und 330.

SV Türkgücü-Ataspor

Spieler		geb. am	Sp.	T.
Akkurt, Orhan		14.07.1985	8	4
Baki, Markus		01.10.1993	7	0
Bornhauser, Marco		08.05.1991	6	0
De Prato, Stefan		05.02.1991	10	0
Dora, Yakub		10.05.1992	15	2
Faye, Jerome		28.10.1986	30	11
Goia, Giovanni		07.04.1992	5	0
Holek, Martin		29.05.1989	10	2
Leutenecker, Fabio		15.03.1990	8	0
Mayer, Florian		30.05.1992	18	0
Medara, Aldin		29.10.1991	2	0
Mitterhuber, Sebastian		11.03.1988	31	0
Ndiaye, Issa	T	19.04.1994	31	0
Neumann, Mats		15.03.1996	24	1
Ngu Ewodo, Menelik		11.08.1995	1	0
Odak, Luka		22.11.1989	28	1
Pigl, Pablo		08.02.1992	29	7
Rech, Christoph		29.04.1993	30	5
Schmitt, Dominik		07.04.1992	15	4
Segashi, Arbnor		13.12.1994	25	0
Takahara, Masaaki		15.08.1995	32	6
Thee, Stephan		26.07.1988	30	2
Tosun, Ünal		05.10.1992	23	1
Tschaidse, Luca		11.09.1994	4	0
Yilmaz, Yasin		19.02.1989	22	8
Zola, Cerruti	T	31.08.1993	1	0
Eigentore				5
Trainer:				
Pummer, Andreas		09.07.1982	32	

TSV Rain am Lech

Spieler		geb. am	Sp.	T.
Bär, Maximilian		02.04.1996	22	1
Bauer, David		16.02.1995	25	1
Belousov, Michael		11.09.1998	11	0
Besel, Stefan	T	11.05.1995	1	0
Bobinger, Dominik		21.07.1990	26	1
Brandt, Julian		23.02.1994	27	12
Cosic, Marko		18.02.1995	29	11
Fischer, Simon		10.11.1996	2	0
Götz, Andreas		08.06.1989	18	0
Hartmann, Christoph	T	30.08.1997	4	0
Käser, Maximilian		19.06.1993	20	11
Knötzinger, Michael		25.08.1994	22	0
Krabler, Michael		22.10.1996	21	3
Kurtishaj, Blerand		03.09.1993	20	3
Luburic, Marco		07.02.1998	11	0
Maschke, Kevin	T	03.03.1987	27	0
Miehlich, Fabian		14.02.1997	4	0
Müller, Johannes		05.10.1991	23	4
Müller, Stefan		24.02.1990	30	3
Posselt, Marcel		12.03.1995	6	1
Rothgang, Johannes		11.12.1993	18	1
Schröder, Rene		05.03.1990	25	1
Talla, Fatlum		14.11.1996	1	0
Triebel, Fabian		18.05.1991	28	2
Zupur, Marco		11.04.1997	27	4
Eigentore				1
Trainer:				
Schreitmüller, Karl		26.01.1971	13	
Schneider, Daniel		30.01.1987	19	

TSV Schwabmünchen

Spieler		geb. am	Sp.	T.
Abazi, Jeton		07.06.2000	15	3
Akgün, Berkay		27.12.1998	1	0
D'Almeida, Rainer		16.03.2000	16	2
Deininger, Michael	T	06.02.1999	4	0
Ebeling, Manuel		20.01.2000	11	1
Gröb, Nico		11.03.1999	9	0
Herzig, Elias		10.09.2000	30	0
Juric, David		02.10.1998	15	0
Karvar, Turgay		03.12.1996	24	9
Kling, Felix		11.06.1995	2	0
Kusterer, Lucas		11.03.1996	32	0
Lombaya, Noah		09.01.1999	6	0
Maiolo, Fabio		10.02.1997	32	1
Merane, Gabriel		25.11.1995	18	3
Mittermaier, Christoph		22.05.1992	24	0
Morfakis, Konstantinos		05.11.2000	3	0
Örnek, Serhat		16.09.1995	32	10
Prechtl, Timo		23.03.1999	27	0
Röder, Kilian	T	08.06.1998	3	0
Rudolph, Thomas		20.02.1989	24	5
Schmid, Philipp		24.11.1995	24	17
Talla, Fatlum		14.11.1996	22	1
Thiel, Felix	T	22.07.1994	26	0
Tsakirakis, Christos		31.10.1997	3	0
Uhde, Maik		22.05.1994	28	3
Uhde, Tim		23.03.1992	7	0
Eigentore				2
Trainer:				
Maiolo, Paolo		24.04.1970	32	

TSV Nördlingen

Spieler		geb. am	Sp.	T.
Behrens, Andre	T	26.03.1994	9	0
Bortolazzi, Mario		13.02.1995	1	0
Bosch, Julian		13.03.1999	11	0
Buser, Philipp		01.02.1991	28	13
Dammer, Leon		08.10.1998	9	0
Dewein, Daniel		05.08.1995	28	7
Dorschky, Fabian	T	25.01.2000	1	0
Geiß, Nicolai		03.09.1994	27	1
Halbmeyer, Jonas		10.01.1997	31	1
Holzmann, Daniel		06.07.1994	30	7
Jurida, Luca		05.05.1999	1	0
Käser, Felix		29.08.1997	31	0
Kaiser, Andreas		07.02.1987	6	0
Kienle, Daniel		07.03.1995	2	0
Lamprecht, Florian		23.01.1996	32	2
Lutz, Michael	T	25.01.1982	3	0
Martin, Daniel	T	19.11.1997	19	0
Mayer, Jakob		03.09.1997	28	0
Meir, Michael		08.06.1999	5	0
Meyer, Manuel		07.11.1992	6	1
Michel, Patrick		23.11.1992	23	0
Morasch, Genrich		09.11.1999	2	0
Oefele, Nico		09.01.1993	7	2
Raab, Stefan		21.05.1987	28	1
Schmidt, Nico		01.02.1999	28	2
Schröter, Alexander		14.06.1995	28	11
Schröter, Andreas		09.05.1970	1	0
Stelzle, Tobias		07.10.1991	10	0
Stimpfle, Adrian		17.04.1998	1	0
Taglieber, Moritz		19.12.1998	1	0
Eigentore				4
Trainer:				
Schröter, Andreas		09.05.1970	32	

TuS Holzkirchen

Spieler		geb. am	Sp.	T.
Arkadas, Atilla		29.10.1994	12	0
Arkadas, Tayfun		09.03.1992	20	1
Bahadir, Burhan		25.11.1997	16	0
Bahadir, Sahin		16.12.1999	9	0
Bauer, Anton		15.10.2000	1	0
Baumann, Dominic		01.07.1994	22	0
Böttcher, Luis		29.01.2000	1	0
Di Palma, Fabio	T	02.05.1995	1	0
Diep, Gilbert		01.03.1996	24	9
Doppler, Lars		10.08.1993	10	0
Ferraro, Riccardo		01.01.1996	2	0
Gavric, Valentino		10.02.1995	5	0
Gulielmo, Benedict		28.10.1992	15	1
Hahn, Sebastian		16.05.1995	24	5
Hasanovic, Almir		19.02.1996	2	0
Höferth, Marco		25.03.1988	23	2
Kaya, Emin		22.03.1996	6	0
Korkor, Christopher		24.12.1994	27	0
Kubica, Arthur		26.05.1990	16	2
Ljumani, Semir		13.01.1998	25	4
Ludwig, Florian		04.01.1989	1	0
Mättig, Aron		17.07.1997	10	1
Maurer, Andreas		08.03.1996	18	1
Mayer, Markus		08.04.1990	2	0
Müller, Markus		25.09.1984	1	0
Piendl, Lukas		20.04.2000	2	0
Preuhs, Maximilian		10.11.1992	10	0
Pummer, Sebastian		24.10.1984	1	0
Rauscheder, Roman		11.11.1999	13	0
Schenk, Christoph		30.04.1987	24	0
Schulz, Maximilian		15.01.1995	28	0
Skoro, Andrej		20.08.1990	18	2
Tomicic, David		29.01.2000	3	0
Wiefarn, Julian		14.11.2000	2	0
Wilms, Dimitri		05.08.1998	1	0
Zeisel, Benedikt	T	13.01.1991	31	0
Zetterer, Alexander		10.01.1997	11	0

TSV Dachau

Spieler		geb. am	Sp.	T.
Brey, Sebastian		12.08.1994	28	2
Bytyqi, Burhan		12.05.1999	28	0
Doll, Christian		19.05.1987	30	14
Ettenberger, Thomas		26.09.1994	21	1
Fally Nyabally, Ousman		24.03.1998	3	0
Grotz, Nikolaus		22.03.1996	18	0
Höckendorff, Merlin		25.03.1993	22	0
Hübl, Franz		09.08.1988	11	1
Jakob, Marco	T	21.06.2000	1	0
Kavkazi, Enis		25.06.2000	2	0
Korkmaz, Onur		29.01.1997	24	4
Lamotte, Fabian		25.02.1983	29	3
Lask, Leander		27.01.1999	10	1
Maric, Mario		28.10.1987	15	4
Mayer, Maximilian	T	19.11.1989	31	0
Ricter, Nickoy		13.07.1995	29	7
Schäffer, Dominik		06.09.1990	25	5
Sinani, Vendim		28.02.1994	7	0
Todorovic, Marko		30.08.1996	23	3
Vötter, Stefan		28.10.1990	21	0
Weiser, Alexander		20.02.1989	30	2
Weiss, Alexander		11.08.1995	16	0
Zejnullahi, Arigon		16.04.1998	11	0
Trainer:				
Lamotte, Fabian		25.02.1983	32	

Fortsetzung TuS Holzkirchen:

		geb. am	Sp.	T.
Eigentore				2
Trainer:				
Pummer, Sebastian		24.10.1984	11	
Schubert, Stefan		16.11.1969	3	
Siegmund, Thomas		16.11.1964	7	
Eckl, Jens und		14.02.1978	11	
Ereiz, Jozo		12.04.1970	11	

Hankofen-Hailing

Spieler	geb. am	Sp.	T.
Beck, Tobias	21.01.1995	24	0
Gänger, Benedikt	31.10.1997	27	2
Gnjidic, Daniel	12.03.1999	11	3
Hilmer, Philipp	29.01.1997	3	0
Hofer, Daniel	24.10.1991	32	3
Justvan, Robin	14.03.1998	2	0
Krawiec, Mateusz	13.03.1993	27	6
Lazar, Matthias	13.05.1990	26	1
Lemberger, Tobias	15.09.1996	25	1
Lermer, Tobias	15.07.1995	27	7
Liefke, Christian	31.01.1994	21	8
Loibl, Mathias T	28.09.1997	31	0
Rabanter, Daniel	31.01.1993	26	1
Richter, Tobias	21.03.1990	26	6
Schmidbauer, Maximilian	11.12.1996	5	0
Schmierl, Maximilian T	14.01.1994	1	0
Schwarzmüller, Kilian	05.03.1994	22	1
Sokol, Timo	29.03.1997	20	0
Vogl, Jakob	11.09.1998	21	0
Waas, Dominik	18.02.1993	5	2
Wagner, Brian	22.08.2000	24	3
Weber, Simon	30.06.1996	11	0
Winter, Noah	04.09.1999	11	0
Eigentore			3
Trainer:			
Huber, Gerald	04.11.1965	32	

FC Ismaning

Spieler	geb. am	Sp.	T.
Behm, Hannes	28.03.2000	4	0
Ehret, Nils	25.08.1993	4	0
Fischer, Bastian	20.01.1993	28	10
Fritz, Sebastian T	12.12.1992	30	0
Fujita, Taiki	12.11.1995	14	0
Hauk, Angelo	28.07.1984	30	12
Heinzlmeier, Luis	08.02.1998	6	0
Hofmann, Dominik	25.03.1990	26	2
Ighagbon, Endurance	20.11.1997	18	0
Killer, Tobias	20.08.1993	31	2
Kubina, Clemens	25.09.1989	28	1
Leininger, Florian T	02.07.1985	2	0
Moradi, Suhal	23.06.2000	10	0
Neuber, Markus	11.11.1999	24	1
Puta, Adam	14.10.1988	3	0
Ring, Manuel	07.02.1991	16	1
Siebald, Maximilian	12.01.1993	28	3
Siedlitzki, Anton	29.05.1984	28	0
da Silva Lopes, Hugo	25.08.1988	21	2
Stijepic, Mijo	07.07.1979	7	0
Tomasevic, David	06.06.1994	19	2
Vatany, Dennis	07.06.1991	14	0
Volland, Robin	27.04.1994	27	8
Weber, Daniel	09.04.1998	24	1
Trainer:			
Elfinger, Rainer	09.11.1966	8	
Stijepic, Mijo	07.07.1979	24	

TSV Kottern-St. Mang

Spieler	geb. am	Sp.	T.
Akan, Umut	21.01.1996	12	1
Altmeier, Manfred	17.09.1996	3	0
Barbera, Marcello	12.12.1998	23	1
Feneberg, Julian	15.09.1993	20	1
Fichtl, Roland	09.06.1993	29	7
Franke, Mathias	10.04.1991	22	1
Gasic, Danijel	19.01.1987	7	1
Hänsle, Tobias	20.03.1991	26	0
Heiland, Tobias T	02.01.1986	32	0
Jelic, Drazen	09.07.1982	14	1
Jocham, Matthias	10.03.1994	30	5
Kaya, Mirhan	21.01.1997	25	0
Liebherr, Tom	26.10.1998	12	0
Mihajlovic, David	20.02.1997	23	3
Miller, Marco	02.04.1994	32	5
Moll, Maximilian	19.11.1994	30	1
Odaci, Ali	28.05.1998	2	0
Redle, Jörg	16.07.1992	32	1
Sahin, Emre T	17.11.1999	1	0
Speiser, Achim	08.07.1997	28	13
Vedder, Philipp	30.04.1998	8	0
Wegrath, Christopher	27.06.1999	2	0
Yazir, Sezer	05.08.1992	28	5
Trainer:			
Kahric, Esad	01.01.1959	32	

SV Kirchanschöring

Spieler	geb. am	Sp.	T.
Akdemir, Atakan	16.01.1994	10	0
Ban, Luka	20.05.1999	17	1
Birner, Lukas	31.05.1999	4	1
Deiter, Albert	05.09.1986	31	12
Eder, Albert	12.01.1988	28	2
Eder, Jakob	11.05.1994	1	0
Feil, Gerhard	25.11.1977	1	0
Gürcan, Yasin	24.11.1992	26	3
Hartl, Markus	19.02.1998	5	0
Hofmann, Florian	14.08.1991	16	2
Jäger, Christian	29.09.1990	4	0
Janietz, Tobias	30.03.1992	11	0
Jung, Christian	15.04.1991	4	0
Jung, Manuel	01.08.1993	28	5
Kart, Özgür	18.04.1982	6	3
Köck, Daniel	01.05.1997	22	0
Kovac, Bruno	01.01.1996	2	0
Liener, Thomas	08.10.1994	10	0
Makai, Istvan	07.01.1991	2	0
Muteba, Daniel	16.12.1999	15	1
Omelanowsky, Manuel	27.10.1994	10	1
Peter, Anton	21.10.1989	22	3
Pöllner, Lukas	13.10.1999	12	2
Schild, Tobias	17.09.1994	29	5
Schönberger, Stefan T	19.09.1990	9	0
Spatzenegger, Johann	16.12.1996	2	0
Streibl, Maximilian	08.04.1996	21	6
Sturm, Maximilian	02.08.1993	13	0
Urban, Josef	17.02.1997	22	0
Vogl, Maximilian	20.03.1993	22	3
Willinger, Maximilian	30.06.1989	12	0
Zmugg, Dominik T	07.03.1993	24	1
Trainer:			
Kostner, Michael	07.02.1969	32	

Jahn Regensburg II

Spieler	geb. am	Sp.	T.
Al Ghaddioui, Hamadi	22.09.1990	1	0
Bhatti, Saher	04.09.1999	13	2
Bögl, Tom	17.03.1999	20	3
Dej, Andre	06.02.1992	4	1
Ertel, Daniel	05.09.1999	20	2
Geiger, Manuel	11.08.1998	24	5
Gnjidic, Daniel	12.03.1999	1	0
Hyseni, Haris	14.09.1992	12	8
Jike, Marvin	19.04.2000	6	1
Kopp, Sven	17.02.1995	11	2
Kraljevic, Tomislav	21.01.1996	14	6
Kraus, Johannes	06.07.1999	27	1
Maiershofer, Moritz T	16.04.1998	5	0
Medineli, Ilhami	29.01.2000	24	7
Muslimovic, Kenan	13.02.1997	20	9
Nachreiner, Sebastian	23.11.1988	1	0
Nietfeld, Jonas	15.01.1994	2	2
Odabas, Ali	20.10.1993	3	1
Özlokman, Cihangir	15.03.1997	31	5
Palionis, Markus	12.05.1987	1	0
Panafidin, Pavel	09.03.1998	26	3
Peutler, Julio T	11.02.2000	1	0
Pfab, Marco	14.06.1997	32	2
Root, Eduard	17.10.1991	27	1
Sabljo, Daniel	11.11.1998	17	1
Schmitt, Lucas	27.04.2000	3	0
Spennesberger, Timo	09.11.1997	25	2
Volkmer, Dominic	27.04.1996	4	2
Vrenezi, Albion	04.10.1993	3	1
Weidinger, Alexander T	18.06.1997	27	0
Zitzelsberger, Jakob	20.01.1997	25	1
Eigentore			1
Trainer:			
Ak, Yavuz	22.04.1981	32	

1. FC Sonthofen

Spieler	geb. am	Sp.	T.
Anil, Zeynel T	05.03.1985	3	0
Buchmann, Sam	13.01.1998	30	2
Bundschuh, Lucas T	09.04.1996	23	0
Dzanic, Edemir	01.04.1998	14	0
Ehlert, Timo	06.05.1995	17	0
Fidan, Furkan	17.01.1996	1	0
Hailer, Kevin	11.01.1992	9	1
Haug, Kevin	26.01.1995	26	13
Hindelang, Andreas	06.05.1987	10	3
Kawama, Hiroaki T	10.07.1996	7	0
Keller, Jannik	21.10.1991	31	10
Kern, Tim	08.12.1995	9	0
Kesici, Burak	03.08.1993	16	2
Klauser, Mario	25.09.1990	7	0
Limanovski, Anel T	27.07.1999	1	0
Littig, Patrick	12.09.1995	30	2
Makoru, Florian	19.01.1993	12	2
Möß, Manuel	26.05.1998	18	1
Mori, Taijiro	08.12.1991	32	0
Mürkl, Gregor	05.05.1994	31	4
Myrta, Ylber	10.08.1991	23	2
Penz, Marc	10.02.1984	4	0
Pfäffle, Jannis	14.07.1996	3	0
Schäffler, Manuel	12.05.1995	29	2
Sichler, Markus	02.02.1998	2	0
Solakoglu, Volkan	29.07.1999	1	0
Steidle, Tobias	26.07.1993	5	0
Vogler, Pirmin	26.06.1997	14	3
Wiedemann, Manuel	04.02.1990	30	7
Yüksel, Engin	28.05.1991	1	0
Trainer:			
Bakircioglu, Yusuf	14.12.1973	25	
Müller, Benjamin	14.09.1982	7	

SV Pullach

Spieler		geb. am	Sp.	T.
Bauer, Martin		14.10.1989	32	5
Benede, Alexander		20.09.1988	19	0
Brändle, Daniel		23.01.1992	17	1
Braun, Felix		03.03.1999	24	1
Di Palma, Luigi	T	13.11.1979	5	0
Dinkelbach, Christoph		10.02.1992	20	1
Dotzler, Lukas		04.08.1995	30	20
Gaigl, Justin		19.08.1998	10	0
Heinzlmeier, Luis		08.02.1998	12	0
Hutterer, Michael		25.12.1989	27	2
Jevtic, Dusan		29.03.1992	13	1
Jobst, Alexander		09.02.1990	31	6
Koudossou, Henri		03.09.1999	18	0
Krasnic, Marjan	T	07.11.1992	27	0
Leugner, Daniel		06.11.1995	17	6
Loistl, Vinzenz		15.10.1990	1	0
Marseiler, Luis		31.10.1998	20	0
Ngu Ewodo, Menelik		11.08.1995	3	0
Ollert, Simon		14.04.1997	24	1
Penic, Jan		31.12.1991	2	0
Rauscheder, Simon		11.11.1999	17	2
Reischl, Ludwig		01.10.1995	17	1
Tischer, Armando		10.07.2000	3	0
Tomicic, Marko		21.03.1994	19	1
Traub, Vincent		07.04.2000	1	0
Tüy, Yasin		20.01.1997	2	0
van Boyen, Moriz		06.07.1999	4	0
Zander, Max		12.04.1991	25	4
Trainer:				
Schmöller, Frank		21.08.1966	32	

FC Unterföhring

Spieler		geb. am	Sp.	T.
Altug, Selcuk		24.07.1997	2	0
Arifovic, Ajlan		05.05.1998	22	2
Bakovic, Ivan		03.09.1990	9	0
Bakovic, Tomislav		08.09.1991	19	0
Bittner, Florian		08.04.1991	29	0
Boubacar, Lassana		04.12.1996	7	2
Coporda, Luka		25.01.1992	21	1
Cuni, Kilian		04.02.1999	15	0
Faber, Andreas		07.09.1998	21	3
Gillich, Korbinian		11.03.1992	2	0
Hofmaier, Sebastian		25.07.1995	18	1
Kain, Michael		14.08.1989	6	1
Küttner, David		27.07.1999	28	1
Lüftl, Maximilian		24.09.1994	27	3
Marinkovic, Michael		29.08.1991	22	4
Mayer, Leonard		03.06.1992	21	5
Mirza, Nasrullah		07.04.1998	23	7
Negic, Marko	T	22.11.2000	10	0
Ochsendorf, Patrick		13.01.1996	11	1
Özgül, Alpay		10.03.1996	19	2
Olwa Luta, Malcom		04.02.1995	21	4
Putta, Pascal		31.03.1991	22	2
Shorunkeh-Sawyerr, Daniel	T	20.10.1998	22	0
Wiedl, Florian		28.10.1999	25	0
Wolf-Weisbrod, Moritz		25.01.1993	17	1
Eigentore				1
Trainer:				
Faber, Peter		02.01.1958	30	
Simikic, Zlatan		08.02.1989	2	

DJK Vilzing

Spieler		geb. am	Sp.	T.
Balga, Balint		28.06.1989	7	0
Caba, Ladislav	T	11.09.1982	1	0
Dimmelmeier, Marius		25.09.1994	6	0
Gmeinwieser, Jonas		15.04.1999	23	6
Graf, Matthias		31.05.1993	28	1
Hamberger, Michael		28.12.1989	19	2
Hoch, Tobias		22.03.1996	27	2
Högerl, Josef		12.07.1991	10	1
Kalteis, Andreas		30.04.1997	29	4
Kouame, Ben		22.08.1993	30	6
Luge, Andre		08.02.1991	27	13
Menacher, Korbinian		02.02.1999	1	0
Milicevic, Ivan		11.02.1988	10	2
Oisch, Tobias		27.03.1996	23	1
Putz, Maximilian	T	21.11.1989	30	0
Romminger, David		28.03.1983	22	1
Schwander, Christoph		22.02.1993	26	1
Tremml, Nico		26.05.1995	7	3
Trettenbach, Fabian		17.12.1991	21	3
Völkl, Daniel		20.11.1989	15	0
Weber, Philipp		14.01.1990	27	0
Weber, Sandro	T	16.04.1999	1	0
Wendl, Franz		22.02.1996	32	0
Wolf, Maximilian		14.07.1997	23	0
Eigentore				1
Trainer:				
Karmann, Uli		24.03.1966	7	
Seidl, Thomas		28.05.1987	4	
Stadler, Christian		02.06.1973	21	

Schwaben Augsburg

Spieler		geb. am	Sp.	T.
Antoni, Tobias	T	18.07.1990	29	0
Baier, Philipp		02.07.1997	29	0
Fackler-Stamm, Rasmus		17.08.1995	32	5
Fiedler, Maximilian		12.06.1992	24	4
Friedrich, Raffael		07.01.1993	29	2
Gail, Simon		24.02.1998	28	6
Geldhauser, Michael		20.04.1990	19	4
Greiffenberger, David		14.10.1999	1	0
Gröb, Nico		11.03.1999	8	0
Heiß, Florian		10.05.1994	13	0
Hille, Simon		18.12.1992	9	1
Kefer, Marius		01.02.1992	8	2
Konakovic, Safet		07.09.1999	4	0
Krug, Fabian		25.01.1994	29	2
Liebsch, Dennis		09.01.1992	6	0
Löw, Maximilian		06.03.1992	23	5
Merane, Gabriel		25.11.1995	10	2
Müller, Manuel		19.11.1984	4	0
Okeke, Cosmos		21.07.1995	1	0
Rölle, Markus		19.03.1994	9	0
Scheurer, Robin	T	06.10.1993	3	0
Schön, Dominik		12.04.1989	31	5
Schöttgen, Constantin		04.01.1995	28	1
Seitz, Silas		16.03.1999	6	0
Steidl, Raphael		20.04.1998	1	0
Wallner, Matthias		05.03.1990	20	0
Wenni, Martin		14.03.1989	23	0
Winzig, Stefan		21.03.1990	15	1
Eigentore				1
Trainer:				
Dreßler, Sören		26.12.1975	32	

TSV 1860 München II

Spieler		geb. am	Sp.	T.
Abruscia, Alessandro		12.07.1990	1	0
Ade, Denis		03.04.2001	1	0
Auburger, Benedikt		14.03.2001	1	0
Belkahia, Semi		22.12.1998	9	0
Berzel, Aaron		29.05.1992	3	0
Bilgen, Hakan		19.03.1999	14	0
Böhnlein, Kristian		10.05.1990	8	1
Buchta, Severin		14.02.1997	24	2
Culjak, Marin		02.09.1998	27	3
Cyriacus, Lucas		01.01.1999	10	1
Dressel, Dennis		26.10.1998	24	8
Durrans, Matthew		10.12.1998	10	3
Ekin, Arif		14.09.1995	31	3
Ezekwem, Cottrell		13.05.1999	17	4
Fischer, Kilian		12.10.2000	4	0
Gebhart, Sebastian		05.08.1999	26	2
Gracic, Semir		09.09.2000	1	0
Greilinger, Fabian		13.09.2000	10	1
Heigl, Moritz		03.03.1999	6	0
Helmbrecht, Nicholas		30.01.1995	5	1
Hipper, Johann	T	30.09.1998	9	0
Kittel, Sammy		20.01.2000	3	0
Klassen, Leon		29.05.2000	20	1
Köppel, Christian		03.11.1994	7	2
Koussou, Kodjovi		22.06.1992	4	0
Kretzschmar, Tom	T	19.01.1999	17	0
Lacazette, Romuald		03.01.1994	1	0
Memetoglou, Okan		20.05.1999	1	0
Metzger, Marco		17.01.1992	14	2
Ngounou Djayo, Johann		27.02.2001	1	0
Niemann, Noel		14.11.1999	7	1
Njoya Montie, Abdelahim		18.08.1999	1	0
Pecar, Philip		31.01.2001	2	0
Seferings, Simon		05.07.1995	4	2
Sestito, Fabio		01.02.1997	7	0
Siebdrat, Lennert		06.02.1999	16	0
Spitzer, Alexander		23.05.1999	20	1
Spitzer, Marcel		23.05.1999	22	0
Stefanovic, Oliver		26.01.1998	21	1
Sulejmani, Leart		08.01.1999	7	0
Székely, György	T	02.06.1995	7	0
Tiefenbrunner, Michael		21.03.1999	3	0
Trograncic, Antonio		01.01.2000	1	1
Türk, Ugur		24.06.1997	20	15
Eigentore				3
Trainer:				
Lubojanski, Sebastian		25.06.1982	32	

Verbleib in der OL Nordost

Entscheidungsspiel der 15. der Staffeln Nord und Süd.
12.06.19: FC Anker Wismar (N) - VfL Hohenstein-Ernstthal (S) 1:1 (0:0)
Wismar: Robertino Kljajic - Philipp Ostrowitzki (57. Kamil Popowicz), Philipp Unversucht, Hubert Oblizajek - Christian Chidiebere Okafor (46. Guilherme Esteves Lima), Franc Junior Silinou, Johannes Plawan, (57. Sebastian Schiewe), Tom Ney, Ivanir Abelha Pais Rodrigues - Sahid Wahab, Kelvin Odichukwumma Igweani. Trainer: Christiano Dinalo Adigo
Hohenstein: Marco Pohl - Florian Stier, Eric Fischer (65. Felix Kunert), Max Schmeling, Christopher Wittig - Daniel Heinrich, Maik Georgi, Michael Neubert (90.+4 Roy Blankenburg), Kai Enold, Philipp Colditz - Fabian Erler (90.+3 Tom Wilhelm). Trainer: Steve Dieske
Tore: 0:1 Philipp Colditz (50., Foulelfmeter), 1:1 Kelvin Odichukwumma Igweani (72.)
Zuschauer: 310 auf dem Jahnsportplatz in Wismar
Schiedsrichter: Andy Stolz (Pritzwalker FHV 03, BRB) - Assistenten: Tobias Starost (TSV Uenze 04, BRB), Mario Warminski (Pritzwalker FHV, BRB)
Gelbe Karten: Sahid Wahab / Daniel Heinrich, Max Schmeling
Rote Karten: - / Kai Enold (74., Schiedsrichterbeleidigung)
Bes. Vorkommnis: Marco Pohl hält Handelfmeter von Ivanir Abelha Pais Rodrigues (75.)

16.06.2019: VfL 05 Hohenstein-Ernstthal - FC Anker Wismar 2:1 (1:0)
Hohenstein: Marco Pohl - Florian Stier, Max Schmeling, Thomas Kochte, Daniel Heinrich - Sebastian Weiske, Christopher Wittig, Maik Georgi, Eric Fischer (72. Guido Heßmann) - Philipp Colditz (90.+4 Tom Wilhelm), Fabian Erler (90. Roy Blankenburg). Trainer: Steve Dieske
Wismar: Robertino Kljajic - Tom Ney, Philipp Unversucht, Hubert Oblizajek (52. Ivanir Abelha Pais Rodrigues) - Marcel Ottenbreit (83. Thomas Ehlert), Franc Junior Silinou, Sebastian Schiewe, Philipp Ostrowitzki, Guilherme Esteves Lima - Tomasz Serweta, Kelvin Odichukwumma Igweani (82. Kamil Popowicz). Trainer: Christiano Dinalo Adigo
Tore: 1:0 Thomas Kochte (4.), 2:0 Florian Stier (48.), 2:1 Kelvin Odichukwumma Igweani (59.)
Zuschauer: 405 im HOT-Sportzentrum Am Schützenhaus
Schiedsrichter: Marko Wartmann (BSV 1920 Großvargula, TH) - Assistenten: Daniel Bartnitzki (FC Rot-Weiß Erfurt, TH), Johannes Drößler (FSV Wacker 03 Gotha, TH)
Gelbe Karten: - / Ivanir Abelha Pais Rodrigues, Philipp Unversucht
VfL 05 Hohenstein-Ernstthal verbleibt in der Oberliga Nordost-Süd; FC Anker Wismar steigt in die Verbandsliga Mecklenburg-Vorpommern ab.

Aufstieg in die OL Hamburg

Bedingt durch den Rückzug des Wedeler TSV aus der Oberliga wurde ein fünfter Aufstiegsplatz frei. Das Entscheidungsspiel bestritten die Dritten der Landesliga-Staffeln Hansa (VfL Lohbrügge) und Hammonia (FC Union Tornesch).
10.06.2019: FC Union Tornesch - VfL Lohbrügge 2:1 (1:0)
Tornesch: Norman Baese; Sven Christian Kulicke, Fabian Knottnerus (79. Dennis Beckmann), Jan Philipp Zimmermann, Jannek Laut (68. Jannik Swennosen), Tim Moritz, Lennart Dora, Philipp Alexander Werning, Serge Haag, Björn Dohrn (77. Sören Badermann), Phillip Niklas Kuschka. Trainer: Martin Schwabe
Lohbrügge: Alen Brandic; Adam Hamdan, Duro Arlovic (57. Oguzhan Gencel), Mohammad Javad Gurbanian (60. Danijel Suntic), Pascal Bäker, Anto Zivkovic, Ahmad Abdul Hafiz, Sandjar Ahmadi, Robert Pallasch (78. Agatino Indulto), Domagoj Bozic, Marcel-Pascal Walter. Trainer: Sven Schneppel
Tore: 1:0 Björn Dohrn (2.), 2:0 Björn Dohrn (61.), 2:1 Oguzhan Gencel (88.)
Zuschauer: 750 im Stadion Hoheluft in Hamburg
Schiedsrichter: Martin Ghafury (HSV Barmbek-Uhlenhorst) - Assistenten: Patrick Hiebert (HSV Barmbek-Uhlenhorst), Pascal Miklis (HSV Barmbek-Uhlenhorst)
Gelbe Karten: Fabian Knottnerus, Alexander Werning, Dennis Beckmann / Sandjar Ahmadi

Aufstieg OL Rheinland-Pfalz/Saar

Einfache Aufstiegsrunde der Zweiten der Rheinlandliga, Saarlandliga und Verbandsliga Südwest:
01.06.2019: Ahrweiler BC (RHL) - FV Dudenhofen (SW) 0:2 (0:1)
Ahrweiler: Alex Gorr - Marco Liersch, Andreas Dick, Jan Rieder, Aldin Sukic (79. Niklas Röder) - Yannick Schweigert, Paul Gemein, Ajdin Sukalic (61. Belmin Muric, 90.+5 Ilija Pijanovic), Sebastian Sonntag - Almir Porca, Lucas Minwegen. Trainer: Jonny Susa
Dudenhofen: Marcel Johann - Daniel Eppel, Kevin Hoffmann, Simon Bundenthal, Jannik Said (81. Dominic Himmighöfer) - Michael Bittner, Timo Enzenhofer, Pascal Thiede, Christopher Koch (72. Andreas Lange) - Julian Marc Scharfenberger (84. Moritz Stock), Paul Stock. Trainer: Christian Schultz
Tore: 0:1 Julian Scharfenberger (32.), 0:2 Kevin Hoffmann (85., Foulelfmeter)
Zuschauer: 1.750 im Apollinaris-Stadion in Bad Neuenahr-Ahrweiler
Schiedsrichter: Timo Klein (TuS Wiebelskirchen, SAR) - Assistenten: Justin Joel Hasmann (TuS Wiebelskirchen, SAR) / Matthias Edrich (SV Bliesen, SAR)
Gelbe Karten: Muric, Röder, Rieder / Johann, Paul Stock, Thiede
Bes. Vorkommnis: Marcel Johann hält Foulelfmeter von Paul Gemein (76.)

04.06.2019: SF Köllerbach (SAR) - Ahrweiler BC 3:0 (2:0)
Köllerbach: Sascha Segarra-Gil - Jerry Laloe, Onyan Mitkov (56. Sascha Fess), Nils Borgard, Basel Haj Mohammed (90. Georgios Anastasopoulos) - Mike Seewald, Valentin Solovej, Yannick Momper, Gianni Gotthardt - Florian Bohr, Yacine Hedjilen), Yannick Nonnweiler. Trainer: Robin Vogtland
Ahrweiler: Alex Gorr - Steffen Thelen (76. Mussa Mumini), Marco Liersch, Niklas Röder, Yannick Schweigert - Andreas Dick, Jan Rieder (85. Furkan Kalin), Sebastian Sonntag, Paul Gemein - Almir Porca, Lucas Minwegen (62. Ajdin Sukalic). Trainer: Julian Hilberath (i. V. für Jonny Susa)
Tore: 1:0 Yannick Nonnweiler (30.), 2:0 Ognyan Mitkov (37.), 3:0 Georgios Anastasopoulus (90.+1)
Zuschauer: 750 im Stadion an der Burg in Köllerbach
Schiedsrichter: Tom Bauer (VfL Neuhofen, SW) - Assistenten: Patrick Simon (TSV Wonsheim, SW), Jens Schmidt (NN, SW)
Gelbe Karten: Yannick Momper, Sascha Fess / Niklas Röder, Yannick Schweigert, Sebastian Sonntag, Jan Rieder
Bes. Vorkommnis: Sascha Segarra-Gil hält Foulelfmeter von Almir Porca (22.)

08.06.2019: FV Dudenhofen - SF Köllerbach 2:0 (0:0)
Dudenhofen: Marcel Johann - Daniel Eppel, Kevin Hoffmann, Simon Bundenthal, Jannik Said - Michael Bittner, Timo Enzenhofer, Pascal Thiede (46. Andreas Lange), Christopher Koch (73. Rami Zein) - Julian Marc Scharfenberger (89. Moritz Stock), Paul Stock. Trainer: Christian Schultz
Köllerbach: Sascha Segarra-Gil - Jerry Laloe, Onyan Mitkov, Nils Borgard, Basel Haj Mohammed - Mike Seewald (73. Georgios Anastasopoulos), Valentin Solovej, Yannick Momper (61. Yacine Hedjilen), Gianni Gotthardt (57. Sascha Fess) - Florian Bohr, Yannick Nonnweiler. Trainer: Robin Vogtland
Tore: 1:0 Simon Bundenthal (65.), 2:0 Andreas Lang (78.)
Zuschauer: 1.100 auf der Sportanlage in der Iggelheimer Straße
Schiedsrichter: Arianit Besiri (FSV Trier-Tarforst, RHL) - Assistenten: Naemi Breier (SV Eintracht Irsch, RHL), Veron Besiri (SV Föhren, RHL)

Pl.	Mannschaft		Sp	S	U	N	Tore	TD	Pkt
1.	FV Dudenhofen (SW)	↑	2	2	0	0	4-0	+4	6
2.	SF Köllerbach (SAR)		2	1	0	1	3-2	+1	3
3.	Ahrweiler BC (RHL)		2	0	0	2	0-5	-5	0

FV Dudenhofen steigt in die Oberliga Rheinland-Pfalz/Saar auf.

Aufstieg in die Hessenliga

Einfache Aufstiegsrunde der Zweiten der VL Hessen Nord, Mitte und Süd:
30.05.2019: TuS Dietkirchen (M) - SV Neuhof (N) 0:2 (0:0)
Dietkirchen: Raphael Laux; Moses Nickmann (89. Nick Bernhardt), Niklas Schmitt, Marvin Rademacher, Lukas Hautzel (85. Nils Bergs), Kevin Kratz, Dennis Leukel, Robin Dankof, Maximilian Zuckrigl, Jason Schäfer (67. Marco Müller), Yannick Wenig. Trainer: Thorsten Wörsdörfer
Neuhof: Ahmed Hadzic; Robert Sluka, Emil Osmanovic, Branimir Velic, Antonio Antoniev (23. Jean-Carlo Yanez Cortes), Györgi Zarevski, Sergio Sosa Perez, Aleksandar Anastasov (78. Petar Krastov), Fabian Wozniak, Nikolcho Gorgiev (89. Dominik Jacko), Radek Görner. Trainer: Alexander Bär
Tore: 0:1 Radek Görner (72.), 0:2 Jean-Carlo Yanez Cortes (76.)
Zuschauer: 1.000 im Stadion Reckenforst in Dietkirchen
Schiedsrichter: Christoffer Reimund (SV Eintracht Zwingenberg) - Assistenten: Maximilian Prölß (FC Ober-Ramstadt), Kevin Steinmann (SG Gronau)

02.06.2019: 1. Hanauer FC 93 - TuS Dietkirchen 1:3 (0:2)
Hanau: Armend Brao; Jörn Kohl, Sascha Ries, Christoph Prümm, Ilker Bicakci, Kahraman Damar (67. Feta Suljic), Velibor Velemir, Khaibar Armani, Patrick Gischewski, Michel Gschwender, Tim Fließ. Trainer: Michael Fink
Dietkirchen: Raphael Laux; Mosos Nickmann, Niklas Schmitt, Marco Müller (87. Mario Dietrich), Lukas Hautzel, Kevin Kratz, Dennis Leukel (80. Patrick Schmitt), Robin Dankof, Maximilian Zuckrigl, Jason Schäfer, Yannick Wenig. Trainer: Thorsten Wörsdörfer
Tore: 0:1 Maximilian Zuckrigl (10.), 0:2 Dennis Leukel (39.), 1:2 Christoph Prümm (48.), 1:3 Jason Schäfer (52.)
Zuschauer: 600 auf der Heinrich-Sonnrein-Sportanlage in Hanau
Schiedsrichter: Christoph Rübe (OSC Vellmar) - Assistenten: Daniel Heist (TSV Hertingshausen), Philipp Metzger (FSV Rot-Weiß Wolfhagen)
Gelb-Rote Karten: - / Kevin Kratz (76., Ballwegschlagen)

08.06.2019: SV Neuhof - 1. Hanauer FC 93 1:0 (0:0)
Neuhof: Ahmed Hadzic; Robert Sluka, Emil Osmanovic, Branimir Velic, Fabian Wozniak, Györgi Zarevski, Aleksandar Anastasov, Nikolcho Gorgiev, Sergio Sosa Perez (71. Dominik Jacko), Jean-Carlo Yanez Cortes (90, Petar Krastov), Radek Görner (85. Tomislav Labudovic). Trainer: Alexander Bär
Hanau: Armend Brao - Sascha Ries, Enis Muratoglu (70. Jaouad El Kaddouri), Tim Fließ, Lennox Crews (66. Michel Gschwender) - Dennis Gogol, Patrick Gischewski, Christoph Prümm, Ahmad Raafat (57. Ilker Bikacki) - Kahraman Damar, Feta Suljic. Trainer: Michael Fink
Tor: 1:0 Radek Görner (67.)
Zuschauer: 950 auf der Glückauf-Kampfbahn in Neuhof
Schiedsrichter: Christof Günsch (SV Reddighausen) - Assistenten: Lukas Kitowski (TSV Röddenau), Dennis Röhling (TSV Frankenau)

Pl.	Mannschaft		Sp	S	U	N	Tore	TD	Pkt
1.	SV Neuhof	↑	2	2	0	0	3-0	+3	6
2.	TuS Dietkirchen	↑	2	1	0	1	3-3	0	3
3.	1. Hanauer FC 93	↑	2	0	0	2	1-4	-3	0

SV Neuhof steigt in die Hessenliga auf. Durch den Aufstieg von FC Bayern Alzenau in die Regionalliga Südwest steigt auch TuS Dietkirchen auf. Durch den Rückzug des FSC Lohfelden aus der Hessenliga nach Abschluss der Aufstiegsspiele steigt auch noch der 1. Hanauer FC 93 auf.

Aufstieg OL Baden-Württemberg

Teilnehmer: Die Vizemeister der Verbandsligen Nordbaden, Südbaden und Württemberg (1. Runde: Nord- gegen Südbaden, 2. Runde: Württemberg gegen den Sieger aus der 1. Runde). Da der VfB Gartenstadt (Mannheim) als Meister der Verbandsliga Nordbaden Ende Mai 2019 aus Infrastrukturgründen auf den Aufstieg in die Oberliga verzichtet, steigt der Vizemeister der Verbandsliga Nordbaden (SV Sandhausen II) direkt in die Oberliga auf und der Dritte der Verbandsliga Nordbaden nimmt an der Aufstiegsrunde teil.
1. Runde:
08.06.2019: Fortuna Heddesheim (NBD) - Freiburger FC (SBD) 0:2 (0:0)
Heddesheim: Alexander Jäger - Christian Heinrich, John Malanga, Marcel Höhn - Oliver Malchow, Andreas Lerchl, Dennis Lodato (68. Salih Özdemir), Nelson Nsowah - Muhammed Cihad Ilhan (72. Fabio Schmidt), Enis Baltaci (80. Jannick Heins), Izzeddine Noura. Trainer: René Gölz
Freiburg: Niklas Schindler - Kevin Senftleber, Felix Dreher, Nicolas Garcia Stein, Fabian Amrhein - Alexander Martinelli, Ivan Novakovic (85. Artur Fellanxa), Matthis Eggert, Hendrik Gehring (65. Elias Reinhardt), Aslan Ulubiev (19. Mike Enderle, 60. Fabian Sutter) - Marco Senftleber. Trainer: Ralf Eckert
Tore: 0:1 Ivan Novakovic (63.), 0:2 Marco Senftleber (90., Foulelfmeter)
Zuschauer: 450 in Heddesheim
Schiedsrichter: Maurice Kern (SV Sillenbuch, WBG) - Assistenten: Markus Schmidt (SV Sillenbuch, WBG), Diana Ehmig (VfB Stuttgart, WBG)
Gelbe Karten: 2 / -

12.06.2019: Freiburger FC - FV Fortuna Heddesheim 5:2 (3:0)
Freiburg: Niklas Schindler - Kevin Senftleber, Felix Dreher, Nicolas Garcia Stein (51. Aslan Ulubiev), Fabian Amrhein - Alexander Martinelli, Mike Enderle (71. Hassan Mourad), Elias Reinhardt (58. Fabian Sutter), Matthis Eggert - Marco Senftleber, Ivan Novakovic (77. Artur Fellanxa). Trainer: Ralf Eckert
Heddesheim: Alexander Jäger - Christian Heinrich (77. Noel Hesse), John Malanga, Marcel Höhn - Salih Özdemir (46. Dennis Lodato), Nelson Nsowah, Oliver Malchow, Fabio Schmidt (71. Cedric Fleckenstein), Andreas Lerchl - Muhammed Cihad Ilhan, Izzeddine Noura (46. Enis Baltaci). Trainer: René Gölz
Tore: 1:0 Mike Enderle (7.), 2:0 Kevin Senftleber (27.), 3:0 Marco Senftleber (45.), 3:1 Enis Baltaci (50.), 3:2 Muhammed Cihad Ilhan (52.), 4:2 Mike Enderle (67.), 5:2 Kevin Senftleber (72.)
Zuschauer: 1.000 im Contempo-Stadion im Dietenbach-Sportpark in Freiburg im Breisgau
Schiedsrichter: Philipp Schlegel (SV Unterstadion, WBG) - Assistenten: Martin Traub (SG Griesingen, WBG), Tobias Burger (SV Unterstadion, WBG)
Gelbe Karten: Elias Reinhardt, Marco Senftleber / Muhammed Cihad Ilhan, Oliver Malchow

2. Runde:
16.06.2019: Freiburger FC - FSV Hollenbach 2:2 (1:1)
Freiburg: Niklas Schindler - Fabian Amrhein, Kevin Senftleber, Felix Dreher (87. Yannick Berger) - Aslan Ulubiev (71. Artur Fellanxa), Mike Enderle, Alexander Martinelli, Elias Reinhardt (6. Nicolas Garcia Stein), Fabian Sutter (54. Gabriel Moser), Hendrik Gehring - Marco Senftleber. Trainer: Ralf Eckert
Hollenbach: Philipp Hörner - Marc Zeller, Timo Brenner, Marius Uhl - Jan Ruven Schieferdecker (72. Manuel Hofmann), Arne Schülke (80. Jonas Limbach), Michael Kleinschrodt, Lorenz Minder (87. Torben Götz), Dennis Hutter, Christoph Rohmer - Sebastian Hack (67. Samuel Schmitt). Trainer: Martin Kleinschrodt
Tore: 1:0 Marco Senftleber (21., Foulelfmeter), 1:1 Jan Ruven Schieferdecker (36.), 2:1 Alexander Martinelli (60.), 2:2 Manuel Hofmann (76., Foulelfmeter)
Zuschauer: 2.000 im Contempo-Stadion im Dietenbach-Sportpark in Freiburg im Breisgau
Schiedsrichter: Lukas Heim (FV Wiesental, NBD) - Assistenten: Christian Schäffner (SV 62 Bruchsal, NBD), Haris Kresser (SV Waldwimmersbach, NBD)
Gelb-Rote Karten: - / Michael Kleinschrodt (90.[+2], gefährliches Spiel)
Gelbe Karten: Mike Enderle, Kevin Senftleber, Fabian Sutter / Sebastian Hack, Christoph Rohmer

23.06.2019: FSV Hollenbach - Freiburger FC 1:5 (1:3)
Hollenbach: Philipp Hörner - Timo Brenner, Marius Uhl, Marc Zeller - Arne Schülke (40. Jonas Limbach), Lorenz Minder (66. Torben Götz), Manuel Hofmann (72. Lukas Ryl), Christoph Rohmer, Dennis Hutter, Jan Ruven Schieferdecker (40. Samuel Schmitt) - Sebastian Hack. Trainer: Martin Kleinschrodt
Freiburg: Niklas Schindler - Kevin Senftleber, Felix Dreher, Nicolas Garcia Stein, Fabian Amrhein - Ivan Novakovic, Fabian Sutter (45. Matthis Eggert), Hendrik Gehring (64. Gabriel Moser), Mike Enderle (78. Marko Radovanovic), Alexander Martinelli (81. Hassan Mourad) - Marco Senftleber. Trainer: Ralf Eckert
Tore: 0:1 Fabian Sutter (11.), 0:2 Mike Enderle (16.), 0:3 Marco Senftleber (29., Foulelfmeter), 1:3 Marius Uhl (43.), 1:4 Marco Senftleber (60.), 1:5 Ivan Novakovic (69.)
Zuschauer: 2.000 in der Jako Arena Hollenbach in Mulfingen
Schiedsrichter: Michael Kimmeyer (TSV Palmbach, NBD) - Assistenten: Joshua Zanke (TSV Ötisheim, NBD), Pascal Rastetter (TSV Reichenbach, NBD)
Gelbe Karten: Sebastian Hack, Christoph Rohmer, NN / NN
Freiburger FC steigt in die Oberliga Baden-Württemberg auf; FSV Hollenbach und FV Fortuna Heddesheim verbleiben in den Verbandsligen.

Qualifikation zur Bayernliga

Gruppe Nord:
22.05.19: Viktoria Kahl (NW) - Jahn Forchheim (17. BYN)   4:0 (2:0)
Kahl: Simon Stadtmüller - Lukas Elbert, Felix Wissel (58. Oliver Reinhart), Gökhan Aydin, Enrico Puglisi (90. Emirhan Sezer), Gabriel Akman, Bajram Dzeladini, Patrick Farbmacher, Lucas Gora, Mike Kirchner (80. Michel Sauer), Jannik Heßler. Trainer: Nils Noe
Forchheim: Christian Bergmann - Johannes Petschner (69. Daniel Uttinger), Steffen Müller, Sandro Gumbrecht, Philipp Nagengast (35. Drazen Misic), Christian Städtler (82. Andre Jerundow), Timo Noppenberger, Patrick Mai, Tom Jäckel, Jens Wartenfelser, Firat Güngör. Trainer: Christian Springer
Tore: 1:0 Felix Wissel (27.), 2:0 Mike Kirchner (32.), 3:0 Oliver Reinhart (61.), 4:0 Gökhan Aydin (67.)
Zuschauer: 560 auf dem Sportgelände in Kahl
Schiedsrichter: Johannes Hamper (VfR Katschenreuth) - Assistenten: Andreas Voll (TSV Kelbachgrund Kleukheim), Marian Engelhaupt (DJK Don Bosco Bamberg)
Gelbe Karten: Lukas Elbert, Gabriel Akman, Jannik Heßler / Christian Städtler, Timo Noppenberger, Patrick Mai, Firat Güngör
Rote Karten: - / Andre Jerundow (90., Nachtreten), Drazen Misic (90.+3., Tätlichkeit nach dem Abpfiff)

22.05.19: 1. FC Sand (14. BYN) - FSV Erlangen-Bruck (16. BYN)   5:1 (2:0)
Sand: Stefan Klem - Johannes Bechmann, Danny Schlereth, Thorsten Schlereth (87. Max Witchen), André Karmann, Sebastian Wagner (83. Oliver Gonnert), Christopher Gonnert (71. Shaban Rugovaj), Dominik Rippstein, Adrian Reith, Kevin Steinmann, Dominik Schmitt. Trainer: Dieter Schlereth
Erlangen: Mathias Beck - Jan Sperber (77. Labeat Ferizi), Samet Güler (81. Maximilian Bauernschmitt), Daniel Eich, Adem Selmani (86. Yacine Kemenni), Firat Cagli, Oliver Seybold, Moritz Fischer, Luca Ortner, Bastian Lunz, Petrit Djonbalic. Trainer: Normann Wagner
Tore: 1:0 Thorsten Schlereth (18.), 2:0 Adrian Reith (25.), 2:1 Bastian Lunz (51., Foulelfmeter), 3:1 Thorsten Schlereth (62.), 4:1 Adrian Reith (70.), 5:1 Shaban Rugovaj (78.)
Zuschauer: 650 im Seestadion in Sand
Schiedsrichter: Roman Potemkin (SV Friesen) - Assistenten: Jonathan Bähr (SV Friesen), Tobias Blay (SV Mitterteich)
Gelbe Karten: Johannes Bechmann, Kevin Steinmann, Dominik Schmitt / Bastian Lunz, Petrit Djonbalic, Maximilian Bauernschmitt
Rote Karten: - / Daniel Eich (90.+4, Unsportlichkeit)

25.05.2019: SpVgg Jahn Forchheim - FC Viktoria Kahl   4:2 (1:0)
Forchheim: Christian Bergmann - Steffen Müller, Sandro Gumbrecht, Philipp Nagengast, Christian Städtler, Timo Noppenberger, Daniel Uttinger (60. Johannes Petschner), Patrick Mai, Tom Jäckel, Jens Wartenfelser, Firat Güngör. Trainer: Christian Springer
Kahl: Simon Stadtmüller - Lukas Elbert, Gabriel Akman, Gökhan Aydin, Enrico Puglisi (6. Michel Sauer), Bajram Dzeladini, Patrick Farbmacher, Okam Cetim (41. Kevin Knecht), Lucas Gora, Mike Kirchner, Jannik Heßler (77. Oliver Reinhart). Trainer: Nils Noe
Tore: 1:0 Steffen Müller (18., Foulelfmeter), 2:0 Philipp Nagengast (51.), 2:1 Michel Sauer (61.), 3:1 Johannes Petschner (71.), 4:1 Christian Städtler (90.), 4:2 Oliver Reinhart (90.+4)
Zuschauer: 294 auf der Sportanlage Forchheim, Friedrich-Ludwig-Jahn-Straße
Schiedsrichter: André Denzlein (1. FC Hochstadt) - Assistenten: Marcel Schiller (TSV Cortendorf), Fabian Gratzke (TSV Neukenroth)
Gelbe Karten: Daniel Uttinger, Jens Wartenfelser, Christian Bergmann / Gabriel Akman, Bajram Dzeladini, Oliver Reinhart
Gelb-Rote Karten: Christian Städtler (90., wiederholtes Foulspiel) / -
Rote Karten: Tom Jäckel (65., Tätlichkeit) / Michel Sauer (65., grobes Foulspiel)

25.05.2019: FSV Erlangen-Bruck - 1. FC Sand am Main   1:5 (0:1)
Erlangen: Mathias Beck - Jan Sperber (55. Labeat Ferizi), Petrit Djonbalic, Thomas Roas (46. Adem Daoud), Adem Selmani (77. Samet Güler), Firat Cagli, Oliver Seybold, Moritz Fischer, Luca Ortner, Rafael Hinrichs, Bastian Lunz. Trainer: Normann Wagner
Sand: Stefan Klemm - Johannes Bechmann, Danny Schlereth, Thorsten Schlereth (82. Max Witchen), André Karmann, Sebastian Wagner, Philipp Markof (55. Shaban Rugovaj), Dominik Rippstein (77. Kevin Moser), Adrian Reith, Kevin Steinmann, Dominik Schmitt. Trainer: Dieter Schlereth
Tore: 0:1 Dominik Schmitt (37.), 1:1 Bastian Lunz (56.), 1:2 Shaban Rugovaj (72.), 1:3 Adrian Reith (75.), 1:4 Dominik Schmitt (87.), 1:5 Danny Schlereth (90.)

Zuschauer: 203 auf der Sportanlage Erlangen, Tennenloher Straße
Schiedsrichter: Markus Plaum (SV Dörfleins) - Assistenten: Martin Götz (SV DJK Tütschengereuth), Simon Winkler (DJK Don Bosco Bamberg)
Gelbe Karten: Bastian Lunz / André Karmann

Gruppe Mitte:
22.05.2019: 1. SC Feucht (NO) - FC Ismaning (15. BYS)   1:2 (0:0)
Feucht: Andreas Sponsel - Dieudonne Betsi Mbetssi, Tobias Lehr-Kramer, Bastian Leikam, Stephan König (75. Salim Ahmed), Michael Eckert, Julian Schäf, Niculae Oltean, Nico Wessner, Felix Spielbuehler, Fabian Klose. Trainer: Florian Schlicker
Ismaning: Sebastian Fritz - Markus Neuber, Anton Siedlitzki (67. Robin Villand), Maximilian Siebald (90.+4 Suhal Moradi), Bastian Fischer, Daniel Weber (89. Manuel Ring), David Tomasevic, Angelo Hauk, Tobias Killer, Hugo da Silva Lopes, Clemens Kubina. Trainer: Mijo Stijepic
Tore: 0:1 David Tomasevic (69.), 0:2 Daniel Weber (85.), 1:2 Nico Wessner (90.+2)
Zuschauer: 544 auf der Sportanlage des TSV Altenfurt
Schiedsrichter: Steffen Ehwald (FC Geldersheim) - Assistenten: Jochen Burkard (SG Schleerieth), David Kern (TSV Röthlein)
Gelbe Karten: Stephan König, Felix Spielbuehler / Hugo da Silva Lopes

22.05.2019: ASV Cham (Mitte) - ASV Vach (15. BYN)   8:1 (2:0)
Cham: Stefan Riederer - Tahir Namir, Daniel Engl (65. Jonas Berzl), Friedrich Lieder, Franz-Xaver Brandl, Marco Faltermeier, Michael Wich, Thomas Zollner, Tobias Kordick (69. Michal Hvezda), Michael Plänitz (46. Michael Lamecker), Johannes Bierlmeier. Trainer: Andreas Lengsfeld
Vach: Sven Gerstner - Michael Gambel, Sammy Röder, Yuri Meleleo, Julian Konrad (67. Nico Haas), Daniel Krapfenbauer (62. Pedram Pishdar), Burc Takmak, Kai Hufnagel (25. Christian Kohl), Dominik Zametzer, Patrick Schwesinger, Pascal Tischler. Trainer: Norbert Nein
Tore: 1:0 Tobias Kordick (9.), 2:0 Friedrich Lieder (36.), 3:0 Friedrich Lieder (47.), 4:0 Friedrich Lieder (50.), 5:0 Tobias Kordick (63.), 6:0 Johannes Bierlmeier (71.), 6:1 Yuri Meleleo (75.), 7:1 Johannes Bierlmeier (76.), 8:1 Michal Hvezda (89.)
Zuschauer: 1.281 auf dem Kappenberger Sportzentrum des ASV Cham
Schiedsrichter: Jochen Gschwendtner (SSV Wurmannsquick) - Assistenten: Simon Schreiner (DJK-SF Reichenberg), Felix Grund (SV Haidlfing)
Gelbe Karten: Daniel Engl / Sammy Röder
Gelb-Rote Karten: - / Christian Kohl (80., Foulspiel/Reklamieren)

25.05.2019: FC Ismaning - 1. SC Feucht   1:1 (0:1)
Ismaning: Sebastian Fritz - Markus Neuber, Anton Siedlitzki (36. Manuel Ring), Maximilian Siebald, Bastian Fischer, Daniel Weber, David Tomasevic, Angelo Hauk, Tobias Killer (41. Suhal Moradi, 90.+2 Taiki Fujita), Hugo da Silva Lopes, Clemens Kubina. Trainer: Mijo Stijepic
Feucht: Andreas Sponsel - Dieudonne Betsi Mbetssi, Tobias Lehr-Kramer (74. Salim Ahmed), Bastian Leikam (86. Fatih Boynügrioglu), Stephan König, Michael Eckert, Julian Schäf, Niculae Oltean (78. Yasar Kaya), Nico Wessner, Felix Spielbuehler, Fabian Klose. Trainer: Florian Schlicker
Tore: 0:1 Nico Wessner (36.), 1:1 Angelo Hauk (70.)
Zuschauer: 450 im Prof. Erich Greipl Stadion in Ismaning
Schiedsrichter: Andreas Hummel (TSV Betzigau) - Assistenten: Thomas Spinkart (TSV Burgberg), Matteo Heiß (FSV Inningen)
Gelbe Karten: Markus Neuber, Maximilian Siebald, David Tomasevic, Manuel Ring, Suhal Moradi / Dieudonne Betsi Mbetssi, Bastian Leikam, Stephan König, Niculae Oltean, Felix Spielbuehler, Salim Ahmed
Gelb-Rote Karten: Hugo da Silva Lopes (74., wiederholtes Foulspiel), Angelo Hauk (88., Foulspiel/Unsportlichkeit) / -
Rote Karten: Taiki Fujita (90.+7, grobes Foulspiel) / -

25.05.2019: ASV Vach - ASV Cham   2:3 (2:1)
Vach: Jonas Dir - Manuel Esparza, Sammy Röder, Yuri Meleleo, Rico Röder, Daniel Krapfenbauer, Burc Takmak, Nico Haas, Michael Gambel, Pascal Tischler (67. Martin Kirbach), Christopher Uwadia. Trainer: Norbert Nein
Cham: Stefan Riederer - Tahir Namir, Michael Lamecker, Jonas Berzl, Friedrich Lieder (46. Michal Hvezda), Franz-Xaver Brandl, Marco Faltermeier, Michael Wich, Christoph Weidner (46. Thomas Zollner), Tobias Kordick, Johannes Bierlmeier (67. Alexander Schafberger). Trainer: Andreas Lengsfeld
Tore: 0:1 Tobias Kordick (14.), 1:1 Daniel Krapfenbauer (15.), 2:1 Daniel Krapfenbauer (32.), 2:2 Jonas Berzl (58.), 2:3 Michael Wich (87.)
Zuschauer: 299 auf der Sportanlage Fürth, Am Sportplatz
Schiedsrichter: Thomas Ehrensperger (1. FC Rieden) - Assistenten: Tim Schuller (SV Freudenberg), Matthias Zahn (FC Großalbersdorf)
Gelbe Karten: Rico Röder, Daniel Krapfenbauer, Burc Takmak / Michael Lamecker, Franz-Xaver Brandl, Tobias Kordick

Gruppe Süd:

22.05.2019: Türkspor Augsburg (SW) - 1. FC Sonthofen (14. BYS) 0:0
Augsburg: Stefan Brunner - Moustapha Salifou (67. Hakan Kocakahya), Patrick Wurm, Emre Kurt, Samet Kurt, Emre Arik, Fatih Baydemir, Tobias Heijenwälder, Usama Jassem, Deniz Schmid, Alexis Quevedo. Trainer: Manfred Bender
Sonthofen: Zeynel Anil - Sam Buchmann (82. Marc Penz), Kevin Hailer, Florian Makoru, Manuel Wiedemann, Ylber Myrta, Taijiro Mori, Patrick Littig, Jannik Keller, Gregor Mürkl, Andreas Hindelang (74. Mario Klauser). Trainer: Benjamin Müller
Zuschauer: 700 auf der Bezirkssportanlage in Haunstetten
Schiedsrichter: Florian Böhm (TSV Wolfratshausen) - Assistenten: Benjamin Sölch (SV Wilting), Silas Kempf (FC Bayern München)
Gelbe Karten: Samet Kurt / Sam Buchmann, Taijiro Mori, Jannik Keller

22.05.2019: FC Deisenhofen (SO) - FC Unterföhring (16. BYS) 1:1 (0:0)
Deisenhofen: Enrico Caruso - Marinus Poschenrieder (80. Valentin Köber), Tobias Nickl, Martin Mayer (82. Salvatore Mancusi), Marco Finster, Michael Bachhuber, Tobias Rembeck, Evrad Ngeukeu (68. Julian Allgeier), Tobias Muggesser, Michael Vodermeier, Leon Müller-Wiesen. Trainer: Hannes Sigurdsson
Unterföhring: Marko Negic - Maximilian Lüftl, Luka Coporda, Nasrullah Mirza, Michael Kain (62. David Küttner), Pascal Putta (56. Florian Wiedl), Sebastin Hofmaier, Ajlan Arifovic, Florian Bittner, Andreas Faber, Michael Marinkovic (66. Malcom Olwa Luta). Trainer: Zlatan Simikic
Tore: 1:0 Michael Bachhuber (58.), 1:1 Nasrullah Mirza (75.)
Zuschauer: 692 auf der Sportanlage in Deisenhofen
Schiedsrichter: Elias Tiedeken (TSV Neusäß) - Assistenten: Florian Heilgemeir (TSG Stadtbergen), Patrick Meixner (BC Rinnenthal)
Gelbe Karten: Michael Bachhuber, Michael Vodermeier / Michael Kain, Ajlan Arifovic
Gelb-Rote Karten: - / Florian Bittner (51., Unsportlichkeit/Foulspiel)
Bes. Vorkommnis: Marko Negic hät Foulelfmeter von Marco Finster (90.)

25.05.2019: 1. FC Sonthofen - Türkspor Augsburg 1972 1:2 (1:0)
Sonthofen: Zeynel Anil - Sam Buchmann (73. Mario Klauser), Kevin Hailer, Florian Makoru, Manuel Wiedemann, Ylber Myrta, Taijiro Mori, Patrick Littig (28. Marc Penz), Jannik Keller, Gregor Mürkl (86. Pirmin Vogler), Andreas Hindelang. Trainer: Benjamin Müller
Augsburg: Stefan Brunner - Moustapha Salifou (89. Berat Ayverdi), Patrick Wurm, Emre Kurt, Samet Kurt (78. Hakan Kocakahya), Emre Arik, Fatih Baydemir, Tobias Heijenwälder, Usama Jassem, Deniz Schmid, Alexis Quevedo (70. Hasan Can). Trainer: Manfred Bender
Tore: 1:0 Gregor Mürkl (14.), 1:1 Moustapha Salifou (80.), 1:2 Hakan Kocakahya (88.)
Zuschauer: 706 in der Baumit Arena in Sonthofen
Schiedsrichter: Florian Riepl (SpVgg Altenerding) - Assistenten: Christian Keck (FC Grünbach), Manuel Müller (TSV St. Wolfgang)
Gelbe Karten: Andreas Hindelang / Moustapha Salifou

25.05.2019: FC Unterföhring - FC Deisenhofen 0:2 (0:1)
Unterföhring: Marko Negic - Maximilian Lüftl, Luka Coporda, Malcom Olwa Luta (65. Ivan Bakovic), Nasrullah Mirza (77. Tomislav Boubacar), Leonard Mayer (46. Michael Marinkovic), Sebastin Hofmaier, Ajlan Arifovic, David Küttner, Florian Wiedl, Florian Bittner. Trainer: Zlatan Simikic
Deisenhofen: Enrico Caruso - Tobias Nickl, Martin Mayer, Marco Finster, Michael Bachhuber (82. Julian Allgeier), Tobias Rembeck, Evrad Ngeukeu (86. Markus Mayer), Tobias Muggesser, Michael Vodermeier, Valentin Köber, Leon Müller-Wiesen. Trainer: Hannes Sigurdsson
Tore: 0:1 Michael Bachhuber (7.), 0:2 Valentin Köber (90.+2)
Zuschauer: 800 auf der Sportanlage in Unterföhring
Schiedsrichter: Andreas Hartl (SpVgg Hacklberg) - Assistenten: Andreas Höcker (SV Schalding-Heining), Willi Hagenburger (TSV Eichendorf)
Gelbe Karten: Luka Coporda, Florian Bittner, Michael Marinkovic / Tobias Nickl
Gelb-Rote Karten: Ajlan Arifovic (64., wiederholtes Foulspiel) / -

1. FC 1920 Sand am Main und FC Ismaning verbleiben in der Bayernliga. FC Viktoria Kahl, ASV Cham, Türkspor Augsburg und FC Deisenhofen steigen aus der Landesliga auf.

DSFS-Publikationen: Fußballgeschichte in Zahlen

Hier eine Auswahl historischer Publikationen des DSFS:

Sind Sie interessiert? Dann schauen Sie sich das vollständige Angebot im Internet unter **www.dsfs.de** (dort "Der Büchershop") an.

6. Ligen:

Verbandsliga Mecklenburg-Vorpommern

Pl.	(Vj.)	Mannschaft		Sp	S	U	N	Tore	TD	Pkt	Sp	S	U	N	Tore	Pkt	Sp	S	U	N	Tore	Pkt
					Gesamtbilanz							**Heimbilanz**						**Auswärtsbilanz**					
1.	(3.)	Mecklenburgischer SV Pampow	↑	30	24	5	1	105-22	+83	77	15	13	2	0	49-11	41	15	11	3	1	56-11	36
2.	(6.)	SV Pastow		30	24	4	2	83-15	+68	76	15	12	2	1	35- 6	38	15	12	2	1	48- 9	38
3.	(2.)	Güstrower SC 09		30	20	3	7	90-44	+46	63	15	12	1	2	56-22	37	15	8	2	5	34-22	26
4.	(5.)	1. FC Neubrandenburg 04		30	18	6	6	84-47	+37	60	15	11	2	2	52-20	35	15	7	4	4	32-27	25
5.	(↓)	FC Mecklenburg Schwerin		30	17	4	9	75-39	+36	55	15	10	1	4	48-16	31	15	7	3	5	27-23	24
6.	(9.)	TSV Bützow 1952		30	15	5	10	56-50	+6	50	15	8	3	4	25-22	27	15	7	2	6	31-28	23
7.	(4.)	Rostocker FC von 1895		30	13	8	9	64-41	+23	47	15	8	3	4	33-17	27	15	5	5	5	31-24	20
8.	(8.)	FSV Einheit 1949 Ueckermünde		30	13	6	11	58-53	+5	45	15	6	4	5	31-26	22	15	7	2	6	27-27	23
9.	(↑)	FSV Kühlungsborn		30	12	6	12	57-49	+8	42	15	8	3	4	28-18	27	15	4	3	8	29-31	15
10.	(7.)	FC Förderkader René Schneider		30	11	3	16	52-60	-8	36	15	8	2	5	35-25	26	15	3	1	11	17-35	10
11.	(12.)	Grimmener SV		30	9	4	17	42-64	-22	31	15	5	1	9	20-29	16	15	4	3	8	22-35	15
12.	(10.)	SG Aufbau Boizenburg		30	8	6	16	37-70	-33	30	15	4	4	7	16-33	16	15	4	2	9	21-37	14
13.	(16.)	SV 90 Görmin		30	6	3	21	36-72	-36	21	15	5	2	8	25-34	17	15	1	1	13	11-38	4
14.	(◇)	TSV 1860 Stralsund	↓	30	5	5	20	42-117	-75	20	15	2	4	9	22-48	10	15	3	1	11	20-69	10
15.	(11.)	FSV von 1919 Malchin	↓	30	5	4	21	25- 74	-49	19	15	3	1	11	12-39	10	15	2	3	10	13-35	9
16.	(↑)	SV HANSE Neubrandenburg 01	↓	30	3	2	25	39-128	-89	11	15	2	2	11	27-65	8	15	1	0	14	12-63	3

Absteiger aus der Oberliga Nordost: Malchower SV 90 und FC Anker Wismar 1997.
Aufsteiger in die Oberliga Nordost: Mecklenburgischer SV Pampow.
Absteiger in die Landesligen: SV HANSE Neubrandenburg 01, FSV von 1919 Malchin und TSV 1860 Stralsund (Ost).
Aufsteiger aus den Landesligen: Penzliner SV (Ost) und SV Warnemünde Fußball (West).

Verbandsliga Mecklenburg-Vorpommern 2018/19

	MSV Pampow	SV Pastow	Güstrower SC 09	Neubrandenburg	Meckl. Schwerin	TSV Bützow	Rostocker FC	Ueckermünde	Kühlungsborn	FC FK Schneider	Grimmener SV	Aufb. Boizenburg	SV 90 Görmin	1860 Stralsund	FSV Malchin	HANSE Neubr.
Mecklenburgischer SV Pampow	X	3:2	3:0	1:1	1:1	2:0	4:0	4:2	5:1	4:0	3:0	2:1	4:1	6:1	4:1	3x0
SV Pastow	1:0	X	3:1	3:1	3:0	1:0	0:0	2:0	1:2	1:0	2:0	2:2	1:0	4:0	4:0	7:0
Güstrower SC 09	2:7	0:0	X	8:1	4:2	2:1	6:3	0:1	2:1	3:0	4:3	2:0	3:0	8:0	2:0	10:3
1. FC Neubrandenburg 04	0:0	0:3	1:1	X	5:0	3:6	1:0	3:0	2:1	7:2	5:1	6:0	3:0	9:2	4:2	3:2
FC Mecklenburg Schwerin	0:3	1:1	2:0	4:1	X	1:2	2:1	2:3	2:1	1:3	4:0	1:0	2:0	14:0	2:0	10:1
TSV Bützow 1952	0:2	0:5	1:1	1:0	2:0	X	1:3	2:0	2:1	3:1	2:2	3:1	0x3	2:2	3:0	3:1
Rostocker FC von 1895	0:2	1:2	0:2	0:0	2:0	3:3	X	0:2	4:2	4:1	1:0	3:1	6:0	3:0	1:1	5:1
FSV Einheit 1949 Ueckermünde	1:1	1:4	1:2	2:4	1:4	1:2	1:1	X	2:2	2:1	3:3	4:1	2:1	4:0	2:0	4:0
FSV Kühlungsborn	1:3	1:2	1:0	3:3	0:0	2:0	1:1	3:1	X	4:1	0:2	3:1	3x0	2:3	2:1	2:0
FC Förderkader René Schneider	0:5	0:3	1:2	1:2	0:0	3x0	0:7	3:2	4:0	X	4:1	8:0	3:2	2:0	1:1	5:0
Grimmener SV	1:4	0:4	0:5	0:1	1:3	3x0	2:2	0:1	2:0	0:3	X	1:3	3:0	4:1	1:2	2:0
SG Aufbau Boizenburg	2:7	1:4	1:7	1:4	1:2	2:2	0:0	1:1	1:2	2:1	0:2	X	1:0	1:0	2:0	0:2
SV 90 Görmin	1:4	0:6	2:6	0:0	1:3	2:3	3:1	1:3	0:4	3:1	2:0	1:1	X	1:2	3:0	5:0
TSV 1860 Stralsund	0:6	1:7	4:1	2:4	2:3	0:7	1:4	2:5	2:2	0:0	3:4	0:1	1:1	X	1:1	3:2
FSV von 1919 Malchin	2:2	0:1	0:1	0:6	0:6	0:1	0:4	0:2	1:3	0:3	1:3	0:3	2:1	5:3	X	1:0
SV HANSE Neubrandenburg 01	0:10	0:4	2:5	1:4	0:3	3:4	2:4	4:4	1:8	1:0	1:1	1:6	4:2	4:6	3:4	X

Das Spiel MSV Pampow - SV HANSE Neubrandenburg 01 (09.11.2018) wurde gewertet, da SV HANSE Neubrandenburg 01 nicht antrat, das Rückspiel wurde in Pampow ausgetragen. Die Spiele Grimmener SV - TSV Bützow 1952 (0:1 am 09.03.2019), TSV Bützow 1952 - SV 90 Görmin (3:0 am 20.04.2019) und FC Förderkader René Schneider - TSV Bützow 1952 (2:3 am 27.04.2019) wurden für die Gegner des TSV Bützow 1952 mit 3x0 gewertet, da TSV Bützow 1952 in den drei Spielen einen nicht erlaubten vierten Nicht-EU-Ausländer einsetzte. Das Spiel FSV Kühlungsborn - SV 90 Görmin (12.05.2019) wurde gewertet, da SV 90 Görmin nicht antrat.

Torschützenliste:

Platz	Spieler (Mannschaft)	Tore
1.	Ernst, Johannes (MSV Pampow)	28
2.	da Silva Cruz, Rafael (MSV Pampow)	22
3.	Schumski, Georg (SV Pastow)	19
4.	Rambow, Stephan (Grimmener SV)	18
5.	Keil, Rico (Güstrower SC 09)	17
	Witkowski, Tino (Mecklenburg Schwerin)	17
7.	Nawotke, Daniel (Neubrandenburg 04)	16
8.	Rudlaff, Jan (SV Pastow)	15
	Schuller, Ole (Güstrower SC 09)	15
10.	Kutz, Kevin (TSV 1860 Stralsund)	14

Zuschauerstatistik:

Mannschaft	gesamt	Schnitt
MSV Pampow	4.905	327
Mecklenb. Schwerin	4.595	306
Neubrandenburg 04	3.325	222
FSV Kühlungsborn *	2.197	157
SV 90 Görmin	1.816	121
Aufbau Boizenburg	1.770	118
Rostocker FC 1895	1.748	117
SV Pastow	1.675	112
HANSE Neubrandb.*	1.412	101
Güstrower SC 09	1.445	96
TSV Bützow 1952	1.420	95
FSV 1919 Malchin	1.410	94
Einh. Ueckermünde	1.302	87
TSV 1860 Stralsund	1.225	82
Grimmener SV	1.134	76
FC FK Schneider	791	53
	32.170	**135**

* nur 14 Spiele

Brandenburg-Liga

Pl.	(Vj.)	Mannschaft		Sp	S	U	N	Tore	TD	Pkt	Sp	S	U	N	Tore	Pkt	Sp	S	U	N	Tore	Pkt
				Gesamtbilanz							**Heimbilanz**						**Auswärtsbilanz**					
1.	(↓)	SV Victoria Seelow	↑	30	20	3	7	84-40	+44	63	15	10	1	4	43-19	31	15	10	2	3	41-21	32
2.	(4.)	Märkischer SV 1919 Neuruppin		30	19	3	8	74-37	+37	60	15	11	1	3	35-14	34	15	8	2	5	39-23	26
3.	(↓)	1. FC Frankfurt/O. EV		30	18	6	6	68-37	+31	60	15	10	3	2	38-13	33	15	8	3	4	30-24	27
4.	(3.)	TSG Einheit Bernau		30	17	4	9	72-45	+27	55	15	8	2	5	49-29	26	15	9	2	4	23-16	29
5.	(2.)	TuS Sachsenhausen		30	15	9	6	53-32	+21	54	15	8	4	3	33-16	28	15	7	5	3	20-16	26
6.	(7.)	Oranienburger FC Eintracht		30	16	6	8	51-34	+17	54	15	6	4	5	22-19	22	15	10	2	3	29-15	32
7.	(5.)	FSV Bernau		30	15	7	8	59-45	+14	52	15	8	3	4	32-21	27	15	7	4	4	27-24	25
8.	(10.)	SG Union Klosterfelde		30	11	8	11	57-59	-2	41	15	8	3	4	34-24	27	15	3	5	7	23-35	14
9.	(9.)	Werderaner FC Viktoria 1920		30	9	10	11	42-46	-4	37	15	3	6	6	17-23	15	15	6	4	5	25-23	22
10.	(↑)	SV Blau-Weiß Petershagen-Eggersdorf		30	10	5	15	45-50	-5	35	15	5	1	9	23-26	16	15	5	4	6	22-24	19
11.	(6.)	SV Grün-Weiß Lübben		30	10	5	15	49-62	-13	35	15	6	2	7	29-31	20	15	4	3	8	20-31	15
12.	(8.)	FV Preussen Eberswalde		30	9	4	17	47-70	-23	31	15	4	4	7	24-30	16	15	5	0	10	23-40	15
13.	(11.)	SV Falkensee-Finkenkrug		30	7	5	18	39-71	-32	26	15	6	2	7	26-34	20	15	1	3	11	13-37	6
14.	(12.)	FC Eisenhüttenstadt		30	7	5	18	35-73	-38	26	15	3	3	9	12-33	12	15	4	2	9	23-40	14
15.	(↑)	BSC Preußen Blankenfelde-Mahlow	↓	30	7	4	19	30-60	-30	25	15	3	3	9	13-20	12	15	4	1	10	17-40	13
16.	(↓)	SV Grün-Weiss Brieselang	↓	30	6	4	20	41-85	-44	22	15	2	2	11	18-46	8	15	4	2	9	23-39	14

Absteiger aus der Oberliga Nordost: SV Altlüdersdorf (Nord).
Aufsteiger in die Oberliga Nordost: SV Victoria Seelow (Nord).
Absteiger in die Landesligen: SV Grün-Weiss Brieselang (Nord) und BSC Preußen Blankenfelde-Mahlow (Süd).
Aufsteiger aus den Landesligen: Regionaler SV Eintracht Teltow-Kleinmachnow-Stahnsdorf (Nord) und SC Eintracht Miersdorf/Zeuthen (Süd).

Brandenburg-Liga 2018/19

	Victoria Seelow	MSV Neuruppin	1. FC Frankfurt	Einheit Bernau	Sachsenhausen	Oranienburger FC	FSV Bernau	Union Klosterfelde	Werderaner FC	SV Petershagen	Grün-Weiß Lübben	Pr. Eberswalde	Falkensee-Finken.	Eisenhüttenstadt	BSC Blankenfelde	SV Brieselang
SV Victoria Seelow	×	0:5	3:0	1:2	3:1	0:2	2:2	3:1	1:0	4:1	5:1	4:1	5:0	2:3	6:0	4:0
Märkischer SV 1919 Neuruppin	2:1	×	2:1	1:2	0:1	2:0	0:2	1:1	3:1	3:1	4:1	2:0	2:1	5:1	2:1	6:0
1. FC Frankfurt/O. EV	2:4	0:1	×	1:0	4:1	1:1	1:1	3:1	2:0	3:0	4:2	3:1	1:1	4:0	3:0	6:0
TSG Einheit Bernau	1:3	3:1	0:3	×	1:2	3:2	3:1	2:2	3:4	1:1	2:3	9:1	6:3	6:0	4:0	5:3
TuS Sachsenhausen	0:0	1:1	5:1	1:0	×	0:2	1:2	4:1	2:2	3:0	1:1	4:0	3:1	5:1	1:3	2:1
Oranienburger FC Eintracht	1:2	0:2	3:0	2:2	1:0	×	4:0	1:1	0:1	0:2	2:1	1:3	2:2	1:1	1:0	3:2
FSV Bernau	2:2	3:1	1:1	2:0	2:3	3:1	×	2:4	1:1	0:1	2:1	3:1	2:0	4:0	3:5	2:0
SG Union Klosterfelde	5:3	1:5	1:1	0:2	2:2	1:2	3:1	×	0:2	3:0	3:0	4:2	4:0	2:1	3:1	2:2
Werderaner FC Viktoria 1920	0:3	5:3	1:1	2:2	0:1	0:0	1:2	1:1	×	1:1	1:3	1:0	2:0	1:4	0:0	1:2
SV Blau-Weiß Petershagen-Eggersdorf	1:3	4:1	1:2	2:3	1:1	1:2	3:1	1:3	3:2	×	3:0	0:1	1:0	1:2	1:2	0:3
SV Grün-Weiß Lübben	1:6	3:2	0:2	0:2	0:1	1:2	2:2	7:1	2:4	2:2	×	4:1	1:0	2:1	3:1	1:4
FV Preussen Eberswalde	2:3	1:5	3:5	1:2	0:0	0:2	0:4	3:3	1:0	0:0	0:2	×	3:1	2:2	6:0	2:1
SV Falkensee-Finkenkrug	1:3	1:1	0:5	1:2	0:4	1:3	0:2	2:0	0:0	2:5	4:3	4:1	×	3:2	4:1	3:2
FC Eisenhüttenstadt	0:6	0:4	2:3	2:1	0:0	1:3	1:2	0:2	1:3	1:0	0:0	0:4	0:3	×	3:1	1:1
BSC Preußen Blankenfelde-Mahlow	0:1	0:2	0:2	0:2	2:2	1:2	2:2	1:0	1:2	0:2	0:0	0:1	4:0	1:0	×	1:2
SV Grün-Weiss Brieselang	3:1	1:5	2:3	0:1	0:1	0:5	1:3	4:2	3:3	1:6	0:2	1:6	1:1	1:5	0:2	×

Torschützenliste:

Platz	Spieler (Mannschaft)	Tore
1.	Okoro, Chinonso Solomon (Eberswalde)	20
2.	Bianchini, Lukas (SG Union Klosterfelde)	19
3.	Budzalek, Robert (SV Victoria Seelow)	18
4.	Aniol, Artur (1. FC Frankfurt/O. EV)	17
5.	Walter, Maximilian (TSG Einheit Bernau)	16
6.	Lemke, Markus (MSV Neuruppin)	15
7.	Conrado Prudente, Rafael (Werderaner FC)	14
	Marz, Tobias (SG Union Klosterfelde)	14
	Schulze, Christopher (SV Falkensee-F.)	14
10.	Kütter, Silvan (SV BW Petershagen-E.)	13

Zuschauerstatistik:

Mannschaft	gesamt	Schnitt
TuS Sachsenhausen	3.981	265
Oranienburger FC	3.318	221
Union Klosterfelde	2.951	197
SV Victoria Seelow	2.580	172
SV Petershagen-E.	2.447	163
1. FC Frankfurt EV	2.329	155
SV Falkensee-F.	2.284	152
MSV 1919 Neuruppin	2.003	134
Preussen Eberswalde	1.973	132
FSV Bernau	1.764	118
FC Eisenhüttenstadt	1.729	115
TSG Einheit Bernau	1.621	108
Werderaner FC 1920	1.249	83
SV GW Brieselang	1.212	81
SV GW Lübben	1.031	69
BSC Blankenfelde	1.029	69
	33.501	140

Berlin-Liga

Pl.	(Vj.)	Mannschaft		Sp	S	U	N	Tore	TD	Pkt	Sp	S	U	N	Tore	Pkt	Sp	S	U	N	Tore	Pkt
						Gesamtbilanz							Heimbilanz						Auswärtsbilanz			
1.	(8.)	SV Tasmania Berlin	↑	34	25	5	4	93-38	+55	80	17	13	2	2	54-22	41	17	12	3	2	39-16	39
2.	(4.)	SV Sparta Lichtenberg		34	24	6	4	110-45	+65	78	17	13	4	0	59-23	43	17	11	2	4	51-22	35
3.	(5.)	Steglitzer FC Stern 1900		34	19	8	7	75-34	+41	65	17	10	4	3	35-16	34	17	9	4	4	40-18	31
4.	(3.)	Berliner SC		34	18	7	9	60-44	+16	61	17	8	4	5	32-29	28	17	10	3	4	28-15	33
5.	(2.)	BSV Eintracht Mahlsdorf		34	16	9	9	73-50	+23	57	17	12	5	0	47-14	41	17	4	4	9	26-36	16
6.	(10.)	TSV Rudow		34	15	6	13	63-66	-3	51	17	11	3	3	33-21	36	17	4	3	10	30-45	15
7.	(7.)	SD Croatia Berlin		34	15	5	14	55-64	-9	50	17	12	0	5	35-25	36	17	3	5	9	20-39	14
8.	(12.)	Berlin Türkspor		34	14	7	13	67-71	-4	49	17	10	3	4	41-33	33	17	4	4	9	26-38	16
9.	(6.)	SV Empor Berlin		34	14	5	15	54-58	-4	47	17	9	3	5	31-26	30	17	5	2	10	23-32	17
10.	(↑)	Türkiyemspor Berlin		34	11	10	13	54-53	+1	43	17	9	3	5	34-22	30	17	2	7	8	20-31	13
11.	(↑)	Frohnauer SC		34	9	11	14	48-57	-9	38	17	7	4	6	27-23	25	17	2	7	8	21-34	13
12.	(9.)	TuS Makkabi Berlin		34	8	12	14	53-55	-2	36	17	4	5	8	23-23	17	17	4	7	6	30-32	19
13.	(13.)	FSV Spandauer Kickers		34	8	12	14	53-75	-22	36	17	4	7	6	23-35	19	17	4	5	8	30-40	17
14.	(14.)	Berliner SV Al-Dersimspor		34	9	6	19	43-82	-39	33	17	6	4	7	26-28	22	17	3	2	12	17-54	11
15.	(15.)	Füchse Berlin Reinickendorf		34	8	8	18	50-70	-20	32	17	4	6	7	25-30	18	17	4	2	11	25-40	14
16.	(11.)	Berliner FC Preussen	↓	34	8	8	18	49-74	-25	32	17	6	3	8	35-35	21	17	2	5	10	14-39	11
17.	(↑)	SC Charlottenburg	↓	34	8	8	18	43-75	-32	32	17	4	5	8	22-38	17	17	4	3	10	21-37	15
18.	(↑)	FSV Berolina Stralau	↓	34	7	7	20	36-68	-32	28	17	4	5	8	23-31	17	17	3	2	12	13-37	11

Absteiger aus der Oberliga Nordost: keine.
Aufsteiger in die Oberliga Nordost: SV Tasmania Berlin.
Absteiger in die Landesligen: FSV Berolina Stralau, Berliner FC Preussen (Staffel 1) und SC Charlottenburg (Staffel 2).
Aufsteiger aus den Landesligen: FC Brandenburg 03 Berlin, Berlin Hilalspor (Staffel 1), Berlin United und VfB Fortuna Biesdorf (Staffel 2).

Berlin-Liga 2018/19

	SV Tasmania Berlin	Sparta Lichtenberg	Steglitzer FC Stern	Berliner SC	Eintracht Mahlsdorf	TSV Rudow	SD Croatia Berlin	Berlin Türkspor	SV Empor Berlin	Türkiyemspor Berlin	Frohnauer SC	TuS Makkabi Berlin	Spandauer Kickers	Al-Dersimspor	Füchse Berlin	BFC Preussen	SC Charlottenburg	Berolina Stralau
SV Tasmania Berlin	×	2:5	2:3	1:0	3:1	5:1	3:0	3:1	3:0	4:0	2:1	2:2	2:2	4:0	6:0	5:2	3:2	4:2
SV Sparta Lichtenberg	2:2	×	2:1	1:1	3:1	7:3	3:1	5:0	5:3	2:2	2:2	3:2	5:1	5:1	5:3	4:0	4:0	1:0
Steglitzer FC Stern 1900	0:1	1:3	×	0:1	4:3	3:1	0:0	2:0	3:0	3:3	3:0	0:0	3:1	3:1	1:0	6:0	2:2	1:0
Berliner SC	3:1	0:5	0:4	×	1:0	6:0	3:2	2:0	0:2	0:0	0:0	2:2	3:3	4:2	1:4	2:1	0:3	5:0
BSV Eintracht Mahlsdorf	1:1	2:2	2:0	4:0	×	3:0	4:1	3:1	3:0	3:1	4:4	3:3	1:0	4:0	4:0	0:0	3:1	3:0
TSV Rudow	1:5	2:1	2:1	0:1	3:2	×	0:0	3:1	2:1	1:1	1:0	3:4	1:0	1:1	4:2	3:0	3:0	3:1
SD Croatia Berlin	0:1	1:0	0:3	2:1	1:6	4:3	×	4:1	2:1	2:3	2:1	3:0	3:1	2:0	0:2	4:2	1:0	4:0
Berlin Türkspor	0:3	2:2	3:3	1:6	5:0	2:1	4:2	×	2:1	1:0	0:0	4:3	1:5	6:1	3:2	2:0	2:4	3:0
SV Empor Berlin	4:2	0:5	0:4	1:1	1:0	3:1	3:1	0:2	×	2:2	3:1	2:0	1:1	1:2	2:1	1:2	5:1	2:0
Türkiyemspor Berlin	1:1	4:0	1:0	0:4	0:1	1:2	6:0	3:1	2:1	×	3:1	3:3	4:3	1:2	2:1	2:0	1:1	0:1
Frohnauer SC	0:2	2:3	1:2	0:1	2:2	1:1	1:1	3:2	0:1	2:1	×	2:1	0:1	3:0	2:2	2:1	4:1	2:1
TuS Makkabi Berlin	1:2	0:3	0:0	1:3	4:0	2:1	3:1	3:3	0:2	0:2	0:1	×	1:1	7:1	0:1	0:0	1:2	0:0
FSV Spandauer Kickers	1:2	0:4	0:5	2:1	2:3	3:3	0:3	0:0	1:4	1:0	4:4	1:1	×	2:2	1:1	1:1	2:0	2:1
Berliner SV Al-Dersimspor	0:4	4:1	3:3	0:1	1:3	2:1	0:2	2:2	2:2	1:0	4:0	1:3	3:0	×	2:1	0:2	0:0	1:3
Füchse Berlin Reinickendorf	1:3	1:3	1:1	0:0	1:1	1:4	2:2	0:1	2:1	3:0	2:2	0:3	2:4	3:1	×	1:1	3:0	2:3
Berliner FC Preussen	1:3	1:3	1:4	1:2	1:1	1:1	2:4	2:0	2:2	3:1	1:2	4:5	3:0	4:2	×		3:2	4:1
SC Charlottenburg	0:3	0:8	0:2	0:3	1:1	0:5	1:2	2:2	1:2	3:2	1:1	2:1	1:1	5:2	0:1	5:1	×	0:0
FSV Berolina Stralau	0:3	0:3	0:4	1:2	3:1	1:1	5:1	1:5	2:2	1:1	0:2	0:0	5:1	0:1	3:1	1:1	0:2	×

Torschützenliste:

Platz	Spieler (Mannschaft)	Tore
1.	Sejdic, Sanid (SV Sparta Lichtenberg)	35
2.	Hartwig, Romario (SV Tasmania Berlin)	30
3.	Alade, Mosunmola Tunji (TuS Makkabi)	25
4.	Grabow, Tim (SFC Stern)	23
	Üre, Görkem (TSV Rudow)	23
6.	Woelker, Max-Fabian (Berliner SC)	17
7.	Krumnow, Jack (Spandauer Kickers)	16
8.	Kupfer, Marvin (SV Sparta Lichtenberg)	15

Zuschauerstatistik:

Mannschaft	gesamt	Schnitt	Mannschaft	gesamt	Schnitt
Frohnauer SC	2.013	118	SV Empor Berlin	1.085	64
SV Tasmania Berlin	1.804	106	Spandauer Kickers	1.076	63
Füchse Berlin	1.574	93	Steglitzer FC Stern	1.031	61
Sparta Lichtenberg	1.569	92	Berliner FC Preussen	949	56
TSV Rudow	1.490	88	Eintracht Mahlsdorf	908	53
Berlin Türkspor	1.375	81	TuS Makkabi Berlin	885	52
Türkiyemspor Berlin	1.353	80	Berliner SC	713	42
Al-Dersimspor	1.298	76	SC Charlottenburg	677	40
FSV Berolina Stralau	1.139	67		**22.069**	**72**
SD Croatia Berlin	1.130	66			

Verbandsliga Sachsen-Anhalt ⩾ 17

Pl.	(Vj.)	Mannschaft		Sp	S	U	N	Tore	TD	Pkt	Sp	S	U	N	Tore	Pkt	Sp	S	U	N	Tore	Pkt
							Gesamtbilanz					Heimbilanz						Auswärtsbilanz			
1.	(7.)	1. FC Romonta Amsdorf		30	24	3	3	70-26	+44	75	15	12	2	1	29-12	38	15	12	1	2	41-14	37
2.	(4.)	VfB IMO Merseburg	◇↑	30	22	7	1	97-28	+69	73	15	11	3	1	52-15	36	15	11	4	0	45-13	37
3.	(1.)	BSV Halle-Ammendorf		30	17	7	6	67-31	+36	58	15	10	3	2	35- 8	33	15	7	4	4	32-23	25
4.	(↓)	FSV Barleben 1911		30	15	4	11	67-44	+23	49	15	8	2	5	39-20	26	15	7	2	6	28-24	23
5.	(13.)	SV Eintracht Elster		30	15	4	11	46-32	+14	49	15	10	1	4	31-14	31	15	5	3	7	15-18	18
6.	(5.)	SG Rot-Weiß Thalheim		30	13	6	11	39-40	-1	45	15	8	2	5	20-16	26	15	5	4	6	19-24	19
7.	(↑)	SV 1890 Westerhausen		30	13	5	12	50-39	+11	44	15	7	3	5	32-19	24	15	6	2	7	18-20	20
8.	(11.)	Haldensleber SC		30	12	7	11	40-33	+7	43	15	8	2	5	21-13	26	15	4	5	6	19-20	17
9.	(10.)	SV Fortuna Magdeburg		30	12	6	12	51-62	-11	42	15	7	2	6	26-29	23	15	5	4	6	25-33	19
10.	(6.)	SV Dessau 05		30	10	9	11	39-31	+8	39	15	8	3	4	23-11	27	15	2	6	7	16-20	12
11.	(3.)	SV Edelweiß Arnstedt		30	8	9	13	40-58	-18	33	15	5	6	4	25-23	21	15	3	3	9	15-35	12
12.	(8.)	VfB 06 Sangerhausen		30	9	4	17	58-79	-21	31	15	6	1	8	37-43	19	15	3	3	9	21-36	12
13.	(9.)	SV Blau-Weiß Dölau		30	7	9	14	54-71	-17	30	15	3	8	4	30-31	17	15	4	1	10	24-40	13
14.	(12.)	1. FC Bitterfeld-Wolfen		30	7	6	17	31-59	-28	27	15	3	5	7	15-20	14	15	4	1	10	16-39	13
15.	(↑)	SV Kelbra 1920		30	6	8	16	35-60	-25	26	15	4	3	8	20-30	15	15	2	5	8	15-30	11
16.	(14.)	Union 1861 Schönebeck	↓	30	2	2	26	28-119	-91	8	15	1	2	12	17-56	5	15	1	0	14	11-63	3

Der VfB IMO Merseburg und der SV Merseburg 99 fusionieren zum 1. FC Merseburg.

Absteiger aus der Oberliga Nordost: SV Blau-Weiß Zorbau (Süd).
Aufsteiger in die Oberliga Nordost: VfB IMO Merseburg als 1. FC Merseburg (Süd; Meister 1. FC Romonta Amsdorf hat verzichtet).
Absteiger in die Landesliga: Union 1861 Schönebeck (Nord).
Aufsteiger aus den Landesligen: FC Einheit Wernigerode (Nord) und SSC Weißenfels (Süd).

Verbandsliga Sachsen-Anhalt 2018/19

	Romonta Amsdorf	VfB IMO Merseburg	Halle-Ammendorf	FSV Barleben	SV Eintracht Elster	Rot-Weiß Thalheim	SV Westerhausen	Haldensleber SC	Fortuna Magdeburg	SV Dessau 05	Edelweiß Arnstedt	VfB Sangerhausen	Blau-Weiß Dölau	Bitterfeld-Wolfen	SV Kelbra 1920	Union Schönebeck
1. FC Romonta Amsdorf	×	1:4	1:0	4:1	2:0	1:0	4:2	1:0	2:2	1:0	2:1	0:0	3:1	3:1	2:0	2:0
VfB IMO Merseburg	1:2	×	3:1	4:1	1:0	3:0	3:0	0:0	4:1	3:3	7:1	5:3	2:0	2:2	1:0	13:1
BSV Halle-Ammendorf	1:4	1:1	×	0:0	2:1	3:0	2:0	0:1	5:0	0:0	3:0	3:0	4:0	4:0	4:0	3:1
FSV Barleben 1911	3:4	1:3	2:2	×	2:0	1:1	0:2	1:2	1:3	2:0	3:1	4:0	3:1	6:0	3:1	7:0
SV Eintracht Elster	0:1	1:2	1:3	2:0	×	4:2	3:0	2:0	3:1	1:0	4:0	3:0	3:1	0x3	1:1	3:0
SG Rot-Weiß Thalheim	1:0	1:5	1:1	2:0	2:0	×	1:0	3:0	2:0	1:0	0:0	0:1	2:3	0:1	1:4	3:1
SV 1890 Westerhausen	2:3	1:1	6:1	1:2	0:1	0:1	×	3:2	1:2	1:1	4:3	1:0	2:0	3:1	1:1	6:0
Haldensleber SC	0:2	0:0	0:2	1:0	0:1	2:0	2:0	×	2:1	2:0	0:1	0:2	5:2	2:0	1:1	4:1
SV Fortuna Magdeburg	1:2	1:5	1:5	0:5	1:0	4:2	0:1	1:1	×	2:1	3:1	3:1	2:0	2:0	3:0	2:3
SV Dessau 05	1:0	2:2	1:2	0:2	2:0	0:1	0:1	0:0	0:0	×	3:0	3:1	2:1	3:0	2:1	4:0
SV Edelweiß Arnstedt	2:2	1:2	2:2	4:4	0:3	1:1	1:0	1:4	2:2	1:1	×	3:1	2:0	0:1	4:0	1:0
VfB 06 Sangerhausen	1:6	3:5	0:5	4:1	3:3	2:4	1:4	2:1	1:3	2:1	0:2	×	6:2	4:1	2:3	6:2
SV Blau-Weiß Dölau	1:4	0:5	3:1	1:2	2:2	1:1	1:1	3:3	3:3	1:1	0:2	3:3	×	5:1	2:2	4:0
1. FC Bitterfeld-Wolfen	0:2	0:1	0:0	0:1	0:0	0:1	1:1	0:0	2:3	2:2	3:0	1:4	1:3	×	3:1	2:1
SV Kelbra 1920	0:1	0:3	1:3	0:4	0:1	1:1	1:3	2:1	4:2	0:2	1:1	2:2	2:3	3:2	×	3:1
Union 1861 Schönebeck	0:8	0:6	1:4	1:5	1:3	1:4	0:3	1:4	1:2	1:4	2:2	5:3	1:5	2:3	0:0	×

Das Spiel SV Eintracht Elster - 1. FC Bitterfeld-Wolfen (5:0) wurde umgewertet, da der SV Eintracht Elster einen nicht spielberechtigten Spieler eingesetzt hatte.

Torschützenliste:

Platz	Spieler (Mannschaft)	Tore
1.	Kudyba, Pawel (VfB IMO Merseburg)	22
	Seidemann, Kay (VfB IMO Merseburg)	22
3.	Cramer, Tobias (BSV Halle-Ammendorf)	19
	Gründler, Alexander (Romonta Amsdorf)	19
5.	Ibold, Pascal (VfB 06 Sangerhausen)	18
	Kalkutsche, Christopher (FSV Barleben)	18
	Reitzig, Friedrich (SV Westerhausen)	18
8.	Batoure, Sofiane (Ammendorf/Dölau)	17
9.	Bittner, Julian (SV Dessau 05)	15
	Fiebiger, Martin (Romonta Amsdorf)	15
	Schäffner, Kevin-Eugenio (Sangerhsn.)	15

Zuschauerstatistik:

Mannschaft	gesamt	Schnitt
SV Westerhausen	3.124	208
Rot-Weiß Thalheim	2.433	162
Halle-Ammendorf	2.363	158
SV Kelbra 1920	2.342	156
SV Dessau 05	2.146	143
VfB Sangerhausen	1.914	128
Edelweiß Arnstedt	1.878	125
SV Blau-Weiß Dölau	1.728	115
SV Eintracht Elster	1.522	101
Bitterfeld-Wolfen	1.372	91
Romonta Amsdorf	1.324	88
FSV Barleben 1911	1.232	82
VfB IMO Merseburg	1.031	69
Haldensleber SC	948	63
Fortuna Magdeburg	795	53
Union Schönebeck	712	47
	26.864	112

Thüringenliga

Pl.	(Vj.)	Mannschaft		Sp	S	U	N	Tore	TD	Pkt	Sp	S	U	N	Tore	Pkt	Sp	S	U	N	Tore	Pkt
						Gesamtbilanz							**Heimbilanz**						**Auswärtsbilanz**				
1.	(2.)	FSV Martinroda	↑	30	21	2	7	89-48	+41	65	15	12	2	1	48-15	38	15	9	0	6	41-33	27
2.	(3.)	SpVgg Geratal		30	17	7	6	61-26	+35	58	15	8	6	1	31-10	30	15	9	1	5	30-16	28
3.	(↑)	BSV Eintracht Sondershausen		30	16	3	11	45-44	+1	51	15	11	0	4	25-17	33	15	5	3	7	20-27	18
4.	(↓)	SV SCHOTT Jena		30	13	10	7	48-31	+17	49	15	6	6	3	28-16	24	15	7	4	4	20-15	25
5.	(12.)	SG FC Wacker 14 Teistungen		30	14	7	9	54-48	+6	49	15	8	3	4	31-25	27	15	6	4	5	23-23	22
6.	(4.)	FC An der Fahner Höhe		30	13	7	10	47-34	+13	46	15	9	2	4	29-13	29	15	4	5	6	18-21	17
7.	(↑)	SV 09 Arnstadt		30	14	4	12	54-42	+12	46	15	8	1	6	26-20	25	15	6	3	6	28-22	21
8.	(5.)	SV Eintracht Eisenberg		30	13	5	12	48-42	+6	44	15	7	2	6	28-18	23	15	6	3	6	20-24	21
9.	(9.)	SC 1903 Weimar		30	13	4	13	49-57	-8	43	15	8	2	5	31-23	26	15	5	2	8	18-34	17
10.	(7.)	ZFC Meuselwitz II	⊻	30	12	6	12	49-52	-3	42	15	6	4	5	26-22	22	15	6	2	7	23-30	20
11.	(6.)	1. SC 1911 Heiligenstadt		30	10	8	12	34-37	-3	38	15	5	3	7	17-21	18	15	5	5	5	17-16	20
12.	(13.)	SV 1879 Ehrenhain		30	11	5	14	38-48	-10	38	15	6	3	6	24-22	21	15	5	2	8	14-26	17
13.	(8.)	SG FC Thüringen Weida		30	10	5	15	57-60	-3	35	15	6	3	6	34-24	21	15	4	2	9	23-36	14
14.	(10.)	FSV Preußen Bad Langensalza		30	8	10	12	44-54	-10	34	15	4	4	7	23-26	16	15	4	6	5	21-28	18
15.	(11.)	SG Glücksbrunn Schweina 1947	↓	30	6	5	19	45-85	-40	23	15	3	3	9	25-39	12	15	3	2	10	20-46	11
16.	(↑)	VfL Meiningen 04	↓	30	3	4	23	23-77	-54	13	15	2	2	11	11-37	8	15	1	2	12	12-40	5

Absteiger aus der Oberliga Nordost: BSG Wismut Gera.
Aufsteiger in die Oberliga Nordost: FSV Martinroda (Süd).
Spielbetrieb eingestellt: ZFC Meuselwitz II (aufgrund Spielermangels).
Absteiger in die Landesklassen: VfL Meiningen 04 und SG Glücksbrunn Schweina 1947 (Staffel 3).
Aufsteiger aus den Landesklassen: SG TSV Gera-Westvorte (Staffel 1), SV Blau-Weiß 90 Bad Frankenhausen (Staffel 2) und SG 1. FC Sonneberg 04 (Staffel 3).

Thüringenliga 2018/19

	FSV Martinroda	SpVgg Geratal	Etr. Sondershausen	SV SCHOTT Jena	Wacker Teistungen	An der Fahner Höhe	SV 09 Arnstadt	Eintracht Eisenberg	SC 1903 Weimar	ZFC Meuselwitz II	1. SC Heiligenstadt	SV Ehrenhain	Thüringen Weida	Bad Langensalza	Glücksbr. Schweina	VfL Meiningen 04
FSV Martinroda	✗	4:0	2:1	3:0	1:1	3:0	3:2	3:2	4:0	5:1	0:4	8:1	3:1	2:2	5:0	2:0
SpVgg Geratal	3:0	✗	1:1	0:0	2:0	1:1	1:1	3:0	3:1	2:2	1:1	2:0	3:0	4:1	1:2	4:0
BSV Eintracht Sondershausen	3:2	0:5	✗	3:0	3:1	2:0	1:0	0:2	3:1	1:2	3:2	1:0	1:0	0:2	2x0	2:0
SV SCHOTT Jena	1:4	1:1	1:1	✗	6:1	1:3	1:1	1:1	3:0	3:0	2:0	0:0	1:1	0:1	4:2	3:0
SG FC Wacker 14 Teistungen	4:3	1:4	3:1	1:0	✗	1:1	1:4	4:1	3:0	3:1	0:0	4:1	3:3	0:1	0:3	3:2
FC An der Fahner Höhe	2:1	1:0	4:1	1:1	1:2	✗	3:0	0:1	1:2	2:1	1:1	0:1	3:2	5:0	3:0	2:0
SV 09 Arnstadt	0:1	0:3	1:0	0:2	2:2	2:1	✗	2:0	2:1	1:2	2:0	1:2	5:0	3:2	3:4	2:0
SV Eintracht Eisenberg	3:4	0:2	3:0	1:2	1:1	2:3	2:4	✗	3:0	4:1	0:0	1:0	0:1	1:0	4:0	3:0
SC 1903 Weimar	3:5	0:2	0:1	0:3	1:4	1:1	2:1	3:1	✗	2:1	0:0	3:1	3:0	3:1	6:2	4:0
ZFC Meuselwitz II	2:4	2:0	0:1	1:1	3:1	0:0	4:2	1:3	2:3	✗	0:2	1:0	3:1	1:1	4:1	2:2
1. SC 1911 Heiligenstadt	0:4	0:1	1:1	0:1	0:3	1:0	1:0	2:0	0:1	0:2	✗	2:1	2:3	2:2	5:1	1:1
SV 1879 Ehrenhain	1:2	2:1	1:2	1:1	0:2	0:0	1:2	1:2	0:3	3:2	4:1	✗	3:0	3:3	2:0	2:1
SG FC Thüringen Weida	1:3	1:2	6:1	1:2	0:3	4:1	2:2	1:2	6:0	0:1	3:1	2:2	✗	1:1	4:2	2:1
FSV Preußen Bad Langensalza	1:4	1:0	1:2	0:2	2:0	2:0	0:3	2:2	2:2	2:2	0:1	0:1	2:5	✗	2:2	6:0
SG Glücksbrunn Schweina 1947	7:4	2:3	2:1	1:4	1:1	1:3	0:2	0:2	2:2	1:2	0:3	0:2	4:3	2:2	✗	2:5
VfL Meiningen 04	2:0	1:6	1:6	2:1	0:1	0:4	0:4	1:1	0:2	1:3	0:1	1:2	0:3	1:2	1:1	✗

Das Spiel BSV Eintracht Sondershausen gegen SG Glücksbrunn Schweina 1947 wurde nach einer schweren Knieverletzung eines Schweinaer Spielers von den Gästen abgebrochen und somit gewertet.

Torschützenliste:

Platz	Spieler (Mannschaft)	Tore
1.	Hertel, Benjamin (FSV Martinroda)	37
2.	Thorwarth, David (SpVgg Geratal)	20
3.	Gibala, Milos (Eintracht Sondershausen)	19
	Urban, Tim (SG FC Thüringen Weida)	19
	Wolanski, Maciej (Wacker Teistungen)	19
6.	Reinemann, Kevin (SV 09 Arnstadt)	18
	Suliman, Serdar (FSV Martinroda)	18
8.	Preller, Carlo (FC An der Fahner Höhe)	16
9.	Albrecht, Luca (SC 1903 Weimar)	15
10.	Fiß, Martin (Preußen Bad Langensalza)	14
	Peric, Ivan (1. SC 1911 Heiligenstadt)	14
	Petrik, Jakub (SV Eintracht Eisenberg)	14

Zuschauerstatistik:

Mannschaft	gesamt	Schnitt	Mannschaft	gesamt	Schnitt
FSV Martinroda	2.771	185	FC Thüringen Weida	1.424	95
SV 09 Arnstadt	2.519	168	Wacker Teistungen	1.296	86
Glücksbr. Schweina	2.411	161	SC 1903 Weimar	1.275	85
Eintr. Sondershausen	2.364	158	ZFC Meuselwitz II	1.262	84
SpVgg Geratal	2.175	145	1. SC Heiligenstadt	1.249	83
An der Fahner Höhe	2.107	140	SV SCHOTT Jena	564	38
VfL Meiningen 04	2.034	136		**28.788**	**120**
Eintracht Eisenberg	1.813	121			
SV 1879 Ehrenhain	1.783	119			
Pr. Bad Langensalza	1.741	116			

Sachsenliga

Pl.	(Vj.)	Mannschaft		Sp	S	U	N	Tore	TD	Pkt	Sp	S	U	N	Tore	Pkt	Sp	S	U	N	Tore	Pkt
								Gesamtbilanz					**Heimbilanz**						**Auswärtsbilanz**			
1.	(3.)	FC Grimma	↑	28	21	5	2	70-26	+44	68	14	12	2	0	39-10	38	14	9	3	2	31-16	30
2.	(↓)	SV Einheit Kamenz		28	15	9	4	56-26	+30	54	14	10	4	0	34- 8	34	14	5	5	4	22-18	20
3.	(4.)	FC Lößnitz		28	14	8	6	59-35	+24	50	14	7	4	3	30-14	25	14	7	4	3	29-21	25
4.	(5.)	FV Eintracht Niesky		28	15	5	8	43-37	+6	50	14	9	2	3	25-16	29	14	6	3	5	18-21	21
5.	(↑)	FSV Neusalza-Spremberg		28	12	7	9	56-44	+12	43	14	7	3	4	35-22	24	14	5	4	5	21-22	19
6.	(2.)	Großenhainer FV		28	12	7	9	55-43	+12	43	14	8	2	4	33-20	26	14	4	5	5	22-23	17
7.	(8.)	VfL Pirna-Copitz 07		28	12	5	11	53-46	+7	41	14	7	3	4	40-25	24	14	5	2	7	13-21	17
8.	(↑)	SV Germania Mittweida		28	12	5	11	37-43	-6	41	14	8	3	3	22-16	27	14	4	2	8	15-27	14
9.	(7.)	BSG Stahl Riesa		28	12	4	12	45-48	-3	37	14	6	2	6	21-24	20	14	6	2	6	24-24	20
10.	(6.)	Kickers 94 Markkleeberg		28	8	9	11	33-42	-9	33	14	4	5	5	14-19	17	14	4	4	6	19-23	16
11.	(9.)	Radebeuler BC 08		28	7	11	10	34-34	0	32	14	5	6	3	20-09	21	14	2	5	7	14-25	11
12.	(↑)	SG Taucha 99		28	7	6	15	38-48	-10	27	14	6	4	4	21-14	22	14	1	2	11	17-34	5
13.	(11.)	BSC Rapid Chemnitz	↓	28	7	2	19	38-69	-31	23	14	5	2	7	22-32	17	14	2	0	12	16-37	6
14.	(10.)	SSV Markranstädt	↓	28	6	4	18	23-52	-29	22	14	4	0	10	12-26	12	14	2	4	8	11-26	10
15.	(12.)	VfB Empor Glauchau	↓	28	5	3	20	38-85	-47	18	14	3	3	8	22-33	12	14	2	0	12	16-52	6
16.	(↑)	SV Olbernhau	₃↓																			

SV Olbernhau hat nach 24 Spielen zurückgezogen.
Der BSG Stahl Riesa wurden drei Punkte wegen Nichterfüllung des Schiedsrichtersolls abgezogen.

Absteiger aus der Regionalliga:	FSV Budissa Bautzen (Nordost; freiwillig).
Absteiger aus der Oberliga:	keine.
Aufsteiger in die Oberliga Nordost:	FC Grimma (Süd).
Absteiger in die 1. Kreisliga:	SV Olbernhau (Erzgebirge Ost; Übernahme des Spielrechts der II. Mannschaft).
Absteiger in die Landesklasse:	VfB Empor Glauchau, BSC Rapid Chemnitz (West) und SSV Markranstädt (Nord).
Aufsteiger aus den Landesklassen:	FC Blau-Weiß Leipzig (Nord), LSV Neustadt/Spree (Ost), SG Handwerk Rabenstein (West) und SG Motor Wilsdruff (Mitte; Meister BSC Freiberg hat auf den Aufstieg verzichtet).

Sachsenliga 2018/19

	FC Grimma	Einheit Kamenz	FC Lößnitz	Eintracht Niesky	Neusalza-Spremb.	Großenhainer FV	VfL Pirna-Copitz	Germ. Mittweida	Stahl Riesa	Markkleeberg	Radebeuler BC	SG Taucha	Rapid Chemnitz	SSV Markranstädt	Empor Glauchau	SV Olbernhau
FC Grimma	×	1:0	3:0	1:0	4:0	3:2	1:1	2:0	4:1	2:1	1:1	1:0	3:1	4:1	9:2	6:0
SV Einheit Kamenz	1:1	×	0:0	3:1	0:0	1:1	4:0	3:2	4:0	1:0	4:1	2:1	1:0	6:1	4:0	4:1
FC Lößnitz	0:1	1:2	×	4:0	0:0	2:3	3:0	3:0	2:1	0:0	2:2	4:2	3:1	1:1	5:1	1:2
FV Eintracht Niesky	0:3	1:1	0:4	×	3:2	2:0	1:0	1:2	3:1	1:1	1:0	3:1	3:0	4:0	2:1	1:0
FSV Neusalza-Spremberg	1:2	0:0	2:2	3:2	×	2:4	3:0	1:3	0:3	5:1	3:1	4:2	4:2	0:0	7:0	
Großenhainer FV	1:3	2:4	1:2	1:1	3:1	×	4:0	4:0	0:1	2:1	1:1	5:2	3:2	3:1	3:1	2:0
VfL Pirna-Copitz 07	2:3	1:3	6:4	2:2	0:1	2:2	×	6:0	1:3	5:1	3:2	3:0	5:3	0:0	4:1	0:0
SV Germania Mittweida	0:3	2:1	2:1	0:1	2:2	2:2	2:1	×	1:0	1:1	2:0	4:1	2:0	2:1	0:2	3:0
BSG Stahl Riesa	1:3	0:2	1:2	1:1	3:2	3:2	0:2	2:0	×	2:4	2:0	1:0	1:3	1:1	3:2	1:2
Kickers 94 Markkleeberg	2:1	2:2	0:2	0:2	1:4	1:1	2:0	0:3	2:2	×	0:0	0:0	0:2	1:0	3:0	
Radebeuler BC 08	3:1	0:0	1:2	3:0	1:1	0:0	0:1	0:0	2:2	0:1	×	0:0	3:1	2:0	5:0	
SG Taucha 99	0:0	3:3	1:2	1:2	2:0	2:0	0:2	0:0	1:0	2:2	1:2	×	2:0	2:0	4:1	5:0
BSC Rapid Chemnitz	1:3	2:1	3:3	0:2	2:5	0:2	0:0	2:0	2:5	0:3	4:2	3:2	×	0:3	3:1	2:2
SSV Markranstädt	1:4	0:2	1:5	1:2	0:1	1:0	0:1	3:1	0:2	0:3	0:1	1:0	4:0	×	0:4	4:0
VfB Empor Glauchau	3:3	3:1	0:0	1:2	1:2	2:3	1:5	0:4	2:3	2:0	1:1	3:6	3:1	0:2	×	1:1
SV Olbernhau	0:7		0:2	0:7	1:4		0:3	2:0	3:2	1:3	1:0	0:1		2:4	6:1	×

FSV Neusalza-Spremberg hat zwei Spiele in Cunnewalde und der SV Olbernhau zwei Spiele in Pockau-Lengefeld ausgetragen.

Torschützenliste:

Platz	Spieler (Mannschaft)	Tore
1.	Christoph Jackisch (FC Grimma)	27
2.	Torsten Marx (Großenhainer FV)	16
	Kevin Wiegner (FC Grimma)	16
4.	Florian Kärger (VfL Pirna-Copitz)	15
	Paul Konrad Witschel (Großenhainer FV)	15
6.	Cedric Graf (FC Lößnitz)	14
	Marius Riedel (FSV Neusalza-Spremb.)	14
8.	Belmin Mesan (BSC Rapid Chemnitz)	13
9.	Lukas Bouska (FSV Neusalza-Spremb.)	12
10.	Paul Lehmann (SG Taucha)	11
	Philipp Schröter (BSG Stahl Riesa)	11

Zuschauerstatistik:

Mannschaft	gesamt	Schnitt
BSG Stahl Riesa	3.824	274
Großenhainer FV	2.703	194
FC Grimma	2.260	162
FSV Neusalza-Spr.	2.037	146
Germania Mittweida	1.960	140
SG Taucha 99	1.747	125
VfL Pirna-Copitz 07	1.580	113
BSC Rapid Chemnitz	1.466	105
SV Einheit Kamenz	1.415	102

Mannschaft	gesamt	Schnitt
FC Lößnitz	1.391	100
Kickers Markkleeb.	1.257	90
FV Eintracht Niesky	1.231	88
SSV Markranstädt	1.135	82
VfB Empor Glauchau	1.123	81
Radebeuler BC 08	1.066	77
	26.195	**125**
informatorisch:		
SV Olbernhau	3.192	267

Landesliga Schleswig-Holstein Staffel Schleswig

Pl.	(Vj.)	Mannschaft		Sp	S	U	N	Tore	TD	Pkt	Sp	S	U	N	Tore	Pkt	Sp	S	U	N	Tore	Pkt
								Gesamtbilanz							**Heimbilanz**						**Auswärtsbilanz**	
1.	(4.)	Husumer SVgg	↑	30	23	5	2	102-25	+77	74	15	13	2	0	62-11	41	15	10	3	2	40-14	33
2.	(12.)	Eckernförder SV	↑	30	17	6	7	70-42	+28	57	15	9	3	3	36-20	30	15	8	3	4	34-22	27
3.	(↑)	TuS Jevenstedt		30	17	4	9	59-37	+22	55	15	7	2	6	27-22	23	15	10	2	3	32-15	32
4.	(↑)	TSV Nordmark Satrup		30	15	7	8	56-35	+21	52	15	7	5	3	28-16	26	15	8	2	5	28-19	26
5.	(8.)	Osterrönfelder TSV		30	14	6	10	43-38	+5	48	15	8	4	3	24-14	28	15	6	2	7	19-24	20
6.	(3.)	Gettorfer SC		30	14	5	11	56-48	+8	47	15	7	1	7	29-30	22	15	7	4	4	27-18	25
7.	(↓)	Friedrichsberg-Busdorfer TSV		30	13	4	13	78-57	+21	43	15	9	2	4	48-23	29	15	4	2	9	30-34	14
8.	(12.H)	BSC Brunsbüttel		30	11	8	11	60-48	+12	41	15	6	3	6	31-25	21	15	5	5	5	29-23	20
9.	(↑)	MTSV Hohenwestedt		30	11	8	11	72-68	+4	41	15	7	3	5	39-34	24	15	4	5	6	33-34	17
10.	(8.H)	FC Reher/Puls		30	11	7	12	52-60	-8	40	15	5	4	6	31-30	19	15	6	3	6	21-30	21
11.	(6.)	TSV Rantrum		30	11	6	13	53-50	+3	39	15	5	3	7	26-27	18	15	6	3	6	27-23	21
12.	(↑)	IF Stjernen Flensborg		30	11	5	14	48-59	-11	38	15	8	2	5	25-23	26	15	3	3	9	23-36	12
13.	(7.)	TSV Altenholz		30	11	4	15	59-64	-5	37	15	9	2	4	33-21	29	15	2	2	11	26-43	8
14.	(11.)	Büdelsdorfer TSV	↓	30	10	5	15	40-54	-14	35	15	3	4	8	12-26	13	15	7	1	7	28-28	22
15.	(13.H)	VfR Horst	↓	30	7	5	18	40-79	-39	23	15	4	2	9	25-32	14	15	3	3	9	15-47	12
16.	(13.)	1. Schleswiger SV 06	↓	30	1	1	28	20-144	-124	-2	15	1	1	13	9-69	4	15	0	0	15	11-75	0

Dem VfR Horst wurden wegen Nichterfüllung des Schiedsrichtersolls drei Punkte und dem 1. Schleswiger SV 06 wegen zweimaligen Nichtantretens sechs Punkte abgezogen.

Absteiger aus der Oberliga: TSV Lägerdorf.
Aufsteiger in die Oberliga: Husumer SVgg und Eckernförder SV.
Wechsel aus der Staffel Holstein: SpVg Eidertal Molfsee.
Absteiger in die Verbandsligen: 1. Schleswiger SV 06, Büdelsdorfer TSV (Nord) und VfR Horst (West).
Aufsteiger aus den Verbandsligen: TuS Collegia Jübek, MTV Tellingstedt (Nord) und TSV Kronshagen (Ost).

Landesliga Schleswig-Holst. Staffel Schleswig 2018/19

	Husumer SVgg	Eckernförder SV	TuS Jevenstedt	Nordmark Satrup	Osterrönfelder TSV	Gettorfer SC	Friedrichsberg-B.	BSC Brunsbüttel	Hohenwestedt	FC Reher/Puls	TSV Rantrum	IF Stjernen	TSV Altenholz	Büdelsdorfer TSV	VfR Horst	Schleswig 06
Husumer SVgg	×	4:0	2:1	3:0	7:1	1:1	2:1	1:0	3:1	6:0	3:1	4:1	4:4	3:0	9:0	10:0
Eckernförder SV	2:4	×	3:1	1:0	0:2	3:1	2:1	2:2	5:0	2:2	4:4	2:0	2:1	0:2	5:0	3:0
TuS Jevenstedt	0:2	1:3	×	3:0	1:1	0:2	2:0	1:2	3:2	0:3	2:1	1:1	0:3	1:0	6:2	6:0
TSV Nordmark Satrup	1:3	2:1	0:1	×	1:0	1:1	4:1	2:2	1:2	0:0	0:0	3:0	6:2	4:1	1:1	2:1
Osterrönfelder TSV	2:1	2:0	0:0	1:1	×	0:1	3:2	0:0	1:1	1:2	2:1	4:1	2:1	1:2	2:0	3:1
Gettorfer SC	1:2	1:3	2:3	1:0	0:2	×	4:3	2:1	2:4	3:0	0:2	1:1	5:4	1:5	2:0	4:0
Friedrichsberg-Busdorfer TSV	3:3	4:4	0:1	3:1	2:0	3:2	×	0:2	4:0	5:0	0:2	3:2	4:1	1:5	7:0	9:0
BSC Brunsbüttel	1:7	1:1	1:2	0:1	3:0	3:2	1:2	×	2:2	0:1	1:2	3:1	3:1	2:2	5:1	5:0
MTSV Hohenwestedt	1:6	1:2	2:3	1:3	0:3	1:1	6:5	3:1	×	1:1	2:2	5:1	3:2	2:0	5:2	6:2
FC Reher/Puls	1:1	0:2	2:2	1:4	2:6	1:1	3:2	2:4	1:2	×	3:0	4:0	4:3	1:2	1:1	5x0
TSV Rantrum	0:1	0:2	0:1	1:1	3:0	2:3	2:3	1:5	3:1	6:4	×	2:2	0:2	2:1	1:2	3:1
IF Stjernen Flensborg	1:0	2:1	2:1	1:5	1:0	0:2	0:0	2:2	3:2	1:2	0:3	×	5:0	1:2	1:0	5:3
TSV Altenholz	1:4	2:2	1:2	1:2	2:0	2:1	2:1	2:1	2:2	2:0	4:1	3:1	×	6:2	0:2	3:0
Büdelsdorfer TSV	0:0	0:3	0:5	0:3	0:0	0:3	2:2	3:0	2:2	1:3	0:2	0:1	3:0	×	0:2	1:0
VfR Horst	0:3	2:5	0:3	1:2	1:2	0:2	1:2	0:0	2:2	0:2	2:1	1:3	2:0	3:2	×	10:3
1. Schleswiger SV 06	0:3	0x5	0:6	1:5	1:2	1:4	0:5	2:7	0:10	2:1	0:5	0:8	0:4	0:2	2:2	×

Torschützenliste:

Platz	Spieler (Mannschaft)	Tore
1.	Kochanski, Thies (MTSV Hohenwestedt)	28
2.	Schubert, Tim (Friedrichsberg-Busdorfer TSV)	23
3.	Fleige, Hendrik (Husumer SVgg)	21
4.	Dikun, Ken (TSV Nordmark Satrup)	18
5.	Drzimkowski, Rouven (BSC Brunsbüttel)	17
	Gorny, Michel Andre (VfR Horst)	17
7.	Arndt, Fabian (Husumer SVgg)	16
8.	Seefeldt, Lucas (TuS Jevenstedt)	15
9.	Altendorf, Ole (Eckernförder SV)	14
	Knitel, Kevin (Husumer SVgg)	14
	Schultz, Yannik (BSC Brunsbüttel)	14
	Wolf, Yannick (Gettorfer SC)	14

Die Spiele 1. Schleswiger SV 06 - Eckernförder SV und FC Reher/Puls - 1. Schleswiger SV 06 wurden kampflos gewertet.

Informationen zu den Aufstiegsspielen finden Sie auf den Seiten 367 und 368.

Landesliga Schleswig-Holstein Staffel Holstein

Pl.	(Vj.)	Mannschaft		Sp	S	U	N	Tore	TD	Pkt	Sp	S	U	N	Tore	Pkt	Sp	S	U	N	Tore	Pkt
				Gesamtbilanz							**Heimbilanz**						**Auswärtsbilanz**					
1.	(4.)	Oldenburger SV	↑	30	27	0	3	118-31	+87	81	15	14	0	1	67-15	42	15	13	0	2	51-16	39
2.	(3.)	1. FC Phönix Lübeck	↑	30	22	4	4	96-41	+55	70	15	12	1	2	58-20	37	15	10	3	2	38-21	33
3.	(7.)	SV Preußen 09 Reinfeld	↑	30	20	4	6	89-42	+47	64	15	9	2	4	48-20	29	15	11	2	2	41-22	35
4.	(10.)	TSV Pansdorf		30	15	7	8	60-46	+14	52	15	7	2	6	30-26	23	15	8	5	2	30-20	29
5.	(5.)	SV Eichede II		30	13	6	11	62-48	+14	45	15	6	3	6	27-26	21	15	7	3	5	35-22	24
6.	(↓)	FC Dornbreite Lübeck		30	14	4	12	79-74	+5	43	15	9	1	5	43-32	28	15	5	3	7	36-42	18
7.	(6.)	SV Grün-Weiß Siebenbäumen		30	12	7	11	53-57	-4	43	15	7	3	5	31-27	24	15	5	4	6	22-30	19
8.	(↑)	SpVg Eidertal Molfsee	→	30	11	8	11	67-71	-4	41	15	7	5	3	30-24	26	15	4	3	8	37-47	15
9.	(5.S)	TSV Klausdorf		30	12	5	13	54-63	-9	41	15	8	3	4	35-27	27	15	4	2	9	19-36	14
10.	(9.S)	Heikendorfer SV		30	11	4	15	49-64	-15	37	15	8	3	4	33-26	27	15	3	1	11	16-38	10
11.	(9.)	TSV Travemünde		30	11	3	16	42-64	-22	36	15	7	2	6	26-28	23	15	4	1	10	16-36	13
12.	(↑)	Lübecker SC 99		30	11	3	16	62-69	-7	33	15	7	1	7	36-37	22	15	4	2	9	26-32	14
13.	(2.)	TuS Hartenholm		30	8	8	14	51-57	-6	32	15	4	4	7	24-24	16	15	4	4	7	27-33	16
14.	(11.)	SV Schackendorf	↓	30	8	2	20	44-85	-41	26	15	5	0	10	27-45	15	15	3	2	10	17-40	11
15.	(10.S)	TSG Concordia Schönkirchen	↓	30	5	5	20	40-82	-42	20	15	4	4	7	22-33	16	15	1	1	13	18-49	4
16.	(↓)	TSV Wankendorf	◇↓	30	4	2	24	33-105	-72	11	15	3	2	10	20-32	11	15	1	0	14	13-73	3

Dem FC Dornbreite Lübeck und dem Lübecker SC 99 wurden wegen Nichterfüllung des Schiedsrichtersolls jeweils drei Punkte abgezogen. Dem TSV Wankendorf wurden drei Punkte wegen Nichtantretens abgezogen.
TSV Wankendorf schließt sich der SG Bornhöved/Schmalensee an, die künftig als FSG Saxonia antritt.

Absteiger aus der Oberliga: VfR Neumünster und NTSV Strand 08 als SG Neustrand.
Aufsteiger in die Oberliga: Oldenburger SV, 1. FC Phönix Lübeck, SV Preußen 09 Reinfeld.
Wechsel in die Staffel Schleswig: SpVg Eidertal Molfsee.
Absteiger in die Verbandsligen: TSV Wankendorf als FSG Saxonia, TSG Concordia Schönkirchen (Ost) und SV Schackendorf (Süd).
Aufsteiger aus den Verbandsligen: SVE Comet Kiel (Ost), Büchen-Siebeneichener SV, Breitenfelder SV (Süd), SSC Phoenix Kisdorf und SV Tungendorf (West).

Landesliga Schleswig-Holst. Staffel Holstein 2018/19

	Oldenburger SV	Phönix Lübeck	Preußen Reinfeld	TSV Pansdorf	SV Eichede II	FC Dornbreite	GW Siebenbäumen	Eidertal Molfsee	TSV Klausdorf	Heikendorfer SV	TSV Travemünde	Lübecker SC 99	TuS Hartenholm	SV Schackendorf	Conc. Schönkirchen	TSV Wankendorf
Oldenburger SV	X	4:1	5:1	0:3	5:2	5:0	6:0	7:1	4:1	4:0	2:0	4:2	2:1	7:1	3:1	9:1
1. FC Phönix Lübeck	5:0	X	2:3	1:2	3:2	6:6	4:0	4:3	3:1	7:0	2:0	3:0	5:1	2:1	4:1	7:0
SV Preußen 09 Reinfeld	1:2	2:2	X	1:1	0:2	4:7	5:0	6:0	4:0	2:0	4:1	1:0	1:4	5:0	5:1	7:0
TSV Pansdorf	0:4	1:5	1:2	X	0:0	3:1	1:1	6:2	1:0	3:0	1:2	3:0	1:3	0:1	3:2	6:3
SV Eichede II	0:3	2:3	0:1	1:1	X	2:5	2:2	5:1	0:2	3:1	3:1	0:4	1:1	4:1	2:0	2:0
FC Dornbreite Lübeck	0:3	3:0	1:5	4:6	0:5	X	1:3	0:0	3:1	7:2	4:2	2:1	5:2	2:1	3:0	8:1
SV Grün-Weiß Siebenbäumen	2:5	1:3	2:4	0:1	5:2	2:2	X	2:2	0:0	2:1	3:0	1:2	3:1	3:2	2:1	3:1
SpVg Eidertal Molfsee	3:2	1:1	1:1	2:2	3:2	2:0	3:0	X	1:1	0:2	1:5	4:2	3:1	3:2	3:1	1:2
TSV Klausdorf	1:5	1:2	3:3	3:1	3:2	3:0	0:5	3:0	X	1:0	6:0	1:4	2:2	0:0	5:2	3:1
Heikendorfer SV	1:4	3:3	0:1	3:0	1:1	0:5	2:1	0:5	4:1	X	3:1	4:2	1:1	3:0	5:0	3:1
TSV Travemünde	0:3	0:5	0:3	0:3	1:1	4:3	3:1	2:0	2:3	2:1	X	3:1	1:1	1:2	2:1	5x0
Lübecker SC 99	0:4	1:2	0:7	0:2	0:2	6:1	1:1	3:7	5:1	2:1	4:0	X	2:4	2:1	3:2	7:2
TuS Hartenholm	1:2	0:1	2:3	1:2	0:3	1:1	0:2	3:2	2:0	2:2	3:1	1:1	X	2:3	0:0	6:1
SV Schackendorf	1:8	1:3	1:2	1:3	1:3	3:0	1:4	2:7	1:4	2:1	0:1	2:5	2:1	X	7:3	2:0
TSG Concordia Schönkirchen	1:4	0:2	2:5	2:2	0:5	0:3	0:0	4:4	0:2	1:3	0:0	2:1	4:2	2:0	X	4:0
TSV Wankendorf	0:2	1:5	2:0	1:1	0:3	1:2	1:2	0:3	6:2	0:2	0:2	1:1	0:2	5:2	2:3	X

Torschützenliste:

Platz	Spieler (Mannschaft)	Tore
1.	Rönnau, Kristof (SV Preußen 09 Reinfeld)	39
2.	Henning, Bastian (FC Dornbreite Lübeck)	32
3.	Junge, Daniel (Oldenburger SV)	26
4.	Rohrbach, Toni (Lübecker SC 99)	20
	Schütt, Louis (SpVg Eidertal Molfsee)	20
6.	Cornelius, Danny (Eutiner SpVgg 08)	16
7.	Zeller, Marc (TSV Klausdorf)	15
8.	Beyer, Torben (1. FC Phönix Lübeck)	14
9.	Blümke, Marvin (SpVg Eidertal Molfsee)	13
	Hinkelmann, Felix (1. FC Phönix Lübeck)	13
	Klüver, Mats (Oldenburger SV)	13
	Kokot, Maximilian (TuS Hartenholm)	13

Das Spiel TSV Travemünde - TSV Wankendorf wurde kampflos gewertet.

Durch den Aufstieg des Heider SV in die Regionalliga Nord rückt der Gruppendritte SV Preußen 09 Reinfeld ohne Entscheidungsspiel nach, da es keine weiteren Bewerber aus den beiden Landesliga-Staffeln für einen Aufstieg in die Oberliga gab.

Informationen zu den Aufstiegsspielen finden Sie auf den Seiten 367 und 368.

Landesliga Hamburg Staffel Hansa

				Gesamtbilanz					Heimbilanz					Auswärtsbilanz				
Pl.	(Vj.)	Mannschaft		Sp	S	U	N	Tore	TD	Pkt	Sp	S	U	N	Tore	Pkt	Sp	S	U	N	Tore	Pkt
1.	(2.)	Bramfelder SV	↑	28	20	6	2	109-33	+76	66	14	11	2	1	61-18	35	14	9	4	1	48-15	31
2.	(↑)	Hamm United FC	↑	28	21	1	6	92-35	+57	64	14	9	1	4	54-23	28	14	12	0	2	38-12	36
3.	(8.)	VfL Lohbrügge		28	19	2	7	72-31	+41	59	14	10	2	2	38-12	32	14	9	0	5	34-19	27
4.	(6.)	SV Nettelnburg-Allermöhe		28	15	7	6	75-51	+24	52	14	7	4	3	34-22	25	14	8	3	3	41-29	27
5.	(5.)	FC Voran Ohe		28	16	4	8	68-48	+20	52	14	8	2	4	39-26	26	14	8	2	4	29-22	26
6.	(4.)	SV Altengamme		28	13	6	9	91-53	+38	45	14	8	1	5	48-26	25	14	5	5	4	43-27	20
7.	(12.)	Klub Kosova		28	13	3	12	79-79	0	42	14	6	3	5	37-39	21	14	7	0	7	42-40	21
8.	(↓)	SC Vorwärts-Wacker 04 Billstedt		28	12	5	11	72-46	+26	41	14	5	2	7	45-26	17	14	7	3	4	27-20	24
9.	(3.)	Dersimspor Hamburg		28	11	4	13	46-83	-37	37	14	7	1	6	23-30	22	14	4	3	7	23-53	15
10.	(11.)	TuS Berne		28	7	8	13	63-84	-21	29	14	3	6	5	46-44	15	14	4	2	8	17-40	14
11.	(9.)	SV Bergstedt		28	8	4	16	58-80	-22	28	14	5	1	8	30-37	16	14	3	3	8	28-43	12
12.	(↑)	Düneberger SV		28	9	0	19	50-65	-15	27	14	4	0	10	20-28	12	14	5	0	9	30-37	15
13.	(10.)	Rahlstedter SC		28	7	5	16	43-68	-25	26	14	3	3	8	20-36	12	14	4	2	8	23-32	14
14.	(↑)	Inter 2000 Hamburg	↓	28	5	3	20	52-127	-75	18	14	3	1	10	21-62	10	14	2	2	10	31-65	8
15.	(13.)	FC Elazig Spor	↓	28	4	2	22	35-122	-87	14	14	2	1	11	21-39	7	14	2	1	11	14-83	7
16.	(7.)	BSV Buxtehude	⊻	0																		

BSV Buxtehude hat nach dem 29. Spieltag zurückgezogen.

Absteiger aus der Oberliga: SC Condor Hamburg.
Aufsteiger in die Oberliga: Bramfelder SV und Hamm United FC.
Spielbetrieb eingestellt: BSV Buxtehude.
Wechsel aus der Staffel Hammonia: FC Türkiye Wilhelmsburg.
Absteiger in die Bezirksligen: FC Elazig Spor (Ost) und Inter 2000 Hamburg (Süd).
Aufsteiger aus den Bezirksligen: FTSV Altenwerder (Süd), ASV Hamburg und Oststeinbeker SV (Ost).

Landesliga Hamburg Staffel Hansa 2018/19	Bramfelder SV	Hamm United FC	VfL Lohbrügge	Nettelnburg-All.	FC Voran Ohe	SV Altengamme	Klub Kosova	Vorwärts-Wacker	Dersimspor	TuS Berne	SV Bergstedt	Düneberger SV	Rahlstedter SC	Inter 2000	FC Elazig Spor	BSV Buxtehude
Bramfelder SV	×	1:3	2:1	3:3	3:1	4:0	9:3	1:1	7:0	8:0	5:1	4:2	2:1	1:0	11:2	4:0
Hamm United FC	2:2	×	1:4	1:3	1:2	4:1	1:3	2:1	4:0	4:0	4:0	5:2	6:3	6:2	13:0	1:0
VfL Lohbrügge	1:3	0:2	×	4:1	4:1	3:0	3:1	0:0	1:1	3:0	4:2	5:0	2:1	4:0	4:0	2:0
SV Nettelnburg-Allermöhe	1:1	2:1	2:0	×	4:2	1:1	1:2	3:2	5:2	5:2	2:3	0:3	2:2	1:1	5:0	3x0
FC Voran Ohe	3:1	2:1	1:3	1:1	×	2:2	4:3	1:3	2:4	5:0	2:3	2:1	3:1	5:1	6:2	1:2
SV Altengamme	2:2	0:1	1:2	2:5	1:2	×	3:2	2:5	15:0	3:0	3:1	4:2	3:0	5:4	4:0	3:1
Klub Kosova	0:10	1:2	3:5	1:3	2:2	2:2	×	2:1	4:2	1:3	3:3	7:2	3:0	4:3	4:1	3:2
SC Vorwärts-Wacker 04 Billstedt	3:3	1:2	0:1	1:2	0:1	1:2	2:5	×	1:1	1:2	5:1	4:2	5:4	14:0	7:0	1:1
Dersimspor Hamburg	0:2	0:4	1:0	1:6	1:0	2:2	3:2	1:2	×	4:0	2:0	0:6	3:0	4:3	1:3	0:1
TuS Berne	0:6	2:4	0:6	3:3	3:3	2:3	3:1	2:2	6:1	×	5:5	0:4	2:2	3:3	15:1	2:9
SV Bergstedt	0:5	2:5	5:3	5:3	1:3	0:5	7:0	0:2	1:3	1:4	×	3:0	0:2	4:1	1:1	2:1
Düneberger SV	1:3	0:3	0:5	1:2	0:2	2:1	0:3	1:2	1:2	2:1	4:0	×	0:1	1:3	7:0	2:1
Rahlstedter SC	1:3	0:4	2:0	0x3	0:4	1:1	3:7	4:1	1:4	1:1	2:2	0:2	×	2:3	3:1	2:3
Inter 2000 Hamburg	1:4	1:4	1:2	5:3	0:3	2:21	0x7	1:4	4:2	0:0	2:1	1:4	1:4	×	2:3	2:7
FC Elazig Spor	0x3	0:2	0:2	1:3	2:3	1:2	1:3	0:1	1:1	2:4	0:6	2:0	0:2	11:7	×	1:3
BSV Buxtehude	4:3	1:0	0:4	2:0	0:0	1:4	3:2	3:2	0:0	7:1	4:5	4:4		7:1	5:0	×

Torschützenliste:

Platz	Spieler (Mannschaft)	Tore
1.	Schraub, Sandro (SV Altengamme)	28
2.	Ljubislavljevic, Milos (Bramfelder SV)	22
3.	Honig, Luis (TuS Berne)	20
4.	Polzin, Robin (Bramfelder SV)	18
5.	Ates, Emrah Kerim (SC Vorwärts-Wacker 04)	17
	Ghubasaryan, Andranik (SC Vorwärts-Wacker 04)	17
7.	Schirosi, Alessandro (Hamm United FC)	16
	Siegmund, Dustin (SV Nettelnburg-Allermöhe)	16
9.	Braesen, Marco (FC Voran Ohe)	15
10.	Salama, Omar (Klub Kosova)	14

Das Spiel Rahlstedter SC - SV Nettelnburg-Allermöhe (1:1 vom 23.11.2018) wurde umgewertet.
Das Spiel FC Elazig Spor - Bramfelder SV vom 26. Spieltag am 28.04.2019 wurde kampflos gewertet.
Das Spiel Inter 2000 Hamburg - Klub Kosova wurde am 04.05.2019 in der 66. Minute beim Stand von 0:7 abgebrochen, da die Heimmannschaft nur noch sechs Spieler auf dem Spielfeld hatte.
Das Spiel SV Nettelnburg-Allermöhe - BSV Buxtehude vom 28. Spieltag am 17.05.2019 wurde kampflos gewertet; anschließend zog Buxtehude die Mannschaft vom Spielbetrieb zurück.

Landesliga Hamburg Staffel Hammonia

Pl.	(Vj.)	Mannschaft		Sp	S	U	N	Tore	TD	Pkt	Sp	S	U	N	Tore	Pkt	Sp	S	U	N	Tore	Pkt
						Gesamtbilanz							**Heimbilanz**						**Auswärtsbilanz**			
1.	(↓)	Hamburger SV III	↑	30	25	3	2	95-32	+63	78	15	12	3	0	55-12	39	15	13	0	2	40-20	39
2.	(4.)	Uhlenhorster SC Paloma	↑	30	22	5	3	90-27	+63	71	15	12	1	2	47-15	37	15	10	4	1	43-12	34
3.	(6.)	FC Union Tornesch	↑	30	19	4	7	68-44	+24	61	15	10	1	4	39-22	31	15	9	3	3	29-22	30
4.	(3.)	Niendorfer TSV II		30	18	4	8	79-45	+34	58	15	11	1	3	44-19	34	15	7	3	5	35-26	24
5.	(↓)	FC Türkiye Wilhelmsburg	→	30	17	2	11	66-56	+10	53	15	8	1	6	38-28	25	15	9	1	5	28-28	28
6.	(8.)	TuRa Harksheide		30	15	6	9	65-38	+27	51	15	7	4	4	31-14	25	15	8	2	5	34-24	26
7.	(2.)	SV Halstenbek-Rellingen		30	13	8	9	63-37	+26	47	15	6	4	5	32-18	22	15	7	4	4	31-19	25
8.	(↑)	Eintracht Lokstedt		30	14	1	15	69-57	+12	43	15	7	1	7	38-28	22	15	7	0	8	31-29	21
9.	(↑)	SSV Rantzau Barmstedt		30	13	4	13	64-53	+11	43	15	7	3	5	36-24	24	15	6	1	8	28-29	19
10.	(7.)	SC Sternschanze		30	11	5	14	51-71	-20	38	15	5	2	8	23-32	17	15	6	3	6	28-39	21
11.	(12.)	SSD Nikola Tesla		30	11	4	15	54-67	-13	37	15	7	1	7	33-27	22	15	4	3	8	21-40	15
12.	(↑)	SC Nienstedten		30	11	2	17	74-95	-21	35	15	8	2	5	50-32	26	15	3	0	12	24-63	9
13.	(5.)	Harburger Turnerbund		30	9	4	17	54-67	-13	31	15	7	1	7	35-33	22	15	2	3	10	19-34	9
14.	(13.)	SV Eidelstedt 1880	↓	30	5	1	24	46-119	-73	16	15	3	0	12	23-54	9	15	2	1	12	23-65	7
15.	(11.)	SC Alstertal-Langenhorn	↓	30	4	3	23	47-106	-59	15	15	3	2	10	25-45	11	15	1	1	13	22-61	4
16.	(9.)	FC Elmshorn	↓	30	4	2	24	22-93	-71	14	15	2	2	11	11-44	8	15	2	0	13	11-49	6

Absteiger aus der Oberliga: VfL Pinneberg und Hamburg-Eimsbütteler BC.
Aufsteiger in die Oberliga: Hamburger SV III, Uhlenhorster SC Paloma und FC Union Tornesch.
Wechsel in die Staffel Hansa: FC Türkiye Wilhelmsburg.
Absteiger in die Bezirksligen: FC Elmshorn, SV Eidelstedt 1880 (West) und SC Alstertal-Langenhorn (Nord).
Aufsteiger aus den Bezirksligen: Eimsbütteler TV, HSV Barmbek-Uhlenhorst II (Nord), SC Hansa 1911, SpVgg Blau-Weiß 96 Schenefeld (West) und Inter Eidelstedt (Süd).

Landesliga Hamburg St. Hammonia 2018/19

	Hamburger SV III	USC Paloma	Union Tornesch	Niendorfer TSV II	FC Türkiye	TuRa Harksheide	Halstenbek-Rell.	Eintracht Lokstedt	Rantzau Barmst.	SC Sternschanze	SSD Nikola Tesla	SC Nienstedten	Harburger TB	SV Eidelstedt	Alstertal-Langenh.	FC Elmshorn
Hamburger SV III	×	2:2	3:1	0:0	6:0	3:3	1:0	3:1	2:1	6:0	7:1	6:1	2:1	6:1	5:0	3×0
Uhlenhorster SC Paloma	2:0	×	2:2	2:0	2:3	1:2	4:1	2:0	3:2	7:1	4:2	5:0	3:0	2:1	3:1	5:0
FC Union Tornesch	1:3	1:1	×	5:3	3:0	1:0	3:1	6:1	1:3	1:2	3:1	5:2	2:1	6:2	1:0	0:2
Niendorfer TSV II	2:5	0:0	2:1	×	3:1	3:0	0:2	6:2	2:1	4:0	2:3	5:2	2:0	7:0	3:1	3:1
FC Türkiye Wilhelmsburg	0:2	0:2	1:1	2:0	×	0:5	3:1	1:0	1:2	1:3	4:2	6:1	3:0	2:3	12:5	2:1
TuRa Harksheide	1:2	0:2	1:1	1:1	1:2	×	0:1	2:0	4:0	0:0	4:0	5:0	1:1	5:2	2:1	4:1
SV Halstenbek-Rellingen	0:1	0:1	1:2	2:2	4:0	1:1	×	1:2	3:1	0:2	3:3	5:1	2:2	2:0	4:0	4:0
Eintracht Lokstedt	0:2	0:4	5:1	3:1	1:5	4:2	1:2	×	1:4	2:2	0:1	2:3	3:0	6:0	4:1	6:0
SSV Rantzau Barmstedt	0:2	1:1	0:1	3:5	3:1	2:3	0:0	4:1	×	1:1	1:0	5:1	2:4	9:2	2:1	3:1
SC Sternschanze	0:1	0:6	1:2	3:1	1:1	0:3	1:2	0:5	1:3	×	2:3	3:0	2:1	5:2	1:1	3:1
SSD Nikola Tesla	6:3	1:2	1:3	0:2	1:2	1:2	1:1	0:2	1:0	0:4	×	5:2	2:1	3:1	8:1	3:1
SC Nienstedten	2:3	2:4	2:5	1:3	1:3	3:1	2:2	2:1	1:1	11:2	3:1	×	4:1	3:2	8:3	5:0
Harburger Turnerbund	4:6	3:2	2:3	1:4	1:3	0:3	1:1	0:3	4:1	3:1	4:0	3:1	×	2:3	3:2	4:0
SV Eidelstedt 1880	1:2	0:4	1:4	2:3	0:2	1:4	1:9	1:3	1:4	0:8	1:2	7:1	1:6	×	3:2	3:0
SC Alstertal-Langenhorn	1:3	1:8	0:1	1:6	1:2	2:4	1:5	1:4	3:1	3:1	2:2	1:2	4:0	3:3	×	1:3
FC Elmshorn	0:5	1:4	0:1	0:4	0:3	2:1	0:3	0:6	1:4	0:1	0:0	0:7	1:1	4:1	2:3	×

Das Spiel Hamburger SV III - FC Elmshorn vom 28. Spieltag am 10.05.2019 wurde kampflos gewertet.

Torschützenliste:

Platz	Spieler (Mannschaft)	Tore
1.	Sörensen, Nils (SC Sternschanze)	23
2.	Gleich, Luis-Luka (Eintracht Lokstedt)	22
	Mus, Mümin (FC Türkiye Wilhelmsburg)	22
4.	Schulz, Niklas (Harburger Turnerbund)	21
5.	Schöttke, Marcel (SV Halstenbek-Rellingen)	17
6.	Bauer, Jendrik (Hamburger SV III)	16
	Drinkuth, Jakob (SC Nienstedten)	16
	Netzbandt, Michel (SSD Nikola Tesla)	16
9.	Jordan, Dominik (Hamburger SV III)	15

Niedersachsen: Landesliga Weser-Ems ≥ 17

Pl.	(Vj.)	Mannschaft		Sp	S	U	N	Tore	TD	Pkt	Sp	S	U	N	Tore	Pkt	Sp	S	U	N	Tore	Pkt
				Gesamtbilanz							**Heimbilanz**						**Auswärtsbilanz**					
1.	(11.)	SV Bevern		30	21	5	4	85-35	+50	68	15	13	1	1	52-14	40	15	8	4	3	33-21	28
2.	(2.)	Barenburger SV Kickers Emden	↑	30	17	7	6	70-28	+42	58	15	10	3	2	42-9	33	15	7	4	4	28-19	25
3.	(4.)	TuS Blau-Weiß Lohne		30	18	4	8	57-41	+16	58	15	9	4	2	32-20	31	15	9	0	6	25-21	27
4.	(12.)	SV Holthausen-Biene		30	16	6	8	59-44	+15	54	15	11	3	1	39-16	36	15	5	3	7	20-28	18
5.	(7.)	SC Blau-Weiß Papenburg		30	12	6	12	47-45	+2	42	15	8	2	5	27-20	26	15	4	4	7	20-25	16
6.	(↑)	FC Schüttorf 09		30	12	6	12	52-53	-1	42	15	6	3	6	32-27	21	15	6	3	6	20-26	21
7.	(8.)	SC Melle 03		30	12	5	13	45-52	-7	41	15	8	3	4	28-20	27	15	4	2	9	17-32	14
8.	(5.)	BV Essen		30	9	13	8	39-39	0	40	15	6	6	3	21-16	24	15	3	7	5	18-23	16
9.	(↑)	SV Grün-Weiß Mühlen		30	11	6	13	49-51	-2	39	15	5	4	6	23-21	19	15	6	2	7	26-30	20
10.	(3.)	TV Dinklage 04		30	11	6	13	48-55	-7	39	15	6	4	5	24-20	22	15	5	2	8	24-35	17
11.	(↑)	SV Grün-Weiß Firrel		30	10	8	12	46-45	+1	38	15	6	4	5	28-20	22	15	4	4	7	18-25	16
12.	(10.)	SV Hansa Friesoythe	↓	30	10	7	13	48-56	-8	37	15	5	4	6	28-27	19	15	5	3	7	20-29	18
13.	(6.)	SV Vorwärts Nordhorn	↓	30	9	9	12	50-60	-10	36	15	5	3	7	24-30	18	15	4	6	5	26-30	18
14.	(9.)	SV Bad Rothenfelde	↓	30	8	8	14	45-62	-17	32	15	5	3	7	22-26	18	15	3	5	7	23-36	14
15.	(↑)	TSV Wallenhorst	↓	30	7	4	19	27-59	-32	25	15	2	2	11	11-27	8	15	5	2	8	16-32	17
16.	(↑)	SV Brake	↓	30	5	4	21	35-77	-42	19	15	4	3	8	26-30	15	15	1	1	13	9-47	4

Da der SV Bevern auf sein Aufstiegsrecht verzichtete, durfte der Barenburger SV Kickers Emden in die Oberliga aufsteigen.

Absteiger aus der Oberliga: BV Cloppenburg und VfL Oythe.
Aufsteiger in die Oberliga: Barenburger SV Kickers Emden.
Absteiger in die Bezirksligen: SV Brake (Staffel 2), TSV Wallenhorst, SV Bad Rothenfelde (Staffel 5), SV Vorwärts Nordhorn (Staffel 3) und SV Hansa Friesoythe (Staffel 4).
Aufsteiger aus den Bezirksligen: VfL Germania Leer (Staffel 1), VfL Wittekind Wildeshausen (Staffel 2), SV Union Lohne (Staffel 3), SV Falke Steinfeld (Staffel 4) und VfR Voxtrup (Staffel 5).

Niedersachsen: Landesliga Weser-Ems 2018/19

	SV Bevern	Kickers Emden	Blau-Weiß Lohne	Holthausen-Biene	BW Papenburg	FC Schüttorf 09	SC Melle 03	BV Essen	Grün-Weiß Mühlen	TV Dinklage 04	Grün-Weiß Firrel	Hansa Friesoythe	Vorwärts Nordhorn	Bad Rothenfelde	TSV Wallenhorst	SV Brake
SV Bevern	×	3:1	0:2	2:0	3:0	7:1	6:0	4:2	5:1	5:3	2:0	3:2	5:0	5:1	0:0	2:1
Barenburger SV Kickers Emden	2:1	×	0:1	1:1	3:0	2:2	2:0	2:0	2:0	7:1	0:1	0:0	2:1	4:1	6:0	9:0
TuS Blau-Weiß Lohne	1:1	2:1	×	3:0	3:2	1:1	3:0	1:1	2:1	4:2	2:1	1:4	3:3	1:0	2:3	3:0
SV Holthausen-Biene	1:0	2:2	1:0	×	1:1	3:0	3:2	3:0	4:3	4:2	2:2	4:0	1:2	6:1	2:1	2:0
SC Blau-Weiß Papenburg	1:4	1:3	2:1	2:1	×	1:2	1:0	1:2	5:2	0:1	1:0	3:0	2:2	1:1	3:1	3:0
FC Schüttorf 09	1:5	0:3	0:3	4:0	0:0	×	1:4	1:1	2:3	2:1	4:1	3:0	2:4	1:1	4:0	7:1
SC Melle 03	2:2	2:1	1:2	4:0	0:2	3:1	×	1:2	0:2	3:1	1:1	3:1	2:1	2:1	2:1	2:1
BV Essen	1:1	1:0	4:0	1:1	0:2	0:0	1:1	×	3:2	0:2	1:0	1:2	3:1	2:2	2:2	1:0
SV Grün-Weiß Mühlen	2:3	1:2	1:2	1:1	2:0	2:1	2:2	1:0	×	1:2	1:1	0:1	1:1	3:2	0:2	5:1
TV Dinklage 04	2:0	1:1	0:3	1:2	3:2	0:1	4:0	2:1	1:1	×	5:1	2:1	0:2	1:1	1:3	1:1
SV Grün-Weiß Firrel	0:1	0:1	2:0	2:1	1:1	3:1	1:2	1:2	0:2	3:1	×	2:2	2:2	2:2	5:0	4:2
SV Hansa Friesoythe	2:2	1:4	0:3	2:3	3:1	0:2	3:1	1:1	0:2	4:2	2:2	×	1:1	5:1	1:2	3:0
SV Vorwärts Nordhorn	1:4	2:2	4:1	2:5	0:2	0:3	1:0	1:1	0:0	2:3	1:3	5:3	×	0:3	2:0	3:0
SV Bad Rothenfelde	3:4	0:1	1:4	1:3	2:2	0:1	1:0	1:1	3:0	1:1	1:4	2:0	2:4	×	2:0	2:1
TSV Wallenhorst	1:2	0:3	1:2	2:0	0:3	3:1	1:2	0:2	0:4	1:1	0:1	0:1	0:0	2:4	×	0:1
SV Brake	1:3	3:3	4:1	0:2	4:2	1:3	2:3	2:2	2:3	1:0	0:0	2:3	3:2	1:2	0:1	×

Torschützenliste:

Platz	Spieler (Mannschaft)	Tore
1.	Schmiederer, Felix (TV Dinklage 04)	27
2.	Ipsilos, Dionissios (SV Bevern)	23
3.	Sander, Sebastian (SV Bevern)	22
4.	Steffens, Tido (BSV Kickers Emden)	21
5.	Plichta, Robert (SV Hansa Friesoythe)	17
6.	Brink, David (SV Holthausen-Biene)	16
	Daalmann, Tobias (SV Vorwärts Nordhorn)	16
8.	Akbayram, Yakup (SC Melle 03)	15
	De-Buhr, Janek (BV Essen)	15
	Suda, Manuel (SV Grün-Weiß Firrel)	15

Niedersachsen: Landesliga Hannover

Pl.	(Vj.)	Mannschaft		Sp	S	U	N	Tore	TD	Pkt	Sp	S	U	N	Tore	Pkt	Sp	S	U	N	Tore	Pkt
				Gesamtbilanz							**Heimbilanz**						**Auswärtsbilanz**					
1.	(11.)	HSC Blau-Weiß Schwalbe Tündern	↑	30	20	4	6	73-30	+43	64	15	12	1	2	41-10	37	15	8	3	4	32-20	27
2.	(↑)	SC Hemmingen-Westerfeld		30	19	6	5	67-31	+36	63	15	12	2	1	39-12	38	15	7	4	4	28-19	25
3.	(3.)	SV Ramlingen/Ehlershausen		30	16	8	6	71-37	+34	56	15	7	5	3	36-23	26	15	9	3	3	35-14	30
4.	(5.)	SV Bavenstedt		30	17	5	8	59-38	+21	56	15	9	2	4	25-17	29	15	8	3	4	34-21	27
5.	(↓)	TuS Sulingen		30	14	11	5	53-31	+22	53	15	6	9	0	30-16	27	15	8	2	5	23-15	26
6.	(10.)	TSV Burgdorf		30	15	7	8	51-41	+10	52	15	7	5	3	22-17	26	15	8	2	5	29-24	26
7.	(2.)	Heeßeler SV		30	16	3	11	67-53	+14	51	15	10	1	4	45-29	31	15	6	2	7	22-24	20
8.	(9.)	TSV Pattensen		30	13	6	11	56-44	+12	45	15	7	2	6	26-24	23	15	6	4	5	30-20	22
9.	(4.)	VfL Bückeburg		30	12	5	13	47-54	-7	41	15	5	3	7	25-27	18	15	7	2	6	22-27	23
10.	(7.)	SpVgg Bad Pyrmont		30	10	9	11	41-52	-11	39	15	7	4	4	22-19	25	15	3	5	7	19-33	14
11.	(8.)	TSV Krähenwinkel-Kaltenweide		30	8	8	14	51-61	-10	32	15	7	2	6	29-26	23	15	1	6	8	22-35	9
12.	(12.)	Oststädter SV Hannover		30	9	4	17	46-67	-21	31	15	4	1	10	21-36	13	15	5	3	7	25-31	18
13.	(↑)	SV Iraklis Hellas Hannover	↓	30	8	5	17	37-66	-29	29	15	4	2	9	22-40	14	15	4	3	8	15-26	15
14.	(↑)	MTV Almstedt	↓	30	6	8	16	47-74	-27	26	15	4	3	8	24-37	15	15	2	5	8	23-37	11
15.	(↑)	TV Stuhr	↓	30	4	6	20	34-80	-46	18	15	0	5	10	9-37	5	15	4	1	10	25-43	13
16.	(6.)	SV BE Steimbke	↓	30	5	1	24	40-81	-41	16	15	3	1	11	21-33	10	15	2	0	13	19-48	6

Absteiger aus der Oberliga: 1. FC Wunstorf (Niedersachsen).
Aufsteiger in die Oberliga: HSC Blau-Weiß Schwalbe Tündern (Niedersachsen).
Absteiger in die Bezirksligen: SV BE Steimbke, TV Stuhr (Staffel 1), MTV Almstedt (Staffel 4), SV Iraklis Hellas Hannover (Staffel 2).
Aufsteiger aus den Bezirksligen: STK Eilvese (Staffel 1), TSV Godshorn (Staffel 2), TSV Barsinghausen (Staffel 3) und FC Eldagsen (Staffel 4).

Niedersachsen: Landesliga Hannover 2018/19

	Schwalbe Tündern	SC Hemmingen-W.	Ramlingen/Ehlersh.	SV Bavenstedt	TuS Sulingen	TSV Burgdorf	Heeßeler SV	TSV Pattensen	VfL Bückeburg	SpVgg Bad Pyrmont	Krähenwinkel-Kalt.	OSV Hannover	SV Iraklis Hellas	MTV Almstedt	TV Stuhr	SV BE Steimbke
HSC Blau-Weiß Schwalbe Tündern	×	1:1	1:0	2:3	1:0	3:0	4:1	2:0	0:1	4:0	3:0	3:0	5:2	2:0	7:1	3:1
SC Hemmingen-Westerfeld	2:1	×	1:1	2:0	3:1	3:1	2:0	0:1	5:1	2:1	5:1	1:1	2:0	5:3	2:0	4:0
SV Ramlingen/Ehlershausen	1:4	1:1	×	2:0	4:0	2:1	0:0	2:4	1:2	1:1	3:3	2:2	3:2	3:2	6:0	5:1
SV Bavenstedt	3:2	1:2	0:4	×	0:0	2:0	1:3	2:0	1:0	2:0	0:0	6:0	1:0	2:1	1:3	3:2
TuS Sulingen	0:0	3:1	0:0	3:3	×	0:0	1:1	1:0	3:2	2:2	2:2	1:1	6:0	1:1	4:2	3:1
TSV Burgdorf	1:2	1:0	0:3	0:1	1:1	×	1:0	0:0	2:1	1:1	3:1	2:1	1:1	3:3	2:1	4:1
Heeßeler SV	4:0	4:1	2:1	0:4	0:3	4:5	×	3:2	4:1	3:0	4:3	5:3	0:2	2:2	4:1	6:1
TSV Pattensen	0:0	3:4	1:2	1:4	0:2	0:5	3:1	×	5:0	3:2	3:1	3:0	0:0	0:1	2:1	2:1
VfL Bückeburg	0:1	1:1	0:3	0:4	1:4	1:2	1:2	1:5	×	4:3	0:0	2:1	1:1	2:0	4:0	7:0
SpVgg Bad Pyrmont	1:4	2:1	1:1	1:1	3:1	0:2	2:0	2:2	0:1	×	2:1	0:2	2:0	3:1	2:2	1:0
TSV Krähenwinkel-Kaltenweide	2:1	1:4	1:4	2:1	0:2	0:2	2:4	0:0	1:1	6:0	×	1:3	2:0	5:2	3:1	3:1
Oststädter SV Hannover	1:2	0:4	2:3	0:4	0:2	1:2	1:4	3:2	0:3	0:0	4:1	×	0:1	5:2	1:4	3:2
SV Iraklis Hellas Hannover	4:4	0:1	1:3	0:4	2:0	0:3	3:2	0:3	1:2	1:3	2:1	2:0	×	3:3	1:5	2:6
MTV Almstedt	0:3	0:0	0:3	2:2	0:2	5:1	0:2	2:7	2:3	3:3	1:5	2:3	3:2	×	2:0	2:1
TV Stuhr	0:5	1:4	1:5	1:2	0:4	2:2	1:2	1:1	2:2	0:1	0:0	0:6	0:2	0:0	×	0:1
SV BE Steimbke	1:3	0:3	3:2	5:1	0:1	1:3	2:0	1:3	0:2	1:2	3:3	1:2	0:2	1:2	2:4	×

Torschützenliste:

Platz Spieler (Mannschaft) — Tore
1. Tegtmeyer, Robin (HSC BW Schwalbe Tündern) — 33
2. Bremer, Alexander (VfL Bückeburg) — 21
3. Singin, Tugrancan (Oststädter SV Hannover) — 18
4. Marotzke, Darius (TSV Pattensen) — 15
   Weber, Kirill (SV Ramlingen/Ehlershausen) — 15
6. Baumgratz, Gean Rodrigo (SC Hemmingen-W.) — 14
   Hannibal, Pascal (SpVgg Bad Pyrmont) — 14
8. Aydemir, Halil (Heeßeler SV) — 13
   Kramer, Lukas (HSC BW Schwalbe Tündern) — 13
10. Hezo, Rodi (Heeßeler SV) — 12
    Kunstmann, Marcel (Krähenwinkel-Kaltenweide) — 12

Niedersachsen: Landesliga Lüneburg ≥ 16

Pl.	(Vj.)	Mannschaft		Sp	S	U	N	Tore	TD	Pkt	Sp	S	U	N	Tore	Pkt	Sp	S	U	N	Tore	Pkt
								Gesamtbilanz						Heimbilanz						Auswärtsbilanz		
1.	(↓)	MTV Eintracht Celle	↑	30	22	4	4	106-35	+71	70	15	14	1	0	65-12	43	15	8	3	4	41-23	27
2.	(7.)	TuS Harsefeld		30	19	3	8	64-38	+26	60	15	11	1	3	34-13	34	15	8	2	5	30-25	26
3.	(9.)	SpVgg Ahlerstedt/Ottendorf		30	18	2	10	73-36	+37	56	15	9	1	5	40-18	28	15	9	1	5	33-18	28
4.	(2.)	MTV Treubund Lüneburg		30	17	2	11	60-36	+24	53	15	7	1	7	28-18	22	15	10	1	4	32-18	31
5.	(5.)	Rotenburger SV		30	16	5	9	50-33	+17	53	15	8	3	4	24-10	27	15	8	2	5	26-23	26
6.	(6.)	SV Eintracht Lüneburg		30	16	2	12	67-61	+6	50	15	7	2	6	39-35	23	15	9	0	6	28-26	27
7.	(12.)	SV Teutonia Uelzen		30	14	3	13	56-55	+1	45	15	7	2	6	29-22	23	15	7	1	7	27-33	22
8.	(↑)	VfL Güldenstern Stade		30	13	5	12	63-59	+4	44	15	9	2	4	37-22	29	15	4	3	8	26-37	15
9.	(3.)	SV Blau-Weiß Bornreihe		30	13	4	13	52-49	+3	43	15	8	2	5	27-21	26	15	5	2	8	25-28	17
10.	(4.)	SV Emmendorf		30	12	5	13	49-56	-7	41	15	5	2	8	28-32	17	15	7	3	5	21-24	24
11.	(↑)	FC Verden 04		30	11	7	12	52-53	-1	40	15	6	3	6	30-25	21	15	5	4	6	22-28	19
12.	(↑)	TSV Gellersen		30	11	6	13	53-53	0	39	15	8	3	4	38-26	27	15	3	3	9	15-27	12
13.	(10.)	SpVgg Drochtersen/Assel II		30	11	6	13	45-62	-17	39	15	6	1	8	18-26	19	15	5	5	5	27-36	20
14.	(↑)	TSV Winsen/Luhe	↓	30	7	4	19	44-80	-36	25	15	4	2	9	20-34	14	15	3	2	10	24-46	11
15.	(11.)	TV Meckelfeld	↓	30	6	3	21	23-74	-51	21	15	2	2	11	8-38	8	15	4	1	10	15-36	13
16.	(8.)	TuSG Ritterhude	↓	30	1	5	24	33-110	-77	8	15	0	5	10	22-51	5	15	1	0	14	11-59	3

Absteiger aus der Oberliga: keine.
Aufsteiger in die Oberliga: MTV Eintracht Celle.
Absteiger in die Bezirksligen: TuSG Ritterhude (Staffel 3), TV Meckelfeld und TSV Winsen/Luhe (Staffel 2).
Aufsteiger aus den Bezirksligen: VfL Lüneburg (Staffel 1), VfL Westercelle (Staffel 2), TSV Ottersberg (Staffel 3) und VSV Hedendorf-Neukloster (Staffel 4).

Niedersachsen: Landesliga Lüneburg 2018/19

	MTV Eintracht Celle	TuS Harsefeld	Ahlerstedt/Ottendorf	MTV Tr. Lüneburg	Rotenburger SV	Eintracht Lüneburg	SV Teutonia Uelzen	VfL Güldenstern	BW Bornreihe	SV Emmendorf	FC Verden 04	TSV Gellersen	Drochtersen/Assel II	TSV Winsen/Luhe	TV Meckelfeld	TuSG Ritterhude
MTV Eintracht Celle	×	3:0	2:1	2:1	4:0	5:1	1:0	5:2	1:1	6:0	4:2	4:2	9:0	5:0	7:1	7:1
TuS Harsefeld	2:1	×	2:0	1:3	2:0	6:0	4:1	2:0	2:1	4:1	1:0	0:0	1:0	1:3	1:2	5:1
SpVgg Ahlerstedt/Ottendorf	2:1	3:4	×	3:0	0:1	0:3	1:1	5:0	4:0	0:2	2:1	3:0	4:2	2:3	6:0	5:0
MTV Treubund Lüneburg	2:3	0:1	0:1	×	1:2	1:2	1:2	3:1	1:0	2:0	3:3	1:0	1:3	6:0	2:0	4:0
Rotenburger SV	0:0	1:0	0:2	1:2	×	3:0	1:0	0:0	2:2	0:1	0:1	2:1	6:0	2:1	2:0	4:0
SV Eintracht Lüneburg	2:3	1:1	2:5	4:2	2:1	×	3:4	2:2	2:5	0:1	3:1	3:0	0:3	8:5	2:1	5:1
SV Teutonia Uelzen	3:1	0:3	1:0	1:2	1:2	0:2	×	1:3	3:1	2:2	3:1	2:2	0:2	3:0	3:1	6:0
VfL Güldenstern Stade	3:2	5:0	0:1	0:2	2:2	1:4	8:1	×	3:1	1:0	2:2	3:0	0:5	4:1	3:1	2:0
SV Blau-Weiß Bornreihe	0:1	3:2	1:0	1:4	1:2	2:0	2:1	4:2	×	2:2	1:1	2:3	1:2	2:0	2:0	3:1
SV Emmendorf	2:3	2:3	3:5	1:2	1:2	2:0	0:3	4:3	3:2	×	1:3	2:0	3:3	2:2	0:1	2:0
FC Verden 04	2:2	0:1	0:3	1:2	2:1	4:2	3:0	1:1	2:4	5:2	×	4:0	2:2	1:3	1:2	2:0
TSV Gellersen	1:9	1:1	2:2	0:0	4:0	1:3	2:3	3:1	2:0	0:1	5:1	×	5:1	2:1	3:1	7:2
SpVgg Drochtersen/Assel II	0:4	3:2	2:0	2:1	0:3	0:1	1:2	3:1	1:3	0:3	1:2	0:0	×	3:2	0:2	2:0
TSV Winsen/Luhe	1:6	1:3	2:5	1:4	0:2	0:2	4:1	1:2	1:2	1:1	0:1	1:0	1:1	×	2:1	4:3
TV Meckelfeld	0:2	1:3	0:5	0:3	0:5	0:5	0:3	0:2	1:0	1:2	1:1	0:4	1:1	2:0	×	1:2
TuSG Ritterhude	3:3	1:6	1:3	0:4	3:3	1:3	2:5	3:6	0:3	0:3	1:2	0:3	2:2	3:3	2:2	×

Torschützenliste:

Platz Spieler (Mannschaft) — Tore
1. Doumbouya, Moussa (MTV Eintracht Celle) — 34
2. Mehl, David (SV Eintracht Lüneburg) — 28
3. Zöfelt, Adrian (MTV Eintracht Celle) — 23
4. Demir, Andreas (TSV Gellersen) — 20
5. Hatt, Philipp (SV Teutonia Uelzen) — 19
6. Yaman, Süleyman-Can (Ahlerstedt/Ottendorf) — 16
7. Brüggemann, Nils (SV Teutonia Uelzen) — 15
8. Struwe, Henry (MTV Eintracht Celle) — 14
   Voigt, Pascal (VfL Güldenstern Stade) — 14
10. Gök, Metin (VfL Güldenstern Stade) — 13

Niedersachsen: Landesliga Braunschweig ≥ 16

Pl.	(Vj.)	Mannschaft		Sp	S	U	N	Tore	TD	Pkt	Sp	S	U	N	Tore	Pkt	Sp	S	U	N	Tore	Pkt
						Gesamtbilanz							Heimbilanz						Auswärtsbilanz			
1.	(3.)	Freie Turnerschaft Braunschweig	↑	32	22	8	2	86-34	+52	74	16	11	4	1	44-18	37	16	11	4	1	42-16	37
2.	(4.)	SSV Kästorf		32	19	4	9	84-42	+42	61	16	7	4	5	37-22	25	16	12	0	4	47-20	36
3.	(↓)	SVG Göttingen 07		32	19	3	10	93-45	+48	60	16	11	2	3	53-14	35	16	8	1	7	40-31	25
4.	(↓)	SSV Vorsfelde		32	17	9	6	72-42	+30	60	16	10	4	2	38-17	34	16	7	5	4	34-25	26
5.	(2.)	TSC Vahdet Braunschweig		32	15	11	6	73-50	+23	56	16	9	5	2	47-22	32	16	6	6	4	26-28	24
6.	(↑)	SC Gitter		32	14	6	12	44-52	-8	48	16	8	2	6	22-23	26	16	6	4	6	22-29	22
7.	(◇)	TSV Landolfshausen/Seulingen		32	13	5	14	64-54	+10	44	16	7	2	7	29-23	23	16	6	3	7	35-31	21
8.	(↑)	I. SC Göttingen 05		32	12	7	13	67-65	+2	43	16	8	3	5	39-30	27	16	4	4	8	28-35	16
9.	(5.)	SC Hainberg		32	12	6	14	56-65	-9	42	16	6	5	5	31-30	23	16	6	1	9	25-35	19
10.	(↑)	TSV Germania Lamme		32	12	6	14	57-68	-11	42	16	4	4	8	23-30	16	16	8	2	6	34-38	26
11.	(↑)	SV Reislingen-Neuhaus		32	12	5	15	69-77	-8	41	16	7	3	6	49-47	24	16	5	2	9	20-30	17
12.	(9.)	SV Lengede		32	13	2	17	46-60	-14	41	16	9	1	6	30-25	28	16	4	1	11	16-35	13
13.	(12.)	Lehndorfer TSV	↓	32	11	5	16	58-67	-9	38	16	9	1	6	32-25	28	16	2	4	10	26-42	10
14.	(8.)	TSV Hillerse	↓	32	10	7	15	54-71	-17	37	16	9	2	5	33-27	29	16	1	5	10	21-44	8
15.	(7.)	SCW Göttingen	↓	32	8	6	18	52-88	-36	30	16	7	3	6	30-31	24	16	1	3	12	22-57	6
16.	(10.)	Goslarer SC 08	↓	32	8	5	19	56-89	-33	29	16	4	3	9	33-46	15	16	4	2	10	23-43	14
17.	(11.)	SV Fortuna Lebenstedt	↓	32	4	7	21	34-96	-62	19	16	3	3	10	22-43	12	16	1	4	11	12-53	7

Absteiger aus der Oberliga: Eintracht Braunschweig II.
Aufsteiger in die Oberliga: Freie Turnerschaft Braunschweig.
Absteiger in die Bezirksliga: SV Fortuna Lebenstedt, Goslarer SC 08 (Staffel 3), SCW Göttingen (Staffel 4), TSV Hillerse (Staffel 1) und Lehndorfer TSV (Staffel 2).
Aufsteiger aus den Bezirksligen: MTV Isenbüttel (Staffel 1), Braunschweiger SC Acosta (Staffel 2), KSV Vahdet Salzgitter (Staffel 3) und TuSpo Petershütte (Staffel 4; Meister SG Bergdörfer durfte in Ermangelung einer Jugendmannschaft nicht aufsteigen).

Niedersachsen: Landesliga Braunschweig 2018/19

	FT Braunschweig	SSV Kästorf	SVG Göttingen 07	SSV Vorsfelde	TSC Vahdet	SC Gitter	Landolfshausen/S.	I. SC Göttingen 05	SC Hainberg	Germania Lamme	Reislingen-Neuhaus	SV Lengede	Lehndorfer TSV	TSV Hillerse	SCW Göttingen	Goslarer SC 08	Fortuna Lebenstedt
Freie Turnerschaft Braunschweig	×	1:5	3:2	1:1	2:2	3:0	2:1	2:0	2:1	6:3	3:0	3:0	0:0	5:0	3:1	2:2	6:0
SSV Kästorf	1:1	×	2:3	0:1	5:0	2:3	4:1	1:0	2:3	4:4	1:1	1:0	1:1	2:1	6:0	1:3	4:0
SVG Göttingen 07	0:1	3:2	×	6:1	1:2	0:0	4:2	1:1	0:2	4:0	3:0	4:1	5:1	3:0	5:1	6:0	8:0
SSV Vorsfelde	0:2	2:1	3:1	×	1:1	1:2	4:2	3:3	6:0	3:1	2:1	3:0	0:0	2:2	2:0	3:0	3:1
TSC Vahdet Braunschweig	2:2	2:0	2:2	2:2	×	2:2	4:1	6:1	4:0	0:1	3:0	3:1	4:0	2:1	5:5	1:4	5:0
SC Gitter	0:2	1:3	3:2	0:5	0:0	×	0:2	2:1	3:1	3:1	0:2	1:0	2:1	2:1	4:0	1:2	0:0
TSV Landolfshausen/Seulingen	1:5	2:1	2:5	0:0	0:1	5:0	×	1:1	0:2	1:2	0:1	1:2	1:0	7:1	3:1	2:0	3:1
I. SC Göttingen 05	3:5	3:4	3:1	0:2	1:2	1:1	2:4	×	2:1	2:2	3:1	4:1	3:3	4:0	2:0	4:2	2:1
SC Hainberg	2:1	0:2	1:4	1:1	3:1	3:1	0:3	2:2	×	1:2	1:3	5:1	5:4	1:1	1:1	4:2	1:1
TSV Germania Lamme	2:4	1:2	0:3	1:3	1:1	1:2	2:2	0:3	2:2	×	1:2	4:1	1:0	2:0	2:4	3:1	0:0
SV Reislingen-Neuhaus	0:5	0:6	1:4	5:3	4:3	3:2	3:3	4:2	6:2	2:4	×	1:1	2:3	3:3	7:0	4:5	4:1
SV Lengede	1:2	1:5	2:0	2:2	3:1	0:1	0:3	3:1	1:4	1:3	3:1	×	1:0	3:2	4:0	2:0	3:0
Lehndorfer TSV	1:3	1:2	1:3	4:1	2:3	3:0	1:0	2:1	0:2	4:0	4:2	2:1	×	2:2	2:1	2:0	1:4
TSV Hillerse	1:1	0:2	1:3	0:4	1:3	2:1	2:0	3:1	3:2	4:0	3:1	0:3	4:2	×	3:2	5:1	1:1
SCW Göttingen	1:1	1:6	2:0	1:0	1:3	0:0	1:1	0:2	2:1	2:6	2:5	2:1	3:4	4:1	×	2:0	6:0
Goslarer SC 08	1:2	0:2	2:6	0:3	2:2	1:3	2:5	4:7	2:1	1:4	0:0	1:2	4:2	2:2	5:3	×	6:2
SV Fortuna Lebenstedt	0:5	2:4	3:1	2:5	1:1	2:4	0:5	1:2	0:1	0:1	1:0	0:1	6:5	0:4	3:3	1:1	×

Torschützenliste:

Platz	Spieler (Mannschaft)	Tore
1.	Diop, Lamine (SVG Göttingen 07)	24
	Kratzert, Julian (SCW Göttingen)	24
3.	Krenzek, Nicolas (SVG Göttingen 07)	20
4.	Ebeling, Christian (FT Braunschweig)	18
5.	Pfitzner, Niklas (SC Hainberg)	17
	Vrancic, Damir (FT Braunschweig)	17
7.	Chandra, Benedict (Lehndorfer TSV)	16
	Elling, Jan-Lukas (SSV Vorsfelde)	16
	Kröger, Marcel (SSV Kästorf)	16
10.	Hartmann, Tobias (Lehndorfer TSV)	14
	Ismail, Ali (SVG Göttingen 07)	14
	Mamalitsidis, Noah (SSV Kästorf)	14

Landesliga Bremen

Pl.	(Vj.)	Mannschaft		Sp	S	U	N	Tore	TD	Pkt	Sp	S	U	N	Tore	Pkt	Sp	S	U	N	Tore	Pkt
								Gesamtbilanz							**Heimbilanz**						**Auswärtsbilanz**	
1.	(5.)	SV Hemelingen	↑	30	26	3	1	113-31	+82	81	15	14	0	1	60-10	42	15	12	3	0	53-21	39
2.	(6.)	FC Union 60 Bremen	↑	30	22	5	3	108-36	+72	71	15	10	4	1	60-15	34	15	12	1	2	48-21	37
3.	(↓)	VfL 07 Bremen		30	20	4	6	97-47	+50	64	15	11	2	2	59-22	35	15	9	2	4	38-25	29
4.	(7.)	TuS Komet Arsten		30	20	3	7	108-56	+52	63	15	12	2	1	62-19	38	15	8	1	6	46-37	25
5.	(3.)	TuRa Bremen		30	17	3	10	84-43	+41	54	15	7	3	5	48-22	24	15	10	0	5	36-21	30
6.	(9.)	TS Woltmershausen		30	16	5	9	89-53	+36	53	15	9	2	4	45-22	29	15	7	3	5	44-31	24
7.	(13.)	TSV Blau-Weiß Melchiorshausen		30	14	6	10	53-49	+4	48	15	8	2	5	27-19	26	15	6	4	5	26-30	22
8.	(↑)	FC Huchting		30	15	2	13	82-55	+27	47	15	8	1	6	46-28	25	15	7	1	7	36-27	22
9.	(8.)	SC Vahr-Blockdiek		30	10	9	11	56-69	-13	39	15	3	6	6	26-34	15	15	7	3	5	30-35	24
10.	(12.)	TSV Osterholz-Tenever		30	11	4	15	60-71	-11	37	15	6	2	7	36-38	20	15	5	2	8	24-33	17
11.	(4.)	SV Lemwerder		30	10	5	15	65-68	-3	35	15	6	2	7	39-35	20	15	4	3	8	26-33	15
12.	(15.)	DJK Germania Blumenthal		30	8	3	19	57-95	-38	27	15	6	1	8	32-44	19	15	2	2	11	25-51	8
13.	(↑)	SG Findorff		30	7	2	21	54-81	-27	23	15	4	1	10	27-35	13	15	3	1	11	27-46	10
14.	(11.)	SV Grohn		30	7	2	21	48-96	-48	23	15	4	1	10	26-41	13	15	3	1	11	22-55	10
15.	(10.)	TV Bremen-Walle 1875	↓	30	5	6	19	37-82	-45	21	15	2	2	11	22-39	8	15	3	4	8	15-43	13
16.	(14.)	TSV Lesum-Burgdamm	↓	30	1	0	29	24-203	-179	3	15	1	0	14	15-82	3	15	0	0	15	9-121	0

Absteiger aus der Bremen-Liga: KSV Vatan Sport Bremen und Olympischer SC Bremerhaven.
Aufsteiger in die Bremen-Liga: SV Hemelingen und FC Union 60 Bremen.
Absteiger in die Bezirksliga: TSV Lesum-Burgdamm und TV Bremen-Walle 1875.
Aufsteiger aus der Bezirksliga: SV Türkspor Bremen-Nord und TSV Hasenbüren.

Landesliga Bremen 2018/19

	SV Hemelingen	FC Union 60	VfL 07 Bremen	TuS Komet Arsten	TuRa Bremen	Woltmershausen	Melchiorshausen	FC Huchting	SC Vahr-Blockdiek	Osterholz-Tenever	SV Lemwerder	Germ. Blumenthal	SG Findorff	SV Grohn	TV Bremen-Walle	Lesum-Burgdamm
SV Hemelingen	×	2:4	5:0	3:1	7:2	3:1	1:0	4:1	4:0	2:0	1:0	2:0	6:0	3:0	4:0	13:1
FC Union 60 Bremen	2:2	×	3:0	3:1	3:2	1:1	3:3	2:0	6:1	0:2	3:0	3:3	3:0	11:0	8:0	9:0
VfL 07 Bremen	3:3	3:1	×	3:1	0:1	3:3	5:1	2:1	2:3	5:2	2:1	3:2	2:1	5:2	1:0	20:0
TuS Komet Arsten	4:4	1:3	5:3	×	1:0	3:2	4:1	3:0	1:1	4:0	4:0	8:1	3:1	2:1	6:1	13:1
TuRa Bremen	0:3	1:2	0:0	3:1	×	2:2	0:1	2:4	1:2	4:3	2:2	4:0	3:2	12:0	5:0	9:0
TS Woltmershausen	0:3	3:2	2:2	3:2	2:0	×	1:1	1:4	0:2	4:0	5:0	5:3	6:0	1:2	5:0	7:1
TSV Blau-Weiß Melchiorshausen	0:2	1:5	2:0	1:5	0:2	2:1	×	2:0	0:3	4:0	2:0	6:0	1:1	3:0	0:0	3:0
FC Huchting	1:3	1:3	2:3	1:3	0:2	3:1	4:1	×	6:1	4:1	2:4	4:1	4:0	4:2	2:2	8:1
SC Vahr-Blockdiek	0:4	2:2	2:3	1:4	2:0	1:2	2:2	3:6	×	1:1	0:0	2:0	1:6	2:2	2:2	5x0
TSV Osterholz-Tenever	1:4	3:4	0:3	2:3	2:6	2:5	2:3	2:1	2:2	×	3:2	3:1	3:0	2:1	2:2	7:1
SV Lemwerder	3:6	0:3	3:7	5:3	1:3	2:5	1:2	0:1	3:0	1:1	×	2:2	4:1	1:0	2:0	11:1
DJK Germania Blumenthal	1:5	3:5	1:3	4:7	1:3	2:1	4:2	1:0	2:2	0:3	4:6	×	3:2	2:1	1:2	3:2
SG Findorff	3:4	1:2	0:4	0:3	0:5	1:2	0:0	3:5	0:2	1:0	1:4	4:1	×	5:1	1:2	7:0
SV Grohn	0:2	0:2	0:5	3:4	2:3	2:7	1:2	2:2	2:5	1:2	3:1	1:2	3:2	×	4:1	2:1
TV Bremen-Walle 1875	2:4	0:1	0:2	3:3	0:2	0:4	2:3	0:3	2:3	2:4	1:1	3:0	2:7	1:2	×	4:0
TSV Lesum-Burgdamm	1:4	0:9	0:3	2:5	0x5	4:7	0:4	0x8	4:3	0x5	0:5	1:9	2:4	1:8	0:3	×

Torschützenliste:

Platz	Spieler (Mannschaft)	Tore
1.	Lepe, Femi (SV Hemelingen)	40
2.	Barbosa Ferreira, Sidarta (TuS Komet Arsten)	30
3.	Dinis Carrilho, Manuel (TS Woltmershausen)	26
	Tüsselmann, Andre (FC Huchting)	26
5.	Kalac, Kemal (DJK Germania Blumenthal)	24
	Troue, Miguel (TSV Osterholz-Tenever)	24
7.	Bovenschulte, Felix (VfL 07 Bremen)	23
8.	Jaiteh, Amadou (FC Union 60 Bremen)	19
	Kalbhenn, Robin (FC Union 60 Bremen)	19
10.	Ahlers, Maik (TuS Komet Arsten)	17
	Biermann, Lucca (FC Union 60 Bremen)	17
	Hamma, Khalil (TuRa Bremen)	17

Die Spiele TSV Lesum-Burgdamm - TuRa Bremen und TSV Lesum-Burgdamm - TSV Osterholz-Tenever wurden kampflos gewertet; Wertung jeweils mit 0:5.

Das Spiel SC Vahr-Blockdiek - TSV Lesum-Burgdamm wurde in der 59. Minute beim Stand von 4:2 abgebrochen, da dem TSV Lesum-Burgdamm nur noch sechs Feldspieler und ein Torwart zur Verfügung standen; Wertung mit 5:0.

Das Spiel TSV Lesum-Burgdamm - FC Huchting wurde in der 49. Minute beim Stand von 0:7 abgebrochen, da dem TSV Lesum-Burgdamm nur noch sechs Feldspieler und ein Torwart zur Verfügung standen; Wertung mit 0:8.

Das Spiel SV Lemwerder - FC Huchting wurde in der 17. Minute beim Stand von 0:0 wegen Flutlichtausfalls abgebrochen und wiederholt.

Westfalenliga Staffel 1

Pl.	(Vj.)	Mannschaft		Sp	S	U	N	Tore	TD	Pkt	Sp	S	U	N	Tore	Pkt	Sp	S	U	N	Tore	Pkt
								Gesamtbilanz							Heimbilanz						Auswärtsbilanz	
1.	(3.)	SC Preußen Münster II	↑	28	18	4	6	69-31	+38	58	14	11	1	2	38- 8	34	14	7	3	4	31-23	24
2.	(10.)	SuS Neuenkirchen		28	15	6	7	70-47	+23	51	14	10	2	2	40-20	32	14	5	4	5	30-27	19
3.	(↑)	VfL Theesen		28	14	8	6	66-46	+20	50	14	7	5	2	30-20	26	14	7	3	4	36-26	24
4.	(5.)	TuS Hiltrup		28	12	9	7	53-44	+9	45	14	9	2	3	34-19	29	14	3	7	4	19-25	16
5.	(6.)	SV Rödinghausen II		28	13	4	11	55-43	+12	43	14	7	2	5	35-27	23	14	6	2	6	20-16	20
6.	(11.)	SC Roland Beckum		28	13	4	11	47-39	+8	43	14	5	3	6	23-25	18	14	8	1	5	24-14	25
7.	(8.)	Delbrücker SC		28	11	6	11	44-43	+1	39	14	4	3	7	23-26	15	14	7	3	4	21-17	24
8.	(↑)	SV Borussia Emsdetten		28	12	3	13	37-48	-11	39	14	7	2	5	20-23	23	14	5	1	8	17-25	16
9.	(13.)	TSV Victoria Clarholz		28	10	8	10	48-43	+5	38	14	6	3	5	23-19	21	14	4	5	5	25-24	17
10.	(7.)	SC Herford		28	10	8	10	61-58	+3	38	14	6	4	4	34-21	22	14	4	4	6	27-37	16
11.	(4.)	SpVgg Vreden		28	10	7	11	50-48	+2	37	14	6	3	5	28-24	21	14	4	4	6	22-24	16
12.	(9.)	SV Spexard		28	10	2	16	33-55	-22	32	14	4	2	8	12-24	14	14	6	0	8	21-31	18
13.	(↑)	SV Mesum	↓	28	7	7	14	38-58	-20	28	14	3	3	8	19-29	12	14	4	4	6	19-29	16
14.	(12.)	Beckumer SpVgg	↓	28	7	7	14	31-54	-23	28	14	4	4	6	16-29	16	14	3	3	8	15-25	12
15.	(↑)	SC Rot-Weiß Maaslingen	↓	28	3	7	18	34-79	-45	16	14	1	6	7	19-28	9	14	2	1	11	15-51	7

Absteiger aus der Oberliga: 1. FC Gievenbeck.
Aufsteiger in die Oberliga: SC Preußen Münster II.
Absteiger in die Landesligen: SC Rot-Weiß Maaslingen, Beckumer SpVgg (Staffel 1) und SV Mesum (Staffel 4).
Aufsteiger aus den Landesligen: TuS Tengern, VfB Fichte Bielefeld (Staffel 1) und DJK Grün-Weiß Nottuln (Staffel 4).

Westfalenliga Staffel 1 2018/19

	Preußen Münster II	SuS Neuenkirchen	VfL Theesen	TuS Hiltrup	SV Rödinghausen II	SC Roland Beckum	Delbrücker SC	Borussia Emsdetten	Victoria Clarholz	SC Herford	SpVgg Vreden	SV Spexard	SV Mesum	Beckumer SpVgg	SC RW Maaslingen
SC Preußen Münster II	X	2:1	2:3	1:1	2:0	1:0	2:0	1:2	1:0	3:0	1:0	6:0	6:1	2:0	8:0
SuS Neuenkirchen	1:3	X	5:2	3:1	2:0	1:1	3:2	3:0	4:3	8:2	1:0	1:2	1:1	3:2	4:1
VfL Theesen	3:1	2:2	X	1:1	3:1	1:0	1:3	0:1	0:0	5:2	4:3	4:2	2:2	0:0	4:2
TuS Hiltrup	1:1	1:0	5:2	X	1:2	5:0	0:3	1:0	2:1	5:0	3:3	2:0	2:1	1:2	5:4
SV Rödinghausen II	3:3	5:2	1:4	1:2	X	3:2	3:0	6:1	0:3	4:4	1:0	0:3	1:2	3:1	4:0
SC Roland Beckum	5:1	0:3	2:2	1:1	0:3	X	3:0	3:1	2:2	2:1	1:3	0:3	2:1	2:3	0:1
Delbrücker SC	2:3	2:2	1:5	0:2	0:0	0:1	X	1:4	0:2	1:1	2:1	4:0	2:4	2:1	6:0
SV Borussia Emsdetten	0:7	1:0	2:2	3:2	2:0	0:3	1:1	X	2:3	0:2	0:1	2:1	2:0	2:0	3:1
TSV Victoria Clarholz	1:2	5:2	1:3	1:2	1:0	1:2	1:1	2:1	X	2:4	2:0	2:0	1:1	0:0	3:1
SC Herford	1:1	1:1	4:0	2:1	3:4	2:1	0:3	1:2	2:2	X	2:2	1:3	5:0	3:1	7:0
SpVgg Vreden	0:2	1:3	1:1	7:1	1:1	0:2	1:1	4:3	3:2	2:0	X	1:3	1:2	2:1	4:2
SV Spexard	2:0	0:5	0:2	2:2	0:3	0:2	0:1	1:0	0:1	0:3	2:2	X	2:3	2:0	1:0
SV Mesum	2:1	2:3	0:2	0:0	0:4	0:4	0:1	1:1	4:2	2:5	1:1	5:1	X	1:2	1:2
Beckumer SpVgg	1:3	1:2	0:7	2:2	1:0	0:5	1:2	1:0	2:2	2:2	2:3	1:0	1:0	X	1:1
SC Rot-Weiß Maaslingen	1:3	4:4	2:1	1:1	0:2	0:1	1:3	0:1	2:2	1:1	2:3	2:3	1:1	2:2	X

Torschützenliste:

Platz	Spieler (Mannschaft)	Tore
1.	Nieweler, Malte (SuS Neuenkirchen)	20
2.	Burke, Jonas (SV Rödinghausen II)	18
	Roß, Joshua (SuS Neuenkirchen)	18
4.	Todte, Marcel (SC Herford)	17
5.	Janz, Kai-Niklas (VfL Theesen)	16
6.	Wade, Yatma (VfL Theesen)	14
7.	Dreichel, Andreas (TSV Victoria Clarholz)	13
	Kerelaj, Fabian (SC Preußen Münster II)	13
	Nemtsis, Dimitrios (SC Herford)	13

Informationen zum Entscheidungsspiel des 13. der Staffel 1 und des 14. der Staffel 2 sowie zu den Aufstiegsspielen finden Sie auf Seite 368.

Westfalenliga Staffel 2

Pl.	(Vj.)	Mannschaft		Sp	S	U	N	Tore	TD	Pkt	Sp	S	U	N	Tore	Pkt	Sp	S	U	N	Tore	Pkt
				Gesamtbilanz							**Heimbilanz**						**Auswärtsbilanz**					
1.	(↑)	RSV Meinerzhagen	↑	30	20	6	4	81-32	+49	66	15	10	2	3	46-14	32	15	10	4	1	35-18	34
2.	(9.)	SG Finnentrop-Bamenohl		30	19	5	6	84-51	+33	62	15	10	3	2	53-25	33	15	9	2	4	31-26	29
3.	(6.)	TuS 05 Nordvesta Sinsen		30	20	2	8	70-42	+28	62	15	9	1	5	39-20	28	15	11	1	3	31-22	34
4.	(2.)	DSC Wanne-Eickel		30	17	6	7	65-44	+21	57	15	10	2	3	39-23	32	15	7	4	4	26-21	25
5.	(4.)	SpVgg Erkenschwick		30	14	5	11	54-41	+13	47	15	8	2	5	29-15	26	15	6	3	6	25-26	21
6.	(3.)	Yunus Emre Genclik Hassel		30	14	5	11	46-45	+1	47	15	10	1	4	32-17	31	15	4	4	7	14-28	16
7.	(11.)	Concordia Wiemelhausen		30	12	7	11	57-55	+2	43	15	6	4	5	31-27	22	15	6	3	6	26-28	21
8.	(8.)	Lüner SV		30	13	3	14	50-53	-3	42	15	10	0	5	27-17	30	15	3	3	9	23-36	12
9.	(13.)	FC Iserlohn 46/49		30	12	5	13	53-52	+1	41	15	5	3	7	24-22	18	15	7	2	6	29-30	23
10.	(7.)	SC Neheim		30	10	8	12	48-57	-9	38	15	6	4	5	24-21	22	15	4	4	7	24-36	16
11.	(10.)	BV Westfalia Wickede		30	10	8	12	45-54	-9	38	15	3	5	7	21-24	14	15	7	3	5	24-30	24
12.	(5.)	DJK TuS Hordel		30	9	7	14	70-65	+5	34	15	5	3	7	33-26	18	15	4	4	7	37-39	16
13.	(↑)	FC Lennestadt		30	7	6	17	45-78	-33	27	15	3	5	7	29-31	14	15	4	1	10	16-47	13
14.	(↑)	BSV Schüren		30	7	5	18	45-81	-36	26	15	5	3	7	34-38	18	15	2	2	11	11-43	8
15.	(↑)	SV Horst-Emscher 08	↓	30	5	10	15	43-70	-27	25	15	2	6	7	26-36	12	15	3	4	8	17-34	13
16.	(12.)	Kirchhörder SC	↓	30	4	6	20	27-63	-36	18	15	4	3	8	19-21	15	15	0	3	12	8-42	3
17.	(↓)	TSV Marl-Hüls	3↓	0																		

Absteiger aus der Oberliga: FC Brünninghausen.
Aufsteiger in die Oberliga: RSV Meinerzhagen.
Rückzug in die Kreisliga B: TSV Marl-Hüls (Recklinghausen Staffel 2; Übernahme des Startrechts der II. Mannschaft).
Absteiger in die Landesligen: Kirchhörder SC und SV Horst-Emscher 08 (Staffel 3).
Aufsteiger aus den Landesligen: SV Hohenlimburg 1910, FSV Gerlingen (Staffel 2) und SV Sodingen (Staffel 3).

Westfalenliga Staffel 2 2018/19

	RSV Meinerzhagen	Finnentrop-Bamen.	TuS 05 Sinsen	DSC Wanne-Eickel	SpVgg Erkenschwick	YEG Hassel	Conc. Wiemelhausen	Lüner SV	FC Iserlohn 46/49	SC Neheim	Westfalia Wickede	DJK TuS Hordel	FC Lennestadt	BSV Schüren	SV Horst-Emscher	Kirchhörder SC	TSV Marl-Hüls
RSV Meinerzhagen	X	0:1	5:0	2:3	2:2	6:0	3:4	2:0	3:1	3:0	3:1	4:1	9:0	1:0	1:1	2:0	
SG Finnentrop-Bamenohl	0:3	X	2:4	4:2	5:1	1:1	4:2	2:1	3:3	2:1	8:1	3:2	5:0	6:1	2:2	6:1	3:1
TuS 05 Nordvesta Sinsen	0:3	5:3	X	1:2	3:0	2:0	3:1	1:4	5:0	6:1	1:3	2:2	0:1	4:0	1:0	5:0	
DSC Wanne-Eickel	1:4	3:1	4:1	X	3:1	3:0	1:1	3:2	3:0	6:2	0:2	4:7	2:0	3:0	2:2	1:0	5:1
SpVgg Erkenschwick	2:3	0:0	4:1	0:0	X	2:1	0:2	3:0	0:3	2:0	3:1	4:1	4:0	2:0	0:1	4:0	0:0
Yunus Emre Genclik Hassel	4:2	1:2	0:0	3:1	1:2	X	2:0	3:1	1:5	2:1	2:3	2:0	4:0	3:0	2:0	2:0	
Concordia Wiemelhausen	2:2	5:3	2:4	1:0	2:0	2:1	X	1:1	0:3	4:4	3:0	1:2	5:1	1:2	1:3	1:1	5:0
Lüner SV	1:2	0:1	0:1	3:2	1:0	1:0	3:1	X	0:2	2:0	3:1	2:1	0:2	3:2	4:1	4:1	4:0
FC Iserlohn 46/49	1:3	1:2	1:2	1:1	1:3	0:0	2:0	3:0	X	2:2	1:2	4:3	1:3	0:1	4:0	2:0	
SC Neheim	1:1	1:2	0:2	1:1	2:1	1:1	2:3	4:2	0:2	X	2:0	2:2	1:0	4:1	0:2	3:1	4:1
BV Westfalia Wickede	1:2	1:5	1:2	0:1	0:0	1:2	1:1	2:2	2:4	0:2	X	2:0	5:1	1:1	3:0	1:1	4:4
DJK TuS Hordel	2:3	3:3	0:4	0:1	2:2	1:1	1:3	5:2	4:0	0:2	1:2	X	2:3	5:0	3:0	4:0	
FC Lennestadt	1:1	2:3	0:1	0:4	2:4	6:0	1:3	2:2	4:2	3:4	0:2	2:2	X	2:2	0:0	4:1	
BSV Schüren	1:1	1:3	2:3	1:2	1:5	0:2	3:4	4:1	4:2	2:2	1:1	2:6	6:3	X	5:3	1:0	3:0
SV Horst-Emscher 08	1:4	3:1	0:3	3:5	0:2	2:4	0:0	0:3	1:1	1:2	2:2	4:4	2:2	5:1	X	2:2	1:1
Kirchhörder SC	0:1	0:1	1:3	1:1	1:2	0:1	2:1	1:2	0:1	1:1	1:1	1:4	1:0	3:0	6:2	X	5:0
TSV Marl-Hüls	0:0		2:5		2:4	1:2	1:2	5:0		1:3	2:1	2:1	2:3	0:2	2:3	X	

Torschützenliste:

Platz	Spieler (Mannschaft)	Tore
1.	Berlinski, Ron (Hordel/18, Meinerzhagen/12)	30
2.	Kadiu, Xhino (Concordia Wiemelhausen)	28
3.	Ginczek, Dawid (DSC Wanne-Eickel)	21
4.	Kunkel, Nik (RSV Meinerzhagen)	19
5.	Zottl, Johannes (FC Iserlohn 46/49)	17
6.	Gllogjani, Bernad (SpVgg Erkenschwick)	16
	Goecke, Patrick (TuS 05 Sinsen)	16
	Piechottka, Marvin (TuS 05 Sinsen)	16
9.	Friedrich, Florian (FC Lennestadt)	14
	Ramsey, Marcel (Lüner SV)	14

TSV Marl-Hüls hat nach 23 Spieltagen aus finanziellen Gründen zurückgezogen.
Informationen zum Entscheidungsspiel des 13. der Staffel 1 und des 14. der Staffel 2 sowie zu den Aufstiegsspielen finden Sie auf Seite 368.

Landesliga Niederrhein Gruppe 1   ➢ 18

Pl.	(Vj.)	Mannschaft		Sp	S	U	N	Tore	TD	Pkt	Sp	S	U	N	Tore	Pkt	Sp	S	U	N	Tore	Pkt
						Gesamtbilanz							**Heimbilanz**						**Auswärtsbilanz**				
1.	(↑)	TVD Velbert	↑	36	28	3	5	108-51	+57	87	18	15	1	2	55-23	46	18	13	2	3	53-28	41
2.	(↓)	Cronenberger SC 02	↑	36	26	5	5	117-52	+65	83	18	14	2	2	59-24	44	18	12	3	3	58-28	39
3.	(4.)	1. FC Mönchengladbach	→	36	26	3	7	96-48	+48	81	18	11	2	5	45-26	35	18	15	1	2	51-22	46
4.	(7.)	SC Kapellen-Erft	→	36	23	7	6	106-56	+50	76	18	12	3	3	57-26	39	18	11	4	3	49-30	37
5.	(14.)	VSF Amern	→	36	17	6	13	89-66	+23	57	18	9	3	6	47-35	30	18	8	3	7	42-31	27
6.	(↑)	DJK Teutonia St. Tönis	→	36	16	7	13	97-80	+17	55	18	8	3	7	55-46	27	18	8	4	6	42-34	28
7.	(↓)	VfR Krefeld-Fischeln	→	36	16	5	15	75-69	+6	53	18	11	3	4	47-24	36	18	5	2	11	28-45	17
8.	(5.)	Rather SV		36	16	4	16	75-78	-3	52	18	10	2	6	44-36	32	18	6	2	10	31-42	20
9.	(10.)	ASV Einigkeit Süchteln	→	36	13	5	18	82-81	+1	44	18	7	3	8	46-40	24	18	6	2	10	36-41	20
10.	(8.)	MSV Düsseldorf 1995		36	12	8	16	65-79	-14	44	18	7	5	6	33-32	26	18	5	3	10	32-47	18
11.	(↑)	VfB Solingen 1910		36	12	8	16	66-91	-25	44	18	7	4	7	31-33	25	18	5	4	9	35-58	19
12.	(12.)	FC Remscheid		36	13	4	19	54-71	-17	43	18	11	1	6	37-24	34	18	2	3	13	17-47	9
13.	(↑)	Holzheimer SG	→	36	12	7	17	71-94	-23	43	18	8	5	5	47-42	29	18	4	2	12	24-52	14
14.	(13.)	TSV Meerbusch II	→	36	12	6	18	63-67	-4	42	18	6	4	8	34-31	22	18	6	2	10	29-36	20
15.	(6.)	SpVgg Odenkirchen	↓	36	13	3	20	49-90	-41	42	18	7	0	11	29-41	21	18	6	3	9	20-49	21
16.	(11.)	SSVg 09/12 Heiligenhaus	↓	36	11	5	20	65-78	-13	38	18	7	3	8	37-31	24	18	4	2	12	28-47	14
17.	(↓)	FSV Vohwinkel	↓	36	10	4	22	55-90	-35	34	18	7	1	10	34-38	22	18	3	3	12	21-52	12
18.	(9.)	VfL Viktoria Jüchen-Garzweiler	↓	36	8	7	21	55-83	-28	31	18	5	3	10	25-37	18	18	3	4	11	30-46	13
19.	(↓)	Düsseldorfer SC 99	↓	36	5	9	22	44-108	-64	24	18	3	5	10	27-54	14	18	2	4	12	17-54	10

Absteiger aus der Verbandsliga: FSV Duisburg, VfB Speldorf, TV Jahn Hiesfeld und SC Düsseldorf-West.
Aufsteiger in die Verbandsliga: TVD Velbert und Cronenberger SC 02.
Wechsel in die Gruppe 2: 1. FC Mönchengladbach, SC Kapellen-Erft, VSF Amern, DJK Teutonia St. Tönis, VfR Krefeld-Fischeln, ASV Einigkeit Süchteln, Holzheimer SG und TSV Meerbusch II.
Wechsel aus der Gruppe 2: SV Genc Osman Duisburg, SV Burgaltendorf, ESC Rellinghausen, Duisburger SV 1900 und DJK VfB Frohnhausen.
Absteiger in die Bezirksliga: Düsseldorfer SC 99 (Gruppe 1), VfL Viktoria Jüchen-Garzweiler, SpVgg Odenkirchen (Gruppe 3), FSV Vohwinkel und SSVg 09/12 Heiligenhaus (Gruppe 2).
Aufsteiger aus der Bezirksliga: Schwarz-Weiß 06 Düsseldorf (Gruppe 1), SV 09/35 Wermelskirchen (Gruppe 2), Sportfreunde Hamborn 07 (Gruppe 4), DJK Blau-Weiß Mintard und SpVgg Steele 03/09 (Gruppe 6).

Landesliga Niederrhein Gruppe 1 2017/18

	TVD Velbert	Cronenberger SC	1. FC M'gladbach	SC Kapellen-Erft	VSF Amern	Teutonia St. Tönis	Krefeld-Fischeln	Rather SV	ASV Süchteln	MSV Düsseldorf	VfB Solingen	FC Remscheid	Holzheimer SG	TSV Meerbusch II	Odenkirchen	Heiligenhaus	FSV Vohwinkel	Jüchen-Garzweiler	Düsseldorf 99
TVD Velbert	X	4:3	0:1	1:0	1:6	4:3	5:0	1:0	4:2	4:0	1:1	3:1	4:1	5:2	4:1	4:1	4:0	3:1	3:0
Cronenberger SC 02	2:3	X	3:2	7:1	4:0	4:1	2:0	2:1	2:3	3:2	5:0	4:3	3:3	3:1	0:0	3:0	4:2	6:2	2:0
1. FC Mönchengladbach	3:4	0:3	X	2:3	2:2	1:0	2:0	5:2	3:1	0:1	3:4	1:1	2:0	3:2	7:0	3:1	2:1	2:1	4:0
SC Kapellen-Erft	2:5	1:5	1:0	X	0:4	3:2	3:0	8:1	2:1	1:1	7:1	4:1	4:0	4:0	1:1	2:2	6:0	5:2	3:0
VSF Amern	5:3	2:6	0:2	1:2	X	1:3	1:1	3:1	3:4	4:1	4:4	1:0	5:1	2:1	6:0	1:4	2:0	4:0	2:2
DJK Teutonia St. Tönis	1:4	1:2	4:5	1:7	0:0	X	3:2	4:0	4:3	6:3	5:3	5:1	1:5	2:4	2:3	4:0	1:1	0:0	11:3
VfR Krefeld-Fischeln	1:1	3:2	1:1	1:1	2:3	1:4	X	1:3	1:3	5:0	3:2	4:1	4:0	2:1	5:0	1:0	8:2	1:0	3:0
Rather SV	0:2	0:2	2:6	2:2	0:5	2:4	2:0	X	3:3	5:3	4:0	1:0	6:2	2:1	5:0	3:1	3:1	4:2	0:2
ASV Einigkeit Süchteln	3:3	0:2	2:4	2:2	3:5	1:2	2:2	2:1	X	2:1	8:2	6:1	2:1	1:4	1:2	4:2	1:2	1:3	5:1
Marokkanischer SV Düsseldorf	0:1	2:2	3:6	1:2	2:1	1:0	0:2	4:1	0:3	X	2:5	4:1	1:1	2:1	1:1	3:1	2:2	4:1	1:1
VfB Solingen 1910	0:2	2:2	0:1	2:2	2:1	2:2	3:5	0:3	2:1	3:5	X	4:0	4:1	1:2	0:3	1:0	1:1	2:1
FC Remscheid	2:3	0:4	1:3	1:2	1:4	3:0	2:1	2:0	4:2	1:0	2:0	X	5:0	0:1	2:1	3:0	5:2	1:1	2:0
Holzheimer SG	3:1	1:4	2:4	1:6	0:5	4:4	6:1	1:4	2:0	2:2	5:2	2:1	X	0:0	5:1	6:2	3:1	3:3	1:1
TSV Meerbusch II	0:2	1:3	0:2	1:3	1:1	1:3	2:1	2:5	1:1	1:1	0:0	5:2	4:0	X	5:2	1:0	1:2	1:3	7:0
SpVgg Odenkirchen	0:3	3:4	1:3	0:2	2:0	1:3	6:4	1:4	2:0	2:4	2:1	0:2	1:6	X	1:2	3:0	2:1	2:0
SSVg 09/12 Heiligenhaus	0:2	4:4	0:3	4:1	4:1	2:2	2:4	5:2	1:2	0:3	1:2	0:1	4:1	0:0	1:2	X	3:0	2:0	4:1
FSV Vohwinkel	4:2	0:4	0:1	1:2	3:1	1:3	3:1	1:1	0:4	4:2	4:2	0:1	0:1	5:0	1:2	1:4	X	5:3	1:4
VfL Viktoria Jüchen-Garzweiler	1:4	3:2	2:3	1:3	1:3	0:4	0:2	3:2	2:0	1:2	0:0	3:1	1:2	0:2	4:2	2:2	X	1:1
Düsseldorfer SC 99	1:8	1:4	0:4	1:8	3:0	2:2	1:2	0:0	4:1	2:3	3:3	1:1	0:4	1:2	2:0	3:3	1:3	1:6	X

Torschützenliste:

Platz Spieler (Mannschaft) — Tore
1. Aydogmus, Ercan (Cronenberger SC) — 42
2. Ayan, Oguz (1. FC Mönchengladbach) — 39
3. Sahin, Burhan (DJK Teutonia St. Tönis) — 31
4. Kabiru, Hashim M. (Cronenberger SC) — 25
5. Lorefice, Vincenzo (VfB Solingen) — 24
6. Hauptmann, Alexander (SC Kapellen-E.) — 23
7. Girke, Maurice (Holzheimer SG) — 22
8. Gorgs, Tobias (VSF Amern) — 21
9. Misumi, Takuma (VfR Krefeld-Fischeln) — 20
10. Zent, Erhan (TVD Velbert) — 18
11. Raudino, Giuseppe (TVD Velbert) — 17

Zuschauerstatistik:

Mannschaft	gesamt	Schnitt	Mannschaft	gesamt	Schnitt
Cronenberger SC	3.385	188	VSF Amern	1.715	95
SC Kapellen-Erft	3.110	173	1. FC M'gladbach	1.680	93
FC Remscheid	2.750	153	SSVg Heiligenhaus	1.645	91
TVD Velbert	2.615	145	MSV Düsseldorf	1.600	89
Holzheimer SG	2.200	122	Düsseldorfer SC 99	1.590	88
VfR Krefeld-Fischeln	1.950	108	TSV Meerbusch II	1.385	77
Teutonia St. Tönis	1.915	106	SpVgg Odenkirchen	1.325	74
Jüchen-Garzweiler	1.865	104	Rather SV	1.225	68
ASV Süchteln	1.835	102	FSV Vohwinkel	1.205	67
VfB Solingen	1.765	98		**36.760**	**107**

Informationen zu den Qualifikationsspielen zur Landesliga finden Sie auf Seite 368.

Landesliga Niederrhein Gruppe 2

Pl.	(Vj.)	Mannschaft		Sp	S	U	N	Tore	TD	Pkt	Sp	S	U	N	Tore	Pkt	Sp	S	U	N	Tore	Pkt
								Gesamtbilanz							**Heimbilanz**						**Auswärtsbilanz**	
1.	(5.)	FC Kray 09/31	↑	34	24	5	5	89-51	+38	77	17	14	2	1	53-21	44	17	10	3	4	36-30	33
2.	(3.)	Sportfreunde Niederwenigern	↑	34	21	7	6	83-46	+37	70	17	13	2	2	47-22	41	17	8	5	4	36-24	29
3.	(6.)	SpVgg Sterkrade-Nord		34	20	6	8	72-49	+23	66	17	9	3	5	44-33	30	17	11	3	3	28-16	36
4.	(13.)	SV Sonsbeck		34	18	7	9	64-46	+18	61	17	10	4	3	31-20	34	17	8	3	6	33-26	27
5.	(8.)	PSV Wesel-Lackhausen		34	17	5	12	63-62	+1	56	17	14	2	1	39-10	44	17	3	3	11	24-52	12
6.	(↑)	SV Genc Osman Duisburg	→	34	16	5	13	78-68	+10	53	17	10	3	4	48-35	33	17	6	2	9	30-33	20
7.	(9.)	SV Burgaltendorf	→	34	14	9	11	74-50	+24	51	17	9	2	6	44-25	29	17	5	7	5	30-25	22
8.	(12.)	VfL Rhede		34	15	4	15	68-65	+3	49	17	9	1	7	40-30	28	17	6	3	8	28-35	21
9.	(7.)	ESC Rellinghausen	→	34	14	6	14	60-54	+6	48	17	10	2	5	39-22	32	17	4	4	9	21-32	16
10.	(10.)	Duisburger SV 1900	→	34	12	10	12	61-63	-2	46	17	9	5	3	41-22	32	17	3	5	9	20-41	14
11.	(↑)	DJK VfB Frohnhausen	→	34	13	5	16	71-82	-11	44	17	9	4	4	45-32	31	17	4	1	12	26-50	13
12.	(4.)	SV Scherpenberg		34	12	6	16	57-66	-9	42	17	8	3	6	26-18	27	17	4	3	10	31-48	15
13.	(↑)	TuS Fichte Lintfort		34	11	7	16	44-59	-15	40	17	9	2	6	28-22	29	17	2	5	10	16-37	11
14.	(14.)	SV Hönnepel-Niedermörmter		34	8	14	12	55-59	-4	38	17	5	8	4	31-23	23	17	3	6	8	24-36	15
15.	(↑)	GSV Moers	↓	34	11	4	19	58-80	-22	37	17	5	3	9	21-36	18	17	6	1	10	37-44	19
16.	(11.)	DJK Arminia Klosterhardt	↓	34	9	8	17	58-75	-17	35	17	4	5	8	25-36	17	17	5	3	9	33-39	18
17.	(↑)	FC Blau-Gelb Überruhr	↓	34	8	6	20	45-72	-27	30	17	4	4	9	24-36	16	17	4	2	11	21-36	14
18.	(↑)	Sportfreunde Königshardt	↓	34	4	4	26	33-86	-53	16	17	3	4	10	20-44	13	17	1	0	16	13-42	3

Absteiger aus der Verbandsliga: keine.
Aufsteiger in die Verbandsliga: FC Kray 09/31 und Sportfreunde Niederwenigern.
Wechsel in die Gruppe 1: SV Genc Osman Duisburg, SV Burgaltendorf, ESC Rellinghausen, Duisburger SV 1900 und DJK VfB Frohnhausen.
Wechsel aus der Gruppe 1: 1. FC Mönchengladbach, SC Kapellen-Erft, VSF Amern, DJK Teutonia St. Tönis, VfR Krefeld-Fischeln, ASV Einigkeit Süchteln, Holzheimer SG und TSV Meerbusch II.
Absteiger in die Bezirksliga: Sportfreunde Königshardt, FC Blau-Gelb Überruhr, DJK Arminia Klosterhardt (Gruppe 6) und GSV Moers (Gruppe 4).
Aufsteiger aus der Bezirksliga: DJK VfL Giesenkirchen (Gruppe 3), SV Blau-Weiß Dingden (Gruppe 4) und SG Eintracht Bedburg-Hau (Gruppe 5).

Landesliga Niederrhein Gruppe 2 2017/18

	FC Kray 09/31	Niederwenigern	Sterkrade-Nord	SV Sonsbeck	Wesel-Lackhausen	GO Duisburg	SV Burgaltendorf	VfL Rhede	Rellinghausen	Duisburger SV	VfB Frohnhausen	SV Scherpenberg	Fichte Lintfort	Hönnepel-Niederm.	GSV Moers	Arm. Klosterhardt	FC BG Überruhr	SF Königshardt
FC Kray 09/31	X	3:1	0:1	4:1	4:0	3:2	1:1	2:2	2:1	5:1	2:0	5:2	3:2	5:2	3:2	6:1	3:2	2:0
Sportfreunde Niederwenigern	5:0	X	2:2	0:0	3:2	3:1	0:3	3:1	2:1	4:2	6:0	3:1	2:0	5:3	3:1	3:2	0:3	3:0
SpVgg Sterkrade-Nord	3:1	2:7	X	0:5	4:5	0:3	2:1	2:0	6:1	0:0	5:2	2:2	5:0	2:2	2:0	1:2	5:1	3:1
SV Sonsbeck	1:0	2:2	0:1	X	2:2	6:1	1:1	2:0	2:1	3:1	2:0	2:1	2:1	0:0	0:3	2:5	2:0	2:1
PSV Wesel-Lackhausen	3:0	2:0	1:0	1:3	X	1:1	2:2	5:2	1:0	3:0	2:1	2:0	3:0	2:1	6:0	2:0	2:0	1:0
SV Genc Osman Duisburg	5:5	1:1	1:2	3:1	6:1	X	2:5	3:1	3:0	5:2	3:2	3:2	4:1	3:1	0:4	4:4	0:3	2:0
SV Burgaltendorf	3:4	0:1	1:1	0:2	3:0	1:0	X	2:3	0:1	5:0	3:5	7:1	5:1	3:1	3:3	2:1	2:1	4:0
VfL Rhede	2:3	2:0	0:2	0:2	5:2	1:3	2:1	X	3:2	5:0	1:2	1:4	3:1	1:1	2:4	3:1	5:0	4:2
ESC Rellinghausen	1:1	2:3	0:1	2:1	3:0	2:3	3:1	2:3	X	2:1	2:1	5:0	1:1	0:1	7:2	1:0	3:2	3:1
Duisburger SV 1900	0:2	0:1	5:1	4:1	2:2	1:0	3:2	2:3	2:2	X	5:0	3:0	1:1	2:2	3:1	4:2	1:1	3:1
DJK VfB Frohnhausen	3:3	3:3	0:3	4:1	4:1	4:2	1:1	4:2	1:3	2:0	X	4:4	3:0	1:2	3:4	3:2	3:1	2:0
SV Scherpenberg	1:2	1:1	0:1	4:0	3:0	2:1	1:2	0:0	1:2	0:1	2:1	X	1:1	3:1	2:0	3:2	1:0	1:3
TuS Fichte Lintfort	0:4	1:4	2:0	0:0	3:1	2:2	0:1	3:1	4:1	0:2	1:2	3:0	X	2:1	2:1	1:2	3:0	1:0
SV Hönnepel-Niedermörmter	2:3	0:2	1:1	0:1	2:0	5:3	2:2	1:1	1:1	2:2	4:0	2:0	2:2	X	1:2	1:1	1:1	4:1
GSV Moers	0:2	3:2	0:3	1:5	1:1	0:1	2:0	1:3	0:2	3:6	2:1	2:2	1:0	2:2	X	1:3	0:2	2:1
DJK Arminia Klosterhardt	1:2	0:3	1:5	2:4	5:1	0:1	1:1	0:2	0:0	1:1	4:2	1:2	0:0	3:3	1:8	X	4:1	1:0
FC Blau-Gelb Überruhr	0:3	0:3	1:2	1:1	0:3	2:1	1:1	2:4	2:1	1:1	2:3	2:4	1:3	0:1	3:1	2:2	X	4:2
Sportfreunde Königshardt	0:1	2:2	1:2	0:5	2:3	0:5	1:5	1:0	2:2	0:0	4:4	1:6	0:2	2:0	3:1	0:3	1:3	X

Torschützenliste:

Platz	Spieler (Mannschaft)	Tore
1.	Ferati, Fatmir (FC Kray)	29
2.	Cuhaci, Oguzhan (Sterkrade-Nord)	23
	Machtemes, Florian (Niederwenigern)	23
	Zamkiewicz, Kevin (VfB Frohnhausen)	23
5.	Said, Chamdin (VfB Frohnhausen)	21
6.	Stellmach, Maximilian (Scherpenberg)	20
7.	Sadiklar, Samet (Genc Osman Duisburg)	19
	Terlinden, Felix (SV Sonsbeck)	19
9.	Lechtenberg, Simon (VfL Rhede)	18
10.	Bouchama, Yassine (FC Kray)	17
	Vladi, Kreshnik (SV Burgaltendorf)	17

Zuschauerstatistik:

Mannschaft	gesamt	Schnitt	Mannschaft	gesamt	Schnitt
SV Sonsbeck	4.460	262	Wesel-Lackhausen	2.195	129
SF Niederwenigern	4.335	255	Hönnepel-Niederm.	2.120	125
FC Kray	3.510	206	VfL Rhede	2.050	121
SV Scherpenberg	3.230	190	ESC Rellinghausen	2.000	118
Arminia Klosterhardt	2.700	159	Blau-Gelb Überruhr	1.915	113
TuS Fichte Lintfort	2.585	152	GSV Moers	1.840	108
VfB Frohnhausen	2.515	148	SF Königshardt	1.760	104
Sterkrade-Nord	2.400	141	Duisburger SV	1.750	103
GO Duisburg	2.385	140		**46.100**	**151**
SV Burgaltendorf	2.350	138			

Informationen zu den Qualifikationsspielen zur Landesliga finden Sie auf Seite 368.

Landesliga Mittelrhein Staffel 1

Pl.	(Vj.)	Mannschaft		Sp	S	U	N	Tore	TD	Pkt	Sp	S	U	N	Tore	Pkt	Sp	S	U	N	Tore	Pkt
								Gesamtbilanz							**Heimbilanz**						**Auswärtsbilanz**	
1.	(↓)	FC Pesch	↑	30	21	5	4	83-33	+50	68	15	13	1	1	49-15	40	15	8	4	3	34-18	28
2.	(9.)	SC Fortuna Köln II	↑	30	18	4	8	75-53	+22	58	15	10	2	3	41-17	32	15	8	2	5	34-36	26
3.	(8.)	FV Bonn-Endenich		30	16	6	8	52-40	+12	54	15	11	3	1	33-11	36	15	5	3	7	19-29	18
4.	(2.)	TuS Oberpleis		30	16	4	10	63-45	+18	52	15	9	2	4	38-18	29	15	7	2	6	25-27	23
5.	(12.)	VfL Rheinbach	◇	30	13	5	12	62-55	+7	44	15	8	3	4	36-21	27	15	5	2	8	26-34	17
6.	(3.)	SV Schlebusch		30	13	5	12	59-58	+1	44	15	5	4	6	30-28	19	15	8	1	6	29-30	25
7.	(10.)	FC Viktoria Köln II		30	12	8	10	47-46	+1	44	15	9	2	4	27-19	29	15	3	6	6	20-27	15
8.	(13.)	FV Wiehl		30	10	11	9	51-60	-9	41	15	6	5	4	27-28	23	15	4	6	5	24-32	18
9.	(6.)	TSV Germania Windeck		30	12	3	15	45-57	-12	39	15	9	1	5	27-24	28	15	3	2	10	18-33	11
10.	(7.)	SC Brühl 06/45	→	30	11	6	13	60-74	-14	39	15	6	5	4	31-29	23	15	5	1	9	29-45	16
11.	(4.)	SC Borussia Lindenthal-Hohenlind		30	11	5	14	62-48	+14	38	15	7	4	4	39-22	25	15	4	1	10	23-26	13
12.	(11.)	FV Bad Honnef		30	10	7	13	55-50	+5	37	15	6	3	6	31-25	21	15	4	4	7	24-25	16
13.	(5.)	SSV Homburg-Nümbrecht		30	11	4	15	54-60	-6	37	15	8	1	6	37-30	25	15	3	3	9	17-30	12
14.	(↑)	SpVg. Köln-Flittard	↓	30	12	1	17	50-72	-22	37	15	6	0	9	22-31	18	15	6	1	8	28-41	19
15.	(↑)	Heiligenhauser SV	↓	30	5	8	17	48-78	-30	23	15	2	4	9	20-40	10	15	3	4	8	28-38	13
16.	(↑)	FC Hertha Rheidt	↓	30	5	6	19	40-77	-37	21	15	3	4	8	25-35	13	15	2	2	11	15-42	8

VfL Rheinbach und 1. FC Rheinbach fusionieren am 01.07.2019 zum SC Rheinbach.

Absteiger aus der Mittelrheinliga: SSV Merten und VfL Alfter.
Aufsteiger in die Mittelrheinliga: FC Pesch und SC Fortuna Köln II.
Wechsel in die Staffel 2: SC Brühl 06/45.
Absteiger in die Bezirksligen: FC Hertha Rheidt (Staffel 2), Heiligenhauser SV und SpVg. Köln-Flittard (Staffel 1).
Aufsteiger aus den Bezirksligen: SpVg. Porz, SG Köln-Worringen (Staffel 1), 1. FC Spich und SV Wachtberg (Staffel 2).

Landesliga Mittelrhein Staffel 1 2018/19

	FC Pesch	SC Fortuna Köln II	FV Bonn-Endenich	TuS Oberpleis	VfL Rheinbach	SV Schlebusch	FC Viktoria Köln II	FV Wiehl	Germania Windeck	SC Brühl 06/45	Lindenthal-Hohenl.	FV Bad Honnef	Homburg-Nümbr.	SpVg. Köln-Flittard	Heiligenhauser SV	FC Hertha Rheidt
FC Pesch	×	4:0	4:1	3:1	3:2	3:1	1:1	5:0	4:1	5:1	3:2	1:2	1:0	3:1	8:2	1:0
SC Fortuna Köln II	3:4	×	6:0	2:0	4:2	4:1	4:1	1:1	1:0	2:3	2:1	0:0	3:4	4:0	3:0	2:0
FV Bonn-Endenich	3:1	1:3	×	2:0	2:0	3:0	0:0	3:1	0:0	4:0	2:1	2:2	3:1	2:0	2:0	4:2
TuS Oberpleis	0:2	3:1	0:1	×	8:0	3:1	0:0	6:2	3:1	2:1	2:1	2:2	2:1	0:1	2:3	5:1
VfL Rheinbach	2:2	4:0	2:0	1:4	×	0:2	2:1	1:1	0:3	8:0	2:1	2:1	2:1	1:2	3:3	6:0
SV Schlebusch	0:4	3:3	3:1	3:3	2:0	×	1:1	3:4	0:2	2:3	1:3	0:1	1:1	3:1	1:0	7:1
FC Viktoria Köln II	2:1	2:1	3:0	1:2	0:4	3:2	×	0:0	3:0	2:1	1:0	5:2	3:0	0:3	2:2	0:1
FV Wiehl	1:1	1:4	1:0	2:0	3:3	1:3	3:3	×	1:1	3:1	1:3	3:2	2:0	2:5	3:2	0:0
TSV Germania Windeck	2:0	1:2	0:1	3:2	2:1	0:2	2:2	0:4	×	4:2	1:0	1:0	3:1	4:1	1:4	3:2
SC Brühl 06/45	1:1	1:2	2:2	2:3	2:1	1:3	2:0	2:2	4:2	×	1:4	2:1	1:1	6:4	4:3	0:0
SC Borussia Lindenthal-Hohenlind	2:3	4:2	3:0	0:2	1:2	1:2	5:1	1:1	5:0	4:2	×	2:2	3:1	2:2	2:2	4:0
FV Bad Honnef	0:0	0:1	0:2	3:0	2:2	3:5	4:1	5:1	4:1	3:2	2:2	×	0:1	2:3	1:3	2:1
SSV Homburg-Nümbrecht	1:3	4:4	1:4	1:2	0:3	5:1	3:0	1:2	4:2	1:4	3:2	2:1	×	5:0	2:1	4:1
SpVg. Köln-Flittard	0:4	3:4	1:4	1:2	1:2	1:2	0:3	2:0	0:3	1:2	2:0	2:1	3:1	×	2:1	3:2
Heiligenhauser SV	1:5	2:3	1:1	3:3	1:2	1:1	0:4	0:0	2:1	2:5	2:1	0:3	1:2	3:5	×	1:4
FC Hertha Rheidt	0:3	3:4	2:2	0:1	1:3	0:2	2:5	2:1	2:2	1:2	1:4	2:2	4:0	2:2	×

Torschützenliste:

Platz	Spieler (Mannschaft)	Tore
1.	Euenheim, Jan (VfL Rheinbach)	28
2.	Papazoglu, Iskender (FC Pesch)	25
3.	Kayla, Deniz (FC Pesch)	19
4.	Brummenbaum, Robin (Homburg-Nümb.)	17
	Güler, Serhat Semih (SC Fortuna Köln II)	17
6.	Notz, Martin (SC Brühl 06/45)	16
7.	Caspari, Stefan (Lindenthal-Hohenlind)	15
8.	Peters, Jan (FV Wiehl)	14
9.	Miebach, Tim (TuS Oberpleis)	13

Landesliga Mittelrhein Staffel 2

Pl.	(Vj.)	Mannschaft		Sp	S	U	N	Tore	TD	Pkt	Sp	S	U	N	Tore	Pkt	Sp	S	U	N	Tore	Pkt
								Gesamtbilanz							**Heimbilanz**						**Auswärtsbilanz**	
1.	(↓)	SpVg. Wesseling-Urfeld	↑	30	25	2	3	84-24	+60	77	15	12	0	3	36-13	36	15	13	2	0	48-11	41
2.	(8.)	SV Eilendorf	↑	30	17	8	5	66-32	+34	59	15	8	6	1	35-17	30	15	9	2	4	31-15	29
3.	(6.)	SV Rott		30	16	7	7	75-53	+22	55	15	8	3	4	38-28	27	15	8	4	3	37-25	28
4.	(9.)	BC Viktoria Glesch/Paffendorf		30	16	6	8	63-36	+27	54	15	10	3	2	42-19	33	15	6	3	6	21-17	21
5.	(11.)	FC Germania Teveren		30	14	6	10	63-46	+17	48	15	8	3	4	36-21	27	15	6	3	6	27-25	21
6.	(↑)	DJK Arminia Eilendorf		30	14	6	10	67-60	+7	48	15	8	4	3	33-21	28	15	6	2	7	34-39	20
7.	(5.)	FC Union Schafhausen		30	13	8	9	54-48	+6	47	15	8	2	5	32-20	26	15	5	6	4	22-28	21
8.	(14.)	GKSC Hürth		30	14	2	14	57-47	+10	44	15	11	1	3	39-17	34	15	3	1	11	18-30	10
9.	(◇)	1. FC Düren II		30	12	4	14	62-70	-8	40	15	8	2	5	41-41	26	15	4	2	9	21-29	14
10.	(↑)	SV Eintracht Verlautenheide		30	11	6	13	46-49	-3	39	15	6	4	5	24-20	22	15	5	2	8	22-29	17
11.	(4.)	TSV Hertha Walheim		30	9	7	14	47-62	-15	34	15	5	1	9	17-25	16	15	4	6	5	30-37	18
12.	(13.)	SC Germania Erftstadt-Lechenich		30	8	8	14	47-60	-13	32	15	7	3	5	33-19	24	15	1	5	9	14-41	8
13.	(↑)	SV Grün-Weiß Brauweiler		30	9	3	18	43-69	-26	30	15	5	2	8	21-37	17	15	4	1	10	22-32	13
14.	(10.)	SV Nierfeld Schwarz-Weiß	↓	30	8	5	17	47-76	-29	29	15	7	4	4	32-33	25	15	1	1	13	15-43	4
15.	(7.)	FC Inde Hahn	₃↓	29	7	5	17	38-65	-27	26	15	6	2	7	26-27	20	14	1	3	10	12-38	6
16.	(↓)	Hilal Bergheim	↓	29	3	3	23	23-85	-62	12	14	3	3	8	13-26	12	15	0	0	15	10-59	0

Absteiger aus der Mittelrheinliga: Euskirchener TSC.
Aufsteiger in die Mittelrheinliga: SpVg. Wesseling-Urfeld und SV Eilendorf.
Wechsel aus der Staffel 1: SC Brühl 06/45.
Absteiger in die Kreisliga B: FC Inde Hahn (Aachen Staffel 2).
Absteiger in die Bezirksligen: Hilal Bergheim und SV Nierfeld Schwarz-Weiß (Staffel 3).
Aufsteiger aus den Bezirksligen: Sportfreunde Düren, SpVgg Schwarz-Weiß Düren (Staffel 3) und Kohlscheider BC (Staffel 4).

Landesliga Mittelrhein Staffel 2 2018/19	Wesseling-Urfeld	SV Eilendeorf	SV Rott	Glesch/Paffendorf	Germania Teveren	Arminia Eilendorf	Un. Schafhausen	GKSC Hürth	1. FC Düren II	Verlautenheide	Hertha Walheim	Erftstadt-Lechenich	GW Brauweiler	SV Nierfeld	FC Inde Hahn	Hilal Bergheim
SpVg. Wesseling-Urfeld	X	2:1	4:1	1:3	1:0	5:0	0:1	4:0	2:1	2:0	2:3	4:0	1:0	4:1	2:1	2:1
SV Eilendorf	1:2	X	1:1	0:0	1:1	3:2	4:4	2:1	1:0	2:2	3:3	4:0	3:0	5:0	3:1	2x0
SV Rott	1:3	4:1	X	0:0	2:1	2:5	0:1	3:2	1:3	5:1	2:2	1:1	3:2	3:1	5:2	6:3
BC Viktoria Glesch/Paffendorf	1:4	2:1	1:3	X	3:0	5:3	5:1	0:0	3:2	0:0	5:3	4:0	1:1	2:1	5:0	5:0
FC Germania Teveren	1:1	1:4	2:1	3:1	X	2:4	1:1	1:0	1:1	1:2	3:0	3:0	1:3	4:1	6:1	6:1
DJK Arminia Eilendorf	1:3	0:0	1:1	0:1	3:3	X	2:2	2:1	4:2	2:3	2:1	5:3	1:0	2:0	2x0	6:1
FC Union Schafhausen	0:1	0:1	1:1	1:3	0:0	4:1	X	2:0	4:2	3:2	0:2	2:3	4:3	5:1	2x0	4:0
GKSC Hürth	0:1	0:3	3:2	3:1	2:0	3:2	4:0	X	5:1	3:2	1:2	4:0	6:1	2:0	1:1	2:1
1. FC Düren II	1:5	2:7	1:3	2:1	3:5	4:2	0:3	3:2	X	4:3	3:3	3:3	4:1	3:2	2x0	6:1
SV Eintracht Verlautenheide	1:2	0:3	2:3	0:3	1:2	0:0	0:0	3:0	2:0	X	2:2	2:1	1:0	3:1	3:3	4:0
TSV Hertha Walheim	0:0	0:1	1:4	0:3	0:3	0:1	1:2	1:3	1:0	1:0	X	5:0	3:2	1:2	1:2	2x0
Germania Erftstadt-Lechenich	0:3	0:1	0:2	2:0	3:1	6:1	3:1	2:1	1:1	0:2	2:2	X	0:1	1:1	5:1	8:1
SV Grün-Weiß Brauweiler	3:4	1:4	3:5	1:1	0:6	0:4	0:2	0:2	2:0	2:1	1:4	0:0	X	4:3	1:0	3:1
SV Nierfeld Schwarz-Weiß	0:7	2:1	2:6	2:1	1:2	3:3	2:2	4:3	1:3	3:0	5:1	2:2	3:2	X	0:0	2x0
FC Inde Hahn	1:5	0:2	2:3	2:1	5:1	1:2	4:0	3:1	1:2	0x2	2:2	1:1	1:4	2:1	X	1:0
Hilal Bergheim	0:7	1:1	1:1	0:2	0x2	1:2	2:2	0x2	0:3	1:2	4:0	1:0	0x2	2:0	:	X

Torschützenliste:

Platz Spieler (Mannschaft) — Tore
1. Valerius, Niklase (SV Eilendorf) — 33
2. Back, Alexander (FC Germania Teveren) — 24
3. Iljazovic, Avdo (SV Rott) — 23
4. Lutete, Diza-Arnold (1. FC Düren II) — 18
   Millitürk, Deniz (SpVg. Wesseling-Urfeld) — 18
6. Ali, Samer (SV Grün-Weiß Brauweiler) — 15
   Basic, Nedim (SV Rott) — 15
   Krebs, Manuel (TSV Hertha Walheim) — 15
   Ndombele, Nathan (DJK Arminia Eilendorf) — 15

Hilal Bergheim hat nach dem 23. Spieltag zurückgezogen. Die noch ausstehenden Spiele wurden mit 2:0 Toren und 3 Punkten für den jeweiligen Gegner als gewonnen gewertet.
FC Inde Hahn hat nach dem 25. Spieltag zurückgezogen. Die noch ausstehenden Spiele wurden mit 2:0 Toren und 3 Punkten für den jeweiligen Gegner als gewonnen gewertet.
Das Spiel gegeneinander wurde nicht gewertet.

Rheinlandliga ≥ 18

Pl.	(Vj.)	Mannschaft		Sp	S	U	N	Tore	TD	Pkt	Sp	S	U	N	Tore	Pkt	Sp	S	U	N	Tore	Pkt
								Gesamtbilanz							**Heimbilanz**						**Auswärtsbilanz**	
1.	(2.)	Eisbachtaler Sportfreunde	↑	34	23	5	6	99-39	+60	74	17	12	2	3	55-22	38	17	11	3	3	44-17	36
2.	(↑)	BC Ahrweiler		34	22	4	8	89-48	+41	70	17	13	1	3	50-21	40	17	9	3	5	39-27	30
3.	(4.)	TuS Mayen		34	20	4	10	77-64	+13	64	17	13	1	3	46-26	40	17	7	3	7	31-38	24
4.	(13.)	SV Morbach		34	18	9	7	69-45	+24	63	17	9	5	3	40-19	32	17	9	4	4	29-26	31
5.	(9.)	SV Mehring		34	16	6	12	61-54	+7	54	17	10	3	4	38-24	33	17	6	3	8	23-30	21
6.	(7.)	SG Eintracht Mendig/Bell		34	15	6	13	65-57	+8	51	17	10	4	3	39-19	34	17	5	2	10	26-38	17
7.	(3.)	SG Mülheim-Kärlich		34	12	11	11	52-45	+7	47	17	8	6	3	30-18	30	17	4	5	8	22-27	17
8.	(14.)	FSV Trier-Tarforst		34	13	8	13	46-60	-14	47	17	7	5	5	23-27	26	17	6	3	8	23-33	21
9.	(8.)	SG 99 Andernach		34	13	6	15	71-75	-4	45	17	9	4	4	42-26	31	17	4	2	11	29-49	14
10.	(16.)	SV Eintracht Windhagen		34	10	11	13	59-67	-8	41	17	8	3	6	40-27	27	17	2	8	7	19-40	14
11.	(5.)	SG Neitersen/Altenkirchen		34	12	4	18	51-65	-14	40	17	9	2	6	34-30	29	17	3	2	12	17-35	11
12.	(12.)	SG Malberg/Rosenheim	◇	34	11	6	17	50-53	-3	39	17	7	2	8	30-22	23	17	4	4	9	20-31	16
13.	(6.)	SG Alfbachtal		34	9	12	13	51-60	-9	39	17	6	7	4	32-21	25	17	3	5	9	19-39	14
14.	(↓)	FSV Salmrohr		34	10	8	16	49-53	-4	38	17	6	4	7	25-20	22	17	4	4	9	24-33	16
15.	(↑)	SG Hochwald		34	10	8	16	41-63	-22	38	17	5	6	6	21-27	21	17	5	2	10	20-36	17
16.	(↑)	SpVgg Eintracht GC Wirges	↓	34	10	7	17	42-62	-20	37	17	5	3	9	14-31	18	17	5	4	8	28-31	19
17.	(11.)	VfB Linz	↓	34	9	8	17	48-81	-33	35	17	6	4	7	25-40	22	17	3	4	10	23-41	13
18.	(15.)	TuS Oberwinter	↓	34	9	5	20	48-77	-29	32	17	4	2	11	25-39	14	17	5	3	9	23-38	18
19.	(10.)	TuS Koblenz II	₅↓	0																		

Die SG Malberg/Rosenheim und die SG Elkenroth/Kausen (Kreisliga B Westerwald-Sieg Staffel 2) bilden die SG Malberg/Rosenheim/Elkenroth/Kausen.
Die SG Alfbachtal setzt sich aus den Vereinen SV Udler, SV Strohn, SV Steiningen, SV Ellscheid und SV Gillenfeld zusammen. Die SG Hochwald setzt sich aus den Vereinen FC Zerf, SG Greimerath, SV Hentern und SpVgg Lampaden zusammen. Die SG Schneifel 2006 setzt sich aus den Vereinen DJK Auw, SV Hallschlag, FC Ormont und SpVgg Stadtkyll zusammen. TuS Koblenz II hat vor Saisonbeginn zurückgezogen.

Absteiger aus der Oberliga:	TSV Emmelshausen (Rheinland-Pfalz/Saar).
Aufsteiger in die Oberliga:	Eisbachtaler Sportfreunde (Rheinland-Pfalz/Saar).
Absteiger in die Kreisliga D:	TuS Koblenz II (Staffel 2).
Absteiger in die Bezirksligen:	TuS Oberwinter (Mitte), VfB Linz und SpVgg Eintracht GC Wirges (Ost).
Aufsteiger aus den Bezirksligen:	VfB Wissen (Ost), TuS Kirchberg (Mitte) und SG Schneifel 2006 (West).

Rheinlandliga 2018/19

	Eisbachtal	BC Ahrweiler	TuS Mayen	SV Morbach	SV Mehring	SG Mendig	SG Mülheim	FSV Tarforst	Andernach	Windhagen	SG Neitersen	SG Malberg	SG Alfbachtal	FSV Salmrohr	SG Hochwald	SpVgg Wirges	VfB Linz	Oberwinter	Koblenz II
Eisbachtaler Sportfreunde	X	1:1	3:2	4:0	2:4	4:1	3:2	3:0	3:1	1:1	3:1	4:1	7:1	5:1	1:2	1:2	3:1	7:1	
BC Ahrweiler	4:2	X	2:1	0:3	4:1	3:0	4:0	1:2	2:0	3:2	6:1	3:2	2:1	3:3	5:0	0:3	2:0	6:0	
TuS Mayen	2:2	2:1	X	2:4	4:1	3:2	2:1	5:1	4:3	5:1	2:0	1:0	2:3	1:0	3:0	2:1	3:2	3:4	
SV Morbach	0:0	2:3	5:2	X	1:1	1:2	2:0	4:1	4:1	7:0	3:1	1:1	2:0	2:2	1:0	2:1	2:2	1:2	
SV Mehring	0:2	2:2	0:2	1:3	X	3:2	3:0	4:2	3:2	5:1	2:0	3:0	1:1	2:1	3:1	2:3	3:1	1:1	
SG Eintracht Mendig/Bell	0:2	4:0	3:3	3:0	5:1	X	1:1	1:1	2:3	3:0	1:1	1:4	4:0	2:1	2:1	2:1	3:0	2:0	
SG Mülheim-Kärlich	0:2	1:3	0:0	4:0	0:1	3:1	X	1:1	5:2	0:0	2:1	3:2	2:2	3:0	1:1	2:2	2:0	1:0	
FSV Trier-Tarforst	1:7	0:3	1:4	1:1	2:0	0:0	0:4	X	2:2	0:1	3:1	3:0	1:0	0:0	2:1	2:0	2:2	3:1	
SG 99 Andernach	2:1	2:3	2:3	1:2	1:1	4:0	4:3	3:0	X	1:1	3:0	1:1	5:3	3:2	4:0	1:1	3:4	2:1	
SV Eintracht Windhagen	1:3	0:1	3:2	3:1	1:1	4:4	1:1	3:0	5:1	X	5:1	1:3	5:0	1:3	2:4	1:0	4:0	0:2	
SG Neitersen/Altenkirchen	1:2	3:1	1:2	2:2	1:0	2:3	0:0	2:4	1:0	3:2	X	3:0	4:2	0:2	2:0	3:2	4:3	2:5	
SG Malberg/Rosenheim	3:1	2:1	4:0	1:2	0:2	0:3	1:2	0:2	1:3	4:0	0:1	X	1:1	1:1	0:1	7:1	2:0	3:1	
SG Alfbachtal	1:1	2:2	6:1	1:1	1:4	0:2	0:0	2:1	0:1	3:3	0:0	0:1	X	4:2	5:1	1:1	4:0	2:0	
FSV Salmrohr	1:3	1:4	1:2	0:1	3:0	3:0	1:1	1:2	5:2	0:2	2:0	1:1	0:1	X	0:0	3:0	1:1	2:0	
SG Hochwald	0:1	1:3	2:2	1:1	0:1	2:1	2:1	0:3	4:4	0:0	1:0	2:0	1:1	2:1	X	0:3	2:2	1:3	
SpVgg Eintracht GC Wirges	0:5	0:4	1:3	0:3	2:0	2:1	0:3	1:0	2:3	0:0	2:1	1:0	1:1	0:2	1:2	X	0:2	1:1	
VfB Linz	0:7	0:4	0:1	1:3	3:1	4:2	3:1	2:2	3:1	2:2	0:4	2:2	1:0	0:3	3:1	0:5	X	1:1	
TuS Oberwinter	1:3	4:3	4:1	1:2	0:4	0:2	0:2	0:1	3:0	3:3	0:4	1:2	0:2	4:0	1:5	2:2	1:3	X	
TuS Koblenz II																			X

Torschützenliste:

Platz	Spieler (Mannschaft)	Tore
1.	Porca, Almir (BC Ahrweiler)	29
2.	Steinmetz, Pascal (TuS Mayen)	24
3.	Meuer, Steffen (Eisbachtaler Sportfr.)	22
4.	Schell, Sebastian (SV Morbach)	20
5.	Reitz, Lukas (Eisbachtaler Sportfreunde)	19
6.	Rieder, Jan (BC Ahrweiler)	18
	Weis, Niklas (TuS Mayen)	18
8.	Mey, Lukas (TuS Mayen)	17
9.	Boos, Markus (SG Alfbachtal)	16
10.	Hawel, Jan (SG 99 Andernach)	15

Zuschauerstatistik:

Mannschaft	gesamt	Schnitt	Mannschaft	gesamt	Schnitt
BC Ahrweiler	6.422	378	TuS Oberwinter	2.412	142
SG Hochwald	4.943	291	FSV Trier-Tarforst	2.370	139
TuS Mayen	3.947	232	FSV Salmrohr	2.325	137
Eisbachtaler Spfr.	3.759	221	SG Mülheim-Kärlich	2.065	121
SG Mendig/Bell	3.225	190	VfB Linz	2.052	121
SG Neitersen/Alt.	3.161	186	SV Mehring	2.005	118
SV Morbach	3.130	184	SpVgg EGC Wirges	1.940	114
SG Malberg/Rosenh.	2.825	166	SV Eintr. Windhagen	1.930	114
SG Alfbachtal	2.507	147	SG 99 Andernach	1.922	113
				52.940	173

Verbandsliga Südwest

Pl.	(Vj.)	Mannschaft		Sp	S	U	N	Tore	TD	Pkt	Sp	S	U	N	Tore	Pkt	Sp	S	U	N	Tore	Pkt
								Gesamtbilanz					**Heimbilanz**						**Auswärtsbilanz**			
1.	(↓)	SV Gonsenheim	↑	30	25	3	2	84-27	+57	78	15	11	2	2	36-15	35	15	14	1	0	48-12	43
2.	(↓)	FV Dudenhofen	↑	30	21	6	3	77-31	+46	69	15	12	2	1	41-13	38	15	9	4	2	36-18	31
3.	(9.)	SV Alemannia Waldalgesheim		30	17	4	9	75-40	+35	55	15	10	1	4	39-13	31	15	7	3	5	36-27	24
4.	(↓)	SV Morlautern		30	15	8	7	73-36	+37	53	15	10	3	2	49-17	33	15	5	5	5	24-19	20
5.	(↑)	TuS Marienborn		30	15	3	12	75-49	+26	48	15	9	2	4	41-19	29	15	6	1	8	34-30	19
6.	(↑)	TSV Gau-Odernheim		30	14	5	11	66-60	+6	47	15	9	2	4	38-25	29	15	5	3	7	28-35	18
7.	(4.)	FC Speyer 09		30	12	8	10	48-44	+4	44	15	7	4	4	27-20	25	15	5	4	6	21-24	19
8.	(12.)	FK 03 Pirmasens II		30	13	2	15	56-55	+1	41	15	6	2	7	26-24	20	15	7	0	8	30-31	21
9.	(6.)	SG Eintracht Bad Kreuznach		30	9	10	11	53-59	-6	37	15	7	4	4	34-25	25	15	2	6	7	19-34	12
10.	(↑)	SV Steinwenden		30	10	7	13	51-57	-6	37	15	4	5	6	29-33	17	15	6	2	7	22-24	20
11.	(8.)	ASV Fußgönheim		30	10	7	13	43-65	-22	37	15	5	4	6	23-31	19	15	5	3	7	20-34	18
12.	(10.)	TuS Rüssingen		30	8	6	16	44-60	-16	30	15	4	4	7	24-30	16	15	4	2	9	20-30	14
13.	(11.)	SG Rieschweiler		30	7	8	15	42-69	-27	29	15	4	2	9	20-37	14	15	3	6	6	22-32	15
14.	(5.)	TB Jahn Zeiskam		30	8	4	18	41-77	-36	28	15	5	2	8	25-35	17	15	3	2	10	16-42	11
15.	(3.)	SG Rot-Weiß/Olympia Alzey	↓	30	6	7	17	36-66	-30	25	15	2	4	9	15-33	10	15	4	3	8	21-33	15
16.	(7.)	SC Hauenstein	↓	30	4	4	22	33-102	-69	16	15	3	3	9	17-43	12	15	1	1	13	16-59	4

Absteiger aus der Oberliga: SC 07 Idar-Oberstein (Rheinland-Pfalz/Saar).
Aufsteiger in die Oberliga: SV Gonsenheim und FV Dudenhofen (Rheinland-Pfalz/Saar).
Absteiger in die Landesligen: SC Hauenstein (West) und SG Rot-Weiß/Olympia Alzey (Ost).
Aufsteiger aus den Landesligen: SV Rülzheim, FC Basara Mainz (Ost) und SG Meisenheim/Desloch/Jeckenbach (West).

Verbandsliga Südwest 2018/19

	SV Gonsenheim	FV Dudenhofen	Waldalgesheim	SV Morlautern	TuS Marienborn	Gau-Odernheim	FC Speyer 09	FK Pirmasens II	Bad Kreuznach	SV Steinwenden	ASV Fußgönheim	TuS Rüssingen	SG Rieschweiler	TB Jahn Zeiskam	SG RWO Alzey	SC Hauenstein
SV Gonsenheim	×	3:2	1:4	2:0	1:0	1:1	3:1	5:1	1:2	1:0	3:1	3:1	0:0	5:1	3:1	4:0
FV Dudenhofen	2:4	×	2:1	1:0	3:1	4:0	0:0	2:0	8:2	3:0	2:1	4:1	1:1	2:0	3:1	3:1
SV Alemannia Waldalgesheim	0:1	3:0	×	1:0	3:0	2:0	0:1	2:3	3:0	0:1	8:0	2:1	3:3	6:1	2:0	4:2
SV Morlautern	1:3	2:2	2:4	×	2:1	2:2	5:0	3:0	2:0	1:1	2x0	5:2	4:0	3:2	5:0	10:0
TuS Marienborn	2:5	0:3	2:1	0:1	×	6:0	3:1	1:0	3:3	3:3	0:1	3:0	3:1	5:0	5:0	5:0
TSV Gau-Odernheim	1:6	2:3	4:1	5:2	3:1	×	1:1	5:0	2:2	2:1	3:0	2:3	4:2	2:1	1:2	1:0
FC Speyer 09	1:3	0:2	0:0	0:0	4:1	3:1	×	0:2	2:3	3:2	3:3	1:0	3:1	1:1	2:1	4:0
FK 03 Pirmasens II	1:2	1:1	0:5	1:2	2:2	1:2	3:2	×	2:0	1:0	4:0	1:0	2:3	5:0	1:3	1:2
SG Eintracht Bad Kreuznach	1:2	2:2	1:1	0:0	4:1	4:1	1:3	3:1	×	5:1	1:3	0:2	3:3	3:1	2:1	4:3
SV Steinwenden	2:3	2:3	2:2	2:5	2:3	1:3	1:2	2:1	2:2	×	2:2	1:0	1:1	2:2	3:1	4:3
ASV Fußgönheim	0:2	1:1	1:2	2:2	0:10	1:1	0:3	2x0	3:1	3:1	×	3:3	2x0	0:1	1:2	4:2
TuS Rüssingen	0:5	0:2	2:1	1:1	4:1	2:3	2:0	2:3	1:0	1:3	2:2	×	2:3	1:2	2:2	2:2
SG Rieschweiler	1:5	1:4	1:6	0:6	0:3	3:1	0:0	0:3	0:0	0:1	2x0	1:2	×	4:2	0:4	7:0
TB Jahn Zeiskam	0:2	1:3	6:0	0:2	1:7	1:5	2:2	2:5	1:0	1:2	0:2	3:1	2:1	×	2:2	3:1
SG Rot-Weiß/Olympia Alzey	0:0	0:3	2:5	2:1	0:1	0:5	2:5	1:3	2:2	0:3	0:1	1:1	1:1	1:2	×	3:0
SC Hauenstein	0:5	0:5	1:3	2:2	1:2	4:3	1:0	1:8	2:2	0:3	1:4	0:3	1:2	2:0	1:1	×

Das Spiel ASV Fußgönheim - SG Rieschweiler wurde in der 30. Minute beim Stand von 1:0 abgebrochen, weil sich ein Spieler der SG Rieschweiler schwer verletzt hatte; das Spiel wurde mit 2:0 Toren für ASV Fußgönheim gewertet. Das Spiel SV Steinwenden - FK 03 Pirmasens II wurde in der 62. Minute beim Stand von 1:1 wegen eines Unwetters abgebrochen und wiederholt. Das Spiel ASV Fußgönheim - FK 03 Pirmasens II (1:4) wurde annulliert und gewertet, da FK 03 Pirmasens II nicht spielberechtigte Spieler einsetzte. Die Spiele SV Morlautern - ASV Fußgönheim und SG Rieschweiler - ASV Fußgönheim wurden kampflos gewertet.

Torschützenliste:

Platz	Spieler (Mannschaft)	Tore
1.	Merten, Dennis (SV Gonsenheim)	21
2.	Kern, Jannik (TuS Marienborn)	19
3.	Bülbül, Ali (TSV Gau-Odernheim)	17
	Tuttobene, Erik (SV Morlautern)	17
5.	Koch, Christopher (FV Dudenhofen)	16
6.	Widera, Michael (Al. Waldalgesheim)	15
7.	Abou Daya, Khaled (SV Gonsenheim)	14
	Scharfenberger, Julian (Dudenhofen)	14
9.	Biedenbach, Eric (TB Jahn Zeiskam)	13
	Rose, Kevin (SC Hauenstein)	13

Zuschauerstatistik:

Mannschaft	Gesamt	Schnitt	Mannschaft	Gesamt	Schnitt
FV Dudenhofen	3.289	219	Eintr. Bad Kreuznach	2.215	148
SG RWO Alzey	3.020	201	SV Gonsenheim	1.889	126
TSV Gau-Odernheim	2.973	198	SC Hauenstein	1.620	108
SV Steinwenden	2.750	183	SV Morlautern	1.595	106
TB Jahn Zeiskam	2.739	183	TuS Rüssingen	1.535	102
Alem. Waldalgesheim	2.703	180	ASV Fußgönheim	1.348	90
FC Speyer 09	2.510	167	FK 03 Pirmasens II	1.020	68
SG Rieschweiler	2.430	162		36.022	150
TuS Marienborn	2.386	159			

Informationen zu den Aufstiegsspielen finden Sie auf Seite 369.

Saarlandliga

Pl.	(Vj.)	Mannschaft		Sp	S	U	N	Tore	TD	Pkt	Sp	S	U	N	Tore	Pkt	Sp	S	U	N	Tore	Pkt
								Gesamtbilanz							**Heimbilanz**						**Auswärtsbilanz**	
1.	(11.)	SVgg 07 Elversberg II	↑	32	22	4	6	82-36	+46	70	16	14	1	1	44- 7	43	16	8	3	5	38-29	27
2.	(7.)	SF Köllerbach		32	20	8	4	71-39	+32	68	16	11	5	0	41-17	38	16	9	3	4	30-22	30
3.	(8.)	SC Halberg Brebach		32	21	5	6	85-33	+52	68	16	12	2	2	52-15	38	16	9	3	4	33-18	30
4.	(4.)	SV Auersmacher		32	20	3	9	83-36	+47	63	16	11	2	3	51-10	35	16	9	1	6	32-26	28
5.	(12.)	SV Mettlach		32	18	6	8	71-42	+29	60	16	12	2	2	41-15	38	16	6	4	6	30-27	22
6.	(↓)	SV Saar 05 Saarbrücken Jugend		32	18	5	9	63-38	+25	59	16	11	2	3	40-14	35	16	7	3	6	23-24	24
7.	(1.)	TuS Herrensohr		32	18	3	11	76-50	+26	57	16	9	3	4	45-24	30	16	9	0	7	31-26	27
8.	(↓)	FV Eppelborn		32	15	4	13	54-54	0	49	16	12	0	4	39-18	36	16	3	4	9	15-36	13
9.	(3.)	Borussia Neunkirchen		32	12	5	15	48-56	-8	41	16	8	1	7	25-28	25	16	4	4	8	23-28	16
10.	(6.)	SpVgg Quierschied		32	9	8	15	51-56	-5	35	16	4	6	6	33-28	18	16	5	2	9	18-28	17
11.	(5.)	VfL Primstal		32	10	3	19	51-62	-11	33	16	8	0	8	37-24	24	16	2	3	11	14-38	9
12.	(14.)	FSG Ottweiler/Steinbach		32	9	6	17	47-75	-28	33	16	7	3	6	29-25	24	16	2	3	11	18-50	9
13.	(15.)	FV 09 Schwalbach-Griesborn		32	9	5	18	44-77	-33	32	16	7	3	6	31-28	24	16	2	2	12	13-49	8
14.	(10.)	FC 08 Homburg II		32	8	7	17	57-68	-11	31	16	4	6	6	33-30	18	16	4	1	11	24-38	13
15.	(↑)	SF Rehlingen-Fremersdorf	↓	32	8	5	19	30-74	-44	29	16	5	2	9	16-29	17	16	3	3	10	14-45	12
16.	(↑)	SV Rohrbach	↓	32	7	2	23	36-102	-66	23	16	6	2	8	21-36	20	16	1	0	15	15-66	3
17.	(↑)	FC Rastpfuhl	↓	32	5	7	20	33-84	-51	22	16	4	3	9	20-36	15	16	1	4	11	13-48	7
18.	(13.)	SV 09 Bübingen	▼	0																		

Der SV 09 Bübingen hat nach zehn ausgetragenen Spielen zurückgezogen.
Platz 2 wurde durch „direkten Vergleich" zugunsten von SF Köllerbach (2:1 und 0:0) gegen SC Halberg Brebach entschieden.

Absteiger aus der Oberliga:	VfB Dillingen und FSV Viktoria Jägersburg (Rheinland-Pfalz/Saar).
Aufsteiger in die Oberliga:	SVgg 07 Elversberg II (Rheinland-Pfalz/Saar).
Spielbetrieb eingestellt:	SV 09 Bübingen (Vereinsauflösung; Gründung der SV 19 Bübingen; Start in der Kreisliga A Halberg).
Absteiger in die Verbandsligen:	FC Rastpfuhl, SF Rehlingen-Fremersdorf (Südwest) und SV Rohrbach (Nordost).
Aufsteiger aus den Verbandsligen:	SV Rot-Weiß Hasborn (Nordost), FV 09 Bischmisheim und 1. FC Reimsbach (Südwest).

Saarlandliga 2018/19

	SVgg Elversberg II	SF Köllerbach	SC Brebach	SV Auersmacher	SV Mettlach	SV Saar 05 Jugend	TuS Herrensohr	FV Eppelborn	Bor. Neunkirchen	SpVgg Quierschied	VfL Primstal	FSG Ottweiler	FV Schwalbach	FC 08 Homburg II	SF Rehlingen-Fr.	SV Rohrbach	FC Rastpfuhl	SV 09 Bübingen
SVgg 07 Elversberg II	×	4:1	1:0	0:2	3:1	2:0	4:2	6:0	2:1	0:0	2:0	4:0	5:0	1:0	1:0	3:0	6:0	
SF Köllerbach	3:3	×	0:0	2:1	4:2	3:3	2:0	1:1	2:0	3:0	3:0	2:1	2:1	3:2	3:0	6:1	2:2	
SC Halberg Brebach	1:4	1:2	×	4:1	2:0	4:2	4:1	4:0	3:0	1:0	4:0	4:0	5:0	1:1	1:1	10:2	3:1	
SV Auersmacher	2:0	4:0	0:0	×	2:1	1:1	3:0	2:4	1:2	0:1	6:1	6:0	5:0	8:0	8:0	2:0	1:0	
SV Mettlach	3:1	1:2	2:2	2:1	×	0:2	5:1	3:1	1:0	2:1	3:1	4:0	2:0	2:1	0:0	6:2	5:0	5:1
SV Saar 05 Jugend	2:1	2:0	3:0	3:0	1:1	×	0:1	0:0	2:5	1:2	1:0	5:0	3:1	3:2	8:0	3:0	3:1	
TuS Herrensohr	1:3	1:4	2:1	2:3	1:1	4:0	×	0:1	2:0	2:0	3:1	2:2	5:2	5:2	6:1	6:0	3:3	
FV Eppelborn	1:4	3:1	0:4	3:1	3:1	0:1	2:0	×	4:0	4:2	2:1	4:0	3:0	4:2	2:0	4:0	0:1	
Borussia Neunkirchen	2:3	0:3	1:2	1:0	1:0	2:1	0:4	3:1	×	0:1	1:0	3:1	2:1	1:4	2:4	4:1	2:2	
SpVgg Quierschied	1:3	2:2	1:2	2:3	1:2	2:2	1:0	3:2	1:1	×	3:3	2:3	1:1	0:1	6:1	6:1	1:1	
VfL Primstal	1:2	0:1	0:2	2:3	1:2	2:0	0:4	0:1	3:1	1:3	×	3:2	6:1	4:1	2:1	4:0	8:0	9:1
FSG Ottweiler/Steinbach	2:3	0:1	2:1	1:4	2:2	2:5	1:2	3:0	1:1	0:0	1:2	×	5:0	1:0	1:0	4:3	3:1	6:2
FV 09 Schwalbach-Griesb.	3:1	0:0	1:3	2:5	1:4	0:1	0:2	4:0	4:1	2:1	2:1	3:3	×	1:3	2:2	2:1	4:0	10:3
FC 08 Homburg II	2:2	2:3	4:5	0:1	3:3	2:1	2:5	1:1	0:0	5:3	6:0	1:1	1:1	×	1:2	1:2	2:0	10:0
SF Rehlingen-Fremersdorf	0:4	1:1	0:2	0:1	1:5	0:1	1:3	2:0	0:5	2:3	0:0	3:2	1:2	1:0	×	1:0	3:0	7:0
SV Rohrbach	3:2	1:4	0:6	2:2	0:3	0:1	0:3	1:1	1:5	2:0	0:3	3:1	2:0	3:2	1:2	×	2:1	
FC Rastpfuhl	2:2	0:5	1:3	0:4	1:2	0:2	1:3	3:2	1:1	3:1	1:1	1:2	1:3	0:3	1:0	4:2	×	
SV 09 Bübingen				0:4		2:9			2:2								2:4	×

Torschützenliste:

Platz	Spieler (Mannschaft)	Tore
1.	Solovej, Valentin (SF Köllerbach)	26
2.	Merk, Kai (SVgg 07 Elversberg II)	25
3.	Saks, Kevin (Borussia Neunkirchen)	23
4.	Nonnweiler, Yannick (SF Köllerbach)	22
5.	Schuck, Manuel (TuS Herrensohr)	20
6.	Florsch, Felix (SC Halberg Brebach)	17
	Hertel, Christian (SV Saar 05 Jugend)	17
8.	Cuccu, Nils (SV Auersmacher)	16
9.	Anseur, Rayane (SC Halberg Brebach)	15
10.	Hector, Lucas (SV Auersmacher)	14

Zuschauerstatistik:

Mannschaft	gesamt	Schnitt	Mannschaft	gesamt	Schnitt
Bor. Neunkirchen	4.530	283	FSG Ottweiler/Steinb.	2.940	183
VfL Primstal	4.250	265	FC Rastpfuhl	2.860	178
SpVgg Quierschied	4.140	258	SV Saar 05 Jugend	2.400	150
FV Eppelborn	3.960	247	TuS Herrensohr	2.370	148
SF Rehlingen-Frem.	3.950	246	SV Auersmacher	2.190	136
SV Mettlach	3.680	230	SC Halberg Brebach	2.190	136
FV 09 Schwalbach	3.300	206	FC 08 Homburg II	2.090	130
SF Köllerbach	3.266	204	SVgg 07 Elversberg II	2.040	127
SV Rohrbach	3.210	200		53.366	196

Informationen zum Aufstiegsspiel finden Sie auf Seite 369.

Verbandsliga Hessen Gruppe Nord

Pl.	(Vj.)	Mannschaft		Sp	S	U	N	Tore	TD	Pkt	Sp	S	U	N	Tore	Pkt	Sp	S	U	N	Tore	Pkt
								Gesamtbilanz							**Heimbilanz**						**Auswärtsbilanz**	
1.	(↓)	SV Steinbach	↑	32	20	5	7	65-34	+31	65	16	10	4	2	31-14	34	16	10	1	5	34-20	31
2.	(7.)	SV Neuhof	↑	32	18	8	6	61-35	+26	62	16	9	5	2	29-13	32	16	9	3	4	32-22	30
3.	(6.)	CSC 03 Kassel		32	17	6	9	54-37	+17	57	16	11	3	2	31-14	36	16	6	3	7	23-23	21
4.	(3.)	SG Barockstadt Fulda-Lehnerz II		32	17	4	11	62-46	+16	55	16	10	2	4	38-20	32	16	7	2	7	24-26	23
5.	(5.)	SV Adler Weidenhausen		32	16	6	10	75-56	+19	54	16	10	3	3	42-26	33	16	6	3	7	33-30	21
6.	(9.)	Ski-Club Willingen		32	15	7	10	68-47	+21	52	16	10	1	5	41-21	31	16	5	6	5	27-26	21
7.	(↑)	TSG Sandershausen		32	15	8	9	47-45	+2	52	16	10	5	1	31-18	35	16	5	3	8	16-27	18
8.	(2.)	SSV Sand		32	13	9	10	67-45	+22	48	16	5	4	7	33-26	19	16	8	5	3	34-19	29
9.	(4.)	SG Johannesberg		32	12	10	10	48-41	+7	46	16	7	4	5	29-19	25	16	5	6	5	19-22	21
10.	(8.)	SpVgg 07 Eschwege	₅↓	32	13	7	12	54-63	-9	46	16	8	4	4	36-27	28	16	5	3	8	18-36	18
11.	(↓)	OSC Vellmar		32	11	11	10	54-49	+5	44	16	6	7	3	27-18	25	16	5	4	7	27-31	19
12.	(↑)	FC Britannia Eichenzell		32	11	3	18	44-63	-19	36	16	5	1	10	20-34	16	16	6	2	8	24-29	20
13.	(↑)	TuSpo Grebenstein	↓	32	9	7	16	45-58	-13	34	16	6	4	6	26-22	22	16	3	3	10	19-36	12
14.	(12.)	1. FC Schwalmstadt	↓	32	9	6	17	52-67	-15	33	16	6	3	7	26-26	21	16	3	3	10	26-41	12
15.	(↑)	GSV Eintracht Baunatal	↓	32	8	5	19	41-74	-33	29	16	5	0	11	23-44	15	16	3	5	8	18-30	14
16.	(10.)	SV Kaufungen	↓	32	6	6	20	50-88	-38	24	16	5	3	8	27-33	18	16	1	3	12	23-55	6
17.	(11.)	FSV Dörnberg	↓	32	5	6	21	37-76	-39	21	16	4	4	8	25-34	16	16	1	2	13	12-42	5

Platzierungen bei Punktgleichheit richten sich nach dem direkten Vergleich.
TSG Sandershausen wurde ein Punkt wegen Nichterfüllung des Schiedsrichter-Pflichtsolls abgezogen.

Absteiger aus der Hessenliga: Hünfelder SV und SV Buchonia Flieden.
Aufsteiger in die Hessenliga: SV Steinbach und SV Neuhof.
Absteiger in die Kreisligen C: SpVgg 07 Eschwege (Werra-Meißner, Gr. 1; freiwilliger Rückzug)
Absteiger in die Gruppenligen: FSV Dörnberg, SV Kaufungen, TuSpo Grebenstein (Kassel, Gruppe 2), GSV Eintracht Baunatal, und 1. FC Schwalmstadt (Kassel, Gruppe 1).
Aufsteiger aus den Gruppenligen: Melsunger FV, FC Körle (Kassel, Gruppe 1), SG Hombressen/Idenhausen, Türkgücü SV Kassel (Kassel, Gruppe 2), SG Bad Soden und SG Ehrenberg (Fulda).

Verbandsliga Hessen Nord 2018/19

	SV Steinbach	SV Neuhof	CSC 03 Kassel	SG Barockstadt II	Weidenhausen	SC Willingen	Sandershausen	SSV Sand	Johannesberg	SV 07 Eschwege	OSC Vellmar	FC Eichenzell	Grebenstein	FC Schwalmstadt	GSV Baunatal	SV Kaufungen	FSV Dörnberg
SV Steinbach	×	2:1	2:0	0:2	3:2	2:2	1:0	4:1	0:2	3:0	3:1	2:0	4:0	1:1	3:1	1:1	0:0
SV Neuhof	2:3	×	1:1	1:0	1:0	3:2	2:0	1:1	1:0	1:2	0:0	5:0	3:0	4:3	0:0	1:1	3:0
CSC 03 Kassel	1:3	1:0	×	5:1	1:1	1:1	3:1	1:0	2:2	3:0	0:2	2:1	2:0	2:0	3:2	2:0	2:0
SG Barockstadt FD-Lehnerz II	3:1	2:4	3:0	×	1:3	0:1	2:1	2:0	3:2	1:1	1:1	1:0	2:3	2:0	7:0	5:2	3:1
SV Adler Weidenhausen	1:3	2:5	3:0	2:2	×	0:0	1:2	2:2	4:2	3:1	3:1	5:2	3:2	3:1	4:1	3:0	3:2
Ski-Club Willingen	4:1	2:1	2:0	4:0	2:0	×	2:1	0:2	4:0	2:3	2:0	2:3	1:4	3:3	1:3	3:0	7:0
TSG Sandershausen	1:0	3:1	2:1	3:2	1:6	2:2	×	0:0	2:0	1:0	2:2	1:1	2:2	2:0	3:0	2:0	4:1
SSV Sand	0:1	0:1	0:3	0:1	3:5	2:4	0:0	×	2:2	7:1	4:0	0:4	1:1	5:0	0:0	7:3	2:0
SG Johannesberg	1:1	1:3	3:2	0:1	3:1	1:1	1:1	0:1	×	2:2	5:1	2:0	1:2	3:1	2:1	4:0	0:1
SpVgg 07 Eschwege	2:1	2:2	0:0	2:1	3:0	2:1	5:0	2:3	1:1	×	0:8	2:3	4:1	4:2	0:2	5:0	2:2
OSC Vellmar	1:3	0:1	1:1	1:0	2:0	1:1	1:1	0:0	0:2	5:2	×	0:2	2:0	2:2	4:0	2:0	3:1
FC Britannia Eichenzell	1:4	1:3	1:4	1:4	1:5	0:1	1:2	2:2	0:1	0:1	1:2	×	1:0	1:0	2:0	3:2	4:3
TuSpo Grebenstein	0:2	2:2	0:1	0:1	1:1	1:3	4:1	1:4	0:0	4:0	1:4	1:0	×	3:1	0:0	6:1	2:1
1. FC Schwalmstadt	0:4	2:2	0:2	0:3	3:1	5:1	0:1	2:3	0:0	0:1	3:1	0:3	3:0	×	2:1	3:3	3:0
GSV Eintracht Baunatal	1:4	2:3	2:6	4:2	1:2	2:1	2:1	0:6	0:1	0:3	0:1	2:3	1:0	1:2	×	3:9	2:0
SV Kaufungen	0:2	0:2	3:1	2:2	2:4	2:5	0:1	2:6	0:1	1:1	5:2	2:0	4:2	1:3	1:1	×	2:0
FSV Dörnberg	2:1	0:1	0:1	1:2	2:2	2:1	2:3	0:3	1:3	3:0	1:1	2:2	2:2	4:7	0:4	3:1	×

Das Spiel SG Johannesberg – FC Britannia Eichenzell wurde am 23.09.2018 beim Stand von 1:0 nach 69 Minuten abgebrochen, weil der Platz nach einem Unwetter nicht mehr bespielbar war; es wurde am 17.10.2018 neu angesetzt.

Torschützenliste:

Platz	Spieler (Mannschaft)	Tore
1.	Gonnermann, Sören (Weidenhausen)	37
2.	Heine, Florian (Ski-Club Willingen)	28
3.	Maierhof, Lucas (FC Eichenzell)	24
4.	Kemper, Pascal (FSV Dörnberg)	19
5.	Velic, Branimir (FD-Lehnerz II 11, Neuhof 7)	18
6.	Tadeis Gambetta, Mathias Gonzalo (Eschwege)	17
7.	Itter, Pascal (SSV Sand)	16
	Kvaca, Petr (SV Steinbach)	16
9.	Görner, Radek (SV Neuhof)	15
	Wolf, Jan-Henrik (SG Barockstadt II)	15

Zuschauerstatistik:

Mannschaft	gesamt	Schnitt	Mannschaft	gesamt	Schnitt
Adler Weidenhausen	4.550	284	OSC Vellmar	2.880	180
SSV Sand	3.585	224	SG Barockstadt II	2.600	163
SV Steinbach	3.480	218	SpVgg 07 Eschwege	2.460	154
Britannia Eichenzell	3.370	211	1. FC Schwalmstadt	2.430	152
SG Johannesberg	3.300	206	SV Kaufungen	2.320	145
Eintracht Baunatal	3.270	204	CSC 03 Kassel	2.310	144
TSG Sandershausen	3.240	203	SV Neuhof	1.850	116
FSV Dörnberg	3.190	199		**50.845**	**187**
TuSpo Grebenstein	3.050	191			
Ski-Club Willingen	2.960	185			

Informationen zu den Aufstiegsspielen finden Sie auf den Seiten 369 und 370.

Verbandsliga Hessen Gruppe Mitte

Pl.	(Vj.)	Mannschaft		Sp	S	U	N	Tore	TD	Pkt	Sp	S	U	N	Tore	Pkt	Sp	S	U	N	Tore	Pkt
								Gesamtbilanz							**Heimbilanz**						**Auswärtsbilanz**	
1.	(2.)	FSV Fernwald	↑	32	24	5	3	128-45	+83	77	16	12	4	0	69-17	40	16	12	1	3	59-28	37
2.	(4.)	TuS Dietkirchen	↑	32	22	5	5	77-27	+50	71	16	15	1	0	48-8	46	16	7	4	5	29-19	25
3.	(6.)	SV Zeilsheim		32	21	4	7	77-32	+45	67	16	12	2	2	43-13	38	16	9	2	5	34-19	29
4.	(7.)	VfB Marburg		32	20	4	8	107-53	+54	64	16	10	1	5	47-22	31	16	10	3	3	60-31	33
5.	(12.)	SG Kinzenbach		32	19	4	9	82-56	+26	61	16	9	3	4	42-27	30	16	10	1	5	40-29	31
6.	(5.)	FV Biebrich 02		32	17	3	12	69-51	+18	54	16	9	2	5	36-22	29	16	8	1	7	33-29	25
7.	(3.)	Sportfreunde Blau-Gelb Marburg		32	13	10	9	72-57	+15	49	16	7	6	3	46-29	27	16	6	4	6	26-28	22
8.	(11.)	SSV Langenaubach		32	14	7	11	62-56	+6	49	16	7	2	7	29-31	23	16	7	5	4	33-25	26
9.	(↑)	SV Bauerbach		32	13	5	14	76-84	-8	44	16	7	2	7	38-42	23	16	6	3	7	38-42	21
10.	(10.)	FC Germania Schwanheim		32	14	1	17	69-85	-16	42	16	9	1	6	40-34	28	16	5	0	11	29-51	15
11.	(9.)	FC Waldbrunn		32	11	6	15	51-66	-15	39	16	7	3	6	27-29	24	16	4	3	9	24-37	15
12.	(8.)	FV Breidenbach		32	9	9	14	72-74	-2	36	16	4	6	6	34-32	18	16	5	3	8	38-42	18
13.	(◇)	FC Gießen II		32	9	7	16	47-64	-17	34	16	5	3	8	23-32	18	16	4	4	8	24-32	16
14.	(13.)	FC Schwarz-Weiß Dorndorf	↓	32	8	7	17	47-63	-16	31	16	7	4	5	33-26	25	16	1	3	12	14-37	6
15.	(↑)	TSG Wörsdorf	↓	32	5	4	23	41-115	-74	19	16	2	2	12	23-57	8	16	3	2	11	18-58	11
16.	(15.)	TSV Bicken	↓	32	4	4	24	30-117	-87	16	16	4	1	11	21-60	13	16	0	3	13	9-57	3
17.	(↑)	DJK SC Schwarzweiß Flörsheim	3↓	0																		

Platzierungen bei Punktgleichheit richten sich nach dem direkten Vergleich. FC Germania Schwanheim wurde ein Punkt wegen Nichterfüllung des Schiedsrichter-Pflichtsolls abgezogen. DJK SC Schwarzweiß Flörsheim hat seine Mannschaft am 20.12.2018 vom Spielbetrieb der laufenden Saison zurückgezogen.

Absteiger aus der Hessenliga: FC Ederbergland.
Aufsteiger in die Hessenliga: FSV Fernwald und TuS Dietkirchen.
Absteiger in die Kreisligen A: DJK SC Schwarzweiß Flörsheim (Maintaunus; freiwilliger Rückzug).
Absteiger in die Gruppenligen: TSV Bicken (Gießen-Marburg), TSG Wörsdorf und FC Schwarz-Weiß Dorndorf (Wiesbaden).
Aufsteiger aus den Gruppenligen: SC Waldgirmes II, FC Cleeberg, FC Turabdin Babylon Pohlheim (Gießen-Marburg), SpVgg Eltville und RSV Weyer (Wiesbaden).

Verbandsliga Hessen Mitte 2018/19

	FSV Fernwald	TuS Dietkirchen	SV Zeilsheim	VfB Marburg	SG Kinzenbach	FV Biebrich 02	SF BG Marburg	Langenaubach	SV Bauerbach	Schwanheim	FC Waldbrunn	FV Breidenbach	FC Gießen II	FC Dorndorf	TSG Wörsdorf	TSV Bicken	DJK Flörsheim
FSV Fernwald	X	2:2	0:0	1:1	4:1	3:0	1:0	3:1	3:3	9:1	4:3	7:1	7:1	6:0	5:2	5:0	9:1
TuS Dietkirchen	3:1	X	1:0	3:0	5:2	2:1	3:0	2:2	4:0	3:0	5:0	3:1	1:0	3:1	2:0	5:0	3x0
SV Zeilsheim	4:2	3:0	X	5:0	2:0	3:1	2:0	1:2	2:4	3:2	1:1	0:0	4:1	2:0	3:0	5:0	3x0
VfB Marburg	2:2	2:0	3:0	X	0:2	2:3	1:2	0:2	1:2	1:0	3:0	5:4	3:1	3:2	5:1	10:0	6:1
SG Kinzenbach	1:7	1:0	0:2	3:3	X	3:3	2:4	3:3	4:1	6:0	2:0	1:2	3:1	2:0	5:0	4:1	2:0
FV Biebrich 02	1:2	2:0	4:0	1:3	2:4	X	1:1	3:2	6:2	2:5	3:1	1:0	0:2	0:0	4:0	3x0	3x0
Sportfreunde Blau-Gelb Marburg	3:4	1:1	3:2	2:2	3:3	1:3	X	4:2	5:2	3:2	3:1	1:2	1:1	2:1	11:0	1:1	2:2
SSV Langenaubach	0:2	2:0	1:2	2:5	1:4	1:2	3:1	X	2:4	3:0	1:1	2:6	1:1	2:1	3x0	3:1	2:1
SV Bauerbach	0:9	2:3	0:3	3:2	2:3	4:1	1:1	1:1	X	4:2	2:5	1:3	0:4	3:2	6:1	6:2	3x0
FC Germania Schwanheim	2:4	1:2	2:3	0:5	3:1	2:0	6:2	0:3	4:4	X	2:4	4:1	2:1	2:0	6:2	2:1	2:1
FC Waldbrunn	2:1	0:3	2:2	3:7	1:3	1:0	1:2	1:3	0:2	3:2	X	4:2	0:0	3:0	2:2	1:0	3:0
FV Breidenbach	3:4	1:1	0:2	2:5	0:2	2:3	2:2	3:2	5:0	3:4	1:1	X	2:2	0:0	3:3	4:1	3x0
FC Gießen II	1:5	1:6	0:2	2:5	3:2	0:3	1:1	0:1	1:0	2:3	3:0	3:3	X	3:0	0:1	0:0	3x0
FC Schwarz-Weiß Dorndorf	2:7	0:0	3:0	3:5	0:3	0:2	2:0	0:0	1:1	2:3	3:1	3:3	2:0	X	3:1	5:0	4:0
TSG Wörsdorf	1:3	0x3	0:12	1:4	1:2	1:3	2:5	1:5	0:3	2:3	1:2	4:2	3:2	3:3	X	2:2	1:3
TSV Bicken	1:3	1:5	0:2	0:12	2:5	1:7	0:2	2:2	1:8	2:1	3:1	0:6	2:3	3:1	0:2	X	3x0
DJK SC Schwarzweiß Flörsheim	2:3	0:3	0:2	0:1	0x3	3:1	0x3	1:2	3:2	3:1	0x3	3:2	1:4	0x3	0x3	1:0	X

Das Spiel SV Bauerbach - VfB Marburg wurde am 29.08.2018 beim Stand von 1:2 nach 56 Minuten wegen des Ausfalls von vier der sechs Flutlichtmasten abgebrochen und am 11.09.2018 neu angesetzt. Das Spiel SG Kinzenbach - VfB Marburg wurde am 09.03.2019 beim Stand von 0:0 nach 45 Minuten abgebrochen, weil ein Schiedsrichter-Assistent wegen Kreislaufproblemen ärztlich versorgt werden musste Neuansetzung am 18.04.2019. Das Spiel TSG Wörsdorf - TuS Dietkirchen wurde wegen Nichtantretens der Heimmannschaft kampflos mit 3:0 Toren für die Gäste gewonnen gewertet. Die Spiele SSV Langenaubach - TSG Wörsdorf und FV Biebrich 02 - TSV Bicken wurden jeweils wegen Nichtantretens der Gäste kampflos mit 3:0 Toren für die jeweilige Heimmannschaft gewonnen gewertet. Alle nach dem Rückzug von DJK SC Schwarzweiß Flörsheim noch ausstehenden Spiele wurden kampflos mit 3:0 Toren für die jeweiligen Gegner von Flörsheim gewonnen gewertet.

Torschützenliste:

Platz	Spieler (Mannschaft)	Tore
1.	Szymanski, Raffael (FSV Fernwald)	40
2.	Zer, Orkun (FV Biebrich 02)	29
3.	Erben, Felix (FSV Fernwald)	27
4.	Günther, Jean-Claude (VfB Marburg)	26
5.	Marankoz, Ahmet (SG Kinzenbach)	24
6.	Brehm, Manuel (SV Bauerbach)	22
7.	Baum, Felix (FV Breidenbach)	20
8.	Pfeifer, Fabian (Germania Schwanheim)	19
9.	Besel, Arthur (VfB Marburg)	18

Informationen zu den Aufstiegsspielen finden Sie auf Seite 370.

Zuschauerstatistik:

Mannschaft	gesamt	Schnitt	Mannschaft	gesamt	Schnitt
FC Waldbrunn	2.825	177	SG Kinzenbach	1.820	114
SF BG Marburg	2.550	159	FV Biebrich 02	1.505	108
TuS Dietkirchen	2.310	154	TSG Wörsdorf	1.600	107
TSV Bicken	2.120	141	FC SW Dorndorf	1.655	103
FSV Fernwald	2.220	139	Germ. Schwanheim	1.610	101
VfB Marburg	2.195	137	FC Gießen II	1.512	101
FV Breidenbach	1.995	133	DJK Flörsheim	984	89
SV Bauerbach	1.975	132		**32.476**	**126**
SV Zeilsheim	1.810	121			
SSV Langenaubach	1.790	119			

Verbandsliga Hessen Gruppe Süd

Pl.	(Vj.)	Mannschaft		Sp	S	U	N	Tore	TD	Pkt	Sp	S	U	N	Tore	Pkt	Sp	S	U	N	Tore	Pkt
						Gesamtbilanz							**Heimbilanz**						**Auswärtsbilanz**			
1.	(↑)	SV Rot-Weiß Walldorf	↑	32	22	3	7	85-42	+43	69	16	11	1	4	54-27	34	16	11	2	3	31-15	35
2.	(3.)	1. Hanauer FC 93	↑	32	20	6	6	75-42	+33	65	16	11	3	2	33-17	36	16	9	3	4	42-25	30
3.	(5.)	1. FC Germania Ober-Roden		32	16	7	9	70-50	+20	54	16	8	4	4	33-18	28	16	8	3	5	37-32	27
4.	(4.)	SC 1960 Hanau		32	16	5	11	70-55	+15	53	16	8	3	5	34-19	27	16	8	2	6	36-36	26
5.	(12.)	FC Viktoria Urberach		32	14	11	7	49-31	+18	53	16	7	6	3	18-8	27	16	7	5	4	31-23	26
6.	(11.)	SKV Rot-Weiß Darmstadt		32	14	7	11	57-45	+12	49	16	9	3	4	35-18	30	16	5	4	7	22-27	19
7.	(↑)	1. FC 06 Erlensee		32	14	6	12	69-53	+16	48	16	9	2	5	42-24	29	16	5	4	7	27-29	19
8.	(↑)	SG Bornheim Grün-Weiss		32	14	6	12	59-72	-13	48	16	8	3	5	36-41	27	16	6	3	7	23-31	21
9.	(↓)	SG Rot-Weiss Frankfurt		32	14	6	12	61-50	+11	47	16	9	3	4	36-17	30	16	5	3	8	25-33	18
10.	(8.)	Turnerschaft Ober-Roden		32	13	7	12	60-48	+12	46	16	7	3	6	30-22	24	16	6	4	6	30-26	22
11.	(10.)	SV Eintracht Wald-Michelbach		32	12	8	12	51-45	+6	44	16	6	3	7	29-25	21	16	6	5	5	22-20	23
12.	(↑)	Frankfurter FV Sportfreunde 04		32	14	2	16	50-59	-9	44	16	6	2	8	26-30	20	16	8	0	8	24-29	24
13.	(↑)	SG Unter-Abtsteinach		32	11	10	11	60-51	+9	43	16	5	5	6	33-29	20	16	6	5	5	27-22	23
14.	(6.)	Usinger TSG	↓	32	10	5	17	61-80	-19	35	16	7	1	8	39-41	22	16	3	4	9	22-39	13
15.	(13.)	TSV Vatan Spor Bad Homburg	↓	32	7	6	19	43-77	-34	27	16	2	5	9	16-34	11	16	5	1	10	27-43	16
16.	(9.)	SV FC Sandzak Frankfurt	5↓	0																		
17.	(↑)	SV Eintracht Altwiedermus	3↓	0																		

Platzierungen bei Punktgleichheit richten sich nach dem direkten Vergleich. SV FC Sandzak Frankfurt wurden sechs Punkte und SV Eintracht Altwiedermus drei Punkte wegen fehlenden Unterbaus abgezogen. 1. Hanauer FC 93, 1. FC Germania Ober-Roden und SG Rot-Weiss Frankfurt wurde jeweils ein Punkt wegen Nichterfüllung des Schiedsrichter-Pflichtsolls abgezogen. SV Eintracht Altwiedermus hat seine Mannschaft am 04.01.2019 und SV FC Sandzak Frankfurt am 23.02.2019 vom Spielbetrieb der laufenden Saison zurückgezogen.

Absteiger aus der Hessenliga: SpVgg 03 Neu-Isenburg.
Aufsteiger in die Hessenliga: SV Rot-Weiß Walldorf und 1. Hanauer FC 93.
Absteiger in die Kreisligen C: SV FC Sandzak Frankfurt (Frankfurt Gruppe 1; Strafversetzung wegen verspäteter Meldung).
Absteiger in die Kreisligen A: SV Eintracht Altwiedermus (Büdingen; freiwillig; Übernahme des Startrechts der II. Mannschaft).
Absteiger in die Gruppenligen: TSV Vatan Spor Bad Homburg und Usinger TSG (Frankfurt West).
Aufsteiger aus den Gruppenligen: SV der Bosnier Frankfurt (Freankfurt West), FC Germania Großkrotzenburg, JSK Rodgau (Frankfurt Ost), SV Unter-Flockenbach und VfB Ginsheim II (Darmstadt).

Verbandsliga Hessen Süd 2018/19

	RW Walldorf	Hanau 93	FCG Ober-R.	SC Hanau	Urberach	RW Darmstadt	1. FC Erlensee	SG Bornheim	RW Frankfurt	TS Ober-R.	Wald-Michel.	Sportfreunde	Unter-Abtst.	Usinger TSG	Vatan Spor	FC Sandzak	Altwiedermus
SV Rot-Weiß Walldorf	X	5:2	0:2	6:3	1:1	1:3	7:2	1:2	4:1	4:1	3:1	5:3	1:2	7:3	3:1	3x0	3:0
1. Hanauer FC 93	1:0	X	1:1	1:1	1:1	1:0	2:0	1:2	1:0	2:0	2:0	3:0	2:0	4:3	5:3	6:2	0:4
1. FC Germania Ober-Roden	2:2	3:0	X	2:3	0:1	2:1	3:3	2:0	2:0	1:0	0:0	0:2	1:1	1:2	8:3	3x0	3x0
SC 1960 Hanau	0:0	1:3	5:3	X	3:1	3:0	1:1	4:0	3:4	4:1	0:1	1:0	4:0	0:0	0:2	2:3	3:0
FC Viktoria Urberach	0:1	0:0	1:1	1:0	X	1:2	1:0	0:0	1:0	0:0	0:0	1:2	1:0	4:1	3x0	1:1	3x0
SKV Rot-Weiß Darmstadt	3:2	2:2	3:0	0:3	0:1	X	1:1	5:2	2:3	1:2	2:2	3:0	1:0	3:0	5:0	3x0	1:0
1. FC 06 Erlensee	0:1	3:2	6:1	5:1	3:2	2:2	X	5:1	1:1	1:0	0:1	2:3	2:3	1:5	2:1	6:0	3x0
SG Bornheim Grün-Weiss	0:4	2:2	1:5	0:4	2:2	2:0	3:2	X	3:1	3:5	1:0	3:4	3:3	3:2	4:3	3:2	3:2
SG Rot-Weiss Frankfurt	1:2	1:3	5:2	5:1	1:3	4:0	2:0	1:3	X	2:2	3:0	3:0	0:0	2:0	1:1	3x0	2:0
Turnerschaft Ober-Roden	0:1	4:2	0:1	2:2	1:2	1:1	1:2	2:0	4:5	X	0:2	1:0	2:2	3:0	2:1	4:1	3x0
SV Eintracht Wald-Michelbach	2:3	1:4	5:2	1:2	1:2	2:0	2:0	2:2	1:1	2:1	X	3:1	0:2	1:1	0:1	2:3	4:0
Frankfurter FV Sportfreunde 04	4:2	0:3	1:2	0:4	1:1	2:1	4:2	1:3	3:1	0:4	0:2	X	2:2	5:0	0:2	0:1	3x0
SG Unter-Abtsteinach	1:2	0:2	0:1	7:2	2:6	3:3	1:1	3:1	1:3	1:1	3:3	0:2	X	1:1	3:0	3x0	4:1
Usinger TSG	1:4	3:7	1:7	4:3	2:2	0:1	0:5	3:0	2:0	2:3	4:1	0:1	3:2	X	3:4	3x0	8:1
TSV Vatan Spor Bad Homburg	0:2	0:5	3:3	0:1	3:2	1:3	0:2	1:1	1:2	0:3	2:2	1:3	0:4	0:0	X	3x0	1:1
SV FC Sandzak Frankfurt	0:2	0x3	0:2	2:3	0x3	2:2	0x3	0x3	1:1	1:5	0:4	2:1	0x3	4:1	2:4	X	x:x[3]
SV Eintracht Altwiedermus	0:3	0:2	0:4	0x3	2:1	0x3	1:3	0x3	3:2	2:2	0x3	1:2	0x3	0x3	2:1	3x0	X

Das Spiel SV Eintracht Altwiedermus - SV FC Sandzak Frankfurt (1:4 vom 23.09.2018) wurde wegen des Einsatzes eines nicht spielberechtigten Akteurs bei den Gästen mit 3:0 Toren für die Heimmannschaft gewonnen gewertet. Das Spiel SG Unter-Abtsteinach - SV FC Sandzak Frankfurt wurde wegen Nichtantretens der Gäste in der Hinrunde kampflos mit 3:0 Toren für die Heimmannschaft gewonnen gewertet. Zudem musste SV FC Sandzak im Rückspiel erneut in Unter-Abtsteinach antreten, was aufgrund des Rückzugs von SV FC Sandzak nicht stattfand. Das Spiel FC Viktoria Urberach - TSV Vatan Spor Bad Homburg wurde wegen Nichtantretens der Gäste kampflos mit 3:0 Toren für die Heimmannschaft gewonnen gewertet. Alle nach dem Rückzug von SV Eintracht Altwiedermus bzw. SV FC Sandzak Frankfurt noch ausstehenden Spiele wurden kampflos mit 3:0 Toren für die jeweiligen Gegner von Altwiedermus bzw. Sandzak gewonnen gewertet.

Torschützenliste:

Platz	Spieler (Mannschaft)	Tore
1.	Hakimi, Mohammed (Germ. Ober-Roden)	21
2.	Amani, Khaibar (1. Hanauer FC 93)	19
	Niegisch, Tom (1. FC 06 Erlensee)	19
4.	Cakovic, Dino (Sandzak 14, Vatan Spor 3)	17
5.	Aykir, Emin (SKV Rot-Weiß Darmstadt)	16
	Keskin, Ozan (SG Rot-Weiss Frankfurt)	16
	Özdemir, Baris (SC 1960 Hanau)	16
8.	Aydilek, Semih (SC 1960 Hanau)	15
9.	di Maria, Marco (FC Viktoria Urberach)	14
	Pelka, Tim (Usinger TSG)	14

Zuschauerstatistik:

Mannschaft	gesamt	Schnitt	Mannschaft	gesamt	Schnitt
SV Altwiedermus	1.785	179	TS Ober-Roden	1.785	119
SC 1960 Hanau	2.530	158	FFV Sportfreunde	1.770	118
1. Hanauer FC 93	2.390	149	Vatan Spor Homburg	1.770	118
Viktoria Urberach	1.965	140	Etr. Wald-Michelbach	1.845	115
1. FC 06 Erlensee	1.950	130	SG Bornheim GW	1.720	108
Germ. Ober-Roden	1.775	127	SKV RW Darmstadt	1.470	98
Rot-Weiß Walldorf	1.880	125	SV FC Sandzak	930	93
Usinger TSG	1.755	125		**30.955**	**126**
Unter-Abtsteinach	1.845	123			
SG RW Frankfurt	1.790	119			

Informationen zu den Aufstiegsspielen finden Sie auf Seite 370.

Verbandsliga Nordbaden

Pl.	(Vj.)	Mannschaft		Sp	S	U	N	Tore	TD	Pkt	Sp	S	U	N	Tore	Pkt	Sp	S	U	N	Tore	Pkt
								Gesamtbilanz							**Heimbilanz**						**Auswärtsbilanz**	
1.	(8.)	VfB Gartenstadt		34	24	6	4	80-26	+54	78	17	15	2	0	50-11	47	17	9	4	4	30-15	31
2.	(↓)	SV Sandhausen II	↑	34	22	3	9	84-31	+53	69	17	11	1	5	44-15	34	17	11	2	4	40-16	35
3.	(2.)	FV Fortuna Heddesheim		34	20	6	8	80-47	+33	66	17	13	2	2	60-27	41	17	7	4	6	20-20	25
4.	(↑)	ATSV Mutschelbach		34	19	8	7	78-33	+45	65	17	10	5	2	40-9	35	17	9	3	5	38-24	30
5.	(↓)	FC-Astoria Walldorf II		34	18	4	12	87-57	+30	58	17	11	2	4	45-26	35	17	7	2	8	42-31	23
6.	(4.)	1. FC Bruchsal		34	16	9	9	67-44	+23	57	17	10	3	4	37-18	33	17	6	6	5	30-26	24
7.	(9.)	FC Olympia Kirrlach		34	15	9	10	60-44	+16	54	17	8	5	4	28-20	29	17	7	4	6	32-24	25
8.	(5.)	VfB Eppingen		34	14	10	10	61-47	+14	52	17	6	5	6	33-28	23	17	8	5	4	28-19	29
9.	(3.)	VfR Mannheim		34	16	4	14	57-48	+9	52	17	9	3	5	32-21	30	17	7	1	9	25-27	22
10.	(10.)	FC Zuzenhausen		34	15	6	13	68-55	+13	51	17	10	2	5	38-22	32	17	5	4	8	30-33	19
11.	(↓)	TSG 62/09 Weinheim		34	15	6	13	53-58	-5	51	17	10	2	5	29-22	32	17	5	4	8	24-36	19
12.	(↑)	TSV Wieblingen		34	14	4	16	54-61	-7	46	17	8	1	8	31-33	25	17	6	3	8	23-28	21
13.	(6.)	SpVgg Durlach-Aue		34	13	6	15	53-63	-10	45	17	9	4	4	35-21	31	17	4	2	11	18-42	14
14.	(12.)	TuS Bilfingen	↓	34	12	7	15	55-49	+6	43	17	6	5	6	30-22	23	17	6	2	9	25-27	20
15.	(7.)	SV 98 Schwetzingen	↓	34	10	6	18	54-74	-20	36	17	8	3	6	34-23	27	17	2	3	12	20-51	9
16.	(↑)	FC 07 Heidelsheim	↓	34	6	7	21	37-102	-65	25	17	5	5	7	23-34	20	17	1	2	14	14-68	5
17.	(↑)	FV Lauda	↓	34	3	3	28	31-114	-83	12	17	1	2	14	15-54	5	17	2	1	14	16-60	7
18.	(11.)	SG HD-Kirchheim	↓	34	2	0	32	33-139	-106	6	17	1	0	16	17-65	3	17	1	0	16	16-74	3

Absteiger aus der Oberliga: SV Spielberg und FC Germania Friedrichstal (Baden-Württemberg).
Aufsteiger in die Oberliga: SV Sandhausen II (Baden-Württemberg); VfB Gartenstadt verzichtet aus infrastrukturellen Gründen.
Absteiger in die Landesligen: SG HD-Kirchheim, SV 98 Schwetzingen (Rhein-Neckar), FV Lauda (Odenwald), FC 07 Heidelsheim und TuS Bilfingen (Mittelbaden).
Aufsteiger aus den Landesligen: VfR Gommersdorf, SpVgg Neckarelz (Odenwald), SV Waldhof Mannheim II (Rhein-Neckar) und FV Fortuna Kirchfeld (Mittelbaden).

Verbandsliga Nordbaden 2018/19

	VfB Gartenstadt	SV Sandhausen II	Fort. Heddesheim	Mutschelbach	FC-A Walldorf II	1. FC Bruchsal	Olympia Kirrlach	VfB Eppingen	VfR Mannheim	FC Zuzenhausen	TSG Weinheim	TSV Wieblingen	Durlach-Aue	TuS Bilfingen	SV Schwetzingen	FC 07 Heidelsheim	FV Lauda	SG HD-Kirchheim
VfB Gartenstadt	×	1:0	0:0	2:0	5:4	5:0	3:2	1:1	3:1	3:0	3:1	4:0	3:1	1:0	1:0	6:1	5:0	4:0
SV Sandhausen II	0:2	×	1:2	1:3	2:0	2:2	3:0	3:1	0:1	3:0	3:1	0:1	3:0	4:1	6:1	6:0	2:0	5:0
FV Fortuna Heddesheim	3:1	0:4	×	4:1	2:4	3:1	4:4	3:1	2:0	4:3	4:2	1:1	4:1	5:2	3:1	6:0	5:0	7:1
ATSV Mutschelbach	1:1	1:2	1:0	×	3:1	2:1	0:0	0:2	0:0	0:0	4:0	1:0	3:0	1:1	8:0	6:0	6:1	3:0
FC-Astoria Walldorf II	0:0	2:0	3:1	2:2	×	1:5	2:3	1:4	2:0	2:1	1:3	2:1	5:1	3:2	5:1	7:0	2:0	5:2
1. FC Bruchsal	4:2	1:0	4:0	0:0	1:2	×	1:1	0:0	1:2	7:2	2:0	2:1	1:2	0:2	3:0	4:2	4:1	2:1
FC Olympia Kirrlach	1:0	1:1	0:2	0:3	0:4	3:3	×	1:0	2:1	1:1	4:0	1:2	0:0	2:0	1:0	7:1	1:1	3:1
VfB Eppingen	0:3	3:5	0:1	0:1	2:2	1:1	1:4	×	0:3	2:2	1:1	2:0	2:0	3:1	4:2	0:0	7:2	5:0
VfR Mannheim	0:1	1:3	0:2	4:3	3:2	2:1	2:0	1:2	×	1:1	1:1	3:0	6:1	0:1	2:2	2:0	1:0	3:1
FC Zuzenhausen	1:1	1:0	1:3	2:1	2:0	0:2	1:0	1:2	3:2	×	2:1	1:3	5:1	2:4	1:1	1:0	3:0	11:1
TSG 62/09 Weinheim	1:0	1:4	2:0	1:3	1:0	2:0	0:2	1:2	2:1	3:0	×	3:1	1:0	2:2	1:1	4:2	1:2	3:2
TSV Wieblingen	1:3	0:3	2:4	0:4	3:2	1:3	2:1	2:2	1:3	1:0	0:1	×	2:3	1:0	5:1	3:2	3:0	4:1
SpVgg Durlach-Aue	1:2	0:2	0:0	1:4	1:1	0:0	3:2	2:0	4:1	2:1	3:3	1:4	×	1:0	3:0	6:0	4:1	3:0
TuS Bilfingen	1:2	0:1	3:1	1:1	3:5	0:1	1:1	0:0	3:0	1:3	0:2	3:0	1:1	×	4:1	2:2	4:1	3x0
SV 98 Schwetzingen	1:5	1:1	2:0	3:0	0:2	0:0	0:2	0:1	0:1	0:3	5:0	1:1	2:1	1:0	×	4:3	5:1	9:3
FC 07 Heidelsheim	0:4	0:5	1:1	1:3	2:1	1:1	0:2	2:2	3:2	1:2	1:1	2:2	2:0	0:3	1:3	×	4:2	2:0
FV Lauda	0:0	2:4	0:0	0:4	1:3	1:5	0:6	1:5	1:4	1:5	0:4	1:2	1:2	0:3	0:4	4:0	×	2:3
SG HD-Kirchheim	0:3	1:5	0:3	2:5	0:9	2:4	1:2	0:3	0:3	1:7	2:3	0:4	1:4	1:3	3:2	0:1	3:4	×

Das Spiel TuS Bilfingen - SG HD-Kirchheim vom 02.06.2019 wurde mit 3:0 Toren gewertet, da die SG HD-Kirchheim das Spiel absagte.

Torschützenliste:

Platz	Spieler (Mannschaft)	Tore
1.	Ilhan, Muhammed Cihad (F. Heddesheim)	27
2.	Dahlke, Jan (SV Sandhausen II)	26
3.	Stoll, Tobias (ATSV Mutschelbach)	22
	Zuleger, Dominik (FC Zuzenhausen)	22
5.	Fetzer, Patrick (VfB Gartenstadt)	21
6.	Hocker, Patrick (SV 98 Schwetzingen)	19
7.	Geckle, Fabian (1. FC Bruchsal)	18
8.	Antlitz, Niklas (FC-Astoria Walldorf II)	17
	Monetta, Matteo (TSV Wieblingen)	17

Zuschauerstatistik:

Mannschaft	gesamt	Schnitt	Mannschaft	gesamt	Schnitt
VfR Mannheim	4.390	258	FC-Astoria Walldorf II	2.515	148
ATSV Mutschelbach	4.360	256	FC 07 Heidelsheim	2.470	145
VfB Gartenstadt	3.835	226	TuS Bilfingen	2.210	138
FC Olympia Kirrlach	3.640	214	SpVgg Durlach-Aue	2.330	137
FV Fort. Heddesheim	3.300	194	FC Zuzenhausen	2.240	132
SV Sandhausen II	3.260	192	SV 98 Schwetzingen	2.150	126
FV Lauda	3.210	189	1. FC Bruchsal	1.980	116
VfB Eppingen	3.115	183	SG HD-Kirchheim	1.941	114
TSV Wieblingen	2.860	168	TSG 62/09 Weinheim	1.885	111
				51.691	169

Informationen zu den Qualifikationsspielen finden Sie auf den Seiten 370 und 371.

Verbandsliga Südbaden

Pl.	(Vj.)	Mannschaft		Sp	S	U	N	Tore	TD	Pkt	Sp	S	U	N	Tore	Pkt	Sp	S	U	N	Tore	Pkt
						Gesamtbilanz							**Heimbilanz**						**Auswärtsbilanz**			
1.	(5.)	1. FC Rielasingen-Arlen	↑	30	24	3	3	115-33	+82	75	15	12	0	3	61-20	36	15	12	3	0	54-13	39
2.	(2.)	Freiburger FC	↑	30	24	2	4	91-26	+65	74	15	13	1	1	47-10	40	15	11	1	3	44-16	34
3.	(8.)	Offenburger FV		30	18	2	10	69-43	+26	56	15	12	0	3	43-15	36	15	6	2	7	26-28	20
4.	(10.)	FC Auggen		30	15	6	9	59-47	+12	51	15	7	4	4	32-24	25	15	8	2	5	27-23	26
5.	(3.)	FC Radolfzell		30	16	3	11	70-59	+11	51	15	8	3	4	31-20	27	15	8	0	7	39-39	24
6.	(13.)	SV 08 Kuppenheim		30	15	5	10	54-51	+3	50	15	9	4	2	36-18	31	15	6	1	8	18-33	19
7.	(↑)	SC Pfullendorf		30	14	3	13	56-42	+14	45	15	9	0	6	32-19	27	15	5	3	7	24-23	18
8.	(9.)	SC Lahr		30	13	6	11	52-48	+4	45	15	8	3	4	25-21	27	15	5	3	7	27-27	18
9.	(6.)	Kehler FV		30	11	6	13	45-56	-11	39	15	6	3	6	22-30	21	15	5	3	7	23-26	18
10.	(4.)	FV Lörrach-Brombach		30	10	6	14	45-50	-5	36	15	6	3	6	24-24	21	15	4	3	8	21-26	15
11.	(7.)	SV Endingen		30	11	2	17	55-69	-14	35	15	7	1	7	31-28	22	15	4	1	10	24-41	13
12.	(12.)	1. SV Mörsch		30	9	6	15	41-55	-14	33	15	5	4	6	26-26	19	15	4	2	9	15-29	14
13.	(11.)	FC Denzlingen		30	9	4	17	40-72	-32	31	15	6	0	9	28-36	18	15	3	4	8	12-36	13
14.	(↑)	FC Waldkirch		30	7	7	16	39-65	-26	28	15	3	5	7	14-26	14	15	4	2	9	25-39	14
15.	(↑)	FSV Rot-Weiß Stegen	↓	30	7	5	18	36-73	-37	26	15	3	1	11	20-45	10	15	4	4	7	16-28	16
16.	(↑)	TuS Oppenau	↓	30	2	4	24	15-93	-78	10	15	1	3	11	9-39	6	15	1	1	13	6-54	4

Absteiger aus der Oberliga: keine
Aufsteiger in die Oberliga: 1. FC Rielasingen-Arlen und Freiburger FC.
Absteiger in die Landesligen: TuS Oppenau (Staffel 1) und FSV Rot-Weiß Stegen (Staffel 2).
Aufsteiger aus den Landesligen: SV Bühlertal (Staffel 1), FC Teningen, SV Weil (Staffel 2) und DJK Donaueschingen (Staffel 3).

Verbandsliga Südbaden 2018/19

	FC Rielasingen	Freiburger FC	Offenburger FV	FC Auggen	FC Radolfzell	SV Kuppenheim	SC Pfullendorf	SC Lahr	Kehler FV	Lörrach-Brombach	SV Endingen	1. SV Mörsch	FC Denzlingen	FC Waldkirch	Rot-Weiß Stegen	TuS Oppenau
1. FC Rielasingen-Arlen	X	0:2	5:1	2:3	5:1	4:1	3:2	4:1	1:2	2:1	6:2	3:1	10:0	4:2	3:1	9:0
Freiburger FC	0:0	X	4:1	2:0	0:4	7:0	2:0	3:1	1:0	3:1	5:2	5:1	2:0	3:0	5:0	5:0
Offenburger FV	1:4	1:0	X	1:2	7:2	3:0	3:0	3:1	3:1	5:0	3:0	3:0	3:0	5:3	0:2	2:0
FC Auggen	3:4	3:3	2:1	X	1:2	2:3	0:2	2:1	2:1	2:1	7:2	2:2	1:1	1:0	1:1	3:0
FC Radolfzell	0:2	3:1	3:1	2:1	X	1:0	1:1	2:5	4:1	4:1	0:4	0:0	0:1	4:1	1:1	6:0
SV 08 Kuppenheim	1:4	2:0	1:0	3:1	3:1	X	1:0	4:1	2:2	1:1	0:2	4:1	7:2	1:1	1:1	5:1
SC Pfullendorf	1:4	1:3	1:2	3:0	2:3	4:0	X	0:2	1:3	1:0	3:0	2:0	3:1	2:0	4:0	4:1
SC Lahr	2:2	1:3	2:1	1:1	1:3	2:0	3:0	X	0:2	3:2	2:1	2:1	0:0	2:3	2:1	2:1
Kehler FV	2:5	2:6	2:2	2:2	1:4	1:4	2:1	2:1	X	0:1	3:1	1:0	0:0	1:2	2:1	1:0
FV Lörrach-Brombach	0:3	1:2	1:4	0:1	4:2	0:0	1:0	0:4	1:4	X	3:0	3:1	5:0	3:1	1:1	1:1
SV Endingen	1:3	1:3	0:4	1:4	5:0	0:2	2:2	0:1	5:1	0:4	X	2:1	1:0	4:2	5:1	4:0
1. SV Mörsch	0:6	0:1	2:2	1:2	4:2	3:0	1:4	2:2	0:0	1:1	2:1	X	4:2	1:2	0:1	5:0
FC Denzlingen	0:5	0:9	1:2	2:0	1:2	2:3	0:3	1:5	2:1	1:0	6:0	2:3	X	2:3	3:0	5:0
FC Waldkirch	2:2	0:3	2:0	1:5	2:1	0:1	1:3	1:0	0:0	2:2	1:1	0:1	0:4	X	0:2	2:0
FSV Rot-Weiß Stegen	0:5	1:6	1:3	1:3	1:6	2:3	3:3	2:0	4:1	1:3	0:5	0:1	0:1	4:3	X	0:2
TuS Oppenau	0:5	0:2	1:2	1:2	2:6	2:1	0:3	1:1	0:4	0:3	0:3	0:2	0:0	2:2	0:3	X

Torschützenliste:

Platz	Spieler (Mannschaft)	Tore
1.	Senftleber, Marco (Freiburger FC)	34
2.	Battaglia, Silvio (1. FC Rielasingen-Arlen)	31
3.	Plavci, Nedzad (1. FC Rielasingen-Arlen)	29
4.	Krüger, Tobias (FC Radolfzell)	16
	Petereit, Marco (Offenburger FV)	16
	Stricker, Alexander (FC Radolfzell)	16
7.	Leiss, Christof (1. SV Mörsch)	15
8.	Niedhardt, Robin (FC Radolfzell)	14
	Rautenberg, Sandro (FC Waldkirch)	14
10.	Bischoff, Bastian (FC Auggen)	13
	Enderle, Mike (Freiburger FC)	13
	Herrmann, Fabian (Offenburger FV)	13

Zuschauerstatistik:

Mannschaft	gesamt	Schnitt	Mannschaft	gesamt	Schnitt
Rielasingen-Arlen	7.520	501	TuS Oppenau	2.910	194
FC Auggen	4.680	312	1. SV Mörsch	2.690	179
SC Pfullendorf	4.446	296	FC Denzlingen	2.605	174
Freiburger FC	4.180	279	SC Lahr	2.555	170
Offenburger FV	4.038	269	SV Endingen	2.535	169
Kehler FV	3.727	248	FSV RW Stegen	1.830	122
Lörrach-Brombach	3.250	217		**56.053**	**234**
FC Radolfzell	3.127	208			
SV Kuppenheim	3.030	202			
FC Waldkirch	2.930	195			

Informationen zu den Aufstiegsspielen finden Sie auf Seite 371.

Verbandsliga Württemberg ≻ 17

Pl.	(Vj.)	Mannschaft		Sp	S	U	N	Tore	TD	Pkt	Sp	S	U	N	Tore	Pkt	Sp	S	U	N	Tore	Pkt
								Gesamtbilanz							Heimbilanz						Auswärtsbilanz	
1.	(3.)	Spfr. Dorfmerkingen	↑	30	15	12	3	66-31	+35	57	15	8	5	2	32-14	29	15	7	7	1	34-17	28
2.	(4.)	FSV Hollenbach		30	16	8	6	53-36	+17	56	15	10	3	2	29-15	33	15	6	5	4	24-21	23
3.	(13.)	SKV Rutesheim		30	15	10	5	71-45	+26	55	15	9	5	1	42-20	32	15	6	5	4	29-25	23
4.	(9.)	TSV Essingen		30	15	7	8	59-37	+22	52	15	8	5	2	30-11	29	15	7	2	6	29-26	23
5.	(8.)	SSV Ehingen-Süd		30	13	8	9	65-48	+17	47	15	6	4	5	39-24	22	15	7	4	4	26-24	25
6.	(↑)	1. FC Heiningen		30	13	6	11	52-59	-7	45	15	8	1	6	30-26	25	15	5	5	5	22-33	20
7.	(11.)	VfL Sindelfingen		30	12	8	10	78-57	+21	44	15	8	3	4	41-21	27	15	4	5	6	37-36	17
8.	(6.)	TSG Tübingen		30	10	9	11	52-55	-3	39	15	6	3	6	26-29	21	15	4	6	5	26-26	18
9.	(10.)	Calcio Leinfelden-Echterdingen		30	10	8	12	58-64	-6	38	15	7	5	3	36-24	26	15	3	3	9	22-40	12
10.	(5.)	FC Wangen		30	10	7	13	43-54	-11	37	15	8	2	5	30-22	26	15	2	5	8	13-32	11
11.	(12.)	VfB Neckarrems		30	9	9	12	52-42	+10	36	15	3	6	6	24-22	15	15	6	3	6	28-20	21
12.	(↑)	VfL Nagold	↓	30	7	15	8	39-43	-4	36	15	4	9	2	22-21	21	15	3	6	6	17-22	15
13.	(↑)	SV Breuningsweiler	↓	30	7	9	14	45-72	-27	30	15	4	4	7	29-31	16	15	3	5	7	16-41	14
14.	(↑)	FV Olympia Laupheim	↓	30	8	4	18	36-67	-31	28	15	5	3	7	18-23	18	15	3	1	11	18-44	10
15.	(↑)	FV Löchgau	↓	30	7	6	17	34-61	-27	27	15	4	2	9	20-36	14	15	3	4	8	14-25	13
16.	(7.)	FC 07 Albstadt	↓	30	7	6	17	34-66	-32	27	15	2	6	7	20-30	12	15	5	0	10	14-36	15

Absteiger aus der Oberliga: 1. FC Normannia Gmünd und TSG Backnang (Baden-Württemberg).
Aufsteiger in die Oberliga: Spfr. Dorfmerkingen (Baden-Württemberg).
Absteiger in die Landesligen: FC 07 Albstadt, FV Olympia Laupheim (Staffel 4), FV Löchgau, SV Breuningsweiler (Staffel 1) und VfL Nagold (Staffel 3).
Aufsteiger aus den Landesligen: SV Fellbach, TSV Heimerdingen (Staffel 1), TSG Hofherrnweiler-Unterrombach (Staffel 2), VfL Pfullingen (Staffel 3) und TSV Berg (Staffel 4).

Verbandsliga Württemberg 2018/19

	Dorfmerkingen	FSV Hollenbach	SKV Rutesheim	TSV Essingen	SSV Ehingen-Süd	1. FC Heiningen	VfL Sindelfingen	TSG Tübingen	Leinfelden-Echt.	FC Wangen	VfB Neckarrems	VfL Nagold	Breuningsweiler	Olympia Laupheim	FV Löchgau	FC 07 Albstadt
Spfr. Dorfmerkingen	X	1:1	1:1	4:0	0:2	1:1	3:1	1:1	5:1	2:0	3:3	0:1	3:1	1:0	2:0	5:1
FSV Hollenbach	1:1	X	0:2	3:1	3:1	2:0	2:2	3:0	3:2	0:0	3:1	1:0	2:1	3:1	2:1	1:2
SKV Rutesheim	2:2	1:1	X	4:2	2:1	5:1	3:1	2:2	6:3	5:1	1:1	1:2	6:2	1:0	2:0	
TSV Essingen	0:0	0:1	2:0	X	4:1	2:0	2:2	2:2	1:0	3:0	3:0	0:0	1:1	0:2	5:2	5:0
SSV Ehingen-Süd	5:5	0:1	0:0	1:2	X	6:0	1:4	3:2	3:1	1:1	1:1	10:0	4:1	0:3	1:3	
1. FC Heiningen	0:1	1:3	3:4	2:1	2:2	X	2:4	2:1	2:1	3:1	0:4	3:1	2:3	4:0	1:0	3x0
VfL Sindelfingen	2:2	3:2	0:4	1:0	0:1	3:0	X	3:3	4:1	3:0	4:0	2:3	6:1	0:1	3:3	7:0
TSG Tübingen	2:4	1:1	0:0	2:4	0:5	1:3	1:5	X	3:1	2:0	2:0	2:0	5:0	3:1	1:1	1:4
Leinfelden-Echterdingen	1:1	3:1	4:4	1:4	5:1	2:2	4:5	0:1	X	2:2	1:0	2:1	4:1	4:1	0:0	3:0
FC Wangen	0:4	2:1	2:5	0:1	0:0	3:4	0:0	3:1	4:0	X	1:0	3:2	1:2	3:1	4:0	4:1
VfB Neckarrems	1:0	0:1	1:2	1:1	2:3	3:3	2:2	0:3	2:3	1:1	X	1:1	1:1	8:0	0:1	1:0
VfL Nagold	1:1	1:1	3:3	2:1	0:0	0:0	4:3	3:3	1:1	1:1	0x3	X	1:1	2:1	1:2	2:0
SV Breuningsweiler	2:4	3:3	0:1	1:2	2:2	1:2	4:2	1:1	4:4	1:2	0:4	3:1	X	4:2	3:0	0:1
FV Olympia Laupheim	0:3	1:2	1:0	1:3	1:2	2:2	2:1	0:1	0:0	3:0	1:4	1:1	3:1	X	2:1	0:2
FV Löchgau	0:4	0:3	4:1	1:5	1:2	1:2	2:1	3:2	1:3	3:4	0:4	1:3	1:1	1:1	X	1:0
FC 07 Albstadt	0:2	4:2	4:2	2:2	2:3	1:2	4:4	0:3	1:2	0:0	0:3	1:1	0:0	1:4	0:0	X

Das Spiel 1. FC Heiningen - FC 07 Albstadt vom 01.06.2019 wurde nicht ausgetragen, weil ein Anhänger des FC 07 Albstadt kurz vor dem Anpfiff im Stadion kollabierte. Albstadt verzichtete auf die Neuansetzung; das Spiel wurde 3:0 für den 1. FC Heiningen gewertet. Das Spiel VfL Nagold - VfB Neckarrems (1:2 vom 13.10.2018) wurde gewertet, weil Kutjim Berisha eingewechselt wurde, obwohl er nicht auf dem Spielberichtsbogen stand.

Torschützenliste:

Platz	Spieler (Mannschaft)	Tore
1.	Glotzmann, Oliver (VfL Sindelfingen)	26
2.	Lulic, Noah (SKV Rutesheim)	19
3.	Czaker, Fabian (FSV Hollenbach)	18
4.	Kenniche, Nesreddine (VfB Neckarrems)	16
	Nietzer, Daniel (Spfr. Dorfmerkingen)	16
6.	Lekaj, Gentian (Calcio Leinfelden-Echt.)	15
7.	Zukic, Armin (VfL Sindelfingen)	14
8.	Lack, Lars (TSG Tübingen)	13
9.	Sauerborn, Willie Till (TSG Tübingen)	12
	Zimmer, Timo (Spfr. Dorfmerkingen)	12

Zuschauerstatistik:

Mannschaft	gesamt	Schnitt	Mannschaft	gesamt	Schnitt
Spfr. Dorfmerkingen	5.021	335	Olympia Laupheim	2.764	184
FSV Hollenbach	4.126	275	VfL Sindelfingen	2.721	181
SKV Rutesheim	3.727	248	FV Löchgau	2.590	173
TSV Essingen	3.383	226	VfB Neckarrems	2.381	159
FC Wangen	3.310	221	1. FC Heiningen	2.022	144
SSV Ehingen-Süd	3.273	218	TSG Tübingen	2.001	133
SV Breuningsweiler	3.030	202	Calcio Leinfelden-E.	1.739	116
VfL Nagold	2.813	188		**47.671**	**199**
FC 07 Albstadt	2.770	185			

Informationen zu den Qualifikationsspielen finden Sie auf den Seiten 371 und 372.

Landesliga Bayern Staffel Nordwest ≻18

Pl. (Vj.) Mannschaft		Sp	S	U	N	Tore	TD	Pkt	Sp	S	U	N	Tore	Pkt	Sp	S	U	N	Tore	Pkt
						Gesamtbilanz							**Heimbilanz**						**Auswärtsbilanz**	
1. (14.) TSV Karlburg	↑	30	17	6	7	52-37	+15	57	15	7	4	4	24-18	25	15	10	2	3	28-19	32
2. (↑) FC Viktoria Kahl	↑	30	17	5	8	66-39	+27	56	15	9	2	4	38-18	29	15	8	3	4	28-21	27
3. (5.) TG Höchberg Fußball		30	16	6	8	49-33	+16	54	15	8	2	5	28-19	26	15	8	4	3	21-14	28
4. (7.) DJK Schwebenried/Schwemmelsbach		30	15	4	11	43-32	+11	49	15	8	1	6	23-15	25	15	7	3	5	20-17	24
5. (9.) SV Alemannia Haibach		30	14	7	9	66-47	+19	49	15	9	4	2	37-20	31	15	5	3	7	29-27	18
6. (3.) TSV Unterpleichfeld		30	14	6	10	54-47	+7	48	15	7	3	5	30-27	24	15	7	3	5	24-20	24
7. (11.) TSV Lengfeld		30	14	5	11	50-43	+7	47	15	6	3	6	24-23	21	15	8	2	5	26-20	26
8. (8.) ASV Rimpar		30	13	7	10	36-32	+4	46	15	7	2	6	18-17	23	15	6	5	4	18-15	23
9. (4.) SV Euerbach/Kützberg		30	12	7	11	46-41	+5	43	15	8	2	5	30-18	26	15	4	5	6	16-23	17
10. (12.) TSV Kleinrinderfeld		30	12	5	13	44-44	0	41	15	7	2	6	25-19	23	15	5	3	7	19-25	18
11. (10.) 1. FC Fuchsstadt		30	11	6	13	63-66	-3	39	15	7	3	5	36-32	24	15	4	3	8	27-34	15
12. (13.) TuS Röllbach		30	11	4	15	51-65	-14	37	15	6	2	7	24-22	20	15	5	2	8	27-43	17
13. (↑) 1. FC Geesdorf		30	10	4	16	59-66	-7	34	15	5	4	6	35-33	19	15	5	0	10	24-33	15
14. (6.) TuS Feuchtwangen	→	30	8	8	14	44-58	-14	32	15	4	3	8	20-25	15	15	4	5	6	24-33	17
15. (↓) SV Erlenbach/Main	↓	30	6	5	19	37-70	-33	23	15	3	5	7	18-20	14	15	3	0	12	19-50	9
16. (↑) SC Aufkirchen	↓	30	3	9	18	33-73	-40	18	15	1	5	9	16-41	8	15	2	4	9	17-32	10

Bei Punktgleichheit zählt der direkte Vergleich der Ligaspiele.

Absteiger aus der Bayernliga:	keine.
Aufsteiger in die Bayernliga:	TSV Karlburg und FC Viktoria Kahl (Nord).
Wechsel in die Staffel Nordost:	TuS Feuchtwangen.
Wechsel aus der Staffel Nordost:	SV 1923 Memmelsdorf/Ofr., 1. FC Lichtenfels, SV Friesen und FC Coburg.
Absteiger in die Bezirksligen:	SC Aufkirchen (Mittelfranken Süd) und SV Erlenbach/Main (Unterfranken West).
Aufsteiger aus den Bezirksligen:	SV Vatan Spor Aschaffenburg (Unterfranken West), Freie Turnerschaft Schweinfurt (Unterfranken Ost) und VfL Frohnlach (Oberfranken West).

Landesliga Bayern Nordwest 2018/19

	TSV Karlburg	FC Viktoria Kahl	TG Höchberg	DJK Schwebenried	SV Alem. Haibach	Unterpleichfeld	TSV Lengfeld	ASV Rimpar	SV Euerbach/K.	TSV Kleinrinderfeld	1. FC Fuchsstadt	TuS Röllbach	1. FC Geesdorf	TuS Feuchtwangen	SV Erlenbach/Main	SC Aufkirchen
TSV Karlburg	X	1:2	1:1	2:1	1:4	0:0	0:0	1:1	3:0	3:1	2:0	4:1	1:0	0:3	3:4	2:0
FC Viktoria Kahl	3:0	X	3:0	3:1	3:2	1:3	3:1	3:1	0:0	0:1	7:0	2:2	1:2	1:2	6:2	2:1
TG Höchberg Fußball	3:4	3:1	X	2:0	3:0	2:0	1:1	0:1	1:1	0:2	4:1	5:2	0:3	2:3	1:0	1:0
DJK Schwebenried/Schw.	3:0	0:1	0:2	X	2:0	2:1	1:2	0:2	0:1	0:3	2:0	5:0	3:1	1:0	3:1	1:1
SV Alemannia Haibach	1:1	2:1	1:1	2:2	X	2:3	4:1	0:3	3:1	3:3	3:1	1:0	6:1	3:0	3:1	
TSV Unterpleichfeld	0:3	3:2	1:3	1:0	3:3	X	0:2	0:0	0:2	3:0	1:4	5:1	3:2	1:1	6:3	3:1
TSV Lengfeld	0:1	3:5	0:1	2:0	2:0	0:1	X	0:2	2:0	0:0	0:6	5:1	3:2	2:2	4:1	1:1
ASV Rimpar	0:0	0:2	1:2	0:1	1:3	0:2	2:1	X	1:1	2:1	1:0	2:0	3:1	3:1	2:0	0:2
SV Euerbach/Kützberg	1:2	1:2	0:2	0:1	2:2	4:1	0:4	2:0	X	3:0	2:2	1:0	4:1	2:1	7:0	1:0
TSV Kleinrinderfeld	1:3	0:2	0:2	0:2	0:2	3:2	3:0	0:0	2:0	X	3:0	0:2	2:1	3:3	4:0	4:0
1. FC Fuchsstadt	1:2	3:1	3:1	2:2	2:0	2:1	1:3	3:2	3:3	3:5	X	3:5	1:2	3:1	3:1	3:3
TuS Röllbach	4:1	1:3	1:1	0:3	3:1	1:2	0:1	1:1	2:0	0:1	2:1	X	4:2	1:2	3:0	1:3
1. FC Geesdorf	1:4	1:3	0:2	2:2	1:6	2:2	3:0	5:0	1:1	1:1	3:4	3:5	X	4:0	4:1	4:2
TuS Feuchtwangen	0:1	1:1	3:0	0:1	3:2	0:3	1:4	0:2	4:0	4:2	0:0	2:3	1:2	X	0:3	1:1
SV Erlenbach/Main	0:1	1:1	0:3	1:2	0:0	1:1	1:3	0:0	1:2	3:1	3:1	0:1	1:2	1:1	X	5:1
SC Aufkirchen	1:5	1:1	0:0	0:2	1:4	0:2	0:3	0:3	0:4	0:0	1:5	3:3	5:3	3:3	1:3	X

Das Spiel SC Aufkirchen - SV Erlenbach/Main wurde am 17.03.2019 nach 45 Minuten beim Stand von 2:0 wetterbedingt abgebrochen und am 22.04.2019 wiederholt.

Torschützenliste:

Platz	Spieler (Mannschaft)	Tore
1.	Breunig, Christian (SV Alem. Haibach)	27
2.	Halbig, Dominik (FC Fuchsstadt)	23
3.	Kamolz, Pascal (TSV Unterpleichfeld)	20
4.	Kramosch, Sandro (TSV Kleinrinderfeld)	19
5.	Grimm, Alexander (TuS Röllbach)	18
6.	Kühlinger, Marcel (DJK Schwebenried)	17
7.	Aydin, Gökhan (FC Viktoria Kahl)	16
8.	Heinisch, Thomas (SV Euerbach/K.)	13
	Koukalias, Nikolaos (SV Alem. Haibach)	13
	Römlein, Manuel (TSV Karlburg)	13
	Traut, Philipp (SV Erlenbach/Main)	13

Zuschauerstatistik:

Mannschaft	gesamt	Schnitt
TSV Karlburg	3.645	243
Alemannia Haibach	3.515	234
DJK Schwebenried	3.380	225
SC Aufkirchen	3.219	215
TuS Röllbach	3.180	212
1. FC Fuchsstadt	3.080	205
FC Viktoria Kahl	2.825	188
SV Erlenbach/Main	2.570	171
1. FC Geesdorf	2.299	153
TSV Lengfeld	2.098	140

Mannschaft	gesamt	Schnitt
ASV Rimpar	1.960	131
TG Höchberg	1.910	127
SV Euerbach/Kützbg.	1.870	125
TSV Kleinrinderfeld	1.814	121
TSV Unterpleichfeld	1.731	115
TuS Feuchtwangen	1.625	108
	40.721	**170**

Informationen zu den Qualifikationsspielen finden Sie auf den Seiten 372 ff.

Landesliga Bayern Staffel Nordost

Pl.	(Vj.) Mannschaft		Sp	S	U	N	Tore	TD	Pkt	Sp	S	U	N	Tore	Pkt	Sp	S	U	N	Tore	Pkt
						Gesamtbilanz					**Heimbilanz**						**Auswärtsbilanz**			
1.	(↑)	FC Eintracht Bamberg 2010	↑ 34	25	6	3	100-36	+64	81	17	12	4	1	51-17	40	17	13	2	2	49-19	41
2.	(3.)	1. SC Feucht	34	25	5	4	90-31	+59	80	17	12	3	2	47-14	39	17	13	2	2	43-17	41
3.	(4.)	TSV Neudrossenfeld	34	23	7	4	82-32	+50	76	17	12	2	3	45-17	38	17	11	5	1	37-15	38
4.	(7.)	SC 04 Schwabach	34	22	5	7	91-46	+45	71	17	10	3	4	44-24	33	17	12	2	3	47-22	38
5.	(↑)	1. FC Herzogenaurach VfL	34	14	9	11	57-46	+11	51	17	8	6	3	28-16	30	17	6	3	8	29-30	21
6.	(9.)	SV Mitterteich	34	14	9	11	41-45	-4	51	17	7	4	6	15-20	25	17	7	5	5	26-25	26
7.	(5.)	SG Quelle im TV 1860 Fürth	34	13	10	11	63-53	+10	49	17	7	4	6	31-29	25	17	6	6	5	32-24	24
8.	(6.)	SV 1923 Memmelsdorf/Ofr.	→ 34	13	9	12	70-59	+11	48	17	7	5	5	31-23	26	17	6	4	7	39-36	22
9.	(10.)	1. FC Lichtenfels	→ 34	13	6	15	47-55	-8	45	17	8	4	5	27-23	28	17	5	2	10	20-32	17
10.	(↑)	1. FC Vorwärts Röslau	34	10	12	12	52-52	0	42	17	8	5	4	37-28	29	17	2	7	8	15-24	13
11.	(↓)	TSV Kornburg	34	13	3	18	52-62	-10	42	17	8	3	6	32-28	27	17	5	0	12	20-34	15
12.	(11.)	SV Friesen	→ 34	11	9	14	62-67	-5	42	17	7	5	5	33-32	26	17	4	4	9	29-35	16
13.	(2.)	TSV Nürnberg-Buch	34	11	9	14	55-52	+3	42	17	6	4	7	29-26	22	17	5	5	7	26-26	20
14.	(↑)	SC Großschwarzenlohe	34	11	4	19	45-70	-25	37	17	5	1	11	22-40	16	17	6	3	8	23-30	21
15.	(↑)	FC Coburg	→ 34	8	12	14	50-53	-3	36	17	6	5	6	31-26	23	17	2	7	8	19-27	13
16.	(13.)	Baiersdorfer Sportverein	34	8	6	20	34-60	-26	30	17	5	2	10	16-29	17	17	3	4	10	18-31	13
17.	(8.)	SpVgg Selbitz	↓ 34	6	6	22	40-79	-39	24	17	2	2	13	21-49	8	17	4	4	9	19-30	16
18.	(12.)	TSV Sonnefeld	↓ 34	1	3	30	17-150	-133	6	17	1	3	13	9-58	6	17	0	0	17	8-92	0

Bei Punktgleichheit zählt der direkte Vergleich der Ligaspiele.

Absteiger aus der Bayernliga: SpVgg Jahn Forchheim, FSV Erlangen-Bruck und ASV Vach (Nord).
Aufsteiger in die Bayernliga: FC Eintracht Bamberg 2010 (Nord).
Wechsel in die Staffel Nordwest: SV 1923 Memmelsdorf/Ofr., 1. FC Lichtenfels, SV Friesen und FC Coburg.
Wechsel aus der Staffel Nordwest: TuS Feuchtwangen.
Absteiger in die Bezirksligen: TSV Sonnefeld (Oberfranken West) und SpVgg Selbitz (Oberfranken Ost).
Aufsteiger aus den Bezirksligen: Kickers Selb (Oberfranken Ost), SV Schwaig b. Nbg. und FSV Stadeln (Mittelfranken Nord).

Landesliga Bayern Nordost 2018/19

	Eintracht Bamberg	1. SC Feucht	Neudrossenfeld	SC Schwabach	Herzogenaurach	SV Mitterteich	SG Quelle Fürth	SV Memmelsdorf	1. FC Lichtenfels	Vorwärts Röslau	TSV Kornburg	SV Friesen	TSV Nbg.-Buch	Großschwarzenlohe	FC Coburg	Baiersdorfer SV	SpVgg Selbitz	TSV Sonnefeld
FC Eintracht Bamberg 2010	X	3:1	0:1	5:0	1:1	5:1	3:3	3:2	4:2	2:1	1:0	3:1	1:1	4:0	2:2	2:0	5:0	7:1
1. SC Feucht	2:1	X	2:1	0:0	2:0	1:2	2:1	1:1	3:0	1:1	4:0	4:0	2:0	5:2	3:1	4:1	2:3	9:0
TSV Neudrossenfeld	0:2	3:1	X	0:4	1:0	0:0	4:0	3:1	4:1	2:2	2:0	3:0	3:1	1:2	2:1	4:1	4:0	9:1
SC 04 Schwabach	0:1	2:3	2:3	X	2:1	1:1	0:3	6:3	4:1	2:1	5:1	3:1	2:1	1:1	2:2	5:1	2:0	5:0
1. FC Herzogenaurach VfL	3:4	2:2	2:2	0:4	X	0:0	1:1	3:0	3:1	1:0	3:0	1:1	0:1	2:0	0:0	1:0	3:0	3:0
SV Mitterteich	0:4	0:2	0:1	0:4	0:0	X	2:0	1:0	1:0	1:1	0:1	0:0	3:1	0:0	3:5	1:0	1:0	2:1
SG Quelle im TV 1860 Fürth	1:2	0:3	1:5	5:2	3:1	0:3	X	2:3	1:1	0:0	3:2	2:2	0:0	4:2	1:0	0:0	0:2	7:1
SV 1923 Memmelsdorf/Ofr.	2:2	1:3	2:4	1:4	1:1	3:0	2:0	X	0:2	3:0	1:0	3:0	1:0	1:3	2:2	0:0	2:2	6:0
1. FC Lichtenfels	0:3	0:3	1:1	1:1	4:1	1:2	1:1	0:0	X	3:0	0:3	3:2	4:2	3:1	1:0	0:3	2:0	3:0
1. FC Vorwärts Röslau	1:1	0:2	0:3	3:5	3:1	2:2	1:1	4:4	4:1	X	2:1	3:1	1:1	0:1	4:3	3:1	1:0	5:0
TSV Kornburg	0:2	2:4	2:2	3:1	1:4	3:3	0:0	2:5	0:2	1:0	X	3:2	3:1	0:2	1:0	3:0	1:0	7:0
SV Friesen	4:1	1:4	1:1	2:5	5:2	0:2	2:6	1:1	1:1	0:0	3:1	X	2:2	1:0	3:0	2:0	1:5	4:1
TSV Nürnberg-Buch	0:2	1:3	1:3	0:1	2:3	4:0	4:1	3:0	1:0	1:1	2:1	0:5	X	0:2	1:1	1:1	2:2	6:0
SC Großschwarzenlohe	3:6	2:4	0:3	0:5	1:3	0:3	0:2	1:5	0:2	3:0	4:1	0:0	0:1	X	2:0	0:3	2:1	4:1
FC Coburg	1:3	0:0	1:4	0:2	4:2	1:0	1:1	2:3	4:0	1:1	2:0	2:4	1:1	1:1	X	4:1	1:3	5:0
Baiersdorfer Sportverein	0:3	0:2	0:1	0:2	0:3	3:2	0:2	1:0	0:3	0:3	1:4	3:0	1:4	1:0	0:0	X	0:0	6:0
SpVgg Selbitz	1:7	0:3	0:0	1:2	0:2	0:2	1:3	1:6	1:3	2:4	1:2	1:3	1:2	6:5	0:2	1:1	X	4:2
TSV Sonnefeld	1:5	0:3	0:2	1:5	0:4	1:3	0:7	2:5	1:0	0:0	0:3	1:7	1:7	0:1	0:0	0:5	1:1	X

Torschützenliste:

Platz	Spieler (Mannschaft)	Tore
1.	Sperlein, Dominik (SV Memmelsdorf)	34
2.	Großmann, Maximilian (Eintr. Bamberg)	27
3.	Orel, Daniel (SC 04 Schwabach)	26
4.	Schulik, Sebastian (TSV Kornburg)	24
5.	Kolb, Stefan (TSV Neudrossenfeld)	23
	König, Stephan (1. SC Feucht)	23
	Tonka, Ertac (FC Vorwärts Röslau)	23
	Weiß, Michael (SC 04 Schwabach)	23
9.	Brandt, Christian (SV Friesen)	22
10.	Ulbricht, Tobias (FC Eintracht Bamberg)	18

Zuschauerstatistik:

Mannschaft	gesamt	Schnitt
FC Eintr. Bamberg	5.457	321
1. FC Lichtenfels	4.360	256
1. SC Feucht	4.268	251
TSV Nürnberg-Buch	3.955	233
TSV Neudrossenfeld	3.713	218
SC 04 Schwabach	3.461	204
SV Mitterteich	3.356	197
FC Vorwärts Röslau	3.255	191
SV Friesen	3.210	189
SpVgg Selbitz	2.804	165
TSV Kornburg	2.675	157
FC Herzogenaurach	2.510	148
Großschwarzenlohe	2.496	147
SV Memmelsdorf	2.475	146
TSV Sonnefeld	2.461	145
FC Coburg	2.275	134
SG Quelle Fürth	1.832	108
Baiersdorfer SV	1.652	97
	56.215	**184**

Informationen zu den Qualifikationsspielen finden Sie auf den Seiten 372 ff.

Landesliga Bayern Staffel Mitte

Pl.	(Vj.)	Mannschaft		Sp	S	U	N	Tore	TD	Pkt	Sp	S	U	N	Tore	Pkt	Sp	S	U	N	Tore	Pkt
								Gesamtbilanz							**Heimbilanz**						**Auswärtsbilanz**	
1.	(9.)	SV Donaustauf	↑	34	26	6	2	89-21	+68	84	17	15	1	1	48- 8	46	17	11	5	1	41-13	38
2.	(4.)	ASV Cham 1863	↑	34	25	5	4	85-24	+61	80	17	14	3	0	54- 9	45	17	11	2	4	31-15	35
3.	(↓)	SpVgg SV Weiden		34	19	6	9	61-45	+16	63	17	11	3	3	30-13	36	17	8	3	6	31-32	27
4.	(10.)	1. FC Bad Kötzting		34	19	5	10	79-57	+22	62	17	10	2	5	41-20	32	17	9	3	5	38-37	30
5.	(5.)	SV Fortuna Regensburg		34	18	3	13	56-62	-6	57	17	8	2	7	29-34	26	17	10	1	6	27-28	31
6.	(3.)	FC Sturm Hauzenberg	→	34	16	8	10	66-37	+29	56	17	9	3	5	34-20	30	17	7	5	5	32-17	26
7.	(11.)	TSV Bad Abbach		34	16	5	13	60-62	-2	53	17	8	1	8	28-36	25	17	8	4	5	32-26	28
8.	(15.)	SC Ettmannsdorf		34	15	7	12	62-43	+19	52	17	9	2	6	33-22	29	17	6	5	6	29-21	23
9.	(2.)	TSV Waldkirchen	→	34	14	9	11	53-34	+19	51	17	4	7	6	24-20	19	17	10	2	5	29-14	32
10.	(6.)	ASV Burglengenfeld		34	15	5	14	45-44	+1	50	17	6	3	8	23-21	21	17	9	2	6	22-23	29
11.	(↑)	1. FC Passau	→	34	14	6	14	69-53	+16	48	17	7	4	6	36-24	25	17	7	2	8	33-29	23
12.	(13.)	FC Tegernheim		34	14	3	17	73-55	+18	45	17	8	2	7	37-20	26	17	6	1	10	36-35	19
13.	(14.)	TSV Kareth-Lappersdorf		34	12	8	14	50-59	-9	44	17	7	5	5	28-24	26	17	5	3	9	22-35	18
14.	(7.)	SV Neukirchen beim Heilig Blut		34	10	12	12	51-45	+6	42	17	7	6	4	33-19	27	17	3	6	8	18-26	15
15.	(16.)	SV Etzenricht	↓	34	9	6	19	49-61	-12	33	17	6	3	8	28-27	21	17	3	3	11	21-34	12
16.	(↑)	VfB Bach/Donau	↓	34	9	2	23	41-71	-30	29	17	4	1	12	22-39	13	17	5	1	11	19-32	16
17.	(↑)	SpVgg Pfreimd		34	5	1	28	41-108	-67	16	17	4	0	13	23-44	12	17	1	1	15	18-64	4
18.	(12.)	SV Hutthurm	↓	34	1	1	32	15-164	-149	4	17	0	1	16	9-85	1	17	1	0	16	6-79	3

Bei Punktgleichheit zählt der direkte Vergleich der Ligaspiele.

Absteiger aus der Bayernliga:	ASV Neumarkt (Nord).
Aufsteiger in die Bayernliga:	SV Donaustauf (Süd) und ASV Cham 1863 (Nord).
Wechsel in die Staffel Südost:	FC Sturm Hauzenberg, TSV Waldkirchen und 1. FC Passau.
Wechsel aus der Staffel Südost:	TSV 1883 Bogen.
Absteiger in die Bezirksligen:	SV Hutthurm (Niederbayern Ost), VfB Bach/Donau (Oberpfalz Süd), SV Etzenricht (Oberpfalz Nord).
Aufsteiger aus den Bezirksligen:	SV TuS/DJK Grafenwöhr (Oberpfalz Nord), SpVgg Lam (Oberpfalz Süd), VfB Straubing, TV 1932 Aiglsbach (Niederbayern West), TSV Seebach (Niederbayern Ost), BSC Woffenbach (Mittelfranken Süd).

Landesliga Bayern Mitte 2018/19

	Donaustauf	Cham	Weiden	Bad Kötzting	Fort. Regensburg	Hauzenberg	Bad Abbach	Ettmannsdorf	Waldkirchen	Burglengenfeld	Passau	Tegernheim	Kareth-L.	Neukirchen	Etzenricht	Bach/Donau	Pfreimd	Hutthurm
SV Donaustauf	X	2:0	2:0	6:0	1:2	1:0	4:1	2:1	2:0	1:1	2:1	2:0	5:0	7:1	2:0	1:0	4:1	4:0
ASV Cham 1863	2:2	X	4:1	6:0	5:1	1:0	2:2	3:1	2:0	3:0	3:1	2:0	4:1	0:0	1:0	4:0	1:0	11:0
SpVgg SV Weiden	1:2	0:2	X	1:4	1:0	1:1	1:0	1:0	0:0	1:0	4:1	2:1	2:1	1:1	2:0	3:0	6:0	3:0
1. FC Bad Kötzting	2:3	1:2	0:0	X	0:1	2:1	3:0	1:0	3:1	5:1	1:3	3:0	3:2	2:2	1:0	0:3	6:1	8:0
SV Fortuna Regensburg	2:2	3:2	1:2	0:2	X	0:1	1:3	1:6	0:2	1:0	2:2	4:3	1:0	2:1	3:2	2:0	4:1	2:5
FC Sturm Hauzenberg	3:1	0:0	1:2	2:0	3:2	X	3:3	1:2	0:2	1:2	2:0	3:1	0:1	2:2	4:1	2:0	4:1	3:0
TSV Bad Abbach	1:4	1:0	4:1	2:2	0:1	2:6	X	1:0	2:4	0:2	0:4	3:1	2:1	1:0	1:4	1:3	5:2	2:1
SC Ettmannsdorf	0:2	1:2	5:2	0:3	6:0	0:0	3:1	X	0:2	0:1	3:1	1:0	4:2	1:3	2:1	3:0	2:2	2:0
TSV Waldkirchen	0:3	0:0	1:2	0:0	2:2	1:0	0:2	2:2	X	1:2	1:2	0:1	1:1	0:0	4:1	1:1	5:1	5:0
ASV Burglengenfeld	0:1	1:3	0:0	1:2	3:0	1:4	0:2	2:2	2:0	X	0:1	2:3	0:1	1:0	1:1	2:0	3:1	4:0
1. FC Passau	0:0	0:1	4:0	3:3	2:2	1:2	2:1	0:1	1:0	5:2	X	5:5	4:1	1:3	1:0	0:1	2:1	7:0
FC Tegernheim	1:5	4:1	4:1	6:0	0:1	1:1	1:2	0:0	1:2	0:1	1:3	X	6:1	1:0	0:2	2x0	4:0	5:0
TSV Kareth-Lappersdorf	0:2	0:1	3:3	0:4	1:3	2:1	3:2	1:2	1:1	1:1	2:0	2:0	X	1:1	2:2	2:0	2:1	5:0
SV Neukirchen b. Hl. Blut	1:1	0:1	1:3	3:0	2:3	0:0	0:0	3:2	0:1	2:1	1:1	4:1	1:1	X	2:2	3:1	5:1	5:0
SV Etzenricht	0:0	1:3	0:2	4:6	3:1	0:2	0:0	0:0	0:2	0:1	3:1	0:4	1:1	2:1	X	2:1	4:0	8:0
VfB Bach/Donau	0:3	0:4	0:1	0:4	0:1	2:5	1:1	1:5	0x2	1:3	0:4	0:1	0:1	2:1	6:1	X	6:2	3:0
SpVgg Pfreimd	0:4	0:3	1:2	2:5	0:3	1:2	2:4	1:4	0:3	0:1	4:2	2:4	1:2	2:0	2:1	3:4	X	2x0
SV Hutthurm	0:6	1:6	1:9	1:3	1:4	0:6	1:5	1:1	0:7	1:3	0:6	0:11	0:5	0:2	0:3	1:5	1:3	X

VfB Bach/Donau hat in den Spielen gegen TSV Waldkirchen (1:0 am 18.07.2018) und beim FC Tegernheim (0:0 am 11.08.2018) einen Spieler ohne gültigen Spielerpass eingesetzt. Beide Spiele werden deshalb mit 2:0 für den jeweiligen Gegner gewertet. Das Spiel SpVgg Pfreimd - SV Hutthurm (1:0 am 25.11.2018) wurde in der 82. Minute wegen einer schweren Verletzung eines Gästespielers abgebrochen; Wertung 2:0.

Torschützenliste:

Platz	Spieler (Mannschaft)	Tore
1.	Vasilic, Nikola (SV Donaustauf)	27
2.	Bice, Aaron (TSV Kareth-Lappersdorf)	21
	Süsser, Jakub (1. FC Bad Kötzting)	21
4.	Bierlmeier, Johannes (ASV Cham)	20
	Krieg, Martin (TSV Waldkirchen)	20
6.	Spirek, Miroslav (1. FC Bad Kötzting)	18
7.	Pillmeier, Michael (1. FC Passau)	16
8.	Folger, Florian (TSV Bad Abbach)	15
	Lobinger, Bastian (SpVgg Pfreimd)	15
	Meyer, Stefan (FC Tegernheim)	15
	Schmidt, Jeremy (SC Ettmannsdorf)	15
	Vlcek, Adam (SV Neukirchen b.Hl. Blut)	15

Zuschauerstatistik:

Mannschaft	gesamt	Schnitt
ASV Cham	5.651	332
1. FC Bad Kötzting	5.450	321
SpVgg SV Weiden	5.181	305
TSV Waldkirchen	4.384	258
SV Etzenricht	4.072	240
ASV Burglengenfeld	3.980	234
SV Donaustauf	3.956	233
SpVgg Pfreimd	3.955	233
1. FC Passau	3.855	227
FC Tegernheim	3.779	222
Sturm Hauzenberg	3.536	208
VfB Bach/Donau	3.500	206
SV Neukirchen Hl. Bl.	3.414	201
Kareth-Lappersdorf	3.300	194
SV Hutthurm	2.869	169
Fortuna Regensburg	2.808	165
TSV Bad Abbach	2.808	165
SC Ettmannsdorf	2.621	154
	69.119	226

Informationen zu den Qualifikationsspielen finden Sie auf den Seiten 372 ff.

Landesliga Bayern Staffel Südwest

Pl.	(Vj.)	Mannschaft		Sp	S	U	N	Tore	TD	Pkt	Sp	S	U	N	Tore	Pkt	Sp	S	U	N	Tore	Pkt
								Gesamtbilanz							**Heimbilanz**						**Auswärtsbilanz**	
1.	(↓)	TSV 1882 Landsberg am Lech	↑	34	26	4	4	92-27	+65	82	17	15	1	1	50-12	46	17	11	3	3	42-15	36
2.	(10.)	Türkspor Augsburg	↑	34	22	5	7	75-34	+41	71	17	10	2	5	38-23	32	17	12	3	2	37-11	39
3.	(7.)	SC Ichenhausen		34	19	5	10	72-50	+22	62	17	10	1	6	35-23	31	17	9	4	4	37-27	31
4.	(↑)	VfR Neuburg a.d. Donau		34	19	5	10	64-51	+13	62	17	10	4	3	29-17	34	17	9	1	7	35-34	28
5.	(3.)	FC Memmingen 07 II		34	17	6	11	66-56	+10	57	17	8	2	7	34-33	26	17	9	4	4	32-23	31
6.	(13.)	SC Olching		34	14	7	13	52-52	0	49	17	8	4	5	34-27	28	17	6	3	8	18-25	21
7.	(5.SO)	TuS Geretsried		34	14	7	13	55-56	-1	49	17	8	5	4	29-25	29	17	6	2	9	26-31	20
8.	(12.)	SV Egg an der Günz		34	12	10	12	61-58	+3	46	17	6	5	6	31-29	23	17	6	5	6	30-29	23
9.	(2.)	FV Illertissen II		34	13	6	15	73-71	+2	45	17	8	2	7	47-38	26	17	5	4	8	26-33	19
10.	(↑)	FC Kempten		34	12	9	13	46-60	-14	45	17	9	5	3	28-22	32	17	3	4	10	18-38	13
11.	(5.)	SV Mering		34	11	9	14	47-61	-14	42	17	5	5	7	22-24	20	17	6	4	7	25-37	22
12.	(9.)	FC Gundelfingen		34	12	6	16	49-51	-2	42	17	7	3	7	30-25	24	17	5	3	9	19-26	18
13.	(4.)	TSV Gilching-Argelsried		34	12	5	17	44-57	-13	41	17	5	5	7	18-21	20	17	7	0	10	26-36	21
14.	(11.)	SpVgg Kaufbeuren		34	10	9	15	47-58	-11	39	17	8	4	5	28-24	28	17	2	5	10	19-34	11
15.	(↓)	BCF Wolfratshausen	↓	34	9	12	13	48-51	-3	39	17	5	5	7	25-26	20	17	4	7	6	23-25	19
16.	(8.)	SV Cosmos Aystetten	↓	34	9	11	14	41-64	-23	37	17	5	4	8	17-30	19	17	4	7	6	24-34	19
17.	(↑)	1. FC Garmisch-Partenkirchen		34	8	8	18	50-71	-21	32	17	6	4	7	29-32	22	17	2	4	11	21-39	10
18.	(6.)	SC Oberweikertshofen	↓	34	4	2	28	31-85	-54	14	17	2	2	13	16-42	8	17	2	0	15	15-43	6

SV Cosmos Aystetten wurde ein Punkt abgezogen (siehe unten). Bei Punktgleichheit zählt der direkte Vergleich der Ligaspiele.

Absteiger aus der Bayernliga: 1. FC Sonthofen (Süd).
Aufsteiger in die Bayernliga: TSV 1882 Landsberg am Lech und Türkspor Augsburg (Süd).
Absteiger in die Bezirksligen: SC Oberweikertshofen, BCF Wolfratshausen (Oberbayern Süd), SV Cosmos Aystetten (Schwaben Süd).
Aufsteiger aus den Bezirksligen: SV Bad Heilbrunn (Oberbayern Süd), TSV Jetzendorf (Oberbayern Nord), FC Ehekirchen (Schwaben Nord) und VfB Durach (Schwaben Süd).

Landesliga Bayern Südwest 2018/19

	TSV Landsberg/L.	Türkspor Augsburg	SC Ichenhausen	VfR Neuburg/D.	FC Memmingen II	SC Olching	TuS Geretsried	Egg an der Günz	FV Illertissen II	FC Kempten	SV Mering	FC Gundelfingen	Gilching-Argelsried	SpVgg Kaufbeuren	Wolfratshausen	Cosmos Aystetten	1. FC Garmisch-P.	Oberweikertshofen
TSV Landsberg/Lech	X	1:0	2:1	4:1	5:0	1:2	2:0	3:2	3:1	4:0	7:0	3:0	4:1	2:2	3:1	2:0	3:1	1:0
Türkspor Augsburg	1:1	X	2:0	3:2	1:3	2:1	1:2	3:1	1:3	3:0	4:0	3:0	2:3	2:3	2:2	2:1	3:1	3:0
SC Ichenhausen	0:2	1:2	X	4:1	2:0	2:0	3:0	2:2	1:2	2:1	3:0	4:0	3:2	2:0	4:2	0:2	1:4	1:3
VfR Neuburg a.d. Donau	0:2	2:0	1:4	X	1:2	2:1	1:1	3:0	2:2	2:1	1:1	3:1	1:0	2:0	1:0	2:2	3:0	2:0
FC Memmingen 07 II	3:6	0:5	2:2	1:2	X	3:1	1:2	1:3	3:1	4:0	1:2	2:0	4:2	2:1	2:1	1:3	2:2	2:0
SC Olching	0:4	1:3	2:2	1:3	4:2	X	3:0	1:1	2:0	4:0	3:0	0:1	3:0	2:1	1:4	1:1	2:2	4:3
TuS Geretsried	0:2	1:4	2:5	2:3	3:1	2:1	X	3:2	2:0	1:1	1:1	2:2	3:1	1:0	1:1	1:1	2:0	2:0
SV Egg an der Günz	1:2	0:2	4:2	1:1	0:1	5:0	0:2	X	3:2	2:1	0:4	1:1	3:4	1:1	1:1	2:2	4:2	3:1
FV Illertissen II	0:3	1:1	4:5	2:3	1:2	2:0	2:6	2:4	X	3:0	1:1	2:1	0:4	4:1	4:2	9:2	5:2	5:1
FC Kempten	0:2	2:4	1:1	2:0	1:1	2:2	2:1	3:2	3:2	X	3:1	1:1	2:1	1:0	1:1	0:1	2:1	2:1
SV Mering	1:3	0:0	1:1	2:6	0:1	0:0	3:0	0:3	3:4	3:0	X	2:1	0:1	1:1	2:3	0:0	2:0	2:0
FC Gundelfingen	1:0	0:3	1:2	0:2	2:2	1:2	3:2	1:1	2:3	1:2	1:3	X	6:0	1:0	0:0	3:1	3:2	4:0
TSV Gilching-Argelsried	0:0	0:2	0:2	1:3	1:1	0:1	1:0	0:0	0:1	1:3	2:2	0:2	X	4:2	1:1	3:0	2:1	2:0
SpVgg Kaufbeuren	3:1	0:1	0:4	2:3	0:0	2:1	2:2	2:1	2:1	0:0	4:2	2:1	1:0	X	1:1	3:1	0:2	5:2
BCF Wolfratshausen	2:1	0:1	1:2	3:1	1:5	1:1	3:0	1:1	2:0	1:1	2:3	0:1	1:2	1:3	X	3:3	0:0	3:1
SV Cosmos Aystetten	0:5	0:4	0:2	2:1	1:2	0x2	2:1	2:3	1:1	2:2	1:0	1:0	3:2	1:1	0:1	X	1:1	0:2
1. FC Garmisch-Partenkirchen	3:3	2:2	3:0	3:0	0:1	0:2	2:6	0:2	1:1	3:2	2:3	0:5	5:1	1:0	2:2	X		2:1
SC Oberweikertshofen	0:5	0:3	1:2	1:3	0:8	0:1	0:1	3:1	2:2	2:4	1:2	0:2	0:2	2:2	0:2	0:2	4:0	X

Im Spiel SV Cosmos Aystetten - SC Olching (0:0 am 03.10.2018) hatte Aystetten mehrere Spieler ohne Spielberechtigung eingesetzt; Wertung 0:2 und ein Punkt Abzug für Aystetten.

Torschützenliste:

Platz	Spieler (Mannschaft)	Tore
1.	Glessing, Yannick (FV Illertissen II)	25
2.	Baydemir, Fatih (Türkspor Augsburg)	24
3.	Anzenhofer, David (TSV Landsberg)	23
4.	Berwein, Maximilian (1. FC Garmisch-P.)	20
5.	Ivkovic, Srdan (TuS Geretsried)	16
	Meisel, Stefan (SpVgg Kaufbeuren)	16
7.	Nickel, Marco (FC Memmingen II)	15
	Schropp, Simon (SV Egg an der Günz)	15
9.	Gärtner, Markus (SV Mering)	14
10.	Kocakahya, Hakan (Türkspor Augsburg)	13

Zuschauerstatistik:

Mannschaft	gesamt	Schnitt
TSV Landsberg/Lech	6.545	385
VfR Neuburg/Donau	4.682	275
1. FC Garmisch-P.	4.599	271
FC Gundelfingen	4.321	254
SV Egg an der Günz	3.454	203
Oberweikertshofen	2.779	163
FC Kempten	2.774	163
Gilching-Argelsried	2.720	160
SC Ichenhausen	2.662	157
SC Olching	2.470	145
TuS Geretsried	2.467	145
SV Mering	2.125	125
Cosmos Aystetten	1.961	115
BCF Wolfratshausen	1.712	101
SpVgg Kaufbeuren	1.645	97
FC Memmingen 07 II	1.433	84
Türkspor Augsburg	1.291	76
FV Illertissen II	970	57
	50.610	165

Informationen zu den Qualifikationsspielen finden Sie auf den Seiten 372 ff.

Landesliga Bayern Staffel Südost

Pl.	(Vj.)	Mannschaft		Sp	S	U	N	Tore	TD	Pkt	Sp	S	U	N	Tore	Pkt	Sp	S	U	N	Tore	Pkt
								Gesamtbilanz					**Heimbilanz**						**Auswärtsbilanz**			
1.	(↑)	TSV 1880 Wasserburg	↑	34	26	2	6	74-29	+45	80	17	15	1	1	38- 9	46	17	11	1	5	36-20	34
2.	(3.)	FC Deisenhofen	↑	34	23	4	7	73-34	+39	73	17	13	2	2	47-17	41	17	10	2	5	26-17	32
3.	(8.)	VfB Hallbergmoos-Goldach		34	22	4	8	74-41	+33	70	17	12	2	3	37-13	38	17	10	2	5	37-28	32
4.	(2.)	SC Eintracht Freising		34	19	8	7	69-44	+25	65	17	9	5	3	38-25	32	17	10	3	4	31-19	33
5.	(7.)	ASV Dachau		34	16	10	8	48-30	+18	58	17	8	5	4	20-13	29	17	8	5	4	28-17	29
6.	(11.)	TSV Grünwald		34	16	9	9	69-56	+13	57	17	8	3	6	34-34	27	17	8	6	3	35-22	30
7.	(4.)	SpVgg Landshut		34	16	5	13	73-56	+17	53	17	9	3	5	37-21	30	17	7	2	8	36-35	23
8.	(6.)	FC Töging		34	14	7	13	52-62	-10	49	17	8	4	5	28-34	28	17	6	3	8	24-28	21
9.	(↑)	TSV Eintracht Karlsfeld		34	14	5	15	47-57	-10	47	17	7	1	9	27-31	22	17	7	4	6	20-26	25
10.	(8.M)	TSV 1883 Bogen	→	34	13	7	14	45-50	-5	46	17	7	5	5	19-16	26	17	6	2	9	26-34	20
11.	(12.)	TSV Kastl		34	14	4	16	63-65	-2	46	17	6	3	8	35-35	21	17	8	1	8	28-30	25
12.	(10.)	SV Erlbach		34	12	10	12	58-52	+6	46	17	6	5	6	27-25	23	17	6	5	6	31-27	23
13.	(14.)	SB DJK Rosenheim		34	9	9	16	44-56	-12	36	17	7	2	8	29-28	23	17	2	7	8	15-28	13
14.	(↓)	SB Chiemgau Traunstein		34	9	9	16	54-58	-4	36	17	7	3	7	35-28	24	17	2	6	9	19-30	12
15.	(9.)	TuS 1860 Pfarrkirchen	↓	34	9	9	16	45-54	-9	36	17	6	4	7	26-27	22	17	3	5	9	19-27	14
16.	(↑)	FC Moosinning	↓	34	8	8	18	34-59	-25	32	17	6	4	7	20-22	22	17	2	4	11	14-37	10
17.	(↑)	ASCK Simbach a. Inn	↓	34	6	4	24	33-88	-55	22	17	4	2	11	15-38	14	17	2	2	13	18-50	8
18.	(13.)	TSV Neuried	↓	34	0	6	28	27-91	-64	5	17	0	6	11	16-38	6	17	0	0	17	11-53	0

Dem TSV Neuried wurde ein Punkt abgezogen, weil im Spiel gegen SB DJK Rosenheim am 14.07.2018 ein Spieler ohne Spielberechtigung eingesetzt wurde.
Bei Punktgleichheit zählt der direkte Vergleich der Ligaspiele.

Absteiger aus der Bayernliga:	TuS Holzkirchen und FC Unterföhring (Süd).
Aufsteiger in die Bayernliga:	TSV 1880 Wasserburg und FC Deisenhofen (Süd).
Wechsel in die Staffel Mitte:	TSV 1883 Bogen.
Wechsel aus der Staffel Mitte:	FC Sturm Hauzenberg, TSV Waldkirchen und 1. FC Passau.
Absteiger in die Bezirksligen:	TSV Neuried (Oberbayern Süd), ASCK Simbach a. Inn, TuS 1860 Pfarrkirchen (Niederbayern West) und FC Moosinning (Oberbayern Nord).
Aufsteiger aus den Bezirksligen:	Kirchheimer SC (Oberbayern Nord) und TSV Ampfing (Oberbayern Ost).

Landesliga Bayern Südost 2018/19

	TSV Wasserburg	FC Deisenhofen	Hallbergmoos	SCE Freising	ASV Dachau	TSV Grünwald	SpVgg Landshut	FC Töging	TSV Karlsfeld	TSV Bogen	TSV Kastl	SV Erlbach	SB Rosenheim	SB Traunstein	TuS Pfarrkirchen	FC Moosinning	ASCK Simbach	TSV Neuried
TSV 1880 Wasserburg	X	2:0	4:0	3:0	2:1	0:2	3:1	3:0	3:1	3:1	4:1	1:0	1:0	3:1	1:0	0:0	3:0	2:1
FC Deisenhofen	3:1	X	4:3	4:0	1:0	1:1	4:2	3:1	1:2	4:0	1:2	2:1	1:1	7:1	2:1	2:0	1:0	6:1
VfB Hallbergmoos-G.	1:0	2:0	X	2:1	1:1	2:1	2:3	0:1	0:1	2:0	5:0	2:2	3:1	2:1	4:1	1:0	7:0	1:0
SC Eintracht Freising	2:4	0:1	1:0	X	0:0	1:1	5:4	2:1	2:0	5:2	1:1	0:0	4:1	1:1	0:1	4:2	4:3	6:3
ASV Dachau	2:0	0:2	0:1	0:0	X	2:3	0:0	2:1	2:0	0:2	2:1	1:1	1:1	0:0	1:0	2:0	2:1	3:0
TSV Grünwald	3:1	1:1	4:5	0:2	1:3	X	1:6	1:1	4:1	1:3	3:1	4:2	2:2	1:0	0:3	3:1	2:1	3:1
SpVgg Landshut	1:2	0:1	1:2	0:2	2:1	2:2	X	2:3	6:2	2:1	5:1	3:3	2:0	2:0	1:0	4:0	1:1	3:0
FC Töging	0:4	2:1	0:3	1:5	1:0	2:1	3:2	X	0:0	1:4	1:3	2:2	2:0	4:3	2:2	2:2	4:2	1:0
TSV Eintracht Karlsfeld	2:3	1:3	3:0	2:0	0:4	0:2	2:1	2:2	X	0:1	0:1	1:2	3:2	0:5	3:1	3:0	2:4	3:0
TSV 1883 Bogen	0:3	3:1	0:0	0:0	1:3	1:2	0:3	1:0	1:1	X	1:0	4:0	3:0	0:0	0:0	2:1	0:1	2:1
TSV Kastl	0:3	1:6	2:1	1:3	2:2	1:2	1:3	4:2	2:3	3:0	X	0:1	0:0	2:4	3:1	2:2	7:1	4:1
SV Erlbach	4:1	1:0	2:5	1:4	2:2	1:2	0:2	2:2	3:1	1:1	2:3	X	0:0	2:0	1:1	0:1	3:0	2:0
SB DJK Rosenheim	1:2	1:2	2:4	1:2	1:1	3:3	3:0	3:1	0:1	0:1	0:4	2:4	X	3:1	2:1	2:0	3:1	2:0
SB Chiemgau Traunstein	1:1	0:2	2:3	2:2	1:2	1:4	2:3	0:2	0:1	4:2	1:0	2:1	1:1	X	4:3	5:0	5:0	4:1
TuS 1860 Pfarrkirchen	0:2	0:0	2:4	0:2	1:3	1:1	2:1	1:3	1:1	3:2	2:1	1:4	1:2	0:0	X	4:0	2:1	5:0
FC Moosinning	0:3	0:1	0:2	0:1	0:1	3:1	4:0	1:0	1:1	0:3	0:3	1:0	2:2	1:1	1:1	X	3:1	3:1
ASCK Simbach a. Inn	0:3	1:2	0:3	0:3	0:2	0:6	2:2	1:0	2:2	2:0	1:2	1:4	2:1	1:0	1:1	0:4	X	3:1
TSV Neuried	0:3	2:3	1:1	2:4	1:2	1:1	1:3	0:2	0:2	3:3	1:4	0:4	0:1	1:1	1:2	1:1	1:1	X

SB Chiemgau Traunstein - VfB Hallbergmoos wurde am 18.09.2018 in der 63. Minute beim Stand von 3:1 wetterbedingt abgebrochen und am 24.10.2018 wiederholt.

Torschützenliste:

Platz	Spieler (Mannschaft)	Tore
1.	Hohlenburger, Andreas (SC E. Freising)	34
2.	Brandl, Christian (SpVgg Landshut)	29
3.	Rojek, Alexander (TSV Grünwald)	25
4.	Held, Benjamin (VfB Hallbergmoos-G.)	24
5.	Thiel, Leonhard (TSV Kastl)	19
6.	Diranko, Fabian (VfB Hallbergmoos-G.)	17
7.	Bachhuber, Michael (FC Deisenhofen)	15
	Grothe, Dominik (TSV Kastl)	15
	Hager, Sebastian (SV Erlbach)	15
	Spinner, Sebastian (TSV Kastl)	15

Zuschauerstatistik:

Mannschaft	gesamt	Schnitt
TSV Wasserburg	6.230	366
Chiemgau Traunstein	5.819	342
SV Erlbach	4.820	284
FC Töging	4.522	266
VfB Hallbergmoos-G.	3.595	211
SpVgg Landshut	3.475	204
TSV Kastl	2.743	161
SC Eintracht Freising	2.681	158
TuS Pfarrkirchen	2.575	151
ASCK Simbach a. Inn	2.495	147
FC Moosinning	2.460	145
FC Deisenhofen	2.195	129
TSV Bogen	2.075	122
SB DJK Rosenheim	1.930	114
ASV Dachau	1.925	113
TSV Neuried	1.893	111
TSV Eintr. Karlsfeld	1.524	90
TSV Grünwald	1.349	79
	54.306	**177**

Informationen zu den Qualifikationsspielen finden Sie auf den Seiten 372 ff.

Aufstieg in die LL Schleswig-H.

Aufstiegsspiele der Zweiten der Verbandsligen:

01.06.2019: SV Tungendorf (West) - SVE Comet Kiel (Ost) 1:3 (0:3)
Tungendorf: Linus Waldeck, Kennet Braasch, Steven Ceglarek (46. Felix Piaskowski), Torben Schlotfeldt, Dennis Beck, Andreas Stölting, Julien Huber, Yannick Greier (73. Florian Nupnau), Kristof Lüth (85. Tom Niklas Christ), Dennis Buthmann, Simon Fuhrmann. Trainer: Marco Frauenstein
Kiel: Martin Hering; Dean Hirschmann, Jan-Wilhelm Schwaberau, Marco Rook, Torge Hansen, Tim Markwardt, Robin Schubert, Timo Nath, Elias Taoud (72. Niklas Schmidt), Fynn Gutzeit (80. Tjark Gutzeit), Janneck Raßmanns (87. Oliver Blazevic). Trainer: Mark Hungerecker
Tore: 0:1 Fynn Gutzeit (7.), 0:2 Janneck Raßmanns (16.), 0:3 Fynn Gutzeit (31.), 1:3 Andreas Stölting (48., Foulelfmeter)
Zuschauer: 280 auf dem Horst-Neidahl-Sportplatz in Neumünster
Schiedsrichter: Christopher Heyn (TSV Borgstedt) - Assistenten: Jan-Christian Meyer (SV Grün-Weiß Todenbüttel), Felix Till (Osterrönfelder TSV)
Gelbe Karten: 2 / 3

01.06.2019: Breitenfelder SV (Süd) - MTV Tellingstedt (Nord) 1:2 (1:1)
Breitenfelde: Torben Brettschneider; Niklas Gothmann (84. Niklas Stoltenberg), Jonas Kessler, Lennart Jacobsen, Nils Lindemann, Kim Fabian Tiedemann, Thorge Schlüter, Arne Riewe, Finn Sult, Mike Ehlers, Marvin Oden. Trainer: David Martensen
Tellingstedt: Andreas Todt; Lukas Klie, Sören Domscheit, Sven von Levern, Andreas Eggers, Christian Schrum, Arne Sörensen, Steffen Holm, Samir Heißenberg (58. Leon Reitz), Nils Müller, André Engel (83. Thore Thiessen). Trainer: Holger Dobelstein
Tore: 1:0 Marvin Oden (6.), 1:1 Steffen Holm (39.), 1:2 Nils Müller (63.)
Zuschauer: 150 auf dem Sportplatz Breitenfelde in Breitenfelde
Schiedsrichter: Jannik-Alexander Schapals (TSV Schönberg) - Assistenten: Matthias Studt (TSV Stein), Jerome Schaper (TSV Plön)
Gelbe Karten: - / 2
Rote Karten: - / Andreas Eggers (77., Notbremse)
Bes. Vorkommnis: Andreas Todt hält Foulelfmeter von Nils Lindemann (78.)

04.06.2019: SVE Comet Kiel - MTV Tellingstedt 2:6 (2:3)
Kiel: Martin Hering; Dean Hirschmann, Tim Markwardt (59. Tjark Gutzeit), Marco Rook, Robin Schubert, Jan-Wilhelm Schwaberau, Torge Hansen, Timo Nath, Fynn Gutzeit (59. Niklas Schmidt), Elias Taoud (59. Kevin Pank), Janneck Raßmanns. Trainer: Mark Hungerecker
Tellingstedt: Andreas Todt; Lukas Klie, Sören Domscheit, Sven von Levern, Christian Schrum, Thore Thiessen, Nils Müller (75. Joshua Stein), Samir Heißenberg, Steffen Holm (75. Tim Petersen), André Engel, Leon Reitz (70. Hendrik Grill). Trainer: Holger Dobelstein
Tore: 0:1 Leon Reitz (2.), 0:2 Leon Reitz (12.), 1:2 Elias Taoud (29.), Lukas Klie (38., Eigentor), 2:3 André Engel (42., Foulelfmeter), 2:4 Leon Reitz (48.), 2:5 André Engel (58., Foulelfmeter), 2:6 Leon Reitz (59.)
Zuschauer: 244 auf dem TuS-Sportplatz in Bargstedt
Schiedsrichter: Dajinder Pabla (TuS Jevenstedt) - Assistenten: Sönke Rebehn (FT Eintracht Rendsburg), Marvin Hamann (SSV Bredenbek)
Gelbe Karten: Marco Rook, Elias Taoud / Samir Heißenberg, Lukas Klie

04.06.2019: SV Tungendorf - Breitenfelder SV 0:2 (0:0)
Tungendorf: Linus Waldeck; Kennet Braasch, Niklas Krüger (73. Nils-Hendrik Voss), Andreas Stölting, Steven Ceglarek, Florian Nupnau (65. Kristof Lüth), Dennis Buthmann, Yannick Greier (84. Jan Schmahl), Dennis Beck Julien Huber, Simon Fuhrmann. Trainer: Marco Frauenstein
Breitenfelde: Lukas Oden; Jonas Kessler (67. Niklas Gothmann), Andreas Wascher (57. Finn Sult), Niklas Hermann, Nils Lindemann, Thorge Schlüter, Lennart Jacobsen (84. Niklas Stoltenberg), Kim Fabian Tiedemann, Arne Riewe, Mike Ehlers, Marvin Oden. Trainer: David Martensen
Tore: 0:1 Marvin Oden (50.), 0:2 Marvin Oden (83.)
Zuschauer: 150 im Stadion Todesfelde in Todesfelde
Schiedsrichter: Jannik Schneider (VfR Laboe) - Assistenten: Florian Lisiak (SV Friedrichsort), Jan-Christian Meyer (SV Grün-Weiß Todenbüttel)
Gelbe Karten: 1 / -

08.06.2019: MTV Tellingstedt - SV Tungendorf 4:2 (2:1)
Tellingstedt: Andreas Todt; Lukas Klie, Sören Domscheit, Sven von Levern (68. Hendrik Grill), Thore Thiessen, Christian Schrum, Samir Heißenberg (68. Arne Sörensen), Nils Müller, Steffen Holm, André Engel, Leon Reitz (72. Lars Wandmaker). Trainer: Holger Dobelstein
Tungendorf: Linus Waldeck; Kennet Braasch, Maurice Petersen (80. Nils-Hendrik Voss), Jan Schmahl, Steven Ceglarek, Florian Nupnau, Felix Piaskowski (88. Leon Fleischer), Dennis Buthmann, Kristof Lüth, Julien Huber (80. Henrik Nell), Andreas Stölting. Trainer: Marco Frauenstein
Tore: 1:0 Leon Reitz (12.), 1:1 Kristof Lüth (19.), 2:1 André Engel (21.), 2:2 Jan Schmahl (55.), 3:2 Christian Schrum (63.), 4:2 André Engel (81.)
Zuschauer: 190 im Wilhelm-Harder-Stadion in Tellingstedt
Schiedsrichter: Jannek Hansen (Bredstedter TSV) - Ass.: Lukas Bahnsen (SG Langenhorn/Enge), Laurenz Niklas Boysen (SG Langenhorn/Enge)
Gelbe Karten: 2 / 2

08.06.2019: SVE Comet Kiel - Breitenfelder SV 1:4 (0:2)
Kiel: Philipp Meier; Jan-Wilhelm Schwaberau, Marco Rook, Dean Hirschmann, Kevin Pank, Robin Schubert, Niklas Schmidt, Tjark Gutzeit, Elias Taoud (74. Serhat Ortac), Fynn Gutzeit (62. Oliver Blazevic), Janneck Raßmanns. Trainer: Mark Hungerecker
Breitenfelde: Lukas Oden; Niklas Gothmann (70. Benedikt Weissleder), Jonas Kessler, Finn Sult (80. Tobias Lüdtke), Kim Fabian Tiedemann, Lennart Jacobsen, Thorge Schlüter, Nils Lindemann, Arne Riewe, Niklas Hermann, Marvin Oden (65. Andreas Wascher). Trainer: David Martensen
Tore: 0:1 Marvin Oden (30.), 0:2 Marvin Oden (42.), 0:3 Thorge Schlüter (47.), 0:4 Marvin Oden (64.), 1:4 Janneck Raßmanns (83.)
Zuschauer: 350 auf dem Sportplatz SVE Comet des in Kiel
Schiedsrichter: Torben Dwinger (SV Todesfelde) - Assistenten: Maximilian Frank Heber (Kaltenkirchener TS), Patrick Henning (TuS Hartenholm)
Gelbe Karten: 1 / -

Pl.	Mannschaft		Sp	S	U	N	Tore	TD	Pkt
1.	MTV Tellingstedt	↑	3	3	0	0	12- 5	+7	9
2.	Breitenfelder SV	↑	3	2	0	1	7- 3	+4	6
3.	SVE Comet Kiel	↑	3	1	0	2	6-11	-5	3
4.	SV Tungendorf	↑	3	0	0	3	3- 9	-6	0

MTV Tellingstedt, Breitenfelder SV und SVE Comet Kiel steigen in die Landesliga auf. Durch die Nichtmeldung des TSV Schilksee für die Landesliga steigt auch der SV Tungendorf auf.

Vorsorglich angesetzte Aufstiegsrunde der Verbandsligadritten:

29.05.2019: VfR Laboe (Ost) - TuS Rotenhof (Nord) 1:4 (1:2)
Laboe: Christoph-René Zander; Felix Kock, Antonio-Marcial Grünwald, Michael Kiefer, Florian Rasch, Steven Kühl, Florian Manstein, Sebastian Wendt, Pascal Puls, Darko Veselinovic, Jan-Patrick Wemmer. Trainer: Mikica Mladenovic
Rotenhof: Timo Bienwald; Jakob Holten, Dennis Bienwald (87. Nils Hansen), Leon Rathmann (29. Kevin Labinsky), Jan Pioch, Lewin Traulsen, Sebastian Schmid (79. Christoph Ohm), Sören Schulz, Moritz Gersteuer, Kenneth Traulsen, Felix Knuth. Trainer: Hans-Hermann Lausen
Tore: 0:1 Felix Knuth (19.), 1:1 Florian Manstein (38.), 1:2 Sebastian Schmid (26.), 1:3 Dennis Bienwald (59.), 1:4 Sören Schulz (76.)
Zuschauer: 218 auf dem Stoschplatz in Laboe
Schiedsrichter: Steffen Brandt (SV Wasbek) - Assistenten: Ken Brauer (SG Padenstedt), Olaf Schließeit (VfR Neumünster)
Gelbe Karten: 4 / -

01.06.2016: SSC Hagen Ahrensburg (Süd) - TuS Nortorf (West) 5:1 (3:1)
Ahrensburg: Daniel Konrad; Finn Rost, Tarek Thun, Bradley Revera, Jakob Bier, Erol Siegert (59. Kai Pohlmann), Christopher Herklotz, Jan Niklas Danger Brian Techen (46. Manuel Horn), Sebastian Pott, Rico Pohlmann (65. Lars Rusche). Trainer: Carsten Holst
Nortorf: Marten Köper; Rouven Lamprecht, Sebastian Fuhrmann, Jannes Schwartz, Fabian Jacobs, André Storm, Tristan Doege, Safak Erdogdu, Tim-Christoph Reuter, Tim Bracker, Alexander Gerst (65. Jan-Christian Fuhrmann). Trainer: Fabian Doege
Tore: 0:1 Sebastian Fuhrmann (24.), 1:1, 5:1 Rico Pohlmann (26., 65.), 2:1 Brian Techen (30.), 3:1 Sebastian Pott (40.), 4:1 Jan Niklas Danger (64.)
Zuschauer: 60 auf der Sportanlage Am Hagen in Ahrensburg
Schiedsrichter: Malte Rodenberg (ATSV Stockelsdorf) - Assistenten: Benedikt-Maximilian Feldstein, Ole Andreas Schulz (1. FC Phönix Lübeck)
Gelbe Karten: - / 1

05.06.2019: VfR Laboe - SSC Hagen Ahrensburg 2:6 (1:1)
Laboe: Christoph-René Zander; Lasse Saager, Felix Kock, Malte Zubke, Antonio-Marcial Grünwald, Steven Kühl, Florian Manstein, Murat Kayabas, Christian Hirdes (16. André Wieland), Matthias Monzer, Jan-Patrick Wemmer. Trainer: Mikica Mladenovic
Ahrensburg: Daniel Konrad; Benjamin Klamt, Tarek Thun, Lars Rusche (46. Sebastian Pott), Jakob Bier, Markus Wagner, Manuel Horn, Niklas Stock (46. Jan Niklas Danger), Christopher Herklotz, Erol Siegert (60. Kai Pohlmann), Rico Pohlmann. Trainer: Carsten Holst
Tore: 1:0 Jan-Patrick Wemmer (28.), 1:1 Tarek Thun (35., Foulelfmeter), 2:1 Matthias Monzer (49.), 2:2 Sebastian Pott (61.), 2:3 Kai Pohlmann (67.), 2:4 Tarek Thun (75.), 2:5 Jan Niklas Danger (79.), 2:6 Sebastian Pott (83.)
Zuschauer: 100 auf dem Sportplatz A in Bornhöved
Schiedsrichter: Max Rosenthal (VfL Bad Schwartau) - Assistenten: Marcel Colmorgen (TSV Eintracht Groß Grönau), Eike-Robert Kawen (VfL Bad Schwartau)
Gelbe Karten: 1 / 3

05.06.2019: TuS Rotenhof - TuS Nortorf 4:1 (2:1)
Nortorf: Timo Bienwald; Jakob Holten (83. Pascal Wichmann), Dennis Bienwald, Leon Rathmann (65. Finn Biemann), Jonas Feldhusen, Felix Knuth, Jan Pioch, Lewin Traulsen, Christoph Ohm (77. Fabian Sendel), Kenneth Traulsen, Moritz Gersteuer. Trainer: Hans-Hermann Lausen
Rotenhof: Marten Köper; Lasse Mehrens (61. Rouven Lamprecht), Benjamin Butenschön, André Storm (35. Tim Bracker), Tristan Doege, Fabian Jacobs, Sebastian Fuhrmann, Jannes Schwartz, Tim-Christoph Reuter, Jan-Christian Fuhrmann, Alexander Gerst (68. Safak Erdogdu). Trainer: Fabian Doege
Tore: 0:1 Felix Knuth (23., Eigentor), 1:1 Moritz Gersteuer (24.), 2:1 Moritz Gersteuer (39., Foulelfmeter), 3:1 Felix Knuth (63.), 4:1 Kenneth Traulsen (85.)
Zuschauer: 120 auf dem Sportplatz A in Jevenstedt
Schiedsrichter: Simon Schmeling (Heider SV) - Assistenten: Luca Jungheinrich (TSV Schafstedt), Kevin Neuhoff (ABC Wesseln)
Gelbe Karten: 1 / 2

10.06.2019: TuS Nortorf - VfR Laboe abgesetzt

10.06.2019: TuS Rotenhof - SSC Hagen Ahrensburg abgesetzt

Pl.	Mannschaft	Sp	S	U	N	Tore	TD	Pkt
1.	SSC Hagen Ahrensburg	2	2	0	0	11-3	+8	6
2.	TuS Rotenhof	2	2	0	0	8-2	+6	6
3.	VfR Laboe	2	0	0	2	3-10	-7	0
4.	TuS Nortorf	2	0	0	2	2-9	-7	0

Die vorsorglichen Aufstiegsspiele der Tabellendritten der Verbandsligen wurden abgebrochen, da kein weiterer Platz in den Landesligen durch weitere Mannschaftsrückzüge freigeworden ist.

Verbleib in der Westfalenliga

Entscheidungsspiel zwischen dem 13. der Staffel 1 und dem 14. der Staffel 2:
30.05.2019: SV Mesum (1) - BSV Schüren (2) 1:2 (0:0)
Mesum: Max Schmalz; Julian Wolf, Luca Schweder, Valentin Ricken, Dominic Schmidt (79. Jan Lampen), Montasar Hammami, David Rieke (86. Tobias Göttlich), Mathis Vater (69. Nils Wiethölter), Milan Hartke, Christopher Strotmann, Michael Egbers. Trainer: Marcel Langenstroer
Schüren: Sascha Samulewicz; Eyüp Cosgun, Zivko Radojcic, Amadeus Piontek, Lukas Meyer, Hasan Bastürk, Björn Menneke (70. Valentin Simoes Dos Santos), Mathias Tomaschewski (77. Muhammed Hüzeyfe Güreser), Sercan Cihan, Abdelkarim Bouzerda, Sotirios Stratacis (83. Christopher Herwig). Trainer: Arthur Matlik
Tore: 1:0 Michael Egbers (72.), 1:1 Zivko Radojcic (90.), 1:2 Abdelkarim Bouzerda (90.+5)
Zuschauer: 400 im Adolf-Brühl-Stadion in Bockum-Hövel
Schiedsrichter: Tobias Severins (SV Grün-Weiß Langenberg) - Assistenten: Dominic Stock (FSC Rheda), Felix Wittreck (FC Kaunitz)
Gelbe Karten: Mathis Vater, Dominic Schmidt / Sercan Cihan, Eyüp Cosgun, Lukas Meyer

Aufstieg in die Westfalenliga

Entscheidungsspiele der Zweiten der Landesliga um zwei Aufstiegsplätze:
30.05.2019: SC Westfalia Kinderhaus (4) - FSV Gerlingen (2) 1:2 (0:0)
Kinderhaus: Rene Steinke; Moritz Knemeyer, Kevin Schöneberg, Mike Liszka (58. Jonas Kreutzer), Gerrit Göcking, Christoph Göbel, Dzan-Laurin Alic (90. Finn Liebert), Nick Rensing, Corvin Behrens, Simon Winter (90. Luca Jungfermann), Philipp Hollenhorst. Trainer: Marcel Pielage
Gerlingen: Marius Grebe; Hendrik Boßert, Florian Brüser, Pascale Stahl, Tim Weber, Marcel Laube, David Ohm (78. Matthias Beckmann), Christoph Brüser (82. Philipp Bredebach), Michel Schöler, Steffen Schuchert (78. Dominik Zimmermann), Lukas Rademacher. Trainer: Dirk Hennecke
Tore: 0:1 Gerrit Göcking (85., Eigentor), 0:2 Marcel Laube (90.), 1:2 Jonas Kreutzer (90.+1)
Zuschauer: 538 im Eintracht-Stadion in Dortmund-Holzen
Schiedsrichter: Lars Bramkamp (TuS Hattingen) - Assistenten: Björn Stempel (SV Eintracht Grumme), Tobias Schulz (SG Preußen Gladbeck)
Gelbe Karten: 1 / 2
FSV Gerlingen steigt in die Westfalenliga Staffel 2 auf.

30.05.19: SC Oberprockhövel (3) - Fichte Bielefeld (1) 3:4 iE, 2:2 nV (2:2, 1:1)
Obersprockhövel: Maurice Horn; Fabian Kulpmann (72. Moritz Schrepping), Nico Jahnke, Ismael Diaby (56. Raffaele Federico), Arber Berbatovci, Niklas Niedergethmann, Pascal Fabritz, Tobias Voshage (87. Mert Özkan), Luis Monse, Felix Gremme, Adrian Wasilewski. Trainer: Robert Wasilewski
Bielefeld: Christopher Rump; Marvin Paul, Mert Cingöz, Maximilian Helf, Oguz Peker, Kayhan Kaya, Marcel Rohde (67. Benjamin Fumu Mulamba), Dennis Lobitz (110. Furkan Ars), Muhammet-Ali Özel (96. Ugur Pehlivan), Orkun Tosun, Eike Baehr. Trainer: Mario Ermisch
Tore: 1:0 Orkun Tosun (6., Eigentor), 1:1 Kayhan Kaya (15.), 1:2 Maximilian Helf (78.), 2:2 Raffaele Federico (88.)
Elfmeterschießen: Christopher Rump hält gegen Moritz Schrepping, 0:1 Furkan Ars, 1:1 Adrian Wasilewski, 1:2 Mert Cingöz, 2:2 Nico Jahnke, 2:3 Eike Baehr, 3:3 Felix Gremme, 3:4 Maximilian Helf, Niklas Niedergethmann schießt über das Tor
Zuschauer: 400 im Willi-Hafer-Stadion in Werl
Schiedsrichter: Timo Gansloweit (SC Husen-Kurl) - Assistenten: Dennis Joseph (ETuS/DJK Schwerte), Niklas Pleger (SC Husen-Kurl)
Gelbe Karten: Ismael Diaby, Adrian Wasilewski, Nico Jahnke / Kayhan Kaya, Dennis Lobitz, Oguz Peker, Mert Cingöz, Marvin Paul
VfB Fichte Bielefeld steigt in die Westfalenliga Staffel 1 auf.

Qualifikation zur LL Niederrhein

An der Aufstiegsrunde nehmen die Vizemeister aus den sechs BzL teil. Gespielt wird in zwei Gruppen zu je drei Mannschaften, in jeder Gruppe jeweils nur ein Mal gegeneinander. Die beiden Gruppensieger steigen in die LL auf.
Gruppe 1:
06.06.2019: VfB Hilden II - TuB Bocholt 2:2 (1:1)
Hilden: Michael Miler; Lukas Schmetz, Kai Stanzick (46. Nick Sangl), Joshua Velja Schneider, Robin Weyrather, Fabian Andree (67. Moritz Holz), Niklas Strunz, Leon Bernhardt, Manuel Mirek, Nick Lukas Hellenkamp, Marco Tassone (85. Giacomo Russo). Trainer: Tim Schneider
Bocholt: Yannick Wenzel; Dominik Schlütter, Felix Amler, Marc Hübers-Buchmann, Fabian Schmeinck (65. Valerio Fernando Antonio), Tobias Schmeinck, Moritz Amler, Johannes Langhorst (85. Fabio Hellerforth), Jens Terörde, Marco Moscheik, Robin Schneider (75. Fabian Streib). Trainer: Davis Kradt
Tore: 0:1 Moritz Amler (10.), 1:1 Nick Lukas Hellenkamp (45.), 1:2 Marco Moscheik (62.), 2:2 Leon Bernhardt (66.)
Zuschauer: 389 auf der Sportanlage Hoffeldstraße in Hilden
Schiedsrichter: Tim Brüster (SG Kaarst) - Assistenten: Stefan Klingen (TSV Norf), NN
Gelbe Karten: 3 / 2

09.06.2019: SV Blau-Weiß Dingden - VfB Hilden II 2:1 (1:0)
Dingden: Johannes Buers; Deniz Tulgay, Michael Leyking, Ferhat Cavusman, Gerrit Lange, Julian Weirahter, Kevin Juch, Steffen Buers, Robin Volmering (65. Philipp Rensing), Mohamed Salman (75. Timo Holtkamp), Sebastian Kamps (71. Mathis Schluse). Trainer: Dirk Juch
Hilden: Michael Miler; Nick Sangl, Joshua Velja Schneider, Robin Weihrather, Christoff Donath (76. Lukas Schmetz), Niklas Strunz, Manuel Mirek, Leon Bernhardt (58. Giacomo Russo), Moritz Holz, Nick Lukas Hellenkamp, Marco Tassone (68. David Szewczyk). Trainer: Tim Schneider
Tore: 1:0 Kevin Juch (37.), 2:0 Deniz Tulgay (69.), 2:1 Giacomo Russo (73.)
Zuschauer: 1.000 auf dem Sportplatz Höingsweg in Hamminkeln
Schiedsrichter: Cedric Gottschalk (Batenbrocker RK) - Assistenten: Janne Kühsel, Robin Reinartz (beide SR-Kreis Oberhausen/Bottrop)
Gelbe Karten: Robin Volmering, Michael Leyking, Kevin Juch, Johannes Buers / Christoff Donarth, Manuel Mirek

12.06.2019: TuB Bocholt - SV Blau-Weiß Dingden 0:2 (0:2)
Bocholt: Yannick Wenzel; Dominik Schlütter, Felix Amler, Marc Hübers-Buchmann (46. Johannes Langhorst), Fabian Schmeinck (46. Yannick Weikamp), Tobias Schmeinck, Ramiro Weidemann (78. Valerio Fernando Antonio), Moritz Amler, Jens Terörde, Marco Moscheik, Robin Schneider. Trainer: David Kraft
Dingden: Johannes Buers; Deniz Tulgay (78. Timo Holtkamp), Mathis Schluse (64. Philipp Rensing), Michael Leyking, Julian Weirahter, Mohamed Salman (68. Maximilian Willing), Kevin Juch, Sebastian Kamps, Steffen Buers, Ferhat Cavusman, Gerrit Lange. Trainer: Dirk Juch
Tore: 0:1 Ferhat Cavusman (22.), 0:2 Sebastian Kamps (45.)
Zuschauer: 2.200 auf dem Sportplatz Hagensweiden in Bocholt
Schiedsrichter: Lars Aarts (SV Union Wetten) - Assistenten: Marten Kaufels (TSV Nieukerk), Timon Linden (SV Straelen)
Gelbe Karten: Fabian Schmeinck, Marco Moscheik / Mohamed Salman, Sebastian Kamps

Pl.	Mannschaft	Sp	S	U	N	Tore	TD	Pkt
1.	Blau-Weiß Dingden ↑	2	2	0	0	4-1	+3	6
2.	VfB Hilden II	2	0	1	1	3-4	-1	1
3.	TuB Bocholt	2	0	1	1	2-4	-2	1

SV Blau-Weiß Dingden steigt in die Landesliga auf.

Gruppe 2:
06.06.2019: SpVgg Steele 03/09 - TSV 05 Ronsdorf   2:1 (1:0)
Steele: Kai Koppers; Kofi Darko Wilson, Maec Geißler, Dominik Marzinzik (63. Bastian Helms), Maurice Muschalik, Louis Smeilus (77. Bastian Lübeck), Leon Waschk, Henrik Strahlendorf, Daniel Schröder (85. Dominik Bongartz), Burak Bahadir, Fynn Strahlendorf. Trainer: Dirk Möllensiep
Ronsdorf: Bastian Kuhnke; David Venturiello, Benjamin Cansiz, Felix Heyder, Sven Jürgen von der Horst, Leon Brieda, Leon Elbl, Daniel Gordzielik (63. Lukas Reinartz), Anastasios Anastasiou (70. Pascal Homberg), Julian Zeidler, Steven Winterfeld (65. Fabian Nachtsheim). Trainer: Daniele Varveri
Tore: 1:0 Louis Smeilus (7.), 2:0 Burak Bahadir (61., Foulelfmeter), 2:1 Leon Brieda (86.)
Zuschauer: 350 auf dem Sportplatz Langmannskamp in Essen
Schiedsrichter: Marco Lechtenberg (SV Blau-Weiß Meer) - Assistenten: Matti Lambertz (TuS Wickrath), Marlon Bruchhausen (TuS Wickrath)
Gelbe Karten: 2 / 4

09.06.2019: TSV 05 Ronsdorf - SC Victoria Mennrath   4:1 (1:1)
Ronsdorf: Bastian Kuhnke; Benjamin Cansiz, Felix Heyder, Sven Jürgen von der Horst, Fabian Nachtsheim, Daniel Gordzielik (62. David Venturiello), Leon Elbl, Leon Brieda, Julian Zeidler (56. Anastasios Anastasiou, Lukas Reinartz (72. Pascal Homberg), Steven Winterfeld. Trainer: Daniele Varveri
Mennrath: Davis Platen; Tobias Schütz, Noah Kubawitz, Simon Lüttges, David Schatschneider, Malte Renner, Philipp Bäger, Konstantin Xenidis, Paul Szamanski, Oliver Krüppel (67. Rogerain Tiawa Tata), Evgenij Pogorelov (82. Jonah Tiskens). Trainer: Simon Netten
Tore: 1:0 Daniel Gordzielik (2.), 1:1 Oliver Krüppel (45.+4), 2:1 Julian Zeidler (53.), 3:1 Felix Heyder (77.), 4:1 Anastasios Anastasiou (82.)
Zuschauer: 150 auf dem Sportplatz Parkstraße in Wuppertal
Schiedsrichter: Dustin Sperling (SC Leichlingen) - Assistenten: Julian Peplies (TSV Fortuna Wuppertal), Timo Praß (SR-Kreis Wuppertal)
Gelbe Karten: 1 / 2

12.06.2019: SC Victoria Mennrath - SpVgg Steele 03/09   0:2 (0:1)
Mennrath: Davis Platen; Noah Kubawitz, Simon Littgers, David Schatschneider, Malte Renner, Philipp Bäger (68. Sandro Meyer), Konstantin Xenidis, Paul Szymanski, Oliver Krüppel (61. Janah Tiskens), Rogerain Tiawa Tata, Evgenij Pogorelov (72. Lukas Heller). Trainer: Simon Netten
Steele: Kai Koppers; Marc Geißler, Dominik Marzinzik (75. Jan Ehm); Maurice Muschalik, Louis Smeilus (82. Bastian Lübeck), Leon Waschk, Henrik Strahlendorf, Bastan Helms, Daniel Schröder, Burak Bahadir, Fynn Strahlendorf (86. Leander Schaaf). Trainer: Dirk Möllensiep
Tore: 0:1 Fynn Strahlendorf (7.), 0:2 Daniel Schröder (80.)
Zuschauer: 400 auf der Sportanlage Mennrath in Mönchengladbach
Schiedsrichter: Okan Uyma (SC Preußen Duisburg) - Assistenten: Philipp Langer (SV Heißen), Marcel Herrmann (FC Taxi Duisburg)
Gelbe Karten: 4 / 0
Rote Karten: Simon Littges (68., Foulspiel) / -

Pl.	Mannschaft		Sp	S	U	N	Tore	TD	Pkt
1.	Steele 03/09	↑	2	2	0	0	4-1	+3	6
2.	TSV Ronsdorf		2	1	0	1	5-3	+2	3
3.	Victoria Mennrath		2	0	0	2	1-6	-5	0

SpVgg Steele 03/09 steigt in die Landesliga auf.

Aufstieg in die Saarlandliga

Entscheidungsspiel der Zweiten der Verbandsligen:
31.05.2019: SG Lebach/Landsweiler (NO) - 1. FC Reimsbach (SW) 2:3 (1:0)
Lebach: Simon Ferner; Dominik Jäckel, Joshua Warken, Daniel Ali, Johannes Buchheit, Mario Valtschev (89. Romain Heinen), Johannes Biewer (37. Jens Meyer), Thomas Fajferek (67. Jens Schmitt), Christian Brill, Sascha Krauß, Nils Ziegler. Trainer: Faruk Kremic
Reimsbach: Sven Bossmann; Andreas Grimm (62. Maurice Krier), Dominik Schaufler, Manuel Kiaku, Julien Kleinschmidt, Daisuke Takagaki, Yuichiro Hayashi (73. Nico Hoever), Michael Rödel (90. Gian-Luca Buhtz), Joshua Kartheiser, Kazuma Sakamoto, Bartek Kreft. Trainer: Florian Becking und Uli Braun
Tore: 1:0 Sascha Krauß (15.), 2:0 Dominik Jäckel (57., Handelfmeter), 2:1 Bartek Kreft (80.), 2:2 Bartek Kreft (82.), 2:3 Michael Rödel (89.)
Zuschauer: 1.200 im Waldstadion in Hasborn
Schiedsrichter: Julian Geid (SV Borussia Spiesen) - Assistenten: David Estes, Frederic Meier
Gelbe Karten: Johannes Biewer, Dominik Jäckel / Yuichiro Hayashi, Michael Rödel, Dominik Schaufler, Bartek Kreft
Die 1. FC Reimsbach steigt in die Saarlandliga auf.

Aufstieg in die VL Südwest

Entscheidungsspiel um die Meisterschaft in der Landesliga Ost und zur Ermittlung des direkten Aufsteigers (Meister) und des Teilnehmers an den Aufstiegsspielen (Vizemeister):
29.05.2019: SV Rülzheim - FC Basara Mainz   4:2 iE, 0:0 nV
Rülzheim: Kadir Yalcin; Andre Nenning (67. Maximilian Krämer), Sven Rauwolf, Steven Bendusch, Domenico Bottacio, Andelo Srzentic, Daniel Geiger, Sandro Roesner, Rexhep Mustafa (83. Juan Jose Gomez Albarran), Kevin Christoph Baltrusch (101. Maximilian Brechtel), Jesper Brechtel. Trainer: Patrick Brechtel
Mainz: Felix Oscar Pohlenz - Misaki Saso, Jan Itjeshorst, Mitsuhiro Shojo, Masaya Ohashi - Stephan Bröker, Fabio Di Dio Parlapoco (85. Haris Beslic), Yuya Okuda, Ryo Kato - Yugi Sone, Daigo Hiromoto. Trainer: Takashi Yanashita.
Tore im Elfmeterschießen: 1:0 Juan Jose Gomez Albarran, 1:1 Haris Beslic, 2:1 Daniel Geiger, Jan Iteshorst schießt am Tor vorbei, Felix Oscar Pohlenz hält gegen Jesper Brechtel, 2:2 Ryo Kato, 3:2 Maximilian Krämer, Stephan Bröker schießt an den Pfosten, 4:2 Andelo Srzentic
Zuschauer: 800 im Rudolf-Harbig-Stadion in Grünstadt
Schiedsrichter: Matthias Fuchs (SV Regulshausen) - Assistenten: Felix Bank (SC Birkenfeld), Felix Zirbel (SpVgg Nahbollenbach)
Gelbe Karten: Domenico Bottacio / Stephan Bröker, Ryo Kato
SV Rülzheim steigt als Meister direkt in die Verbandsliga Südwest auf.

Aufstiegsspiele der Zweiten der beiden Landesliga-Staffeln (Tordifferenz zählt nicht; bei Punktgleichheit erfolgt ein Entscheidungsspiel):
02.06.2019: VfR Baumholder (W) - FC Basara Mainz (O)   2:3 (1:3)
Baumholder: Michel Schmidt - Felix Kinder (86. Oliver Simon), Dominik Schübelin, Enrico Willrich, René Wenz - Matthias Schmidt, (46. Darius Böll) - Robin Sooß, Niklas Alles, Fabian Lauder, Moritz Höh - Patrick Clos. Trainer: Sascha Schmell
Mainz: Felix Oscar Pohlenz - Misaki Saso, Jan Itjeshorst, Mitsohiro Shojo, Masaya Ohashi (90.+2 Fahim Shahed) - Stephan Bröker (78. Fabio Di Dio Parlapoco), Yuya Okuda, Ryo Kato - Yugi Sone, Haris Beslic (87. Paul Basel), Daigo Hiromoto. Trainer: Takashi Yanashita
Tore: 1:0 Clos (7.), 1:1 Kato (27.), 1:2 Kato (31.), 2:3 Clos (67., Foulelfmeter)
Zuschauer: 850 auf dem Kunstrasenplatz neben dem Brühlstadion in Baumholder
Schiedsrichter: Robin Schulze (Hüffler) - Assistenten: Andreas Keilhauer, Simon Wölflinger
Gelbe Karten: 1 / -

05.06.2019: FC Basara Mainz - VfR Baumholder   1:0 (0:0)
Mainz: Felix Oscar Pohlenz - Misaki Saso, Jan Itjeshorst, Mitsohiro Shojo, Masaya Ohashi (90.+2 Fahim Shahed) - Stephan Bröker, Yuga Okuda, Ryo Kato - Yugi Sone, Haris Beslic (88. Paul Basel), Daigo Hiromoto (80. Fabio Di Dio Parlapoco). Trainer: Takashi Yanashita
Baumholder: Julian Stadt - Moritz Höh, Felix Kinder, Dominik Schübelin, Enrico Willrich, René Wenz - Fabian Lauder. (78. Matthias Schmidt), Darius Böll, Niklas Alles - Robin Sooß, Patrick Clos. Trainer: Sascha Schmell
Tor: 1:0 Sone (88.)
Zuschauer: 313 auf dem Kunstrasenplatz des SC Mogutia Mainz in der Albert-Schweitzer-Straße in Mainz-Bretzenheim
Schiedsrichter: Benedikt Steitz (Schneckenhausen) - Assistenten: Joel Maurice Jung (ASV Winnweiler), Tobias Persohn
Gelbe Karten: Felix Oscar Pohlenz, Ryo Kato / Dominik Schübelin
Gelb-Rote Karten: - / Darius Böll (90.+1)
FC Basara Mainz steigt in die Verbandsliga Südwest auf.

Aufstieg in die VL Hessen Nord

Die Zweiten der Gruppenligen Kassel 1, Kassel 2 und Fulda spielen in einer einfachen Runde einen Aufsteiger aus:
30.05.2019: Türkgücü SV Kassel (KS2) - FC Körle (KS1)   1:0 (0:0)
Kassel: Lukas Perzel - Dennis Kwiedor (46. Mohamed Ghafari), Onur Büyükata, Thore Jung, Volkan Altindag - Muhammed Gülsen, Yunus Ulas - Atakan Özdemir (60. Memduh Eryilmaz), Naci Kara, Emre Bicer - Yasin Bingül (75. Michael Pauker). Trainer: Hüseyin Üstün
Körle: Mario Umbach - Felix Lenz (78. Fitim Islami), Marcel Riemann, Kai Lenz, Samir Essid (88. Maximilian Lohne) - Daniel Kraus (69. Dennis Friedrich), Tobias Scherbaum, Dennis Alberding, Luis Taube, Eren Kadir - Thomas Melnarowicz. Trainer: Teame Andezion
Tor: 1:0 Bicer (63.)
Zuschauer: 1.100 im Nordstadtstadion in Kassel
Schiedsrichter: Philipp Metzger (FSV Rot-Weiß Wolfhagen) - Assistenten: Niklas Rüddenklau (TSV Ersen), Hendrik Ernst (FSV Rot-Weiß Wolfhagen)

02.06.2019: FC Körle - SG Ehrenberg (FD) 0:1 (0:0)
Körle: Mario Umbach - Dennis Friedrich (90.+5 Robin Mirus), Marcel Riemann, Kai Lenz, Samir Essid - Daniel Kraus (70. Fitim Islami), Luis Taube - Dennis Alberding, Tobias Scherbaum, Eren Kadir - Thomas Melnarowicz. Trainer: Teame Andezion
Ehrenberg: Simon Voll - Leon Bau, Florian Dinkel, Moritz Schäfer, Felix Beck - Robert Schorstein, Mark Jaksch (84. Marius Schäfer) - Michael Geier - André van Leeuwen (90.+2 Julian Keidel), Marius Bublitz (80. Niklas Bleuel), Julius Brehl. Trainer: Robert Schorstein
Tor: 0:1 Jaksch (64.)
Zuschauer: 1.100 auf der Schwarzwald-Kampfbahn in Körle
Schiedsrichter: Marcel Rühl (VfB Erda) - Assistenten: Christian Schuster (SG Schwalbach), Tom Niklas Krämer (Kölschhausen)
Gelb-Rote Karten: Kadir (61., Meckern) / -

08.06.2019: SG Ehrenberg - Türkgücü SV Kassel 2:1 (0:1)
Ehrenberg: Simon Voll - Leon Bau, Florian Dinkel, Moritz Schäfer, Felix Beck - Mark Jaksch, Michael Geier - Niklas Bleuel (69. Marius Schäfer), Julius Brehl (87. Niklas Diel), André van Leeuwen (89. Dennis Scheffler) - Marius Bublitz. Trainer: Mark Jaksch (i. V.)
Kassel: Moumen Kam Naksh - Mohamed Ghafari (38. Kevin Janek), Onur Büyükata, Thore Jung, Volkan Altindag - Muhammed Gülsen (79. Abdulrahman Bustani), Naci Kara - Atakan Özdemir, Memduh Eryilmaz (60. Michael Pauker), Emre Bicer - Yasin Bingül. Trainer: Hüseyin Üstün
Tore: 0:1 Kara (6.), 1:1 van Leeuwen (58.), 2:1 Bublitz (62.)
Zuschauer: 2.200 auf dem Sportplatz Wüstensachsen in Ehrenberg
Schiedsrichter: Gahis Safi (TSG Ober-Wöllstadt) - Assistenten: NN, Roshan Safi (SpVgg Hüttengesäß)

Pl.	Mannschaft		Sp	S	U	N	Tore	TD	Pkt
1.	SG Ehrenberg	↑	2	2	0	0	3-1	+2	6
2.	Türkgücü SV Kassel	↑	2	1	0	1	2-2	0	3
3.	FC Körle	↑	2	0	0	2	0-2	-2	0

SG Ehrenberg steigt in die Verbandsliga Hessen Nord auf. Durch den Aufstieg von SV Neuhof in die Hessenliga und Aufgrund des freiwilligen Rückzuges der SpVgg 07 Eschwege steigen auch Türkgücü SV Kassel und FC Körle auf.

Aufstieg in die VL Hessen Mitte

Der Zweite der Gruppenliga Wiesbaden und der Dritte der Gruppenliga Gießen-Marburg spielen in Hin- und Rückspiel einen Aufsteiger aus:
02.06.2019: FC Turabdin B. Pohlheim (Gl-MR) - RSV Weyer (WI) 3:1 (1:1)
Pohlheim: Daniel Nigbur; Semir Uras, Pierre Chabou (86. Patrick Agriman), Gabriel Gülec (38. Besim Kücükkaplan), Helmut Schäfer (79. Markos Aydin), Kevin Rennert, Sven Kusebauch, Nelson Delzer, Risko Bulut, Albano Sidon, Steffen Spottka. Trainer: Peter Morbe
Weyer: Leotrim Hisenay; Lirim Orani, Tobias Uran, Tim-Maurice Sawall (81. Pierre Roth), Zubair Din, Marc Sawall, Luca Seibel, David Seibel (71. Dennis Wecker), Michael Schmitz, Timo Wind, Andreas Petri. Trainer: Frank Wissenbach
Tore: 0:1 Wind (31.), 1:1, 3:1 Rennert (45.+1, 60.), 2:1 Kücükkaplan (47.)
Zuschauer: 900 auf dem Sportplatz an der Neumühle in Watzenborn-Steinberg
Schiedsrichter: Jeffrey Euchler (SV Germania Herolz) - Assistenten: Steffen Krah (SV Germania Herolz), Carlos Stein (SG Huttengrund)

09.06.2019: RSV Weyer - FC Turabdin Babylon Pohlheim 5:0 (1:0)
Weyer: Leotrim Hisenay; Lirim Orani, Tobias Uran, Tim-Maurice Sawall (83. Dennis Wecker), Zubair Din, Marc Sawall, Luca Seibel, David Seibel, Michael Schmitz, Timo Wind, Andreas Petri. Trainer: Frank Wissenbach
Pohlheim: Daniel Nigbur; Semir Uras, Patrick Agriman (74. Pierre Chabou), Besim Kücükkaplan (66. Gabriel Gülec), Helmut Schäfer, Kevin Rennert, Sven Kusebauch, Nelson Delzer, Risko Bulut, Albano Sidon, Steffen Spottka. Trainer: Peter Morbe
Tore: 1:0 Petri (24.), 2:0 Wind (49.), 3:0 Schmitz (78.), 4:0 Wind (84.), 5:0 Wind (90.)
Zuschauer: 550 auf dem Sportplatz in Villmar-Weyer
Schiedsrichter: Patrick Werner (SKG Bauschheim) - Assistentinnen: Dominik Roß (TSV Lengfeld), Alessandro Scotece (SV Rot-Weiß Walldorf)
Gelb-Rote Karten: - / Wind (90., Unsportlichkeit)

RSV Weyer steigt in die Verbandsliga Hessen Mitte auf. Durch den Aufstieg von TuS Dietkirchen in die Hessenliga steigt auch FC Turabdin Babylon Pohlheim auf.

Aufstieg in die VL Hessen Süd

Die Zweiten der Gruppenligen Frankfurt-West, Frankfurt-Ost und Darmstadt spielen in einer einfachen Runde zwei Aufsteiger aus:
02.06.19: Jügesheimer SK Rodgau (F O) - FG Seckbach 02 (F W) 2:1 (1:1)
Rodgau: Jerome Czaronek - Leon Hitzel (62. Philipp Akkert), Ralf Cölsch, Marijo Dejanovic, Jason Kunth - Dominik Goetze, Nico Klein - Maikel Mesquita (58. Savvas Konstantinidis), Chakib Neteoui Flores (78. Zakaria Ajiou), Dennis Profumo - Dominik Fischer. Trainer: Andreas Humbert
Seckbach: Mark Lüdtke - Gabriel Fustero, Marcel Tschakert, Hendrik Horvatinovic - Manuel May - Dominik Tischner, Milad Wardak (77. Philipp Langelotz), Julen Herreo Cennamo, Steven Mühl - Jonas Scheitza (71. Hiroyuki Iizuka), Ali Wardak (85. Kai Rothenburger). Trainer: Thorsten Spahn
Tore: 1:0 Profumo (20., Foulelfmeter), 1:1 Mühl (43.), 2:1 Goetze (72.)
Zs.: 270 im Maingau-Energie-Stadion am Weichsee in Rodgau-Jügesheim
Schiedsrichter: Dennis Jantz (1. SC Kohlheck) - Assistenten: Mark-Oliver Ney (FC Bierstadt), Jendrik Münstermann (SV Erbenheim)

05.06.2019: FG Seckbach 02 - VfB Ginsheim II (DA) 2:1 (0:0)
Seckbach: Mark Lüdtke - Alen Kotorac, Marcel Tschakert, Gabriel Fustero - Dominik Tischner, Hendrik Horvatinovic (82. Florian Brenner), Manuel May, Steven Mühl - Ali Wardak (77. Riki Tsuchiya), Philipp Langelotz (68. Hiroyuki Iizuka), Julen Herrero Cennamo. Trainer: Thorsten Spahn
Ginsheim: David Staegemann - Nils Leonhardt, Matthias Manneck, Atacan Karatas, Pascal Hertlein - Ryoto Ishii, Kamil Kwiaton (60. Tim Vietze), Paul Hager, Daniel Thur - Nazeem Aboubakari (69. Mihai Gropeanu), Francesco Teodonno (69. Tobias Lux). Trainer: Theodoros Simeonakis
Tore: 1:0 Tschakert (48.), 2:0 Wardak (52.), 2:1 Gropeanu (90.)
Zuschauer: 600 auf der Sportanlage Seckbach Süd in Frankfurt am Main
Schiedsrichter: Markus Bengelsdorff (TSV Eintracht Stadtallendorf) - Assistenten: Hendrik Martin (VfR Niederwald), Moritz Hämel (TSV Michelbach)

08.06.2019: VfB Ginsheim II - Jügesheimer SK Rodgau 4:3 (3:1)
Ginsheim: David Staegemann - Atacan Karatas, Pascal Hertlein, Matthias Manneck, Ryota Ishii, Tim Vietze, Kamil Kwiaton, Paul Hager (65. Fabio Polizzi), Tobias Lux (61. Mihai Gropeanu), Daniel Thur, Nazzem Aboubakari (55. Carsten Hennig). Trainer: Theodoros Simeonakis
Rodgau: Jerome Czaronek - Philipp Akkert, Ralf Cölsch, Marijo Dejnaovic, Jason Kunth (58. Petrit Hulaj) - Dominik Goetze, Nico Klein - Savvas Konstantinidis (46. Clemens Freitag), Chakib Neteoui Flores (65. Jan Fröhlich), Dennis Profumo - Dominik Fischer. Trainer: Andreas Humbert
Tore: 1:0, 3:1 Thur (5. und 41., jeweils Foulelfmeter), 1:1 Cölsch (22.), 2:1 Aboubakari (31.), 4:1 Vietze (51.), 4:2 Profumo (73.), 4:3 Hulaj (90.+2)
Zuschauer: 500 im Sportpark Ginsheim
Schiedsrichter: Tobias Vogel (VfB Unterliederbach) - Assistenten: Simon Henninger (SG Kelkheim) / Leon Reuben (1. FC Viktoria 07 Kelsterbach)
Gelb-Rote Karten: Polizzi (90.) / -

Pl.	Mannschaft		Sp	S	U	N	Tore	TD	Pkt
1.	VfB Ginsheim II	↑	2	1	0	1	5-5	0	3
	JSK Rodgau		2	1	0	1	5-5	0	3
3.	FG Seckbach 02		2	1	0	1	3-3	0	3

Aufgrund der weniger geschossenen Tore ist FG Seckbach 02 Letzter. Bei den torgleichen Mannschaften entscheidet dann der direkte Vergleich zugunsten von Ginsheim. VfB Ginsheim II steigt somit in die Verbandsliga Hessen Süd auf. Der Hessische FV hat diese Entscheidung des Verbandsausschusses für Spielbetrieb verworfen. Nach Rechtsauffassung des HFV hätte ein Entscheidungsspiel der torgleichen Mannschaften stattfinden müssen. Aufgrund des zeitlichen Abstandes zwischen letztem Aufstiegsspiel und Urteil war die Ansetzung eines solchen Entscheidungsspiels nicht mehr zumutbar. Daher wurde auch JSK Rodgau der Aufstieg zuerkannt.

Qualifikation zur VL Nordbaden

Teilnehmer: 14. Verbandsliga (VL) sowie die Zweiten der Landesligen Odenwald (OW), Rhein-Neckar (RN) und Mittelbaden(MB) im KO-System.
1. Runde:
08.06.2019: VfL Kurpfalz Neckarau (RN) - TuS Bilfingen (VL) 0:1 (0:1)
Neckarau: Burak Polat - Aykan Okur, Miljan Joksimovic, Stephan Abel, Patrick Piontek (63. Tim Kröbel), Mustafa Azad (82. Gökhan Özkan) - Lambert Max Djouendjeu Kougang, Linus Held, Egzon Abdullahu (82. Fabian Stempel) - Lorenz Held, Idris Yildirim. Trainer: R.Weber und F.Genc
Bilfingen: Bünyamin Karagöz - Robin Müller, Rico Reichenbacher - Danijel Bozic (68. Luka Stojic), Murat Ertugrul, Kevin Stoitzner, Maxim Kohlmann (70. Sascha Mörgenthaler), Besart Krasniqi (82. Salman Can Torun), Benjamin Krause - Kevin Geiger, Oguzhan Celebi. Trainer: Dejan Svjetlanovic
Tor: 0:1 Oguzhan Celebi (16.)

Zuschauer: 500 im Waldstadion Kirrlach in Waghäusel- Kirrlach
Schiedsrichter: Mika Forster (FC Flehingen, NBD) - Ass.: Pascal Rohwedder (ATSV Mutschelbach, NBD), Fabian Hilz (FV Fortuna Kirchfeld, NBD)
G-R Karten: Miljan Joksimovic (89.) / Murat Ertugrul (90.+1, Spielverzögerung)
Gelbe Karten: 3 / 3

10.06.2019: FC Östringen (MB) - SpVgg. Neckarelz (OW)   1:3 (0:2)
Östringen: Jannik Ballreich - Marius Bentheimer, Julian Ruck (13. Ismail Akdag), Patrik Göbel, Jens Knaus - Dimitri Suworow, Tim Koch (28. Julian Beer), Christoph Hillenbrand, Gianluca Liotta (54. Marvin Hauer) - Antonio Sallustio, Fabian Gerich (84. Pascal Schneider). Trainer: Alexander Göhring
Neckarelz: Maximilian Penz - Andreas Schwind, Martin Rau, Niklas Böhm, Robin Müller - Kevin Diefenbacher, Onur Satilmis, Dennis Wissutschek (90. Ugurcan Kizilyar) - Lukas Böhm, Henrik Hogen (79. Simon Fertig), Belmin Karic (59. Marius Tutea). Trainer: Stefan Strerath
Tore: 0:1 Onur Satilmis (38.), 0:2 Belmin Karic (45.+3), 1:2 Antonio Sallustio (58., Foulelfmeter), 1:3 Niklas Böhm (67.)
Zuschauer: 1.163 bei der SG Waibstadt in Waibstadt
Schiedsrichter: Joshua Zanke (TSV Ötisheim) - Assistenten: Raphael Kastner (Sportfreunde Dobel), Armin Senger (1. CfR Pforzheim)
Gelbe Karten: Marius Bentheimer, Gianluca Liotta / Niklas Böhm, Robin Müller, NN

2. Runde:
15.06.2019: TuS Bilfingen - SpVgg Neckarelz   2:4 nV (2:2, 2:1)
Bilfingen: Bünyamin Karagöz - Rico Reichenbacher, Robin Müller - Benjamin Krause, Danijel Bozic (54. Luka Stojic), Besart Krasniqi (77. Salman Can Torun), Kevin Stoitzner, Maxim Kohlmann (65. Dejan Svjetlanovic) - Sascha Mörgenthaler (97. David Stojic), Kevin Geiger, Oguzhan Celebi. Trainer: Dejan Svjetlanovic
Neckarelz: Maximilian Penz - Niklas Böhm, Robin Müller (87. Daniel Hotel), Andreas Schwind, Martin Rau - Simon Fertig, Onur Satilmis, Dennis Wissutschek, Kevin Diefenbacher - Lukas Böhm, Henrik Hogen (112. Ugurcan Kizilyar). Trainer: Stefan Strerath
Tore: 0:1, 2:3 Lukas Böhm (20., 95.), 1:1 Rico Reichenbacher (22.), 2:1 Oguzhan Celebi (28.), 2:2 Andreas Schwind (85.), 2:4 Simon Fertig (112.)
Zuschauer: 684 beim FC Viktoria Odenheim in Östringen
Schiedsrichter: Philipp Reitermayer (TSV Palmbach) - Ass.: Pascal Rastetter (TSV Reichenbach), Cedrik-Alexander Bollmeier (TSV Reichenbach)
Gelbe Karten: Oguzhan Celebi, Maxim Kohlmann, Besart Krasniqi, Sascha Mörgenthaler, Luka Stojic / Kevin Diefenbacher, NN
SpVgg Neckarelz steigt in die VL auf, TuS Bilfingen steigt in die LL Mittelbaden ab, VfL Kurpfalz Neckarau und FC Östringen verbleiben in der LL.

Aufstieg zur VL Südbaden

Aufstiegsrunde der Vizemeister der Landesliga Staffeln 1, 2 und 3 (einfache Runde jeder einmal gegen jeden):
08.06.2019 FC 08 Villingen II (3) - SC Durbachtal (1)   2:3 (0:2)
Villingen: Marcel Bender - Tim Zölle (46. Tijan Jallow) - Pietro Morreale, Timo Wagner (85. Furkan Sari), Manuel Passarella, Marcel Jerhof (46. Maurice Dresel), Teyfik Ceylan - Luca Crudo, Marijan Tucakovic, Fabio Chiurazzi, Kamran Yahyaijan. Trainer: Marcel Yahyaijan
Durbachtal: Daniel Herr - Marius Hauser, Adnan Tlemsamani, Thomas Dautner, Niko Oehler - Marco Maier (39. Timo Meyer), Jan Philipowski, Timo Petereit (69. Andreas Vogel), Jannik Klausmann (75. Maximilian Zeil) - Marius Kern (70. Nicolas Rios), Niklas Martin. Trainer: Jan Haist
Tore: 0:1 Timo Petereit (12., Foulelfmeter), 0:2 Marco Maier (35.), 1:2 Kamran Yahyaijan (49., Foulelfmeter), 2:2 Kamran Yahyaijan (57., Foulelfmeter), 2:3 Marius Hauser (89.)
Zs.: 550 in der MS Technologie-Arena Villingen in Villingen-Schwenningen
Schiedsrichter: Felix Ehing (VfR Engen) - Assistenten: Dario Litterst (SV Worblingen), Mario Barisic (Sigmaringen)
Gelbe Karten: 4 / 3

15.06.2019: SV Weil (2) - FC 08 Villingen II   1:1 (0:0)
Weil: Sandro Keller - David Groß, Julien Tschira, Patric Lauber - Hannes Kaiser, Thanh Nam Do Le, Yannik Weber, Justin Samardzic (72. Kyriakos Stergianos Michailidis), Almin Mislimovic - Marvin Stöhr, Ridje Sprich. Trainer: Tobias Bächle
Villingen: Marcel Bender - Tim Zölle, Nico Effinger (72. Marcel Jerhof) - Maurice Dresel (73. Furkan Sari, 83. Batuhan Bak), Timo Wagner, Manuel Passarella, Teyfik Ceylan - Fabio Chiurazzi, Luca Crudo, Kamran Yahyaijan, Tijan Jallow (64. Berkay Cakici). Trainer: Marcel Yahyaijan
Tore: 0:1 Kamran Yahyaijan (85.), 1:1 Ridje Sprich (90.+5)
Zuschauer: 586 im Sportzentrum Nonnenholz Stadion in Weil am Rhein
Schiedsrichter: Tobias Bartschat (SpVgg Untermünstertal) - Assistenten: Rene Hargarten (SC March), Dominik Schwind (SV Achkarren)

Rote Karten: - / Berkay Cakici (90.+3, Tätlichkeit)
Gelbe Karten: Patric Lauber, Almin Mislimovic, Julien Tschira, NN / Kamran Yahyaijan, Tim Zölle

20.06.2019 SC Durbachtal - SV Weil   1:6 (0:2)
Durbachtal: Daniel Herr - Marc Decker - Marius Hauser, Adnan Tlemsamani (58. Timo Meyer), Danny Sandhaas (67. Niko Oehler), Thomas Dautner - Jan Philipowski, Timo Petereit - Marius Kern (58. Nicolas Rios), Jannik Klausmann, Niklas Martin (46. Marco Maier). Trainer: Jan Haist
Weil: Sandro Keller - David Groß, Julien Tschira (89. Alessio Lo Russo), Patric Lauber - Thanh Nam Do Le (81. Daniel Mundinger), Yannik Weber, Justin Samardzic (59. Kyriakos Stergianos Michailidis), Almin Mislimovic, Hannes Kaiser - Marvin Stöhr (73. Nikola Obradovic), Ridje Sprich. Trainer: Tobias Bächle
Tore: 0:1 Almin Mislimovic (25.), 0:2, 0:3, 0:4, 0:5 und 1:6 Ridje Sprich (41., 50., 54., 72., 88.), 1:5 Jan Philipowski (80.)
Zuschauer: 1.500 im Graf Metternich Stadion in Durbach
Schiedsrichter: Tobias Döring (FC Brigachtal) - Assistenten: Stephan Niggemeier (FC Alemannia Unterkirnach), Philipp Eschle (FC Gütenbach)
Gelbe Karten: Thomas Dautner, Marius Hauser, Jannik Klausmann, Jan Philipowski, NN / Patric Lauber, Justin Samardzic

Pl.	Mannschaft	Sp	S	U	N	Tore	TD	Pkt
1.	SV Weil ↑	2	1	1	0	7-2	+5	4
2.	SC Durbachtal	2	1	0	1	4-8	-4	3
3.	FC 08 Villingen II	2	0	1	1	3-4	-1	1

SV Weil aus der Staffel 2 steigt in die Verbandsliga auf; SC Durbachtal und FC 08 Villingen II verbleiben in der Landesliga.

Qualifikation zur VL Württemberg

Teilnehmer: der 12. der Verbandsliga sowie die Vizemeister der Landesliga Staffeln 1, 2, 3 und 4 im KO-System.
1. Runde:
12.06.2019 SV Bonlanden (2) - TSV Heimerdingen (1)   0:3 (0:2)
Bonlanden: Luca Wiedmann - Andreas Pottmeyer, Rudi Hartmann (55. Sascha Häcker), Mike Baradel, Srdjan Savic (71. Steffen Schmidt), Ronald Ried, Sebastian Liebenstein - Nico Presthofer (46. Maximilian Schwarz), Dominic Schilling, Fabio Andretti (46. Jannis Imme) - Ugur Yilmaz. Trainer: Klaus Kämmerer
Heimerdingen: Lukas Emmrich - Tim Schlichting, Salvatore Pellegrino - Daniel Riffert, Pascal Dos Santos Coelho, Steffen Widmaier, Jörn Pribyl (89. Ismail Sancaktaroglu), Michele Ancona, Roberto-Alessandro Ancona (88. Felix Todten), Antonio Di Matteo (78. Piero Stampete) - Murat Öztürk (72. Alexander Frey). Trainer: Holger Ludwig
Tore: 0:1 Murat Öztürk (28.), 0:2 Daniel Riffert (41., Foulelfmeter), 0:3 Michele Ancona (86.)
Zuschauer: 900 im Stadion im Sport- und Freizeitzentrum Leinfelden in Leinfelden-Echterdingen
Schiedsrichter: Dennis Bauer (TSV Schornbach) - Assistenten: Christof Pejdo (SV Fellbach), Qendrim Mustafaj (SV Fellbach)
Gelbe Karten: Ugur Yilmaz / Steffen Widmaier

12.06.2019: VfB Friedrichshafen (4) - SV Böblingen (3)   4:2 nV (2:2, 0:1)
Friedrichshafen: Heiko Holzbaur - Ugur Tuncay, Nico Di Leo, Nicolai Weissenbacher - Ralf Heimgartner, Damir Mirkovic (65. Daniel Di Leo), Sebir Elezi, Marian Pfluger, Denis Nikic (72. Michael Metzler) - Harun Toprak (56. Joshua Merz), Sascha Hohmann (117. Eugen Strom). Trainer: Daniel Di Leo
Böblingen: Dominik Traub - Philip Kalmbach (12. Dejan Djordjevic, 46. Semih Emirzeoglu, Maximilian Frölich, Alban Dodoli, Fabian Schragner (86. Tim Kühnel), Tayfun Sener - Daniel Knoll, Andre Esteves (77. Florian Mayer) - Sascha Raich, Abdoul Goffar Tchagbele, Mert Kizilagil. Trainer: Thomas Siegmund
Tore: 0:1 Fabian Schragner (43.), 0:2 Semih Emirzeoglu (47.), 1:2, 2:2, 3:2 und 4:2 Sascha Hohmann (62., 72., 94., 114.)
Zuschauer: 650 im Sportzentrum TSB Ravensburg in Ravensburg
Schiedsrichter: Philipp Herbst (SSV Rübgarten) - Assistenten: Samuele Cutruneo (TSV Betzingen), Daniel Tomsic (TSV Pliezhausen)
Gelbe Karten: Sascha Hohmann, Joshua Merz, Michael Metzler, Denis Nikic, Marian Pfluger / Andre Esteves, Maximilian Frölich, Sascha Raich, Abdoul Goffar Tchagbele, NN
Rote Karten: - / Alban Dodoli (119., Notbremse)

2. Runde:
16.06.2019: VfB Friedrichshafen - TSV Heimerdingen   1:2 (1:1)
Friedrichshafen: Heiko Holzbaur - Michael Staudacher (55. Joshua Merz), Ugur Tuncay, Nicolai Weissenbacher, Nico Di Leo (74. Daniel Di Leo) - Ralf Heimgartner, Sebir Elezi (63. Eugen Strom), Marian Pfluger, Denis Nikic (70. Michael Metzler) - Harun Toprak, Sascha Hohmann. Trainer: Daniel Di Leo

Heimerdingen: Lukas Emmrich - Tim Schlichting, Salvatore Pellegrino (82. Felix Todten) - Roberto-Alessandro Ancona (47. Alexander Frey), Steffen Widmaier, Daniel Riffert, Pascal Dos Santos Coehlo, Michele Ancona (90. Mohran Hussein), Jörn Pribyl, Antonio Di Matteo - Murat Öztürk (71. Piero Stampete). Trainer: Holger Ludwig
Tore: 0:1 Pascal Dos Santos Coehlo (13.), 1:1 Harun Toprak (22.), 1:2 Michele Ancona (51.)
Zuschauer: 1.050 beim SV Baindt in Baindt
Schiedsrichter: Markus Seidl (TSV Nellmersbach) - Assistenten: Antonio Agazio (SV Winnenden), Daniel Kreber (SV Breuningsweiler)
Gelbe Karten: 1 / 1

3. Runde:
23.06.2019 VfL Nagold (VL) - TSV Heimerdingen 2:4 (2:2)
Nagold: Matthias Müller; Valentin Asch, Marc Bühler (64. Fabian Mücke), Marco Quiskamp (86. Christoph Hollnberger), Christoph Ormos, Luka Kravoscanec, Luka Silic, Chris Wolfer (90. Nicolai Brugger), Matthias Rebmann (76. Berk Özhan), Burak Tastan, Elias Bürkle. Trainer: Armin Redzepagic
Heimerdingen: Lukas Emmrich; Salvatore Pellegrino, Tim Schlichting, Jörn Pribyl, Michele Ancona (90. Denis Schäffler), Murat Öztürk, Roberto-Alessandro Ancona (77. Patrick Kraut), Antonio Di Matteo (78. Alexander Frey), Steffen Widmaier, Pascal Dos Santos Coehlo, Daniel Riffert. Trainer: Holger Ludwig
Tore: 0:1, 2:3 und 2:4 Michele Ancona (7., 52., 87.), 0:2 Pascal Dos Santos Coehlo (15.), 1:2 und 2:2 Elias Bürkle (35., 44.)
Zuschauer: 1.600 Zahlende (gesamt 1.800) beim SV Bondorf in Bondorf
Schiedsrichter: Andreas Iby (FV Sprf Neuhausen) - Assistenten: Dr. Carl Höfer (SV Unterweissach), Johannes Steck (TSV Oberensingen)
Gelbe Karten: Quiskamp / Schlichting, Öztürk, Di Matteo

TSV Heimerdingen aus der Landesliga Staffel 1 steigt in die Verbandsliga auf. VfL Nagold steigt von der Verbandsliga in die Landesliga Staffel 3 ab. VfB Friedrichshafen, SV Bonlanden und SV Böblingen verbleiben in der Landesliga.

Qualifikation zu den LL Bayern

An den Qualifikationsspielen nehmen aus den fünf Landesliga-Staffeln die Mannschaften auf den Rängen 15 bis 17 (Ausnahme Nordwest: Sie spielt nur mit 16 Mannschaften, deshalb nur der 15.) und die Vizemeister aus den 15 Bezirksligen teil. Diese 28 Mannschaften werden nach geographischen Gesichtspunkten in sieben 4er-Gruppen eingeteilt. Die Spielpaarungen innerhalb der Gruppen werden ausgelost. Die Spiele werden im Europa-Cup-Modus ausgetragen. Die Sieger der 2. Runde spielen in der kommenden Saison in der Landesliga, die Verlierer der Runden 1 und 2 in der Bezirksliga.

Gruppe Nordwest:
1. Runde:
23.05.2019: TSV Gochsheim (UFR O) - Baiersdorfer SV (16. LL NO) 0:0
Gochsheim: Jan Deppert; Jonas Heimrich, Jonas Lamberty, Marius Wiederer, Manuel Zweiböhmer, Mario Ketterl, Stefan Greulich (46. Nico Kummer), Dominik Baumann, Daniel Meusel, Yannick Sprenger (62. Tino Kummer), Fnan Tewelde (76. Dominik Demar). Trainer: Stefan Riegler
Baiersdorf: Alexander Fieber; Christoph Lehmann, Christian Kraus, Nico Geier, Max Schmitt, Kenan Ramic (74. Sebastian Hofmann), Nicolas Schwab, Christopher Lee, Fabian Schwab, Marc Weiler (46. Max Grabert), Lars Reinhardt (59. Jonas Lin). Trainer: Thomas Luckner
Zuschauer: 777 auf dem Sportgelände in Gochsheim
Schiedsrichter: Martin Götz (SV DJK Tütschengereuth) - Assistenten: Simon Winkler (DJK Don Bosco Bamberg), Robert Görtler (RSC Oberhaid)
Gelbe Karten: Mario Ketterl, Daniel Meusel / Max Schmitt, Nicolas Schwab, Christopher Lee, Lars Reinhardt

23.05.2019: DJK Hain (UFR W) - SV Erlenbach/Main (15. LL NW) 2:4 (1:2)
Hain: Fabian Wolpert; Andre Hufnagel, Yannick Diels (79. Sascha Ruch), Markus Horr, Agon Jashari, Matthias Fries, Patrick Badowski, Andres Arias Cardenas, Nicolas Muga Morales, Carsten Albrecht, Lukas Müller (46. Tobias Kaminski). Trainer: Markus Horr
Erlenbach: Max Zelder; Muhammed Kayaroglu (90.+1 Oktay Sevim), Maik Neuendorf, Jakob Traut, Konstantin Tschumak, Benedikt Stoll, Fulbert Amouzouvi (61. Nils Günther), Noel Kuther (61. Marcel Fleckenstein), Philipp Traut, Mustafa Kocer, Gabriele Blasi. Trainer: Nico De Rinaldis
Tore: 0:1 Konstantin Tschumak (8.), 1:1 Patrick Badowski (16.), 1:2 Philipp Traut (29.), 1:3 Fulbert Amouzouvi (51.), 2:3 Patrick Badowski (68.), 2:4 Gabriele Blasi (83.)
Zuschauer: 824 auf dem Sportgelände Seebachtal in Laufach
Schiedsrichter: Dominik Fober (SG TSV/DJK Herrieden) - Assistenten: Patrick Lohwasser (TSV Lichtenau), Lonas Lux (FC Nagelberg)
Gelbe Karten: Andres Arias Cardenas / Jakob Traut, Fulbert Amouzouvi

26.05.2019: Baiersdorfer SV - TSV Gochsheim 3:1 (1:1)
Baiersdorf: Alexander Fieber; Christoph Lehmann, Max Grabert, Nico Geier, Max Schmitt, Nicolas Schwab, Christopher Lee, Fabian Schwab, Sebastian Hofmann (54. Jaka Kuhar), Marc Weiler (74. Jonas Lin), Lars Reinhardt (64. Christian Kraus). Trainer: Thomas Luckner
Gochsheim: Jan Deppert; Jonas Heimrich, Jonas Lamberty, Manuel Zweiböhmer, Nico Kummer (59. Marius Wiederer), Tino Kummer (59. Fnan Tewelde), Mario Ketterl, Stefan Greulich (71. Dominik Demar), Andreas Schubert, Daniel Meusel, Yannick Sprenger. Trainer: Stefan Riegler
Tore: 1:0 Lars Reinhardt (42., Foulelfmeter), 1:1 Jonas Heimrich (45.), 2:1 Marc Weiler (59.), 3:1 Fabian Schwab (71., Foulelfmeter)
Zuschauer: 400 auf der Sportanlage Am Sportzentrum in Baiersdorf
Schiedsrichter: Andreas Dinger (TSV Bischofsgrün) - Assistenten: Maximilian Dadder (TSV Kirchenlaibach-Speichersdorf), Lukas Höhn (TSV Mistelbach)
Gelbe Karten: Max Grabert, Fabian Schwab, Sebastian Hofmann, Lars Reinhardt / Jonas Lamberty, Nico Kummer, Daniel Meusel

26.05.2019: SV Erlenbach/Main - DJK Hain 2:1 (0:0)
Erlenbach: Max Zelder; Muhammed Kayaroglu, Maik Neuendorf, Jakob Traut, Konstantin Tschumak, Benedikt Stoll, Fulbert Amouzouvi, Noel Kuther (46. Marcel Fleckenstein), Philipp Traut, Mustafa Kocer (88. Oktay Sevim), Gabriele Blasi. Trainer: Nico De Rinaldis
Hain: Fabian Wolpert; Andre Hufnagel, Markus Horr, Agon Jashari, Matthias Fries, Patrick Badowski, Andres Arias Cardenas (75. Sascha Ruch), Nicolas Muga Morales, Tobias Kaminski, Carsten Albrecht, Lukas Müller (87. Gianluca Asta). Trainer: Markus Horr
Tore: 0:1 Tobias Kaminski (52.), 1:1, 2:1 Muhammed Kayaroglu (75., 88.)
Zuschauer: 577 auf dem Sportgelände Am Viktoriaheim in Erlenbach
Schiedsrichter: Markus Hertlein (TSV Dinkelsbühl) - Assistenten: Kevin Rösch (SF Laubendorf), Miriam Bloß (FC Neunstetten)
Gelbe Karten: Marcel Fleckenstein / Andre Hufnagel, Markus Horr, Carsten Albrecht

2. Runde:
29.05.2019: Baiersdorfer SV - SV Erlenbach/Main 0:1 (0:0)
Baiersdorf: Alexander Fieber; Christoph Lehmann, Max Grabert, Nico Geier (81. Jonas Lin), Max Schmitt, Kenan Ramic (58. Christian Kraus), Nicolas Schwab, Christopher Lee, Fabian Schwab, Marc Weiler, Lars Reinhardt (68. Sebastian Hofmann). Trainer: Thomas Luckner
Erlenbach: Max Zelder; Okan Yildiz (46. Konstantin Tschumak), Maik Neuendorf, Jakob Traut, Benedikt Stoll, Muhammed Kayaroglu, Fulbert Amouzouvi, Noel Kuther, Philipp Traut, Marcel Fleckenstein, Gabriele Blasi. Trainer: Nico De Rinaldis
Tor: 0:1 Muhammed Kayaroglu (88.)
Zuschauer: 153 auf der Sportanlage Am Sportzentrum in Baiersdorf
Schiedsrichter: Stefan Klerner (DJK Franken Lichtenfels) - Assistenten: Simon Winkler (DJK Don Bosco Bamberg), Benedikt Jany (TSV Bernau)
Gelbe Karten: Max Grabert, Nicolas Schwab, Sebastian Hofmann / Okan Yildiz, Muhammed Kayaroglu, Marcel Fleckenstein

01.06.2019: SV Erlenbach/Main - Baiersdorfer SV 0:2 (0:0)
Erlenbach: Max Zelder; Maik Neuendorf, Jakob Traut, Konstantin Tschumak, Benedikt Stoll (45.+2 Oktay Sevim), Marcel Fleckenstein, Fulbert Amouzouvi, Philipp Traut, Mustafa Kocer, Gabriele Blasi (81. Okan Yildiz), Muhammed Kayaroglu. Trainer: Nico De Rinaldis
Baiersdorf: Alexander Fieber; Christoph Lehmann, Max Grabert, Christian Kraus (81. Jonas Lin), Nico Geier (90. Jaka Kuhar), Max Schmitt, Nicolas Schwab, Christopher Lee, Fabian Schwab, Marc Weiler, Lars Reinhardt (69. Kenan Ramic). Trainer: Thomas Luckner
Tore: 0:1 Lars Reinhardt (48.), 0:2 Marc Weiler (90.+2)
Zuschauer: 346 auf dem Sportgelände Am Viktoriaheim in Erlenbach
Schiedsrichter: André Denzlein (1. FC Hochstadt) - Assistenten: Andreas Voll (TSV Kelbachgrund Kleukheim), Tobias Fenkl (SV Hafenpreppach)
Gelbe Karten: Maik Neuendorf, Konstantin Tschumak, Oktay Sevim / Christoph Lehmann, Max Grabert, Nicolas Schwab, Fabian Schwab

Baiersdorfer SV verbleibt in der Landesliga.

Gruppe Nordost:
1. Runde:
23.05.19: BSC Saas Bayreuth (OFR O) - FC Coburg (15. LL NO) 0:4 (0:2)
Bayreuth: Tobias Obwandner; Marco Pütterich, Felix Edelmann, Kevin Eckert, Florian Dörfler, Jan Vogler (71. Matthias Dames), Christopher Wohlfart (61. Tim Tscheuschner), Leon Grüner, Markus Walther, Jonas Meyer, Stephan Otto. Trainer: Jörg Pötzinger
Coburg: Oleksandr Churilov; Daniel Kimmel, Tevin Mc Cullough, Rene Knie, Sertan Sener, Daniel Alles, Lars Teuchert, Leonhard Scheler, Gökhan Sener (79. Eric Heinze), Adrian Guhling (71. Fabian Carl), Ricardo König (84. Lukas Riedelbauch). Trainer: Lars Scheler
Tore: 0:1 Adrian Guhling (8.), 0:2 Adrian Guhling (19.), 0:3 Ricardo König (84.), 0:4 Leon Grüner (86., Eigentor)

Zuschauer: 350 auf der Sportanalage Saas in Bayreuth
Schiedsrichter: Maximilian Ziegler (1. FC Gerolzhofen) - Assistenten: Joachim Feuerbach (SV Frankenwinheim), Frank Tallner (TSV Abtswind)
Gelbe Karten: Felix Edelmann, Markus Walther, Stephan Otto / Gökhan Sener

23.05.19: Schammelsdorf (OFR W) - SpVgg Selbitz (17. LL NO) 2:3 (0:0)
Schammelsdorf: Matthias Schneider; Jonas Bäuerlein (82. Domenik Brunner), Johannes Wörner, Philipp Ohland, Robin Herbst, Michael Pitzer, Dominik Kauder, Michael Massak, Carlo Schmitt, Pascal Herbst, Lukas Witterauf (72. Erik Sussner). Trainer: Dominik Kauder
Selbitz: Andreas Schall; Torsten Drechsel (77. Marcel Gebhardt), Christoph Kaschel (87. Richard Vanek), Tjark Gerull (39. Albert Pohl), Pascal Vuckov, Maximilian Lang, Felix Strootmann, Robin Renger, David Wich, Nicky Eichelkraut, Marcel Findeiß. Trainer: Florian Narr-Drechsel
Tore: 0:1 Maximilian Lang (53., Foulelfmeter), 1:1 Pascal Herbst (66.), 1:2 David Wich (85.), 1:3 Philipp Ohland (88., Eigentor), 2:3 Johannes Wörner (90.+2)
Zuschauer: 809 auf der Sportanlage in Schammelsdorf
Schiedsrichter: Björn Söllner (TSV Aidhausen) - Assistenten: David Kern (TSV Röthlein), Burkhard Böhm (VfL Niederwerrn)
Gelbe Karten: Robin Herbst, Michael Massak, Lukas Witterauf / Felix Strootmann, Robin Renger, David Wich

26.05.2019: FC Coburg - BSC Saas Bayreuth 3:1 (2:0)
Coburg: Oleksandr Churilov; Daniel Kimmel, Eric Heinze, Tevin Mc Cullough, Sertan Sener, Daniel Alles, Lars Teuchert, Leonhard Scheler, Gökhan Sener (46. Jannik Schmidt), Adrian Guhling (75. Lukas Riedelbauch), Ricardo König (58. Fabian Carl). Trainer: Lars Scheler
Bayreuth: Tobias Obwandner; Tim Tscheuschner, Leon Grüner, Marco Pütterich, Felix Edelmann, Stephan Otto, Jan Vogler, Florian Guthmann (70. Patrick Gubitz), Florian Massberger, Markus Walther, Kevin Eckert. Trainer: Jörg Pötzinger
Tore: 1:0 Tevin Mc Cullough (11.), 2:0 Tevin Mc Cullough (44.), 3:0 Sertan Sener (55.), 3:1 Felix Edelmann (61.)
Zuschauer: 90 auf der Dr. Stocke Anlage in Coburg
Schiedsrichter: Sebastian Wieber (SV Ramsthal) - Assistenten: Konstantin Schaab (FSV Schönderling), Sebastian Cornely (DJK Mühlbach)

26.05.2019: SpVgg Selbitz - TSV Schammelsdorf 1:0 (0:0)
Selbitz: Andreas Schall; Christoph Kaschel (75. Niklas Hackenberg), Marcel Gebhardt, Tjark Gerull (46. Albert Pohl), Pascal Vuckov, Maximilian Lang, Felix Strootmann, Robin Renger, David Wich, Nicky Eichelkraut (80. Richard Vanek), Marcel Findeiß. Trainer: Florian Narr-Drechsel
Schammelsdorf: Matthias Schneider; Jonas Bäuerlein, Johannes Wörner, Philipp Ohland, Robin Herbst, Michael Pitzer, Dominik Kauder, Michael Massak, Carlo Schmitt (73. Erik Sussner), Pascal Herbst, Lukas Witterauf (82. Domenik Brunner). Trainer: Dominik Kauder
Tor: 1:0 Albert Pohl (90.+1)
Zuschauer: 602 auf der Sportanlage Austraße in Selbitz
Schiedsrichter: Benjamin Mignon (SV Loderhof/Sulzbach) - Assistenten: Jonas Kohn (SC Germania Amberg), Matthias Kraus (1. FC Rieden)
Gelbe Karten: Marcel Gebhardt / -

2. Runde:
29.05.2019: FC Coburg - SpVgg Selbitz 1:0 (0:0)
Coburg: Oleksandr Churilov; Daniel Kimmel (51. Jannik Schmidt), Tevin Mc Cullough (60. Daniel Sam), Rene Knie, Sertan Sener, Daniel Alles, Lars Teuchert, Leonhard Scheler, Gökhan Sener, Adrian Guhling (71. Fabian Carl), Ricardo König. Trainer: Lars Scheler
Selbitz: Andreas Schall; Christoph Kaschel (90.+1 Christian Pätz), Marcel Gebhardt, Tjark Gerull, Pascal Vuckov (67. David Wich), Albert Pohl, Maximilian Lang, Felix Strootmann, Niklas Hackenberg (89. Nicky Eichelkraut), Robin Renger, Marcel Findeiß. Trainer: Florian Narr-Drechsel
Tor: 1:0 Sertan Sener (85.)
Zuschauer: 274 auf der Dr. Stocke Anlage in Coburg
Schiedsrichter: Simon Marx (FC Viktoria Kahl) - Assistenten: Peter Flach (Sportfreunde Sailauf), Marvin Seither (FC Bayern Alzenau)
Gelbe Karten: Daniel Alles / Tjark Gerull, Marcel Findeiß

01.06.2019: SpVgg Selbitz - FC Coburg 0:2 (0:0)
Selbitz: Andreas Schall; Christoph Kaschel (72. Niklas Hackenberg), Marcel Gebhardt, Tjark Gerull, Pascal Vuckov, Albert Pohl, Maximilian Lang, Felix Strootmann, Robin Renger (90+2 Nicky Eichelkraut), David Wich (58. Christian Pätz), Marcel Findeiß. Trainer: Florian Narr-Drechsel
Coburg: Oleksandr Churilov; Daniel Kimmel, Tevin Mc Cullough (61. Daniel Sam), Rene Knie, Sertan Sener, Daniel Alles (24. Jannik Schmidt), Lars Teuchert, Leonhard Scheler, Gökhan Sener (77. Eric Heinze), Adrian Guhling, Ricardo König. Trainer: Lars Scheler
Tore: 0:1 Daniel Sam (87.), 0:2 Rene Knie (90.+2)
Zuschauer: 555 auf der Sportanlage Austraße in Selbitz

Schiedsrichter: Mario Hofmann (SpVgg/DJK Heroldsbach-Thurn) - Ass.: Christoph Stühler (DJK-SC Oesdorf), Johannes Gründel (1. FC Herzogenaurach)
Gelbe Karten: Albert Pohl, Felix Strootmann / Daniel Kimmel, Rene Knie, Sertan Sener, Gökhan Sener, Jannik Schmidt
FC Coburg verbleibt in der Landesliga

Gruppe Ost:
1. Runde:
23.05.19: Kosovo Regensbg. (OPF S) - SpVgg Pfreimd (17. LL M) 1:0 (1:0)
Regensburg: Andi Xhixha; Bledar Shala, Suat Kaloshi, Lirim Gashi (63. Lulzim Haziri), Vebi Daki, Enkel Alikaj, Shkelzen Kleqka, Didmar Duro, Lavdrim Zeciri (82. Eljon Tatani), Granit Bilalli, Mateo Hasa (46. Alper Yilmaz). Trainer: Enkel Alikaj
Pfreimd: Matthias Plail; Michael Prey, Nicolas Schmid, Philipp Schön, Stefan Schießl, Sebastian Sebald (56. Johannes Zeus), Dennis Lobinger, Bastian Lobinger, Max Mischinger (56. Sebastian Ring), Maximilian Herzog, Michael Brummer. Trainer: Tobias Bernklau
Tor: 1:0 Enkel Alikaj (11., Foulelfmeter)
Zuschauer: 396 auf der Städtischen Sportanlage West in Regensburg
Schiedsrichter: Dr. Markus Huber (SSV Wurmannsquick) - Assistenten: Simon Schreiner (DJK-SF Reichenberg), Lukas Traegner (TSV Marklkofen)
Gelbe Karten: Bledar Shala, Eljon Tatani / Michael Prey, Philipp Schön, Dennis Lobinger, Michael Brummer

23.05.19: SpVgg Ruhmannsf. (NDB O) - VfB Bach/Do. (16. LL M) 2:0 (2:0)
Ruhmannsfelden: Stefan Wittenzellner; Stefan Fruechtl, Bastian Kilger, Stefan Wittenzellner II, Stefan Steinbauer (73. Armin Pfeffer), Ondrej Sima (84. Matthias Pauli), Markus Kraus, Martin Kreß, Michael Wittenzellner (88. Florian Vogl), Niklas Hauner, Josef Schmidt. Trainer: Viktor Stern
Bach: Thomas Doblinger; Mattias Regnat, Maximilian Vogl, Timo Eckert, Michael Diermeier (88. Michael Gerl), Fabian Eckert, Florian Bley, Lukas Kaiser (32. Markus Kindler), Christopher Prester (79. Nico Ludewig), Marco Jordan, Dino Mrkic. Trainer: Thomas Semmelmann
Tore: 1:0 Bastian Kilger (19.), 2:0 Markus Kraus (25.)
Zuschauer: 529 auf der Sportanlage in Ruhmannsfelden
Schiedsrichter: Vinzenz Pfister (SV Oberbergkirchen) - Assistenten: Christian Keck (FC Grünbach), Alexander Meier (SV Waldperlach)
Gelbe Karten: Ondrej Sima / Maximilian Vogl, Michael Diermeier, Christopher Prester

26.05.2019: SpVgg Pfreimd - FC Kosovo Regensburg 2:0 (0:0)
Pfreimd: Matthias Plail; Michael Prey, Nicolas Schmid, Philipp Schön, Stefan Schießl, Dennis Lobinger, Bastian Lobinger, Max Mischinger (55. Sebastian Ring), Maximilian Herzog, Johannes Zeus (55. Sebastian Sebald), Michael Brummer (76. Johannes Luber). Trainer: Tobias Bernklau
Regensburg: Andi Xhixha; Bledar Shala, Suat Kaloshi, Lirim Gashi (89. Alper Yilmaz), Enkel Alikaj, Vebi Daki, Mergent Sulmataj, Shkelzen Kleqka, Didmar Duro, Granit Bilalli (84. Lavdrim Zeciri), Mateo Hasa. Trainer: Enkel Alikaj
Tore: 1:0 Michael Prey (72.), 2:0 Bastian Lobinger (82.)
Zuschauer: 650 auf dem Sportgelände in Pfreimd
Schiedsrichter: Stefan Treiber (VfR Neuburg a. d. Donau) - Assistenten: Sebastian Eder (SV Holzkirchen), Jonathan Schädle (SV Wörnitzstein-Berg)
Gelbe Karten: Michael Prey, Nicolas Schmid, Philipp Schön, Stefan Schießl, Dennis Lobinger, Sebastian Ring / Vebi Daki, Didmar Duro
Gelb-Rote Karten: Sebastian Sebald (90.+7, wiederholte Unsportlichkeit) / Shkelzen Kleqka (90.+5, Foulspiel/Unsportlichkeit)
Rote Karten: - / Mergent Sulmataj (90.+7, Tätlichkeit)

26.05.2019: VfB Bach/Donau - SpVgg Ruhmannsfelden 4:1 (1:1)
Bach: Thomas Doblinger; Mattias Regnat, Maximilian Vogl (57. Michael Gerl), Timo Eckert, Michael Diermeier, Fabian Eckert, Dino Mrkic, Nico Ludewig, Christopher Prester (90. Lukas Kaiser), Marco Jordan, Markus Kindler. Trainer: Thomas Semmelmann
Ruhmannsfelden: Stefan Wittenzellner; Stefan Fruechtl, Bastian Kilger, Stefan Wittenzellner II, Ondrej Sima, Markus Kraus (81. Matthias Pauli), Martin Kreß, Michael Wittenzellner, Niklas Hauner, Armin Pfeffer (66. Stefan Steinbauer), Josef Schmidt. Trainer: Viktor Stern
Tore: 1:0 Marco Jordan (8.), 1:1 Stefan Wittenzellner II (34.), 2:1 Christopher Prester (59.), 3:1 Christopher Prester (63.), 4:1 Nico Ludewig (69.)
Zuschauer: 400 auf dem Sportgelände in Bach/Donau
Schiedsrichter: Pantelis Gitopoulos (FC Bayern München) - Assistenten: Florian Gebert (TSV Buchbach), Damian Gruber (TSV Taufkirchen)
Gelbe Karten: Timo Eckert, Michael Diermeier, Marco Jordan / Markus Kraus, Niklas Hauner

2. Runde
29.05.2019: SpVgg Pfreimd - VfB Bach/Donau 1:1 (1:1)
Pfreimd: Matthias Plail; Michael Prey, Nicolas Schmid, Philipp Schön, Stefan Schießl, Dennis Lobinger, Bastian Lobinger, Max Mischinger (71. Sebastian Ring), Maximilian Herzog (71. Sebastian Sebald), Johannes Zeus, Michael

Brummer. Trainer: Tobias Bernklau
Bach: Thomas Doblinger; Michael Beer, Timo Eckert (46. Maximilian Vogl), Michael Gerl, Michael Diermeier, Fabian Eckert, Florian Bley, Nico Ludewig, Christopher Prester (81. Markus Biederer), Marco Jordan, Markus Kindler (56. Dino Mrkic). Trainer: Thomas Semmelmann
Tore: 0:1 Fabian Eckert (35.), 1:1 Dennis Lobinger (36.)
Zuschauer: 438 auf dem Sportgelände in Pfreimd
Schiedsrichter: Michael Freund (SV Perlesreut) - Assistenten: Tobias Fischer (SV Perlesreut), Andreas Poxleitner (SV Finsterau)
Gelbe Karten: Stefan Schießl, Dennis Lobinger, Sebastian Ring / Michael Beer, Lukas Kaiser (Ersatzspieler)

01.06.2019: VfB Bach/Donau - SpVgg Pfreimd   2:2 (1:2)
Bach: Thomas Doblinger; Michael Beer, Maximilian Vogl (80. Timo Eckert), Michael Gerl, Michael Diermeier (71. Nico Ludewig), Fabian Eckert, Florian Bley, Dino Mrkic, Christopher Prester (76. Markus Biederer), Marco Jordan, Markus Kindler. Trainer: Thomas Semmelmann
Pfreimd: Matthias Plail; Michael Prey, Nicolas Schmid, Philipp Schön, Stefan Schießl, Dennis Lobinger, Bastian Lobinger, Max Mischinger (8. Sebastian Ring), Maximilian Herzog (71. Sebastian Sebald), Johannes Zeus, Michael Brummer. Trainer: Tobias Bernklau
Tore: 0:1 Bastian Lobinger (29.), 1:1 Markus Kindler (39.), 1:2 Dennis Lobinger (43., Foulelfmeter), 2:2 Marco Jordan (81.)
Zuschauer: 610 auf dem Sportgelände in Bach/Donau
Schiedsrichter: Michael Krug (SB Versbach) - Assistenten: Fabian Zimmermann (SK Heuchling), Michael Hintermaier (TSV Arnbach)
Gelbe Karten: Michael Diermeier, Fabian Eckert, Florian Bley / Stefan Schießl, Dennis Lobinger, Maximilian Herzog
Gelb-Rote Karten: - / Sebastian Ring (90.+4, wiederholtes Foulspiel)
SpVgg Pfreimd verbleibt in der Landesliga.

Gruppe Mitte:
1. Runde:
23.05.2019: SV Hahnbach (OPF N) - SV Etzenricht (15. LL M)   3:3 (1:1)
Hahnbach: Jakob Wismet; Johannes Dotzler, Christian Seifert (90. Christof Reichert), Michael Hirschmann, Michael Roesch, Manuel Plach (78. Erik Neiswirth), Christian Gaeck, Michael Hefner, Bastian Freisinger, Fabian Brewitzer (87. Jonas Roesch), Jonas Dotzler. Trainer: Thorsten Baierlein
Etzenricht: Michael Heisig; Andreas Mark (32. Felix Diermeier), Konstantin Graßl, Andreas Koppmann, Martin Pasieka, Stephan Herrmann, Christian Ermer (78. Sebastian Ermer), Johannes Pötzl, Michael Wexlberger, Timo Nürnberger, Norbert Ferstl. Trainer: Felix Fuhrmann
Tore: 1:0, 2:2 Fabian Brewitzer (34., 58.), 1:1 Johannes Pötzl (34.), 1:2 Christian Ermer (51.), 3:2 Bastian Freisinger (63.), 3:3 Johannes Pötzl (90.+1)
Zuschauer: 689 auf der Josef Trösch Sportanlage in Hahnbach
Schiedsrichter: Torsten Wenzlik (TSV Velden) - Assistenten: Fabian Zimmermann (SK Heuchling), David Wagner (TSV Germania Kirchehrenbach)
Gelbe Karten: Michael Roesch / Michael Wexlberger, Timo Nürnberger, Norbert Ferstl
Rote Karten: - / Felix Diermeier (76., Notbremse)

23.05.19: TSV 1860 Weißenburg (MFR S) - FSV Stadeln (MFR N) 2:1 (1:0)
Weißenburg: Johannes Uhl; Petrick Weglöhner, Marco Schwenke, Markus Lehner, Jonas Ochsenkiel (59. Johannes Herrmann), Max Pfann (68. Robin Renner), Christian Leibhard, Maik Wnendt, Tim Lotter, Benjamin Weichselbaum (75. Marco Jäger), Zijad Eco. Trainer: Markus Vierke
Stadeln: Marcel Lenhart; Thilo Abudo (78. Sven Reischl), Pascal Worst, Kevin Kreuzer, Tim Reischl, Aljoscha Schnierstein, Angelo Walthier, Yannick Loos, Niklas Schüßler, Max Hering, Markus Bauer. Trainer: Manfred Dedaj
Tore: 1:0 Jonas Ochsenkiel (16.), 2:0 Petrick Weglöhner (57.), 2:1 Yannick Loos (69.)
Zuschauer: 660 auf der Sportanalage des TSV 1860 Weißenburg
Schiedsrichter: Christopher Knauer (SpVgg Isling) - Assistenten: Jonathan Bähr (SV Friesen), Marcel Bargel (TSV Staffelstein)
Gelbe Karten: Benjamin Weichselbaum / Pascal Worst, Tim Reischl, Aljoscha Schnierstein, Niklas Schüßler, Sven Reischl
Gelb-Rote Karten: Zijad Eco (88., Foulspiel/Unsportlichkeit) / Max Hering (88., Foulspiel/Unsportlichkeit)

26.05.2019: SV Etzenricht - SV Hahnbach   7:0 (3:0)
Etzenricht: Michael Heisig; Konstantin Graßl, Andreas Koppmann, Martin Pasieka, Stephan Herrmann, Christian Ermer (46. Sebastian Ermer), Johannes Pötzl, Michael Wexlberger, Timo Nürnberger (68. Felix Herrmann), Norbert Ferstl (73. Thomas Paul), Helmut Jurek. Trainer: Felix Fuhrmann
Hahnbach: Jakob Wismet; Johannes Dotzler, Christian Seifert (73. Christof Reichert), Michael Hirschmann, Michael Roesch, Manuel Plach (26. Erik Neiswirth), Fabian Schötz, Christian Gaeck, Michael Hefner, Fabian Brewitzer (68. Jonas Roesch), Jonas Dotzler. Trainer: Thorsten Baierlein
Tore: 1:0 Martin Pasieka (6.), 2:0 Stephan Herrmann (11.), 3:0 Martin Pasieka (14.), 4:0 Martin Pasieka (47.), 5:0 Martin Pasieka (65.), 6:0 Martin Pasieka (86.), 7:0 Martin Pasieka (89.)
Zuschauer: 900 auf dem Siegfried-Merkel-Platz in Etzenricht
Schiedsrichter: Annette Hanf (SV Meinhartswinden) - Assistenten: Kenny Abieba (KSD Hajduk Nürnberg), Sebastian Segmüller (1. FC Altenmuhr)
Gelbe Karten: Timo Nürnberger, Norbert Ferstl / Michael Roesch

26.05.2019: FSV Stadeln - TSV 1860 Weißenburg   3:1 nV (2:1,1:0)
Stadeln: Alexander Kracun; Pascal Worst, Sven Reischl (59. Thilo Abudo), Kevin Kreuzer, Tim Reischl (97. Sebastian Spahn), Gerhard Strobel, Aljoscha Schnierstein, Yannick Loos, Niklas Schüßler, Max Hering, Markus Bauer (108. Angelo Walthier). Trainer: Manfred Dedaj
Weißenburg: Johannes Uhl; Petrick Weglöhner (112. Sebastian Struller), Marco Schwenke, Markus Lehner, Jonas Ochsenkiel, Johannes Herrmann (59. Fabian Wachter), Christian Leibhard, Maik Wnendt (64. Robin Renner), Tim Lotter, Benjamin Weichselbaum, Zijad Eco. Trainer: Markus Vierke
Tore: 1:0 Markus Bauer (45.+1), 2:0 Markus Bauer (77.), 2:1 Jonas Ochsenkiel (82.), 3:1 Max Hering (110.)
Zuschauer: 720 auf der Sportanlage Fürth, Am Kronacher Wald
Schiedsrichter: Alexander Arnold (DJK Waldberg) - Assistenten: Tim Schoch (DJK Stralsbach), Thomas Habermann (TSV Oberstreu)
Gelbe Karten: Markus Bauer, Sebastian Spahn, Angelo Walthier / Markus Lehner, Jonas Ochsenkiel, Johannes Herrmann, Christian Leibhard

2. Runde:
29.05.2019: FSV Stadeln - SV Etzenricht   1:0 (0:0)
Stadeln: Alexander Kracun; Pascal Worst, Sven Reischl (70. Thilo Abudo), Kevin Kreuzer, Tim Reischl, Gerhard Strobel, Aljoscha Schnierstein, Yannick Loos (77. Angelo Walthier), Niklas Schüßler, Max Hering, Markus Bauer. Trainer: Manfred Dedaj
Etzenricht: Michael Heisig; Konstantin Graßl, Andreas Koppmann, Martin Pasieka, Stephan Herrmann, Johannes Pötzl (90.+1 Andreas Weihermüller), Michael Wexlberger, Timo Nürnberger, Sebastian Ermer (60. Christian Ermer), Norbert Ferstl, Helmut Jurek. Trainer: Felix Fuhrmann
Tor: 1:0 Tim Reischl (48., Foulelfmeter)
Zuschauer: 515 auf der Sportanlage Fürth, Am Kronacher Wald
Schiedsrichter: Paul Birkmeir (SC Rohrenfels) - Assistenten: Moritz Hägele (SpVgg Joshofen-Bergheim), Peter Martin (FC Illdorf)
Gelbe Karten: Pascal Worst, Kevin Kreuzer, Niklas Schüßler, Angelo Walthier / Stephan Herrmann, Johannes Pötzl, Timo Nürnberger, Helmut Jurek
Gelb-Rote Karten: - / Norbert Ferstl (63., wiederholtes Foulspiel)

01.06.2019: SV Etzenricht - FSV Stadeln   1:4 (1:2)
Etzenricht: Michael Heisig (62. Luca Wittmann); Felix Diermeier, Konstantin Graßl, Andreas Koppmann, Martin Pasieka, Stephan Herrmann, Johannes Pötzl, Michael Wexlberger (74. Sebastian Ermer), Timo Nürnberger, Norbert Ferstl (60. Christian Ermer), Helmut Jurek. Trainer: Felix Fuhrmann
Stadeln: Alexander Kracun; Pascal Worst, Sven Reischl (56. Thilo Abudo), Kevin Kreuzer, Tim Reischl, Gerhard Strobel, Aljoscha Schnierstein, Yannick Loos (72. Angelo Walthier), Niklas Schüßler (82. Oliver Graßler), Max Hering, Markus Bauer. Trainer: Manfred Dedaj
Tore: 1:0 Helmut Jurek (27., Foulelfmeter), 1:1 Gerhard Strobel (35.), 1:2 Yannick Loos (43.), 1:3 Yannick Loos (60.), 1:4 Aljoscha Schnierstein (83.)
Zuschauer: 661 auf dem Siegfried-Merkel-Platz in Etzenricht
Schiedsrichter: Marcel Geuß (SV Sylbach) - Assistenten: Moritz Meisel (SV Rügheim), Joachim Feuerbach (SV Frankenwinheim)
Gelbe Karten: - / Sven Reischl, Niklas Schüßler, Max Hering
FSV Stadeln steigt in die Landesliga auf.

Gruppe Südwest:
1. Runde:
23.05.19: SC Bubesheim (SWA N) - 1. FC Garmisch-P. (17. LL SW) 2:5 (0:2)
Bubesheim: Simon Zeiser; Kevin Steiner, Mario Lacic, Steffen Hain, Edward Schäfer, Marvin Länge, Tanay Demir, Hakan Polat, Axel Schnell, Emre Cevik, Julian Schmid (84. Baris Aciköz). Trainer: Marvin Länge
Garmisch-P.: Andreas von Mücke; Florian Langenegger, Leon Brudy, Markus Burkhardt, Maximilian Berwein, Mouhammadou Diaby, Florian Scheck, Franz Fischer (77. Jonas Reitel), Moritz Müller, Stefan Lorenz (65. Jonas Poniewaz), Dominik Schubert (33. Michel Naber). Trainer: Christoph Saller
Tore: 0:1 Maximilian Berwein (5.), 0:2 Maximilian Berwein (40.), 0:3 Mouhammadou Diaby (49.), 0:4 Franz Fischer (58.), 1:4 Mario Lacic (62.), 1:5 Maximilian Berwein (64.), 2:5 Mario Lacic (87., Foulelfmeter)
Zuschauer: 330 auf dem Sportgelände des SC Bubesheim
Schiedsrichter: Silas Kempf (FC Bayern München) - Assistenten: Florian Gebert (TSV Buchbach), Rupert Steininger (FC Schwabing München)
Gelbe Karten: Hakan Polat / -
Rote Karten: Mario Lacic (86., grobes Foulspiel) / -

23.05.19: TV Erkheim (SWA S) - BCF Wolfratshausen (15. LL SW) 3:1 (0:1)
Erkheim: Markus Stetter; Marco Hebel, Richard Ness, Thomas Petrich, Valentin Wiest (46. Christian Ness), Maximilian Reichenberger, Karl Michl

(73. Bastian Scheel), Stefan Oswald, Christian Oswald, Matthias Vogel, Philipp Becker (83. Andreas Huber). Trainer: Michael Dreyer
Wolfratshausen: Cedomir Radic; Michael Rödl (57. Ibrahim Cakir), Mustafa Kantar, Barbaros Barut, Anto Bonic (83. Florian Shalaj), Dominik Kurija (83. Salif Boubacar), Kerem Tokdemir, Timon Hummel, Josef Zander, Kai Kleinert, Jona Lehr. Trainer: Philipp Bönig
Tore: 0:1 Josef Zander (9.), 1:1 Stefan Oswald (69., Foulelfmeter), 2:1 Philipp Becker (71.), 3:1 Bastian Scheel (78.)
Zuschauer: 850 auf dem Sportgelände des TV Erkheim
Schiedsrichter: Felix Brandstätter (SV Zamdorf) - Assistenten: Kevin Kassel (SpVgg Unterhaching), Johannes Scheidhammer (FC Moosinning)
Gelbe Karten: Richard Ness, Valentin Wiest, Philipp Becker, Bastian Scheel / Cedomir Radic, Michael Rödl, Mustafa Kantar, Anto Bonic, Dominik Kurija, Florian Shalaj

26.05.2019: 1. FC Garmisch-Partenkirchen - SC Bubesheim 3:2 (1:1)
Garmisch-P.: Andreas von Mücke; Florian Langenegger (75. Maximilian Körner), Leon Brudy, Markus Burkhardt, Jonas Poniewaz (55. Maximilian Berwein), Mouhammadou Diaby, Michel Naber, Florian Scheck, Franz Fischer, Moritz Müller (83. Koray Etekli), Stefan Lorenz. Trainer: Christoph Saller
Bubesheim: Simon Zeiser; Kevin Steiner, Steffen Hain, Baris Aciköz (65. Edward Schäfer), Marvin Länge, Tanay Demir, Hakan Polat (87. Can Karaböl), Axel Schnell, Esse Akpaloo, Emre Cevik, Julian Schmid (87. Burak Civelek). Trainer: Marvin Länge
Tore: 0:1 Julian Schmid (9.), 1:1 Stefan Lorenz (45.), 2:1 Florian Langenegger (75.), 2:2 Axel Schnell (77.), 3:2 Maximilian Berwein (87.)
Zuschauer: 220 auf dem Sportplatz am Gröben in Garmisch-Partenkirchen
Schiedsrichter: Thomas Berg (TSV Landshut-Auloh) - Assistenten: Ilrjan Morina (FSV Landau/Isar), Bastian Rechenmacher (SC Landshut-Berg)
Gelbe Karten: Leon Brudy / Steffen Hain, Tanay Demir, Esse Akpaloo

26.05.2019: BCF Wolfratshausen - TV Erkheim 4:3 (1:1)
Wolfratshausen: Cedomir Radic; Yasin Keskin, Barbaros Barut, Michael Rödl (76. Ibrahim Cakir), Mustafa Kantar, Salif Boubacar, Kerem Tokdemir, Timon Hummel, Kai Kleinert, Alpay Kaygisiz, Jona Lehr. Trainer: Philipp Bönig
Erkheim: Markus Stetter; Marco Hebel, Richard Ness, Thomas Petrich, Valentin Wiest, Maximilian Reichenberger (40. Andreas Huber), Karl Michl (22. Bastian Scheel), Stefan Oswald, Christian Oswald, Matthias Vogel, Philipp Becker (82. Christian Ness). Trainer: Michael Dreyer
Tore: 1:0 Kerem Tokdemir (40.), 1:1 Valentin Wiest (45.$^{+4}$), 1:2 Stefan Oswald (46.), 2:2 Barbaros Barut (49.), 2:3 Stefan Oswald (54., Foulelfmeter), 3:3 Mustafa Kantar (64.), 4:3 Mustafa Kantar (71.)
Zuschauer: 340 im Isar-Loisach-Stadion in Wolfratshausen
Schiedsrichter: Jochen Gschwendtner (SSV Wurmannsquick) - Ass.: Thomas Zippe (1. FC Passau), Manuel Schwarzfischer (FC Julbach-Kirchdorf)
Gelbe Karten: Yasin Keskin, Barbaros Barut, Kerem Tokdemir, Alpay Kaygisiz, Ibrahim Cakir / Marco Hebel, Stefan Oswald, Christian Oswald, Christian Ness

2. Runde:
29.05.2019: TV Erkheim - 1. FC Garmisch-Partenkirchen 1:2 (1:1)
Erkheim: Markus Stetter; Marco Hebel, Richard Ness, Thomas Petrich, Valentin Wiest (71. Christian Ness), Andreas Huber, Bastian Scheel, Stefan Oswald, Christian Oswald, Matthias Vogel, Philipp Becker (87. Daniel Oswald). Trainer: Michael Dreyer
Garmisch-P.: Stefan Schwinghammer; Florian Langenegger, Leon Brudy, Maximilian Körner, Maximilian Berwein, Mouhammadou Diaby, Stefan Durr (87. Jonas Poniewaz), Michel Naber, Florian Scheck, Moritz Müller (90.$^{+1}$ Koray Etekli), Stefan Lorenz (90.$^{+5}$ Jonas Reitel). Trainer: Christoph Saller
Tore: 1:0 Thomas Petrich (13.), 1:1, 1:2 Maximilian Berwein (16., 87.)
Zuschauer: 842 auf dem Sportgelände des TV Erkheim
Schiedsrichter: Christian Keck (FC Grünbach) - Assistenten: Christian Schunke (FC Sportfreunde Schwaig), Monika Pieczonka (SC Kirchasch)
Gelbe Karten: Matthias Vogel / Maximilian Berwein
Gelb-Rote Karten: - / Florian Langenegger (90.$^{+3}$)

01.06.2019: 1. FC Garmisch-Partenkirchen - TV Erkheim 2:2 (1:0)
Garmisch-P.: Stefan Schwinghammer; Florian Langenegger (41. Franz Fischer), Leon Brudy, Maximilian Körner (46. Dominik Schubert, 59. Andreas Grasegger), Maximilian Berwein, Mouhammadou Diaby, Stefan Durr, Michel Naber, Florian Scheck, Moritz Müller, Stefan Lorenz. Trainer: Christoph Saller
Erkheim: Markus Stetter; Marco Hebel, Richard Ness, Thomas Petrich, Valentin Wiest (65. Jürgen Petrich), Maximilian Reichenberger (46. Christian Ness), Stefan Oswald, Bastian Scheel, Christian Oswald, Matthias Vogel, Philipp Becker (38. Andreas Huber). Trainer: Michael Dreyer
Tore: 1:0 Maximilian Berwein (26.), 1:1 Christian Ness (69.), 1:2 Matthias Vogel (72.), 2:2 Moritz Müller (77.)
Zuschauer: 530 auf dem Sportplatz am Gröben in Garmisch-Partenkirchen
Schiedsrichter: Luka Beretic (TSV Friedberg) - Assistenten: Elias Tiedeken (TSV Neusäß), Tobias Riebe (TSV Göggingen)
Gelbe Karten: Maximilian Körner, Mouhammadou Diaby, Moritz Müller /

Valentin Wiest, Philipp Becker, Andreas Huber
1. FC Garmisch-Partenkirchen verbleibt in der Landesliga.

Gruppe Südost:
1. Runde:
23.05.19: TV Aiglsbach (NDB W) - TuS Pfarrkirchen (15. LL SO) 2:1 (1:1)
Aiglsbach: Andreas Schmidt; Niklas Schmidbauer, Andreas Blattner (63. Florian Lang), Florian Schweiger, Florian Frankl (72. Paul Belousow), Markus Schmidt, Fabian Rasch, Manfred Gröber, Matthias Ehrenreich, Andreas Schweiger, Tobias Kaltenecker. Trainer: Benjamin Flicker
Pfarrk.: David Gallauer; Ulrich Lahner, Stefan Loher, Christopher Obermeier, Lukas Lechner, Andreas Surner (77. Florian Dachl), Simon Kirschenheuter, David Vogl (81. Michael Pitscheneder), Thomas Baumgartner, Tobias Huber, Stefan Sonntag (67. Thomas Eisenreich). Trainer: Lukas Lechner
Tore: 1:0 Markus Schmidt (4.), 1:1 David Vogl (37.), 2:1 Matthias Ehrenreich (54.)
Zuschauer: 1.038 auf der Sportanlage in Aiglsbach
Schiedsrichter: Patrick Krettek (SC Ried/Neuburg) - Assistenten: Sebastian Deak (TSV Rain/Lech), Manfred Häckel (SV Ludwigsmoos)
Gelbe Karten: Andreas Blattner, Markus Schmidt, Matthias Ehrenreich / Simon Kirschenheuter, David Vogl, Thomas Baumgartner

23.05.19: ESV Freilassing (OBB O) - ASCK Simbach (17. LL SO) 2:0 (1:0)
Freilassing: Patrick Kastner; Sebastian Mayer, Enis Kuka (90.$^{+1}$ Marius Tugui), Denis Krojer, Sascha Schimag, Fabio Hopf, Bruno Kovac (58. Simon Schlosser), Nikolaus Otto (67. Tobias Schindler), Gerit Kluth, Viktor Vasas, Matej Kovac. Trainer: Franz Pritzl
Simbach: Andreas Brenzinger; Kevin Grobauer, Christoph Huber (74. Jens Maser), Benjamin Schlettwagner, Florian Straßer, Jakob Nüßlein (85. Alessandro Belleri), Heiko Schwarz (71. Enes Deniz), Haris Sistek, Fabian Hofbauer, Christoph Behr, Alexander Fuchshuber. Trainer: Heiko Schwarz
Tore: 1:0 Sascha Schimag (6.), 2:0 Fabio Hopf (78.)
Zuschauer: 461 im Max-Aicher-Stadion in Freilassing
Schiedsrichter: Richard Conrad (FC Aschheim) - Assistenten: Marina Bachmann (SV Großwallstadt), Philipp Rank (FC Eintracht München)
Gelbe Karten: Enis Kuka, Sascha Schimag / Christoph Huber, Florian Straßer, Jakob Nüßlein, Heiko Schwarz, Christoph Behr, Alexander Fuchshuber
Gelb-Rote Karten: Fabio Hopf (81., wiederholtes Foulspiel) / -

26.05.2019: TuS 1860 Pfarrkirchen - TV Aiglsbach 1:1 (0:1)
Pfarrkirchen: David Gallauer; Ulrich Lahner, Max Grabow, Stefan Loher, Christopher Obermeier, Lukas Lechner, Andreas Surner (50. Florian Dachl), Simon Kirschenheuter, David Vogl (85. Michael Pitscheneder), Thomas Baumgartner, Tobias Huber. Trainer: Lukas Lechner
Aiglsbach: Andreas Schmidt; Niklas Schmidbauer, Tobias Kaltenecker, Andreas Blattner, Florian Schweiger, Florian Frankl (46. Paul Belousow), Markus Schmidt (73. Matthias Harrieder), Fabian Rasch, Manfred Gröber, Matthias Ehrenreich (85. Robin Groeber), Andreas Schweiger. Trainer: Benjamin Flicker
Tore: 0:1 Matthias Ehrenreich (14.), 1:1 Ulrich Lahner (90.$^{+3}$)
Zuschauer: 873 auf der Sportanlage Aigelsbach, Rennbahn
Schiedsrichter: Philipp Götz (SC Ettmannsdorf) - Assistenten: Florian Islinger (SpVgg Hainsacker), Martin Speckner (SG Schloßberg 09)
Gelbe Karten: Max Grabow, Christopher Obermeier, David Vogl, Thomas Baumgartner / Tobias Kaltenecker, Manfred Gröber

26.05.2019: ASCK Simbach am Inn - ESV Freilassing 2:2 (0:1)
Simbach: Andreas Brenzinger; Jens Maser, Kevin Grobauer, Benjamin Schlettwagner, Michael Spielbauer, Florian Straßer, Jakob Nüßlein (78. Christoph Damböck), Haris Sistek (35. Alessandro Belleri), Fabian Hofbauer, Christoph Behr, Alexander Fuchshuber. Trainer: Heiko Schwarz
Freilassing: Patrick Kastner; Sebastian Mayer, Enis Kuka (82. Lukas Wemberger), Denis Krojer, Fabio Hopf, Bruno Kovac, Nikolaus Otto (77. Marius Tugui), Tobias Schindler, Viktor Vasas (46. Sascha Schimag), Simon Schlosser, Matej Kovac. Trainer: Franz Pritzl
Tore: 0:1 Denis Krojer (18.), 0:2 Sascha Schimag (64.), 1:2 Michael Spielbauer (68.), 2:2 Alessandro Belleri (72.)
Zuschauer: 400 auf der Sportanlage in Simbach/Inn
Schiedsrichter: Angelika Söder (TSV Ochenbruck) - Assistenten: Adreas Kasenow (FC Ingolstadt 04), Moritz Hägele (SpVgg Joshofen-Bergheim)
Gelbe Karten: Kevin Grobauer, Michael Spielbauer, Fabian Hofbauer, Christoph Behr / Sebastian Mayer, Fabio Hopf, Bruno Kovac, Simon Schlosser

2. Runde:
29.05.2019: TV Aiglsbach - ESV Freilassing 0:0
Aiglsbach: Andreas Schmidt; Niklas Schmidbauer, Tobias Kaltenecker, Andreas Blattner, Florian Schweiger, Florian Frankl (46. Paul Belousow), Markus Schmidt, Fabian Rasch, Manfred Gröber, Matthias Ehrenreich, Andreas Schweiger. Trainer: Benjamin Flicker
Freilassing: Patrick Kastner; Sebastian Mayer, Enis Kuka (90.$^{+1}$ Lukas Wemberger), Denis Krojer, Sascha Schimag (76. Mario Markovic), Fabio

Hopf, Nikolaus Otto (46. Bruno Kovac), Tobias Schindler, Viktor Vasas, Simon Schlosser, Matej Kovac. Trainer: Franz Pritzl
Zuschauer: 874 auf der Sportanlage in Aiglsbach
Schiedsrichter: Quirin Demlehner (FC Julbach-Kirchdorf) - Assistenten: Kevin Rösch (SF Laubendorf), Andre Govorusic (SpVgg Nürnberg)
Gelbe Karten: Manfred Gröber / Enis Kuka, Tobias Schindler, Viktor Vasas, Matej Kovac
Gelb-Rote Karten: Markus Schmidt (64., wiederholtes Foulspiel) / -
Bes. Vorkommnis: Manfred Gröber schießt Foulelfmeter am Tor vorbei (18.)

01.06.2019: ESV Freilassing - TV Aiglsbach 1:1 (0:0)
Freilassing: Patrick Kastner; Sebastian Mayer, Enis Kuka, Denis Krojer, Sascha Schimag (82. Mario Markovic), Fabio Hopf, Bruno Kovac (90+3. Lukas Wemberger), Tobias Schindler, Viktor Vasas, Simon Schlosser (7. Gerit Kluth), Matej Kovac. Trainer: Franz Pritzl
Aiglsbach: Andreas Schmidt; Niklas Schmidbauer, Tobias Kaltenecker, Andreas Blattner, Florian Schweiger (87. Martin Meier), Markus Schmidt, Fabian Rasch, Manfred Gröber, Matthias Ehrenreich, Andreas Schweiger, Paul Belousow (46. Andre Bräuning, 84. Georg Groeber). Trainer: Benjamin Flicker
Tore: 1:0 Sascha Schimag (74.), 1:1 Manfred Gröber (90.+4)
Zuschauer: 569 im Max-Aicher-Stadion in Freilassing
Schiedsrichter: Philipp Eckerlein (TuSpo Roßtal) - Assistenten: Johannes Scheidhammer (FC Moosinning), Michael Grabl (SV Hohenlinden)
Gelbe Karten: Fabio Hopf, Matej Kovac / Florian Schweiger, Matthias Ehrenreich
Rote Karten: Enis Kuka (77., Tätlichkeit) / -
TV Aiglsbach steigt in die Landesliga auf.

Gruppe Süd:
1. Runde:
23.05.19: TSV Jetzendorf (OBB N) - FC Moosinning (16. LL SO) 1:1 (0:1)
Jetzendorf: Dennis Poellner; Martin Öttl, Simon Oberhauser, Leon Grauvogel (77. Felix Erl), Benedict Geuenich, Daniel Gädke, Rene Hamann (69. Ludwig Dietrich), Wlad Beiz, Stefan Kellner, Marc Peuker (86. Bastian Ertl), Christos Papadopoulos. Trainer: Alexander Schäffler
Moosinning: Franz Hornof; Johannes Volkmar, Kerim Cetinkaya (84. Maximilian Lechner II), Bastian Lanzinger (46. Alexander Auerweck), Tobias Bartl, Christos Ketikidis, Matthias Eschbaumer (69. Ivan Sadic), Leon Dekorsy, Dennis Stauf, Maximilian Lechner, Daniel Mömkes. Trainer: Helmut Lucksch
Tore: 0:1 Daniel Mömkes (21.), 1:1 Marc Peuker (49.)
Zuschauer: 806 im Lorenz-Wagner-Stadion in Jetzendorf
Schiedsrichter: Thomas Sprinkart (TSV Burgberg) - Assistenten: Michel Stölpe (TSV Aitrang), Tobias Kinberger (SpVgg Kaufbeuren)
Gelbe Karten: Daniel Gädke, Wlad Beiz, Christos Papadopoulos / Bastian Lanzinger, Matthias Eschbaumer, Dennis Stauf

23.05.19: SVN München (OBB S) - Cosmos Aystetten (16. LL SW) 3:0 (0:0)
München: Daniel Stacheder; Baran Sagiroglu, Süleyman Cakmak, Napel Alex, Serkan Türkcan, Suheil Amadodin, Cenk Imsak (89. Chrysostomos Nikolaou), Miridon Rexhepi (84. Suheyp Trabelsi), Drinos Gerguri, Dimitrios Vourtsis (86. Malik Abasse), Dennis Yimez. Trainer: Nebojsa Stojmenovic
Aystetten: Valentin Coca; Maximilian Klotz, Maximilian Drechsler, Dejan Mijailovic, Xhevalin Berisha, Robert Markovic-Mandic, Maximilian Heckel, Thomas Hanselka, Florian Linder (61. Dominik Isufi), Benjamin Sakrak, Stefan Schnurrer (68. Julian Bergmair). Trainer: Marco Löring
Tore: 1:0 Drinos Gerguri (55.), 2:0 Dennis Yimez (57.), 3:0 Dimitrios Vourtsis (65.)
Zuschauer: 272 auf der Bezirkssportanlage, Bert-Brecht-Allee in München
Schiedsrichter: Stefan Dorfner (SV Falkenfels) - Assistenten: Andreas Egner (TSV Bodenmais), Ilrjan Morina (FSV Landau/Isar)
Gelbe Karten: Suheyp Trabelsi / Dominik Isufi

26.05.2019: FC Moosinning - TSV Jetzendorf 0:1 (0:0)
Moosinning: Franz Hornof; Johannes Volkmar, Kerim Cetinkaya, Ivan Sadic, Tobias Bartl, Christos Ketikidis, Peter Werndl (55. Maximilian Lechner II), Leon Dekorsy (75. Christian Reiser), Dennis Stauf, Junis Ibrahim (88. Alexander Auerweck), Maximilian Lechner. Trainer: Helmut Lucksch
Jetzendorf: Dennis Poellner; Martin Öttl (79. Martin Schröder), Simon Oberhauser, Leon Grauvogel, Benedict Geuenich, Alexander Schäffler (53. Daniel Gädke), Rene Hamann, Wlad Beiz, Stefan Kellner, Marc Peuker (71. Ludwig Dietrich), Christos Papadopoulos. Trainer: Alexander Schäffler
Tor: 0:1 Stefan Kellner (90.+1)
Zuschauer: 624 auf der Sportanlage Moosinning
Schiedsrichter: Jürgen Steckermeier (TSV Altfraunhofen) - Assistenten: Martin Schramm (DJK Holzfreyung), Dominik Kernstein (SpVgg Landshut)
Gelbe Karten: Ivan Sadic / Benedict Geuenich

26.05.2019: SV Cosmos Aystetten - SV Neuperlach München 2:0 (0:0)
Aystetten: Valentin Coca; Dominik Isufi, Maximilian Klotz, Maximilian Drechsler, Dejan Mijailovic, Xhevalin Berisha, Robert Markovic-Mandic, Maximilian Heckel, Thomas Hanselka, Florian Linder, Benjamin Sakrak.
Trainer: Marco Löring
München: Daniel Stacheder; Baran Sagiroglu, Süleyman Cakmak, Napel Alex, Suheyp Trabelsi (50. Elly Benzell), Cenk Imsak (88. Atiba Scheffler), Miridon Rexhepi (75. Malik Abasse), Drinos Gerguri, Dimitrios Vourtsis, Chrysostomos Nikolaou, Dennis Yimez. Trainer: Nebojsa Stojmenovic
Tore: 1:0 Maximilian Drechsler (65., FE), 2:0 Robert Markovic-Mandic (80.)
Zuschauer: 300 auf der Sportanlage des SV Cosmos Aysteten
Schiedsrichter: Florian Fleischmann (SC Kreith-Pittersberg) - Assistenten: Manuel Dirnberger (TSV Nittenau), Lisa Manner (1. FC Schmidgaden)
Gelbe Karten: Valentin Coca, Thomas Hanselka, Florian Linder / Napel Alex, Suheyp Trabelsi

2. Runde:
29.05.2019: TSV Jetzendorf - SV Neuperlach München 2:1 (1:1)
Jetzendorf: Dennis Poellner; Martin Öttl, Simon Oberhauser, Leon Grauvogel, Benedict Geuenich, Daniel Gädke (55. Martin Schröder), Rene Hamann (82. Ludwig Dietrich), Wlad Beiz, Stefan Kellner, Marc Peuker (76. Felix Erl), Christos Papadopoulos. Trainer: Alexander Schäffler
München: Daniel Stacheder; Baran Sagiroglu, Süleyman Cakmak, Napel Alex, Serkan Türkcan, Suheil Amadodin, Cenk Imsak, Miridon Rexhepi (84. Malik Abasse), Drinos Gerguri, Dimitrios Vourtsis (71. Suheyp Trabelsi), Dennis Yimez. Trainer: Nebojsa Stojmenovic
Tore: 1:0 Rene Hamann (17.), 1:1 Napel Alex (33.), 2:1 Stefan Kellner (72.)
Zuschauer: 528 im Lorenz-Wagner-Stadion in Jetzendorf
Schiedsrichter: Maximilian Riedel (FC Horgau) - Assistenten: Tobias Beyrle (TSV Friedberg), Nicolas Missenhardt (FSV Inningen)
Gelbe Karten: - / Süleyman Cakmak, Malik Abasse

01.06.2019: SV Neuperlach München - TSV Jetzendorf 1:4 (0:2)
München: Daniel Stacheder; Baran Sagiroglu, Süleyman Cakmak, Napel Alex, Serkan Türkcan (71. Suheyp Trabelsi), Suheil Amadodin, Cenk Imsak (71. Chrysostomos Nikolaou), Miridon Rexhepi (71. Malik Abasse), Drinos Gerguri, Dimitrios Vourtsis, Dennis Yimez. Trainer: Nebojsa Stojmenovic
Jetzendorf: Dennis Poellner; Martin Öttl, Simon Oberhauser, Leon Grauvogel, Benedict Geuenich, Alexander Schäffler (61. Ludwig Dietrich), Rene Hamann (78. Daniel Gädke), Wlad Beiz, Stefan Kellner, Marc Peuker (83. Florian Radlmeier), Christos Papadopoulos. Trainer: Alexander Schäffler
Tore: 0:1 Benedict Geuenich (24.), 0:2 Wlad Beiz (33.), 0:3 Martin Öttl (48.), 1:3 Drinos Gerguri (54.), 1:4 Rene Hamann (67.)
Zuschauer: 549 auf der Bezirkssportanlage, Bert-Brecht-Allee in München
Schiedsrichter: Patrick Höpfler (FC Zell-Bruck) - Assistenten: Sebastian Eder (SV Holzkirchen), Jonathan Schädle (SV Wörnitzstein-Berg)
Gelbe Karten: Napel Alex, Drinos Gerguri / Leon Grauvogel, Wlad Beiz, Daniel Gädke
TSV Jetzendorf steigt in die Landesliga auf.

Abkürzungsverzeichnis

Folgende Kürzel stehen für die Landesverbände:

B	Berlin	RHL	Rheinland
BRB	Brandenburg	SAR	Saarland
BY	Bayern	SA	Sachsen-Anhalt
HB	Bremen	SBD	Südbaden
HES	Hessen	SH	Schleswig-Holstein
HH	Hamburg	SW	Südwest
MIR	Mittelrhein	SX	Sachsen
MV	Mecklenburg-Vorpommern	TH	Thüringen
NBD	Nordbaden	WBG	Württemberg
NIR	Niederrhein	WEF	Westfalen
NS	Niedersachsen		

Folgende Kürzel bezeichnen eine Liga:

A-K	A-Klasse (B-K ...)	LK	Landesklasse
A-L	A-Liga (B-L ...)	LL	Landesliga
AmL	Amateurliga (2AL ...)	LsK	Leistungsklasse (LsKA ...)
BL	Bundesliga (2BL ...)	OL	Oberliga
BzK	Bezirksklasse	Res.	Reservestaffel
BzL	Bezirksliga	RgL	Regionenliga
BzM	Bezirksmeisterschaft	RK	Regionalklasse
BzOL	Bezirksoberliga	RL	Regionalliga
BzS	Bezirksstaffel	SK	Stadtklasse (1SK ...)
FzL	Freizeitliga	SL	Stadtliga
GL	Gauliga	SoG	Sondergruppe
GrL	Gruppenliga	SoK	Sonderklasse
Kfd.	Kleinfeldstaffel	SoL	Sonderliga
KK	Kreisklasse (KKA, 1KK ...)	SoS	Sonderstaffel
KL	Kreisliga (KLA ...)	VL	Verbandsliga
KOL	Kreisoberliga	VS	Verbandsstaffel

DFB-Pokal 2018/19

Die 64 teilnehmenden Mannschaften in geografischer Karte (in Klammern die Ligazugehörigkeit 2018/19):

Teilnehmer am DFB-Pokal 2018/19

Alle 18 Bundesligisten der Saison 2017/18:

FC Bayern München
FC Schalke 04
TSG 1899 Hoffenheim
Borussia Dortmund
Bayer 04 Leverkusen
RasenBallsport Leipzig
VfB Stuttgart
Eintracht Frankfurt
Borussia Mönchengladbach
Hertha BSC
SV Werder Bremen
FC Augsburg
Hannover 96
1. FSV Mainz 05
SC Freiburg
VfL Wolfsburg
Hamburger SV (Absteiger)
1. FC Köln (Absteiger)

Alle 18 Zweitligisten der Saison 2017/18:

Fortuna Düsseldorf (Aufsteiger)
1. FC Nürnberg (Aufsteiger)
Holstein Kiel
DSC Arminia Bielefeld
SSV Jahn Regensburg
VfL Bochum
MSV Duisburg
1. FC Union Berlin
FC Ingolstadt 04
SV Darmstadt 98
SV Sandhausen
FC St. Pauli
1. FC Heidenheim
SG Dynamo Dresden
SpVgg Greuther Fürth
FC Erzgebirge Aue
Eintracht Braunschweig (Absteiger)
1. FC Kaiserslautern (Absteiger)

Die vier bestplatzierten der 3. Liga 2017/18:

1. FC Magdeburg (Aufsteiger)
SC Paderborn 07 (Aufsteiger)
Karlsruher SC
SV Wehen Wiesbaden

Aus den Landesverbänden:

Die 21 Sieger der Verbandspokale 2017/18 sowie jeweils ein weiterer Vertreter aus den drei größten Verbänden (Bayern, Niedersachsen und Westfalen).
In Bayern erhält die bestplatzierte Amateurmannschaft der Regionalliga Bayern 2017/18, in Westfalen der Sieger des Qualifikationsspiels zwischen dem Meister der Oberliga Westfalen 2017/18 und dem tabellenhöchstplatzierten westfälischen Regionalligisten 2017/18 den zweiten Startplatz. Aus Niedersachsen nimmt der unterlegene Finalist des Verbandspokalfinals teil:

Verbandspokalsieger Mecklenburg-Vorpommern:
FC Hansa Rostock

Verbandspokalsieger Brandenburg:
FC Energie Cottbus

Verbandspokalsieger Berlin:
Berliner FC Dynamo

Verbandspokalsieger Sachsen-Anhalt:
1. FC Magdeburg
(Da Magdeburg bereits als Tabellen-Erster der 3. Liga automatisch qualifiziert ist, nimmt der unterlegene Finalist 1. FC Lokomotive Stendal teil)

Verbandspokalsieger Thüringen:
FC Carl Zeiss Jena

Verbandspokalsieger Sachsen:
BSG Chemie Leipzig

Verbandspokalsieger Schleswig-Holstein:
SC Weiche Flensburg 08

Verbandspokalsieger Hamburg:
TuS Dassendorf

Verbandspokalsieger Niedersachsen und der unterlegene Finalist:
SpVgg Drochtersen/Assel und SSV Jeddeloh

Verbandspokalsieger Bremen:
BSC Hastedt

Verbandspokalsieger Westfalen und der Sieger des Qualifikationsspiels zwischen dem Meister der Oberliga Westfalen 2017/18 und dem tabellenhöchstplatzierten westfälischen Regionalligisten 2017/18:
SC Paderborn 07 und SV Rödinghausen
(Da Paderborn bereits als Tabellen-Zweiter der 3. Liga automatisch qualifiziert ist, nimmt der unterlegene Finalist TuS Erndtebrück teil)

Verbandspokalsieger Niederrhein:
SC Rot-Weiß Oberhausen

Verbandspokalsieger Mittelrhein:
FC Viktoria Köln

Verbandspokalsieger Rheinland:
TuS Rot-Weiß Koblenz

Verbandspokalsieger Südwest:
VfR Wormatia 08 Worms

Verbandspokalsieger Saarland:
SVgg 07 Elversberg

Verbandspokalsieger Hessen:
TSV Steinbach Haiger

Verbandspokalsieger Nordbaden:
Karlsruher SC
(Da Karlsruhe bereits als Tabellen-Dritter der 3. Liga automatisch qualifiziert ist, nimmt der unterlegene Finalist 1. CfR Pforzheim teil)

Verbandspokalsieger Südbaden:
SV Linx

Verbandspokalsieger Württemberg:
SSV Ulm 1846

Verbandspokalsieger Bayern und der bestplatzierte Amateurverein der Regionalliga Bayern 2017/18:
1. FC Schweinfurt 05 und TSV 1860 München

DFB-Vereinspokal

1. Hauptrunde:

17.08.18	3-2	SV Wehen Wiesbaden - FC St. Pauli	3:2 nV (1:1, 1:0)
17.08.18	2-2	1. FC Magdeburg - SV Darmstadt 98	0:1 (0:1)
17.08.18	4-1	1. FC Schweinfurt 05 - FC Schalke 04	0:2 (0:1)
18.08.18	5-1	SV Linx - 1. FC Nürnberg	1:2 (1:1)
18.08.18	4-2	SV Rödinghausen - SG Dynamo Dresden	3:2 nV (2:2, 2:2)
18.08.18	4-1	SVgg 07 Elversberg - VfL Wolfsburg	0:1 (0:0)
18.08.18	5-2	TuS Dassendorf - MSV Duisburg	0:1 (0:1)
18.08.18	4-1	VfR Wormatia 08 Worms - SV Werder Bremen	1:6 (1:5)
18.08.18	4-1	SpVgg Drochtersen/Assel - FC Bayern München	0:1 (0:0)
18.08.18	3-1	1. FC Kaiserslautern - TSG 1899 Hoffenheim	1:6 (1:3)
18.08.18	5-1	1. CfR Pforzheim - Bayer 04 Leverkusen	0:1 (0:1)
18.08.18	4-1	SSV Ulm 1846 - Eintracht Frankfurt	2:1 (0:0)
18.08.18	5-2	TuS Erndtebrück - Hamburger SV	3:5 (1:2)
18.08.18	4-2	SC Rot-Weiß Oberhausen - SV Sandhausen	0:6 (0:2)
18.08.18	2-1	FC Erzgebirge Aue - 1. FSV Mainz 05	1:3 (0:1)
18.08.18	3-1	FC Hansa Rostock - VfB Stuttgart	2:0 (1:0)
19.08.18	5-2	1. FC Lokomotive Stendal - DSC Arminia Bielefeld	0:5 (0:1)
19.08.18	4-1	TSV Steinbach Haiger - FC Augsburg	1:2 (0:1)
19.08.18	5-1	TuS Rot-Weiß Koblenz - Fortuna Düsseldorf	0:5 (0:4)
19.08.18	4-2	SC Weiche Flensburg 08 - VfL Bochum	1:0 (1:0)
19.08.18	5-2	BSG Chemie Leipzig - SSV Jahn Regensburg	2:1 (0:1)
19.08.18	4-2	Berliner FC Dynamo - 1. FC Köln	1:9 (1:4)
19.08.18	4-2	SSV Jeddeloh - 1. FC Heidenheim	2:5 (0:3)
19.08.18	4-1	FC Viktoria Köln - RasenBallsport Leipzig	1:3 (1:0)
19.08.18	3-1	Karlsruher SC - Hannover 96	0:6 (0:3)
19.08.18	3-2	TSV 1860 München - Holstein Kiel	1:3 (1:0)
19.08.18	3-2	FC Carl Zeiss Jena - 1. FC Union Berlin	2:4 (2:3)
19.08.18	5-1	BSC Hastedt - Borussia Mönchengladbach	1:11 (0:6)
20.08.18	2-2	SC Paderborn 07 - FC Ingolstadt 04	2:1 (2:0)
20.08.18	3-1	FC Energie Cottbus - SC Freiburg	3:5 iE, 2:2 nV (1:1, 0:0)
20.08.18	3-1	Eintracht Braunschweig - Hertha BSC	1:2 (0:1)
20.08.18	2-1	SpVgg Greuther Fürth - Borussia Dortmund	1:2 nV (1:1, 0:0)

2. Hauptrunde:

30.10.18	5-2	BSG Chemie Leipzig - SC Paderborn 07	0:3 (0:2)
30.10.18	4-1	SSV Ulm 1846 - Fortuna Düsseldorf	1:5 (1:4)
30.10.18	1-1	Hannover 96 - VfL Wolfsburg	0:2 (0:1)
30.10.18	2-1	SV Darmstadt 98 - Hertha BSC	0:2 (0:0)
30.10.18	3-2	SV Wehen Wiesbaden - Hamburger SV	0:3 (0:1)
30.10.18	4-1	SV Rödinghausen - FC Bayern München	1:2 (0:2)
30.10.18	2-2	1. FC Heidenheim - SV Sandhausen	3:0 (2:0)
30.10.18	1-1	FC Augsburg - 1. FSV Mainz 05	3:2 nV (2:2, 1:2)
31.10.18	3-1	FC Hansa Rostock - 1. FC Nürnberg	2:4 iE, 2:2 nV (1:1, 1:0)
31.10.18	4-1	SC Weiche Flensburg 08 - SV Werder Bremen	1:5 (1:3)
31.10.18	2-1	1. FC Köln - FC Schalke 04	5:6 iE, 1:1 nV (1:1, 1:0)
31.10.18	1-2	Borussia Dortmund - 1. FC Union Berlin	3:2 nV (2:2, 1:0)
31.10.18	2-1	Holstein Kiel - SC Freiburg	2:1 (1:1)
31.10.18	2-2	DSC Arminia Bielefeld - MSV Duisburg	0:3 (0:3)
31.10.18	1-1	RasenBallsport Leipzig - TSG 1899 Hoffenheim	2:0 (0:0)
31.10.18	1-1	Borussia Mönchengladbach - Bayer 04 Leverkusen	0:5 (0:2)

Achtelfinale:

05.02.19	2-1	Hamburger SV - 1. FC Nürnberg	1:0 (0:0)
05.02.19	2-1	1. FC Heidenheim - Bayer 04 Leverkusen	2:1 (0:1)
05.02.19	2-2	MSV Duisburg - SC Paderborn 07	1:3 (0:0)
05.02.19	1-1	Borussia Dortmund - Werder Bremen	2:4 iE, 3:3 nV (1:1, 1:1)
06.02.19	2-1	Holstein Kiel - FC Augsburg	0:1 (0:0)
06.02.19	1-1	RasenBallsport Leipzig - VfL Wolfsburg	1:0 (1:0)
06.02.19	1-1	FC Schalke 04 - Fortuna Düsseldorf	4:1 (1:0)
06.02.19	1-1	Hertha BSC - FC Bayern München	2:3 nV (2:2, 1:1)

Viertelfinale:

02.04.19	2-2	SC Paderborn 07 - Hamburger SV	0:2 (0:0)
02.04.19	1-1	FC Augsburg - RasenBallsport Leipzig	1:2 nV (1:1, 0:0)
03.04.19	1-2	FC Bayern München - 1. FC Heidenheim	5:4 (1:2)
03.04.19	1-1	FC Schalke 04 - SV Werder Bremen	0:2 (0:0)

Halbfinale:

23.04.19	2-1	Hamburger SV - RasenBallsport Leipzig	1:3 (1:1)
24.04.19	1-1	SV Werder Bremen - FC Bayern München	2:3 (0:1)

Finale:

25.05.19	1-1	RasenBallsport Leipzig - FC Bayern München	0:3 (0:1)

DFB-Vereinspokal, 1. Hauptrunde

SV Wehen Wiesbaden - FC St. Pauli 3:2 nV (1:1, 1:0)
Wiesbaden: Kolke - Kuhn, Mockenhaupt, Reddemann, Wachs (101. Mintzel) - Mrowca, Schönfeld (70. Schmidt) - Shipnoski (69. Kyereh), Andrist - Brandstetter (110. Modica), Schäffler. Trainer: Rüdiger Rehm
St. Pauli: Himmelmann - Dudziak, Ziereis, Avevor, Buballa - Knoll - Sobota (75. Sahin), Flum (79. Nehrig), Neudecker - Möller Daehli (98. Diamantakos) - Allagui (46. Veerman). Trainer: Markus Kauczinski
Tore: 1:0 Reddemann (35.), 1:1 Neudecker (51.), 2:1 Schäffler (103., Foulelfmeter), 3:1 Schmidt (105.$^{+1}$), 3:2 Avevor (109.)
Zuschauer: 10.007 in der Brita-Arena
Schiedsrichter: Christian Dingert (TSG Burg Lichtenberg, SW) - Assistenten: Justus Zorn (SV Opfingen, SBD), Daniel Riehl (TuS Schwachhausen, HB)
Gelbe Karten: Shipnoski, Andrist, Mrowca / Buballa, Knoll, Ziereis, Diamantakos

1. FC Magdeburg - SV Darmstadt 98 0:1 (0:1)
Magdeburg: Brunst - Handke, Hammann, Müller (81. Berisha) - Rother, Weil - Butzen, Niemeyer - Bülter (62. Osei Kwadwo), Beck, Lohkemper (62. Costly). Trainer: Jens Härtel
Darmstadt: Heuer Fernandes - Höhn, Franke, Sulu, Holland - Kempe, Medojevic - Heller (90.$^{+3}$ Sirigu), Mehlem (83. Rieder), Jones - Dursun (90. Boyd). Trainer: Dirk Schuster
Tor: 0:1 Kempe (3., Foulelfmeter)
Zuschauer: 20.165 in der MDCC-Arena
Schiedsrichter: Robert Schröder (SG Blaues Wunder Hannover, NS) - Assistenten: Jan Clemens Neitzel-Petersen (FC Eintracht Norderstedt, HH), Viatcheslav Paltchikov (TSV Eintracht Groß Grönau, SH)
Gelbe Karten: Hammann, Rother / Höhn

1. FC Schweinfurt 05 - FC Schalke 04 0:2 (0:1)
Schweinfurt: Eiban - Messingschlager, Strohmaier, Kleineheismann, Lo Scrudato (77. Weiß) - Kracun, Fery - Piller (61. Trinks), Krautschneider, Maderer (70. Fritscher) - Jabiri. Trainer: Timo Wenzel
Schalke: Fährmann - Sané, Naldo, Nastasic - Bentaleb (48. Schöpf) - Caligiuri, Mc Kennie, Harit, Baba - Uth (77. Teuchert), Burgstaller (55. Embolo). Trainer: Domenico Tedesco
Tore: 0:1 Bentaleb (24., Foulelfmeter), 0:2 Jabiri (75., Eigentor)
Zuschauer: 15.060 im ausverkauften Willy-Sachs-Stadion
Schiedsrichter: Arne Aarnink (VfL Weiße Elf Nordhorn, NS) - Assistenten: Eric Müller (FC Union 60 Bremen, HB), Andreas Steffens (SV Concordia Weyer, MIR)
Gelbe Karten: Trinks, Strohmaier, Messingschlager / Bentaleb

SV Linx - 1. FC Nürnberg 1:2 (1:1)
Linx: Riedinger - Kopf (66. Recht), Schmider, Gülsoy, Feist - Henkel (90.$^{+1}$ Braun), Merkel, Venturini, Dussot (89. M. Vollmer) - A. Vollmer, Rubio. Trainer: Sascha Reiß
Nürnberg: Bredlow - Valentini (46. Bauer), Margreitter, Mühl, Leibold - Petrak - Behrens, Fuchs (78. Knöll) - Salli (61. Palacios), Zrelak - Ishak. Trainer: Michael Köllner
Tore: 0:1 Ishak (15.), 1:1 Rubio (21., Foulelfmeter), 1:2 Ishak (88.)
Zuschauer: 5.600 im Rheinstadion beim Kehler FV
Schiedsrichter: Sven Waschitzki (Tgd Essen-West, NIR) - Assistenten: Markus Wollenweber (SV Rot-Weiß Venn, NIR), Philipp Hüwe (DJK Eintracht Coesfeld, WEF)
Gelbe Karten: Schmider, Merkel / Margreitter

SV Rödinghausen - SG Dynamo Dresden 3:2 nV (2:2, 2:2)
Rödinghausen: Heimann - Wolff, Flottmann, Velagic - Engel (109. Hippe), Pfanne, F. Kunze, Knystock - Mickels (58. Schlottke), Engelmann

(117. L. Kunze), Meyer (85. Dacaj). Trainer: Enrico Maaßen
Dresden: Schubert - Dumic, Nikolaou, Hamalainen - Kreuzer, Ebert, Aosman (85. Benatelli), Heise - Horvath (73. Berko), Röser (106. Möschl), Duljevic (80. Koné). Trainer: Uwe Neuhaus
Tore: 0:1 Duljevic (11.), 1:1 Meyer (20.), 1:2 Aosman (25.), 2:2 Engelmann (45.+1), 3:2 Hippe (120.+3)
Zuschauer: 3.862 im FRIMO Stadion beim VfL Sportfreunde Lotte
Schiedsrichter: Florian Heft (SV Eintracht Neuenkirchen, NS) - Assistenten: Franz Bokop (SC SF Niedersachsen Vechta, NS), Fynn Kohn (Husumer SVgg, SH)
Gelbe Karten: Pfanne, F. Kunze, Meyer, Schönwälder / Hamalainen, Röser, Dumic
Bes. Vorkommnis: Rödinghausens Ersatzkeeper Schönwälder sah auf der Bank wegen Meckerns die Gelbe Karte (99.)

SVgg 07 Elversberg - VfL Wolfsburg 0:1 (0:0)
Elversberg: Lehmann - Winter, Stang, Eglseder, Kohler - Dragon - Tekerci (81. Koffi), Dürholtz (82. Meha), Feil, Lahn - Perstaller. Trainer: Roland Seitz
Wolfsburg: Casteels - William, Knoche, Brooks, Roussillon - Guilavogui - Gerhardt (66. Malli), Arnold - Steffen (46. Mehmedi), Brekalo (83. Blaszczykowski) - Ginczek. Trainer: Bruno Labbadia
Tor: 0:1 Ginczek (76.)
Zuschauer: 5.321 in der Ursapharm-Arena an der Kaiserlinde
Schiedsrichter: Lasse Koslowski (Frohnauer SC, B) - Assistenten: Henry Müller (FC Energie Cottbus, BRB), Robert Wessel (SV Stern Britz, B)
Gelbe Karten: Tekerci, Feil / Steffen, William, Arnold

TuS Dassendorf - MSV Duisburg 0:1 (0:1)
Dassendorf: Gruhne - Warmbier, Karikari (46. Nägele), Lenz - Büchler (83. Saqib), Dettmann, Aust, Carolus - Möller - von Walsleben-Schied (64. Dittrich), Maggio. Trainer: Elard Ostermann
Duisburg: Davari - Regäsel, Neumann, Bomheuer, Wolze - Fröde, Schnellhardt - Oliveira Souza (68. Engin), Stoppelkamp - Iljutcenko (76. Verhoek), Tashchy (87. Sukuta-Pasu). Trainer: Ilia Gruev
Tor: 0:1 Tashchy (23.)
Zuschauer: 3.500 im Stadion Sander Tannen beim FC Bergedorf 85 (ausverk.)
Schiedsrichter: Alexander Sather (FC Grimma, SAX) - Assistenten: Oliver Lossius (BSV Eintracht Sondershausen, TH), Stefan Zielsdorf (SpVgg Hülsen-Westerloh, NS)
Gelbe Karten: Warmbier / Regäsel, Bomheuer

VfR Wormatia 08 Worms - SV Werder Bremen 1:6 (1:5)
Worms: Keilmann - Moos, Mimbala, Ihrig, Radau - Korb, Graciotti, Afari (56. Demir), Dorow - Glockner (56. Volz) - Burgio (72. Ferfelis). Trainer: Steven Jones
Bremen: Pavlenka - Gebre Selassie, Veljkovic, Moisander, Augustinsson - Bargfrede (64. Käuper, 74. Pizarro) - M. Eggestein, Klaassen - Osako (64. J. Eggestein), Kainz - Kruse. Trainer: Florian Kohfeldt
Tore: 0:1 Osako (9.), 0:2 Kainz (21.), 0:3 Bargfrede (31.), 0:4 Kruse (41., Foulelfmeter), 1:4 Mimbala (44.), 1:5 M. Eggestein (45.+1), 1:6 J. Eggestein (79.)
Zuschauer: 8.000 in der ausverkauften EWR-Arena
Schiedsrichter: Benedikt Kempkes (DJK Kruft/Kretz, RHL) - Assistenten: Frederick Assmuth (SV Refrath Frankenforst, MIR), Jonas Weickenmeier (TSV Lämmerspiel, HES)
Gelbe Karten: Korb, Dorow / -

SpVgg Drochtersen/Assel - FC Bayern München 0:1 (0:0)
Drochtersen/Assel: Siefkes - Rogowski, Mau, Behrmann - Klee (86. Stöhr), Elfers - Zöpfgen (78. Winkelmann), Andrijanic - Nagel, Gooßen - Neumann (90.+4 Fiks). Trainer: Lars Uder
München: Neuer - Kimmich, Boateng, Hummels (52. Goretzka), Rafinha - Martinez - Müller (85. Tolisso), Thiago - Robben (52. Coman), Ribery - Lewandowski. Trainer: Nico Kovac
Tor: 0:1 Lewandowski (81.)
Zuschauer: 8.000 im ausverkauften Kehdinger Stadion
Schiedsrichter: Thorben Siewer (FC Schreibershof, WEF) - Assistenten: Mitja Stegemann (1. FC Niederkassel, MIR), Fabian Maibaum (Hasper SV, WEF)
Gelbe Karten: - / Robben

1. FC Kaiserslautern - TSG 1899 Hoffenheim 1:6 (1:3)
Kaiserslautern: Sievers - Dick, Kraus, Hainault, Sternberg - Albaek, Fechner (46. Löhmannsröben) - Hemlein, Biada (46. Thiele), Zuck - Spalvis (66. Pick). Trainer: Michael Frontzeck
Hoffenheim: Kobel - Bicakcic, Vogt, Posch - Kaderabek, Zuber, Schulz (62. Brenet) - Bittencourt (56. Hoogma), Grifo - Joelinton (68. Belfodil), Szalai. Trainer: Julian Nagelsmann
Tore: 0:1 Joelinton (6.), 0:2 Schulz (13.), 0:3 Joelinton (22.), 1:3 Spalvis (33.), 1:4 Kaderabek (51.), 1:5 Joelinton (53.), 1:6 Brenet (63.)
Zuschauer: 22.818 im Fritz-Walter-Stadion
Schiedsrichter: Patrick Ittrich (MSV Hamburg, HH) - Assistenten: Norbert Grudzinski (TSV Wandsetal, HH), Sascha Thielert (TSV Buchholz 08, HH)
Gelbe Karten: Spalvis, Hemlein / Zuber, Schulz, Szalai

1. CfR Pforzheim - Bayer 04 Leverkusen 0:1 (0:1)
Pforzheim: M. Salz - Grupp, Borac (88. Oman), Cristescu, Saito - Zinram, Tardelli, Gudzevic (88. Ku. Lushtaku) - Ratifo, K. Lushtaku - D. Salz. Trainer: Gökhan Gökce
Leverkusen: Özcan - Weiser, Tah, S. Bender, Wendell - L. Bender (63. Kohr), Baumgartlinger (45.+1 Kiese Thelin) - Brandt (73. Paulinho), Havertz, Volland - Alario. Trainer: Heiko Herrlich
Tor: 0:1 Alario (26., Foulelfmeter)
Zuschauer: 4.725 im ausverkauften Holzhofstadion
Schiedsrichter: Frank Willenborg (SV Gehlenberg-Neuvrees, NS) - Assistenten: Henrik Bramlage (VfL Oythe, NS), Manuel Bergmann (TSV Erbach, WBG)
Gelbe Karten: Gudzevic, D. Salz / L. Bender, Kiese Thelin, Wendell

SSV Ulm 1846 - Eintracht Frankfurt 2:1 (0:0)
Ulm: Ortag - Stoll, Krebs, Reichert, Schindele - Campagna - Gutjahr, Nierichlo - Kienle (82. Hoffmann), Morina (63. Schmidts) - Lux (79. Braig). Trainer: Holger Bachthaler
Frankfurt: Rönnow - Abraham, Hasebe, Salcedo (79. Müller) - da Costa, Torro (83. Paciencia), Willems (70. Blum) - de Guzman, Gacinovic - Haller, Jovic. Trainer: Adi Hütter
Tore: 1:0 Kienle (48.), 2:0 Lux (75.), 2:1 Paciencia (90.)
Zuschauer: 18.500 im ausverkauften Donaustadion
Schiedsrichter: Timo Gerach (FV Queichheim, SW) - Assistenten: Nicolas Winter (SV Hagenbach, SW), Timo Klein (TuS Wiebelskirchen, SAR)
Gelbe Karten: Campagna, Stoll / Salcedo, Hasebe, Paciencia, Gacinovic

TuS Erndtebrück - Hamburger SV 3:5 (1:2)
Erndtebrück: Schünemann - Saka (69. Hilchenbach), Hunold, Terzic, Schmitt, Yamazaki - Mißbach, Reichert, Tomita (74. Yazar) - Böhmer (65. Ruzgis), Rösch. Trainer: Ivan Markow
Hamburg: Mickel - Sakai (46. Knost), Ambrosius, van Drongelen, Justino de Melo - Janjicic - Narey (71. Jairo), Holtby, Mangala, Ito - Arp (62. Lasogga). Trainer: Christian Titz
Tore: 0:1 Holtby (7., Foulelfmeter), 0:2 Arp (10.), 1:2 Yamazaki (42.), 2:2 Hunold (48.), 2:3 Lasogga (64.), 2:4 Lasogga (66.), 3:4 Hilchenbach (71.), 3:5 Mangala (90.)
Zuschauer: 13.588 im Leimbachstadion bei den Sportfreunden Siegen
Schiedsrichter: Robert Kempter (VfR Sauldorf, SBD) - Assistenten: Marcel Gasteier (TuS Dahlheim, RHL), Marcel Schütz (SV Leiselheim, SW)
Gelbe Karten: Hunold / Mickel

SC Rot-Weiß Oberhausen - SV Sandhausen 0:6 (0:2)
Oberhausen: Udegbe - Eggersglüß, Jordan, Löhden, Hermes - Ben Balla, Schumacher (55. Kurt) - Oubeyapwa (74. März), Bauder, Odenthal - Özkara (61. Steinmetz). Trainer: Mike Terranova
Sandhausen: Lomb - Klingmann, Kister, Karl, Paqarada - Linsmayer (81. Taffertshofer), Zenga (68. Jansen) - Förster (74. Hansch), Müller - Behrens, Schleusener. Trainer: Kenan Kocak
Tore: 0:1 Schleusener (7.), 0:2 Müller (24.), 0:3 Förster (46., Foulelfmeter), 0:4 Kister (61.), 0:5 Karl (83.), 0:6 Müller (90.+2)
Zuschauer: 6.072 im Stadion Niederrhein
Schiedsrichter: Florian Badstübner (TSV Windsbach, BY) - Assistenten: Patrick Hanslbauer (TSV Altenberg, BY), Roman Potemkin (SV Friesen, BY)
Gelbe Karten: Jordan / Behrens, Paqarada, Jansen

FC Erzgebirge Aue - 1. FSV Mainz 05 1:3 (0:1)
Aue: Männel - Kalig, Tiffert, Rapp - Rizzuto, Fandrich, Wydra (46. Hochscheidt), Härtel, Nazarov (71. Riese) - Bertram (77. Iyoha), Testroet. Trainer: Daniel Meyer
Mainz: Müller - Brosinski, Bell, Niakhaté, Caricol - Gbamin, Baku - De Blasis, Maxim (77. Malong), Holtmann (86. Bungert) - Mateta (58. Quaison). Trainer: Sandro Schwarz
Tore: 0:1 Maxim (31.), 0:2 Quaison (59.), 0:3 Maxim (65.), 1:3 Testroet (83.)
Zuschauer: 7.600 im Erzgebirgsstadion
Schiedsrichter: Felix Zwayer (SC Charlottenburg, B) - Assistenten: Eduard Beitinger (DJK Regensburg 06, BY), Marco Achmüller (SV Würding, BY)
Gelbe Karten: Rapp, Tiffert, Kalig / Maxim
Rote Karten: - / Niakhaté (3., Notbremse)

FC Hansa Rostock - VfB Stuttgart 2:0 (1:0)
Rostock: Gelios - Rankovic, Bülow, Riedel, Rieble - Breier, Pepic, Wannenwetsch, Biankadi (55. Hildebrandt) - Königs (80. Evseev), Soukou (89. Reinthaler). Trainer: Pavel Dotchev
Stuttgart: Zieler - Maffeo, Baumgartl, Badstuber, Insua - Castro, Aogo (80. Akolo) - Didavi, Thommy (61. Gentner) - Gonzalez (71. Donis) - Gomez. Trainer: Tayfun Korkut
Tore: 1:0 Soukou (8.), 2:0 Pepic (84.)
Zuschauer: 24.400 im Ostseestadion
Schiedsrichter: Tobias Stieler (SG Rosenhöhe Offenbach, HES) - Assistenten: Thomas Gorniak (ATSV Sebaldsbrück, HB), Christian Bandurski (SV Teutonia Überruhr, NIR)
Gelbe Karten: Biankadi, Pepic / Maffeo

1. FC Lokomotive Stendal - DSC Arminia Bielefeld 0:5 (0:1)
Stendal: Kycek - Schaarschmidt, Werner, Mahrhold - Kühn, Groß - Schubert (75. Hey), Erdmann (64. Gödecke) - Krüger, Schmidt (69. Breda) - Buschke. Trainer: Sven Körner
Bielefeld: Klewin - Schütz, Salger, Börner, Hartherz - Christiansen, Prietl (66. Seufert) - Massimo, Weihrauch (57. Staude) - Owusu (75. Klos), Schipplock. Trainer: Jeff Saibene
Tore: 0:1 Owusu (11.), 0:2 Owusu (61.), 0:3 Schipplock (63.), 0:4 Schütz (66.), 0:5 Schipplock (69.)
Zuschauer: 3.000 im Stadion am Hölzchen
Schiedsrichter: Christian Dietz (FC Kronach 08, BY) - Assistenten: Wolfgang Haslberger (TSV St. Wolfgang, BY), Lothar Ostheimer (TSV Sulzberg, BY)
Gelbe Karten: Groß, Mahrhold / Owusu
Bes. Vorkommnis: Kycek hält Foulelfmeter von Schütz (66.), der verwandelt aber den Nachschuss

TSV Steinbach Haiger - FC Augsburg 1:2 (0:1)
Steinbach: Löhe - Kunert, Herzig, Strujic, Heister (79. Bektasi) - Kamm Al-Azzawe (85. Koep) - Bisanovic (68. Müller), Trkulja - Budimbu, Marquet - Candan. Trainer: Matthias Mink
Augsburg: Luthe - Schmid, Gouweleeuw, Hinteregger, Max - Khedira, Baier - Hahn (90.+3 Götze), Gregoritsch, Richter (73. Jensen) - Ji (61. Caiuby). Trainer: Manuel Baum
Tore: 0:1 Richter (14.), 1:1 Herzig (55.), 1:2 Hahn (65.)
Zuschauer: 4.204 im Sibre-Sportzentrum Haarwasen
Schiedsrichter: Dr. Martin Thomsen (SV Donsbrüggen, NIR) - Assistenten: Bastian Börner (ASSV Letmathe, WEF), Dominik Jolk (SV Blau-Weiß Hand, MIR)
Gelbe Karten: - / Max

TuS Rot-Weiß Koblenz - Fortuna Düsseldorf 0:5 (0:4)
Koblenz: Oost - Masala (69. Fritsch), Schmidt, Kraemer, Meinert - Weidenbach, Altin (46. Sauerborn) - Hillen, Miles - Arndt, Engel (64. Jusufi). Trainer: Fatih Cift
Düsseldorf: Wolf - Zimmer, Ayhan, Hoffmann, Gießelmann - Sobottka, Stöger (57. Morales) - Lukebakio, Raman (68. Contento) - Ducksch, Hennings (58. Karaman). Trainer: Friedhelm Funkel
Tore: 0:1 Lukebakio (9.), 0:2 Lukebakio (12.), 0:3 Ducksch (32.), 0:4 Stöger (44.), 0:5 Raman (62.)
Zuschauer: 7.500 im Stadion Oberwerth
Schiedsrichter: Benjamin Cortus (TSV Burgfarrnbach, BY) - Assistenten: Thomas Stein (TSV Viktoria Homburg/Main, BY), Christian Leicher (SV Neuhausen, BY)

SC Weiche Flensburg 08 - VfL Bochum 1:0 (1:0)
Flensburg: Kirschke - Njie, Thomsen, Paetow - Jürgensen - Santos (72. Ostermann), Schulz (66. Hasanbegovic), Hartmann, Meyer - Empen (78. Ibekwe), Isitan. Trainer: Daniel Jurgeleit
Bochum: Dornebusch - Celozzi, Hoogland, Leitsch, Perthel - Janelt (70. Wurtz), Losilla - Pantovic (77. Soares), Weilandt (62. Ekincier) - Ganvoula, Hintersee. Trainer: Robin Dutt
Tor: 1:0 Schulz (34.)
Zuschauer: 3.500 im ausverkauften Manfred-Werner-Stadion
Schiedsrichter: René Rohde (TSV Thürkow, MV) - Assistenten: Marcel Unger (FSG 99 Salza-Nordhausen, TH), Florian Lechner (PSV Wismar, MV)
Gelbe Karten: - / Leitsch

BSG Chemie Leipzig - SSV Jahn Regensburg 2:1 (0:1)
Leipzig: Latendresse-Levesque - Wajer, B. Schmidt, Karau, L. Schmidt-Heinze (66. Wendt), Wendschuch - Keßler (66. F. Schmidt), Böttger, Bury - Druschky (90.+3 Rode). Trainer: Dietmar Demuth
Regensburg: Weis - Saller, Sörensen, Correia, Nandzik - Geipl, Nietfeld (79. Lais) - Stolze, Derstroff (63. Adamyan) - Vrenezi (70. Hyseni), Grüttner. Trainer: Achim Beierlorzer
Tore: 0:1 Derstroff (20.), 1:1 Wendt (69.), 2:1 Druschky (90.+1)
Zuschauer: 4.999 im ausverkauften Alfred-Kunze-Sportpark
Schiedsrichter: Tobias Reichel (GSV Maichingen, WBG) - Assistenten: Asmir Osmanagic (SpVgg Stuttgart-Ost, WBG), Tobias Endriß (FTSV Bad Ditzenbach-Gosbach, WBG)
Gelbe Karten: Wendt / Saller

Berliner FC Dynamo - 1. FC Köln 1:9 (1:4)
Berlin: Hendl - Reher, Karim, Joshua Silva, Brumme - Lambach (81. Colakaj) - Rausch, Brinkmann (67. Schulz), Twardzik, Cepni (36. Breustedt) - Lewandowski. Trainer: Rene Rydlewicz
Köln: T. Horn - Risse, Meré Perez, Czichos, J. Horn - Hector - Clemens (62. Höger), Schaub, Koziello (67. Özcan), Drexler - Terodde (78. Cordoba). Trainer: Markus Anfang
Tore: 1:0 Twardzik (19.), 1:1 Terodde (21.), 1:2 Terodde (34.), 1:3 Terodde (41.), 1:4 Drexler (44.), 1:5 Risse (58.), 1:6 Koziello (61.), 1:7 Drexler (66.), 1:8 Terodde (75.), 1:9 Schaub (86.)
Zuschauer: 14.357 im Olympiastadion bei Hertha BSC
Schiedsrichter: Johann Pfeifer (HSC Blau-Weiß Schwalbe Tündern, NS) - Assistenten: Tim Skorczyk (VfL Salder, NS), Viatcheslav Paltchikov (TSV Eintracht Groß Grönau, SH)
Gelbe Karten: Cepni, Lambach, Joshua Silva / Höger

SSV Jeddeloh - 1. FC Heidenheim 2:5 (0:3)
Jeddeloh: Meyer - von Aschwege (81. Laabs), Wegener, Hahn, Tönnies - Samide, Lindemann, Schaffer, Ghawilu (69. Istefo) - Bennert, Fredehorst (46. Gottschling). Trainer: Key Riebau
Heidenheim: Müller - Strauß, Mainka, Theuerkauf, Feick - Griesbeck (62. Schmidt), Andrich - Multhaup, Pusch, Schnatterer (56. Skarke) - Glatzel (70. Lankford). Trainer: Frank Schmidt
Tore: 0:1 Griesbeck (23.), 0:2 Pusch (32.), 0:3 Pusch (39.), 0:4 Glatzel (56.), 1:4 Lindemann (76., Foulelfmeter), 2:4 Tönnies (79.), 2:5 Lankford (90.+2)
Zuschauer: 4.508 im Stadion am Marschweg beim VfB Oldenburg
Schiedsrichter: Michael Bacher (SV Amerang, BY) - Assistenten: Tobias Fritsch (1. FC Bruchsal, NBD), Johannes Huber (TSV Bogen, BY)
Gelbe Karten: Schaffer, Lindemann / Skarke

FC Viktoria Köln - RasenBallsport Leipzig 1:3 (1:0)
Köln: Patzler - Lang, Reiche, Willers, Baumgärtel - Lohmar (76. Klefisch) - Saghiri, Backszat - Koronkiewicz, Golley (82. Popovits) - Mfumu (57. Kreyer). Trainer: Patrick Glöckner
Leipzig: Gulacsi - Laimer (46. Saracchi), Mukiele, Upamecano, Klostermann - Ilsanker (46. Kampl), Demme - Forsberg, Bruma (79. Konaté) - Augustin, Poulsen. Trainer: Ralf Rangnick
Tore: 1:0 Golley (39.), 1:1 Poulsen (61.), 1:2 Forsberg (69.), 1:3 Augustin (90.+3)
Zuschauer: 4.712 im Sportpark Höhenberg
Schiedsrichter: Martin Petersen (VfL Stuttgart, WBG) - Assistenten: Mark Borsch (BV Grün-Weiß Mönchengladbach, NIR), Dominik Schaal (SV Pfrondorf, WBG)
Gelbe Karten: - / Mukiele, Konaté
Rote Karten: - / Saracchi (77., Notbremse)

Karlsruher SC - Hannover 96 0:6 (0:3)
Karlsruhe: Uphoff - Thiede, Gordon, Pisot, Roßbach - Stiefler, Wanitzek - Choi (62. Fink), Muslija - Pourié (77. Batmaz), Sané (62. Hanek). Trainer: Alois Schwartz
Hannover: Esser - Sorg, Anton, Wimmer, Ostrzolek - Schwegler (70. Fossum), Walace - Bebou, Maina - Asano (64. Wood), Füllkrug (82. Weydandt). Trainer: André Breitenreiter
Tore: 0:1 Wimmer (17.), 0:2 Bebou (31.), 0:3 Füllkrug (41., Foulelfmeter), 0:4 Asano (51.), 0:5 Weydandt (85.), 0:6 Weydandt (90.)
Zuschauer: 12.234 im Wildparkstadion
Schiedsrichter: Bastian Dankert (Brüsewitzer SV, MV) - Assistenten: Christian Gittelmann (SpVgg Gauersheim, SW), Timo Klein (TuS Wiebelskirchen, SAR)
Gelbe Karten: Wanitzek / -

TSV 1860 München - Holstein Kiel 1:3 (1:0)
München: Hiller - Paul, Weber, Lorenz, Steinhart - Moll, Wein - Willsch (64. Böhnlein), Kindsvater (85. Ziereis) - Karger - Grimaldi (69. Mölders). Trainer: Daniel Bierofka
Kiel: Kronholm - Dehm, Schmidt, Wahl, van den Bergh (61. Honsak) - Mühling, Meffert (89. Lewerenz) - Schindler, Kinsombi (71. Seydel), Lee - Serra. Trainer: Tim Walter
Tore: 1:0 Karger (7.), 1:1 Mühling (74.), 1:2 Mühling (83.), 1:3 Schindler (87.)
Zuschauer: 14.200 im Stadion an der Grünwalder Straße
Schiedsrichter: Sascha Stegemann (1. FC Niederkassel, MIR) - Assistenten: Mike Pickel (TuS Grün-Weiß Mendig, RHL), Markus Schüller (Spfr Neersbroich, NIR)

FC Carl Zeiss Jena - 1. FC Union Berlin 2:4 (2:3)
Jena: Coppens - Fl. Brügmann, Slamar, Grösch, Cros (46. Sucsuz) - Eckardt (79. Tchenkoua), Erlbeck - Bock (70. Fe. Brügmann), Starke, Wolfram - Tietz. Trainer: Mark Zimmermann
Berlin: Gikiewicz - Trimmel, Friedrich, Parensen, Lenz - Schmiedebach (90.+2 Hübner) - Prömel, Kroos (36. Hartel) - Gogia (72. Redondo), Andersson, Hedlund. Trainer: Urs Fischer
Tore: 0:1 Andersson (14.), 1:1 Wolfram (21.), 1:2 Kroos (29.), 2:2 Trimmel (42., Eigentor), 2:3 Hedlund (45.+5, Foulelfmeter), 2:4 Hedlund (71.)
Zuschauer: 10.600 auf dem Ernst-Abbe-Sportfeld
Schiedsrichter: Dr. Felix Brych (SV Am Hart München, BY) - Assistenten: Nikolai Kimmeyer (TSV Palmbach, NBD), Tobias Schultes (TSV Betzigau, BY)

BSC Hastedt - Borussia Mönchengladbach 1:11 (0:6)
Hastedt: Pfarr - Njie, Mehrtens, Thöle - Onyeulo, Buduar - Bi-Ria (59. Janine), Dalkiran (64. Lakic) - Kenneweg, Aziri - Kaloshi (75. Kücük). Trainer: Gökhan Deli
Mönchengladbach: Sippel - Beyer, Ginter, Jantschke, Wendt (58. Poulsen) - Strobl - Neuhaus (73. Cuisance), Hofmann, Rafael (69. Herrmann), Hazard - Plea. Trainer: Dieter Hecking
Tore: 0:1 Hazard (2., Foulelfmeter), 0:2 Plea (8.), 0:3 Rafael (15.), 0:4 Rafael (31.), 0:5 Neuhaus (39.), 0:6 Hazard (42.), 0:7 Plea (50.), 0:8 Hofmann (56.), 0:9 Rafael (66.), 0:10 Plea (78.), 0:11 Hazard (84.), 1:11 Kücük (88.)
Zus.: 4.997 im Weserstadion, Platz 11 bei SV Werder Bremen II (ausverk.)
Schiedsrichter: Christof Günsch (SV Reddighausen, HES) - Assistenten: Steffen Brütting (SpVgg Effeltrich, BY), Julius Martenstein (FV Cölbe, HES)
Gelbe Karten: Dalkiran, Janine, Njie / -

SC Paderborn 07 - FC Ingolstadt 04 2:1 (2:0)
Paderborn: Ratajczak - Dräger, Hünemeier, Strohdiek, Collins - Gjasula - Zolinski (77. Ritter), Klement, Antwi-Adjei - Tekpetey (58. Schwede), Michel (90.+2 Düker). Trainer: Steffen Baumgart
Ingolstadt: Knaller - Ananou, Matip, Gimber, da Costa Souza - Schröck, Krauße (46. Kerschbaumer) - Diawusie (71. Benschop), Kittel, Röcher (46. Leipertz) - Kutschke. Trainer: Stefan Leitl
Tore: 1:0 Hünemeier (34.), 2:0 Hünemeier (44.), 2:1 Kittel (76.)
Zuschauer: 9.427 in der Benteler-Arena
Schiedsrichter: Daniel Siebert (FC Nordost Berlin, B) - Assistenten: Rafael Foltyn (TSG Kastel 1846, HES), Patrick Kessel (SG Hüffelsheim, SW)
Gelbe Karten: Antwi-Adjei / Diawusie

FC Energie Cottbus - SC Freiburg 3:5 iE, 2:2 nV (1:1, 0:0)
Cottbus: Spahic - Startsev, Stein, Matuwila, Schlüter - Kruse - Weidlich (110. Baude) - de Freitas Costa, Zimmer (80. Scheidhauer, 91. Geisler), Viteritti - Mamba (89. Stanese). Trainer: Claus-Dieter Wollitz
Freiburg: Schwolow - Stenzel (105. Lienhart), Gulde (84. Kleindienst), Heintz, Günter - Höfler - Waldschmidt (66. Terrazzino), Gondorf, Frantz - Petersen, Niederlechner (72. Höler). Trainer: Christian Streich
Tore: 1:0 de Freitas Costa (47.), 1:1 Frantz (90.+1), 1:2 Petersen (99.), 2:2 Viteritti (103.)
Elfmeterschießen: 0:1 Petersen, 1:1 Stein, 1:2 Lienhart, 2:2 de Freitas Costa, 2:3 Höfler, 3:3 Schlüter, 3:4 Frantz, Kruse schießt über das Tor, 3:5 Heintz
Zuschauer: 15.245 im Stadion der Freundschaft
Schiedsrichter: Harm Osmers (SV Baden, NS) - Assistenten: Markus Häcker (SV Traktor Pentz, MV), Daniel Riehl (TuS Schwachhausen, HB)
Gelbe Karten: Startsev, Scheidhauer, Zimmer / Waldschmidt, Höfler, Petersen, Höler
Bes. Vorkommnis: Spahic hält Foulelfmeter von Petersen (99.), der verwandelt aber den Nachschuss

Eintracht Braunschweig - Hertha BSC 1:2 (0:1)
Braunschweig: Engelhardt - Sauerland, Burmeister, Valsvik, Amundsen - Kijewski (74. Canbaz), Thorsen - Bulut, Putaro (78. Fejzullahu) - Franjic - Hofmann. Trainer: Henrik Pedersen
Hertha: Jarstein - Stark, Rekik, Torunarigha - Lazaro, Maier, Duda, Plattenhardt - Kalou (75. Jastrzembski), Mittelstädt (90.+3 Dardai) - Ibisevic (90. Köpke). Trainer: Pal Dardai
Tore: 0:1 Plattenhardt (38.), 1:1 Fejzullahu (81.), 1:2 Ibisevic (83.)
Zuschauer: 16.710 im Eintracht-Stadion
Schiedsrichter: Guido Winkmann (SV Nütterden, NIR) - Assistenten: Arno Blos (SC Altbach, WBG), Tobias Christ (TB Jahn Zeiskam, SW)
Gelbe Karten: Burmeister, Sauerland / Duda, Lazaro

SpVgg Greuther Fürth - Borussia Dortmund 1:2 nV (1:1, 0:0)
Fürth: Burchert - Hilbert, Maloca, Bauer (90. Magyar), Wittek - Gugganig - Ernst, Omladic (46. Mohr) - Atanga (70. Reese), Green (97. Abouchabaka) - Keita-Ruel. Trainer: Damir Buric
Dortmund: Bürki - Piszczek, Akanji, Diallo, Schmelzer - Dahoud, Delaney (74. Witsel) - Pulisic (78. Sancho), Götze (64. Philipp), Wolf (97. Guerreiro) - Reus. Trainer: Lucien Favre
Tore: 1:0 Ernst (77.), 1:1 Witsel (90.+5), 1:2 Reus (120.+1)
Zuschauer: 15.500 im ausverkauften Sportpark Ronhof Thomas Sommer
Schiedsrichter: Manuel Gräfe (FC Hertha 03 Zehlendorf, B) - Assistenten: Guido Kleve (SV Vorwärts Nordhorn, NS), Markus Sinn (SpVgg Stuttgart-Ost, WBG)
Gelbe Karten: Ernst, Maloca, Abouchabaka / Akanji
Bes. Vorkommnis: Der Fürther Cheftrainer Damir Buric konnte aufgrund eines Trauerfalls in der Familie nicht anwesend sein und wurde von seinen Co-Trainern Oliver Barth und Petr Ruman vertreten.

DFB-Vereinspokal, 2. Hauptrunde

BSG Chemie Leipzig - SC Paderborn 07 0:3 (0:2)
Leipzig: Latendresse-Levesque - Wajer, Karau, B. Schmidt, L. Schmidt - Wendschuch (80. Trogrlic), Böttger - Bury, Wendt - Heinze (75. F. Schmidt), Druschky (75. Keßler). Trainer: Dietmar Demuth
Paderborn: Ratajczak - Dräger, Schonlau, Hünemeier, Collins - Gjasula, Klement (62. Zolinski) - Tekpetey (79. Ritter), Antwi-Adjei - Vasiliadis, Gueye (76. Düker). Trainer: Steffen Baumgart
Tore: 0:1 Gueye (18.), 0:2 Hünemeier (28.), 0:3 Gueye (59.)
Zuschauer: 4.999 im ausverkauften Alfred-Kunze-Sportpark
Schiedsrichter: Christian Dietz (FC Kronach 08, BY) - Assistenten: Wolfgang Haslberger (TSV St. Wolfgang, BY), Lothar Ostheimer (TSV Sulzberg, BY)
Gelbe Karten: Wendschuch, B. Schmidt, Wajer / Gueye, Dräger, Hünemeier
Rote Karten: - / Wendt (55., Foulspiel)

SSV Ulm 1846 - Fortuna Düsseldorf 1:5 (1:4)
Ulm: Ortag - Schmidts, Krebs, Reichert, Schindele (62. Bradara) - Campagna - Gutjahr, Beck - Morina (58. Viventi) - Braig (75. Nierichlo), Lux. Trainer: Holger Bachthaler
Düsseldorf: Rensing - Zimmer, Ayhan, Bormuth, Gießelmann - Morales (65. Stöger) - Zimmermann - Lukebakio (69. Raman), Usami - Ducksch (75. Nielsen), Hennings. Trainer: Friedhelm Funkel
Tore: 1:0 Morina (1.), 1:1 Ducksch (15.), 1:2 Hennings (33.), 1:3 Lukebakio (37.), 1:4 Lukebakio (43.), 1:5 Ducksch (70.)
Zuschauer: 17.000 im ausverkauften Donaustadion
Schiedsrichter: Florian Badstübner (TSV Windsbach, BY) - Assistenten: Patrick Hanslbauer (TSV Altenberg, BY), Roman Potemkin (SV Friesen, BY)
Gelbe Karten: - / Morales, Usami, Zimmermann

Hannover 96 - VfL Wolfsburg 0:2 (0:1)
Hannover: Tschauner - Anton, Elez, Wimmer, Albornoz (46. Wood) - Walace - Bebou, Haraguchi, Fossum (84. Felipe) - Weydandt, Asano (57. Muslija). Trainer: André Breitenreiter
Wolfsburg: Casteels - William, Tisserand, Brooks, Roussillon - Arnold - Gerhardt, Rexhbecaj (90.+6 Uduokhai) - Mehmedi (57. Steffen, 87. Knoche) - Weghorst, Ginczek. Trainer: Bruno Labbadia
Tore: 0:1 Mehmedi (20.), 0:2 Weghorst (90.+3)
Zuschauer: 34.400 in der HDI Arena
Schiedsrichter: Benjamin Cortus (TSV Burgfarrnbach, BY) - Assistenten: Eduard Beitinger (DJK Regensburg 06, BY), Christian Leicher (SV Neuhausen, BY)
Gelbe Karten: Albornoz, Walace, Elez, Bebou / Steffen, Arnold

SV Darmstadt 98 - Hertha BSC 0:2 (0:0)
Darmstadt: Heuer Fernandes - Rieder (83. Boyd), Franke, Sulu, Holland - Medojevic (73. Wurtz), Stark - Heller, Kempe, Hertner (68. Jones) - Dursun. Trainer: Dirk Schuster
Hertha: Kraft - Lazaro, Stark, Rekik, Plattenhardt - Darida, Maier - Kalou (90. Leckie), Duda, Dilrosun (83. Mittelstädt) - Selke (64. Ibisevic). Trainer: Pal Dardai
Tore: 0:1 Ibisevic (64.), 0:2 Mittelstädt (88.)
Zuschauer: 15.000 im Merck-Stadion am Böllenfalltor
Schiedsrichter: Dr. Robert Kampka (TSV Schornbach, WBG) - Assistenten: Benedikt Kempkes (DJK Kruft/Kretz, RHL), Tobias Christ (TB Jahn Zeiskam, SW)
Gelbe Karten: - / Rekik, Darida
Bes. Vorkommnis: Die Partie begann mit 15 Minuten Verspätung, da der Hertha-Bus bei der Anreise im Stau stand.

SV Wehen Wiesbaden - Hamburger SV 0:3 (0:1)
Wiesbaden: Kolke - Kuhn, Mockenhaupt, Dams, Mintzel (72. Dittgen) - Mrowca (72. Schmidt), Titsch-Rivero - Andrist (78. Schönfeld), Schwadorf - Kyereh, Schäffler. Trainer: Rüdiger Rehm
Hamburg: Pollersbeck - Sakai, Bates, van Drongelen, Douglas Santos - Mangala - Hunt, Holtby (81. Janjicic) - Narey (90.+5 Ito), Arp (62. Jatta) - Lasogga. Trainer: Hannes Wolf
Tore: 0:1 Lasogga (21.), 0:2 Lasogga (51.), 0:3 Douglas Santos (90.+7)
Zuschauer: 11.170 in der ausverkauften Brita-Arena
Schiedsrichter: Dr. Matthias Jöllenbeck (SV Weilertal, SBD) - Assistenten: Mike Pickel (TuS Grün-Weiß Mendig, RHL), Oliver Lossius (BSV Eintracht Sondershausen, TH)
Gelbe Karten: Andrist / Mangala, Lasogga
Bes. Vorkommnis: Schiedsrichter Jöllenbeck unterbrach nach dem 2:0 des HSV die Partie für sechs Minuten (51.), weil HSV-Fans Pyrotechnik in ihrem Block abbrannten.

SV Rödinghausen - FC Bayern München 1:2 (0:2)
Rödinghausen: Heimann - Velagic, von Piechowski (71. Kalkan), Flottmann, Wolff, Knystock - F. Kunze, Pfanne - Lunga (58. Schlottke), Meyer (79. Mickels) - Engelmann. Trainer: Enrico Maaßen
München: Neuer - Rafinha, Süle, Martinez, Alaba - Thiago (75. Gnabry) - Goretzka (69. Kimmich), Sanches - Müller, Ribery (90. Shabani) - Wagner. Trainer: Niko Kovac
Tore: 0:1 Wagner (8.), 0:2 Müller (13., Foulelfmeter), 1:2 Meyer (49.)
Zuschauer: 16.000 im Stadion Bremer Brücke beim VfL Osnabrück (ausverk.)
Schiedsrichter: Timo Gerach (FV Queicheim, SW) - Assistenten: Nicolas Winter (SV Hagenbach, SW), Patrick Kessel (SG Hüffelsheim, SW)
Gelbe Karten: Flottmann, Velagic, Schlottke, Wolff / Sanches
Bes. Vorkommnis: Sanches schießt Foulelfmeter an die Latte (23.)

1. FC Heidenheim - SV Sandhausen 3:0 (2:0)
Heidenheim: Müller - Busch, Mainka, Beermann, Theuerkauf - Dorsch, Griesbeck - Schnatterer (70. Multhaup), Skarke (59. Feick) - Dovedan (87. Pusch) - Thomalla. Trainer: Frank Schmidt
Sandhausen: Lomb - Klingmann, Verlaat, Kister, Paqarada - Förster, Kulovits (65. Jansen) - Müller (46. Guedé), Vollmann - Wooten (75. Behrens), Schleusener. Trainer: Uwe Koschinat
Tore: 1:0 Schnatterer (8., Foulelfmeter), 2:0 Dovedan (20.), 3:0 Dovedan (86.)
Zuschauer: 4.300 in der Voith-Arena
Schiedsrichter: Sven Waschitzki (Tgd Essen-West, NIR) - Assistenten: Markus Wollenweber (SV Rot-Weiß Venn, NIR), Philipp Hüwe (DJK Eintracht Coesfeld, WEF)
Gelbe Karten: Feick / -
Bes. Vorkommnis: Sandhausen musste die Partie mit 10 Mann zu Ende spielen, da Kister verletzt ausschied (85.) und das Wechselkontingent bereits ausgeschöpft war.

FC Augsburg - 1. FSV Mainz 05 3:2 nV (2:2, 1:2)
Augsburg: Luthe - Gouweleeuw, Khedira, Hinteregger - Framberger, Moravek (77. Götze), Max - Hahn (74. Finnbogason), Koo (65. Richter), Caiuby (120. Danso) - Gregoritsch. Trainer: Manuel Baum
Mainz: Zentner - Brosinski, Bell, Hack, Bussmann - Gbamin (106. Mateta) - Mwene, Maxim (87. Boetius) - Quaison (79. Malong) - Ujah, Onisiwo (90.+4 Öztunali). Trainer: Sandro Schwarz
Tore: 0:1 Mwene (19.), 1:1 Bell (40., Eigentor), 1:2 Quaison (45.), 2:2 Gregoritsch (86.), 3:2 Caiuby (105.)
Zuschauer: 15.561 in der WWK-Arena
Schiedsrichter: Manuel Gräfe (FC Hertha 03 Zehlendorf, B) - Assistenten: Thorsten Schiffner (SC Konstanz-Wollmatingen, SBD), Markus Sinn (SpVgg Stuttgart-Ost, WBG)
Gelbe Karten: Götze / -

FC Hansa Rostock - 1. FC Nürnberg 2:4 iE, 2:2 nV (1:1, 1:0)
Rostock: Gelios - Wannenwetsch, Hüsing, Riedel, Rieble - Pepic, Bülow - Hißner (76. Donkor), Biankadi - Breier (105. Williams), Königs (68. Hildebrandt). Trainer: Pavel Dotchev
Nürnberg: Mathenia - Bauer, Margreitter, Ewerton (96. Mühl), Leibold - Behrens, Rhein - Kubo (90. Misidjan), Matheus Pereira, Kerk (65. Palacios) - Knöll (75. Zrelak). Trainer: Michael Köllner
Tore: 1:0 Breier (35.), 1:1 Zrelak (90.), 2:1 Hildebrandt (95.), 2:2 Palacios (103.)
Elfmeterschießen: 1:0 Pepic, 1:1 Behrens, Mathenia hält gegen Hildebrandt, 1:2 Margreitter, Bülow schießt über das Tor, 1:3 Mühl, 2:3 Williams, 2:4 Leibold
Zuschauer: 23.900 im ausverkauften Ostseestadion
Schiedsrichter: Dr. Martin Thomsen (SV Donsbrüggen, NIR) - Assistenten: Bastian Börner (ASSV Letmathe, WEF), Dominik Jolk (VSV Blau-Weiß Hand, MIR)
Gelbe Karten: Pepic, Bülow, Riedel / Leibold, Kubo, Margreitter

SC Weiche Flensburg 08 - SV Werder Bremen 1:5 (1:3)
Flensburg: Kirschke - Jürgensen, Thomsen, Paetow - Santos, Meyer - Ibekwe (83. Pläschke), J. Ostermann, Wirlmann (61. Keller), H. Ostermann (74. Wulff) - Schulz. Trainer: Daniel Jurgeleit
Bremen: Pavlenka - Gebre Selassie, Veljkovic, Friedl, Augustinsson - Sahin - M. Eggestein (79. Möhwald), Klaassen - J. Eggestein (78. Rashica), Kainz - Pizarro (66. Harnik). Trainer: Florian Kohfeldt
Tore: 0:1 Pizarro (8.), 1:1 Santos (27.), 1:2 Kainz (38.), 1:3 Klaassen (44., Foulelfmeter), 1:4 Harnik (76.), 1:5 Harnik (81.)
Zuschauer: 8.637 im ausverkauften Stadion an der Lohmühle beim VfB Lübeck
Schiedsrichter: Tobias Reichel (GSV Maichingen, WBG) - Assistenten: Asmir Osmanagic (SpVgg Stuttgart-Ost, WBG), Tobias Endriß (FTSV Bad Ditzenbach-Gosbach, WBG)
Gelbe Karten: Schulz, Jürgensen / -

1. FC Köln - FC Schalke 04 5:6 iE, 1:1 nV (1:1, 1:0)
Köln: T. Horn - Risse, Jorge Meré, Czichos, Hector - Höger - Schaub (99. Zoller), Drexler, Özcan, Guirassy - Cordoba (83. Terodde). Trainer: Markus Anfang
Schalke: Nübel - Sané, Naldo (72. Bentaleb), Nastasic - Schöpf (56. Caligiuri), Rudy, Mendyl (91. McKennie) - Harit, Uth - Burgstaller, Konoplyanka (67. Embolo). Trainer: Domenico Tedesco
Tore: 1:0 Cordoba (43.), 1:1 Bentaleb (89., Handelfmeter)
Elfmeterschießen: Nübel hält gegen Höger, 0:1 Burgstaller, 1:1 Özcan, 1:2 Nastasic, 2:2 Terodde, 2:3 Caligiuri, 3:3 Guirassy, 3:4 Harit, 4:4 Risse, T. Horn hält gegen Bentaleb, 5:4 Hector, 5:5 Rudy, Drexler schießt über das Tor, 5:6 Uth
Zuschauer: 50.000 im ausverkauften Rhein-Energie-Stadion
Schiedsrichter: Harm Osmers (SV Baden, NS) - Assistenten: Florian Heft (SV Eintracht Neuenkirchen, NS), Thomas Stein (TSV Viktoria Homburg/Main, BY)
Gelbe Karten: Özcan, Schaub / Schöpf, Uth, Bentaleb, Burgstaller, Nastasic
Bes. Vorkommnis: Schalke musste die Partie bis zum Ende der regulären Spielzeit mit 10 Mann zu Ende spielen, da Mendyl verletzt ausschied (85.) und das Wechselkontingent bereits ausgeschöpft war. Zu Beginn der Verlängerung durfte Schalke seinen vierten Wechsel vornehmen und war damit wieder vollzählig.

Borussia Dortmund - 1. FC Union Berlin 3:2 nV (2:2, 1:0)
Dortmund: Hitz - Hakimi, Toprak, Zagadou, Diallo (14. Guerreiro) - Weigl, Dahoud (86. Witsel) - Pulisic, Kagawa (78. Reus), Wolf (91. Sancho) - Philipp. Trainer: Lucien Favre
Berlin: Gikiewicz - Trimmel, Friedrich, Hübner, Lenz (106. Reichel) - Schmiedebach - Prömel, Zulj - Hartel (76. Hedlund), Redondo (61. Abdullahi) - Andersson (61. Polter). Trainer: Urs Fischer
Tore: 1:0 Pulisic (40.), 1:1 Polter (63.), 2:1 Philipp (73.), 2:2 Polter (88.), 3:2 Reus (120.+1, Foulelfmeter)
Zuschauer: 72.732 im Signal-Iduna-Park
Schiedsrichter: Guido Winkmann (SV Nütterden, NIR) - Assistenten: Christian Bandurski (SV Teutonia Überruhr, NIR), Arno Blos (SC Altbach, WBG)
Gelbe Karten: Hakimi, Witsel / Trimmel, Hübner
Gelb-Rote Karten: - / Friedrich (118., Unsportlichkeit/Foulspiel)

Holstein Kiel - SC Freiburg 2:1 (1:1)
Kiel: Kronholm - Dehm, Schmidt, Wahl, Thesker (87. Herrmann) - Meffert - Mühling, Kinsombi - Schindler, Okugawa (89. Honsak) - Serra (90.+4 Karazor). Trainer: Tim Walter
Freiburg: Schwolow - Stenzel, Lienhart (87. Höler), Heintz, Günter - Koch, Höfler - Haberer (84. Kleindienst), Frantz (82. Ravet) - Waldschmidt - Petersen. Trainer: Christian Streich
Tore: 0:1 Petersen (1.), 1:1 Serra (26.), 2:1 Kinsombi (79.)
Zuschauer: 9.361 im Holstein-Stadion
Schiedsrichter: Sören Storks (VfL Ramsdorf, WEF) - Assistenten: Jan Clemens Neitzel-Petersen (FC Eintracht Norderstedt, HH), Jan Seidel (SV Grün-Weiß Brieselang, BRB)
Gelbe Karten: Dehm / Petersen

DSC Arminia Bielefeld - MSV Duisburg 0:3 (0:3)
Bielefeld: Klewin - Clauss (60. Brunner), Behrendt, Börner, Hartherz - Edmundsson, Christiansen (67. Seufert), Prietl, Massimo (46. Owusu) - Klos, Voglsammer. Trainer: Jeff Saibene
Duisburg: Mesenhöler - Wiegel, Bomheuer, Nauber, Wolze - Schnellhardt, Fröde - Engin, Oliveira Souza (46. Stoppelkamp) - Sukuta-Pasu (78. Iljutcenko), Verhoek (56. Tashchy). Trainer: Torsten Lieberknecht
Tore: 0:1 Verhoek (12.), 0:2 Schnellhardt (38.), 0:3 Oliveira Souza (45.)
Zuschauer: 19.143 in der Schüco-Arena
Schiedsrichter: Arne Aarnink (VfL Weiße Elf Nordhorn, NS) - Assistenten: Eric Müller (FC Union 60 Bremen, HB), Andreas Steffens (SV Concordia

Weyer, MlR)
Gelbe Karten: Massimo, Owusu, Brunner / Engin

RasenBallsport Leipzig - TSG 1899 Hoffenheim 2:0 (0:0)
Leipzig: Gulacsi - Konaté, Ilsanker, Upamecano - Klostermann, Demme, Halstenberg - Sabitzer (90. Mukiele), Kampl (79. Laimer) - Augustin (46. Werner), Poulsen. Trainer: Ralf Rangnick
Hoffenheim: Kobel - Adams, Vogt, Bicakcic (67. Grifo) - Brenet, Demirbay, Schulz - Kramaric, Bittencourt (58. Nelson) - Szalai (36. Joelinton), Belfodil. Trainer: Julian Nagelsmann
Tore: 1:0 Werner (48.), 2:0 Werner (56.)
Zuschauer: 21.042 in der Red Bull Arena
Schiedsrichter: Marco Fritz (SV Breuningsweiler, WBG) - Assistenten: Markus Häcker (SV Traktor Pentz, MV), Marcel Pelgrim (FC Grün-Weiß Lankern, NIR)
Gelbe Karten: - / Bicakcic

Borussia Mönchengladbach - Bayer 04 Leverkusen 0:5 (0:2)
Mönchengladbach: Sommer - Lang, Ginter, Elvedi, Wendt - Kramer - Neuhaus (63. Cuisance), Hofmann (75. Zakaria) - Herrmann (46. Traoré), Hazard - Stindl. Trainer: Dieter Hecking
Leverkusen: Hradecky - Tah, S. Bender, Dragovic (15. Jedvaj) - Weiser, Havertz, L. Bender, Wendell (76. Kohr) - Bellarabi (78. Bailey), Brandt - Volland. Trainer: Heiko Herrlich
Tore: 0:1 Brandt (5.), 0:2 Jedvaj (45.+1), 0:3 Bellarabi (67.), 0:4 Bellarabi (74.), 0:5 Volland (80.)
Zuschauer: 48.755 im Borussia-Park
Schiedsrichter: Tobias Welz (FC Bierstadt, HES) - Assistenten: Rafael Foltyn (TSG Kastel 1846, HES), Guido Kleve (SV Vorwärts Nordhorn, NS)
Gelbe Karten: Herrmann / Wendell, Jedvaj

DFB-Vereinspokal, Achtelfinale

Hamburger SV - 1. FC Nürnberg 1:0 (0:0)
Hamburg: Pollersbeck - Sakai, Bates, van Drongelen, Douglas Santos - Mangala (46. Janjicic) - Narey, Holtby, Özcan (70. Ito), Jatta (85. Vagnoman) - Arp. Trainer: Hannes Wolf
Nürnberg: Mathenia - Goden, Mühl, Ewerton, Valentini (43. Löwen) - Behrens, Petrak - Palacios (62. Zrelak), Kerk (79. Misidjan), Matheus Pereira - Ishak. Trainer: Michael Köllner
Tor: 1:0 Özcan (54.)
Zuschauer: 47.628 im Volksparkstadion
Schiedsrichter: Harm Osmers (SV Baden, NS) - Assistenten: Robert Kempter (VfR Sauldorf, SBD), Thomas Gorniak (ATSV Sebaldsbrück, HB)
Gelbe Karten: Mangala / Valentini, Kerk, Goden

1. FC Heidenheim - Bayer 04 Leverkusen 2:1 (0:1)
Heidenheim: Müller - Busch, Mainka, Theuerkauf, Feick (84. Strauß) - Dorsch (82. Thomalla), Griesbeck, Multhaup, Thiel (78. Beermann) - Dovedan, Glatzel. Trainer: Frank Schmidt
Leverkusen: Hradecky - Weiser, Jedvaj, Dragovic, Wendell - Baumgartlinger - Aranguiz (90.+1 Kiese Thelin), Brandt - Bailey, Alario (71. Volland), Paulinho (71. Bellarabi). Trainer: Peter Bosz
Tore: 0:1 Brandt (44.), 1:1 Dovedan (47.), 2:1 Multhaup (72.)
Zuschauer: 11.400 in der Voith-Arena
Schiedsrichter: Robert Hartmann (SV Krugzell, BY) - Assistenten: Christian Leicher (SV Neuhausen, BY), Markus Schüller (Spfr Neersbroich, NIR)
Gelbe Karten: Dorsch / Dragovic, Baumgartlinger

MSV Duisburg - SC Paderborn 07 1:3 (0:0)
Duisburg: Wiedwald - Wiegel, Bomheuer, Nauber, Seo - Schnellhardt (81. Iljutcenko) - Engin (77. Stoppelkamp), Oliveira Souza, Nielsen (81. Sukuta-Pasu), Wolze - Verhoek. Trainer: Torsten Lieberknecht
Paderborn: Ratajczak - Dräger, Schonlau, Hünemeier, Collins - Vasiliadis (87. Gjasula) - Pröger, Klement, Tekpetey (64. Antwi-Adjei) - Gueye (73. Zolinski), Michel. Trainer: Steffen Baumgart
Tore: 1:0 Oliveira Souza (47.), 1:1 Tekpetey (52.), 1:2 Pröger (61.), 1:3 Tekpetey (76.)
Zuschauer: 12.509 in der Schauinsland-Reisen-Arena
Schiedsrichter: Sven Jablonski (Blumenthaler SV, HB) - Assistenten: Johann Pfeifer (HSC Blau-Weiß Schwalbe Tündern, NS), Norbert Grudzinski (TSV Wandsetal, HH)
Gelbe Karten: Wiegel, Wolze / Tekpetey, Collins

Borussia Dortmund - Werder Bremen 2:4 iE, 3:3 nV (1:1, 1:1)
Dortmund: Oelschlägel - Hakimi, Weigl, Toprak, Diallo - Witsel, Delaney (103. Dahoud) - Pulisic, Reus (46. Alcacer), Guerreiro (91. Bruun Larsen) - Götze (91. Philipp). Trainer: Lucien Favre
Bremen: Pavlenka - Langkamp, Sahin (76. Möhwald), Moisander - Gebre Selassie (114. J. Eggestein), Bargfrede (91. Pizarro), Augustinsson - M. Eggestein, Klaassen - Kruse, Rashica (66. Harnik). Trainer: Florian Kohfeldt
Tore: 0:1 Rashica (5.), 1:1 Reus (45.+3), 2:1 Pulisic (105.), 2:2 Pizarro (108.), 3:2 Hakimi (113.), 3:3 Harnik (119.)
Elfmeterschießen: Pavlenka hält gegen Alcacer, 0:1 Pizarro, Pavlenka hält gegen Philipp, 0:2 M. Eggestein, 1:2 Witsel, 1:3 Klaassen, 2:3 Weigl, 2:4 Kruse
Zuschauer: 81.365 im ausverkauften Signal-Iduna-Park
Schiedsrichter: Dr. Felix Brych (SV Am Hart München, BY) - Assistenten: Mark Borsch (BV Grün-Weiß Mönchengladbach, NIR), Stefan Lupp (MSV Zossen 07, BRB)
Gelbe Karten: Weigl, Bruun Larsen / Klaassen, Moisander

Holstein Kiel - FC Augsburg 0:1 (0:0)
Kiel: Kronholm - Dehm, Schmidt, Wahl, van den Bergh - Karazor - Mühling, Meffert (88. Benes) - Schindler, Serra (73. Honsak), Okugawa (84. Lee). Trainer: Tim Walter
Augsburg: Kobel - Götze (39. Stafylidis), Danso, Oxford, Max - Khedira, Baier - Hahn, Richter (60. Ji), Gregoritsch - Cordova (72. Jensen). Trainer: Manuel Baum
Tor: 0:1 Gregoritsch (85.)
Zuschauer: 11.198 im Holstein-Stadion
Schiedsrichter: Frank Willenborg (SV Gehlenberg-Neuvrees, NS) - Assistenten: Arne Aarnink (VfL Weiße Elf Nordhorn, NS), Markus Häcker (SV Traktor Pentz, MV)
Gelbe Karten: - / Götze, Ji, Hahn

RasenBallsport Leipzig - VfL Wolfsburg 1:0 (1:0)
Leipzig: Gulacsi - Klostermann, Konaté, Orban, Halstenberg - Adams, Demme (90. Ilsanker) - Sabitzer, Laimer - Poulsen, Matheus Cunha (84. Forsberg). Trainer: Ralf Rangnick
Wolfsburg: Casteels - Verhaegh, Knoche, Brooks, Roussillon - Arnold - Gerhardt, Rexhbecaj (59. Yeboah) - Malli (59. Brekalo) - Steffen (84. Klaus), Weghorst. Trainer: Bruno Labbadia
Tor: 1:0 Matheus Cunha (9.)
Zuschauer: 21.135 in der Red-Bull-Arena
Schiedsrichter: Christian Dingert (TSG Burg Lichtenberg, SW) - Assistenten: Tobias Christ (TB Jahn Zeiskam, SW), Timo Gerach (FV Queichheim, SW)
Gelbe Karten: Demme / Brooks, Gerhardt

FC Schalke 04 - Fortuna Düsseldorf 4:1 (1:0)
Schalke: Fährmann - Caligiuri, Sané, Bruma, Oczipka - McKennie, Bentaleb (69. Mascarell) - Uth, Serdar, Matondo (46. Rudy) - Kutucu (80. Teuchert). Trainer: Domenico Tedesco
Düsseldorf: Drobny - Zimmermann, Ayhan, Hoffmann, Suttner - Stöger, Morales, Barkok (65. Fink), Usami (56. Kownacki) - Ducksch (56. Lukebakio), Hennings. Trainer: Friedhelm Funkel
Tore: 1:0 Kutucu (30.), 2:0 Sané (48.), 3:0 Uth (53.), 3:1 Hennings (71.), 4:1 Sané (87.)
Zuschauer: 56.638 in der Veltins-Arena
Schiedsrichter: Manuel Gräfe (FC Hertha 03 Zehlendorf, B) - Assistenten: Guido Kleve (SV Vorwärts Nordhorn, NS), Markus Sinn (SpVgg Stuttgart-Ost, WBG)
Gelbe Karten: Kutucu, Bruma / Morales, Kownacki

Hertha BSC - FC Bayern München 2:3 nV (2:2, 1:1)
Hertha: Jarstein - Lazaro, Stark, Rekik, Plattenhardt - Skjelbred (103. Lustenberger), Grujic - Kalou (82. Klünter), Duda (110. Torunarigha), Mittelstädt - Ibisevic (64. Selke), Lazaro. Trainer: Pal Dardai
München: Ulreich - Kimmich, Süle, Hummels, Alaba - Thiago, Goretzka - James (119. Martinez), Gnabry (89. Ribery), Coman (120.+1 Müller) - Lewandowski. Trainer: Niko Kovac
Tore: 1:0 Mittelstädt (3.), 1:1 Gnabry (7.), 1:2 Gnabry (49.), 2:2 Selke (67.), 2:3 Coman (98.)
Zuschauer: 74.667 im ausverkauften Olympiastadion
Schiedsrichter: Markus Schmidt (SV Sillenbuch, WBG) - Assistenten: Tobias Reichel (GSV Maichingen, WBG), Frederick Assmuth (SV Refrath Frankenforst, MIR)
Gelbe Karten: - / Goretzka, Lewandowski

DFB-Vereinspokal, Viertelfinale

SC Paderborn 07 - Hamburger SV   0:2 (0:0)
Paderborn: Zingerle - Dräger (70. Ritter), Schonlau, Strohdiek, Collins - Vasiliadis - Tekpetey (65. Pröger), Klement, Antwi-Adjei - Zolinski (77. Hünemeier), Michel. Trainer: Steffen Baumgart
Hamburg: Pollersbeck - Bates, Papadopoulos, van Drongelen (26. Janjicic) - Sakai, Jung, Mangala, Douglas Santos - Holtby - Lasogga (72. Özcan), Jatta (85. Narey). Trainer: Hannes Wolf
Tore: 0:1 Lasogga (54.), 0:2 Lasogga (68.)
Zuschauer: 15.000 in der ausverkauften Benteler-Arena
Schiedsrichter: Tobias Welz (FC Bierstadt, HES) - Assistenten: Rafael Foltyn (TSG Kastel 1846, HES), Dr. Martin Thomsen (SV Donsbrüggen, NIR)
Gelbe Karten: Collins, Vasiliadis / Jung, Sakai, Douglas Santos

FC Augsburg - RasenBallsport Leipzig   1:2 nV (1:1, 0:0)
Augsburg: Kobel - Gouweleeuw, Khedira (95. Jensen), Danso - Teigl, Max - Koo, Baier (87. Cordova) - Hahn (80. Finnbogason), Richter (114. Stafylidis) - Gregoritsch. Trainer: Manuel Baum
Leipzig: Gulacsi - Laimer, Konate, Orban, Halstenberg - Demme (69. Mukiele) - Sabitzer, Kampl (91. Matheus Cunha) - Bruma (62. Haidara) - Poulsen, Werner (84. Ilsanker). Trainer: Ralf Rangnick
Tore: 0:1 Werner (74.), 1:1 Finnbogason (90.+4), 1:2 Halstenberg (120.+1, Handelfmeter)
Zuschauer: 25.263 in der WWK-Arena
Schiedsrichter: Tobias Stieler (SG Rosenhöhe Offenbach, HES) - Assistenten: Dr. Matthias Jöllenbeck (SV Weilertal, SBD), Christian Gittelmann (SpVgg Gauersheim, SW)
Gelbe Karten: Khedira, Koo, Gregoritsch / Haidara, Halstenberg

FC Bayern München - 1. FC Heidenheim   5:4 (1:2)
München: Ulreich - Kimmich, Süle, Hummels, Rafinha (46. Coman) - Thiago - James (46. Lewandowski), Goretzka, Gnabry, Ribery (24. Boateng) - Müller. Trainer: Niko Kovac
Heidenheim: Müller - Busch, Mainka, Beermann, Theuerkauf (73. Thomalla) - Dorsch (52. Feick), Griesbeck, Andrich - Schnatterer (66. Multhaup), Dovedan - Glatzel. Trainer: Frank Schmidt
Tore: 1:0 Goretzka (12.), 1:1 Glatzel (26.), 1:2 Schnatterer (39.), 2:2 Müller (53.), 3:2 Lewandowski (55.), 4:2 Gnabry (65.), 4:3 Glatzel (74.), 4:4 Glatzel (77., Fouelfmeter), 5:4 Lewandowski (84., Handelfmeter)
Zuschauer: 75.000 in der ausverkauften Allianz-Arena
Schiedsrichter: Guido Winkmann (SV Nütterden, NIR) - Assistenten: Christian Bandurski (SV Teutonia Überruhr, NIR), Mark Borsch (BV Grün-Weiß Mönchengladbach, NIR)
Gelbe Karten: Lewandowski / Dorsch, Griesbeck, Beermann
Rote Karten: Süle (15., Notbremse) / -

FC Schalke 04 - SV Werder Bremen   0:2 (0:0)
Schalke: Nübel - Stambouli, Sané, Nastasic - Serdar, Mascarell, Rudy, Oczipka - Boujellab (68. Uth) - Embolo (59. Konoplyanka), Burgstaller (82. Kutucu). Trainer: Huub Stevens
Bremen: Pavlenka - Friedl, Veljkovic (84. Langkamp), Moisander, Augustinsson - Sahin, M. Eggestein, Klaassen - Kruse - J. Eggestein (74. Möhwald) - Rashica (88. Harnik). Trainer: Florian Kohfeldt
Tore: 0:1 Rashica (65.), 0:2 Klaassen (72.)
Zuschauer: 61.597 in der Veltins-Arena
Schiedsrichter: Deniz Aytekin (TSV Altenberg, BY) - Assistenten: Christian Dietz (FC Kronach 08, BY), Eduard Beitinger (DJK Regensburg 06, BY)
Gelbe Karten: Sané, Rudy / -
Gelb-Rote Karten: - / Sahin (90., wiederholtes Foulspiel)

DFB-Vereinspokal, Halbfinale

Hamburger SV - RasenBallsport Leipzig   1:3 (1:1)
Hamburg: Pollersbeck - Lacroix, Janjicic (73. Hunt), van Drongelen - Jatta, Mangala (79. Holtby), Douglas Santos, Vagnoman (68. Hwang) - Jung, Narey, Lasogga. Trainer: Hannes Wolf
Leipzig: Gulacsi - Klostermann, Konaté, Orban, Halstenberg - Laimer, Kampl (90.+3 Demme), Sabitzer (90. Haidara), Forsberg (73. Mukiele) - Poulsen, Werner. Trainer: Ralf Rangnick
Tore: 0:1 Poulsen (12.), 1:1 Jatta (24.), 1:2 Janjicic (53., Eigentor), 1:3 Forsberg (72.)
Zuschauer: 52.365 im Volksparkstadion
Schiedsrichter: Dr. Felix Brych (SV Am Hart München, BY) - Assistenten: Marco Achmüller (SV Würding, BY), Eduard Beitinger (DJK Regensburg 06, BY)
Gelbe Karten: - / Orban

SV Werder Bremen - FC Bayern München   2:3 (0:1)
Bremen: Pavlenka - Gebre Selassie, Veljkovic, Moisander, Augustinsson (81. Harnik) - M. Eggestein - Möhwald (65. Pizarro), Klaassen (89. J. Eggestein) - Kruse - Osako, Rashica. Trainer: Florian Kohfeldt
München: Ulreich - Kimmich, Boateng, Hummels, Alaba - Martinez, Thiago (76. James) - Gnabry (57. Goretzka), Müller (89. Rafinha), Coman - Lewandowski. Trainer: Niko Kovac
Tore: 0:1 Lewandowski (36.), 0:2 Müller (63.), 1:2 Osako (74.), 2:2 Rashica (75.), 2:3 Lewandowski (80., Foulelfmeter)
Zuschauer: 42.100 im ausverkauften Weserstadion
Schiedsrichter: Daniel Siebert (FC Nordost Berlin, B) - Assistenten: Lasse Koslowski (Frohnauer SC, B), Jan Seidel (SV Grün-Weiß Brieselang, BRB)
Gelbe Karten: Klaassen, Kruse / Hummels, James, Lewandowski

DFB-Vereinspokal, Finale

RasenBallsport Leipzig - FC Bayern München   0:3 (0:1)
Leipzig: Gulacsi - Klostermann, Konaté (82. Haidara), Orban (70. Upamecano), Halstenberg - Adams (65. Laimer), Kampl - Sabitzer, Forsberg - Werner, Poulsen. Trainer: Ralf Rangnick
München: Neuer - Kimmich, Süle, Hummels, Alaba - Martinez (65. Tolisso), Thiago - Müller, Coman (87. Ribery), Gnabry (73. Robben) - Lewandowski. Trainer: Niko Kovac
Tore: 0:1 Lewandowski (29.), 0:2 Coman (78.), 0:3 Lewandowski (85.)
Zuschauer: 74.322 im ausverkauften Olympiastadion bei Hertha BSC
Schiedsrichter: Tobias Stieler (SG Rosenhöhe Offenbach, HES) - Assistenten: Christian Gittelmann (SpVgg Gauersheim, SW), Dr. Matthias Jöllenbeck (SV Weilertal, SBD)
Gelbe Karten: Upamecano / Lewandowski

Verbandspokalsieger

Für den DFB-Pokal 2019/20 sind die 36 Mannschaften aus der Bundesliga und der 2. Bundesliga der Saison 2018/19 automatisch qualifiziert. Die Vereine der 3. Liga abwärts von 2018/19 nahmen 2018/19 an den 21 Verbandspokal-Wettbewerben teil, um sich die Teilnahme am DFB-Pokal der Saison 2019/20 zu sichern. Zweite Mannschaften sind an den Spielen um den DFB-Vereinspokal nicht teilnahmeberechtigt.

Von den Vereinen der 3. Liga abwärts qualifizierten sich die ersten vier der 3. Liga, die 21 Sieger der Verbandspokal-Wettbewerbe, sowie je eine weitere Mannschaft der drei größten Verbände Bayern, Westfalen und Niedersachsen. In Bayern qualifiziert sich zusätzlich die beste Amateurmannschaft der Regionalliga Bayern. In Niedersachen werden zwei Pokalwettbewerbe durchgeführt. Beide Sieger qualifizieren sich für den DFB-Pokal. In Westfalen gibt es für den zweiten Teilnehmer ein zusätzliches Qualifikationsspiel. Für bereits qualifizierte bzw. nicht berechtigte Mannschaften gemäß dieser Reihenfolge - im Folgenden kursiv - rücken die entsprechenden nächstplatzierten Vereine nach. Auf den folgenden Seiten haben wir die Ergebnisse der Verbandspokal-Wettbewerbe 2018/19 komplett aufgelistet.

3. Liga:	VfL Osnabrück (Meister)	3 → 2
	Karlsruher SC (Vizemeister)	3 → 2
	SV Wehen Wiesbaden (Dritter)	3 → 2
	Hallescher FC (Vierter)	3
Mecklenburg-Vorpommern:	FC Hansa Rostock	3
Brandenburg:	FC Energie Cottbus	3 → 4
Berlin:	FC Viktoria 1889 Berlin LT	4
Sachsen-Anhalt:	*Hallescher FC*	3
	VfB Germania Halberstadt (Finalist)	4
Thüringen:	FSV Wacker 90 Nordhausen	4
Sachsen:	Chemnitzer FC	4 → 3
Schleswig-Holstein:	VfB Lübeck	4
Hamburg:	TuS Dassendorf	5
Niedersachsen:	SpVgg Drochtersen/Assel	4
	SV Atlas Delmenhorst 2012	5
Bremen:	FC Oberneuland	5
Westfalen:	SV Rödinghausen	4
	SC Verl (Liga)	4
Niederrhein:	KFC Uerdingen 05	3
Mittelrhein:	TSV Alemannia Aachen	4
Rheinland:	FSV Salmrohr	6
Südwest:	1. FC Kaiserslautern	3
Saarland:	1. FC Saarbrücken	4
Hessen:	*SV Wehen Wiesbaden*	3 → 2
	KSV Baunatal	5
Nordbaden:	*Karlsruher SC*	3 → 2
	SV Waldhof Mannheim (Finalist)	4 → 3
Südbaden:	FC 08 Villingen	5
Württemberg:	SSV Ulm 1846	4
Bayern:	FC Würzburger Kickers	3
	VfB Eichstätt (Regionalliga)	4

VP Mecklenburg-Vorpommern

Teilnehmer: Aus der laufenden Spielzeit 2018/19 qualifizieren sich die Mannschaften der 3. Liga, Regional-, Ober-, Verbands-, Landesliga und Landesklasse. Für jeden der 6 Kreispokale der Vorsaison 2017/18 ist der Sieger oder, falls dieser schon qualifiziert oder nicht teilnahmeberechtigt ist, der Endspielverlierer teilnahmeberechtigt. II. Mannschaften sind nicht teilnahmeberechtigt.
FSV von 1919 Malchin und SV 90 Görmin (Verbandsliga) erhielten keine Startberechtigung, da beide Vereine die Teilnahmevereinbarung zu neuen Durchführungsbestimmungen mit dem LFV nicht unterschrieben hatten. Diese beinhalten, dass 75 % der TV-Gelder der Pokalsieger erhält; der restliche Betrag wird anhand eines festgelegten Schlüssels an weitere Teilnehmer ausgeschüttet.

1. Runde:
17.08.18 7-5 Laager SV 03 - Torgelower FC Greif 0:5 (0:2)
17.08.18 8-5 Kickers Jürgenstorf u. Stavenhagen 03 - TSG Neustrelitz 1:4 (0:1)
17.08.18 8-7 Meckl. SV Groß Miltzow - Vorpommerscher FC Anklam 5:4 (2:2)
17.08.18 9-7 SV Parkentin - Doberaner FC 1:4 nV (1:1,0:1)
17.08.18 7-5 TSV Graal-Müritz 1926 - FC Anker Wismar 1997 1:3 (0:2)
17.08.18 8-5 FC Insel Usedom - Malchower SV 90 2:6 (2:2)
17.08.18 8-6 Neubrandenburger FC 93 - SV HANSE Neubrand. 4:5 nV (2:2,1:0)
17.08.18 8-8 Polizei SV Röbel-Müritz - SV Teterow 90 1:2 (1:1)
18.08.18 8-6 Poeler SV 1923 - Mecklenburgischer SV Pampow 0:9 (0:4)
18.08.18 9-7 FSV Reinberg - Penkuner SV Rot-Weiß 1:2 (1:0)
18.08.18 9-8 SV Murchin/Rubkow - SG Reinkenhagen 1:0 (0:0)
18.08.18 8-8 VfB Pommern Löcknitz - SV Waren 09 2:3 (1:1)
18.08.18 8-7 Polizei SV Ribnitz-Damgarten - SV Blau-Weiß 50 Baabe 7:1 (4:0)
18.08.18 8-7 Pasewalker FV - VfL Bergen 94 1:2 nV (1:1,1:0)
18.08.18 8-7 FSV 90 Altentreptow - SV Nordbräu 78 Neubrandenburg 1:0 (0:0)
18.08.18 7-6 SG 03 Ludwigslust/Grabow - FC Mecklenburg Schwerin 0:6 (0:3)
18.08.18 7-6 FC Seenland Warin - TSV Bützow 1952 0:5 nV (0:0,0:0)
18.08.18 8-7 TSV Goldberg 1902 - SV Blau-Weiß Polz 1921 0:2 (0:0)
18.08.18 8-8 FSV Bentwisch - BSG Empor Grabow 6:0 (3:0)
18.08.18 8-7 Bölkower SV - SV Plate 1:0 (0:0)
18.08.18 8-8 Hohendorfer SV 69 - FSV Garz 1947 0:6 (0:3)
18.08.18 8-7 Faulenroster SV - SG Karlsburg/Züssow 2:3 (2:0)
18.08.18 8-7 SFV Nossentiner Hütte - SV F.L. Jahn Neuenkirchen 0:2 (0:1)
18.08.18 9-8 FSV von Testorf Upahl - TSG Gadebusch 3:4 nV (1:1,1:1)
18.08.18 7-6 Polizei SV Wismar - FC Förderkader René Schneider 0:3 (0:1)
18.08.18 8-6 Neumühler SV 1946 - Rostocker FC von 1895 1:8 (0:3)
18.08.18 8-8 Rehnaer SV - FSV Kritzmow 2:4 (2:0)
18.08.18 8-7 FC Aufbau Sternberg - SpVgg Cambs-Leezen Traktor 1:3 (1:0)
18.08.18 8-7 HSG Warnemünde - Hagenower SV 1:2 nV (1:1,0:1)
18.08.18 8-7 SV Stralendorf - SG Dynamo Schwerin 1:3 (0:2)
19.08.18 8-6 SV Brunn 1952 - Grimmener SV 0:6 (0:4)
19.08.18 8-6 LSG Elmenhorst - SG Aufbau Boizenburg 0:2 (0:1)
19.08.18 8-8 SG Warnow Papendorf - SG Einheit Crivitz 4:1 (3:0)
19.08.18 9-8 TSV 1862 Sagard - SG Wöpkendorf 1:0 (0:0)
19.08.18 8-8 Tribseeser SV von 1928 - SV Prohner Wiek 5:2 (2:1)
19.08.18 8-6 SG Empor Richtenberg - Güstrower SC 09 1:2 (0:1)
19.08.18 8-6 SV Rollwitz 68 - TSV 1860 Stralsund 2:5 (1:3)
19.08.18 8-6 TuS Neukalen 1990 - 1. FC Neubrandenburg 04 0:8 (0:3)
19.08.18 7-5 FC Einheit Strasburg - Greifswalder FC 0x3
(FC Einheit Strasburg nicht angetreten)
19.08.18 7-6 Penzliner SV - FSV Einheit 1949 Ueckermünde 6:5 (4:3)
19.08.18 9-8 SG Marnitz/Suckow - SV Warsow 2:3 (2:1)
19.08.18 8-6 Mulsower SV 61 - FSV Kühlungsborn 1:4 (1:3)
19.08.18 8-6 Wittenburger SV - SV Pastow 1:8 (1:5)
19.08.18 8-8 VfL Blau-Weiß Neukloster - SG Carlow 3:2 (1:1)
19.08.18 8-7 SG Groß Stieten - SV Warnemünde Fußball 0:1 (0:1)
19.08.18 8-8 TSV Einheit Tessin von 1863 - Brüeler SV 2:1 nV (1:1,1:0)
19.08.18 8-8 Hengste FC Greifswald 92 - SV Sturmvogel Lubmin 3:4 (1:2)
19.08.18 7-7 Lübzer SV - SC Parchim 1:2 (1:1)
Freilose: 3 FC Hansa Rostock
7 FSV Blau-Weiß Greifswald, SV Siedenbollentin, Polizei SV Rostock, SV Hafen Rostock 61, FSV Mirow/Rechlin, FC Schönberg 95
8 SV Rot-Weiß Trinwillershagen, FC Rot-Weiß Wolgast, HSG Universität Greifswald, SV Barth 1950, SV Traktor Pentz, Sievershäger SV 1950, TSV Empor Zarrentin, Schweriner SC Breitensport, SV Fortschritt Neustadt-Glewe

2. Runde:
08.09.18 7-6 Doberaner FC - 1. FC Neubrandenburg 04 1:5 (0:0)
08.09.18 8-8 SV Waren 09 - FC Rot-Weiß Wolgast 4:2 (1:1)
08.09.18 8-7 SV Barth 1950 - Polizei SV Rostock 3:1 (2:0)
08.09.18 6-6 FC Förderkader René Schneider - Rostocker FC 1895 1:3 (0:2)
08.09.18 8-5 FSV Bentwisch - TSG Neustrelitz 1:0 (1:0)
08.09.18 7-5 SV Warnemünde Fußball - Greifswalder FC 0:3 (0:2)
08.09.18 8-5 FSV 90 Altentreptow - Torgelower FC Greif 0:3 (0:1)
08.09.18 8-7 SV Sturmvogel Lubmin - SG Karlsburg/Züssow 2:1 (1:0)
08.09.18 8-8 Tribseeser SV von 1928 - SV Traktor Pentz 1:2 (1:2)
08.09.18 6-6 SG Aufbau Boizenburg - Mecklenburgischer SV Pampow 0:4 (0:0)
08.09.18 8-5 Polizei SV Ribnitz-Damgarten - Malchower SV 90 0:4 (0:1)
08.09.18 9-7 SV Murchin/Rubkow - Penzliner SV 5:6 iE 2:2 nV (1:1,0:1)
08.09.18 7-6 SG Dynamo Schwerin - Grimmener SV 3:0 (1:0)
08.09.18 8-7 Bölkower SV - Penkuner SV Rot-Weiß 4:1 (1:0)
08.09.18 7-6 SV Siedenbollentin - SV HANSE Neubrand. 1:2 iE 1:1 nV (0:0,0:0)
08.09.18 7-7 Hagenower SV - VfL Bergen 94 3:5 (1:1)
08.09.18 8-8 Sievershäger SV 1950 - HSG Universität Greifswald 3:1 iE 0:0 nV
08.09.18 7-6 SpVgg Cambs-Leezen Traktor - FC Mecklenb. Schwerin 0:3 (0:2)
08.09.18 8-6 Mecklenburger SV Groß Miltzow - Güstrower SC 09 0:8 (0:4)
08.09.18 8-7 SV Fortschritt Neustadt-Glewe - FSV Mirow/Rechlin 0:1 (0:0)
08.09.18 8-8 FSV Kritzmow - TSV Empor Zarrentin 3:4 (1:3)
08.09.18 9-7 TSV 1862 Sagard - SV F.L. Jahn Neuenkirchen 2:4 (0:3)
09.09.18 8-6 Schweriner SC Breitensport - TSV 1860 Stralsund 2:3 (1:1)

Datum		Paarung	Ergebnis
09.09.18	8-5	VfL Blau-Weiß Neukloster - FC Anker Wismar 1997	0:1 (0:1)
09.09.18	7-7	FC Schönberg 95 - SV Blau-Weiß Polz 1921	4:0 (2:0)
09.09.18	8-8	TSV Einheit Tessin von 1863 - FSV Garz 1947	0:1 (0:0)
09.09.18	7-6	SV Hafen Rostock 61 - TSV Bützow 1952	1:2 (0:1)
09.09.18	8-3	SG Warnow Papendorf - FC Hansa Rostock	0:14 (0:5)

(Das Spiel wurde im Leichtathletikstadion in Rostock ausgetragen)

Datum		Paarung	Ergebnis
09.09.18	8-7	TSG Gadebusch - FSV Blau-Weiß Greifswald	1:4 (1:0)
09.09.18	7-6	SC Parchim - SV Pastow	0:3 (0:0)
09.09.18	8-6	SV Warsow - FSV Kühlungsborn	1:5 (0:3)
09.09.18	8-8	SV Rot-Weiß Trinwillershagen - SV Teterow 90	5:1 (2:1)

3. Runde:

Datum		Paarung	Ergebnis
12.10.18	8-6	SV Waren 09 - FC Mecklenburg Schwerin	0:7 (0:4)
12.10.18	6-6	TSV Bützow 1952 - FSV Kühlungsborn	8:4 nV (3:3,1:0)
12.10.18	5-5	Greifswalder FC - FC Anker Wismar 1997	3:0 (2:0)
13.10.18	6-6	SV Pastow - SV HANSE Neubrandenburg 01	4:0 (1:0)
13.10.18	8-3	SV Sturmvogel Lubmin - FC Hansa Rostock	0:14 (0:5)
13.10.18	8-6	FSV Bentwisch - Mecklenburgischer SV Pampow	1:3 (0:2)
13.10.18	8-6	SV Barth 1950 - Güstrower SC 09	0:9 (0:4)
13.10.18	7-7	Penzliner SV - SG Dynamo Schwerin	2:1 (1:0)
13.10.18	8-7	Sievershäger SV 1950 - FC Schönberg 95	2:1 (1:1)
13.10.18	6-6	Rostocker FC von 1895 - TSV 1860 Stralsund	4:1 (1:0)
13.10.18	8-7	Bölkower SV - FSV Blau-Weiß Greifswald	0:1 (0:0)
13.10.18	8-5	SV Traktor Pentz - Torgelower FC Greif	0:4 (0:0)
13.10.18	8-7	FSV Garz 1947 - SV F.L. Jahn Neuenkirchen	1:5 (0:2)
14.10.18	7-6	VfL Bergen 94 - 1. FC Neubrandenburg 04	0:4 (0:4)
14.10.18	8-8	RW Trinwillershagen - TSV Empor Zarrentin	4:2 iE 4:4 nV (4:4,3:1)
14.10.18	7-5	FSV Mirow/Rechlin - Malchower SV 90	0:1 nV (0:0,0:0)

Achtelfinale:

Datum		Paarung	Ergebnis
16.11.18	8-6	Sievershäger SV 1950 - FC Mecklenburg Schwerin	0:5 (0:2)
17.11.18	6-6	1. FC Neubrandenburg 04 - Rostocker FC von 1895	2:0 (0:0)
17.11.18	7-5	FSV Blau-Weiß Greifswald - Malchower SV 90	3:6 (1:5)
17.11.18	6-5	Mecklenburgischer SV Pampow - Greifswalder FC	5:2 (4:1)
17.11.18	6-5	TSV Bützow 1952 - Torgelower FC Greif	0:2 (0:1)
17.11.18	7-6	SV F.L. Jahn Neuenkirchen - SV Pastow	1:3 (1:0)
18.11.18	6-3	Güstrower SC 09 - FC Hansa Rostock	0:7 (0:4)
18.11.18	8-7	SV Rot-Weiß Trinwillershagen - Penzliner SV	1:6 (0:3)

Viertelfinale:

Datum		Paarung	Ergebnis
15.12.18	6-5	SV Pastow - Torgelower FC Greif	0:2 (0:1)
15.12.18	7-6	Penzliner SV - Mecklenburgischer SV Pampow	3:0 (1:0)
15.12.18	6-5	FC Mecklenburg Schwerin - Malchower SV 90	6:0 (2:0)
06.03.19	6-3	1. FC Neubrandenburg 04 - FC Hansa Rostock	0:3 (0:2)

Halbfinale:

Datum		Paarung	Ergebnis
23.03.19	7-5	Penzliner SV - Torgelower FC Greif	0:7 (0:4)
17.04.19	6-3	FC Mecklenburg Schwerin - FC Hansa Rostock	1:6 (1:3)

Finale:

Datum		Paarung	Ergebnis
25.05.19	5-3	Torgelower FC Greif - FC Hansa Rostock	1:4 (0:2)

Torgelow: Tim Beyer - Ben Tiede, Kevin Riechert, Marcin Mista, Patryk Galoch - Marcin Juszczak (84. Florian Junge), Toni Schmidt - Nick Stöwesand, Konrad Korczynski (72. Dominik Puchniarski), Przemyslaw Piotr Jurkow (89. Robin Hink) - Maciej Ropiejko. Trainer: Asma Ekrem
Rostock: Alexander Sebald - Oliver Hüsing, Amaury Bischoff, Julian Riedel - Maximilian Ahlschwede, Jonas Hildebrandt (71. Kai Bülow), Tanju Öztürk, Nico Rieble - Cebio Soukou, Merveille Biankadi (79. Anton-Leander Donkor) - Pascal Breier (89. Del-Angelo Williams). Trainer: Jens Härtel
Tore: 0:1 Tanju Öztürk (9.), 0:2 Pascal Breier (38.), 0:3 Pascal Breier (58.), 0:4 Maximilian Ahlschwede (76.), 1:4 Kevin Riechert (83., Handelfmeter)
Zuschauer: 2.565 im Parkstadion in Neustrelitz
Schiedsrichter: Florian Markhoff (FC Mecklenburg Schwerin) - Assistenten: Marco Semrau (SV Fortschritt Neustadt-Glewe), Michael Bernowitz (Rodenwalder SV Traktor 1976)
Gelbe Karten: Toni Schmidt, Marcin Juszczak / Merveille Biankadi

Verbandspokal Brandenburg

Teilnehmer: Mannschaften aus Brandenburg der 3. Liga (Level 3), Regionalliga (Level 4), Oberliga Nordost (Level 5) und aus den Brandenburger Spielklassen: Brandenburg-Liga (Level 6), Landesliga (Level 7) sowie die Sieger der Kreispokale (ohne II. Mannschaften)

1. Runde:

Datum		Paarung	Ergebnis
15.08.18	8-3	Brandenb. SC Fortuna Glienicke - FC Energie Cottbus	0:1 (0:1)
17.08.18	7-6	FC 98 Hennigsdorf - Märkischer SV 1919 Neuruppin	0:2 (0:0)
17.08.18	7-6	SV Frankonia Wernsdorf - TSG Einheit Bernau	3:0 (1:0)
18.08.18	7-5	Angermünder FC - FC Strausberg	3:2 (2:1)
18.08.18	8-6	GW Rehfelde - Oranienburger FC Eintracht	5:4 iE 2:2 nV (2:2,2:0)
18.08.18	7-6	SV Germ. 90 Schöneiche - SV BW Petershagen-Egg.	0:2 (0:0)
18.08.18	7-5	Fortuna Babelsberg - SV Altlüdersdorf	6:7 iE 3:3 nV (3:3,0:1)
18.08.18	8-6	VfB Trebbin - FV Preussen Eberswalde	3:5 nV (3:3,3:1)
18.08.18	7-7	SV Zehdenick - RSV Eintracht Teltow-K.-S.	0:1 (0:1)
18.08.18	7-6	VfB Hohenleipisch 1912 - SV Falkensee-Finkenkrug	3:1 (3:0)
18.08.18	7-7	FSV Dynamo Eisenhüttenstadt - BSV Guben-Nord	3:1 (3:0)
18.08.18	7-7	TSV 1878 Schlieben - FC Stahl Brandenburg	1:0 (1:0)
18.08.18	7-4	Pritzwalker FHV 03 - SV Babelsberg 03	1:8 (0:2)
18.08.18	7-6	SV Schwarz-Rot Neustadt/D. - 1. FC Frankfurt/O. EV	0:3 (0:2)
18.08.18	8-6	SV Döbern - FSV Bernau	0:2 (0:1)
18.08.18	7-6	SV Grün-Weiß Ahrensfelde - SV Victoria Seelow	1:5 (1:1)
18.08.18	7-6	FK Hansa Wittstock 1919 - FC Eisenhüttenstadt	1:0 (1:0)
18.08.18	8-5	SV Union Neuruppin - Brandenburger SC Süd 05	0:1 (0:0)
18.08.18	7-6	Eintracht Glindow - BSC Preußen Blankenfelde-Mahlow	0:2 (0:0)
18.08.18	7-6	SSV Einheit Perleberg - SV Grün-Weiß Lübben	3:0 (1:0)
18.08.18	8-7	VfB Herzberg 68 - SV Wacker 09 Cottbus-Ströbitz	0:2 (0:2)
18.08.18	7-7	1. FC Guben - SC Eintracht Miersdorf/Zeuthen	1:3 (0:2)
18.08.18	7-5	FV Erkner - VfB Krieschow	0:3 (0:1)
18.08.18	7-5	SpVgg Blau-Weiß 90 Vetschau - Ludwigsfelder FC	0:9 (0:5)
18.08.18	7-6	TSV Chemie Premnitz - Werderaner FC Viktoria 1920	3:1 (1:1)
18.08.18	7-6	SG Großziethen - TuS Sachsenhausen	0:2 (0:2)
18.08.18	8-7	Schönower SV - FC Schwedt 02	0:4 (0:1)
18.08.18	7-4	SG Phönix Wildau - FSV Union Fürstenwalde	0:4 (0:2)
18.08.18	7-6	FSV GA Brieske/Senftenberg - SG Union Klosterfelde	1:0 (0:0)
18.08.18	7-4	FSV Babelsberg 74 - FSV Optik Rathenow	1:3 (1:1)
19.08.18	7-5	FV Blau-Weiss 90 Briesen (Mark) - FSV 63 Luckenwalde	0:1 (0:1)
19.08.18	7-6	SC Oberhavel Velten - SV GW Brieselang	5:6 iE 3:3 nV (2:2,0:1)

2. Runde:

Datum		Paarung	Ergebnis
07.09.18	5-4	SV Altlüdersdorf - FSV Optik Rathenow	1:3 nV (1:1,1:1)
07.09.18	7-3	Angermünder FC - FC Energie Cottbus	0:3 (0:1)
07.09.18	8-5	SG Grün-Weiß Rehfelde - Brandenburger SC Süd 05	0:3 (0:1)
08.09.18	7-7	RSV Eintracht Teltow-K.-S. - FC Schwedt 02	6:0 (4:0)
08.09.18	7-6	SV Wacker Cottbus-Ströbitz - FV Preussen Eberswalde	2:1 (1:1)
08.09.18	7-6	TSV 1878 Schlieben - SV BW Petershagen-Eggersdorf	2:3 (1:1)
08.09.18	7-7	TSV Chemie Premnitz - SV Frankonia Wernsdorf	2:4 (1:1)
08.09.18	6-5	BSC Preußen Blankenfelde-Mahlow - FSV Luckenwalde	1:4 (0:1)
08.09.18	7-5	FSV Glückauf Brieske/Senftenberg - VfB Krieschow	0:6 (0:4)
08.09.18	7-7	SSV Einheit Perleberg - FSV Dynamo Eisenhüttenstadt	3:1 (3:1)
08.09.18	4-4	SV Babelsberg 03 - FSV Union Fürstenwalde	2:3 (0:0)
08.09.18	7-6	VfB Hohenleipisch 1912 - SV Grün-Weiss Brieselang	0:5 (0:2)
08.09.18	6-6	1. FC Frankfurt/O. EV - MSV 1919 Neuruppin	4:5 iE 2:2 nV (1:1,1:0)
08.09.18	7-6	SC Eintracht Miersdorf/Zeuthen - TuS Sachsenhausen	1:4 (1:2)
08.09.18	7-5	FK Hansa Wittstock 1919 - Ludwigsfelder FC	0:4 (0:2)
11.09.18	6-6	SV Victoria Seelow - FSV Bernau	4:5 iE 0:0 nV

Achtelfinale:

Datum		Paarung	Ergebnis
12.10.18	7-5	SV Frankonia Wernsdorf - Ludwigsfelder FC	5:6 iE 1:1 nV (1:1,1:0)
13.10.18	7-6	RSV Eintracht Teltow-K.-S. - SV Grün-Weiss Brieselang	2:3 (0:0)
13.10.18	7-6	SV Wacker 09 Cottbus-Ströbitz - MSV 1919 Neuruppin	1:0 nV
13.10.18	6-4	SV BW Petershagen-Eggersdorf - FSV Optik Rathenow	0:4 (0:4)
13.10.18	7-5	SSV Einheit Perleberg - VfB Krieschow	1:3 (0:1)
13.10.18	6-5	TuS Sachsenhausen - Brandenburger SC Süd 05	1:3 (0:1)
13.10.18	6-5	FSV Bernau - FSV 63 Luckenwalde	1:3 (0:1)
13.10.18	4-3	FSV Union Fürstenwalde - FC Energie Cottbus	0:1 (0:0)

Viertelfinale:

Datum		Paarung	Ergebnis
17.11.18	5-5	Ludwigsfelder FC - FSV 63 Luckenwalde	3:6 nV (3:3,2:2)
17.11.18	5-3	Brandenburger SC Süd 05 - FC Energie Cottbus	1:3 (1:1)
17.11.18	7-6	SV Wacker Cottbus-Ströbitz - GW Brieselang	0:3 iE 1:1 nV (1:1,1:1)
17.11.18	5-4	VfB Krieschow - FSV Optik Rathenow	1:2 (1:1)

Halbfinale:

Datum		Paarung	Ergebnis
02.04.19	6-3	SV Grün-Weiss Brieselang - FC Energie Cottbus	0:5 (0:4)
17.04.19	5-4	FSV 63 Luckenwalde - FSV Optik Rathenow	0:2 (0:1)

Finale:

Datum		Paarung	Ergebnis
25.05.19	4-3	FSV Optik Rathenow - FC Energie Cottbus	0:1 (0:0)

Rathenow: Luis Maria Zwick - Marc Langner, Emre Turan, Aleksandar Bilbija, Benjamin Wilcke - Jerome Leroy, Leon Hellwig - Kevin Adewumi (86. Robin Techie-Menson), Süleyman Kapan, Cüneyt Eral Top (78. Oguzhan Matur) - Caner Özcin (84. Oscar Ortiz). Trainer: Ingo Kahlisch
Cottbus: Avdo Spahic - Kevin Okyere Weidlich, Leon Schneider, Jose Matuwila - Fabio Viteritti (78. Felix Geisler), Jürgen Gjasula - Lars Bender (67. Luke Hemmereich), Daniel Bohl, Lasse Schlüter - Dimitar Rangelow (86. Tim Kruse), Streli Mamba. Trainer: Claus-Dieter Wollitz
Tor: 0:1 Streli Mamba (54.)
Zuschauer: 1.991 im Stadion Vogelgesang in Rathenow
Schiedsrichterin: Sandra Stolz (Pritzwalker FHV 03) - Assistenten: Katharina Kruse (Ludwigsfelder FC), Robert Nitz (SV Victoria Seelow)
Gelbe Karten: Kevin Adewumi, Leon Hellwig / Streli Mamba, Kevin Okyere Weidlich, Lasse Schlüter, Daniel Bohl

Verbandspokal Berlin

Teilnehmer: alle 1. Mannschaften ab Regionalliga abwärts sowie etliche Vereine mit Freilos in der Qualifikation und der Pokalsieger der Freizeitmannschaften, RBC Berlin

Qualifikationsrunde:
11.08.18 F-9 RBC Berlin - FC Concordia Wilhelmsruh 3:2 iE 4:4 nV (3:3,2:2)
11.08.18 10-10 TSV Eiche Köpenick - Weddinger FC Corso 99/Vineta 12:3 (7:1)
11.08.18 10-9 BSV Victoria Friedrichshain - SpVgg Tiergarten 1:2 (0:2)
11.08.18 11-10 JFC Berlin - ASV Berlin 9:2 (4:0)
11.08.18 11-10 VSG Rahnsdorf - SG Blau-Weiß Buch 4:2 (1:2)
11.08.18 10-9 FC Polonia Berlin - 1. FC Marzahn 6:0 (1:0)
12.08.18 10-10 SV Adler Berlin - SV Süden 09 Berlin 4:0 (3:0)
12.08.18 11-9 SC Bosna Berlin - Neuköllner FC Rot-Weiß 4:3 (2:2)
12.08.18 10-9 SC DJK Roland Borsigwalde - BSV Oranke 3:6 (0:2)
12.08.18 10-9 SC Siemensstadt - Berliner TSC 0:6 (n.a.)
12.08.18 9-9 SSV Köpenick-Oberspree - NSF Gropiusstadt 4:2 (1:1)
12.08.18 10-9 Neuköllner SC Marathon 02 - SC Alem. 06 Haselhorst 6:0 (n.a.)
12.08.18 10-8 SC Borussia 1920 Friedrichsfelde - FC Phönix Amed 0:6 (n.a.)
12.08.18 9-8 SV Norden-Nordwest 98 Berlin - SV Schmöckwitz/Eichw. 0:6 (0:1)
12.08.18 10-10 SV Pfeffersport Berlin - Berliner FC Germania 88 5:1 (4:0)
12.08.18 10-9 SV Treptow 46 - SV Berliner VG 49 4:1 (2:1)
12.08.18 11-10 Sport-Union Berlin - SG Prenzlauer Berg 4:0 (0:0)
12.08.18 11-10 Hellersdorfer FC Schwarz Weiß - 1. FFV Spandau 2:3 (0:2)
12.08.18 9-8 SC Westend 01 - FV Blau-Weiss Spandau 2:3 (1:2)
12.08.18 10-9 Neuköllner SC Cimbria Trabzonspor - Besiktas JK Berlin 7:1 (2:1)
12.08.18 11-10 SC Capri 76 Berlin - SG Eichkamp-Rupenhorn 2:3 (1:2)
12.08.18 10-10 SG Grün-Weiß Berlin-Baumschulenweg - Karame Berlin 3:2 (1:2)
12.08.18 10-10 SG Blau-Weiß Hohenschönhausen - SFC Friedrichshain 0:6 (0:2)
12.08.18 11-9 1. FC Besiktas Berlin - TSV Lichtenberg 1:14 (1:5)
12.08.18 11-9 SV Hürriyet-Burgund Berlin - SC Minerva 93 Berlin 6x0
Das Spiel endete 2:6 (2:2) und wurde 6:0 gewertet.
12.08.18 10-10 FV Rot-Weiß 90 Hellersdorf - Club Deportivo Latino Berlin 8:1 (3:1)
12.08.18 10-9 Steglitz Gencler Birligi SK - Berliner SC Etr./Südring 4:6 nV (4:4,1:1)
12.08.18 10-9 SC Berliner Amateure - FC Karaburan Frohnau 6:2 (2:1)
12.08.18 10-10 SV Askania Coepenick - SG Empor Hohenschönhausen 10:1 (1:0)
12.08.18 10-10 FC Hellas Berlin - Borussia Pankow 0x7)
Das Spiel endete beim Stand von 0:7 in der Halbzeitpause und wurde so gewertet, da die Gastgeber nicht weiterspielten, weil sie erklärten, zu viele verletzte Spieler zu haben.
12.08.18 9-9 Berliner FC Südring - Friedrichshagener SV 1:0 (1:0)
12.08.18 10-9 SV Bau-Union Berlin - FV Wannsee 0:2 (0:1)
12.08.18 8-8 MSV Normannia 08 Berlin - SV Blau Gelb Berlin 4:2 (2:1)
12.08.18 9-9 VfB/Einheit zu Pankow - 1. FC Wacker 21 Lankwitz 0:3 (0:1)
12.08.18 10-9 SC Union Südost Berlin - Polar Pinguin Berlin 1:7 (0:2)
12.08.18 10-8 Berliner FC Alemannia 90 - SG Blankenburg 2:10 (0:5)
12.08.18 9-8 1. Traber FC Mariendorf - VfB Berlin-Friedrichshain 5:2 (2:1)
12.08.18 9-8 SV Nord Wedding - Kreuzberger SF Anadolu-Umutspor 1:2 (0:0)
12.08.18 9-8 SV Berlin-Chemie Adlershof - BW Mahlsd./W. 3:5 iE 2:2 nV (2:2,1:1)
12.08.18 10-9 Sportfreunde Kladow - Spandauer FC Veritas 3:5 (2:3)
12.08.18 10-9 Charlottenburger SV Olympia 97 - Rixdorfer SV Berlin 4:2 (1:1)
12.08.18 9-8 FC Treptow - SC Borsigwalde 1910 2:4 (1:3)
12.08.18 10-9 BSC Reinickendorf 21 - SC Lankwitz 0:4 (0:0)
12.08.18 9-8 SG Nordring - FC Arminia Tegel 2:6 (1:6)
12.08.18 10-9 SV Karow 96 - BSC Marzahn 0:7 (0:4)
12.08.18 10-9 FC Al-Kauthar Berlin - SG Blau-Weiß Friedrichshain 6x0
Das Spiel endete 3:8 (1:1) und wurde 6:0 gewertet.
12.08.18 10-8 VfB Sperber Neukölln - 1. FC Afrisko Berlin 1:0 (1:0)
12.08.18 10-9 SV Rot-Weiß Viktoria Mitte 08 - SV Kickers Hirschgarten 3:1 (1:1)
14.08.18 11-11 Reinickendorfer FC Liberta 14 - FC Grunewald 3:0 (2:0)

1. Runde:
04.09.18 10-6 SV Askania Coepenick - BSV Eintracht Mahlsdorf 0:5 (0:2)
07.09.18 7-5 FK Srbija Berlin - Tennis Borussia Berlin 1:5 (0:2)
07.09.18 6-5 TSV Rudow - SpVg Blau-Weiß 90 Berlin 1:2 (0:1)
08.09.18 10-8 TSV Eiche Köpenick - FSV Fortuna Pankow 1:2 (0:1)
08.09.18 8-6 FSV Blau-Weiß Mahlsdorf/Waldesruh - TuS Makkabi 2:7 (0:4)
08.09.18 8-6 Adlershofer BC 08 - Berliner FC Preussen 0:4 (0:2)
08.09.18 10-9 SSV Köpenick-Oberspree - SV Buchholz 1:2 (1:0)
08.09.18 11-7 VSG Rahnsdorf - Berlin Hilalspor 2:12 (1:6)
08.09.18 11-10 JFC Berlin - SG Eichkamp-Rupenhorn 0:4 (0:1)
08.09.18 11-6 Reinickendorfer FC Liberta 14 - Füchse Berlin Reinicken. 0:7 (0:4)
08.09.18 F-8 RBC Berlin - Grünauer BC 5:4 nV (4:4,2:4)
08.09.18 11-8 SC Bosna Berlin - FV Blau-Weiss Spandau 0:5 (0:3)
08.09.18 8-6 Berliner SV 92 - Berlin Türkspor 1965 2:4 (0:1)
08.09.18 10-9 Borussia Pankow - Spandauer FC Veritas 2:0 (0:0)
09.09.18 7-6 FC Stern Marienfelde - Berliner SV Al-Dersimspor 3:0 (1:0)
09.09.18 10-7 SV Rot-Weiß Viktoria Mitte 08 - VfB Fortuna Biesdorf 2:9 (1:5)
09.09.18 7-6 FC Spandau 06 - Frohnauer SC 2:0 (0:0)
09.09.18 10-9 SV Adler Berlin - SC Lankwitz 4:3 nV (2:2,1:0)
09.09.18 8-8 FC Nordost Berlin - Köpenicker SC 0:5 (0:0)
09.09.18 10-7 FC Polonia Berlin - SV Blau-Weiß Hohen Neuendorf 4:3 (3:1)
09.09.18 10-8 SV Treptow 46 - FC Phönix Amed 0:6 (na)
09.09.18 10-8 SV Pfeffersport Berlin - FC Liria Berlin 1:2 nV (1:1,0:0)
09.09.18 7-7 SG Spfr Johannisthal - FC Internationale 1980 Berlin 2:1 (1:1)
09.09.18 10-6 VfB Sperber Neukölln - FSV Berolina Stralau 2:8 (1:1)
09.09.18 8-6 Berliner FC Meteor 06 - FSV Spandauer Kickers 0:1 nV
09.09.18 8-6 Tur Abdin Berlin - Türkiyemspor Berlin 1978 2:4 (0:1)
09.09.18 10-9 SG Grün-Weiß Berlin-Baumschulenweg - BSV Oranke 3:4 (2:1)
09.09.18 10-8 Neuköllner SC Marathon 02 - 1. FC Lübars 1:0 (0:0)
09.09.18 11-8 Sport-Union Berlin - MSV Normannia 08 Berlin 6:1 (1:0)
09.09.18 10-7 1. FFV Spandau - Nordberliner SC 1:6 (0:2)
09.09.18 7-5 1. FC Wilmersdorf - SV Lichtenberg 47 0:10 (0:2)
09.09.18 9-7 1. Traber FC Mariendorf - Berlin United 0:9 (0:4)
09.09.18 8-6 SC Union 06 Berlin - SV Tasmania Berlin 0:7 (0:1)
09.09.18 9-6 Berliner FC Südring - SV Empor Berlin 1:5 (0:1)
09.09.18 10-9 Charlottenburger SV Olympia 97 - SpVgg Tiergarten 3:7 (1:3)
09.09.18 8-7 BSV Heinersdorf - Wittenauer SC Conc. 3:5 iE 1:1 nV (1:1,1:0)
09.09.18 8-8 Berliner SC Kickers 1900 - Berliner SV Hürtürkel 2:3 (0:1)
09.09.18 8-7 BSC Rehberge - 1. FC Novi Pazar Neukölln 95 0:4 (0:2)
09.09.18 8-6 SV Blau Weiss Berolina Mitte Berlin - Steglitzer FC Stern 1:10 (1:5)
09.09.18 9-7 Polar Pinguin Berlin - Spandauer SC Teutonia 1:0 (1:0)
09.09.18 8-4 SV Stern Kaulsdorf - Berliner AK 07 0:7 (0:3)
09.09.18 8-5 SC Borsigwalde 1910 - Charlottenburger FC Hertha 06 1:0 (0:1)
09.09.18 5-5 FC Hertha 03 Zehlendorf - SC Staaken 0:3 (0:1)
09.09.18 7-7 SC Gatow - FC Brandenburg 03 Berlin 2:1 (2:0)
09.09.18 10-7 SC Berliner Amateure - TSV Mariendorf 1:4 (0:3)
09.09.18 8-7 Wartenberger SV - 1. FC Schöneberg 3:0 (0:0)
09.09.18 8-6 SFC Friedrichshain - SC Charlottenburg 1:2 (0:2)
09.09.18 8-8 Freie SV Hansa 07 Berlin - SC Schwarz-Weiss Spandau 4:2 (3:1)
09.09.18 7-4 SF Charlottenburg-Wilmersdorf - Berliner FC Dynamo 0:10 (0:4)
09.09.18 9-4 FC Arminia Tegel - VSG Altglienicke 0:14 (0:5)
09.09.18 8-4 SV Schmöckwitz/Eichwalde - FC Viktoria 1889 Berlin LT 0:5 (0:3)
09.09.18 6-6 SD Croatia Berlin - SV Sparta Lichtenberg 3:5 nV (3:3,1:1)
09.09.18 9-7 Berliner SC Eintracht/Südring - VfB Hermsdorf 2:4 (0:1)
09.09.18 7-7 Lichtenrader BC 25 - Weißenseer FC 0:1 (0:0)
09.09.18 7-7 Friedenauer TSC - DJK Schwarz Weiß Neukölln 4:2 (0:2)
09.09.18 8-7 SG Rotation Prenzlauer Berg - SV Stern Britz 1889 3:1 (1:0)
09.09.18 10-9 Neuköllner SC Cimbria Trabzonspor - FV Wannsee 1:2 (1:0)
09.09.18 7-6 BSV Grün-Weiß Neukölln - Berliner SC 1:3 (0:2)
09.09.18 9-9 Berliner TSC - TSV Lichtenberg 2:5 (0:4)
09.09.18 10-8 FV Rot-Weiß 90 Hellersdorf - SG Blankenburg 0:6 (0:1)
09.09.18 11-7 SV Hürriyet-Burgund Berlin - Türkspor Futbol Kulübü 7:4 (2:3)
11.09.18 8-8 Kreuzberg. SF Anadolu-Umutspor - VfB Concordia Britz 6:0 (n.a.)
27.09.18 9-10 1. FC Wacker 21 Lankwitz - FC Al-Kauthar Berlin 9:2 (5:0)
09.10.18 8-8 BSC Marzahn - Steglitzer SC Südwest 3:1 nV (1:1,1:1)

2. Runde:
13.10.18 9-7 BSV Oranke - Weißenseer FC 2:3 (1:1)
13.10.18 5-5 SV Lichtenberg 47 - SC Staaken 1:2 (0:1)
13.10.18 7-6 VfB Fortuna Biesdorf - SV Tasmania Berlin 6:5 iE 1:1 nV (1:1,0:1)
13.10.18 10-7 SV Adler Berlin - SC Gatow 1:5 (1:2)
13.10.18 10-4 Borussia Pankow - FC Viktoria 1889 Berlin LT 1:10 (1:3)
13.10.18 10-4 Neuköllner SC Marathon 02 - Berliner FC Dynamo 0:10 (0:8)
14.10.18 11-7 SV Hürriyet-Burgund Berlin - Berlin Hilalspor 4:11 (2:6)
14.10.18 6-4 Berliner FC Preussen - VSG Altglienicke 1:4 (1:0)
14.10.18 8-7 Berliner SV Hürtürkel - TSV Mariendorf 1:3 iE 1:1 nV (1:1,0:0)
14.10.18 7-5 FC Stern Marienfelde - Tennis Borussia Berlin 2:4 nV (2:2,2:0)
14.10.18 7-6 SG Spfr Johannisthal 1930 - BSV Eintracht Mahlsdorf 3:5 (1:2)
14.10.18 6-6 TuS Makkabi Berlin - Türkiyemspor Berlin 1978 0:1 (0:0)
14.10.18 10-8 SG Eichkamp-Rupenhorn - FV Blau-Weiss Spandau 3:2 (2:0)
14.10.18 6-6 FSV Spandauer Kickers - Steglitzer FC Stern 6:5 iE 1:1 nV (1:1,0:1)
Bei den siebten Elfmeterschützen traf Spandau, während Stern verschoss. Der Schiedsrichter pfiff ab, wurde aber anschließend vom Assistenten darauf aufmerksam gemacht, dass sich der Spandauer Torhüter auf der Linie bewegte. Daraufhin wurde der Schuß wiederholt und Stern siegte 6:7 iE. Spandau legte erfolgreich Einspruch ein.
14.10.18 7-4 Wittenauer SC Concordia - Berliner AK 07 0:5 (0:3)
14.10.18 8-6 SG Rotation Prenzlauer Berg - SV Sparta Lichtenberg 1:7 (1:1)
14.10.18 11-8 Sport-Union Berlin - Freie SV Hansa 07 Berlin 3:2 (2:1)
14.10.18 10-9 FC Polonia Berlin - SpVgg Tiergarten 2:1 (1:0)
14.10.18 7-6 Friedenauer TSC - SC Charlottenburg 1:3 (1:1)
14.10.18 9-7 FV Wannsee - Nordberliner SC 3:0 (0:0)
14.10.18 9-7 Polar Pinguin Berlin - FC Spandau 06 1:0 (1:0)
14.10.18 8-8 Kreuzberger SF Anadolu-Umutspor - FC Liria Berlin 6:2 (1:0)
14.10.18 F-6 RBC Berlin - BSC Marzahn 1:5 (1:3)
14.10.18 9-9 BSC Marzahn - 1. FC Wacker 21 Lankwitz 1:4 (1:2)
14.10.18 9-8 TSV Lichtenberg - Köpenicker SC 1:2 nV (0:0,0:0)
14.10.18 8-6 SG Blankenburg - SV Empor Berlin 0:3 (0:1)

14.10.18	8-7	FSV Fortuna Pankow - Berlin United	0:3 (0:2)
14.10.18	8-6	FC Phönix Amed - Füchse Berlin Reinickendorf	3:2 (2:0)
14.10.18	8-8	Wartenberger SV - SV Buchholz	0:1 (0:0)
14.10.18	7-6	1. FC Novi Pazar Neukölln 95 - FSV Berolina Stralau	1:2 (1:1)
14.10.18	7-6	VfB Hermsdorf - Berlin Türkspor 1965	5:0 (3:0)
14.10.18	8-5	SC Borsigwalde 1910 - SpVg Blau-Weiß 90 Berlin	0:9 (0:5)

3. Runde:

16.11.18	8-6	Köpenicker SC - SC Charlottenburg	1:2 (0:0)
17.11.18	11-8	Sport-Union Berlin - SV Buchholz	3:2 nV (2:2,1:2)
18.11.18	8-5	Kreuzberger SF Anadolu-Umutspor - SC Staaken	1:9 (1:4)
18.11.18	7-6	TSV Mariendorf - BSV Eintracht Mahlsdorf	1:0 (0:0)
18.11.18	7-6	SC Gatow - SV Sparta Lichtenberg	2:4 (1:1)
18.11.18	7-4	Berlin United - VSG Altglienicke	0:1 (0:0)
18.11.18	6-4	Türkiyemspor Berlin 1978 - Berliner FC Dynamo	0:4 (0:1)
18.11.18	7-6	Berlin Hilalspor - SV Empor Berlin	2:3 iE 2:2 nV (2:2,0:2)
18.11.18	9-9	Polar Pinguin Berlin - FV Wannsee	4:1 iE 1:1 nV (1:1,1:0)
18.11.18	10-4	SG Eichkamp-Rupenhorn - Berliner AK 07	2:15 (1:9)
18.11.18	10-5	FC Polonia Berlin - Tennis Borussia Berlin	0:10 (0:5)
18.11.18	9-7	1. FC Wacker 21 Lankwitz - VfB Fortuna Biesdorf	2:3 (2:0)
18.11.18	8-5	FC Phönix Amed - SpVg Blau-Weiß 90 Berlin	0:7 (0:2)
18.11.18	6-4	FSV Berolina Stralau - FC Viktoria 1889 Berlin LT	0:13 (0:7)
18.11.18	7-6	VfB Hermsdorf - Berliner SC	3:0 (1:0)
13.12.18	7-6	Weißenseer FC - FSV Spandauer Kickers	1:0 (0:0)

Achtelfinale:

15.12.18	6-5	SV Empor Berlin - Tennis Borussia Berlin	0:4 (0:3)
15.12.18	7-5	VfB Hermsdorf - SpVg Blau-Weiß 90 Berlin	0:5 (0:2)
15.12.18	11-7	Sport-Union Berlin - VfB Fortuna Biesdorf	1:6 (0:3)
16.12.18	4-4	Berliner AK 07 - VSG Altglienicke	1:4 (1:2)
16.12.18	4-6	Berliner FC Dynamo - SV Sparta Lichtenberg	4:0 (2:0)
16.12.18	7-6	TSV Mariendorf - SC Charlottenburg	3:6 (0:2)
16.12.18	9-4	Polar Pinguin Berlin - FC Viktoria 1889 Berlin LT	1:4 (0:2)
16.12.18	7-5	Weißenseer FC - SC Staaken	0:3 nV

Viertelfinale:

31.01.19	5-7	Tennis Borussia Berlin - VfB Fortuna Biesdorf	6:0 (2:0)
03.02.19	6-4	SC Charlottenburg - FC Viktoria 1889 Berlin LT	1:5 (1:3)
03.02.19	5-4	SC Staaken - VSG Altglienicke	1:5 (0:3)
03.02.19	5-4	SpVg Blau-Weiß 90 Berlin - Berliner FC Dynamo	0:1 (0:0)

Halbfinale:

09.04.19	4-5	VSG Altglienicke - Tennis Borussia Berlin	4:5 iE 2:2 nV (2:2,2:2)
10.04.19	4-4	Berliner FC Dynamo - FC Viktoria 1889 Berlin LT	1:2 nV (1:1,1:0)

Finale:

25.05.19	5-4	Tennis Borussia Berlin - FC Viktoria 1889 Berlin LT	0:1 (0:0)

Tennis Borussia: Ertugrul Aktas; Enes Aydin, Thomas Franke, Sefa Kahraman, Tino Schmunck, Higinio Martin May Mecha (86. Murat Turhan), Nils Göwecke, Nicolai Matt, Thiago Rockenbach da Silva (69. Kerem Bülbül), Rifat Gelici, Marco Karim Benyamina (61. Bekai Jagne). Trainer: Dennis Kutrieb
Viktoria: Stephan Flauder; Patrick Wolfgang Kapp, Marcus Hoffmann, Tobias Gunte, Daniel Kaiser, Cimo Patric Röcker, Mc Moordy Hüther, Marco Schikora, Timo Martin Gebhart (86. Rudolf Dovny Ndualu), Timur Gayret (90.[+1] Ugurcan Yilmaz), Rafael Brand (90.[+3] Batikan Yilmaz). Trainer: Alexander Arsovic
Tor: 0:1 Rafael Brand (81.)
Zuschauer: 2.712 im Friedrich-Ludwig-Jahn-Sportpark in Prenzlauer Berg
Schiedsrichter: Felix Zwayer (SC Charlottenburg) - Assistenten: Christian Stein (FSV Berolina Stralau), Andreas Pretzsch (Hertha BSC)
Gelbe Karten: Higinio Martin May Mecha, Nicolai Matt, Enes Aydin / Cimo Patric Röcker, Patrick Wolfgang Kapp

Verbandspokal Sachsen-Anhalt

Teilnehmer (69): Aus der laufenden Spielzeit 2018/19 qualifizieren sich die Mannschaften der 3. Liga, Regional-, Ober-, Verbands- und Landesliga. Für jeden der 14 Kreispokale der Vorsaison 2017/18 ist der Sieger oder, falls dieser schon qualifiziert oder nicht teilnahmeberechtigt ist, der Endspielverlierer teilnahmeberechtigt. Reserven sind nicht teilnahmeberechtigt.

Ausscheidungsrunde:

04.08.18	7-7	SG 1948 Reppichau - FSV Grün-Weiß Ilsenburg	4:2 (2:1)
04.08.18	8-8	SG Blau-Weiß Klieken - FSV Rot-Weiß Alsleben	1:3 (1:1)
04.08.18	7-7	SV Braunsbedra - SV Eintracht Emseloh	0:1 (0:1)
05.08.18	7-7	SSV 90 Landsberg - SV Eintracht Lüttchendorf	2:0 (0:0)
11.08.18	7-7	Magdeburger SV Börde 1949 - FC E. Wernigerode	1:2 nV (1:1,0:1)

1. Runde:

17.08.18	7-5	SSV 80 Gardelegen - TV Askania Bernburg	0:5 (0:0)
17.08.18	7-6	TSG Calbe/Saale - Haldensleber SC	0:3 (0:0)
17.08.18	7-6	SV Blau-Weiß Günthersdorf - SV Kelbra 1920	2:1 (1:0)
17.08.18	7-6	CFC Germania 03 Köthen - SV Fortuna Magdeburg	2:1 (1:0)
17.08.18	7-6	SV Eintracht Emseloh - BSV Halle-Ammendorf	0:4 (0:1)
17.08.18	7-6	SG Blau-Weiß Niegripp - FSV Barleben 1911	1:3 (0:3)
17.08.18	7-5	SSC Weißenfels - SG Union Sandersdorf	0:1 (0:0)
17.08.18	7-4	SSV Havelwinkel Warnau - VfB Germania Halberstadt	0:3 (0:1)
18.08.18	8-8	FSV Rot-Weiß Alsleben - SV Liesten 22	1:4 (1:2)
18.08.18	8-8	SV Rot-Weiß Arneburg - Ummendorfer SV	1:2 (1:0)
18.08.18	7-7	SG 1948 Reppichau - SV Union Heyrothsberge	2:3 (2:2)
18.08.18	7-7	SV Irxleben 1919 - Magdeburger SC Preussen 1899	0:4 (0:2)
18.08.18	7-7	SV Schwarz-Gelb Bernburg - FC Einheit Wernigerode	1:3 (1:0)
18.08.18	7-6	Blankenburger FV 1921 - SV Dessau 05	2:4 (1:1)
18.08.18	8-6	SSV Besiegdas 03 Magdeburg - SV 1890 Westerhausen	0:2 (0:0)
18.08.18	8-6	SG Ramsin - SV Eintracht Elster	0:4 (0:0)
18.08.18	7-6	FSV Bennstedt - SV Edelweiß Arnstedt	0:3 (0:1)
18.08.18	7-6	SV Romonta 90 Stedten - 1. FC Bitterfeld-Wolfen	5:3 nV (3:3,0:2)
18.08.18	8-7	SG Blau-Weiß Gerwisch - TuS Schwarz-Weiß Bismark	0:5 (0:3)
18.08.18	7-7	Burger BC 08 - SV 09 Staßfurt	2:0 (0:0)
18.08.18	7-5	SV Blau-Weiß 1921 Farnstädt - SV Blau-Weiß Zorbau	0:1 (0:0)
18.08.18	8-6	SV Turbine Halle - VfB 06 Sangerhausen	3:2 (0:0)
18.08.18	7-7	FC Grün-Weiß Piesteritz - SSV 90 Landsberg	1:0 (1:0)
18.08.18	7-5	SV Friedersdorf 1920 - VfL Halle 96	0:2 (0:1)
18.08.18	7-7	SG Blau-Weiß 1921 Brachstedt - MSV Eisleben	1:0 nV
18.08.18	7-6	SC Naumburg - SG Rot-Weiß Thalheim	1:0 (0:0)
18.08.18	9-3	VfR Roßla - Hallescher FC	0:16 (0:6)
18.08.18	8-6	SV Grün-Weiß Annaburg - VfB IMO Merseburg	0:2 (0:1)
18.08.18	7-6	SV Merseburg 99 - 1. FC Romonta Amsdorf	2:3 (2:1)
19.08.18	8-6	Quedlinburger SV 04 - Union 1861 Schönebeck	2:1 (0:0)
19.08.18	8-6	SV Wacker Wengelsdorf - SV Blau-Weiß Dölau	0:2 (0:0)
08.09.18	7-5	VfB Ottersleben - 1. FC Lokomotive Stendal	0:4 (0:3)

2. Runde:

07.09.18	6-5	SV Blau-Weiß Dölau - SG Union Sandersdorf	3:5 iE 0:0 nV
07.09.18	6-5	BSV Halle-Ammendorf - VfL Halle 96	3:4 iE 0:0 nV
08.09.18	7-5	FC Grün-Weiß Piesteritz - SV Blau-Weiß Zorbau	1:3 (1:1)
08.09.18	7-7	SV BW Günthersdorf - SG Blau-Weiß 1921 Brachstedt	2:0 (1:0)
08.09.18	7-6	SV Romonta 90 Stedten - 1. FC Romonta Amsdorf	1:2 (1:0)
08.09.18	7-6	SC Naumburg - SV Edelweiß Arnstedt	0:1 (0:0)
08.09.18	6-6	VfB IMO Merseburg - SV Eintracht Elster	3:0 nV (0:0,0:0)
09.09.18	8-3	SV Turbine Halle - Hallescher FC	0:8 (0:3)
13.10.18	8-5	SV Liesten 22 - 1. FC Lokomotive Stendal	0:3 (0:2)
13.10.18	7-4	Burger BC 08 - VfB Germania Halberstadt	0:6 (0:3)
13.10.18	7-5	Magdeburger SC Preussen 1899 - TV Askania Bernburg	0:2 (0:1)
13.10.18	8-6	Ummendorfer SV - SV 1890 Westerhausen	5:4 iE 2:2 nV (1:1,0:0)
13.10.18	7-7	SV Union Heyrothsberge - CFC Germania 03 Köthen	1:5 (0:1)
13.10.18	8-7	Quedlinburger SV 04 - FC Einheit Wernigerode	1:4 (1:2)
13.10.18	7-6	TuS Schwarz-Weiß Bismark - SV Dessau 05	0:3 (0:3)
13.10.18	6-6	FSV Barleben 1911 - Haldensleber SC	2:0 (0:0)

Achtelfinale:

31.10.18	6-3	VfB IMO Merseburg - Hallescher FC	0:2 (0:0)
31.10.18	6-5	FSV Barleben 1911 - SV Blau-Weiß Zorbau	3:4 nV (3:3,1:1)
31.10.18	7-5	FC Einheit Wernigerode - 1. FC Lokomotive Stendal	0:1 (0:1)
31.10.18	6-5	SV Dessau 05 - VfL Halle 96	1:2 (0:1)
31.10.18	6-4	SV Edelweiß Arnstedt - VfB Germania Halberstadt	0:1 nV
31.10.18	7-5	SV Blau-Weiß Günthersdorf - TV Askania Bernburg	0:1 (0:1)
31.10.18	7-5	CFC Germania 03 Köthen - SG Union Sandersdorf	2:3 nV (2:2,2:0)
31.10.18	8-6	Ummendorfer SV - 1. FC Romonta Amsdorf	0:1 (0:1)

Viertelfinale:

17.11.18	5-5	1. FC Lokomotive Stendal - VfL Halle 96	5:1 (2:0)
17.11.18	6-4	SG Union Sandersdorf - VfB Germania Halberstadt	2:4 nV (2:2,1:0)
17.11.18	6-5	1. FC Romonta Amsdorf - TV Askania Bernburg	1:2 (0:0)
17.11.18	5-3	SV Blau-Weiß Zorbau - Hallescher FC	0:4 (0:3)

Halbfinale:

30.04.19	5-3	TV Askania Bernburg - Hallescher FC	1:5 (1:4)
01.05.19	5-4	1. FC Lokomotive Stendal - VfB Germania Halberstadt	0:3 (0:1)

Finale:

25.05.19	4-3	VfB Germania Halberstadt - Hallescher FC	0:2 (0:0)

Halberstadt: Fabian Guderitz; Hendrik Hofgärtner, Patrik Twardzik, Leon Heynke, Lucas Surek, Dennis Blaser, Tino Schulze (66. Dustin Messing), Benjamin Boltze, Alexander Schmitt, Philipp Harant (78. Martin Ludwig), Denis Jäpel (81. Paul Grzega). Trainer: Maximilian Dentz
Halle: Tom Müller; Tobias Schilk, Niklas Kastenhofer (46. Kilian Pagliuca), Moritz Heyer, Toni Lindenhahn (60. Marvin Ajani), Bentley Baxter Bahn (87. Fynn Arkenberg), Pascal Sohm, Braydon Marvin Manu, Björn Jopek, Sebastian Mai, Niklas Landgraf. Trainer: Torsten Ziegner
Tore: 0:1 Bentley Baxter Bahn (66.), 0:2 Marvin Ajani (80.)
Zuschauer: 1.624 im Friedensstadion in Halberstadt
Schiedsrichterin: Miriam Schweinefuß (SV Grün-Weiß Rieder) - Assistenten: Christian Wesemann (SV Eintracht Quenstedt), Christopher Bethke (SG Blau-Weiß Gerwisch)
Gelbe Karten: Lucas Surek / Sebastian Mai

Verbandspokal Thüringen

Teilnehmer: Alle Mannschaften von der 3. Liga bis zur Landesklasse (7. Liga) der laufenden Spielzeit 2018/19 sowie die Kreispokalsieger der Vorsaison 2017/18 (ab 8. Liga). Nicht teilnahmeberechtigt: FC Carl Zeiss Jena II, FSV Wacker 90 Nordhausen II (beide 5. Liga), ZFC Meuselwitz II (6. Liga), FC An der Fahner Höhe II, SV SCHOTT Jena II, BSV Eintracht Sondershausen II (alle 7. Liga).

Qualifikationsrunde:
04.08.18	8-7	SV Eintracht Camburg - FSV Grün-Weiß Blankenhain	1:0 (0:0)
04.08.18	8-7	VfB Apolda - BSG Chemie Kahla	3:5 nV (2:2,1:1)
04.08.18	9-7	SG Rottleben - FSV Sömmerda	4:3 (3:0)

Auf dem Sportplatz Göllingen in Kyffhäuserland.

04.08.18	8-7	SG Henneberg/Hermannsfeld - SG Sachsenbrunn	0:3 (0:0)
04.08.18	7-7	FV Inselberg Brotterode - FC Steinbach-Hallenberg	2:4 (0:3)
04.08.18	8-7	Hainaer SV - SV Germania Ilmenau	2:0 (1:0)
05.08.18	8-7	FC Altenburg - SV Roschütz	0:1 (0:1)
05.08.18	8-7	SG Bischofroda - FSV 06 Kölleda	0:2 (0:0)
05.08.18	8-7	SV Blau-Weiß Brehme - SG Großengottern	1:5 (1:2)
05.08.18	7-7	LSG BW Großwechsungen - SG SG An der Lache Erfurt	4:2 (1:2)
05.08.18	8-7	FC Borntal Erfurt - SG Siebleben/Seebergen	1:4 (0:3)

Freilose:
3 FC Carl Zeiss Jena
4 ZFC Meuselwitz, FC Rot-Weiß Erfurt, FSV Wacker 90 Nordhausen
5 FC Einheit Rudolstadt, BSG Wismut Gera
6 SG Thüringen Weida, SG Teistungen, 1. SC 1911 Heiligenstadt, BSV Eintracht Sondershausen, FC An der Fahner Höhe, FSV Martinroda, FSV 1996 Preußen Bad Langensalza, SC 1903 Weimar, SG Glücksbrunn Schweina 1947, SpVgg Geratal, SV 09 Arnstadt, SV 1879 Ehrenhain, SV Eintracht Eisenberg, SV SCHOTT Jena, VfL Meiningen 04
7 FSV Schleiz, FC Union Mühlhausen, SV Bielen 1926, FC Eisenach, SG Borsch/Geismar, FC Erfurt Nord, SG Herpf/Helmershausen, SG DJK SG Struth, SG 1951 Sonneberg, FSV 06 Eintracht Hildburghausen, SV Grün-Weiß Siemerode, SG Motor Zeulenroda, SV Blau-Weiß Neustadt/O., SV Wacker 04 Bad Salzungen, SG Traktor Teichel, FC Saalfeld, FSV Grün-Weiß Stadtroda, SG Bad Lobenstein/Helmsgrün, SV Jena-Zwätzen, SV Germania Wüstheuterode, SV Blau-Weiß 91 Bad Frankenhausen, FSV 06 Ohratal, FSV Wacker 03 Gotha, SG Leinefelde, SV Blau-Weiß Büßleben, SG Gera-Westvororte, FSV 04 Viernau, SSV 07 Schlotheim, FSV Waltershausen, SG 1. FC Sonneberg 04
10 SV Motor Altenburg (schied danach kampflos aus)

1. Runde:
17.08.18	7-6	FC Erfurt Nord - BSV Eintracht Sondershausen	1:3 (0:3)
18.08.18	4-7	FC Rot-Weiß Erfurt - FSV Grün-Weiß Stadtroda	6:1 (4:0)
18.08.18	7-6	SG Bad Lobenstein/Helmsgrün - SC 1903 Weimar	3:0 (0:0)
18.08.18	7-7	FC Eisenach - LSG Blau-Weiß Großwechsungen	3:2 (1:0)
18.08.18	8-4	SV Eintracht Camburg - FSV Wacker 90 Nordhausen	0:14 (0:6)
18.08.18	7-7	SG 1951 Sonneberg - SV Jena-Zwätzen	4:2 (2:1)
18.08.18	7-6	BSG Chemie Kahla - SG Thüringen Weida	3:1 (0:1)
18.08.18	7-7	SV Blau-Weiß 90 Neustadt/O. - SG Traktor Teichel	2:0 (0:0)
18.08.18	7-6	FC Steinbach-Hallenberg - VfL Meiningen 04	1:3 (0:0)
18.08.18	7-6	SG Gera-Westvororte - SV SCHOTT Jena	0:5 (0:2)
18.08.18	6-6	SV 09 Arnstadt - SV Eintracht Eisenberg	6:1 (3:1)
18.08.18	7-7	SV Blau-Weiß 91 Bad Frankenhausen - SV Bielen 1926	2:1 (1:0)
18.08.18	7-7	SSV 07 Schlotheim - SV Wacker 04 Bad Salzungen	2:3 (0:1)
18.08.18	7-7	SG Motor Zeulenroda - SG 1. FC Sonneberg 04	2:3 nV (1:1,0:0)
18.08.18	7-7	SV Blau-Weiß Büßleben - FSV Schleiz	4:0 (2:0)
18.08.18	6-5	SV 1879 Ehrenhain - BSG Wismut Gera	2:3 nV (2:2,2:2)
18.08.18	7-7	FSV Wacker 03 Gotha - SV Grün-Weiß Siemerode	3:2 (2:2)
18.08.18	7-6	SG Leinefelde - SG Glücksbrunn Schweina 1947	3:1 (2:1)
18.08.18	7-4	SV Germania Wüstheuterode - ZFC Meuselwitz	0:1 (0:1)
19.08.18	7-7	FSV 06 Eintracht Hildburghausen - FC Saalfeld	6:0 (4:0)
19.08.18	7-6	FSV 04 Viernau - 1. SC 1911 Heiligenstadt	0:2 (0:0)
19.08.18	7-6	FSV Waltershausen - SG Teistungen	3:1 (2:0)
19.08.18	9-7	SG Rottleben - SG Großengottern	2:3 (0:2)

Auf dem Sportplatz Göllingen in Kyffhäuserland.

19.08.18	7-6	SG Herpf/Helmershausen - FC An der Fahner Höhe	5:3 iE 0:0 nV
19.08.18	8-7	Hainaer SV - SV Roschütz	4:2 (1:1)
19.08.18	7-5	SG Siebleben/Seebergen - FC Einheit Rudolstadt	0:7 (0:1)
19.08.18	7-7	FSV 06 Kölleda - SG Sachsenbrunn	6:2 (3:0)
19.08.18	6-6	SpVgg Geratal - FSV Martinroda	0:2 (0:0)
19.08.18	7-6	FSV Ohratal - FSV Pr. Bad Langensalza	6:7 iE 2:2 nV (2:2,0:1)
19.08.18	7-7	SG Borsch/Geismar - SG DJK SG Struth	5:3 iE 6:6 nV (4:4,2:2)

Freilose:
3 FC Carl Zeiss Jena
7 FC Union Mühlhausen

2. Runde:
07.09.18	7-4	FSV Wacker 03 Gotha - ZFC Meuselwitz	0:6 (0:5)
07.09.18	7-4	SG Großengottern - FC Rot-Weiß Erfurt	1:8 (0:2)
08.09.18	7-6	FSV Waltershausen - FSV 1996 Pr. Bad Langensalza	1:3 (1:1)
08.09.18	7-6	SG Bad Lobenstein/Helmsgrün - FSV Martinroda	3:1 (1:0)
08.09.18	8-7	Hainaer SV - SG Borsch/Geismar	0:4 (0:3)
08.09.18	7-7	BSG Chemie Kahla - SG Leinefelde	2:1 nV (1:1,1:1)
08.09.18	7-6	SV Blau-Weiß Büßleben - VfL Meiningen 04	4:2 iE 0:0 nV
08.09.18	7-6	SG 1. FC Sonneberg 04 - SV 09 Arnstadt	3:0 (0:0)
08.09.18	7-6	FC Eisenach - 1. SC 1911 Heiligenstadt	4:3 iE 1:1 nV (0:0,0:0)
08.09.18	7-6	SV Wacker 04 Bad Salzungen - BSV Etr. Sondershausen	1:0 (1:0)
08.09.18	7-7	FSV E. Hildburghausen - SV BW 91 Bad Frankenhausen	4:2 (1:0)
09.09.18	7-7	SG 1951 Sonneberg - SV BW Neustadt/O.	3:4 iE 4:4 nV (3:3,1:1)
09.09.18	7-5	SG Herpf/Helmershausen - FC Einheit Rudolstadt	0:2 (0:1)
09.09.18	5-4	BSG Wismut Gera - FSV W. 90 Nordhausen	3:5 iE 1:1 nV (0:0,0:0)
09.09.18	7-6	FSV 06 Kölleda - SV SCHOTT Jena	2:0 (1:0)
09.09.18	7-3	FC Union Mühlhausen - FC Carl Zeiss Jena	0:9 (0:3)

Achtelfinale:
13.10.18	7-7	SG 1. FC Sonneberg 04 - FSV 06 Eintr. Hildburghausen	3:1 (0:0)
13.10.18	7-5	SV Blau-Weiß 90 Neustadt/O. - FC Einheit Rudolstadt	1:4 (0:3)
13.10.18	7-3	SV Wacker 04 Bad Salzungen - FC Carl Zeiss Jena	0:8 (0:3)
13.10.18	7-6	SG Bad Lobenstein/Helmsgrün - FSV Pr. B. Langensalza	2:3 (1:2)
13.10.18	7-4	FC Eisenach - ZFC Meuselwitz	0:3 (0:1)
14.10.18	4-4	FSV Wacker 90 Nordhausen - FC RW Erfurt	4:3 iE 1:1 nV (1:1,0:0)
14.10.18	7-7	SG Borsch/Geismar - BSG Chemie Kahla	3:1 (1:0)
14.10.18	7-7	FSV 06 Kölleda - SV Blau-Weiß Büßleben	0:1 (0:1)

Viertelfinale:
17.11.18	7-6	SG 1. FC Sonneberg 04 - FSV Pr. Bad Langensalza	0:2 (0:1)
17.11.18	7-7	SG Borsch/Geismar - SV Blau-Weiß Büßleben	1:3 (1:2)
17.11.18	5-4	FC Einheit Rudolstadt - FSV Wacker 90 Nordhausen	0:3 (0:2)
17.11.18	4-3	ZFC Meuselwitz - FC Carl Zeiss Jena	0:1 (0:0)

Halbfinale:
17.04.19	4-3	FSV Wacker 90 Nordhausen - FC Carl Zeiss Jena	2:0 (1:0)
20.04.19	7-6	SV Blau-Weiß Büßleben - FSV Pr. Bad Langensalza	1:4 (1:0)

Finale:
25.05.19	6-4	FSV Pr. Bad Langensalza - FSV Wacker 90 Nordhausen	0:5 (0:2)

Langensalza: Sebastian Arnold (80. Maximilian Geißler) - Martin Jäger, Felix Moschkau (61. Dominik Finger), Max Domeinski (78. Dennis John), Tobias Eckermann - Carsten Weis, Florian Engel, Thilo Kleinert, Robert Walter - Martin Fiß, Thomas Schönau. Trainer: Gabor Uslar
Nordhausen: Jan Glinker - Florian Esdorf, Sebastian Heidinger, Christoph Göbel, Felix Müller - Tobias Becker (80. Mounir Chaftar), Joy Lance Mickels, Stepan Kores (72. Cihan Ucar) - Oliver Genausch (61. Florian Beil), Nils Pichinot, Carsten Kammlott. Trainer: Heiko Scholz
Tore: 0:1 Stepan Kores (21.), 0:2 Carsten Kammlott (23.), 0:3 Florian Beil (63.), 0:4 Florian Beil (77.), 0:5 Joy Lance Mickels (90.).
Zuschauer: 2.667 im Steigerwaldstadion in Erfurt
Schiedsrichter: Stefan Prager (SV Blau-Weiß Auma) - Assistenten: Reinhard Meusel (SV Isolator Neuhaus-Schierschnitz), Marcel Kißling (SV Grün-Weiß Wasungen)
Gelbe Karten: Tobias Eckermann, Carsten Weis / Mounir Chaftar

Verbandspokal Sachsen

Teilnehmer: Alle gemeldeten ersten Mannschaften von der 3. Liga bis zur 7. Liga (Landesklasse) der laufenden Spielzeit sowie die 13 Kreispokalsieger der Saison 2017/18. II. Mannschaften waren nicht spielberechtigt.

1. Runde:
17.08.18	7-7	SG Motor Wilsdruff - LSV Neustadt/Spree	1:0 (1:0)
18.08.18	6-6	FC Lößnitz - SSV Markranstädt	6:2 (0:1)
18.08.18	6-6	Radebeuler BC - VfL Pirna-Copitz	0:1 (0:0)
18.08.18	7-6	Bergstädtischer SC Freiberg - Großenhainer FV	3:0 (2:0)
18.08.18	7-6	Meißner SV - FV Eintracht Niesky	1:4 (1:1)
18.08.18	7-6	Roter Stern Leipzig - Kickers 94 Markkleeberg	3:6 (3:2)
18.08.18	7-7	FC Blau-Weiß Leipzig - SV Liebertwolkwitz	5:0 (2:0)
18.08.18	7-7	FSV Oderwitz - SG Crostwitz	4:5 (2:5)
18.08.18	7-7	Hartmannsdorfer SV Empor - SV Bannewitz	0:2 (0:1)
18.08.18	7-7	SG Dresden Striesen - FV Gröditz	5:1 (1:1)
18.08.18	7-7	SG Leipziger Verkehrsbetriebe - SV Eintracht Sermuth	5:2 (1:1)
18.08.18	7-7	VfB Fortuna Chemnitz - FSV Krostitz	3:2 (2:0)
18.08.18	8-6	VfB Zittau - SV Einheit Kamenz	0:1 (0:1)
18.08.18	7-7	BSV Einheit Frohburg - VfB Zwenkau	1:2 (0:1)
18.08.18	8-7	SC Syrau - VfB Annaberg	5:0 (3:0)
18.08.18	8-7	SV Eintracht Leipzig-Süd - Heidenauer SV	4:5 iE 3:3 nV (3:3,3:1)

Datum	Paarung	Ergebnis
18.08.18 9-7	FA Doberschütz-Mockrehna - SV Merkur Oelsnitz/V.	2:8 (1:4)
19.08.18 7-6	FC Bad Lausick - SV Olbernhau	2:3 (1:2)
19.08.18 7-6	SC Borea Dresden - FSV Neusalza-Spremberg	1:5 (1:2)
19.08.18 7-6	SG Empor Possendorf - BSG Stahl Riesa	0:3 (0:1)
19.08.18 7-6	SG Rotation Leipzig - SG Taucha	0:2 (0:1)
19.08.18 7-6	TSV Germania Chemnitz - FC Grimma	4:5 iE 0:0 nV
19.08.18 7-7	BSV Gelenau - Roßweiner SV	4:0 (2:0)
19.08.18 7-7	ESV Lok Zwickau - SG Handwerk Rabenstein	3:2 (2:1)
19.08.18 7-7	FC Concordia Schneeberg - FSV Treuen	3:1 (1:1)
19.08.18 7-7	FV Dresden Laubegast - SV Oberland Spree	6:2 (1:2)
19.08.18 7-7	Meeraner SV - Döbelner SC	5:4 (2:0)
19.08.18 7-7	Reichenbacher FC - SSV Fortschritt Lichtenstein	3:2 (1:1)
19.08.18 7-7	SG Weixdorf - SC Großröhrsdorf	3:1 (1:0)
19.08.18 7-7	SpVgg BW Chemnitz - SV Tanne Thalheim	3:5 iE 2:2 nV (2:2,2:2)
19.08.18 7-7	TSV IFA Chemnitz - FSV Motor Marienberg	0:3 (0:2)
19.08.18 7-7	TSV Rotation Dresden - TuS Weinböhla	6:0 (2:0)
19.08.18 8-6	Oederaner SC - SV Germania Mittweida	0:6 (0:2)
19.08.18 8-7	LSV Tauscha - VfB Weißwasser	2:4 iE 2:2 nV (1:1,1:0)
19.08.18 8-7	SpVgg Reinsdorf-Vielau - Hausdorfer FC Colditz	0:2 (0:0)
19.08.18 8-7	SSV Neustadt/Sachsen - SV Zeißig	0:5 (0:4)
19.08.18 8-7	SV Aufbau Deutschbaselitz - SV Fortuna Trebendorf	0:1 (0:0)
19.08.18 8-7	SV Blau-Weiß Crottendorf - SV Lipsia Leipzig-Eutritzsch	2:0 (1:0)
19.08.18 8-7	USG Chemnitz - Radefelder SV	0:9 (0:2)
19.08.18 10-7	FC Dresden - Hainsberger SV	0:4 (0:0)
Freilos: 6	BSC Rapid Chemnitz, VfB Empor Glauchau	
7	FV Blau-Weiß Stahl Freital, SV Naunhof, SV Wesenitztal	
3-5	Vereine der 3. Liga, Regionalliga und Oberliga	

2. Runde:

Datum	Paarung	Ergebnis
08.09.18 5-5	FC International Leipzig - Vogtländischer FC Plauen	0:1 (0:1)
08.09.18 6-6	FV Eintracht Niesky - VfB Empor Glauchau	3:0 (0:0)
08.09.18 7-6	FC Blau-Weiß Leipzig - BSG Stahl Riesa	6:5 iE 4:4 nV (3:3,0:0)
08.09.18 7-6	Heidenauer SV - Kickers 94 Markkleeberg	1:6 (0:2)
08.09.18 7-6	SG Dresden Striesen - VfL Pirna-Copitz	4:3 iE 2:2 nV (2:2,0:1)
08.09.18 7-6	SG Motor Wilsdruff - FSV Neusalza-Spremberg	3:4 iE 0:0 nV
08.09.18 7-6	VfB Fortuna Chemnitz - SG Taucha	0:2 (0:0)
08.09.18 7-7	SV Wesenitztal - FV Dresden Laubegast	0:4 (0:1)
08.09.18 7-7	VfB Zwenkau - SV Merkur Oelsnitz/V.	1:3 (0:3)
08.09.18 8-7	SC Syrau - SG Crostwitz	5:1 (3:1)
09.09.18 5-5	VfL Hohenstein-Ernstthal - BSG Chemie Leipzig	1:3 (0:1)
09.09.18 7-5	SV Tanne Thalheim - FC Eilenburg	0:6 (0:5)
09.09.18 7-6	Bergstädtischer SC Freiberg - BSC Rapid Chemnitz	2:0 (1:0)
09.09.18 7-6	FSV Motor Marienberg - FC Lößnitz	0:3 (0:3)
09.09.18 7-6	Hausdorfer FC Colditz - SV Olbernhau	3:0 (0:0)
09.09.18 7-6	Meeraner SV - SV Germania Mittweida	3:4 iE 3:3 nV (2:2,1:0)
09.09.18 7-6	SG Weixdorf - SV Einheit Kamenz	2:4 (0:2)
09.09.18 7-6	TSV Rotation Dresden - FC Grimma	1:2 (0:0)
09.09.18 7-7	BSV Gelenau - SV Fortuna Trebendorf	4:7 (2:3)
09.09.18 7-7	ESV Lok Zwickau - SV Zeißig	2:1 (1:0)
09.09.18 7-7	FC Concordia Schneeberg - VfB Weißwasser	2:4 iE 2:2 nV (1:1,1:0)
09.09.18 7-7	Hainsberger SV - Radefelder SV	4:0 (2:0)
09.09.18 7-7	SV Bannewitz - FV Blau-Weiß Stahl Freital	0:2 (0:0)
09.09.18 7-7	SV Naunhof - Reichenbacher FC	0:4 (0:4)
09.09.18 8-7	SV BW Crottendorf - SG Leipziger Verkehrsbetriebe	2:0 (1:0)
Freilose: 3/4	Vereine der 3. Liga und der Regionalliga	

3. Runde:

Datum	Paarung	Ergebnis
12.10.18 5-4	VFC Plauen - FSV Budissa Bautzen	3:5 iE 1:1 nV (1:1,0:1)
12.10.18 6-6	FV Eintracht Niesky - SV Germania Mittweida	6:1 (4:1)
13.10.18 4-3	FC Oberlausitz Neugersdorf - FSV Zwickau	1:2 (1:2)
13.10.18 6-4	Kickers 94 Markkleeberg - Chemnitzer FC	1:3 (0:1)
13.10.18 4-7	1. FC Lok Leipzig - Hainsberger SV	6:1 (5:1)
13.10.18 6-6	FC Lößnitz - SG Taucha	4:2 nV (2:2,0:2)
13.10.18 7-5	FC Blau-Weiß Leipzig - BSG Chemie Leipzig	1:4 (0:2)
13.10.18 7-6	SG Dresden Striesen - FC Grimma	0:1 (0:0)
13.10.18 8-7	SC Syrau - VfB Weißwasser	3:1 (1:0)
14.10.18 6-4	FSV Neusalza-Spremberg - VfB Auerbach	0:4 (0:3)
14.10.18 7-4	Bergstädtischer SC Freiberg - Bischofswerdaer FV 08	1:3 (0:0)
14.10.18 7-5	SV Merkur Oelsnitz/V. - FC Eilenburg	0:5 (0:1)
14.10.18 7-6	Hausdorfer FC Colditz - SV Einheit Kamenz	0:3 (0:1)
14.10.18 7-7	ESV Lok Zwickau - FV Blau-Weiß Stahl Freital	2:4 nV (2:2,1:1)
14.10.18 7-7	Reichenbacher FC - FV Dresden Laubegast	1:3 nV (1:1,0:0)
14.10.18 8-7	SV Blau-Weiß Crottendorf - SV Fortuna Trebendorf	2:3 nV (2:2,0:1)

Achtelfinale:

Datum	Paarung	Ergebnis
31.10.18 5-3	FC Eilenburg - FSV Zwickau	0:3 (0:2)
31.10.18 6-4	FC Grimma - Bischofswerdaer FV 08	0:4 (0:1)
31.10.18 6-4	FC Lößnitz - Chemnitzer FC	2:4 (1:2)
31.10.18 7-4	FV Blau-Weiß Stahl Freital - FSV Budissa Bautzen	1:7 (0:2)
31.10.18 7-6	FV Dresden Laubegast - FV Eintracht Niesky	4:1 (1:0)
31.10.18 8-6	SC Syrau - SV Einheit Kamenz	1:6 (0:3)
17.11.18 4-4	VfB Auerbach - 1. FC Lok Leipzig	1:4 (0:1)
17.11.18 7-5	SV Fortuna Trebendorf - BSG Chemie Leipzig	3:6 nV (3:3,2:2)

Viertelfinale:

Datum	Paarung	Ergebnis
17.11.18 4-4	Chemnitzer FC - Bischofswerdaer FV 08	2:1 (1:1)
17.11.18 6-5	SV Einheit Kamenz - FSV Zwickau	1:4 (1:2)
18.11.18 7-4	FV Dresden Laubegast - FSV Budissa Bautzen	2:4 (1:1)
15.12.18 5-4	BSG Chemie Leipzig - 1. FC Lok Leipzig	0:1 (0:0)

Halbfinale:

Datum	Paarung	Ergebnis
10.04.19 4-3	FSV Budissa Bautzen - FSV Zwickau	0:2 (0:2)
24.04.19 4-4	Chemnitzer FC - 1. FC Lok Leipzig	10:9 iE 3:3 nV (2:2,2:1)

Finale:

Datum	Paarung	Ergebnis
25.05.19 4-3	Chemnitzer FC - FSV Zwickau	2:0 (1:0)

Chemnitz: Jakub Jakubov; Pascal Itter, Niklas Hoheneder, Kostadin Velkov, Paul Milde, Matti Langer, Joannis Karsanidis (82. Kristian Taag), Dennis Grote (87. Michael Blum), Rafael Garcia, Tobias Müller, Daniel Frahn (90. Jan-Pelle Hoppe). Trainer: David Bergner
Zwickau: Johannes Brinkies; Nico Antonitsch, Toni Wachsmuth, Bryan Robert Gaul, Alexandros Kartalis, Julius Reinhardt (89. Alexander Sorge), Morris Schröter (78. Orrin McKinze Gaines II), Davy Frick, Nils Miatke (56. Mike Könnecke), Ronny König, Lion Lauberbach. Trainer: Joe Enochs
Tore: 1:0 Tobias Müller (45.), 2:0 Tobias Müller (83.)
Zuschauer: 11.638 im Stadion - An der Gellertstraße in Chemnitz
Schiedsrichter: Richard Hempel (SG Großnaundorf) - Assistenten: Stefan Herde (Dresdner SC), Mario Wehnert (SV Haselbachtal)
Gelbe Karten: Dennis Grote / Nico Antonitsch, Davy Frick, Lion Lauberbach, Nils Miatke, Julius Reinhardt, Toni Wachsmuth

Verbandspokal Schleswig-Holstein

Teilnehmer: alle Mannschaften der 3. Liga (ohne Aufsteiger in die 2. Bundesliga) und der Regionalliga Nord der Vorsaison 2017/18 und die 13 Kreispokalsieger der Vorsaison. Inter Türkspor Kiel nahm als Sieger des Pokals "Meister der Meister" der Spielzeit 2017/18 teil, an dem alle Meister in der Spielzeit 2016/17 mitwirkten.

Achtelfinale:

Datum	Paarung	Ergebnis
07.07.18 6-5	SV Preußen 09 Reinfeld - Polizei-SV Union Neumünster	3:0 (1:0)
07.07.18 7-6	TSV Schlutup - TuS Jevenstedt	0:4 (0:1)
08.07.18 6-5	SV Grün-Weiß Siebenbäumen - Heider SV	0:2 (0:1)
10.07.18 6-4	IF Stjernen Flensborg - SC Weiche Flensburg 08	0:4 (0:2)
10.07.18 5-5	Inter Türkspor Kiel - Eutiner SpVgg 08	3:0 (1:0)
12.07.18 6-5	Husumer SVgg - SV Todesfelde	3:4 (0:1)
14.07.18 7-5	TSV Plön - NTSV Strand 08	0:4 (0:0)
31.07.18 4-5	VfB Lübeck - TSV Bordesholm	3:0 (3:0)

Viertelfinale:

Datum	Paarung	Ergebnis
21.07.18 5-4	Heider SV - SC Weiche Flensburg 08	0:1 (0:1)
24.07.18 5-5	SV Todesfelde - Inter Türkspor Kiel	2:0 (1:0)
28.07.18 6-6	TuS Jevenstedt - SV Preußen 09 Reinfeld	1:5 (0:3)
14.08.18 5-4	NTSV Strand 08 - VfB Lübeck	1:2 (1:1)

Halbfinale:

Datum	Paarung	Ergebnis
03.10.18 6-4	SV Preußen 09 Reinfeld - SC Weiche Flensburg 08	0:2 (0:2)
03.10.18 5-4	SV Todesfelde - VfB Lübeck	0:3 (0:1)

Finale:

Datum	Paarung	Ergebnis
25.05.19 4-4	VfB Lübeck - SC Weiche Flensburg 08	1:0 (0:0)

Lübeck: Benjamin Gommert; Tim Weißmann, Tommy Grupe, Daniel Halke, Florian Riedel, Kresimir Matovina, Dennis Hoins (81. Aleksander Nogovic), Sven Mende, Marvin Thiel, Ahmet Arslan (90.+5 Stefan Richter), Patrick Hobsch (90.+1 Fabio Parduhn). Trainer: Rolf Landerl
Weiche: Florian Kirschke; Christian Jürgensen, Torge Paetow, Patrick Thomsen, Jonas Walter, Finn Wirlmann (37. Kevin Schulz), Kevin Nije, Gökay Isitan (78. Nico Empen), Dominic Hartmann, Ilidio Pastor Santos (88. Tim Wulff), Marvin Ibekwe. Trainer: Daniel Jurgeleit
Tor: 1:0 Ahmet Arslan (87., Foulelfmeter)
Zuschauer: 3.771 im Stadion an der Lohmühle in Lübeck
Schiedsrichter: Malte Göttsch (TuS Hartenholm) - Assistenten: Henning Deeg (TuS Hartenholm), Malte Gerhardt (Kieler MTV)
Gelbe Karten: Marvin Thiel, Ahmet Arslan, Aleksander Nogovic, Fabio Parduhn / Finn Wirlmann, Kevin Schulz
Besonderes Vorkommnis: Benjamin Gommert hält einen Handelfmeter von Dominic Hartmann (89.)

Verbandspokal Hamburg

Teilnehmer: sämtliche ersten Mannschaften der laufenden Spielzeit mit Ausnahme von TSV Gut-Heil Heist, Vereinigung Tunesien (beide Level 8), SV Muslime, TSV Holm, Hellas United Hamburg und FC Hamburger Berg (alle 9).

1. Runde:
Süd/Ost:
18.07.18	8-5	Bostelbeker SV 1922/45 - Altonaer FC 93	0:7 (0:6)
20.07.18	7-5	FTSV Altenwerder - FC Süderelbe	2:1 (1:0)
20.07.18	8-7	Harburger SC - SV Suryoye Mesopotamien	7:6iE 1:1 nV (0:0,0:0)
21.07.18	6-5	Harburger Turnerbund - TSV Buchholz 08	2:3 (1:1)
21.07.18	7-5	SV Rot-Weiß Wilhelmsburg - Hamburg-Eimsbütteler BC	1:4 (1:0)
21.07.18	8-7	VSK Blau-Weiss Ellas - Zonguldakspor	2:4 iE 2:2 nV (1:1,1:1)
21.07.18	9-8	FC Hamburg - Harburger Türksport	2:3 (1:2)
22.07.18	10-7	Adil Hamburg - Juventude do Minho	1:6 (0:3)
22.07.18	10-8	Indian Football Hamburg - FC Viktoria Harburg	1:8 (0:4)
22.07.18	10-8	ESV Einigkeit Wilhelmsburg - SV Grün-Weiss Harburg	2:10 (0:3)
22.07.18	10-8	Moorburger TSV - Hamburg Fatihspor	0:2 (0:1)
22.07.18	8-6	FC Kurdistan Welat - SC Sternschanze	3:5 (0:2)
22.07.18	8-7	Bahrenfelder SV 19 - SV Vorwärts 93 Ost	1:4 (0:3)
22.07.18	7-6	TuS Finkenwerder - Inter 2000 Hamburg	1:4 (0:1)
22.07.18	8-6	FC Neuenfelde - Klub Kosova	0:8 (0:3)
22.07.18	8-7	Hausbruch-Neugrabener TS - SV Wilhelmsburg	2:1 (1:0)
22.07.18	8-7	Sporting Clube de Hamburg - SC Hansa 1911	2:6 (1:3)
22.07.18	8-8	VfL Hammonia - FTSV Lorbeer-Rothenburgsort	4:3 nV (2:2,0:2)
22.07.18	9-5	FC Veddel United - FC Teutonia 05 Ottensen	0x3
22.07.18	9-6	FC Dynamo Hamburg - FC Türkiye Wilhelmsburg	0:3 (0:1)
22.07.18	9-6	FSV Harburg-Rönneburg - Dersimspor Hamburg	2:13 (1:5)
22.07.18	9-7	FFC 08 Osman Bey Moschee - FC Bingöl 12	3:5 (0:2)
22.07.18	9-7	TSV Stellingen 88 - TSV Neuland	5:4 (1:2)

Freilos: 6 Buxtehuder SV

Bergedorf/Ost:
20.07.18	8-6	FSV Geesthacht - SC Vorwärts-Wacker 04 Billstedt	1:6 (0:3)
20.07.18	8-7	Willinghusener SC - SC Vier- und Marschlande	0:5 (0:2)
21.07.18	6-6	Düneberger SV - FC Voran Ohe	1:2 (0:0)
21.07.18	9-6	Lauenburger SVgg - FC Elazig Spor	2:8 (0:3)
22.07.18	10-8	VfL Grünhof-Tesperhude - VSG Stapelfeld	1:6 (0:2)
22.07.18	5-7	Wandsbeker TSV Concordia - Eisenbahner TSV Hamburg	3:1 (1:1)
22.07.18	9-6	SV Bergedorf-West - VfL Lohbrügge	1:8 (0:5)
22.07.18	7-6	SC Eilbek - Hamm United FC	0:2 (0:1)
22.07.18	8-5	SC Hamm 02 - SV Curslack-Neuengamme	0x3
22.07.18	7-7	ASV Hamburg - ASV Bergedorf 85	5:2 (0:2)
22.07.18	7-7	SC Schwarzenbek - TSV Wandsetal	0:1 (0:0)
22.07.18	7-7	FC Bergedorf 85 - SV Börnsen	1:9 (1:3)
22.07.18	8-5	FC Lauenburg - TuS Dassendorf	0:25 (0:12)
22.07.18	8-6	TSV Reinbek - SV Nettelnburg-Allermöhe	2:1 (0:1)
22.07.18	8-7	Hamburger Turnerschaft von 1816 - SC Wentorf	3:4 nV (1:1,0:0)
22.07.18	8-7	TSG Bergedorf - TSV Glinde	0:2 (0:1)
22.07.18	8-8	SV Hamwarde - MSV Hamburg	2:3 (1:1)
22.07.18	9-6	Störtebeker SV - SV Altengamme	0x3
22.07.18	9-7	Escheburger SV - TuS Hamburg 1880	2:1 (2:0)
22.07.18	9-7	FC Preußen Hamburg - Barsbütteler SV	0:5 (0:1)
22.07.18	9-8	TSV Gülzow - TuS Aumühle-Wohltorf	2:8 (2:2)
22.07.18	9-8	SC Europa 92 - SV Billstedt-Horn	0:2 (0:0)
22.07.18	9-8	SV Tonndorf-Lohe - BFSV Atlantik 97	1:9 (0:3)
07.08.18	7-5	Oststeinbeker SV - Meiendorfer SV	1:0 (0:0)

Wegen Zweifel an der Spielberechtigung eines Spielers des Oststeinbeker SV wurde das ursprüngliche Spiel (Ergebnis 2:1) annulliert und wiederholt.

Nord/Mitte:
20.07.18	6-8	Bramfelder SV - SC Urania Hamburg	6:1 (3:0)
20.07.18	8-7	SV Krupunder/Lohkamp - VfL Hamburg 93	2:1 (0:0)
21.07.18	8-7	TSV Duwo 08 - FC Alsterbrüder 1948	1:2 (0:1)
21.07.18	8-8	Glashütter SV - Hoisbütteler SV	4:0 (1:0)
22.07.18	6-5	SV Eidelstedt - HSV Barmbek-Uhlenhorst	0:8 (0:3)
22.07.18	6-5	SSD Nikola Tesla - TSV Sasel	0:5 (0:2)
22.07.18	6-7	SV Bergstedt - SC Sperber	3:2 (2:1)
22.07.18	7-7	TSC Wellingsbüttel - Eimsbütteler SV Grün-Weiß	5:0 (1:0)
22.07.18	8-6	FC Haak Bir - Eintracht Lokstedt	0x3
22.07.18	8-7	SC Teutonia 1910 Hamburg - TuS Germania Schnelsen	4:0 (1:0)
22.07.18	8-7	Croatia Hamburg - SV Uhlenhorst-Adler	1:0 (1:0)
22.07.18	8-8	Duvenstedter SV - Hamburg Hurricanes	6:2 (3:2)
22.07.18	8-8	1. FC Hellbrook - Lemsahler SV	1:0 (0:0)
22.07.18	4-9	FC Eintracht Norderstedt - NCG FC Hamburg	4:1 (3:1)
22.07.18	9-6	Sport Hamburg Benfica - TuRa Harksheide	0:3 (0:1)
22.07.18	9-6	Norderstedter SV - Rahlstedter SC	0:4 (0:1)
22.07.18	9-7	FC Bulgaria Hamburg - SC Poppenbüttel	0:9 (0:5)
22.07.18	9-7	KS Polonia Hamburg - Ahrensburger TSV	2:3 (1:0)
22.07.18	9-8	FC Winterhude - Walddörfer SV	3:1 (2:0)
22.07.18	9-8	SV Groß-Borstel - Farmsener TV	1:5 (1:3)
22.07.18	9-9	SC Osterbek - SV Barmbek	0:2 (0:0)
22.07.18	10-6	SV Vahdet Hamburg - Uhlenhorster SC Paloma	0:12 (0:5)
22.07.18	10-6	DJK Hamburg - SC Alstertal-Langenhorn	2:5 (1:4)
22.07.18	10-6	Dulsberger SC Hanseat - TuS Berne	1:12 (0:4)
22.07.18	10-9	Eintracht Fuhlsbüttel - SV Friedrichsgabe	4:1

Freilos: 5 SC Condor Hamburg

West/Pinneberg/Uetersen:
20.07.18	8-7	TuS Appen - SV Lurup Hamburg	0:2 (0:2)
20.07.18	9-7	Kickers Halstenbek - Eimsbütteler TV	0:20 (0:15)
20.07.18	9-8	Rissener SV - TuS Holstein Quickborn	4:3 (2:1)
20.07.18	8-5	SV West-Eimsbüttel - SV Rugenbergen	0:11 (0:6)
20.07.18	7-5	1. FC Quickborn - TuS Osdorf	2:5 (1:4)
21.07.18	10-10	SG Spfr Holm I/Wedeler TSV II - TuS Borstel-Hohenraden	0:1 (0:0)
22.07.18	10-7	Rellinger FC - Heidgrabener SV	0:5 (0:2)
22.07.18	7-7	SC Union 03 - SC Egenbüttel	2:1 nV (0:0,0:0)
22.07.18	10-8	1. FC Eimsbüttel - Elmshorn Gencler Birligi	1:2 (1:0)
22.07.18	9-5	TSV Uetersen - Niendorfer TSV	0:17 (0:8)
22.07.18	8-5	SC Cosmos Wedel - SC Victoria Hamburg	1:8 (0:3)
22.07.18	8-7	Groß Flottbeker SpVgg - SC Pinneberg	2:4 (1:1)
22.07.18	9-5	FTSV Komet Blankenese - Wedeler TSV	0:7 (0:2)
22.07.18	9-7	Moorreger SV - Kummerfelder SV	2:5 (0:4)
22.07.18	9-7	TV Haseldorf 09 - Hetlinger MTV	0:2 (0:1)
22.07.18	9-8	FC Schnelsen - TuS Hasloh	0x3
22.07.18	9-6	Sportfreunde Pinneberg - FC Elmshorn	0x3
22.07.18	8-5	SV Hörnerkirchen - VfL Pinneberg	3:1 nV (1:1,1:0)
22.07.18	7-6	Blau-Weiß 96 Schenefeld - SSV Rantzau Barmstedt	0:2 (0:0)
22.07.18	8-6	SV Blankenese - SV Halstenbek-Rellingen	0:3 (0:1)
22.07.18	8-6	SC Ellerau - SC Nienstedten	2:5 (1:1)
22.07.18	8-6	Rasensport Uetersen - FC Union Tornesch	2:0 (0:0)
22.07.18	7-7	FC Roland Wedel - SpVgg Lieth	2:5 nV (1:1,0:0)
22.07.18	8-7	Tangstedter SV - Hamburger FC Falke	0:2 (0:2)
22.07.18	8-7	TuS Hemdingen-Bilsen - Inter Eidelstedt	0:3 (0:2)
22.07.18	8-7	SuS Holsatia im Elmsh. MTV - Türk Birlikspor Pinneberg	4:0 (0:0)
22.07.18	8-8	TSV Seestermüher Marsch - TSV Sparrieshoop	0:4 (0:0)
22.07.18	10-8	SV Osdorfer Born - SuS Waldenau	0:2 (0:0)

2. Runde:
Süd/Ost:
31.07.18	6-5	FC Türkiye Wilhelmsburg - TSV Buchholz 08	0:3 (0:1)
31.07.18	7-5	SC Hansa 1911 - FC Teutonia 05 Ottensen	1:5 (0:3)
31.07.18	7-6	FC Bingöl 12 - Dersimspor Hamburg	0:4 (0:2)
31.07.18	7-7	FTSV Altenwerder - Zonguldakspor	1:2 nV (1:1,0:0)
31.07.18	8-6	SV Grün-Weiss Harburg - Klub Kosova	2:6 (2:3)
31.07.18	8-6	Harburger Türksport - Buxtehuder SV	0:3 (0:3)
31.07.18	8-6	VfL Hammonia - Inter 2000 Hamburg	1:6 (1:1)
31.07.18	8-7	Hamburg Fatihspor - SV Vorwärts 93 Ost	3:0 (2:0)
31.07.18	8-7	Harburger SC - Juventude do Minho	1:3 nV (1:1,0:1)
31.07.18	8-8	FC Viktoria Harburg - Hausbruch-Neugrabener TS	3:0 (3:0)
31.07.18	9-5	TSV Stellingen 88 - Hamburg-Eimsbütteler BC	0:18 (0:9)
02.08.18	6-5	SC Sternschanze - Altonaer FC 93	0:8 (0:3)

Bergedorf/Ost:
31.07.18	6-6	VfL Lohbrügge - FC Elazig Spor	4:2 (2:0)
31.07.18	7-5	SC Wentorf - TuS Dassendorf	0:2 (0:2)
31.07.18	7-6	SC Vier- und Marschlande - FC Voran Ohe	1:4 (0:2)
31.07.18	7-7	Barsbütteler SV - TSV Glinde	4:2 nV (2:2,2:1)
31.07.18	8-5	BFSV Atlantik 97 - Wandsbeker TSV Concordia	1:3 (0:3)
31.07.18	8-6	SV Billstedt-Horn - SC Vorwärts-Wacker 04 Billst.	1:2 (0:1)
31.07.18	8-6	TuS Aumühle-Wohltorf - SV Altengamme	0:5 (0:2)
31.07.18	8-7	VSG Stapelfeld - ASV Hamburg	1:10 (1:7)
31.07.18	8-7	MSV Hamburg - SV Börnsen	2:3 (1:2)
31.07.18	6-5	Hamm United FC - SV Curslack-Neuengamme	2:0 (0:0)
31.07.18	9-7	Escheburger SV - TSV Wandsetal	2:5 (1:2)
14.08.18	8-7	TSV Reinbek - Oststeinbeker SV	2:3 (2:1)

Nord/Mitte:
31.07.18	8-5	1. FC Hellbrook - TSV Sasel	0:4 (0:0)
31.07.18	9-6	FC Winterhude - Rahlstedter SC	0:4 (0:2)
31.07.18	7-6	TSC Wellingsbüttel - TuS Berne	1:0 (0:0)
31.07.18	9-7	SV Barmbek - Ahrensburger TSV	1:3 (1:1)
31.07.18	8-6	Farmsener TV - TuRa Harksheide	0:9 (0:2)
31.07.18	8-6	SC Teutonia 1910 - SC Alstertal-Langenhorn	1:3 nV (1:1,0:1)
31.07.18	6-5	SV Bergstedt - HSV Barmbek-Uhlenhorst	1:2 (1:0)
31.07.18	6-6	Uhlenhorster SC Paloma - Bramfelder SV	1:3 nV (1:1,0:1)
31.07.18	8-8	Glashütter SV - Croatia Hamburg	3:0 (0:0)
31.07.18	7-5	FC Alsterbrüder 1948 - SC Condor Hamburg	5:4 iE 1:1 nV (0:0,0:0)
01.08.18	8-8	SV Krupunder/Lohkamp - Duvenstedter SV	2:3 (0:3)
01.08.18	10-6	Eintracht Fuhlsbüttel - Eintracht Lokstedt	1:6 (1:4)

01.08.18 7-4 SC Poppenbüttel - FC Eintracht Norderstedt 1:4 (1:0)
West/Pinneberg/Uetersen:
31.07.18 7-5 Eimsbütteler TV - TuS Osdorf 5:6 iE 0:0 nV
31.07.18 7-6 Hamb. FC Falke - SV Halstenbek-Rellingen 4:3 iE 1:1 nV (1:1,0:1)
31.07.18 7-6 SC Pinneberg - SSV Rantzau Barmstedt 0:2 (0:0)
31.07.18 7-6 SpVgg Lieth - FC Elmshorn 2:4 iE 1:1 nV (1:1,1:1)
31.07.18 7-7 SC Union 03 - Heidgrabener SV 3x0
31.07.18 7-7 Kummerfelder SV - SV Lurup Hamburg 1:7 (1:3)
31.07.18 8-5 SuS Holsatia im Elmshorner MTV - Niendorfer TSV 0:7 (0:4)
31.07.18 8-5 SV Hörnerkirchen - Wedeler TSV 1:4 (1:2)
31.07.18 8-5 SuS Waldenau - SV Rugenbergen 0:8 (0:2)
31.07.18 8-6 TSV Sparrieshoop - SC Nienstedten 0:3 (0:1)
31.07.18 8-7 Rasensport Uetersen - Hetlinger MTV 1:0 nV (0:0)
31.07.18 9-8 Rissener SV - TuS Hasloh 3:2 (1:1)
31.07.18 10-8 TuS Borstel-Hohenraden - Elmshorn Gencler Birligi 3:4 (2:0)
01.08.18 7-5 Inter Eidelstedt - SC Victoria Hamburg 0:1 (0:0)
3. Runde:
Süd/Ost:
07.08.18 5-5 TSV Buchholz 08 - Altonaer FC 93 1:0 (1:0)
07.08.18 7-6 Juventude do Minho - Buxtehuder SV 1:5 (0:2)
07.08.18 7-6 Zonguldakspor - Dersimspor Hamburg 1:2 nV (1:1,1:0)
08.08.18 8-5 Hamburg Fatihspor - Hamburg-Eimsbütteler BC 1:3 (0:1)
08.08.18 6-5 Inter 2000 Hamburg - FC Teutonia 05 Ottensen 2:3 (1:0)
Freilose: 6 Klub Kosova
 8 FC Viktoria Harburg
Bergedorf/Ost:
07.08.18 6-5 Hamm United FC - TuS Dassendorf 1:2 (0:0)
07.08.18 6-6 SV Altengamme - FC Voran Ohe 3:2 (1:1)
07.08.18 7-5 TSV Wandsetal - Wandsbeker TSV Concordia 1:3 (0:1)
07.08.18 7-6 SV Börnsen - SC Vorw.-Wacker 04 Billstedt 5:4 iE 2:2 nV (2:2,1:0)
28.08.18 7-7 ASV Hamburg - Oststeinbeker SV 0:4 (0:1)
Freilose: 6 VfL Lohbrügge
 7 Barsbütteler SV
Nord/Mitte:
07.08.18 8-5 Duvenstedter SV - HSV Barmbek-Uhlenhorst 2:11 (1:5)
07.08.18 7-6 Ahrensburger TSV - TuRa Harksheide 3:4 nV (2:2,1:0)
07.08.18 8-6 Glashütter SV - Rahlstedter SC 1:3 (1:2)
21.08.18 7-4 FC Alsterbrüder 1948 - FC Eintracht Norderstedt 1:6 (0:2)
Freilose: 5 TSV Sasel
 6 Eintracht Lokstedt, SC Alstertal-Langenhorn, Bramfelder SV
 7 TSC Wellingsbüttel
West/Pinneberg/Uetersen:
07.08.18 6-6 SC Nienstedten - SSV Rantzau Barmstedt 2:1 (0:0)
07.08.18 7-5 SC Union 03 - Niendorfer TSV 0:5 (0:2)
07.08.18 8-5 Elmshorn Gencler Birligi - Wedeler TSV 1:7 (1:2)
07.08.18 8-7 Rasensport Uetersen - SV Lurup Hamburg 6:1 (2:1)
07.08.18 9-5 Rissener SV - SV Rugenbergen 0:5 (0:3)
Freilose: 5 TuS Osdorf, SC Victoria Hamburg
 6 FC Elmshorn
 7 Hamburger FC Falke
4. Runde:
02.10.18 7-7 Oststeinbeker SV - TSC Wellingsbüttel 6:1 (3:0)
02.10.18 7-5 SV Börnsen - TuS Dassendorf 0:8 (0:2)
02.10.18 6-5 SC Nienstedten - TuS Osdorf 0:4 (0:1)
03.10.18 5-5 Hamburg-Eimsbütteler BC - Wandsbeker TSV Concordia 0:3 (0:1)
03.10.18 5-5 Wedeler TSV - Niendorfer TSV 3:0 iE 2:2 nV (1:1,0:1)
03.10.18 6-5 Buxtehuder SV - TSV Sasel 0:1 (0:0)
03.10.18 8-5 FC Viktoria Harburg - TSV Buchholz 08 0:2 (0:0)
03.10.18 6-5 SC Alstertal-Langenhorn - SC Victoria Hamburg 0:4 (0:2)
03.10.18 8-6 Rasensport Uetersen - Rahlstedter SC 2:1 (1:0)
03.10.18 5-5 HSV Barmbek-Uhlenhorst - SV Rugenbergen 3:2 (1:0)
03.10.18 6-6 SV Altengamme - Bramfelder SV 5:3 (2:0)
03.10.18 6-5 TuRa Harksheide - FC Teutonia 05 Ottensen 0:5 (0:3)
03.10.18 7-6 Barsbütteler SV - Klub Kosova 1:3 iE 1:1 nV (1:1,0:1)
03.10.18 6-4 FC Elmshorn - FC Eintracht Norderstedt 0:7 (0:3)
03.10.18 7-6 Hamburger FC Falke - VfL Lohbrügge 4:5 iE 1:1 nV (1:1,0:1)
03.10.18 6-6 Dersimspor Hamburg - Eintracht Lokstedt 4:2 iE 3:3 nV (1:1,0:1)
Achtelfinale:
07.12.18 7-6 Oststeinbeker SV - SV Altengamme 1:3 (1:1)
08.12.18 6-6 VfL Lohbrügge - Klub Kosova 1:0 (0:0)
08.12.18 5-5 TuS Dassendorf - TSV Sasel 2:0 (1:0)
09.12.18 8-5 Rasensport Uetersen - TuS Osdorf 3:5 iE 0:0 nV
09.12.18 5-5 FC Teutonia 05 Ottensen - Wedeler TSV 2:3 (1:0)
09.12.18 5-5 HSV Barmbek-Uhlenhorst - Wandsbeker TSV Concordia 5:2 (3:0)
15.12.18 6-5 Dersimspor Hamburg - SC Victoria Hamburg 1:3 (0:1)
17.12.18 5-4 TSV Buchholz 08 - FC Eintracht Norderstedt 1:5 (0:3)

Viertelfinale:
30.03.19 6-5 SV Altengamme - TuS Dassendorf 1:4 (1:0)
30.03.19 6-5 VfL Lohbrügge - SC Victoria Hamburg 0:1 (0:0)
31.03.19 5-5 HSV Barmbek-Uhlenhorst - TuS Osdorf 1:2 (0:1)
03.04.19 5-4 Wedeler TSV - FC Eintracht Norderstedt 1:3 (1:1)
Halbfinale:
19.04.19 5-4 TuS Osdorf - FC Eintracht Norderstedt 0:3 (0:0)
20.04.19 5-5 TuS Dassendorf - SC Victoria Hamburg 1:0 (0:0)
Finale:
25.05.19 4-5 FC Eintracht Norderstedt - TuS Dassendorf 1:2 (1:0)
Norderstedt: Johannes Höcker - Juri Marxen (90.+4 Jan Lüneburg), Marcus Coffie, Marin Mandic, Ronny Marcos - Philipp Koch - Jordan Brown, Vico Meien (69. Evans Owusu Nyarko), Johann von Knebel Doeberitz, Holger Brüning (83. Mats Facklam) - Sinisa Veselinovic. Trainer: Jens Martens
Dassendorf: Christian Gruhne - Kerim Carolus, Amando Aust, Marcel Lenz - Maximilian Dittrich, Henrik Dettmann, Mark Hinze - Rinik Carolus (80. Kristof Kurczynski), Pascal Nägele, Sven Möller - Mattia Maggio. Trainer: Jean-Pierre Richter
Tore: 1:0 Jordan Brown (14.), 1:1 Henrik Dettmann (69.), 1:2 Kristof Kurczynski (90.+3)
Zuschauer: 2.936 auf dem Victoria-Platz in Hamburg-Hohluft
Schiedsrichter: Stephan Timm (SC Egenbüttel) - Assistenten: Henry Wagner (Eimsbütteler SV Grün-Weiß), Ben Henry Uhrig (SC Egenbüttel)
Gelbe Karten: Marin Mandic, Ronny Marcos, Vico Meien, Sinisa Veselinovic / Amando Aust, Kerim Carolus

VP Niedersachsen (3. Liga/RL)

Teilnehmer: Niedersächsische Mannschaften der 3. Liga und Regionalliga Nord (ohne zweite Mannschaften) der laufenden Spielzeit 2018/19
Qualifikationsrunde:
08.08.18 4-4 TSV Havelse - USI Lupo-Martini Wolfsburg 4:0 (1:0)
14.08.18 4-3 VfB Oldenburg - SV Meppen 0:1 (0:0)
15.08.18 4-3 Lüneburger SK Hansa - Eintracht Braunschweig 0:1 (0:1)
15.08.18 4-3 VfL Oldenburg - VfL Osnabrück 0:2 (0:2)
Viertelfinale:
03.10.18 4-3 SpVgg Drochtersen/Assel - Eintracht Braunschweig 5:4 iE 0:0 (0:0)
03.10.18 4-3 BSV Schwarz-Weiß Rehden - VfL Osnabrück 0:5 (0:2)
03.10.18 4-3 TSV Havelse - 1. FC Germania Egestorf/Langreder 4:3 iE 1:1 (0:0)
31.10.18 4-3 SSV Jeddeloh - SV Meppen 1:4 (1:1)
Halbfinale:
24.04.19 4-3 TSV Havelse - SV Meppen 0:2 (0:0)
24.04.19 4-3 SpVgg Drochtersen/Assel - VfL Osnabrück 2:1 (1:0)
Finale:
22.05.19 4-3 SpVgg Drochtersen/Assel - SV Meppen 1:0 (0:0)
Drochtersen: Patrick Siefkes; Meikel Klee, Jannes Elfers (70. Marco Schuhmann), Marcel Andrijanic (81. Liam Giwah), Jan-Ove Edeling, Florian Nagel (75. Sung Hyun Jung), Nico von der Reith, Sören Behrmann, Alexander Neumann, Oliver Ioannou, Dimitri Fiks. Trainer: Lars Uder
Meppen: Erik Domaschke; Janik Jesgarzewski, Marco Komenda (80. Max Kremer), Hassan Amin, Thilo Leugers (62. Deniz Undav), Nico Granatowski, Marcus Piossek, Markus Ballmert, Marius Kleinsorge (62. Luka Tankulic), Steffen Puttkammer, Nick Proschwitz. Trainer: Christian Neidhart
Tor: 1:0 Alexander Neumann (78.)
Zuschauer: 3.051 im Kehdinger Stadion in Drochtersen
Schiedsrichter: Franz Bokop (SC Sportfreunde Niedersachsen Vechta) - Assistenten: Christian Meermann (SC Sportfreunde Niedersachsen Vechta), Christian Scheper (SV Emstek)
Gelbe Karten: - / Nico Granatowski, Thilo Leugers, Marco Komenda

VP Niedersachsen (Amateure)

Teilnehmer: alle ersten Mannschaften der Oberliga Niedersachsen sowie die vier Bezirkspokalsieger der Saison 2017/18
Qualifikationsrunde:
29.07.18 5-5 VfL Oythe - TuS Bersenbrück 1:4 (1:1)
29.07.18 7-5 TV Jahn Schneverdingen - FC Hagen/Uthlede 3:4 iE 1:1 (0:0)
29.07.18 5-5 FC Eintracht Northeim - SV Arminia Hannover 5:4 iE 2:2 (0:1)
Achtelfinale:
04.08.18 5-5 BV Cloppenburg - Heeslinger SC 1:2 (1:1)
04.08.18 5-5 1. FC Wunstorf - TB Uphusen 5:3 iE 0:0 (0:0)
05.08.18 6-5 TuS Blau-Weiß Lohne - SV Atlas Delmenhorst 2012 1:3 (1:0)
05.08.18 7-5 SV Lachem/Haverbeck - FC Hagen/Uthlede 2:6 (1:2)
05.08.18 6-5 SSV Kästorf - MTV Wolfenbüttel 2:3 (1:3)
05.08.18 5-5 FC Eintracht Northeim - Hannoverscher SC 3:1 (1:0)

05.08.18	5-5	MTV Gifhorn - VfV Borussia 06 Hildesheim	0:1 (0:0)
07.08.18	5-5	TuS Bersenbrück - SC Spelle/Venhaus	4:3 iE 0:0 (0:0)

Viertelfinale:

03.10.18	5-5	MTV Wolfenbüttel - FC Eintracht Northeim	0:3 (0:2)
03.10.18	5-5	1. FC Wunstorf - VfV Borussia 06 Hildesheim	2:1 (0:1)
03.10.18	5-5	SV Atlas Delmenhorst 2012 - FC Hagen/Uthlede	4:0 (2:0)
03.10.18	5-5	TuS Bersenbrück - Heeslinger SC	4:2 (1:1)

Halbfinale:

22.04.19	5-5	FC Eintracht Northeim - TuS Bersenbrück	0:3 (0:1)
22.04.19	5-5	SV Atlas Delmenhorst 2012 - 1. FC Wunstorf	6:5 nE 0:0

Finale:

25.05.19	5-5	TuS Bersenbrück - SV Atlas Delmenhorst 2012	2:3 (0:2)

Bersenbrück: Christoph Bollmann; Mark Flottemesch, Moritz Waldow (62. Niklas Oswald), Malik Urner, Max Tolischus (79. Amir Redzic), Daniel Zimmermann (55. Bulani Malungu), Nicolas Eiter, Sandro Heskamp, David Leinweber, Gerrit Menkhaus, Aaron Goldmann. Trainer: Farhat Dahech
Delmenhorst: Florian Urbainski; Leon Lingerski (73. Marlo Siech), Thomas Mutlu, Karlis Plendiskis, Nick Köster, Tom Schmidt, Marco Prießner, Musa Karli (70. Marvin Osei), Patrick Degen, Kevin Radke, Thade Hein (46. Stefan Bruns). Trainer: Daniel von Seggern
Tore: 0:1 Thade Hein (13.), 0:2 Thade Hein (40.), 0:3 Marco Prießner (50.), 1:3 Aaron Goldmann (63.), 2:3 Aaron Goldmann (87.)
Zuschauer: 1.874 im Eilenriedestadion in Hannover
Schiedsrichter: Axel Martin (TSG Nordholz und Umgebung)
Gelbe Karten: 1 / 2

Verbandspokal Bremen

Teilnehmer: Alle ersten Mannschaften bis Kreisliga C. Bis zur 3. Runde hat die klassentiefere Mannschaft Heimrecht. Unentschiedene Spiele werden nicht verlängert.

Bremen-Stadt/Nord

1. Runde:

09.08.18	8-6	SV Eintracht Aumund - SV Grohn	3:4 (1:1)
11.08.18	8-5	1. FC Burg - SG Aumund-Vegesack	0:12 (0:6)
11.08.18	5-5	Bremer SV - Brinkumer SV	3:0 (2:0)
11.08.18	6-5	TV Bremen-Walle 1875 - TuS Schwachhausen	1:3 (0:2)
11.08.18	7-6	ATSV Sebaldsbrück - DJK Germania Blumenthal	4:3 (1:1)
12.08.18	8-6	FC Riensberg - TuS Komet Arsten	0:9 (0:3)
12.08.18	8-6	SVGO Bremen - TS Woltmershausen	4:5 iE 2:2 (2:1)
12.08.18	7-6	SC Weyhe - TSV Osterholz-Tenever	3:2 iE 4:4 (2:3)
12.08.18	8-5	TV Eiche Horn - SC Borgfeld	1:4 (0:0)
12.08.18	8-5	GSV Hippokrates Bremen - FC Oberneuland	0:20 (0:8)
12.08.18	7-5	TSV Grolland - BSC Hastedt	0:8 (0:5)
12.08.18	9-5	Neurönnebecker TV - Habenhauser FV	0:3 (0:2)
12.08.18	7-6	TSV Hasenbüren - TSV Blau-Weiß Melchiorshausen	5:4 iE 0:0
12.08.18	6-5	FC Huchting - BTS Neustadt	2:3 (1:2)
12.08.18	7-6	SV Türkspor Bremen-Nord - TuRa Bremen	1:3 iE 2:2 (2:1)
12.08.18	8-6	KSV MED Bremen - FC Union 60 Bremen	1:9 (0:4)
12.08.18	9-6	SG Arbergen/Mahndorf - SV Lemwerder	5:6 (2:4)
12.08.18	7-6	TSV Farge-Rekum - TSV Lesum-Burgdamm	5:1 (2:1)
12.08.18	7-6	ATS Buntentor - SC Vahr-Blockdiek	1:4 (1:3)
12.08.18	6-5	SG Findorff - Blumenthaler SV	0:4 (0:3)
12.08.18	7-6	CF Victoria 05 Bremen - VfL 07 Bremen	0:4 (0:2)
12.08.18	10-6	Polizei-SV Bremen - SV Hemelingen	0:8 (0:4)
Freilos:	5	KSV Vatan Sport Bremen	
	7	FC Roland Bremen	

2. Runde:

21.08.18	5-5	Bremer SV - TuS Schwachhausen	6:5 iE 1:1 (0:0)
21.08.18	6-6	SV Grohn - VfL 07 Bremen	0:3 (0:1)
21.08.18	6-6	SC Vahr-Blockdiek - SV Hemelingen	1:2 (1:0)
22.08.18	6-5	TuRa Bremen - SG Aumund-Vegesack	0:3 (0:1)
22.08.18	6-6	FC Union 60 Bremen - TuS Komet Arsten	4:2 (2:1)
22.08.18	6-5	SV Lemwerder - Habenhauser FV	0:3 iE 3:3 (2:1)
22.08.18	7-5	TSV Farge-Rekum - SC Borgfeld	2:10 (1:3)
22.08.18	5-5	FC Oberneuland - BSC Hastedt	4:2 iE 1:1 (1:0)
22.08.18	5-5	Blumenthaler SV - BTS Neustadt	0:1 (0:1)
22.08.18	7-5	FC Roland Bremen - KSV Vatan Sport Bremen	1:3 (1:1)
22.08.18	7-6	SC Weyhe - TS Woltmershausen	0:2 (0:0)
23.08.18	7-7	ATSV Sebaldsbrück - TSV Hasenbüren	2:0 (0:0)

3. Runde:

29.09.18	5-5	Bremer SV - KSV Vatan Sport Bremen	6:0 (4:0)
29.09.18	6-5	TS Woltmershausen - Habenhauser FV	1:3 iE 1:1 (0:1)
29.09.18	5-5	FC Oberneuland - BTS Neustadt	10:0 (3:0)
29.09.18	6-5	VfL 07 Bremen - SC Borgfeld	2:3 (2:0)
30.09.18	6-5	FC Union 60 Bremen - SG Aumund-Vegesack	2:3 (0:2)

30.09.18	7-6	ATSV Sebaldsbrück - SV Hemelingen	3:2 iE 1:1 (0:1)

Stadtpokal Bremerhaven

1. Runde:

11.08.18	8-7	Galatasaray Bremerhaven - TuSpo Surheide	1:6
13.08.18	8-7	TSV Imsum - SC Lehe-Spaden	2:0 (2:0)
Freilose:	5	ESC Geestemünde, Leher TS, Olympischer SC Bremerhaven, SFL Bremerhaven	
	8	FC Sparta Bremerhaven	

2. Runde:

22.08.18	8-8	FC Sparta Bremerhaven - TSV Imsum	4:5 iE 1:1 (0:0)
22.08.18	5-5	Olympischer SC Bremerhaven - ESC Geestemünde	0:2 (0:1)
29.08.18	7-5	TuSpo Surheide - SFL Bremerhaven	0:3 (0:1)
Freilos:	5	Leher TS	

3. Runde:

29.09.18	8-5	TSV Imsum - SFL Bremerhaven	1:3 (1:2)
30.09.18	5-5	ESC Geestemünde - Leher TS	1:4 (1:3)

Verbandspokal Bremen

Viertelfinale:

31.10.18	5-5	Leher TS - Habenhauser FV	4:2 iE 2:2 (1:1)
31.10.18	5-5	FC Oberneuland - SFL Bremerhaven	2:0 (1:0)
31.10.18	7-5	ATSV Sebaldsbrück - SC Borgfeld	0:3 iE 1:1 (0:1)
31.10.18	5-5	Bremer SV - SG Aumund-Vegesack	2:0 (0:0)

Halbfinale:

16.03.19	5-5	Bremer SV - SC Borgfeld	4:0 (2:0)
17.03.19	5-5	FC Oberneuland - Leher TS	4:0 (2:0)

Finale:

25.05.19	5-5	FC Oberneuland - Bremer SV	1:0 (1:0)

Oberneuland: Hannes Frerichs - Lars Tyca, Claas Ole Bauer, Denis Nukic, Chang Il Park - Daniel Block (76. Timo Dressler), Karam Han (46. Karim Raho), Ebrima Jobe, Tom Trebin (82. Affamefuna Ifeadigo), Tim Kreutzträger - Onur Uzun. Trainer: Kristian Abrambasic
Bremen: Malte Seemann - Finn Zeugner, Dallas Sikes Aminzadeh, Dominic Krogemann, Jonas Böhning (21. Malte Tietze) - Lukas Muszong, Moussa Alawie, Tim Klowat (63. Rimal Haxhiu), Alexander Arnhold (74. Nikky Goguadze), Marcel Lück - Vafing Jabateh. Trainer: Ralf Voigt
Tor: 1:0 Ebrima Jobe (36.)
Zuschauer: 1.768 im Stadion Oberviehland
Schiedsrichter: Nils Riedel (TuS Schwachhausen) - Assistenten: Janis Rotermel (SC Borgfeld), Bastian Bönisch (FC Huchting)
Gelbe Karten: Karam Han, NN / Moussa Alawie, Tim Klowat

Verbandspokal Westfalen

Teilnehmer: Alle ersten Mannschaften der 3. Liga und der Regionalliga der Vorsaison, sowie Vertreter (je 1 bis 4 Vereine, abhängig von der Zahl der gemeldeten Mannschaften) aus den 33 Kreispokalen, an denen alle Mannschaften ab der 5. Liga (Oberliga) teilnehmen.

1. Runde:

03.08.18	8-5	TuS Harpen - FC Brünninghausen	0:10 (0:6)
04.08.18	7-5	SV Rot-Weiß Erlinghausen - FC Gütersloh	0:7 (0:3)
04.08.18	7-7	FC Preußen Espelkamp - BSV Menden	4:0 (1:0)
05.08.18	7-6	SV Brackel 06 - Lüner SV	2:3 nV (2:2,0:1)
05.08.18	5-5	ASC 09 Dortmund - TuS Erndtebrück	4:1 (0:1)
05.08.18	6-5	Concordia Wiemelhausen - SV Schermbeck	3:2 (1:0)
05.08.18	8-8	SC Sönnern - FC Bad Oeynhausen	0:3 (0:0)
05.08.18	8-7	SC Preußen Lengerich - SG Bockum-Hövel	0:1 (0:1)
07.08.18	7-7	FC Wetter - SV Wacker Obercastrop	3:6 (1:3)
18.08.18	3-6	SC Preußen Münster - BSV Schüren	7:0 (3:0)
21.08.18	7-7	DJK Wattenscheid - VfB Hüls	5:1 (3:1)
22.08.18	5-4	1. FC Gievenbeck - SG Wattenscheid 09	3:1 (0:1)
22.08.18	7-4	TuS 1910 Wiescherhöfen - SC Verl	0:3 (0:2)
22.08.18	7-4	Hövelhofer SV - SC Wiedenbrück	1:3 nV (1:1,0:0)
22.08.18	4-3	SV Rödinghausen - VfL Sportfreunde Lotte	3:2 (2:1)
22.08.18	5-4	Rot Weiss Ahlen - SV Lippstadt 08	1:2 (1:0)
22.08.18	6-4	FC Lennestadt - 1. FC Kaan-Marienborn 07	1:2 (0:0)
22.08.18	7-5	SV Brilon - SV Westfalia Rhynern	0:2 (0:2)
22.08.18	7-5	VfB Fichte Bielefeld - Hammer SpVg	1:3 (0:0)
23.08.18	7-6	SC Münster - Yunus Emre Genclik Hassel	7:6 iE 2:2 nV (2:2,1:1)
23.08.18	8-5	Blau-Weiß Westfalia Langenbochum - SC Westf. Herne	1:4 (0:2)
23.08.18	8-6	SV Heide Paderborn - SuS Neuenkirchen	1:8 (1:4)
23.08.18	8-6	SuS Cappel - VfL Theesen	0:2 (0:0)
23.08.18	8-7	SV Fortuna Freudenberg - SuS Stadtlohn	3:6 nV (3:3,0:0)
23.08.18	7-5	SuS Kaiserau - TuS Ennepetal	1:3 (1:0)
23.08.18	8-6	TBV Lemgo - SV Borussia Emsdetten	0:5 (0:3)
23.08.18	7-6	SC Westfalia Kinderhaus - RSV Meinerzhagen	0:3 (0:2)
23.08.18	8-6	Türkischer SV Horn - SC Neheim	2:0 (1:0)

23.08.18 8-5 Rot-Weiß Lüdenscheid - Holzwickeder SC 1:4 (0:2)
23.08.18 7-5 VSV Wenden - TuS Haltern 1:5 (1:4)
23.08.18 7-7 FC Kaunitz - VfL Holsen 2:1 (2:0)
23.08.18 8-7 SC Blau-Weiß Vehlage - SpVgg Brakel 1:5 (0:3)
2. Runde:
05.09.18 3-5 SC Preußen Münster - FC Brünninghausen 4:0 (3:0)
05.09.18 7-6 SuS Stadtlohn - Concordia Wiemelhausen 2:4 (1:3)
05.09.18 7-5 DJK Wattenscheid - 1. FC Gievenbeck 0:1 (0:0)
05.09.18 7-4 FC Preußen Espelkamp - SC Verl 1:4 (1:3)
12.09.18 6-4 VfL Theesen - SC Wiedenbrück 1:3 (0:0)
12.09.18 8-5 Türkischer SV Horn - FC Gütersloh 0:2 (0:1)
12.09.18 7-4 SV Wacker Obercastrop - 1. FC Kaan-Mari. 3:5 iE 1:1 nV (1:1,0:0)
12.09.18 7-5 SC Münster 08 - TuS Ennepetal 5:2 (2:0)
12.09.18 5-5 SC Westfalia Herne - TuS Haltern 1:2 (0:1)
12.09.18 8-5 FC Bad Oeynhausen - Hammer SpVg 3:4 iE 3:3 nV (2:2,1:2)
12.09.18 5-4 SV Westfalia Rhynern - SV Rödinghausen 3:4 iE 1:1 nV (1:1,0:0)
12.09.18 7-4 SG Bockum-Hövel - SV Lippstadt 08 0:5 (0:3)
13.09.18 6-5 RSV Meinerzhagen - ASC 09 Dortmund 1:0 (1:0)
13.09.18 7-6 SpVgg Brakel - SuS Neuenkirchen 4:1 iE 1:1 nV (1:1,1:0)
13.09.18 7-6 FC Kaunitz - SV Borussia Emsdetten 1:0 (0:0)
19.09.18 6-5 Lüner SV - Holzwickeder SC 1:0 (0:0)
Achtelfinale:
03.10.18 7-4 FC Kaunitz - SC Verl 1:2 (0:2)
03.10.18 6-5 Lüner SV - Hammer SpVg 2:1 (1:0)
10.10.18 5-4 FC Gütersloh - SV Lippstadt 08 0:2 (0:1)
10.10.18 4-3 SV Rödinghausen - SC Preußen Münster 2:1 (1:1)
10.10.18 6-4 Concordia Wiemelhausen - 1. FC Kaan-Marienborn 07 1:5 (1:1)
10.10.18 7-5 SpVgg Brakel - 1. FC Gievenbeck 0:1 (0:1)
10.10.18 6-5 RSV Meinerzhagen - TuS Haltern 0:1 (0:1)
17.10.18 7-4 SC Münster 08 - SC Wiedenbrück 1:3 (0:1)
Viertelfinale:
23.11.18 4-5 SC Verl - 1. FC Gievenbeck 6:0 (2:0)
24.11.18 4-5 SV Lippstadt 08 - TuS Haltern 0:1 nV (0:0,0:0)
24.11.18 6-4 Lüner SV - SV Rödinghausen 0:4 (0:1)
24.11.18 4-4 1. FC Kaan-Marienborn 07 - SC Wiedenbrück 1:2 (1:0)
Halbfinale:
01.03.19 4-5 SV Rödinghausen - TuS Haltern 3:0 nV (0:0,0:0)
02.03.19 4-4 SC Verl - SC Wiedenbrück 0:3 iE 0:0 nV (0:0,0:0)
Finale:
25.05.19 4-4 SV Rödinghausen - SC Wiedenbrück 2:1 (1:0)
Rödinghausen: Jan Schönwälder; Daniel Flottmann, Fabian Kunze, Simon Engelmann, Linus Niklas Martin Meyer, Björn Schlottke (61. Kelvin Lunga), Julian Wolff, Haktab Omar Traore (84. Dennis Engel), Lukas Kunze (76. Lars Lokotsch), Franz Pfanne, Angelo Langer. Trainer: Enrico Maaßen
Wiedenbrück: Marcel Hölscher; Andre Wallenborn, Patrick Schikowski, Mike Andreas (84. Marcel Leeneman), Daniel Latkowski, Lukas Demming (84. Daniel Brinkmann), Oliver Zech, Robin Twyrdy, Daniel Schaal, Yannick Geisler, David Hüsing (84. Andre Warkentin). Trainer: Björn Mehnert
Tore: 1:0 Linus Niklas Martin Meyer (14.), 2:0 Simon Engelmann (51.), 2:1 Oliver Zech (57.)
Zuschauer: 1.490 im Wiehenstadion in Rödinghausen
Schiedsrichter: Lukas Sauer (TuRa Bergkamen) - Assistenten: Bernd Westbeld (TSG Harsewinkel), Philip Dräger (VfL Schildesche)
Gelb-Rote Karten: Kelvin Lunga (90., Spielverzögerung) / Robin Twyrdy (38., Foulspiel)
Gelbe Karten: Simon Engelmann, Daniel Flottmann, Fabian Kunze, Franz Pfanne / Yannick Geisler, David Hüsing, Daniel Latkowski

Qualifikationsspiel für einen weiteren Teilnehmer am DFB-Pokal:
Spiel der jeweils besten bislang nicht qualifizierten, aber teilnahmeberechtigten westfälischen Mannschaft der Oberliga Westfalen und der Regionalliga West:
30.05.19 5-4 TuS Haltern - SC Verl 1:3 (0:1)
Haltern: Rafael Hester; Christoph Kasak, Tim Forsmann, Romario Wiesweg, Lars Pöhlker, Cedric Leon Vennemann (61. Arda Nebi), Nils Eisen, Deniz Fahri Batman (84. Yannick Albrecht), Stefan Oerterer, Robin Schultze, Marvin Möllers (61. Luca Steinfeldt). Trainer: Magnus Niemöller
Verl: Robin Brüseke; Jan Schöppner, Daniel Mikic, Matthias Haeder (85. Patrick Kurzen), Jannik Schröder, Sergej Schmik, Nico Hecker, Aygün Yildirim, Julian Stöckner, Anton Heinz (65. Marko Stojanovic), Cinar Sahil Sansar (75. Jan Lukas Liehr). Trainer: Guerino Capretti
Tore: 0:1 Aygün Yildirim (38.), 0:2 Matthias Haeder (63.), 1:2 Luca Steinfeldt (72.), 1:3 Aygün Yildirim (73.)
Zuschauer: 1.274 auf dem Rasenplatz der Sportanlage Haltern am See
Schiedsrichter: Florian Exner (SV Blau-Weiß Beelen) - Assistenten: Jörn Schäfer (Sportfreunde Sümmern), Florian Visse (SV Schwarz-Weiß Esch)
Gelbe Karten: Nils Eisen, Christoph Kasak, Tim Forsmann / Nico Hecker, Jannik Schröder, Aygün Yildirim

Verbandspokal Niederrhein

Teilnehmer: Alle ersten Mannschaften der 3. Liga, Regionalliga West und Oberliga Niederrhein der Saison 2017/18, sowie je 1 bis 5 Mannschaften aus den 13 Kreispokalen. Bis zum Halbfinale haben die klassentieferen Vereine Heimrecht.
1. Runde:
01.08.18 8-4 FC Hellas Krefeld - SV Straelen 0:2 (0:2)
03.08.18 7-6 DJK Schwarz-Weiß Twisteden - Cronenberger SC 02 0:9 (0:3)
05.08.18 8-7 TuS Gerresheim - Vogelheimer SV 0:6 (0:1)
05.08.18 6-5 VfR Krefeld-Fischeln - 1. FC Monheim 2:4 (0:2)
05.08.18 6-5 VfL Viktoria Jüchen-Garzweiler - TV Jahn Hiesfeld 0:2 (0:1)
05.08.18 7-5 SV Viktoria Goch - Germania Ratingen 04/19 0:3 (0:2)
05.08.18 6-5 GSV Moers - 1. FC Bocholt 0:4 (0:1)
05.08.18 6-5 TSV Wachtendonk-Wankum - VfB Homberg 2:3 (1:1)
05.08.18 6-5 FC Kray 09/31 - SC Union Nettetal 3:4 (2:1)
05.08.18 9-5 VfL 45 Bocholt - VfB Hilden 0:3 (0:0)
05.08.18 6-5 Holzheimer SG - TSV Meerbusch 0:3 (0:2)
05.08.18 6-5 VfB Solingen 1910 - VfB Speldorf 2:4 (1:0)
05.08.18 5-9 SSVg Velbert 02 - SuS 1908 Krefeld △ 15:0 (6:0)
05.08.18 7-5 Sportfreunde Hamborn 07 - Sportfreunde Baumberg 4:5 (2:1)
05.08.18 6-5 MSV Düsseldorf 1995 - SpVgg Schonnebeck 2:1 (0:0)
05.08.18 7-5 SC 1920 Oberhausen - SC Velbert 0:5 (0:2)
05.08.18 6-5 SV Genc Osman Duisburg - ETB Schwarz-Weiß Essen 1:3 (0:2)
05.08.18 7-5 SC Ayyildiz Remscheid - FSV Duisburg 1:3 (0:0)
05.08.18 6-5 ESC Rellinghausen - SC Düsseldorf-West 2:0 (2:0)
05.08.18 8-5 Sportfreunde Neuwerk - TuRU Düsseldorf 0:3 (0:1)
05.08.18 7-7 TuB Bocholt - SV 08/29 Friedrichsfeld 3:1 (0:0)
05.08.18 7-6 ASV Mettmann - SpVgg Sterkrade-Nord 2:4 (2:0)
05.08.18 7-6 VfL Benrath - FSV Vohwinkel 1:2 (1:2)
05.08.18 6-6 SV Sonsbeck - ASV Einigkeit Süchteln 2:3 nV (2:2,0:0)
05.08.18 8-7 DJK Novesia Neuss - VfL Repelen 0:5 (0:1)
05.08.18 8-8 SC Werden-Heidhausen - SSV Germania Wuppertal 4:1 (1:1)
05.08.18 8-6 Reeser SV - Düsseldorfer SC 99 2:0 (0:0)
05.08.18 6-5 DJK Arminia Klosterhardt - 1. FC Kleve 1:2 (0:0)
08.08.18 8-4 DJK Spfr Katernberg - SC Rot-Weiß Oberhausen 0:6 (0:2)
08.08.18 4-7 Wuppertaler SV - RWS Lohberg △ 13:0 (6:0)
08.08.18 7-4 SC Viktoria Mennrath - Rot-Weiss Essen 0:1 (0:0)
15.08.18 7-3 SSV Berghausen - KFC Uerdingen 05 1:8 (0:4)
2. Runde:
04.09.18 8-5 SC Werden-Heidhausen - 1. FC Bocholt 2:9 (0:5)
04.09.18 7-5 VfL Repelen - TV Jahn Hiesfeld 0:5 (0:3)
05.09.18 6-3 ASV Einigkeit Süchteln - KFC Uerdingen 05 1:2 nV (1:1,1:0)
05.09.18 5-5 ETB Schwarz-Weiß Essen - SC Velbert 6:2 (5:0)
05.09.18 6-5 ESC Rellinghausen - VfB Hilden 5:4 iE 1:1 nV (1:1,0:0)
05.09.18 7-5 TuB Bocholt - VfB Speldorf 1:8 (0:3)
05.09.18 6-5 MSV Düsseldorf 1995 - TuRU Düsseldorf 2:1 (1:0)
05.09.18 4-6 Rot-Weiss Essen - FSV Vohwinkel △ 2:0 (1:0)
05.09.18 6-5 SpVgg Sterkrade-Nord - 1. FC Kleve 0:4 (0:3)
05.09.18 6-5 Cronenberger SC 02 - FSV Duisburg 4:2 iE 2:2 nV (2:2,1:0)
05.09.18 7-5 Vogelheimer SV - Sportfreunde Baumberg 2:5 (0:1)
05.09.18 4-8 Wuppertaler SV - Reeser SV △ 8:0 (4:0)
05.09.18 5-5 1. FC Monheim - TSV Meerbusch 2:1 (0:1)
05.09.18 5-4 VfB Homberg - SV Straelen 4:2 (0:1)
06.09.18 5-5 SC Union Nettetal - Germania Ratingen 04/19 2:1 (2:0)
11.09.18 4-5 SC RW Oberhausen - SSVg Velbert 02 △ 4:5 iE 1:1 nV (1:1,1:0)
Achtelfinale:
07.10.18 5-4 SSVg Velbert 02 - Rot-Weiss Essen 1:2 (0:1)
10.10.18 6-5 ESC Rellinghausen - ETB Schwarz-Weiß Essen 1:2 (0:0)
10.10.18 6-5 Cronenberger SC 02 - SC Union Nettetal 11:12 iE 1:1 nV (1:1,1:1)
10.10.18 6-5 MSV Düsseldorf 1995 - TV Jahn Hiesfeld 1:5 (0:3)
10.10.18 5-4 1. FC Bocholt - Wuppertaler SV 0:2 (0:1)
10.10.18 5-3 Sportfreunde Baumberg - KFC Uerdingen 05 2:3 nV (2:2,1:1)
10.10.18 5-5 VfB Speldorf - VfB Homberg 1:2 nV (1:1,0:1)
10.10.18 5-5 1. FC Monheim - 1. FC Kleve 2:1 (1:1)
Viertelfinale:
18.11.18 5-3 ETB Schwarz-Weiß Essen - KFC Uerdingen 05 1:4 (0:2)
24.11.18 5-4 SC Union Nettetal - Rot-Weiss Essen 0:3 (0:0)
24.11.18 5-5 1. FC Monheim - TV Jahn Hiesfeld 3:1 (1:0)
10.02.19 5-4 VfB Homberg - Wuppertaler SV 0:1 (0:1)
Halbfinale:
02.04.19 4-3 Rot-Weiss Essen - KFC Uerdingen 05 0:2 (0:2)
10.04.19 4-5 Wuppertaler SV - 1. FC Monheim △ 3:1 (1:0)

Finale:
25.05.19 3-4 KFC Uerdingen 05 - Wuppertaler SV 2:1 (1:1)
Uerdingen: René Vollath - Assani Lukimya, Dominic Maroh (89. Mario Erb), Christian Dorda - Manuel Konrad - Kevin Großkreutz, Patrick Pflücke (80. Oguzhan Kefkir) - Roberto Rodriguez Araya, Connor Krempicki, Johannes Dörfler (14. Maurice Jerome Litka) - Osayamen Osawe. Trainer: Heiko Vogel
Wuppertal: Sebastian Wickl - Dennis Malura (83. Peter Schmetz), Tjorben Uphoff, Gino Windmüller, Semir Saric - Daniel Grebe (67. Meik Kühnel), Jan-Steffen Meier - Silvio Pagano, Sascha Schünemann (74. Enes Topal), Kevin Hagemann - Gaetanno Manno. Trainer: Karsten Hutwelker
Tore: 0:1 Silvio Pagano (7.), 1:1 Roberto Rodriguez Araya (19.), 2:1 Osayamen Osawe (72.)
Zuschauer: 10.500 im Stadion am Zoo in Wuppertal
Schiedsrichter: Kevin Domnick (TB Heißen) - Assistenten: Dalibor Guzijam (TS Rahm), Benedikt Langenberg (GSG Duisburg)
Gelbe Karten: Roberto Rodriguez Araya / -

Verbandspokal Mittelrhein

Teilnehmer: Die Mannschaften der 3. Liga (SC Fortuna Köln) und Regionalliga (TSV Alemannia Aachen, FC Viktoria Köln, Bonner SC, TV Herkenrath) aus der Saison 2018/19 sind automatisch qualifiziert (ohne II. Mannschaften). Darüber hinaus stellt jeder der neun Kreise je 3 Teilnehmer. In der 1. Runde können keine Vereine aus dem eigenen Kreispokalwettbewerb aufeinandertreffen. Die in der niedrigeren Klasse spielenden Vereine hatten in den ersten beiden Runden Heimrecht. Ausnahme ist, wenn sie auf einen Kreispokalsieger treffen.
1. Runde:
18.10.18 5-6 1. FC Düren - SV Grün-Weiß Brauweiler 3:0 (1:0)
21.10.18 6-6 SV Nierfeld Schwarz-Weiß - SSV Homburg-Nümbrecht 1:3 (1:0)
21.10.18 5-8 FC Wegberg-Beeck - ASV Sankt Augustin 10:0 (4:0)
21.10.18 6-7 FV Bonn-Endenich - 1. FC Heinsberg-Lieck 4:1 (2:0)
21.10.18 5-6 SV Deutz 05 - FC Germania Teveren 6:0 (5:0)
21.10.18 6-8 SV Eintracht Verlautenheide - SV Leuscheid 2:1 (0:0)
21.10.18 5-7 FC Hürth - SG Köln-Worringen 1:3 (1:2)
21.10.18 5-5 FC Hennef 05 - VfL Alfter 4:1 (1:0)
21.10.18 7-5 SV Germania Eichersscheid - SC Bor. Freialdenhoven 1:3 (1:1)
21.10.18 6-6 SV Schlebusch - FC Inde Hahn 4:2 (1:1)
21.10.18 8-5 TSV Schönau - FC Viktoria Arnoldsweiler 0:2 (0:2)
24.10.18 7-3 SV Wachtberg - SC Fortuna Köln 1:7 (0:4)
25.10.18 5-6 SV Bergisch Gladbach 09 - SC Brühl 06/45 4:2 (2:1)
31.10.18 8-4 SV Rhenania Bessenich - FC Viktoria Köln 1:3 (1:1)
06.11.18 4-4 TV Herkenrath - Bonner SC 4:2 (2:1)
07.11.18 8-4 SV Union Rösrath - TSV Alemannia Aachen 0:7 (0:5)
Achtelfinale:
23.11.18 5-5 FC Hennef 05 - FC Wegberg-Beeck 1:3 iE 2:2 nV (2:2,0:0)
24.11.18 6-4 SV Schlebusch - TSV Alemannia Aachen 1:3 (1:2)
24.11.18 7-5 SG Köln-Worringen - 1. FC Düren 1:4 (1:1)
24.11.18 6-5 FV Bonn-Endenich - SC Borussia Freialdenhoven 1:4 nV (1:1,0:1)
24.11.18 5-5 SV Bergisch Gladbach 09 - FC Viktoria Arnoldsweiler 5:1 (1:1)
24.11.18 6-6 SV E. Verlautenheide - SSV Homburg-Nümbrecht 3:2 nV (1:1,0:0)
24.11.18 5-4 SV Deutz 05 - FC Viktoria Köln 1:3 (1:1)
28.11.18 4-3 TV Herkenrath - SC Fortuna Köln 3:5 iE 0:0 nV
Viertelfinale:
24.02.19 6-5 SV Eintracht Verlautenheide - 1. FC Düren 0:1 (0:1)
02.03.19 5-5 SV Bergisch Gladbach 09 - FC Wegberg-Beeck 1:2 (0:1)
02.03.19 5-4 SC Borussia Freialdenhoven - TSV Alemannia Aachen 1:3 (1:2)
26.03.19 4-3 FC Viktoria Köln - SC Fortuna Köln 2:3 (1:2)
Halbfinale:
23.04.19 5-3 FC Wegberg-Beeck - SC Fortuna Köln 0:2 nV (0:0,0:0)
01.05.19 5-4 1. FC Düren - TSV Alemannia Aachen 0:2 (0:0)
Finale:
25.05.19 3-4 SC Fortuna Köln - TSV Alemannia Aachen 1:3 (1:1)
Köln: Nikolai Rehnen; Dominik Ernst, Joel Abu Hanna (46. Steven Ruprecht), Bernard Kyere-Mensah (21. Serhat Güler), Boné Uaferro, Sebastian Schiek (73. Kristoffer Andersen), Nico Brandenburger, Robin Scheu, Moritz Fritz, Okan Kurt, Michael Eberwein. Trainer: Oliver Zapel
Aachen: Niklas Jakusch; Robin Garnier (90.+1 Mohamed Redjeb), Alexander Heinze, Steven Rakk (75. Marco Müller), Matti Fiedler, Peter Hackenberg, Stipe Batarilo-Cerdic, David Pütz, Manuel Glowacz, Blendi Idrizi (90.+5 Vincent Boesen), Dimitry Imbongo Boele. Trainer: Fuat Kilic
Tore: 1:0 Bernard Kyere-Mensah (4.), 1:1 Dimitry Imbongo Boele (45.+1), 1:2 Stipe Batarilo-Cerdic (54.), 1:3 Manuel Glowacz (85.)
Zuschauer: 6.645 im Stadion Sportpark Nord in Bonn
Schiedsrichter: Nico Fuchs (DJK Dürscheid) - Assistenten: Sascha Weirich (SV Blau-Weiß Hand), Francisco Lahora Chulian (1. FC Bonn)
Rote Karten: Steven Ruprecht (90., böses Foulspiel) / -
Gelbe Karten: Bernard Kyere-Mensah, Okan Kurt, Sebastian Schiek / Alexander Heinze, Marco Müller

Verbandspokal Rheinland

Teilnehmer: Alle Mannschaften von der 4. Liga bis zur 7. Liga (Bezirksliga) des Vorjahres, sowie die besten Mannschaften der Kreispokale der letzten Saison, an denen nur Kreisligisten (ab 8. Liga) teilgenommen haben.
1. Runde:
24.07.18 10-6 SG Niederhausen/Niedererbach - SG Neitersen/A. 0:7 (0:5)
25.07.18 9-6 SG Mittelmosel - SV Mehring 1:7 (0:4)
29.07.18 8-7 SG Guckheim/Kölbingen - SG Wallmenroth/Sch. 1:2 (0:1)
31.07.18 10-7 FC Kirchweiler - SG Schneifel 2006 0:4 (0:3)
31.07.18 8-7 SG Niederbreitbach/Waldb. - SpVgg Lautzert-Oberdreis 3:4 (2:0)
31.07.18 8-7 FC Alemannia Plaidt - FC Germ. Metternich 3:4 iE 0:0 nV
01.08.18 10-7 SV Roßbach-Verscheid II - SG Westerburg/G. 1:3 nV (1:1,0:0)
01.08.18 9-7 SG Atzelgift/Nister - VfL Hamm/Sieg 4:3 nV (2:2,2:2)
01.08.18 9-7 SG Horressen/Elgendorf II - SG Weitefeld/F./Neunkh. 1:2 (0:1)
01.08.18 9-7 SV Stockum-Püschen - SpVgg Steinefrenz-Weroth 3:4 (1:3)
01.08.18 8-7 SG Nauort/Ransbach - SG Ellingen/Bonefeld/W. 1:3 (1:1)
01.08.18 9-7 Spfr. Mastershausen - TuS Rheinböllen 0:2 (0:2)
01.08.18 8-6 SV Blau-Weiß Masburg - TuS Mayen 0:2 (0:1)
01.08.18 8-7 SG Biebern - SG Argenthal/Mörschbach/Liebshausen 2:3 (1:2)
01.08.18 8-7 SG Niederfell/Dieblich - SG Gönnersdorf/Brohl 3:0 (3:0)
01.08.18 10-7 SG GW Kürrenberg - SV Anadolu Spor Koblenz 3:5 (0:2)
01.08.18 8-7 SV Föhren - SG Buchholz/Manderscheid./Hasborn 4:0 (2:0)
01.08.18 8-7 SV Sirzenich - SG Saartal 4:2 (1:2)
01.08.18 8-7 SG Irrel/E./P.-E. - SG Wallenborn/N.-Oberstadtfeld 4:1 (3:0)
01.08.18 8-7 SG Minderlittgen/B. - SG Badem/Kyllburg/Gindorf 1:2 (1:1)
01.08.18 8-7 SV Speicher - SG Daleiden/Dasburg-D./Arzfeld 4:2 (2:1)
01.08.18 8-7 SV Tawern - SG Wittlich/Lüxem/Neuerburg 1:3 (0:1)
01.08.18 8-7 SG Zewen/Igel/Langsur - FC Bitburg 1:8 (0:3)
01.08.18 8-7 DJK Pluwig-Gusterath - SV Leiwen-Köwerich 2000 5:1 (4:0)
01.08.18 7-6 SG Ahrbach/Heiligenroth/Girod - Eisbachtaler SF 1:2 (1:1)
01.08.18 8-7 SG Rennerod - SG Müschenbach/H. 4:3 iE 2:2 nV (1:1,0:0)
01.08.18 8-7 TuS Singhofen - SG Hundsangen/Obererbach 0:7 (0:3)
01.08.18 8-7 SpVgg Cochem - SV Vesalia Oberwesel 3:5 iE 0:0 nV
01.08.18 8-7 SV Niederwerth - TuS Kirchberg 2:0 (0:0)
01.08.18 7-6 SG Ruwertal Kasel/Waldrach - FSV Trier-Tarforst 2:0 (1:0)
01.08.18 9-7 DJK Kelberg - TuS Schillingen 0:2 (0:1)
01.08.18 9-7 SV Wasserliesch/O. - SV Niederemmel 5:3 iE 2:2 nV (2:2,2:1)
01.08.18 8-7 SG Bogel/Bornich/Reitzenhain - VfB Wissen 2:0 (0:0)
01.08.18 8-6 VfL Altendiez - SV Eintracht Windhagen 2:3 nV (1:1,0:1)
01.08.18 8-7 SG Puderbach - SG Hoher Westerwald 1:3 nV (1:1,0:1)
01.08.18 9-7 SG Heimersheim - SG Müden/Moselkern/Treis 1:2 (0:0)
01.08.18 8-7 SC GW Vallendar - SG Braunshorn/H./B. 3:2 nV (1:1,1:1,1:0)
01.08.18 7-6 SG Geisfeld/Rascheid - SG Alfbachtal 1:5 (0:3)
01.08.18 8-7 SV Zeltingen-Rachtig - SG Sauertal Ralingen 3:5 (2:2,2:2)
01.08.18 8-7 SV Neunkirchen - SG Körperich/G.-K./N./W./B./K. 0:1 (0:0)
02.08.18 7-6 SG Vordereifel 2015 - SG 99 Andernach 1:4 (1:1)
03.08.18 8-7 SG Alsdorf/Kirchen/Freusburg/W. - SG Arzbach/Nievern 1:2 (1:1)
05.08.18 8-7 TuS Holzhausen - SG 06 Betzdorf 2:4 nV (2:2,2:0)
05.08.18 8-7 SV RW Türkgücü Wittlich - TuS Mosella Schweich 2:1 (2:1)
07.08.18 10-7 SG Ahrtal 2009 II - SV Gering-Kollig-Einig 0:7 (0:4)
07.08.18 8-7 FC Horchheim - TuS Fortuna Kottenheim 1:2 iE 3:3 nV (2:2,0:1)
07.08.18 8-7 SG Eich/Nickenich/Kell - ATA Sport Urmitz 0:3 (0:1)
08.08.18 8-7 SG Ettringen/St. J. - FC Cosmos Koblenz 4:3 nV (3:3,2:2)
08.08.18 9-6 SG Preist/Orenhofen - SG Hochwald 0:3 (0:2)
08.08.18 7-6 TuS Montabaur - SpVgg Eintracht GC Wirges 1:0 (0:0)
08.08.18 7-6 TuS Burgschwalbach - VfB Linz 3:0 (2:0)
15.08.18 7-6 FV Rheingold Rübenach - TuS Oberwinter 1:5 (1:1)
Freilose: 5 TuS Koblenz, TSV Emmelshausen, SV Eintracht Trier 05, TuS Rot-Weiß Koblenz, FC Blau-Weiß Karbach, FV 07 Engers
6 FSV Salmrohr, SV Morbach, BC Ahrweiler, SG Eintracht Mendig/Bell, SG Malberg/Rosenheim, SG Mülheim-Kärlich
2. Runde:
21.08.18 7-6 SG Weitefeld/F./Neunkh. - SG Malberg/R. 3:2 nV (2:2,0:1)
22.08.18 8-7 SV Sirzenich - SG Badem/Kyllburg/Gindorf 3:1 (1:0)
28.08.18 7-5 SG Westerburg/Gemünden - FV 07 Engers 0:9 (0:3)
28.08.18 7-6 TuS Montabaur - Eisbachtaler SF 0:1 (0:0)
29.08.18 7-5 SG Argenthal/Mörschbach/Liebshausen - FC BW Karbach 1:8 (0:4)
29.08.18 7-6 TuS Rheinböllen - SV Morbach 0:1 (0:0)
29.08.18 9-7 SG Atzelgift/Nister - SpVgg Lautzert-Oberdreis 4:2 nV (1:1,1:1)
29.08.18 7-6 SG Ellingen/Bonefeld/W. - SV Eintracht Windhagen 3:2 (1:1)

Datum	Spiel	Ergebnis
29.08.18	7-6 SG 06 Betzdorf - SG Neitersen/Altenkirchen	5:7 (2:5)
29.08.18	7-7 TuS Burgschwalbach - SG Hundsangen/Obererb.	0:3 (0:0)
29.08.18	7-6 ATA Sport Urmitz - BC Ahrweiler	2:3 nV (2:2,2:0)
29.08.18	7-6 TuS Kirchberg - TuS Mayen	1:5 (0:3)
29.08.18	6-5 TuS Oberwinter - TSV Emmelshausen	0:1 (0:0)
29.08.18	7-6 FC Germania Metternich - SG 99 Andernach	4:1 (1:1)
29.08.18	7-6 TuS Fortuna Kottenheim - SG Eintracht Mendig/Bell	0:8 (0:5)
29.08.18	8-7 SC Grün-Weiß Vallendar - SV Vesalia Oberwesel	0:7 (0:4)
29.08.18	8-7 SG Niederfell/Dieblich - SV Anadolu Spor Koblenz	3:1 (2:1)
29.08.18	7-6 SG Körperich/G.-K./N./W./B./K. - SV Mehring	1:4 nV (1:1,1:1)
29.08.18	7-6 FC Bitburg - SG Hochwald	1:2 (0:1)
29.08.18	6-5 SG Alfbachtal - SV Eintracht Trier 05	0:3 (0:1)
29.08.18	9-6 SV Wasserliesch/Oberbillig - FSV Salmrohr	3:5 (1:0)
29.08.18	8-7 SV RW Türkgücü Wittlich - TuS Schillingen	4:1 (1:1)
29.08.18	7-7 SG Wallmenroth/Sch. - SG Arzbach/Nievern	3:2 (1:2)
29.08.18	8-7 SV Speicher - SG Ruwertal K./W.	3:5 iE 3:3 nV (3:3,0:3)
30.08.18	8-7 SG Rennerod/Irmtraut/S. - SG Hoher Westerwald	1:0 (0:0)
31.08.18	7-5 SG Müden/Moselkern/Treis - TuS Koblenz	1:3 nV (1:1,0:1)
03.09.18	8-6 SG Ettringen/St. J. - SG Mülheim-Kärlich	1:3 nV (1:1,0:0)
04.09.18	8-7 DJK Pluwig-Gusterath - SG Sauertal Ralingen	4:2 (2:1)
04.09.18	8-7 SV Föhren - SG Schneifel 2006	3:0 (2:0)
05.09.18	7-5 SV Gering-Kollig-Einig - TuS Rot-Weiß Koblenz	1:4 (0:3)
05.09.18	8-7 SG Irrel/E./P.-E. - SG Wittlich/Lüxem/Neuerburg	0:4 (0:1)
06.09.18	8-7 SG Bogel/Bornich/R. - SpVgg Steinefrenz-Weroth	1:3 (1:2)

3. Runde:

Datum	Spiel	Ergebnis
18.09.18	5-5 FC Blau-Weiß Karbach - TSV Emmelshausen	0:2 (0:0)
18.09.18	9-7 SG Atzelgift/Nister - SG Weitefeld/F./Neunkh.	3:5 nV (3:3,2:0)
18.09.18	7-6 SV Vesalia Oberwesel - SG Mülheim-Kärlich	3:1 (0:0)
19.09.18	7-5 SG Ellingen/Bonefeld/W. - FV 07 Engers	2:3 (1:1)
19.09.18	7-6 SG Wallmenroth/Scheuerfeld - Eisbachtaler SF	1:4 (1:0)
19.09.18	7-6 SpVgg Steinefrenz-Weroth - SG Neitersen/Altenkirchen	0:3 (0:0)
19.09.18	8-6 SG Niederfell/Dieblich - SG Eintr. Mendig/Bell	0:3 nV (0:0,0:0)
19.09.18	8-6 SV RW Türkgücü Wittlich - TuS Mayen	3:5 iE 1:1 nV (1:1,1:0)
19.09.18	8-6 SV Föhren - SV Morbach	1:2 (0:0)
19.09.18	7-6 SG Wittlich/Lüxem/Neuerburg - SV Mehring	1:5 (1:3)
19.09.18	7-6 SG Ruwertal Kasel/Waldrach - FSV Salmrohr	0:2 (0:1)
19.09.18	6-5 BC Ahrweiler - TuS Koblenz	0:2 (0:1)
20.09.18	8-7 SG Rennerod/Irm./S. - SG Hundsangen/O.	2:4 nV (2:2,0:2)
26.09.18	7-5 FC Germania Metternich - TuS Rot-Weiß Koblenz	0:4 (0:2)
26.09.18	8-6 DJK Pluwig-Gusterath - SG Hochwald	2:1 (1:0)
03.10.18	8-5 SV Sirzenich - SV Eintracht Trier 05	0:3 (0:2)

Achtelfinale:

Datum	Spiel	Ergebnis
17.10.18	7-6 SG Weitefeld/F./Neunkh. - SG Neitersen/Altenkirchen	1:3 (0:0)
17.10.18	7-5 SV Vesalia Oberwesel - SV Eintracht Trier 05	0:1 (0:1)
17.10.18	6-5 TuS Mayen - FV 07 Engers	1:4 (1:2)
17.10.18	6-5 SV Morbach - TuS Koblenz	0:1 nV (0:0,0:0)
17.10.18	6-5 SV Mehring - TSV Emmelshausen	3:1 iE 2:2 nV (2:2,2:2)
23.10.18	6-6 SG Eintracht Mendig/Bell - FSV Salmrohr	1:2 (1:0)
24.10.18	8-5 DJK Pluwig-Gusterath - TuS Rot-Weiß Koblenz	0:6 (0:2)
24.10.18	7-6 SG Hundsangen/O. - Eisbachtaler SF	1:3 iE 2:2 nV (2:2,0:1)

Viertelfinale:

Datum	Spiel	Ergebnis
14.11.18	6-5 FSV Salmrohr - TuS Rot-Weiß Koblenz	5:4 iE 1:1 nV (0:0,0:0)
14.11.18	6-6 SG Neitersen/Altenkirchen - Eisbachtaler SF	1:3 (0:2)
14.11.18	5-5 TuS Koblenz - SV Eintracht Trier 05	4:2 iE 1:1 nV (0:0,0:0)
28.11.18	6-5 SV Mehring - FV 07 Engers	2:0 (0:0)

Halbfinale:

Datum	Spiel	Ergebnis
20.03.19	6-6 FSV Salmrohr - SV Mehring	2:0 (1:0)
20.03.19	6-5 Eisbachtaler SF - TuS Koblenz	1:4 nV (1:1,0:1)

Finale:

Datum	Spiel	Ergebnis
25.05.19	6-5 FSV Salmrohr - TuS Koblenz	4:3 iE 2:2 nV (2:2,0:1)

Salmrohr: Andrei-Sorin Popescu; Lucas Abend (71. Oliver Mennicke), Maximilian Düpre, Kai Bernard, Marco Unnerstall (108. Nico Kieren), Peter Schädler, Nico Toppmöller, Shaban Almeida (14. Marcel Giwer), Gianluca Bohr, Michael Dingels, Niklas Lames (84. Nedim Cirikovic). Trainer: Lars Schäfer
Koblenz: Dieter Paucken; Daniel von der Bracke, Eldin Hadzic, Felix Käfferbitz (86. Marc Richter), Michael Stahl, Amodou Abdullei (104. Hakeem Ayodeji Ayodele Craig Araba), Justin Klein (66. Rudolf Karl Gonzalez Vass), Felix Könighaus, Giovani Lubaki, Alen Muharemi (60. Leutrim Kabashi), Leon Waldminghaus. Trainer: Anel Dzaka
Tore: 0:1 Amodou Abdullei (13.), 0:2 Marc Richter (89.), 1:2 Peter Schädler (90.+4), 2:2 Michael Dingels (90.+5, Elfmeter)
Elfmeter: 0:1 Daniel von der Bracke, 1:1 Michael Dingels, Felix Könighaus verschießt, 2:1 Nico Kieren, 2:2 Hakeem Ayodeji Ayodele Craig Araba, 3:2 Nedim Cirikovic, 3:3 Giovani Lubaki, Kai Bernhard verschießt, Michael Stahl verschießt, 4:3 Nico Toppmöller
Zuschauer: 2.715 im Apollinarisstadion in Bad Neuenahr
Schiedsrichter: Mario Schmidt (SV Neunkirchen/Steinborn) - Assistenten: Fabian Mohr (SV Strohn), Jean Luc Behrens (SV Mörlen 1946)
Gelbe Karten: Marcel Giwer, Oliver Mennicke, Nico Toppmöller, Marco Unnerstall / Eldin Hadzic, Leutrim Kabashi, Felix Könighaus, Giovani Lubaki, Dieter Paucken

Verbandspokal Südwest

Teilnehmer: alle Drittligisten, Regionalligisten, Oberligisten, Verbandsligisten, Landesligisten und Bezirksligisten der laufenden Spielzeit 2018/19 sowie in der Regel die Halbfinalisten der Kreispokalwettbewerbe der Vorsaison 2017/18, zweite und dritte Mannschaften sind nicht teilnahmeberechtigt. Unterklassige Teams haben bis zum Halbfinale Heimrecht.
Bis zur 4. Runde wird nach regionalen Gesichtspunkten gesetzt oder zugelost.
Neugegründete Spielgemeinschaften unterhalb der Bezirksligen sind nicht teilnahmeberechtigt, auch wenn z.B. einer der beteiligten Vereine die Qualifikation durch den Kreispokalwettbewerb des Vorjahrs erreicht hat.

1. Runde:

Datum	Spiel	Ergebnis
17.07.18	8-9 SV Nanz-Dietschweiler - SV Mackenbach	4:0 (1:0)
25.07.18	8-7 FV Freinsheim - TuS Altleiningen	1:3 (0:2)
01.08.18	8-7 1. FC Lustadt - SV Rülzheim	3:4 (2:3)
02.08.18	8-7 SV Ruchheim - DJK-SV Phönix Schifferstadt	1:2 (0:2)
03.08.18	8-8 SG Guldenbachtal - Kar. G. Bad Kreuznach	4:5 iE 2:2 nV (2:2,1:1)
03.08.18	10-8 TSV Freckenfeld - TuS Knittelsheim	2:3 (0:2)
03.08.18	9-8 TuS Monzingen - SG Schmittweiler/Reiffelbach	6:2 (3:2)
03.08.18	8-7 BSC Oppau - Ludwigshafener SC	4:2 (0:2)
03.08.18	8-8 TuS Waldböckelheim - SG Alsenztal	0:2 (0:1)
03.08.18	8-8 FC Brücken - Bollenbacher SV	2:1 (0:1)
03.08.18	9-7 SV Altdorf/Böbingen - SV Geinsheim	2:1 (2:1)
03.08.18	9-8 SG Disibodenberg - SG 05/20 Weinsheim	3:6 (0:3)
03.08.18	8-7 FSV Freimersheim - FSV Offenbach	1:4 (0:2)
03.08.18	8-7 VfR Nierstein - VfB Bodenheim 09	0:7 (0:2)
03.08.18	9-8 TuS 06 Roxheim - TuS Hackenheim	3:2 (2:0)
04.08.18	8-7 TSG Deidesheim - FSV Schifferstadt	0:4 (0:2)
04.08.18	9-8 SV Rot-Weiß Seebach - ASV Maxdorf	0:2 (0:1)
04.08.18	10-8 TV Sulzheim - FC Germania 07 Eich	0:1 (0:0)
04.08.18	9-8 TuS Framersheim - VfL Gundersheim	3:1 (1:0)
04.08.18	9-8 SpVgg Nahbollenbach - TuS Mörschied	1:4 (0:1)
04.08.18	8-7 FG 08 Mutterstadt - FC Bienwald Kandel	1:5 (1:1)
04.08.18	8-8 ESV Ludwigshafen - SV Horchheim	2:0 (0:0)
04.08.18	8-7 SV Südwest Ludwigshafen - VfR Grünstadt	0:1 (0:1)
04.08.18	8-7 FC Fortuna Mombach - FC Basara Mainz	0:1 (0:1)
04.08.18	8-8 FSV Oppenheim - VfL Fontana Finthen	1:3 (1:1)
04.08.18	8-8 SpVgg Ingelheim - RSV Klein-Winternheim	3:1 (1:1)
04.08.18	10-8 FSV Steinweiler - TSV Fortuna Billigheim-Ingenheim	2:4 (0:1)
04.08.18	8-8 SG Harxheim/Gau-Bischhofsheim - TSG Hechtsheim	3:1 (3:0)
04.08.18	10-8 FC Viktoria Neupotz - TSG Jockgrim	1:7 (0:2)
04.08.18	9-8 FSV Nieder-Olm - TSV 1895 Zornheim	1:4 (0:1)
04.08.18	9-8 SuK Ataspor Worms - VfR Frankenthal	1:3 (1:1)
04.08.18	9-7 SV Wiesbachtal - SV Gimbsheim	0:10 (0:3)
04.08.18	8-7 SV Olympia Rheinzabern - SV Büchelberg	0:6 (0:2)
05.08.18	9-9 1. FC Nackenheim - SV Weisenau Mainz	1:7 (0:2)
07.08.18	9-8 SG Enkenbach/Mehlingen - TuS 1907 Steinbach-Dbg.	0:2 (0:1)
07.08.18	8-7 1. FC 08 Haßloch - SV Viktoria Herxheim	0:1 (0:1)
07.08.18	8-7 SV Schopp - TuS 04 Hohenecken	1:4 (1:3)
07.08.18	7-8 TSG 46 Bretzenheim - SV Italclub Mainz	7:0 (3:0)
08.08.18	9-8 SG Finkenbach/Mannweiler/Stahlb. - FV Rockenhausen	5:2 (3:2)
08.08.18	9-7 TuS Erfenbach - VfR 06 Kaiserslautern	0:1 nV (0:0,0:0)
08.08.18	9-7 SV Spesbach - SV Rodenbach	2:3 (2:1)
08.08.18	9-7 SV Palatia Contwig - TSC Zweibrücken	0:5 (0:2)
08.08.18	8-7 SG Eppenbrunn - SG Zweibrücken/Ixheim	3:2 (2:0)
08.08.18	8-7 SV Hermersberg - FC Fehrbach	1:2 (1:1)
08.08.18	8-7 SV Gundersweiler - ASV Winnweiler	5:1 (1:1)
08.08.18	8-7 SV Hinterweidenthal - Spfr. Bundenthal	1:0 (0:0)
08.08.18	8-8 FC Queidersbach - SC Weselberg	3:1 (1:1)
08.08.18	10-8 TuS Ramsen - TSG 1861 Kaiserslautern	5:4 iE 3:3 nV (3:3,2:1)
08.08.18	10-7 SG Erdesbach/Dennweiler-Oberalben - VfB Reichenbach	0:4 (0:2)
08.08.18	9-7 TuS Oberbrombach - SG Hoppstädten/Weiersbach	2:5 (1:2)
08.08.18	9-7 SV Nohen - VfR Baumholder	1:4 nV (1:1,0:0)
08.08.18	8-8 SG Oberarnbach/Obernheim/Bann - TuS Landstuhl	4:1 (1:1)
08.08.18	8-7 SG Knopp/Wiesbach - SV Herschberg	1:0 (1:0)
08.08.18	8-7 SG Langenlonsheim-Laubenheim - SG Hüffelsheim/N./N.	0:2 nV
08.08.18	8-7 SV Winterbach - SG Meisenheim/Desloch-Jeckenbach	0:9 (0:4)
08.08.18	8-7 FC Viktoria Merxheim - VfR 07 Kirn	6:5 iE 4:4 nV (3:3,2:0)
15.08.18	9-8 FV Kusel - TuS Bedesbach-Patersbach	1:3 (0:3)
15.08.18	8-8 SG Kirchheimbolanden/Orbis - TuS Bolanden	3:0 (1:0)

Freilose: 3-6 alle Mannschaften des SWFV aus 3. Liga, Regionalliga, Oberliga und Verbandsliga
Freilose: 8 FC Hohl Idar-Oberstein, SV Türkgücü Ippesheim, FSV Saulheim
9 TuS Frankweiler-Gleisweiler/Siebeldingen

2. Runde:
15.08.18 8-7 FC Queidersbach - TuS 04 Hohenecken 2:6 nV (2:2,1:0)
15.08.18 8-7 SV Nanz-Dietschweiler - SV Rodenbach 1:3 (0:2)
15.08.18 8-7 TSV Fortuna Billigheim-Ingenheim - SV Büchelberg 3:2 (0:1)
15.08.18 9-8 TuS Framersheim - FSV Saulheim 4:1 (4:1)
21.08.18 8-7 ESV Ludwigshafen - SV Viktoria Herxheim 2:4 (1:1)
21.08.18 9-8 SG Harxheim/Gau-Bischhofsheim - SV Weisenau Mainz 0:1 (0:1)
21.08.18 8-8 VfR Frankenthal - ASV Maxdorf 4:2 (1:1)
22.08.18 8-7 BSC Oppau - TuS Altleiningen 3:4 iE 1:1 nV (1:1,0:0)
22.08.18 8-8 SG Oberarnbach/Obernheim/B. - SG Knopp/Wiesbach 3:2 (2:2)
22.08.18 8-7 SG Eppenbrunn - TSC Zweibrücken 4:3 nV (2:2,1:1)
22.08.18 8-7 SV Hinterweidenthal - FC Fehrbach 1:0 (1:0)
22.08.18 8-8 SV Gundersweiler - SG Kirchheimbolanden/Orbis 6:1 (3:1)
22.08.18 8-7 FC Brücken - SG Hoppstädten/Weiersbach 0:2 (0:0)
22.08.18 7-7 VfR Grünstadt - DJK-SV Phönix Schifferstadt 4:5 iE 3:3 nV (1:1,1:1)
22.08.18 8-7 TuS Bedesbach-Patersbach - VfB Reichenbach 0:2 (0:1)
22.08.18 9-7 TuS Monzingen - SG Meisenheim/Desloch-Jeckenbach 2:6 (0:2)
22.08.18 8-7 SV Mörschied - VfR Baumholder 1:6 (1:2)
22.08.18 8-7 SpVgg Ingelheim - FC Basara Mainz 1:5 (0:0)
22.08.18 8-7 VfL Fontana Finthen - TSG 46 Bretzenheim 0:3 (0:1)
22.08.18 9-8 TuS Frankweiler-Gleisweiler/Siebeldingen - TSG Jockgrim 1:3 (0:0)
22.08.18 9-7 SV Altdorf/Böbingen - FC Bienwald Kandel 1:8 (1:5)
22.08.18 7-7 SV Rülzheim - FSV Schifferstadt 4:0 (3:0)
22.08.18 8-8 SG Alsenztal - SG 05/20 Weinsheim 4:2 (2:1)
22.08.18 8-8 FC Viktoria Merxheim - FC Hohl Idar-Oberstein 0:1 (0:1)
22.08.18 9-8 TuS 06 Roxheim - SV Türkgücü Ippesheim 1:2 (0:2)
22.08.18 8-7 FC Germania 07 Eich - SV Gimbsheim 2:5 (1:1)
22.08.18 10-7 TuS Ramsen - VfR 06 Kaiserslautern 6:0 (3:0)
22.08.18 9-8 SG Finkenbach/Mannw./S. - TuS 1907 Steinbach-Dbg. 4:2 (1:1)
22.08.18 8-7 TSV 1895 Zornheim - VfB Bodenheim 09 2:0 (2:0)
23.08.18 8-7 Karadeniz Güm. Bad Kreuznach - SG Hüffelsheim/N./N. 1:7 (0:4)
28.08.18 8-7 TuS Knittelsheim - FSV Offenbach 0:1 (0:0)
Freilose: 3-6 alle Mannschaften des SWFV aus 3. Liga, Regionalliga, Oberliga und Verbandsliga

3. Runde:
01.09.18 8-7 SG Eppenbrunn - SV Rodenbach 3:2 nV (2:2,0:0)
04.09.18 8-6 SV Hinterweidenthal - SC Hauenstein 0:2 (0:1)
04.09.18 8-6 VfR Frankenthal - TSV Gau-Odernheim 1:4 (0:2)
04.09.18 7-6 TSG 46 Bretzenheim - SV Alem. Waldalgesheim 2:3 nV (2:2,1:0)
04.09.18 9-7 TuS Framersheim - FC Basara Mainz 0:1 (0:1)
05.09.18 7-7 SG Meisenheim/Desl.-J. - SG Hoppstädten/Weiersbach 3:1 (2:0)
05.09.18 6-6 SV Morlautern - TuS Rüssingen 5:4 (2:1)
05.09.18 9-8 SG Finkenbach/Mannweiler/Stahlberg - SV Gundersweiler 4:3 (1:1)
05.09.18 8-7 SG Oberarnbach/Ober./B. - TuS 04 Hohenecken 4:3 nV (3:3,1:1)
05.09.18 10-6 TuS Ramsen - SV Steinwenden 0:1 nV (0:0,0:0)
05.09.18 7-6 VfB Reichenbach - SG Rieschweiler 0:3 (0:3)
05.09.18 7-6 SV Gimbsheim - SG Rot-Weiß/Olympia Alzey 1:3 nV (1:1,0:1)
05.09.18 7-7 FC Bienwald Kandel - SV Viktoria Herxheim 1:3 (0:1)
05.09.18 7-7 TuS Altleiningen - DJK-SV Phönix Schifferstadt 3:1 (1:0)
05.09.18 8-7 TSG Jockgrim - SV Rülzheim 1:2 (0:2)
05.09.18 8-7 SV Türkgücü Ippesheim - SG Hüffelsheim/Niederh./N. 1:3 (1:2)
05.09.18 8-6 SG Alsenztal - SG Eintracht Bad Kreuznach 2:1 (1:0)
05.09.18 8-6 SV Weisenau Mainz - SV Gonsenheim 3:5 nV (3:3,2:1)
05.09.18 7-6 FSV Offenbach - FC Speyer 09 1:2 (0:1)
05.09.18 8-6 TSV Fortuna Billigheim-Ingenheim - ASV Fußgönheim 0:1 (0:0)
05.09.18 8-6 TSV 1895 Zornheim - TuS Marienborn 3:4 nV (3:3,0:2)
12.09.18 8-7 FC Hohl Idar-Oberstein - VfR Baumholder 1:6 (1:4)
12.09.18 6-6 FV Dudenhofen - TB Jahn Zeiskam 3:1 (3:0)
Freilose: 3-5 alle Mannschaften des SWFV aus 3. Liga, Regionalliga und Oberliga

4. Runde:
19.09.18 8-6 SG Eppenbrunn - SC Hauenstein 0:3 (0:2)
19.09.18 7-4 SG Meisenheim/Desloch-J. - VfR Wormatia 08 Worms 0:3 (0:3)
19.09.18 7-4 SV Viktoria Herxheim - FK 03 Pirmasens 0:6 (0:2)
19.09.18 8-5 SG Oberarnbach/Ober./B. - TSV Schott Mainz 1:2 nV (0:0,0:0)
19.09.18 6-5 TSV Gau-Odernheim - TuS Mechtersheim 1:0 (1:0)
19.09.18 6-5 SG RW/Olympia Alzey - Binger FVgg Hassia 5:3 iE 2:2 nV (2:2,0:0)
19.09.18 7-6 SG Hüffelsheim/Niederhausen/Norheim - FC Speyer 09 2:3 (1:1)
19.09.18 7-6 FC Basara Mainz - SV Alemannia Waldalgesheim 3:2 (2:0)
19.09.18 6-6 FV Dudenhofen - ASV Fußgönheim 3:2 (0:2)
19.09.18 7-6 VfR Baumholder - SV Gonsenheim 2:1 (0:0)
25.09.18 7-5 SV Rülzheim - FC Arminia Ludwigshafen 3:1 (2:0)
26.09.18 8-5 SG Alsenztal - TSG Pfeddersheim 0:7 (0:4)
26.09.18 6-6 SG Rieschweiler - SV Steinwenden 3:4 (1:2)
03.10.18 7-6 TuS Altleiningen - TuS Marienborn 4:1 nV (1:1,1:1)
03.10.18 5-3 SC 07 Idar-Oberstein - 1. FC Kaiserslautern 0:7 (0:2)
03.10.18 9-6 SG Finkenbach/Mannweiler/Stahlberg - SV Morlautern 0:3 (0:1)

Achtelfinale:
16.10.18 6-5 TSV Gau-Odernheim - TSV Schott Mainz 4:2 iE 2:2 nV (2:2,1:0)
17.10.18 7-6 FC Basara Mainz - SG Rot-Weiß/Olympia Alzey 4:5 iE 0:0 nV
17.10.18 7-6 SV Rülzheim - FC Speyer 09 0:1 (0:0)
17.10.18 6-6 SV Morlautern - SC Hauenstein 4:3 iE 2:2 nV (2:2,2:1)
24.10.18 6-4 SV Steinwenden - VfR Wormatia 08 Worms 1:7 (0:4)
24.10.18 4-3 FK 03 Pirmasens - 1. FC Kaiserslautern 1:3 (1:2)
24.10.18 7-6 TuS Altleiningen - FV Dudenhofen 3:4 (2:1)
24.10.18 7-5 VfR Baumholder - TSG Pfeddersheim 0:2 (0:1)

Viertelfinale:
31.10.18 5-4 TSG Pfeddersheim - VfR Wormatia 08 Worms 1:2 nV (1:1,0:0)
01.11.18 6-6 FC Speyer 09 - SV Morlautern 2:0 (1:0)
13.11.18 6-6 FV Dudenhofen - SG Rot-Weiß/Olympia Alzey 4:2 (0:1)
14.11.18 6-3 TSV Gau-Odernheim - 1. FC Kaiserslautern 0:4 (0:1)

Halbfinale:
27.03.19 6-4 FC Speyer 09 - VfR Wormatia 08 Worms 0:2 (0:1)
03.04.19 6-3 FV Dudenhofen - 1. FC Kaiserslautern 1:2 (0:0)

Finale:
26.05.19 3-4 1. FC Kaiserslautern - VfR Wormatia 08 Worms 2:1 (0:1)
Kaiserslautern: Lennart Grill - Christoph Hemlein (59. Antonio Jonjic), Janek Sternberg, Dominik Schad, Kevin Kraus (46. Julius Biada) - Christian Kühlwetter, Gino Fechner (90.+2 Jan Löhmannsröben), Carlo Sickinger, Timmy Thiele - Lukas Gottwalt, Florian Pick. Trainer: Sascha Hildmann
Worms: Chris Keilmann - Malte Tobias Moos, Tevin Erich Ihrig, Sascha Korb, Tom Scheffel - Koki Matsumoto, Luca Graciotti, Linus Radau, Jan-Lucas Dorow (74. Perric Afari, 89. Andreas Glockner) - Dino Bajric, Stephane Tritz (74. Guiseppe Burgio). Trainer: Steven Jones
Tore: 0:1 Luca Graciotti (40.), 1:1 Christian Kühlwetter (56.), 2:1 Christian Kühlwetter (90., Foulelfmeter)
Zuschauer: 7.343 im Stadion „Sportpark Husterhöhe" in Pirmasens
Schiedsrichter: Nicolas Winter (SV Hagenbach) - Assistenten: Frederic Kaufmann (VfR Nierstein), Florian Stahl (SVN Zweibrücken)
Gelbe Karten: Kevin Kraus, Christian Kühlwetter / Sascha Korb, Linus Radau

Verbandspokal Saarland

Teilnehmer: Die ersten drei Vorrunden werden auf Kreisebene gespielt. In der 1. Vorrunde treten die Vereine der Kreisliga A noch gegeneinander an, während ab der 2. Vorrunde alle Vereine bis zur 6. Liga teilnehmen. Die 5. Liga greift ab der 3. Vorrunde, die 4. Liga ab der 1. Hauptrunde ein. Die 2. Mannschaften eines Vereins sind nicht spielberechtigt.

Kreis Nordsaar
1. Vorrunde:
08.08.18 10-10 VfB Heusweiler - SC Eiweiler 3:1 (2:1)
08.08.18 10-10 SG Haupersweiler/Reitscheid - SV Remmesweiler 1:4 (1:2)
08.08.18 10-10 Borussia Eppelborn - TuS 04 Fürth 1:3 (1:2)
08.08.18 10-10 SF Eiweiler - SV Gehweiler 7:0 (3:0)
08.08.18 10-10 TuS Hirstein - SV Leitersweiler 3:2 (1:0)
08.08.18 10-10 SV Hofeld - TSV Sotzweiler-Bergweiler 2:3 nV (2:2,1:1)
08.08.18 10-10 1. FC Niederkirchen - VfR Alemannia Otzenhausen 2:1 (0:0)
Freilose: 5-9 Sowie alle Mannschaften von der 5. bis zur 9. Liga
10 SF Dörrenbach, SV Furschweiler, SV Germania Göttelborn, SG Peterberg, SpVgg Sötern

2. Vorrunde:
14.08.18 9-8 STV Urweiler - SV Eintracht Hirzweiler-Welschbach 1:3 (0:2)
14.08.18 10-8 SG Peterberg - SG Neunkirchen-Nahe/Selbach 1:3 (0:1)
14.08.18 10-8 SpVgg Sötern - SG Saubach 1:10 (0:8)
14.08.18 9-7 SG Linxweiler - SG Thalexweiler/Aschbach 1:6 (0:3)
14.08.18 9-8 SF Winterbach - SV Blau-Weiß Überroth 0:1 (0:1)
15.08.18 10-7 1. FC Niederkirchen - SV Habach 2:10 (1:5)
15.08.18 10-6 TuS 04 Fürth - FV Eppelborn 1:13 (0:5)
15.08.18 9-7 SV Baltersweiler - SG Lebach/Landsweiler 0:8 (0:5)
15.08.18 9-7 FC Blau-Weiß St. Wendel - SV Rot-Weiß Hasborn 1:3 (1:0)
15.08.18 9-8 SC Eintracht Alsweiler - SG Dirmingen/Berschweiler 1:3 (0:0)
15.08.18 9-8 FC Kutzhof - SV Germania Wustweiler 2:4 nV (1:1,0:0)
15.08.18 9-8 SG Namborn/Steinberg/Walhausen - SF Güdesweiler 3:0 (3:0)
15.08.18 9-8 SV Humes - VfB Alkonia Hüttigweiler 10:0 (2:0)
15.08.18 10-8 SV Remmesweiler - SV Holz-Wahlschied 2:6 (2:5)
15.08.18 9-7 SV Stennweiler - SG Marpingen/Urexweiler 0:4 (0:1)
15.08.18 10-8 VfB Heusweiler - SC Wemmatia Wemmetsweiler 3:4 nV (3:3,1:2)
15.08.18 10-7 SF Eiweiler - SV Preußen Merchweiler 1:3 (0:1)

15.08.18	9-7	SG Scheuern/Steinbach-Dörsdorf - FC Freisen	0:7 (0:4)
15.08.18	9-6	SC 07 Heiligenwald - VfL Primstal	0:5 (0:3)
15.08.18	10-7	SF Dörrenbach - SG Bostalsee	0:X
15.08.18	10-8	SV Germania Göttelborn - FC Uchtelfangen	4:5 iE 3:3 nV (3:3,1:2)
15.08.18	9-8	SV Bubach-Calmesweiler - SG Schiffweiler/Landsweiler	2:5 (1:2)
15.08.18	9-9	SV Kerpen Jllingen - SG Gronig/Oberthal	6:3
15.08.18	10-9	TSV Sotzweiler-Bergweiler - SV Blies Bliesen	6:3 (3:0)
15.08.18	9-9	SG Oberkirchen/Grügelborn - SG Hoof/Osterbrücken	2:3 (2:1)
15.08.18	10-7	TuS Hirstein - VfB Theley	1:3 (1:1)
15.08.18	10-8	SV Furschweiler - TuS Nohfelden	2:10 (1:5)
15.08.18	9-7	SG Wolfersweiler/Gimbweiler - 1. FC Lautenbach	1:2 (0:1)
Freilose:	5	FC Hertha Wiesbach	
	9	SC Falscheid	

3. Vorrunde:

04.09.18	8-7	SV Etr. Hirzweiler-Welschbach - SG Lebach/Landsweiler	1:5 (1:0)
04.09.18	8-7	TuS Nohfelden - SG Thalexweiler/Aschbach	0:3 (0:1)
05.09.18	9-5	SG Namborn/Steinberg/Walhaus. - FC Hertha Wiesbach	0:7 (0:4)
05.09.18	8-7	FC Uchtelfangen - FC Freisen	1:4 (0:0)
05.09.18	8-6	SG Schiffweiler/Landsweiler - FV Eppelborn	1:2 (1:0)
05.09.18	10-7	TSV Sotzweiler-Bergweiler - SG Marpingen/Urexweiler	0:7 (0:5)
05.09.18	9-7	SV Humes - 1. FC Lautenbach	3:0 (1:0)
05.09.18	9-7	SC Falscheid - SG Bostalsee	4:5 iE 4:4 nV (2:2,1:1)
05.09.18	8-7	SG Saubach - VfB Theley	1:4 (1:1)
05.09.18	8-7	SV Wemmatia Wemmetsweiler - SV Rot-Weiß Hasborn	0:5 (0:2)
05.09.18	8-7	SV Germania Wustweiler - SV Preußen Merchweiler	1:2 (0:1)
05.09.18	9-7	SG Hoof/Osterbrücken - SV Habach	0:2 (0:0)
05.09.18	8-8	SG Dirmingen/Berschweiler - SV Holz-Wahlschied	1:4 (1:2)
05.09.18	9-8	SV Kerpen Jllingen - SG Neunkirchen-Nahe/Selbach	1:5 (1:1)
06.09.18	8-6	SV Blau-Weiß Überroth - VfL Primstal	1:6 (1:4)

Kreis Ostsaar
1. Vorrunde:

08.08.18	10-10	TuS Wörschweiler-Schwarzenacker - FC Niederwürzbach	1:2 (1:0)
08.08.18	10-10	DJK Bexbach - SV Bruchhof-Sanddorf	3:4 nV (3:3,2:1)
08.08.18	10-10	SV Bexbach - DJK St. Ingbert	1:4 (1:2)
08.08.18	10-10	SV Alschbach - SG Ommersheim/Erfweiler-Ehlingen	4:2 (2:2)
08.08.18	10-10	SSV Wellesweiler - VfR Frankenholz	16:0 (8:0)
Freilose:	4-9	Sowie alle Mannschaften von der 4. bis zur 9. Liga	
	10	DJK Bildstock, SV Heckendalheim, SV Höchen, SC Union Homburg, SV Kirkel, TuS Lappentascherhof, DJK Münchwies, FV Neunkirchen, SC Olympia Calcio Neunkirchen, SG Niederbexbach/Kohlhof II	

2. Vorrunde:

14.08.18	9-8	SG Niederbexbach/Kohlhof - TuS Wiebelskirchen	2:3 nV (2:2,2:2)
14.08.18	10-7	SSV Wellesweiler - SV Hellas Bildstock	0:10 (0:0)
14.08.18	9-8	TuS Rentrisch - ASV Kleinottweiler	2:4 nV (2:2,0:1)
14.08.18	10-8	SV Bruchhof-Sanddorf - SV Genclerbirligi Homburg	2:7 (2:5)
14.08.18	9-8	SG 08 Hassel - SC Blieskastel-Lautzkirchen	0:1 (0:1)
15.08.18	10-10	TuS Lappentascherhof - SC Union Homburg	8:0 (5:0)
15.08.18	9-8	TuS Ormesheim - SV Furpach	0:1 (0:0)
15.08.18	9-8	FV Biesingen - SpVgg Bebelsheim-Wittersheim	5:2 (5:0)
15.08.18	10-8	SV Alschbach - SpVgg Hangard	0:3 (0:2)
15.08.18	9-8	Sportgemeinde Erbach - SF Walsheim	6:0 (1:0)
15.08.18	9-6	SC Ludwigsthal - SV Rohrbach	0:2 (0:1)
15.08.18	10-8	DJK Bildstock - SV Beeden	0:3 (0:2)
15.08.18	10-8	SG Niederbexbach/Kohlhof II - FC Viktoria St. Ingbert	0:X
15.08.18	9-8	Türkischer SC Neunkirchen - FV Oberbexbach	1:2 nV (1:1,1:0)
15.08.18	9-7	DJK Elversberg - SV Bliesmengen-Bolchen	0:X

Das Spiel wurde nach 80 Minuten beim Stand von 1:11 (0:7) abgebrochen und gewertet.

15.08.18	10-6	SV Kirkel - FSG Ottweiler/Steinbach	2:3 (2:1)
15.08.18	10-8	DJK Münchwies - SV Schwarzenbach	1:8 (0:3)
15.08.18	9-7	SV Altstadt - SpVgg Einöd-Ingweiler	5:2 (2:0)
15.08.18	9-8	SV Oberwürzbach - SV Kirrberg	2:3 (0:1)
15.08.18	9-6	SV Borussia Spiesen - Borussia Neunkirchen	2:6 (0:1)
15.08.18	9-7	SV Reiskirchen - FC Palatia Limbach	1:3 (0:2)
15.08.18	10-8	FV Neunkirchen - SG Bliesgau	1:5 (1:3)
15.08.18	10-8	SV Heckendalheim - FC Bierbach	0:12 (0:5)
15.08.18	10-10	FC Niederwürzb. - SC Olympia Calcio Neunkirchen	4:2 nV (2:2,0:1)
15.08.18	10-10	SV Höchen - DJK St. Ingbert	4:2 (1:1)
15.08.18	9-7	FSG Parr Altheim - SG Ballweiler/Wolfersheim	1:6 (1:1)
15.08.18	9-8	SF Reinheim - SG Blickweiler/Breitfurt	2:5 (1:3)
Freilose:	4	SVgg 07 Elversberg, FC 08 Homburg	
	5	FSV Viktoria Jägersburg	

3. Vorrunde:

04.09.18	8-7	TuS Wiebelskirchen - FC Palatia Limbach	0:3 (0:0)
04.09.18	9-8	Sportgemeinde Erbach - SV Kirrberg	5:1 (2:1)
05.09.18	8-7	SC Blieskastel-Lautzkirchen - SV Hellas Bildstock	2:1 (1:0)
05.09.18	8-6	SV Furpach - FSG Ottweiler/Steinbach	0:4 (0:0)
05.09.18	8-7	SG Bliesgau - SV Bliesmengen-Bolchen	2:10 (1:3)
05.09.18	8-7	FC Bierbach - SG Ballweiler/Wolfersheim	0:2 (0:0)
05.09.18	8-6	SpVgg Hangard - SV Rohrbach	3:4 (3:1)
05.09.18	8-6	SV Genclerbirligi Homburg - Borussia Neunkirchen	1:4 (0:1)
05.09.18	9-8	FV Biesingen - ASV Kleinottweiler	7:1 (3:0)
05.09.18	8-8	SV Beeden - FC Viktoria St. Ingbert	0:2 (0:0)
05.09.18	8-8	SV Schwarzenbach - SG Blickweiler/Breitfurt	6:4 (4:1)
05.09.18	10-10	TuS Lappentascherhof - FC Niederwürzbach	9:1 (4:0)
05.09.18	10-9	SV Höchen - SV Altstadt	2:4 (0:3)
05.09.18	5-8	FSV Viktoria Jägersburg - FV Oberbexbach	8:0 (3:0)
Freilose:	4	SVgg 07 Elversberg, FC 08 Homburg	

Kreis Südsaar
1. Vorrunde:

07.08.18	10-10	DJK Neuweiler - FV Grün-Weiß Matzenberg	6:2 (2:1)
07.08.18	10-10	DJK 08 Rastpfuhl-Rußh. - FC Klarenthal-Krughütte	X:0
08.08.18	10-10	SV Klarenthal Jugend - SV Schafbrücke	2:5 (0:3)
08.08.18	10-10	Eisenbahner SV Saarbrücken - FC Neuweiler	1:5 (0:3)
08.08.18	10-10	SV Scheidt - FSV Lauterbach	6:4 nV (4:4,0:2)
08.08.18	10-10	DJK Ensheim - DJK Olympia Burbach	11:0 (4:0)
08.08.18	10-10	SV Wehrden - SC 07 Fenne	0:1 (0:0)
08.08.18	10-10	SV Fürstenhausen - SV Sitterswald	6:0 (3:0)
08.08.18	10-10	SV Naßweiler - SV Güdingen	0:4 (0:2)
09.08.18	10-10	Saarbrücker SV - UFC Wacker 73 Saarbrücken	4:0 nV (0:0,0:0)
Freilose:	4-9	Sowie alle Mannschaften von der 4. bis zur 9. Liga	
	10	TuS Jägersfreude, VfB Luisenthal, DJK Püttlingen, AFC Saarbrücken, ATSV Saarbrücken	

2. Vorrunde:

14.08.18	9-8	ASC Dudweiler - SV Geislautern	0:3 (0:0)
14.08.18	9-8	SC Viktoria Hühnerfeld - FC St. Arnual	4:6 (1:3)
14.08.18	9-8	SC Ay Yildiz Völklingen - SV Karlsbrunn	0:1 (0:1)
14.08.18	10-6	SV Schafbrücke - SV 09 Bübingen	5:6 nE 1:1 nV (1:1,0:0)
14.08.18	10-7	SV Güdingen - SC Großrosseln	1:9 (1:5)
14.08.18	9-6	SF Heidstock - SC Halberg Brebach	1:8 (0:6)
14.08.18	10-8	SV Fürstenhausen - SC Blies Bliesransbach	4:7 nV (3:3,1:2)
14.08.18	10-6	DJK Ensheim - SV Auersmacher	0:9 (0:5)
14.08.18	10-8	DJK Neuweiler - FV 09 Bischmisheim	2:11 (1:8)
14.08.18	10-8	Saarbrücker SV - SV Gersweiler-Ottenhausen	2:4 nV (2:2,1:2)
14.08.18	10-8	DJK 08 Rastpfuhl-Rußh. - SV Hermann-Röchling-Höhe	1:0 (0:0)
15.08.18	9-6	FV Fischbach - TuS Herrensohr	0:8 (0:4)
15.08.18	10-6	SC 07 Fenne - FC Rastpfuhl	2:4 (1:3)
15.08.18	10-8	AFC Saarbrücken - FV 08 Püttlingen	0:11 (0:4)
15.08.18	9-7	FV Fechingen - 1. FC Riegelsberg	0:4 (0:3)
15.08.18	9-6	TuS Eschringen - SV Saar 05 Saarbrücken Jugend	2:5 nV (2:2,0:1)
15.08.18	10-8	DJK Püttlingen - FC Kandil Saarbrücken	1:2 (0:1)
15.08.18	9-8	SC Friedrichsthal - SF 05 Saarbrücken	6:4 nV (4:4,2:1)
15.08.18	10-8	ATSV Saarbrücken - SpVgg Eintracht Altenwald	2:3 (1:1)
15.08.18	10-7	TuS Jägersfreude - SV Ritterstraße	0:3 (0:2)
15.08.18	9-6	SV 08 Ludweiler-Warndt - SpVgg Quierschied	0:7 (0:2)
15.08.18	10-8	VfB Luisenthal - SC 07 Altenkessel	2:3 (1:3)
15.08.18	9-8	SF Hanweiler-Rilchingen - SV Rockershausen	0:X
15.08.18	9-6	SV Emmersweiler - SF Köllerbach	0:3 (0:1)
15.08.18	10-8	SV Scheidt - FC Phönix 09 Kleinblittersdorf	5:7 nV (5:5,2:3)
15.08.18	9-9	FC Türkiyem Sulzbach - SV Schnappach	9:0 (3:0)
15.08.18	10-8	FC Neuweiler - SV Walpershofen	2:9 (0:4)
Freilose:	4	1. FC Saarbrücken	
	5	SV Röchling Völklingen	

3. Vorrunde:

04.09.18	8-6	FC Kandil Saarbrücken - SF Köllerbach	2:5 (0:0)
04.09.18	8-7	FV 08 Püttlingen - FV 09 Bischmisheim	0:2 (0:0)
04.09.18	8-6	SC Blies Bliesransbach - SC Halberg Brebach	1:4 (1:2)
04.09.18	10-5	DJK 08 Rastpfuhl-Rußhütte - SV Röchling Völklingen	0:15 (0:8)
05.09.18	8-7	SV Gersweiler-Ottenhausen - 1. FC Riegelsberg	2:3 (2:1)
05.09.18	8-6	SpVgg Eintracht Altenwald - FC Rastpfuhl	1:0 (1:0)
05.09.18	8-6	SV Rockershausen - TuS Herrensohr	0:X
05.09.18	8-6	FC Phönix 09 Kleinblittersdorf - SV Auersmacher	0:3 (0:1)
05.09.18	8-7	SV Geislautern - SC Großrosseln	4:2 iE 2:2 nV (2:2,1:1)
05.09.18	9-6	FC Türkiyem Sulzbach - SV 09 Bübingen	X:0
05.09.18	9-7	SC Friedrichsthal - SV Ritterstraße	1:2 (1:0)
05.09.18	8-6	SV Karlsbrunn - SpVgg Quierschied	1:4 (0:1)
05.09.18	8-7	FC St. Arnual - SV Walpershofen	0:4 (0:0)
05.09.18	8-6	SC 07 Altenkessel - SV Saar 05 Saarbrücken Jugend	1:5 (0:2)
Freilos:	4	1. FC Saarbrücken	

Kreis Westsaar
1. Vorrunde:

08.08.18	10-10	1. SC Roden - SV Rot-Weiß Erbringen	5:0 (3:0)
08.08.18	10-10	DJK Eintracht Saarwellingen - FV Schwarzenholz	1:6 (1:4)
08.08.18	10-10	Fortuna Niedaltdorf - SV Viktoria Rappweiler-Zwalbach	3:5 (1:2)
08.08.18	10-10	SpVgg Merzig - VfB 09 Differten	0:7 (0:3)
08.08.18	10-10	SV Nunkirchen - FC Beckingen	X:0

08.08.18 10-10 SV Thailen - SF Wadgassen 8:3 (4:1)
08.08.18 10-10 SV Biringen-Oberesch - SV Blau-Gelb Gerlfangen-Fürw. 0:7 (0:4)
08.08.18 10-10 SC Primsweiler - FC Fraulautern-Steinrausch 0:8 (0:5)
08.08.18 10-10 SV Rot-Weiß Eimersdorf - TuS Michelbach 1:4 (0:1)
08.08.18 10-10 SSV Altforweiler-Berus - SG Morscholz/Steinberg 1:4 (1:2)
Freilose: 5-9 Sowie alle Mannschaften von der 5. bis zur 9. Liga
10 FC Eintracht Düppenweiler, SpVgg Faha-Weiten, SV Felsberg, 1. FC Fitten 09, SV Menningen, TuS Mondorf, SG Obermosel

2. Vorrunde:
14.08.18 10-7 SV Thailen - FC Noswendel-Wadern 0:8 (0:3)
14.08.18 9-7 SG Nalbach/Piesbach - 1. FC Reimsbach 0:2 (0:1)
14.08.18 9-7 SV Merchingen - SV Losheim 2:5 (2:2)
14.08.18 10-9 SV Viktoria Rappweiler-Zwalbach - SV Lisdorf 2:1 (1:0)
15.08.18 9-8 SG Scheiden/Mitlosheim - SG Wadrill/Sitzerath 2:6 (1:5)
15.08.18 9-8 FSV Saarwellingen - SF Hostenbach 0:5 (0:1)
15.08.18 9-8 SC Viktoria Orscholz - SG Honzrath/Haustadt 4:3 (1:1)
15.08.18 9-8 SV Wallerfangen - SV Weiskirchen Konfeld 4:8 nV
15.08.18 10-6 SV Blau-Gelb Gerlfangen-Fürweiler - FV Schwalbach-Gr. 0:3 (0:2)
15.08.18 9-7 SC Fortuna Büschfeld - FC Brotdorf 2:4 (0:1)
15.08.18 9-7 VfB Tünsdorf - FSV Hemmersdorf 0:4 (0:1)
15.08.18 10-8 1. FC Fitten 09 - SG Körprich/Bilsdorf 2:10 (0:7)
15.08.18 10-8 SV Nunkirchen - SV Britten-Hausbach 0:5 (0:3)
15.08.18 9-8 SF Bachem-Rimlingen - SV Düren-Bedersdorf 4:2 (2:0)
15.08.18 9-8 SV Lockweiler-Krettnich - SF Hüttersdorf 6:0 (4:0)
15.08.18 9-8 SV Ensdorf - SV Rot-Weiß Bardenbach 1:3 (1:2)
15.08.18 10-7 SG Morscholz/Steinberg - SV Wahlen-Niederlosheim 0:X
15.08.18 9-7 VfB Gisingen - SG Perl/Besch 0:8 (0:4)
15.08.18 10-8 FC Fraulautern-Steinrausch - SV Friedrichweiler 0:1 nV
15.08.18 10-8 SV Menningen - SV Hülzweiler 0:6 (0:1)
15.08.18 10-8 FV Schwarzenholz - SV 09 Fraulautern 1:7 (0:3)
15.08.18 10-7 TuS Mondorf - FSG SV 08/DJK Bous 0:2 (0:1)
15.08.18 10-6 FC Eintracht Düppenweiler - SF Rehlingen-Fremersdorf 0:17 (0:6)
15.08.18 10-9 TuS Michelbach - FSV Hilbringen 0:9 (0:5)
15.08.18 10-9 1. SC Roden - FC 08 Elm 2:1 (1:1)
15.08.18 9-8 SSV Oppen - FSG Schmelz-Limbach 1:3 iE 1:1 nV (1:1,0:0)
15.08.18 9-7 FV Stella Sud Saarlouis - SSV Eintracht Überherrn 2:3 nV (2:2,0:1)
15.08.18 9-8 SF Bietzen-Harlingen - SSV Pachten 0:3
15.08.18 10-8 VfB 09 Differten - SG Saarlouis/Beaumarais 5:4 nV (3:3,1:0)
15.08.18 9-6 1. FC Besseringen - SV Mettlach 1:5 (1:4)
15.08.18 10-7 SV Felsberg - SC Reisbach 0:1 (0:1)
16.08.18 9-9 TuS Grün-Weiß Bisten - SV Schwemlingen-Ballern 3:4 (3:1)
16.08.18 10-8 SG Obermosel - SSC Schaffhausen 1:3 (0:1)
22.08.18 10-7 SpVgg Faha-Weiten - FV Siersburg 0:X
Freilose: 5 FV 07 Diefflen, VfB Dillingen

3. Vorrunde:
05.09.18 8-7 SG Wadrill/Sitzerath - SC Reisbach 1:4 (1:1)
05.09.18 8-6 SV 09 Fraulautern - FV 09 Schwalbach-Griesborn 2:3 (0:2)
05.09.18 8-7 FSG Schmelz-Limbach - FSG SV 08/DJK Bous 1:3 (1:1)
05.09.18 8-7 SF Hostenbach - FC Noswendel-Wadern 1:2 (1:2)
05.09.18 9-7 SC Viktoria Orscholz - SV Wahlen-Niederlosheim 1:4 (0:2)
05.09.18 8-7 SV Hülzweiler - SSV Eintracht Überherrn 1:3 (1:1)
05.09.18 8-7 SSV Pachten - FV Siersburg 2:6 (0:3)
05.09.18 8-7 SV Britten-Hausbach - SG Perl/Besch 4:3 (3:2)
05.09.18 8-7 SG Körprich/Bilsdorf - SV Losheim 1:0 (1:0)
05.09.18 10-6 VfB 09 Differten - SV Mettlach 2:5 (2:4)
05.09.18 9-7 FSV Hilbringen - 1. FC Reimsbach 2:1 (1:0)
05.09.18 9-6 SV Schwemlingen-Ballern - SF Rehlingen-Fremersdorf 2:8 (1:5)
05.09.18 8-7 SV Rot-Weiß Bardenbach - FSV Hemmersdorf 2:0 (0:0)
05.09.18 10-5 1. SC Roden - VfB Dillingen 2:1 (1:0)
05.09.18 10-7 SV Viktoria Rappweiler-Zwalbach - FC Brotdorf 1:3 (1:1)
05.09.18 9-8 SV Lockweiler-Krettnich - SSC Schaffhausen 3:1 (1:1)
05.09.18 9-8 SF Bachem-Rimlingen - SV Friedrichweiler 3:2 (1:1)
12.09.18 8-5 SV Weiskirchen Konfeld - FV 07 Diefflen 2:4 (0:1)

1. Hauptrunde:
25.09.18 7-6 SV Bliesmengen-Bolchen - SV Saar 05 Saarbrücken Jd. 2:3 (0:1)
25.09.18 5-4 FC Hertha Wiesbach - 1. FC Saarbrücken 0:4 (0:1)
25.09.18 6-4 SF Köllerbach - SVgg 07 Elversberg 0:5 (0:3)
25.09.18 9-6 FSV Hilbringen - SpVgg Quierschied 0:4 (0:1)
26.09.18 9-7 SF Bachem-Rimlingen - FV 09 Bischmisheim 2:0 (1:0)
26.09.18 7-5 SV Wahlen-Niederlosheim - FSV Viktoria Jägersburg 0:4 (0:2)
26.09.18 9-7 SV Humes - 1. FC Riegelsberg 1:4 (1:1)
26.09.18 7-7 SG Lebach/Landsweiler - FC Brotdorf 8:1 (4:0)
26.09.18 7-7 SV Rot-Weiß Hasborn - FC Nosw.-Wadern 2:4 iE 3:3 nV (2:2,1:0)
26.09.18 7-7 SG Thalexweiler/Aschbach - FC Palatia Limbach 4:2 nV (2:2,0:0)
26.09.18 8-6 SV Walpershofen - FSG Ottweiler/Steinbach 5:3 (3:0)
26.09.18 7-6 SG Ballweiler/W. - SC Halberg Brebach 5:4 iE 1:1 nV (1:1,1:0)
26.09.18 6-5 TuS Herrensohr - FV 07 Diefflen 2:1 (1:0)
26.09.18 6-6 SV Rohrbach - SV Auersmacher 0:2 (0:0)
26.09.18 7-6 SV Habach - Borussia Neunkirchen 0:3 (0:0)
26.09.18 6-4 FV 09 Schwalbach-Griesborn - FC 08 Homburg 0:6 (0:3)
26.09.18 10-9 TuS Lappentascherhof - SV Lockweiler-Krettnich 0:3 (0:1)
26.09.18 7-7 SC Reisbach - SG Marpingen/Urexweiler 1:0 (1:0)
26.09.18 9-8 FV Biesingen - FC Viktoria St. Ingbert 5:0 (2:0)
26.09.18 8-6 SpVgg Eintracht Altenwald - SV Mettlach 1:2 nV (1:1,1:0)
26.09.18 6-5 FV Eppelborn - SV Röchling Völklingen 0:3 (0:2)
26.09.18 7-7 FSG SV 08/DJK Bous - SG Bostalsee 5:2 (3:1)
26.09.18 7-7 FV Siersburg - SV Ritterstraße 3:1 (0:1)
26.09.18 7-7 SV Preußen Merchweiler - FC Freisen 2:0 (0:0)
26.09.18 8-8 SV Geislautern - SV Britten-Hausbach 1:3 iE 3:3 nV (2:2,1:0)
26.09.18 8-8 SV Holz-Wahlschied - SV Schwarzenbach 2:1 (1:0)
26.09.18 9-8 SV Altstadt - SC Blieskastel-Lautzkirchen 2:1 (1:1)
26.09.18 8-7 SV Rot-Weiß Bardenbach - VfB Theley 3:5 nV (3:3,2:2)
26.09.18 10-9 1. SC Roden - FC Türkiyem Sulzbach 2:0 (1:0)
26.09.18 8-6 SG Neunkirchen-Nahe/Selbach - VfL Primstal 4:5 nV (4:4,2:3)
26.09.18 7-6 SSV Eintracht Überherrn - SF Rehlingen-Fremersdorf 3:2 (0:0)
26.09.18 9-8 Sportgemeinde Erbach - SG Körprich/Bilsdorf 4:1 (3:0)

2. Hauptrunde:
10.10.18 7-4 FC Noswendel-Wadern - SVgg 07 Elversberg 0:11 (0:7)
16.10.18 6-4 VfL Primstal - 1. FC Saarbrücken 1:3 (0:2)
16.10.18 9-7 FV Biesingen - SC Reisbach 3:2 (2:2)
16.10.18 6-4 TuS Herrensohr - FC 08 Homburg 1:7 (1:4)
17.10.18 8-7 SV Holz-Wahlschied - SG Lebach/Landsweiler 2:4 (1:2)
17.10.18 9-9 SV Altstadt - SF Bachem-Rimlingen 3:1 (1:0)
17.10.18 6-6 SpVgg Quierschied - Borussia Neunkirchen 0:3 (0:3)
17.10.18 8-6 SV Walpershofen - SV Saar 05 Saarbrücken Jugend 1:3 (1:1)
17.10.18 7-5 VfB Theley - SV Röchling Völklingen 0:2 (0:2)
17.10.18 10-9 1. SC Roden - SV Lockweiler-Krettnich 4:3 (2:2)
17.10.18 7-6 SG Thalexweiler/Aschbach - SV Auersmacher 2:3 (1:2)
17.10.18 7-5 SG Ballweiler/Wolfersheim - FSV Viktoria Jägersburg 1:4 (0:2)
17.10.18 7-7 SV Preußen Merchweiler - SSV Eintracht Überherrn 5:2 (4:1)
17.10.18 8-7 SV Britten-Hausbach - FV Siersburg 4:3 iE 3:3 nV (3:3,2:1)
17.10.18 7-6 1. FC Riegelsberg - SV Mettlach 2:4 (1:3)
17.10.18 9-7 Sportgemeinde Erbach - FSG SV 08/DJK Bous 0:1 (0:0)

Achtelfinale:
14.11.18 7-5 SG Lebach/Landsweiler - FSV Viktoria Jägersburg 3:5 (1:4)
14.11.18 10-4 1. SC Roden - SVgg 07 Elversberg 0:5 (0:3)
14.11.18 9-8 SV Altstadt - SV Britten-Hausbach 2:1 (1:0)
14.11.18 6-5 SV Mettlach - SV Röchling Völklingen 1:3 (0:1)
14.11.18 7-6 SV Preußen Merchweiler - Borussia Neunkirchen 1:6 (0:2)
15.11.18 9-7 FV Biesingen - FSG SV 08/DJK Bous 1:4 nV (1:1,0:0)
17.11.18 4-4 1. FC Saarbrücken - FC 08 Homburg 2:1 nV (1:1,1:0)
28.11.18 6-6 SV Auersmacher - SV Saar 05 Saarbrücken Jugend 2:3 (1:1)

Viertelfinale:
26.03.19 5-4 SV Röchling Völklingen - 1. FC Saarbrücken 0:2 (0:1)
03.04.19 5-4 FSV Viktoria Jägersburg - SVgg 07 Elversberg 0:7 (0:5)
03.04.19 9-6 SV Altstadt - Borussia Neunkirchen 2:3 (0:1)
03.04.19 7-6 FSG SV 08/DJK Bous - SV Saar 05 Saarbrücken Jugend 0:3 (0:1)

Halbfinale:
30.04.19 6-4 SV Saar 05 Saarbrücken Jugend - 1. FC Saarbrücken 1:3 (0:2)
01.05.19 6-4 Borussia Neunkirchen - SVgg 07 Elversberg 0:6 (0:2)

Finale:
25.05.19 4-4 SVgg 07 Elversberg - 1. FC Saarbrücken 1:2 (1:2)

Elversberg: Frank Lehmann; Lukas Kohler (88. Kevin Lahn), Mike Eglseder, Sinan Tekerci, Luca Dürholtz, Leandro Grech, Nils Winter, Patryk Dragon (74. Gaetan Krebs), Israel Suero Fernández, Kevin Koffi, Benno Mohr (59. Julius Perstaller). Trainer: Horst Steffen
Saarbrücken: Ricco Cymer, Steven Zellner, Manuel Zeitz, Marco Holz, Fanol Perdedaj, Mario Müller, Sebastian Jacob (78. Markus Mendler), Tobias Jänicke (82. Sascha Wenninger), Nino Miotke, Fabian Eisele (69. Alexandre Noël Mendy), Marco Kehl-Gomez. Trainer: Dirk Lottner
Tore: 0:1 Manuel Zeitz (10.), 1:1 Israel Suero Fernández (15.), 1:2 Sebastian Jacob (40.)
Zuschauer: 6.213 in der „Ursapharm-Arena" in Spiesen-Elversberg
Schiedsrichter: Timo Klein (TuS Wiebelskirchen) - Assistenten: Julian Marx (SV Preußen Merchweiler), Julian Geid (SV Borussia Spiesen)
Gelb-Rote Karte: Mike Eglseder (90., wiederholtes Foulspiel) / Marco Kehl-Gomez (65., Handspiel)
Gelbe Karten: Patryk Dragon, Gaetan Krebs / Tobias Jänicke, Alexandre Noël Mendy, Nino Miotke

Verbandspokal Hessen

Teilnehmer: Die Kreispokalsieger, deren Paarungen in den ersten beiden Runden nach regionalen Gesichtspunkten ausgelost wurden. Ab dem Achtelfinale nahmen aus der Saison 2017/18 der hessische Drittligist SV Wehen Wiesbaden, die Regionalligisten Offenbacher FC Kickers, TSV Steinbach Haiger, TSV Eintracht Stadtallendorf, FSV Frankfurt, KSV Hessen Kassel, und der Hessenliga-Meister SC Hessen Dreieich teil, sowie SG Waldsolms als Sieger der hessischen Fair-Play-Wertung. An den Kreispokalen nahmen Mannschaften ab der fünften Liga (Hessenliga) der Saison 2017/18 teil.

1. Runde:
15.07.18	6-5	SV Steinbach - SV Buchonia Flieden	4:3 nV (3:3,2:1)
17.07.18	7-5	SG Calden/Meimbressen - KSV Baunatal	0:4 (0:1)
18.07.18	8-6	FSG Homberg/Ober-Ofleiden - Ski-Club Willingen	1:3 (1:0)
20.07.18	9-5	VfL Weidenhausen - SC Waldgirmes	0:7 (0:4)
21.07.18	5-5	SV Rot-Weiß Hadamar - Türk Gücü Friedberg	4:2 (2:2)
26.07.18	7-6	TSV Höchst/Odw. - TS Ober-Roden	1:3 iE 5:5 nV (4:4,2:2)
27.07.18	8-7	SG Kressenbach/Ulmbach - SG Festspielstadt/SpVgg HEF	0:2 (0:1)
28.07.18	7-6	VfR Fehlheim - FV Biebrich 02	0:4 (0:1)
28.07.18	8-6	SC Viktoria Nidda - 1. Hanauer FC 93	0:4 (0:2)
29.07.18	7-6	SG Oberliederbach - Usinger TSG	3:2 (2:0)
29.07.18	6-5	SV Bauerbach - FC Ederbergland	5:1 (5:0)
31.07.18	8-5	FV 08 Geisenheim - VfB Ginsheim	1:10 (0:6)
31.07.18	8-5	SG Arheilgen - SpVgg 03 Neu-Isenburg	0:3 (0:2)
31.07.18	6-5	SG Bornheim Grün-Weiss - FC Bayern Alzenau	0:3 (0:2)
01.08.18	6-5	SSV Langenaubach - FC Gießen	3:7 (0:5)
01.08.18	6-6	SpVgg 07 Eschwege - 1. FC Schwalmstadt	3:0 iE 2:2 nV (1:1,1:1)

2. Runde:
15.08.18	6-5	1. Hanauer FC 93 - SpVgg 03 Neu-Isenburg	1:2 (1:0)
22.08.18	6-5	Turnerschaft Ober-Roden - FC Bayern Alzenau	1:2 (1:2)
22.08.18	6-5	SV Bauerbach - FC Gießen	1:8 (0:4)
22.08.18	6-5	FV Biebrich 02 - SV Rot-Weiß Hadamar	0:4 (0:2)
22.08.18	7-6	SG Festspielstadt/HEF - SpVgg Eschwege	3:4 iE 1:1 nV (1:1,0:1)
22.08.18	6-5	SV Steinbach - KSV Baunatal	0:4 (0:3)
22.08.18	6-5	Ski-Club Willingen - SC Waldgirmes	0:2 (0:1)
22.08.18	7-5	SG Oberliederbach - VfB Ginsheim	1:4 (0:2)

Achtelfinale:
11.09.18	6-3	SpVgg 07 Eschwege - SV Wehen Wiesbaden	0:2 (0:1)
19.09.18	5-5	SpVgg 03 Neu-Isenburg - KSV Hessen Kassel	1:3 (1:2)
19.09.18	5-4	FC Gießen - TSV Eintracht Stadtallendorf	3:0 nV (0:0,0:0)
25.09.18	5-4	KSV Baunatal - TSV Steinbach Haiger	2:1 (2:1)
25.09.18	5-4	VfB Ginsheim - SC Hessen Dreieich	1:2 (0:1)
25.09.18	5-4	SC Waldgirmes - FSV Frankfurt	2:5 nV (2:2,2:1)
26.09.18	7-5	SG Waldsolms - SV Rot-Weiß Hadamar	0:4 (0:3)
03.10.18	5-4	FC Bayern Alzenau - Offenbacher FC Kickers	2:3 (1:2)

Viertelfinale:
17.10.18	5-3	KSV Hessen Kassel - SV Wehen Wiesbaden	0:6 (0:4)
23.10.18	4-4	Offenbacher FC Kickers - SC Hessen Dreieich	1:2 (0:1)
30.10.18	5-5	KSV Baunatal - SV Rot-Weiß Hadamar	2:1 (0:1)
27.11.18	5-4	FC Gießen - FSV Frankfurt	2:1 (2:1)

Halbfinale:
19.03.19	5-5	KSV Baunatal - FC Gießen	5:3 iE 1:1 nV (1:1,1:1)
27.03.19	4-3	SC Hessen Dreieich - SV Wehen Wiesbaden	1:3 (0:2)

Finale:
25.06.19	5-3	KSV Baunatal - SV Wehen Wiesbaden	1:8 (1:4)

Baunatal: Pascal Bielert - Florian Heussner, Niklas Künzel, Maximilian Blahout, Patrick Krengel (55. Jonas Springer) - Fatih Üstün (60. Felix Schäfer), Nico Möller - Nico Schrader, Manuel Pforr - Rolf Sattorov, Thomas Müller (74. Torben Ludwig). Trainer: Tobias Nebe
Wiesbaden: Lukas Watkowiak - Jeremias Lorch, Sascha Mockenhaupt (60. Niklas Dams), Sebastian Mrowca, Moritz Kuhn - Gökhan Gül, Marcel Titsch Rivero (71. Jan Vogel) - Maximilian Dittgen, Nicklas Shipnoski - Manuel Schäffler (58. Patrick Schönfeld), Daniel Kofi Kyereh. Trainer: Rüdiger Rehm
Tore: 0:1 Manuel Schäffler (1.), 0:2 Manuel Schäffler (15.), 1:2 Patrick Krengel (20.), 1:3 Niklas Künzel (43., Eigentor), 1:4 Moritz Kuhn (45.+5), 1:5 Manuel Schäffler (55.), 1:6 Daniel Kofi Kyereh (59.), 1:7 Daniel Kofi Kyereh (76.), 1:8 Nicklas Shipnoski (79.)
Zuschauer: 576 im städtischen Stadion in Wetzlar
Schiedsrichter: Daniel Velten (TSV Laufdorf) - Assistenten: Marcel Rühl (VfB Erda), Tobias Panzer (TSV Oberkleen)
Gelbe Karten: Felix Schäfer, Fatih Üstün / Moritz Kuhn

Verbandspokal Nordbaden

Teilnehmer: Alle Mannschaften von der 3. Liga bis zur 7. Liga (LL) der laufenden Spielzeit 2018/19, die Landesligaabsteiger sowie die besten vier bis acht Mannschaften der Kreispokale (Teilnahme Mannschaften ab 8. Liga) der Vorsaison 2017/18. Es sind nur erste Mannschaften teilnahmeberechtigt. Dritt- und Regionalligisten haben in den ersten beiden Runden Freilos. Die ersten beiden Runden finden getrennt nach Regionen statt.

1. Runde:
Region Odenwald:
18.07.18	7-7	TSV Oberwittstadt - SV Eintracht Nassig	2:0 (1:0)

Das Spiel wurde beim SV Ballenberg ausgetragen.
21.07.18	8-6	SV Neckarburken - FV Lauda	0:7 (0:2)
21.07.18	8-8	Unterschüpf/Kupprichh. - TSV Buchen	4:2 iE 1:1 nV (0:0,0:0)
22.07.18	7-7	TSV Frankonia Höpfingen - SV Viktoria Wertheim	3:0 (2:0)
22.07.18	8-7	SV Neunkirchen - TSV Tauberbischofsheim	1:2 (1:0)
22.07.18	8-7	FC Fortuna Lohrbach - VfR Gommersdorf	1:2 (0:1)
22.07.18	8-7	VfR Gerlachsheim - Eintracht Walldürn	1:3 (0:1)

Das Spiel wurde beim FV Oberlauda ausgetragen.
22.07.18	8-7	TSV Mudau - FC Hundheim/Steinbach	4:1 (2:0)
22.07.18	8-7	SV Wagenschwend - SV Osterburken	0:4 nV (0:0,0:0)

Das Spiel wurde beim VfR Scheidental ausgetragen.
22.07.18	7-7	SpVgg Neckarelz - VfR Uissigheim	2:0 (1:0)
22.07.18	7-7	FV Reichenbuch - SV Königshofen	3:1 (1:0)
22.07.18	9-7	SV Pülfringen - FV Mosbach	2:4 (1:1)
22.07.18	7-7	FC Grünsfeld - FSV Waldbrunn	3:0 (0:0)
22.07.18	8-7	TSV Assamstadt - Türkspor Mosbach	2:1 nV (1:1,1:1)
22.07.18	8-8	SG Hardheim/Bretzingen - FC Blau-Weiß Schloßau	0:2 (0:2)

Region Rhein-Neckar:
20.07.18	8-7	SG Horrenberg - DJK/FC Ziegelhausen-Peterstal	1:2 (0:1)
21.07.18	8-7	SG Waibstadt - SpVgg 06 Ketsch	0:7 (0:4)

Das Spiel wurde beim SV Daisbach ausgetragen.
21.07.18	8-7	SC Rot-Weiß Rheinau - 1. FC Mühlhausen	0:5 (0:1)
21.07.18	8-6	TSG Lützelsachsen - TSG 62/09 Weinheim	2:1 (0:0)
22.07.18	7-6	VfL Kurpfalz Neckarau - VfB Eppingen	1:5 (1:1)
22.07.18	7-6	ASV Eppelheim - TSV Wieblingen	3:4 (1:1)
22.07.18	7-6	FC Victoria Bammental - VfB Gartenstadt	0:2 (0:1)
22.07.18	8-8	SV Rohrbach/S. - TSV Helmstadt	2:0 (0:0)
22.07.18	7-6	FC Türkspor Mannheim - FV Fortuna Heddesheim	0:2 (0:1)
22.07.18	8-7	FC Dossenheim - SG Hemsbach	1:4 (0:2)
22.07.18	8-8	TSV Amicitia Viernheim - MFC Phönix Mannheim	4:1 (2:1)
22.07.18	7-6	TSG Eintracht Plankstadt - VfR Mannheim	0:5 (0:2)
22.07.18	9-9	SV Rohrhof - SKV Sandhofen	4:2 nV (2:2,1:0)
22.07.18	9-7	Türk Gücü Sinsheim - TSV Kürnbach	0:7 (0:5)
22.07.18	7-6	FT Kirchheim - FC Zuzenhausen	2:4 (1:3)
22.07.18	6-6	SV 98 Schwetzingen - SG HD-Kirchheim	0:4 (0:4)
22.07.18	9-7	SV Schriesheim - ASC Neuenheim	0:1 (0:1)

Freilose: 4 FC-Astoria Walldorf, SV Waldhof Mannheim
9 SG Rockenau

Region Mittelbaden:
19.07.18	9-6	KIT SC Karlsruhe - TuS Bilfingen	0:5 (0:2)
19.07.18	9-7	FV Göbrichen - 1. FC Ersingen	1:2 (0:2)
20.07.18	8-7	TSV Wurmberg-Neubärental - TSV Grunbach	0:6 (0:1)
20.07.18	7-6	SV Huchenfeld - FC Olympia Kirrlach	0:1 (0:1)
21.07.18	8-7	TSV Stettfeld - FC Östringen	0:1 (0:0)
22.07.18	7-6	1. FC 08 Birkenfeld - 1. FC Bruchsal	2:1 (0:1)
22.07.18	8-7	FC Flehingen - FC Espanol Karlsruhe	6:2 (4:0)
22.07.18	7-6	ASV Durlach - FC 07 Heidelsheim	1:4 (1:1)
22.07.18	8-7	DJK Blau-Weiß Mühlburg - FV Fortuna Kirchfeld	0:4 (0:2)
22.07.18	8-6	FC Alem. Eggenstein - ATSV Mutschelbach	2:4 iE 1:1 nV (1:1,1:0)
22.07.18	9-5	FV Knittlingen - SV Spielberg	0:4 (0:1)
22.07.18	9-7	FV Grünwinkel - TSV Reichenbach	2:1 (2:1)
24.07.18	8-5	FVgg Weingarten - FC Germania Friedrichstal	0:1 (0:1)
24.07.18	8-7	FV Hambrücken - SC Wettersbach	2:0 (1:0)
24.07.18	8-7	FC Germania Singen - FV Ettlingenweier	0:3 (0:0)
24.07.18	8-7	FVgg Neudorf - VfB Bretten	0:3 nV (0:0,0:0)
24.07.18	7-7	VfB St. Leon - FV Brühl	1:0 (0:0)
24.07.18	9-8	VfB Wiesloch - FC Badenia St. Ilgen	1:3 (0:2)
25.07.18	6-5	SpVgg Durlach-Aue - FC Nöttingen	0:5 (0:1)
25.07.18	8-8	FC West Karlsruhe - GU-Türk. SV Pforzheim	1:2 (1:1)
25.07.18	8-8	TuS Mingolsheim - FV Neuthard	0:2 (0:1)
25.07.18	8-7	SG Stupferich - SV Langensteinbach	5:4 iE 1:1 nV (1:1,0:1)
25.07.18	8-7	FSV Buckenberg - FV 09 Niefern	2:1 (1:0)

Freilose: 3 Karlsruher SC
5 1. CfR Pforzheim

2. Runde:
Region Odenwald:
28.07.18 8-7 TSV Mudau - SpVgg Neckarelz 1:3 (0:0)
29.07.18 8-6 FC Blau-Weiß Schloßau - FV Lauda 1:3 (0:1)
29.07.18 8-8 TSV Assamstadt - SG Unterschüpf/Kupprichhausen 5:0 nV
29.07.18 7-7 TSV Frank. Höpfingen - TSV Tauberbischofsheim 2:1 nV (1:1,1:1)
29.07.18 7-7 FC Grünsfeld - TSV Oberwittstadt 1:4 (1:3)
29.07.18 7-7 FV Mosbach - VfR Gommersdorf 0:3 (0:2)
29.07.18 7-7 FV Reichenbuch - Eintracht Walldürn 6:7 iE 2:2 nV (2:2,1:2)
Freilos: 7   SV Osterburken
Region Rhein-Neckar:
28.07.18 8-7 TSV Amicitia Viernheim - TSV Kürnbach 5:3 (2:0)
29.07.18 7-6 SpVgg 06 Ketsch - VfB Eppingen 2:3 nV (1:1,0:0)
29.07.18 9-6 SV Rockenau - SG HD-Kirchheim 0:3 (0:2)
29.07.18 8-7 SV Rohrbach/S. - 1. FC Mühlhausen 1:2 (1:0)
29.07.18 8-6 FC Badenia St. Ilgen - FV Fortuna Heddesheim 0:6 (0:0)
29.07.18 6-6 FC Zuzenhausen - VfB Gartenstadt 1:5 (1:3)
29.07.18 7-7 VfB St. Leon - SG Hemsbach 3:0 (1:0)
29.07.18 7-6 ASC Neuenheim - TSV Wieblingen 0:1 (0:0)
29.07.18 9-6 SV Rohrhof - VfR Mannheim 1:5 (1:1)
29.07.18 8-7 TSG Lützelsachsen - DJK/FC Ziegelhausen-Peterstal 1:0 (1:0)
Freilose: 4   FC-Astoria Walldorf, SV Waldhof Mannheim
Region Mittelbaden:
28.07.18 7-6 FC Östringen - TuS Bilfingen 3:0 (1:0)
28.07.18 5-7 FC Germania Friedrichstal - FV Fortuna Kirchfeld 0:2 (0:0)
29.07.18 8-7 FV Hambrücken - 1. FC Ersingen 0:2 (0:2)
29.07.18 7-7 VfB Bretten - FV Ettlingenweier 5:1 (2:1)
29.07.18 9-8 FV Grünwinkel - FC Flehingen 1:3 (0:2)
29.07.18 8-7 FV Neuthard - 1. FC 08 Birkenfeld 0:1 (0:1)
29.07.18 8-6 SG Stupferich - FC Olympia Kirrlach 0:3 (0:1)
29.07.18 7-5 TSV Grunbach - 1. CfR Pforzheim 1:3 (0:1)
29.07.18 5-8 SV Spielberg - GU-Türk. SV Pforzheim 7:0 (2:0)
29.07.18 8-6 FSV Buckenberg - ATSV Mutschelbach 1:4 (1:3)
29.07.18 6-5 FC 07 Heidelsheim - FC Nöttingen 1:2 (1:1)
Freilose: 3   Karlsruher SC
3. Runde:
31.07.18 7-3 SV Osterburken - Karlsruher SC 1:9 (0:8)
31.07.18 7-4 FC Östringen - FC-Astoria Walldorf 0:3 (0:1)
01.08.18 7-4 SpVgg Neckarelz - SV Waldhof Mannheim 0:4 (0:2)
03.08.18 5-5 FC Nöttingen - SV Spielberg 2:1 (1:1)
03.08.18 6-6 VfR Mannheim - FV Lauda 2:0 (0:0)
05.08.18 7-6 VfR Gommersdorf - TSV Wieblingen 4:2 iE 0:0 nV (0:0,0:0)
05.08.18 7-7 TSV Frankonia Höpfingen - Eintracht Walldürn 1:0 (0:0)
05.08.18 8-7 TSV Assamstadt - TSV Oberwittstadt 0:3 (0:0)
05.08.18 8-6 TSG Lützelsachsen - VfB Eppingen 0:3 (0:1)
05.08.18 6-6 FV Fortuna Heddesheim - ATSV Mutschelbach 1:0 (0:0)
05.08.18 8-6 FC Flehingen - VfB Gartenstadt 1:7 (0:3)
05.08.18 7-7 VfB St. Leon - 1. FC Ersingen 1:4 nV (1:1,1:0)
05.08.18 7-6 VfB Bretten - FC Olympia Kirrlach 1:2 (1:2)
05.08.18 7-7 1. FC Mühlhausen - FV Fortuna Kirchfeld 4:3 (2:1)
05.08.18 8-5 TSV Amicitia Viernheim - 1. CfR Pforzheim 0:4 (0:2)
05.08.18 7-6 1. FC 08 Birkenfeld - SG HD-Kirchheim 3:2 (0:2)
Achtelfinale:
08.08.18 7-6 1. FC Mühlhausen - VfB Gartenstadt 0:4 (0:3)
14.08.18 7-3 TSV Frankonia Höpfingen - Karlsruher SC 0:5 (0:4)
14.08.18 6-5 FC Olympia Kirrlach - 1. CfR Pforzheim 2:3 iE 0:0 nV
15.08.18 7-5 1. FC 08 Birkenfeld - FC Nöttingen 0:8 (0:4)
15.08.18 7-7 TSV Oberwittstadt - VfR Gommersdorf 1:4 (1:1)
15.08.18 7-4 1. FC Ersingen - FC-Astoria Walldorf 1:10 (0:5)
15.08.18 6-6 FV Fortuna Heddesheim - VfR Mannheim 4:3 iE 1:1 nV (0:0,0:0)
29.08.18 6-4 VfB Eppingen - SV Waldhof Mannheim 0:1 (0:0)
Viertelfinale:
03.10.18 5-4 1. CfR Pforzheim - SV Waldhof Mannheim 0:1 (0:0)
03.10.18 6-7 VfB Gartenstadt - VfR Gommersdorf 6:2 (2:1)
10.10.18 3-4 Karlsruher SC - FC-Astoria Walldorf 2:0 (2:0)
10.10.18 5-6 FC Nöttingen - FV Fortuna Heddesheim 1:0 (0:0)
Halbfinale:
27.03.19 6-3 VfB Gartenstadt - Karlsruher SC 0:4 (0:2)
27.03.19 5-4 FC Nöttingen - SV Waldhof Mannheim 0:1 (0:1)
Finale:
26.05.19 3-4 Karlsruher SC - SV Waldhof Mannheim 5:3 (2:2)
Karlsruhe: Benjamin Uphoff - Daniel Gordon, David Pisot, Damian Roßbach - Marvin Wanitzek, Sercan Sararer (46. Burak Camoglu), Marco Thiede, Martin Röser - Saliou Sané (63. Marin Sverko), Kyoung-Rok Choi (90.[+1] Martin Stoll), Marvin Pourie (90. Malik Batmaz). Trainer: Alois Schwartz
Mannheim: Markus Scholz - Marcel Hofrath (87. Sinisa Sprecakovic), Marco Meyerhöfer, Marcel Seegert (69. Mirko Schuster), Mete Celik (72. Silas Schwarz), Michael Schultz - Morris Nag, Marco Schuster - Maurice Deville, Jannik Sommer, Valmir Sulejmani. Trainer: Bernhard Trares
Tore: 0:1 Marco Meyerhöfer (18.), 0:2 Maurice Deville (24.), 1:2 Saliou Sané (26.), 2:2 Saliou Sané (45.[+1]), 3:2 Damian Roßbach (49.), 4:2 Burak Camoglu (62.), 4:3 Jannik Sommer (77.), 5:3 Marvin Wanitzek (90.[+1])
Zuschauer: 7.367 im Wildparkstadion in Karlsruhe
Schiedsrichter: Tobias Fritsch (1. FC Bruchsal) - Assistenten: Mario Hildenbrand (SV Eintracht Nassig), Lukas Heim (FV Wiesental)
Gelb-Rote Karte: Martin Röser (57., Schwalbe) / -
Gelbe Karten: Damian Roßbach, Marvin Wanitzek / Jannik Sommer

Verbandspokal Südbaden

Teilnehmer: Maßgebend ist das Abschneiden in der vorangegangenen Spielzeit 2017/18. Für alle qualifizierten Mannschaften besteht Teilnahmepflicht, wobei nur erste Mannschaften teilnehmen können.

Am Verbandspokal (Qualifikation und 1. Runde) nehmen die Vereine der Regionalliga, Oberliga, Verbandsliga, der Landesligen (ohne Absteiger in die Bezirksligen), die Halbfinalisten der Bezirkspokale und die Aufsteiger aus den Bezirksligen teil.

Die 1. Runde wird mit 64 Vereinen gespielt. Dafür sind direkt qualifiziert die Vereine der Regionalliga und der Oberliga sowie die Bezirkspokalsieger. Hinzu kommen die Sieger aus den Spielpaarungen der Qualifikationsrunde und die direkt qualifizierten Vereine der Verbands- und Landesliga.

Die Anzahl der Spielpaarungen in der Qualifikationsrunde richtet sich nach der Anzahl aller teilnehmenden Vereine abzüglich 64. Das sich daraus ergebende Teilnehmerfeld wird zunächst aus den Aufsteigern der Bezirksligen und den Halbfinalisten der Bezirkspokale (ohne die Bezirkspokalsieger) gebildet. Hinzu kommen die Vereine der Verbandsliga und der Landesliga, die sich nicht direkt zur ersten Runde qualifizieren.

Zur Ermittlung der direkt qualifizierten Vereine der Verbandsliga und der Landesligen zur ersten Runde wird von der Zahl 64 die Anzahl der anderen direkt qualifizierten Vereine und die Anzahl der erforderlichen Spielpaarungen in der Qualifikationsrunde abgezogen. Die Differenz wird auf die Vereine der Verbandsliga und der Landesligen gleichmäßig in der Reihenfolge ihrer Platzierungen in der abgelaufenen Spielrunde verteilt. Sollte die Differenz nicht durch vier teilbar sein, werden die direkten Qualifikationsplätze der Verbandsliga entsprechend erhöht.

Mannschaften auf Bezirksebene haben bis auf das Finale immer Heimrecht gegenüber überbezirklichen Mannschaften. Unentschiedene Spiele werden verlängert. Steht es danach noch unentschieden, so kommt es im Finale und bei Spielen von Mannschaften derselben Spielklasse zum Elfmeterschießen, bei Spielen von Mannschaften unterschiedlicher Spielklassen kommt die niederklassigere weiter. In der Qualifikationsrunde und in der ersten Runde werden die Mannschaften auf lokaler Ebene einander zugelost.

Qualifikationsrunde:
26.07.18 9-8 FC Brigachtal - FV Tennenbronn 3:1 (1:1)
27.07.18 7-6 SpVgg Untermünstertal - FC Denzlingen 0:2 (0:2)
28.07.18 7-6 FV Germania Würmersheim - 1. SV Mörsch 1:5 (0:2)
28.07.18 8-7 SV Oberschopfheim - SV Freistett 5:4 (2:1)
28.07.18 7-7 SC Hofstetten - SV Ottenau 6:1 (4:1)
28.07.18 7-7 SC Wyhl - FC Teningen 2:3 (0:1)
28.07.18 7-7 FC Emmendingen - FC Freiburg-St. Georgen 3:1 (3:1)
28.07.18 9-8 FC Hauingen - FC Wittlingen 1:3 (1:0)
28.07.18 7-7 FC Tiengen 08 - FSV Rheinfelden 0:3 (0:1)
28.07.18 7-7 FC Singen 04 - FC Hilzingen 3:0 (1:0)
28.07.18 8-6 FV Baden-Oos - SV 08 Kuppenheim 3:7 (1:2)
28.07.18 8-7 SV Jestetten - VfR Stockach 0x3
Der SV Jestetten trat nicht an.
28.07.18 8-7 SG Freiamt-Ottoschwanden - SV Kirchzarten 1:0 (0:0)
Das Spiel wurde beim SV Ottoschwanden ausgetragen.
29.07.18 8-7 SV Sasbachwalden - SV Sinzheim 0:1 (0:0)
29.07.18 7-7 SV Geisingen - FC Löffingen 3:2 iE 3:3 nV (3:3,2:3)
29.07.18 8-7 FC Bad Krozingen - VfR Bad Bellingen 3:1 nV (1:1,0:1)
29.07.18 7-7 SC Markdorf - SV Denkingen 1:5 (1:0)
29.07.18 8-7 SV Niederschopfheim - SV Stadelhofen 2:3 (1:2)
29.07.18 8-8 Hegauer FV - Türkischer SV Singen 2:0 (1:0)
31.07.18 7-7 FC Neustadt - FC Bad Dürrheim 2:1 (2:1)
1. Runde:
07.08.18 6-6 SV 08 Kuppenheim - SC Lahr 2:3 (1:2)
07.08.18 7-6 Spfr Elzach-Yach - Freiburger FC 3:2 nV (1:1,0:1)
07.08.18 6-7 Offenburger FV - FV Rot-Weiß Elchesheim 3:1 (1:0)
07.08.18 7-6 FC Emmendingen - FSV Rot-Weiß Stegen 2:1 (0:1)
08.08.18 7-7 SV Stadelhofen - SC Hofstetten 3:2 (2:1)
08.08.18 6-6 TuS Oppenau - Kehler FV 1:3 nV (1:1,0:0)
08.08.18 8-5 SV Oberschopfheim - SV Oberachern 0:2 (0:0)

08.08.18 7-6	FV Schutterwald - 1. SV Mörsch	3:4 nV (2:2,0:2)
08.08.18 8-5	SG Prechtal/Oberprechtal - Bahlinger SC	0:4 (0:2)

Das Spiel wurde beim FSV Oberprechtal ausgetragen.

08.08.18 7-7	FC Teningen - VfR Hausen a.d.M.	2:1 (1:1)
08.08.18 7-7	FV Herbolzheim - SV Au-Wittnau	4:0 (2:0)
08.08.18 7-7	SV Weil - SV Rot-Weiß Ballrechten-Dottingen	4:1 (0:1)
08.08.18 7-6	FSV Rheinfelden - FC Waldkirch	3:2 (1:2)
08.08.18 6-6	FV Lörrach-Brombach - FC Denzlingen	4:1 (2:0)
08.08.18 7-7	FC Teutonia Schonach - FC Neustadt	1:3 iE 1:1 nV (0:0,0:0)
08.08.18 7-7	DJK Donaueschingen - FC Furtwangen	3:1 (1:0)
08.08.18 7-5	SV Denkingen - FC 08 Villingen	0:3 (0:0)
08.08.18 6-7	1. FC Rielasingen-Arlen - SpVgg F.A.L.	6:1 (5:0)
08.08.18 6-6	FC Radolfzell - SC Pfullendorf	4:3 (3:1)
08.08.18 7-7	FC Überlingen - VfR Stockach	4:0 (2:0)
08.08.18 8-7	Hegauer FV - FC Singen 04	2:2 nV (2:2,0:1)

Der Hegauer FV erreicht als niederklassigerer Verein die nächste Runde.

08.08.18 8-7	FC Bad Krozingen - SC Durbachtal	1:3 (1:1)
08.08.18 8-7	FC Öhningen-Gaienhofen - SV Geisingen	3:1 (0:0)
08.08.18 9-7	FC Brigachtal - SG Dettingen-Dingelsdorf	1:5 (0:2)
08.08.18 7-7	SV Sinzheim - VfB Bühl	5:0 (2:0)
08.08.18 7-5	TSV Loffenau - SV Linx	0:5 (0:2)
08.08.18 8-6	SG Freiamt-Ottoschwanden - FC Auggen	0:3 (0:1)

Das Spiel wurde beim SV Ottoschwanden ausgetragen.

08.08.18 8-7	SV TuS Immendingen - FV Walbertsweiler-Rengetsweiler	1:9 (0:5)
08.08.18 7-7	SV Bühlertal - FSV Altdorf	5:2 (1:1)
08.08.18 8-8	FC Wittlingen - FC Neuenburg	3:4 iE 2:2 nV (1:1,1:0)
08.08.18 8-6	TuS Efringen-Kirchen - SV Endingen	2:5 (1:1)
15.08.18 7-7	Rastatter SC/DJK - FV Langenwinkel	1:2 (1:1)

2. Runde:

21.08.18 7-5	SC Durbachtal - Bahlinger SC	0:7 (0:3)
21.08.18 7-7	FV Walbertsweiler-Rengetsweiler - SG Dettingen-Dingelsd.	1:2 (1:0)
22.08.18 7-7	FC Emmendingen - SV Stadelhofen	7:6 iE 4:4 nV (2:2,1:0)
22.08.18 6-6	Offenburger FV - Kehler FV	4:3 iE 1:1 nV (1:1,1:1)
22.08.18 7-6	FV Herbolzheim - FC Auggen	3:1 (0:0)
22.08.18 6-7	1. SV Mörsch - FC Teningen	0:1 (0:0)
22.08.18 6-7	FV Lörrach-Brombach - Spfr Elzach-Yach	0:1 (0:0)
22.08.18 7-7	SV Weil - FSV Rheinfelden	5:3 iE 3:3 nV (2:2,1:0)
22.08.18 7-7	FC Überlingen - DJK Donaueschingen	3:4 (3:0)
22.08.18 8-8	FC Öhningen-Gaienhofen - Hegauer FV	1:4 (0:2)
22.08.18 7-5	FC Neustadt - FC 08 Villingen	1:4 (1:3)
22.08.18 6-6	FC Radolfzell - 1. FC Rielasingen-Arlen	0:1 (0:0)
22.08.18 8-6	FC Neuenburg - SV Endingen	1:0 (0:0)
22.08.18 7-5	SV Bühlertal - SV Oberachern	0:2 (0:1)
29.08.18 7-7	SV Sinzheim - FV Langenwinkel	1:0 (0:0)
12.09.18 5-6	SV Linx - SC Lahr	3:1 (2:0)

Achtelfinale:

03.10.18 7-5	SG Dettingen-Dingelsdorf - SV Oberachern	1:3 (1:1)
03.10.18 7-6	SV Sinzheim - 1. FC Rielasingen-Arlen	0:5 (0:2)
03.10.18 7-5	FC Teningen - SV Linx	2:3 (2:0)
03.10.18 7-7	SV Weil - Spfr Elzach-Yach	3:0 iE 3:3 nV (3:3,1:2)
03.10.18 8-7	FC Neuenburg - FV Herbolzheim	1:3 (1:1)
03.10.18 7-7	FC Emmendingen - DJK Donaueschingen	0:5 (0:1)
03.10.18 5-6	FC 08 Villingen - Offenburger FV	6:1 (3:1)
03.10.18 8-5	Hegauer FV - Bahlinger SC	0:8 (0:5)

Das Spiel wurde beim SV Welschingen ausgetragen.

Viertelfinale:

01.11.18 5-5	SV Linx - SV Oberachern	5:4 iE 1:1 nV (1:1,1:1)
01.11.18 6-5	1. FC Rielasingen-Arlen - Bahlinger SC	4:1 (1:1)
01.11.18 7-7	DJK Donaueschingen - FV Herbolzheim	4:2 nV (2:2,1:0)
01.11.18 7-5	SV Weil - FC 08 Villingen	1:5 (0:2)

Halbfinale:

17.04.19 5-5	FC 08 Villingen - SV Linx	2:1 nV (1:1,1:1)
18.04.19 7-6	DJK Donaueschingen - 1. FC Rielasingen-Arlen	0:3 (0:1)

Finale:

25.05.19 5-6	FC 08 Villingen - 1. FC Rielasingen-Arlen	3:1 (1:1)

Villingen: Christian Mendes Cavalcanti - Gianluca Serpa, Dragan Ovuka - Ümüt Sönmez (81. Volkan Bak), Tobias Weißhaar, Valentin Vochatzer, Daniel Wehrle, Teyfik Ceylan, Benedikt Haibt (90.+3 Stjepan Geng) - Kamran Yahyaijan (78. Mauro Chiurazzi), Damian Kaminski (90. Mario Ketterer). Trainer: Jago Maric
Rielasingen-Arlen: Dennis Klose - Benjamin Winterhalder, Dominik Compagnucci Almeida, Christoph Matt - Tobias Bertsch, Gian-Luca Wellhäuser (63. Nico Kunze), Sven Körner (81. Pascal Rasmus), Christian Mauersberger, Thomas Kunz - Silvio Battaglia (73. Sebastian Stark), Nedzad Plavci. Trainer: Michael Schilling
Tore: 1:0 Benedikt Haibt (36.), 1:1 Thomas Kunz (39.), 2:1 Damian Kaminski (68.), 3:1 Damian Kaminski (86.)
Zuschauer: 3.085 in der GEBERIT-Arena Pfullendorf in Pfullendorf

Schiedsrichter: David Schmidt (SV Ortenberg) - Assistenten: Najib Nasser (SV Rust), Nico Gallus (ASV Nordrach)
Gelbe Karten: Volkan Bak, Damian Kaminski / Nico Kunze, Christoph Matt

Verbandspokal Württemberg

Teilnehmer: alle Mannschaften der 3., Regional-, Ober-, Verbands- und Landesliga der laufenden Saison 2018/19 sowie die 16 Sieger und gegebenenfalls die unterlegenen Finalisten der Bezirkspokale 2017/18, an denen Mannschaften der Bezirks- und Kreisligen teilnehmen. Mit Ausnahme der Kreisliga B und C ist für alle qualifizierten Mannschaften die Teilnahme Pflicht! VfB Stuttgart II verzichtete erneut.

1. Runde
Gruppe 1:

01.08.18 7-6	SV Allmersbach - SV Breuningsweiler	0:3 (0:2)
04.08.18 7-5	SV Schluchtern - SGV Freiberg/N.	0:3 (0:1)
04.08.18 7-7	SV Germania Bietigheim - TSV Heimerdingen	3:1 (1:0)
04.08.18 9-7	TSV Münchingen - Aramäer Heilbronn	0:3 (0:1)
04.08.18 7-6	Spfr Schwäbisch Hall - VfB Neckarrems	4:1 (0:0)
04.08.18 9-8	TSV Gerabronn - Türkspor Neckarsulm	1:3 (0:1)
04.08.18 7-6	TSV Schornbach - FV Löchgau	3:0 (2:0)
04.08.18 7-5	TSV Schwaikheim - TSV Ilsfeld	0:2 (0:1)
04.08.18 8-7	TSV Schwieberdingen - TSV Pfedelbach	1:0 (1:0)
04.08.18 9-8	SG Krumme Ebene am Neckar - SV Remshalden	4:2 (1:1)
04.08.18 7-7	SpVgg Satteldorf - TSG Öhringen	4:1 (1:0)
05.08.18 7-7	TSV Crailsheim - SV Fellbach	3:0 (1:0)
05.08.18 8-5	TSV Hessental - Neckarsulmer Sport-Union	0:7 (0:2)
05.08.18 7-7	TV Oeffingen - FSV Hollenbach	5:4 iE 2:2 nV (2:2,0:0)
05.08.18 7-7	TV Pflugfelden - SSV Gaisbach	0x3

Das Spiel endete 3:0 (2:0) und wurde 0:3 gewertet.
Freilos: 3   SG Sonnenhof Großaspach

Gruppe 2:

04.08.18 7-7	TSG Hofherrnweiler-Unterrombach - TSV Weilimdorf	3:1 (2:0)
04.08.18 8-7	FC Blaubeuren - SC Geislingen	0:2 (0:1)

Das Spiel wurde in Schelklingen ausgetragen.

04.08.18 8-7	SV Sillenbuch - TSV Oberensingen	0:4 (0:2)
04.08.18 8-6	SG Schorndorf - 1. FC Heiningen	3:1 (2:1)
04.08.18 7-5	FV Sontheim/Brenz - SV Stuttgarter Kickers	0:1 (0:1)
04.08.18 7-7	TSGV Waldstetten - TSV Buch	0:1 (0:1)
04.08.18 6-6	Spfr Dorfmerkingen - TSV Essingen	0:2 (0:1)
04.08.18 8-7	TSV Neckartailfingen - TV Echterdingen	2:3 (1:2)
04.08.18 7-5	N.A.F.I. Stuttgart - TSG Backnang	1:7 (0:4)
04.08.18 7-7	1. FC Germania Bargau - SV Ebersbach/Fils	2:1 (2:0)
04.08.18 8-5	TSG Hofherrnweiler-Unterr. II - 1. FC Normannia Gmünd	0:3 (0:1)
04.08.18 7-6	TSV Bad Boll - Calcio Leinfelden-Echterdingen	3:4 (1:2)
04.08.18 8-7	SC Türkgücü Ulm - TSV Weilheim/Teck	2:0 (2:0)
05.08.18 9-7	1. FC Eislingen - SV Bonlanden	3:2 (0:1)

Freilos: 4   SSV Ulm 1846

Gruppe 3:

03.08.18 7-7	SSC Tübingen - SV Zimmern o.R.	2:1 (2:0)
03.08.18 8-7	SV Erlaheim - VfL Mühlheim	3:2 (1:1)
04.08.18 7-6	TV Darmsheim - SKV Rutesheim	0:2 (0:1)
04.08.18 7-6	TSG Balingen II - VfL Nagold	1:0 (1:0)
04.08.18 7-6	TSV Ofterdingen - VfL Sindelfingen	1:2 nV (1:1,0:1)
04.08.18 7-6	SV 03 Tübingen - TSG Tübingen	0:6 (0:1)
04.08.18 7-5	FC Holzhausen - FSV 08 Bissingen	0:4 (0:1)
04.08.18 8-7	1. FC Altburg - VfL Pfullingen	0:8 (0:3)
04.08.18 9-7	FC Pfeffingen - FV 08 Rottweil	0:4 (0:2)
04.08.18 7-7	SpVgg Holzgerlingen - SV Böblingen	0:6 (0:3)

Das Spiel wurde in Dettenhausen ausgetragen.

04.08.18 8-5	SpVgg Trossingen - SSV Reutlingen	0:7 (0:3)
05.08.18 8-7	SV Croatia Reutlingen - SV Nehren	0:2 (0:0)
05.08.18 8-7	SG Dornstetten - SG Ahldorf/Mühlen	4:2 iE 2:2 nV (2:2,0:0)
05.08.18 9-7	FC Holzhausen II - FC Gärtringen	0:6 (0:3)
07.08.18 7-7	Spfr Gechingen - VfB Bösingen	1:0 (1:0)

Freilose: 3   VfR Aalen

Gruppe 4:

03.08.18 7-5	FV Biberach - FV Ravensburg	0:2 (0:0)
04.08.18 7-7	SV Oberzell - TSV Strassberg 1903	3:4 iE 2:2 nV (1:1,0:1)
04.08.18 8-7	SV Sulmetingen - FV Altheim	4:0 (0:0)
04.08.18 7-6	SV Dotternhausen - SSV Ehingen-Süd	0:10 (0:7)
04.08.18 7-6	FC Ostrach - FC Wangen	3:1 (2:0)
04.08.18 9-7	FC Wangen II - FV Rot-Weiß Weiler	4:0 (2:0)
04.08.18 7-5	TSV Berg - 1. Göppinger SV	0:4 (0:2)
04.08.18 8-7	SV Baindt - SG Kisslegg	2:1 (2:0)
04.08.18 7-6	SV Ochsenhausen - FC 07 Albstadt	1:3 (0:2)
04.08.18 7-7	TSV Blaustein - FC Mengen	1:2 (1:0)

04.08.18 7-6 TSV 1880 Neu-Ulm - FV Olympia Laupheim 0:2 (0:0)
04.08.18 7-7 FC Leutkirch - FV Ravensburg II 3:1 (1:0)
04.08.18 9-8 SV Schemmerhofen - Spfr Hundersingen 3:1 (2:0)
04.08.18 8-7 FV Neufra/Donau - VfB Friedrichshafen 1:3 (1:1)
Freilose: 4 TSG Balingen
 7 SV Kehlen
2. Runde:
Gruppe 1:
11.08.18 7-6 Spfr Schwäbisch Hall - SV Breuningsweiler 6:0 (2:0)
11.08.18 7-7 TSV Crailsheim - SV Germania Bietigheim 3:1 (1:1)
11.08.18 7-7 TSV Schornbach - Aramäer Heilbronn 1:4 (0:1)
11.08.18 7-7 SSV Gaisbach - TV Oeffingen 0:2 (0:1)
15.08.18 7-5 SpVgg Satteldorf - SGV Freiberg/N. 0:6 (0:3)
15.08.18 9-5 SG Krumme Ebene am Neckar - Neckarsulmer SU 0:5 (0:3)
15.08.18 8-5 Türkspor Neckarsulm - TSV Ilshofen 1:4 (0:2)
15.08.18 8-3 TSV Schwieberdingen - SG Sonnenhof Großaspach 0:3 (0:2)
Gruppe 2:
10.08.18 8-7 SG Schorndorf - TSV Buch 2:4 iE 2:2 nV (2:2,0:1)
11.08.18 7-7 SC Geislingen - 1. FC Germania Bargau 7:1 (2:0)
11.08.18 7-6 TSG Hofherrnweiler-Unterr. - Calcio Leinfelden-Echter. 0:1 (0:0)
11.08.18 8-6 SC Türkgücü Ulm - TSV Essingen 1:3 nV (1:1,1:0)
11.08.18 9-7 1. FC Eislingen - TSV Oberensingen 6:2 (2:1)
15.08.18 5-5 1. FC Normannia Gmünd - TSG Backnang 0:4 (0:0)
15.08.18 7-5 TV Echterdingen - SV Stuttgarter Kickers 0:6 (0:2)
Freilos: 4 SSV Ulm 1846
Gruppe 3:
11.08.18 7-6 VfL Pfullingen - TSG Tübingen 4:0 (2:0)
11.08.18 8-7 SV Erlaheim - FV 08 Rottweil 0:8 (0:3)
11.08.18 7-6 SV Nehren - SKV Rutesheim 1:2 (1:1)
11.08.18 7-7 Spfr Gechingen - SV Böblingen 2:0 (1:0)
12.08.18 8-7 SG Dornstetten - TSG Balingen II 0:2 (0:0)
14.08.18 6-5 VfL Sindelfingen - FSV 08 Bissingen 1:4 (1:2)
15.08.18 7-5 SSC Tübingen - SSV Reutlingen 0:7 (0:3)
15.08.18 7-3 FC Gärtringen - VfR Aalen 0:1 (0:1)
Gruppe 4:
11.08.18 7-7 SV Kehlen - VfB Friedrichshafen 1:2 (1:0)
11.08.18 7-6 TSV Strassberg 1903 - FC 07 Albstadt 1:2 (0:0)
11.08.18 9-6 FC Wangen II - SSV Ehingen-Süd 0:6 (0:2)
11.08.18 7-6 FC Leutkirch - FV Olympia Laupheim 1:5 (1:2)
14.08.18 7-5 FC Ostrach - 1. Göppinger SV 1:3 (0:1)
15.08.18 8-5 SV Sulmetingen - FV Ravensburg 1:2 (1:1)
15.08.18 9-8 SV Schemmerhofen - SV Baindt 0:1 (0:1)
22.08.18 7-4 FC Mengen - TSG Balingen 1:3 (1:1)
3. Runde:
Gruppe 1:
29.08.18 7-5 Aramäer Heilbronn - SGV Freiberg/N. 0:3 (0:2)
29.08.18 7-5 TSV Crailsheim - TSV Ilshofen 6:5 iE 0:0 nV
29.08.18 5-3 Neckarsulmer SU - SG Sonnenhof Großaspach 2:5 nV (2:2,0:1)
05.09.18 7-7 Spfr Schwäbisch Hall - TV Oeffingen 1:2 (1:2)
Gruppe 2:
29.08.18 7-6 TSV Buch - TSV Essingen 2:3 nV (2:2,0:1)
29.08.18 7-6 SC Geislingen - Calcio Leinfelden-Echterdingen 2:3 (2:1)
29.08.18 9-4 1. FC Eislingen - SSV Ulm 1846 0:5 (0:3)
29.08.18 5-5 SV Stuttgarter Kickers - TSG Backnang 0:1 nV (0:0,0:0)
Gruppe 3:
05.09.18 7-6 VfL Pfullingen - SKV Rutesheim 1:3 (1:1)
05.09.18 7-7 TSG Balingen II - Spfr Gechingen 4:2 (2:1)
12.09.18 7-7 FV 08 Rottweil - SSV Reutlingen 1:5 (0:3)
18.09.18 5-3 FSV 08 Bissingen - VfR Aalen 0:1 (0:0)
Gruppe 4:
28.08.18 7-6 VfB Friedrichshafen - FV Olympia Laupheim 2:0 (2:0)
29.08.18 6-6 SSV Ehingen-Süd - FC 07 Albstadt 1:3 (1:2)
29.08.18 5-5 FV Ravensburg - 1. Göppinger SV 2:4 (0:3)
29.08.18 8-4 SV Baindt - TSG Balingen 1:8 (0:4)
Achtelfinale:
03.10.18 7-6 TSG Balingen II - SKV Rutesheim 4:2 iE 2:2 nV (2:2,1:1)
03.10.18 5-5 1. Göppinger SV - SGV Freiberg/N. 1:3 (0:0)
03.10.18 7-4 TV Oeffingen - SSV Ulm 1846 2:5 (0:1)
Das Spiel wurde in Fellbach ausgetragen.
03.10.18 7-6 VfB Friedrichshafen - Calcio Leinfelden-Echterdingen 1:3 (0:2)
03.10.18 6-3 TSV Essingen - SG Sonnenhof Großaspach 3:2 (3:0)
03.10.18 6-4 FC 07 Albstadt - TSG Balingen 3:0 (1:0)
03.10.18 5-3 TSG Backnang - VfR Aalen 2:0 (0:0)
31.10.18 7-5 TSV Crailsheim - SSV Reutlingen 0:3 (0:1)
Viertelfinale:
20.03.19 5-5 SSV Reutlingen - TSG Backnang 1:0 (1:0)
10.04.19 6-4 Calcio Leinfelden-Echterdingen - SSV Ulm 1846 0:3 (0:1)
10.04.19 6-6 TSV Essingen - FC 07 Albstadt 6:5 iE 1:1 nV (1:1,0:1)
10.04.19 7-5 TSG Balingen II - SGV Freiberg/N. 1:4 (1:2)
Halbfinale:
24.04.19 6-5 TSV Essingen - SGV Freiberg/N. 3:2 (1:0)
24.04.19 5-4 SSV Reutlingen - SSV Ulm 1846 1:4 (0:1)
Finale:
25.05.19 6-4 TSV Essingen - SSV Ulm 1846 0:2 (0:0)
Essingen: Jonas Gebauer - Tim Ruth, Kilian Müller, Stergios Dodontsakis, Jose Antonio Gurrionero Munoz - Julian Biebl (88. Jermain Ibrahim), Niklas Weissenberger, Marc Alexander Gallego Vazquez (83. Josip Skrobic), Maximilian Eiselt (76. Niklas Groiß) - Fabian Weiß (67. Nicola Zahner), Stani Bergheim. Trainer: Benjamino Molinari.
Ulm: David Hundertmark - Johannes Reichert, Michael Schindele, Felix Higl (88. Thomas Rathgeber) - Marcel Schmidts, Lennart Stoll, Luigi Campagna, Nico Gutjahr, Albano Gashi (88. Alper Bagceci), Nicolas Jann (82. Vinko Sapina) - Ardian Morina (73. Vitalij Lux). Trainer: Holger Bachthaler
Tore: 0:1 Ardian Morina (53.), 0:2 Felix Higl (80.)
Zuschauer: 3.370 im GAZI-Stadion auf der Waldau in Stuttgart
Schiedsrichter: Manuel Dürr (SV Mötzingen) - Assistenten: Tobias Eisele (TSV Münchingen), Marcel Lalka (TSV Schönaich)
Gelbe Karten: Tim Ruth, Niklas Weissenberger, NN / Nico Gutjahr

Verbandspokal Bayern

Teilnehmer: Für die 1. BFV-Hauptrunde mit 64 Mannschaften sind die bayerischen Drittligisten 2017/18 (2 Teams), die Vereine der Regionalliga Bayern 2017/18 (14 Teams), die 24 Kreispokalsieger 2017/18, die zwei Aufsteiger aus den Bayernligen sowie die zwei Relegationsteilnehmer zur Regionalliga automatisch qualifiziert. Die noch fehlenden 20 Vereine werden durch zwei Qualifikationsrunden zwischen den Vereinen der Bayern- und Landesligen nach dem Tabellenstand der Saison 2017/18 ermittelt. Die zweiten Mannschaften der Vereine haben keine Teilnahmeberechtigung. Unentschiedene Spiele werden nicht verlängert.
1. Qualifikationsrunde:
25.06.18 6-6 SC Ichenhausen - SC Oberweikertshofen 2:1 (0:1)
27.06.18 6-5 ASV Dachau - TSV Dachau 1865 5:3 iE 0:0 (0:0)
29.06.18 6-5 1. FC Fuchsstadt - TSV Großbardorf 1:3 (0:1)
29.06.18 6-5 DJK Schwebenried/Schwemmel. - DJK DB Bamberg 2:4 iE 2:2 (1:0)
30.06.18 6-6 SV Egg a.d. Günz - FC Gundelfingen 1:2 (0:1)
30.06.18 6-5 SV Fortuna Regensburg - ASV Burglengenfeld 5:1 (1:0)
30.06.18 6-5 ASV Cham 1863 - DJK Gebenbach 5:4 iE 1:1 (0:0)
30.06.18 6-5 SB Chiemgau Traunstein - TSV Kottern-St. Mang 2x0
(Kottern trat wegen Spielermangels nicht an, daher wurde die Partie für Traunstein als gewonnen gewertet.)
30.06.18 6-5 Türkspor Augsburg - TSV Schwaben Augsburg 1:0 (1:0)
30.06.18 6-5 TG Höchberg Fußball - 1. FC Sand am Main 1:3 (0:2)
30.06.18 6-5 SV Alemannia Haibach - TSV Abtswind 1:4 (0:1)
30.06.18 5-5 TSV 1861 Nördlingen - TSV Schwabmünchen 0:3 (0:1)
01.07.18 6-6 1. FC Lichtenfels - SV Mitterteich 2:0 (0:0)
01.07.18 6-5 SG Quelle im TV 1860 Fürth - FSV Erlangen-Bruck 4:3 iE 2:2 (1:2)
01.07.18 6-5 TSV Unterpleichfeld - Würzburger FV 1:3 (0:1)
01.07.18 6-6 TuS Geretsried - TSV 1882 Landsberg am Lech 4:2 (2:1)
01.07.18 6-6 SV Cosmos Aystetten - TSV Gilching-Argelsried 3:1 (1:0)
01.07.18 6-6 SpVgg Landshut - FC Sturm Hauzenberg 1:0 (0:0)
01.07.18 6-6 SV Mering - TuS Feuchtwangen 5:1 (2:1)
01.07.18 6-6 SV 1923 Memmelsdorf/Ofr. - SpVgg Jahn Forchheim 2:3 (1:2)
01.07.18 6-6 TSV Neudrossenfeld - SV Euerbach/Kützberg 2:0 (2:0)
01.07.18 6-5 SpVgg SV Weiden - ATSV Erlangen 1:3 (1:1)
01.07.18 6-5 TuS 1860 Pfarrkirchen - TSV Waldkirchen 1:0 (1:0)
01.07.18 6-6 TSV 1883 Bogen - SpVgg Hankofen-Hailing 3:1 iE 0:0 (0:0)
01.07.18 6-6 TSV Bad Abbach - 1. FC Bad Kötzting 7:6 iE 2:2 (1:1)
01.07.18 6-5 SV Erlbach - SV Kirchanschöring 2:1 (1:0)
01.07.18 6-5 SC Eintracht Freising - SV Türkgücü-Ataspor München 2:4 (1:1)
01.07.18 6-5 FC Deisenhofen - SV Pullach 3:0 (1:0)
01.07.18 6-5 FC Töging - TuS Holzkirchen 3:2 (1:0)
01.07.18 6-5 SpVgg Selbitz - SpVgg Bayern Hof 0:8 (0:5)
01.07.18 6-5 ASV Rimpar - SV Erlenbach/Main 5:3 iE 1:1 (1:0)
01.07.18 6-5 SpVgg Kaufbeuren - 1. FC Sonthofen 3:5 iE 1:1 (0:0)
02.07.18 6-5 TSV Nürnberg-Buch - SpVgg Ansbach 09 2:5 (1:3)
02.07.18 6-5 1. SC Feucht - ASV Neumarkt 2:1 (1:0)
02.07.18 6-5 VfB Hallbergmoos-Goldach - BCF Wolfratshausen 4:1 (1:1)
02.07.18 6-5 SV Donaustauf - DJK Ammerthal 1:4 (1:1)
03.07.18 6-5 SV Neukirchen bei Heilig Blut - DJK Vilzing 1:6 (0:4)
03.07.18 6-6 TSV Kornburg - SC 04 Schwabach 0:6 (0:2)
03.07.18 5-5 ASV Vach - SC Eltersdorf 2:4 (0:3)
Freilos: 5 FC Ismaning

2. Qualifikationsrunde:

04.07.18 6-6	SV Mering - Türkspor Augsburg	1:0 (0:0)
05.07.18 6-5	1. FC Lichtenfels - SpVgg Bayern Hof	0:4 (0:1)
05.07.18 6-5	ASV Rimpar - 1. FC Sand am Main	1:2 (0:0)
05.07.18 6-6	SC Ichenhausen - SV Cosmos Aystetten	4:1 (2:0)
05.07.18 6-6	TSV 1883 Bogen - TSV Bad Abbach	2:0 (1:0)
05.07.18 6-6	SV Fortuna Regensburg - ASV Cham 1863	3:4 iE 3:3 (2:1)
05.07.18 5-5	TSV Großbardorf - DJK Don Bosco Bamberg	2:0 (2:0)
05.07.18 6-6	FC Töging - SB Chiemgau Traunstein	3:1 (1:0)
05.07.18 6-5	TSV Neudrossenfeld - ATSV Erlangen	2:5 (1:3)
05.07.18 6-6	SV Erlbach - VfB Hallbergmoos-Goldach	2x0

(Hallbergmoos-Goldach trat wegen Spielermangels nicht an, daher wurde die Partie für Erlbach als gewonnen gewertet.)

07.07.18 6-6	TuS Geretsried - FC Gundelfingen	0:1 (0:0)
07.07.18 6-5	SG Quelle im TV 1860 Fürth - SC Eltersdorf	0:3 (0:2)
07.07.18 5-5	Würzburger FV - TSV Abtswind	3:1 iE 1:1 (1:1)
07.07.18 5-5	DJK Ammerthal - DJK Vilzing	1:2 (1:1)
07.07.18 6-5	SC 04 Schwabach - SpVgg Ansbach 09	2:6 (0:1)
08.07.18 5-5	TSV Schwabmünchen - 1. FC Sonthofen	4:2 (2:2)
08.07.18 6-6	TuS 1860 Pfarrkirchen - SpVgg Landshut	1:3 (0:0)
08.07.18 6-5	FC Deisenhofen - SV Türkgücü-Ataspor München	0:3 (0:1)
09.07.18 6-5	ASV Dachau - FC Ismaning	2:1 (2:1)
09.07.18 6-5	1. SC Feucht - SpVgg Jahn Forchheim	2x0

(Da sich die beiden Vereine nicht auf einen gemeinsamen Termin einigen konnten, hat der Verband das Spiel für Montag, den 09.07.18 angesetzt. Diesen Termin wollte Forchheim nicht annehmen und hat das Spiel abgesagt. Somit wurde die Partie mit 2x0 für Feucht als gewonnen gewertet.)

1. Hauptrunde:
Gruppe Nordwest:

07.08.18 7-4	SV DJK Oberschwarzach - 1. FC Schweinfurt 05	1:3 (0:2)
07.08.18 7-5	TSV Uettingen - TSV Großbardorf	0:4 (0:2)
07.08.18 5-5	TSV Aubstadt - SpVgg Ansbach 09	3:1 (0:1)
07.08.18 7-4	DJK Hain - SV Viktoria Aschaffenburg	3:5 (2:1)
08.08.18 8-5	SV Arberg - Würzburger FV	1:4 (0:2)
15.08.18 7-3	1. FC Bad Kissingen - FC Würzburger Kickers	1:9 (1:3)

Gruppe Nordost:

07.08.18 7-6	SK Lauf - 1. SC Feucht	3:1 (2:0)
07.08.18 6-4	FC Coburg - SpVgg Oberfranken Bayreuth	0:2 (0:1)
07.08.18 7-5	SV Sorghof - SV Seligenporten	0:9 (0:5)
07.08.18 6-5	FC Eintracht Bamberg 2010 - SC Eltersdorf	0:4 (0:2)
07.08.18 5-5	1. FC Sand am Main - ATSV Erlangen	0:1 (0:0)
08.08.18 7-5	Kickers Selb - SpVgg Bayern Hof	1:3 (0:0)

Gruppe Südost:

07.08.18 7-4	SV Schwarzhofen - SV Schalding-Heining	0:3 (0:1)
07.08.18 6-6	SV Erlbach - FC Töging	2:1 (0:1)
07.08.18 8-6	TSV Pilsting - ASV Cham 1863	1:6 (0:2)
07.08.18 8-5	TSV Regen 1888/1920 - DJK Vilzing	0:2 (0:1)
08.08.18 8-4	SV Burgweinting - SV Wacker Burghausen	0:4 (0:1)
08.08.18 6-6	1. FC Passau - TSV 1883 Bogen	4:5 iE 1:1 (1:1)

Gruppe Südwest:

07.08.18 9-4	DJK Dollnstein - VfB Eichstätt	0:11 (0:3)
07.08.18 8-5	SpVgg Deiningen - TSV 1896 Rain a. Lech	1:3 (1:2)
08.08.18 6-6	VfR Neuburg a.d. Donau - FC Gundelfingen	0:1 (0:0)
08.08.18 6-6	SC Ichenhausen - SV Mering	2:1 (2:0)
14.08.18 5-4	TSV Schwabmünchen - FV Illertissen	0:1 (0:0)
15.08.18 6-4	FC Kempten - FC Memmingen 07	1:3 (1:0)

Gruppe Süd:

07.08.18 7-4	VfL Waldkraiburg - TSV Buchbach	0:7 (0:3)
07.08.18 8-4	NK Croatia Großmehring - VfR Garching	0x2

(Großmehring trat wegen Spielermangels nicht an, daher wurde die Partie für Garching als gewonnen gewertet.)

07.08.18 7-6	FC Ergolding - SpVgg Landshut	3:1 iE 0:0 (0:0)
07.08.18 6-4	ASV Dachau - FC Pipinsried	0:4 (0:2)
07.08.18 5-4	SV Türkgücü-Ataspor München - TSV 1860 Rosenheim	2:1 (1:1)
08.08.18 5-4	FC Unterföhring - SV Heimstetten	4:3 iE 1:1 (1:0)
15.08.18 9-3	FC Emmering - SpVgg Unterhaching	1:13 (0:3)
15.08.18 7-3	SV Dornach - TSV 1860 München	1:5 (0:3)

2. Hauptrunde:
Gruppe Nordwest:

21.08.18 5-4	TSV Aubstadt - 1. FC Schweinfurt 05	2:5 (1:2)
21.08.18 5-3	Würzburger FV - FC Würzburger Kickers	0:4 (0:1)
22.08.18 5-4	TSV Großbardorf - SV Viktoria Aschaffenburg	4:5 iE 1:1 (0:1)

Gruppe Nordost:

21.08.18 5-4	SpVgg Bayern Hof - SpVgg Oberfranken Bayreuth	5:4 (2:0)
22.08.18 7-5	SK Lauf - SV Seligenporten	1:5 (1:2)
22.08.18 5-5	SC Eltersdorf - ATSV Erlangen	0:1 (0:1)

Gruppe Südost:

21.08.18 6-4	SV Erlbach - SV Wacker Burghausen	0:4 (0:4)
21.08.18 5-4	DJK Vilzing - SV Schalding-Heining	1:3 (1:1)
21.08.18 6-6	TSV 1883 Bogen - ASV Cham 1863	1:4 (0:3)

Gruppe Südwest:

21.08.18 6-4	FC Gundelfingen - FV Illertissen	0:4 (0:2)
21.08.18 6-4	SC Ichenhausen - FC Memmingen 07	3:4 iE 2:2 (0:1)
21.08.18 5-4	TSV 1896 Rain a. Lech - VfB Eichstätt	5:4 iE 0:0 (0:0)

Gruppe Süd:

21.08.18 7-3	FC Ergolding - TSV 1860 München	1:7 (0:5)
21.08.18 4-3	VfR Garching - SpVgg Unterhaching	0:5 (0:1)
21.08.18 5-4	FC Unterföhring - FC Pipinsried	0:5 (0:3)
22.08.18 5-4	SV Türkgücü-Ataspor München - TSV Buchbach	0:1 (0:1)

Achtelfinale:
Gruppe 1:

05.09.18 5-4	SpVgg Bayern Hof - SV Viktoria Aschaffenburg	0:3 (0:3)
12.09.18 4-3	1. FC Schweinfurt 05 - FC Würzburger Kickers	0x2

Das Spiel (Endstand 3:1) wurde im Nachhinein für Würzburg als gewonnen gewertet, da Schweinfurt in dieser Partie nur drei statt der erforderlichen vier U-23-Spieler im Kader hatte.

Gruppe 2:

04.09.18 6-5	ASV Cham 1863 - ATSV Erlangen	0:3 (0:0)
05.09.18 5-5	SV Seligenporten - TSV 1896 Rain a. Lech	3:2 (1:2)

Gruppe 3:

04.09.18 4-4	TSV Buchbach - SV Schalding-Heining	4:0 (0:0)
04.09.18 4-3	SV Wacker Burghausen - SpVgg Unterhaching	6:7 iE 0:0 (0:0)

Gruppe 4:

04.09.18 4-4	FC Pipinsried - FV Illertissen	0:1 (0:0)
04.09.18 4-3	FC Memmingen 07 - TSV 1860 München	0:1 (0:0)

Viertelfinale:

03.10.18 5-4	SV Seligenporten - SV Viktoria Aschaffenburg	4:5 iE 1:1 (1:0)
10.10.18 5-3	ATSV Erlangen - SpVgg Unterhaching	0:2 (0:1)
10.10.18 4-3	TSV Buchbach - TSV 1860 München	0:2 (0:1)
16.10.18 4-3	FV Illertissen - FC Würzburger Kickers	7:8 iE 1:1 (0:1)

Halbfinale:

09.04.19 3-3	SpVgg Unterhaching - FC Würzburger Kickers	0:3 (0:1)
30.04.19 4-3	SV Viktoria Aschaffenburg - TSV 1860 München	3:2 (2:2)

Finale:

25.05.19 4-3	SV Viktoria Aschaffenburg - FC Würzburger Kickers	0:3 (0:1)

Aschaffenburg: Kevin Birk - Silas Zehnder (60. Philipp Beinenz), Luca Dähn, Simon Schmidt, Hamza Boutakhrit, Ugurtan Kizilyar - Daniel Cheron, Max Grünewald (79. Pasqual Verkamp), Clay Verkaj - Lucas Oppermann (74. Michel Harrer), Björn Schnitzer. Trainer: Jochen Seitz

Würzburg: Eric Verstappen - Patrick Göbel, Daniel Hägele, Sebastian Schuppan, Peter Kurzweg - Patrick Sontheimer (63. Dave Gnaase), Janik Bachmann - Fabio Kaufmann (87. Onur Ünlücifci), Simon Skarlatidis - Orhan Ademi, Dominic Baumann (74. Patrick Breitkreuz). Trainer: Michael Schiele

Tore: 0:1 Daniel Hägele (22.), 0:2 Patrick Göbel (65.), 0:3 Orhan Ademi (90.)

Zuschauer: 6.033 im Stadion am Schönbusch in Aschaffenburg

Schiedsrichter: Christian Dietz (1. FC Kronach) - Assistenten: Lothar Ostheimer (TSV Sulzberg), Jonathan Bähr (SV Friesen)

Gelbe Karten: Ugurtan Kizilyar, Simon Schmidt / Patrick Sontheimer

Frauen-Fußball

Deutschland-Pyramide 2018/19

Um Ihnen einen kurzen Überblick über die Ligen auf den folgenden Seiten zu geben, ist hier die komplette Pyramide des Frauen-Fußballs dargestellt. Auf den folgenden Seiten finden Sie alle Ergebnisse und Tabellen von der Bundes- bis zur Regionalliga.

Level	Liga	Staffeln
1	2 × CL **Bundesliga** ▽2	1
2	△2 **2. Bundesliga** ▽3	1
3	△0 **Regionalliga Nordost** ▽2 | △0 **Regionalliga Nord** ▽2 | △1 **Regionalliga West** ▽3 | △1 **Regionalliga Südwest** ▽3 | △1 **Regionalliga Süd** ▽4	5

Level 4 (Ligen von links nach rechts):

Level	VL Meckl.-Vorp.	LL Brandenburg	VL* Berlin	LL* Sachsen-Anhalt 1	LL* Sachsen-Anhalt 2	VL Thüringen	LL Sachsen	OL Schleswig-Holstein	OL Hamburg	OL Niedersachsen West	OL Niedersachsen Ost	VL Bremen	VL* Westfalen	VL* Niederrhein	VL* Mittelrhein	VL Rheinland	VL Südwest	VL Saarland	OL* Hessen	VL NordBaden	VL SüdBaden	VL Württemberg	OL* Bayern	Σ
4	●	●	●	●	●	●	●	●	●	●	●	●	●	●	●	●	●	●	●	●	●	●	●	21
5	KOL 3	KL 8	LL 2	RK 2	LK 2	LK 3	LL 2	LL 1	LL 4	LL 1	LL 3	LL 2	LL 2	BzL 3	LL 4	LL 1	VL 2				LL 2			50
6	—	KK 1	BzL 3	Kfd. 4	KOL 5	KL 8	KL 8	BzL 2	BzL 9	BzL 1	BzL 6	BzL 4	BzL 3	KK 5	BzL 3	BzL 2	GrL 6	LL 3	LL 2	LL 2	BzOL 7			84
7	—	—	Kfd. 2	—	—	KK 6	KL 2	KL 23	KL 1	KLA 24	KL 12	KLA 8	—	Kfd. 1	BzK 3	KOL 8	Kfd. 3	BzL 7	RgL 6	BzL 14				120
8	—	—	—	—	—	—	SoK 2	1KK 29	—	KLB 6	—	KLB 1	—	—	—	A-L 5	KL 1	KLA 5	BzL 14	KL 24				87
9	—	—	—	—	—	—	—	2KK 7	—	—	—	—	—	—	—	B-L 2	—	KLB 3	KL 5	KK 26				43
10	—	—	—	—	—	—	—	3KK 1	—	—	—	—	—	—	—	—	Kfd. 1	—	A-K 14					16
11	—	—	—	—	—	—	—	—	—	—	—	—	—	—	—	—	—	—	FzL 6					6
Σ	4	10	8	8	8	12	17	8	75	4	40	19	15	9	9	7	24	8	19	28	94			

Anmerkungen:
- Unabhängig von den offiziellen Ligenbezeichnungen sind hier für jeden Landesverband die pragmatischen Kürzel gelistet! Ein Stern* hinter dem Kürzel zeigt an, dass die entsprechende Liga (meist der höchste Level im Verband) X-Liga heißt, wobei dann X für den jeweiligen Landesverband steht. Und Sponsorennamen von irgendwelchen Staffeln sind hier in der Übersicht natürlich überhaupt nicht berücksichtigt.
- Erläuterung der Liga-Kürzel siehe Seite 376.
- Ab der 5. Liga ist für die einzelnen Verbände meist nur noch die Anzahl der Staffeln angegeben. Die Summen in der letzten Tabellenzeile beziehen sich auf Level 4 bis 9 (jeweils einschließlich; in Baden-Württemberg ab Level 5); die Summe aller Staffeln über alle Level beträgt **434**.
- Grundsätzlich sind Kleinfeld-Ligen bzw. 7er-, 9er- und „Flex"-Mannschaften mitgezählt, was gelegentlich schon ab Level 5 auftritt. Allerdings wurden solche Kleinfeldstaffeln bei gleicher Ligabezeichnung (vorgeblich „parallel liegende" Staffeln) generell entsprechend um ein Level herabgestuft (außer bei einem Fall in Bayern, wo ansonsten Level 12 erreicht würde).
- Der unterste Level in Bayern (meist reguläre Vereinsteams in Kleinfeld-Staffeln) wird offiz. missverständlich als „Freizeitliga" geführt.
- Traditionell spielen die A-Juniorinnen ja bei den (erwachsenen) Frauen mit, nur in einigen Landesverbänden (Niedersachsen; Nieder- und Mittelrhein; Nordbaden und Württemberg) existieren vereinzelt U19-Staffeln, welche hier aber nicht berücksichtigt sind.
- Bei einem Strukturwechsel innerhalb einer Liga während der Saison wurde meist die Staffelsituation zu Saisonbeginn berücksichtigt.
- Angegeben sind ferner i.d.R. die in der Mehrzahl verwendeten Staffelbezeichnungen, wiewohl diese in vielen Landesverbänden ab der Kreisebene auch auf dem gleichen Level durchaus variieren können!

Frauen-Bundesliga:

Frauen: Bundesliga

Pl.	(Vj.)	Mannschaft	Sp	S	U	N	Tore	TD	Pkt	Sp	S	U	N	Tore	Pkt	Sp	S	U	N	Tore	Pkt
			Gesamtbilanz							**Heimbilanz**						**Auswärtsbilanz**					
1.	(1.)	VfL Wolfsburg	22	19	2	1	94-11	+83	59	11	10	1	0	50- 1	31	11	9	1	1	44-10	28
2.	(2.)	FC Bayern München	22	17	4	1	75-18	+57	55	11	9	2	0	45- 8	29	11	8	2	1	30-10	26
3.	(4.)	1. FFC Turbine Potsdam 71	22	12	6	4	59-25	+34	42	11	7	4	0	29- 6	25	11	5	2	4	30-19	17
4.	(5.)	SGS Essen 19/68	22	11	8	3	50-28	+22	41	11	6	3	2	28-18	21	11	5	5	1	22-10	20
5.	(6.)	1. FFC Frankfurt	22	10	4	8	48-38	+10	34	11	4	4	3	22-20	16	11	6	0	5	26-18	18
6.	(8.)	TSG 1899 Hoffenheim	22	9	6	7	48-29	+19	33	11	6	1	4	25-12	19	11	3	5	3	23-17	14
7.	(3.)	SC Freiburg	22	7	5	10	41-33	+8	26	11	3	2	6	24-20	11	11	4	3	4	17-13	15
8.	(7.)	SC Sand	22	6	7	9	29-40	-11	25	11	4	3	4	16-17	15	11	2	4	5	13-23	10
9.	(9.)	MSV Duisburg	22	5	4	13	21-62	-41	19	11	3	2	6	14-31	11	11	2	2	7	7-31	8
10.	(↑)	Bayer 04 Leverkusen	22	5	3	14	22-75	-53	18	11	4	2	5	13-28	14	11	1	1	9	9-47	4
11.	(10.)	SV Werder Bremen ↓	22	4	4	14	23-48	-25	16	11	3	2	6	15-18	11	11	1	2	8	8-30	5
12.	(↑)	Borussia Mönchengladbach ↓	22	0	1	21	7-110	-103	1	11	0	1	10	5-52	1	11	0	0	11	2-58	0

Teilnehmer an der UEFA Women's CL: VfL Wolfsburg und FC Bayern München.
Absteiger in die 2. Bundesliga: Borussia Mönchengladbach und SV Werder Bremen.
Aufsteiger aus der 2. Bundesliga: 1. FC Köln und FF USV Jena (Meister FC Bayern München II und Vizemeister VfL Wolfsburg II sind nicht aufstiegsberechtigt).

Frauen: Bundesliga 2018/19

	VfL Wolfsburg	Bayern München	Turbine Potsdam	SGS Essen	1. FFC Frankfurt	TSG Hoffenheim	SC Freiburg	SC Sand	MSV Duisburg	Bayer Leverkusen	Werder Bremen	Mönchengladbach
VfL Wolfsburg	×	6:0	2:0	0:0	3:0	3:1	3:0	7:0	5:0	7:0	6:0	8:0
FC Bayern München	4:2	×	5:0	2:2	3:1	2:1	3:0	1:1	4:0	8:0	4:1	9:0
1. FFC Turbine Potsdam 71	1:1	1:1	×	2:2	3:1	1:1	2:0	2:0	3:0	3:0	5:0	6:0
SGS Essen 19/68	0:5	0:2	3:2	×	4:3	2:2	2:2	1:0	6:0	5:0	2:2	3:0
1. FFC Frankfurt	2:6	0:3	3:3	1:1	×	1:4	0:0	1:0	0:0	4:2	2:1	8:0
TSG 1899 Hoffenheim	0:1	0:1	1:0	1:2	0:1	×	2:1	4:0	3:3	6:2	4:0	4:1
SC Freiburg	2:3	1:2	1:2	1:2	3:4	3:2	×	2:2	0:2	6:0	1:1	4:0
SC Sand	0:9	1:1	2:3	0:1	0:1	2:2	0:0	×	1:0	3:0	2:0	5:0
MSV Duisburg	1:2	0:4	1:8	0:4	0:2	2:2	1:6	2:2	×	1:0	3:0	3:1
Bayer 04 Leverkusen	0:5	1:10	1:1	2:1	0:3	0:3	0:3	1:1	4:1	×	1:0	3:0
SV Werder Bremen	0:3	0:1	0:4	1:1	2:1	1:1	0:3	1:3	5:0	0:1	×	5:0
Borussia Mönchengladbach	0:7	0:5	0:7	0:6	0:9	0:4	0:2	1:4	0:1	4:4	0:3	×

Die Torschützenköniginnen der Frauen-Bundesliga:

Saison	Spielerin (Mannschaft)	Tore
1990/91	S: Mohr, Heidi (TuS Niederkirchen)	36
	N: Kern, Edith (TSV Siegen)	21
1991/92	S: Mohr, Heidi (TuS Niederkirchen)	24
	N: Fitschen, Doris (Eintr. Wolfsburg)	17
	Kubat, Michaela (GW Brauweiler)	17
1992/93	S: Mohr, Heidi (TuS Niederkirchen)	21
	N: Fitschen, Doris (TSV Siegen)	15
1993/94	S: Mohr, Heidi (TuS Niederkirchen)	28
	N: Fitschen, Doris (TSV Siegen)	23
1994/95	S: Mohr, Heidi (TuS Ahrbach)	27
	N: Meinert, Maren (Rumeln-Kaldenh.)	21
1995/96	S: Smisek, Sandra (FSV Frankfurt)	29
	N: Holinka, Carmen (GW Brauweiler)	28
1996/97	S: Prinz, Birgit (FSV Frankfurt)	20
	N: Wiegmann, Britta (GW Brauweiler)	18
1997/98	Prinz, Birgit (FSV Frankfurt)	23
1998/99	Grings, Inka (FCR Duisburg 55)	25
1999/00	Grings, Inka (FCR Duisburg 55)	38
2000/01	Prinz, Birgit (1. FFC Frankfurt)	24
2001/02	Pohlers, Conny (Turbine Potsdam)	27
2002/03	Grings, Inka (FCR 2001 Duisburg)	20
2003/04	Garefrekes, Kerstin (FFC H. Rheine)	26
2004/05	Thompson, Shelley (FCR Duisburg)	30
2005/06	Pohlers, Conny (Turbine Potsdam)	36
2006/07	Prinz, Birgit (1. FFC Frankfurt)	28
2007/08	Grings, Inka (FCR 2001 Duisburg)	26
2008/09	Grings, Inka (FCR 2001 Duisburg)	29
2009/10	Grings, Inka (FCR 2001 Duisburg)	28
2010/11	Pohlers, Conny (1. FFC Frankfurt)	25
2011/12	Anomna Genoveva (Turb. Potsdam)	22
2012/13	Ogimi, Yuki (1. FFC Turbine Potsdam)	18
2013/14	Sasic, Celia (1. FFC Frankfurt)	20
2014/15	Sasic, Celia (1. FFC Frankfurt)	21
2015/16	Islacker, Mandy (1. FFC Frankfurt)	17
2016/17	Islacker, Mandy (1. FFC Frankfurt)	19
2017/18	Harder, Pernille (VfL Wolfsburg)	17
2018/19	Pajor, Ewa (VfL Wolfsburg)	24

Termine und Ergebnisse der Frauen-Bundesliga Saison 2018/19 Hinrunde

1. Spieltag
15.09.2018 MSV Duisburg – SGS Essen 0:4 (0:1)
16.09.2018 Bor. M'Gladbach – Werder Bremen 0:3 (0:1)
16.09.2018 1899 Hoffenheim – Turbine Potsdam 1:0 (0:0)
16.09.2018 SC Sand – SC Freiburg 0:0 (0:0)
16.09.2018 VfL Wolfsburg – 1. FFC Frankfurt 3:0 (1:0)
16.09.2018 Bay. Leverkusen – Bayern München 1:10 (1:3)

2. Spieltag
23.09.2018 1. FFC Frankfurt – 1899 Hoffenheim 1:4 (0:2)
23.09.2018 Bayern München – MSV Duisburg 4:0 (1:0)
23.09.2018 Werder Bremen – Bay. Leverkusen 0:1 (0:1)
23.09.2018 Turbine Potsdam – SC Sand 2:0 (2:0)
23.09.2018 SC Freiburg – Bor. M'Gladbach 4:0 (2:0)
23.09.2018 SGS Essen – VfL Wolfsburg 0:5 (0:0)

3. Spieltag
29.09.2018 Turbine Potsdam – 1. FFC Frankfurt 3:1 (2:0)
30.09.2018 1899 Hoffenheim – SGS Essen 1:2 (1:1)
30.09.2018 SC Sand – Bor. M'Gladbach 5:0 (3:0)
30.09.2018 VfL Wolfsburg – Bayern München 6:0 (2:0)
30.09.2018 MSV Duisburg – Werder Bremen 3:0 (1:0)
30.09.2018 Bay. Leverkusen – SC Freiburg 0:3 (0:2)

4. Spieltag
13.10.2018 Bayern München – 1899 Hoffenheim 2:1 (1:0)
14.10.2018 1. FFC Frankfurt – SC Sand 1:0 (0:0)
14.10.2018 Bor. M'Gladbach – Bay. Leverkusen 4:4 (2:0)
14.10.2018 Werder Bremen – VfL Wolfsburg 0:3 (0:2)
14.10.2018 SGS Essen – Turbine Potsdam 3:2 (1:1)
14.10.2018 SC Freiburg – MSV Duisburg 0:2 (0:1)

5. Spieltag
21.10.2018 1. FFC Frankfurt – SGS Essen 1:1 (1:1)
21.10.2018 1899 Hoffenheim – Werder Bremen 4:0 (0:0)
21.10.2018 VfL Wolfsburg – SC Freiburg 3:0 (2:0)
21.10.2018 SC Sand – Bay. Leverkusen 3:0 (1:0)
21.10.2018 MSV Duisburg – Bor. M'Gladbach 3:1 (2:1)
21.10.2018 Turbine Potsdam – Bayern München 1:1 (1:1)

6. Spieltag
24.10.2018 SC Freiburg – 1899 Hoffenheim 3:2 (0:0)
24.10.2018 Bayern München – 1. FFC Frankfurt 3:1 (1:1)
24.10.2018 SGS Essen – SC Sand 1:0 (0:0)
24.10.2018 Bor. M'Gladbach – VfL Wolfsburg 0:7 (0:3)
24.10.2018 Werder Bremen – Turbine Potsdam 0:4 (0:2)
24.10.2018 Bay. Leverkusen – MSV Duisburg 4:1 (2:0)

7. Spieltag
27.10.2018 VfL Wolfsburg – Bay. Leverkusen 7:0 (3:0)
28.10.2018 SC Sand – MSV Duisburg 1:0 (1:0)
28.10.2018 1. FFC Frankfurt – Werder Bremen 2:1 (1:0)
28.10.2018 1899 Hoffenheim – Bor. M'Gladbach 4:1 (2:1)
28.10.2018 SGS Essen – Bayern München 0:2 (0:0)
28.10.2018 Turbine Potsdam – SC Freiburg 2:0 (1:0)

8. Spieltag
03.11.2018 Bay. Leverkusen – 1899 Hoffenheim 0:3 (0:1)
04.11.2018 Bor. M'Gladbach – Turbine Potsdam 0:7 (0:3)
04.11.2018 Werder Bremen – SGS Essen 1:1 (1:1)
04.11.2018 MSV Duisburg – VfL Wolfsburg 1:2 (0:0)
04.11.2018 SC Freiburg – 1. FFC Frankfurt 3:4 (2:1)
04.11.2018 Bayern München – SC Sand 1:1 (1:0)

9. Spieltag
24.11.2018 SGS Essen – SC Freiburg 2:2 (1:1)
24.11.2018 1. FFC Frankfurt – Bor. M'Gladbach 8:0 (5:0)
25.11.2018 1899 Hoffenheim – MSV Duisburg 3:3 (0:1)
25.11.2018 SC Sand – VfL Wolfsburg 0:9 (0:3)
25.11.2018 Bayern München – Werder Bremen 4:1 (1:0)
25.11.2018 Turbine Potsdam – Bay. Leverkusen 3:0 (2:0)

10. Spieltag
02.12.2018 Bor. M'Gladbach – SGS Essen 0:6 (0:2)
02.12.2018 SC Sand – Werder Bremen 2:0 (2:0)
02.12.2018 SC Freiburg – Bayern München 1:2 (1:1)
02.12.2018 MSV Duisburg – Turbine Potsdam 1:8 (1:5)
02.12.2018 Bay. Leverkusen – 1. FFC Frankfurt 0:3 (0:2)
02.12.2018 VfL Wolfsburg – 1899 Hoffenheim 3:1 (3:1)

11. Spieltag
05.12.2018 Werder Bremen – SC Freiburg 0:3 (0:1)
05.12.2018 Bayern München – Bor. M'Gladbach 9:0 (7:0)
05.12.2018 1. FFC Frankfurt – MSV Duisburg 0:0 (0:0)
05.12.2018 1899 Hoffenheim – SC Sand 4:0 (1:0)
05.12.2018 Turbine Potsdam – VfL Wolfsburg 1:1 (0:0)
05.12.2018 SGS Essen – Bay. Leverkusen 5:0 (1:0)

Termine und Ergebnisse der Frauen-Bundesliga Saison 2018/19 Rückrunde

12. Spieltag
09.12.2018 1. FFC Frankfurt – VfL Wolfsburg 2:6 (1:3)
09.12.2018 Werder Bremen – Bor. M'Gladbach 5:0 (0:0)
09.12.2018 SC Freiburg – SC Sand 2:2 (0:1)
09.12.2018 SGS Essen – MSV Duisburg 6:0 (2:0)
09.12.2018 Bayern München – Bay. Leverkusen 8:0 (2:0)
09.12.2018 Turbine Potsdam – 1899 Hoffenheim 1:1 (0:0)

13. Spieltag
16.12.2018 Bor. M'Gladbach – SC Freiburg 0:2 (0:1)
16.12.2018 Bay. Leverkusen – Werder Bremen 1:0 (1:0)
16.12.2018 MSV Duisburg – Bayern München 0:4 (0:0)
16.12.2018 VfL Wolfsburg – SGS Essen 0:0 (0:0)
10.02.2019 1899 Hoffenheim – 1. FFC Frankfurt 0:1 (0:1)
10.02.2019 SC Sand – Turbine Potsdam 2:3 (1:1)

14. Spieltag
17.02.2019 Bor. M'Gladbach – SC Sand 1:4 (0:3)
17.02.2019 1. FFC Frankfurt – Turbine Potsdam 3:3 (1:2)
17.02.2019 Werder Bremen – MSV Duisburg 5:0 (2:0)
17.02.2019 SC Freiburg – Bay. Leverkusen 6:0 (3:0)
17.02.2019 SGS Essen – 1899 Hoffenheim 2:2 (0:1)
17.02.2019 Bayern München – VfL Wolfsburg 4:2 (2:0)

15. Spieltag
23.02.2019 Turbine Potsdam – SGS Essen 2:2 (1:2)
23.02.2019 Bay. Leverkusen – Bor. M'Gladbach 3:0 (2:0)
23.02.2019 MSV Duisburg – SC Freiburg 1:6 (0:3)
24.02.2019 SC Sand – 1. FFC Frankfurt 0:1 (0:1)
24.02.2019 VfL Wolfsburg – Werder Bremen 6:0 (3:0)
24.02.2019 1899 Hoffenheim – Bayern München 0:1 (0:1)

16. Spieltag
16.03.2019 SGS Essen – 1. FFC Frankfurt 4:3 (2:0)
17.03.2019 Werder Bremen – 1899 Hoffenheim 1:1 (1:0)
17.03.2019 SC Freiburg – VfL Wolfsburg 2:3 (1:1)
17.03.2019 Bayern München – Turbine Potsdam 5:0 (3:0)
17.03.2019 Bay. Leverkusen – SC Sand 1:1 (0:0)
27.03.2019 Bor. M'Gladbach – MSV Duisburg 0:1 (0:0)

17. Spieltag
23.03.2019 1899 Hoffenheim – SC Freiburg 2:1 (1:1)
24.03.2019 SC Sand – SGS Essen 0:1 (0:1)
24.03.2019 Turbine Potsdam – Werder Bremen 5:0 (2:0)
24.03.2019 MSV Duisburg – Bay. Leverkusen 1:0 (0:0)
24.03.2019 VfL Wolfsburg – Bor. M'Gladbach 8:0 (3:0)
24.03.2019 1. FFC Frankfurt – Bayern München 0:3 (0:0)

18. Spieltag
14.04.2019 MSV Duisburg – SC Sand 2:2 (1:0)
14.04.2019 Werder Bremen – 1. FFC Frankfurt 2:1 (1:0)
14.04.2019 Bor. M'Gladbach – 1899 Hoffenheim 0:4 (0:1)
14.04.2019 SC Freiburg – Turbine Potsdam 1:2 (0:0)
14.04.2019 Bay. Leverkusen – VfL Wolfsburg 0:5 (0:3)
14.04.2019 Bayern München – SGS Essen 2:2 (1:1)

19. Spieltag
17.04.2019 SC Sand – Bayern München 1:1 (1:1)
20.04.2019 1. FFC Frankfurt – SC Freiburg 0:0 (0:0)
20.04.2019 1899 Hoffenheim – Bay. Leverkusen 6:2 (2:2)
21.04.2019 Turbine Potsdam – Bor. M'Gladbach 6:0 (2:0)
22.04.2019 VfL Wolfsburg – MSV Duisburg 5:0 (2:0)
22.04.2019 SGS Essen – Werder Bremen 2:2 (0:1)

20. Spieltag
28.04.2019 Bor. M'Gladbach – 1. FFC Frankfurt 0:9 (0:4)
28.04.2019 VfL Wolfsburg – SC Sand 7:0 (5:0)
28.04.2019 SC Freiburg – SGS Essen 1:2 (0:0)
28.04.2019 Bay. Leverkusen – Turbine Potsdam 1:1 (0:1)
28.04.2019 MSV Duisburg – 1899 Hoffenheim 2:2 (1:2)
08.05.2019 Werder Bremen – Bayern München 0:1 (0:0)

21. Spieltag
05.05.2019 Werder Bremen – SC Sand 1:3 (1:3)
05.05.2019 1899 Hoffenheim – VfL Wolfsburg 0:1 (0:1)
05.05.2019 Turbine Potsdam – MSV Duisburg 3:0 (1:0)
05.05.2019 1. FFC Frankfurt – Bay. Leverkusen 4:2 (2:1)
05.05.2019 SGS Essen – Bor. M'Gladbach 3:0 (1:0)
05.05.2019 Bayern München – SC Freiburg 3:0 (0:0)

22. Spieltag
12.05.2019 SC Freiburg – Werder Bremen 1:1 (1:1)
12.05.2019 Bor. M'Gladbach – Bayern München 0:5 (0:1)
12.05.2019 Bay. Leverkusen – SGS Essen 2:1 (0:1)
12.05.2019 MSV Duisburg – 1. FFC Frankfurt 0:2 (0:2)
12.05.2019 VfL Wolfsburg – Turbine Potsdam 2:0 (0:0)
12.05.2019 SC Sand – 1899 Hoffenheim 2:2 (0:2)

SV Werder Bremen von 1899

Anschrift:
Franz-Böhmert-Straße 1
28205 Bremen
Telefon: (04 21) 43 45 90
eMail: birte.brueggemann@werder.de
Homepage: www.werder.de/teams/frauen

Vereinsgründung: 04.02.1899 als FV Werder; seit 19.01.1920 SV Werder Bremen
2007 Gründung der Frauen-Fußballabteilung

Vereinsfarben: Grün-Weiß
Präsident: Hubertus Hess-Grunewald
Leiterin Fr.Fußball: Birte Brüggemann

Stadion: Weserstadion Platz 11 (5.500)

Größte Erfolge: Meister der 2. Bundesliga Nord 2015 (↑) und 2017 (↑); Meister der Regionalliga Nord 2009; Bremer Landespokalsieger 2008 und 2009

Aufgebot:

Name, Vorname		geb. am	Nat.	seit	2018/19 Sp.	T.	Gesamt Sp.	T.	frühere Vereine
Avant, Rachel		22.09.1993	USA	2018	12	0	12	0	1. FFC Frankfurt, Kungsbacka DFF, University of Louisville Cardinals, Des Moines Menace, Iowa Central Community College Triton, Florida Rush
Becker, Bianca		24.03.1998	D	2018	1	0	1	0	TV Jahn Delmenhorst, SV Werder Bremen, VfL Stenum, TSV Ganderkesee
Borbe, Anneke	T	17.09.2000	D	2015	15	0	28	0	SC Nienstedten, SpVgg Lieth
Calò, Francesca		25.05.1995	SUI	2018	5	0	5	0	BSC Young Boys Bern Frauen, FC Köniz, FC Walperswil, FC Goldstern
Cerci, Selina		31.05.2000	D	2018	13	5	13	5	FC Bayern München, Magdeburger FFC, Holstein Kiel
Clausen, Nora		08.02.2001	D	2017	3	0	15	3	Uhlenhorster SC Paloma
Gieseke, Franziska		24.03.1998	D	2017	9	0	17	2	SV Meppen, SV Quilt Ankum [C-Junioren], SV DJK Schlichthorst, SV Alfhausen
Goddard, Stephanie		15.02.1988	D	2011	14	0	77	17	Virginia Beach Piranhas, SG Essen-Schönebeck, FC Rumeln 2001 Duisburg, FC Gütersloh 2000, SV Avenwedde
Golebiewski, Jessica		13.09.1991	D	2009	0	0	10	0	SFL Bremerhaven, SC Sparta Bremerhaven, SFL Bremerhaven, SC Bremerhaven
Hamidovic, Adina		26.04.1998	AUT	2018	1	0	4	0	SC Sand, SKN St. Pölten, FSK St. Pölten-Spratzem, SKV Altenmarkt, FSK St. Pölten-Spratzern, SC Young Stars Wien
Hausicke, Lina		30.12.1997	D	2017	19	0	93	4	FF USV Jena, FSV Grün-Weiß Stadtroda
Hoffmann, Giovanna		20.09.1998	D	2012	7	0	15	2	SC Lehe-Spaden, TSV Imsum
Horvat, Sabrina		03.07.1997	AUT	2018	18	0	18	0	FC Basel, FC St. Gallen-Staad, SG Fussach, FC Höchst
Kersten, Alicia		22.07.1998	D	2013	12	1	25	1	JFV Bremerhaven, Leher TS, TuSpo Surheide, SV Rot-Weiß Cuxhaven
König, Cindy		15.08.1993	D	2007	8	0	47	4	Geestemünder SC, SC Sparta Bremerhaven
Kofler, Julia		02.09.1998	AUT	2018	15	1	15	1	SK Sturm Graz, FC Stattegg, FC Nassfeld Hermagor, SV Spittal/Drau, SK Kirchbach, SC Hermagor
Kulla, Olivia		26.04.1997	D	2011	0	0	0	0	TSV Barrien, FC Syke 01, TSV Hassel
Lührßen, Nina		21.11.1999	D	2012	0	0	19	3	TS Woltmershausen, TSV Hasenbüren
Nati, Sofia		19.04.1993	D	2019	4	3	107	27	PSV Eindhoven, MSV Duisburg, FC Rumeln 2001 Duisburg, SC 07 Bad Neuenahr, SG Essen-Schönebeck, DJK Arminia Klosterhardt, SG Osterfeld
Pauels, Lena	T	02.02.1998	D	2015	7	0	18	0	SGS Essen 19/68, Kevelaerer SV
Schiechtl, Katharina		27.02.1993	AUT	2013	17	4	58	8	FC Wacker Tirol, SV Karres
Scholz, Lisa-Marie		19.11.1988	D	2009	21	2	96	4	FC Gütersloh 2000, FFC Heike Rheine, TuS Glane
Steuerwald, Samantha		11.10.1998	D	2018	8	0	8	0	VfL Wolfsburg, Bramfelder SV
Tóth, Gabriella		16.12.1986	HUN	2015	22	2	68	3	1. FC Lübars, 1. FC Lok Leipzig, Viktoria FC Szombathely, Debreceni VSC
Ulbrich, Michelle		03.11.1996	D	2011	14	1	53	2	BTS Neustadt
Volkmer, Verena		10.03.1996	D	2014	19	2	40	5	Magdeburger FFC, TuS Woltersdorf, SC Lüchow, TSV Meyenburg
Wensing, Luisa		08.02.1993	D	2018	22	0	136	8	VfL Wolfsburg, FC Rumeln 2001 Duisburg, SV Rheinwacht Erfgen
Wichmann, Reena		12.01.1998	D	2018	20	2	24	3	Elon University Phoenix, SV Werder Bremen, VfL 07 Bremen, SG Findorff
Witte, Kira	T	16.09.2002	D	2018	0	0	0	0	BV Cloppenburg, SV Bühren

Trainer:

Name, Vorname	geb. am	Nat.	Zeitraum	Spiele 2018/19	frühere Trainerstationen
Roth, Carmen	02.01.1979	D	01.07.17 – 30.06.19	22	FC Bayern München II, FC Bayern München U17, FFC Wacker München 99 (Co-Trainerin)

Zugänge:
Avant (1. FFC Frankfurt II), Becker (TV Jahn Delmenhorst), Calò (BSC Young Boys Bern), Cerci (FC Bayern München II), Hamidovic (SC Sand), Horvat (FC Basel), Kofler (SK Sturm Graz), Steuerwald (VfL Wolfsburg II), Wensing (VfL Wolfsburg), Wichmann (Elon University Phoenix), Witte (BV Cloppenburg).
während der Saison:
Nati (zuletzt vereinslos, vorher PSV/FC Eindhoven).

Abgänge:
Angrick (VfL Bochum), Bockhorst (ATS Buntentor), Eta (Laufbahn beendet), Josten (BV Cloppenburg), Martens (Laufbahn beendet), Schröder (TuS Schwachhausen), Wolter (VfL Wolfsburg).
während der Saison:
Becker (SV Meppen).

Fortsetzung SV Werder Bremen

Spielaufstellungen und Torschützinnen:

Sp	Datum		Gegner	Ergebnis	Avant	Becker	Borbe	Calò	Cerci	Clausen	Gieseke	Goddard	Hamidovic	Hausicke	Hoffmann	Horvat	Kersten	König	Kofler	Nati	Pauels	Schiechtl	Scholz	Steuerwald	Tóth	Ulbrich	Volkmer	Wensing	Wichmann
					1	2	3	4	5	6	7	8	9	10	11	12	13	14	15	16	17	18	19	20	21	22	23	24	25
1	16.09.18	A	Mönchengladbach	3:0 (1:0)								E		X			X	E	X			X	X	X1	A	X1		A	X	X1
2	23.09.18	H	Bayer 04 Leverkusen	0:1 (0:1)							E	A		X			X		X			X	X	X	A	X		E	X	X
3	30.09.18	A	MSV Duisburg	0:3 (0:1)								E		X		A	A	A	E			X	X	X	X	X		E	X	X
4	14.10.18	H	VfL Wolfsburg	0:3 (0:2)	A	E		X				X	E				X	A		E		X	X		A	X			X	X	X
5	21.10.18	A	1899 Hoffenheim	0:4 (0:0)	E			X				A		X		A	E	X				X	X	X	A	X			X	E	E
6	24.10.18	H	Turbine Potsdam	0:4 (0:2)	A						E			X		X	E	E				X	X	X	A	X		A	X	X	X
7	28.10.18	A	1. FFC Frankfurt	1:2 (0:1)	A		X			E		E		X			X		A				X1	X	E	X		X	X	X	A
8	04.11.18	H	SGS Essen	1:1 (1:1)	X		X				E	E		X			A		X				A1	X	EA	X		X	X	X	X
9	25.11.18	A	FC Bayern München	1:4 (0:1)	X		X		E			A		X		A	X		E				X		A	X	X1		X	X	E
10	02.12.18	A	SC Sand	0:2 (0:2)	X		X	E	E			X		X		A	A						X		X	X	X		X	X	E
11	05.12.18	H	SC Freiburg	0:3 (0:1)	X		X	E	A			X				E	A		E				X		X	X	A		X	X	X
12	09.12.18	H	Mönchengladbach	5:0 (0:0)	X		X	X2	E		A	X				E	A1		E				X		X1	X1	A		X		
13	16.12.18	A	Bayer 04 Leverkusen	0:1 (0:1)	A		X	X	E			X		X			A	E	E				X		X	X	X		E	X	
14	17.02.19	H	MSV Duisburg	5:0 (2:0)			X		E			X		A	A			A1	X2			X1	X1		X	X	E		X	E	
15	24.02.19	A	VfL Wolfsburg	0:6 (0:3)			X					X			A	E	E		A	X			X	X	X	X	E		X	A	
16	17.03.19	H	1899 Hoffenheim	1:1 (1:0)			X		E			A	X	E			A	A1	X	X			X	X	X	X			X		E
17	24.03.19	A	Turbine Potsdam	0:5 (0:2)	E		X		X			X	A				A		A				X	X	X	X	E		X	E	E
18	14.04.19	H	1. FFC Frankfurt	2:1 (1:0)			X		X2		E	X				E	E		A				X	X	X	X	A		X	A	
19	22.04.19	A	SGS Essen	2:2 (1:0)	E		X		X		E	X				E			A				X	A	X	X	X		A1	X	X1
20	05.05.19	H	SC Sand	1:3 (1:3)			X	E	X		E	X	E				A					X1	X		X	X	A		X	A	
21	08.05.19	H	FC Bayern München	0:1 (0:0)			X		A		E	X	A				E					X	X		X	X	E		X	X	
22	12.05.19	A	SC Freiburg	1:1 (1:1)			X		A1		E	X	X	E			E					X	X		X	X	A		X	A	
	Spiele:				12	1	15	5	13	3	9	14	1	19	7	18	12	8	15	4	7	17	21	8	22	14	19	22	20		
	Tore:				0	0	0	0	5	0	0	0	0	0	0	0	1	0	1	3	0	4	2	0	2	1	2	0	2		

Bilanz der letzten 10 Jahre:

Saison	Lv.	Liga		Platz	Sp.	S	U	N	Tore	Pkt.
2008/09:	3	Regionalliga Nord	↑	1.	22	16	4	2	76-23	52
2009/10:	2	2. Bundesliga Nord		7.	22	8	5	9	29-37	29
2010/11:	2	2. Bundesliga Nord		5.	22	11	3	8	35-29	36
2011/12:	2	2. Bundesliga Nord		5.	22	9	4	9	38-37	31
2012/13:	2	2. Bundesliga Nord		5.	22	13	3	6	54-32	42
2013/14:	2	2. Bundesliga Nord		3.	22	11	1	10	60-38	34
2014/15:	2	2. Bundesliga Nord	↑	2.	22	16	1	5	71-25	49
2015/16:	1	Bundesliga	↓	11.	22	3	4	15	17-53	13
2016/17:	2	2. Bundesliga Nord	↑	1.	22	19	2	1	96-19	59
2017/18:	1	Bundesliga		10.	22	3	5	14	26-59	14

Die meisten Spiele in der Bundesliga:

Pl.	Name, Vorname	Spiele
1.	Scholz, Lisa-Marie	64
2.	Tóth, Gabriela	63
3.	Schiechtl, Katharina	58
4.	Ulbrich, Michelle	53
5.	König, Cindy	47
6.	Eta, Marie-Louise	42
7.	Hausicke, Lina	40
	Volkmer, Verena	40
9.	Goddard, Stephanie	33
10.	Wolter, Pia-Sophie	29

Die meisten Tore in der Bundesliga:

Pl.	Name, Vorname	Tore
1.	Schiechtl, Katharina	8
2.	Cerci, Celina	5
	Eta, Marie-Louise	5
	Volkmer, Verena	5
5.	König, Cindy	4

Zuschauerzahlen:

Saison	gesamt	Spiele	Schnitt
2008/09:		11	
2009/10:	1.707	11	155
2010/11:	1.784	11	162
2011/12:	1.290	11	117
2012/13:	1.198	11	109
2013/14:	1.050	11	95
2014/15:	1.964	11	179
2015/16:	5.817	11	529
2016/17:	2.432	11	221
2017/18:	3.937	11	358

Die Trainer/innen der letzten Jahre:

Name, Vorname	Zeitraum
Schwalenberg, Frank	01.07.2007 – 06.12.2007
Brüggemann, Birte	06.12.2007 – 30.06.2010
Stemmann, Holger	01.07.2010 – 02.03.2011
Brüggemann, Birte (IT)	02.03.2010 – 30.06.2011
Hofmann, Dirk	01.07.2011 – 08.05.2012
Brüggemann, Birte	08.05.2012 – 30.06.2013
Freyhad, Chadia	01.07.2013 – 30.06.2015
Rau, Steffen	01.07.2015 – 30.06.2017

Meidericher SpV 02 Duisburg

Anschrift:
Margaretenstraße 5 - 7
47055 Duisburg
Telefon: (02 03) 93 10 10 61
eMail: alexa.goetze@msv-duisburg.de
Homepage: www.msv-duisburg.de

Vereinsgründung: 17.09.1902 (Gesamtverein) als Meidericher Spielverein 1902;
01.01.2014 Gründung Frauen-Fußballabt. nach Beitritt des FCR 2001 DU

Vereinsfarben: Blau-Weiß
Vorstands-Vors.: Ingo Wald
Abteilungsleiter: Dennis Gerritzen

Stadion:
PCC-Stadion Homberg (5.000)

Größte Erfolge: Meister der 2. Bundesliga Nord 2017 (↑)

Aufgebot:

Name, Vorname	geb. am	Nat.	seit	2018/19 Sp.	T.	Gesamt Sp.	T.	frühere Vereine
Angerer, Alina	04.02.1998	D	2017	8	0	8	0	SV Frauenbiburg, 1. FC Passau, DJK Sonnen
Ciesielska, Symela	07.11.1990	POL	2017	8	0	15	0	DSC Arminia Bielefeld, KS AZS Wroclaw, KKPK Medyk Konin, KS AZS Wroclaw
Debitzki, Julia	25.06.1991	D	2014	10	0	84	1	FC Rumeln 2001 Duisburg, SC Bad Neuenahr, SG Wattenscheid 09, FC Rumeln 2001 Duisburg, TuS Asterlagen
Dunst, Barbara	25.09.1997	AUT	2017	22	2	53	2	Bayer 04 Leverkusen, SKN St. Pölken, ASV Spratzern, LUV Graz, SC St. Ruprecht/Raab, SV Anger
Gottschling, Naomi	20.08.2001	D	2014	8	0	8	0	FC Rumeln 2001 Duisburg, SuS 09 Dinslaken
Härling, Carolin-Sophie	20.03.1991	D	2018	2	0	22	0	1. FFC Fortuna Dresden, SV Eintracht Leipzig-Süd, 1. FC Lok Leipzig, Leipziger FC 07, FC Sachsen Leipzig
Halverkamps, Antonia-Johanna	29.10.2000	D	2015	13	1	13	1	GSG Duisburg
Harsányová, Lucia	27.08.1990	SVK	2017	8	2	28	4	Hellas Verona CF, MSV Duisburg, FC Neunkirch, FC Neulengbach, SK Slovan Bratislava, TJ Skloplast Trnava
Himmighofen, Marina	11.11.1984	D	2017	5	0	284	1	MSV Duisburg, FC Rumeln 2001 Duisburg, SG Essen-Schönebeck, SC Bad Neuenahr, TuS Ahrbach, TV Bornich, SC Weyer
Hoppius, Dörthe	22.05.1996	D	2018	22	8	22	8	San José State University Spartans, VfL Bochum, SSV Rhade, BHV Dorsten
Kämper, Meike	T 23.04.1994	D	2014	22	0	65	0	FC Rumeln 2001 Duisburg, VfL Sportfreunde 07 Essen
Lange, Nina	14.07.1998	D	2018	13	0	13	0	DSC Arminia Bielefeld, HSV Borussia Friedenstal, FSV Gütersloh 2009, Rot-Weiß Rehme, SV Eidinghausen-Werste
Lücker, Laura	T 17.03.1999	D	2018	0	0	0	0	1. FFC Frankfurt, Freie SpVgg Münster
Makas, Lisa Marie	11.05.1992	AUT	2016	14	4	27	5	SC Freiburg, ASV Spratzern, SKV Altenmarkt, SC Berndorf, SC Weissenbach
Moore, Meikayla Jean-Maree	04.06.1996	NZL	2018	20	1	28	1	1. FC Köln, Norwest United, Eastern Suburbs FC, Coastal Spirit FC, Canterbury School of Football, Lynn Avon United, Burwood AFC
Morina, Geldona	08.11.1993	ALB	2017	18	0	55	4	FSV Gütersloh 2009, MSV Duisburg, SGS Essen 19/68, FC Rumeln 2001 Duisburg 2001, SGS Essen 19/68, SuS 21 Oberhausen
O'Riordan, Claire	12.10.1994	IRL	2018	22	0	22	0	Wexford Youths WFC, Monagea LFC, Newcastle West Limerick
Radtke, Kathleen	31.01.1985	D	2016	20	1	132	9	Manchester City, FC Rosengard, FF USV Jena, 1. FC Lok Leipzig, CFC Germania 03 Köthen, 1. FFC Turbine Potsdam 71, Hallescher FC, CFC Germania 03 Köthen, VfB Gröbzig
Richter, Magdalena	07.07.1992	D	2017	14	0	32	0	FSV Gütersloh 2009, VfL Bochum, DJK-SV Billerbeck, DJK Eintracht Coesfeld, Fortuna Seppenrade, SC Union Lüdinghausen
Rolston, Emma	10.11.1996	NZL	2018	5	1	5	1	Wellington United, Sydney FC, Illawarra Stingrays, Forrest Hill Milford United AFC, Waterside Karori AFC, Western Suburbs
Rybacki, Pia Sophie	10.05.1999	D	2017	13	0	13	0	SGS Essen 19/68
Stoller, Sabine	02.09.1991	D	2018	8	0	57	5	Mislata CF, SC Freiburg, SC Sand, Colorado Pride, TSG 1899 Hoffenheim, AF Rodez, TSG 1899 Hoffenheim, ASV Feudenheim
Takahashi, Fuko	02.11.1998	JPN	2016	1	0	1	0	JFA Academy Fukushima
Wilkes, Myia	06.02.1996	CAN	2019	1	0	1	0	Medkila IL, Calgary Foothills, San José State University Spartans, Calgary Rangers FC 96
Zielinski, Yvonne	01.12.1989	D	2016	22	1	80	4	1. FC Köln, FC Rumeln 2001 Duisburg, DJK-VfL Willich, SC 08 Schiefbahn

Trainer:

Name, Vorname	geb. am	Nat.	Zeitraum	Spiele 2018/19	frühere Trainerstationen
Gerstner, Thomas	06.11.1966	D	26.02.2018 – lfd.	22	Nationaltrainer Nordkorea U19/U20, (nachfolgende Stationen ausschließlich im Männerfußball) Offenbacher FC Kickers, DSC Arminia Bielefeld, SK Sturm Graz, FC Schönberg 95, Trainer VDV-Camp, SV Straelen (ST), FC Carl Zeiss Jena

Zugänge:
Angerer, Gottschling, Halverkamps (II. Mannschaft), Härling (1. FFC Fortuna Dresden), Hoppius (San José State University), Lange (DSC Arminia Bielefeld), Lücker (1. FFC Frankfurt), Moore (1. FC Köln), O'Riordan (Wexford Youths WFC), Rolston (Sydney FC), Rybacki (II. Mannschaft), Stoller (Mislata CF), Takahashi (II. Mannschaft).
während der Saison:
Harsányová (Hellas Verona CF), Himmighofen (reaktiviert), Wilkes (Medkila IL).

Abgänge:
Anonma (Leones Vegetarianos FC), Bakker (Ajax Amsterdam), Dieckmann (1. FFC Turbine Potsdam 71), Harsányová (Hellas Verona CF), Himmighofen (Laufbahn beendet), Kashimoto (unbekannt), Kirchberger (SC Freiburg), Klostermann (SGS Essen 19/68), Martini (Laufbahn beendet), Nuding (SC Freiburg), Rijsdijk (ADO Den Haag), Weichelt (Laufbahn beendet), Wu (SGS Essen 19/68).
während der Saison:
Ciesielska (ohne Verein), Rolston (Macarthur Rams), Stoller (FC Freiburg-St. Georgen).

Fortsetzung MSV Duisburg

Spielaufstellungen und Torschützinnen:

Sp	Datum		Gegner	Ergebnis	Angerer	Ciesielska	Debitzki	Dunst	Gottschling	Härling	Halverkamps	Harsányová	Himmighofen	Hoppius	Kämper	Lange	Makas	Moore	Morina	O'Riordan	Radtke	Richter	Rolston	Rybacki	Stoller	Takahashi	Wilkes	Zielinski
					1	2	3	4	5	6	7	8	9	10	11	12	13	14	15	16	17	18	19	20	21	22	23	24
1	15.09.18	H	SGS Essen	0:4 (0:1)			X				E			X	X		X	X	X	X	X	X		A				X
2	23.09.18	A	FC Bayern München	0:4 (0:1)		X	X				E			X	X	E	A	X	A	X		A	E	X				X
3	30.09.18	H	SV Werder Bremen	3:0 (1:0)		E		X						X1	X		X1	X	X	X	X	X		A	E			A1
4	14.10.18	A	SC Freiburg	2:0 (1:0)			X				E			A1	X		X1	X	X	X	X	X		A	E			X
5	21.10.18	H	Mönchengladbach	3:1 (2:1)			X							A2	X	E	X1	X	X	X	X	A	E	A	E			X
6	24.10.18	A	Bayer 04 Leverkusen	1:4 (0:2)			X				E			X	X	E		X	A	X	A	E1	A					X
7	28.10.18	A	SC Sand	0:1 (0:1)		A	X				A			X	X	A	X	X	X	X	E	E			E			X
8	04.11.18	H	VfL Wolfsburg	1:2 (0:0)	A	E	X		E					A	X			X1	A	X	X	X		E	X			X
9	25.11.18	A	1899 Hoffenheim	3:3 (1:0)	X	A	E	X1	X	E				X2	X	X		X						A	X			X
10	02.12.18	H	Turbine Potsdam	1:8 (1:5)	X	A	E	X	X					X1	X	E			X	X	E			A	A			X
11	05.12.18	A	1. FFC Frankfurt	0:0 (0:0)		E	X	A	A					X	X	A	X		X	X	X	X		E	E			X
12	09.12.18	A	SGS Essen	0:6 (0:2)	X		A	X	A					X	X			X	E	X	X	X		E	E			A
13	16.12.18	H	FC Bayern München	0:4 (0:0)			X	A	E		E			A	X	A	E		X	X	X	X		X				A
14	17.02.19	A	SV Werder Bremen	0:5 (0:2)		E	A	X				X		X	X			X	X	X	X	X		E				A
15	23.02.19	H	SC Freiburg	1:6 (0:3)	E		A	X	E					X	X		E	X	X	X	X1	X	A					A
16	24.03.19	H	Bayer 04 Leverkusen	1:0 (0:0)				A			E	X	X	X1	X	E	A	X	X	X								X
17	27.03.19	A	Mönchengladbach	1:0 (0:0)	E		A	X			E1	X	X	A	X	E	A	X		X	X							X
18	14.04.19	H	SC Sand	2:2 (1:0)				X1			E	X1	X				A	X	X	X								X
19	22.04.19	A	VfL Wolfsburg	0:5 (0:2)	E			X	E		E			X	X	X	A	X	A	A	X							X
20	28.04.19	H	1899 Hoffenheim	2:2 (1:2)		E	X				E	X1	X	X	X	E	X1	A	A	X	A							X
21	05.05.19	A	Turbine Potsdam	0:3 (0:1)	E			X	E		X	X		A	X		A	X	X	A	X						E	X
22	12.05.19	H	1. FFC Frankfurt	0:2 (0:2)			E	A			E	X	X	A	X		E	A	X	X	X							X
				Spiele:	8	8	10	22	8	2	13	8	5	22	22	13	14	20	18	22	20	14	5	13	8	1	1	22
				Tore:	0	0	0	2	0	0	1	2	0	8	0	0	4	1	0	0	1	0	1	0	0	0	0	1

Bilanz der letzten 5 Jahre: (zum 01.01.2014 übernahm MSV Duisburg FF von FCR 2001 Duisburg)

Saison	Lv.	Liga		Platz	Sp.	S	U	N	Tore	Pkt.
2013/14:	1	Bundesliga		10.	22	6	4	12	27-45	22
2014/15:	1	Bundesliga	↓	11.	22	3	8	11	18-49	17
2015/16:	2	2. Bundesliga Nord	↑	1.	22	22	0	0	75-14	66
2016/17:	1	Bundesliga		10.	22	4	4	14	19-49	16
2017/18:	1	Bundesliga		9.	22	6	0	16	16-33	18

Zuschauerzahlen:

Saison	gesamt	Spiele	Schnitt
2013/14:	7.215	11	656
2014/15:	6.180	11	562
2015/16:	4.515	11	410
2016/17:	7.371	11	670
2017/18:	5.757	11	523

Die meisten Spiele in der Bundesliga: *

Pl.	Name, Vorname	Spiele
1.	Radtke, Kathleen	64
2.	Zielinski, Yvonne	57
3.	Himmighofen, Marina	49
4.	Nati, Sofia	48
5.	Debitzki, Julia	47
	Weichelt, Stefanie	47
7.	Morina, Geldona	46
8.	Kämper, Meike	45
9.	Dunst, Barbara	43
10.	Kiwic, Rahel	41

Die meisten Tore in der Bundesliga: *

Pl.	Name, Vorname	Tore
1.	Nati, Sofia	13
2.	Hoppius, Dörthe	8
	Weichelt, Stefanie	8
4.	Kiwic, Rahel	7
5.	Radtke, Kathleen	6
6.	Makas, Lisa Marie	5
7.	Harsányova, Lucia	4
	Morina, Geldona	4
	Sundov-Kike, Kristina	4

Die Trainer/innen der letzten Jahre: *

Name, Vorname	Zeitraum
Kahlert, Sven	01.01.2014 – 30.06.2014
Grings, Inka	01.07.2014 – 30.06.2017
Franz-Pohlmann, Christian	01.07.2017 – 14.02.2018
Augustin, R./Ernzer, M. (IT)	14.02.2018 – 26.02.2018

* berücksichtigt sind Daten für den MSV Duisburg ab 01.01.2014 (Übernahme des Spielrechts des vormaligen Bundesligisten FC Rumeln 2001 Duisburg)

SGS Essen 19/68

Anschrift:
Ardelhütte 166b
45359 Essen
Telefon: (02 01) 47 84 99 11
eMail: info@sgs-essen.de
Homepage: www.sgs-frauenfussball.de

Vereinsgründung: 2000 (Gesamtverein) durch Fusion von VfB Borbeck und SC Grün-Weiß Schönebeck zu SG Essen-Schönebeck; 2012 Umbenennung der Frauen-FA

Vereinsfarben: Lila-Weiß
1. Vorsitzender: Ulrich Meier
Geschäftsführer: Philipp Szymanczyk

Stadion:
Stadion Essen (20.000)

Größte Erfolge: Meister der Regionalliga West 2004 (↑); DFB-Pokalfinalist 2014

Aufgebot:

Name, Vorname		geb. am	Nat.	seit	2018/19 Sp.	T.	Gesamt Sp.	T.	frühere Vereine
Anyomi, Etonam Nicole		10.02.2000	D	2014	15	1	40	6	Borussia Mönchengladbach, SuS 1908 Krefeld
Breitenbach, Annalena		14.03.1998	D	2018	0	0	33	0	FF USV Jena, FFV Leipzig, 1. FC Lok Leipzig, SV Lok Glauchau-Niederlungwitz
Brüggemann, Nina		11.02.1993	D	2015	17	0	113	8	BV Cloppenburg, Arizona State University Sun Devils, Hamburger SV, TSV Uetersen, FC Union Tornesch
Dallmann, Jule		18.02.1998	D	2018	8	0	28	0	Borussia Mönchengladbach, 1. FFC Frankfurt, SGS Essen 19/68, PSV Wesel-Lackhausen, STV Hünxe
Dallmann, Linda		02.09.1994	D	2011	12	1	158	28	Bayer 04 Leverkusen, FC Rumeln 2001 Duisburg, PSV Wesel-Lackhausen, STV Hünxe
Feldkamp, Jana		15.03.1998	D	2011	19	0	77	5	STV Hünxe
Freutel, Sarah		11.07.1992	D	2005	18	5	157	15	FSV Kettwig
Gantenberg, Jennifer	T	19.08.1992	D	2005	0	0	0	0	eigene Juniorinnen
Grutkamp, Mara		11.12.2000	D		1	0	1	0	eigene Juniorinnen
Hegering, Marina		17.04.1990	D	2017	17	3	130	16	Bayer 04 Leverkusen, FC Rumeln 2001 Duisburg, DJK-SV Lowick
Hochstein, Isabel		20.04.1994	D	2012	9	0	45	1	FC Rumeln 2001 Duisburg
Ioannidou, Irini		11.06.1991	D	2010	6	0	149	12	FC Rumeln 2001 Duisburg, DJK JuSpo Essen-West
Johannes, Stina	T	23.01.2000	D	2018	2	0	3	0	FF USV Jena, Hannoverscher SC, Heeßeler SV
Klasen, Jacqueline		04.02.1994	D	2011	18	0	153	7	SG Lütgendortmund, Hombrucher SV 09/72, TuS Jugendbund Niederaden, SG Beckinghausen 75, BV Lünen 05, VfR Lünen 08, SG Phönix Eving
Klostermann, Lisa Katharina	T	28.05.1999	D	2018	2	0	4	0	MSV Duisburg, FSV Gevelsberg,
Knaak, Turid		24.01.1991	D	2017	21	4	216	44	Bayer 04 Leverkusen, Arsenal Ladies FC London, Bayer 04 Leverkusen, FC Rumeln 2001 Duisburg, SG Essen-Schönebeck, SC Steele 03/20, SC Rellinghausen 19/46
Kniszewski, Vanessa		04.04.2000	D	2015	0	0	0	0	SV Bayer Wuppertal
Lehmann, Ina		05.02.1990	D	2009	0	0	162	7	DJK Eintracht Coesfeld, FFC Heike Rheine, SV Westfalia Osterwick
Nesse, Kirsten		06.10.1995	D	2015	14	1	58	9	HSV Borussia Friedenstal, DSC Arminia Bielefeld, FC Donop-Voßheide, JSG Lieme Hörstmar, VfL Lieme, SpVgg Hagen-Hardissen
Oberdorf, Lena Sophie		19.12.2001	D	2018	16	9	16	9	TSG Sprockhövel, TuS Ennepetal
Ostermeier, Lena		01.10.1996	D	2012	13	0	66	0	Sportfreunde Sölderholz 1893
Petzelberger, Ramona		13.11.1992	D	2017	12	5	159	18	Bayer 04 Leverkusen, SC Bad Neuenahr, SG Wattenscheid 09, FC Rumeln 2001 Duisburg, Polizei-SV Essen
Rieke, Annalena		10.01.1999	D	2018	0	0	10	1	FF USV Jena, FSV Gütersloh 2009, Grün-Weiß Steinbeck
Schüller, Lea		12.11.1997	D	2012	22	14	103	46	Hülser SV
Sindermann, Kim-Lea	T	01.01.2001	D	2016	14	0	18	0	SC Weitmar 45
Stober, Lara-Celine	T	31.10.1997	D	2018	1	0	1	0	1. FFC Recklinghausen, SV Berghofen, VfL Bochum, 1. FFC Recklinghausen
Strüngmann, Jill	T	09.07.1992	D	2019	5	0	7	0	University of Minnesota Golden Gophers, SGS Essen 19/68, GSV 1910 Moers, FC Rumeln 2001 Duisburg, TuS Rheinberg
Wilde, Manjou		19.04.1995	D	2016	22	2	90	2	SV Werder Bremen, SC Freiburg, SV Werder Bremen, FC Huchting
Wu, Danica Joelle		13.08.1992	CAN	2018	21	3	73	4	MSV Duisburg, HSV Borussia Friedenstal, Laval Comets, Ohio State Buckeyes, Ross-Sheppard Thunderbirds, Ottawa Fury, Sherwood Park Soccer Association

Trainer:

Name, Vorname	geb. am	Nat.	Zeitraum	Spiele 2018/19	frühere Trainerstationen
Kraus, Daniel	11.05.1984	D	01.07.16 – 30.06.19	22	FF USV Jena (Trainer, Co-Trainer, Trainer, Torwarttrainer)

Zugänge:
Breitenbach (FF USV Jena), Jule Dallmann (Borussia Mönchengladbach), Grutkamp (eigene Juniorinnen), Johannes (FF USV Jena), Klostermann (MSV Duisburg), Kniszewski (eigene Juniorinnen), Oberdorf (TSG Sprockhövel), Rieke (FF USV Jena), Wu (MSV Duisburg).
während der Saison:
Stober, Strüngmann (ohne Verein).

Abgänge:
Doorsoun-Khajeh (VfL Wolfsburg), Dzaltur (II. Mannschaft), Radke (Bayer 04 Leverkusen), Strüngmann (vorläufig Laufbahn beendet), Weiß (Olympique Lyon).

Fortsetzung SGS Essen 19/68

Spielaufstellungen und Torschützinnen:

Sp	Datum		Gegner	Ergebnis	Anyomi	Brüggemann	Dallmann J.	Dallmann L.	Feldkamp	Freutel	Grutkamp	Hegering	Hochstein	Ioannidou	Johannes	Klasen	Klostermann	Knaak	Nesse	Oberdorf	Ostermeier	Petzelberger	Schüller	Sindermann	Stober	Strüngmann	Wilde	Wu
					1	2	3	4	5	6	7	8	9	10	11	12	13	14	15	16	17	18	19	20	21	22	23	24
1	15.09.18	A	MSV Duisburg	4:0 (1:0)	E	X		X	X			E	X	X	X			A	E	A2			X1				X1	A
2	23.09.18	H	VfL Wolfsburg	0:5 (0:0)	E	X		X	X	E		X	X		A	X		A					X	E			X	A
3	30.09.18	A	1899 Hoffenheim	2:1 (1:1)	E	X		X	X	E		X	E	X		A		A					X1	X			A	X1
4	14.10.18	H	Turbine Potsdam	3:2 (1:1)		A		X1	X	E		X	E	X		X		A		E			X2	X			A	X
5	21.10.18	A	1. FFC Frankfurt	1:1 (1:1)			A		X	E		X		X		X		X	E	X			X1	X			X	A
6	24.10.18	H	SC Sand	1:0 (0:0)	E	X			X	E		X		X		X		A	A	E			X1	X			X	A
7	28.10.18	H	FC Bayern München	0:2 (0:0)	E	X			A	E		X	E	X		X		X	A	A			X	X			X	
8	04.11.18	A	SV Werder Bremen	1:1 (1:1)	E	X	A		A			X				X		X	X1	X			X	A	E		X	E
9	24.11.18	H	SC Freiburg	2:2 (1:1)		X			X	E1		X				A		A1	E	X	X		X	X			X	X
10	02.12.18	A	Mönchengladbach	6:0 (2:0)		X	E		X			X				A		X	E	X3	X	E	X1	X			A	A1
11	05.12.18	H	Bayer 04 Leverkusen	5:0 (1:0)		X	E		X	E1		X1				X		X	E	A2	A		X1	X			X	A
12	09.12.18	H	MSV Duisburg	6:0 (2:0)		X			X	E1		X1				X		A	E	A	A	E1	X2	X			X	A
13	16.12.18	A	VfL Wolfsburg	0:0 (0:0)	E	X				E		X				X		X	E	X	A	A	X	X			X	A
14	17.02.19	H	1899 Hoffenheim	2:2 (0:1)	E	X	X		X	E		X1				A				X	X1		X	X			A	X
15	23.02.19	A	Turbine Potsdam	2:2 (2:1)	A	X	E		X	E				X				X	E		A	X	X1	X			A	X1
16	16.03.19	H	1. FFC Frankfurt	4:3 (2:0)	X1	X		E		E		X			X	X		A2	E		X	A1	X				A	X
17	24.03.19	A	SC Sand	1:0 (1:0)	A	X		E		E		X			X	X		A	E		X		X	X1			A	X
18	14.04.19	A	FC Bayern München	2:2 (1:1)	A			E	E	E		X	E		X				A		X	X1	X1				X	X
19	22.04.19	H	SV Werder Bremen	2:2 (0:1)	E			A	X	E		X	E		X		X1		A		X	X1	X				X	X
20	28.04.19	A	SC Freiburg	2:1 (0:0)	A		X	E	X	E			E			X		X		X1	X	X	X				A1	A
21	05.05.19	H	Mönchengladbach	3:0 (1:0)			A	X	X	E2		E						X	E	X	X	X1	A				X	A
22	12.05.19	A	Bayer 04 Leverkusen	1:2 (1:0)	E	X	X	A	A	E								X	X	X1	X	X					X	E	A
			Spiele:		15	17	8	12	19	18	1	17	9	6	2	18	2	21	14	16	13	12	22	14	1	5	22	21
			Tore:		1	0	0	1	0	5	0	3	0	0	0	0	0	4	1	9	0	5	14	0	0	0	2	3

Gegnerische Eigentore im 10. Spiel (durch Starmanns) und im 12. Spiel (durch Radtke)

Bilanz der letzten 10 Jahre:

Saison	Lv.	Liga	Platz	Sp.	S	U	N	Tore	Pkt.
2008/09:	1	Bundesliga	5.	22	9	3	10	46-39	30
2009/10:	1	Bundesliga	10.	22	3	7	12	25-58	16
2010/11:	1	Bundesliga	9.	22	5	5	12	27-50	20
2011/12:	1	Bundesliga	5.	22	9	4	9	30-28	31
2012/13:	1	Bundesliga	6.	22	8	6	8	26-30	30
2013/14:	1	Bundesliga	6.	22	8	3	11	37-42	27
2014/15:	1	Bundesliga	5.	22	8	4	10	32-36	28
2015/16:	1	Bundesliga	5.	22	10	2	10	39-37	32
2016/17:	1	Bundesliga	6.	22	9	5	8	38-30	32
2017/18:	1	Bundesliga	5.	22	12	3	7	43-30	39

Zuschauerzahlen:

Saison	gesamt	Spiele	Schnitt
2008/09:	9.122	11	829
2009/10:	9.042	11	822
2010/11:	8.338	11	758
2011/12:	11.181	11	1.016
2012/13:	9.907	11	901
2013/14:	10.339	11	940
2014/15:	11.417	11	1.038
2015/16:	12.471	11	1.134
2016/17:	13.830	11	1.257
2017/18:	12.047	11	1.095

Die meisten Spiele in der Bundesliga:

Pl.	Name, Vorname	Spiele
1.	Hartmann, Chartline	206
2.	Weiß, Lisa	187
3.	Hoffmann, Melanie	166
4.	Dallmann, Linda	157
	Freutel, Sarah	157
6.	Lehmann, Ina	155
7.	Klasen, Jacqueline	153
	Martini, Vanessa	153
9.	Ioannidou, Irini	140
10.	Schüller, Lea	103

Die meisten Tore in der Bundesliga:

Pl.	Name, Vorname	Tore
1.	Hartmann, Charline	98
2.	Hoffmann, Melanie	52
3.	Schüller, Lea	46
4.	Dallmann, Linda	28
5.	Weichelt, Stefanie	26
6.	Bresonik, Linda	16
	Freutel, Sarah	16
8.	Hamann, Caroline	14
9.	Doorsoun-Khajeh, Sara	12
	Ioannidou, Irini	12

Die Trainer der letzten Jahre:

Name, Vorname	Zeitraum
Gröpper, Thomas	01.07.1977 – 30.06.1996
May, Siegfried	01.07.1996 – 31.12.2001
Agolli, Ralf	01.01.2002 – 24.05.2010
Högner, Markus	25.05.2010 – 30.06.2016

1. FFC Frankfurt

Anschrift:
Im Vogelgesang 5
60488 Frankfurt
Telefon: (0 69) 24 24 87 40
eMail: mail@ffc-frankfurt.de
Homepage: www.ffc-frankfurt.de

Vereinsgründung: 27.08.1998; Übertritt der Frauenfußballabteilung der SG Praunheim zum 01.01.1999

Vereinsfarben: Rot-Weiß-Blau
Vorsitzender: Jürgen Ruppel
Manager: Siegfried Dietrich

Stadion:
Stadion am Brentanobad (5.860)

Größte Erfolge: Deutscher Meister 1999, 2001, 2002, 2003, 2005, 2007 und 2008; DFB-Pokalsieger 1999, 2000, 2001, 2002, 2003, 2007, 2008, 2011 und 2014; UEFA Women's Champions League-Sieger 2015 und -Finalist 2012; UEFA-Women's Cup-Sieger 2002, 2006 und 2008; UEFA-Women's-Cup-Finalist 2004

Aufgebot:

Name, Vorname		geb. am	Nat.	seit	2018/19 Sp.	T.	Gesamt Sp.	T.	frühere Vereine
Aschauer, Verena		20.01.1994	AUT	2018	21	0	122	8	SC Sand, SC Freiburg, BV Cloppenburg, HSV Borussia Friedenstal, USC Landhaus Wien, FC Stadlau, SV Essling, SC Groß-Enzersdorf
Bixby, Anabella Madeleine	T	20.11.1995	USA	2018	0	0	0	0	Portland Thorns FC, Oregan State University Beavers, Crossfire Oregon, Lake Oswego SC, Rex Putna, High School Kingsmen
Bösl, Cara	T	11.02.1997	D	2012	2	0	9	0	SC Opel Rüsselsheim, SV Alemannia Königstädten
Ebert, Lisa		06.07.2000	D	2016	3	0	11	1	1. FC Nürnberg, TSV Ebermannstadt
Emmerling, Alexandra		16.07.1999	D	2014	5	0	11	0	SG Egelsbach, TSG Wixhausen
Feiersinger, Laura		05.04.1993	AUT	2018	21	10	139	25	SC Sand, FC Bayern München, HSV Borussia Friedenstal, USK Hof, FC Pinzgau, SV Oftering
Freigang, Laura		01.02.1998	D	2018	20	10	20	10	Penn State University Nittany Lions, TSV Schott Mainz, Holstein Kiel, FSV Oppenheim
Gidion, Margarita		18.12.1994	D	2017	8	2	91	13	SGS Essen 19/68, SC Freiburg, SV Schopfheim
Groenen, Jackie Noelle		17.12.1994	NED	2015	16	2	117	17	Chelsea LFC London, FC Rumeln 2001 Duisburg, SG Essen-Schönebeck, SV Rood-Wit Veldhoven, VV Wilhelmina Boys Best, VV Riel
Heaberlin, Bryane Somerton	T	02.11.1993	USA	2017	21	0	42	0	1. FFC Turbine Potsdam 71, North Carolina University Tar Heels, Berkeley Preparatory School Buccaneers, Northeast Raiders SC St. Petersburg, Clearwater Chargers SC
Hechler, Janina		28.01.1999	D	2015	20	0	50	1	VfL Sindelfingen, TSV Gomaringen
Kleinherne, Sophia		12.04.2000	D	2017	19	0	31	0	FSV Gütersloh 2009, BSV Ostbevern, SG Telgte
Lee, Da-Hye	T	19.12.1992	KOR	2016	0	0	0	0	FSV Hessen Wetzlar, 1. FFC Frankfurt, TuS Makkabi Frankfurt
Martinez, Shekiera		04.07.2001	D	2016	17	6	21	6	SV Gläserzell, FV Horas, Haimbacher SV
Matheis, Saskia		06.06.1997	D	2007	14	1	37	1	FV 06 Sprendlingen, TV Dreieichenhain
Ostermeier, Selina		15.01.1999	D	2016	0	0	1	0	FC Bayern München, TSV Bad Endorf, SV Schonstett
Panfil, Theresa		13.11.1995	D	2015	1	0	37	3	Bayer 04 Leverkusen, 1. FFC Frankfurt, SV Buchonia Flieden, Haimbacher SV
Pawollek, Tanja		18.01.1999	D	2016	22	6	62	9	SG Rosenhöhe Offenbach, TV 1873 Hausen
Prießen, Marith		17.12.1990	D	2014	22	2	203	11	Bayer Leverkusen, FC Rumeln 2001 Duisburg, SV Walbeck, TSV Wachtendonk-Wankum
Reuteler, Geraldine		21.04.1999	SUI	2018	20	7	20	7	FC Luzern, FC Stans
Sandvej, Cecilie		13.06.1990	DEN	2017	10	0	96	1	SC Sand, Washington Spirit, Perth Glory FC, Bröndby IF, Sönderjysk Elitesport, FC Horsens/Horsens SIK, Brædstrup IF, Nim IF
Schneider, Lea		03.10.2000	D	2017	0	0	0	0	TSG Lütter, SpVgg Hosenfeld, DJK Schondra
Schulze-Solano, Bibiana		12.11.1998	D	2010	2	0	7	0	FV 08 Neuenhain
Störzel, Laura		25.05.1992	D	2014	22	1	186	7	SC Freiburg, SC Bad Neuenahr, TuS 07 Gräveneck, TuS Bonbaden, JSG Weinbachtal
Widmer, Marilena		07.08.1997	SUI	2018	15	0	15	0	BSC Young Boys Bern, FC Entfelden

Trainer:

Name, Vorname	geb. am	Nat.	Zeitraum	Spiele 2018/19	frühere Trainerstationen
Arnautis, Niko	01.04.1980	D	29.09.2017 – lfd.	19	1. FFC Frankfurt II, Eintracht Frankfurt U17-Junioren (Co-Trainer), SG Rot-Weiß Frankfurt (Herren, IT), 1. FFC Frankfurt U17

Zugänge:
Aschauer (SC Sand), Feiersinger (SC Sand), Freigang (Penn States University Nittany Lions), Geist (Portland Thorns FC), Reuteler (FC Luzern), Schneider (II. Mannschaft), Widmer (BSC Young Boys Bern).
während der Saison:
Lee (II. Mannschaft).

Abgänge:
Agg (Charlton Athletic WFC), Anstatt (FSV Hessen Wetzlar), Brandt (Eckerd College Tritons St. Petersburg), Hendrich (FC Bayern München), Limani (II. Mannschaft), Matuschewski (1. FC Saarbrücken), Overgard Munk (Eintracht Frankfurt), Schmidt (Houston Dash), Schumann (Laufbahn beendet), Yokoyama (AC Nagano Parceiro Ladies).
während der Saison:
Bixby (Portland Thorns FC).

Fortsetzung 1. FFC Frankfurt

Spielaufstellungen und Torschützinnen:

	Datum		Gegner	Ergebnis	Aschauer	Bösl	Ebert	Emmerling	Feiersinger	Freigang	Gidion	Groenen	Heaberlin	Hechler	Kleinherne	Martinez	Matheis	Panfil	Pawollek	Prießen	Reuteler	Sandvej	Schulze-Solano	Störzel	Widmer
					1	2	3	4	5	6	7	8	9	10	11	12	13	14	15	16	17	18	19	20	21
1	16.09.18	A	VfL Wolfsburg	0:3 (0:1)				E	X	X		X	X	A	E	E	A		X	X	A	X		X	
2	23.09.18	H	1899 Hoffenheim	1:4 (0:2)	X		E	E	X		X	X		A		A			X	X	X1	A		X	E
3	29.09.18	A	Turbine Potsdam	1:3 (0:2)	X		E		X		X	X	A	X		A			X1	X	X			X	E
4	14.10.18	H	SC Sand	1:0 (0:0)	X				X1	A	E	A	X	X	X		E		X	X	A			X	E
5	21.10.18	H	SGS Essen	1:1 (1:1)	X				X1	A		X	X	X	E				X	X	A			X	E
6	24.10.18	A	FC Bayern München	1:3 (1:1)					X	E	X	X	X	X	E	A1			X	X	A			X	
7	28.10.18	H	SV Werder Bremen	2:1 (1:0)	X				X1	A1	E	A	X	X	X	E			X	X	A			X	E
8	04.11.18	A	SC Freiburg	4:3 (1:2)	X				X	A3		A1	X	X	X	E			X	X	A	E		X	E
9	24.11.18	H	Mönchengladbach	8:0 (5:0)	X				X2	X2	A1		X	X		E			X2	X	A1	A	E	X	E
10	02.12.18	A	Bayer 04 Leverkusen	3:0 (2:0)	X		E		X1	X1	X1		X	A	E				X	X	A	X		A	E
11	05.12.18	H	MSV Duisburg	0:0 (0:0)			E		X	X	A		X		X	E			X		X			X	A
12	09.12.18	A	VfL Wolfsburg	2:6 (1:3)	X				X	X1	X		X	X	E	E	A		X1		X	A			
13	10.02.19	A	1899 Hoffenheim	1:0 (1:0)	X				X	A		X	X	X		EA	E		X	X	A1	X			E
14	17.02.19	H	Turbine Potsdam	3:3 (1:2)	X					X		X	X	A	E	E1	A			X1	X1			X	E
15	24.02.19	A	SC Sand	1:0 (1:0)	X					A1	A	E	X	X		E			X	X	A	X		X	E
16	16.03.19	A	SGS Essen	3:4 (0:2)	X	E			X	A		A	X	A	X	E1			X	X1	X1			X	E
17	24.03.19	H	FC Bayern München	0:3 (0:0)	A	X			X	X			X		X	E	E		X	X	A		E	A	X
18	14.04.19	A	SV Werder Bremen	1:2 (0:1)	X				X	X		X	X	X	A	E1			X	X	A			X	
19	20.04.19	H	SC Freiburg	0:0 (0:0)	X				X	X		X	X	X	E	E	A		X	X	A			X	
20	28.04.19	A	Mönchengladbach	9:0 (4:0)	X				X2	E		X1	X		A	E	A3	A	E		X2			X	
21	05.05.19	H	Bayer 04 Leverkusen	4:2 (2:1)	X		E		A1	A1		A	X	X	X	E				X1	X			X1	E
22	12.05.19	A	MSV Duisburg	2:0 (2:0)	X		E		X	A1		X	X	X	E	E			X1	X	A			X	
	Spiele:				21	2	3	5	21	20	8	16	21	20	19	17	14	1	22	22	20	10	2	22	15
	Tore:				0	0	0	0	10	10	2	2	0	0	0	6	1	0	6	2	7	0	0	1	0

Gegnerisches Eigentor im 20. Spiel (durch Schenk)

Bilanz der letzten 10 Jahre:

Saison	Lv.	Liga	Platz	Sp.	S	U	N	Tore	Pkt.
2008/09:	1	Bundesliga	4.	22	14	3	5	58-25	45
2009/10:	1	Bundesliga	3.	22	17	0	5	84-29	51
2010/11:	1	Bundesliga	2.	22	19	0	3	103-16	57
2011/12:	1	Bundesliga	3.	22	15	1	6	58-17	46
2012/13:	1	Bundesliga	3.	22	15	2	5	52-26	47
2013/14:	1	Bundesliga	2.	22	16	5	1	80-15	53
2014/15:	1	Bundesliga	3.	22	17	2	3	74-19	53
2015/16:	1	Bundesliga	3.	22	15	1	6	49-25	46
2016/17:	1	Bundesliga	5.	22	10	7	5	40-28	37
2017/18:	1	Bundesliga	6.	22	10	1	11	29-25	31

Zuschauerzahlen:

Saison	gesamt	Spiele	Schnitt
2008/09:	18.020	11	1.638
2009/10:	19.670	11	1.788
2010/11:	20.951	11	1.905
2011/12:	26.910	11	2.446
2012/13:	25.301	11	2.300
2013/14:	24.731	11	2.248
2014/15:	21.980	11	1.998
2015/16:	21.470	11	1.952
2016/17:	15.560	11	1.415
2017/18:	14.200	11	1.291

Die meisten Spiele in der Bundesliga: *

Pl.	Name, Vorname	Spiele
1.	Garefrekes, Kerstin	253
2.	Prinz, Birgit	238
3.	Bartusiak, Saskia	207
4.	Wunderlich, Tina	196
5.	Lingor, Renate	166
	Weber, Meike	166
7.	Wunderlich, Pia	144
8.	Kliehm, Katrin	143
	Smisek, Sandra	143
10.	Marozsan, Dzsennifer	133

Die meisten Tore in der Bundesliga: *

Pl.	Name, Vorname	Tore
1.	Prinz, Birgit	234
2.	Garefrekes, Kerstin	183
3.	Lingor, Renate	89
4.	Pohlers, Conny	60
5.	Meier, Jennifer	54
6.	Wimbersky, Petra	49
7.	Smisek, Sandra	48
8.	Wunderlich, Pia	46
9.	Islacker, Mandy	41
	Marozsan, Dzsennifer	41
	Sasic, Celia	41

Die Trainer/innen der letzten Jahre: *

Name, Vorname	Zeitraum
Staab, Monika	01.01.1999 – 07.07.2004
Dr. Tritschoks, Hans-Jürgen	01.08.2004 – 30.06.2008
Wegmann, Günter	01.07.2008 – 14.10.2009
Kahlert, Sven	14.10.2009 – 12.09.2012
Dahm, Philipp	12.09.2012 – 17.04.2013
Glass, Sascha (IT)	18.04.2013 – 30.06.2013
Bell, Colin	01.07.2013 – 01.12.2015
Ross, Matt / Rennig, Kai (IT)	02.12.2015 – 31.12.2015
Ross, Matt	01.01.2016 – 28.09.2017

* berücksichtigt sind Spiele für 1. FFC Frankfurt ab 01.01.1999 (Spielrechtsübertragung von SG Praunheim).

SC Freiburg

Anschrift:
Schwarzwaldstraße 193
79117 Freiburg
Telefon: (07 61) 38 55 11 0
eMail: scf@scfreiburg.com
Homepage: www.scfreiburg.com

Vereinsgründung: 30.05.1904; 1975 Gründung Frauen-FA nach Übernahme der Frauen-FA der SpVgg Wiehre FR und erneut ab 1991; 1985 - 1991 als SpVgg Wiehre FR

Vereinsfarben: Rot-Weiß
1. Vorsitzender: Fritz Keller
Abteilungsleiterin: Birgit Bauer

Stadion: Möslestadion (5.400)

Größte Erfolge: Meister der 2. Bundesliga Süd 2011 (↑); Meister der Regionalliga Süd 2001 (↑); Meister der Oberliga Baden-Württemberg 1997 und 1998 (↑); Finalist DFB-Pokal 2019,

Aufgebot:

Name, Vorname		geb. am	Nat.	seit	2018/19 Sp.	T.	Gesamt Sp.	T.	frühere Vereine
Beck, Sharon		22.03.1995	D	2018	17	6	84	12	Bayer 04 Leverkusen, SGS Essen 19/68, FC Rumeln 2001 Duisburg, SC Union Nettetal, SV Grefrath, SV Vorst
Borggräfe, Rafaela	T	05.03.2000	D	2013	0	0	0	0	SC Holzhausen
Bühl, Klara Gabriele		07.12.2000	D	2013	21	3	49	10	SpVgg Untermünstertal
Fellhauer, Kim		21.01.1998	D	2014	0	0	27	0	1. FC Saarbrücken
Frohms, Merle	T	28.01.1995	D	2018	16	0	28	0	VfL Wolfsburg, ESV Fortuna Celle
Fuso, Ivana		12.03.2001	D	2016	2	0	3	0	SV Böblingen
Gwinn, Giulia		02.07.1999	D	2015	22	8	71	22	SV Weingarten, FV Ravensburg, VfB Friedrichshafen, TSG Ailingen
Hegenauer, Anja Maike		09.12.1992	D	2009	18	1	146	3	VfL Munderkingen, TSG Söflingen
Karl, Lisa		15.01.1997	D	2012	6	0	35	0	TSV Crailsheim, SV Westernhausen
Kayikci, Hasret		06.11.1991	D	2011	1	0	115	38	FC Rumeln 2001 Duisburg, TSG Rohrbach
Kirchberger, Virginia		25.05.1993	AUT	2018	13	0	113	7	MSV Duisburg, 1. FC Köln, MSV Duisburg, BV Cloppenburg, FC Bayern München, SG USC Landhaus Wien, SV Aspern Herzen
Knaak, Rebecca		23.06.1996	D	2017	21	2	106	7	Bayer 04 Leverkusen, SC Bad Neuenahr, SV Reifferscheid
Lahr, Jobina		19.10.1991	D	2012	19	2	107	3	1. FC Lok Leipzig, Hamburger SV, 1. FFC Frankfurt, TGM SV Jügesheim, SC Hassia Dieburg, SV Münster, SV Viktoria Klein-Zimmern
Lotzen, Lena		11.09.1993	D	2018	12	0	84	24	FC Bayern München, JFG Würzburg Süd-West, TG Höchberg
van Lunteren, Desiree		30.12.1992	NED	2018	20	2	20	2	Ajax Amsterdam, SC Telstar VVNH, AZ Alkmaar, VV Almere Stad 1980, SC Buitenboys, Almere, SV Almere
Minge, Janina		11.06.1999	D	2015	21	0	54	2	FC Wangen, VfB Friedrichshafen, TSG Lindau-Zech
Müller, Marie		25.07.2000	D	2016	6	2	7	2	VfL Bochum, SuS Kaiserau, Hombrucher SV 09/72, SV Urania Lütgendortmund, SV Westrich
Naomoto, Hikaru		03.03.1994	JPN	2018	19	0	19	0	Urawa Red Diamonds, Fukuoka J Anclas
Nuding, Lena	T	18.02.1993	D	2018	6	0	54	0	MSV Duisburg, 1. FC Köln, VfL Sindelfingen, JSG Remseck 08, TSV Neckargröningen, SKV Hochberg
Rinast, Rachel Miriam Marcia F.		02.06.1991	D	2018	4	0	61	1	FC Basel, Bayer Leverkusen, 1. FC Köln, SC Bad Neuenahr, 1. FC Köln, KSV Holstein Kiel, TSV Nahe, FFC Bad Oldesloe 2000,
Sanders, Stefanie-Antonia		12.06.1998	D	2018	6	2	21	5	University of Central Florida Knights, SV Werder Bremen, JFV Ahlerstedt/Ottendorf/Heeslingen, TSV Neuenkirchen
Schiewe, Carolin		23.10.1988	D	2015	6	1	234	33	FF USV Jena, 1. FFC Turbine Potsdam 71, SG Rot-Weiß Groß-Glienicke
Schöne, Clara		06.07.1993	D	2014	11	2	126	12	FC Bayern München, SV Planegg-Krailling, DJK Würmtal
Starke, Sandra		31.07.1993	D	2013	21	6	110	31	1. FFC Turbine Potsdam 71, SK Windhoek
Stegemann, Greta		12.02.2001	D	2016	6	0	8	0	SV Böblingen
Wieder, Verena		26.06.2000	D	2018	11	3	19	3	FC Bayern München, FC Memmingen 07, FC Kempten, SpVgg Kaufbeuren, FC Thalhofen

Trainer:

Name, Vorname	geb. am	Nat.	Zeitraum	Spiele 2018/19	frühere Trainerstationen
Scheuer, Jens	12.10.1978	D	01.07.15 – 30.06.19	22	FC Bötzingen, Bahlinger SC, FC Bötzingen (alles Herren)

Zugänge:
Beck (TSG 1899 Hoffenheim), Frohms (VfL Wolfsburg), Kirchberger (MSV Duisburg), Lotzen (FC Bayern München), van Lunteren (Ajax Amsterdam), Naomoto (Urawa Red Diamonds), Nuding (MSV Duisburg), Rinast (FC Basel), Sanders (University of Central Florida Knights), Wieder (FC Bayern München).

Abgänge:
Benkarth (FC Bayern München), Gentile (VfL Wolfsburg II), Korenciová (ACF Mailand), Magull (FC Bayern München), Petermann (1. FFC Turbine Potsdam 71), Puntigam (HSC Montpellier), Schüler (SVgg 07 Elversberg), Simic (West Ham United), Simon (Olympique Lyon), Straub (Hegauer FV).
während der Saison:
Rinast (ASA Tel Aviv).

Fortsetzung SC Freiburg

Spielaufstellungen und Torschützinnen:

Sp	Datum		Gegner	Ergebnis	Beck	Bühl	Frohms	Fuso	Gwinn	Hegenauer	Karl	Kayikci	Kirchberger	Knaak	Lahr	Lotzen	van Lunteren	Minge	Müller	Naomoto	Nuding	Rinast	Sanders	Schiewe	Schöne	Starke	Stegemann	Wieder
					1	2	3	4	5	6	7	8	9	10	11	12	13	14	15	16	17	18	19	20	21	22	23	24
1	16.09.18	A	SC Sand	0:0 (0:0)	X	X	E	X	X				X	X	A	X	X							X		A		E
2	23.09.18	H	Mönchengladbach	4:0 (2:0)		X1	X		X1	A	E		X1	A	A	X	X				E			X		E		X1
3	30.09.18	A	Bayer 04 Leverkusen	3:0 (2:0)	X	A	X		A2	X	E	X	X	X	A	X	X			E								E1
4	14.10.18	H	MSV Duisburg	0:2 (0:1)	X	X	X		X	E			X	X	A	X	A		E				X			E		A
5	21.10.18	A	VfL Wolfsburg	0:3 (0:2)	X	A	X		A				X	X	E	X	X		A		X				X	E		E
6	24.10.18	H	1899 Hoffenheim	3:2 (0:0)	A	A	X		X1	E			X	X	E	E	X		A						X	X1		X1
7	28.10.18	A	Turbine Potsdam	0:2 (0:1)	X	E			X			X	A	E	A	X			X		A			X	X		E
8	04.11.18	H	1. FFC Frankfurt	3:4 (2:1)		X	X		X1		E		E	X	A	E	X	X		A				X	X2			A
9	24.11.18	A	SGS Essen	2:2 (1:1)	A	X	X		X	E			X	E	A		X	X	E1	A				X1	X			
10	02.12.18	H	FC Bayern München	1:2 (1:1)	A1	X			X	E			X		X	E	X	X		A	X			X	X			
11	05.12.18	A	SV Werder Bremen	3:0 (1:0)	A	A			X	E			X	E	X1	X	X	E	A	X				X1	X1			
12	09.12.18	H	SC Sand	2:2 (0:1)	X1	X			X			E	E	E	X1	X		A	X				X	A				
13	16.12.18	A	Mönchengladbach	2:0 (1:0)	A	X			X1	E			X	X		A	A	E1	X	X				E	X	X		
14	17.02.19	H	Bayer 04 Leverkusen	6:0 (3:0)	A2	A	X		X1	E			X	X	X1	X		E					X1	A	X1	E		
15	23.02.19	A	MSV Duisburg	6:1 (3:0)	A1	A1	X		X	X		X	X1	X1	X	X		E			E1			A		E		
16	17.03.19	H	VfL Wolfsburg	2:3 (1:1)		X	X		X	X			X	X	A	X	X		E			E1			A1	A	E	
17	23.03.19	A	1899 Hoffenheim	1:2 (1:1)		E	X		X	X1	A		X	X		X	E	A		A					X	X	E	
18	14.04.19	H	Turbine Potsdam	1:2 (0:0)	A1		X	E	X	A			X	E	X	A	X		X				E		X			
19	20.04.19	A	1. FFC Frankfurt	0:0 (0:0)	A	X			X	A			X	X	A	E	X	X	E	E	X			X				
20	28.04.19	H	SGS Essen	1:2 (0:0)	E	E			X1	E	X		X	A			X	X	A	X	X		A		X			
21	05.05.19	A	FC Bayern München	0:3 (0:0)	A	X	X		X	A			X	E	E	A	X		E					X	X	X		
22	12.05.19	H	SV Werder Bremen	1:1 (1:1)	A	X1	X		X	E	E		X	X		A	X		X		E				X	A		
	Spiele:				17	21	16	2	22	18	6	1	13	21	19	12	20	21	6	19	6	4	6	11	21	6	11
	Tore:				6	3	0	0	8	1	0	0	0	2	2	0	2	0	2	0	0	0	2	1	2	6	0	3

Gegnerisches Eigentor im 15. Spiel (durch O'Riordan)

Bilanz der letzten 10 Jahre:

Saison	Lv.	Liga		Platz	Sp.	S	U	N	Tore	Pkt.
2008/09:	1	Bundesliga		7.	22	9	2	11	36-53	29
2009/10:	1	Bundesliga	↓	11.	22	4	1	17	14-53	13
2010/11:	2	2. Bundesliga Süd	↑	1.	22	20	0	2	80- 2	60
2011/12:	1	Bundesliga		8.	22	6	5	11	22-43	23
2012/13:	1	Bundesliga		5.	22	9	5	8	33-31	32
2013/14:	1	Bundesliga		8.	22	7	4	11	39-42	25
2014/15:	1	Bundesliga		7.	22	7	2	13	34-62	23
2015/16:	1	Bundesliga		4.	22	9	5	8	38-24	32
2016/17:	1	Bundesliga		4.	22	14	5	3	45-20	47
2017/18:	1	Bundesliga		3.	22	15	3	4	50-15	48

Zuschauerzahlen:

Saison	gesamt	Spiele	Schnitt
2008/09:	7.424	11	675
2009/10:	7.759	11	705
2010/11:	3.909	11	355
2011/12:	6.873	11	625
2012/13:	5.118	11	465
2013/14:	7.483	11	680
2014/15:	5.783	11	526
2015/16:	10.058	11	914
2016/17:	8.707	11	792
2017/18:	11.223	11	1.020

Die meisten Spiele in der Bundesliga:

Pl.	Name, Vorname	Spiele
1.	Maier, Juliane	185
2.	Kury, Alexandra	155
3.	Hegenauer, Anja Meike	146
4.	Boschert, Kerstin	141
5.	Benkarth, Laura	137
6.	Bornschein, Katja	125
7.	Krüger, Myriam	121
8.	Kaltenbach, Christine	115
9.	Söder, Nicole	111
10.	Starke, Sandra	109

Die meisten Tore in der Bundesliga:

Pl.	Name, Vorname	Tore
1.	Maier, Juliane	35
2.	Kayikci, Hasret	34
3.	Starke, Sandra	31
4.	Behringer, Melanie	30
	Bornschein, Katja	30
6.	Magull, Lina	29
7.	Kury, Alexandra	23
8.	Gwinn, Giulia	22
9.	Petermann, Lina	21
10.	Hartel, Susanne	20
	Maillard, Valerie	20

Die Trainer/innen der letzten Jahre:

Name, Vorname	Zeitraum
Reger, Thomas	01.07.2003 – 30.06.2005
Sehrig, Dietmar	01.07.2005 – 12.10.2007
Bornschein, K./Walther, Elke (IT)	12.10.2007 – 30.10.2007
Schweizer, Thomas	30.10.2007 – 31.12.2007
Fischinger, Alexander	01.01.2008 – 05.09.2008
Bellert, Michael/Haas, Michael (IT)	05.09.2008 – 22.09.2008
Rommel, Günter	22.09.2008 – 18.11.2009
Beck, Edgar	18.11.2009 – 30.06.2010
Pilipovic, Milorad	01.07.2010 – 30.06.2013
Sehrig, Dietmar	01.06.2013 – 30.06.2015

TSG 1899 Hoffenheim

Anschrift:
Kronauerstraße 114
68789 St. Leon-Rot
Telefon: (0 62 27) 3 58 19 90
eMail: frauenfussball@achtzehn99.de
Homepage: www.achtzehn99.de

Vereinsgründung: 01.07.1899 (Gesamtverein); 2006/07 Bildung FF-SG Hoffenheim/St. Leon; 01.07.2007 Gründung der Frauen-Fußballabteilung

Vereinsfarben: Blau-Weiß
Vorstand: Peter Görlich
Abteilungsleiter: Ralf Zwanziger

Stadion: Dietmar-Hopp-Stadion (6.350)

Größte Erfolge: Meister der 2. Bundesliga Süd 2013 (↑); Meister der Regionalliga Süd 2010 (↑); Verbandspokalsieger (Nord-)Baden 2008, 2009 und 2010

Aufgebot:

Name, Vorname		geb. am	Nat.	seit	2018/19 Sp.	T.	Gesamt Sp.	T.	frühere Vereine
Abt, Friederike	T	07.07.1994	D	2015	12	0	60	0	HSV Borussia Friedenstal, FC Altenhagen
Beuschlein, Jana		04.10.1995	D	2014	21	2	24	2	ETSV Würzburg, TSG 1899 Hoffenheim, TSV Kernbach
Billa, Nicole		05.03.1996	AUT	2015	20	9	75	21	ASV Spratzern, FC Wacker Innsbruck, SV Angerberg
Bühler, Luana		28.04.1996	SUI	2018	18	1	18	1	FC Zürich, FC Luzern, SC Kriens, FC Schötz
Bürger, Lina		07.10.1995	D	2011	3	0	51	2	VfB Unterliederbach, 1. FFC Frankfurt, TV Kloppenheim
Dongus, Fabienne		11.05.1994	D	2013	22	3	123	14	VfL Sindelfingen, SV Deckenpfronn
Eberhardt, Annika		23.04.1992	D	2011	5	1	52	5	SC Freiburg, TSV Crailsheim, VfR Altenmünster
Führner, Anne		10.05.1995	D	2012	14	4	62	8	SSV Wildpoldsried, FC Memmingen, FC Kempten
Harsch, Franziska		06.07.1997	D	2012	18	1	32	2	TSV Birkach
Hartig, Isabella		12.08.1997	D	2015	17	1	59	6	FC Bayern München, JFG Dachau-Land, SC Vierkirchen
Kaiser, Johanna		08.05.1996	D	2014	7	0	9	0	Magdeburger FFC, SV Rotation Halle, Hallescher FC,
Lattwein, Lena		02.05.2000	D	2017	20	5	35	6	1. FC Saarbrücken, JFG Untere III, SpVgg 07 Elversberg
Leitzig, Janina	T	16.04.1999	D	2009	6	0	7	0	TuS Mingolsheim
Linder, Sarai		26.10.1999	D	2010	16	1	31	2	SV Hilsbach
Pankratz, Leonie		25.01.1990	D	2016	20	2	115	8	IB Vestmannaeyja, Boavista TSG 1899 Hoffenheim, FC Porto, TSG 1899 Hoffenheim, Levante UD, 1. FFC Frankfurt, VfB 1900 Gießen
Rall, Maximiliane		18.11.1993	D	2015	22	9	77	13	VfL Sindelfingen, SV Eutingen, SV Herrenzimmern, VfB Bösingen
Schaber, Ricarda		27.07.1997	D	2012	0	0	13	0	SG Siemens Karlsruhe
Specht, Michaela		15.02.1997	D	2015	21	0	46	0	FC Bayern München, TuS/DJK Grafenwöhr
Steinert, Judith		25.09.1995	D	2011	9	0	73	2	ASV Hagsfeld, SV Germania Obrigheim
Tufekovic, Martina	T	16.07.1994	CRO	2010	4	0	60	0	VfL Obereisesheim
Waßmuth, Tabea		25.08.1996	D	2009	21	8	56	12	Karlsruher SV
Wienroither, Laura		13.01.1999	AUT	2018	5	0	5	0	SKN St. Pölten, SV Neulengbach, Union Kleinmünchen, TSV Frankenburg
Zeller, Dóra		06.01.1995	HUN	2014	7	0	53	9	Ferencvarosi TC Budapest, Ujpesti TE Budapest, Nyergesújfalu SE

Trainer:

Name, Vorname	geb. am	Nat.	Zeitraum	Spiele 2018/19	frühere Trainerstationen
Ehrmann, Jürgen	23.02.1961	D	01.07.2008 – lfd.	22	Karlsruher SC (Junioren), SV Spielberg (Herren), FC 08 Neureut, TSV Pfaffenrot, DFB-Stützpunkttrainer, Auswahltrainer Nordbaden

Zugänge:
Bühler (FC Zürich), Eberhardt, Kaiser (II. Mannschaft).
während der Saison:
Wienroither (II. Mannschaft).

Abgänge:
Beck (SC Freiburg), Breitner (ACF Florenz), Tamar Dongus (ACF Florenz), Evels (Borussia Mönchengladbach), Howard (Reading FC Women), Vizitiu (unbekannt).
während der Saison:
Schaber (SC Sand).

Fortsetzung TSG 1899 Hoffenheim

Spielaufstellungen und Torschützinnen:

Sp	Datum	Gegner	Ergebnis	Abt	Beuschlein	Billa	Bühler	Bürger	Dongus	Eberhardt	Führer	Harsch	Hartig	Kaiser	Lattwein	Leitzig	Linder	Pankratz	Rall	Specht	Steinert	Tufekovic	Waßmuth	Wienroither	Zeller
				1	2	3	4	5	6	7	8	9	10	11	12	13	14	15	16	17	18	19	20	21	22
1	16.09.18 H	Turbine Potsdam	1:0 (0:0)	X	E	A			A		X1	X		X	X		E	X	X	X			A		E
2	23.09.18 A	1. FFC Frankfurt	4:1 (2:0)	X	E	X1	E		X		X1	A		A	X1			X	X	X			A1		E
3	30.09.18 H	SGS Essen	1:2 (1:1)	X	E	X	X		X1		A	E			X		E	X	X	X			A		A
4	13.10.18 A	FC Bayern München	1:2 (0:1)	X	A	X	X		X		A	X					E	X	X1	X	E		A		E
5	21.10.18 H	SV Werder Bremen	4:0 (0:0)	X	E	A1	X		X	E	X			A		E1	X	X1	X	X			A1		
6	24.10.18 A	SC Freiburg	2:3 (0:0)	X	E	X	X		X			A	E		X		A	X	X	X	E		A2		
7	28.10.18 H	Mönchengladbach	4:1 (2:1)	X		X1			X		A	E	E	X	X2			X1		X	E		A		E
8	03.11.18 A	Bayer 04 Leverkusen	3:0 (1:0)	X	E	A1			X			A	E	X	X1		E	X1	X	X	X		A		
9	25.11.18 H	MSV Duisburg	3:3 (0:1)		E	A1	X1		X			A	E		X	X		X	X	X	X		A1		E
10	02.12.18 A	VfL Wolfsburg	1:3 (1:3)	X	E	A	X		X		X1	E		A			E	X	X	X	A		X		
11	05.12.18 H	SC Sand	4:0 (1:0)	X	X2		X		A		X1	A	X	E			E	X	A1	X	X				E
12	09.12.18 A	Turbine Potsdam	1:1 (0:0)	X	E	A1	X		X			A	E		X		E	X	X	X	A		X		
13	10.02.19 H	1. FFC Frankfurt	0:1 (0:1)		E	X	X		X		E	A		E	X	A	X	X	X				X		
14	17.02.19 A	SGS Essen	2:2 (1:0)		E	A1	X		X		X	E	A		X	X	E	X	X1	X			A		
15	24.02.19 H	FC Bayern München	0:1 (0:1)		A	A	X		X	E		E	X	X				X	X	X		X	E	A	
16	17.03.19 A	SV Werder Bremen	1:1 (0:1)		E	X1	X		X		X	E		A			E	X	X	X	X		A		
17	23.03.19 H	SC Freiburg	2:1 (1:1)		E	A	X		X	E	X	A	E		X1		X	X	X	X		X	A		
18	14.04.19 A	Mönchengladbach	4:0 (1:0)		A				A	E1	A1		X1	X	X		X	X	X1	X		X	E	E	
19	20.04.19 H	Bayer 04 Leverkusen	6:2 (2:2)		E	A1	A		X1	E			A		X		X	X	X4	X			X	E	
20	28.04.19 A	MSV Duisburg	2:2 (2:1)		E	X	E	E	X1		A		X	A	X		X	X	A	X			X1		
21	05.05.19 H	VfL Wolfsburg	0:1 (0:1)	X	E	X	A	E	A	E		A		X			X	X	X				X	X	
22	12.05.19 A	SC Sand	2:2 (2:0)		A	E		E	X		X	E	A		X	X	X		A	X			X2	X	
			Spiele:	12	21	20	18	3	22	5	14	18	17	7	20	6	16	20	22	21	9	4	21	5	7
			Tore:	0	2	9	1	0	3	1	4	1	1	0	5	0	1	2	9	0	0	0	8	0	0

Gegnerisches Eigentor im 17. Spiel (durch Minge)

Bilanz der letzten 10 Jahre:

Saison	Lv.	Liga		Platz	Sp.	S	U	N	Tore	Pkt.
2008/09:	4	Oberliga Baden-Württemberg	↑	1.	20	19	0	1	113-10	57
2009/10:	3	Regionalliga Süd	↑	1.	18	15	1	2	57-17	46
2010/11:	2	2. Bundesliga Süd		3.	22	13	4	5	46-22	43
2011/12:	2	2. Bundesliga Süd		2.	22	15	3	4	56-26	48
2012/13:	2	2. Bundesliga Süd	↑	1.	22	18	2	2	73-23	56
2013/14:	1	Bundesliga		9.	22	6	5	11	39-61	23
2014/15:	1	Bundesliga		6.	22	7	5	10	29-40	26
2015/16:	1	Bundesliga		8.	22	8	4	10	33-33	28
2016/17:	1	Bundesliga		7.	22	9	3	10	23-33	30
2017/18:	1	Bundesliga		8.	22	8	1	13	22-32	25

Zuschauerzahlen:

Saison	gesamt	Spiele	Schnitt
2008/09:		10	
2009/10:		9	
2010/11:	3.990	11	363
2011/12:	3.350	11	305
2012/13:	5.194	11	472
2013/14:	11.019	11	1.002
2014/15:	8.458	11	769
2015/16:	10.020	11	911
2016/17:	9.680	11	880
2017/18:	8.140	11	740

Die meisten Spiele in der Bundesliga:

Pl.	Name, Vorname	Spiele
1.	Pankratz, Leonie	115
2.	Dongus, Fabienne	103
3.	Breitner, Stefanie	96
4.	Dongus, Tamar	92
5.	Demann, Kristin	87
	Moser, Martina	87
7.	Billa, Nicole	75
8.	Steinert, Judith	73
9.	Howard, Sophie	63
10.	Führer, Anne	62

Die meisten Tore in der Bundesliga:

Pl.	Name, Vorname	Tore
1.	Billa, Nicole	21
	Moser, Martina	21
3.	Dongus, Fabienne	13
4.	Schneider, Christine	12
	Waßmuth, Tabea	12
6.	Rall, Maximiliane	11
7.	Demann, Kristin	10
8.	Zeller, Dora	9
9.	Führer, Anne	8
	Pankratz, Leonie	8

Die Trainer der letzten Jahre: *

Name, Vorname	Zeitraum
Obländer, Holger	01.07.2007 – 30.06.2008

* berücksichtigt sind Spiele ab 01.07.2007 (Gründung der FF-Abteilung der TSG Hoffenheim)

Bayer 04 Leverkusen

Anschrift:
Bismarckstraße 122 - 124
51373 Leverkusen
Telefon: (02 14) 86 60-3 70
E-Mail: linda.peckhaus@bayer04.de
Homepage: www.bayer04.de

Vereinsgründung: 01.07.1904; 01.07.2008 Gründung Frauen-FA nach Beitritt der Frauen-FA des TuS Köln rrh. (vorm. SSG Bergisch Gladbach)
Vereinsfarben: Rot-Weiß-Schwarz
Vorstand: Fernando Carro
Team-Manager: Maruan Azrak
Stadion: Ulrich-Haberland-Stadion (3.200)

Größte Erfolge: Meister der 2. Bundesliga Süd 2010 (↑); Aufstieg in die Bundesliga 2018.

Aufgebot:

Name, Vorname	geb. am	Nat.	seit	2018/19 Sp.	T.	Gesamt Sp.	T.	frühere Vereine
Barth, Merle	21.04.1994	D	2009	19	2	107	8	SSV Homburg-Nümbrecht
Csiszár, Henrietta	15.05.1994	HUN	2016	21	3	41	4	1. FC Lübars, Arsa Targu Mures, MTK Hungaria Budapest FC, Belvarosi NLC, Ferencvárosi TC Budapest, Hajdúnánás FK
Friedrich, Melissa	06.05.1997	D	2016	11	0	12	0	1. FFC Frankfurt, OSC Vellmar
Gier, Madeline	28.04.1996	D	2017	12	0	65	5	Borussia Mönchengladbach, SGS Essen 19/68, FC Rumeln 2001 Duisburg, VfR 08 Oberhausen
Heinze, Karoline	15.10.1993	D	2018	16	0	123	1	FF USV Jena, University of Central Florida Knights, FF USV Jena, 1. FFC Turbine Potsdam 71, VfB Glauchau, DFC Westsachsen Zwickau, SG VfB/Empor Glauchau
Hopfengärtner, Anne	29.10.1989	D	2018	3	0	8	0	1. FC Köln, SV 67 Weinberg, TSV Neustadt Aisch
Jessen, Sandra Maria	18.01.1995	ISL	2019	8	1	16	1	SG Thór/KA Akureyri, Slavia Prag, SG Thór/KA Akureyri, Bayer 04 Leverkusen, SG Thór/KA Akureyri
Kempe, Frederike	10.02.1997	D	2015	8	0	44	0	FSV Gütersloh 2009, SSV Meschede
Kerschowski, Isabel	22.01.1988	D	2018	3	0	218	34	VfL Wolfsburg, Bayer 04 Leverkusen, 1. FFC Turbine Potsdam 71, BSC Marzahn
Klink, Anna	T 22.03.1995	D	2009	19	0	84	0	Wahlscheider SV
Mayr, Elisabeth	18.01.1996	D	2018	21	3	21	3	FC Bayern München, University of Kansas Jayhawks, FC Bayern München, TSV Brunnthal
Meier, Saskia	19.03.1997	D	2017	10	0	33	1	SC Sand, SC Freiburg, SV Zimmern o.R., SV Waldmössingen
Oliveira-Leite, Ana Christina	23.10.1991	POR	2018	17	0	74	2	Sporting Lissabon, Bayer 04 Leverkusen, Borussia Mönchengladbach, MSV Duisburg, SGS Essen 19/68, FC Rumeln 2001 Duisburg, BV Borussia Bocholt
Prinz, Katharina	07.04.1997	D	2018	2	0	24	0	SV Meppen, Bayer 04 Leverkusen, SSV Lützenkirchen
Rackow, Gianna	14.09.2000	D	2013	12	0	25	0	SV Frielingsdorf, VfL Berghausen-Gimborn
Radke, Laura	12.07.1999	D	2018	3	0	11	1	SGS Essen 19/68, VfL Bochum, SSV Buer 07/28, Erler SV 08
Reger, Barbara	17.01.2000	D	2013	12	1	12	1	DJK Viktoria Frechen
Ringsing, Louise	20.08.1996	DEN	2018	18	0	18	0	DBK Fortuna Hjörring, Bröndby IF, 1. FFC Turbine Potsdam 71, Bröndby IF, Solröd FC, Haslev FC, Ströby AIK, Karise IK
Rudelic, Ivana	25.01.1992	CRO	2018	19	6	138	15	FF USV Jena, FC Bayern München, TSV Tettnang, ASV Wangen
Sahlmann, Henrike	21.02.1997	D	2017	22	2	34	0	SGS Essen 19/68, SG Essen-Schönebeck
Scheffler, Hannah	12.08.1999	D	2018	0	0	5	0	1. FC Köln, Pulheimer SC
Sieger, Laura	T 18.02.2000	D	2018	4	0	4	0	1. FC Köln
Uebach, Lena	31.07.2000	D	2018	19	3	19	3	Sportfreunde Siegen, SV Fortuna Freudenberg
Vinken, Ann-Kathrin	17.02.2000	D	2018	10	0	21	0	1. FC Köln
Wellmann, Anna	T 19.05.1995	D	2019	0	0	0	0	FC Bayern München, TSV Schwaben Augsburg, SpVgg Kaufbeuren
Wich, Jessica	14.07.1990	D	2014	1	1	166	32	1. FFC Frankfurt, Hamburger SV, 1. FFC Turbine Potsdam 71, SC Regensburg, SV Reitsch, TSF Theisenort, SV Höfles-Vogtendorf
Wimmer, Pauline	27.08.2001	D	2017	5	0	5	0	1. FC Union Berlin, FC Viktoria 89 Berlin LT, Berliner FC Viktoria 89, FC Hertha 03 Zehlendorf, Lichterfelde FC
Wirtz, Juliane	22.08.2001	D	2018	11	0	12	0	1. FC Köln, SV Grün-Weiß Brauweiler

Trainer:

Name, Vorname	geb. am	Nat.	Zeitraum	Spiele 2018/19	frühere Trainerstationen
Hagedorn, Verena	25.07.1982	D	05.04.17 – 30.06.19	22	Co-Bundestrainerin, Verbandstrainerin Mittelrhein, Fußballschule Bad Neuenahr

Zugänge:
Heinze (FF USV Jena), Hopfengärtner (1. FC Köln), Kerschowski (VfL Wolfsburg), Mayr (FC Bayern München II), Oliveira-Leite (Sporting Lissabon), Prinz (SV Meppen), Radke (SGS Essen 19/68), Reger (eigene Juniorinnen), Rudelic (FF USV Jena), Scheffler (1. FC Köln), Sieger (1. FC Köln II), Uebach (Sportfreunde Siegen), Vinken (1. FC Köln), Wirtz (1. FC Köln U17).
während der Saison:
Jessen (Por/Ka), Wellmann (FC Bayern München II).

Abgänge:
Bokanovic (1. FC Köln), Bosnjak (unbekannt), Finestra (II. Mannschaft), de Haan (Grasshopper Club Zürich), Heß (1. FC Köln), Munzert (1. FC Nürnberg), Sauder (unbekannt), Widak (unbekannt).
während der Saison:
Hopfengärtner (II. Mannschaft).

Fortsetzung Bayer 04 Leverkusen

Spielaufstellungen und Torschützinnen:

Sp	Datum		Gegner	Ergebnis	Barth	Csiszár	Friedrich	Gier	Heinze	Hopfengärtner	Jessen	Kempe	Kerschowski	Klink	Mayr	Meier	Oliveira-Leite	Prinz	Rackow	Radke	Reger	Ringsing	Rudelic	Sahlmann	Sieger	Uebach	Vinken	Wich	Wimmer	Wirtz
					1	2	3	4	5	6	7	8	9	10	11	12	13	14	15	16	17	18	19	20	21	22	23	24	25	26
1	16.09.18	H	FC Bayern München	1:10 (1:3)	X	X			X				X	X	X	E	X		E			X		X			A	A1		
2	23.09.18	A	SV Werder Bremen	1:0 (1:0)	X	X			X	E			X	X	X		A			A1	X	E	A		E					X
3	30.09.18	H	SC Freiburg	0:3 (0:2)	X	X			X	E		A	A	X	X	E	X				A	X		X		E				
4	14.10.18	A	Mönchengladbach	4:4 (0:2)	X1	X			X			A		X	X2		E		E		A	X	X	A		E1				X
5	21.10.18	A	SC Sand	0:3 (0:1)	X	X		A	X				X	A	X	X		E	E			X	X						E	A
6	24.10.18	H	MSV Duisburg	4:1 (2:0)	X	X		E	X				X	A	A	X	E				E	X1	X1		X2	A				
7	27.10.18	A	VfL Wolfsburg	0:7 (0:3)	X	X			X			E	A	X		X	E				X	X	X	E	A	A				
8	03.11.18	H	1899 Hoffenheim	0:3 (0:1)	X	X			A					E	X	X		A	A	E	X		X	X	X			E		
9	25.11.18	A	Turbine Potsdam	0:3 (0:2)	X	X							A	X	X			X		E		A	X	X	E					
10	02.12.18	H	1. FFC Frankfurt	0:3 (0:2)	X	X	X		X			E	X	A	X		A		E			X	X		A	E				
11	05.12.18	A	SGS Essen	0:5 (0:1)	X	X		A	E			X	X	E	A			A			A	X	X	X	E	X				
12	09.12.18	A	FC Bayern München	0:8 (0:2)	X	X	X	E				X		A				E	E	X	X	A	X	X		A				
13	16.12.18	H	SV Werder Bremen	1:0 (1:0)	X	X	A			X	X	E			A			E	X	X1	X		X	A					E
14	17.02.19	A	SC Freiburg	0:6 (0:3)		X		X	X		A	A	X			E	E			X	X	E	A	X					X
15	23.02.19	H	Mönchengladbach	3:0 (2:0)		A	A	X					X	X1	E	X		X		X	A1	X1		E	E				X
16	17.03.19	H	SC Sand	1:1 (0:0)		X	X	A	A		E1		X	A	X		X			X	X	X		E		E			
17	24.03.19	A	MSV Duisburg	0:1 (0:0)	E	X	X	A	A		E		X	A	X		X			X	X	X		E					
18	14.04.19	H	VfL Wolfsburg	0:5 (0:3)	X		X	E		A			X	E	X		A		X		E		X		A				X
19	20.04.19	A	1899 Hoffenheim	2:6 (2:2)	X1	A	X	A					X	X	E		E			X	X1	A		X	E				X
20	28.04.19	H	Turbine Potsdam	1:1 (0:1)	X	X	X	A	E			X		X	E	A				E	X	X1	A						X
21	05.05.19	A	1. FFC Frankfurt	2:4 (1:2)	X	X1	X	E				X		X	A	X				X	A1	A		E				E	X
22	12.05.19	H	SGS Essen	2:1 (0:1)	X	X2	X	E	E		X		X	E	A				A		X	X		A					X
			Spiele:		19	21	11	12	16	3	8	8	3	19	21	10	17	2	12	3	12	18	19	22	4	19	10	1	5	11
			Tore:		2	3	0	0	0	0	1	0	0	0	3	0	0	0	0	0	1	0	6	2	0	3	0	1	0	0

Bilanz der letzten 10 Jahre:

Saison	Lv.	Liga		Platz	Sp.	S	U	N	Tore	Pkt.
2008/09:	2	2. Bundesliga Süd		7.	22	6	7	9	47-40	25
2009/10:	2	2. Bundesliga Süd	↑	1.	22	17	3	2	62-19	54
2010/11:	1	Bundesliga		8.	22	6	3	13	32-67	21
2011/12:	1	Bundesliga		11.	22	4	3	15	22-35	15
2012/13:	1	Bundesliga		8.	22	6	8	8	31-40	26
2013/14:	1	Bundesliga		7.	22	7	5	10	44-38	26
2014/15:	1	Bundesliga		9.	22	5	5	12	23-42	20
2015/16:	1	Bundesliga		10.	22	6	3	13	21-56	21
2016/17:	1	Bundesliga	↓	11.	22	2	3	17	16-53	9
2017/18:	2	2. Bundesliga Süd	↑	3.	22	13	2	7	47-37	41

Zuschauerzahlen:

Saison	gesamt	Spiele	Schnitt
2008/09:	2.670	11	243
2009/10:	4.780	11	435
2010/11:	5.109	11	464
2011/12:	4.261	11	387
2012/13:	3.118	11	283
2013/14:	5.099	11	464
2014/15:	5.555	11	505
2015/16:	7.136	11	649
2016/17:	4.271	11	388
2017/18:	1.655	11	150

Die meisten Spiele in der Bundesliga:

Pl.	Name, Vorname	Spiele
1.	Schwab, Lisa	123
2.	Barth, Merle	107
3.	Petzelberger, Ramona	103
4.	Knaak, Turid	102
5.	Weber, Francesca	100
6.	Hendrich, Kathrin	88
7.	Schmitz, Lisa	86
8.	Evers, Maris	84
	Klink, Anna	84
10.	Prießen, Marith	77

Die meisten Tore in der Bundesliga:

Pl.	Name, Vorname	Tore
1.	Schwab, Lisa	24
2.	Linden, Isabelle	23
3.	Knaak, Turid	19
4.	Weber, Francesca	16
5.	Beckmann, Eunice	10
6.	Barth, Merle	8
	Petzelberger, Ramona	8
	Thompson, Shelley	8
9.	Rudelic, Ivana	6
	Simon, Carolin	6

Die Trainer/innen der letzten Jahre:

Name, Vorname	Zeitraum
Meier, Doreen	01.07.2008 – 30.06.2012
Obliers, Thomas	01.07.2012 – 08.03.2017
Dresen, Malte (IT)	08.03.2017 – 05.04.2017

Borussia VfL 1900 Mönchengladbach

Anschrift:
Hennes-Weisweiler-Allee 1
41179 Mönchengladbach
Telefon: (0 21 61) 92 93 10 03
eMail: info@borussia.de
Homepage: www.borussia.de

Vereinsgründung: 01.08.1900 als FC Borussia M.-Gladbach
1995 Gründung der Frauenfußballabteilung

Vereinsfarben: Schwarz-Weiß-Grün
Präsident: Ralf Königs
Abteilungsleiter: Roland Virkus

Stadion:
Grenzlandstadion (5.000)

Größte Erfolge: Aufstieg in die Bundesliga 2016; Meister der 2. Bundesliga Nord 2018 (↑); Meister Regionalliga West 2011 (↑) und 2015 (↑)

Aufgebot:

Name, Vorname		geb. am	Nat.	seit	2018/19 Sp.	T.	gesamt Sp.	T.	frühere Vereine
Abu Sabbah, Sarah		27.10.1999	JOR	2018	16	0	17	0	Bayer 04 Leverkusen, SGS Essen 19/68, FC Rumeln 2001 Duisburg, FC Tannenhof
Baghuis, Chantal		21.05.1992	NED	2017	2	0	2	0	Venlosche Boys, Gruppenforster FC '33
Beyer, Pia		06.08.2000	D	2010	0	0	0	0	DJK VfL Giesenkirchen
Bogenschütz, Kerstin		06.01.1995	D	2016	16	1	31	1	VfL Sindelfingen, TSG 1899 Hoffenheim, JSG Hechingen, Sportfreunde Sickingen
Bohnen, Amelie		16.08.2001	D	2016	10	0	10	0	DJK Fortuna Dilkrath
Busshuven, Alina		25.04.2001	D	2018	12	1	12	1	SGS Essen 19/68, Rumelner TV, Borussia Mönchengladbach, VfL Repelen, SV Schwafheim
Corres, Carolin		18.04.1996	D	2009	22	0	25	0	SV Rot-Weiß Venn
Dallmann, Pauline		18.02.1998	D	2015	8	0	30	0	1. FFC Frankfurt, SGS Essen 19/68, PSV Wesel-Lackhausen, STV Hünxe
Densing, Kyra		12.10.1991	D	2005	12	0	19	0	SC Broich-Peel
Evels, Emily		11.08.1996	D	2018	10	0	58	5	TSG 1899 Hoffenheim, Shattuck St. Mary's High School Sabres, FV Löchgau
Everaerts, Kim		06.01.2002	NED	2013	2	0	2	0	RKSV Wittenhorst
Fürst, Vanessa		26.10.2001	D	2018	19	0	28	0	1. FC Köln, BC OBerzier, Viktoria Ellen
Geraedts, Kelsey		13.08.2000	NED	2014	7	0	8	0	VV Reuver
Giehl, Madita		25.05.1994	D	2018	13	0	30	0	TSG 1899 Hoffenheim, 1. FC Saarbrücken, SC Siegelbach, FV Rockenhausen, TuS Hochspeyer
van Heeswijk, Amber		02.08.2000	NED	2016	22	0	22	0	SV Venray
Jakober, Magdalena		06.07.1993	AUT	2018	8	0	10	0	DSC Arminia Bielefeld, ETSV Würzburg, TSV Crailsheim, ETSV Würzburg, FFV Leipzig, FF USV Jena, Union Kleinmünchen, LASK Linz Ladies, SV Traun
Janssen, Annalena	T	18.02.2001	D	2012	0	0	0	0	ASV Einigkeit Süchteln
Kodama, Keiko		22.12.1992	JPN	2018	5	0	5	0	AC Nagano Parceiro, Albirex Niigata
Koj, Julia		29.03.1995	D	2011	1	0	18	0	SC Wegberg
Kufner, Anne Catherine		26.08.1995	D	2006	22	0	41	0	VSF Amern
Oppedisano, Valentina		23.01.1992	ITA	2014	14	3	22	3	Bayer 04 Leverkusen, TuS Düsseldorf-Nord, FC Rumeln 2001 Duisburg, Lohausener SV, DJK Agon 08 Düsseldorf
Petri, Paula		23.08.2000	D	2015	8	0	11	0	ASV Einigkeit Süchteln
Schenk, Isabel		08.01.1995	D	2017	12	0	34	0	MSV Duisburg, FC Rumeln 2001 Duisburg, SV Rheinwacht Erfgen,
Schwanekamp, Jana		19.03.1997	D	2018	0	0	0	0	1. FC Köln, Bayer 04 Leverkusen, FSV Gütersloh 2009, BV Borussia Bocholt
Simons, Kelly		19.07.1995	NED	2011	7	1	29	3	RKSV Bekkerveld, RKVV Heksenberg
Sinz, Michelle Marie		28.06.2001	D	2018	1	0	1	0	SGS Essen 19/68, MSV Duisburg, FC Rumeln 2001 Duisburg, SC Buschhausen
Starmanns, Sandra		22.03.1991	D	2012	19	0	39	1	FC Rumeln 2001 Duisburg, Hülser SV
Venrath, Lisa	T	30.08.2000	D	2018	14	0	14	0	1. FFC Turbine Potsdam 71, SC 13 Bad Neuenahr, SGS Essen, SV Viktoria Koslar, TSV Alemannia Aachen, SV Siersdorf, SSV Körrenzig
Wahlen, Vanessa		21.08.1995	D	2016	16	1	62	2	TSG 1899 Hoffenheim, MSV Duisburg, FC Rumeln 2001 Duisburg, Bayer 04 Leverkusen, FC Rumeln 2001 Duisburg, DJK Agon 08 Düsseldorf
Wassenhoven, Michell	T	01.06.2000	D	2012	8	0	10	0	1. FC Mönchengladbach

Trainer:

Name, Vorname	geb. am	Nat.	Zeitraum	Spiele 2018/19	frühere Trainerstationen
Krienen, René	26.08.1982	D	01.07.2016 – lfd.	22	Borussia Mönchengladbach (Juniorinnen, U13, U17)

Zugänge:
Abu Sabbah (Bayer 04 Leverkusen II), Bohnen (eigene Juniorinnen), Evels (TSG 1899 Hoffenheim), Everaerts (eigene Juniorinnen), Fürst (1. FC Köln U17), Giehl (TSG 1899 Hoffenheim II), Jakober (DSC Arminia Bielefeld), Janssen (eigene Juniorinnen), Kodama (AC Nagano Parceiro), Lohmann (SV Werder Bremen), Schwanekamp (1. FC Köln II), Sinz (SGS Essen 19/68 U17), Venrath (1. FFC Turbine Potsdam 71).
während der Saison:
Baghuis (II. Mannschaft).

Abgänge:
Aerts (Ladies Genk), Birbaum (II. Mannschaft), Brietzke (1. FC Mönchengladbach), Jule Dallmann (SGS Essen 19/68), Hendriks (unbekannt), Herrmann (unbekannt), Kleinickel (Laufbahn beendet), Lenzen (SGS Essen 19/68 II), Lohmann (ohne Verein, später SC Sand II), Schoepp (1. FC Mönchengladbach), Tolksdorf (SGS Essen 19/68).
während der Saison:
Sinz (MSV Duisburg II).

Fortsetzung Borussia Mönchengladbach

Spielaufstellungen und Torschützinnen:

Sp	Datum	Gegner	Ergebnis	Abu Sabbah	Baghuis	Bogenschütz	Bohnen	Busshuven	Corres	Dallmann	Densing	Evels	Everaerts	Fürst	Geraedts	Giehl	van Heeswijk	Jakober	Kodama	Koj	Kufner	Oppedisano	Petri	Schenk	Simons	Sinz	Starmanns	Venrath	Wahlen	Wassenhoven
				1	2	3	4	5	6	7	8	9	10	11	12	13	14	15	16	17	18	19	20	21	22	23	24	25	26	27
1	16.09.18 H	SV Werder Bremen	0:3 (0:1)	E		X		A	A					X		X	E	X		A	X	E		X					X	X
2	23.09.18 A	SC Freiburg	0:4 (0:2)		A			X			E			X	E	X	A			X	E			X		A			X	X
3	30.09.18 A	SC Sand	0:5 (0:3)				E	X						X	E	X	A	A			X	X			X		X		X	X
4	14.10.18 H	Bayer 04 Leverkusen	4:4 (2:0)	E		X1	E	A1	A						E	X	X				X	A1			X		X		X1	X
5	21.10.18 A	MSV Duisburg	1:3 (1:2)		A		X	X						A	E	X	E	E			X	A1			X		X		X	X
6	24.10.18 H	VfL Wolfsburg	0:7 (0:3)	E		A		X	X		E			X	E	X					X	A			X		X		A	X
7	28.10.18 A	1899 Hoffenheim	1:4 (1:2)	A		A		X	X		E		E	E	X		X				X				A1		X		X	X
8	04.11.18 H	Turbine Potsdam	0:7 (0:3)	E		X		A	X		E		A	X	X	X					X					E	X		A	X
9	24.11.18 A	1. FFC Frankfurt	0:8 (0:5)	E		X	E	X	X		A			X			A	A			X		E				X	X	X	
10	02.12.18 H	SGS Essen	0:6 (0:2)	E		A	E	A			A			X			X	E			X			X			X	X	X	
11	05.12.18 A	FC Bayern München	0:9 (0:7)	E		X	E			A		E	X			A					X	X	X				X	A		
12	09.12.18 A	SV Werder Bremen	0:5 (0:0)	A		A		A	X			X					E				X	X	E	X			E	X	X	
13	16.12.18 H	SC Freiburg	0:2 (0:1)	E			X	E	X			A	X				E				X	A	A	X			X	X		
14	17.02.19 H	SC Sand	1:4 (0:3)	E	E	X			X	X		E					A		A		X	A1	X	X			X	X		
15	23.02.19 A	Bayer 04 Leverkusen	0:3 (0:2)	E		X			X	X	E			X			A		E		X	A	X				A	X		
16	24.03.19 A	VfL Wolfsburg	0:8 (0:3)	E		X			X	X		X		A			E				X	A	E	X			X	X		A
17	27.03.19 H	MSV Duisburg	0:1 (0:0)	X	E	X		A	A		X			X			X				X	E		A			X	X	E	
18	14.04.19 H	1899 Hoffenheim	0:4 (0:1)	X		E	E		X	X		X				X	A				X			A			A	X	E	
19	21.04.19 A	Turbine Potsdam	0:6 (0:2)	X			E		X	A		X	X			X	A		E		X			X			X	X		
20	28.04.19 H	1. FFC Frankfurt	0:9 (0:4)				E		X	A	E	X		A		X	X	E			X	A		X			X	X		
21	05.05.19 A	SGS Essen	0:3 (0:1)				E		X	X	A	A		X			X	A	E		X						X	X		
22	12.05.19 H	FC Bayern München	0:5 (0:1)				E		X	X	A	X		X			X	A			E	A		E	X			X	X	
		Spiele:		16	2	16	10	12	22	8	12	10	2	19	7	13	22	8	5	1	22	14	8	12	7	1	19	14	16	8
		Tore:		0	0	1	0	1	0	0	0	0	0	0	0	0	0	0	0	0	0	3	0	0	1	0	0	0	1	0

Bilanz der letzten 10 Jahre:

Saison	Lv.	Liga		Platz	Sp.	S	U	N	Tore	Pkt.
2008/09:	4	Verbandsliga Niederrhein	↑	1.	26	22	3	1	132-14	69
2009/10:	3	Regionalliga West		2.	26	18	4	4	77-16	58
2010/11:	3	Regionalliga West	↑	1.	26	20	5	1	103-24	65
2011/12:	2	2. Bundesliga Süd	↓	11.	22	6	5	11	28-39	23
2012/13:	3	Regionalliga West		2.	24	13	3	8	62-35	42
2013/14:	3	Regionalliga West		5.	26	14	7	5	65-37	49
2014/15:	3	Regionalliga West	↑	1.	26	24	2	0	99- 8	74
2015/16:	2	2. Bundesliga Süd	↑	2.	22	16	2	4	54-22	50
2016/17:	1	Bundesliga	↓	12.	22	2	0	20	8-66	6
2017/18:	2	2. Bundesliga Nord	↑	1.	22	15	4	3	75-25	49

Zuschauerzahlen: (* unvollständig)

Saison	gesamt	Spiele	Schnitt
2008/09:		13	
2009/10: *	1.047	10	105
2010/11:	1.076	13	83
2011/12:	1.305	11	119
2012/13: *	635	11	58
2013/14:	845	13	65
2014/15:	768	13	59
2015/16:	1.195	11	109
2016/17:	2.748	11	250
2017/18:	1.516	11	138

Die meisten Spiele in der Bundesliga:

Pl.	Name, Vorname	Spiele
1.	Kufner, Anne Catherine	41
2.	Starmanns, Sandra	39
3.	Wahlen, Vanessa	32
4.	Bogenschütz, Kerstin	31
5.	Dallmann, Pauline	30
6.	Simons, Kelly	29
7.	Corres, Carolin	25
8.	Oppedisano, Valentina	22
9.	Van Heeswijk, Amber	22
10.	Cameron, Tiffany	21
	Lohmann, Mona	21

Die Tore in der Bundesliga:

Pl.	Name, Vorname	Tore
1.	Oppedisano, Valentina	3
	Simons, Kelly	3
3.	Lohmann, Mona	2
4.	Aerts, Liv	1
	Bogenschütz, Kerstin	1
	Busshuven, Alina	1
	Gier, Madeline	1
	Kleinikel, Nadja	1
	Starmanns, Sandra	1
	Wahlen, Vanessa	1

Die Trainer der letzten Jahre:

Name, Vorname	Zeitraum
Schwatze, Roland	??.??.1996 – ??.03.1999
Spiecker, Holger	??.03.1999 – 30.06.2002
Schnitzler, Thomas	01.07.2002 – ??.12.2002
Meurer, René (IT)	01.01.2003 – 1?.03.2003
Claeren, Fritz	1?.03.2003 – ??.09.2005
Meis, Jürgen	??.09.2005 – 30.06.2008
Lörsch, Oliver	01.07.2007 – 30.06.2009
Baumann, Friedel	01.07.2009 – 12.04.2012
Berger, Kyle	13.04.2012 – 30.06.2014
Schmalenberg, Mike	01.07.2012 – 30.06.2016

FC Bayern München

Anschrift:
Säbener Straße 51 - 57
81547 München
Telefon: (0 89) 69 91 78 58
e-mail: frauenfussball@FCB.de
Homepage: www.fcbayern-frauenfussball.de

Vereinsgründung: 27.02.1900 (Gesamtverein);
07.06.1970 Gründung der Frauen-Fußballabteilung

Vereinsfarben: Rot-Weiß
Vorst.-Vorsitzender: Karl-Heinz Rummenigge
Managerin: Karin Danner

Stadion:
Stadion Grünwald. Straße (12.500)
bzw. FC Bayern Campus (2.500)

Größte Erfolge: Deutscher Meister 1976, 2015 und 2016; Deutscher Vizemeister 1975, 1979, 1982, 1985, 2009, 2017, 2018 und 2019; DFB-Pokalsieger 2012; Finalist im DFB-Pokal 1988, 1990 und 2018

Aufgebot:

Name, Vorname		geb. am	Nat.	seit	2018/19 Sp.	T.	Gesamt Sp.	T.	frühere Vereine
Beerensteyn, Lineth		11.10.1996	NED	2017	19	3	29	5	FC Twente Enschede, ADO Den Haag, VV DHC Delft
Behringer, Melanie		18.11.1985	D	2014	0	0	293	77	1. FFC Frankfurt, FC Bayern München, SC Freiburg, FC Hausen i.W., SpVgg Utzenfeld
Benkarth, Laura	T	14.10.1992	D	2018	3	0	140	0	SC Freiburg, FC Wolfenweiler-Schallstadt, SV Biengen
Däbritz, Sara		15.02.1995	D	2015	20	13	149	38	SC Freiburg, SpVgg Weiden 2010, JFG Vilstal, SpVgg Ebermannsdorf
Damnjanovic, Jovana		24.11.1994	SRB	2017	14	5	62	18	SC Sand, VfL Wolfsburg, ZFK Roter Stern Belgrad, OFK Perspektiva Zemun
Demann, Kristin		07.04.1993	D	2017	14	0	120	13	TSG 1899 Hoffenheim, 1. FFC Turbine Potsdam 71, TSV Havelse, FC Bennigsen
Gerhardt, Anna		17.04.1998	D	2016	2	0	33	6	1. FC Köln, SC Kreuzau 05
Hendrich, Kathrin-Julia		06.04.1992	D	2018	21	1	195	9	1. FFC Frankfurt, Bayer 04 Leverkusen, FC Teutonia Weiden, FC Eupen
Islacker, Mandy		08.08.1988	D	2017	14	12	228	127	1. FFC Frankfurt, BV Cloppenburg, FC Rumeln 2001 Duisburg, FC Bayern München, SG Essen-Schönebeck, FC Rumeln 2001 Duisburg, SG Essen-Schönebeck, Essener SG 99/06, BV Altenessen
Laudehr, Simone		12.07.1986	D	2016	8	1	268	88	1. FFC Frankfurt, FC Rumeln 2001 Duisburg, FC Bayern München, SC Regensburg, FC Tegernheim
Leupolz, Melanie		14.04.1994	D	2014	11	0	138	13	SC Freiburg, TSV Tettnang, TSV Ratzenried
Lewandowski, Gina		13.04.1985	USA	2012	11	3	199	19	1. FFC Frankfurt, Western New York Flash, 1. FFC Frankfurt, Charlotte Lady Eagles, Northhampton Laurels FC, Steel City Sparks, Lehigh University Mountain Hawks, Allentown Central Catholic High School Vikettes
Lohmann, Sydney		19.06.2000	D	2016	21	3	25	4	SC Fürstenfeldbruck, VfL Kaufering, SV Lengenfeld
Magull, Lina		15.08.1994	D	2018	17	7	121	45	SC Freiburg, VfL Wolfsburg, FSV Gütersloh 2009, SuS Kaiserau, Hombrucher SV 09/72, Hörder SC
Maier, Leonie		29.09.1992	D	2013	14	1	157	11	SC Bad Neuenahr, VfL Sindelfingen, JSG Remseck, TV Aldingen
Rolfö, Fridolina		24.11.1993	SWE	2017	16	9	40	18	Linköpings FC, Jitex BK, Tölö IF, IFK Fjäras
Rolser, Nicole		07.02.1992	D	2015	7	2	102	28	Liverpool LFC, SC Bad Neuenahr, VfL Sindelfingen, VfL Munderkingen, SV Mietingen
Roord, Jill		22.04.1997	NED	2017	19	7	36	13	FC Twente Enschede, Quick `20 Oldenzaal
Schweers, Verena (geb. Faißt)		22.05.1989	D	2016	15	2	219	14	VfL Wolfsburg, SC Freiburg, SC Kappel
Skorvánková, Dominika		21.08.1991	SVK	2017	16	1	65	8	SC Sand, SV Neulengbach, SK Slovan Bratislava, OFK Dunajská Luzná
Sörensen, Simone Boye		03.03.1992	DEN	2019	0	0	0	0	FC Rosengard, Bröndby IF, Balerup-Skovlunde Fodbold, University of Texas at San Antonio Roadrunners, Munkholm-Vipperød 05, Jernlose IF
Vonková, Lucie		28.02.1992	CZE	2017	6	1	88	19	FF USV Jena, MSV Duisburg, FC Rumeln 2001 Duisburg, AC Sparta Prag, SK Slavia Prag, FK Teplice
Weimar, Jacintha	T	11.06.1998	NED	2016	1	0	1	0	CTO Eindhoven, RKVV Best Vooruit
Wenninger, Carina		06.02.1991	AUT	2007	21	1	171	6	DFC LUV Graz, FC Gratkorn, SV Thal
Zinsberger, Manuela	T	19.10.1995	AUT	2014	18	0	55	0	SV Neulengbach, SV Neulengbach Juniors, USV Großrußbach, SV Stockerau, USV Leitzersdorf

Trainer:

Name, Vorname	geb. am	Nat.	Zeitraum	Spiele 2018/19	frühere Trainerstationen
Wörle, Thomas	11.02.1982	D	01.07.10 – 30.06.19	22	—

Zugänge:
Benkarth (SC Freiburg), Hendrich (1. FFC Frankfurt), Magull (SC Freiburg).
während der Saison:
Sörensen (FC Rosengard).

Abgänge:
Georges (Laufbahn beendet) Lotzen (SC Freiburg), Schnaderbeck (Arsenal LFC London), Talaslahti (II. Mannschaft), Claudia Vonková (II. Mannschaft), Wang (Limhamn Bunkeflo), Wieder (SC Freiburg).

Fortsetzung FC Bayern München

Spielaufstellungen und Torschützinnen:

Sp	Datum		Gegner	Ergebnis	Beerensteyn	Benkarth	Däbritz	Damnjanovic	Demann	Gerhardt	Hendrich	Islacker	Laudehr	Leupolz	Lewandowski	Lohmann	Magull	Maier	Rolfö	Rolser	Roord	Schweers	Skorvánková	Vonková	Weimar	Wenninger	Zinsberger
					1	2	3	4	5	6	7	8	9	10	11	12	13	14	15	16	17	18	19	20	21	22	23
1	16.09.18	A	Bayer 04 Leverkusen	10:1 (3:1)	E		A2		X		A1		X		X1	E1	X1		E1	X1	X1	A				X	X
2	23.09.18	H	MSV Duisburg	4:0 (1:0)	E		X		X		E	E1				A	X2	A		X	A1	X	X			X	X
3	30.09.18	A	VfL Wolfsburg	0:6 (0:2)	E		X	E	X		E					A	X	A		X	A	X	X			X	X
4	13.10.18	H	1899 Hoffenheim	2:1 (1:0)	X		X1		E	E	X	A1				X	A	X		E		X	A			X	X
5	21.10.18	A	Turbine Potsdam	1:1 (1:1)	X		X	E	X		X					X	E	A	A1			X	E			X	X
6	24.10.18	H	1. FFC Frankfurt	3:1 (1:1)	X1		E1	X	X		X					X	A	X	E	A	A1	E				X	X
7	28.10.18	A	SGS Essen	2:0 (0:0)	A		A1		X		X	E	X	X	X			E1	E	A		X				X	X
8	04.11.18	H	SC Sand	1:1 (1:0)	X		X		A		X	A1			E	X	A	X	E		E		X			X	X
9	25.11.18	H	SV Werder Bremen	4:1 (1:0)	X		A1	E			X	A2		X		X	A	E	X1		E		X			X	X
10	02.12.18	A	SC Freiburg	2:1 (1:1)	X		X	E			X1	A		X	E1	X	E	A			A	X				X	X
11	05.12.18	H	Mönchengladbach	9:0 (7:0)			X3	X2			A	E1	E	X	A	X1	E1			X1	X		A	X	X		
12	09.12.18	H	Bayer 04 Leverkusen	8:0 (2:0)	X1		A1				X	X3	X		A	X1	X	E1		E	A1	E				X	X
13	16.12.18	A	MSV Duisburg	4:0 (0:0)	E		X1	E			X	A2	X		A	A1		X		E	X	X				X	X
14	17.02.19	H	VfL Wolfsburg	4:2 (2:0)	A		X	A	E		X		X	X	X1	X		E1			E	A				X1	X
15	24.02.19	A	1899 Hoffenheim	1:0 (1:0)	X		X				X	A	X1	X	X	E		E		A	X	E				A	X
16	17.03.19	H	Turbine Potsdam	5:0 (3:0)	X1		X1	A	X		X		A	E	X			A1		E1	X	X1				E	X
17	24.03.19	A	1. FFC Frankfurt	3:0 (0:0)	A			X	X		E	E	A		X	X1	E	X	A1	X1						X	X
18	14.04.19	H	SGS Essen	2:2 (1:1)	X			A1	X		X	E	X		A	A			X1	E	X	X	E				X
19	17.04.19	A	SC Sand	1:1 (1:1)		X	A	E	X		X	X	E	X1		A	A	E		X	X			X			
20	05.05.19	H	SC Freiburg	3:0 (0:0)	X		X	A			A			X	X	X		E	X2	E	X	A	E				
21	08.05.19	H	SV Werder Bremen	1:0 (0:0)	A		X		X		X		E		A	X	E		E		A	X		X1		X	
22	12.05.19	A	Mönchengladbach	5:0 (1:0)	A		X1	E2	E	X			A		X	X1	X	X		E1			A			X	X
				Spiele:	19	3	20	14	14	2	21	14	8	11	11	21	17	14	16	7	19	15	16	6	1	21	18
				Tore:	3	0	13	5	0	0	1	12	1	0	3	3	7	1	9	2	7	2	1	1	0	1	0

Gegnerische Eigentore im 1. Spiel (durch Ringsing), im 14. Spiel (durch Peter) und im 20. Spiel (durch Kirchberger)

Bilanz der letzten 10 Jahre:

Saison	Lv.	Liga	Platz	Sp.	S	U	N	Tore	Pkt.
2008/09:	1	Bundesliga	2.	22	17	3	2	69-22	54
2009/10:	1	Bundesliga	4.	22	12	3	7	42-35	39
2010/11:	1	Bundesliga	5.	22	11	2	9	43-36	35
2011/12:	1	Bundesliga	5.	22	8	4	10	29-38	28
2012/13:	1	Bundesliga	4.	22	14	1	7	49-24	43
2013/14:	1	Bundesliga	4.	22	11	6	5	49-27	39
2014/15:	1	Bundesliga	1.	22	17	5	0	56- 7	56
2015/16:	1	Bundesliga	1.	22	18	3	1	47- 8	57
2016/17:	1	Bundesliga	2.	22	17	1	4	36-15	52
2017/18:	1	Bundesliga	2.	22	17	2	3	62-15	53

Zuschauerzahlen:

Saison	gesamt	Spiele	Schnitt
2008/09:	7.437	11	676
2009/10:	4.428	11	403
2010/11:	5.208	11	473
2011/12:	5.937	11	540
2012/13:	3.623	11	329
2013/14:	9.147	11	832
2014/15:	13.494	11	1.227
2015/16:	15.120	11	1.375
2016/17:	8.260	11	751
2017/18:	7.590	11	690

Die meisten Spiele in der Bundesliga:

Pl.	Name, Vorname	Spiele
1.	De Pol, Sandra	223
2.	Aigner, Nina	176
	Bürki, Vanessa	176
4.	Wenninger, Carina	171
5.	Wörle, Tanja	165
6.	Baunach, Katharina	135
7.	Schnaderbeck, Viktoria	131
8.	Lewandowski, Gina	116
	Schmetz, Ulrike	116
10.	Behringer, Melanie	114

Die meisten Tore in der Bundesliga:

Pl.	Name, Vorname	Tore
1.	Aigner, Nina	107
2.	Bürki, Vanessa	54
3.	Scasna, Pavlina	45
4.	Islacker, Mandy	35
	Miedema, Vivianne	35
	Simic, Julia	35
7.	Wimbersky, Petra	34
8.	Däbritz, Sara	31
9.	Behringer, Melanie	30
	Hagen, Sarah	30

Die Trainer/innen der letzten Jahre:

Name, Vorname	Zeitraum
Deischl, Stephan	01.07.1978 – 30.06.1980
Schrauf, Gustl	01.07.1980 – 30.06.1981
Mayerhofer, Inge (ST)	01.07.1981 – 30.06.1985
Jeroch, Dieter	01.08.1985 – ??.04.1987
Doll, Cornelia	??.04.1987 – ??.1?.1991
Übelhör, Dagmar	??.1?.1991 – ??.??.199?
Wegesser, ?	??.??.199? – 30.06.1998
König, Peter	01.07.1998 – 31.12.2003
Raith, Silvia	01.01.2004 – 30.06.2008
Wörle, Günther	01.07.2008 – 30.06.2010

1. FFC Turbine Potsdam 71

Anschrift:
Am Luftschiffhafen 02 / Haus 33
14471 Potsdam
Telefon: (03 31) 9 51 38 41
eMail: info@turbine-potsdam.de
Homepage: www.ffc-turbine.de

Vereinsgründung: 03.03.1971 Gründung der BSG Turbine Potsdam FF-Abteilung;
01.04.1999 Ausgründung der Frauen-FA aus dem SSV Turbine Potsdam

Vereinsfarben: Blau-Weiß
Präsident: Rolf Kutzmutz
Geschäftsführer: Stephan Schmidt

Stadion:
Karl-Liebknecht-Stadion (10.786)

Größte Erfolge: Deutscher Meister 2004, 2006, 2009, 2010, 2011 und 2012; UEFA-Women's-Champions-League-Sieger 2010; UEFA-Women's-Cup-Sieger 2005; UEFA-Women's-Cup-Finalist 2006 und 2011; DFB-Pokalsieger 2004, 2005 und 2006; DDR-Meister 1981, 1982, 1983, 1985, 1986 und 1989 (als BSG Turbine Potsdam)

Aufgebot:

Name, Vorname		geb. am	Nat.	seit	2018/19 Sp.	T.	Gesamt Sp.	T.	frühere Vereine
Cahynova, Klara		20.12.1993	CZE	2018	19	0	26	0	Slavia Prag, University of North Western Ohio Racers, Slavia Prag
Chmielinski, Gina-Maria		07.06.2000	D	2013	18	2	30	3	Ludwigsfelder FC
Dieckmann, Rieke		16.08.1996	D	2018	21	4	55	4	MSV Duisburg, Bayer 04 Leverkusen, SV Meppen, FC Bissendorf
Ehegötz, Nina		22.02.1997	D	2017	2	0	46	2	Bayer 04 Leverkusen, 1. FC Köln, FSV Gütersloh 2009, SG Lütgendortmund, Post- und Telekom-SV Dortmund
Elsig, Johanna		01.11.1992	D	2012	21	4	142	22	Bayer 04 Leverkusen, FC Düren-Nierderau 08
Fischer, Vanessa	T	18.04.1998	D	2011	11	0	14	0	Frankfurter FC Viktoria 91
Gasper, Anna		03.01.1997	D	2016	22	3	97	9	Bayer 04 Leverkusen, DJK Südwest Köln
Graf, Luca Maria		19.03.1999	D	2018	6	0	28	0	FF USV Jena, FFV Leipzig, 1. FC Lok Leipzig, TSV Schlechtbach
Huth, Svenja		25.01.1991	D	2015	21	7	208	48	1. FFC Frankfurt, FC Bayern Alzenau, TSG Kälberau
Ilestedt, Amanda		17.01.1993	SWE	2017	13	0	35	2	FC Rosengard, LdB FC Malmö, Vittsjö GIK, LdB FC Malmö, Karlskrona FF, Sölvesborgs GIF
Kiwic, Rahel		05.01.1991	SUI	2017	13	2	70	15	MSV Duisburg, FC Zürich, FC Dietikon
Kössler, Melissa		04.03.2000	D		7	0	10	0	eigene Juniorinnen
Meister, Wibke		12.03.1995	D	2010	6	0	45	3	VfL Bergen 94, FFV Neubrandenburg, TSV Sagard
Orschmann, Dina		08.01.1998	D	2019	1	0	1	0	University of Central Florida Knights, 1. FC Union Berlin, Steglitzer FC Stern 1900
Petermann, Lena		05.02.1994	D	2018	10	7	115	33	SC Freiburg, University of Central Florida Knights, Hamburger SV, SpVgg Ahlerstedt/Ottendorf, JSG Otterndorf/Altenwalde/Wanna, TSV Otterndorf
Prasnikar, Lara		08.08.1998	SVN	2016	22	9	41	13	ZNK Rudar Skale, SD Skale, NK Smartno
Rauch, Felicitas		30.04.1996	D	2010	22	6	89	21	VfB Peine, TSV Eintracht Dungelbeck
Schmidt, Bianca		23.01.1990	D	2015	16	1	234	22	1. FFC Frankfurt, 1. FFC Turbine Potsdam 71, 1. FC Gera 03, 1. SV Gera, TSV 1880 Gera-Zwötzen, VfB Gera
Schmitz, Lisa	T	04.05.1992	D	2015	11	0	155	0	Bayer 04 Leverkusen, FC Germania Zündorf
Schuldt, Inga	T	01.04.1997	D	2012	0	0	0	0	1. FC Neubrandenburg 04,
Schwalm, Viktoria		09.12.1997	D	2012	21	8	57	19	JSG Willingshausen, SG Immichenhain/Ottrau
Siems, Caroline		09.05.1999	D	2015	0	0	13	0	FC Viktoria 1889 Berlin LT, Lichterfelde FC, Friedenauer TSC
Smidt Nielsen, Karoline		12.05.1994	DEN	2018	0	0	0	0	DBK Fortuna Hjørring, Odense BK, B 1913 Odense, Hollup Pile-Tornbjerg If
Zadrazil, Sarah		19.02.1993	AUT	2016	22	5	61	9	FC Bergheim, Washington Spirit, East Tennessee State University Buccaneers, FC Bergheim, USK Hof, USC Abersee

Trainer:

Name, Vorname	geb. am	Nat.	Zeitraum	Spiele 2018/19	frühere Trainerstationen
Rudolph, Matthias	06.09.1982	D	01.07.2016 – lfd.	22	1. FFC Turbine Potsdam 71 (Co-Trainer), SV Babelsberg 03 (B-Junioren)

Zugänge:
Dieckmann (MSV Duisburg), Graf (FF USV Jena), Petermann (SC Freiburg), Smidt Nielsen (DBK Fortuna Hjørring).

während der Saison:
Orschmann (II. Mannschaft).

Abgänge:
Aigbogun (FC Paris), Cramer (ohne Verein), Georgieva (SC Sand), Kemme (Arsenal LFC London), Lindner (II. Mannschaft), Wälti (Arsenal LFC London).

Fortsetzung 1. FFC Turbine Potsdam

Spielaufstellungen und Torschützinnen:

Sp	Datum		Gegner	Ergebnis	Cahynova	Chmielinski	Dieckmann	Ehegötz	Elsig	Fischer	Gasper	Graf	Huth	Illestedt	Kiwic	Kössler	Meister	Orschmann	Petermann	Prasnikar	Rauch	Schmidt	Schmitz	Schwalm	Zadrazil
					1	2	3	4	5	6	7	8	9	10	11	12	13	14	15	16	17	18	19	20	21
1	16.09.18	A	1899 Hoffenheim	0:1 (0:0)			X	A	X		A		X		X		E		E	A	X	X	X	E	X
2	23.09.18	H	SC Sand	2:0 (2:0)	E	E	X		X		X	E	X1			X				A	X	A	X	A	X1
3	29.09.18	H	1. FFC Frankfurt	3:1 (2:0)	E	E	A		X		X		X		X1		A			A1	X	E	X	X1	X
4	14.10.18	A	SGS Essen	2:3 (1:1)		X			X	X	E		X1		A	E	A		X	E	X1	X		A	X
5	21.10.18	H	FC Bayern München	1:1 (1:1)	X	A	X1		X	X	A		X	X		E			E	A	X			E	X
6	24.10.18	A	SV Werder Bremen	4:0 (2:0)	X	A	X1		X	X	A1		X	X	E				E1	X1	X			E	A
7	28.10.18	H	SC Freiburg	2:0 (1:0)	X	A	X		X1	X			X1			E			A	E	X			E	X
8	04.11.18	A	Mönchengladbach	7:0 (3:0)	X	X	A1		X	X	A1		X	X	E				X3	E	X1			E	A1
9	25.11.18	H	Bayer 04 Leverkusen	3:0 (2:0)	X	X	X		X	X	X			A	E	E			A1	A1	X			E	X
10	02.12.18	A	MSV Duisburg	8:1 (5:1)	X	X	X1		X	X	A1		X2			E			A2	E	X	X1		E1	A
11	05.12.18	H	VfL Wolfsburg	1:1 (0:0)	X	A	X		X	X	X		X						A	E	X	X		E1	X
12	09.12.18	H	1899 Hoffenheim	1:1 (0:0)	X	A	A		X	X	X		X			E			A	E1	X	X		E	X
13	10.02.19	A	SC Sand	3:2 (1:1)	X		X		X		X	E		X	A				A1	X1		X	E	X1	
14	17.02.19	A	1. FFC Frankfurt	3:3 (2:1)	X		X		X		X	E	X		X1				A	X1	E	X		A1	X
15	23.02.19	H	SGS Essen	2:2 (1:2)	X		A		X		X		X	E	A	E			A1	X	E	X	X1	X
16	17.03.19	A	FC Bayern München	0:5 (0:3)	A	X	E		X	X	X		X	X	E				A	X	E	A		X	A
17	24.03.19	H	SV Werder Bremen	5:0 (2:0)	A	A1	E		X1	X	X		X	A	E				E	X1	X			X2	X
18	14.04.19	A	SC Freiburg	2:1 (0:0)	A	A	E		X		X		X	X	E				E1	X1	A	X	X	X	
19	21.04.19	H	Mönchengladbach	6:0 (2:0)	E	A1	E			X	X	X1	X	X					E1	A	X	A	X	X1	A2
20	28.04.19	A	Bayer 04 Leverkusen	1:1 (1:0)	A	X	E		X		X		X	E	X				A1	X	E	A	X	A	X
21	05.05.19	H	MSV Duisburg	3:0 (1:0)		X	X	E	X2		X	X	A1	A			E		X	A	E	X		X	
22	12.05.19	A	VfL Wolfsburg	0:2 (0:0)	E	A	E		X		X	X	X						X	X	A	X	E	A	
				Spiele:	19	18	21	2	21	11	22	6	21	13	13	7	6	1	10	22	22	16	11	21	22
				Tore:	0	2	4	0	4	0	3	0	7	0	2	0	0	0	7	9	6	1	0	8	5

Gegnerisches Eigentor im 9. Spiel (durch Sieger)

Bilanz der letzten 10 Jahre:

Saison	Lv.	Liga	Platz	Sp.	S	U	N	Tore	Pkt.
2008/09	1	Bundesliga	1.	22	17	3	2	67-19	54
2009/10	1	Bundesliga	1.	22	19	2	1	84-15	59
2010/11	1	Bundesliga	1.	22	19	1	2	67-12	58
2011/12	1	Bundesliga	1.	22	18	2	2	63-10	56
2012/13	1	Bundesliga	2.	22	16	1	5	70-16	49
2013/14	1	Bundesliga	3.	22	15	4	3	64-20	49
2014/15	1	Bundesliga	4.	22	15	3	4	52-24	48
2015/16	1	Bundesliga	7.	22	9	3	10	42-28	30
2016/17	1	Bundesliga	3.	22	16	2	4	42-16	50
2017/18	1	Bundesliga	4.	22	13	6	3	50-21	45

Zuschauerzahlen:

Saison	gesamt	Spiele	Schnitt
2008/09:	12.108	11	1.101
2009/10:	15.813	11	1.438
2010/11:	20.118	11	1.829
2011/12:	27.862	11	2.533
2012/13:	24.190	11	2.199
2013/14:	23.845	11	2.168
2014/15:	23.490	11	2.135
2015/16:	20.383	11	1.853
2016/17:	21.399	11	1.945
2017/18:	15.559	11	1.414

Die meisten Spiele in der Bundesliga: *

Pl.	Name, Vorname	Spiele
1.	Zietz, Jennifer	279
2.	Odebrecht, Viola	203
3.	Mittag, Anja	191
4.	Schmidt, Binca	184
5.	Hingst, Ariane	183
6.	Pohlers, Conny	173
7.	Kemme, Tabea	157
8.	Peter, Babett	138
9.	Draws, Stefanie	127
10.	Angerer, Nadine	126

Die meisten Tore in der Bundesliga: *

Pl.	Name, Vorname	Tore
1.	Pohlers, Conny	171
2.	Mittag, Anja	128
3.	Zietz, Jennifer	91
4.	Anonma, Genoveva	60
5.	Wimbersky, Petra	59
6.	Hingst, Ariane	53
7.	Ogimi, Yuki	46
8.	Odebrecht, Viola	40
9.	Huth, Svenja	35
10.	Alushi, Fatmire	29

Die Trainer/innen der letzten Jahre:

Name, Vorname	Zeitraum
Schröder, Bernd	03.03.1971 – 30.06.1992
Raupach, Peter	01.07.1992 – 30.06.1993
Lange, Frank	01.07.1993 – 20.11.1994
Seidel, Sabine (IT)	01.12.1994 – 30.06.1995
Müller, Lothar	01.07.1995 – 30.06.1997
Düwiger, Eckhard	01.07.1997 – 30.11.1997
Schröder, Bernd	01.12.1997 – 30.06.2016

* berücksichtigt sind Spiele in der eingleisigen Bundesliga ab 1997/98

SC Sand 1946

Anschrift:
Eichhofstraße 46
77731 Willstätt-Sand
Telefon: (0 78 52) 9 33 99 55
eMail: info@scsand-frauen.de
Homepage: www.scsand-frauen.de

Vereinsgründung: 11.08.1946 (Gesamtverein);
Juli 1980 Gründung der Frauen-Fußballabteilung

Vereinsfarben: Blau-Weiß
Präsident: Hans-Peter Krieg
Abteilungsleiterin: Claudia van Lanken

Stadion: Orsay-Stadion (2.300)

Größte Erfolge: Aufstieg in Bundesliga Süd 1996; Meister der 2. Bundesliga Süd 2014 (↑); Meister der Regionalliga Süd 2004 (↑) und 2012 (↑); DFB-Pokalfinalist 2016 und 2017

Aufgebot:

Name, Vorname		geb. am	Nat.	seit	2018/19 Sp.	T.	Gesamt Sp.	T.	frühere Vereine
Arnold, Sylvia		10.11.1990	D	2017	16	1	169	26	SC Freiburg, FF USV Jena, 1. FFC Fortuna Dresden-Rähnitz, SG 90 Braunsdorf
Blagojevic, Dina		15.03.1997	SRB	2017	17	4	29	4	Roter Stern Belgrad,
van Bonn, Anne		12.10.1985	D	2013	21	2	299	23	FSV Gütersloh 2009, 1. FC Lok Leipzig, FC Rumeln 2001 Duisburg, GSV Geldern 09/34
Burger, Nina		27.12.1987	AUT	2015	13	4	73	29	SV Neulengbach, Houston Dash, SV Neulengbach, SV Langenrohr, SV Hausleiten
Caldwell, Diane		11.09.1988	IRL	2016	21	1	68	2	1. FC Köln, Avaldsnes IL, IF Thór/KA Akureyri, Hudson Valley Quickstrike Lady Blues, Albany Alleycats SC, Hofstra University Pride, Raheny United FC, Balbriggan FC
Fiebig, Franziska		02.04.1993	D	2018	16	0	16	0	VfL Wolfsburg, Wendschotter SV Wolfsburg
Gaugigl, Jenny		22.08.1996	D	2016	0	0	17	1	FC Bayern München, TSV Pfersee, SpVgg Auerbach/Streitheim
Georgieva, Marina		13.04.1997	AUT	2018	14	1	14	1	1. FFC Turbine Potsdam 71, ASV Spratzern, ASK Bruck/Leitha, FK Hainburg
Kober, Kristina	T	03.08.1989	D	2015	0	0	27	0	TSG 1899 Hoffenheim, SC Freiburg, Post Südstadt Karlsruhe, SG Daxlanden, DJK Daxlanden
McLeod, Erin Katrina	T	16.02.1983	CAN	2018	0	0	9	0	FF USV Jena, FC Rosengard, Houston Dash, Chicago Red Stars, Dalsjöfors GolF, magic Jack Boca Raton, Washington Freedom, Vancouver Whitecaps Women, Penn State Nittany Lions, Southern Methodist University Mustangs
Meyer, Isabelle		05.09.1987	SUI	2012	14	2	102	9	SC Freiburg, Grasshopper Club Zürich, SC LUwin.ch Luzern, FFC United Schwerzenbach
Nikolic, Milena		06.07.1992	BIH	2016	9	5	44	12	ZFK Sparta Subotica, ZFK Masinac Nis, ZFK Ekonomist Niksic, ZFK Leotar Trebinje
Norton, Andreia Alexandra		15.08.1996	POR	2018	11	0	11	0	SC Braga Feminino, FC Barcelona, Clube de Albergaria, FC Cesarense, UD Oliveirense, Clube do Furadouro
Pinther, Viktoria		16.12.1998	AUT	2018	15	0	15	0	SKN St. Pölten, ASV Spratzem, SKV Altenmarkt, Rapid Oberlaa
Prohaska, Nadine		15.08.1990	AUT	2018	20	2	23	2	SKN St. Pölten, ASV Spratzem, FC Bayern München, SV Neulengbach, SC USC Landhaus, Post SV Wien
Santos de Oliveira, Leticia		02.12.1994	BRA	2017	17	2	47	2	Avaldsnes IL, São José EC, XV de Piracicaba, AE Kindermann, XV de Piracicaba,, FC Santos, Bangu AC, Palmeiras Sao Paulo, Big Soccer Escola de Futebol
Savin, Claire		02.04.1993	D	2015	17	0	101	4	SC Freiburg, TSG 1899 Hoffenheim, Karlsruher SC, FC Neureut 08
Schaber, Ricarda		27.07.1997	D	2019	6	0	13	0	TSG 1899 Hoffenheim, SG Siemens Karlsruhe
Schlarb, Anna		04.04.1996	D	2017	0	0	0	0	FC Bayern München, FC Bayern Kitzingen, JFV Ochsenfurt Maindreieck, SV 72 Ochsenfurt
Schlee, Jennifer		19.02.1995	D	2015	0	0	4	0	1. FFC 08 Niederkirchen, TSG 1899 Hoffenheim, FV Dudenhofen
Schlüter, Carina	T	08.11.1996	D	2016	22	0	62	0	HSV Borussia Friedenstal, VfL Bochum, DSC Arminia Bielefeld, SV Weser Leteln
Schöppl, Lisa		11.01.2000	D	2018	2	0	2	0	VfL Wolfsburg, SC Sand, VfL Wolfsburg, SV Burgweinting, SSV Jahn Regensburg, SC Regensburg, FC Oberhinkofen
Sehan, Jasmin		16.06.1997	D	2018	14	1	14	1	VfL Wolfsburg, 1. FC Neubrandenburg 04, Parchimer FC
Vanhaevermaet, Justine		29.04.1992	BEL	2018	3	1	3	1	RSC Anderlecht, WD Lierse SK, WB Sinaai Girls
Vetterlein, Laura		07.04.1992	D	2015	15	0	102	2	VfL Wolfsburg, 1. FC Saarbrücken, SV Nollingen
Vojteková, Jana		12.08.1991	SVK	2015	21	3	75	8	SV Neulengbach, SK Slovan Bratislava, FK Slovan Duslo Sal'a, MTK Leopoldov

Trainer:

Name, Vorname	geb. am	Nat.	Zeitraum	Spiele 2018/19	frühere Trainerstationen
Glass, Sascha	12.10.1972	D	01.07.2017 – lfd.	22	VfL Wolfsburg II, VfL Wolfsburg U17, 1. FFC Frankfurt (II, IT, U17, II)

Zugänge:
Fiebig (VfL Wolfsburg II), Georgieva (1. FFC Turbine Potsdam 71), McLeod (FF USV Jena), Norton (SC Braga Feminino), Pinther, Prohaska (SKN St. Pölten), Schöppl, Sehan (VfL Wolfsburg II), Vanhaevermaet (RSC Anderlecht).
während der Saison:
Kober (II. Mannschaft), Schaber (TSG 1899 Hoffenheim).

Abgänge:
Amann (FC Freiburg-St. Georgen), Aschauer, Feiersinger (1. FFC Frankfurt), Hamidovic (SV Werder Bremen), Junker (VfB Unzhorst), Kober (II. Mannschaft), Lang (Laufbahn beendet), Migliazza (II. Mannschaft), Tietge (unbekannt), Wagner (SV Göttelborn).
während der Saison:
McLeod (Växjö DFF), Vanhaevermaet (vereinslos, später Röa IL).

Fortsetzung SC Sand

Spielaufstellungen und Torschützinnen:

Sp	Datum		Gegner	Ergebnis	Arnold	Blagojevic	van Bonn	Burger	Caldwell	Fiebig	Georgieva	Meyer	Nikolic	Norton	Pinther	Prohaska	Santos de Oliveira	Savin	Schaber	Schlüter	Schöppl	Sehan	Vanhaevermaet	Vetterlein	Vojteková
					1	2	3	4	5	6	7	8	9	10	11	12	13	14	15	16	17	18	19	20	21
1	16.09.18	H	SC Freiburg	0:0 (0:0)	A	A	X	E	X	X	E	E			A	X		X		X				X	X
2	23.09.18	A	Turbine Potsdam	0:2 (0:2)	X	A	X		X	A		E		E	A	X	E	X		X				X	X
3	30.09.18	H	Mönchengladbach	5:0 (3:0)		A1	X	A1	X	X		E1		E		X	X1	A		X			E1	X	X
4	14.10.18	A	1. FFC Frankfurt	0:1 (0:0)	E		X	X	X	A		A			E	X	X	A		X		E		X	X
5	21.10.18	H	Bayer 04 Leverkusen	3:0 (1:0)	E	A2	X	A	X	A					E	X	X1	X		X	E			X	X
6	24.10.18	A	SGS Essen	0:1 (0:0)	X	A	X	A	X			E			E	E	X	A		X			A	X	X
7	28.10.18	H	MSV Duisburg	1:0 (1:0)		A	X	X	X	X	E				E	X	A	X		X			E	A	X1
8	04.11.18	A	FC Bayern München	1:1 (0:1)	E	E	X	A1	X	X	X						X	X		X			A		X
9	25.11.18	H	VfL Wolfsburg	0:9 (0:3)	X	A	X		A	X		E		E			X	X		X	E	A			X
10	02.12.18	H	SV Werder Bremen	2:0 (2:0)	A1	X1	X		X	X		A		E	E	A	X	X		X			E		
11	05.12.18	A	1899 Hoffenheim	0:4 (0:1)	X	A	X		X	X	E	X		E		X	A	X		X			E		A
12	09.12.18	A	SC Freiburg	2:2 (1:0)	E		X	X	X	A	X1	A			E	A1	X	X		X		E			X
13	10.02.19	H	Turbine Potsdam	2:3 (1:1)	A		X		X	E	A1	E	E	X	X	A		X		X1			X	X
14	17.02.19	A	Mönchengladbach	4:1 (3:0)		X1	X1	E	X	X		A1	E	E		X	A		X		X			X	A1
15	24.02.19	H	1. FFC Frankfurt	0:1 (0:1)	X		X	X	X		A	E				X	X		E	X			A	X	X
16	17.03.19	A	Bayer 04 Leverkusen	1:1 (0:0)	E	E	X1		X	X	A		A			X	X		E	X		A		X	X
17	24.03.19	H	SGS Essen	0:1 (0:1)		A	X		A		X		X	E	E	X	X	X	A	X			E	X	
18	14.04.19	A	MSV Duisburg	2:2 (0:1)		A	X	E	X		A		X1	E	X	X1	A	E		X				X	X
19	17.04.19	H	FC Bayern München	1:1 (1:1)		E	X	A1	X	X			X	A	E	X		X		X				X	X
20	28.04.19	A	VfL Wolfsburg	0:7 (0:5)	E	X	X		X		X	E	A		A	X			E	X		A		X	X
21	05.05.19	A	SV Werder Bremen	3:1 (3:1)	A	A	X		X	X	X	E	X2		E	X		E	X		A				X1
22	12.05.19	H	1899 Hoffenheim	2:2 (0:2)	X	X	X	X1	X	X	E1	X	E				A	X		A					X
				Spiele:	16	17	21	13	21	16	14	14	9	11	15	20	17	17	6	22	2	14	3	15	21
				Tore:	1	4	2	4	1	0	1	2	5	0	0	2	2	0	0	0	0	1	1	0	3

Bilanz der letzten 10 Jahre:

Saison	Lv.	Liga		Platz	Sp.	S	U	N	Tore	Pkt.
2008/09:	2	2. Bundesliga Süd		8.	22	6	6	10	37-47	24
2009/10:	2	2. Bundesliga Süd		6.	22	8	3	11	38-36	27
2010/11:	2	2. Bundesliga Süd	↓	11.	22	7	0	15	25-46	21
2011/12:	3	Regionalliga Süd	↑	1.	18	13	1	4	41-18	40
2012/13:	2	2. Bundesliga Süd		3.	22	17	3	2	65-22	54
2013/14:	2	2. Bundesliga Süd	↑	1.	22	21	1	0	89-12	64
2014/15:	1	Bundesliga		10.	22	5	4	13	27-43	19
2015/16:	1	Bundesliga		9.	22	8	4	10	29-30	28
2016/17:	1	Bundesliga		8.	22	8	3	11	29-23	27
2017/18:	1	Bundesliga		7.	22	9	3	10	32-34	30

Zuschauerzahlen:

Saison	gesamt	Spiele	Schnitt
2008/09:	1.803	11	164
2009/10:	1.624	11	148
2010/11:	2.115	11	192
2011/12:		9	
2012/13:	1.518	11	138
2013/14:	4.370	11	397
2014/15:	8.356	11	760
2015/16:	9.630	11	875
2016/17:	8.316	11	756
2017/18:	7.128	11	648

Die meisten Spiele in der Bundesliga:

Pl.	Name, Vorname	Spiele
1.	Van Bonn, Anne	109
2.	Meyer, Isabelle	90
3.	Vojteková, Jana	75
4.	Burger, Nina	73
5.	Savin, Claire	65
6.	Sandvej, Cecile	64
7.	Vetterlein, Laura	63
8.	Caldwell, Diane	62
	Schlüter, Carina	62
10.	Santos de Oliveira, Letitia	47

Die meisten Tore in der Bundesliga:

Pl.	Name, Vorname	Tore
1.	Burger, Nina	29
2.	Van Bonn, Anne	12
3.	Nikolic, Milena	12
4.	Levy, Carine	10
5.	Meyer, Isabelle	9
6.	Damnjanovic, Jovana	8
	Mauro, Illaria	8
	Veth, Christine	8
9.	Vojteková, Jan	8

Die Trainer/innen der letzten Jahre:

Name, Vorname	Zeitraum
Hertwig, Michael	01.08.2004 – 30.06.2007
Wendling, Dieter	01.07.2007 – 31.12.2007
Dewes, Oliver	01.07.2010 – 30.06.2013
Wendling, Dieter	05.08.2013 – 30.06.2014
Kotroubis, Nikolaos	01.07.2014 – 09.12.2014
Kahlert, Sven	10.12.2014 – 05.08.2015
Fischinger, Alexander	06.08.2015 – 30.06.2016
Bell, Collin	12.07.2016 – 08.02.2017
von Lanken, C./Panter, S. (IT)	09.02.2017 – 28.02.2017
Dura, Richard	01.03.2017 – 30.06.2017

VfL Wolfsburg

Anschrift:
Elsterweg 5
38446 Wolfsburg
Telefon: (0 53 61) 85 17 48
eMail: frauenfussball@vfl-wolfsburg.de
Homepage: www.vfl-wolfsburg.de

Vereinsgründung: 12.09.1945 (Gesamtverein); 01.07.2003 Gründung Frauen-FA (nach Beitritt der Frauen-FA des Wendschotter SV (vorm. VfR Eintr. WOB)
Vereinsfarben: Grün-Weiß
Geschäftsführer: Jörg Schmadtke
Sportlicher Leiter: Ralf Kellermann
Stadion: AOK-Stadion (5.200)

Größte Erfolge: Deutscher Meister 2013, 2014, 2017, 2018 und 2019; DFB-Pokalsieger 2013, 2015, 2016, 2017, 2018 und 2019; UEFA-Women's-Champions-League-Sieger 2013 und 2014; UEFA-Women's-Champions-League-Finalist 2016 und 2018

Aufgebot:

Name, Vorname		geb. am	Nat.	seit	2018/19 Sp.	T.	Gesamt Sp.	T.	frühere Vereine
Baunach, Katharina		18.01.1989	D	2017	4	1	144	17	FC Bayern München, SV 67 Weinberg, Post-SV Sieboldshöhe Würzburg
Blässe, Anna		27.02.1987	D	2007	11	0	224	17	Hamburger SV, FF USV Jena, SC 03 Weimar, FSV Weimar, SV Niedergrunstedt
Burmeister, Jana	T	06.03.1989	D	2011	0	0	63	0	FF USV Jena, SC 03 Weimar, SC 06 Oberlind, SG 1951 Sonneberg
Dickenmann, Lara		27.11.1985	SUI	2015	3	0	62	12	Olympique Lyon, FC Zürich, Sky Blue FC, New Jersey Wildcats, Ohio State University Buckeyes, DFC Sursee, SC Kriens
Doorsoun-Khajeh, Sara		17.11.1991	D	2018	18	0	184	18	SGS Essen 19/68, 1. FFC Turbine Potsdam 71, SC Bad Neuenahr, SG Wattenscheid 09, SC Fortuna Köln, SpVgg Köttingen, SV 19 Wesseling
Earps, Mary Alexandra	T	07.03.1993	ENG	2019	4	0	4	0	Reading FC Women, Bristol City WFC, Birmingham City LFC, Doncaster Rovers Belles LFC, Coventry United LFC, Doncaster Rovers Belles LFC, Nottingham Forest LFC, Leicester City WFC, West Bridgford Colts FC
Fischer, Nilla		02.08.1984	SWE	2013	21	3	125	11	Linköpings FC, LdB FC Malmö, Malmö FF, Kristianstads DFF, Vittsjö GIK, Verums GOIF
Goeßling, Lena		08.03.1986	D	2011	10	1	236	43	SC Bad Neuenahr, FC Gütersloh 2000, SV Löhne-Obernbeck, SV Sundern 08
Graham Hansen, Caroline		18.02.1995	NOR	2014	22	8	88	30	Stabaek Fotbal, Tyresö FF, Stabaek Fotbal, SFK Lyn Oslo
Gunnarsdóttir, Sara Björk		29.09.1990	ISL	2016	16	2	52	6	FC Rosengard, Breidablik UBK Kópavogur, Haukar Hafnafjordur,
Harder, Pernille		15.11.1992	DEN	2017	21	18	54	41	Linköpings FC, IK Skovbakken, Team Viborg Fodbold, FC Ikast, Tulstrup-Faurhold IK
Jakabfi, Zsanett		18.02.1990	HUN	2009	20	7	154	49	MTK Budapest FC
Loeck, Melina	T	01.07.2000	D	2016	0	0	0	0	Polizei-SV Grün-Weiß Hildesheim, SC Barienrode
Maritz, Noelle		23.12.1995	SUI	2013	16	3	91	4	FC Zürich, FC Will 1900, FC Staad, FC Amriswil, PD Academy SC New Jersey, Slammers FC
Masar-McLeod, Ella		03.04.1982	USA	2018	12	1	21	4	FC Rosengard, Houston Dash, Chicago Red Stars, FA B93 Kopenhagen/Hellerup IK/BK Skjold, Chicago Red Stars, Paris Saint-Germain FC, magicJack Boca Raton, Chicago Red Stars, Team Strömmen, Washington Freedom, Vancouver Whitecaps Women, Chicago Gaels, Windy City Bluez, University of Illinois at Urbana-Champaign Fighting Illini, Urbana High School Tigers, Little Illini Soccer Club
Minde, Kristine		08.08.1992	NOR	2018	11	6	16	0	Linköpings FC, Arna-Björna Fotbal, Tertnes IL
Pajor, Ewa		03.12.1996	POL	2015	19	24	53	34	KKPK Medyk Konin, UKS Orleta Wielenin
Peter, Babett		12.05.1988	D	2014	18	2	259	28	1. FFC Frankfurt, 1. FFC Turbine Potsdam 71, 1. FC Lok Leipzig, VfB Leipzig, FSV Oschatz
Pieres Neto, Cláudia Teresa		18.04.1988	POR	2018	18	1	29	1	Linköpings FC, RCD Espanyol Barcelona, Prainsa Saragoza, UAC Lagos
Popp, Alexandra		06.04.1991	D	2012	20	13	216	100	FC Rumeln 2001 Duisburg, 1. FFC Recklinghausen, FC Schwarz-Weiß Silschede
Schult, Almuth	T	09.02.1991	D	2013	19	0	161	0	SC Bad Neuenahr, Magdeburger FFC, Hamburger SV, FC Samtgemeinde Gartow
Stolze, Anna-Lena		08.07.2000	D	2015	2	0	3	0	ATSV Stockelsdorf, Ratzeburger SV, ATSV Stockelsdorf
Syrstadt Engen, Ingrid		29.04.1998	NOR	2019	0	0	0	0	Lillestrøm SK, SK Trondheims-Örn, Gimse IL, Melhus Fotball
Wedemeyer, Maria-Joelle		12.08.1996	D	2011	7	0	24	0	MTV Wolfenbüttel, TSV Volzum
Wittje, Meret		10.07.1999	D	2016	0	0	0	0	TuS Nortorf, SV Tungendorf, FC Krogaspe
Wolter, Pia-Sophie		13.11.1997	D	2018	14	3	43	4	SV Werder Bremen, Habenhauser FV

Trainer:

Name, Vorname	geb. am	Nat.	Zeitraum	Spiele 2018/19	frühere Trainerstationen
Lerch, Stephan	10.08.1984	D	01.07.2017 – lfd.	22	VfL Wolfsburg (Co-Trainer), VfL Wolfsburg II, FC Alsbach (Herren), SV Germania Eberstadt (Herren), FC Alsbach (Junioren)

Zugänge:
Doorsoun-Khajeh (SGS Essen 19/68), Earps (Reading FC Women), Loeck (II. Mannschaft), Wolter (SV Werder Bremen).
während der Saison:
Syrstad Engen (Lillestrøm SK).

Abgänge:
Bernauer (AS Rom), Frohms (SC Freiburg), Kerschowski (Bayer 04 Leverkusen), Wensing (SV Werder Bremen), Wullaert (Manchester City).
während der Saison:
Syrstad Engen (Lillestrøm SK).

Fortsetzung VfL Wolfsburg

Spielaufstellungen und Torschützinnen:

Sp	Datum		Gegner	Ergebnis	Baunach	Blässe	Dickenmann	Doorsoun-Khajeh	Earps	Fischer	Goeßling	Graham Hansen	Gunnarsdóttir	Harder	Jakabfi	Maritz	Masar-McLeod	Minde	Pajor	Peter	Pieres Neto	Popp	Schult	Stolze	Wedemeyer	Wolter
					1	2	3	4	5	6	7	8	9	10	11	12	13	14	15	16	17	18	19	20	21	22
1	16.09.18	H	1. FFC Frankfurt	3:0 (1:0)			A	E		X	X	A	X	X1	E	X	E		A1		X	X1	X			
2	23.09.18	A	SGS Essen	5:0 (0:0)			A	X		X1	A	X	A1	E		E	E	X3	X	X	X	X				
3	30.09.18	H	FC Bayern München	6:0 (2:0)	E	A	X		A		X	X	A1	E				X3	X	X	X1	X			E	
4	14.10.18	A	SV Werder Bremen	3:0 (2:0)	A					X	A	X	A	X1	X	E	X2		E	X		X			X	E
5	21.10.18	H	SC Freiburg	3:0 (2:0)			X		X		A	A	A	E	X1	E		X2	X	X	X	X				E
6	24.10.18	A	Mönchengladbach	7:0 (3:0)	E		X				A			A1	X	X1	X1		X1	A	X2	X	E	X	E1	
7	27.10.18	H	Bayer 04 Leverkusen	7:0 (3:0)		X		E	X		A		X1	X2			E	X1	X3			A	X	E	X	
8	04.11.18	A	MSV Duisburg	2:1 (0:0)		X		X	E	X	E			X1	X	X1	A	X		X	E	A				A
9	25.11.18	A	SC Sand	9:0 (3:0)			X	X			X1		X1	E2	A		A2	A1	X	X	X2	X			E	E
10	02.12.18	H	1899 Hoffenheim	3:1 (3:1)			X	X			A		A2	E	X	E	E	A1	X	X	X	X				X
11	05.12.18	A	Turbine Potsdam	1:1 (0:0)			X	X			A	X	A	X	E	X	E	A	X1	X		X	X			
12	09.12.18	A	1. FFC Frankfurt	6:2 (3:1)			A			X	X1	A2	X	X1	E1	X			A	X	E	X1	X			E
13	16.12.18	H	SGS Essen	0:0 (0:0)						X	X	X	X	X	E	X		E	A	X	A	X	X			
14	17.02.19	A	FC Bayern München	2:4 (0:2)	E			E	X	X1	X	X	X	X	E	A			X1	A	X	X				
15	24.02.19	H	SV Werder Bremen	6:0 (3:0)	X	X		E	X	A	X	X1	X	A3	E				A1	X	X1					E
16	17.03.19	A	SC Freiburg	3:2 (1:1)				X	X	E	X	X1	A	X			E1	X	A	A	X				E	X1
17	24.03.19	H	Mönchengladbach	8:0 (3:0)	X1	X		E		A	A2		E		X1	X	X	E1			A3	X			X	X
18	14.04.19	A	Bayer 04 Leverkusen	5:0 (3:0)				E		A	A	X1	X	X1	E	X		X	X3	E	A	X	X			
19	22.04.19	H	MSV Duisburg	5:0 (2:0)			A	E		X1	X	A	X	X1	X1	E			A1	X		X1	X			E
20	28.04.19	H	SC Sand	7:0 (5:0)		X				X	X	A1	X1	A1	X1		E		A	X1	E	X2	X			E
21	05.05.19	A	1899 Hoffenheim	1:0 (1:0)			A	X		X		X	A	X	E	X			X	E	E	X	X			A1
22	12.05.19	H	Turbine Potsdam	2:0 (0:0)	E	X		E	X	A	X	A		X1	X		A		E1	X	X	X				
				Spiele:	4	11	3	18	4	21	10	22	16	21	20	16	12	11	19	18	18	20	19	2	7	14
				Tore:	1	0	0	0	0	3	1	8	2	18	7	3	1	6	24	2	1	13	0	0	0	3

Gegnerisches Eigentor im 3. Spiel (durch Schweers)

Bilanz der letzten 10 Jahre:

Saison	Lv.	Liga	Platz	Sp.	S	U	N	Tore	Pkt.
2008/09:	1	Bundesliga	8.	22	8	3	11	53-48	27
2009/10:	1	Bundesliga	5.	22	11	4	7	45-30	37
2010/11:	1	Bundesliga	7.	22	10	2	10	52-46	32
2011/12:	1	Bundesliga	2.	22	17	2	3	62-18	53
2012/13:	1	Bundesliga	1.	22	17	2	3	71-16	53
2013/14:	1	Bundesliga	1.	22	17	4	1	68-16	55
2014/15:	1	Bundesliga	2.	22	17	4	1	67- 4	55
2015/16:	1	Bundesliga	2.	22	15	2	5	56-22	47
2016/17:	1	Bundesliga	1.	22	17	3	2	56-14	54
2017/18:	1	Bundesliga	1.	22	18	2	2	56- 8	56

Zuschauerzahlen:

Saison	gesamt	Spiele	Schnitt
2008/09:	4.760	11	433
2009/10:	6.910	11	628
2010/11:	11.149	11	1.014
2011/12:	19.700	11	1.791
2012/13:	18.071	11	1.643
2013/14:	32.261	11	2.933
2014/15:	18.359	11	1.669
2015/16:	18.522	11	1.684
2016/17:	18.878	11	1.716
2017/18:	18.584	11	1.689

Die meisten Spiele in der Bundesliga: *

Pl.	Name, Vorname	Spiele
1.	Blässe, Anna	207
2.	Müller, Martina	201
3.	Jakabfi, Zsanett	154
4.	Goeßling, Lena	138
	Wilkens, Andrea	138
6.	Popp, Alexandra	136
7.	Bunte, Stephanie	135
8.	Fischer, Nilla	125
9.	Schult, Almuth	118
10.	Omilade-Keller, Navina	103

Die meisten Tore in der Bundesliga: *

Pl.	Name, Vorname	Tore
1.	Müller, Martina	133
2.	Popp, Alexandra	69
3.	Jakabfi, Zsanett	52
4.	Harder, Pernille	41
	Pohlers, Conny	41
6.	Pajor, Ewa	34
7.	Thompson, Shelley	32
8.	Keßler, Nadine	31
9.	Graham Hanson, Caroline	30
10.	Goeßling, Lena	24

Die Trainer der letzten Jahre: *

Name, Vorname	Zeitraum
Huneke, Bernd	01.07.2003 – 30.06.2008
Kellermann, Ralf	01.07.2008 – 30.06.2017

* berücksichtigt sind Spiele für den VfL Wolfsburg ab 01.07.2003 (Bundesliga-Lizenzübertragung von Wendschotter SV Wolfsburg)

Zuschauerzahlen 2018/19	Werder Bremen	MSV Duisburg	SGS Essen 19/68	1. FFC Frankfurt	SC Freiburg	TSG Hoffenheim	Bayer Leverkusen	Bor. M'gladbach	Bayern München	Turbine Potsdam	SC Sand	VfL Wolfsburg
SV Werder Bremen	×	289	243	234	279	238	267	290	453	299	372	771
MSV Duisburg	484	×	712	418	440	419	543	704	404	278	418	572
SGS Essen 19/68	1.247	815	×	1.060	418	1.197	417	1.456	1.813	1.187	538	1.260
1. FFC Frankfurt	1.030	730	1.310	×	1.150	960	1.320	840	1.940	1.780	1.360	1.280
SC Freiburg	1.236	1.052	640	1.231	×	411	1.008	1.221	1.531	1.056	932	1.152
TSG 1899 Hoffenheim	450	520	830	580	630	×	450	350	1.650	880	220	830
Bayer 04 Leverkusen	185	256	395	212	350	521	×	255	726	445	458	378
Borussia Mönchengladbach	205	280	210	173	150	132	200	×	351	320	165	340
FC Bayern München	324	518	345	325	1.065	452	293	265	×	1.168	424	2.155
1. FFC Turbine Potsdam 71	1.457	1.836	1.231	1.437	1.316	982	1.226	1.164	2.058	×	1.202	1.487
SC Sand	217	328	575	525	1.278	635	465	517	1.335	268	×	1.025
VfL Wolfsburg	1.632	1.690	1.428	1.886	1.565	1.334	1.428	1.694	2.579	3.406	1.602	×

Zuschauertabelle nach Heimspielen:

Pl.	Mannschaft	gesamt	Spiele	Schnitt
1.	VfL Wolfsburg	20.244	11	1.840
2.	1. FFC Turbine Potsdam 71	15.396	11	1.400
3.	1. FFC Frankfurt	13.700	11	1.245
4.	SC Freiburg	11.470	11	1.043
5.	SGS Essen 19/68	11.408	11	1.037
6.	TSG 1899 Hoffenheim	7.390	11	672
7.	FC Bayern München	7.334	11	667
8.	SC Sand	7.168	11	652
9.	MSV Duisburg	5.392	11	490
10.	Bayer 04 Leverkusen	4.181	11	380
11.	SV Werder Bremen	3.735	11	340
12.	Borussia Mönchengladbach	2.526	11	230
		109.944	132	833

Zuschauertabelle nach Auswärtsspielen:

Pl.	Mannschaft	gesamt	Spiele	Schnitt
1.	FC Bayern München	14.840	11	1.349
2.	VfL Wolfsburg	11.250	11	1.023
3.	1. FFC Turbine Potsdam 71	11.087	11	1.008
4.	Borussia Mönchengladbach	8.756	11	796
5.	SC Freiburg	8.641	11	786
6.	SV Werder Bremen	8.467	11	770
7.	MSV Duisburg	8.314	11	756
8.	1. FFC Frankfurt	8.081	11	735
9.	SGS Essen 19/68	7.919	11	720
10.	SC Sand	7.691	11	699
11.	Bayer 04 Leverkusen	7.617	11	692
12.	TSG 1899 Hoffenheim	7.281	11	662
		109.944	132	833

Die Spiele mit den meisten Zuschauern:

Datum	Begegnung	Zuschauer
12.05.2019	VfL Wolfsburg - 1. FFC Turbine Potsdam 71	3.406
30.09.2018	VfL Wolfsburg - FC Bayern München	2.579
17.02.2019	FC Bayern München - VfL Wolfsburg	2.155
21.10.2018	1. FFC Turbine Potsdam 71 - FC Bayern München	2.058
24.03.2019	1. FFC Frankfurt - FC Bayern München	1.940
16.09.2018	VfL Wolfsburg - 1. FFC Frankfurt	1.886
05.05.2019	1. FFC Turbine Potsdam 71 - MSV Duisburg	1.836
28.10.2018	SGS Essen 19/68 - FC Bayern München	1.813
17.02.2019	1. FFC Frankfurt - 1. FFC Turbine Potsdam 71	1.780
24.03.2019	VfL Wolfsburg - Borussia Mönchengladbach	1.694
22.04.2019	VfL Wolfsburg - MSV Duisburg	1.690
24.02.2019	TSG 1899 Hoffenheim - FC Bayern München	1.650
24.02.2019	VfL Wolfsburg - SV Werder Bremen	1.632
28.04.2019	VfL Wolfsburg - SC Sand	1.602
21.10.2018	VfL Wolfsburg - SC Freiburg	1.565
02.12.2018	SC Freiburg - FC Bayern München	1.531

Die Spiele mit den wenigsten Zuschauern:

Datum	Begegnung	Zuschauer
14.04.2019	Borussia Mönchengladbach - TSG 1899 Hoffenheim	132
16.12.2018	Borussia Mönchengladbach - SC Freiburg	150
17.02.2019	Borussia Mönchengladbach - SC Sand	165
28.04.2019	Borussia Mönchengladbach - 1. FFC Frankfurt	173
16.12.2018	Bayer 04 Leverkusen - SV Werder Bremen	185
14.10.2018	Borussia Mönchengladbach - Bayer 04 Leverkusen	200
16.09.2018	Borussia Mönchengladbach - SV Werder Bremen	205
02.12.2018	Borussia Mönchengladbach - SGS Essen 19/68	210
02.12.2018	Bayer 04 Leverkusen - 1. FFC Frankfurt	212
02.12.2018	SC Sand - SV Werder Bremen	217
05.12.2018	TSG 1899 Hoffenheim - SC Sand	220
14.04.2019	SV Werder Bremen - 1. FFC Frankfurt	234
17.03.2019	SV Werder Bremen - TSG 1899 Hoffenheim	238
04.11.2019	SV Werder Bremen - SGS Essen 19/68	243
23.02.2019	Bayer 04 Leverkusen - Borussia Mönchengladbach	255
24.10.2018	Bayer 04 Leverkusen - MSV Duisburg	256

Torschützinnenliste:

Pl.	Spielerin (Mannschaft)	Tore
1.	Pajor, Ewa (VfL Wolfsburg)	24
2.	Harder, Pernille (VfL Wolfsburg)	18
3.	Schüller, Lea (SGS Essen 19/68)	14
4.	Däbritz, Sara (FC Bayern München)	13
	Popp, Alexandra (VfL Wolfsburg)	13
6.	Islacker, Mandy (FC Bayern München)	12
7.	Feiersinger, Laura (1. FFC Frankfurt)	10
	Freigang, Laura (1. FFC Frankfurt)	10
9.	Billa, Nicole (TSG 1899 Hoffenheim)	9
	Oberdorf, Lena Sophie (SGS Essen 19/68)	9
	Prasnikar, Lara (1. FFC Turbine Potsdam 71)	9
	Rall, Maximiliane (TSG 1899 Hoffenheim)	9
	Rolfö, Fridolina (FC Bayern München)	9
14.	Gwinn, Giulia (SC Freiburg)	8
	Graham Hansen, Caroline (VfL Wolfsburg)	8
	Hoppius, Dörthe (MSV Duisburg)	8
	Schwalm, Viktoria (1. FFC Turbine Potsdam 71)	8
	Waßmuth, Tabea (TSG 1899 Hoffenheim)	8
19.	Huth, Svenja (1. FFC Turbine Potsdam)	7
	Jababfi, Zsanett (VfL Wolfsburg)	7
	Magull, Lina (FC Bayern München)	7
	Petermann, Lena (SC Freiburg)	7
	Reuteler, Géraldine (1. FFC Frankfurt)	7
	Roord, Jill (FC Bayern München)	7
25.	Beck, Sharon (SC Freiburg)	6
	Martinez, Shekiera (1. FFC Frankfurt)	6
	Minde, Kristine (VfL Wolfsburg)	6
	Pawollek, Tanja (1. FFC Frankfurt)	6
	Rauch, Felicitas (1. FFC Turbine Potsdam 71)	6
	Rudelic, Ivana (Bayer 04 Leverkusen)	6
	Starke, Sandra (SC Freiburg)	6

Drei Tore in einem Spiel erzielten:

Datum	Spielerin (Mannschaft)	Gegner	wo	Erg.
23.09.2018	Pajor, Ewa (VfL Wolfsburg)	SGS Essen 19/68	A	5:0
30.09.2018	Pajor, Ewa (VfL Wolfsburg)	Bayern München	H	6:0
27.10.2018	Pajor, Ewa (VfL Wolfsburg)	Bayer Leverkusen	H	7:0
04.11.2018	Petermann, Lena (Turb. Potsdam)	Mönchengladbach	A	7:0
04.11.2018	Freigang, Laura (1. FFC Frankfurt)	SC Freiburg	A	4:3
02.12.2018	Oberdorf, Lena (SGS Essen 19/68)	Mönchengladbach	A	6:0
05.12.2018	Däbritz, Sara (Bayern München)	Mönchengladbach	H	9:0
09.12.2018	Islacker, Mandy (Bayern München)	Bayer Leverkusen	H	8:0
24.02.2019	Harder, Pernille (VfL Wolfsburg)	Werder Bremen	H	6:0
24.03.2019	Popp, Alexandra (VfL Wolfsburg)	Mönchengladbach	H	8:0
14.04.2019	Pajor, Ewa (VfL Wolfsburg)	Bayer Leverkusen	A	5:0
28.04.2019	Martinez, Shekiera (FFC Frankfurt)	Mönchengladbach	A	9:0

Vier Tore in einem Spiel erzielten:

Datum	Spielerin (Mannschaft)	Gegner	wo	Erg.
20.04.2019	Rall, Maximiliane (Hoffenheim)	Bayer Leverkusen	H	6:2

Einen lupenreinen Hattrick erzielten:

Datum	Spielerin (Mannschaft)	Gegner	wo	Erg.
04.11.2018	Petermann, Lena (Turb. Potsdam)	Mönchengladbach	A	7:0

Elfmetertorschützinnenen: gesamt: 22

Mannschaft	Torschützinnen (Anzahl)
SV Werder Bremen:	—
MSV Duisburg:	Lucie Harsányova (1), Kathleen Radtke (1)
SGS Essen 19/68:	Manjou Wilde (1)
1. FFC Frankfurt:	Marith Prießen (1)
SC Freiburg:	Sharon Beck (1), Rebecca Knaak (1)
TSG 1899 Hoffenheim:	Nicole Billa (2), Leonie Pankratz (1)
Bayer 04 Leverkusen:	Merle Barth (2)
Borussia Mönchengladbach:	—
FC Bayern München:	Lina Magull (2),
1. FFC Turbine Potsdam 71:	Felicitas Rauch (4)
SC Sand:	—
VfL Wolfsburg:	Caroline Graham Hansen (3), Pernille Harder (1), Alexandra Popp (1)

Eigentorschützinnen: gesamt: 10

Mannschaft	Torschützinnen (Anzahl)
SV Werder Bremen:	—
MSV Duisburg:	Kathleen Radtke, Claire O'Riordan
SGS Essen 19/68:	—
1. FFC Frankfurt:	—
SC Freiburg:	Virginia Kirchberger, Janina Minge
TSG 1899 Hoffenheim:	—
Bayer 04 Leverkusen:	Louise Ringsing, Laura Sieger
Borussia Mönchengladbach:	Isabel Schenk, Sandra Starmanns
FC Bayern München:	Verena Schweers
1. FFC Turbine Potsdam 71:	—
SC Sand:	—
VfL Wolfsburg:	Babette Peter

Die torreichsten Spiele:

Datum	Begegnung	Ergebnis
16.09.2018	Bayer 04 Leverkusen - FC Bayern München	1:10
05.12.2018	FC Bayern München - Borussia Mönchengladbach	9:0
25.11.2018	SC Sand - VfL Wolfsburg	0:9
28.04.2019	Borussia Mönchengladbach - 1. FFC Frankfurt	0:9
02.12.2018	MSV Duisburg - 1. FFC Turbine Potsdam	1:8
24.11.2018	1. FFC Frankfurt - Borussia Mönchengladbach	8:0
09.12.2018	FC Bayern München - Bayer 04 Leverkusen	8:0
24.03.2018	VfL Wolfsburg - Borussia Mönchengladbach	8:0
09.12.2018	1. FFC Frankfurt - VfL Wolfsburg	2:6
20.04.2019	TSG 1899 Hoffenheim - Bayer 04 Leverkusen	6:2
14.10.2018	Borussia Mönchengladbach - FC Bayer 04 Leverkusen	4:4
24.10.2018	Borussia Mönchengladbach - VfL Wolfsburg	0:7
27.10.2018	VfL Wolfsburg - Bayer 04 Leverkusen	7:0
04.11.2018	Borussia Mönchengladbach - 1. FFC Turbine Potsdam	0:7
28.04.2019	VfL Wolfsburg - SC Sand	7:0
23.02.2019	MSV Duisburg - SC Freiburg	1:6
04.11.2018	SC Freiburg - 1. FFC Frankfurt	3:4
16.03.2019	SGS Essen 19/68 - 1. FFC Frankfurt	4:3

Folgende 26 Spielerinnen haben alle 22 Spiele absolviert:

Mannschaft	Spielerin
SV Werder Bremen:	Gabriella Tóth, Luisa Wensing
MSV Duisburg:	Barbara Dunst, Dörthe Hoppius, Meike Kämper, Claire O'Riorden, Yvonne Zielinski
SGS Essen 19/68:	Lea Schüller, Manjou Wilde
1. FFC Frankfurt:	Tanja Pawollek, Marith Prießen, Laura Störzel
SC Freiburg:	Giulia Gwinn,
TSG 1899 Hoffenheim:	Fabienne Dongus, Maximiliane Rall
Bayer 04 Leverkusen:	Henrike Sahlmann
Borussia Mönchengladbach:	Carolin Corres, Amber van Heeswijk, Anne Catherine Kufner,
FC Bayern München	—
1. FFC Turbine Potsdam 71:	Anna Gasper, Lara Prasnikar, Felicitas Rauch, Sarah Zadrazil
SC Sand:	Carina Schlüter
VfL Wolfsburg:	Caroline Graham Hansen

Folgende fünf Spielerinnen haben keine Minute versäumt:

Mannschaft	Spielerin
SV Werder Bremen:	Luisa Wensing
MSV Duisburg:	Meike Kämper
SGS Essen 19/68:	—
1. FFC Frankfurt:	Tanja Pawollek, Marith Prießen
SC Freiburg:	—
TSG 1899 Hoffenheim:	—
Bayer 04 Leverkusen:	—
Borussia Mönchengladbach:	—
FC Bayern München:	—
1. FFC Turbine Potsdam 71:	—
SC Sand:	Carina Schlüter

Vereinsrangliste nach Platzverweisen:

Pl.	Mannschaft	Rot	Gelb-Rot
1.	SGS Essen 19/68	0	0
	SC Freiburg	0	0
	TSG 1899 Hoffenheim	0	0
	Borussia Mönchengladbach	0	0
	FC Bayern München	0	0
	VfL Wolfsburg	0	0
7.	MSV Duisburg	0	1
	SC Sand	0	1
	1. FFC Turbine Potsdam 71	0	1
10.	1. FFC Frankfurt	1	0
11.	SV Werder Bremen	1	1
12.	Bayer 04 Leverkusen	1	2
		3	**6**

Rote Karten: gesamt: 3

Mannschaft	Spielerin
SV Werder Bremen:	Lina Hausicke
MSV Duisburg:	—
SGS Essen 19/68:	—
1. FFC Frankfurt:	Bryane Haeberlin
SC Freiburg:	—
TSG 1899 Hoffenheim:	—
Bayer 04 Leverkusen:	Ann-Kathrin Winken
Borussia Mönchengladbach:	—
FC Bayern München:	—
1. FFC Turbine Potsdam 71:	—
SC Sand:	—
VfL Wolfsburg:	—

Gelb-Rote Karten: gesamt: 6

Mannschaft	Spielerin
SV Werder Bremen:	Lina Hausicke
MSV Duisburg:	Lucie Harsányova
SGS Essen 19/68:	—
1. FFC Frankfurt:	—
SC Freiburg:	—
TSG 1899 Hoffenheim:	—
Bayer 04 Leverkusen:	Madeline Gier, Karoline Heinze
Borussia Mönchengladbach:	—
FC Bayern München:	—
1. FFC Turbine Potsdam 71:	Rahel Kiewic
SC Sand:	Anne van Bonn
VfL Wolfsburg:	—

Schiedsrichterinneneinsätze:

Name, Vorname (Verein, Landesverband)	Spiele	Rot	G-R
Söder, Angelika (TSV Ochenbruck, BY)	9	0	0
Wacker, Karoline (Spfr Großerlach, WBG)	9	0	0
Diekmann, Sina (SF Sölderholz, WEF)	8	0	2
Heimann, Kathrin (Wacker Gladbeck, WEF)	8	0	0
Michel, Fabienne (TSV Gau-Odernheim, SW)	8	0	0
Weigelt, Christine (Rasenballsport Leipzig, SAX)	8	0	3
Wozniak, Marina (SV Sodingen, WEF)	8	0	0
Derlin, Mirka (TSV Dahme, SH)	7	1	0
Heidenreich, Anna-Lena (VfB Lübeck, SH)	7	0	0
Kunkel, Susann (SV Eichede, SH)	7	0	0
Stolz, Sandra (Pritzwalker FHV, BRB)	7	1	1
Westerhoff, Nadine (FC Frohlinde, WEF)	7	0	0
Wildfeuer, Franziska (VfB Lübeck, SH)	7	0	0
Appelmann, Ines (SG Rot-Weiß/Olympia Alzey, SW)	6	0	0
Duske, Laura (Bayer 04 Leverkusen, MIR)	6	0	0
Joos, Melissa (TV Echterdingen, WBG)	6	0	0
Schweinefuß, Miriam (SV Grün-Weiß Rieder, SA)	6	0	0
Biehl, Christina (SV Niederhambach, SW)	4	0	0
Rafalski, Katrin (TSV Besse, HES)	3	1	0
Dr. Riem, Hussein (TSG Bad Harzburg, NS)	1	0	0

Die meisten Spiele in der eingleisigen BL ab 1997:

Pl.	Name/Vorname (Mannschaft/en)	Spiele
1.	Garefrekes, Kerstin (FFC Heike Rheine/1. FFC Frankfurt)	355
2	Bartusiak, Saskia (FSV Frankfurt/1. FFC Frankfurt)	320
3.	Müller, Martina (FSV Frankfurt/SC Bad Neuenahr/VfL Wolfsburg)	312
4.	Pohlers, Conny (Turb. Potsdam/1. FFC Frankfurt/VfL Wolfsburg)	300
5.	van Bonn, Anne (FCR Duisb./Lok Leipzig/FSV Gütersloh/Sand)*	299
6.	Behringer, Melanie (SC Freiburg/Bay. München/1. FFC Frankfurt)*	293
7.	Himmighofen, Marina (B. Neuenahr/Essen/FCR DU/MSV DU)*	284
8.	Smisek, Sandra (FSV Frankfurt/1. FFC Frankfurt)	282
9.	Zietz, Jennifer (Turbine Potsdam)	279
10.	Nietgen, Peggy (Potsdam/Bad Neuenahr/1. FFC Frankfurt/Köln)	269
	Prinz, Birgit (FSV Frankfurt/SG Praunheim/1. FFC Frankfurt)	269
12.	Laudehr, Simone (Bayern München/FCR Duisb./1. FFC Frankfurt)*	268
13.	Odebrecht, Viola (T. Potsdam/FCR DU/Bad Neuenahr/VfL WOB)	263
14.	Peter, Babett (Turbine Potsdam/1. FFC Frankfurt/VfL Wolfsburg)*	259
15.	Omilade-Keller, Navina (GW/FFC Brauwl./T. Potsdam/VfL WOB)	258
16.	de Pol, Sandra (TuS Niederkirchen/FC Bayern München)	253
17.	Weichelt, Stefanie (Potsdam/1. FFC F./Essen/FCR DU/MSV DU)	250
18.	Hoffmann, Melanie (FCR DU 55/FCR 2001 Duisburg/SGS Essen)	249
19.	Grings, Inka (FCR Duisburg 55/FCR 2001 Duisburg)	248
20.	Bachor, Isabell (FSV Frankfurt/SC Bad Neuenahr/Bay. München)	244
21.	Rech, Bianca (SC Bad Neuenahr/1. FFC Frankfurt/B. München)	243
22.	Wimbersky, Petra (B. München/Turb. Potsdam/1. FFC Frankfurt)	238
23.	Goeßling, Lena (SC Bad Neuenahr/VfL Wolfsburg)*	236
24.	Wörle, Tanja (Seckach/FSV Frankf./FC Bayern/HSV/Crailsheim)	235
25.	Schiewe, Carolin (Turbine Potsdam/FF USV Jena/SC Freiburg)*	234
	Schmidt, Bianca (Turbine Potsdam/1. FFC Frankfurt)*	234
27.	Hartmann, Charline (FCR 2001 Duisburg/SGS Essen)	231
28.	Angerer, Nadine (Bayern München/T. Potsdam/1. FFC Frankfurt)	228
	Islacker, Mandy (FCR DU/Essen/FCB/Cloppenb./1. FFC Frankf.)*	228
30.	Blässe, Anna (Hamburger SV/VfL Wolfsburg)*	224
31.	Oster, Jennifer (FCR 2001 Duisburg/MSV Duisburg)	223
32.	Schweers, Verena (SC Freiburg/VfL Wolfsburg/Bayern München)*	219
33.	Kerschowski, Isabel (T. Potsdam/B. Leverkusen/VfL Wolfsburg)*	218
34.	Hingst, Ariane (Turbine Potsdam/1. FFC Frankfurt)	217
	Stegemann, Kerstin (E./FFC Rheine/DU 55/Flaesh./WAT/Herford)	217
36.	Hanebeck, Patricia (Neuenahr/FCR DU/HSV/Potsdam/Sand/Jena)	216
	Knaak, Turid (SGS Essen/FCR Duisburg/Bayer Leverkusen)*	216
	Popp, Alexandra (FCR 2001 Duisburg/VfL Wolfsburg)*	216
39.	Martini, Vanessa (FCR 2001 Duisburg/SGS Essen/MSV Duisb.)	210
40.	Arnold, Julia (FF USV Jena/1. FC Köln)	209
41.	Bresonik, Linda (FCR DU 55/FCR DU/B. Neuenahr/Essen/MSV)	208
	Huth, Svenja (1. FFC Frankfurt/Turbine Potsdam)*	208
	Saländer, Silva Lone (Hamburger SV)	208
44.	Fuss, Sonja (GW/FFC Brauw./FSV Frankf./T. Potsdam/FCR DU)	204
	Wunderlich, Tina (SG Praunheim/1. FFC Frankfurt)	204
46.	Prießen, Marith (FCR Duisburg/B. Leverkusen/1. FFC Frankfurt)*	203
47.	Mittag, Anja (Turbine Potsdam/VfL Wolfsburg)	201
48.	Lewandowski, Gina (1. FFC Frankfurt/FC Bayern München)*	199
49.	Kameraj, Aferdita (Hamburger SV/Turbine Potsdam)	197
50.	Hendrich, Kathrin (B. Leverkusen/1.FFC Frankfurt/B. München)*	195
51.	Rottenberg, Silke (SF Siegen/FFC Brauw./FCR DU/1. FFC F.)	191
52.	Moser, Martina (SC Freiburg/VfL Wolfsburg/TSG Hoffenheim)	189
53.	Simic, Julia (B. München/Turb. Potsdam/Wolfsburg/SC Freiburg)	187
	Weiß, Lisa (FC Rumeln Duisburg/SGS Essen 18/68)	187
55.	Störzel, Laura (SC Bad Neuenahr/SC Freiburg/1. FFC Frankfurt)*	186
56.	Holl, Ursula (FSV F./1. FFC F./B. Neuenahr/FCR DU/SGS Essen)	185
	Maier, Juliane (SC Freiburg)	185
58.	Doorsoun-Khajeh (SC 07 Bad Neuenahr/SGS Essen/VfL WOB)*	184
	Lingor, Renate (SG Praunheim/1. FFC Frankfurt)	184
60.	Ewers, Marisa (Hamburger SV/Bayer Leverkusen)	183
	Krahn, Annike (FCR 2001 Duisburg/Bayer 04 Leverkusen)	183
62.	Minnert, Sandra (FSV Frankf./SF Siegen/1. FFC F./B. Neuenahr)	179
63.	Wunderlich, Pia (SG Praunheim/1. FFC Frankfurt)	178

Anmerkung: Aufgrund vereinzelt fehlender Spieldaten der Spielzeiten 1997/98 bis 2002/03 <u>können</u> bei bereits damals aktiven Fußballerinnen Einsätze fehlen.

Die meisten Tore in der eingleisigen BL ab 1997:

Pl.	Name/Vorname (Mannschaft/en)	Tore
1.	Grings, Inka (FCR Duisburg 55/FCR 2001 Duisburg)	316
2.	Pohlers, Conny (Turb. Potsdam/1. FFC Frankfurt/VfL Wolfsburg)	276
3.	Prinz, Birgit (FSV Frankfurt/SG Praunheim/1. FFC Frankfurt)	267
4.	Garefrekes, Kerstin (FFC Heike Rheine/1. FFC Frankfurt)	246
5.	Müller, Martina (FSV Frankfurt/SC Bad Neuenahr/VfL Wolfsburg)	210
6.	Wimbersky, Petra (B. München/Turb. Potsdam/1. FFC Frankfurt)	142
7.	Sasic, Celia (SC Bad Neuenahr/1. FFC Frankfurt)	138
8.	Thompson, Shelley (DU 55/FCR 2001 DU/HSV/Leverk./VfL WOB)	136
9.	Mittag, Anja (Turbine Potsdam/VfL Wolfsburg)	129
10.	Islacker, Mandy (FCR DU/Essen/FCB/Cloppenburg/1. FFC Frankf.)*	127
11.	Müller, Claudia (SG Praunheim/1. FFC Frankfurt/VfL Wolfsburg)	114
12.	Smisek, Sandra (FSV Frankfurt/1. FFC Frankfurt)	113
13.	Aigner, Nina (FC Bayern München)	107
	Hartmann, Charline (FCR 2001 Duisburg/SGS Essen)	107
15.	Lingor, Renate (SG Praunheim/1. FFC Frankfurt)	103
16.	Anonma, Genoveva (FF USV Jena/Turb. Potsdam/MSV Duisburg)	100
	Popp, Alexandra (FCR 2001 Duisburg/VfL Wolfsburg)*	100
18.	Hoffmann, Melanie (FCR DU 55/FCR 2001 Duisburg/SGS Essen)	94
19.	Zietz, Jennifer (Turbine Potsdam)	90
20.	Bachor, Isabell (FSV Frankfurt/SC Bad Neuenahr/Bay. München)	89
21.	Laudehr, Simone (Bayern München/FCR Duisb./1. FFC Frankfurt)*	88
22.	Vreden, Tanja (Hamburger SV)	85
23.	Meier, Jennifer (FSV Frankfurt/1. FFC Frankfurt)	82
24.	Behringer, Melanie (SC Freiburg/Bay. München/1. FFC Frankfurt)*	77
25.	Alushi, Fatmire (FCR Duisburg/Turbine Potsdam/1. FFC Frankfurt)	73
26.	Unterbrink, Petra (FC Eintr./FFC Rheine/GW/FFC Brauwl./Essen)	70
27.	Hanebeck, Patricia (B. Neuenahr/FCR DU/HSV/T. Potsdam/Sand)	64
28.	Bresonik, Linda (FCR DU 55/FCR DU/Neuenahr/SGS Essen/MSV)	62
29.	Albertz, Sandra (FCR DU/FFC Brauwl./FSV F /1. FFC F/B. N.'ahr)	60
	Wunderlich, Pia (SG Praunheim/1. FFC Frankfurt)	60
31.	Hingst, Ariane (Turbine Potsdam/1. FFC Frankfurt)	59
	Nagasato, Yuki (Turbine Potsdam/VfL Wolfsburg/1. FFC Frankfurt)	59
33.	Keßler, Nadine (1. FC Saarbrücken/Turb. Potsdam/VfL Wolfsburg)	55
	Stegemann, Kerstin (E./FFC Rheine/DU 55/Flaesh./WAT/Herford)	55
35.	Bürki, Vanessa (FC Bayern München)	54
36.	Simic, Julia (B. München/T. Potsdam/VfL Wolfsburg/SC Freiburg)	53
37.	Weichelt, Stefanie (Potsdam/1. FFC F./Essen/FCR DU/MSV DU)	52
38.	Jakabfi, Zsanett (VfL Wolfsburg)*	49
	Huth, Svenja (1. FFC Frankfurt, 1. FFC Turbine Potsdam)*	48
40.	Odebrecht, Viola (T. Potsdam/FCR DU/Bad Neuenahr/VfL WOB)	47
	Oster, Jennifer (FCR 2001 Duisburg/MSV Duisburg)	47
42.	Neumann, Lydia (SC Bad Neuenahr)	46
	Schüller, Lea (SGS Essen 19/68)*	46
44.	Magull, Lina (VfL Wolfsburg/SC Freiburg/FC Bayern München)*	45
	Scasna, Pavlina (FC Bayern München)	45
46.	Knaak, Turid (SGS Essen/FCR 2001 Duisburg/Bayer Leverkusen)*	44
	Marozsan, Dzsenifer (1. FC Saarbrücken/1. FFC Frankfurt)	44
48.	Bartusiak, Saskia (FSV Frankfurt/1. FFC Frankfurt)	43
	Goeßling, Lena (SC Bad Neuenahr/VfL Wolfsburg)*	43
	Hearn, Amber (FF USV Jena/1. FC Köln)	43
51.	Harder, Pernille (VfL Wolfsburg)*	41
	Wiegmann, Bettina (SV GW Brauweiler/FFC Brauweiler-Pulheim)	41
53.	Ando, Kozue (FCR 2001 Duisburg/1. FFC Frankfurt/SGS Essen)	40
	König-Vialkowitsch, Gabi (FSV Frankfurt)	40
	Moser, Martina (SC Freiburg/VfL Wolfsburg/TSG Hoffenheim)	40
56.	Omilade-Keller, Navina (GW/FFC Brauwl./T. Potsdam/VfL WOB)	39
57.	Däbritz, Sara (SC Freiburg/FC Bayern München)*	38
	Kayikci, Hasret (FC Rumeln Duisburg/SC Freiburg)*	38
59.	Meinert, Maren (FCR Duisburg 55/FFC Brauweiler-Pulheim)	37
	Rech, Bianca (SC Bad Neuenahr/1. FFC Frankfurt/B. München)	37
61.	Meyer, Monika (SG Praunheim/1. FFC Frankfurt/SF Siegen)	36

* Spielerin in der Saison 2018/19 noch in der Bundesliga aktiv.

Ewige Tabelle Frauen-Bundesliga 1990 – 2019

Pl.	Mannschaft	J	Sp	S	U	N	Tore	TD	Pkt	Sp	S	U	N	Tore	Pkt	Sp	S	U	N	Tore	Pkt
							Gesamtbilanz						Heimbilanz						Auswärtsbilanz		
1.	1. FFC Frankfurt / SG Praunheim	29	612	418	83	111	1782-590	+1192	1337	306	218	40	48	981-287	694	306	200	43	63	801-303	643
2.	1. FFC 71 / SSV Turbine Potsdam	25	538	340	82	116	1437-619	+818	1102	269	180	45	44	752-261	585	269	160	37	72	685-358	517
3.	FCR 2001/FC Rumeln-Kald./MSV Duisburg	25	534	311	71	152	1375-725	+650	1004	267	172	27	68	733-331	543	267	139	44	84	642-394	461
4.	VfL / WSV / VfR Eintracht Wolfsburg	27	568	272	92	204	1176-940	+236	908	284	145	51	88	635-409	486	284	127	41	116	541-531	422
5.	FC Bayern München	21	456	253	70	133	963-601	+362	829	228	136	34	58	526-279	442	228	117	36	75	437-322	387
6.	FSV Frankfurt	16	326	173	49	104	785-549	+236	568	163	92	23	48	450-259	299	163	81	26	56	335-290	269
7.	FFC Pulheim / Grün-Weiss Brauweiler	15	308	152	46	110	695-501	+194	502	154	84	23	47	380-215	275	154	68	23	63	315-286	227
8.	SC 07 Bad Neuenahr	19	406	144	61	201	621-884	-263	493	203	81	31	91	355-424	274	203	63	30	110	266-460	219
9.	SC Freiburg	18	396	141	66	189	608-786	-178	486	198	76	32	90	335-374	260	198	65	34	99	273-412	229
10.	Sportfreunde / TSV Siegen	11	216	144	33	39	609-203	+406	465	108	76	15	17	339-93	243	108	68	18	22	270-110	222
11.	FFC Heike / FC Eintracht / VfB Rheine	16	326	129	66	131	570-561	+9	453	163	74	30	59	304-244	252	163	55	36	72	266-317	201
12.	SG Essen-Schönebeck/SGS Essen 19/68	15	330	126	63	141	563-602	-39	441	165	69	30	66	312-288	237	165	57	33	75	251-314	204
13.	1. FC / VfR 09 Saarbrücken	16	326	94	60	172	431-753	-322	342	163	57	24	82	242-334	195	163	37	36	90	189-419	147
14.	TuS Niederkirchen	11	216	97	30	89	424-397	+27	321	108	54	13	41	228-164	175	108	43	17	48	196-233	146
15.	Hamburger SV	11	242	74	39	129	348-524	-176	261	121	38	20	63	168-231	134	121	36	19	66	180-293	127
16.	FF Universitäts-SV Jena	11	240	59	42	139	263-544	-281	219	120	31	21	68	133-263	114	120	28	21	71	130-281	105
17.	SC Klinge Seckach	8	150	55	39	56	214-247	-33	204	75	27	26	22	113-104	107	75	28	13	34	101-143	97
18.	VfL Sindelfingen	10	194	49	38	107	219-489	-270	185	97	25	20	52	114-227	95	97	24	18	55	105-262	90
19.	TSV Fortuna-Sachsenroß Hannover	7	128	48	22	58	214-276	-62	166	64	27	11	26	117-116	92	64	21	11	32	97-160	74
20.	TSG 1899 Hoffenheim	6	132	47	24	61	194-218	-24	165	66	28	10	28	103-98	94	66	19	14	33	91-120	71
21.	Bayer 04 Leverkusen	8	176	41	33	102	211-426	-215	156	88	23	16	49	118-194	85	88	18	17	53	93-232	71
22.	SC Sand	6	128	42	25	61	168-211	-43	151	64	24	14	26	92-96	86	64	18	11	35	76-115	65
23.	Tennis Borussia Berlin	8	154	36	33	85	163-333	-170	141	77	21	19	37	87-147	82	77	15	14	48	76-186	59
24.	TuS Ahrbach	6	110	39	22	49	194-205	-11	139	55	22	12	21	108-94	78	55	17	10	28	86-111	61
25.	TSV Crailsheim	6	124	29	21	74	124-259	-135	108	62	13	12	37	58-123	51	62	16	9	37	66-136	57
26.	Kaßlerfelder BC Duisburg	4	74	27	20	27	119-154	-35	101	37	11	12	14	58-71	45	37	16	8	13	61-83	56
27.	SSG 09 Bergisch Gladbach	4	74	28	13	33	102-131	-29	97	37	15	7	15	54-68	52	37	13	6	18	48-63	45
28.	Schmalfelder SV	5	92	23	20	49	93-150	-57	89	46	13	7	26	50-79	46	46	10	13	23	43-71	43
29.	FC Conc. Flaesheim/Hillen/SG RW Hillen	3	62	15	11	36	69-187	-118	56	31	9	7	15	37-83	34	31	6	4	21	32-104	22
30.	SV Werder Bremen	3	66	10	13	43	66-160	-94	43	33	8	6	19	40-73	30	33	2	7	24	26-87	13
31.	TuS Wörrstadt	3	54	9	10	35	42-160	-118	37	27	5	8	14	22-53	23	27	4	2	21	20-107	14
32.	VfL Ulm/Neu-Ulm	2	38	10	5	23	40-88	-48	35	19	5	4	10	21-38	19	19	5	1	13	19-50	16
33.	TSV Ludwigsburg	2	38	8	3	27	28-85	-57	27	19	7	2	10	20-37	23	19	1	1	17	8-48	4
34.	TSV Battenberg	2	36	6	7	23	36-116	-80	25	18	5	3	10	25-61	18	18	1	4	13	11-55	7
35.	HSV Borussia Friedenstal	3	66	6	6	54	66-248	-182	24	33	4	2	27	34-119	14	33	2	4	27	32-129	10
36.	FC Wacker München	2	36	2	17	17	34-73	-39	23	18	0	9	9	11-37	9	18	2	8	8	23-36	14
37.	DJK FSV Schwarzbach	2	36	6	5	25	32-114	-82	23	18	4	2	12	18-49	14	18	2	3	13	14-65	9
38.	1. FC Köln	2	44	6	5	33	28-138	-110	23	22	3	2	17	13-74	11	22	3	3	16	15-64	12
39.	SC Poppenbüttel	2	38	5	7	26	38-90	-52	22	19	2	3	14	18-46	9	19	3	4	12	20-44	13
40.	SG Wattenscheid 09	2	40	6	4	30	36-139	-103	22	20	3	3	14	16-75	12	20	3	1	16	20-64	10
41.	BV Cloppenburg	1	22	4	5	13	34-60	-26	17	11	1	3	7	14-23	6	11	3	2	6	20-37	11
42.	FC Wismut Aue	1	20	3	5	12	20-38	-18	14	10	3	2	5	13-17	11	10	0	3	7	7-21	3
43.	SV Wilhelmshaven	1	18	4	2	12	25-56	-31	14	9	2	2	5	19-34	8	9	2	0	7	6-22	6
44.	1. FC Lokomotive Leipzig	1	22	4	1	17	16-79	-63	13	11	1	1	9	8-43	4	11	3	0	8	8-36	9
45.	VfL Wittekind Wildeshausen	1	18	3	3	12	10-49	-39	12	9	1	2	6	6-22	5	9	2	1	6	4-27	7
46.	STV Lövenich	1	18	2	3	13	14-43	-29	9	9	1	1	7	7-23	4	9	1	2	6	7-20	5
47.	TuS Binzen	1	18	2	3	13	14-46	-32	9	9	1	0	8	9-27	3	9	1	3	5	5-19	6
48.	1. FC Nürnberg	1	22	2	3	17	15-85	-70	9	11	1	2	8	9-39	5	11	1	1	9	6-46	4
49.	FSV Gütersloh 2009	1	22	2	1	19	19-72	-53	7	11	2	0	9	12-26	6	11	0	1	10	7-46	1
50.	Borussia Mönchengladbach	2	44	2	1	41	15-176	-161	7	22	1	1	20	10-81	4	22	1	0	21	5-95	3
51.	Polizei SV Rostock	1	18	1	3	14	18-57	-39	6	9	0	2	7	7-23	2	9	1	1	7	11-34	4
52.	TV Jahn Delmenhorst	1	18	0	4	14	5-54	-49	4	9	0	3	6	4-25	3	9	0	1	8	1-29	1
53.	1. FC Neukölln	1	18	0	0	18	8-102	-94	0	9	0	0	9	5-49	0	9	0	0	9	3-53	0

Anmerkungen:
- Die Tabelle ist nach dem Dreipunkte-System (3-1-0) berechnet, auch für die Spielzeiten 1990-95, in der noch die Zweipunkte-Regel (2-1-0) galt.
- Die Play-Off-Spiele um die Deutsche Meisterschaft bis 1997 werden nicht in diese ewige Tabelle eingerechnet.
- Von 1990 bis 1997 spielte die Frauen-Bundesliga zweigleisig mit den Staffeln Nord und Süd.
- Einige Frauen-Abteilungen haben sich aus ihren ursprünglichen Vereinen heraus verselbständigt oder sind zu anderen Vereinen übergetreten. Wir haben diese Stammbäume als einen Verein gerechnet.
- In der Saison 2005/06 wurden dem SC Freiburg drei Punkte abgezogen.

Frauen: 2. Bundesliga

Pl.	(Vj.)	Mannschaft		Sp	S	U	N	Tore	TD	Pkt	Sp	S	U	N	Tore	Pkt	Sp	S	U	N	Tore	Pkt
								Gesamtbilanz							**Heimbilanz**						**Auswärtsbilanz**	
1.	(2.S)	FC Bayern München II		26	16	5	5	67-27	+40	53	13	8	2	3	27-11	26	13	8	3	2	40-16	27
2.	(2.N)	VfL Wolfsburg II		26	16	2	8	42-26	+16	50	13	10	0	3	26-15	30	13	6	2	5	16-11	20
3.	(↓)	1. FC Köln	↑	26	14	5	7	51-33	+18	47	13	6	3	4	22-12	21	13	8	2	3	29-21	26
4.	(↓)	FF USV Jena	↑	26	14	4	8	45-34	+11	46	13	8	2	3	23-15	26	13	6	2	5	22-19	20
5.	(3.N)	SV Meppen		26	13	6	7	63-38	+25	45	13	6	3	4	30-21	21	13	7	3	3	33-17	24
6.	(1.S)	TSG 1899 Hoffenheim II		26	11	5	10	40-35	+5	38	13	5	2	6	21-21	17	13	6	3	4	19-14	21
7.	(4.N)	1. FFC Turbine Potsdam 71 II		26	11	4	11	56-46	+10	37	13	6	2	5	31-23	20	13	5	2	6	25-23	17
8.	(4.S)	1. FC Saarbrücken		26	9	9	8	55-43	+12	36	13	5	7	1	30-18	22	13	4	2	7	25-25	14
9.	(6.N)	FSV Gütersloh 2009		26	9	6	11	37-42	-5	33	13	8	2	3	27-17	26	13	1	4	8	10-25	7
10.	(5.S)	1. FFC Frankfurt II		26	9	5	12	27-42	-15	32	13	6	2	5	15-21	20	13	3	3	7	12-21	12
11.	(5.N)	BV Cloppenburg		26	8	6	12	37-49	-12	30	13	6	3	4	23-20	21	13	2	3	8	14-29	9
12.	(6.S)	FSV Hessen Wetzlar	↓	26	9	3	14	29-45	-16	30	13	5	1	7	15-26	16	13	4	2	7	14-19	14
13.	(↑)	SV 67 Weinberg	↓	26	8	6	12	34-59	-25	30	13	4	4	5	16-24	16	13	4	2	7	18-35	14
14.	(↑)	SGS Essen 19/68 II	↓	26	2	0	24	16-80	-64	6	13	2	0	11	10-39	6	13	0	0	13	6-41	0

Absteiger aus der Bundesliga: Borussia Mönchengladbach und SV Werder Bremen.
Aufsteiger in die Bundesliga: 1. FC Köln und FF USV Jena; zweite Mannschaften sind nicht aufstiegsberechtigt.
Absteiger in die Regionalligen: SGS Essen 19/68 II (West), SV 67 Weinberg und FSV Hessen Wetzlar (Süd).
Aufsteiger aus den Regionalligen: DSC Arminia Bielefeld (West), SG 99 Andernach (Südwest) und FC Ingolstadt 04 (Süd).

Frauen: 2. Bundesliga 2018/19

	Bayern München II	VfL Wolfsburg II	1. FC Köln	FF USV Jena	SV Meppen	TSG Hoffenheim II	Turbine Potsdam II	1. FC Saarbrücken	FSV Gütersloh	1. FFC Frankfurt II	BV Cloppenburg	Hessen Wetzlar	SV 67 Weinberg	SGS Essen 19/68 II
FC Bayern München II	×	2:1	5:0	2:0	1:2	2:3	2:0	5:1	2:1	0:0	2:2	0:1	2:0	2:0
VfL Wolfsburg II	3:2	×	2:4	4:2	1:3	0:1	4:1	1:0	1:0	3:1	2:0	1:0	3:1	
1. FC Köln	3:1	1:2	×	0:0	1:2	0:1	1:2	2:1	1:1	1:0	6:0	3:1	1:1	2:0
FF USV Jena	1:1	0:0	0:1	×	0:4	1:0	1:4	3:2	3:1	2:0	2:1	1:0	6:0	3:1
SV Meppen	1:1	1:2	1:2	3:2	×	1:1	2:5	1:3	3:0	2:2	4:0	2:1	3:1	6:1
TSG 1899 Hoffenheim II	2:3	0:3	1:2	0:2	3:2	×	1:1	0:2	2:2	3:0	0:3	1:0	5:0	3:1
1. FFC Turbine Potsdam 71 II	1:2	1:1	5:4	3:2	2:1	0:1	×	2:2	4:0	2:3	1:2	4:1	1:3	5:1
1. FC Saarbrücken	3:3	2:0	1:1	0:4	4:1	1:1	1:1	×	1:1	2:2	3:1	1:1	7:2	4:0
FSV Gütersloh 2009	0:4	1:4	3:2	5:0	2:2	3:0	2:1	3:1	×	1:0	1:1	1:2	3:0	2:0
1. FFC Frankfurt II	1:3	1:0	0:2	1:1	0:5	1:0	2:1	2:2	2:1	×	2:1	0:1	1:3	2:1
BV Cloppenburg	1:4	1:0	1:4	0:1	1:1	2:1	2:4	3:2	3:0	3:0	×	1:1	2:2	3:0
FSV Hessen Wetzlar	0:4	1:0	0:2	1:2	0:5	1:1	3:2	0:5	0:1	3:1	3:1	×	1:2	2:0
SV 67 Weinberg	0:6	0:1	2:2	0:3	2:2	0:6	2:0	2:0	1:1	1:2	0:0	2:1	×	4:0
SGS Essen 19/68 II	0:6	0:2	0:3	0:3	0:3	2:3	0:3	1:4	2:1	0:2	2:1	1:4	2:4	×

Informationen zu den Aufstiegsspielen zur 2. Bundesliga der Frauen finden Sie auf Seite 446.

Torschützinnenliste:

Platz	Spielerin (Mannschaft)	Tore
1.	Matuschewski, Julia (1. FC Saarbrücken)	20
2.	Fudalla, Vanessa (FC Bayern München II)	18
3.	Dalaf, Jalila (SV Meppen)	14
4.	Weidauer, Sophie (1. FFC Turbine Potsdam 71 II)	13
5.	De Backer, Jacqueline (1. FC Saarbrücken)	12
	Schraa, Caroline (1. FC Köln)	12
7.	Hagel, Chantal (TSG Hoffenheim II)	11
	Kohr, Karoline (1. FC Köln)	11
	Seiler, Lisa (FF USV Jena)	11
	Senß, Elisa (SV Meppen)	11
	Shimoyamada, Shiho (SV Meppen)	11
	Winczo, Agnieszka (BV Cloppenburg)	11
13.	Berentzen, Maike (SV Meppen)	10
	Flaws, Janelle (BV Cloppenburg)	10

Zuschauerstatistik:

Mannschaft	gesamt	Schnitt
SV Meppen	3.382	260
FSV Hessen Wetzlar	2.833	218
BV Cloppenburg	2.602	200
1. FC Köln	2.512	193
FSV Gütersloh 2009	2.378	183
1. FC Saarbrücken	2.370	182
FF USV Jena	2.022	156
SV 67 Weinberg	1.995	153
TSG 1899 Hoffenheim II	1.535	118
1. FFC Frankfurt II	1.500	115
FC Bayern München II	1.321	102
SGS Essen 19/68 II	1.187	99
VfL Wolfsburg II	1.034	80
1. FFC Turbine Potsdam 71 II	743	57
	27.414	151

BV Cloppenburg

Spieler		geb. am	Sp.	T.
Chojnowski, Silvana		17.04.1994	2	1
Crone, Alexandra	T	19.05.1996	1	0
Dimitriou, Charoula		12.04.1990	26	0
Fischer, Vanessa	T	24.04.1997	26	0
Flaws, Janelle		15.11.1991	26	10
Geerken, Sarah		25.05.1999	14	0
Haar, Jette		29.08.2001	1	0
Hashani, Saranda		20.05.1996	6	0
Hasenkamp, Lena		17.01.2000	16	0
Johanning, Anna		21.01.1998	26	0
Josten, Lisa		07.01.1993	26	4
Kaiser, Michelle		19.02.2001	4	0
Kishikawa, Natsuki		26.04.1991	26	6
Löwenberg, Daniela		11.01.1988	6	0
Luker, Nadine		27.06.1991	25	0
Meyer, Michelle		18.09.1996	24	2
Moraitou, Athanasia		02.04.1997	10	0
Müller, Jessica-Agnes		01.06.2001	13	2
Müller, Martha		06.02.1996	8	0
Radosavljevic, Jana		04.11.1996	2	1
Reck, Emilia		21.01.2002	11	0
Siegel, Pia		13.07.1999	5	0
Winczo, Agnieszka		24.08.1984	26	11
Wübbenhorst, Imke		10.12.1988	4	0
Trainerinnen:				
Wübbenhorst, Imke		10.12.1988	13	
Schulte, Tanja		05.04.1975	12	
Eckermann, Kea		25.12.1994	1	

FSV Gütersloh 2009

Spieler		geb. am	Sp.	T.
Aehling, Anna		23.03.2001	23	1
Aradini, Shpresa		13.08.1994	20	6
Baum, Celina		16.04.2001	5	0
Berning, Pauline		09.01.2001	11	3
Blümel, Charlotte		08.12.2001	24	2
Fetaj, Gentiana		04.08.2002	17	2
Günnewig, Noreen		06.06.2001	22	0
Hermes, Marina		13.01.1991	4	1
Klett, Manon	T	01.12.1996	13	0
Klüppel, Melissa		01.03.1998	2	0
Lange, Pia		09.03.1995	22	0
Lückel, Lena		09.08.1995	23	2
Ott, Melanie		13.04.1997	23	6
Reimann, Paula		21.03.2002	9	0
Rolle, Sarag	T	01.02.2000	13	0
Schmücker, Brigitta		30.05.1987	26	2
Schröder, Marie		18.07.1999	4	0
Schulz, Melissa		13.06.1999	26	1
Stojan, Lilly		18.04.2001	20	0
Wille, Lia Colene			23	3
Wolf, Isabelle		14.12.1994	26	8
Trainer:				
Stricker, Mark Oliver		11.04.1972	12	
Enge, Steffen		08.12.1965	14	

FSV Hessen Wetzlar

Spieler		geb. am	Sp.	T.
Anstatt, Nadine		14.05.1995	26	9
Beffart, Janina	T	04.11.1993	26	0
Brückel, Zoe		20.12.2001	25	0
Efimenko, Anna		19.01.2002	19	0
Günther, Ines		29.01.1997	8	0
Hartmann, Lea		17.08.1995	23	0
Heinzeroth, Selina		25.09.1994	23	4
Hisenay, Besarta		21.10.1998	17	1
Huhn, Emelie		02.05.2000	8	1
Klippert, Jacky		21.08.1992	23	0
Kundermann, Ann-Kathrin		16.12.1997	2	0
Oppeland, Sarolta		01.07.1999	3	0
Peil, Stefanie		25.08.1996	14	0
Preiß, Lorena		17.05.1997	22	1
Schermuly, Julia		21.01.1999	25	8
Schermuly, Kathrin		15.11.1995	26	4
Simbeck, Maike		08.09.1991	26	0
Tröller, Gina			3	0
Ujvári, Krisztina		21.05.1990	1	0
Walther, Mara		21.09.1996	7	0
Wünsche, Hannah		15.03.1997	26	1
Trainer:				
Dörr, Michael		28.09.1963	11	
Heck, Christopher		11.02.1974	15	

SGS Essen 19/68 II

Spieler		geb. am	Sp.	T.
Barbara, Jana		07.07.2001	15	0
Boahen, Tracy		30.01.2000	5	0
Coulibaly, Barakissa		01.01.1997	19	0
Dallmann, Jule		18.02.1998	5	0
Dzaltur, Alida		20.08.2001	21	0
Graßinger, Anna		13.11.2000	24	0
Grutkamp, Mara		11.12.2000	21	0
Gutke, Joana	T	09.01.2001	15	0
Habibovic, Edina		06.11.2000	9	0
Hamdi, Hanna		26.11.1995	13	2
Hochstein, Isabel		20.04.1994	2	0
Homann, Dana		28.07.2000	2	0
Hünnemeyer, Maja		24.04.2001	26	0
Jäschke, Celine			6	0
Klostermann, Lisa Katharina		28.05.1999	3	0
Kniszewski, Vanessa		04.04.2000	23	3
Lenzen, Hannah		20.05.2000	21	0
Ludwig, Nikola		18.05.2000	5	0
Moczarski, Anna		15.12.2000	10	0
Nesse, Kirsten		06.10.1995	2	0
Niewiadomski, Jolina		30.05.1996	2	0
Oertgen, Kimberly		24.08.2001	5	0
Ostermeier, Lena		01.10.1996	3	0
Reinhardt, Mandy		22.10.1999	23	6
Rekus, Lena		23.02.2001	3	0
Rieke, Annalena		10.01.1999	7	2
Rosin, Isa		27.05.1999	22	1
Schlaghecke, Lisa		24.07.1998	9	0
Stober, Lara		31.10.1997	2	0
Strock, Elisa	T	15.03.1999	7	0
Thies, Mathilda		31.08.1998	22	1
Tolksdorf, Alissa	T	26.08.1999	1	0
Yaprak, Nursen		26.04.1999	10	1
Trainerin:				
Neboli, Laura		14.03.1988	26	

TSG Hoffenheim II

Spieler		geb. am	Sp.	T.
Abt, Frederike	T	07.07.1994	2	0
von Achten, Donata		23.04.2002	10	0
von Achten, Lucia		23.04.2002	7	1
Binley, Louisa	T	07.05.2000	6	0
Blumenthal, Luisa		27.07.2000	1	0
Brand, Jule		16.10.2002	21	1
Bürger, Lina		07.10.1995	5	0
Cal, Meryem Cennet		12.07.2000	18	1
Dilfer, Ann-Kathrin	T	12.11.2001	11	0
Drexler, Lisa 10/0		09.04.2001	11	0
Eberhardt, Annika		23.04.1992	8	3
Gorges, Klara		01.09.2001	5	0
Hagel, Chantal		20.07.1998	26	11
Hausdorff, Anna		26.04.2000	19	0
Kaiser, Johanna		08.05.1996	5	2
Kaut, Lisann		24.08.2000	16	1
Klein, Jennifer		11.01.1999	24	2
Krumbiegel, Paulina		27.10.2000	20	4
Leimenstoll, Vanessa		01.03.2001	18	2
Leitzig, Janina	T	16.04.1999	5	0
Leskinen, Daba		22.09.2001	9	3
Mundheck, Birte		20.07.2002	1	0
Müller, Janina		12.01.1998	21	1
Naschenweng, Katharina		16.12.1997	1	0
Rausch, Mayalu		11.04.2001	14	0
Riepl, Sophie		14.01.2000	2	0
Sakar, Fatma		26.03.1999	20	1
Schaber, Ricarda		27.07.1997	3	2
Tufekovic, Martina	T	16.07.1994	3	0
Vobian, Selina		27.09.2002	3	0
Walter, Sophie		20.01.2000	25	1
Wienroither, Laura		13.01.1999	14	1
Zeller, Dóra		06.01.1995	3	3
Trainer:				
Becker, Siegfried		02.01.1972	26	

VfL Wolfsburg II

Spieler		geb. am	Sp.	T.
Adigo, Birel		03.07.1999	1	0
Baaß, Antonia		07.05.2000	25	1
Bartel, Johanna		09.10.2001	1	0
Baunach, Katharina		16.01.1989	1	0
Brandenburg, Michaela		17.12.1997	17	2
Burmeister, Jana	T	06.03.1989	3	0
Cin, Miray		07.05.2001	5	0
Cordes, Lotta		27.04.2001	20	2
Daikeler, Lusia		19.04.2000	8	2
Dönges, Jacqueline		21.12.2000	13	0
Earps, Mary Alexandra	T	07.03.1993	2	0
Fischer, Jessica		22.08.1999	8	0
Gentile, Noemi		24.04.2000	8	2
Jubel, Lina		26.01.2001	16	0
Kassen, Julia	T	17.05.2002	1	0
Klensmann, Paula		30.04.2002	2	0
Klostermann, Michelle		01.03.2001	11	1
Krüger, Lea		04.02.2000	20	2
Kühne, Samantha		26.03.2002	2	0
Lange, Maria Christina		11.05.2000	15	7
Loeck, Melina	T	01.07.2000	19	0
Memeti, Ereleti		30.06.1999	25	6
Räcke, Nina		17.09.2001	22	0
Runge, Katharina		27.01.1997	23	1
Schult, Almuth	T	09.02.1991	1	0
Schumacher, Rita		05.06.2000	20	3
Seidel, Finya		14.08.2002	2	0
Seifert, Liviana		21.05.2002	8	0
Stenzel, Leonie		23.07.1997	20	4
Stolze, Anna-Lena		08.07.2000	15	7
Voigt, Vanessa		24.07.2000	1	0
Wittje, Meret		10.07.1999	24	0
Wolter, Pia-Sophie		13.11.1997	1	0
Eigentore				2
Trainer:				
Uzun, Saban		14.05.1987	26	

FF USV Jena

Spieler		geb. am	Sp.	T.
Arnold, Julia		10.11.1990	13	2
Berk, Anna-Sophie		13.07.2002	2	0
Graser, Annika		03.09.1999	26	2
Große, Pia		19.09.2002	10	0
Güther, Anne		17.01.1998	6	0
Heuschkel, Anja		04.08.1997	7	0
Homschuch, Sarah	T	07.08.1998	26	0
Juckel, Nelly		12.02.2002	6	0
Julevic, Merza		17.04.1990	25	5
Kiontke, Laura	T	20.06.1989	1	0
Klinger, Jo Anne		10.07.2001	1	0
Knipp, Isabelle		09.12.1993	9	0
König, Joleen		25.09.2002	1	0
Kreil, Leonie		20.11.1997	25	2
Kremlitschka, Tina		01.02.1999	20	3
Merazguia, Sonja		28.01.2002	7	2
Müller, Sandra		06.08.1999	24	6
Phillips, Aimee		06.05.1991	7	0
Riedel, Anna-Lena		13.06.2000	10	0
Schmidt, Lara		21.07.2000	25	2
Seiler, Lisa		09.10.1990	26	11
Tellenbröker, Maren-Marie		15.10.2000	22	1
Utes, Susann		04.01.1991	25	4
Weiß, Anna		21.07.1998	25	3
Eigentore				2
Trainer:				
Beck, Steffen		19.10.1963	26	

SV Meppen

Spieler		geb. am	Sp.	T.
Agema, Céline			4	0
Becker, Bianca		24.03.1998	13	0
Berentzen, Maike		10.02.1997	24	10
de Boer, Marieke		18.07.1992	6	0
Dalaf, Jalila		07.03.1993	26	14
Fullenkamp, Thea		10.01.1996	26	1
Gismann, Lynn		08.01.2000	20	0
Jabbes, Jasmin		05.05.2001	20	1
Jabbes, Sarah		05.05.2001	8	0
Janssen, Patrizia		02.03.2001	3	0
Juraschek, Henrike-Sophie		18.08.2000	13	0
Klimas, Kathrin	T	01.12.1992	17	0
Korkmaz, Cagla		14.11.1990	5	1
Kossen, Nina		22.03.2000	14	1
Kröger, Amelie		17.03.1995	9	0
Liening-Ewert, Pia		01.04.1998	5	0
Okken, Charetka	T	15.06.1995	11	0
Pomper, Pascalle		13.05.2001	9	0
Preuß, Linda		30.05.1998	22	5
Rolfes, Nina		24.08.1999	2	0
Schulte, Sarah		08.06.1995	26	3
Senß, Elisa		01.10.1997	26	11
Shimoyamada, Shiho		25.12.1994	26	11
Weiss, Lisa-Marie		05.11.1997	25	2
Eigentore				3
Trainer:				
Müller, Wulf-Rüdiger		00.00.1951	26	

1. FC Saarbrücken

Spieler		geb. am	Sp.	T.
de Backer, Jacqueline		12.07.1994	23	12
Braunschweig, Sabrina			3	0
Chládeková, Patrícia	T	04.04.1997	5	0
Ditscheid, Anja		08.08.1998	10	1
Dörr, Emma		25.06.1998	10	0
Drescher, Michaela		11.03.1996	26	4
Ehl, Christina	T	23.02.1990	22	0
Eybe, Julia		24.03.1993	3	0
Fischer, Milena		29.11.2002	9	0
Griffin, Hannah		12.01.2001	12	1
Grünnagel, Lea-Marie		03.04.2001	18	1
Hauck, Kristin		06.10.1998	21	0
Hermann, Samantha		31.07.1998	26	0
Klein, Chiara		02.02.1998	7	0
Loos, Chiara		10.01.1997	23	6
Matuschek, Julia		15.01.1997	26	20
Nishibayashi, Rie			13	1
Ofiara, Laura		05.11.1995	15	0
Reifenberg, Michelle		13.02.1999	20	0
Ripperberger, Lena		06.06.1993	18	5
Schmitt, Medita		05.09.2002	1	0
Steimer, Marie		20.04.1997	13	1
Theil, Larissa		27.09.1998	2	0
Tröster, Tamara		06.08.1993	24	1
Eigentore				2
Trainer:				
Diane, Taifur		01.11.1972	26	

1. FFC Frankfurt II

Spieler		geb. am	Sp.	T.
Artin, Maral		09.06.2000	10	0
Berg, Johanna		26.09.2000	22	1
Biermann, Johanna		19.01.2001	19	1
Brandt, Celine		14.03.1998	4	0
Czaplicki, Aline		17.11.1996	21	0
von Drigalski, Katharina		26.10.2000	24	0
Ebert, Lisa		06.07.2000	6	4
Emmerling, Alexandra		16.07.1999	5	0
Engel, Evita		11.02.1999	20	0
Erichsen, Karla	T	07.05.2000	20	0
Gidion, Magarita		18.12.1994	5	2
Hahn, Chiara		02.01.2002	21	5
Hirata, Mai		06.07.1998	10	2
Klinke, Hannah	T	14.08.2002	3	0
Krawczyk, Caroline		14.11.1997	24	4
Lee, Da-Hye	T	19.12.1992	4	0
Limani, Valentina		02.02.1997	22	5
Linke, Lina		22.05.2000	7	0
Marcellino, Diana		28.09.2001	4	0
Ólafsson, Kim		27.08.1998	3	0
Ostermeier, Selina		15.01.1999	9	0
Scharly, Jana		07.11.2000	24	0
Schulz, Carla		19.04.2001	4	0
Schulze-Solano, Bibiana		12.11.1998	3	1
Steck, Madeleine		31.01.2002	18	0
Taslidza, Ena		14.08.2001	9	0
Trepohl, Sophie		19.01.2001	17	2
Walaschewski, Fabienne		18.10.2001	18	0
Walter, Selina		07.01.2000	8	0
Trainerin:				
Kulig-Soyah, Kim		09.04.1990	26	

1. FC Köln

Spieler		geb. am	Sp.	T.
Biskup, Michelle		24.01.2002	2	0
Caspari, Ileana		27.02.1985	4	0
Djurberg, Hilda		30.05.1998	5	0
Frensch, Saskia	T	23.02.1998	1	0
Frommont, Romina		30.03.1992	26	1
Giraud, Sonja		06.03.1995	13	1
Gosch, Theresa		17.09.1994	17	2
Gudorf, Alicia-Sophie		23.05.2001	18	0
Heß, Lara		01.08.1997	7	1
Hild, Kristina		07.06.1996	24	0
Hirano, Yuka			9	4
Hoffmann, Claudia	T	06.08.1997	21	0
Juretzka, Esther		24.09.2002	1	0
Kirschbaum, Anna		17.05.1993	23	1
Knobloch, Pia		22.08.1993	6	0
Kohr, Karoline		01.04.1996	15	11
Linden, Isabelle		15.01.1991	9	1
Meßmer, Meike		28.10.1995	24	7
Nelles, Pauline	T	21.01.2002	4	0
Nietgen, Peggy		12.08.1986	24	8
Pfannschmidt, Julia		08.06.1990	17	0
Prößl, Leonie		16.06.2002	14	1
Schraa, Carolin		06.09.2001	26	12
Schreiner, Saskia		03.10.1999	1	0
Stopka, Janet		25.07.2000	6	0
Vogt, Laura		13.05.2001	12	0
Windmüller, Nina		08.11.1987	10	0
Zilligen, Vanessa		07.05.2001	8	0
Eigentore				1
Trainer:				
Breuer, Willi		30.11.1994	26	

Turbine Potsdam II

Spieler		geb. am	Sp.	T.
Bahnemann, Lea		04.10.2001	18	2
Barthel, Angelina		20.09.2001	2	0
Bretschneider, Nathalie		03.02.2001	24	2
Chmielinski, Gina		07.06.2000	1	0
Fiedler, Lia-Marie		14.01.2001	6	0
Fischer, Vanessa	T	18.04.1998	1	0
Flügge, Laura		15.12.2000	15	2
Graf, Luca		19.03.1999	10	1
Heinze, Marie	T	25.03.2000	10	0
Höbinger, Marie		01.07.2001	16	0
Kellner, Laura		12.03.2000	11	0
Kössler, Melissa		04.03.2000	11	6
Lindner, Laura		06.06.1994	26	5
Meister, Wiebke		12.03.1995	5	0
Müller, Marlene		24.10.2000	23	2
Orschmann, Dina		08.01.1998	9	9
Orschmann, Katja		08.01.1998	11	1
Prica, Maria		22.05.2000	17	2
Rohde, Marleen		21.07.2002	19	3
Scheel, Sarah		01.11.1999	25	1
Schiemann, Mieke		11.03.2002	16	0
Schuldt, Inga	T	01.04.1997	16	0
Schütt, Tabea		27.04.2000	14	2
Statz, Corinna		14.03.2001	10	2
Tietz, Rieke		09.03.2001	9	1
Weidauer, Sophie		10.02.2002	18	13
Eigentore				1
Trainer:				
Kandler, Thomas		23.12.1971	26	

SV 67 Weinberg

Spieler	geb. am	Sp.	T.
Arnold, Celine	14.02.2000	1	0
Brückner, Julia	18.05.1987	26	2
Danowski, Linda	16.02.1993	8	1
Fliege, Anna-Sophie	20.04.1996	23	0
Grimm, Anna	16.06.1995	9	0
Grimm, Mara	08.07.1998	21	0
Haager, Rebecca	27.11.1999	4	0
Häberäcker, Leonie	05.06.1997	26	0
Häberäcker, Maren	05.06.1997	25	2
Heisel, Nina	02.12.1990	22	9
Hofmann, Sara	24.11.1995	24	2
Hofrichter, Anna	20.07.1999	25	0
Kellermann, Meike	22.08.1997	14	0
Kohlmeyer, Milena	11.05.2001	2	0
Kömm, Annika	21.07.1994	22	9
Laki, Otandeka	24.01.1996	1	0
Pfeiler, Jasmin	T 28.07.1984	6	0
Riess, Ellen	08.12.1999	25	4
Rößler, Angelika	19.07.1983	26	4
Sturm, Marie	T 04.12.2000	4	0
Treiber, Anja	T 12.12.1988	18	0
Wiesinger, Eva	T 28.09.2000	17	0
Wischgoll, Meike	19.06.1989	10	1

Trainer/in:
Schellenberg, Christina und Schmidt, Jürgen 20.02.1988 26

FC Bayern München II

Spieler	geb. am	Sp.	T.
Benkrath, Laura	T 14.10.1992	3	0
Bernhardt, Emelie	05.05.2002	16	0
Brecht, Barbara	12.06.1999	13	3
Corley, Gia	20.05.2002	18	6
Costantini, Celina	21.01.2001	8	0
Donhauser, Laura	04.09.2001	24	4
Fries, Marlene	26.02.2000	16	0
Fudalla, Vanessa	21.10.2001	22	18
Gavric, Andrea	03.12.2001	8	0
Gerhardt, Anna	17.04.1998	6	0
Harbich, Nadine	20.02.2001	11	0
Hendrich, Kathrin	06.04.1992	1	0
Huber, Lilian	17.03.2002	2	0
Kappes, Jana	09.10.1996	24	1
Kögel, Kristin	21.09.1999	24	8
Köster, Leonie	06.04.2001	19	3
Kuenrath, Melanie	23.02.1999	19	3
Laudehr, Simone	12.07.1986	1	1
Maier, Leonie	22.09.1992	1	1
Pfluger, Anja	16.11.1992	25	8
Pollak, Julia	09.05.2002	16	0
Pucci, Chiara	13.01.2002	1	0
Suttner, Anja	17.11.2000	2	0
Talaslahti, Katriina	T 21.09.2000	15	0
Viehl, Andrea	12.02.1998	2	0
Vonkova, Claudia	25.03.1985	15	6
Weber, Leonie	20.01.2002	16	3
Wehrens, Viana	28.01.2000	1	0
Weimar, Jacintha	T 11.06.1998	5	0
Weiß, Michelle	27.05.2001	22	1
Wellmann, Anna	T 19.05.1995	3	0
Eigentore			*1*

Trainerin:
Bischof, Nathalie 03.05.1979 26

Die Torschützenköniginnen der 2. Frauen-Bundesliga:

Staffel Nord:

Saison	Spielerin (Mannschaft)	Tore
2004/05	Koser, Anja (FFC Brauweiler Pulheim)	27
2005/06	Müller, Martina (VfL Wolfsburg)	35
2006/07	Ninaus, Jennifer (SG Wattenscheid 09)	19
2007/08	Pollmann, Marie (Herforder SV Borussia Friedenstal)	21
2008/09	Fennen, Martina (SV Victoria Gersten)	12
	Straka, Kerstin (Tennis Borussia Berlin)	12
2009/10	Patzke, Kathrin (Hamburger SV II)	25
2010/11	Nyembo, Safi (1. FC Lokomotive Leipzig)	19
2011/12	Winczo, Agnieszka (BV Cloppenburg)	24
2012/13	Laue, Anna (Herforder SV Borussia Friedenstal)	22
2013/14	König, Cindy (SV Werder Bremen)	17
2014/15	König, Cindy (SV Werder Bremen)	19
2015/16	Ronzetti, Giustina (Herforder SV Borussia Friedenstal)	23
2016/17	Winczo, Agnieszka (BV Cloppenburg)	25
2017/18	Grünheid, Sarah (DSC Arminia Bielefeld)	16

Staffel Süd:

Saison	Spielerin (Mannschaft)	Tore
2004/05	Arend, Christina (1. FC Saarbrücken)	25
2005/06	Kessler, Nadine (1. FC Saarbrücken)	23
2006/07	Kessler, Nadine (1. FC Saarbrücken)	26
2007/08	Schmutzler, Sabrina (FF USV Jena)	27
2008/09	Ninaus, Jennifer (SG Wattenscheid 09)	20
2009/10	Defterli, Bilgin (1. FC Köln)	22
2010/11	Meyer, Isabelle (SC Freiburg)	17
2011/12	Mann, Natalia (VfL Sindelfingen)	16
	Nußelt, Claudia (TSV Crailsheim)	16
2012/13	Manger, Julia (ETSV Würzburg)	24
2013/14	Mauro, Ilaria (SC Sand)	24
	Schatton, Sarah (1. FC Saarbrücken)	24
2014/15	Overgaard Munk, Lise (1. FC Köln)	27
2015/16	Pfeiffer, Nadja (Borussia Mönchengladbach)	16
2016/17	Eberhardt, Annika (TSG 1899 Hoffenheim II)	18
2017/18	Beuschlein, Jana (TSG 1899 Hoffenheim II)	18
	De Backer, Jacqueline (1. FC Saarbrücken)	18

Eingleisige 2. Bundesliga:

Saison	Spielerin (Mannschaft)	Tore
2018/19	Matuschewski, Julia (1. FC Saarbrücken)	20

Frauen: Regionalliga Nordost

		Gesamtbilanz						Heimbilanz					Auswärtsbilanz				
Pl. (Vj.) Mannschaft		Sp	S	U	N	Tore	TD Pkt	Sp	S	U	N	Tore Pkt	Sp	S	U	N	Tore Pkt
1. (1.) 1. FC Union Berlin		22	20	1	1	89-14	+75 61	11	10	0	1	50- 9 30	11	10	1	0	39- 5 31
2. (3.) FC Viktoria 1889 Berlin LT		22	20	0	2	79-13	+66 60	11	10	0	1	42- 8 30	11	10	0	1	37- 5 30
3. (4.) RasenBallsport Leipzig		22	18	0	4	85-15	+70 54	11	10	0	1	47- 5 30	11	8	0	3	38-10 24
4. (2.) Magdeburger FFC		22	14	2	6	51-29	+22 44	11	9	0	2	32-11 27	11	5	2	4	19-18 17
5. (↓) SV Blau-Weiß Hohen Neuendorf		22	11	3	8	51-33	+18 36	11	6	1	4	26-18 19	11	5	2	4	25-15 17
6. (5.) Steglitzer FC Stern 1900		22	9	2	11	46-51	-5 29	11	5	0	6	28-27 15	11	4	2	5	18-24 14
7. (↓) FF USV Jena II		22	8	4	10	28-28	0 28	11	5	2	4	17-11 17	11	3	2	6	11-17 11
8. (↑) SV Eintracht Leipzig-Süd		22	4	7	11	31-50	-19 19	11	3	4	4	15-18 13	11	1	3	7	16-32 6
9. (9.) Bischofswerdaer FV 08		22	5	3	14	18-72	-54 18	11	4	1	6	15-29 13	11	1	2	8	3-43 5
10. (8.) FC Erzgebirge Aue		22	4	4	14	30-73	-43 16	11	2	4	5	20-29 10	11	2	0	9	10-44 6
11. (6.) BSC Marzahn	↓	22	3	3	16	26-77	-51 12	11	3	2	6	17-27 11	11	0	1	10	9-50 1
12. (7.) 1. FFC Fortuna Dresden	↓	22	1	1	20	13-92	-79 4	11	1	1	9	9-37 4	11	0	0	11	4-55 0

Absteiger aus der 2. Bundesliga: keine.
Aufsteiger in die 2. Bundesliga: keine.
Absteiger in die VL/LL: 1. FFC Fortuna Dresden (Landesliga Sachsen) und BSC Marzahn (Berlin-Liga).
Aufsteiger aus den VL/LL: 1. FFV Erfurt (Verbandsliga Thüringen) und FC Phönix Leipzig (Landesliga Sachsen).

Frauen: RL Nordost 2018/19

	Union Berlin	Viktoria Berlin	RB Leipzig	Magdeburg	Hohen Neuend.	Steglitzer FC	FF USV Jena II	Leipzig-Süd	Bischofswerda	Erzgebirge Aue	BSC Marzahn	Fort. Dresden
1. FC Union Berlin	×	0:2	2:1	3:2	6:2	3:1	5:0	2:1	6:0	7:0	7:0	9:0
Viktoria 1889 Berlin	0:4	×	2:1	5:1	2:0	3:0	2:1	3:1	8:0	5:0	5:0	7:0
RB Leipzig	0:2	2:0	×	4:1	1:0	5:0	3:0	2:0	6:1	11:1	8:0	5:0
Magdeburger FFC	2:5	1:2	2:0	×	3:1	3:0	2:0	7:1	1:0	3:1	3:1	5:0
Hohen Neuendorf	1:2	0:5	1:6	2:1	×	0:1	0:0	3:1	9:0	2:1	5:1	3:0
Steglitzer FC Stern	1:4	1:7	0:6	0:2	1:4	×	0:2	4:1	5:0	6:1	7:0	3:0
FF USV Jena II	0:3	0:1	0:3	0:1	1:1	2:1	×	2:0	0:0	5:0	5:1	2:0
Eintracht Leipzig-Süd	1:1	0:4	1:6	0:0	0:0	2:3	0:0	×	4:0	0:2	3:1	4:1
Bischofswerdaer FV 08	0:5	0:4	0:2	1:2	0:7	1:2	1:0	2:2	×	3:2	4:3	3:0
FC Erzgebirge Aue	0:5	0:3	2:5	3:3	0:3	2:2	0:4	2:2	3:0	×	1:1	7:1
BSC Marzahn	0:2	1:4	0:4	0:2	0:5	2:2	4:2	2:4	0:0	1:0	×	7:2
FFC Fortuna Dresden	0:6	0:5	0:4	0:4	1:2	1:6	0:3	3:3	1:2	1:2	2:1	×

Das Spiel SV Eintracht Leipzig-Süd - FF USV Jena II vom 09.12.2018 wurde bei FF USV Jena II ausgetragen.

Frauen: RL Nord 2018/19

	SV Werder II	Walddörfer SV	SV Henstedt-U.	Holstein Kiel	SV Meppen II	Delmenhorst	VfL Jesteburg	Burg Gretesch	TuS Büppel	FC St. Pauli	Schwachhausen	TSV Limmer
SV Werder Bremen II	×	1:1	4:2	2:1	2:2	2:1	3:1	1:2	2:0	3:2	1:1	5:1
Walddörfer SV	4:1	×	2:3	1:2	2:3	3:0	1:1	1:0	3:2	1:2	8:1	1:1
SV Henstedt-Ulzburg	5:1	3:4	×	1:3	0:1	5:2	5:1	1:1	2:1	4:1	2:1	4:0
Holstein Kiel	1:3	1:1	1:1	×	1:1	1:3	2:2	1:4	9:1	0:0	2:2	2:1
SV Meppen II	0:1	0:6	1:2	1:2	×	2:0	0:4	2:0	0:0	2:0	2:2	9:1
TV Jahn Delmenhorst	1:2	2:2	1:2	3:4	1:1	×	2:1	3:3	8:2	3:0	4:0	5:1
VfL Jesteburg	1:1	1:2	4:0	0:1	1:2	4:0	×	0:1	1:0	3:0	0:1	5:0
TSG Burg Gretesch	0:3	1:2	2:1	2:2	1:1	1:0	2:3	×	5:0	2:1	1:4	4:0
TuS Büppel	1:1	2:5	7:1	1:2	3:0	2:3	0:0	2:1	×	2:2	2:1	1:1
FC St. Pauli	2:3	0:3	3:5	1:2	7:2	2:2	1:0	2:1	1:3	×	2:1	2:2
TuS Schwachhausen	2:0	2:0	3:5	1:0	2:4	1:3	1:3	0:0	3:4	0:3	×	2x0
TSV Limmer 1910	1:2	2:3	1:6	1:3	1:2	2:4	3:3	3:2	0:2	1:0	2:1	×

Das Spiel TuS Schwachhausen - TSV Limmer 1910 vom letzten Spieltag wurde kampflos gewertet.

Frauen: Regionalliga Nord

		Gesamtbilanz						Heimbilanz					Auswärtsbilanz				
Pl. (Vj.) Mannschaft		Sp	S	U	N	Tore	TD Pkt	Sp	S	U	N	Tore Pkt	Sp	S	U	N	Tore Pkt
1. (4.) SV Werder Bremen II		22	13	5	4	44-32	+12 44	11	7	3	1	26-14 24	11	6	2	3	18-18 20
2. (2.) Walddörfer SV		22	12	5	5	56-31	+25 41	11	5	2	4	27-16 17	11	7	3	1	29-15 24
3. (↓) SV Henstedt-Ulzburg		22	13	2	7	60-45	+15 41	11	7	1	3	32-16 22	11	6	1	4	28-29 19
4. (5.) Holstein Kiel		22	10	7	5	43-33	+10 37	11	2	6	3	21-19 12	11	8	1	2	22-14 25
5. (3.) SV Meppen II		22	9	6	7	38-39	-1 33	11	4	2	5	19-18 14	11	5	4	2	19-21 19
6. (↓) TV Jahn Delmenhorst		22	9	4	9	51-43	+8 31	11	5	3	3	33-18 18	11	4	1	6	18-25 13
7. (8.) VfL Jesteburg		22	8	5	9	39-28	+11 29	11	5	1	5	20- 8 16	11	3	4	4	19-20 13
8. (9.) TSG Burg Gretesch		22	8	5	9	36-33	+3 29	11	5	2	4	21-17 17	11	3	3	5	15-16 12
9. (↑) TuS Büppel		22	7	5	10	38-51	-13 26	11	4	4	3	23-17 16	11	3	1	7	15-34 10
10. (7.) FC St. Pauli		22	6	4	12	34-45	-11 22	11	4	2	5	23-24 14	11	2	2	7	11-21 8
11. (↑) TuS Schwachhausen	↓	22	6	4	12	32-48	-16 22	11	4	1	6	17-22 13	11	2	3	6	15-26 9
12. (6.) TSV Limmer 1910	↓	22	3	4	15	25-68	-43 13	11	3	1	7	17-28 10	11	0	3	8	8-40 3

Absteiger aus der 2. Bundesliga: keine.
Aufsteiger in die 2. Bundesliga: keine.
Absteiger in die OL/VL: TSV Limmer 1910 (Niedersachsen Ost) und TuS Schwachhausen (Bremen).
Aufsteiger aus den OL/VL: Hamburger SV (Hamburg) und Hannover 96 (Niedersachsen Ost).

Informationen zu den Aufstiegsspielen zur den RL Nordost und Nord finden Sie auf den Seiten 446 und 447.

Frauen: Regionalliga West

Pl. (Vj.) Mannschaft		Sp	S	U	N	Tore	TD	Pkt	Sp	S	U	N	Tore	Pkt	Sp	S	U	N	Tore	Pkt
						Gesamtbilanz					**Heimbilanz**						**Auswärtsbilanz**			
1. (↓) DSC Arminia Bielefeld	↑	26	23	1	2	123-36	+87	70	13	13	0	0	69-12	39	13	10	1	2	54-24	31
2. (1.) BV Borussia Bocholt		26	19	2	5	91-31	+60	59	13	11	0	2	62-14	33	13	8	2	3	29-17	26
3. (↑) Vorwärts SpoHo		26	14	3	9	68-48	+20	45	13	8	1	4	37-21	25	13	6	2	5	31-27	20
4. (↑) SV Bökendorf		26	13	5	8	41-40	+1	44	13	8	3	2	21-14	27	13	5	2	6	20-26	17
5. (2.) VfL Bochum		26	12	4	10	79-50	+29	40	13	6	4	3	51-21	22	13	6	0	7	28-29	18
6. (↑) SV Budberg		26	13	1	12	47-55	-8	40	13	7	0	6	26-25	21	13	6	1	6	21-30	19
7. (7.) TSV Alemannia Aachen		26	11	5	10	63-57	+6	38	13	7	2	4	37-22	23	13	4	3	6	26-35	15
8. (↓) 1. FC Köln II		26	12	2	12	72-71	+1	38	13	6	1	6	43-26	19	13	6	1	6	29-45	19
9. (4.) SpVgg Berghofen		26	10	5	11	70-64	+6	35	13	7	3	3	48-24	24	13	3	2	8	22-40	11
10. (5.) Borussia Mönchengladbach II		26	9	7	10	53-67	-14	34	13	6	3	4	31-27	21	13	3	4	6	22-40	13
11. (↓) HSV Borussia Friedenstal		26	9	5	12	56-63	-7	32	13	4	3	6	26-28	15	13	5	2	6	30-35	17
12. (6.) SC Fortuna Köln	↓	26	8	5	13	37-54	-17	29	13	4	2	7	22-26	14	13	4	3	6	15-28	15
13. (9.) Warendorfer SU	↓	26	3	4	19	24-102	-78	13	13	3	2	8	16-39	11	13	0	2	11	8-63	2
14. (8.) SV Germania Hauenhorst	↓	26	1	1	24	21-107	-86	4	13	1	1	11	14-43	4	13	0	0	13	7-64	0

Absteiger aus der 2. Bundesliga: SGS Essen 19/68 II.
Aufsteiger in die 2. Bundesliga: DSC Arminia Bielefeld.
Absteiger in die Verbandsligen: SV Germania Hauenhorst, Warendorfer SU (Westfalen) und SC Fortuna Köln (Mittelrhein).
Aufsteiger aus den Verbandsligen: 1. FFC Recklinghausen 2003 (Westfalen), GSV Moers (Niederrhein) und SV Menden (Mittelrhein).

Frauen: Regionalliga West 2018/19

	Arminia Bielefeld	Borussia Bocholt	Vorwärts SpoHo	SV Bökendorf	VfL Bochum	SV Budberg	Alemannia Aachen	1. FC Köln II	SpVgg Berghofen	Mönchengladbach II	Bor. Friedenstal	SC Fortuna Köln	Warendorfer SU	Germ. Hauenhorst
DSC Arminia Bielefeld	X	3:2	4:1	1:0	6:1	6:0	10:0	3:1	5:3	9:1	4:2	1:0	8:0	9:1
BV Borussia Bocholt	0:1	X	5:1	1:0	3:2	4:2	0:2	15:3	9:1	6:0	3:1	4:0	5:0	7:1
Vorwärts SpoHo	2:2	1:4	X	3:0	1:4	3:1	4:3	3:0	4:0	3:2	1:3	1:2	8:0	3:0
SV Bökendorf	1:3	2:1	2:1	X	0:2	2:1	0:0	1:0	2:1	1:1	3:2	2:2	1:0	4:0
VfL Bochum	5:1	0:1	1:3	0:1	X	1:1	3:3	9:1	3:1	4:4	4:4	5:0	9:1	7:0
SV Budberg	1:7	2:1	1:2	2:3	3:1	X	4:1	0:3	2:0	1:2	1:3	3:0	3:1	3:1
TSV Alemannia Aachen	2:6	1:3	2:2	4:1	2:1	0:1	X	5:0	1:1	4:1	4:1	3:4	8:1	1:0
1. FC Köln II	4:5	1:1	3:2	9:1	1:5	6:0	1:2	X	3:5	5:1	2:3	0:1	3:0	5:0
SpVgg Berghofen	3:2	3:4	2:2	2:1	3:0	0:3	5:3	3:4	X	2:2	6:1	2:2	8:0	9:0
Bor. Mönchengladbach II	1:2	1:1	2:5	1:7	2:5	4:0	2:0	2:2	4:2	X	2:2	4:1	3:0	3:0
HSV Borussia Friedenstal	1:5	1:3	4:3	1:1	1:2	2:3	2:2	1:3	2:3	2:0	X	2:1	2:2	5:0
SC Fortuna Köln	2:4	1:2	1:2	1:1	2:3	0:2	1:4	0:2	2:0	3:3	2:1	X	3:1	4:1
Warendorfer SU	1:11	0:3	0:4	0:2	2:0	0:2	3:2	2:3	1:1	0:3	2:4	1:1	X	4:3
SV Germania Hauenhorst	1:5	1:3	0:3	1:2	3:2	2:5	0:4	1:7	2:4	0:2	1:3	0:1	2:2	X

Frauen: Regionalliga Südwest ➢ 13

Pl. (Vj.) Mannschaft		Sp	S	U	N	Tore	TD	Pkt	Sp	S	U	N	Tore	Pkt	Sp	S	U	N	Tore	Pkt
						Gesamtbilanz							**Heimbilanz**						**Auswärtsbilanz**	
1. (↓) SG 99 Andernach	↑	26	21	3	2	89-23	+66	66	13	12	0	1	51-12	36	13	9	3	1	38-11	30
2. (↓) 1. FFC 08 Niederkirchen		26	18	4	4	87-24	+63	58	13	10	2	1	52- 9	32	13	8	2	3	35-15	26
3. (↓) TSV Schott Mainz		26	16	4	6	66-35	+31	52	13	9	2	2	33-15	29	13	7	2	4	33-20	23
4. (1.) TuS Issel		26	14	3	9	55-44	+11	45	13	8	2	3	28-14	26	13	6	1	6	27-30	19
5. (6.) 1. FFC Montabaur		26	12	4	10	44-43	+1	40	13	7	3	3	25-16	24	13	5	1	7	19-27	16
6. (4.) SC 13 Bad Neuenahr		26	10	7	9	49-50	-1	37	13	7	3	3	34-25	24	13	3	4	6	15-25	13
7. (7.) FC Bitburg		26	11	4	11	52-65	-13	37	13	7	1	5	31-27	22	13	4	3	6	21-38	15
8. (8.) 1. FC Riegelsberg		26	10	6	10	49-54	-5	36	13	4	3	6	27-25	15	13	6	3	4	22-29	21
9. (3.) TuS Wörrstadt		26	10	2	14	59-66	-7	32	13	6	0	7	31-32	18	13	4	2	7	28-34	14
10. (11.) SC Siegelbach		26	6	9	11	28-34	-6	27	13	3	5	5	16-18	14	13	3	4	6	12-16	13
11. (9.) 1. FC Saarbrücken II		26	6	7	13	44-70	-26	25	13	3	5	5	21-31	14	13	3	2	8	23-39	11
12. (2.) FC Speyer 09	⊻	26	7	3	16	33-60	-27	24	13	4	1	8	20-29	13	13	3	2	8	13-31	11
13. (5.) SV Holzbach	↓	26	6	5	15	25-64	-39	23	13	5	3	5	15-21	18	13	1	2	10	10-43	5
14. (↑) VfR Wormatia 08 Worms	↓	26	1	7	18	26-74	-48	10	13	1	4	8	17-31	7	13	0	3	10	9-43	3

Absteiger aus der 2. Bundesliga: keine.
Aufsteiger in die 2. Bundesliga: SG 99 Andernach.
Spielbetrieb eingestellt: FC Speyer 09.
Absteiger in die Verbandsliga: VfR Wormatia 08 Worms (Südwest) und SV Holzbach (Rheinland).
Aufsteiger aus der Verbandsliga: SG Fidei 2015 (Rheinland), FFV Fortuna Göcklingen (Südwest), SV Germania Göttelborn (Saarland).

Frauen: RL SW 2018/19	Andernach	Niederkirchen	Mainz	Issel	Montabaur	Bad Neuenahr	F Bitburg	Riegelsberg	Wörrstadt	Siegelbach	Saarbrücken II	Speyer	Holzbach	Worms
SG 99 Andernach	✕	3:2	6:3	5:0	2:0	3:0	4:0	4:1	3:4	3:0	5:1	2x0	4:0	7:1
FFC Niederkirchen	1:1	✕	5:0	5:0	5:2	6:1	3:1	0:1	2:2	2:1	6:0	4:0	5:0	8:0
TSV Schott Mainz	0:3	2:1	✕	2:1	3:0	1:2	3:3	2:2	3:1	1:0	3:2	3:0	3:0	7:0
TuS Issel	0:2	0:4	0:0	✕	3:0	2:0	7:0	0:0	3:2	2:3	2:1	3:2	5:0	1:0
1. FFC Montabaur	1:3	2:0	1:1	3:2	✕	3:0	1:1	1:2	0:0	0:3	4:2	2:0	5:1	2:1
SC Bad Neuenahr	1:1	2:5	1:6	2:2	0:2	✕	7:0	2:2	4:2	3:1	5:2	3:1	2:1	2:0
FC Bitburg	2:5	0:0	2:5	1:3	2:1	3:2	✕	1:2	0:3	2:1	4:2	7:2	4:0	3:1
1. FC Riegelsberg	3:1	2:3	1:2	0:2	3:1	1:3	1:2	✕	4:1	1:2	2:2	2:2	5:2	2:2
TuS Wörrstadt	1:7	1:3	2:1	1:3	2:3	4:3	2:5	9:1	✕	1:0	2:3	1:2	2:0	3:1
SC Siegelbach	0:0	1:3	1:2	1:3	2:2	0:0	0:1	3:2	2:1	✕	1:1	1:2	4:1	0:0
FC Saarbrücken II	1:6	0:3	0:5	2:6	3:2	1:1	4:0	2:3	5:2	0:0	✕	0:0	1:1	2:2
FC Speyer 09	0:2	0:5	0:5	4:1	1:3	0:2	3:0	4:1	2:4	0:0	1:3	✕	2:3	3:0
SV Holzbach	0:3	1:1	0:1	1:3	0:1	1:1	0:5	0:3	2:1	1:1	2:0	3:1	✕	3:1
Wormatia Worms	1:4	1:5	0:3	3:1	1:2	0:0	3:3	1:2	4:5	0:0	2:4	0:1	1:1	✕

Frauen: RL Süd 2018/19	Ingolstadt	Sand II	Nürnberg	Frankfurt	Alberweiler	Crailsheim	Calden	Forstern	Freiburg II	Hegau	Sindelfingen	München	Frauenbiburg	Regensburg
FC Ingolstadt 04	✕	5:2	2:1	5:3	6:2	1:1	4:0	3:1	4:2	3:3	4:0	3:1	5:2	4:0
SC Sand II	2:2	✕	2:0	2:2	3:1	2:0	3:0	0:2	2:1	4:1	5:0	2:0	7:1	4:2
1. FC Nürnberg	1:4	5:1	✕	1:2	2:0	1:1	3:4	2:2	4:1	2:0	1:0	2:1	4:0	4:1
Eintracht Frankfurt	0:0	1:4	4:1	✕	5:3	1:2	4:1	2:1	3:3	2:0	7:1	1:0	6:3	2:1
SV Alberweiler	3:3	1:2	1:0	4:1	✕	3:0	3:1	1:1	2:2	2:0	0:1	3:1	2:0	7:0
TSV Crailsheim	1:1	3:1	1:1	2:3	1:3	✕	3:1	1:2	2:1	1:3	2:1	1:1	2:0	
TSV Jahn Calden	3:4	1:1	1:1	3:2	3:3	3:3	✕	6:0	1:2	4:0	1:0	3:2	1:2	4:2
FC Forstern	0:1	2:3	0:3	0:2	1:2	1:1	1:0	✕	2:1	3:1	1:1	2:3	3:0	3:1
SC Freiburg II	2:1	3:0	0:3	1:3	1:0	2:2	1:3	0:0	✕	1:1	2:3	2:4	3:2	2:2
Hegauer FV	0:3	0:2	0:1	2:3	1:0	0:3	0:1	0:2	✕		2:1	3:1	2:0	0:3
VfL Sindelfingen	3:0	1:3	0:3	2:1	0:2	0:3	0:8	1:2	0:3	0:2	✕	1:2	0:0	5:1
Wacker München	2:11	0:2	2:3	1:2	0:5	0:1	1:3	3:1	0:3	1:0	1:2	✕	4:2	4:1
SV Frauenbiburg	1:2	2:3	0:3	1:3	1:4	1:1	1:1	2:2	1:1	1:2	4:1	1:1	✕	1:1
SC Regensburg	0:7	1:2	0:7	1:8	0:5	0:1	5:2	1:4	1:4	0:2	2:1	3:0	3:3	✕

Das Spiel SC Bad Neuenahr - Wormatia Worms wurde beim Stand von 5:1 wegen eines Sturms abgebrochen und neu angesetzt. Das Spiel SG 99 Andernach - FC Speyer 09 wurde kampflos gewertet.

Frauen: Regionalliga Süd

Pl. (Vj.) Mannschaft		Sp	S	U	N	Tore	TD	Pkt	Sp	S	U	N	Tore	Pkt	Sp	S	U	N	Tore	Pkt
						Gesamtbilanz							**Heimbilanz**						**Auswärtsbilanz**	
1. (6.) FC Ingolstadt 04	↑	26	18	6	2	88-36	+52	60	13	11	2	0	49-18	35	13	7	4	2	39-18	25
2. (5.) SC Sand II		26	18	3	5	64-37	+27	57	13	10	2	1	38-12	32	13	8	1	4	26-25	25
3. (4.) 1. FC Nürnberg		26	15	4	7	58-30	+28	49	13	8	2	3	32-17	26	13	7	2	4	26-13	23
4. (1.) Eintracht Frankfurt		26	15	3	8	68-47	+21	48	13	9	2	2	38-20	29	13	6	1	6	30-27	19
5. (3.) SV Alberweiler		26	14	5	7	65-38	+27	47	13	8	3	2	32-12	27	13	6	2	5	33-26	20
6. (9.) TSV Crailsheim		26	10	9	7	39-35	+4	39	13	6	3	4	23-19	21	13	4	6	3	16-16	18
7. (↑) TSV Jahn Calden		26	11	5	10	61-51	+10	38	13	6	4	3	34-22	22	13	5	1	7	27-29	16
8. (↑) FC Forstern		26	10	6	10	38-41	-3	36	13	5	2	6	19-19	17	13	5	4	4	19-22	19
9. (↓) SC Freiburg II		26	9	7	10	46-46	0	34	13	4	4	5	20-24	16	13	5	3	5	26-22	18
10. (↑) Hegauer FV		26	8	3	15	26-44	-18	27	13	5	1	7	13-18	16	13	3	2	8	13-26	11
11. (↓) VfL Sindelfingen	↓	26	7	2	17	27-61	-34	23	13	3	1	9	13-30	10	13	4	1	8	14-31	13
12. (7.) FFC Wacker München 99	↓	26	7	1	18	36-64	-28	22	13	4	0	9	19-36	12	13	3	1	9	17-28	10
13. (8.) SV Frauenbiburg	↓	26	3	9	14	35-63	-28	18	13	2	6	5	19-22	12	13	1	3	9	16-41	6
14. (10.) SC Regensburg	↓	26	4	3	19	30-88	-58	15	13	3	1	9	17-46	10	13	1	2	10	13-42	5

Absteiger aus der 2. Bundesliga: SV 67 Weinberg und FSV Hessen Wetzlar.
Aufsteiger in die 2. Bundesliga: FC Ingolstadt 04.
Absteiger in die OL/VL: SC Regensburg, SV Frauenbiburg, FFC Wacker München 99 (Bayern) und VfL Sindelfingen (Baden-Württemberg).
Aufsteiger aus den OL/VL: TSG Neu-Isenburg (Hessen), VfB Obertürkheim (Baden-Württemberg), SC Würzburg-Heuchelhof (Bayern).

Aufstieg in die 2. Bundesliga

Die Meister der fünf Regionalligen sowie der Vizemeister des besten Regionalverbandes nach Wertungstabelle der letzten Jahre spielen drei Aufsteiger aus. Die Paarungen werden ausgelost.

Nord - West:
Nordmeister SV Werder Bremen II kann nach dem Bundesliga-Abstieg der ersten Mannschaft nicht aufsteigen. Der Zweite Walddörfer SV verzichtet wie der Dritte SV Henstedt-Ulzburg auf die Teilnahme an den Aufstiegsspielen. Damit steigt West-Meister DSC Arminia Bielefeld kampflos in die 2. Frauen-Bundesliga auf.

Nordost - Südwest:
26.05.2019: 1. FC Union Berlin (NO) - SG Andernach 99 (SW)   1:1 (1:0)
Berlin: Monique Eichhorn; Marta Stodulska, Lisa Heiseler, Marie Weidt, Josephine Bonsu (43. Maria Pia Zander-Zeidam, 89. Katharina Boedeker), Josephine Ahlswede (77. Nadia Pearl), Charleen Niesler, Marta Schrey, Nathalie Götz, Lätizia Radloff, Greta Budde. Trainer: Martin Eismann
Andernach: Jana Theissen; Sarah Meinerz, Isabelle Stümper, Maren Weingarz, Eva Langenfeld, Karla Engels, Magdalena Schumacher, Lisa Umbach, Sarah Madlin Krumscheid, Carolin Asteroth, Antonia Hornberg (82. Laura Weinel). Spielertrainerin: Isabelle Stümper
Tore: 1:0 Josephine Ahlswede (14.), 1:1 Laura Weinel (90.+3)
Zuschauer: 423 im Fritz-Lesch-Stadion in Berlin-Adlershof
Schiedsrichterin: Anna-Lena Heidenreich (VfB Lübeck, SH) - Assistentinnen: Linda Kollmann (Radebeuler BC 08, SAX), Nora Dieckmann (SV SCHOTT Jena, TH)

02.06.2019: SG Andernach 99 - 1. FC Union Berlin   2:0 (0:0)
Andernach: Jana Theissen; - Isabelle Stümper, Maren Weingarz (80. Luisa Deckenbrock), Laura Weinel, Eva Langenfeld, Karla Engels, Magdalena Schumacher, Lisa Umbach (85. Luisa Meis), Sarah Madlin Krumscheid, Carolin Asteroth, Antonia Hornberg. Spielertrainerin: Isabelle Stümper
Berlin: Monique Eichhorn; Marta Stodulska (65. Nadia Pearl), Lisa Heiseler, Marie Weidt (78. Lisa Gierth), Josephine Bonsu, Josephine Ahlswede, Charleen Niesler, Marta Schrey, Nathalie Götz, Lätizia Radloff (72. Maria Pia Zander-Zeidam), Greta Budde. Trainer: Martin Eismann
Tore: 1:0 Antonia Hornberg (56.), 2:0 Eva Langenfeld (69., Elfmeter)
Zuschauer: 685 im Stadion am Bassenheimer Weg in Andernach
Schiedsrichterin: Fabienne Michel (TSV Gau-Odernheim, SW) - Assistentinnen: Vanessa Schleicher (SV Gimbsheim, SW), Julia Boike (1. FFC Frankfurt, HES)
Gelbe Karten: Eva Langenfeld / Josephine Bonsu
SG Andernach 99 steigt in die 2. Frauen-Bundesliga auf.

Bester Zweiter - Süd:
26.05.2019: BV Borussia Bocholt (2. W) - FC Ingolstadt 04 (S)   1:3 (1:2)
Bocholt: Lara Wigger; Ines Ridder, Jolina Opladen, Helena Sangs, Ann-Sophie Vogel, Aileen Göbel (46. Stephanie Mpalaskas), Alessandra Vogel, Michelle Chantal Büning, Wiebke Maria Howestädt (41. Nele Szymkowiak), Franziska Wenzel, Wiebke Terwege (72. Laura Rekus). Trainer: Sammy Messalhki
Ingolstadt: Franziska Maier - Nadine Zenger, Anna-Maria Buckel, Anna Petz (77. Alea Röger), Andrea Heigl (72. Julia Heine), Ramona Meier, Ricarda Kießling, Stefanie Reischmann, Alina Mailbeck, Anna-Lena Fritz, Vanessa Haim (87. Jana Rippberger). Trainer: Alexander Ziegler
Tore: 0:1 Vanessa Haim (4.), 1:1 Helena Sangs 15.), 1:2 Ricarda Kießling (20.), 1:3 Alina Mailbeck (82.)
Zuschauer: 828 in der Schroer-Consulting-Arena in Bocholt
Schiedsrichterin: Anja Klimm (Bingumer SV, NS) - Assistentinnen: Sina Kühn (SG Blaues Wunder Hannover, NS), Katharina Linke (SVG Göttingen 07, NS)
Gelbe Karten: Ann-Sophie Vogel, Alessandra Vogel / Nadine Zenger, NN

02.06.2019: FC Ingolstadt 04 - Borussia Bocholt   2:0 (0:0)
Ingolstadt: Franziska Maier; Nadine Zenger, Anna-Maria Buckel (78. Lena Nickel), Anna Petz (68. Alea Röger), Andrea Heigl, Ramona Meier, Ricarda Kießling (84. Jana Rippberger), Stefanie Reischmann, Alina Mailbeck, Anna-Lena Fritz, Vanessa Haim. Trainer: Alexander Ziegler
Bocholt: Lara Wigger - Ines Ridder, Marlene de Kleine, Helena Sangs, Ann-Sophie Vogel (63. Laura Rekus), Aileen Göbel (57. Nele Szymkowiak),, Alessandra Vogel, Michelle Chantal Büning, Stephanie Mpalaskas, Franziska Wenzel, Wiebke Terwege (50. Jolina Opladen). Trainer: Sammy Messalhki
Tore: 1:0 Ramona Maier (56.), 2:0 Anna-Maria Buckel (61.)
Zuschauer: 800 im Audi-Sportpark, Platz 2 in Ingolstadt
Schiedsrichterin: Silke Adelsberger (TSG Abstgemünd, WBG) - Assistentinnen: Anne Uersfeld (TSG Kastel 1846, HES), Jessica Mast (SV Mietingen, WBG)
Gelbe Karten: - / Aileen Göbel, Helena Sangs, NN
FC Ingolstadt 04 steigt in die 2. Frauen-Bundesliga auf.

Aufstieg in RL Nordost

Die Meister der sechs Landesverbände spielen zwei Aufsteiger aus. Aus Sachsen-Anhalt hatte sich keine Mannschaft für die Aufstiegsspiele gemeldet. Der Brandenburger Vertreter FSV Babelsberg 74 wurde nicht zugelassen, da er die Voraussetzungen nicht erfüllte. Da der 1. FC Union Berlin in der Aufstiegsrunde zur 2. Bundesliga scheiterte, steigen nur zwei Mannschaften in die Regionalliga auf.

02.06.2019: SC Staaken 1919 (B) - FC Phönix Leipzig (SAX)   1:0 (0:0)
Staaken: Nadine-Michelle Moschko - Lina Albrecht, Jasmine Moschko, Pia Kathrin Feldhahn, Vanessa Fiedler - Julie Illmann, Kimberly Stegermaier - Maxi Woelke (90.+2 Nadja El-Bahry), Jasmin Gehring, Monika Sinka - Messalina Ebel. Trainer: Stephan Illmann
Leipzig: Denise Henkel - Elisa Sperling, Nadine Trotz, Katharina Freitag, Sarah Gäbler (75. Charlott Conrad) - Christin Janitzki, Franziska Music (46. Celina Herbst) - Liza Dahech, Angelina Lübcke, Yvonne Starick - Marlene Haberecht. Trainer: Timo Enders
Tor: 1:0 Julie Illmann (68.)
Zuschauer: 150 im Sportpark Eichholzbahn in Berlin-Staaken
Schiedsrichterin: Elisa Schicketanz (SV Blau-Gelb 90 Sonnewalde, BRB) - Assistentinnen: Dana Zernig (FV Blau-Weiß 90 Briesen, BRB), Ricarda Lotz (Spremberger SV 1892, BRB)
Gelbe Karten: 1 / 1

09.06.2019: FC Phönix Leipzig - SC Staaken 1919   3:1 (2:0)
Leipzig: Denise Henkel - Elisa Sperling, Nadine Trotz, Katharina Freitag, Sarah Gäbler - Christin Janitzki, Celina Herbst (70. Franziska Music) - Liza Dahech, Angelina Lübcke, Yvonne Starick - Marlene Haberecht. Trainer: Timo Enders
Staaken: Nadine-Michelle Moschko - Lina Albrecht, Jasmine Moschko, Pia Kathrin Feldhahn, Vanessa Fiedler - Kimberly Stegermaier, Julie Illmann - Maxi Woelke (72. Nadja El-Bahry), Jasmin Gehring (82. Dorota Zukierska), Monika Sinka - Messalina Ebel. Trainer: Stephan Illmann
Tore: 1:0 Angelina Lübcke (3.), 2:0 Angelina Lübcke (38.), 3:0 Liza Dahech (54.), 3:1 Julie Illmann (90.)
Zuschauer: 150 auf der Sportanlage Wurzener Straße in Leipzig-Ost
Schiedsrichterin: Patrizia Egner (SG Handwerk Magdeburg, SA) - Assistenten: Julien-René Franke (TuS 1860 Magdeburg-Neustadt, SA), Maximilian Presser (FSV Heide Letzlingen, SA)
Gelbe Karten: Yvonne Starick, Elisa Sperling, Christin Janitzki, Angelina Lübcke / Messalina Ebel
FC Phönix Leipzig steigt in die Regionalliga Nordost auf.

02.06.2019: 1. FC Neubrandenburg 04 (MV) - 1. FFV Erfurt (TH)   0:3 (0:1)
Neubrandenburg: Lilian Friday; Vivien Knappe, Emma Marie Knitter, Lisa Sofie Schröder, Jule Schulz, Antje Wagner (51. Emma Trense), Mette Bönsch, Viviane Schönherr (46. Cosima Günther), Rabea Weglowski, Lisa Dworatzek, Anja Wagner (69. Elaine Heller). Trainer: Thomas Weber
Erfurt: Katharina Günther - Cornelia Knoll, Johanna Klipstas (80. Carolin Woezel), Jessica Gross - Mandy Uhl, Katja Groll, Paula Meyer, Line Ladner - Selina Rolle, Stefanie Nehlert, Marta Teresa Chmiel (60. Claudia Ziegenhorn). Trainer: Gino Heinze
Tore: 0:1 Marta Teresa Chmiel (6.), 0:2 Marta Teresa Chmiel (56.), 0:3 Mandy Uhl (73.)
Zuschauer: 106 im neu.sw Stadion in Neubrandenburg
Schiedsrichter: Deniz Aylin Acur (1. FC Schöneberg 1913, B) - Assistenten: Brian-Daryl Coeli (VfB Concordia Britz, B) / Andreas Nowicki (BSV Victoria 90 Friedrichshain, B)
Gelbe Karten: Mette Bönsch, Lisa Sofie Schröder / -

09.06.2019: 1. FFV Erfurt - 1. FC Neubrandenburg 04   abgesetzt
Der 1. FC Neubrandenburg erklärte am 06.06.2019 zu diesem Spiel nicht antreten zu können, da er nach dem verletzungsbedingten Ausfall weiterer Spielerinnen im Hinspiel nicht mehr über genügend Spielerinnen verfüge (schon im Hinspiel stand eine Feldspielerin im Tor und mehrere B-Mädchen in der Aufstellung).
1. FFV Erfurt steigt in die Regionalliga Nordost auf.

Aufstieg in Regionalliga Nord

Niedersachsenmeisterschaft:
Entscheidungsspiel der Meister der Niedersachsenligen West und Ost um die Niedersachsen-Meisterschaft:
02.06.2019: Blau-Weiß Hollage (W) - Hannover 96 (O)   0:3 (0:1)
Hollage: Jessica Meier; Kathleen Strunk, Yvonne Strößner, Petra Glüsenkamp, Marie Wulftange, Stefanie Gühmann (33. Tessa Egbert), Lara Wenning (71. Julia Höcker), Celina Meyer, Michelle Rickelmann, Katharina-Johanna Jarzyna (86. Yasmin Pellny), Svenja Torbecke. Trainer: Meik Schwegmann
Hannover: Leah Bungeroth; Janina Breitsch, Lena Rathmann, Franziska Haeckel (84. Lara Theobald), Julia Catharina Dose (72. Julie Steckhan), Lara Rieks, Hannah Lena Kamm, Anna-Lena Füllkrug, Aileen Osterwold (77. Alexia Mikrouli), Jessica Arend, Isabel Waßmann. Trainer: Marcel Geisenheiser und Lars Gänsicke
Tore: 0:1 Hannah Lena Kamm (41.), 0:2 Julia Catharina Dose (71.), 0:3 Aileen Osterwold (75.)
Zuschauer: 900 im August-Wenzel-Stadion in Barsinghausen
Schiedsrichterin: Katharina Linke (SVG Göttingen 07, NS) - Assistenten/innen: Marc Schramm (SC Rosdorf, NS), Marlene Linke (SVG Göttingen 07, NS)
Gelbe Karten: Strößner / Haeckel
Hannover 96 steigt in die Regionalliga Nord auf.

Aufstiegsrunde zur Regionalliga Nord:
Entscheidungsrunde der übrigen drei Landesmeister (aus Schleswig-Holstein bewarb sich keine Mannschaft um die Teilnahme an der Aufstiegsrunde):
02.06.2019: Hamburger SV (HH) - ATS Buntentor (HB)   4:0 (0:0)
HSV: Lela-Celin Naward; Lukne Gräßler, Franka Erna Dreyer (86. Anna-Katharina Seme), Carla Morich, Anna Hepfer, Manja Rickert, Selina Lenhard, Maie Stein, Juliana Alina Justine Siever (64. Victoria Schulz), Emma Burdorf-Sick, Markella-Dimitra Koskeridou (53. Sara Schäfer-Hansen). Trainer: Manuel Alpers
Buntentor: Anna-Catharina Bockhorst; Nora Menebröcker (36. Sarah Meyer), Carolin Arndt, Sina Obiedzinski, Ylenia Sachau, Karla Kedenburg, Alva-Lina Veenhuis, Farina Meyer (67. Nina Kobelt), Joana Schierenbeck (71. Phyllis Rüsenberg), Loa Lieberum, Aline Stenzel. Trainer: Marc Schönthal
Tore: 1:0 Joana Schierenbeck (49., Eigentor), 2:0 Anna Hepfer (55.), 3:0 Emma Burdorf-Sick (60.), 4:0 Carla Morich (62.)
Zuschauer: 238 auf dem Paul-Hauenschild-Platz 6 in Norderstedt
Schiedsrichterin: Susann Kunkel (SV Eichede, SH) - Assistentinnen: Hanna Koch (1. FC Lola, SH), Annalena Scherner (NFC Kellinghusen, SH)

09.06.2019: ATS Buntentor - Hamburger SV   0:2 (0:1)
Buntentor: Anna-Catharina Bockhorst; Esther Herzog, Nora Menebröcker, Ylenia Sachau, Jennifer Brimmer, Karla Kedenburg, Alva-Lina Veenhuis (65. Sina Obiedzinski), Nina Kobelt (56. Phyllis Rüsenberg), Farina Meyer (56. Joana Schierenbeck), Loa Lieberum, Aline Stenzel. Trainer: Marc Schönthal
HSV: Lela-Celin Naward; Lukne Gräßler, Franka Erna Dreyer, Carla Morich, Sara Schäfer-Hansen (27. Kimberly Zietz), Emma Burdorf-Sick, Anna Hepfer, Manja Rickert (38. Markella-Dimitra Koskeridou), Selina Lenhard, Maie Stein, Juliana Alina Justine Siever (81. Victoria Schulz). Trainer: Manuel Alpers
Tore: 0:1 Kimberly Zietz (35.), 0:2 Carla Morich (87.)
Zuschauer: 284, BSA Kuhhirten in Bremen
Schiedsrichterin: Kim-Jasmin Meineke (TSV Brunsbrock, NS) - Assistentinnen: Lucy Holsten (TSV Bassen, NS), Annika Beuse (SV Schwarz-Weiß Kroge-Ehrendorf, NS)
Hamburger SV steigt in die Regionalliga Nord auf.

Neues aus dem DSFS-Shop

Fußball im Baltischen Sportverband und seiner Vorläufer und Nachfolger von 1903 bis 1945:

Diese beiden Bücher stellen in einer bisher einmaligen Zusammenstellung den Fußball in Nordostdeutschland, mit den Schwerpunkten Königsberg, Stettin und Danzig (Zeitraum 1903 bis 1933) sowie mit den Gauen Ostpreußen, Pommern und Danzig-Westpreußen (für den Zeitraum 1933 bis 1945) in Tabellenform dar.

Dem Bearbeitungsteam standen zur Auswertung als historische Quellen die offiziellen Verbandsorgane ab ca. 1924 zur Verfügung. Ab dieser Zeit ist kein Ergebnis bzw. keine Tabelle „einfach irgendwoher übernommen", sondern alles neu erfasst worden. Zudem konnten viele bestehende Fehler korrigiert bzw. Lücken gefüllt werden. Durch stattgefundene „Sonderrunden" zwischen dem Wechsel von Austragungsmodi der Rundenspiele (z. B. Wechsel zwischen Frühjahr-/Herbstrunden und Herbst-/Frühjahrsrunden) war die bisherige, in spärlichem Maße stattgefundene Berichterstattung in Heft- bzw. Buchform, oft einfach falsch zugeordnet und somit auch verbreitet worden. Ein besonderer Schwerpunkt ist die korrekte Wiedergabe der Vereinsnamen bis in die untersten Klassen.

Die Bücher beinhalten, soweit eruierbar:

- Band 1: die Endrunden um die Meisterschaften des Verbandes, Ergebnisse und Abschlusstabellen der oberen beiden Klassen, Abschlusstabellen der darunter liegenden Klassen bzw. Klasseneinteilung, Entscheidungs- und Qualifikationsspiele sowie die Spiele der Verbandself im Rahmen der Kronprinzen- und Bundespokalrunden

- Band 2: die Ergebnisse und Abschlusstabellen der oberen beiden Klassen, Abschlusstabellen der darunter liegenden Klassen bzw. Klasseneinteilung, Entscheidungs- und Qualifikationsspiele, Spiele der Gauauswahlmannschaften im Rahmen des Reichsbundpokals und anderer Pokalrunden auf Reichsebene sowie des Tschammerpokals ab den ersten Vorrunden

Umfang: 592 bzw. 512 Seiten (Hardcover)
Preis: jeweils 39,80 Euro (zzgl. Versandkosten)
Best.-Nr.: 210220 bzw. 210221

Die Bücher können bestellt werden beim
DSFS-Shop
Hans-Joachim Stubbe
Elisabeth-Frucht-Straße 28
30926 Seelze

Versandbedingungen:
- Zusätzlich zum Bücherbestellwert werden die tatsächlich anfallenden Versandkosten (Porto) in Rechnung gestellt. Verpackungskosten werden nicht berechnet.
- Bestellungen per Nachnahme werden nicht angenommen.

Frauen: DFB-Vereinspokal

Teilnehmer: Aus dem Vorjahr qualifizieren sich alle Bundesligisten, alle Vereine der 2. Bundesliga und die Aufsteiger zur 2. Bundesliga (ohne II. Mannschaften). Dazu kommen die Sieger der 21 Verbandspokal-Wettbewerbe (im Falle des Pokalsiegs durch eine II. Mannschaft oder eines Aufsteigers zur 2. Bundesliga nimmt stattdessen der unterlegene Finalist teil).

1. Hauptrunde:
Die Mannschaften der Bundesliga des Vorjahres, die beiden Aufsteiger des Vorjahres zur Bundesliga und TV Jahn Delmenhorst hatten Freilose.
Gruppe Nord:
12.08.18	3-3	HSV Borussia Friedenstal - FC Viktoria 1889 Berlin	1:0 (1:0)
12.08.18	3-3	SV Henstedt-Ulzburg - 1. FFC Fortuna Dresden	6:0 (4:0)
12.08.18	3-2	BV Borussia Bocholt - SV Meppen	0:2 (0:0)
12.08.18	4-2	DJK-VfL Billerbeck - FSV Gütersloh 2009	1:4 (1:2)
12.08.18	3-2	TuS Schwachhausen - BV Cloppenburg	1:3 (1:0)
12.08.18	4-4	1. FC Neubrandenburg 04 - FSV Babelsberg 74	1:0 (1:0)
12.08.18	3-5	TV Jahn Delmenhorst - Bramfelder SV	9:0 (6:0)
12.08.18	3-3	Holstein Kiel - TSV Jahn Calden	0:4 (0:3)
12.08.18	3-3	Hannover 96 - SV Blau-Weiß Hohen Neuendorf	4:2 (1:2)
12.08.18	3-3	Magdeburger FFC - DSC Arminia Bielefeld	2:5 (2:1)

Gruppe Süd:
12.08.18	3-2	1. FC Riegelsberg - FSV Hessen Wetzlar	0:6 (0:1)
12.08.18	4-3	1. FFV Erfurt - Vorwärts SpoHo Köln	0:3 (0:2)
12.08.18	3-2	TuS Wörrstadt - SV 67 Weinberg	1:2 (0:1)
12.08.18	3-3	TSV Schott Mainz - FC Forstern	1:3 (0:0)
12.08.18	3-3	1. FFC 08 Niederkirchen - SV Holzbach	5:1 (3:0)
12.08.18	4-3	Karlsruher SC - Hegauer FV	1:3 (1:1)
12.08.18	3-2	SG 99 Andernach - 1. FC Saarbrücken	2:4 nV (1:1, 1:0)
12.08.18	3-3	VfL Sindelfingen - SV Alberweiler	4:5 iE, 2:2 nV (2:2, 1:0)

2. Hauptrunde:
Gruppe Nord:
08.09.18	4-1	Hannover 96 - VfL Wolfsburg	0:11 (0:7)
08.09.18	3-1	SV Henstedt-Ulzburg - SGS Essen	0:14 (0:3)
09.09.18	4-1	1. FC Neubrandenburg 04 - MSV Duisburg	0:14 (0:8)
09.09.18	2-1	BV Cloppenburg - Borussia Mönchengladbach	3:4 (2:1)
09.09.18	3-1	TSV Jahn Calden - SV Werder Bremen	1:4 (0:0)
09.09.18	2-1	SV Meppen - 1. FFC Turbine Potsdam	0:6 (0:5)
09.09.18	3-2	DSC Arminia Bielefeld - FSV Gütersloh 2009	1:0 (1:0)
09.09.18	3-3	TV Jahn Delmenhorst - HSV Borussia Friedenstal	1:3 (0:2)

Gruppe Süd:
08.09.18	3-1	SV Alberweiler - Bayer 04 Leverkusen	0:4 (0:3)
09.09.18	3-1	Vorwärts SpoHo Köln - SC Freiburg	0:12 (0:6)
09.09.18	2-1	FSV Hessen Wetzlar - 1. FFC Frankfurt	0:1 (0:1)
09.09.18	3-3	1. FFC 08 Niederkirchen - FC Forstern	1:3 (0:2)
09.09.18	3-1	Hegauer FV - 1. FC Saarbrücken	0:5 (0:0)
09.09.18	2-1	FF USV Jena - FC Bayern München	0:3 (0:1)
09.09.18	2-1	SV 67 Weinberg - SC Sand	1:2 nV (1:1, 0:0)
09.09.18	2-1	1. FC Köln - TSG 1899 Hoffenheim	0:5 (0:3)

Achtelfinale:
17.11.18	1-1	MSV Duisburg - 1. FFC Turbine Potsdam	1:3 (0:2)
17.11.18	1-1	FC Bayern München - SV Werder Bremen	3:0 (1:0)
18.11.18	1-1	SC Sand - TSG 1899 Hoffenheim	1:2 nV (1:1, 1:0)
18.11.18	2-1	1. FC Saarbrücken - 1. FFC Frankfurt	2:3 (0:2)
18.11.18	3-1	DSC Arminia Bielefeld - Bayer 04 Leverkusen	1:2 (0:1)
18.11.18	1-1	SGS Essen - SC Freiburg	0:4 (0:1)
18.11.18	3-1	FC Forstern - VfL Wolfsburg	0:9 (0:5)
18.11.18	3-1	HSV Borussia Friedenstal - Bor. M'gladbach	0:3 (0:1)

Viertelfinale:
12.03.19	1-1	Bayer 04 Leverkusen - TSG 1899 Hoffenheim	1:7 (0:2)
12.03.19	1-1	1. FFC Frankfurt - FC Bayern München	1:3 (1:2)
13.03.19	1-1	Borussia Mönchengladbach - SC Freiburg	1:6 (0:3)
13.03.19	1-1	VfL Wolfsburg - 1. FFC Turbine Potsdam	4:0 (2:0)

Halbfinale:
31.03.19	1-1	TSG 1899 Hoffenheim - SC Freiburg	0:2 (0:1)
31.03.19	1-1	FC Bayern München - VfL Wolfsburg	0:4 (0:2)

Finale:
01.05.19	1-1	VfL Wolfsburg - SC Freiburg	1:0 (0:0)

Halbfinale

TSG 1899 Hoffenheim - SC Freiburg   0:2 (0:1)
Hoffenheim: Martina Tufekovic - Maximiliane Rall (72. Jana Beuschlein), Michaela Specht, Luana Bühler, Isabella Hartig - Lena Lattwein, Anne Fühner, Tabea Waßmuth, Leonie Pankratz - Fabienne Dongus, Nicole Billa (76. Dora Zeller). Trainer: Jürgen Ehrmann
Freiburg: Merle Frohms - Giulia Gwinn, Virginia Kirchberger, Jobina Lahr, Rebecca Knaak - Janina Minge, Sandra Starke - Anja Hegenauer (70. Greta Stegemann), Desiree van Lunteren, Sharon Beck (60. Hikrau Naomoto) - Klara Bühl (83. Lena Lotzen). Trainer: Jens Scheuer
Tore: 0:1 Minge (26.), 0:2 Gwinn (49.)
Zuschauer: 2.060 im Dietmar-Hopp-Stadion in Sinsheim
Schiedsrichterin: Laura Duske (Bayer 04 Leverkusen, MIR) - Assistentinnen: Christina Biehl (SV Niederhambach, SW), Sina Diekmann (SF Sölderholz, WEF)
Gelbe Karten: Specht / Minge

FC Bayern München - VfL Wolfsburg   0:4 (0:2)
München: Manuela Zinsberger - Carina Wenninger (40. Fridolina Rolfö), Simone Laudehr, Kathrin Hendrich, Verena Schweers - Melanie Leupolz, Dominika Skorvankova, Sydney Lohmann - Lineth Beerensteyn, Sara Däbritz (80. Mandy Islacker), Jovana Damnjanovic (41. Lina Magull). Trainer: Thomas Wörle
Wolfsburg: Almuth Schult - Noelle Maritz, Babett Peter, Nilla Fischer (80. Lena Goeßling), Kristine Minde - Sara Doorsoun, Sara Björk Gunnarsdottir, Ewa Pajor - Caroline Graham Hansen (84. Pia-Sophie Wolter), Alexandra Popp, Pernille Harder. Trainer: Stephan Lerch
Tore: 0:1 Graham Hansen (25.), 0:2 Harder (31.), 0:3 Pajor (53.), 0:4 Harder (66.)
Zuschauer: 1.548 auf dem FC Bayern Campus in München
Schiedsrichterin: Karoline Wacker (SF Großerlach, WBG) - Assistentinnen: Ines Appelmann (SG Rot-Weiß Olmypia Alzey, SW), Melissa Joos (TV Echterdingen, WBG)
Gelbe Karten: Damnjanovic / Pajor, Gunnarsdottir

Finale

VfL Wolfsburg - SC Freiburg   1:0 (0:0)
Wolfsburg: Almuth Schult - Anna Blässe, Nilla Fischer, Lena Goeßling, Babett Peter - Caroline Graham Hansen, Sara Björk Gunnarsdottir, Alexandra Popp, Zsanett Jakabfi (72. Pia-Sophie Wolter) - Pernille Harder, Ewa Pajor (90.+1 Ella McLeod). Trainer: Stephan Lerch
Freiburg: Lena Nuding - Giulia Gwinn, Virginia Kirchberger, Desiree van Lunteren, Greta Stegemann - Anja Hegenauer (72. Lena Lotzen), Janina Minge, Clara Schöne (63. Rebecca Knaak), Sandra Starke - Sharon Beck, Klara Bühl. Trainer: Jens Scheuer
Tor: 1:0 Pajor (55.)
Zuschauer: 17.048 im Rhein-Energie-Stadion in Köln
Schiedsrichterin: Susann Kunkel (SV Eichede, SH) - Assistentinnen: Marina Wozniak (SV Sodingen, WEF), Sylvia Peters (TSV Siems, SH)

Frauen: Verbandspokalendspiele

Für den DFB-Pokal 2019/20 sind aus der Spielzeit 2018/19 alle Mannschaften der Bundesliga und der 2. Bundesliga, die Regionalligameister, teilweise die Vizemeister der Regionalligen und die Verbandspokalsieger teilnahmeberechtigt. II. Mannschaften dürfen nicht teilnehmen. Für sie rücken in den Ligen die nächsten Mannschaften und in den Pokalen die unterlegenen Finalisten nach. Die Sieger der Verbandspokale und weitere qualifizierte DFB-Pokal-Teilnehmer:

Mecklenburg-Vorpommern:	HSG Warnemünde	4
Brandenburg:	FSV Babelsberg 74	4
Berlin:	*1. FC Union Berlin*	3
	FC Viktoria 1889 Berlin LT (Finalist)	3
Sachsen-Anhalt:	Magdeburger FFC	3
Thüringen:	*FF USV Jena II*	3
	1. FFV Erfurt	4 → 3
Sachsen:	RasenBallsport Leipzig	3
Schleswig-Holstein:	Holstein Kiel	3
Hamburg:	Hamburger SV	4 → 3
Niedersachsen:	Eintracht Braunschweig	4
Bremen:	TuS Schwachhausen	3 → 4
Westfalen:	SpVgg Berghofen	3
Niederrhein:	1. FC Mönchengladbach	4
Mittelrhein:	SC Fortuna Köln	3 → 4
Rheinland:	*SG 99 Andernach*	3 → 2
	SV Holzbach (Finalist)	3 → 4
Südwest:	TuS Wörrstadt	3
Saarland:	SV Germania Göttelborn	4 → 3
Hessen:	Eintracht Frankfurt	3
Nordbaden:	Karlsruher SC	4
Südbaden:	Hegauer FV	3
Württemberg:	SV Hegnach	4
Bayern:	FC Forstern	3

Aus den Regionalligen Nord und Nordost nehmen die Meister sowie aus den Regionalligen West, Südwest und Süd der Meister und der Vizemeister der Spielzeit 2018/19 am DFB-Pokal 2019/20 teil. Für den Meister der Regionalliga Nord SV Werder Bremen II rückt der Walddörfer SV als Vizemeister nach, für den Vizemeister SC Sand II der Regionalliga Süd nimmt der Tabellendritte 1. FC Nürnberg teil. Da der 1. FC Union Berlin und die SG 99 Andernach bereits als Regionalligameister qualifiziert sind, spielen auch die unterlegenen Finalisten FC Viktoria 1889 Berlin LT und SV Holzbach im DFB-Pokal.

Mecklenburg-Vorpommern:

19.05.19 4-4 1. FC Neubrandenburg 04 - HSG Warnemünde 3:4 iE, 1:1 nV (1:1, 0:1)
Neubrandenburg: Lilian Friday; Emma Marie Knitter (51. Lisa Sofie Schröder), Rabea Weglowski, Vivien Knappe, Cosima Günther, Lisa Dworatzek, Anja Wagner, Antje Wagner, Jule Schulz, Mette Bönsch, Alia Baltzer. Trainer: Thomas Weber
Warnemünde: Lisa Dräger; Celine Hanto, Franziska Wendt (50. Natalie Hiller), Melanie Rücker, Lisa Barner, Amelie Hanck, Franziska Hagemann, Josefine Geß, Johanna Hemmer (63. Magdalena Otte), Marit Frederike Langethal, Carolin Klatt. Trainer: Jörg Burgstaler
Tore: 0:1 Lisa Barner (44., Foulelfmeter), 1:1 Anja Wagner (80.)
Elfmeterschießen: Lisa Dräger hält, 0:1 Carolin Klatt, 1:1 Lisa Dworatzek, Magdalena Otte verschießt, 2:1 Anja Wagner, 2:2 Lisa Barner, 3:2 Jule Schulz, 3:3 Franziska Hagemann, Rabea Weglowski scheitert an Lisa Dräger, 3:4 Celine Hanto
Zuschauer: 219 im Müritzstadion in Waren (Müritz)
Schiedsrichterin: Pauline Meincke (SV Blau-Weiß Polz 1921) - Assistentinnen: Julia Beumer (Polizei SV Rostock), Amanda Lukesch (Penzliner SV)
Gelbe Karten: - / Josefine Geß, Franziska Hagemann

Brandenburg:

26.05.19 4-4 FSV Babelsberg 74 - FSV Forst Borgsdorf 6:2 (3:1)
Babelsberg: Anna Hempel; Christin Fockmann, Denise Simon, Nicole Menzel, Daniela Schönke, Inka Wesely, Aline Reinkober, Mariko-Carolina Thermann (80. Amalie-Jana Berck), Friederike Mehring (66. Luise Karaszewski), Vanessa Helpa (68. Helma von Zadow), Karla Dupke. Trainer: Ivo Ziemann
Borgsdorf: Melanie Kleeblatt; Charlotte Lemke, Anja Hieke, Alicia Thiemer, Franziska Kühn, Monique Knospe, Virginia Wesoli, Friederike Holbach (56. Monique Gottwald), Larissa Glink (87. Lisa-Michelle Dietrich), Elisa Schmidt, Katharina Bonk. Trainer: Michael Kleeblatt
Tore: 0:1 Larissa Glink (5.), 1:1 Friederike Mehring (23.), 2:1 Denise Simon (27.), 3:1 Aline Reinkober (37.), 4:1 Denise Simon (47.), 5:1 Inka Wesely (50.), 5:2 Franziska Kühn (52.), 6:2 Helma von Zadow (87.)
Zuschauer: 250 auf dem Sportplatz Rudolf-Breitscheid-Straße in Potsdam
Schiedsrichterin: Jennifer Zeuke (SV Motor Cottbus-Saspow) - Assistentinnen: Jacqueline Lünser (HSV Fortuna Friedersdorf/Gussow), Juliane Lembcke (SG Wacker Motzen)
Gelbe Karten: - / -

Berlin:

01.05.19 3-3 FC Viktoria 1889 Berlin LT - 1. FC Union Berlin 2:3 (1:3)
Viktoria: Inga Buchholz; Nadine König (46. Franziska Schulte), Marlies Sänger, Jessica Purps, Julia Reh (62. Danya Barsalona), Louise Jona Trapp, Tatjana Fandre, Eyline Jakubowski, Dilara Türk, Beslinda Shigjeqi, Corinna Statz. Trainer: Roman Rießler
Union: Monique Eichhorn; Josephine Ahlswede (90.+1 Elisa Schindler), Marie Weidt, Nathalie Götz, Lätizia Radloff, Nadia Pearl, Marta Schrey (75. Maria Pia Zander Zeidam), Greta Budde, Josephine Bonsu, Lisa Heiseler (80. Lisa Fröhlich), Marta Stodulska. Trainer: Falko Grothe
Tore: 1:0 Beslinda Shigjeqi (2.), 1:1 Nathalie Götz (22.), 1:2 Nadia Pearl (31.), 1:3 Marta Stodulska (44.), 2:3 Louise Jona Trapp (90.+4)
Zuschauer: 913 (davon ca. 700 zahlende) im Ernst-Reuter-Sportfeld in Zehlendorf
Schiedsrichter: Furkan Kilic (Charlottenburger FC Hertha 06) - Assistenten: Leon Gerngroß (Wartenberger SV), Stefan Bohm (1. FC Lübars)
Rote Karte: - / Greta Budde (75.)
Gelbe Karten: Danya Barsalona / Marta Stodulska, Maria Pia Zander Zeidam

Sachsen-Anhalt:

01.05.19 4-3 SV Rot-Schwarz Edlau - Magdeburger FFC 1:4 (1:3)
Edlau: Nele Hampe; Selina Losse, Claudia Eißner, Jana Sämisch, Lysann Schneider, Annett Hellmuth (67. Sandra Hartkopf, Carolin Wündsch, Luisa Pilz (60. Lisa Lubatschowski), Theresa Weise (69. Sandra Krassowski), Kathleen Schwabe (84. Marie Julie Pullner), Chiara Lüdke. Trainer: Andreas Hampe
Magdeburg: Jana Tauer; Wiebke Seidler, Chantal Schmidt, Antonia Schulz, Caroline Hildebrand, Marie Lene Oerlecke, Joy-Luan Spiller (83. Leonie Grünwald), Emily Katarina Hähnel (88. Marie Louisa Friedrich), Fabienne Wendt (63. Svenja Klamt), Lena Güldenpfennig, Fenja Popp (46. Sarah-Sophie Jacobs). Trainer: Johannes Fritsch
Tore: 0:1 Emily Katarina Hähnel (6.), 1:1 Lysann Schneider (21.), 1:2 Wiebke Seidler (28.), 1:3 Antonia Schulz (32.), 1:4 Sarah-Sophie Jacobs (80.)
Zuschauer: 350 in der Sparkassen-Arena in Bernburg
Schiedsrichterin: Sarah Begert (SV Dessau 05) - Assistentinnen: Charlott Ziehm (SG Blau-Weiß Quellendorf), Doreen Volletz (SG Abus Dessau)
Gelbe Karten: - / -

Thüringen:

01.05.19 4-3 1. FFV Erfurt - FF USV Jena II 0:1 (0:0)
Erfurt: Katharina Günther; Johanna Klipstas, Jessica Gross, Cornelia Knoll, Dana Behnsen, Lisa Marie Lützelberger (51. Selina Rolle), Line Ladner, Stefanie Nehlert (84. Jasmin Eckstein), Elisabeth Zelle (56. Anne-Marie Engelhardt), Paula Meyer, Katja Groll (70. Maggan Ehrich). Trainer: Gino Heinze
Jena: Sina Wunderlich; Amanda Kay Halter, Anne Güther, Bianka Passeck (78. Luise Domnick), Pia Große, Anna-Sophie Berk, Any Adam (46. Miriam Topf), Patricia Zacher (87. Michelle Klinger), Jo Anne Klinger, Maxi Lehnard, Joleen König (56. Anna Marie Krafczyk). Trainer: Christian Kucharz
Tor: 0:1 Maxi Lehnard (55.)
Zuschauer: 350 auf dem Sportplatz Merxleben Bad Langensalza
Schiedsrichterin: Linda Thieme (SV Rot Weiß Knau) - Assistentinnen: Cora Winter (FC Erfurt-Nord), Christine Schulze (SV Frohndorf/Orlishausen)
Gelbe Karten: 1 / -

Sachsen:

01.05.19 3-4 RasenBallsport Leipzig - FC Phoenix Leipzig 3:2 nV (2:2,0:2)
RB Leipzig: Gina Schüller; Madlen Frank, Sophia Löser, Larissa Schreiber (65. Anika Metzner), Lisa Reichenbach, Josefine Schaller (97. Maria Ebersbach), Natalie Teubner (78. Sophie Görner), Marie-Luise Herrmann, Lea Mauly, Jasmin Petters (55. Natalie Grenz), Chiara Benedetto. Trainerin: Katja Greulich
Phoenix Leipzig: Victoria Oertel; Sarah Gäbler, Josephine Eike, Christin Janitzki (64. Celina Herbst), Katharina Freitag, Liza Dahech (75. Nancy Mehlig), Elisa Sperling, Yvonne Starick, Franziska Music, Marlene Haberecht, Angelina Lübcke. Trainer: Heiko Oertel
Tore: 0:1 Marlene Haberecht (25.), 0:2 Marlene Haberecht (37.), 1:2 Lisa Reichenbach (73.), 2:2 Natalie Grenz (81.), 3:2 Lisa Reichenbach (99.)
Zuschauer: 1.125 im Auenstadion in Flöha
Schiedsrichterin: Linda Kollmann (Radebeuler BC) - Assistentinnen: Theresa Sophie Kosan (SV Grün-Weiß Uhsmannsdorf), Lea Kretschmar (SV Radibor)
Gelbe Karten: Chiara Benedetto, Lisa Reichenbach / Sarah Gäbler, Celina Herbst, Christin Janitzki, Angelina Lübcke, Elisa Sperling

Schleswig-Holstein:

25.05.19 3-3 SV Henstedt-Ulzburg - Holstein Kiel 2:3 (2:2)
Henstedt: Alicia Bautz; Malin Hegeler, Verena Homp, Linda Ottlinger (34. Rieke Ehlers), Judith Knieling, Jennifer Michel, Indra Hahn, Tomke Dziesiaty (46. Alexandra Filippow, 90. Charlotte Engler), Chiara Pawelec, Maike Tjarks, Cathrine Knobloch. Trainer: Mac Agyei-Mensa
Kiel: Victoria Bendt; Sarah Begunk, Jasmin Grosnick, Jule Ziegler, Samantha Carone, Madita Thien (88. Anna Selk), Johanna Labuj, Lina Staben, Luiza Zimmermann, Sandra Krohn, Tabea Lycke. Trainer: Bernd Begunk
Tore: 0:1 Lina Staben (4.), 0:2 Madita Thien (15.), 1:2 Jennifer Michel (35.), 2:2 Indra Hahn (40.), 2:3 Lina Staben (87.)
Zuschauer: 250 im Stadion an der Lohmühle in Lübeck
Schiedsrichterin: Levke Scholz (VfB Lübeck) - Assistentinnen: Tanja Petersen (SV Peissen), Christina Eggers (JuS Fischbek)
Gelbe Karten: 2 / 1

Hamburg:

30.05.19 4-4 FC Union Tornesch - Hamburger SV 2:4 (1:0)
Tornesch: Saskia Schippmann; Kathleen Wiebke Wongel (46. Finja Krieg), Alla Jantschenko, Alina Wachter, Alisa Rohlfing (54. Benita Thiel), Josefin Lutz, Maike Bade (80. Johanna Stutzke), Nele Johanna Grzenkowitz, Alina Köstner, Finia Anna-Katharina Pohl, Alexandra Möller. Trainer: Mahdi Habibpur Rudsari
Hamburg: Lela-Celin Naward; Lukne Gräßler, Franka Erna Dreyer (87. Anna-Katharina Seme), Kimberly Zietz (52. Sara Schäfer-Hansen), Carla Morich, Anna Hepfer, Manja Rickert, Mathilda Yvette Weisser, Selina Lenhard, Emma Burdorf-Sick, Markella-Dimitra Koskeridou (79. Victoria Schulz). Trainer: Christian Kroll und Manuel Alpers
Tore: 1:0 Finia Anna-Katharina Pohl (15.), 1:1 Sara Schäfer-Hansen (53.), 2:1 Finia Anna-Katharina Pohl (59.), 2:2 Markella-Dimitra Koskeridou (63.), 2:3 Emma Burdorf-Sick (73.), 2:4 Emma Burdorf-Sick (87.)
Zuschauer: 654 auf dem Sportplatz in der Dieselstraße 6 in Hamburg
Schiedsrichterin: Kristina Nicolai (TSV Duvenstedt-Wohldorf-Ohlstedt 08) - Assistentinnen: Johanna Antke Ursula Giard (ASV Bergedorf 85), Sosann El-Rawi (VfL Lohbrügge)
Gelbe Karten: Alina Wachter / -

Niedersachsen:

01.06.19 4-4 Osnabrücker SC - Eintracht Braunschweig 1:6 (0:2)
Osnabrück: Emine Lenz; Fiona Härle, Sarah Buck, Patrizia Landwehrmann (57. Hendrina Achten), Katharina Blackstein, Rahel Mehring, Vanessa Rohling (21. Meike Thörner), Sarah Hövel (75. Marie-Karin Kruthaup), Carolin Hedemann, Kerstin Wilkens, Anna Maria Hegmann. Trainer: Thomas Kastrup
Braunschweig: Lisa Krake; Pia Diestelmann (75. Laura Segor), Lyn Meyer, Viktoria Wiedermann, Jamie Willenbrock (57. Ronja Riemer), Franziska Knopp, Franziska Unzeitig, Juliane Rath, Peggy Bothe, Cindy Kaufmann, Juliane Höfler (69. Xenia Wais). Trainerin: Katja Wittfoth
Tore: 0:1 Viktoria Wiedermann (35.), 0:2 Lyn Meyer (44.), 1:2 Katharina Blackstein (48.), 1:3 Franziska Unzeitig (56., Strafstoß), 1:4 Lyn Meyer (72.), 1:5 Lyn Meyer (75.), 1:6 Franziska Knopp (79.)
Zuschauer: 800 im August-Wenzel-Stadion in Barsinghausen
Schiedsrichterin: Julia Kogel (TuS Riehe) - Assistenten: Denise Hartmann (SG Bredenbeck), Matthias Kogel (TuS Riehe)
Gelbe Karten: Katharina Blackstein / Franziska Knopp

Bremen:

25.05.19 4-3 ATS Buntentor - TuS Schwachhausen 0:1 (0:1)
Buntentor: Julia Prosch (69. Joana Schierenbeck) - Esther Herzog (43. Sina Obiedzinski), Loa Lieberum, Ylenia Sachau, Alva-Lina Veenhuis - Jennifer Brimmer, Carolin Arndt (69. Sabrina Langejürgen), Karla Kedenburg, Nora Menebröker (86. Phyllis Rüsenberg) - Farina Meyer, Aline Stenzel. Trainer: Dennis Bittner
Schwachhausen: Janella Rogowski Quesada - Jette Asmann, Katharina Hamann, Lara Möhlmann, Katharina Berg - Merle Liebs (79. Pia Höbrink), Kira Buller (71. Charlotte Spude), Meggie Schröder (64. Pia Rake), Nina Woller, Lea Taubert - Jana Rietmann (71. Fabienne Rake). Trainer: Benjamin Eta
Tor: 0:1 Kira Buller (22.)
Zuschauer: 437 im Stadion Obervieland
Schiedsrichterin: Jennifer Rehnert (TSV Osterholz-Tenever) - Assistentinnen: Julia Drücker (TSV Osterholz-Tenever), Tina Kettler (SC Weyhe)
Rote Karten: Julia Prosch (62., Handspiel) / -
Gelbe Karten: Sina Obiedzinski, NN / -

Westfalen:

30.05.19 3-4 SpVgg Berghofen - Sportfreunde Siegen 4:0 (3:0)
Berghofen: Gesa-Marie Schulte; Juliane Wrede, Saskia Finzel, Julia Gödecke, Kim Sophie Oberndorf (48. Corinna Dubbel), Lara Plastwich, Annalena Krapp, Sandra Ehrhardt (78. Antonia Maximiliane Dumancic), Marie Grothe (87. Lisa Rinke), Lynn Bille Sommer, Lisa Klemann. Trainer: Thomas Sulewski
Siegen: Lea-Marie Knipp; Julia Berchner (32. Sabrina Schneider), Christina Myriam Bach, Luisa Martin, Sophie Rüthing, Charlotte-Marie Heinz (69. Leah Sophie Damm), Anna Marvie Kalteich, Luca Celine Barth, Celine Meckel, Marie Rüthing (46. Aileen Trottner), Laura Pfeifer. Trainer: Thomas Trogisch
Tore: 1:0 Marie Grothe (27.), 2:0 Marie Grothe (38.), 3:0 Marie Grothe (45.+2), 4:0 Annalena Krapp (82.)
Zuschauer: 550 auf dem Sportplatz Berghoferstraße in Dortmund
Schiedsrichter: Christian Liedtke (TuS Neuenrade) - Assistenten: Christian Lange, Tobias Kähler (SC Tornado Westig 08)
Gelbe Karten: 1 / 1

Niederrhein:

30.05.19 4-4 1. FC Mönchengladbach - SV Heißen 5:1 (1:0)
Mönchengladbach: Karolina Schleeberger; Eva Opdenbusch, Karolin Alice Kreuder, Sarah Schmitz (81. Sali Teixeira Mendes), Christina Franken, Lidia Nduka, Michelle Leicher (46. Patricia Sous), Monique Resech (46. Verena Schoepp), Jennifer Stinshoff, Yvonne Brietzke, Denise Vollmer. Trainer: Christian Brüsseler
Heißen: Kira Hellenkamp; Sarah Kirchner, Charline Ostgathe, Silvia Mrotzek, Anna-Lena Rimkus, Isabel Schoofs, Kristin Kirchner, Nora Ruda (64. Meike Lustgart), Nina Kremer, Kristina Kirscht (10. Lilith Piwonka), Nikola Ruhnow. Trainer: Arnd Popiecz
Tore: 1:0 Lidia Nduka (12.), 2:0 Patricia Sous (59.), 3:0 Nina Kremer (72., Eigentor), 3:1 Meike Lustgart (75.), 4:1 Lidia Nduka (79.), 5:1 Lidia Nduka (89.)
Zuschauer: 300 in der Ernst-Reuter-Sportanlage in Mönchengladbach
Schiedsrichterin: Lana Nuth (Sportfreunde Uevekoven) - Assistenten: Denise Nottebaum (Wuppertal), Darius Lukossek
Gelbe Karten: 1 / 1

Mittelrhein:

20.06.19 5-3 SV Grün-Weiß Brauweiler - SC Fortuna Köln 0:2 (0:1)
Brauweiler: Jessica Abels; Lena Wolff, Lina Stiens, Katharina Johanna Bartsch, Alia Scarlet Rogers, Chiara Hillebrand (64. Lisa Hennies), Jennifer Schwank, Magdalena Bitten (85. Victoria Frohn), Aileen Pistorius, Larissa Segschneider, Charlotte Hoheisel (79. Julia Zimmer). Spielertrainerin: Jessica Abels
Köln: Lisa Brenner; Anne Hahn, Annika Boden, Franziska Weißhaar, Catia Gabriela Alves Pereira (75. Kathrin Wojtasik), Luzie Kirsch, Selma Demir (56. Svenja Stein), Fiona McCormick, Katharina Baumann, Valentina Stephan (85. Muriel Rolfes), Alina Calicchio. Trainer: Thomas Braun
Tore: 0:1 Luzie Kirsch (4.), 0:2 Catia Gabriela Alves Pereira (70.)
Zuschauer: 457 auf dem Rasenplatz Arnoldsweiler in Düren
Schiedsrichterin: Viola Funke (VfL Engelskirchen) - Assistentinnen: Verena Lustek (T.B.-S.V. Füssenich-Geich), Manuela Stüßer (1. FSV Köln 99)
Gelbe Karten: - / 1

Rheinland:

19.05.19 3-3 SG 99 Andernach - SV Holzbach 3:1 (2:1)
Andernach: Kathrin Günther; Sarah Meinerz, Isabelle Stümper, Laura Weinel (61. Luisa Deckenbrock), Eva Langenfeld, Karla Engels, Magdalena Schumacher, Lisa Umbach (90. Luisa Mais), Sarah Madlin Krumscheid, Caroline Asteroth, Antonia Hornberg. Trainer: Kappy Stümper
Holzbach: Claire Axinia Thiemann; Jona Besant, Hannah Wust, Anne Katharina Sauer, Alina Kuhn, Laura Rode, Michaela Blatt, Stella Adam, Lena Kliebe (50. Jana Olbermann), Jana Haubrich, Franziska Heich. Trainerin: Hanna Lena Diel
Tore: 1:0 Sarah Madlin Krumscheid (15.), 2:0 Eva Langenfeld (26., Foulelfmeter), 2:1 Michaela Blatt (45.+1), 3:1 Antonia Hornberg (89.)
Zuschauer: 250 im Sportpark Baar-Wanderath (Kunstrasen)
Schiedsrichterin: Helena Euskirchen (SV Morscheid) - Assistentinnen: Franziska Hilger (TuS Mayen), Lea Hetger (FSV Moselkern)
Gelbe Karten: - / 1

Südwest:

02.06.19 3-3 TSV Schott Mainz - TuS Wörrstadt 2:4 iE, 3:3 nV (3:3, 0:0)
Mainz: Vanessa Berlin - Jana Meierfrankenfeld, Judith Bast, Michéle Sara Schmitt (67. Jessica Hess), Jana Chiara Elena Loeber - Lisa Gürtler, Jessica Kierek, Carolin Kieper, Franziska Magdalena Frase (80. Marina Spuzic) - Ebru Uzungüney, Elisabeth Scherzberg. Trainer: Marcello Mucio
Wörrstadt: Josephine Rothmann - Loreana Liebetanz, Alina Schneider, Jana Becking, Lisa-Marie Rebholz - Jessica Wissmann, Rebekka Kling, Alina Wagner, Esther Uersfeld - Lara Luisa Lanzerath, Xueer Chen (83. Nicolina Prostka). Spielertrainerin: Jessica Wissmann
Tore: 0:1 Alina Wagner (52.), 1:1 Jessica Kierek (58.), 2:1 Elisabeth Scherzberg (60.), 2:2 Lisa-Marie Rebholz (69.), 3:2 Lisa Gürtler (80.), 3:3 Loreana Liebetanz (88.)
Elfmeterschießen: 0:1 Loreana Liebetanz, Schott verschießt, 0:2 Jessica Wissmann, 1:2 Jessica Kierek, 1:3 Alina Schneider, 2:3 Elisabeth Scherzberg, 2:4 Alina Wagner
Zuschauer: 100 am Rasenplatz Jahnstraße in Heltersberg
Schiedsrichter: Fabian Vollmar (SV Großsteinhausen) - Assistenten: Julien Belzer (FK Clausen), Tim Zinsmeister (FK 03 Pirmasens)
Gelbe Karte: Elisabeth Scherzburg / -

Saarland:

19.05.19 4-4 SG Parr Medelsheim - SV Germania Göttelborn 0:8 (0:4)
Medelsheim: Denise Schöndorf; Kira Lisa Krämer, Saskia Faber, Sabrina Schwarz, Valérie Fogel, Claire Hittinger, Marie-Therese Schulz, Kaja Vogelgesang (64. Moly Trunkwald), Elaine Eifler (71. Nanna Dahlem), Andrea Kalleder (16. Lena Pilger), Jamina Wilhelm. Spielertrainerin: Valérie Fogel
Göttelborn: Nadine Winckler; Sarah Franz, Lisa Schüler, Lisa Mayer (57. Michelle Kriesch), Selina Wagner (67. Lena Wind), Lena Reiter, Celine Wagner (57. Carina Enoch), Karen Hager, Elisa Skrotzki (67. Sabrina Harnisch), Janna Herzog, Sina-Aline Kirschner. Trainer: Kai Klankert
Tore: 0:1 Karen Hager (6.), 0:2 Lisa Mayer (17.), 0:3 Selina Wagner (38.), 0:4 Lisa Mayer (44.), 0:5 Selina Wagner (66.), 0:6 Sarah Franz (77.), 0:7 Lena Wind (88.), 0:8 Lena Wind (90.)
Zuschauer: 700 in St. Ingbert
Schiedsrichterin: Alessia Jochum (1. FC Riegelsberg) - Assistentinnen: Jenny Wannemacher (SpVgg Einöd-Ingweiler), Paula Mayer (SC Blieskastel-Lautzkirchen)
Gelbe Karten: - / -

Hessen:

16.06.19 3-3 Eintracht Frankfurt - TSV Jahn Calden 3:2 (1:1)
Frankfurt: Elena Bläser - Fabienne Würtele, Lisa Pfretzschner, Inga Jöst, Valeria Perri (53. Kaho Fushiki) - Julia Beuth, Lisa Mundt (90.+4 Luzie Ottenheim), Nina Neumann (90.+1 Aurelia Müller), Vanessa Klich - Lise Overgaard Munk, Annika Leber. Trainer: Christian Yarussi
Calden: Jana Schiffhauer - Johanna Schäfer, Franziska Tux, Esma Özdemir - Laurina Bock, Jil Ludwig, Arlene Rühmer, Aileen Nuhn (73. Emma Becker) - Lena Wiegand (46. Lara Oceana Piebrock) - Johanna Hildebrandt, Sharon Braun. Trainer: Wolfgang Bendrt
Tore: 1:0 Lisa Mundt (10.), 1:1 Franziska Tux (25.), 1:2 Johanna Hildebrandt (50.), 2:2 Annika Leber (58.), 3:2 Lise Overgaard Munk (83.)
Zuschauer: 300 auf der Sportanlage „Zum Fliegerhorst" in Erlensee
Schiedsrichterin: Julia Boike (1. FFC Frankfurt) - Assistentinnen: Vanessa Körper (TSV Dudenhofen), Hanae Boukraa (FC Rot-Weiß Großauheim)
Gelbe Karten: Vanessa Klich, Lise Overgaard Munk / -

Nordbaden:

30.05.19 4-6 Karlsruher SC - 1. FC Mühlhausen 4:0 (3:0)
Karlsruhe: Melanie Döbke; Lisa-Marei Halm, Sara Hemmer, Nele Schomaker (73. Kim Kiefer), Melissa Zweigner-Genzer, Laura Bertsch, Romina Konrad (80. Sandra Ernst), Lena Kasprzyk (58. Celina Lienemann), Selina Häfele, Katharina Reisch, Lisa Grünbacher (63. Fabien Eichler). Spielertrainerin: Romina Konrad
Mühlhausen: Ann-Caroline Wilms; Julia Leibner, Nathalie Langlotz, Jennifer Eichhorn, Silke Stroheker (83. Karolin Geil), Lisa Gebhardt, Sandra Oblänger (68. Lorena Stindl), Paula Rosenfelder (80. Ann-Kathrin Lindner), Inga Werchner, Meike Hausmann, Carmen Hassert (76. Emely Bopp). Spielertrainerin: Julia Leibner
Tore: 1:0 Laura Bertsch (6.), 2:0 Nele Schomaker (14.), 3:0 Carmen Hassert (17., Eigentor), 4:0 Sara Hemmer (72.)
Zuschauer: 410 beim TuS Mingolsheim in Bad Schönborn
Schiedsrichterin: Meike Weichselmann (Karlsruher FV) - Assistentinnen: Nadine Rollert (TSV Wieblingen), Franziska Vögele (Karlsruher SC)
Gelbe Karten: - / Paula Rosenfelder

Südbaden:

10.06.19 5-3 ESV Freiburg - Hegauer FV 0:8 (0:2)
Freiburg: Natalie Schier; Fiona Krautwasser, Anja Fischer, Flora Vogelsang, Laura Richter, Sarah Jehle (60. Daniela Pereira Reves), Bianca Salzmann, Verena Sontheimer, Jannika-Marie Hüppe (46. Stefanie Graf), Sarah Hintereck (69. Jacqueline Wilhelm), Stella Krause. Trainer: Dennis Puscha und Mario Baun
Hegau: Teresa Straub; Nadine Grützmacher, Luisa Radice, Jana-Maria Butsch, Jana Kaiser (75. Nadja Sabellek), Laura Frech, Berenice Becker, Tabea Griß (75. Anna Schüler), Corinna Knisel (68. Lena Engesser), Anja Hahn (81. Sina Sauter), Jasna Formanski. Trainer: Gino Radice
Tore: 0:1 Jana Kaiser (22.), 0:2 Luisa Radice (37.), 0:3 Tabea Griß (58.), 0:4 Tabea Griß (61.), 0:5 Anja Hahn (64.), 0:6 Stefanie Graf (69., Eigentor), 0:7 Nadine Grützmacher (80.), 0:8 Nadja Sabellek (84.)
Zuschauer: 500 auf dem Sportplatz Wolterdingen in Donaueschingen-Wolterdingen
Schiedsrichterin: Sina Gieringer (SV Sinzheim) - Assistentinnen: Ricarda Riexinger (FC Rheingold Lichtenau), Katharina Volz (FV Ebersweier)
Gelbe Karten: Sarah Hintereck / NN

Württemberg:

30.05.19 3-4 SV Alberweiler - SV Hegnach 2:4 iE 1:1 nV (1:1,0:0)
Alberweiler: Melanie Geiselhart - Selina Gaus, Theresa Hauler (105. Lena Rädler), Annika Enderle - Tamara Würstle, Lena Bucher, Leonie Schick, Katharina Rapp, Svenja Herle - Valentina Miele (54. Nina Seitz), Sibel Meyer (74. Ecem Cumert). Trainerin: Chantal Bachteler
Hegnach: Anke Langwisch - Simone Prunkl, Ilire Balaj, Mary Sue Branco - Jennifer Bantel (70. Isabel Ulrich), Joy Castor (64. Gillian Castor), Lena Marie Waldenmaier (99. Alice Mayer), Selina Schindler, Maike Bendfeld - Aline Böhringer (74. Natalie Baumann), Sara Reichel. Trainerin: Sandra Campana
Tore: 0:1 Aline Böhringer (67.), 1:1 Ecem Cumert (75.)
Elfmeterschießen: 0:1 Simone Prunkl, 1:1 Ecem Cumert, 1:2 Sara Reichel, 1:3 Selina Schindler, 2:3 Svenja Herle, 2:4 Alice Mayer
Zuschauer: 460 im Hessenbühlstadion Alberweiler in Schemmerhofen
Schiedsrichterin: Hannelore Pink (SC Blönried) - Assistentinnen: Alisa Kranz (TSV Weikersheim), Annika Depfenhart (FV Aichhalden)
Gelbe Karten: 2 / 2

Bayern:

30.05.19 3-3 FC Forstern - 1. FC Nürnberg 2:1 (0:1)
Forstern: Christina Kink (9. Christina Kneißl); Martina Mittermaier, Johanna Stadler, Helena Altenweger, Verena Krumay, Theresa Eder (87. Aurelia Pleyer), Franziska Stimmer (57. Pija Reininger), Julia Ruckdeschel, Stefanie Kothieringer, Julia Deißenböck, Ngoc Nguyen Minh (75. Evi Kopp). Trainer: Thilo Herberholz
Nürnberg: Isabel Bauer; Simone Grimm, Jessica May, Luisa Richert (76. Rebecca Leinberger), Nadine Nischler, Lisa Tietz (85. Hanna Sauer), Jule Riegler (70. Leonie Vogel, Anna Madl, Franziska Mai, Hannah Fryer, Nastassja Lein. Trainer: Osman Cankaya
Tore: 0:1 Franziska Mai (27.), 1:1 Helena Altenweger (52.), 2:1 Pija Reininger (82.)
Zuschauer: 150 auf dem Sportgelände des SV Burgweinting
Schiedsrichterin: Lisa Manner (1. FC Schmidgaden) - Assistentinnen: Anna-Lena Mayer (VfB Thanhausen), Ulrike Schraml (TSV Neudorf)
Gelbe Karten: Stefanie Kothieringer, Verena Krumay, Julia Ruckdeschel / Nadine Nischler

A-Junioren

Die Pyramide 2018/19

Um Ihnen einen kurzen Überblick über die Ligen auf den folgenden Seiten zu geben, ist hier die Pyramide des A-Junioren-Fußballs dargestellt (bis einschließlich 4. Liga). Die Ergebnisse und Tabellen der Bundesligen und 2. Ligen finden Sie auf den folgenden Seiten.

Level	Liga																		Staffeln
0	Meisterschaft																		
1	△1 Bundesliga Nord/Nordost ▽3					△2 Bundesliga West ▽3					△1 Bundesliga Süd/Südwest ▽3								3
2	△2 Regionalliga Nordost ▽2				△1 Regionalliga Nord ▽5			△1 VL* WEF ▽3	△1 VL* NIR ▽7	△1 VL* MIR ▽3	△1 Regionalliga Südwest ▽3			△1 OL* HES ▽3	△1 OL Baden-Württemberg ▽3			△1 OL* BY ▽4	9
3	VL MV	LL* BRB	VL B	VL SA	VL TH 1+2	LL SAX	OL SH	OL HH 1+2	VL* NS	VL HB	LL 2	LsK 10	BzL 2	VL* RHL	VL SW	VL SAR	VL 2	VL NBD	VL SBD	VS WBG N+S	LL 2	37
4	LL 4	LK 3	LL 2	LL 6	KOL 9	LK 4	LL 2	LL 2	LL 5	LL 1	BzL 5	KK 19	SoL 10	BzM 3	LL 3	BzL 2	GrL 6	LL 3	LL 2	BzS 16	BzOL 7	114

Anmerkungen:
Bei einem wesentlichen Strukturwechsel innerhalb einer Liga während der Saison wurde die Staffelsituation zu Saisonbeginn berücksichtigt (außer teilweise in NIR und MIR). HB spielt mit getrennt gewerteter Hin- und Rückrunde inkl. Auf- und Abstieg jeweils im Winter und im Sommer, ähnlich teilweise auch MV und WBG! In HH und in NS/Lüneburg existieren jeweils U19- bzw. U18-Staffeln nebeneinander. Und wie auch im Senioren-Bereich existieren in einigen Landesverbänden abweichende (und mitunter jährlich wechselnde) Liga-Bezeichnungen (* hier lautet die offizielle Bezeichnung X-Liga, wobei X für den Landesverband steht); gelegentlich auftretende Sponsorennamen für manche Staffeln sind hier jedoch nicht weiter berücksichtigt. Erläuterung der Liga-Kürzel siehe Seite 376.

A-Junioren-Meisterschaft

Halbfinal-Hinspiele:
14.05.2019: VfB Stuttgart (S1) - VfL Wolfsburg (N1)   0:0 (0:0)
Stuttgart: Sebastian Hornung - Antonis Aidonis (86. Hamza Cetinkaya), Manuel Reutter, Alexander Kopf - Per Lockl, Umut Günes, Luca Mack, Nick Bätzner, Lilian Egloff (83. Jovan Djermanovic) - Eric Hottmann (73. Pedro Almeida Morais), Leon Dajaku (90.+1 Bastian Frölich). Trainer: Daniel Teufel
Wolfsburg: Lino Kasten - Michael Edwards, Tim Siersleben, Nico Mai, Phillip König - Dominik Marx, Muhammed Saracevic (58. Lenn Jastremski), Soufiane Messeguem, Leon Sommer (62. Luis Saul) - John Yeboah Zamora, Jesaja Herrmann (58. Ole Pohlmann). Trainer: Thomas Reis
Zuschauer: 1.435 in der mechatronik-Arena in Aspach
Schiedsrichter: Thomas Ehrnsperger (1. FC Rieden, BY) - Assistenten: Steffen Grimmeißen (SpVgg Löpsingen, BY), Simon Marx (FC Germania Großwelzheim, BY)
Gelbe Karten: Mack / -

15.05.2019: FC Schalke 04 (W1) - Borussia Dortmund (W2)   2:2 (1:1)
Schalke: Erdem Canpolat - Jan Eric Hempel, Görkem Can, Jonathan Riemer, Andriko Smolinski - Ahmed Kutucu, Münir Mercan, Malick Thiaw, Umut Yildiz (72. Rene Biskup), Lukas Ahrend (90. Jimmy Adrian Kaparos) - Joselpho Barnes (72. Mehmet-Can Aydin). Trainer: Norbert Elgert
Dortmund: Lucien Hawryluk - Niclas Knoop, Ramzi Ferjani, Emir Muhammed Terzi, Tobias Mißner (76. Mert Göckan) - Tobias Raschl, Emre Aydinel, Patrick Osterhage, Enrique Pena Zauner (69. Reda Khadra) - Robin Kehr (90.+2 Nico Lübke), Alaa Bakir (76. Immanuel Pherai). Trainer: Benjamin Hoffmann
Tore: 0:1 Raschl (20.), 1:1 Can (37., Fouelfmeter), 1:2 Aydinel (64.), 2:2 Biskup (90.+4)
Zuschauer: 4.300 im Stadion Niederrhein in Oberhausen
Schiedsrichter: Dr. Henrik Bramlage (VfL Oythe, NS) - Assistenten: Patrick Schwengers (TSV Travemünde, SH), Jost Steenken (SV Vorwärts Nordhorn, NS)
Gelbe Karten: - / Kehr
Besonders Vorkommnis: Raschl scheitert mit Fouelfmeter an Canpolat (20.)

Halbfinal-Rückspiele:
20.05.2019: VfL Wolfsburg - VfB Stuttgart   2:3 iE, 1:1 (1:0)
Wolfsburg: Lino Kasten; Nico Mai, Tim Siersleben, John Yeboah Zamora, Ole Pohlmann (57. Muhammed Saracevic), Soufiane Messeguem, Dominik Marx, Phillip König (62. Jesaja Herrmann), Lenn Jastremski (82. Tom Kaspar Berger), Leon Sommer, Michael Edwards. Trainer: Thomas Reis
Stuttgart: Sebastian Hornung; Manuel Reutter, Alexander Kopf, Antonis Aidonis, Luca Mack, Per Lockl, Lilian Egloff (62. Pedro Almeida Morais), Umut Günes, Eric Hottmann (90. Florian Kleinhansl), Nick Bätzner, Leon Dajaku. Trainer: Daniel Teufel
Tore: 1:0 Zamora (27.), 1:1 Dajaku (77.)
Elfmeterschießen: Marx vergibt, 0:1 Bätzner, 1:1 Siersleben, 1:2 Günes, 2:2 Zamora, 2:3 Lockl, Messeguem vergibt, Aidonis vergibt, Herrmann vergibt
Zuschauer: 2.050 im AOK Stadion in Wolfsburg
Schiedsrichter: Oliver Lossius (BSV Eintracht Sondershausen, TH) - Assistenten: Matthias Lämmchen (ZFC Meuselwitz, TH), Max Burda (SC Staaken, B)
Gelbe Karten: Jastremski / Dajaku

20.05.2019: Borussia Dortmund - FC Schalke 04   2:0 (1:0)
Dortmund: Lucien Hawryluk - Emir Muhammed Terzi, Tobias Mißner (60. Mert Göckan), Niclas Knoop, Ramzi Ferjani - Yassin Ibrahim (78. Immanuel Pherai), Patrick Osterhage, Enrique Pena Zauner, Tobias Raschl - Paul-Philipp Besong (87. Emre Aydinel), Robin Kehr (75. Reda Khadra). Trainer: Benjamin Hoffmann
Schalke: Erdem Canpolat - Jan Eric Hempel, Görkem Can, Jonathan Riemer (71. Joselpho Barnes), Andriko Smolinski - Ahmed Kutucu, Münir Mercan, Malick Thiaw, Umut Yildiz (60. Jimmy Adrian Kaparos), Lukas Ahrend (87. Sava Cestic) - Rene Biskup (72. Mehmet-Can Aydin). Trainer: Norbert Elgert
Tore: 1:0 Raschl (43., Fouelfmeter), 2:0 Pena-Zauner (58.)
Zuschauer: 6.709 im Stadion Rote Erde in Dortmund
Schiedsrichter: Mitja Stegemann (1. FC Niederkassel, MIR) - Assistenten: Robin Braun (SV Jägerhaus-Linde, NIR), Kevin Domnick (SV Heißen, NIR)
Gelbe Karten: Aydinel, Besong, Mißner, Osterhage, Raschl, Emir / Canpolat

Finale:
02.06.2019: VfB Stuttgart - Borussia Dortmund   3:5 (3:1)
Stuttgart: Sebastian Hornung - Alexander Kopf, Antonis Aidonis, Manuel Reutter (87. Jovan Djermanovic) - Luca Mack, Nick Bätzner, Per Lockl, Umut Günes (65. Florian Kleinhansl), Lilian Egloff (56. Hamza Cetinkaya) - Leon Dajaku (74. Pedro Almeida Morais), Eric Hottmann. Trainer: Daniel Teufel
Dortmund: Lucien Hawryluk - Emir Muhammed Terzi (62. Reda Khadra), Tobias Mißner (82. Mert Göckan), Niclas Knoop (46. Julius Schell), Ramzi Ferjani - Emre Aydinel (46. Paul-Philipp Besong), Immanue Pherai, Patrick Osterhage, Tobias Raschl, Enrique Pena Zauner - Robin Kehr. Trainer: Benjamin Hoffmann
Tore: 1:0 Ferjani (2., Eigentor), 1:1 Günes (7., Eigentor), 2:1 Dajaku (15.), 3:1 Egloff (26.), 3:2 Pherai (57.), 3:3 Besong (77.), 3:4 Besong (82.), 3:5 Pena Zauner (90.+4)
Zuschauer: 8.100 in der mechatronik-Arena in Aspach
Schiedsrichter: Christian Dietz (FC Kronach 08, BY) - Assistenten: Lothar Ostheimer (TSV Sulzberg, BY), Johannes Huber (TSV Bogen, BY)
Gelbe Karten: Lockl / Hawryluk, Pherai, Pena Zauner
Rote Karten: Mack (51., Notbremse) / -

A-Junioren: Bundesliga Nord/Nordost

Pl. (Vj.) Mannschaft		Gesamtbilanz						Heimbilanz					Auswärtsbilanz				
		Sp	S	U	N	Tore	TD	Pkt	Sp	S	U	N	Tore	Pkt	Sp	S	U	N	Tore	Pkt
1. (5.) VfL Wolfsburg		26	22	1	3	83-29	+54	67	13	12	1	0	44-11	37	13	10	0	3	39-18	30
2. (3.) SV Werder Bremen		26	18	3	5	78-29	+49	57	13	9	0	4	33-11	27	13	9	3	1	45-18	30
3. (4.) RasenBallsport Leipzig		26	18	2	6	53-19	+34	56	13	9	1	3	31- 8	28	13	9	1	3	22-11	28
4. (6.) FC St. Pauli		26	18	2	6	52-32	+20	56	13	10	1	2	30-14	31	13	8	1	4	22-18	25
5. (1.) Hertha BSC		26	16	3	7	66-35	+31	51	13	8	0	5	35-20	24	13	8	3	2	31-15	27
6. (8.) Hannover 96		26	16	0	10	61-32	+29	48	13	9	0	4	36-19	27	13	7	0	6	25-13	21
7. (2.) Hamburger SV		26	13	2	11	57-40	+17	41	13	6	2	5	31-20	20	13	7	0	6	26-20	21
8. (↑) 1. FC Magdeburg		26	12	3	11	37-47	-10	39	13	8	1	4	24-16	25	13	4	2	7	13-31	14
9. (7.) SG Dynamo Dresden		26	9	6	11	36-49	-13	33	13	5	3	5	19-18	18	13	4	3	6	17-31	15
10. (11.) 1. FC Union Berlin		26	4	8	14	34-53	-19	20	13	2	6	5	21-24	12	13	2	2	9	13-29	8
11. (10.) Niendorfer TSV		26	4	4	18	24-70	-46	16	13	3	2	8	17-38	11	13	1	2	10	7-32	5
12. (↑) TSV Havelse	↓	26	4	4	18	21-70	-49	16	13	1	3	9	11-32	6	13	3	1	9	10-38	10
13. (↑) FC Carl Zeiss Jena	↓	26	4	3	19	20-71	-51	15	13	3	1	9	13-35	10	13	1	2	10	7-36	5
14. (9.) VfL Osnabrück	↓	26	2	3	21	17-63	-46	9	13	2	1	10	7-21	7	13	0	2	11	10-42	2

Teilnehmer an Deutscher Meisterschaft: VfL Wolfsburg.
Absteiger in die Regionalligen: VfL Osnabrück, TSV Havelse (Nord) und FC Carl Zeiss Jena (Nordost).
Aufsteiger aus der Regionalligen: FC Energie Cottbus, Chemnitzer FC (Nordost) und Holstein Kiel (Nord).

A-Jun. BL Nord/NO 2018/19	VfL Wolfsburg	Werder Bremen	RB Leipzig	FC St. Pauli	Hertha BSC	Hannover 96	Hamburger SV	1. FC Magdeburg	Dynamo Dresden	1. FC Union Berlin	Niendorfer TSV	TSV Havelse	Carl Zeiss Jena	VfL Osnabrück
VfL Wolfsburg	✕	2:2	2:0	2:0	4:2	2:1	4:2	6:1	4:1	3:1	6:0	3:0	2:0	
SV Werder Bremen	1:0	✕	1:3	1:2	0:1	1:0	2:0	3:2	5:0	1:2	4:0	6:1	2:0	6:0
RB Leipzig	3:1	1:1	✕	0:1	2:0	2:0	1:2	0:1	2:1	4:0	1:0	4:0	5:1	6:0
FC St. Pauli	1:4	2:2	4:2	✕	1:2	2:1	2:1	3:0	4:0	3:1	1:0	2:1	3:0	2:0
Hertha BSC	1:3	1:4	0:1	0:1	✕	0:5	3:1	8:0	5:2	2:1	7:0	3:1	0:2	2:1
Hannover 96	6:1	1:3	1:2	2:0	1:5	✕	1:0	2:1	1:2	4:2	3:1	4:1	6:0	4:1
Hamburger SV	2:5	2:4	0:1	2:3	3:3	1:2	✕	5:0	3:0	2:0	5:0	2:0	3:1	1:1
1. FC Magdeburg	0:2	5:3	2:0	0:2	0:2	2:0	0:3	✕	2:2	3:0	2:1	5:0	2:1	1:0
Dynamo Dresden	0:5	1:4	0:1	1:0	0:0	0:2	4:0	2:2	✕	3:2	1:1	0:1	5:0	2:0
1. FC Union Berlin	0:2	1:3	0:0	1:2	3:3	2:0	1:3	0:2	2:2	✕	2:2	2:2	1:1	6:2
Niendorfer TSV	1:6	1:7	0:2	2:3	0:5	0:5	0:4	0:0	0:2	3:1	✕	3:0	1:6	6:2
TSV Havelse	1:5	0:2	0:1	3:3	1:4	1:4	1:4	0:2	1:1	0:3	0:1	✕	2:1	1:1
FC Carl Zeiss Jena	1:2	1:7	0:5	0:4	0:3	0:3	1:3	2:1	2:3	0:0	2:0	1:2	✕	3:2
VfL Osnabrück	1:3	0:3	1:4	4:1	0:1	0:2	0:3	0:1	0:1	0:0	1:0	0:1	0:1	✕

A-Jun. BL West 2018/19	FC Schalke 04	Bor. Dortmund	1. FC Köln	Bayer Leverkusen	Mönchengladbach	VfL Bochum	MSV Duisburg	Fort. Düsseldorf	RW Oberhausen	Preußen Münster	Alem. Aachen	SC Paderborn 07	Rot-Weiss Essen	SV Rödinghausen
FC Schalke 04	✕	1:4	1:3	2:0	1:1	4:2	2:1	1:0	1:1	3:1	0:0	2:1	3:1	2:1
Borussia Dortmund	0:1	✕	0:1	0:0	0:1	1:0	2:2	2:1	2:0	5:1	4:0	4:1	3:0	5:0
1. FC Köln	3:2	2:2	✕	0:1	0:1	1:2	3:0	3:1	4:0	2:1	4:1	4:0	5:0	5:0
Bayer Leverkusen	2:0	0:3	3:3	✕	0:2	3:2	1:2	0:0	1:0	5:1	6:0	2:2	2:3	4:1
Mönchengladbach	0:0	0:2	1:3	1:2	✕	2:0	0:1	4:0	1:1	0:0	1:1	5:0	1:0	3:3
VfL Bochum	1:4	1:1	1:1	2:2	0:3	✕	2:3	2:2	3:0	3:1	3:0	3:0	3:0	3:0
MSV Duisburg	0:1	2:0	0:4	1:0	1:1	1:3	✕	0:2	0:1	1:0	1:1	0:1	0:0	2:0
Fortuna Düsseldorf	1:2	4:1	2:2	1:1	0:0	2:0	1:1	✕	8:0	0:2	2:2	3:4	1:0	3:0
RW Oberhausen	0:0	1:5	2:2	4:2	0:4	1:1	0:2	2:1	✕	0:2	3:1	4:2	2:2	2:2
Preußen Münster	2:3	0:1	3:0	1:3	2:2	4:0	3:2	3:3	0:0	✕	1:0	2:3	0:2	3:1
Alemannia Aachen	1:3	1:4	2:1	4:2	3:3	0:4	1:3	0:1	0:1	4:3	✕	1:3	3:0	3:0
SC Paderborn 07	0:1	0:8	0:2	2:4	1:1	3:4	0:1	0:0	3:3	2:1	1:2	✕	0:0	2:0
Rot-Weiss Essen	1:3	1:3	1:3	0:1	2:1	1:3	1:0	0:1	1:0	2:2	2:4	2:2	✕	0:1
SV Rödinghausen	0:3	0:2	0:4	0:2	0:0	0:2	0:2	0:3	1:3	0:4	2:4	2:1	2:0	✕

A-Junioren: Bundesliga West

Pl. (Vj.) Mannschaft		Gesamtbilanz						Heimbilanz					Auswärtsbilanz				
		Sp	S	U	N	Tore	TD	Pkt	Sp	S	U	N	Tore	Pkt	Sp	S	U	N	Tore	Pkt
1. (1.) FC Schalke 04		26	17	5	4	46-27	+19	56	13	8	3	2	23-16	27	13	9	2	2	23-11	29
2. (2.) Borussia Dortmund		26	17	4	5	64-21	+43	55	13	8	2	3	28- 8	26	13	9	2	2	36-13	29
3. (4.) 1. FC Köln		26	16	5	5	65-27	+38	53	13	9	1	3	36-11	28	13	7	4	2	29-16	25
4. (6.) Bayer 04 Leverkusen		26	12	6	8	51-37	+14	42	13	6	3	4	29-19	21	13	6	3	4	22-18	21
5. (11.) Borussia Mönchengladbach		26	10	11	5	40-23	+17	41	13	4	5	4	19-13	17	13	6	6	1	21-10	24
6. (3.) VfL Bochum		26	12	5	9	50-40	+10	41	13	6	4	3	27-17	22	13	6	1	6	23-23	19
7. (8.) MSV Duisburg		26	11	5	10	28-30	-2	38	13	4	3	6	9-14	15	13	7	2	4	19-16	23
8. (5.) Fortuna Düsseldorf		26	9	9	8	43-32	+11	36	13	5	5	3	28-15	20	13	4	4	5	15-17	16
9. (7.) SC Rot-Weiß Oberhausen		26	7	9	10	31-50	-19	30	13	4	5	4	21-25	17	13	3	4	6	10-25	13
10. (10.) SC Preußen Münster		26	8	5	13	43-47	-4	29	13	5	3	5	24-20	18	13	3	2	8	19-27	11
11. (↑) TSV Alemannia Aachen		26	8	5	13	39-58	-19	29	13	5	1	7	23-28	16	13	3	4	6	16-30	13
12. (9.) SC Paderborn 07	↓	26	6	6	14	34-61	-27	24	13	2	4	7	14-27	10	13	4	2	7	20-34	14
13. (↑) Rot-Weiss Essen	↓	26	5	5	16	22-49	-27	20	13	3	2	8	14-24	11	13	2	3	8	8-25	9
14. (↑) SV Rödinghausen	↓	26	3	2	21	16-70	-54	11	13	2	0	11	7-33	6	13	1	2	10	9-37	5

Teilnehmer an Deutscher Meisterschaft: FC Schalke 04 und Borussia Dortmund.
Absteiger in die Verbandsligen: SV Rödinghausen, SC Paderborn 07 (Westfalen) und Rot-Weiss Essen (Niederrhein).
Aufsteiger aus den Verbandsligen: DSC Arminia Bielefeld (Westfalen), Wuppertaler SV (Niederrhein), FC Viktoria Köln (Mittelrhein).

A-Junioren: Bundesliga Süd/Südwest

Pl. (Vj.) Mannschaft		Gesamtbilanz							Heimbilanz						Auswärtsbilanz					
		Sp	S	U	N	Tore	TD	Pkt	Sp	S	U	N	Tore	Pkt	Sp	S	U	N	Tore	Pkt
1. (6.) VfB Stuttgart		26	19	3	4	55-27	+28	60	13	10	1	2	28-11	31	13	9	2	2	27-16	29
2. (4.) 1. FSV Mainz 05		26	16	5	5	59-23	+36	53	13	8	2	3	32-13	26	13	8	3	2	27-10	27
3. (↑) FC Ingolstadt 04		26	14	5	7	46-31	+15	47	13	8	2	3	23-10	26	13	6	3	4	23-21	21
4. (2.) FC Bayern München		26	13	7	6	52-34	+18	46	13	5	4	4	23-20	19	13	8	3	2	29-14	27
5. (1.) TSG 1899 Hoffenheim		26	11	6	9	49-45	+4	39	13	6	3	4	23-19	21	13	5	3	5	26-26	18
6. (8.) SC Freiburg		26	11	5	10	53-42	+11	38	13	6	2	5	30-23	20	13	5	3	5	23-19	18
7. (3.) FC Augsburg		26	10	4	12	41-47	-6	34	13	4	1	8	15-23	13	13	6	3	4	26-24	21
8. (5.) Karlsruher SC		26	10	3	13	41-41	0	33	13	5	2	6	26-22	17	13	5	1	7	15-19	16
9. (7.) 1. FC Heidenheim		26	8	8	10	35-39	-4	32	13	5	7	1	27-15	22	13	3	1	9	8-24	10
10. (11.) Eintracht Frankfurt		26	8	7	11	37-44	-7	31	13	5	4	4	20-18	19	13	3	3	7	17-26	12
11. (9.) 1. FC Kaiserslautern		26	8	7	11	34-48	-14	31	13	4	3	6	12-23	15	13	4	4	5	22-25	16
12. (10.) 1. FC Nürnberg	↓	26	8	6	12	40-50	-10	30	13	5	2	6	25-25	17	13	3	4	6	15-25	13
13. (↑) SV Stuttgarter Kickers	↓	26	6	6	14	19-45	-26	24	13	4	3	6	10-23	15	13	2	3	8	9-22	9
14. (↑) FSV Frankfurt	↓	26	4	0	22	18-63	-45	12	13	3	0	10	10-30	9	13	1	0	12	8-33	3

Teilnehmer an Deutscher Meisterschaft: VfB Stuttgart.
Absteiger in die Regional-/Oberligen: FSV Frankfurt (Hessen), SV Stuttgarter Kickers (Baden-Württemberg) und 1. FC Nürnberg (Bayern).
Aufsteiger aus den Oberligen: Offenbacher FC Kickers (Hessen), SSV Ulm 1846 (Baden-Württemberg) und SpVgg Greuther Fürth (Bayern).

A-Junioren: Bundesliga Süd/Südwest 2018/19

	VfB Stuttgart	1. FSV Mainz 05	FC Ingolstadt 04	FC Bayern München	1899 Hoffenheim	SC Freiburg	FC Augsburg	Karlsruher SC	1. FC Heidenheim	Eintracht Frankfurt	1. FC Kaiserslautern	1. FC Nürnberg	Stuttgarter Kickers	FSV Frankfurt
VfB Stuttgart	×	1:3	3:1	0:2	5:1	2:1	1:0	2:0	1:0	3:1	2:2	2:0	1:0	5:0
1. FSV Mainz 05	3:1	×	3:2	2:2	3:1	2:0	1:2	1:2	5:0	1:0	5:0	1:1	4:0
FC Ingolstadt 04	0:1	2:0	×	1:1	3:0	0:2	5:1	1:1	1:0	0:1	4:2	1:0	2:0	3:1
FC Bayern München	4:4	0:0	3:1	×	1:2	1:3	3:3	0:1	2:1	4:2	0:2	1:0	1:1	3:0
TSG 1899 Hoffenheim	1:2	0:2	0:0	0:5	×	1:1	2:1	3:2	5:1	1:2	1:1	5:1	2:0	2:1
SC Freiburg	1:2	1:2	1:3	4:4	3:3	×	2:3	3:1	0:1	2:1	4:0	4:1	3:1	2:1
FC Augsburg	1:3	2:1	0:3	1:0	3:0	2:4	×	1:3	0:1	1:1	1:3	2:3	1:0	0:1
Karlsruher SC	2:0	2:2	2:3	2:3	1:2	1:0	2:3	×	5:1	4:2	2:3	0:2	1:1	2:0
1. FC Heidenheim	2:2	0:0	6:1	1:5	1:1	1:1	1:1	2:0	×	2:2	2:0	2:2	4:0	3:0
Eintracht Frankfurt	1:2	0:1	2:4	1:3	0:0	3:2	1:1	2:0	2:0	×	2:2	1:1	2:1	3:1
1. FC Kaiserslautern	0:2	0:4	0:0	0:1	2:7	1:3	1:0	2:1	2:0	0:0	×	2:2	0:2	2:1
1. FC Nürnberg	0:2	1:4	0:1	1:2	2:1	2:2	3:5	0:1	4:1	3:2	2:2	×	4:0	3:2
SV Stuttgarter Kickers	0:4	0:2	1:1	1:0	1:6	2:4	1:3	0:2	0:0	1:0	2:1	0:0	×	1:0
FSV Frankfurt	1:2	1:6	0:3	0:1	1:2	1:0	1:3	2:1	1:0	0:3	2:4	0:3	0:2	×

Informationen zu den Aufstiegsspielen zur A-Junioren Bundesliga Süd/Südwest finden Sie auf Seite 461.

A-Junioren: Torschützenlisten und Zuschauerzahlen der Bundesliga

Bundesliga Nord/Nordost

Torschützenliste:

Pl.	Spieler (Mannschaft)	Tore
1.	Ngankam, Jessic (Hertha BSC)	25
2.	Mensah Quarshie, Fred (SV Werder Bremen)	22
3.	Philipp, David (SV Werder Bremen)	20
	Yeboah Zamora, John (VfL Wolfsburg)	20
5.	Beke, Peter (Hamburger SV)	18
6.	Soto, Sebastian (Hannover 96)	17
7.	Neiß, Justin (Hannover 96)	16
8.	Jastremski, Lenn (VfL Wolfsburg)	13
9.	Eidtner, Daniel (1. FC Union Berlin)	12
	Hartmann, Fabrice (RasenBallsport Leipzig)	12
	Kusej, Vasil (SG Dynamo Dresden)	12
	Nadj, Niclas (FC St. Pauli)	12
13.	Herrmann, Charles-Jesaja (VfL Wolfsburg)	11
	Temp, Marvin (1. FC Magdeburg)	11
	Werthmüller, Ruwen (Hertha BSC)	11

Zuschauerstatistik:

Pl.	Mannschaft	gesamt	Schnitt
1.	RasenBallsport Leipzig	3.146	242
2.	VfL Wolfsburg	2.590	199
3.	TSV Havelse	1.720	132
4.	FC St. Pauli	1.651	127
5.	Hamburger SV	1.595	123
6.	Hannover 96	1.448	111
7.	Hertha BSC	1.352	104
8.	1. FC Magdeburg	1.348	104
9.	SV Werder Bremen	1.308	101
10.	1. FC Union Berlin	1.270	98
11.	Niendorfer TSV	1.256	97
12.	FC Carl Zeiss Jena	1.167	90
13.	SG Dynamo Dresden	1.120	86
14.	VfL Osnabrück	892	69
		21.863	**120**

Bundesliga West

Torschützenliste:

Pl.	Spieler (Mannschaft)	Tore
1.	Churlinov, Darko (1. FC Köln)	18
	Uzun, Ömer (VfL Bochum)	18
3.	Aydinel, Emre (Borussia Dortmund)	17
4.	Kutucu, Ahmed (FC Schalke 04)	15
5.	Dreßen, Mawerick (Borussia Mönchengladbach)	13
6.	Bukusu, Herdi (Bayer 04 Leverkusen)	12
	Müller, Sebastian (1. FC Köln)	12
8.	Appelkamp, Shinta (Fortuna Düsseldorf)	11
9.	Akono, Cyrill (SC Preußen Münster)	10
	Pia, Jan-Niklas (MSV Duisburg)	10
	Wolf, Marco (Bayer 04 Leverkusen)	10
12.	Aydin, Anil (1. FC Köln)	9
	Beckhoff, Phil (SC Paderborn 07)	9
	Bornemann, Timo (Fortuna Düsseldorf)	9
	Schneck, Jonas (SC Preußen Münster)	9

Zuschauerstatistik:

Pl.	Mannschaft	gesamt	Schnitt
1.	1. FC Köln	4.688	361
2.	FC Schalke 04	3.331	256
3.	Borussia Dortmund	3.158	243
4.	SV Rödinghausen	2.951	227
5.	Bayer 04 Leverkusen	2.662	205
6.	VfL Bochum	2.528	194
7.	SC Rot-Weiß Oberhausen	1.827	141
8.	Borussia Mönchengladbach	1.781	137
9.	TSV Alemannia Aachen	1.701	131
10.	MSV Duisburg	1.652	127
11.	SC Paderborn 07	1.638	126
12.	Rot-Weiss Essen	1.435	110
13.	Fortuna Düsseldorf	1.399	108
14.	SC Preußen Münster	1.225	94
		31.976	**176**

Bundesliga Süd/Südwest

Torschützenliste:

Pl.	Spieler (Mannschaft)	Tore
1.	Batmaz, Malik (Karlsruher SC)	18
2.	Eyibil, Erkan (1. FSV Mainz 05)	17
3.	Breunig, Maximilian (FC Ingolstadt 04)	15
4.	Malone, Maurice (FC Augsburg)	13
5.	Cakar, Abdulkerim (Eintracht Frankfurt)	12
	Zirkzee, Joshua (FC Bayern München)	12
7.	Dajaku, Leon (VfB Stuttgart)	11
	Hermes, Lucas (SC Freiburg)	11
9.	Hoffmann, Eric (VfB Stuttgart)	10
10.	Kilic, Gökalp (1. FC Heidenheim)	9
	Zietsch, Marco (1. FC Nürnberg)	9
12.	Burkardt, Jonathan (1. FSV Mainz 05)	8
13.	Cevis, Dorian (FC Augsburg)	8
14.	Schönfelder, Oscar (1. FSV Mainz 05)	8

Zuschauerstatistik:

Pl.	Mannschaft	gesamt	Schnitt
1.	VfB Stuttgart	3.844	296
2.	FC Bayern München	3.173	244
3.	SC Freiburg	2.805	216
4.	1. FC Nürnberg	2.583	199
5.	Karlsruher SC	2.365	182
6.	FSV Frankfurt	2.339	180
7.	1. FSV Mainz 05	2.297	177
8.	1. FC Kaiserslautern	2.159	166
9.	Eintracht Frankfurt	2.152	166
10.	TSG 1899 Hoffenheim	2.060	158
11.	FC Augsburg	1.720	132
12.	1. FC Heidenheim	1.696	130
13.	FC Ingolstadt 04	1.482	114
14.	SV Stuttgarter Kickers	1.446	111
		32.121	**176**

A-Junioren: Regionalliga Nordost

Pl. (Vj.) Mannschaft		Sp	S	U	N	Tore	TD	Pkt	Sp	S	U	N	Tore	Pkt	Sp	S	U	N	Tore	Pkt
1. (6.) FC Energie Cottbus	↑	26	20	3	3	93-19	+74	63	13	12	0	1	50-4	36	13	8	3	2	43-15	27
2. (↓) Chemnitzer FC	↑	26	19	4	3	75-33	+42	61	13	10	1	2	41-17	31	13	9	3	1	34-16	30
3. (5.) FC Hansa Rostock		26	16	1	9	62-43	+19	49	13	10	1	2	37-19	31	13	6	0	7	25-24	18
4. (8.) FC Erzgebirge Aue		26	14	2	10	67-52	+15	44	13	7	2	4	38-22	23	13	7	0	6	29-30	21
5. (10.) FC Viktoria 1889 Berlin LT		26	12	7	7	59-43	+16	43	13	5	5	3	28-20	20	13	7	2	4	31-23	23
6. (3.) FC Hertha 03 Zehlendorf		26	13	4	9	57-42	+15	43	13	9	1	3	35-19	28	13	4	3	6	22-23	15
7. (↑) SC Staaken		26	11	3	12	61-63	-2	36	13	6	2	5	35-26	20	13	5	1	7	26-37	16
8. (12.) Tennis Borussia Berlin		26	11	1	14	39-66	-27	34	13	5	1	7	19-29	16	13	6	0	7	20-37	18
9. (9.) SV Babelsberg 03		26	9	5	12	40-52	-12	32	13	6	4	3	23-16	22	13	3	1	9	17-36	10
10. (4.) Hallescher FC		26	9	4	13	47-53	-6	31	13	5	1	7	23-28	16	13	4	3	6	24-25	15
11. (7.) FC Rot-Weiß Erfurt		26	8	5	13	45-51	-6	29	13	8	1	4	32-19	25	13	0	4	9	13-32	4
12. (11.) Berliner FC Dynamo		26	6	5	15	29-55	-26	23	13	4	1	8	20-27	13	13	2	4	7	9-28	10
13. (↑) FC Oberlausitz Neugersdorf	↓	26	5	5	16	27-47	-20	20	13	2	4	7	10-22	10	13	3	1	9	17-25	10
14. (↑) VfB IMO Merseburg	◇↓	26	3	3	20	33-115	-82	12	13	2	2	9	19-56	8	13	1	1	11	14-59	4

VfB IMO Merseburg fusioniert zur neuen Saison mit SV Merseburg 99 (ohne A-Junioren) zu 1. FC Merseburg.

Absteiger aus der Bundesliga: FC Carl Zeiss Jena (Nord/Nordost).
Aufsteiger in die Bundesliga: FC Energie Cottbus und Chemnitzer FC (Nord/Nordost).
Absteiger in die VL/LL: VfB IMO Merseburg als 1. FC Merseburg (VL Sachsen-Anhalt) und FC Oberlausitz Neugersdorf (LL Sachsen).
Aufsteiger aus den VL/LL: 1. FC Neubrandenburg 04 (VL Mecklenburg-Vorpommern), Berliner SC (VL Berlin) und FSV Zwickau (LL Sachsen).

A-Jun. RL Nordost 2018/19

	Energie Cottbus	Chemnitzer FC	Hansa Rostock	Erzgebirge Aue	FC Viktoria 1889	Hertha Zehlendorf	SC Staaken	Tennis Borussia	SV Babelsberg 03	Hallescher FC	Rot-Weiß Erfurt	BFC Dynamo	FCO Neugersdorf	VfB Merseburg
FC Energie Cottbus	X	4:1	2:0	6:0	1:2	3:0	7:0	8:0	5:0	2:1	2:0	6:0	1:0	3:0
Chemnitzer FC	3:2	X	4:0	2:3	3:0	3:1	5:3	7:1	5:0	0:3	2:2	2:0	3:2	2:0
FC Hansa Rostock	1:0	2:2	X	4:2	0:4	4:3	1:0	5:1	2:0	4:1	4:1	1:4	3:1	6:0
FC Erzgebirge Aue	2:4	2:4	6:1	X	2:2	0:1	1:1	3:0	5:2	3:2	1:0	5:0	1:5	7:0
FC Viktoria 1889	2:3	0:0	0:4	0:4	X	1:1	4:2	2:1	2:2	3:2	0:0	1:1	2:0	11:0
Hertha Zehlendorf	1:1	0:2	2:1	4:1	3:1	X	2:0	2:3	2:3	6:2	4:2	3:0	2:1	4:2
SC Staaken	1:3	0:3	1:5	4:1	2:2	0:3	X	2:3	3:1	2:1	6:1	0:0	5:1	9:2
Tennis Borussia	0:4	2:4	1:3	2:5	0:2	2:1	3:4	X	3:2	0:2	2:1	2:0	1:1	1:0
SV Babelsberg 03	0:0	2:2	4:1	1:3	3:1	0:2	1:0	0:2	X	1:1	3:1	2:0	3:0	3:3
Hallescher FC	1:1	1:5	0:1	1:4	2:3	3:1	2:7	1:2	3:2	X	3:1	4:0	0:1	2:0
FC Rot-Weiß Erfurt	3:4	0:1	0:3	3:0	2:1	4:1	8:0	2:1	2:1	1:1	X	0:2	1:5	5:3
Berliner FC Dynamo	0:5	1:3	2:0	1:2	2:3	1:1	1:2	3:1	0:1	2:3	3:2	X	2:1	2:3
FCO Neugersdorf	0:3	0:3	2:1	0:3	2:3	2:2	0:3	0:2	0:1	0:0	0:0	0:0	X	4:1
VfB IMO Merseburg	1:13	2:4	0:5	2:1	1:7	0:5	2:4	2:3	4:2	1:5	2:2	2:2	0:3	X

A-Jun. RL Nord 2018/19

	Holstein Kiel	Eimsbütteler TV	JFV Nordwest	Etr. Braunschweig	Etr. Norderstedt	JLZ Emsland	Calenberger Land	FT Braunschweig	VfB Lübeck	SC Borgfeld	Heider SV	SV Eichede	TSV Sasel	SC Victoria
Holstein Kiel	X	2:3	3:1	6:0	1:1	4:0	1:1	6:0	2:0	3:2	3:0	7:3	9:0	9:1
Eimsbütteler TV	2:3	X	0:1	2:0	4:0	1:1	4:2	2:4	4:0	2:1	3:0	2:1	6:3	
JFV Nordwest	1:2	1:3	X	1:0	3:1	5:0	1:0	2:0	2:3	2:0	3:3	1:0	2:0	4:1
Eintr. Braunschweig	1:1	1:2	4:1	X	2:0	1:1	1:1	4:4	4:0	2:1	2:0	10:0	6:2	6:1
Eintr. Norderstedt	1:2	2:4	0:0	1:1	X	2:1	4:2	2:2	1:1	2:1	7:0	5:1	1:0	3:2
JLZ Emsland	0:2	3:0	1:2	0:0	1:2	X	3:1	6:2	0:0	3:4	6:0	3:0	4:0	5:0
Calenberger Land	1:5	3:0	0:1	1:1	3:2	1:1	X	4:3	2:5	5:1	6:1	1:3	2:0	7:0
FT Braunschweig	0:3	4:2	2:3	1:2	1:1	1:0	3:5	X	10:0	4:2	10:3	4:1	3:0	11:2
VfB Lübeck	0:6	0:3	0:3	1:6	3:1	2:1	0:3	1:1	X	2:3	2:1	5:1	11:1	3:4
SC Borgfeld	0:4	3:1	1:0	0:2	1:4	2:1	3:1	2:1	3:2	X	2:3	2:1	2:1	3:0
Heider SV	1:1	2:4	1:2	2:4	1:3	2:5	2:5	1:2	0:1	2:1	X	5:4	3:1	5:1
SV Eichede	1:4	0:5	5:2	2:3	1:2	1:5	1:3	3:8	1:6	2:3	3:1	X	2:0	1:2
TSV Sasel	1:4	1:4	1:3	0:3	2:3	0:8	1:2	2:1	1:3	1:1	0:0	1:2	X	3:0
Victoria Hamburg	1:5	0:4	0:4	0:2	1:3	1:3	1:6	4:8	6:4	1:1	1:4	4:4	0:1	X

A-Junioren: Regionalliga Nord

Pl. (Vj.) Mannschaft		Sp	S	U	N	Tore	TD	Pkt	Sp	S	U	N	Tore	Pkt	Sp	S	U	N	Tore	Pkt
1. (↓) Holstein Kiel	↑	26	21	4	1	98-22	+76	67	13	10	2	1	56-12	32	13	11	2	0	42-10	35
2. (6.) Eimsbütteler TV		26	17	2	7	68-39	+29	53	13	8	2	3	33-17	26	13	9	0	4	35-22	27
3. (4.) JFV Nordwest		26	17	2	7	51-31	+20	53	13	9	1	3	28-13	28	13	8	1	4	23-18	25
4. (↓) Eintracht Braunschweig		26	15	7	4	69-32	+37	52	13	8	4	1	44-14	28	13	7	3	3	25-18	24
5. (9.) FC Eintracht Norderstedt		26	13	6	7	51-40	+11	45	13	7	4	2	31-17	25	13	6	2	5	20-23	20
6. (3.) JLZ Emsland im SV Meppen		26	13	4	9	67-36	+31	43	13	7	2	4	35-13	23	13	6	2	5	32-23	20
7. (7.) JFV Calenberger Land		26	13	4	9	67-42	+25	43	13	7	1	5	36-21	22	13	6	3	4	31-21	21
8. (↑) Freie Turnerschaft Braunschweig		26	12	4	10	89-64	+25	40	13	8	1	4	54-24	25	13	4	3	6	35-40	15
9. (2.) VfB Lübeck		26	11	3	12	56-67	-11	36	13	5	1	7	30-34	16	13	6	2	5	26-33	20
10. (↑) SC Borgfeld	↓	26	10	2	14	41-56	-15	32	13	7	0	6	21-23	21	13	3	2	8	20-33	11
11. (↑) Heider SV	↓	26	6	3	17	43-81	-38	21	13	4	1	8	27-34	13	13	2	2	9	16-47	8
12. (5.) SV Eichede	↓	26	5	1	20	43-95	-52	16	13	3	0	10	23-44	9	13	2	1	10	20-51	7
13. (↑) TSV Sasel	↓	26	3	2	21	21-81	-60	11	13	2	2	9	14-34	8	13	1	0	12	7-47	3
14. (8.) SC Victoria Hamburg	↓	26	3	2	21	37-115	-78	11	13	1	2	10	20-49	5	13	2	0	11	17-66	6

Absteiger aus der Bundesliga: VfL Osnabrück und TSV Havelse (Nord/Nordost).
Aufsteiger in die Bundesliga: Holstein Kiel (Nord/Nordost).
Absteiger in die Verbände: SC Victoria Hamburg, TSV Sasel (Hamburg), SV Eichede, Heider SV (Schleswig-Holstein) und SC Borgfeld (Bremen).
Aufsteiger aus den Verbänden: SC Weiche Flensburg 08 (Schleswig-Holstein), FC Union Tornesch (Hamburg), JFV Rehden/Wetschen/Diepholz (Niedersachsen) und TuSpo Surheide (Bremen).

A-Junioren: Westfalenliga

Pl. (Vj.) Mannschaft		Sp	S	U	N	Tore	TD	Pkt	Sp	S	U	N	Tore	Pkt	Sp	S	U	N	Tore	Pkt
		Gesamtbilanz							**Heimbilanz**						**Auswärtsbilanz**					
1. (8.) Sportfreunde Siegen		22	16	1	5	62-31	+31	49	11	7	1	3	28-18	22	11	9	0	2	34-13	27
2. (↓) DSC Arminia Bielefeld	↑	22	15	3	4	64-21	+43	48	11	7	2	2	38-12	23	11	8	1	2	26-9	25
3. (2.) SV Lippstadt 08		22	14	5	3	47-18	+29	47	11	8	1	2	28-10	25	11	6	4	1	19-8	22
4. (4.) Hombrucher SV 09/72		22	12	1	9	43-37	+6	37	11	7	0	4	19-11	21	11	5	1	5	24-26	16
5. (5.) Rot Weiss Ahlen		22	11	2	9	44-39	+5	35	11	6	1	4	26-18	19	11	5	1	5	18-21	16
6. (7.) TSC Eintracht Dortmund		22	9	6	7	45-42	+3	33	11	5	2	4	21-21	17	11	4	4	3	24-21	16
7. (3.) SC Verl		22	8	6	8	38-33	+5	30	11	6	3	2	21-10	21	11	2	3	6	17-23	9
8. (↑) Hammer SpVg		22	8	4	10	40-40	0	28	11	3	3	5	21-23	12	11	5	1	5	19-17	16
9. (6.) TSG Sprockhövel		22	7	5	10	34-50	-16	26	11	5	1	5	21-26	16	11	2	4	5	13-24	10
10. (↑) TuS Haltern	↓	22	6	3	13	23-41	-18	21	11	1	2	8	10-21	5	11	5	1	5	13-20	16
11. (9.) FC Eintracht Rheine	↓	22	3	2	17	26-60	-34	11	11	1	1	9	14-27	4	11	2	1	8	12-33	7
12. (10.) SuS Stadtlohn	↓	22	2	4	16	20-74	-54	10	11	1	4	6	11-31	7	11	1	0	10	9-43	3

Absteiger aus der Bundesliga: SV Rödinghausen und SC Paderborn 07.
Aufsteiger in die Bundesliga: DSC Arminia Bielefeld; Sportfreunde Siegen verzichtet aus sportlichen Gründen auf den Aufstieg.
Absteiger in die Landesligen: SuS Stadtlohn, TuS Haltern (Staffel 2) und FC Eintracht Rheine (Staffel 1).
Aufsteiger aus den Landesligen: 1. FC Gievenbeck (Staffel 1) und SpV Westfalia Soest (Staffel 2).

A-Jun. WEF-liga 2018/19

	Sportfr. Siegen	Arm. Bielefeld	SV Lippstadt	Hombruch	RW Ahlen	Etr. Dortmund	SC Verl	Hammer SpVg	Sprockhövel	TuS Haltern	Eintr. Rheine	SuS Stadtlohn
Sportfr. Siegen	×	1:0	1:1	2:5	4:1	3:2	5:3	0:3	6:0	4:1	0:1	2:1
Arminia Bielefeld	1:2	×	1:1	3:0	1:2	3:0	4:2	5:1	5:2	0:0	4:0	11:2
SV Lippstadt 08	2:0	0:1	×	2:1	1:1	1:4	4:2	5:0	3:1	6:0	2:0	2:0
Hombrucher SV	0:1	1:4	2:0	×	2:3	3:0	1:0	1:0	2:1	1:2	3:0	3:0
Rot Weiss Ahlen	0:1	1:3	1:3	4:1	×	3:3	2:1	1:3	4:2	3:0	3:1	4:0
Eintracht Dortmund	4:3	1:3	1:1	3:2	5:1	×	1:4	1:3	0:0	0:1	2:1	3:2
SC Verl	0:3	1:1	0:0	3:0	2:0	1:3	×	1:0	1:1	1:0	8:1	3:1
Hammer SpVg	1:4	0:3	0:1	3:3	2:0	2:3	2:2	×	1:1	3:4	4:2	3:0
TSG Sprockhövel	3:4	0:6	0:5	0:1	2:1	2:2	0:1	3:2	×	2:1	4:2	5:1
TuS Haltern	1:5	1:2	0:1	1:2	0:3	1:1	3:1	0:0	0:1	×	2:3	1:2
Eintracht Rheine	1:4	1:2	0:2	5:6	0:1	0:4	1:1	0:3	0:2	0:2	×	6:0
SuS Stadtlohn	0:7	2:1	2:4	0:3	2:5	2:2	0:0	0:4	2:2	0:2	1:1	×

A-Jun. NIR-liga 2018/19

	Wuppertal	M'gladbach	Klosterhardt	FSV Duisburg	Meerbusch	KR-Fischeln	Ratingen	SSVg Velbert	Solingen-Wald	ETB SW Essen	1. FC Bocholt	SFHamborn 07	Cronenberg	TV Voerde
Wuppertaler SV	×	2:0	2:2	1:1	2:0	2:1	8:1	5:2	4:0	3:0	7:0	3:0	5:0	8:0
1. FC M'gladbach	4:3	×	3:3	0:0	3:1	2:1	1:3	3:1	2:0	1:0	2:0	4:1	9:0	3:0
Arm. Klosterhardt	0:0	0:1	×	2:1	0:3	2:1	2:2	2:2	3:1	1:3	2:1	5:0	9:0	4:1
FSV Duisburg	0:4	3:0	3:1	×	2:2	2:2	7:1	2:0	2:1	2:5	2:2	5:1	6:0	5:0
TSV Meerbusch	0:2	0:1	1:3	1:1	×	0:0	0:2	1:0	7:0	2:0	2:0	2:1	4:1	4:0
Krefeld-Fischeln	0:2	1:0	3:0	1:2	1:2	×	3:0	3:3	2:3	1:0	3:2	3:4	2:0	11:1
Germ. Ratingen	2:1	1:2	0:1	2:4	1:0	0:2	×	1:3	1:2	2:0	3:1	3:1	4:0	4:0
SSVg Velbert 02	0:3	0:2	1:2	3:1	1:1	3:3	1:0	×	1:1	3:2	5:1	3:2	7:1	4:2
Solingen-Wald	0:1	1:7	4:0	3:1	0:2	1:3	1:0	1:0	×	1:0	1:1	0:1	5:1	4:0
ETB SW Essen	2:4	2:3	3:4	0:2	1:0	1:1	0:8	2:1	0:0	×	3:3	1:0	2:0	9:0
1. FC Bocholt	0:3	0:0	1:2	4:3	1:1	1:1	2:3	2:5	5:2	5:1	×	1:0	4:4	2:1
SF Hamborn 07	1:6	0:2	0:1	0:3	2:2	1:4	2:4	0:3	2:0	1:2	1:2	×	3:1	3:0
Cronenberger SC	1:7	2:2	1:2	1:2	0:5	0:5	2:0	0:4	1:3	0:1	0:3	4:2	×	2:1
TV Voerde	0:10	0:8	2:9	0:3	1:4	1:2	0:7	1:0	3:4	1:4	0:3	1:1	3:1	×

A-Junioren: Niederrheinliga

Pl. (Vj.) Mannschaft		Sp	S	U	N	Tore	TD	Pkt	Sp	S	U	N	Tore	Pkt	Sp	S	U	N	Tore	Pkt
		Gesamtbilanz							**Heimbilanz**						**Auswärtsbilanz**					
1. (2.) Wuppertaler SV	↑	26	21	3	2	98-17	+81	66	13	11	2	0	52-7	35	13	10	1	2	46-10	31
2. (3.) 1. FC Mönchengladbach		26	18	4	4	65-25	+40	58	13	10	2	1	37-13	32	13	8	2	3	28-12	26
3. (↓) DJK Arminia Klosterhardt		26	15	5	6	62-40	+22	50	13	7	3	3	32-16	24	13	8	2	3	30-24	26
4. (7.) FSV Duisburg		26	14	6	6	65-37	+28	48	13	8	3	2	41-19	27	13	6	3	4	24-18	21
5. (↑) TSV Meerbusch		26	12	6	8	47-26	+21	42	13	7	2	4	24-11	23	13	5	4	4	23-15	19
6. (5.) VfR Krefeld-Fischeln		26	12	6	8	60-35	+25	42	13	7	1	5	34-19	22	13	5	5	3	26-16	20
7. (6.) Germania Ratingen 04/19	↓	26	13	1	12	55-46	+9	40	13	7	0	6	24-17	21	13	6	1	6	31-29	19
8. (4.) SSVg Velbert 02	↓	26	11	5	10	56-44	+12	38	13	7	3	3	32-21	24	13	4	2	7	24-23	14
9. (↑) 1. SpVg Solingen-Wald	↓	26	11	3	12	39-50	-11	36	13	7	1	5	22-17	22	13	4	2	7	17-33	14
10. (9.) ETB Schwarz-Weiß Essen		26	10	3	13	44-49	-5	33	13	5	3	5	26-26	18	13	5	0	8	18-23	15
11. (↑) 1. FC Bocholt	↓	26	8	7	11	47-57	-10	31	13	5	4	4	28-26	19	13	3	3	7	19-31	12
12. (↑) Sportfreunde Hamborn 07	↓	26	5	2	19	30-65	-35	17	13	3	1	9	16-30	10	13	2	1	10	14-35	7
13. (↑) Cronenberger SC 02	↓	26	3	2	21	23-100	-77	11	13	3	1	9	14-37	10	13	0	1	12	9-63	1
14. (↑) TV Voerde	↓	26	2	1	23	19-119	-100	7	13	2	1	10	13-56	7	13	0	0	13	6-63	0

Absteiger aus der Bundesliga: Rot-Weiss Essen.
Aufsteiger in die Bundesliga: Wuppertaler SV.
Absteiger in die Leistungsklassen: TV Voerde, Sportfreunde Hamborn 07 (Duisburg/Mülheim/Dinslaken), Cronenberger SC 02, SSVg Velbert 02 (Wuppertal/Niederberg), 1. FC Bocholt (Rees/Bocholt), 1. SpVg Solingen-Wald (Solingen) und Germania Ratingen 04/19 (Düsseldorf).
Aufsteiger aus den Leistungsklassen: VfB Homberg (Moers), SG Unterrath 12/24, VfB 03 Hilden (Düsseldorf), SC Kapellen-Erft, ASV Einigkeit Süchteln (Grevenbroich/Neuss), KFC Uerdingen 05 (Kempen/Krefeld) und SC Velbert (Wuppertal/Niederberg).

A-Junioren: Mittelrheinliga

Pl. (Vj.) Mannschaft		Sp	S	U	N	Tore	TD	Pkt	Sp	S	U	N	Tore	Pkt	Sp	S	U	N	Tore	Pkt
1. (2.) FC Viktoria Köln	↑	26	24	2	0	96-15	+81	74	13	12	1	0	50- 8	37	13	12	1	0	46- 7	37
2. (6.) FC Hennef 05		26	20	4	2	76-21	+55	64	13	11	1	1	41- 9	34	13	9	3	1	35-12	30
3. (↓) SC Fortuna Köln		26	19	4	3	91-26	+65	61	13	11	1	1	54- 8	34	13	8	3	2	37-18	27
4. (↑) SC Borussia Lindenthal-Hohenlind		26	15	2	9	48-39	+9	47	13	10	1	2	30-15	31	13	5	1	7	18-24	16
5. (8.) Jugendsport Wenau		26	12	5	9	57-43	+14	41	13	5	4	4	32-26	19	13	7	1	5	25-17	22
6. (5.) TSV Hertha Walheim		26	12	2	12	56-52	+4	38	13	5	2	6	24-21	17	13	7	0	6	32-31	21
7. (3.) Bonner SC		26	12	0	14	56-65	-9	36	13	7	0	6	34-32	21	13	5	0	8	22-33	15
8. (↑) FC Wegberg-Beeck		26	10	3	13	42-53	-11	33	13	6	1	6	21-21	19	13	4	2	7	21-32	14
9. (↑) SV Deutz 05		26	9	5	12	44-56	-12	32	13	6	2	5	25-25	20	13	3	3	7	19-31	12
10. (◇) 1. FC Düren		26	9	3	14	50-53	-3	30	13	5	1	7	27-24	16	13	4	2	7	23-29	14
11. (↑) Sportfreunde Troisdorf 05	↓	26	8	3	15	48-70	-22	27	13	4	2	7	25-40	14	13	4	1	8	23-30	13
12. (↑) TuS Blau-Weiß Königsdorf		26	6	3	17	36-101	-65	21	13	4	2	7	21-39	14	13	2	1	10	15-62	7
13. (4.) SV Bergisch Gladbach 09	↓	26	4	3	19	42-81	-39	15	13	2	1	10	22-38	7	13	2	2	9	20-43	8
14. (9.) SC West Köln	↓	26	1	3	22	24-91	-67	6	13	1	2	10	11-43	5	13	0	1	12	13-48	1

Absteiger aus der Bundesliga: keine.
Aufsteiger in die Bundesliga: FC Viktoria Köln.
Absteiger in die Bezirksligen: SC West Köln (Staffel 2), SV Bergisch Gladbach 09 und Sportfreunde Troisdorf 05 (Staffel 1).
Aufsteiger aus den Bezirksligen: JFV Siebengebirge, FV Wiehl (Staffel 1), VfL Vichttal und SV Eilendorf (Staffel 2).

A-Jun. VL Mittelrhein 2018/19

	Viktoria Köln	FC Hennef 05	Fortuna Köln	Lindenthal-H.	Jug. Wenau	Walheim	Bonner SC	Wegberg-B.	SV Deutz 05	1. FC Düren	SF Troisdorf	Königsdorf	Bg. Gladbach	SC West Köln
FC Viktoria Köln	×	1:1	2:1	4:0	4:2	5:1	5:0	6:1	3:0	4:0	4:1	5:0	3:1	4:0
FC Hennef 05	1:1	×	1:2	4:1	2:0	4:1	3:0	3:0	2:1	4:0	4:1	5:1	5:1	3:0
SC Fortuna Köln	0:3	2:2	×	3:1	1:0	6:0	4:0	5:0	5:0	2:1	8:0	5:0	8:1	5:0
Lindenthal-Hohenlind	0:4	0:2	2:1	×	2:1	2:0	5:3	1:0	2:2	5:1	1:0	6:0	1:0	3:1
Jugendsport Wenau	2:5	1:3	1:1	2:0	×	2:3	3:2	2:2	2:3	0:0	2:1	8:1	3:3	4:2
TSV Hertha Walheim	0:1	1:4	2:2	0:0	0:1	×	1:3	0:1	3:1	3:2	1:2	7:1	3:1	3:2
Bonner SC	2:6	1:5	2:4	4:1	0:2	3:1	×	3:1	5:0	2:7	0:3	6:0	2:0	4:2
FC Wegberg-Beeck	0:1	1:0	0:2	0:1	0:2	3:2	1:3	×	2:2	3:1	4:2	3:4	1:0	3:1
SV Deutz 05	0:1	1:4	2:2	2:1	1:2	2:4	2:1	1:4	×	2:1	1:0	3:1	2:2	6:2
1. FC Düren	0:3	0:0	2:4	0:2	2:4	1:4	1:2	3:0	0:1	×	4:2	5:2	7:0	2:0
Sportfr. Troisdorf 05	0:6	0:4	1:6	1:2	3:2	1:4	2:1	5:3	2:2	2:2	×	3:4	2:3	3:1
TuS BW Königsdorf	2:5	2:3	0:6	3:2	0:4	1:4	3:1	0:5	2:1	1:4	0:0	×	5:2	2:2
SV Berg. Gladbach	0:3	2:3	1:3	1:4	1:4	1:5	1:2	1:1	2:6	0:2	1:5	5:0	×	6:0
SC West Köln	0:7	0:4	2:3	0:3	1:1	0:3	2:4	2:3	1:0	1:2	0:6	1:1	1:6	×

A-Jun. RL Südwest 2018/19

	Elversberg	1. FC Saarbr.	Worm. Worms	FC Speyer 09	Gonsenheim	Ludwigshafen	FK Pirmasens	TuS Koblenz	FC Homburg	Schott Mainz	Eintracht Trier	Meisenheim	SV Saar 05	Eisbachtal
SVgg 07 Elversberg	×	0:1	3:2	4:1	4:1	3:2	3:0	5:1	3:2	0:0	3:1	3:0	7:0	8:2
1. FC Saarbrücken	0:4	×	2:3	3:1	5:1	2:1	2:2	1:1	3:1	0:0	5:0	4:1	3:2	5:0
Wormatia Worms	2:0	3:2	×	4:4	7:0	2:2	2:1	4:0	3:2	1:3	3:4	8:1	3:5	7:1
FC Speyer 09	1:5	6:2	2:0	×	1:2	1:2	2:2	3:0	1:1	4:0	3:0	4:6	10:2	11:1
SV Gonsenheim	2:3	0:2	3:3	1:4	×	0:1	3:1	5:0	3:2	2:1	2:4	8:2	5:0	7:1
Ludwigshafener SC	1:4	0:0	2:2	1:0	4:1	×	6:0	0:1	4:0	4:2	1:2	4:1	7:3	3:4
FK 03 Pirmasens	0:5	2:1	1:2	1:1	2:2	3:1	×	3:1	2:1	0:2	4:0	3:2	1:3	7:1
TuS Koblenz	0:7	0:1	1:3	2:2	2:2	5:2	1:1	×	2:1	0:3	3:3	1:0	5:0	3:2
FC 08 Homburg	1:1	0:3	4:3	2:1	4:0	1:1	0:6	6:0	×	2:0	3:2	5:4	2:1	2:4
TSV Schott Mainz	4:1	1:3	1:3	1:0	0:1	2:0	4:1	0:4	4:0	×	2:2	3:2	1:2	7:0
SV Eintracht Trier	1:1	3:2	0:1	4:5	1:1	2:1	2:3	1:3	6:0	1:5	×	3:3	8:1	0:2
1. FC Meisenheim	1:4	0:3	2:2	0:6	0:2	5:3	0:3	3:2	3:1	3:0	4:3	×	4:0	3:1
SV Saar 05	1:4	1:1	4:3	0:4	3:5	0:3	0:2	0:2	1:1	3:0	2:4	4:1	×	7:0
Eisbachtaler Spfr.	4:5	3:5	3:2	1:4	2:4	1:2	2:2	1:1	1:2	1:0	2:1	2:3	2:1	×

A-Junioren: Regionalliga Südwest

Pl. (Vj.) Mannschaft		Sp	S	U	N	Tore	TD	Pkt	Sp	S	U	N	Tore	Pkt	Sp	S	U	N	Tore	Pkt
1. (1.) SVgg 07 Elversberg		26	20	3	3	90-31	+59	63	13	11	1	1	46-13	34	13	9	2	2	44-18	29
2. (2.) 1. FC Saarbrücken		26	15	5	6	61-36	+25	50	13	8	3	2	35-17	27	13	7	2	4	26-19	23
3. (6.) VfR Wormatia 08 Worms		26	13	5	8	78-53	+25	44	13	8	2	3	49-25	26	13	5	3	5	29-28	18
4. (9.) FC Speyer 09		26	12	5	9	82-47	+35	41	13	7	2	4	49-23	23	13	5	3	5	33-24	18
5. (5.) SV Gonsenheim		26	12	4	10	63-59	+4	40	13	7	1	5	41-24	22	13	5	3	5	22-35	18
6. (↑) Ludwigshafener SC		26	11	4	11	58-47	+11	37	13	7	2	4	37-20	23	13	4	2	7	21-27	14
7. (3.) FK 03 Pirmasens		26	10	6	10	47-50	-3	36	13	7	2	4	29-22	23	13	3	4	6	18-28	13
8. (4.) TuS Koblenz		26	10	6	10	43-56	-13	36	13	6	4	3	27-24	22	13	4	2	7	16-32	14
9. (10.) FC 08 Homburg		26	10	4	12	47-56	-9	34	13	9	2	2	33-20	29	13	1	2	10	14-36	5
10. (8.) TSV Schott Mainz		26	10	3	13	43-42	+1	33	13	7	1	5	30-19	22	13	3	2	8	13-23	11
11. (7.) SV Eintracht Trier 05		26	8	5	13	58-65	-7	29	13	4	3	6	32-28	15	13	4	2	7	26-37	14
12. (11.) 1. FC 07 Meisenheim	↓	26	9	2	15	54-82	-28	29	13	7	1	5	28-30	22	13	2	1	10	26-52	7
13. (↑) SV Saar 05 Jugendfußball	↓	26	7	2	17	46-88	-42	23	13	4	2	7	26-30	14	13	3	0	10	20-58	9
14. (↑) Eisbachtaler Sportfreunde	↓	26	7	2	17	44-102	-58	23	13	4	2	7	25-32	14	13	3	0	10	19-70	9

JSG Meisenheim/Desloch-Jeckenbach wird nach den Verbandsstatuten des SWFV offiziell als 1. FC 07 Meisenheim geführt.

Absteiger aus der Bundesliga: keine.
Aufsteiger in die Bundesliga: keine.
Absteiger in die Verbandsligen: Eisbachtaler Sportfreunde (Rheinland), SV Saar 05 Saarbrücken Jugendfußball (Saarland) und 1. FC 07 Meisenheim (Südwest).
Aufsteiger aus den Verbandsligen: TuS Rot-Weiß Koblenz (Rheinland; Meister JSG Altenkirchen und Vizemeister TuS Mosella Schweich haben verzichtet), TSG 46 Bretzenheim (Südwest) und JFG Saarlouis/Dillingen (Saarland).

A-Junioren: Hessenliga

Pl. (Vj.) Mannschaft		Gesamtbilanz						Heimbilanz					Auswärtsbilanz				
		Sp	S	U	N	Tore	TD	Pkt	Sp	S	U	N	Tore	Pkt	Sp	S	U	N	Tore	Pkt
1. (8.) Offenbacher FC Kickers	↑	26	21	4	1	115-24	+91	67	13	10	2	1	61- 9	32	13	11	2	0	54-15	35
2. (↓) SV Wehen Wiesbaden		26	21	2	3	98-26	+72	65	13	11	1	1	62-14	34	13	10	1	2	36-12	31
3. (9.) TSG Wieseck		26	13	6	7	67-49	+18	45	13	7	4	2	40-25	25	13	6	2	5	27-24	20
4. (6.) KSV Hessen Kassel		26	13	6	7	57-46	+11	45	13	6	5	2	27-17	23	13	7	1	5	30-29	22
5. (2.) SV Darmstadt 98		26	14	2	10	65-42	+23	44	13	9	1	3	41-19	28	13	5	1	7	24-23	16
6. (7.) JFV Viktoria Fulda		26	14	1	11	69-61	+8	43	13	11	0	2	49-18	33	13	3	1	9	20-43	10
7. (↑) FV Biebrich 02		26	11	2	13	52-56	-4	35	13	6	1	6	29-23	19	13	5	1	7	23-33	16
8. (↑) TuS Hornau		26	10	5	11	51-50	+1	35	13	7	1	5	25-20	22	13	3	4	6	26-30	13
9. (↑) FV Horas		26	10	2	14	55-77	-22	32	13	7	0	6	35-31	21	13	3	2	8	20-46	11
10. (10.) FC Bayern Alzenau		26	9	4	13	45-60	-15	31	13	4	3	6	19-29	15	13	5	1	7	26-31	16
11. (4.) SG Rot-Weiss Frankfurt		26	9	1	16	59-66	-7	28	13	6	1	6	36-31	19	13	3	0	10	23-35	9
12. (5.) SG Rosenhöhe Offenbach	↓	26	8	4	14	47-58	-11	28	13	5	1	7	25-26	16	13	3	3	7	22-32	12
13. (3.) Turnerschaft Ober-Roden	↓	26	7	4	15	46-64	-18	25	13	3	2	8	21-32	11	13	4	2	7	25-32	14
14. (11.) FC Germania Schwanheim	↓	26	0	1	25	18-165	-147	1	13	0	0	13	12-68	0	13	0	1	12	6-97	1

Absteiger aus der Bundesliga: FSV Frankfurt (Süd/Südwest).
Aufsteiger in die Bundesliga: Offenbacher FC Kickers (Süd/Südwest).
Absteiger in die Verbandsligen: FC Germania Schwanheim, Turnerschaft Ober-Roden und SG Rosenhöhe Offenbach (Süd).
Aufsteiger aus den Verbandsligen: KSV Baunatal (Nord), 1. FC 06 Erlensee und SC Viktoria Griesheim (Süd).

A-Jun. Hessenliga 2018/19	Offenbach	Wiesbaden	Wieseck	Kassel	Darmstadt	Fulda	Biebrich	Hornau	Horas	Alzenau	Frankfurt	Rosenhöhe	Ober-Roden	Schwanheim
Offenbacher Kickers	X	2:0	3:0	6:2	0:0	6:0	6:0	2:1	3:3	1:2	6:0	8:1	7:0	11:0
SV Wehen Wiesbad.	0:1	X	2:2	6:0	3:1	6:1	5:2	6:2	6:0	3:2	4:0	6:1	4:1	11:1
TSG Wieseck	1:5	1:4	X	3:3	3:1	1:1	4:2	2:2	5:1	4:2	5:2	1:1	2:1	8:0
KSV Hessen Kassel	1:2	3:3	0:0	X	2:1	3:1	1:1	1:1	2:0	3:3	2:0	4:2	0:3	5:0
SV Darmstadt 98	2:6	1:2	5:0	0:4	X	4:1	2:0	5:1	6:2	2:1	1:1	2:0	9:0	
JFV Viktoria Fulda	2:3	0:4	3:0	3:1	2:1	X	2:0	3:1	6:2	2:0	2:1	3:1	4:3	17:1
FV Biebrich 02	2:2	1:2	2:0	1:3	3:1	4:0	X	5:1	4:0	1:3	0:3	2:3	1:4	3:1
TuS Hornau	0:6	1:0	1:2	0:3	2:0	2:1	1:2	X	1:2	3:1	2:1	1:1	2:1	9:0
FV Horas	1:4	1:2	3:6	2:3	1:2	2:0	3:5	3:2	X	3:2	5:1	3:2	4:2	4:0
FC Bayern Alzenau	1:4	0:3	0:4	2:0	1:3	2:5	4:2	2:2	4:2	X	0:2	1:0	1:1	1:1
SG RW Frankfurt	3:3	0:3	1:3	5:3	1:6	5:1	0:1	2:3	7:2	4:1	X	2:1	2:3	4:1
SG Rosenhöhe OF	0:1	1:5	2:1	1:3	1:0	2:1	0:4	0:4	1:2	0:2	3:2	X	1:1	13:0
TS Ober-Roden	1:6	0:1	1:2	0:4	3:4	3:4	4:1	2:2	1:1	3:1	3:1	0:2	X	2:1
Germ. Schwanheim	1:11	1:7	1:7	0:1	1:4	3:4	1:3	0:4	1:4	0:3	1:9	0:6	2:5	X

A-Jun. OL Baden-W. 2018/19	Ulm 1846	Freiberg/N.	Mannheim	Aalen	Walldorf	Sandhausen	Neckarelz	Löchgau	Lörrach-Br.	Reutlingen	Nagold	Pforzheim
SSV Ulm 1846	X	2:0	5:1	1:0	3:2	4:0	3:0	8:1	3:0	1:0	5:1	2:2
SGV Freiberg/N.	3:1	X	2:0	2:1	4:1	2:3	0:1	3:2	0:1	5:0	4:0	3:1
SV Waldhof Mannheim	3:1	1:1	X	4:0	1:2	2:1	2:2	3:0	4:1	3:0	3:1	6:1
VfR Aalen	1:1	3:5	0:0	X	7:5	2:2	1:0	6:0	2:2	3:1	4:0	13:0
FC-Astoria Walldorf	4:1	1:1	3:1	1:1	X	3:1	4:0	3:0	2:2	1:0	6:0	8:0
SV Sandhausen	2:2	2:1	1:2	1:2	3:2	X	6:0	3:3	8:3	2:1	2:0	7:1
SpVgg Neckarelz	0:2	2:6	0:4	0:9	0:1	4:1	X	1:1	2:1	2:5	3:1	5:0
FV Löchgau	1:5	0:7	2:2	2:1	0:5	3:3	0:0	X	1:2	1:7	1:1	6:3
FV Lörrach-Brombach	2:3	0:0	1:3	0:4	3:2	0:2	3:3	1:5	X	2:3	1:2	4:2
SSV Reutlingen 1905	0:2	2:2	2:3	0:2	1:4	2:4	0:0	1:2	6:2	X	3:2	7:0
VfL Nagold	0:1	2:4	2:1	1:3	2:1	1:1	1:3	1:3	0:1	1:1	X	4:1
1. CfR Pforzheim	0:8	0:6	0:3	2:3	1:1	0:7	1:2	1:2	2:7	4:2	4:4	X

A-Junioren: Oberliga Baden-Württemberg

Pl. (Vj.) Mannschaft		Gesamtbilanz							Heimbilanz						Auswärtsbilanz					
		Sp	S	U	N	Tore	TD	Pkt	Sp	S	U	N	Tore	Pkt	Sp	S	U	N	Tore	Pkt
1. (6.) SSV Ulm 1846	↑	22	16	3	3	64-23	+41	51	11	10	1	0	37- 7	31	11	6	2	3	27-16	20
2. (5.) SGV Freiberg/N.		22	13	4	5	61-26	+35	43	11	8	0	3	28-11	24	11	5	4	2	33-15	19
3. (2.) SV Waldhof Mannheim		22	13	4	5	52-28	+24	43	11	8	2	1	32-10	26	11	5	2	4	20-18	17
4. (9.) VfR Aalen		22	12	5	5	68-30	+38	41	11	6	4	1	42-16	22	11	6	1	4	26-14	19
5. (4.) FC-Astoria Walldorf		22	12	4	6	62-32	+30	40	11	8	3	0	36- 7	27	11	4	1	6	26-25	13
6. (3.) SV Sandhausen		22	11	5	6	62-40	+22	38	11	7	2	2	37-17	23	11	4	3	4	25-23	15
7. (↑) SpVgg Neckarelz		22	7	5	10	30-52	-22	26	11	4	1	6	19-31	13	11	3	4	4	11-21	13
8. (8.) FV Löchgau		22	6	6	10	36-67	-31	24	11	4	2	5	17-36	10	11	2	4	5	19-31	14
9. (↑) FV Lörrach-Brombach		22	6	4	12	39-59	-20	22	11	4	2	5	22-29	14	11	2	2	7	17-30	8
10. (7.) SSV Reutlingen 1905	↓	22	6	3	13	44-48	-4	21	11	3	2	6	24-23	11	11	3	1	7	20-25	10
11. (↑) VfL Nagold	↓	22	4	4	14	27-56	-29	16	11	3	2	6	15-20	11	11	1	2	8	12-36	5
12. (10.) 1. CfR Pforzheim	↓	22	1	3	18	26-110	-84	6	11	1	2	8	15-45	5	11	0	1	10	11-65	1

Absteiger aus der Bundesliga: SV Stuttgarter Kickers (Süd/Südwest).
Aufsteiger in die Bundesliga: SSV Ulm 1846 (Süd/Südwest).
Absteiger in die Verbandsligen: 1. CfR Pforzheim (Nordbaden), VfL Nagold (Württemberg Nord) und SSV Reutlingen 1905 (Württemberg Süd).
Aufsteiger aus den Verbandsligen: SG HD-Kirchheim (Nordbaden; Meister FC-Astoria Walldorf II ist nicht aufstiegsberechtigt), Freiburger FC (Südbaden) und FSV Hollenbach (Württemberg Nord).

A-Junioren: Bayernliga ≻ 14

Pl. (Vj.) Mannschaft		Sp	S	U	N	Tore	TD	Pkt	Sp	S	U	N	Tore	Pkt	Sp	S	U	N	Tore	Pkt
		\multicolumn{7}{c}{Gesamtbilanz}		\multicolumn{6}{c}{Heimbilanz}	\multicolumn{6}{c}{Auswärtsbilanz}

Pl. (Vj.) Mannschaft		Sp	S	U	N	Tore	TD	Pkt	Sp	S	U	N	Tore	Pkt	Sp	S	U	N	Tore	Pkt
1. (↓) SpVgg Greuther Fürth	↑	30	25	3	2	93-26	+67	78	15	12	2	1	51-15	38	15	13	1	1	42-11	40
2. (↓) SpVgg Unterhaching		30	17	10	3	80-38	+42	61	15	9	4	2	50-17	31	15	8	6	1	30-21	30
3. (3.) TSV 1860 München		30	15	13	2	70-33	+37	58	15	9	5	1	38-12	32	15	6	8	1	32-21	26
4. (6.) SSV Jahn Regensburg		30	18	4	8	82-46	+36	58	15	9	3	3	49-23	30	15	9	1	5	33-23	28
5. (↑) SpVgg Ansbach 09		30	14	8	8	64-63	+1	50	15	9	3	3	32-27	30	15	5	5	5	32-36	20
6. (10.) FC Deisenhofen		30	13	7	10	65-50	+15	46	15	8	4	3	40-21	28	15	5	3	7	25-29	18
7. (2.) FC Würzburger Kickers		30	13	6	11	60-43	+17	45	15	8	3	4	33-18	27	15	5	3	7	27-25	18
8. (5.) FV Illertissen		30	12	4	14	56-60	-4	40	15	7	1	7	31-20	22	15	5	3	7	25-40	18
9. (8.) SV Wacker Burghausen		30	9	10	11	36-35	+1	37	15	5	5	5	19-16	20	15	4	5	6	17-19	17
10. (11.) 1. FC Schweinfurt 05		30	10	7	13	44-62	-18	37	15	5	5	5	17-21	20	15	5	2	8	27-41	17
11. (4.) FC Memmingen 07		30	9	6	15	48-58	-10	33	15	7	3	5	32-25	24	15	2	3	10	16-33	9
12. (9.) SpVgg Landshut		30	9	5	16	32-58	-26	32	15	7	2	6	24-28	23	15	2	3	10	8-30	9
13. (↑) ASV Neumarkt	↓	30	9	5	16	42-60	-18	32	15	6	2	7	21-22	20	15	3	3	9	21-38	12
14. (↑) SpVgg Bayern Hof	↓	30	6	11	13	31-52	-21	29	15	3	8	4	18-21	17	15	3	3	9	13-31	12
15. (7.) FC Ismaning	↓	30	4	6	20	23-72	-49	18	15	2	2	11	14-39	8	15	2	4	9	9-33	10
16. (↑) FC Gundelfingen	↓	30	3	3	24	23-93	-70	12	15	2	2	11	15-40	8	15	1	1	13	8-53	4

Absteiger aus der Bundesliga: 1. FC Nürnberg (Süd/Südwest).
Aufsteiger in die Bundesliga: SpVgg Greuther Fürth (Süd/Südwest).
Absteiger in die Landesligen: FC Gundelfingen, FC Ismaning, ASV Neumarkt (Süd) und SpVgg Bayern Hof (Nord).
Aufsteiger aus den Landesligen: SG Quelle im TV 1860 Fürth (Nord) und TSV 1860 Rosenheim (Süd).

A-Junioren Bayernliga 2018/19

	SpVgg Gr. Fürth	SpVgg Unterhaching	TSV 1860 München	Jahn Regensburg	SpVgg Ansbach 09	FC Deisenhofen	Würzburger Kickers	FV Illertissen	Wacker Burghausen	1. FC Schweinfurt 05	FC Memmingen 07	SpVgg Landshut	ASV Neumarkt	SpVgg Bayern Hof	FC Ismaning	FC Gundelfingen
SpVgg Greuther Fürth	X	2:3	1:1	3:1	4:2	3:1	2:1	6:0	2:0	3:3	4:1	5:0	3:1	3:0	4:1	6:0
SpVgg Unterhaching	1:4	X	2:2	2:1	6:0	2:1	3:3	5:0	2:2	1:1	2:0	3:0	5:1	1:2	4:0	11:0
TSV 1860 München	5:0	1:2	X	3:2	1:1	1:1	3:2	5:0	1:1	2:0	3:1	4:0	6:0	1:1	1:0	1:1
SSV Jahn Regensburg	0:1	2:2	4:4	X	6:2	4:0	2:4	5:2	0:0	7:1	2:3	1:0	4:2	2:1	3:0	7:1
SpVgg Ansbach 09	0:4	3:3	2:2	1:4	X	1:3	1:0	2:1	2:2	5:2	4:3	3:1	1:0	3:1	2:1	2:0
FC Deisenhofen	1:4	1:1	1:3	1:2	2:2	X	5:0	0:0	3:0	7:1	2:1	4:2	3:2	4:1	2:2	4:0
FC Würzburger Kickers	0:3	1:1	5:2	2:2	2:5	2:2	X	0:2	2:0	2:0	3:0	3:0	3:0	6:0	0:1	2x0
FV Illertissen	0:2	0:1	0:2	0:2	6:3	6:1	0:2	X	0:0	5:1	2:1	0:1	1:0	3:1	7:0	1:3
SV Wacker Burghausen	0:2	0:1	2:2	3:0	1:2	3:0	2:1	1:2	X	0:1	1:1	0:0	1:1	1:0	1:1	3:2
1. FC Schweinfurt 05	0:3	2:2	1:1	0:2	2:2	0:4	1:1	1:4	1:0	X	3:0	0:0	1:2	1:0	2:0	2:0
FC Memmingen 07	1:3	2:3	1:3	0:2	1:0	1:1	4:3	4:1	3:0	4:1	X	2:1	3:3	2:2	1:2	3:0
SpVgg Landshut	1:3	1:4	1:1	2:4	0:4	0:4	2:1	2:2	0:2	2:1	2:1	X	4:1	2:0	3:0	2:0
ASV Neumarkt	1:2	3:1	0:4	3:0	1:1	2:1	0:1	2:3	0:2	1:5	2:0	3:0	X	1:2	0:0	2x0
SpVgg Bayern Hof	0:0	3:3	0:0	0:2	2:4	3:0	0:4	2:2	2:1	0:2	1:1	0:0	1:1	X	1:1	3:0
FC Ismaning	0:7	0:1	1:2	2:5	1:3	1:3	0:0	1:3	0:5	1:4	0:0	2:1	1:3	0:1	X	4:1
FC Gundelfingen	1:4	0:2	0:3	1:4	1:1	0:3	0:4	4:3	1:2	1:4	2:3	0:2	1:4	1:1	2x0	X

Entscheidungsspiel um Platz 12:
05.06.2019 (in Pentling, 130 Zuschauer): SpVgg Landshut - ASV 1860 Neumarkt   3:0 (2:0)

Entscheidungsspiele im Bereich der A-Junioren

Aufstieg in die Bundesliga Nord/Nordost:
Aufstiegsspiele der Zweiten der Regionalligen Nord und Nordost:
15.06.2019: Eimsbütteler TV - Chemnitzer FC   4:1 (2:0)
22.06.2019: Chemnitzer FC - Eimsbütteler TV   5:1 nV (4:1, 1:0)
Chemnitzer FC steigt in die Bundesliga Nord/Nordost auf.

Aufstieg in die Bundesliga Süd/Südwest:
Aufstiegsspiele der Meister der RL Südwest und der Hessenliga:
08.06.2019: SVgg 07 Elversberg - Offenbacher FC Kickers   1:2 (0:2)
16.06.2019: Offenbacher FC Kickers - SVgg 07 Elversberg   3:0 (1:0)
Offenbacher FC Kickers steigt in die Bundesliga Süd/Südwest auf.

Aufstieg in die Regionalliga Nordost:
Aufstiegsspiele der Meister der sechs Landesverbände:
Hinspiele:
15.06.2019: 1. FC Neubrandenburg (MV) - Fort. Magdeburg (SA)   2:4 (2:1)
23.06.2019: FSV Wacker 90 Nordhausen (TH) - Berliner SC (B)   0:1 (0:1)
23.06.2019: FSV Zwickau (SAX) - Regionaler SV Eintracht (BRB)   6:1 (4:1)
Rückspiele:
22.06.2019: Fortuna Magdeburg - 1. FC Neubrandenburg   4:7 nV (4:6, 2:4)
30.06.2019: Berliner SC - FSV Wacker 90 Nordhausen   1:1 (0:0)
30.06.2019: Regionaler SV Eintracht - FSV Zwickau   0:4 (0:3)
Aus Mecklenburg-Vorpommern nahm der Vizemeister teil, da Meister MSV Pampow nicht für die Regionalliga gemeldet hatte.
Berliner SC, 1. FC Neubrandenburg 04 und FSV Zwickau steigen in die Regionalliga Nordost auf.

Aufstieg in die Regionalliga Nord:
Die Meister der Winter- und Sommerrunde im Bremer Verband spielen in einem Entscheidungsspiel den Aufsteiger in die Regionalliga Nord aus:
22.06.2019: FC Union 60 Bremen (W) - TuSpo Surheide (S)   2:4 iE, 0:0 nV
TuSpo Surheide steigt in die Regionalliga Nord auf.

Qualifikation zur Niederrheinliga:
Entscheidungsspiele der Mannschaften auf den Plätzen 7 bis 10 der Niederrheinliga, sowie 20 Vertreter der Kreisleistungsklassen:

Gruppe 1 (SC Kapellen-Erft steigt auf):
16.06.2019: Germania Ratingen 04/19 - VfB Speldorf   1:1 (0:1)
16.06.2019: SC Kapellen-Erft - Hülser SV   9:1 (2:1)
23.06.2019: SC Kapellen-Erft - VfB Speldorf   5:0 (3:0)
23.06.2019: Hülser SV - Germania Ratingen 04/19   0:3 (0:1)
30.06.2019: VfB Speldorf - Hülser SV   0:5 (0:1)
30.06.2019: Germania Ratingen 04/19 - SC Kapellen-Erft   2:2 (1:2)

Gruppe 2 (KFC Uerdingen 05 steigt auf):
16.06.2019: KFC Uerdingen 05 - SSVg Velbert 02   0:0 (0:0)
16.06.2019: 1. FC Kleve - VfL Rhede   2:0 (1:0)
23.06.2019: 1. FC Kleve - SSVg Velbert 02   2:0 (0:0)
23.06.2019: VfL Rhede - KFC Uerdingen 05   0:7 (0:3)
30.06.2019: SSVg Velbert 02 - VfL Rhede   7:1 (1:1)
30.06.2019: KFC Uerdingen 05 - 1. FC Kleve   1:0 (1:0)

Gruppe 3 (VfB Hilden steigt auf):
16.06.2019: VfB Hilden - TSV 05 Ronsdorf   4:0 (1:0)
16.06.2019: 1. SpVg Solingen-Wald - SV Adler Osterfeld   1:4 (0:1)
23.06.2019: VfB Hilden - SV Adler Osterfeld   2:1 (0:1)
23.06.2019: TSV 05 Ronsdorf - 1. SpVg Solingen-Wald   4:1 (2:0)
30.06.2019: SV Adler Osterfeld - TSV 05 Ronsdorf   5:3 (0:2)
30.06.2019: 1. SpVg Solingen-Wald - VfB Hilden   2:2 (0:2)

Gruppe 4 (ETB Schwarz-Weiß Essen verbleibt in der Liga):
16.06.2019: Kevelaerer SV - SV Biemenhorst   0:1 (0:0)
16.06.2019: SV Bayer Wuppertal - ETB Schwarz-Weiß Essen   0:1 (0:0)
23.06.2019: Kevelaerer SV - ETB Schwarz-Weiß Essen   1:5 (1:1)
23.06.2019: SV Biemenhorst - SV Bayer Wuppertal   4:3 (1:0)
30.06.2019: ETB Schwarz-Weiß Essen - SV Biemenhorst   0:0 (0:0)
30.06.2019: SV Bayer Wuppertal - Kevelaerer SV   4:2 (0:0)

Gruppe 5 (VfB Homberg steigt auf):
16.06.2019: SC Velbert - VfB Homberg   1:1 (1:1)
16.06.2019: Sportfreunde Niederwenigern - HSV Langenfeld   3:4 (2:1)
23.06.2019: Sportfreunde Niederwenigern - VfB Homberg   1:2 (1:0)
23.06.2019: HSV Langenfeld - SC Velbert   0:1 (0:0)
30.06.2019: VfB Homberg - HSV Langenfeld   5:1 (4:1)
30.06.2019: SC Velbert - Sportfreunde Niederwenigern   4:0 (2:0)

Gruppe 6 (SG Unterrath 12/24 steigt auf):
16.06.2019: SG Unterrath 12/24 - TV Jahn Hiesfeld   2:0 (1:0)
16.06.2019: SpVgg Schonnebeck - ASV Einigkeit Süchteln   1:4 (1:2)
23.06.2019: SG Unterrath 12/24 - ASV Einigkeit Süchteln   5:2 (2:1)
23.06.2019: TV Jahn Hiesfeld - SpVgg Schonnebeck   4:3 (1:1)
30.06.2019: ASV Einigkeit Süchteln - TV Jahn Hiesfeld   8:3 (1:2)
30.06.2019: SpVgg Schonnebeck - SG Unterrath 12/24   1:2 (1:1)

Entscheidungsspiele der vier besten Tabellen-2. der Entscheidungsgruppen:
07.07.2019: SV Biemenhorst - ASV Einigkeit Süchteln   2:4 (1:2)
07.07.2019: SV Adler Osterfeld - SC Velbert   0:1 (0:0)
ASV Einigkeit Süchteln und SC Velbert steigen auf.

Qualifikation zur Mittelrheinliga:
Entscheidungsspiele der Mannschaften auf den Plätzen 9 bis 11 der Mittelrheinliga und vier Mannschaften der Bezirksligen Staffel 1 und 2:
22.06.2019: FC Blau-Weiß Friesdorf - TuS Blau-Weiß Königsdorf   1:2 (0:2)
28.06.2019: TuS Blau-Weiß Königsdorf - FC Blau-Weiß Friesdorf   4:1 (1:0)
TuS Blau-Weiß Königsdorf verbleibt in der Mittelrheinliga.
22.06.2019: FV Wiehl - FC Hürth   0:2 (0:0)
27.06.2019: FC Hürth - FV Wiehl   1:5 (1:1)
FV Wiehl steigt in die Mittelrheinliga auf.
22.06.2019: SV Eilendorf - Sportfreunde Troisdorf 05   2:1 (2:1)
26.06.2019: Sportfreunde Troisdorf 05 - SV Eilendorf   2:2 (0:0)
SV Eilendorf steigt in die Mittelrheinliga auf.
22.06.2019: JSG Erft 01 - 1. FC Düren   0:6 (0:3)
29.06.2019: 1. FC Düren - JSG Erft 01   5:0 (4:0)
1. FC Düren verbleibt in der Mittelrheinliga.

Hessenliga:
Entscheidungsspiel um Platz 11 in Heusenstamm:
06.06.2019: SG Rot-Weiss Frankfurt - SG Rosenhöhe Offenbach   3:2 (1:1)
SG Rot-Weiss Frankfurt erhält die Klasse.

Aufstiegsspiele der Zweiten der Verbandsligen Hessen Nord und Süd:
09.06.2019: SC Viktoria Griesheim (S) - VfB Marburg (N)   2:1 (1:1)
15.06.2019: VfB Marburg - SC Viktoria Griesheim   0:3 (0:2)
SC Victoria Griesheim steigt in die Hessenliga auf.

Oberliga Baden-Württemberg:
Aufstiegsspiele der Meister der Verbandsstaffeln Württemberg Nord und Süd zur Oberliga Baden-Württemberg:
30.06.2019: TSG Balingen (Süd) - FSV Hollenbach (Nord)   2:1 (1:0)
07.07.2019: FSV Hollenbach - TSG Balingen   5:0 (1:0)
FSV Hollenbach steigt in die Oberliga Baden-Württemberg auf.

DFB-Pokal der A-Junioren

Teilnehmer: Der DFB-Pokalsieger des Vorjahres, die drei besten Mannschaften aller drei Bundesliga-Staffeln, die Pokalsieger aus 19 Landesverbänden nehmen und die Sieger der Qualifikationsspiele in Mecklenburg-Vorpommern und Thüringen nehmen teil. In den beiden genannten Verbänden muss sich der Pokalsieger gegen die bestplatzierte Mannschaft des Verbandes qualifizieren. Im Falle des Pokalsiegs durch eine Mannschaft, die in ihrer Bundesliga auf einem der ersten drei Plätze landet rückt der unterlegene Pokalfinalist nach. Gegebenenfalls wird mit den nächstplatzierten Bundesligisten aufgefüllt.

1. Runde:

29.08.18	2-1	FC Hansa Rostock - SV Werder Bremen	0:4 (0:2)
01.09.18	1-2	VfL Bochum - Holstein Kiel	6:2 (3:0)
01.09.18	1-1	Hamburger SV - SC Freiburg	1:2 (1:1)
01.09.18	1-1	TSG 1899 Hoffenheim - FC Bayern München	1:3 (0:3)
01.09.18	1-1	1. FC Kaiserslautern - FC Augsburg	1:4 (0:2)
01.09.18	3-1	TuS Komet Arsten - Hertha BSC	0:5 (0:3)
01.09.18	2-1	1. FC Saarbrücken - 1. FC Magdeburg	0:1 (0:1)
01.09.18	3-1	SG 99 Andernach - RasenBallsport Leipzig	0:8 (0:4)
01.09.18	2-1	FC Viktoria Köln - VfB Stuttgart	0:3 (0:2)
01.09.18	2-1	FC Rot-Weiß Erfurt - FC Schalke 04	0:1 (0:0)
01.09.18	2-1	Tennis Borussia Berlin - Borussia Dortmund	0:1 (0:0)
01.09.18	1-1	FSV Frankfurt - FC St. Pauli	2:3 (0:1)
01.09.18	3-2	Offenburger FV - SV Sandhausen	2:4 (2:2)
02.09.18	2-1	Wuppertaler SV - 1. FC Nürnberg	2:1 (1:1)
02.09.18	2-1	FC Energie Cottbus - SC Paderborn 07	0:2 (0:1)
02.09.18	1-1	SG Dynamo Dresden - VfL Wolfsburg	0:2 (0:0)

Achtelfinale:

03.10.18	1-1	1. FC Magdeburg - SV Werder Bremen	2:1 (1:1)
06.10.18	1-1	SC Paderborn 07 - SC Freiburg	2:4 (1:1)
06.10.18	1-1	VfL Bochum - VfL Wolfsburg	0:1 (0:1)
06.10.18	1-1	Borussia Dortmund - FC Augsburg	2:0 (1:0)
06.10.18	1-1	FC Bayern München - VfB Stuttgart	1:3 (0:1)
07.10.18	2-2	Wuppertaler SV - SV Sandhausen	1:0 (1:0)
07.10.18	1-1	Hertha BSC - FC St. Pauli	0:3 (0:1)
07.10.18	1-1	FC Schalke 04 - RasenBallsport Leipzig	1:2 (1:1)

Viertelfinale:

15.12.18	1-1	FC St. Pauli - RasenBallsport Leipzig	0:2 (0:0)
15.12.18	1-1	SC Freiburg - VfL Wolfsburg	3:1 (1:1)
16.12.18	2-1	Wuppertaler SV - VfB Stuttgart	1:2 (0:0)
16.12.18	1-1	1. FC Magdeburg - Borussia Dortmund	1:2 (0:0)

Halbfinale:

16.03.19	1-1	RB Leipzig - Borussia Dortmund	9:8 iE, 1:1 nV (1:1,1:1)
16.03.19	1-1	VfB Stuttgart - SC Freiburg	4:0 (2:0)

Finale:

24.05.19 1-1 RasenBallsport Leipzig - VfB Stuttgart 1:2 (0:0)
Leipzig: Niclas Müller - Malik Talabidi (72. Mateusz Mackowiak), Niclas Sterlin, Frederik Jäkel, Marcel Hoppe (84. Max Winter) - Tom Krauß, Mads Bidstrup, Noad Mekonnen (76. Lukas Krüger) - Erik Majetschak, Noah Holm, Fabrice Hartmann (55. Kossivi Amededjisso). Trainer: Alexander Blessin
Stuttgart: Sebastian Hornung - Antonis Aidonis, Luca Mack, Alexander Kopf - Manuel Reutter, Per Lockl, Nick Bätzner, Umu Günes (66. Florian Kleinhansl) - Lilian Egloff (80. Leonhard Münst), Eric Hottmann, Leon Dajaku (90. Hamza Cetinkaya). Trainer: Daniel Teufel
Tore: 0:1 Egloff (50.), 1:1 Mekonnen (57.), 1:2 Egloff (67.)
Zuschauer: 2.512 im Karl-Liebknecht-Stadion in Potsdam
Schiedsrichter: Sven Jablonski (Blumenthaler SV, HB) - Assistenten: Eric Müller (FC Union 60 Bremen, HB), Daniel Riehl (TuS Schwachhausen, HB)
Gelbe Karten: Talabidi, Stierlin / Bätzner, Mack

Verbandspokal-Endspiele

Mecklenburg-Vorpommern:
30.05.2019: 1. FC Neubrandenburg 04 - FSV Bentwisch 7:2 (2:1)
Qualifikation zum DFB-Pokal:
07.06.2019: 1. FC Neubrandenburg 04 - FC Hansa Rostock 1:4 (0:2)

Brandenburg:
09.06.2019: Regionaler SV Eintracht Teltow-Kleinmachnow-Stahnsdorf - FC Energie Cottbus 0:5 (0:4)

Berlin:
30.05.2019: Hertha BSC - Tennis Borussia Berlin 6:1 (4:0)

Sachsen-Anhalt:
01.05.2019: Hallescher FC - Haldensleber SC 3:1 (1:0)

Thüringen:
01.05.2019: JFC Gera - FSV Wacker 90 Nordhausen 1:2 (0:1)
Endspiel der Qualifikation zum DFB-Pokal:
28.05.2019: FSV Wacker 90 Nordhausen - FC Rot-Weiß Erfurt 1:4 (1:1)

Sachsen:
18.05.2019: RasenBallsport Leipzig - SG Dynamo Dresden 2:0 (1:0)

Schleswig-Holstein:
22.05.2019: Eimsbütteler TV - FC St. Pauli 0:2 (0:1)

Hamburg:
30.05.2019 Holstein Kiel - Heider SV 4:1 (0:0)

Niedersachsen:
26.05.2019: Hannover 96 - VfL Wolfsburg 0:3 (0:0)

Bremen:
15.05.2019: SC Borgfeld - SV Werder Bremen 0:4 (0:1)

Westfalen:
01.05.2019: VfL Bochum - TSC Eintracht Dortmund 5:0 (3:0)

Niederrhein:
16.05.2019: VfB Hilden - Fortuna Düsseldorf 0:4 (0:0)

Mittelrhein:
18.05.2019: 1. FC Köln - Bayer 04 Leverkusen 1:0 (0:0)

Rheinland:
05.06.2019: JSG Erpel - JSG Altenkirchen 1:2 (1:2)
Entscheidungsspiel zum DFB-Pokal:
08.06.2019: Ahrweiler BC - SG 2000 Mülheim-Kärlich 1:4 (1:2)

Südwest:
23.05.2019: FK 03 Pirmasens - 1. FSV Mainz 05 1:4 (1:1)

Saarland:
29.05.2019: SVgg 07 Elversberg - JFG Saarlouis/Dillingen 5:0 (2:0)

Hessen:
30.05.2019: Offenbacher FC Kickers - Eintracht Frankfurt 2:0 (1:0)

Nordbaden:
22.05.2019: TSG 1899 Hoffenheim - SG HD-Kirchheim 5:0 (1:0)

Südbaden:
30.05.2019: SC Freiburg - SG Kuppenheim 7:1 (4:0)

Württemberg:
07.06.2019: VfB Stuttgart - SSV Ulm 1846 4:2 (0:2)

Bayern:
08.06.2019: SSV Jahn Regensburg - SV Wacker Burghausen 4:0 (1:0)

B-Junioren

Die Pyramide 2018/19

Um Ihnen einen kurzen Überblick über die Ligen auf den folgenden Seiten zu geben, ist hier die Pyramide des B-Junioren-Fußballs dargestellt (bis einschließlich 4. Liga). Die Ergebnisse und Tabellen der Bundesligen und der 2. Ligen finden Sie auf den folgenden Seiten.

Level / Liga / Staffeln

Level																				Staffeln
0	Meisterschaft																			
1	△1 Bundesliga Nord/Nordost ▽3					△2 Bundesliga West ▽3						△1 Bundesliga Süd/Südwest ▽3								3
2	△2 Regionalliga Nordost ▽2				△1 Regionalliga Nord ▽5			△1 VL* WEF ▽2	△1 VL* NIR ▽3	△1 VL* MIR ▽3	△1 Regionalliga Südwest ▽3	△1 OL* HES ▽2	△1 OL Baden-Württemberg ▽3		△1 OL* BY ▽3						9
3	VL MV	LL* BRB	VL B	VL SA	VL TH 1+2	LL SAX	OL SH	OL HH 1+2	VL* NS	VL HB	LL 2	LsK 10	BzL 2	VL* RHL	VL SW	VL SAR	VL 2	VL NBD	VL SBD	VS WBG N+S	LL 2	37
4	LL 2	LK 3	LL 2	LL 4	KOL 10	LK 4	LL 2	LL 2	LL 5	BzL 1	BzL 5	KK 25	SoL 10	BzL 3	LL 4	BzL 2	GrL 6	LL 3	LL 2	BzS 16	BzOL 7	118

Anmerkungen:
Bei einem wesentlichen Strukturwechsel innerhalb einer Liga während der Saison wurde die Staffelsituation zu Saisonbeginn berücksichtigt (außer teilweise in NIR und MIR). HB spielt mit getrennt gewerteter Hin- und Rückrunde inkl. Auf- und Abstieg jeweils im Winter und im Sommer, ähnlich teilweise auch TH und WBG! In HH und in NS/Lüneburg existieren jeweils U19- bzw. U18-Staffeln nebeneinander. Und wie auch im Senioren-Bereich existieren in einigen Landesverbänden abweichende (und mitunter jährlich wechselnde) Liga-Bezeichnungen (* hier lautet die offizielle Bezeichnung X-Liga, wobei X für den Landesverband steht); gelegentlich auftretende Sponsorennamen für manche Staffeln sind hier jedoch nicht weiter berücksichtigt. Erläuterung der Liga-Kürzel siehe Seite 376.

B-Junioren-Meisterschaft

Halbfinal-Hinspiele:
05.06.2019: FC Bayern München (S1) - 1. FC Köln (W2) 0:1 (0:1)
München: Manuel Kainz - Benjamin Hofmann, Jamie Lawrence (54. Roman Reinelt), Angelo Brückner (70. Luca Denk), David Herold (63. Nemanja Motika) - Torben Rhein, Leon Fust (41. Behar Neziri), Malik Tillman - Lasse Günther, David Halbich, Yusuf Kabadayi. Trainer: Miroslav Klose
Köln: Daniel Adamczyk - Dennis Dahmen - Meiko Sponsel, Florian Wirtz, Yusuf Örnek, Marvin Obuz, Sebastian Papalia, Finn Lanser, Joshua Schwirten (72. Maximilian Schmid) - Jacob Jansen (54. Batuhan Özden), Jan Thielmann (67. Jens Castrop). Trainer: Martin Heck
Tore: 0:1 Thielmann (17.)
Zuschauer: 800 im FC Bayern Campus in München
Schiedsrichter: Dominic Mainzer (SV Konz, RHL) - Assistenten: Fabian Mohr (SV Grün-Weiß Strohn, RHL), Arianit Besiri (FSV Trier-Tarforst, RHL)
Gelbe Karten: - / Sponsel, Thielmann
Rote Karte: Kabadayi (34., Notbremse) / -

05.06.2019: Borussia Dortmund (W1) - VfL Wolfsburg (N1) 4:1 (2:1)
Dortmund: Leon Klußmann - Lion Semic (28. Ömer Özden) - Tim Böhmer, Maik Amedick, Dennis Lütke-Frie, Albin Thaqi, Lloyd Addo Kuffour (54. Maximilian Meier), Rilind Hetemi (65. Stanislav Fehler), Ansgar Knauff - Ware Pakia (70. Abu-Bekir Ömer El-Zein), Youssoufa Moukoko. Trainer: Sebastian Geppert
Wolfsburg: Philipp Schulze - Luca Friederichs (58. Tom-Luca Winter), Enrique Miguel Pereira da Silva, Marcel Beifus, Jannis Lang - Matteo Hecker (50. Nathan Wahlig), Nikolas Hofmann, Tobias Kühne, Niko Vukancic, David Jojkic - Timon Burmeister. Trainer: Steffen Brauer
Tore: 1:0 Moukoko (17.), 1:1 Friederichs (30.), 2:1 Moukoko (40.+3), 3:1 Knauff (48.), 4:1 Amedick (51.)
Zuschauer: 1.409 im Fußballpark BVB Hohenbuschei 1 in Dortmund
Schiedsrichter: Yannick Rath (TSV Osterholz-Tenever, HB) - Assistenten: Sercan Yücel (ATSV Sebaldsbrück, HB), Julian Karker (SV Werder Bremen, HB)
Gelbe Karten: Amedick, Knauff / Pereira da Silva, Vukancic

Halbfinal-Rückspiele:
08.06.2019: 1. FC Köln - FC Bayern München 4:0 (1:0)
Köln: Daniel Adamczyk - Dennis Dahmen - Sebastian Papalia, Finn Lanser, Joshua Schwirten (73. Jens Castrop), Meiko Sponsel, Florian Wirtz, Yusuf Örnek, Marvin Obuz (75. Jonas Jansen) - Batuhan Özden (41. Jacob Jansen), Jan Thielmann. Trainer: Martin Heck
München: Manuel Kainz - Jamie Lawrence, Roman Reinelt, Luca Denk, Benjamin Hofmann, David Herold (56. Nemanja Motika) - Torben Rhein, Behar Neziri (56. Angelo Brückner), Malik Tillman - Lasse Günther (56. Alexander Bazdrigiannis), David Halbich (56. Sandro Porta). Trainer: Miroslav Klose
Tore: 1:0 Marvin (42.), 2:0 Schwirten (51.), 3:0 Thielmann (72.), 4:0 Wirtz (75.)
Zuschauer: 3.700 im Franz-Kremer-Stadion in Köln
Schiedsrichter: Marco Scharf (TSV Altenwalde, NS) - Assistenten: Jannik Weinkauf (VfL Oldenburg, NS), Gabriel Müller (TSV Algesdorf, NS)
Gelbe Karten: Papalia / Herold
Rote Karte: - / Reinelt (18., Notbremse)

08.06.2019: VfL Wolfsburg - Borussia Dortmund 0:2 (0:1)
Wolfsburg: Philipp Schulze - Luca Friederichs (41. Tom-Luca Winter), Niko Vukancic, Enrique Miguel Pereira da Silva (56. Arbnor Abazaj), Marcel Beifus, Jannis Lang - Matteo Hecker (65. Tobias Kühne), Nikolas Hofmann, Nathan Wahlig (51. Johann Stoye), David Jojkic - Timon Burmeister. Trainer: Steffen Brauer
Dortmund: Leon Klußmann - Maik Amedick, Lloyd-Addo Kuffour (70. Maximilian Meier), Albin Thaqi - Ömer Faruk Özden, Dennis Lütke-Frie, Rilind Hetemi (60. Stanislav Fehler), Tim Böhmer, Ansgar Knauff (77. Lamin Touray) - Youssoufa Moukoko, Ware Pakia (65. Nick Selutin). Trainer: Sebastian Geppert
Tore: 0:1 Ware Pakia (13.), 0:2 Youssoufa Moukoko (48.)
Zuschauer: 1.870 im AOK Stadion in Wolfsburg
Schiedsrichter: Robin Delfs (SV Vorwärts 08 Bottrop, NIR) - Assistenten: Okan Uyma (Duisburger SC Preußen, NIR), Lukas Luthe (DJK Juspo Essen-West, NIR)
Gelbe Karten: Jojkic, Lang / -
Besonderes Vorkommnis: Moukoko scheitert mit Foulelfmeter an Schulze (22.)

Finale:
16.06.2019: Borussia Dortmund - 1. FC Köln 2:3 (2:2)
Dortmund: Leon Klußmann - Lion Semic – Lloyd-Addo Kuffour (61. Maximilian Meier), Ansgar Knauff, Maik Amedick, Albin Thaqi, Tim Böhmer, Rilind Hetemi (50. Stanislav Fehler), Dennis Lütke-Frie - Youssoufa Moukoko, Ware Pakia (76. Abu-Bekir Ömer El-Zein). Trainer: Sebastian Geppert
Köln: Daniel Adamczyk - Dennis Dahmen - Marvin Obuz, Sebastian Papalia, Finn Lanser (34. Batuhan Özden), Joshua Schwirten (76. Maximilian Schmid), Meiko Sponsel (69. Bilal-Badr Ksiouar), Yusuf Örnek, Florian Wirtz - Jacob Jansen (49. Jens Castrop), Jan Thielmann. Trainer: Martin Heck
Tore: 0:1 Jacob Jansen (14.), 0:2 Jacob Jansen (21.), 1:2 Moukoko (36.), 2:2 Knauff (43.), 2:3 Sponsel (47.)
Zuschauer: 10.000 im Stadion Rote Erde in Dortmund
Schiedsrichter: Patrick Alt (SV Illingen, SAR) - Assistenten: Nikolai Kimmeyer (TSV Palmbach, NBD), Timo Klein (TuS Wiebelskirchen, SAR)
Gelbe Karten: Moukoko / -
Besonders Vorkommnis: Hetemi scheitert mit Foulelfmeter an Adamczyk (37.)

B-Junioren: Bundesliga Nord/Nordost

			Gesamtbilanz						Heimbilanz					Auswärtsbilanz				
Pl. (Vj.)	Mannschaft	Sp	S	U	N	Tore	TD	Pkt	Sp	S	U	N	Tore	Pkt	Sp	S	U	N	Tore	Pkt
1. (4.)	VfL Wolfsburg	26	18	7	1	61-24	+37	61	13	8	5	0	30-12	29	13	10	2	1	31-12	32
2. (2.)	Hertha BSC	26	18	5	3	84-21	+63	59	13	11	1	1	41-7	34	13	7	4	2	43-14	25
3. (1.)	RasenBallsport Leipzig	26	16	6	4	70-31	+39	54	13	10	1	2	40-13	31	13	6	5	2	30-18	23
4. (3.)	Hamburger SV	26	13	8	5	59-43	+16	47	13	8	4	1	34-18	28	13	5	4	4	25-25	19
5. (5.)	SV Werder Bremen	26	13	5	8	76-49	+27	44	13	7	3	3	43-25	24	13	6	2	5	33-24	20
6. (7.)	FC St. Pauli	26	12	5	9	38-47	-9	41	13	6	2	5	22-29	20	13	6	3	4	16-18	21
7. (11.)	1. FC Union Berlin	26	10	3	13	47-40	+7	33	13	6	2	5	27-17	20	13	4	1	8	20-23	13
8. (6.)	Hannover 96	26	9	5	12	33-41	-8	32	13	3	3	7	12-20	12	13	6	2	5	21-21	20
9. (8.)	FC Energie Cottbus	26	8	6	12	33-50	-17	30	13	4	3	6	17-22	15	13	4	3	6	16-28	15
10. (↑)	Chemnitzer FC	26	7	6	13	29-40	-11	27	13	3	5	5	14-16	14	13	4	1	8	15-24	13
11. (10.)	SG Dynamo Dresden	26	9	0	17	30-59	-29	27	13	7	0	6	21-21	21	13	2	0	11	9-38	6
12. (9.)	Holstein Kiel	↓ 26	7	5	14	36-54	-18	26	13	3	3	7	16-25	12	13	4	2	7	20-29	14
13. (↑)	Tennis Borussia Berlin	↓ 26	6	5	15	28-50	-22	23	13	4	3	6	16-22	15	13	2	2	9	12-28	8
14. (↑)	SC Borgfeld	↓ 26	1	4	21	14-89	-75	7	13	0	0	13	7-51	0	13	1	4	8	7-38	7

Teilnehmer an Deutscher Meisterschaft: VfL Wolfsburg.
Absteiger in die Regionalligen: SC Borgfeld, Holstein Kiel (Nord) und Tennis Borussia Berlin (Nordost).
Aufsteiger aus der Regionalligen: FC Carl Zeiss Jena, Hallescher FC (Nordost) und Eintracht Braunschweig (Nord).

B-Junioren: Bundesliga Nord/Nordost 2018/19

	VfL Wolfsburg	Hertha BSC	RB Leipzig	Hamburger SV	SV Werder Bremen	FC St. Pauli	1. FC Union Berlin	Hannover 96	FC Energie Cottbus	Chemnitzer FC	Dynamo Dresden	Holstein Kiel	Tennis Borussia	SC Borgfeld
VfL Wolfsburg	X	1:1	1:1	2:1	3:1	3:0	3:1	3:1	5:1	1:1	3:1	1:1	3:1	1:1
Hertha BSC	2:2	X	1:0	2:0	1:3	3:0	4:0	4:0	4:0	2:1	2:1	5:0	3:0	8:0
RasenBallsport Leipzig	4:0	2:2	X	5:1	2:3	1:0	1:0	0:2	2:1	5:1	5:0	3:1	5:1	5:1
Hamburger SV	2:2	1:3	1:1	X	2:1	5:1	4:3	1:1	2:2	2:0	5:0	3:2	4:2	2:0
SV Werder Bremen	1:4	3:3	6:4	2:3	X	1:1	3:1	2:1	4:1	4:1	5:1	3:3	0:2	9:0
FC St. Pauli	0:4	0:7	1:5	1:1	3:3	X	0:1	2:1	5:1	0:2	3:0	4:3	2:1	1:0
1. FC Union Berlin	1:2	1:0	0:0	4:1	4:4	0:1	X	1:3	1:2	1:0	5:1	6:1	3:0	0:2
Hannover 96	1:3	1:1	1:3	1:1	0:2	0:1	0:2	X	1:3	2:1	2:0	1:2	1:0	1:1
FC Energie Cottbus	0:4	2:4	1:3	2:2	0:1	1:1	1:4	2:2	X	0:1	2:0	1:0	2:0	3:0
Chemnitzer FC	0:1	1:5	2:2	1:1	3:0	1:1	1:1	0:1	0:2	X	3:0	0:1	1:1	1:0
SG Dynamo Dresden	0:4	0:2	2:5	2:3	1:0	1:2	3:2	1:2	2:0	1:0	X	1:0	2:1	5:0
Holstein Kiel	0:1	1:2	0:2	1:3	1:6	1:3	2:1	3:2	0:0	4:0	1:3	X	1:1	1:1
Tennis Borussia Berlin	1:2	1:0	1:1	2:5	3:1	1:2	1:0	1:3	1:1	1:3	2:0	0:3	X	1:1
SC Borgfeld	0:2	0:13	1:3	0:3	1:8	0:3	0:4	1:2	1:2	1:4	0:2	1:3	1:2	X

B-Junioren: Bundesliga West

Pl. (Vj.) Mannschaft		Gesamtbilanz						Heimbilanz					Auswärtsbilanz				
		Sp	S	U	N	Tore	TD	Pkt	Sp	S	U	N	Tore	Pkt	Sp	S	U	N	Tore	Pkt
1. (1.) Borussia Dortmund		26	21	5	0	93-14	+79	68	13	10	3	0	44- 5	33	13	11	2	0	49- 9	35
2. (5.) 1. FC Köln		26	19	2	5	81-22	+59	59	13	9	0	4	43-12	27	13	10	2	1	38-10	32
3. (2.) Bayer 04 Leverkusen		26	17	8	1	81-24	+57	59	13	8	5	0	41-14	29	13	9	3	1	40-10	30
4. (4.) Borussia Mönchengladbach		26	14	7	5	66-27	+39	49	13	8	3	2	36-11	27	13	6	4	3	30-16	22
5. (3.) FC Schalke 04		26	12	6	8	44-37	+7	42	13	7	3	3	22-15	24	13	5	3	5	22-22	18
6. (6.) VfL Bochum		26	11	8	7	47-35	+12	41	13	6	3	4	25-21	21	13	5	5	3	22-14	20
7. (8.) Fortuna Düsseldorf		26	10	9	7	27-23	+4	39	13	6	3	4	16-14	21	13	4	6	3	11- 9	18
8. (7.) DSC Arminia Bielefeld		26	10	2	14	36-55	-19	32	13	5	2	6	17-25	17	13	5	0	8	19-30	15
9. (9.) SC Preußen Münster		26	7	7	12	24-41	-17	28	13	4	4	5	16-18	16	13	3	3	7	8-23	12
10. (↑) FC Hennef 05		26	6	8	12	36-68	-32	26	13	5	4	4	23-29	19	13	1	4	8	13-39	7
11. (11.) SG Unterrath 12/24		26	6	8	12	19-60	-41	26	13	3	6	4	11-22	15	13	3	2	8	8-38	11
12. (10.) MSV Duisburg	↓	26	5	3	18	17-52	-35	18	13	3	1	9	8-25	10	13	2	2	9	9-27	8
13. (↑) Rot-Weiss Essen	↓	26	1	7	18	16-73	-57	10	13	0	3	10	8-38	3	13	1	4	8	8-35	7
14. (↑) SC Paderborn 07	↓	26	2	2	22	22-78	-56	8	13	1	1	11	12-38	4	13	1	1	11	10-40	4

Teilnehmer an Deutscher Meisterschaft: Borussia Dortmund und 1. FC Köln.
Absteiger in die Verbandsligen: SC Paderborn 07 (Westfalen), Rot-Weiss Essen und MSV Duisburg (Niederrhein).
Aufsteiger aus den Verbandsligen: SV Lippstadt 08 (Westfalen), Wuppertaler SV (Niederrhein) und TSV Alemannia Aachen (Mittelrhein).

B-Jun. BL West 2018/19

	Bor. Dortmund	1. FC Köln	Bay. Leverkusen	Bor. Mgladbach	FC Schalke 04	VfL Bochum	Fort. Düsseldorf	Arm. Bielefeld	Pr. Münster	FC Hennef 05	SG Unterrath	MSV Duisburg	RW Essen	SC Paderborn
Borussia Dortmund	×	1:1	1:1	2:2	2:0	3:0	1:0	6:1	6:0	10:0	4:0	2:0	4:0	2:0
1. FC Köln	0:3	×	0:1	4:0	4:1	2:3	1:2	4:0	2:1	2:1	9:0	4:0	8:0	3:0
Bayer 04 Leverkusen	2:2	2:0	×	1:1	2:2	1:1	0:0	4:1	6:0	7:3	6:0	3:1	3:2	4:1
Mönchengladbach	2:2	2:4	0:0	×	1:1	3:0	1:0	0:2	3:0	5:2	6:0	3:0	5:0	5:0
FC Schalke 04	0:5	0:3	2:1	1:0	×	2:1	1:1	4:1	3:1	0:0	3:0	1:1	5:0	
VfL Bochum	0:2	1:4	0:4	2:1	0:2	×	1:1	4:1	2:1	1:1	3:1	2:2	3:0	6:1
Fortuna Düsseldorf	0:3	1:1	0:3	0:3	1:0	1:3	×	1:0	0:0	3:0	1:1	3:0	4:0	1:0
Arminia Bielefeld	1:7	1:2	1:4	2:6	1:2	0:0	1:1	×	0:1	2:0	1:0	1:0	3:1	3:1
SC Preußen Münster	0:4	0:2	1:1	1:3	3:2	0:2	0:1	2:0	×	1:1	4:1	0:0	1:1	3:0
FC Hennef 05	2:3	0:3	0:6	2:2	1:3	2:2	1:1	3:2	1:0	×	3:1	4:3	1:1	3:2
SG Unterrath 12/24	0:3	2:7	0:4	0:0	3:2	0:0	1:1	0:3	0:0	1:1	×	1:0	1:1	1:1
MSV Duisburg	0:6	0:1	1:4	1:2	0:2	0:0	0:2	0:3	0:3	1:0	0:1	×	1:0	4:1
Rot-Weiss Essen	0:4	0:6	3:6	0:6	1:3	0:1	0:2	0:0	3:3	1:2	0:1	×		0:3
SC Paderborn 07	2:5	0:4	1:5	0:4	3:4	0:7	1:1	1:3	0:1	3:0	0:1	1:2	0:1	×

B-Jun. BL Süd/SW 2018/19

	Bay. München	Hoffenheim	Eint. Frankfurt	FSV Mainz 05	FC Augsburg	VfB Stuttgart	Stuttg. Kickers	1. FC Nürnberg	SV Wehen	Karlsruher SC	Unterhaching	Heidenheim	FC Ingolstadt 04	SSV Ulm 1846
Bayern München	×	3:2	0:2	4:2	1:1	2:1	1:0	3:1	3:1	3:0	3:0	1:0	4:2	6:0
1899 Hoffenheim	1:2	×	2:0	0:1	2:1	3:2	5:1	5:2	8:1	4:2	0:1	4:2	2:1	5:0
Eintracht Frankfurt	5:1	0:5	×	1:0	0:1	3:4	1:0	2:1	6:0	2:2	3:0	1:0	4:1	7:0
1. FSV Mainz 05	3:0	1:4	0:3	×	1:0	2:2	2:1	2:0	3:0	0:1	1:0	3:0	2:1	2:0
FC Augsburg	1:2	1:2	3:0	0:3	×	3:1	6:1	1:2	1:0	4:0	3:0	4:2	4:0	
VfB Stuttgart	3:0	1:4	0:2	0:2	2:1	×	3:0	4:1	0:1	2:0	4:0	0:2	4:0	
Stuttgarter Kickers	0:2	1:4	3:0	4:2	3:2	2:0	×	0:0	0:1	4:1	1:1	3:2	3:0	
1. FC Nürnberg	0:5	1:3	0:0	1:2	3:3	0:1	1:0	×	2:0	3:1	1:0	3:2	0:0	
SV Wehen	0:4	2:0	2:3	2:4	1:3	0:2	3:1	2:1	×	3:0	1:1	0:0	1:0	3:0
Karlsruher SC	0:3	1:2	0:1	0:2	2:1	3:0	2:3	4:2	×		0:2	0:0	0:1	5:1
Unterhaching	1:2	1:1	0:4	2:4	2:1	1:3	0:0	0:2	1:3	×	0:1	2:2	3:0	
1. FC Heidenheim	1:2	1:3	0:1	2:2	1:5	5:0	0:3	1:0	0:2	0:2	×	0:1	2:0	
FC Ingolstadt 04	2:3	0:4	0:1	0:2	0:2	0:3	0:1	1:1	0:1	0:0	1:2	2:1	×	3:0
SSV Ulm 1846	0:4	2:7	0:1	1:1	1:3	0:4	1:3	0:2	1:0	1:1	0:7	2:1	0:2	×

B-Junioren: Bundesliga Süd/Südwest

Pl. (Vj.) Mannschaft		Gesamtbilanz						Heimbilanz					Auswärtsbilanz				
		Sp	S	U	N	Tore	TD	Pkt	Sp	S	U	N	Tore	Pkt	Sp	S	U	N	Tore	Pkt
1. (1.) FC Bayern München		26	21	1	4	64-29	+35	64	13	11	1	1	34-12	34	13	10	0	3	30-17	30
2. (3.) TSG 1899 Hoffenheim		26	20	1	5	83-30	+53	61	13	10	0	3	42-15	30	13	10	1	2	41-15	31
3. (5.) Eintracht Frankfurt		26	18	2	6	53-25	+28	56	13	9	1	3	35-15	28	13	9	1	3	18-10	28
4. (4.) 1. FSV Mainz 05		26	17	3	6	49-29	+20	54	13	9	1	3	22-12	28	13	8	2	3	27-17	26
5. (10.) FC Augsburg		26	14	3	9	58-32	+26	45	13	9	0	4	33-13	27	13	5	3	5	25-19	18
6. (2.) VfB Stuttgart		26	14	2	10	51-36	+15	44	13	8	0	5	27-14	24	13	6	2	5	24-22	20
7. (11.) SV Stuttgarter Kickers		26	11	3	12	36-41	+-5	36	13	8	2	3	25-15	26	13	3	1	9	11-26	10
8. (6.) 1. FC Nürnberg		26	9	5	12	32-42	-10	32	13	5	3	5	16-19	18	13	4	2	7	16-23	14
9. (↑) SV Wehen Wiesbaden		26	9	2	15	30-54	-24	29	13	6	2	5	20-19	20	13	3	0	10	10-35	9
10. (9.) Karlsruher SC		26	7	6	13	32-42	-10	27	13	3	3	7	18-20	12	13	4	3	6	14-22	15
11. (8.) SpVgg Unterhaching		26	7	4	15	29-46	-17	25	13	2	3	8	13-25	9	13	5	1	7	16-21	16
12. (7.) 1. FC Heidenheim	↓	26	6	4	16	21-41	-20	22	13	4	1	8	15-22	13	13	2	3	8	6-19	9
13. (↑) FC Ingolstadt 04	↓	26	6	3	17	28-46	-18	21	13	3	0	10	9-21	9	13	3	3	7	19-25	13
14. (↑) SSV Ulm 1846	↓	26	2	3	21	10-83	-73	9	13	2	2	9	9-36	8	13	0	1	12	1-47	1

Teilnehmer an Deutscher Meisterschaft: FC Bayern München.
Absteiger in die Regional-/Oberligen: SSV Ulm 1846, 1. FC Heidenheim (Württemberg), FC Ingolstadt 04 (Bayern).
Aufsteiger aus den Regional-/Oberligen: SV Darmstadt 98 (Hessen), SC Freiburg (Baden-Württemberg), SpVgg Greuther Fürth (Bayern).

B-Junioren: Regionalliga Nordost

		Gesamtbilanz						Heimbilanz					Auswärtsbilanz				
Pl. (Vj.) Mannschaft		Sp	S	U	N	Tore	TD	Pkt	Sp	S	U	N	Tore	Pkt	Sp	S	U	N	Tore	Pkt
1. (6.) FC Carl Zeiss Jena	↑	26	20	5	1	69-23	+46	65	13	12	1	0	41-11	37	13	8	4	1	28-12	28
2. (5.) Hallescher FC	↑	26	17	4	5	51-24	+27	55	13	8	3	2	28-13	27	13	9	1	3	23-11	28
3. (↓) 1. FC Magdeburg		26	16	4	6	58-27	+31	52	13	10	1	2	32-10	31	13	6	3	4	26-17	21
4. (10.) FC Hansa Rostock		26	15	4	7	55-29	+26	49	13	9	1	3	26-12	28	13	6	3	4	29-17	21
5. (2.) RasenBallsport Leipzig II		26	15	3	8	63-46	+17	48	13	9	2	2	36-21	29	13	6	1	6	27-25	19
6. (1.) Hertha BSC II		26	14	5	7	56-33	+23	47	13	7	2	4	27-19	23	13	7	3	3	29-14	24
7. (11.) FC Erzgebirge Aue		26	12	4	10	56-39	+17	40	13	6	3	4	27-16	21	13	6	1	6	29-23	19
8. (↑) FC Viktoria 1889 Berlin LT		26	12	4	10	50-38	+12	40	13	6	2	5	25-19	20	13	6	2	5	25-19	20
9. (12.) SG Dynamo Dresden II		26	8	3	15	34-52	-18	27	13	3	2	8	15-29	11	13	5	1	7	19-23	16
10. (9.) FC Rot-Weiß Erfurt		26	7	5	14	33-45	-12	26	13	4	3	6	19-23	15	13	3	2	8	14-22	11
11. (7.) FC Hertha 03 Zehlendorf		26	7	4	15	28-50	-22	25	13	4	2	7	13-20	14	13	3	2	8	15-30	11
12. (8.) 1. FC Union Berlin II		26	6	6	14	30-58	-28	24	13	2	3	8	19-33	9	13	4	3	6	11-25	15
13. (↑) SSV 07 Schlotheim	↓	26	4	1	21	25-83	-58	13	13	2	1	10	12-33	7	13	2	0	11	13-50	6
14. (↑) SV Babelsberg 03	↓	26	2	2	22	11-72	-61	8	13	0	1	12	4-36	1	13	2	1	10	7-36	7

Absteiger aus der Bundesliga: Tennis Borussia Berlin (Nord/Nordost).
Aufsteiger in die Bundesliga: FC Carl Zeiss Jena und Hallescher FC (Nord/Nordost).
Absteiger in die VL/LL: SV Babelsberg 03 (Brandenburgliga) und SSV 07 Schlotheim (VL Thüringen, Gruppe 2).
Aufsteiger aus den VL/LL: 1. FC Neubrandenburg 04 (VL Mecklenburg-Vorpommern), Hallescher FC II (VL Sachsen-Anhalt) und VfB Auerbach 06 (LL Sachsen).

B-Junioren: Regionalliga Nordost 2018/19

	FC Carl Zeiss Jena	Hallescher FC	1. FC Magdeburg	FC Hansa Rostock	RB Leipzig II	Hertha BSC II	FC Erzgebirge Aue	FC Viktoria 1889	Dynamo Dresden II	FC Rot-Weiß Erfurt	Hertha Zehlendorf	1. FC Union Berlin II	SSV 07 Schlotheim	SV Babelsberg 03
FC Carl Zeiss Jena	×	2:0	1:1	1:0	4:2	3:2	1:0	5:1	2:1	2:0	6:1	3:1	8:2	3:0
Hallescher FC	1:2	×	1:1	3:2	4:0	2:2	2:0	2:2	1:2	2:0	3:0	2:0	2:1	3:1
1. FC Magdeburg	1:3	2:0	×	1:0	1:0	1:1	6:2	2:1	4:2	2:0	2:0	0:1	3:0	7:0
FC Hansa Rostock	2:1	0:1	2:1	×	2:2	2:0	1:0	2:1	0:1	1:3	3:1	2:0	5:0	4:1
RasenBallsport Leipzig II	0:0	2:0	3:1	2:2	×	0:6	0:4	2:1	4:2	3:1	3:0	8:1	5:3	4:0
Hertha BSC II	0:0	1:5	0:2	0:1	3:2	×	5:2	2:1	3:1	1:1	3:2	1:2	4:0	4:0
FC Erzgebirge Aue	1:3	1:2	2:1	0:1	3:1	1:3	×	1:1	1:1	3:2	5:0	0:0	6:1	3:0
FC Viktoria 1889 Berlin LT	2:2	1:3	2:3	1:2	3:2	3:0	2:0	×	0:2	2:0	1:1	3:0	2:3	3:1
SG Dynamo Dresden II	0:0	0:4	2:3	1:4	1:3	0:7	0:1	1:2	×	2:1	0:3	3:0	4:0	1:1
FC Rot-Weiß Erfurt	0:3	0:0	2:2	1:0	2:4	0:1	2:3	1:4	1:2	×	3:1	2:2	3:1	2:0
FC Hertha 03 Zehlendorf	2:5	0:1	1:2	0:5	0:1	0:0	1:1	0:2	1:0	3:1	×	0:1	3:1	2:0
1. FC Union Berlin II	1:3	0:2	0:3	3:3	1:2	2:3	2:7	1:5	3:2	0:0	1:1	×	5:0	0:2
SSV 07 Schlotheim	2:3	2:4	1:0	2:7	1:5	0:1	0:4	0:2	2:1	1:2	0:2	1:1	×	0:1
SV Babelsberg 03	0:3	0:1	0:6	2:2	0:3	0:3	1:5	0:2	1:2	0:3	0:3	0:2	0:1	×

B-Junioren: Regionalliga Nord

Pl. (Vj.) Mannschaft	Sp	S	U	N	Tore	TD	Pkt	Sp	S	U	N	Tore	Pkt	Sp	S	U	N	Tore	Pkt
1. (7.) Hamburger SV II	26	17	6	3	73-35	+38	57	13	7	3	3	35-20	24	13	10	3	0	38-15	33
2. (↓) Eintracht Braunschweig ↑	26	17	4	5	74-34	+40	55	13	8	4	1	41-13	28	13	9	0	4	33-21	27
3. (2.) SV Werder Bremen II	26	17	3	6	67-43	+24	54	13	8	1	4	36-25	25	13	9	2	2	31-18	29
4. (1.) VfL Wolfsburg II	26	16	4	6	59-41	+18	52	13	5	4	4	24-22	19	13	11	0	2	35-19	33
5. (↓) Eimsbütteler TV	26	15	3	8	62-37	+25	48	13	7	1	5	34-24	22	13	8	2	3	28-13	26
6. (4.) VfL Osnabrück	26	14	4	8	71-52	+19	46	13	6	1	6	30-26	19	13	8	3	2	41-26	27
7. (8.) JFV Nordwest	26	9	8	9	41-44	-3	35	13	3	6	4	21-23	15	13	6	2	5	20-21	20
8. (9.) SV Nettelnburg-Allermöhe	26	9	5	12	58-62	-4	32	13	4	3	6	31-31	15	13	5	2	6	27-31	17
9. (6.) JLZ Emsland im SV Meppen	26	8	7	11	48-59	-11	31	13	5	2	6	25-27	17	13	3	5	5	23-32	14
10. (↑) Niendorfer TSV ↓	26	9	4	13	45-59	-14	31	13	3	1	9	21-28	10	13	6	3	4	24-31	21
11. (5.) JFV Ahlerstedt/Ottendorf/Heeslingen ↓	26	8	5	13	46-49	-3	29	13	6	2	5	24-16	20	13	2	3	8	22-33	9
12. (↑) Holstein Kiel II ↓	26	8	1	17	28-59	-31	25	13	4	0	9	14-27	12	13	4	1	8	14-32	13
13. (↑) Freie Turnerschaft Braunschweig ↓	26	3	3	20	38-94	-56	12	13	2	1	10	21-51	7	13	1	2	10	17-43	5
14. (↑) TuSpo Surheide ↓	26	2	3	21	34-76	-42	9	13	1	1	11	19-35	4	13	1	2	10	15-41	5

Absteiger aus der Bundesliga: SC Borgfeld und Holstein Kiel.
Aufsteiger in die Bundesliga: Eintracht Braunschweig.
Absteiger in die Verbände: TuSpo Surheide (Bremen), Freie Turnerschaft Braunschweig, JFV Ahlerstedt/Ottendorf/Heeslingen (Niedersachsen), Holstein Kiel II (Schleswig-Holstein) und Niendorfer TSV (Hamburg).
Aufsteiger aus der Verbänden: TSV Kronshagen (Schleswig-Holstein), FC St. Pauli II (Hamburg), Hannover 96 II (Niedersachsen) und JFV Bremen (Bremen).

B-Jun. RL Nord 2018/19	Hamburger SV II	Etr. Braunschweig	SV Werder II	VfL Wolfsburg II	Eimsbütteler TV	VfL Osnabrück	JFV Nordwest	Nettelnburg-All.	JLZ Emsland	Niendorfer TSV	JFV A/O/H	Holstein Kiel II	FT Braunschweig	TuSpo Surheide
Hamburger SV II	×	3:2	1:1	2:3	1:1	1:5	1:0	6:1	1:1	2:3	5:1	5:0	3:0	4:2
Eintr. Braunschweig	0:1	×	5:0	3:1	2:1	3:3	0:0	2:2	3:3	6:1	4:0	6:0	4:0	3:1
Werder Bremen II	2:4	3:2	×	1:2	3:1	3:4	0x2	4:3	4:0	3:0	2:1	5:1	3:3	3:2
VfL Wolfsburg II	1:4	1:2	2:2	×	0:0	2:3	4:1	1:4	2:2	4:1	1:1	2:0	1:0	3:2
Eimsbütteler TV	2:3	1:2	2:1	1:2	×	2:5	2:1	4:0	5:0	2:5	2:1	1:0	3:3	7:1
VfL Osnabrück	1:6	0:1	1:2	1:2	2:1	×	1:4	3:6	2:2	6:0	3:1	2:1	5:0	3:0
JFV Nordwest	2:2	3:1	1:5	0:3	1:3	2:2	×	1:1	1:1	2:2	2:2	0:1	2:0	4:0
SV Nettelnburg-All.	4:4	3:4	2:5	3:4	1:2	1:3	1:2	×	4:1	2:2	2:0	2:0	5:3	1:1
JLZ Emsland	0:0	4:1	0:2	0:4	1:4	3:4	0:1	4:2	×	0:1	5:2	1:1	4:3	3:2
Niendorfer TSV	0:2	0:2	1:2	3:4	0:3	4:2	5:1	1:2	0:1	×	3:2	3:4	0:2	1:1
JFV A/O/H	1:2	1:2	1:2	0:2	0:2	1:1	4:1	2:1	2:1	1:1	×	3:1	5:0	3:0
Holstein Kiel II	1:2	1:4	0:3	3:2	0:4	2:0	0:3	0:1	3:1	1:2	0:3	×	2:0	1:2
FT Braunschweig	1:4	0:7	1:4	1:3	1:3	2:8	2:2	2:1	3:7	1:3	2:6	0:2	×	5:1
TuSpo Surheide	0:4	1:3	1:2	1:3	1:3	0:1	1:2	1:3	2:3	1:3	2:2	2:3	6:3	×

B-Jun. WEF-liga 2018/19	Bor. Dortmund II	SV Lippstadt 08	SC Verl	Hombrucher SV	Schalke 04 II	VfL Bochum II	VfB Waltrop	Paderborn 07 II	Sportfr. Siegen	FC Iserlohn	TSV Marl-Hüls	Rödinghausen
Borussia Dortmund II	×	3:2	3:0	5:2	3:3	3:1	2:0	3:2	2:2	7:0	5:1	8:0
SV Lippstadt 08	2:2	×	0:0	2:0	2:1	1:0	5:2	4:1	2:0	4:0	3:1	2:0
SC Verl	1:3	0:2	×	1:0	4:2	3:0	4:1	2:0	5:3	2:2	1:0	3:1
Hombrucher SV 09/72	0:4	1:0	2:1	×	0:1	2:1	3:1	0:0	4:2	3:1	1:0	2:0
FC Schalke 04 II	0:1	3:0	0:2	5:2	×	0:1	3:0	1:0	1:1	0:1	2:0	1:1
VfL Bochum II	4:3	1:3	1:1	2:0	1:2	×	2:2	3:1	2:3	2:6	6:1	2:0
VfB Waltrop	1:0	4:2	0:1	1:0	2:2	0:1	×	1:1	2:1	5:0	3:0	1:0
SC Paderborn 07 II	0:1	2:2	1:1	1:0	2:2	1:1	1:1	×	2:1	1:1	1:2	0:0
Sportfreunde Siegen	0:6	1:1	1:1	1:3	3:3	2:2	2:1	2:2	×	1:2	2:0	2:0
FC Iserlohn 46/49	0:4	0:3	1:2	1:2	0:2	0:1	1:3	2:5	3:1	×	0:2	2:0
TSV Marl-Hüls	1:10	4:5	2:5	1:4	1:9	0:3	2:0	5:0	2:2	5:0	×	4:1
SV Rödinghausen	1:3	2:3	0:3	1:2	1:2	1:3	3:2	1:4	1:1	6:0	5:2	×

B-Junioren: Westfalenliga

Pl. (Vj.) Mannschaft	Sp	S	U	N	Tore	TD	Pkt	Sp	S	U	N	Tore	Pkt	Sp	S	U	N	Tore	Pkt
1. (2.) Borussia Dortmund II	22	17	3	2	81-23	+58	54	11	9	2	0	44-13	29	11	8	1	2	37-10	25
2. (3.) SV Lippstadt 08 ↑	22	14	4	4	50-28	+22	46	11	9	2	0	27-7	29	11	5	2	4	23-21	17
3. (5.) SC Verl	22	13	5	4	43-25	+18	44	11	8	1	2	26-14	25	11	5	4	2	17-11	19
4. (↓) Hombrucher SV 09/72	22	13	0	9	34-32	+2	39	11	9	0	2	19-11	27	11	4	0	7	15-21	12
5. (7.) FC Schalke 04 II	22	10	6	6	45-28	+17	36	11	5	2	4	16-9	17	11	5	4	2	29-19	19
6. (6.) VfL Bochum II	22	11	3	8	40-30	+10	36	11	6	2	3	26-16	20	11	5	1	5	14-14	16
7. (↑) VfB Waltrop	22	8	4	10	33-36	-3	28	11	7	2	2	20-8	23	11	1	2	8	13-28	5
8. (↑) SC Paderborn 07 II ↓	22	5	9	8	31-34	-3	24	11	3	6	2	13-12	15	11	2	3	6	18-22	9
9. (10.) Sportfreunde Siegen	22	4	8	10	32-50	-18	20	11	3	5	3	17-21	14	11	1	3	7	15-29	6
10. (9.) FC Iserlohn 46/49	22	5	2	15	22-56	-34	17	11	2	0	9	10-25	6	11	3	2	6	12-31	11
11. (4.) TSV Marl-Hüls	22	5	1	16	31-73	-42	16	11	3	1	7	22-44	10	11	2	0	9	9-29	6
12. (8.) SV Rödinghausen ↓	22	3	3	16	25-52	-27	12	11	3	1	7	22-25	10	11	0	2	9	3-27	2

TSV Marl-Hüls 2019 übernimmt den Startplatz des TSV Marl-Hüls.

Absteiger aus der Bundesliga: SC Paderborn 07.
Aufsteiger in die Bundesliga: SV Lippstadt 08; Borussia Dortmund II ist nicht aufstiegsberechtigt.
Absteiger in die Landesligen: SV Rödinghausen und SC Paderborn 07 II (Staffel 1).
Aufsteiger aus den Landesligen: SC Preußen Münster II (Staffel 1) und TSG Sprockhövel (Staffel 2).

B-Junioren: Niederrheinliga

Pl. (Vj.) Mannschaft		Sp	S	U	N	Tore	TD	Pkt	Sp	S	U	N	Tore	Pkt	Sp	S	U	N	Tore	Pkt
						Gesamtbilanz							**Heimbilanz**						**Auswärtsbilanz**	
1. (6.) Wuppertaler SV	↑	26	20	4	2	84-22	+62	64	13	11	1	1	45-11	34	13	9	3	1	39-11	30
2. (3.) Borussia Mönchengladbach II		26	17	5	4	58-28	+30	56	13	9	4	0	32- 9	31	13	8	1	4	26-19	25
3. (2.) Fortuna Düsseldorf II		26	17	2	7	73-32	+41	53	13	8	1	4	42-14	25	13	9	1	3	31-18	28
4. (4.) SC Rot-Weiß Oberhausen		26	15	6	5	65-24	+41	51	13	8	4	1	36-12	28	13	7	2	4	29-12	23
5. (9.) ETB Schwarz-Weiß Essen		26	13	3	10	59-57	+2	42	13	7	0	6	30-29	21	13	6	3	4	29-28	21
6. (5.) MSV Duisburg II	↓	26	11	3	12	43-35	+8	36	13	6	0	7	24-18	18	13	5	3	5	19-17	18
7. (↑) SG Unterrath 12/24 II		26	8	9	9	41-36	+5	33	13	2	6	5	16-18	12	13	6	3	4	25-18	21
8. (12.) Sportfreunde Hamborn 07		26	10	3	13	34-48	-14	33	13	8	1	4	23-16	25	13	2	2	9	11-32	8
9. (↑) SC Croatia Mülheim		26	9	5	12	48-62	-14	32	13	4	4	5	24-30	16	13	5	1	7	24-32	16
10. (7.) SC Kapellen-Erft		26	8	4	14	35-57	-22	28	13	7	0	6	20-22	21	13	1	4	8	15-35	7
11. (↑) VfB 03 Hilden		26	8	4	14	43-75	-32	28	13	7	1	5	31-23	22	13	1	3	9	12-52	6
12. (8.) 1. FC Mönchengladbach		26	7	1	18	28-57	-29	22	13	3	1	9	19-33	10	13	4	0	9	9-24	12
13. (↑) 1. FC Kleve	↓	26	6	3	17	22-65	-43	21	13	3	3	7	15-32	12	13	3	0	10	7-33	9
14. (↑) SG Essen-Schönebeck	↓	26	5	4	17	27-62	-35	19	13	3	2	8	12-24	11	13	2	2	9	15-38	8

Absteiger aus der Bundesliga: Rot-Weiss Essen und MSV Duisburg.
Aufsteiger in die Bundesliga: Wuppertaler SV.
Absteiger in die Leistungsklassen: SG Essen-Schönebeck (Essen), 1. FC Kleve (Kleve/Geldern) und MSV Duisburg II (Duisburg/Mülheim/Dinslaken).
Aufsteiger aus den Leistungsklassen: TuRa 1888 Duisburg (Duisburg/Mülheim/Dinslaken) und KFC Uerdingen 05 (Kempen/Krefeld).

B-Jun. NIR-Liga 2018/19

	Wuppertaler SV	Bor. M'gladbach II	Düsseldorf II	Oberhausen	SW Essen	MSV Duisburg II	SG Unterrath II	SF Hamborn 07	Croatia Mülheim	Kapellen-Erft	VfB 03 Hilden	1. FC M'gladbach	1. FC Kleve	Essen-Schöneb.
Wuppertaler SV	×	1:4	3:1	2:1	7:1	1:0	2:0	8:2	2:1	0:0	6:1	5:0	4:0	4:0
Bor. M'gladbach II	1:1	×	1:1	0:0	2:2	3:1	3:0	4:0	3:1	3:2	3:1	2:0	1:0	6:0
Fort. Düsseldorf II	0:0	0:3	×	1:2	4:0	2:0	2:1	7:2	1:2	7:0	10:2	0:1	6:0	2:1
RW Oberhausen	1:2	6:1	4:1	×	4:2	2:2	1:1	0:0	1:0	4:1	5:0	4:1	3:0	1:1
ETB SW Essen	0:4	2:0	0:4	3:2	×	1:3	0:4	3:0	2:3	3:5	5:2	2:0	4:2	5:0
MSV Duisburg II	1:2	1:3	1:2	2:1	2:1	×	0:1	2:1	2:3	3:0	7:0	0:1	2:0	1:3
SG Unterrath II	0:0	0:4	1:2	0:2	1:1	2:2	×	2:0	1:1	0:0	1:1	1:2	0:2	7:1
SF Hamborn 07	0:4	2:1	1:2	0:1	0:2	1:0	2:2	×	2:1	1:0	5:1	3:1	4:0	2:1
SC Croatia Mülheim	3:7	3:4	4:3	1:3	0:4	1:1	1:2	1:1	×	4:1	2:2	2:1	1:0	1:1
SC Kapellen-Erft	1:4	2:0	0:2	1:0	1:4	0:1	1:4	2:0	3:2	×	4:1	1:0	1:2	3:2
VfB 03 Hilden	3:2	0:2	1:2	2:2	2:4	3:1	5:4	2:0	6:1	4:1	×	0:1	0:1	3:2
1. FC M'gladbach	0:3	0:1	0:5	0:9	2:4	0:1	1:2	1:0	3:4	1:1	4:0	×	5:0	2:3
1. FC Kleve	1:7	1:1	1:3	0:3	1:2	0:5	0:4	0:2	4:1	3:3	0:0	3:1	×	1:0
Essen-Schönebeck	0:3	1:2	1:3	0:3	2:2	1:2	0:0	0:3	2:4	2:1	0:1	1:0	2:0	×

B-Jun. MIR-Liga 2018/19

	Alem. Aachen	Viktoria Köln	1. FC Köln II	Bonner SC	Fortuna Köln	Lindenthal-H.	1. FC Düren	Berg. Gladbach	FC Pesch	SV Deutz 05	FV Wiehl	Hertha Walheim	Rheinsüd Köln	GW Brauweiler
Alemannia Aachen	×	2:1	1:1	1:0	1:0	1:1	6:0	7:0	1:1	3:0	2:1	2:1	6:0	0:1
FC Viktoria Köln	3:1	×	4:0	1:2	7:3	3:0	5:1	1:1	3:0	1:1	6:1	5:0	0:1	8:2
1. FC Köln II	1:2	2:1	×	6:1	1:1	2:0	8:0	4:1	1:3	5:0	9:0	5:1	5:1	7:0
Bonner SC	5:0	1:0	1:0	×	1:0	2:3	3:1	1:1	2:2	2:2	5:1	0:0	3:1	4:2
SC Fortuna Köln	2:2	1:1	2:0	3:1	×	3:0	2:2	2:0	1:0	5:0	0:0	4:0	6:2	
Lindenthal-Hohenl.	2:2	0:0	0:3	2:4	0:8	×	1:0	2:5	0:4	5:0	6:3	4:1	3:1	2:0
1. FC Düren	1:4	0:1	0:4	2:0	5:0	2:2	×	3:1	1:1	1:0	1:0	1:1	3:0	
Bergisch Gladbach	1:1	0:5	1:2	3:5	3:0	2:3	0:4	×	2:3	1:2	0:0	4:2	3:2	2:1
FC Pesch	0:3	1:3	0:9	0:1	0:5	5:3	1:1	1:1	×	2:0	2:1	1:1	2:2	2:2
SV Deutz 05	0:1	2:3	2:1	1:4	1:2	0:2	2:4	3:4	5:1	×	1:1	2:2	3:2	2:4
FV Wiehl	0:4	0:3	1:3	5:1	1:2	1:0	0:0	5:1	1:0	0:2	×	2:7	3:1	5:0
Hertha Walheim	0:2	0:6	0:2	0:1	2:1	1:4	0:2	1:6	0:1	3:1	2:4	×	2:2	1:3
FC Rheinsüd Köln	2:4	0:4	0:3	1:2	0:4	0:3	0:2	0:4	1:0	1:2	3:0	0:1	×	4:1
SV GW Brauweiler	0:2	0:4	1:7	1:7	0:7	0:2	1:1	0:0	1:1	1:2	6:1	1:3	1:3	×

B-Junioren: Mittelrheinliga

Pl. (Vj.) Mannschaft		Sp	S	U	N	Tore	TD	Pkt	Sp	S	U	N	Tore	Pkt	Sp	S	U	N	Tore	Pkt
						Gesamtbilanz							**Heimbilanz**						**Auswärtsbilanz**	
1. (↓) TSV Alemannia Aachen	↑	26	17	6	3	61-24	+37	57	13	9	3	1	33- 7	30	13	8	3	2	28-17	27
2. (↓) FC Viktoria Köln		26	17	4	5	77-22	+55	55	13	9	2	2	47-13	29	13	8	2	3	30- 9	26
3. (2.) 1. FC Köln II		26	17	2	7	90-26	+64	53	13	9	1	3	55-13	28	13	8	1	4	35-13	25
4. (3.) Bonner SC		26	16	4	6	59-39	+20	52	13	8	4	1	30-13	28	13	8	0	5	29-26	24
5. (5.) SC Fortuna Köln		26	14	6	6	65-31	+34	48	13	8	5	0	32- 9	29	13	6	1	6	33-22	19
6. (4.) SC Borussia Lindenthal-Hohenlind		26	13	4	9	52-52	0	43	13	6	2	5	27-31	20	13	7	2	4	25-21	23
7. (◇) 1. FC Düren		26	11	7	8	39-43	-4	40	13	7	3	3	21-14	24	13	4	4	5	18-29	16
8. (6.) SV Bergisch Gladbach 09		26	8	6	12	46-58	-12	30	13	4	2	7	22-30	14	13	4	4	5	24-28	16
9. (11.) FC Pesch		26	7	9	10	36-54	-18	30	13	3	5	5	17-32	14	13	4	4	5	19-22	16
10. (↑) SV Deutz 05		26	7	6	13	37-56	-19	27	13	3	2	8	24-31	11	13	4	4	5	13-25	16
11. (7.) FV Wiehl		26	6	4	16	37-73	-36	22	13	5	2	6	24-25	17	13	1	2	10	13-48	5
12. (↑) TSV Hertha Walheim	↓	26	5	5	16	31-60	-29	20	13	2	1	10	12-33	7	13	3	4	6	19-27	13
13. (↑) FC Rheinsüd Köln	↓	26	5	3	18	29-66	-37	18	13	3	0	10	12-30	9	13	2	3	8	17-36	9
14. (12.) SV Grün-Weiß Brauweiler	↓	26	4	4	18	31-86	-55	16	13	1	3	9	13-40	6	13	3	1	9	18-46	10

Absteiger aus der Bundesliga: keine.
Aufsteiger in die Bundesliga: TSV Alemannia Aachen.
Absteiger in die Bezirksligen: SV Grün-Weiß Brauweiler, TSV Hertha Walheim (Staffel 2) und FC Rheinsüd Köln (Staffel 1).
Aufsteiger aus den Bezirksligen: FC Hennef 05 II, SC West Köln (Staffel 1), TSV Alemannia Aachen II, FC Wegberg-Beeck (Staffel 2).

B-Junioren: Regionalliga Südwest

Pl. (Vj.) Mannschaft		Sp	S	U	N	Tore	TD	Pkt	Sp	S	U	N	Tore	Pkt	Sp	S	U	N	Tore	Pkt
						Gesamtbilanz						Heimbilanz						Auswärtsbilanz		
1. (1.)	1. FSV Mainz 05 II		26	23	1	2	127-19	+108	70	13	12	0	1	72-11	36	13	11	1	1	55- 8	34
2. (↓)	1. FC Kaiserslautern		26	20	4	2	95-15	+80	64	13	10	2	1	52- 5	32	13	10	2	1	43-10	32
3. (↓)	SVgg 07 Elversberg		26	19	3	4	74-18	+56	60	13	10	0	3	41- 9	30	13	9	3	1	33- 9	30
4. (↑)	VfR Wormatia 08 Worms		26	14	7	5	73-37	+36	49	13	7	5	1	34-17	26	13	7	2	4	39-20	23
5. (7.)	SV Eintracht Trier 05		26	11	7	8	63-56	+7	40	13	6	4	3	34-20	22	13	5	3	5	29-36	18
6. (5.)	1. FC Saarbrücken		26	11	4	11	56-43	+13	37	13	5	1	7	31-22	16	13	6	3	4	25-21	21
7. (10.)	FC 08 Homburg		26	9	7	10	41-33	+8	34	13	5	3	5	27-22	18	13	4	4	5	14-11	16
8. (6.)	TuS Koblenz		26	10	4	12	52-53	-1	34	13	5	3	5	31-25	18	13	5	1	7	21-28	16
9. (3.)	SV Gonsenheim		26	9	4	13	58-75	-17	31	13	8	1	4	37-33	25	13	1	3	9	21-42	6
10. (2.)	DJK-SV Phönix Schifferstadt		26	7	3	16	32-91	-59	24	13	5	3	5	23-31	18	13	2	0	11	9-60	6
11. (↑)	JFG Saarlouis/Dillingen		26	8	0	18	26-88	-62	24	13	4	0	9	14-43	12	13	4	0	9	12-45	12
12. (↑)	SG 99 Andernach		26	6	3	17	36-79	-43	21	13	5	1	7	21-26	16	13	1	2	10	15-53	5
13. (8.)	TSV Schott Mainz	↓	26	5	5	16	27-68	-41	20	13	4	2	7	13-28	14	13	1	3	9	14-40	6
14. (9.)	TuS Mosella Schweich	↓	26	3	2	21	23-108	-85	11	13	2	2	9	11-50	8	13	1	0	12	12-58	3

Absteiger aus der Bundesliga: keine.
Aufsteiger in die Bundesliga: keine; Meister 1. FSV Mainz 05 II ist nicht aufstiegsberechtigt.
Absteiger in die Verbandsligen: TuS Mosella Schweich (Rheinland) und TSV Schott Mainz (Südwest).
Aufsteiger aus den Verbandsligen: Eisbachtaler Sportfreunde (Rheinland) und Mainzer TV 1817 (Südwest; Meister 1. FC Kaiserslautern II ist nicht aufstiegsberechtigt); Saarland-Meister SVgg 07 Elversberg und Vizemeister 1. FC Saarbrücken sind nicht aufstiegsberechtigt und der Dritte JFG Schaumberg-Prims verzichtet.

B-Jun. RL Südwest 2018/19

	FSV Mainz 05 II	Kaiserslautern	07 Elversberg	Worm. Worms	Eintracht Trier	Saarbrücken	FC 08 Homburg	TuS Koblenz	Gonsenheim	Schifferstadt	Saarlouis/Dill.	SG Andernach	Schott Mainz	Mos. Schweich
1. FSV Mainz 05 II	✕	2:0	1:4	3:0	6:3	6:0	2:1	3:0	4:1	10:0	7:1	12:0	8:1	8:0
1. FC Kaiserslautern	3:0	✕	1:1	3:1	7:1	0:2	0:0	3:0	7:0	4:0	6:0	7:0	6:0	5:0
SVgg 07 Elversberg	0:3	0:2	✕	3:0	3:1	1:2	1:0	3:1	2:0	8:0	6:0	3:0	6:0	5:0
VfR Wormatia Worms	0:3	2:2	2:1	✕	2:2	3:3	0:0	4:0	3:4	4:0	4:1	5:0	1:3	3:1
SV Eintracht Trier 05	1:3	2:2	0:0	1:3	✕	4:1	0:0	4:2	4:4	4:1	1:3	6:0	2:1	5:0
1. FC Saarbrücken	1:3	0:3	0:3	0:4	5:0	✕	0:1	1:3	2:5	8:1	3:0	0:1	6:0	
FC 08 Homburg	0:0	0:2	1:1	2:5	2:2	1:4	✕	3:1	5:0	8:0	0:2	2:0	3:2	4:0
TuS Koblenz	1:3	0:4	1:4	1:1	1:2	1:1	1:0	✕	3:1	7:0	1:2	4:4	4:1	6:2
SV Gonsenheim	1:8	1:5	1:3	1:3	3:1	2:2	3:1	4:2	✕	3:2	7:0	3:1	4:3	4:2
Phönix Schifferstadt	1:6	0:4	2:3	3:1	1:3	2:1	2:4	1:1	2:2	✕	1:0	2:2	1:2	4:3
JFG Saarlouis/Dilling.	0:9	1:5	0:1	0:7	0:3	0:2	0:4	0:4	4:2	1:0	✕	4:2	2:1	2:3
SG 99 Andernach	0:5	1:2	0:2	2:5	2:3	1:0	1:0	2:4	4:2	3:0	0:1	✕	1:1	4:1
TSV Schott Mainz	0:5	1:2	0:7	1:1	2:6	0:3	1:1	0:1	1:0	1:2	2:0	2:0	✕	2:0
Mosella Schweich	0:7	0:10	0:3	0:8	2:2	0:4	0:2	0:2	4:1	2:3	2:1	0:6	1:1	✕

B-Jun. HES-liga 2018/19

	Darmstadt 98	Offenbach	Rosenhöhe	Etr. Frankfurt II	FSV Frankfurt	Viktoria Fulda	SV Wehen II	RW Walldorf	RW Frankfurt	Hessen Kassel	FC Gießen	1. FC Erlensee	SG Kelkheim	TSG Wieseck
SV Darmstadt 98	✕	2:2	6:2	3:3	5:2	6:4	1:1	4:1	2:0	10:0	4:1	3:2	5:0	6:2
Offenbacher Kickers	3:6	✕	2:2	2:2	2:2	1:0	0:2	0:0	1:0	3:0	2:0	3:1	7:1	3:0
SG Rosenhöhe OF	0:6	3:0	✕	2:1	1:0	2:0	2:0	2:2	3:2	5:1	2:0	0:2	3:1	5:2
Eintracht Frankfurt II	3:0	1:1	1:0	✕	3:2	4:1	4:2	1:1	4:0	1:2	7:1	2:1	1:1	1:1
FSV Frankfurt	0:4	3:0	1:2	0:1	✕	2:1	4:1	2:2	0:1	1:0	2:1	2:3	6:0	1:0
JFV Viktoria Fulda	0:2	0:1	3:1	2:0	1:2	✕	3:1	2:1	0:1	4:3	2:1	10:0	2:1	
SV Wehen II	0:4	0:1	2:1	0:3	2:2	5:1	✕	1:1	3:1	2:2	0:1	3:1	5:1	2:1
SV RW Walldorf	3:3	1:1	2:3	1:0	3:1	2:2	0:2	✕	1:2	1:2	1:0	3:1	0:1	4:1
SG RW Frankfurt	0:2	3:5	1:0	2:1	2:2	1:1	2:3	3:1	✕	0:0	0:1	2:4	1:1	3:0
Hessen Kassel	1:3	2:2	1:5	1:1	1:2	0:1	2:0	3:3	1:3	✕	0:1	1:0	2:1	2:1
FC Gießen	1:2	1:4	1:1	1:2	2:3	2:0	2:0	1:2	3:1	1:1	✕	1:0	2:2	1:0
1. FC 06 Erlensee	1:5	0:2	2:1	3:2	1:1	1:1	2:3	0:6	1:0	0:2	3:1	✕	1:1	0:1
SG Kelkheim	1:2	1:2	1:4	1:5	0:3	0:3	2:1	3:2	0:1	4:2	4:2	1:1	✕	1:3
TSG Wieseck	0:6	1:1	2:2	0:5	1:2	1:4	0:3	2:3	1:1	2:2	4:0	5:2	2:0	✕

B-Junioren: Hessenliga

Pl. (Vj.) Mannschaft		Sp	S	U	N	Tore	TD	Pkt	Sp	S	U	N	Tore	Pkt	Sp	S	U	N	Tore	Pkt
						Gesamtbilanz						Heimbilanz						Auswärtsbilanz		
1. (2.)	SV Darmstadt 98	↑	26	21	4	1	102-33	+69	67	13	10	3	0	57-20	33	13	11	1	1	45-13	34
2. (7.)	Offenbacher FC Kickers		26	13	9	4	51-34	+17	48	13	7	4	2	29-16	25	13	6	5	2	22-18	23
3. (5.)	SG Rosenhöhe Offenbach		26	14	4	8	54-42	+12	46	13	10	1	2	30-17	31	13	4	3	6	24-25	15
4. (9.)	Eintracht Frankfurt II		26	12	8	6	58-31	+27	44	13	8	4	1	33-13	28	13	4	4	5	25-18	16
5. (3.)	FSV Frankfurt		26	11	6	9	47-40	+7	39	13	7	1	5	24-16	22	13	4	5	4	23-24	17
6. (11.)	JFV Viktoria Fulda		26	12	3	11	50-42	+8	39	13	9	0	4	31-14	27	13	3	3	7	19-28	12
7. (↑)	SV Wehen Wiesbaden II		26	11	4	11	44-44	+0	37	13	6	3	4	25-20	21	13	5	1	7	19-24	16
8. (6.)	SV Rot-Weiß Walldorf		26	8	9	9	47-43	+4	33	13	5	3	5	22-19	18	13	3	6	4	25-24	15
9. (↑)	SG Rot-Weiss Frankfurt		26	9	5	12	34-42	-8	32	13	4	4	5	20-21	16	13	5	1	7	14-21	16
10. (8.)	KSV Hessen Kassel		26	8	7	11	32-53	-21	31	13	4	3	6	17-23	15	13	4	4	5	15-30	16
11. (◇)	FC Gießen		26	7	5	14	31-51	-20	26	13	4	5	4	19-18	17	13	3	0	10	12-33	9
12. (12.)	1. FC 06 Erlensee		26	7	4	15	34-54	-20	25	13	4	3	6	15-26	15	13	3	1	9	19-28	10
13. (10.)	SG Kelkheim	↓	26	5	5	16	29-76	-47	20	13	4	1	8	19-31	13	13	1	4	8	10-45	7
14. (4.)	TSG Wieseck	↓	26	5	5	16	34-62	-28	20	13	3	4	6	21-31	13	13	2	1	10	13-31	7

Absteiger aus der Bundesliga: keine.
Aufsteiger in die Bundesliga: SV Darmstadt 98 (Süd/Südwest).
Absteiger in die Verbandsligen: TSG Wieseck (Nord) und SG Kelkheim (Süd).
Aufsteiger aus den Verbandsligen: VfB Marburg (Nord), SV Darmstadt 98 II und Karbener SV (Süd).

B-Junioren: Oberliga Baden-Württemberg ▷ 13

Pl. (Vj.) Mannschaft		Sp	S	U	N	Tore	TD	Pkt	Sp	S	U	N	Tore	Pkt	Sp	S	U	N	Tore	Pkt
1. (↓) SC Freiburg	↑	22	16	4	2	49-16	+33	52	11	9	1	1	31- 7	28	11	7	3	1	18- 9	24
2. (2.) TSG 1899 Hoffenheim II		22	14	3	5	51-25	+26	45	11	7	3	1	34- 9	24	11	7	0	4	17-16	21
3. (5.) SV Sandhausen		22	14	3	5	54-31	+23	45	11	8	2	1	34-15	26	11	6	1	4	20-16	19
4. (1.) VfB Stuttgart II		22	13	4	5	57-27	+30	43	11	8	0	3	35-15	24	11	5	4	2	22-12	19
5. (7.) TSG Balingen		22	9	5	8	36-32	+4	32	11	5	3	3	16- 9	18	11	4	2	5	20-23	14
6. (8.) SGV Freiberg/N.		22	8	8	6	35-34	+1	32	11	4	4	3	17-18	16	11	4	4	3	18-16	16
7. (↑) FC-Astoria Walldorf		22	8	4	10	39-42	-3	28	11	4	3	4	24-22	15	11	4	1	6	15-20	13
8. (↑) SV Stuttgarter Kickers II		22	5	10	7	27-37	-10	25	11	3	4	4	14-16	13	11	2	6	3	13-21	12
9. (10.) Offenburger FV		22	4	5	13	19-48	-29	17	11	2	4	5	7-15	10	11	2	1	8	12-33	7
10. (6.) SV Waldhof Mannheim	↓	22	3	7	12	30-50	-20	16	11	3	2	6	19-19	11	11	0	5	6	11-31	5
11. (↑) Bahlinger SC	↓	22	4	3	15	29-62	-33	15	11	2	3	6	17-26	9	11	2	0	9	12-36	6
12. (4.) Karlsruher SC II	↓	22	2	8	12	22-44	-22	14	11	2	3	6	13-16	9	11	0	5	6	9-28	5

Absteiger aus der Bundesliga: SSV Ulm 1846 und 1. FC Heidenheim (Süd/Südwest).
Aufsteiger in die Bundesliga: SC Freiburg (Süd/Südwest).
Absteiger in die Verbandsligen: Karlsruher SC II, SV Waldhof Mannheim (Nordbaden) und Bahlinger SC (Südbaden).
Aufsteiger aus den Verbandsligen: SG HD-Kirchheim (Nordbaden; Meister SV Sandhausen II ist nicht aufstiegsberechtigt), SC Freiburg II (Südbaden) und SG Sonnenhof Großaspach (Württemberg Nord).

B-Jun. OL BaWü 2018/19	Freiburg	Hoffenheim II	Sandhausen	VfB Stuttgart II	Balingen	Freiberg/N.	Walldorf	Stuttgarter Kick.	Offenburg	Mannheim	Bahlingen	Karlsruhe II
SC Freiburg	×	2:0	4:1	1:2	2:0	1:1	3:0	4:0	4:0	2:0	4:2	4:1
1899 Hoffenheim II	0:1	×	3:1	1:1	3:1	3:1	4:2	0:0	0:0	10:1	4:0	6:1
SV Sandhausen	2:1	1:2	×	2:1	3:3	2:2	4:3	5:0	4:0	3:2	6:1	2:0
VfB Stuttgart II	3:4	2:0	1:0	×	2:1	0:2	1:3	3:0	4:2	6:3	8:0	5:0
TSG Balingen	0:2	0:1	1:1	1:0	×	1:2	1:0	1:1	4:1	3:0	3:0	1:1
SGV Freiberg/N.	1:1	3:2	0:3	1:1	2:3	×	0:2	2:2	2:1	2:2	1:0	3:1
FC-Astoria Walldorf	2:2	4:1	1:4	0:2	1:2	1:0	×	0:3	7:2	1:1	4:2	3:3
Stuttgarter Kickers II	0:2	1:3	1:2	2:2	3:2	3:1	1:1	×	3:0	0:0	0:3	0:0
Offenburger FV	0:0	0:1	1:0	1:3	3:2	0:2	2:1	1:1	×	1:1	0:3	0:0
SVW Mannheim	0:1	1:2	1:3	3:3	2:3	1:3	3:0	3:3	0:1	×	3:0	2:0
Bahlinger SC	1:3	1:2	1:2	0:6	1:2	2:2	3:1	1:1	2:4	3:1	×	2:2
Karlsruher SC II	0:1	1:3	2:3	0:1	1:1	2:2	0:1	2:2	3:1	0:0	3:1	×

B-Jun. Bayernliga 2018/19	Greuther Fürth	1860 München	FC Bayern II	Regensburg	Augsburg II	Ingolstadt II	Ansbach	Nürnberg II	Schweinfurt	Neumarkt	Deggendorf	Memmingen	Bayern Hof	Unterhaching II
SpVgg Greuther Fürth	×	1:3	3:1	1:0	3:0	3:0	5:2	3:0	4:3	2:0	7:0	4:0	1:0	2:1
TSV 1860 München	0:0	×	2:1	3:0	3:3	3:2	10:1	4:2	6:0	4:1	3:1	7:1	2:0	9:0
FC Bayern München II	1:2	1:2	×	2:1	3:3	3:0	6:0	3:0	9:0	4:0	7:1	1:0	1:2	
SSV Jahn Regensburg	2:5	1:2	3:1	×	2:1	1:2	0:0	2:1	2:2	6:1	1:1	0:0	4:0	2:0
FC Augsburg II	0:2	1:7	2:3	2:4	×	4:0	3:0	2:1	3:3	3:2	4:0	4:3	1:1	4:2
FC Ingolstadt 04 II	0:5	0:5	3:2	0:0	3:3	×	1:1	3:1	1:4	5:3	6:0	1:3	1:0	3:1
SpVgg Ansbach 09	0:2	1:4	2:7	0:4	1:3	1:1	×	4:1	2:2	3:3	1:0	3:1	5:0	2:1
1. FC Nürnberg II	1:4	1:3	2:4	2:2	1:4	4:0	1:0	×	2:2	6:1	2:0	2:2	0:2	1:0
1. FC Schweinfurt 05	0:1	0:3	1:3	0:6	3:0	3:0	0:1	0:4	×	2:2	2:0	0:3	4:1	2:4
ASV Neumarkt	2:1	3:2	0:1	0:3	3:2	0:2	1:1	5:2	0:5	×	1:2	3:2	3:1	2:1
SpVgg GW Deggendorf	2:5	0:4	2:0	0:1	2:4	0:1	0:1	2:2	2:2	1:0	×	1:0	3:1	3:0
FC Memmingen 07	1:4	1:2	1:6	2:4	2:3	2:3	0:3	2:0	1:1	3:3	2:1	×	7:3	0:1
SpVgg Bayern Hof	0:4	3:3	0:1	1:3	0:2	3:5	2:2	1:2	2:0	1:0	1:5	0:1	×	2:1
SpVgg Unterhaching II	1:4	2:5	1:3	1:1	1:5	1:1	2:5	0:6	1:3	3:4	0:3	0:2	3:3	×

B-Junioren: Bayernliga

Pl. (Vj.) Mannschaft		Sp	S	U	N	Tore	TD	Pkt	Sp	S	U	N	Tore	Pkt	Sp	S	U	N	Tore	Pkt
1. (4.) SpVgg Greuther Fürth	↑	26	23	1	2	78-20	+58	70	13	12	0	1	39-10	36	13	11	1	1	39-10	34
2. (2.) TSV 1860 München		26	22	3	1	101-27	+74	69	13	11	2	0	56-12	35	13	11	1	1	45-15	34
3. (3.) FC Bayern München II		26	17	1	8	77-33	+44	52	13	9	1	3	44-11	28	13	8	0	5	33-22	24
4. (7.) SSV Jahn Regensburg		26	13	7	6	55-30	+25	46	13	6	4	3	26-16	22	13	7	3	3	29-14	24
5. (5.) FC Augsburg II		26	12	6	8	64-55	+9	42	13	7	2	4	33-28	23	13	5	4	4	31-27	19
6. (↑) FC Ingolstadt 04 II	↓	26	11	4	11	44-58	-14	37	13	6	3	4	27-28	21	13	5	1	7	17-30	16
7. (6.) SpVgg Ansbach 09		26	10	7	9	44-58	-14	37	13	6	3	4	27-27	21	13	4	4	5	17-31	16
8. (↑) 1. FC Nürnberg II		26	8	4	14	47-55	-8	28	13	5	3	5	25-24	18	13	3	1	9	22-31	10
9. (8.) 1. FC Schweinfurt 05		26	7	7	12	44-57	-13	28	13	4	1	8	17-28	13	13	3	6	4	27-29	15
10. (↑) ASV Neumarkt		26	8	4	14	43-73	-30	28	13	7	1	5	23-25	22	13	1	3	9	20-48	6
11. (↑) SpVgg GW Deggendorf		26	8	3	15	31-55	-24	27	13	5	2	6	18-21	17	13	3	1	9	13-34	10
12. (9.) FC Memmingen 07		26	7	4	15	43-66	-23	25	13	3	2	8	24-34	11	13	4	2	7	19-32	14
13. (11.) SpVgg Bayern Hof	↓	26	4	4	18	28-64	-36	16	13	3	2	8	16-29	11	13	1	2	10	12-35	5
14. (10.) SpVgg Unterhaching II	↓	26	3	3	20	30-78	-48	12	13	0	3	10	16-45	3	13	3	0	10	14-33	9

Absteiger aus der Bundesliga: FC Ingolstadt 04 (Süd/Südwest).
Aufsteiger in die Bundesliga: SpVgg Greuther Fürth (Süd/Südwest).
Absteiger in die Landesligen: SpVgg Unterhaching II (Süd), FC Ingolstadt 04 II (Süd; Zwangsabstieg wegen des Abstiegs der ersten Mannschaft aus der Bundesliga) und SpVgg Bayern Hof (Nord).
Aufsteiger aus den Landesligen: FC Würzburger Kickers (Nord), SV Wacker Burghausen und TSV 1860 Weißenburg (Süd; Meister TSV 1860 München II ist nicht aufstiegsberechtigt).

Entscheidungsspiele im Bereich der B-Junioren

Aufstieg in die Bundesliga Nord/Nordost:
Aufstiegsspiele der Zweiten der RL Nord und Nordost:
15.06.2019: Hallescher FC - Eimsbütteler TV 7:1 (3:1)
22.06.2019: Eimsbütteler TV - Hallescher FC 3:2 (0:1)
Hallescher FC steigt in die Bundesliga Nord/Nordost auf.

Aufstieg in die Bundesliga Süd/Südwest:
Aufstiegsspiele der Meister der RL Südwest und der Hessenliga:
08.06.2019: 1. FC Kaiserslautern - SV Darmstadt 98 2:1 (1:0)
12.06.2019: SV Darmstadt 98 - 1.FC Kaiserslautern 4:1 (2:0)
SV Darmstadt 98 steigt in die Bundesliga Süd/Südwest auf.

Regionalliga Nordost:
Aufstiegsspiele der Meister der sechs Landesverbände:
Hinspiele:
22.06.2019: FC Energie Cottbus II (BRB) - Hallescher FC II (SA) 1:1 (0:1)
23.06.2019: VfB Auerbach (SAX) - Füchse Berlin-Reinickendorf (B) 3:0 (0:0)
23.06.2019: 1. FC Neubrandenburg 04 (MV) - JFC Gera (TH) 3:0 (2:0)
Rückspiele:
29.06.2019: Hallescher II - FC Energie Cottbus II 2:1 (0:1)
30.06.2019: Füchse Berlin-Reinickendorf - VfB Auerbach 06 3:5 (1:3)
30.06.2019: JFC Gera - 1. FC Neubrandenburg 04 1:1 (0:0)
Aus Sachsen-Anhalt ist Meister 1. FC Magdeburg II nicht aufstiegsberechtigt, dafür nimmt der Zweite Hallescher FC II teil.
Hallescher FC, VfB Auerbach 06 und 1. FC Neubrandenburg 04 steigen in die Regionalliga Nordost auf.

Aufstieg in die Regionalliga Nord:
Die Meister der Winter- und Sommerrunde im Bremer Verband spielen in einem Entscheidungsspiel den Aufsteiger in die Regionalliga Nord aus:
22.06.2019: JFV Bremen (W) - TuS Komet Arsten (S) 3:2 (0:1)
JFV Bremen steigt in die Regionalliga Nord auf.

Niederrheinliga:
Entscheidungsspiele der Plätze 9-12 der Niederrheinliga, sowie 16 Vertreter der Kreisleistungsklassen:
Qualifikationsgruppe 1 (SC Kapellen-Erft verbleibt in der Liga):
15.06.2019: SC Kapellen-Erft - VfB Homberg 1:1 (0:1)
16.06.2019: SSV Bergisch Born - DJK TuSA 06 Düsseldorf 6:0 (2:0)
22.06.2019: VfB Homberg - SSV Bergisch Born 4:1 (1:1)
23.06.2019: SC Kapellen-Erft - DJK TuSA 06 Düsseldorf 16:0 (8:0)
30.06.2019: DJK TuSA 06 Düsseldorf - VfB Homberg 0:13 (0:6)
30.06.2019: SSV Bergisch Born - SC Kapellen-Erft 2:3 (2:2)
Qualifikationsgruppe 2 (VfB Hilden verbleibt in der Liga):
16.06.2019: Essener SG 99/06 - ASV Einigkeit Süchteln 0:4 (0:1)
16.06.2019: Wuppertaler SV II - VfB Hilden 1:1 (1:0)
23.06.2019: Essener SG 99/06 - VfB Hilden 2:5 (1:1)
23.06.2019: ASV Einigkeit Süchteln - Wuppertaler SV II 0:1 (0:1)
30.06.2019: VfB Hilden - ASV Einigkeit Süchteln 3:1 (0:0)
30.06.2019: Wuppertaler SV II - Essener SG 99/06 4:0 (1:0)
Qualifikationsgruppe 3 (1. FC Mönchengladbach verbleibt in der Liga):
16.06.2019: FSV Duisburg - FVgg Schwarz-Weiß Alstaden 11:0 (6:0)
16.06.2019: SV Biemenhorst - 1. FC Mönchengladbach 0:8 (0:2)
21.06.2019: FVgg Schwarz-Weiß Alstaden - SV Biemenhorst 2:4 (0:0)
23.06.2019: FSV Duisburg - 1. FC Mönchengladbach 1:1 (1:1)
30.06.2019: 1. FC Mönchengladbach - FVgg SW Alstaden 27:0 (11:0)
30.06.2019: SV Biemenhorst - FSV Duisburg 0:17 (0:5)
Qualifikationsgruppe 4 (TuRa 1888 Duisburg steigt auf):
16.06.2019: TuRa 1888 Duisburg - FC Kray 09/31 2:2 (2:1)
16.06.2019: 1. FC Kleve - Sportfreunde Baumberg 1:3 (1:2)
23.06.2019: TuRa 1888 Duisburg - Sportfreunde Baumberg 2:0 (1:0)
23.06.2019: FC Kray 09/31 - 1. FC Kleve 6:0 (3:0)
30.06.2019: Sportfreunde Baumberg - FC Kray 09/31 5:1 (2:0)
30.06.2019: 1. FC Kleve - TuRa 1888 Duisburg 1:3 (0:2)
Qualifikationsgruppe 5 (KFC Uerdingen 05 steigt auf):
16.06.2019: SV Straelen - KFC Uerdingen 05 1:1 (0:0)
16.06.2019: 1. Jugend-Fußball-Akademie - SG Kaarst 2:1 (1:0)
23.06.2019: SV Straelen - SG Kaarst 2:2 (2:1)
23.06.2019: KFC Uerdingen 05 - 1. Jugend-Fußball-Akademie 4:0 (1:0)
30.06.2019: SG Kaarst - KFC Uerdingen 05 0:7 (0:4)
30.06.2019: 1. Jugend-Fußball-Akademie - SV Straelen 4:2 (1:0)

Mittelrheinliga:
Entscheidungsspiele der Tabellen-11. und Tabellen-13. der Mittelrheinliga und Vertretern aus den Bezirksligen:
22.06.2019: FC Rheinsüd Köln - FC Hennef 05 II 0:2 (0:1)
30.06.2019: FC Hennef 05 II - FC Rheinsüd Köln 2:0 (1:0)
FC Hennef 05 II steigt in die Mittelrheinliga auf.
22.06.2019: SV Eilendorf - SC West Köln 0:4 (0:2)
29.06.2019: SC West Köln - SV Eilendorf 0:2 (0:1)
SC West Köln steigt in die Mittelrheinliga auf.
22.06.2019: FV Wiehl - VfL Vichttal 3:1 (1:0)
30.06.2019: VfL Vichttal - FV Wiehl 0:1 (0:0)
FV Wiehl verbleibt in der Mittelrheinliga.
23.06.2019: Sportfreunde Troisdorf 05 - FC Wegberg-Beeck 1:5 (0:2)
30.06.2019: FC Wegberg-Beeck - Sportfreunde Troisdorf 05 4:3 (2:1)
FC Wegberg-Beeck steigt in die Mittelrheinliga auf.

Hessenliga:
Aufstiegsspiele der Zweiten der Verbandsligen Hessen Nord und Süd:
15.06.2019: Karbener SV (S) - KSV Baunatal (N) 6:1 (3:1)
20.06.2019: KSV Baunatal - Karbener SV 0:1 (0:0)
Karbener SV steigt in die Hessenliga auf.

Oberliga Baden-Württemberg:
Aufstiegsspiele der Meister der Verbandsstaffeln Württemberg Nord und Süd:
30.06.2019: SGS Großaspach (Nord) - SSV Reutlingen 05 (Süd) 2:0 (2:0)
07.07.2019: SSV Reutlingen 05 - SG Sonnenhof Großaspach 1:1 (1:1)
SG Sonnenhof Großaspach steigt in die Oberliga Baden-Württemberg auf.

Bayernliga:
Nachdem der Meister der Landesliga Gruppe Süd TSV 1860 München II nicht aufstiegsberechtigt ist, steigt SV Wacker Burghausen als Zweiter direkt auf und TSV 1860 Weißenburg nimmt als Dritter am Aufstiegsspiel teil:
07.06.2019: TSV 1860 Weißenburg (S) - SpVgg Gr. Fürth II (N) 2:1 (1:0)

B-Junioren: Verbandspokal-Endspiele

NOFV-Endspiel:
01.05.2019: Hallescher FC - RasenBallsport Leipzig 0:1 (0:0)

Mecklenburg-Vorpommern:
30.05.2019: Greifswalder FC - 1. FC Neubrandenburg 04 0:1 (0:0)
Qualifikation zum NOFV-Pokal:
07.06.2019: 1. FC Neubrandenburg 04 - FC Hansa Rostock 0:4 (0:2)

Brandenburg:
09.06.2019: Regionaler SV Eintracht Teltow-Kleinmachnow-Stahnsdorf II - FC Energie Cottbus 1:3 (1:0)

Berlin:
30.05.2019: Berliner FC Preussen - Hertha BSC 0:6 (0:4)

Sachsen-Anhalt:
08.06.2019: Hallescher FC - 1. FC Magdeburg 0:1 (0:1)

Thüringen:
01.05.2019: FSV Wacker 90 Nordhausen - FC Rot-Weiß Erfurt II 1:0 (0:0)
Endspiel der Qualifikation zum NOFV-Pokal:
29.05.2019: FSV Wacker 90 Nordhausen - FC Rot-Weiß Erfurt 1:2 (0:1)

Sachsen:
08.06.2019: Chemnitzer FC - RasenBallsport Leipzig 2:1 (1:1)

Schleswig-Holstein:
30.05.2019: SC Weiche Flensburg 08 - VfB Lübeck 0:1 (0:0)

Hamburg:
28.05.2019: FC St. Pauli - TuS Germania Schnelsen 2:1 (1:1)

Niedersachsen:
11.05.2019: VfL Osnabrück - VfL Wolfsburg 1:5 (1:1)

Bremen:
12.06.2019: TuS Komet Arsten - SC Borgfeld 0:2 (0:0)

Westfalen:
29.05.2019: VfL Bochum - DSC Arminia Bielefeld 3:4 iE, 3:3 nV (3:3, 0:2)

Niederrhein:
30.05.2019: ETB Schwarz-Weiß Essen - Borussia Mönchengladbach 1:6 (1:3)

Mittelrhein:
30.05.2019: SC Fortuna Köln - 1. FC Köln II 3:4 iE, 1:1 (1:0)

Rheinland:
16.06.2019: SV Eintracht Trier II - SpVgg Eintracht GC Wirges 2:0 (1:0)

Südwest:
30.05.2019: SV Gonsenheim - FK 03 Pirmasens 1:2 (1:1)

Saarland:
23.05.2019: SV Saar 05 Saarbrücken Jugend - SVgg 07 Elversberg 1:2 nV (1:1, 0:1)

Hessen:
30.05.2019: FC Bayern Alzenau - SV Wehen Wiesbaden 1:5 (1:3)

Nordbaden:
05.06.2019: SV Sandhausen - Karlsruher SC 0:1 (0:0)

Südbaden:
30.05.2019: SC Freiburg - FC 08 Villingen 2:1 (1:1)

Württemberg:
05.06.2019: 1. FC Heidenheim - VfB Stuttgart 2:5 nE, 1:1 nV (1:1, 0:0)

Bayern:
Der Bayerische Fußball-Verband ermittelt keinen Pokalsieger.

Neues aus dem DSFS-Shop

Regionale Jahrbücher zur Saison 2017/18:

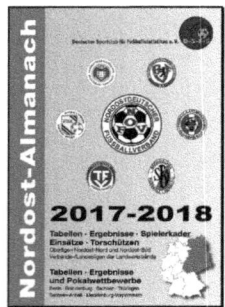

Die Bücher können bestellt werden beim
DSFS-Shop
Hans-Joachim Stubbe
Elisabeth-Frucht-Straße 28
30926 Seelze

Versandbedingungen:
- Zusätzlich zum Bücherbestellwert werden die tatsächlich anfallenden Versandkosten (Porto) in Rechnung gestellt. Verpackungskosten werden nicht berechnet.
- Bestellungen per Nachnahme werden nicht angenommen.

FIFA-Mitglieder

Code	Land	Code	Land	Code	Land
AFG	Afghanistan	HAI	Haiti	AUT	Österreich
EGY	Ägypten	HON	Honduras	TLS	Osttimor
ALB	Albanien	HKG	Hongkong (Hong Kong)	PAK	Pakistan
ALG	Algerien	IND	Indien	PLE	Palästina
VIR	Amerikanische Jungferninseln	IDN	Indonesien	PAN	Panama
ASA	Amerikanisch-Samoa	IRQ	Irak	PNG	Papua-Neuguinea
AND	Andorra	IRN	Iran	PAR	Paraguay
ANG	Angola	IRL	Irland (Republik Irland)	PER	Peru
AIA	Anguilla	ISL	Island	PHI	Philippinen
ATG	Antigua und Barbuda	ISR	Israel	POL	Polen
EQG	Äquatorial-Guinea	ITA	Italien	POR	Portugal
ARG	Argentinien	JAM	Jamaika	PUR	Puerto Rico
ARM	Armenien	JPN	Japan	RWA	Ruanda
ARU	Aruba	YEM	Jemen	ROU	Rumänien
AZE	Aserbaidschan	JOR	Jordanien	RUS	Russland
ETH	Äthiopien	CAM	Kambodscha	SKN	Saint Kitts und Nevis
AUS	Australien	CMR	Kamerun	LCA	Saint Lucia
BAH	Bahamas	CAN	Kanada	VIN	Saint Vincent und die Grenadinen
BHR	Bahrain	CPV	Kap Verde	SOL	Salomon-Inseln
BAN	Bangladesch	KAZ	Kasachstan	ZAM	Sambia
BRB	Barbados	QAT	Katar	SAM	Samoa
BLR	Belarus (Weißrussland)	KEN	Kenia	SMR	San Marino
BEL	Belgien	KGZ	Kirgisistan	STP	São Tomé und Príncipe
BLZ	Belize	COL	Kolumbien	KSA	Saudi-Arabien
BEN	Benin	COM	Komoren	SCO	Schottland
BER	Bermuda	CGO	Kongo REP	SWE	Schweden
BHU	Bhutan	COD	Kongo DR	SUI	Schweiz
BOL	Bolivien	PRK	Korea DVR (Nord)	SEN	Senegal
BIH	Bosnien und Herzegowina	KOR	Korea Republik (Süd)	SRB	Serbien
BOT	Botsuana	KVX	Kosovo	SEY	Seychellen
BRA	Brasilien	CRO	Kroatien	SLE	Sierra Leone
VGB	Britische Jungferninseln	CUB	Kuba	ZIM	Simbabwe
BRU	Brunei Darussalam	KUW	Kuwait	SIN	Singapur
BUL	Bulgarien	LAO	Laos	SVK	Slowakei
BFA	Burkina Faso	LES	Lesotho	SVN	Slowenien
BDI	Burundi	LVA	Lettland	SOM	Somalia
CAY	Cayman-Inseln	LIB	Libanon	ESP	Spanien
CHI	Chile	LBR	Liberia	SRI	Sri Lanka
CHN	China VR (Volksrepublik China)	LBY	Libyen	RSA	Südafrika
TPE	Chinese Taipei (Republik China)	LIE	Liechtenstein	SDN	Sudan
COK	Cook-Inseln	LTU	Litauen	SSD	Südsudan
CRC	Costa Rica	LUX	Luxemburg	SUR	Suriname
CUW	Curaçao	MAC	Macau	SYR	Syrien
DEN	Dänemark	MAD	Madagaskar	TJK	Tadschikistan
GER	Deutschland	MWI	Malawi	TAH	Tahiti
DMA	Dominica	MAS	Malaysia	TAN	Tansania
DOM	Dominikanische Republik	MDV	Malediven	THA	Thailand
DJI	Dschibuti	MLI	Mali	TOG	Togo
ECU	Ecuador	MLT	Malta	TGA	Tonga
SLV	El Salvador	MAR	Marokko	TRI	Trinidad und Tobago
CIV	Elfenbeinküste	MTN	Mauretanien	CHA	Tschad
ENG	England	MRI	Mauritius	CZE	Tschechische Republik
ERI	Eritrea	MEX	Mexiko	TUN	Tunesien
EST	Estland	MDA	Moldawien	TUR	Türkei
SWZ	Eswatini	MNG	Mongolei	TKM	Turkmenistan
FRO	Färöer (Färöer-Inseln)	MNE	Montenegro	TCA	Turks- und Caicos-Inseln
FIJ	Fidschi (Fidschi-Inseln)	MSR	Montserrat	UGA	Uganda
FIN	Finnland	MOZ	Mosambik	UKR	Ukraine
FRA	Frankreich	MYA	Myanmar	HUN	Ungarn
GAB	Gabun	NAM	Namibia	URU	Uruguay
GAM	Gambia	NEP	Nepal	UZB	Usbekistan
GEO	Georgien	NCL	Neukaledonien	VAN	Vanuatu
GHA	Ghana	NZL	Neuseeland	VEN	Venezuela
GIB	Gibraltar	NCA	Nicaragua	UAE	Vereinigte Arabische Emirate
GRN	Grenada	NED	Niederlande	USA	Vereinigte Staaten von Amerika
GRE	Griechenland	NIG	Niger	VIE	Vietnam
GUM	Guam	NGA	Nigeria	WAL	Wales
GUA	Guatemala	NIR	Nordirland	CTA	Zentralafrikanische Republik
GUI	Guinea	MKD	Nordmazedonien	CYP	Zypern
GNB	Guinea-Bissau	NOR	Norwegen		
GUY	Guyana	OMA	Oman		

Redaktion:

Verantwortlich: Gerhard Jung und Ralf Hohmann
Mannschaftskader: Gerhard Jung
Ligen: Hans-Joachim Stubbe, Günther Nebe
Pokale: Dr. Andreas Werner
Redaktionsschluss: 2. August 2019

Mitarbeiter:

Kader der
Bundesliga:	Christian Niggemann
2. Bundesliga:	Gerhard Jung
3. Liga:	Christian Thentie
RL Nord:	Michael Hauschke
RL Nordost:	Roland Schmidt
RL West:	Christian Thentie
RL Südwest:	Hans Schippers
RL Bayern:	Siegfried Hochmann
OL Nordost-Nord:	Matthias Riemann, Roland Schmidt
OL Nordost-Süd:	Torsten Schmidt, Roland Schmidt
OL Hamburg:	Ralf Hohmann
Schleswig-H.-Liga:	Eckhard Schulz
OL Niedersachsen:	Ralf Hohmann
Bremen-Liga:	Stefan Scibor
OL Westfalen:	Michael Diepenbrock
OL Niederrhein:	Achim Pfeiffer
Mittelrheinliga:	Robert von Schaewen
OL RP/S:	Perry-Ralph Eichhorn
Hessenliga:	Frank Tiede
OL Baden-Württem.:	Günther Nebe und Wolfgang Stehle
Bayernligen:	Tobias Schweizer, Andreas Werner
Frauen-Bundesligen:	Peter Klein

Quellen:

Viele Vereine und Verbände waren uns bei der Zusammenstellung der Daten behilflich. Leider gab es immer noch einige, die unsere Bitte um Mithilfe ignorierten.

Die Ergebnisse wurden entnommen aus vielen Tageszeitungen, diversen Internetangeboten; insbesondere zu nennen sind:

kicker Sportmagazin	Internet Vereine
Sport-Mikrofon Hamburg	Internet Landesverbände
Nordsport Schleswig-Holstein	fussball.de
RevierSport	diefussballecke.de
saar.amateur	kicker.de
Südkurier Konstanz	derwesten.de
Schwäbische Zeitung	hafo.de
BILD Hamburg	fupa.net
Offenburger Tageblatt	transfermarkt.de
Badische Zeitung	fussballhamburg.de
Rhein-Zeitung	dfl.de
Rhein-Neckar-Zeitung	dfb.de
Pforzheimer Zeitung	soccerdonna.de
Fränkische Nachrichten	Schwetzinger Zeitung
Badisches Tagblatt	Mannheimer Morgen
Weinheimer Nachrichten	Badische Neuste Nachrichten

Für die zur Verfügungstellung von Daten bedanken wir uns insbesondere auch bei:
Ellen Stöckle mit Team (Badische Landesbibliothek), Dietmar Lohrer (Öffentlichkeitsarbeit TSG 1862/09 Weinheim), Uwe Rommel (Kassierer FC 07 Heidelsheim), Juergen Heger (Geschäftsführer FC Olympia Kirrlach), Holger Obländer (Vorstandsmitglied FC Zuzenhausen) und Ekkehard Schnabel (Kassierer Leiter VfB Eppingen).

Regionale Mitarbeiter
für Ligen, Pokale und Mannschaften

im Norden:	im Nordosten:	im Westen/Südwesten:	im Süden:	Übergreifend:
Dieter Bierwisch	Hans-Dieter Bartsch	Karl-Heinz Backes	Peter Binninger	Frank Besting (Ewige Tabellen)
Ralf Hohmann	Hans-Dieter Brüssow	Frank Besting	Sturmius Burkert	Sturmius Burkert (Schiedsrichter)
Harald Igel	Dieter Hildebrandt	Michael Diepenbrock	Michael Hauschke	Karl Ernst Fründt und Michael
Christian Jessen	Michael Meinecke	Perry-Ralph Eichhorn	Dirk Henning	Wehrmeyer (Korrekturlesen)
Michael Meinecke	Andreas Müller	Reinhard Janoschka	Siegfried Hochmann	Dirk Henning (Karten)
Boris Radau	Matthias Riemann	Peter Klein	Günther Nebe	Helmut Morgenweg (Pyramiden)
Mario Santos	Roland Schmidt	Thomas Leimert	Jürgen Renner	Uwe Zühlsdorf (Kader übergreifend)
Eckhard Schulz	Torsten Schmidt	Michael Schreiber	Tobias Schweizer	
Stefan Scibor	Uwe Schmidt	Hans-Joachim Stubbe	Wolfgang Stehle	
Peter Strahl	Frank Tiede	Christian Thentie	Alex Störk	
Hans-Joachim Stubbe	Maik Thiem	Ulrich Wouters	Frank Tiede	
Bernd Timmermann	Uwe Zühlsdorf		Joachim Troll	
			Dr. Andreas Werner	
			Dieter Zimmermann	

Impressum

Herausgeber:
Agon Sportverlag in Zusammenarbeit mit dem
Deutschen Sportclub für Fußballstatistiken e. V.

Satz: Ralf Hohmann, Lehrte
Einband: Werkstatt für creative Computeranwendungen, Lohfelden
Druck: CPI-Books, Leck

© 2019 by AGON Sportverlag
Frankfurter Straße 92a
D - 34121 Kassel
Telefon: 0561/9279827 / Fax 0561/9279819
eMail: agon@agon-online.de

Alle Rechte vorbehalten
ISBN 978-3-89784-413-1
www.agon-online.de